Chronique du Cinéma

Chronique du Cinéma

Editions
Chronique

Roberto Benigni
est nominé sept fois
aux Oscars 1999
avec son film
« La vie est belle ».

Nous remercions, pour l'édition originale de 1992, **l'Association des photographes de films** :
B. Barbier, P. Camboulive, J.-L. Castelli, R. Corbeau, A. Dagbert, E. George,
D. Maestraci, M. Pecoux, J. Prebois, G. Pierre, C. Rouffio, C. Schwartz,
H. Toyot, P. Zucca, F. Darras, D. Le Strat.

VIP, qui représente les ayants droit de Charlie Chaplin, Marilyn Monroe, Tarzan et Laurel et Hardy

Nous remercions également :
Pierre Viot, président, et François Erlenbach, secrétaire général du Festival
international du film de Cannes.
Claude Beylie, président du Syndicat français de la critique de cinéma.
Pierre Henri Deleau, délégué général de la Quinzaine des réalisateurs,
et sa secrétaire générale Martine Michon.
Jean Roy, coordinateur de la Semaine de la critique.
René Thévenet, président délégué de l'Association pour la fondation internationale
du cinéma et de la communication audiovisuelle (Aficca), à Cannes.
Emmanuelle Toulet, conservateur du fonds Cinéma à la bibliothèque de l'Arsenal.
Jean A. Gili, secrétaire général de l'Association française de recherche
sur l'histoire du cinéma (AFRHC).

The Walt Disney Company (France)
Flach Film
Les Films Cissé/ATRIA
Les Films du Carrosse
Les Films du Dauphin
Gaumont
Renn Production
Paul Grimault
Les Films du Losange
Erato Film
Ciné Tamaris
Société Panavision
Production Georges de Beauregard
Monsieur Ribaud de Gineste
Claire Kehren pour l'agence Sygma
Jacky Péraud et Valérie Chédot pour l'agence Kipa-Interpress
Xavier Rousseau pour l'agence Sipa Press
Warner Bros.
Bac Distribution

Il se peut que, malgré nos recherches, certains auteurs n'aient pu être identifiés. Nous leurs présentons d'avance nos excuses et les prions de nous contacter afin que nous puissions apporter les corrections nécessaires.

ISBN : 2205-05324-8
Dépôt légal : avril 2002

Impression et reliure : Brepols, Turnhout (Belgique)
Achevé d'imprimer en mars 2002

Editions Chronique - Dargaud s.a.
Aéroport de Périgueux
BP 1 — 24330 Bassillac
Tél. : 05 53 35 91 21
Fax : 05 53 35 14 06
e-mail : chronic@easynet.fr

Après avoir fait ses preuves en tant qu'acteur, Tom Hanks passe à la réalisation en 1997 avec le film « That Thing You Do ».

Chronique du Cinéma

a été conçu et réalisé sous la direction de Catherine et Jacques Legrand

Rédacteur en chef Pierre Lherminier

Directeur éditorial Pierre-Yves Grasset

Préface Pierre Tchernia

Rédaction Laurent Mannoni (précurseurs du cinéma et cinéma muet)

Thierry Lefebvre (cinémas américain et français)

Jean-Pierre Pagliano (cinéma d'animation)

Jean-Pierre Coursodon (cinéma américain)

Abbas Fahdel (cinémas français, américain
et du tiers monde ; le Festival de Cannes)

Christian Dureau (vie des vedettes, cinémas français et américain ;
cérémonies des Oscars et des Césars)

Michèle Duflot (cinémas italien, allemand
et scandinave ; le Festival de Venise ; pages techniques)

Françoise Navailh (cinéma soviétique)

Frédéric Delmeulle (cinémas français et européen ; cinéma américain)

Jean-Louis Manceau (cinéma chinois)

Collaboration à la documentation : Albert Delattre, Heike Hurst, Aris Jover,
Jacques Lévy, Michel Mahéo, Yvan Nemo

Annexes Michèle Duflot (naissance d'un film)
Marie-Luce Nemo (tableau d'honneur)

Chronologies Christine Courtois, François Nida

Iconographie Simon Danger, Catherine Seignouret
Les films de l'année : Jean-Louis Capitaine (Ciné-Images)
Jean-Pierre Berthomé
Dessins : Catherine Jambois

Secrétariat d'édition Yves Kielan

Index Sylvie Garrec, Claire Forgeot

Correction et révision Laurent André, Jean-Louis Becker, Mariane Becker, Denis Coursin

Informatique Catherine Balouet, Martine Colliot, Pascal Wauters de Besterfeld
Dominique Klutz (software)

Fabrication Catherine Legrand, Emmanuelle Berenger

L'édition actuelle a été mise à jour par Catherine Legrand (direction), Michel Marmin (rédaction), Laurence Cattin, Pierre-Henri Gras, Sandrine Bautista (secrétaires de rédaction) et Olivier Barbut (infographie et couverture).
Directeur département : Philippe Wanpouille.

Préface

Dans les années 1900, aux Etats-Unis, les émigrants, terrassiers ou poseurs de rails, épuisés par les fatigues de la semaine, s'en vont le dimanche au cinéma. Les autres jours, ils se sentent isolés : ils sont italiens, hongrois, polonais, incapables de se comprendre. Le dimanche, les voilà réunis et heureux, car, ce jour-là, ils parlent la même langue : le cinéma muet ! Pour une pièce de monnaie, ils galopent tous avec Tom Mix sur l'écran blanc... En un siècle, le cinéma a connu le son et la couleur, Charlot et Marilyn, John Ford et Fellini, mais le principe n'a pas changé : un pinceau lumineux projette des mensonges sur un drap de lit devant quelques centaines de spectateurs qui ont peur ou qui rient ENSEMBLE.

Si j'écoute mes souvenirs, j'entends les cris du jeudi après-midi dans une salle qui portait un beau nom : le Magic-Ciné. Il était magique en ce temps-là, le cinéma, source unique d'images animées. Il a perdu, au fil du temps (j'allais écrire : au film du temps), beaucoup de clients. Nous le savons bien, la télévision en est la cause principale. Elle a volé des millions de spectateurs au cinéma et leur a donné l'habitude de se contenter de la vidéo. L'émotion que nous laisse le film que nous avons vu dans une salle, le rideau qui s'ouvre, la lumière qui s'éteint, cette immense image qui nous tombe dessus, qui nous enveloppe, qui nous dévore, sont-ils comparables au souvenir que laisse le film qui nous est livré dans la salle à manger, entre la poire et le fromage ?

Pour lutter contre le petit écran, le cinéma a agrandi les siens. Les spectacles qu'on y voit sont stupéfiants de qualité d'image et de son, les trucages sont d'une réalité incroyable. Bien des choses ont changé en quelques années, les vamps ont disparu, entraînant même les stars : y a-t-il aujourd'hui des célébrités comparables à Valentino ou à Garbo ? Le western est mort, le genre le plus universel du cinéma s'est éteint avec John Wayne, et le fantastique est devenu omniprésent, lui dont nous allions voir les œuvres il y a quarante ans dans les salles douteuses des quartiers perdus, qui, elles aussi, ont fermé leurs portes.

Ce vaillant cinéma est donc plus que centenaire. Les années 90 célèbrent les précurseurs qui bricolaient avec passion des Zootropes, des Kinétographes et des Praxinoscopes, un peu partout dans le monde. Les Français adoptent pour point de départ le 28 décembre 1895. Ce jour-là, des spectateurs payent un franc pour voir des ouvriers sortir d'une usine au moyen d'une machine qui est en même temps appareil de prise de vues, tireuse et projecteur. Le père Lumière (ses fils sont restés à Lyon) présente au Salon indien le Cinématographe, curiosité scientifique, illusion d'optique. Dans la salle, il y a justement un illusionniste : Méliès. Et, cependant que tourne la manivelle du Cinématographe, dans les yeux du magicien est en train de naître le cinéma.

Devant le train qui arrivait en gare de La Ciotat, des spectateurs prirent peur. On ne pouvait plus dire sage comme une image, mais fou comme une image. Ce soir-là, le film des films commençait, car l'histoire du cinéma est elle-même un film interminable, plein de héros et d'aventures, de crises et de renouveaux — film que les hommes attendaient depuis des siècles parce qu'il raconte tout à la fois, leur vie et leurs rêves —, une invention qui semblait être une envie et qui était en fait un besoin. Je ne connais pas de superflu qui soit plus nécessaire.

Pierre TCHERNIA

Avant-propos

Si l'on s'en tient à sa date de naissance officielle du 28 décembre 1895, le cinéma est un moyen d'expression plus que centenaire. Il est donc assez naturel qu'au cours de ce déjà long parcours il ait fait l'objet d'innombrables publications, en toutes langues, qui se sont proposé de raconter son histoire, de décrire ses techniques, d'étudier son langage, d'analyser l'œuvre des créateurs qu'il a suscités ou de suivre l'aventure personnelle de ses grands interprètes. On pourrait en déduire que tout est dit. L'ouvrage que voici a pourtant l'ambition d'apporter du nouveau dans cette riche bibliographie, en ceci qu'il adopte une démarche jusqu'ici peu ou pas pratiquée. Il emprunte en effet, tout à la fois, à chacun des genres usuels sans se limiter à aucun d'eux. Pour la première fois, le cinéma est traité globalement, dans toute sa durée, dans toute son étendue et dans toute sa diversité.

Dans ce livre, l'histoire du cinéma fournit le fil conducteur. Mais ce n'est pas l'histoire des historiens, assez naturellement enclins, pour leur part, à opérer des sélections impitoyables, des éliminations sans appel, des cloisonnements impénétrables — quand ils ne se contraignent pas, de surcroît, à une spécialisation (entre les pays, les époques, les genres, les écoles) qui limite leur horizon. Il s'agit ici de tout autre chose : rien de ce qui est cinéma n'est étranger à Chronique, qui est à l'aise partout et avec tous. Elle passe avec facilité, dans le même instant, de Hollywood à Joinville et à Cinecittà, de Berlin à Tokyo, de la comédie au mélodrame, du western au film d'horreur, aussi bien que d'Eisenstein à de Funès. Et surtout de l'abstrait au concret, des œuvres aux hommes, de l'universel au quotidien : le cinéma n'est pas fait seulement de pellicule et de génie, mais d'abord de passion, de sang et de larmes.

L'ambition principale de Chronique du cinéma est en définitive d'être une vivante mémoire du cinéma mondial sous tous ses aspects et sous tous ses horizons, comme pourrait l'être la collection complète d'un périodique qui aurait enregistré au jour le jour les grands et petits événements du monde de l'écran depuis les origines. C'est l'histoire du cinéma, mais l'histoire en train de se faire, sous le regard d'un spectateur privilégié qui, par la magie du procédé, se trouve être constamment le contemporain des faits qu'il découvre, et qui jouit en outre du don d'ubiquité, lequel le fait passer sans effort d'un point à un autre de l'univers cinématographique livré tout entier à sa curiosité.

Jerry Lewis en 1960 lors du tournage du « Dingue du palace » (« The Bell Boy »).

Il ne suffit pas, cependant, de connaître les faits pour les comprendre, et surtout pour bien en percevoir les rapports de cause à effet, non plus que pour en saisir les incidences sur l'évolution profonde des choses. A la succession chronologique des événements, il faut bien par conséquent que s'ajoute, à certains moments, un regard capable d'en déterminer la hiérarchie. C'est pourquoi les historiens et critiques du cinéma avaient eux aussi leur mot à dire dans cet ouvrage : une décennie après l'autre, ils en proposent, d'une certaine manière, le mode d'emploi, la grille de lecture. Grâce à eux se dégage aussi, de la Chronique du cinéma, une histoire du septième art.

Avec ces auteurs, tous réputés pour des travaux personnels qui font depuis longtemps autorité, une vingtaine de rédacteurs ont établi la chronologie générale qui a servi de base à cet ouvrage, dont ils ont en outre rédigé les articles. L'ensemble de ce travail a été orchestré sous la direction rédactionnelle de Pierre Lherminier, que son activité dans l'édition et la presse cinématographiques désignait pour cette tâche.

Dans les toutes premières pages de ce livre, le lecteur se trouvera transporté bien en deçà du 28 décembre 1895, au temps des lanternistes et des fantasmagores, avant de pénétrer, avec le XIXe siècle, dans les ateliers de quelques bricoleurs visionnaires appliqués à faire fonctionner d'improbables machines dont ils n'attendaient rien de moins que la reproduction du mouvement de la vie. C'est que ce besoin d'images animées, auquel le Cinématographe Lumière va répondre mieux qu'avant lui aucune autre de ces drôles de machines, est en fait vieux comme le monde — tant il est vrai qu'il se confond avec le goût même de la vie. La Chronique du cinéma, c'est aussi cela, nécessairement.

Sommaire

Avec la collaboration exceptionnelle d'experts en histoire du cinéma

L'évolution technique

Annexes

De l'image animée au Cinématographe

La préhistoire du cinéma et sa petite enfance sont peuplées par toute une galerie de personnages hors du commun, de merveilleux fous inventant de drôles de machines. Sous notre regard rétrospectif, la participation plus ou moins volontaire de ces hommes ressemble à un puzzle dont les différents morceaux s'agencent presque miraculeusement jusqu'à l'invention finale qui nous enchante : le cinéma.

De la magie des ombres aux spectacles d'écran

L'origine des spectacles d'écran se perd dans la nuit des temps. L'évocation la plus ancienne d'un jeu d'ombres remonte à l'« allégorie de la caverne » imaginée par Platon (*la République*, 392 avant J.-C.). Cependant, il ne semble pas que le dispositif audiovisuel minutieusement décrit par le philosophe ait correspondu à une pratique courante à cette époque, du moins à Athènes. Des centaines d'années s'écoulèrent ensuite, peu prolixes sur le sujet. Entretemps, le théâtre d'ombres était devenu une forme de spectacle très appréciée en Chine (d'où la dénomination fréquente d'« ombres chinoises »), en Inde et en Indonésie, surtout à Java et à Bali, où les marionnettes colorées du *wayang* atteignent aujourd'hui encore une superbe expression dramatique et formelle. La caverne et les endroits obscurs étaient les lieux privilégiés de l'image magique, comme en témoigne la *camera obscura*. Elle fut décrite par le physicien arabe Al-Hazen à l'aube du XIe siècle mais son origine est certainement bien plus lointaine. On faisait le noir à l'intérieur d'une pièce. Seul un orifice très étroit percé dans l'une des cloisons laissait passer une faible lumière. Sur le mur opposé, les spectateurs observaient avec effroi l'image fantomatique d'un danseur tête en bas, qui s'agitait en fait à l'extérieur du lieu clos. Quant à la lanterne magique, vulgarisée en Europe au milieu du XVIIe siècle par Christian Huygens et par le père Athanase Kircher, on évoque sa présence sur les marchés persans dès le XIe siècle. Pendant plusieurs décennies, l'instrument justement dénommé permit aux prêtres, aux sorciers et aux charlatans d'exploiter la crédulité publique en simulant l'apparition de monstres et de fantômes. On voit ainsi le facteur commun où se rejoignaient les différentes techniques utilisant l'écran avant l'époque moderne. La fascination du reflet et l'inversion du nocturne (cette valorisation paradoxale de l'ombre ancestralement maléfique, nécessaire ici à la perception de la lumière) faisaient de l'écran – à l'égal des miroirs, du feu, des fumées – un instrument d'élection de l'image magique et de ses rituels : nécromancie, spiritisme, etc. A partir du XVIIe siècle, l'écran passa de la magie au spectacle. Pour nous en tenir à la France, les ombres de Séraphin (entre 1772 et 1790), les

Un divertissement à la mode aux XVIIIe et XIXe siècles : la lanterne magique.

Fantasmagories de Robertson (à partir de 1798), le théâtre d'ombres du Chat-Noir (ouvert en 1881) développèrent une tradition originale du spectacle d'écran. Au XIXe siècle, la lanterne magique se perfectionna et se popularisa pour devenir un objet familier destiné à l'éducation et même un jouet d'enfant. Des séries sur verre, peintes à la main ou recouvertes de simples décalcomanies, souvent remplacées à la fin du siècle par des diapositives photographiques, permirent d'introduire le récit en images. Ces chapelets de « vues » constituèrent l'un des terreaux culturels sur lesquels se développa le cinéma lorsqu'il commença à nous raconter des histoires. Si nous nous en tenons dorénavant à l'appareillage technique et non plus au spectacle, les deux dispositifs complices que sont la chambre noire et la lanterne magique représentent les lointains ancêtres des instruments privilégiés du cinéma : l'appareil de prise de vues et l'appareil de projection.

La chambre noire s'ouvre au monde

Nous avons évoqué l'exploitation obscurantiste de la chambre noire telle que l'utilisaient les magiciens. A partir du XVIIe siècle, au contraire, elle va devenir un instrument de connaissance du réel en facilitant la représentation graphique de ses apparences. La Renaissance plaçait l'œil humain au centre de l'univers et posait la perspective comme le nouveau canon de l'art pictural. La *camera obscura*, construite sur le modèle de l'œil (elle comportait depuis peu une lentille convexe qui améliorait sensiblement la luminosité de l'image) devient la machine à décalquer le monde visible. Réduite aux dimensions modestes d'une boîte, des artistes tels Vermeer en Hollande, Vinci, Canaletto et Guardi en Italie l'ont utilisée. Il était tentant de substituer au décalque manuel une substance en mesure de fixer l'image qui se formait au dos de la chambre. Toutefois, si on avait pu constater dès le XVIIe siècle que certains corps noircissaient à la lumière, on ignorait encore comment arrêter ce noircissement et obtenir une image durable. Il fallut en effet attendre 1826 pour que Joseph-Nicéphore Niepce parvînt à enregistrer puis à fixer le *Paysage à Saint-Loup-de-Varennes*. Huit heures en plein soleil furent nécessaires pour obtenir cette image. L'« héliographie » (on ne parlait pas encore de photographie) ne pouvait rendre compte que d'un monde figé. Elle était sur ce point en contradiction avec l'esprit d'un siècle qui découvrait avec émerveillement la fascination de la vitesse et du mouvement.

Les photographies successives

Pragmatique, le XIXe siècle a permis le formidable développement des sciences expérimentales. Dans une société où la machine jouait un rôle de plus en plus prépondérant, l'étude attentive du mouvement animal apporta de précieux renseignements. Cependant, il pouvait arriver que la recherche expérimentale contredît l'observation directe. Le physiologiste Etienne-Jules Marey avait étudié la course du cheval à l'aide de la méthode graphique (une poire en caoutchouc placée sous chaque sabot était reliée pneumatiquement à un stylet graveur). Le résultat obtenu provoqua quelques surprises dans les milieux hippiques. Il s'opposait à la vision des connaisseurs traditionnellement entretenue par plusieurs générations de peintres animaliers. L'affaire fit grand bruit, si bien qu'aux Etats-Unis Leland Stanford, le riche gouverneur de Californie également grand amateur de chevaux, demanda au photographe Eadweard Muybridge de vérifier les résultats de l'analyse graphique au moyen de la photographie. Muybridge s'aperçut que des photographies isolées étaient insuffisantes pour rendre compte de mouvements complexes. Pour enregistrer des images successives et rapprochées dans le temps, il eut l'idée d'utiliser une batterie d'appareils déclenchés par le cheval lui-même tout au long de sa course grâce à des fils tendus en travers de la piste. A l'époque (1878), une telle opération était plus facile à concevoir qu'à réaliser. Il fallut les moyens financiers de Stanford joints au talent de photographe de Muybridge pour en venir à bout. L'expérience fut doublement concluante : elle confirmait les résultats de l'analyse graphique de Marey et elle convainquit celui-ci d'utiliser la photographie pour l'étude de la locomotion animale. Marey perfectionna le dispositif de Muybridge en remplaçant les multiples appareils du photographe américain (12 à 24) par un appareil unique équipé d'un seul objectif derrière lequel la surface sensible se déplaçait par saccades entre les photographies successives. En 1882, il mit au point le fusil photographique, arme pacifique qui enregistrait douze images sur une plaque ronde, et surtout, en 1888, le chronophotographe sur bande mobile, qui utilisait une bande de papier sensibilisé, plus tard remplacée par une bande pelliculaire. Avec ce dernier appareil, Marey avait inventé la caméra de prise de vues, à une nuance près toutefois : la bande sensible ne comportait pas de perforations et les photographies successives s'y inscrivaient de façon irrégulière. Le défaut d'équidistance était sans importance pour Marey, qui s'intéressait uniquement à l'analyse du mouvement mais il rendait impossible toute synthèse, à moins de découpages manuels, de recalages et de collages fastidieux. Thomas Alva Edison, l'industriel de l'invention, connaissait bien Marey, qui l'avait tenu au courant de ses recherches lors de leur rencontre à l'Exposition universelle de Paris, en 1889. Le déclic eut lieu. De retour à son laboratoire de West Orange, Edison définit le « film » au sens moderne du terme : un ruban transparent, perforé et recouvert d'une émulsion photographique. Le matériau lui fut fourni par la toute récente pellicule Kodak et l'idée lui en avait été inspirée par la bande sensible du chronophotographe de Marey et par le ruban perforé du télégraphe automatique qu'il avait lui-même contribué à perfectionner. Au cours des années 1891 et 1892, il mit au point avec son collaborateur, William K. L. Dickson, un appareil de prise de vues, le Kinetograph, qui utilisait un mode d'entraînement saccadé. L'analyse photographique d'un mouvement de quelque durée avec un espacement régulier des images était désormais réalisée. Restait à régler le problème de la synthèse de ces images sur écran.

Des jouets optiques au Cinématographe

Dès 1833, un modeste jouet de salon, le Phénakisticope, mis au point par le physicien belge Joseph Plateau, permit pour la première fois de réaliser la synthèse artificielle du mouvement. En faisant tourner rapidement autour de son axe un disque fenêtré et en observant à travers les fentes une série de dessins disposés en couronne au verso et réfléchis dans un miroir, on obtenait l'illusion du mouvement. Le phénomène de la persistance optique enchaînait les perceptions, fixes en raison de l'étroitesse des fentes, pour donner le sentiment d'une vision continue. Le Phénakisticope fut amélioré et l'on vit surgir d'autres appareils construits sur le même principe (le Zootrope de Horner, 1834) ou sur des principes voisins (le Praxinoscope d'Emile Reynaud, 1877). Le même Reynaud porta ce genre d'appareils, qui faisait l'économie de la persistance optique, à un très haut degré de perfectionnement. Son Théâtre optique (1889) permit la projection sur grand écran de spectacles dessinés d'une excellente facture, *les Pantomimes lumineuses*, qui furent présentés au musée Grévin entre 1892 et 1900. La machinerie trop complexe de Reynaud et son maniement délicat furent emportés par la vogue triomphante des projections de photographies animées. Une série de dessins décomposant un mouvement pouvait se transformer en un dessin animé. Une série de photographies successives pouvait donc également devenir une photographie animée. Muybridge et Marey ont ainsi utilisé un Zootrope, ou un appareil dérivé permettant la projection, pour vérifier par la synthèse l'exactitude de l'analyse. Il leur fallait pour cela procéder au laborieux découpage et calage de chaque épreuve. Cette servitude fut évitée à Edison grâce au parfait repérage des photographies successives obtenu par les perforations du film. Edison détenait théoriquement la solution de la synthèse de ces photographies sur un écran. Mais le Sorcier de West Orange souhaitait exploiter les images animées comme il avait exploité les sons du Phonographe, sous la forme d'une machine à sous. Le Kinetoscope, qu'il mit au point entre 1891 et 1894, était une caisse en bois sur laquelle se penchait un spectateur unique qui observait directement l'image à travers un oculaire grossissant. Le film se déroulait de façon continue. Ce choix imposait un temps d'obturation très bref. La faible lumière ainsi délivrée rendait la projection impossible. La stratégie commerciale des Lumière fut différente. A la tête d'une société dont la fortune reposait sur la photographie d'amateurs, Louis Lumière créa un appareil simple et à la portée de tous, le Cinématographe (1895). Tirant parti des travaux de ses prédécesseurs – le chronophotographe de Marey, le film d'Edison –, Lumière réussit enfin, grâce au défilement intermittent du film, la projection sur un écran d'une photographie animée d'une certaine durée (environ 50 s). Si nous retenons cette définition technique du cinéma, Lumière est bien arrivé le premier. La projection publique du 22 mars 1895 devance en effet toutes celles de ses nombreux concurrents : Eugène Augustin Lauste et les frères Latham à New York, Thomas Armat et Charles Francis Jenkins à Atlanta, Georges Demenÿ et Henri Joly à Paris, Max Skladanowsky à Berlin, Robert William Paul et Birt Acres à Londres, Wilhelm Pacht à Copenhague, etc. Seul Jean-Aymé Le Roy le précède d'un mois avec son Marvelous Cinematographe. Mais les historiens américains du pré-cinéma mettent en doute la véracité de la projection organisée à Clinton (New Jersey), dont les traces semblent peu sérieuses. Face au succès du Cinématographe, Edison dut se résoudre à projeter lui aussi ses images. Dès le début de 1896, une lutte s'engagea sur le marché mondial entre le Vitascope lancé par l'inventeur américain et l'appareil Lumière, tous deux rejoints par une multitude de concurrents de moindre envergure. Tandis que Lumière envoyait ses opérateurs à travers le monde, Pathé et Gaumont jetaient les bases d'une industrie. Leur production alimentait principalement la clientèle des forains. Le cinéma rencontrait son premier public au cours d'une vie errante, dans les cafés, sur les foires et les marchés. Ferdinand Zecca, Alice Guy et Georges Méliès amorçaient leur carrière de metteurs en scène. Le premier débat de fond engagé par le cinéma mettait bien face à face Lumière et Méliès, mais il ne s'est pas posé dans les termes que l'on retient habituellement : le documentaire contre la mise en scène. Lumière était aussi metteur en scène, et pas seulement dans ses bandes de « fiction » ; et Méliès réalisait – à ses débuts, du moins – des vues documentaires. Les deux pionniers s'opposaient sur un autre terrain : l'un poursuivait le rêve d'une reproduction totalisante des apparences du réel, le trompe-l'œil absolu, qui n'excluait pas la mise en scène ; l'autre était à la recherche d'un fantastique spectaculaire accrédité par le réalisme des photographies animées. La préhistoire du cinéma s'achevait, son histoire allait pouvoir commencer. Les photographies animées deviendront bientôt une « écriture de lumière », le langage de notre temps.

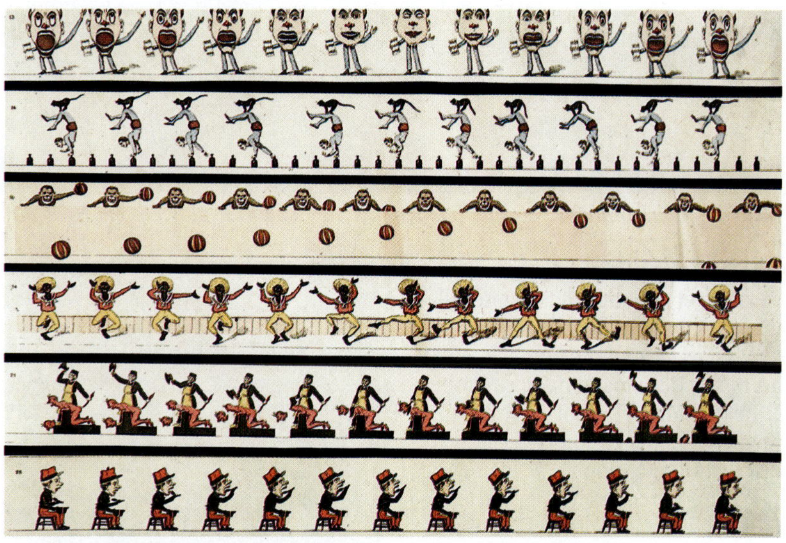

Les images s'animent avec les bandes du Zootrope de Horner.

Vincent Pinel

XVIIe s.

Paris, 1638
Une chambre noire publique est installée près du Pont-Neuf. Sur le mur blanc de cette *camera obscura*, on peut voir les images du paysage extérieur.

Paris, 28 novembre 1664
Pierre Petit, géomètre de Louis XIV, écrit au Hollandais Christian Huygens pour avoir la combinaison optique de la lanterne magique. Il vient d'assister à une séance du Danois Thomas Rasmussen Walgenstein. Dans le public se trouvait le jésuite Dechales.

Londres, 19 août 1666
L'homme d'Etat Samuel Pepys assiste à une projection de lanterne magique chez l'opticien John Reeves. Depuis mai, ce correspondant de Huygens fabrique et vend une « lanterne sourde portant bien loin la représentation des objets, par le moyen d'une feuille de verre sur laquelle ces objets sont peints ».

Rome, 1667
Le père jésuite Fabbri a remarqué qu'un charbon allumé mû avec rapidité trace une ligne lumineuse continue. Il conclut que l'impression fixée au fond de l'œil par l'objet lumineux dure un certain temps, et découvre ainsi la persistance rétinienne.

Pékin, 1669
Le père jésuite italien Filippo Grimaldi révèle à l'empereur Kangxi les effets de la lanterne magique : « Ce spectacle causait autant de frayeur à ceux qui en ignoraient l'artifice qu'il faisait plaisir à ceux qui en étaient instruits. »

Nuremberg, 1670
Avec sa lanterne magique, l'opticien Johann Griendel projette des images du paradis, de l'enfer et de spectres. Un spectateur a vu « l'air rempli de toutes sortes d'oiseaux ».

Lyon, 1674
Le jésuite Claude François Milliet Dechales publie la première description française de la *lanterna magica*. Il étudie aussi dans son ouvrage la persistance des images sur la rétine. (→ 1691)

Rome, 27 novembre 1680
Mort d'Athanase Kircher, inventeur présumé de la lanterne magique (*2.5.1602).

La Haye, 8 juillet 1695
Mort de Christian Huygens (*14.4.1629). Il inventa la plaque animée pour lanterne magique, dont il fut le premier fabricant.

Les illuminations du père Kircher

La projection lumineuse conçue par Kircher dès 1646 est illustrée en 1671 dans « Ars magna lucis et umbrae ».

Amsterdam, 1671
Le nouvel ouvrage du jésuite allemand Athanase Kircher, *Ars magna lucis et umbrae*, circule entre les mains des amateurs de curiosités et des savants. Il s'agit en fait d'une réédition revue et corrigée : le texte original a été publié à Rome en 1646. Le père Kircher, grand amateur d'illusions optiques et scéniques, décrit dans les deux éditions de nombreuses méthodes pour obtenir dans une salle obscure, sur un écran blanc, des images lumineuses. Par exemple, il peint une figure sur un miroir exposé ensuite aux rayons du soleil. L'image renvoyée est concentrée par une lentille et projetée sur le mur d'une pièce plongée dans les ténèbres. Dans ce gros *in-folio*, Kircher explique également le fonctionnement d'un étrange appareil qu'il nomme lumière thaumaturge. Est-ce avec cette boîte d'optique, dont la manipulation paraît ici bien mystérieuse, que Kircher organise ses fabuleuses séances de projections dans le collège de jésuites où il professe à Rome ? Kircher fait apparaître, dans la Ville éternelle, des squelettes et des légions de démons terrifiants. Son intention, selon lui, n'est pas de divertir ni de blasphémer mais d'édifier ses spectateurs et ses élèves. Certains d'entre eux, qui ont assisté à ces spectacles, appellent lanterne magique l'instrument qui produit ces artifices. Kircher affirme dans cet ouvrage qu'il est l'inventeur de la lanterne. D'après une rumeur, on l'aurait pourtant déjà vue entre les mains de grands physiciens, notamment aux Pays-Bas. La publication de cet ouvrage consacré à la « magie catoptrique » ne risque pas de mettre fin à la polémique. (→ 27.11.1680)

Un jésuite en quête d'images.

Première mondiale dans le Brabant

Louvain, 1653
Le jésuite Andreas Tacquet donne actuellement un spectacle qui connaît un grand succès. Le père Tacquet parvient à projeter dans une salle obscure des images lumineuses. Elles représentent les différentes étapes du voyage d'un autre jésuite, Martin Martini, qui s'est rendu en Chine et aux Pays-Bas. Personne ne peut approcher son appareil, car il veut préserver le secret pour ses amis. Mais il y a de bonnes raisons pour croire que les images sont peintes sur de longues plaques de verre. Dans la salle, certains des assistants n'ont pas l'air d'être surpris par cet étrange appareil d'optique dont se sert Tacquet. L'un des spectateurs, le père Andreas Schott, un Allemand disciple de Kircher, confie à des privilégiés que ces projections se nomment « magie catoptrologique-catoptrographique ». Que se cache-t-il sous ces adjectifs incompréhensibles ? Les jésuites gardent leur secret.

Huygens magicien malgré lui

La Haye, 19 avril 1662
L'astronome hollandais Christian Huygens est connu dans l'Europe entière pour sa découverte de l'anneau de Saturne en 1655. Considéré aussi comme l'inventeur de l'horloge à pendule, Huygens supporte mal l'idée de devenir un vulgaire magicien. Ne voilà-t-il pas en effet que son père, Constantin, lui demande de lui envoyer un modèle de lanterne magique, appareil qu'il a vu dans le cabinet de curiosités de Christian ? Ce dernier en fabrique depuis des années, car il est aussi un des rares physiciens qui connaissent le secret de la combinaison optique de la lanterne. Mais le savant ne prend pas pour autant cet appareil au sérieux. Distraire ou intriguer quelques esprits scientifiques, c'est amusant, mais de là à organiser des spectacles devant Louis XIV et sa cour ! Pour Huygens, cette idée, qui est celle de son père, est inadmissible. Le roi va le prendre pour un magicien, un vulgaire colporteur de lanterne magique, quelque chose entre le sorcier et l'histrion. Mais comment désobéir à un père ? C'est tout simple : en le trompant. Avec la complicité de son frère Lodewijk, Christian Huygens envoie à son père un modèle de lanterne, d'où il a pris soin de retirer préalablement une lentille. L'appareil est ainsi rendu inutilisable. Le physicien, selon sa propre expression, « lanterne » son père. (→ 8.7.1695)

La girouette pédagogique de Zahn

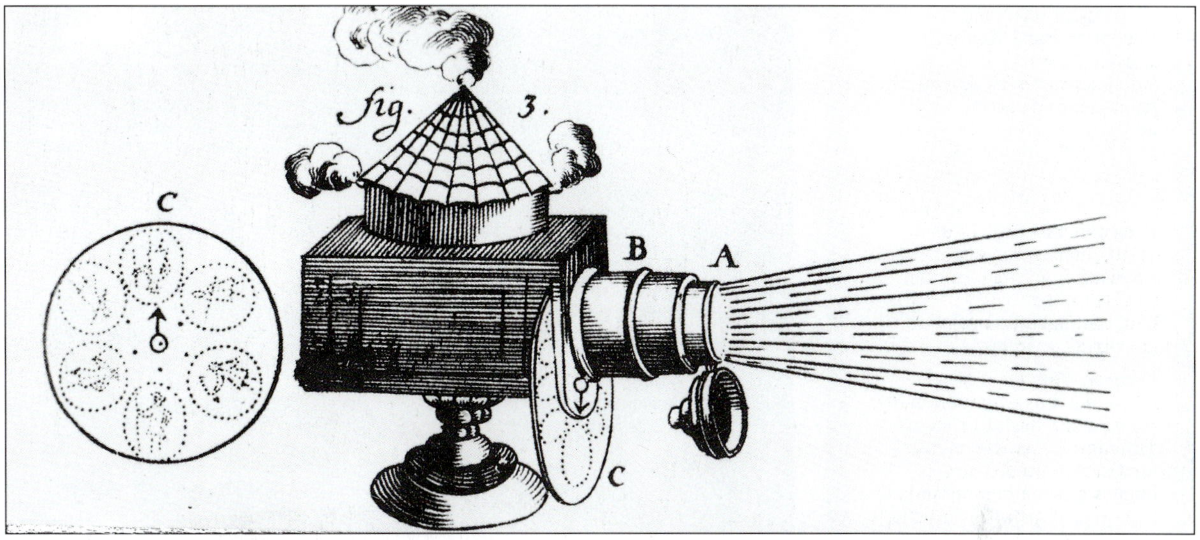

Pour ses projections, Johann Zahn associe pour la première fois la lanterne magique et le disque peint.

Würzbourg, 1685
Johann Zahn, prêtre et savant allemand, a mis au point un ingénieux moyen pour observer l'exacte direction du vent, sans sortir de ses appartements. Avec une longue tige de fer, il relie à une lanterne magique une girouette installée sur le toit. Au bout de la tige se trouve une autre girouette, beaucoup plus petite et encastrée à l'intérieur de la lanterne : elle reproduit les mouvements de la première. Les rayons lumineux de la lanterne envoient alors sur le mur blanc l'image de la petite girouette. Zahn ne s'en tient pas là : il fabrique aussi une lanterne-horloge, laquelle projette l'heure par le même procédé. Cette invention a été empruntée à un autre physicien allemand, Johann Sturm. En revanche, le modèle de plaque de lanterne magique que Zahn présente semble tout à fait inédit. Le prêtre imagine un disque en verre au lieu de l'habituelle plaque rectangulaire. Le passage des images devant l'objectif se fait ainsi plus facilement. Soucieux de chercher des applications pratiques plutôt qu'artistiques pour son appareil, Zahn voit en la lanterne un excellent outil pédagogique. Grâce à elle, on peut montrer devant un large public des plantes, des animaux aquatiques, des insectes véritables, emprisonnés dans de petites cuves en verre. De malheureux hannetons se retrouvent écrasés entre deux plaques et des têtards frétillent de façon divertissante à la chaleur de la lentille condensatrice. Pour un appareil aussi utile et scientifique, le terme de magique ne saurait convenir : Zahn qualifie sa lanterne de « mégalographique ». Il vient de publier toutes ses découvertes et ses procédés ingénieux, avec leurs applications, dans un ouvrage en langue latine principalement consacré aux télescopes. Le livre de Zahn est, juge-t-on, plus détaillé et beaucoup plus précis que celui de Kircher. L'ouvrage du prêtre obtient déjà un très grand succès auprès de tous les passionnés d'optique et de physique.

Séance historique à l'hôtel de Liancourt

Paris, 13 mai 1656
Un spectacle de magie lumineuse, passe-temps rare et réservé à quelques privilégiés de la Cour, attire ce soir un large public, à l'hôtel de Liancourt. Dans l'un des salons de l'hôtel, où nobles et gens d'Eglise se sont rassemblés, une grande toile blanche a été tendue. L'obscurité est faite : des murmures anxieux s'élèvent. On ne voit rien. Mais, brusquement, un jet de lumière projette sur la toile une belle image en couleurs qui représente un palais. Puis voici des guerriers qui semblent se battre réellement. Leurs épées brillent et s'entrechoquent, en lançant des étincelles. L'une des dames présentes, saisie de peur, fait plusieurs fois le signe de la croix. Un abbé se demande tout haut s'il n'est pas devenu fou. La stupeur est complète lorsqu'apparaissent des danseurs : ils ont les pieds en l'air ! L'image disparaît puis revient, les pieds en bas. Ce phénomène accroît encore le désarroi des spectateurs. Quand les valets apportent des flambeaux, les questions fusent : d'où viennent ces images ? La maîtresse de céans explique que tout cela sort d'une petite boîte d'optique nommée lanterne magique, sur le fonctionnement de laquelle elle fait promettre à ses invités de garder le secret. Ils le jurent d'autant plus volontiers qu'ils n'ont rien compris à ce qu'ils viennent de voir.

Isaac Newton dans la chambre obscure

Il travaille aussi sur la lumière.

Londres, 1691
Isaac Newton, le célèbre physicien anglais, sort de sa chambre. Il y est resté cloîtré trois jours, sans aucune lumière, afin de recouvrer la vue. Pour étudier les rayons solaires, Newton a fixé le soleil durant un long moment. Puis, en fermant les yeux, il a vu des cercles colorés. Très intéressé, le savant a réitéré l'expérience. A sa grande frayeur, les cercles colorés ont persisté sur sa rétine. A présent guéri, il consigne ce phénomène dans une lettre à son ami John Locke. Son *Traité d'optique*, publié à Londres en 1675, avait déjà bouleversé toutes les théories en cette matière, mais il veut aller encore plus loin. (→ 1765)

XVIIIe s.

Kassel, 19 novembre 1709
Chez l'opticien Temme, le voyageur allemand Zacharias von Uffenbach assiste, étonné, à deux projections de lanterne magique. Sur l'écran, un carrosse évolue en pleine course, un cupidon file son rouet... L'animation est presque parfaite.

Saint-Pétersbourg, 1750
Le mathématicien allemand Léonard Euler met au point le Mégascope, lanterne magique projetant des objets opaques.

France, 1760
Dans une œuvre de fiction, *Giphantie*, Charles François Tiphaine de La Roche décrit un procédé pour fixer des images grâce à la lumière.

Liège, 15 juin 1763
Naissance d'Etienne-Gaspard Robert. (→ 11.5.1799)

France, 7 mars 1765
Naissance à Chalon-sur-Saône de Joseph-Nicéphore Niepce. (→ 30.6.1822)

Paris, 1780
Au Louvre, le physicien Jacques Alexandre César Charles projette des visages humains avec le Mégascope.

Edimbourg, 19 juin 1787
Le peintre irlandais Robert Barker dépose un brevet pour le Panorama, qu'il nomme *la Nature à coup d'œil*. Eclairée par une lumière vive, cette gigantesque toile peinte circulaire représente Edimbourg. (→ 12.5.1800)

France, 18 novembre 1787
A Cormeilles-en-Parisis naît Louis Jacques Mandé Daguerre. (→ 11.7.1822)

France, juillet 1788
Le Physionotrace, inventé par le musicien Gilles-Louis Chrétien, permet de reproduire les visages. Après une courte pose devant le « viseur », le portrait, gravé sur cuivre, est tiré sur papier par le graveur Edme Quenedey.

Paris, 13 août 1792
Le comte de Paroy commande une lanterne magique et des plaques pour l'éducation du dauphin. Trop tard : la famille royale est incarcérée.

France, 8 décembre 1799
L'Américain Robert Fulton, qui a perfectionné le Panorama de R. Barker, cède son brevet à l'Anglais James Thayer, qui veut faire construire, boulevard Montmartre, deux rotondes, avec des peintures de Pierre Prévost. (→ 1807)

Les Hollandais sont à l'avant-garde

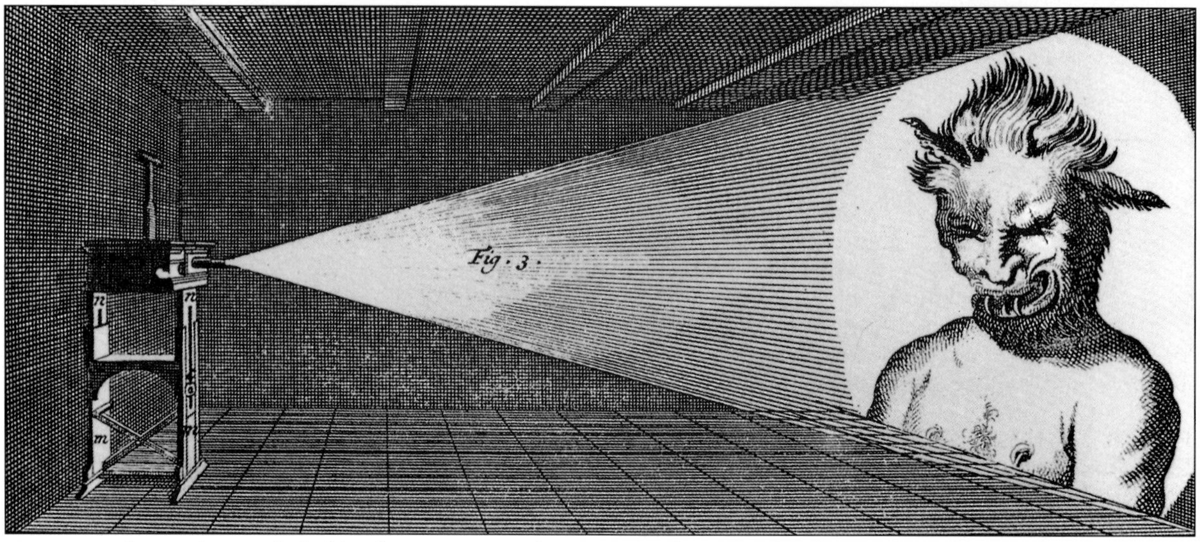

La crainte du peuple pour le diable, illustrée par Jacob S'Gravesande, est un des thèmes de prédilection des lanternistes.

Leyde, 1736
La Hollande, patrie de l'optique? L'abbé Jean-Antoine Nollet, savant français qui s'est voué à l'étude de l'électricité, rend visite aux physiciens de ce pays. Il est émerveillé par leur avance dans la science de l'optique. Chez l'un d'eux, Jacob S'Gravesande, grand amateur de physique expérimentale, Nollet admire une lanterne magique équipée d'un diaphragme qui permet de varier les effets de lumière. La lampe à pétrole, avec ses quatre mèches, est très puissante. Le diable qu'elle projette fait deux mètres de haut! De son côté, Pierre van Musschenbroek propose à la vente d'excellentes lanternes; il fabrique également différentes plaques animées, qui donnent sur l'écran une parfaite illusion du mouvement. Nollet voit apparaître devant lui l'image d'un équilibriste qui avance prudemment sur une corde. Une demoiselle lui fait une révérence. Un personnage ventripotent, à l'aspect grotesque, perd tout d'un coup sa perruque. Un moulin laisse gracieusement tourner ses ailes. Un homme boit un gobelet de vin et le repose d'un air satisfait. Décidément, depuis Christian Huygens, les Hollandais sont devenus des maîtres. L'abbé Nollet envisage de rapporter ces étonnantes inventions en France et de les utiliser pour les cours privés qu'il donne à Paris depuis un an.

Voltaire aux prises avec la lanterne

Cirey, 10 décembre 1738
Pour égayer les longues soirées d'hiver de la campagne, Voltaire va chercher la lanterne magique qui figure dans la collection d'instruments d'optique de son amie la marquise du Châtelet, chez qui il a trouvé refuge depuis 1734. Le célèbre écrivain donne souvent des séances de projection, avec des commentaires improvisés. Sa malice se déchaîne quand il brode sur les images qui montrent la coterie du duc de Richelieu ou caricaturent l'un de ses ennemis jurés, l'abbé Desfontaines. Mais, ce soir, cela s'est mal passé. En réglant la lampe de la lanterne, où brûle de l'esprit de vin, Voltaire la renverse. Voilà sa main en feu, celle qui a écrit *Zaïre*! Le divertissement est un peu troublé, mais Voltaire ne renonce pas pour autant à ces séances.

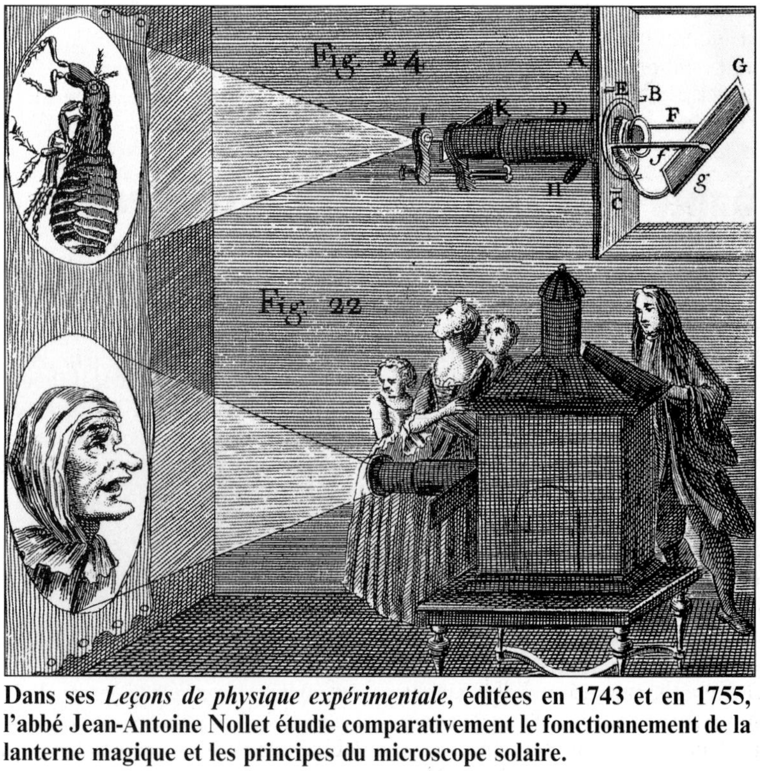

Dans ses *Leçons de physique expérimentale*, éditées en 1743 et en 1755, l'abbé Jean-Antoine Nollet étudie comparativement le fonctionnement de la lanterne magique et les principes du microscope solaire.

Jean-Paul Marat brimé par l'Académie

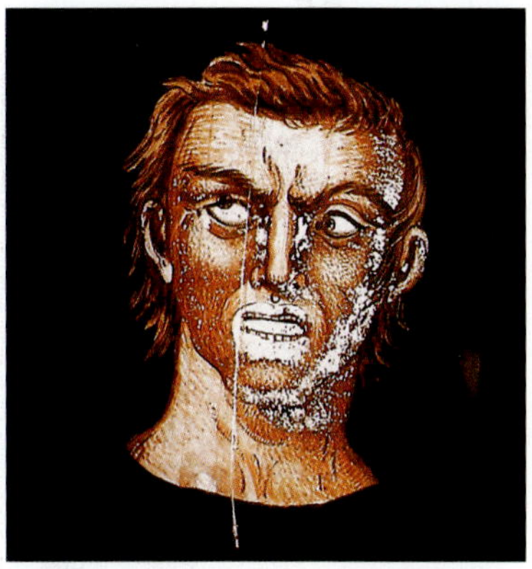

Marat vu par l'imagerie lanterniste.

Paris, 10 mai 1780
L'Académie royale des sciences rejette le mémoire du médecin Jean-Paul Marat sur les expériences que l'on peut faire à l'aide d'un microscope solaire. Cet appareil, inventé par le docteur allemand Johann Lieberkühn, permet de projeter sur l'écran des insectes microscopiques, des cristaux de sel ou des algues. Comme la source lumineuse doit être très forte, les rayons du soleil sont captés par un miroir qui les renvoie au foyer de l'objectif. Voilà déjà cinq années que Jean-Paul Marat se sert du microscope solaire. Depuis un mois, il donne des conférences scientifiques accompagnées de projections à l'hôtel d'Alègre, rue Saint-Honoré. Marat a publié en outre, l'année dernière, un petit ouvrage de trente-neuf pages sur le feu, l'électricité et la lumière. Le médecin y vante les mérites du microscope solaire et l'Académie des sciences ne recueille que des louanges. Voilà pourquoi il devient fou de rage lorsque l'avis méprisant de l'Académie lui parvient : elle ne reconnaît aucun intérêt scientifique à ses travaux, « contraires à ce qu'il y a de plus connu en optique » ! En effet, Marat s'acharne depuis longtemps à réfuter les théories d'Isaac Newton. On raconte qu'il se serait même battu avec le physicien Jacques Charles, adepte du savant anglais, qui se sert lui aussi des projections lumineuses pour illustrer ses cours. Marat l'aurait sauvagement frappé à coups de canne. Mais Charles, d'une nature beaucoup plus vigoureuse, l'a prestement jeté à la porte. Pauvre Marat !

Londres se met à l'heure française

L'Eidophusikon londonien du peintre français Philippe de Loutherbourg.

Londres, 26 février 1781
Le peintre français Philippe de Loutherbourg, décorateur au théâtre de Drury Lane depuis dix ans, ouvre à Lisle Street, près de Leicester Square, une salle de spectacle au nom barbare : l'Eidophusikon. On peut y voir de grandes toiles, éclairées par derrière. Elles montrent par exemple le naufrage d'un bateau lors d'une tempête en mer. Le bruit des vagues, les cris des marins résonnent dans la salle. Un autre tableau représente Londres, vu de la colline d'Onetree, dans Greenwich Park. Des effets de lumière donnent à cette fresque une beauté inattendue : le soleil semble se lever graduellement sur la Tamise. Cela est si réaliste que les spectateurs éberlués et ravis croient respirer la douce brise du matin.

L'image rétinienne livre ses secrets

Paris, 1765
La communication à l'Académie des sciences du physicien irlandais Patrice d'Arcy apporte une lumière nouvelle sur l'étrange phénomène de la persistance rétinienne, qui a déjà fasciné tant de savants. Comme eux, d'Arcy remarque que si l'on fait tourner une torche allumée, on ne voit qu'un cercle lumineux. Cette impression sur la rétine qui dure encore quelque temps après la disparition de l'objet lumineux, d'Arcy parvient à la mesurer, grâce à un appareil de son invention. Il s'agit d'une roue, mue par un poids. Elle porte sur son contour un charbon ardent qui tourne dans l'obscurité. La vitesse est réglée par des volants et mesurée par une horloge, un compteur et un timbre sonore. De loin, la nuit, d'Arcy observe le charbon ardent en rotation, qui forme un cercle lumineux. Grâce au compteur, il établit que la durée de la sensation des images sur la rétine est de un septième à un huitième de seconde. (→ 9.9.1824)

Une tête de Méduse, peinte sur plaque de verre, pour les lanternes magiques utilisées à la fin du siècle.

Le lanterniste belge Robertson fait triompher la

Robertson, prêtre devenu magicien.

Paris, 11 mai 1799
Merveilleuses, incroyables et muscadins font la queue place Vendôme, à l'entrée de l'ancien couvent des ci-devant Capucines. Une double curiosité les attire. Non seulement tout Paris vante la qualité du spectacle de fantasmagorie que l'on donne en cet endroit, mais encore une annonce parue dans la presse promet pour ce soir-là l'apparition de Claude Roberjot, membre du Conseil, assassiné le 29 avril dernier ! Sept heures sonnent ; les portes s'ouvrent. L'entrée coûte trois ou six livres, selon la place. Il faut traverser l'ancien couvent, avec ses cloîtres et son jardin lugubre parsemé de pierres tombales, avant de se trouver dans un grand cabinet de physique, où sont exposés des objets curieux. Le propriétaire des lieux, le Belge Etienne-Gaspard Robert, plus connu sous le nom de Robertson, a orné tous les murs de peintures fantastiques. Au fond de la salle, une porte antique, couverte d'hiéroglyphes : par là se trouve la fantasmagorie, le lieu où Robertson affirme ressusciter les morts. On distingue mal les contours de la pièce, tendue de noir et faiblement éclairée. Les spectateurs, saisis par le silence et la paix qui règnent en cet endroit, gagnent leurs bancs. Un homme grand, maigre et pâle surgit alors. C'est Robertson. Il est déjà connu pour ses expériences sur le galvanisme, mais, depuis l'année dernière, sa fantasmagorie lui vaut une célébrité sans pareille. Il annonce d'une voix sévère : « Ce qui va se passer dans un moment sous vos yeux, Messieurs, n'est point un spectacle frivole. » La lumière s'éteint. Au milieu des ténèbres, une femme crie : « Monsieur, finissez ! » Rires. Mais, soudain, s'élèvent les sons de l'harmonica de verre, le grondement du tonnerre. La cloche funèbre sonne. On voit pointer au loin une tête de Méduse qui grandit, glisse vers les spectateurs terrifiés, remue les yeux et la langue, puis se volatilise par magie. L'espace est envahi de squelettes et de têtes de mort ailées qui dansent un sabbat d'enfer. Un cri sort de toutes les bouches : Claude Roberjot ! C'est lui, couvert de sang. Un monstre lumineux circule entre les rangs. Un homme courageux lui assène un fameux coup de canne. Le monstre se sauve en boitant et en gémissant. Viennent ensuite la Nonne sanglante, les sorcières de Macbeth et Robertson lui-même : le spectacle est terminé.

Un grand mystère entoure la fantasmagorie de Robertson. Il garde farouchement le secret de son dispositif et de ses machineries. Même son ami et professeur le physicien Jacques Charles n'a pu obtenir la moindre indication. La curiosité publique est à son comble. Pourtant, dans la presse, des entrefilets révèlent que ces apparitions sont dues à une simple lanterne magique et que, dès 1792, un dénommé Philidor donnait déjà à Paris des spectacles de « phantasmagorie ». Le bruit court que la lanterne magique de Robertson serait montée sur des rails et cachée derrière l'écran. En avançant ou en reculant, elle ferait diminuer ou grossir les têtes de Méduse et autres monstres. Quelques curieux ont consulté le brevet d'invention du Fantascope, la lanterne sur roues de Robertson. L'énoncé en est volontairement discret. Malgré cela, des citoyens peu scrupuleux l'ont utilisé pour donner à leur tour des spectacles rivaux, directement inspirés par celui du couvent des Capucines. Mais l'on ne s'improvise pas « fantasmagore », et leurs représentations sont pâles et maladroites. Décidément, Robertson est aujourd'hui le seul à offrir au peuple parisien, d'une manière artistique, d'aussi belles séances de projections, sonores et lumineuses. (→ 1804)

Les Parisiens se pressent en foule à ces nouveaux spectacles dans la cour des Capucines, comme naguère à ceux du pavillon de l'Echiquier.

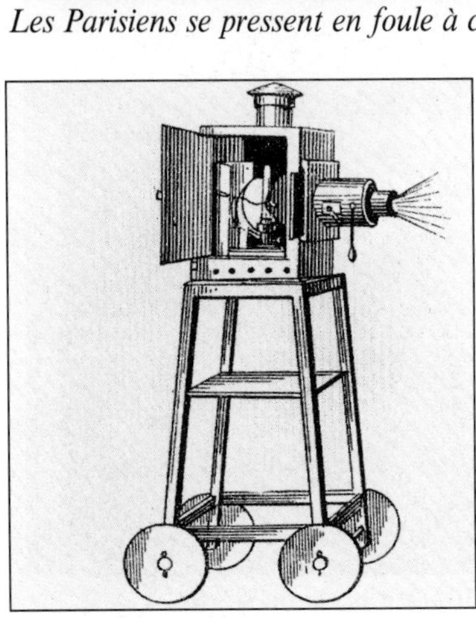

Le Fantascope breveté le 17 mars.

fantasmagorie à Paris

Spectres et revenants restent présents dans la thématique de Robertson.

FANTASMAGORIE

DE ROBERT-SON,

Rue des Petits Champs, Cour des Capucines.

vis-à-vis la Place Vendome.

APPARITIONS de spectres, fantômes et revenans tels qu'ils ont dû et pû apparoître dans tous les tems, dans tous les lieux et chez tous les peuples.

EXPÉRIENCES sur le fluide Galvanique, dont l'application rend non seulement le mouvement, mais encore les habitudes aux corps privés de la vie depuis plusieurs jours.

La Salle où se réunit le public, en attendant les expériences de la Fantasmagorie, *offre tous les prestiges de l'Optique imaginés jusqu'à présent pour tromper les yeux. Le spectateur voit successivement passer sous ses yeux, les lieux où se sont faites les apparitions chez les anciens.*

*On y entend l'*Harmonica *de* Franklin, *cet instrument précieux est touché par le premier virtuose de Paris*

1. Séance a lieu tous les jours à - heures, Cour des Capucines.

Le mystérieux Philidor

Paris, 16 décembre 1792

Que ceux qui croient aux revenants courent à la Phantasmagorie de Paul Philidor au 31, rue de Richelieu. Pour trois livres – les assignats sont acceptés – Philidor fait réapparaître toute personne absente ou morte. Il suffit de l'en avertir la veille et de venir avec un portrait de celui ou celle que l'on désire revoir. Philidor prévient les citoyens que ces opérations n'ont aucune influence dangereuse sur les organes et aucune odeur désagréable. La Phantasmagorie attire grande affluence, car, chez Philidor, on peut voir aussi les spectres des grands hommes politiques. Accompagnée d'éclairs éblouissants, une figure blanchâtre s'élève du plancher. Silhouette tout d'abord confuse, le fantôme devient de plus en plus visible. Aucun doute n'est possible : c'est Mirabeau, pourtant mort l'année dernière ! Il se promène, erre dans l'ombre, se penche vers les spectateurs frémissants. On veut le toucher : Mirabeau disparaît, les éclairs s'éteignent, l'obscurité revient. Vingt autres spectres se succèdent, dont celui de l'empereur d'Autriche Joseph II, décédé en 1790. Devant tous, il change pour une tunique blanche cet uniforme vert porté lors de sa visite à Paris, en 1777. D'autres images animées surgissent et semblent s'approcher ou s'éloigner des spectateurs. Philidor termine toujours ses représentations en évoquant le diable. Le magicien fait apparaître ce distingué monsieur tantôt avec le visage de Philippe-Egalité, tantôt avec celui de Robespierre, de Marat ou de Danton, mais toujours avec des griffes, des cornes et une longue queue. Est-il nécessaire de dire que ces prodiges ne sont que des effets d'optique ? Philidor, qui ne veut pas passer pour un charlatan, montre volontiers sa lanterne magique perfectionnée, disposée derrière l'écran de toile blanche. Elle est montée sur roues, afin de pouvoir coulisser en avant et en arrière. L'image projetée est toujours nette : l'objectif de la lanterne se règle au moyen d'une crémaillère. Les plaques de verre sont peintes par un assistant, car Philidor, s'il maîtrise parfaitement l'art des projections, n'est pas très habile pour la peinture. Il est vrai que ces plaques sont de véritables miniatures, dont l'exécution demande beaucoup de soin. Mais, au fait, qui est Paul Philidor ? Les uns le disent flamand, les autres allemand, anglais... Ce qui est sûr, c'est que Philidor est un nom d'emprunt : mieux vaut être prudent en ces temps agités, surtout lorsqu'on se moque ouvertement de Robespierre ou de Marat ! Derrière le nom de Philidor se cache peut-être l'Américain Jacob Meyer, né à Philadelphie. Son pseudonyme débute d'ailleurs comme le nom de cette ville. A-t-il peur d'être découvert ? Philidor s'apprête déjà, dit-on, à gagner l'Angleterre.

Le singe de Florian joue les lanternistes

Paris, 1792

Les projections lumineuses deviennent une vogue tellement répandue, les colporteurs de lanterne magique sont si nombreux que l'écrivain Jean-Pierre Claris de Florian obtient un grand succès avec sa nouvelle fable, *le Singe qui montre la lanterne magique*. Le singe projectionniste y commente avec éloquence des images que la lanterne pourrait projeter, si sa lampe à pétrole était allumée. Il a oublié ce détail important. N'y voyant rien, le public d'animaux s'impatiente. Mais le singe continue, imperturbable : « Voici la Lune, l'histoire d'Adam et Eve... Voyez, Messieurs, comme ils sont beaux ! »

Chïens, chats et poulets spectateurs.

1800 (1800-1829)

Hambourg, 12 mai 1800
Robert Barker présente son Panorama, où l'on peut voir *la Flotte anglaise à Portsmouth.*

Paris, 5 décembre 1800
Décès de Séraphin-Dominique François, dit Séraphin (*15.2.1747). En 1772, il avait monté à Versailles un théâtre d'ombres. Remportant un grand succès, il l'avait transporté à Paris, au Palais-Royal, en 1784.

Bruxelles, 14 octobre 1801
Naissance de Joseph Antoine Ferdinand Plateau dans le quartier populeux de la rue Haute, près de la maison qu'habita Breughel. Son père est peintre.

Londres, 10 mai 1802
Un nouveau plagiaire de Robertson, le Napolitain Guglielmus Frederico, organise des séances de Phantasmagoria.

Angleterre, 1802
Le chimiste anglais Thomas Wedgwood remarque que du papier mouillé par du nitrate d'argent change rapidement de ton et devient noir si on l'expose à la lumière du jour. Il publie un mémoire sur « une méthode pour copier les tableaux sur verre et pour faire des profils » avec le nitrate d'argent.

Saint-Pétersbourg, 1804
Le lanterniste belge Robertson s'est installé chez le conseiller Kousofnikoff. Ses séances de Fantasmagorie, projetées dans les salles dites Mascarades de Lyon, sur la perspective Nevsky, connaissent un immense succès.

Saint-Pétersbourg, août 1805
L'Académie des sciences a acheté pour 70 000 francs le cabinet de physique de Robertson, sur l'ordre du tsar Alexandre, enthousiasmé par son « fantasmagore ».

Boston, 4 décembre 1806
Un rival de Robertson, Martin Aubée, donne des séances de Phantasmagoria, avec des projections de *Roméo et Juliette* et de *l'Apothéose de Washington.*

Paris, 1807
Entre la rue Neuve-Saint-Augustin et le boulevard des Capucines, l'Anglais James Thayer et le peintre français Pierre Prévost font édifier un panorama, de 32 m de diamètre sur 16 m d'élévation. On peut y admirer un immense tableau lumineux, *l'Entrevue de Tilsitt.*

Paris, 10 avril 1815
Robertson achète une salle pour ses Fantasmagories et son cabinet de physique au nº 12 du boulevard Montmartre. (→ 1832)

Paris, 22 mai 1818
Le bimbelotier Alphonse Giroux importe en France le Kaléidoscope. Ce jouet ancien a été sorti de l'oubli par le physicien écossais David Brewster. C'est un long tube à l'intérieur duquel on peut regarder à travers un oculaire des morceaux de verre colorés, réfléchis par plusieurs lames de miroirs, formant une variété infinie de rosaces, d'étoiles et d'arabesques.

Birmingham, 1819
L'opticien anglais Philip Carpenter met en vente le Kaléidoscope.

Birmingham, 1821
Philip Carpenter lance sur le marché la Phantasmagoria lantern. Cet appareil de projection est doté d'une forte lumière et d'excellentes lentilles achromatiques.

Paris, 10 juin 1823
L'opticien Vincent Chevalier invente une chambre obscure portative. Elle est équipée d'un prisme, qui permet de redresser les images.

Londres, 1823
Philip Carpenter publie l'un des premiers ouvrages consacrés exclusivement à la projection lumineuse : *A Companion to the Magic Lantern.*

Angleterre, 1825
Naissance du Thaumatrope. C'est un disque de carton tournant sur son axe, auquel on adjoint des figurines dessinées sur chaque face. Ces dernières se superposent pour l'œil qui les perçoit en même temps. Ce jouet d'optique basé sur le principe de la persistance rétinienne est mis en vente par l'Anglais John Ayrton Paris. Mais il a été inventé par le Dr William Henry Fitton.

France, 4 juillet 1827
Nicéphore Niepce envoie à Louis Daguerre une héliographie sur étain reproduisant une gravure ancienne. Daguerre, qui n'est guère avancé dans ses recherches, en critique sévèrement le résultat, qui n'est pourtant pas sans qualité. (→ 14.12.1829)

Liège, 1827
Pour étudier le phénomène de la persistance des couleurs sur la rétine, Joseph Plateau décide de chausser des lunettes dont les deux verres auraient des couleurs différentes.

Liège, 1828
Joseph Plateau invente un jouet d'optique, qu'il baptise Anorthoscope. Cet appareil permet de redresser, par une illusion optique reposant sur la persistance rétinienne, les images déformées par anamorphose. (→ 3.6.1829)

Le premier photographe

France, 30 juin 1822
Nicéphore Niepce, inventeur prolifique qui se passionne pour les bateaux à vapeur et les draisiennes, parvient à reproduire sur verre une gravure représentant le pape Pie VII. Il offre au général Poncet cette épreuve « héliographique ». C'est ainsi que Niepce baptise son invention. Depuis longtemps, il rêve de fixer et de reproduire à volonté l'image observée à l'intérieur de la chambre noire, cet appareil d'optique inventé vers le XIIIe siècle. L'héliographie, « écriture par le soleil », permet ce prodige, si l'on utilise un produit sensibilisateur, le bitume de Judée. Voilà bientôt six ans que Niepce travaille sur ce problème. Au début du mois de mai 1816, dans son domaine du Gras à Saint-Loup-de-Varennes, il dispose sur le rebord de sa fenêtre, juste en face d'une volière, une minuscule chambre noire sur le fond de laquelle il a placé un papier sensible. Au bout d'un long moment apparaît sur ce papier l'image de la volière. Niepce s'étonne : « Le fond du tableau est noir et les objets sont blancs ! » Dès lors, il perfectionne son procédé, en employant le diaphragme, puis en fixant durablement ses négatifs. Pour obtenir de bonnes héliographies, plus de trente minutes de pose sont nécessaires. Niepce est le seul capable de maîtriser cette technique, mais il n'a pas assez d'argent pour en exploiter les possibilités. (→ 4.7.1827)

Nicéphore Niepce, créateur d'images.

Dans son atelier, Niepce expérimente le bitume de Judée pour fixer la réalité.

Le Diorama, nouveau rendez-vous des spectateurs parisiens

Louis Jacques Mandé Daguerre.

Le Diorama utilise des images fixes qui sont vues par un public mobile.

Paris, 11 juillet 1822
Tout Paris se presse à l'inauguration du Diorama, boulevard Saint-Martin, derrière le Château-d'Eau. La conception de ce nouveau spectacle, qui rappelle l'ancien panorama de l'Anglais Barker et de l'Américain Fulton, est due à deux peintres décorateurs de théâtre, Louis Jacques Mandé Daguerre et Charles Marie Bouton. Ils ont peint d'immenses toiles, éclairées par derrière et par devant grâce à la lumière du jour. C'est *l'Intérieur de la cathédrale de Canterbury en Angleterre* qui remporte le plus de faveurs, mais *la Vue de la vallée de Sarnen en Suisse* est assez plaisante. Un petit escalier tournant donne accès au Diorama. Selon l'heure, l'entrée coûte de trente centimes à trois francs. Le spectateur se trouve sur une plate-forme au centre d'une grande salle circulaire autour de laquelle les toiles sont accrochées. Inutile de bouger la tête pour regarder l'ensemble, car la plate-forme tourne sur elle-même. Enthousiasmé, le jeune Honoré de Balzac, l'un des premiers visiteurs, affirme qu'il s'agit d'« une conquête de l'homme. Daguerre et Bouton ont étonné tout Paris ». (→ 19.8.1839)

Le 14 décembre 1829, à Chalon-sur-Saône, Niepce et Daguerre concluent un accord. Ils conviennent de mettre en commun à l'avenir leurs recherches pour obtenir la fixation des images de la chambre noire.

La charrette de Peter Mark Roget

Londres, 9 septembre 1824
Le mathématicien anglais Peter Mark Roget donne une conférence remarquée à la Royal Society. Si l'on observe la roue d'une charrette qui passe rapidement derrière une palissade faite de piquets verticaux, les rayons, vus à travers les intervalles, « ont alors une apparence courbe ». Pour que l'on puisse constater cela, les fentes verticales doivent elles aussi se déplacer, ou paraître le faire si l'observateur bouge la tête ou court parallèlement à la charrette. En fait, chaque piquet vertical joue le rôle d'un obturateur. Le savant précise que l'image qu'il nomme le « spectre des rayons » est immobile, bien que la roue soit en train de tourner. L'étude approfondie de cette illusion d'optique pourrait, dit-il, permettre de mesurer plus exactement la durée des impressions lumineuses sur la rétine. C'est la première fois qu'est faite une description aussi théorique et novatrice de la persistance rétinienne. (→ 1825)

Une thèse capitale de Joseph Plateau

Liège, 3 juin 1829
Le Belge Joseph Plateau reçoit le titre de docteur en physique pour sa *Dissertation sur quelques propriétés des impressions produites par la lumière sur l'organe de la vue*, thèse soutenue à la faculté des sciences. Ce texte contient plusieurs propositions jugées fondamentales par tous ceux qui s'intéressent à l'optique. Parmi ses conclusions, le savant explique qu'une impression quelconque sur la rétine exige un certain temps pour se former entièrement, de même que pour disparaître. Quand une impression s'efface, elle décroît de manière d'autant moins rapide en se rapprochant de sa disparition. La durée totale des impressions est à peu près égale à un tiers de seconde. Plateau donne ici la cause de nombreuses illusions d'optique : pourquoi les roues des voitures qui se meuvent rapidement semblent-elles avoir perdu leurs rayons ? D'où vient la traînée lumineuse que laissent derrière eux les météores ? Comment expliquer le phénomène optique exposé par Peter Mark Roget en 1824 ? Ce mémoire magistral se termine par une analyse de l'action mutuelle de deux impressions lumineuses. Pour étudier le phénomène de la persistance rétinienne, Plateau a fixé le soleil, comme Newton au XVIIe siècle. Il est resté aveugle pendant plusieurs jours. Sa vue, depuis, est toujours faible, mais sa curiosité scientifique n'en est pas altérée. (→ 20.1.1833)

Il scrute le secret de l'image animée.

1830 (1830-1859)

Beaune, 5 mars 1830
Naissance d'Etienne Jules Marey. (→janvier 1873)

Kingston-on-Thames, 9 avril 1830
Naissance d'Edward Muggeridge, près de Londres. (→avril 1873)

Angleterre, 10 décembre 1830
Michael Faraday met au point une roue dentée, tournant face à un miroir. En regardant son image à travers le mouvement des dents et des intervalles, elle paraît immobile. (→20.1.1833)

Vienne, 7 mai 1833
L'Autrichien Simon von Stampfer obtient le brevet impérial pour son disque stroboscopique, équivalent du Phénakisticope de Plateau. Ils ont inventé le même appareil sans se concerter.

France, 5 juillet 1833
Nicéphore Niepce, l'inventeur de la photographie, s'éteint à Saint-Loup-de-Varennes (*7.3.1765).

Bristol, décembre 1833
William George Horner crée un Phénakisticope cylindrique, le Daedaleum. En rotation, tout dessin placé à l'intérieur est visible à travers ses dents.

Londres, février 1837
Utilisant un procédé de Robertson, Henry Langdon Childe donne au théatre royal d'Adelphi des séances de *dissolving-views*. Deux lanternes magiques projettent deux images différentes en alternance. Le passage se fait lentement de l'une à l'autre.

Paris, 2 juillet 1837
Aux Batignolles s'éteint le lanterniste belge Etienne-Gaspard Robert, dit Robertson (*15.6.1763).

Londres, 21 juin 1838
Charles Wheatstone présente à la Royal Society son Stéréoscope, qui donne la sensation du relief.

Londres, 6 août 1838
A la Royal Polytechnic Institution, John Henry Pepper fait des projections sophistiquées : il illustre *les Voyages de Simbad le marin*, en utilisant six lanternes montées en batterie.

Angleterre, 1839
Henry Langdon Childe invente le Chromatrope, une plaque animée à manivelle. Les deux verres mobiles tournent en sens contraire.

Metz, 28 août 1842
Naissance de Louis Aimé Augustin Le Prince. (→2.11.1886)

Gand, 1843
Joseph Plateau songe à combiner le Daguerréotype au Phénakisticope. Mais il a trop fixé le soleil. Atteint d'une inflammation de la choroïde, il devient aveugle. (→15.9.1883)

France, 8 décembre 1844
A Montreuil-sous-Bois naît Charles Emile Reynaud. (→15.7.1864)

Paris, 23 juin 1845
L'Allemand Frédéric Martens présente le premier appareil photographique panoramique. Equipé d'un objectif pivotant, il peut saisir un angle de 150°.

Paris, 3 juillet 1845
Le magicien Jean Eugène Robert-Houdin inaugure le théâtre des Soirées fantastiques au 164, rue de Valois. (→1.7.1888)

Milan, Ohio, 11 février 1847
Naissance de Thomas Alva Edison, d'un père brocanteur d'origine néerlandaise. (→29.11.1877)

Philadelphie, 1848
Les frères William et Frederick Langenheim créent le Hyalotype, plaque photographique positive et transparente destinée à être projetée par la lanterne magique.

Douai, 12 juin 1850
Naissance de Georges Demenÿ. (→26.5.1880)

Paris, 1850
Dans son atelier du 21, rue de l'Odéon, l'opticien Jules Duboscq fabrique et met en vente la première lanterne magique scientifique.

Bry-sur-Marne, 10 juillet 1851
Mort de Louis Jacques Mandé Daguerre (*18.11.1787).

France, 16 février 1852
Jules Duboscq fait breveter son Stéréo-Fantascope, ou Bioscope, combinant le Stéréoscope et le Phénakisticope. Des photographies représentant un mouvement sont disposées dans un Daedaleum, appareil qui donne « la sensation du relief et du mouvement ».

Londres, mai 1852
Le photographe lyonnais Antoine François Jean Claudet fabrique un Stéréoscope « dans lequel on voit des personnages se mouvoir ». Des images sur deux phases d'un mouvement sont vues à travers deux lentilles, alternativement.

Autriche, 21 avril 1853
Franz Freiherr von Uchatius applique le Phénakisticope à la lanterne magique. Il place devant la lanterne, éclairée à la lumière oxhydrique, douze vues peintes sur verre, logées dans un disque en bois. Un disque fenestré sert d'obturateur. (→4.6.1881)

Kentucky, 5 février 1854
Naissance près de Bedford de Jean-Aymé Le Roy, d'ascendance française. (→décembre 1893)

Bristol, 7 septembre 1855
Naissance de William Green. (→26.1.1886)

France, 26 janvier 1857
Léon Scott de Martinville dépose un mémoire sur l'enregistrement graphique de la parole, qu'il nomme phonautographie.

L'étape Phénakisticope

Les jeux du miroir et du disque mettent les images en mouvement.

Bruxelles, 20 janvier 1833
Dans une lettre adressée à son professeur Adolphe Quetelet, Joseph Plateau décrit un nouvel appareil de son invention, mis au point en décembre dernier et destiné à illustrer les théories de sa thèse soutenue en 1829. Le savant pratique une série d'ouvertures étroites sur toute la circonférence d'un disque en carton. Sur une face, le disque est entièrement noirci. Sur l'autre face, Plateau dessine par exemple les différentes phases des mouvements d'un danseur. Le nombre des phases correspond à celui des fentes. Puis la face illustrée du disque est placée devant un miroir. Plateau regarde alors d'un œil les figures à travers les ouvertures, tout en faisant tourner le disque sur son axe.

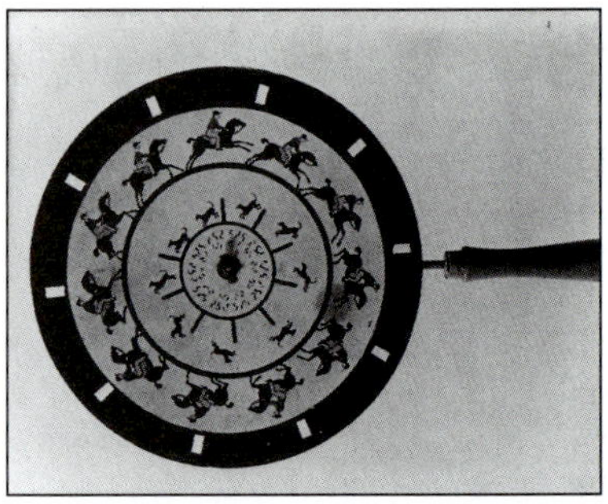

Miracle : l'illusion est complète, le danseur évolue avec une grâce infinie. C'est encore un effet de la persistance rétinienne. Commence ensuite la valse des noms donnés à cet appareil, d'abord fabriqué à Londres : Phantasmascope, Fantascope, Phénakisticope, ou, subtile variante, Phénakistiscope. (→1843)

Un nouveau procédé, le Daguerréotype

Paris, 19 août 1839
Le savant François Arago révèle le secret du Daguerréotype devant l'Académie des sciences. Le procédé permet la reproduction des images de la chambre noire. Son inventeur, Louis Daguerre, en revendique la paternité, malgré les travaux précédents et décisifs de son associé Nicéphore Niepce, mort en 1833. Arago explique : l'image est exposée sur une plaque sensible en cuivre argenté et iodé. Elle est révélée grâce aux vapeurs de mercure, et fixée par une solution d'hyposulfite de soude. (→10.7.1851)

Les « Mémoires récréatifs » de Robertson livrés au public

Paris, 1832
Le deuxième volume des *Mémoires récréatifs*, du physicien-aéronaute Etienne-Gaspard Robertson, est paru et passe inaperçu. Cet ouvrage révèle pourtant tous les secrets du « fantasmagore ». Robertson y retrace aussi sa vie mouvementée et la suite de ses inventions extraordinaires, comme cette réplique, qu'il croit fidèle, du miroir d'Archimède, ou le Noctographe, qui permet d'écrire sans voir, le Phonorganon, automate parlant, la Minerve, vaisseau aérien... Venu de Liège à Paris en 1791, Robertson, de son vrai nom Robert, ouvre sa première salle de projection au pavillon de l'Echiquier en 1798, puis l'année suivante au couvent des Capucines. En 1802 il part en tournée dans toute l'Europe. Sa Fantasmagorie remporte un triomphe mémorable à Saint-Pétersbourg devant le tsar Alexandre. Naturalisé français en 1814, le physicien ouvre une nouvelle salle de magie lumineuse au 12, boulevard Montmartre, et déploie en 1826, avec le Jardin Tivoli, toute son imagination. (→ 2.7.1837)

Une plaque de lanterne magique de cette époque, peinte à la main.

De « kinema » à la cinématique

Paris, 1834
Le mot cinématique vient du grec *kinema*, qui signifie mouvement. Il apparaît pour la première fois sous cette forme (en 1753, on parlait déjà de « cinétmique ») dans le nouvel ouvrage du physicien français André Marie Ampère, intitulé *Exposition analytique d'une classification naturelle de toutes les connaissances humaines*. Dans ce livre, le savant vieillissant a entrepris de classer toutes les connaissances humaines : travail énorme, qui n'est pas encore achevé. D'autres nouveaux mots ont été inventés à cette occasion, comme cybernétique. La cinématique désigne la science théorique et abstraite du mouvement, considéré indépendamment de ses causes. Elle comprend également l'étude des organes des machines utilisés comme moyen de transmission du mouvement. « La cinématique est la première partie de la mécanique élémentaire », selon la *Classification* établie par Ampère.

Charles Baudelaire salue Joseph Plateau

Paris, 17 avril 1853
Le Monde littéraire publie un article du poète sulfureux Charles Baudelaire : « Morale du joujou ». Dans ce texte très sage, Baudelaire décrit un jouet scientifique qui l'a amusé, le Phénakisticope, inventé par Joseph Plateau. Sur le disque qu'il examine, le poète peut voir un « exercice de danseur ou de jongleur, divisé et décomposé en un certain nombre de mouvements... Les vingt petites figures, représentant le mouvement décomposé d'une seule figure, se reflètent dans une glace située en face de vous. Appliquez votre œil à la hauteur des petites fenêtres, et faites tourner rapidement les cercles. La rapidité de rotation transforme les vingt ouvertures en une seule circulaire, à travers laquelle vous voyez se réfléchir dans la glace vingt figures dansantes, exactement semblables et exécutant les mêmes mouvements avec une précision fantastique. Chaque petite figure a bénéficié des dix-neuf autres. Sur le cercle, elle tourne, et sa rapidité la rend invisible ; dans la glace, vue à travers la fenêtre tournante, elle est immobile, exécutant en place tous les mouvements distribués entre les vingt figures. Le nombre des tableaux qu'on peut créer ainsi est infini. » En revanche, Charles Baudelaire, en dépit de son amitié pour Félix Tournachon, dit Nadar, déteste la photographie, qui est, selon lui, le « refuge de tous les peintres manqués » !

Baudelaire, peint par Emile Deroy.

La lanterne merveilleuse de Lewis Carroll

Londres, 31 décembre 1856
Le professeur de mathématiques Charles Dodgson, plus connu dans le monde des lettres sous le nom de Lewis Carroll, a reçu la belle lanterne magique en acajou qu'il avait achetée chez les fabricants londoniens Watkins et Hill, le 20 décembre dernier. Ce soir, première séance de projection, durant plus de deux heures, devant une centaine d'enfants : Dodgson, aux commandes de la lanterne, projette quarante-sept plaques. Ce lanterniste fervent entonne également treize chansons, reprises en chœur par les enfants. Après deux heures de spectacle, l'homme-orchestre est épuisé. Il a le triomphe modeste et affirme en éteignant la lampe : « Dans l'ensemble, je crois que ce fut un succès. »

Une lanterne anglaise. Le professeur Dodgson en fait un outil pédagogique.

1860 (1860-1873)

Minihic-sur-Rance, 3 août 1860
Naissance de William Kennedy Laurie Dickson, d'origine écossaise. (→ mars 1882)

Angleterre, 1860
Thomas Sutton imagine un appareil photographique à vingt objectifs. Il permet d'obtenir vingt images différentes sur une grande plaque, visionnée au Daedaleum stéréoscopique, baptisé par Sutton Stéréotrope.

Philadelphie, 5 février 1861
Coleman Sellers dépose un brevet pour le Kinématoscope. Des photographies stéréoscopiques des phases du mouvement, fixées sur six ailes à l'intérieur d'un cylindre, permettent en tournant d'obtenir des vues animées.

Paris, 8 décembre 1861
Naissance de Marie-Georges-Jean Méliès, fils d'un prospère fabricant de chaussures du boulevard Saint-Martin. (→ 1.7.1888)

Londres, 1861
James Clerk Maxwell présente sa méthode de triple projection en trois couleurs, première tentative de sélection trichrome.

Besançon, 20 octobre 1862
Naissance d'Auguste Lumière, fils du photographe Antoine Lumière.

Berlin, 30 avril 1863
Naissance de Max Skladanowsky. (→ 20.8.1892)

France, 25 décembre 1863
Naissance de Charles Pathé à Chevry-Cossigny. (→ 9.9.1894)

Paris, 10 mai 1864
Naissance de Léon-Ernest Gaumont. (→ 1892)

Besançon, 5 octobre 1864
Naissance de Louis Lumière, frère d'Auguste. (→ novembre 1881)

Vaujours, 20 mars 1865
Naissance de Charlotte Faës. (→ octobre 1896)

Vioménil, 2 avril 1866
Naissance de Marie-Joseph-Henri Joly. (→ 26.8.1895)

Greenwich, 1866
A. Beale invente le Choreutoscope à bande. Une plaque de verre animée, sur laquelle est dessiné un squelette dans six positions, avance devant une fenêtre, grâce à une manivelle et à une croix de Malte. (→ 24.6.1882)

Paris, 2 décembre 1867
Charles Cros dépose à l'Académie un mémoire sur sa « théorie de la photographie des couleurs », par l'analyse et la synthèse trichromes. (→ 23.11.1868)

Paris, 7 mars 1868
L'Espagnol Augustin Gomez Santa Maria fait breveter le Dinascope, lanterne « produisant l'animation des images » au moyen du Phénakisticope.

New Jersey, juillet 1868
Deux imprimeurs, les frères John et Isaiah Hyatt, découvrent le Celluloïd, une nouvelle substance à base de nitro-cellulose, et en commencent la fabrication industrielle. (→ 2.5.1887)

Angleterre, 10 octobre 1871
Thomas Ross dépose un brevet pour une plaque animée, appelée The Wheel of Life (la roue de la vie). C'est un disque tournant sur lequel sont dessinées différentes phases d'un mouvement. Un second disque, opaque et percé d'une fente, est plaqué dessus. Les deux faces tournent en sens inverse et donnent sur l'écran une animation semblable au Phénakisticope de Plateau.

Paris, janvier 1873
Le physiologiste Etienne-Jules Marey publie *la Machine animale*, où pour la première fois la « locomotion aérienne et terrestre » est analysée graphiquement. Au moyen d'un « myographe inscripteur à signal électro-magnétique », il enregistre graphiquement les battements des ailes d'un pigeon et la marche d'un cheval.

Paris, 15 février 1873
L'astronome Jules Janssen, chargé d'aller observer au Japon le passage de Vénus devant le Soleil, expose à l'Académie des sciences le principe de son revolver photographique, qui doit permettre d'enregistrer sur disque 48 clichés successifs. (→ 8.12.1874)

Palo Alto, avril 1873
L'ancien gouverneur de la Californie, Leland Stanford, qui a eu connaissance des travaux de Marey, charge le photographe anglais Eadweard Muybridge de vérifier les dires du Français. Muybridge réalise un cliché du cheval Occident au galop, mais le résultat est médiocre. (→ 6.2.1875)

Saint-Mandé, 1er juillet 1873
Naissance d'Alice Guy. (→ 12.8.1895)

Le Puy, 11 décembre 1873
Imitant son maître, l'abbé Moigno, Emile Reynaud donne sa première séance de « projection éducative » à la lanterne dans la grande salle de l'hôtel de ville. Malgré ses cinq cents places, le lieu se révèle trop petit pour accueillir le public. (→ 20.7.1877)

Paris, 24 décembre 1873
A la Société française de navigation aérienne, l'inventeur Alphonse Pénaud s'enthousiasme sur les derniers travaux de Marey. Il suggère à celui-ci d'appliquer « la lumière et la photographie » à « l'étude de la théorie du vol des oiseaux ». (→ 18.12.1878)

Pierre Séguin rénove la fantasmagorie

Les monuments parisiens sont souvent illustrés. Ici, la fontaine des Innocents.

Paris, 26 avril 1860
Du nouveau dans la fantasmagorie : l'artiste Pierre Séguin, qui peint les plaques de lanterne magique pour le physicien Henri Robin, invente un Polyorama animé. C'est une lanterne à plusieurs objectifs, qui projette en alternance des plaques représentant par exemple des soldats en plein combat. Sur la première plaque, les soldats ont le sabre levé, sur la deuxième ils commencent à le baisser, etc. Séguin veut adapter la photographie, dont le succès ne cesse de s'affirmer, à ce procédé. L'illusion du mouvement serait ainsi complète.

Lanterne de Lapierre, dite Riche.

Vers la photographie en mouvement

Paris, 2 mai 1861
L'ingénieur belge Henry-Désiré Du Mont a plus d'un moyen pour animer la photographie, que tout le monde rêve de voir bouger. Devant l'objectif d'une chambre noire, Du Mont fait se succéder rapidement des plaques sensibles placées côte à côte sur un châssis qui se déplace par intermittence, grâce à un poids et à une crémaillère. Dans un autre modèle, c'est une boîte qui contient plusieurs plaques sensibles. Chacune d'elles glisse, une fois impressionnée, dans une deuxième boîte disposée au-dessous. Enfin, il a encore prévu un ingénieux système d'obturation, qui permet l'exposition de la plaque sensible pendant un temps extrêmement court. Du Mont se propose de photographier des chevaux au galop, les mouvements d'une danseuse, d'un soldat ou d'une machine. L'ingénieur dépose aujourd'hui un brevet contenant toutes ces applications. Déjà, en 1859, il avait inventé plusieurs appareils perfectionnés, dits Omniscopes, inspirés du Phénakisticope de Joseph Plateau.

Ducos du Hauron passe à la couleur

Paris, 23 novembre 1868
Louis Ducos du Hauron, inventeur français prolifique, est parvenu à obtenir un négatif d'une épreuve photographique en couleurs. C'est un vieux rêve partagé par beaucoup de physiciens. Le procédé est simple et rappelle celui du poète Charles Cros. Pourtant les deux hommes ont travaillé chacun de leur côté. Trois châssis de verre sont colorés respectivement en rouge, en jaune et en bleu. Les plaques sensibles sont mises dans les châssis. Ducos du Hauron obtient alors trois clichés, de trois couleurs différentes, et obtient la couleur d'ensemble en superposant les trois verres. Cette méthode trichrome n'est pas d'un maniement facile, mais c'est tout de même un pas en avant. Ducos du Hauron ne s'arrête pas là : la photographie doit être aussi animée. Voilà déjà quatre ans, le 1er mars 1864, notre inventeur déposait un brevet pour des appareils étonnants, permettant selon lui ce prodige. L'une des chambres noires ainsi décrites possède 290 objectifs, disposés parallèlement en quinconce sur plusieurs lignes. Ces objectifs sont découverts graduellement par une bande de tissu noir percée de trous et enroulée sur deux bobines. Les images sont impressionnées sur une plaque de collodion, tirées en positifs et projetées à la lanterne magique. Ducos du Hauron suggère de faire des projections accélérées, ralenties, en stéréoscopie. Il a écrit récemment : « Au moyen de mon appareil, je me fais fort de reproduire le défilé d'un cortège, une revue et des manœuvres militaires, une fête publique, une scène théâtrale, les grimaces d'une tête humaine, le mouvement des vagues, la course des nuages dans un ciel orageux, l'éruption d'un volcan, etc. » Le projet n'est-il pas trop ambitieux? Personne encore n'a pu voir ces belles images animées, annoncées en 1864; mais cet esprit généreux ne saurait promettre sans tenir : on lui fait confiance. (→ 17.4.1893)

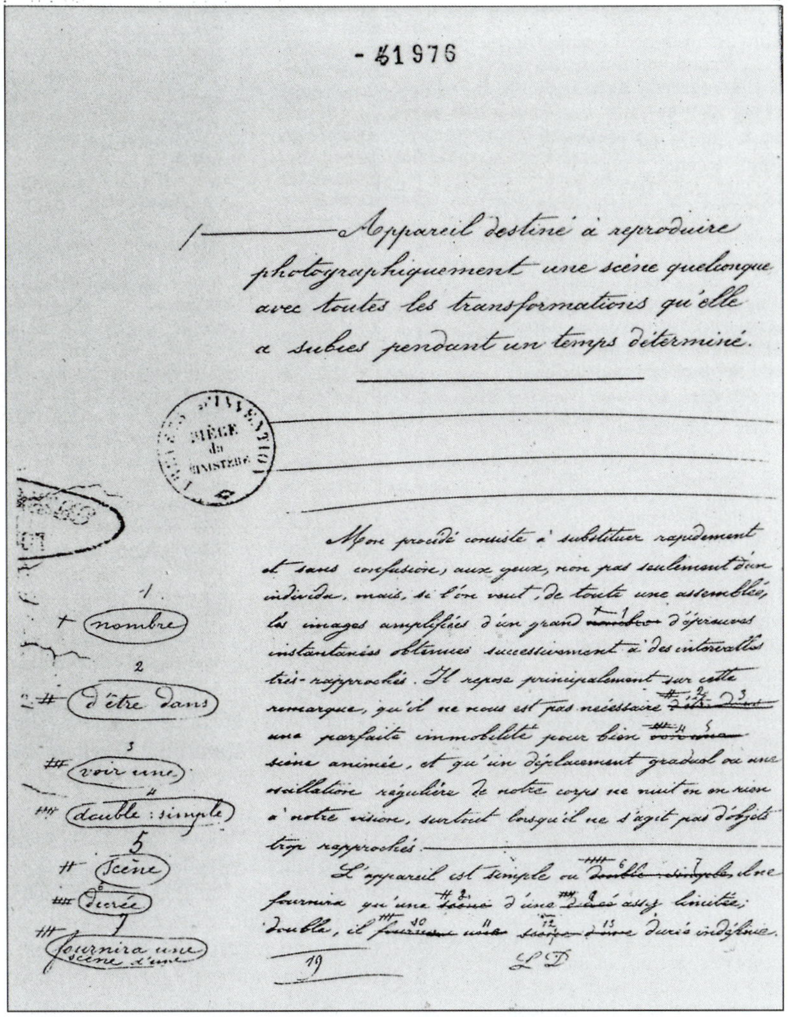
- 41976

Appareil destiné à reproduire photographiquement une scène quelconque avec toutes les transformations qu'elle a subies pendant un temps déterminé.

Mon procédé consiste à substituer rapidement et sans confusion, aux yeux, non pas seulement d'un individu, mais, si l'on veut, de toute une assemblée, les images amplifiées d'un grand nombre d'épreuves instantanées obtenues successivement à des intervalles très-rapprochés. Il repose principalement sur cette remarque, qu'il ne nous est pas nécessaire d'être dans une parfaite immobilité pour bien voir une scène animée, et qu'un déplacement graduel ou une oscillation régulière de notre corps ne nuit en rien à notre vision, surtout lorsqu'il ne s'agit pas d'objets trop rapprochés.

L'appareil est simple ou double : simple, il ne fournira qu'une scène d'une durée assez limitée; double, il fournira une scène d'une durée indéfinie.

19 L D

Avec son brevet du 25 avril 1864, il imaginait le spectacle sur écran.

L'abbé Moigno, 44, rue Bonaparte

Paris, 15 juillet 1864
Les cours publics de science vulgarisée de l'abbé François Moigno, surnommé l'Apôtre de la projection, ont déménagé du 3, quai Malaquais, au 44, rue Bonaparte, dans la salle de la Société d'encouragement. Moigno avait commencé ses cours en 1852, au 8, boulevard des Italiens, dans un local qu'il a dû laisser ensuite à des hommes plus riches que lui, l'illusionniste Robert-Houdin et le photographe Disdéri. Il n'a pas cessé de se heurter aux pouvoirs publics, qui considèrent d'un mauvais œil ces tentatives pour promouvoir l'éducation populaire. Chez Moigno, le peuple en effet peut s'instruire gratuitement. Pour retenir l'attention du public, Moigno mêle science et divertissement. On chante, on joue de l'orgue ou de l'harmonium, et la lanterne magique projette des clichés de physique, d'histoire, de géographie. A la fin, des plaques animées égaient la soirée ou la rendent féerique : les chromatropes, rosaces tournantes en verre, défilent à toute vitesse. Le premier cours de la rue Bonaparte attire un jeune homme de vingt ans, né à Montreuil-sous-Bois. Il se nomme Emile Reynaud. C'est un autodidacte, passionné de sciences physiques et d'optique. Moigno a-t-il trouvé un disciple? En tout cas, Reynaud, comme les autres élèves, reste fasciné devant l'éloquence du vieil abbé et devant ses projections lumineuses, dont certaines tentent adroitement de créer un semblant d'animation. (→ 11.12.1873)

Un appareil de conception européenne

Paris, 2 août 1867
Devant la Société française de photographie, le chercheur anglais Henry Cook présente, en son nom et en celui de l'Italien Gaetano Bonelli, le Photobioscope, appareil fabriqué par l'ingénieur français Eugène Deschiens. Le Photobioscope, avec ses deux lentilles, permet la vision de photographies transparentes et stéréoscopiques, reproduisant les différentes phases du mouvement, et placées sur un disque en verre. Un disque à fente sert d'obturateur.

Le Photobioscope de Cook et Bonelli.

Une première publique à Philadelphie

Philadelphie, 5 février 1870
La soirée de bienfaisance organisée à l'académie de musique a permis d'inaugurer en public le Phasmatrope, inventé par l'Américain Henry Renno Heyl. C'est une lanterne magique qui peut projeter des séries de dix-huit clichés placés sur un disque de verre. L'un des disques représente un couple de danseurs. L'obturateur oscillant de la lanterne permet de montrer sur l'écran la succession des photographies, si rapide que l'impression du mouvement est alors donnée.

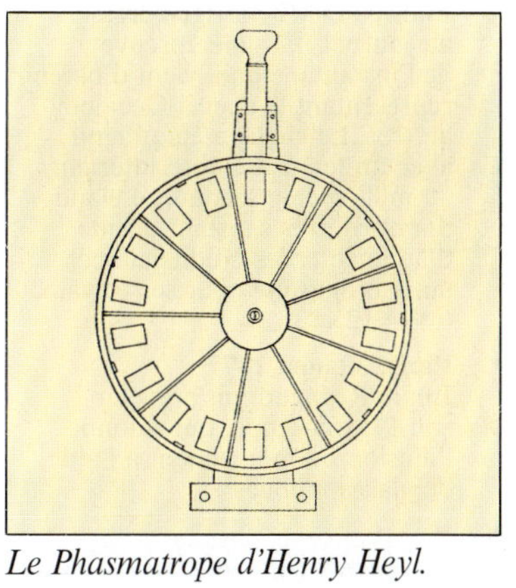

Le Phasmatrope d'Henry Heyl.

1874 (1874-1879)

Panama, 11 mars 1875
Acquitté le 6 février du meurtre de l'amant de sa femme, Eadweard Muybridge a quitté pour un temps la Californie. L'ancien gouverneur Leland Stanford lui a confié, pour le compte de la compagnie Pacific Mail Steamship, qu'il contrôle, une série de travaux photographiques à effectuer dans la jungle panaméenne et sur les rivages du Pacifique, en Amérique centrale. (→ 31.7.1877)

Paris, avril 1876
Jules Janssen suggère à la Société de photographie qu'on aborde, grâce à son revolver photographique, les « questions intéressantes de mécanique physiologique se rapportant à la marche, au vol, aux divers mouvements des oiseaux ». (→ 19.8.1889)

Londres, 9 novembre 1876
L'avocat Wordsworth Donisthorpe fait breveter un appareil à prise de vues successives. Les plaques sensibles passent par intermittence derrière l'objectif, obturé par un écran mobile.

Paris, 18 avril 1877
Charles Cros dépose à l'Académie des sciences un pli cacheté contenant « la description d'un procédé d'enregistrement et de reproduction des phénomènes perçus par l'ouïe ».

Le Puy, 20 juillet 1877
Pour distraire le petit Pierre Tixier, âgé de douze ans, Emile Reynaud invente un jouet d'optique. Le Praxinoscope est né. Fabriqué à partir d'une simple boîte à biscuits, c'est un dérivé très ingénieux du Phénakisticope de Plateau.

Palo Alto, 31 juillet 1877
De retour de sa mission en Amérique centrale, Eadweard Muybridge a rouvert son atelier de photographe. Il se présente désormais comme « photographe officiel du gouvernement américain ». A la demande de Leland Stanford, il vient de reprendre ses essais photographiques sur les attitudes des chevaux.

Palo Alto, 2 août 1877
Eadweard Muybridge adresse au journal *Alta* une épreuve de l'instantané qu'il vient d'obtenir, représentant le cheval Occident au trot. Le cliché a été obtenu avec un temps de pose inférieur au millième de seconde. Leland Stanford, très satisfait, décide d'augmenter les crédits alloués au photographe pour ses travaux. (→ 14.12.1878)

Paris, 30 août 1877
Emile Reynaud fait breveter son Praxinoscope, qui « donne l'illusion du mouvement à l'aide de glaces mobiles ».

Menlo Park, 29 novembre 1877
Installé dans le New Jersey, l'inventeur américain Thomas Alva Edison dessine le schéma d'un appareil pour l'enregistrement et la reproduction des sons : le Phonographe. Il en ordonne la fabrication.

Paris, 28 février 1878
Emile Reynaud a quitté Le Puy et s'installe au 58, rue Rodier, pour fabriquer et vendre son Praxinoscope. Il occupe deux appartements, l'un pour sa mère, l'autre servant d'atelier, où deux ouvriers sont chargés d'assembler les parties métalliques et les miroirs de l'appareil. (→ mai 1878)

Paris, 11 mars 1878
Edison présente son Phonographe à l'Académie des sciences. Incrédule, le Dr Bouillaud réfute l'invention et accuse l'Américain d'utiliser les talents d'un ventriloque. (→ mars 1882)

Paris, 24 avril 1878
Henri Lefèvre crée un nouveau Mégascope, lanterne magique pour projeter des objets opaques.

France, 26 août 1878
Le fabricant de jouets d'optique Arthur Léon Laverne invente une lampe à pétrole pour lanterne magique, équipée de cinq mèches.

Paris, 18 décembre 1878
Les photographies instantanées de Muybridge enthousiasment Etienne-Jules Marey. Il écrit à son ami Gaston Tissandier, directeur de *la Nature*. Il conseille au photographe anglais d'étudier le vol des oiseaux, et dit avoir déjà songé à fabriquer pour cette étude « une sorte de fusil photographique ». (→ 26.5.1880)

Londres, 1878
Wordsworth Donisthorpe baptise son appareil à prises de vues successives Kinesigraph, et songe à le combiner avec le Phonographe d'Edison.

Paris, 7 janvier 1879
Emile Reynaud perfectionne et met en vente le Praxinoscope Théâtre. Le jouet d'optique est maintenant placé dans une boîte. On regarde à travers un décor les images animées qui défilent sur les glaces mobiles. (→ 4.6.1880)

France, février 1879
L'écrivain Auguste Villiers de l'Isle-Adam a terminé son roman, *l'Eve future*, qui met en scène le Sorcier de Menlo Park, Thomas Alva Edison.

San Francisco, 4 mars 1879
Eadweard Muybridge obtient un brevet pour son procédé de photographies instantanées successives d'objets en mouvement. (→ 4.5.1880)

Jules Janssen sur la piste de Vénus

Le revolver photographique en action durant le passage de la planète.

Yokohama, 8 décembre 1874
Evénement dans les milieux de l'astronomie : la planète Vénus passe aujourd'hui devant le Soleil ! Des expéditions européennes se sont rendues au Japon pour observer ce phénomène rare depuis l'endroit où il serait le plus visible. L'équipe française se distingue par sa technique d'avant-garde mise au point par son directeur, le savant Jules Janssen, lequel a inventé pour l'occasion un revolver photographique. Cet engin inoffensif permet de saisir en quarante-huit clichés successifs le passage de Vénus, grâce à un mouvement d'horlogerie. Un disque obturateur en cuivre, percé de douze ouvertures, fait un tour complet en dix-huit secondes, tandis qu'un autre disque muni d'une croix de Malte opère son tour en soixante-douze secondes, par saccades. Ce second disque porte la surface sensible, une plaque daguérrienne en cuivre argenté, qui est immédiatement envoyée à Paris aux scientifiques. (→ avril 1876)

Emile Reynaud à l'Exposition universelle

Paris, mai 1878
Dans le cadre somptueux du palais du Trocadéro, édifié pour la circonstance, l'Exposition attire la grande foule sur ses 800 000 m^2. Parmi les 52 835 exposants présents se trouve Emile Reynaud, un professeur de trente-quatre ans qui vient d'abandonner l'enseignement pour se consacrer à l'exploitation du Praxinoscope de son invention. Il présente ainsi cet ingénieux jouet optique : « Le Praxinoscope anime les sujets, sans perdre de leur finesse ni de leurs coloris... Une récréation intéressante pour les grandes personnes aussi bien qu'attrayante pour les enfants. » C'est au Puy-en-Velay, où il a toujours vécu depuis le décès de son père, que Reynaud a mis au point son appareil. Savant autodidacte devenu professeur de science dans une école d'arts et métiers, il a d'abord illustré ses cours avec une lanterne magique améliorée, qui permettait déjà d'animer des vues. Quant au Praxinoscope, on raconte qu'il en a construit une première ébauche à partir d'une boîte en fer-blanc, pour amuser le fils de sa femme de ménage. (→ 7.1.1879)

Les chevaux exemplaires d'Eadweard Muybridge

Paris, 14 décembre 1878

Un cheval au galop s'appuie sur un sabot, puis sur trois, puis sur deux, puis sur un, et ainsi de suite : telle est la conclusion des travaux du grand photographe anglais Eadweard Muybridge, dont le magazine *la Nature* vient de publier les premiers résultats. On se souvient que le physiologiste Etienne-Jules Marey avait émis, il y a quelques années, cette hypothèse, qui contredisait alors tous les canons de la peinture animalière. Une série de photographies instantanées vient d'en faire la démonstration éclatante. L'idée remonte à 1873 : à cette époque, Leland Stanford, président de la Central Pacific Railroad et ancien gouverneur de la Californie, souhaitait une peinture en mouvement de son cheval Occident. Mis au courant des travaux de Marey, en France, il fit appel à Muybridge pour les confirmer photographiquement, et l'invita derechef dans son ranch de Palo Alto, non loin de San Francisco. Les premiers résultats furent assez décevants : les épreuves étaient tellement floues qu'il fallut les faire retoucher par le peintre John Koch ! Qui plus est, les déboires juridico-sentimentaux du photographe arrêtèrent net l'expérience en cours. Ce n'est qu'en août 1877, au terme d'un long voyage en Amérique centrale, que Muybridge reprit contact avec son mécène. De son point de vue, les progrès des émulsions et de l'instantané permettaient une nouvelle approche de la question. Au cours de l'année 1878, il fit aménager la piste de trot de Palo Alto et y installa douze appareils photographiques en batterie. Le déclenchement des obturateurs électriques se produisait lors du passage des chevaux devant les chambres noires, chaque fil tendu à faible hauteur étant alors rompu par l'animal. Ce système astucieux permit d'obtenir des images successives, à intervalles réguliers. Tour à tour, les grands cracks de l'écurie Stanford se prêtèrent au jeu, en défilant devant l'installation. Les images, d'une netteté surprenante, firent l'effet d'une bombe et furent insérées dans diverses publications scientifiques. Cette expérience remarquable démontre l'intérêt de la photographie instantanée quant à la meilleure compréhension des phénomènes liés au vivant. Nul doute qu'elle retiendra l'attention de Marey et de beaucoup d'autres physiologistes français ! (→ 4.3.1879)

Une des pistes aménagées pour ses expériences dans l'élevage californien de l'ancien gouverneur Leland Stanford.

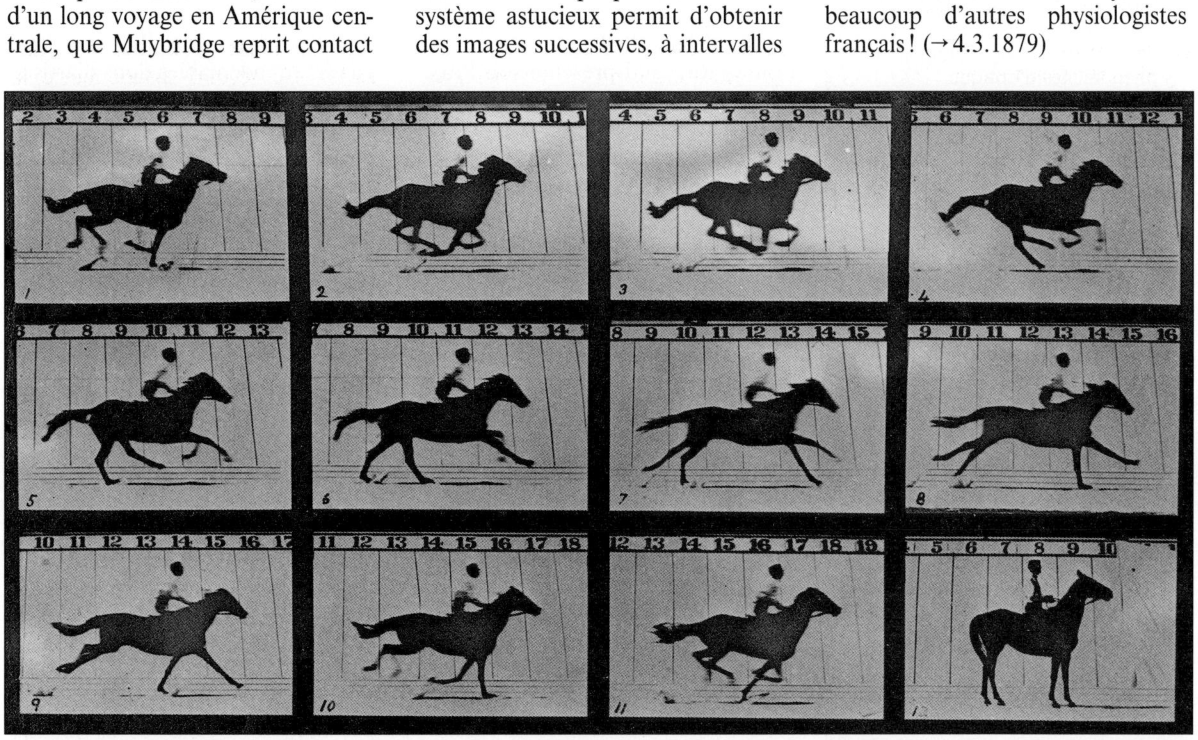

L'efficacité de la méthode révèle à la fois le secret des allures du cheval et les possibilités inestimables de la photographie.

Le meurtrier n'est pas coupable

Napa, 6 février 1875

« Non coupable ». A l'annonce du verdict du tribunal de Napa, en Californie, Eadweard Muybridge s'écroule dans son box, pris de convulsions. Son avocat tente de le calmer. Ainsi se termine un des faits divers les plus touchants de notre temps : le 17 octobre 1874, Muybridge avait tué l'amant de sa femme, un certain George Harry Larkyns, d'une décharge de Smith & Wesson. Les jurés n'ont rien trouvé à redire à son attitude et le photographe est sorti libre du tribunal. (→ 11.3.1875)

Eadweard Muybridge en 1872.

1880 (1880-1884)

San Francisco, 4 mai 1880
Eadweard Muybridge présente son appareil de projection baptisé Zoogyroscope. Les clichés obtenus à Palo Alto sont redessinés sur un disque transparent, puis projetés à la lanterne.

France, 26 mai 1880
Georges Demenÿ, membre du Cercle de gymnastique rationnelle et passionné par la physiologie, écrit à Etienne-Jules Marey pour lui proposer ses services. Marey lui promet de l'embaucher comme préparateur.

Vienne, 4 juin 1881
Franz Freiherr von Uchatius, le créateur du Phénakisticope à projection, se suicide, à l'âge de soixante-dix ans.

Paris, août 1881
Arrivée de Muybridge. Il apporte avec lui son Zoogyroscope, rebaptisé Zoopraxiscope, ainsi que des clichés, certains représentant des pigeons saisis au 1/5 000 de seconde.

Paris, 26 septembre 1881
Marey réunit chez lui, boulevard Delessert, les chercheurs Gabriel Lippmann, Georges Demenÿ, Hermann von Helmholtz, le photographe Félix Nadar et Muybridge, qui projette avec le Zoopraxiscope les résultats de ses recherches.

Paris, 26 novembre 1881
Au 191, boulevard Malesherbes, chez le peintre Ernest Meissonier, Muybridge donne une séance de Zoopraxiscope en présence d'artistes, dont Alexandre Dumas fils. Meissonier s'exclame : « C'est une révélation ! Jamais je n'ai pu voir de semblables mouvements ! »

Naples, 27 novembre 1881
Marey se décide à fabriquer lui-même le fusil photographique qu'il avait imaginé le 18 décembre 1878 en observant les travaux de Muybridge.

Lyon, novembre 1881
Le photographe Louis Lumière met au point la « plaque sèche au gélatino-bromure d'argent », qui supprime l'emploi du collodion humide, utilisé universellement depuis 1852. Les plaques Lumière (9 x 12), vendues 4,50 F la douzaine, rencontrent très vite le succès.

Paris, 1881
Emile Reynaud met en vente le Praxinoscope à projections, qu'il avait esquissé dans son brevet du 30 août 1877. (→ 14.1.1889)

Naples, 4 mars 1882
Marey envoie à Demenÿ les premiers clichés réussis d'oiseaux en vol, obtenus avec son fusil photographique, qui contient dans le canon un objectif. Dans une culasse cylindrique tourne une plaque sensible, déclenchée par une détente. La plaque s'arrête douze fois par seconde devant l'objectif.

New Jersey, mars 1882
William Kennedy Laurie Dickson se fait embaucher aux laboratoires de West Orange appartenant à Thomas Alva Edison, dans les services de recherche de l'électricité. (→ janvier 1888)

Paris, 22 avril 1882
La revue scientifique *la Nature* publie la première description du fusil photographique de Marey. (→ 5.6.1883)

Paris, 24 juin 1882
Dans *la Nature* est décrit le Choreutoscope tournant, plaque animée, fabriquée et vendue en France par l'opticien Alfred Molteni. Cette variante du Choreutoscope à bande de l'Anglais Beale reprend le principe du Phénakisticope, et utilise une croix de Malte à six échancrures.

Paris, 1882
Le médecin Albert Londe dirige à l'hôpital de la Salpêtrière un laboratoire photographique, ouvert par Jean Charcot. Pour enregistrer sur clichés les mouvements pathologiques, il construit avec son mécanicien Dessoudeix un appareil à neuf objectifs disposés en cercle. L'obturateur est un disque fenestré.

Paris, 1882
L. Picard fonde le Comptoir général de photographie, un grand magasin de vente situé 57, rue Saint-Roch. (→ 1892)

Gand, 15 septembre 1883
Décès de Joseph Plateau (*14.10.1801). Aveugle depuis l'âge de quarante-deux ans, il n'avait jamais cessé d'étudier les phénomènes d'optique.

Philadelphie, juin 1884
Le peintre Thomas Eakins, ami de Muybridge, se met lui aussi à la chronophotographie. Avec un appareil à plaque fixe équipé d'un disque fenestré, il réalise des clichés d'hommes nus en mouvement.

Lyon, novembre 1884
Dans le quartier de Montplaisir, Antoine Lumière et ses deux fils fondent une usine de plaques sèches au gélatino-bromure d'argent. La plaque Etiquette bleue extra-rapide est mise en vente avec succès. (→ 1.6.1892)

Rochester, 1884
L'Eastman Dry Plate and Film Company, société commerciale au capital de 300 000 dollars dirigée par Henri Strong et George Eastman, est créée. Associé à William Walker, Eastman a mis au point et fait breveter une pellicule photographique souple sur support papier. (→ 2.11.1889)

Un jouet plein d'images

Le Praxinoscope d'Emile Reynaud présenté à la Société de photographie.

Paris, 4 juin 1880
Emile Reynaud présente son Praxinoscope à la Société française de photographie, dont les membres connaissent déjà le Phénakisticope de Plateau et le Zootrope de Horner. Ces appareils permettent de créer l'illusion du mouvement à partir d'une série de dessins. L'apport de Reynaud consiste principalement en un jeu de miroirs fixes où se reflètent les images. Une boîte cylindrique, montée sur un pivot central, porte sur sa face interne une bande de papier sur laquelle l'inventeur a dessiné la succession des figures. En faisant tourner le cylindre, le spectateur les voit bouger sur le miroir prismatique à douze pans. Ce jouet, distingué par une « mention honorable » à l'Exposition universelle de 1878, est en train de se répandre dans toute l'Europe. Fruit de l'ingéniosité et du calcul, le Praxinoscope met la science au service de l'art. A ses qualités d'ingénieur, Reynaud joint en effet d'indéniables dons d'artiste. Les personnages peints un à un sur ses bandes de papier sont pleins de charme. (→ 1881)

Un pédagogue et un inventeur.

Etienne-Jules Marey et la chronophotographie

A l'avant-garde de la physiologie.

Etude chronophotographique de l'homme en mouvement (1882), étape décisive des recherches sur l'image animée.

Paris, 5 juin 1883
Dans la partie du bois de Boulogne nommée le parc des Princes, il existe une station physiologique où se déroulent chaque jour des scènes étranges. Aujourd'hui un homme vêtu de noir, portant des lignes blanches brillantes le long des bras et des jambes, évolue devant un grand appareil photographique inséré dans une sorte de cabane. L'homme en noir s'appelle Georges Demenÿ. Athlète complet (c'est nécessaire pour servir de cobaye à l'étude du mouvement), il a été nommé préparateur à la station depuis l'année dernière. Le maître d'œuvre, Etienne-Jules Marey, est réputé dans le monde entier pour l'ensemble de ses travaux sur la physiologie. Il se consacre passionnément, depuis 1882, à la photographie du mouvement. Sa méthode, la chronophotographie, a bouleversé les théories sur la locomotion humaine ou animale. Grâce à Marey, on s'est aperçu que tous les peintres avaient jusqu'à maintenant donné une position erronée au cheval dans ses allures rapides. Si Demenÿ porte ce curieux costume, c'est pour permettre au Chronophotographe, qui n'enregistre ici que les lignes brillantes, de donner un graphique géométrique précis. Marey peut ainsi faire une analyse scientifique de la marche humaine. La découverte de ce procédé extraordinaire s'est faite en plusieurs étapes. En 1873, le savant commence ses travaux en utilisant la méthode graphique : pour étudier le pas, le trot ou le galop du cheval, par exemple, Marey place sous chacun des sabots de l'animal une poire de caoutchouc pleine d'air, reliée par un tube à un « inscripteur ». Quatre stylets tracent le graphique du mouvement de chaque sabot sur un cylindre garni d'un papier enduit de noir de fumée. Après les travaux de Jules Janssen en 1874 et ceux d'Eadweard Muybridge en 1878, Marey se tourne vers la photographie : le vol des oiseaux, si difficile à observer, pourrait être décomposé et analysé par ce moyen. En février 1882, il met au point le fusil photographique, inspiré du revolver de Janssen. Ce fusil inoffensif permet de prendre sur un disque sensible douze photos d'un oiseau qui vole ou d'un animal en pleine course, mais celles-ci sont petites et floues. Marey délaisse son fusil et invente le premier Chronophotographe, au mois de juillet 1882. C'est une chambre noire qui permet d'obtenir une série d'images successives sur une seule plaque sensible. Cette dernière est introduite au foyer de l'objectif et, à chaque tour d'un disque obturateur animé par une manivelle, elle reçoit une image. Cela donne de belles photographies sur une même plaque, car le sujet est répété plusieurs fois mais à des emplacements différents. Marey fait défiler devant son Chronophotographe à plaque fixe toute une ménagerie : chevaux, chiens, chats, et même un éléphant. Les travaux du grand physiologiste sont vraiment à l'avant-garde des recherches sur la décomposition du mouvement, mais, contrairement à Muybridge, Marey ne cherche pas à le reconstituer. (→ 13.6.1887)

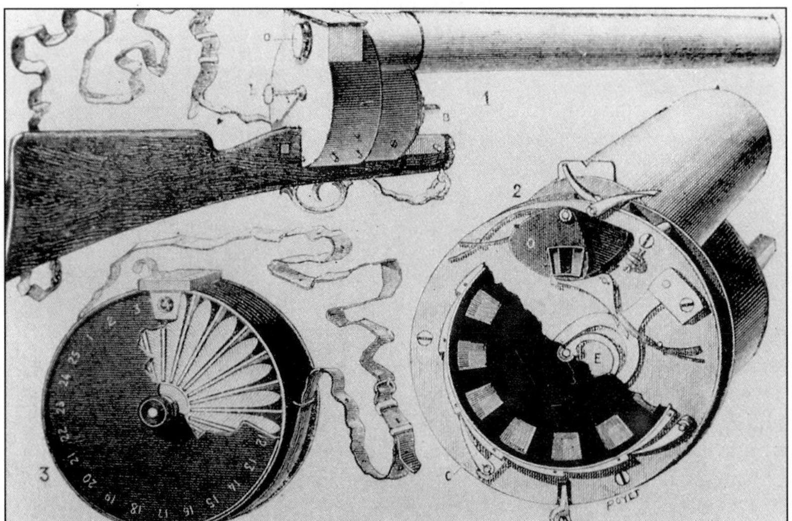

Fusil photographique (1) avec obturateur à disque (2) et boîte de plaques (3).

En septembre 1883, Marey et son mécanicen Otto Lund mettent en œuvre une cabine montée sur rails pour faire évoluer le Chronophotographe.

1885 (1885-1889)

Paris, 4 mai 1885
L'imprimeur Didot et le peintre Hoffbauer ouvrent le Diorama des Champs-Elysées, éclairé par la lumière électrique du système Edison.

Londres, 26 janvier 1886
William Green, dit William Friese-Greene, présente à la Royal Photographic Society des projections photographiques animées, avec quatre lanternes dont les objectifs sont démasqués alternativement. L'inventeur de ce procédé est le lanterniste John-Arthur Roebuck Rudge.

Berlin, janvier 1886
Ottomar Anschütz publie dans l'*Illustrierte Zeitung* les clichés chronophotographiques sur plaque fixe des différentes phases d'un saut de cheval, saisies au 1/1 000 de seconde, à des intervalles de 1/16. (→ 19.3.1887)

Washington, 2 novembre 1886
Louis Aimé Augustin Le Prince, fixé aux Etats-Unis depuis 1881, dépose un brevet pour un appareil permettant d'« obtenir des photographies animées ». Ses seize lentilles enregistrent en alternance huit clichés, sur deux bandes de gélatine mobiles, ce qui constitue une grande innovation.

Paris, décembre 1886
Au théâtre-cabaret du Chat-Noir de Rodolphe Salis, les dessinateurs Henri Rivière et Caran d'Ache ont un grand succès avec leur pièce d'ombres animées, *l'Epopée*.

Paris, 7 janvier 1887
En présentant à la Société de photographie des rouleaux de papier sensible fabriqués par l'Américain George Eastman, Nadar déclare : « Mon rêve est de voir la photographie enregistrer les attitudes et les changements de physionomie d'un orateur, tandis qu'un phonographe enregistrerait ses paroles. »

Newark, New Jersey, 2 mai 1887
Le révérend américain Hannibal Goodwin dépose un brevet pour un support Celluloïd, pellicule souple de nitrate de cellulose, applicable à la photographie.

Paris, 13 juin 1887
Marey présente à l'Académie des sciences un Zootrope restituant le vol d'un pigeon. A l'intérieur, onze statuettes réalisées d'après les chronophotographies représentent les différentes phases du vol.

Paris, 15 juin 1887
A la station physiologique du parc des Princes, Marey obtient des clichés chronophotographiques « géométriques » d'un éléphant. Il a recouvert la peau uniformément grise de l'animal d'une multitude de points blancs pour bien marquer l'articulation de ses membres.

Leeds, 10 janvier 1888
Le Prince, installé depuis mai 1887 en Angleterre, obtient un brevet pour son appareil à seize lentilles. Il en dépose un nouveau pour un appareil à prise de vues à objectif unique, fonctionnant avec « une bande sans fin de gélatine », semblable à celle vendue par l'Américain George Eastman.

New Jersey, janvier 1888
Eugène Augustin Lauste entre à West Orange. Il fait de la recherche sur l'image photographique animée, avec Laurie Dickson. (→ décembre 1894)

New Jersey, 27 février 1888
Edison envisage avec Muybridge d'utiliser un Zoopraxiscope en l'associant au Phonographe.

Paris, 1er juillet 1888
Passionné par la prestidigitation, Georges Méliès achète, pour 47 000 francs, le théâtre Robert-Houdin du boulevard des Italiens à la veuve de l'un des fils du célèbre magicien. (→ 14.5.1894)

Paris, 29 octobre 1888
Marey réussit à prendre vingt images par seconde grâce à son Chronophotographe à pellicule mobile. Quand elle passe devant l'objectif à obturateur fenestré rotatif, un organe compresseur l'immobilise, assurant l'unicité des vues. (→ 3.10.1890)

Leeds, octobre 1888
Le Prince parvient à enregistrer sur une bande de papier sensible une scène familiale. (→ 18.9.1890)

West Orange, 28 novembre 1888
Edison et Laurie Dickson créent le Phonographe optique, ou Kinetographe. Sur un cylindre émulsionné, des négatifs de 40 mm^2 ont été obtenus en spirale, soit 42 000 images. Ils sont visionnés au microscope en faisant tourner le cylindre, mais ne peuvent être projetés.

Londres, 21 juin 1889
William Friese-Greene et Mortimer Evans déposent un brevet pour un appareil à prise de vues, qui enregistre cinq ou six images par seconde sur une bande de Celluloïd. L'obturation est assurée par une plaque mobile. (→ 1890)

Paris, 19 août 1889
Edison préside avec Jules Janssen le cinquantième anniversaire de la photographie. Il rencontre Marey, avec qui il s'entretient de la pellicule Celluloïd et du chronophotographe.

West Orange, 2 novembre 1889
Dans un *caveat*, Edison imagine de perforer les rouleaux de Celluloïd d'Eastman, de chaque côté et à intervalles réguliers, ceci pour permettre l'avancement du film. (→ 20.5.1891)

Lotissement en projet à Hollywood Ranch

Los Angeles, 1er février 1887
Propriétaire depuis l'an dernier, aux abords de la ville, d'un domaine de soixante hectares nommé Hollywood Ranch, Harvey Henderson Wilcox se trouve aujourd'hui à la tête d'un lotissement dûment enregistré, ce jour même, par les services du cadastre. La division qu'il prévoit fait l'objet d'une carte précise et joliment ornée, qu'il a également fait enregistrer. Le domaine y apparaît découpé en vingt-cinq zones délimitées par un tracé de rues, elles-mêmes divisées en parcelles. L'ensemble est limité, à l'est, par le Sunset Boulevard. Agent immobilier natif du Michigan, établi depuis 1883 en Californie, Wilcox nourrit pour l'avenir d'Hollywood Ranch de grandes ambitions, que du reste ses voisins ne voient pas d'un très bon œil. Là où, pour le moment, se dressent des alignements de palmiers ou de citronniers, il souhaite voir s'élever un hôtel de luxe et de belles villas modernes, et a déja imaginé la première : la sienne. Ce domaine, payé trois cents dollars l'hectare, est situé au cœur de la Cahuenga Valley. C'est à l'occasion d'un voyage que Daeida, l'épouse de Mr. Wilcox, fit la connaissance d'une habitante du Kansas, Mrs. Hendricks, qui lui parla de sa ferme d'Hollywood. A son retour, Daeida n'eut pas de mal à convaincre son mari de donner à leur ranch ce même nom, qui l'avait séduite. (→ 1.11.1909)

C'est au soleil de Californie que les Wilcox ont établi leur domaine.

L'intégrale Muybridge paraît en librairie

Washington, 5 janvier 1887
C'est un ouvrage particulièrement encombrant que vient de recevoir la bibliothèque du Congrès : sept cent quatre-vingt-une planches de vingt-quatre photographies chacune ! Intitulé *Animal Locomotion*, c'est le fruit d'une étroite et longue collaboration entre Eadweard Muybridge et l'université de Pennsylvanie. Le projet remonte à 1883, quand quelques notabilités de Philadelphie se proposèrent de parrainer la nouvelle série de travaux du fameux photographe. Nanti d'une confortable avance financière, Eadweard Muybridge se mit au travail l'année suivante, installé dans l'enceinte de l'université où il fit bâtir une structure semblable à celle de sa précédente expérience de Palo Alto. Secondé par le peintre et photographe Thomas Eakins, il fit défiler devant ses vingt-quatre appareils à déclenchement automatique cinq cent soixante individus aux démarches les plus variées. Des prises de vues complémentaires eurent lieu au Gentlemen's Driving Park pour les chevaux et au parc zoologique de Philadelphie pour les autres animaux. On peut d'ores et déjà souscrire pour ce remarquable catalogue du vivant. (→ 8.5.1904)

Emile Reynaud fait breveter son Théâtre optique

Paris, 14 janvier 1889

Sans cesse perfectionné par Emile Reynaud, le Praxinoscope a connu différentes versions. La toute dernière vient d'être brevetée sous le nom de Théâtre optique (brevet n° 194482). Suivant la demande de brevet, il s'agit d'« obtenir l'illusion du mouvement par des poses d'une variété et d'une durée indéfinies », dessinées ou réalisées par un autre moyen, y compris par la photographie. En 1880, Reynaud avait réussi à projeter des images praxinoscopiques sur un écran, mais il ne s'agissait encore que d'une courte bande en boucle : les dessins, peu nombreux, représentaient perpétuellement les phases d'un même mouvement. Le Théâtre optique, comme son nom l'indique, se prête au développement de véritables saynètes, d'histoires complètes dont les protagonistes sont dessinés image par image. Cette bande beaucoup plus longue, toilée et perforée, entraîne une grande roue dentée en cuivre. Les images reçues sur le prisme de l'appareil sont renvoyées sur un écran au moyen d'un projecteur et de miroirs supplémentaires. Le génie inventif d'Emile Reynaud lui permet cette fois-ci de proposer autre chose qu'un jouet optique : un véritable spectacle destiné à un vaste public. L'auteur ou tout autre manipulateur anime les dessins en faisant se dérouler la bande selon la vitesse qu'il désire. Il peut même provoquer des arrêts ou des retours en arrière. Comme au théâtre, les personnages évoluent devant un décor fixe. Celui du Théâtre optique est projeté sur l'écran par une lanterne magique. Quelques-uns des amis d'Emile Reynaud ont eu la primeur, dès octobre dernier, de cette invention révolutionnaire. L'artiste-ingénieur leur a présenté *Un bon bock*, la première bande réalisée selon cette technique. Ils se sont unanimement déclarés enchantés par cette scène comique, dont l'action se déroule l'été dans la cour d'une auberge campagnarde. En sept cents images, Reynaud montre comment deux clients du cabaret se font subtiliser leurs verres de bière par un larron qui profite de leur distraction. Le marmiton farceur se réjouit de son bon tour avec la servante de l'auberge. (→ 28.10.1892)

Dans des pantomimes telles que « Pauvre Pierrot », la stabilité de l'image est améliorée par les perforations de la bande.

Guidé par l'actualité, un fabricant met sur le marché une lanterne à l'image de la tour Eiffel, inaugurée lors de l'Exposition universelle le 15 mai 1889.

Les animations d'Ottomar Anschütz

Berlin, 19 mars 1887

Dans le parc de l'exposition du Kulturministerium, le photographe allemand Ottomar Anschütz expose son Electrotachyscope. Le public ne voit en fait qu'une paroi de planches percée d'un trou où défilent des images lumineuses. Derrière l'installation se trouve une grande roue en fer, actionnée par une manivelle. Sur la roue sont fixés les clichés transparents qu'Anschütz a obtenus avec sa chambre noire à douze objectifs. Un tube électrique, en contact avec l'axe de la roue, éclaire pendant un temps très bref chaque cliché lorsqu'il passe devant la fenêtre de la paroi. Anschütz montre ainsi les différentes allures du cheval, le mouvement des oiseaux pendant le vol ou un athlète lançant un javelot. Cette machine à sous connaît un grand succès ; le ministère de l'Instruction publique s'y intéresse vivement. (→ 15.11.1894)

1890 (1890-1893)

Paris, 3 octobre 1890
Marey dépose un brevet pour son chronophotographe à pellicule mobile, qui permet de saisir « des images successives sur une bande de pellicule sensible ».

Paris, 3 novembre 1890
Marey remplace les bandes de papier sensible de son chronophotographe par des bandes de Celluloïd émulsionnées par le chimiste Balagny.

Londres, 1890
William Friese-Greene et Mortimer Evans prennent des vues avec leur appareil à pellicule.

West Orange, 20 mai 1891
Devant les membres d'un club féminin, Mina Edison présente le Kinetoscope que son époux et Laurie Dickson viennent d'inventer. Cette grande caisse en bois permet de visionner individuellement des films perforés de 35 mm de large, longs de 18 m, défilant à la cadence de 46 images par seconde, mais pas de les projeter. Les images ont été enregistrées avec le Kinetographe, appareil qu'Edison continue de mettre au point.

Paris, 27 juillet 1891
Georges Demenÿ présente à l'Académie des sciences les travaux de Marey ainsi qu'une invention personnelle, le Phonoscope. C'est une sorte de Phénakistiscope de projection, mais les dessins sont remplacés par des vues chronophotographiques où Demenÿ articule : « Je vous aime. »

West Orange, 31 juillet 1891
Edison et Laurie Dickson déposent un brevet pour le Kinetoscope et le Kinetographe, pas encore tout à fait au point.

New York, 1er février 1892
Charles Raff et Frank R. Gammon fondent la Kinetoscope Company, en vue de l'exploitation du Kinetoscope d'Edison.

Paris, 3 mars 1892
Georges Demenÿ dépose un brevet pour son Phonoscope, Phénakistiscope de projection reproduisant sur l'écran ou à la vue directe « l'illusion des mouvements de la parole et de la physionomie ». (→ 25.7.1893)

Paris, 29 avril 1892
Marey revient de Naples, où il a construit un projecteur pour ses bandes chronophotographiques, difficile à faire fonctionner. Il faut coller les épreuves sur une bande de tissu caoutchouté, qui passe ensuite à la projection.

Lyon, 1er juin 1892
La société anonyme Antoine Lumière et Fils, au capital de trois millions, est créée. L'entreprise de Montplaisir emploie cent quatre-vingt-dix personnes. (→ octobre 1894)

Berlin, 20 août 1892
Max Skladanowsky, aidé de son frère Emil, tourne sur le toit de l'atelier du photographe Wilhelm Fenz, situé Schönhauser Allee 146, les premières images enregistrées avec l'appareil de prise de vues qu'il a lui-même construit au cours de l'année. (→ mai 1894)

West Orange, décembre 1892
Le premier studio de prise de vues animées du monde est construit par Edison et Laurie Dickson. L'édifice, de forme oblongue, recouvert de papier goudronné, est orienté vers le soleil grâce à des rails. On le surnomme Black Maria (fourgon cellulaire en argot américain).

Paris, 1892
A vingt-huit ans, Léon Gaumont, qui a fait ses premières armes dans les ateliers de Jules Carpentier, rue Delambre, est embauché au Comptoir général de photographie. (→ 12.8.1895)

West Orange, 21 février 1893
Le Kinetoscope et le Kinetographe d'Edison sont acceptés par le bureau des brevets.

West Orange, février 1893
La Black Maria est achevée. Elle a coûté 63 767 dollars.

Paris, 17 avril 1893
Gabriel Lippmann présente à l'Académie des sciences des photographies en couleurs faites par les frères Lumière. Leur méthode dérive des procédés de Ducos du Hauron et de Lippmann lui-même. (→ 14.12.1894)

New York, 9 mai 1893
Première exploitation publique du Kinetoscope d'Edison, au Brooklyn Institute. Pour 25 cents, on peut visionner des films tournés par le Kinetographe. (→ 17.7.1894)

Paris, 29 juin 1893
Marey obtient un brevet pour son Chronophotographe à double usage, fonctionnant avec une pellicule sensible mobile ou avec une plaque fixe. (→ 22.10.1894)

Paris, 10 octobre 1893
Demenÿ prend un brevet pour un appareil chronophotographique. Il s'inspire de celui de Marey, mais introduit une innovation : un système d'entraînement de bobine excentrique qui communique à la pellicule son mouvement intermittent. (→ novembre 1894)

New York, décembre 1893
Le photographe américain Acme Le Roy fabrique un appareil chronophotographique et met au point un projecteur qui peut passer les films du Kinetoscope Edison. L'appareil, baptisé Marvelous Cinematographe, est construit avec l'aide du mécanicien Henry Brower. (→ 5.2.1894)

Une étrange disparition

Paris, 18 septembre 1890

Où est passé le grand inventeur français Louis Aimé Augustin Le Prince ? Le 13 septembre, il était à Bourges, d'où il écrivait à son ami anglais Richard Wilson, qui habite Paris, pour lui fixer rendez-vous le lundi 16, avant de repartir pour New York. Le Prince ajoutait dans sa lettre qu'il passerait le week-end chez son frère aîné, à Dijon. Et, en effet, c'est son frère lui-même qui l'accompagne à la gare. L'inventeur monte devant témoins dans le train se rendant à Paris. Mais le lundi, dans la capitale, c'est la consternation : Le Prince n'est pas descendu du train. Il a disparu entre Dijon et Paris ! Une enquête est aussitôt menée par la police, en vain : aucun corps n'est retrouvé sur le trajet. On parle d'un suicide, suscité par ses laborieux travaux sur la photographie animée. Il a fabriqué en 1888 un appareil à prise de vues successives, rappelant le Chronophotographe de Marey. Toutefois, contrairement au grand physiologiste, il ne rêve que de projections. Certains de ses amis ont vu chez lui des bobines en gélatine qui, entraînées par une croix de Malte devant un faisceau lumineux, donnaient selon l'inventeur des vues animées. Ses derniers travaux concernaient l'élaboration d'un audacieux triple projecteur. Visiblement découragé, il écrivait à sa femme, le 19 mars : « Ceci est absolument mon dernier essai. » Cependant, aucune certitude ne peut être avancée.

Louis Aimé Augustin Le Prince.

La caméra à seize objectifs de 1886.

Bobines de pellicule employées par l'inventeur pour son appareil à un objectif.

Un spectacle Reynaud

Jules Chéret signe la première affiche pour un spectacle d'images animées.

Paris, 28 octobre 1892
Grande première au musée Grévin ! Le temple de l'immortalité statufiée dans la cire devient le palais des images mouvantes. Emile Reynaud s'y installe avec son Théâtre optique. Au programme, trois pantomimes lumineuses avec la musique de Gaston Paulin : *Pauvre Pierrot*, *Clown et Ses chiens* et *Un bon bock*. Ces deux dernières bandes sont dans la tradition du cirque, mais la première est un hommage à la *commedia dell'arte*. En douze minutes, Pierrot courtise Colombine avec sa mandoline et un gros bouquet de fleurs, mais, roué de coups, il est chassé par Arlequin. L'auteur parvient à traduire la froideur de Colombine, les émois de Pierrot, buvant pour se donner du courage, et l'effronterie du redoutable Arlequin. Cette représentation remporte un franc succès. Elle sera suivie par beaucoup d'autres, le contrat signé par Reynaud stipulant qu'il devra donner des représentations quotidiennes, assurer lui-même les projections et renouveler son répertoire tous les ans. L'avenir qu'il envisageait pour son invention était très différent : il voulait vendre des théâtres optiques à des forains. C'était ignorer la fragilité du matériel et la nécessaire dextérité de l'opérateur. Face à la défection des clients, voilà Reynaud contraint de payer doublement de sa personne : il est à la fois artiste et opérateur. (→ 1.1.1895)

Rupture Marey-Demenÿ

Paris, 25 juillet 1893
L'élève Georges Demenÿ a-t-il dépassé son maître, Etienne-Jules Marey ? Demenÿ, fondateur de la société du Phonoscope, appareil qu'il a inventé et qui permet de visionner ou de projeter les épreuves chronophotographiques montées sur disque, reçoit une lettre cinglante de Marey : « Je vous prie de m'envoyer sans retard votre démission, c'est pour vous une manière honorable de vous retirer et je ne voudrais pas que l'administration fût obligée d'intervenir. » Le pauvre Demenÿ, qui travaille depuis 1882 à la station physiologique, est obligé de quitter les lieux. En fait, Marey s'est senti attaqué sur plusieurs points : cette société du Phonoscope, qu'il ne contrôle pas, ne peut fonctionner qu'avec ses appareils chronophotographiques. C'est Demenÿ qui veut exploiter ses inventions, alors que lui, Marey, hésite à les livrer au public. En outre, l'élève prend de plus en plus d'importance, son nom est cité en même temps que celui du maître dans la presse. Cette rupture, injuste pour Demenÿ, ne risque pas de remettre en cause la société du Phonoscope. Son fondateur connaît parfaitement tous les secrets du Chronophotographe et travaille déjà à un modèle de son invention. (→ 10.10.1893)

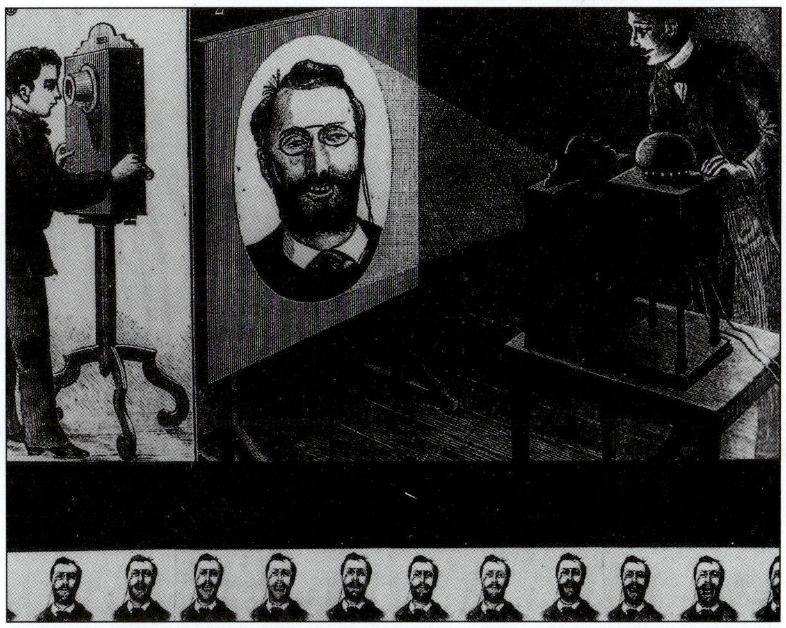

Pour les sourds-muets, Demenÿ a tenté une représentation visuelle de la parole.

Le Cinématographe selon Léon Bouly

Paris, 27 décembre 1893
Léon-Guillaume Bouly dépose son second brevet d'invention pour un « appareil réversible de photographie et d'optique pour l'analyse et la synthèse des mouvements », baptisé Cinématographe (du grec *kinema*, mouvement, et *graphein*, écrire). Ce Cinématographe permet l'obtention d'une série de clichés analytiques. De plus, il est réversible, c'est-à-dire qu'il peut servir également de projecteur, et réaliser ainsi la synthèse. Le système d'entraînement de la pellicule est original : c'est une sorte de came battante qui fait avancer le film par saccades. Un cadre presseur immobilise la bande à intervalles réguliers. Bouly a emprunté cette technique à Marey. Il fait fabriquer son appareil à Paris par le mécanicien Gaillard, 104, boulevard Voltaire.

Un appareil au nom surprenant.

1894

New York, 5 février
Dans l'arrière-boutique du magasin d'optique et de lanternes magiques des frères Riley, au 16 Beekman Street, Acme Le Roy organise en privé la première projection sur écran des films d'Edison, avec son projecteur Marvelous Cinematographe. (→ 22.2.1895)

Paris, 14 mai
Au théâtre Robert-Houdin, se rencontrent les magiciens Georges Méliès et Félicien Trewey, le photographe Antoine Lumière et l'un de ses assistants, Clément-Maurice Gratioulet, dit Clément Maurice. Ce dernier parle de la dernière invention d'Edison, le Kinetoscope. Méliès et Lumière sont très attentifs.

Berlin, mai
Max Skladanowsky enregistre quelques scènes sur pellicule, avec son appareil de prise de vues baptisé Bioskop. (→ 1.11.1895)

Washington, 17 juillet
Le sénateur Bradley interdit un film du Kinetoscope d'Edison, tourné à West Orange, et intitulé *la Danse serpentine*. La danseuse Carmencita ose y montrer ses dessous. C'est le premier cas de censure appliquée à des « vues animées ». (→ 7.11)

France, 9 septembre
Sur le champ de foire de Montéty, première étape d'une tournée dans toute la France, Charles Pathé présente au public le phonographe perfectionné d'Edison. Cet appareil, qu'il vient d'acquérir à Paris, chez les frères Werner, concessionnaires d'Edison, est équipé de douze tubes acoustiques, permettant donc à douze personnes d'assister à l'audition. (→ 14.1.1895)

West Orange, 16 octobre
Laurie Dickson tourne en plein air, avec le Kinetographe, une scène de rodéo organisée par la troupe de Buffalo Bill, de passage.

Paris, 22 octobre
Marey présente à l'Académie des sciences une bande chronophotographique montrant la chute d'un chat d'une hauteur de 1,5 m. Une polémique éclate. On reprend les calculs de Delaunay sur la chute du chat. Alphonse Allais s'en amuse : « On ne s'embête pas, à l'Académie. »

Paris, octobre
Les frères Werner ouvrent un Kinetoscope Parlor, dans leur magasin du 20, boulevard Poissonnière. Le visionnement coûte 25 centimes. L'appareil lui-même est vendu 6 000 francs. Antoine Lumière achète un des films pour le rapporter à ses deux fils.

Londres, octobre
L'opticien Robert William Paul visite le Kinetoscope Parlor ouvert par les Grecs Georgiades et Tragédes Papastakyotenipoulos. Il décide de fabriquer et d'exploiter le Kinetoscope. (→ février 1895)

Paris, 15 novembre
Un brevet est délivré à l'Allemand Ottomar Anschütz pour son « procédé de projections d'images à mouvement stroboscopique ».

New York, 21 novembre
Herman Casler invente le Mutoscope, boîte où l'on visionne un rouleau de photographies en rotation. (→ 27.12.1895)

Berlin, 25 novembre
Ottomar Anschütz donne une séance de projection avec son Tachyscope. Dérivé du Phénakisticope, il comporte deux objectifs et peut projeter vingt-quatre images.

Paris, novembre
Georges Demenÿ, qui cherche des commanditaires pour continuer ses recherches sur les images animées, rencontre Louis Lumière, mais ce dernier travaille aussi sur le sujet.

Washington, 12 décembre
Charles Francis Jenkins fait breveter un appareil de prise de vues à objectif rotatif (disque muni de quinze lentilles) et à pellicule mobile. Il prend deux cent quinze images environ par seconde. (→ 25.3.1895)

Paris, 14 décembre
Les frères Lumière obtiennent un brevet pour un procédé de « synthèse des couleurs par succession rapide d'images monochromes », à l'aide d'une sorte de Praxinoscope. Les images colorées sont observées directement ou projetées. (→ 13.2.1895)

New York, 31 décembre
Les éditions Burn publient le premier ouvrage spécialisé sur la prise de vues animées, écrit par Laurie Dickson et sa fille Antonia, et intitulé *History of the Kinetograph, Kinetoscope and Kineto-Phonograph*.

Paris, décembre
L'éditeur Masson publie *le Mouvement*, d'Etienne-Jules Marey, synthèse de ses recherches en chronophotographie.

New York, décembre
Le collaborateur de Le Roy, Eugène Lauste est engagé par les frères Otway et Grew Latham et leur père, le major Woodwille Latham, pour fabriquer un projecteur de films Edison. Les Latham ont ouvert, avec l'accord de la Kinetoscope Company, une salle où l'on peut visionner les bandes Edison, mais, jugeant l'effet limité, ils ont décidé d'appliquer la projection au Kinetoscope. (→ 21.4.1895)

Succès du Kinetoscope de

New York, 7 novembre
Il y avait le Phonographe, il y a maintenant le Kinetoscope : la toute nouvelle invention de l'Américain Thomas Alva Edison fait fureur dans le monde entier ! De curieuses boutiques, spécialement aménagées à cet effet, poussent comme des champignons dans toutes les grandes capitales. On les appelle les Kinetoscope Parlors. Ici, chaque jour, jusqu'à la tombée de la nuit, des messieurs très sérieux se pressent, jouant parfois des coudes pour approcher l'objet convoité. Ce dernier, d'apparence insignifiante, consiste en un simple caisson de bois muni d'un oculaire. Moyennant une piécette, les curieux peuvent ainsi regarder une petite série d'images animées, montées sur une bande sans fin et durant une minute environ. Chaque Kinetoscope présente un sujet différent, scènes de music-hall, danses à la mode, traits d'humour, reconstitutions historiques, etc. Cependant, ce sont sans conteste les matchs de boxe qui rencontrent le plus la faveur du public. Les usines Edison de West Orange tournent sans relâche de courts sujets, sous la supervision éclairée de Laurie Dickson, pour alimenter leurs concessionnaires. Un studio de prise de vues a été spécialement construit à cette intention : les employés l'ont surnommé la Black Maria, ce qui veut dire en argot américain le panier à salade. Les plus grandes vedettes du moment ont accepté de paraître pour le Kinetoscope : William Frederick Cody, dit Buffalo Bill, Annie Oakley, Mae Lucas et la danseuse Annabelle Whitford Moore en particulier. Certaines bandes sont aussi entourées d'un parfum de scandale, telle *la Danse du ventre de Fatima* pour laquelle les censeurs ont exigé deux caches sur les parties « offensantes » du corps de la danseuse.

L'appareil muni de sa bande sans fin.

On peut l'acheter pour 300 dollars.

Le 14 avril, Raff et Gammon ouvrent la première salle, au 1155, Broadway.

l'inventeur américain Thomas Alva Edison

Edison dans son atelier, vu par son assistant W. K. Laurie Dickson.

Comment s'y prit l'inventeur célébré du microphone, de la lampe à incandescence et du Phonographe pour vaincre la fixité des images? Ses premières recherches dans ce domaine datent de 1887 : cette année-là vit la naissance de l'Edison Laboratorium, situé à West Orange, dans le New Jersey. C'était une énorme structure, fourmillante d'activités. On y inventait de tout, dans toutes sortes de domaines. Edison, qui souhaitait réaliser un appareil qui aurait été pour les yeux ce que le Phonographe était pour les oreilles, y créa un laboratoire spécial qu'il nommait la Chambre 5 et chargea son jeune assistant William Kennedy Laurie Dickson de développer cette activité. Après bien des déboires, les deux hommes parvinrent à mettre au point, vers la fin de l'année 1889, un prototype qu'ils nommèrent Kinetograph. Cet appareil, qui n'était pas sans rappeler le Chronophotographe du physiologiste français Marey, utilisait la pellicule souple en Celluloïd conçue quelques années auparavant par George Eastman. Des perforations latérales assuraient un défilement régulier de la bande devant un obturateur. Les images obtenues ne pouvant décemment pas être projetées dans une salle, Edison opta pour la vision individuelle et imagina le Kinetoscope. A l'intérieur de ce dernier, le film, long d'environ dix-sept mètres, défile inexorablement grâce à une dynamo. Dès lors, le succès de l'invention était assuré. Le premier Kinetoscope Parlor a ouvert ses portes le 14 avril 1894, au 1155, Broadway, à New York et bien d'autres ont suivi. Désormais, le spectateur n'a qu'à se pencher pour admirer les plus belles femmes ou contempler les prouesses des plus grandes vedettes du ring ou du music-hall. (→2.4.1895)

La Black Maria doit son nom à sa ressemblance avec un fourgon cellulaire.

Les chats boxeurs, des acteurs inattendus filmés pour le Kinetoscope.

Un éternuement sous copyright

Washington, 9 janvier

Les laboratoires Edison débutent la production de films en vue de la prochaine commercialisation d'appareils nouveaux. L'une des premières bandes, intitulée *Edison Kinetoscopic Record of a Sneeze*, datée du 7 janvier, vient d'être déposée à la bibliothèque du Congrès pour copyright. Un dénommé Fred Ott éternue face à la caméra et l'impression de réalisme est étonnante. Seul le son manque encore. On aurait presque envie de s'écrier : « A vos souhaits! »

1895

Paris, 1er janvier
Emile Reynaud présente deux nouvelles pantomimes lumineuses au musée Grévin, *Un rêve au coin du feu* et *Autour d'une cabine*. (→ 30.3.1896)

Paris, 14 janvier
Charles Pathé ouvre un magasin de vente de phonographes au 72, cours de Vincennes.

Paris, 13 février
Les frères Lumière font breveter un appareil « servant à l'obtention et à la vision des épreuves chronophotographiques », doté d'un système d'entraînement de la pellicule à porte-griffes. Mis au point fin décembre, il peut enregistrer, tirer et projeter des films.

Paris, février
Charles Pathé revient de Londres, où il a acheté à Robert William Paul une de ses contrefaçons du Kinetoscope Edison. (→ 14.1.1896)

Lyon, 19 mars
Avec son appareil breveté en février, Louis Lumière tourne son premier film, *la Sortie des usines Lumière*, au chemin Saint-Victor.

Paris, 22 mars
Les frères Lumière projettent pour la première fois en public *la Sortie des usines Lumière* à la Société d'encouragement à l'industrie nationale, 44, rue de Rennes.

Washington, 25 mars
Charles Francis Jenkins et Thomas Armat s'associent pour fabriquer un projecteur de films. (→ 15.1.1896)

Paris, 30 mars
Les frères Lumière déposent un additif au brevet no 245032 du 13 février. Une came triangulaire est désormais employée pour le cadre porte-griffes.

West Orange, 2 avril
Laurie Dickson se brouille avec Edison, et quitte les laboratoires de West Orange.

Paris, 17 avril
A la Sorbonne, au congrès des Sociétés savantes des départements, les frères Lumière donnent la deuxième séance publique avec leur appareil.

New York, 21 avril
Eugène Augustin Lauste est parvenu à construire le projecteur commandé par les frères Latham. Il est baptisé Pantoptikon.

New York, 20 mai
Première projection publique et payante du Pantoptikon, rebaptisé Eidoloscope, organisée par les frères Latham et Eugène Lauste.

Lyon, 10 juin
Les Lumière projettent huit films, dont *l'Arroseur arrosé* et *Goûter de Bébé*, à l'ouverture du congrès des Sociétés de photographie.

Lyon, 12 juin
Chez les restaurateurs Berrier et Millet, place Bellecour, les Lumière projettent dix films, dont deux sur l'arrivée des membres du congrès des Sociétés de photographie.

Paris, 11 juillet
La cinquième séance publique avec l'appareil des Lumière, éclairé par une lanterne d'Alfred Molteni, devant cent cinquante invités de la *Revue générale des sciences pures et appliquées* est un véritable succès.

Paris, 12 août
Le Comptoir de photographie devient la Léon Gaumont et C, société en nom collectif et en commandite simple, dont le siège social est au 57, rue Saint-Roch. Son nouveau gérant, Léon Gaumont, vient d'embaucher Alice Guy comme secrétaire. (→ avril 1897)

Paris, 26 août
Associé depuis le 13 août avec Charles Pathé, Henri Joly dépose un brevet pour un appareil chronophotographique. Il est destiné à tourner des films français pour le Kinetoscope Edison, vendu par Pathé aux forains.

Paris, 8 novembre
Henri Joly met au point pour Charles Pathé le Photozootrope, Kinetoscope à quatre oculaires, pouvant rapporter 36 francs par heure aux forains. (→ 20.9.1896)

Bruxelles, 10 novembre
Charles Moisson, chef mécanicien des Lumière, donne la première séance en public à l'étranger.

Florence, 11 novembre
Filoteo Alberini dépose un brevet pour un appareil de prise de vues animées, qui peut aussi servir de projecteur, le Kinetografo.

Bruxelles, 13 novembre
Dans le journal *la Chronique*, paraît le premier compte rendu consacré en Belgique au Cinématographe. Il est signé Hannonyme, pseudonyme du journaliste Théo Hannon, qui écrit notamment : « Fini, le monopole des quarante immortels du pont des Arts ! Nous allons tous revivre éternellement. »

Paris, 16 novembre
Les Lumière donnent une nouvelle séance à la Sorbonne, pour l'ouverture des cours de Gabriel Lippmann. (→ 20.12)

Jersey City, 27 décembre
L'American Mutoscope Company est fondé par Herman Casler, Harry Marvin, Elias Koopman et Laurie Dickson. Il s'agit d'exploiter le Mutoscope inventé par Casler, ancien mécanicien d'Edison, ainsi que tous les appareils dérivés du Kinetoscope. (→ 12.10.1896)

Un cinématographe né en Amérique

Clinton, 22 février
Un murmure d'admiration parcourt les rangs des spectateurs de l'Opera House : devant eux, sur l'écran dressé, se meuvent les images tremblotantes du Marvelous Cinematographe. Du jamais vu ! Son inventeur, un Américain d'ascendance française, se nomme Acme Le Roy. Il se passionne depuis longtemps pour l'image animée : dès 1893, il essaye de transformer un Kinetoscope Edison en projecteur. Son premier essai public, le 5 février 1894, dans les salons du fabricant de lanternes magiques Riley à New York, s'était soldé par un demi-échec, les images existantes ne défilant pas d'une manière régulière. Depuis, Acme Le Roy produit ses propres films, en collaboration avec Eugène Augustin Lauste : la cadence a été abaissée à vingt images par seconde et les résultats sont probants. L'appareil de projection qu'il a mis au point copie le système à came battante du Français Georges Demenÿ. La nouveauté risque de reléguer les Kinetoscope Parlors au rang de vieilleries. (→ 15.6.1896)

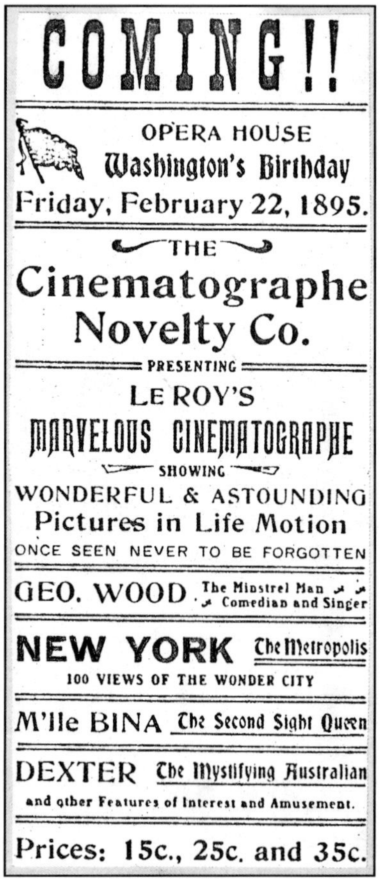

Première européenne au Wintergarten

Berlin, 1er novembre
C'est une journée cruciale pour les frères Max et Emil Skladanowsky, les célèbres lanternistes allemands. Max, le matin, dépose un brevet d'invention à son seul nom, pour le Bioskop, appareil de projection de films Celluloïd avec perforations munies d'œillets métalliques. Le Bioskop projette simultanément, grâce à deux objectifs obturés par un disque mobile, deux films qui représentent la même scène, mais avec un léger décalage dans les mouvements. Max saisit les scènes sur pellicule grâce à un chronophotographe de son invention. La première séance publique et payante du projecteur Bioskop a eu lieu ce soir même, au Wintergarten. Neuf pellicules ont été projetées, parmi lesquelles *le Kangourou boxeur* (l'animal a pour sparring-partner un nommé Delaware), *Danse serpentine*, interprétée par Mlle Ancion, *Danse paysanne italienne*, *Danse nationale russe kammarintzky des trois frères Tcherpanoff*, etc. Ce spectacle, qui doit rester à l'affiche jusqu'au 30 novembre selon le contrat prévu, a obtenu un certain succès. A Paris, le Français Louis Lumière, dont on sait qu'il réalise aussi des vues animées avec son frère Auguste, s'est montré vivement inquiet en apprenant le lancement de cette concurrence inattendue. (→ 15.6.1896)

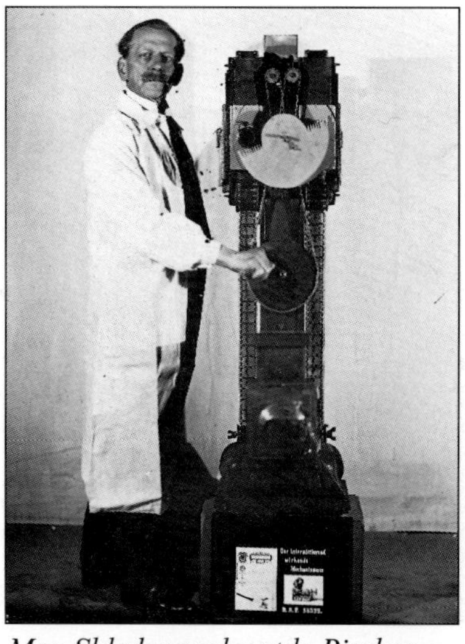
Max Skladanowsky et le Bioskop.

Les frères Lumière entrent dans la compétition

Louis Lumière, inventeur de 31 ans.

Le premier Cinématographe Lumière, fabriqué par l'ingénieur Carpentier.

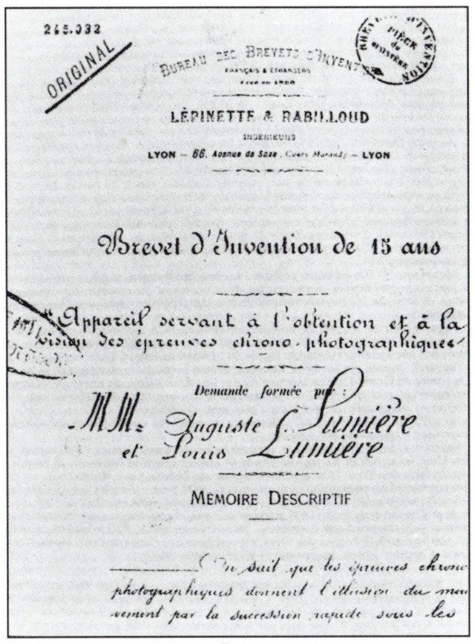

ORIGINAL

LÉPINETTE & RABILLOUD

Brevet d'Invention de 15 ans

Appareil servant à l'obtention et à la vision des épreuves chrono-photographiques

Demande formée par

MM. Auguste Lumière et Louis Lumière

MEMOIRE DESCRIPTIF

On sait que les épreuves chronophotographiques donnent l'illusion du mouvement par la succession rapide sous les

Le brevet nº 245032 du 13 février.

Lyon, 20 décembre

Le Cinématographe Lumière nº 1 est enfin terminé, après plus de deux mois de mise au point. De Paris, l'ingénieur Jules Carpentier vient de faire parvenir aux frères Lumière le premier des vingt-cinq appareils commandés en octobre, à la suite des contacts qu'ils entretenaient depuis leur première rencontre le 22 mars dernier. C'est ce jour-là que les Lumière se sont manifestés pour la première fois de manière publique, dans la capitale, à l'occasion d'une conférence prononcée par Louis à la Société d'encouragement à l'industrie. De son propos initial, « L'industrie de la photographie », il était passé presque insensiblement à une question qui l'occupe plus encore depuis plusieurs mois déjà : la projection d'images animées. Il avait alors montré aux quelque deux cents photographes, industriels ou chercheurs venus l'entendre une bande intitulée *la Sortie des usines*, où les assistants médusés avaient pu voir les ouvriers de la maison Lumière en plein mouvement, quittant leurs ateliers à l'heure du repas de midi. Cette séance sans précédent a marqué l'esprit et la mémoire de tous les spectateurs, à commencer par le directeur du Comptoir général de photographie, Léon Gaumont. Nantis d'un brevet délivré dès le 13 février, les inventeurs ont donné finalement à leur appareil ce nom de Cinématographe, sans être informés, apparemment, du fait que Léon Bouly l'utilisait dès le mois de décembre 1893. Ils sont allés jusqu'à s'opposer sur ce point à Antoine Lumière, leur père, qui, influencé par un ami voyageur de commerce et sans doute aussi latiniste... voulait donner à l'appareil le nom de Domitor. Ce vocable, évoquant l'idée de domination, lui paraissait en outre plus aisé à protéger juridiquement, en tant que marque, qu'un terme forgé à partir d'une étymologie accessible à tous. Malgré tout cela, Auguste et Louis Lumière ont tenu bon : l'appareil se nommera le Cinématographe. (→28)

En juin, Louis Lumière filme les participants du congrès de photographie.

Avec « la Sortie des usines Lumière », le Cinématographe commence.

Le 28 décembre 1895, à Paris, le Cinématographe

Paris, 28 décembre

L'industriel photographe de Lyon, Antoine Lumière, père d'Auguste et de Louis, a convié pour aujourd'hui la presse et le public à l'inauguration d'un spectacle nouveau au 14, boulevard des Capucines, dans le Salon indien du Grand Café. Persuadé que l'invention de ses fils doit être exploitée commercialement en public, Antoine organise cette soirée. Il a loué la salle à M. Volpini, le propriétaire. Ce dernier a cédé pour un an son sous-sol à bail, refusant les 20 % sur la recette, tant il témoigne peu de confiance dans le succès de l'entreprise. La location a été conclue pour la somme de trente francs par jour. Devant la porte du Salon indien, un homme distribue des prospectus aux passants ; mais il fait froid, et ceux-ci marchent vite, sans s'arrêter devant l'entrée du Salon, jouxtant celle du Grand Café. Ils jettent un œil distrait à cette inscription : « Cinématographe Lumière, entrée : 1 franc ». Ce soir, trente-trois personnes seulement ont payé leur place, mais il y a quelques invités. On plonge dans un sous-sol, décoré à l'orientale. Après le vestibule, deux tourniquets protègent l'entrée du Salon. Là, le photographe Clément Maurice, embauché pour l'occasion par Antoine Lumière, accueille les spectateurs. A droite, à l'entrée, se trouve un ventilateur à air comprimé. La salle contient une centaine de sièges ; le public s'installe, la lumière s'éteint. Sur la toile blanche de l'écran apparaît la projection photographique des portes de l'usine Lumière, à Lyon. Cette image est fixe : « C'est la vieille lanterne magique ! » murmure-t-on, déçu. Tout à coup l'image s'anime. Les portes de l'usine s'ouvrent et laissent échapper un flot d'ouvriers et de jeunes femmes, des chiens qui courent, une voiture... Tout bouge, c'est la vie même, d'une vérité stupéfiante ! C'est bien la nature prise sur le vif. Devant ces tableaux en mouvement, le spectateur se demande si ce n'est pas une hallucination. Dix vues mouvementées sont projetées successivement ; les bobines ont 17 m de longueur environ. Certains reconnaissent Jules Janssen, le créateur du fusil photographique, dans *le Débarquement du congrès de photographie à Lyon*. *La Place des Cordeliers à Lyon* est si réaliste qu'une jeune femme s'est levée d'un bond en voyant foncer sur elle une voiture à cheval. *Le Goûter de Bébé* représente Auguste Lumière et sa femme, en compagnie de leur enfant, qui refuse de manger la bouillie que lui présente son père. Dans le lointain, les arbres s'agitent ; on croit entendre le frémissement des feuilles. *La Mer*, apparue d'abord immobile, s'anime avec un relief saisissant. Les vagues grondent et s'avancent en écumant, un jeune homme se baigne dans les flots. Une autre vue, véritable petite pièce comique intitulée *l'Arroseur arrosé*, suscite l'hilarité générale. Enfin,

La séance historique se tient dans le cadre du Salon indien, au sous-sol du Grand Café. La place coûte un franc.

Auguste et Louis Lumière

Auguste, l'aîné, est né en 1862 à Besançon et Louis deux ans plus tard dans la même ville, où leur père, Antoine, originaire de la Haute-Saône toute proche, était établi depuis 1860 comme photographe. Fixé à Lyon avec sa famille en 1870, Antoine y avait ouvert un nouvel atelier, avant de s'orienter dix ans plus tard vers la fabrication industrielle de plaques pour la photographie. Dirigée par les deux fils depuis 1893, la société Lumière est devenue florissante grâce aux innovations techniques des deux frères, l'un et l'autre étant des chercheurs scientifiques avant d'être des industriels. Ils signent toujours conjointement les demandes de brevet qu'ils déposent même si, bien que très liés, ils ne partagent pas forcément les mêmes recherches. En 1894, quand le Kinetoscope Edison arrive en France, la société lyonnaise, au capital de trois millions de francs, produit quinze millions de plaques par an et emploie trois cents ouvriers.

L'animation du boulevard des Capucines, à la hauteur du Grand Café.

fait ses débuts devant trente-trois spectateurs

Antoine Lumière, l'organisateur.

Clément Maurice, le technicien.

dans *les Forgerons*, on aperçoit la fumée qui se dégage de la forge. Chacune de ces scènes dure à peine une minute. Lorsque la salle est à nouveau éclairée, Antoine Lumière, organisateur de la soirée, recueille les applaudissements les plus mérités. Des curieux parviennent à voir le Cinématographe, caché dans une cabine en velours, à l'abri des regards. C'est Jacques Ducom, un expert en photographie, qui est chargé de régler la lampe à arc de la lanterne, fabriquée à Paris par Alfred Molteni. La très ancienne lanterne magique est en effet toujours indispensable, même pour cette moderne invention. C'est elle qui projette une lumière vive à travers la petite boîte d'ébénisterie en noyer – le Cinématographe proprement dit – dont l'intérieur semble très élaboré. Charles Moisson, qui en a fabriqué au début de cette année le premier prototype, d'après un brevet en date du 13 février, est chargé de tourner la manivelle. L'exemplaire qui a servi ce soir vient de sortir des ateliers de Jules Carpentier ; il est disposé sur une sorte de chevalet. La pellicule tombe directement dans un sac placé au-dessous, et elle est rembobinée par un petit dévidoir à manivelle dû aussi à l'imagination de Louis Lumière. Enfin, au mur se trouve accroché le tableau électrique qui permet de surveiller l'intensité des charbons incandescents de la lampe à arc. Cet ensemble tout neuf, qui donne de si beaux résultats, excite la convoitise. L'un des invités, le célèbre illusionniste Georges Méliès, propriétaire du théâtre Robert-Houdin, demande à Antoine Lumière le prix de son appareil. La réponse est nette : « L'invention n'est pas à vendre. Pour vous, elle serait la ruine. Elle peut être exploitée quelque temps comme une curiosité scientifique ; en dehors de cela elle n'a aucun avenir. » Georges Méliès et d'autres invités n'en sont pas tellement persuadés. Ils se demandent déjà comment ils pourront faire de la photographie animée sans Lumière. D'ailleurs, on chuchote que la projection de ce soir a été réalisée en toute hâte, sur l'initiative d'Antoine, pour éviter que d'autres organisent avant les Lumière la première projection publique et payante. Le 2 novembre, Louis Lumière demandait à Carpentier de se presser pour la fabrication des premiers Cinématographe, car, disait-il, « on nous talonne de tous côtés ». Néanmoins, à présent, les Lumière ont triomphé : les rivaux sont écrasés. Le Cinématographe, petit, maniable, permet d'excellentes projections, même si parfois les vues sautillent ou scintillent. Les quelques journalistes clairvoyants qui ont jugé nécessaire d'assister au spectacle sont enchantés : du coin de l'œil, ils ont repéré l'absence de leurs collègues des grands quotidiens. La primauté de l'information n'échoit pas au *Figaro* ni au *Matin*, mais à *la Poste*, au *Progrès*. Malgré le petit nombre de spectateurs, Antoine Lumière sait qu'il a gagné la course à l'invention. (→ 1.2.1896)

« L'Arrivée d'un train en gare ».

« L'Arroseur arrosé ».

« Les Forgerons ».

Principe et fonctionnement du Cinématographe

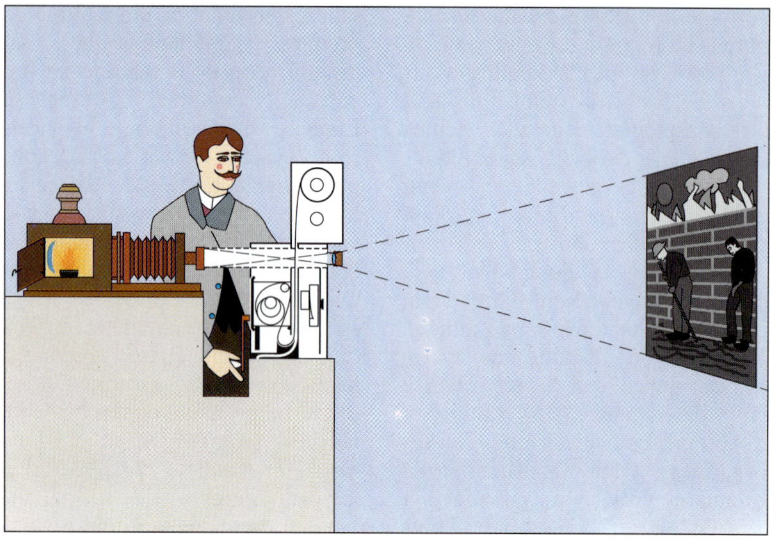

Le Cinématographe Lumière a procuré les plus vives émotions au public quasi confidentiel du petit Salon indien, mais, passée la stupeur première, il s'agit de percer les secrets de l'invention des célèbres Lyonnais. Comment une simple caisse posée sur un escabeau peut-elle permettre de créer toutes ces scènes animées qui défilent sur l'écran de toile ? Il faut savoir que cet engin remplit trois fonctions : la prise de vues, le tirage de la bande positive, la projection de la scène sur l'écran. L'appareil photographie des objets ou des personnages animés, en fixant les diverses phases du mouvement sur une pellicule qui se déroule derrière un objectif. Une série d'images successives est prise à intervalles très courts. Leur vitesse varie – 12, 16, 18 à la seconde – selon la vitesse qui anime le sujet à photographier. La manœuvre se fait à l'aide d'une manivelle, tournée plus ou moins vite par l'opérateur pour obtenir plus ou moins d'images à la seconde. Pour des objets presque immobiles, une petite vitesse suffit. Avec des personnages, animaux ou objets en mouvement rapide, il faut tourner très vite, prendre un plus grand nombre d'images pour éviter le flou et, si le sujet est tout près de l'appareil, il faut tourner encore plus vite. La pellicule sensible, enfermée dans une boîte hermétiquement close placée au sommet du Cinématographe, se déroule selon un mécanisme spécial. Ensuite, elle passe derrière une petite fenêtre placée à l'arrière de l'objectif. Mais cette pellicule ne s'est pas déroulée de façon continue. Elle avance par saccades, suivant la vitesse imprimée à la manivelle. A chacun de ses arrêts, un obturateur s'ouvre automatiquement pour permettre à la photographie de s'impressionner sur la bande. Cet obturateur se referme aussitôt, jusqu'à l'arrêt suivant de la pellicule. Il s'ensuit une série de photographies de deux centimètres de haut sur deux centimètres et demi de large, sur toute la bande. Celle-ci, impressionnée, s'enroule automatiquement dans une deuxième boîte hermétique. Les mêmes principes sont utilisés pour permettre la projection. Une bande se déroule par arrêts successifs devant l'obturateur. Elle est éclairée par un foyer lumineux intermittent qui la traverse, passe par l'objectif et projette la scène sur l'écran. Mais c'est bien pour cette dernière opération que les frères Lumière se sont montrés novateurs. Durant tout l'été 1894, ils ont cherché à adapter le Kinetoscope d'Edison à la projection publique. Il fallait que toutes les images soient agrandies et projetées sur les mêmes points de l'écran. Et là se posait le problème délicat de l'avancement du film. Dans la boutique des frères Werner, boulevard Poissonnière à Paris, ils ont essayé de créer plusieurs appareils en utilisant des bandes, non perforées dans un premier temps, puis avec un trou unique par image. Le résultat s'était révélé acceptable pour une douzaine d'épreuves, mais insuffisant au-delà de certaines vitesses. A la fin de l'année dernière, à la faveur d'une insomnie, Louis Lumière trouvait la solution. Elle consiste à adapter aux conditions de la prise de vues le mécanisme du pied de biche, connu comme dispositif d'entraînement des machines à coudre. Lumière utilise une came triangulaire (dite excentrique de Hornblower) qui maintient le film immobile pendant les deux tiers du temps. Une griffe à deux goupilles s'enfonce dans les deux perforations rondes prévues pour chaque image. Ainsi, le film défile par saccades, au rythme fixé à seize images par seconde, pour diminuer l'effet de scintillement dû à la lumière. Le Cinématographe regroupe les fonctions de caméra, tireuse et projecteur dans une valise, et ne pèse que cinq kilogrammes. En un jour on peut tourner quelques scènes, si le temps est beau. Les films, développés, tirés, lavés puis séchés sur une corde à linge sont projetés le soir même. Toutes ces astuces pourraient faire voyager l'invention dans le monde entier.

Le Cinématographe Lumière en position de lanterne de projection. A gauche, la lanterne.

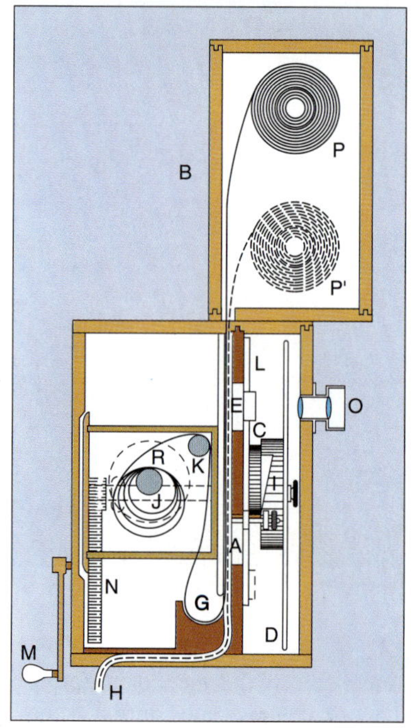

Appareil du Cinématographe Lumière construit par Jules Carpentier.

Le modèle définitif du Cinématographe projecteur Lumière, de 1895, est fabriqué en série à Paris par les Etablissements Carpentier.

Le succès de l'invention suscite la concurrence

« C'est un grand secret que cet appareil. Je ne veux pas le vendre. Je veux en faire moi-même l'exploitation. » Ces paroles, qui furent prononcées par Antoine Lumière à l'occasion de la première projection au Salon indien du Grand Café, définissaient la politique commerciale qu'il avait arrêtée avec ses deux fils. Le Cinématographe n'était pas à vendre, à la grande déception de Georges Méliès, qui décide alors de se tourner vers la concurrence pour obtenir l'appareil qu'il désire. Il achète un de ses Bioscope à l'inventeur William Paul et l'utilise avec les bandes du Kinetoscope Edison. Les chercheurs essaient de dépasser les Lumière, en variant les systèmes d'entraînement de la pellicule. Surgissent alors une multitude d'inventions : les croix de Malte, croix de Genève, croix de Saint-André, griffes, bielles, chiens et rochets. Certaines d'entre elles sont à citer. Le Kinetograph de De Bedts se révèle d'une manipulation aisée et peut servir à la vision individuelle. Un Chronophotographe, utilisé aussi comme un projecteur, est créé par Henri Joly, qui, l'un des premiers en France, s'était passionné pour les travaux d'Edison. Chez Gaumont le Bioscope Demenÿ connaît des améliorations. En Allemagne et en Europe du Nord les deux frères Skladanowsky font la tournée des grandes villes avec leur Bioskop à deux objectifs. Imités ou modifiés, les Lumière font école.

Projecteur Bünzli et Continsouza.

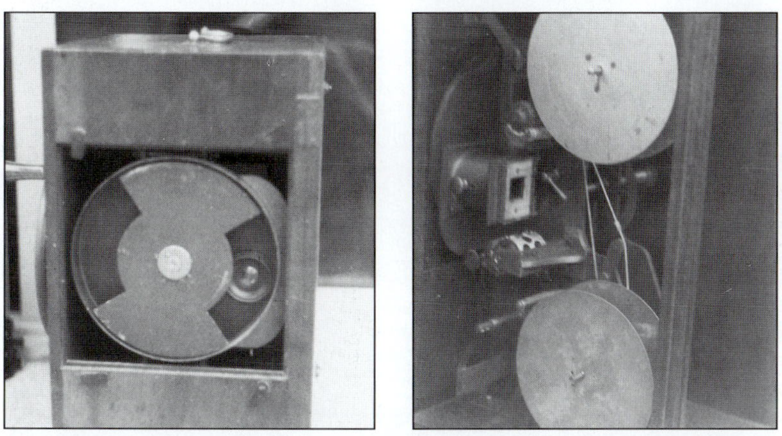

Obturateur et mécanisme de l'appareil de prise de vues Joly-Normandin.

Appareil George De Bedts.

Appareil Darras.

1896

Etats-Unis, 15 janvier
Charles Raff et Frank Gammon achètent à Thomas Armat le Phantascope, pour le compte d'Edison. Le projecteur est rebaptisé Vitascope. La presse titre : « Nouvelle invention d'Edison ! » (→ 29.6)

Paris, 1er février
Les séances des Lumière, au Salon indien, remportent un énorme succès : 2 000 entrées par jour ! La salle n'offrant que 120 places, un service d'ordre est établi. (→ 30.5)

Bruxelles, 1er mars
Première séance publique payante du Cinématographe Lumière, dans le passage Saint-Hubert, au 7, galerie du Roi. Prix de l'entrée : 1 F.

Paris, 5 mars
Raoul Grimoin-Sanson fait breveter le Phototachygraphe, projecteur doté d'une croix tétragonale à échappement. (→ 25.11.1897)

Londres, 24 mars
A l'Olympia, Robert William Paul donne les premières représentations publiques avec le Théâtrographe, projecteur qu'il a créé avec Birt Acres. (→ avril 1897)

Paris, 30 mars
Le musée Grévin réclame des photographies animées à Emile Reynaud. Celui-ci abandonne ses pantomimes lumineuses peintes à la main. (→ 15.7.1897)

Paris, 4 avril
Auguste Blaise Baron dépose un brevet pour un « appareil servant à enregistrer et à reproduire simultanément les images et les sons », relié à un phonographe par un dispositif électrique assurant un synchronisme relatif. (→ 4.4.1898)

Paris, 6 avril
Au théâtre Robert-Houdin, Georges Méliès projette des bandes du Kinetoscope d'Edison, grâce au Théâtrographe de R. W. Paul, rebaptisé Animatographe.

Paris, 30 avril
A part les séances du Salon indien, trois établissements de la capitale projettent déjà régulièrement des films du Cinématographe Lumière : l'Eldorado, caf'conc' du boulevard de Strasbourg, qui consacre chaque après-midi aux vues animées depuis le 16 avril ; le premier étage de l'Olympia, où les projections ont débuté le 28 ; les grands magasins Dufayel, boulevard Barbès, qui ont installé le Cinématographe dans une petite salle, réservée jusqu'ici aux conférences. (→ mars 1897)

Berlin, 15 juin
Au 21, Unter den Linden, Oskar Messter ouvre la première salle de cinéma de la ville. (→ 30.6.1900)

Russie, 4 juillet
Un certain Maxime Gorki publie ses réactions à la séance du Cinématographe Lumière à Nijni Novgorod : « Tout se passe dans un étrange silence... Cette vie grise et silencieuse commence à vous troubler et à vous déprimer. » (→ 22.12)

Paris, 2 septembre
Georges Méliès, Lucien Reulos et le mécanicien Korsten font breveter le Kinétographe, petit appareil de prise de vues doté d'une vis hélicoïdale faisant avancer d'un cran le rouleau de pellicule. Il semble toutefois peu maniable. (→ octobre)

Paris, 20 septembre
Henri Joly, ayant cessé de collaborer avec Charles Pathé, s'associe avec Ernest Normandin afin de commercialiser son Chronophotographe réversible, appareil très pratique, breveté le 17 mars dernier.

Paris, 1er octobre
Charles et Emile Pathé fondent la société en nom collectif Pathé Frères, au capital de 40 000 francs. (→ 28.12.1897)

Paris, 21 octobre
Au Café de la Paix, boulevard des Capucines, le photographe Eugène Pirou projette les vues du voyage à Paris du tsar Alexandre III, qu'il a filmé avec l'appareil de Joly et Normandin. (→ 4.5.1897)

Paris, 14 novembre
Victor Continsouza et René Bünzli ont un second brevet (le premier date du 28 avril) pour leur système d'entraînement de la pellicule perforée par une croix de Malte à quatre branches. (→ 21.11.1899)

Nice, 30 décembre
Dans le jardin d'hiver du casino, Eugène Pirou obtient un certain succès avec ses projections de saynètes « spéciales » : *le Coucher de la mariée*, *Lever de Mlle Willy*, *Déshabillé d'un modèle*...

Première du Vitascope Edison (inventé par Thomas Armat et Charles-Francis Jenkins) au Koster & Bial's Music Hall de New York, le 23 avril.

Jehanne d'Alcy dans « Escamotage d'une dame chez Robert Houdin », premier film de Georges Méliès basé sur un trucage par substitution.

Des pionniers anglais se manifestent

Birt Acres, créateur du Kineoptikon.

R. W. Paul, technicien et industriel.

Londres, 14 janvier
La Royal Photographic Society accueille l'un de ses habitués, l'ancien lanterniste Birt Acres, qui présente cette fois des projections de photographies animées. L'assistance applaudit chaleureusement les séries d'images, jugées pleines de vie, qui représentent *Trois Danseurs burlesques*, *Match de boxe*, *Un kangourou boxeur et Son maître*, *l'Empereur d'Allemagne passant en revue son régiment*. C'est le résultat de plusieurs mois de travaux. Au milieu de l'année dernière, Birt Acres s'est associé avec un fabricant d'appareils scientifiques, Robert William Paul, spécialiste des vues animées. Dans sa boutique londonienne de Hatton Garden, Paul propose en effet des contrefaçons du Kinetoscope Edison depuis la fin de l'année 1894. Il en fabrique en série, gravant son nom à l'intérieur de la machine, sans aucune crainte d'être poursuivi en justice, car Edison n'a pas déposé de brevet d'invention en Grande-Bretagne pour le Kinetoscope. Le plus difficile n'est d'ailleurs pas de reproduire le système mécanique du Kinetoscope. Obtenir de nouveaux films, pour renouveler ceux que l'on voit dans la boîte à travers un oculaire, c'est le véritable problème de Paul. Alors, avec l'aide de Birt Acres, Paul met au point un appareil à prise de vues qui lui donne rapidement satisfaction. Le 29 mars 1895, le fabricant anglais envoie un de ses films à Edison en lui proposant une association, mais l'inventeur américain, sans doute indigné par cet Anglais qui le copie, refuse. Plus tard, Paul, remarquant les nombreuses files d'attente devant les Kinetoscope qu'il a installés dans une foire, a l'idée de faire projeter par une lanterne magique les films réalisés avec Acres. On pourrait ainsi multiplier le nombre des spectateurs, et aussi les recettes. Le succès populaire du Cinématographe Lumière à Paris a donné l'exemple à suivre. C'est chose faite maintenant en Angleterre, grâce à Paul et Acres, après cette séance mémorable. (→ 24.3)

Un baiser qui fait naître le scandale

« Le Baiser de May Irvin et de John C. Rice », premier du genre à l'écran.

New York, 15 juin
Scandaleux. L'Edison Manufacturing Company fait projeter depuis quelques semaines un film intitulé *le Baiser de May Irwin et de John Rice*. On y voit les deux acteurs vedettes de *la Veuve Jones* s'embrasser goulûment, au mépris de la plus élémentaire des morales. Dans son numéro paru ce jour, *The Chap Book*, outré, ne mâche pas ses mots : « Grandeur nature, c'était déjà bestial, mais ce n'est rien comparé à ce que l'on peut voir maintenant. Agrandi jusqu'à des proportions gargantuesques et répété trois fois, c'est absolument répugnant. » Il faut dire que, depuis ses débuts, le Kinetoscope ne s'embarrasse guère de fioritures. On ne compte plus les danses aguichantes, les saynètes vulgaires et autres grivoiseries paillardes. Dès juillet 1894, le sénateur Bradley s'était élevé contre les évolutions lascives de la danseuse espagnole Carmencita, cette dernière n'hésitant pas à nous montrer ses dessous soyeux. Depuis, les inconvenances n'ont cessé de se multiplier et certains n'hésitent pas à appeler de leurs vœux l'établissement d'une censure.

Les responsables de la réclame chez Edison ne manquent pas de tirer parti de la controverse suscitée par le film.

Le Vitascope Edison tente de faire barrage au Cinématographe

New York, 29 juin
Coup dur pour Thomas Alva Edison. Le Cinématographe des frères Louis et Auguste Lumière vient de traverser l'Atlantique et de faire une apparition très remarquée au Keith's Theatre, célèbre music-hall new-yorkais situé à Union Square. Les succès du Grand Café de Paris ont pu être ainsi projetés par l'opérateur français Félix Mesguich devant un public admiratif, en particulier *l'Arrivée d'un train en gare de La Ciotat* et *l'Arroseur arrosé*. Supérieur techniquement et mieux adapté à la vision collective, le fameux appareil français risque de mettre à mal la relative suprématie qu'avait jusqu'ici Edison dans le domaine des images animées. On se souvient en effet que le génial inventeur, averti des succès du Cinématographe en Europe, s'était empressé d'acquérir les droits de fabrication et d'exploitation d'un projecteur, conçu en 1895, par les techniciens Thomas Armat et Charles Francis Jenkins. Cet appareil, dénommé Phantascope, fut promptement rebaptisé Vitascope et fabriqué en série à partir du mois d'avril dernier. Le 23 du même mois avait lieu sa première présentation publique au Koster & Bial's Music Hall de New York. A cette occasion furent projetés *Annabelle Butterfly Dance* et *Annabelle Serpentine Dance*, deux beaux films coloriés à la main. Ces débuts tonitruants ont donné lieu à une flambée sans précédent d'autosatisfaction nationaliste : Edison fut présenté comme étant l'inventeur de la projection animée, alors qu'il n'avait fait que racheter un appareil préexistant et que le Cinématographe s'était imposé, depuis quelques mois, dans la plupart des grandes villes européennes. Aujourd'hui, la comparaison est accablante pour le Vitascope : ses vues semblent ternes et sans relief, sa trépidation et son scintillement sont d'autant plus insupportables qu'il est prouvé, avec le Cinématographe, que ce défaut peut être, sinon supprimé, du moins atténué. Qui plus est, le catalogue des sujets proposés par la maison Lumière est beaucoup plus varié : sujets comiques, panoramiques, tableaux esthétiques, etc. Le public a été particulièrement impressionné par les démonstrations militaires, telle la *Parade du 96ᵉ régiment d'infanterie*, saluée dans la salle par des cris d'enthousiasme. Dorénavant, Edison devra compter avec un sérieux concurrent et la lutte risque d'être des plus vives ! (→ 28.7.1897)

Due à Thomas Armat, l'invention est exploitée par la firme de West Orange.

KOSTER & BIAL'S MUSIC HALL
Thirty-fourth Street, Herald Square.
KOSTER, BIAL & CO., ... Proprietors
ALBERT BIAL, ... Sole Manager.
W. A. McConnell, ... Business Manager.
Week Commencing Monday Evening, April 20, 1896
Evenings, 8:15 Saturday Matinee, 2:15
THIS PROGRAMME is subject to alterations at the discretion of the management.
1 OVERTURE, "Masaniello," Auber
2 WM. OLSCHANSKY
3 CORA CASELLI
4 THE THREE DELEVINES
5 PAULINETTI and PICO
The Athletic Gymnast and Gymnastic Comedian.
MONS. and MME.
6 DUCREUX-CERALDUC
French Duettists.
7 THE BROTHERS HORN
Assisted by MISS CHARLOTTE HALLETT
"London Life."
THOMAS A. EDISON'S LATEST MARVEL
8 THE VITASCOPE,
Presenting selections from the following:
"Sea Waves," "Umbrella Dance," "The Barber Shop," "Burlesque Boxing," "Monroe Doctrine," "A Boxing Bout," "Venice, showing Gondolas," "Kaiser Wilhelm, reviewing his troops," "Skirt Dance," "Butterfly Dance," "The Bar Room," "Cuba Libre."
INTERMISSION 10 MINUTES
IN THE GRAND PROMENADE
Dr. Leo Sommer's Blue Hungarian Band.
Programme continued on next page.

Première séance publique, le 23 avril.

Le Biograph réussit son lancement

New York, 12 octobre
A l'apparition du candidat à la présidence William McKinley, la foule compacte du Hammerstein Theatre se lève comme un seul homme. Au milieu des ovations, les drapeaux se sont déployés et ce ne sont que hourras enthousiastes. Pourtant, le favori du parti républicain n'a pas quitté son domicile de l'Ohio. Le Biograph est venu à lui et a capté son image, pour la restituer fidèlement aux supporters new-yorkais. Ce nouvel appareil destiné à la projection des photographies animées est le fruit des intenses recherches de l'American Mutoscope Company (837, Broadway). Fondée fin décembre 1895 par Herman Casler, Harry Marvin, Elias Koopman et William Kennedy Laurie Dickson, cette jeune société, qui marche sans vergogne sur les plates-bandes d'Edison, a donc parfaitement réussi son examen de passage. Le programme présenté à New York est exemplaire : outre McKinley, les spectateurs ont pu admirer les rapides du Niagara, l'Empire State Express filmé à la vitesse de 60 miles (soit un peu plus de 96 kilomètres) à l'heure, et une scène fameuse de *Trilby*. Tout cela est en parfaite harmonie avec le slogan de la société : « America for Americans ». (→ 13.5.1898)

Georges Méliès se consacre désormais aux vues animées

Montreuil-sous-Bois, octobre
Enthousiasmé par le Cinématographe, l'illusionniste Georges Méliès se lance dans la production de vues animées. Pas n'importe lesquelles : après avoir présenté sur la scène du théâtre Robert-Houdin les plus audacieux spectacles de prestidigitation, Méliès adapte à l'écran ses tours les plus fameux. Dans le jardin de la propriété familiale, il tourne son premier film à trucage, avec arrêt de caméra, *Escamotage d'une dame chez Robert Houdin*. Le décor est très simple : une toile peinte, qui représente un salon Louis XV. Méliès se place à côté de la belle Jehanne d'Alcy, sa principale comédienne, née Charlotte Faës. La caméra est confiée à un opérateur. Le magicien cache la jeune femme sous un pan d'étoffe, fait quelques passes et, surprise, elle a disparu ! Enfin, c'est ce que les spectateurs verront sur l'écran. Méliès a pris soin de faire évader sa complice pendant un arrêt de la caméra ; l'opérateur tourne à nouveau la manivelle et Méliès, qui a gardé la pose, lève le voile : le tour est joué. Illusion complète, Jehanne d'Alcy est escamotée ! (→ 12.3.1897)

Le premier film, tourné dans son jardin de Montreuil : « Une partie de cartes ».

Les perspectives ouvertes par le Cinématographe

Paris, 30 mai
« Jamais spectacle nouveau n'a conquis plus rapidement une vogue plus éclatante. Vous intéressez-vous au Cinématographe ? On en a mis partout, dans les sous-sols des grands cafés du boulevard et dans les dépendances des music-halls, dans les théâtres, où on l'intercale dans les revues ; dans les salons, où les maîtres de maison offrent à leurs invités, en séance privée, le divertissement à la mode. » A cette vibration journalistique particulière, nul doute : on reconnaît que le succès est en marche. Cet article enthousiaste paraît aujourd'hui dans l'hebdomadaire *l'Illustration*, sous la plume du Dr Félix Regnault. Celui-ci ne se contente pas de faire l'éloge du Cinématographe : il en dresse un historique précis, de Plateau à Lumière, se distinguant ainsi de ses collègues qui ont déjà abordé le sujet. En effet, depuis la séance du Salon indien du Grand Café, le 28 décembre dernier, l'invention des frères Lumière a été décrite en long ou en bref, avec science ou avec dilettantisme. Les journalistes se sont parfois copiés sans vergogne, et un grand nombre d'entre eux a même repris sans le citer l'article très sérieux du polytechnicien A. Gay, paru dans *la Revue générale des sciences pures et appliquées* le 30 juillet 1895. Le fonctionnement du Cinématographe Lumière y faisait l'objet d'une description très claire. Tous ces articles sont empreints de la surprise, de l'émotion que ressentent leurs auteurs devant ce qui semble être l'événement de la fin du siècle. Les lecteurs y décèlent un malaise, une angoisse que l'on ne peut définir : « Toutes ces scènes paraissent détachées de la vie totale », lit-on dans *le Courrier de Champagne*. Ailleurs, on constate : « Tout cela est étrangement silencieux. Tout se déroule sans qu'on entende le fracas des roues, le bruit des pas ou quelque parole. Pas un son : pas une seule note de la symphonie complexe qui accompagne toujours le mouvement de la foule. » Et Henri de Parville d'ajouter : « A quand, maintenant, les projections colorées en mouvement ? Alors, l'illusion sera complète. On verra les objets, avec leurs couleurs propres. Et l'on ne saura plus distinguer l'illusion de la réalité. » Le Cinématographe rappelle la lanterne magique, mais avec quelque chose d'inexplicable en plus. Pour Henri Béraud, de *la Dépêche de l'Ouest*, le plus curieux, c'est de rencontrer les yeux des fantômes projetés sur l'écran : « Soudain, sur la toile magique, on vit s'éclairer et remuer la chose la plus frappante, car elle était connue de tous : la place des Cordeliers... Un passant tournant la tête s'arrêta, vint vers nous, plongea les yeux dans notre ombre. Il nous regardait le regarder. Il nous voyait, il devait nous voir. » Ce film Lumière, intitulé *la Place des Cordeliers à*

suscitent des réactions favorables dans la presse

Lyon, est particulièrement remarqué. *L'Univers illustré* souligne son « réalisme frappant au moment du passage d'un tramway et de nombreuses voitures circulant à toute vitesse ». Cet organe de presse conclut: « Ces expériences sont tout simplement merveilleuses, réservent d'autres surprises encore plus grandes pour l'avenir et font honneur à MM. Auguste et Louis Lumière, à M. Clément, et à leurs ingénieux collaborateurs ». Cet article bien intentionné s'attire toutefois un rectificatif courtois de Clément Maurice: « Monsieur, vous avez fait confusion dans votre article du 4 janvier en m'indiquant comme collaborateur dans l'invention du Cinématographe de MM. Lumière. C'est exclusivement à ces messieurs que nous devons ce merveilleux appareil. Je ne suis, quant à moi, chargé que de l'exécution. » Parfois, on touche à un pur lyrisme: « Quelles émotions poignantes n'éprouverions-nous pas à revoir ainsi, parlant et agissant, les morts que nous avons aimés, les parents qui ne sont plus ou celles que nous avons chéries, subitement ressuscités pour un instant et réapparaissant avec leurs gestes familiers, leur douce voix, tous ces souvenirs, qui, hélas! sans la nouvelle invention s'estompaient de plus en plus dans les brumes du souvenir. De cette manière, on arriverait à supprimer presque l'oubli, presque la séparation, presque la mort » (*le Courrier de Paris*). A Marseille, *le Bavard* annonce que les tableaux vivants de la rue de Noailles « vont disparaître pour être remplacés par une série de nouvelles merveilles qui captiveront jusqu'à l'angoisse ceux qui voudront contempler ce spectacle si extraordinaire et qui dépasse tout ce que l'on peut imaginer ». On ne trouve pas seulement le nom des Lumière cité dans les colonnes des journaux. *L'Intransigeant*, par exemple, publie le 25 février un long article sur le Phototachygraphe de Raoul Grimoin-Sanson: « Ce nouvel appareil nous paraît déjà fort supérieur au Cinématographe. Il n'y a plus de ces interruptions fâcheuses et pénibles pour l'œil du spectateur. » Les spectateurs qui ont assisté à une démonstration du très bruyant Phototachygraphe demeurent cependant partisans de l'appareil Lumière, qui compte déjà un grand nombre de rivaux. *La Science française* résume l'opinion générale en affirmant que le Cinématographe est une « fantasmagorie hallucinatoire » et « le spectacle qui confine à la sorcellerie, le plus extraordinaire qu'on puisse rêver ». (→ 3.11)

Deux affiches des séances du Grand Café en 1896. La réclame, qui utilise le succès de « l'Arroseur arrosé », joue ensuite sur l'affluence du public.

A la suite de la France, le monde entier découvre

Le Cinématographe séduit la province

Perpignan, 3 novembre
Un forain nommé Datigny présente pour trois jours dans la salle de l'Alcazar le Cinéphotographe, appareil à vues mouvementées fabriqué à Paris depuis août, par une maison située 31, rue Caumartin. Depuis le début de l'année, l'invention des frères Lumière a envahi toute la province grâce à leurs opérateurs, et aussi grâce aux forains, qui ont tout de suite senti une excellente affaire financière. Le grand problème, c'est que les frères Lumière refusent de vendre leurs Cinématographe. Ils ont préféré nommer des opérateurs, chargés à la fois de filmer des vues, d'alimenter le catalogue Lumière et aussi d'organiser des projections locales. C'est ainsi que Lyon, la ville des Lumière, découvre le Cinématographe, le 25 janvier, dans un local spécialement aménagé pour lui au 1, rue de la République. L'appareil des frères Lumière se retrouve dans toutes les villes de France: à Bordeaux le 18 février, à Nice dix jours plus tard, à Reims le 23 mars; rien qu'en avril, il est à Lille le 19, à Montpellier le 22, à Rouen le 24, à Saint-Etienne le 25; à Grenoble le 28 mai, à Clermont-Ferrand le 7 juin, à Angers le 1er juillet, à Aix-les-Bains le 2 août, à Angoulême le 8 août, etc. Plus personne ne peut ignorer l'existence de la photographie animée. Cependant, les opérateurs Lumière se heurtent à une concurrence redoutable dans bien des villes. Les frères Lumière se demandent s'ils n'ont pas eu tort de refuser la vente de leur excellent appareil. On ne compte plus les brevets d'invention venus de l'Europe entière, les centaines d'appareils différents, dont certains peuvent rivaliser sérieusement avec celui des Lumière. La province a vu tour à tour des Chronomatographe, des Théâtrographe, et même des Mouvonographe et des Kynématographe: c'est la rançon du succès. A Périgueux, c'est le Scénimatographe qui triomphe le premier. A Nantes, le Kinematograph Edison ouvre ses portes le 20 mai, puis à Nîmes le 16 juin. Le Kinétographe arrive à Toulouse le 22 mai, un jour avant les opérateurs Lumière! A Rennes, le Cinographoscope des frères Pipon passe le 23 juillet, avant les employés de Lumière. Les équipes constituées à Lyon-Monplaisir sont pourtant bien entraînées. Elles sont composées d'un opérateur mécanicien, ou chef de poste, et d'un assistant. Ils vont de ville en ville, tournent parfois quelques scènes d'un événement local, qu'ils projettent le soir même. Les opérateurs Lumière, engagés généralement pour une durée de six mois, prennent grand soin de leur Cinématographe, qui ne pèse que cinq kilogrammes. Ils transportent aussi les caisses de films, tous les produits nécessaires au tirage des positifs, la lanterne de projection, les objectifs de rechange, la lampe à arc. Ces montreurs d'images se nomment Marius et Pierre Chapuis, Paul Decorps, Francis Doublier, Félix Mesguich, Eugène Promio, entre autres. La concurrence étant déjà trop forte en France, ils s'apprêtent, comme certains d'entre eux l'ont déjà fait, à partir en tournée pour le reste de l'Europe et pour le monde entier.

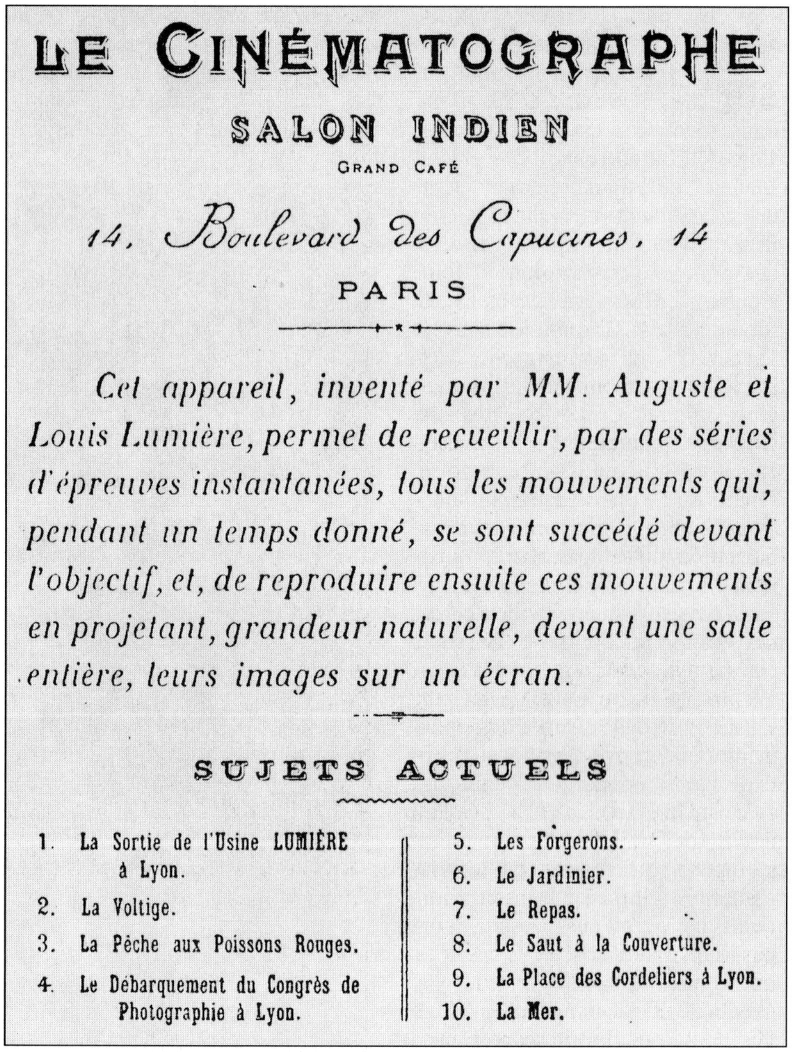

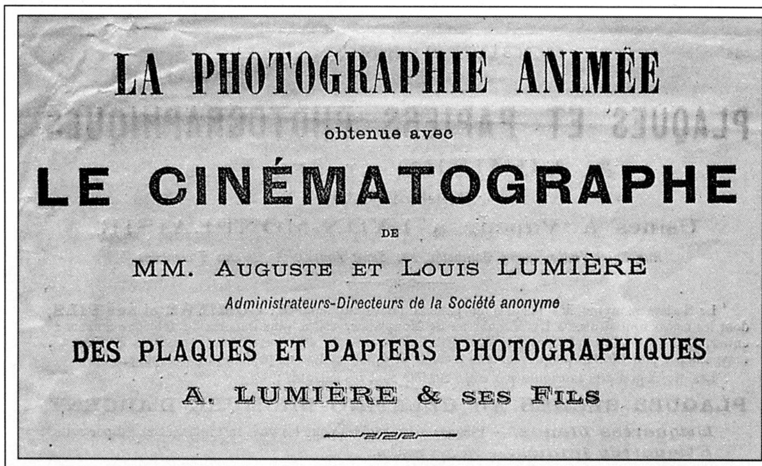

Les industriels lyonnais font la réclame de leur procédé, mais ils choisissent avant tout d'en faire l'exploitation directe avec leurs opérateurs.

Le 25 janvier, alors que se déroulent les fêtes du carnaval, Perrigot ouvre à Lyon la deuxième salle du Cinématographe Lumière en France.

sa propre image sur la toile fragile de l'écran

Un émerveillement sans frontières

Le Caire, 22 décembre
Ce soir, au palais de Son Altesse le khédive Koubbe, grande séance de Cinématographe Lumière, organisée par le concessionnaire en Egypte de cette invention, Henri Dello-Strologo. Depuis le début de l'année, les projections cinématographiques se sont succédées dans le monde entier, en partie grâce aux courageux opérateurs de la maison Lumière, de Lyon. Trente pays différents ont reçu leur visite, suscitant à chaque fois une réaction émerveillée. La première sortie hors de France du Cinématographe Lumière, devant un public payant, s'effectue au Royal Polytechnic Institute de Londres, le 17 février. L'organisateur était l'ombromane Félicien Trewey. Après avoir fait des tournées en Belgique, en Autriche, en Allemagne, en Suisse (où Lavanchy Clarke réussit l'exploit de tenir six mois, donnant cent soixante-dix représentations), les opérateurs Lumière partent conquérir les Etats-Unis ; là, ils ne sont pas les premiers : à New York, lorsque Félix Mesguich installe son Cinématographe au Keith's Music Hall, le 18 juin, le Vitascope Edison fonctionne déjà dans la salle du Koster & Bial's, depuis le 23 avril. En revanche, la Russie semble une terre vierge. Eugène Promio et le jeune Marius Chapuis la traversent avec succès : Saint-Pétersbourg (11 juin), Nicolaiev (19 octobre), Rostov (14 décembre). A Odessa, le 11 septembre, Chapuis projette devant une salle comble « douze tableaux parmi lesquels il y en avait plusieurs de cavalerie française ». Evénement : ils ont été bissés trois fois. Un autre opérateur, Gabriel Veyre, montre devant plus de 1 500 personnes, à Mexico, le 16 juillet, la première séance de vues animées. C'est un triomphe, et Veyre songe à partir pour Cuba puis pour le Canada. On trouve Francis Doublier à Amsterdam puis à Varsovie en avril ; le photographe Roikjer à Malmö, en Suède, le 28 juin ; Max Glücksman à Buenos Aires le 28 juillet ; Wilhelm Pacht à Copenhague le 7 juin ; Marius Sestier à Bombay le même jour ; Arnold Tobler au Guatemala le 26 septembre... Ce sont tous des opérateurs employés par les frères Lumière, et leur passage provoque bien souvent la naissance d'une production locale ou d'une vocation individuelle. (→ 7.2.1897)

En mai, Francis Doublier et Charles Moisson tournent sept films à l'occasion du couronnement du tsar Nicolas II.

Londres à l'heure des frères Lumière.

Des opérateurs et des aventuriers

Rude métier que celui d'opérateur Lumière ! Il faut être à la fois photographe, mécanicien, producteur, exploitant, projectionniste et même commentateur ! Parmi les dizaines d'employés de l'année 1896, trois noms se détachent : Félix Mesguich, Eugène Promio, Francis Doublier. Le premier est engagé par Louis Lumière en janvier 1896 : « Vous savez, Mesguich, ce n'est pas une situation d'avenir que nous vous offrons, c'est plutôt un métier de forain ; cela peut durer six mois, peut-être plus, peut-être moins ! » Mesguich fait ses essais à Lyon, le 25 janvier, avant de s'embarquer pour les Etats-Unis, où il impose le Cinématographe Lumière, malgré l'existence d'appareils locaux. Eugène Promio, sorte de dandy globe-trotter, se rend d'abord en Espagne, puis en Angleterre, en Suède, en Turquie et en Italie. A Venise, plaçant sa caméra sur une gondole, il réalise un premier panorama. A Genève, Promio braque son appareil sur un défilé militaire, mais, à court de pellicules, il doit se cacher dans un tonneau pour procéder au rechargement des magasins de la caméra. A Chicago, il demande au chef de la police de lui prêter quelques *policemen* pour servir de figurants dans un film. Le lendemain, plus de cinq mille policiers et pompiers sont rassemblés Michigan Avenue ! Francis Doublier, lui, jouait déjà dans *la Sortie de l'usine Lumière*, en 1895. Il ouvre ensuite une salle à Amsterdam dans le Kalverstraat, puis part pour Moscou avec Charles Moisson, pour filmer le couronnement du nouveau tsar Nicolas II, où des milliers de personnes trouvent la mort dans une épouvantable bousculade.

1897

La Havane, 7 février
L'opérateur Gabriel Veyre, venu présenter le Cinématographe Lumière, réalise le premier film tourné à Cuba, *Simulacre d'un incendie*.

Belgrade, 6 mars
L'opérateur français André Carré réalise le premier film tourné en territoire yougoslave et intitulé *Départ du roi Alexandre Obrenovic de la cour pour la cathédrale.*

Paris, 12 mars
Le café-concert Bataclan projette des films de Méliès, interprétés par Paulus. Caché derrière l'écran, l'acteur en personne sonorise le film en chantant notamment *En revenant de la revue*. (→ 22.3)

New York, 31 mars
Le caricaturiste James S. Blackton et l'imitateur ventriloque Albert Smith fondent la Vitagraph Company pour projeter des films Edison dans les théâtres. (→ 19.5.1898)

Paris, mars
Un Cinématographe Lumière est ouvert au 6, boulevard Saint-Denis à l'emplacement d'un ancien théâtre de prestidigitation. Le prix du billet est de 50 centimes. C'est la cinquième salle Lumière à entrer en service depuis le 28 décembre 1895, et le premier établissement fixe, spécialisé pour cette exploitation.

Paris, avril
La réalisation des films produits par Léon Gaumont débute, dans les studios de la rue des Alouettes, près des Buttes-Chaumont. Il en confie la charge à sa secrétaire, Alice Guy.

Angleterre, avril
Alors qu'à Brighton les photographes James Williamson et Georges Albert Smith tournent leurs premiers films, Robert William Paul fonde la Paul Animatograph Company. (→ septembre 1899)

Stockholm, 15 mai
L'opérateur Eugène Promio filme, pour son jubilé, le roi Oscar II, qui assiste à la projection le soir même.

Lyon, mai
Les Etablissements Lumière mettent en vente libre le Cinématographe. L'appareil, avec tous ses accessoires, coûte 1 650 francs. Le prix du projecteur acheté seul est de 300 francs. (→ 28.7)

Bruxelles, mai
Dans le cadre de l'Exposition internationale, qui se tient dans le parc du Cinquantenaire, a été édifié un Palais de l'optique, où se donnent des séances de projection cinématographique. Il est exploité par la société L'Optique belge, filiale de la société française L'Optique, dirigée par le député François Deloncle.

Paris, 1er juillet
Berthon, Dussaud et Jaubert font breveter un « système combinant le microphone et le Cinématographe en vue de la reproduction simultanée des scènes de la vie animée... et des sons... ». Les paroles sont enregistrées, puis mimées par l'acteur devant la caméra. (→ 4.4.1898)

Paris, 15 juillet
Réalisé par Emile Reynaud pour le Théâtre optique, *Premier Cigare*, achevé avec un an de retard, est enfin projeté en public. Le musée Grévin envisage de se tourner vers le Cinématographe. (→ 22.6.1898)

Shanghai, juillet
L'Américain James Ricalton projette des films Edison dans des salons de thé et des parcs d'attraction.

Paris, 1er août
Après l'accident du Bazar de la Charité, pour éviter les « incendies du Cinématographe », A. Delille suggère de protéger la pellicule de la chaleur des rayons du condensateur par une cuve à eau. (→ 24)

Washington, 5 août
Admiral Cigarette, produit par Edison, est le premier film publicitaire déposé au Bureau du copyright de la bibliothèque du Congrès.

Paris, 25 novembre
Raoul Grimoin-Sanson obtient un brevet pour le Cinécosmorama, qui permet de filmer et de projeter des vues animées panoramiques sur un écran circulaire, au moyen de douze appareils reliés les uns aux autres. (→ 18.8.1900)

Paris, 30 novembre
Léon Gaumont délaisse le format 60 mm du « Chrono » Demenÿ, et intensifie sa production en 35 mm (→ 1.1.1898). Ses films, vendus de 35 à 75 francs, comportent des actualités, des vues de plein air et des scènes comiques réalisées par Alice Guy : *Chez le barbier*, *Une nuit agitée*. (→ 30.11.1899)

Le premier établissement fixe pour le Cinématographe Lumière, exploité par Maurice Lafont, est ouvert à Paris, au 6, boulevard Saint-Denis.

La catastrophe du Bazar de la Charité, le 4 mai à Paris, émeut la France entière et déclenche une grave crise pour le spectacle cinématographique.

Le Cinématographe mis en cause dans l'incendie

Paris, 4 mai
Un effroyable incendie provoqué par un Cinématographe a ravagé le Bazar de la Charité. On dénombre 121 victimes, dont 116 ont pu être identifiées (110 femmes et 6 hommes). Une enquête minutieuse, menée par le préfet de police Lépine, a permis de reconstituer le drame. Le Bazar de la Charité, fondé en 1885 par des membres de la haute société catholique, présidé par le baron de Mackau, a été inauguré hier, avec grand succès. Gens du monde se pressent à l'entrée de la grande baraque en bois de sapin, bâtie rue Jean-Goujon. L'intérieur présente la forme d'un corridor de 80 mètres de long sur 20 mètres de large. Des petites boutiques faites de toile et de carton-pâte, abritant des œuvres de charité, sont disposées sur les côtés, laissant un couloir de 6 ou 7 mètres de large. Un immense vélum de toile blanche, entouré de tissu goudronné, forme une sorte de faux plafond. Ce mardi 4, plus de mille personnes affluent dans le couloir central. A 3 heures, Ernest Normandin, concessionnaire du Cinématographe perfectionné de Henri Joly, excellent appareil mis au point en 1895, décide l'ouverture de la petite salle de projection, qui ne mesure que 9 mètres sur 4. Le Cinématographe devait fonctionner hier, mais un problème technique avec la lampe était survenu. Normandin avait alors téléphoné à Alfred Molteni, le fabricant de lanternes magiques, pour se procurer une lampe oxyéthérique. C'est un réservoir en cuivre, contenant de l'éther mélangé à de l'oxygène, et donnant une flamme qui porte à incandescence un petit morceau de chaux. Ironie: la lampe Molteni est baptisée Securitas... Elle fonctionne d'abord sans problème. Les vues se succèdent, représentant une course automobile, une sortie d'église après la messe et un cortège de la mi-carême, clou de la journée: cette dernière bande est en couleurs. Le Cinématographe donne quatre séances, devant un public différent. A 4 h 10, le projectionniste Bellac interrompt la séance: la lampe s'est éteinte. Il sort de la cabine, une simple cahute recouverte d'un rideau, et s'adresse au public: « Une petite minute, je vous prie, le temps de remplir ma lampe. » La salle est plongée dans l'obscurité. Le secrétaire du baron de Mackau, Marty, intervient: « C'est imprudent, allez allumer votre lampe dehors! » Mais Bellac lui répond: « Aucun danger! » et revient dans la cabine. Il remplit la lampe d'éther, dans le noir. Son assistant, le Russe Grégoire Bagrachow, demande: « Où est la boîte d'allumettes? » Bellac, occupé à verser l'éther, répond: « Sur la table. » Bagrachow la trouve et, sans avertir, gratte une allumette. Bellac hurle en le voyant faire. Trop tard! En une seconde, les deux hommes voient sortir du goulot de la lampe une fusée de feu, une gigantesque gerbe de flammes, puis un bruit terrifiant: la lampe et les pellicules en Celluloïd explosent. Le rideau de la cabine est en feu, l'incendie en quelques instants se propage partout. Le vélum et l'arche goudronnée s'enflamment immédiatement. A l'entrée du Cinématographe, un tourniquet empêche une trentaine de spectateurs affolés de sortir. Bagrachow, qui a pu s'échapper, crie « Ce n'est rien! » et Marty essaye de les calmer: « Sortez sans vous presser! » Mais la porte de sortie, rue Jean-Goujon, est déjà obstruée par une foule complètement paniquée. Les robes traînantes prennent feu, des gouttes de goudron tombent du vélum. Bagrachow réussit à défoncer un mur de planches, et plus de cent personnes se ruent vers cette sortie inespérée. On se bat, les élites de l'aristocratie se fraient un passage à coup de canne: des femmes sont jetées à terre, piétinées. Elles sont les principales victimes: leurs robes les transforment en torches vivantes. Une deuxième ouverture est pratiquée en descellant les barreaux de la fenêtre de l'hôtel voisin, mais elle est très étroite. Pendant ce temps le Bazar entier est entièrement enflammé par le vélum. Les petites boutiques en toile se consument avec une violence incroyable. Une poutre embrasée s'écroule sur la baronne de Saint-Didier. Rue François-Ier, une nouvelle issue de secours est ouverte: une échelle dressée par les pompiers. Quelques-uns d'entre eux sont descendus dans la fournaise pour aider

La fête commence et les invités du baron de Mackau sont prêts pour le bal.

Un aspect des décors dressés pour la manifestation, avant le drame.

du Bazar de la Charité, qui a fait 121 victimes

A l'heure du bilan, les survivants et les curieux découvrent ce qui reste de la fragile construction élevée pour l'occasion.

les victimes. Des volontaires civils, tels le maître d'hôtel Charles Wagner ou le valet de chambre Eugène Cauvet, accomplissent des prodiges. Les pompes à eau des pompiers finissent enfin par agir sur le goudron brûlant. A six heures, tout est fini. Il ne reste plus que les piliers qui soutenaient le toit, un amas de cendres fumantes et une odeur épouvantable. Deux corps carbonisés sont identifiés: la comtesse Louis de Luppé et la duchesse d'Alençon, sœur de l'impératrice Elisabeth d'Autriche. Les autres corps sont portés au Palais de l'industrie, où les familles sont invitées à reconnaître les leurs. La police, rue Jean-Goujon, fouille dans les cendres, à la recherche des bijoux... La catastrophe soulève un grand trouble chez les croyants. Pour certains, Dieu a voulu punir une caste orgueilleuse, habituée à pratiquer une charité qui ne la prive de rien. Le principe du Cinématographe est remis en cause par les mêmes accusateurs: voilà le résultat d'une conquête scientifique qui prétend se passer de Dieu! (→ 1.8)

La lampe à éther Molteni, jugée directement responsable du sinistre.

Suites judiciaires de la catastrophe

Paris, 24 août

Trois accusés comparaissent devant la huitième chambre correctionnelle: le baron de Mackau, organisateur du Bazar de la Charité, Bellac, employé d'Ernest Normandin, et Grégoire Bagrachow, qui était venu aider son ami Bellac. Le verdict suscite de nombreuses polémiques: le baron de Mackau, qui était responsable du local, n'est condamné qu'à 500 F d'amende! Or, lui seul pouvait prendre les mesures nécessaires à la sécurité du public. Bellac, employé qui a été la cause accidentelle de l'incendie par imprudence, est condamné à un an d'emprisonnement et à payer 500 F d'amende, tandis que le pauvre Bagrachow, responsable lui aussi, mais qui a sauvé des dizaines de vies par son courage, devra effectuer huit mois de prison et payer 200 F d'amende. Le public s'étonne: l'accident s'étant produit, comment se fait-il que personne, ou presque, n'ait pu se sauver? A qui incombe la responsabilité de ce désastre? Doit-on interdire le Cinématographe, «qui crée un danger partout où il fonctionne», comme l'affirme un député? Aucune décision n'est prise dans ce sens. Le Cinématographe a pris trop d'avance, plus personne ne croit que l'on puisse l'arrêter. (→ 12.11.1900)

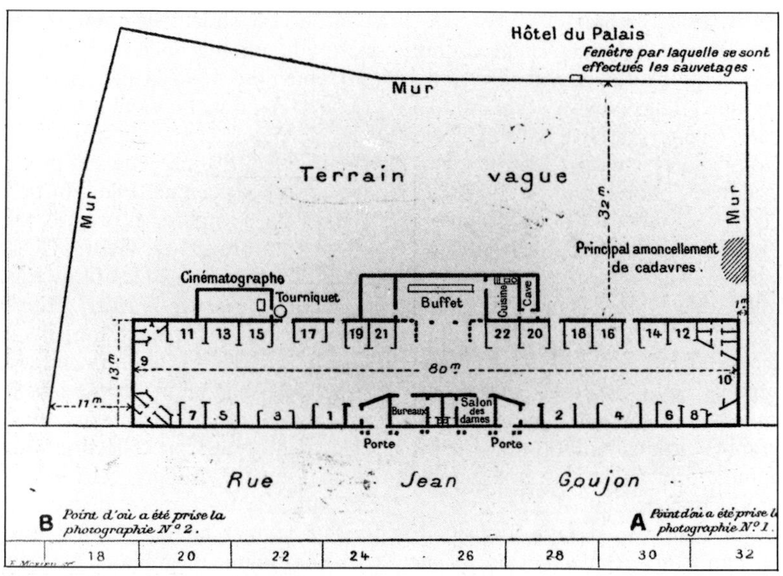

Plan de l'installation, situant les emplacements des comptoirs de vente.

Une heure après le début de la fête, la vente de charité n'est plus que ruines.

Georges Méliès met en service un atelier de pose

Montreuil-sous-Bois, 22 mars
Georges Méliès, l'illusionniste dernièrement converti au Cinématographe, est très ému : son atelier de pose, réservé uniquement aux vues animées et bâti dans le jardin de sa propriété, est inauguré aujourd'hui. Depuis le mois d'octobre, Méliès enregistrait ses vues en plein air, dans le jardin, dans les rues avoisinantes ou dans son laboratoire du passage de l'Opéra, à Paris, mais le mauvais temps et le manque de lumière l'empêchaient trop souvent de travailler. Il a donc décidé de faire construire un atelier, long de 17 mètres et large de 7 mètres, entièrement vitré, comme les ateliers de photographie. Orienté nord-sud, de manière à recevoir la lumière toute la journée, l'ensemble s'élève à 6 mètres du sol. A l'intérieur, une petite scène de 5 mètres de profondeur, où les acteurs évolueront. Le reste est réservé à la caméra et à la fabrication des décors. L'atelier est parqueté, les parois sont entièrement garnies de verres dépolis sur toutes les faces, ainsi que le toit, excepté trois travées en avant de la scène, qui ont été équipées de verre simple, transparent, pour que la lumière solaire puisse bien éclairer les acteurs. Des châssis garnis de toile à calquer permettent d'adoucir les rayons du soleil, s'ils sont trop puissants. Méliès a tracé lui-même les plans de son atelier, mais le vitrier, venu installer le toit de verre, s'est écrié : « Quel est l'idiot qui a dirigé ça ? » Vexé, Méliès voit en effet que les piliers du milieu penchent de façon inquiétante. Il faut consolider le bâti d'urgence. La facture totale s'élève à 90 000 francs ! Cependant, Méliès est enchanté. Il voit déjà les premières scènes à tourner dans son bel atelier. Ce seront d'abord des actualités reconstituées. La guerre gréco-turque, commencée au début de l'année, lui offre d'excellents sujets. *La Prise de Tournavos* doit être recréée à Montreuil ! Le public n'y verra que du feu.

Un bâtiment de 17 m sur 7, édifié sur le terrain de sa propriété de Montreuil.

Le Cinématographe chez Robert Houdin

Paris, 30 octobre
Le théâtre Robert-Houdin, 8, boulevard des Italiens, présente en exclusivité les vues animées que son directeur, Georges Méliès, réalise à l'atelier de Montreuil. Voilà déjà six mois que le Cinématographe y triomphe tous les soirs. La séance dure trois quarts d'heure. Pour 50 centimes, on peut voir des vues pleines de fantaisie. *L'Auberge ensorcelée*, par exemple, montre un homme à la poursuite de ses bottes qui marchent toutes seules. Vraiment étonnant. (→janvier 1898)

Méliès et son associé Lucien Reulos lors de la constitution de la Star Film.

Avec « Après le bal, le tub », interprété par Jehanne d'Alcy et Jeanne Brady, Georges Méliès ose la représentation de la nudité à l'écran.

Pathé et Gaumont abordent la production

Paris, 28 décembre
Les frères Charles et Emile Pathé, avec la puissante aide financière du banquier Jean Neyret et de l'industriel Claude Grivolas, fondent la Compagnie générale des cinématographes, phonographes et pellicules, qui succède aux établissements Pathé Frères. Le capital de cette nouvelle société est porté à un million de francs. Emile Pathé s'occupe de la branche phonographes et dirige l'usine de Chatou. Charles surveille les deux, mais plus particulièrement la section cinématographe, moins importante, et a comme projet l'accroissement de la production de films. Le siège social est installé 98, rue de Richelieu, où l'on trouve également un magasin de phonographes. Dans le même quartier est situé le Comptoir général de photographie, devenu le 11 septembre 1895 la propriété de Léon Gaumont. Le capital est plus modeste, trois cent mille francs au début de cette année, mais la petite société est très active. Elle fabrique d'excellentes caméras et projecteurs d'après les brevets de Georges Demenÿ et réalise quelques films très appréciés : *Chez le barbier*, *Transformation d'un chapeau*, *Baignade de nègres*, *Arrivée d'un train en gare d'Auteuil*... Gaumont propose déjà plus de 80 vues différentes et vend également toute la collection des films Lumière. Malgré cela, Charles Pathé risque d'ores et déjà d'emporter le marché encore modeste des vues animées, grâce au soutien de Neyret et Grivolas. (→juin 1898)

L'Amérique se prive de Lumière

New York, 28 juillet
Cela se passe, à l'aube, au large de l'estuaire de l'Hudson. Un canot se balance longuement sur l'onde dans un calme apparent. A bord se trouvent deux Français, MM. Lafont et Mesguich. Le premier est le représentant de la société Lumière aux Etats-Unis, le second son opérateur de prédilection. Bientôt, un transatlantique battant pavillon français s'approche et prend Lafont à son bord. Départ vers la France. Ainsi s'achève la courte épopée américaine du Cinématographe ! En votant le *Dingley Bill* quatre jours plus tôt, le Congrès a coupé l'herbe sous les pieds de la maison lyonnaise. Cette loi protectionniste frappe en effet le matériel technique étranger de droits d'importation prohibitifs, allant de 25 à 65 % de leur valeur. L'American Mutoscope and Biograph Company, dont on connaît les accointances avec le nouveau président William McKinley, et l'Edison Company se sont saisies de l'occasion et ont porté plainte contre la société Lumière pour infraction aux règlements douaniers. Son matériel, et en particulier les Cinématographe, aurait été introduit sur le territoire des Etats-Unis sans autorisation préalable. Peut-être menacé d'un mandat d'arrêt, M. Lafont a préféré plier armes et bagages et quitter clandestinement le pays. Pour lui et nombre de ses collègues, le rêve américain est bien fini ! (→ 27.9.1898)

Edison déclare la guerre des brevets

Après avoir repris à son compte le Vitascope de Thomas Armat, Edison en fait volontiers la démonstration.

New York, 7 décembre
Coup de semonce dans le monde bouillonnant des images animées. Dyer and Dyer, le fameux cabinet d'avocats chargé des intérêts de Thomas Alva Edison, vient de sommer l'International Film Company de cesser toutes ses activités. Cette société, fondée en novembre 1896 par Charles H. Webster et Edward Kuhn, s'est spécialisée dans l'importation de films étrangers. Elle commercialise aussi un projecteur calqué sur les modèles déjà en exploitation, le Projectorscope. Webster n'est pas un inconnu : chargé de représenter le Vitascope en Angleterre, il en revint convaincu de la supériorité photographique des films européens et s'efforça de faciliter leur arrivée sur le marché américain. Edward Kuhn fut, quant à lui, l'un des metteurs en scène chargés de la réalisation des premiers films kinétoscopiques. Tout comme W. K. Laurie Dickson, il quitta son employeur et rejoignit Webster, accompagné de son opérateur Edwin S. Porter. Pour justifier sa démarche contre ses anciens collaborateurs, Edison met en avant l'enregistrement définitif de son brevet qui remonte au mois d'août. Par cet artifice légal, le Sorcier de West Orange est devenu *de facto* l'unique inventeur de la projection d'images animées, et est donc en droit de poursuivre ses rivaux, sous le vague prétexte de contrefaçon. D'ailleurs, les poursuites ne s'arrêteront sans doute pas là : la société Maguire et Baucus aurait été également assignée en justice, et d'autres injonctions du même ordre seraient en préparation. Biograph, Cinématographe, Magniscope, Polyscope et Projectorscope : tous ces noms d'appareils si délicieusement rébarbatifs disparaîtront-ils bientôt de notre vocabulaire ? (→ 16.2.1898)

Un opérateur Lumière aux Etats-Unis, vu par la presse américaine.

Un Kinetoscope Parlor à San Francisco, salle de spectacle selon West Orange.

Naples, 18 janvier
Le fantaisiste transformiste Leopoldo Fregoli présente au Gran Circo delle varietà des courts métrages réalisés au moyen d'un appareil qu'il a baptisé Fregoligraph.

New York, 16 février
Les producteurs de théâtre Mark Klaw et Abraham Erlanger, qui ont importé *la Passion* de la maison Lumière, reçoivent la visite des avocats de Dyer and Dyer, agents d'Edison, qui sont chargés d'empêcher toute exploitation de films étrangers en Amérique. (→ 13.5)

Barcelone, 28 février
Fructuoso Gelabert Badellia tourne les premières bandes d'actualités espagnoles.

Monaco, 25 mars
Clément Maurice gagne le premier prix du concours cinématographique organisé par la Société des bains de mer. Le jury était composé de Léon Gaumont, de Fréderic Dillaye et de Georges Mareschal. Les participants devaient tourner un film de 15 m de long, représentant un « sujet en mouvement pris à Monaco ».

Paris, 25 mars
Le Polonais Boleslaw Matuszewski publie une brochure intitulée *Une nouvelle source de l'histoire*, où il lance, pour la première fois, l'idée de rassembler et de conserver les films dans un dépôt. (→ 27.2.1910)

Paris, 4 avril
Auguste Baron obtient un nouveau brevet pour un système de cinéma sonore. Le mouvement de rotation de la caméra est transmis électriquement au mécanisme du phonographe, assurant ainsi une synchronisation satisfaisante. Il tourne quelques films sonores, dans un studio qu'il a édifié. (→ 16.11.1899)

Paris, 26 avril
Au théâtre Robert-Houdin a lieu la première projection de *Quais de La Havane et Explosion du cuirassé « Le Maine »*, une « actualité reconstituée » de Georges Méliès consacrée à l'intervention américaine à Cuba. Première du genre, elle fait partie d'une série de cinq bandes de 20 m sur le même sujet. Méliès a recréé l'épave dans son studio de Montreuil et filmé les acteurs à travers un aquarium rempli de poissons. (→ 23.2.1899)

Londres, 5 mai
L'Américain Charles Urban, venu en Angleterre comme représentant d'Edison, fonde pour ce dernier une succursale, la Warwick Trading Company. (→ août 1902)

New York, 19 mai
La Vitagraph commence à tourner ses propres films, dont *la Bataille de Manila Bay* sur la victoire des Américains à Cuba le 1er mai, filmé avec des maquettes et des photos.

Prague, 19 juin
Jan Krizenecky présente ses bandes d'actualités filmées, tournées hier, au moment de l'explosion d'un bateau-mouche sur la Moldau.

Paris, 22 juin
Nouvelle déception pour Reynaud. Le musée Grévin l'oblige à intercaler dans son spectacle des « expériences de chronophotographie » de Gaumont faites avec l'appareil de Demenÿ. (→ 16.10.1899)

New York, 13 juillet
J. S. Blackton, le fondateur de la Vitagraph, attaqué en justice par Edison, conclut un arrangement à l'amiable avec William Gilmore, directeur de l'Edison Manufacturing Company. Avec son associé A. Smith, il travaillera désormais sous licence Edison. (→ 12.1.1901)

Prague, 1er octobre
Jan Krizenecky présente trois bandes de fiction interprétées par le comédien Joseph Svab-Malostransky. L'une d'elles, *Rires et Pleurs*, est entièrement composée de gros plans du visage de l'acteur.

Monza, 18 octobre
L'opérateur Vittorio Calcina, agent de la société Lumière en Italie, présente le Cinématographe à la famille royale.

Paris, 18 octobre
Les frères Lumière et l'opérateur Félix Mesguich installent un écran publicitaire en plein air, au 5, boulevard Montmartre, sur lequel est projeté un film vantant les mérites de la peinture Ripolin. (→ 15.5.1899)

Paris, 29 octobre
Lucien Reulos, ancien associé de Méliès, fait breveter son Mirographe, qui utilise pour la première fois en France un film à format réduit de 21 mm de large.

Léon Gaumont propose à son tour une version de « l'Arroseur arrosé », après les frères Lumière en 1895 et Charles Pathé l'année dernière.

« La Lune à un mètre », féerie à transformation de Georges Méliès, illustre des thèmes familiers aux habitués du théâtre Robert-Houdin.

Un omnibus insolite place de l'Opéra

Paris, janvier
Quelle est l'explication des phénomènes étranges auxquels assistent les spectateurs depuis la fin de l'année 1896 dans les salles obscures ? Les images changent si vite que les personnages donnent l'impression de se volatiliser. Les objets se substituent les uns aux autres. Place de l'Opéra, le cinématographiste Georges Méliès braque sa caméra sur la foule qui circule. L'appareil dans lequel la pellicule s'accroche parfois refuse soudain d'avancer. Une bonne minute s'écoule avant que la prise de vues puisse recommencer. En projetant la bande, Méliès voit subitement un omnibus changé en corbillard et des hommes devenus femmes. Méliès et d'autres opérateurs utilisent ce trucage depuis 1896. Cela ravit le public, qui commencait à se lasser de voir toujours les mêmes images. Désormais, Méliès applique avec bonheur cette prestidigitation cinématographique. L'arrêt de caméra, avec substitution d'une image par une autre, a été découverte par l'Américain Alfred Clark, au temps de la Black Maria, pendant le tournage de *l'Exécution de Marie Stuart* pour le Kinetoscope Edison. (→ 26.4)

De nouveaux rebondissements dans la guerre des brevets

New York, 13 mai
L'offensive déclenchée en décembre par Thomas Alva Edison pour protéger ses intérêts est loin de s'apaiser. Fort de l'antériorité de ses brevets, l'inventeur continue à harceler ses rivaux et à leur intenter procès sur procès. Après Webster et Kuhn, Maguire et Baucus, Sigmund Lubin, William N. Selig, Klaw et Erlanger et tant d'autres, ses avocats s'en prennent aujourd'hui à l'American Mutoscope and Biograph Company, la sommant de cesser toute activité, qu'il s'agisse de la construction, de la vente ou de l'exploitation publique du Biograph. Le prétexte est toujours le même : les dirigeants de l'entreprise rivale, et en particulier William Kennedy Laurie Dickson, qui a longtemps travaillé auprès de l'inventeur lors de l'élaboration du Kinetoscope, sont accusés de diverses contrefaçons et mis à l'index. L'avocat d'Edison a déclaré que son client n'avait en aucun cas l'intention d'éliminer tous ses adversaires. Un arrangement à l'amiable demeure souhaitable, et ce dernier pourrait déboucher sur le paiement de droits ou de sommes forfaitaires. Mais il serait douteux que la puissante Biograph accepte ces conditions sans rechigner. (→ 13.7)

Partout le nouvel art accorde une large place à la Passion

New York, 30 janvier
Le cinématographe se réconcilie enfin avec l'Eglise, qui s'aperçoit que cette invention du démon est un excellent moyen éducatif. On tourne des passions un peu partout. L'Eden Musée de Richard Hollaman présente aujourd'hui *la Passion d'Oberammergau*, tournée sur le toit du Grand Central Palace de New York et non sur place, en Bavière, comme le laisse entendre la publicité. Le film, qui comprend 23 scènes, dure environ 19 minutes. Des commentaires accompagnent la séance, ainsi que des projections de plaques de lanterne magique. Le succès de ce film réalisé par Henry C. Vincent est énorme : « L'Eden Musée ressemble maintenant à une église », écrit un journaliste. En France aussi, la Passion fait recette. Les frères Lumière produisent *la Vie et la Passion de Jésus-Christ*, en treize tableaux réalisés par Georges Hatot. Léon Gaumont a en projet une *Vie du Christ* en onze tableaux. La Maison de la bonne presse, éditeur catholique qui a créé un puissant service de projections lumineuses, distribue également une *Passion* qu'Albert Kirchner, dit Léar, a réalisée l'année dernière. Une frénésie de projections s'empare des catholiques. (→ 28.7.1905)

Réalisé en treize tableaux par Georges Hatot pour la maison Lumière, « la Vie et la Passion de Jésus-Christ » a pour interprète l'acteur Bretteau.

Le Chrono Demenÿ change de format

Paris, 1er janvier
Le Chronophotographe Georges Demenÿ, fabriqué par le Comptoir général de photographie de Léon Gaumont, ne se vend pas ! C'est précisément le premier modèle, qui utilise de la pellicule au format 60 mm, qui ne donne pas satisfaction. Il avait pourtant fonctionné au théâtre du Châtelet, au Jardin d'Acclimatation, et donnait de belles images de 40 mètres carrés. En fait, le format 35 mm inventé par Edison est adopté depuis longtemps par tous les cinématographistes. Gaumont a donc lancé sur le marché, depuis novembre, une caméra plus petite n'utilisant que la pellicule 35 mm. Son catalogue de vues propose les deux formats, 35 et 60, avec perforations Edison (quatre trous carrés par image) ou Lumière (deux trous ronds par image).

Le docteur Doyen pionnier de la cinématographie scientifique

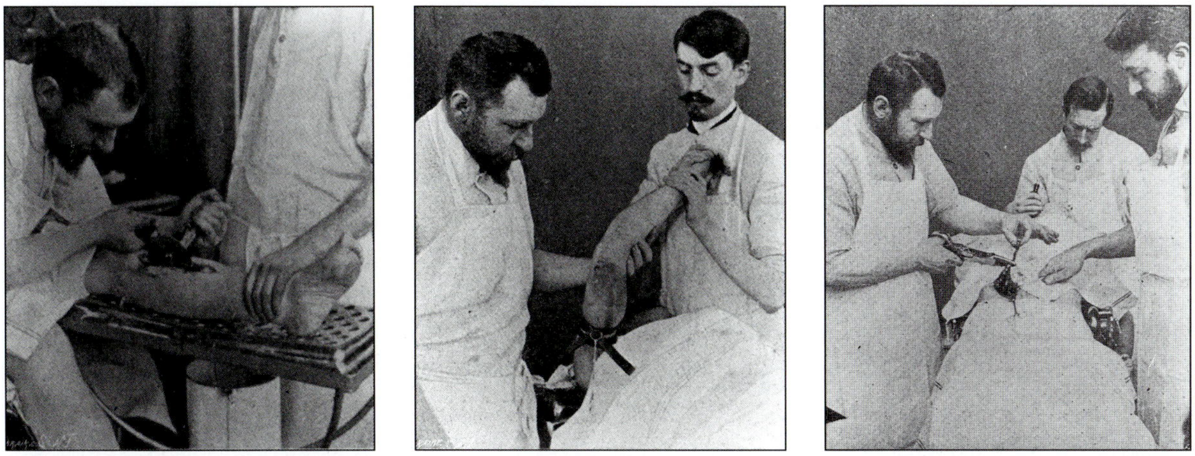

Réputé pour l'audace et la nouveauté de ses méthodes, le chirurgien n'a pas tardé à tirer parti des ressources du film.

Paris, 21 octobre
A l'hôtel des Sociétés savantes, le célèbre chirurgien Eugène-Louis Doyen organise à ses frais une séance de projection de films médicaux. Voilà déjà longtemps que Doyen se passionne pour la photographie. En 1890, il s'était constitué une collection de plaques en verre pour projections, destinées à l'enseignement médical. Avec l'invention du Cinématographe, Doyen songe tout de suite à enregistrer des vues scientifiques. C'est chose faite en 1897, grâce au soutien technique de Clément Maurice, l'opérateur du Grand Café, qui possède à fond la maîtrise du Cinématographe Lumière. Un autre homme se joint à l'équipe : Ambroise-François Parnaland, qui possède son propre matériel, une caméra à perforations centrales. Les deux experts tournent, dans la salle d'opération du Dr Doyen de l'avenue d'Iéna, un essai sur une crâniectomie. Au début de cette année, les tournages reprennent dans une nouvelle clinique de la rue Piccini, équipée de puissants réflecteurs électriques. Les vues obtenues ainsi sont très bonnes : Doyen part pour l'Angleterre et présente devant l'Association médicale, le 28 juillet, les films de ses opérations, une hystérectomie abdomidale et une crâniectomie. La première démonstration est concluante, mais, en France, Doyen doit faire face à une véritable cabale. Les scientifiques ne veulent pas mêler la chirurgie au Cinématographe. A son retour à Paris, il se voit refuser une communication à l'Académie de médecine. Au congrès de Chirurgie de Paris qui vient de s'ouvrir, on ne l'autorise pas à présenter ses films. La salle de l'hôtel des Sociétés savantes abrite désormais le chirurgien, et ses projections novatrices connaissent le succès. (→ 9.4.1902)

Un théâtre Pathé s'ouvre à Vincennes

Vincennes, juin
Charles Pathé organise au 1, rue du Polygone, un atelier de prise de vues qui n'égale vraiment pas celui de Georges Méliès, à Montreuil. Il s'agit de la petite salle d'un ancien bistrot, avec quelques pièces au-dessus transformées en ateliers de tirage. Pathé a loué la salle et les quelques chambres meublées à la veuve Hervillard, marchande de vin. C'est dans la cour, sur un plancher de 6 mètres sur 8, et devant une toile naïvement peinte, que les vues sont enregistrées, au hasard du temps. Le vent secoue la toile, et lorsqu'il pleut les décors sont dévastés. Une baraque en planches abrite les toiles, costumes et accessoires. En fait, Charles Pathé n'a aucune raison de sacrifier trop d'argent aux vues animées. Il voudrait certes accroître sa production de films, mais la puissante Compagnie générale des cinématographes, phonographes et pellicules qu'il dirige, avec son frère Emile et Claude Grivolas, tire tous ses bénéfices de la vente des phonographes et cylindres. Pendant ce temps, Gaumont et Méliès, de même que d'autres petits artisans, s'approprient le marché... (→ janvier 1899)

Un opérateur Lumière expulsé de Russie

Saint-Pétersbourg, 27 septembre
Félix Mesguich, l'un des meilleurs opérateurs des frères Lumière, est reconduit de toute urgence à la frontière, en compagnie de deux policiers russes. Cet incident regrettable met fin au triomphe de Mesguich et du Cinématographe Lumière en Russie. Tout avait bien commencé pourtant. Envoyé par Arthur Grünewald, le concessionnaire des frères Lumière en Russie, Mesguich débarque à Odessa le 13 novembre 1897. L'opérateur se rend ensuite en Crimée, à Yalta, pour montrer le Cinématographe au tsar Nicolas II, qui se montre assez intéressé. C'est ensuite toute la Russie que parcourt le « chasseur d'images ». Après un passage à Moscou, il s'installe dans une grande salle à la foire annuelle de Nijni-Novgorod. Le public, stupéfait, cherche à voir derrière l'écran quel mystère diabolique l'anime. Les vues du couronnement du tsar sont projetées. C'en est trop : des spectateurs font le signe de la croix, d'autres ont l'air furieux. Une nuit, l'établissement Lumière est incendié par quelques fanatiques. A Saint-Pétersbourg, que Mesguich a rejoint, une dernière catastrophe se produit. Le Français filme la belle Caroline Otéro dans une « valse brisante » du plus bel effet. Le malheur, c'est qu'un officier russe danse avec elle, corps à corps. La vue est projetée le lendemain au théâtre de l'Aquarium, en présence de toute l'aristocratie russe. Il n'y comprend rien : la salle entière s'est levée, des officiers le saisissent brutalement... « Vous avez gravement offensé l'armée russe », lui explique-t-on enfin, « nos officiers, sachez-le bien, ne sont pas des danseurs de music-hall » ; et voilà le pauvre Mesguich en route pour la frontière ! (→ 18.10)

Présentés pour la première fois au Casino de Paris en septembre 1897 par Eugène Lauste, les films produits à New York par la compagnie American Biograph ont rencontré dans cette salle un grand succès. A tel point que ses dirigeants poursuivent en exclusivité l'exploitation de ces programmes, qui constituent une attraction de choix pour leurs propres spectacles. Chaque programme dure un quart d'heure. (→ 1.11.1899)

1899

Paris, 6 janvier
Léon Gaumont présente, à la Société française de photographie, un Chronophotographe projecteur, permettant de passer plus de six cents mètres de pellicule, grâce à des magasins.

Paris, janvier
Un jeune acteur, nommé Ferdinand Zecca, est embauché dans la section des phonographes de la société des frères Pathé, dirigée par Emile Pathé. On confie à ce jeune homme, servi par une excellente diction, la charge de lire les discours officiels des hommes politiques afin de les graver sur rouleaux.

Paris, 23 février
Pour les funérailles du président de la République, Félix Faure, Georges Méliès, qui a renoncé cette fois-ci à ses actualités reconstituées, est présent avec sa caméra pour filmer la cérémonie.

Paris, 31 mars
Léon Gaumont met en vente de nouvelles vues, sous la rubrique Collection Elgé, intitulées *Panorama pris d'un train en marche*, et *Arrivée en gare d'un train*. (→ 30.11)

Vincennes, avril
Ferdinand Zecca participe aux fictions filmées produites par les frères Pathé pour le théâtre des Galeries Dufayel. Il supervise et interprète lui-même, aux côtés du comique Charlus, *le Muet mélomane*, une bande burlesque, et sonore, synchronisée au phonographe et réalisée par l'opérateur Maurice Caussade. (→ 19.10.1901)

Cognac, 4 mai
Un incendie s'est déclaré dans une baraque foraine présentant le Viograph américain. Comme d'habitude, c'est la pellicule qui a pris feu. En huit minutes, tout le champ de foire a brûlé. Le Viograph, long de 40 m, dirigé par les forains Dane et Oger, est en cendres. Les dégats sont évalués à plus de 50 000 francs.

Paris, 24 mai
Marey obtient un brevet pour un « dispositif de réglage du mouvement de la pellicule positive dans le chronophotographe projecteur ».

Paris, 13 juillet
La Compagnie générale des cinématographes, phonographes et pellicules des frères Charles et Emile Pathé est une affaire prospère. A l'assemblée générale, les bénéfices sont évalués à 359 846,82 francs. Les actions, qui se traitent en banque entre 235 et 255 francs, sont appelées dans un bref délai à une plus-value considérable.

Prague, 30 août
Eduard Tichy, du théâtre des Variétés, fait filmer la visite de l'empereur François-Joseph par l'opérateur Otto Dittmann.

Granville, août
Georges Méliès tourne des vues de la mer, pour les combiner par trucage avec des scènes de studio, dans sa nouvelle fiction *le Christ marchant sur les eaux*. (→ 1.12.1900)

Paris, 16 octobre
Le conseil du musée Grévin résilie le contrat d'Emile Reynaud. Le père du Praxinoscope et du Théâtre optique doit être remplacé... par un montreur de marionnettes nommé Saint-Genois. (→ 16.10.1902)

Paris, 1er novembre
Dans la salle du Cinématographe Lumière, boulevard des Capucines, une femme, Mme King, n'arrive pas à voir l'écran. Elle se juche sur un fauteuil, mais elle gêne alors la projection. Un agent de la police la tire par le bras. Des spectateurs prennent sa défense. Une bagarre générale éclate. Les fauteuils sont éventrés, les tableaux lacérés... M. Lafont, propriétaire de la salle, porte plainte.

Paris, 21 novembre
Victor Continsouza et René Bünzli font breveter leur « animateur stéréoscopique ». (→ 10.9.1900)

Paris, 1er décembre
Charles Pathé met en vente une série de vues animées, « particulièrement destinées aux écoles et aux œuvres de jeunesse ».

Paris, 15 décembre
Les productions Pathé jouent sur la dramatisation, mais évoluent peu artistiquement. Charles Pathé met en vente trois films consacrés à *Un incendie*, où l'un des pompiers est gravement blessé. Au catalogue se trouvent également *Arrivée d'un train*, où un cycliste tombe sur le quai et renverse un ouvrier, et d'autres films, plus ou moins imités des frères Lumière. (→ 1.1.1900)

« Cendrillon », de Georges Méliès, féerie en vingt tableaux joués par plus de trente-cinq personnes, obtient partout un succès rapide.

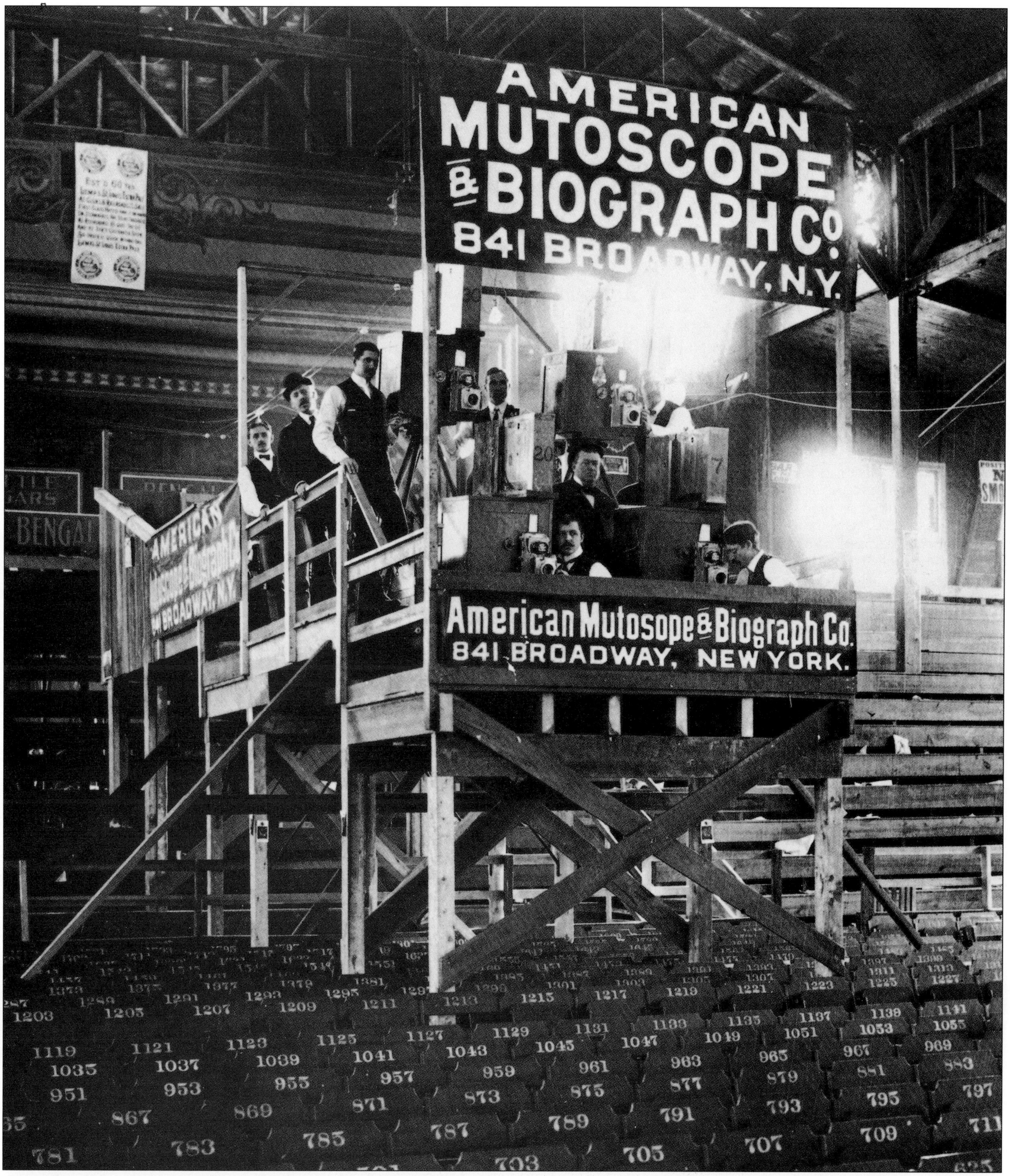

Le combat de boxe opposant Jeffries à Sharkey est pour l'American Biograph la première occasion de tourner en lumière artificielle. (→ 3.11)

Le Cinématographe se mêle de l'affaire Dreyfus

Paris, novembre
Toute la France suit avec passion l'affaire Dreyfus. Le cinématographe s'empare de ce sujet sensationnel et les forains exhibent dans leurs baraques des actualités reconstituées (présentées comme véritables) qui montrent les malheurs de l'ex-officier Alfred Dreyfus. Depuis le début de l'année, la vague dreyfusarde est tellement forte que le nouveau gouvernement, présidé par Emile Loubet, a décidé de réviser le procès. On a découvert en effet des documents falsifiés dans le dossier, et le colonel Henry, fortement suspecté d'avoir menti, s'est donné la mort. Le procès s'ouvre à Rennes, en août, dans la fièvre. Le 9 septembre, Dreyfus est de nouveau condamné, mais il est aussitôt gracié par le président Loubet. Cette décision ne calme pas les esprits. Dans les foires et les salles de cinéma, la série de films proposée par Georges Méliès rencontre un succès formidable, mais les spectateurs se battent entre eux : certaines préfectures ont préféré interdire la projection de ces vues nettement dreyfusardes. C'est à l'atelier de Montreuil que Méliès a reconstitué toute l'affaire. Les onze vues (dix de 20 m, une de 40 m) qu'il propose à la vente sont d'un réalisme étonnant. Méliès y interprète le rôle de Me Labori, le défenseur de Dreyfus, et celui-ci est joué par un quincaillier du quartier, dont la ressemblance avec l'accusé est frappante. Les onze films, montrant l'arrestation de Dreyfus, sa dégradation, son emprisonnement à l'île du Diable, le suicide du colonel Henry, le procès de Rennes, l'attentat contre Me Labori, le départ du tribunal pour la prison, sont distribués aussi en Angleterre par Charles Urban, directeur de la Warwick Trading Company. Les copies se vendent très bien et, à Vincennes, Charles Pathé décide lui aussi de filmer *l'Affaire Dreyfus*. Les huit vues viennent d'être mises en vente, et elles sont également de tendance dreyfusarde. Jean Liezer, acteur de l'Ambigu-Comique, y interprète le rôle de Dreyfus. On y voit l'arrestation, les aveux du colonel Henry, son suicide, Dreyfus dans sa cellule à Rennes, le conseil de guerre, la déposition du général Mercier... Cette série se vend également à l'étranger, mais celle de Méliès remporte toutes les faveurs. On n'oubliera pas de sitôt la vue dramatique intitulée *Attentat contre Me Labori*, par exemple, ou *Bagarre entre journalistes*, où les comédiens de Méliès se battent si bien qu'on croirait que le magicien s'est introduit avec sa caméra dans la salle du procès, à Rennes.

La bataille des journalistes dans « l'Affaire Dreyfus », tourné par Méliès après le verdict du procès de Rennes.

Pathé fait réaliser à son tour une « Affaire Dreyfus », avec l'acteur Liezer.

Images de France sur les boulevards

Paris, 15 mai
A l'initiative de Félix Mesguich, le fameux opérateur Lumière, la Compagnie des wagons-lits installe, sur la place de l'Opéra, un écran publicitaire en plein air. Les passants admirent les vues tournées dans toute la France par Mesguich, pour vanter les beautés de l'itinéraire Paris-Lyon-Marseille. La caméra a été fixée à l'avant d'une locomotive, permettant ainsi de beaux panoramas. La Côte d'Azur, Cannes, Nice et son carnaval, Monaco, Biarritz... L'encombrement provoqué sur la voie publique par la foule qui se presse devant les écrans est si gênant que le préfet de police vient de prendre la décision de réglementer ces Cinématographes publicitaires. Dorénavant, il faudra adresser une demande à la préfecture. L'idée de réaliser des films publicitaires revient non pas à Mesguich, mais à Raoul Grimoin-Sanson, qui y a songé dès mars 1896. (→ 15.5.1900)

La guerre en images de Cuba à l'Afrique

New York, 1er novembre
La guerre dans un fauteuil: telle est l'expérience à laquelle veulent nous convier l'American Mutoscope and Biograph Company et W. K. Laurie Dickson. Ce dernier, de nationalité britannique, s'est en effet rendu dans le Transvaal, en Afrique du Sud, pour couvrir, aidé de son opérateur William Cox, la guerre que mènent ses compatriotes contre les Boers. Les images qu'il a rapportées de Pretoria sont confondantes de réalisme. Grâce à elles, le lointain conflit africain apparaît plus proche, plus sensible. On est loin des premiers reportages truqués qui ont fleuri pendant le conflit hispano-américain de 1898. Faute d'avoir été autorisé à se rendre sur le terrain, un certain Edward Hill Amet était allé jusqu'à reconstituer *Un combat naval à Cuba* dans son jardin, pour le Magniscope. Un décor en stuc, censé représenter la baie de Santiago, avait été installé autour d'un vaste bassin. Des maquettes de croiseurs, commandées par un ingénieux système électrique, évoluaient ainsi devant deux caméras pourvues de ralenti. Le public, qui n'avait suivi le conflit que par l'intermédiaire des journaux, n'y vit alors que du feu. Réalité ou fiction, la puissance de persuasion du cinéma est sans égale. (→ 3)

Le 5 mai, dans une communication à la Société française de photographie, Etienne Jules Marey reconnaît le rôle décisif des frères Lumière pour la mise au point du Cinématographe. Il rappelle cependant l'antériorité de ses propres travaux sur la chronophotographie. Marey (à droite) est ici en compagnie de William Kennedy Laurie Dickson.

Les films britanniques ont un studio

L'établissement comporte un plateau surélevé de 35 m² et une verrière propre à recevoir un maximum de lumière.

New Southgate, septembre
Le fameux fabricant de caméras et projecteurs Robert William Paul, qui produit des films depuis 1895, s'est fait bâtir un atelier de prise de vues, Sydney Road. Attenant à sa fabrique de Theatrograph ou Animatograph, très bons projecteurs à croix de Malte, l'atelier est à la disposition des clients pour toute commande de film publicitaire ou autre. C'est le seul du pays qui soit capable de produire des effets photographiques parfaitement au point, à l'aide d'une machinerie théâtrale très évoluée. Des trappes, des poulies, un pont suspendu, une salle où l'on peint les décors sur toile, un stock d'une cinquantaine de toiles de fond prêtes à servir permettent «d'animatographier» toutes les représentations scéniques possibles. Le bâtiment, élevé selon les plans de Robert William Paul, se trouve surélevé sur deux mètres environ pour permettre aux acteurs de disparaître dans les trappes, dans le cas des scènes à trucages. La caméra est disposée en plein air sur une estrade montée sur rails, afin de la déplacer rapidement. Paul peut ainsi obtenir un agrandissement, une «grosse projection» comme l'on dit en France, ou une réduction des images du film. La scène mesure 8,5 m sur 4,25 m environ. Elle est protégée par un édifice de fer avec de larges portes coulissantes et un toit de verre orienté au nord. Pour filmer, il faut faire glisser les portes et placer la caméra sur rails au bon endroit. Le studio de Paul est ce que l'on fait de mieux actuellement. Même son ami Georges Méliès, de Montreuil, est écrasé par une telle technique. Paul, il est vrai, a plus d'expérience que lui dans le domaine des vues animées. De plus, le Cinématographe est devenu pour l'Anglais une excellente affaire, depuis la fondation en avril 1897 de la Paul's Animatograph Ltd., au capital de 60 000 livres: les premiers bénéfices sont très élevés. L'ambition de Paul est commerciale, mais aussi artistique: «Le public a trop vu de trains, de tramways et d'autobus. On n'a nullement exploité jusqu'ici les possibilités des photographies animées, pour faire rire, pleurer ou pour étonner.» Maintenant, tout cela est changé et l'équipe de Paul s'est mise au travail pour produire toute une série de films comiques, pathétiques ou dramatiques.

Les mauvais coups d'un bon combat

Coney Island, 3 novembre

« Vainqueur aux points: Jim Jeffries ». A l'annonce de la décision des arbitres, le public se lève et fait une ovation bien méritée au champion, ainsi qu'à son malheureux rival, Thomas Sharkey. Le combat a été superbe – pas moins de trente-cinq rounds menés tambour battant. Tandis que les spectateurs quittent la grande halle, les quatre cents lampes à arc qui surplombent le ring s'éteignent, plongeant ce dernier dans la pénombre. Dans la salle maintenant aux trois quarts vide, les opérateurs de l'American Mutoscope and Biograph Company continuent à s'activer autour des caméras. Ce sont près de 1 800 mètres de pellicule, soit une demi-heure de projection, qui ont été impressionnés durant la rencontre. On se souvient en effet que l'entreprenante société avait acquis récemment les droits exclusifs du combat de boxe Jeffries-Sharkey, en accord avec l'imprésario William Brady. Il semble cependant que ce contrat sans précédent ait été sciemment saboté par Thomas Alva Edison, qui voyait l'affaire d'un mauvais œil. Albert E. Smith, par ailleurs cofondateur de la Vitagraph, a été en effet surpris en train de filmer clandestinement des moments de la rencontre. Sa caméra était dissimulée sous un enchevêtrement de parapluies, à proximité des vestiaires. Le pot aux roses ayant été découvert, les opérateurs ont failli en venir aux mains, à l'image des deux pugilistes enjeu du litige. Finalement, Smith a pris ses jambes à son cou et s'est échappé avec les précieux négatifs. Interrogé plus tard sur les mobiles de sa tricherie, le téméraire contrevenant a invoqué les difficultés de sa société et les pressions incessantes de l'Edison Company. Il aurait ainsi été joint par James White, le directeur de production des studios de West Orange. Ce dernier aurait exercé une manière de chantage, le menaçant de poursuites en cas de refus. Résigné, Smith s'assura des complicités autour du ring et parvint à tromper la vigilance du service d'ordre de la Biograph. Décidément, c'est à un véritable combat des chefs que se livrent les deux compagnies rivales. (→ 12.1.1901)

Auguste Baron fait parler les films

Paris, 16 novembre

Où le Cinématographe va-t-il s'arrêter? L'ingénieur Auguste Baron vient de déposer un audacieux brevet d'invention pour un système d'appareils de projections animées panoramiques, circulaires, en couleurs et parlantes! Le Cinématorama parlant – tel est le nom de cet appareil incroyable – consiste en dix caméras disposées sur une plate-forme circulaire, toutes reliées en synchronisme avec des phonographes. Chacune des caméras prend une portion du paysage ou de la scène que l'on désire fixer, avec tous les sons correspondants. Pour la projection, on dispose à la place des caméras dix projecteurs, reliés également à des phonographes haut-parleurs. Baron imagine un panorama circulaire de trente-deux mètres de diamètre, avec un écran de cent mètres de long. Il est depuis longtemps un spécialiste du film parlant et déposait, en avril 1896, son premier brevet sur le sujet. Un commutateur électrique permettait un synchronisme très relatif. Deux ans après, l'inventeur met au point un procédé beaucoup plus novateur. Le phonographe est relié à la caméra par un commutateur de synchronisation dont le mouvement est commandé par la roue motrice de la caméra, de façon que les deux appareils marchent ensemble à la même vitesse. Pour la projection, le même principe est appliqué. Cet ensemble, baptisé Graphonoscope, permet à Auguste Baron de tourner ses films parlants, dans l'atelier qu'il a fait construire spécialement dans le jardin de sa propriété d'Asnières. A l'intérieur de ce laboratoire vitré, la caméra glisse sur des rails; elle est reliée au phonographe enregistreur par des câbles. Sur une petite scène, Gullier, des Concerts Lamoureux, pose devant l'objectif en jouant du cornet à pistons. Voici Lagrange, des Théâtres parisiens, qui déclame *le Songe d'Athalie*... Que souhaiter de mieux? (→ 7.11.1902)

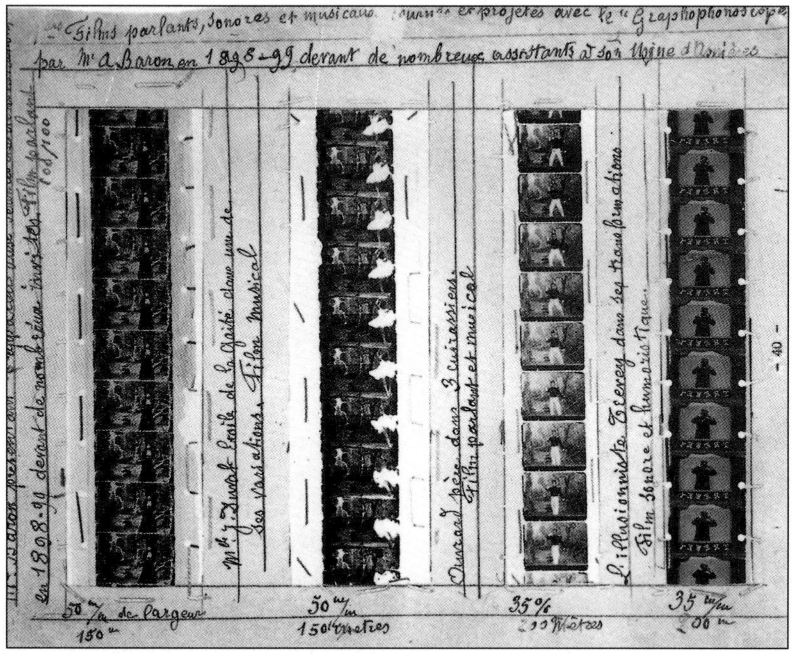

Les divers essais réalisés par l'inventeur à l'aide de son Graphonoscope.

Une secrétaire de vingt-six ans dirige la production Gaumont

Paris, 30 novembre

Elle se nomme Alice Guy, n'a que vingt-six ans, et son dernier film, *l'Angélus*, est mis en vente aujourd'hui. Elle dirige la production des vues animées du Comptoir général de photographie. Léon Gaumont, son directeur, a d'abord hésité à confier ce poste à une femme... mais Alice Guy s'est prise de passion pour le Cinématographe, et grâce à elle le catalogue Gaumont a gagné une ampleur et une originalité qui font grimper les recettes. Tout commence en 1895: Alice Guy se rend au 57, rue Saint-Roch, et frappe timidement à la porte du bureau de Léon Gaumont, qui cherche une simple secrétaire. « Je crains que vous ne soyez trop jeune », dit Gaumont. « Monsieur, cela me passera », répond la jeune fille. Déridé, le sévère Léon Gaumont l'engage. Au début, Alice Guy croise dans les couloirs Gustave Eiffel, actionnaire de la société, et aussi le savant Georges Demenÿ, qui a vendu ses brevets à Gaumont. Elle se lie d'amitié avec eux et avec Anatole Thibertville, opérateur de la maison, qui l'initie à la technique des caméras. Au début de 1897, Alice Guy demande à son patron l'autorisation de tourner quelques scènes. Avec l'aide de Thibertville, elle réalise à Belleville, sur une terrasse couverte d'une verrière, des vues comiques – comme *le Planton du colonel*, *Une nuit agitée* – ou légères – comme *le Coucher d'Yvette*. Les films se vendent bien, les forains apprécient l'humour de « Mademoiselle Alice Guy, cinématographiste » (tel est son titre). Son style s'est affiné, et la dernière vue, *l'Angélus*, s'inspire du célèbre tableau de Millet. On y voit un vieux laboureur et sa femme prier ensemble, tandis que sonne l'angélus. Celui-ci doit être reconstitué par un bruisseur, dont dispose chaque salle de cinéma ou chaque voyageur forain. (→ 11.10.1902)

Alice Guy chez elle, quai Malaquais.

Ils sont tous nés au temps des pionniers

4 janvier 1857, Paris
Emile Cohl (*E. Courtet).

31 janvier 1858, Limoges
André Antoine.

17 janvier 1867, Allemagne
Carl Laemmle.

7 janvier 1873, Hongrie
Adolph Zukor.

19 février 1873, Lunel, Hérault
Louis Feuillade.

22 janvier 1875, Kentucky
David Wark Griffith.

2 février 1878, Paris
Maurice Tourneur (*M. Thomas).

17 janvier 1880, Canada
Mack Sennett (*Michael Sinnott).

13 sept. 1880, San Francisco
Jesse L. Lasky.

12 août 1881, Massachusetts
Cecil Blount De Mille.

12 décembre 1881, Pologne
Harry M. Warner.

15 février 1882, Philadelphie
John Barrymore (*John Blythe).

18 novembre 1882, Amiens
Germaine Dulac (*G. Saisset-Schneider).

23 mai 1883, Denver
Douglas Fairbanks (*D. Elton Ulman).

16 décembre 1883, Saint Loubès
Max Linder (*Gabriel-Maximilien Leuvielle).

17 décembre 1883, Toulon
Raimu (*Jules Muraire).

16 février 1884, Michigan
Robert Flaherty.

26 juillet 1884, Suisse
Emil Jannings (*Theodor Emil Janenz).

27 août 1884, Varsovie
Samuel Goldwyn (*S. Goldfish).

21 février 1885, Saint-Pétersbourg
Sacha Guitry (*Alexandre-Georges Guitry).

4 juillet 1885, Minsk
Louis B. Mayer (*Eliezer Mayer).

21 juillet 1885, Bruxelles
Jacques Feyder (*J. Frédérix).

22 septembre 1885, Vienne
Erich von Stroheim.

5 mars 1886, Roubaix
Léon Mathot.

24 décembre 1887, Crozon
Louis Jouvet.

23 avril 1888, Paris
Marcel L'Herbier.

12 septembre 1888, Paris
Maurice Chevalier.

14 décembre 1888, Budapest
Michael Curtiz (*Mihaly Kertesz).

28 décembre 1888, Westphalie
Friedrich Wilhelm Murnau.

3 février 1889, Copenhague
Carl Theodor Dreyer.

14 octobre 1890, Cadouin
Louis Delluc.

5 décembre 1890, Vienne
Fritz Lang.

18 janvier 1892, Georgie
Oliver Hardy.

28 janvier 1892, Berlin
Ernst Lubitsch.

11 mars 1892, New York
Raoul Walsh.

17 août 1892, New York
Mae West.

21 août 1892, Rennes
Charles Vanel.

16 février 1893, Russie
Vsevolod Poudovkine.

« Le Goûter de Bébé », l'un des tout premiers films de Louis Lumière (1895), interprété par Auguste et Marguerite Lumière, entourant leur fille Andrée.

23 février 1889, Paris
Musidora (*Jeanne Roques).

4 mars 1889, Pennsylvanie
Pearl White.

16 avril 1889, Londres
Charles Chaplin.

5 juillet 1889, Maisons-Laffitte
Jean Cocteau.

26 septembre 1889, Russie
Ivan Mosjoukine.

25 octobre 1889, Paris
Abel Gance.

16 juin 1890, Lancashire
Stan Laurel (*Arthur Stanley Jefferson).

8 avril 1893, Toronto
Mary Pickford (*Gladys Smith).

20 avril 1893, Nebraska
Harold Lloyd.

8 février 1894, Texas
King Vidor.

29 mai 1894, Vienne
Josef von Sternberg.

15 septembre 1894, Paris
Jean Renoir.

31 décembre 1894, Janowa
Pola Negri (*Barbara Chalupiec).

1er février 1895, Maine
John Ford (*J. Sean Aloysius O'Feeney).

28 février 1895, Aubagne
Marcel Pagnol.

9 avril 1895, Genève
Michel Simon.

6 mai 1895, Sicile
Rudolph Valentino (*Rodolfo Alfonzo Raffaelle Guglielmi).

4 octobre 1895, Kansas
Buster Keaton (*Joseph Francis Keaton).

29 novembre 1895, Los Angeles
Busby Berkeley (*William Berkeley Enos).

2 janvier 1896, Bialystok
Dziga Vertov (*Denis Arkadievitch Kaufman).

30 mai 1896, Indiana
Howard Hawks.

8 octobre 1896, Lille
Julien Duvivier.

14 octobre 1896, Ohio
Lillian Gish (*L. de Guiche).

26 mars 1897, Varsovie
Jean Epstein.

18 mai 1897, Palerme
Frank Capra.

23 janvier 1898, Riga
Serguei Mikhaïlovitch Eisenstein.

15 mai 1898, Courbevoie
Arletty (*Léonie Bathiat).

16 mai 1898, Tokyo
Kenji Mizoguchi.

11 novembre 1898, Paris
René Clair (*R. Chomette).

18 novembre 1898, Nimègue
Joris Ivens.

27 mars 1899, Chicago
Gloria Swanson.

10 mai 1899, Omaha, Nebraska
Fred Astaire (*Fred. Austerlitz).

30 mai 1899, New York
Irving Thalberg.

1er juillet 1899, Yorkshire
Charles Laughton.

7 juillet 1899, New York
George Cukor.

13 août 1899, Londres
Alfred Hitchcock.

25 décembre 1899, New York
Humphrey Bogart.

Naissance d'une industrie

Dès que le succès public du Cinématographe s'était installé, les brevets avaient plu de toutes parts, avec des variations imperceptibles pour le profane: 10 brevets en 1895 puis 123 en 1896, pour retomber à 65, 41 et 34, respectivement pour 1897, 1898 et 1899. Vu de plus près, on rencontre surtout dans leurs noms de baptême des variations philologiques, qui ont caché peut-être des idées de génie que le temps a fait avorter. Inventeurs, mécaniciens, bricoleurs, plagiaires travaillaient pour les constructeurs et les marchands; la demande était grande d'appareils permettant la projection de vues animées. Les principaux acheteurs satisfaits, la première époque industrielle du cinématographe touchait à sa fin. Lumière est toujours le principal fournisseur des forains, grâce à ses équipes d'opérateurs qui parcourent le monde et en rapportent les merveilles en bobines de vingt-cinq, parfois cinquante mètres. Georges Méliès est son principal concurrent: plus de deux cents sujets de 1896 à 1900. Et, en 1900, l'Exposition est une mine de reportages sensationnels, permettant aux provinciaux qui n'ont pas les moyens d'aller à Paris de découvrir le fameux trottoir roulant. Prestidigitateur, illusionniste, véritable enchanteur, Méliès devine que le cinéma est une sorcellerie nouvelle, qu'il peut être « le spectacle » du nouveau siècle. Grâce à ses féeries, ses fantasmagories, il fait rêver les foules et, sans s'en rendre compte, il invente le septième art. En 1902, les 260 mètres du *Voyage dans la Lune* font le tour du monde et mettent fin aux bobines de 50 mètres vendues deux francs le mètre.

Les forains développent la diffusion à travers toute la France

L'exploitation foraine ne cesse de se développer. Ils sont plusieurs centaines d'intrépides à se rendre de ville en ville, de village en village, pour éblouir une clientèle en général modeste, à l'instruction limitée – l'école primaire obligatoire n'a que vingt ans! – émerveillée par la plus belle illusion du monde: « Pour la première fois dans cette ville », « Le plus grand succès du jour », « Projections lumineuses », « Le monde à portée de la main », « Scènes cinématographiques », « L'appareil fonctionne à l'électricité ». Une aristocratie foraine prend naissance qui dispose de véritables théâtres ambulants pouvant accueillir plusieurs centaines de spectateurs, se déplaçant en camions ou le plus souvent par chemin de fer. On cite en exemple le Cinéma Kétorza, transporté par quatorze wagons et contraint par son importance de ne s'arrêter que dans des localités où il pourra séjourner plusieurs semaines. C'est la belle époque des Artistic Salons, Alcazar, Cinéma mondain, avec des façades imposantes, décorées, illuminées, devant lesquelles des aboyeurs débitent leur boniment. L'utilisation des salles municipales, des salles des fêtes, se fait plus rare. A l'image du Grand Café de Lumière, de véritables théâtres cinématographiques s'implantent à Paris et en province, qui concurrencent sans plus tarder les traditionnels caf'conc'.

La fabrication des décors est artisanale dans l'atelier de Méliès, à Montreuil.

Aux Etats-Unis, les exploitants misent d'abord sur les salles

Le démarrage est différent aux Etats-Unis, où les premiers spectateurs ont découvert les images animées à travers le viseur d'un Kinetoscope Edison, installé en batterie dans des galeries improvisées baptisées penny arcades. Les petites salles de fortune qui proposent le cinématographe n'attirent pas les passants soupçonneux. Un certain Tally, à Los Angeles, déjà, ayant transformé son Arcade en salle à places assises, a la bonne idée de percer un trou dans une cloison afin de convaincre le chaland qu'il leur propose bien un spectacle inédit. Le succès est immédiat et fait boule de neige. En 1905, à Pittsburgh, John et Harry Davis modernisent leur vieux hangar, le dotent d'une centaine de places assises, engagent un pianiste pour accompagner les projections et baptisent leur salle nickelodeon. Nickel est le nom familièrement donné à la pièce de cinq cents, la plus petite monnaie américaine; c'est ici le prix du billet d'entrée. Les nickelodeons vont fleurir dans tout le territoire américain – un millier en 1908. Des affiches ornent les façades, pianistes et chanteurs accompagnent les projections. Des films de 250 à 300 mètres, tournés en une journée dans des *factories* (studios), dont le nombre s'est accru, font rêver les spectateurs.

La production démarre aussi partout en Europe

S'il est vrai que la France et les Etats-Unis sont les principaux pays producteurs, l'Italie, l'Allemagne et l'Angleterre ne chôment pas pour autant. A Rome, où il passe pour être l'inventeur du cinématographe, Filoteo Alberini tourne *la Prise de Rome*. A Turin, Ambrosio confie à Luigi Maggi le soin de filmer en 366 mètres *les Derniers Jours de Pompéi*. Puis il se rend à Moscou, où il fonde un studio « sous le patronage du tsar ». Deux cents films sont tournés en 1909, date à laquelle naît le Film d'Arte Italiana, sous le contrôle de Pathé. Quatre cents films de 400 à 500 mètres sont produits en 1910 par dix maisons de production; ce sont principalement des films comiques ou des reconstitutions historiques. En Allemagne, c'est Max Skladanowsky qui est le père du cinématographe et d'un long métrage comique, *la Pucelle d'Orléans*, tourné à Cologne. On tourne *I Munich*, à Heidelberg. Oskar Messter, qui ouvrit un Kino à Berlin en 1896, est le premier à produire et à distribuer ses films par ses propres moyens. Il donne sa chance à celle qui allait être l'une des premières vedettes, Henny Porten. En 1908, Agfa lance sa pellicule et la fabrication de matériel optique perfectionné débute. L'Angleterre, riche en pionniers, Herschel, Muybridge ou Friese-Greene, a, elle aussi, son grand homme en la personne de Robert William Paul, ancien fabricant de Kinetoscope. Il crée l'Animatograph, dont les premières projections ont lieu à l'Alhambra en mars 1896: celles d'*A Soldier' Courtship*, suivi bientôt par *The Arrest of a Bookmaker*. Robert William Paul aura un concurrent de taille en la personne de Charles Urban, homme d'affaires habile, distributeur des films de Méliès et producteur entreprenant. A. C. Bromhead et T. A. Weloch fondent en 1898 la succursale londonienne de Gaumont, qui deviendra plus tard la Gaumont British. La production anglaise se distingue en choisissant des sujets littéraires et théâtraux.

Hommes audacieux ou émigrés, ils mettent les structures en place

Quelle que soit la vitalité des différents cinémas nationaux, l'industrie naissante est solidement dominée par la France et les Etats-Unis, ici et là, grâce à un petit nombre d'hommes convaincus, audacieux, et avant tout hommes d'affaires infatigables. Ni Lumière ni Edison ne sont allés plus loin, se contentant d'ouvrir la route. Méliès, l'artisan de génie, n'est pas un commerçant assez avisé : sa société française et sa succursale américaine courent à la faillite. Charles Pathé et Louis Gaumont sont les hommes forts du cinéma français. Le premier, fils de petits commerçants, a vingt-deux ans quand il assiste à *l'Arrivée d'un train en gare*, de Louis Lumière, et a fait ses premières armes sur les champs de foire en exhibant son premier phonographe. « J'ai toujours su ce que je voulais, écrira-t-il plus tard, et j'ai toujours voulu ce qui était le plus facilement réalisable et le plus avantageux pratiquement. Je n'ai pas inventé le cinéma, mais je l'ai industrialisé. » Louis Gaumont, de neuf ans son aîné, a construit des appareils de projection dès l'arrivée de Lumière, spéculant sur un projet concurrent. C'est un commerçant visionnaire. Le premier, il fait construire un studio de grandes dimensions; le premier, en 1902, il accouple le disque et le film, pour projeter un « film déjà parlant ». Leurs homologues aux Etats-Unis sont plus nombreux et sont aussi des hommes bien différents. Le plus lucide d'entre eux, Jesse Lasky, est né à San Francisco. Il a participé à la ruée vers l'or. Excellent musicien, il abandonne le numéro de cornet qu'il présente avec sa sœur Blanche (qui épousera Samuel Goldwyn) pour se lancer, avec Marcus Loew dans ce que l'on va bientôt appeler l'exploitation, rivalisant avec Edison, Biograph et la société Vitagraph, qui prétend contrôler dix mille salles. Et puis il y a les autres. Ceux des grandes vagues d'émigrants des années 1880. Gamins affamés, loqueteux appartenant à des familles nombreuses débarquant en grappes sous le regard de la statue de la Liberté, ils ont fui la Pologne, la Lituanie, l'Ukraine, la Hongrie, la Russie ou l'Allemagne. Ils parlent des langues étrangères, parfois des dialectes, baragouinent quelques mots d'un anglais déchiqueté. Leurs passeports révèlent des noms difficiles à prononcer, mais qui, bien débarbouillés, deviendront Adolph Zukor, Louis B. Mayer, les frères Warner, William Fox, Lewis Selznick, Carl Laemmle, Samuel Goldwyn. Tous viennent d'une région de quelque 750 kilomètres de rayon autour de Varsovie. Ils inventeront et bâtiront Hollywood. Ils inventeront et construiront le cinéma américain, le plus important du monde. Aux Etats-Unis comme en France, les nombreux studios édifiés à la hâte produisent à une cadence sans cesse accrue. En 1905, Pathé vend 12 000 mètres de film impressionnés... par jour. Les copies sont vendues au mètre. Pathé, vendant de 200 à 400 copies par film, engrange ainsi d'énormes bénéfices. Le système a ses inconvénients. Rien n'empêche en effet le propriétaire d'une copie de la prêter, de la louer, de la vendre à moindre prix à un collègue; de l'utiliser dans deux salles voisines. Aux Etats-Unis, la piraterie s'en mêle et l'on assiste à des tirages de contretypes permettant de disposer et de vendre des douzaines de copies frauduleuses. Un certain Hodkinson crée aux Etats-Unis une compagnie de distribution qui seuls habilités à utiliser le matériel Edison et la pellicule Eastman Kodak. Monopole aberrant et mort-né, qui incite une poignée de mauvais garçons à se replier en Californie pour échapper à cette « guerre des brevets ». Près de la frontière mexicaine, ils travailleront en fraude, à moindres frais et avec les moyens du bord. Une bourgade est leur quartier général; elle porte le nom de Hollywood.

Les banquiers s'en mêlent

Les Français continuent d'inonder les Etats-Unis de films Gaumont et Pathé. « Les clients, écrira plus tard Charles Pathé, devaient s'engager par contrat à acheter, durant une période de plusieurs mois, environ dix exemplaires de chacun des sujets que nous leur envoyions.

La taille des usines Pathé, à Vincennes, montre déjà les ambitions de la firme.

verse des avances importantes aux producteurs et se charge de louer les copies aux salles dans les quarante-huit Etats. A. Zukor s'empresse d'acquérir cette petite firme à l'enseigne de Paramount. Charles Pathé cesse la vente de ses films aux particuliers, les réservant à des sociétés contrôlant des salles qui loueront les copies pour des durées et des séances fixées par contrat. C'est le système dit de distribution, qui octroie au cinéma un statut commercial réglementé. Cette recherche de la protection se retrouve dans la formation le 18 décembre 1908 de la Motion Pictures Patents Company, fondée par Edison, qui groupe Biograph, Vitagraph, Essanay, Selig, Lubin, Kalem, Méliès et Pathé. Les adhérents seront les Les engagements des loueurs en Amérique représentaient de cent à cent vingt exemplaires de chaque film. A ce régime, le marché américain, à lui seul, amortissait le prix de revient, alors modeste, de nos négatifs. Nous en vendions au moins autant dans toutes nos succursales. Il y en avait quatorze. Le montant des recettes d'Amérique représentait, ou peu s'en faut, un bénéfice net. » Les deux grandes sociétés n'ont pas cessé d'accroître leurs organisations. Léon Gaumont a chargé sa secrétaire, Alice Guy, de diriger son service de production. Elle met elle-même la main à la manivelle et devient la première femme metteur en scène. Chez Pathé, un personnage haut en couleurs devient le grand patron, écrit, dirige, engage les metteurs en scène et s'attache les artistes. Son nom est Ferdinand Zecca. Il est, dans l'histoire du cinéma mondial, le premier directeur de production, au plus haut niveau de tous les films de la société. Zecca veut faire « populaire ». Il s'occupe négligemment de la Société cinématographique des auteurs et gens de lettres, créée par Charles Pathé pour concurrencer le Film d'Art, entreprise indépendante à laquelle artistes et auteurs de la Comédie-Française s'associent avec enthousiasme. Elle n'aura que quelques mois d'existence; on lui doit *l'Assassinat du duc de Guise*, premier film culte du cinéma français. Décidément, le cinéma ne peut pas être du théâtre filmé. L'industrie intégrale voulue par Charles Pathé est devenue réalité : « Elle fut le fruit d'une longue patience, d'un labeur de tous les instants : il m'a fallu, avec le concours d'ingénieurs et de chimistes spécialisés, peiner, chercher, inventer, sans jamais me laisser abattre par les échecs, sans jamais me déclarer satisfait des résultats obtenus. » C'est encore sous sa plume que l'on trouvera plus tard : « Ne l'oublions pas, le cinéma n'est pas seulement une industrie, il est aussi un art. » On lit sous la plume de Jean Mitry, historien du cinéma : « En 1908, un metteur en scène employé chez Zecca tournait dans les studios Pathé, et sur la pellicule Pathé, avec une caméra Pathé, des films développés et tirés dans les usines Pathé, exploités en France dans des salles contrôlées par Pathé et munies de projecteurs Pathé. Ils étaient en outre vendus à l'étranger par l'entremise des agences ou succursales Pathé. Le cycle bouclé, l'argent revenait à sa source grossi de tous les gains réalisés en cours de route. » Cette domination du marché mondial ne peut laisser indifférents les banquiers, qui flairent la bonne affaire. La Banque Adam entre dans le capital de la firme Pathé Frères au capital de cinq millions de francs. C'est la Banque suisse et française, liée à Continental Edison et General Electric, qui chapeaute la société anonyme des établissements Gaumont au capital de trois millions de francs. Quant aux Américains, ce sont la Liberty National Bank et la Chase National Bank qui manifestèrent les premières leur intérêt pour les images animées.

Maurice Bessy

1900

Paris 1er janvier
Pathé met en vente un film d'actualité reconstituée, *Episodes de la guerre du Transvaal*, tourné au bois de Vincennes par Lucien Nonguet.

Paris, 15 février
Charles Pathé tente de relancer le Kinetoscope d'Edison, en proposant le Cinématographe des salons, petit appareil à manivelle, doté d'un oculaire pour visionner des bandes de 15 à 20 mètres.

Paris, 15 février
Léon Gaumont ouvre une maison d'exposition 41, avenue de l'Opéra, et met en vente le Kinora, appareil d'optique inventé par Louis Lumière en 1896. Comme le Mutoscope, il permet l'animation de photographies sur papier.

Paris, 15 mars
Les magasins Dufayel, situés au 24, rue de Clignancourt, organisent des séances de cinéma sonore, grâce au phonographe Le Céleste, de Charles Pathé. (→6.7.01)

Paris, 8 avril
Un petit producteur, François Parnaland, tente de se faire une place entre les deux géants Gaumont et Pathé. Inventeur du Photothéagraphe, breveté en 1896, il propose des films de toutes perforations et de genre historique ou comique, qu'il développe et tire lui-même.

Paris, 13 mai
Edifié pour l'Exposition universelle sur les plans de Louis Gaillot, l'Hippodrome, une immense bâtisse située rue Caulaincourt et pouvant contenir 3 945 spectateurs, est inauguré avec une pantomime équestre, *Vercingétorix*, réalisée par un ancien costumier de théâtre, Victorin-Hippolyte Jasset. (→31.12.10)

Pékin, 14 juin
Les opérateurs japonais T. Shibata et K. Fukaya filment la révolte des Boxers contre les puissances occidentales en Chine.

Nîmes, 17 juin
Le journal *Torero* publie le premier article d'un jeune aficionado nommé Louis Feuillade. (→1.4.07)

Berlin, 30 juin
Oskar Messter constitue pour la production de ses films la société Messter Projections. Ses opérateurs effectuent les premières prises de vues à partir d'un ballon dirigeable.

Paris, 10 septembre
La firme Pathé absorbe la Manufacture des appareils de précison de P. Continsouza et R. Bünzli. La nouvelle Compagnie générale des phonographes, cinématographes et appareils de précision fabrique la caméra à croix de Malte imaginée par Bünzli. (→1.1901)

Paris, 30 septembre
Léon Gaumont lance le Chrono de poche, pour prise et projection de vues, à perforation centrale.

Paris, 10 novembre
Le Phono-Cinéma-Théâtre de Clément Maurice et Henri Lioret, l'un des clous de l'Exposition universelle aujourd'hui close, rouvre ses portes en salle fixe, au 42 *bis*, boulevard de Bonne-Nouvelle, près du théâtre du Gymnase. Des tournées à l'étranger sont prévues.

Montreuil, 1er décembre
Méliès met en vente, pour 435 F, sa nouvelle féerie, *Rêve de Noël*, un «long métrage» de 160 m, d'une durée de 9 min. (→4.1901)

NAISSANCES
Paris, 7 janvier
Robert Le Vigan (*R. Coquillaud).

Neuilly-sur-Seine, 4 février
Jacques Prévert.

Calanda, Espagne, 22 février
Luis Buñuel.

Paris, 6 mars
Henri Jeanson.

Milwaukee, 5 avril
Spencer Tracy.

Hambourg, 26 avril
Douglas Sirk (*H. Detlef Sierck).

Rome, 3 juillet
Alessandro Blasetti.

Memphis, Tennessee, 8 août
Robert Siodmak.

Montréal, 10 août
Norma Shearer.

Paris, 14 septembre
Robert Florey.

Bâle, 22 décembre
Marc Allégret.

Le président de la République assiste à une projection dans la Grotte cambodgienne de la section de l'Indochine, à l'Exposition universelle.

Les programmes du Cinéorama de Raoul Grimoin-Sanson, réalisés à partir d'un ballon, sont très attendus à l'Exposition universelle.

A l'Exposition universelle, le Cinématographe est

Les frères Lumière créent une des surprises de la manifestation

L'installation, faite sur les directives de Louis Lumière, comporte un écran de 25 m sur 15, visible par 25 000 spectateurs.

Paris, 15 mai
Un des événements de l'Exposition, la première séance du Cinématographe géant Lumière, se produit aujourd'hui dans l'immense galerie des Machines. C'est le commissaire général Alfred Picard qui a demandé aux Lumière de faire des projections sur un écran géant. Ils n'ont pas choisi la facilité en dressant au milieu de la galerie une immense toile blanche de 400 mètres carrés, qu'il faut descendre chaque soir dans une immense cuve à eau ménagée sous le plancher de la salle. Peu avant la séance, la toile est relevée par un treuil établi au-dessus de la verrière. Ainsi, l'étoffe mouillée absorbe mieux la lumière et reste suffisamment transparente pour être vue des deux côtés. Le programme dure 25 minutes et comprend quinze films. Les frères Lumière avaient voulu au début un format de film de 75 mm de large. Une caméra a même été fabriquée, mais le projecteur n'est pas arrivé à temps: force était donc de recourir au classique 35 mm. Un autre projet des frères Lumière consistait à projeter ces vues sur un écran géant disposé devant la tour Eiffel, en plein air. Mais, le vent menaçant de renverser l'écran, on a jugé plus sage de s'abriter dans la galerie des Machines. Malgré tous ces problèmes techniques, la première séance a été triomphale: les Lumière ont encore gagné leur pari. (→ 15.1.02)

Une grave crise semble prendre fin

Paris, 12 novembre
L'Exposition universelle est terminée. Le Cinématographe, révélé il y a maintenant cinq ans, a été réhabilité officiellement, après la terrible catastrophe du Bazar de la Charité, le 4 mai 1897. Depuis cette date de sinistre mémoire, les vues animées étaient considérées d'un mauvais œil: on suspectait leur fonctionnement, et même leur moralité. L'Exposition a permis, grâce à la large place accordée aux divers spectacles cinématographiques, avec les dix-sept lieux de projections, ainsi que les douze stands de matériel cinématographique ouverts au public, de fêter l'une des plus grandes inventions de ce siècle, qui s'achève ainsi en apothéose. C'est vrai, toutes les attractions consacrées aux images animées n'ont pas eu une fortune égale. Les panoramas ont attiré beaucoup plus de monde que les Phonorama, Théâtoscope, Phono-Cinéma-Théâtre, et autres Cinématographe algérien. Ne parlons pas du Cinéorama de Grimoin-Sanson, un désastre, puisqu'il n'a pas pu fonctionner! En revanche, quel beau résultat pour les frères Lumière: 1 400 000 spectateurs sont allés voir le Cinématographe géant. La société Lumière a reçu aussi un Grand Prix du jury international, qui a également récompensé la société Léon Gaumont.

Auguste et Louis Lumière demeurent associés dans toutes leurs entreprises.

La firme lyonnaise présente aussi son nouveau procédé, le Photorama.

réhabilité avec éclat aux yeux d'un vaste public

Un aventureux pari de Grimoin-Sanson

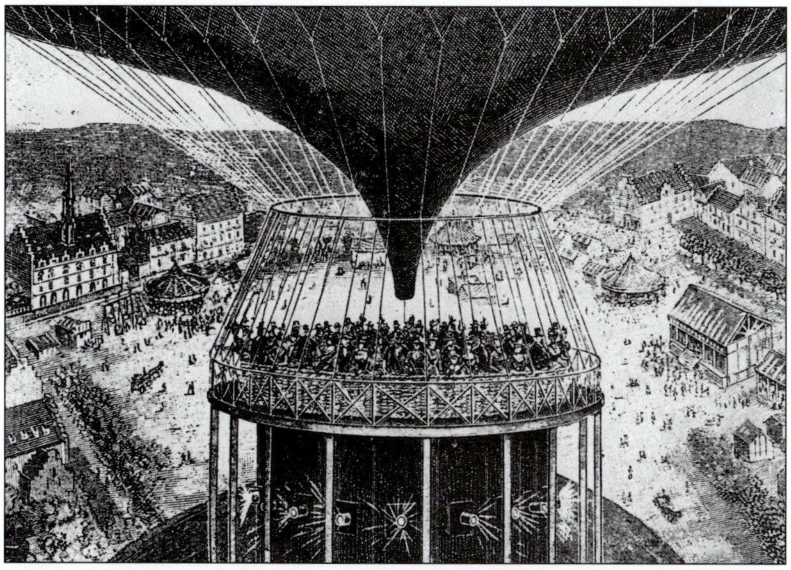

La salle est aménagée dans la nacelle du ballon, d'où l'on a vue sur l'écran.

Paris, 18 août
La société française du Cinéorama, fondée le 8 juillet 1899, est mise en liquidation judiciaire. C'est la faillite! Onze caméras à bandes de 70 mm de large, onze projecteurs, cent dix-neuf bobines de film, tout l'œuvre de Raoul Grimoin-Sanson, l'inventeur du Cinéorama, doivent être vendus aux enchères à l'hôtel Drouot, pour rembourser les actionnaires. Grimoin-Sanson, qui prétend avec un certain aplomb avoir inventé le cinématographe en même temps que les Lumière, n'a décidément pas de chance. Il avait annoncé triomphalement l'ouverture du Cinéorama pour mai, en pleine Exposition universelle. Reprenant une idée exposée par Auguste Baron en 1896, Grimoin-Sanson avait déposé l'année suivante un brevet pour le Cinécosmorama, devenu plus tard Cosmorama. Il s'agit de projections en batterie sur un écran panoramique. Les prises de vues sont assurées par dix caméras montées sur une charpente de 2,50 mètres de haut. Les systèmes d'entraînement des caméras sont synchronisés. Une grande manivelle, actionnée par trois aides, entraîne le déroulement simultané des films dans les dix caméras. Et, effectivement, avec le soutien financier des actionnaires de sa société, Grimoin-Sanson parvient à tourner avec son curieux système plusieurs films, dans différents pays d'Europe. L'un d'eux a même été tourné depuis un ballon installé sur le Champ-de-Mars et baptisé pour l'occasion *Cinéorama.* Alors, pourquoi cette faillite? Au moment de la projection dans le bâtiment construit près de la tour Eiffel, on s'aperçoit que les dix projecteurs montés côte à côte ne peuvent fonctionner. Ils dégagent trop de chaleur, les films nitrate risquent de brûler! Le Cinéorama est trop dangereux pour être exploité: aucune séance n'a pu être donnée. Dommage...

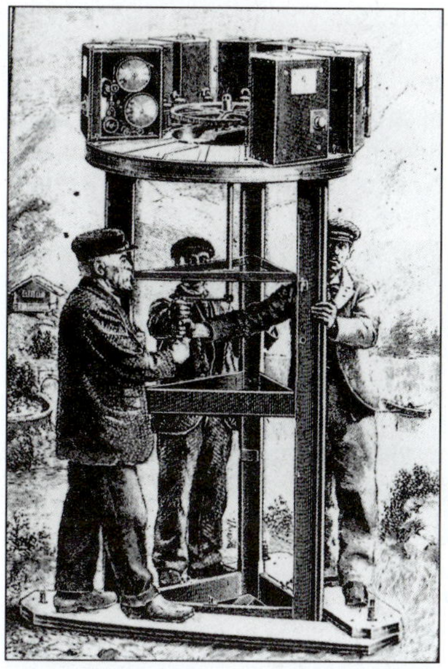

Dispositif de dix caméras jumelées.

Avec le Phonorama de Berton, Dussaud et Jaubert, le Phono-Cinéma-Théâtre de Clément Maurice et Henri Lioret attire la foule au pavillon consacré au cinéma sonore, dont ce sont les premières manifestations publiques. On y voit et entend de grands artistes du théâtre et du music-hall.

1901

Trieste, janvier
Alexandre et Karel Lifka, deux frères d'origine tchécoslovaque, équipent le Théâtre électro-cinématographique pour le compte de la société Gaumont. Il s'agit d'un grand cinématographe ambulant sous un chapiteau de 460 places.

Vincennes, janvier
Charles Pathé décide d'intensifier sa production et de tourner une ou deux bandes par jour.

Montreuil, avril
Méliès commence son long métrage en douze tableaux, *le Petit Chaperon rouge*. (→ 22.9)

Paris, 20 mai
Claude Grivolas, l'un des principaux actionnaires de Pathé, invente un projecteur cinématographique donnant des images en relief.

Paris, 27 juillet
Georges Mendel, fabricant d'appareils photographiques officiant au 10 *bis*, boulevard Bonne-Nouvelle, lance un Cinématographe parisien et produit des vues comiques et à transformations pour l'exploitation foraine. (→ 18.10.02)

Paris, 1er aout
Félix Fescourt invente un petit projecteur de cinéma pour amateurs.

Stockholm, 1er septembre
Au cours de sa tournée à travers l'Europe, l'opérateur français Clément Maurice présente le Phono-Cinéma-Théâtre à l'Olympia.

Etats-Unis, 14 septembre
Edwin Stanton Porter est promu principal opérateur et metteur en scène du studio Edison.

Paris, 21 septembre
Pathé sort *le Tsar en France*, un film d'actualités sur la récente venue du tsar Nicolas II dans le pays. Les forains se l'arrachent, mais le concessionnaire de la maison Lumière à Paris, H. Chevrier, concurrence la firme Pathé en éditant *les Fêtes franco-russes* et *le Tsar et le Président à Dunkerque*.

Liège, 28 septembre
Le forain Salsman met en vente son Grand Cinématographe, constitué d'une baraque de 22 m de long, « avec moteur à gaz et à pétrole, dynamo, lampes, appareils, vues et caravanes ».

Londres, octobre
Sortie de *The Big Swallow*, *Stop Thief!* et *Fire*, de James Williamson, où le réalisateur de Brighton use du gros plan et filme une poursuite en plusieurs plans successifs.

Londres, 10 novembre
Après divers petits métiers, Charles Chaplin, âgé de douze ans, obtient un petit rôle au théâtre Charles-Frohman, dans le mélodrame *Jim, le roman d'un cockney*. (→ 14.5.06)

Paris, 15 novembre
Le décorateur de l'Opéra de Paris, Hugues Eugène Frey, met au point un triple appareil de projections fixes et animées, spécialement destiné aux théâtres et scènes d'opéra.

Washington, 16 décembre
Edison dépose au *paper print* de la Library of Congress, *The Mysterious Cafe*, d'Edwin S. Porter. (→ 4.1.03)

Vincennes, 31 décembre
Dans son studio, rue du Polygone, Pathé a produit cette année 70 films, soit 3 000 mètres de pellicule. La mise en scène a été réalisée aux deux tiers par Ferdinand Zecca, Lucien Nonguet, Georges Hatot. (→ 4.1902)

NAISSANCES

Cadiz, Ohio, 1er février
Clark Gable.

New York, 25 février
Zeppo Marx (*Herbert Marx).

Macon, Georgie, 5 avril
Melvyn Douglas (*M. Hesselberg).

Helena, Montana, 7 mai
Gary Cooper (*Frank James Cooper).

Sora, Italie, 7 juillet
Vittorio De Sica.

Luzerches, 5 août
Claude Autant-Lara.

Bromont-Lamothe, 25 septembre
Robert Bresson.

Bayeux, 3 octobre
Jean Grémillon.

Chicago, 5 décembre
Walter Elias Disney.

Berlin, 27 décembre
Marlène Dietrich (*Maria Magdalena von Losch).

« Drame au fond de la mer », réalisé par Ferdinand Zecca, est imité du « Cuirassé "Maine" » de *Méliès.*

« A la conquête de l'air » est l'un des premiers films réalisés et interprétés par Ferdinand Zecca, après son accession à la mise en scène chez Pathé.

Le Cinématographe au grand magasin

Paris, 6 juillet
Les grands magasins Dufayel, sis au carrefour Barbès-Rochechouart, viennent de s'assurer l'exclusivité d'un film tourné par les opérateurs Gaumont, à l'occasion de la course automobile Paris-Berlin. Les images, particulièrement spectaculaires, ont été prises à la frontière franco-belge, lors du passage des véhicules. Le film mesure près de 500 mètres, ce qui représente 10 à 15 minutes de projection continue. Le défilé de ces bolides tant décriés devrait attirer un public nombreux. Non contents d'être le temple du meuble de bon goût, les établissements Dufayel ont ouvert une salle d'attractions dès le printemps 1896. Y sont présentés depuis, en alternance, des spectacles de prestigiditation et de cinématographie, ces derniers étant par ailleurs accompagnés de commentaires et de bruitages divers. Depuis six ans, ce lieu ne désemplit pas : il fait le bonheur des enfants et de leurs nourrices, mais aussi des curieux et des clients de passage. Aujourd'hui, le Cinématographe Dufayel est aussi célèbre que la façade du magasin, décorée par Falguière, et que le phare qui la surplombe !

Les bons trucs et les mauvaises surprises de la maison Méliès

Réalisé en studio, « la Chrysalide et le Papillon », d'une durée de deux minutes, est vendu en version coloriée.

Paris, 22 septembre
C'est avec des béquilles que Georges Méliès assiste à l'inauguration de son nouveau théâtre Robert-Houdin. L'ancien a été incendié le 30 janvier dernier. Méliès s'est en effet brisé le col du fémur en tournant son dernier film à Montreuil, *Barbe-Bleue*. Il voulait qu'un figurant lui donnât la mort avec le plus de vérité possible et est tombé à la renverse, à l'affolement général ! Mais il est content : la scène sera réussie. *L'Homme aux cent trucs* : le titre de ce film tourné cette année également par Georges Méliès définit bien son créateur. Les vues animées représentées au théâtre Robert-Houdin n'ont pas leur pareil dans le monde entier. Ce n'est pas un hasard si elles sont copiées partout, en particulier aux Etats-Unis. Dans *l'Homme-orchestre*, tourné en 1900, l'imagination féconde de Méliès se déchaîne. Auteur et acteur, il s'y multiplie hardiment par sept, munit chacun de ses clones d'un instrument de musique, et voilà un orchestre au complet. Puis les sept musiciens se fondent de nouveau en un seul personnage, le chef d'orchestre. Ou encore, un Pierrot refuse de se déplacer lui-même et envoie ses membres et sa tête chercher divers objets : c'est le film *Dislocation mystérieuse*. Tout finit bien pour Pierrot, car après avoir exécuté une petite danse, bras, jambes et tête se ressoudent au tronc. Le créateur de toutes ces fantasmagories, Georges Méliès, avait déjà copieusement exercé sa fantaisie au théâtre Robert-Houdin, dont il est propriétaire depuis le 1er juillet 1888. Outre la lanterne magique, Méliès avait montré des numéros d'illusionnisme riches en trucages étonnants. Les plus célèbres d'entre eux, *le Décapité récalcitrant* et *la Stroubaïka persane*, eurent plus de 1 200 représentations. (→ 9.8.02)

Méliès, un créateur protéiforme.

Les péripéties du litige sur les brevets

New York, 12 janvier
La rupture entre Edison et l'American Vitagraph Company semble bien consommée. La société d'Albert E. Smith et James S. Blackton vient en effet de se voir notifier la résiliation de sa licence. Ses activités commerciales seront donc placées sous contrôle judiciaire et ses films mis sous séquestre pendant la procédure d'appel. C'est la dernière péripétie d'un vaste imbroglio juridique. Tout commence le 12 juillet 1898. Ce jour-là, l'Edison Manufacturing Company intente un procès à la jeune société new-yorkaise. Cette dernière aurait contretypé sans autorisation préalable un certain nombre de films tournés par les opérateurs de West Orange durant le conflit hispano-américain, en particulier *Transport Whitney Leaving Dock*. Le Vitagraph étant par ailleurs considéré comme une contrefaçon du Kinetograph, l'affaire se présentait mal pour Blackton et Smith. Il fallut donc transiger. Edison accorda une licence à sa rivale et édita sous son propre label les films produits par cette dernière. Le 29 janvier 1900, l'affaire eut un nouveau rebondissement. Voulant apurer sa comptabilité, la malheureuse société eut l'audace de menacer Edison, qui lui retira sur-le-champ sa licence. Nouveau procès. Le 10 octobre de la même année, devant la menace d'un emprisonnement, Smith et Blackton abandonnèrent la partie et signèrent un nouveau contrat où ils s'engageaient à limiter leur activité d'exploitation et à reverser 10 % de leur chiffre d'affaires au Sorcier de West Orange. De telles conditions étaient évidemment très dures et il ne fallut guère qu'un trimestre pour que l'animosité reprenne. Revoilà le temps des procès stériles. (→ 2.5.02)

L'irrésistible ascension de M. Ferdinand Zecca

Un ancien artiste du café-concert.

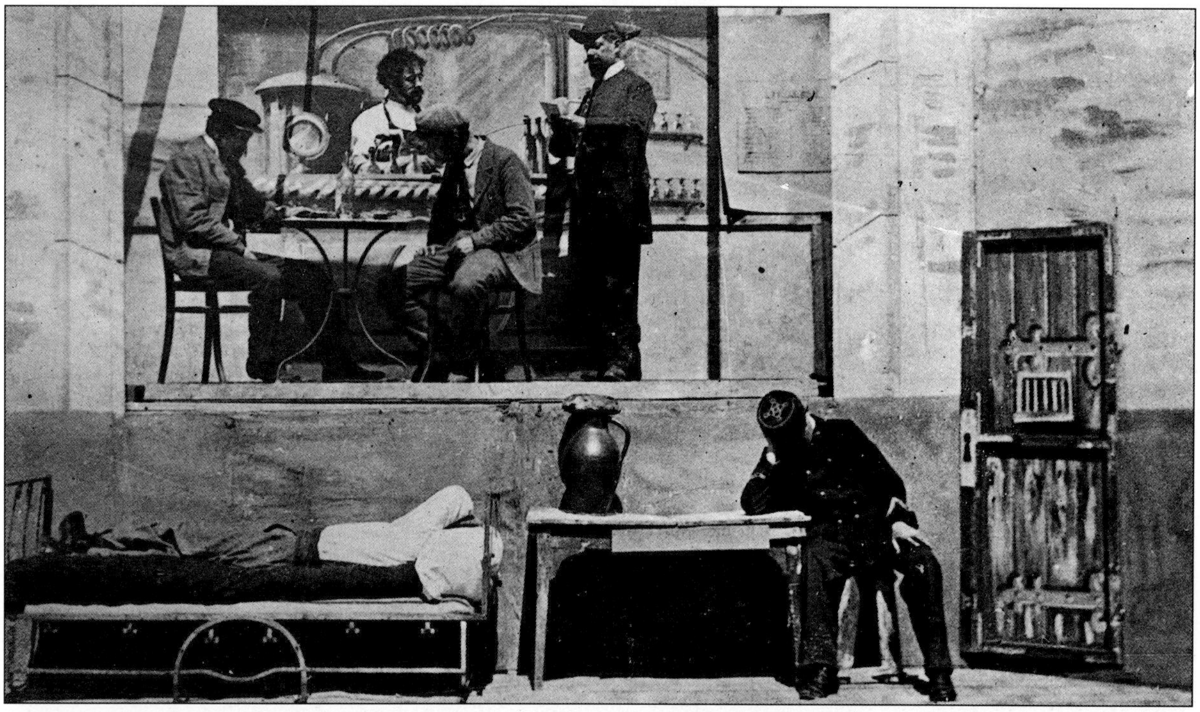

« Histoire d'un crime », son film le plus remarqué, s'inspire de scènes populaires représentées au musée Grévin.

Paris, 19 octobre
L'éminence grise de Charles Pathé, un jeune homme nommé Ferdinand Zecca, a fait doubler les recettes de la société de Vincennes depuis son arrivée à l'atelier de cinématographie de la rue du Polygone. Engagé en 1899, Zecca a d'abord un rôle assez obscur: il s'occupe du phonographe, enregistre des chansons et des monologues et vérifie la fabrication des cylindres. Second fils du concierge du théâtre de l'Ambigu, Zecca connaît bien le monde du spectacle; son frère aîné est régisseur de la Gaîté-Rochechouart. Charles Pathé remarque ce jeune employé lors de l'Exposition universelle. Un stand Pathé doit être installé. Le directeur confie cette tache à Zecca en lui disant: « Si vous réussissez, vous serez mon homme. Si vous échouez, je n'y penserai plus. » Quelques jours après, Pathé revient, trouve tout parfait et lui demande: « Vous plairait-il de faire du cinématographe? » Il accepte tout de suite. Nommé adjoint de Maurice Caussade, directeur de l'atelier de Vincennes, Zecca devient vite le maître des lieux et le bras droit de Charles Pathé. Sous sa direction, la production de films augmente, et les bénéfices aussi. Les forains et les directeurs de salle apprécient particulièrement son style, un peu outrancier et naïf, qui répond à l'attente du public des champs de foire. Il n'hésite pas à copier Méliès, Gaumont ou les rivaux d'outre-Manche. Aujourd'hui par exemple, Pathé met en vente *les Sept Châteaux du diable*, grande féerie en quarante tableaux, inspirée d'un spectacle monté au Châtelet en 1897. Un grand nombre de copies sont tirées, car on prévoit une forte demande. Ce film ambitieux essaie de concurrencer les féeries du spécialiste du genre, Georges Méliès. Mais le triomphe de Zecca, c'est *l'Histoire d'un crime*, sorti cette année. Ce succès du musée Grévin est porté à l'écran avec un réalisme sans précédent. On y voit en effet un garçon de banque se faire assassiner. Le meurtrier est arrêté et dans sa prison il rêve à son passé. Quand il y a des femmes et des enfants dans la salle, le film s'arrête à la dernière scène: la chute du couperet de la guillotine est véritablement effrayante. (→ 31.12)

« L'Illusionniste mondain », avec douze apparitions et disparitions successives, tente de battre Méliès sur son terrain.

1902

Paris, 15 janvier
Au 18, rue de Clichy, sur l'emplacement de l'ancienne salle du Pôle-Nord, les frères Lumière ouvrent leur Photorama, salle de cinéma panoramique. (→ 18.1.03)

Pologne, janvier
Avec son Pléographe, perfectionné, Kazimerz Proszynski tourne de courtes comédies.

Paris, 9 avril
La Tribune médicale s'indigne de l'exploitation commerciale faite par les forains des « vues sensationnelles » des films chirurgicaux du Dr Eugène-Louis Doyen. Le 9 avril, Clément Maurice l'a filmé alors qu'il séparait les deux sœurs siamoises Radica et Doodica.

Los Angeles, 16 avril
Ouverture de l'Electric Theatre, première salle de la ville entièrement consacrée aux projections cinématographiques (200 places).

Vincennes, avril
Charles Pathé fait édifier un nouveau studio de prise de vues. Situé rue du Bois, l'édifice, vitré, comporte un atelier de décors.

New York, 2 mai
La Vitagraph gagne son procès contre Edison. James S. Blackton et Albert E. Smith peuvent à nouveau se consacrer à la production de films. (→ 30.11.07)

Paris, 31 mai
Pathé sort de « nouveaux films à grand succès » : deux vues d'actualités, *le Président en Russie* et *le Couronnement du roi d'Espagne* ; une vue à transformations, *la Poupée merveilleuse* ; un « drame réaliste » de Ferdinand Zecca, *les Victimes de l'alcoolisme*, inspiré de *l'Assommoir*, de Zola. (→ 10.10.03)

Paris, 4 août
Léo Lefèvre, opérateur chez Gaumont, devient le seul titulaire du brevet de « Fournisseur de la maison royale d'Espagne ». Il a réalisé une série de films sur les voyages d'Alphonse XIII en France.

Londres, août
L'Américain Charles Urban donne sa démission de la Warwick Trading Company, pour fonder sa propre firme de production de films, la Charles Urban Trading Company. (→ 2.11.03)

Paris, 16 octobre
Emile Reynaud invente le Stéréopraxinoscope, machine qui permet de visionner une série de photographies stéréoscopiques représentant les différentes phases d'un mouvement. (→ 1.3.07)

Paris, 18 octobre
Georges Mendel met en vente une vue d'actualité, *les Obsèques de Zola*, et deux fictions, *la Table magique ou les Têtes parlantes*, plagiat de Méliès, et *les Mousquetaires au couvent*, vendues avec un cylindre permettant une sonorisation en synchronisme.

Paris, octobre
Averti par des revues corporatives américaines que ses films ont été contretypés aux Etats-Unis par Edison et Siegmund Lubin, Méliès décide d'ouvrir une succursale à New York. Il en confie la direction à son frère Gaston. (→ 30.11.07)

Paris, 27 décembre
Une semaine après l'arrestation de Thérèse Humbert, Georges Mendel édite *l'Affaire Humbert*, relatant cette affaire d'escroquerie qui défraie la chronique.(→ 12.9.03)

Japon, 31 décembre
L'un des premiers films nippons, *Allons nous promener sous les feuillages d'érable* (*Monijigari*), est issu de la tradition théâtrale du kabuki.

NAISSANCES
Paris, 3 avril
Henri Garat (*H. Garascu).

Sarrebruck, 6 mai
Max Ophuls (*Max Oppenheimer).

Pittsburgh, 10 mai
David Oliver Selznick.

Moscou, 18 juin
Boris Barnet.

Mulhouse, 1er juillet
William Wyler.

Berlin, 22 août
Leni Riefenstahl.

Wahoo, Nebraska, 5 septembre
Darryl Francis Zanuck.

Luzzara, 20 septembre
Cesare Zavattini.

Paris, 20 novembre
Jean Painlevé.

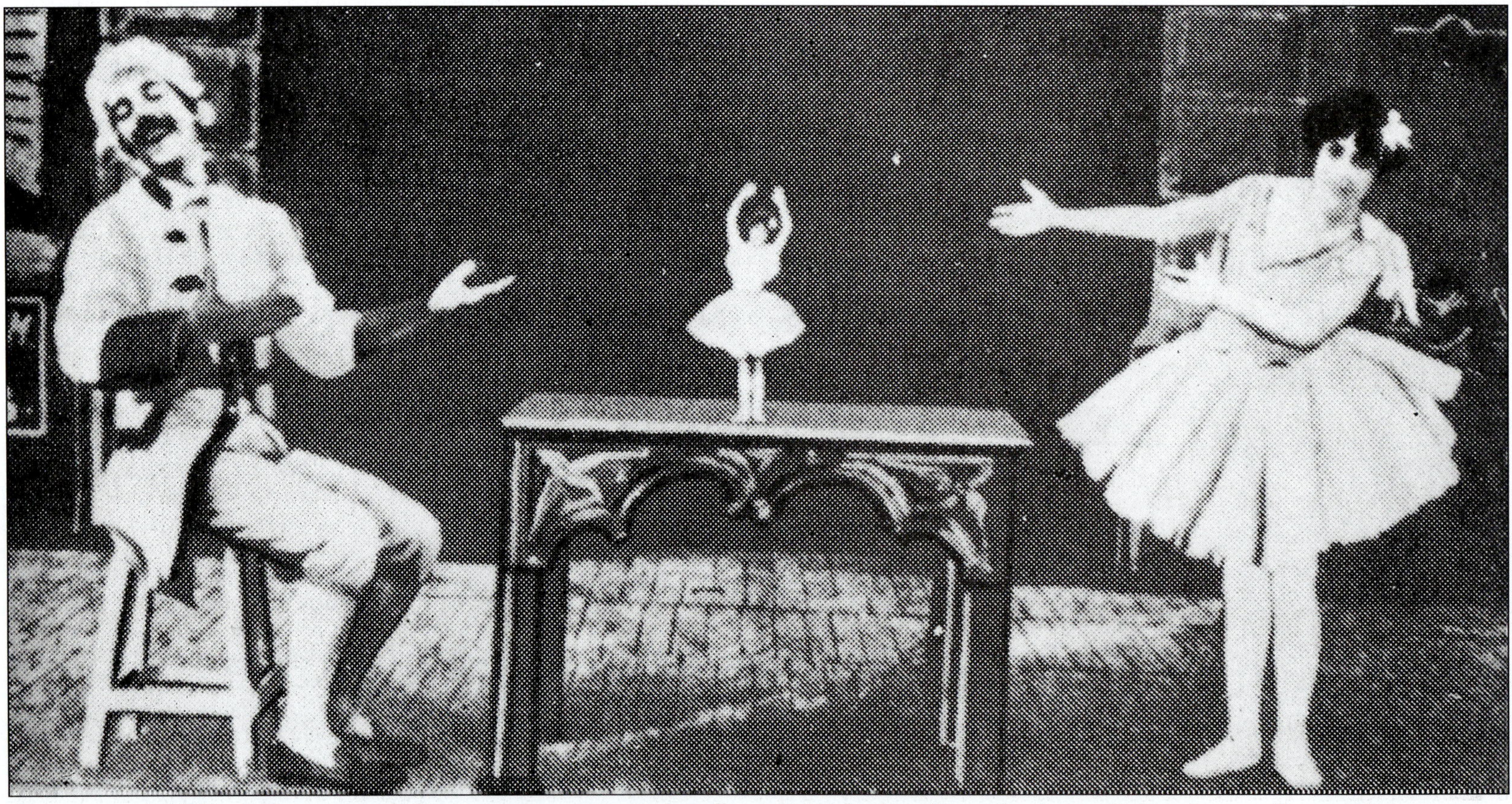

Les trucages de Méliès s'affinent avec « la Danseuse microscopique », laquelle apparaît à la place d'un œuf, puis grandit jusqu'à une taille normale.

Georges Méliès va plus loin avec « le Voyage dans la Lune ». Réalisé de mai à juillet, le film dure treize minutes et compte trente tableaux.

Le roi d'Angleterre est couronné par anticipation

Londres, 9 août
A l'abbaye de Westminster, le couronnement du roi Edouard VII et de la reine Alexandra s'est déroulé sans aucun incident. La cérémonie était d'abord prévue pour le 26 juin, mais un malaise du roi a tout retardé. Ce soir, à l'Alhambra de Leicester Square, le public anglais fait la queue pour admirer *le Couronnement du roi Edouard VII*, un film réalisé à Montreuil par Georges Méliès et produit par l'Américain Charles Urban, dont le siège social se trouve à Londres. Impossible en effet de filmer la cérémonie de Westminster : les caméras font trop de bruit, la lumière est trop faible. Méliès a donc reconstitué avec beaucoup de soin le couronnement. Plus de cent cinquante artistes ont participé à ce film, dont la durée ne dépasse pas cinq heures et demie, au lieu des longues heures de la cérémonie en temps réel. L'intérieur de l'abbaye a été refait en toile peinte et en carton-pâte. Le sacre revu et corrigé par Méliès est prêt depuis le 26 juin, première date prévue pour le couronnement. Le magicien de Montreuil a eu beaucoup de mal à trouver un sosie du roi Edouard VII. Heureusement, un garçon de lavoir du Kremlin-Bicêtre a fait l'affaire. La reine Alexandra était interprétée par une danseuse du Châtelet. Charles Urban, directeur de la Warwick Trading Co. et représentant de la Star Film en Grande-Bretagne, lance cette actualité reconstituée à grand renfort de publicité. Honnête, il précise que ce n'est pas une représentation authentique du sacre. Malgré cette belle franchise, certains journalistes français crient au scandale : « Messieurs les Anglais, on vous trompe ! C'est du chiqué, du trompe-l'œil, du théâtre de banlieue. Et maintenant, messieurs les cockneys, allez crier : hip, hip, hurrah ! au King de Montreuil-les-Pêches ! » (→ 1.9)

« Le Couronnement du roi Edouard VII », né d'une commande de Charles Urban, tourné à Montreuil en quelques jours.

Une petite fée dans un terrain vague

Paris, 11 octobre
Une nouvelle version de *la Fée aux choux*, film tourné en 1900 par Alice Guy et Anatole Thibertville dans un jardin attenant aux laboratoires de développement de Gaumont, à Belleville, est mise en vente. Cette scène de vingt mètres, interprétée par la comédienne Yvonne Mugnier-Sérand et due à l'imagination d'Alice Guy, raconte l'histoire d'une fée qui sort d'un chou un enfant vivant, pour l'offrir à un couple de jeunes mariés. Les copies de ce film se sont tellement bien vendues auprès de la clientèle foraine qu'Alice Guy a réalisé à la demande de Léon Gaumont *Sage-femme de première classe ou la Naissance des enfants*, qui reprend le canevas du film de 1900. La nouvelle version peut être vendue coloriée ; la bande mesure cent mètres et coûte deux cents francs.

« La Fée aux choux » de 1900.

Le cinéma sonore selon Léon Gaumont

Paris, 7 novembre
La Société française de photographie accueille l'ingénieur et industriel Léon Gaumont, qui fait une communication sur le cinéma sonore. Le procédé inventé par Gaumont et ses techniciens, Georges Laudet et René Decaux, rappelle celui d'Auguste Baron. Il s'agit d'obtenir le synchronisme entre le phonographe et le cinématographe, au moyen d'un moteur électrique. La prise de vues se fait par enregistrement direct : les gestes sont fixés sur la pellicule en même temps que les paroles sont inscrites dans la cire du cylindre phonographique. C'est un signal (timbre, cloche ou sifflet), gravé sur le cylindre de manière à se faire entendre quelques secondes avant le début de l'accompagnement sonore du film, qui indique à l'opérateur le moment où il doit embrayer le cinématographe. Les deux appareils fonctionnent alors avec synchronisme jusqu'à la fin du spectacle. Le projecteur subit toutes les variations de vitesse du phonographe, grâce au moteur synchrone. Trois films sont projetés ainsi : sur le premier figure Léon Gaumont lui-même, présentant l'appareil photographique Block-Notes. Les deux autres scènes montrent des danses de gitanes et une gavotte, interprétées en mesure avec une musique appropriée. Le problème de ces projections reste celui du son : les spectateurs ont du mal à entendre les explications filmées de Léon Gaumont. Celui-ci se propose d'étudier le problème de l'amplification des sons, au moyen de l'air comprimé. (→ 7.11.03)

Méliès ouvre au cinéma le champ du merveilleux

Paris, 1er septembre
Le nouveau film de Georges Méliès, *le Voyage dans la Lune*, remporte un triomphe sans précédent. Le public des fêtes foraines applaudit sans réserve cette grande féerie en trente tableaux, qui dure treize minutes. Méliès mêle le merveilleux à la science avec une dextérité impressionnante. Le cinématographe va-t-il bientôt remplacer les grands spectacles du Châtelet? Avec Méliès, tout est possible... Terminé en juillet, ce film de 260 mètres bat tous les records: il a nécessité trois mois de tournage et une importante figuration. Son prix de revient est de 10 000 F. Méliès s'est inspiré de deux livres de Jules Verne, *De la Terre à la Lune* et *Autour de la Lune*. Mais, dans son film, il y a des scènes que Jules Verne lui-même n'aurait pas osé décrire. La féerie débute par le Congrès des astronomes, présidé par le professeur Barbenfouillis, joué par Méliès. Six savants partent pour la Lune, dans un obus géant tiré par un canon. L'obus arrive « en plein dans l'œil » de la Lune, comme le précise le titre du neuvième tableau. Après cet alunissage, les savants explorent les lieux et rencontrent de curieuses créatures, les Sélénites, qui n'apprécient guère une telle intrusion. Les savants sont faits prisonniers, mais Barbenfouillis réussit à organiser la fuite. Les Sélénites sont d'ailleurs vulnérables: ils explosent lorsqu'on les frappe. C'est le retour, dans la panique: l'obus revient sur la Terre... mais tombe à la mer; les héros sont repêchés. Les deux derniers tableaux montrent les « grandes réjouissances publiques » et l'inauguration d'une statue du professeur Barbenfouillis. Ce film stupéfiant par ses trucages donne à Georges Méliès une popularité internationale. Seule ombre au tableau: *le Voyage dans la Lune* est piraté systématiquement aux Etats-Unis, par les firmes de Thomas Edison et de Sigmund Lubin. C'est un nommé Al Abadie, un représentant d'Edison à Londres, qui a fait tirer clandestinement une copie du film pour l'expédier en Amérique afin qu'elle soit contretypée en grand nombre. D'autres ont gratté sur toute la pellicule la marque Star Film, que Méliès prend soin – en vain – de faire figurer sur tous ses films. (→ 1.1903)

Film le plus remarqué de son auteur à ce jour, « le Voyage dans la Lune » comporte dix scènes en trente tableaux.

Un spectacle « extraordinaire et fantastique », et qu'on imite déjà.

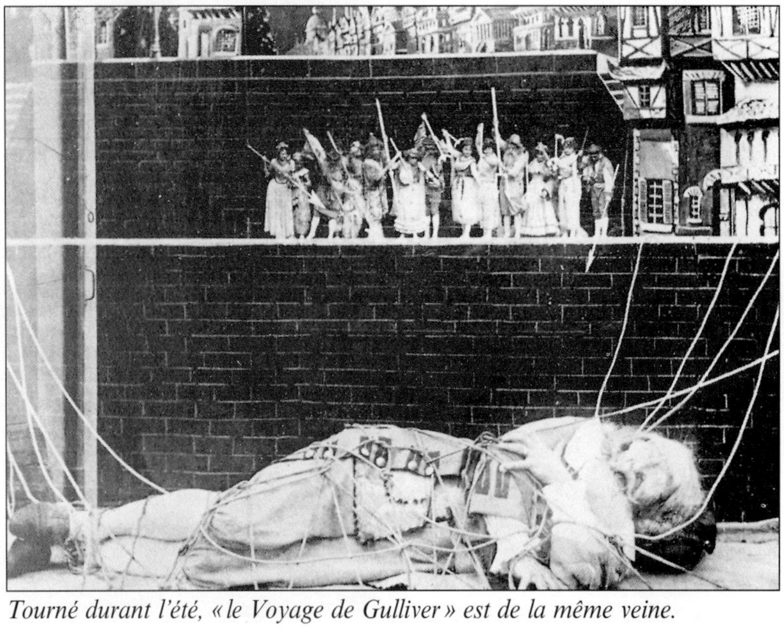

Tourné durant l'été, « le Voyage de Gulliver » est de la même veine.

1903

New York, 4 janvier
A Coney Island, Edwin S. Porter filme pour Edison l'électrocution d'un éléphant.

Lyon, 18 janvier
La firme Lumière lance des « vues fantasmagoriques » et des « scènes de genre et à transformations ».

Washington, 21 janvier
The Life of an American Fireman, d'Edwin S. Porter, son premier film « découpé » en différents plans, est déposé pour copyright. (→ 1.12)

New York, janvier
Envoyé de la société Star Film en Amérique, Gaston Méliès ouvre un bureau au 204 East, 38th Street. Paul Méliès, son fils, l'a rejoint et collabore avec lui.

Delhi, 8 février
Gaumont, Pathé, Georges Mendel et Warwick lancent simultanément sur le marché leurs films du couronnement d'Edouard VII.

New York, février
Adolph Zukor, immigré hongrois et fourreur, ouvre un *penny arcade*, la Kermesse. (→ 1.6.05)

Paris, 29 mars
La société Gaumont édite trois bandes comiques d'Alice Guy : *le Fiancé ensorcelé*, *les Apaches pas veinards*, et *Mésaventures d'un voyageur*. (→ 30.4.04)

Vincennes, 5 avril
Pathé lance *la Vie d'un joueur*, de Ferdinand Zecca, dans la même veine que *les Victimes de l'alcoolisme*. (→ 10.10)

Paris, 10 mai
Le Cake-walk infernal, film à la fois grotesque et fantastique réalisé par Méliès, est déjà imité.

Londres, mai
La Gaumont Limited, dirigée par le colonel Bromhead, est constituée.

New York, 22 août
Gaston Méliès débute son activité de producteur. Il filme une course de yachts, film mis en vente sous le titre *Reliance-Shamrock III*.

Berlin, 29 août
Oskar Messter présente au théâtre Apollon son nouveau procédé de cinéma parlant, baptisé Biophon. (→ 10.7.04)

Paris, 12 septembre
Georges Mendel édite *l'Accident du métropolitain*, sur la catastrophe du 10 août dernier. (→ 2.4.04)

Paris, 17 octobre
Les frères Lumière déposent leur brevet de l'Autochrome, procédé de photographies en couleurs, méthode trichrome à base de fécule de pomme de terre. (→ 4.10.13)

Montreuil, octobre
Méliès débute le tournage de *Faust aux enfers*, film en quinze tableaux d'après l'opéra d'Hector Berlioz, où il joue le rôle-titre. (→ 31.12.04)

Paris, 7 novembre
Léon Gaumont présente son nouveau Chronophone à la Société de photographie. (→ 2.11.06)

Etats-Unis, novembre
Marcus Loew, un fils d'immigrants autrichiens, ouvre plusieurs *penny arcades* à New York et à Cincinatti. (→ 3.1906)

Copenhague, 31 décembre
Peter Elfelt a tourné la première fiction danoise, *Exécution capitale* (*Henrettelsen*). (→ 23.4.05)

NAISSANCES

Huntsville, Alabama, 31 janvier
Tallulah Bankhead.

Paris, 21 février
Madeleine Renaud.

Marseille, 8 mai
Fernandel (*Fernand Contandin).

Bruxelles, 25 mai
Charles Spaak.

Eltham, Grande-Bretagne, 29 mai
Bob Hope (*Leslie Townes Hope).

Stockholm, 21 juin
Alf Sjöberg.

Saint-Chef, Isère, 23 juin
Louis Seigner.

Celles-sur-Belle, 19 juillet
Robert Dalban (*Gaston Barré).

Corbeil, 19 août
Claude Dauphin (*C. Legrand).

Jaroslaw, Pologne, 11 novembre
Sam Spiegel.

Tokyo, 12 décembre
Yasujiro Ozu.

« L'Attaque du grand train », d'Edwin S. Porter, consacre le western comme genre cinématographique.

Tentative parmi d'autres vers le cinéma sonore, le Biophonographe obtient un certain succès, sans résoudre le problème.

Les entreprises de Charles Urban

Londres, 2 novembre
Le producteur et distributeur américain Charles Urban dirige de main de maître sa nouvelle société, la Urban Trading Company. Il envoie ses opérateurs dans le monde entier à la recherche de vues sensationnelles. En Macédoine, son opérateur Charles Rider Noble tourne aujourd'hui même l'insurrection d'Ilinden. Noble a aussi filmé, cette année, la révolution au Maroc et la proclamation du couronnement d'Edouard VII à Delhi, aux Indes. Cette dernière vue s'est très bien vendue. Au catalogue d'Urban, où l'on trouve également la production Méliès, figurent d'autres actualités : le voyage d'Edouard VII à Paris, un grand incendie à Londres, la course automobiles pour la coupe Gordon-Bennett en Irlande, etc. Les vues comiques et dramatiques y sont bien représentées : *Cambriolage mouvementé* « soulève l'enthousiasme et un applaudissement énorme », de même que la terrible *Attaque d'une diligence au siècle dernier*, en onze tableaux. Des vues scientifiques sont réalisées par le vulgarisateur Martin Duncan et l'opérateur William G. Barker : la série sur la vie des abeilles est copiée partout. Enfin, Charles Urban est encore fabricant de caméras : sa petite Biokam, appareil à prise de vues pour amateurs, qui utilise le format 17,5 mm, est une vraie merveille de précision. (→ 30.8.06)

Le jeune Américain veut « mettre l'univers sous tous les yeux ».

Un nouveau terrain d'action pour Ferdinand Zecca à Vincennes

Ouvert avenue du Bois en 1902, le deuxième studio Pathé vient d'être le cadre du tournage de « Guillaume Tell ».

Vincennes, 10 octobre
Le petit théâtre de prise de vues de la rue du Bois, mal équipé, était indigne de la grande société de Charles Pathé. Celui-ci va le faire détruire, afin d'édifier un théâtre beaucoup plus important. Comme la production ne doit pas s'arrêter, Pathé a loué une maison au 1, rue de Paris. Ferdinand Zecca, qui s'occupe des vues animées chez Pathé, y travaille en attendant l'ouverture d'un autre atelier provisoire à Montreuil, 52, rue du Sergent-Bobillot. Zecca, décorateur, cinématographiste, scénariste, acteur, a produit en quelques mois des films à succès qui ont fait la réputation de Pathé dans le monde forain. Deux films sont proposés aujourd'hui : *Guillaume Tell*, plagiat d'une bande anglaise de Robert William Paul, et *Don Quichotte*, grande scène comique que Ferdinand Zecca et son adjoint Lucien Nonguet ont dû réduire. Elle mesurait à l'origine 430 mètres, mais les forains ont protesté : « C'est trop long ! » La nouvelle version est réduite à 255 mètres. Ce n'est pas la première fois que Zecca copie ses confrères : les films de Paul, de Charles Urban, de James Williamson ou de Méliès sont ses modèles préférés. Cela prouve son bon goût. A chaque grand succès d'une firme rivale, Zecca emprunte le thème et les trucages de l'œuvre, et en sort sa propre version, en ajoutant quelques détails un peu crus ou des variantes de son invention. Personne ne peut l'empêcher de la faire. Mais Zecca sait aussi faire preuve d'imagination et de savoir-faire. La comédie grivoise *Ce que l'on voit de mon sixième*, sortie en 1901, ou bien *les Victimes de l'alcoolisme*, drame en cinq tableaux d'un réalisme inédit, ont imposé Zecca. Son style s'envole parfois vers des sommets scatologiques inégalables, à la grande joie des forains : dans *Erreur de porte*, tourné cette année, un paysan se fourvoie et s'assied sur le pupitre d'un téléphone, en mimant son contentement... (→ 1.3.04)

Avec « les Victimes de l'alcoolisme », Zecca revient au réalisme à la Zola, qui a marqué précédemment sa célèbre « Histoire d'un crime ».

Edwin S. Porter fournit le modèle du western

Washington, 1er décembre
Le chef des hors-la-loi tourne son regard vers la caméra, pointe son Colt dans sa direction et tire sans sommation. C'est l'image choc du dernier film de l'Edison Manufacturing Company, dont une copie vient d'être déposée, dans le cadre du dépôt légal, à la bibliothèque du Congrès. Ce western, intitulé *l'Attaque du grand train*, risque de faire grand bruit à sa sortie. La plupart des scènes ont été tournées durant l'automne 1903 à Paterson, dans le New Jersey. Pour le tournage, le réalisateur, Edwin Stanton Porter, s'est assuré la collaboration de la célèbre compagnie ferroviaire de Lackawanna. Les remarquables chevauchées poursuites qui terminent le film ont été tournées dans les bois environnants, avec un grand souci de réalisme. Porter avait débuté sa carrière il y a une dizaine d'années, en se faisant passer pour Edison Jr. Il était alors un projectionniste très apprécié, travailleur infatigable et débordant d'imagination. En 1898, il intègre l'Edison Manufacturing Company à West Orange, tourne d'innombrables films courts et devient, à partir de 1902, directeur de production. Quelques-uns de ses précédents films – *la Vie d'un pompier américain* et *la Case de l'oncle Tom*, par exemple – comptent parmi les premiers grands succès du cinéma. *L'Attaque du grand train* nous fait assister à l'attaque d'un bureau télégraphique, puis d'un fourgon postal. Les bandits obligent les voyageurs à descendre de voiture et les alignent le long du train, les mains en l'air. C'est ensuite une cavalcade haletante, au terme de laquelle les voleurs sont tués ou arrêtés. Avec ce film, le western fait plus que jamais irruption sur les écrans. (→ 1.8.09)

Tourné pour les productions Edison, « l'Attaque du grand train » marque les débuts d'un genre cinématographique.

« Western typique » selon le producteur, le film ouvre des horizons nouveaux.

La Chine convertie au cinématographe

Pékin, 31 décembre
Voici que les images animées semblent devoir devenir, en Chine, l'affaire des Chinois eux-mêmes. On en doit le premier signe à un certain Lin Zhusan. Rentré d'un séjour aux Etats-Unis, il en a rapporté un appareil de projection cinématographique ainsi que quelques films, et s'est aussitôt préoccupé de faire découvrir cette invention à ses compatriotes. Il a choisi pour cela un lieu populaire très fréquenté et, après accord avec les propriétaires de la maison de thé Tien Lo, il a organisé cette année dans le cadre de cet établissement une série de projections. Celles-ci se trouvent être du même coup les premières effectuées dans le pays par un authentique Chinois. Il avait été devancé de peu par un Espagnol, Antonio Ramos, lequel a ouvert à Shanghai, au cours de cette même année, la toute première salle de vision de vues animées, au rez-de-chaussée d'un grand magasin de thé. (→ 30.6.11)

Les amateurs de cinématographe ont désormais à leur disposition une publication spécialisée. « Le Fascinateur », lancé le 1er mars par La Bonne Presse, une maison d'édition d'obédience catholique, traite aussi bien des projections à vues fixes que des images animées, et ce en proportions égales. Le rédacteur en chef de cette revue, Georges-Michel Coissac, s'intéresse d'ailleurs particulièrement à ce secteur.

1904

New York, 13 janvier
Wallace McCutcheon a tourné *Photographing a Female Crook* pour l'American Mutoscope and Biograph Company. Cette bande de quarante secondes présente un plan rapproché, avec travelling avant sur un personnage. (→ 8.8)

Rome, 20 janvier
Filoteo Alberini ouvre le Cinema Moderno, première salle de cinéma construite à cet usage. En 1899, il a déjà ouvert une salle de projections à Florence. Pour l'heure, la production italienne se limite à des vues d'actualités. (→ 20.9.05)

France, 6 février
Dans la revue corporative *l'Industriel forain* apparaît pour la première fois la fleur de marguerite, frappée au centre du mot Elgé, d'après les initiales de Léon Gaumont. (→ 14.1.08)

Montreuil, 1er mars
Charles Pathé a fait bâtir un nouveau studio au 52, rue du Sergent-Bobillot. F. Zecca y entreprend le tournage de l'actualité reconstituée *l'Incendie du théâtre de Chicago*, lequel a brûlé le 1er janvier.→

Paris, 24 mars
Lucien Bull, directeur de l'institut Marey du bois de Boulogne, parvient à filmer 1 500 images en une seconde. Il enregistre sur pellicule, grâce à un procédé fondé sur l'électricité, la trajectoire d'une balle de fusil à travers des corps divers.

Helsinki, 4 avril
Emil Stahlberg inaugure la première salle de cinéma de la ville, Mailman Ympäri. (→ 29.5.07)

Paris, 30 avril
Léon Gaumont met en vente *l'Attaque d'une diligence*, tourné en plein air par Alice Guy et plagiant *l'Attaque d'une diligence au siècle dernier*, de Charles Urban, sorti en novembre 1903 à Paris.

Saint Louis, Etats-Unis, mai
A l'occasion de la grande exposition de Saint Louis, George Hale, chef des pompiers de Kansas City, présente une nouvelle attraction, le *Hale's Touring Car*. Les spectateurs sont installés dans une imitation de voiture de chemin de fer, d'où ils voient défiler les paysages filmés dans le monde entier, projetés sur écran. (→ 1.6.05)

Paris, 11 juin
Après *la Valise de Barnum*, tourné à Montreuil, Pathé met en vente un nouveau film de Gaston Velle, *Métamorphoses d'un papillon*, où une femme se transforme peu à peu en papillon. Cet ancien prestidigitateur s'est spécialisé dans les films à trucages. (→ 31.7)

Saint Louis, 10 juillet
A l'occasion des Jeux olympiques, l'Allemand Oskar Messter tourne, grâce à son Biophon, procédé permettant de synchroniser sons et images, ses premiers films sonores destinés à l'exportation, dont *The Whistling Boy*.

Paris, 27 août
Léon Gaumont met en vente *les Petits Coupeurs de bois vert*, un drame réaliste sur la misère, réalisé par Alice Guy avec la collaboration du chansonnier montmartrois Henri Gallet. (→ 1.9.05)

Washington, 11 novembre
La Biograph dépose pour copyright *The Suburbanite* (le banlieusard) de W. McCutcheon. C'est l'une des premières comédies de la Biograph utilisant des intertitres. (→ 10.1907)

NAISSANCES
Bristol, 18 janvier
Cary Grant
(*Archibald Alexander Leach).

San Antonio, Texas, 23 mars
Joan Crawford
(*Lucille Fay Le Sueur).

Tacoma, Washington, 2 mai
Bing Crosby (*Harry L. Crosby).

Paris, 17 mai
Jean Gabin (*J. Alexis Moncorgé).

Autriche-Hongrie, 26 juin
Peter Lorre (*Laszlo Löwenstein).

Paris, 4 septembre
Christian-Jaque (*C. Maudet).

Oran, 18 septembre
Orane Demazis.

Paris, 12 novembre
Jacques Tourneur.

DECES
Kingston-on-Thames, 8 mai
Eadweard Muybridge (*9.4.1830).

Paris, 16 mai
Etienne Jules Marey (*5.3.1830).

La sortie en salle de « la Grève » est annoncée par la réclame. Ferdinand Zecca s'est inspiré de « Germinal », d'Emile Zola, pour ce film social.

Dirigé chez Pathé par Lucien Nonguet, « Un roman d'amour » fait pour la première fois d'un thème sentimental un succès populaire.

Les ambitions internationales de Charles Pathé

L'établissement de Bound Brook, près de New York, fleuron de l'expansion mondiale de la firme de Vincennes.

New York, 31 juillet
Le représentant de la Compagnie des phonographes, cinématographes et appareils de précision des frères Pathé, un Allemand nommé Popert, dirige l'ouverture d'un magasin de vente à New York, d'une usine à Bound Brook et d'un atelier de prise de vues à Jersey City. Les frères Pathé étendent ainsi leur empire à travers le monde, après l'inauguration en février d'une autre succursale à Moscou. Il s'agit d'encourager et de contrôler la production locale et de tirer les copies sur place. Ce n'est qu'un premier pas: Charles Pathé veut imposer partout l'emblème déjà célèbre du coq gaulois. Au début, le phonographe était la principale source de bénéfices, mais, très rapidement, les vues animées se révélèrent très rentables. Cette année, le chiffre d'affaires du cinématographe s'élève à 1 249 200 francs, contre 5 860 900 francs pour le phonographe. Charles Pathé compte bien inverser ces chiffres, car il a pris en main la branche cinématographique de sa société. L'an dernier, elle possédait un catalogue d'environ 500 films, contre 350 pour Méliès, 500 pour Lumière et 650 pour Gaumont. Toutefois, comme ces deux dernières sociétés comptaient parmi leurs films des bandes déjà anciennes et souvent documentaires, on peut affirmer que la société Pathé est la plus importante firme de production cinématographique française. Son dernier catalogue, paru au mois d'août, dépasse déjà le millième film produit. On peut y trouver tous les genres, des scènes de plein air, des scènes à trucages, comiques, dramatiques, réalistes, féeriques, historiques, religieuses et même sonores, avec le Ciné-Phono. Plusieurs pages du catalogue attirent l'attention des forains: les scènes grivoises, interdites aux enfants, sont une des spécialités de la maison Pathé. Elles se vendent dans le monde entier. (→ 16.2.05)

Un aller et retour de Ferdinand Zecca

Paris, 1er mars
Ferdinand Zecca est bien connu chez Pathé pour sa spontanéité et pour les idées qui agrémentent ses films, mais aussi pour sa grande susceptibilité. Après une mémorable dispute avec son directeur, il a claqué la porte des bureaux de Vincennes et a été engagé par Léon Gaumont, sur la recommandation d'Alice Guy. Il ne reste que deux semaines chez Gaumont et s'en va de nouveau mécontent: s'est-il disputé avec Alice Guy? Finalement Pathé, qui ne peut se passer de son complice, le reprend. Aujourd'hui, dans les studios provisoires de Montreuil, Zecca tourne de nouveau: *l'Incendie du théâtre de Chicago*, une actualité reconstituée.

Le nouveau studio Pathé de Montreuil multiplie les moyens de production.

Le réalisateur acteur vu par lui-même, peintre et modèle du portrait.

Nouvelles tentatives pour le film sonore

Paris, 2 avril
Georges Mendel, pionnier du cinéma et producteur distributeur de films en tout genre, se lance lui aussi dans le film sonore et parlant. Il vient de publier dans la presse foraine la première annonce pour le Cinéma-Grapho-Théâtre, dernière application scientifique du phonographe et du cinématographe. La réunion de ces deux inventions, explique Mendel, « a pour but de donner l'illusion complète de la vie, la concordance absolue des gestes et des paroles, ce qu'on n'avait pu obtenir jusqu'à ce jour ». Auguste Baron, Eugène Lauste et Léon Gaumont sont bien oubliés ! En fait, Mendel n'a rien inventé. Henri Joly, autre grand pionnier, initiateur technique de Charles Pathé en 1895, a vendu à Mendel ses brevets d'invention concernant le synchronisme. Joly a en effet déposé, le 11 janvier 1900, un premier brevet pour un système qui lui a permis, la même année, de réaliser quelques saynètes parlantes exploitées par Edgar Normandin. Le système de Mendel et Joly fonctionne à peu près convenablement. Le synchronisme de la pellicule et du disque phonographique est assuré par une petite boîte électrique, dite « le chantant », qui relie l'aiguille du phonographe à l'arbre obturateur du cinématographe. Le son est amplifié par « le tonnerre », un diaphragme très puissant mis au point par l'ingénieur Mollier. Le défaut principal du synchronisme Mendel, comme de ceux de Baron ou de Gaumont, vient de la durée des disques, laquelle ne permet que de courtes projections. Cependant, le Cinéma-Grapho-Théâtre – ou Cinémato-Gramo-Théâtre – est très apprécié des forains. Georges Mendel se lance dans la réalisation de films parlants et sonores, dans un petit théâtre de prise de vues vitré qu'il possède à Bagnolet. (→ 11.5.07)

Le Cinémato-Gramo-Théâtre de Henri Joly, diffusé par Georges Mendel.

Georges Méliès au-delà de lui-même

« Le Voyage à travers l'impossible » prolonge « le Voyage dans la Lune ».

Montreuil, 31 décembre
Après le succès international du *Voyage dans la Lune*, Georges Méliès continue ses fantaisies astronomiques. Il a réalisé dans son théâtre vitré de Montreuil *le Voyage à travers l'impossible*, un film exceptionnel en quarante-trois tableaux, pour une durée de 20 minutes environ. Méliès reprend le rôle d'un professeur un peu fou, nommé cette fois Mabouloff, président de l'Institut de géographie incohérente, qui prétend atteindre le Soleil au moyen de l'Automabouloff, un véhicule de son invention. Le voyage échoue d'abord, mais, avec une locomotive lancée à toute vapeur, du sommet de la Jungfrau, Mabouloff et son équipe parviennent à rejoindre le Soleil. La température s'élève à 3 000 degrés : une glacière leur permet de se maintenir en vie. Comme dans *le Voyage dans la Lune*, le film se termine par la descente sur la Terre, au moyen cette fois d'une sorte de sous-marin. Le retour à l'Institut de géographie incohérente est salué par les acclamations de la foule. Méliès a particulièrement soigné les décors et les trucages de cette nouvelle réalisation, dont certaines scènes sont très poétiques. Une ravissante comédienne de dix-huit ans, May de Lavergne, joue le rôle d'une infirmière. Méliès est à nouveau amoureux, mais reste loyalement fidèle à ses anciennes amours : Jehanne d'Alcy fait aussi partie de la distribution... (→ 31.8.05)

Poursuite amoureuse en plein New York

New York, 8 août
Course poursuite effrénée autour du monument au général Grant, à Riverside Drive : un homme, surpris par les résultats de son annonce matrimoniale, tente d'échapper à une meute de femmes prêtes à tout pour l'épouser. C'est le sujet du nouveau film produit par l'American Mutoscope and Biograph Company et présenté ce jour sur les écrans de la ville. Son titre : *Personal*. Outre son rythme débridé, la bande se signale par son abondance de plans, tous tournés en décors naturels. Dans leur périple, les personnages franchissent des palissades, des haies, passent des ponts, traversent fossés et cours d'eau, semant la perturbation sur leur passage. Les jeunes femmes en furie sautent par-dessus les clôtures, relevant leurs jupes et dévoilant leurs chevilles à cette occasion, à la grande satisfaction des spectateurs. Epuisé, le jeune homme doit s'avouer vaincu et offrir son cœur à la première venue. C'est un genre comique tout à fait nouveau, vif et plein de trouvailles visuelles, auquel nous invitent la Biograph et son réalisateur, Wallace McCutcheon. D'ores et déjà, le film est assuré d'une très large distribution en Grande-Bretagne et, à partir de là, dans l'Europe entière. (→ 11.11)

Esquisse de Méliès pour une scène de « la Damnation du docteur Faust ».

1905

Saint-Pétersbourg, 6 janvier
Félix Mesguich, passé de l'Urban Trading Co. à la Warwick, filme l'attentat contre le tsar.

Paris, 7 janvier
La firme anglaise Warwick Continental Trading édite quatre films d'actualités sur la guerre russo-japonaise. Ils sont « garantis authentiques », en opposition à ceux, « truqués », de Méliès et de Pathé.

Londres, janvier
Sortie de deux films d'action : *la Vie de Charles Peace* (*The Life of Charles Peace*), du forain William Haggar et *Sauvé par Rover* (*Rescued by Rover*), de Cecil Hepworth.

Paris, 16 février
Charles Pathé ouvre au 31, boulevard des Italiens un salon Pathé pour présenter ses films aux forains et aux directeurs de salle.

Paris, 15 avril
Pathé met en vente un premier film à poursuite, *Dix femmes pour un mari*, d'André Heuzé, copie du film anglais de la Gaumont Company, *Rendez-vous par annonce* (*Personal*), d'Alfred Collins. (→ 28.7)

Copenhague, 23 avril
Ole Olsen, ex-imprésario de cirque, ouvre le premier cinéma de la ville, le Biograph Theater. (→ 11.7.06)

New York, 1er juin
Adolph Zukor ouvre un *Hale's Tour* à Union Square. (→ 3.1906)

Paris, 5 août
Pathé lance *la Première Sortie d'un collégien*, de Louis Gasnier, avec un acteur du théâtre de boulevard, Gabriel Leuvielle, dit Max Linder.

Vevey, Suisse, 25 août
Equipé d'un objectif à long foyer, F. Mesguich filme la traditionnelle fête des Vignerons et expédie aussitôt sa bobine à Paris. Il bat de vitesse l'opérateur de l'Urban Trading Co., qui avait l'exclusivité.

Vincennes, août
L'usine Pathé développe 12 km de pellicule par jour. Une autre usine est en cours de construction à Joinville-le-Pont. (→ 15.8.06)

Rome, 20 septembre
Sortie du premier film de fiction italien, *la Prise de Rome* (*La presa di Roma*), de Filoteo Alberini.

Paris, 1er octobre
La revue *Phono-Gazette*, créée le 1er avril par Edmond Benoît-Lévy, prend le nom de *Phono-Ciné-Gazette*. (→ 1.3.06)

Paris, 14 octobre
Léon Gaumont sort *le Fantassin guignard* et *Roméo pris au piège*, deux films comiques réalisés par Roméo Bosetti. (→ 24.6.06)

Rome, 31 octobre
Filoteo Alberini et Dante Santoni créent un studio présenté comme « le premier établissement italien pour la manufacture cinématographique ». (→ 2.5.06)

Paris, 15 décembre
Méliès annonce dans la presse corporative son nouveau film, *la Légende de Rip Van Winckle*, pièce fantastique en 17 tableaux jouée par lui-même et son fils André, et tournée cet été à Montreuil. (→ 24.2.06)

Pékin, décembre
Le studio de photographie Feng Tai tourne le premier film chinois, *le Mont Ting-Kiung*, interprété par Tan Xinpei, un chanteur très populaire de l'opéra de Pékin.

NAISSANCES

Neuilly-sur-Seine, 23 mars
Paul Grimault.

Paris, 26 avril
Jean Vigo.

Grand Island, Nebraska, 16 mai
Henry Fonda.

Paris, 29 juillet
Pierre Braunberger.

Durango, Mexique, 3 août
Dolores Del Rio (*Lolita D. Martinez Asunsolo Lopez Negrette).

Paris, 17 septembre
Claudette Colbert (*Claudette Chauchoin).

Stockholm, 18 septembre
Greta Garbo (*G. Gustafsson).

New York, 17 octobre
Jean Arthur (*Gladys Georgiana Greene).

New York, 22 octobre
Constance Bennett.

Paris, 22 décembre
Pierre Brasseur (*P. Espinasse).

Edité par Pathé, « les Apaches de Paris » reste dans la tradition de « l'Histoire d'un crime ».

Nouveau succès de vente de Pathé, « l'Amant de la Lune » est signé par Gaston Velle, l'un des plus solides éléments de l'équipe Zecca.

Coloriage de films au pochoir

Paris, 31 août
Le nouveau film de Georges Méliès, *le Raid Paris-Monte-Carlo en deux heures*, qui se moque gentiment des fréquents accidents d'automobile du roi des Belges, est entièrement colorié. Le public adore ce genre de vues, qui lui rappelle les plaques peintes de lanterne magique. Les films coloriés restent cependant un luxe: les images sont peintes une à une, à la main. Le mètre colorié coûte de 75 centimes à 1,25 F. On a songé à peindre les images de la pellicule dès 1896. Avec un pinceau très fin, des couleurs vives et transparentes étaient appliquées sur les vêtements ou les paysages, mais le résultat était inégal: à la projection, la peinture bavait sur les contours. Grâce au récent procédé du pochoir utilisé chez Pathé et chez Gaumont, les images sont merveilleusement peintes de couleurs éblouissantes. Mais quel travail! Il faut découper une sorte de patron, sur une copie positive. Chaque morceau à colorier est enlevé avec une lame très fine. La pellicule ainsi découpée est placée sur une seconde copie positive, sur les images correspondantes. Il ne reste plus qu'à appliquer le pochoir, avec plusieurs couleurs différentes. Quatre spécialistes exercent ce métier difficile: Mmes Vallouy, Verdier, Rouquillon et Thuillier. Cette dernière, coloriste attitrée de Méliès, travaille toujours à la main. (→ 15.12)

La Passion Pathé de Lucien Nonguet

En tournage depuis 1902, « la Vie et la Passion de Jésus-Christ » est un film constitué de trente-deux tableaux.

Vincennes, 28 juillet
Depuis 1902, Ferdinand Zecca supervise le tournage de *la Vie et la Passion de Jésus-Christ*, un film réalisé par Lucien Nonguet. Au début, Zecca et Nonguet commencèrent à tourner dix-huit des plus célèbres scènes du mystère chrétien. Devant le succès rencontré par la série, ils décidèrent d'ajouter d'autres tableaux. Les copies coloriées rendent l'ensemble de l'œuvre très attrayant, malgré la disparité qui existe entre les tableaux de 1902 et ceux d'aujourd'hui. Ce sont surtout les salles de patronage qui achètent le film, en entier ou par tableaux. Bien que toutes les scènes soient vendues séparément, Pathé recommande vingt tableaux « indispensables pour représenter le drame sacré », notamment *l'Entrée à Jérusalem*, *le Baiser de Judas*, *Jésus succombe sous sa croix*, *l'Apothéose*, etc. « Les exploitants n'ignorent pas la portée qu'a ce genre de spectacles sur les foules. C'est un programme toujours nouveau, qui a l'avantage de toucher même les plus profanes. » Ils préfèrent cependant les autres vues proposées au catalogue Pathé où, par ailleurs, les scènes religieuses occupent une place très réduite, à la fin de la brochure. Pathé ne renonce pas à ces vues qui ont fait sa gloire: *Flagrant délit d'adultère*, *Déshabillé féminin*, *l'Amour à tous les étages*, *le Coucher de la mariée*, *Flirt en chemin de fer*, sans oublier les bandes fantasmagoriques: *Sorcellerie nocturne*, *la Valise de Barnum*, *la Marmite diabolique*. Cela chagrine fort les maisons catholiques, disposées à acheter la *Passion*, mais horrifiées à la vue de ce catalogue peu orthodoxe. Charles Pathé sent le soufre. (→ 1.4.07)

« Théâtre, école et journal de demain »

Cet été, la maison Pathé Frères publie le catalogue de sa production pour sa clientèle. Il témoigne abondamment de la vitalité d'une compagnie que son fondateur, Charles Pathé, présente en tête du catalogue. Les frères Pathé, « armés de cette foi qui est nécessaire à toute entreprise, ont instruit un personnel, créé un outillage et réuni toutes les compétences de la spécialité, poursuivant sans relâche la recherche du mieux, qui les a amenés au premier rang tant par la qualité que par la quantité des bandes cinématographiques éditées dans le monde entier », écrit-il avec une évidente fierté. Citant son collaborateur Frantz Dussaud, connu par ailleurs pour des travaux d'ordre phonographique, l'industriel évoque ensuite l'étendue considérable des applications possibles du cinématographe, en ajoutant: « C'est le théâtre, l'école et le journal de demain. » Pour Pathé, « on ne peut dire en moins de mots les choses les plus vraies ». Depuis le 16 février a été ouvert en outre pour les forains et exhibiteurs, au 31, boulevard des Italiens, le salon Pathé, où sont présentées les nouvelles productions de la maison.

« Le Cuirassé "Prince Potemkine" », de Nonguet, se rattache chez Pathé à la formule des actualités reconstituées, lancée naguère par Georges Méliès.

Le cinéma devant les tribunaux

Narbonne, 4 mars
A la satisfaction générale des professionnels, le tribunal de paix de la ville rend un jugement mettant hors de cause le cinématographe, dans une affaire qui, depuis le 29 janvier dernier, défrayait la chronique locale, et même nationale. Ce jour-là, le Théâtre Aérogyne, établissement forain exploité par la famille Dulaar et fonctionnant pour le moment à Narbonne, avait installé un opérateur muni d'un appareil cinématographique devant l'église Saint-Just, à l'heure de la sortie de la messe. Jérôme Dulaar dirigeait personnellement le travail de l'opérateur, qui avait pris position en haut d'une échelle d'où il pouvait avoir une vue plongeante sur les paroissiens et paroissiennes. Afin de tirer le meilleur parti de son initiative, Dulaar avait en outre placé tout près de l'opérateur deux aides chargés de déployer, face à la foule, une banderole avec l'inscription « Cinématographe pour le Théâtre Aérogyne ». Ainsi prévenus, les paroissiens se sont laissé filmer sans y trouver à redire, et même, pour beaucoup d'entre eux, avec un amusement évident. Il s'en est toutefois trouvé un qui, s'étant reconnu sur l'écran lors de la projection, estima que le forain l'avait cinématographié sans son consentement et, pour ce motif, il l'assigna au tribunal. Le juge ne l'a pas suivi, considérant que la prise de vues avait été faite dans un lieu public, et que les personnes filmées en avaient été averties. Cette décision intervient moins d'un mois après le jugement rendu par le tribunal civil de la Seine, dans une affaire qui opposait le célèbre Dr Doyen à l'opérateur François Parnaland. Ce dernier, chargé de tourner les films d'enseignement du chirurgien, les exploitait commercialement chez les forains pour son propre compte, sans accord préalable avec le Dr Doyen, dont le nom n'en était pas moins utilisé pour la réclame de ces projections. Les magistrats parisiens ont estimé quant à eux, le 10 février, que le praticien n'est pas seulement un interprète des films considérés, mais leur véritable auteur. Comme tel, il pouvait légitimement s'opposer à toute exhibition non voulue expressément par lui. (→ 17.7.07)

Gaumont sur les Buttes-Chaumont

Les nouveaux studios font de la société un digne émule de Pathé.

Paris, 1er septembre
La société Léon Gaumont possède à Paris, dans le 19e arrondissement, des propriétés qui se trouvent proches les unes des autres, rue des Alouettes, ruelle des Sonneries et rue de La Villette. C'est là que se trouve le nouveau théâtre vitré de prise de vues que Léon Gaumont a fait bâtir, à l'angle formé par les rues de La Villette et Carducci. Le théâtre a été construit sur des données absolument neuves : fini le vieil atelier vitré caché au fond du jardin ! L'établissement Gaumont se distingue par une technique de pointe. Par exemple, un groupe électrogène à vapeur de 40 volts et 1 500 ampères d'une puissance de 1 500 watts alimente, en dehors des lampes à mercure employées pour la première fois dans un atelier, les arcs de puissants projecteurs afin de permettre la prise de vues, même sans soleil. La vapeur dégagée par les lampes est utilisée pour chauffer le théâtre en hiver. Le toit de la bâtisse est couvert par des dalles en verre pesant chacune 50 kg. La surface vitrée dépasse 1 800 mètres carrés et le poids de l'ossature métallique est supérieur à 180 000 kg. La longueur de la salle intérieure est de 45 mètres, sa largeur de 30 mètres et sa hauteur de 43 mètres. Le plancher est établi pour soutenir un troupeau d'éléphants. Une rampe en facilite l'accès aux voitures attelées. Des séries de chariots et de trappes permettent de disposer, dans les deux sous-sols superposés sous la scène, tous les trucages nécessaires pour les scènes de féerie. Un ventilateur de 2,50 mètres de diamètre assure en été une température normale, surtout lorsque le soleil frappe sur les vitrages du toit. Ainsi, Gaumont peut produire été comme hiver toutes sortes de scènes comiques et de genre et, grâce aux machineries et aux dimensions de la scène, des pièces à grand spectacle. Aux commandes de ce vaisseau vitré, Mlle Alice Guy. La direction lui fut âprement disputée, mais Gustave Eiffel, qui préside le conseil d'administration de la société Gaumont, a fini par l'imposer. Le premier film qu'Alice Guy veut tourner est une grande scène dramatique longue de 290 mètres, *la Esmeralda*, d'après Victor Hugo. (→ 14.10)

La révolution du « nickelodeon » prend naissance à Pittsburgh

Pittsburgh, 6 novembre
Nickelodeon : c'est le nom de la toute nouvelle salle de spectacle que viennent d'ouvrir, dans un magasin des 433-435 Smithfield Street, l'imprésario John P. Harris et son beau-frère, Harry Davis. On y projette, de huit heures du matin à minuit, des films cinématographiques, dont la fameuse *Attaque du grand train*, produite par l'Edison Manufacturing Company. C'est la première structure du genre aux Etats-Unis. Pour y accéder, les spectateurs n'ont à débourser qu'un nickel, soit cinq cents. Autre innovation majeure, les projections sont accompagnées en permanence par un pianiste. D'ores et déjà, l'attraction est un succès et la salle, qui compte une centaine de places assises, ne désemplit pas. (→ 24.2.06)

A l'issue des séances de la première journée, pour la fête de Thanksgiving, la recette atteint vingt-trois dollars, pour un prix d'entrée de cinq cents.

1906

Paris, janvier
Le jeune Russe Sergueï Mikhaïlovitch Eisenstein, âgé de huit ans, découvre le cinéma durant un voyage avec ses parents. Le musée Grévin lui laisse une grande impression.

Allemagne, 21 février
Fondation du circuit de salles de cinéma UT (Union Theater), dont la première salle ouvre ses portes à Francfort-sur-le-Main. (→ 4.9.09)

Chicago, 24 février
Carl Laemmle, immigrant allemand arrivé aux Etats-Unis en 1884 à l'âge de dix-sept ans, ouvre le premier *nickelodeon* de la ville.

Paris, 24 février
Méliès brade tous les films antérieurs au nº 640 de son catalogue. Les forains se précipitent pour acquérir tous ses succès. (→ 31.8)

Paris, 1er mars
Edmond Benoît-Lévy fonde la Chambre syndicale des exploitants du cinématographe. (→ 12.7.07)

New York, mars
Le succès des *Hale's Tours* ayant été passager, Adolph Zukor transforme ses salles en *nickelodeons*. Marcus Loew fait de même avec ses *penny arcades*, qu'il rebaptise *nicolets*. (→ 31.12.08)

Londres, 14 mai
Charlie Chaplin, âgé de dix-sept ans, est engagé pour des imitations comiques de personnages de l'actualité, dans la tournée du Casey's Court Circus. Son salaire est de 2,05 livres par semaine. (→ 20.5.07)

New York, mai
William Fox, fils d'immigrés hongrois, ouvre au 700, Broadway un *nickelette*, c'est-à-dire un *penny arcade* avec salle de projection.

Copenhague, 11 juillet
Ole Olsen, propriétaire de la salle de cinéma Biograph Theater, fonde avec l'exploitant Arnold Nielsen la société de production Nordisk Film. Viggo Larsen commence à tourner des bandes « à sujets » pour la nouvelle firme. (→ 12.3.07)

Chicago, 23 juillet
Harry Aitken et John R. Freuler, anciens agents immobiliers, créent un organisme de distribution, la Western Film Exchange. (→ 12.1.11)

Paris, 15 août
Pathé sort un film à poursuite plein d'imagination : *la Course à la perruque*, de Georges Hatot, sur un scénario d'André Heuzé. (→ 1.1.07)

Paris, 30 août
Charles Urban, G. R. Roger, et le financier Ernest May créent la Société générale des cinématographes Eclipse, qui succède à la filiale de l'Urban Co. à Paris. Georges Hatot et Victorin Jasset, réalisateurs de Gaumont, sont engagés. (→ 31.1.08)

Paris, 4 octobre
Henri Joly, Léopold Lobel, Georges Akar et le financier Dubois de Niermont fondent la nouvelle Société des phonographes et cinématographes Lux.

Chicago, octobre
Carl Laemmle crée la Laemmle Film Service, société de distribution de films. (→ 12.3.09)

Paris, 2 novembre
Gaumont met en vente pour les forains et directeurs de salles l'Elgéphone, amplificateur de son à air comprimé, permettant la sonorisation par phonographe. (→ 11.5.07)

NAISSANCES
Rome, 8 mai
Roberto Rossellini.

Paris, 26 mai
Pierre Prévert.

Vienne, 22 juin
Billy Wilder (*Samuel Wilder).

Saint-Pétersbourg, 5 juillet
George Sanders.

Nevada, Missouri, 5 août
John Huston (*J. Houghston).

Budapest, 3 septembre
Alexandre Trauner.

Paris, 15 septembre
Jacques Becker.

Philadelphie, 6 octobre
Janet Gaynor (*Laura Gainor).

Milan, 2 novembre
Luchino Visconti.

Cherryvale, Kansas, 10 novembre
Louise Brooks.

Vienne, 5 décembre
Otto Preminger.

On peut reconnaître Mme veuve Chamu (à gauche) dans cette parade de l'Alcazar Théâtre, établissement dont elle est propriétaire.

« La Naissance, la Vie et la Mort du Christ », sujet repris cette fois chez Gaumont, est le couronnement de la carrière française d'Alice Guy.

Les Italiens entrent dans la production

Rome, 2 mai
Le pionnier Filoteo Alberini, à qui l'on devait déja les toutes premières expériences sur les vues animées en Italie, et ce dès 1895, puis en 1904 l'ouverture de la première salle de la capitale, le Cinema Moderno, ne veut manifestement pas s'en tenir là. Egalement fondateur, voici un peu plus d'un an, avec son associé Santoni d'une société de production, il a présenté en septembre un premier film, *la Prise de Rome*, et ouvert le mois suivant un studio. Aujourd'hui, avec le concours de nouveaux associés italiens et français, Alberini et Santoni constituent à partir de leur entreprise une nouvelle compagnie, la Cines, dont les moyens financiers, tout comme les ambitions, sont d'emblée très supérieurs. D'autres projets se précisent à Turin, autour d'Arturo Ambrosio, Luigi Maggi et Roberto Omegna d'une part, de Carlo Rossi de l'autre. L'industrie italienne du cinématographe existe. (→ 4.1907)

Les quatre cents coups du diabolique enchanteur Méliès

Cheval apocalyptique et voiture astrale des « Quat'Cents Farces du diable !!! »

L'auteur s'est réservé le rôle-titre.

Paris, 31 août
Georges Méliès met en vente *les Quat'Cents Farces du diable !!!*, grande féerie fantastique en 35 tableaux. C'est en fait une version augmentée du film que Méliès a réalisé en décembre 1905 pour le théâtre du Châtelet. Victor de Cottens, auteur de la pièce *les Quatre Cents Coups du diable*, avait en effet demandé au maître de Montreuil de tourner une petite féerie destinée à être projetée durant un temps mort du spectacle. Méliès a donc préparé deux vues, intitulées *le Cyclone* et *le Voyage dans l'espace*, qui ont été très bien accueillies : plus de 500 représentations au Châtelet. Les spectateurs sont restés stupéfiés par l'audace technique des films de Méliès : on y voit l'extraordinaire odyssée d'un « cheval apocalyptique » et d'une « voiture astrale ». La nouvelle version dure environ vingt minutes. G. Méliès reprend son rôle préféré, celui de Satan, et achète l'âme de l'ingénieur anglais William Crackford. En échange, Satan devra lui procurer des plaisirs de vitesse, car Crackford est un grand amateur de records. C'est alors qu'apparaît le fameux cheval apocalyptique, une rossinante infernale en bois articulé. Il y a une descente aux enfers du plus bel effet, et le film se termine par un ballet diabolique : Crackford est embroché et rôtit au milieu d'un brasier, tandis que démons et diablesses dansent autour de lui ! Méliès est vraiment devenu le fantasmagore de ce siècle. Comme d'habitude, c'est lui qui a signé le scénario et la réalisation, ainsi que tous les trucages et décors de ce film fantastique. (→ 15.1.07)

De nouveaux studios ouvrent à New York

New York, 25 août
Dans son numéro du jour, l'hebdomadaire corporatif *Views and Film Index* annonce l'achèvement du nouveau studio de l'American Vitagraph, situé à Brooklyn. Ces derniers temps, New York est devenu le centre incontesté de l'activité cinématographique américaine. En juin, la Biograph a installé plateaux et bureaux dans la 14th East Street. Le mois suivant, c'était au tour d'Edison d'inaugurer un nouveau théâtre de prise de vues, cette fois dans le Bronx. Le cinéma a maintenant pignon sur rue.

Pour ses installations dans le Bronx, Edison a recherché la pleine lumière.

Les emprunts à Jules Verne demeurent une constante chez Méliès.

Une romance provençale pour Alice Guy

La réalisatrice dirige pour une « phonoscène » un tableau de « Mignon ».

Paris, 24 juin
Le retour aux Buttes-Chaumont est un peu triste. Toute l'équipe d'Alice Guy vient de tourner en Camargue, aux Saintes-Maries-de-la-Mer, une adaptation de *Mireille*, le poème de Frédéric Mistral. C'est Louis Feuillade, nouvel employé de Gaumont, grand aficionado des courses de taureaux, qui a eu l'idée de filmer *Mireille* en extérieur. Alice Guy a dirigé le tournage, mais c'est Louis Feuillade qui a guidé la petite troupe dans la région. Il connaît parfaitement le pays et ses habitants. Après quelques jours passés à Nîmes, où Alice Guy assiste, un peu écœurée, à des corridas, elle rencontre grâce à Feuillade le marquis Folco de Baroncelli, au mas de l'Amarée. On devait même présenter le film à Mistral, mais, catastrophe: le négatif est inutilisable, complètement détérioré par des effluves. Voilà un voyage inutile, mais Alice Guy ne le regrette pas: elle a apprécié le soleil de la Camargue, si différent de celui de Belleville! Et puis elle avait de bons compagnons: son ami Feuillade et aussi un jeune Belge, Herbert Blaché, employé à Londres dans une agence Gaumont. Il remplace Anatole Thibertville, qui est légèrement souffrant. Cette expédition ratée a beaucoup rapproché Alice Guy et Blaché, et on murmure déjà le mot mariage. (→ 3.12)

« La Naissance, la Vie et la Mort du Christ », d'Alice Guy et Victorin Jasset.

La maison Gaumont en société anonyme

Paris, 3 décembre
Imitant Charles Pathé, Léon Gaumont se décide enfin à créer une société anonyme, qui succède ainsi à la société en commandite Léon Gaumont et Cie, créée en 1895. Cela permet une augmentation des capitaux, avec l'apport d'actionnaires; la société est maintenant cotée en Bourse. La Société des établissements Gaumont (SEG), au capital de 2 500 000 francs, ne se contente pas de produire des films. Elle fabrique et commercialise de très bons appareils photographiques, des caméras et des projecteurs. Les principaux actionnaires de la société ont été recrutés parmi le petit monde qui travaille ou gravite autour des Buttes-Chaumont depuis le début de la production cinématographique: Alice Guy, Anatole Thibertville, Louis Feuillade, Victor Planchon, Herbert Blaché, etc., ainsi que d'autres plus puissants, telle la Banque suisse et française présidée par Adolphe Salles, gendre de Gustave Eiffel, et représentée par Pierre Azaria. Les résultats financiers déjà obtenus par Gaumont à la tête de son ancienne société sont excellents. Le chiffre d'affaires se monte à 1 516 000 F en 1903 et à 2 393 000 F deux ans après. Avec la création de la société anonyme, Gaumont va pouvoir intensifier la production. Néanmoins, la société Pathé contrôle le marché cinématographique: elle vend à elle seule quatre fois plus que la société Gaumont, au deuxième rang de la production française. (→ 1.4.07)

Des salles s'installent sur les boulevards

Paris, 15 décembre
Les salles de vues animées, depuis le début de l'année, sont l'objet d'une expansion remarquable, notamment sur les grands boulevards. Il y avait déjà le Cinématographe Bonne-Nouvelle, le Select Saint-Denis et un autre sur le boulevard Poissonnière. Aujourd'hui s'ouvre le théâtre du Cinématographe Pathé au 5, boulevard Montmartre, à côté des Variétés. Une société anonyme a été constituée le 2 novembre dernier par Edmond Benoit-Lévy, Charles Dussaud, Maurice Guegan et Emile Maugras pour exploiter cette salle. Il n'y est montré que des films Pathé, et le prix des places varie de 0,50 F à 3 F. Au 27, boulevard des Italiens, un autre cinéma ouvre ses portes: le Kinéma-Théâtre de Gabriel Kaizer, salle en longueur, ruisselante d'or, et qui ne manquera pas d'attirer le public. Le boulevard est grand, il y a de la place pour tout le monde, mais on se demande déjà si les cinémas ne vont pas bientôt chasser les vrais théâtres! Et, dans un autre quartier, au 22, boulevard de La Villette, le cinéma de l'Alhambra est également inauguré. (→ 20.5.07)

L'Omnia, 5, boulevard Montmartre, est la première salle ouverte par Pathé.

1907

Paris, 1er janvier
Pathé sort *Aladin ou la Lampe merveilleuse*, d'Albert Capellani, un film de 250 m ; et Méliès, *Robert Macaire et Bertrand*, de 364 m.

Paris, 15 janvier
Pathé met en vente *les Débuts d'un chauffeur*, de Georges Hatot, interprété par André Deed.

Paris, 26 janvier
Pathé crée la Compagnie des cinématographes Théophile Pathé, au capital de deux millions de francs, en vue de produire des petits films à budget réduit pour la clientèle que représente les forains. (→ 1.7)

Berlin, 1er février
Der Komet attribue l'invention du cinéma au photographe allemand Max Skladanowsky, qui a donné le 1er novembre 1895 des séances de Bioskop, au Wintergarten. Les journalistes français rejettent l'information. La polémique s'engage : qui a inventé le cinéma ?

Kristianstad, Suède, 16 février
N. H. Nylander, un réparateur de cycles, fonde une société de salles de cinéma, l'AB Svenska Biografteatern. (→ 31.12.09)

Copenhague, 12 mars
Après le succès de *l'Esclave blanche*, interprété par lui-même et Gerda Jensen, Viggo Larsen, le réalisateur attitré de la Nordisk, a tourné *la Femme du cambrioleur* (*Roverens Brud*), joué par Robert Storm et Clara Nebelong. (→ 12.9.10)

Chicago, mars
Création de la compagnie Bell and Howell, la première manufacture d'appareils et accessoires de prises de vues aux Etats-Unis.

Paris, 1er avril
Pathé met en vente *la Vie et la Passion de Jésus-Christ*, réalisé par Zecca. C'est une nouvelle version de celle tournée en 1902.

Turin, avril
La firme de production d'Arturo Ambrosio devient une société par actions avec l'appui de la banque commerciale de Turin. Carlo Rossi, qui a fondé sa propre firme, engage Charles Lépine, ancien directeur de Pathé, et un comptable nommé Giovanni Pastrone. (→ 15.3.08)

Paris, 11 mai
La revue *Phono-Ciné-Gazette* organise une grande fête à l'Elysée-Montmartre. Deux mille personnes assistent aux « projections parlantes par le Chronomégaphone ». Les films sont combinés avec l'Elgéphone à air, « d'une puissance inconnue jusqu'à ce soir » selon Léon Gaumont, son fabricant. (→ 5.3.10)

Paris, 20 mai
La capitale compte environ cinquante salles de cinéma. Quinze nouveaux cinématographes ont été ouverts cette semaine. (→ 24.6)

Grande-Bretagne, 20 mai
Grâce à son frère Sidney, lui-même engagé un an plus tôt, Charlie Chaplin entre dans la troupe de music-hall de Fred Karno. (→ 20.3.09)

Helsinki, 29 mai
Le premier film de fiction finlandais, *Contrebandiers d'alcool* (*Salaviinan Polttajat*), de Louis Sparre et Teuvo Puro, est projeté.

Paris, 1er juin
Pathé lance *la Lutte pour la vie*, l'histoire d'un cheminot faisant fortune, écrite par André Heuzé.

Paris, 16 juin
Pièce de théâtre filmée, *l'Enfant prodigue*, réalisé par Michel Carré, joué par le mime Georges Wague et par Christiane Mendelys, est projeté au théâtre des Variétés.

Paris, 1er juillet
Méliès sort la fantaisie burlesque *le Tunnel sous la Manche ou le Cauchemar franco-anglais*. (→ 4.2.09)

Paris, 18 juillet
Le Syndicat français des directeurs de cinématographe est créé. Léon Brézillon est élu président.

Paris, 1er août
Peu après *le Cul-de-jatte emballé*, Gaumont sort un film comique de Roméo Bosetti, *l'Homme aimanté*.

Lyon, 26 août
Un court-circuit dans une cabine de projection provoque une panique générale. Le même scénario s'est déroulé le 29 juillet à l'Alhambra Théâtre de Rouen. La nervosité des spectateurs était sans aucun doute aggravée par le titre du film projeté : *l'Incendie de Toronto*. (→ 15.5.08)

Saint-Pétersbourg, août
Alexandre O. Drankov, qui a ouvert le premier studio russe, filme des extraits de la pièce *Boris Godounov*, de Pouchkine, mise en scène par Ivan Chouvalov. (→ 15.10.08)

Singapour, août
Charles Pathé ouvre sa dix-huitième succursale à l'étranger. Il a débuté par Moscou, New York et Bruxelles en 1904, puis Saint-Pétersbourg, Vienne et Berlin en 1905, Amsterdam, Barcelone, Milan, Odessa et Londres en 1906. Cette année, il en a ouvert d'autres succursales à Kiev, Rostoff, Budapest, Calcutta et Varsovie. (→ 15.4.08)

Paris, 21 octobre
Edmond Benoît-Lévy fait le point sur l'industrie cinématographique, au palais d'Orsay : Gaumont emploie 650 ouvriers dans son usine de 12 000 m² et tire 15 000 m de films par jour. Pathé, qui possède des usines à Vincennes, à Joinville-le-Pont et à New York, tire 100 000 m de films par jour. Il a des studios à Vincennes et à Montreuil, et a réalisé 4 millions de francs de chiffre d'affaires sur les années 1906-1907.

New York, octobre
L'ingénieur conseil américain Jeremiah Kennedy prend la direction de la Biograph et entreprend de la réorganiser, sous le contrôle de l'Empire Trust Company, dont la Biograph dépend financièrement. (→ 9.9.08)

Paris, 1er décembre
Gaumont met en vente *le Médecin de campagne*, d'Etienne Arnaud, et *le Lit à roulettes*, film comique de Roméo Bosetti.

Paris, 15 décembre
Gaumont sort *Barbe-Bleue*, réalisé par Etienne Arnaud. Le film, jugé trop cruel, a subi « quelques modifications », prévient Gaumont, qui distribue aussi *l'Avenir dévoilé par la ligne des pieds*, *la Poudre Rigolo* et *la Fiancée de l'égoutier*, dont les bottes « répandent la peste dans tout l'immeuble ». (→ 1.3.08)

Paris, 24 décembre
Un cinématographe permanent est inauguré au cirque d'Hiver, dans une salle décorée par l'architecte Malo, en présence du propriétaire, Charles Pathé, de Max Linder, de Gaston Velle et d'Albert Capellani.

Paris, 31 décembre
Le jeune Allemand Erich Pommer débute sa carrière dans le monde du cinéma comme employé de Léon Gaumont. (→ 31.12.09)

Bengale, 31 décembre
J. F. Madan ouvre la salle de cinéma Elphinestone Palace.

NAISSANCES
Grande-Bretagne, 19 janvier
Lilian Harvey (*Helen L. Pape).

Karlstad, Suède, 15 mars
Zarah Leander (*Sarah Hedberg).

Neuilly-sur-Seine, 22 mars
Roger Blin.

Dorking, Grande-Bretagne, 22 mai
Laurence Olivier.

Winterset, Iowa, 26 mai
John Wayne
(*Marion Michaël Morrison).

New York, 16 juillet
Barbara Stanwyck
(*Ruby Stevens).

Odessa, 11 août
Georges Wakhevitch.

Asnières-sur-Seine, 13 octobre
Yves Allégret.

Vesoul, 29 octobre
Edwige Feuillère
(*Caroline Cunati).

Soissons, 7 novembre
Jean Mitry
(*Jean René Goetgheluck).

Hartford, Connecticut, 8 novembre
Katharine Hepburn
(*Katharine Houghton Hepburn).

Beausoleil, 16 novembre
Renée Saint-Cyr
(*Raymonde Renée Vittore).

Niort, 20 novembre
Henri-Georges Clouzot.

Cagliari, 10 décembre
Amedeo Nazzari
(*Salvatore Amedeo Buffa).

Charles Pathé est l'homme de l'année. Parti de rien voici à peine plus de dix ans, il règne désormais sur un empire industriel unique au monde.

M. Louis Feuillade, directeur artistique

Paris, 1er avril
Bouleversement chez Gaumont : Louis Feuillade, entré comme scénariste en 1905 sous la direction d'Alice Guy, remplace celle-ci au poste de chef du service artistique des théâtres et de la prise de vues. Alice Guy, qui s'occupe de la production cinématographique depuis 1899, s'est mariée depuis peu au Belge Herbert Blaché. Or, Léon Gaumont a nommé Blaché au poste de concessionnaire du Chronophone, appareil de projection de films sonores, à Cleveland, aux Etats-Unis. Pour Alice Guy, c'est un drame. Le cœur gros, elle est obligée de quitter le théâtre des Buttes-Chaumont, qu'elle dirigeait pourtant avec talent. C'est elle-même qui a recommandé Feuillade à ce poste, lorsque Gaumont lui a fait part de sa décision. (→ 4.2.08)

Louis Feuillade et sa fille Isabelle.

« Vues cinématographiques » de Méliès

Paris, 15 janvier
L'Annuaire général et international de photographie qui vient de paraître contient un texte de Georges Méliès, intitulé « les Vues cinématographiques ». Le plus célèbre des magiciens fait le point sur les différents genres de vues animées : les scènes tournées en plein air, les vues scientifiques et les « sujets composés ». Il nomme ainsi tous les films où l'action est préparée comme au théâtre. « C'est surtout cette branche et la suivante qui ont rendu le cinématographe immortel. » La branche suivante, ce sont évidemment les vues dites à transformations, la spécialité de Méliès. Celui-ci proclame que le cinématographe est le plus attrayant de tous les arts, « car il les utilise à peu près tous : art dramatique, dessin, peinture, sculpture, architecture, mécanique, tout est employé à doses égales dans cette extraordinaire profession ». Mieux, « le cinématographe est devenu une industrie colossale employant dans les différentes parties du monde plus de 80 000 personnes ». Puis il décrit son théâtre de pose à Montreuil, à la fois atelier photographique et théâtre à machinerie. Pour tourner une scène, il faut établir un scénario et des maquettes; les décors sont construits en bois et en toile. La peinture est exécutée en grisaille, car les couleurs passent mal en noir et blanc. Quant à la dépense, elle est très variable : de 12 000 à 20 000 francs, pour une bande de 400 m de long. Méliès reste discret sur les trucages. Il ne « débine » pas ses trucs et note avec justesse : « Je puis sans forfanterie dire ici que c'est moi-même qui ai successivement trouvé tous les procédés dits mystérieux du cinématographe. » (→ 1.7)

Manufacture de Films pour Cinématographes

GEORGES MÉLIÈS

FABRICANT BREVETÉ

13, Passage de l'Opéra - PARIS

Succursale à NEW-YORK

AGENCES

à LONDRES, BARCELONE, BERLIN

CODE A-Z Français

Adresse Télégraphique : STARFILM-PARIS

Le Palais des Mille et Une Nuits

GRANDE FÉERIE ORIENTALE NOUVELLE

(Scénario, trucs et décors de G. MÉLIÈS)

NOTA. — Cette pièce est la plus artistique et contient la mise en scène la plus somptueuse, les illusions les plus gracieuses, la décoration la plus riche, les cortèges les plus pittoresques, la machination la plus élégante et les costumes les plus resplendissants qui aient jamais encadré une féerie cinématographique.

AVIS IMPORTANT

Exiger sur toutes les pellicules, en tête du sujet : L'ÉTOILE NOIRE, la signature G. MÉLIÈS, et LA MARQUE ci-dessous en relief.

G. Méliès

MÉLIÈS STAR FILM

Toute pellicule ne portant pas les marques ci-dessus est une surcopie frauduleuse

NOTA : Les surcopies se reconnaissent facilement d'ailleurs, les photographies sont granuleuses, heurtées, sans détails dans les blancs et dures à la projection, le modelé disparaissant presque entièrement. De plus, sur les côtés de la bande on voit souvent reproduites en noir les perforations de la bande originale qui ne coïncident pas avec celles de la surcopie

Eclair entre dans le jeu avec des atouts

Paris, 22 avril
Aujourd'hui sont enregistrés devant notaire les statuts de la Société française des films l'Eclair, anciens établissements Parnaland. Les fondateurs en sont Ambroise-François Parnaland, un ancien comptable qui s'est pris de passion en 1896 pour les vues animées, et Charles Jourjon, un riche docteur en droit. La société a pour objet la fabrication et la vente d'appareils cinématographiques de toute sorte, de même que la production de films en tout genre. Parnaland apporte déjà un catalogue de titres de films. Parmi ceux-ci, *les Exercices des fusiliers marins à Lorient*, qui représente l'entraînement de 800 marins français, *Correction peu méritée*, une vue comique très amusante. En outre, la société a la possibilité d'exploiter les nombreux brevets que Parnaland a déposés, concernant de remarquables caméras et projecteurs, et peut également se servir des ateliers de fabrication, situés rue Le Brun. Parmi les premiers actionnaires, on remarque Marcel Vandal, docteur en droit également, qui siège au conseil d'administration. Le siège de la société se trouve provisoirement au 16, boulevard Saint-Denis, mais Jourjon songe à déménager au 7, rue Taitbout. Beaucoup de questions financières le préoccupent : la société a officiellement un capital de 150 000 francs, mais elle n'en possède en réalité que 80 000. Il va falloir procéder d'urgence à une forte augmentation de capital, pour payer tous les frais occasionnés par l'installation d'un théâtre de pose et de laboratoires à Epinay-sur-Seine, dans le château de Lacépède et sur les terrains alentour, une propriété de six hectares et demi. Pour le moment, les écuries et les communs vont servir d'atelier de tirage et les jardins de décors : on se débrouille comme on peut ! (→ 31.1.08)

LA MAISON A.-F. PARNALAND

Anciennement 30, rue Le Brun et 16, boulevard Saint-Denis

Informe sa Clientèle qu'elle devient à dater de ce jour La SOCIÉTÉ FRANÇAISE des

FILMS ET CINÉMATOGRAPHES "ÉCLAIR"

Les Bureaux sont transférés : 27, rue Taitbout et 16, rue Lafayette, PARIS (Opéra)

TÉLÉPHONE : 130-92. — ADRESSE TÉLÉGRAPHIQUE : CINÉPAR-PARIS

THÉATRE ET USINES

CHATEAU DE LACÉPÈDE (ÉPINAY-SUR-SEINE)

Nouveautés Sensationnelles

Constitution de la société Cinémas-Halls

Paris, 24 juin
Les sociétés de cinématographe deviennent de plus en plus nombreuses. Après la Lux, Gaumont, Théophile Pathé, Eclipse et Eclair, on annonce maintenant la fondation de la compagnie des Cinémas-Halls, société anonyme au capital de 1 500 000 francs. Elle a pour objet l'exploitation en France et à l'étranger de représentations cinématographiques. Son fondateur, le négociant Henri Danel, a acheté leur réseau d'exploitation cinématographique – lequel comprend seize établissements – à Théophile Michault, Maurice Astaix et François Lallement. En outre, Danel dispose de contrats avec le Jardin d'Acclimatation et le théâtre Antoine. La salle principale, le fleuron de la société, c'est l'Hippodrome de la place Clichy, une salle gigantesque dont Danel veut faire le plus grand cinéma du monde. Parmi les actionnaires, on remarque les hommes d'affaires Paul Laffitte et Louis Morénas. De mauvaises langues murmurent que Danel est bien téméraire, et que l'exploitation de l'Hippodrome risque d'être, à brève échéance, déficitaire. (→ 1.2.09)

Un coup d'Etat provocateur de Charles Pathé

Paris, 1er juillet
Le coq Pathé a toujours aimé jouer le trouble-fête dans la basse-cour du petit monde cinématographique. Il est le plus fort, le plus riche, et ne redoute personne. Depuis quelque temps des rumeurs persistantes affirmaient que la compagnie de Charles Pathé n'allait plus vendre de films, qu'elle allait les louer. Puis une personne autorisée a laissé entendre que Pathé ne louerait pas, mais qu'il exploiterait lui-même les films de sa production. Enfin, on nous dit maintenant que la société va traiter avec des groupements régionaux pour leur concéder le monopole exclusif de l'exploitation des films Pathé. C'est cette dernière nouvelle qui contenait la vérité, et c'est chose faite à l'heure actuelle. La société Pathé ne vend plus de films. Elle a concédé le droit de reproduction publique de ses vues à des concessionnaires. Pourquoi une telle décision, qui révolutionne toute l'exploitation et qui met en colère les forains ? C'est simple. On a vu naître ces derniers temps trop de ces « Cinématographe Pathé » sans autorisation ni contrôle : Vincennes ne peut pas surveiller les centaines de roulottes foraines qui parcourent la France entière sous cette dénomination précise. Dorénavant, les forains qui voudront projeter des films Pathé seront des concessionnaires, avec toutes les contraintes que cela suppose. D'autre part, tous les forains et petits propriétaires de salle ont tendance à exploiter la pellicule jusqu'à usure complète. Abîmés, rayés, coupés, les films Pathé finissent par devenir illisibles, et il en résulte une déconsidération générale pour le cinématographe et la marque concernée. Maintenant, les films Pathé ne serviront plus qu'une semaine. Ils seront loués au mètre et à leur retour on les détruira pour en récupérer la cellulose. Des programmes tout prêts, constitués des dernières nouveautés, seront proposés chaque semaine. Il est bien sûr interdit aux forains de sous-louer la marchandise. Ces obligations exaspèrent les tourneurs, ceux qui colportent les films de foire en foire. « Le coq de la rue Favart fait tout pour nous ruiner », écrit un forain. On comprend le désarroi causé par cette nouvelle organisation. Pathé fournit 90 % des forains. Ils peuvent toujours se tourner vers les maisons rivales, Gaumont, Eclair, Méliès, Mendel... « Camarades, n'achetons plus rien aux fournisseurs de la Grrrande Maison ! » La colère gronde lorsque les premières baraques foraines officiellement parrainées par Pathé arrivent dans les villes et villages. Le pire, c'est que les firmes rivales de Pathé voient aussi d'un bon œil ces mesures de location. Si Gaumont appliquait la même réglementation ? Ce serait la fin du cinéma forain, qui a pourtant joué un rôle énorme dans le lancement des vues animées : « Qui a versé des millions dans les caisses des fabricants de films, d'appareils et d'objets indispensables à l'exploitation des cinémas ? Ce sont les forains, les seuls forains ! » (→ 17.7)

Le complexe des usines de Vincennes à l'heure de la sortie du personnel.

Parmi les établissements Pathé figure un atelier de développement performant.

Edmond Benoît-Lévy, l'éminence grise

Paris, 12 juillet
Qui est Edmond Benoît-Lévy ? Il a signé aujourd'hui un contrat exclusif avec la compagnie de Charles Pathé, qui lui concède pour vingt ans le monopole de ses films dans neuf départements français et en Suisse. Benoît-Lévy est devenu peu à peu l'homme de confiance de Pathé : il est présent dans toutes les affaires que le maître de Vincennes peut lui proposer. Ancien avocat à la cour, Benoît-Lévy exerce pendant vingt ans ce métier puis se lance dans de multiples activités, comme celle de conférencier à la Société populaire des beaux-arts. Ses activités de franc-maçon lui prennent aussi du temps. En 1905, il publie *Phono-Gazette*, qui deviendra à la fin de l'année *Phono-Ciné-Gazette*. Le cinématographe l'attire irrésistiblement et le rapproche de Pathé. Après avoir constitué la Chambre syndicale des exploitants cinématographistes, il crée le 2 novembre 1906 une société pour exploiter le Cinématographe Pathé, salle installée au 5, boulevard Montmartre, au siège même du journal et du Ciné-Club, fondé en avril de cette année. Son journal soutient Pathé, surtout au moment où l'on décide de louer les films. La société d'Edmond Benoît-Lévy vient de changer de nom : elle s'appelle désormais Omnia, d'un mot latin qui signifie « toutes choses ». L'ancien avocat a l'autorisation de Charles Pathé pour créer dans neuf départements français un réseau de cinématographes, salles fixes ou baraques itinérantes, qui ne projetteront que des films Pathé, en exclusivité. Le capital se monte à 1 200 000 francs, mais Benoît-Lévy ne s'arrête pas là : il s'agit maintenant de créer les sociétés concessionnaires constituant le Monopole des films, afin d'instaurer la location des films en France. Benoît-Lévy consolide l'industrie cinématographique, en demeurant dans l'ombre de Charles Pathé. (→ 21.10)

Lancée en 1905, « Phono-Gazette » a très vite complété son titre.

Stuart Blackton héritier d'Emile Reynaud

Paris, 1er mars

La Vitagraph met aujourd'hui en vente *l'Hôtel hanté* (*The Haunted Hotel*) auprès des exploitants français. Avec ce film, un art nouveau est né, ou plutôt il s'agit de la renaissance grâce au cinématographe des vues animées à la façon d'Emile Reynaud. Le mérite en revient à James Stuart Blackton, né en 1875 à Sheffield, en Grande-Bretagne, et arrivé en Amérique dix ans plus tard. La chance de ce journaliste fut de rencontrer Thomas Edison pour un article, fin 1895, et de l'intéresser à son talent de dessinateur. Deux ans plus tard, il fonde avec William T. Rock et Albert E. Smith la compagnie Vitagraph. La plus étonnante des trouvailles de Blackton est celle du « mouvement américain ». Un tour de manivelle permet d'enregistrer une image ; entre deux tours on déplace l'objet filmé, et ainsi de suite. Le résultat est magique : on voit par exemple une maison changée en orgue ou un couteau débitant seul des tranches de saucisson. Un autre film de Blackton est déja visible à New York ; il s'agit du dessin animé *le Stylo magique* (*The Magic Fountain Pen*). (→ 4.6.09)

« Le Stylo magique » est le troisième film de dessin animé de Blackton.

Réunion secrète après un procès décisif

Chicago, 30 novembre

L'industrie américaine du film est à nouveau en pleine ébullition. Quelques-uns des producteurs les plus importants du pays viennent en effet de se réunir en comité secret. Parmi eux, il faut noter la présence de George Kleine, de la Kalem Pictures, de James Stuart Blackton et Albert E. Smith, de la Vitagraph, de George K. Spoor, de l'Essanay Pictures, de William N. Selig, de la Selig, de Sigmund Lubin, de la Lubin, sans oublier Gaston Méliès et Jacques-Emile Berst, représentants respectifs des deux firmes françaises Star Film et Pathé Frères. Objet de la réunion : l'étude des récentes propositions faites par l'Edison Manufacturing Company. Celle-ci se propose en effet d'accorder aux susnommés une licence, en contrepartie du paiement d'une taxe d'un demi-cent par pied (soit environ 30 cm) de pellicule impressionnée ou vendue. Ce droit serait directement perçu par la société Eastman-Kodak, qui ristournerait ensuite l'excédent à la firme de West Orange. En échange de cette allégeance, Edison s'engage à protéger ses concessionnaires et « à mener en leur nom et à leur place les poursuites que justifierait toute contrefaçon ou exploitation de film non autorisée ou toute autre action préjudiciable ». Il s'agit donc, ni plus ni moins, de l'esquisse d'un cartel. La proposition semble avoir séduit les producteurs et il se pourrait que les ennemis d'hier trouvent enfin un terrain d'entente. Quelles sont les raisons de ce brusque revirement ? On se rappelle les innombrables procès qui ont secoué la profession depuis une décennie. William Selig, qui avait fondé en septembre 1906 la Selig, détient sans doute le triste record du nombre de poursuites. En octobre dernier, il fut condamné par le juge de Chicago Christian Kahlseat pour avoir utilisé des caméras dont le principe était couvert par les fameux brevets d'Edison. C'était là une grave décision, très lourde de conséquences. Les vues animées devenaient, par le fait même, la propriété exclusive du sorcier de West Orange. Ce jugement risquant de faire jurisprudence, les autres producteurs s'alarmèrent. George Kleine fut délégué auprès de Gilmore, l'administrateur de l'Edison Manufacturing Company, afin de trouver un terrain d'entente. Il résulta de cette rencontre une série de propositions que viennent d'étudier les producteurs réunis à huis clos. Après plusieurs années de marasme, l'industrie du film va-t-elle sortir du tunnel ? (→ 5.2.08)

Le nouveau film d'Edwin Stanton Porter, tourné pour Edison, « Sauvé d'un nid d'aigle » a pour principal interprète David Wark Griffith.

Bruxelles séduit par le nouvel art

Bruxelles, 22 mars

La capitale belge semble définitivement acquise à la vogue du cinématographe, venue principalement de Paris. Directeur depuis 1905 du théâtre du Cinématographe, Louis Van Goitsenhoven dirige aussi aujourd'hui l'Eden-Théâtre, qui assure pouvoir présenter « toutes les nouveautés cinématographiques qui se fabriquent dans le monde entier ». La maison Pathé Frères avait été la première, dès l'automne 1900, à présenter des bandes de vues animées. Les dernières années ont vu se multiplier les concurrents, mais, en revanche, le théâtre Molière tient à faire savoir qu'il est « le seul que le cinématographe n'a pas encore envahi ».

Record du monde battu à Montréal

Montréal, 31 août

Le plus grand palace de vues animées d'Amérique, le curieusement nommé Ouimetoscope, vient d'ouvrir ses portes, à l'angle des rues Montcalm et Sainte-Catherine. Ses 1 200 places assises constituent même le record mondial à ce jour. Léo-Ernest Ouimet, son propriétaire, a débuté sa carrière comme électricien de scène, entre autres au Théâtre national et au Parc Sohmer. En janvier 1906, il rachète l'ancienne salle Poiré et la transforme en lieu de projection. Malgré son succès, ce premier Ouimetoscope est détruit durant l'été 1907 et, sur ses ruines, une armée d'ouvriers a reconstruit une salle aux proportions gigantesques.

Splendeur et décadence du divertissement forain

Paris, 17 juillet
Les frères Stransky, fabricants de phonographes et de cinématographes, déposent la marque de leur Cinémaphone, qu'ils vendent dans leur boutique du 20, rue de Paradis. C'est un nouveau procédé de synchronisme entre le phonographe et le projecteur de films. Ils offrent également des pianos mécaniques, électriques et pneumatiques destinés à accompagner musicalement les projections. Les forains constituent la plus forte majorité des acheteurs et, pour eux, une séance de cinématographe ne saurait être silencieuse. Un bruisseur, imitant avec différents ustensiles les bruits du film, est nécessaire : la maison Pathé a mis en vente un appareil étonnant, nommée machine à bruits de coulisse. C'est une boîte de taille assez imposante, équipée de petites manivelles: il suffit de tourner l'une d'elles pour qu'aussitôt les bruits du tonnerre, du vent, de la grêle ou d'un coup de feu se fassent entendre. Il faut d'autre part un bonimenteur, ou bonisseur, chargé de commenter le film, de lire les titres, et surtout d'attirer la clientèle. C'est un métier difficile: le bonisseur doit savoir aborder le passant arrêté devant une affiche, lier conversation avec lui et lui vanter la beauté de son programme. Sirènes à moustaches, avocats du spectacle, leur voix doit être persuasive et éloquente. Souvent, un pianiste ou un petit orchestre accompagnent la projection. Mieux encore, certains forains sont équipés d'un orgue Gavioli. Pour déplacer tout le matériel, il faut plusieurs voitures. Les plus pauvres ont de simples roulottes, les plus riches se déplacent en train dans des voitures-salons richement décorées. Le forain Désiré Rossi, par exemple, voyage avec deux grands wagons contenant un orgue Gasparini à cinquante-deux touches, une tente dite américaine haute de 6,50 m, cent fauteuils montés en gradin, un moteur de dix chevaux destiné à produire l'électricité, deux postes complets de projection Pathé Frères, une cabine en tôle démontable et un lot de 5 000 m de films en tout genre. Le Grand Cirque-Cinéma du forain belge Fortuin se monte en dix heures: les bâches qui recouvrent les spectateurs sont fixées sur deux immenses mâts. Salle ambulante, elle peut contenir 1 500 personnes; toute l'installation est transportée en trois voitures mesurant chacune 7 m de long. La baraque de Mme Loutrel mesure 12 m de long sur 6 m de large, avec une façade de 16 m. L'intérieur est magnifique: les murs sont garnis de feutre grenat, de franges en laine dorée, de moulures or, et le guichet est recouvert de velours cerise. Le Royal Vio de Lacabanne mesure lui 30 m de long sur 8 de large! Et quel luxe: la salle est même équipée d'un plafonnier électrique. Plusieurs personnages dominent le petit monde des voyageurs forains: l'homme-tronc Nicolas Kobelkoff, un Russe privé de bras et de jambes, qui exploite le Cinématographe géant. Il vient d'acquérir une certaine renommée en jouant dans *Bras et Jambes*, un film produit par Raleigh et Robert. Abraham Dulaar et le Théâtre Aérogyne sont également très connus. Jérôme, son frère, exploite le Cinéma mondain, en exercice depuis 1899. Il y a aussi le Cinématographe magique de Jose Fessi Fernandez, le théâtre Pierre Iunk, la Locomobile Gamby, qui fonctionne comme une vraie locomotive. Ces gens du voyage sont des milliers à montrer le cinéma dans les villages les plus retirés de l'Europe entière. Pourtant, malgré la beauté de ces établissements éphémères et la variété des programmes, c'est un métier en crise: les salles de cinéma qui ouvrent partout sont une rude concurrence. (→ 1.1.08)

Dans son Cinéma-Théâtre Parisiana, Vaxelaire fait place aux actualités.

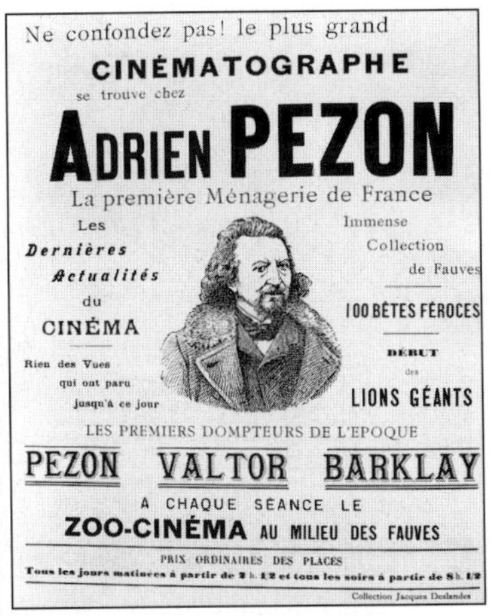

Dans la compagnie des fauves.

La publicité des spectacles a, elle aussi, un caractère itinérant. De nouveaux exploitants forains circulent avec un équipement modeste.

Le convoi des tournées Kétorza, présentées comme « le plus grand cinématographe qui voyage », ne comporte pas moins de quatorze wagons.

1908

Paris, 1er janvier
La Ciné-voiture Omnia est présentée au salon de l'Automobile. Destinée aux forains, elle est dotée d'un groupe électrogène assurant soit la marche de la voiture, soit l'électricité nécessaire au projecteur.

Epinay-sur-Seine, 31 janvier
La société Eclair porte son capital de 150 000 à 500 000 francs et achète un terrain de 6,5 ha pour y construire un studio. Les réalisateurs Georges Hatot et Victorin Jasset sont également engagés.

Carcassonne, 4 février
Louis Feuillade débute pour Gaumont le tournage de trois films historiques : *le Retour du croisé*, *le Serment des fiançailles* et *la Guitare enchantée*.

New York, 5 février
Pour lutter contre le monopole Edison, le vice-président de la Biograph, Henry Marvin, rachète des brevets dont l'Edison Co. prétend détenir l'exclusivité.

Paris, 8 février
La première entreprise de publicité cinématographique, La Publicité animée, est créée.

Buffalo, New York, 20 février
Frank L. Dyer, l'avocat d'Edison, remplace Stuart Gilmore, démissionnaire, à la vice-présidence de la compagnie. Le 15 février, il avait annoncé aux distributeurs de films qu'ils devraient payer, à partir de l'année prochaine, une redevance annuelle de 5 000 dollars.

Paris, 1er mars
Gaumont sort *la Course aux potirons*, un film à trucs d'une nouvelle recrue, Emile Cohl. (→ 12.11)

Paris, 9 mars
Les producteurs européens se réunissent à l'hôtel Continental pour lutter contre le protectionnisme du trust Edison. Charles Pathé refuse de participer à ce congrès, qui « ne fait que différer la ruine inévitable de certaines sociétés ». (→ 10.12)

Turin, 15 mars
Giovanni Pastrone et l'ingénieur Sciamengo rachètent la firme de production de Carlo Rossi, en liquidation judiciaire, et fondent leur société, baptisée Itala Film. (→ 1.1909)

Paris, 15 mai
Phono-Ciné-Gazette vante les mérites des « boîtes protectrices système Mallet », permettant d'isoler les bobines de films du foyer de l'objectif. Les appareils de projection doivent obligatoirement en être équipés, pour éviter les incendies.

Argentine, 24 mai
Le premier film de fiction argentin, *l'Exécution de Dorrego* (*El fusilamiento de Dorrego*), réalisé par un Italien, Mario Gallo, est projeté.

Rome, 31 mai
Produit par la Cines, le film *Amleto*, réalisé par Mario Caserini d'après Shakespeare, est présenté au public.

New York, 18 juin
David Wark Griffith dirige son premier film pour la Biograph. Intitulé *The Adventures of Dollie*, il est interprété entre autres par sa femme, Linda Arvidson.

Paris, 4 juillet
A la fête du personnel de Pathé, au cirque d'Hiver, Max Linder fait sensation : d'abord sur l'écran, il bondit ensuite sur la scène. Il a tourné cet hiver, dirigé par Louis Gasnier, un film burlesque, *les Débuts d'un patineur*. (→ 31.12.09)

Bruxelles, 24 juillet
Le jeune comédien français Abel Gance, âgé de dix-neuf ans, est engagé au théâtre royal du Parc, dirigé par Victor Reding. (→ 10.9.10)

Chicago, 3 août
Gaston Méliès crée la Georges Méliès Manufacturing Company, au capital de 75 000 dollars, chargée de distribuer la production de la Star Film et de réaliser ses propres bandes, supervisées par Lincoln J. Carter. Un studio est construit.

Paris, 10 août
Une ordonnance de la police réglemente la sécurité des salles de cinéma. Elle stipule que le projecteur doit être placé dans une cabine en matériaux incombustibles et que l'opérateur doit avoir à sa portée un extincteur de cinq litres et deux siphons d'eau de Seltz.

Paris, 15 août
L'hebdomadaire *Ciné-Journal*, dirigé par Georges Dureau, sort son premier numéro.

New York, 17 août
D. W. Griffith passe sous contrat avec la Biograph, soit 50 dollars par semaine. Avec le départ de W. McCutcheon, il devient le réalisateur en titre de la firme.

Paris, 25 août
Le *Hamlet*, de Carlo Rossi, et d'autres films italiens historiques sont prêts à être distribués, notamment *les Derniers Jours de Pompéi*, de Luigi Maggi.

Paris, 25 août
R. Bosetti crée une caisse de secours pour les artistes de cinéma.

Rome, août
Carlo Rossi prend la direction de la Cines. Mario Caserini et Enrico Guazzoni en sont les principaux metteurs en scène. (→ 7.3.10)

Paris, 8 septembre
Sortie par Eclair du premier film de la série « Nick Carter » : *le Guet-apens*, de V. Jasset. (→ 11.3.09)

New York, 9 septembre
Jeremiah Kennedy, directeur de la Biograph, menace Edison de libérer ses propres licences, s'il ne lui laisse pas utiliser ses caméras. (→ 24.12)

Paris, 9 septembre
Embauché en juin dernier par Pathé, pour qui il a filmé une « scène à trucs » avec un acteur inconnu, Maurice Chevalier, le dessinateur Jean Durand le quitte pour la Lux.

Paris, 19 septembre
Le technicien André Debrie dépose un brevet pour la caméra dite Le Parvo, contenant 120 m de film.

Saint-Pétersbourg, 15 octobre
Naissance du cinéma russe avec la présentation du film *Stenka Razine*, réalisé par V. Romachkov et produit par A. Drankov. (→ 6.10.09)

Fort Lee, New Jersey, 16 octobre
Griffith tourne *The Curtain Pole*, avec Linda Arvidson et un jeune acteur, Mack Sennett. (→ 10.6.09)

Berlin, 13 novembre
La convention internationale sur le droit d'auteur étend la protection juridique définie à Berne pour les œuvres artistiques aux films « ayant un caractère personnel et original » (avec mise en scène).

Paris, 15 novembre
Pathé met en vente *Un monsieur qui suit les dames*, joué par un acteur du théâtre des Variétés, Charles Petit-Demange. (→ 31.3.09)

Paris, 10 décembre
Le premier épisode d'une nouvelle série de V. Jasset, *Riffle, le roi de la prairie*, sort sur les écrans. (→ 4.3.09)

Pittsburgh, 31 décembre
Les frères Warner ouvrent une société de distribution de films, la Duquesne Amusement.

Tokyo, 31 décembre
Le premier studio de cinéma est ouvert, dans le quartier de Meguro.

NAISSANCES
Noisy-le-Sec, 12 janvier
Jean Delannoy.

Taylor, Texas, 26 février
Tex Avery (*Fred Avery).

Alexandrie, 7 mars
Anna Magnani.

Berlin, 17 mars
Brigitte Helm
(*Eva Gisela Schittenhelm).

Croydon, 25 mars
David Lean.

Lowell, Massachusetts, 5 avril
Bette Davis
(*Ruth Elisabeth Davis).

Indiana, Pennsylvanie, 20 mai
James Stewart (*James Maintland).

Calais, 30 mai
Louis Daquin.

Saint-Malo, 12 juillet
Alain Cuny.

Fort Wayne, Indiana, 6 octobre
Carole Lombard
(*Jane Alice Peters).

Le Pecq, 9 octobre
Jacques Tati (*Jacques Tatischeff).

Porto, 12 décembre
Manoel de Oliveira.

« L'Assassinat du duc de Guise », d'André Calmettes et Charles Le Bargy, témoigne des nouvelles ambitions de la production française.

Le Film d'Art
L'ASSASSINAT DU DUC DE GUISE
de Mr Henri Lavedan de l'Académie Française
Pièce Cinématographique
Interprètes :
MM.rs Le Bargy de la Comédie Française
Albert Lambert de la Comédie Française
Dieudonné du Théâtre de la Renaissance
MM.es Robinne de la Comédie Française
Berthe Bovy de la Comédie Française
Décors de Bertin - Meubles de Leonardi

Les grandes concessions de l'intransigeant monsieur Pathé

On mise désormais résolument à Vincennes sur l'exploitation de salles fixes. La réclame de la maison en témoigne.

Paris, 15 avril
Phono-Ciné-Gazette, d'E. Benoît-Lévy, publie la liste des sociétés concessionnaires du monopole des films Pathé Frères destinées à instaurer définitivement la location. Ces sociétés ont été mises en place peu à peu, à partir de juillet 1907. Il y en a six : Cinéma-Omnia et Cinéma-Théâtre, toutes deux au 5, boulevard Montmartre, chargées respectivement des régions Nord-Ouest et Corse, de la Suisse et de l'Algérie pour l'une, et du Centre-Ouest pour l'autre. Benoît-Lévy et Serge Sandberg, directeur de Ciné-ma-Théâtre, siègent à leur conseil d'administration. La location pour Paris se fait par l'intermédiaire de Cinéma-Exploitation, dont les bureaux se trouvent chez Pathé, 8, rue Saint-Augustin. Le Centre-Est et le Sud-Est sont représentés par Cinéma-Monopole, société installée à Lyon au 6, rue Grôlée, et présidée par le baron Gabet. Cinéma-National, 5, cours Intendance, à Bordeaux, se charge du Sud-Ouest. Enfin, la Belge-Cinéma a son siège à Bruxelles au 40, place de Brouckère et couvre la Belgique, les Pays-Bas et le Luxembourg. Une toile bien tissée. (→ 2.3.09)

Les auteurs luttent pour leurs droits

Paris, 15 juillet
Le film est considéré comme une propriété littéraire et artistique : les auteurs dramatiques gagnent leurs procès contre le cinématographe. La première chambre du tribunal civil a rendu un jugement où les droits des écrivains sont consacrés et défendus. Georges Courteline soutenait qu'un film édité par Pathé sous le titre *Joseph, ta femme nous trompe* n'était qu'un plagiat de *Boubouroche*. Pierre Wolff, de son côté, prétendait que son *Secret de Polichinelle* avait été contrefait dans *le Bon Grand-père*, film Pathé projeté à l'Omnia de Paris. Enfin, Paul Gavault et Victor de Cottens se plaignaient qu'on leur ait emprunté une des scènes de leur *Papa de Francine*. Le coupable est ce maudit cinématographe, rival victorieux du théâtre ! Le tribunal a donc jugé que les lois de 1791 et 1793 qui protègent la propriété artistique et littéraire doivent être appliquées d'une façon plus large aux films, considérés comme une édition. Il est constaté que les bandes poursuivies, bien que ne reproduisant que d'une manière grossière les œuvres des auteurs, n'en sont pas moins des contrefaçons. En conséquence, le tribunal ordonne la destruction des films saisis, et alloue aux auteurs des dommages-intérêts. Ce jugement entraîne un changement complet de l'attitude des grandes maisons envers les auteurs. A l'avenir, pourquoi ne pas demander aux écrivains de travailler pour le cinématographe ?

Un établissement de type forain, où Pathé a néanmoins pris une participation.

Un studio est désormais réservé aux films scientifiques du docteur Comandon.

Ben Hur saisi dans l'arène judiciaire

New York, 5 mai
Ben Hur est à nouveau condamné ! Non plus aux galères, mais à 25 000 dollars d'amende. Telle est la sanction d'une fatale négligence de la Kalem Pictures Company. Cette jeune société, fondée par George Kleine, Samuel Long et Frank Marion à Chicago en mars 1907, avait en effet oublié d'acquérir les droits du roman de Lewis Wallace avant de l'adapter à la fin de l'année dernière. Conséquence : dès la présentation new-yorkaise du film, en janvier, les héritiers de l'écrivain, décédé en 1905, portèrent l'affaire devant les tribunaux. Ils furent accompagnés dans cette démarche par les imprésarios Klaw et Erlanger, qui venaient, quant à eux, de produire une pièce sur le même thème. Le procès – le premier du genre – conclut à la nécessité, pour la jeune industrie cinématographique, de respecter le droit des auteurs. Le film fut donc retiré de l'affiche, puis saisi jusqu'à versement d'une caution. Il ressort aujourd'hui sur les écrans dans la réalisation de Sidney Olcott, avec pas moins de seize tableaux pour une durée de un quart d'heure.

Les plus vastes studios du monde

Les Etablissements Gaumont, avec des structures financières renforcées, s'affirment comme l'heureux rival de Pathé.

Paris, 31 décembre
Aux Buttes-Chaumont, le vaste ensemble des bureaux, des ateliers, des laboratoires, du théâtre de pose est maintenant baptisé Cité Elgé, les initiales de Léon Gaumont. Les locaux, depuis 1905, se sont encore étendus et occupent désormais plus de 10 000 mètres carrés de terrain. « C'est le plus grand studio du monde », proclame fièrement la publicité. Louis Feuillade dirige toujours la production, avec une équipe hors pair : Roméo Bosetti, Etienne Arnaud, Léonce Perret et un nouveau venu, le dessinateur Emile Cohl, qui jongle avec la technique des caméras. Le studio vitré a été encore aménagé : en sous-sol, on a construit des loges pour les artistes. Un deuxième atelier a été bâti pour le tournage exclusif des films sonores et parlants. Les magasins d'accessoires sont agrandis, de même que les ateliers de fabrication des décors. Gaumont veille sur sa Cité avec sévérité : le matin, les portes se ferment impitoyablement à 8 heures. Il s'agit d'être ponctuel, si l'on tient à sa place. (→9.8.09)

Son et couleur au bord de la Tamise

Londres, 31 août
L'Angleterre est devenue le pays de toutes les audaces en matière de cinématographie. Le Français Eugène Augustin Lauste, natif de Paris, vient en effet d'y mettre au point « une méthode nouvelle pour la prise et la reproduction simultanée des mouvements et des sons ». Lauste, qui a travaillé il y a quelques années aux côtés de William Kennedy Laurie Dickson, s'est intéressé très tôt aux problèmes de synchronisme entre l'image et le son. Dès 1904, il imagine un système où les modulations sonores viennent s'inscrire sur le bord de la pellicule. Le son fait varier l'intensité d'une flamme, dont les variations sont ensuite enregistrées sur le support filmique. Amélioré depuis, son appareil semble donner maintenant entière satisfaction. De son côté, George Albert Smith, qui s'est fait connaître au tournant du siècle en réalisant de nombreux films à Brighton, a créé avec Charles Urban la Kinemacolor Limited. L'acte de fondation de cette société remonte à cinq mois, mais les premiers films commencent à paraître seulement sur les écrans. Il ne s'agit encore que de documentaires. Le Kinemacolor est un procédé bichrome, inspiré des recherches effectuées dès le siècle dernier par les grands savants français Gabriel Lippmann et Louis-Arthur Ducos du Hauron. Breveté en juin 1907, la nouvelle technique mise au point par Smith restitue à la perfection les couleurs des paysages les plus variés. Une première démonstration publique a eu lieu le 26 février dernier au Palace Theatre de Londres, puis une autre, un mois plus tard, à la salle des Ingénieurs civils, à Paris. C'est une réussite incontestable, et le Kinemacolor ne devrait guère tarder à s'imposer sur les écrans d'Europe, à condition de varier ses programmes.

Une certaine marguerite

Le 14 janvier, le greffe du tribunal de commerce de la Seine a enregistré, sous le n° 105333, la marque de fabrique Gaumont, inscrite dans une fleur de marguerite. Léon Gaumont a été inspiré par le prénom de sa mère.

Le cinéma saisi par le démon de la respectabilité

« Le Baiser de Judas », d'Armand Bour, a pour interprètes Mounet-Sully (Judas) et Albert Lambert (le Christ).

Le Film d'Art investi par la Comédie-Française et l'Académie

Paris, 17 novembre
Un vent d'art souffle sur le cinématographe. La société Le Film d'Art, fondée le 14 février par l'homme d'affaires Paul Laffitte, l'académicien Henri Lavedan, l'architecte Jean-Camille Formigé et l'acteur Charles Le Bargy, de la Comédie-Française, présente ce soir un premier programme de visions d'art, à la salle Charras. Elles ont été tournées aux studios du Film d'Art, à Neuilly. Une foule élégante assiste à cet événement : la réunion pour la première fois de l'élite du Français et de l'Académie avec le cinématographe, cet avorton pourtant si critiqué par la bonne société ! Le Film d'Art projette d'abord *le Secret de Myrto*, joué par Régina Badet, *l'Empreinte*, mimodrame avec Max Dearly et Mistinguett, qui dansent là leur fameuse valse chaloupée, et le film le plus attendu, *l'Assassinat du duc de Guise*, de Charles Le Bargy et André Calmettes sur un scénario d'Henri Lavedan, avec une musique originale de Camille Saint-Saëns. Le Bargy, Albert Lambert, Gabrielle Robinne et Berthe Bovy jouent dans ce film étonnant par sa sobriété, son scénario habile et tragique, ses décors soignés. Comparée aux scènes historiques produites par Pathé ou par Gaumont, cette vision d'art fait figure de chef-d'œuvre, selon l'avis presque général. Certains se méfient pourtant : le théâtre risque d'étouffer le cinéma, jusque-là si vivant, si peu enclin à imiter son éternel rival. Le cinéma a pris ses lettres de noblesse : le Film d'Art a réussi sa soirée. (→ 15.6.09)

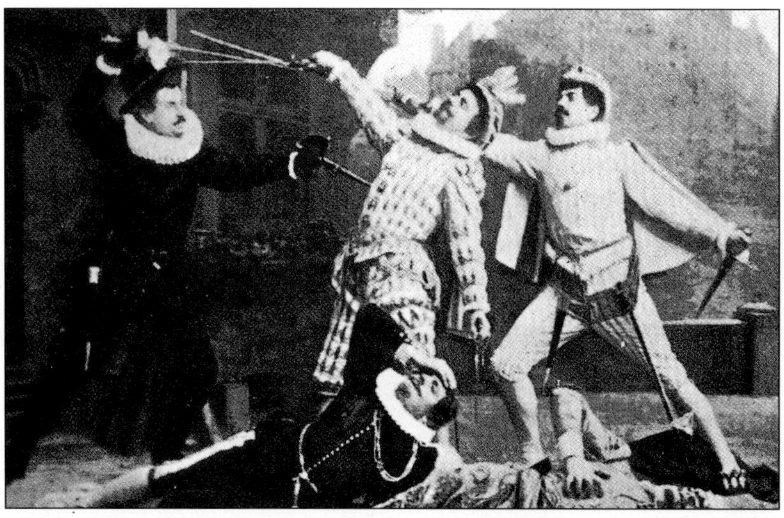

« L'Assassinat du duc de Guise », ou le recours à la consécration de l'Histoire.

Albert Capellani, réalisateur et directeur artistique de la SCAGL.

Les gens de lettres et les sirènes

Paris, 1er octobre
La Compagnie Pathé met en vente *l'Arlésienne*, d'après Alphonse Daudet, tourné à Arles par Albert Capellani. C'est la première grande production, après quelques essais plus ou moins réussis, de la Société des compositeurs, auteurs et gens de lettres (SCAGL). Cette société, fondée le 23 juin par les banquiers Saül et Georges Merzbach, est administrée par le romancier populaire Pierre Decourcelle et le dramaturge Eugène Gugenheim. Son but s'inspire de celui du Film d'Art : porter à l'écran des pièces ou des romans connus, avec des comédiens célèbres. Sous l'influence des administrateurs, elle s'oriente vers un genre populiste. La Banque industrielle et commerciale soutient l'affaire, où l'on retrouve encore Charles Pathé. Il est l'un des principaux actionnaires et prête à la SCAGL le concours de ses opérateurs, met à sa disposition son matériel de fabrication, son service de location et fournit même les plans d'un théâtre de pose, que la nouvelle société a fait bâtir à Vincennes. Ainsi, Pathé contrôle l'activité de la SCAGL ; il en est déjà de même pour le Film d'Art, qui a été rapidement obligé d'aliéner sa liberté en signant un contrat avec l'ogre Pathé, dont l'appétit ne semble jamais rassasié. (→ 17.11)

La valse hésitation du Congrès de Paris

Paris, 10 décembre
Dans les salons de la société Eclair, 27, rue Taitbout, vingt représentants de firmes européennes se réunissent, afin de se mettre d'accord pour la visite prochaine de l'Américain George Eastman, le seul capable d'influencer la compagnie de Thomas A. Edison, puisqu'il est le seul grand fabricant de pellicule vierge. Eastman devait d'abord venir le 18 novembre, puis aujourd'hui; mais il est retenu dans son pays par la formation d'un nouveau trust dirigé par Edison. En Europe, le milieu cinématographique traverse une grave crise : le marché américain risque d'être tout simplement interdit à une grande partie des fabricants, dont Gaumont, Lux, Eclair, Eclipse, Raleigh et Robert pour la France. Aux Etats-Unis, Thomas Edison, après une guerre des brevets sans merci, a décidé de créer au début de cette année la Film Service Association, un cartel réunissant neuf grandes sociétés qui devront payer à la Compagnie Edison une taxe de un demi-cent par pied (env. 30 cm) de film vendu. Pathé fait partie du cartel, mais tous les autres en sont exclus. C'est une catastrophe pour les petits et grands fabricants européeens, dont les trois quarts des bénéfices viennent des Etats-Unis. Ils fondent alors une association de défense, constituée à Paris le 9 mars. L'unanimité n'y règne pas vraiment : dès le mois de mars, certaines sociétés telles Gaumont, Urban et Cinès ont demandé à faire partie du cartel Edison; mais Pathé est là pour leur barrer la porte. Plus que jamais, Pathé tire les ficelles de l'industrie cinématographique. (→4.2.09)

Les tortueuses manœuvres d'Edison

New York, 24 décembre
Consternation dans les rangs des exploitants new-yorkais : 500 *nickelodeons* viennent d'être fermés, séance tenante, sur décision de George McClellan, le maire de la ville. C'est le résultat d'une opération de contrôle sans précédent. Dès l'aube, et toute la journée durant, des inspecteurs mandatés ont en effet visité la quasi-totalité des salles de la région, afin de constater le respect ou le non-respect des conditions de sécurité. Le fait est connu depuis longtemps : la pellicule utilisée pour les projections est hautement inflammable et présente un grand risque. La plupart des *nickelodeons* de New York sont donc dans le collimateur des autorités administratives. Dès juin dernier, le commissaire Bingham avait proposé à McClellan le retrait pur et simple de leurs licences. La raison invoquée tenait alors autant de la morale que de la sécurité publique. Cette suggestion n'avait pas été retenue. Aujourd'hui, c'est chose faite. On peut cependant s'étonner de la date retenue pour cette opération d'envergure. Quelques jours auparavant, le 18 décembre, s'est en effet créée la Motion Pictures Patents Company (MPPC), une sorte de trust cinématographique articulé autour de l'Edison Manufacturing Company et de l'American Mutoscope and Biograph Company. Outre ces deux géants de l'image, on compte en son sein l'American Vitagraph, la Selig, la Kalem, l'Essanay Pictures Company, la Lubin, ainsi que deux firmes françaises très importantes : la Pathé Frères et la Star Film de Georges Méliès. En dehors de ces sociétés, nul n'est censé produire ou vendre un seul mètre de film sur tout le territoire des Etats-Unis, sauf autorisation spéciale du trust. Par ailleurs, la MPPC s'octroie le droit d'imposer aux loueurs et aux exploitants ses tarifs et ses réglementations. Pour conforter son pouvoir, le trust a également passé un accord très important avec la société Eastman-Kodak. Celle-ci s'est en effet engagée à lui réserver l'exclusivité de sa production. Il en sera de même de la fameuse pellicule ininflammable, annoncée à grand renfort de publicité. Il semble donc que Thomas Alva Edison ait utilisé cet accord pour imposer son point de vue aux exploitants new-yorkais, que l'on sait réfractaires à toute idée de monopole. Boycottés par Eastman-Kodak, ceux-ci seront dans l'impossibilité de se procurer la fameuse pellicule *safety*. Edison est donc intervenu auprès du maire de la ville pour leur faire entendre raison. (→20.3.09)

Emile Cohl et l'avènement des fantoches

« Un drame chez les fantoches », aux sources du dessin animé français.

Paris, 12 novembre
Un drame chez les fantoches : ce pourrait être l'énoncé d'un fait divers sanglant; c'est le titre du troisième dessin animé produit par la société Gaumont en quatre mois, après *Fantasmagorie* et *le Cauchemar du fantoche*. Ils ont un seul et même auteur : Emile Courtet, dit Emile Cohl. Si ses œuvres ont la fraîcheur, la malice et la simplicité des dessins d'enfants, Cohl, né à Paris le 4 janvier 1857, est pourtant quinquagénaire. Le pionnier de cet art nouveau, le dessin animé, est un vieux routier de la caricature. A quatorze ans, quand son premier dessin paraît, il note fièrement dans son journal : « Aujourd'hui je suis entré dans la carrière. » Après son service militaire, il devient l'élève du dessinateur André Gill, croque Verlaine et Toulouse-Lautrec, participe à l'illustration de cent vingt-neuf journaux. Il écrit et joue au théâtre, fait de la prestidigitation, pratique aussi la photographie. Il réalise alors des *flip-books photos* qui, décomposant les phases d'un mouvement, sont déja une approche de l'image animée. En 1907, il découvre *l'Hôtel hanté*, de Stuart Blackton. Il va percer à son tour les secrets de l'image par image et les appliquer chez Gaumont, où il a été engagé de manière inattendue, alors qu'il était venu protester contre l'utilisation abusive d'un de ses croquis. Imprévisibles desseins, animés par la Providence... (→7.11.09)

« La Course aux potirons » mêle la poésie et le merveilleux au réalisme.

★★★★★★★★ 1909 ★★★★★★★★★★★★★★★★★★★★★★★★★★★★

Russie, 1er janvier
Des opérateurs de Pathé et d'Edison viennent filmer Léon Tolstoï chez lui, à Iasnaïa Polonia.

Turin, janvier
La compagnie Itala Film produit les premiers films d'une série comique interprétée par le Français André Deed, jusqu'ici vedette de Pathé. (→ 31.12)

Paris, 1er février
Georges Demenÿ dévoile « les origines du cinématographe ». Il défend ses propres recherches et attaque vivement la mémoire de son ancien maître, E.-J. Marey.

Paris, 1er février
La société Cinémas-Halls cède l'Hippodrome à la firme Parthénia.

Rome, 2 mars
Création de la société anonyme Film d'arte italiana, qui est une filiale de la firme française de Charles Pathé. (→ 16.5.10)

Paris, 4 mars
Eclair sort *les Dragonnades sous Louis XIV*, de Victorin Jasset.

Paris, 5 mars
Au théâtre Robert-Houdin de Méliès, trente-deux sociétés européennes productrices de films se réunissent. Les participants n'arrivent pas à se mettre d'accord sur les modalités de location de films. Les forains protestent de plus belle. (→ 16)

Paris, 11 mars
Eclair sort *les Nouveaux Exploits de Nick Carter*, de V. Jasset, en trois épisodes. Le Roi des détectives est interprété par Pierre Brussol.

Paris, 11 mars
Albert Kahn, le fondateur des Archives de la planète, et son opérateur Alfred Dutertre sont de retour d'un reportage cinématographique autour du monde, qui les a conduits en Chine et au Japon.

New York, 12 mars
Le distributeur et propriétaire de salles Carl Laemmle fonde, avec le réalisateur William Rainous, un transfuge de la Vitagraph, la Independent Motion Pictures. L'IMP a pour emblème un diablotin cornu, jeu de mot avec la signification anglaise de *imp*. (→ 17.5.12)

Paris, 15 mars
Les mesures sur l'exploitation prises par le Congrès international des éditeurs de films entrent en vigueur. Les films sont loués pour une durée de quatre mois et retournés à l'éditeur, qui doit les détruire. (→ 28.2.10)

Paris, 20 mars
Charlie Chaplin et Stanley Jefferson, qui lui sert de doublure, jouent dans le spectacle de music-hall de Fred Karno, *Mumming Bird*, aux Folies-Bergère. (→ 31.12.12)

New York, 14 avril
Les distributeurs Adam Kessel et Charles Baumann fondent la Bison Life, qu'ils destinent à la production des westerns. (→ 1.10.11)

Massachusetts, avril
Louis B. Mayer, un ancien récupérateur de tôles devenu propriétaire de salles, fonde avec Nat Gordon le Gordon-Mayer Circuit. (→ 20.5.15)

Paris, 6 mai
Le concessionnaire Maury met en vente le Ciné Multiphone Rousselot, sorte de piano servant au bruitage des projections de films.

Paris, 4 juin
La société américaine Vitagraph distribue *Napoléon et Joséphine* (*The Life Drama of Napoleon Bonaparte and Empress Josephine of France*), réalisé par J. S. Blackton, le premier aux Etats-Unis à s'orienter vers le « film d'art ».

Etats-Unis, 10 juin
The Lonely Villa, de Griffith, a pour vedette Mary Pickford, comédienne de seize ans, dans l'une de ses premières apparitions à l'écran. Elle triomphait à Broadway depuis 1907, dans une pièce de W. C. De Mille, quand Griffith l'a engagée, au début de l'année, pour un rôle dans *Her First Biscuit*. (→ 20.1.10)

New York, 15 juin
Les producteurs de films indépendants américains passent un accord secret avec la compagnie Eastman-Kodak, pour la fourniture de pellicule de sécurité. (→ 10.2.10)

New York, 1er août
Edwin S. Porter quitte la direction de la production d'Edison, et crée, avec William H. Swanson, la Rex Motion Pictures. (→ 9.12.12)

Paris, 9 août
Gaumont lance *la Mort de Mozart*, réalisé par Louis Feuillade, en copie teintée, et *Trait de bonté de Napoléon Ier*, d'Etienne Arnaud.

Paris, 24 août
L'Hippodrome de la place Clichy, racheté par la Crawford and Wilkins Ltd. de Liverpool, est transformé en salle de patinage, dirigée par Henri Iclès, lequel est déjà à la tête du Moulin-Rouge et de Luna Park. (→ 31.12.10)

Berlin, 4 septembre
Le circuit UT ouvre une salle d'une capacité de mille places sur Alexanderplatz. (→ 1.5.10)

Paris, 19 septembre
Le journal britannique *The Kinematograph and Lantern Weekly*, repris par *Ciné-Journal* à Paris, lance l'idée des ciné-romans.

New York, 4 octobre
Pippa Passes, de David W. Griffith, avec Mary Pickford, est le premier film auquel le *New York Times* consacre un compte-rendu, en raison de ses innovations techniques.

Saint-Pétersbourg, 6 octobre
La Mort d'Ivan le Terrible, réalisé par Vassili Gontcharov et produit par la filiale russe de Pathé, est présenté au public. (→ 21.8.10)

Paris, 7 novembre
Emile Cohl sort *les Lunettes féeriques*, où il adapte pour le cinéma le principe du Chromatrope, plaque animée de lanterne magique. (→ 30.11.10)

Paris, 14 novembre
Eclair sort *la Légende du bon chevalier*. Un jeune acteur y fait ses débuts à l'écran : Harry Baur, comédien du théâtre de l'Odéon.

Paris, 19 décembre
Gaumont lance deux films, virés et teintés, supervisés par Louis Feuillade : *Noël d'artiste*, et *le Noël du chiffonnier*. (→ 30.1.10)

New York, 23 décembre
Après le succès de son *Napoléon* en deux bobines, J. S. Blackton sort la première partie de *la Vie de Moïse*, film de cinq bobines (50 min de projection) distribuées séparément. (→ 12.2.10)

Vienne, 31 décembre
Erich Pommer a été nommé directeur de l'agence Gaumont pour toute l'Europe centrale. (→ 3.1913)

Hong Kong, 31 décembre
L'Asia Film Company est fondée par l'Américain Benjamin Polaski. Il entreprend *les Révélations de la marmite* et *Voler un canard rôti*.

Stockholm, 31 décembre
Charles Magnusson et Julius Jaenzon, qui ont pris la direction de la Svenska, lancent un film de Carl Engdhal, *les Gens du Värmland*.

NAISSANCES
La Crosse, Wisconsin, 14 janvier
Joseph Losey.

Carcassonne, 3 février
André Cayatte.

Paris, 10 février
Henri Alekan.

Pennsylvanie, 11 février
Joseph Leo Mankiewicz.

Alexandrie, Egypte, 24 février
Riccardo Freda.

Ecosse, 1er mars
David Niven.

Huddersfield, Yorkshire, 15 mai
James Mason.

Augsburg-Pfersee, 17 mai
Magda Schneider.

Hobart, Tasmanie, 20 juin
Errol Flynn.

Lunel-Viel, Hérault, 23 juin
Georges Rouquier.

Milan, 5 juillet
Isa Miranda.

Paris, 18 août
Marcel Carné.

Istanbul, 7 septembre
Elia Kazan (*Elia Kazanjoglou).

New York, 9 décembre
Douglas Fairbanks Jr.

Les six films de la série policière « Nick Carter », de Victorin Jasset, avec André Liabel et Marise Dauvray en vedettes, font la fortune d'Eclair.

CINÉMA Eclair
NICK
CARTER

L'extravagant Congrès international des éditeurs

A l'issue du banquet de clôture, la photo de famille ne dit rien des désaccords profonds qui subsistent. Au premier plan, de gauche à droite, George Rogers, Charles Pathé, George Eastman, Georges Méliès, Léon Gaumont et Charles Urban.

Paris, 4 février
« Le Congrès des dupes »: Georges Dureau, journaliste de *Ciné-Journal*, n'hésite pas à qualifier ainsi le Congrès international des éditeurs de films, qui vient de se terminer après deux jours de débats. George Eastman a pu enfin venir en France après la constitution aux Etats-Unis du trust Edison, la Motion Pictures Patents Company, qui regroupe neuf sociétés, dont celles de Pathé et de Georges Méliès. Désormais, seuls les films de la MPPC peuvent être projetés en Amérique. La naissance de cette compagnie aux ambitions dictatoriales soulève des résistances chez des petits et grands exploitants et au sein de certaines sociétés. L'année dernière en octobre, la Nordisk, au Danemark, et la firme rivale de celle d'Edison, la Vitagraph, dirigée par Stuart Blackton, proposent la convocation d'un nouveau congrès international à Paris. Cette idée est accueillie avec enthousiasme, car les firmes en Europe sont inquiètes des décisions de la MPPC: le marché américain constituait une manne inépuisable pour toutes ces compagnies. Si ce marché est fermé à certaines d'entre elles, c'est la ruine assurée. L'enjeu est donc de taille. Il s'agit de créer une Association des fabricants, une sorte de trust rival, copié sur le modèle américain. George Eastman encourage cette idée: l'Europe est un excellent marché d'affaires. Grand diplomate, il essaye de se concilier tous les partis. Sa présence au Congrès est un événement, ainsi que celle de Charles Pathé, le roi du cinéma dans le monde entier. Pathé avait d'abord refusé, avec cynisme, de collaborer à l'Association des fabricants: la crise de l'industrie, selon lui, « ne se dénouera que par des catastrophes et par la ruine inévitable de certaines sociétés plus financières qu'industrielles ». En clair: plus il y aura de faillites, mieux cela sera! George Eastman est parvenu à le convaincre de participer au Congrès. Les deux hommes sont là, avec quelque deux cents petites et grandes figures du cinéma européen: Léon Gaumont, Georges Méliès, Charles Jourjon et Marcel Vandal, de l'Eclair, Charles Urban, de même que les représentants de la Vitagraph, de la Lux, de la Cines, Ambrosio, Hepworth, Warwick, Nordisk, Messter, de la firme russe Drankoff, etc. A l'issue de la réunion présidée par Méliès, on décide la création du Comité international des éditeurs de films (Cidef). Un nouveau consortium est né, rassemblant trente maisons différentes. Principale décision: les éditeurs ne loueront de films qu'à leurs seuls adhérents, qui s'engageront par écrit à retourner les copies au bout de quatre mois. Nouvelle colère des forains: la location se généraliserait donc, après le coup d'essai de Pathé? Le Congrès veut non seulement monopoliser la location, mais aussi provoquer la disparition des loueurs, intermédiaires entre les producteurs et les forains. En fait, le Congrès se termine dans la plus grande confusion. Malgré les accords signés, les intérêts divergent complètement. On n'arrive même pas à trouver un juste tarif de location. Destiné à conjurer la grave crise du cinéma, le Congrès n'a rien résolu. Il a mis en place un trust qui ne peut qu'étouffer les petits exploitants. En réalité, le seul vainqueur du jour, c'est George Eastman: il est parvenu à devenir l'unique fournisseur des congressistes. (→ 5.3)

Un jour de gloire de Georges Méliès

Paris, 4 février
Tout fier, Georges Méliès, président du Congrès international des éditeurs de films, prend la pose devant le photographe. Il est assis au milieu d'un groupe de cinquante notabilités du monde cinématographique. A sa droite, George Eastman et Charles Pathé; à sa gauche, Léon Gaumont. Méliès l'indépendant, entre les trois géants de l'industrie! Durant les deux jours du Congrès, il a tenu parfaitement son rôle avec sa bonne humeur et sa cordialité proverbiales. C'est une consécration pour lui, un honneur exceptionnel. Toutefois, certaines dispositions décidées par le Congrès risquent d'anéantir la Star Film, dont les résultats financiers sont de moins en moins bons. L'industrialisation à grande échelle de la production cinématographique risque de broyer la petite entreprise de Montreuil, qui est restée artisanale. Méliès est un artiste génial, mais pas un commerçant. Tout heureux d'avoir présidé le Congrès, Méliès ne se doute pas des dangers qui le guettent. Pour l'instant, il savoure son heure de gloire, souriant, avec ses amis d'un jour. (→ 30.11.10)

George Eastman, technicien et industriel, impérieux et compétent.

Les indépendants s'opposent à Edison

New York, 20 mars
Haro sur la Motion Pictures Patents Company! Tous les exclus du trust Edison se sont en effet regroupés, ce jour même, dans un puissant Cartel des indépendants. On retrouve en son sein la plupart des producteurs européens écartés par la MPPC, à l'exception notable de Gaumont, Cines, Urban et Nordisk, et de plusieurs petites sociétés américaines, dont Columbia Film, Thanhouser Pictures, Actophone et une quinzaine d'autres moins connues. Pour mener à bien cette opération, le Cartel a pris toutes ses précautions : les indépendants s'appuieront désormais sur les brevets de Columbia, qui l'ont protégée jusqu'alors des foudres de Thomas Alva Edison et de ses hommes de loi. Deux studios sont également mis à la disposition des dissidents, l'un appartenant à Columbia, l'autre à Actophone. Ainsi, les hommes de West Orange devraient cesser d'intervenir sur les tournages. Par ailleurs, la société française Lumière et Jougla s'est engagée à fournir aux membres de cet antitrust une toute nouvelle pellicule ininflammable, et ce quelques mois avant l'arrivée sur le marché de la fameuse pellicule Kodak réservée, quant à elle, aux producteurs du cartel Edison. Dès maintenant, ce puissant regroupement pense pouvoir achalander toutes les salles exclues de la combinaison Edison. C'est une chance inespérée pour les nombreux exploitants écartés. (→ 15.6)

Lancement du « Pathé Faits divers », périodique d'actualités

Emile et Charles, vus par Barrère.

Paris, 31 mars
Encouragée par l'attrait qu'offrent pour le public toujours plus avide de s'instruire les scènes de la vie indigène sous les différentes latitudes, la société Pathé de Vincennes a lancé ce mois-ci un service des voyages et de l'actualité, intitulé *Pathé Faits divers*. Pathé est en mesure de fournir chaque semaine de nouvelles vues d'actualités, grâce à toute une armée d'opérateurs habiles envoyés dans l'univers entier. Le cinématographe s'aventure désormais dans des pays inexplorés et sauvages. Toujours à l'affût du sensationnel, les opérateurs de la maison Pathé traquent aussi les faits de la semaine les plus saillants : catastrophes, meurtres, procès, résultats sportifs. *Pathé Faits divers* se veut impartial. Il ne commente ni ne critique. Son ambition est de témoigner devant l'Histoire des actes contemporains. (→ 12.11.10)

Un opérateur du journal filmé, sous le regard de la presse écrite.

Charles Pathé défie George Eastman

Paris, 16 mars
Charles Pathé claque la porte du Comité international des éditeurs de films. George Eastman fait de même. Les deux magnats du cinéma sont en discorde : Charles Pathé a annoncé son désir de fabriquer de la pellicule vierge, alors qu'Eastman jusqu'ici fournissait la majeure partie de la pellicule en Europe. La société de Vincennes était donc tributaire d'Eastman pour le film vierge, que la firme américaine lui vendait au prix fort, ce qui pesait lourdement sur ses recettes. Charles Pathé a fait son calcul en se fondant sur le prix de revient de la pellicule vierge aux Etats-Unis. Après avoir convaincu son conseil d'administration, il a acheté en Grande-Bretagne la petite usine des films Blair. Celle-ci est mal équipée, mal approvisionnée en Celluloïd, mais, déjà, Pathé commence à y fabriquer de la pellicule. Il récupère aussi le support en Celluloïd des vieilles pellicules en leur enlevant la couche d'émulsion. Ces films « régénérés » ne sont pas de très bonne qualité, mais Pathé est content : la guerre contre Eastman est déclarée. (→ 2.4.10)

Le Film d'Art au cœur de la tempête

Paris, 15 juin
Malgré ses réalisations esthétiquement remarquables, Le Film d'Art, la société de Paul Laffitte, traverse une crise grave. Lors de la dernière assemblée générale, un passif de 80 000 francs a été constaté, et le prochain exercice s'annonce catastrophique. Le soutien ambigu de Charles Pathé n'arrange pas l'affaire. Le Film d'Art lui doit encore la livraison de vingt-six films d'ici à la fin de l'année. Paul Laffitte, jugé trop généreux envers ses artistes, est remercié, et le dramaturge Paul Gavault lui succède. (→ 27.3.10)

Wilbur Wright associe l'avion au cinéma

Pau, 22 mars
La société Radios, fondée le 30 août 1907 par Clément Maurice et Félix Mesguich, a signé un contrat avec Wilbur Wright, le fameux aviateur. Mesguich a déjà filmé en exclusivité les essais de Wright au Mans, au camp d'Auvours, le 21 septembre dernier. Wright s'était vu attribuer le Prix de la commission d'aviation, pour avoir tenu l'air pendant plus d'une heure et demie. C'est à Pau, sur le petit aérodrome de Pont-Long, que Mesguich vient de réaliser un film étonnant. Ayant volé devant le roi Edouard VII, Wright pose son avion et invite Mesguich à monter dans l'appareil. Le courageux opérateur accepte, fixe sa caméra à l'un des longerons de l'avion, au moyen de courroies. La manivelle est à la portée de sa main. Wright crie : *«Let's go!»* Le moteur ronfle, Mesguich s'accroche à sa caméra. L'aéroplane franchit le rail de lancement : la terre fuit. A l'horizon, les Pyrénées se balancent comme dans un roulis. Mesguich, le cœur battant, tourne la manivelle de la caméra. Après un vol de trois minutes au-dessus du terrain, Wright atterrit doucement. Un sursaut des patins annonce à l'opérateur transi la fin du voyage. Il a enregistré soixante-cinq mètres de pellicule. L'ancien opérateur des frères Lumière est le premier à avoir tenté cette aventure.

L'appareil à bord duquel le célèbre aviateur a battu plusieurs records.

Une censure qui ne dit pas son nom

Paris, 11 janvier
Quatre têtes ont été coupées à Béthune, et le gouvernement tremble sur ses bases. Ce n'est pas que les pouvoirs publics aient à redouter de quelconques représailles des opposants à la peine de mort. C'est en vérité le cinéma qui empêche les gouvernants de dormir, d'où la circulaire télégraphique qu'adresse ce jour le cabinet du ministre de l'Intérieur à tous les préfets de France et d'Algérie, afin de les alerter sur les risques qui menacent la bonne conscience des citoyens et l'ordre moral. Que craint-on? Rien moins que de voir la quadruple exécution capitale livrée à la curiosité et à la sensibilité publiques par des images cinématographiques divulguées inconsidérément. Cela n'est pas sans motif: la préfecture du Pas-de-Calais a été informée que l'exécution a bien été filmée par un ou plusieurs opérateurs clandestins, en dépit des précautions prises. C'est pourquoi le ministre, au nom du gouvernement de Georges Clemenceau, entend «interdire radicalement tout spectacle cinématographique» qui pourrait résulter de ces prises de vues. A cet effet, la circulaire rappelle expressément aux préfets que les vues cinématographiques ne sont pas des «ouvrages dramatiques» au sens strict de la loi, mais des spectacles dits de curiosités, sur lesquels chaque maire a tout pouvoir. Aux maires, par conséquent, d'agir. Il n'y a évidemment pas là acte de censure, puisque la censure n'existe pas. (→18.3.12)

Hollywood accueille un tournage de film

Aux portes de Los Angeles, une vaste étendue libre, inondée de soleil.

Los Angeles, 1er novembre
La paisible cité qui s'étend parmi les orangers dans la banlieue nord est peut-être en passe de perdre un peu de son calme, si l'on en juge par l'intérêt que semblent lui porter les cinématographistes. Ils ont déja été aperçus dans la région, et une ou deux bandes fameuses ont même été filmées par une petite troupe venue occasionnellement de New York. Le plus célèbre de ces films a pour titre *le Comte de Monte-Cristo*. C'est le metteur en scène Francis Boggs qui a eu l'idée originale de raconter dans un film l'histoire d'Edmond Dantès, dont il a fait jouer le rôle par un hypnotiseur de foire, découvert dans un spectacle d'attraction de la ville. Le film, présenté à New York et ailleurs au début de 1908, a été si bien réussi et accueilli avec un tel enthousiasme que William Selig, le producteur, a décidé de revenir en Californie pour y poursuivre ses activités. Cela va lui permettre, par la même occasion, de se mettre à l'abri des exigences insupportables d'Edison, qu'il ne porte pas dans son cœur. Ainsi Francis Boggs et son équipe ont-ils pris à nouveau le chemin de Hollywood, en mai dernier, pour y tourner un nouveau film, *Au pouvoir du sultan*. Il en a confié cette fois le premier rôle à un homme de théâtre connu, Hobart Bosworth, que sa mauvaise santé avait depuis quelque temps éloigné de la scène. Après s'être fait un peu prier, Bosworth a finalement accepté de s'encanailler avec les gens du cinématographe, et il s'en trouve très bien. Il était pourtant habitué à des conditions de travail sans commune mesure avec celles qui lui ont été imposées : installations sommaires, confort inexistant, partenaires inexpérimentés... La qualité du climat fait passer le reste. William Selig, quant à lui, voit désormais les choses sous le meilleur jour. Ce quadragénaire replet, qui aime à être appelé Colonel, est en fait un ancien représentant de commerce, ancien dompteur, ancien prestidigitateur... qui s'est décidé pour le cinématographe vers 1897, à Chicago, où il a créé sa société de production. Aujourd'hui, il ouvre un studio à Hollywood, à l'emplacement d'une ancienne blanchisserie chinoise. Il est le premier à faire un pareil choix, il sera peut-être le seul, mais l'endroit lui plaît... et Edison est loin. (→20.1.10)

Ancien comédien et metteur en scène de théâtre, Hobart Bosworth apporte à l'écran le personnage du cow-boy.

Les grands talents comiques du cinéma français

Outre « le Baptême de Calino », Jean Durand signe plusieurs films de la série.

Un succès de Max Linder : « la Vie de Polichinelle », de Louis Gasnier.

De Boireau à Calino, en pleine incongruité

Paris, 31 décembre

Aux Buttes-Chaumont, chez Gaumont, et à Vincennes, chez Pathé, on casse chaque semaine pour des milliers de francs de mobilier et de vaisselle : on réalise en effet des films comiques qui se distinguent par un esprit de destruction et de loufoquerie anarchiste. L'un des maîtres de ce genre, Jean Durand, après avoir travaillé chez Pathé, tourne maintenant pour Gaumont, où Roméo Bosetti, le Roi des casseurs d'assiettes, signe déjà une série de comédies jouées par Calino, de son vrai nom Clément Migé. Bosetti a débuté chez Pathé en 1905, en interprétant l'un des premiers films à poursuite réalisé par André Heuzé, *la Course à la perruque*. Jean Durand apporte à Gaumont son esprit parisien et destructeur, mais aussi d'excellents acteurs qui sont ses amis : Gaston Modot, Georges Bataille, Ernest Bourbon, Aimos. A Vincennes, on trouve deux grands comiques très populaires : Rigadin, surnom de Charles Petit-Demange, et, bien sûr, Max Linder, dont la renommée est internationale. Pathé a perdu à la fin de 1908 l'un de ses plus célèbres comiques : Boireau, joué par André Deed. Cet ancien cascadeur des Folies-Bergère est parti pour l'Italie : Itala Film l'a arraché à prix d'or à Pathé. Boireau est surnommé désormais Cretinetti.

André Deed, alias de Chapais.

Roméo Bosetti dans « la Puce ».

Les débuts prometteurs de Max Linder

Vincennes, 31 décembre

Après des débuts difficiles, Max Linder est devenu l'un des fleurons de l'école comique française, l'un des noms les plus connus de la troupe Pathé. De son vrai nom Gabriel-Maximilien Leuvielle, né en 1883, ce passionné de théâtre quitte vite sa Gironde natale pour affronter Paris et le Conservatoire, où il est recalé trois fois de suite ! Grâce à son ami Adrien Caillard, le jeune homme, qui a pris le surnom de Max Linder, est engagé à l'Ambigu. Ce théâtre fournit aux studios Pathé la grande majorité de ses acteurs. Max Linder est engagé par Ferdinand Zecca et payé vingt francs par jour pour débuter. Et voilà Linder devant les caméras en juillet 1905, sous la direction de Louis Gasnier : *la Première Sortie d'un collégien*. Le film est remarqué, de même que *la Vie de Polichinelle* deux ans plus tard, mais Linder n'est pas lancé pour autant. Une chance s'offre à lui à la fin de l'année 1907 : l'un des acteurs comiques de Pathé, René Gréhan, est engagé par Eclair. Max Linder le remplace, endosse le costume de *dandy* que portait Gréhan et trouve enfin son style. Avec son élégant pantalon rayé, sa jaquette, son chapeau haut de forme, ses gants et sa canne, Linder joue *les Débuts d'un patineur*, de Louis Gasnier. Ferdinand Zecca juge le film si médiocre qu'il préfère en retarder la sortie. Cependant, les bandes suivantes, mises en scène par Gasnier ou par Georges Monca, connaissent les faveurs du public, au début de cette année. Linder y joue le premier rôle, sous divers accoutrements : vieillard dans *le Duel d'un monsieur myope*, titi parisien dans *Une séance de cinématographe*, ou encore demoiselle dans *Une jeune fille romanesque*. Linder adopte ensuite sa silhouette définitive, élégante et mondaine, et son rôle de jeune *dandy* désœuvré et coureur de jupons : *N'embrassez pas votre bonne*, *le Râtelier de la belle-mère*, *le Baromètre de la fidélité* connaissent un très grand succès. Le petit Max Linder, d'une santé délicate malgré sa tournure athlétique, accède enfin à la gloire. (→ 10.11.10)

Max à la recherche d'un personnage.

Du Cinématographe au cinéma

« Rome n'est plus dans Rome »... mais revit et meurt chaque jour de 1910 dans les studios de Turin, de Milan ou de Naples, où Mario Caserini, Enrico Guazzoni et leurs émules font passer de vie à trépas avec quelques centaines de mètres de Celluloïd : *Brutus*, *Messaline*, *Jules César*, *Catilina* et *Agrippine*. Par une évocation héroïque et brève en deux bobines, *la Chute de Troie*, Giovanni Pastrone tente de faire oublier cette longue série de deuils. Les Italiens ont déjà ce sens de la tragédie et de l'épopée, cette passion du costume et de la pompe, ce génie de la foule et du carton-pâte qui, un demi-siècle plus tard, les fera ranimer d'un dernier sursaut, par le « peplum », un cinéma européen vacillant sous les premiers assauts de la télévision. En attendant, cette tradition italienne va contribuer à l'essor d'un cinéma auquel tous les espoirs sont permis et s'épanouir avec *Jérusalem délivrée* (1911) et *Quo vadis ?* (1912), tous deux de Guazzoni, et *les Derniers Jours de Pompéi* (1913), de Caserini, pour trouver son triomphe en 1914, avec *Cabiria* de Giovanni Pastrone.

La thématique s'ennoblit par le recours à l'Histoire

La même tendance se retrouve, avec le souffle épique en moins, de l'autre côté des Alpes, chez Pathé ou à travers ses filiales, Le Film d'Art ou la SCAGL, société destinée à exploiter le répertoire de la Société des gens de lettres. Avec prudence, les réalisateurs assouvissent leur recherche du noble ou de l'antique dans le fonds culturel local. Si Andreani se risque à évoquer *le Siège de Calais* (1911), Capellani recourt aux valeurs sûres avec *Notre-Dame de Paris* ou *le Courrier de Lyon*. De leur côté, les Russes puisent dans Pouchkine, Tolstoï, Lermontov ou récrivent l'épopée napoléonienne. En Angleterre, *Henry VIII*, *Ivanhoe* et Shakespeare rivalisent avec *Oliver Twist* et *David Copperfield*. En France, un ex-marchand de vin, Louis Feuillade, fort de ses études classiques au séminaire de Carcassonne, devenu responsable de la production Gaumont, est l'un des rares à disputer aux Italiens l'exploration de la haute antiquité. Il le fait de 1910 à 1913 à partir d'une vision biblique : *Esther*, *la Nativité*, *le Festin de Balthazar*, *l'Exode*, *Tyrtée*, *le Fils de la Sunamite*. C'est dans une perspective chrétienne édifiante qu'il aborde la Rome antique, avec *Aux lions les Chrétiens* (1911) et *Androclès* (1912), ou encore la Renaissance italienne, avec *les Cloches de Pâques* et *le Noël de Francesca* (1912). Son inspiration antique s'achève en 1913 par la superproduction *l'Agonie de Byzance*, qui mobilise le grand orchestre du Gaumont-Palace, mais sans atteindre l'ampleur de *Cabiria*. Quant à l'histoire de France, après y avoir opéré quelques incursions, Feuillade en laisse l'usage à Etienne Arnaud et Georges Lacroix. Pour les réalisateurs européens, ces productions historiques révèlent un désir plus ou moins conscient d'élargir la thématique, d'ennoblir le divertissement mal famé qu'est le cinéma jusqu'en 1914, en sortant des farces et des anecdotes lacrymogènes qui accaparaient la production des dix premières années.

« Fantômas », de Louis Feuillade (France, premiers épisodes en 1913).

Du comique à la tragédie, le renouvellement des genres

Ce n'est pas que le cinéma ait renoncé à faire rire, mais le comique est désormais confiné à un secteur particulier : la production en série de courtes bandes dont chacune est vouée à la mésaventure d'un même personnage. En Italie : *Cretinetti* (interprété par André Deed, 1910), *Tontolini* (Ferdinand Guillaume, 1911), *Robinetti* (Marcel Fabre, 1911), *Polidor* (Guillaume, 1912). La France verra proliférer, de 1910 à 1914, plus de soixante séries. En dépit de leurs qualités inégales, on perçoit une bonne volonté de ne plus limiter le comique à des poursuites dévastatrices et aux méfaits du poil à gratter ou de la tarte à la crème. L'objectif est de renouveler les ressorts du rire ; qu'il s'agisse de l'humour élégant de Max Linder, qu'appréciera Chaplin ; de la satire sociale ou familiale de Feuillade dans *Bout de Zan* ou dans *la Vie drôle* ; des séries de Jean Durand : *Calino*, *Onésime*, *Zigoto*, dans lesquelles une troupe d'acrobates, les Pouittes, déchaîne un burlesque fantastique dont se réclamera Mack Sennett. Le cinéma de cette décennie reste également fidèle à son autre vocation qui était de faire pleurer. Le public étant de moins en moins innocent, on ne saurait y parvenir avec les grosses ficelles d'autrefois, ni nouer et dénouer une affreuse tragédie en quelques dizaines de mètres. En France comme en Italie, on cantonne la difficulté en puisant dans le patrimoine, du *Roman d'un jeune pauvre* (Caserini en Italie et Capellini en France) aux *Misérables* et à *Germinal* (Capellini) en passant par *les Fiancés* (Rodolfi), *la Porteuse de pain* et *les Mystères de Paris* (Denola), *Dante et Beatrice* (Caserini), *Sans famille* et *le Petit Chose* (Monca), *la Dame aux camélias* (Pouctal), interprétée par Sarah Bernhardt. De ces productions plus ou moins luxueuses, aucune n'est sortie de l'usine des Buttes-Chaumont. Léon Gaumont considère en effet que puiser dans le patrimoine oblige à verser des droits d'auteur et entraîne donc une dépense superflue. Ce principe restrictif ne gêne pas trop Louis Feuillade, ferme partisan du scénario original. Il conduira Léonce Perret – jusqu'ici connu pour d'agréables comédies interprétées par Suzanne Grandais – à concevoir une admirable fresque réaliste : *l'Enfant de Paris*.

Du fascicule hebdomadaire au film à épisodes

Gaumont, comme Feuillade, est sensible à la belle photographie. Il attire l'attention du responsable de sa production sur le succès des premières bandes scandinaves connues en France. En particulier, les films de la Nordisk, interprétés par Asta Nielsen, bien que ne coûtant que 6,50 francs le mètre de négatif. Feuillade s'engagera à faire moins cher avec une série de drames réalistes baptisée « La vie telle qu'elle est ». Feuillade découvrira sa véritable vocation – à laquelle il s'adonnera dans les années suivantes – dans une série de cinq films adaptés (par exception !) de *Fantômas*, de Souvestre et Allain. C'est la diffusion des fascicules hebdomadaires *Nick Carter*, par la maison Eichler qui, à partir de 1907, incite le cinéma à s'intéresser à ce genre nouveau que l'on n'appelle pas encore le roman policier. Après avoir adapté toute une série « Nick Carter » chez Eclair, Victorin Jasset conçoit sa propre série, « Protéa », interprétée par la sportive Josette Andriot, qu'il alterne avec les « Zigomar », inspirés des romans de Léon Sazie. Les fascicules *Buffalo Bill*, également diffusés par Eichler, ont procuré à Joe Hamman, un novateur, un public pour les westerns qu'il écrit et interprète pour Lux (1908-1910), puis pour Gaumont, sous la direction de Jean Durand (1911-1912), avant de créer et de mettre en scène sa propre série,

Arizona Bill (1913), chez Eclipse. Le dessin animé (grâce à Emile Cohl à partir de 1910) conquiert le terrain occupé jadis par les féeries de Georges Méliès, lequel brille de ses derniers feux avec *A la conquête du Pôle* (1912). On constate alors que, de 1910 à 1914, le cinéma européen s'est peu à peu composé une thématique complète, tout en poursuivant une industrialisation dont la vitrine est représentée dans chaque grande ville par les temples du cinéma – à l'image du fastueux Gaumont-Palace, inauguré en septembre 1911 à Paris –, véritables sanctuaires où l'on célèbre le culte des premières grandes vedettes. En Italie : Francesca Bertini, Lyda Borelli ; au Danemark : Asta Nielsen ; en France : Suzanne Grandais, Musidora, Max Linder, René Navarre.

Les industriels français et la politique de l'expansion

A la veille de la guerre, Pathé et Gaumont – les deux premières maisons du monde – constituent des trusts intégrés comme on n'en verra jamais plus en France, assumant toutes les étapes de la production cinématographique : fabrication de pellicule (pour Pathé), financement et production, studios de prise de vues, magasins d'accessoires et de costumes, laboratoires de tirage, circuits de distribution, exploitation à travers les plus belles salles des grandes villes. Ces deux maisons affermissent leur prédominance à l'étranger grâce à leurs succursales et filiales qui organisent parfois une production locale avec les artistes et techniciens du cru. C'est le cas à Milan pour Pathé avec Film d'arte italiana, aussi active que la Gaumont British à Londres. Lorsque Eclair construit en 1912 des studios à Fort Lee, séparés de Manhattan par la rivière Hudson, elle imite Pathé (dont la succursale va, pendant la guerre, bouleverser la production française) et Gaumont (installé à Flushing dès 1910) pour y produire, avec des artistes locaux, des films parlants appelés chronophones. A Berlin dès 1909, la succursale Gaumont permettra à Léonce Perret de faire ses débuts, tandis que la succursale Eclair Decla (Deutsche Eclair), dirigée par Erich Pommer, va contribuer à l'essor du cinéma allemand et s'attirer bientôt la collaboration de Fritz Lang. Pour le compte de Pathé, à partir de 1911, Alfred Machin inaugure la production cinématographique belge en créant à Bruxelles la Belge-Cinéma, et la production néerlandaise en fondant à Amsterdam la Hollandische-Film.

L'offensive européenne du cinéma américain

Au moment même où le cinéma français se donne les moyens de parvenir au faîte de la renommée et de la puissance, les politiciens préparent les conflits, et les usines d'armement tournent les obus qui vont l'anéantir et assurer, par abandon, la victoire triomphale du cinéma américain. Pour celui-ci et jusqu'au moment où elle entre en guerre, l'Europe est terre de mission. Quelques bandes parvinrent sur le continent *via* l'Angleterre ; les seules à ne pas passer totalement inaperçues étaient les westerns de Hoot Gibson. La production est concentrée à New York et dans les banlieues voisines. L'exploitation répandue sur tout le pays compte plus de 10 000 salles. Bien peu sont comparables aux Palaces dressés dans toutes les villes de France. Ce sont des hangars améliorés, surnommés *nickelodeons* : l'entrée est de un nickel (pièce de 5 cents). Les propriétaires de ces modestes établissements vont peu à peu constituer une incontournable puissance, d'abord en se regroupant en circuits puis en sociétés de distribution et, pour certaines de celles-ci (Mutual, Universal), en sociétés de production. Ces indépendants feront voler en éclats le monopole du trust Edison. Regroupés au sein de la Motion Pictures Patents Co., la dizaine de producteurs officiels, s'appuyant sur des brevets, prétend taxer quiconque, en dehors d'eux, prétendrait exercer une activité sur le territoire des Etats-Unis. Si le cinéma américain sort peu de ses frontières, celles-ci sont encore plus difficiles à franchir pour les concurrents européens. Quand ils pourront s'engouffrer, à la veille de la guerre, dans la brèche ouverte par les indépendants, ils n'auront plus le temps d'en profiter. La déclaration de guerre a laissé les producteurs français paralysés et impuissants, les privant de leurs recettes extérieures et brisant l'appareil de production : plus d'électricité pour les projecteurs, plus de machinistes pour les manœuvrer ; techniciens, réalisateurs et acteurs sont tous dans les tranchées. Chez Gaumont, les deux seuls réalisateurs disponibles en décembre 1914, Feuillade et Ravel, profitent des douceurs de l'hiver marseillais pour tourner en extérieurs des films comiques ou « patriotiques ». Ils travaillent à quelques dizaines de mètres l'un de l'autre de façon à pouvoir s'échanger leurs rares acteurs... Avec intelligence, Charles Pathé a choisi de développer la production de sa succursale américaine et y consacre huit mois, sur place, à New York. La maigre production française, même renforcée de quelques emprunts aux productions italienne et suédoise, ne suffit pas à alimenter les salles. Celles-ci s'ouvrent alors à la production américaine, jusque-là ignorée du public européen. La protection du trust Edison a permis l'émergence de personnalités aussi remarquables que D. W. Griffith. Dès 1908, il tourne *les Aventures de Dollie*, pour la Biograph. Dans les années suivantes, il va révolutionner, grâce au montage et aux changements de plans, le langage du cinéma. Il sera l'un des précurseurs de Hollywood en emmenant sa troupe chaque hiver en Californie et en révélant les premières stars : Mary Pickford, les sœurs Gish... Tandis qu'à la Keystone, puis à la Essanay, se lève l'étoile d'un certain Charles Chaplin. Arrivé d'Angleterre en 1912 avec la troupe de Fred Karno, il s'est fait très vite une réputation sur la scène américaine. Avec une heureuse obstination les dirigeants de la Keystone et Mack Sennett l'ont convaincu de tourner pour eux ses premiers films, à partir de janvier 1914. A la fin de la décennie, six ans plus tard, il sera devenu la première véritable gloire universelle de l'écran. Pourtant, ce ne sont pas les superproductions de Griffith – *Naissance d'une nation* (1915) ou *Intolérance* (1916) – ni les tout premiers chefs-d'œuvre de Thomas Ince, de Stuart Blackton ou de Cecil B. De Mille qui vont conquérir l'Europe. Cela sera fait par les films destinés aux *nickelodeons* : séries comiques interprétées par Chaplin, Ben Turpin, Fatty Arbuckle ou Harold Lloyd ; et par les *serials* : films-fleuves découpés en tranches hebdomadaires. Ils ont, à raison d'un meurtre par épisode, l'avantage de fidéliser le public pendant douze ou quinze semaines. Coproduit et importé par Pathé, « les Mystères de New York », interprété par Pearl White, sera le premier d'une invasion de *serials*. Louis Feuillade, avec « les Vampires » (1916) et « Judex » (1917), puis René Navarre, avec sa société des Cinéromans (1919), vont tenter de l'endiguer pour préserver ce qui reste de la production française. Ainsi, entre un meurtre *yankee* et une tarte à la crème également *yankee*, vont se glisser les œuvres de débutants prometteurs : André Antoine (*les Frères corses*, 1916), Germaine Dulac, Jacques Feyder, Marcel L'Herbier, et surtout Abel Gance avec *J'accuse* (1919). Dans la décennie suivante, ils feront fleurir « l'avant-garde » sur les ruines de ce qui fut la première industrie cinématographique du monde.

« Intolérance », de David Wark Griffith (Etats-Unis, 1916).

Francis Lacassin

1910

Paris, 16 janvier
Edison sort *Faust*, de J. Searle Dawley, d'après Goethe. La copie est vendue 1,25 F le mètre (302 m).

Los Angeles, 20 janvier
David W. Griffith arrive en Californie avec la troupe Biograph. Il loue un terrain vague et un grenier dans un entrepôt, et termine le tournage de la comédie *The Newlyweds*, débuté à New York. (→ 14.4)

Paris, 30 janvier
Gaumont édite, en copie virée et teintée, *André Chénier*, « la vie du poète mort sous la Révolution », réalisé par Louis Feuillade.

Paris, 1er février
Grande vente aux enchères d'appareils photographiques Pathé Frères et de 500 films, à l'hôtel Drouot.

New York, 10 février
Pour contrer les indépendants, la MPPC tente de contrôler les distributeurs régionaux en créant sa société de distribution, la General Film Company. (→ 17.5.12)

Paris, 12 février
La Vitagraph distribue *le Songe d'une nuit d'été*, film de 303 m de James Stuart Blackton, adapté de l'œuvre de Shakespeare.

Paris, 12 février
La maison Raleigh et Robert distribue une série en six épisodes, « le Dr Phantom », réalisée par Victorin Jasset pour Eclair.

Paris, 19 février
Feuillade se lance pour Gaumont dans les drames bibliques. Le premier du genre, *le Festin de Balthazar*, sort sur les écrans.

Paris, 28 février
Comme Pathé, Gaumont cesse les ventes de films. Ils seront désormais uniquement fournis en location.

Rome, 7 mars
Réalisé par Mario Caserini, spécialiste du film à costumes chez Cines, *le Cid*, adapté de Corneille, est présenté au public. (→ 6.5.11)

Neuilly-sur-Seine, 27 mars
Dans les studios du Film d'Art, Henri Pouctal tourne le film *Werther*, d'après Goethe, avec André Brulé dans le rôle-titre.

Paris, 2 avril
George Eastman a chargé la société Eclair de son dépôt central pour le continent. Les magasins de films vierges Eastman seront installés à l'usine d'Epinay. (→ 31.8)

Paris, 3 avril
Une nouvelle perforeuse de films vierges, mise au point par Lucien Prévost, ancien chef du bureau d'études de Pathé, est en vente.

Paris, 9 avril
Le Film d'Art édite *Héliogabale, les sept péchés capitaux*, réalisé par André Calmettes. (→ 14.7.11)

Paris, 23 avril
La Vitagraph livre désormais en France des films uniquement tirés sur la nouvelle pellicule ininflammable d'Eastman Kodak.

Paris, 30 avril
Pour concurrencer Le Film d'Art, Eclair crée l'ACAD (Association des comédiens et auteurs dramatiques), et lance *Barberine*, d'Emile Chautard, ancien acteur du théâtre de l'Odéon et directeur artistique de l'ACAD. (→ 30.8.11)

Paris, 14 mai
La compagnie Edison distribue la première adaptation à l'écran du roman de Mary Shelley, *Frankenstein*, de J. Searle Dawley.

Londres, 20 mai
Les opérateurs Pathé, Gaumont, Eclipse, Raleigh et Robert filment les funérailles du roi Edouard VII.

Autriche-Hongrie, 1er juin
A Horni Plana, près de Marienbad, le comte Alexander Kollovrath crée la Sasha-Film. (→ 30.11.16)

Berlin, 3 juin
Les exploitants de salle manifestent contre l'impôt « sur les réjouissances cinématographiques », envisagé par le maire. (→ 15.5.12)

Lyon, 18 juin
Une maison de production américaine, la Bat-Films, s'installe. Elle a une chauve-souris pour enseigne.

Paris, 18 juin
Gaumont lance la série du Film esthétique, pour concurrencer Le Film d'Art. La première œuvre, *le Pater*, est de Feuillade. (→ 24.12)

Paris, juin
Les concessionnaires de The Enterprise Optical Co., de Chicago, lancent le projecteur Motiograph, qui, selon la réclame, donne une fixité absolue et 40 % de lumière de plus que sur les autres appareils.

New York, 2 juillet
Un incendie ravage les studios de la Vitagraph et détruit de nombreux négatifs. (→ 1.1911)

Paris, 15 juillet
Au théâtre de l'Etoile, c'est dans un vaudeville intitulé *la Nuit de noces* que la jeune actrice Jeanne Roques fait sa première apparition sur scène. (→ 18.10.12)

Paris, juillet
La société L'Optique réunie lance le Multicolor, permettant la colorisation des films à leur projection.

Paris, 15 août
Le journaliste Louis Delluc, âgé de dix-neuf ans, devient collaborateur de *Comœdia illustré*, luxueux hebdomadaire de la vie parisienne dirigé par Maurice de Brunoff. Ses goûts personnels le portent vers le théâtre. (→ 21.7.16)

Berlin, 20 août
Le circuit UT ouvre sa deuxième salle sur l'avenue Unter den Linden, les Champs-Elysées berlinois.

Saint-Pétersbourg, 21 août
Sortie du film *Vie et Mort de Pouchkine* (*Jizn i Smert A. S. Pouchkina*), réalisé par Vassili Gontcharov et produit par Gaumont.

Paris, 27 août
Produit par la filiale japonaise de Pathé dans la série « The Japanese Film d'Art », *le Châtiment du samouraï* est lancé, avec des acteurs du théâtre impérial de Tokyo.

Copenhague, 12 septembre
La Nordisk sort *l'Abîme*, un film d'Urban Gad, avec Asta Nielsen, dont c'est la première apparition à l'écran. (→ 28.8.11)

Paris, 1er octobre
Pathé édite dans la « Série d'Art », *la Tragique Aventure de Robert le Taciturne, duc d'Aquitaine*, tiré des chansons de geste du Moyen Age, et réalisé par Ferdinand Zecca et Henri Andréani.

Paris, 29 octobre
Pathé lance à grand renfort de réclame le personnage comique de Rigadin, interprété par l'acteur Charles Petit-Demange, connu au théâtre sous le nom de Prince. Un premier film est disponible : *Rigadin va dans le grand monde*, réalisé par Georges Monca. (→ 17.6.11)

France, 10 novembre
La Presse annonce que la vedette de Pathé, Max Linder, a eu une crise d'appendicite, nécessitant une opération d'urgence. Le comédien a déclaré à son chirurgien : « Je n'ai pas peur... J'ai l'habitude des opérateurs ! » (→ 17.6.11)

Meudon, 12 novembre
Sortie sur les écrans du « Film d'actualité » nº 4 de la société Gaumont, faisant partie de la série hebdomadaire inaugurée en octobre. Le sculpteur Auguste Rodin, qui vient de fêter son 70e anniversaire, est à l'écran, ayant accepté de recevoir des opérateurs chez lui.

Paris, 26 novembre
Pathé distribue, sous la marque American Kinema, *l'Attaque d'un train au Texas*, de Louis Gasnier, réalisé dans le studio de Bound Brook ouvert en avril. (→ 4.3.11)

Paris, 26 novembre
Le Cinérama-Théâtre est ouvert au 83, avenue de la Grande-Armée. Dirigé par un pionnier du cinéma, Gabriel Kayser, il présente, avec les actualités Gaumont, le film Pathé *l'Inventeur*, de Michel Carré.

NAISSANCES
Chicago, 28 février
Vincente Minnelli.

Tokyo, 23 mars
Akira Kurosawa.

La Varenne St-Hilaire, 14 juillet
Annabella (*Suzanne Charpentier).

Le Vésinet, 8 septembre
Jean-Louis Barrault.

Magenta, Lombardie, 11 décembre
Carlo Ponti.

Le Chronophone marque une nouvelle avancée des recherches constantes de Gaumont en direction du synchronisme de l'image et du son.

CHRONOPHONE
Gaumont
7, Boulevard Poissonnière
Gaumont
Programme

David Wark Griffith tourne en Californie

New York, 14 avril
David Wark Griffith et sa fameuse troupe d'acteurs et de techniciens réintègrent aujourd'hui même les studios de l'American Mutoscope and Biograph Company, à New York. Durant quatre mois d'une active villégiature, l'équipe a tourné une vingtaine de films sous le soleil de Californie. La liste des lieux de tournage fait rêver: Los Angeles, Pasadena, Glendale, Santa Monica, Piru, Camulos, la Sierra Madre, etc. Ces décors inédits ont dû inspirer les acteurs conviés au voyage, Jack et Mary Pickford, Marion Leonard, Linda Arvidson, Blanche Sweet, et Mack Sennett, pour ne citer que les plus connus. Cela fait près de deux ans que Griffith préside aux destinées artistiques de la célèbre firme new-yorkaise. Son premier film s'intitulait *les Aventures de Dollie* (*The Adventures of Dollie*). L'apprenti réalisateur venait du théâtre, où il n'avait guère brillé jusqu'alors. Depuis, il a mis en scène plus de deux cents films et son expérience californienne semble le motiver plus encore. (→ 16.1.11)

Un ancien interprète d'Edwin Porter.

Une production française en Amérique

New York, 16 mai
Charles Pathé met les bouchées doubles. Bien décidé à s'imposer sur le marché américain, et ce malgré les visées protectionnistes de la Motion Pictures Patents Company, contrôlée par Thomas Alva Edison, l'industriel lance une production locale sous le titre de Pathé-America. Désormais, la firme de Vincennes ne se contentera plus d'exporter outre-Atlantique ses films, qui font la joie des publics européens. Elle confectionnera sur place des produits parfaitement adaptés à la mentalité américaine. Les décors et lieux de tournage seront choisis en fonction de leurs particularismes, les acteurs seront du cru. La direction artistique de la nouvelle société a été confiée à Louis Gasnier, tandis que son administration générale demeure sous le contrôle de Jacques-Emile Berst, le représentant américain de Pathé. Les studios sont d'ores et déjà installés à l'emplacement des usines de tirage et de développement de Bound Brook. En conflit ouvert avec la société Eastman Kodak, l'enseigne du coq utilise pour l'instant un stock de pellicule vierge fourni par Lumière et Jougla. Ceci dans l'attente de sa propre pellicule, qui devrait être produite bientôt avec Dupont de Nemours. Le premier film de la Pathé-America sort aujourd'hui sur les écrans. Il s'intitule *la Fille du Montana* (*The Girl from Montana*). Le rôle principal est tenu par une jeune fille blonde aux yeux noirs, nommée Pearl White. Cette actrice d'opérette s'est fait connaître en tournant dans des films pour la Powers Play. *La Fille du Montana* paraît deux mois à peine après une récente tournée d'inspection de Pathé et de son collaborateur Ferdinand Zecca aux Etats-Unis. (→ 26.11)

Les phonoscènes font chanter l'écran

Paris, 5 mars
« Toréador, en garde, un œil noir te regarde! » Sur les écrans, les phonoscènes Gaumont présentent actuellement *Carmen*, un film sonore projeté par le Chronomégaphone, l'appareil sur lequel Léon Gaumont travaille depuis 1902. Il s'agit précisément de l'air du toréador, exécuté en 83 mètres. Tout *Carmen*, mais aussi *Faust*, *Mireille*, *la Traviata* et *le Barbier de Séville* ont été adaptés par Gaumont. Au catalogue, il y en a pour tous les goûts: *la Tonkinoise*, *la Marseillaise*, *O Sole Mio*, *le Crucifix*, *le Rire du nègre*, les airs les plus célèbres de Mayol (*Viens Poupoule*), de Dranem (*le Trou de mon quai*), de Polin (*le Frotteur de la colonelle*). Depuis 1906, la puissance du son a été améliorée par l'Elgéphone à air, phonographe à disque avec amplificateur des sons par air comprimé. On chante dans les foires: « La plus neuv' attraction – je t'y mènerai Bobonne –, c'est le Chronomégaphone! » (→ 27.12)

Une phonoscène d'Alice Guy, dont la Carmen de Bizet est l'héroïne.

Un conservatoire des films anciens

Paris, 27 février
Que sont devenus les milliers de films qui ont été réalisés depuis maintenant quinze ans? Mutilés, dispersés, perdus, partis à la fonte pour la plupart. L'hebdomadaire *Ciné-Journal* demande d'urgence une Cinématographothèque, un dépôt légal des films comme pour les livres de la Bibliothèque nationale. « Que dire de la négligence de nos contemporains? Ils ne s'inquiètent pas que disparaisse la trace la plus saisissante de leur existence. » Ce n'est pas une idée nouvelle: en mars 1898, le Polonais Boleslaw Matuszewski réclamait la création d'un « dépôt de cinématographie historique », mais cela n'a eu aucun écho. Les fabricants et les exploitants continuent à massacrer leurs vieux films. Les grandes firmes se contentent de déposer à la Bibliothèque nationale les scénarios, avec un échantillon d'une douzaine de photogrammes. Aux Etats-Unis, il existe en revanche un dépôt pour les films à la Library of Congress. Seulement, les copies déposées sont tirées sur papier, pour éviter tout risque d'incendie. Les *paper prints* servent juridiquement en cas de contrefaçon. (→ 6.7)

La solidarité, ce n'est pas du cinéma

Paris, 10 février
La société Omnia, qui exploite plusieurs salles, dont l'Omnia-Pathé à Paris, donne une soirée de gala dans toutes les salles de son réseau au profit des victimes des inondations. Le 20 janvier dernier, des pluies diluviennes ont provoqué de graves inondations dans toute la France. Des forains sont ruinés, et les directeurs de salle fixe déplorent une baisse de 50 % sur la fréquentation.

Une certaine image de la Révolution

« Une aventure secrète de Marie-Antoinette », de Camille de Morlhon.

Paris, 10 juin
La compagnie de Charles Pathé met en location le nouveau film de Camille de Morlhon, *Une aventure secrète de Marie-Antoinette*, une comédie dramatique presque entièrement coloriée au pochoir. L'aristocrate Camille de Morlhon y exprime sa vision personnelle de la Révolution. Venu au cinéma grâce à l'insistance d'Edmond Benoît-Lévy, il a su acquérir très vite une place de premier ordre chez Pathé, sous la direction de Zecca. Il aborde tous les genres avec aisance, et se caractérise par des scénarios vifs et captivants. (→ 5.7.12)

Emile Cohl passe de Gaumont à Pathé

Paris, 30 novembre
L'inventeur du dessin animé filmé change d'employeur. Après trois ans de production intense, Emile Cohl, le dessinateur-réalisateur, quitte la firme de Léon Gaumont pour son concurrent Pathé. Les années Gaumont n'en ont pas moins été décisives pour sa carrière. Engagé comme scénariste, c'est en réalisant *Fantasmagorie*, présenté au théâtre du Gymnase le 17 août 1908, qu'Emile Cohl révéla en 36 mètres de pellicule et 2 000 dessins l'étendue et la nouveauté de sa fantaisie créatrice. Son personnage du Fantoche, apparu dans cette bande et héros des deux suivantes, est la première vedette de dessins animés. Son trait dépouillé se prête parfaitement à ces métamorphoses qui sont l'essence même de l'art d'Emile Cohl. Ce travail de poète va pouvoir se poursuivre chez Pathé, où Cohl a été contacté par Ferdinand Zecca, désormais directeur artistique. On peut supposer que c'est la promesse d'un meilleur salaire qui l'a décidé à changer de maison de production. (→ 6.7.17)

Emile Courtet, dit Emile Cohl, ancien caricaturiste de presse.

« Le Peintre néo-impressionniste » associe prise de vues classique et animation.

La production allemande en réanimation

Berlin, 1er mai
Le cinéma allemand tente de sortir de son coma. Paul Davidson vient en effet d'annoncer la création de la Projection Aktien Gesellschaft Union (Pagu), qui cherche à regrouper en son sein toutes les petites sociétés de production hostiles aux visées monopolistiques de l'industriel von Schack. Celui-ci avait fondé, en avril dernier, la Fiag (Film Industrie Anonym Gesellschaft), qui cherchait à fédérer sous une seule bannière l'ensemble des exploitants allemands. A la suite d'accords malheureux, von Schack ouvrait toute grande la porte du marché germanique aux productions du trust Edison. Son projet a donc suscité une levée de boucliers sans précédent. A la tête de cette fronde spectaculaire s'est imposé Davidson, propriétaire depuis novembre dernier du circuit UT et d'une grande salle berlinoise de mille places, située à Alexanderplatz. Dès maintenant, la Pagu est assurée du soutien inconditionnel de la Bayerische Anilin Aktien Gesellschaft, qui vient de fonder l'Aktien Gesellschaft für Anilin Fabrikation (Agfa) dans le dessein avoué de contrer la domination américaine de Kodak. (→ 3.6)

Gilbert M. Anderson lance Broncho Billy

Un héros de référence du western.

Los Gatos, 30 juillet
Gilbert M. Anderson, cofondateur avec George K. Spoor de la Essanay, vient de débuter une série de westerns dans son studio de Los Gatos, en Californie. Il y incarne un type de cow-boy nonchalant surnommé Broncho Billy, en référence au titre d'une nouvelle de Peter B. Kyne. Le premier film de la série, *le Rachat de Broncho Billy* (*Broncho Billy's Redemption*), sort sur les écrans. Un nouveau succès pour cet ancien marchand de journaux qui, jusqu'à sa vingtième année, n'avait jamais eu l'occasion de monter à cheval. (→ 16.8.12)

La maison Pathé vise l'autonomie

Vincennes, 31 août
L'Américain George Eastman perd le monopole de la fabrication de pellicules vierges. Charles Pathé vient en effet de faire bâtir une énorme usine de 30 000 mètres carrés, où sont rassemblés les ateliers de fabrication du film vierge, négatif ou positif, sur support en nitrate de cellulose. On trouve dans cette usine les ateliers destinés à préparer l'émulsion nécessaire pour sensibiliser la pellicule dite orthochromatique. La société de Vincennes est capable de fournir le monde entier en films vierges : une victoire de plus pour le coq Pathé.

Abel Gance fait ses débuts à l'écran sous le signe de Molière

Paris, 10 septembre
Le jeune homme qui interprète le rôle de l'écrivain-comédien dans le film *Molière*, de Léonce Perret, se nomme Abel Gance. Il a débuté au théâtre en 1908, à Bruxelles. De retour à Paris, Gance joue de petits rôles à l'Ambigu, à l'Athénée, mais sans jamais arriver à percer. Un moyen de se tirer de la misère s'offre alors : chez Gaumont et Pathé, on cherche toujours des scénarios originaux. Gance vend des idées à ces deux maisons, ainsi qu'au Film d'Art, et accepte même de poser devant la caméra. « Le cinéma vraiment m'intéresse. On peut au surplus y gagner de l'argent », note Gance ironiquement. (→ 27.12.11)

« Molière », de Léonce Perret. Abel Gance est debout à droite à l'arrière-plan.

Vers la destruction des vieux films

Paris, 6 juillet
Les publicités corporatives annoncent fièrement : « Les exploitants ne sauront jamais assez que l'Union des grands éditeurs est la seule organisation qui brûle les films usagés. » Eclair, Lux, Vitagraph, Itala, Ambrosio, Raleigh et Robert, qui constituent cette Union, mettent périodiquement le feu à des centaines de films « désormais indignes d'être offerts au public », en raison de leur ancienneté. Le 9 juin dernier, Eclair invitait la presse à venir voir l'un de ces bûchers, installé dans le jardin du château d'Epinay. « Une œuvre de salubrité vient d'être accomplie », écrit *Ciné-Journal*. Aujourd'hui, c'est au tour de Lux d'organiser un autodafé, à l'usine de Gentilly. Des milliers de titres partent en fumée, et les éditeurs en sont ravis : ainsi, les forains et directeurs de salle seront obligés d'acquérir des nouveautés. Il n'y a pas que l'Union qui massacre ses films : chez Pathé, c'est une pratique courante. Pour récupérer le support en Celluloïd, Pathé n'hésite pas à acheter les vieux films, qui sont ensuite expédiés à Joinville pour être dépouillés de leur émulsion. Des récupérateurs se spécialisent enfin dans la fonte des vieux films, pour en extraire le nitrate de cellulose. C'est un énorme pan de la production cinématographique qui disparaît, définitivement. (→ 17.6.11)

Une usine de films comiques s'installe sur la Côte d'Azur

Nice, 17 décembre
Henry Danzer, l'un des représentants de Charles Pathé, dépose au tribunal de commerce les marques Comica et Nizza. Ces deux nouvelles firmes dépendantes de la maison Pathé et spécialisées dans les films comiques se sont installées à Nice. Charles Pathé prend souvent ses vacances dans la région ; il a remarqué qu'un lieu aussi ensoleillé serait idéal pour la prise de vues. Il a donc choisi de faire édifier un théâtre de pose à Nice, au n° 168 de la route de Turin, villa Tomatis. Les studios de la Nizza et de la Comica emploient une troupe d'excellents réalisateurs : Henri Andréani, Alfred Machin, Georges Fagot, Emile Cohl, et Z. Rollini, un surnom qui désigne le frère de Ferdinand Zecca. C'est Roméo Bosetti, auparavant spécialiste de la production burlesque chez Gaumont, qui dirige le studio de la Comica. Il brille surtout dans le film à poursuite : belle-mère courant après son gendre, vieux garçon à la recherche de sa perruque. Alfred Machin dirige les vues qui nécessitent des fauves, notamment pour la série des « Babylas ». La vedette de la Comica se nomme Little Moritz, un acteur de music-hall d'origine allemande, de son vrai nom Maurice Schwartz. Petit, maigre, il fait équipe avec l'énorme Sarah Duhamel, dite Rosalie. Les autres comédiens de la Nizza et de la Comica ont adopté aussi des surnoms amusants : Anatole, Babylas (joué par Louis-Jacques Boucot), Bigorno, Bobino, Caroline, Fouinard (interprété par Georges Winter), Gaëtan, Léontine, Moustache (un chien, de son vrai nom Barnum !), la famille Purotin, Titi, Toto, Volauvent, Zoé... Max Linder ne dédaigne pas lui non plus tourner sur la Côte d'Azur. La troupe burlesque de Charles Pathé est vraiment la plus brillante, la plus originale qui se produise en ce moment. (→ 1.4.13)

Les studios de la Comica, filiale de Pathé, installés à Nice, route de Turin.

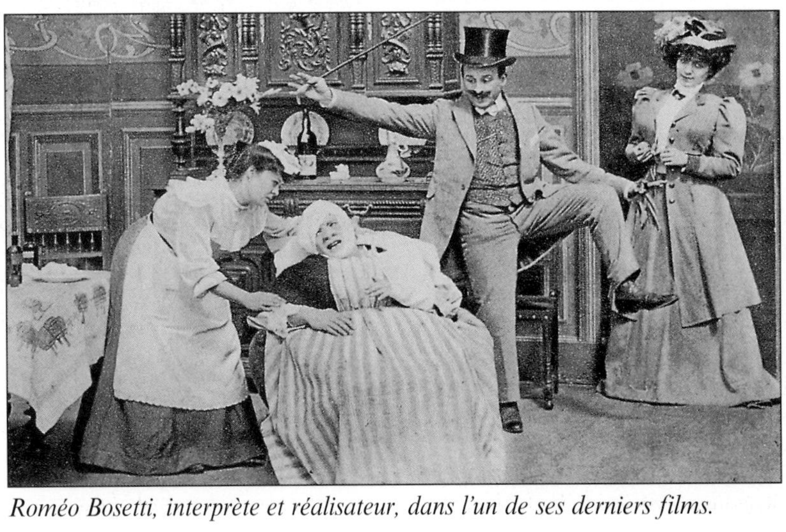

Roméo Bosetti, interprète et réalisateur, dans l'un de ses derniers films.

Une vedette de cinq ans chez Feuillade

Le petit Anatole Clément Mary dans « la Trouvaille de Bébé ».

Paris, 24 décembre
La société Gaumont lance la série comique « Bébé », supervisée par Louis Feuillade. Le premier film, *Bébé apache*, sort actuellement sur les écrans, alors que trois autres sont déjà en cours de tournage. Le rôle-titre est interprété par le petit Anatole Clément Mary, né en 1905. Ce gosse bien parisien, à la mine effrontée, a été découvert par Feuillade dans les studios mêmes de la rue des Alouettes. Le père de Bébé est un acteur familier de la troupe Gaumont. A l'écran, la mère de Bébé est jouée par Renée Carl, une des vedettes de Feuillade ; le père est incarné par Paul Manson. Ce film amusant a conquis tous les premiers spectateurs. (→ 12.12.12)

« Bébé apache », premier de la série.

La Star Film de Méliès en difficulté

Montreuil, 30 novembre
Depuis le Congrès international des éditeurs de films, la Star Film de Georges Méliès s'est effondrée graduellement. Méliès, qui avait accepté la présidence du Congrès avec tant de joie, s'est vu piégé par les décisions qui ont été prises. Il a cessé la vente directe de ses films, pour adopter le système de la location : échec complet. Ses films ne circulent plus, et Méliès doit ralentir petit à petit sa production, pour l'abandonner tout à fait. L'année dernière, en mai, il était obligé de licencier du personnel. Le théâtre de Montreuil devient calme et silencieux. Les films de Méliès ne souffrent pas seulement d'un problème de distribution. Le public a évolué, grâce aux tentatives du Film d'Art et de la SCAGL. Les féeries ne se vendent plus. Méliès appartient déjà au passé, avec ses décors en carton-pâte et ses trucages. Son style paraît désuet à côté de ce qui se fait aux Etats-Unis. Là-bas, le frère de Méliès, Gaston, suscite aussi de l'inquiétude : la G. Méliès Manufacturing Company n'envoie plus d'argent. Avec les bénéfices, Gaston Méliès a décidé d'agrandir sa compagnie et de bâtir un studio au Texas. Entre les deux frères, la brouille n'est pas loin... Georges, incapable de rester inactif, reprend ses tours de magie et monte des spectacles à l'Alhambra, avant de partir en tournée en Belgique et en Italie. (→ 11.11.11)

Gaumont entre en piste à l'Hippodrome

Paris, 31 décembre
L'année s'achève en apothéose pour Léon Gaumont. Sa société vient de racheter une immense salle qui se trouve place Clichy, l'Hippodrome. Edifié en 1900, l'Hippodrome a déjà ruiné un bon nombre d'acquéreurs. La société des Cinémas-Halls qui avait tenté de transformer la salle en cinéma a fait rapidement faillite. Vendu à la Compagnie internationale des Skating Rink, l'édifice devient en août 1909 une piste pour patineurs à roulettes. Le nouveau directeur demande à Gaumont des séances de cinéma. C'était introduire le loup dans la bergerie : Gaumont est maintenant un heureux propriétaire. (→ 30.9.11)

Une salle aux multiples avatars.

Un pas de plus vers l'image parlante

Paris, 27 décembre
Etrange séance à l'Académie des sciences : le professeur d'Arsonval présente au nom de Léon Gaumont le Chronophone. Assis dans un fauteuil au milieu de ses collègues, Arsène d'Arsonval se regarde lui-même en train d'expliquer le principe de l'appareil à projection sonore. Gaumont a en effet filmé et enregistré le professeur. D'Arsonval, projeté par le Chronophone, prononce d'une voix parfaitement audible : « Pour mettre en évidence la concordance complète qui existe entre le geste et l'articulation, il vous suffit de regarder et d'écouter : je ne crois pas qu'il soit possible d'arriver à plus de précision. » Gaumont projette un autre film sonore, qui aurait pu être mis en scène par son grand rival Pathé puisqu'il s'intitule *le Coq dressé*. On entend parfaitement le chant du volatile. Le procédé mis au point par les techniciens de Gaumont repose toujours sur le système de 1902, qui a été amélioré. Le phonographe et le cinématographe sont reliés à des dynamos électriques qui fonctionnent à vitesse égale. Si un écart se produit, un différentiel manœuvré à la main permet de rétablir le synchronisme soit en avançant, soit en retardant le déroulement du film. Toute la presse parle de cette soirée, en insistant un peu exagérément sur la supériorité du système de Gaumont, menacé par celui de Thomas Edison. (→ 17.2.11)

Le professeur d'Arsonval, dans la salle et à l'écran, au cours de son exposé.

1911

Chicago, 12 janvier
Harry Aitken et John Freuler, distributeurs, créent la Majestic Motion Picture Company. (→ 17.5.12)

New York, 16 janvier
His Trust, première partie d'un film de Griffith, sort sur les écrans. La seconde, *His Trust Fulfilled*, doit sortir dans trois jours. Henry Marvin, directeur de la Biograph, s'est opposé à leur exploitation simultanée voulue par Griffith.

Paris, 20 janvier
L'Ambrosio de Turin distribue *le Denier de Judas*, de Luigi Maggi.

Copenhague, 23 janvier
La Traite des Blanches, d'August Blom, est à l'affiche. Alfred Lind a déjà utilisé ce titre. (→ 20.3.14)

Santa Monica, janvier
La Vitagraph ouvre une annexe en Californie pour la production de films. (→ 1.3.13)

Saint-Pétersbourg, janvier
Alexandre Khanjonkov sort *la Sonate à Kreutzer*, d'après Tolstoï, réalisé par Petr Tchardynine, avec Ivan Mosjoukine. (→ 2.11.23)

Istanbul, 1er février
Léon Gaumont ouvre une nouvelle agence du Comptoir Ciné-Location, qui loue des films produits ou distribués par sa maison. Il possède déjà des agences à Paris et en province, à Bruxelles et au Caire.

Saint-Pétersbourg, 2 février
Le Démon est dans les salles. Réalisé d'après l'œuvre de Lermontov par l'Italien Giovanni Vitrotti et produit par la firme Gloria, ce film a été tourné dans les studios de Tiflis, en Géorgie. (→ 24.1.12)

Paris, 4 février
Gaumont lance *Dans la vie*, un « drame poignant d'émotion » de Léonce Perret, avec lui-même et Yvette Andreyor, jeune actrice du théâtre du Gymnase. (→ 1.8.13)

Paris, 17 février
Léon Gaumont présente à nouveau le Chronophone à la Société de photographie. Sur l'écran, l'obscurité faite, M. d'Arsonval explique l'invention, tandis qu'un coq lance des cocoricos retentissants grâce à la puissance de l'Elgéphone.

New York, 25 février
La Vitagraph sort *A Tale of Two Cities*, de J. Stuart Blackton et William Humphrey, d'après Dickens. C'est le premier film de la société en trois bobines, exploitées séparément, avec Florence Turner, Maurice Costello et la toute jeune Norma Talmadge.

Paris, 4 mars
Pathé, qui doit distribuer en France le documentaire sur Tolstoï produit par la Drankov, lance *Anna Karénine*, réalisé en Russie par sa filiale avec des acteurs russes, sous la direction de Maurice André Maître.

France, 11 mars
La Ligue antipornographique lilloise, la Maison de la Bonne Presse et le cardinal Coullié, archevêque de Lyon, mènent campagne contre le cinéma. A Paris, la Ligue contre la licence invite les spectateurs à user du « droit au sifflet » à la projection d'un film jugé immoral, et à « recouvrir ou lacérer les affiches répréhensibles ». (→ 18.3.12)

Paris, 16 mars
Au cinéma Rochechouart, la Milano Film présente *l'Enfer*, de Giuseppe De Liguoro, d'après Dante.

Paris, 16 mars
Le Filmparlant de Gaumont, *la Vie reconstituée*, est présenté au public de l'Olympia.

Paris, 18 mars
La Société de géographie remet le prix Alfred Molteni à l'opérateur Martel pour ses vues d'Abyssinie filmées pour la firme Le Lion.

Paris, 1er avril
La société Jougla, fabricant de pellicule vierge, fusionne avec les Etablissements Lumière.

Paris, 7 avril
L'Itala Film distribue sa grande production, *la Chute de Troie*, de Giovanni Pastrone. (→ 5.8.12)

Prague, 1er mai
Le producteur Antonin Pech fonde la compagnie Kinofa. (→ 31.12.15)

Paris, 6 mai
Georges Dureau, le directeur de *Ciné-Journal*, s'interroge sur l'apparition de ces « films qui font à eux seuls toute une séance ».

Paris, 6 mai
Les films italiens submergent les écrans français. La Cines lance ce jour *la Jérusalem délivrée*, d'Enrico Guazzoni, d'après Le Tasse.

Paris, 20 mai
Pour concurrencer la série « La vie telle qu'elle est », de Gaumont, Pathé lance un « drame social », *les Victimes de l'alcool*, de Ferdinand Zecca et Gérard Bourgeois, d'après le roman *l'Assommoir*, d'Emile Zola. (→ 5.8)

New York, 14 juin
Enoch Arden, un film de deux bobines de David Wark Griffith, sort sur les écrans. La firme Biograph a décidé cette fois-ci d'exploiter les deux parties en une seule et unique séance. (→ 9.9.12)

Paris, 17 juin
Ciné-Journal révèle que les vieux films sont vendus aux grandes cordonneries, qui, après traitement du Celluloïd, l'utilisent pour le « glacé » des bottines de luxe.

Chine, 30 juin
Le gouvernement impérial réglemente l'exploitation des films : autorisation pour ouvrir une salle, séparation des sièges des hommes et des femmes, interdiction des films immoraux, dernière séance finie avant minuit. (→ 31.12.13)

Paris, 14 juillet
Le Film d'Art sort *Camille Desmoulins*, film en copie teintée, réalisé par Henri Pouctal. (→ 10.11)

Paris, 1er août
Gaumont lance sur le marché son « poste projecteur » de film 35 mm en métal, série X. Ce chronoprojecteur, doté des dernières innovations techniques, coûte 900 F. Pathé propose un appareil presque aussi perfectionné, le poste N° 4, pour 876 F.

Paris, 19 août
Gaumont sort *la Fin de Paganini*, de Louis Feuillade, qui en a acheté le scénario à Abel Gance. (→ 23.12)

Copenhague, 28 août
La nouvelle firme danoise Kinografen sort *les Quatre Diables* (*De Fire Djaevle*), d'Alfred Lind et de Robert Dinesen, transfuges de la Nordisk. (→ 30.4.12)

Hollywood, octobre
David Horsley, à la tête d'une société de production du New Jersey, fait construire le premier studio, le Nestor, à l'intersection de Sunset Boulevard et de Gower Street.

Paris, 10 novembre
Sortie sur les écrans de *Notre-Dame de Paris* (810 m), une production SCAGL-Pathé d'Albert Capellani, d'après Victor Hugo, avec Stacia de Napierkowska et Henry Krauss. (→ 11.5.12)

Paris, 27 décembre
Abel Gance signe avec la société Alter Ego un contrat lui commandant quatre films, qui doivent être tournés dans un petit studio à Neuilly. (→ 9.3.12)

Paris, 29 décembre
Pathé sort *Little Moritz chasse les grands fauves*, de la série « Comica » dirigée par Roméo Bosetti, avec l'acteur de music-hall Maurice Schwartz.

Berlin, 31 décembre
La firme de production Deutsche Bioscop bâtit à Babelsberg son studio, conçu en verre, avec 40 000 m² de terrain. (→ 31.12.12)

NAISSANCES
Tampico, Illinois, 6 février
Ronald Reagan.

Kansas City, Missouri, 3 mars
Jean Harlow (*Harlean Carpenter).

Great Neck, New York, 3 juin
Paulette Goddard (*Marion Levy).

Independence, Missouri, 16 juin
Ginger Rogers (*Virginia Katherine McMath).

Paris, 13 juillet
Jean-Pierre Aumont (*J.-P. Salomons).

Monte-Carlo, 20 juillet
Mireille Balin.

Galesville, Wisconsin, 7 août
Nicholas Ray (*Raymond Nicholas Kienzle).

Devenu très vite une des grandes vedettes populaires de Pathé, Max Linder enchaîne film sur film, au rythme d'une cinquantaine par an.

MAX ET SA BELLE-MÈRE
Scène comique jouée par MAX LINDER
A. Barrère
CINÉMATOGRAPHES & FILMS
PATHÉ FRÈRES PARIS
CINÉMA PATHÉ

Max et Rigadin luttent pour le titre

Paris, 17 juin
Le nouveau film de Max Linder, *Max et sa belle-mère*, fait hurler de rire grands et petits. Toujours aussi élégant, Max est marié à une femme charmante, mais l'énorme belle-mère est là pour gâcher le voyage de noces. Elle ne sait pas patiner, elle ne sait pas skier ; Max doit toujours la soutenir, à sa grande répugnance. Finalement, Max pousse sa belle-mère le long d'une pente neigeuse. Elle glisse et saute sur un tremplin, avant de s'écraser dans la neige. Hélas, la créature a la vie dure ! Le film se termine néanmoins par une réconciliation générale. Depuis un an, la série des Max remporte un succès grandissant : le personnage de Linder est maintenant connu dans toute l'Europe. Le *dandy* qu'il interprète touche la classe populaire des spectateurs, car Linder n'hésite pas à effectuer des variations sur les thèmes scatologiques ou grivois. Pathé lui accorde 1 000 francs par film. Ils sont réalisés par Linder lui-même, Lucien Nonguet ou Armand Massart. Un autre comédien de Pathé, ou plus précisément de la SCAGL, lui vole parfois la vedette : Rigadin. Déjà populaire au théâtre sous le nom de Prince, il réalise lui aussi, avec Georges Monca, des comédies savoureuses. Rigadin, comme Linder, tourne chaque semaine dans des films de 150 à 200 mètres, mettant en scène des liaisons compliquées, des situations inextricables, des belles-mères abusives. Dans *Rigadin et ses fils*, il interprète trois rôles différents en même temps, grâce à un trucage. Linder a une supériorité indéniable sur Rigadin : le premier est beau, élégant, et plaît aux dames ; le second est franchement laid, mais, en revanche, il fait parfois preuve de plus d'imagination dans ses gags. Qui va gagner le titre du Roi du rire ? (→ 16.8.12)

Célèbre au music-hall, Mistinguett est ici la modeste partenaire de Rigadin.

Alfred Machin veut filmer en Belgique

Bruxelles, 31 mars
Alfred Machin, réalisateur chez Pathé, grand explorateur et spécialiste des scènes avec fauves, dirige des Pays-Bas l'installation d'un studio de cinéma situé dans le quartier du Karreveld, 393, chaussée de Gand. Machin doit venir fin juin inaugurer ces nouveaux studios et commencer une production locale qui sera distribuée par Pathé, sous le nom de Belge-Cinéma, la société administrée par Edmond Benoît-Lévy. Le Français Alfred Machin a exercé la même activité, avec beaucoup de talent, à Amsterdam, pour la Hollandische-Film de Pathé. Le premier studio belge possède une toiture vitrée, mais il est ouvert à tous les vents, ce qui ne facilite pas les prises de vues. Au moindre courant d'air, les papiers s'envolent, les décors en toile peinte tremblotent. En revanche, les bureaux, loges, laboratoires et ateliers de décors sont construits en briques. On a même bâti une série de luxueuses cages, afin d'abriter la ménagerie d'Alfred Machin : singes, serpents, chats sauvages, et la fameuse panthère Mimir, d'une taille impressionnante, mais d'une gentillesse sans borne ; un jour, on a retrouvé entre ses pattes, dormant tranquillement, un gamin nommé Fernand Gravey, qui avait réussi à se faufiler dans sa cage... (→ 17.1.14)

Canudo et le Manifeste des sept arts

Paris, 29 mars
Le journaliste et poète italien Riccioto Canudo présente à l'Ecole des hautes études une conférence sur le cinéma. Canudo, familier du milieu artistique et intellectuel français, ami de Picasso, de Blaise Cendrars, de Guillaume Apollinaire, entre autres, affirme que le cinéma est un art. Un art, cette distraction pour collégiens, ce spectacle de foire ? Le poète sent que le cinéma peut être un merveilleux instrument de lyrisme. Il n'en est qu'à ses débuts, mais Canudo voit déjà quelques frémissements dans la production actuelle : « Cet art de totale synthèse qu'est le cinéma, ce nouveau-né fabuleux de la machine et du sentiment, commence à cesser ses vagissements, entrant dans son enfance. Nous demandons à hâter son épanouissement, à précipiter l'avènement de sa jeunesse. Nous avons besoin du Cinéma pour créer l'art total vers lequel tous les autres, depuis toujours, ont tendu. » Canudo parle du cinéma comme d'un septième art : « L'art septième concilie tous les autres. » Un jeune homme, Abel Gance, frémit de joie en écoutant les dernières paroles du poète : « Les formes et les rythmes, ce qu'on nomme la vie, jaillissent des tours de manivelle d'un appareil de projection. Nous vivons la première heure de la nouvelle danse des Muses autour de la nouvelle jeunesse d'Apollon. La ronde des lumières et des sons autour d'un incomparable foyer : notre âme moderne. » (→ 9.3.12)

Winsor McCay anime la bande dessinée

New York, 12 avril
Les aventures oniriques de Little Nemo matérialisées sur un écran ! Winsor McCay vient d'intégrer à son spectacle de variétés le premier dessin animé qu'il a lui-même tiré de quelques épisodes de sa bande dessinée à succès, *Little Nemo in Slumberland*, qui paraît dans le *New York Herald* depuis 1905. Un prologue, tourné par James Stuart Blackton, montre McCay au travail et explique dans quelles circonstances il s'est engagé dans cette aventure. En l'occurrence, il a relevé un défi lancé par quelques collègues dessinateurs qu'impressionnaient sa maîtrise et sa rapidité d'exécution. Le pari est tenu ! Prolongement des bandes que McCay publie dans la presse, ce dessin animé constitue également un enrichissement de ses prestations scéniques. Depuis 1906, en effet, l'artiste se produit dans un numéro de music-hall où il dessine en public les profils d'un homme et d'une femme, qu'il fait vieillir progressivement. Quant à l'âge de Winsor McCay lui-même, on ne peut que l'estimer entre trente-six et quarante ans, ses date et lieu de naissance n'étant pas connus. On n'a vraiment aucun doute en revanche sur le raffinement de son trait, son sens du spectacle et l'audace de son imagination. (→ 15.9.14)

Le Gaumont-Palace offre 3 400 places

Paris, 30 septembre
Léon Gaumont ouvre les portes du plus grand cinéma du monde, place Clichy : le Gaumont-Palace, ex-Hippodrome. L'architecte Auguste Bahrmann a transformé la salle, qui peut recevoir 3 400 personnes. Un orchestre de trente musiciens et une chorale dirigés par Paul Fosse accompagnent la projection. Celle-ci se fait derrière l'écran. Il y a deux appareils, ce qui permet un changement de bobine sans interruption. Une aération constante donne à la salle une température égale ; le chauffage particulièrement difficile à assurer dans une salle aussi vaste nécessite une dépense journalière de cinq tonnes de charbon. Durant l'entracte, les spectateurs peuvent discuter et se restaurer au buffet, disposé au centre d'un long promenoir circulaire. L'éclairage nécessite plus de 10 000 lampes à incandescence et 50 lampes à arc. Le premier spectacle de ce samedi comprend 1 200 mètres de pellicule : Filmparlant et phonoscènes, vues en couleurs, actualités du jour, scènes comiques et dramatiques – la meilleure production de Gaumont. Divisé en trois parties, le spectacle est agrémenté d'attractions de music-hall. (→ 5.9.13)

L'architecte Auguste Bahrmann en a fait la plus grande salle du monde.

Une réplique de Pathé à Nick Carter

Paris, 5 août
Pathé met en location *Nick Winter contre Nick Winter*, une scène comique réalisée par Gérard Bourgeois et jouée par Georges Winter, un acteur du Châtelet. La série des « Nick Winter » de Pathé s'inspire des « Nick Carter » d'Eclair, série commencée en 1908, interprétée par Pierre Bressol et mise en scène par Victorin Jasset. Les films Pathé sont délibérément comiques, avec une trame policière. Jasset, l'un des meilleurs réalisateurs du moment, remporte avec ses « Nick Carter » un véritable triomphe. (→ 29.12)

Eclair installe une filiale en Amérique

New York, 30 août
La société française Eclair, la troisième en importance après Pathé et Gaumont, vient d'installer à New York sa première succursale américaine. Le directeur de la firme, Charles Jourjon, cherche en effet à multiplier les débouchés de sa production depuis plusieurs années, et les Etats-Unis possèdent aujourd'hui le plus grand parc de salles du monde. Eclair a aussi décidé de faire construire à Fort Lee, dans le New Jersey, un ensemble de studios et de laboratoires qui devrait garantir son autonomie, tout en favorisant la réalisation, sur place, de films adaptés aux goûts américains. Cela permettra aussi de contourner les restrictions à l'importation, imposées depuis quelques années par le groupe Edison. Le réalisateur Etienne Arnaud sera chargé de cette production. (→ 2.1.14)

Les tumultes du cinéma au milieu des orangers

Blanche Sweet dans « la Télégraphiste de Lonedale », neuvième film tourné par Griffith en Californie courant janvier.

Santa Monica, 1er octobre

Thomas Harper Ince commence à produire et à diriger des westerns pour le compte de la Bison Life Motion Pictures d'Adam Kessel et Charles Baumann. Quittant les sentiers battus et plus particulièrement les studios d'Edendale, qui lui étaient grands ouverts, le jeune réalisateur s'est installé dans une réserve située à Santa Monica, en Californie, et a passé un accord surprenant avec les frères Miller, propriétaires du fameux cirque Ranch 101. Pour une somme forfaitaire de 2 500 dollars par semaine, ces derniers cèdent en effet leur troupe l'espace de quelques tournages : cow-boys, lanceurs de lasso, tireurs à la carabine, acrobates, jongleurs, Indiens, chevaux, etc., toute une figuration providentielle pour les films de l'ambitieux metteur en scène. Les séquences sont tournées en décors naturels, dans la sierra, à proximité du canyon de Santa Inez, où se trouve la réserve du Ranch 101. Jamais à court d'inspiration, Ince a l'intention de rendre hommage aux pionniers de la ruée vers l'or de 1848 et aux combattants de la guerre de Sécession, qui devraient ainsi lui fournir des figures et des personnages de choix pour ses prochaines productions. La réalisation d'un premier moyen métrage vient d'ailleurs de débuter, lequel s'intitulera *Across the Plains* (A travers les prairies) et mettra en scène de courageux cow-boys. Ince est loin d'être un inconnu dans les milieux du cinéma. Ancien garçon de café, il débute comme acteur chez Edison et apparaît en particulier dans des films réalisés par Edwin S. Porter. On le retrouve ensuite à la Vitagraph, puis à la Biograph où ses talents de scénariste sont employés à meilleur escient par David Wark Griffith. Après un court passage à l'Independant Motion Pictures, dirigée par Carl Laemmle, le voilà embauché pour relancer l'activité de la Bison. Cette société, fondée en 1909, doit son nom à la tête de bison gravée sur les billets de banque de dix dollars : tout un programme, pour une firme qui ambitionne de conquérir les salles. (→ 3.5.12)

Florence La Badie et Lionel Barrymore dans « Fighting Blood », de Griffith.

Thomas Harper Ince, ancien acteur.

L'expédition Scott, actualité en direct

Londres, 1er novembre

Depuis quelques jours, on projette sur les écrans de la capitale un film intitulé *l'Expédition Scott au pôle Sud*. La sortie de ce documentaire coïncide avec l'ébranlement de la fameuse caravane d'exploration qui, depuis quelques mois, bivouaquait au bord de l'Antarctique, à One Tone Camp. Dans l'attente de nouvelles plus précises, le public anglais peut se familiariser avec ces conquérants de l'impossible, ainsi qu'avec les moyens techniques requis par ce type d'explorations. Le film a été tourné entre fin mai 1910 et janvier dernier par l'opérateur Herbert G. Ponting. On y assiste au départ de l'expédition de Londres, à la longue traversée maritime de sept mois et au débarquement sur les inhospitalières glaces australes. La haute figure du capitaine Robert Falcon Scott n'a jamais paru si proche. (→ 3.1913)

La liberté perdue de Georges Méliès

Paris, 11 novembre
Le nouveau film de Georges Méliès, *les Hallucinations du baron de Münchhausen*, est mis en location. Cette scène à trucages de 235 mètres est distribuée par Charles Pathé. Encore Pathé ! Le coq vorace ne se contente pas d'exploiter le film réalisé à Montreuil par Méliès : c'est lui-même qui l'a commandité. A la vérité, Pathé ne risque rien dans l'affaire : le pauvre Méliès lui donne en garantie sa propriété et les studios de Montreuil. Si les films ne rapportent rien, Pathé pourra toujours revendre le tout. Il a raison, hélas ! de se méfier : Méliès et ses films ne sont plus à la mode. Si, entre 1896 et 1909, il a réalisé en artisan près de 500 œuvres, en 1910 sa merveilleuse production est totalement arrêtée. Le magicien est retourné bon gré mal gré à ses anciennes amours, le vieux théâtre Robert-Houdin. Au début de cette année, Méliès reçoit la visite de Claude Grivolas, l'un des financiers qui soutiennent Pathé. Grivolas est un amateur de magie, il apprécie les œuvres de Méliès, et c'est peut-être lui qui a convaincu Pathé de faire confiance à la Star Film. Méliès accepte l'offre de Grivolas, qui lui a demandé de réaliser un film aux frais de Pathé. L'atelier de Montreuil retrouve son activité d'antan. Le film, commencé en mai, lance le légendaire baron allemand dans un cauchemar tantôt comique, tantôt effrayant. Le lieu de ce cauchemar est un grand miroir, source de toutes les fantasmagories. Méliès soigne le plus possible les décors, les trucages. Le résultat final, colorié au pochoir, est montré à Vincennes devant Ferdinand Zecca et Charles Pathé. Silence complet. Ferdinand Zecca, qui voit sans doute en Georges Méliès un rival, fait une tête d'enterrement. Il dit enfin que ce film de 12 minutes est trop court, et que, la prochaine fois, Georges Méliès devra faire mieux et plus long. Pathé se tait, mais visiblement, il approuve son directeur artistique. Méliès, critiqué et humilié, est furieux. *Les Hallucinations du baron de Münchhausen* sera mis en location ; mais si le film ne rencontre pas le succès escompté, l'avenir de Méliès en tant que réalisateur et propriétaire sera de nouveau en jeu. (→ 31.12.12)

Feuillade et « La vie telle qu'elle est »

Paris, 23 décembre
Le Destin des mères, film Gaumont de Louis Feuillade, sort sur les écrans. Ce drame raconte l'histoire d'une veuve, jouée par Renée Carl, qui renonce d'abord à se remarier pour se consacrer à sa fille, la belle Suzanne Grandais. Elle s'y résoud finalement, et le nouveau mari, interprété par le sombre René Navarre, anéantit tous ses projets de bonheur. C'est le dixième film de la série « La vie telle qu'elle est », inaugurée en avril par *les Vipères*, une satire contre les « mauvaises langues ». Feuillade explique ainsi le but de sa nouvelle série : « Les scènes de "La vie telle qu'elle est" sont un essai de réalisme transporté pour la première fois sur l'écran comme il le fut il y a des années dans la littérature, le théâtre et les arts. » On est cependant loin encore d'un réalisme à la Zola ou à la Maupassant : le prude Léon Gaumont veille aux bonnes mœurs des Buttes-Chaumont. La presse affirme néanmoins que *la Souris blanche*, l'un des films de la série, « frise nettement la pornographie : on y voit deux vieilles filles dévotes flirtant avec de vieux paillards dans une maison de luxe que la morale réprouve, mais que la police tolère »... Louis Feuillade se retrouve avec cette série dans un élément qui lui convient mieux. Les Films esthétiques, lancés en mai 1910 pour rivaliser avec les productions du Film d'Art et de la SCAGL, sans parler des longues scènes bibliques ou historiques, étaient vraiment ennuyeux. (→ 12.12.12)

Renée Carl et Suzanne Grandais, partenaires dans « le Destin des mères ».

Le Film d'Art entre la production et les règlements de comptes

Aux côtés de Duquesne, une tentative de Gabrielle Réjane au cinéma.

Paris, 10 novembre
L'Agence générale cinématographique, qui distribue désormais la production du Film d'Art, sort *Madame Sans-Gêne*, une comédie de 940 mètres en couleurs réalisée par André Calmettes, inspirée de la pièce de Victorien Sardou et Emile Moreau. C'est la célèbre Gabrielle Réjane qui joue le rôle-titre, aux côtés d'Edmond Duquesne (Napoléon) et de Georges Dorival (Lefebvre). Depuis le 30 décembre 1909, Le Film d'Art s'est libéré de la tutelle étouffante de Pathé. Paul Gavault a succédé à Paul Laffitte, mais les comptes sont toujours en chute libre : l'exercice 1908-1909 se solde par un déficit de 283 000 francs ! Le Bargy a été renvoyé lui aussi, pour être remplacé par Calmettes ; un ancien acteur, Henri Pouctal, est entré aux studios de Neuilly, en 1910. L'année se termine mal pour Le Film d'Art, malgré la sortie de cette excellente comédie : Paul Gavault doit à son tour se retirer. Le nouveau conseil d'administration est présidé par Charles Delac.

★ ★ ★ ★ ★ ★ ★ ★ 1912 ★

Paris, 5 janvier
Eclipse sort *Dans la solitude*, produit par l'American Wild West Films de Gaston Méliès.

Christiania, 16 janvier
Tout pour la Norvège, un documentaire de H. Nobel Roede, est présenté. La production de fiction est curieusement inexistante dans ce pays au riche répertoire théâtral.

Paris, 19 janvier
Eclair lance un drame social de V. Jasset, *Au pays des ténèbres*, d'après *Germinal*, de Zola. (→ 22.3)

Saint-Pétersbourg, 24 janvier
Jacob Protazanov, réalisateur de la Gloria, a tourné *Anfissa*, d'après la pièce de Leonid Andréev.

Paris, 27 janvier
Gaumont sort *Cent Dollars mort ou vif*, de Jean Durand, un « western » tourné en Camargue.

Budapest, 1er février
La firme Hunnia ouvre le premier studio en Hongrie.

Paris, 8 mars
Après l'échec de *la Tosca*, Sarah Bernhardt, âgée de soixante ans, fait son retour au cinéma dans *la Dame aux camélias*, d'Henri Pouctal et Paul Capellani. (→ 12.7)

Paris, 9 mars
Abel Gance, qui se consacre désormais au cinéma, publie son premier article dans *Ciné-Journal*, sous le titre « Qu'est-ce que le cinématographe ? Un sixième art ! » (→ 24.5)

Monaco, 1er avril
Maess et Richmann, opérateurs de *Pathé-Journal*, montés à bord de l'appareil d'Eugène Renaux, ont réussi à filmer, à 50 mètres d'altitude, la course d'hydroaéroplanes.

Paris, 13 avril
Eclair lance la série « les Bandits en automobile », inspirée par les méfaits de la « bande à Bonnot ».

Danemark, 30 avril
Urban Gad, réalisateur de la Nordisk, épouse son actrice de prédilection, Asta Nielsen, dont il a fait une vamp à l'écran. Sollicité par des producteurs en Allemagne, le couple part y tourner plusieurs films. (→ 31.1.14)

Paris, 3 mai
Après *la Mère indienne*, la Bison Life distribue un nouveau western de Thomas H. Ince, *la Bataille des Peaux-Rouges*.

Paris, 4 mai
Gaumont sort la bande d'actualité *Toutes les phases de la capture tragique des bandits Bonnot et Dubois.*

Paris, 11 mai
Sortie dans la série SCAGL-Pathé du *Tragique Amour de Mona Lisa*, sur un scénario d'Abel Gance.

Berlin, 15 mai
Un arrêté municipal interdit de fumer dans les salles de cinéma et d'y amener des enfants.

Bombay, 18 mai
Le premier film indien de fiction, *Pundalik*, de R. G. Torney et N. G. Chitre, est projeté. (→ 3.5.13)

France, 24 mai
L'hebdomadaire *le Cinéma* annonce que le préfet de police Louis Lépine vient d'acquérir, pour son usage personnel, le film d'actualité sur la capture de Jules Bonnot.

Lyon, 14 juin
Le banditisme à l'écran inquiète. Le maire Edouard Herriot interdit toute projection de films représentant des actes criminels. (→ 19.4.13)

Paris, 28 juin
Sortie du film SCAGL-Pathé *les Mystères de Paris* d'A. Capellani, d'après Eugène Sue. (→ 10.1.13)

Paris, 12 juillet
Pour concurrencer le *Pathé-Journal*, Eclair lance le premier numéro des actualités hebdomadaires *Eclair-Journal.*

San Francisco, 24 juillet
Gaston Méliès, sa femme, et son équipe de la G. Méliès Manufacturing Company s'embarquent à bord du *Manuka* à destination de Tahiti pour un tour du monde cinématographique. (→ 31.12)

Paris, 16 août
Dans *l'Idylle à la ferme*, de René Leprince, avec Suzy Depsy, Max Linder reste le Roi du comique. La firme américaine Essanay distribue un nouvel épisode de « Broncho Billy » de et avec G. M. Anderson.

Los Angeles, 28 août
Mack Sennett et sa troupe, dont Fred Mace, Ford Sterling et Mabel Normand, qui ont quitté la Biograph à sa suite, viennent débuter le tournage des premières comédies Keystone. (→ 23.9)

Paris, 6 septembre
Mistinguett et Maurice Chevalier, têtes d'affiche du music-hall, se partagent la vedette du film Pathé *la Valse renversante*. (→ 19.7.13)

New York, 9 septembre
La Biograph présente au public *An Unseen Enemy*, de D. W. Griffith, joué par les sœurs Lillian et Dorothy Gish, âgées respectivement de seize et quatorze ans. (→ 4.5.14)

Budapest, 14 septembre
Le premier long métrage de fiction hongrois, *les Sœurs* (*Növerek*), réalisé par Odon Uher, est projeté.

Tokyo, 30 septembre
Le trust de production Nikkatsu naît de la fusion de quatre studios.

Hongrie, 1er octobre
Un jeune journaliste, Sandor Korda fonde la revue *le Cinéma de Pest*.

Los Angeles, 1er octobre
Thomas H. Ince crée avec A. Kessel et C. Baumann la Kay Bee Motion Pictures. (→ 5.3.13)

Budapest, 14 octobre
Mihaly Kertesz, jeune comédien a réalisé son premier film, *Aujourd'hui et Demain* (*Ma es Holnap*).

Serbie, octobre
Durant le conflit entre l'Entente balkanique et l'armée turque, des opérateurs Pathé, Gaumont, Messter, Eclair et Projectographe sont sur le terrain pour filmer.

New York, 1er novembre
Dans le western *The Massacre*, projeté ce jour, Griffith a usé de déplacements de caméra descriptifs.

Espagne, 15 novembre
Les vedettes de Pathé, Max Linder, André Deed, Stacia Napierkowska, effectuent une tournée dans le pays. Dans les arènes de Barcelone, Max, vêtu en matador, déchaîne le public en participant à une corrida avec un veau muni de cornes artificielles. La scène est filmée. (→ 28.9.13)

New York, 5 décembre
The New York Hat, réalisé par Griffith, avec Mary Pickford et Lionel Barrymore, qui fait ses débuts au cinéma, est projeté. (→ 1.6.13)

Londres, 24 décembre
Cecil Hepworth sort *Oliver Twist*, d'après Dickens. La production britannique est cependant en plein déclin. (→ 31.3.13)

Paris, 27 décembre
La firme suédoise Svenska sort *les Masques noirs*, réalisé par Mauritz Stiller et joué par Victor Sjöström. Tous deux ont été engagés par Charles Magnusson. (→ 3.11.13)

New York, 31 décembre
En scène avec la troupe Karno au Victoria Hammerstein's Theatre, Charles Chaplin a reçu une proposition de contrat de la Keystone. Il n'y a pas donné suite. (→ 29.12.13)

Prague, 31 décembre
L'architecte Max Urban et son épouse, l'actrice Anna Sedlackova, fondent la firme Asum. (→ 10.10.13)

Varsovie, 31 décembre
Plusieurs comédiens, dont Barbara Apolonia Chalupiec, se regroupent sous la direction du réalisateur Alexander Hertz pour créer la société de production Sfinks.(→ 31.12.15)

Berlin, 31 décembre
La firme de production de Paul Davidson, la Projection-AG Union (Pagu), transfère son siège social à Berlin, où sont mis en chantier les studios de Tempelhof. (→ 3.10.13)

NAISSANCES

Fougères, 12 avril
Georges Franju.

Roubaix, 4 juillet
Viviane Romance (*Pauline Ortmans).

Pittsburgh, 23 août
Gene Kelly (*Eugene Joseph Curran Kelly).

Ferrare, 29 septembre
Michelangelo Antonioni.

Après « A la conquête du Pôle », une bande en couleurs de 650 mètres, Méliès doit mettre un terme à sa production au studio de Montreuil.

A LA CONQUÊTE DU PÔLE
STAR FILM GÉO MÉLIÈS PARIS
STAR FILM GÉO MÉLIÈS PARIS
STAR-FILM GÉO MÉLIÈS, THÉÂTRE ROBERT HOUDIN, 8, BOULEVARD DES ITALIENS · PARIS ·

La pornographie mise en question

Paris, 18 mars
Le Congrès de la Fédération des sociétés contre la pornographie, présidé par le sénateur René Bérenger, ouvre ses portes pour deux jours. Le cinéma fait partie des sujets abordés. Les gens d'Eglise et les grands bourgeois n'aiment pas cette distraction populaire, ce « stratagème employé par le démon », qui « concourt incidemment avec le commerce des boissons à la ruine publique ». Les films grivois d'un « intérêt piquant », ainsi que les vues comiques, déchaînent la colère : « L'impudeur s'étale sans vergogne, la religion est bafouée de la manière la plus odieuse dans son histoire, ses sacrements et ses ministres. » Les vues grivoises éditées par Pathé ou Mendel ne sont rien à côté des vrais films pornographiques qui circulent sous le manteau. Le 7 mars dernier, Valet, le chef de la brigade mobile de Paris, accompagné de six inspecteurs, a fait immerger dans la Seine plus de 25 km de pellicules licencieuses. Non prévenu, un agent de la brigade fluviale a voulu dresser un procès verbal pour « jet d'immondices » !

Le triomphe de Zigomar, ou l'insolente fortune d'un aventurier

Josette Andriot, Alexandre Arquillière et Camille Bardou dans « Zigomar contre Nick Carter », de Victorin Jasset.

Paris, 22 mars
Qui donc a dit que Zigomar était mort enseveli sous les décombres, lors de la sortie du premier titre de la série, en septembre 1911 ? La société Eclair et Victorin Jasset présentent un nouvel épisode des aventures du Maître du crime, l'immoral Zigomar, joué par Alexandre Arquillière : *Zigomar contre Nick Carter*, le Roi des détectives (interprété par Henry Krauss). Ce grand roman cinématographique en quatre actes – le premier, *Zigomar ressuscite*, sort aujourd'hui – est très demandé par les exploitants : projeter « Zigomar », c'est la fortune assurée ! (→ 5.9.13)

De Mutual à Universal, le cinéma américain en effervescence

New York, 17 mai
C'est à une véritable recomposition du paysage cinématographique que nous assistons depuis quelques semaines aux Etats-Unis. Tout a commencé le 12 mars dernier avec la création, sous l'égide de Harry E. Aitken, John R. Freuler, Samuel S. Hutchinson et Charles T. Hite, de la Mutual Film Corporation. Ce vaste consortium regroupe, depuis lors, plusieurs producteurs indépendants, parmi lesquels la Princess, la Majestic, la Thanhouser et la Komic. Aujourd'hui, c'est au tour de l'Universal Manufacturing Corporation d'être portée sur les fonts baptismaux. Son président est Carl Laemmle, l'ancien directeur bien connu de l'Independant Motion Pictures. En dehors de cette dernière société, qui constitue le pilier de la structure, l'Universal réunit en son sein la Powers Plays, la Rex Motion Pictures, la Nestor, la Champion, la Bison Life, la Chrystal, la Victor et la Joker. Ainsi, pour la première fois depuis bien longtemps, les producteurs et distributeurs indépendants ne cessent de marquer des points face à la MPPC qui, de toute façon, a perdu beaucoup de sa superbe. Le groupe Edison est d'ailleurs depuis quelques mois sur la sellette, du fait de la toute récente loi antitrust qui la vise implicitement. (→ 15.4.15)

Mary Pickford est devenue la Petite Fiancée de l'Amérique grâce à Griffith, qu'elle retrouve avec « le Chapeau de New York », tourné pour la Biograph.

Abel Gance passe derrière la caméra

Paris, 24 mai
Le jeune acteur et scénariste Abel Gance a signé avec la société Alter Ego un contrat pour le tournage de quatre films. Le dernier, *le Masque d'horreur*, est présenté ce soir par la firme Harry. Il est interprété par le très célèbre comédien Edouard de Max, un ami de Gance. Tout est étrange et audacieux dans ce film. Le scénario ne ressemble à rien de ce que l'on a déjà vu : un sculpteur fou cherche la réalisation parfaite d'un « masque d'horreur » dans sa plus grande intensité. Il se place devant un miroir, après avoir enduit de son sang le verre d'une lampe à pétrole, et il avale un poison violent, pour observer l'effet de la douleur. Alors, Gance innove en teintant l'image de bleu, puis de rouge sanglant, tandis que le visage épouvanté de l'acteur s'avance vers le spectateur. Une œuvre d'avant-garde impressionnante. (→ 25.8.14)

La reine Sarah rallie l'Amérique à la Couronne

New York, 12 juillet
Soirée de gala au Lyceum Theater de New York. La jeune société Famous Players Film Company, fondée en avril dernier par Daniel Frohman, Adolph Zukor et Edwin S. Porter, présente devant un public trié sur le volet *la Reine Elisabeth* (*Queen Elizabeth*), le tout récent film de Sarah Bernhardt. Ce long métrage de quatre bobines, produit par la société franco-britannique Eclipse et réalisé à Londres par Louis Mercanton, est l'œuvre cinématographique la plus longue jamais présentée jusqu'à ce jour aux Etats-Unis. Le scénario, qui s'inspire d'une pièce en 25 tableaux d'Emile Moreau, retrace les derniers instants de la vie d'Elisabeth, reine d'Angleterre et d'Irlande de 1558 à 1603. La reconstitution est brillante. Le film, teinté et colorié, évoque par ses tonalités certains tableaux de Rembrandt. Un accompagnement musical approprié, né de l'inspiration de Joseph Carl Breil et interprété par le Lyceum Theater Orchestra, ajoute à la solennité de la représentation. On peut juger, au vu des réactions du public, de l'énorme popularité de la tragédienne française en ce pays. Les spectateurs n'ont d'yeux que pour elle, et ses partenaires, Lou Tellegen, Max H. Maxoudian et Marie-Louise Dorval entre autres, ne semblent être que des faire-valoir. Zukor, l'administrateur de la Famous Players, s'est battu bec et ongles pour l'acquisition de ce film sensationnel. Moyennant une coquette commandite, il en a obtenu la première exclusivité mondiale. L'œuvre est donc présentée ici pour la première fois. Londres et Paris suivront en août. Après maintes négociations, *la Reine Elisabeth* a reçu le visa de la Motion Pictures Patents Company avec une licence d'exploitation en bonne et due forme. Zukor, qui voulait frapper un grand coup, vient de démontrer l'intérêt du public américain pour les films de long métrage, pourvu que ceux-ci soient attractifs. Il apporte également la preuve que le cinéma peut sortir des *nickelodeons* et s'imposer dans les plus grands théâtres, devant des spectateurs exigeants. Ces derniers sont d'ailleurs prêts à débourser plus que les habituels 25 cents pour voir un film, ce qui ne gâte rien. (→ 29.3.14)

Sarah Bernhardt a créé « Elisabeth, reine d'Angleterre » sur scène le 11 avril.

Une équipe française à la découverte de l'Algérie secrète

Paris, 5 juillet
Camille de Morlhon, l'un des meilleurs metteurs en scène de Pathé, dépose la marque d'une société cinématographique qu'il a fondée en mai, les films Valetta. Morlhon prend ainsi son indépendance vis-à-vis de Pathé ; ses films seront cependant distribués par la firme de Vincennes. A la fin de l'année dernière, avant de fonder sa société, Morlhon avait été envoyé en Algérie par Charles Pathé, pour tourner sur place des bandes comiques ou dramatiques, qui étaient immédiatement expédiées à Paris pour être projetées. L'équipe de Morlhon comprenait les comédiens Léontine Massart, Paul Frank, Valentine Tessier et Louise Colliney. Morlhon et sa troupe, transportés à dos de chameau à travers le pays, réalisent successivement *le Fils prodigue*, drame social en trois parties, *Pour voir les Moukères*, scène comique interprétée par Z. Rollini, qui a aussi signé le scénario, *l'Otage*, drame en 370 m, *En mission*, *la Belle Princesse et le Marchand*, *la Haine de Fatimeh*, des drames émouvants. Le voyage de Morlhon s'achève à la fin du mois de janvier, mais il a le temps de signer encore une comédie, *Cireurs obstinés*, et surtout une dramatique, *Vengeance kabyle*, avec la très belle Léontine Massart.

Camille de Morlhon adapte les méthodes de travail au terrain.

« Vengeance kabyle », avec Léontine Massart et Valentine Tessier.

Le cinéma retrouve l'art du mouvement

Turin, 5 août
Giovanni Pastrone n'est pas seulement l'administrateur éclairé de l'Itala Film. C'est aussi un metteur en scène de talent, auquel nous devons entre autres *la Chute de Troie* (*La caduta di Troia*), et un ingénieur hors pair. A preuve, la dernière invention qu'il vient de faire breveter : le Carello. Il s'agit d'une plate-forme montée sur des roues qui supporte la caméra et permet à celle-ci de se déplacer sans à-coups à travers les décors d'un film. Le mouvement de l'appareil, maîtrisé par un opérateur attentif, engendre des effets stéréoscopiques d'une grande originalité. L'image obtenue, projetée sur un écran, gagne en relief et en ampleur. Pastrone, qui est un esprit pratique, promet de mettre en œuvre cet appareil dès son prochain film, dont le titre provisoire est *le Roman des flammes*. (→ 18.4.14)

Mack Sennett ou l'école du comique

Hollywood, 23 septembre
Sortie sur les écrans des deux premiers films de la Keystone Pictures Corporation : *Cohen Collects a Debt* (Cohen encaisse une dette) et *The Water Nymph* (la sirène). A l'origine de la création de cette nouvelle société spécialisée dans le comique, nous trouvons un transfuge de la Biograph, Michael Sinnott dit Mack Sennett. Acteur médiocre, ce jeune Canadien s'est fait connaître, dès la fin de 1908, en tournant et interprétant pour David Wark Griffith d'étonnantes farces burlesques, dont *l'Invincible O'Brien* (*One Round O'Brien*), une hilarante parodie des combats de boxe. Très tôt, Sennett s'entoure de remarquables acteurs, parmi lesquels Ford Sterling, Fred Mace et surtout la sémillante Mabel Normand, qui avait tenu de nombreux rôles de figuration à la Vitagraph et à la Biograph. Chacun de ces interprètes campe un personnage fixe, un peu à la manière de la *commedia dell'arte*. Forte de ses succès commerciaux, la petite troupe comique a décidé de voler de ses propres ailes et de se séparer de la maison mère. Le 4 juillet dernier, jour de l'Indépendance des Etats-Unis, Sennett crée avec le *bookmaker* Adam Kessel la Keystone, une société au capital de 2 500 dollars à vocation essentiellement burlesque. Ses acteurs le rejoignent sans tarder et les prises de vues peuvent aussitôt commencer dans l'ancien studio de la Bison Life, situé à Edendale, dans un faubourg de Hollywood. Profitant des beaux jours, les joyeux lurons investissent aussi Coney Island, qui leur offre des décors sympathiques. *Cohen Collects a Debt* se situe ainsi dans l'univers truqué d'un Luna Park, et plus particulièrement dans un *scenic railway*. Un homme infidèle est poursuivi sans relâche par une femme jalouse, prétexte à une course poursuite des plus amusantes. *The Water Nymph*, tourné non loin de là, repose sur le même principe : Mabel Normand incarne une gracieuse baigneuse harcelée par de vieux satyres. On retrouve dans ces deux films les procédés classiques de la comédie burlesque européenne, dont André Deed et Max Linder sont sans doute les plus célèbres représentants. L'humour est nerveux et les spectateurs sont happés par un vent de folie. L'intrigue, des plus ténues, repose le plus souvent sur un canevas vaudevillesque. Bien accueillis par le public et la critique, ces deux premiers films de la Keystone augurent d'une longue série, d'autant que Sennett envisage d'étoffer sa troupe actuelle de nouveaux acteurs comiques. (→ 5.6.13)

Mabel Normand et Mack Sennett au temps de leurs premières prestations communes. Quand il s'agit de faire rire, tous les moyens sont bons.

A sujets éprouvés, acteurs célèbres

New York, 9 décembre
De fameux acteurs dans de fameuses pièces : tel est le nouveau slogan de la Famous Players Film Company, qui s'apprête à tourner *le Prisonnier de Zenda*, d'après l'œuvre célèbre d'Anthony Hope. Le film va mettre en scène le grand acteur de théâtre James Hackett, qui avait triomphé, en 1895, sur la scène du Lyceum Theater et un peu partout aux Etats-Unis dans le double rôle de Rudolph et du roi de Ruritania. Le réalisateur Edwin S. Porter, dont la société Rex Films connaît les pires difficultés, vient d'être pressenti pour mener à bien cet ambitieux projet. Il devrait bénéficier d'excellentes conditions de travail. Les prises de vues auront en effet lieu dans un studio spécialement aménagé à cet effet, au sommet du Ninth Regiment Armory situé sur la 26e rue. Tout a été prévu : les changements de décors, un espace suffisant et même un immense toit vitré pour tourner quelles que soient les conditions atmosphériques. La Famous Players, qui s'est fait connaître du grand public en distribuant, en juillet dernier, *la Reine Elisabeth*, récolte aujourd'hui les fruits de son audace. Dotée d'un capital de départ de 250 000 dollars, la firme de Daniel Frohman et Adolph Zukor a engrangé jusqu'à ce jour près de 80 000 dollars de bénéfices, provenant de la seule exploitation du film de Sarah Bernhardt. L'affaire a été rondement menée, la promotion du film ayant été confiée à un homme d'affaires confirmé, Al Lichtman. Toutes les grandes villes des Etats-Unis se sont arraché le film français et la commandite initiale de Adolph Zukor a été largement remboursée. Désormais, la Famous Players a décidé de produire ses propres films et de montrer les grands acteurs du théâtre américain dans des rôles qui leur ont apporté gloire et célébrité. Un projet qui n'est pas sans rappeler une expérience récente du Film d'Art en France. James Hackett, la première vedette contactée, semble ravi de tourner dans son rôle fétiche, même s'il redoute certaines obligations inhérentes au cinéma : Edwin S. Porter a en effet l'intention de le faire plonger dans l'eau pour les besoins d'une des scènes du film. (→ 10.9.13)

Louis Feuillade ne veut plus de Bébé

La rencontre de Bébé et de Bout de Zan eut des conséquences fatales.

Paris, 12 décembre
Drame familial chez Gaumont : Louis Feuillade résilie le contrat de Bébé, surnom du petit Anatole Clément Mary, la vedette de la série « Bébé » ! Feuillade adore les enfants, mais sa patience est à bout. Le petit Bébé, qui a joué dans soixante-dix-sept films, qui a été tour à tour apache, Nègre, moraliste, sourd, millionnaire, hercule, agent d'assurance, socialiste, somnambule, etc., est licencié comme un simple employé, alors que son personnage avait acquis une grande popularité. Que s'est-il passé au juste ? Ce sont les parents du petit acteur qui sont responsables. Ils se sont rendu compte de la valeur commerciale de leur « bébé » et ils ont osé ennuyer Feuillade avec leurs demandes d'augmentation ! Le directeur artistique de Gaumont est rusé : pour effectuer en douceur la disparition au catalogue de la série « Bébé », il a trouvé un autre enfant, René Poyen, âgé de quatre ans. Surnommé Bout de Zan, Poyen fait ses débuts aux côtés mêmes de Bébé dans *Bébé adopte un petit frère* et *Bébé, Bout de Zan et le Voleur*. La transition entre les deux enfants se fait d'abord sans heurts, car les parents de Bébé ne comprennent pas la manœuvre. Le jeune Bout de Zan ayant prouvé sa valeur, Louis Feuillade n'a plus qu'à signer le renvoi de Bébé. Il se sépare de lui avec tristesse, car Anatole Clément Mary avait vraiment du talent. Bébé peut toujours continuer son métier, mais il faudra qu'il adopte un autre surnom : la marque Bébé a été déposée par Gaumont. Bout de Zan est tout petit ; il nage dans des vêtements trop larges pour lui. Avec son haut-de-forme cabossé ou son énorme chapeau melon, ses souliers gigantesques et usés, il incarne parfaitement le gosse miséreux de Paris, pitoyable, malicieux et blagueur. D'où vient son surnom ? C'est Bébé lui-même qui l'a trouvé. Lors de la première rencontre entre les deux enfants, Bébé s'écrie en voyant le petit René Poyen, au visage sans doute mal lavé ou plus sombre que le sien : « Ah ! qu'il est noir, on dirait un bout de zan ! » (→ 17.1.13)

Colette Willy aime le cinématographe

Paris, 18 octobre
« Vous désirez mes impressions sur le cinématographe ? Elles sont des plus favorables. Faute de temps, je n'en ai pas encore fait, mais j'espère que j'y arriverai bientôt. » La jeune et charmante personne qui s'exprime ainsi dans les colonnes de l'hebdomadaire *le Cinéma* s'appelle Colette Willy. Elle a divorcé en juin 1910 d'avec l'écrivain Willy, et vit maintenant avec Henry de Jouvenel. Colette est connue partout grâce à la série des *Claudine*, mais aussi par d'autres romans fameux, tels *l'Ingénue libertine* ou *la Vagabonde*. Depuis le 25 avril, elle interprète au Ba-Ta-Clan *la Chatte amoureuse*, pantomime de Roger Guttinger, mise en scène par Georges Wague. Ce grand mime a appris toutes les ficelles de son métier à la jeune femme. Wague est très proche du cinéma : il a joué dans plusieurs bandes, pour Le Film d'Art par exemple. C'est lui qui a joué dans la première vue animée artistique, en 1907 : *l'Enfant prodigue*, de Michel Carré et André Wormser, produit par Edmond Benoît-Lévy. Colette, toujours à court d'argent, va-t-elle se laisser séduire par les sirènes du cinéma ? Son amie Jeanne Roques, comédienne sous le nom de Musidora, qui interprète la pantomime avec elle, a déjà été sollicitée par d'étranges réalisateurs, des anarchistes, qui veulent lui faire tourner un film l'an prochain. (→ 30.5.14)

Le magicien de Montreuil en perdition

Dans « A la conquête du Pôle », Méliès est toujours créateur et interprète.

Montreuil, 31 décembre
Une fin d'année noire pour Georges Méliès. Les films commandités par Pathé n'ont pas rencontré le succès espéré. Pourtant, *A la conquête du Pôle*, une bande de 650 mètres en couleurs sortie le 3 mai, renouait avec la qualité du genre Méliès, si renommé il y a quelques années. On y voyait un immense mannequin articulé, construit en carton-pâte, le Géant des neiges. Mais cela n'a pas suffi : Méliès n'est pas parvenu à trouver un souffle nouveau. Ses films font piètre figure à côté de ceux de Jasset, de Feuillade ou des Américains. Méliès donne encore à Pathé *Cendrillon* et *le Chevalier des neiges* : échec complet. Les loueurs de films n'en veulent pas, et Zecca devient de plus en plus critique à l'égard de son rival de toujours. Maintenant, Méliès prépare *le Voyage de la famille Bourrichon*, d'après la comédie d'Eugène Labiche. Toutefois, il s'en occupe distraitement et en a confié la réalisation à son assistant Manuel, qui n'a vraiment pas l'imagination de son patron. Le résultat risque d'être désastreux. Le pauvre Méliès a l'esprit ailleurs : sa femme Eugénie se meurt, son frère aux Etats-Unis est au bord de la faillite. (→ 1.12.13)

Comme dans toute son œuvre, le merveilleux est là, mais sa magie n'agit plus.

1913

Paris, 17 janvier
Le Bébé-Cinéma, salle de trois cent quatre-vingts places, est ouverte par M. Mary, le père de la vedette de la série « Bébé », Bébé Abelard.

Rome, 7 février
Le Cinéma pontifical, réservé aux membres du clergé, est ouvert au Vatican. Le Pape a interdit aux prêtres l'entrée des cinémas publics.

France, 15 février
Le journal catholique *la Croix du Pas-de-Calais* publie un article contre le film Pathé *Notre-Dame de Paris*, rappelant que le roman de Victor Hugo est un livre à l'index.

Santa Monica, 1er mars
La Vitagraph quitte définitivement New York et installe tous ses studios en Californie.

Bruxelles, 4 mars
L'exploitant et opérateur Isidore Moray, créateur du *Journal belge d'actualité*, filme à 10 heures la destruction par le gaz d'une maison de la rue de la Montagne. L'actualité est présentée à 15 heures.

Etats-Unis, 5 mars
Thomas H. Ince a produit *Rio Jim, le Fléau du désert* (*The Scourge of the Desert*), de Reginald Barker, premier western d'une série dont la vedette est William Hart. (→ 8.6.14)

Vincennes, 17 mars
Le préfet de police de Paris, Louis Lépine, visite les usines Pathé et assiste aux tests d'inflammabilité sur la nouvelle pellicule « de sûreté » Pathé, à base de Celluloïd. (→ 4.8.14)

Londres, 31 mars
Sur incitation du ministère de l'Intérieur, les professionnels créent le *Board of Censors*, un organisme de contrôle des films mis en exploitation. Il délivre deux types de certificats : U pour les films admis et A pour ceux réservés à un public d'adultes. (→ 31.3.17)

Londres, mars
Evénement dans la capitale : le second film *l'Expédition Scott au pôle Sud*, d'Herbert G. Ponting, sort en salle. Les bobines de ce film ont été retrouvées en décembre 1912 auprès des cadavres du capitaine Scott et de ses compagnons, morts de froid neuf mois plus tôt.

Berlin, mars
Erich Pommer, le directeur de la Deutsche Eclair (Decla), fondée avec la participation de la firme française Eclair, rachète la majorité du capital de l'entreprise à la société mère. (→ 30.9.18)

Paris, 19 avril
Le ministère de l'Intérieur interdit l'exhibition des films représentant des crimes récemment commis ou des exécutions capitales. (→ 1.3.15)

Bombay, 3 mai
Inspiré d'un épisode de l'épopée mythologique du Mahabharata, *le Roi Harishchandra*, réalisé par Dhundiraj Govind Phalke, est projeté. C'est le premier long métrage (il comporte quatre bobines) indien de fiction. (→ 1.3.17)

Californie, 1er juin
David W. Griffith débute pour la Biograph le tournage de *Judith of Bethulia*, son premier film en quatre bobines et son budget le plus élevé à ce jour, avec 36 000 dollars.

Paris, 26 juin
Eclair et Pathé publient leur bilan de l'exercice 1912. Il est largement bénéficiaire : 943 590 F pour Eclair, et 7,3 millions pour Pathé.

Cologne, 1er août
La Dekage (Deutsche Kinematograph Gesellschaft), circuit de salles devenu firme de production, recrute ses artistes à prix d'or. Après le Danois Viggo Larsen, la société enlève à Gaumont deux actrices françaises prometteuses, Suzanne Grandais et Yvette Andreyor.

La Havane, 6 août
Enrique Diaz Quesada a réalisé le premier long métrage cubain, *Manuel Garcia ou le Roi des champs de Cuba*, héros national pendant la guerre d'Indépendance.

Berlin, 9 août
Selon le *Berliner Tagblatt*, les petites salles de cinéma de la ville sont appelées à disparaître au profit des plus importantes. (→ 18.12.17)

Berlin, 22 août
Sortie de *l'Etudiant de Prague*, de Stellan Rye, d'après le roman de Hans Heinz Ewers, avec Paul Wegener. La photographie est due à Guido Seeber. (→ 14.11.14)

New York, 10 septembre
La Famous Players Film Co. sort *In the Bishop's Carriage*, d'Edwin S. Porter et J. Searle Dawley, avec Mary Pickford engagée par Adolph Zukor pour 2 000 dollars par semaine. (→ 10.2.14)

Rochester, 15 septembre
Eastman Kodak lance la première pellicule panchromatique, sensible à toutes les couleurs, mais elle est coûteuse et souffre de défauts : instabilité, émulsion moins rapide que l'orthochromatique, etc. (→ 2.2.14)

New York, 1er octobre
Griffith, décidé à tourner des films de long métrage, quitte la Biograph et signe un contrat avec une filiale de la Mutual Film Corporation, la Reliance-Majestic. Il y assurera la direction artistique et dirigera deux ou trois films par an. (→ 4.5.14)

Berlin, 3 octobre
Max Reinhardt, metteur en scène de théâtre avant-gardiste, et directeur du Deutsches Theater, qui a signé un contrat mirobolant avec la Projektion-AG Union, a réalisé son premier film, *l'Ile des bienheureux*, tourné avec de gros moyens à Corfou, sur un scénario original.

Prague, 10 octobre
La compagnie Asum sort le premier long métrage tchécoslovaque, *la Fiancée vendue*, réalisé par Max Urban d'après l'opéra de Smetana.

Stockholm, 3 novembre
La Svenska sort le huitième film de Victor Sjöström, *Ingeborg Holm*, avec Hilda Borgström. Sjöström y révèle sa sensibilité et son talent de cinéaste, sur un arrière-fond de critique sociale. (→ 29.1.17)

New York, 24 novembre
Sortie triomphale au Weber Theater de *Trafic d'âmes* (*Traffic in Souls*), de George Loane Tucker, premier film américain de long métrage (2 000 m). Son exploitation doit se poursuivre dans vingt-huit salles des principales villes du pays.

Paris, 25 novembre
Gaumont lance les « Comédies-vaudevilles », série interprétée entre autres par Marguerite Lavigne et Madeleine Guitty, et qui débute avec *les Millions de la bonne*, de Louis Feuillade. (→ 30.5.14)

New York, 1er décembre
Gaston Méliès, de retour de sa coûteuse expédition (50 000 dollars), retrouve sa firme au bord de la faillite. Les documentaires tournés en Océanie ont eu peu de succès, tout du moins ceux qui ont pu être développés, de nombreux négatifs ayant été irrémédiablement endommagés. (→ 4.8.14)

Paris, 5 décembre
Dans la salle du Gaumont-Palace sont inaugurées des projections de films Chronochrome de Gaumont, l'un des premiers procédés trichromes exploités en France.

Paris, 13 décembre
La société Lux est dissoute. Son usine de fabrication de positifs à Gentilly, qui produisait 10 000 m de films par jour est mise en vente.

Pékin, 31 décembre
L'Asia Film Company sort le premier long métrage de fiction chinois, *Un couple infortuné*, satire sur le mariage imposé, réalisé par Zhang Shichuan et Zheng Zhengqiu. Au cours de l'année, Benjamin Polaski a cédé l'Asia Film à ses compatriotes américains Essler et Lehrman. (→ 31.12.14)

NAISSANCES

Brooklyn, 18 janvier
Danny Kaye
(*David Daniel Kaminsky).

New York, 4 mars
John Garfield (*Julius Garfinkel).

Bordeaux, 18 mars
René Clément.

Londres, 6 mai
Stewart Granger (*James Stewart).

New York, 2 novembre
Burt Lancaster
(*Burton Stephen Lancaster).

Darjeeling, Inde, 5 novembre
Vivien Leigh (*Vivian. M. Hartley).

Cherbourg, 12 décembre
Jean Marais
(*Jean Alfred Villain-Marais).

Après le succès du roman-feuilleton de Pierre Souvestre et Marcel Allain, le film à épisodes de Feuillade dépasse à son tour toutes les limites.

FILMS
Gaumont
CINEMA
FANTÔMAS
LE MORT QUI TUE

« Quo vadis? » et l'avènement du long métrage

Lia Orlandini et Gustavo Serena dans une reconstitution minutieuse de Guazzoni, fort des droits du roman originel.

New York, 21 avril
Un film italien intitulé *Quo vadis?* est projeté depuis aujourd'hui à l'Astor Theatre de Broadway, devant un public enthousiaste. C'est le plus long métrage jamais présenté aux Etats-Unis, avec pas moins de neuf bobines. Le prix des places est à la hauteur de l'événement: 1 dollar, alors qu'un billet ne coûte généralement que 25 cents. L'adaptation du roman de l'écrivain polonais Henryk Sienkiewicz a demandé plusieurs mois de tournage et un investissement sérieux de la part de la société productrice, la Cines. Les premières scènes ont été enregistrées en juillet dernier et le film a coûté plus de 80 000 lires. Il a fallu, entre autres dépenses inhabituelles, louer vingt lions pour les séquences d'arènes. Les spectateurs new-yorkais sont particulièrement impressionnés par les plans de foule, où se déploie une figuration nombreuse. Le résultat obtenu est tout à l'honneur du réalisateur, Enrico Guazzoni. (→ 31.10)

« Les Misérables » ont trouvé la recette

Paris, 10 janvier
Depuis sa sortie il y a une semaine dans trente-trois salles parisiennes, 600 000 personnes ont vu *les Misérables*, produit par la SCAGL et distribué par Pathé, réalisé par Albert Capellani, d'après Hugo. Pathé fait une réclame énorme pour ce film: des annonces dans la presse, quatre affiches différentes, tirées à 60 000 exemplaires. L'enjeu est important. Le film mesure en effet 3 480 mètres, presque deux heures de projection, une audace exceptionnelle. Pathé et Capellani ont réussi leur pari: c'est un triomphe, malgré la longueur, les décors de toile peinte et les plans fixes du film. L'interprétation est de premier ordre: Henry Krauss, dans le rôle de Jean Valjean, domine cette fresque pleine de vie. (→ 15.2)

Albert Capellani tire parti de toutes les ressources du grand roman d'Hugo.

Gaumont à son tour aux portes de Nice

Nice, 1er avril
Gaumont inaugure à son tour, bien après Pathé, un théâtre de prise de vues vitré ainsi qu'un laboratoire de développement de films, installés à l'opposé de ceux de Pathé, dans le quartier de Carras. L'ensemble du terrain mesure 10 000 mètres carrés. Le lieu est idéal, tout proche de la mer. On a surnommé le studio la Cage à mouches, en raison de ses vastes baies vitrées; il y fait chaud, mais les films qui y sont tournés bénéficient d'une luminosité idéale. Léonce Perret et Louis Feuillade inaugurent ce nouveau studio. C'est Feuillade qui en sera le maître absolu. Le studio des Buttes-Chaumont fonctionnera à plein temps durant la belle saison et, pendant l'automne et l'hiver, la troupe se rendra à Nice. (→ 18.8.19)

Au studio de Carras, le théâtre de prise de vues (à droite) et le laboratoire.

Une recrue de poids chez Mack Sennett

New York, 5 juin
Deux nouvelles comédies de la Keystone sortent sur les écrans. Elles s'intitulent *Passions, He Had Three* (il a trois passions) et *Help! Help! Hydrophobia!* (au secours, je suis hydrophobe), et toutes deux sont interprétées par un obèse dénommé Roscoe « Fatty » Arbuckle. Cet enfant de la balle avait fini par délaisser le théâtre et le music-hall pour tenir quelques rôles dans des films de la Selig. Il vient de signer avec Mack Sennett un contrat qui devrait lui permettre de sortir définitivement de l'anonymat. Sa bonhomie et sa truculence ont en tout cas immédiatement séduit le public new-yorkais. *The Gangsters*, édité il y a une semaine, fut sa première apparition officielle dans un film de la Keystone, aux côtés de Fred Mace et sous la direction d'Henry Lehrman. Avec cette recrue de poids, Sennett grossit, au sens propre, les rangs de sa fameuse troupe comique. (→31.7.15)

« Fatty » Arbuckle a vingt-six ans.

Le pays tremble devant Fantômas

Paris, 9 mai
Toute la capitale est fascinée par une nouvelle affiche qui vient de surgir sur les boulevards: on y voit l'élégant Fantômas, le Maître du crime rendu si populaire par les romans de Pierre Souvestre et Marcel Allain, se tenir au-dessus de Paris, le visage masqué et la mine sinistre. Ces affiches ne sont pas marquées du sceau de l'éditeur Arthème Fayard, mais de la marguerite Gaumont. La société a en effet acquis les droits de ce roman à succès, pour la somme de 6 000 francs. C'est Louis Feuillade qui est chargé de mettre en scène les aventures du sinistre personnage. « Fantômas », drame en trois parties et trente tableaux, sort aujourd'hui et captive déjà la foule. En 1 146 mètres, que de meurtres, de tentatives d'assassinat, d'attentats, de vols, de chantages, d'enlèvements! Les trois parties du film représentent *le Vol du Royal-Palace Hôtel, la Disparition de lord Beltham, Autour de l'échafaud*: les trente-trois chapitres du livre y sont condensés avec une sobriété tragique. Gaumont, toujours puritain, a demandé à Feuillade de ne pas porter à l'écran les scènes les plus terribles. Feuillade est parvenu malgré cela à créer une atmosphère plus angoissante encore que dans les livres. Fantômas est interprété par l'inquiétant René Navarre, au profil d'aigle. Il semble mener le bal autour du pauvre Juve, le policier de la Sûreté joué par Bréon. C'est le jeune Georges Melchior qui incarne Jérôme Fandor, journaliste et fin limier, complice de Juve, et Renée Carl est devenue lady Beltham. Les aventures du Maître de l'effroi dans le labyrinthe de Paris sont inoubliables. Une forte poésie se dégage de ces images: poursuites sur les toits du Gaumont-Palace, sur fond de ciel gris; rues aux pavés humides, murs croulants, palissades derrière lesquelles se cachent les apaches, dissimulés sous des cagoules de soie noire... La fin du film est éprouvante: Juve croit avoir arrêté Fantômas, mais un innocent s'est substitué au véritable criminel, et il monte à la guillotine. Juve s'aperçoit à temps de la supercherie: le malheureux est sauvé, mais le Maître de l'épouvante est toujours en fuite! La dernière image montre Juve, désespéré, assis à son bureau. Il se promet bien de retrouver Fantômas. Brusquement, il sursaute: le Génie du crime apparaît en surimpression et s'approche de lui en ricanant. Le policier se précipite, mais l'image disparaît... La suite au prochain épisode! (→25.11)

« Juve contre Fantômas », deuxième volet de la série, avec René Navarre.

Inquiétude sur les Champs-Elysées

Paris, 14 février
Après le Boulevard, est-ce au tour des Champs-Elysées d'être envahis par les salles de cinéma? Les travaux du Colisée-Cinéma-Théâtre, le premier cinéma situé sur l'avenue, près de la rue du Colisée, sont bientôt terminés. Depuis un certain temps déjà, le cinéma rôde autour des Champs-Elysées: des salles ont été bâties avenue de la Grande-Armée (Cinérama Théâtre) et rue de Rivoli (Brimborion, Bioscographe, Rivoli-Cinéma).

Le tournage de « la Glu » porte la poisse à Mistinguett

Paris, 19 juillet
Tournage mouvementé à Vincennes aux studios de la SCAGL: Albert Capellani adapte le roman de Jean Richepin, *la Glu*, avec Mistinguett et Henry Krauss. La célèbre chanteuse du music-hall, convertie au cinéma, a touché un cachet de 2 050 francs. C'est bien mérité, car il est arrivé à Mistinguett, au cours de la réalisation, un fâcheux incident: une autre actrice devait l'assommer, avec un marteau ouaté. Le coup fut-il frappé trop fort? Mistinguett s'évanouit, le visage en sang, devant l'équipe stupéfiée!

Albert Capellani s'est inspiré ici d'une œuvre de Jean Richepin.

Les anarchistes croient au cinéma

Paris, 13 septembre
Les anarchistes Sébastien Faure, Yves Bidamant, Jean Grave et Marcel Martinet fondent le Cinéma du peuple, société coopérative anonyme. Les libertaires veulent lutter contre la mauvaise image que le cinéma donne de l'ouvrier, souvent représenté comme une brute opposée au généreux patron. « Dès qu'une invention est lancée, elle se retourne contre la classe ouvrière. Rien de plus répugnant que les scènes qui se déroulent sous les yeux du public. Le patriotisme, le respect des lois, toutes les vertus bourgeoises y sont exaltées. » La société veut produire elle-même des films, racontant certaines scènes de la Commune ou le dur travail des ouvriers à la mine.

Max Linder, ambassadeur torero

Barcelone, 28 septembre
Devant la presse, Max Linder fait ses débuts de *matador*, pour quelques minutes. Tout s'est bien passé. On a eu peur, car il est déjà arrivé de drôles de mésaventures à Linder lors de son dernier passage en Espagne, il y a un an. Il effectuait une nouvelle tournée dans le pays, en compagnie d'André Deed et Stacia Napierkowska, les deux grandes vedettes de la compagnie Pathé. Un jour, sur scène, Linder exécute son numéro de « pellicule nature » : cela consiste à apparaître brusquement sur scène, après la projection d'un de ses films. Le public adore ce genre de surprises, mais, cette fois, Linder arrive sur scène en sautant, comme s'il crevait l'écran. Il a mal pris son élan et se retrouve dans la fosse d'orchestre. On le relève sans connaissance. Heureusement, le fragile Linder s'en tire avec quelques contusions. Les tournées en Espagne des trois vedettes Pathé s'effectuent dans la passion générale. L'année dernière, il a fallu changer l'horaire du train et aiguiller le convoi sur une autre ligne, pour dépister les journalistes et la foule hystérique. Ce serait lors d'une tournée en Espagne que Max Linder aurait pris conscience de son immense popularité. De retour à Paris, il est allé voir Pathé. En 1910, Linder était payé 1 000 francs par film. Fin 1911, il touchait 150 000 francs par an ; fort de son aura internationale, il vient d'arracher à Pathé un contrat de un million de francs par an ! Linder est actuellement le comédien le mieux payé du monde. (→ 4.8.14)

« Dandy » sûr de lui et conquérant.

Depuis deux ans sous le signe de la marguerite, le Gaumont-Palace est à nouveau transformé et embelli. Il rouvre ses portes le 5 septembre.

La dernière aventure de Victorin Jasset

Paris, 5 septembre
Le dernier film de Victorin Jasset, *Protéa*, reçoit dès sa sortie un accueil chaleureux du public, mais celui-ci reste attristé. Le grand réalisateur de la firme Eclair (*1862) est en effet mort prématurément le 22 juin dernier. Jasset a profité de la situation tendue dans les Balkans pour tourner un film d'espionnage qui a l'air très proche de l'actualité. Protéa, une espionne dont le rôle est joué par Josette Andriot, doit s'emparer d'un traité secret entre la Celtie et la Slavonie. Avec l'aide de l'Anguille, alias Lucien Bataille, la belle héroïne parvient à dérober le document, après s'être déguisée en monte-en-l'air, en mondaine, en officier d'ordonnance, en ambassadrice d'Albanie, en Tzigane, en dompteuse de fauves. Jasset, le Dr Phantom, Zigomar et la troublante silhouette de Protéa, recouverte d'un maillot noir, ne seront pas oubliés de sitôt.

D'autres épisodes sont confiés à Gérard Bourgeois et à Jean-Joseph Renaud.

Eclaircissements de Louis Lumière

Lyon, 4 octobre
Le Progrès de Lyon publie une interview de Louis Lumière, où l'inventeur explique pourquoi il a renoncé rapidement à exploiter son Cinématographe : « Ce n'est pas notre métier. Nous avions inventé un appareil, nous l'avons fabriqué. Notre rôle se bornait à démontrer ce qu'on pouvait en obtenir. Et puis l'on ne pouvait prévoir vraiment cet engouement universel pour des spectacles qui nous paraissaient au début à la fois si peu populaires, si coûteux à réaliser, si difficiles à varier. » Lumière cache un peu la vérité : il a vraiment songé a exploiter financièrement toutes les ressources du Cinématographe, mais de manière peu habile. En refusant de vendre son appareil, Lumière a incité ses concurrents à en fabriquer d'autres. L'industrie du cinéma a été édifiée par Pathé et Gaumont ; la firme lyonnaise qui produisait également n'a jamais pu rattraper ces deux firmes. Louis ne regrette rien : « Nous avons semé, d'autres récoltent. C'est la vie ! » (→ 10.2.20)

Histoire et romances à l'italienne

Deux films de Mario Caserini : « les Derniers Jours de Pompéi » et « Mais mon amour ne meurt pas », avec Lyda Borelli.

Turin, 31 octobre
Le cinéma italien vole de succès en succès. En août dernier, l'Ambrosio de Turin avait sorti *les Derniers Jours de Pompéi* (*Gli ultimi giorni di Pompei*), une adaptation particulièrement soignée du roman historique homonyme de Bulwer-Lytton. Aujourd'hui, c'est au tour de la Gloria, également située à Turin, d'éditer un drame sentimental intitulé *Mais mon amour ne meurt pas* (*Ma l'amor mio non muore !*). La vedette, la diva Lyda Borelli, réussit parfaitement son passage de la scène à l'écran. Les deux films, de conception radicalement différente, ont été réalisés par le même metteur en scène, Mario Caserini. Le mélange des genres est une réussite. (→ 24.1.14)

De Mille et Lasky se joignent aux pionniers de Hollywood

Hollywood, 29 décembre
Dans une grange de Vine Street, Cecil B. De Mille vient de commencer le tournage du film *le Mari de l'Indienne* (*The Squawman*), d'après la fameuse pièce d'Edwin Milton Royle, avec Dustin Farnum pour vedette. Débuts bien modestes pour ce réalisateur, qui est cofondateur avec Jesse L. Lasky, Samuel Goldfish et Arthur S. Friend de la toute nouvelle société de production Jesse L. Lasky Feature Play. Pourtant, le film a déjà rapporté de l'argent, ayant été vendu à l'avance, pour plus de 40 000 dollars, à plusieurs distributeurs régionaux. De Mille et Lasky sont des nouveaux venus dans le monde de Hollywood et rien ne les prédisposait, apparemment, à ce genre d'expériences. Lasky est ce qu'on appelle un baroudeur. On le vit aux côtés de Jack London, au moment de la ruée vers l'or du Klondike, en 1904. Sept ans plus tard, les hasards de l'existence le conduisirent à ouvrir un music-hall à New York. Il y monta des opérettes que mettait en scène un jeune apprenti librettiste dénommé Cecil B. De Mille. Toutes furent de remarquables succès. Ainsi naquit l'une des associations les plus fructueuses du spectacle. La rencontre avec Goldfish, représentant de la General Film Company, les orienta brusquement vers le cinéma. Avec eux, tout est possible ! (→ 15.7.14)

Cecil De Mille, Oscar Apfel, Dustin Farnum, Jesse Lasky et Edmund Breese.

Charles Chaplin réticent et séduit

New York, 29 décembre
Une nouvelle vedette entre à la Keystone Comedy Film Company. Adam Kessel, l'un des propriétaires de l'entreprenante société, vient en effet d'engager le jeune acteur anglais Charles Chaplin, en prévision du remplacement de Ford Sterling. Chaplin tenait auparavant la vedette de la troupe de Fred Karno. Mack Sennett, directeur artistique de la Keystone, s'est enflammé pour ce mime talentueux, lors de son passage sur la scène de l'American Music Hall, situé 42th Street à New York. Celui-ci y jouait le rôle d'un ivrogne dans un sketch intitulé *A Night in a London Club*. A l'époque, le jeune homme avait refusé une première offre, jugée insuffisante. Le contrat d'aujourd'hui le lie pour un an avec ses nouveaux employeurs, pour un salaire de 150 dollars par semaine. Chaplin s'est installé depuis quelques semaines à Hollywood, où sont basés les studios de la Keystone. (→ 5.1.14)

1914

Paris, 2 janvier
Eclair sort *le Système du docteur Goudron et du professeur Plume*, premier film de Maurice Tourneur, ancien acteur chez André Antoine. (→ 31.12.18)

Paris, 17 janvier
Charles Pathé, qui vient de recevoir le ruban de chevalier de la Légion d'honneur, lance le film *Napoléon, du sacre à Sainte-Hélène*, d'Alfred Machin, tourné avec les armées russe et belge. (→ 23.5)

Paris, 24 janvier
La firme romaine Celio Film distribue *Histoire d'un Pierrot*, réalisé par le comte Baldassare Negroni, avec Francesca Bertini. Il s'est essayé ici au film musical. (→ 18.4)

Berlin, 31 janvier
Le Petit Ange (*Engelein*), réalisé en Allemagne par Urban Gad, avec Asta Nielsen, est projeté.

Londres, 2 février
Le Monde, la Chair et le Diable, de Lawrence Cowen, avec Franck Esmond et Ruppert Harvey, est présenté en Kinemacolor.

New York, 10 février
La Famous Players Film Co. sort son premier film tourné en Californie, *Heart's Adrift*, d'Edwin S. Porter, avec Mary Pickford.

Paris, 27 février
Parution du premier numéro de l'hebdomadaire *le Film*, dirigé par André Heuzé et Georges Quellien.

New York, 28 février
Dans son quatrième film, *Charlot et le parapluie (Between Showers)*, Charlie Chaplin apparaît avec la défroque typique de Charlot.

Saint-Pétersbourg, 5 mars
L'Enfant de la grande ville (Ditja bol sogo goroda), réalisé par Evguéni Bauer, est projeté.

Paris, 20 mars
Pathé lance la première série de « Rocambole », réalisée par Georges Denola d'après Ponson du Terrail, avec Gaston Sylvestre.

Copenhague, 23 mars
Benjamin Christensen a réalisé son premier film, *l'X mystérieux*, dont il interprète aussi le rôle principal.

Paris, 29 mars
Sarah Bernhardt, dont le film *Adrienne Lecouvreur*, de Louis Mercanton, vient de sortir, refuse de jouer *la Victoire de Samothrace*, d'Abel Gance. (→ 22.11.15)

New York, 11 avril
Produit par la Selig, *Sa vengeance* (*The Spoilers*), de Colin Campbell, est projeté pour l'inauguration du Strand, première salle d'exclusivité de 2 900 places, construite spécialement pour montrer des films.

France, 18 avril
La corporation cinématographique édite des tracts contre une taxe sur le cinéma votée le 23 mars par la Chambre des députés.

Paris, 24 avril
Louis Aubert sort le film danois *Rêve d'opium*, de Forest Holger-Madsen. (→ 18.9.15)

Etats-Unis, 4 mai
Un béguin de Charlot (*Caught in the Rain*), qui sort ce jour, est le premier film entièrement écrit et réalisé par Charlie Chaplin. (→ 30.6)

Los Angeles, 4 mai
La Reliance-Majestic sort *Home Sweet Home*, avec les sœurs Gish, Mae Marsh et Henry B. Walthall, réalisé par David W. Griffith dans les studios de Hollywood.

France, 22 mai
Dans *le Film*, Rémy de Gourmont dénonce les adaptations littéraires : « C'est une pitié de les voir traduites par des ombres tremblotantes. »

Paris, 30 mai
Gaumont lance *le Calvaire*, de Louis Feuillade, avec Musidora, qui vient des Folies-Bergère, où elle dansait en tenue légère. (→ 1.10.15)

New York, mai
Le réalisateur français Maurice Tourneur, envoyé par la société Eclair pour prendre la direction de sa production américaine, rejoint son poste à Fort Lee. (→ 31.12.18)

Paris, 3 juin
Raymond Poincaré inaugure au Parc des Princes un monument à la mémoire d'Etienne-Jules Marey, que Charles Richet, prix Nobel de médecine, déclare « inventeur du cinématographe ». (→ 18.4.24)

Los Angeles, 8 juin
La Vengeance des dieux (*The Wrath of Gods*), réalisé par Thomas H. Ince, est projeté à l'inauguration de l'Ebbet Field Theater, une salle en plein air pour spectateurs en automobile. (→ 17.4.16)

Paris, 1er juillet
Le metteur en scène André Antoine devient réalisateur chez Pathé. (→ 15.9.16)

Pasadena, Californie, 4 juillet
Après des mois de préparation, Griffith, ayant obtenu un budget de 40 000 dollars, commence le tournage de *The Clansman*.

Paris, 31 juillet
Agé de neuf ans, Jean Vigo, qui accompagne son père, le journaliste Miguel Almereyda, assiste à l'assassinat de Jean Jaurès. (→ 24.1.29)

Autriche-Hongrie, 16 août
Le pouvoir se préoccupe de l'impact du cinéma sur l'opinion. Les films devront désormais diffuser des idées patriotiques. Ceux des pays ennemis sont interdits.

La Roche-sur-Yon, 25 août
Exempté de mobilisation au front pour raison de santé, Abel Gance se retrouve brancardier. Il est horrifié par les premiers blessés de la guerre dirigés vers les hopitaux. (→ 20.2.15)

Rome, 1er septembre
La Morgana Film, créée par Nino Martoglio, sort son film *Perdus dans le brouillard* (*Sperduti nel buio*), première œuvre italienne d'inspiration « réaliste ».

Pasadena, Californie, 5 septembre
Griffith ayant dépassé son budget initial, le tournage de *The Clansman* est interrompu. (→ 31.10)

Etats-Unis, 15 septembre
Winsor McCay présente son dessin animé *Gertie le dinosaure*. Ce film de dix minutes est composé de 10 000 dessins distincts. (→ 19.12)

Autriche-Hongrie, 30 septembre
Une bataille impitoyable s'engage entre firmes concurrentes, sur le marché des actualités de guerre.

Petrograd, 7 octobre
Vladimir Gardine présente son film *Anna Karénine*, d'après Tolstoï.

New York, 31 octobre
Pathé America a été transformée ce mois-ci en société de production et de distribution, avec la nouvelle raison sociale de Pathé Exchange. Le capital demeure, à hauteur de 60 %, entre les mains de Charles Pathé. Le mois dernier, celui-ci est venu réorganiser sa filiale, mise en difficulté par le trust Edison.

Flandres, 14 novembre
Le réalisateur allemand Stellan Rye (*1880), blessé au combat à Ypres, meurt dans un hopital militaire français.

Etats-Unis, 29 décembre
Après le succès des « Périls de Pauline », début d'un nouveau *serial* en quatorze épisodes, toujours avec P. White : « les Exploits d'Elaine », de Louis Gasnier. (→ 3.12.15)

Berlin, 31 décembre
Comédien au Deustsches Theater, Emil Jannings a fait ses débuts au cinéma, par besoin d'argent, en tournant *Dans les tranchées*.

Paris, 31 décembre
Les salles de cinéma parisiennes, qui, dès novembre, avaient rouvert leurs portes, ont reçu, en décembre, 788 000 spectateurs.

NAISSANCES
Londres, 2 avril
Alec Guinness.

Stirling, Ecosse, 11 avril
Norman McLaren.

Marseille, 23 avril
Simone Simon.

Courbevoie, 31 juillet
Louis de Funès
(*Louis de Funès de Galarza).

Vienne, 9 novembre
Hedy Lamarr
(*Hedwig Eva Maria Kiesler)

Smyrne, 13 novembre
Henri Langlois.

Milan, 13 novembre
Alberto Lattuada.

Après « les Derniers Jours de Pompéi » et « Quo vadis ? », « Cabiria » assure la suprématie des productions italiennes, qui inspirent l'étranger.

Chaplin tourne pour gagner sa vie

Hollywood, 5 janvier
Premiers pas devant la caméra pour Charles Chaplin. La nouvelle recrue de la Keystone a en effet tourné aujourd'hui son premier film sous la direction du metteur en scène Henry Lehrman. Intitulé *Pour gagner sa vie* (*Making a Living*), il s'agit d'un documentaire sur la presse et le journalisme, agrémenté de quelques touches de comédie. L'acteur débutant y porte une redingote légère, un haut-de-forme et des moustaches en guidon de bicyclette. Cela faisait plusieurs semaines que le jeune mime anglais attendait son heure. Il lui avait fallu d'abord se familiariser avec les us et coutumes d'un studio de cinéma et prendre contact avec ses nouveaux collègues. L'éloignement provisoire de la troupe, partie tourner en extérieurs sous la férule de Mack Sennett et de Ford Sterling, lui a fourni l'occasion de s'affirmer. Il semble cependant que sa première collaboration avec le dénommé Lehrman se soit mal passée. Ce dernier n'aurait pas supporté sa personnalité et ses nombreuses suggestions. Chaplin est-il déjà en disgrâce ? (→ 28.2)

Les magnats de la presse se font la guerre à coups de « serials »

Kathlyn Williams dans « les Aventures de Kathlyn », « serial » McCormick.

Chicago, 31 mars
Aujourd'hui sort le premier épisode d'une série intitulée « les Périls de Pauline » (« The Perils of Pauline »), avec la blonde Pearl White pour vedette. Parallèlement, le *Chicago Evening* en publie le feuilleton écrit. Des coopérations originales de ce type, entre le cinéma et la presse, deviennent des plus courantes. Elles résultent en fait de la rivalité aiguë entre les deux magnats de la presse, William Randolph Hearst et Rufus McCormick. Ce dernier était parvenu à relancer les ventes du *Chicago Tribune* en publiant, en décembre dernier, le récit romancé d'une première série produite par la Selig, « les Aventures de Kathlyn » (« The Adventures of Kathlyn »). Chaque semaine, un épisode sortait sur les écrans et le feuilleton tiré de celui-ci paraissait en sept livraisons dans le grand quotidien. La publication des « Aventures de Kathlyn » amena 50 000 lecteurs supplémentaires au journal. Bien décidé à ne pas se laisser faire, Hearst, propriétaire du *Chicago Evening*, se tourna aussitôt vers Charles Pathé. Celui-ci, par l'entremise de sa filiale américaine, la Pathé America, mit en chantier dès le début de l'année « les Périls de Pauline », sous la direction de Louis Gasnier et de Donald Mackenzie. Un nouveau succès en prévision pour ce genre des plus originaux. (→ 29.12)

Avec « Atlantis », le « Titanic » sombre pour la seconde fois

Paris, 20 mars
Le tout dernier film de la Nordisk sort aujourd'hui sur les écrans parisiens. Intitulé *Atlantis*, il s'agit de l'adaptation grandeur nature d'une pièce fameuse de Gerhardt Hauptman, directement inspirée par le récent naufrage du *Titanic*. Pour les besoins de la reconstitution, la société danoise n'a pas lésiné sur les moyens : une épave a été construite pour l'incroyable somme de 10 000 marks. Le tournage, qui a duré plus de trois mois, a requis quatre-vingts acteurs de premier plan et pas moins d'un demi-millier de figurants. August Blom, le réalisateur, a vu beaucoup trop grand. Selon lui, à l'origine, le film devait mesurer entre 4 000 et 5 000 mètres, ce qui représentait plusieurs heures de projection : inacceptable pour les exploitants ! Lors de sa sortie danoise, le 26 décembre dernier, il n'en restait plus que 2 450 mètres ; c'était encore trop. Le public de Copenhague et des environs bouda cette superproduction. La version italienne, quant à elle, ne mesure plus que 1 600 mètres, la version française 1 500 mètres et l'anglaise 1 000 mètres. L'échec est patent, et on se demande si la Nordisk ne va pas sombrer corps et biens dans cette entreprise trop ambitieuse.

August Blom signe pour la Nordisk son film le plus ambitieux à ce jour.

Le théâtre rend les armes

Paris, 1er mai
Le critique Adolphe Brisson affirme dans la revue *le Film* : « Le cinéma et le théâtre se livrent une bataille acharnée... La lutte s'achève, et le théâtre est vaincu. » Les recettes des théâtres de Paris pour l'année 1913 révèlent en effet des surprises. Les chiffres du Théâtre-Français sont en baisse de 465 000 F, l'Odéon perd 134 000 F. Grâce à l'ouverture de deux nouvelles salles, la Comédie et le théâtre des Champs-Elysées, les recettes globales s'élèvent à 36 138 007 F, contre 34 077 339 F en 1912. Une augmentation très faible qui prouve la crise du théâtre. Le chiffre des vingt-quatre grands cinémas parisiens sont eux en nette progression : 6 841 566 F en 1912, 8 055 864 F en 1913.

« Cabiria » fait reculer les limites du cinéma

Turin, 18 avril
Avec *Cabiria*, le tout nouveau film de la société Itala et de son réalisateur et administrateur Giovanni Pastrone, le public turinois est témoin de la naissance d'un nouveau style cinématographique. Le projet date du début de l'année dernière. Pastrone, qui se fait souvent appeler Piero Fosco, décide de consacrer une œuvre de long métrage à l'épopée des guerres puniques et d'y déployer une mise en scène d'une ampleur inégalée. Tous les moyens techniques sont mis à sa disposition: éclairages sophistiqués, mus aux moyens de ponts roulants d'une conception résolument moderne, caméras montées sur chariot, effets spéciaux, etc. Le metteur en scène a fait appel aux services du célèbre écrivain Gabriele d'Annunzio, moyennant un cachet de 50 000 francs. L'intervention du romancier s'est bornée à la rédaction des sous-titres, mais la publicité du film est axée sur sa collaboration exceptionnelle. De plus, d'Annunzio a imaginé de bien curieux patronymes pour les personnages de l'intrigue: Cabiria, qui signifie « née du feu », Croessa ou Maciste. Ce dernier est un bon géant pour lequel les spectateurs éprouvent la plus grande sympathie. Le rôle est interprété par un certain Bartolomeo Pagano, un ancien docker du port de Gênes. A court d'argent, cet homme de trente-six ans s'est présenté au concours de recrutement de l'Itala et l'a emporté haut la main, grâce à sa musculature puissante. Sa première apparition dans le film est significative: campé sur un rocher, les bras croisés dans une posture qui met ses biceps en valeur, il ressemble à une statue antique. (→ 25.11.15)

Le film monumental de Piero Fosco (Giovanni Pastrone) bénéficie de la caution du célèbre écrivain Gabriele d'Annunzio.

Le cinéma belge tente d'exorciser les menaces de conflit

Paris, 23 mai
Pathé met en location *Maudite soit la guerre!*, réalisé en Belgique par Alfred Machin, et produit par la Belge-Cinéma Film. Terminé en fait depuis septembre 1913, le scénario courageux et brutal et le contenu trop pacifiste de ce film dramatique ont incité Pathé à en retarder la sortie. Machin montre en effet « l'horreur des champs de carnage, les cadavres écrasés, grimaçants, béants, aux uniformes teints de boue et de sang, mornes dépouilles qui, quelques heures auparavant, étaient des jeunes gens pleins de vie, de santé... » C'est un message de paix, un film émouvant, plein de talent et tourné avec un budget important. L'armée belge a prêté ses fantassins, ses voitures, ses canons, ses avions, et une dizaine de ballons dirigeables qui s'embraseront dans un gigantesque incendie. Machin fait sauter à la dynamite un moulin à vent, dont les ailes en flammes tournent ensuite dans la nuit. Le film se termine tristement par la rupture entre un couple qui s'aime, mais que la différence de patrie oppose. Certaines copies sont entièrement en couleurs, grâce au Pathécolor: l'œuvre n'en devient que plus impressionnante, mais une œuvre peut-elle suffire à empêcher la guerre? (→ 4.8)

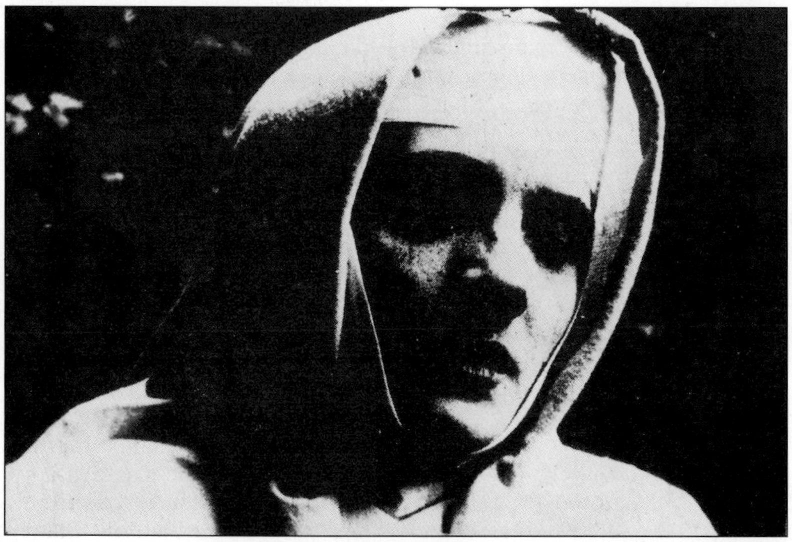
L'héroïne de « Maudite soit la guerre! » cherche au cloître l'oubli de son deuil.

Scènes de meurtre en plein Paris

Paris, 5 juillet
Malgré les réglementations imposées par le préfet de police, il arrive fréquemment que techniciens, acteurs et réalisateur se retrouvent dans la rue, pour tourner les plans en extérieurs de leur film. Victor Méric, dans la revue *le Bonnet rouge*, s'inquiète des « scènes singulières » que provoquent les troupes de cinéma dans les rues. On tourne des scènes de meurtre, d'enlèvement, de bagarre en plein Paris. Au début, cela inquiétait les passants, très effrayés de voir des apaches se battre entre eux ou Juve tirant plusieurs coups de feu sur Fantômas en fuite. Désormais, on peut piller une boutique, saccager une maison, assommer un passant, le gardien de la paix s'exclamera: « Allons, allons, circulez que je vous dis, vous verrez ça dimanche prochain au Ciné-Folies! »

L'Angleterre s'embrase pour Chaplin

« Pour gagner sa vie », le tout premier film tourné par la nouvelle vedette de la Keystone, début janvier, avec Virginia Kirley et Alice Davenport.

Londres, 30 juin
Les premiers films tournés par Charles Chaplin pour la Keystone viennent d'être accueillis très favorablement par le public anglais. Il semble donc que ce dernier ne lui tienne pas rancune d'avoir cédé aux tentations du Nouveau Monde. Aux Etats-Unis, Chaplin est déjà une grande vedette. Pourtant, ses débuts devant la caméra ne datent que de six mois. Dans ses films, il apparaît toujours avec les mêmes frusques : un pantalon trop large, une veste très étroite et élimée, de grandes chaussures éculées, un petit chapeau melon et une canne, dont il se sert comme d'un balancier. Pour compléter le tableau, l'acteur s'est collé un rectangle de crêpe noir sous le nez, ce qui lui tient lieu de moustache. C'est une figure bien originale qui se lance à la conquête de l'Europe. (→ 30.11)

Chaplin a défini son personnage.

Le cinéma requis par la guerre

Paris, 4 août
Le cinéma ne semble plus exister : silence dans les studios, les ateliers. Les salles sont fermées. Tous les hommes valides et en âge de partir sont mobilisés. Le maréchal des logis Alfred Machin est affecté à Biarritz. Roméo Bosetti, 163e d'infanterie, 26e compagnie, reste à Nice. La comédienne Yvette Andreyor est devenue une simple infirmière. L'adjudant Charles Jourjon, directeur d'Eclair, est parti pour le front avec son associé Marcel Vandal, lieutenant. Le distributeur Louis Aubert est mobilisé au 3e corps d'infanterie. André Debrie, le meilleur fabricant de caméras, se retrouve à l'artillerie. Le service radiographique des armées emploie Léopold Maurice. L'administrateur du Film d'Art, Charles Delac, est caporal à Nancy. Max Linder est ravalé au rang de chauffeur auxiliaire du capitaine Massart, l'état de santé du comédien ne lui permettant pas le service armé. Les revues de cinéma ne paraissent plus. Les usines de Vincennes sont à moitié vides. Le nitrocellulose qui sert à fabriquer la pellicule a été réquisitionné pour confectionner de terribles explosifs. (→ 15.2.15)

Paramount veut atteindre les sommets

New York, 15 juillet
Un nouveau géant de la distribution est né : la Paramount Pictures Corporation. Créée le 14 mai dernier à l'initiative de William Wadsworth Hodkinson, le nouveau circuit réunit en une seule organisation nationale plusieurs agences de l'Est et de l'Ouest américains. La traduction littérale de Paramount est « par-delà les monts », ce qui en dit long sur l'ambition du projet. Maintenant, le circuit unifié possède une seule agence centralisée, installée à New York. Reste cependant à alimenter cette multitude de salles disséminées sur l'ensemble du territoire avec une panoplie de films suffisante et de grande qualité. C'est la raison de l'accord qui vient d'être signé aujourd'hui : dorénavant, la Paramount se réserve l'exclusivité des droits des films produits par un certain nombre d'indépendants, parmi lesquels on trouve la Famous Players, la Lasky Feature Play, la Pallas Pictures, Oliver Morosco Incorporation et la Frohman Pictures, toutes ces firmes réunies représentant près de cent œuvres par an. En contrepartie de ces exclusivités et de 35 % des recettes, la société de William Wadsworth Hodkinson s'engage à financer les films distribués dans son circuit, à raison de 35 000 dollars chacun. Cette organisation sans précédent risque de mettre à mal les grands consortiums, comme la Mutual ou l'Universal. Ceux-ci continuent en effet à distribuer leurs films suivant le principe des *State's rights*, c'est-à-dire d'Etat à Etat. Ce qui devrait constituer un sérieux handicap à l'avenir. Toujours est-il que le premier film coproduit par la Paramount, en l'occurrence avec Jesse L. Lasky, sera bientôt en tournage. Intitulé *The Lost Paradise* (le paradis perdu) il sera mis en scène par Oscar Apfel.

Pathé fait valoir ses droits contre Méliès

Montreuil, 4 août
La déclaration de guerre a un seul effet bénéfique : le gouvernement décrète un moratoire. Les huissiers de la société Pathé ne peuvent plus rien contre Georges Méliès. Son entreprise n'a jamais connu de pire situation : les derniers films commandités par Pathé ont été des désastres financiers. Sommations sur papier bleu, lettres recommandées pleuvent sur le petit studio de Montreuil, triste et silencieux. La société Pathé exige, dans un délai rapide, le remboursement des sommes avancées; si Méliès ne s'exécute pas, tout sera saisi : maison, laboratoires, studios, meubles. Or, Méliès est ruiné. Son frère Gaston a lamentablement échoué dans sa tentative exotique. Epuisé, il est revenu en France, après un voyage au Cambodge et au Japon, où il n'a pu tourner de films de bonne qualité, en raison du climat. En mars, Méliès a décidé de vendre son inestimable collection d'automates de Robert-Houdin, mais l'affaire ne s'est pas faite. Le théâtre Robert-Houdin est fermé, comme tous les autres. Cependant le magicien, toujours plein de ressources, décide de transformer son studio en théâtre. Le spectacle continue. (→ 8.8.15)

Projet pour « A la conquête du Pôle ».

D. W. Griffith achève le tournage de « Naissance d'une nation »

Pasadena, 31 octobre
C'est un film pas comme les autres que termine actuellement David Wark Griffith. Son titre est déjà tout un programme : *Naissance d'une nation* (*Birth of a Nation*). Pour le scénario, le metteur en scène s'est inspiré de deux nouvelles de Thomas Dixon : *The Clansman* et *The Leopard's Spots*. Il s'agit de l'histoire de deux familles, les Stoneman, du Nord, et les Cameron, du Sud. A travers ces personnages, D. W. Griffith a voulu dire toute la vérité sur la guerre de Sécession et réhabiliter les sudistes. Ambitieux et coûteux projet : pour financer le tournage, l'ancien directeur artistique de la Biograph a dû faire appel aux largesses de la Mutual Film Corporation et à celle de son directeur, Harry E. Aitken. Estimé à 110 000 dollars, le coût global du film a dépassé largement les prévisions les plus pessimistes, et seuls quelques emprunts amicaux ont permis son achèvement. Les prises de vues, qui avaient principalement pour cadre le studio Reliance-Majestic de Pasadena, en Californie, ont duré en tout et pour tout neuf semaines. Pour les nombreuses scènes guerrières, tournées souvent sur les lieux mêmes des batailles, il a fallu faire appel à près de cinq cents figurants. Perché sur une tour haute de dix mètres, Griffith donnait ses ordres, tel un stratège. Lorsque les bruits de cavalcade et le grondement des canons venaient à s'amplifier, ses consignes étaient totalement inaudibles. Certains figurants, placés à plus de trois kilomètres de la caméra, étaient alors dirigés à l'aide de miroirs grossissants et de signaux lumineux. Durant le tournage, le réalisateur s'est référé en permanence aux photographies de Mathew Brady sur la guerre civile. La scène de la reddition du général Lee à Appomattox, la signature de la proclamation de l'émancipation des esclaves ou la marche de Sherman vers la mer sont des restitutions très fidèles de certaines de ces épreuves. Il a fallu également reconstituer l'intérieur du Ford's Theater, où fut assassiné le président Abraham Lincoln. Le rôle de ce dernier est d'ailleurs tenu par un sosie presque parfait, Joseph Henabery. Raoul Walsh, revolver au poing, se jette sur le pauvre homme et on croirait une réincarnation du meurtrier. L'une des scènes les plus spectaculaires est sans aucun doute l'irruption de cavaliers du Ku Klux Klan, vers la fin du film. Pour les besoins de cette séquence, D. W. Griffith a fait creuser un trou à l'endroit du passage des chevaux pour pouvoir faire filmer au ras du sol le martèlement des sabots. Assurément, du jamais vu ! (→ 8.2.15)

Lillian Gish et Mae Marsh incarnent deux des principales héroïnes du film.

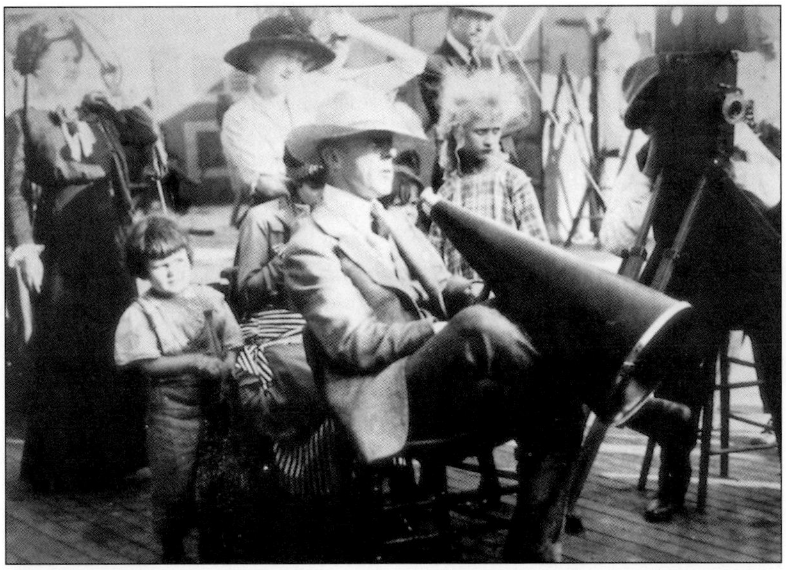
David Wark Griffith, pour ce film, n'a pas hésité à prendre tous les risques.

Progrès techniques du dessin animé

Washington, 19 décembre
Le dessinateur et animateur Earl Hurd dépose une demande de brevet pour un procédé d'animation sur feuilles de Celluloïd. Les personnages à animer sont peints sur des « cellulos » transparents superposés, l'un après l'autre, à un décor fixe. Le procédé évite d'avoir à dessiner ce décor pour chaque image. Sur le plan pratique, il oblige l'animateur à s'assurer de la précision des repères pour une parfaite adéquation de l'ensemble. Ce perfectionnement fait suite à une série de très importantes innovations dues à John Randolph Bray. Ce dessinateur devenu chef d'entreprise modernise l'organisation des studios en hiérarchisant les tâches. Ses propres brevets de 1914 apportent des améliorations technologiques essentielles aux animateurs.

Charles Chaplin change de maison

Hollywood, 30 novembre
Charles Chaplin vient de signer un contrat avec Gilbert M. Anderson et George K. Spoor, directeurs de la compagnie Essanay. L'acteur, qui n'a que vingt-cinq ans, va donc quitter la Keystone, où furent tournés ses premiers succès. Au moment du renouvellement de son contrat, il aurait demandé mille dollars par semaine à Mack Sennett, ce que ce dernier aurait bien sûr refusé. La Essanay, qui jusqu'alors n'avait produit que des westerns interprétés par Anderson alias Broncho Billy, n'a pas été aussi regardante sur la dépense : c'est un salaire hebdomadaire de 1 250 dollars que devrait toucher Chaplin l'année prochaine. Qui plus est, la société va lui confier la direction artistique des films dont il sera la vedette. L'acteur aura par conséquent une totale autonomie de création. Quel chemin parcouru depuis un an ! En 35 films tournés à la Keystone, dont 23 dirigés personnellement, il a su imposer un univers comique sans équivalent. D'ici peu, il devrait quitter le soleil de Hollywood pour la froide atmosphère de Chicago, où sont installés les studios de la Essanay. (→ 10.1.15)

La Chine manque de pellicule

Pékin, 31 décembre
La Chine est de plus en plus isolée sur la scène internationale. La jeune république de Sun Yat-sen a depuis quelque temps les plus grandes difficultés pour se procurer des matières premières d'origine occidentale, du fait du conflit armé en Europe. Entre autres victimes : le cinéma. La pellicule vierge, devenue une denrée extrêmement rare et précieuse du fait des ingrédients la composant et en particulier de l'argent, a en effet cessé de parvenir jusqu'à Pékin, coupant court à une production locale encore balbutiante. Dans ce contexte, les œuvres des pionniers, que ce soit les films de l'opérateur espagnol Antonio Ramos ou ceux de Liang Shao Po ou des frères Li, paraissent reléguées dans les oubliettes de l'histoire. (→ 1.1.17)

★★★★★★★★ 1915 ★★★★★★★★★★★★★★★★★★★★★★★★★★★★

Chicago, 10 janvier
Charlie Chaplin tourne *Charlot débute* (*His New Job*), son premier film pour la Essanay, qui déclenche une spectaculaire campagne de publicité pour le lancer. (→21.6)

New York, 12 janvier
Theda Bara (*Theodosia Goodman) fait des débuts explosifs dans *A Fool There Was*, de Frank Powell, d'après *The Vampire*, de Kipling. Grâce à une biographie aussi exotique qu'imaginaire, la presse et les publicitaires lancent la première vamp du cinéma américain.

Paris, 28 janvier
La filiale française de la fabrique d'optique allemande Karl Zeiss est mise sous séquestre.

Los Angeles, 1er février
Le producteur, distributeur et exploitant William Fox fonde la Fox Film Corporation, avec Winfield Sheehan.

Los Angeles, 8 février
Le jour de la première mondiale de *Naissance d'une nation* au Clune Auditorium, Harry Aitken et David W. Griffith fondent l'Epoch Producing Corporation. (→10.4)

Paris, 20 février
Sur la proposition du directeur artistique du Film d'Art, Louis Nalpas, Abel Gance tourne, en cinq jours et pour 5 000 francs, *Un drame au château d'Acre*.

Rome, 28 février
Premier film de la série policière conçue autour du personnage de Za la Mort, *Nelly la Gigolette*, d'Emilio Ghione avec la diva Francesca Bertini, est projeté. (→8.1.16)

Paris, 1er mars
Le préfet de police interdit la représentation dans les salles de scènes de désolation qu'offrent les régions traversées par l'ennemi. (→10.8.17)

Paris, 15 mars
Louis Aubert met en location des films Keystone de Mack Sennett, avec Mabel Normand. (→31.7)

Washington, 15 avril
La Cour suprême donne le coup de grâce à Edison, en annulant tous les brevets de la Motion Pictures Patents Company. (→15.10)

Paris, 15 avril
Gaumont lance une série : les Films patriotiques.

Paris, 17 avril
Pour protester contre la censure, le Syndicat des directeurs cinématographiques organise au Palais des fêtes une projection privée de plusieurs films interdits. (→17.5.16)

Etats-Unis, 20 mai
L'exploitant et distributeur Louis B. Mayer s'associe avec deux autres propriétaires de chaîne de salles, Richard Rowland et James B. Clarke pour se lancer dans la production de films. (→23.9)

Boston, 21 mai
Après la campagne menée contre *Naissance d'une nation*, l'Etat du Massachusetts vote la création d'un organisme de censure.

Berlin, 21 mai
Acteur de théâtre chez Max Reinhardt, puis à l'écran dans les comédies de Carl Wilhelm pour la firme Union-Film, Ernst Lubitsch est passé derrière la caméra, avec *Sur la pente glissante*. (→9.6.16)

Paris, mai
Charles Pathé revient des Etats-Unis, où il a installé vingt-deux agences de distribution dans autant d'Etats. Pathé Exchange est désormais *leader* pour l'exportation des films américains vers la France.

Boston, 2 juin
Les organisations noires présentent au maire une pétition de 6 000 signatures demandant l'interdiction de *Naissance d'une nation*.

Etats-Unis, 6 juin
Harold Lloyd est la vedette de *Just Nuts*, premier film d'une série de courts métrages comiques produits par son ami Hal Roach. Le personnage qu'il crée à l'écran porte le nom de Lonesome Luke (Luke le Solitaire). (→12.7.18)

Paris, 21 juillet
Séduit par les idées et la fougue dont a fait preuve Abel Gance dans *Un drame au château d'Acre* et *la Folie du docteur Tube*, Louis Nalpas l'engage au Film d'Art. Son contrat stipule qu'il devra tourner neuf films par an, sur des scénarios élaborés par lui-même.

Paris, 30 juillet
Louis Feuillade est réformé pour insuffisance cardiaque. Il peut donc réintégrer les studios des Buttes-Chaumont.

Rome, 31 juillet
Inspiré par le succès international de *Cabiria*, le film de Vincent Denizot et Luigi Romano Borgnetto, *Maciste*, joué par Bartolomeo Pagano, créateur du rôle, est projeté.

Montreuil, 8 août
Au profit de l'hôpital de Montreuil, Georges Méliès a transformé une partie de son ancien studio de cinéma en salle de théâtre. On y joue *l'Arlésienne*, pièce d'Alphonse Daudet. (→16.12.29)

France, 10 septembre
Le Gaumont-Palace, à Paris, et le Majestic-Cinéma, à Lyon, rouvrent leurs portes. (→13.5.16)

Copenhague, 18 septembre
A bas les armes, de Forest Holger-Madsen, sort aujourd'hui sur les écrans danois. (→22.2.18)

Paris, 1er octobre
Interrompue par la guerre, la production cinématographique française reprend peu à peu. René Navarre ayant été mobilisé, la série « Fantômas » n'est pas poursuivie. Cependant, Louis Feuillade, afin de devancer le probable succès en France des très populaires « Mystères de New York », se lance dans le tournage d'une nouvelle série, « les Vampires », dont les premiers épisodes ont pour interprètes Edouard Mathé, Marcel Lévesque et Jean Ayme.

Boston, 1er octobre
Réalisé par Cecil B. De Mille, avec Wallace Reid et Geraldine Farrar, *Carmen* est présenté au Philarmonic Hall. Engagée pour un cachet fabuleux, la cantatrice y fait ses débuts de comédienne face à la caméra, mais... elle interprète un rôle muet. (→25.12.16)

Etats-Unis, 15 octobre
Sortie de *l'Invasion des Etats-Unis* (*The Battle Cry of Peace*), de James S. Blackton. Commandité par le fabricant d'armes Hudson Maxim, c'est le premier film de propagande pour la participation des Etats-Unis à la guerre. (→17.4.16)

New York, 31 octobre
Douglas Fairbanks est engagé par David W. Griffith, sous la supervision duquel il vient de tourner *The Lamb* (*Un timide*), à la Triangle, pour un salaire de 2 000 dollars par semaine. (→12.3.16)

Paris, 12 novembre
Gaumont met en location les deux premiers épisodes des « Vampires », de Louis Feuillade : *la Tête coupée* et *La bague qui tue*. (→30.6.16)

Paris, 25 novembre
Sortie en exclusivité au théâtre du Vaudeville de *Cabiria*, un film de Giovanni Pastrone.

Londres, 20 décembre
Abel Gance est fort impressionné par *Naissance d'une nation*, non encore visible en France. (→5.9.16)

Paris, 23 décembre
La Chambre des députés vote une résolution visant à créer une commission pour généraliser le cinéma dans l'enseignement. (→29.3.16)

Pologne, 31 décembre
Dirigée par Alexander Hertz, Pola Negri (*Barbara A. Chalupiec) a interprété *la Femme* et *le Livret noir*. (→31.12.17)

Prague, 31 décembre
Vaclav Havel a repris les actifs de la Kinofa d'Antonin Pech. Il fonde la société Lucerna. (→20.10.16)

NAISSANCES
Kenosha, Wisconsin, 6 mai
Orson Welles.

Rome, 15 mai
Mario Monicelli.

Vladivostok, Sibérie, 12 juillet
Yul Brynner (*Julius Brynner).

Paris, 31 juillet
Henri Decae.

Stockholm, 29 août
Ingrid Bergman.

New Jersey, 12 décembre
Frank Sinatra.

Quatre mois de réalisation, un budget colossal et le génie de Griffith ont fait de « Naissance d'une nation » un événement sans précédent.

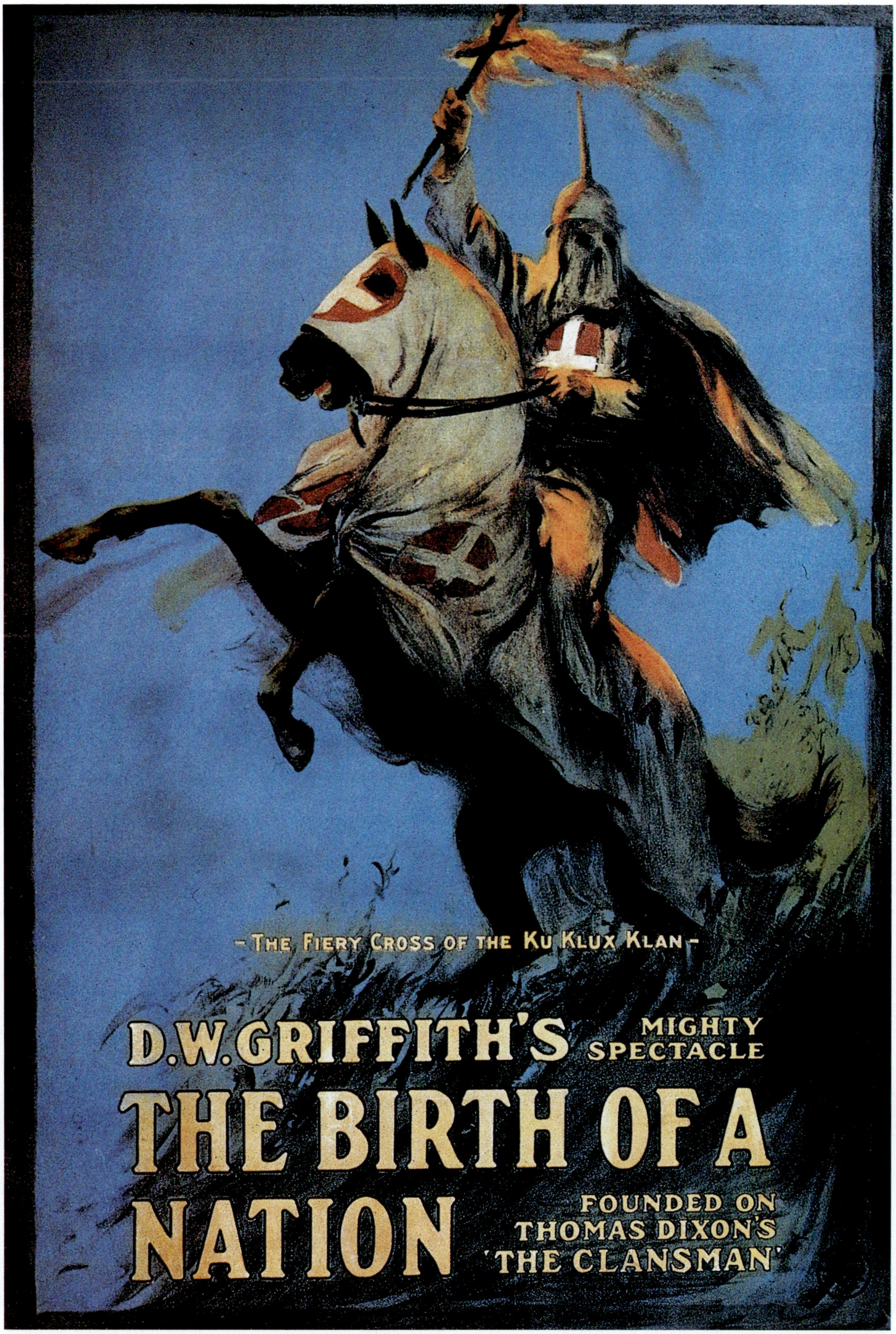
- THE FIERY CROSS OF THE KU KLUX KLAN -
D.W. GRIFFITH'S
MIGHTY SPECTACLE
THE BIRTH OF A NATION
FOUNDED ON THOMAS DIXON'S 'THE CLANSMAN'

« Naissance d'une nation » divise l'Amérique

David Wark Griffith est désormais l'un des grands du cinéma mondial.

Des images uniques des conflits engendrés par la guerre de Sécession, autour du problème de l'esclavage des Noirs.

Boston, 10 avril

Le film controversé de David Wark Griffith, *Naissance d'une nation* (*The Birth of a Nation*) sort au Tremont Theatre. Des incidents ont opposé plusieurs milliers d'activistes noirs qui marchaient sur le Capitole à un groupe de contre-manifestants blancs. La police a dû procéder à de nombreuses arrestations. C'est la conséquence de la décision du maire de maintenir la projection du film, coûte que coûte, et ce malgré une pétition de quelque 6 000 signatures, recueillies par la section de Boston de l'Association nationale pour le progrès des gens de couleur (NAACP). Depuis le 3 mars dernier, date de la première new-yorkaise du film au Liberty Theatre, la contestation n'a cessé de prendre de l'ampleur. Oswald Garrison Villard, le petit-fils du fameux militant abolitionniste, a même accusé l'œuvre de Griffith de « tentative délibérée d'humilier des millions de citoyens américains et de les décrire comme de véritables animaux ». Allusion aux nombreuses scènes où des acteurs blancs, grimés en noir, se livrent aux pires atrocités. Tout avait pourtant bien commencé pour cette œuvre magnifique de 180 minutes. Quelques jours avant sa sortie, *Naissance d'une nation* fut projeté à la Maison Blanche devant le président Woodrow Wilson. Celui-ci déclara, stupéfait : « C'est une page fulgurante d'histoire et tout y est vrai. » Le lendemain, une nouvelle projection eut lieu devant un public de 500 invités triés sur le volet, parmi lesquels Edward D. White, le premier magistrat de la Cour suprême, ses assistants, le corps diplomatique et Thomas Dixon, l'inspirateur du film. Leurs réactions furent particulièrement enthousiastes. Aujourd'hui, malgré la polémique qu'elle suscite, l'œuvre de Griffith ne cesse de déplacer les foules. Pour la première fois, des spectateurs acceptent par milliers de payer deux dollars leur place de cinéma. Le film, qui a coûté près de 100 000 dollars, tournage, publicité et distribution confondus, devrait rentrer rapidement dans ses fonds. (→21.5)

Henry B. Walthall et Lillian Gish : deux amants que tout sépare.

La politique du président Lincoln (Joseph Henabery) est au cœur des débats.

Une ville-studio naît dans le désert

San Fernando Valley, 21 mars
Carl Laemmle, l'heureux président de l'Universal Manufacturing Corporation, vient d'inaugurer dans la vallée de San Fernando, en Californie, non loin de Hollywood, un ensemble de studios prestigieux, auquel il a donné le nom d'Universal City. Une réussite fabuleuse pour cet émigré, débarqué d'Allemagne à l'âge de dix-sept ans, il y a une trentaine d'années. Ce vaste complexe sans équivalent emploie plusieurs centaines de personnes et occupe 115 hectares. Les plateaux de tournage ont été conçus dans une optique résolument moderne, avec un équipement à la pointe de l'innovation. Par ailleurs, la situation exceptionnelle de cette cité du cinéma facilite les prises de vues en extérieurs, avec des conditions météorologiques très favorables. Avec ce lieu digne des plus grandes entreprises industrielles américaines, telle par exemple la General Motors, le cinéma accède à une nouvelle dimension.

Des preneurs d'images accompagnent les unités au combat

Paris, 15 février
Le Service photographique et cinématographique des armées créé par le ministre de la Guerre, Alexandre Millerand, envoie sur le front ses opérateurs pour fournir aux salles de cinéma des vues d'actualités. Les sociétés Pathé, Eclair, Gaumont et Eclipse sont autorisées à filmer la guerre ; les films seront édités sous l'égide de la Chambre syndicale de la cinématographie. Les opérateurs officiellement désignés par le ministère de la Guerre se nomment Alfred Machin, le fameux aventurier de la maison Pathé, Georges Maurice pour Eclair, Pierre Perrin pour Gaumont et Emile Pierre pour Eclipse ; cette première équipe pourra être agrandie. Ces courageux tourneurs ne se contentent pas de filmer les champs de bataille français, ils doivent aussi rendre compte de la situation dans les colonies, sur le front d'Orient, en Egypte, en Palestine ou sur les bateaux qui croisent partout dans le monde. Toutes les vues filmées ne sont pas retenues pour leur exploitation en salle : une sorte de comité de censure veille à ce que les films ne soient ni défaitistes ni trop réalistes. Les opérateurs sont comme les soldats, ils restent parfois dans la boue des tranchées et savent que la guerre n'est pas une plaisanterie. La souffrance, la saleté et la gangrène, les morts par milliers : tout cela ne doit pas être montré. Les images les plus terribles sont remisées dans un fort, en attendant la fin de la guerre. Les actualités doivent ranimer le moral des civils et des troupes. Pourtant, la dureté des affrontements n'échappe à aucun spectateur. (→ 1.3)

Les opérateurs d'actualités poursuivent leur travail en temps de guerre.

La nouvelle partenaire de Chaplin est une dactylo de 21 ans

Los Angeles, 21 juin
Le huitième film de Charles Chaplin réalisé pour le compte de l'Essanay sort sur les écrans. Il s'intitule *Charlot apprenti* (*Work*) et a été tourné dans les studios Bradbury et Majestic de Los Angeles. Cette fois-ci, la vedette comique incarne un peintre en bâtiment auquel arrivent bien des mésaventures. Aux côtés de Chaplin, une fois de plus en vedette, la séduisante Edna Purviance, sa nouvelle partenaire féminine. Cette jeune secrétaire dactylo de vingt et un ans, silencieuse et réservée, avait fait des études et suivi des cours commerciaux avant sa rencontre avec le bouillonnant metteur en scène. Cela se passait à Niles, non loin de San Francisco. Charles Chaplin préparait alors le tournage de son deuxième film pour la compagnie Essanay. Presque par hasard, il découvrit cette très belle femme à la bouche sensuelle et aux grands yeux magnifiques. Ce fut le coup de foudre : la débutante se vit confier un rôle remarqué en pyjama dans le film *Charlot fait la noce* (*A Night Out*). (→ 30)

Les débuts d'un auteur de films.

Avec Edna Purviance dans « Charlot apprenti » (« Work »), un film Essanay.

Charlot en France

Paris, 30 juin
Les films de Charles Chaplin arrivent enfin en France. La déclaration de guerre avait retardé leur diffusion sur nos écrans et le distributeur, Jacques Haïk, rattrape ce regrettable retard. Désormais, pour le public de l'Hexagone, le fameux comique s'appelera Charlot. (→ 26.2.16)

La Triangle affiche de fortes ambitions

New York, 23 septembre
La Triangle Corporation offre une soirée de gala au Knickerboker Theatre pour présenter son premier programme. Celui-ci est composé de trois films, *la Tension* (*The Iron Strain*), réalisé par Reginald Barker pour la Kay Bee, *Un timide* (*The Lamb*), de William Christy Cabanne pour la Fine Arts, dans lequel débute un certain Douglas Fairbanks, et *le Nouveau Valet* (*My Valet*), de Mack Sennett pour la Keystone. La Triangle fut fondée le 20 juillet dernier, à l'instigation des producteurs Harry E. Aitken, Adam Kessel et Charles Octave Bauman. Au terme d'un spectaculaire accord, ceux-ci mettaient en commun leurs sociétés respectives, à savoir la Majestic, devenue la Fine Arts, la Keystone et la Kay Bee. La Triangle, société en commandite, était donc chargée de la distribution des films produits par les trois structures. Aussitôt, les réalisateurs David Wark Griffith, Mack Sennett et Thomas H. Ince furent promus directeurs artistiques, chacun d'eux s'adjoignant la collaboration des plus éminents metteurs en scène, scénaristes et techniciens du pays, et d'acteurs comme les sœurs Gish, William S. Hart, Mabel Normand, Roscoe Arbuckle et bien d'autres. Avec ces atouts, l'ambitieuse société devrait pouvoir rivaliser avec la toute-puissante Paramount et justifier sa devise : « Les plus grands films par les plus grands cinéastes ». (→ 31.10)

Dustin Farnum est un interprète de prédilection de Thomas Harper Ince.

Les belles baigneuses de Mack Sennett réveillent le burlesque

« Bathing beauties » ou « bathing girls », les jolies filles en maillot de bain sont désormais inséparables du style Keystone.

Los Angeles, 31 juillet
C'est un bien curieux corps de ballet que Mack Sennet vient d'instituer : les *bathing beauties*, comme on se plait à les surnommer, sont de jolies baigneuses portant des maillots plus extravagants les uns que les autres. Se promenant en groupes, elles égaieront, désormais, les films de la Keystone, apparaissant au gré des situations les plus incongrues, un peu à l'image des flics immortalisés par Ford Sterling et Chester Conklin. Un vrai régal en prévision pour l'œil averti du public des salles de cinéma. La production de la célèbre école comique tendait à s'essouffler depuis quelque temps. Roscoe Arbuckle, dit Fatty, et Mabel Normand, promus stars internationales, s'efforçaient de maintenir à bout de bras la qualité légendaire des burlesques produits par Mack Sennett. Ils peuvent dorénavant compter sur le soutien de ces baigneuses. (→ 1.8.16)

Policiers ou pompiers, les corps constitués en uniforme sont devenus de leur côté une des ressources essentielles du comique chez Mack Sennett.

Le trust Edison condamné à mort

Washington, 15 octobre
La Cour suprême des Etats-Unis vient de décider la dissolution *de facto* du trust Edison. Cette décision sans appel, conséquence de la nouvelle loi antitrust promulguée il y a quelques mois par le président Woodrow Wilson, marque la fin d'une structure par ailleurs en totale débandade. Pathé et Kleine ont préféré prendre leurs distances avec Thomas Alva Edison et voler de leurs propres ailes ; de leur côté, la Kalem et la Biograph ont cessé toute activité dans le courant de l'année ; en avril, la Vitagraph, la Lubin, la Selig et l'Essanay ont tenté de resserrer leurs liens en constituant un cartel, dont l'intitulé – VLSE – résulte de l'accolement des initiales des quatre sociétés. Structure bien fragile au demeurant, du fait des déficits cumulés. La décision de la Cour suprême va donc sonner le glas des deux grandes structures imaginées par Edison et ses amis peu avant 1910 : la General Film et la Motion Pictures Patents Company. (→ 11.2.17)

Sacha Guitry filme « Ceux de chez nous »

Sacha Guitry et Sarah Bernhardt : une longue connivence mêlée d'admiration.

Paris, 22 novembre
Le film que le jeune auteur dramatique Sacha Guitry présente au théâtre des Variétés comprend une distribution éblouissante. Dans *Ceux de chez nous*, on voit le sculpteur Auguste Rodin, le musicien Camille Saint-Saëns, les écrivains Edmond Rostand, Anatole France, Octave Mirbeau, les comédiens Lucien Guitry (père de Sacha), Sarah Bernhardt, André Antoine, les artistes Claude Monet, Edgar Degas et le vieil Auguste Renoir, tout rhumatisant. A côté de lui, l'aidant à tenir les pinceaux, son fils Jean.

Pearl White, héroïne idéale du « serial »

« Les Mystères de New York » adaptent au goût français les exploits d'Elaine.

Paris, 3 décembre
Le premier épisode des « Mystères de New York », le film américain réalisé aux Etats-Unis par Donald Mackenzie et Louis Gasnier pour Pathé Exchange, la filiale américaine de la société Pathé Frères, sort enfin sur les écrans. Il est attendu avec impatience : la presse a beaucoup parlé de l'engouement des Américains pour Pearl White, interprète de la série, et, depuis quelques jours, le quotidien *le Matin* publie en feuilleton le récit du film, adapté par Pierre Decourcelle. En fait, Pathé a condensé pour la France les trois séries d'origine, intitulées « les Périls de Pauline », « La main qui étreint » et « les Exploits d'Elaine », qui représentaient en tout 36 épisodes. La version française n'en comporte que 22, d'environ 600 mètres chacun. Pearl White joue le rôle d'Elaine Dodge, une ravissante milliardaire menacée par Wu Fang, le chef des bandits chinois ; mais les comédiens Arnold Daly et Creighton Hale la sauvent toujours *in extremis*. De son côté, Lionel Barrymore, comédien talentueux déjà remarqué dans les films de D. W. Griffith, tient le rôle du père d'Elaine. Aux Etats-Unis, ce *serial* a remporté un triomphe ; Pearl White est devenue une vedette. C'est surtout la jeune femme et le personnage qu'elle incarne qui attirent le public, car, à vrai dire, la série de Donald Mackenzie et Louis Gasnier a été réalisée à la hâte. Des millions d'amoureux d'Elaine Dodge attendent pourtant avec impatience le deuxième épisode, *le Sommeil sans souvenir*. Elle fait vraiment rêver, Pearl White. Blonde, svelte, habituée aux acrobaties, son cœur reste tendre, malgré les mains qui étreignent, les portraits qui tuent, les voix mystérieuses, les rayons rouges, les baisers mortels... Vivement la semaine prochaine ! (→ 11.8.16)

Cecil B. De Mille et les raffinements de style de « Forfaiture »

New York, 12 décembre
Deux hommes et une femme : le nouveau film de Cecil B. De Mille se passe des énormes figurations auxquelles nous habitue, depuis quelque temps, le cinéma. Son titre lui-même, *Forfaiture* (*The Cheat*), annonce le dépouillement de la mise en scène. L'histoire est un mélodrame teinté de sexualité et de perversion. Une jeune femme de la haute société emprunte une somme considérable à un riche collectionneur japonais, à la condition de se donner bientôt à lui. La promesse n'est finalement pas tenue. Furieux, l'homme marque la jeune femme au fer rouge. La suite est plus commune : son mari s'accuse à sa place, le procès qui s'ensuit tourne au désavantage du couple, jusqu'à ce que la victime, dans un sursaut d'héroïsme, dénude son épaule et montre au jury horrifié le sceau de la forfaiture. Cette production de la Jesse L. Lasky Feature Play est une complète réussite et confirme le talent du jeune metteur en scène, Cecil B. De Mille. Celui-ci a tourné *Forfaiture*, en quelques semaines à peine, en même temps qu'un autre long métrage intitulé *The Golden Chance* (la chance en or). Les scènes du premier film étaient enregistrées de 9 heures à 17 heures, celles du second dans la soirée, parfois jusqu'à l'aube. Dans de telles conditions, comment ne pas s'étonner de la qualité plastique de ce mélodrame, du soin constant porté aux éclairages et aux cadrages ! La scène pathétique du fer rouge est filmée en clair-obscur, avec force plans rapprochés et un habile montage. La jeune femme et le Japonais sont interprétés respectivement par la jolie Fanny Ward et l'énigmatique Sessue Hayakawa. La justesse de leurs compositions dans ce film devrait les propulser sous peu au firmament des vedettes. (→ 21.7.16)

Le film impose d'emblée le couple maudit Sessue Hayakawa - Fanny Ward.

★ ★ ★ ★ ★ ★ ★ ★ 1916 ★

Paris, 1er janvier
Les recettes globales des spectacles parisiens pour l'exercice de l'année 1915 s'élèvent à 8 100 000 F pour les théâtres, 7 800 000 F pour les cinémas et 2 280 000 F pour les music-halls.

Paris, 8 janvier
Le film italien *la Dame aux camélias*, réalisé par Gustavo Serena avec la vamp latine Francesca Bertini, va maintenant être distribué en France. (→ 25.11.19)

Paris, 22 janvier
Le jeune acteur belge Jacques Feyder est engagé par Léon Gaumont comme metteur en scène, sur la recommandation de Gaston Ravel.

France, 19 février
Plusieurs revues corporatives dressent le même constat : le marché français est envahi par les films étrangers, alors que la production française est touchée par la pénurie.

Etats-Unis, 25 février
Krazy Kat and Ignatz Mouse Discuss the Letter G, premier dessin animé de la série « Krazy Kat », réalisé par Frank Moser d'après la bande dessinée de George Herriman, sort sur les écrans.

Los Angeles, 26 février
Charlie Chaplin signe un contrat d'un an avec la Mutual Film Corporation, aux termes duquel il touche 150 000 dollars à la signature, avec un cachet de 10 000 dollars par semaine.

Paris, 4 mars
Parution du premier numéro de la revue *Hebdo-Film*, dirigée par André Reusse.

Etats-Unis, 12 mars
Sortie de *The Habit of Happiness*, réalisé par Allan Dwan. C'est le second film tourné par Douglas Fairbanks. (→ 28.1.17)

Chicago, 27 mars
Mariage à la Essanay : la jeune actrice Gloria Swanson épouse Wallace Beery, confiné par son physique aux rôles de brute. (→ 12.7.17)

Los Angeles, 27 mars
Aménagé par la Mutual, le Lone Star Studio est ouvert pour le tournage des films de Chaplin.

Paris, 29 mars
La commission chargée d'étudier la généralisation de l'usage du cinéma dans l'enseignement est instituée par décret. (→ 8.8.18)

Angleterre, 31 mars
Par le système du *block booking*, la firme américaine Triangle prend le contrôle de 882 salles. (→ 31.3.17)

Rome, 1er avril
Dans *le Feu* (*Il fuoco*), de Giovanni Pastrone, Pina Menichelli embrase l'écran. (→ 2.1917)

Paris, 7 avril
Le Syndicat français des directeurs de cinématographe sort son « journal officiel », *l'Ecran*.

Paris, 22 avril
Deux jeunes filles, jugées en cour d'assise pour tentative d'assassinat, déclarent s'être inspirées d'un film pour exécuter leur crime. (→ 17.5)

Paris, 24 avril
Pathé présente deux nouveaux films comiques : *les Trente-Six Métiers de Boireau*, avec André Deed, et *Rigadin et les Deux Dactylos.*

Paris, 13 mai
Le Palais-Rochechouart, qui appartenait à des Allemands, rouvre enfin ses portes, sous la direction d'Alphonse Frank.

Etats-Unis, 15 mai
Projection du premier film de Chaplin pour la Mutual, *Charlot chef de rayon* (*The Floorwalker*), avec Edna Purviance et Eric Campbell.(→ 24.6)

Paris, 18 mai
Gaumont sort *Le pied qui étreint*, parodie des « Vampires », de Jacques Feyder, avec André Roanne, Musidora et Georges Biscot.

Paris, 29 mai
La Chambre nationale de la cinématographie se réunit pour décider des droits de douane devant frapper les films étrangers. Les éditeurs de films français veulent être protégés, mais il ne faut pas trop taxer le film vierge nécessaire. (→ 20.4.18)

Berlin, 9 juin
Le Palais de la chaussure (*Schuhpalast Pinkus*), de et avec Ernst Lubitsch, est son premier film remarqué comme réalisateur. (→ 16.11.17)

Paris, 16 juin
Têtes de femmes, femmes de têtes, de Jacques Feyder, est présenté par Gaumont. La distribution réunit la jeune Françoise Rosay, Kitty Hott et André Roanne. (→ 26.7.17)

Etats-Unis, 16 juin
Les compagnies Jesse Lasky Feature Play et Famous Players Film fusionnent sous le nom de Famous Players Lasky Corporation. Cecil B. De Mille en est le directeur artistique. (→ 14.4.17)

Paris, 1er juillet
Dans *Ciné-Journal*, Georges-Michel Coissac publie un article pour « moraliser le cinéma et interdire les grossièretés à l'écran ».

Riverside, Californie, 6 août
Un public choisi est venu assister à la première *preview* du film de David Wark Griffith, *Intolérance*, dont le titre originel était *The Mother and the Law*. (→ 5.9)

Paris, 11 août
Pathé met en exploitation les deux premiers épisodes du nouveau *serial* de Louis Gasnier, « les Exploits d'Elaine », production américaine de Pathé Exchange qui fait suite aux « Mystères de New York ». On y retrouve Pearl White.

Stockholm, 14 août
Avec la sortie de *Amour et journalisme* (*Kärlek och journalistik*), interprété par Jenny Tschernichin-Larsson et Richard Lund, le réalisateur Mauritz Stiller crée un nouveau genre, la comédie cinématographique. (→ 8.11.19)

Los Angeles, 15 août
L'Artcraft Pictures Corporation est fondée. Cette nouvelle société de distribution doit se consacrer en particulier aux films produits et interprétés par Mary Pickford, pour sa propre société. (→ 8.1.17)

Rome, 11 septembre
Filippo Tommaso Marinetti publie un manifeste, *la Cinematografia futurista* (le cinéma futuriste).

Los Angeles, 14 septembre
Après des désaccords avec son associé Adolph Zukor, Samuel Goldfish démissionne de son poste de président du conseil d'administration de la Famous Players Lasky.

Paris, 15 septembre
André Antoine filme les extérieurs du *Coupable* place du Tertre. Il veut « attraper la vie au vol » avec le cinéma. (→ 5.10.17)

Etats-Unis, 1er octobre
Chaplin poursuit l'éditeur Bobbs Merril pour la publication d'une biographie non autorisée, *Charlie Chaplin's Own Story*. (→ 4.12)

Prague, 20 octobre
La Lucerna sort *Un petit cœur d'or*, réalisé par le dramaturge et comédien Antonin Fencl. (→ 19.10.17)

Berlin, 31 octobre
Gustav Streseman, député, réclame un débat parlementaire pour limiter les importations de films étrangers.

Paris, 16 décembre
Présentation à la presse des premiers épisodes de « Judex », de Feuillade, avec Musidora, Yvette Andreyor et René Cresté. (→ 7.4.17)

Los Angeles, 16 décembre
Samuel Goldfish s'associe avec Edgar et Arch Selwyn, producteurs de Broadway, pour fonder une compagnie de production, la Goldwyn Pictures Corporation. (→ 25.4.17)

NAISSANCES

Buenos Aires, 11 janvier
Bernard Blier.

La Jolla, Californie, 5 avril
Gregory Peck (*Eldred Gregory).

Québec, 1er mai
Glenn Ford
(*Gwyllin Samuel Newton).

Salo, Italie, 8 juin
Luigi Comencini.

Paris, 5 novembre
Madeleine Robinson
(*Madeleine Svoboda).

Etat de New York, 9 décembre
Kirk Douglas
(*Issur Danielovitch Demsky).

Milan, 23 décembre
Dino Risi.

Guidés par le maillot noir de Musidora, les vampires imaginés par Louis Feuillade donnent en dix épisodes une réplique aux « serials ».

LES FILMS MYSTÉRIEUX
MAUZAN
FILMS
Gaumont
CINEMA
LES VAMPIRES
LES YEUX
QUI
FASCINENT

« Civilisation », un plaidoyer pour la paix

New York, 17 avril
Le film le plus ambitieux de Thomas H. Ince est présenté. Produit par la Triangle Corporation et symboliquement intitulé *Civilisation* (*Civilization*), il s'inspire d'un précédent film de James Stuart Blackton, *l'Invasion des Etats-Unis* (*The Battle Cry of Peace*), lui-même adapté d'un livre de Hudson Maxim, *Defenseless America* (l'Amérique sans défense). Le propos de cette œuvre de dix bobines est résolument pacifiste et le portrait de Woodrow Wilson, qui vient juste d'être élu à la présidence sur la foi de son programme non interventionniste, figure très symboliquement au début du film. Dans une scène émouvante, le commandant d'un sous-marin belliciste refuse de couler un paquebot. L'allusion au torpillage, l'année dernière, du *Lusitania* est à peine voilée. (→ 21.11.24)

William Hart agit « pour sauver sa race »

Coréalisateur du film, William S. Hart l'interprète aussi, avec Bessie Love.

New York, 13 avril
Le tout nouveau film de William S. Hart sort aujourd'hui dans les salles. Il s'intitule *Pour sauver sa race* (*The Aryan*) et met en scène le célèbre cow-boy de la Triangle Corporation. Steve Denton, plus connu du public sous le pseudonyme de Rio Jim, y est un renégat sans foi ni loi, jusqu'au jour où l'amour d'une jeune fille, incarnée par la ravissante Bessie Love, le remet dans le droit chemin. Agé d'une cinquantaine d'années, Hart a d'abord imposé son personnage d'homme de l'Ouest sur les planches, avant de rejoindre, courant 1914, la précédente société de Thomas H. Ince. Dès ses premiers films, l'acteur (et bientôt metteur en scène) séduit le public et acquiert par là même une popularité qui n'a d'égale que celle de Broncho Billy. En septembre 1915, il suit Ince à la Triangle et y poursuit sa carrière avec le même succès. (→ 18.2.18)

La censure dans le sillage des assassins

Paris, 17 mai
Zigomar, Fantômas, les Vampires : le cinématographe est-il devenu une école du crime ? Des apaches qui se sont fait pincer récemment par la police ont avoué que les derniers épisodes des « Mystères de New York » les avaient influencés dans leurs actes criminels. Brenier, le député de l'Isère, monte à la tribune de la Chambre et demande que le gouvernement fasse interdire les « représentations cinématographiques où, sous prétexte d'aventures fantastiques, on enseigne les moyens les plus habiles de tuer ou de voler ». Le ministre de l'Intérieur, Louis Malvy, est d'accord : il crée alors une commission spéciale qui sera chargée de l'examen et du contrôle des films. La censure des films n'est pas un phénomène nouveau : depuis longtemps, des maires ou des préfets départementaux ont pris la décision, indépendamment de Paris, d'interdire sur leurs communes la projection des aventures de Bonnot ou de *La main qui étreint*. Désormais, les fonctionnaires de la place Beauvau seront chargés de faire respecter la morale dans les films, si besoin à coups de ciseaux et de raisonnements hypocrites. On raconte que le préfet Laurent a demandé la coupure d'une scène de suicide, en déclarant à cette occasion : « Pas de morts violentes pendant la guerre ! » (→ 12.4.17)

Chaplin en procès pour « Carmen »

Avec Edna Purviance, dans « Charlot joue Carmen » (« Carmen »).

Washington, 24 juin
Charles Chaplin perd son procès en appel contre l'Essanay. Telle est la décision de la Cour suprême de Washington. Le litige portait sur un film intitulé *Charlot joue Carmen* (*Carmen*). A l'origine, cette joyeuse adaptation de l'opéra de Bizet devait prendre deux bobines. L'Essanay s'arrogea le droit de la gonfler à quatre bobines, après le départ de Chaplin pour la Mutual, au moyen de chutes et même de nouvelles scènes tournées par Leo White à l'insu du comique. On imagine assez bien la colère du jeune réalisateur. Il intenta sur le champ un procès contre son ancienne compagnie. Sans résultat. L'affaire a cependant du bon : désormais, le génial acteur et metteur en scène fera stipuler dans ses contrats qu'il n'est pas question de mutiler ou de modifier ses films une fois qu'ils sont terminés. (→ 1.10)

Les mêmes interprètes dans « Charlot cambrioleur » (« Police »).

Le charme vénéneux de Musidora

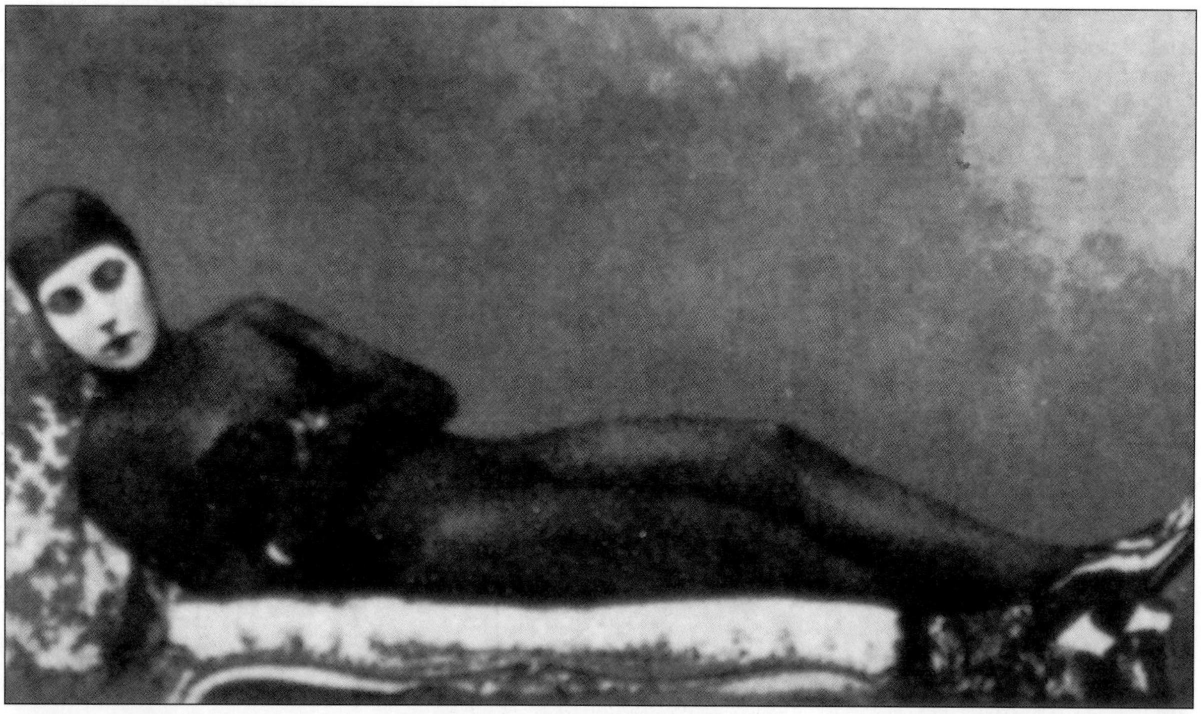

Révélée par Feuillade en 1913, la belle interprète apporte aux péripéties des « Vampires » une sensualité toute moderne.

Paris, 30 juin
Le dixième et dernier épisode des « Vampires », de Louis Feuillade, est projeté sur les écrans : il s'intitule *les Noces sanglantes*. Depuis la sortie du *Cryptogramme rouge*, le troisième épisode de la série, la France entière suit avec une passion tremblante les méfaits de la splendide Irma Vep, une brune aux yeux noirs, dont le nom est l'anagramme de vampire. C'est Musidora qui joue ce personnage malfaisant aux ordres du Grand Vampire, interprété par Fernand Hermann. Habillée en simple bonne, en dactylo, en travesti, Musidora a surtout ému les spectateurs dans son rôle de souris d'hôtel, pour les trois derniers épisodes. Car « un maillot de couleur noire moule ses formes d'ivoire », comme dit la chanson. Or, si Musidora est dotée d'une silhouette généreuse, provocante, qui fait rêver bien des spectateurs, Irma Vep se glisse dans l'ombre pour voler et tuer ; elle est tout le contraire de la douce Elaine Dodge. A la fin du film, la morale est sauve, puisque la Vampire est tuée d'un coup de revolver. Louis Feuillade a d'ailleurs dû modérer le ton de son drame, car le préfet Lépine n'a pas apprécié l'échec permanent de la justice dans ce film ; Musidora elle-même est allée le voir, pour le convaincre de ne pas interdire « les Vampires ». Elle y a réussi : comment résister à Irma Vep ? (→ 22.3.18)

« Forfaiture » décrié

Paris, 21 juillet
Le drame américain de Cecil B. De Mille, *Forfaiture*, bouleverse la critique et le public. Certains réprouvent avec vigueur la scène la plus commentée, celle où le riche et méchant Japonais, joué par Sessue Hayakawa, dévoile brutalement l'épaule de la jeune Américaine, la fragile Fanny Ward, pour la marquer au fer rouge. Et l'on admire ou déteste les nouveaux jeux de lumière et d'ombre, rehaussés par les teintures colorées des copies. Parmi ceux qui admirent cette œuvre audacieuse figure l'écrivain Louis Delluc. Ce film est pour lui une révélation : il vient de découvrir que le cinéma est un art. (→ 25.6.17)

Jean Ayme dans l'une des incarnations démoniaques du Grand Vampire.

La Comique Film de Fatty Arbuckle

Atlantic City, 1er août
C'est un contrat sans précédent que vient de signer Roscoe Arbuckle, le célèbre Fatty de l'écran. Le puissant producteur Joseph Schenck lui a en effet proposé la création pure et simple d'une société dont il aura le contrôle artistique absolu : la Comique Film Corporation. Cette dernière sera financée par la Paramount, et la distribution de ses

Fatty, avec Phyllis Allen et Minta Durfee, dans un film Keystone.

films sera assurée par la Famous Players. Dans un premier temps, Fatty touchera 1 000 dollars par jour, puis 25 % des bénéfices engrangés. Ce qui devrait lui assurer un salaire annuel de plus de un million de dollars. Belle revanche pour cet enfant de la balle ! (→ 23.4.17)

« Intolérance », monument à l'amour

Plus ambitieux encore que « Naissance d'une nation », le nouveau film de Griffith est une œuvre complexe.

New York, 5 septembre
Le nouveau film de David Wark Griffith s'intitule *Intolérance*. Un titre qui se veut une réponse aux polémiques suscitées un an et demi auparavant par la sortie de *Naissance d'une nation* (*The Birth of a Nation*). Curieusement, cette œuvre mêle quatre périodes historiques : l'époque contemporaine, la vie du Christ, le massacre de la Saint-Barthélemy, la chute de Babylone. Entre ces événements disparates, un seul point commun : l'amour. Le film a coûté près de deux millions de dollars et le gigantesque décor dressé pour la période babylonienne a demandé, à lui seul, plusieurs mois de travail aux 700 décorateurs qui l'ont construit. Le public du Liberty Theatre, où s'est déroulée la première, a salué comme il se doit cette œuvre ambitieuse, en ovationnant son réalisateur. (→ 4.1917)

Les décors de Franz Wortman dressés pour l'épisode babylonien du film.

Dix films à tourner pour Abel Gance

Paris, 5 septembre
Abel Gance vient de terminer pour Le Film d'Art *le Droit à la vie*, drame psychologique tourné en neuf jours, avec de petits moyens. Les relations sont tendues entre Abel Gance et Louis Nalpas, le directeur du Film d'Art, qui parle souvent de l'imagination « déréglée et fantasque » du jeune homme. Néanmoins, Nalpas tient à Gance : il vient de lui faire signer un contrat pour une durée d'un an renouvelable. Gance doit fournir dix films, payés 1 500 francs chacun. (→ 5.1.17)

Max Linder appelé par l'Amérique

Paris, 30 septembre
Max Linder quitte la France et l'état d'exception provoqué par la guerre. Il vient de s'embarquer à bord du paquebot *Espagne*, pour une longue et téméraire traversée vers les Etats-Unis. C'est la première conséquence de son nouveau contrat, qui le lie pour un an à l'Essanay, la célèbre société de Chicago. Il y a quelques semaines, George K. Spoor s'est en effet rendu à son chevet, dans un hôpital militaire suisse. A l'époque, Linder se remettait péniblement d'une méchante pneumonie, contractée deux ans auparavant au cours de la bataille de la Marne. Spoor lui a fait un pont d'or, en lui proposant de reprendre la place de Charles Chaplin, parti entre-temps à la Mutual. Une fois en Amérique, le comique français gagnera 5 000 dollars par semaine et devra réaliser la bagatelle de douze films. Il profitera de la traversée pour se remettre sans tarder au travail et tourner les premières scènes de son nouveau film : *Max en Amérique*. (→ 1.10.17)

La fille des dieux est née de la vague

Annette Kellerman est la première à paraître intégralement nue à l'écran.

New York, 30 octobre
Une sirène parmi les stars : Annette Kellerman, la femme-poisson de *la Fille des dieux* (*The Daughter of Gods*), se taille un succès sans précédent sur les écrans. Le film d'Herbert Brenon a été tourné en Jamaïque avec 10 000 figurants, 2 000 chevaux et... 20 chameaux. Le producteur, William Fox, est allé jusqu'à bâtir une ville en stuc pour les besoins de cette féerie.

Un exploit au nom de l'empereur

Vienne, 30 novembre
Les pompeuses obsèques de l'empereur François-Joseph, décédé le 21 novembre dernier au palais de Schönbrunn, sont déjà représentées dans toutes les salles de cinéma du pays. C'est Alexander Kollovrath et la Sasha-Film qui ont réussi à filmer l'événement. En trois jours, temps record, le reportage est tiré à 255 copies, aussitôt expédiées partout. La Sasha-Film a été fondée en 1910 par le comte Alexander Kollovrath, ancien parlementaire passionné de cinéma, qui est attaché au service des archives cinématographiques du ministère de la Guerre. Ses fonctions officielles lui facilitent l'acquisition du matériel et de la pellicule nécessaires à la production. La Sasha-Film est la première grande société de production de l'Autriche-Hongrie. Il y a également la Lucerna, qui a présenté le 20 octobre dernier *Un petit cœur d'or* (*Zlate Srdecko*), réalisé par l'auteur dramatique Antonin Fencl et interprété par Antonie Nedosinska. (→ 19.10.17)

Plus Charlot patine, plus Chaplin avance

Hollywood, 4 décembre
Charles Chaplin n'a pas fini de nous étonner. *Charlot patine* (*The Rink*), son huitième film réalisé pour la Mutual, est une brillante comédie loufoque qui a pour cadre une patinoire (acrobaties garanties !). A ses côtés, nous retrouvons la douce Edna Purviance et l'énorme Eric Campbell, reconnaissable à ses gros sourcils hirsutes et à ses moustaches tombantes. (→ 16.6.17)

Avec Edna Purviance et Eric Campbell dans « Charlot patine » (« The Rink »).

Geraldine Farrar, de Carmen à la Pucelle

Hollywood, 25 décembre
Le cinéma réussit décidément à Geraldine Farrar. La bouillonnante cantatrice est la vedette d'une nouvelle superproduction due à Cecil B. De Mille, *Jeanne d'Arc* (*Joan the Woman*), une somptueuse reconstitution inspirée de la vie légendaire de l'héroïne française. L'année dernière, à la même époque, elle triomphait dans *Carmen*, une puissante adaptation du roman de Mérimée, déjà sous la direction de De Mille. A l'époque, son engagement par Jesse L. Lasky avait fait grand bruit : moyennant un salaire exorbitant, de nombreux avantages matériels et une participation non négligeable aux bénéfices engrangés par le producteur, la célèbre *prima donna* du Metropolitan Opera s'engageait à tourner jusqu'à trois films par an, durant ses relâches estivaux. Privée de sa belle voix du fait de l'infirmité du cinéma, la Farrar n'en a pourtant acquis que plus de popularité. Depuis l'inoubliable présentation de *Carmen*, le 1er novembre dernier, au Symphony Hall de Boston, le succès de ses films ne s'est pas démenti. Aujourd'hui, Geraldine Farrar est mondialement connue et désormais sa réputation n'a plus rien à envier à celle de Sarah Bernhardt.

1917

Chine, 1er janvier
La pellicule vierge arrive de nouveau. Le réalisateur Zang Sichuan a fondé sa société de production cinématographique, la Huei Hsi.

Allemagne, 1er janvier
La nouvelle firme de production Deulig (Deutsche Lichtbild Gesellschaft) se donne comme objectif d'agir partout dans le monde pour la défense de l'économie et de la culture allemandes. (→ 18.12)

Paris, 5 janvier
Le Droit à la vie, drame psychologique d'Abel Gance, avec Paul Vermoyal, Léon Mathot et Andrée Brabant, sort sur les écrans. (→ 12.10)

New York, 6 janvier
Joseph M. Schenck présente *Panthea*, d'Allan Dwan, avec Norma Talmadge, épouse de Schenck.

Etats-Unis, 8 janvier
Maurice Tourneur a dirigé Mary Pickford dans *Fille d'Ecosse* (*Pride of the Clan*), produit par l'Artcraft.

Etats-Unis, 28 janvier
Le dernier film de Douglas Fairbanks pour la Triangle Corporation, *l'Américain* (*The Americano*), réalisé par John Emerson, est présenté. (→ 1.2)

Stockholm, 29 janvier
Victor Sjöström explore le langage cinématographique. Dans *Terje Vigen*, d'après un poème d'Henrik Ibsen, il capte les éléments déchaînés avec un grand lyrisme. (→ 1.1.18)

Italie, février
Gioacchino Mecheri, directeur des sociétés Tiber Film et Celio Film, rachète Itala Film. G. Pastrone abandonne le cinéma. (→ 9.1.19)

Inde, 1er mars
J. F. Madan présente le premier film de fiction bengali, *Satyawadi Raja Harishchandra*.

Etats-Unis, 3 mars
Le jeune John Ford signe son tout premier film, sous le nom de Jack Ford : *The Tornado*. (→ 9.9.24)

Ivry-sur-Seine, 29 mars
Le pionnier et inventeur du dessin animé, Emile Reynaud, sans ressources et malade, est hospitalisé à l'Hospice des incurables. (→ 9.1.18)

Kiev, 30 mars
L'Union des cinéastes patriotes sort *les Grands Jours de la révolution russe*, de Viatcheslav Viskovski et Bontch-Tomachevski, sur les événements qui ont fait abdiquer le tsar. Evgueni Bauer a déjà réalisé un film antitsariste, *le Révolutionnaire*. (→ 1.6.18)

Paris, 5 avril
La Ligue française du cinématographe est créée par Tristan Bernard, Edmond Benoît-Lévy, Léon Gaumont... Son but : développer l'industrie du cinéma et la défendre devant le Parlement.

Los Angeles, 14 avril
Vingt-sept distributeurs régionaux, qui contrôlent plus de deux mille salles de projections, se regroupent dans la nouvelle firme de production First National Exhibitor's Circuit, qui est fondée dans le but de concurrencer le groupe Famous Players Lasky-Artcraft, d'Adolph Zukor. (→ 30.11)

New York, 23 avril
Dans *Fatty garçon boucher* (*The Butcher Boy*), premier film de Roscoe Arbuckle pour sa propre compagnie, la Comique Film, un jeune acrobate fait une discrète apparition : Buster Keaton. (→ 15.9.18)

Los Angeles, 25 avril
Samuel Goldfish, qui se fait appeler désormais Goldwyn, et ses partenaires créent la Goldwyn Distribution Corporation.

Etats-Unis, avril
Avec l'entrée en guerre des Etats-Unis, le film de D. W. Griffith, *Intolérance*, déjà mal compris du public, devient indésirable. Il est donc retiré de l'exploitation. C'est un énorme échec financier pour le producteur et distributeur Harry E. Aitken. (→ 12.5.19)

Etats-Unis, 14 mai
Cecil B. De Mille a réalisé pour l'Artcraft, avec Mary Pickford, *la Bête enchaînée*.

Paris, 15 juin
Le comédien René Navarre, créateur de Fantômas, fonde sa propre maison de production et sort « les Aventures de Clémentine », une série de dessins animés de Benjamin Rabier.

Los Angeles, 16 juin
Charlie Chaplin signe un contrat secret avec la First National Exhibitor's Circuit.

France, 22 juin
Un article paru dans *le Cinéma* dénonce la distraction des bruisseurs chargés de sonoriser les films.

Paris, 25 juin
Henri Diamant-Berger, directeur de la revue *le Film*, en confie la rédaction à Louis Delluc, séduit par les films de Chaplin. (→ 20.5.18)

Indochine, 1er juillet
Le gouverneur général, Albert Sarraut, a acheté de nombreux films en France pour montrer aux indigènes « le génie de la nation française ».

Paris, 6 juillet
Première série des « Aventures des Pieds-Nickelés », dessins animés d'Emile Cohl, produits par Eclair.

Petrograd, 6 juillet
S. M. Eisenstein, qui signe des caricatures politiques sous le nom de sir Gay, assiste à la répression des manifestations bolcheviques sur la Perspective Nevsky. (→ 20.9.18)

Etats-Unis, 12 juillet
Projection de *Mary, la petite Américaine* (*The Little American*), de Cecil B. De Mille, avec Mary Pickford et deux débutants, Wallace Beery et Ramon Novarro. (→ 6.9.18)

Lyon, 26 juillet
Jacques Feyder épouse Françoise Rosay. (→ 10.6.21)

Los Angeles, septembre
Le contrat Chaplin - First National est rendu public. Son montant global est de 1 075 000 dollars, dont 125 000 pour chacun des 8 films que Chaplin s'est engagé à fournir à la compagnie en 18 mois à partir de janvier 1918.

Paris, 11 octobre
Le député de l'Isère, Brenier, dépose à la Chambre un rapport sur le cinéma. Il dénonce les films « qui détraquent les cerveaux » et critique le « ciné-roman ».

Prague, 19 octobre
La Lucerna présente *les Adamites de Prague*, d'Antonin Fencl, avec le comédien Josef Vosalik.

Etats-Unis, 20 octobre
Sortie du dernier film de Chaplin pour la Mutual, *Charlot s'évade* (*The Adventurer*), avec Edna Purviance. (→ 21.1.18)

Shanghai, 31 octobre
Les éditions Commercial Press, dirigées par Pao Ching-chia, créent une section de cinéma. (→ 30.6.20)

Paris, 14 novembre
Marcel L'Herbier fait ses débuts de scénariste dans le film Eclipse *le Torrent*, de Jean Mercanton et René Hervil. (→ 15.3.19)

Berlin, 16 novembre
Ernst Lubitsch a écrit et réalisé un film de comédie, *Quand quatre font la même chose*, avec sa fidèle partenaire Ossi Oswalda. (→ 20.12.18)

Budapest, 31 décembre
Sandor Korda et Miklos Pasztoory ont racheté à Jenö Janovicz la société de production Corvin, qu'ils transfèrent à Budapest, où ils font construire un studio. (→ 12.4.19)

Varsovie, 31 décembre
Avant son départ pour Berlin, Pola Negri a tourné *Sa dernière action*, d'Alexander Hertz. (→ 20.12.18)

NAISSANCES
Bordeaux, 1er mai
Danielle Darrieux.

Paris, 31 mai
Jean Rouch.

Prétot-Vicquemare, 27 juillet
Bourvil (*André Raimbourg).

Bridgeport, Connecticut, 6 août
Robert Mitchum.

Paris, 20 octobre
Jean-Pierre Melville (*Jean-Pierre Grumbach).

Tokyo, 22 octobre
Joan Fontaine (*Joan de Beauvoir de Havilland).

DECES
Paris, 20 décembre
Georges Demenÿ.

Le personnage imaginé par Charlie Chaplin est maintenant célèbre dans le monde entier. En France, Charlot fait figure de héros national.

L'AGENCE GÉNÉRALE CINÉMATOGRAPHIQUE . PARIS.
Cie GÉNÉRALE FRANÇAISE DE CINÉMATOGRAPHIE
A G C
présente
CHARLOT
"L'AS des COMIQUES"
AMERIQUE
ANTIQUE
FRANCE

Douglas Fairbanks, star internationale

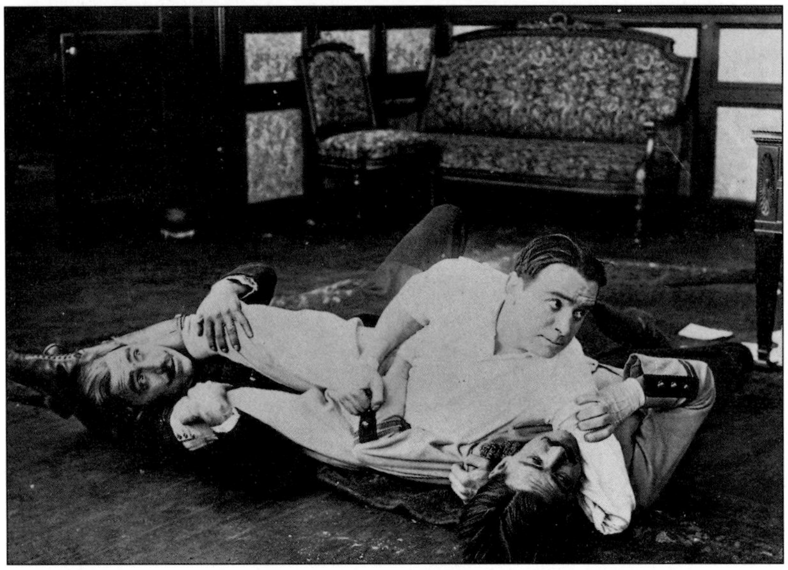

« L'Américain », de John Emerson, est le plus grand succès de Douglas.

Hollywood, 1er février
Le joyeux Doug n'est pas près de perdre son sourire. Il vient en effet de signer un contrat fabuleux avec l'Artcraft de Walter Greene et Al Lichtman. Cette firme cinématographique lui assure une autonomie totale au sein de la Douglas Fairbanks Pictures Corporation, créée à cet effet. La bondissante vedette touchera également un salaire hebdomadaire de 10 000 dollars et une subséquente portion des bénéfices de la compagnie. (→ 17.4.19)

Anniversaire sans gloire pour Edison

West Orange, 11 février
Pour Thomas Alva Edison, qui fête aujourd'hui son 70e anniversaire, le rêve du cinéma semble s'être à jamais évanoui. Cet admirable inventeur, auteur de plusieurs centaines de brevets, dont celui – fameux – du Kinetoscope, a en effet échoué dans sa tentative de monopoliser l'industrie cinématographique. Attaqué de toutes parts depuis quelque temps, du fait des lois antitrust, le vieil homme vient de liquider sa propre firme et de lui substituer une société spécialisée dans les films pour enfants : la Conquest Picture. Une bien triste fin pour un empire qui fit trembler, plusieurs années durant, tous les producteurs du monde. De leur côté, la General Film et la Motion Pictures Patents Company (MPPC), pièces maîtresses de l'ancien trust Edison, continuent de sombrer bon an mal an. En fait, il semblerait que le sorcier de West Orange n'ait jamais cru en l'avenir du cinéma, un peu à l'image d'un autre pionnier, le Français Louis Lumière. Son rêve était de mettre au point le cinéma parlant, une sorte d'« opéra sur Celluloïd ». Ne parvenant pas à ses fins, il se contenta d'exploiter, le plus banalement possible, cette technique infirme et de s'assurer des revenus substantiels. (→ 18.10.31)

Un capitaine d'industrie désabusé.

Le cinéma britannique dresse son bilan

Londres, 31 mars
Le cinéma anglais est au plus bas. Telle est la constatation du National Council of Public Moral. Cette situation est la conséquence de l'offensive tous azimuts menée, depuis septembre 1915, par la Triangle Corporation. Cette société américaine, née de la fusion en juillet 1915 de la Majestic, de la Keystone et de la Kay Bee, a en effet créé une pratique commerciale très originale appelée le *block booking*. Du fait de cette dernière, un exploitant qui désire s'assurer un film à succès d'une société donnée est obligé de signer avec elle un contrat à long terme, de trois mois, six mois, un an, parfois beaucoup plus. Selon les termes du pacte, le propriétaire de salle s'engage alors à acheter le reste de la production de ladite société, sans avoir la possibilité de le visionner. L'Angleterre, qui possède avec ses 3 500 salles de cinéma le deuxième parc cinématographique au monde après les Etats-Unis a offert au *block booking* un laboratoire d'essais grandeur nature. D'ores et déjà, la moitié des salles de cinéma anglaises est tombée sous la domination américaine par ce biais. Chaque semaine, ces écrans projettent un long métrage en provenance des studios de la Triangle. Il s'agit toujours d'un film de premier ordre. Selon l'enquête du National Council of Public Moral, dont les résultats viennent d'être publiés dernièrement, 85 % des films projetés en Grande-Bretagne seraient d'origine américaine, 10 % de provenance européenne et les 5 % restants de fabrication anglaise. Cela signifie, tout simplement, la mort de l'industrie du film dans ce pays. L'apparition de petites firmes se heurte à des obstacles insurmontables, dont le principal est la rentabilité de plus en plus aléatoire des productions. Aujourd'hui, du fait de la colonisation des écrans par les longs métrages américains, il se passe parfois plus d'un an entre la mise en chantier d'un film britannique et sa sortie en salle. Quelquefois même, il arrive que certaines œuvres ne soient jamais projetées en public et qu'elles continuent à dormir, des mois durant, dans les caves d'un producteur acculé à la faillite. (→ 30.11)

Beau tableau de chasse pour la censure

Paris, 12 avril
Au conseil général de la Seine, on se félicite de l'action efficace de la censure : en l'espace d'une année, 198 films ont été interdits ou coupés par la commission. M. Vendrin ajoute d'un air gourmand que l'on pourrait taxer de 5 000 F les films policiers. Toutes ces mesures ou projets agacent le milieu du cinéma. L'interdiction du *Bain du préfet*, par exemple, où l'on voit un filou usurper les fonctions les plus honorables, semble excessive. (→ 2.8.19)

Le succès des « Vampires » a été une des causes directes de l'institution.

Judex œuvre dans l'ombre pour le triomphe du bien sur le mal

Paris, 7 avril
Le cœur des jeunes filles chavire pour le ténébreux et fragile René Cresté, le héros du nouveau film de Louis Feuillade, « Judex ». Gaumont a lancé ce grand ciné-roman d'aventures en douze épisodes avec beaucoup de faste : affiches dans les rues, publicités dans les revues, timbres pour écoliers, feuilleton signé par le romancier populaire Arthur Bernède, etc. *Le Pardon d'amour*, douzième et dernier épisode du film, sort aujourd'hui. « Judex » a connu tout au long de ses palpitantes péripéties un succès énorme, bien plus que l'étonnant « les Vampires », du même Feuillade. Comment expliquer cela ? Le séduisant René Cresté a su dominer de sa présence toute l'œuvre, avec

Louis Leubas, René Cresté et Musidora dans l'un des épisodes de « Judex ».

Louis Feuillade, l'autre Judex.

son costume de justicier, une cape de velours noir aux agrafes d'argent. Cresté, le teint pâle, les yeux sombres et fiévreux, est coiffé d'un feutre à large bord. Judex-Cresté a pour repaire un château en ruine, dans lequel il a fait installer un laboratoire où il peut préparer sa revanche : il est sur la piste du meurtrier de son père. Et puis l'on retrouve l'ensorceleuse Musidora ; elle incarne Diana Monti, aventurière aux charmes dangereux et principale adversaire de Judex. Celui-ci protège Yvette Andreyor, une jeune veuve blonde et angélique, tout le contraire de la brune Musidora. Deux vedettes comiques égayent de leur présence ce film dramatique : le petit Bout de Zan, qui joue le môme Réglisse, et l'irrésistible Marcel Lévesque, avec son nez énorme et son crâne chauve. Enfin, Feuillade a mis en scène une histoire morale beaucoup plus sage et conventionnelle que celles de « Fantômas » et des « Vampires » : nul ennui avec la censure ou les ligues catholiques, pas de scénario sentant le soufre, l'érotisme et l'anarchisme. Feuillade rentre dans le rang. (→ 18.1.18)

Le « grand Charlot » sous les verrous

Nantes, 15 août
La nouvelle fait grand bruit : le grand Charlot a été arrêté par l'armée française ! L'autorité militaire a fini par le relâcher, mais lui a interdit le territoire du département. Renseignements pris, il s'agit en fait d'un faux Charlot. Depuis un mois, le « grand Charlot en chair et en os, accompagné de ses meilleurs collaborateurs », dont Miss Mabel O'Brien, de la Chicago Film and Co., faisait une tournée pour distraire les soldats. Ce qui est inacceptable, c'est que la troupe ne disait pas que ce Charlot n'était qu'un imitateur. Le grand comique anglais suscite partout bon nombre de contrefaçons. Antoine Bonaz distribue en France les films de Billie Ritchie, qui plagie sans aucune gêne le célèbre vagabond, en reprenant sa moustache et ses vêtements de clochard. Aux Etats-Unis, les sosies ne se comptent plus : Billy West et Stan Jefferson sont parmi les plus habiles.

Le cinéma remonte le moral des poilus aux avant-postes

Sevreux, 10 août
Sur le front, dans une petite gare régulatrice, on installe dans une baraque en bois un projecteur Pathé. La salle est pleine de permissionnaires, à peine sortis des tranchées. L'opérateur allume sa lampe à arc, le film défile d'abord quelques vues patriotiques de la firme Gaumont, destinées à remonter le moral des troupes : *l'Union sacrée* ; *Fifi tambour* ; *Françaises, veillez !* On applaudit faiblement. En revanche, après les actualités, le nouveau comique venu des Etats-Unis, une sorte de clochard nommé Charlot, est bissé plusieurs fois. Les soldats, qui tremblaient hier devant les bombes, sont aujourd'hui pliés de rire. Miracle du cinéma ! « Vous dire la joie des soldats est impossible, écrit un poilu. C'est comme un sourire, le sourire magique de l'écran qui redonne, à nous autres soldats, le lointain souvenir des doux moments passés au cinéma alors que nous étions civils. » Depuis le 5 août de cette année, le ministère de la Guerre a fait établir dans les zones des armées environ 125 postes cinématographiques, qui sont destinés à donner des représentations dans les camps et les cantonnements. Ce n'est pas la première fois que le cinéma se transporte au front. Déjà, il y a deux ans, Georges Christy et Léon Gaumont avaient organisé une soirée de projections sur le secteur des Vosges. Quelque deux mille soldats assistèrent à la séance, constituée de films artistiques, de documentaires, d'actualités et de vues comiques. Un joyeux moment, avant de repartir affronter la mort. (→ 4.4.18)

Eric Campbell, Charlie Chaplin et Edna Purviance dans « Charlot fait du ciné » (« Behind the Screen »). Ces films font la joie des permissionnaires.

Max Linder témoin de Hollywood

Paris, 1er octobre
La revue *le Film* publie une interview de Max Linder, de retour des Etats-Unis. Max s'était embarqué le 30 septembre 1916 sur le paquebot *Espagne*, qui lui a servi de décor pour quelques séquences de son film *Max part en Amérique* (*Max Comes Across*). Avec ses 46 malles de costumes, l'élégant Linder partait à la conquête de Hollywood. Arrivé en Californie le 6 mars de cette année, engagé par la Essanay, il a été vite agacé par la campagne publicitaire de cette société, qui voulait à tout prix le présenter comme le grand rival de Charles Chaplin ; or, les deux comiques s'entendent parfaitement. Chaplin considère Linder comme son professeur. Max a tourné son second film américain à Chicago, avec Martha Mansfield : *Max veut divorcer* (*Max Wants a Divorce*). Ce n'est pas une réussite. Peu après, dans les studios de la Triangle de Culver City, il a mis en scène *Max et son taxi* (*Max in a Taxi*), où il retrouve son aisance d'antan. Les méthodes des studios américains, les tensions avec la Essanay, la chaleur californienne ont vite ruiné la santé morale et physique de Linder : le voilà de retour en France, épuisé, après un bref séjour dans un sanatorium suisse. Il ne renonce pas pour autant à Hollywood. Paris le fête et voudrait le retenir. Un bon signe : il veut bâtir une salle de cinéma à son nom, au 24, boulevard Poissonnière. (→ 19.12.19)

Une star au tournant de sa carrière.

Une grande année pour Abel Gance

Un réalisateur désormais consacré.

Emmy Lynn et Firmin Gémier sont les héros de « Mater Dolorosa ».

Paris, 12 octobre
Aujourd'hui sort le nouveau film d'Abel Gance, *la Zone de la mort*. Cette année a été décisive pour la carrière du réalisateur. Il a rencontré Charles Pathé à Nice, le 21 janvier dernier. Le grand industriel a vu en privé *Mater Dolorosa*, que Gance a tourné pour Le Film d'Art. Pathé, très impressionné par la réalisation, lui promet son appui moral... et financier. Le 7 mars, le film sort sur les écrans et suscite l'enthousiasme. Gance et son opérateur, Léonce Burel, ont beaucoup soigné le montage, les décors, la lumière et l'interprétation : la tragédie de ce drame mondain s'en trouve intensifiée. Gance a visiblement vu et aimé *Forfaiture*. Il tourne ensuite *la Zone de la mort* et *la Dixième Symphonie*, deux œuvres très originales. Le 8 juillet, deuxième entrevue ; Gance expose ses idées à Pathé. Il rêve d'un film intitulé *les Cicatrices* ; puis peu après l'idée se précise, il veut réaliser une trilogie à grand spectacle qui dénoncerait les horreurs de la guerre et s'intitulerait *J'accuse*. Pathé, presque aussi enthousiaste que le jeune réalisateur, accepte de financer ce projet. (→ 25.8.18)

André Antoine, du Théâtre Libre au cinéma sous contraintes

Paris, 5 octobre
Les rapports de plus en plus difficiles entre la SCAGL de Pierre Decourcelle et la société de Charles Pathé n'ont pas empêché André Antoine, le créateur du Théâtre Libre, de réaliser un deuxième film où il applique encore toutes ses théories. Après *les Frères corses*, Antoine sort aujourd'hui *le Coupable*, d'après François Coppée. On sent qu'il commence à se familiariser avec la caméra : le film est très réussi, non pas grâce aux acteurs, dont le jeu est parfois exagéré, mais grâce aux nombreux plans tournés dans les rues d'un Paris désertifié par la guerre. Antoine veut délaisser le studio et ses décors factices pour tourner en plein air. Déjà, dans *les Frères corses*, il avait voulu tourner son film dans l'île, en extérieurs ; mais Pathé n'accepta pas de payer le déplacement de l'équipe. Pour *le Coupable*, Antoine et ses techniciens, entre autres Georges Denola et le jeune Julien Duvivier, ont réussi des vues en plein air de toute beauté, en plaçant par exemple leur caméra sur un bateau-mouche pour suivre les berges de la Seine. La censure a exigé des coupures importantes dans ce drame, qui raconte l'acquittement d'un assassin. Antoine a dû couper aussi des scènes où l'on voyait un bagne pour enfants. Bien que modifié, le film est bien accueilli par la presse et par le public. (→ 3.3.18)

Entre « les Frères corses » et « le Coupable », Antoine a terminé « Quatre-Vingt-Treize », d'après Victor Hugo, laissé inachevé par Albert Capellani.

Paramount fait monter les enchères

Hollywood, 30 novembre
Tandis que la Triangle Corporation dépose son bilan, la Paramount, elle, s'enrichit. Non contente de racheter les vedettes et les metteurs en scène de sa rivale à prix d'or, la société de l'ambitieux Adolph Zukor s'efforce maintenant de récupérer les parts de marché laissées vacantes par cette dernière. C'est la conséquence logique de la politique de *block booking*, menée depuis 1915 par les deux firmes. Chaque semaine, la Triangle, comme la Paramount, avait l'habitude de fournir aux exploitants un programme complet composé de deux films de long métrage et d'un film comique, les actualités seules étant laissées au choix du propriétaire de la salle. Dans sa faillite, la Triangle abandonne plusieurs milliers d'écrans à sa rivale, qui constitue par là même le plus grand réseau de distribution des Etats-Unis. Cette montée en puissance de la Paramount aurait été impossible sans le soutien actif des banques Kuhn Loeb et Lehman Brothers. En juin dernier, Zukor avait déjà frappé un grand coup, en engageant Mary Pickford à raison de 10 000 dollars par semaine, auxquels il fallait ajouter une prime de 300 000 dollars à la signature du contrat et une participation de 50 % aux bénéfices des films. Par ailleurs, la star bénéficiait d'une publicité exceptionnelle autour de son nom, d'un train spécial pour ses déplacements, d'une voiture avec son chauffeur et d'un studio entièrement réservé à son usage.

Mary Pickford et Douglas Fairbanks, vedettes Paramount, avec Chaplin.

Elle avait aussi le libre choix de ses scénarios et de ses partenaires et pouvait refuser, si bon lui semblait, tel ou tel metteur en scène. Avec de tels avantages, d'autres vedettes ne tardèrent pas à rejoindre Pickford dans le giron de Zukor. Après avoir fusionné avec la Famous Players Lasky, la Paramount acquit le contrôle de l'Artcraft et de sa vedette, Douglas Fairbanks. De leur côté, Thomas H. Ince, William S. Hart et Mack Sennett, pour ne citer que les plus connus, abandonnèrent la Triangle à son triste sort et vinrent grossir les rangs du trust naissant, moyennant finance et avantages divers. Avec de tels atouts, la puissante société s'empare littéralement du cinéma américain. Bientôt, dans chaque ville des Etats-Unis, le mot Paramount brillera au fronton des plus beaux théâtres. (→ 9.11.18)

Jesse Lasky, Adolph Zukor, Samuel Goldwyn, Cecil B. De Mille et Albert Kaufman, réunis dans la Famous Players Lasky, contrôlent la Paramount.

Griffith et Stroheim de retour du front

New York, 16 octobre
David Wark Griffith est de retour d'Europe. Avec son équipe, il vient d'effectuer pour la deuxième fois la périlleuse traversée de l'Atlantique. Dans ses bagages, de nombreuses scènes de son prochain film, *les Cœurs du monde* (*Hearts of the World*), tournées en Grande-Bretagne et sur le front, en France. Griffith avait quitté les Etats-Unis en mars dernier, quelques jours avant l'intervention américaine dans le conflit européen. Il voulait présenter *Intolérance* au public de Londres. Sur place, il fut presque aussitôt contacté par le gouvernement britannique, en la personne de Lloyd George, qui souhaitait le voir réaliser un film de propagande. Griffith accepta et prit contact avec sa nouvelle société, l'Artcraft, pour le cofinancement. Ses acteurs fétiches, Dorothy et Lillian Gish, Robert Harron, son opérateur, Billy Bitzer, et son assistant, Erich Stroheim, le rejoignirent plus tard pour le tournage des premières scènes, dans le feu de l'action. Le reste des prises de vues se fera en Californie. (→ 12.3.18)

Le cinéma allemand aux mains de l'Etat

Berlin, 18 décembre
Le cinéma allemand s'organise en vue de l'après-guerre. Un trust visant à unifier les forces vives de cette bouillonnante industrie vient en effet d'être constitué. Son nom : l'Universum Film Aktien Gesellschaft (UFA). La nouvelle structure regroupe en son sein la Messter et la Pagu, tout en bénéficiant de l'appui de la Deutsche Bank et des grandes entreprises de la chimie, de la métallurgie et de l'électricité. L'initiative de cette formidable opération revient au général Erich Ludendorff. Dans une lettre datée du 4 juillet et adressée au ministère de la Guerre, l'adjoint du maréchal Hindenburg conseillait une prise de participation rapide et majoritaire du gouvernement dans le capital des plus grandes sociétés cinématographiques du pays. Il écrivait : « Durant la guerre, le pouvoir extraordinaire du cinéma a été démontré. Il paraît normal de centraliser et de contrôler le pouvoir ainsi exercé sur les masses. » Quelques mois auparavant, le haut commandement militaire avait créé, sous la pression des soldats de plus en plus mécontents, le Bureau du film et de l'image (Bufa), identique au Service cinématographique de l'armée, en France. Des projections régulières se mirent aussitôt en place. Près de cinq cents salles furent alors ouvertes sur le front français et trois cents autres sur le front russe. Il devenait urgent d'alimenter le nouveau circuit de distribution, aussi bien en documentaires, ce dont se chargea le Bufa, qu'en films distrayants et éducatifs. Le 29 octobre eut donc lieu à Berlin une réunion au sommet, groupant autour d'une même table les chefs militaires du haut commandement général et les dirigeants du Bufa et de la Deutsche Bank. A cette occasion, la décision fut prise d'appliquer sans tarder les recommandations de Ludendorff ; c'est chose faite, désormais. (→ 30.6.18)

1918

Paris, 1er janvier
Signature d'un contrat concernant l'exclusivité en France de la production de la compagnie américaine entre le Comptoir ciné-location Gaumont et la Paramount Pictures.

Paris, 4 janvier
Le film tourné aux Etats-Unis par Albert Capellani, *Scènes de la vie de bohème*, d'après Murger, avec Paul Capellani, Alice Brady et Juliette Clarens, sort sur les écrans.

Hollywood, 21 janvier
Les studios de la Chas Chaplin Film Co., à l'angle de la Brea Avenue et de Sunset Boulevard, sont inaugurés. (→ 1.11)

Etats-Unis, 18 février
Rio Jim, alias William S. Hart, se met en scène dans *l'Homme aux yeux clairs* (*Blue Blazes Rawden*), avec Maude George et Robert Mc Kim pour partenaires.

Copenhague, 22 février
Réalisé par Forest Holger-Madsen, *A 400 millions de lieues sous la terre*, avec Nicolai Neiiendam et Gunnar Tolnaes, est projeté. Mais la production de la Nordisk, concurrencée par l'essor de l'UFA allemande, est en pleine récession.

Paris, 3 mars
Les Travailleurs de la mer, d'après Victor Hugo, avec Romuald Joubé et Andrée Brabant, est présenté au gala de bienfaisance de la Ligue maritime, au Trocadéro. C'est un film d'André Antoine produit par Pathé-SCAGL.

Paris, 22 mars
L'Eclipse sort *Un roman d'amour*, de Louis Mercanton et René Hervil, avec Sacha Guitry (qui passe de la scène à l'écran), Yvonne Printemps et Fred Wright.

Etats-Unis, 2 avril
Le roi de la jungle est incarné par Elmo Lincoln dans *Tarzan chez les singes* (*Tarzan and the Apes*), de Scott Sidney, d'après le roman d'Edgar Rice Burroughs de 1912.

France, 20 avril
Début de la grève des producteurs de films français (jusqu'au 23 mai) pour protester contre les difficultés d'importation de la pellicule vierge et des films étrangers.

Etats-Unis, 26 mai
David W. Griffith est élu président de la Motion Picture War Service Association, chargée de favoriser l'effort de guerre des Etats-Unis par la vente de bons. (→ 17.4.19)

Moscou, 1er juin
Le journal d'actualités filmées édité par les soviets, *Kinonédélia* (*Ciné-Hebdo*), sort son premier numéro. Dziga Vertov en est le secrétaire et monteur en chef. (→ 21.5.22)

Allemagne, 30 juin
L'UFA, qui a absorbé la Pagu et la Messter Film l'année dernière, prend le contrôle des salles de cinéma dominées jusqu'ici par la firme danoise Nordisk. (→ 18.9.19)

Paris, 12 juillet
Pathé met en location *Lui... Club Boy*, film américain de Hal Roach, avec son fidèle complice Harold Lloyd. (→ 30.9.19)

Moscou, 27 juillet
Le Comité soviétique du cinéma entreprend la réalisation du premier film de fiction produit par l'Etat, *le Signal*, d'Alexandre Arkatov. (→ 13.8)

Paris, 8 août
Une nouvelle loi préconise l'installation dans les campagnes de salles de cinéma réservées à l'enseignement de l'agriculture.

Paris, 9 août
L'actrice et ex-danseuse Marion Davies, la protégée du magnat de la presse William Randolph Hearst, fait ses débuts dans le film *la Romanichelle* (*Runaway Romany*), de George Lederer, qui sort en France.

Nice, 25 août
Avec l'appui de Charles Pathé, Abel Gance commence le tournage de *J'accuse*, premier film de son triptyque sur la guerre et la paix, avec Romuald Joubé et Séverin-Mars. Le poète Blaise Cendrars est assistant-réalisateur. (→ 31.3.19)

Marseille, 31 août
L'aviateur Rouit a trouvé la mort ce mois-ci sur le tournage de *Vingt Mille Lieues sous les mers*, entrepris par la Société du film Jules Verne. Il devait se jeter dans une rivière; pris dans les remous, il n'est pas réapparu à la surface.

Paris, 6 septembre
Une pauvre petite fille riche (*The Poor Little Rich Girl*), de Maurice Tourneur, avec Mary Pickford, qui interprète un de ses meilleurs rôles, est distribué en France. (→ 16.7.20)

Petrograd, 20 septembre
S. M. Eisenstein, qui s'est engagé dans l'Armée rouge, part pour le front. Son père a choisi le camp adverse des Russes blancs. (→ 1.8.20)

Paris, 27 septembre
Devant la Chambre syndicale de la cinématographie, Charles Pathé propose de substituer le pourcentage sur les recettes au mode actuel de location de films, et réclame l'imposition de tarifs prohibitifs sur les négatifs étrangers.

Allemagne, 30 septembre
La société de production Decla, fondée par Erich Pommer avec la participation d'Eclair, devient à 100% allemande après le rachat par ce dernier des actions à la société mère française. (→ 27.2.20)

Etats-Unis, 13 octobre
Sortie du *Roman de Tarzan* (*The Romance of Tarzan*), de Wilfred Lucas, avec Elmo Lincoln, Enid Markey et Cleo Madison. C'est la suite du premier *Tarzan*, qui commence par un prologue reprenant des scènes du précédent. (→ 25.3.32)

Paris, 25 octobre
La Société du film Jules Verne présente *Vingt Mille Lieues sous les mers*, un film américain des frères Williamson, produit par Universal.

New York, 9 novembre
Après trente-quatre films pour Adolph Zukor, Mary Pickford signe un contrat avec la First National pour trois films, à venir entre le 1er décembre de cette année et le 31 juillet 1919. Elle touche une avance de 150 000 dollars et recevra 250 000 dollars par film. La Mary Pickford Co., qui produira ces films, se chargera du choix des réalisateurs et des comédiens. (→ 17.4.19)

France, 11 novembre
D'après le journal *le Cinéma*, André Antoine est sur le point de quitter la France pour l'Italie, où il doit tourner pour la Tiber Film une adaptation d'une pièce d'Henry Bernstein, *Israël*. (→ 20.6.19)

France, 25 novembre
Le journaliste et producteur Georges Lordier lance une tournée cinématographique dans tout le pays, à l'aide de quatre camionnettes-cinéma qui projetteront le film sonore *la Victoire en chantant*, sur un poème dit par le prince Bagratide, de la Comédie-Française.

France, 30 novembre
La sortie de *la Dixième Symphonie*, d'Abel Gance, avec Jean Toulot, Emmy Lynn et Séverin-Mars, suscite la controverse. Encensé par une partie du public et de la critique, le film est condamné par ailleurs pour sa grandiloquence et ses artifices visuels. (→ 31.3.19)

Paris, 30 novembre
La société Pathé Frères se divise en Société des machines parlantes Pathé Frères, dirigée par Emile, et Société Pathé-Cinéma, placée sous la direction de Charles. (→ 16.9.20)

Tchécoslovaquie, 4 décembre
La comédienne Suzanne Marwille fait ses débuts dans *le Démon de la dynastie Halkenu*, le premier film produit et réalisé par Vaclav Binovec pour la Weteb. (→ 31.1.19)

Etats-Unis, 15 décembre
Cecil B. De Mille a réalisé *Un cœur en exil*, remake de son premier film *The Squaw Man*, avec E. Dexter et Katherine McDonald. (→ 21.12.23)

Berlin, 20 décembre
Après *les Yeux de la momie*, Ernst Lubitsch a retrouvé l'actrice Pola Negri pour *Carmen*, d'après Mérimée, qui sort ce jour. (→ 18.9.19)

NAISSANCES
Londres, 4 février
Ida Lupino.

Angers, 18 avril
André Bazin.

Uppsala, Suède, 14 juillet
Ingmar Bergman.

New York, 17 octobre
Rita Hayworth
(*Margarita Carmen Cansino).

« Les Proscrits », de Victor Sjöström, où il joue aux côtés d'Edith Erastoff, donne au jeune cinéma suédois sa dimension internationale.

Tragédie dans les montagnes d'Islande

Les héros des « Proscrits » sont aux prises avec la nature et avec les hommes.

Stockholm, 1er janvier
Le nouveau film de Victor Sjöström, intitulé *les Proscrits* (*Berg Ejvind och hans hustru*), sort sur les écrans. Il s'agit de l'adaptation d'une pièce de l'écrivain islandais Johann Sigurjonsson. L'action se passe au siècle dernier, en Islande. Halla, une riche veuve, incarnée par Edith Erastoff, prend pour amant un ancien détenu prénommé Kari, et interprété par Sjöström lui-même. Poursuivi par la justice, le couple se réfugie dans la montagne et périt bien des années plus tard dans une tempête de neige. Les spectateurs sont particulièrement sensibles aux superbes paysages de cette œuvre. En réalité, le tournage s'est déroulé dans les montagnes de Lapland, à proximité des côtes norvégiennes. Une expédition sur les lieux réels de l'action eût été trop dangereuse, du fait des sous-marins allemands sillonnant sans relâche l'Atlantique et la mer du Nord. Dans l'une des scènes les plus impressionnantes de ce long métrage, Edith Erastoff, acculée par ses poursuivants, jette son enfant du haut d'une falaise. Cette image est tout à l'honneur du réalisateur qui, à l'âge de trente-huit ans, signe son trente-quatrième film, le plus ambitieux, depuis ses débuts derrière la caméra, en 1912. (→ 8.11.19)

Feuillade renouvelle le contrat de Judex

René Cresté, créateur du rôle de Judex, fait rêver le public féminin.

Paris, 18 janvier
Après le triomphe de « Judex », Gaumont et Louis Feuillade sortent une suite aux aventures du beau René Cresté, idole des jeunes filles : *le Mystère d'une nuit d'été*. Ce premier épisode de « la Nouvelle Mission de Judex », un grand cinéroman d'aventures en douze parties, est lancé avec beaucoup de publicité. Le scénario est encore signé par Arthur Bernède et Feuillade, mais, hélas ! il est beaucoup moins réussi que le premier. Est-ce l'absence de la captivante Musidora ? Le film est très soigné esthétiquement, mais il est ennuyeux, bien trop moraliste et mélodramatique. Feuillade s'éloigne de plus en plus du lyrisme de ses premiers films à épisodes. Yvette Andreyor est en larmes du début à la fin, René Cresté abuse de son physique romantique, seul Marcel Levesque éveille quelque intérêt, grâce à son jeu comique. Les critiques ne sont pas tendres : c'est une « abomination feuilletonnesque ! » selon Louis Delluc. « "Judex", "la Nouvelle Mission de Judex" sont des crimes plus graves que ceux qui sont condamnés par le conseil de guerre ! » Et Delluc se déchaîne de plus belle, plein de verve : « Des amis m'ont emmené voir "la Nouvelle Mission de Judex". Des amis ? » (→ 25.4.19)

Emile Reynaud meurt à l'hospice

Ivry-sur-Seine, 9 janvier
Emile Reynaud, l'inventeur du dessin animé (*8.12.1844), vient de mourir à l'Hospice des incurables, où il était soigné depuis le 29 mars 1917. Ses dernières années ont été pathétiques, depuis ce jour de 1910 où, vaincu par le Cinématographe, il jeta à la Seine la plupart de ses œuvres, pièces uniques et irremplaçables. Les foules étaient alors détournées de ses propres projections, de conception artisanale et poétique. Pourtant, de 1892 à 1900, son Théâtre optique avait eu ses fidèles au musée Grévin. Sa dernière trouvaille a été la « photo-peinture animée ». (→ 18.4.24)

Le comte de Monte-Cristo continue de séduire et d'inquiéter

Paris, 1er mars
Sur les écrans parisiens, deux œuvres à grand spectacle s'affrontent : « la Nouvelle Mission de Judex », de Feuillade, et « le Comte de Monte-Cristo », un film de huit épisodes, produit par Le Film d'Art de Louis Nalpas et réalisé par Henri Pouctal. Septième partie de « Judex », *la Main morte* sort aujourd'hui, en rivalité avec le dernier épisode des aventures de Monte-Cristo, dont le rôle-titre est interprété par Léon Mathot. Le public a tranché : Le Film d'Art triomphe, Gaumont fait piètre figure. Pouctal, le directeur artistique du Film d'Art, a réussi une œuvre ambitieuse et populaire, avec une photographie très soignée. Il est vrai qu'un scénariste comme Alexandre Dumas ne peut que ravir le public. (→ 2.1.20)

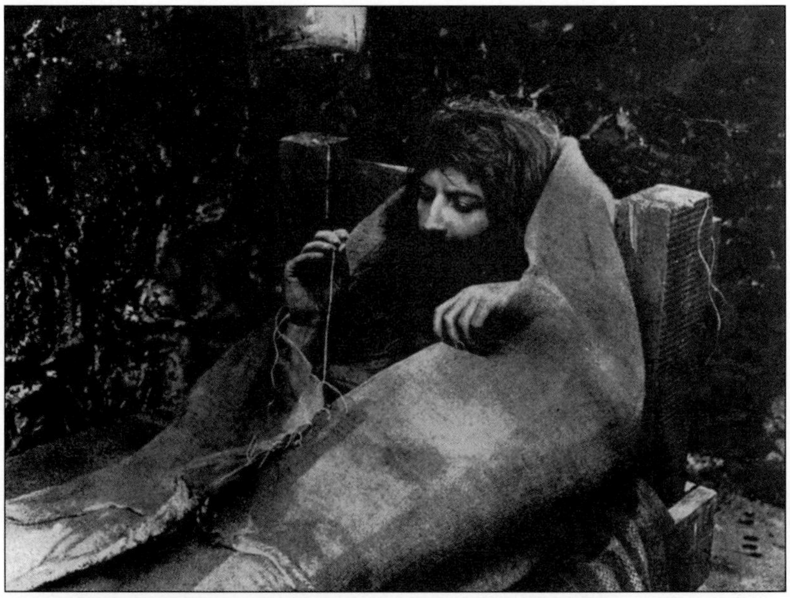

Léon Mathot est Edmond Dantès dans « Monte-Cristo », d'Henri Pouctal.

Griffith plonge le public américain au cœur du conflit européen

Le réalisateur des « Cœurs du monde » est redevenu acteur pour l'occasion.

Los Angeles, 12 mars
« Voulez-vous aller en France ? » Tel est le slogan du nouveau film de David Wark Griffith, *les Cœurs du monde* (*Hearts of the World*), qui vient d'être présenté au Clune's. Cette œuvre de propagande antigermanique, tournée en Angleterre, en France et en Californie, a bouleversé le public et suscité un grand élan de sympathie pour les Alliés. L'action se déroule dans un petit village français, avant et pendant la guerre. Douglas et Marie, interprétés respectivement par Robert Harron et Lillian Gish, sont séparés par le conflit. La jeune femme et le jeune homme se retrouvent au terme d'une longue errance et sont sauvés *in extremis* par l'intervention des troupes alliées. David Wark Griffith ne s'embarrasse pas de fioritures et décrit des Allemands brutaux et cyniques, à la limite de la caricature. Erich von Stroheim trouve là un rôle de composition rêvé. La pauvre Lillian Gish est rouée de coups tout au long du film. Malgré les infinies précautions et les rembourrages les plus astucieux, son corps garde – paraît-il – les traces de ce tournage épuisant. Les spectateurs sont particulièrement impressionnés par les images réalistes du front. Certains plans auraient été tournés en liaison avec le Service cinématographique de l'armée française, par le capitaine Kleinschmidt, d'autres par Billy Bitzer, à proximité du front, parmi les ruines et les trous d'obus. Pendant les quelques mois passés en France, David Wark Griffith a filmé tous les types d'armes et tout l'équipement militaire utilisés au cours des combats. Pour un réalisateur de sa trempe, c'était une chance inespérée : plus besoin d'aller fouiller dans les archives, il a suffi de filmer l'histoire en direct et de restituer la cruelle réalité. Il semble donc que pour sa première mise en scène pour le compte de l'Artcraft d'Adolph Zukor, c'est un coup de maître. (→ 26.5)

Louis Delluc adepte du nouvel art

Paris, 20 mai
Les lecteurs de *Paris-Midi* découvrent dans les colonnes du quotidien une rubrique nouvelle et une signature qui l'est tout autant. La rubrique, présentée comme hebdomadaire, s'intitule « Cinéma et Cie » : c'est la première chronique régulière consacrée au cinéma dans un journal non spécialisé. Quant au journaliste qui en a la charge, c'est Louis Delluc. Agé de vingt-sept ans, il s'est fait connaître jusqu'ici, principalement, comme critique de théâtre, auteur dramatique à l'occasion, poète et romancier de surcroît. Le cinéma, pour lui, est en quelque sorte une vocation tardive. Il la doit à la jeune comédienne d'origine belge Eve Francis (Eva-Louise François pour l'état civil), déja célèbre pour ses créations, à la scène, de grandes œuvres de Paul Claudel. Entrée dans la vie de Delluc voici cinq ans, elle est devenue sa femme le 16 janvier dernier. Passionnée de cinéma, elle a littéralement retourné le jeune écrivain en lui faisant découvrir *Forfaiture*, puis les films de Rio Jim et de Charlot. Aujourd'hui, Louis Delluc est devenu un défenseur inconditionnel de l'art muet, auquel il se consacre désormais. En juillet 1917, Henri Diamant-Berger avait fait de lui le rédacteur en chef de l'hebdomadaire spécialisé *le Film*. Avec *Paris-Midi*, il s'adresse directement au grand public. (→ 22.8.19)

Louis Delluc, vu par Paul Nadar.

Musidora interprète de son amie Colette

Paris, 22 mars
La Film d'arte italiana, filiale de Pathé en Italie, sort *la Vagabonde* (*La Vagabonda*), réalisé par Eugenio Perego, d'après le roman de Colette. C'est Musidora, la grande amie de l'écrivain, qui joue le premier rôle, mais elle a aussi travaillé au scénario et à la mise en scène. Colette est venue sur le plateau. Elle juge Musidora « éblouissante ; elle défie la lumière. Plus photogénique qu'elle, ça n'existe pas » ! Le succès de Colette et du film exaspèrent le vieux Willy, son ex-mari libidineux, qui déclare anonymement dans l'une des revues légères où il sévit que Musidora a « le regard hébété et les dents gâtées ». Willy, qui a perdu son nègre littéraire, la belle Colette, ne s'en remet toujours pas ! (→ 10.12.19)

« La Vagabonde », coréalisé par Musidora et Eugenio Perego.

Pour voir des films sous les bombes

Paris, 4 avril
Le ministre de l'Intérieur autorise les matinées cinématographiques, malgré les quatre escadrilles de Gotha qui bombardent la capitale. Mais ces séances seront supprimées les jours où le bombardement aura commencé avant l'ouverture de la matinée. Si l'alerte a lieu pendant la représentation, les salles de spectacle seront normalement évacuées. Même sous les bombes, les Parisiens vont au cinéma : les recettes ne fléchissent pas depuis le 1er février, date de la première attaque des Gotha. Les exploitants ont préparé des films avertissant les spectateurs de quitter la salle ou de rester à leur place, lors des alertes aériennes. (→ 14.7.19)

Lénine associe le cinéma à la révolution

Moscou, 13 août

Le communisme part en guerre et, avec lui, le cinéma. C'est en effet aujourd'hui que vient d'être lancé le premier train de propagande Lénine. Ses voitures sont recouvertes de fresques allégoriques à la gloire des ouvriers et des combattants bolcheviques. A l'intérieur, une salle de conférences, une simili-école, une bibliothèque riche de quelque sept mille ouvrages, une imprimerie autonome et toute une installation cinématographique, comportant équipements de projection, laboratoires de développement et de tirage, salles de montage, ainsi qu'un stock important de pellicule. Ce train expérimental part pour la région de Kazan, en proie aux affres de la guerre civile. Le gouvernement de la république fédérative des soviets de Russie et son chef, Vladimir Ilitch Oulianov dit Lénine, pensent pouvoir ainsi rallier à la cause du bolchevisme la population égarée par la propagande contre-révolutionnaire. Sur le trajet, le studio mobile produira un journal hebdomadaire dont la réalisation incombera au chef-opérateur Edouard Tissé et à son jeune monteur, Denis Arkadievitch Kaufman, dit Dziga Vertov. Cette entreprise originale démontre l'intérêt grandissant du nouveau pouvoir pour le cinéma. Ce dernier a créé par ailleurs un Institut supérieur de photographie, le premier au monde. (→ 27.8.19)

« La Demoiselle et le Voyou », d'Evgueni Slavinski et Vladimir Maïakovski.

Buster Keaton devient acteur chez Fatty

Les deux complices, avec une partenaire, tournent pour la Comique Film.

Long Beach, 15 septembre

Un nouveau film de Roscoe Arbuckle vient de sortir sur les écrans. Il s'intitule *Fatty cuisinier* (*The Cook*) et est distribué par la Paramount. Aux côtés du célèbre fantaisiste s'impose particulièrement un curieux petit acteur. Buster Keaton – c'est son nom – est un enfant de la balle: à trois ans, il apparaissait pour la première fois sur scène dans un numéro de variétés mis au point par ses parents. Le démon de la scène ne l'a plus quitté depuis. Selon son propre dire, le pseudonyme de Buster lui aurait été donné, gamin, par le magicien Harry Houdini. Celui-ci aurait été particulièrement impressionné par une de ses cascades et l'aurait surnommé Buster, ce qui en argot signifie casse-cou. En mars de l'année dernière, âgé de vingt et un ans, le jeune artiste rencontra Arbuckle, qui l'entraîna sur le tournage de *Fatty garçon boucher* (*The Butcher Boy*), le premier film produit par sa nouvelle société, la Comique Film. Keaton y incarnait une sorte d'idiot du village. Dans une scène, il recevait un sac de farine sur la figure et encaissait le choc sans broncher, démontrant que sa réputation de cascadeur n'était pas usurpée. Expérience concluante, et le voilà embauché par le producteur Joseph Schenck pour le modeste salaire de 40 dollars la semaine. *Fatty cuisinier* est son douzième film pour la Comique et, déjà, le débutant des premiers temps est plus qu'un faire-valoir. (→ 7.9.19)

Une nouvelle publication professionnelle

Paul de La Borie en est le directeur.

Paris, 9 novembre

Un nouvel hebdomadaire corporatif paraît: *la Cinématographie française*, dirigé par Paul de La Borie. En couverture, une belle lithographie en couleurs représente Charles Chaplin; le coq Pathé figure en bas de page. Cette revue de 68 pages est-elle commanditée par le puissant groupe de Vincennes? Parmi les collaborateurs, on remarque Guillaume Danvers, que l'on a connu en particulier comme journaliste du *Film*. Cette publication luxueuse représente une sérieuse concurrence pour les très bonnes publications *Ciné-Journal* et *le Courrier cinématographique*.

« Oh doctor! », un des premiers films communs de Buster Keaton et de Fatty.

La femme de Chaplin n'a que seize ans

Charlie et Mildred en croisière.

Son nouveau film, « Charlot soldat » (« Shoulder Arms »), vient de sortir.

Hollywood, 1er novembre

Charles Chaplin est de retour de voyage de noces. Sa femme s'appelle Mildred Harris. Elle a seize ans et en prétend dix-huit. Le célèbre Charlot a rencontré cette jeune fille à l'occasion d'une *party* organisée par Samuel Goldwyn. Mildred était alors une petite actrice parmi tant d'autres et s'efforçait de percer en fréquentant le Tout-Hollywood. D'affinités en affinités, les deux jeunes gens se sont mariés, en toute simplicité, le 23 octobre. Depuis, Mme Chaplin est assaillie d'offres, plus alléchantes les unes que les autres. Louis B. Mayer lui aurait proposé un contrat de cinquante mille dollars par an pour tourner six films sous son label. Une chance inespérée pour cette adolescente. La nouvelle de ce mariage surprise survient alors même que Chaplin est au sommet de sa gloire. Celui-ci a signé, en juin 1917, un énorme contrat de un million de dollars avec la First National et doit tourner pour cette dernière huit films en dix-huit mois. Les deux premiers moyens métrages produits à cet effet, *Une vie de chien* (*A Dog's Life*) et *Charlot soldat* (*Shoulder Arms*), ont d'ores et déjà été de grands succès, à la fois critiques et publics, tout en marquant un renouvellement de l'œuvre du célèbre fantaisiste. Entre-temps, Chaplin n'a pas ménagé ses efforts en faveur de l'intervention américaine dans le conflit européen. Contacté par le gouvernement, il réalise actuellement un court métrage pour le Liberty Loan Committee, c'est-à-dire pour l'emprunt de guerre. Intitulé *The Bond* (le bon), ce petit film devrait rapporter, à sa sortie prévue pour la fin de l'année, plus de souscriptions que toutes les précédentes campagnes réunies, si l'on en croit la popularité stupéfiante du comique. (→ 17.4.19)

Sorti en avril, « Une vie de chien » (« A Dog's Life ») est le premier film tourné par Chaplin pour la First National.

La colonie française de Hollywood

Hollywood, 31 décembre

La France en guerre exporte ses talents. Plusieurs réalisateurs de l'Hexagone se sont imposés dernièrement aux Etats-Unis. A commencer par Maurice Tourneur, dont deux films viennent de recevoir un accueil des plus chaleureux, *l'Oiseau bleu* (*The Blue Bird*) et *Prunella*. Ancien régisseur d'André Antoine, Maurice Tourneur avait fait ses débuts cinématographiques au Film d'Art. En mai 1914, il se rend en Amérique pour diriger la production Eclair de Fort Lee. Le démantèlement de cette filiale, au lendemain de la déclaration de guerre, lui laisse les coudées franches pour s'imposer, d'abord à la World, puis à l'Artcraft. Son style sophistiqué en fait un des réalisateurs les plus cotés à Hollywood. Léonce Perret, l'ancien pilier de Gaumont, tourne depuis l'an passé des films de propagande pour le compte de la Pathé-America, tels *N'oublions jamais* (*Let's not Forget*) et *La Fayette we Come* (La Fayette nous voilà). De son côté, Emile Chautard, un autre transfuge du Film d'Art, a su imposer à la Paramount un style raffiné. Curieusement, Maurice Tourneur, Léonce Perret et Emile Chautard avaient travaillé ensemble, au théâtre de la Renaissance à Paris. Il faut citer aussi Albert Capellani, l'ancien directeur artistique de la SCAGL ; et le premier de tous, Louis Gasnier, dont les films sont très appréciés ici.

Une contribution de Louis Gasnier.

★★★★★★★★ 1919 ★★★★★★★★★★★★★★★★★★★★★★★★★★★★★

Tchécoslovaquie, 31 janvier
Gustav Machaty, âgé de dix-huit ans, réalise son premier court métrage, *Teddy voudrait fumer* (*Teddy by Kouril*), sur un scénario de style burlesque écrit en collaboration avec Jean S. Kolar.

Paris, 26 février
Le Syndicat des directeurs de cinématographe s'engage à proscrire de ses écrans pour une durée de quinze ans tous les films de provenance allemande ou autrichienne.

France, 1er mars
L'industrie du cinéma est en crise, avec une salle pour 30 000 habitants. (Une pour 10 000 en Italie, une pour 8 000 en Angleterre, une pour 7 000 en Belgique et une pour 4 000 aux Etats-Unis.) (→ 29.1.21)

Paris, 15 mars
Le premier film réalisé par Marcel L'Herbier pour Gaumont, *Rose-France*, récolte de sévères critiques. Pour *la Cinématographie française* « c'est mou, flasque, filandreux et larmoyant sans raison ». (→ 18.10)

Etats-Unis, 24 mars
Sortie du *Tournant* (*The Turn on the Road*), premier long métrage de King Vidor, produit par la Brentwood Film Co., qui a été créée à cet effet. (→ 5.11.25)

Paris, 29 mars
Léon Sazie gagne le procès qu'il a intenté à la société Eclair, après l'adaptation, infidèle et dégradante selon lui, de son roman *Zigomar peau d'anguille*. Le tribunal lui accorde la rupture du contrat avec Eclair, l'interdiction du film et 10 000 F de dommages-intérêts.

Berlin, 3 avril
Le Métis (*Halbblut*), premier film réalisé par Fritz Lang, est projeté. Auparavant, Lang écrivait des scénarios pour la Decla, mais, peu satisfait du traitement qui leur était infligé, il a décidé de passer à la mise en scène. (→ 26.4.24)

Budapest, 12 avril
La république des Communes mise en place par Belà Kun le 21 mars, nationalise l'industrie cinématographique. Les professionnels réagissent très favorablement. Un hebdomadaire d'actualités filmées, *le Reporter rouge*, a été lancé.

Allemagne, 17 avril
Les ingénieurs Hans Vogt, Joe Engl et Joseph Massolle font breveter leur système d'enregistrement des sons Tri-Ergon, utilisant les tubes à électrodes de Lee de Forrest.

Paris, 20 avril
Charlot soldat (*Shoulders Arms*), de et avec Chaplin, sort dans dix salles, dont le Gaumont-Palace.

Paris, 15 juin
Pierre Henry, un ami de Louis Delluc, lance le magazine bimensuel *Ciné pour tous*. (→ 15.11.23)

Paris, 15 juin
Une banque du cinéma, au capital de 3 000 000 F, est créée pour la reconstruction des salles détruites par la guerre.

France, 20 juin
André Antoine tourne *la Terre*, d'après Emile Zola. Julien Duvivier est son assistant. (→ 5.9.22)

Lyon, 26 juin
Le maire, Edouard Herriot, met en application l'arrêté obligeant tous les cinématographes, y compris les installations foraines, à employer des films ininflammables.

Versailles, 28 juin
Un seul opérateur, le caporal André A. Dantan, attaché au Service cinématographique des armées, est admis dans la galerie des Glaces pour filmer la signature du traité de paix. Avec sa caméra, placée à 8 m de la table « historique », il tourne 350 m de pellicule. (→ 14.7)

Los Angeles, 1er juillet
A dix-sept ans, Mary Miles Minter signe un contrat avec Adolph Zukor. Le patron de Paramount veut qu'elle devienne la rivale de Mary Pickford. (→ 1.2.22)

Los Angeles, 30 juillet
Chaplin commence à tourner son premier long métrage, d'abord intitulé *The Waif*, avec Jackie Coogan, qui a quatre ans. (→ 19.11.20)

Budapest, 1er août
Avec la chute de la république des Communes et la répression qui s'ensuit contre ses partisans, de nombreux cinéastes et acteurs émigrent à l'étranger. Parmi eux, Sandor Korda et Mihaly Kertesz.

France, 22 août
Dans sa rubrique quotidienne de *Paris-Midi*, Louis Delluc emploie le terme de « réalisateur », de préférence à « metteur en scène », pour qualifier David W. Griffith, à propos de son film *Intolérance*.

Etats-Unis, 7 septembre
Sortie de *Fatty cabotin* (*Backstage*), de Roscoe Arbuckle, avec lui-même, Molly Malone et Buster Keaton. (→ 30.11.20)

Auvergne, 20 septembre
Jacques de Baroncelli tourne *le Secret du « Lone Star »*, avec la star américaine Fanny Ward, Rex Mac Dougall et Gabriel Signoret. Avec ce type de films, les producteurs Delac et Vandal, du Film d'Art, ambitionnent de mieux pénétrer le marché du cinéma américain.

Paris, 30 septembre
Bernard Grasset édite *Cinéma et C*, recueil d'articles de Louis Delluc parus dans « le Film ». C'est le premier livre français de cinéma à caractère critique. (→ 25.2.20)

Hollywood, 30 septembre
Charlie Chaplin et Douglas Fairbanks, partenaires au sein de la nouvelle firme les Artistes associés, veulent tourner en Amérique du Sud, et projettent de s'installer pour plusieurs mois à Santiago du Chili.

Rome, 1er octobre
Un décret-loi instaure la censure préventive sur les œuvres cinématographiques. De son côté, l'UCI engage le réalisateur français Georges Lacroix. La jeune actrice Suzy Prim doit être la vedette d'un premier film, *Passionnément*. (→ 9.3.20)

New York, 18 octobre
A la tête d'un important circuit de salles depuis 1912, Marcus Loew constitue la Loew's Incorporated, société dont la capitalisation s'élève à 27 millions de dollars. Elle engage des pourparlers pour la prise de contrôle de la Metro Pictures. (→ 1.1920)

Nice, 25 octobre
René Navarre crée une société de production de ciné-romans, films populaires tirés de romans-feuilletons publiés simultanément dans les grands quotidiens. Un premier film est prévu, d'après Gaston Leroux.

Italie, 25 novembre
La vamp Francesca Bertini est engagée par le producteur Richard A. Rowland, président de la Metro Pictures, pour une série de films tournés en Italie en vue d'une exploitation aux Etats-Unis. En cas de succès, Francesca partira pour Hollywood.

Tchécoslovaquie, 1er décembre
Anny Ondra (*Ondrakova), âgée de seize ans, débute à l'écran dans *la Dame aux petits pieds*, de Jean S. Kolar, sur un scénario de Gustav Machaty.

New York, 7 décembre
La Loi des montagnes (*Blind Husbands*), premier film écrit, réalisé et interprété par Erich von Stroheim, est présenté au Capitol Theatre. Contre l'avis de Stroheim, Universal a changé le titre initial : *The Pinnacle*. (→ 11.1.22)

Hollywood, 15 décembre
Divorcée de Wallace Beery, Gloria Swanson épouse Herbert Somborn. Ses deux derniers films, tournés avec Cecil B. De Mille, s'intitulent *Après la pluie, le beau temps* et *l'Admirable Crichton*. (→ 15.11.24)

Nice, 15 décembre
Venu tourner *Ecce Homo*, Abel Gance y renonce pour écrire le scénario de *la Rose du rail*. Mais sa compagne, Ida Danis, est victime d'une rechute de la grippe espagnole qui provoque une phtisie galopante. (→ 30.10.20)

NAISSANCES
Paris, 29 avril
Gérard Oury (*Max Gérard Houry).

Rome, 15 juin
Alberto Sordi.

Marseille, 19 juin
Louis Jourdan (*L. Gendre).

Parme, 14 juillet
Lino Ventura (*Angelo Borrini).

Paris, 10 novembre
François Périer (*F. Pilu).

La mère de Mary Pickford à la création des Artistes associés, fondé par sa fille, David W. Griffith, Charles Chaplin et Douglas Fairbanks.

Le cinéma italien en effervescence

Rome, 9 janvier

Le cinéma italien, en proie aux vicissitudes de l'après-guerre et à l'hégémonie américaine, tente de se ressaisir. Les deux avocats Gioacchino Mecheri et Giuseppe Barattolo viennent en effet de fonder l'Unione cinematografica italiana (UCI), qui regroupe au sein d'une même organisation les principales sociétés de production du pays. Pourtant, il y a quelques mois à peine, les deux hommes étaient les pires ennemis. Mecheri, propriétaire de la Tiber, avait racheté tour à tour la Celio et l'Itala. De son côté, Barattolo, administrateur de la Caesar, avait pris successivement le contrôle de la Cines, de l'Ambrosio, puis de la Film d'arte italiana (FAI), la succursale de Pathé. Avec l'aide de la Banca commerciale italiana et de la Banca italiana di sconto, les deux hommes ont associé leurs firmes au sein d'un *holding* au capital de trente millions de lires. (→ 1.10)

Avec les Artistes associés, les « quatre grands » troublent le jeu

Hollywood, 17 avril

Une nouvelle firme cinématographique devrait s'imposer sous peu aux Etats-Unis : l'United Artists Corporation, dont la direction vient d'être confiée à Hiram Abrams, un ancien membre du directoire de la Paramount. A l'origine de cette société en commandite, quatre des plus grands noms de Hollywood : Mary Pickford, Douglas Fairbanks, Charles Chaplin et David Wark Griffith. Forts de leur popularité, ces derniers avaient décidé, vers la fin de 1918, de fonder leur propre compagnie. A leur avis, c'était le seul moyen de s'opposer à la toute-puissance des producteurs et aux visées monopolistiques de ces derniers. Il était question, à cette époque, d'importantes fusions et d'une reprise en main générale de la profession, ce qui sous-entendait une réduction de la masse salariale. Pickford, Fairbanks, Chaplin et Griffith étaient bien sûr les premiers sur la sellette. Courant janvier, les « quatre grands » se réunirent dans la propriété de Fairbanks, à Beverly Hills. A leurs côtés, se trouvait un homme particulièrement influent, William Gibbs MacAdoo, le gendre du président Woodrow Wilson, ancien secrétaire du Trésor et président du Federal Railroad Board. A cette occasion, l'United Artists put être constituée en firme distributrice, les cinq personnalités se partageant l'ensemble des actions. Assurée du soutien de la grande finance, la balbutiante société cherche désormais à s'organiser. MacAdoo a cédé la place à Abrams, cependant les « quatre grands » demeurent. (→ 14.4.20)

Charles Chaplin signe à son tour le contrat de fondation de la compagnie.

Abel Gance veut mettre la guerre définitivement hors la loi

Paris, 31 mars

La presse réserve à Abel Gance un accueil très enthousiaste, après la projection de *J'accuse*, tragédie des temps modernes en trois époques, financée par Charles Pathé et par le Service cinématographique des armées. Cette œuvre immense, commencée avant l'armistice, est un réquisitoire contre la guerre. Film patriotique où l'amour de la France est exalté avec lyrisme, *J'accuse* est enfin un mélodrame poignant. Il débute dans la joie et la paix et, graduellement, Gance fait pénétrer le spectateur dans la tragédie rouge : la guerre, dans toute son horreur. Gance montre la séparation de deux êtres qui s'aiment, les villages en ruine, les morts, la charge des soldats dans la boue et le feu. Le héros, le poète Jean Diaz, joué par Romuald Joubé, revient du front voir sa mère, mourante. Diaz, délirant, se dresse : « J'accuse ! » Il voit alors une foule de mères en deuil, désespérées. Cette vision se répète avec plus de force dans la dernière époque : cette fois Diaz le visionnaire, le Christ des tranchées comme le nomme Gance, ressuscite tous les morts de la guerre. C'est la scène la plus forte du film : les cadavres sortent de leurs tombes et se mettent en marche vers les villages pour savoir si leur disparition a servi à quelque chose. Ceux qui ont profité de la guerre pour s'enrichir s'enfuient, terrifiés. Jean Diaz expire, dans la folie. Ce film sombre et pacifiste choque les esprits chauvins : Gance est accusé de défaitisme et d'antimilitarisme. Mais la critique est unanime : *J'accuse* est un chef-d'œuvre. On y décèle l'influence de l'école américaine, notamment celle de Thomas Ince. La photo et les effets de l'opérateur Léonce Burel sont admirables, ainsi que le montage de Gance, assisté du poète Blaise Cendrars. (→ 15.12)

Pour son réalisateur, « J'accuse » est une « tragédie des temps modernes ».

Une pure héroïne chez Feuillade

Paris, 25 avril

Feuillade a retrouvé son inspiration et son public avec « Tih Minh », cinéroman en douze épisodes, dont le dernier sort aujourd'hui en salle. Tih Minh, c'est la pure Mary Harald, une Anglaise qui joue le rôle de la fragile Annamite. Une bande de criminels veut l'enlever, pour venger la mort d'Irma Vep. Mais René Cresté veille...

« Intolérance » libéré mais amputé

Paris, 12 mai

Intolérance, l'œuvre majeure de David Wark Griffith, sort enfin sur les écrans parisiens. Le film, réalisé aux Etats-Unis il y a près de trois ans, avait été interdit, à l'époque, par la censure militaire française. La raison invoquée était alors une représentation jugée partiale de l'histoire de France, et en particulier de l'épisode sanglant du massacre de la Saint-Barthélemy. En ces temps d'Union sacrée, il ne faisait pas bon rappeler les déchirements du passé. Depuis, l'armistice a été signé et le génie de David Wark Griffith est dorénavant universellement reconnu. Pourtant, en dépit de ces éléments, *Intolérance* a été amputé de plusieurs scènes. Dans un article paru ce jour dans *Paris-Midi*, le jeune critique cinématographique Louis Delluc s'insurge contre ces coupures arbitrairement décidées qui dénaturent l'œuvre du réalisateur et la rendent au moins partiellement incompréhensible. (→ 22.8)

Les opérateurs participent à la victoire et célèbrent la paix

Le défilé de la Victoire filmé par Félix Mesguich, ancien opérateur Lumière.

Paris, 14 juillet

Sur les Champs-Elysées, c'est l'immense défilé de la Victoire. Le Service cinématographique des armées dispose tout le long du trajet, de la porte Maillot à l'Opéra, quatre équipes composées chacune d'un photographe et d'un opérateur, qui impressionnent 3 000 mètres de film. Mais Pathé, Eclair, Gaumont et tous les autres ont aussi envoyé leur cameramen pour tourner cet événement historique. Dès ce soir, certaines salles pourront présenter le défilé de la Victoire ; c'est la course à la montre pour tirer les premières copies. Mais c'est à Léon Gaumont que revient le titre du plus bel exploit technique : il a réussi à filmer le défilé en couleurs naturelles. Gaumont a en effet mis au point en 1913 une caméra dite Chronochrome, qui permet de réaliser des films en couleurs. Elle est munie de trois objectifs à trois filtres vert, rouge et bleu. Sur la pellicule, la hauteur de chaque vue est réduite à 14 mm, avec trois perforations par image. Le projecteur est lui aussi équipé du triple objectif à trois filtres. La superposition des trois images monochromes s'opère sur l'écran, au moyen d'un réglage micrométrique délicat. Il faut par ailleurs une lumière très intense, et on a du mal à éviter les franges colorées ou les bavures, dues à un mauvais réglage. Le film du défilé de la Victoire, obtenu grâce au système trichrome, va être projeté en exclusivité au Gaumont-Palace, selon le souhait de son directeur. Il compte aussi présenter cet étonnant exploit à l'Académie des sciences.

Le jeu émouvant de Lillian Gish fait pleurer l'Amérique

New York, 1er juin

Le tout dernier film de David Wark Griffith sort sur les écrans. Il s'intitule *le Pauvre Amour* (*True Heart Susie*). C'est l'histoire d'une fille de la campagne simple et naïve, trop timide pour se trouver un mari. Dans le rôle vedette, Lillian Gish confirme son talent exceptionnel. Elle incarne une sorte de Cendrillon et porte une longue robe informe, un tablier et un petit chapeau ridicule. Rarement prestation aura été aussi simple et aussi convaincante ! Et, pourtant, il y a un peu plus de deux semaines, Mademoiselle Gish, comme on la surnomme avec respect dans la profession, avait déjà triomphé dans *le Lys brisé* (*Broken Blossoms*), un autre admirable mélodrame réalisé par Griffith. Elle y interprétait, cette fois-ci, une fillette battue à mort par son alcoolique de père. Le réalisateur semble être le Pygmalion de la jeune fille, qui ne l'a jamais quitté depuis ses débuts en 1912 à la Biograph, sous sa direction, dans *l'Ennemi invisible* (*Unseen Enemy*). (→ 20.9.20)

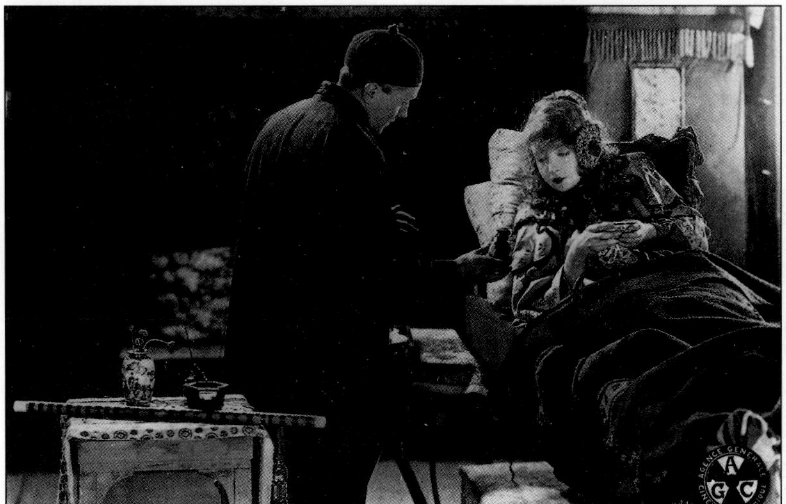

Lillian Gish dans « le Pauvre Amour » et « le Lys brisé », de D. W. Griffith, avec Robert Harron et Richard Barthelmess.

La censure renforce ses structures

Paris, 2 août

L'Etat et la censure renforcent leur étau autour du cinéma. Le *Journal officiel* publie le décret gouvernemental du 25 juillet dernier, signé par le président de la République, Raymond Poincaré. Il institue auprès du ministère de l'Instruction publique et des Beaux-Arts et du ministère de l'Intérieur une commission de contrôle des films, qui comprendra trente membres. Elle devra entrer en fonctions dès le début de l'année prochaine. Les films français et étrangers ne sont plus soumis à la seule censure de la préfecture de police, mais à celle des deux ministères. Les décisions qu'ils pourront prendre sont de trois sortes : approbation du film ; approbation après coupures ; refus du visa d'exploitation. Des bruits circulent sur la future constitution de la commission. On murmure les noms de Charles Pathé, d'Edmond Benoît-Lévy, de Firmin Gémier, d'Abel Gance, du sénateur Maurice Faure : du beau monde, pour une triste besogne. (→ 10.1.21)

Lénine nationalise le cinéma russe

Moscou, 27 août
Le décret sur « le rattachement du commerce et des industries photographiques et cinématographiques au commissariat du peuple pour l'Instruction publique » est signé ce jour au Kremlin. En d'autres termes, il s'agit de la nationalisation pure et simple du cinéma. Désormais, le gouvernement de la république fédérative des soviets de Russie s'arroge le droit de « réquisitionner les entreprises et les marchandises, les matériaux et les appareils de photo-cinéma », de contrôler et bien sûr de réglementer le commerce et l'industrie de l'image, qu'elle soit fixe ou animée. On peut s'interroger sur la portée réelle de ce décret, alors que la guerre civile bat son plein et que les troupes contre-révolutionnaires de Ioudenitch se préparent à marcher sur Petrograd. Cette initiative originale confirme cependant l'intérêt croissant de Lénine pour les vertus éducatives et culturelles du cinéma. (→ 18.11.21)

On tourne à Nice, villa Liserb, sur les hauteurs de Cimiez

Eve Francis dans « la Fête espagnole », réalisé par Germaine Dulac.

Eve Francis avec son mari, Louis Delluc, scénariste et critique.

Nice, 18 août
Après Pathé et Gaumont, Louis Nalpas, ex-directeur artistique du Film d'Art devenu producteur indépendant, installe des studios sur la Côte d'Azur. Villa Liserb, sur la colline de Cimiez, Germaine Dulac tourne pour Nalpas *la Fête espagnole*, d'après un scénario de Louis Delluc, interprété par Eve Francis. C'est pour les besoins de sa grande production *la Sultane de l'amour*, de René Le Somptier et Charles Burguet, que Nalpas avait loué, l'an passé, cette propriété. Elle appartient à un riche Brésilien, qui l'a baptisée du nom de son pays, en anagramme. Le domaine comporte un vaste parc à la végétation luxuriante et des bâtiments de service, offrant de nombreux atouts pour les tournages. Mais il s'agit d'une installation précaire. Nalpas voit plus loin ; associé à Serge Sandberg, il a engagé des travaux au domaine de la Victorine, pour aménager des studios durables. (→ 24.4.20)

« La Du Barry », de Lubitsch, révèle Pola Negri en femme fatale

Berlin, 18 septembre
Le UFA Palatz, superbe salle édifiée au centre de Berlin par le tout-puissant trust cinématographique, est inauguré. A cette occasion, Ernst Lubitsch, le metteur en scène de *la Princesse aux huîtres* (*Die Austernprinzessin*), présente son nouveau film, *Madame Du Barry* (*la Du Barry*), inspiré de la tragique destinée d'une belle courtisane française. Cette œuvre a nécessité plusieurs mois de tournage et la réalisation de nombreux décors, élaborés par Karl Machus et Kurt Richter. Dans le rôle vedette, l'actrice Pola Negri se taille un succès sans précédent. D'origine polonaise, elle se nomme en réalité Barbara Apolonia Chalupiec et fut la vedette du théâtre impérial de Varsovie, juste avant la guerre. Ses beaux yeux font aujourd'hui battre bien des cœurs. (→ 1.9.20)

Pola Negri dans « la Du Barry », film allemand d'Ernst Lubitsch, une vision très personnelle de la Révolution française.

Un film patriotique pour la solidarité

Paris, 18 octobre
Production américaine réalisée par l'Américain Harry B. Lachman et le Français Firmin Gémier, *l'Héritage de la France* est présenté au théâtre des Champs-Elysées. C'est sur l'un des lieux les plus terribles de la guerre, le Chemin des Dames, que cette œuvre de propagande a été réalisée, en collaboration avec les habitants et sans aucun acteur professionnel. Le film sera présenté aux Etats-Unis le 11 novembre prochain, sous l'égide du Comité américain pour les régions dévastées de France, afin de collecter des fonds. Il y a d'autres films patriotiques sur les écrans : *N'oublions jamais*, de Léonce Perret, produit également par les Etats-Unis ; *Rose-France*, financé par le haut-commissariat à la Propagande et réalisé par Marcel L'Herbier. Cette dernière œuvre, très esthétique, provoque le rire d'André de Reusse, critique acerbe : « Bizarre loufoquerie. Charenton ! Tout le monde descend ! »

Harold Lloyd victime d'un gag imprévu

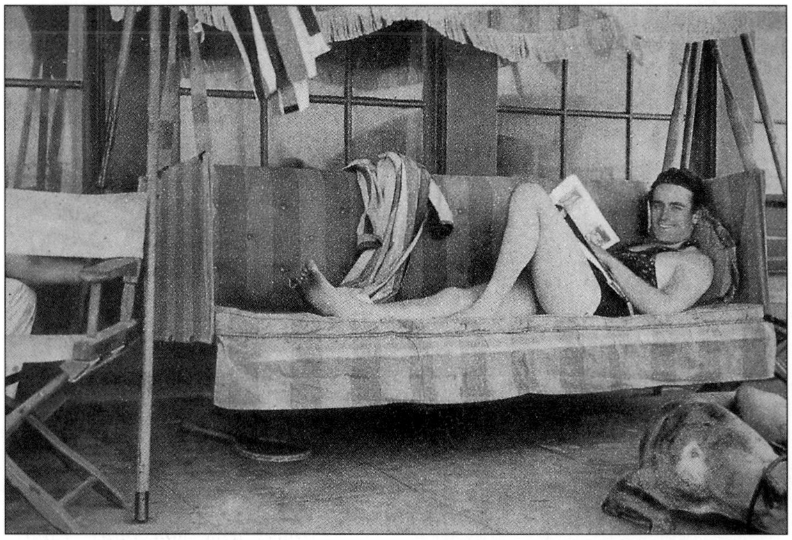

Un instant de répit pour le rival de Charlie Chaplin et Buster Keaton.

Hollywood, 30 septembre
Dramatique accident de tournage pour Harold Lloyd, « l'homme aux lunettes d'écaille ». Alors que ce dernier posait pour des photos publicitaires, une bombe prétendument factice lui a explosé dans les mains. Grièvement blessé, le célèbre comique a été conduit à l'hôpital pour y être amputé de plusieurs doigts. Ce triste fait divers risque de mettre un terme à la carrière du fantaisiste, connu du public sous les pseudonymes de Luke le Solitaire ou de Lui. A ce jour, Lloyd a tourné plusieurs centaines de films sous la houlette de son producteur, Hal Roach. (→ 10.7.20)

Mauritz Stiller fait jeu égal avec Sjöström

La très jeune Mary Johnson est la révélation du « Trésor d'Arne ».

Stockholm, 8 novembre
Vers le bonheur (*Erotikon*), la nouvelle comédie de Mauritz Stiller, triomphe sur les écrans de la capitale. Ce brillant chassé-croisé entre deux hommes et deux femmes s'inspire d'une pièce hongroise de Ferenc Herczeg. C'est une réussite de plus à l'actif du grand rival de Victor Sjöström. Il y a à peine deux mois sortait dans les salles son précédent film, *le Trésor d'Arne* (*Herr Arnes pengar*), d'après une nouvelle de Selma Lagerlöf. Quel chemin accompli par ce petit juif finlandais depuis son exil en Suède, une vingtaine d'années auparavant, pour cause d'insoumission. (→ 27.12)

Musidora s'installe dans ses meubles

Paris, 10 décembre
La célèbre Irma Vep, alias Musidora, vedette des « Vampires », fonde sa propre maison de production, la Société des films Musidora. Une femme, réalisatrice et productrice ? Voilà qui est curieux ! Cette nouvelle fait sensation dans le milieu du cinéma. Musidora, après avoir travaillé chez Gaumont, devient donc indépendante. La comédienne fait ses débuts de réalisatrice dans le parc de Louveciennes, en tournant un scénario de sa composition : *Vicenta*. C'est une sombre histoire mélodramatique, que le public ne va pas voir. Résultat : 45 000 F de déficit. Mais Musidora a une meilleure idée : elle commande à son amie Colette, la fameuse romancière, un scénario original intitulé *la Flamme cachée*. Le film, très attendu, sort le 5 mars : il raconte les amours tumultueuses d'une étudiante, qui s'achèvent en tragédie. La presse lui fait bon accueil, mais les caisses de la société sont toujours vides. (→ 8.7.21)

Nouvel essai américain pour Max Linder

Paris, 19 décembre
Le premier film tourné en France par Max Linder, depuis son retour d'Amérique voici deux ans, sort aujourd'hui : *le Petit Café*, de Raymond Bernard, d'après la pièce de son père Tristan. Le succès semble assuré. Mais Max n'a pas attendu : le 11 novembre dernier, il s'est embarqué au Havre pour rejoindre Hollywood. Encouragé par son ami Charlie Chaplin, il veut effacer les mauvais souvenirs du précédent séjour. Il dit connaître désormais les recettes à appliquer pour séduire les Américains. (→ 16.2.20)

Avec Wanda Sylvano dans « le Petit Café », de Raymond et Tristan Bernard.

Le cinéma suédois choisit la fusion

Stockholm, 27 décembre
Coup de tonnerre dans les milieux du cinéma suédois : la respectable Svenska Biografteatern, fondée en février 1907, vient de fusionner avec la Skandia, de onze ans sa cadette. Le trust ainsi créé s'intitule Svensk Filmindustri. La Skandia était elle-même née, il y a quelques mois, du regroupement de trois petites sociétés, la Hasselblad, de Göteborg, la Victoria et la filiale suédoise de Pathé. Par cette opération audacieuse, l'administrateur Charles Magnusson se retrouve à la tête d'un circuit de salles sans précédent et d'un personnel nombreux et qualifié. En particulier, les plus grands metteurs en scène vont désormais travailler sous sa houlette, qu'il s'agisse bien sûr de Victor Sjöström et de Mauritz Stiller, ses pièces maîtresses, mais aussi des anciens de la Skandia, John W. Brunius et Rune Carlsten. Avec une telle équipe aux commandes, le cinéma suédois a encore de beaux jours devant lui. (→ 1.1.21)

La série Comica de Pathé, illustrée par M. Allouetteau en 1910.

René Navarre dans le premier film à épisodes de Louis Feuillade en 1913.

Premier film tourné par Abel Gance en 1913, il n'est jamais sorti.

Affiche futuriste par Adrien Barrère pour le film de G. Monca en 1911.

Avec Zigomar, Victorin Jasset et Eclair font un triomphe en 1912.

Miss Pearl White par Faria en 1914.

Winsor McCay par R. Hem en 1911.

Illustration de Stoyanovitch en 1912.

Bout de Zan remplace Bébé (1912).

Le roi des comiques caricaturé par Adrien Barrère en 1912 pour Pathé.

Affiche Passe-partout pour Charlie Chaplin, une star à ses débuts en 1914.

Roscoe Arbuckle, dit Fatty, rival de Charlot, par Rorberty en 1919.

Réjane, gloire du théâtre, fait du cinéma pour A. Calmettes en 1911.

A. Puyplat illustre en 1919 ce premier drame de l'avant-garde française.

Assassinat de Lincoln, filmé en 1915.

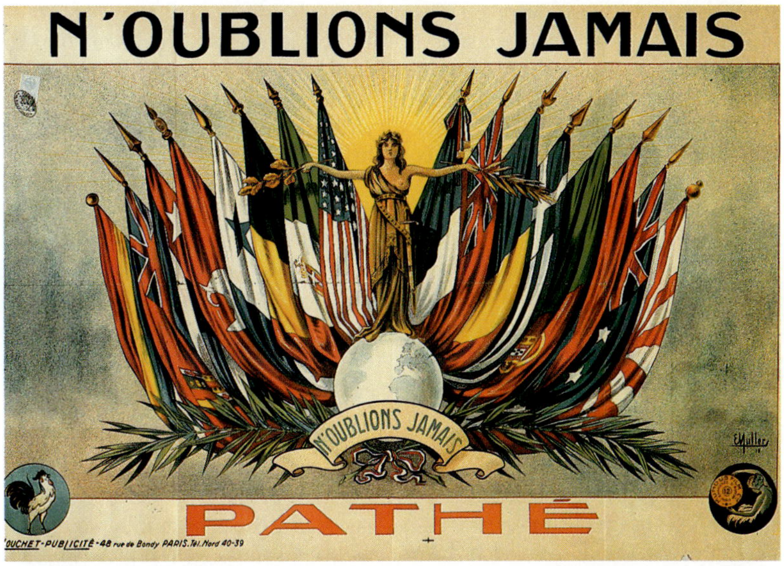

Une affiche sur la paix pour des images de guerre, par E. Muller en 1918.

Une salle et son affiche en 1916.

Les chants du cygne de l'art muet

Le Kinetoscope d'Edison et le Cinématographe des frères Lumière donnaient au spectateur, médusé, l'illusion de voir une photographie qui bouge. Mais, sans tarder, ceux que l'on nommait les « chasseurs d'images » ne se contentèrent pas d'adopter sur les réalités un point de vue fixe. Ils posèrent leur caméra sur un train, une gondole, un aéroplane, inventant, sans le savoir, le travelling. Simultanément, à Paris, Georges Méliès filme des saynètes en s'amusant à retourner, comme un gant, les lois physiques de la logique : il suffit de projeter une bobine en commençant par la fin pour que le vin remonte du verre jusqu'au goulot de la bouteille, et la remplisse ! Prestidigitateur malicieux, il explore les possibilités des trucages, créant, de la sorte, un monde imaginaire. Ailleurs, on enregistre des représentations théâtrales, en augmentant sans cesse le nombre des tableaux différents qui les composent, puisque la caméra permet d'abolir le temps nécessaire aux changements de décors... Ainsi dès 1895, pendant une vingtaine d'années, par la simple intuition de bricoleurs talentueux, le cinéma quitte son statut de technique de reproduction pour se constituer un langage nouveau capable de fidèlement décrire un événement, de raconter une histoire ou un rêve, en témoin doué d'ubiquité. Courses poursuites, contes fantaisistes, sketches inspirés du music-hall, scènes dramatiques jouées devant l'objectif invitent ceux qui, passionnément, impressionnent des rubans de pellicule à y porter, parfois, des coups de ciseaux afin d'enlever un fragment flou, jugé superflu, trop long, afin de rythmer la succession des séquences et de découvrir involontairement les vertus du montage. Celui-ci sera génialement exploité par D. W. Griffith, entre 1910 et 1915, en conjuguant mouvements de la caméra et durée des scènes, ordonnance narrative ponctuée par l'insertion de gros plans. A la fin de la Grande Guerre, après ces innombrables expériences formelles accompagnant son passage du stade artisanal et forain à celui d'industrie pourvoyeuse de bobines des réseaux de salles, le cinéma gagna paradoxalement son prestige d'art : le septième. Il devint sujet d'analyse pour les sociologues et les théoriciens. La mise en scène acquiert alors les pouvoirs d'une écriture, libérée du poids de sa bâtardise et saluée comme telle.

Des talents naissent en Allemagne dans les studios de l'UFA

En Allemagne, pays qui sort vaincu de l'épreuve militaire, les intellectuels et le gouvernement aspirent à rompre une réputation de peuple agressif et rustre, depuis longtemps répandue dans le monde. Quelques puissances financières, que l'avenir préoccupe, s'allient donc pour fonder une firme de production nationale capable de concurrencer les couloirs débouchant sur des escaliers, de miroirs qui brouillent les perspectives et laissent confondre la vie avec ses reflets. Ils racontent des crises de la personnalité, des histoires de fantômes, de dédoublements, de folie, dans des climats de cauchemar. Ils explorent des subjectivités traquées par d'incertaines culpabilités, transies de solitude et angoissées devant la mort. Cette métaphysique, pourtant, va lentement s'effacer, car la situation politique et sociale se dégrade. L'inflation galopante désespère les masses laborieuses, l'urbanisation aggrave le chômage ; les miséreux, exaltés par la révolution d'Octobre, veulent changer la société ; ils adhèrent soit au communisme, soit, s'ils sont

« La Mort de Siegfried » (« les Niebelungen »), de F. Lang (Allemagne, 1924).

françaises, les nordiques ou les américaines en pleine expansion : l'UFA (Universum Film Aktien Gesellschaft). Elle reçoit pour mission, en plus de sa vocation commerciale, de faire connaître mieux la culture germanique injustement vilipendée, c'est-à-dire de puiser dans le vieux fonds légendaire ou parmi les thèmes du romantisme pour tenter de saisir et d'illustrer la nature de « l'âme allemande ». Disposant d'une solide infrastructure, les cinéastes et scénaristes de l'UFA visualisent des conflits entre le Bien et le Mal, ou revendiquent leur identité en recourant à l'esthétique expressionniste : décors stylisés, éclairages contrastés, espaces envahis d'ombres, de brouillard, troués d'antres inquiétants, de revanchards, xénophobes, patriotes floués, au nazisme naissant, tandis que l'aristocratie et la bourgeoisie, face à la faillite de leurs valeurs, se jettent dans une fête effrénée. Berlin brûle ses désenchantements dans le vice. Les films vont témoigner de cette dégradation des mœurs qui, des interrogations de l'expressionnisme, glisse vers les constats objectifs du Kammerspiel, selon un itinéraire des styles exactement parallèle à celui des meilleurs peintres ou des plus lucides écrivains de la République de Weimar, Bertolt Brecht en tête. Siegfried Kracauer, commentateur avisé des œuvres cinématographiques de cette période, que Lotte Eisner définit par la fameuse formule générique « l'écran démoniaque », pourra dire que les films allemands, de 1919 à 1933, vont *De Caligari à Hitler* – c'est le titre de son livre. Wiene, Murnau, Lang, Pabst composent, chacun selon son tempérament, des œuvres d'une violence poétique, parfois chargée d'anarchisme et toujours d'une fraternelle beauté, qui font des studios de l'UFA un lieu plein de magie ; ils attirent les artistes d'Europe centrale, ou de Suède et du Danemark. Des vedettes, à leur apogée ou en herbe, Greta Garbo, Asta Nielsen, y tournent ensemble dans *la Rue sans joie* (1925). Hollywood appellera Garbo, ainsi que ses compatriotes Mauritz Stiller et Victor Sjöström, réalisateurs de Stockholm qui donnèrent au septième art suédois muet ses lettres de noblesse (dont profitera, plus tard, Ingmar Bergman) ; d'autres ont pris ou prendront le chemin de la Californie : Lubitsch, Murnau, Leni, Jannings... Ils signent tous de fabuleux contrats, qui prouvent à quel point les compagnies américaines, riches et ne manquant pas d'individualités renommées, savent acheter des talents capables de renforcer encore leur présence obstinée sur les marchés internationaux.

Hollywood, du burlesque aux réalisateurs rebelles

Durant la Première Guerre mondiale, les magnats de Hollywood se sont en effet organisés pour entreprendre la conquête de l'Europe, jusque-là dominée par les productions nordiques et italiennes. Grâce aux « séries d'or » tournées à Turin, aux fresques épiques de Pastrone – surnommé le Griffith européen, qualificatif qu'aurait pu revendiquer Lubitsch –, l'Italie occupait une place de première importance mondiale (avec les Français Pathé et Gaumont) avant-guerre. Mais, lorsque la paix revint, Hollywood avait gagné la bataille du cinéma, car l'industrie américaine avait bénéficié de l'extraordinaire attrait suscité par les burlesques de Mack Sennett et, surtout, par ceux de Charlie Chaplin. Celui-ci réalisait et interprétait ses courts métrages comiques depuis la fin du mois de janvier 1914. L'Europe put les découvrir à l'automne avec un plaisir qui compensait un peu la tristesse de savoir les pères et les fils sur le front. Travailleur acharné, bouillonnant d'idées révélatrices des contradictions inhérentes à la nature humaine, capable de faire affleurer le tragique derrière la bouffonnerie, Chaplin va approfondir le sens de ses gags, puis le développer en narrations plus complexes. Cette évolution, manifestée d'emblée, mais dès 1919 surtout, aboutit au premier de ses chefs-d'œuvre plus longs (*The Kid*, 1921) auquel succéderont, pour United Artists, *A Woman of Paris* (1923), puis *The Gold Rush* (1925) et *The Circus* (1927), majeures et totales réussites de l'art muet : elles expliquent le déphasage stupéfait de l'auteur-acteur à l'avènement du « sonore et parlant ». Si les savantes constructions géométriques de Buster Keaton évitent certaines des inflexions larmoyantes que l'on reproche parfois, à tort, à Chaplin, celui-ci domine, aux Etats-Unis, l'âge d'or du muet par sa maîtrise, par l'acuité de son regard, par son incomparable popularité. S'étant rendu libre dans une jungle dominée par le dollar, il adapte son désir de création à sa conscience professionnelle, à sa vision du monde, cependant qu'à ses côtés plusieurs cinéastes de grande envergure doivent s'accommoder plus ou moins bien des nécessités que dictent les normes imposées par les nababs, à l'écoute seulement des chiffres sacro-saints du *star system*. Erich von Stroheim, peu docile et soucieux de s'affranchir des doucereuses conventions échafaudées autour d'une glorieuse figure d'amant latin – Rudolph Valentino (*le Cheikh* en 1922, *le Fils du cheikh* en 1926) – rencontre les pires difficultés avec Irving Thalberg, l'autoritaire patron de la MGM : il assiste à la mutilation du film qui lui tenait à cœur (*Greed*, 1925), ce qui ne l'empêche pas de poursuivre le combat, tournant dès le lendemain trois ou quatre œuvres insolentes. Mais, dans le *show business* hollywoodien, des metteurs en scène de valeur parviennent à conserver leur volonté de créateurs : sur les plateaux, ils réaniment les scénarios laminés par des rédacteurs-fonctionnaires. Cecil B. De Mille, King Vidor, Clarence Brown, Fred Niblo, Frank Borzage et John Ford illustrent la vitalité d'un cinéma très habile à mêler divertissements et problèmes quotidiens des gens qui paient leur billet. Des genres codés naissent sous les *sunlights* : la comédie américaine (Ernst Lubitsch, Howard Hawks), le western dans la descendance de Thomas Ince (*The Covered Wagon*, 1923, de James Cruze), le thriller et la saga des gangsters (*Underworld*, 1927, de Josef von Sternberg), le documentaire (*Nanouk*, 1920, de Robert Flaherty)...

Les cinéastes soviétiques affinent l'écriture et le montage

Alors qu'aux Etats-Unis les propriétaires des compagnies tentaculaires se penchent sur les courbes de rentabilité de leurs productions, à Moscou les dirigeants se proposent de tirer le cinéma hors des contingences du profit. En 1919, Lénine a signé le décret de nationalisation. Les ouvriers du septième art ne reçoivent, dès cet instant, qu'une tâche : construire le socialisme en s'associant à la marche du peuple vers les lendemains qui chantent, en démystifiant l'idéologie de l'ancien régime et en dressant le héros soviétique au-dessus des égoïsmes d'autrefois, comme un pur modèle pour les opprimés de tous les pays. Les cinéastes disposent, à cette fin propagandiste, du marxisme et des recherches du physiologiste Pavlov, axées sur le conditionnement des réflexes. De là découlent des expériences utiles à la compréhension de la relation établie entre le spectateur dans son fauteuil et le ruissellement des images sur l'écran. La principale, l'« effet Koulechov », consiste à démontrer qu'au cinéma la signification n'est pas entièrement contenue dans un plan A, ni dans un plan B qui lui succède, mais dans le rapport syntaxique de A à B, c'est-à-dire qu'elle s'inscrit dans le rythme qui lie ces images. On en déduira que ce langage, émergeant d'une chaîne de photogrammes, est une forme sculptée dans la durée ; son essence s'apparente à celle de la musique, ce qu'Abel Gance et Jean Epstein caractérisaient avec beaucoup de clairvoyance en parlant de « symphonie d'images » ou de « mélodie silencieuse ». L'effet Koulechov, scientifique reprise des audaces de Griffith, exige une orchestration des séquences par le montage et, spécialement chez les Soviétiques, par le montage court articulé sur le choc des gros et très gros plans. A partir de 1922, Dziga Vertov emploie cette écriture inédite dans ses reportages de ciné-ma-vérité, puis la forcera jusqu'aux limites extrêmes avec *l'Homme à la caméra* (1929). Porté par une identique ferveur, le jeune Eisenstein accompagne le décor fixe de la scène par des projections cinématographiques. Après avoir étudié, de Griffith à Fritz Lang, mais aussi de Léonard de Vinci au nô japonais, les créations étrangères jugées, par lui, fondatrices de ce langage, il réalise *la Grève* (1924). Ensuite, son *Cuirassé « Potemkine »* (1925) fait sensation et irrite les commissions de censure occidentales, qui le bardent d'interdictions. Poudovkine emboîte le pas : *la Mère* (1926), *la Fin de Saint-Pétersbourg* (1927), *Tempête sur l'Asie* (1928). Puis, l'Ukrainien Dovjenko exploite la théorie du montage court et joint à l'épopée un féerique lyrisme de la nature : *Zvenigora* (1927), *Arsenal* (1928), *la Terre* (1929). Une formidable explosion de formes illumine les arts, mais Staline brisera bientôt les espoirs en proclamant le dogme du réalisme socialiste.

« La Passion de Jeanne d'Arc », de Carl Theodor Dreyer (France, 1928).

Cinéastes français sous influence...

La bourrasque soviétique agit tout de suite sur les milieux d'avant-garde en France. A Paris, à côté des réalisateurs fidèles à la tradition d'Antoine et de Feuillade, était apparue une esthétique raffinée qui, puisant aux sources de la peinture impressionniste et des textes du symbolisme, avait pris le nom de « cinégraphie ». Partisans ou initiateurs de cette tendance, Louis Delluc, Germaine Dulac, Jacques Feyder écrivent, avec « une encre de lumière » disait Cocteau, des fables psychologiques artistement épurées, en général d'une suave préciosité (*Eldorado*, 1921 ; *l'Inhumaine*, 1923, de Marcel L'Herbier). Proche d'eux, mais d'un tempérament beaucoup plus énergique, Abel Gance (*la Roue*, 1923 ; *Napoléon* et son triple écran en 1927), Dreyer, venu du Danemark (*la Passion de Jeanne d'Arc*, 1928), Epstein (*Cœur fidèle*, 1923 ; *la Chute de la maison Usher*, 1929) assimilent parfaitement les modes et les transcendent. Le dadaïsme, qui détruit les conformismes par le nihilisme ironique, séduit peintres et photographes tentés soudain par la caméra : Man Ray, arrivé de New York ; Joris Ivens, de Hollande. Sorti de chez Louis Feuillade, René Clair lorgne aussi du côté de Francis Picabia, de Marcel Duchamp (*Entr'acte*, 1924). Il infléchira vite ses intrigues virevoltantes vers un populisme fleur bleue qu'il traite en amusantes chorégraphies. Les surréalistes se passionnent aussi pour le septième art et lui demandent une poésie chargée d'érotisme, d'onirisme, des actions de rupture insurrectionnelle contre les fictions rassurantes, à l'eau de rose. Jean Vigo (*A propos de Nice*, 1929), Luis Buñuel (*Un chien andalou*, 1928) y répondent. Jean Renoir aussi (*la Fille de l'eau*, 1924) ; mais, avec *Nana* (1926), il se réfère à son admiration pour Stroheim autant qu'à Zola, indiquant ainsi à quel point, au cours des années vingt, le cinéma muet a conquis un pouvoir universel.

Freddy Buache

1920

Cagnes, 24 janvier
Jean Renoir épouse Andrée Heuschling, dite Dédée, ancien modèle de son père.

Londres, 25 janvier
Le docteur Elias, connu pour ses recherches en optique, présente un nouveau procédé de cinéma en couleurs naturelles, le Colorama.

Soissons, 31 janvier
Des spectateurs ont tiré des coups de revolver sur un écran où passait un film de Douglas Fairbanks.

New York, janvier
La Loew's Incorporated prend le contrôle de la Metro Pictures, créée en 1915. Nicolas Schenck en devient le président. (→ 26.4.24)

Paris, 1er février
Après le référendum du quotidien *Comœdia* sur les cinq meilleurs films (*Forfaiture*, de Cecil B. De Mille, et *Charlot soldat*, de Chaplin, arrivent en tête), la revue *Filma* renonce à un sondage sur les cinq plus mauvais : il y en a trop. (→ 16)

Washington, 5 février
F. K. Lane, sous-secrétaire d'Etat à l'Intérieur, propose aux dirigeants des compagnies d'utiliser, pour le bien du pays, les films à des fins de propagande antibolchevique.

Copenhague, 9 février
Carl Dreyer présente son film, *le Président* (*Praesidenten*), avec Halvard Hoff et Elith Pio. (→ 7.2.22)

Paris, 10 février
Au Palais d'Orsay les professionnels du cinéma fêtent l'élection de Louis Lumière à l'Académie des sciences, le 15 décembre. Auguste Lumière a décliné l'invitation, désignant son frère comme seul inventeur du Cinématographe. (→ 18.4.24)

Paris, 25 février
Aux studios Gaumont des Buttes-Chaumont, Louis Delluc débute le tournage de *la Boue*, avec Eve Francis, Edmond Van Daele et Gaston Modot. (→ 8.6.21)

Rome, 9 mars
Le groupe UCI, dirigé par Giuseppe Barattolo, signe une convention avec son homologue allemand UFA, en vue d'une entente pour le contrôle du marché européen.

Hollywood, 16 mars
Ayant racheté toutes les parts de P. A. Powers dans le consortium Universal et les actions de petits producteurs dispersés, C. Laemmle a l'intention de le transformer en une firme unique, Universal Pictures Corporation.

Paris, 5 avril
Dans *Paris-Midi*, Maurice de Waleffe fustige l'invasion des écrans français par les films américains. Il suggère leur interdiction.

Bruxelles, 20 avril
Le journaliste Vendenbol, dans *la Libre Belgique*, qualifie les amateurs de cinéma de « veaux » et conclut : « Le cinéma est nuisible, parce qu'il est un abrutissoir. »

Etats-Unis, 30 avril
La compagnie ferroviaire Pittsburgh Harmony Butler met en service les premiers trains comportant des voitures-cinéma.

Le Caire, 7 mai
Talat Harb Pacha, financier égyptien, crée la banque Misr et annonce des projets dans le cinéma.

Tarascon, 9 mai
La ville est en émoi : on y tourne *Tartarin sur les Alpes*, d'après le roman d'A. Daudet, avec Vilbert dans le rôle mythique de Tartarin.

New York, mai
Louis B. Mayer constitue la Louis B. Mayer Productions Inc. (capital 5 000 000 de dollars). (→ 26.4.24)

Hollywood, 15 juin
Pour financer son nouveau film, *Sept Ans de malheur* (*Seven Years Bad Luck*), dont le tournage débute à Universal City, Max Linder a vendu sa voiture et engagé divers effets personnels. (→ 6.12.21)

Shanghai, 30 juin
Le chanteur d'opéra Mei Lanfang joue une servante dans *Les effluves du printemps troublent l'étude*, produit par Commercial Press d'après la pièce *le Pavillon des pivoines.*

New York, 13 juillet
Griffith met en vente cinq cent mille actions de la nouvelle compagnie D. W. Griffith Corp. pour financer ses nouveaux studios de Mamaroneck, près de New York.

Paris, 18 juillet
Les forts des Halles invitent Mary Pickford et Douglas Fairbanks à venir visiter avec eux le « ventre de Paris ». (→ 1.7.21)

Londres, 31 juillet
Selon un concours organisé par la revue *The Picture Show*, M. Pickford et D. Fairbanks seraient les vedettes péférées des Britanniques.

Biélorussie, 1er août
S. M. Eisenstein est nommé décorateur de la section théâtrale du front. A Smolensk et à Minsk il décore les trains et les cortèges de l'agit-prop. (→ 15.9.21)

Berlin, 1er septembre
Ernst Lubitsch présente *Sumurun*, d'après une pantomime orientale du metteur en scène Max Reinhardt, avec Pola Negri, Jenny Hasselquist, Paul Wegener et Ernst Lubitsch lui-même dans le petit rôle du bossu. (→ 24.12.21)

Paris, 5 septembre
La jeune vedette américaine Olive Thomas, en visite privée à Paris avec son mari Jack Pickford, a été trouvée empoisonnée au bichloride dans sa chambre de l'hôtel Ritz. On ignore encore s'il s'agit d'un suicide ou d'un accident.

Londres, 10 septembre
A l'occasion de son séjour dans la capitale britannique, le producteur américain Jesse L. Lasky s'est assuré la collaboration pour la Paramount d'écrivains réputés tels sir James Barrie, auteur de *Peter Pan*, H. G. Wells et peut-être George Bernard Shaw.

Paris, 10 septembre
Henri Bergson déclare dans le journal *le Cinéma* : « Le cinématographe m'intéresse à l'égal de toutes les inventions. Il peut suggérer des idées nouvelles au philosophe. Il pourrait aider à la synthèse de la mémoire ou de la pensée. »

Hollywood, 25 octobre
Le réalisateur Rex Ingram commence aux studios Metro Pictures le tournage de la superproduction *les Quatre Cavaliers de l'Apocalypse*, avec dans les principaux rôles, Alice Terry, épouse du réalisateur, Wallace Beery et le débutant Rudolph Valentino. (→ 21.5.22)

Berlin, 29 octobre
Paul Wegener présente sa seconde adaptation du roman fantastique de G. Meyrink, *le Golem*.

Arcachon, 30 octobre
Avec sa compagne, Abel Gance poursuit le tournage de *la Rose du rail*, marqué par une tragédie : Ida Danis est mourante. (→ 2.12.21)

Paris, 30 novembre
A la gare Saint-Lazare, le comique américain Fatty (Roscoe Arbuckle) est accueilli par ses admirateurs, qui renoncent à le porter en triomphe : il pèse 120 kg. (→ 10.9.21)

Etats-Unis, 28 décembre
Le cinéma, troisième industrie du pays, est en crise, en raison d'un manque de débouchés à l'étranger. La production est réduite de 50 %, 5 000 personnes sont au chômage.

Chine, 31 décembre
Ce pays a produit à ce jour 35 longs métrages (33 à Shanghai, 2 à Hong Kong). (→ 31.3.22)

NAISSANCES
Rimini, Italie, 20 janvier
Federico Fellini.

San Giorgio, Bologne, 22 février
Giulietta Masina
(*Giulia Anna Masina).

Neuilly-sur-Seine, 29 février
Michèle Morgan
(*Simone Roussel).

Tulle, Corrèze, 21 mars
Eric Rohmer (*Maurice Scherer).

Tsing Tao, Chine, 1er avril
Toshiro Mifune, Japonais.

Paris, 15 mai
Michel Audiard.

New York, 23 septembre
Mickey Rooney (*Joe Yule Jr.).

Omaha, Nebraska, 17 octobre
Montgomery Clift.

New York, 20 novembre
Gene Tierney.

Le retentissement international du « Cabinet du docteur Caligari » met en évidence les recherches de l'expressionnisme allemand.

DAS CABINET DES
Dr. CALIGARI

Les 1001 nuits de Louis Nalpas

Paris, 2 janvier
La Sultane de l'amour, conte inédit des *Mille et Une Nuits* réalisé par René Le Somptier et Charles Burguet, s'affirme comme l'un des plus grands succès du cinéma français à ce jour, depuis sa sortie le 5 décembre dernier. Le producteur Louis Nalpas a investi beaucoup d'argent dans cette œuvre, tournée à Nice. Pour la rendre encore plus fastueuse, il a demandé à une cinquantaine d'artistes de colorier toutes les images au pochoir : un travail énorme, qui devra se terminer dans un an ou deux... Pour l'instant, *la Sultane de l'amour* continue à séduire le public. Nalpas est arrivé à concurrencer les meilleures productions d'Hollywood. (→ 24.4)

France Dhélia dans « la Sultane de l'amour » de Le Somptier et Burguet.

L'étrange docteur Caligari révèle les fantasmes de l'Allemagne

Lil Dagover et Werner Krauss dans « le Cabinet du docteur Caligari », variations sur la passion et la folie.

Berlin, 27 février
La folie gagne les écrans allemands, avec la sortie du *Cabinet du docteur Caligari* (*Das Kabinett des Doktor Caligari*), le nouveau film de la Decla d'Erich Pommer, réalisé par Robert Wiene. Le scénario, écrit par Hans Janowitz et Carl Mayer, mêle la réalité d'un asile d'aliénés et l'histoire onirique d'un somnambule homicide, incarné par l'anguleux Conrad Veidt. L'ensemble, assez décousu, se signale par l'originalité des décors, qui sont délibérément expressionnistes, dans la tradition du Théâtre artistique de Munich de George Fuchs. Les rues sont stylisées, les maisons de travers, les ombres et les lumières s'opposent violemment, restituant un univers décomposé qui se veut le pendant visuel de la folie du narrateur. Le peintre et décorateur Hermann Warm ainsi que ses collègues Walter Reinmann et Walter Röhrig sont les concepteurs de ce monde hors norme, à mille lieues des soigneuses reconstitutions d'Ernst Lubitsch pour l'UFA. Reinmann, dont les tableaux sont directement influencés par l'expressionnisme, apparaît en outre comme le moteur du projet. A la vue des premières esquisses, Rudolph Meinert, le directeur artistique de la Decla, s'accorda un délai de réflexion et finit par donner son aval. Puisqu'il s'agissait d'une histoire de fou, autant la réaliser de la manière la plus délirante qui soit ! Le traumatisme de la guerre et de la défaite plane sur cet univers décomposé. L'originalité révolutionnaire du *Cabinet du docteur Caligari* devrait faire école dans un très prochain avenir. (→ 31.3.22)

Charlie Chaplin et Max Linder, à la fois élèves et maîtres

Los Angeles, 16 février
A l'aéroport, tandis qu'ils s'apprêtaient à prendre l'avion ensemble, Charlie Chaplin et Max Linder ont été interviewés par le correspondant américain de l'hebdomadaire français *Comœdia*, à propos du fameux référendum sur les cinq meilleurs films du monde. Interrogés sur leurs œuvres préférées, les deux célèbres acteurs comiques se sont rendu mutuellement hommage. « Les cinq meilleurs films sont naturellement de Max Linder », a répondu Chaplin, tandis que son vis-à-vis rétorquait : « Les cinq meilleurs films ne peuvent pas ne pas être de Charlot. » Au-delà de la boutade, cette double repartie révèle la franche amitié qui unit les deux vedettes depuis 1917. A son récent retour aux Etats-Unis, Linder est en effet redevenu un familier de la star américaine, qu'il fréquente régulièrement dans sa propriété. On se souvient qu'à la suite de l'échec de son précédent contrat avec la Essanay, en 1917, l'interprète de l'inoubliable Max était retourné en France pour se faire soigner dans un sanatorium. Le tournage du *Petit Café*, deux ans plus tard, sous la direction de Raymond Bernard, le remit sur la sellette. Il y a quelques mois, l'acteur et metteur en scène retraversait l'Atlantique, avec l'espoir de reconquérir les Etats-Unis. La tâche ne sera pas aisée, mais Chaplin devrait lui être de bon conseil. (→ 15.6)

Ils se sont connus à Hollywood, où leur admiration mutuelle est devenue une amitié complice.

Le monde du cinéma accueilli à l'Elysée

Paris, 14 mars
L'Etat s'intéresse de plus en plus au cinéma. Au début de ce mois, l'Elysée a accueilli pour la première fois un projectionniste, venu présenter quelques films au président de la République, Paul Deschanel. Le grand homme a applaudi chaleureusement des bandes déjà anciennes : *Charlot soldat*, un film de Chaplin qui date de 1918, *Max et sa belle-mère*, avec Linder, et un film d'actualités, *les Exploits de l'« U-35 »*. Aujourd'hui, à la Sorbonne, on accueille le cinéma : c'est le 25e anniversaire de l'invention du Cinématographe par les frères Lumière. André Honnorat, le ministre de l'Instruction publique, décide la création d'un conservatoire du cinéma. Tout cela est bien beau, mais le cinéma français est toujours en crise. Depuis la guerre, les films américains ont envahi les écrans. L'appui de l'Etat suffira-t-il pour redresser la balance ? (→ 23.6.21)

Le président Paul Deschanel et son prédécesseur, Raymond Poincaré.

Le Ciné-Studio de la Victorine en activité

Réalisé à grands frais, le nouvel établissement suscite déjà les polémiques.

Nice, 24 avril
Louis Nalpas est un homme heureux. Installé à Cimiez peu après la fin de la guerre et son départ de la direction artistique du Film d'Art, reprise en main par Charles Delac démobilisé, il avait constitué une nouvelle société de production, à l'enseigne des Films Louis Nalpas, et fait de la villa Liserb son premier studio. Mais, depuis janvier, il a franchi un nouveau pas en ouvrant à l'ouest de la ville, chemin de Saint-Augustin, le Ciné-Studio, qu'il a fait construire sur les sept hectares du domaine de la Victorine. Acquis au prix de 7,02 francs le m^2 par une société dont son ami Serge Sandberg est l'actionnaire principal, le domaine est devenu pour de nombreux mois un immense chantier, d'où émergent enfin deux plateaux de tournage en activité. Six autres plateaux, ainsi que des locaux pour les services et les décors, seront bientôt mis à la disposition des futures productions. Mais le tableau n'est pas sans ombre : le coût des travaux est très supérieur aux prévisions ; l'on murmure déja, dans les milieux professionnels, que les installations de la Victorine relèvent de conceptions techniques dépassées, en particulier l'éclairement exclusif des plateaux en lumière du jour. (→ 19.6.26)

La petite fiancée de l'Amérique serait coupable de bigamie

Hollywood, 14 avril
Scandale à Hollywood : l'attorney général de Californie décide d'engager des poursuites judiciaires contre Mary Pickford, qu'il accuse de parjure et de bigamie. Cette curieuse procédure fait suite au récent mariage de l'actrice avec Douglas Fairbanks, le 28 mars dernier. Déjà, depuis quelques années, la liaison extraconjugale des deux stars parmi les mieux payées du cinéma américain avait alimenté les potins des journaux. A l'époque, Pickford était mariée au sympathique acteur Owen Moore, qu'elle avait rencontré sur les plateaux de la Biograph en 1913. Leur divorce, prononcé à Minden, dans le Nevada, début mars, émut de nombreux admirateurs de la « petite fiancée de l'Amérique ». Celle-ci déclarait à cette occasion n'envisager aucun remariage dans le futur immédiat. Pourtant, moins d'un mois plus tard, les deux cofondateurs des Artistes associés se mariaient en catimini dans une petite église de Hollywood, Fairbanks ayant lui-même divorcé d'Ann Beth Sully. A ceux qui s'étonnaient de la voir ainsi contredire ses récentes déclarations, la comédienne rétorqua : « Oui, j'ai changé d'avis ! Mais ne suis-je pas une femme ? » Ses déclarations légères n'eurent pas l'heur de plaire à la justice, qui s'en prend de plus en plus régulièrement aux frasques de Hollywood. Indifférents aux polémiques, les jeunes époux s'apprêtent, pour l'instant, à visiter l'Europe. (→ 18.7)

Les deux stars régularisent une longue liaison qui a défrayé la chronique.

Du Touring-Club au premier ciné-club

Paris, 12 juin
Le Ciné-Club de France, constitué le 3 janvier dernier à l'initiative du critique Louis Delluc, tient sa première séance au Pépinière-Cinéma, dans le quartier Saint-Lazare. Le pionnier du dessin animé, Emile Cohl, ainsi que le metteur en scène André Antoine ont accepté d'y prendre la parole. Cette séance, signe d'un élan nouveau dans la vie du cinéma, a été préparée par le lancement, le 14 janvier, du *Journal du Ciné-Club*. Ce nouvel hebdomadaire, dont Delluc est le fondateur et le rédacteur en chef, n'a pas d'autre objet que de susciter et de soutenir le regroupement de tous ceux, professionnels ou spectateurs, qui veulent œuvrer pour la connaissance et la défense du cinéma de qualité. L'idée, qui s'inspire explicitement du Touring-Club, semble avoir séduit déja un large public, qui a ovationné les organisateurs de la soirée.

Harold Lloyd allonge l'entracte malgré Lui

Bebe Daniels et Lui, dans un film de la série « Lonesome Luke ».

Hollywood, 10 juillet
Harold Lloyd, le célèbre interprète de Lui, est de retour à son domicile. Grièvement blessé au cours d'un tournage en septembre dernier, le petit homme aux lunettes d'écaille est resté plus de neuf mois à l'hôpital, après y avoir été amputé en urgence de plusieurs doigts. Aujourd'hui, il a perdu définitivement l'usage de sa main droite. Le comique n'en a pas pour autant renoncé à sa carrière et, sitôt sa convalescence terminée, les tournages reprendront avec une équipe inchangée. La jolie Mildred Davis, qui avait remplacé l'an dernier Bebe Daniels, demeurera sa partenaire, et Harry « Snub » Pollard restera son souffre-douleur. En revanche, les mises en scène ne seront plus signées Hal Roach, qui se contentera d'un rôle plus effacé de producteur, mais Fred Newmayer et Sam Taylor, ce dernier se chargeant plus particulièrement du scénario. Dès son prochain film, Lloyd expérimentera une nouvelle technique de lancement : la *preview*. Il s'agira de présenter une œuvre devant un public choisi, avant même sa première et sa sortie en salles. Les réactions de ces spectateurs seront enregistrées et leurs avis sollicités à la fin de la projection. On pourra ainsi juger de l'efficacité de tel ou tel gag. Comme se plaît à le répéter Lloyd, si les idées déclenchent le rire, ce sont des gags. Sinon, ce ne sont que des erreurs. (→ 2.9.23)

Maurice Tourneur attaqué par la presse

La présence du cinéaste en Amérique pendant la guerre fait figure de trahison.

Paris, 16 juillet
Louis Delluc est en colère. Dans sa chronique de *Paris-Midi*, il fustige ceux qui, dans la profession comme dans la presse, contestent le réalisateur Maurice Tourneur, de retour des Etats-Unis. C'est le 21 avril que Jean-Louis Croze, dans sa page de *Comœdia*, a reproché à Tourneur d'avoir passé les années de guerre en Amérique et d'y avoir ainsi « gagné largement sa vie, alors que tant de ses compatriotes perdaient la leur ». Delluc voit là une campagne arbitraire, animée « par un chœur perfide où abondent les ratés, les amers, les malades, les jaloux et les fielleux ». (→ 16.5.27)

La mort tragique de Suzanne Grandais

Une des vedettes les plus aimées.

Paris, 1er septembre
Les obsèques de Suzanne Grandais ont eu lieu ce matin au cimetière de Montmartre devant une assistance considérable. La jeune femme a été victime d'un accident le 28 août à Vaudoy-en-Brie (Seine-et-Marne) alors qu'elle rentrait en compagnie du réalisateur Charles Burguet, dans sa voiture, après le tournage de *l'Essor*. Elle était née Suzanne Gueudret, à Paris, le 14 juin 1893.

Lillian Gish s'éloigne, D. W. Griffith perd son actrice fétiche

New York, 20 septembre
Quelques jours après la sortie très applaudie de *A travers l'orage* (*Way Down East*), David Wark Griffith rompt provisoirement son contrat avec Lillian Gish. Cette dernière, jugée trop indépendante, rejoint, avec une partie de la troupe, la Frohman Amusement Company. La décision du réalisateur, quelles qu'en soient les raisons, risque d'être lourde de conséquences. Ensemble, Gish et Griffith ont tourné des dizaines de films, dont beaucoup furent de très gros succès publics. Le triomphe d'*A travers l'orage*, par exemple, doit beaucoup au charisme de l'actrice, bouleversante dans le rôle d'une fille mère poussée au désespoir. Pour pallier son absence, Griffith mise sur Carol Dempsey, qu'il a déjà dirigée dans *Dans la tourmente* (*The Girl who Stayed at Home*). (→ 31.8.21)

Lillian Gish dans « A travers l'orage », son dernier Griffith à ce jour.

Des kilomètres de tartes à la crème

Paris, 15 octobre
Selon une statistique publiée ce jour par le quotidien *Paris-Midi*, le cinéma américain aurait consacré 650 kilomètres de pellicule au lancement de tartes à la crème et autres succédanés. Et tout cela depuis moins d'une dizaine d'années. Cette statistique, aussi peu sérieuse qu'elle puisse être, démontre la toute-puissance du burlesque outre-Atlantique. Depuis le triomphe des films de la Keystone, à partir de 1912, les sociétés spécialisées dans le film comique se sont multipliées aux Etats-Unis. La tarte à la crème, héritée du music-hall au même titre que le déguisement grotesque et que le coup de pied aux fesses, est devenue un accessoire indispensable et l'arme préférée des joyeux drilles de l'écran. Le grand Chaplin, lui-même, n'a pas négligé son pouvoir euphorisant. Il suffit de citer deux de ses courts métrages : *Charlot mitron* (*Dough and Dynamite*) et *Charlot fait la noce* (*A Night Out*). La pâtisserie et le cinéma font décidément bon ménage.

En conflit avec sa femme, Chaplin kidnappe « le Gosse »

Avec Jackie Coogan, âgé de six ans.

Au tournage de « The Idle Class » (« Charlot et le Masque de fer »).

Los Angeles, 19 novembre
Mildred Harris a tout pour être satisfaite. L'instance en divorce qu'elle avait engagée début août contre Charlie Chaplin trouve sa conclusion. Le jugement accorde à la jeune femme une indemnité de 100 000 dollars et une part des biens acquis en communauté depuis leur mariage en octobre 1918. C'est l'aboutissement de multiples tractations entre Charlie Chaplin et les avocats de sa femme. Ceux-ci avaient d'abord prétendu inclure le film de Chaplin en cours de montage, *le Gosse* (*The Kid*), au nombre des biens de la communauté. Mais l'intéressé n'a rien voulu entendre : dès le 3 août, il quittait brusquement la Californie en emportant la totalité du matériel du film, soit 170 000 mètres de pellicule impressionnée, afin de le mettre à l'abri d'une éventuelle saisie. Retranché dans un hôtel de Salt Lake City (Utah) avec deux assistants, il s'était alors remis à son montage. Les avocats ont finalement accepté de renoncer à toute prétention sur *le Gosse*, l'auteur conservant seul la libre disposition de tous ses droits sur ce film. Ce premier long métrage de Chaplin, d'une gestation difficile, aura coûté quelque 300 000 dollars. Débuté voici plus d'un an avec l'engagement, pour le rôle du Gosse, de Jackie Coogan, alors âgé de quatre ans, le tournage a été perturbé par les péripéties de la séparation des époux. Celles-ci ont culminé le 8 avril dernier, lors de l'algarade publique qui a opposé Charlie Chaplin et le producteur Louis B. Mayer. Le premier reprochait au second de se servir de son nom pour lancer comme « productions Chaplin-Mayer » les films tournés pour lui en vedette par Mildred Harris – le premier était sorti le 4 avril – et qui étaient tout au plus des productions Harris-Mayer. (→ 15.9.21)

Pathé en difficulté divise son empire

Paris, 16 septembre
Depuis la fin de la guerre, l'empire de Charles Pathé est sur une mauvaise pente. En 1918, il décide avec son frère Emile de céder la branche phonographique à un groupe financier. L'argent frais permet de renflouer la firme cinématographique, qui a été transformée en Pathé-Cinéma. Lors de la houleuse assemblée générale qui vient de se tenir, Charles Pathé a pris plusieurs décisions importantes. D'abord, le ralentissement de la production : selon lui, il est actuellement impossible de tirer des bénéfices sur la réalisation de films français, en face de la concurrence américaine. Pathé renonce à produire et à louer les films, pour se consacrer uniquement à la fabrication de la pellicule et du matériel. Il annonce enfin le lancement du Pathé-Baby, un projecteur familial utilisant du film 9,5 mm. Le bilan du grand industriel est sinistre : il prédit l'écroulement à long terme de la production française. Il veut donc céder la branche édition et exploitation de films à une société nouvelle, Pathé-Consortium. Le rapport de Charles Pathé fait grand bruit. On l'accuse de couler le cinéma français. Le maître de Vincennes cherche l'argent là où il se trouve : pour l'instant, il n'y en a pas dans les salles de cinéma... (→ 14.6.21)

Un patron face aux financiers.

Le dernier rôle de Gabrielle Réjane

Paris, 29 octobre
Le dernier film interprété par la grande comédienne Réjane et réalisé par Louis Mercanton, *Miarka, la fille à l'ours*, sort sur les écrans. C'est Desdemona Mazza qui joue le rôle de Miarka, une petite Bohémienne élevée par la sorcière Vougne, qui voit l'avenir dans les livres magiques. Réjane, décédée le 14 juin dernier, tient ce rôle avec son talent habituel. Née le 6 juin 1856, de son vrai nom Gabrielle Réju, elle a eu une carrière triomphale au théâtre ; on peut comparer sa popularité à celle de Sarah Bernhardt. Avec son nez spirituel, une malice et une sensibilité étonnantes, la belle Réjane a incarné durant un demi-siècle la Parisienne. Elle pouvait passer, sans aucune difficulté, d'une comédie comme *Madame Sans-Gêne* (aussi adaptée à l'écran) au drame pur, tel *Germinie Lacerteux*. Le public aimait sa gouaille, son accent parigot, qu'elle perdait à volonté. Sa dernière apparition sur scène date de 1919. Elle souffrait de troubles cardiaques. Dans *Miarka*, tourné dans le Midi, le célèbre écrivain Jean Richepin, auteur du roman dont le film s'inspire, joue le rôle du châtelain, aux côtés de Charles Vanel.

1921

Stockholm, 1er janvier
Victor Sjöström présente son film *la Charrette fantôme* (*Körkarlen*), d'après un roman de Selma Lagerlöf, interprété par lui-même et Hilda Borgström. (→ 3.2.24)

Paris, 10 janvier
Le film *Une brute*, de Daniel Bompard, avec André Nox, est interdit par la censure. (→ 8.6)

Los Angeles, 31 janvier
L'épouse du principal banquier de Hollywood, Mrs. Witherell, a été retrouvée par la police, saine et sauve, après une semaine de recherches. La rançon de 10 000 dollars n'a pas été versée.

Paris, 9 mars
Au Palais-Bourbon, on projette aux députés un documentaire de la Gaumont sur la transformation des engins de guerre en tracteurs.

Paris, 26 mars
La séance inaugurale (sur invitations) du Madeleine-Cinéma a eu lieu hier soir avec la présentation des films américains *les Loups de la nuit*, avec William Farnum, et *la Petite Vivandière*, dans lequel on retrouve Mary Pickford.

France, 25 avril
Henri Diamant-Berger et ses équipiers sont arrivés à Pérouges (Ain), site médiéval, où ils poursuivent le tournage des *Trois Mousquetaires* au milieu d'une population en liesse. (→ 14.6)

Montceau-les-Mines, 1er mai
Pour le film de René Leprince, *l'Empereur des pauvres*, la fête du Travail est l'occasion pour les habitants de la ville de participer à un défilé, que les opérateurs ont immortalisé.

New York, 10 mai
Dans la salle des fêtes du Ritz Carlton, Abel Gance présente à la presse et aux exploitants la version américaine de son film *J'accuse*, dont le triomphe à Londres a déjà popularisé le titre.

Paris, 15 mai
En raison de la canicule, la baisse de fréquentation des cinémas devient alarmante. Ceux-ci sont en effet rarement équipés d'une ventilation efficace.

Pompéi, 24 mai
Par autorisation spéciale du ministre italien des Beaux-Arts, le français Luitz-Morat tourne dans les célèbres ruines des scènes de son film *la Terre du diable*, avec Gaston Modot et Yvonne Aurel. Le Vésuve, jouant son rôle, a consenti à se mettre en éruption.

Paris, 1er juin
La compagnie américaine Paramount installe sa filiale, la SA Paramount, dirigée par Adolphe Osso. Son objectif est de produire des films français, sur des sujets et avec des cinéastes et des comédiens français.

Pyrénées, 7 juin
Pearl White a été retrouvée. La célèbre vedette américaine, partie pour une excursion à cheval en montagne, s'était égarée. Après avoir trouvé un abri de fortune, elle y a dormi seize heures avant d'être secourue par un berger.

Paris, 10 juin
« Il y a dans *l'Atlantide*, du cinéaste Jacques Feyder, un grand acteur : c'est le sable », affirme un encadré de *Cinéa*, la revue de Louis Delluc. (→ 30.9)

Paris, 15 juin
Selon *Ciné-Journal*, le plus grand cinéma du monde est le Capitol, de New York, avec ses 8 000 places.

Hollywood, 1er juillet
Douglas Fairbanks a décidé de « ne plus remettre les pieds en France », où l'on s'est permis de critiquer par avance son interprétation de d'Artagnan dans la version américaine des *Trois Mousquetaires* que vient d'achever Fred Niblo. (→ 28.8)

Berlin, 14 juillet
L'actrice Henny Porten épouse le Dr Wilhelm von Kaufmann. Ce dernier a finalement décidé de renoncer à la médecine pour se consacrer à la production des films de sa femme.

Mantes, 17 juillet
En vacances sur les bords de Seine, l'acteur Séverin-Mars (*1873), vedette notamment de *J'accuse* et de *la Roue*, d'Abel Gance, est mort subitement, alors qu'il venait de faire ses débuts de réalisateur avec *le Cœur magnifique*.

Paris, 22 juillet
Le public français ne pourra peut-être pas voir le film du match de boxe Carpentier-Dempsey, qui a tourné à l'avantage de ce dernier. Les loueurs français refusent de payer les 700 000 F qu'en exige la Fox, détentrice des droits.

New York, 31 août
Pour le tournage des *Deux Orphelines* (*Orphans of the Storm*), tiré du populaire mélodrame français, David W. Griffith a fait construire aux studios de Mamaroneck, pour 150 000 dollars, un village français du XVIIIe siècle qui, le film terminé, doit être incendié. (→ 23.12.22)

Paris, 5 septembre
Aimé Simon-Girard, le d'Artagnan des *Trois Mousquetaires*, d'Henri Diamant-Berger, a racheté le cheval qu'il montait dans le film. On peut les rencontrer ensemble à la promenade du Bois. (→ 20.12)

Moscou, 15 septembre
Admis par concours, S. M. Eisenstein entre au GVIRM (Institut d'Etat d'enseignement supérieur de la mise en scène), dirigé par V. E. Meyerhold. Serge Youtkévitch est de la même promotion. (→ 25.4.23)

Nice, 19 septembre
Le préfet des Alpes-Maritimes, Armand Bernard, décide que tous les films montrant des actes de banditisme, de vol et d'assassinat sont interdits dans le département.

Paris, 15 octobre
Aux éditions de la Sirène vient de paraître le premier livre du jeune écrivain Jean Epstein, *Bonjour cinéma* ; il vient également de faire ses débuts comme assistant-réalisateur pour le film *le Tonnerre*, de Louis Delluc. (→ 27.12.22)

Moscou, 18 novembre
Lénine publie ses *Thèses sur la propagande de la production* : le cinéma doit être un outil au service de l'idéologie. (→ 1.2.22)

Lisbonne, 28 novembre
Amour de perdition (*Amor de perdiçao*), réalisé dans les studios de la principale compagnie portugaise, Invicta Film, par le Français Georges Pallu, avec Pato Moniz et Alfredo Ruas, est présenté au public.

Paris, 2 décembre
Pour *la Roue* (*la Rose du rail*), dont le tournage est achevé depuis l'an dernier, Abel Gance, toujours accaparé par le montage, aurait impressionné 277 863 mètres de pellicule. (→ 14.2.23)

Etats-Unis, 6 décembre
Sortie de *Soyez ma femme* (*Be my Wife*), produit, réalisé et interprété par Max Linder, avec Alta Allen et Caroline Rankin. (→ 31.7.22)

Paris, 16 décembre
Raccourci d'un cinquième, le film *Pour Don Carlos*, coréalisé par Musidora et Jacques Lasseyne, est loin d'être, malgré cela, un franc succès public.

Paris, 27 décembre
A l'Opéra de Paris a lieu une soirée de gala au profit des veuves et orphelins de guerre, avec la projection de *l'Agonie des Aigles*, de Dominique Bernard-Deschamps, dans le cadre du centenaire de la mort de Napoléon Ier.

NAISSANCES
Londres, 1er mars
Dirk Bogarde.

Wiesbaden, 21 mars
Simone Signoret
(*Simone Kaminker).

Bourgueil, 25 avril
Jean Carmet.

Calcutta, 2 mai
Satyajit Ray.

Angers, 19 mai
Daniel Gélin.

Pola, Italie, 31 mai
Alida Valli
(*Alida Maria Altenburger).

Bemidji, Minnesota, 21 juin
Jane Russell.

Monsummano, Italie, 13 octobre
Yves Montand (*Ivo Livi).

Ecosse, 20 octobre
Deborah Kerr.

Avec le succès de ses « Trois Mousquetaires », Henri Diamant-Berger justifie les grandes ambitions de son producteur Pathé-Consortium.

Les « cinéastes » et le « septième art »

Riccioto Canudo croqué par son ami Pablo Picasso à la fin de la guerre.

Paris, 27 mai

Le cinéma suscite des débats esthétiques sans précédents. Les écrits du poète italien Riccioto Canudo alimentent la discussion, mais, depuis le 6 mai, un nouvel hebdomadaire, *Cinéa*, jongle avec les mots et les idées. L'écrivain Louis Delluc est directeur de la revue. Théoricien de l'école impressionniste, il s'oppose aux écrits parfois un peu brumeux de Canudo. Ce dernier parle « d'écraniste » pour désigner les metteurs en scène de cinéma. Delluc, lui, préfère le mot « cinéaste », plus doux à l'oreille, et rêve d'un septième art – expression de Canudo – qui soit capable de restituer une « impression aigüe de vérité et d'étude humaine ». Canudo, plus abstrait et lyrique, parle, lui, du « rythme de la lumière » que la caméra doit apprivoiser. Le poète italien donne à ses conférences un éclat mondain qui attire une foule élégante et raffinée, au restaurant Poccardi ou chez lui, 12, rue du Quatre-Septembre. Canudo a aussi fondé en mars dernier le Casa, le Club des amis du septième art. Au Casa, on rencontre également l'élite intellectuelle : Léon Moussinac, Jean Cocteau, Blaise Cendrars, Fernand Léger, Robert Mallet-Stevens, Jean Epstein, Abel Gance, Germaine Dulac, Marcel L'Herbier, etc., et même des « écranistes » commerciaux, tels René Le Somptier, Henri Pouctal, Léonce Perret. Du beau monde. (→ 15.11.22)

Le cinéma français manque de salles

Paris, 29 janvier

Ciné-Journal recense 230 salles de cinéma dans la capitale. Les Etats-Unis, pour 110 millions d'habitants, possèdent 15 000 salles, ce qui équivaut à un cinéma pour 7 500 habitants. On évalue à 3 500 le nombre des cinémas en Grande-Bretagne, pour environ 35 millions d'âmes, ce qui fait une proportion moyenne de une salle de cinéma pour 10 000 personnes, tandis qu'en France la proportion n'est que de une pour 21 000 habitants. (→ 15.5)

Les divagations futuristes d'un poète

Paris, 1er avril

C'est un bien étrange article que publie le quotidien *Comœdia*. On peut y lire en page cinéma, sous la signature de René Hervouin, une vision d'anticipation qui se présente comme une description du « cinéma de l'an 2021 ». Si l'on en croit le visionnaire Hervouin, dans cent ans d'ici, « le cinéma a presque remplacé l'imprimerie ». Loin d'être « dédaigné comme il y a cent ans, il est assimilé au théâtre ». Le cinéma en 2021, c'est aussi « la télé-cinématographie sans fil, TCSF, qui permet de projeter sur les boulevards les événements de l'actualité ». D'autre part, le « cinéma chez soi » dispense désormais de tout déplacement ennuyeux, et l'on peut s'abonner au *Filus*, qui fournit à domicile les programmes les plus variés. Pour Hervouin, le cinéma en couleurs est en outre devenue « chose courante ». Il termine en apothéose : « Le cinéma triomphe partout, c'est le rayonnant flambeau qui dissipe les dernières ténèbres de l'ignorance et fait de l'an 2021 celui du Progrès, de la Science et de la Lumière. »

Les curieux allers-retours de la censure

Eve Francis dans « Fièvre », autorisé après plusieurs semaines de tractations.

Paris, 8 juin

C'est en définitive sous un nouveau titre, *Fièvre*, que le quatrième film de Louis Delluc pourra être montré au public. Son tout premier titre, *la Boue*, avait beaucoup déplu aux membres de la Commission de censure, qui avaient en outre été choqués par des scènes de violence et des images de seins dénudés, le tout dans le cadre d'un bouge pour matelots. Les représentants des ministères de l'Intérieur et de la Justice ont ainsi obtenu l'interdiction pure et simple du film. Mais Delluc n'en est pas resté là. Ministère pour ministère, c'est au Quai d'Orsay qu'il s'est adressé, en faisant jouer ses relations d'amitié avec le secrétaire général, Philippe Berthelot, pour qu'il intervienne auprès du président de la censure, Paul Ginisty. Ce dernier, tout en protestant de son libéralisme personnel, a accepté de recevoir Louis Delluc et de négocier l'affaire avec les censeurs ministériels. Le 18 mai, il en est résulté une présentation de *la Boue* à la commission plénière. Celle-ci l'a finalement autorisé, moyennant « la coupure de quelques passages vraiment excessifs », comme l'écrivait le jour même, à Philippe Berthelot, le directeur de la Sûreté en personne, M. Labussière. Le changement de titre a suivi. Et voici *Fièvre* présenté aujourd'hui aux critiques et aux exploitants, qui l'ont accueilli comme on célèbre une victoire mémorable. (→ 19.9)

Roger Karl et Marcelle Pradot dans « l'Homme du large », de L'Herbier.

Un studio obscur chez Pathé-Consortium

Les prises de vues sont systématiquement effectuées en lumière artificielle.

Vincennes, 14 juin
Pathé-Consortium, la firme productrice née de l'éclatement de l'empire Pathé, inaugure un nouveau studio de prise de vues, rue du Cinématographe. Les plateaux sont pourvus de lampes d'une intensité de 4 000 ampères. Devant les invités et la presse, quelques scènes des *Trois Mousquetaires* sont tournées. Henri Diamant-Berger dirige et produit ce coûteux film en douze épisodes, interprété par le sémillant Aimé Simon-Girard. La nouvelle société est encore fragile : le conseil d'administration accuse Pathé-Cinéma d'entraver la bonne marche de Pathé-Consortium. (→ 5.9)

Une vache à lait qui veut cesser de l'être

Paris, 23 juin
La fiscalité du cinéma est à l'ordre du jour, et il ne se passe pas de semaine sans que cette question ne soit débattue. La loi adoptée au Palais-Bourbon le 25 juin de l'année dernière dans un climat de protestations et de polémiques n'a rien réglé. Et les professionnels de l'industrie cinématographique estiment tous qu'elle est très exagérément taxée. Ils ne sont pas seuls à le penser. Aujourd'hui, à l'Assemblée, le rapporteur de la commission des Finances et député des Hautes-Pyrénées, Pierre Rameil, a exprimé son inquiétude. Il estime que la fiscalité empêche le cinéma français de pouvoir se mesurer efficacement à la concurrence étrangère et freine son expansion. Il s'est exclamé : « Faudra-t-il que nous nous privions de ce puissant instrument de propagande de la pensée française parce que nous avons trop présumé de sa capacité fiscale ? » Le Syndicat des directeurs de salle avait donné son point de vue, le 3 mars dernier, avec du relief et de la couleur, en participant... au cortège de la mi-carême. Deux chars avaient été spécialement équipés pour la circonstance : le premier exhibait « Cinéma Ier, roi du spectacle » et s'ornait des portraits de Max Linder, Prince Rigadin et Musidora ; le second véhiculait une énorme vache à lait à l'œil morne, aux pis de laquelle s'accrochaient le Maire, la Taxe d'Etat, les Pompiers, etc., tandis que, sur son dos, était juchée la Censure... (→ 6.6.22)

L'agneau Musidora n'a pas peur du loup

Paris, 8 juillet
Célèbre depuis « les Vampires » et « Judex » grâce à Louis Feuillade, Musidora n'est pas seulement une comédienne hors du commun. Il y a aussi en elle une créatrice avide de se manifester, et qui sait manier l'humour et la provocation. Témoin cette photo que publie le numéro 10 de *Cinéa*. Ecrite de sa main, la légende vaut un long article : « Il faut être "photogénique" des pieds à la tête, dit-elle. Après ça il est permis d'avoir du talent. » (→ 16.12)

Artiste complète, la vedette de Feuillade ne réduit pas son talent à sa beauté.

Fairbanks en premier mousquetaire

« Les Trois Mousquetaires », de Fred Niblo, offre à Doug un rôle à sa mesure.

Hollywood, 28 août
L'idole de l'Amérique se prend pour d'Artagnan. Douglas Fairbanks est la vedette du nouveau film de Fred Niblo, *les Trois Mousquetaires* (*The Three Musketeers*), tiré du roman d'Alexandre Dumas. Cette adaptation coiffe de deux mois le film homonyme réalisé en France par Henri Diamant-Berger. Cette deuxième fantaisie historique, après *la Marque de Zorro* (*The Mark of Zorro*), est la confirmation du récent tournant pris par la carrière du bouillonnant acteur. Finies les comédies contemporaines qui firent sa gloire ! Prenant le pli de la production hollywoodienne qui tend à privilégier, depuis quelque temps, les reconstitutions historiques, Doug projette désormais son dynamisme d'Américain moyen aux époques et dans les pays les plus variés. Dans *la Marque de Zorro*, il avait popularisé le personnage de justicier masqué imaginé un an auparavant par l'écrivain Johnston McCulley. Le voilà transformé, cette fois-ci, en un d'Artagnan optimiste et triomphant, qui transpose dans la France de Richelieu les valeurs de l'*american way of life*. Valeurs que Fairbanks avait résumées dans un ouvrage daté de trois ans, intitulé *Laugh and Live*. La popularité de l'acteur ne se chiffre pas seulement en dollars et en *box office*. En 1917, son nom fut même donné à un pic du parc national Yosemite, situé dans la sierra Nevada. C'est ce qui s'appelle atteindre les sommets ! (→ 1.4.22)

Le Roi des comiques se fait couronner en Europe

Déjà sorti à New York, « The Kid » est un succès majeur pour la First National.

Le retour triomphal de l'enfant prodigue

Londres, 15 septembre
Plus fort que l'Armistice ! La visite de Charles Chaplin en Grande-Bretagne est un véritable triomphe. Décidé sur un coup de tête, quelques semaines avant la sortie américaine de *Charlot et le Masque de fer* (*The Idle Class*), ce « retour du fils prodigue » a suscité dans le pays une vague d'enthousiasme sans précédent. Le 10 septembre, dès son arrivée à la gare de Waterloo Station, le Roi des comiques a pu jauger sa popularité : la foule, maintenue derrière des cordons et des rangées de policiers, a failli le piétiner, et il a fallu toute la présence d'esprit du service d'ordre pour éviter le drame. L'acteur, accompagné de Donald Crisp, s'est rendu sur les lieux de son enfance. Emouvant pèlerinage ! Puis Chaplin est descendu à l'hôtel Ritz et les personnalités les plus diverses, ainsi qu'une horde de journalistes, s'y sont pressées pour le voir. Au Garrick Club, l'interprète de Charlot a été l'invité d'honneur de sir James Barrie. Sa rencontre avec le célèbre écrivain Herbert G. Wells a fait beaucoup de bruit : les deux hommes ont vu un film et dîné ensemble. Voici la preuve que les grands esprits s'assemblent quelquefois.

C'est sa première reprise de contact avec son pays natal depuis 1912.

Un soir d'émotion au Trocadéro

Paris, 5 octobre
Le Gosse (*The Kid*), le nouveau film de Charles Chaplin, vient d'être projeté au cours d'une soirée de gala, organisée par le Comité américain pour l'aide aux régions dévastées, dans la grande salle du Trocadéro. Le Tout-Paris a applaudi à tout rompre cette œuvre à la fois drôle et émouvante, qui semble marquer un tournant dans la carrière déjà bien remplie du célèbre comique. La recette sera entièrement employée à la reconstruction du pays. Chaplin, qui était l'invité d'honneur de la soirée, a par ailleurs été promu au rang d'officier de l'Instruction publique. C'est une première pour un artiste de cinéma. Depuis quelques semaines, la vedette effectue un voyage triomphal en Europe. A Berlin, où il a rencontré Pola Negri, ses admirateurs se sont pressés par milliers pour l'entrevoir. La France, elle, a découvert l'inénarrable Charlot en 1915 et, depuis, le succès ne s'est jamais démenti. Dans *le Gosse*, l'ami public numéro un dévoile de nouvelles qualités humaines, en particulier une tendresse qui frise parfois le sentimentalisme. Le jeune *Baby* Jackie Coogan, son partenaire, est une révélation. Rarement un enfant aura montré autant de spontanéité au cinéma.

Universellement admiré et adulé, Chaplin reste avide de consécration.

Charlot a des idées

Paris, 28 octobre
Charles Chaplin n'est pas seulement un amuseur. C'est aussi un être réfléchi, attentif aux progrès du film. Dans un article publié dans l'hebdomadaire spécialisé *Cinéa* et intitulé « l'Art du cinéma », l'illustre comique professe quelques idées fortes sur son métier. « L'art cinématographique est indépendant de l'art dramatique tel qu'il constitue le théâtre », écrit-il. La supériorité des œuvres américaines tient à un choix rigoureux des sites et à une pratique habile des éclairages, de la photographie et de la mise en scène. Un maître parle. (→ 28.6.23)

Le premier livre au monde sur Chaplin

Paris, 20 septembre
Les Editions Maurice de Brunoff mettent en vente un nouveau livre signé Louis Delluc. Il fait suite à *Cinéma et Cie* et à *Photogénie*, et s'intitule simplement *Charlot*. C'est essentiellement le regroupement des principaux textes et des notes critiques consacrés par Delluc à Charlie Chaplin et à ses films, au cours des trois dernières années. La notoriété de Louis Delluc fait de cette parution un événement. Il est d'autant plus important qu'il survient au moment où, pour la première fois, Charlot en personne est à Paris. Un livre va d'ailleurs lui être remis au cours de son séjour. Il devrait y être particulièrement sensible, car c'est le tout premier livre au monde qui soit exclusivement consacré à sa carrière cinématographique. Il devait en fait être devancé par un opuscule anonyme, dont la parution était prévue en 1916 à Indianapolis sous le titre *Charlie Chaplin's Own Story* (Charlie Chaplin par lui-même). Mais il n'a pas vu le jour : Chaplin s'est opposé en justice à sa parution et a obtenu sa mise au pilon.

Fatty inculpé pour homicide volontaire

San Francisco, 10 septembre
Une très grave accusation pèse sur le célèbre comique Roscoe Arbuckle, après la mort suspecte d'une jeune actrice, Virginia Rappe. Elle est décédée hier à l'hôpital où elle avait été admise après un malaise survenu alors qu'elle participait à une *party* que Fatty avait organisée à l'hôtel Saint Francis pour fêter la sortie de son dernier film, *Fatty veut se marier* (*Crazy to Marry*). Sur le moment, l'hôpital a diagnostiqué une péritonite aigüe. Mais une amie de Virginia Rappe, Maude Delmont, elle aussi présente à la soirée, a déclaré à la police que Fatty avait violé la comédienne, ou en tout cas tenté de le faire. Sur la foi de cette déclaration, le populaire comique est aujourd'hui en prison, sous l'inculpation d'homicide volontaire. Longuement interrogé, il s'est dit totalement innocent de toute tentative de viol ou de toute autre forme de violence sur la personne de Virginia Rappe, mais le témoignage formel de Maude Delmont est très troublant. (→ 1.2.22)

Jacques Feyder gagne pour Aubert le pari de « l'Atlantide »

Réalisateur chez Gaumont dès 1915.

Jean Angelo et Stacia Napierkowska, dans un décor de Manuel Orazi.

Paris, 30 septembre
Les établissements Louis Aubert projettent actuellement en exclusivité dans la grande salle du Gaumont-Palace le film *l'Atlantide*, réalisé par Jacques Feyder, d'après l'œuvre de Pierre Benoit. « Un homme a osé... » : la publicité insiste sur la prouesse de Feyder, qui n'a pas hésité à tourner son film en plein Sahara, contre l'avis de tous, et dans des conditions très difficiles. Il a rapporté des images magnifiques. Le désert du Hoggar devient la véritable vedette du film, plus encore que la mystérieuse Antinéa, jouée par Stacia Napierkowska. Les comédiens Jean Angelo et Georges Melchior, dans les rôles du capitaine Morhange et du lieutenant Saint-Avit, deviennent les idoles des cœurs féminins. Louis Aubert, qui a financé le film avec un budget de deux millions de francs, et Jacques Feyder ont réussi leur pari : *l'Atlantide* s'annonce comme un grand succès populaire. (→ 31.1.23)

Henri Diamant-Berger et ses mousquetaires à la rescousse

Paris, 20 décembre
Le monde du cinéma français, qui clame perpétuellement ses malheurs, en raison de la crise et de la rivalité des films américains, a enfin deux sujets de satisfaction : le vrai triomphe de *l'Atlantide* et le succès populaire de la production d'Henri Diamant-Berger, *les Trois Mousquetaires*. Le distributeur et financier du film, Pathé-Consortium-Cinéma, offre un banquet pour fêter la millième copie louée. Il faut dire que tout a été mis en œuvre pour réussir cette adaptation du roman de Dumas. Le budget dépasse les trois millions de francs; les décors somptueux sont signés par Robert Mallet-Stevens, et l'équipe de Diamant-Berger n'a pas hésité à tourner dans les plus beaux paysages de France, les plus célèbres châteaux historiques. Les douze épisodes sont interprétés avec esprit par Aimé Simon-Girard, un ancien acteur de théâtre. Diamant-Berger a réussi à débaucher d'autres comédiens renommés sur les planches : Edouard de Max, dans le rôle de Richelieu, et Henri Rollan, qui joue Athos. Le succès financier des *Trois Mousquetaires* renforce la position de Pathé-Consortium-Cinéma, qui en a bien besoin. Après des menaces de procès, la Banque industrielle a enfin versé l'argent qu'elle devait à la firme. Celle-ci a bien failli fermer ses portes, en juillet dernier, avec un découvert de près de trois millions de francs! Mais la banque s'est acquittée de sa dette, en août, et a donné les 4 900 000 francs dus. Cela suffira-t-il? (→ 17.5.22)

Aimé Simon-Girard en d'Artagnan, dans une adaptation à la française.

Ernst Lubitsch passe l'Atlantique

New York, 24 décembre
Le réalisateur allemand de *Carmen* et de *la Du Barry*, Ernst Lubitsch, arrive pour une visite de plusieurs mois aux Etats-Unis. Lors de ce séjour, il a notamment l'intention de se familiariser avec les méthodes américaines de production cinématographique et de prendre un certain nombre de contacts. Il semble que Lubitsch ait déja été l'objet de propositions de la part des studios de Hollywood – on parle d'un projet avec Mary Pickford –, et il n'est pas exclu qu'il envisage d'y travailler désormais, au moins pour un film. Son tout dernier film historique à ce jour, *Anne de Boleyn*, est sorti sur les écrans d'Amérique en avril, avec beaucoup de succès, et ceci explique peut-être cela. En attendant, Ernst Lubitsch se propose de commencer son séjour par Boston pour y assister, dans quatre jours, à la première du nouveau film de Griffith *les Deux Orphelines* (*Orphans of the Storm*). (→ 22.2.22)

1922

Paris, 10 janvier
Louis Delluc signe sa dernière critique de cinéma pour *Paris-Midi*. Il va se consacrer à *Cinéa* et achever le tournage de *la Femme de nulle part*, aux studios Gaumont à La Villette. (→ 10.11.23)

Paris, 13 janvier
Pour le tricentenaire de la naissance de Molière sort *la Vie et l'Œuvre de Molière*, de Jacques de Féraudy, film commandé par le ministre de l'Instruction publique.

Los Angeles, 2 février
Inauguration des « Laugh-O-Grams », série de dessins animés de Walt Disney, par *Four Musicians of Bremen*, parodie de contes de fées. (→ 1.3.24)

Copenhague, 7 février
Réalisé en Allemagne par Carl Theodor Dreyer, *Aimez-vous les uns les autres* (*Die Gezeichneten*), avec Polina Piekovska et Vladimir Gadjarov, est présenté en première mondiale. (→ 26.10.24)

Paris, 28 février
Le procès qui opposait André Legrand et Marcel L'Herbier s'est conclu à l'avantage de ce dernier, le tribunal reconnaissant que son film *Villa destin* n'est pas inspiré du roman d'Oscar Wilde *le Crime de lord Arthur Saville*, dont Legrand a acquis les droits.

Marseille, 31 mars
Le Cabinet du docteur Caligari ayant été interdit par la préfecture trois jours après sa sortie, il est à nouveau autorisé sous réserves de coupures, après les protestations des directeurs de salle.

Shanghai, 31 mars
Le réalisateur Zhang Shichuan crée la société Mingxing, qui produit aussitôt trois films comiques, dont deux inspirés de Charlie Chaplin et d'Harold Lloyd. (→ 1.2.24)

Hollywood, 1er avril
Douglas Fairbanks commence le tournage de *Robin des bois* (*Robin Hood*), d'Allan Dwan. (→ 18.3.24)

Prague, 7 avril
On peut voir sur les écrans le premier film de Karel Anton, *les Bohémiens* (*Cikani*), inspiré du poète romantique Karel Hynek Macha.

Paris, 4 mai
Dans le quartier de Belleville est inauguré le Cocorico-Cinéma, dont le directeur artistique est le comédien René Cresté, interprète notamment de films de Léonce Perret et Louis Feuillade (« Judex »).

Paris, 16 mai
Lors de la présentation de *Marie chez les fauves*, de Jean Durand, on apprend que l'actrice Berthe Dagmar, au cours du tournage, a été attaquée et grièvement blessée par une panthère.

Paris, 17 mai
Annoncés lors de l'assemblée ordinaire de Pathé-Cinéma présidée par le baron Gabet, les comptes de l'exercice 1921-1922 se soldent par un bénéfice net de 16 153 203 F. (→ 10.12.24)

Moscou, 21 mai
Kino-Pravda (*Ciné-Vérité*), toujours dirigé par Dziga Vertov, remplace *Kinonédélia*. (→ 13.3.25)

Marseille, 31 mai
Au large de la ville, le réalisateur Louis Feuillade organise, au grand étonnement des curieux, un combat naval opposant des voiliers du XVIIIe siècle, pour une scène du *Fils du flibustier*. (→ 26.2.25)

Paris, 6 juin
L'Assemblée générale des spectacles de France décide la fermeture, à la date du 15 février 1923, de toutes les salles du pays si les charges accablant la profession ne sont pas réduites. (→ 20.1.23)

Rome, 1er septembre
Sortie d'*A nous* (*A noi*), un film de propagande fasciste d'Umberto Paradisi. (→ 24.10.23)

Paris, 5 septembre
Présenté aujourd'hui, *l'Ouragan sur la montagne*, de Julien Duvivier, avec Gaston Jacquet et Lotte Loring, est le premier film en collaboration franco-allemande depuis la Grande Guerre.

Berlin, 7 septembre
A vingt et un ans, Marlène Dietrich tient le rôle principal dans la reprise de la pièce *la Boîte de Pandore* (*Die Büchse der Pandora*), de Frank Wedekind, représentant majeur de l'expressionnisme. (→ 12.6.23)

Stockholm, 18 septembre
La Sorcellerie à travers les âges (*Häxan*), de Benjamin Christensen, avec lui-même et Elisabeth Christensen, sort sur les écrans de la capitale suédoise.

Allemagne, 22 septembre
La grève générale des cinémas, en protestation contre les taxes, se solde par une perte sèche journalière de deux millions de marks pour les caisses publiques.

Poissy, 14 octobre
En l'église de la ville est célébré le mariage d'Isabelle Feuillade, fille du réalisateur, et de Maurice Champreux, son premier collaborateur. Les témoins de la mariée sont le producteur Léon Gaumont et Léon Bailby, directeur du journal *l'Intransigeant*.

Paris, 28 octobre
Au Conservatoire national des arts et métiers a lieu une conférence du Dr Comandon sur « les infiniment petits » (la vie microbienne au cinéma). (→ 27.2.23)

Nouméa, 30 octobre
Par un décret daté de ce jour, approuvant l'arrêté du gouverneur de Nouvelle-Calédonie en date du 29 avril, il est créé une Commission de contrôle et de censure des films cinématographiques.

Hollywood, 5 novembre
The Headless Horseman, d'Edward Venturini, est, à sa sortie, considéré comme le premier film entièrement enregistré sur une pellicule panchromatique. (→ 3.1.23)

Paris, 15 novembre
Organisé par le Club des amis du septième art (Casa) se tient le salon annuel du Cinéma ; une causerie, très applaudie, de Léon Moussinac est suivie de la projection d'extraits des plus beaux films de l'année écoulée.

Paris, 2 décembre
Dans un éditorial de *Ciné-Journal* intitulé « Théâtre et Vérité », Georges Dureau, après l'immense succès de *Nanouk*, constate « la faiblesse générale des productions cinégraphiques d'ordre théâtral et le besoin très évident que les spectateurs modernes éprouvent de voir des choses vraies ». (→ 1.8.23)

Paris, 11 décembre
La Chambre des députés résonne des vifs débats, qui font suite à la décision du président de la Commission de censure, Paul Ginisty, d'interdire *la Du Barry*, du cinéaste Ernst Lubitsch. (→ 23)

Sofia, 22 décembre
Au Théâtre moderne a été présenté le film *Sous le ciel d'antan* (*Pod staroto nebe*), de Nikolaï Larine, le premier grand long métrage du cinéma bulgare.

Allemagne, 31 décembre
Au cours de l'année écoulée, 64 % des films programmés étaient allemands, 36 % des films étrangers.

Paris, 31 décembre
On dénombre 207 salles de cinéma dans la capitale et 2 959 pour l'ensemble du pays, y compris l'Algérie et le Maroc.

NAISSANCES

Bologne, 5 mars
Pier Paolo Pasolini.

Reggio Emilia, 5 mai
Serge Reggiani.

Biarritz, 16 mai
Martine Carol
(*Marie-Louise Mourer).

Vannes, Morbihan, 3 juin
Alain Resnais.

Grand Rapids, Minnesota, 10 juin
Judy Garland (*Frances Gumm).

Paris, 22 août
Micheline Presle
(*Micheline Chassagne).

Gênes, 1er septembre
Vittorio Gassman.

Naples, 15 novembre
Francesco Rosi.

Cannes, 4 décembre
Gérard Philipe.

Caroline du Nord, 24 décembre
Ava Gardner.

« Nanouk l'Esquimau », de Robert Flaherty, révèle aux spectateurs un monde inconnu, présenté avec une authenticité inhabituelle à l'écran.

ACCION · LUCHAS FANTASTICAS · INCREIBLES AVENTURAS
eso es NANOOK
La EXCITANTE VIDA de DOS SERES en el Polo Norte
Producida por ROBERT J. FLAHERTY
Distribuida por ARTISTAS UNIDOS UNITED ARTISTS
ARS UNA

Stroheim cinéaste dérange et séduit

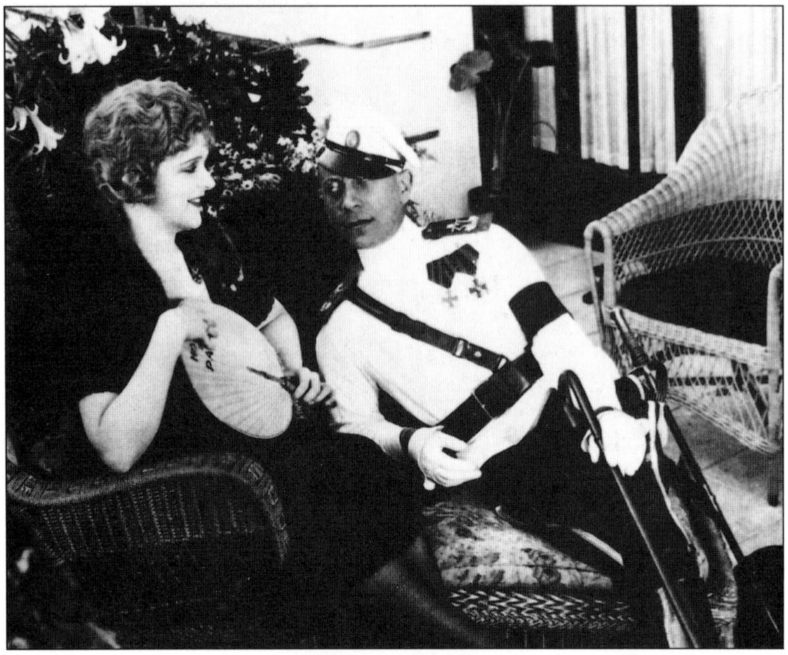

Patsy Hannen, partenaire d'Erich von Stroheim dans « Folies de femmes ».

New York, 11 janvier

Au Central Theater de Broadway a lieu la première de *Folies de femmes*, un film interprété et réalisé par Erich von Stroheim. L'ampleur de la production et la folie créatrice de la réalisation séduisent les spectateurs. Toutefois, des voix s'élèvent pour dénoncer « l'obscénité » de certaines scènes, surtout l'une d'elles où l'on voit Stroheim porter des dessous féminins. Déjà, avant même sa sortie, le film avait fait beaucoup parler de lui, notamment à cause du dépassement du budget – plus de un million de dollars à l'arrivée – et du temps de tournage : onze mois au lieu des trois semaines à un mois initialement prévus. Le directeur de l'Universal, Carl Laemmle, a d'ailleurs tiré parti de l'affaire en claironnant que tous les caprices du réalisateur seraient satisfaits. La preuve : il a fait construire en Californie une réplique de la place Centrale de Monte-Carlo, avec son casino et son Café de Paris à l'échelle exacte. Trouvant là une matière à la mesure de sa démesure, Stroheim alla jusqu'à monter une version de six heures que le producteur, affolé, a fait réduire de moitié. Avec ses allures de coq guindé porteur de monocle, Stroheim fait ici merveille dans le rôle d'un escroc, séducteur et désabusé, qui exerce ses vices sur les habitués de Monte-Carlo. (→ 13.3.23)

Une réalisation pharaonique de Lubitsch

New York, 22 février

Chanceux, les Américains découvrent le film allemand *la Femme du pharaon*, d'Ernst Lubitsch, alors qu'il n'est pas encore sorti sur les écrans allemands. Il est vrai que le film est coproduit par une société américaine, la Famous Players Corporation d'Adolph Zukor, et que les précédentes réalisations de Lubitsch avaient été de gros succès aux Etats-Unis. Spectacle grandiose, avec des vastes décors et d'impressionnantes scènes de foule, *la Femme du pharaon* est aussi une œuvre personnelle, pleine de charme et conforme à la sensibilité de ce grand réalisateur qu'est Lubitsch. Emil Jannings, le truculent titan du cinéma allemand, y incarne un puissant et pathétique pharaon malheureux en amour. Ne dédaignant ni les effets mélodramatiques ni la débauche des détails luxueux, Lubitsch réussit ici une manière d'apothéose du film historique. En peaufinant son style, le réalisateur d'*Anna Boleyn* et de *la Du Barry* parvient aussi à jouer avec virtuosité des embûches relatives à ce genre de productions, de quoi confirmer sa réputation de talentueux humanisateur des récits historiques. Pour nuancer et colorier une histoire plutôt sombre, le réalisateur traite, comme à l'accoutumée, certaines scènes à la manière de la comédie, genre dont il est en train de passer maître. Participent également au succès du film les chefs opérateurs Theodor Sparkuhl et Alfred Hansen, les décorateurs Ernst Stern et Kurt Richter, ainsi que les acteurs Dagny Servaes, qui interprète une esclave dont le pharaon tombe éperdument amoureux, et Harry Liedtke, incarnant, lui, un jeune homme que l'esclave préfère au pharaon. (→ 11.12)

« La Femme du pharaon », film allemand de dimensions hollywoodiennes.

L'art le plus important selon Lénine

Moscou, 1er février

Pour sortir du chaos la Russie affamée et ruinée, journaux et romans visent à mobiliser la population, mais l'immense pays est illettré à 80 %. Comment alors expliquer, convaincre, enthousiasmer et aussi éduquer ? Comment forger un homme nouveau pour une société nouvelle ? Grâce au cinéma, accessible à tous ! Voilà l'idée de Lénine, qui vient de déclarer à Lounatcharski, commissaire du peuple à l'Education, intellectuel et scénariste apprécié : « De tous les arts, le cinéma est pour nous le plus important. » En effet, il peut et doit relayer la propagande et l'école. Maintenant que les filmeurs de mélodrames bourgeois et leur clientèle ont embarqué pour l'Europe *via* la Crimée, le cinéma cesse d'être une distraction et devient un instrument de progrès social et moral, un art à l'usage des masses. L'état délabré des studios est cependant un obstacle, mais un défi ambitieux est lancé. (→ 10.12.24)

Un nouveau scandale ébranle Hollywood

Hollywood, 1er février

Alors que l'on attend la conclusion définitive de l'affaire Arbuckle, voici qu'un nouveau drame jette la consternation parmi les professionnels. Cette fois-ci il s'agit bien, à l'évidence, d'un meurtre. La victime, William Desmond Taylor, réalisateur de films pour la Paramount et par ailleurs président de l'Association des réalisateurs, était à ce titre une personnalité très en vue. D'origine irlandaise, il était né W. Cunningham Deane-Tanner le 26 avril 1877. A son arrivée sur les lieux, au domicile de Taylor, la police s'est trouvée en présence du président de la Paramount en personne, Adolph Zukor, et des actrices Mabel Normand, Edna Purviance et Mary Miles Minter, tous à la recherche de documents probablement très compromettants. Très vite, les enquêteurs ont pu établir que Mabel Normand et Mary Miles Minter étaient au nombre des maîtresses de Desmond Taylor, lequel affectionnait en outre les photos pornographiques où il figurait en bonne compagnie. Le drame n'est sans doute pas sans rapport avec ces pratiques particulières. (→ 10.3)

Dracula vampirisé s'incarne en Nosferatu

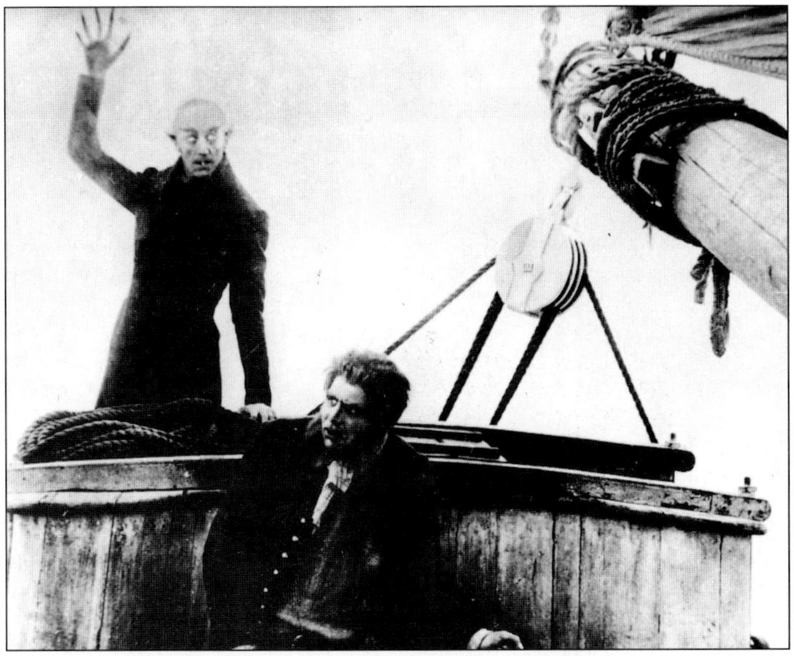

Max Schreck et Max Nemetz dans « Nosferatu le vampire », de F. W. Murnau.

Berlin, 5 mars
Quittant son sinistre château des Carpathes dans un cercueil rempli de terre, le vampire Nosferatu projette son ombre menaçante sur les écrans de la ville, faisant frissonner la foule de spectateurs. Librement adapté du roman de Bram Stoker, *Dracula*, le film est mis en scène par le grand réalisateur allemand Friedrich Wilhelm Murnau. Bien que tourné en grande partie en extérieurs et avec des décors intérieurs réalistes, le film est marqué par l'influence de l'expressionnisme allemand, notamment pour le choix des angles de prise de vues inhabituels et du travail sur les ombres et les reflets. Des belles images contrastées de Fritz Arno Wagner et Gunther Krampf aux décors expressifs d'Albin Grau, tout dans *Nosferatu le vampire* contribue à en faire une « étrange symphonie de la terreur », comme dit le sous-titre allemand du film. C'est aussi une œuvre poétique d'une grande beauté plastique et à l'atmosphère envoûtante. Le vampire incarné par Max Schreck, admirablement maquillé, est une étonnante réussite. Les spectateurs ne sont pas près d'oublier ce personnage inquiétant et fascinant à la mince silhouette voûtée, avec son crâne chauve, ses oreilles pointues et décollées, ses yeux caverneux et ses grands ongles acérés. (→ 23.12.24)

Fatty, blanchi, reste sur la liste noire

Hollywood, 18 avril
Il aura fallu pas moins de trois procès successifs, en quatre mois, pour décider de la culpabilité ou de l'innocence de Roscoe Arbuckle dans la mort de Virginia Rappe en septembre dernier. Dès le début de la procédure, en décembre, le juge, estimant les charges insuffisantes, avait ramené le chef d'inculpation à l'homicide involontaire. Mais les jurés du premier procès n'avaient pu aboutir à la décision unanime requise. Rejugée en février, l'affaire en était restée là. Et pourtant cinq minutes ont suffi au troisième jury, le 12 avril, pour laver Fatty de tout soupçon, en déclarant de surcroît « qu'une grave injustice a été commise à son égard ». Le célèbre comique n'en a pas fini pour autant avec les séquelles de cette affaire : lâché par la Paramount, qui a bloqué la sortie de ses derniers films, attaqué par la presse et une partie de l'opinion, il s'est vu en outre interdire toute activité d'acteur au sein des compagnies membres de la MPPDA de Will H. Hays. (→ 22.12)

Roscoe Arbuckle, acteur en disgrâce, se dissimule derrière la caméra.

Le mariage en trop de Rudolph Valentino

Los Angeles, 21 mai
Rudolph Valentino a été arrêté et mis en prison pour bigamie. Il a épousé en secondes noces la belle décoratrice Natacha Rambova, le 12 mai dernier, au Mexique. Valentino est divorcé de sa première femme, Jean Acker, depuis le mois de janvier. Un mariage éclair qui n'a jamais été consommé, Jean ayant accusé Rudolph de cruauté mentale et rompu la nuit même des noces ! Le couple n'est d'ailleurs resté officiellement lié que trois mois, temps nécessaire à la procédure de divorce. Malheureusement, la loi californienne exige qu'une année complète se soit écoulée avant un nouveau mariage, ce que semble avoir oublié le comédien. Incarcéré le matin même, Valentino a été entendu pendant six heures par la police. Sa bonne foi a convaincu les inspecteurs : il a été remis en liberté quelques heures plus tard, en milieu d'après-midi. L'acteur espère trouver le bonheur auprès de Natacha, une amie intime d'Alla Nazimova, celle-là même qui l'avait imposé à ses côtés à l'écran dans *Camille*, un film de Ray Smallwood. (→ 23.8.26)

Le cinéma américain sous surveillance

Hollywood, 10 mars
Les plus grandes compagnies de production et de distribution, de la Fox à la Paramount en passant par United Artists, Goldwyn, Selznick, Vitagraph, Universal et autres First National, viennent de se donner un maître, en la personne de Will H. Hays, qui accède aujourd'hui à une fonction créée tout exprès pour lui : la présidence de la Motion Picture Producers and Distributors Association (MPPDA). Ce groupement, officiellement constitué ce même jour, a pour objet de « favoriser les intérêts de l'industrie cinématographique par l'établissement et le maintien de standards moraux et esthétiques les plus élevés ». Une telle création répond à une situation d'urgence, née de la dégradation des mœurs hollywoodiennes, complaisamment étalée devant l'opinion publique par la presse, et par voie de conséquence de la chute de la fréquentation des salles. Les professionnels sont allés jusqu'à Washington pour trouver l'homme de la situation : en janvier dernier, Will H. Hays était ministre des Postes dans le gouvernement du président Harding. (→ 18.4)

Célèbre depuis les « Quatre Cavaliers de l'Apocalypse », de Rex Ingram, Rudolph Valentino y danse avec Alice Terry un tango d'anthologie.

Un projet européen contre la crise

Paris, 10 juin
A l'initiative des producteurs Marcel Vandal et Charles Delac, du Film d'Art, une réunion est organisée entre les grandes personnalités du cinéma européen. Sont réunis autour de la table le distributeur Louis Aubert, Denis Ricaud, de Pathé-Consortium, les Allemands Fritz Lang et Erich Pommer, l'Italien Gustavo Lombardo et le Britannique Powells. Ils estiment que « l'heure est venue de donner au film un marché européen, sinon international ». En effet, le nombre restreint des salles françaises, par exemple, ne suffit pas à amortir la production, de plus en plus coûteuse. Il serait possible de créer un accord commercial, aux termes duquel les pays concernés s'engageraient à échanger leur production. Lang et Pommer conviennent qu'il n'est pas simple d'élargir le marché d'exploitation sous le régime de la réciprocité, surtout en ce moment où le Reich allemand est en pleine crise économique et ne fait guère figure de libre-échangiste.

Le vent d'air frais de « Nanouk » balaie quelques idées reçues

Né d'une commande, le premier film de Robert Flaherty frappe par la sincérité de son regard sur une société singulière.

New York, 11 juin
Nanouk l'Esquimau, documentaire du réalisateur et explorateur Robert Flaherty, triomphe dans la plus grande salle de la ville, le Capitole. Avec le regard d'un poète, l'humilité d'un grand humaniste et la passion d'un ethnologue, Flaherty présente la vie quotidienne d'une famille d'Esquimaux avec qui il s'était lié d'amitié lors d'un séjour de quinze mois dans le Grand Nord canadien. Bénéficiant de l'appui financier des frères Revillon, gros commerçants français de fourrures, Flaherty a réalisé un film où les Esquimaux sont montrés tels qu'ils se voient et non du point de vue d'un étranger. Cette démarche confère à *Nanouk* la qualité d'une œuvre universelle. (→ 2.12)

René Clair veut faire de la mise en scène

Paris, 8 juillet
Le jeune journaliste et comédien René Clair, de son vrai nom René Chomette, âgé de vingt-quatre ans, est venu au cinéma grâce à la chanteuse Maryse Damia. Il accepte pour elle de jouer un rôle dans *le Lys de la vie*, en 1920. Après avoir tourné d'autres films, Clair exprime son désir de devenir cinéaste à Jacques de Baroncelli. Celui-ci vient de lui confier la réalisation pour la firme belge Belga-Film de *Geneviève de Brabant*. (→ 28.12.23)

Le nouveau cinéaste a été l'interprète de Feuillade. Ici dans « Parisette ».

Max Linder préfère Nice à la Californie

Paris, 31 juillet
Déçu par ses trois ans de séjour en Californie, Max Linder rentre en France et déclare vouloir s'installer à Nice, pour y vivre et y travailler. Ainsi s'achève la deuxième parenthèse américaine dans la carrière de « l'homme au chapeau de soie ». Le premier séjour de Linder en Amérique, en 1916-1917, fut désastreux, par la faute même de ses employeurs de la société Essanay qui tentèrent absurdement de l'imposer au public américain en le présentant comme le rival, « en plus propre », de Charlie Chaplin, présenté comme un comique « sale et sordide » ! Tirant les leçons de cette malheureuse première expérience, Linder retourna en Amérique en 1919, cette fois en tant que producteur et acteur indépendant. Toutefois, les films qu'il y a réalisés sont considérés par l'administration américaine comme des productions étrangères et leur distribution a été accompagnée de restrictions. Cela ne l'a pas empêché de réaliser trois films qui comptent parmi ses meilleures réussites : *Sept Ans de malheur*, *Soyez ma femme* et surtout *l'Etroit Mousquetaire*, dont la *preview* triomphale, à l'Ocean Park, ne l'a pas dissuadé de s'embarquer à destination de l'Europe quelques jours après. (→ 26.1.23)

« Sept Ans de malheur », deux ans de succès : un retour glorieux.

L'histoire de France selon Griffith et Lubitsch suscite la colère

Paris, 23 décembre
La police est intervenue à l'Artistic Cinéma pour séparer les spectateurs, une bagarre générale ayant éclaté durant la projection du film allemand *la Du Barry*, réalisé par Ernst Lubitsch. Depuis quelques mois, une campagne orchestrée par les journaux d'extrême droite dénonce avec une violence haineuse les « films étrangers » dont le scénario aborde l'histoire de France. Les Camelots du roi et les membres de l'Action française n'hésitent pas à empêcher par la force les projections du film de Lubitsch, mais aussi celui de l'Américain David Wark Griffith *les Deux Orphelines*, dont l'action se passe à Paris, sous la Révolution. Griffith « diffame d'une manière odieuse l'histoire de France. Louis XVI est injurié par un étranger ! » Le grand cinéaste répond à ces piètres accusations en expliquant que ses références historiques ont été puisées chez Guizot et Taine. « C'est pour moi une poignante tristesse de voir un groupe de Français condamner ma petite histoire. » Les maurrassiens et les adeptes de Léon Daudet reprochent à Ernst Lubitsch et à David W. Griffith (outre le fait qu'ils ne sont pas français) d'avoir osé représenter des aristocrates dépravés, un Louis XVI gras et endormi, etc. Ils envahissent les salles de cinéma, empêchent les projections et frappent des spectateurs. Ces actes racistes et xénophobes mettent la liberté d'expression en danger. (→ 20.10.23)

L. Gish dans « les Deux Orphelines ».

Pola Negri dans « la Du Barry ».

Griffith et son opérateur Billy Bitzer.

Les derniers échos de l'affaire Fatty

New York, 22 décembre
« Arbuckle est devenu le symbole des vices auxquels s'adonnent les gens de cinéma », écrit le quotidien *New York Times* dans son éditorial de ce matin. Annoncée avant-hier par Will H. Hays au nom de la MPPDA, la levée de l'interdiction professionnelle prononcée contre Fatty en avril a en effet plutôt ranimé le climat de haine qui a régné à la suite de la mort suspecte de Virginia Rappe. Les « clubs de décence », associations féminines et groupes religieux multiplient désormais les protestations auprès de Hays. Cet acharnement contre Fatty est injuste, mais « il peut être nécessaire qu'un bouc émissaire soit sacrifié pour son groupe », dit encore le *New York Times.* (→ 20.2.23)

Jean Epstein, de la théorie à la pratique

Paris, 27 décembre
Le film *Pasteur*, de Jean Epstein, est présenté à la Sorbonne, en commémoration du centième anniversaire du savant. Le ministre de l'Instruction publique et de nombreuses délégations étrangères sont présents à la projection. Le tournage du film s'était déroulé conjointement aux studios de Joinville et dans les laboratoires de l'Institut Pasteur, où les anciennes expériences avaient été minutieusement reconstituées. La famille du savant, qui a suivi avec attention la réalisation du film, s'accorde à trouver émouvante la ressemblance de l'acteur Monnier avec le vrai Pasteur, dont il campe le personnage à l'écran. Mêlant adroitement fiction et documentaire, ce premier film du jeune réalisateur Jean Epstein a été réalisé sous la direction artistique de Jean Benoît-Lévy. Auteur d'un pertinent livre sur le cinéma, *Bonjour cinéma*, Epstein a réussi ainsi avec brio son passage à la réalisation, en mettant en pratique certaines de ses théories sur la puissance poétique de l'image. (→ 16.6.23)

Un journal suisse d'actualités filmées

Lausanne, 31 décembre
L'Office cinématographique, firme créée par l'opérateur Arthur Porchet associé avec Jacques Béranger et Taponier, lance le *Ciné-Journal* suisse, premier du nom. Ce journal d'actualité a pour mission de filmer les événements importants du pays et de vendre des images suisses à l'étranger. Aussi, grâce à un accord avec *Eclair-Journal*, il propose une synthèse des sujets suisses et étrangers. Un laboratoire de tirage est installé à Lausanne afin de développer les bandes filmées par les opérateurs du journal. Les initiateurs de ce projet, qui vient combler un vide, sont des pionniers à qui la Suisse doit quelques-uns de ses premiers succès cinématographiques. Jacques Béranger, assisté par les frères Charles et Emile Gos, a réalisé l'année dernière, grâce à des capitaux français, un film intitulé *le Pauvre Village*. Il vient d'en tourner un autre, plus ambitieux, *la Croix du Cervin*, dans lequel il mêle le sport montagnard à la fiction. Arthur Porchet, l'autre cofondateur de l'Office cinématographique, peut lui aussi faire prévaloir sa contribution à cette nouvelle vogue du film de montagne, avec *l'Appel de la montagne*, un film aux images superbes qu'il a tourné l'année dernière. (→ 30.3.23)

Le jeune cinéaste et son opérateur Edmond Floury, au tournage de « Pasteur ».

★ ★ ★ ★ ★ ★ ★ ★ 1923 ★

Paris, 3 janvier
Le chimiste Berthon présente un nouveau procédé de cinématographie en couleurs. La pellicule, recouverte de milliers de lentilles microscopiques, est rendue sensible par la panchromatisation : un écran, filtrant les trois couleurs primaires, est placé devant.

Paris, 20 janvier
La Chambre des députés adopte l'amendement de M. Barthe, accordant des taxes moins lourdes aux exploitants de salle qui consacrent au moins 25 % (en métrage) de leur programmation totale à des films français. (→ 30)

Paris, 26 janvier
Au cinéma qui porte son nom, Max Linder présente en exclusivité le dernier des films qu'il a tournés aux Etats-Unis, *l'Etroit Mousquetaire* (*The Three Must-Get-There*), sous-titré *Vingt Ans avant*, parodie de l'œuvre de Dumas.

Paris, 14 février
A cause de personnages et de situations donnant une image défavorable des cheminots, les syndicats du rail exigent des coupures dans le dernier film d'Abel Gance, *la Roue* ; ce dernier s'y refuse énergiquement. (→ 17)

Tokyo, 20 février
Le Pays natal (*Furutaso*), premier film de Kenji Mizoguchi, sort sur les écrans. Il a pour thème l'opposition entre les modes de vie citadin et rural. (→ 28.2.26)

Paris, 20 février
M. Adolph Zukor, président de la Paramount, déclare à la presse : « Hollywood n'est pas cette ville d'orgies qu'on a décrite un peu partout. » Il tient pourtant à préciser : « La Paramount ne fera plus tourner Fatty Arbuckle. » (→ 29.6.33)

Paris, 27 février
Le Comité d'union contre le péril vénérien présente le film *Une maladie sociale, la syphilis : comment elle peut disparaître*, réalisé par Gaumont, Pathé-Consortium et le Dr Comandon.

San Francisco, 13 mars
Erich von Stroheim commence le tournage des *Rapaces* (*Greed*) en extérieurs. (→ 4.12.24)

Paris, 26 mars
La grande comédienne Sarah Bernhardt (*Henriette-Rosine Bernard, Paris, 22.5.1843) vient de mourir. Elle a tourné au total huit films, dont *la Voyante*, en cours de réalisation. (→ 31.10.24)

Lausanne, 30 mars
Première de *l'Appel de la montagne*, réalisation du pionnier Arthur Porchet, avec Emile Crettex et Ernette Tamm. (→ 16.11.24)

Moscou, 25 avril
Dans son adaptation du *Sage*, d'Ostrovski, Eisenstein a inséré, au milieu de la pièce, la projection du *Journal de Gloumov*, parodie des films de détectives. (→ 1.4.24)

Nice, 30 avril
Max Linder, roulant trop vite sur la promenade des Anglais, a fait capoter sa voiture dans un tournant. Projeté hors du véhicule, Max Linder ne souffre que de quelques contusions. (→ 2.8)

Lille, 30 avril
On construit, rue de Béthune, sur un terrain de 2 000 m², un grand cinéma de 2 000 places, le Familia. On peut espérer que la fréquentation par les Lillois sera à la hauteur des espérances.

Paris, 1er juin
Dans la revue *Théâtre et Comœdia illustré*, le jeune romancier Louis Aragon écrit qu'il voudrait que l'on crée « de véritables films sans hypocrisie. Les perfectionnements techniques ne m'intéressent pas ». Les cinéastes ironisent : « Cotisons-nous pour offrir une lanterne magique à ce petit enfant. »

Berlin, 12 juin
La jeune comédienne Marlène Dietrich débute au cinéma dans *Un homme au bord du chemin* (*Der Mensch am Wege*), film écrit, réalisé et également interprété par Wilhelm Dieterle. (→ 29.4.29)

Paris, 30 juin
Le Comité de défense du spectacle s'inquiète du succès grandissant d'un nouvel appareil, la TSF. Il demande à ses adhérents de réfléchir à la question suivante : doit-on envisager comme un danger l'intervention de la radiophonie dans le domaine du spectacle ?

Le Caire, 12 juillet
Les autorités égyptiennes font promulguer la première loi de censure concernant le théâtre et le cinéma. (→ 17.5.26)

Paris, 1er août
Dans le dernier numéro du *Crapouillot*, M. Lebedinsky s'énerve : « Il y a des moments où l'on souhaiterait être sourd pour ne pas entendre l'orchestre qui s'obstine à jouer *Connais-tu le pays où fleurit l'oranger ?* pendant que les chiens de *Nanouk* crèvent de froid dans la tempête de neige. » (→ 7.1.26)

France, 11 août
C'est la société Gaumont qui distribue désormais les films de Buster Keaton, dont elle a obtenu l'exclusivité pour l'ensemble du territoire français. (→ 13.10.24)

Japon, 1er septembre
A la suite du tremblement de terre qui a ravagé la région de Tokyo et de Yokohama, tous les studios de cinéma, dont ceux de la Shochiku, sont détruits. Les activités se regroupent alors dans les vieux studios de la firme concurrente, la Nikkatsu, à Kyoto.

Berlin, 11 septembre
Le dernier film qu'Ernst Lubitsch a réalisé en Allemagne, *Montmartre* (*Die Flamme*), avec Pola Negri, est présenté en l'absence du cinéaste. Ce dernier poursuit actuellement sa carrière à Hollywood. (→ 31.7.26)

Tiflis, 25 septembre
La section cinéma du commissariat géorgien à l'Education présente le film d'Ivan Perestiani, *les Diablotins rouges* (*Citeli Esmakunebi*).

Paris, 20 octobre
Programmé au Marivaux depuis le 17 août après une longue interdiction, le film *Naissance d'une nation*, de D. W. Griffith, est de nouveau interdit par le préfet de police. En raison du racisme dont ce film fait preuve, sa projection risquerait de provoquer des troubles de l'ordre public.

Rome, 24 octobre
Un décret-loi du gouvernement fasciste accroît les pouvoirs de la censure, qui dorénavant intervient avant le tournage et après l'achèvement du film. (→ 5.11.25)

Pont-Saint-Esprit, 10 novembre
Louis Delluc tourne actuellement les extérieurs du film *l'Inondation*, produit par son ami Marcel L'Herbier. Le Rhône est précisément en crue. Cependant, Louis Delluc est malade. (→ 15)

Paris, 27 décembre
Alexandre Volkoff présente son nouveau film, intitulé *Kean, désordre et génie*, d'après Alexandre Dumas, produit par les Films Albatros, avec Ivan Mosjoukine, Nicolas Koline et Nathalie Lissenko. (→ 13.9.27)

Paris, 28 décembre
Sortie de *la Légende de sœur Béatrix*, avec Sandra Milowanoff et Suzanne Bianchetti, un film de Jacques de Baroncelli, dont René Clair est devenu l'assistant après l'abandon du projet *Geneviève de Brabant*. (→ 13.3.25)

La Paz, 31 décembre
Le premier film de fiction bolivien a été interdit par la censure au lendemain de la première, à cause du scandale provoqué par le sujet, inspiré de faits réels : les amours de la femme d'un grand propriétaire et d'un serviteur indien.

NAISSANCES
Paray-le-Monial, 11 janvier
Jacqueline Maillan.

Florence, 23 février
Franco Zeffirelli.

Amarillo, Texas, 8 mars
Cyd Charisse (*Tula Ellice Finklea).

Faridpur, Bengale, 4 mai
Mrinal Sen.

Paris, 18 juillet
Maria Pacôme.

Cambridge, 29 août
Richard Attenborough.

Fontana Liri, Italie, 28 septembre
Marcello Mastroianni.

Evanston, Illinois, 4 octobre
Charlton Heston (*Charles Carter).

« Les Dix Commandements » impose Cecil Blount De Mille comme un maître du cinéma monumental, inspiré de l'Histoire ou de la légende.

The Ten Commandments
PRODUCED BY
Cecil B. DeMille
WITH
THEODORE ROBERTS
RICHARD DIX
ROD LA ROCQUE
CHARLES de ROCHE
ROBERT EDESON
LEATRICE JOY
NITA NALDI
ESTELLE TAYLOR
EDYTHE CHAPMAN
JULIA FAYE
STORY BY
Jeanie Macpherson
Thou shalt not
a Paramount Production
Presented by ADOLPH ZUKOR and JESSE L. LASKY

Alla Nazimova, splendide Salomé

Etats-Unis, février
La belle Alla Nazimova n'a rien négligé pour la qualité et le succès de la *Salomé* de son mari Charles Bryant, dont elle est à la fois la vedette et la productrice avec sa société Nazimova Productions. Elle a fait appel à son amie Natacha Rambova pour les décors et les costumes, inspirés des dessins du grand peintre anglais Aubrey Beardsley. Le film, dont la première a eu lieu à New York le 31 décembre, sort maintenant en salles. Il semble toutefois que le public ne réponde pas à l'attente de la star, peut-être parce que ce film lui paraît être d'un raffinement exagéré et quelque peu décadent. Un échec serait grave pour la Nazimova Productions.

Une des grandes stars d'aujourd'hui.

Une tragédie des temps modernes

« La Roue », d'A. Gance, avec Gabriel de Gravone, Ivy Close et Séverin-Mars.

Au cours de la longue gestation du film, le cinéaste a vécu un drame personnel qui a influé sur l'œuvre.

Paris, 17 février
Les réactions du public sont vives au Gaumont-Palace, où sort *la Roue*, d'Abel Gance. Cette « tragédie moderne en un prologue et six épisodes », initialement intitulée *la Rose du rail*, totalise huit heures de projection. La préparation et le tournage ont duré près de cinq ans. Produit par les Films Abel Gance, mais financé par Pathé, le film a coûté la somme colossale de trois millions de francs. Pourtant, si *la Roue* retient l'attention, c'est moins pour le pari économique qu'il représente que pour ses nombreuses qualités artistiques. Evoquant Eschyle et Sophocle, entre autres, le film retrace le drame d'un cheminot nommé Sisif, amoureux de sa fille adoptive et rival de son propre fils et de son ingénieur en chef. Comme Œdipe, il finira aveugle et broyé par la roue du Destin. La première partie du film a été tournée à Nice, le décor étant monté entre les voies de chemin de fer, gare Saint-Roch. Le tournage s'était poursuivi ensuite à Chamonix, pour utiliser la ligne à crémaillère du Mont-Blanc, avant de s'achever au col de la Vesa. Perfectionniste, Gance a tourné certaines scènes plus de vingt fois. Remarquable dans le rôle de Sisif, l'acteur Séverin-Mars, déjà malade lors du tournage, est mort en 1921, peu après la fin de celui-ci. Il y a un autre excellent interprète dans *la Roue* : la locomotive, que Gance filme comme un vrai personnage de drame et dont la présence obsédante sert de leitmotiv au film. En jouant avec les rythmes, les lumières, les formes et les perspectives, le réalisateur a créé une œuvre où tous les moyens de l'art cinématographique sont parfaitement utilisés, malgré quelques naïvetés éparses et l'usage un peu trop appuyé de certains symboles et effets. (→ 30.1.24)

Les rebondissements de la crise française

Paris, 30 janvier
Les cris d'alarme poussés par les professionnels du cinéma français se multiplient. D'après eux, la crise actuelle du cinéma français est due, en grande partie, à la concurrence des films étrangers. Plusieurs propositions sont faites pour remédier à cela. Le Comité de défense du film français, approuvé par d'importants distributeurs, propose par exemple l'imposition d'un quota minimal de 25 % sur les films français, en demandant aussi que la nationalité des films étrangers soit clairement précisée. Le ministre des Finances, Levasseur, déclare que le gouvernement ne saurait accepter une telle proposition car, d'après lui, cela se traduirait par une perte pour le Trésor de l'ordre de quatre à cinq millions de francs. Il déclare encore que la production française serait incapable de fournir un quart des programmes, en cas d'adoption d'un système limitant le nombre des films étrangers exploités en France. Cette allégation vient de provoquer la protestation du Comité de défense du film français, qui publie un manifeste dans lequel il est écrit : « Les 25 % sont produits et peuvent être largement dépassés. L'étranger écoule en France des films dont le prix de revient a déjà été amorti dans leur pays d'origine. On doit comprendre que, lassées par une lutte par trop inégale, certaines maisons sont prêtes à arrêter leur production. »

Le Belge Jacques Feyder censuré chez lui

Bruxelles, 31 janvier
Jacques Feyder a beau être belge, cela n'a pas empêché la censure de son pays d'interdire son nouveau film, *Crainquebille*, sous prétexte

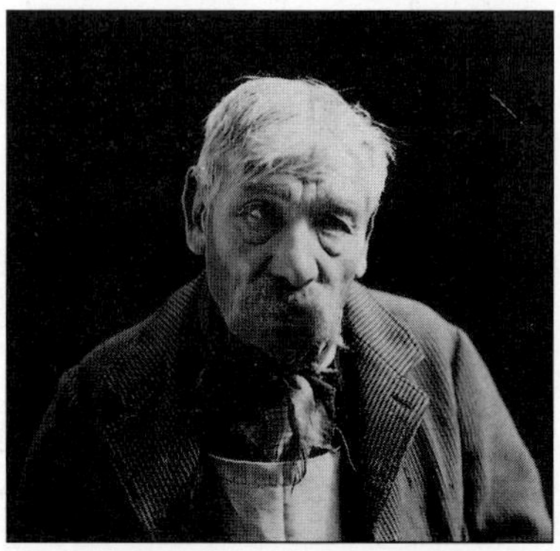

M. de Féraudy est Crainquebille.

qu'il « manque au respect que chacun doit avoir pour les lois de son pays ». Il s'agit pourtant d'une production entièrement française ! Tiré d'un récit d'Anatole France, ce film vient de remporter un beau succès à Paris. Il a été unanimement salué par les critiques pour ses qualités artistiques et pour les saisissantes compositions des acteurs : Maurice de Féraudy, dans le rôle-titre, et le jeune Jean Forest, dans celui de la Souris. A travers le récit d'un modeste marchand des quatre-saisons qui a constamment maille à partir avec la maréchaussée, *Crainquebille* donne une vision réaliste et attachante de la vie quotidienne dans les quartiers populaires de Paris. (→ 15.12.28)

« Cœur fidèle » bouleverse la Sorbonne

Gina Manès est Marie, la pathétique héroïne du film de Jean Epstein.

Paris, 16 juin
Très mal accueilli dans les salles, *Cœur fidèle*, de Jean Epstein, vient de séduire la Sorbonne, où un public d'élite a été sensible à ses audaces formelles ainsi qu'aux qualités de l'interprétation. Tourné à Marseille, le film retrace l'histoire d'une rivalité amoureuse entre un honnête ouvrier, Léon Mathot, et un mauvais garçon, Van Daële, pour une jeune femme, Gina Manès qui tient ici son premier grand rôle. A partir de ce récit mélodramatique, imaginé en une nuit, Epstein a créé une œuvre naturaliste comportant des images inoubliables, comme le visage de Gina Manès se reflétant dans les eaux du Vieux-Port ; et une véritable scène d'anthologie : la bagarre entre les deux rivaux à la fête foraine. (→ 15.4.24)

Fiançailles manquées de Charlie Chaplin

Alors que se consomme la rupture, Chaplin achève « l'Opinion publique ».

Hollywood, 28 juin
Divorcé depuis novembre 1920 de Mildred Harris, Charlie Chaplin ne paraît pas s'accommoder de sa vie de célibataire, même si elle est peuplée de jolies femmes. Il lui arrive de connaître, en la matière, des échecs. Témoin son aventure avec Pola Negri, qui s'achève par l'annonce, faite par la jeune femme elle-même, de la rupture de leurs fiançailles. Celles-ci avaient été annoncées plus spectaculairement encore le 28 janvier dernier par les deux intéressés, au cours d'une conférence de presse convoquée avec une certaine solennité. Chaplin n'en dit rien. Il est vrai qu'il a fort à faire avec son nouveau film, *l'Opinion publique*, commencé en décembre, et dont il vient tout juste de terminer le tournage. (→ 1.10)

Léon Gaumont décoré mais soucieux

Paris, avril
Léon Gaumont, depuis peu officier de la Légion d'honneur, est avec Charles Pathé le fondateur de l'industrie cinématographique française. Contrairement à Pathé, il continue la production de films. Toutefois, il lui faut bien reconnaître que l'avenir est sombre. La production coûte très cher, les auteurs deviennent exigeants. Les films à épisodes de Louis Feuillade n'attirent plus les foules. Il a certes lancé la série « Pax », dirigée par Léon Poirier, avec une jeune génération de cinéastes brillants, dont Marcel L'Herbier. Les effets artistiques de ce dernier déconcertent Léon Gaumont, dont le sens esthétique est assez limité. Mais ce qui le trouble le plus, c'est la situation de sa société, qu'il ne préside plus. Le président est désormais Paul Azaria, qui représente de puissants groupes financiers. Gaumont a bel et bien été éjecté du siège directeur, et sa société ne connaît plus les bénéfices d'autrefois. (→ 26.2.25)

Un chef d'entreprise qui est aussi un technicien de grande qualité.

Max le séducteur renonce au célibat

Paris, 2 août
A quarante ans, Max Linder se marie pour la première fois. Celui qui fut le héros d'une cinquantaine de courts métrages entre 1905 et 1909, avant de créer le personnage de *Max* en 1910, a connu sa jeune épouse alors qu'elle n'était qu'une enfant. Hélène Peters a aujourd'hui vingt ans et est réapparue dans la vie de l'acteur au retour d'un de ses séjours aux Etats-Unis. Ce mariage n'a pas l'agrément de la famille Peters, qui souhaitait unir Hélène au journaliste Marcel Idzkowski, ni celui des proches de Max, qui s'interrogent sur la différence d'âge entre les deux époux. Parmi ceux-ci, Armand Massard, ami fidèle du comique. De plus, la santé de Gabriel-Maximilien Leuvielle, véritable nom de Max Linder, n'est guère brillante depuis la fin du tournage d'*Au secours*, film dirigé par Abel Gance. Max aspire à une vie tranquille, mais trouvera-t-il le repos nécessaire auprès de cette toute jeune femme qui a seulement la moitié de son âge ? Il en est convaincu et annonce déjà son désir de devenir père. (→ 12.11.24)

M. et Mme Gabriel M. Leuvielle.

Harold Lloyd en vraie grandeur

New York, 2 septembre
Faut pas s'en faire (*Why Worry*), réalisé par Fred Newmayer et Sam Taylor, sort en salles. C'est le second long métrage d'Harold Lloyd présenté cette année sur les écrans, et le quatrième en moins de deux ans, depuis que le célèbre comique a abandonné les « deux-bobines » et les « trois-bobines » qui ont fait sa gloire depuis ses débuts en 1914. Le tout premier de ses longs métrages sortait le 25 décembre 1921 : c'était *Marin malgré lui* (*A Sailor Made Man*), du même Fred Newmayer, avec, aux côtés d'Harold Lloyd, Mildred Davis, qui est sa partenaire attitrée depuis la fin de 1919. Venus ensuite, *le Talisman de grand-mère* (*Grandma's Boy*) et *Monte là-dessus !* (*Safety Last*) ont largement confirmé la capacité de Lloyd à maîtriser les contraintes du long métrage, et à tenir la distance sans rien perdre de sa force comique. Il est vrai que les 184 films de court et moyen métrages qu'il a tournés de 1915 à 1919 ont été pour lui une véritable école du burlesque, en même temps qu'un terrain d'expérimentation sans égal. (→ 19.12.24)

La force de « l'Opinion publique »

Nouveau venu, Carl Miller est le partenaire d'Edna Purviance et d'Adolphe Menjou dans le film inattendu de Chaplin.

New York, 1er octobre
L'incroyable gageure tentée par Charlie Chaplin semble bien être en passe de réussir. Son nouveau film, *l'Opinion publique* (*A Woman of Paris*), pour la sortie duquel il est venu spécialement à New York, s'annonce comme un grand succès critique, précédé par la rumeur flatteuse venue de Hollywood, où la première a eu lieu le 26 septembre. Il s'agit pourtant d'une nouveauté totale dans l'œuvre et la carrière de Chaplin : pour la première fois, il propose au public un film dont il n'est pas lui-même l'interprète et, de plus, c'est un film dramatique ! Ce n'en est pas moins un film d'une grande force, qui témoigne plus que jamais de son génie créateur. Perfectionniste, il lui a consacré neuf mois de tournage, treize autres de montage, et y a investi un budget de 350 000 dollars. (→ 26.6.25)

Les tours de Notre-Dame à Universal City

Une cathédrale de bois et de plâtre édifiée sur les terrains du studio.

Hollywood, 2 septembre
Sortie sur les écrans de *Notre-Dame de Paris* (*The Hunchback of Notre-Dame*), le nouveau film de Wallace Worsley, d'après l'œuvre célèbre de Victor Hugo, avec Lon Chaney et Patsy Ruth Miller dans les rôles respectifs de Quasimodo et d'Esmeralda. Pour les besoins de cette reconstitution historique du temps de Louis XI, la société Universal a fait reproduire la place de Grève, la cour des Miracles, la Bastille et, surtout, la cathédrale Notre-Dame de Paris, grandeur nature. L'échafaudage, qui a nécessité près de six mois de travail et l'intervention de 330 charpentiers et ouvriers divers, était installé devant les collines de Hollywood. En tout, le film a coûté plusieurs millions de dollars.

Mary Pickford productrice de Lubitsch

New York, 3 septembre
La première de *Rosita* a lieu au Lyric Theatre. C'est le premier film américain d'Ernst Lubitsch, dont Mary Pickford est l'interprète et la productrice. Venu aux Etats-Unis en décembre dernier, le célèbre réalisateur allemand avait été aussitôt engagé par la star. Après avoir envisagé d'autres sujets, ils sont finalement tombés d'accord sur la pièce française *Don César de Bazan*, de Dennery et Dumanoir, dont les scénaristes ont tiré *Rosita*. (→ 11)

Mary Pickford, Ernst Lubitsch et Holbrook Blinn au tournage de « Rosita ».

« Cinéa » s'unit à « Ciné pour tous »

Paris, 15 novembre

Les lecteurs de publications consacrées au cinéma découvrent chez les marchands de journaux les effets d'un mariage de raison entre deux des magazines spécialisés les plus réputés, *Cinéa* et *Ciné pour tous*. Désormais, ils ne font plus qu'un, sous le titre de *Cinéa-Ciné pour tous*. Ici s'achève véritablement l'aventure de *Cinéa*, hebdomadaire lancé par Louis Delluc en mai 1921, et qu'il devait animer, non sans le porter souvent à bout de bras, jusqu'en novembre 1922. A cette date, lourdement endetté, il devait céder le journal aux éditions Tedesco. Ce sont elles qui réalisent aujourd'hui la fusion du titre avec *Ciné pour tous*, fondé en juin 1919 par un passionné de cinéma tout juste âgé de vingt et un ans, Pierre Henry. Ce dernier demeure à la direction du nouveau magazine, aux côtés de Jean Tedesco. Quant à Louis Delluc, il tourne en ce moment même au bord du Rhône, près d'Orange, un nouveau film intitulé *l'Inondation*, avec en vedette Eve Francis, sa femme, dont il vient pourtant de se séparer. (→ 8.2.24)

Cyrano de Bergerac s'est initié aux secrets de la botte italienne

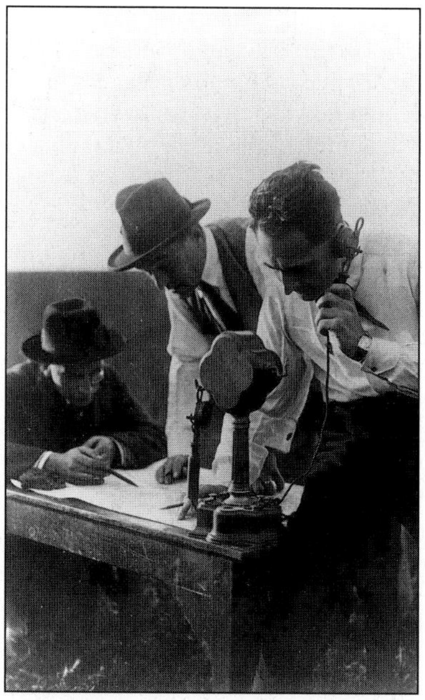

Le réalisateur Augusto Genina, au tournage dans la campagne romaine.

Linda Moglia et Pierre Magnier incarnent les héros mythiques de Rostand.

Paris, 16 octobre

Depuis plusieurs années, le jeune réalisateur Augusto Genina aime la France. Elle le lui rend bien. La presse, peu tendre avec le cinéma italien, n'a pas de mots assez doux pour ses films antérieurs : *la Fugue des amants, Mademoiselle Cyclone, Lucrèce Borgia*... Colette, romancière et journaliste, apprécie tant ses qualités d'humour, de sensibilité et de vivacité qu'elle ne le pense pas capable de faire un mauvais film. Son *Cyrano de Bergerac* réunit tous les atouts pour plaire : tourné à Rome et dans ses proches environs, il affiche une distribution des plus plaisantes. Si Linda Moglia incarne Roxane, c'est Pierre Magnier, comédien du théâtre de la Porte-Saint-Martin, qui donne toute sa prestance à Cyrano. Par l'audace de sa mise en scène, Augusto Genina est un novateur.

Ivan Mosjoukine, réalisateur français

Paris, 2 novembre

Les réactions sont passionnelles à l'issue de la projection du *Brasier ardent*. Ecrit, interprété et réalisé par Ivan Mosjoukine, produit par Albatros, ce film a séduit les critiques par son romantisme délirant et son côté avant-gardiste. Pourtant, dérouté par les audaces formelles d'une histoire à tiroirs, le public, lui, boude. Tout le monde est cependant d'accord pour saluer l'exploit de l'acteur Mosjoukine, qui interprète ici plusieurs personnages à la fois : un officier, un don Juan, un évêque, un mendiant, etc. Acteur aux cent visages, connu pour sa personnalité extravagante, il était le monstre sacré du cinéma russe. Après la révolution de 1917, il a choisi de venir s'installer en France. Sa femme, l'actrice Nathalie Lissenko, comme d'autres collègues et compatriotes, dont les producteurs Ermoliev et Alexandre Kamenka, ont fait le même choix. Mosjoukine, figure phare du groupe formé par ces immigrés russes, est vite devenu en France une star populaire grâce aux films tournés ici, comme *Angoissante aventure*, *Tempêtes*, *la Maison du mystère*, et le film qu'il a lui-même mis en scène : *l'Enfant du carnaval*. (→ 29.7.25)

Ivan Mosjoukine et Nathalie Lissenko dans « le Brasier ardent ».

Cecil B. De Mille et la démesure du succès

Hollywood, 21 décembre

Changement de cap pour Cecil B. De Mille : le célèbre metteur en scène de la Famous Players-Lasky tourne le dos aux comédies et drames contemporains qui ont fait sa renommée et se lance dans la reconstitution historique. Son nouveau film s'intitule *les Dix Commandements* (*The Ten Commandments*) et devrait connaître un gros succès. A l'origine du projet, un concours organisé par la société de production et le *Los Angeles Times*. La meilleure idée de film devait y être récompensée. De Mille fut surpris par le nombre de suggestions ayant trait à l'histoire biblique. Avec sa scénariste Jeannie MacPherson, il concocta un scénario mêlant l'épopée du peuple d'Israël et le conflit moderne de deux frères, l'un respectant les lois divines, l'autre pas. Le film, interprété entre autres par le Français Charles de Rochefort, a coûté un million et demi de dollars et certaines scènes, comme le passage de la mer Rouge, ont nécessité la mise au point de trucages inédits et une figuration considérable. Le prologue est en couleurs, grâce au Technicolor, mis au point en 1914 par Daniel F. Comstock. (→ 9.1.25)

« Les Dix Commandements », film biblique de 1,5 million de dollars.

1924

Tchécoslovaquie, 1er janvier
Jaroslav Pagac commence, sous l'égide des manufactures de chaussures de Zlin, le tournage du premier magazine filmé *Bata-Journal* (*Bat'a-Zurnaly*).

Los Angeles, 10 janvier
Le producteur Harry Cohn et son frère Jack, associés à Joe Brandt, fondent la Colombia Pictures, dont les studios sont situés au 6070 Sunset Boulevard, à Hollywood.

Paris, 15 janvier
Présenté ce jour au public, le film de marionnettes *la Petite Chanteuse des rues* est un court métrage réalisé par Ladislas Starewitch, avec sa fille, Nina. (→ 22.2.30)

Paris, 25 janvier
Pour Pierre Gilles, du *Matin*, « le film est une marchandise industrielle que le commanditaire peut transformer à son gré » ; la Société des auteurs de films répond que « la propriété artistique en appartient au réalisateur ».

Rome, 30 janvier
A cause de la crise du cinéma en Italie, le producteur Giuseppe Barattolo renonce à participer au financement du *Napoléon* d'Abel Gance. Ce dernier, s'il ne veut voir son projet réduit à néant, doit en revoir le montage financier. (→ 3.8)

Canton, 1er février
Lin Minweï, cinéaste spécialisé dans le documentaire politique, filme le premier congrès du Guomindang de Sun Yat-sen. (→ 1.1.29).

Hollywood, 3 février
Le Glaive et la Loi (*Name the Man*), avec Mae Bush et Conrad Nagel, est le premier film américain, pour la Goldwyn Pictures, du réalisateur suédois Victor Sjöström, ici appelé Seastrom.

Hollywood, 4 février
L'acteur comique Harry Langdon débute dans le film de Mack Sennett, *Picking Peaches*. Il envisage en outre de tourner dix films dans le courant de l'année. (→ 8.6.26)

Paris, 8 février
Louis Delluc, malade depuis le tournage de *l'Inondation*, donne au quotidien *Bonsoir* son dernier article. (→ 22.3)

Hollywood, 1er mars
Walt Disney présente *Alice's Day at Sea*, premier dessin animé de la série « Alice in Cartoonland » ; ces films mélangent animation et prise de vues directe. (→ 15.5.28)

Moscou, 1er avril
Eisenstein propose au Proletkult de réaliser un cycle de huit films : « Vers la dictature du prolétariat ». Le cinquième épisode s'appelle *les Grèves*. (→ 26.10.25)

Paris, 4 avril
Dans *Nène*, de Jacques de Baroncelli, contrairement à ce qui se passe dans le roman vendéen d'Ernest Pérochon dont le film est tiré, l'héroïne ne se donne pas la mort, car, selon le réalisateur, « le public n'aime pas les noyés ». (→ 31.10.28)

Paris, 15 avril
L'acteur Camille Bardou, engagé par la firme Albatros, part pour Marseille, où il doit tourner *le Lion des Mogols*, avec Mosjoukine et Nathalie Lissenko, film réalisé par Jean Epstein.

Paris, avril
Aux termes d'un accord conclu pour cinq ans, la société Gaumont s'associe avec la compagnie américaine Loew's-Metro, dont elle distribuera en France les productions. La nouvelle entité prend en outre en charge le circuit des salles Gaumont (→ 9.1925)

New York, 10 mai
La ville compte à ce jour 578 salles de cinéma, qui peuvent accueillir 428 926 spectateurs.

Los Angeles, 28 mai
Louis B. Mayer offre un bonus de 10 000 dollars à Erich von Stroheim s'il parvient à terminer le tournage de *la Veuve joyeuse* (*The Merry Widow*) dans un délai de six semaines. Le film n'est pas encore commencé. (→ 26.1.25)

Paris, 7 juin
Le jeune journaliste Georges Charensol (*Paris-Journal*) écrit : « De Reusse dépose sa fiente en première page d'un torchon appelé *Hebdo-Film*. » Celui-ci réplique : « Charensol meurt d'envie qu'on parle de lui... Jeune charançon ! » Le premier soutient Jean Epstein que le second n'aime pas.

Los Angeles, 10 juin
Inquiets de la lenteur du tournage de *Ben Hur* en Italie et de la médiocrité des scènes déjà tournées, les dirigeants de la Metro-Goldwyn-Mayer décident d'employer la plus radicale des solutions : ils limogent toute l'équipe. (→ 31.1.25)

Versailles, 7 juillet
Dans le parc du château, la police interrompt le tournage d'un film réalisé par des Autrichiens : les artistes du Casino de Paris, dévêtues, sont filmées dans une scène d'orgie des plus libres. Les réalisateurs sont emprisonnés. (→ 15.5.25)

Paris, 19 août
Charles Desvaux, conseiller municipal, demande au préfet d'interdire *Hamlet*, film danois de Sven Gade, avec Asta Nielsen. C'est, selon lui, « un grossier mélodrame, avec un lamentable scénario », pour lequel le réalisateur a eu le tort d'imaginer un Hamlet féminin.

New York, 9 septembre
Sortie sur les écrans du *Cheval de fer* (*The Iron Horse*), fresque historique de John Ford, avec George O'Brien et Madge Bellamy.

Moscou, 25 octobre
Aelita, de Yakov Protazanov, tiré du roman d'Alexis Tolstoï, surprend beaucoup par l'extravagance de ses décors.

Berlin, 26 octobre
Le cinéaste danois Carl Dreyer dévoile son dernier film, réalisé en Allemagne, *Michaël*, avec Benjamin Christensen, Nora Gregor et Walter Slezak. (→ 5.10.25)

Paris, 31 octobre
La Voyante, de Léon Abrams, est le dernier film tourné par Sarah Bernhardt, avec Harry Baur, Mary Marquet et Georges Melchior.

Berlin, 13 novembre
Sortie du *Cabinet des figures de cire* (*Das Wachsenfigurenkabinett*), de Paul Leni, avec Werner Krauss, Emil Jannings, Conrad Veidt et Lupu-Pick.

Paris, 15 novembre
La comédienne Gloria Swanson arrive en France pour le tournage de *Madame Sans-Gêne*, de Léonce Perret. (→ 20.4.25)

New York, 4 décembre
Louis B. Mayer et Irving Thalberg refusent le montage initial de dix-huit bobines des *Rapaces* (*Greed*). Ils présentent en avant-première une version de dix bobines, désavouée par von Stroheim. (→ 26.1.25)

Hollywood, 13 décembre
Clark Gable épouse Josephine Dillon, son professeur d'art dramatique, de quatorze ans son aînée.

Paris, 19 décembre
Au Caméo, une projection de *Monte là-dessus !* (*Safety Last*), d'Harold Lloyd, est réservée aux ouvriers de la charpente et du toit... à l'exception des monte-en-l'air.

Berlin, 23 décembre
Sortie du *Dernier des Hommes* (*Der Letzte Mann*), de F. W. Murnau, avec Emil Jannings. (→ 25.1.26)

Etats-Unis, 31 décembre
Les meilleures recettes de l'année sont *l'Aigle des mers*, *Ça te la coupe*, *Secrets* et *le Voleur de Bagdad*.

Italie, 31 décembre
La production, cette année, ne dépasse pas vingt titres (contre 921 en 1912 et 220 en 1920).

Zurich, décembre
Constitution de la société de production Praesens Film par Lazare Wechsler, ingénieur d'origine polonaise et Walter Mittelholzer, pionnier de l'aviation.

NAISSANCES
Omaha, Nebraska, 3 avril
Marlon Brando.

Paris, 22 mai
Charles Aznavour
(*Shanoun Aznavourian).

New York, 16 septembre
Lauren Bacall
(*Betty Joan Perske).

Winnetka, Illinois, 17 novembre
Rock Hudson.(*Roy Scherer).

Safi, Maroc, 27 novembre
Michel Galabru.

Paul Richter dans « la Mort de Siegfried », de Fritz Lang, premier film des « Niebelungen », aux sources de la mythologie germanique.

14

La phtisie emporte Louis Delluc

Paris, 22 mars
La nouvelle, bien que consternante, n'a pas vraiment surpris dans les milieux du cinéma et de la presse : Louis Delluc (*14.10.1890) n'a pas surmonté le mal qui l'avait atteint, à l'automne dernier, durant le tournage de *l'Inondation*. Selon la médecine, il a finalement succombé à une phtisie galopante. En fait, il s'est littéralement tué au travail. Ecrivain, journaliste, directeur de revue, cinéaste, il laisse à moins de trente-quatre ans une œuvre riche d'une quinzaine de romans, pièces de théâtre et recueils de poèmes ; de six ouvrages relatifs au cinéma ; de plusieurs centaines d'articles, et enfin de huit films, réalisés en quatre ans, sans compter les scénarios et projets de films.

La jeune Greta Garbo illumine « la Légende de Gösta Berling »

Stockholm, 10 mars
La première du nouveau film de Mauritz Stiller, *la Légende de Gösta Berling*, était très attendue. Cette somptueuse adaptation du roman de Selma Lagerlöf gagne le cœur du public, séduit par la prestation d'une toute jeune actice inconnue. C'est Greta Garbo (Gustafsson, de son vrai nom). Elle apporte à son rôle de comtesse italienne fraîcheur, spontanéité, mystère. Son jeu tranche avec la lourdeur du film, qui mécontente tout de suite Selma Lagerlöf et ses amis. « M. Stiller a lu trop de romans-feuilletons », constate la romancière. Aux yeux de Greta, pourtant, *la Légende de Gösta Berling* est le plus beau des films ; il lui offre enfin un rôle à la mesure de ses ambitions. Elle n'a que dix-huit ans et suit les cours d'art dramatique de l'Académie du théâtre royal. Elle s'est contentée de tourner pour des réclames ou d'apparaître en baigneuse, deux ans plus tôt, dans *Pierre le vagabond*, d'Erik A. Petschler. Avec Mauritz Stiller, elle a découvert un maître. Perfectionniste à l'extrême, souvent tyrannique, il veut qu'elle devienne son interprète privilégiée. Désormais, Greta Garbo existe. (→ 18.5.25)

La débutante de dix-huit ans atteint d'emblée la dimension d'une star.

Douglas Fairbanks nouvelle manière en « Voleur de Bagdad »

New York, 18 mars
La présentation du *Voleur de Bagdad* (*The Thief of Bagdad*) a eu lieu ce soir au Liberty Theater de New York. A la fin de la projection, Douglas Fairbanks, l'interprète vedette du film, qui fut il y a quelques mois un superbe *Robin des Bois* (*Robin Hood*), est monté sur la scène et a été applaudi à tout rompre. Le réalisateur Raoul Walsh l'a rejoint quelques instants plus tard pour partager ces honneurs. *Le Voleur de Bagdad* est la réalisation la plus ambitieuse à ce jour des Artistes associés, la compagnie fondée il y a cinq ans par Mary Pickford, Charles Chaplin, David W. Griffith et Douglas Fairbanks. Ce long métrage mettant en scène le monde féerique des *Mille et Une Nuits* a coûté près de deux millions de dollars et a nécessité cinq semaines de tournage. Des décors fabuleux, signés William Cameron Menzies, ont été érigés à cette occasion dans les immenses studios de la Metro-Goldwyn-Mayer à Hollywood. Des rues entières du vieux Bagdad ont été reconstituées. Mitchell Leisen a dessiné des costumes chatoyants. Pour la scène du tapis volant conduit par Douglas Fairbanks, Walsh a dû louer une grue de vingt-deux mètres. Le tapis, tendu sur un châssis, semble ainsi se déplacer entre ciel et terre. (→ 8.3.26)

Le film de Raoul Walsh illustre brillamment l'orientation prise par Douglas.

Relance du débat sur les origines

Paris, 18 avril
Le texte d'une plaque commémorative en l'honneur des frères Lumière est enfin approuvé. Le projet de la pose de cette plaque avait déclenché une véritable polémique opposant les « lumiéristes » à des savants et des historiens qui attribuent, eux, le mérite de l'invention du cinématographe à Etienne-Jules Marey et Emile Reynaud. Seize savants ont ainsi signé un document de protestation « contre la grande injustice commise envers l'illustre physiologiste français E.-J. Marey par ceux qui prétendent lui contester le mérite d'avoir créé la méthode cinématographique et inventé le premier cinématographe ». Selon ce document, les frères Lumière ne sont que les vulgarisateurs d'une invention « parfaitement et définitivement caractérisée, dès 1892, dans ses éléménts fondamentaux, par Marey ». Certains soulignent aussi l'apport de Reynaud, qui inventa en 1889 le système de perforation permettant d'obtenir la fixité de l'image. Finalement, le texte de la plaque a été modifié pour concilier ces divers points de vue : les frères Lumière y sont présentés comme étant les inventeurs de l'appareil du Cinématographe et non pas du cinématographe tout court. (→ 17.3.26)

MGM prend la tête des « Majors »

New York, 26 avril
Il ne manquait plus qu'un nom de baptême à la nouvelle compagnie constituée le 17 avril : ce sera la Metro-Goldwyn-Mayer. La raison sociale un peu lourde traduit bien, cependant, les origines mêmes de la compagnie, née d'une cascade d'absorptions et de fusions. La dernière a vu le rachat, par le groupe Loew's-Metro, de l'ancienne société de Samuel Goldwyn, la Goldwyn Pictures. Cette dernière, créée en 1916, a elle-même absorbé en 1923 la Cosmopolitan Productions de William Randolph Hearst. Simultanément, la Loew's-Metro a pris sous son contrôle la Louis B. Mayer Productions. Grand orchestrateur de cette opération, Marcus Loew s'assure du même coup la collaboration de professionnels tels que Mayer lui-même et Irving Thalberg. La MGM dispose désormais de trois grands studios avec des stars de première grandeur sous contrat, ainsi que d'un des plus importants réseaux de salles du pays. Elle s'affirme comme la principale rivale de la Paramount. (→ 10.6)

« Les Niebelungen », film et légende

« La Vengeance de Kriemhild », second volet d'un diptyque remarquable par le travail des opérateurs et des décorateurs.

Berlin, 26 avril
Fritz Lang semble bien déterminé à nous offrir le meilleur de son talent, en présentant *la Vengance de Kriemhild* (*Kriemhilds Rache*), suite de *la Mort de Siegfried*, découvert le 14 février dernier. Cette légende scandinave, reprise par des bardes germaniques, a déjà inspiré à Richard Wagner sa célèbre Tétralogie, de 1852 à 1876. En tout juste sept ans, le jeune cinéaste, scénariste autant que metteur en scène, a signé vingt films. Avec *le Docteur Mabuse*, *les Trois Lumières*, et à présent *les Niebelungen*, Fritz Lang devient un auteur difficile à égaler. Sa femme, Thea von Harbou, a adapté pour l'écran cette terrible histoire d'une vengeance conclue par le massacre des Huns. Par ce film, à l'âge de trente-quatre ans, Fritz Lang entre à son tour dans la légende du cinéma. (→ 22.5.25)

Le trésor caché d'André Antoine, « l'Hirondelle et la Mésange »

Paris, 5 juin
Le Club du cinéma organise une séance exceptionnelle au Colisée : on projette pour la première fois *l'Hirondelle et la Mésange*, film inédit d'André Antoine, d'après un scénario de Gustave Grillet. Personne n'a encore jamais vu cette œuvre, et il est probable qu'elle ne sortira pas sur les écrans, sauf par miracle : en 1920, elle a été jugée trop peu commerciale par les services de Pathé-Consortium pour être exploitée. Pourtant, ceux qui ont vu ce film ce soir estiment que c'est là une décision regrettable. Antoine l'a réalisé sur une péniche, presque entièrement en plein air, avec les acteurs Pierre Alcover, Louis Ravet et Maguy Deliac. Les spectateurs ont été étonnés par ce film chargé de poésie. Ce chef-d'œuvre restera-t-il longtemps enfermé dans sa boîte ? (→ 13.3.83)

André Antoine a dû mettre un terme à sa carrière de metteur en scène ; il se consacre aujourd'hui à la critique.

Un studio tout neuf pour Napoléon

Paris, 3 août
C'est le branle-bas de combat pour les décorateurs des studios de Billancourt. Ils préparent les décors de *Napoléon*, la grande épopée que le réalisateur Abel Gance s'apprête à tourner dans quelques mois. De nombreuses scènes importantes seront tournées dans ces studios, qui viennent d'être achetés à cet effet par les producteurs du film. Ils se sont mis à plusieurs pour pouvoir mener à bien cette entreprise gigantesque, dont le coût global est estimé à sept millions de francs. Au stade actuel de la préparation, il est prévu d'exploiter l'œuvre terminée sous forme de six films de 2 000 mètres chacun. Ils permettront aux spectateurs de suivre la biographie de Napoléon, de sa naissance en Corse à son exil à Sainte-Hélène, et avec elle toute l'histoire de France à travers la Révolution, le Directoire, le Consulat, l'Empire et la Restauration. (→ 4.11.25)

Buster Keaton navigateur malgré lui

New York, 13 octobre
Le quatrième film de long métrage de Buster Keaton, depuis le printemps 1923, est sans aucun doute le plus important. Il avait auparavant signé en trois ans dix-huit courts métrages d'un burlesque très personnel, et il fait désormais partie des grands comiques de l'écran, et pas seulement par le métrage. Dans *la Croisière du « Navigator »* (*The Navigator*), il incarne Rollo, jeune milliardaire indolent, dont la jeune fille de ses rêves, Patsy, vient de refuser la demande en mariage. De dépit, il s'embarque pour une croisière. Il se retrouve au petit matin en pleine mer, sur un paquebot à la dérive, dont le seul autre passager est justement Patsy, cherchant à échapper à ce prétendant non souhaité... (→ 22.12.26)

« La Croisière du "Navigator" » (« The Navigator »), avec Kathryn McGuire.

La mort suspecte de Thomas Harper Ince

Ince disparaît au cours d'une partie en mer à bord du yacht de W. R. Hearst.

Hollywood, 21 novembre
Le Tout-Hollywood, dont Charlie Chaplin, Douglas Fairbanks, Mary Pickford, Harold Lloyd et Marion Davies, était présent aux obsèques du producteur et réalisateur Thomas Harper Ince (*6. 11.1882). Le corps du cinéaste a été incinéré, sans qu'une autopsie soit pratiquée ni qu'une enquête soit ouverte sur les circonstances de sa mort, survenue avant-hier. Ince se trouvait alors, avec d'autres amis, à bord du yacht du magnat de la presse, William Randolph Hearst. Le lendemain, les journaux que contrôle Hearst tentaient de dissimuler ce fait, mais ils ont dû rétablir la vérité. Selon la rumeur, Ince aurait été tué par Hearst lui-même, lequel croyait l'avoir vu serrer de près sa maîtresse, Marion Davies.

Max Linder prend fait et cause pour le cinéma français

Paris, 12 novembre
Max Linder décide de lutter contre l'invasion du cinéma étranger. Déçu par le comportement des Américains envers lui et envers les créations cinématographiques françaises, il réunit une cinquantaine de journalistes et auteurs dramatiques dans les salons de l'hôtel Claridge. Le comédien demande à chacun de protester et d'écrire contre « le flot envahissant des productions étrangères et l'idée parodique que l'on se fait, dans certains pays lointains, de la France et des Français ». Max lui-même continue de travailler pour le prestige de notre cinéma et commence le tournage du *Roi du cirque*. Lors d'une conférence de presse, il a d'ailleurs affirmé qu'il voulait dédier ce film à sa fille Maud, née le 27 juin dernier. Quelques jours plus tôt, Max Linder se trouvait encore en sanatorium, où il avait séjourné pour la sixième fois en moins de quatre années. Il est probable que l'échec financier de son film précédent, *Au secours*, a influé sur la santé fragile du comédien. Cette réalisation surprenante d'Abel Gance est restée inédite en France et n'a pas été projetée aux Etats-Unis, en raison de l'opposition de la société de production les Artistes associés. (→ 22.7.25)

« L'Etroit Mousquetaire », l'un des trois derniers films américains de Max.

Un film helvétique sur la confédération

Berne, 16 novembre
Les spectateurs accueillent avec enthousiasme le premier film suisse d'ambition internationale : *les Origines de la confédération*, réalisé par Emile Harder pour la société Sunshine-Film. Abondant en épisodes pittoresques, comme celui évoquant la légende de Guillaume Tell, le film est tourné en décors naturels et interprété presque exclusivement par des Helvètes. Des spécialistes travaillant au Musée national ont été consultés pour la fabrication des costumes d'époque, ainsi que pour certains décors. Le réalisateur, qui avait fait son apprentissage en Amérique, a fait appel aux rares professionnels du pays qui en profitèrent ainsi pour parfaire leurs connaissances dans un domaine encore peu développé en Suisse.

Le cinéma historique est plein d'imprévu

Paris, 28 novembre
Le Miracle des loups, le film réalisé par Raymond Bernard, fils de Tristan Bernard, d'après le roman historique d'Henry Dupuy-Mazel, est présenté en avant-première à l'Opéra, au cours d'un exceptionnel gala. Cette production ambitieuse, aux images très impressionnantes, évoque une France médiévale, à l'époque où Louis XI se battait contre les seigneurs féodaux. Les moyens mis en œuvre et les péripéties très mouvementées du tournage ont déjà fait couler beaucoup d'encre. Les loups ayant un rôle clé dans le film, il a fallu s'en procurer à l'étranger : en Italie, en Angleterre, en Pologne et en Norvège. Une vingtaine de ces carnassiers féroces, capturés à l'état sauvage, furent ainsi ramenés en France. Dressés d'abord à Vincennes, ils ont été transportés ensuite dans la région de Grenoble, au col de Porte, à 1 400 mètres d'altitude. Là, un vaste enclos de 2 000 mètres carrés avait été préparé. La clôture, en fil de fer spécial, avait une hauteur totale de sept mètres. A l'intérieur se trouvait l'un des décors importants du film : une rivière gelée et un petit bois où les bêtes ont été lâchées. Cette apparence de liberté a presque rendu leur instinct sauvage aux loups, qui sont devenus agressifs. Plusieurs acteurs ont été ainsi cruellement mordus.

Yvonne Sergyl dans « le Miracle des loups », de Raymond Bernard.

Charles Pathé reconquiert ses pouvoirs

Paris, 10 décembre
Consternation dans les milieux financiers : Charles Pathé, qui dirige Pathé-Cinéma, est élu président du conseil de Pathé-Consortium. Entre les deux groupes, c'est la fin des querelles qui avaient commencé dès 1920, lors de la séparation de la société Pathé en deux branches. Charles Pathé a gardé des intérêts dans Pathé-Consortium, dirigé par le financier Marcel Gounouilhou. Cependant, Pathé quittait le conseil d'administration de cette société avec éclat, en 1921, pour protester contre le budget dispendieux de la production. Pathé-Consortium, en 1922, s'alliait avec la Société des cinéromans, fondée par Jean Sapène, un capitaine d'industrie qui devint vite complice de Pathé. Les deux hommes parvinrent à expulser de Pathé-Consortium les deux financiers Gustave Bourrageas et Gounouilhou : le 28 octobre, Charles Pathé revenait au conseil de Pathé-Consortium. On annonce de plus la nomination d'Henri Mège, d'obédience Pathé, et de Jean Sapène aux postes d'administrateurs. Le victorieux président contrôle à nouveau tout son empire. (→ 3.7.29)

Marcel L'Herbier et le parti du décor

« L'Inhumaine » : Jaque-Catelain dans le décor de Robert Mallet-Stevens.

Paris, 12 décembre
C'est un véritable catalogue de l'art français contemporain que le public découvre avec *l'Inhumaine*, réalisé par Marcel L'Herbier. Ecrit en collaboration avec l'écrivain Pierre Mac Orlan, le film est financé en partie par sa vedette, la cantatrice Georgette Leblanc, épouse de Maurice Maeterlinck. *L'Inhumaine* a pour principal intérêt ses décors audacieux. Tout le film semble conçu en fonction des décors dont chacun a son créateur : Fernand Léger, Claude Autant-Lara, Alberto Cavalcanti, Mallet-Stevens. Il en résulte une œuvre avant-gardiste et de pur artifice. L'inventif L'Herbier réussit ici à donner un rythme visuel à chaque séquence par l'assemblage proprement musical de plans. (→ 29.7.25)

L'Union soviétique centralise sa production

Moscou, 10 décembre
Avec le Sovkino créé aujourd'hui, l'URSS reprend enfin le contrôle de son industrie cinématographique. Les organismes précédents (Comité du cinéma, VFKO et Goskino) ont été inefficaces faute de moyens financiers. Car, depuis l'escroquerie en 1918 de Jacques Cibrario, un producteur indépendant qui vola un million de dollars, l'Etat hésitait à investir dans le cinéma. D'où les excès de la concurrence privée, autorisée en mars 1921, et des établissements publics comme Sevzapkino à Leningrad ou Mejrabpom-Rouss à Moscou. La situation actuelle est désastreuse : invasion de films américains, ticket cher, fréquentation en baisse, fermeture de salles... Sovkino, qui regroupe les commissariats au Commerce et à l'Education et diverses unions, va réagir et imposer son monopole par l'encadrement de la production et de la distribution, la surveillance des studios périphériques : VUFKU en Ukraine, Grouziafilm en Géorgie, etc. Lénine est mort, mais le cinéma soviétique existera. (→ 18.1.26)

Youri Zavadski et Youlia Solntseva dans « Aelita », film d'anticipation et de futurisme politique de Yakov Protazanov, vétéran du cinéma russe.

1925

Los Angeles, 9 janvier
A la suite d'un différend, Adolph Zukor, le président de la Paramount, met fin au contrat de Cecil B. De Mille. (→ 19.4.27)

Hollywood, 10 janvier
Un compromis est conclu entre D. W. Griffith et les Artistes Associés. En échange de sa liberté, il fournira à la compagnie un dernier film et placera en dépôt fiduciaire les actions qu'il détient.

Berlin, 31 janvier
Sortie des *Mains d'Orlac* (*Orlacs Hände*), de Robert Wiene, d'après Maurice Renard, avec Fritz Kortner et Conrad Veidt. (→ 31.12.33)

Hollywood, 31 janvier
Un conflit a éclaté entre Erich von Stroheim et son interprète, Mae Murray, sur le tournage de *la Veuve joyeuse* (*The Merry Widow*). Louis B. Mayer a renvoyé puis rappelé le réalisateur. (→ 2.10.28)

Etats-Unis, 7 février
Les Chasseurs de salut (*The Salvation Hunters*), le premier film réalisé par Josef von Sternberg, avec l'interprète de son choix, Georgia Hale, sort sur les écrans. Séduit par ce film peu coûteux, Chaplin a convaincu les Artistes associés de le distribuer. (→ 28.3.26)

Moscou, 13 mars
Kino-Pravda, de Dziga Vertov, sort son 22e numéro : *Lénine vit dans le cœur des paysans*. (→ 9.4.29)

Paris, 31 mars
Publication de *Deux Ans dans les studios américains*, de Robert Florey, correspondant de l'hebdomadaire *Cinémagazine* à Hollywood.

Paris, 15 mai
Les cinéastes et comédiens interpellés à Versailles le 7 juillet 1924 au cours d'une scène d'orgie sont jugés. L'imprésario autrichien est condamné à un mois de prison et 200 francs d'amende. Les actrices Lucienne Schwartz, Yvonne Savaille et Lucienne Legrand à une amende de 16 francs avec sursis.

Berlin, 22 mai
Aux studios de l'UFA, Fritz Lang attaque le tournage de *Metropolis*, sur un scénario écrit avec sa femme, Thea von Harbou. (→ 30.10.26)

Paris, 15 juillet
L'Histoire du Cinématographe, de Georges-Michel Coissac, est la première étude historique d'ensemble depuis les origines du cinéma.

Paris, 22 juillet
Max Linder est élu président de la Société des auteurs de films en remplacement de Michel Carré, luimême démissionnaire. Les positions qu'il a prises en novembre dernier pour la défense du cinéma français expliquent cette élection surprise. (→ 3.11)

Paris, 29 juillet
Présentation de *Feu Mathias Pascal*, de Marcel L'Herbier, d'après Pirandello, avec Ivan Mosjoukine. Ce dernier, qui est sous contrat avec Ciné-France Film, tourne actuellement en Lettonie, avec Victor Tourjansky, les extérieurs de *Michel Strogoff*. (→ 7.12.26)

Etats-Unis, 2 août
Après accord avec Adolph Zukor, le film réalisé par Griffith pour la Paramount *Sally fille de cirque* (*Sally of the Sawdust*), avec le comique W. C. Fields et Carol Dempster, est distribué par les Artistes associés. (→ 19.4.27)

Etats-Unis, 16 août
La MGM sort *le Club des trois* (*The Unholy Three*), un policier jouant sur le fantastique et le grotesque, réalisé par Tod Browning, avec Lon Chaney et Mae Busch.

New York, 29 août
Samuel Goldwyn signe un contrat avec les Artistes associés : il fournira de deux à cinq films par an, en touchant 75 % des recettes brutes.

Paris, 22 septembre
Le Fantôme de l'Opéra (*The Phantom of the Opera*), réalisé par Rupert Julian d'après Gaston Leroux, avec Lon Chaney, est présenté. Pour ce film, qui aurait coûté vingt millions de francs, tout l'Opéra de Paris a été reconstitué grandeur nature dans les studios de l'Universal.

Paris, septembre
En vertu des accords d'association d'avril 1924, la société Gaumont devient la Gaumont-Metro-Goldwyn (GMG). Le fleuron de la firme prend le nom de Gaumont-Loew-Metro-Palace. (→ 3.9.26)

Copenhague, 5 octobre
De retour d'Allemagne, où il a tourné *Michaël*, Carl Dreyer a réalisé au Danemark, dans la lignée du Kammerspiel (drame de chambre), *le Maître du logis*, avec Johannes Mayer et Astrid Holm. (→ 25.10.28)

Genève, 9 octobre
Acteur dans la troupe Pitoëff, et photographe, Michel Simon fait sensation dans son premier rôle au cinéma, avec Blanche Montel et Camille Bert, dans le film *la Vocation d'André Carrel*, de Jean Choux. (→ 25.10.28)

Paris, 26 octobre
A l'Exposition internationale des arts décoratifs, *la Grève*, premier film de S. M. Eisenstein, obtient une médaille d'or. (→ 18.1.26)

New York, 1er novembre
Aux termes d'un accord signé en février et qui prend effet ce jour, la Warner Bros devient propriétaire de la Vitagraph, créée en 1896 par J. Stuart Blackton et Albert E. Smith. La Warner hérite des études engagées par la Vitagraph dans le domaine du son. (→ 4.1926)

Paris, 4 novembre
La Société générale de films, qui vient d'être constituée à cet effet, reprend le financement du tournage de *Napoléon*, de Gance, interrompu le 21 juin, après la faillite du principal bailleur de fonds, le groupe allemand Stinnes. (→ 31.10.26)

Rome, 5 novembre
L'institut Luce (Union cinématographique éducative) est nationalisé par les fascistes. (→ 3.4.26)

Hollywood, 7 novembre
B. P. Schulberg, producteur indépendant qui intègre la Paramount, amène avec lui Clara Bow et John Gilbert, ainsi que le réalisateur William Wellman. (→ 16.8.26)

Paris, 28 novembre
Le journaliste Charles Le Fraper suggère d'utiliser un « chèque cinéma » pour l'entrée dans les salles.

New York, 29 novembre
Dans le *Daily Mirror*, la jeune actrice Louise Brooks parle d'une série de photos d'elle, nue, prise il y a deux ans, dont elle veut interdire la publication. (→ 21.7.26)

Moscou, 21 décembre
Sortie de *la Fièvre des échecs*, de Vsevolod Poudovkine, qui, après avoir été interprète et assistant pour plusieurs films, signe sa première mise en scène. Cette comédie-farce se déroule autour d'un championnat à Moscou. (→ 11.10.26)

Paris, 25 décembre
Sortie de la version des « Misérables », d'Henri Fescourt, cinéroman en quatre épisodes, avec Gabriel Gabrio et Sandra Milowanoff.

Allemagne, 31 décembre
L'UFA a signé un accord avec les sociétés Paramount et MGM, pour la réciprocité de l'importation de films dans les deux pays. Une firme « progressiste », Prometheus, a été créée pour diffuser notamment des documentaires soviétiques.

NAISSANCES
Cleveland, Ohio, 26 janvier
Paul Newman.

Varsovie, 7 février
Anatole Dauman.

Roubaix, 12 mars
Georges Delerue.

New York, 3 juin
Tony Curtis (*Bernard Schwartz).

Cunlhat, Puy-de-Dôme, 31 août
Maurice Pialat.

Southsea, Angleterre, 8 septembre
Peter Sellers.
(*Richard Henry Sellers).

Cherbourg, 23 septembre
Jean-Charles Tacchella.

Athènes, 18 octobre
Melina Mercouri
(*Maria Amalia Mercouris).

Alger, 20 octobre
Roger Hanin (*R. Lévy).

Pays de Galles, 10 novembre
Richard Burton (*R. Jenkins).

Paris, 27 décembre
Michel Piccoli.

Dans « la Ruée vers l'or » (« The Gold Rush »), Chaplin est au sommet d'un art du comique où le burlesque n'est jamais loin du pathétique.

LES ARTISTES ASSOCIÉS Sté Ame
présentent :
CHARLIE
CHAPLIN
dans
LA RUÉE VERS L'OR
UNITED ARTISTS
LES ARTISTES ASSOCIÉS Sté Ame 12, rue d'Aguesseau - PARIS - Tél. Elysées 56-34 & 85-20
LA FRANCE PUBLICITÉ 42, rue du Château-d'Eau - PARIS

La mort de Feuillade paralyse Gaumont

Nice, 26 février

Louis Feuillade, le père de «Fantômas», est mort d'une péritonite aiguë. Il venait de tourner les dernières scènes du film *le Stigmate*, qu'il réalisait avec son gendre Maurice Champreux, lorsque le mal l'a foudroyé. Sa disparition constitue un coup dur pour la société Gaumont, dont il était le pilier. Il y était entré d'abord comme scénariste, avant de devenir le réalisateur vedette de la maison. Né à Lunel le 19 février 1873, Feuillade était un rude travailleur. Il a tourné près de huit cents bandes, dont les films à épisodes «les Vampires» et «Judex», qui ont fait la fortune et la réputation de Gaumont. (→31.8.27)

Le cinéaste à Nice, ces jours derniers.

Stroheim se refuse à cautionner le massacre des «Rapaces»

Erich von Stroheim durant le tournage des «Rapaces» («Greed»). Derrière lui, l'un des opérateurs du film, Ben Reynolds.

Zasu Pitts et Gibson Gowland dans une des scènes sacrifiées au montage.

New York, 26 janvier

Le nouveau film d'Erich von Stroheim, *les Rapaces* (*Greed*), d'après *Mc Teague*, le célèbre roman de Frank Norris, sort sur les écrans. Le réalisateur a poussé le souci de réalisme au point de tourner les dernières séquences dans la vallée de la Mort, à la limite du désert de Mojave, sous des températures dépassant parfois les cinquante degrés centigrade. Fait inhabituel, cette effrayante histoire de haine et de jalousie a été reniée par Stroheim, à la suite des nombreuses coupures imposées par la Metro-Goldwyn-Mayer. Tourné de février à septembre 1923, le film durait, à l'origine, un peu plus de dix heures. Stroheim accepta de le réduire à quatre heures et demie, pressé par le studio, qui trouva l'effort insuffisant. De nouvelles coupures furent alors pratiquées contre son gré par June Mathis, puis par Irving Thalberg, le directeur artistique de la MGM. Le film, tel que les spectateurs peuvent le voir aujourd'hui, ne dure plus que deux heures et demie ! (→31)

Louis B. Mayer ramène le char de Ben Hur à Culver City

Culver City, 31 janvier

La course de chars de *Ben Hur* ne sera finalement pas tournée en Italie, mais dans les studios de Culver City, non loin de Hollywood. Telle est la décision du *staff* de la Metro-Goldwyn-Mayer, et en particulier de Louis B. Mayer et d'Irving Thalberg. Le tournage du film avait débuté en janvier dernier, à Rome, sous la direction de Charles Brabin. Ce dernier, malade, fut remplacé par Fred Niblo, tandis que Ramon Novarro récupérait le rôle principal jusque-là tenu par George Walsh. La réalisation du film, pour le moins cahotique, suscita l'irritation de l'équipe directoriale qui effectua, en juin, un voyage d'inspection sur le lieu du tournage. Mayer et Thalberg, partisans du transfert aux Etats-Unis, s'opposèrent violemment au vieux Marcus Loew, quant à lui attaché à l'expérience romaine. June Mathis, responsable artistique du film, fut limogée et le scénario fut récrit par Bess Meredith et Carey Wilson. Le tournage se prolongea encore quelques mois sur la péninsule italienne. Ironiquement, Loew aurait dit de Mayer et Thalberg : «Ils m'ont promis que le film serait terminé en janvier, mais ils n'ont pas dit de quelle année.» Le récent rapatriement de l'équipe semble prouver que la MGM a enfin décidé de reprendre les choses en main. (→30.12)

Tandis qu'on reconstitue le cirque où doit se dérouler la course de chars, Ramon Novarro, May McAvoy et Francis Bushman s'emploient sur le chantier.

Retour sans gloire pour «Quo vadis ?»

Rome, 16 mars

C'est un public maussade qui accueille la première pourtant très attendue de *Quo vadis ?*. Elle est bien loin, l'euphorie que suscitait, en 1913, l'œuvre homonyme d'Enrico Guazzoni. Critiques et spectateurs boudent la réalisation de Georg Jacoby et de Gabriellino d'Annunzio, fils du célèbre écrivain, et réalisateur de *la Nef* (*La nave*) en 1921. Les deux cinéastes n'ont pourtant pas ménagé leurs efforts. Ils voulaient que leur film franchisse les frontières. Coproduit par la puissante UFA, *Quo vadis ?* bénéficie d'un apport de capitaux ainsi que du jeu d'Emil Jannings en Néron. Spectaculaire par son souci de perfection technique, l'ampleur du décor et le dynamisme des scènes de foule, l'œuvre ne propose pas un renouveau du genre historique. Et Bruto Castellani, qui retrouve ici son rôle d'Ursus, n'a plus la fougue de ses jeunes années.

René Clair en deux actes et un entracte

Paris, 13 mars
Passant, avec succès, de la carrière de comédien à celle de réalisateur, le jeune René Clair a enchaîné trois films, dont le dernier, *le Fantôme du Moulin-Rouge*, sort en salle. Il y reprend la formule de son premier film, *Paris qui dort* : la poétisation d'un site parisien à travers une histoire fantastique à la française. Entre ces deux « actes », il a réalisé *Entr'acte*, une pochade dadaïste écrite par Francis Picabia et où figurent notamment Man Ray, Marcel Duchamp et Erik Satie, l'auteur de la musique d'accompagnement. Ce film a été conçu par le réalisateur et le scénariste pour servir d'intermède au ballet *Relâche*, créé par les Ballets suédois de Rolf de Maré. (→ 24.8.29)

La danseuse barbue d'« Entr'acte ».

Le regard de René Clair sur « Paris qui dort », durant le tournage...

« Madame Sans-Gêne » à l'américaine

Gloria Swanson dans le film de L. Perret, tourné en partie en France.

New York, 20 avril
Les réactions du public présent à la première de *Madame Sans-Gêne* sont enthousiastes. Produit par la Paramount, mais réalisé en France par Léonce Perret, ce film au budget très important est interprété par la grande star américaine Gloria Swanson. Tiré de la célèbre pièce de Victorien Sardou, *Madame Sans-Gêne* a été tourné en partie à Versailles. Il est le premier d'une série de films que la Paramount envisage de tourner en France. Cette politique d'expansion est loin de plaire à tout le monde à Paris. La Société des auteurs de films, par exemple, y voit un pas supplémentaire vers la domination américaine sur le marché français.

Greta Garbo dans « la Rue sans joie »

Berlin, 18 mai
A peine plus d'un an après la sortie en Suède de *la Légende de Gösta Berling*, Greta Garbo s'impose comme une actrice de talent. Elle tient le rôle principal dans *la Rue sans joie* (*Die freudlose Gasse*), du jeune réalisateur Georg Wilhelm Pabst. Elle incarne la courageuse Greta Rumfort, qui essaie d'échapper à la misère sans se livrer à la prostitution. Cette peinture, aussi sombre que belle, de la vie à Vienne en ce début de siècle nous offre une image nouvelle de Garbo. Plus svelte et sensuelle, elle apporte une émotion intense à son personnage. Cette escapade réussie dans le cinéma allemand ne modifie en rien ses projets de carrière aux côtés de Mauritz Stiller. (→ 6.7)

Une scène aux côtés de Valeska Gert.

Vers Hollywood dans l'ombre de Stiller

New York, 6 juillet
En ce début d'été, la ville subit une vague de chaleur sans précédent, laquelle n'empêche pas la presse de guetter le moindre événement. Ainsi, le *Herald Tribune* annonce l'arrivée, par le paquebot *Drottningholm*, d'une « visiteuse avenante [...] l'une des plus belles vedettes suédoises, qui a signé des contrats pour plusieurs films américains ». Il s'agit de Greta Garbo, accompagnée de son mentor, Mauritz Stiller. New York ne doit être qu'une étape pour eux. Hollywood les attend. Voici quelques mois, juste avant le début du tournage de *la Rue sans joie*, de Georg Wilhelm Pabst, Greta Garbo faisait la connaissance de Louis B. Mayer, le vice-président de la compagnie Metro-Goldwyn-Mayer. Séduit par *la Légende de Gösta Berling*, il veut immédiatement signer avec Mauritz Stiller, qui exige un contrat en bonne et due forme pour Greta Garbo. Louis B. Mayer accepte finalement, mais prévient à son tour : « Aux Etats-Unis les hommes n'aiment guère les grosses femmes. » Cela ne décourage pas Greta. Elle a du talent et connaît parfaitement l'impact de sa beauté si mystérieuse. (→ 25.12.26)

Greta Garbo et Mauritz Stiller au cours de leur voyage vers l'Amérique.

« La Ruée vers l'or », entre le rire et l'émotion

Une longue année de gestation

Hollywood, 26 juin
Charles Chaplin prend son temps : le tournage de *la Ruée vers l'or* (*The Gold Rush*), qui sort sur les écrans, lui aura en effet demandé plus d'un an. Le 29 décembre 1923, le réalisateur dépose son scénario pour copyright. L'idée lui est suggérée par une photographie aperçue chez Mary Pickford et Douglas Fairbanks. Un mois plus tard, il se met au travail d'arrache-pied. Le film est tourné dans la Sierra Nevada, dans des conditions difficiles. Les dernières prises de vues remontent au printemps.

Le comique de Chaplin naît souvent du contraste entre la situation et le héros.

Un personnage à la recherche d'un rôle

Hollywood, 26 juin
Le rôle de Georgia, l'entraîneuse de saloon partenaire de Charles Chaplin dans *la Ruée vers l'or*, devait échoir à l'origine à une jeune actrice d'origine mexicaine, une nommée Lillita McMurray, plus connue dans la profession sous le pseudonyme de Lita Grey. Celle-ci n'était âgée que de seize ans quand l'acteur et metteur en scène la recruta, au début du tournage du film, le 3 février 1924. Très vite, l'interprète de Charlot tomba amoureux de cette jolie brune aux doux yeux noirs et à la peau d'ivoire, qu'il avait déjà remarquée, quelques années plus tôt, dans un petit rôle du *Gosse* (*The Kid*). La jeune ingénue tourne les premières scènes du film, mais, quelques mois plus tard, elle est enceinte de Chaplin, qui l'épouse le 26 novembre. Entretemps, il a fallu la remplacer, du fait de l'arrondissement de sa taille. Georgia Hale, appréciée dans *les Chasseurs de salut* (*The Salvation Hunters*), de Josef von Sternberg, reprend le rôle, ce qui oblige l'équipe à retourner plusieurs séquences. Avec elle, le personnage gagne en maturité. Quant à Lita Grey, elle a trouvé un beau rôle : celui d'épouse et de mère.

La débutante Georgia Hale remplace Lita Grey, hors d'état de tenir le rôle.

Un paria de la vie guidé par l'amour

Hollywood, 26 juin
Formidable film, *la Ruée vers l'or* est aussi une formidable histoire d'amour. Charles Chaplin y incarne un pauvre chercheur d'or, parmi tant d'autres, affrontant les neiges du Klondike. Son seul ami est le gros Jim McKay, interprété par Mack Swain. Leurs rapports sont changeants, oscillant de la franche camaraderie à l'animosité pour peu que McKay soit affamé. Mais les deux hommes sont floués par un escroc, le méchant Black Larsen. Arrivé en ville, Charlot tombe amoureux d'une entraîneuse, la ravissante Georgia Hale, qui, abandonnée par son ancien amant, lui promet monts et merveilles, uniquement par dépit. Finalement, le soir de la Saint-Sylvestre, la belle oublie le réveillon que lui avait préparé le petit homme. Aux douze coups de minuit, il sort, relève son col et s'en va, errant, dans les rues vides et enneigées. La scène est bouleversante. Tout finit par s'arranger. Amnésique, Big Jim fait appel à Charlot pour retrouver une mine. Les deux hommes empochent le magot. Sur le paquebot qui le ramène en Californie, Charlot, devenu milliardaire, retrouve la pauvre Georgia, qui voyage clandestinement. Charles Chaplin signe avec ce film son œuvre la plus longue et la plus ambitieuse. (→ 22.8.27)

Un pauvre hère qui n'a plus d'avenir.

L'interprète est aussi réalisateur. Ici au tournage dans la Sierra Nevada.

La chance lui sourira-t-elle ?

King Vidor exalte l'idée de la paix

« La Grande Parade », avec Renée Adorée et John Gilbert.

New York, 5 novembre
Irving Thalberg, le responsable de la production de la MGM, peut se frotter les mains : la première présentation publique de *la Grande Parade*, de King Vidor, annonce une carrière triomphale. Ecrite par Laurence Stallings, l'émouvante histoire de ce film se déroule en France à l'époque de la guerre de 1914. Elle met en scène la rencontre amoureuse entre un soldat américain, interprété par John Gilbert, et une belle paysanne française, l'actrice Renée Adorée. Le réalisateur semble s'être intéressé plus aux rapports entre les personnages et à leurs émotions qu'aux scènes de bataille. Cela donne un beau film qui fait détester la guerre. (→ 8.2.27)

Max Linder a choisi d'achever sa carrière par une tragédie

Paris, 3 novembre
Quelques jours après la mort tragique de Max Linder, l'ouverture de son testament est effectuée, suivant l'ordonnance de M. Aubin, juge au tribunal civil de la Seine. Selon l'hypothèse la plus vraisemblable, ce sont la neurasthénie et la jalousie démente de Max Linder qui l'ont poussé à tuer sa jeune femme, Hélène Peters, avant de se donner la mort, au soir du 30 octobre, à l'hôtel Baltimore, avenue Kléber. Les témoignages concordent sur le fait que Linder était obsédé par l'idée de la mort et du suicide. Déjà, en février 1924, sa femme et lui avaient absorbé une forte dose de somnifères pendant leur séjour en Suisse. Quelques mois plus tard, à Vienne, pendant le tournage du *Roi du cirque*, une nouvelle tentative de suicide avait échoué. La tentative suivante sera, elle, fatale. C'est la mère d'Hélène, alertée par une lettre de sa fille, dans laquelle celle-ci exprimait la terreur constante dans laquelle elle vivait, qui a trouvé les deux époux morts dans le lit de leur chambre d'hôtel. Ainsi s'achève dans les pleurs une carrière qui a été fondée sur le rire. Né le 16 décembre 1883 à Saint-Loubès, près de Bordeaux, Max Linder, de son vrai nom Gabriel Maximilien Leuvielle, lègue par ce testament au journaliste J.-L. Croze, le président de l'Association professionnelle de la presse cinématographique, les films dont il était le producteur, comme *l'Etroit Mousquetaire*.

Max et son double dans « Sept Ans de malheur » (« Seven Years Bad Luck »).

La Metro-Goldwyn-Mayer réussit la gageure de « Ben Hur »

New York, 30 décembre
Ben Hur, le film tant attendu de Fred Niblo, a été enfin présenté au George M. Cohan Theater, devant un public enthousiaste. La Metro-Goldwyn-Mayer aura finalement mené à bien cette entreprise démesurée. La conception et la réalisation de ce long métrage auront demandé près de trois années et coûté environ six millions de dollars. Le tournage de la fameuse course de chars, clou du roman de Lew Wallace, d'abord envisagé en Italie, s'est finalement déroulé à Culver City, près de Hollywood. L'amphithéâtre d'Antioche fut reconstitué à La Cienega, le long de Venice Boulevard. Ce décor absolument gigantesque, à l'image de la Babylone d'*Intolérance*, aurait coûté à lui seul près de un demi-million de dollars. Des milliers de figurants furent engagés et plus de quarante caméras filmèrent la scène sous tous les angles possibles, du plan d'ensemble au très gros plan de détail. Certaines séquences furent même filmées en mouvement, à partir d'automobiles qui dépassaient, moteurs vrombissant, les chevaux au galop. Il semblerait que cette séquence mémorable ait échappé au contrôle de Fred Niblo, Reeves Eason ayant été chargé de sa réalisation, conjointement avec l'opérateur Clyde de Vinna et le monteur Lloyd Nosler. A eux trois, ces hommes ont concocté un grand moment de cinéma qui contraste singulièrement avec le reste du film, plus conventionnel. Malgré des défauts très perceptibles, cette nouvelle mouture cinématographique de la dramatique existence de Ben Hur devrait recueillir les suffrages d'un public séduit par la prestance et le charme latin du jeune Ramon Novarro. Celui-ci s'affirme de plus en plus comme étant le rival de Rudolph Valentino. (→ 19.11.27)

La course de chars a été filmée dans un décor reconstitué près de Hollywood.

1926

Etats-Unis, 7 janvier
La Paramount présente *Moana*, de Robert Flaherty, tourné dans les mers du Sud, sur une pellicule panchromatique. (→ 18.3.31)

Paris, 9 janvier
Au théâtre du Vieux-Colombier, l'écrivain Pierre Mac Orlan donne une conférence sur le fantastique et l'humour au cinéma.

Berlin, 25 janvier
Le film *Tartuffe*, de Friedrich W. Murnau, est projeté lors de la cérémonie d'ouverture du cinéma Gloria Palast. (→ 14.10)

Hollywood, 6 février
Distributeurs et exploitants signent un contrat standard d'exploitation, qui définit une procédure d'arbitrage en cas de litige.

Tokyo, 28 février
Kenji Mizoguchi a achevé *le Murmure printanier d'une poupée de papier*. (→ 15.10.36)

Londres, 1er mars
Dès son coup d'essai, Alfred Hitchcock s'affirme comme « un jeune homme au cerveau de maître ». La presse salue ainsi la sortie de son premier film, *le Jardin des plaisirs* (*The Pleasure Garden*). (→ 30.6.29)

Paris, 2 mars
La Croisière noire, journal cinématographique de l'expédition Citroën en Afrique centrale, réalisé par Léon Poirier, est présenté à l'Opéra en présence du président de la République, Gaston Doumergue.

Etats-Unis, 8 mars
Sortie du *Pirate noir* (*The Black Pirate*), d'Al Parker, avec Douglas Fairbanks. Ce film est le premier long métrage en technicolor bichrome. (→ 5.4.29)

Rome, 9 mars
Produit par l'UCI, commencé par Amleto Palermi, puis interrompu, le film *les Derniers Jours de Pompéi* a été achevé par Carmine Gallone.

Hollywood, 28 mars
Rebelle aux méthodes des studios, Josef von Sternberg renie son film *The Exquisite Sinner*, qui a été refait malgré lui sur l'ordre de la Metro-Goldwyn-Mayer par Philip Rosen. (→ 20.8.27)

Monterey, Californie, mars
Sur un scénario dont il est l'auteur, Josef von Sternberg tourne *la Mouette* (*The Sea Gull*), avec Edna Purviance et Eve Sothern. C'est une commande de Charlie Chaplin, qui souhaite favoriser la nouvelle carrière de son ancienne interprète, Edna Purviance. (→ 31.12)

Rome, 3 avril
Par décret, les exploitants ont désormais l'obligation de diffuser les actualités Luce. (→ 31.3.27)

Inde, 12 avril
Lumière d'Asie, coproduit avec la firme de Munich Emelka Films, réalisé par Franz Osten et Himansu Rai, est le premier film indien qui doit être exploité à l'étranger.

Washington, 20 avril
Le président Coolidge se dit hostile à l'institution d'une censure cinématographique fédérale. Il estime que « les producteurs eux-mêmes ont entrepris une réforme de leur industrie », en créant la MPPDA.

Berlin, 26 avril
S. M. Eisenstein termine son voyage d'études. Il a travaillé à la partition musicale du *Cuirassé « Potemkine »*, et rencontré Friedrich Wilhelm Murnau, Emil Jannings, Fritz Lang et Karl Freund.

New York, avril
La Warner Bros constitue, en association à parts égales avec Electrical Research Products Inc. (Erpi), la Vitaphone Corporation. Cette société est destinée à poursuivre les études dans le domaine du son, en étroite collaboration avec la Western Electric. (→ 6.8)

Paris, 8 juin
Sortie du film burlesque américain *Plein les bottes* (*Tramp, Tramp, Tramp*), de Frank Capra et Harry Edwards, avec, aux côtés d'Harry Langdon, qui en est aussi le producteur, l'actrice débutante Joan Crawford. (→ 10.4.27)

Paris, 19 juin
Sortie de *Mare Nostrum*, avec Alice Terry et Antonio Moreno. C'est le premier film réalisé par Rex Ingram aux studios de la Victorine à Nice, qui ont été repris l'année dernière par la Metro-Goldwyn-Mayer. (→ 30.9.27)

Hollywood, 4 juillet
Engagé sous contrat par la Warner, le réalisateur hongrois Mihaly Kertesz arrive d'Europe. Il prend le nom de Michael Curtiz.

Moscou, 21 juillet
S. M. Eisenstein accueille D. Fairbanks et M. Pickford, qui promettent de l'inviter à Hollywood pour réaliser un film produit par les Artistes associés. (→ 18.11)

New York, 21 juillet
Louise Brooks épouse Edward Sutherland, réalisateur de *It's the Old Army Game*, dont elle est la vedette avec W. C. Fields. (→ 22.9.28)

New York, 31 juillet
Dès sa sortie, *les Surprises de la TSF* (*So This Is Paris*), dernier film de Lubitsch pour la Warner, obtient un succès auprès de la critique. (→ 13.4.29)

Hollywood, 5 août
Le contrat de trois ans de Will H. Hays à la MPPDA est prorogé à cinq ans. Ses pouvoirs et son salaire sont accrus. (→ 17.2.30)

Paris, 14 août
Nana, de Jean Renoir, commence sa huitième semaine d'exclusivité à l'Aubert-Palace. Les recettes ont battu le record de l'année pour cette salle. (→ 31.5.27)

Hollywood, 16 août
La jeune vedette Clara Bow signe un contrat de cinq ans avec la Paramount. Elle refuse la traditionnelle clause morale qui permet à un studio de résilier le contrat d'un employé lorsqu'il est impliqué dans un scandale. (→ 5.2.27)

Paris, 3 septembre
Le Gaumont-Palace est rouvert après de grands travaux, dirigés par Tommy Dowd, du Capitol de New York. L'orchestre est installé sur les gradins. L'orgue est mobile, grâce à un ascenseur. (→ 10.9.28)

Moscou, 11 octobre
La Mère, de Vsevolod Poudovkine, d'après Gorki, se révèle un chef-d'œuvre du muet. (→ 19.7.28)

Etats-Unis, 14 octobre
Gary Cooper tient son premier vrai rôle dans *Barbara, la fille du désert*, d'Henry King. (→ 21.9.27)

Paris, 19 octobre
Sortie de *Mauprat*, d'après G. Sand, réalisé et produit par J. Epstein. Le jeune journaliste espagnol Luis Buñuel était son assistant sur le tournage du film. (→ 5.10.28)

Moscou, 26 octobre
Projection de *Miss Mend*, de Fedor Ozep et Boris Barnet, qui a étudié le cinéma au Laboratoire expérimental de L. Koulechov. (→ 26.3.29)

Berlin, 30 octobre
Fritz Lang finit le tournage de *Metropolis*. Avec 30 000 figurants et 750 comédiens, le film aurait coûté cinq millions de marks. (→ 10.1.27)

Paris, 31 octobre
Le groupement Gaumont-Metro-Goldwyn achète les droits pour la France, la Belgique et la Suisse de *Napoléon*, d'Abel Gance. (→ 7.4.27)

France, 7 décembre
Engagé pour cinq ans par l'Universal, le comédien Ivan Mosjoukine prend le bateau pour rejoindre Hollywood. (→ 13.9.27)

Hollywood, 31 décembre
La Mouette, de Sternberg, ne sera pas distribué, malgré deux versions successives et un nouveau titre (*Une femme de la mer*). (→ 21.6.33)

NAISSANCES
Alexandrie, 25 janvier
Youssef Chahine.

Suwatki, Pologne, 6 mars
Andrzej Wajda.

Newark, New Jersey, 16 mars
Jerry Lewis (*Joseph Levitch).

Los Angeles, 1er juin
Marilyn Monroe
(*Norma Jean Baker Mortenson).

Paris, 17 août
Jean Poiret (*Jean Poiré).

Tokyo, 15 septembre
Shohei Imamura.

Levallois-Perret, 9 octobre
Danièle Delorme (*D. Girard).

Au-delà de son contenu idéologique, « le Cuirassé "Potemkine" », de Sergueï M. Eisenstein, est l'une des plus belles réussites formelles de l'écran.

КН. ПОТЕМКИНЪ

Le « Potemkine », ou la révolution en beauté

Sergueï Mikhaïlovitch Eisenstein.

Moscou, 18 janvier
Le Cuirassé « Potemkine » sort enfin en salle après la première officielle au Bolchoï le 21 décembre 1925. Il s'agit d'un film de commande. Pour célébrer le 20e anniversaire de la révolution de 1905, la Commission d'Etat a fait confiance à un débutant de vingt-six ans, Sergueï Eisenstein. Un travail réalisé dans l'enthousiasme et l'urgence : le film a été écrit, tourné et monté en quatre mois ! De l'année mémorable, un seul obscur épisode a été retenu, la mutinerie d'un navire en mer Noire. Le sujet est simple : des marins refusent de manger une viande avariée, les meneurs sont fusillés, l'équipage se révolte, la population d'Odessa sympathise. Un massacre s'ensuit, mais un grand élan de fraternité saisit l'escadre. A force de détails vrais, vraisemblables et inventés, de réflexion, d'improvisation, Eisenstein a transformé une anecdote en Histoire, changé une défaite en victoire et fait une œuvre forte, puissante et belle. On n'oubliera pas de sitôt certaines visions comme le lorgnon coincé dans les cordages quand le corps du médecin est jeté à l'eau, l'enfant mort dans les bras de sa mère, le landau dévalant l'escalier. Toute la scène de l'escalier est magnifique, où se heurtent mouvements vers le haut et vers le bas... Il y a là une maîtrise, une expressivité violente, un lyrisme cruel qui témoignent de recherches formelles. En somme, Eisenstein applique son manifeste, *le Montage des attractions*, publié en 1923. Ce style, ébauché dans *la Grève* l'année dernière, s'épanouit ici : héros anonymes, lumière contrastée, gros plans, goût du détail symbolique, du montage choc et donc de la métaphore. Trois lions sculptés expriment l'éveil du peuple : assoupi, dressé et rugissant. Décors naturels et acteurs amateurs renforcent le souffle épique. Le crescendo culmine quand claque au vent le drapeau rouge (108 images coloriées à la main) et que les mutins crient « Frères ! » aux marins de l'escadre accourue. Inoubliable ! (→ 26.4)

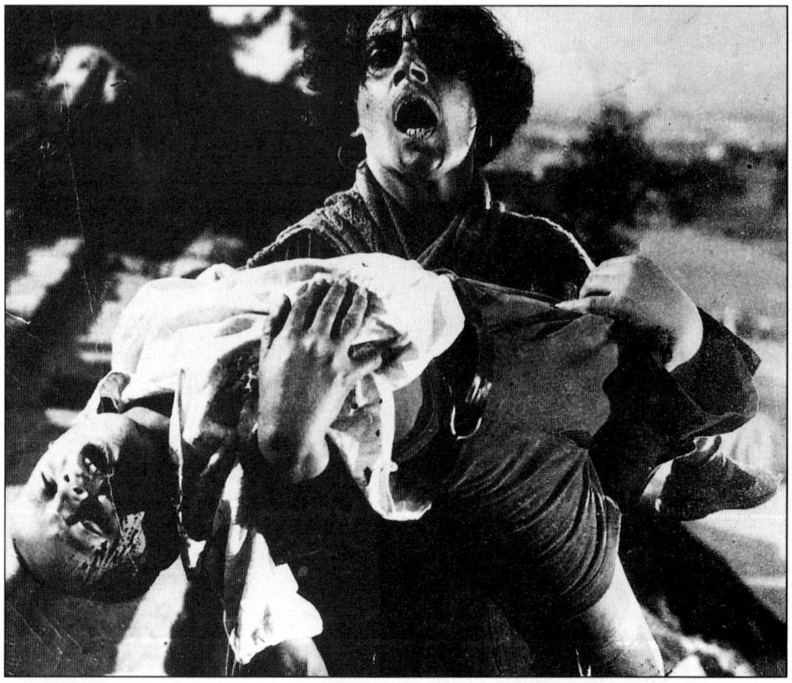

Un film où la dramaturgie ne néglige jamais la composition plastique.

Armand Tallier au Studio des Ursulines

Paris, 21 janvier
Une nouvelle salle de cinéma ouvre ses portes au Quartier latin, sur cette montagne Sainte-Geneviève qui abrita longtemps des couvents. Le spectacle n'y est pourtant pas un nouveau venu : au 10 de la rue des Ursulines, dès avant la guerre, un cinéma a déja fonctionné. Et on a vu Charles Dullin, en 1921, y installer momentanément son théâtre. Armand Tallier, le nouveau maître des lieux, est lui-même un comédien connu, l'une des grandes vedettes du cinéma français depuis dix ans. Avec son amie et associée Laurence Myrga, comédienne elle aussi, il veut montrer sur l'écran du Studio des Ursulines « des films pas comme les autres », des films comme *la Rue sans joie*, de Pabst, et *Entr'acte*, de René Clair, au programme de cette soirée inaugurale. La notoriété des deux animateurs aidant, la salle est pleine de spectateurs de marque, venus apporter leur soutien à cette expérience. Les gens du cinéma sont là : René Clair, Henri Chomette et Philippe Hériat, mais aussi des écrivains et des artistes, d'André Breton et Philippe Soupault à Fernand Léger et Man Ray. Pour chacun, Asta Nielsen et Greta Garbo ont rendu l'événement inoubliable. (→ 9.2.28)

Greta Garbo dans « la Rue sans joie », programme d'inauguration.

Le cinéma fête enfin ses trente ans

Paris, 17 mars
C'est avec près de trois mois de retard qu'a été célébré le trentième anniversaire de la séance historique du Grand Café. Ce matin a été dévoilée solennellement au 14, bd des Capucines, une inscription gravée sur l'hôtel Scribe, qui perpétue le souvenir de l'événement : « Ici, le 28 décembre 1895, eurent lieu les premières projections publiques de photographie animée à l'aide du Cinématographe, appareil inventé par les frères Lumière. » Un banquet de 500 couverts, dont ceux de Louis et Auguste Lumière, se tenait en fin de journée à l'hôtel Continental. Il aura fallu pourtant deux ans et demi pour y parvenir. C'est en effet le 9 octobre 1923 que le conseil municipal de la capitale a été saisi pour la première fois d'une proposition, faite à la commission du Vieux Paris par les dirigeants syndicaux de l'industrie cinématographique. Le texte envisagé alors s'est heurté à l'opposition déterminée de scientifiques et d'historiens attachés au souvenir de Marey, qui n'entendaient pas abandonner aux Lumière le titre d'inventeurs du cinéma, comme il en était question au départ. Le texte définitif, un compromis, n'en est pas moins encore contesté. (→ 30.4.27)

Louis Lumière ne s'est jamais laissé impressionner par les contestations.

Sigmund Freud collabore avec G. W. Pabst

Berlin, 24 mars
G. W. Pabst, cette fois-ci, explore les dédales de la personnalité. *Les Mystères d'une âme* (*Geheimnisse einer Seele*) retrace l'aventure d'un professeur en proie à d'étranges tourments. Mathias associe crime et sexualité. Il sait qu'un meurtre a été commis au moment précis où, bien innocemment, il coupait une mèche de cheveux sur la nuque de sa femme. Seule la psychanalyse le délivre de son obsession. Une œuvre novatrice, déjà par son style expressionniste qui traduit si bien les rêves de Mathias. Mais surtout par la démarche de Pabst, qui demande conseil au Dr Freud pendant le tournage. Avec raison : Freud a soigné un cas identique. (→ 28.2.29)

La Nana de Renoir à l'école de Stroheim

Paris, 25 juin
L'Aubert Palace programme *Nana*, d'après le roman d'Emile Zola. Ce film, qui confirme l'entrée en force du jeune réalisateur Jean Renoir dans le cinéma français, est interprété par la femme du réalisateur, Catherine Hessling. L'ampleur et le luxe des décors, conçus par Claude Autant-Lara, et la prédominance de certains thèmes, comme la cupidité de l'héroïne, témoignent de l'influence du réalisateur Erich von Stroheim, et surtout de son film *Folies de femmes*. Produit par Renoir lui-même, pour un million de francs, *Nana* a été tourné dans la région parisienne, aux studios Gaumont, à Paris, et Grunewald, à Berlin. (→ 14.8)

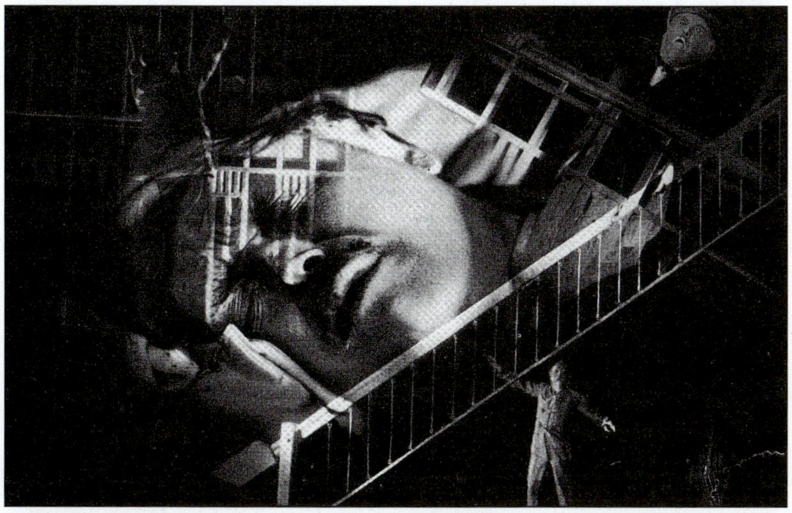

« Les Mystères d'une âme » associe la psychanalyse à l'expressionnisme.

Jean Renoir fait de sa femme, Andrée Heuschling, la star Catherine Hessling.

Un projet de film sur Mahomet

Le Caire, 17 mai
En révélant à la revue *Al-Masrâh* (*le Théâtre*), l'existence d'un projet de film sur la vie de Mahomet, dans lequel il incarnerait le rôle du Prophète, l'acteur Youssef Wahbi était loin de se douter de l'ampleur de la réaction que sa révélation provoquerait. Aussitôt annoncé, ce projet déclenche une tempête de protestations à travers tout le monde musulman, à l'exception de la Turquie. Son président, Mustafa Kemal Atatürk, envisage même une participation financière de l'Etat à la production. Au Caire, les imams de l'influente université théologique d'Al-Azhar exigent des autorités l'interdiction de la réalisation du projet. De nombreuses voix demandent aussi l'expulsion de celui qui en est l'initiateur : le producteur turc Wedad Orfi. L'explication de tant d'émoi réside dans le fait que la représentation de Mahomet, sous quelque forme que ce soit, est un tabou que personne n'est autorisé à transgresser. (→ 16.11.27)

La Warner Bros en crise prend le risque du cinéma sonore

New York, 6 août
C'est un programme très original que le Warner's Theatre de Broadway présente ce soir. Les invités, triés sur le volet, peuvent voir *Don Juan*, un film d'Alan Crosland, avec un accompagnement musical synchrone, enregistré par l'orchestre philharmonique de New York. Cette œuvre était précédée de plusieurs courts métrages également sonorisés, parmi lesquels des extraits de *Rigoletto* et de *Paillasse*, et une allocution de Will H. Hays, président de l'Association des producteurs et distributeurs de films. Avec le cinéma sonore, les frères Warner ont décidé de jouer leur va-tout. L'an passé, après leur rachat audacieux de la Vitagraph, ils semblaient acculés à la faillite et sans recours. En désespoir de cause, ils signèrent un accord de collaboration avec la Western Electric pour la mise au point d'un procédé d'enregistrement du son sur disque. De nombreux problèmes restaient à résoudre : les caméras et les éclairages trop bruyants, le synchronisme de l'image et du son, en particulier. Le procédé Western, amélioré dans l'ancien studio newyorkais de la Vitagraph, a permis de composer un programme complet, filmé sur la scène du Manhattan Opera House, avec des artistes du Metropolitan Opera et de l'orchestre philharmonique en vedette. Les films sortiront sous le label Vitaphone, et de leur succès dépendra désormais l'avenir artistique de la Warner Bros. (→ 6.10.27)

« Don Juan », d'Alan Crosland, premier film sonore du système Vitaphone.

Rudolph Valentino disparaît en pleine gloire

De l'Italie du Sud jusqu'à Hollywood

Son dernier film, « le Fils du cheikh », de G. Fitzmaurice, avec Vilma Banky.

New York, 23 août
Hanté par le spectre de la vieillesse, il craignait que les rides ne détruisent la pureté de son visage. Et cette angoisse lui est épargnée : Rudolph Valentino s'est éteint dans une clinique new-yorkaise, foudroyé par une péritonite aiguë. Né le 6 mai 1895 à Castellaneta, en Italie du Sud, Rodolfo Guglielmi était le fils d'un vétérinaire. Il fit ses études à Gênes, s'installa à Paris en 1912, puis s'embarqua pour le Nouveau-Mexique le 9 décembre 1913, avec quatre cents dollars en poche. Toujours à court d'argent, il exerça de nombreux petits métiers : garçon de café, balayeur, plongeur, dormant plus souvent dans Central Park que dans un lit. Devenu danseur mondain à Broadway, il décroche un engagement dans le corps de ballet d'Al Jolson avec lequel il gagne San Francisco. Puis il part tenter sa chance à Hollywood, où il fait de la figuration, avant d'obtenir des petits rôles dans des films de série B, sous le nom de Rodolfo de Valentina. En 1921, il choisit son pseudonyme définitif, lors du tournage des *Quatre Cavaliers de l'Apocalypse*, de Rex Ingram. Ses films suivants, tels *le Cheikh*, de George Melford, *Arènes sanglantes*, de Fred Niblo, et *l'Aigle noir*, de Clarence Brown, firent de lui le symbole du *latin lover*.

« Arènes sanglantes », de Fred Niblo.

Des admiratrices saisies par le désespoir

Douglas Fairbanks, Marcus Loew, Joseph Schenck et Adolph Zukor étaient du nombre des professionnels et amis qui portaient le cercueil de la star.

New York, 30 août
Quarante mille personnes sont présentes pour assister aux grandioses obsèques de Rudolph Valentino. Dès l'annonce de sa disparition il y a une semaine, quantité de scènes de désespoir se sont déroulées à travers les Etats-Unis, mais aussi dans le reste du monde. Douze suicides de femmes amoureuses de l'idole ont été dénombrés par la police. Durant toute cette semaine, des dizaines de milliers d'admirateurs de Valentino ont défilé devant son catafalque. L'Amérique entière est plongée dans le deuil et l'affliction. Porté par Douglas Fairbanks, Marcus Loew, le directeur des Artistes associés Joseph Schenck, et par le directeur de la Paramount, Adolph Zukor, le cercueil de Valentino est suivi par une foule qui se déchaîne dans une crise d'hystérie collective. La cérémonie de funérailles se transforme en une véritable émeute. Les blessés se comptent par dizaines. Sur sa tombe, parmi les fleurs, une femme tente de se donner la mort en se tranchant les veines : elle est sauvée *in extremis*. L'amant idéal et amoureux éternel dans le cœur de millions d'admiratrices, déclarait il y a peu : « Ce n'est pas moi qu'elles aiment mais bien mon personnage... Je sers aux femmes de canevas pour broder leurs rêves. » Il recevait cinq mille lettres d'amour par jour. (→ 23.8.27)

L'un de ses plus grands succès, « le Cheikh », de G. Melford, avec Agnès Ayres.

Une séduction qui fit scandale, dans « le Jeune Radjah », de Philip Rosen.

Le docteur Faust selon F. W. Murnau

Berlin, 14 octobre
Friedrich Wilhelm Murnau n'est pas le premier artiste séduit par le mythe de Faust ; avant lui, poètes (Gœthe, Marlowe) et musiciens (Berlioz, Gounod) ont puisé leur inspiration dans cette légende de la fin du XVe siècle. Mais ce dernier film de Murnau (le neuvième en six

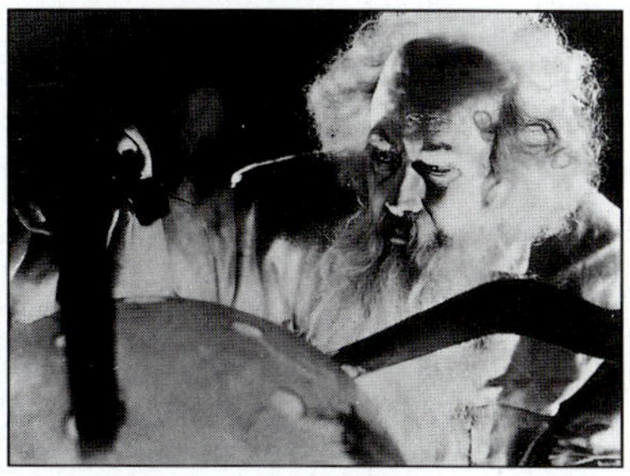

Gösta Ekman dans « Faust ».

ans) donne une sensation de nouveauté. Pourtant le jeune cinéaste n'a pas modifié le scénario : il s'agit toujours du pacte infernal signé entre Méphisto et le vieux Dr Faust ; l'un veut une âme, l'autre la jeunesse et l'amour. Et Murnau, qu'a-t-il voulu ? Recréer le mythe, selon sa volonté. Par la magie d'une mise en scène soumise aux jeux d'ombre et de lumière, il invente un Faust fantastique. (→ 29.11.27)

Greta Garbo en vedette américaine

« La Chair et le Diable », de Clarence Brown. Pour la MGM, c'est John Gilbert qui est la vedette du film.

Los Angeles, 25 décembre
C'est bien d'une « première » qu'il s'agit, et à plus d'un titre. Le film de Clarence Brown *la Chair et le Diable* (*Flesh and the Devil*), dont c'est la sortie sur les écrans américains, a en outre la particularité d'être la première réalisation de Brown pour la MGM, la première également où il dirige Greta Garbo, dont John Gilbert, star déja consacrée, devient le partenaire. C'est pourtant Greta Garbo qui retire le plus grand bénéfice de ce film. La jeune actrice suédoise, arrivée à Hollywood avec son mentor, Mauritz Stiller, voici un an et demi, obtient avec ce troisième film sa véritable consécration comme vedette américaine. Elle y est plus que remarquable : brûlante d'une passion communicative, ses scènes avec John Gilbert, d'une intense sensualité, ne laissent aucun doute sur ce qui unit les deux comédiens. Mauritz Stiller, qui n'a connu de son côté, depuis leur arrivée, que des échecs – la réalisation de *la Tentatrice* lui a échappé au profit de Fred Niblo après une semaine de tournage –, semble désormais bien oublié. Quoi qu'il en soit, la réussite professionnelle de Greta Garbo est désormais un fait concret, même si la MGM ne semble pas en tirer toutes les conséquences. (→ 1.7.27)

La guerre de Sécession de Buster Keaton, ou le parti d'en rire

Los Angeles, 22 décembre
Le nouveau long métrage de Buster Keaton, *le Mécano de la General*, (*The General*) ne comble certainement pas les vœux de son auteur : la critique californienne est franchement réservée sur ce film, où Keaton a pris le parti de faire rire d'un épisode de la guerre de Sécession, dont une locomotive avait été l'héroïne. Pourtant le cinéaste, soutenu par les Artistes associés, n'a rien épargné pour la qualité de cette œuvre, où le rire résulte d'une précision presque mécanique des gags et de leur enchaînement. C'est un budget de 415 000 dollars qui a été investi dans l'aventure. L'attitude parfois hostile de la population sudiste a contribué à renchérir les coûts de production : le tournage des extérieurs a dû être improvisé dans l'Oregon, hors de portée de la vindicte du Sud. (→ 22.9.28)

« Le Mécano de la General », inspiré d'un exploit nordiste authentique.

Le « Potemkine » interdit en France

Paris, 18 novembre
Pour une soirée unique, *le Cuirassé « Potemkine »*, de Sergueï Eisenstein, est projeté à l'Artistic Cinéma, rue de Douai. Séance réservée aux professionnels, c'est une initiative du critique Léon Moussinac. En effet, le ministre de l'Intérieur a interdit le film à cause de son contenu : propagande révolutionnaire et démoralisation des armées. Pourtant le film a été autorisé en Allemagne, malgré des manifestations de l'extrême droite, et son succès est grand. Enfin Fairbanks, qui l'a vu cet été à Moscou, est enthousiaste. Il ne manque plus que le verdict du grand public français. A condition que l'interdiction soit levée. (→ 1.8.28)

1927

Paris, 1er janvier
Une ordonnance préfectorale prévoit l'interdiction de l'édition de films sur support inflammable.

Paris, 18 janvier
De nouveaux studios sont inaugurés rue Francœur par le producteur Bernard Natan. H. Diamant-Berger y tourne *Education de prince*, avec Edna Purviance.

Paris, 25 janvier
Aux studios Gaumont des Buttes-Chaumont, le tournage du *Diable au cœur*, de Marcel L'Herbier, reprend. Il avait été interrompu par la maladie de Betty Balfour, et la mort de l'acteur Mévisto. (→ 11.1.29)

Prague, 31 janvier
La Ligue tchécoslovaque propose un programme d'action pour protéger la création nationale. (→ 1.3.29)

Hollywood, 31 janvier
Une réunion professionnelle organisée par Eastman Kodak consacre la généralisation de l'emploi de la pellicule panchromatique. (→ 1.5)

Etats-Unis, 8 février
Dans la même veine réaliste que *la Grande Parade*, King Vidor a tourné à New York *la Foule*, avec Eleanor Boardman. (→ 20.8.29)

Paris, 11 mars
Le musée de la Photographie et de la Cinématographie du Conservatoire national des arts et métiers est inauguré.

Paris, 12 mars
Bernard Natan et Louis Aubert mettent en chantier la production de *la Vie de Jeanne d'Arc*, que doit réaliser Marco de Gastyne. Pour le rôle-titre, ils cherchent « une jeune fille brune, de bonne taille et sachant monter à cheval ». (→ 3.7.29)

Kiev, Ukraine, 23 mars
Produit par le studio d'Odessa, *la Sacoche du courrier diplomatique* est le premier long métrage dû à Alexandre Dovjenko. (→ 13.4.28)

Paris, 31 mars
Le jeune réalisateur Marc Allégret termine le montage de son documentaire de court métrage produit par Jean Renoir, *Voyage au Congo*, réalisé avec André Gide au moyen d'une caméra Parvo Debrie.

Hollywood, 19 avril
Griffith, qui a quitté la Paramount en janvier, signe un nouveau contrat avec les Artistes associés, pour qui il doit réaliser cinq films. (→ 25.8.30)

Etats-Unis, 25 avril
Quand la chair succombe (*The Way of All Flesh*), de V. Fleming, est le premier film américain de l'acteur allemand Emil Jannings. (→ 21.1.28)

Alexandrie, 5 mai
Projection d'*Un baiser à Alexandrie* réalisé, joué et produit par les frères Bader et Ibrahim Lama.

Etats-Unis, 6 mai
Première de *l'Heure suprême* (*Seventh Heaven*), film de Frank Borzage, avec Charles Farrell et Janet Gaynor. (→ 16.5.29)

New York, 11 mai
A l'instigation de Louis B. Mayer, l'Academy of Motion Pictures Arts and Sciences, groupant trente-six membres parmi les producteurs, réalisateurs, scénaristes, acteurs et décorateurs les plus influents, est fondée pour distinguer chaque année les films et les talents les plus remarquables. (→ 16.5.29)

Le Bourget, 16 mai
Maurice Tourneur commence le tournage des extérieurs de *l'Equipage*, d'après Joseph Kessel.

Paris, 16 mai
Adolph Zukor baptise le nouveau cinéma Paramount, en construction boulevard des Italiens.

Paris, 30 juin
Germaine Dulac tourne *la Coquille et le Clergyman*, avec Antonin Artaud, auteur du scénario. (→ 9.2.28)

Paris, 6 juillet
Gaumont présente une caméra en aluminium, à vitesse variable, destinée au reportage. Elle permet la prise de vues image par image.

Hollywood, 20 août
Après bien des humiliations, Josef von Sternberg prend sa revanche. A la demande de B. P. Schulberg, responsable de la production à la Paramount, il a réalisé *les Nuits de Chicago* (*Underworld*), sur un scénario de Ben Hecht, qui connaît bien le milieu des gangs. Le film est un énorme succès. (→ 21.1.28)

Genève, 23 août
Des milliers de manifestants protestant contre l'exécution à Boston des anarchistes Nicola Sacco et Bartolomeo Vanzetti saccagent les salles de cinéma qui affichent des films américains.

Londres, 23 août
Les admirateurs de Rudolph Valentino, disparu il y a un an, créent une association pour favoriser la circulation de ses films et entreprendre des actions de bienfaisance, « en souvenir de l'époque où il était sans ami et sans argent ».

Hollywood, 28 août
Projection de *Papa d'un jour* (*Three's a Crowd*), premier film d'Harry Langdon dirigé par lui-même.

Washington, 9 septembre
Après une longue enquête commencée en 1921 sur l'usage par les distributeurs du *block-booking*, la Federal Trade Commission ordonne à la Famous Players-Lasky de cesser cette pratique, qualifiée de « dangereuse tendance à la constitution d'un monopole ».

Etats-Unis, 21 septembre
Le premier film hollywoodien sur le thème de l'aviation militaire, *les Ailes* (*Wings*), de William Wellman, avec Clara Bow et Gary Cooper, sort sur les écrans. (→ 16.5.29)

Berlin, 23 septembre
Sortie de *Berlin. Symphonie d'une grande ville* de Walter Ruttman, sur une idée de Karl Freund.

Nice, 30 septembre
La Franco Film rachète les studios de la Victorine. (→ 2.10.29)

Tokyo, 14 octobre
Le premier film réalisé par Yasujiro Ozu, *le Sabre de pénitence* (*Zang no Yaiba*), sort en salles. (→ 12.12.30)

Hollywood, 22 octobre
Le roi du pétrole texan, Howard Hughes, s'est lancé dans le cinéma en produisant *Two Arabian Nights*, de Lewis Milestone. (→ 27.5.30)

Paris, 9 novembre
Catherine, ou *la Vie sans joie*, tourné en 1924 par Albert Dieudonné, avec Catherine Hessling, sur un scénario de Jean Renoir, sort enfin sur les écrans. (→ 22.6.28)

Le Caire, 16 novembre
Aziza Amir et Wedad Orfi, qui ont créé leur propre société de production, sortent leur premier film, intitulé *Laïla*.

Paris, 19 novembre
Ben Hur, de Fred Niblo, entame au Madeleine-Opéra sa trente-deuxième semaine d'exclusivité. Il a produit plus de 4 millions de francs de recettes. (→ 18.11.59)

Montréal, 4 décembre
Une lettre pastorale de dix-sept archevêques ou évêques des provinces du Québec interdit aux catholiques d'aller au cinéma le dimanche.

New York, 31 décembre
A la suite de son engagement dans la voie du cinéma parlant et du triomphe du *Chanteur de jazz*, la Warner Bros annonce pour 1927 un bénéfice de 3 800 000 dollars.

Pologne, 31 décembre
Jeune critique de cinéma virulent, influencé par les théories d'Abel Gance, de Jean Epstein et de Louis Delluc, Leon Trystan a tourné *la Révolte du sang et du fer*.

Paris, décembre
Le journaliste Jean-Placide Mauclaire ouvre, rue Tholozé, sur la butte Montmartre, le Studio 28. Il entend en faire une salle d'avant-garde. (→ 12.12.30)

NAISSANCES
Nice, 13 avril
Maurice Ronet.

Subiaco, Italie, 4 juillet
Gina Lollobrigida.

New York, 16 septembre
Peter Falk.

Paris, 30 décembre
Robert Hossein.

DECES
New York, 6 septembre
Marcus Loew (*1870).

Hollywood, 5 octobre
Samuel Warner (*1888).

« Napoléon », d'Abel Gance, aboutissement partiel d'une entreprise gigantesque, a l'ambition et la démesure de l'épopée qui l'inspire.

DISTRIBUTION FRANÇAISE DE FILMS
présente :
Albert
DIEUDONNÉ
dans
NAPOLEON
D'ABEL GANCE
un immortel chef-d'œuvre !
DFF
DISTRIBUTION FRANÇAISE DE FILMS
DUCCIO MARVASI 50

« Metropolis », le cinéma à la recherche du futur

Berlin, 10 janvier
Metropolis, le film tant attendu de Fritz Lang, est présenté à l'UFA-Palast en présence de quelque 2 500 invités, parmi lesquels le chancelier Wilhelm Marx, les ministres Gustav Stresemann et Otto Gessler, ainsi que le directeur de la Reichbank, Hjalmar Schacht. Ce long métrage de trois heures et demie aura coûté en tout près de cinq millions de marks et demandé onze mois de tournage. Un record pour un film allemand. Il s'agit d'une œuvre d'anticipation, située en l'an 2000, dans une ville gigantesque baptisée Metropolis. Exploités par un chef d'industrie, traités comme des esclaves, les ouvriers s'apprêtent à se rebeller. Seul le charisme d'une jeune fille, incarnée par Brigitte Helm, les en empêche. De son côté un savant fou, interprété par Rudolf Klein-Rogge, fabrique une réplique parfaite de l'égérie : un robot. Celui-ci, renversant le discours pacifiste de son modèle, pousse le peuple à se révolter. Fort heureusement, tout s'arrange : le robot est détruit, les ouvriers recouvrent la liberté et la jeune fille épouse le fils de l'industriel.

Une vision d'anticipation où la machine exerce une fonction dominatrice.

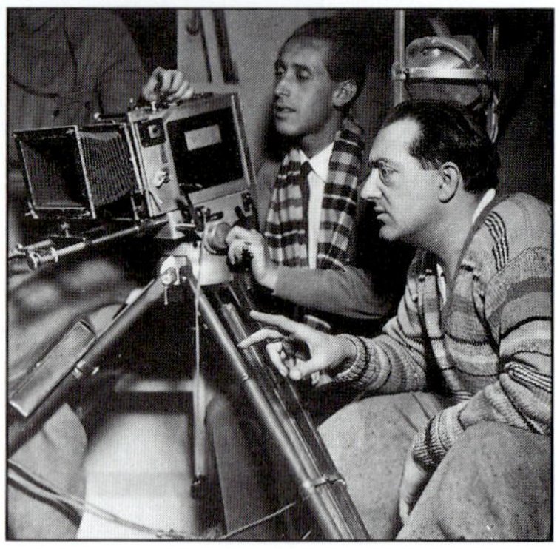

Fritz Lang, « deus ex machina ».

La révolte des travailleurs ouvre la voie vers une nouvelle harmonie.

Ce scénario, à la fois ambitieux et d'une surprenante naïveté, est né d'une vision de Lang, celle de New York et de ses gratte-ciel lors de son voyage aux Etats-Unis, en octobre et en novembre 1924. Après le succès des *Niebelungen*, le réalisateur se met au travail et écrit, avec sa femme Thea von Harbou, une histoire futuriste. Le tournage débute en mai 1925, dans les studios de l'UFA, à Neubabelsberg. A l'origine, les décors trop encombrants de *Metropolis* devaient être des miniatures filmées grâce au procédé Schüfftan. Celui-ci, mis au point en 1923 par l'opérateur allemand Eugen Schüfftan, permet de simuler de grandes constructions et de faire ainsi l'économie de leur édification. Il suffit, pour ce faire, de placer un miroir faisant un angle de 45° avec l'objectif de la caméra et reflétant une maquette. Une partie du miroir, sans tain, permet d'insérer dans le décor apparent les protagonistes d'une action. Nombreuses sont les séquences qui ont eu recours à ce trucage. Pour mettre en valeur son imposante figuration, Erich Pommer, le directeur artistique de l'UFA, a fait bâtir certains secteurs de la ville à proximité du studio, ce qui a entraîné un important surcoût et probablement son licenciement l'an passé. L'épisode de la tour de Babel, tourné en extérieur à Rehbergen, a demandé à lui seul plusieurs semaines de tournage, à raison parfois de seize heures par jour. L'inondation des sous-sols a demandé des mois d'un persévérant labeur. Il est à espérer que le succès probable du film renfloue les caisses de l'UFA, dont les actions sont en chute libre depuis quelques mois. (→ 2.1.28)

Brigitte Helm et Rudolf Klein-Rogge, le robot face à son maître.

Clara Bow, une belle fille qui a du « ça »

New York, 5 février
Etrange titre, dans sa brièveté, que celui du film de Clarence Badger qui paraît sur les écrans : *It*. C'est-à-dire ça, ou la chose ; quelque chose que l'on n'ose définir. Selon Elinor Glyn, auteur du roman paru l'an dernier, le *it* représente le côté magnétique, libre et naturel dans la personnalité d'une femme. Pour l'écrivain, Clara Bow était la seule vedette capable d'endosser ce personnage et de l'imposer avec fraîcheur et vérité. C'est *Dancing Mothers*, d'Herbert Brenon, qui l'a rendue célèbre, voici un peu plus d'un an. Sa carrière, commencée en 1924 sous les auspices du producteur B. P. Schulberg, a pris alors son vrai départ. La Paramount lui a consenti un nouveau contrat de cinq ans, assorti d'une clause de réserve pour une partie de ses salaires, destinée à couvrir les frais d'un éventuel scandale. Précaution élémentaire pour une firme qui sait de quoi elle parle. Clara Bow, fille d'ouvriers de Brooklyn, élevée à la dure, est aujourd'hui une des reines de Hollywood. (→ 9.6.31)

Frank Capra débute chez Harry Langdon

Los Angeles, 10 avril
Harry Langdon va-t-il détrôner à la fois Lloyd, Keaton, et Chaplin ? Son troisième film de long métrage sorti depuis mars 1926, *Sa dernière culotte* (*Long Pants*), redonne une actualité à cette hypothèse, tant ce film confirme avec éclat l'originalité du génie comique de Langdon. Sa poésie lunaire n'a pas d'équivalent chez ses rivaux. Découvert au music-hall en 1923 par Harold Lloyd, puis engagé par Mack Sennett, il s'est fait connaître par des courts métrages. Il s'affirme plus encore depuis qu'il a conquis son indépendance et qu'il produit ses propres films. Il s'est assuré la collaboration de Frank Capra, débutant de vingt-huit ans qui était son *gagman* chez Sennett, à qui il a confié la mise en scène de ses longs métrages : *Plein les bottes*, *l'Athlète incomplet*, enfin *Sa dernière culotte*... Toutefois les caractères des deux hommes s'accordent fort mal, et Langdon a décidé de prendre tous les pouvoirs. Capra, licencié, doit désormais songer à faire sa carrière tout seul. (→ 28.8)

Avec Antonio Moreno dans « It », comédie de mœurs de Clarence Badger.

Harry Langdon, interprète et producteur de « Sa dernière culotte ».

Stefano Pittaluga, « duce » du cinéma

Rome, 31 mars
La sortie de *Martyrs d'Italie*, de Domenico Gaido, ne peut empêcher d'établir un constat des plus pessimistes. La crise du cinéma s'intensifie. La production nationale, qui se situait au premier rang dans le monde avant la guerre, ne cesse de baisser : 921 films produits en 1912, 612 en 1914, 220 en 1920, 100 en 1921, à peine 20 en 1924... Désormais, les regards ne peuvent que se tourner vers le producteur-distributeur Stefano Pittaluga. En effet, Benito Mussolini vient de lui confier la responsablité de relancer l'industrie cinématographique. Il a aussi récemment acheté les établissements de la Cines, après avoir acquis ceux de la Fert, à Turin. Né en 1887 près de Gênes, exploitant de 300 salles dans toute l'Italie, le Roi de la pellicule peut encore sauver un septième art plus qu'à demi agonisant. (→ 9.11.35)

Cecil B. De Mille auteur de films et propagateur de la foi

New York, 19 avril
Trois ans et demi après le triomphe mémorable de ses *Dix Commandements*, Cecil B. De Mille revient à l'antiquité biblique avec *le Roi des rois* (*The King of Kings*), que propose le Gaiety Theatre. Le cinéaste s'est attaqué cette fois-ci à rien moins que la vie du Christ. Le résultat est en tout cas à la hauteur du projet : d'une durée de près de trois heures, le film a mobilisé une armée de décorateurs, costumiers et opérateurs (dont des spécialistes de Technicolor pour certains plans en couleurs) ; quatre conseillers religieux ; cinquante acteurs titulaires et quelque trois mille figurants. Son coût total de production atteint 2 500 000 dollars, le budget le plus élevé depuis *Ben Hur*. Cette aventure, où De Mille s'est engagé autant en chrétien qu'en cinéaste, comporte pour lui des enjeux considérables. Depuis sa rupture avec la Famous Players-Lasky le 9 janvier 1925, il est entièrement responsable de la production, à la tête de la Producers Distributing Corporation qu'il a constituée avec le financier Jeremiah Milkbank. Il dispose en outre de ses propres studios, ceux de Thomas Ince à Culver City, rachetés à la veuve du cinéaste. Tous ces risques n'entament pourtant pas l'optimisme du grand Cecil : il a doublement la foi. (→ 28.2.32)

Louis B. Mayer avec Cecil B. De Mille après sa rupture avec la Paramount.

Une controverse sur la croix de Malte

Paris, 30 avril
Une commission d'un genre nouveau vient de se constituer. Elle a pour but d'étudier la valeur historique du film de Louis Forest et de Raoul Grimoin-Sanson, *l'Histoire du cinéma par le cinéma*. Grimoin-Sanson, qui fut l'élève d'Etienne-Jules Marey, y revendique en effet, entre autres découvertes, l'application du dispositif bien connu de la croix de Malte à la projection cinématographique. En fait, le premier brevet français traitant de la question date du 28 avril 1896 et il est l'œuvre conjointe du mécanicien Victor Continsouza et de son assistant René Bünzli. Le brevet de Grimoin-Sanson est donc postérieur. Le mécanisme en est simple : une croix de Malte M, un disque D, calés sur deux axes parallèles, sont animés en corrélation. Le disque porte un ergot E et une serge S qui engrènent la croix de Malte et lui communiquent à chaque révolution, un mouvement de rotation de un quart de tour. C'est ce mouvement qui entraîne la pellicule et permet de passer d'une image à l'autre. Chaque rotation de la croix de Malte correspond évidemment à une obturation de la lumière. Cette polémique dépassée démontre l'intérêt croissant d'une nouvelle génération d'historiens pour les découvertes du cinéma, à une époque où celui-ci s'apprête à devenir sonore, à l'instigation des grandes compagnies américaines. (→ 22.12.28)

Raoul Grimoin-Sanson, un pionnier mal reconnu et un historien contesté.

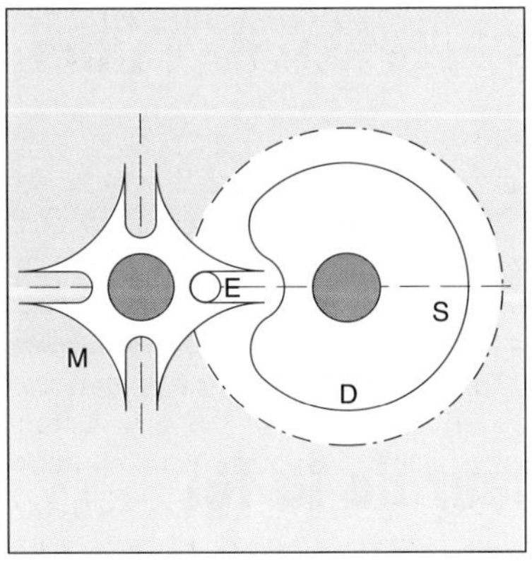

La croix de Malte de René Bünzli et Victor Continsouza, brevetée en 1896, est devenue le principal système d'entraînement de la pellicule.

Traité de paix entre Kodak et Pathé

Paris, 1er mai
La société française Pathé et le trust américain Eastman Kodak mettent en application, à partir d'aujourd'hui, leur association au sein de la nouvelle société Kodak-Pathé. La participation de Kodak est de 51 %, celle de Pathé de 49 %. Kodak-Pathé contrôle désormais l'usine de pellicule vierge de Vincennes, qui appartenait à Pathé, en liaison avec les deux usines d'Eastman Kodak : Rochester aux Etats-Unis et Harrow en Grande-Bretagne. Cet accord rapporte 134 millions de francs à Pathé, qui conserve son usine de tirage de Joinville et les départements spécialisés dans les formats réduits : le Pathé-Baby (9,5 mm) et le Pathé-Rural (17,5 mm). Auparavant, la fabrication de la pellicule se répartissait de la manière suivante :
- Eastman Kodak : 60 %;
- Agfa (firme allemande) : 20 %;
- Pathé : 15 %;
- Gevaert (firme belge) : 3 %;
- divers : 2 %.

La situation est désormais celle-ci :
- Kodak-Pathé : 75 %;
- Agfa : 20 %;
- Gevaert : 3 %.

La nouvelle société renforce considérablement la position, déjà dominante, du géant américain sur le marché de la production de pellicule. Néanmoins, Pathé ne sera pas lésée puisqu'elle bénéficiera de 49 % des dividendes de Kodak-Pathé. C'est cet argument qui a décidé le conseil d'administration de Pathé à accepter, à l'unanimité, l'association proposée par George Eastman, le grand patron du trust américain.

Les usines Pathé de Joinville, où s'effectuent les travaux de laboratoire, restent en dehors des accords de rapprochement passés avec Eastman Kodak.

Jean Renoir sauvé par un braconnier

Fontainebleau, 31 mai
Le jeune réalisateur Jean Renoir, dont on a pu voir voici deux mois son troisième film, *Sur un air de charleston*, vient d'échapper à un dramatique accident de la route. Il avait achevé depuis peu, dans la région niçoise, les prises de vues de son nouveau film, *Marquitta*, produit et interprété par la nouvelle épouse de son frère Pierre, Marie-Louise Iribe, avec l'objectif avoué de compenser par un succès commercial décisif la déconvenue cuisante de *Nana*. Alors qu'il séjournait dans la propriété familiale de Marlotte, Pierre Champagne, son ami et son interprète à l'occasion, avait tenu à lui faire admirer la puissante Bugatti dont il venait de faire l'acquisition. Mais la démonstration s'est achevée tragiquement : lancée à pleine vitesse, la voiture s'est retournée dans une courbe en forêt de Fontainebleau. Pierre Champagne a été tué sur le coup. Jean Renoir, grièvement blessé, a pu être sauvé grâce à l'intervention rapide de braconniers présents sur les lieux. Ces derniers, après l'avoir dégagé du véhicule, lui ont donné les soins les plus urgents avant de le conduire à l'hôpital. Très choqué par cet événement, le cinéaste n'en a pas moins été impressionné par le comportement de ces hommes frustes auxquels il doit probablement la vie. (→ 9.11)

Henri Chrétien veut agrandir les écrans

Paris, 30 juin
Le père du Cinématographe, Louis Lumière, vient de présenter un nouveau dispositif à l'Académie des sciences. Il permet d'obtenir des images panoramiques projetables sur grand écran, le curieusement nommé Hypergonar. L'auteur de cette technique originale est le physicien Henri-Jacques Chrétien, par ailleurs professeur à l'Institut d'optique de Paris. Cet ancien ouvrier typographe autodidacte s'est spécialisé depuis quelques années dans l'étude des systèmes optiques à faces cylindriques. Dans la continuité de ses travaux, il s'est intéressé à l'anamorphose, un procédé optique remontant à la nuit des temps, qui consiste à donner d'un objet une image déformée horizontalement ou verticalement. Ce n'est pas une idée nouvelle, mais nul n'avait pensé à l'appliquer au cinéma jusqu'alors. Dès 1897, le physicien allemand Ernst Abbe, des usines Karl Zeiss d'Iena, avait mis au point les premières lentilles anamorphosantes pour projection. Plus tard, durant la guerre, Chrétien adapta le système aux périscopes des tanks. La paix revenue, le savant continua sur sa lancée. Il appliqua le procédé aux images animées. Il est désormais possible de voir plus grand, mais le cinéma sera-t-il intéressé par cet Hypergonar très coûteux ? (→ 10.7.37)

« Napoléon », d'Abel Gance, apothéose lyrique

Damia incarne « la Marseillaise ».

Le film s'achève sur la séquence grandiose du départ de l'armée d'Italie.

Gance dans le rôle de Saint-Just.

Création artistique et financement

Paris, 7 avril

Napoléon, la grandiose fresque historique d'Abel Gance, triomphe ce soir à l'Opéra. La copie présentée a été spécialement remaniée pour l'occasion. Elle dure trois heures et quart. Le cinéma français ne pouvant assurer à lui seul le montage financier d'une œuvre de cette dimension, Gance avait commencé par frapper à de nombreuses portes à l'étranger. Les concours ainsi obtenus, notamment celui du producteur italien Giuseppe Barattolo, étaient toutefois insuffisants. Enfin, miracle !, deux grands financiers internationaux ont proposé leurs services : le Russe émigré Wladimir Wengeroff et l'Allemand Hugo Stinnes. Ils ont été rejoints ensuite par des groupes suédois, espagnol, britannique, tchécoslovaque et bien entendu français, la société Pathé-Cinéma. Les coproducteurs ont alors créé, le 19 mai 1924, une association dont chaque membre a souscrit à des parts du capital (140 parts de 50 000 francs). Le 21 juin 1925, cependant, la faillite du groupe Stinnes, consécutive à la mort subite de ce dernier, avait arrêté net la réalisation. Gance a dû alors se démener durant quatre mois pour remettre à flot son entreprise, qui fut reprise en novembre par la Société générale de films.

Le cinéaste et Albert Dieudonné accueillent le général Vincent, dont relèvent les soldats-figurants.

L'invention technique au service de l'idée

Paris, 14 novembre

La foule est nombreuse ce soir au Marivaux pour la sortie publique de *Napoléon*, d'Abel Gance, dans sa version longue : 15 000 mètres environ. Le film comporte six épisodes, qui ne couvrent en fait que la première partie de l'épopée napoléonienne. L'idée de cette œuvre est née en 1921 : impressionné par le film de D. W. Griffith *Naissance d'une nation*, Gance avait voulu réaliser lui aussi une fresque nationale. En cette année du centenaire de la mort de Napoléon, son choix ne pouvait mieux se porter que sur cette grande page de l'histoire de France. Celle-ci se prêtait en fait parfaitement à une évocation visuelle mettant en jeu toutes les ressources du cinéma. Lorsque son choix fut fait, Gance, par un curieux phénomène de mimétisme, s'était transformé lui-même en meneur d'hommes, fanatisant collaborateurs et interprètes et exerçant sur eux une ascendance extraordinaire. Après des années de préparation, le tournage avait commencé en janvier 1925. Il s'est achevé au mois d'août de l'année suivante. Près de 450 000 mètres de pellicule ont été impressionnés par dix-huit caméras. Celles-ci ont été utilisées de mille manières : portées à bout de bras, attachées à des balançoires, envoyées en l'air dans des ballons captifs... Vu la quantité de pellicule utilisée, le montage a exigé près d'un an de travail. Ainsi est née une œuvre qui fait reculer les limites du cinéma et ce grâce à de multiples inventions et innovations techniques et esthétiques. Comme s'il se sentait à l'étroit avec un seul écran, Gance a multiplié celui-ci par trois en juxtaposant des scènes projetées simultanément par trois appareils. Ce procédé a donné à certaines séquences, comme celle du départ pour la campagne d'Italie, une puissance d'évocation et une ampleur inégalées. (→ 23.3.28)

A. Dieudonné incarne avec beaucoup de vraisemblance le général Bonaparte.

Une grève lucrative pour Greta Garbo

Hollywood, 1er juillet
Greta Garbo sait qu'elle est une star avec le triomphe de *la Chair et le diable*, le film qu'elle a tourné avec celui qui est désormais l'homme de sa vie, John Gilbert. Ce succès est dû en grande partie à la prestation de sa vedette féminine. Dans ces conditions, la jeune Suédoise a estimé que la MGM devait reconsidérer les propositions de travail qui lui étaient faites depuis son premier film tourné en 1925 : *le Torrent*, de Monta Bell. A l'époque, la MGM l'avait engagée sur l'insistance de Mauritz Stiller, mais sans conviction. Tout a changé : Stiller, mal accepté à Hollywood, n'a pu y faire qu'un seul film, alors que Greta, après trois films, est célèbre. Louis B. Mayer n'entendait pas pour autant modifier son statut dans l'immédiat. Alors Greta, sûre de son bon droit, a refusé tout nouveau film tant que ce contrat ne serait pas révisé. L'affrontement a duré six mois. Elle en sort victorieuse avec un contrat qui lui accorde 5 000 dollars par semaine, au lieu de 600 auparavant. Garbo n'a plus de doute sur son avenir. (→ 8.11.28)

Les déboires conjugaux de Charlie Chaplin déchaînent l'opinion

Lita Grey au cours d'une audience du procès en divorce qu'elle a intenté.

Les nouveaux incidents de sa vie privée ont perturbé le tournage du « Cirque ».

Hollywood, 22 août
Est-ce la fin d'un scandale sans précédent ? La justice vient d'accorder le divorce à Lita Grey, mariée avec Charles Chaplin depuis 1924 et désormais son ex-épouse. En conséquence, l'acteur et réalisateur, malgré sa popularité, est condamné à verser 600 000 dollars à la jeune femme et 100 000 dollars à chacun de ses enfants, Sydney et Charles Spencer junior, respectivement âgés de un et de deux ans. Dès le commencement de la procédure, le 10 janvier dernier, l'opinion publique s'est passionnée pour cette affaire d'ordre privé. Le plaidoyer de Lita Grey, long de cinquante-deux pages, a été édité en librairie sous le titre *la Plainte de Lita*. Celle-ci y profère de nombreuses accusations, dont beaucoup ont trait aux mœurs et aux pratiques sexuelles de Chaplin. Puritaine, l'Amérique s'est empressée d'enfourcher ce cheval de bataille. Assailli par la rumeur et menacé de saisie, l'interprète de Charlot a préféré interrompre le tournage de son nouveau film, *le Cirque* (*The Circus*), et mettre les bobines en lieu sûr. Son œuvre artistique demeure son bien le plus précieux. (→ 1.10)

Le Russe Mosjoukine réincarne Casanova

Paris, 13 septembre
Les nombreux admirateurs français de l'acteur Ivan Mosjoukine, d'origine russe, vont être heureux de le découvrir en *Casanova*. Le film, qui sort aujourd'hui, est une luxueuse production franco-allemande réalisée par Alexandre Volkoff. Ce dernier a émigré en France avec Mosjoukine et d'autres compatriotes, conduits par le producteur Joseph Ermolieff, dont le travail est poursuivi depuis 1922 par la société des Films Albatros, créée par Kamenka et Bloch. Comme dans *Kean*, qui était un peu son portrait par lui-même, l'acteur trouve dans *Casanova* un personnage qui lui sied parfaitement. Grand séducteur, porté sur les jeux de masques, Mosjoukine s'offre ici un rôle qui lui permet d'exprimer son romantisme délirant et son puissant tempérament. Il n'est pas étonnant donc de constater qu'avec ce film il atteint le sommet de son art. Le public ne s'y trompe d'ailleurs pas ; pas plus que la critique : la prestation de l'acteur est unanimement saluée, même si le film lui-même n'est que modérément apprécié par certains commentateurs. (→ 18.1.39)

« Casanova », d'Alexandre Volkoff.

« Bas les pattes devant l'amour »

Paris, 1er octobre
Les démêlés conjugaux de Lita Grey et de Charlie Chaplin, et leurs suites sur le terrain judiciaire, n'ont pas touché la seule opinion publique américaine. Elle a au contraire été largement relayée par l'opinion mondiale dans un sens favorable ou non à Chaplin. En France, les écrivains du groupe surréaliste, que le génie du grand comique a depuis longtemps conquis, ont pris position nettement et non sans virulence en sa faveur. Dans un texte que publie le numéro 9-10 de *la Révolution surréaliste*, sous le titre « Hands off Love » (« Bas les pattes devant l'amour »), et paru antérieurement en langue anglaise dans la revue *Transition*, ils prennent fait et cause sans ambiguïté pour Chaplin et justifient au passage ses pratiques sexuelles, complaisamment exposées par Lita Grey, comme sa façon de concevoir la paternité. Ils affirment : « Aux ordres de l'amour, il a toujours été aux ordres de l'amour, et voilà ce que très unanimement proclament et sa vie et tous ses films. » Ils concluent leur plaidoyer au nom du génie de Chaplin : « Nous comprenons soudain quelle place en ce monde est celle du génie. Le génie sert à signifier au monde la vérité morale, que la bêtise universelle obscurcit et tente d'anéantir. Merci donc à celui qui sur l'immense écran occidental, là-bas, fait aujourd'hui passer vos ombres, grandes réalités de l'homme. Nous vous crions merci, nous sommes vos serviteurs. » Trente-deux signatures de membres du groupe surréaliste figurent à la fin du texte : Aragon, Breton, Desnos, Eluard, Ernst, Masson, Prévert, Queneau, Sadoul, et bien d'autres. (→ 27.1.28)

« Le Chanteur de jazz » annonce la fin du muet

New York, 6 octobre
La Warner Bros signe et persiste. *Le Chanteur de jazz* (*The Jazz Singer*), le nouveau film de son réalisateur attitré Alan Crosland, vient d'être présenté devant le public enthousiaste du Warner's Theatre. La foule s'est précipitée pour voir et entendre la vedette de music-hall Al Jolson, célèbre pour ses interprétations de Gershwin. Le scénario du film, inspiré par la propre vie du chanteur et signé par le romancier Samson Raphaelson, raconte l'histoire mélodramatique du fils d'un chantre de synagogue qui épouse le jazz et la chanson populaire, au grand désespoir de son père. L'ensemble se présente *a priori* comme un film muet traditionnel, accompagné de nombreux airs à la mode et de rengaines, mais plusieurs scènes, parfaitement synchrones, illustrent bien les énormes qualités du procédé Western Electric, commercialisé depuis près d'un an par la Warner sous le nom générique de Vitaphone. On y voit Jolson interpréter quelques-uns de ses plus grands succès, *Dirty Hands, Dirty Face*, *Mother, I Still Have You* et *Mammy*, entre autres. Dans une séquence particulièrement émouvante, le célèbre chanteur joue au piano *Blue Skies*, puis s'adresse longuement à sa mère. Ses paroles, les premières jamais entendues dans un cinéma, ont eu un impact considérable sur les spectateurs, car, non contente d'avoir lancé à une échelle industrielle le film sonore, la Warner tente maintenant d'imposer le film parlant et chantant. Le choix d'Al Jolson aura d'ailleurs été des plus judicieux : achetée à prix d'or par les producteurs, la star devrait drainer dans les salles un public des plus nombreux, et en particulier celui des radios et des phonographes. Si l'expérience venait à être renouvelée, l'exemple du *Chanteur de jazz* pourrait ouvrir bientôt une nouvelle ère du cinéma. (→ 26.9.28)

May McAvoy et Al Jolson dans un film qui permet à la compagnie des frères Warner de gagner le pari du sonore.

Nouvelle étape pour Murnau, dans la splendeur de « l'Aurore »

New York, 29 novembre
Avec des films tels que *Nosferatu* et *le Dernier des Hommes*, notamment, Friedrich Wilhelm Murnau s'était imposé sans conteste comme l'un des très grands cinéastes allemands. Le voici qui fait jeu égal, à Hollywood, avec ses confrères américains les plus doués. Séduit par *le Dernier des Hommes*, William Fox n'a pas tardé à inviter son auteur à venir travailler pour sa compagnie : à ses yeux, Murnau est rien moins que « le génie allemand » en personne. Certain de pouvoir, à Hollywood, progresser encore dans son métier, le cinéaste y est arrivé en compagnie de deux de ses collaborateurs habituels, le scénariste Carl Mayer et le décorateur et costumier Rochus Gliese. A ses côtés, ils ont participé à ce premier film américain, *l'Aurore* (*Sunrise*), que le Carthay Circle Theatre présente ce jour en première de gala. Bien que la Fox ait à la fois imposé à Murnau des scènes et une fin heureuse non voulues par lui, et écourté le film de vingt minutes, c'est d'une œuvre splendide qu'il s'agit. A partir d'un thème à la fois mélodramatique et classique emprunté à l'écrivain allemand Hermann Südermann, Murnau a réussi un film qui, avec des moyens très simples, est une magnifique ode à l'amour fou et aux beautés de la nature. (→ 18.3.31)

Friedrich Wilhelm Murnau (en toque blanche) lors du tournage du film.

Le son est bon pour Gaumont

Paris, 31 août
Léon Gaumont présente devant la presse et des personnalités scientifiques quelques scènes parlantes tirées de la fameuse pièce de Georges Courteline *la Paix chez soi*. Il s'agit là de la première réalisation de sa filiale, la société le Filmparlant. Fruit des travaux de deux ingénieurs danois de l'Electrical Fono-Film, Axel Petersen et Arnold Poulsen, ce nouveau procédé repose sur la transcription optique du son sur une seconde pellicule qui se déroule de manière synchrone aux images. Les vibrations, transformées en courant électrique, stimulent le miroir d'un galvanomètre et aboutissent à une reproduction presque parfaite des enregistrements. Il faut signaler la persévérance de Léon Gaumont qui, depuis plus de un quart de siècle, s'efforce de mettre au point un procédé infaillible de cinéma parlant. Dès novembre 1902, ce pionnier présentait à la Société française de photographie un premier portrait parlant et quelques phonoscènes tournées par Alice Guy. Ces dernières furent commercialisées à partir de 1906, de même que le nouveau procédé baptisé Chronophone. (→ 30.6.29)

1928

Grande-Bretagne, 1er janvier
Le *quota act* est mis en application. Ce décret exige que la production nationale cinématographique atteigne au moins 7,5 % des films projetés.

Hollywood, 21 janvier
Le succès des *Nuits de Chicago* a permis à Sternberg de tourner *Crépuscule de gloire* (*The Last Command*) avec E. Jannings. (→22.6.29)

Etats-Unis, 13 février
Sortie de *Quatre Fils* (*Four Sons*), le premier film sonore, mais non parlant, de John Ford, avec Margaret Man. (→9.5.35)

Kiev, 5 mars
Sortie d'*Un appétit vendu*, de Nicolas Okhlopkov, d'après un pamphlet de l'écrivain français Paul Lafargue, gendre de Karl Marx.

Berlin, 22 mars
Sortie des *Espions* (*Spione*), de Fritz Lang, avec Rudolf Klein-Rogge, Gerda Maurus et Willy Fritsch, film produit par l'UFA. (→11.5.31)

Paris, 23 mars
Le distributeur Gaumont-Metro-Goldwyn sort au Gaumont-Palace une version remaniée du *Napoléon* d'Abel Gance, lequel décide de porter plainte, n'ayant pas été consulté.

Kiev, Ukraine, 13 avril
Dans *Zvenigora*, chant lyrique sur sa terre natale, Dovjenko s'affirme comme un des trois grands du cinéma soviétique, avec Eisenstein et Poudovkine. (→8.4.30)

Moscou, 12 mai
S. M. Eisenstein est nommé professeur à l'institut du cinéma GTK.

Etats-Unis, 15 mai
Premiers pas de Mickey Mouse, dans *Plane Crazy*, de W. Disney.

Copenhague, 11 juin
Le procédé de cinéma sonore et parlant mis au point par Axel Petersen et Arnold Poulsen est présenté au Grand Theater.

Paris, 15 juin
Le film allemand de Bruno Rahn, *la Tragédie de la rue*, avec Asta Nielsen, présenté par le Studio des Ursulines depuis quatre mois, poursuit sa carrière au Corso-Opéra.

Genève, 19 juin
La SDN accorde à Abel Gance le droit exclusif de filmer ses séances. Gance projette de filmer des portraits de personnalités internationales, avec le nouveau procédé sonore Petersen-Poulsen. (→31.5.29)

New York, 6 juillet
Les Lumières de New York (*Lights of New York*), de Bryan Foy, avec Helen Costello et Cullen Landis, est présenté en avant-première. C'est le premier film «entièrement parlant» : 22 séquences sur 244 comportent des dialogues.

Moscou, 1er août
Eisenstein est invité par J. Schenck, président des Artistes associés, à se rendre à Hollywood. (→21.8.29)

Berlin, 31 août
Sortie du film allemand *le Refuge* (*Zuflucht*), de Carl Froelich, avec Henny Porten, sur les conséquences humaines de la guerre. (→1.2.30)

Paris, 10 septembre
Le groupement constitué en avril 1924 entre Gaumont et MGM est dissous par anticipation, selon le vœu des deux partenaires. Chacun d'eux reprend son autonomie.

Paris, 14 septembre
Charles Dullin a produit le premier long métrage réalisé par Jean Grémillon, *Maldone*. (→5.5.31)

Hollywood, 22 septembre
Buster Keaton a tourné son premier film, muet, pour la MGM, *l'Opérateur* (*The Cameraman*), dirigé par Edward Sedgwick. (→2.2.33)

Etats-Unis, 22 septembre
La Paramount sort à son tour un film parlant, *les Mendiants de la vie*, de William Wellman, avec W. Beery et Louise Brooks. (→28.2.29)

Paris, 25 septembre
La Société générale de films ayant renoncé à produire *la Chute de l'Aigle*, suite de son *Napoléon*, Abel Gance en cède le script au producteur allemand Peter Ostermayer.

New York, 1er octobre
La Warner Bros devient actionnaire majoritaire de la First National Pictures, dont elle contrôle désormais les studios, le réseau de distribution et les salles. (→4.11.29)

Paris, 5 octobre
Au Studio 28 sort *la Chute de la maison Usher*, d'après Edgar Poe, réalisé par Jean Epstein, assisté de Luis Buñuel. (→1.4.29)

Paris, 26 octobre
Gaston Thierry est le directeur du nouvel hebdomadaire *Cinémonde*.

Berlin, 30 octobre
Le circuit UFA inaugure la salle Universum (1 791 places), équipée de grandes orgues Oskalyd.

Joinville-le-Pont, 31 octobre
La Société des cinéromans édifie un studio destiné à la réalisation de films «en couleurs naturelles», suivant le procédé des inventeurs français Keller-Dorian et Berthon. Jacques de Baroncelli y tourne déjà *la Femme et le Pantin*, avec André Roanne et Dolly Davis. (→31.5.29)

Prague, 2 novembre
Sortie du *Village montagnard*, de Miroslav Josef Kransky, d'après le roman de Bozena Nemcova, grand classique de la littérature tchèque.

Hollywood, 5 novembre
Arrivé le 26 octobre, engagé par la Paramount, Maurice Chevalier entame le tournage de son premier film américain, *la Chanson de Paris* (*Innocents of Paris*), sous la direction de Richard Wallace. (→28.2.30)

Moscou, 5 novembre
Sortie de *Tempête sur l'Asie*, de Vsevolod Poudovkine. (→5.1.31)

Etats-Unis, 18 novembre
Dans *Steamboat Willie*, de Walt Disney, Mickey parle : c'est le troisième film où il apparaît, et son premier film sonore. (→18.11.32)

Hollywood, 23 novembre
Sous contrat avec la MGM, pour qui il a réalisé *la Lettre rouge* en 1926, le réalisateur suédois Victor Sjöström parvient au sommet de son art avec *le Vent* (*The Wind*). Interprété par Lillian Gish et Lars Hanson, le film, tourné en muet, a été sonorisé par la MGM.

Berlin, 6 décembre
Un incendie se déclare dans les locaux de l'UFA. Les pellicules se trouvant dans les laboratoires sont détruites. Parmi elles, *la Passion de Jeanne d'Arc*, de Dreyer. (→6.5.32)

Los Angeles, 18 décembre
Dans ses studios de Culver City, la Metro-Goldwyn-Mayer fait tourner l'indicatif qui ouvrira désormais le générique des films produits ou distribués par ses soins. Il s'agit d'un superbe lion rugissant, à l'intérieur d'un cartouche, qu'accompagne à l'écran la nouvelle devise de la firme : *Ars gratias artis* (l'art est la récompense de l'art). Le rôle a été confié au lion Léo.

Rome, 20 décembre
Avec un groupe d'aspirants cinéastes, le journaliste Alessandro Blasetti crée une coopérative de production qu'il baptise Augustus. Il met en chantier son premier film comme réalisateur, intitulé *Sole*. (→24.10.29)

Allemagne, 31 décembre
A l'âge de trente-sept ans, Hans Albers a enfin été remarqué : la pellicule Agfa ultrasensible a permis de faire découvrir aux spectatrices toute l'intensité de son regard clair. (→5.9.29)

NAISSANCES

Rome, 1er janvier
Ennio Morricone.

Paris, 23 janvier
Jeanne Moreau.

Brunoy, 24 janvier
Michel Serrault.

Paris, 26 janvier
Roger Vadim
(*Rivi Plemiannikov).

Paris, 2 avril
Serge Gainsbourg
(*Lucien Ginsburg).

Santa Monica, 23 avril
Shirley Temple.

Milan, 11 mai
Marco Ferreri.

New York, 26 juillet
Stanley Kubrick.

Sao Paulo, Brésil, 22 octobre
Nelson Pereira Dos Santos.

La maîtrise de la mise en scène et l'interprétation de Falconetti font de «la Passion de Jeanne d'Arc», de Carl Dreyer, le sommet du muet.

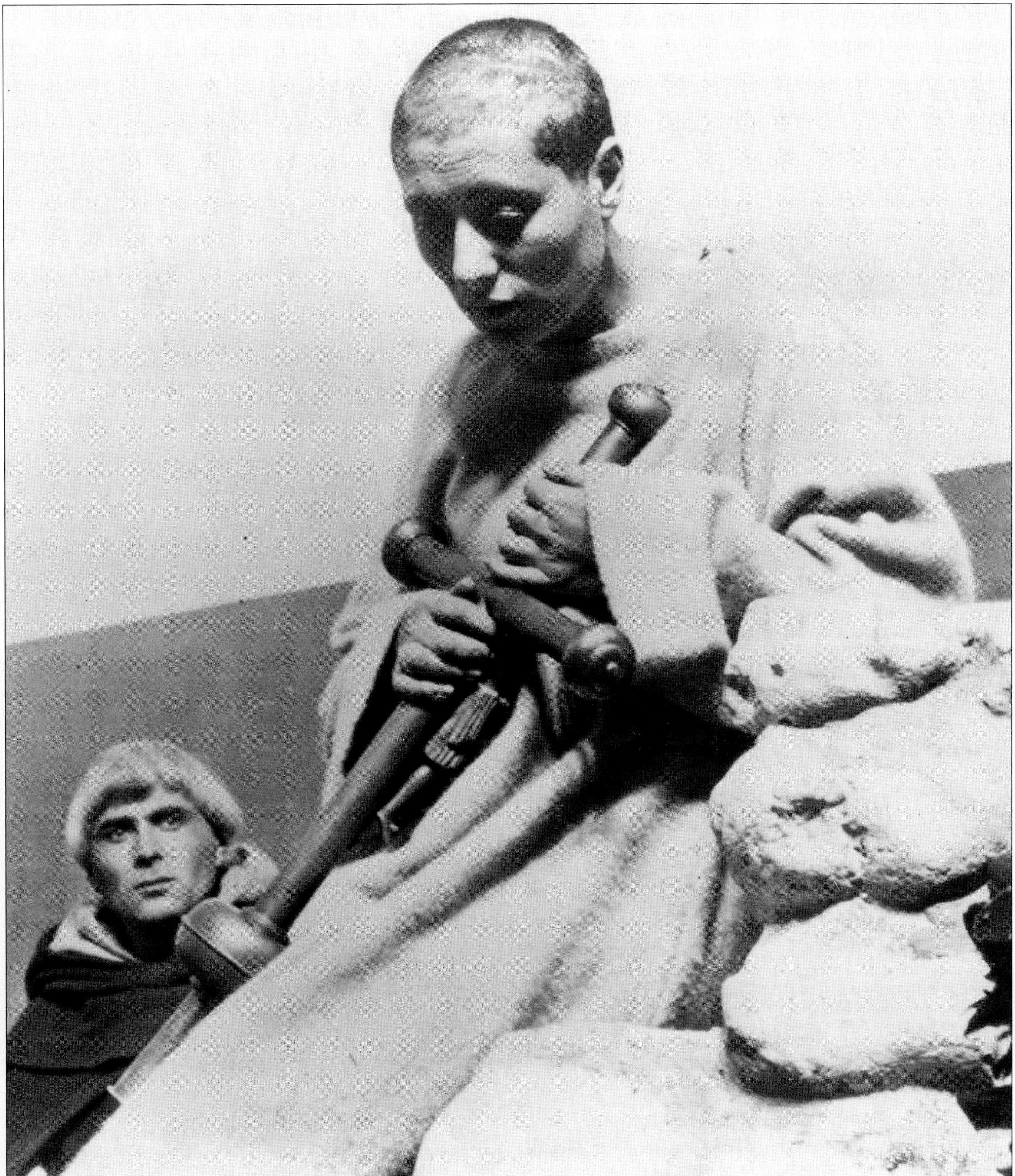

Alfred Hugenberg maître de l'UFA

Berlin, 2 janvier

En ce début d'année, de grands bouleversements s'annoncent dans l'industrie cinématographique. La société de production UFA crie misère depuis les échecs commerciaux de *Faust* (Murnau) et de *Metropolis* (Lang). Avec une certaine mauvaise foi, lors d'une assemblée générale qui s'est déroulée en mai dernier, il se disait que le coût de *Metropolis* (5 millions de marks) était responsable des difficultés actuelles. Fritz Lang proteste mais ne peut compter sur l'appui du producteur Erich Pommer. En effet, celui-ci, évincé de la direction avant le tournage du film, vient tout juste de réintégrer l'UFA. C'est Alfred Hugenberg qui est devenu l'homme de la situation. Editeur, fondateur de la société de production Deulig (spécialisée dans les films de propagande) depuis 1912, il est membre du parti national allemand depuis 1919 et leader de son aile d'extrême droite. En 1926, ses militants fascistes – les Casques d'acier – et ceux de Hitler – les Nazis – parviennent à interdire la sortie de *Potemkine* pendant une quinzaine de jours. Désormais, Alfred Hugenberg contrôle le cinéma, de même que l'opinion publique, dans l'ensemble du pays. (→ 22.3)

Le clown Charlot trouve dans « le Cirque » son cadre naturel

Los Angeles, 27 janvier

Après la première new-yorkaise du 6 janvier dernier, c'est au Grauman's Chinese Theatre qu'il revient de présenter en Californie le nouveau film de Charlie Chaplin, *le Cirque* (*The Circus*). Le tournage avait été entrepris par Chaplin voici un peu plus de deux ans, le 15 janvier 1926, et était officiellement achevé dès la fin de cette même

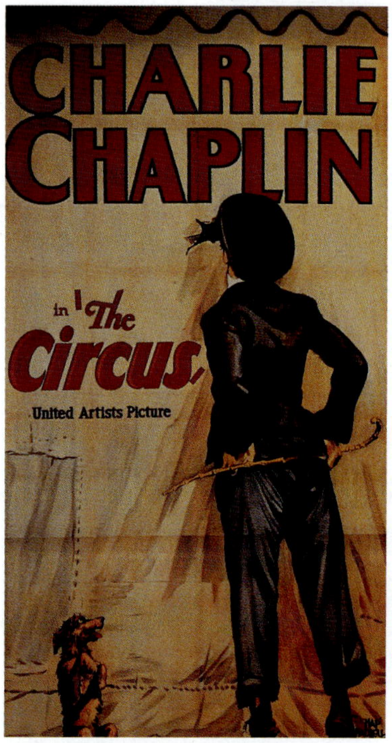

Chaplin a comme partenaire Merna Kennedy, amie de jeunesse de Lita Grey.

année. En fait, une année de plus a été nécessaire pour venir à bout du montage et de quelques prises de vues complémentaires. La vérité est que l'année 1927 a été pour Chaplin une année noire, traversée par les péripéties de sa rupture avec Lita Grey, le procès du divorce et ses conséquences financières et morales. Le matériel du film lui-même a été, quelque temps, un des enjeux du conflit. Tout cela est presque oublié aujourd'hui. Reste *le Cirque*, qui est manifestement du grand Chaplin, quoique le public semble l'apprécier beaucoup moins que *la Ruée vers l'or*. Le cinéaste l'a dirigé avec un souci de perfection plus grand que jamais, allant jusqu'à tourner sept cents fois une scène délicate où Charlot fait de la corde raide dans le cirque où il a été embauché comme clown. Charlot dans un rôle de clown ! Rien ne pouvait mieux lui convenir, même s'il s'agit d'un clown d'occasion, venu là pour les beaux yeux de l'écuyère, interprétée par Merna Kennedy. Ses maladresses sont irrésistibles. (→ 30.1.31)

Artaud et les surréalistes déclenchent l'émeute aux Ursulines

Paris, 9 février

L'histoire de l'avant-garde cinématographique restera sans doute redevable à Mme Germaine Dulac d'une soirée qui mérite en effet de figurer dans les annales, et ce pour un film dont la durée de projection n'excède pas 25 minutes. La réalisatrice de *la Souriante Mme Beudet* présentait au Studio des Ursulines, parmi un programme d'œuvres à caractère expérimental, son nouveau film, *la Coquille et le Clergyman*, réalisé à partir d'un scénario du poète Antonin Artaud. Ce dernier s'estime totalement trahi par une mise en images qui tire le scénario du côté du rêve, comme pour donner un alibi onirique à la virulence érotique du sujet. Résolu à manifester son opposition, Artaud a alerté ses amis du groupe surréaliste, qui sont venus en force aux

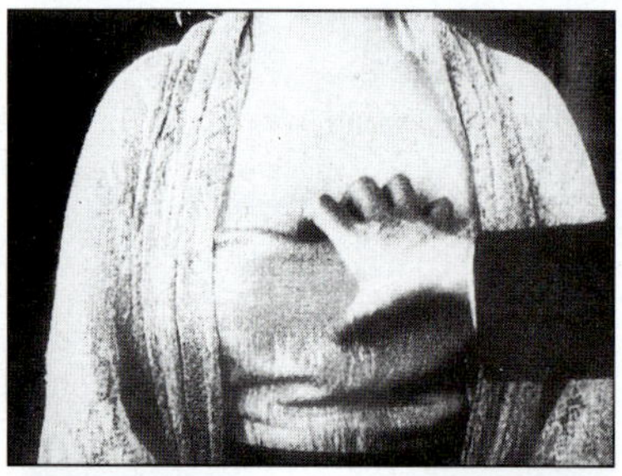

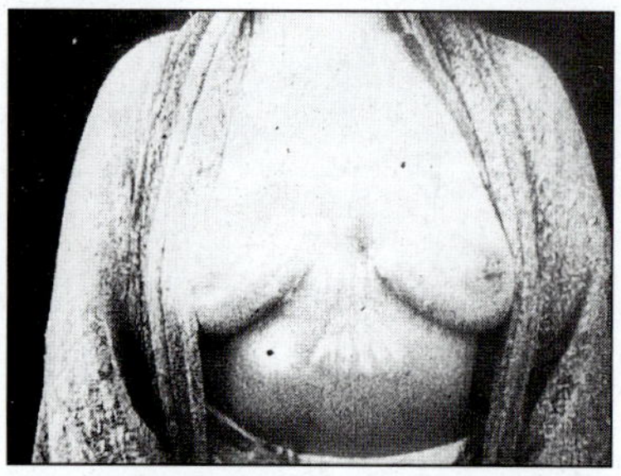

Les audaces de la réalisation n'ont pas suffi à désarmer le scénariste.

Ursulines afin de saboter la séance. La réussite de l'opération est complète. Robert Desnos, à la pointe de l'action, a lancé : « Mme Germaine Dulac est une vache ! » Organisateur de la soirée dans cette salle qu'il dirige, Armand Tallier ne pouvait admettre cette injure publique. Il riposta donc, tandis que des spectateurs offusqués protestaient à leur tour. Très vite, on en vint aux mains, dans la salle même, d'abord, puis au bar attenant, où René Clair, Philippe Hériat, Alexandre Arnoux et quelques autres ont tenté en vain de s'interposer. Devant ce désastre, Armand Tallier s'est néanmoins refusé à faire appel à la police. Cette attitude lui vaut en définitive les félicitations des surréalistes, peu accoutumés à pareille mansuétude. André Breton a tenu à le lui faire savoir en personne.

Chaplin du muet au parlant

Hollywood, 30 juin

Le Cirque sera sans doute le dernier film muet de Chaplin. Il vient de décider de tourner en sonore sa nouvelle production *les Lumières de la ville* (*City Lights*). Le tournage a débuté au mois de mars, en muet, mais le triomphe du *Chanteur de jazz* a tout remis en question. Aussi Chaplin avait décidé de l'interrompre. Ce qui ne l'empêche pas d'exprimer son hostilité aux *talkies*, et d'assurer qu'il ne compte pas faire usage de la parole. Le parlant, dit-il, est venu anéantir « la grande beauté du silence ». Il veut s'en tenir à « l'art le plus ancien du monde, celui de la pantomime ». (→ 1.11.30)

Eisenstein célèbre la révolution d'Octobre

Moscou, 14 mars
Plusieurs films ont salué le 10e anniversaire de la révolution. Parmi eux, *Octobre*, d'Eisenstein. C'est encore une commande. *Octobre* devait sortir en novembre, mais le scénario, inspiré du livre de John Reed, *Dix jours qui ébranlèrent le monde*, et sans cesse remanié, a provoqué un tournage cahotique. On reconstitua même en papier mâché la statue d'Alexandre III. Le montage fut douloureux : comment réduire 49 000 mètres de pellicule à 2 000 ? Enfin la politique s'en est mêlée et donc la censure : il a fallu couper Trotski. Eisenstein restitue néanmoins Petrograd en février et octobre 1917, de la chute du tsarisme à la prise du palais d'Hiver. C'est de la fiction plus que vraie, une épopée héroïque et lyrique, la genèse d'une nation. Seuls héros identifiés, Lénine et Kerenski, le chef du gouvernement bourgeois. Le premier (joué par un ouvrier) ne fait qu'une apparition. Le second est au contraire détaillé. Ce qui permet à Eisenstein de déployer une grande verve satirique. Le film rend bien le chaos véhément de l'époque et nous offre une polyphonie baroque d'images, d'idées et d'émotions. Eisenstein multiplie ici les audaces. Quelques scènes frappent l'imagination : l'ouverture du pont, le cheval suspendu, l'interminable montée de Kerenski dans l'escalier. En somme, une belle démonstration de montage intellectuel et un film parfois expérimental, voire abstrait. Trop riche peut-être. (→ 12.5)

Dans « Octobre », l'exaltation lyrique s'accompagne d'une analyse politique.

Les Rostand traînent Renoir en justice

« La Petite Marchande d'allumettes », de J. Renoir, avec Catherine Hessling.

Paris, 22 juin
Sur une plainte de Rosemonde Gérard, veuve d'Edmond Rostand, et de son fils Maurice, la justice vient de saisir le film de Jean Renoir *la Petite Marchande d'allumettes*. Bien qu'il se soit inspiré d'un conte d'Andersen, la justice a estimé que Renoir a plagié un opéra-comique de Maurice Rostand, tiré lui aussi du même conte. Interprété par l'épouse du réalisateur, Dédée, rebaptisée pour le cinéma Catherine Hessling, le film était projeté au Vieux-Colombier depuis le 8 juin. C'est dans le grenier de cette même salle, la première en France consacrée depuis 1924 au cinéma, comme art à part entière, que *la Petite Marchande d'allumettes* fut tourné. Renoir et son associé Jean Tedesco, le directeur du Vieux-Colombier, y avaient fait construire un minuscule studio-laboratoire. Malgré la pauvreté des moyens dont il disposait, Renoir a fait preuve d'ingéniosité et réussi à faire une œuvre poétique avec de très beaux effets féeriques. Pour y parvenir, il avait mis au point des procédés techniques inédits, en collaboration avec son opérateur Jean Bachelet. Utilisant un moteur d'automobile et une dynamo, le réalisateur avait pu alimenter en courant continu son studio et tourner, sous différents angles et avec cinq appareils, de nombreuses scènes. (→ 19.6.29)

« Le Chanteur de jazz » à Paris

Paris, 30 juin
Le Chanteur de jazz (*The Jazz Singer*), le film qui a révolutionné l'industrie du film outre-Atlantique, vient d'être présenté à la presse corporative parisienne et devrait sortir dans les mois prochains sur les écrans de la capitale. Ainsi, la puissante industrie américaine du film s'efforce d'investir l'Hexagone avec un nouveau cheval de bataille : les *talkies*. Toujours dans l'optique du cinéma parlant, la Paramount a recruté il y a quelques jours le chanteur fantaisiste Maurice Chevalier. Ce dernier s'apprêterait à partir pour Hollywood. (→ 5.11)

Les cinéastes soviétiques revendiquent un vrai rôle pour le son

Moscou, 19 juillet
Ils déclarent la guerre au parlant ! Dans le manifeste *l'Avenir du film sonore*, Eisenstein, Poudovkine et Alexandrov expliquent que bruits et dialogues vont entraîner le cinéma vers le mauvais théâtre ; cette copie de la réalité l'appauvrira. Car l'art du montage est incompatible avec la parole. Pourtant, ajoutent-ils, tout n'est pas négatif dans ce progrès. Le cinéma peut sortir de l'impasse des intertitres si on procède à « une brutale discordance du son et de l'image ». Le son et la musique deviendront alors un nouvel élément de montage. Donc, seul un contrepoint sonore et musical offre des perspectives. (→ 18.2.29)

Eisenstein et ses amis prennent parti pour un contrepoint orchestral à l'image.

Al Jolson revient en Fou chantant

New York, 26 septembre
Moins d'un an après la révélation du *Chanteur de jazz*, sa vedette Al Jolson, désormais star du cinéma sonore, est une nouvelle fois au premier plan de l'actualité. Le public découvre en effet sur l'écran du Wintergarden le nouveau film de Jolson, *le Fou chantant* (*The Singing Fool*), réalisé par Lloyd Bacon et produit comme le précédent par la Warner Bros. Il s'agit à nouveau d'un mélodrame, dont le héros, chanteur professionnel comme il se doit, voit mourir son enfant. C'est encore la musique qui fait l'essentiel du film, où Al Jolson interprète quelques chansons écrites pour s'inscrire dans les mémoires, telles *Sonny Boy*, *Golden Gate*, ou *I'm Sitting on Top of the World. Le Fou chantant* va en fait plus loin que *le Chanteur de jazz*, car c'est aussi un vrai film parlant, où Josephine Dunn et Betty Bronson donnent la réplique à Al Jolson. Notoriété oblige, ce dernier a reçu pour ce rôle un cachet de 150 000 dollars, soit le double de celui qu'il avait touché pour son premier film. A ses côtés, on découvre un très jeune partenaire plein de talent, Davey Lee, dans le rôle de l'enfant du héros. Il a trois ans et demi.

« La Passion de Jeanne d'Arc » et la rigueur de Carl Dreyer

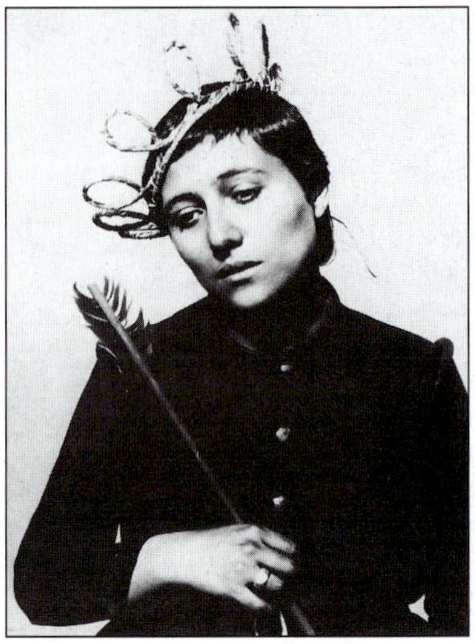

Comédienne jusqu'ici inconnue à l'écran, Renée Falconetti s'identifie au rôle beaucoup plus qu'elle ne l'interprète.

Paris, 25 octobre
Réalisé par le Danois Carl Theodor Dreyer, le film français *la Passion de Jeanne d'Arc* sort dans une atmosphère de polémique. N'ayant pas plu à l'archevêché de Paris, préalablement consulté, c'est dans une version censurée par celui-ci que le film est offert au public. Par ailleurs, dès l'annonce du projet, des nationalistes avaient protesté contre le fait de confier à un étranger la réalisation d'une œuvre sur la Pucelle. C'est après avoir fait une forte impression en France avec son film *le Maître du logis*, qu'il était venu présenter en avril 1926, que Dreyer s'était vu proposer de tourner un film sur Jeanne d'Arc par la Société générale de films. Le tournage s'est déroulé entre mai et octobre 1927 dans des décors austères signés par Hermann Warm, un décorateur allemand dont le nom est lié à quelques grandes réussites du cinéma expressionniste allemand : *le Cabinet du docteur Caligari*, *les Trois Lumières...* Au cours du tournage, qui s'est effectué suivant l'ordre chronologique du procès, Dreyer a fait dire à ses acteurs, dont Michel Simon, Antonin Artaud et Eugène Silvain, les phrases exactes qu'on peut lire dans les sous-titres. Ce parti pris de réalisme a amené le réalisateur à demander à la jeune comédienne Renée Falconetti, qui incarne Jeanne, de tondre, pour de vrai, ses beaux cheveux et à dépouiller son visage de tout maquillage. Filmé le plus souvent en gros plan, le visage nu de l'actrice n'en paraît que plus émouvant et humain. Tant de rigueur confère au film et à ses images, photographiées avec talent par Rudolph Maté, la qualité et la puissance d'évocation d'une œuvre universelle. (→ 6.12)

Erich von Stroheim et les désaccords de la symphonie du désir

Fay Wray dans « Symphonie nuptiale ». A nouveau un film maudit.

New York, 2 octobre
Septième film d'Erich von Stroheim depuis ses débuts derrière la caméra en 1919, *la Symphonie nuptiale* (*The Wedding March*), que le public découvre, est loin de répondre à ce que voulait son auteur. Commencé le 1er juin 1926, le tournage s'est prolongé jusqu'au mois d'octobre 1927. Entre-temps, le producteur, P. A. Powers, avait cédé tous ses droits à la Paramount, où le responsable des productions, B. P. Schulberg, s'est vite inquiété de ce tournage interminable. Les prises de vues achevées, il licenciait Stroheim, et faisait appel à Josef von Sternberg pour le montage. Le résultat n'étant pas satisfaisant, une deuxième tentative de montage fut effectuée ; puis, Stroheim et Sternberg étaient invités à reprendre les choses en main, ensemble. Le film exploité équivaut à la moitié du projet de Stroheim, qui avait envisagé deux parties. Il ne s'agit pas moins d'une superbe réalisation par la force du scénario, sa beauté visuelle et son audace, avec la place faite à la sexualité. (→ 1.2.29)

Un film sonore produit en France

Paris, 18 octobre
Après les Etats-Unis, la France va-t-elle se mettre à son tour aux *talkies* ? C'est en effet aujourd'hui que sort sur les écrans le premier film sonore français. Celui-ci s'intitule *l'Eau du Nil* et a été réalisé par Marcel Vandal, pour le compte de sa société Vandal et Delac. L'histoire, adaptée d'un roman homonyme de Pierre Frondaie, est un imbroglio mélodramatique qui a pour cadre l'Egypte. Dans les principaux rôles, Jean Murat, Maxudian et René Lefebvre tentent de rendre crédibles les rebondissements d'un scénario pour le moins simpliste. Il ne s'agit pas encore d'un film vraiment parlant, mais d'une simple synchronisation de musiques et de chants. Des progrès restent à faire. (→ 31.8.29)

Garbo la Divine enterre Mauritz Stiller

Avec L. Sherman dans « la Femme divine », de Victor Seastrom (Sjöström).

Hollywood, 8 novembre
Garbo tourne son huitième film américain, *Terre de volupté (Wild Orchids)*, et joue une scène d'amour très délicate avec son partenaire Nils Asther, quand lui est remis un câble expédié de Stockholm. Mauritz Stiller vient de mourir à l'hôpital, une photo de Greta à son chevet. Très pâle, la jeune actrice quitte le plateau, s'isole dans sa loge ; là, elle trouve un petit flacon de cognac, et une carte de Louis B. Mayer : « Chère Greta, je compatis à votre chagrin, mais le spectacle doit continuer. » La Divine éclate d'un rire nerveux avant de mesurer l'étendue de sa peine. Il y a trois ans, tous deux débarquaient à New York en conquérants. Mauritz Stiller était à l'apogée de sa carrière. Né à Helsinki en 1883, il émigre en Suède à vingt-sept ans. Entre 1912 et 1924, il réalise quarante-six films. Le public aime ses comédies fines et gracieuses, et ses spectacles grandioses. Hollywood n'a su que briser cet artiste si exigeant. Malade, déçu, il quittait l'Amérique voici moins d'un an. Sans attendre le retour de Greta, il vient de s'éclipser. (→ 14.3.30)

L'interdiction des « Nouveaux Messieurs »

Paris, 15 décembre
Sur l'intervention d'un groupe de parlementaires, *les Nouveaux Messieurs*, de Jacques Feyder, vient d'être interdit à l'exploitation. Produit par Alexandre Kamenka, pour Les Films Albatros, c'est une comédie satirique écrite par le réalisateur et son secrétaire Charles Spaak, d'après la pièce de Robert de Flers et Francis de Croisset. Présenté devant les critiques le 28 novembre dernier, le film a été très favorablement accueilli, mais il a provoqué des remous dans les milieux politiques, qui l'ont jugé intolérable et diffamatoire à l'égard de leur profession. En fait, *les Nouveaux Messieurs* raille les mœurs de certains jeunes politiciens qui, à peine arrivés au pouvoir ou au Parlement, adoptent les mauvaises habitudes des vieux routiers de la politique. Jacques Feyder ne pourra pas défendre son film : à l'heure actuelle, il se trouve en Amérique, où l'appelait un contrat avec la Metro-Goldwyn-Mayer. (→ 5.4.29)

Le film de Jacques Feyder est tiré du premier scénario de Charles Spaak.

La tragédie de Verdun, dix ans après

Paris, 8 novembre
A trois jours du 10e anniversaire de la fin de la guerre de 1914-1918, les spectateurs découvrent en présentation de gala un bien curieux film : *Verdun, visions d'histoire*, de Léon Poirier. Ce film, l'un des rares depuis *J'accuse*, d'Abel Gance, à évoquer la Grande Guerre, se propose, sans arrière-pensée de propagande, d'exalter l'héroïsme des hommes et la grandeur des valeurs humaines. Réalisateur du *Penseur*, de *Narayana* et de *Jocelyn*, Poirier a réussi avec *Verdun, visions d'histoire* une œuvre singulière dans sa conception. Pour donner à sa reconstitution de la bataille un aspect véridique, il n'a pas hésité à utiliser des bandes d'actualités puisées aux archives de l'armée. Ces bandes, il les a astucieusement intercalées parmi les scènes reconstituées. Ce procédé est hérité des réalisateurs de Gaumont qui avaient l'habitude d'intégrer dans leurs films de fiction des scènes de catastrophes réelles qu'ils trouvaient dans les réserves des actualités Gaumont.

« Verdun, visions d'histoire ».

Un laborieux hommage rendu à Marey

Paris, 22 décembre
A l'issue des controverses qui ont marqué, en 1924 et 1925, le projet de commémoration du 30e anniversaire du Cinématographe, il avait été décidé de dédier à Marey une seconde plaque, destinée à équilibrer l'hommage rendu aux Lumière. C'est chose faite, après encore deux années et demie occupées à de nouvelles polémiques, et aux rédactions successives du texte. La plaque a pu être inaugurée cet après-midi au 11, boulevard Delessert, où Etienne-Jules Marey vécut ses dernières années. Elle rend hommage à son rôle de « créateur de la chronophotographie, base technique de la cinématographie. » Le comité Marey est en partie payé de ses peines. Présidé par l'inventeur et pionnier Raoul Grimoin-Sanson, il compte parmi ses membres les plus actifs d'anciens collaborateurs de Marey : le professeur Charles Richet, de l'Institut, Pierre Noguès, Lucien Bull, ainsi que l'historien Maurice Noverre, opposé au « lumiérisme » dominant. (→ 9.11.35)

Etienne-Jules Marey vers 1875.

★★★★★★★★ 1929 ★★★★★★★★★★★★★★★★★★★★★★★★★★★★★

Academy Awards, Hollywood
Film : *les Ailes* (William Wellman).
Acteur : Emil Jannings.
Actrice : Janet Gaynor.

Chine, 1er janvier
Le Guomindang, au pouvoir, instaure les premières règles de censure pour les films. (→ 30.11.30)

Etats-Unis, 2 janvier
D'après *Variety*, les investissements pour la sonorisation des salles s'élèvent à 300 millions de dollars.

Berlin, 17 janvier
Une représentation expérimentale de cinéma sonore a lieu au Tauentzienpalast, avec la projection de deux films de court métrage.

Portugal, 23 janvier
Sortie de *Nazaré, plage de pêcheurs*, de J. Leitao de Barros. (→ 15.11.30)

Nice, 24 janvier
Jean Vigo, qui vient de débuter au cinéma aux studios de la Victorine, épouse une jeune Polonaise, Elisabeth Losinska, dont il avait fait la connaissance au sanatorium de Font-Romeu. (→ 22.1.33)

Prague, 1er mars
Sortie du *Père Vojtech*, premier film réalisé par le comédien et scénariste Martin Fric, disciple et collaborateur de Karel Lamac. (→ 26.10.34)

New York, 3 mars
William Fox, producteur, annonce qu'il a acquis pour 50 millions de dollars la majorité des actions de la société Loew's Inc., qui contrôle la Metro-Goldwyn-Mayer. Louis B. Mayer, son président, s'insurge devant la perspective d'une absorption de la Metro-Goldwyn-Mayer par la Fox. (→ 5.4.30)

Moscou, 26 mars
Sortie du film *le Cadavre vivant*, de Fedor Ozep, d'après une œuvre de Léon Tolstoï.

Sao Paulo, 13 avril
Le Patriote, d'Ernst Lubitsch, avec Emil Jannings, est le premier film parlant projeté au Brésil. Il a été tourné en fait en muet, et partiellement postsynchronisé. (→ 22.5.31)

Berlin, 29 avril
Sortie de *La femme que l'on désire* (*Die Frau nach der Mann sich sehnt*), réalisé par le metteur en scène de théâtre Kurt Bernhardt, et interprété par Marlène Dietrich.

Etats-Unis, 27 mai
Sortie de *Broadway*, de Paul Fejos. C'est l'un des premiers films parlants qui introduit la mobilité de la caméra, pour lesquels Universal a fait construire une grue spéciale de 75 000 dollars. (→ 3.12.32)

France, 31 mai
Abel Gance se déclare partisan du film sonore et parlant, mais non dialogué. Il appelle de ses vœux « la grande symphonie visuelle et sonore » du cinéma à venir.

Paris, 31 mai
Sortie de *la Femme et le Pantin*, de Jacques de Baroncelli, film en couleurs, suivant le procédé français Keller-Dorian.

Hollywood, 1er juin
Equity, le syndicat des comédiens, entame une grève contre les studios. Parmi les revendications : l'exclusion des acteurs non syndiqués, la semaine de travail en quarante-huit heures et la garantie que les voix ne soient pas doublées sans l'accord des acteurs. (→ 31.7.33)

Mexico, 7 juin
Par décret, les films étrangers doivent être sous-titrés en espagnol. Cependant, le public, en majorité analphabète, réclame leur doublage intégral.

Etats-Unis, 22 juin
Sortie du premier film parlant de Josef von Sternberg, *l'Assommoir* (*Thunderbolt*).

Londres, 30 juin
Chantage (*Blackmail*), son premier film parlant, avec John Longden et Anny Ondra, impose Alfred Hitchcock comme un maître du *thriller* obsessionnel. (→ 29.5.34)

France, 30 juin
V. Ivanoff, directeur de la société L'Ecran d'art, annonce le tournage avec le procédé sonore Gaumont-Petersen-Poulsen, de *la Fin du monde* par Abel Gance, film d'anticipation tiré du livre de Camille Flammarion. (→ 24.1.31)

Berlin, 30 juillet
A Neubabelsberg, l'UFA construit des studios parmi les plus modernes d'Europe, pour tourner des films sonores et parlants. Le coût prévu est de 6 millions de marks.

Etats-Unis, 3 août
Sortie de *Têtes brûlées* (*The Cockeyed World*), qui fait suite à *What Price Glory*, du même Raoul Walsh, avec Victor McLaglen et Edmund Lowe. (→ 24.10.30)

Prague, 13 août
Le Lucerna s'équipe du procédé sonore Western Electric et présente *Show Boat*, d'Harry Pollard, devant un public enthousiaste.

Berlin, 21 août
Lors d'un voyage d'étude avec Grigori Alexandrov et Edouard Tissé, Eisenstein apprend qu'il n'est plus invité à Hollywood. (→ 7.9)

Berlin, 5 septembre
Marlène Dietrich joue sur scène *Zwei Kravatten*. Sternberg, venu voir Hans Albers, que lui propose Erich Pommer pour tourner dans *Professeur Unrat* (*l'Ange bleu*), la remarque et lui confie le principal rôle féminin du film. (→ 1.4.30)

Etats-Unis, 28 septembre
Les élans de passion de Lionel Barrymore dans *His Glorious Night*, son premier film parlant, provoquent l'hilarité : c'est la fin de la carrière de l'une des plus grandes vedettes du muet. (→ 10.3.30)

Paris, 2 octobre
La société Franco Film, dirigée par Robert Hurel, qui contrôle les studios de la Victorine et le réseau des salles Gaumont, absorbe par fusion les établissements Louis Aubert. Elle adopte la nouvelle dénomination Franco Film-Aubert.

Etats-Unis, 6 octobre
La RKO sort la première adaptation à l'écran d'une comédie musicale de Broadway, *Rio Rita*.

Moscou, 7 octobre
Première de *l'Ancien et le Nouveau*, (*Staroe i novoe*) intitulé d'abord *la Ligne générale*, d'Eisenstein. Staline a suggéré le titre. (→ 17.2.30)

Berlin, 15 octobre
Première de *Journal d'une fille perdue* (*Das Tagebuch einer Verlorenen*), de G. W. Pabst. (→ 21.3.30)

Rome, 24 octobre
Sortie de *Soleil* (*Sole*), documentaire d'avant-garde et premier film d'Alessandro Blasetti.

New York, 4 novembre
La Warner Bros absorbe définitivement la First National. (→ 15.11.30)

Londres, 10 novembre
Toujours en voyage avec Alexandrov et Tissé, Eisenstein rencontre John Grierson, Bernard Shaw, Paul Rotha et Basil Wright. (→ 17.2.30)

Paris, 15 novembre
Constitution de la Fédération des ciné-clubs, sous la présidence de Germaine Dulac.

Hollywood, 29 décembre
Universal sort le premier film sonore tourné en extérieurs, dans la vallée de la Mort, *les Héros de l'enfer* (*Hell's Heroes*), de William Wyler. (→ 5.8.30)

NAISSANCES
Rome, 3 janvier
Sergio Leone.

Rome, 29 janvier
Elio Petri.

Bruxelles, 4 mai
Audrey Hepburn.

Nice, 6 juillet
Jean-Pierre Mocky.

Toscane, 20 septembre
Vittorio Taviani.

Philadelphie, 12 novembre
Grace Kelly.

New York, 9 décembre
John Cassavetes.

Le film « l'Heure suprême », de Frank Borzage, est au palmarès des premiers Academy Awards, pour la mise en scène et l'interprétation.

WILLIAM FOX PRESENTS
THE MOTION PICTURE
7th HEAVEN
by AUSTIN STRONG
with
JANET GAYNOR
CHARLES FARRELL
BASED ON JOHN GOLDEN'S STAGE SUCCESS · FRANK BORZAGE PRODUCTION

L'Herbier introduit le cinéma à la Bourse

Tournage de « l'Argent », d'après Emile Zola, à la Bourse de Paris.

Paris, 11 janvier

Version cinématographique modernisée du roman d'Emile Zola, *l'Argent*, de Marcel L'Herbier, sort précédé d'une polémique lancée par André Antoine. Celui-ci, et quelques autres, reprochent au réalisateur d'avoir dénaturé l'œuvre de l'écrivain en la transposant à l'époque contemporaine. Disposant d'un budget important, L'Herbier et ses décorateurs, Lazare Meerson et André Barsacq, ont fait reconstruire la Bourse en studio. Quinze caméras, placées parfois dans des positions surprenantes, ont été mobilisées pour les impressionnantes scènes à grande figuration se déroulant à l'intérieur du temple de la finance. (→ 11.4.30)

Joseph Kennedy fait barrage à Stroheim

Hollywood, 1er février

Une fois encore, tous les démons de Hollywood semblent s'être alliés contre Erich von Stroheim pour l'empêcher de conduire normalement sa carrière de cinéaste. Cette fois-ci, c'est son nouveau film, *la Reine Kelly* (*Queen Kelly*), qui fait les frais de cet antagonisme : en litige avec les producteurs, Stroheim est littéralement chassé du plateau où il tournait depuis septembre. Au départ, pourtant, le film résultait d'une authentique commande des producteurs à Stroheim. Les producteurs, c'est-à-dire Joseph Kennedy – en vérité, il est banquier à Boston mais des circonstances professionnelles l'ont amené à intervenir dans les destinées d'une société californienne de production – et avec lui Gloria Swanson, la star de la Paramount, qui, de son côté, voulait poursuivre sa carrière de comédienne en produisant elle-même ses films. Admirateurs de Stroheim, les deux associés étaient tombés d'accord pour lui confier un film dont Gloria serait la vedette, et ce avec l'appui des Artistes associés. Mais le sujet même du film, mettant en scène une jeune couventine séduite par un prince libertin, a fini par affoler aussi bien l'interprète et productrice que le très catholique Kennedy. Par ailleurs, le triomphe du *Chanteur de jazz* laisse désormais peu d'avenir aux films muets. Joseph Kennedy a tranché dans le vif : Stroheim n'achèvera pas *la Reine Kelly*. (→ 5.8.30)

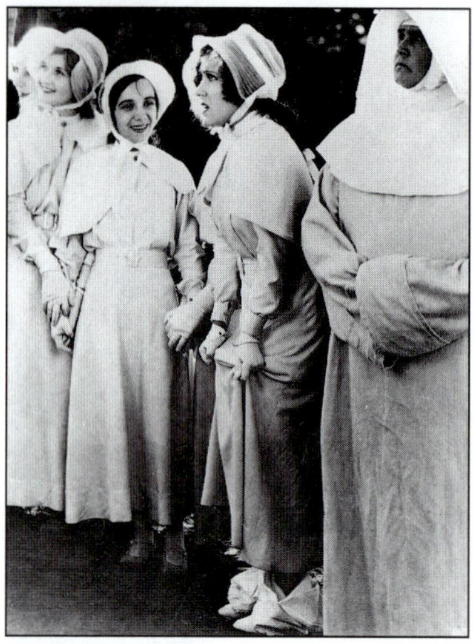

Un moment embarrassant pour Gloria Swanson dans « Queen Kelly ».

Play-back à 50 %

Hollywood, 1er février

Présenté comme le premier film totalement chantant, dansant et parlant, *Broadway Melody*, de Harry Beaumont, porte les espoirs de la MGM pour battre la Warner et *le Chanteur de jazz*. Une technique nouvelle, le *play-back*, a permis d'enregistrer la bande sonore, pour moitié au moins, avant même le tournage.

« La Nouvelle Babylone » célèbre à Moscou la Commune de Paris

Moscou, 18 février

La révolution russe explore l'histoire. La Commune, citée par Marx et Lénine, se devait d'être filmée. C'est chose faite avec *la Nouvelle Babylone*, production de deux jeunes cinéastes de vingt-quatre et vingt-sept ans, Grigori Kozintsev et Leonid Trauberg, qui ont créé avec d'autres en 1922 à Petrograd la FEKS ou Fabrique de l'acteur excentrique. Ils revendiquent l'influence du music-hall, du cirque et du Guignol, refusent la psychologie et adorent les outrances. On l'a bien vu dans *le Manteau*, sorte de fantasmagorie d'après Gogol, et dans *Neiges sanglantes*, drame révolutionnaire au romantisme échevelé. *La Nouvelle Babylone* est une œuvre moins insolente. Zola n'aurait pas renié cette fable sur une employée de grand magasin. Le titre reprend le nom du magasin, mais évoque aussi Paris, où se croisent plusieurs destins : la Parisienne, le patron, les bourgeois, le soldat-paysan... L'employée communarde et le soldat s'aiment dans un Paris contrasté : ville nocturne, débauchée et irréelle, mais aussi ville diurne, laborieuse et concrète. Saluons le remarquable travail de l'opérateur Andreï Moskvine. Çà et là on reconnaît des emprunts à Manet, Renoir ou Daumier. Le film est tragique, et sa fin désenchantée : le soldat tue l'employée. Le montage est sec, sans effets, et les intertitres réduits au minimum. Enfin Dimitri Chostakovitch a composé une partition brillante et complexe. *La Nouvelle Babylone* devrait séduire.

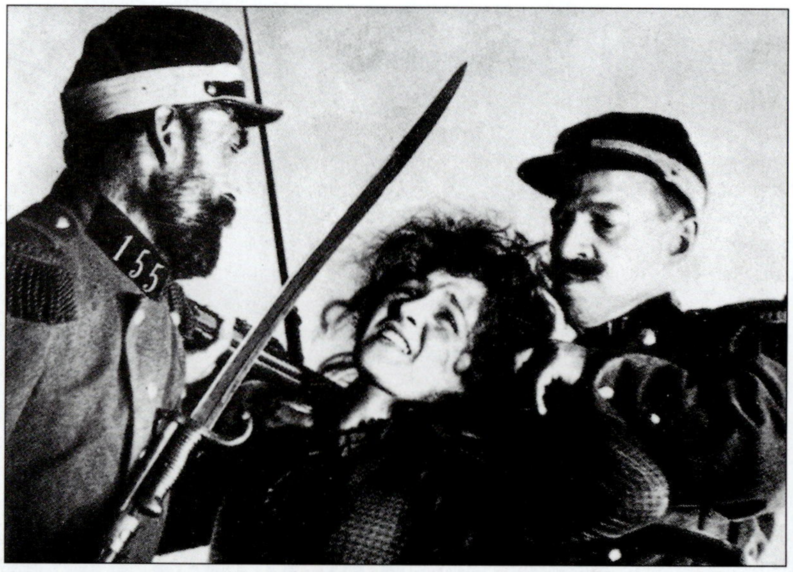

Elena Kouzmina dans le film de Grigori Kozintsev et Leonid Trauberg.

Louise Brooks fascinante dans « Loulou »

Berlin, 28 février
G. W. Pabst ne craint pas de surprendre ou de déplaire. Bien avant la fin du tournage, *Loulou* suscite des remous. En 1922 déjà, Leopold Jessner adaptait à l'écran la pièce de Frank Wedekind, avec l'actrice danoise Asta Nielsen dans le rôle-titre. *Loulou*, au théâtre comme au cinéma, provoque la fureur des gardiens de la morale. Ce n'est pas G. W. Pabst qui va les apaiser. Son film a l'audace de présenter la prostituée Loulou en victime passive, gentiment innocente des drames qu'elle suscite. Pabst ne fait pas une étude de mœurs ni une peinture réaliste ou moralisatrice. Il braque sa caméra sur sa vedette : Loulou. C'est Louise Brooks, une jeune Américaine, très cotée à Hollywood malgré son tempérament de rebelle. A vingt-deux ans et avec treize films à son palmarès, elle devient la seule Loulou imaginable. Critiques et spectateurs se demandent longtemps si sa performance relève du talent pur ou du jeu instinctif. En un seul film, Louise incarne toutes les femmes du monde : enfantine, sensuelle et fatale. (→ 15.10)

Une totale incarnation du personnage imaginé par Frank Wedekind.

Douglas et Mary donnent de la voix

Hollywood, 5 avril
Douglas Fairbanks et son épouse, Mary Pickford, abordent, chacun de son côté, le cinéma sonore. Pickford, elle, présente *Coquette* en première mondiale, au Chinese Theatre. Pour ce film, l'actrice la mieux payée du monde a accepté de prendre d'énormes risques : elle fait entendre sa voix pour la première fois, elle a remplacé son opérateur attitré, Rosher, par Karl Struss, et elle a coupé ses célèbres boucles blondes. Quant à Fairbanks, il est apparu dans *le Masque de fer*, d'Allan Dwan, muet mais sonorisé, sorti sur les écrans le 21 février ; et, déjà, il commence le tournage de *la Mégère apprivoisée*, de Sam Taylor, son premier vrai film parlant. (→ 20.10.31)

« Le Masque de fer », d'Allan Dwan, premier film parlant de D. Fairbanks.

Nouvelle censure, ancienne manière

Paris, 5 avril
Après quatre mois d'interdiction à l'exploitation, le film de Jacques Feyder *les Nouveaux Messieurs* sort, un peu dénaturé, au cinéma Paramount. Malgré le soutien quasi unanime de la presse et des critiques – lesquels en avaient loué les nombreuses qualités –, le film avait été interdit, sous la pression d'un groupe de parlementaires. Le 11 mars dernier, la Commission de contrôle des films avait donné satisfaction à la fois à la presse, en levant l'interdiction, et aux parlementaires, en exigeant préalablement de couper les scènes litigieuses. Le décret Herriot, daté du 18 février 1928, puis les déclarations du ministre de l'Instruction publique et des Beaux-Arts avaient pourtant fait naître chez les professionnels du cinéma l'espoir de voir la nouvelle censure mieux réglementée, afin que soient limités les abus des corporatismes, politiques et syndicaux en particulier.

« Un chien andalou », de Luis Buñuel, et le scandale du succès

Paris, 1er avril
Il s'appelle Luis Buñuel. Il est espagnol et il vient de faire une entrée fracassante dans le club fermé des surréalistes avec un film étrange, intitulé *Un chien andalou*. La projection au Studio des Ursulines a failli tourner à l'émeute. André Breton, Man Ray et d'autres surréalistes présents ont aussitôt reconnu, comme étant des leurs, Luis Buñuel et Salvador Dali, coauteur du scénario. Les surréalistes ont été choqués par le fait que, dans le public, beaucoup de ceux qui sont à leurs yeux des « bourgeois » ont quand même aimé le film. Buñuel lui-même en a été déçu. Du coup, il n'a pas utilisé les cailloux qu'il avait en poche, en prévision des réactions violentes. (→ 10.4.30)

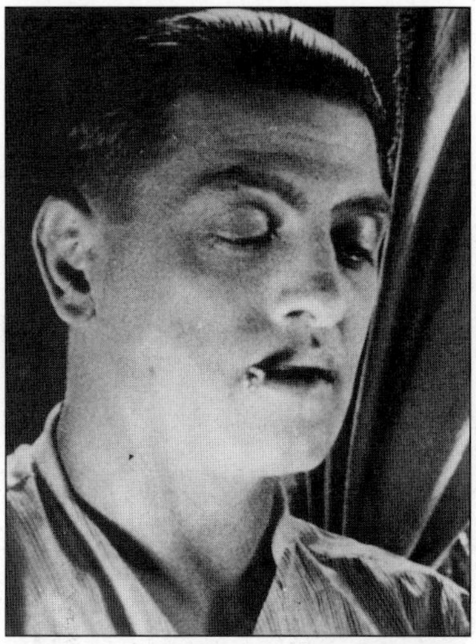

Buñuel, coauteur du film avec Salvador Dali, apparaît aussi à l'image, comme pour authentifier l'œuvre.

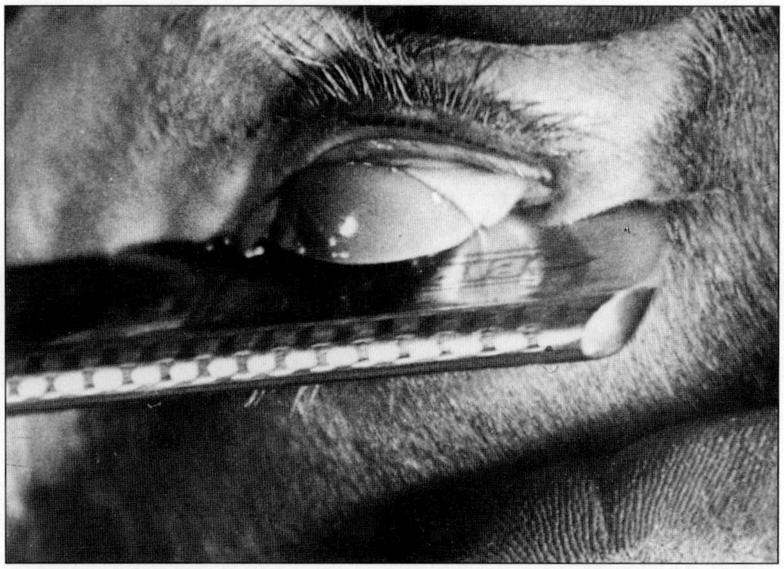

Un plan d'ouverture dont le choc n'est pas étranger au retentissement du film.

Hollywood décerne ses premiers Academy Awards

Clara Bow et Richard Arlen dans « les Ailes », de William Wellman.

Emil Jannings dans « Crépuscule de gloire », de Josef von Sternberg.

Une assemblée de professionnels

Hollywood, 16 mai
Pour la première fois dans l'histoire du cinéma américain, les représentants du septième art se réunissent pour récompenser les plus méritants d'entre eux. L'idée de ces trophées est née en janvier 1927. Au cours d'un dîner réunissant à Santa Monica l'acteur Conrad Nagel, le réalisateur Fred Niblo et le producteur Fred Beetson dans la villa de Louis B. Mayer, ce dernier proposait à ses invités la création d'un groupe de travail, afin d'aider l'ensemble de la profession. Lors d'un second dîner, les quatre hommes invitaient à se joindre à eux des représentants d'autres branches créatives de l'industrie cinématographique. En février, l'Academy of Motion Pictures Arts and Sciences était née, regroupant trente-six personnes : producteurs, acteurs, réalisateurs, scénaristes et techniciens. Sa première réunion se déroulait à l'Ambassador Hotel de Los Angeles, sous la direction de Douglas Fairbanks. Ses statuts étaient établis le 20 juin 1927, mais ce n'est qu'en mars 1928 qu'a été décidée la remise annuelle des récompenses. Dès ses premières réunions, l'académie se devait de résoudre de nombreux problèmes de l'industrie cinématographique.

Trente-cinq nominations pour treize élus

Hollywood, 16 mai
Au Roosevelt Hotel, les professionnels du cinéma américain décernent leurs premières récompenses aux acteurs, réalisateurs, techniciens et films les plus brillants de l'année. Les lauréats reçoivent une statuette de métal blanc anglais, recouverte de cuivre et de nickel et revêtue d'or. Elle mesure 35 cm, pèse 4 kg et a été dessinée par le chef du département décoration de la MGM, le directeur artistique Cedric Gibbons. Les nominations ont été établies le 15 février par vote secret, au sein de chaque branche professionnelle (les acteurs ont voté pour les acteurs, les techniciens pour les techniciens, etc.). Les lauréats du palmarès final, eux, sont désignés par le monde cinématographique dans son ensemble. Les présélectionnés sont trente-cinq à attendre le verdict dans l'angoisse... Le meilleur acteur de l'année est Emil Jannings pour *Quand la chair succombe* (*The Way of All Flesh*), de Victor Fleming, et pour *Crépuscule de gloire* (*The Last Command*), de Josef von Sternberg. Il a été préféré à Richard Barthelmess. La meilleure actrice est Janet Gaynor, pour deux films de Frank Borzage : *l'Heure suprême* (*Seventh Heaven*) et *l'Ange de la rue* (*Street Angel*), et pour un film de Friedrich Murnau : *l'Aurore* (*Sunrise*). Janet Gaynor devance ici Gloria Swanson et Louise Dresser. Frank Borzage pour son drame *l'Heure suprême*, et Lewis Milestone pour sa comédie *Deux Chevaliers arabes* (*Two Arabian Knights*), sont les meilleurs réalisateurs de 1928. *Les Ailes* (*Wings*), de William Wellman, avec Clara Bow et Gary Cooper, reçoit le prix du film de l'année. Enfin, un prix spécial a été remis à la Warner Bros pour *le Chanteur de jazz* (*The Jazz Singer*), d'Alan Crossland, premier film parlant de l'histoire du cinéma, et un autre à Charles Chaplin, réalisateur et producteur du *Cirque* (*The Circus*). Pour Chaplin, c'est la première récompense qu'il reçoit. (→ 5.11.30)

Janet Gaynor, prix d'interprétation, est entourée de D. Fairbanks, président de l'académie, de F. Borzage et de K. Struss. A l'extrême gauche, R. Arlen.

L'homme à la caméra reconstruit la vie

Moscou, 9 avril
Un film étonnant, *l'Homme à la caméra*, du curieux Dziga Vertov, sort dans la capitale. Les affiches précisent qu'il s'agit d'une expérience. En effet, il n'y a ni intrigue, ni personnages, ni décors, ni intertitres ! Vertov s'est spécialisé dans le documentaire, et a exposé son credo dans *Manifeste de la révolution du Ciné-Œil*. Il ne veut être qu'un œil qui scrute le monde. Il récuse donc la fiction. Mais la réalité brute doit être réorganisée pour « obtenir un rythme artistique global », en écho aux rythmes internes des objets et des gens filmés. La caméra s'approche, se glisse, s'éloigne, s'envole... Quelle virtuosité, quel chaos vertigineux ! Pas une explication ne rompt l'enchaînement des images et des séquences hétéroclites. La vie à l'improviste d'une grande ville, Odessa, fournit des morceaux de vie. La structure du film explique les secrets de fabrication en quatre temps : le matériel filmé, l'opérateur filmant, le tri et le montage des plans, les spectateurs. Ce tourbillon créateur offre bien des perspectives, quoique proche de la démonstration, et cet art d'avant-garde peut dérouter le grand public.

Mikhaïl Kaufman, frère du réalisateur, tient le rôle-titre de l'opérateur.

Laurel et Hardy déshabillent Jean Harlow

New York, 18 mai
La sortie du nouveau film de Laurel et Hardy, *Son Altesse Royale* (*Double Whoopee*), réalisé par Lewis R. Foster, crée un petit scandale. On y voit la jeune débutante Jean Harlow pénétrant à demi nue dans un palace de Times Square, à Londres. Dans ce film écrit par Leo McCarey, Jean Harlow laisse en effet entrevoir ses charmes aux spectateurs puisqu'elle joue le rôle d'une jolie femme descendant d'un taxi pour entrer dans l'hôtel dont Laurel est le portier. En la saluant, celui-ci referme la portière sur sa robe de soirée : la voiture démarre, arrachant le vêtement. Ne s'étant pas aperçue de cet incident, la jeune femme s'avance ainsi dévêtue jusqu'au bureau de réception, devant les clients choqués ou admiratifs ! Dans une autre scène, Stan Laurel incarne la doublure d'Erich von Stroheim en prince d'opérette : une parodie hilarante que l'acteur allemand semble avoir beaucoup appréciée. Un nouveau succès pour « les rois du rire » et pour la belle Jean Harlow, dix-huit ans – elle est née le 3 mars 1911 à Kansas City –, qui tourne ainsi son troisième film après *Son voyage en Chine* et *Vive la liberté*. (→ 27.5.30)

La débutante Jean Harlow dans « Son Altesse Royale », de Lewis R. Foster.

La marchande d'allumettes dédommagée

Paris, 19 juin
La saisie de *la Petite Marchande d'allumettes*, de Jean Renoir, intervenue il y a un an environ, est levée à partir d'aujourd'hui par décision de la 2e chambre du tribunal. Accusé de contrefaçon de l'œuvre lyrique que Maurice Rostand avait tirée du célèbre conte d'Andersen, Renoir gagne donc le procès intenté contre lui par l'auteur et sa mère, Rosemonde Gérard, la veuve d'Edmond Rostand. Par ailleurs, le tribunal condamne les plaignants à verser à Renoir et à son associé Jean Tedesco la somme de 20 001 francs à titre de dommages-intérêts. Cette somme ne représente qu'une infime partie de celle déboursée par les deux producteurs et qu'ils ne pourront probablement pas récupérer. *La Petite Marchande d'allumettes* étant tourné en muet, dans le cas d'une sortie en deuxième exclusivité, il aura à faire face à la concurrence des films sonores dont l'arrivée en force est annoncée pour bientôt. Il s'agit donc d'un combat presque perdu d'avance. (→ 19.11.31)

Catherine Hessling et Jean Renoir à leur domicile parisien.

Bernard Natan au pouvoir chez Pathé

Paris, 3 juillet
C'est chose faite : Charles Pathé n'est plus le maître de l'empire industriel qui, voici dix ans encore, dominait le cinéma mondial. S'il conserve bien un siège au conseil d'administration de Pathé-Cinéma, la réalité du pouvoir est entre les mains de Bernard Natan, porté ce jour à la tête de la firme. Dès le 26 février dernier, par le biais d'une absorption par Pathé de sa propre société, Rapid Film, Natan s'installait en conquérant dans l'entreprise. Charles Pathé, qui a soixante-six ans et qu'on dit malade, lâché en outre par ses financiers, a cédé. Bernard Natan, né Tannenzaft, en Roumanie, n'est pas sans inquiéter les milieux professionnels, où sa personnalité et sa surface financière restent mystérieuses. (→ 21.7.30)

Il s'est fait connaître par son action à la tête de la société Rapid Film.

L'irrésistible tornade des Marx Brothers

New York, 3 août

Le public sort hilare de *Noix de coco*, une comédie loufoque interprétée par quatre frères venus de la scène : les Marx Brothers. Réalisé par Robert Florey, un Français installé aux Etats-Unis, le film est adapté d'un spectacle qui a été monté avec succès sur scène par le même groupe. Celui-ci se compose de quatre joyeux lurons : Groucho, la « tête » du groupe, vrai escroc et faux businessman, qui porte moustache et gros cigare ; Chico, le rustre au drôle de chapeau pointu ; Harpo, le muet lunaire à la perruque blonde ; et Zeppo, le romantique. Le comique de ce quatuor non-conformiste est basé sur le non-sens et sur l'usage surréaliste des accessoires et des bons mots. Le public et la critique semblent beaucoup apprécier cela. Quant à la Paramount qui a produit le film, elle se félicite déjà d'avoir misé sur les frères Marx. (→ 17.11.33)

« Hallelujah », un grand film tout en noir

Au premier plan, Daniel Haynes et Victoria Spivey, héros du film de Vidor.

New York, 20 août

Hallelujah, le nouveau film parlant, chantant et dansant de King Vidor, sort sur les écrans. Premier long métrage sonore interprété exclusivement par des Noirs, les rôles principaux y sont tenus par Daniel Haynes, qui chantait *Old Man River* dans l'opérette *Show Boat*, et Nina Mae McKinney, une girl remarquée à Broadway, en particulier dans la revue musicale *Black Birds*. Pour plus de commodité, le tournage eut lieu à Memphis, dans le Tennessee, sans équipement sonore ; le film muet fut ensuite postsynchronisé en studio. Le résultat dépasse de loin toutes les espérances. *Hallelujah* explore l'âme noire, comme jamais le cinéma ne se l'était permis jusqu'à ce jour. Certaines scènes, tel le baptême dans les eaux du Mississippi, sont confondantes de réalisme. Vidor a d'ailleurs été assisté à cette occasion par un pasteur baptiste. (→ 31.10.30)

René Clair sans prix de beauté

Paris, 24 août

Le 25 avril dernier, la vedette américaine Louise Brooks, venant de New York, arrivait en France pour y tourner un nouveau film. Le sujet, dont l'héroïne est une jeune fille qu'un prix de beauté conduit à la gloire, puis à la mort, est dû au réalisateur allemand G. W. Pabst, celui-là même qui a fait de Louise Brooks une star en la dirigeant dans *Loulou*. Pris par d'autres projets, Pabst a laissé René Clair reprendre l'idée et en tirer un scénario personnel, mais il vient de renoncer à le mettre en scène à la suite de graves désaccords avec le producteur Romain Pinès. Celui-ci, du coup, en a confié la réalisation à l'Italien Augusto Genina. La rencontre de Louise Brooks et de René Clair n'aura pas lieu. (→ 10.1.30)

Le cinéma français met ses équipements à l'heure du parlant

Paris, 31 août

Après une période de stupeur et d'expectative, l'industrie cinématographique française semble bien décidée à rattraper son retard sur l'Amérique en matière de cinéma sonore et parlant. Premiers concernés par cette évolution technique, les studios sont d'ores et déja en pleine effervescence pour assurer dans le meilleur délai leur indispensable modernisation. L'intérêt constant porté par Léon Gaumont au problème du son donne une longueur d'avance à la firme à la marguerite, qui a entrepris d'équiper et de reconstruire à grands frais et à vive allure les studios de La Villette. Ils pourront accueillir dès la fin de l'année des productions de films sonores, avec le procédé Gaumont-Petersen-Poulsen. A Epinay, la société allemande Tobis, qui exploite le procédé Klangfilm, équipe les anciens studios Menchen, où René Clair, libéré du tournage de *Prix de beauté*, devrait tourner son premier film sonore. Pathé-Natan aménage de son côté les studios de la rue Francœur, et Jacques Haïk équipe les siens à Courbevoie. Toutefois, ces équipements ont encore un caractère largement expérimental. (→ 1.2.30)

Les particularités et les surprises du cinéma sonore, vues par Edgar Spencelly.

Les indépendants tiennent Congrès

Lausanne, 7 septembre
Hélène de Mandrot, propriétaire du château de La Sarraz, accueille depuis le 2 septembre le Congrès international du cinéma indépendant, le premier du genre. Organisé par Robert Aron et Janine Bouissounouse, qui animent, avec Jean-George Auriol, la très parisienne *Revue du cinéma*, il a pour objet de coordonner les efforts des cinéastes indépendants et des organisations de ciné-clubs, pour favoriser la production de films non soumis aux contraintes commerciales, et concevoir les moyens de diffusion appropriés. On y a vu les Russes Eisenstein, Alexandrov et Tissé, arrivés de Berlin ; les Allemands Walter Ruttman et Hans Richter ; le Hollandais Joris Ivens ; le Brésilien de Paris Alberto Cavalcanti ; des critiques et historiens tels J.-G. Auriol et Léon Moussinac. Eisenstein et son équipe ont aussitôt improvisé un film sur le congrès, *Tempête sur La Sarraz*. Les armoires et la salle d'armes du château ont fourni les costumes et accessoires. Si ce film voit le jour, on y admirera Moussinac le Gascon en d'Artagnan des indépendants. Le congrès, qui finit ce soir, a décidé la fondation d'une Ligue des ciné-clubs, basée à Genève ; et d'une Coopérative internationale du cinéma indépendant, dont le siège sera à Paris. (→ 10.11)

Eisenstein et Léon Moussinac en mousquetaire, à La Sarraz.

Georges Méliès perdu et retrouvé

En 1928, Léon Druhot a retrouvé Georges Méliès, tenant une boutique de jouets et de confiserie, à la gare Montparnasse.

Paris, 16 décembre
Au cours d'un gala exceptionnel organisé en son honneur par le Studio 28 et les journaux *le Figaro* et *l'Ami du peuple*, Georges Méliès est réapparu. Deux mille cinq cents spectateurs ont assisté, émus, à ce retour miraculeux sur la scène de la salle Pleyel. Un comité d'honneur composé de nombreuses personnalités, parmi lesquelles le metteur en scène Abel Gance, s'est chargé de rendre un hommage solennel au magicien Méliès, le créateur du spectacle cinématographique. La soirée s'est achevée par la projection du film américain de Cecil B. De Mille *Forfaiture* et d'une sélection de films féeriques de Méliès, dont *A la conquête du Pôle* et *les Hallucinations du baron de Münchhausen*. Ces films, récemment retrouvés au château Dufayel par le fondateur du Studio 28, Jean Mauclaire, ont été contretypés et coloriés à la main pour être présentés lors de la soirée de gala. Méliès, dont on n'avait plus eu de nouvelles depuis des années, a été retrouvé par hasard par le directeur de l'hebdomadaire *Ciné-Journal*, Léon Druhot, dans une modeste boutique de confiserie et de jouets au premier étage de la gare Montparnasse. La boutique appartient à la femme de Méliès, Charlotte Faës, qui jouait jadis dans les films de celui-ci sous le nom de Jehanne d'Alcy. Druhot a aussitôt alerté divers journalistes, dont Paul Gilson et Jean-George Auriol, lesquels ont eu l'idée du gala. Méliès avait réalisé ses derniers films en 1913. Depuis cette date, son existence a été des plus pénibles. Cela avait commencé par la perte en 1913 d'un procès intenté contre lui par la société Pathé. Vint ensuite la guerre de 1914, qui l'obligea à fermer son théâtre Robert-Houdin. Il eut alors l'idée de transformer l'un de ses studios de Montreuil en théâtre des variétés artistiques. En 1923, ce fut la ruine totale : sur la requête de ses créanciers, le tribunal avait prononcé l'ordre de vente de tous ses biens. Méliès et sa famille allaient désormais survivre en organisant des concerts en province. Veuf depuis 1913 de sa première femme, il s'était remarié en 1925 avec Jehanne d'Alcy. Depuis, le couple vit très modestement de l'exploitation de la boutique de la gare Montparnasse. (→ 25.1.38)

A 68 ans, l'ex-magicien du cinéma vit entouré de pochettes-surprises.

Image de Stoyanovitch (« l'Hymne au travail », d'après Zola ; 1920).

Illustration d'après Beardsley, 1923.

L'amant éternel du cinéma américain dessiné par Gottlob en 1921.

Les Arts décoratifs au cinéma. 1924.

Un cadre romantique pour le pince-sans-rire des comiques en 1923.

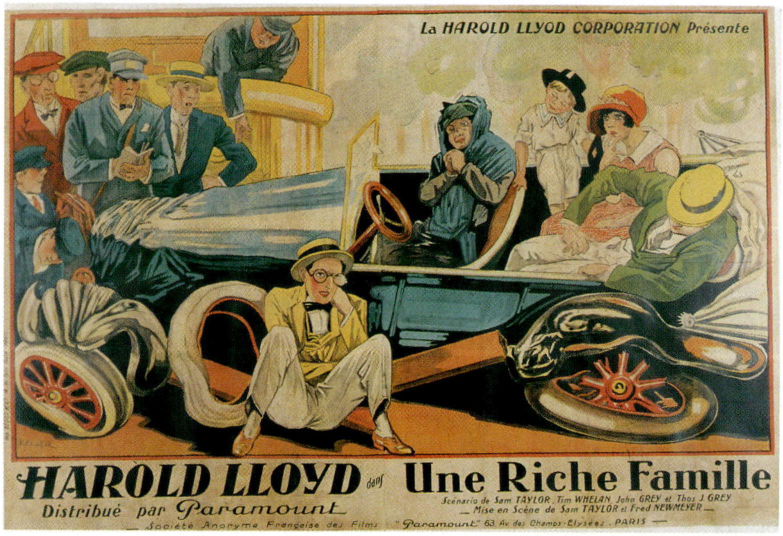

C'est sous le nom de Lui qu'Harold Lloyd et son panama devinrent célèbres en France. Dessiné ici par Keller pour cette pochade familiale en 1923.

Scène inoubliable du « Cuirassé "Potemkine" », de S. M. Eisenstein.

Deux épisodes pour cette première apparition du génie du mal chez Fritz Lang : « Mabuse le joueur » et « le Dr Mabuse ». C'est l'affiche pour le second épisode qui est ici présentée par Maletas dans un camaïeu de roses, en 1923.

Juste après « Entr'acte », l'esprit surréaliste imprègne une nouvelle fois le jeune metteur en scène René Clair. Cette fiction traite de l'inconscient à travers une expérience de magnétisme où l'âme du héros vagabonde au-dessus de Paris avant de réintégrer son corps pour un « happy end » amoureux, classique au cinéma. Illustration de Louis Gonnet et Paul Ibels en 1925.

Le peintre Georges Scott compose en 1927 une fresque à partir du bas-relief de Rude, « la Marseillaise », pour illustrer « Napoléon », d'Abel Gance.

Dans ce film de 1928, la divine Greta Garbo se pare de mystère et d'élégance pour développer toutes ses séductions dans un rôle de chanteuse fatale qui l'installe comme première star de la MGM. L'affichiste Roger Chapelet compose à cette occasion une affiche marquée par l'expressionnisme.

Murnau finit sa période expressionniste avec une magistrale adaptation de la pièce de Goethe, en 1926.

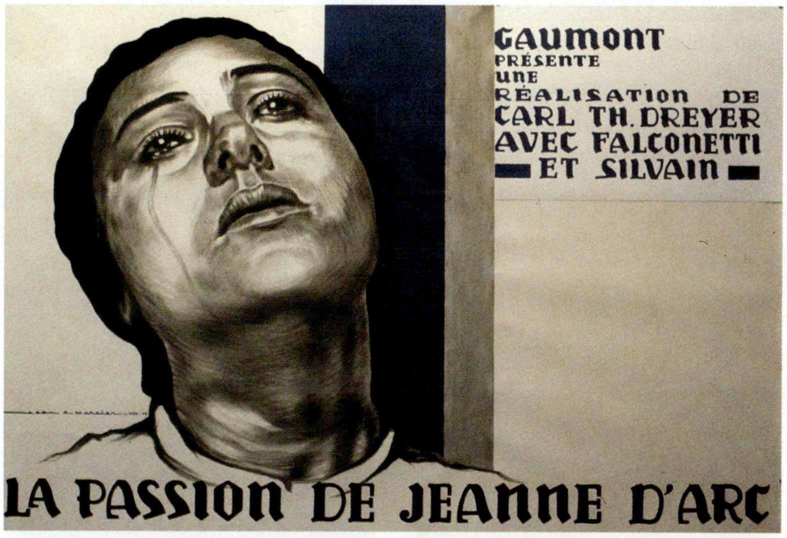

Grand affichiste des années 1920 et 1930, J. A. Mercier brosse, en à-plats d'argent, un portrait pathétique de Renée Falconetti en Jeanne d'Arc (1928).

Composition Arts déco de René Péron qui retrace la sombre atmosphère inspirée de F. Wedekind en 1928.

L'affichiste Florit croque la lingère pour cette production franco-américaine tournée en France en 1925.

Composition constructiviste sur l'affiche originale ukrainienne de « l'Homme à la caméra », film de référence incontesté de Dziga Vertov en 1929.

Ce film de Frank Borzage lui valut en 1929 une double récompense, pour l'inauguration des Academy Awards.

Asta Nielsen.

Léon Mathot.

Norma Talmadge.

Anny Ondra.

Lon Chaney.

Alla Nazimova.

Tom Mix.

Henny Porten.

Theda Bara.

Gabrielle Robinne.

Vilma Banky.

Francesca Bertini.

Le son met fin à l'infirmité du cinéma

Le procédé photo-électrique, permettant l'enregistrement direct du son sur le film même, est généralement préféré au système initial sur disque.

Tournage au studio des Artistes associés sous la direction d'Herbert Brenon (assis), avec cabine insonorisée pour la caméra et ses opérateurs.

Deux procédés se font actuellement concurrence pour rompre le mutisme du cinéma. Le plus connu pratique l'enregistrement des sons sur disque phonographique. C'est le système Vitaphone créé par la Western Electric et adopté par Warner Bros en 1926. Son utilisation nécessite un studio isolé de tous les bruits extérieurs par un calfeutrage minutieux. L'éclairage à arc électrique, qui grésillait, a été remplacé par des lampes à incandescence silencieuses, mais qui présentent l'inconvénient de surchauffer l'atmosphère. L'appareil de prise de vues est lui aussi enfermé à l'intérieur d'une cabine étanche. Son objectif enregistre les vues à travers une vitre isolante parfaitement transparente ; isolement indispensable pour supprimer pendant l'enregistrement le ronflement du système d'entraînement du film. Un microphone très sensible, semblable à ceux que la TSF utilise, est placé devant les acteurs. Un circuit électrique le relie à un caisson hermétique placé à une certaine distance du studio. Là se trouve un large plateau de Gramophone, synchronisé avec le mécanisme de l'appareil de prise de vues. Ce plateau porte le disque sur lequel un *pick-up* restitue les sons venus du microphone. De plus grandes dimensions que ceux qui sont destinés aux phonographes, le disque a un diamètre de 43 cm et tourne à quarante révolutions par minute. Sa durée doit correspondre à celle d'une bobine de film qui défilera en dix minutes. Ainsi, lors de la projection en salle, les manipulations de l'opérateur se trouvent facilitées. Les disques sont remis au projectionniste avec des instructions détaillées sur la manière de les synchroniser à l'image. De plus, dans sa cabine il dispose d'un haut-parleur témoin, branché directement sur celui de la salle. Précaution utile pour vérifier ce que le public entend. Le système Vitaphone présente cependant des inconvénients. Pour le tournage des westerns, des films d'action ou des films policiers, les coups de feu ne peuvent être enregistrés, la violence du son faisant sauter l'aiguille du phonographe hors du sillon. Il faut simuler ce bruit avec une batterie. Il est donc prévisible que l'enregistrement sur l'émulsion sensible du film va être préféré. Le principe en a déjà été adopté par la Fox, avec le Fox-Movietone. Si une variante existe sous le nom de Photophone (emprunté au système Phonofilm de De Forest), le mode de réalisation est identique. Pour l'enregistrement, le microphone est relié à un appareil de prise de vues doté d'une cellule photo-électrique. Celle-ci transforme les vibrations sonores envoyées par le microphone en vibrations lumineuses. L'émulsion sensible du film les enregistre dans une marge repérée à l'avance sur un des côtés de la pellicule, en stries superposées. Sons et images sont enregistrés sur un film unique ; lors de la projection, l'opérateur n'a plus à se soucier ni des vitesses respectives du film et du disque ni de leur décalage. De sa cabine, il contrôle le son écouté par la salle et surveille le déroulement du film.

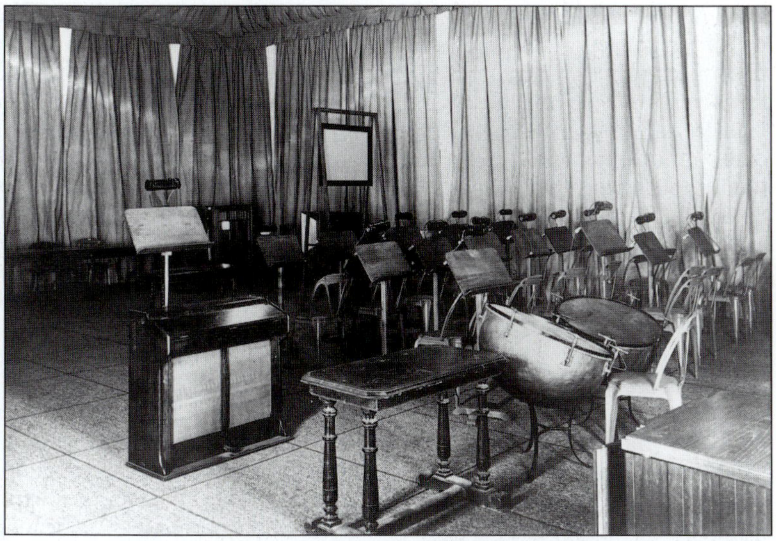

Chez Gaumont, l'auditorium où l'on synchronise la musique.

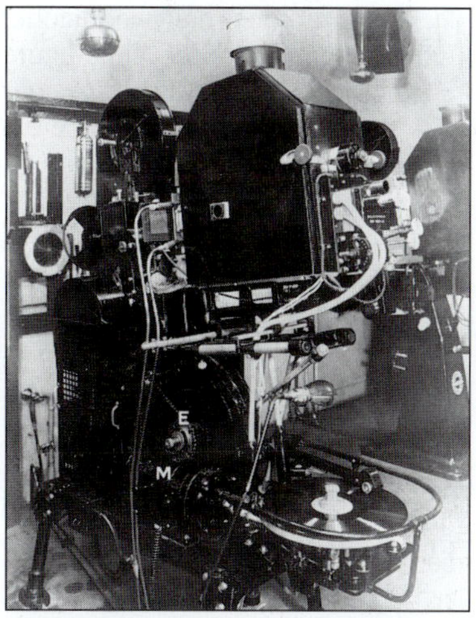

Poste de projection équipé du système Vitaphone. Disque et pellicule sont synchronisés par le moteur.

Le cinéma entre le rêve et l'illusion

La décennie 1930-1939 est l'une des plus riches qu'ait connues le cinéma. Cette surabondance et ce haut niveau esthétique coïncident avec une époque d'instabilité chronique. Tout se passe comme si le cinéma avait la faculté de s'épanouir en vase clos, loin des réalités contraignantes de son environnement. Une mythologie factice plus ou moins rigoureusement codifiée tient lieu de « règle du jeu » ou de « grande illusion », pour reprendre les titres de deux films fameux de Renoir. Certains cinéastes, il est vrai, paraissent à l'écoute de ce qui bouge à travers le monde : c'est le cas du même Jean Renoir avec *La vie est à nous* (1936), écho direct des luttes du Front populaire, qui ne connaîtra pas de diffusion commerciale; de l'Américain King Vidor, avec *Notre pain quotidien* (1935), illustration de la politique du New Deal; de Charlie Chaplin avec la parabole des *Temps modernes* (1935); du Russe S. M. Eisenstein, qui se fait dans *Alexandre Nevski* (1938) le chantre de la résistance de l'Armée rouge à l'expansionnisme teuton... peu avant la signature du pacte germano-soviétique; ou du romancier André Malraux, choisissant le conflit espagnol comme cadre pour son film *Sierra de Teruel*, lequel, devenu *Espoir*, ne sera diffusé qu'après la guerre. Ce sont là de glorieuses exceptions, dans une industrie vouée au divertissement. On sera tenté d'étendre à toutes les productions ce constat de Jacques Lourcelles, concernant les films italiens des années 1930 : « Miroir de son époque, si le cinéma était vraiment cela, la tentation serait forte de chercher à savoir comment ses auteurs ont représenté la réalité historique et politique de leur temps. La réponse est simple : ils ne l'ont pas représentée. »

Mythologies hollywoodiennes

Le cinéma américain des années 1930 est soumis à l'omnipotence de quelques trusts financiers, qui exercent un contrôle absolu sur tous les postes de fabrication d'un film, de l'écriture du scénario à la sortie en salle. Ce principe avait été mis au point dès 1919 par les Artistes associés, mais le parlant va lui conférer une assise définitive. Ces *major companies* ont leurs emblèmes, leurs auteurs et techniciens sous contrat, des vedettes dont elles se sont assuré l'exclusivité. Ainsi la MGM, la Warner Bros, la 20th Century Fox, la Paramount et la RKO constituent-elles les colonnes du temple de cette industrie du rêve organisé. L'Universal, la Columbia, la Republic s'efforcent, plus modestement, de consolider l'édifice. Ainsi nettement cloisonné, le *studio system* va fonctionner à plein régime, élaborant la plus rationnelle et la plus efficace des mythologies du XXe siècle. Pour les spectateurs des cinq continents, l'attrait du cinéma est désormais inséparable de la mécanique hollywoodienne, impeccablement rodée, d'une haute technicité et qui surclasse de loin tous ses concurrents, la France exceptée. A la base de l'édifice, un certain nombre de genres, avec leur style propre, leurs codifications strictes, un impact commercial assuré. Tous les exécutants doivent se plier à ces archétypes narratifs, calculés en fonction des exigences du public qui « n'a jamais tort », affirme le vétéran Adolph Zukor. Cela va de la comédie musicale au film social en passant par la comédie de mœurs, le burlesque, le thriller, le western, le mélodrame sentimental ou la fresque historique, sans oublier le dessin animé. Cette omniprésence des genres, représentative de la période, n'exclut pas les œuvres hors série ni les créateurs hors cadre : Rouben Mamoulian, Josef von Sternberg s'imposent à l'esprit. Quant aux films hors série, c'est sur le plus monumental d'entre eux que se fermera la décennie : *Autant en emporte le vent*, œuvre de plusieurs réalisateurs, et surtout de David O. Selznick, producteur mégalomane, où se résument le faste et la splendeur de Hollywood.

« Le Million », de René Clair (France, 1931), avec René Lefèvre et Annabella.

Le réalisme poétique et ses marges

On a coutume de rassembler sous le terme générique de « réalisme poétique » les films tournés en France à cette époque. Ce vocable (d'abord appliqué à *la Rue sans nom*, de Pierre Chenal, 1933), sert de fil conducteur dans une production abondante : quelque 1 300 longs métrages en dix ans. C'est manière de souligner les thèmes d'inspiration populaire qu'affectionnent les cinéastes de la période, en les saupoudrant d'une certaine élégance de forme. René Clair en avait jeté les bases, avec sa vision du petit monde des faubourgs (*Sous les toits de Paris*, 1930; *le Million*, 1931). Puis on en rajoutera dans les revers du destin et les amours impossibles. Le clair-obscur des éclairages, l'artifice très composé des scènes de studio, la verve désenchantée des dialoguistes aussi bien que les partitions à la fois simples et raffinées de Maurice Jaubert, tout concourt à la mise en place d'une « atmosphère », mot clé immortalisé par Arletty dans *Hôtel du Nord*. Jean Grémillon, Jacques Feyder, Julien Duvivier, Jean Renoir parfois et Marcel Carné surtout cristallisent ce climat de désespérance. Aux heures sombres de 1940, on leur fera porter une part de responsabilité de la défaite! Ce courant trouve en Jean Gabin un interprète idéal, proche du mythe. Il s'en faut pourtant que l'école française des années 30 se tienne là. Jean Vigo, Renoir pour le meilleur de son œuvre, des *outsiders* tels Marcel Pagnol et Sacha Guitry, Abel Gance poursuivant les grands destins livrent des films impossibles à étiqueter. Cette production, soumise aux fluctuations de la mode, n'en affirme pas moins sa vitalité dans un contexte économique instable. Le cinéma français vit son âge d'or.

Chemises noires et téléphones blancs

Le cinéma italien ne saurait prétendre à la même diversité que ses *challengers* américains ou français. La production, au plus bas à la fin du muet, ne redémarre que lentement : onze films en 1931. On s'en tient aux recettes éprouvées, dans l'esprit du temps. A la différence du voisin et ami allemand, on trouve ici peu de films où la propagande s'étale ouvertement. La conviction manque... On citera *Scipion l'Africain*, d'Augusto Genina (1936). A cet héroïsme de façade le public préfère les clichés du mélodrame mondain – le cinéma des « téléphones blancs », en référence à l'accessoire des salons bourgeois de la Péninsule. Des acteurs et des actrices sont promues étoiles, afin de faire pièce au modèle hollywoodien et à ses stars : Isa Miranda, Assia Norris ou Elisa Cegani; côté masculin, un jeune premier, Vittorio De Sica. Pourtant, la période fasciste a été pour le cinéma transalpin sensiblement plus productive qu'on ne le dit. En témoignent l'ouverture en 1932 de la Mostra de Venise, premier festival d'envergure internationale, la création en 1935, à Rome, d'un Centre expérimental du cinéma et l'édification en 1937 de Cinecittà, complexe appelé à concurrencer Hollywood.

Des noms émergent : l'éclectique Alessandro Blasetti, qui passera de l'épopée garibaldienne au fantastique avant de se retrouver à la Libération du côté du néoréalisme ; Mario Camerini, qui suit, à l'opposé, une ligne franche, toute de mesure et de suggestion intimiste, laquelle lui a valu d'être comparé à René Clair ; Goffredo Alessandrini et Guido Brignone, qui n'ont rien à envier aux petits maîtres de la comédie américaine, ou le nouveau venu Raffaello Matarazzo, dont le *Treno popolare* (1933) – réalisé entièrement en extérieurs, et dont la musique est signée Nino Rota – annonce de façon frappante l'esthétique néoréaliste. On comprend qu'un critique avisé tel que Nino Frank ait décelé dans cette production, qu'il qualifie joliment de *Cinema dell'arte*, « une effervescence qui anticipe sur les affirmations de l'avenir, les préfigure même sous des formes encore singulières et imparfaites ».

Au service des idéologies

Les démocraties continuent à voir dans le cinéma un divertissement, quand l'Allemagne l'utilise comme arme de combat idéologique : la propagande ne va pas tarder à s'afficher ouvertement. La Russie soviétique a donné l'exemple, au lendemain de la révolution d'Octobre. Le IIIe Reich va lui emboîter le pas. Le chancelier Hitler était un fervent cinéphile, admirant aussi bien *Metropolis* que *le Cuirassé « Potemkine »*. A son initiative, le Dr Goebbels créera, en 1935, la première grande cinémathèque nationale, la Reichsfilmarchiv. Ici on brûle les livres et les hommes, mais on sauve les films... La production d'outre-Rhin, en 1930, vit encore à l'heure de l'expressionnisme, mâtiné de « nouvelle objectivité ». Les studios berlinois accueillent volontiers un Américain, Josef von Sternberg, venu diriger Marlène Dietrich dans *l'Ange bleu*, ou se prêtent à des coproductions avec la France et l'Angleterre. Tel est le cas du célèbre *Opéra de quat' sous*, de Pabst. Erich Pommer, lui, joue la carte du cinéma international. Les problèmes de l'inflation et du chômage sont abordés par les cinéastes de gauche, tels Phil Jutzi et Slatan Dudow, celui-ci proche de Bertolt Brecht. Autant de symptômes de cet « art dégénéré » que les nazis vont condamner, tout comme ils saboteront les appels au pacifisme lancés par Pabst ou l'autopsie impitoyable d'un corps social malade, dont Fritz Lang fait son chef-d'œuvre : *M le maudit* (1931). A l'avènement du national-socialisme, la compagnie UFA, jumelée avec la Tobis, passe sous contrôle d'Etat. On met en chantier des œuvres qui prônent le nouvel ordre hitlérien. Hans Steinhoff, puis Veit Harlan, en seront les auteurs les plus engagés. Le plus talentueux de ces apologistes du régime sera pourtant une femme, Leni Riefenstahl, ordonnatrice d'un impressionnant reportage sur le congrès nazi de Nuremberg, conçu à la façon d'un opéra wagnérien : *le Triomphe de la volonté* (1935). Elle confirmera son grand art du montage dans un documentaire sur les Jeux olympiques de 1936, *les Dieux du stade*. Quant à l'URSS stalinienne, elle suit, en gros, la même évolution. Bien que l'implantation du cinéma parlant y soit plus tardive, la production soviétique se mettra vite à l'unisson de l'Occident. Dès 1931, *le Chemin de la vie*, de Nikolaï Ekk, s'engage avec ardeur dans la voie du réalisme socialiste, par le canal de la pédagogie. Les cinéastes vont s'orienter, au plan des sujets, vers le culte des héros positifs, et, du point de vue esthétique, vers l'abandon de toute velléité formaliste. Seuls feront oublier les ukases idéologiques, par la magie de leur style, S. M. Eisenstein dans *Alexandre Nevski* (1938) et Alexandre Dovjenko dans *Chtchors* (1939). Y échappent aussi, par le biais du lyrisme, Mark Donskoï dans le premier volet de la trilogie consacrée à *l'Enfance de Gorki* (1938), et le malicieux Boris Barnet dans ses romances féeriques réalisées en marge de tous les courants : *Okraïna* (1933), et *Au bord de la mer bleue* (1936).

Le cinéma britannique « à l'angle du monde »

Quasi inexistante au temps du muet sur l'échiquier cinématographique international, exception faite des primitifs de l'école de Brighton, la Grande-Bretagne va connaître durant les années 30 une intense flambée de création, marquée d'une part par la fondation en 1934 du GPO, cellule originale de production animée par John Grierson et dépendant de l'administration des Postes, qui favorisera la mise en route de documentaires de qualité, et, d'autre part, par les efforts conjugués de l'industriel Arthur Rank et de réalisateurs autochtones ou émigrés. Du côté du long métrage de fiction, la Grande-Bretagne peut compter surtout avec Alexander Korda, un Hongrois émigré, qui signe notamment une truculente *Vie privée d'Henry VIII* (1933) et un ambitieux *Rembrandt* (1936), deux films interprétés par Charles Laughton, et dont le rôle dans la relance de la production britannique est essentiel. Mais le plus typique des metteurs en scène britannique de la période est sans conteste Alfred Hitchcock, orfèvre en intrigues policières, qui lui vaudront un engagement à Hollywood à la veille de la guerre. C'est plus qu'il n'en faut pour tenir tête, sur le plan de l'art, sinon sur celui de l'industrie, à la concurrence française et américaine.

« Autant en emporte le vent » (Etats-Unis, 1939), avec V. Leigh et C. Gable.

Des films du monde entier

Le paysage cinématographique des années 30 se signale encore à l'attention par l'émergence de petites nations productrices, à l'origine de quelques réussites isolées dignes d'intérêt : l'Autriche, avant l'Anschlüss, avec les opérettes filmées de Wilhelm Thiele ou Willi Forst ; la Tchécoslovaquie avec les audacieux tableaux de mœurs de Gustav Machaty (*Extase*, 1933) ; la Hongrie avec Paul Fejos ; les Pays-Bas avec Joris Ivens, parcourant bientôt le monde pour y traquer l'injustice ; l'Espagne du Buñuel implacable de *Terre sans pain* (1932). Au Japon, Yasujiro Ozu, avec *Gosses de Tokyo* (1932) et *Un fils unique* (1935), et Kenji Mizoguchi, avec *Elégie de Naniwa* et *les Sœurs de Gion* (deux films de 1936), tracent leur sillon en solitaires. L'Occident n'en aura la révélation que bien plus tard.

La fin des illusions

A la veille des hostilités en Europe, la France vit dans une étrange insouciance : on songe à organiser, à Cannes, en septembre, un grand festival visant à concurrencer Venise, trop politisé. Les Américains soutiennent le projet. Il faudra y surseoir, alors que les lampions sont déjà allumés. Dans une production française hétéroclite où domine la facilité, un chef-d'œuvre se détache : *la Règle du jeu*, de Jean Renoir, fantaisie dramatique en forme de danse macabre, conspuée par le public pour cause de trop grande lucidité. Aux Etats-Unis, prudemment étrangers, pour le moment, au conflit qui va ensanglanter la planète, la production est à l'unisson, excepté Chaplin, qui peaufine son portrait du *Dictateur* : westerns classiques, espionnage souriant et autres genres de tradition monopolisent l'attention. C'est enfin le feu d'artifice d'*Autant en emporte le vent*, prodigieux succès dès sa première présentation, le 14 décembre 1939. La France ne le verra que dix ans plus tard, quand l'Histoire en aura emporté bien davantage...

Claude Beylie

1930

Academy Awards, Hollywood (deux cérémonies)
Films : *Broadway Melody* (Harry Beaumont).
A l'Ouest rien de nouveau
(Lewis Milestone).
Acteurs : Warner Baxter, George Arliss.
Actrices : Mary Pickford, Norma Shearer.

Paris, 10 janvier
René Clair, qui tourne *Sous les toits de Paris*, engage le jeune journaliste Marcel Carné comme assistant-réalisateur. Celui-ci vient de finir le court métrage *Nogent, eldorado du dimanche*. (→ 25.4)

Vienne, 15 janvier
La Bibliothèque nationale autrichienne a décidé de constituer une cinémathèque, destinée à recevoir une copie des meilleurs films, dans tous les genres, qu'il s'agisse de fictions, de documentaires ou de films éducatifs.

Genève, 31 janvier
Selon le Bureau international du travail, le capital investi dans l'industrie du cinéma atteint quatre milliards de dollars, dont la moitié par les Etats-Unis. Dans ce pays, quelque 225 000 ouvriers, 30 000 figurants ainsi que plusieurs milliers de comédiens travaillent pour cette industrie.

Berlin, 4 février
Les Hommes le dimanche (*Menschen am Sonntag*) est le premier film réalisé par Robert Siodmak, avec la collaboration de Billy Wilder, d'Edgar G. Ulmer et Fred Zinnemann. (→ 31.12.33)

New York, 15 février
Lors d'un banquet de l'office du commerce de la ville, le président de la MPPDA, Will H. Hays, dresse un premier bilan du cinéma sonore : selon lui, la nouvelle technique a attiré dans les salles américaines dix millions de spectateurs de plus qu'en 1929. Cet incontestable succès est dû aux énormes efforts réalisés : cinq cents millions de dollars ont été investis, en deux ans, pour les *talkies* et l'équipement technique qu'ils nécessitent.

Monrovia, Californie, 24 février
La comédienne Mabel Normand (*16.11.1894), première partenaire de Charlie Chaplin, succombe à la tuberculose, dans un sanatorium.

Hollywood, 10 mars
Contrairement à celle de sa partenaire Greta Garbo, la carrière de John Gilbert semble gravement compromise par le parlant : les essais de voix effectués sont désastreux. (→ 11.1.36)

Paris, 21 mars
La critique proteste contre les édulcorations de la version française de *Loulou*, de G. W. Pabst, par rapport à l'original. (→ 19.2.31)

New York, 5 avril
William Fox, est écarté par son conseil d'administration, de la présidence de la compagnie qu'il avait fondée en 1915. C'est la conclusion de plusieurs mois de manœuvres coûteuses qui ont été tentées, sans succès, pour prendre le contrôle de la MGM.

Moscou, 8 avril
Sortie de *la Terre* (*Zemlia*), le film très attendu d'Alexandre Dovjenko ; c'est une production des studios VUFKU de Kiev. (→ 1.4.39)

Paris, 10 avril
Le jeune réalisateur Luis Buñuel rentre d'Espagne, où il vient de tourner son deuxième film, *la Bête andalouse* (*l'Age d'or*). Il devait s'agir à l'origine d'une suite d'*Un chien andalou*, mais la brouille qui a éclaté entre Luis Buñuel et le peintre Salvador Dali a modifié le projet initial. (→ 12.12)

Paris, 29 avril
Marc Chagall est hostile à la couleur dans les films, qui « dépouillera le cinéma de ses charmes, car, en se rapprochant de la réalité, le cinéma s'éloigne de la vie. Il devient tout artifice ».

Hollywood, 15 mai
Irène Mayer, la fille du producteur Louis B. Mayer (MGM), épouse David O. Selznick, le fils du producteur Lewis Selznick, qui est chargé de production à la Paramount. (→ 2.1.33)

Hollywood, 27 mai
Dans *les Anges de l'enfer* (*Hell's Angels*), produit et réalisé par Howard Hughes pour quatre millions de dollars, on découvre Jean Harlow dans son premier rôle de vedette. (→ 4.9.32)

Hollywood, 15 juin
Le succès de *The Virginian*, de Victor Fleming, avec le jeune Gary Cooper, illustre un retour en vogue des films de cow-boys. (→ 24.10)

Le Havre, 5 août
Erich von Stroheim, qui n'avait pas revu l'Europe depuis 1909, arrive à bord du paquebot *Ile-de-France*, en compagnie du cinéaste William Wyler. Il compte se rendre en Autriche, son pays natal. (→ 7.12.36)

Etats-Unis, 25 août
Sortie d'*Abraham Lincoln*, premier film parlant de David Wark Griffith (→ 10.12.31)

Montrouge, 7 octobre
L'ingénieur René Barthélemy présente ses recherches dans le domaine de la télévision. Pour la première fois, une scène jouée est transmise à distance et projetée sur écran devant un public.

Paris, 25 octobre
Le premier film, à caractère expérimental, de l'écrivain Jean Cocteau, *la Vie d'un poète*, est projeté en privé. (→ 20.1.32)

New York, 31 octobre
La Metro-Goldwyn-Mayer profite de la sortie du nouveau film de King Vidor, *Billy the Kid*, avec Wallace Beery, pour faire la démonstration de son procédé d'écran large Realife. L'accueil est toutefois très réservé. (→ 2.10.34)

Epinay, 10 novembre
Avec Madeleine Renaud et Michel Simon, Jean Choux commence *Jean de la Lune*, d'après la pièce de Marcel Achard. Dans les mêmes studios, J. Duvivier vient de finir le tournage de *David Golder*, avec Harry Baur. (→ 7.12.32)

Portugal, 15 novembre
Le réalisateur José Leitao de Barros, révélé cette année par *Maria do Mar*, tourne à Porto le premier film portugais parlant, *A Severa*, produit par la firme allemande Tobis.

Hollywood, 15 novembre
Darryl F. Zanuck est nommé à la tête de la production de la Warner Bros - First National. (→ 27.4.33)

Etats-Unis, 24 novembre
L'écrivain Upton Sinclair contacte Eisenstein, actuellement dans une situation difficile, pour réaliser un film au Mexique. (→ 16.3.32)

Chine, 30 novembre
La loi de censure, destinée à « protéger l'industrie nationale » et également à « prévenir toute atteinte à la dignité chinoise », est promulguée. (→ 5.3.33)

Tokyo, 12 décembre
Sortie de *Jeune demoiselle* (*Ojosan*), de Yasujiro Ozu. (→ 23.11.34)

France, 31 décembre
Dans 4 221 salles en exploitation, 484 longs métrages sont sortis au cours de l'année : 100 français, 113 allemands et 231 américains.

Paris, décembre
En liaison avec l'Ecole supérieure des arts et métiers, le cinéaste documentariste Jean Painlevé fonde l'Institut du cinéma scientifique.

NAISSANCES
Indianapolis, 24 mars
Steve McQueen
(*Terence Steven McQueen).

Rome, 21 avril
Silvana Mangano.

Paris, 29 avril
Jean Rochefort.

San Francisco, 31 mai
Clint Eastwood.

Paris, 24 juin
Claude Chabrol.

Edimbourg, 25 août
Sean Connery (*Thomas Connery).

Paris, 3 décembre
Jean-Luc Godard.

Piolenc, Vaucluse, 11 décembre
Jean-Louis Trintignant.

« L'Ange bleu », de Josef von Sternberg, consacre internationalement un grand cinéaste et révèle une immense star, Marlène Dietrich.

PLAKAT - SIEBENFARBIG - DIN A1 60 x 84 cm - ENTWURF BONNÉ

Le parlant français à la mode de Berlin

Paris, 1er février
Après seize semaines d'exclusivité, le premier film français sonore et parlant, *La nuit est à nous*, quitte l'affiche du Marivaux. Tourné dans les studios de l'UFA à Berlin, le film témoigne d'une maîtrise des techniques du son qui fait honneur aux Français et aux Allemands qui y ont travaillé. Tiré à 23 copies pour l'exploitation générale, cette coproduction franco-allemande a été tournée en deux versions : une française, mise en scène par Henry Roussell, et une allemande, réalisée par Carl Froelich. Cette dernière est sortie en décembre dernier à Berlin où elle a également obtenu un succès mérité. (→ 30.6.36)

Marie Bell : « La nuit est à nous ».

S. M. Eisenstein acclamé à la Sorbonne sous surveillance

Le cinéaste en 1925, durant le tournage du « Cuirassé "Potemkine" ».

Avec l'une des interprètes non professionnelles de « la Ligne générale ».

Paris, 17 février
Soirée agitée à la Sorbonne : le public nombreux devait voir en sa présence le dernier film de Sergueï Eisenstein, *la Ligne générale* ; mais le préfet de police Chiappe en a interdit la projection un peu avant le début de la séance. Des cars des brigades spéciales cernaient même le bâtiment, prêts à intervenir en cas d'incident. Le scandale attendu n'a pas eu lieu. Et Eisenstein, qui a fait une véritable conférence sur le cinéma soviétique, a été acclamé. Ce fut donc un succès. Mais que fait-il à Paris ? Tout commence il y a six mois. Le 19 août 1929, Eisenstein et deux proches collaborateurs, son assistant Grigori Alexandrov et l'opérateur Edouard Tissé, quittent Moscou afin de se familiariser avec la technique du sonore. Le but lointain de ce voyage d'étude est Hollywood, bien sûr. Mais, en attendant, notre trio fait escale en Europe dans divers pays. On les a ainsi vus en Suisse, au 1er Congrès international du cinéma indépendant, du 2 au 4 septembre 1929, et en Allemagne, où Eisenstein a commencé à multiplier les cours et les conférences un peu partout afin de renflouer leurs finances. Au gré des invitations, il s'est rendu à Hambourg, Berlin, Cologne, Londres, Cambridge, Anvers, Zürich, Bruxelles... Durant ce périple, il a ainsi pu rencontrer des personnalités aussi diverses que Josef von Sternberg, Luigi Pirandello, George Bernard Shaw ou Albert Einstein. Mais c'est à Paris que l'écrivain James Joyce l'a reçu. Ici encore que Léon Moussinac, Abel Gance et Jean Cocteau lui ont réservé le meilleur accueil. Entre-temps, Alexandrov et surtout Tissé ont tourné en Suisse *Misère et fortune de la femme*, un moyen métrage informatif sur la grossesse et l'avortement. Eisenstein n'a fait que superviser. Une simple parenthèse dans son œuvre. Il a d'autres ambitions que l'hygiénisme ! Mais déjà l'affaire de la Sorbonne remet en question la présence des Soviétiques en France. Ils risquent désormais d'être expulsés. (→ 18.11)

Un code de la production américaine

Hollywood, 17 février
Le cinéma américain veut se moraliser : les producteurs, représentés par William H. Hays, le président bien connu du Motion Picture Producers and Distributors of America (MPPDA), ont en effet accepté officieusement le nouveau code de la production proposé par Martin Quigley et le révérend Daniel A. Lord. L'idée remonte à l'année dernière : les *talkies* s'imposaient partout, le cinéma puisait librement dans le répertoire théâtral sans trop se préoccuper de son côté parfois pernicieux. Quigley, l'éditeur du journal corporatif *Motion Picture Herald*, se mit alors à rédiger un code susceptible de renforcer la censure de la profession, jusqu'alors semi-officielle. Il fit appel à Lord, un prêtre catholique, lui-même éditeur d'une revue religieuse. Le fruit de leur collaboration, aujourd'hui proposé à Hays, annonce un prochain renforcement du contrôle des films. Dorénavant, les réalisateurs américains devront se méfier de tout : sexe, violence et crimes sont indésirables, de même que toute allusion inconvenante. Privé de tels ressorts dramatiques, le cinéma survivra-t-il ? (→ 6.3.33)

Ladislas Starewitch au pays des fables

Paris, 22 février
Le Vieux-Colombier fête un pionnier du film de marionnettes, Ladislas Starewitch, en présence du cinéaste et de sa fille aînée Irène. Au programme, des films de court métrage, tels *l'Horloge magique* et *la Petite Parade* (1928), ainsi que des extraits du *Roman de Renart*, long métrage en cours de réalisation. Le public a ovationné ce grand artiste de nationalité polonaise, né à Moscou en 1882, qui, en France depuis dix ans, travaille dans son petit pavillon-studio de Fontenay-sous-Bois. Jeune entomologiste, il cherchait à filmer les amours des scarabées – qui mouraient sous le feu des projecteurs. Starewitch eut l'idée, en 1910, de filmer des insectes naturalisés, image par image, puis de fabriquer ses personnages en bois et fil de fer. C'est ainsi qu'il entra dans le monde des contes et des fables.

Une image du « Roman de Renart ».

Maurice Chevalier sacré par Hollywood

Avec Jeanette MacDonald dans « Parade d'amour », d'Ernst Lubitsch.

Paris, 28 février
Maurice Chevalier séduit les Etats-Unis par son charme, son accent parisien et son sourire espiègle. *Parade d'amour* (*The Love Parade*), d'Ernst Lubitsch, le second film tourné par le chanteur à Hollywood après *la Chanson de Paris* (*Innocents of Paris*), de Richard Wallace, sort dans 200 salles. La Paramount qui recherchait des « jeunes premiers chantants » lui a signé un contrat en mars dernier pour l'interprétation de dix longs métrages en trois ans. Chevalier entre ainsi en force dans le cinéma parlant, lui qui a déjà tourné treize films muets depuis ses débuts à l'écran en 1908 dans *Trop crédule*, de Jean Durand. Né le 12 septembre 1888, au 29 de la rue du Retrait, à Ménilmontant, Maurice Chevalier a quitté l'école à dix ans. Il a aussitôt travaillé dans une fabrique de punaises pour aider sa mère à vivre. Engagé en tant que chanteur dans un café du boulevard de Strasbourg dès l'âge de douze ans, il est entré aux Folies-Bergère en 1908, puis est devenu le partenaire de Mistinguett quatre ans plus tard. A son retour de captivité après la guerre, il a retrouvé sa place de vedette auprès de « la Miss » sur la scène du Casino de Paris. C'est là qu'il a porté pour la première fois son célèbre canotier et sa canne, désormais indissociables de son nouveau personnage. (→ 22.5.31)

« L'Ange bleu » invente Marlène Dietrich

Un univers dramatique et plastique original, remarquablement composé.

Berlin, 1er avril
A bien des égards, la première projection publique de *l'Ange bleu* (*Der Blaue Engel*), au Gloria Palast, est un événement peu banal. Ce premier grand film sonore allemand doit son extrême originalité aux intuitions irréprochables d'un réalisateur audacieux. Josef von Sternberg, sollicité par l'UFA et par Emil Jannings pour adapter *Professor Unrat* (un roman d'Heinrich Mann), impose à tous Marlène Dietrich. Elle est Lola-Lola, une chanteuse de bastringue qui, par le seul pouvoir de sa sensualité agressive, conduit un bourgeois austère à la plus folle des déchéances. Emil Jannings, qui incarne le professeur Rath, et Erich Pommer, le producteur, tentèrent d'influencer le choix de Sternberg. Ainsi que le cinéaste se plaisait à le raconter, chacun introduisait sa petite amie dans son bureau afin qu'elle y dévoile des charmes qui, regroupés en un seul individu, auraient pu être fort désirables. Mais Sternberg est resté intraitable, menaçant d'abandonner le projet si la Berlinoise qu'il avait remarquée au théâtre n'était pas engagée. Il voyait en elle un modèle « digne de Toulouse-Lautrec ». Marlène Dietrich ne l'a décidément pas déçu. Dans *l'Ange bleu*, elle est, comme elle le chante : « Faite pour l'amour de la tête aux pieds ». (→ 4.11)

Garbo parle avec une voix de contralto

New York, 14 mars
Anna Christie, de Clarence Brown, sort au Capitol, l'une des plus importantes salles new-yorkaises. Greta Garbo et Charles Bickford interprètent les principaux rôles.

« Anna Christie », de C. Brown.

La campagne publicitaire du film est basée sur ces deux seuls mots : « Garbo parle. » Il s'agit en effet du premier film parlant avec la Divine, qui passe avec succès cette épreuve du son, au demeurant catastrophique pour d'autres stars de l'écran. Le critique Richard Watts écrit à ce sujet : « Sa voix se révèle être un contralto profond, âpre, guttural, qui ne laisse pas perdre une goutte de ce charme poétique qui a fait de cette distante dame suédoise une extraordinaire vedette. » Simultanément, deux versions d'*Anna Christie* ont été tournées pour l'Europe par Jacques Feyder, l'une en allemand et l'autre en suédois. (→ 12.4.32)

Marlène Dietrich au cours du tournage dans les studios de l'UFA.

Marcel L'Herbier et l'affaire Kessel

Paris, 11 avril
La sortie de *Nuits de prince*, de Marcel L'Herbier, met un terme au différend qui opposait le cinéaste à l'écrivain Joseph Kessel, l'auteur du roman dont le film est inspiré. L'affaire a été déclenchée le 6 février dernier par une déclaration du romancier. Celui-ci ne semblait pas apprécier l'adaptation faite de son livre par L'Herbier. Une semaine plus tard, l'acteur Philippe Hériat, longtemps collaborateur et interprète du cinéaste, a pris part à la polémique en se rangeant du côté de l'écrivain. Après avoir qualifié ce dernier de « colporteur juif », le réalisateur s'en est excusé publiquement le 20 février en mettant ses propos contestables sur le compte de l'irritation. Quant au fond du litige, il s'en était remis à l'arbitrage de la Société des auteurs de films, qui vient de lui donner en partie raison. Interprété par Gina Manès et Jaque-Catelain, le film a été tourné l'année dernière en muet au studio de Billancourt et au Grand Palais. Il a été ensuite sonorisé entièrement à Berlin. (→ 21.4.39)

René Clair affronte victorieusement les pièges du parlant

Pola Illery, Albert Préjean, et la chanson de « Sous les toits de Paris ».

Le réalisateur en plein tournage.

Paris, 25 avril
Sous les toits de Paris, le premier film sonore de René Clair, est à l'affiche du Moulin-Rouge. Après les réticences qu'avait manifestées l'auteur d'*Un chapeau de paille d'Italie* à l'endroit du parlant, on attendait avec impatience ses débuts dans cette nouvelle discipline. Produit par la filiale française de la Tobis et tourné en janvier et février derniers aux studios d'Epinay, dans des décors de Lazare Meerson, le film a d'emblée remporté un joli succès d'estime. Le fronton de la salle annonçait un film « Cent pour cent parlant et chantant français », ce qui traduit en fait assez peu la virtuosité de l'ensemble. Le film narre les aventures d'un chanteur des rues, Albert Préjean, amoureux d'une jeune étrangère, qu'incarne Pola Illery. Autour du couple gravite une foule de personnages délicieusement typés, parmi lesquels Gaston Modot dans un rôle patibulaire à souhait. La mise en scène aérienne de René Clair ainsi que l'usage sobre et recherché du son font oublier la minceur du sujet. La rengaine d'Albert Préjean, chanson qui donne son titre au film, finit de réjouir le spectateur. (→ 30.4.31)

L'Allemagne vaincue suscite deux grands films de guerre

Berlin, 23 mai
C'est en temps de paix que s'exprime le pacifisme. Surtout si le souvenir des conflits qui déchirent les peuples est vivace et douloureux. Pour G. W. Pabst et Lewis Milestone, il n'y a ni bonne guerre ni héros. Rien que des victimes. *Quatre de l'infanterie* (*Westfront 1918*), adapté d'un roman d'Ernst Johannsen, peint la vie quotidienne des soldats allemands dans les derniers mois de lutte contre la France. *A l'Ouest rien de nouveau* (*All Quiet on the Western Front*), d'après le roman de E. M. Remarque, a tout pour déplaire aux bellicistes. Lewis Milestone y dénonce avec âpreté non seulement la tragédie de la Grande Guerre, mais aussi l'aveuglement fanatique des militaires de haut rang. (→ 30.6.31)

« A l'Ouest rien de nouveau », de Lewis Milestone (Etats-Unis).

Le point de vue allemand : « Quatre de l'infanterie », de G. W. Pabst.

Georges Duhamel n'est pas un ilote

Paris, 10 mai
Personne ne se doutait que le mépris de Georges Duhamel pour le cinéma était presque aussi grand que sa passion pour les lettres et le voyage. Ce mépris, il vient de l'exprimer, noir sur blanc, dans *Scènes de la vie future*, publié aux éditions du Mercure de France. Dans cet ouvrage pamphlétaire, l'auteur de *Civilisation* fustige, avec l'ironie désabusée qu'on lui connaît, certains aspects de la vie moderne, et en particulier américaine. Au passage, il s'en prend au cinéma, qu'il considère comme « le plus puissant instrument de conformisme moral, esthétique et politique », et dont il instruit le procès en ces termes : « C'est un divertissement d'ilotes, un passe-temps d'illettrés, un spectacle qui ne demande aucun effort, n'aborde sérieusement aucun problème, n'excite aucune espérance, sinon celle, ridicule, d'être un jour *star* à Los Angeles. »

A Paris, Paramount tentée par l'Europe

Paris, 30 juin
La région parisienne va-t-elle devenir un Hollywood européen ? La question est à l'ordre du jour, depuis l'installation récente de la Paramount française en proche banlieue. Tout commence avec le voyage de Jesse L. Lasky en France en mai 1929. Venu faire la promotion des *talkies* sur le vieux continent, le patron de la Paramount jeta les bases d'un groupe franco-américain appelé à exploiter les brevets de la Western Electric. Huit mois plus tard, la filiale française de la Paramount vit le jour. Présidée par Robert T. Kane et administrée par Adolphe Osso, la société a acquis les studios désaffectés des Ciné-Romans, à Joinville-le-Pont. Là, sur deux hectares, la firme a fait construire pas moins de six plateaux, tous équipés du matériel sonore le plus moderne. Dans cette nouvelle Babel, l'équipe commence à tourner les films en versions multiples : en français bien sûr, mais aussi en suédois, en norvégien, en allemand, en hongrois, en italien, en russe, etc.

Un débutant nommé John Wayne, et l'épopée de l'Amérique

« La Piste des géants » (« The Big Trail »), de Walsh. A droite, John Wayne.

Hollywood, 24 octobre
La Piste des géants (*The Big Trail*), de Raoul Walsh, premier western en superproduction sur écran large et sur pellicule expérimentale de 70 mm, sort sur les écrans. Ce film, interprété par John Wayne, a une durée de près de trois heures, fait exceptionnel. Il réunit 80 acteurs et 2 000 Indiens figurants. Son tournage a nécessité 14 cameramen. Raoul Walsh y retrace la légende de l'Ouest avec d'importants moyens techniques et financiers. Il permet à la Fox de retrouver son prestige déclinant. La vedette en est donc un jeune homme de 23 ans, connu jusqu'alors sous le nom de Duke Morrison. Par admiration pour le général Anthony Wayne, l'une des gloires de la guerre de Sécession, Walsh a proposé ce pseudonyme au comédien. Mais, jugeant Tony Wayne de consonance trop italienne, ce dernier a suggéré un prénom très américain comme John. Le réalisateur s'est battu pour imposer ce jeune inconnu et a gagné la partie parce que « Duke monte mieux à cheval que quiconque, sait tenir un fusil et ne craint ni Indiens ni bisons ». Après sept films dans des rôles secondaires, John Wayne est ainsi pour la première fois vedette de l'écran. Né le 26 mai 1907 à Winterset (Iowa), il est le fils d'un pharmacien ancien joueur de football, qui tient un drugstore avec son épouse. Venu à Hollywood afin de travailler dans les studios en tant que machiniste, il est vite remarqué par George Marshall, le chef du personnel de la Fox, grâce à sa grande silhouette et son physique de cow-boy. Il incarne dans *la Piste des géants* un trappeur conduisant un convoi de familles à travers des territoires sauvages et hostiles. A propos du tournage, Wayne se rappelle les journées de travail pénibles du côté de Yuma et des montagnes Rocheuses, avec le sentiment d'être observé en permanence par Cochise et Geronimo. (→ 4.10.33)

Berlin-Paris sur « le Chemin du paradis »

Berlin, 15 septembre
L'été s'achève en images et en musique. L'UFA produit sa première opérette, qui a été filmée par Wilhelm Thiele. Le thème du *Chemin du paradis* (*Die Drei von der Tankstelle*) n'est pas neuf, mais l'œuvre séduit par ses airs guillerets (*Avoir un bon copain*), sa mise en scène chatoyante et le charmant couple formé par Lilian Harvey et Willy Fritsch. La version française est déjà prête, avec Henri Garat dans le rôle de Willy. (→ 11.9.31)

Lilian Harvey et Henri Garat dans la version française du film de W. Thiele.

Gaumont et Pathé tournent la page

Paris, 21 juillet
Charles Pathé vient de donner sa démission du groupe Pathé-Natan. Avec seulement quelques mois d'intervalle, les deux pionniers de l'industrie cinématographique française se retirent ainsi des affaires. En avril, Gaumont s'était définitivement éloigné du cinéma après avoir vendu sa société à la Franco Film. Celle-ci constituait alors la Gaumont-Franco Film-Aubert. Il faut relever le parallélisme qui marque jusqu'au bout le parcours de ces deux hommes : domination de l'industrie jusqu'à la Guerre, déclin relatif ensuite, et retrait au moment où le cinéma parlant met ces empires face à de sérieuses difficultés. Le capital de Pathé-Natan, constitué principalement des studios de Joinville, de plusieurs laboratoires et bien sûr du circuit des salles Pathé, représente plus de 40 millions de francs. L'actif de Gaumont est quant à lui estimé à près de 100 millions. Après le départ de Charles Pathé, Bernard Natan reste donc seul à la tête de Pathé-Natan. Rappelons que la société s'était créée au mois de mars l'année dernière alors que Pathé s'était fortement endetté auprès des laboratoires Rapid Film, que possédait Natan. Ce dernier, ayant réussi à s'assurer le concours de la banque Bauer & Marchal, était parvenu à prendre le contrôle de la société des Cinéromans-Pathé, rebaptisée alors Pathé-Natan. En dépit du fait que Pathé assure s'être opposé autant qu'il l'a pu à la « ténébreuse mégalomanie » de Natan, il n'est pas certain que cette retraite plus ou moins forcée l'afflige réellement. Agé de 67 ans alors que Léon Gaumont en a 66, Pathé a certainement saisi l'opportunité de ne pas rater sa sortie, une fois fortune faite. (→ 21.7.34)

Le cinéma sonore selon Chaplin

Paris, 1er novembre
Charles Chaplin n'est pas un chaud partisan du cinéma parlant. C'est le moins qu'on puisse dire. Dans une interview publiée par le magazine américain *Silver Screen*, le célèbre réalisateur se déclare convaincu de la disparition prochaine du film « 100 % parlant ». « J'ai toujours été un adversaire du film parlant et tout ce que je pourrais vous dire contre lui n'égalera pas mon silence, plus éloquent que ma voix », déclare-t-il. Et de citer en exemple son propre film, *les Lumières de la ville* (*City Lights*), qu'il vient d'achever, et où il a employé de manière partielle les ressources du sonore. L'œuvre se présente comme un film muet, pourvu d'intertitres explicatifs. La partition musicale a été gravée sur pellicule et des effets sonores, pour la plupart de simples bruitages, ponctuent le déroulement de l'action. Charlot reste donc fidèle à sa fameuse apostrophe : « Les *talkies* ! Vous pouvez dire que je les déteste ! » (→ 30.1.31)

Academy Awards, deuxième année

« A l'Ouest rien de nouveau » obtient les deux distinctions principales.

Norma Shearer, meilleure actrice, avec Conrad Nagel dans « la Divorcée ».

Los Angeles, 5 novembre
Pour la seconde année consécutive mais pour la troisième fois, les récompenses pour l'année écoulée (1929-1930) sont remises à l'Ambassador Hotel. Meilleur acteur : George Arliss pour *la Vie de Disraëli*, d'Alfred E. Green, devant Wallace Beery, Ronald Colman et Maurice Chevalier. Meilleure actrice : Norma Shearer pour *la Divorcée*, de Robert Leonard, fut préférée à Greta Garbo et à Gloria Swanson. Meilleur réalisateur : Lewis Milestone pour *A l'Ouest rien de nouveau* (*All Quiet on the Western Front*), d'après E. M. Remarque, qui remporte aussi le prix du meilleur film de l'année. Le 3 avril dernier avait lieu la seconde remise des Awards, pour l'année précédente (1928-1929). Le prix du meilleur acteur a été attribué à Warner Baxter pour *Cisco Kid* (*In Old Arizona*), de Raoul Walsh. Baxter avait obtenu ce rôle en remplaçant Walsh comme comédien quand il avait perdu son œil droit durant les premiers jours de tournage. Le prix de la meilleure actrice a été attribué à Mary Pickford pour *Coquette*, de Sam Taylor, celui du meilleur réalisateur à Frank Lloyd pour *Lady Hamilton* (*The Divine Lady*), et celui du meilleur film à *Broadway Melody*, d'Harry Beaumont, une comédie musicale avec Bessie Love. (→ 10.11.31)

La Paramount fait de Marlène Dietrich la rivale de Greta Garbo

Hollywood, 4 novembre
Cœurs brûlés (*Morocco*) marque la deuxième collaboration de Josef von Sternberg avec sa révélation allemande de *l'Ange bleu* (*Der Blaue Engel*). Toute l'Amérique vient de découvrir Marlène Dietrich et s'interroge : la nouvelle étoile de la Paramount peut-elle éclipser la Divine ? Il faut dire que l'opération a été mûrement préparée. Bien avant la fin du tournage de *l'Ange bleu*, Hollywood faisait les yeux doux à Marlène. Au soir de la première triomphale de Berlin, sa décision était prise. A la fin de la séance, elle saluait un public enthousiasmé. Seuls ses proches savaient qu'elle prendrait ensuite le train de nuit pour Brême et embarquerait le 6 avril. *Cœurs brûlés* sculpte son image et révèle toutes les nuances de son talent. Marlène joue sur l'apparence et son contraire. Aventurière blasée et femme éprise, sophistiquée mais sensuelle, Dietrich quitte ses escarpins pour suivre Gary Cooper dans le désert : une scène qui brûlera longtemps les cœurs américains. (→ 5.3.31)

Marlène est à nouveau la vedette de Sternberg dans « Cœurs brûlés », avec Gary Cooper. Cette fois, c'est à Hollywood.

George Arliss, meilleur acteur : « la Vie de Disraëli », d'Alfred E. Green.

S. M. Eisenstein en perdition à Hollywood

Le cinéaste soviétique et son opérateur Edouard Tissé, qui l'accompagne.

Hollywood, 18 novembre
L'automne s'annonce sombre pour Sergueï Eisenstein et ses compagnons. Voici que le Département d'Etat refuse maintenant de prolonger le visa de séjour du trio soviétique. Il y a un peu plus d'un an, ils quittaient Moscou. On se souvient qu'ils ont sillonné l'Europe, où Eisenstein a donné de nombreuses conférences très remarquées. Mais leur présence fut parfois jugée inopportune. Ils ont embarqué à Cherbourg le 8 avril dernier, à bord de l'*Europa*, destination New York. A nous trois l'Amérique ! La compagnie Paramount avait en effet invité Eisenstein. Depuis leur voyage à Moscou en 1926, Mary Pickford et surtout Douglas Fairbanks ne tarissaient pas d'éloges sur le maître soviétique. Sur la foi de cette réputation flatteuse, Paramount l'a engagé « pour réaliser plusieurs films sur des sujets à la convenance des contractants », puisqu'un contrat avait même été signé. Aussitôt arrivé, plein d'espoir, Eisenstein se mit au travail avec pour collaborateurs son assistant Alexandrov et l'écrivain anglais Ivor Montagu. Hélas, tous les projets successifs ont été rejetés : *la Guerre des mondes*, de H. G. Wells, *Nous* de Zamiatine, *l'Or*, de Blaise Cendrars, *Une tragédie américaine*, de Theodore Dreiser... Depuis le krach boursier d'octobre 1929, Paramount est en pleine restructuration et privilégie les films commerciaux aux dépens des recherches. Comme Eisenstein refuse de supprimer ou de modifier les scènes dont le caractère social et anticonformiste choque les producteurs, la rupture était inévitable. Le contrat vient d'être dénoncé. Un malheur n'arrive décidément jamais seul. L'Amérique ne leur a pas porté chance. (→ 24)

Jean Gabin artiste et vedette malgré lui

« Chacun sa chance », avec Gaby Basset. Ils se sont mariés en 1925.

Paris, 19 décembre
Le jeune artiste de music-hall Jean Gabin (Moncorgé) ne s'est consacré au spectacle que pour faire plaisir à son père. Son premier film, *Chacun sa chance*, de René Pujol et Hans Steinhoff, sort ce jour et lui offre un rôle ressemblant à ses personnages d'opérettes. Le succès est immédiat. Sa partenaire, Gaby Basset, est son épouse. Gabin est également présent au théâtre depuis quelques jours : il joue *les Aventures du roi Pausole* aux Bouffes parisiens, avec Simone Simon et Edwige Feuillère. (→ 13.4.31)

Luis Buñuel et « l'Age d'or », du scandale à la censure

Paris, 12 décembre
Le préfet de police Jean Chiappe a interdit hier les projections du film surréaliste de Luis Buñuel, *l'Age d'or*. Les copies ont été saisies ce matin. Cette œuvre, tournée grâce au mécénat du vicomte Charles de Noailles, était sortie le 2 octobre dernier au Studio 28 et avait subi plusieurs coupures. Son originalité formelle ainsi que la violence de son sujet, condamnant la morale bourgeoise et farouchement anticlérical, créaient alors la sensation. Gaston Modot et Lya Lys y tentaient en vain de vivre leur amour, sans cesse séparés par la société. Des membres de la Ligue antijuive interrompaient, voici neuf jours, la projection au cri de « Mort aux Juifs ! » Causant pour plus de 8 000 francs de dégâts, les manifestants lacéraient finalement les peintures exposées dans le hall de la salle, parmi lesquelles des œuvres de Salvador Dali, Joan Miro, Max Ernst et Man Ray. Récupérant l'incident à leur profit, *le Figaro* et *l'Ami du peuple* réclamaient ensuite l'interdiction du film, qu'ils obtinrent. (→ 12.6.47)

Lya Lys, héroïne d'un film qui est une célébration de l'amour fou.

Le choc qu'il a provoqué fait du film un véritable manifeste surréaliste.

Lya Lys dans « l'Age d'or ».

Inspiré du roman de Heinrich Mann, « Professor Unrat », ce film révèle Marlène Dietrich au grand public. Il conte la déchéance d'un professeur de collège par amour pour une chanteuse de cabaret. Hollywood accueille celle qui, dans ce film, éclipse Emil Jannings, grande vedette du muet.

Harold Lloyd dans « A la hauteur ».

Louise Brooks : « Prix de beauté ».

« La Grande Mare », d'H. Henley.

Le cinéma américain tire un bilan de la guerre de 1914, vue du côté allemand, avec ce pendant du film de G. W. Pabst, « Westfront 1918 ». Une affiche de Joseph Koutachy.

Les débuts de Jean Gabin, accompagné de Gaby Basset, en chanteur et danseur de claquettes dans le film de René Pujol, « Chacun sa chance ».

Premier film produit et réalisé par le milliardaire Howard Hughes, sur le thème de l'aviation et de la guerre, c'est la révélation pour Jean Harlow. Deux Américains s'engagent comme pilotes de bombardiers pendant la Grande Guerre et meurent en héros.

Hitchcock figurant dans son propre film : « Chantage » (« Blackmail »).

Oliver Hardy et Stan Laurel dans « les Bons Petits Diables » (« Brats »).

Son titre original est « Morocco ». C'est le premier film américain pour le tandem M. Dietrich-J. von Sternberg : le renoncement à une vie de luxe par amour pour un légionnaire. Une affiche signée par Roger Soubie.

Metteur en scène attitré de la Divine, Clarence Brown réalise son troisième film avec elle. D'une fidélité exemplaire à la MGM, il permet à Greta Garbo de passer du muet au parlant. Dans ce film inspiré d'une pièce d'Eugène O'Neil, elle tombe amoureuse d'un marin. Le port de New York est la toile de fond de ce drame phsychologique. C'est Roland Coudon, affichiste, qui signe cette composition.

Premier film « sonore et parlant » de René Clair, célèbre pour sa chanson dans un Paris reconstitué par le grand décorateur d'origine russe Lazare Meerson. Produit par une firme allemande, la Tobis, le film est réalisé simultanément dans les deux langues. Un seul affichiste pour les deux versions : P. Linzbach.

1931

Academy Awards, Hollywood
Film : *Cimarron* (Wesley Ruggles).
Acteur : Lionel Barrymore.
Actrice : Marie Dressler.

Moscou, 5 janvier
Le premier film sonore de Vsevolod Poudovkine, *La vie est belle*, déconcerte le public par l'utilisation poussée du ralenti et l'extravagance du scénario. On ne peut guère parler d'enthousiasme. (→ 3.12.32)

Los Angeles, 30 janvier
L'accueil est triomphal pour *les Lumières de la ville* (*City Lights*), le nouveau film de Charlie Chaplin, avec lui-même, Virginia Cherrill et Harry Myers. Tourné en muet, le film a été sonorisé après coup. Le budget a dépassé le million et demi de dollars. (→ 22.3)

Paris, 13 février
Sortie de *la Patrouille de l'aube* (*The Dawn Patrol*), film d'Howard Hawks, avec Richard Barthelmess et Douglas Fairbanks Jr. (→ 19.5.32)

Paris, 25 février
Le Pavillon chinois de la rue de Babylone, réaménagé, abrite le nouveau cinéma la Pagode. Pour son ouverture, la salle programme le film espagnol *le Prix d'un baiser*.

Hollywood, 5 mars
Carl Laemmle célèbre sa réussite. En vingt-cinq ans, il est passé du petit *nickelodeon* à la tête de la compagnie Universal.

New York, 5 mars
Sortie d'*Agent X 27* (*Dishonored*), qui est le deuxième film américain de Sternberg avec Marlène Dietrich en vedette. (→ 22.8)

Marseille, 10 mars
Un groupement de spectateurs se propose d'apprendre au public des salles comment siffler les mauvais films. Cette indépendance d'esprit inquiète les publicitaires locaux.

Tokyo, 25 mars
Le Nippon Gekkyo, que ses promoteurs veulent plus moderne que le Gaumont-Palace, a trois écrans, de grandes orgues; il accueille plus de 4 000 spectateurs. (→ 11.9)

Alger, 20 avril
Venant de Nice, où il a retrouvé son frère aîné Sydney, Charlie Chaplin séjourne pour la première fois en Afrique du Nord. Il visite notamment la Casbah. (→ 26.10.32)

Paris, 25 avril
Le nouveau procédé du *dubbing* (doublage), utilisé pour *Désemparé*, film américain avec George Bancroft, ainsi que pour le film allemand de Pabst, *Quatre de l'infanterie*, inspire aux professionnels de vives inquiétudes quant à l'avenir des productions tournées en plusieurs versions.

Londres, 30 avril
René Clair, qui s'affirme de plus en plus comme un des cinéastes de prédilection du public britannique, fait un triomphe avec son film *le Million*. (→ 18.12)

Paris, 30 avril
La presse se fait l'écho des rumeurs de crise internationale du cinéma, crise qui serait due à une insuffisance de la production de films par rapport aux besoins des réseaux de salles, alors que le matériel de sonorisation a considérablement alourdi les coûts. (→ 14.5.32)

Nice, 5 mai
Jean Grémillon achève en pleine mer Méditerranée, entre Nice et la Corse, les prises de vues de son dernier film, *Daïna la métisse*, dans lequel jouent Charles Vanel et Habib Benglia. (→ 29.9.37)

Hollywood, 20 mai
Mary Pickford rachète tous les films muets dans lesquels elle a joué, jugeant que l'évolution technique du cinéma fait paraître ridicules les vieux films et leur interprétation. (→ 9.12.34)

New York, 22 mai
Première du film *le Lieutenant souriant* (*The Smiling Lieutenant*), d'Ernst Lubitsch, avec Maurice Chevalier. (→ 8.11.32)

Berlin, 30 juin
Finalement autorisé par la censure, malgré les protestations violentes des groupes hitlériens et le vote défavorable du Reichstag, *A l'Ouest rien de nouveau* est reprogrammé dans une salle qui a pris toutes les dispositions possibles pour éviter les incidents. (→ 21.4.32)

New York, 21 août
Jusqu'ici limités au format court, les comiques Laurel et Hardy présentent leur premier film parlant de long métrage, *Sous les verrous* (*Pardon Us*), de J. Parrot. (→ 16.2.36)

Stockholm, 14 septembre
La sortie d'*Une nuit* (*En natt*) de Gustav Molander, avec Uno Henning et Björn Berglund, révèle, par la qualité de ses effets sonores, la parfaite adaptation du réalisateur au parlant.

Nœux-les-Mines, 15 septembre
C'est au cœur des houillères du Pas-de-Calais que le réalisateur G. W. Pabst achève en décors naturels et avec la participation des mineurs le tournage de *la Tragédie de la mine* (*Kameradschaft*), qui s'inspire de la catastrophe mémorable de Courrières en 1906.

Etats-Unis, 20 septembre
Réunis en congrès, les exploitants de salle s'élèvent contre la prolifération des films de gangsters, qui, selon eux, irritent le public. Par ailleurs ils affirment que, si les films sont si chers à louer, c'est que les salaires des stars sont exorbitants.

France, 30 septembre
L'été pluvieux aura été catastrophique pour la production. Plusieurs tournages en extérieurs ont dû être reportés ou annulés.

New York, 8 octobre
Mme Josef von Sternberg intente un procès à la comédienne Marlène Dietrich, mariée de son côté à Rudolph Sieber. Elle considère que celle-ci lui a « aliéné l'affection de son mari ». (→ 17.2.32)

Paris, 17 octobre
Sortie de *Marius*, d'après la pièce de Marcel Pagnol, produit par la Paramount et réalisé par Alexander Korda, avec dans les rôles principaux : Pierre Fresnay, Raimu et Orane Demazis. (→ 22.12.33)

West Orange, 18 octobre
Mort de l'inventeur et pionnier du cinéma Thomas Alva Edison (*Milan, Ohio, 11.2.1847).

Hollywood, 20 octobre
Douglas Fairbanks met la dernière main au film tourné lors d'un récent voyage. Il doit être exploité sous le titre *Autour du monde avec Douglas Fairbanks*. (→ 9.12.34)

Lisbonne, 20 octobre
Le réalisateur Manoel de Oliveira, âgé de vingt-trois ans, présente son premier film, *Douro, Faina Fluvial*. Issu du courant documentaire, favorisé par une nouvelle loi, ce film tranche sur la médiocrité habituelle de cette production.

Etats-Unis, 10 décembre
La sortie de *The Struggle*, de David Wark Griffith, est un grave échec critique et financier. (→ 5.3.36)

Berlin, 31 décembre
L'UFA a expérimenté cette année, avec le documentaire *le Monde bariolé des animaux*, un procédé de cinéma en couleurs.

NAISSANCES
Milan, 28 janvier
Lucia Bose.

Los Angeles, 30 janvier
Gene Hackman.

Marion, Indiana, 8 février
James Dean.

Avellino, Italie, 10 mai
Ettore Scola.

Pont-Château, 5 juin
Jacques Demy.

Malmö, Suède, 29 septembre
Anita Ekberg.

Lille, 1er octobre
Philippe Noiret.

Paris, 25 octobre
Annie Girardot.

San Miniato, Toscane, 8 novembre
Paolo Taviani.

« A nous la liberté », satire du monde moderne sur le ton de la comédie, place René Clair au tout premier plan des cinéastes français.

Filmsonor Présente
LE CHEF-D'ŒUVRE DE
RENÉ CLAIR
à nous la liberté!
MUSIQUE DE GEORGES AURIC
AVEC
HENRI MARCHAND · RAYMOND CORDY · ROLLA FRANCE
PAUL OLLIVIER · JACQUES SHELLY · ANDRE MICHAUD
GERMAINE AUSSEY · LEON LORIN · WILLIAM BURKE
VINCENT HYSPA
Filmsonor

Un grand désastre pour Abel Gance

Victor Francen au chevet de Gance.

Paris, 24 janvier
Jamais un film d'Abel Gance n'a été aussi mal accueilli que *la Fin du monde*, qui vient d'être présenté en soirée de gala à l'Olympia. Interprété par Gance lui-même et par Victor Francen, ce film a dérouté le public, qui l'a trouvé incompréhensible. Quant à la critique, elle est scandalisée par le fait que le film ait été modifié et écourté de moitié sur les instructions du distributeur Jacques Haïk, qui en a acquis la totalité des droits. La durée voulue par le réalisateur était de plus de trois heures. Ce n'est pas avec joie qu'il assiste, impuissant, à la sortie de son film dans une version dénaturée. En outre, la conception de la bande sonore est mise en cause. Seule une minorité de la critique reste sensible au souffle visionnaire de ce film manqué. (→4.3.32)

Interprète principal, Abel Gance tient au passage le rôle du Christ.

« L'Opéra de quat' sous », de Pabst, ou la revanche des exclus

Florelle et Albert Préjean dans la version française. A droite, Margo Lion dans le rôle de la prostituée rebelle.

Berlin, 19 février
Par cette comédie, G. W. Pabst renoue avec le réalisme de ses premières œuvres en adaptant la pièce de même titre de Bertolt Brecht. Dans le Londres de 1900, Mackie, roi de la pègre, enlève et épouse Polly, fille du roi des mendiants. Furieux, celui-ci lance ses troupes à la poursuite de ce gendre indésirable dans une capitale survoltée par le couronnement de la reine d'Angleterre. Mais tout est bien qui finit bien, gueux et truands se réconcilient et font fortune avec la complicité involontaire des forces de l'ordre. Comme dans la pièce de Brecht, la musique de Kurt Weill apporte à *l'Opéra de quat' sous* (*Die Dreigroschenoper*), de Pabst, humour, charme et entrain. Mais le film, par son image envoûtante et ses décors irréels, est un chef-d'œuvre de féerie. (→15.9)

F. W. Murnau disparaît à la veille de la sortie de « Tabou »

Hollywood, 18 mars
Tabou (*Tabu*), le nouveau film de Friedrich Wilhelm Murnau et de Robert Flaherty, vient de sortir dans les salles américaines. Pour Murnau (*28.12.1888), il s'agit d'une œuvre posthume, le célèbre réalisateur allemand s'étant tué en automobile sur la route de Santa Barbara il y a une semaine à peine. En février 1929, l'auteur admiré de *l'Aurore* (*Sunrise*) avait rompu le contrat le liant depuis trois films à la Fox. Son projet était de tourner un documentaire romancé dans les îles du Pacifique. Associé à Flaherty, il se rendit sur place et improvisa une histoire d'amour entre deux jeunes Maoris que la religion et les tabous séparent. « Quand notre yacht pénétra dans le port de Bora-Bora, déclarait récemment Murnau, les indigènes n'avaient jamais vu même un Kodak. » Ses acteurs sont pourtant tous natifs de l'île. Flaherty se contenta de tourner quelques scènes documentaires. Quant à Murnau, il laissa le film inachevé du fait de la postsynchronisation imposée par la Paramount.

Coréalisé avec Robert Flaherty, un chant du cygne tendre et tragique.

Chaplin parcourt l'univers avec « les Lumières de la ville »

Virginia Cherrill, la jeune aveugle.

Du balcon de sa chambre à l'hôtel Crillon, un salut au public de Paris.

Paris, 22 mars
Charles Chaplin vient d'arriver à Paris pour présenter son tout nouveau film, *les Lumières de la ville* (*City Lights*). C'est la deuxième étape d'un long périple qui devrait le conduire également en Italie, en Allemagne, en Autriche et au Japon, en passant par l'Algérie et Singapour. Le 15 février dernier, peu après la présentation triomphale des *Lumières de la ville* aux Etats-Unis, Chaplin s'embarquait pour l'Angleterre. Deux semaines plus tard, au Dominion Theatre de Londres, il assistait à la première européenne de son film. Trois mille spectateurs enthousiastes, parmi lesquels des personnalités comme George Bernard Shaw ou Winston Churchill, saluèrent comme il se doit cette œuvre hors pair. Paris s'apprête maintenant à fêter l'éternel Charlot. (→ 20.4)

Jean Gabin en flic dans « Méphisto »

Paris, 13 avril
Après ses débuts dans *Chacun sa chance*, Jean Gabin enchaîne avec un film policier d'Henri Debain et Nick Winter, « Méphisto », adapté d'un roman d'Arthur Bernède. Dans ce « cinéroman parlant français » en quatre épisodes, Gabin joue le premier rôle de flic de sa carrière. Il incarne un policier sportif et intrépide, en lutte contre l'insaisissable Méphisto, dangereux bandit international. (→ 23.11.33)

Un enquêteur méthodique dans un cinéroman à rebondissements.

« M le maudit » et l'ombre du nazisme

Berlin, 11 mai
M le maudit, premier film parlant de Fritz Lang, aurait dû s'appeler *Les assassins sont parmi nous* (*Mörder unter uns*), mais le parti nazi, y voyant un slogan douteux, a exercé sur Lang une pression menaçante. Inspiré par des faits réels survenus à Düsseldorf, où sévissait un tueur d'enfants, le cinéaste dresse un portrait de psychopathe inouï. Peter Lorre, davantage connu au théâtre, laisse une empreinte profonde sur l'imagination du spectateur. Terrifiant, mais pitoyable, tueur monstrueux autant que victime d'une société malade, il se montre à la fois crédible et inquiétant. Un monsieur Tout-le-monde peut abriter un maudit, sans que nous le soupçonnions. C'est là tout le talent du réalisateur que de ne pas avoir isolé le tueur de son contexte social. Lang ressent profondément le malaise qui saisit l'Allemagne en crise économique et morale. Il voit monter des forces politiques malsaines. Peut-être comparables aux pulsions irrésistibles qui motivent Frantz Becker ? M n'est pas le seul coupable. Il est l'enfant d'un peuple troublé, déstabilisé, à la fois violent et veule, inconscient des dangers qui se cachent dans l'ombre. Fritz Lang n'a pas à regretter son titre initial. Le film s'explique par lui-même. (→ 15.10.32)

La petite Inge Landgut (Elsie) et la silhouette de Peter Lorre, le maudit.

Clara Bow vaincue par les scandales

Hollywood, 9 juin
Clara Bow demande à être dégagée du contrat la liant à la Paramount. A sa signature, le 18 août 1926, Clara Bow avait exigé que soit supprimée la clause morale permettant au studio la résiliation en cas de scandale. En échange, la compagnie avait placé une partie des émoluments de la star, qui ne pouvait toucher cette somme qu'à expiration du contrat, « sauf en cas de scandale la concernant ». Or, depuis cette date, les scandales se sont succédés ! En 1927, le *sex-appeal* de Clara lui vaut le surnom de « The It Girl » pour ses films très osés. La comédienne s'affiche avec un certain Earl Pearson, médecin dont l'épouse a obtenu, le 17 décembre 1928, 35 000 dollars de dédommagement de la part de la Paramount pour « détournement d'affection ». A Dallas, le 18 juin 1930, Clara rencontre Elizabeth Pearson et l'insulte en public. Trois mois plus tard, elle est accusée de ne pas payer ses dettes de jeu, par un directeur de casino de Lake Tahoe, Nevada. L'actrice a des unions tapageuses avec Gilbert Roland, Gary Cooper et Victor Fleming. Le 23 janvier, lors du procès de sa secrétaire Daisy DeVoe, des révélations choquantes sont mises au jour sur la vie privée de Clara, puisqu'on l'accuse notamment de turpitudes sexuelles, de toxicomanie et d'alcoolisme. La Paramount accède en conséquence à la demande de l'actrice. Cependant, la Paramount ne lui versera pas d'indemnité. (→ 27.9.65)

Une star comblée mais très fragile.

Sternberg, de la tragédie à la chicane

Phillips Holmes et Sylvia Sidney dans « Une tragédie américaine ».

Hollywood, 22 août
Le tout nouveau film de Josef von Sternberg vient enfin de sortir sur les écrans : il s'intitule *Une tragédie américaine* (*An American Tragedy*) et s'inspire très librement du roman de même titre de Theodore Dreiser. L'écrivain a finalement agréé la version finale du film, après avoir traîné Sternberg devant les tribunaux pour non respect de l'œuvre originale. Le réalisateur, forcé et contraint, a dû retourner de nombreuses scènes, ce qui constitue en soi une première. Autant dire qu'il désavoue ce film. (→ 17.2.32)

Quatrième séance des Academy Awards

Hollywood, 10 novembre
La quatrième cérémonie de remise des récompenses du cinéma américain se déroule au Biltmore Hotel, en présence de Charles Curtis, le vice-président des Etats-Unis. Les lauréats de la soirée sont : Lionel Barrymore, meilleur acteur pour son rôle dans *Ames libres* (*A Free Soul*), de Clarence Brown, qui devance Fredric March et Adolphe Menjou. Marie Dressler pour *Min and Bill*, de George Hill, préférée à Marlène Dietrich. Norman Taurog remporte le prix du meilleur réalisateur pour *Skippy*, tandis que le film de l'année 1930 est *Cimarron*, de Wesley Ruggles. (→ 18.11.32)

Lionel Barrymore, meilleur acteur dans « Ames libres », avec Norma Shearer.

Danielle Darrieux au Gaumont-Palace

A quatorze ans dans « le Bal », avec André Lefaur et Germaine Dermoz.

Paris, 11 septembre
Une adolescente de quatorze ans, Danielle Darrieux, est la vedette du film de Wilhelm Thiele, *le Bal*, présenté au Gaumont-Palace, sur écran géant. Née à Bordeaux le 1er mai 1917, la jeune fille a été sélectionnée par le réalisateur à la suite d'un concours, et choisie sur audition parmi plusieurs centaines de candidates. Dans cette comédie dramatique, elle a pour partenaires André Lefaur et Germaine Dermoz. Elle incarne une fillette délaissée par sa mère, qui détruit les invitations au bal donné par ses parents pour se venger de leur indifférence à son égard (→ 25.9.37). Ce film inaugure la réouverture du cinéma de la place Clichy, créé en 1911 par Léon Gaumont, après transformation de l'Hippodrome. Les travaux de rénovation ont duré cinq mois. Le Gaumont-Palace est aujourd'hui le plus grand cinéma-théâtre du monde : la capacité de la salle est de 6 000 spectateurs. Son écran fait 200 m^2 et mesure 70 m de long. (→ 11.1.33)

Une grande salle moderne, adaptée aux nouvelles techniques du cinéma.

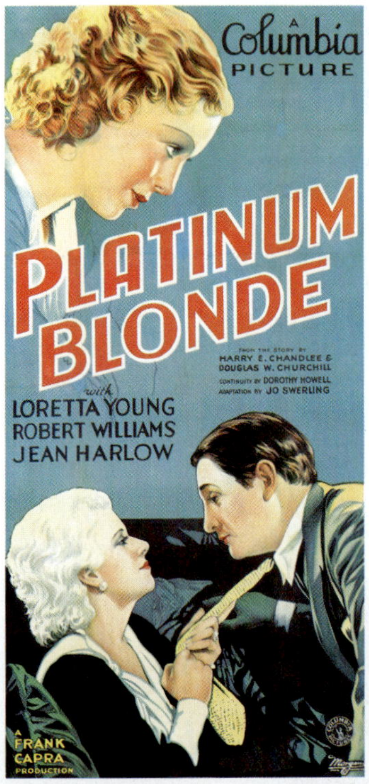

Le film de Franck Capra, *Blonde platine*, fait de Jean Harlow, comédienne qui n'avait pas encore fait ses preuves, une star incontestable. On lui donne aussitôt le titre du film comme surnom familier.

« La Chienne » de Renoir meurt deux fois

Paris, 19 novembre

Deux mois après sa mort dans un accident de voiture, Janie Marèze, la jeune vedette de *Mam'zelle Nitouche*, meurt à nouveau. Mais, cette fois, c'est sur l'écran du Colisée, où passe *la Chienne*, de Renoir, son dernier film. Elle y incarne une prostituée qui finit par être tuée par le peintre amateur qu'elle exploite, interprété par Michel Simon. L'actrice a été imposée à Renoir par les coproducteurs du film, Roger Richebé et Pierre Braunberger. Jean Renoir, lui, voulait pour le rôle sa femme, Catherine Hessling, ou Florelle. Mais Janie Marèze a su très vite séduire le réalisateur, ainsi que ses deux partenaires masculins dans le film, Georges Flamant et Michel Simon, qui sont tombés amoureux d'elle. Le premier était d'ailleurs à ses côtés quand l'accident tragique s'est produit : c'est lui qui conduisait la voiture, vite et mal au dire des témoins. Adapté d'un roman de Georges de la Fauchardière, *la Chienne* est une œuvre étonnament réaliste. La reconstitution de la vie à Montmartre y est admirable, ainsi que l'utilisation des effets sonores pour recréer l'ambiance de ce quartier populaire et bohème. La prestation de Michel Simon est remarquable et ce d'autant que l'acteur semble s'être identifié à son personnage. (→ 11.11.32)

Janie Marèze et Georges Flamant.

« A nous la liberté », à René Clair la gloire

C'est seulement quand le film s'achève que le titre prend tout son sens.

Paris, 18 décembre

A nous la liberté, qui vient d'être présenté au public, est le troisième film parlant de René Clair. De grandes louanges avaient déjà accompagné en avril la sortie de sa précédente œuvre, *le Million*. La subtilité de la mise en scène et le remarquable travail de Clair sur la bande-son de cette opérette filmée y transfiguraient l'argument un peu vieillot du vaudeville de Georges Berr. *Le Million* était un remarquable exercice de style, mais il ne s'agissait que d'une commande de la Tobis. Avec *A nous la liberté*, par contre, Clair met cette fois sa brillante technique au service d'un grand sujet dont il signe lui-même le scénario. L'histoire est celle de l'amitié qui unit deux évadés de prison interprétés par Raymond Cordy et Henri Marchand. Séparés par les années, le hasard les réunit à nouveau, l'un patron, l'autre employé. Menacé de chantage, le premier décide alors au contact de son ami de renoncer à son usine, et l'offre à ses ouvriers. Enfin libres, les deux compères reprennent la route, et le film s'achève sur ce dénouement peu conventionnel. Satire sociale très enlevée et dénonciation du machinisme, *A nous la liberté* devrait consacrer définitivement son auteur. (→ 18.11.32)

Troublantes « Jeunes filles en uniforme »

Berlin, 28 novembre

Pour sa première réalisation au cinéma, Leontine Sagan choisit un thème jamais abordé jusqu'à présent : l'univers des internats de jeunes filles dans les années 20. Un sujet délicat, traité avec finesse et sensibilité. Manuela supporte mal la discipline du pensionnat. Elle s'éprend de la seule institutrice qui lui montre de la sympathie. Mais cette passion « contre nature » la conduit presque au suicide... Un film aussi attachant que pudique, précieux par sa justesse de ton.

Hertha Thiele, héroïne de L. Sagan.

Lugosi-Dracula et Karloff-Frankenstein rivalisent dans l'horreur

Hollywood, 21 novembre

L'horreur est en train de se faire une place de choix sur les écrans américains. Après *Dracula*, de Tod Browning, sorti en février dernier, c'est au tour du *Frankenstein*, de James Whale, de triompher. Le film adapte une pièce de Peggy Webling, inspirée du fameux roman de Mary W. Shelley. Un savant crée un être à son image, qui échappe bientôt à son contrôle. Dans *Dracula* comme dans *Frankenstein*, les monstres ont la part belle, incarnés respectivement par Bela Lugosi et Boris Karloff. Ce dernier, maquillé par Jack Pierce, a même éclipsé Colin Clive dans le rôle du savant, à la grande surprise des producteurs de l'Universal. (→ 31.8.32)

Les réalisateurs Tod Browning et James Whale se mesurent à leur tour.

Le trio G. W. Pabst, K. Weill et B. Brecht avec une affiche de J. Bonneaud.

E. G. Robinson incarne Rico, dit Little Cesar, un gangster vicieux et violent.

Adapté d'une de ses pièces, c'est le premier film de Marcel Pagnol réalisé par Alexander Korda. On y trouve la partie de cartes dans laquelle Raimu prononce l'une des plus célèbres répliques du cinéma français : « Tu me fends le cœur. » A ses côtés, Charpin en accentue la couleur locale, tandis que Pierre Fresnay et Orane Demazis en sont les protagonistes amoureux.

Michel Simon, assassin impuni dans « la Chienne », de Jean Renoir.

Un rôle sur mesure pour Greta Garbo dans « la Courtisane ».

Jean Harlow dans le film de Tod Browning, « l'Homme de fer ».

C'est la grande Colette qui adapte la version française de ce film allemand.

L'acteur d'origine hongroise Bela Lugosi est le premier Dracula.

L'acteur d'origine britannique Boris Karloff est le premier Frankenstein.

C'est l'affichiste Jean Adrien Mercier qui illustre les premiers films parlants de René Clair. La technique de l'aplat de couleur et la naïveté du dessin confèrent à ses compositions un charme français particulièrement adapté aux comédies populistes du metteur en scène.

Maurice Chevalier dans « le Lieutenant souriant », d'Ernst Lubitsch.

Une opérette cinématographique autour d'un billet de loterie.

Le vampire de Düsseldorf inspire à Fritz Lang son premier film parlant.

Ce film de Charlie Chaplin appartient encore au cinéma muet.

1932

Academy Awards, Hollywood
Film : *Grand Hôtel* (Edmund Goulding).
Acteurs : Fredric March, Wallace Beery.
Actrice : Helen Hayes.

Mostra d'arte cinematografica, Venise
Vote du public :
Film : *le Chemin de la vie* (Nikolaï Ekk).
Acteur : Fredric March.
Actrice : Helen Hayes.

Etats-Unis, 20 janvier
Hiram S. Brown démissionne de la présidence de RKO. Il est remplacé par M. Aylesworth, président du réseau de radio NBC. (→ 23.1.33)

Hollywood, 2 février
Joe Brandt, président de Columbia, vend ses intérêts à Jack et Harry Cohn, actuel vice-président, qui prend la direction de la compagnie.

Los Angeles, 17 février
Sortie de *Shanghai Express*, de Josef von Sternberg, avec Marlène Dietrich et Clive Brook. (→ 21.6.33)

Berlin, 24 février
Première de *la Lumière bleue* (*Das blaue Licht*), de et avec L. Riefenstahl, avec M. Wieman. (→ 4.9.34)

Hollywood, 28 février
Cecil B. De Mille quitte la MGM et retourne à la Paramount, qu'il avait contribué à fonder. La compagnie doit financer et distribuer une part de sa production. (→ 24.7.34)

Londres, février
Le cinéaste d'origine hongroise Alexander Korda, depuis peu délégué de la Paramount en Grande-Bretagne, crée la société de production London Film. (→ 17.8.33)

Shanghai, 3 mars
Les bombardements japonais ont détruit près de la moitié des salles de cinéma ainsi que de nombreux studios : trente compagnies cessent toute production. (→ 12.11.33)

Paris, 10 mars
Associé à André Debrie, inventeur des caméras Parvo, Abel Gance dépose une nouvelle demande de brevet pour son procédé de la Perspective sonore. (→ 11.5.35)

Rochester, 14 mars
Mort de l'industriel George Eastman, fondateur et président de la société Eastman Kodak, créateur du film souple à perforations sur support Celluloïd (*Waterville, Etat de New York, 12.7.1854).

Paris, 17 mars
En présence de Paul Doumer, président de la République, première de gala du film de Raymond Bernard, *les Croix de bois*, d'après le roman de Roland Dorgelès inspiré de la Grande Guerre.

Allemagne, 21 avril
A la suite des protestations soulevées par cette mesure, l'interdiction de *Ventres glacés* (*Kuhle Wampe*), réalisé par Slatan Dudow, sur un scénario de B. Brecht, est levée.

Copenhague, 6 mai
Sortie du premier film parlant de Carl Dreyer, *Vampyr* ou *l'Etrange Aventure de David Gray*, réalisé en France, avec Julian West et Maurice Schutz. (→ 13.11.43)

Tokyo, 27 mai
La sortie de *Printemps perdu* (*Mushibameru haru*) impose le jeune Mikio Naruse au premier rang des réalisateurs japonais. (→ 15.8.35)

Hambourg, 1er juin
Les négatifs de *Que viva Mexico !* expédiés d'Amérique à destination de Moscou, sont repris durant leur transit sur ordre d'Upton Sinclair et renvoyés à Hollywood. (→ 1.3.33)

Hollywood, juin
Les studios Movietone-City, édifiés sur le West Pico Boulevard par la Fox, sont inaugurés. Ils comportent dix grands plateaux de tournage et d'importantes dépendances.

Munich, 18 août
Dans la capitale bavaroise a lieu la première de *la Fiancée perdue* (*Die verkaufte Braut*), de Max Ophuls, d'après l'opéra-comique de Smetana, avec Max Nadler, Jarmila Novotna et Karl Valentin. Max Schreck, le Nosferatu de Murnau, y tient un petit rôle. (→ 3.3.33)

Berlin, 14 septembre
Sortie de *Mélo* (*Der träumende Mund*), de Paul Czinner, d'après la pièce de l'auteur français Henry Bernstein, avec Elisabeth Bergner, compagne du réalisateur, et Rudolf Forster. Dans la version française ces rôles sont tenus respectivement par Gaby Morlay et Pierre Blanchar. (→ 27.7.33)

Berlin, 15 octobre
A Neubabelsberg, dans les studios de l'UFA, Fritz Lang commence le tournage du film *le Testament du docteur Mabuse*. (→ 23.3.33)

Hollywood, 2 novembre
Venue du théâtre, la comédienne Katharine Hepburn débute au cinéma dans le film de George Cukor *Héritage* (*A Bill of Divorcement*), aux côtés de John Barrymore et Billie Burke. (→ 11.11.33)

Los Angeles, 8 novembre
Sortie de *Haute Pègre* (*Trouble in Paradise*) de Lubitsch, avec Miriam Hopkins, Kay Francis et Herbert Marshall. (→ 13.10.34)

New York, 10 novembre
Le film de Mervyn LeRoy, *Je suis un évadé* (*I Am a Fugitive From a Chain Gang*), tiré du roman autobiographique de R. Burns, avec Paul Muni et Glenda Farrell, récit de la déchéance d'un condamné innocent, reçoit un accueil enthousiaste de la critique. (→ 13.3.47)

Paris, 11 novembre
Sortie de *Boudu sauvé des eaux*, de Jean Renoir, produit et interprété par Michel Simon, d'après la pièce de René Fauchois. (→ 4.1.34)

Budapest, 3 décembre
C'est sans la présence de son réalisateur, Paul Fejos, qui a dû s'exiler, que sort la coproduction franco-hongroise *Averse de printemps* (*Tavaski Zapor*), avec Annabella. La version française est intitulée : *Marie, légende hongroise*. (→ 28.9.35)

Paris, 7 décembre
Sortie de *Poil de Carotte*, un film de Julien Duvivier d'après le roman de Jules Renard, avec Harry Baur et le petit Robert Lynen, âgé de onze ans. (→ 19.12.34)

Paris, 8 décembre
Une nouvelle grande salle de cinéma, le Rex, est inaugurée, sur le boulevard Poissonnière. Le raffinement de ses décors ainsi que le luxe de ses installations en font déjà un lieu de passage obligé pour les cinéphiles.

Londres, 20 décembre
En l'église Saint James est célébré le mariage de la jeune comédienne Vivian Mary Hartley – elle est tout juste âgée de dix-neuf ans – avec l'avocat Herbert Leigh Holman. (→ 14.8.35)

Berlin, 31 décembre
Le trust UFA, dont la situation s'est rétablie sous la nouvelle direction d'Alfred Hugenberg, emploie 5 000 salariés. (→ 28.3.33)

NAISSANCES
Neuilly-sur-Seine, 6 février
François Truffaut.

Londres, 27 février
Elizabeth Taylor.

Kyoto, 31 mars
Nagisa Oshima.

Huesca, Espagne, 4 avril
Carlos Saura.

Beyrouth, 10 avril
Delphine Seyrig.

Aexandrie, 10 avril
Omar Sharif (*Michel Shalhoub).

Paris, 27 avril
Anouk Aimée
(*Françoise Dreyfus).

Hussein Dey, Algérie, 10 mai
Françoise Fabian (*Michèle Cortes de Leone y Fabianera).

Thumeries, Nord, 10 octobre
Louis Malle.

Aux Academy Awards, Walt Disney est couronné pour la création de Mickey et pour « Flowers and Trees », court métrage d'animation.

MICKEY MOUSE
PRESENTS
A WALT DISNEY
SILLY SYMPHONY
FLOWERS and TREES
UNITED
ARTISTS
PICTURE

La vie d'un poète selon Jean Cocteau

Paris, 20 janvier
Le premier film du poète et romancier Jean Cocteau est présenté publiquement pour la première fois au Vieux-Colombier, au cours d'une soirée de gala. Ce moyen métrage, dont le titre initial était *la Vie d'un poète*, s'intitule désormais *le Sang d'un poète*. Il a été financé grâce au mécénat du vicomte Charles de Noailles, ami de Cocteau. Tournée d'avril à septembre 1930, cette rêverie poético-tragique en quatre épisodes est jouée par Lee Miller, Enrique Rivero – le poète –, Pauline Carton et Féral Banga. A son sujet, certains parlent d'ores et déjà de surréalisme de salon. (→ 21.9.45)

« Le Sang d'un poète » : Lee Miller.

La nouvelle coqueluche de Hollywood se nomme Clark Gable

« Ames libres » avec Norma Shearer.

Face à Joan Crawford et Frank Conroy : « Fascination », de Clarence Brown.

Los Angeles, 27 février
Polly of the Circus, d'Alfred Santell, treizième film tourné en un an par Clark Gable, est projeté en exclusivité mondiale à Los Angeles, avant sa présentation à New York. Né à Cadiz, Ohio, le 1er février 1901, Gable devient ainsi la nouvelle étoile hollywoodienne et s'installe en bonne place dans le cœur du public. Ayant abandonné ses études très jeune pour travailler en usine, il est machiniste de théâtre dès l'âge de quinze ans. Revenu auprès de son père quelques mois plus tard, il est employé dans sa société pétrolière. Cinq ans après, il retrouve le monde du théâtre, qui le fascine, et il épouse le 13 décembre 1924 la comédienne Joséphine Dillon, de vingt ans son aînée. Celle-ci lui apprend l'art dramatique et change son prénom de Billy en celui, plus viril, de Clark. Après quelques films muets dirigés par Ernst Lubitsch, Wesley Ruggles et Erich von Stroheim, Clark Gable s'éloigne des studios de 1926 à 1931, pour y revenir en force cette année. Pris sous contrat par la Metro-Goldwyn-Mayer, il est marié depuis le 30 mars 1930 à Ria Langham, une riche Texane. (→ 4.5.33)

L'aventure mexicaine de S. M. Eisenstein tourne au tragique

Nuevo Laredo, 16 mars
Enfin, après un mois d'attente à la frontière mexicaine, les visas sont arrivés pour Sergueï Eisenstein et ses camarades, Edouard Tissé et Grigori Alexandrov. Voilà le dernier épisode d'une équipée malheureuse. Après la rupture avec la Paramount en novembre 1930, Eisenstein acceptait joyeusement la proposition de l'écrivain Upton Sinclair de tourner un film documentaire au Mexique, *Que viva Mexico !*, qui devait raconter mille ans d'histoire en quatre temps : l'Empire aztèque et maya, la conquête espagnole, la colonisation, la révolution. Mauvais début : à leur arrivée le 8 décembre ils sont emprisonnés une journée. Certes, ils tournent beaucoup, mais le temps passe, le film s'enlise et Sinclair subit des pressions. En novembre 1931, il reçoit même de Staline un télégramme disant qu'Eisenstein « est considéré comme un déserteur qui a rompu avec sa patrie ». Upton Sinclair arrête le tournage au début de l'année, faute d'argent. Ainsi, l'aventure mexicaine est terminée et, après deux ans et demi d'absence, Eisenstein rentre à Moscou. Le bilan est plutôt sinistre : aucun film n'a été tourné à Hollywood. De plus, Eisenstein n'a qu'un visa de transit sur le territoire américain. Or, les négatifs accumulés au Mexique sont à Hollywood. (→ 1.6)

Une année de travail, plus de 35 000 mètres de négatif impressionnés.

Gance et Moussinac s'affrontent

Paris, 4 mars
A l'occasion de la sortie du film soviétique *le Train mongol*, d'Ilya Trauberg, le journal *l'Humanité* publie un article du critique Léon Moussinac, dans lequel celui-ci s'en prend au réalisateur Abel Gance. Ce dernier est rendu responsable, en tant que directeur artistique de la distribution des films soviétiques en France, des coupures et modifications apportées au film pour complaire à la censure. Membre du Comité international de défense de l'Union soviétique, Gance avait conclu, le 20 juillet dernier, un accord à Berlin avec un responsable du cinéma soviétique. Aux termes de cet accord, le réalisateur français se chargeait de la promotion et de la diffusion des films soviétiques en France. Mais s'il s'attendait à des ennuis avec la censure française, Gance était loin de se douter que son action serait critiquée dans un journal communiste. (→ 10)

Johnny Weissmuller roi de la jungle

New York, 25 mars
L'ancien champion olympique de natation Johnny Weissmuller devient comédien, sans la moindre formation dramatique. Son premier film *Tarzan, l'homme singe* (*Tarzan the Ape Man*), de W. S. Van Dyke, sort sur les écrans, faisant de lui le sixième Tarzan du cinéma. Titulaire de sept médailles dont trois d'or aux Jeux de Paris en 1924 et d'Amsterdam en 1928, Johnny n'a jamais connu la défaite dans sa catégorie. Né le 2 juin 1904 à Chicago, il est le fils d'un brasseur d'origine viennoise. Il est actuellement l'époux de l'actrice mexicaine Lupe Velez, après avoir divorcé de Bobby Arnst. La MGM lui a signé un contrat pour sept ans.

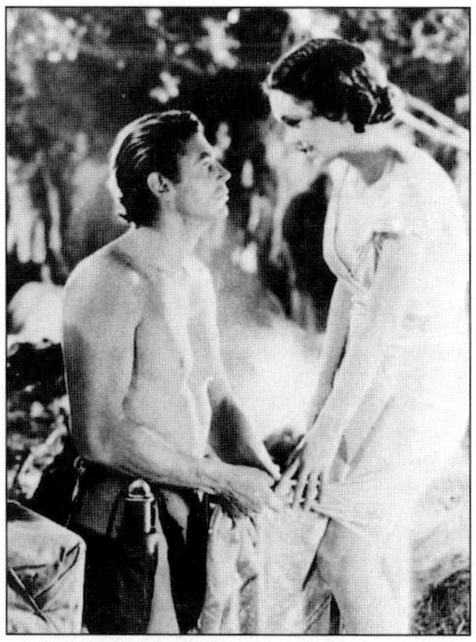

Lui, Tarzan, l'homme singe, et elle, Jane (Maureen O'Sullivan).

Une assemblée de stars au Grand Hôtel

Greta Garbo, John Barrymore, Joan Crawford, Wallace Beery et Lionel Barrymore au tournage de « Grand Hôtel », avec l'équipe d'Edmund Goulding.

New York, 12 avril
Grand Hôtel, le film d'Edmund Goulding produit par la MGM, est présenté en première mondiale à l'Astor Theatre. Les plus grands noms du cinéma hollywoodien figurent à l'affiche dans des rôles d'égale importance, et une foule considérable allonge des files d'attente interminables. *Grand Hôtel* est tiré d'un roman de Vicki Baum publié en 1929 et déjà adapté à la scène en Allemagne. Il a coûté 70 000 dollars à la compagnie, une somme due en grande partie à la distribution exceptionnelle : Lionel Barrymore, Wallace Beery, Joan Crawford, John Barrymore et surtout Greta Garbo se partagent la vedette. Par contrat, Greta Garbo doit avoir son nom figurant seul sur une affiche. Pour respecter cette clause sans nuire aux autres comédiens, la MGM a proposé d'indiquer le nom de « Garbo » sans mention du prénom, seul au-dessus des patronymes des autres stars. D'ores et déjà, *Grand Hôtel* entre dans l'histoire du cinéma. On peut lire dans le *New York Times* : « Le film le plus important depuis la naissance du cinéma parlant », et dans *The Observer* : « Un film unique en son genre ». (→ 18.11)

« Scarface » et la légende d'Al Capone

Paul Muni et George Raft dans les rôles d'Al Capone et de son lieutenant.

Hollywood, 19 mai
Avec *Scarface*, Howard Hawks vient de signer un film de gangsters pas comme les autres. Le scénario, écrit par Ben Hecht, adapte une nouvelle d'Armitage Trail, elle-même inspirée de l'histoire d'Al Capone. Le célèbre parrain de Chicago purge depuis plus d'un an une juste peine dans la prison d'Atlanta, mais son souvenir reste vivace dans les mémoires et sa légende est très tenace. Le magnat Howard Hughes n'a pas regardé à la dépense pour produire cette biographie cinématographique largement romancée. Le tournage, qui a débuté l'an passé, a duré près de six mois. Dans le rôle de Tony Camonte, c'est-à-dire de Capone, Hawks a recruté Paul Muni, ancien acteur du Yiddish Theater de New York. Son masque émacié ajoute au pathétisme du film. A ses côtés, George Raft, un ancien danseur de boîte de nuit, incarne son lieutenant et rival Guino Rinaldo, qui a la manie de lancer une pièce de monnaie en l'air. Dans un rôle secondaire, Boris Karloff quitte le costume mal seyant du monstre de Frankenstein pour endosser celui d'un tueur à gages. *Scarface* sort après plusieurs mois d'interdiction. Les ligues de vertu, émues par le propos du film, ont en effet exigé d'innombrables modifications. En particulier, Hawks comme Hughes furent contraints de rendre le personnage de Capone moins sympathique. La censure exigea aussi de nombreuses coupures, ainsi que le tournage de séquences moralisatrices. Plusieurs fins furent même tournées. Rien n'y fit. Dégoûté, Hughes prit finalement le parti de sortir la version initiale. Entretemps, d'autres films de gangsters en ont profité pour triompher sur les écrans américains. (→ 19.3.43)

Le succès du parlant amène la crise

Paris, 14 mai
L'euphorie qui a suivi l'arrivée du parlant n'est plus de mise, du moins du côté des exploitants, de plus en plus nombreux à pousser des cris d'alarme. En fait, si le succès des films parlants a été immédiat, il a par contre obligé les exploitants à investir des sommes importantes pour équiper leurs salles. Mais la fréquentation s'est à nouveau stabilisée à son niveau du temps du muet, alors que les exploitants ont à amortir des installations coûteuses et des prix de location de films très élevés à cause des majorations des coûts de production. Beaucoup de distributeurs doivent cesser leurs activités à Paris et en province. Dans la seule capitale la faillite a frappé la Compagnie nouvelle des éditions cinématographiques, Victoria-Films, Victoria-Cinéma et les établissements Heidet.

Jean Harlow jeune mariée en noir déjà

Du blond platine au grand deuil.

Hollywood, 4 septembre

Jean Harlow, vingt et un ans, est veuve. Après son divorce de Charles F. McGrew, la Blonde platine avait épousé le producteur Paul Bern à la fin du mois de mai. Il vient de se donner la mort à leur domicile de Benedict Canyon, près de Los Angeles. Mais il n'a laissé aucune lettre pour expliquer les raisons de son geste. (→ 4.5.33)

Une exposition de cinéma à Venise

Meilleure réalisation : « le Chemin de la vie », de Nikolaï Ekk (URSS).

F. March (Etats-Unis) distingué pour « Docteur Jekyll et Mr. Hyde ».

Venise, 21 août

Depuis deux ans existe aux Etats-Unis une manifestation de cinéma : l'American Film International Festival. L'Italie veut avoir la sienne : l'Exposition internationale d'art cinématographique ou Mostra. Le projet est ingénieux. Tous les deux ans, la Biennale d'art de Venise montre les tendances artistiques en Europe. Et le public est avide de nouveauté. L'idée d'inviter le septième art vient du sculpteur Antonio Mariani. La Mostra a ouvert ses portes le 6 août sur l'île du Lido et présenté 29 films. Le public italien découvre le cinéma mondial. Ainsi *le Chemin de la vie* (*Putevka v zizn*), du Soviétique Nikolaï Ekk. Ce film s'attache au problème des enfants errants, les *bezprizorny*, en 1923. Il n'y a pas de remise de prix à Venise, mais les spectateurs jugent. Pour eux le jeune Ekk est le meilleur cinéaste, et, par vote, ils lui attribuent le titre de la meilleure réalisation. *A nous la liberté*, du Français René Clair, les amuse par un ton de comédie satirique non dénué de poésie. Ils aiment l'originalité de *Docteur Jekyll et Mr. Hyde*, de l'Américain Rouben Mamoulian, et saluent le jeu de Fredric March. Helen Hayes, sensible et juste dans *la Faute de Madelon Claudet*, éclipse ses consœurs dans ce film d'Edgar Selwyn. *Deux cœurs heureux* (*Due cuori felici*), de Baldassare Negroni, et *les Hommes, quels mufles* (*Gli uomini, che mascalzoni*), de Mario Camerini, charment par leur brio. (→ 1.8.34)

« A nous la liberté » (France) est jugé le film le plus divertissant.

Les amours monstres de « Freaks » font frémir la MGM

Hollywood, 31 août

Le dernier film de Tod Browning, *la Monstrueuse Parade* (*Freaks*), constitue le summum de l'horreur. L'action se déroule dans un cirque misérable : la trapéziste Cléopâtre et le colosse Hercule, interprétés respectivement par Olga Baclanova et Henry Victor, attisent, par leur attitude méprisante, la haine du reste de la troupe, composée de phénomènes de foire. Ceux-ci leur feront payer bien cher cette humiliation. Le scénario s'inspire directement d'un roman de Clarence Tod Robbins, intitulé *Spurs*. Browning, qui fut le metteur en scène préféré de Lon Chaney, a fait appel à de véritables monstres pour rendre son film crédible. Aux côtés des nains Hans et Frieda, interprétés par Harry et Daisy Earles, apparaissent entre autres Daisy et Violet Hilton, les sœurs siamoises, Olga Roderich, la femme à barbe, et Johnny Eck, l'homme sans bras ni jambes, qui se déplace en rampant. A la MGM, qui espérait au départ concurrencer *Dracula* et *Frankenstein* de l'Universal avec ce film, les images ont fait l'effet d'une bombe et Irving Thalberg exigea de Browning un changement de titre et de multiples coupures. Le film n'en reste pas moins interdit dans de nombreux Etats américains, ainsi qu'en Grande-Bretagne. (→ 10.5.35)

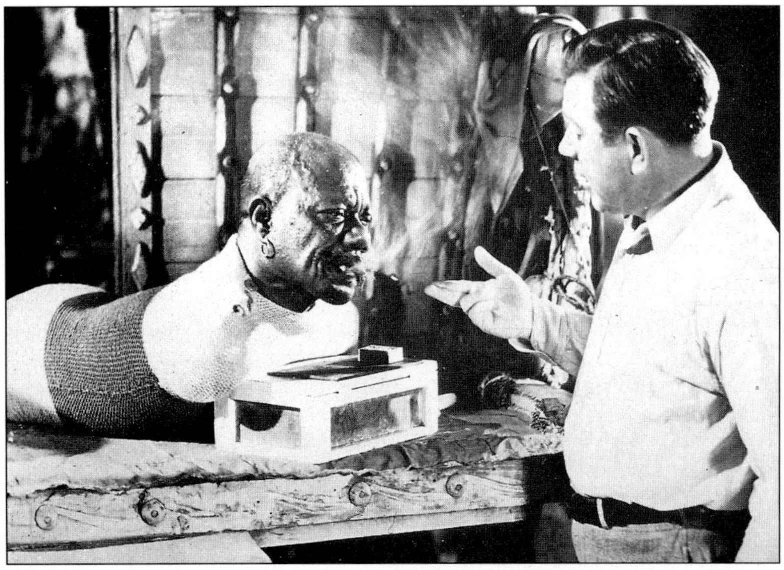

Avec cette « Monstrueuse Parade », Browning fait surgir le fantastique du réel.

Charlie Chaplin veut préserver ses fils des mirages du cinéma

Hollywood, 26 octobre
Charles Chaplin vient d'obtenir gain de cause dans le procès qui l'oppose depuis deux mois à son ex-femme, l'actrice Lita Grey, dont il avait divorcé en 1928. Peu après son retour du Japon, en juin dernier, le célèbre réalisateur s'était en effet opposé à ce que ses deux enfants, Charles Spencer Jr. et Sydney Earle, âgés respectivement de sept et six ans, paraissent dans un film aux côtés de leur mère. Le juge vient de lui donner raison et de confirmer son droit de regard sur sa progéniture. Pour l'heure, Chaplin ne semble pas avoir de projet bien abouti et se contente de gérer le succès des *Lumières de la ville*, qui a déjà rapporté un bénéfice net de trois millions de dollars. (→ 21.6.33)

Les deux enfants que Chaplin a eus avec Lita Grey, Sydney et Charles Jr.

Marcelle Romée se jette dans la Seine

Paris, 3 décembre
Partenaire d'André Luguet et de Jean Gabin dans le film d'Anatole Litvak *Cœur de Lilas*, la séduisante actrice Marcelle Romée met fin à ses jours en se jetant dans la Seine, en cette fin d'automne. Comédienne romantique promise à un bel avenir, elle était dépressive depuis quelques semaines à la suite d'une déception sentimentale. Elle a expliqué les raisons de son geste fatal dans un message que l'on a trouvé à son domicile, dans lequel elle demande pardon à ses proches.

Elle était la partenaire de Jean Gabin dans « Cœur de lilas », de Litvak.

La grande fête annuelle de Hollywood

Hollywood, 18 novembre
Dans la grande salle des fêtes de l'Ambassador Hotel, sous la présidence de Lionel Barrymore, sont remises les récompenses annuelles du cinéma américain. Pour l'année 1931-1932 sont couronnés Fredric March et Wallace Beery, meilleurs comédiens ex-aequo, respectivement pour les films *Docteur Jekyll et Mr. Hyde*, de Rouben Mamoulian, et *le Champion* (*The Champ*), de King Vidor; Helen Hayes, meilleure actrice pour *la Faute de Madelon Claudet* (*The Sin of Madelon Claudet*), d'Edgar Selwyn; Frank Borzage meilleur réalisateur pour *Mauvaise Fille* (*Bad Girl*), qui devance Josef von Sternberg et King Vidor. Le meilleur film de l'année est *Grand Hôtel*, d'Edmund Goulding, qui a déjà obtenu un énorme succès dans les salles du monde entier. Signalons que, pour la première fois, un film français est nommé mais non récompensé. Il s'agit d'*A nous la liberté*, de René Clair, cité dans la catégorie Direction artistique. Un Award spécial est remis à Walt Disney pour la création du personnage de dessins animés Mickey Mouse. Le président Roosevelt a envoyé ses félicitations aux lauréats. (→ 16.3.34)

Wallace Beery meilleur acteur dans « le Champion », avec Jackie Cooper.

Un premier échec pour Poudovkine

Moscou, 3 décembre
Le film de Vsevolod Poudovkine, *Un simple cas*, est une déception. Ce n'est pas étonnant, le scénariste en étant Alexandre Rjechevski, tenant du scénario « émotionnel » : pas d'intrigue construite ni de caractères, mais des envolées lyriques et des adjectifs : « Quelque part un homme remarquable... se dresse sur une terre... forgée. » L'opérateur, Anatole Golovnia, a refusé ce projet, lui qui a réalisé entre 1926 et 1929 la trilogie des chefs-d'œuvre de Poudovkine : *la Mère*, *la Fin de Saint-Pétersbourg* et *Tempête sur l'Asie*. Lubitsch apprécie d'ailleurs surtout le dernier. Ces films nuancés ont une dramaturgie rigoureuse et une grande vérité psychologique, unis par un thème unique, la prise de conscience d'êtres frustes et leur révolte. Mais Poudovkine voulait, après l'épique, parler du quotidien et expérimenter des procédés. Or, l'adultère évoqué est banal et le public a été dérouté par le contrepoint présent-passé et les séquences de *Zeitlupe* (effet de vitesse), quand le ralenti ou l'accélération jouent avec le temps. Poudovkine en a abusé et a créé un délire d'images vides sur un rythme mou et prétentieux. Une première sortie le 5 janvier 1931 sous le titre *La vie est belle* souleva un tollé. Poudovkine l'a en vain remanié et rebaptisé. C'est son premier échec. Rjechevski a déjà fait chuter Nikolaï Chenguelaia avec le scénario des *Vingt-six commissaires de Bakou*. Jamais deux sans trois. Qui sera la prochaine victime ? (→ 5.10.34)

V. Poudovkine acteur, dans « le Cadavre vivant », de Fedor Ozep (1929).

Michel Simon en clochard hirsute pour Jean Renoir, vu par Mariani.

Un film adapté d'Arthur Schnitzler avec une affiche de René Péron.

Les lampions de la fête nationale et les bals populaires par J. A. Mercier.

Paul Muni dans « Scarface », d'Howard Hawks, modèle du film de gangster.

Norma Shearer et Clark Gable dans « l'Etrange Interlude », de R. Z. Leonard.

C'est l'affichiste Gaboriaud qui dessine Pierre Blanchar en méhariste.

Paul Muni bagnard dans « Je suis un évadé », de Mervyn LeRoy.

Greta Garbo et John Barrymore dans « Grand Hôtel », d'Edmund Goulding.

Marlène Dietrich en Vénus de Milo dans des couleurs expressionnistes.

Joel McCrea et Leslie Banks dans « les Chasses du comte Zaroff ».

Le nain Harry Earles et Olga Baclanova dans « la Monstrueuse Parade ».

Une adaptation filmée de la vie de cette espionne de la Grande Guerre.

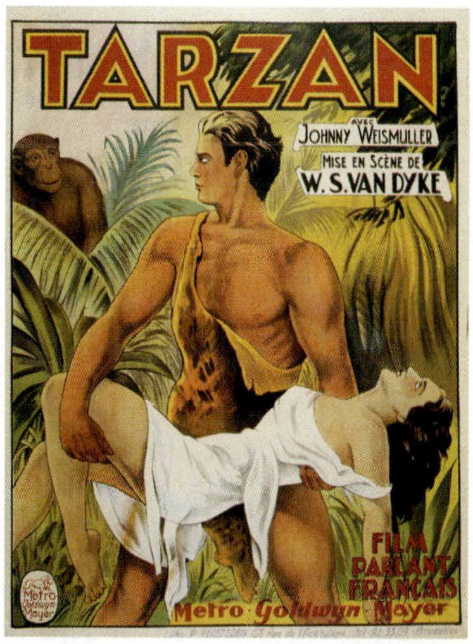

Première version parlante adaptée de l'œuvre d'Edgar Rice Burroughs.

Charles Laughton, Claudette Colbert et Fredric March, principaux interprètes du film biblique de Cecil B. De Mille « le Signe de la croix ».

Boris Karloff est Fu Man Chu dans « le Masque d'or », de C. Brabin.

Première adaptation parlante du roman de Robert Louis Stevenson.

1933

Paris 14 janvier
Sortie du nouveau film de René Clair *14 Juillet*, avec Annabella, Georges Rigaud, Pola Illery et Raymond Cordy.

Saint-Cloud, 22 janvier
Jean Vigo achève les prises de vues de *Zéro de conduite*, commencées en studio le 24 décembre. Elles ont été perturbées par le mauvais temps et par l'état de santé précaire du réalisateur. (→ 30.4)

Los Angeles, 23 janvier
La firme RKO, déclarée en faillite, est placée sous administration judiciaire. Elle impose alors des mesures d'austérité (réduction drastique des salaires) et des licenciements en très grand nombre. (→ 9.5.35)

Hollywood, 2 février
Louis B. Mayer, vice-président de la Metro-Goldwyn-Mayer, résilie le contrat de Buster Keaton « pour raison valable et suffisante ». Il vient de terminer *le Roi de la bière* (*What! No beer?*).

Los Angeles, 1er mars
La présentation de *Tonnerre sur le Mexique*, présenté comme le film américain de Sergueï Eisenstein, déclenche une campagne internationale violente contre Upton Sinclair, pour l'utilisation abusive des négatifs du film *Que Viva Mexico!*, que ce dernier avait réussi à récupérer. (→ 17.8.34)

Shanghai, 5 mars
Les réactions sont tumultueuses à la sortie du *Torrent sauvage*, de Cheng Bugao, sur un scénario de Xia Yen. C'est le premier film véritablement révolutionnaire chinois, dont les figures centrales sont des paysans. (→ 31.7.34)

Etats-Unis, 6 mars
Sous la pression de l'opinion publique, les présidents de tous les grands studios s'engagent à prendre des mesures pour que les dispositions du code de la production qui avaient été édictées en 1930 soient strictement appliquées. (→ 12.7.34)

Berlin, 23 mars
La première du film de Fritz Lang, *le Testament du docteur Mabuse* (*Das Testament des Dr Mabuse*), est subitement annulée : la projection du film est arrêtée par la censure. (→ 28)

Moscou, 25 mars
Okraïna, de Boris Barnet, qui sort ce jour, est le récit plein de charme de la vie d'une famille des faubourgs à travers la guerre et la révolution.

Berlin, 29 mars
Après le départ pour le moins précipité de Fritz Lang, les services de Goebbels expliquent qu'ils ont interdit son film en raison de son caractère « d'incitation à des crimes contre la société et à des actes de terrorisme contre l'Etat ». (→ 31.12)

Paris, 4 mai
Sortie de *la Belle de Saigon* (*Red Dust*), de Victor Fleming, avec Jean Harlow et Clark Gable. (→ 7.6.37)

Rio de Janeiro, 23 mai
Humberto Mauro, qui réalise des films depuis 1925, présente sa dernière œuvre, *Ganga Bruta*, tournée dans les studios de la firme Cinedia.

Etats-Unis, 1er juin
Selon les statistiques publiées par le ministère du Commerce, la fréquentation des salles de cinéma a diminué de 56 % depuis 1928.

Los Angeles, 31 juillet
En application des directives du National Recovery Act (NRA, mesures de redressement économique lancées par le président Roosevelt), la MPPDA institue la semaine de travail de quarante heures pour les salariés du cinéma afin de créer des emplois.

Etats-Unis, 8 août
Les professionnels du cinéma se lancent dans une série de débats et de consultations, qui doit déboucher sur la création d'un Motion Picture Code, conforme au NRA, et devant réglementer tous les aspects de l'industrie cinématographique. (→ 13.6.34)

New York, 9 septembre
Sortie de *Grande Dame d'un jour* (*Lady for a Day*), de Frank Capra, interprété par Warren William et May Robson. (→ 22.2.34)

Sofia, 2 octobre
Le Théâtre moderne présente le premier film sonore bulgare, *la Révolte des esclaves* (*Buntat na robite*), de Vassili Guendov, évocation des luttes de libération nationale au XIXe siècle.

Hollywood, 4 octobre
La nouvelle firme 20th Century de Darryl F. Zanuck et J. Schenck sort son premier film, *les Faubourgs de New York* (*The Bowery*), de Raoul Walsh, avec Wallace Beery et George Raft. (→ 27.5.35)

Prague, 13 octobre
Josef Rovensky, acteur-réalisateur, présente son second film, *Jeune Amour* (*Rekka*), récit de l'initiation amoureuse de deux adolescents.

Hollywood, 31 octobre
A la signature de son contrat avec la MGM, Joseph Yule Jr. devient Mickey Rooney.

New York, 11 novembre
Sortie en salle des *Quatre Filles du docteur March* (*Little Women*), de Cukor, interprété par Katharine Hepburn. (→ 1.8.34)

Shanghai, 12 novembre
Après les bombardements japonais viennent les désordres politiques : un commando du groupe fasciste les Chemises bleues met à sac les studios Yi-Hua, fondés par le réalisateur Tian-Han.

Seine-et-Oise, 15 novembre
A Conflans-Sainte-Honorine, les premières scènes de *l'Atalante*, avec Dita Parlo, Jean Dasté et Michel Simon sont tournées par Jean Vigo. La production est à nouveau assurée par J. Louis-Nounez et la société Gaumont GFFA. (→ 5.10.34)

Moscou, 17 novembre
Sortie du *Grand Consolateur* (*Velikii outechitel*), de Lev Koulechov, d'après un roman du nouvelliste américain O'Henry.

Paris, 23 novembre
Quatre jours après la mort soudaine de son frère, Jean Gabin épouse Jeanne Mauchain, une danseuse du Casino de Paris et de l'Apollo sous le nom de Doriane. Ils se sont rencontrés chez des amis communs à l'automne dernier. (→ 19.12.34)

Hollywood, 30 novembre
Chaplin commence à travailler au scénario des *Temps modernes*. A bord du yacht de Joseph Schenck, président de la Twentieth Century, il rencontre l'actrice Paulette Goddard et décide de l'engager pour son film. (→ 28.12.34)

New York, novembre
Un comité d'évêques, présidé par le légat du pape Amleto Cicognani, fonde la National Legion of Decency, dans le but de s'opposer à toute forme d'incitation à la dépravation morale.

Paris, 15 décembre
Le réalisateur Fritz Lang tourne pour la compagnie Fox-Europa le film *Liliom*, sous la direction de l'ancien responsable des productions de l'UFA, Erich Pommer, lui aussi parti d'Allemagne. (→ 15.5.34)

Hollywood, 22 décembre
Fred Astaire et Ginger Rogers sont partenaires pour la première fois dans *Carioca* (*Flying down to Rio*), de Thornton Freeland. (→ 13.9.35)

Palestine, 31 décembre
La censure britannique, le considérant comme une œuvre de propagande « gauchiste et anti-arabe », décide l'interdiction du premier long métrage sonore en yiddisch, tourné en Palestine : *Sabra* (*Tzabar*), du jeune cinéaste polonais Aleksander Ford. (→ 2.1.36)

NAISSANCES

Shepperton, Middlesex, 18 janvier
John Boorman.

Athènes, 12 février
Costa-Gavras
(*Konstantinos Gavras)

Chicago, 13 février
Kim Novak
(*Marilyn Pauline Novak).

Aumale, Algérie, 30 mars
Jean-Claude Brialy.

Neuilly-sur-Seine, 9 avril
Jean-Paul Belmondo.

Bryn Mawr, Pennsylv., 19 avril
Jayne Mansfield
(*Vera Jayne Palmer).

Paris, 18 juillet
Jean Yanne (*Jean Gouyé).

Paris, 18 août
Roman Polanski.

« King Kong », de Merian C. Cooper et Ernest B. Schoedsack, révèle au public l'étendue encore insoupçonnée des possibilités du cinéma.

KING KONG
FAY WRAY
ROBT ARMSTRONG
BRUCE CABOT
A PERSONALLY DIRECTED
MERIAN C.
COOPER
ERNEST B.
SCHOEDSACK
PRODUCTION
FROM THE STORY BY MERIAN C. COOPER and EDGAR
CHIEF TECHNICIAN · WILLIS J. O'BRIEN
DAVID O. SELZNICK ·

David O. Selznick est passé à la MGM

Hollywood, 2 janvier
Une histoire de famille : à la suite de la maladie d'Irving Thalberg, Louis B. Mayer fait appel à son gendre David O. Selznick pour relancer les activités de la Metro-Goldwyn-Mayer. Il le désigne par la même occasion vice-président de la compagnie et producteur exécutif. Selznick, fils de Lewis J. Selznick, un émigrant ukrainien devenu lui-même producteur dans les années dix, exerçait en dernier lieu à la Radio Keith Orpheum (RKO), où il produisit entre autres *King Kong*, de Merian Cooper et Ernest B. Schoedsack. Il y sera désormais remplacé par Leo Spitz. Le contrat proposé par la MGM est des plus avantageux : Selznick gagnera quatre mille dollars par semaine, et ce au moins pendant deux ans. D'ores et déjà, le jeune et ambitieux producteur envisage de diviser la société en unités autonomes. Chacune sera dirigée par un producteur associé. Ceci devrait mettre en cause la toute-puissance de Mayer. (→ 2.2)

« Extase » ou l'érotisme en liberté

Hedy Kiesler est, corps et âme, cette femme frustrée livrée à la nature.

Prague, 20 janvier
C'est un beau succès, assorti de scandale, que vient de connaître aujourd'hui le film tchèque *Extase*, de Gustav Machaty. Les spectateurs ne sont sans doute pas près d'oublier la scène où l'héroïne se baigne complètement nue. Tourné en trois versions, tchèque, française et allemande, ce film ne cache rien de la plastique superbe de son interprète, Hedy Kiesler. Celle-ci y incarne une jeune femme dont le mariage n'a pas été consommé et qui se donne, dans la nature, à un inconnu. *Extase* est plus qu'un mélodrame et les audacieuses scènes naturistes n'y sont pas les seuls objets dignes de curiosité. Ce film est un très beau poème visuel et un hymne à la nature en fête qui, tel un Eden peuplé de fringants étalons, éveille la sensualité de l'héroïne et lui révèle l'extase de l'amour physique. Acteur devenu réalisateur, Gustav Machaty avait déjà fait une forte sensation, en 1929, avec un film teinté d'érotisme : le bien nommé *Erotikon*. (→ 1.1.34)

Mae West fait flotter dans les salles un parfum de scandale

New York, 9 février
Mae West devient une « sensation nationale », en un seul film. La sortie de *Lady Lou* (*She Done Him Wrong*), de Lowell Sherman, est prétexte à une grande première au Paramount. Tandis que les principaux interprètes masculins, Cary Grant, Gilbert Roland, Noah Beery et Owen Moore, sont dans la salle, Mae apparaît sur la scène. Elle y joue quelques séquences comiques du film et chante deux des chansons, dont la célèbre *Frankie et Johnny*. Projeté dans une salle enthousiaste, *Lady Lou* révèle une réelle bombe cinématographique au parfum de scandale. Ce film est tiré d'une pièce écrite par Mae West elle-même sous le titre original de *Diamond Lil*. « Elle est le substitut de deux instincts les plus puissants des êtres humains : le sexe et l'*ego*. Miss West les représente sans fard à la scène et à l'écran. Cette exhibition donne au public, mâle et femelle, un frisson par procuration. Les gens sont fascinés par cette représentation des instincts qu'ils ne veulent pas reconnaître chez eux », peut-on lire dans *Screen Book*. A quarante ans – elle est née le 17 août 1892 à Brooklyn – Mae West devient l'une des femmes fatales du cinéma américain grâce à ce rôle qui la marque à jamais et dans lequel elle insuffle toute sa philosophie de la vie et dénonce les fausses valeurs et l'hypocrisie. Elle est mariée à Frank Wallace, un danseur de jazz qu'elle avait épousé en 1911, alors qu'elle n'avait que dix-sept ans.

Elle est auteur et interprète dans « Lady Lou », avec Gilbert Roland.

Le Gaumont-Palace battu à New York

New York, 11 janvier
Ouverte le 27 décembre dernier, la plus grande salle de spectacle du monde, le Radio City Music Hall, située dans le complexe Rockfeller Center, se convertit maintenant au cinéma. L'inauguration se fait avec un film Columbia : *la Grande Muraille* (*The Bitter Tea of General Yen*), de Frank Capra. Avec ses 6 200 places, la grande salle new-yorkaise détrône le Gaumont-Palace de Paris, qui détenait jusqu'ici le record mondial du nombre de places : 6 000.

Un grand vaisseau de 6 200 places.

Max Ophuls chez Arthur Schnitzler

Berlin, 3 mars
Max Ophuls, né à Sarrebruck en 1902, est une recrue récente de l'UFA. Il n'est à Berlin que depuis 1930, conduit dans la capitale par sa curiosité irrésistible pour le cinéma. Avec *Liebelei*, il réconcilie ses passions. Le film, adapté de la pièce d'Arthur Schnitzler, reste fidèle à l'intrigue. Mais la caméra si mobile d'Ophuls et le jeu de Magda Schneider transcendent ce drame. Auparavant, cet amoureux de l'art dramatique a joué ou monté un grand nombre de pièces. (→ 26.2.34)

Magda Schneider et Luise Ullrich : « Liebelei », amourette tragique.

La parabole de « King Kong » confronte l'homme et la bête

Sa taille réelle est de 45 centimètres. La magie du cinéma fait le reste.

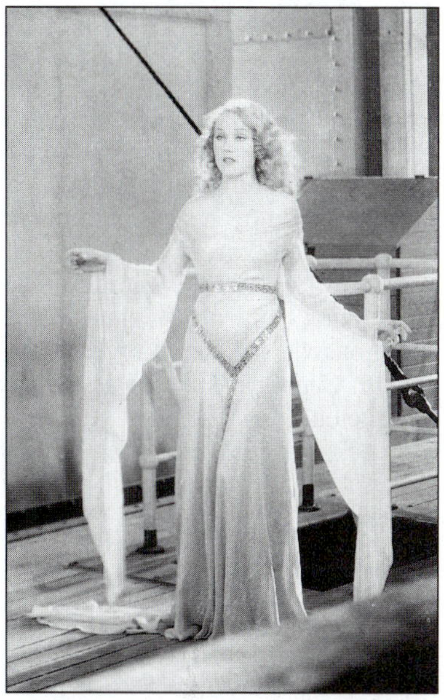

Fay Wray, une créature vulnérable.

New York, 2 mars
Les spectateurs du Radio City Music Hall viennent de vivre un grand moment de frisson en assistant à la première de *King Kong*. Le héros du film est un singe gigantesque ramené en captivité à New York. Mais King Kong se libère et, après avoir démoli une partie de la ville, il se réfugie au sommet de l'Empire State Building, où il sera abattu. Réalisé par Merian C. Cooper et Ernest B. Schoedsack, tous deux venus du documentaire, *King Kong* doit au décorateur Willis O'Brien la réussite de ses maquettes animées. Œuvre allégorique, le film offre une réflexion sur la perversion de la civilisation, tout en évoquant le mythe de la Belle et la Bête à travers des scènes troublantes, comme celle où le monstre caresse la fragile créature féminine, interprétée par Fay Wray, dont il est tombé follement amoureux.

Un des derniers films produits par David O. Selznick pour la RKO.

Fritz Lang repousse le cadeau empoisonné de Joseph Goebbels

Berlin, 28 mars
Fritz Lang a disparu de la capitale. Et pour cause ; depuis le 30 janvier, les événements se sont accélérés avec la nomination d'Adolf Hitler à la Chancellerie. Le 1er février, Alfred Hugenberg, le patron tout-puissant de l'UFA, devenait le nouveau ministre de l'Economie et de l'Alimentation. Joseph Goebbels obtenait le ministère de l'Information et de la Propagande le 13 mars. Son pouvoir sur le cinéma s'est manifesté dès le 23 mars. La première du film de Fritz Lang, *le Testament du docteur Mabuse* (*Das Testament des Dr Mabuse*), est annulée et la copie bloquée par la censure. Aussi, Fritz Lang n'est-il pas peu surpris de recevoir une convocation de Joseph Goebbels deux jours plus tard. Pas très à son aise, vêtu pour la circonstance d'un pantalon rayé, d'une jaquette et d'une chemise à col dur, il se rend au ministère de la Propagande et longe d'immenses couloirs remplis d'hommes armés. Goebbels le reçoit aimablement et lui donne sa version des faits : son film est confisqué parce que la fin déplaît. Ce sont surtout les slogans nazis dits par un criminel qui choquent la censure. Enfin Goebbels en vient au motif de l'entretien. Il offre au réalisateur un poste d'intendant, de façon à superviser l'ensemble de la production. Un film sur Guillaume Tell pourrait être envisagé immédiatement. Fritz Lang cherche alors les moyens de dissuader Goebbels. Il lui dit que sa mère a des parents juifs. « Ce qui est juif, nous le déciderons », rétorque Goebbels. Fritz Lang demande quelques heures de réflexion. La nuit même, il prend le train pour Paris. (→ 29)

« Le Testament du docteur Mabuse » : O. Beregi et l'ombre de R. Kleine-Rogge.

Darryl Zanuck crée la 20th Century

Hollywood, 27 avril
Le producteur Darryl Zanuck va-t-il enfin réussir à devenir son propre maître ? En tout cas il vient de s'en donner les moyens en démissionnant de la Warner Bros, où il occupait le poste de directeur de production depuis 1931, et en créant une nouvelle société de production, la 20th Century. Il a pour associé le producteur indépendant Joseph Schenck. La nouvelle société est en partie financée par Nicholas Schenck, frère de Joseph et président de la Loew's, la maison mère de la MGM, et par Louis B. Mayer, vice-président de celle ci. Par ailleurs, un accord a été conclu avec la compagnie des Artistes associés pour la distribution des films de la 20th Century. Zanuck a débuté au cinéma à l'âge de sept ans comme figurant. En 1923, il a publié un recueil de nouvelles dont trois ont été adaptées au cinéma. Fort de ce succès, il a commencé à travailler comme *gagman*, notamment pour Mack Sennett et Harold Lloyd, puis comme scénariste, et enfin comme producteur à la Warner. (→ 4.10)

« Zéro de conduite » interdit pour cause de non-conformisme

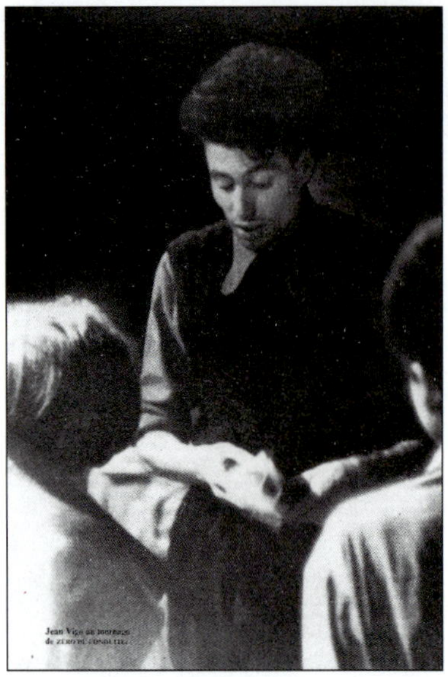
Jean Vigo et ses jeunes interprètes.

Une simple bataille de polochons fait basculer le film dans le rêve.

Paris, 30 avril
Zéro de conduite ne sortira pas sur les écrans : sur pression du gouvernement, la Commission de censure vient de refuser son visa d'exploitation au film du jeune réalisateur Jean Vigo. Ce moyen métrage, produit par Jacques Louis-Nounez, avait déjà connu des conditions de tournage éprouvantes. Le travail aux studios des Buttes-Chaumont ne s'était achevé que le 22 janvier, avec deux semaines de retard sur le plan de travail. Présenté aux exploitants et à la presse au début de ce mois, l'œuvre avait été très mal accueillie. Il faut dire que le sujet et le traitement du film sortent de l'ordinaire et possèdent un très net caractère subversif. Nourri des propres souvenirs de Vigo, le film raconte en effet la révolte libertaire de quatre élèves contre les autorités d'un collège provincial. Délaissant le réalisme, l'œuvre exalte ouvertement l'esprit de rébellion, ce que le censeur ne peut tolérer : c'est pour atteinte au prestige du corps enseignant que le film a finalement été interdit. (→ 15.2.46)

Pour le fisc, Chaplin tue « la Mouette »

Hollywood, 21 juin
Afin d'obtenir un dégrèvement fiscal, Charles Chaplin vient de faire détruire devant témoins le négatif original et apparemment unique de *la Mouette* (*The Sea Gull*). Ce film, produit par ses soins en 1926, et réalisé par Josef von Sternberg, mettait Edna Purviance en vedette. Il ne fut jamais distribué. Sternberg avait en effet organisé une projection au Beverly Hills Theatre, sans en avoir informé son producteur, qui avait pourtant investi dans ce projet pas moins de 80 000 dollars. Vexé et sans doute déçu par la prestation d'Edna Purviance, Chaplin bloqua la sortie de *la Mouette* et enferma négatif et copies dans son blockhaus. Dans ce film, le directeur de la photographie Paul Ivano aurait réalisé le plus long travelling encore jamais conçu. Dans un caisson sur roues, il tourna en continu dans une rue pendant plus de dix minutes. (→ 30.11)

Roscoe « Fatty » Arbuckle, une vie perdue

New York, 29 juin
Plus connu sous le nom de Fatty, le comique Roscoe Arbuckle n'est plus. Né le 24 mars 1887 à Smith Center, dans le Kansas, il devient comédien dès l'âge de dix-huit ans. En 1912, il entre à la Keystone grâce à Mack Sennett. En 1916, il signe avec la Paramount et tourne dix-neuf films sous la direction de Joseph Schenck. En 1921, alors que sa renommée est au sommet, un journal affirme que, quatre ans plus tôt, Fatty a organisé à Waburn un banquet à l'issue duquel les invités s'étaient livrés à la débauche avec des mineures. Le scandale, énorme, est aggravé encore par la mort de l'actrice Virginia Rappe pendant une autre *party* hollywoodienne. La presse se déchaîne de nouveau. Le public boycotte ses films. Sa carrière est désormais brisée. Fatty répand le bruit de son suicide, dans une manœuvre désespérée. Sous le nom de John William Goodrich, il devient metteur en scène et dirige Eddie Cantor. En 1928, il se produit sans grand succès dans un music-hall parisien. A son retour aux Etats-Unis, il réalise une série de courts métrages, oublié de tous ses anciens admirateurs.

Bernstein perd le procès « Mélo »

Paris, 27 juillet
Mécontent de l'adaptation cinématographique de sa pièce, l'écrivain Henry Bernstein vient de perdre le procès qui l'opposait aux producteurs de *Mélo*. Le film, réalisé par Paul Czinner, ne manque pourtant pas de charme, et ce grâce à ses interprètes : Gaby Morlay, Victor Francen et Pierre Blanchar.

Gaby Morlay, héroïne de Bernstein.

Henry VIII relance le cinéma britannique

Charles Laughton incarne un monarque paillard plus vrai que nature.

Londres, 17 août

La Vie privée d'Henri VIII (*The Private Life of Henry VIII*) va donner un coup de fouet à la production britannique. Ce film à gros budget a été réalisé par le cinéaste Alexander Korda, d'origine hongroise, qui avait tourné auparavant à Budapest, Vienne, Berlin, Hollywood et Paris. Dès son arrivée en Angleterre il y a quelques mois, Korda créa la London Film et se lança dans cette reconstitution historique. Les décors rutilants ont été réalisés par son frère Vincent. Dans le rôle du terrible roi Henri VIII, Charles Laughton révèle sa formidable truculence. A ses côtés, les spectateurs apprécient la beauté exotique de Merle Oberon. (→ 1.8.34)

John Grierson veut un cinéma du réel

Londres, 15 septembre

En raison de sévères restrictions budgétaires, l'Empire Marketing Board vient d'être dissous par le gouvernement britannique. La nouvelle intéresserait peu le monde du cinéma si cet organisme de promotion de l'Empire n'avait disposé pour sa propagande d'une remarquable unité de cinéma documentaire, dirigée par John Grierson. Le groupe de cinéastes de l'EMB Film Unit, comprenant notamment Basil Wright, Arthur Elton et Harry Watt, ne disparaîtra pourtant pas. L'administration des postes, le General Post Office (GPO), vient en effet d'annoncer la création en son sein d'une unité documentaire, le GPO Film Unit, et l'a confiée à Grierson. Ce transfert a été facilité par sir Stephen Tallents, instigateur de l'EMB Film Unit, et qui vient de prendre la direction des relations publiques du GPO. John Grierson a fait savoir son intention de poursuivre dans la voie qu'il avait définie à l'EMB. Plus que jamais, le cinéma est pour lui un moyen d'information et de communication ; c'est surtout en sociologue qu'il s'y intéresse, ainsi que l'avait prouvé, voici quatre ans, son remarquable documentaire consacré aux pêcheurs de harengs de la mer du Nord, *Drifters*. Grierson et son groupe ont pris possession de leur nouveau studio, à Blackheath. Les premiers travaux du GPO Film Unit seront de courts documentaires « dramatisés » destinés à montrer au public le fonctionnement des services des postes. Grierson espère pourtant aborder rapidement des sujets plus vastes, commandités par d'autres organismes. Il désire de plus élargir son équipe à des cinéastes de nationalités diverses. Alberto Cavalcanti serait apparemment le premier a y figurer. (→ 30.4.34)

« Drifters » (chalutiers) réalisé par Grierson en 1929 pour l'EMBFU.

Un institut du film s'ouvre à Londres

Londres, 1er septembre

C'est le Fonds du cinéma – taxe perçue sur les entrées dominicales – qui financera le British Film Institute (BFI). Le nouvel organisme aura pour fonction d'« encourager le développement de l'art du film » afin de « témoigner de la vie et des mœurs contemporaines ». En clair, il s'agit de conserver et de diffuser la culture cinématographique. La nécessité d'un tel institut avait été soulignée dès l'année dernière par le British Institute of Adult Education dans son rapport *The Film in National Life*. Le premier président en est le duc de Sutherland, tandis que John Buchan est nommé président du conseil consultatif. Le BFI annonce la prochaine parution d'une revue éditée par ses soins : le *Monthly Film Bulletin*.

Joris Ivens et Henri Storck tournent les grèves du Borinage

Borinage, 23 septembre

Traqués par les gendarmes, le réalisateur hollandais Joris Ivens et son confrère belge Henri Storck poursuivent le tournage, en toute illégalité, d'un documentaire sur la difficile vie des mineurs de charbon dans la région du Borinage, où vient d'avoir lieu une grève de plusieurs mois qui s'est terminée par l'échec des grévistes. La décision de tourner ce film a été prise lors d'une réunion du ciné-club bruxellois, le Club de l'écran. C'est André Thirifays, fondateur du Club, qui a proposé à Henri Storck de se charger de la réalisation. Il lui a également conseillé de s'inspirer d'une brochure du docteur Paul Hennebert intitulée : *Comment on crève de faim au levant de Mons ?* Après avoir discuté du projet avec ce dernier et avec Pierre Vermeylen, président de la section belge du Secours rouge international et du Club de l'écran, Storck s'est rendu à Paris. Là, il a rencontré plusieurs personnalités de gauche, membres de l'Association des écrivains et artistes révolutionnaires, qui lui ont proposé leur aide. Parmi eux, il y avait Louis Aragon, l'écrivain Vladimir Pozner, qui a donné des conseils sur le « scénario », et surtout Joris Ivens, à qui Storck a proposé de réaliser le film avec lui. De retour à Bruxelles, le réalisateur belge s'est activé pour assembler les fonds nécessaires, estimés à 10 000 francs belges, et pour préparer le film. Ivens l'a rejoint le 18 de ce mois. Ensemble, ils se sont rendus à Mons où ils ont commencé à tourner dans des conditions difficiles.

Les deux documentaristes, près de la caméra, au travail sur le terrain.

Jouvet des deux côtés de la caméra

Avec Edwige Feuillère dans son premier film : « Topaze ».

Paris, 8 novembre

Knock, ou le Triomphe de la médecine, le second film interprété par le grand acteur de théâtre Louis Jouvet, est présenté au public. Il en est aussi le metteur en scène, Roger Goupillères n'ayant fait que superviser la partie technique du tournage. Recevant sur le plateau un envoyé de *Cinémiroir*, Jouvet déclare ne pas être partisan des « grandes mises en scène genre films américains. Le public, dit-il, se lasse de ces choses sans queue ni tête, vides comme le vent ». De fait, la valeur du *Knock* de Jules Romains n'est plus à prouver. A voir ce nouveau film, on mesure tout de suite l'aisance acquise par l'acteur depuis son premier rôle au cinéma : c'était dans *Topaze*, réalisé par Louis Gasnier d'après la pièce de Marcel Pagnol, et sorti en janvier dernier. Il y reprenait le rôle-titre créé au théâtre des Variétés par André Lefaur et avouait parfois, au cours du tournage, ne pas comprendre ce qui se passait sur le plateau autour de lui. (→ 16.12.35)

Dans « Knock », d'après Jules Romains, qu'il coréalise.

Marcel Pagnol fait du cinéma afin de réinventer le théâtre

Vincent Scotto et Henri Poupon dans « Jofroi » : Pagnol chez Jean Giono.

Théâtre, cinéma ? Il choisit le public.

Paris, 22 décembre

Jofroi, interprété par Henri Poupon et Vincent Scotto, vient de sortir sur les écrans. Le film a été réalisé en Provence par Marcel Pagnol. La présentation de cette histoire de paysans au savoureux accent méridional coïncide avec la parution du premier d'une série de textes signés du réalisateur : *Cinématurgie de Paris*. Pagnol y soutient que le cinéma parlant est un art à part entière et doit faire appel aux auteurs dramatiques. La sortie de *Jofroi* permet d'apprécier l'application de ses théories. Au contraire de ce que certains craignaient, ce film n'est pas du « théâtre en conserve », ce qui explique sans doute son succès. En douze jours de tournage, Pagnol n'a filmé que des décors naturels. Cela ne l'a pas empêché de privilégier les dialogues : le réalisateur a ainsi passé son temps enfermé dans le camion de prise de son, laissant sa chef monteuse donner le signal des prises de vues. (→ 28.9.34)

Les délires des Marx Brothers font de nouveaux ravages

Hollywood, 17 novembre

Soupe au canard (*Duck Soup*), le nouveau film des Marx Brothers, sort à la grande joie des nombreux admirateurs de la célèbre équipe comique. La réalisation en incombe à Leo McCarey, un cinéaste passé maître dans l'art du burlesque. La tête pensante du groupe, Groucho Marx, incarne cette fois-ci un dictateur qui déclare la guerre à une nation voisine. Le scénario est prétexte à une accumulation de gags plus loufoques les uns que les autres et à une saine moquerie à l'égard des pouvoirs. D'ailleurs, au cours du tournage, l'équipe écoutait les discours bellicistes d'Adolf Hitler, retransmis à la radio. Un sacré modèle ! Malheureusement, Zeppo a décidé de mettre fin à sa carrière d'acteur et, dorénavant, Groucho, Harpo et Chico devront se passer de leur frère. (→ 15.11.35)

« Soupe au canard », de Leo McCarey. A gauche, Harpo ; à droite, Zeppo et Chico ; à l'arrière-plan, Groucho.

Le cinéma allemand sous le contrôle des nazis

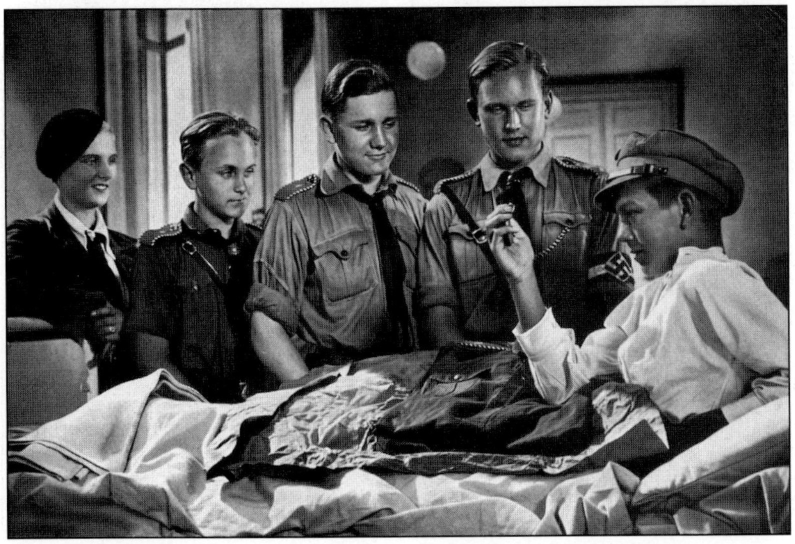

« Le Jeune Hitlérien Quex », de Hans Steinhoff, film de référence.

« Horst Wessel », rebaptisé à la hâte « Hans Westmar », de Franz Wenzler.

Une profession rigoureusement encadrée

Berlin, 22 septembre
Le 30 janvier dernier, l'Allemagne s'est imposé un Etat totalitaire avec l'avènement du Troisième Reich, et c'est maintenant le cinéma qui passe sous le contrôle des nazis. La loi du 14 juillet le proclamait sans équivoque : « Le Parti national socialiste des travailleurs allemands constitue le seul parti politique d'Allemagne... » sous peine d'arrestation, d'emprisonnement et de condamnations multiples. Avec Joseph Goebbels, ministre de l'Information et de la Propagande depuis le mois de mars, la « nazification » fait rage. L'ordonnance du 6 juin excluait déjà les Juifs et les étrangers de l'industrie cinématographique. Pour y exercer une activité, il faut justifier d'une citoyenneté allemande de souche aryenne. A trente-six ans, le Dr Goebbels devient « le mandataire du Führer et chancelier pour tout ce qui concerne la vie cuturelle et artistique de la nouvelle Allemagne ». Selon lui, la crise que connaît actuellement le pays est intellectuelle aussi bien que matérielle et économique : « Elle subsistera tant que nous n'aurons pas le courage de réformer le cinéma allemand jusqu'aux racines. » Depuis juin également, avec la création de la Filmkreditbank, le financement de la production est placé sous le contrôle de l'Etat. Enfin, le Troisième Reich vient d'instituer la Chambre nationale de la culture, présidée par Goebbels lui-même. Elle a plusieurs buts : « promouvoir la culture allemande dans l'esprit du peuple et du Reich, régler les affaires économiques et sociales des secteurs culturels, équilibrer tous les efforts des groupes qu'elle contrôle ». Sept départements dépendent de la Chambre nationale et se partagent toutes les sphères de la vie intellectuelle et artistique. Ainsi, la Chambre du cinéma du Reich, présidée par Fritz Scheuerman, réglemente tous les aspects de la profession : administratif, commercial, idéologique, et, bien entendu, la diffusion. Le cinéma nazi est né. (→ 16.2.34)

La production au service de la doctrine

Berlin, 13 décembre
Hans Westmar est révélateur du nouveau visage du cinéma allemand. Tout comme *le Jeune Hitlérien Quex* (*Hitler Junge Quex*), sorti le 19 septembre. Leurs réalisateurs, Franz Wenzler et Hans Steinhoff, propagent l'idéologie nazie. Leurs films doivent fanatiser la jeunesse, proposer un idéal, une vie meilleure et, surtout, une responsabilité politique. Le Troisième Reich a des exigences. Il veut des œuvres irréprochables. Ainsi le film de Franz Wenzler s'est-il vu une première fois interdire. Il s'appelait alors *Horst Wessel* et, selon le communiqué officiel, ne rendait pas suffisamment honneur au mouvement national : le véritable Horst Wessel était moins un héros qu'un voyou. Le cinéaste retourne donc à ses travaux. Horst devient Hans, martyr idéal. Le film ne manque pas de lyrisme, mais le personnage principal reste figé. Ce n'est pas le cas de Heïni Völker, dans *le Jeune Hitlérien Quex*. Hans Steinhoff a préservé sa fraîcheur enfantine, jusque dans son surnom (quex signifie vif-argent). Franz Seitz, dans *le SA Mann Brand*, exalte lui aussi les jeunes hitlériens. Mais aucun de ces films n'est encore le « Potemkine nazi » que voudrait Joseph Goebbels. (→ 16.1.34)

La réponse : une formidable évasion des talents

Berlin, 31 décembre
Très vite, le Troisième Reich a voulu « assainir » la vie artistique du pays. En mai, 20 000 œuvres d'écrivains, étrangers ou non, étaient brûlées publiquement. Tous les écrits jugés néfastes pour la pensée allemande par Goebbels devaient disparaître. Les professionnels du cinéma, hostiles au régime nazi ou terrorisés, choisissent l'exil. Certains n'attendent pas l'avènement de Hitler. F. W. Murnau, qui signait avec *Faust* son dernier film pour l'UFA en 1926, a poursuivi en Amérique sa carrière lumineuse jusqu'en 1931. Leontine Sagan, réalisatrice de *Jeunes filles en uniformes* émigre en Grande-Bretagne dès les premières persécutions de 1932. Max Ophuls ne prend pas le temps d'apprécier le succès de *Liebelei*. Il gagne Paris après l'incendie du Reichstag. Fritz Lang fuit hâtivement les « honneurs » qui lui ont été proposés. Il prévoit, lui aussi, de rester en France. Il y retrouve le producteur Erich Pommer, qui a pris peur, malgré sa glorieuse carrière à l'UFA. Aucune catégorie ne se sent plus à l'abri du nazisme triomphant : aussi bien les scénaristes et opérateurs (Karl Freund, Carl Mayer, Billy Wilder) que les acteurs (Elisabeth Bergner, Peter Lorre, Conrad Veidt) ou les cinéastes (Robert Wiene, William Dieterle, Robert Siodmak, Paul Czinner, Ewald-André Dupont). A la veille du nouvel an, Berlin laisse partir ses créateurs. Pour la plus grande satisfaction des nouveaux maîtres du pays, car l'Allemagne s'est désormais débarrassée de ses éléments « les plus subversifs ». (→ 15.5.34)

Affiche originale signée Jean Colin pour un film dont la sortie fut interdite, en raison de la dimension subversive d'une grandiose bataille de polochons.

Dans « le Tunnel », Madeleine Renaud est la partenaire de l'ingénieur Jean Gabin, qui tente de relier d'une manière souterraine l'Europe à l'Amérique.

C'est le compositeur Vincent Scotto qui est Jofroi pour Pagnol et Giono.

Nils Asther et Barbara Stanwyck dans « la Grande Muraille ».

Loretta Young et Gene Raymond dans « Révolte au zoo », film connu pour son étrange atmosphère, due surtout aux éclairages, et signé Rowland V. Lee.

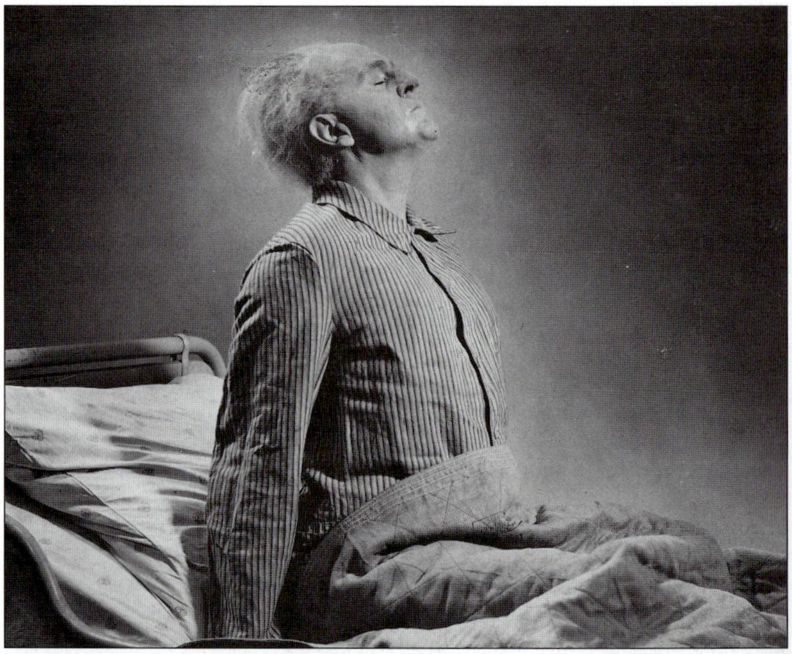

Rudolf Klein-Rogge incarne le Dr Mabuse pour la troisième fois dans le film de Fritz Lang « le Testament du docteur Mabuse », interdit par Joseph Goebbels.

La robe portée par Mae West est une création d'Elsa Schiaparelli.

Joan Crawford et Gary Cooper dans « Après nous le déluge ».

Une des affiches originales du film, par René Péron, qui illustre dans un style Art déco la scène finale au sommet de l'Empire State Building.

Joseph Koutachy, affichiste de la comédie musicale américaine.

Joan Crawford et Fred Astaire dans « le Tourbillon de la danse ».

Un décor de Jack Okey pour le film de Lloyd Bacon, « 42ᵉ Rue ».

Charles Laughton joue le rôle du roi, et Elsa Lanchester celui de l'une des huit reines, dans le film d'Alexander Korda, « la Vie privée d'Henry VIII ».

1934

Academy Awards, Hollywood
Film : *Cavalcade* (Frank Lloyd).
Acteur : Charles Laughton.
Actrice : Katharine Hepburn.

Mostra d'arte cinematografica, Venise
Coupe Mussolini : *Teresa Gonfalioneri* (Guido Brignone).
Meilleur acteur : Wallace Beery.
Meilleure actrice : Katharine Hepburn.

Prague, 1er janvier
Gustav Machaty, qui a décidé par ailleurs de quitter définitivement le pays, présente son film *Nocturne*, tourné en Autriche avec des images de Jan Stallich.

Paris, 4 janvier
Première au Ciné-Opéra du film de Jean Renoir, *Madame Bovary*, avec Valentine Tessier et Pierre Renoir, frère du réalisateur. (→ 3.2)

Berlin, 16 janvier
Goebbels institue une récompense officielle, dite Film de la Nation, pour les œuvres de valeur ayant un caractère de propagande évident : il cite, comme exemple, *le Cuirassé « Potemkine »*.

Londres, 10 février
Cary Grant épouse Virginia Cherrill au Caxton Hall. (→ 4.11.37)

Berlin, 16 février
La loi sur le cinéma, préparée par les services de Goebbels, est promulguée. Elle attribue au gouvernement le droit d'intervenir sur la production des films, en lui donnant le contrôle absolu et direct du choix des sujets, des auteurs et des réalisateurs. (→ 11.3)

Paris, 26 février
La version française de *Liebelei*, de Max Ophuls, avec Magda Schneider, sort sous le titre *Une histoire d'amour*. (→ 22.10.37)

Londres, 30 avril
Invité par John Grierson, chef de file de l'école documentaire anglaise, Robert Flaherty a réalisé *l'Homme d'Aran* (*The Man of Aran*), description de la vie des pêcheurs. Sorti depuis le milieu du mois, le film est un succès.

Los Angeles, 3 mai
Sortie de *Train de luxe* (*Twentieth Century*) d'Howard Hawks, avec John Barrymore et Carole Lombard, d'après la pièce de Ben Hecht et Charles MacArthur. (→ 3.3.38)

Paris, 15 mai
La première réalisation de Fritz Lang, depuis qu'il a quitté l'Allemagne, sort ce jour : *Liliom*, tiré de la pièce de l'écrivain hongrois Ferenc Molnar, avec Madeleine Ozeray et Charles Boyer. (→ 5.6.36)

Suisse, 29 mai
Début du tournage à Saint-Moritz de *L'homme qui en savait trop* (*The Man Who Knew Too Much*), du réalisateur anglais Alfred Hitchcock, avec Peter Lorre et Leslie Banks. (→ 6.6.35)

New York, 9 juin
Sortie de *l'Introuvable* (*The Thin Man*), de W. S. Van Dyke, d'après le roman de Dashiell Hammett, avec William Powell et Myrna Loy. Il s'agit du premier film consacré au couple de détectives amateurs, Nora et Nick Charles. (→ 22.7.36)

Etats-Unis, 13 juin
Un nouveau code est institué, définissant les conditions de production des films, sur le plan de la censure et des mœurs. Les exploitants sont par conséquent autorisés à refuser tous les films sortis avant l'entrée en vigueur de ces dispositions et qui y seraient contraires.

Los Angeles, 12 juillet
Will H. Hays, président de la MPPDA, annonce qu'une amende de 25 000 dollars sanctionnera les modifications apportées au scénario, effectuées après le passage devant la Commission. (→ 17.11.36)

Berlin, 22 juillet
La censure interdit le film français de Jean Renoir, *Nana*, d'après Zola, avec Catherine Hessling et les comédiens allemands Werner Krauss et Valeska Gert ; cette dernière, juive, a dû émigrer aux Etats-Unis depuis un an. (→ 2.7.35)

Hollywood, 24 juillet
Sortie publique de *Cléopâtre* (*Cleopatra*), de Cecil B. De Mille, avec Claudette Colbert, Warren William et Henry Wilcoxon. (→ 2.1.52)

Shanghai, 31 juillet
Au cinéma Jingcheng, *le Chant du pêcheur* (*Yu Guang Qu*), écrit et réalisé par Caï Chusheng, obtient un triomphe. La très belle chanson qui donne son titre au film est en passe de devenir un des airs les plus populaires de Chine. (→ 28.2.35)

Moscou, 17 août
Eisenstein travaille avec le romancier français André Malraux à une adaptation cinématographique de l'œuvre de ce dernier, *la Condition humaine*. (→ 25.4.37)

Le Caire, 15 septembre
La filiale cinématographique de la banque Misr, déjà engagée dans la production, fait construire de nouveaux studios. (→ 10.10.35)

Moscou, 15 septembre
Le studio Moskinokombinat présente *Boule de Suif* (*Pychka*), long métrage muet de Mikhaïl Romm, qui a choisi, pour son premier film, d'adapter Maupassant.

Los Angeles, 2 octobre
Sortie de *Notre pain quotidien* (*Our Daily Bread*), de King Vidor, qui dénonce les abus des banques.

Hollywood, 13 octobre
Après celle de Stroheim, Ernst Lubitsch présente sa propre adaptation de la célèbre opérette *la Veuve joyeuse* (*The Merry Widow*), de Franz Lehar, avec Maurice Chevalier et Jeanette MacDonald. Parallèlement le cinéaste a réalisé une version française de cette éblouissante comédie musicale. (→ 5.2.35)

Prague, 26 octobre
Sortie de *Ho, Hisse !* (*Hej Rup !*), film satirique de Martin Fric, qui traîte, avec une réelle amertume, de la question du chômage. (→ 17.1.36)

Moscou, 7 novembre
Les productions Lenfilm présentent *Tchapaïev*, épopée patriotique qui a pour cadre la guerre civile, de Serge et Georges Vassiliev. (→ 1.3.35)

Tokyo, 23 novembre
Première d'*Histoire d'herbes flottantes* ou *Histoire d'un acteur ambulant (Ukigusa monogatori)*, de Yasujiro Ozu. Ce film décrit les rapports difficiles d'un père et de son fils au sein d'une troupe de comédiens ambulants. (→ 19.9.49)

Los Angeles, 28 novembre
Les membres du conseil d'administration de Paramount-Publix (en faillite) démissionnent et sont aussitôt remplacés. La compagnie soumet aux tribunaux son plan de redressement. (→ 17.6.35)

Hollywood, 28 décembre
Charlie Chaplin filme des scènes de dialogue entre lui-même et Paulette Goddard, pour le film qu'il prépare depuis 1933, *les Temps modernes*. Aucune de ces séquences n'est retenue. (→ 5.2.36)

NAISSANCES
M'sila, Algérie, 26 février
Mohamed Lakhdar Hamina.

Richmond, Virginie, 24 avril
Shirley MacLaine (*Shirley MacLaine Beatty).

Bologne, 1er mai
Laura Betti.

Cambria, Wisconsin, 19 juin
Gena Rowlands.

Paris, 1er juillet
Claude Berri (*Claude Langman).

Saint John, Canada, 17 juillet
Donald Sutherland.

Paris, 16 août
Pierre Richard (*P. R. Defays).

Rome, 20 septembre
Sophia Loren (*Sofia Scicolone).

Paris, 28 septembre
Brigitte Bardot.

« New York - Miami » consacre la carrière de Frank Capra à ce jour, ainsi qu'un genre cinématographique : la comédie américaine. ▶

Lux Cie Française Cinematographique
Dr Gl en Belgique J.S.CROEZE
présente
CLARK
GABLE
et
CLAUDETTE
COLBERT
dans
NEW-YORK
MIAMI
Mise en scène de
FRANK CAPRA
COLUMBIA PICTURES
J.S.CROEZE, 62, rue St Lazare, Bruxelles
Litho L&H. VERSTEGEN BRUXELLES TEL 21.33.69

L'écran témoigne sur le 6 février

Paris, 7 février
Malgré la censure imposée par la préfecture et le ministère de l'Intérieur, la salle Cinéac de Reginald Ford passe les bandes d'actualités concernant les émeutes d'hier. Exploitant le discrédit qui frappe la classe politique depuis le scandale de l'affaire Stavisky, l'Action française, les Camelots du roi et des anciens combattants avaient appellé à manifester contre le gouvernement Daladier. Comme on pouvait s'y attendre, la manifestation s'est transformée en émeute, faisant 17 morts et 116 blessés parmi les manifestants et les policiers qui les ont chargés. Les événements ont été filmés par les camions des différents journaux d'actualités cinématographiques français et étrangers. Leurs caméras ont ainsi filmé des militants d'extrême droite, en « béret français », brisant les grilles de fonte au pied des arbres du boulevard Saint-Germain en morceaux qu'ils jetaient sur les agents stationnés devant l'Assemblée nationale et menaçant les députés de les jeter à la Seine.

La comédie américaine au naturel

Vedettes de « New York - Miami » malgré eux, Clark Gable et Claudette Colbert en retirent pourtant le bénéfice.

Hollywood, 22 février
Quelques mois après le triomphe de *Grande Dame d'un jour* (*Lady for a Day*), Frank Capra repart à la conquête du public. *New York-Miami* (*It Happened One Night*), son nouveau film à la Columbia, est une ravissante comédie qui débute dans un autocar. Une héritière capricieuse et un journaliste à sensation se chamaillent et finissent par s'amouracher pendant le trajet. Inspiré d'une nouvelle de Samuel H. Adams intitulée *Night Bus* (bus de nuit), le film faillit bien ne jamais se faire. Toutes les stars contactées, Margaret Sullavan, Miriam Hopkins, Myrna Loy, Constance Bennett et Robert Montgomery, refusèrent le scénario. Finalement, la MGM prêta à la Columbia le turbulent Clark Gable, et Claudette Colbert accepta non sans réticence de lui donner la réplique, à condition que le tournage ne dure que quatre semaines et que son salaire soit doublé. Capra tint le pari et réalisa en un temps record cette comédie, qui marque un tournant dans sa carrière. (→ 27.2.35)

Victor Hugo et Gustave Flaubert sollicités par les cinéastes

Paris, 3 février
Les grands classiques de la littérature française inspirent de plus en plus les cinéastes. Ainsi, un mois après la sortie au Ciné-Opéra de *Madame Bovary*, de Jean Renoir, la nouvelle version des *Misérables*, réalisée par Raymond Bernard, vient d'être présentée en soirée de gala au cinéma Marignan. Fidèle et savoureuse adaptation du plus célèbre roman de Gustave Flaubert, le film de Renoir rappelle, par son climat naturaliste et par sa beauté plastique, les tableaux du père du réalisateur : le peintre impressionniste Auguste Renoir. Le film bénéficie aussi de l'excellente prestation de Valentine Tessier, dans le rôle d'Emma Bovary, et de celle de Pierre Renoir, frère du réalisateur, dans celui du mari. Cela n'a pas empêché le public et la critique de bouder *Madame Bovary*, exploité, il est vrai, dans une version dénaturée par les distributeurs. Présentés en une seule soirée, les trois épisodes des *Misérables* ont plus de chance. Le public les apprécie ; quant à la critique, elle salue le travail du réalisateur qui a su faire passer le grand souffle du roman de Victor Hugo dans une adaptation cinématographique fort honorable. Avec son talent démesuré et son physique imposant, Harry Baur campe un Jean Valjean inoubliable. Les performances de ses partenaires sont tout aussi remarquables, que ce soit Charles Vanel dans le rôle de l'inspecteur Javert, Marguerite Moreno et Charles Dullin incarnant les Thénardier ou le petit Emile Genevoix en Gavroche. (→ 24.4.35)

« Madame Bovary », avec Pierre Renoir et Valentine Tessier.

Harry Baur est le Jean Valjean des « Misérables », de Raymond Bernard.

Commandos nazis contre Catherine II

Berlin, 11 mars
Joseph Goebbels ne manque pas de ressources pour bannir des écrans toute œuvre indésirable. Parfois ses méthodes sont insidieuses. Il aurait été maladroit d'interdire brutalement la sortie allemande du premier film anglais de Paul Czinner, « l'émigré juif ». Le cinéaste et sa femme, l'actrice Elisabeth Bergner, ont fui leur pays l'an dernier. Ils étaient l'un et l'autre très connus. *La Grande Catherine*, avec Elisabeth Bergner et Douglas Fairbanks Jr., ne pouvait être ignoré. Comment anéantir la carrière nationale d'une production « étrangère, réalisée et jouée par des Juifs » ? En laissant la presse et le public manifester leur hostilité dès la première, mais surtout en dépêchant à chaque séance des commandos nazis. Trois jours suffisent pour que ce film, si romanesque, soit accusé de troubler l'ordre public. Il est donc retiré de l'affiche. (→ 22.7)

Katharine Hepburn au palmarès, de Hollywood à Venise

Dans « Morning Glory », de L. Sherman, et avec Joan Bennett dans « les Quatre Filles du docteur March », de G. Cukor.

Venise, 1er août
La deuxième Mostra de Venise se termine sur le triomphe de Katharine Hepburn, qui obtient la médaille d'or de la meilleure actrice pour *les Quatre Filles du docteur March* (*Little Women*), de George Cukor. En mars dernier, elle a été couronnée par Hollywood et a reçu le prix d'interprétation féminine pour *Morning Glory*, de Lowell Sherman. Les autres récompenses pour l'année 1933 ont été remises à Charles Laughton pour *la Vie privée d'Henry VIII*, d'Alexander Korda ; au réalisateur Frank Lloyd et à son film *Cavalcade*. Katharine Hepburn trouve dans son métier le réconfort qui lui permet de supporter l'échec de sa vie privée : elle a divorcé de l'homme d'affaires Ludlow Ogden Smith le 9 mai. (→ 3.3.38)

Wallace Beery meilleur acteur à Venise pour « Viva Villa », de Jack Conway.

Riefenstahl tourne à Nuremberg

Nuremberg, 4 septembre
Le congrès du parti nazi se réunit. Baptisé « Triomphe de la volonté » par le Fürher, il donne son titre au documentaire que va tourner Leni Riefenstahl, jeune actrice jusque-là connue pour ses rôles dans des films d'aventure et de montagne. Elle a un contrat établi par l'UFA et des moyens considérables pour mener à bien sa mission. Elle dirige 120 personnes, dont 32 techniciens équipés de 30 caméras. Pour filmer tous les aspects de la manifestation, 130 000 mètres de pellicule sont à sa disposition. Avec *le Triomphe de la volonté* (*Triumph des Willens*), Leni Riefenstahl s'impose comme égérie du Troisième Reich. (→ 28.3.35)

Le cinéaste préféré de Hitler, au cours du congrès national-socialiste.

Le 16 mars, *Cavalcade*, de Frank Lloyd, chronique d'une famille anglaise sur plusieurs générations, d'après Noel Coward, obtient les Academy Awards des meilleurs film, réalisateur et décor. (→ 27.2.35)

« L'Impératrice rouge » selon Sternberg

Hollywood, 14 septembre
L'Impératrice rouge (*The Scarlet Empress*), de Josef von Sternberg, triomphe sur les écrans. Il s'agit d'une adaptation des *Carnets* de la Grande Catherine, impératrice de Russie. L'action se passe en 1762, à la veille du sacre de Catherine II. Marlène Dietrich, dans le rôle de l'impératrice, promène sa silhouette hautaine et son érotisme vénéneux dans le décor baroque du palais de Peterhof. Tout en outrance visuelle, ce sixième film de Sternberg avec Marlène est un sommet dans son œuvre déjà riche. (→ 3.5.35)

Josef von Sternberg avec Marlène Dietrich au cours du tournage.

« Angèle » revient à Marseille

Marseille, 28 septembre
Les habitants de la cité phocéenne méritaient sans doute le cadeau que vient de leur offrir l'enfant du pays, Marcel Pagnol, en leur présentant en première mondiale son nouveau film, *Angèle*, qu'il a tourné dans la région. Le film a été projeté en version teintée : en bleu pour les scènes de nuit, en rose pour les scènes de jour et en multicolore pour les scènes dramatiques. Tiré du roman de Jean Giono *Un de Baumugnes*, le film est admirablement interprété par Orane Demazis, dans le rôle de la douce héroïne Angèle, que le destin transforme en prostituée à Marseille, et par Fernandel, surprenant en Saturnin, le « demeuré ». (→ 23.1.37)

Jean Vigo ne connaîtra jamais « Le chaland qui passe »

Paris, 5 octobre
Jean Vigo est mort (*26.4.05). La septicémie vient d'emporter le réalisateur à l'âge de vingt-neuf ans. Elle avait déjà perturbé la réalisation de son dernier film, *l'Atalante*, dont le tournage s'était déroulé au cours de l'hiver dernier dans des conditions atmosphériques éprouvantes. L'état de santé de Vigo s'était à ce point détérioré que Louis Chavance avait dû assurer seul le montage définitif de l'œuvre. Alité, Vigo n'a pu voir son film achevé, bien qu'il fût sorti à la mi-septembre au Colisée. Le réalisateur n'aurait pu être que déçu par le résultat final : cette histoire d'amour fou sur une péniche, jouée par Jean Dasté, Michel Simon et Dita Parlo, s'est vue en effet imposer de nombreuses coupures par Gaumont-FFA. La société distributrice répondait en cela aux réactions très négatives des exploitants de salle conviés à la présentation corporative d'avril. Gaumont a de plus adjoint à la partition musicale de Maurice Jaubert une scie populaire de Bixio, chantée par Lys Gauty. Le film a été rebaptisé du nom de cette chanson, *l'Atalante* devenant *Le chaland qui passe*. Ces modifications n'ont pas empêché un accueil public et critique très réticent, et le film a déjà disparu de l'affiche. Le sort réservé à cette œuvre donne un sens amer aux récentes paroles de Vigo : « Je me suis tué avec *l'Atalante*. »

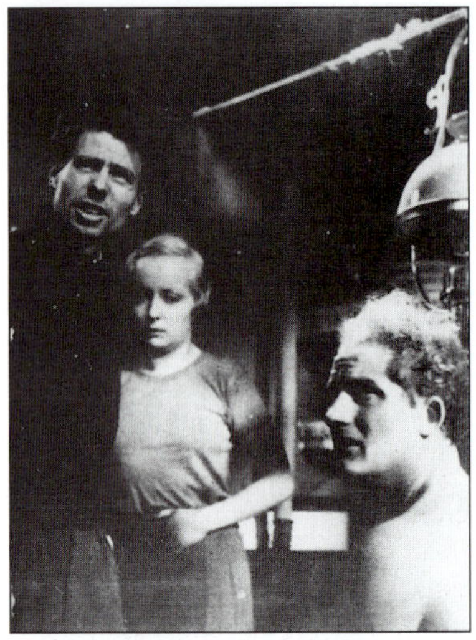
Jean Vigo au cours du tournage, avec Dita Parlo et Jean Dasté.

Une affiche d'Henri Cerruti pour un baptême hasardeux et contesté.

Michel Simon et Dita Parlo croyaient avoir tourné « l'Atalante ».

Gaumont GFFA en déconfiture

Paris, 21 juillet
Après les établissements Jacques Haïk et la Société des films Osso, c'est la société Gaumont-Franco Film-Aubert qui vient de déposer son bilan à la requête de ses créanciers et du gouvernement. Le tribunal de commerce l'a cependant autorisée à poursuivre son activité. Il y a un an, les difficultés rencontrées par la Banque nationale de crédit, premier créancier de la GFFA, avaient déjà conduit l'Etat à renflouer la firme distributrice de *l'Atalante*. (→ 10.6.38)

Erwin Piscator, de la scène allemande aux studios soviétiques

Moscou, 5 octobre
C'est en Union soviétique qu'Erwin Piscator, un Allemand, a tourné son premier film. Ce communiste convaincu, créateur du Théâtre prolétarien à Berlin, rencontre des difficultés dans son pays où, avec Brecht, il a servi un art politisé et novateur. Dans ses spectacles il glissait des morceaux de cinéma, comme le fit Eisenstein en 1923 dans une pièce. Piscator a été secondé par Mikhaïl Doller, collaborateur de Poudovkine, qui a réalisé en 1933 *le Déserteur*, histoire d'un Allemand qui tente de s'installer en URSS. *La Révolte des pêcheurs*, de Piscator, se passe en Allemagne et raconte une mutinerie.

« La Révolte des pêcheurs » : protestation sociale et ambition artistique.

« Don Juan » et la vie privée de Douglas

Hollywood, 9 décembre
Le jour même de la sortie de *la Vie privée de don Juan* (*The Private Life of Don Juan*), d'Alexander Korda, Mary Pickford, femme de l'interprète principal de ce film, Douglas Fairbanks, demande le divorce. Fairbanks vient de séjourner durant quatorze mois en Angleterre où il a tourné ce long métrage avec Merle Oberon pour partenaire. A Londres, l'acteur est tombé sous le charme de Sylvia Hawkes, épouse de lord Ashley. Cette liaison secrète est vite devenue publique et a provoqué un scandale dans la haute société britannique. Lord Ashley a intenté un procès à Douglas Fairbanks et a obtenu le divorce, prononcé aux torts de son épouse. L'acteur a été condamné aux dépens en novembre dernier. Ce scandale est donc fatal au « couple royal » formé par Pickford et Fairbanks, mariés depuis le 28 mars 1920. Douglas avait été précédemment l'époux d'Anna Beth Sully, la mère de son fils Douglas Jr. Le film de Korda est largement allusif, Douglas Fairbanks interprétant un don Juan vieilli, cynique et désabusé comme il l'a été très souvent dans sa vie privée. Durant toutes les années que Mary Pickford et Douglas Fairbanks ont passées ensemble, les deux vedettes ont maintes fois défrayé la chronique hollywoodienne. Cette fois don Juan a fait une victime de plus, une victime de trop... (→ 28.2.35)

Jean Gabin en pleine métamorphose

Paris, 19 décembre
Le grand prix du Cinéma français est décerné à *Maria Chapdelaine*, de Julien Duvivier, avec Jean Gabin, Madeleine Renaud et Jean-Pierre Aumont. Pour la première fois dans sa carrière d'acteur, Gabin s'éloigne de son personnage de jeune premier, voyou ou insouciant séducteur. Son rôle est beaucoup plus profond, plus travaillé, que précédemment. Il incarne un trappeur épris d'une Québécoise, à la limite du Grand Nord canadien. Pour revoir celle qu'il aime, il s'engage dans la forêt où il meurt de froid... Nous sommes loin de *Paris Béguin* d'Augusto Genina, de *Tout ça ne vaut pas l'amour*, de Jacques Tourneur, des *Gaietés de l'escadron*, de Maurice Tourneur, et de *la Belle Marinière*, d'Harry Lachman. C'est la deuxième fois que Jean Gabin meurt à la fin d'un film après *Pour un soir*, mélodrame de Jean Godard. *Maria Chapdelaine* est sorti à Paris le 13 décembre, en même temps qu'un autre film interprété par Gabin : *Zouzou*, de Marc Allégret, avec Joséphine Baker. Chanteuse et danseuse d'origine américaine, vedette des music-halls français depuis 1925, elle a tourné là son premier film parlant, d'ailleurs écrit sur mesure pour elle. Si elle est excellente dans les scènes chantées, Joséphine Baker se révèle peu à l'aise pour jouer la comédie. Cela permet à Gabin, son faire-valoir, d'imposer sa présence et sa forte personnalité. (→ 11.4.35)

« Maria Chapdelaine », de Duvivier.

Joséphine Baker avec Jean Gabin dans « Zouzou », de Marc Allégret.

Une grande star de tout petit format

New York, 20 décembre
Le succès prodigieux de ses premiers films a projeté Shirley Temple au firmament des stars. Son septième long métrage *Now I'll Tell*, d'Edwin Burke, sort dans les salles et déjà se forment de longues files d'attente. Née le 23 avril 1928 à Santa Monica, Shirley est apparue à l'écran dès l'âge de quatre ans dans les séries *Baby Burlesks* et *Frolics of Youth*, avant d'enchaîner avec un premier grand film, *Red Haired Alibi*, de Christy Cabanne. Aujourd'hui, la Fox tente d'enlever Shirley à la Paramount avec qui elle est sous contrat. (→ 27.2.35)

Une comédie musicale américaine à la mode de Moscou

Le public soviétique adopte « les Joyeux Garçons », de Grigori Alexandrov.

Moscou, 25 décembre
Le périple américain d'Eisenstein de 1930 à 1932 finit par donner des résultats ! Son ancien acteur, décorateur, scénariste et assistant Grigori Alexandrov vient de signer *les Joyeux Garçons*, une comédie musicale. Les lois du genre ont été bien assimilées et adaptées à la patrie du socialisme : ni clinquant ni paillettes mais une gaieté bon enfant et des mélodies enlevées. Un berger fait carrière dans le jazz et finit par donner un concert au Bolchoï, où il retrouve celle qui l'aime. Un chanteur d'Odessa, Leonid Outessov, joue le berger. Autre révélation, la ravissante Lioubov Orlova. Le public semble apprécier.

Pour Sternberg, Marlène interprète la grande Catherine de Russie.

Tiger King est l'homme d'Aran dans le film de Robert Flaherty.

Michel Simon, le père Jules, et Dita Parlo, Juliette, dans « l'Atalante », de Jean Vigo, qui sortit sous un titre incongru : « Le chaland qui passe ».

Clark Gable et Claudette Colbert, couple mythique de « New York - Miami » (« It Happened One Night »), de Frank Capra, qui invente le nouveau genre cinématographique de la comédie américaine et fait la fortune de Columbia.

William Powell, Bette Davis et Verree Teasdale dans le film de William Dieterle « les Pirates de la mode » (« Fashions of 1934 »).

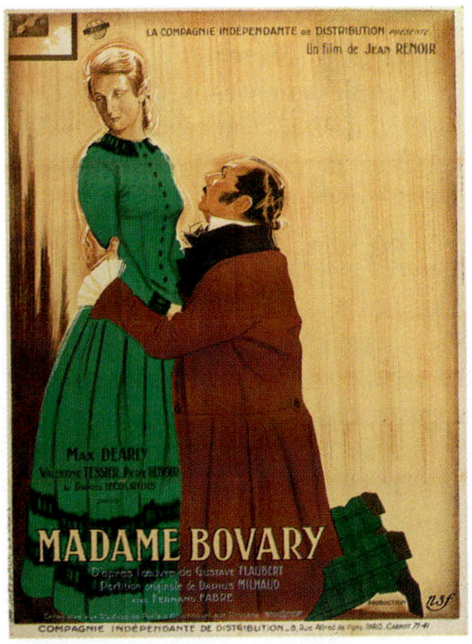

Cette adaptation du célèbre roman est un insuccès commercial.

Affiche de Toe, directeur de la publicité aux Films Marcel Pagnol.

Le comique troupier est un genre cinématographique très français. Fernandel et Ouvrard dans « les Bleus de la marine », film de Maurice Cammage.

Affiche de Dori pour une superproduction de la MGM, deuxième adaptation de la célèbre opérette viennoise après celle d'Erich von Stroheim en 1925.

Victor Jory et Dolorès del Rio, interprètes de « Madame du Barry ».

Françoise Rosay tire les cartes dans « le Grand Jeu », de Jacques Feyder.

Jack M. Kerrigan, Victor McLaglen et Reginald Denny dans un film de John Ford : « la Patrouille perdue » (« The Lost Patrol »).

Peter Lorre et Leslie Banks interprètent, aux côtés d'Edna Best, la version anglaise de « L'homme qui en savait trop », d'Alfred Hitchcock.

Atmosphère poétique et sensuelle pour ce film réalisé sur les bords d'un lac tyrolien où plonge Jean-Pierre Aumont (affiche de Mariani).

1935

Oscars, Hollywood
Film : *New York - Miami* (Frank Capra).
Acteur : Clark Gable.
Actrice : Claudette Colbert.

Mostra d'arte cinematografica, Venise
Coupe Mussolini : *Casta Diva* (Carmine Gallone).
Meilleur acteur : Pierre Blanchar.
Meilleure actrice : Paula Wessely.

Washington, 12 janvier
Un jury fédéral de mise en accusation (*grand jury*) engage des poursuites contre RKO, Warner Bros et Paramount pour pratiques monopolistiques. (→ 20.7.38)

Paris, 22 février
Première de *Toni*, de Jean Renoir, produit par Marcel Pagnol ; un assistant stagiaire du réalisateur s'appelle Luchino Visconti. (→ 24.1.36)

Moscou, 28 février
Le film chinois *le Chant du pêcheur*, de Caï Chusheng, obtient le prix d'honneur du premier Festival de Moscou. (→ 1.3)

Hollywood, 2 mars
Friz Freleng sort *I Haven't Got a Hat*, dessin animé de court métrage pour les « Merrie Melodies », de Leon Schlesinger. C'est la première apparition de Porky Pig. (→ 17.4.37)

Etats-Unis, 24 avril
Sortie des *Misérables*, de Richard Boleslawski, avec Fredric March, Charles Laughton, Florence Eldridge et Rochelle Hudson. C'est la troisième adaptation américaine du roman de Victor Hugo.

New York, 3 mai
Sortie de *la Femme et le Pantin* (*The Devil Is a Woman*), de Sternberg, d'après le roman de Pierre Louÿs, avec M. Dietrich, L. Atwill et C. Romero. (→ 31.10)

Hollywood, 10 mai
Qui est la promise de Frankenstein ? Les curieux ont la réponse dans *la Fiancée de Frankenstein*, de James Whale, qui sort ce jour, avec Boris Karloff, interprétant à nouveau la pathétique créature, Colin Clive et Elsa Lanchester.

Paris, 11 mai
Abel Gance présente *Napoléon Bonaparte*, version sonorisée, avec des scènes additives, de son film muet de 1927. Cette nouvelle version a été menée à bien grâce à l'aide de la société Paramount. Le procédé de la Perspective sonore, employé pour la première fois, fait sensation. (→ 7.12.36)

Hollywood, 27 mai
Joseph M. Schenck et Darryl F. Zanuck rachètent en partie la Fox Film Corp. et opèrent une fusion avec leur propre société : le groupe prend désormais le nom de Twentieth Century-Fox. (→ 20.7.36)

Hollywood, 17 juin
Paramount-Publix termine sa réorganisation économique et émerge sous le nouveau nom de Paramount Pictures Inc., après avoir été racheté par l'union des salles de son propre circuit.

Berlin, 2 juillet
En vertu d'une ordonnance ministérielle, tous les films muets ou parlants antérieurs au 30 janvier 1933 doivent être à nouveau soumis à la Commission de censure avant le 31 décembre prochain. (→ 1.2.36)

Londres, 14 août
La comédienne Vivien Leigh signe un contrat avec Alexander Korda, le producteur le plus puissant de Grande-Bretagne : elle obtient le privilège de pouvoir jouer sur scène six mois par an. (→ 14.12.39)

Tokyo, 15 août
Sortie de la comédie sentimentale de Mikio Naruse, *Ma femme, sois comme une rose* (*Tsuma yo bara no yo ni*), avec Sachiko Chiba, compagne du réalisateur.

New York, 13 septembre
La comédie musicale de Mark Sandrich, *le Danseur du dessus* (*Top Hat*), avec Fred Astaire, Ginger Rogers et Edward Everett Horton, bat le record de recettes de la salle d'exclusivité Radio City Music Hall, atteignant 245 000 dollars en quinze jours. (→ 27.8.36)

Paris, 20 septembre
Sortie de *la Bandera*, de Julien Duvivier, avec Jean Gabin, Annabella et Robert Le Vigan. (→ 27.10.36)

Copenhague, 28 septembre
Dans *le Sourire doré* (*Det gyldne Smil*), qui sort ce jour, le réalisateur hongrois Paul Fejos décrit la crise de conscience et les affres d'une actrice adulée.

Tokyo, 30 septembre
La Nikkatsu, la plus ancienne des « majors » japonaises, est victime d'un krach boursier. La firme abandonne, pour l'instant, la production afin de se consacrer uniquement à la distribution. (→ 1.12.41)

Le Caire, 10 octobre
Le Tout - Le Caire assiste à l'inauguration de la dernière tranche des studios Misr, situés à Guizeh. Le cinéma égyptien est devenu une véritable industrie. (→ 10.2.36)

New Jersey, 11 octobre
Joan Crawford épouse à Englewood le comédien Franchot Tone. Elle a déjà été mariée à Douglas Fairbanks Jr. (→ 1.9.39)

Moscou, 6 novembre
Les sociétés de production Ukrainfilm et Mosfilm présentent le dernier film d'Alexandre Dovjenko, *Aerograd*. (→ 1.4.39)

Hollywood, 7 novembre
La Paramount sort *Peter Ibbetson*, inspiré du roman de George Du Maurier, avec Gary Cooper, Ann Harding et Ida Lupino, le deuxième film d'Henry Hathaway pour cette année 1935 après *les Trois Lanciers du Bengale* (*The Lives of a Bengal Lancer*).

Hollywood, 8 novembre
Sortie des *Révoltés du « Bounty »* (*Mutiny on the « Bounty »*), de Frank Lloyd, avec Clark Gable (Fletcher Christian) et Charles Laughton (Captain Bligh). (→ 5.3.36)

Rome, 9 novembre
Les autorités italiennes décident de la constitution de l'Enic, office national pour les industries cinématographiques. Ce nouvel organisme doit assurer la production, la distribution de films et la gestion de salles. (→ 29.1.36)

Hollywood, 15 novembre
Les Marx Brothers présentent leur premier film MGM, *Une nuit à l'Opéra* (*A Night at the Opera*), de S. Wood. Ils étaient auparavant produits par Paramount. (→ 28.9.64)

Londres, 17 décembre
Lors d'un gala, auquel assiste la reine Mary, René Clair fait projeter son premier film anglais, *Fantôme à vendre* (*The Ghost Goes West*), avec Robert Donat et Jean Parker. Le public est conquis. (→ 10.9.37)

Los Angeles, 26 décembre
Sortie de *Captain Blood*, de Michael Curtiz, avec Errol Flynn, dont c'est le premier rôle en vedette, et Olivia De Havilland. (→ 1.11.36)

NAISSANCES
Los Angeles, 31 mars
Richard Chamberlain.

Athènes, 27 avril
Theo Angelopoulos.

Paris, 25 juin
Laurent Terzieff.

Walton-on-Thames, 1er octobre
Julie Andrews
(*Julia Elizabeth Wells).

Sceaux, 8 novembre
Alain Delon.

Stockholm, 11 novembre
Bibi Andersson.

Brooklyn, 1er décembre
Woody Allen
(*Allen Stewart Konigsberg).

Quincy, Mass., 14 décembre
Lee Remick.

Porto, 22 décembre
Paulo Rocha.

Réussite majeure du cinéma français, « la Kermesse héroïque », de Jacques Feyder, est aussi l'œuvre commune d'une très grande équipe.

Iancy
TOBIS
FRANÇOISE ROSAY et JEAN MURAT avec ALERME dans
LA KERMESSE HÉROÏQUE
UN FILM DE JACQUES FEYDER
D'après une nouvelle de CHARLES SPAAK. Dialogues de BERNARD ZIMMER. Musique de LOUIS BEYDTS. Décors de LAZARE MEERSON
AVEC
LYNE CLEVERS - MICHELINE CHEIREL - MARGUERITE DUCOURET - GINETTE GAUBERT - MARYSE WENDLING
ALFRED ADAM - MARCEL CARPENTIER
ARTHUR DEVÈRE - ALEXANDRE DARCY
AVEC
LOUIS JOUVET
BERNARD LANCRET - PIERRE LABRY
CLAUDE SAINT VAL - DELPHIN
ENREGISTREMENT TOBIS KLANGFILM
Directeur de production PIERRE GUERLAIS
PRODUCTION FILMS SONORES TOBIS

W. C. Fields dans l'univers de Dickens

Dans « David Copperfield », Fields tient le rôle prévu pour Charles Laughton.

Hollywood, 18 janvier
David Copperfield, le célèbre roman de Charles Dickens, trouve enfin une adaptation cinématographique à sa mesure. L'exploit est signé George Cukor, le réalisateur à succès des *Quatre Filles du docteur March*, et le projet revient au producteur exécutif de la MGM, David O. Selznick. Le jeune prodige britannique Freddie Bartholomew réussit son concours d'entrée à Hollywood dans le rôle sur mesure de David enfant. A ses côtés, W. C. Fields quitte un instant le registre délibérément burlesque de ses précédentes comédies-farces, telle *Une riche affaire* (*It's a Gift*), et incarne le truculent M. Micawber, ami et protecteur de Copperfield. Au départ, le rôle devait être confié à l'acteur britannique Charles Laughton, promu vedette internationale depuis son triomphe dans *la Vie privée d'Henry VIII*, d'Alexander Korda. Finalement, Laughton préféra s'investir dans un autre tournage, celui de *l'Extravagant M. Ruggles* (*Ruggles of Red Gap*), de Leo Mc Carey, et en conséquence l'interprétation de Micawber échut à Fields, qui donne à ce personnage croustillant une consistance et une saveur exceptionnelles. (→ 22.1.37)

Lubitsch dirige la production Paramount

Le dernier Lubitsch à ce jour : « la Veuve joyeuse », avec Maurice Chevalier.

« Haute Pègre », modèle de comédie sophistiquée, avec Miriam Hopkins.

Hollywood, 5 février
La nouvelle est inattendue : le réalisateur Ernst Lubitsch vient d'être nommé directeur de la production de la Paramount, qui a été déclarée en faillite en 1933 et qui est aujourd'hui en pleine réorganisation. Excepté *la Veuve joyeuse*, produit par la MGM, Lubitsch est resté fidèle à la Paramount depuis l'avènement du parlant. Parmi les neuf films, dont deux à sketches, qu'il a tournés pour cette compagnie figurent des succès comme *Parade d'amour*, *le Lieutenant souriant* et *Une heure avec toi*, tous les trois interprétés par Maurice Chevalier. (→ 12.4.36)

Douglas et Mary, c'est bien fini

Hollywood, 28 février
Le 9 décembre, Mary Pickford engageait une procédure de divorce contre Douglas Fairbanks. Ce divorce est désormais prononcé. Le succès semble fuir la grande star du muet. Ses deux derniers films, parlants ceux-là, *Kiki*, de Sam Taylor, et *Secrets*, de Frank Borzage, dans lesquels elle apparaît court vêtue et trop maquillée, ont été de cuisants échecs, comme l'a été *la Mégère apprivoisée* (*The Taming of the Shrew*), de Sam Taylor, tourné avec Fairbanks en 1929. L'actrice annonce aussi son intention d'abandonner définitivement le cinéma comme vient de le faire également Douglas Fairbanks. (→ 7.3.36)

Les Academy Awards sous le patronage de l'oncle Oscar

Des ressemblances toutes fortuites...

Hollywood, 27 février
La septième cérémonie de remise des trophées américains se déroule au Biltmore Hotel. Les principales récompenses sont décernées au film de Frank Capra, *New York-Miami* (*It Happened One Night*) : meilleurs long métrage, adaptation, réalisateur, actrice (Claudette Colbert) et acteur (Clark Gable). Un Award spécial, assorti d'une statuette miniature, est remis à Shirley Temple. Innovation cette année : au nom un peu barbare d'Academy Award s'ajoute le nom d'Oscar. Des personnes bien informées attribuent ce baptême à Bette Davis, dont le mari, Harmon Oscar Nelson, ressemble à la statuette. Pour d'autres, c'est le critique Sidney Skolsky qui l'a imaginé dans ses éditoriaux. Au siège de l'académie, on assure que Margaret Herrick, la bibliothécaire, se serait exclamée en la voyant : « Mais elle ressemble à mon oncle Oscar ! » (→ 5.3.36)

Shirley Temple primée à sept ans.

Une star chinoise victime de la presse

Pékin, 12 mars
Le suicide de Ruan Lingyu (*1910) dans la nuit du 7 au 8 mars suscite l'émoi des admirateurs de la « Divine ». Sa disparition laisse un sentiment étrange : le dernier film dont elle était l'interprète racontait la fin tragique d'une autre actrice célèbre, Ai Xia. Elle aussi s'était donné la mort un an auparavant. *Femmes nouvelles* vient de sortir, et l'étoile de la Mingxing, après une carrière fulgurante avec *le Petit Jouet*, *la Divine*, *les Nuits de la ville*, s'éclipse à tout jamais. Elle laisse le souvenir d'une femme blessée. Ruan Lingyu, éprouvée par son dernier rôle, n'a pas supporté les calomnies de la presse à scandales.

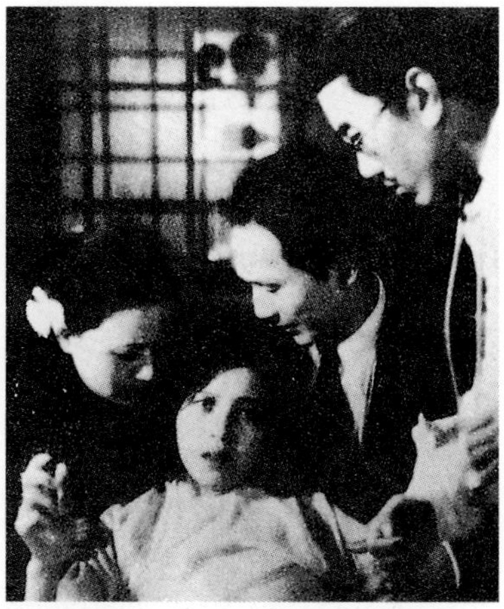

Ruan Lingyu, « femme nouvelle ».

La toute-puissance des nazis démultipliée par le cinéma

Avec l'appui sans réserve du Führer, Leni Riefenstahl fait de « Triomphe de la volonté » un hymne à la gloire du régime.

Berlin, 28 mars
La salle UFA Palast am Zoo présente la première de ce qui doit être l'événement cinématographique. *Le Triomphe de la volonté* (*Triomph des Willens*), commandé par Hitler, exécuté par Leni Riefenstahl, est enfin visible sur les écrans. Il a fallu six mois de montage à la réalisatrice et un travail astreignant pour sélectionner environ 3 % de la pellicule impressionnée pour fournir un film de deux heures. Le résultat a de quoi satisfaire le Troisième Reich. Les choix de Leni témoignent d'une objectivité dirigée. Elle filme la nation d'aujourd'hui, qui, dans un grand élan mystique, vient acclamer son nouveau dieu. Des séquences clés exaltent la vie saine et familiale, l'harmonie virile et militaire, l'enthousiasme des travailleurs. Elle tourne en crescendo toutes les scènes collectives (défilés des Jeunesses hitlériennes, discours et fanfares). Avant de conclure sur l'hymne nazi *Horst Wessel Lied*, elle met violemment en lumière le charisme d'Hitler. L'œuvre montre « l'ordre, l'unité, l'ambition du mouvement national-socialiste ». C'est le document de la fidélité unanime au Fürher voulu par le pouvoir. (→ 2.7)

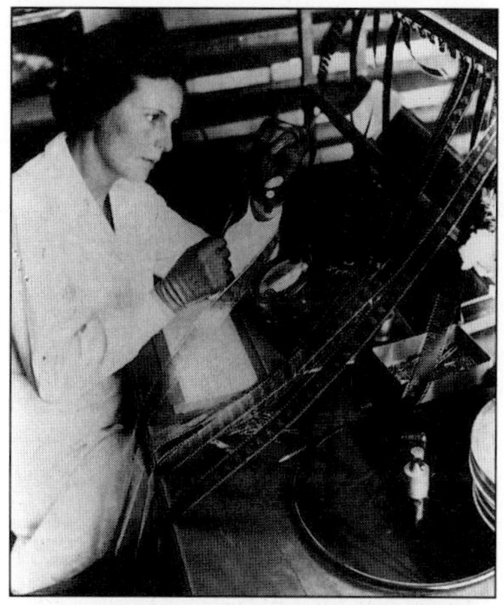

La réalisatrice au cours du montage.

Moscou se dote d'un festival

Moscou, 1er mars
Le premier Festival international du film, commencé le 21 février, vient de se terminer. Sergueï Eisenstein, Alexandre Dovjenko et Vsevolod Poudovkine faisaient partie du jury. Les Studios Lenfilm de Leningrad ont reçu le grand prix. Le jury a surtout remarqué et apprécié *Tchapaïev*, des frères Vassiliev, *la Jeunesse de Maxime*, de Kozintsev et Trauberg, et *les Paysans*, d'Ermler. Le meilleur est sans aucun doute *Tchapaïev*, qui fut salué dès novembre 1934 par un éditorial élogieux de la *Pravda*. Un prix d'honneur a été décerné au film chinois de Caï Chusheng *le Chant du pêcheur*. (→ 29.3.42)

La famille Ponce Pilate fait sensation dans « Golgotha »

Jean Gabin n'appelle plus Edwige Feuillère que « Madame Pilate ».

Paris, 11 avril
Une soirée de gala se déroule sur les Champs-Elysées pour la présentation du nouveau film de Julien Duvivier. *Golgotha* raconte la dernière semaine de la vie terrestre de Jésus à Jérusalem. Le Christ est incarné par Robert Le Vigan, qui a composé son rôle avec un soin extrême, allant jusqu'à se faire arracher huit dents et à subir une cure d'amaigrissement pour se donner un visage émacié. Jean Gabin en Ponce Pilate fait du procureur de Judée un simple militaire diplomate. Durant le tournage, Gabin a donné à Edwige Feuillère le surnom de « Madame Pilate » et continue de l'appeler ainsi. Lucas Gridoux est Judas. Il a du remplacer Charles Vanel, qui avait été initialement souhaité. (→ 20.9)

John Ford, toute l'Amérique en parle

New York, 9 mai
Le Mouchard (*The Informer*), le nouveau film de John Ford produit par la RKO, vient de faire un triomphe lors de sa présentation au Radio City Music Hall de New York. C'est la deuxième adaptation du fameux roman de Liam O'Flaherty, après la précédente version anglaise d'Arthur Robison, il y a une demi-douzaine d'années. L'action se déroule en Irlande en 1922 : Gypo Nolan, interprété par Victor McLaglen, dénonce ses anciens camarades après avoir été exclu du Sinn Féin. Pris de remords, il est capturé, jugé secrètement, puis exécuté. Tourné en trois semaines pour à peine plus de 200 000 dollars, le film se signale par sa beauté plastique, mais aussi sa richesse psychologique, laquelle doit beaucoup au scénario de Dudley Nichols. Après *la Patrouille perdue* (*The Lost Patrol*) et, plus récemment, la grinçante satire de *Toute la ville en parle* (*The Whole Town's Talking*), qui attira un vaste public, cette nouvelle réussite devrait asseoir la réputation internationale de John Ford. Formé comme son frère Francis à l'école de Thomas Ince, ce réalisateur prolifique s'était spécialisé dans la confection des westerns, avant d'élargir son domaine d'activité à l'aube du parlant. Il retrouve un de ses comédiens favoris, le puissant McLaglen, qui combattit pendant la guerre du Transvaal, qui fut chercheur d'or puis boxeur avant de débuter sur les écrans au lendemain de la Première Guerre mondiale. McLaglen incarne un Irlandais plus vrai que nature, à la fois brutal et sentimental. A travers lui, Ford peut assumer sereinement ses origines irlandaises. (→ 5.3.36)

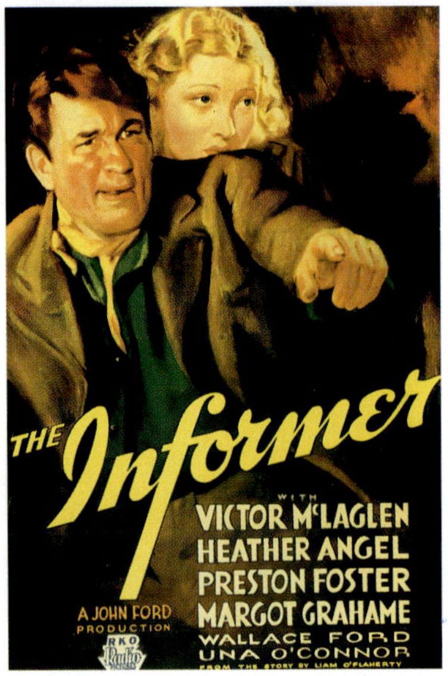

« Le Mouchard » : retour en Irlande.

Le 3 juin, *Becky Sharp*, de Rouben Mamoulian, sort sur les écrans américains. C'est le premier film de long métrage en couleurs suivant le procédé Technicolor trichrome, mis au point sous la direction d'Herbert T. Kalmus. Fin août, sa réussite à cet égard vaut à ce film le prix de la couleur du troisième Festival de Venise, qui distingue par ailleurs *Casta Diva*, de Carmine Gallone, et *Anna Karénine*, de Clarence Brown.

Un cerveau de maître nommé Hitchcock

Robert Donat (à droite) et les policiers dans « les Trente-Neuf Marches ».

Londres, 6 juin
L'avant-première des *Trente-Neuf Marches* (*The Thirty-Nine Steps*), du réalisateur prodige anglais Alfred Hitchcock, surnommé ici le « jeune homme au cerveau de maître », vient d'avoir lieu au New Gallery Theater. A nouveau produit par la Gaumont British de Michael Balcon, ce dix-neuvième film de l'auteur de *Chantage* (*Blackmail*) et de *L'homme qui en savait trop* (*The Man Who Knew Too Much*) est une adaptation du best-seller homonyme de John Buchan, signée par le dramaturge Charles Bennett et la jeune Alma Reville, qui n'est autre que la femme d'Hitchcock. Les Trente-Neuf Marches sont une organisation d'espionnage qui tente de faire sortir d'Angleterre une formule secrète. Mr. Memory, un « homme-mémoire » capable de retenir par cœur les pages de l'annuaire téléphonique, est l'outil de ce détournement frauduleux. Incarnés ici par Robert Donat et Madeleine Carroll, deux jeunes gens se retrouvent plongés malgré eux dans cette affaire qui les dépasse, comme souvent chez Hitchcock. Heureusement, la persévérance et l'amour les tireront de bien des mauvais pas. Le film se signale par une économie de narration exemplaire, qui devrait lui valoir un succès international et confirmer la réputation de maître du suspense d'Hitchcok. D'ailleurs, Hollywood semble déjà s'intéresser à lui. (→ 22.8.37)

Les sommets : « L'homme qui en savait trop » et « les Trente-Neuf Marches ».

L'Espagne s'insurge contre la Paramount

Madrid, 31 octobre
Le gouvernement espagnol vient de demander l'interdiction du dernier film de Josef von Sternberg, *la Femme et le Pantin* (*The Devil Is a Woman*) et menace de boycotter la Paramount. Pour justifier son anathème, le pouvoir républicain invoque une représentation injurieuse de la garde civile, montrée impuissante à juguler les débordements anarchiques d'un carnaval délirant. Au départ, Sternberg souhaitait intituler son film *Capricio espagnol*. Ernst Lubitsch, directeur artistique de la Paramount, s'opposa à cette idée et préféra un titre plus évocateur, faisant directement référence au roman inspirateur, c'est-à-dire *la Femme et le Pantin*, du Français Pierre Louÿs. Un autre écrivain, John Dos Passos, participa activement à l'écriture du scénario. Dans le rôle vedette de l'énigmatique Concha Perez, le cinéaste a fait une fois de plus appel à Marlène Dietrich, son égérie depuis le succès considérable de *l'Ange bleu* (*Der Blaue Engel*). Celle-ci irradie de sa présence cette Espagne d'opérette et incarne un personnage fantasque, successivement nonne, cigarière et chanteuse de cabaret. Ce film devrait cependant clore cette collaboration aux nombreux succès, de *Cœurs brûlés* (*Morocco*) à *l'Impératrice rouge* (*The Scarlet Empress*). Alors que Marlène a signé un nouveau contrat avec la Paramount, Sternberg s'apprête à tourner son premier film pour la compagnie Columbia. (→ 31.12.36)

Objet du litige : « la Femme et le Pantin », de J. von Sternberg, avec Marlène.

Les plaisirs de « la Kermesse héroïque »

Françoise Rosay, Jean Murat, Louis Jouvet et le nain Delphin chez Feyder.

Paris, 16 décembre
Avec *la Kermesse héroïque*, qui sort actuellement, Jacques Feyder signe une reconstitution historique truculente et somptueuse. L'action se passe dans les Flandres au début du XVIIe siècle, et relate l'occupation d'un paisible bourg par un détachement espagnol. La couardise de leurs maris pousse les femmes de la cité à prendre les choses en main. Le scénario est assez mince, mais les dialogues de Charles Spaak servent à merveille une remarquable interprétation, Françoise Rosay et Louis Jouvet en tête. La vraie richesse de l'œuvre, cependant, est surtout plastique : Feyder a voulu rendre hommage aux maîtres de la peinture flamande, et la réussite de *la Kermesse héroïque* est sur ce point exceptionnelle. Autant qu'au talent du metteur en scène, elle tient aux collaborateurs dont il a su s'entourer, comme le chef opérateur Harry Stradling, le costumier G. K. Benda et les décorateurs Lazare Meerson, Georges Wakhevitch et Alexandre Trauner. Cette comédie ne se voulait rien d'autre qu'une fresque stylisée, éloignée pourtant de toute actualité. On comprend mal, dès lors, les attaques dont le film est l'objet. Est-ce parce que *la Kermesse héroïque*, tourné dans les studios d'Epinay, a été produit en double version française et allemande, par la Tobis, qu'Henri Jeanson y a vu une « inspiration nazie » ? (→ 2.9.36)

Les décors sont de Lazare Meerson, assisté de Trauner et Wakhevitch.

Célébration du jubilé de Louis Lumière

Paris, 9 novembre
La capitale fête le quarantième anniversaire du cinématographe. De nombreuses personnalités des arts et des lettres, du monde politique aussi, se sont réunies, le 6 du mois, à la Sorbonne pour célébrer solennellement, en sa présence, le jubilé de Louis Lumière. L'événement a débuté par un discours de Mario Roustan, ministre de l'Instruction publique. Il a ensuite été suivi par d'autres orateurs qui ont chacun rendu un hommage chaleureux à Louis Lumière en tant qu'inventeur du Cinématographe. A cette occasion, le journal *l'Illustration* publie aujourd'hui un long entretien avec Auguste Lumière, frère et collaborateur de Louis. Il y raconte comment ce dernier avait « en une nuit, inventé le Cinématographe », et ce en trouvant, le premier, l'idée de l'entraînement à cadre porte-griffe. Avec une modestie qui l'honore, Auguste minimise dans cet entretien, comme il l'a toujours fait, son apport personnel et sa contribution à cette invention, laissant à son frère, dans la circonstance, tout l'honneur de la manifestation. Elle fait d'ailleurs suite aux cérémonies données à Rome en avril dernier pour ce même anniversaire, en présence d'Auguste et Louis Lumière et de Benito Mussolini.

Affiche de Mercier pour la deuxième adaptation du roman de J. Kessel.

Technique de l'héliogravure pour cette affiche imprimée en deux parties.

Deux des nombreuses vedettes pour « les Chercheuses d'or de 1935 ».

Clark Gable, Rosalind Russell, C. Aubrey Smith et Jean Harlow dans « la Malle de Singapour » (« China Seas »), un film de Tay Garnett.

Peter Lorre, le pianiste des « Mains d'Orlac », de Karl Freund.

W. C. Fields et F. Bartholomew dans « David Copperfield », de G. Cukor.

Clark Gable est le lieutenant Christian et Charles Laughton le terrifiant capitaine Bligh dans le film de Frank Lloyd « les Révoltés du "Bounty" ». La mutinerie finira mal et la loi, sinon la justice, aura le dernier mot.

Charlie Ruggles et Charles Laughton dans « l'Extravagant M. Ruggles », de Leo McCarey.

Une affiche de Roger Cartier dans un style proche de l'art du vitrail, pour un film inspiré par la Bible.

Affiche du premier long métrage tourné en Technicolor d'après l'œuvre de W. M. Thackeray « la Foire aux vanités » ; un chef-d'œuvre de la couleur.

Pour Stuart Walker, Henry Hull est le monstre de Londres.

Ce film fait de Gary Cooper une star. Affiche signée Roger Soubie.

Victor McLaglen dans un film de John Ford, « le Mouchard ».

James Cagney se fait menaçant sur cette affiche non signée.

Ferdinand Hart est le Golem pour le film de Julien Duvivier, d'après le roman de Gustav Meyrink.

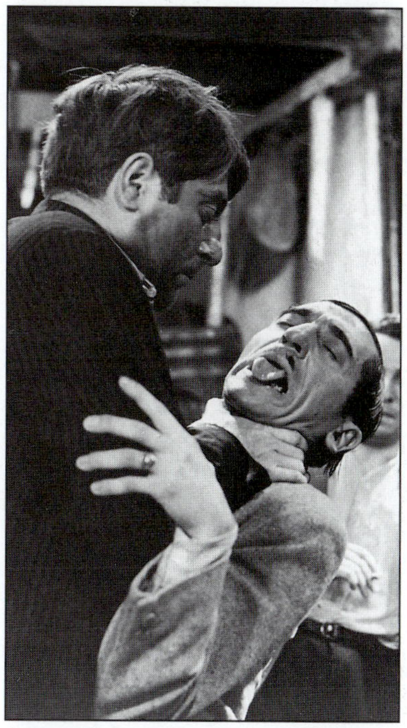

Dans « la Bandera », de Julien Duvivier, son crime oblige Jean Gabin à s'engager dans la Légion espagnole.

Groucho Marx, Chico Marx, Allan Jones et Harpo Marx s'adonnent à leurs facéties parmi les voyageurs d'un bateau regroupés à quinze dans les 18 m² d'une cabine. Le gag le plus hilarant d'« Une nuit à l'Opéra », de Sam Wood.

1936

Oscars, Hollywood
Film : *les Révoltés du Bounty* (Frank Lloyd).
Acteur : Victor McLaglen.
Actrice : Bette Davis.

Mostra d'arte cinematografica, Venise
Coupe Mussolini : *l'Escadron blanc* (Augusto Genina).
Meilleur acteur : Paul Muni.
Meilleure actrice : Annabella.

Prague, 1er janvier
Les studios de Barrandov, agrandis de deux nouveaux plateaux, sont désormais parmi les plus vastes et les plus modernes d'Europe. Des équipes étrangères ont d'ailleurs pris l'habitude d'y travailler.

Varsovie, 2 janvier
Le Chemin de la jeunesse, d'Aleksander Ford, documentaire sur les orphelins juifs d'un sanatorium, est interdit comme « véhicule de propagande communiste ». (→ 1.1.43)

Prague, 17 janvier
Sortie de *Janosik le Rebelle* (*Janosik*), de Martin Fric, nouvelle version de la vie du légendaire héros slovaque en lutte contre les Hongrois. (→ 30.7.37)

Rome, 29 janvier
Benito Mussolini pose la première pierre des studios de Cinecittà, destinés à relancer la production italienne en crise. (→ 28.4.37)

Berlin, 1er février
Trois ans après l'arrivée au pouvoir des nazis, le cinéma traverse une grave crise, due principalement au rejet croissant, sur les marchés étrangers, des films allemands, trop marqués par les directives de la propagande. (→ 17.8)

Le Caire, 10 février
Wedad, le premier film sorti des studios Misr, est présenté au public. C'est aussi le premier film de la chanteuse Oum Kalsoum.

Paris, 12 février
Première présentation de *Mayerling*, d'Anatole Litvak, d'après le roman de Claude Anet adapté par Joseph Kessel, avec Charles Boyer et Danielle Darrieux. (→ 25.9.37)

Hollywood, 16 février
Sortie de *la Bohémienne* (*The Bohemian Girl*), de James W. Horne, avec Stan Laurel, Oliver Hardy et Mae Busch. (→ 10.11)

Paris, 17 février
Le tribunal de commerce prononce la faillite de la société Pathé-Natan, conséquence de celle de sa filiale, la société de gérance des cinémas Pathé. (→ 15.6.38)

Paris, 11 mars
Le public est admis gratuitement à voir fonctionner la télévision dans trois cinémas d'actualités du circuit Cinéac. (→ 10.1.44)

Paris, 31 mars
Aux studios de Billancourt, Marcel Carné commence le tournage de son premier long métrage, *Jenny*, avec Françoise Rosay, Lisette Lanvin, Albert Préjean et Charles Vanel. Jacques Feyder, dont Carné a été l'assistant, supervise discrètement la mise en scène. (→ 16.9)

Berlin, 31 mars
Le Dr Hugenberg, suspect depuis sa démission du ministère de l'Economie, est évincé de la direction du trust UFA. Goebbels désigne à sa place un comité présidé par le réalisateur Carl Froelich.

Hollywood, 12 avril
Sortie de *Désir* (*Desire*), de Frank Borzage, supervisé et produit par Ernst Lubitsch, avec Marlène Dietrich et Gary Cooper. (→ 4.5)

Paris, 15 mai
Lors de la sortie parisienne de *Sylvia Scarlett*, de George Cukor, avec Katharine Hepburn, le Mogador devient cinéma d'exclusivité, avec de nombreuses attractions.

Paris, 6 juin
A Joinville, les ouvriers en grève, pour se distraire, organisent tous les jours une projection gratuite dans les studios. (→ 23)

Berlin, 30 juin
Dans les studios de l'UFA, Carl Froelich dirige la réalisation du premier film allemand de fiction en couleurs, *Das Schönheitsfleckchen*, d'après une nouvelle d'Alfred de Musset, suivant le procédé Opticolor, mis au point par Siemens.

Moscou, 17 juillet
Sortie de *Fils de Mongolie* (*Syn Mongolii*), d'Ilya Trauberg, produit par Lenfilm. Ce documentaire-fiction narre la quête d'amour d'un jeune cavalier.

Le Havre, 20 juillet
La vedette Marlène Dietrich débarque en France. Après quelques jours à Paris, elle doit se rendre à Londres pour tourner *le Chevalier sans armure*, réalisé par Jacques Feyder, film ayant pour cadre la Grande Guerre, avec ses espions et ses drames. (→ 9.6.39)

Londres, 20 juillet
Les tentatives de la compagnie 20th Century-Fox pour contrôler le capital de la société de production Gaumont British échouent après plusieurs mois d'efforts. La Fox cède la moitié des actions déjà acquises à la MGM.

Hollywood, 22 juillet
Le roman de Dashiell Hammet *le Faucon maltais* inspire les scénaristes : sa seconde version filmée, *Satan Met a Lady*, de William Dieterle, sort ce jour. (→ 18.10.41)

Mexico, 25 juillet
Le jeune réalisateur d'origine autrichienne Fred Zinnemann présente *les Révoltés d'Alvarado* (*Redes*), photographié et produit par Paul Strand. Par son contenu et ses qualités plastiques, ce film paraît très inspiré du cinéma soviétique.

Tokyo, 15 octobre
Kenji Mizoguchi s'attache au destin des femmes japonaises. Dans *les Sœurs de Gion* (*Gion no shimai*), qu'il présente ce jour, il dépeint la malheureuse vie de deux geishas, dont le sort est suspendu au bon vouloir des hommes. (→ 1.12.41)

Los Angeles, 1er novembre
Sortie de *la Charge de la brigade légère* (*The Charge of the Light Brigade*), un film de Michael Curtiz, avec Errol Flynn et Olivia De Havilland. (→ 12.5.38)

Paris, 5 novembre
Le film *le Roi*, de Pierre Colombier, avec Victor Francen, Gaby Morlay, Raimu et Elvire Popesco, bat les records de recettes du Marivaux, depuis sa sortie, fin octobre.

Rome, 17 novembre
William H. Hays, président de la MPPDA, est reçu en audience par le pape Pie XI.

Paris, 7 décembre
Erich von Stroheim est dans la capitale, où il doit tourner sous la direction de R. Bernard *Marthe Richard au service de la France*, avec Edwige Feuillère. (→ 20.2.37)

Paris, 7 décembre
A la salle Pleyel a lieu la présentation de gala d'*Un grand amour de Beethoven*, d'Abel Gance, avec Harry Baur, Annie Ducaux et Jany Holt, dans sa version intégrale. Les musicologues sont réservés, mais la critique applaudit. (→ 15.1.37)

France, 31 décembre
Au cours de l'année, 448 films sont sortis sur les écrans, dont 116 réalisés en France, 25 parlants français tournés à l'étranger et 190 films doublés; 231 de ces productions sont américaines.

NAISSANCES
Onivos, Argentine, 16 février
Fernando Solanas.

Allestree, Angleterre, 17 février
Alan Bates.

Salford, Angleterre, 9 mai
Albert Finney.

Birkenhead, Angleterre, 9 mai
Glenda Jackson.

Paris, 15 juin
Claude Brasseur
(*Claude Espinasse).

« Les Temps modernes », de Chaplin, hausse de plusieurs tons la critique sociale de ses films. C'est la société industrielle qu'il pourfend.

CHARLIE
CHAPLIN
DANS
les TEMPS MODERNES
ECRIT, REALISÉ et PRODUIT par CHARLES CHAPLIN

La fin sans gloire d'une star déchue

Los Angeles, 11 janvier
John Gilbert (*10.7.1895) a été victime d'une crise cardiaque à son domicile de Beverly Hills avant-hier, après une *party* hollywoodienne, et est porté en terre ce jour. En accédant au vedettariat en 1922 grâce à Emmett Flynn avec *Monte Cristo*, il devint une star. Malgré des cours d'élocution pour changer le timbre de sa voix, il ne parvint pas à franchir le cap du parlant et sombra dans la déchéance. Quatre mariages ne lui apportèrent pas le bonheur mais ses liaisons avec Greta Garbo et Marlène Dietrich firent couler beaucoup d'encre. Si Greta est absente de ses obsèques, Marlène, très éprouvée par sa disparition, doit être soutenue par Gary Cooper et Dolorès Del Rio.

Greta Garbo et John Gilbert dans « la Reine Christine », de R. Mamoulian, leur dernier film commun.

Chaplin face aux temps modernes

Charlot est toujours là, confronté à toutes les injustices, mais aussi aux pièges de la machine et du travail à la chaîne.

New York, 5 février
Les spectateurs privilégiés du Rivoli Theatre de New York viennent d'assister à la première du nouveau film de Charles Chaplin, *les Temps modernes* (*Modern Times*). Cela faisait cinq ans, depuis *les Lumières de la ville* (*City Lights*), que le maître s'était absenté des écrans, et d'aucuns n'avaient pas hésité à annoncer sa retraite prématurée, à l'instar d'autres vedettes du cinéma muet. Il n'en est rien, fort heureusement. Son film a été diversement accueilli par l'assistance, certains y ayant décelé un arrière-goût de bolchevisme. Chaplin s'en est défendu et vient de déclarer : « Je suis parti d'une idée abstraite, quelque chose d'indéfinissable m'a poussé à parler de la standardisation de la vie, à dire ce que je pensais des hommes devenus des machines. » Le tournage des *Temps modernes* a nécessité deux plateaux spéciaux : l'un dans le studio de Chaplin représentait un intérieur d'usine avec ses machines et ses rouages absurdes, l'autre sur un terrain de deux hectares, non loin du port de Los Angeles, accueillit les bâtisses d'un quartier ouvrier. Les prises de vues ont eu lieu en cinq mois, d'octobre 1934 à février 1935, mais le montage et la sonorisation demandèrent près d'un an. Aux côtés de Charlot, Paulette Goddard est la révélation du film : constamment vêtue de haillons et vierge de tout maquillage, elle rayonne de sensualité. A peine âgée de vingt-cinq ans, cette jeune femme avait débuté comme danseuse aux Ziegfeld Follies, avant de tourner de petits rôles au cinéma. Chaplin la rencontra sur le yacht de Joseph Schenck, il y a deux ans. Depuis, ils ne peuvent plus se quitter. (→ 20.6.39)

Un film de Renoir et Prévert qui respire l'air du temps

Paris, 24 janvier
Avec l'histoire d'un patron escroc et d'une coopérative d'ouvriers, Jean Renoir réussit avec *le Crime de M. Lange*, son nouveau film, une œuvre en prise avec l'actualité. Fustigeant les préjugés de classes et la justice bourgeoise, le film témoigne de l'influence du groupe progressiste Octobre, compagnie théâtrale qui compte parmi ses membres Jacques Prévert. Il a d'ailleurs collaboré au scénario et aux dialogues du film. Mais celui-ci ne saurait être réduit à une œuvre de propagande politique : il porte la double marque des génies de Renoir et de Prévert et bénéficie de l'apport d'excellents comédiens, Jules Berry en tête. (→ 7.4)

Jules Berry, René Lefèvre et Florelle dans « le Crime de M. Lange ».

Nouveau mariage de Fairbanks

Los Angeles, 7 mars
Avant la fin du délai nécessaire à la reconnaissance officielle d'un divorce en Californie, c'est-à-dire une année révolue, Douglas Fairbanks se remarie. Il épouse celle qui fut sa maîtresse, la Britannique Sylvia Hawkes, ex-lady Ashley. Le couple s'installe dans le ranch de l'acteur à Santa Monica, sur la côte du Pacifique. Professionnellement, Fairbanks tient parole : il n'a plus tourné depuis deux ans et *la Vie privée de don Juan* reste son dernier film. Agé de cinquante-trois ans, il dit aspirer désormais à la quiétude d'une vie de famille, loin du milieu cinématographique. (→ 15.12.39)

Renoir milite pour le Front populaire

Paris, 7 avril
Jean Renoir a réalisé un film militant au titre assez significatif, *La vie est à nous*, porté par le courant d'enthousiasme populaire engendré par le nouveau climat politique. Présenté exceptionnellement aujourd'hui au cinéma Panthéon, le film est une commande du Parti communiste français destinée à sa propagande électorale. De nombreux comédiens – tels Jean Dasté, Gaston Modot, Madeleine Sologne et Nadia Sibirskaïa – et techniciens, membres du Parti ou sympathisants comme Renoir, ont accepté d'y collaborer bénévolement et anonymement. Le générique attribue d'ailleurs la réalisation du film à « une équipe de techniciens, d'artistes et d'ouvriers », sans mentionner le fait que Renoir en est le principal auteur. En fait, ce dernier semble avoir joué un rôle de chef d'orchestre dans la réalisation d'une œuvre collective à laquelle ont participé, entre autres, Jacques Becker, Jean-Paul Le Chanois, André Zwobada, Paul Vaillant-Couturier, Jacques-Bernard Brunius, Henri Cartier-Bresson et Pierre Unik. Plusieurs dirigeants du parti communiste y apparaissent par ailleurs dans leur propre rôle, dont Maurice Thorez. Le film est construit avec une étonnante ingéniosité. Très bien dosés, les différents éléments dramatiques, comiques et didactiques, ainsi que les scènes de fiction et celles de documentaire, s'y enchaînent parfaitement. Tout cela donne à cet étonnant produit de circonstance la valeur d'une œuvre unique et exemplaire, dont la carrière commerciale reste toutefois incertaine pour le moment. (→ 20.8)

Maurice Thorez, Jacques Duclos et Renoir durant « La vie est à nous ».

Mister Deeds porte-parole de Frank Capra

Gary Cooper et Jean Arthur dans « l'Extravagant Monsieur Deeds ».

Hollywood, 4 mai
Frank Capra est devenu le metteur en scène le plus coté en Amérique, et le dernier de ses films, *l'Extravagant Monsieur Deeds* (*Mr. Deeds Goes to Town*), vient de recevoir un accueil particulièrement chaleureux. Capra et Robert Riskin, son scénariste attitré, ont choisi au départ d'adapter une nouvelle de Clarence B. Kelland, *Opera Hat* (chapeau d'opéra). C'est l'histoire d'un jeune héritier naïf, Longfellow Deeds, incarné par le séduisant Gary Cooper, qui, las d'être escroqué par des aigrefins, décide de léguer toute sa fortune aux chômeurs et aux démunis. Une nouvelle donne qui n'est pas sans rappeler le New Deal de Franklin Roosevelt, dont le réalisateur est un grand admirateur. « Désormais, je veux que mes films disent quelque chose », déclare Capra. Avec Deeds, le cinéaste, qui se disait autrefois capable d'adapter l'annuaire téléphonique à l'écran, a trouvé un porte-parole rêvé, à la fois drôle et émouvant. A ses côtés Jean Arthur, en journaliste apparemment cynique, fait une entrée tonitruante dans le concert des vedettes hollywoodiennes. (→ 23.2.39)

John Ford et Frank Lloyd sur la même ligne aux Oscars

Bette Davis, meilleure actrice pour « l'Intruse », d'Alfred E. Green.

Hollywood, 5 mars
La remise annuelle des trophées désormais baptisés Oscars se déroule de nouveau au Biltmore Hotel. Victor McLaglen est désigné meilleur acteur de l'année pour *le Mouchard* (*The Informer*), de John Ford. La meilleure actrice est Bette Davis pour *l'Intruse* (*Dangerous*), d'Alfred Green, devant Katharine Hepburn. Le meilleur réalisateur est John Ford pour *le Mouchard*, suivi de Frank Lloyd pour *les Révoltés du « Bounty »* (*Mutiny on the « Bounty »*). En revanche, le meilleur film est celui de Frank Lloyd, qui bat de quelques voix le long métrage de Ford. Un Oscar spécial est remis à D. W. Griffith pour l'ensemble de son œuvre. (→ 4.3.37)

Charles Laughton dans le meilleur film : « les Révoltés du "Bounty" ».

Le cinéma touché par les grèves

Paris, 4 mai
Le succès, hier, du Front populaire aux élections législatives semble encourager les travailleurs du cinéma à adopter les mêmes revendications que le reste du mouvement ouvrier. Leurs délégués syndicaux, ceux de la CGT en tête, viennent de les appeler à la grève. Cet appel a été largement entendu puisque de nombreuses salles à Paris et en province ont fermé leurs portes. Les grèves ont aussi touché certaines maisons de production ainsi que les usines de tirage, à Genevilliers et à Billancourt, et les studios de Joinville, d'Epinay, de Billancourt et ceux de Francœur. (→ 6.6)

Un nouveau grand cinéaste américain nommé Fritz Lang

Dans « Furie », Spencer Tracy est un innocent injustement soupçonné, face à une populace ivre de vengeance.

New York, 5 juin

Le premier film américain du réalisateur allemand Fritz Lang vient de sortir sur les écrans avec succès. Il s'intitule *Furie* (*Fury*) et met en vedettes Spencer Tracy et Sylvia Sidney dans une sombre histoire de lynchage. En 1933, à la suite de l'interdiction du *Testament du docteur Mabuse* (*Das Testament des Dr Mabuse*), Lang avait fui l'Allemagne. Le jour même, le chef de la propagande du nouveau pouvoir nazi, Joseph Goebbels, lui avait proposé la direction du cinéma national. Après un court séjour en France, où il tourna *Liliom*, avec Charles Boyer et Madeleine Ozeray, le réalisateur répondit à l'invitation de David O. Selznick et se rendit aux Etats-Unis. Sous contrat avec la MGM, il se familiarisa avec les mœurs locales, apprit l'anglais avec obstination et vécut même près de huit semaines chez les Navajos. Après plusieurs projets refusés, il s'attela avec Bartlett Cormack à l'adaptation de *Mob Rule* (la loi de la populace), un synopsis de quatre pages de Norman Krasna. Le tournage, qui se déroula de février à avril, ne se fit pas sans difficultés. Lang dut se plier aux méthodes américaines, fort différentes des pratiques allemandes. Joseph L. Mankiewicz, le producteur, s'ingénia par ailleurs à mettre des bâtons dans les roues du metteur en scène, allant même jusqu'à récrire à son insu certains éléments des dialogues. La MGM imposa aussi le *happy end* et priva Fritz Lang du montage final. *Furie* n'en est pas moins une œuvre forte et typiquement américaine. (→ 16.10.44)

Le cinéma français après Matignon

Paris, 23 juin

Les travailleurs des secteurs cinématographiques viennent d'obtenir gain de cause, après six semaines de grève. Un contrat collectif a été signé entre le Syndicat général des travailleurs du film CGT et la Chambre syndicale des industries cinématographiques. Parmi les articles essentiels de ce contrat figurent en tête la reconnaissance du droit de se syndiquer, la limitation des heures de travail, l'instauration de la semaine de quarante heures et l'octroi de quinze jours de congés payés annuels. Il réglemente aussi les questions d'embauche, de licenciement et de préavis. La signature de ce contrat intervient cinq jours après les accords conclus entre les différentes branches de la profession – production, exploitation et distribution – à propos des mêmes problèmes. En fait, ces accords ne font qu'appliquer au secteur cinématographique les termes des accords de Matignon, signés le 8 juin entre le gouvernement du Front populaire et les syndicats. Ainsi, les ouvriers du cinéma devront désormais être aussi bien protégés que leurs camarades travaillant dans les autres domaines et ils pourront bénéficier des avantages accordés à ces derniers. (→ 8.2.37)

Pie XI demande un cinéma moral

Rome, 15 juillet

L'Eglise s'inquiète de la mauvaise influence morale que peut avoir le cinéma et en a une vision toute planétaire. L'encyclique pontificale *Vigilanti Cura*, envoyée aux évêques américains, recommande le boycott des films indécents et félicite la Legion of Decency pour ses activités. Pie XI redoute, pour la jeunesse en particulier, l'immoralité de nombreux films et souhaite un système rigoureux de classification. Les exigences de Pie XI rejoignent celles de la censure fasciste et tendent vers une cinématographie des plus édifiantes. Elle s'avère surtout contraignante pour la femme. Une héroïne de mélodrame se doit d'être vierge, épouse fidèle ou mère. Ou elle sera « fille perdue ». (→ 17.11)

Le quatrième Festival de Venise couronne Genina et Feyder

Venise, 2 septembre

En quatre ans, la Mostra est devenue un très grand festival international de cinéma. A présent des prix récompensent les films répartis en sections. La coupe Volpi consacre les talents d'acteur de Paul Muni et d'Annabella, qui jouent respectivement dans *la Vie de Pasteur* (*The Story of Louis Pasteur*), de William Dieterle, et dans *Veille d'armes*, de Marcel L'Herbier. L'Italie présente cinq films et c'est Augusto Genina qui remporte la coupe Mussolini pour *l'Escadron blanc* (*Squadrone bianco*). Le cinéaste a adapté avec bonheur le roman français de Joseph Peyré. Son film dépasse le message de propagande fasciste en exprimant la fascination qu'exerce le désert de Libye sur les soldats italiens. Le Français Jacques Feyder signe la meilleure réalisation étrangère avec *la Kermesse héroïque*, interprété par Françoise Rosay et Louis Jouvet. Une petite ville des Flandres, au XVIIe siècle, craint l'armée espagnole, mais les femmes sont ingénieuses... Son scénario riche de sous-entendus est apprécié, ainsi que des réparties pittoresques comme : « Ah, Venise et sa tour penchée ! » (→ 1.9.37)

Paul Muni meilleur acteur pour « la Vie de Pasteur » (Etats-Unis).

Leni Riefenstahl aux JO de Berlin

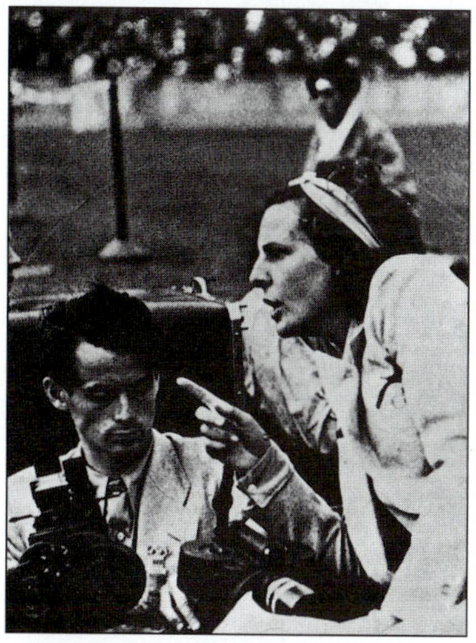

L'historiographe officielle des Jeux.

Berlin, 17 août
Les Jeux olympiques s'achèvent. La manifestation a été l'occasion, pour l'Allemagne, de montrer au monde entier la force du régime hitlérien, et, pour Leni Riefenstahl celle d'afficher sa qualité de chantre du pouvoir. Pour filmer ces journées, elle a disposé d'un matériel imposant : téléobjectifs géants, grues, chariots... Une trentaine de caméras, certaines mobiles, lui ont permis de mettre en scène ce qu'elle appelle l'« hymne à la force et à la beauté de l'homme ». (→ 20.4.38)

Jean Renoir abandonne la campagne pour « les Bas-fonds »

France, 20 août
Une partie de pêche qui se termine en queue de poisson, une journée à la campagne qui tombe à l'eau... Le film tourné par Renoir au bord du Loing, et produit par Pierre Braunberger, est arrêté. En adaptant la nouvelle de Maupassant *Une partie de campagne*, le cinéaste se donnait le bonheur de diriger Sylvia Bataille et Jane Marken dans un cadre cher aux impressionnistes et de composer des images dignes des tableaux de son père. Le soleil n'était pas au rendez-vous et le film a pris du retard. Las de tourner entre deux averses, Renoir abandonne la nature pour remplir un autre engagement, en studio : le tournage des *Bas-fonds*, d'après Gorki, avec Jean Gabin et Louis Jouvet. (→ 22.12)

Jane Marken séduite par J.-B. Brunius dans « Une partie de campagne ».

Fred Astaire et Ginger Rogers sur les ailes de la danse

Hollywood, 27 août
C'est au sommet de leur art que le public découvre Fred Astaire et Ginger Rogers dans *Sur les ailes de la danse* (*Swing Time*), qui marque leur sixième rencontre à l'écran depuis *Carioca* (*Flying Down to Rio*). Plus que jamais complice, le couple vedette des comédies musicales de la RKO nous donne une nouvelle démonstration de sa virtuosité. Réalisé par George Stevens, le film est une nouvelle variation du thème de la jalousie amoureuse dont est victime un duo de danseurs. Les deux partenaires s'y complètent à merveille : lui, entreprenant et vif, elle, rêveuse et sincère. Leur penchant pour la fantaisie et le romanesque trouve toujours son expression dans des numéros éblouissants. Ceux-ci sont chorégraphiés par Astaire lui-même sur une musique de Jerome Kern. Ce dernier est l'un des compositeurs qui ont déjà fait danser Fred Astaire et Ginger Rogers séparément à Broadway, du temps où ils avaient pour partenaires, lui sa sœur Adele, et elle son premier mari, Jack Pepper. (→ 27.2.41)

Dans « Sur les ailes de la danse » (« Swing Time »), de George Stevens.

Henri Langlois crée la Cinémathèque

Paris, 2 septembre
Henri Langlois vient de déposer les statuts d'une association à but non lucratif, la Cinémathèque française. Le siège social en est fixé au 29 de la rue Marsoulan, 12e arrondissement, dans les locaux de l'hebdomadaire de Paul-Auguste Harlé, *la Cinématographie française*. Voici plus d'un an que ce dernier soutient les efforts du jeune Langlois pour empêcher la destruction des films muets et sauvegarder le patrimoine cinématographique. Ainsi, la Cinémathèque prend le relais du Cercle du cinéma, le ciné-club fondé par Langlois et Georges Franju l'année dernière. Harlé est président de l'association, Langlois et Franju en sont les secrétaires généraux, Jean Mitry en est l'archiviste. (→ 15.7.38)

Françoise Rosay lance Marcel Carné

Vanel, Barrault, Préjean et Toutain avec Françoise Rosay dans « Jenny ».

Paris, 16 septembre
Jenny, le premier long métrage de Marcel Carné, sort sur les écrans. Sur le tournage de *la Kermesse héroïque*, où Carné n'était qu'assistant, Françoise Rosay lui avait proposé de jouer gratuitement dans son premier film, accord qui s'est révélé décisif pour le montage du projet. *Jenny* n'a reçu jusqu'ici que des avis mitigés, certains jugeant ce mélodrame très conventionnel. Pourtant quelques scènes, telle celle du petit matin au bord du canal de l'Ourcq, témoignent d'un style et aussi d'une poésie très originaux, auxquels le scénariste Jacques Prévert n'est pas étranger. (→ 20.10.37)

Sacha Guitry et la morale du tricheur

Le réalisateur, ici dans le rôle du tricheur, signe son quatrième film parlant.

Paris, 19 septembre
Pour avoir volé quelques francs, un garçon est privé de champignons au dîner et échappe ainsi à l'empoisonnement qui anéantit sa famille : ainsi commence *le Roman d'un tricheur*, le nouveau film de Sacha Guitry, que l'on peut voir au Marignan. Adapté de son unique roman, paru en 1934, par le réalisateur, ce film est une comédie sur l'art de tricher, qui se termine toutefois sur une note morale. L'histoire est racontée en voix *off* et à la première personne par Sacha Guitry lui-même, qui interprète à sa manière inimitable le personnage du tricheur repenti. (→ 11.5.37)

Mort prématurée d'Irving Thalberg

Los Angeles, 19 septembre
L'un des hommes les plus puissants et les plus haïs de Hollywood vient de mourir d'une banale pneumonie. Irving Thalberg (*30.5.1899) était le vice-président de la MGM et le rival obstiné de Louis B. Mayer. Il avait débuté comme garçon de bureau à l'Universal à la fin des années 10 et avait gravi en quelques années tous les échelons de la hiérarchie hollywoodienne. Ses nombreux démêlés avec les réalisateurs et les acteurs avaient défrayé la chronique par le passé. Loin de se contenter du rôle habituel d'un producteur, Thalberg exigeait un contrôle artistique permanent sur les films dont il était responsable. Erich von Stroheim en fit en particulier la douloureuse expérience. Thalberg laisse à sa femme, l'actrice Norma Shearer, et à son fils une fortune estimée à près de dix millions de dollars.

Un référendum sur « la Belle Equipe » oppose le rose et le noir

Paris, 27 octobre
Après la projection spéciale du film de Julien Duvivier, *la Belle Equipe*, au cinéma Le Dôme à La Varenne-Saint-Hilaire, la production a décidé d'en modifier le dénouement. Les 366 spectateurs présents ont eu à choisir entre deux fins. Le *happy end* a été approuvé par 305 d'entre eux. Dans sa première version, cette histoire de guinguette achetée en commun par des ouvriers s'achevait sur la séparation des amis, et les deux derniers s'entretuaient pour une femme. Duvivier et son scénariste Charles Spaak n'avaient pourtant pas caché leur préférence pour cette fin tragique. (→ 29.1.37)

Aux côtés de Jean Gabin, Viviane Romance est une garce de grande envergure.

Le prix Louis-Delluc fait ses débuts avec « les Bas-fonds »

Jean Gabin, Louis Jouvet et Vladimir Sokoloff dans le film de Renoir.

Paris, 22 décembre
C'est le film de Jean Renoir *les Bas-fonds* qui a reçu le premier prix Louis-Delluc, créé à l'initiative de la Jeune Critique indépendante en hommage au critique et réalisateur défunt. Ce film l'a emporté de trois voix sur *Jenny*, de Marcel Carné. Parmi les 23 votants figuraient Marcel Achard, Maurice Bessy, Claude Aveline, Pierre Bost, Henri Jeanson et encore Georges Altman. Cette récompense a pour ambition de contrebalancer l'académisme du grand prix du Cinéma français. A cet égard, le patronage de Louis Delluc se lit comme une marque de volonté d'indépendance autant que d'exigence esthétique. Adapté de la pièce de même titre de Maxime Gorki, le film lauréat était au départ une simple commande du producteur Alexandre Kamenka. Evitant de dater et de situer son action, Renoir s'est appliqué à respecter l'esprit de Gorki plutôt qu'à faire un film « russe ». La réussite est incontestable, à cent lieues du folklore qui s'attache d'ordinaire à ce genre de sujet. Une projection spéciale des *Bas-fonds* va bientôt avoir lieu au profit de René Delluc, le père de Louis Delluc. (→ 16.2.38)

Stan Laurel, Oliver Hardy et la grande fraternité des comiques

New York, 10 novembre
Insatisfait de *la Bohémienne* et des derniers films qu'il a tournés avec son compère Oliver Hardy, Stan Laurel, la cheville ouvrière du tandem, a réagi en prenant les rênes de la destinée de leur couple. C'est pourquoi il a produit lui-même leur nouveau film, *C'est donc ton frère* (*Our Relations*), qui sort au Rialto. Stan et Ollie, le maigre et le gros, découvrent dans cette excellente comédie qu'ils ont deux frères jumeaux, matelots et mauvais sujets. On imagine les quiproquos et les complications que cette situation engendre, pour le plus grand plaisir des spectateurs. (→ 28.4.40)

« C'est donc ton frère » (Lachman).

« La Bohémienne », de James W. Horne et Charles Rogers, avec Mae Busch.

La malédiction poursuit Sternberg

Londres, 31 décembre
Rien ne va plus pour Josef von Sternberg ! *Moi, Claudius* (*I, Claudius*), le film qu'il devait réaliser en Grande-Bretagne pour Alexander Korda, n'est maintenant qu'un lointain souvenir. Tombé malade lors d'un voyage en Asie, le réalisateur s'était vu contacter pour mettre en scène le roman de Robert Graves. Un budget de 150 000 livres lui fut alloué et deux vedettes internationales, Charles Laughton et Merle Oberon, furent pressenties pour les rôles de Claudius et de Messaline. Commencé en février, le film prit très vite un retard considérable. Les raisons tenaient aux exigences de Sternberg : celui-ci passait parfois une journée entière à régler l'éclairage d'un seul plan que ses techniciens n'avaient ensuite plus le temps de tourner. De son côté, Laughton confirma sa réputation d'acteur irrascible et fantasque. Des semaines durant, il se déclara incapable de trouver son personnage et refusa de s'investir dans le film, jusqu'au jour où il arriva sur le plateau avec l'enregistrement du discours d'adieu du roi Edouard VIII. L'acteur affirma alors à qui voulait l'entendre qu'il avait enfin compris comment représenter Claudius. Effrayé par le gouffre financier du film, Korda décida de mettre fin au tournage le 19 mars : le film ne serait jamais achevé. Prétexte évoqué par le producteur : Merle Oberon s'était légèrement blessée au visage lors d'un accident d'automobile. (→ 26.12.41)

Alexander Korda et Merle Oberon valent au cinéaste une nouvelle mésaventure avec « Moi, Claudius ».

Le regard de Viviane Romance pèse lourdement sur les sourires de la bande de copains, dans cette affiche grand format signée par Gil Buridant.

Suzi Prim et Fernandel dans « Un de la légion », de Christian-Jaque.

Henri Garat et Danielle Darrieux dans « Un mauvais garçon ».

Jean Gabin, Louis Jouvet et Vladimir Sokoloff dans « les Bas-fonds », de Jean Renoir, adapté d'une pièce de Maxime Gorki et dialogué par Charles Spaak.

Scénariste, dialoguiste, réalisateur et acteur, Sacha Guitry semble commencer avec ce film une carrière d'homme-orchestre au cinéma.

Charles Laughton incarne le célèbre peintre Rembrandt pour A. Korda.

Fernand Gravey et Louis Jouvet dans « Mister Flow », de Robert Siodmak.

Raymond Massey, acteur principal du film anglais de science-fiction « la Vie future », réalisé par W. C. Menzies d'après un roman d'H. G. Wells.

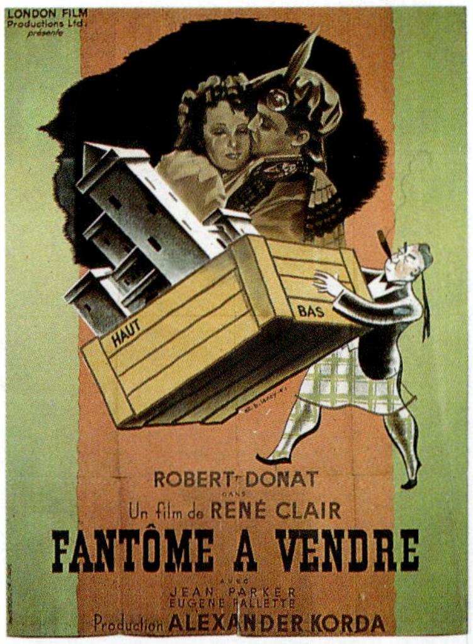

Affiche d'après Bernard Lancy pour ce film réalisé en Angleterre.

Adaptation du roman de A. Dumas fils, « la Dame aux camélias ».

M. Dietrich et B. Rathbone dans « le Jardin d'Allah », de R. Boleslawski.

Olivia De Havilland et Errol Flynn dans « la Charge de la brigade légère », de Michael Curtiz, morceau de bravoure du cinéma hollywoodien.

Gary Cooper, John Halliday et Marlène Dietrich dans « Désir », de Frank Borzage. Le film fut produit et supervisé par Ernst Lubitsch.

Les vastes décors mécanistes de Charles D. Hall comportent une grande profondeur de champ où évolue l'ouvrier graisseur Charlie Chaplin.

Affiche pour le premier film tourné aux Etats-Unis par Fritz Lang, qui traite de la loi et de la justice par le biais d'une histoire de lynchage.

1937

Oscars, Hollywood
Film : *le Grand Ziegfeld* (Robert Z. Leonard).
Acteur : Paul Muni.
Actrice : Luise Rainer.

Mostra d'arte cinematografica, Venise
Coupe Mussolini : *Scipion l'Africain* (Carmine Gallone).
Meilleur acteur : Emil Jannings.
Meilleure actrice : Bette Davis.

Colmar, 31 janvier
A la caserne de la ville, Jean Renoir donne le premier tour de manivelle de *la Grande Illusion*. Pierre Fresnay a accepté le rôle du capitaine de Boëldieu, refusé auparavant par Louis Jouvet et Pierre Richard-Willm.

Moscou, 2 février
Le studio de production Mosfilm présente *la Dernière Nuit* (*Posledniaïa notch*), du réalisateur Youli Raïzman. (→ 5.5.40)

Paris, 8 février
La CGT annonce que Jean Renoir va réaliser un grand film sur la Révolution française. Ce projet, qui bénéficie du soutien du syndicat, du journal *Ciné-Liberté* et du gouvernement de Front populaire, sera financé par une souscription nationale. (→ 9.2.38)

Paris, 17 février
François Ier, de Christian-Jaque, comédie historique avec Fernandel, Aimé Simon-Girard et Mona Goya est présenté. (→ 13.4.38)

Paris, 20 février
Au cours d'un cocktail, Raymond Blondy, directeur de production de *la Grande Illusion*, fait la connaissance d'Erich von Stroheim. Il lui propose séance tenante de tenir le rôle de l'officier allemand von Rauffenstein. Erich von Stroheim accepte en tout cas de rencontrer Renoir. (→ 8.6)

Hollywood, 9 mars
Le fils du capitaine Dreyfus, Pierre Dreyfus, approuve le script inspiré de « l'affaire » que la Warner veut produire : *la Vie d'Emile Zola*, avec Paul Muni, que doit réaliser William Dieterle. (→ 10.3.38)

Hollywood, 17 avril
Sortie de *Porky's Duck Hunt*, dessin animé de Tex Avery pour les « Looney Tunes », de Leon Schlesinger ; la première apparition à l'écran de Daffy Duck. (→ 1.7.44)

Berlin, 27 mai
La firme d'optique Zeiss-Ikon fait la démonstration d'un procédé de film en relief. L'expérience n'est pas décisive.

Paris, 8 juin
Première de *Gribouille*, de Marc Allégret, avec Raimu, Jean Worms, Julien Carette et Michèle Morgan. C'est le premier film de celle-ci en tant que vedette. (→ 18.5.38)

Hollywood, 30 juin
Rita Cansino, mariée depuis tout juste un mois au milliardaire Edward Judson, adopte le pseudonyme de Rita Hayworth lors du tournage de *Criminels de l'air*, son onzième film. (→ 11.5.39)

Hollywood, 30 juin
Ronald Reagan, âgé de vingt-cinq ans, a signé un contrat pour sept ans avec la Warner Bros à raison de 200 dollars par semaine. (→ 17.12)

Paris, 7 juillet
Les exploitants de salle, réunis en congrès, décident de fixer le jour de sortie des films au mercredi, au lieu du vendredi.

Shanghai, 10 juillet
Pour la première fois, le nom de Tian Han apparaît officiellement au générique d'un film dont il est le scénariste : *la Marche de la jeunesse*, de Shi Dongshan. Suspect pour le régime en raison de ses opinions de gauche, il travaillait jusqu'ici sous un pseudonyme.

Prague, 30 juillet
Sortie du film *Le monde nous appartient* (*Svet patri nam*), de Martin Fric, qui appelle à la mobilisation contre le nazisme. (→ 15.11.40)

New York, 22 août
Alfred Hitchcock débarque du paquebot *Queen Mary*. Officiellement, il est en vacances. (→ 1.9.38)

Munich, 1er septembre
Pour la Tobis, le réalisateur Jacques Feyder entreprend le tournage des *Gens du voyage*, avec Françoise Rosay et André Brûlé. (→ 27.2.39)

Londres, 10 septembre
René Clair commence aux studios de Pinewood le tournage de *Fausses Nouvelles* (*Break the News*), son deuxième film anglais, avec Jack Buchanan et Maurice Chevalier. Le scénario est tiré du *Mort en fuite*, de L. Le Gouriadec. (→ 17.7.39)

Le Havre, 25 septembre
Danielle Darrieux s'embarque pour Hollywood, où elle doit tourner un film pour Universal (→ 23.5.38). Le réalisateur Julien Duvivier est engagé de son côté « à l'essai » pour six mois, par la MGM. (→ 10.8.38)

New York, 30 septembre
Réfugiée aux Etats-Unis pour fuir son mari – le marchand d'armes Friedrich Mandl – et le nazisme, la comédienne autrichienne Hedy Kiesler décide de prendre le nom de scène d'Hedy Lamarr, en souvenir de Barbara La Marr, star du muet.

Paris, 22 octobre
Sortie du film *Yoshiwara*, de Max Ophuls, d'après Maurice Dekobra, avec Pierre Richard-Willm et Sessue Hayakawa. (→ 7.12.38)

Paris, 25 octobre
La censure est renforcée. Le visa de la commission de contrôle sera désormais refusé aux films tendant à ridiculiser l'armée ou susceptibles de froisser les sentiments nationaux des peuples étrangers. Les films de guerre et d'espionnage sont directement visés. (→ 10.2.40)

Washington, 11 novembre
Le président Roosevelt se fait projeter *la Grande Illusion*, de Renoir, à la Maison Blanche et déclare : « Tous les démocrates du monde doivent voir ce film. » (→ 9.2.38)

Etats-Unis, 30 novembre
Le film français *Club de femmes*, de Jacques Deval, déjà interdit en Grande-Bretagne, est accusé d'immoralité par la censure américaine, qui exige des coupures. Sont aussi visés : *Faisons un rêve*, de Sacha Guitry, et *Lucrèce Borgia*, drame historique d'Abel Gance.

Shanghai, 30 novembre
Sous l'occupation japonaise, seules restent libres les concessions étrangères, où le cinéma chinois tente de survivre. C'est le début de la période dite de « l'île orpheline ».

Los Angeles, 24 décembre
A la sortie du film suédois *Intermezzo*, de Gustav Molander, David O. Selznick remarque aussitôt la jeune comédienne Ingrid Bergman, âgée de vingt-deux ans. (→ 5.10.39)

Mexico, 31 décembre
Parmi les 38 films produits au Mexique au cours de l'année, une vingtaine ont eu recours aux thèmes « rancheros », mélange de folklore et de réalisme campagnard. Leur succès dans toute l'Amérique latine met le cinéma mexicain au premier rang des industries cinématographiques de langue espagnole.

NAISSANCES
Richmond, Virginie, 30 mars
Warren Beatty.

Neptune, New Jersey, 22 avril
Jack Nicholson.

Los Angeles, 8 août
Dustin Hoffman.

Santa Monica, Californie, 18 août
Robert Redford.

Moscou, 20 août
Andreï Konchalovski.

Paris, 13 octobre
Sami Frey (*Samuel Frei).

Paris, 30 octobre
Claude Lelouch.

New York, 21 décembre
Jane Fonda.

« La Grande Illusion » fait de Jean Renoir un réalisateur de réputation internationale. Le pacifisme du film éveille un écho particulier.

R.A.C. 19, Rue de Lisbonne. Paris présente
UNE PRODUCTION DES
RÉALISATIONS d'ART CINÉMATOGRAPHIQUE
JEAN GABIN
DITA PARLO
PIERRE FRESNAY
ET
ERICH VON STROHEIM
DANS
LA GRANDE ILLUSION
AVEC
CARETTE
PECLET
ET
DALIO
UN FILM DE
JEAN RENOIR
A. JOURGIN
PRODUCTION
DES
AFFICHES CREPA - 8, RUE JEAN GOUJON - PARIS.

Un grand retour d'Abel Gance au succès

Annie Ducaux et Harry Baur dans « Un grand amour de Beethoven ».

Paris, 15 janvier
Abel Gance avait accepté, la mort dans l'âme, que son nouveau film, *Un grand amour de Beethoven*, sortît dans une version dénaturée. L'accueil très favorable que le public vient de lui réserver doit toutefois consoler un peu le réalisateur. Celui-ci avait attaqué en justice, en décembre dernier, le producteur Christian Stengel, qui venait de réduire la durée du film sans son accord. L'arbitre choisi par les deux parties pour régler le litige a donné un verdict défavorable au réalisateur puisqu'il a autorisé 55 coupures et interventions diverses sur le montage initial de 3 800 mètres. *Un grand amour de Beethoven* demeure, même amputé, une œuvre fort réussie dans laquelle Harry Baur fait une composition mémorable dans le rôle du compositeur sourd. (→ 6.5.38)

Greta Garbo joue la dame aux camélias

New York, 22 janvier
Greta Garbo triomphe encore une fois sur les écrans avec son nouveau film, *le Roman de Marguerite Gautier* (*Camille*), réalisé par le brillant George Cukor, d'après l'œuvre célèbre d'Alexandre Dumas fils. Avec ce rôle, l'actrice suédoise confirme une certaine prédilection pour jouer des personnages romantiques après *la Reine Christine* (*Queen Christina*) et *Anna Karenine*. Elle promène au milieu de décors somptueux sa silhouette évanescente et son visage impassible d'héroïne tragique. A la voir si bouleversante, il est difficile d'admettre que la fameuse scène de l'agonie de Marguerite Gautier, à la suite de son suicide à l'arsenic, ait dû être tournée à quatre reprises. Telle est pourtant la réalité : Garbo était en effet prise d'un accès de fou rire incontrôlable. A ses côtés, dans le rôle d'Armand Duval, le jeune Robert Taylor, qui s'était déjà fait remarquer dans *le Secret magnifique* (*The Magnificient Obsession*), de John Stahl, est un partenaire masculin de choix, tout en charme et en séduction. (→ 19.5.39)

« Le Roman de Marguerite Gautier », avec Robert Taylor.

La trilogie marseillaise de Marcel Pagnol

Une partie de cartes digne des anthologies. Avec Raimu, Charpin, Robert Vattier (de dos) et Paul Dullac, partenaires amicaux et parfois... coléreux.

Nice, 23 janvier
L'Escurial et le Rialto, qui programment simultanément *César*, de Marcel Pagnol, viennent d'encaisser leurs plus fortes recettes depuis *Ben Hur* : au total 315 000 francs. Les 58 copies que Pagnol a fait tirer dans ses laboratoires de Marseille continuent à circuler en Provence et sur la Côte d'Azur en remportant partout un grand succès. Avec *César* s'achève la trilogie marseillaise de Pagnol, dont les deux premiers volets, *Marius* et *Fanny*, datent de 1931 et 1932. A l'origine, Pagnol avait conçu une pièce unique, *Marius*, mais le succès du film qui en a été tiré par le réalisateur Alexander Korda a encouragé l'auteur à lui donner une suite. Ainsi est née *Fanny*, la pièce, qui a été adaptée au cinéma par Marc Allégret. Après le succès de ce deuxième volet, Pagnol a imaginé alors une nouvelle suite, *César*, qu'il a écrite cette fois directement pour le cinéma et mise lui-même en scène. La transformation d'une œuvre unique en diptyque puis en triptyque se justifie aussi par le fait que les personnages inventés par Pagnol sont tellement vivants que le public avait envie de les retrouver, d'autant qu'ils sont interprétés par des comédiens hors pair dont Raimu, inoubliable dans le rôle de César, le vitupérant patron du bar de la Marine, et Pierre Fresnay, qui incarne son fils Marius, lequel délaisse la douce Fanny, interprétée par Orane Demazis, qui épouse le vieux Panisse, joué par Fernand Charpin. (→ 28.10)

Charpin, Alida Rouffe, Orane Demazis et Raimu dans « Fanny ».

André Fouché, avec Raimu dans « César », qui achève le triptyque.

« Pépé-le-Moko » à l'image de Gabin

Avec Mireille Balin et Lucas Gridoux : deux visages de la trahison.

Julien Duvivier et Henri Jeanson signent une tragédie antique dans le décor de la Casbah d'Alger.

Paris, 29 janvier
Jean Gabin et Mireille Balin sont réunis dans *Pépé-le-Moko*, nouveau film de Julien Duvivier, présenté au Marivaux, sur les Grands Boulevards pour la première fois. Il s'agit du vingt-cinquième film interprété en moins de cinq ans par Gabin, qui vient de tourner *la Belle Equipe*, du même réalisateur, et *les Bas-fonds*, de Jean Renoir. Désormais, Jean Gabin est l'acteur le mieux payé en France avec un cachet de 100 000 F par film. Dialogué par Henri Jeanson, adapté d'un roman d'Ashelbé, *Pépé-le-Moko* a été presque entièrement tourné en studio, à part quelques scènes dans la Casbah d'Alger. Un univers exotique dans lequel Gabin s'introduit avec dignité et noblesse. Il est le mauvais garçon au grand cœur de ses débuts à l'écran, faisant passer dans son personnage tout le désespoir d'un héros confronté à un destin tragique : chef d'une bande de malfrats, Pépé-le-Moko se perd pour la femme qu'il aime. Les chansons du film sont interprétées par Fréhel, qui incarne une ancienne chanteuse de beuglant. (→ 29.9)

L'autocritique de Sergueï Eisenstein

Moscou, 25 avril
Le nouveau film de Sergueï Eisenstein est arrêté. Le public ne verra donc pas *le Pré de Béjine*. De plus, Eisenstein a reconnu publiquement « ses erreurs ». Pourtant il ne restait que onze jours de travail pour un tournage commencé en 1935... Le sujet aurait dû plaire. Le titre s'inspire de Tourgueniev mais l'histoire reprend un fait divers récent : un fils dénonce son père contre-révolutionnaire ; le père tue le fils. Très critiqué, Eisenstein avait déjà modifié certaines scènes. Conscient des lacunes du scénario « émotionnel » de Rjechevski, il avait sollicité l'écrivain Isaac Babel. Rien n'y a fait. On reproche au cinéaste son « formalisme ». Depuis 1929, Eisenstein n'a rien tourné. *Que Viva Mexico!* est resté bloqué à Hollywood ; il a dû renoncer à *la Condition humaine*, d'après Malraux. Son talent est sous-employé. (→ 1.12.38)

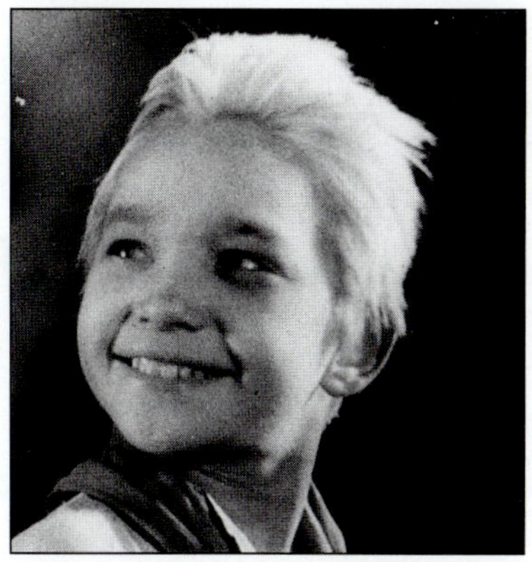

Une image du « Pré de Béjine ».

Le 4 mars, *le Grand Ziegfeld*, de Robert Z. Leonard, obtient les Oscars du meilleur film et de la meilleure actrice pour Luise Rainer. Frank Capra est sacré meilleur réalisateur pour *l'Extravagant Monsieur Deeds*, Paul Muni meilleur acteur pour *la Vie de Pasteur*, de W. Dieterle. (→ 10.3.38)

Le plus grand studio d'Europe à Cinecittà

Rome, 28 avril
L'Italie vient de s'offrir son « usine à rêves » à dix kilomètres de la via Tuscolana, dans la campagne romaine : Cinecittà. Ce nouveau studio s'étend sur environ 60 hectares. Il comprend neuf plateaux, des ateliers, des auditoriums, des laboratoires, des villas pour les acteurs et les cinéastes, des terrains pour les tournages en plein air. Tout comme Hollywood, Cinecittà jouit d'une douceur climatique et d'une pureté de lumière exceptionnelles. Il a fallu un an et demi pour édifier le plus grand complexe cinématographique d'Europe. Mussolini en posait la première pierre le 29 janvier 1936 à 9 heures. Ce projet s'inscrivait dans un programme destiné à relancer la production. Le cinéma est un moyen de propagande précieux, mais il fallait un lieu de travail prestigieux pour que reviennent des cinéastes acquis au régime. Le Duce voulait aussi créer un pôle d'attraction international. Cinecittà, inaugurée à 17 heures par le Duce suivi de ses troupes, est un Hollywood fasciste, ambitieux et démesuré au fronton duquel s'inscrit cette devise agressive : *« Le cinématographe est l'arme la plus forte. »* (→ 14.2.40)

Jean Renoir et l'illusion de la paix

Erich von Stroheim, Jean Gabin, Pierre Fresnay et Dalio incarnent des classes sociales privées de repères par la guerre.

Paris, 8 juin
Le dernier film de Jean Renoir, *la Grande Illusion*, vient de sortir en salles. Il a d'emblée été accueilli comme un chef-d'œuvre, par le public comme par la critique. Après *les Bas-fonds*, Renoir renoue avec un sujet personnel. La trame lui en a été inspirée par le général Pinsard, qu'il avait connu en 1916, alors que le futur réalisateur servait dans l'escadrille C64. Pour ce film sur la guerre, qui réunit des acteurs aussi prestigieux que Jean Gabin, Pierre Fresnay, Marcel Dalio et Erich von Stroheim, Renoir s'est sans aucun doute souvenu de son passé d'ancien combattant et a nourri l'œuvre de son pacifisme. Pour lui, « les Français de ce film sont de bons Français, et les Allemands de bons Allemands. Il ne m'a pas été possible de prendre parti pour aucun de mes personnages ». (→ 11.11)

Le film en Congrès à l'Exposition

Paris, 10 juillet
Ouvert le 5 du mois, le Congrès international du film – organisé par la Confédération générale du cinéma – vient de clôturer ses travaux. Les délégations des dix-sept pays qui y ont participé se sont mises d'accord sur les différentes questions concernant notamment la création dans tous les pays d'archives cinématographiques, et sur l'instauration d'un tribunal international et d'un bureau chargé des questions juridiques relatives au cinéma. Le congrès a eu lieu dans le cadre de l'Exposition universelle, ouverte le 4 du mois au Trocadéro par le président Albert Lebrun. Au cours de cette même manifestation, on a inauguré en présence de nombreuses personnalités le Palais de la Lumière, en face de l'Ecole militaire. Un public curieux a assisté à la projection, en plein air et sur un écran de 60 mètres de large et 10 de haut, d'un film « panoramique » intitulé *Au fil de l'eau*. Le film a été réalisé par Jean Tedesco au moyen de l'Hypergonar, inventé par le professeur Henri Chrétien. (→ 18.11)

Histoire et petite histoire selon Guitry

Paris, 11 mai
Passionné d'histoire, Sacha Guitry y a puisé le récit rocambolesque des *Perles de la Couronne*. Il évoque les péripéties du vol des perles de la couronne d'Angleterre, en 1518. A la fois interprète et auteur du film, Guitry s'y est entouré de comédiennes qui lui sont familières : sa femme Jacqueline Delubac, Pauline Carton, Marguerite Moreno et Arletty. (→ 31.10.38)

Jean Harlow disparaît en pleine beauté

Los Angeles, 7 juin
Jean Harlow (*3.3.1911) est morte de néphrite à l'hôpital du Bon-Samaritain, à la fin du tournage de *Saratoga*, de Jack Conway. Membre d'une secte religieuse, sa mère refusait de la faire soigner depuis une première attaque. Jean a inscrit trente-trois films à son actif. Elle était mariée depuis septembre 1933 au metteur en scène Harold Rosson, son troisième époux.

Au travail sur « les Perles de la Couronne », avec Arletty en reine d'Ethiopie.

Avec Clark Gable dans son dernier film, « Saratoga », de Jack Conway.

Le cinéma chinois s'inspire de Hollywood

« Les Anges du boulevard », de Yuan Muzhi, un film digne des classiques.

Pékin, 24 juillet
A vingt-huit ans, Yuan Muzhi possède bien des talents. Dès 1930, il se distingue sur les planches de Shanghai. Aux studios de Diantong, puis à la Mingxing, il écrit, joue et bientôt tourne. *Les Anges du boulevard* (*Malu tianshi*) est une œuvre personnelle, même si elle s'inspire du film américain *l'Heure suprême*, de Frank Borzage. Misère et prostitution règnent aussi dans les bas-fonds, mais Yuan Muzhi, refusant le *happy end*, décrit avec rigueur la vie d'une grande cité et le désespoir des marginaux. (→ 30.9.38)

Jean Gabin est aussi un héros vulnérable

Paris, 29 septembre
Jean Gabin a rencontré le cinéaste maudit Jean Grémillon à l'occasion de *Gueule d'amour*, qui sort ce jour. Aux côtés de Mireille Balin, Gabin surprend dans un rôle proche de son personnage habituel, mais faisant toutefois preuve ici d'une fragilité qu'on ne lui connaissait pas. Il y joue un sous-officier de spahis détruit par le mépris de la femme qu'il aime. (→ 18.5.38)

Une composition peu ordinaire pour Gabin : séducteur puis souffre-douleur.

« Un carnet de bal » pour les souvenirs

Louis Jouvet retrouve Marie Bell à la recherche de ses amours passées.

Paris, 7 septembre
Le sujet du nouveau film de Julien Duvivier, *Un carnet de bal*, se fonde sur une cheville de scénario assez originale : une jeune veuve, interprétée par Marie Bell, retrouvant le carnet de bal du soir de ses seize ans, part à la recherche de ceux qui l'y avaient fait danser. S'ensuit une procession de personnages masculins, incarnés par une exceptionnelle brochette d'acteurs qui sont sans doute pour beaucoup dans le succès que rencontre le film : Fernandel, Raimu, Harry Baur, Louis Jouvet, Pierre Blanchar et encore Pierre Richard-Willm. Après une quête qui lui révèle la petitesse, la noirceur ou l'indifférence de ses anciens amis, l'héroïne ne trouve de sens à son existence qu'en adoptant l'orphelin de son dernier soupirant, mort ruiné. La moralité mélodramatique de cette fin n'efface pas le pessimisme délibérément provocateur de Duvivier. (→ 25)

Françoise Rosay et Marie Bell.

Le 3 septembre est couronné à la Mostra de Venise *Scipion l'Africain*, de Carmine Gallone. *Un carnet de bal* reçoit le prix du meilleur film étranger. Le film sélectionné, malgré la contestation du gouvernement italien, *La Grande Illusion*, est jugé meilleur ensemble artistique. (→ 20.8.38)

Carné et Prévert en proie au bizarre

Jouvet et Michel Simon dans « Drôle de drame » : « Vous avez dit bizarre ?... »

Paris, 20 octobre
« Bizarre, bizarre... » Le nouveau film de Marcel Carné, *Drôle de drame*, n'a pas fait rire les spectateurs qui l'ont découvert au Colisée. C'est même par des bordées de sifflets et un beau chahut que le film a été accueilli, et son échec public semble assuré. L'œuvre est pourtant un modèle de loufoquerie, dont le ton rappelle celui de *L'affaire est dans le sac*, qu'avaient réalisé les frères Prévert en 1932. Cette parenté n'a rien de fortuit, Jacques Prévert signant sa deuxième collaboration de scénariste avec Marcel Carné pour ce film. L'échec est d'autant plus amer pour ce dernier que le tournage s'est déroulé dans une ambiance assez pesante : Louis Jouvet et Michel Simon ne s'appréciant que fort peu, ils ont passé leur temps à échanger des mots aigres-doux sur le plateau. (→ 4.1.38)

Le village en ruines tout neuf de Pagnol

Fernandel et Orane Demazis dans « Regain », d'après Jean Giono.

Paris, 28 octobre
Les spectateurs qui iront voir *Regain*, de Marcel Pagnol, seront sans doute étonnés d'apprendre que le village en ruines où se déroule l'action du film a été construit entièrement en Haute-Provence, sous la direction du décorateur Marius Broquier. *Regain* est présenté ce soir au cinéma Marignan. La soirée de gala, placée sous le patronage du président de la République, Albert Lebrun, est donnée au profit de la Fondation Lyautey et des pupilles de la nation. Tiré du roman de Jean Giono, le film retrace l'histoire d'un village provençal, qui, déserté par ses habitants, revit grâce à la ténacité d'un braconnier et d'une théâtreuse. Ceux-ci sont interprétés par Gabriel Gabrio et Orane Demazis, laquelle sert de bête de somme à un rémouleur tyrannique, incarné par Fernandel. (→ 15.3.38)

Le premier prix Suzanne-Bianchetti

Paris, 31 octobre
Le prix Suzanne-Bianchetti a été remis pour la première fois à la jeune actrice d'origine marseillaise Junie Astor pour ses rôles dans *le Coupable*, de Raymond Bernard, *les Bas-fonds*, de Jean Renoir, et *la Garçonne*, de Jean de Limur. Junie a débuté à l'écran voici maintenant trois ans en donnant la réplique à Noël Noël dans *Ademaï aviateur*, de Jean Tarride. Ce prix a été créé par le critique René Jeanne, pour récompenser un espoir du cinéma, en mémoire de sa femme, Suzanne Bianchetti, disparue en novembre 1936, à l'âge de quarante-sept ans. Vedette du muet, elle était apparue, entre autres, dans *le Père Goriot*, de Jean de Baroncelli, en 1921, dans *Madame Sans-Gêne*, de Léonce Perret, en 1925, et enfin dans *Napoléon*, d'Abel Gance, en 1927.

Leo McCarey et le deuxième souffle de la comédie américaine

Hollywood, 4 novembre
Avec *Cette sacrée vérité* (*The Awful Truth*), Leo McCarey vient de réussir une brillante comédie satirique, superbement interprétée par Cary Grant et Irene Dunne. McCarey, qui tourna d'innombrables courts métrages comiques sous la férule du producteur Hal Roach durant les années vingt, et qui fut à l'origine du fameux duo de Laurel et Hardy, a su s'adapter aux très nombreuses évolutions de l'industrie cinématographique. Abandonnant peu à peu le genre burlesque qui avait fait son succès par le passé, le metteur en scène a choisi la voie de la comédie dramatique. (→ 17.3.39)

Un marivaudage joué par Cary Grant et Irene Dunne : « Cette sacrée vérité ».

L'Exposition salue « la Mort du cygne »

Paris, 18 novembre
Jean Benoît-Lévy – connu pour ses courts métrages éducatifs et ses longs métrages de fiction, dont *la Maternelle*, d'après Léon Frapié, et *Itto* – ainsi que sa collaboratrice Marie Epstein sont satisfaits. Leur film, *la Mort du cygne*, interprété par Yvette Chauviré et Janine Charrat, s'est vu décerner le grand prix de l'Exposition internationale 1937, au cours d'une cérémonie donnée au Grand-Palais en présence de nombreuses délégations étrangères. Un grand prix du Film scientifique a été aussi décerné à *Phagocytose*, du Dr Comandon, et à *Voyage dans le ciel*, de Jean Painlevé. Ce dernier, délaissant l'observation des animaux aquatiques, sujet de la plupart de ses précédents films, prouve avec l'œuvre primée qu'il est l'un des grands spécialistes du cinéma scientifique.

Jean Benoît-Lévy prépare une scène du film à l'Opéra de Paris.

Blanche-Neige fait taire les grincheux

« Blanche-Neige et les Sept Nains », premier dessin animé de long métrage.

Hollywood, 21 décembre
L'habitude ici est de convier les plus grandes stars aux soirées de gala. La présence de Judy Garland, Marlène Dietrich et Charles Laughton au Carthay Circle Theater n'aurait rien d'extraordinaire s'il ne s'agissait de la première d'un dessin animé ! Le Tout-Hollywood vient sourire et s'émouvoir au conte de *Blanche-Neige et les Sept Nains*, le premier long métrage parlant et en couleurs de l'histoire du dessin animé. Walt Disney et ses spécialistes ont déjà fait triompher dans le monde entier Mickey et les « Silly Symphonies ». Il aura fallu cette fois trois années et beaucoup d'audace pour mener à bien cette entreprise. Le perfectionnisme de Walt Disney, son sens de l'organisation et sa volonté lui ont permis de surmonter de nombreuses difficultés, surtout financières ; *Blanche-Neige* a coûté près de un million et demi de dollars. Pour cette comédie musicale et féerique, le maître d'œuvre a tenu à doter d'un certain réalisme les personnages autour de Blanche-Neige. Aussi a-t-il engagé des acteurs qui ont été filmés et dont les mouvements ont servi de référence aux animateurs. Jouant sur plusieurs autres registres, il accuse la cocasserie des nains et traite la cruelle sorcière sur le mode fantastique où il excelle. Quant à son perfectionnisme... On raconte que, mécontent du teint de son héroïne, il accepta la suggestion d'une fille du studio : faire déposer sur chaque cellulo une touche de fard, pour rehausser la couleur des joues de Blanche-Neige. (→ 23.6.38)

Ronald Reagan veut jouer un grand rôle

Hollywood, 17 décembre
A vingt-six ans, Ronald Reagan a décroché un premier rôle important à l'écran dans *Sergeant Murphy*, de Breezy Eason. Sportif accompli, champion universitaire de basketball et de football, ancien sauveteur sur la plage de Lowell, Ronald Reagan est sous contrat avec la Warner depuis six mois. Il est entré dans la compagnie grâce à Max Arnow, un découvreur de talent. Toujours célibataire, ce jeune homme rêve d'être un jour célèbre. En attendant que son vœu puisse être exaucé, il achève le tournage de *Submarine D1*, sous la direction de Lloyd Bacon. (→ 13.3.47)

Un comédien d'avenir chez Warner.

Créateur de Mickey en 1928, Walt Disney lui consacre désormais un journal.

Maurice Toussaint illustre cette fresque historique de Jean Renoir, qui retrace l'épopée d'un régiment, dont le chant deviendra « la Marseillaise ».

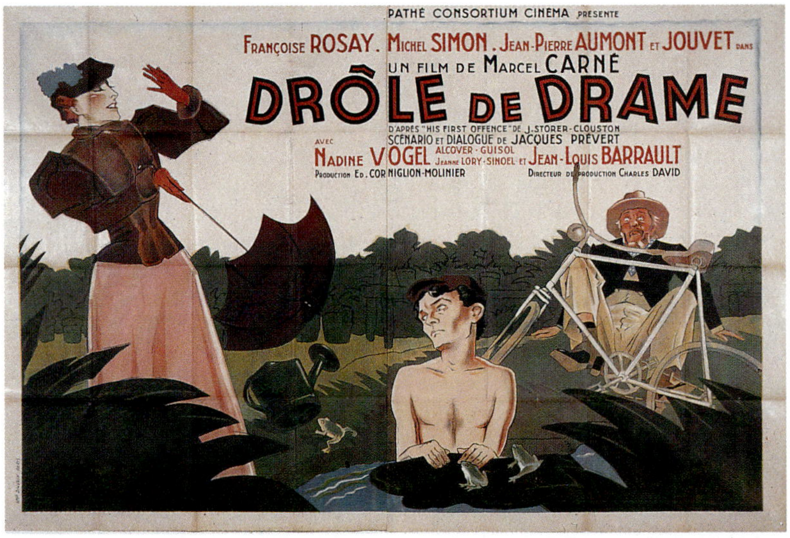

Affiche en deux parties signée Mariani pour ce film à la distribution éclatante sur des dialogues de J. Prévert d'après un roman de J. Storer-Clouston.

Orane Demazis et Fernandel tournent « le Schpountz », de Pagnol.

Paul Muni et Luise Rainer dans « Visages d'Orient », de Sidney Franklin, qui retrace les difficiles conditions de vie d'un paysan chinois.

Pierre Alcover et Louis Jouvet dans « Drôle de drame », de Marcel Carné.

Affiche originale en deux parties signée Nina Brodsky pour ce chef-d'œuvre de Jean Renoir. La vocation pacifiste du film lui vaut quelques ennuis.

Jean Gabin et Mireille Balin dans « Gueule d'amour » (J. Gremillon).

Affiche non signée, avec la Casbah d'Alger en toile de fond.

Affiche qui illustre les amours de Napoléon, vues par Hollywood.

Marlène Dietrich et Herbert Marshall dans « Ange », d'E. Lubitsch.

Affiche originale inspirée des planches de Walt Disney lui-même pour son premier dessin animé de long métrage, distribué par la RKO.

Katharine Hepburn et Franchot Tone sont les interprètes de ce mélodrame de George Stevens, « Pour un baiser » (« Quality Street »).

Affiche non signée pour un film inspiré par l'œuvre de Rudyard Kipling.

Lloyd Nolan et Mae West dans « Fifi Peau-de-Pêche », d'E. Sutherland.

Dans « Un jour aux courses », les frères Marx viennent en aide à une jeune fille, Maureen O' Sullivan, qui possède un sanatorium et un cheval de course.

1938

Oscars, Hollywood
Film : *la Vie d'Emile Zola* (William Dieterle).
Acteur : Spencer Tracy.
Actrice : Luise Rainer.

Mostra d'arte cinematografica, Venise
Coupe Mussolini :
Luciano Serra, pilote (Goffredo Alessandrini)
les Dieux du stade (Leni Riefenstahl).
Meilleur acteur : Leslie Howard.
Meilleure actrice : Norma Shearer.

Le Havre, 4 janvier
Marcel Carné commence le tournage de *Quai des brumes*. Après le refus de l'UFA de produire ce film, le sujet a dû être remanié et transposé en France. (→ 18.5)

Paris, 9 février
Inauguration du cinéma Olympia, boulevard des Capucines. L'ancienne façade est remplacée par un mur recouvert de 25 000 lampes et 1 500 mètres de néons.

Hollywood, 24 février
La MGM achète les droits du célèbre livre pour enfants *le Magicien d'Oz* (*The Wizard of Oz*), de Frank Baum. (→ 17.8.39)

New York, 3 mars
Sortie du film d'Howard Hawks *l'Impossible Monsieur Bébé* (*Bringing Up Baby*), avec Cary Grant et Katharine Hepburn. (→ 11.5.39)

Marseille, 15 mars
Marcel Pagnol fait édifier de nouveaux studios comprenant trois plateaux, en même temps qu'il termine *le Schpountz*. Ne doutant aucunement de son succès, il déclare : « Marseille deviendra le Hollywood français. » (→ 15.4)

New York, 7 avril
Sortie des *Aventures de Marco Polo* (*The Adventures of Marco Polo*), d'Archie Mayo, avec Gary Cooper et Basil Rathbone. (→ 2.7.41)

Paris, 13 avril
Sortie, au Marivaux, du film de Christian-Jaque, *les Disparus de Saint-Agil*, avec E. von Stroheim, Michel Simon, Armand Bernard, Robert Le Vigan et les jeunes comédiens Serge Grave, Jean Claudio et Marcel Mouloudji. (→ 19.4.39)

Paris, 13 mai
Sortie de *l'Etrange Monsieur Victor*, de Jean Grémillon, avec Raimu, Madeleine Renaud, Pierre Blanchar et Viviane Romance. (→ 30.7.39)

Paris, 23 mai
A la gare Saint-Lazare, c'est dans la cohue que la foule accueille le retour de Danielle Darrieux. Aux côtés de son mari, le réalisateur Henri Decoin, elle confie son envie de tourner à nouveau dans les studios français. (→ 1.7)

New York, 2 juin
Sortie de *Trois Camarades* (*Three Comrades*), de Frank Borzage, tiré du roman d'E. M. Remarque, avec Robert Taylor, Margaret Sullavan, Franchot Tone et Robert Young. Francis Scott Fitzgerald en est le coscénariste.

Paris, 10 juin
Après la démission du conseil d'administration et le refus de l'Etat d'allouer de nouveaux crédits, une assemblée générale de la Gaumont-Franco Film-Aubert (GFFA) accepte l'opération de fusion proposée par l'Agence Havas.

Paris, 15 juin
Les créanciers des sociétés Pathé acceptent le plan d'assainissement financier et de rééchelonnement des dettes, présenté par les gérants actuels de ces sociétés. (→ 3.8.43)

Moscou, 18 juin
Le réalisateur Mark Donskoï présente le premier volet de sa trilogie, *l'Enfance de Gorki* (*Destvo Gorkogo*), d'après l'autobiographie de Maxime Gorki. Ce film sur l'enfance et les réalités de la vie du peuple russe est une production des studios Soyouzdetfilm. (→ 27.3.40)

Paris, 23 juin
Plus de 150 000 spectateurs ont vu le dessin animé de Walt Disney, *Blanche-Neige et les Sept Nains* (*Snow White and the Seven Dwarfs*) en exclusivité au cinéma Marignan depuis sept semaines. (→ 13.11.40)

Hollywood, 23 juin
La presse annonce que l'actrice Norma Shearer a été choisie pour tenir le rôle de Scarlett O'Hara dans *Autant en emporte le vent*.

Washington, 20 juillet
Le ministère de la Justice intente un procès à huit grands studios pour violation des lois antitrusts.

Paris, 1er août
Associé à l'opérateur Roger Hubert et à l'ingénieur Pierre Angénieux, Abel Gance obtient un brevet pour le Pictographe, qui permet d'améliorer la qualité des images en cas d'utilisation de la profondeur de champ. (→ 15.2.39)

Neuilly-sur-Seine, 4 août
Pearl White (*4.3.1889), qui fut une grande vedette du cinéma muet entre 1914 et 1920, meurt à l'hôpital américain.

Paris, 10 août
Julien Duvivier est de retour, après avoir tourné *la Grande Valse* (*The Great Waltz*), à Hollywood : « Un grand machin avec de la musique. »

Washington, 15 août
Devant la Commission des activités antiaméricaines, le sénateur E. Sullivan, en fonction depuis le 10 août, déclare que Hollywood devient « un foyer de propagande communiste ».

Hollywood, 25 août
David O. Selznick signe un contrat avec la MGM : le studio « prête » Clark Gable à Selznick pour *Autant en emporte le vent* en échange des droits de distribution du film et de 50 % des bénéfices. (→ 14.12.39)

Londres, 1er septembre
Une femme disparaît (*The Lady Vanishes*), d'Alfred Hitchcock, sort en salles. (→ 28.3.40)

Paris, 19 septembre
Aux studios de Billancourt, Marcel Carné commence le tournage d'*Hôtel du Nord* dans des décors dûs à Alexandre Trauner. (→ 16.12)

Chine, 30 septembre
Sous la direction du grand comédien et réalisateur Yuan Muzhi se constitue le Groupe cinématographique de Yenan, qui est supervisé politiquement par la 8e armée communiste.

New York, 14 octobre
Au Roxy Theatre, première de *Suez*, d'Allan Dwan avec Tyrone Power, dans le rôle de Ferdinand de Lesseps, Loretta Young et la comédienne française Annabella. Une rumeur insistante parle de romance entre cette dernière et le jeune premier. (→ 23.4.39)

Grande-Bretagne, 31 octobre
Quatre cents salles programment simultanément *le Roman d'un tricheur*, de Sacha Guitry, sorti à Paris il y a deux ans. C'est le premier film français ayant une telle diffusion au Royaume-Uni. (→ 16.3.40)

Paris, 7 décembre
Sortie au cinéma César de *Werther* (ou *le Roman de Werther*), de Max Ophuls, d'après Goethe, avec Pierre Richard-Willm et Annie Vernay. Tourné en noir et blanc, ce film est projeté avec des scènes d'extérieurs en bleu. (→ 10.1.40)

NAISSANCES

Paris, 10 mai
Marina Vlady
(*Marina de Poliakoff Baïdaroff).

San Francisco, 20 juillet
Natalie Wood
(*Natasha Gurdin).

Vienne, 23 septembre
Romy Schneider
(*Rosemarie Albach-Retty).

Bucarest, 7 octobre
Marin Karmitz.

Nîmes, 28 octobre
Bernadette Lafont.

Marshalltown, Iowa, 13 novembre
Jean Seberg.

Tokyo, 10 décembre
Liv Ullmann.

Troisième film de Carné et Prévert, et leur plus belle réussite à ce jour, « Quai des brumes » est aussi le film d'un couple idéal de comédiens.

La mort de Méliès et d'Emile Cohl

Paris, 25 janvier

Parmi les personnalités accompagnant Georges Méliès (*8.12.1861) à sa dernière demeure du Père-Lachaise, on remarquait les deux jeunes fondateurs de la Cinémathèque française. Georges Franju et Henri Langlois, en effet, sont, avec d'autres admirateurs de Méliès, à l'origine de la redécouverte tardive du fondateur du spectacle cinématographique. Ce groupe de fervents a pu honorer dans son vieil âge le modeste magicien oublié dans sa boutique de jouets de la gare Montparnasse, où Paul Gilson a su un jour le reconnaître. Georges Méliès est décédé le 21 janvier. La veille disparaissait tragiquement Emile Cohl (*4.1.1857), à l'hospice de Villejuif : une bougie avait mis le feu à sa barbe. Ainsi, un hasard étonnant a-t-il réuni dans la mort, à quelques heures d'intervalle, les deux premiers grands enchanteurs du cinématographe, deux lutins à la barbiche blanche et au regard pétillant. L'un venait du théâtre, l'autre de la caricature de presse. Mais ils étaient des créateurs d'illusions, des plasticiens pleins de malice. Artisans du rêve, ils ont inventé trucages et techniques pour exprimer leurs visions. Avec l'audace des pionniers, Méliès a filmé de fantastiques voyages, Cohl des fantasmagories réalisées image par image.

« La Marseillaise », de Jean Renoir, et la révolution au présent

Paris, 9 février

Le public parisien vient enfin de découvrir le grand film que Jean Renoir promettait depuis un an sur la Révolution française, *la Marseillaise*. L'œuvre passe en exclusivité au cinéma Olympia et ne remporte pour le moment qu'un succès d'estime. L'originalité de son scénario est de s'intéresser aux événements du 10 août 1792, et non pas à ceux de 1789. La tentation était sans doute forte de privilégier les grands hommes de l'époque. Pourtant, la réussite de Renoir semble tenir au fait qu'il préfère attacher son regard au petit peuple composant le bataillon des fédérés marseillais montés à Paris. Certes, Pierre Renoir prête ses traits à Louis XVI, et Lise Delamare à Marie-Antoinette, mais les véritables héros de cette fresque populaire sont un paysan, un commis des douanes, un peintre en bâtiment ou un maçon. A petit peuple, pourtant, grands acteurs : pour quelques séquences, Renoir a ainsi obtenu la participation de Louis Jouvet, d'Andrex, de Jaque-Catelain, de Carette et de Gaston Modot. On sait dans quelles circonstances a été conçu *la Marseillaise*. En préparant la commémoration du 150e anniversaire de la Révolution, il s'agissait aussi de célébrer le Front populaire. Sur ce point, le film de Renoir est moins une déclaration de guerre contre le fascisme qu'un appel à la fraternité et à l'union du peuple français. Il est pourtant permis de se demander si cet unanimisme généreux n'arrive pas un peu tard. L'heure, en effet, n'est plus à l'enthousiasme de 1936. Un signe révélateur de ce semi-échec fut peut-être l'insuffisance de la souscription populaire qui devait, au départ, financer le film. La CGT et l'Union des syndicats avaient versé 70 000 francs, et on avait émis des bons de deux francs, à déduire du prix des places lors de la projection. Grâce à cette souscription, 700 000 francs ont été ainsi collectés. Or, le film a coûté plus de 10 millions, et la coopérative ouvrière a dû se changer en société anonyme : la Société de production et d'exploitation du film *la Marseillaise*. (→ 21.12)

Un film né de l'initiative de la CGT, et en partie d'une souscription publique.

Les volontaires au cœur de l'action.

Le deuxième prix Delluc au « Puritain »

Jean-Louis Barrault avec Viviane Romance dans le film de Jeff Musso.

Paris, 16 février

Après avoir impressionné le public et la critique lors de sa sortie en décembre dernier, *le Puritain*, premier film de Jeff Musso, vient d'obtenir le prix Louis-Delluc. Adapté d'un roman de l'écrivain irlandais Liam O'Flaherty, il est interprété par Jean-Louis Barrault, Viviane Romance et Pierre Fresnay. Le film est l'histoire dramatique du journaliste Ferriter, à la moralité rigide. Il assassine Molly, une femme aux mœurs légères, dont la sensualité rayonnante le troublait. L'excellente interprétation de Jean-Louis Barrault dans le rôle principal et la reconstitution très réussie de l'atmosphère trouble de Dublin ont sans doute influencé le vote des jurés du prix Louis-Delluc. (→ 23.12)

La famille royale aux Tuileries autour de Louis XVI (Pierre Renoir).

Bette Davis rebelle pour « l'Insoumise »

Henry Fonda (à droite) est un partenaire à la hauteur de la star.

Hollywood, 10 mars
Bette Davis, l'actrice la plus atypique à Hollywood, triomphe dans le nouveau film de William Wyler, *l'Insoumise* (*Jezebel*), produit par la Warner Bros d'après le roman d'Owen Davis. Elle y incarne une jeune fille de bonne famille de la Nouvelle-Orléans, qui, vers le milieu du XIXe siècle, se rebelle contre les tabous et les convenances ; contre la Warner aussi qui voulait limoger Wyler en plein tournage. Henry Fonda, son partenaire dans le film, confirme les grands espoirs mis en son talent. (→ 23.2.39)

Spencer Tracy et Luise Rainer aux Oscars

« Capitaines courageux » (Fleming).

« Visages d'Orient », de S. Franklin.

Hollywood, 10 mars
Sous la présidence du comédien Bob Burns se déroule la cérémonie des Oscars, toujours au Biltmore Hotel. Pour l'année 1937, les lauréats sont : Spencer Tracy, meilleur acteur pour *Capitaines courageux* (*Captains Courageous*), un film de Victor Fleming (il a finalement devancé Charles Boyer, Paul Muni et Fredric March). Luise Rainer obtient son deuxième Oscar consécutif de la meilleure actrice pour *Visages d'Orient* (*The Good Earth*), de Sidney Franklin ; Leo McCarey est meilleur réalisateur pour *Cette sacrée vérité* (*The Awful Truth*). Le film de l'année est *la Vie d'Emile Zola* (*The Life of Emile Zola*), de William Dieterle. Les prix des meilleurs seconds rôles sont remis, pour la deuxième fois, à Alice Brady et Joseph Schildkraut, après Gale Sondergaard et Walter Brennan, couronnés l'an dernier. Un Oscar spécial récompense Mack Sennett pour sa contribution technique au cinéma américain. (→ 23.2.39)

Meilleur film : « la Vie de Zola », de William Dieterle, avec Paul Muni.

Moguy aime les filles perdues de « Prison sans barreaux »

Paris, 16 février
Le réalisateur Léonide Moguy, ancien opérateur d'actualités en Russie, réfugié en France, peut s'estimer heureux. En effet, le public du Max-Linder accueille avec enthousiasme son deuxième film français : *Prison sans barreaux*, produit par Ernest Rupp. Ce drame social, situé dans une prison pour femmes, doit sont succès principalement au talent de ses interprètes féminines. Parmi elles, on remarque une actrice au talent déjà confirmé, Annie Ducaux, de la Comédie-Française ; une étoile montante, qui incarne ici une prisonnière perverse, Ginette Leclerc ; enfin une jeune comédienne âgée de dix-sept ans, à la beauté étrange : Corinne Luchaire, fille du journaliste Jean Luchaire. A leurs côtés, le jeune premier Roger Duchesne a vraiment beaucoup de mal à se faire remarquer.

Aux côtés de Corinne Luchaire (à gauche), Ginette Leclerc est une des principales héroïnes du film de Léonide Moguy.

« Les Dieux du stade » célèbre la race

Berlin, 20 avril
Pour tous ceux qui n'ont pas assisté aux Jeux olympiques de Berlin, il faut un prolongement à cette fête des corps et de la beauté physique. Le public, venu nombreux à la première du film de Leni Riefenstahl, doit s'extasier sur la bonne santé de l'Allemagne. *Les Dieux du stade* (*Olympia*) s'articule en deux parties. La fête des Peuples (Fest der Völker) est une évocation superbe de la Grèce antique. La fête de la Beauté (Fest der Schönheit) valorise avec talent les gloires nationales. Mais, quoique chef-d'œuvre du reportage filmé, il n'omet pas de dévaluer la victoire pourtant méritée du sprinter américain Jesse Owens, parce qu'il est noir. (→ 20.8)

Une tour mobile de quinze mètres pour les prises de vues panoramiques.

Goebbels et Leni Riefenstahl lors d'une réception de presse aux Jeux.

Les gens du ciné croqués par Pagnol

Orane Demazis et Fernandel dans « le Schpountz », sur un scénario original.

Paris, 15 avril
Quand le cinéma introduit le public dans les coulisses de sa propre fabrication, en prenant pour sujet les ravages de la mythologie du vedettariat sur les esprits des spectateurs, cela donne *le Schpountz*, le nouveau film de Marcel Pagnol, que l'on peut découvrir à l'Olympia. Terme emprunté à l'argot slave, *schpountz* désigne les « intoxiqués » du cinéma. Il aurait été suggéré à Pagnol par son opérateur, Willy Faktorovitch. Satire acerbe, mais toutefois tempérée par beaucoup d'humanité, le film s'inspire d'une histoire vraie. Le réalisateur nous peint ici des personnages pittoresques interprétés par des comédiens qui font déjà partie de sa famille artistique : Fernand Charpin, Orane Demazis et Fernandel, épatant dans le rôle d'un commis épicier mythomane. (→ 8.9)

Abel Gance annonce une fresque latine

Paris, 6 mai
Le réalisateur de *Napoléon* n'a jamais caché sa préférence pour la mise en scène des grandes fresques historiques. Malheureusement pour lui, les producteurs capables de soutenir ses ambitions démesurées se sont toujours faits rares, mais il semble que cet état de choses est en train de changer. D'après une annonce publiée dans la presse d'aujourd'hui, Abel Gance serait en train de préparer, pour la société Sud, trois films de grande envergure consacrés à trois personnages légendaires : Christophe Colomb, le navigateur génois qui a découvert l'Amérique ; Ignace de Loyola, le fondateur de l'ordre des jésuites ; enfin le Cid Campeador, chevalier espagnol du XIe siècle et héros d'un grand nombre d'œuvres littéraires, dont la célèbre tragédie de Corneille. Selon le réalisateur, ces trois films doivent constituer une vaste « geste latine ». Sur le plan du financement, l'affaire est prise en main par le producteur Gilbert Renault-Decker, qui vient de produire la nouvelle version de *J'accuse*. Par ailleurs, un homme d'affaires d'origine latino-américaine, Sanchez de Arragoiti, et un financier tchécoslovaque, M. Perlick, se montrent eux aussi intéressés par le projet. (→ 1.8)

Errol Flynn réincarne Robin des Bois

Hollywood, 12 mai
Trois ans après avoir été mis à l'étude dans les bureaux de la Warner Bros, *les Aventures de Robin des Bois* (*The Adventures of Robin Hood*), de Michaël Curtiz et William Keighley, sort dans les salles. Robin est incarné par Errol Flynn, qui succède à Douglas Fairbanks dans ce rôle. Initialement, la Warner songeait à James Cagney, mais celui-ci rompit son contrat après des retards pris par la rédaction du scénario. Le nom de Flynn s'imposa à la suite du triomphe commercial de *Capitaine Blood*, de Michael Curtiz. Alan Hale, à ses côtés, retrouve son personnage de Petit-Jean, qu'il incarnait déjà auprès de Fairbanks en 1922. *Robin des Bois* est tourné en couleurs suivant le procédé Technicolor. C'est la troisième fois que Flynn a pour partenaire Olivia De Havilland. Malgré une apparence de « couple idéal », l'entente n'est pas vraiment parfaite entre eux, les plaisanteries lourdes et les brimades étant multipliées par Errol pour qu'Olivia, trop froide et trop distante, finisse par céder à ses avances. Le séducteur qu'il est n'accepte pas l'échec... (→ 6.2.43)

Jean Gabin sur le quai des brumes

Il forme avec Michèle Morgan un couple que Michel Simon-Zabel s'acharne à détruire avec la violence de sa jalousie.

Autour des vedettes, la grande équipe du film : Alexandre Trauner, Jacques Prévert, Marcel Carné, un assistant, Eugen Schüfftan, et Simon Schiffrin.

Paris, 18 mai
Le troisième long métrage de Marcel Carné, *Quai des brumes*, est à l'affiche au Marivaux. Adapté du roman de Pierre Mac Orlan, le film fait sensation par le ton nouveau qu'on y rencontre. L'histoire est celle d'un déserteur (Jean Gabin) amené au meurtre par la noirceur humaine, en l'occurrence celle de Michel Simon. Au moment où il va s'embarquer pour un ailleurs régénérateur, Gabin est abattu par un voyou qu'il a eu le tort d'humilier en le giflant, joué par Pierre Brasseur. Nelly, incarnée par la jeune Michèle Morgan, reste alors seule : c'est en vain que Gabin lui a déclaré qu'elle avait de beaux yeux. Eclairages sourds, décors misérables, pavés mouillés par la pluie : l'atmosphère lourde de désespoir et de fatalité confère au film une poésie forte et tragique. On y reconnaît la patte de Jacques Prévert, collaborateur de Carné pour la troisième fois. Tous les personnages donnent ici l'impression de vivre en sursis, dans un univers gagné par la pourriture. Peut-être est-ce là ce qui gêne une partie de la critique. Aussi bien à gauche qu'à l'extrême droite, on reproche à *Quai des brumes* son pessimisme absolu. A son endroit, Georges Sadoul a évoqué dans les colonne de *l'Humanité* la « politique du chien crevé au fil de l'eau ». Jean Renoir lui-même, découvrant le film, y a vu une œuvre de « propagande fasciste » : il estime que des personnages aussi immoraux pourraient appeler la trique d'un dictateur à poigne. (→ 30.7.39)

Le décorateur Lazare Meerson disparaît

Londres, 30 juin
A peine âgé de trente-huit ans, le célèbre décorateur Lazare Meerson (*1900) vient de s'éteindre. Il quitte ainsi ce qu'il appelait un « art d'abnégation ». Né dans la partie de la Pologne jadis dominée par la Russie, il était arrivé en France en 1924. Il avait commencé à travailler dès 1925, notamment pour Jacques Feyder et Marcel L'Herbier. Son originalité est d'avoir rompu avec la tradition expressionniste et d'avoir ainsi rendu le décor au réalisme. Ses plus belles créations auront sans doute été celles d'*Un chapeau de paille d'Italie*, de *l'Argent*, de *Sous les toits de Paris* et de *la Kermesse héroïque*. Meerson travaillait depuis deux ans à l'étranger, principalement en Grande-Bretagne. *La Citadelle*, mis en scène par King Vidor, est son dernier film.

Lazare Meerson (à droite) en compagnie de Georges Auric et René Clair durant le tournage du « Million ».

Danielle Darrieux après Hollywood

Paris, 1er juillet
Appelée désormais par ses initiales, D. D., la jeune vedette du cinéma français est partie à la conquête de l'Amérique à l'automne dernier. Accompagnée de son mari, le réalisateur Henri Decoin, Danielle Darrieux est revenue en France le 23 mai pour y poursuivre sa carrière. Son premier film américain, *la Coqueluche de Paris* (*Rage of Paris*), réalisé par Henry Koster, est présenté aujourd'hui en soirée de gala. Danielle y fait preuve une fois encore d'une spontanéité charmante et d'une merveilleuse fraîcheur, à côté de son partenaire Douglas Fairbanks Jr. (→ 25.4.40)

Dans « la Coqueluche de Paris », film américain d'Henry Koster.

Création de la Fiaf

Paris, 15 juillet
La Fédération internationale des archives du film (Fiaf) est officiellement créée. La naissance de cet organisme doit beaucoup aux efforts qu'Henri Langlois a fournis depuis quelques mois. Pour lui, en effet, la sauvegarde du patrimoine cinématographique mondial passe par l'établissement de liens entre les cinémathèques nationales. Outre la France, y adhèrent les cinémathèques des Etats-Unis, représentées par John Abbott et Iris Barry, de la Grande-Bretagne et de l'Allemagne. Le siège de la Fiaf est fixé à Paris, et il est prévu un premier congrès à New York. (→ 20.6.39)

Tempête à Venise à l'heure du palmarès

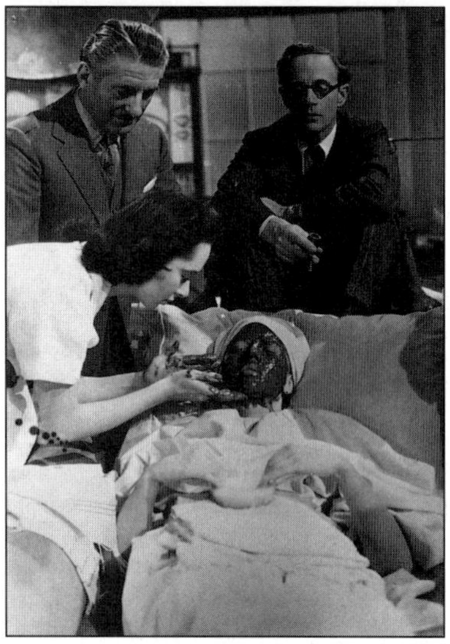

C'est sans contestation que les prix d'interprétation ont été décernés à Leslie Howard pour « Pygmalion » et à Norma Shearer pour « Marie-Antoinette ».

Venise, 20 août
L'orage gronde sur la Mostra. Nul ne conteste la médaille spéciale offerte à Marcel Carné pour *Quai des brumes*; ni les prix d'interprétation de Norma Shearer et Leslie Howard pour *Marie-Antoinette*, de W. S. Van Dyke, et *Pygmalion*, d'Anthony Asquith. Le trophée d'art sied bien à *Blanche-Neige et les Sept Nains*, de Walt Disney. En revanche, la coupe Mussolini revient à Goffredo Alessandrini pour *Lucciano Serra, pilote* et à Leni Riefenstahl. C'est clair : les affinités politiques ont couronné *les Dieux du stade*. Venise est devenue une vitrine du cinéma nazi. En conséquence, Américains et Britanniques ont décidé de démissionner du jury. (→ 2.1.40)

Raimu, truculent et pathétique boulanger

Avec Ginette Leclerc dans « la Femme du boulanger », de Marcel Pagnol.

Paris, 8 septembre
Le public se bouscule presque pour assister à la première présentation de *la Femme du boulanger*, de Marcel Pagnol. Inspiré d'un épisode du roman de Jean Giono *Jean le Bleu*, le film a été présenté en première mondiale à Marseille il y a quelques jours dans une salle rachetée par Pagnol lui-même et rebaptisée Le César. Depuis, le public et la critique savent que le film est une réussite totale, à laquelle la performance de Raimu n'est pas étrangère. Après avoir été le vitupérant César de la trilogie marseillaise de Pagnol, Raimu incarne un bouleversant boulanger trompé par sa jeune femme, interprétée, elle, par Ginette Leclerc. (→ 10.4.40)

Rumeur de festival du côté de Cannes

Paris, 19 septembre
C'est dans le train qui les ramenait de Venise, où ils venaient d'assister à une Mostra cinématographique contestable, qu'Emile Vuillermoz et René Jeanne, journalistes, ont eu l'idée d'un festival international du film en France. L'idée semble fortement intéresser Jean Zay, le ministre de l'Instruction publique et des Beaux-Arts. En fait, la transformation de la Mostra de Venise en une manifestation politique rend nécessaire la création d'un autre festival. C'est pourquoi Américains et Britanniques ont fait savoir qu'ils encourageraient la tenue en France d'une manifestation internationale. D'ores et déjà, plusieurs villes ont proposé leur candidature, notamment Vichy, Biarritz et Alger. Mais c'est la ville de Cannes qui semble l'emporter : son climat ensoleillé et son cadre raffiné en font une excellente vitrine pour la France et son cinéma. (→ 1.8.39)

« Entrée des artistes », leçon de comédie du professeur Jouvet

Paris, 5 octobre
C'est pratiquement son propre rôle qu'interprète Louis Jouvet dans le nouveau film de Marc Allégret qui sort au Colisée, *Entrée des artistes*. Lambertin, son personnage, est en effet professeur dans la classe d'art dramatique du Conservatoire, et la plus grande partie du film se passe dans les coulisses de cette institution. Sans le moindre doute, il s'agit là de l'aspect le plus intéressant de l'œuvre. L'histoire d'amour qui vient s'y greffer, en regard, paraît assez conventionnelle. L'idée d'un tel film est venue d'Henri Jeanson, « l'ami Zin Zin » comme l'appelle Jouvet, qui s'est installé au Conservatoire et a longuement observé le maître à l'œuvre avec ses élèves. Les angoisses des candidats, les enseignements du professeur et ses réparties cinglantes sont fort bien rendues dans une première partie admirablement dialoguée par Jeanson. Ainsi que le sujet semblait l'indiquer, plusieurs jeunes comédiens se sont vu accorder la chance d'un premier vrai rôle : c'est le cas de Janine Darcey, de Bernard Blier ou encore de Michel Vitold. *Entrée des artistes* offre aussi son premier emploi au jeune scénariste André Cayatte. Tourné en juillet dernier au studio d'Epinay, où l'escalier, le hall et une classe du Conservatoire ont été reconstitués, le film semble bien accueilli par le public. La critique est plus réservée et lui reproche sa construction déséquilibrée. Comme à chacun de ses films, n'aimant pas rencontrer son image, Jouvet n'a pas l'intention d'aller se voir sur l'écran. (→ 23.3.40)

Louis Jouvet, Janine Darcey et Bernard Blier dans le film de Marc Allégret.

« Alexandre Nevski », un opéra épique

Moscou, 1er décembre
Après des années d'échecs et de projets avortés, Eisenstein a réussi son premier film parlant. L'action se passe au XIIIe siècle mais elle semble actuelle : rassemblé autour de son prince, Alexandre Nevski, le peuple russe repousse l'attaque des chevaliers teutoniques. Eisenstein a su marier exigences esthétiques et recettes populaires, car il a mis ses idées du contrepoint musical et sonore au service d'une épopée patriotique jouée par des vedettes. Le film culmine dans la grandiose scène de la bataille sur le lac glacé, et la musique de Prokofiev en amplifie la majesté. Signalons que la séquence du lac fut tournée en été avec du sable pour figurer la neige. (→ 1.6.39)

A-t-elle ou non une gueule d'atmosphère ?

Louis Jouvet et Arletty dans la scène d'« atmosphère » d'« Hôtel du Nord ».

Paris, 16 décembre
« Atmosphère, atmosphère... Non mais ! Est-c' que j'ai un' gueul' d'atmosphère ? » Pour son nouveau film, *Hôtel du Nord*, Marcel Carné a comme scénariste Henri Jeanson et non plus Jacques Prévert : l'œuvre perd en poésie ce qu'elle gagne en répliques à l'emporte-pièce. La gouaille d'Arletty avec le cynisme décontracté de Louis Jouvet leur permettent de ravir la vedette aux personnages principaux du film, interprétés par Annabella et Jean-Pierre Aumont. Tiré du roman populiste d'Eugène Dabit, *Hôtel du Nord* semble promis à un très beau succès public, la critique se montrant beaucoup plus réticente sur l'omniprésence des dialogues. Pour mettre en scène les habitants de l'Hôtel du Nord, Carné n'a pas hésité à faire reconstituer ce dernier en studio, ainsi qu'une bonne partie du quai de Jemmapes, où il est situé. Le rendu du décor est parfait, à l'exception de la scène du bal, au cours de laquelle un autobus passe devant l'hôtel. Celui-ci ayant été construit à une échelle réduite, le toit du véhicule atteint les fenêtres du premier étage. (→ 6.2.39)

Douze ans après sa « Nana », Jean Renoir revient à Zola

Paris, 21 décembre
La Bête humaine, la nouvelle œuvre de Jean Renoir, est à l'affiche du Madeleine. Pour son troisième film avec Jean Gabin, le réalisateur renoue avec le drame social et situe son action dans le milieu des cheminots. Renoir, abandonnant son enthousiasme de militant, n'a pas voulu s'attacher aux profonds bouleversements que la création de la SNCF a entraînés au début de cette année. Il s'adjuge aussi le rôle de Cabuche, et s'est en fait contenté de placer ses héros dans un milieu précis et d'y cerner les antagonismes de classe. Ici, l'hérédité alcoolique du mécanicien Lantier n'est plus qu'un prétexte au pessimisme du destin et devient secondaire. Cela ne gâche en rien la belle valeur plastique du film, dont les images de rail et de vitesse rappellent le film d'Abel Gance, *la Roue*. (→ 22.7.39)

Jean Gabin et sa partenaire d'acier.

Le prix Louis-Delluc

Paris, 23 décembre
Avec un peu d'avance sur la date habituelle d'attribution, le jury du prix Louis-Delluc vient de le décerner pour la troisième fois, à *Quai des brumes*, de Marcel Carné. Il l'a emporté sur *les Disparus de Saint-Agil*, sur *Entrée des artistes*, sur *l'Etrange Monsieur Victor*, sur *Hôtel du Nord* et sur *la Bête humaine*. Le grand prix du cinéma français a été décerné par ailleurs, ce même jour, à *Alerte en Méditerranée*, un film de Léo Joannon. (→ 14.12.45)

« Alexandre Nevski », premier film parlant de S. M. Eisenstein, est un avertissement à ceux qui voudraient entrer en Russie « le glaive à la main ».

Margaret Lockwood, Paul Lukas, Philip Leaver, Michael Redgrave et Mary Clare dans « Une femme disparaît », un film d'Alfred Hitchcock.

Vue de Notre-Dame sur une affiche originale en deux morceaux par Péron.

Film inspiré d'un épisode de « Jean le Bleu », de Jean Giono, étoffé par Marcel Pagnol, qui lui donne une dimension dramaturgique. Raimu, le mari trompé, sait pardonner à Ginette Leclerc, la femme infidèle. Cliché de Roger Corbeau.

Jean Gabin joue le rôle de Jacques Lantier, mécanicien de locomotive sur le Paris - Le Havre, dans le film de Jean Renoir, « la Bête humaine », d'après le roman d'Emile Zola.

« Adrienne Lecouvreur », un film de Marcel L'Herbier : les amours de la grande comédienne avec le maréchal de Saxe, interprétées par le duo Yvonne Printemps et Pierre Fresnay.

Sigrid Gurie et Gary Cooper dans « les Aventures de Marco Polo », d'A. Mayo.

Charles Boyer et Hedy Lamarr dans le film de John Cromwell, « Casbah ».

D. Niven, C. Colbert, T. Ricketts : « la Huitième Femme de Barbe-Bleue ».

« T'as d' beaux yeux, tu sais ! », dit Jean à Nelly. Un scénario de Jacques Prévert d'après Pierre Mac Orlan pour ce classique du cinéma français.

La célèbre légende médiévale, tournée dans un sublime Technicolor.

Peter Willes et Errol Flynn dans « la Patrouille de l'aube », de Goulding.

Norma Shearer incarne Marie-Antoinette et Tyrone Power est Fersen, pour Woody S. Van Dyke.

Bette Davis dans le rôle de Jezebel (« l'Insoumise », de William Wyler), avec George Brent.

1939

Oscars, Hollywood
Film : *Vous ne l'emporterez pas avec vous* (Frank Capra).
Acteur : Spencer Tracy.
Actrice : Bette Davis.

Mostra d'arte cinematografica, Venise
Coupe Mussolini : *Abuna Messias* (Goffredo Alessandrini).
Meilleur acteur : pas de nomination.
Meilleure actrice : pas de nomination.

Neuilly-sur-Seine, 18 janvier
Ivan Mosjoukine (*26.9.1889), comédien d'origine russe et ancienne vedette du muet, meurt dans une maison de santé.

Paris, 25 janvier
Première présentation de *Trois de Saint-Cyr*, de Jean-Paul Paulin, où l'amour se mêle à l'héroïsme dans un film d'aventures militaires et coloniales, très prisé par le public.

Moscou, 2 février
Sortie de *Maxime à Vyborg* (*Vyborgskaïa Storona*), de Grigori Kosintsev et Leonid Trauberg, dernier volet de la trilogie commencée en 1935 avec *la Jeunesse de Maxime*.

Billancourt, 6 février
Marcel Carné commence à tourner les intérieurs du film *Le jour se lève*, pour lequel il reprend sa collaboration avec Jacques Prévert. (→ 9.6)

Madrid, 15 février
Le producteur G. Renault-Decker obtient l'autorisation du gouvernement du général Franco de tourner à Grenade un *Christophe Colomb* dirigé par Abel Gance.

Villars-de-Lans, 27 février
Dans le Vercors, Jacques Feyder tourne les extérieurs de *la Loi du Nord*, dont l'action se situe dans le Grand Nord canadien. (→ 8.3.42)

Moscou, 7 mars
Sortie de la seconde partie de *Pierre le Grand* (*Piotr Pervyi*), de Vladimir Petrov, avec Nikolaï Tcherkassov.

Varsovie, 8 mars
Le cinéma Napoléon, qui ouvre ce jour, réservé à la programmation de films français, débute avec *Trois Valses*, de Ludwig Berger.

Los Angeles, 17 mars
Sortie d'*Elle et Lui* (*Love Affair*), de Leo McCarey, avec les acteurs Charles Boyer, Irene Dunne et Maria Ouspenskaya, qui raconte les amours d'une ancienne chanteuse de cabaret et d'un célibataire endurci. (→ 2.5.44)

Saint-Cloud, 21 mars
Un incendie ravage les laboratoires LTC. Quatre employés sont tués. Six négatifs en cours de traitement sont entièrement détruits : les six films devront être refaits.

Epinay, 22 mars
Au studio Eclair, Claude Autant-Lara et Maurice Lehmann commencent le tournage de *Fric-frac*. Arletty et Michel Simon reprennent les rôles qui les ont rendus célèbres au théâtre. (→ 26.7)

Paris, 21 avril
La première d'*Entente cordiale*, de Marcel L'Herbier, a lieu au Marignan. Le film, tiré du livre d'André Maurois *Edouard VII et son temps*, n'est pas exploitable en Grande-Bretagne, où une loi interdit la représentation des personnalités de la famille royale. Gaby Morlay interprète la reine Victoria. (→ 10.7.42)

Paris, 30 avril
Après la dissolution des syndicats patronaux de producteurs et distributeurs de films, les professionnels fondent la Chambre syndicale du film français. Marcel Vandal en est élu président.

New York, 11 mai
Sortie de *Seuls les anges ont des ailes* (*Only Angels Have Wings*), d'Howard Hawks, avec Jean Arthur, Cary Grant, Richard Barthelmess et Rita Hayworth. (→ 11.1.40)

Hollywood, 19 mai
Lors des premiers tours de manivelle de *Ninotchka*, Greta Garbo, qui s'entend très bien avec le metteur en scène, Ernst Lubitsch, le trouve pourtant trop bruyant. Elle lui lance en allemand : « S'il vous plaît, parlez moins fort quand vous m'adressez la parole. » Lubitsch en est sidéré. (→ 3.11)

Union soviétique, 1er juin
S. M. Eisenstein et Edouard Tissé commencent à tourner le court métrage documentaire *le Grand Canal de Fergana*. (→ 15.3.41)

Washington, 9 juin
Marlène Dietrich est officiellement citoyenne américaine. (→ 1.8.41)

Paris, 20 juin
A la cité universitaire, une soirée est donnée en l'honneur de Charles Chaplin, qui fête ses cinquante ans. Elle est organisée par la Cinémathèque nationale de Laure Albin-Guillot et la Cinémathèque française d'Henri Langlois. (→ 6.9.40)

Allemagne, 30 juin
Vingt-deux sociétés se partagent l'ensemble de la production de films et quatre groupes majeurs assurent à eux seuls les trois quarts de la production annuelle : UFA, Tobis, Bavaria et Terra Films.

Bruxelles, 31 juillet
L'Histoire de l'art cinématographique, de Carl Vincent, est publiée aux éditions du Trident. Il s'agit d'une des toutes premières tentatives d'histoire générale du cinéma.

Cannes, 1er août
La préparation du Festival international du film se poursuit activement avec le vote, par le conseil municipal, de crédits supplémentaires pour finir l'aménagement du casino. L'ouverture est prévue pour le 1er septembre. (→ 1.9)

Paris, 10 août
Le *Journal officiel* publie un décret supprimant le contingentement des films étrangers.

Paris, 24 août
Sortie au Paramount de *Louise*, d'Abel Gance, d'après l'opéra de Charpentier, avec Grace Moore, le ténor Georges Thill, André Pernet et Robert Le Vigan. (→ 30.6.41)

Paris, 28 août
La guerre approchant, un décret institue la censure générale sur les imprimés, dessins, écrits, émissions radiophoniques et projections cinématographiques. Des titres tels que *le Déserteur* sont visés. (→ 10.2.42)

New York, 1er septembre
Sortie de *Femmes* (*Women*), réalisé par George Cukor et interprété par Norma Shearer, Joan Crawford, Rosalind Russell, Joan Fontaine et Paulette Goddard. (→ 26.12.40)

Los Angeles, 24 septembre
Mort du producteur et distributeur Carl Laemmle (*17.1.1867), fondateur d'Universal et ayant fait partie des pionniers de l'indutrie cinématographique américaine.

Washington, 20 octobre
La sortie de *Monsieur Smith au Sénat* (*Mr. Smith Goes to Washington*), de Frank Capra, suscite des réactions hostiles dans la presse et de la part de certains hommes politiques. (→ 12.12.41)

Etats-Unis, 21 décembre
Le critique du *Daily Worker*, quotidien communiste, est licencié. Son article sur *Autant en emporte le vent* est insuffisamment négatif. Pour le journal, « ce film est une apologie de l'esclavage ». (→ 29.2.40)

NAISSANCES
Paris, 14 février
Yves Boisset.

Vitoria, Brésil, 14 février
Glauber Rocha.

New York, 23 février
Peter Fonda.

Wiesbaden, 31 mars
Volker Schlöndorff.

Detroit, Michigan, 7 avril
Francis Ford Coppola.

Tunis, 15 avril
Claudia Cardinale.

Boulogne-Billancourt, 9 août
Bulle Ogier.

David O. Selznick et Victor Fleming ont mené à bien, avec « Autant en emporte le vent », la plus belle réussite du cinéma hollywoodien.

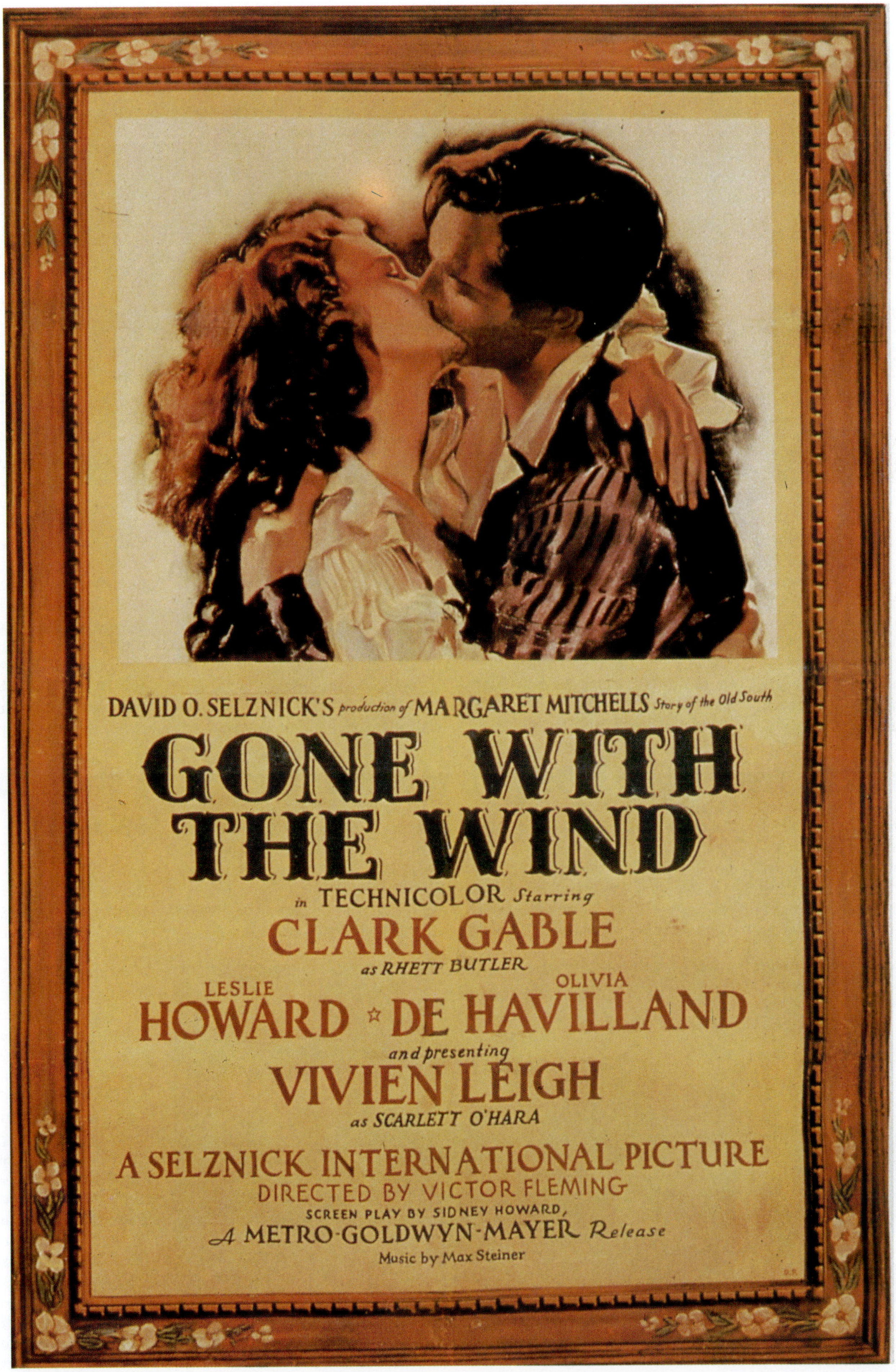
DAVID O. SELZNICK'S production of MARGARET MITCHELLS Story of the Old South
GONE WITH THE WIND
in TECHNICOLOR Starring
CLARK GABLE
as RHETT BUTLER
LESLIE HOWARD
OLIVIA DE HAVILLAND
and presenting
VIVIEN LEIGH
as SCARLETT O'HARA
A SELZNICK INTERNATIONAL PICTURE
DIRECTED BY VICTOR FLEMING
SCREEN PLAY BY SIDNEY HOWARD,
A METRO-GOLDWYN-MAYER Release
Music by Max Steiner

Retour d'Espagne d'André Malraux

Paris, janvier
L'écrivain antifasciste André Malraux est rentré d'Espagne. Il avait offert ses services au gouvernement républicain dès le début de la guerre civile, voici bientôt trois ans. Le romancier ramène avec lui les bobines d'un film qu'il a tourné au cours de ces derniers mois et qui

Une image de « Sierra de Teruel ».

devrait s'intituler *Sierra de Teruel.* L'action s'inspire d'un chapitre de son roman *l'Espoir* et se présente comme une chronique des combats autour de la ville de Teruel, en Aragon. Tourné dans des conditions très difficiles, le film a vu sa réalisation interrompue par la chute de Barcelone. C'est donc en France que Malraux le termine. (→ 14.12.45)

« La Chevauchée fantastique », ou le western à l'âge adulte

A l'auberge, les passagers de la diligence autour de John Wayne et Claire Trevor (à gauche). A droite, Thomas Mitchell.

Hollywood, 2 mars
La Chevauchée fantastique (*Stagecoach*), le nouveau film de John Ford, vient de recevoir un accueil particulièrement chaleureux pour sa sortie. Le scénario de Dudley Nichols s'inspire d'un roman d'Ernest Haycox, *Stage to Lordsburg* (la route de Lordsburg). Une diligence y tient la vedette, avec ses occupants. Le parcours est décrit avec minutie, jusqu'à l'attaque finale des Indiens belliqueux. Pour Ford, ce western est l'occasion de décrire un de ces groupes humains dont il a le secret : il y a la fille de saloon, jouée par Claire Trevor, le médecin alcoolique, interprété par Thomas Mitchell, le tricheur professionnel, incarné par un John Carradine assez inquiétant, etc. La grande révélation du film, campant un hors-la-loi au grand cœur, est sans conteste le longiligne John Wayne. Ancien joueur de football, il débuta en 1930, presque par hasard, dans *la Piste des géants* (*The Big Trail*), de Raoul Walsh. En le dirigeant, Ford semble enfin l'avoir révélé à lui-même. (→ 28.10.41)

Les Oscars vont à Frank Capra, Bette Davis et Spencer Tracy

Hollywood, 23 février
La cérémonie de remise des Oscars entre dans sa deuxième décennie. L'académie compte désormais quelque 12 000 membres, qui ont voté cette année pour Bette Davis dans *l'Insoumise* (*Jezebel*), de William Wyler, et pour Spencer Tracy, qui se succède ainsi à lui-même pour son rôle dans *Des hommes sont nés* (*Boys Town*), de Norman Taurog. Les meilleurs seconds rôles sont Walter Brennan et Fay Bainter. Frank Capra est meilleur réalisateur de 1938 pour *Vous ne l'emporterez pas avec vous* (*You Can't Take It with You*), qui obtient aussi l'Oscar du meilleur film. (→ 20.10)

Frank Capra et les vedettes de « Vous ne l'emporterez pas avec vous », James Stewart et Jean Arthur.

Spencer Tracy et Mickey Rooney dans « Des hommes sont nés », de N. Taurog.

L'avenir du cinéma selon Jean Zay

Paris, 17 mars
Répondant aux demandes de plus en plus pressantes des professionnels du cinéma, le gouvernement Daladier a fini par élaborer le texte d'un projet de loi concernant la réorganisation de l'industrie cinématographique. Signé par le président Albert Lebrun, le texte est présenté aujourd'hui à la Chambre des députés. Préparé sous l'autorité du ministre de l'Instruction publique, Jean Zay, il constitue l'effort le plus important fait jusqu'à maintenant par l'Etat vers un statut général de l'industrie cinématographique. Les dispositions du texte réglementent notamment la censure, la définition de la propriété intellectuelle des films, les conditions de travail dans l'industrie cinématographique, l'importation et l'exploitation des films étrangers, la publicité, les recettes, les contrats et les activités des clubs cinématographiques.

Dovjenko exalte les héros soviétiques

« Chtchors » retrace de grands moments de la guerre civile en 1919.

Kiev, 1er avril
Depuis l'éclatante réussite de *Tchapaïev*, tous les cinéastes soviétiques ont été priés de s'inspirer de ce modèle et d'exalter le panthéon soviétique. Alexandre Dovjenko, qui a réalisé des chefs-d'œuvre, *Zvenigora*, *Arsenal* et surtout *la Terre*, propose *Chtchors* sur un schéma proche : les combats héroïques d'un commandant légendaire en 1919, pendant la guerre civile. On note pourtant des différences. L'action se passe en Ukraine et non plus dans l'Oural, le héros ne meurt pas à la fin et le ton est plus méditatif et solennel. Le film gagne en beauté et en grandeur ce qu'il perd en familiarité. Les temps ont changé, les chefs sont plus distants. (→ 25.8.40)

« Les Hauts de Hurlevent » mis en film

New York, 13 avril
La première très attendue du nouveau film de William Wyler, *les Hauts de Hurlevent* (*Wuthering Heights*), d'après le célèbre roman d'Emily Brontë, a lieu ce soir au Tivoli Theater. Pour ce film, l'admirable livre a dû être sérieusement remanié et l'intrigue considérablement simplifiée. Les landes, décor de l'action, ont été reconstituées en studio par James Basevi. La puissance romantique du style d'Emily Brontë y perd beaucoup. Dans les rôles d'Heathcliff et de Cathy, sans doute par souci de réalisme, Wyler a fait appel à deux jeunes vedettes britanniques, Laurence Olivier et la belle Merle Oberon, qui forment ici un couple charmant. (→ 8.8.41)

Les préférences des professionnels

Paris, 19 avril
Le référendum sur la valeur commerciale des vedettes, organisé auprès des directeurs de salle, met Jean Gabin en première place. Il est suivi par Fernandel, Louis Jouvet, Raimu, Pierre Fresnay, Charles Boyer, Sacha Guitry et Erich von Stroheim. Chez les femmes, c'est Viviane Romance qui arrive en tête, avec à sa suite Danielle Darrieux, Yvonne Printemps, Michèle Morgan, Corinne Luchaire, Annabella, Elvire Popesco et Greta Garbo. De son côté, l'académie du film a décerné le prix Méliès à *la Bête humaine*, de Jean Renoir, et à *Quai des brumes*, de Marcel Carné. Ce dernier partage le tout nouveau prix Jean-Vigo avec Christian-Jaque, qui a réalisé *les Disparus de Saint-Agil*, pour lequel Michel Simon obtient le prix Pierre-Batcheff. Et un prix Janie-Marèse est attribué à Arletty pour *Hôtel du Nord*.

Des mariages de stars animent la chronique de Hollywood

Los Angeles, 23 avril
Après le mariage de Clark Gable et de Carole Lombard le 29 mars dernier à Kingman (Arizona), Tyrone Power épouse la comédienne française Annabella. Si Lombard était la compagne de Gable depuis trois ans, Annabella ne connaît Power que depuis neuf mois. Ils se sont rencontrés en août 1938, lors du tournage de *Suez*, d'Allan Dwan, film racontant la construction du canal par Ferdinand de Lesseps. Annabella, trente-quatre ans, est divorcée de l'acteur Jean Murat ; quant à Tyrone Power, séducteur de vingt-cinq ans, il était encore célibataire. (→ 16.1.42)

Annabella et Tyrone Power dans « Suez », d'Allan Dwan (1938).

Carole Lombard et Clark Gable à la réception de la MGM après la cérémonie.

Un office du film se crée au Canada

Ottawa, 2 mai
Le gouvernement King a adopté la loi nationale sur le cinéma (National Film Act), qui donne naissance à l'Office national du film (ONF). Au cours des derniers mois de 1937, Vincent Massey, le haut-commissaire du gouvernement canadien à Londres, s'était inquiété de la faiblesse de la production canadienne. Il avait alors demandé un rapport au fondateur du fameux GPO Film Unit, John Grierson. Celui-ci, arrivé en mai de l'année dernière, n'a mis que quelques semaines pour rédiger un document proposant la mise en place d'un organisme de production cinématographique officiel. L'ONF ainsi créé remplacera le Canadian Government Motion Picture Bureau (CGMPB), depuis quelques années cantonné dans la réalisation de films industriels et commerciaux. L'ONF, désormais vecteur de la propagande gouvernementale, aura pour tâche de promouvoir un cinéma national et d'assurer la présence de films canadiens sur les écrans du pays. (→ 2.5.89)

D'une visite de son voisin de palier, Carné a fait tout un drame

Jean Gabin et Arletty dans « Le jour se lève » : une tragédie dans les décors du quotidien, sublimés par Trauner.

Paris, 9 juin
Le dernier film de Marcel Carné, *Le jour se lève*, est sorti au cinéma Madeleine. Cette histoire d'amour tragique est somme toute assez banale, mais c'est son traitement qui a retenu l'attention : le scénario est en effet monté sur un enchaînement de retours en arrière. Au premier abord, le spectateur est dérouté par cette technique d'écriture inhabituelle. Voici quelques mois, le réalisateur avait reçu, à son domicile de la rue Caulaincourt, la visite de son voisin de palier, Jacques Viot, venu lui proposer ce projet. L'idée existait déjà dans le synopsis original, et c'est elle qui a décidé Carné à faire le film. Jacques Prévert en a signé l'adaptation et les dialogues, et le décorateur Alexandre Trauner s'est surpassé : l'immeuble où habite Jean Gabin et où il tue le cynique séducteur de sa fiancée, interprété par Jules Berry, restera à coup sûr comme l'une de ses créations les plus réussies. (→ 5.12.42)

Les spectateurs ne veulent pas de « la Règle du jeu »

Paris, 22 juillet
Après avoir été sévèrement chahuté lors de la présentation de gala au Colisée il y a quinze jours, le nouveau film de Jean Renoir, *la Règle du jeu*, est déjà en passe de quitter l'affiche. Avec un budget de deux millions et demi de francs, dans lequel le cinéaste a personnellement beaucoup investi, l'œuvre était très attendue. Si le rejet n'a pas été unanime de la part de la critique, celui du public est par contre très net. Renoir a eu beau réduire son film de 23 minutes, rien n'y a fait. Cette satire sociale assez grinçante, dans laquelle on peut voir Marcel Dalio, Nora Grégor, Roland Toutain et Renoir lui-même, a été si mal accueillie que l'auteur aurait songé à abandonner le cinéma. Il ne s'est finalement résigné qu'à l'exil, et il vient d'annoncer son départ pour l'Italie. Il y mettra en scène une adaptation de *la Tosca*, produite par la Scalera Films, avec Viviane Romance. (→ 20.12.40)

Nora Grégor et Jean Renoir, Roland Toutain et Marcel Dalio dans un nouveau film de Renoir, inspiré de Marivaux.

René Clair change d'air et d'univers

Paris, 17 juillet
René Clair a donné le premier tour de manivelle de son film *Air pur*. C'est là sa première œuvre française depuis *le Dernier Milliardaire*, en 1934. Rentré en France au mois de novembre dernier, René Clair s'avouait assez déçu de son expérience britannique. Cherchant une nouvelle inspiration, il s'est donc attelé au cours de l'hiver à l'écriture d'un film au ton et au style assez neufs. *Air pur* met en scène une jeune assistante sociale, qui se dévoue pour envoyer des enfants pauvres de Paris se refaire une santé à la campagne. Chose nouvelle pour l'auteur de *Sous les toits de Paris*, le film est principalement tourné en extérieurs naturels, dans les rues de Paris et dans le Massif central. Le fait que les interprètes du film soient peu connus – Elina Labourdette, Jean Mercanton, ainsi qu'une quinzaine d'enfants – confirme le nouveau penchant de Clair pour davantage de réalisme. (→ 23.10.40)

Le juge Michel Simon dévoyé par Arletty

Ils se retrouvent dans « Circonstances atténuantes », de Jean Boyer.

Paris, 26 juillet

Quand deux monstres sacrés, doués pour le naturel, comme Arletty et Michel Simon, se rencontrent, cela ne manque jamais de faire des étincelles. A preuve : les deux comédies qui viennent de sortir et dans lesquelles ce duo haut en couleur fait mouche à tout coup. Les deux films sont *Circonstances atténuantes*, de Jean Boyer, d'après un roman de Marcel Arnac, où ils incarnent un couple peu orthodoxe formé d'un magistrat et d'une femme complice d'une bande de cambrioleurs ; et *Fric-Frac*, de Maurice Lehmann, dans lequel ils ont Fernandel pour complice. (→ 5.12.42)

Jean Gabin embarque Michèle Morgan

Brest, 30 juillet

Depuis le 9 juillet, Jean Grémillon réalise *Remorques*, sur les côtes de Bretagne, avec Michèle Morgan et Jean Gabin. Il reforme à cette occasion le couple vedette des films de Marcel Carné, *Quai des brumes*, et de Maurice Gleize, *le Récif de corail*. Morgan et Gabin se sont retrouvés quelques jours avant ce tournage et ne se quittent plus depuis, incarnant à la ville le couple idéal du cinéma français. Michèle se souvient que Jean lui a dit : « T'as d' beaux yeux, tu sais », et qu'elle lui a répondu dans la nuit et la brume d'un quai du Havre : « Embrassez-moi. » Avec *Remorques*, Grémillon veut offrir au public une évasion maritime. Gabin amorce un nouveau type de personnage, citoyen bien installé dans la société, affrontant courageusement les difficultés de la vie. Il ne veut plus être ce marginal, héros des causes perdues imaginé par Carné, Duvivier et Renoir. Quant à Michèle Morgan, elle enchaîne film sur film. Elle déclare : « Il y a des aspects de Jean que je ne connaîtrai jamais... Il est tout d'une pièce, entier dans ses jugements et ses amitiés. Il ne supporte pas les casse-pieds ou les imbéciles, mais il est juste. » Les dialogues sont signés Jacques Prévert. *Remorques* est adapté par Cayatte et Spaak d'un roman de Roger Vercel. Madeleine Renaud et Fernand Ledoux complètent la distribution. (→ 30.6.40)

Les amants de « Remorques ».

Judy Garland la magicienne rajeunit le rythme américain

Hollywood, 17 août

La première de gala du *Magicien d'Oz* (*The Wizard of Oz*), de Victor Fleming, se déroule au Grauman's Chinese Theatre, sur Hollywood Boulevard. L'héroïne en est Judy Garland, une jeune fille de dix-sept ans que l'on peut déjà voir dans *Place au rythme* (*Babes in Arms*), de Busby Berkeley, comédie musicale où elle partage la vedette avec Mickey Rooney. Initialement, le rôle de Dorothy devait être interprété par Shirley Temple, mais la Fox et Darryl Zanuck refusèrent de prêter leur jeune star. Commencée par Richard Thorpe, la réalisation a été poursuivie par Fleming après deux semaines de tournage. La séquence où Judy Garland chante *Over the Rainbow* est dirigée par King Vidor et a été ajoutée au montage final deux jours avant cette soirée. Le film, qui baigne dans le merveilleux, est inspiré d'un très célèbre roman pour enfants, dû à la plume de Frank L. Baum. (→ 15.6.45)

Dans « Place au rythme », de Busby Berkeley, avec Mickey Rooney, et dans « le Magicien d'Oz », de Victor Fleming.

La RKO engage un enfant prodige

Hollywood, 21 août

Après des pourparlers aussi longs que laborieux, George Schaeffer, le président de la RKO, vient d'engager Orson Welles. Ce jeune artiste qui n'a pratiquement aucune expérience technique du cinéma bénéficie d'un contrat sans précédent. Il est stipulé qu'il fera un film par an à son choix comme producteur, scénariste, réalisateur ou interprète. Et tout cela à la fois, s'il le désire. Une avance de plus de cent mille dollars lui est garantie, ainsi que 20 % des bénéfices bruts de chaque film, et, surtout, une liberté totale. Cette clause était une condition *sine qua non* pour Orson, qui est déjà célèbre à vingt-quatre ans. L'Amérique n'a pas oublié son émission de l'an dernier sur CBS, *la Guerre des mondes*, adaptée d'H. G. Wells, qui avait paniqué le pays. Son talent au Mercury Theatre de New York parle pour lui. Les jaloux guettent malgré tout le moindre faux pas de ce jeune génie turbulent. (→ 18.6.40)

Le Festival de Cannes n'aura pas lieu

Paris, 1er septembre
L'invasion de la Pologne par Hitler et l'entrée en guerre imminente de la France contre le Reich annulent le premier Festival de Cannes, qui devait se tenir du 1er au 20 de ce mois. C'est Jean Zay, ministre de l'Instruction publique et des Beaux-Arts, qui en était à l'origine. Sa création était censée faire pièce à la Mostra de Venise, dont l'édition de l'année dernière a été considérée comme un acte scandaleux de propagande politique. On y avait vu, en effet, le triomphe organisé des productions fascistes et nazies. A Cannes, la France devait présenter *la Charrette fantôme*, de Julien Duvivier, *l'Homme du Niger*, de Jacques de Baroncelli, et encore *l'Enfer des anges*, de Christian-Jaque. De leur côté, les Etats-Unis annonçaient *le Magicien d'Oz*, de Victor Fleming, et *Seuls les anges ont des ailes*, d'Howard Hawks. Certains critiquaient déjà la manifestation, tel Maurice Bessy, dans *Cinémonde* du 30 août, qui voyait les festivaliers comme des « cabotins sans espoir, faux intellectuels et littérateurs pour des pages d'annonces ». Le directeur général des Beaux-Arts, Georges Huisman, et les organisateurs espèrent ouvrir le festival au début de l'an prochain. (→ 7.10.46)

L'affiche de Jean-Gabriel Domergue n'annonce qu'un projet mort-né.

Ingrid Bergman débute à Hollywood

« La Rançon du bonheur », avec Leslie Howard : un remake d'« Intermezzo ».

Hollywood, 5 octobre
Appelée par David O. Selznick, Ingrid Bergman est arrivée à New York le 6 mai, venant de Suède, à bord du *Queen Mary*. Aujourd'hui sort son premier film américain, *la Rançon du bonheur* (*Intermezzo : A Love Story*), qu'elle a tourné sous la direction de Gregory Ratoff. Peter Lindström, son mari, vient de la rejoindre à Hollywood, où ils vont vivre désormais. (→ 24.4.42)

La guerre met fin aux illusions

Paris, 3 septembre
La mobilisation générale et la déclaration de guerre laissent une vingtaine de films inachevés dans les studios français. C'est le cas de celui dont Max Ophuls tournait les extérieurs à Romans, *De Mayerling à Sarajevo*. Gilbert Gil, qui y interprétait le rôle de Prinzip, a rallié la ligne Maginot, tandis que le réalisateur rejoignait son unité de tirailleurs marocains. Le film de Jean Grémillon, *Remorques*, dont il devait encore tourner les scènes de haute mer, a connu le même sort. *La Fille du puisatier*, de Marcel Pagnol, *le Corsaire*, de Marc Allégret, et encore *Tourelle 3*, laissé en chantier par Christian-Jaque, sont dans la même impasse. René Clair, pour son retour en France après cinq ans d'absence, n'a pas échappé non plus à la tourmente. Les extérieurs d'*Air pur*, qu'il tournait en Corrèze, viennent en effet d'être interrompus. (→ 31.7.40)

Garbo rit à la demande d'Ernst Lubitsch

Hollywood, 3 novembre
« Garbo rit ! » Tel est le slogan publicitaire de *Ninotchka*, la toute nouvelle comédie d'Ernst Lubitsch qui sort sur les écrans. Pour la première fois de sa carrière, la Divine aborde en effet un registre plus souriant et plus décontracté dans cette agréable satire de l'univers soviétique. L'habile scénario, coécrit par Charles Brackett, Billy Wilder et Walter Reisch, d'après une pièce de Melchior Lengyel, prend un relief singulier quelques semaines à peine après la signature du pacte germano-soviétique. (→ 31.12.41)

Greta Garbo et Melvyn Douglas dans « Ninotchka », comédie d'espionnage.

Douglas Fairbanks quitte la scène

Santa Monica, 15 décembre
Douglas Fairbanks s'est éteint il y a trois jours à l'âge de cinquante-six ans, dans son ranch de Californie. Il s'était éloigné de Hollywood depuis son abandon du cinéma, après le tournage de *la Vie privée de don Juan*, en 1934. Fairbanks est mis en terre dans la plus stricte intimité, accompagné par quelques amis fidèles, dont Charles Chaplin, qui a fermé son studio pour être présent, par sa femme Sylvia Hawkes et par son fils Douglas Jr., né en 1909 de son union avec Ann Beth Sully. Né lui-même Douglas Elton Ulman à Denver, Colorado, le 23 mai 1883, il avait débuté en 1902 à Broadway. Pris sous contrat par D. W. Griffith puis engagé à la Paramount en 1917, il était vite devenu un jeune premier cascadeur, symbole du rêve américain grâce à sa carrure athlétique, à sa spontanéité bondissante et à son éternelle bonne humeur. En l'enterrant, les Etats-Unis enterrent Zorro, le Pirate noir, Robin des Bois et d'Artagnan... mais aussi une certaine forme de cinéma.

Selznick présente « Autant en emporte le vent »

Scarlett O'Hara (Vivien Leigh) dans le parc du cher domaine de Tara.

L'incendie d'Atlanta, durant la guerre de Sécession, est le tournant du film.

Rhett Butler (C. Gable) et Scarlett.

Atlanta, 14 décembre
Le film le plus attendu de l'année, *Autant en emporte le vent (Gone With the Wind)*, vient d'être présenté en première mondiale par le producteur David O. Selznick, en présence des principaux interprètes et de Margaret Mitchell, l'auteur du best-seller adapté. Le réalisateur Victor Fleming, s'estimant injustement éclipsé, a refusé d'être présent dans la salle. Il est vrai que Selznick apparaît comme le véritable créateur de cette colossale superproduction. Depuis juin 1936, date à laquelle il acheta les droits du roman de Margaret Mitchell, une quinzaine de sénaristes et quatre réalisateurs se sont succédé sur la genèse et le tournage du film. Le scénario original, écrit par Sidney Howard, malheureusement décédé en juin dernier, a été revu et corrigé par des valeurs aussi sûres que Ben Hecht et Scott Fitzgerald. A tel point que le résultat de ces multiples collaborations a abouti à un script multicolore (dit arc-en-ciel), chaque scénariste travaillant sur des feuilles de couleur différente pour coucher ses idées. La réalisation du film fut soumise aux mêmes aléas : George Cukor fut congédié en février, après à peine deux semaines de tournage, à la suite de nombreux désaccords avec la vedette masculine, le remuant Clark Gable. Fleming prit le relais jusqu'en mai. Epuisé et miné physiquement, il passa alors la main à Sam Wood, qui mena le tournage jusqu'à son terme, en juin. Quant à William Cameron Menzies, le décorateur du film, il avait filmé dès décembre dernier au moyen de sept caméras l'incendie du dépôt de munitions d'Atlanta. Au total, ce furent près de quatre-vingt-huit heures de pellicule qui furent impressionnées, pour un montage final d'un peu plus de trois heures et demi. Le film se déroule, pendant la guerre de Sécession, dans les rangs sudistes, et conte les amours tumultueuses de Scarlett O'Hara et de Rhett Butler. Autant le choix de Gable ne posa aucune difficulté, plébiscité qu'il fut par le public avant même le tournage, autant le choix de la vedette féminine fut délicat. Les plus grandes stars souhaitaient obtenir le rôle : Bette Davis, Paulette Goddard, Katharine Hepburn, Susan Hayward et Loretta Young, plus une dizaine d'autres. Insatisfait, Selznick n'arrivait pas à se décider, quand son frère Myron lui présenta Vivien Leigh, une Anglaise native de Darjeeling, en Inde. Celle-ci avait fait une brillante carrière théâtrale, avant de paraître dans quelques films britanniques d'avant-guerre. Le courageux producteur tomba sous le charme dès qu'il la vit et lui confia le rôle envié. Pari gagné : Vivien est en passe de devenir star à son tour. (→21.12)

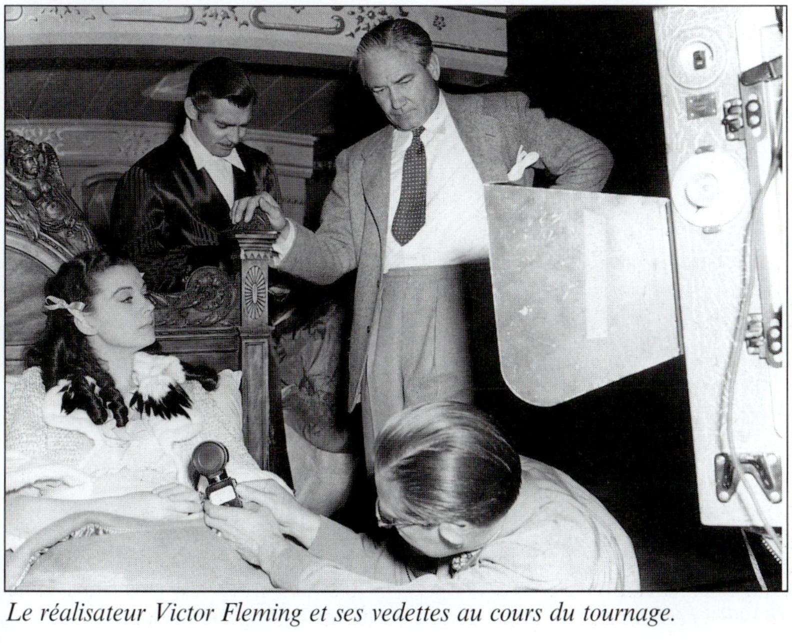

Le réalisateur Victor Fleming et ses vedettes au cours du tournage.

Leslie Howard, Olivia de Havilland.

Pour la première fois, Greta Garbo rit à l'écran. Affiche américaine.

Gaston Modot et Carette dans « la Règle du jeu », de Jean Renoir.

Michel Simon, Arletty et Fernandel dans « Fric-Frac », un film de Maurice Lehmann et Claude Autant-Lara d'après la pièce d'Edouard Bourdet.

Walter Brennan, Fred Astaire et Ginger Rogers dans « la Grande Farandole » (« The Story of Vernon and Irene Castle »), film d'Hank C. Potter.

Mireille Balin et Sessue Hayakawa dans le film de Jean Delannoy réalisé cette année, « Macao, l'enfer du jeu », avec Erich von Stroheim et Roland Toutain.

Une affiche ouvriériste de Bernard Blanc Percier, dit Bernard Lancy.

Affiche de V. Cristellys pour cette adaptation du roman d'E. Brontë.

Cette affiche originale est signée par Bernard Lancy.

Une affiche originale signée par Alamassé Gosselin.

Cary Grant et Jean Arthur dans « Seuls les anges ont des ailes », film d'Howard Hawks.

La scène de l'incendie d'Atlanta sert de toile de fond à cette affiche en deux morceaux signée Roger Soubie.

« A chaque aube je meurs », de William Keighley (G. Raft, J. Cagney).

Karloff : « le Fils de Frankenstein ».

Bogart et Bette Davis dans « Victoire sur la nuit », d'Edmund Goulding.

« Tarzan trouve un fils », R. Thorpe.

Ray Bolger, Judy Garland et Jack Haley dans « le Magicien d'Oz ».

Affiche signée Jean René Poissonnié.

« Femmes », de George Cukor.

Du rêve éclaté au nouveau réalisme

Les années quarante, les plus tragiques assurément de notre siècle, sont celles de la Seconde Guerre mondiale, du retour à la paix dans un monde divisé, et du début de la guerre froide. Le cinéma de la décennie fut mondialement dominé par ces événements. Pour le meilleur ou pour le pire, il y a été impliqué. Et comme la vie obstinée des hommes continue en dépit de tout, on trouvera jusque dans ces années difficiles des œuvres qui surent innover, renouveler et enrichir l'art du cinéma, renouer avec la beauté et célébrer l'humain. Ce n'est pas un paradoxe : les grandes crises suscitent leur dépassement.

La guerre

Dès le milieu des années trente, devant l'expansionnisme des états totalitaires et l'intensification du combat idéologique contre le communisme, la guerre parut inévitable. En Italie, en Allemagne, en Union soviétique, qui possédaient déjà un cinéma de propagande, exaltant de manière indirecte les mérites et la supériorité de leur régime politique, le film prépara les esprits. Dès septembre 1939, cette propagande se fit à découvert, manichéenne et belliciste. Les Etats-Unis et l'Angleterre vinrent les derniers à un cinéma ouvertement politique. Les Etats-Unis toutefois, avant leur propre entrée en guerre (ne citons que *le Dictateur*, de Chaplin, 1940) dénoncèrent le péril nazi. Quant à la France, impréparée et bientôt vaincue, elle n'eut guère le temps d'intéresser son cinéma au conflit mondial. La guerre vit fleurir les films d'action concurremment aux films de divertissement et aux actualités. L'aviation, la marine, les blindés, l'infanterie, les services sanitaires furent célébrés en tant que corps d'élite et réserves de héros individuels. Le civisme des gens de l'arrière, l'esprit de sacrifice des travailleurs produisant pour l'armée, l'abnégation des femmes devenues chefs de famille car restées seules, l'héroïsme au quotidien alimentèrent les scénarios pour des résultats fort inégaux mais parfois remarquables. Hollywood consacra des films aux Alliés, ainsi qu'aux mouvements de résistance dans les nations vaincues et jusqu'à l'intérieur de l'Allemagne. Les Européens établis aux Etats-Unis, tels Alfred Hitchcock, Fritz Lang, Jean Renoir, René Clair et Michael Curtiz, furent mis à contribution. L'Allemagne exposa avec cynisme ses ambitions hégémoniques et ses intentions dès 1940 : *Au-dessus du monde entier*, de Karl Ritter, ou l'ignominieux film de Veit Harlan, *le Juif Süss*, qui préparait à la solution finale. Les Anglais, refusant d'oublier que l'enjeu du conflit était une certaine idée de l'homme, s'attachèrent moins « à la guerre qu'à l'homme en état de guerre », dans le réalisme et la simplicité. Les Américains veillèrent à exalter les valeurs humanistes et libérales,

W. R. Hearst, modèle d'Orson Welles : « Citizen Kane » (Etats-Unis, 1941).

mais aussi universelles, de leur nation, qui en faisaient quasiment le modèle idéal de la démocratie (*Romance américaine*, King Vidor, 1944). Ils mirent l'accent sur l'exigence d'une éthique cruelle mais vitale, celle qui avait nourri les meilleurs westerns. Les cinéastes soviétiques exploitèrent surtout les exactions et les massacres systématiques dont les populations étaient victimes. En vertu du postulat que « la guerre sans haine est immorale comme un mariage sans amour », ils appelèrent à la résistance et à la révolte contre l'occupant nazi. Le sommet de ce « dressage » est sans doute un chef-d'œuvre de Donskoï, *l'Arc-en-ciel* (1944). Unique à tous égards, le monument que Sergueï Eisenstein éleva au tsar, *Ivan le Terrible* (1945), dont la réalisation occupa toutes les années de guerre, contribua aux mêmes fins. Quant aux Japonais, si l'on en croit ceux qui ont vu leurs films, ils firent preuve de quelque objectivité à l'égard de l'adversaire. Outil capital de communication de l'information et de la propagande, le documentaire conquit partout sa place, de premier plan. Il remit à l'honneur le montage et l'exemple des Soviétiques – le ciné-œil de Dziga Vertov – qui inspirait depuis 1929 l'école documentariste anglaise ; il n'allait pas tarder à agir sur l'écriture même des œuvres de fiction (*Citizen Kane*, d'Orson Welles, 1941). Frank Capra dirigea la série « Pourquoi nous combattons » (1942-1945). Le 13 juin 1942 deux cent quarante opérateurs d'Union soviétique tournaient *Vingt-Quatre Heures de guerre en URSS*. L'école anglaise se distingua encore, avec le but « d'aider les Britanniques à assumer la guerre en la connaissant ». Parmi ses réussites, *Listen to Britain* (1942) et *Fires Were Started* (1943), de Jennings. Les développements de la guerre produisirent des résultats paradoxaux. Ainsi, sous l'occupation allemande et le régime de Vichy, le cinéma français connut un renouveau inattendu. Libérés de la concurrence américaine, les écrans français sollicitèrent la production nationale, que le public préféra au film allemand. Son économie devint florissante, et la fréquentation des salles, en réaction aux difficultés matérielles, s'accrut ; de nouveaux réalisateurs – Clouzot, Bresson, Becker, Daquin, de Poligny – s'affirmèrent. Des écrivains reconnus se firent scénaristes. Sa vitalité ne connut pas de vraie rupture ; le critique J.-P. Jeancolas, considérant la période 1930-1945, put parler de « quinze ans d'années 30 ». S'il véhicula l'idéologie pétainiste, il le fit, dans son ensemble, davantage par imprégnation que par conviction résolue ou volonté délibérée. Ce fut un cinéma intemporel, refusant le présent, sauf, chez les meilleurs, pour inciter à son rejet. Il culmina avec *les Enfants du paradis* (Carné-Prévert, 1944-1945). Et, autre paradoxe, tandis que Hollywood se mobilisait pour l'armement moral et la préparation psychologique du public, apparut le film noir. Nombre de films américains, il est vrai, n'entretinrent aucun rapport avec l'état de guerre du pays durant la décennie. *Le Faucon maltais* (John Huston, 1940) inaugure le nouveau genre, où le gangster démythifié cède la place au « privé » ; et la femme-objet à la garce. Le roman criminel américain, inspiré par le cinéma, retourne ainsi au cinéma et lui propose son écriture littéraire. Il n'est pas exclu que l'univers labyrinthique du film noir, son climat de malaise et de cynique violence aient été le reflet des incertitudes, des angoisses de la nation face à son futur proche. Le cinéma américain en guerre surprend et émeut par le talent qu'il met à la plus ardue des tâches : faire accepter la mort à ceux qu'elle va toucher. Hollywood inventa ainsi l'« immortalité laïque » de l'âme. Dans *l'Oiseau bleu* (Walter Lang, 1940), dans *Un nommé Joë* (Victor Fleming, 1943), les morts au combat ne sont pas morts ; ils dorment. Penser à eux les réveille, les ramène auprès des leurs : *Et la vie continue*, de Clarence Brown (1943). Le soin du moral des troupes conduisit à des œuvres moins éthérées. Ainsi naquit la *pin-up girl*, poupée de chair aux formes débordantes, dont l'uniforme était le maillot, tandis que la figure mythique de la star évoluait vers les séductrices (Ava Gardner, Rita Hayworth ou Jane Russell), proposant un nouvel érotisme à la fois raffiné et vulgaire.

L'après-guerre

Malgré la permanence d'un cinéma de genre et de divertissement, les documentaires et les films de guerre conduisirent à un véritable « nettoyage des écrans par le réel », et un besoin universel de savoir domina alors la production pour quelques brèves années. Le monde réel chassa l'évasion dans l'imaginaire. Le cinéma, relativement libéré des censures, de l'urgence et de la propagande, s'efforça de mieux raconter la guerre, d'évaluer les ruines matérielles et morales d'un monde en morceaux. Particulièrement vigoureux et cohérent fut en Italie le mouvement du néo-réalisme. Cesare Zavattini, son père spirituel et son prophète, le définira comme « nouvelle façon de pratiquer le cinéma comme examen de conscience, comme une espèce de grand jugement universel domestique », qui doit confronter les Italiens à leurs responsabilités passées et plus encore présentes. Le néo-réalisme fera des films utiles aux hommes. S'imposent alors Rossellini (*Rome ville ouverte*, 1945 ; *Païsa*, 1946), De Sica (*Sciuscia*, 1946 ; *le Voleur de bicyclette*, 1948), Visconti (*La terre tremble*, 1948). Par leur passion de regarder et leur accent de vérité, ces films ont bouleversé le monde. Influencé, Hollywood revint à un cinéma social exploré durant les années 30 (dernier témoin, *les Raisins de la colère*, John Ford, 1940) et exigea pour ses films de gangsters des extérieurs réels et des scénarios tirés de faits vécus. Ce désir de réalisme contribua à la dénonciation du racisme anti-Noir (*Pinky*, Kazan, 1949) ou antisémite (*Crossfire*, Dmytryk, 1947), et à la reconsidération du peuple indien rendu à sa dignité (*la Flèche brisée*, D. Daves, 1950). Le film policier, dont le héros pouvait être l'agent ou le journaliste et non plus le criminel ou le privé, disparaîtra à la fin de la décennie, chassé par le retour du film noir. Les Français essayèrent aussi du réalisme. Sous Vichy, une poignée de films s'étaient attelés à la peinture de la réalité française, négative (*Goupi Mains-Rouges*, Becker ; *le Corbeau*, Clouzot ; 1943) ou positive (*Le ciel est à vous*, Grémillon, 1944). A la Libération, après *la Bataille du rail* (Clément, 1946) et *le Silence de la mer* (Melville, 1949), hommages à l'esprit de la Résistance ; après les essais à demi aboutis de Jacques Becker (*Antoine et Antoinette*, 1947) ou de Marcel Pagliéro (*les Amants de Brasmort*, 1950) et de Louis Daquin (*le Point du jour*, 1948), l'espoir d'un néo-réalisme français fut enterré. Les années 1945-1950 furent pour l'URSS dévastée et martyrisée la « période du peu de films ». Forte de sa victoire, elle produisit de puissantes épopées de sa guerre patriotique. Le réalisme socialiste, doctrine plutôt floue et ouverte, se radicalisa en 1946-1947 sous l'action de Jdanov et devint un instrument de propagande du pouvoir. La plupart des œuvres donnèrent pour réalité une image truquée du présent. A ces mystifications se superposa le culte de Staline, déjà opérant dans les films de guerre. Il touche au burlesque dans *le Serment* (Tchiaourelli, 1946). Le jdanovisme ne parvint pas tout à fait à stériliser les créateurs, et le meilleur fut le cinéma d'éducation, généreusement humaniste (*l'Institutrice du village*, Donskoï, 1947 ; *Un homme véritable*, Stolper, 1948). Les démocraties populaires, après une période indécise de relative liberté, se virent imposer en art le jdanovisme. Avant cette normalisation, la Pologne tourna *la Dernière Etape* (Wanda Jabukowska, 1948) sur les camps d'extermination, *La vérité n'a pas de frontières* (Aleksander Ford, 1949) sur le ghetto de Varsovie ; la Hongrie, *Quelque part en Europe* (Geza Radvanyi, 1947) sur les orphelins errants, *Un lopin de terre* (Frigyes Ban, 1948), plaidoyer pour une réforme agraire. La RDA (*Les assassins sont parmi nous*, de Wolfgang Staudte, 1946, et *Mariage dans l'ombre*, de Kurt Maetzig, 1947) aborda les brûlants rapports des responsabilités personnelle et collective dans la montée du nazisme. En Tchécoslovaquie, où le cinéma fut nationalisé dès 1945, avant l'instauration du communisme, le plus remarquable de la production fut consacré aux luttes ouvrières et à celles de la résistance. La grande révélation tchèque eut lieu dans le champ du dessin animé et du film de marionnettes, dont le maître génial fut Jiri Trnka (*l'Année tchèque*, 1947). Le Japon, passé les tragédies de la défaite, connut aussi le « nettoyage par le réel ». Aux côtés d'Ozu et de Mizoguchi, fidèles à leur thématique sociale, un courant réaliste s'affirma (Akira Kurosawa, Keisuke Kinoshita, Satsuo Yamamoto). Et l'influence du *Voleur de bicyclette* redonna vie au *shomin-geki* (cinéma des gens du commun).

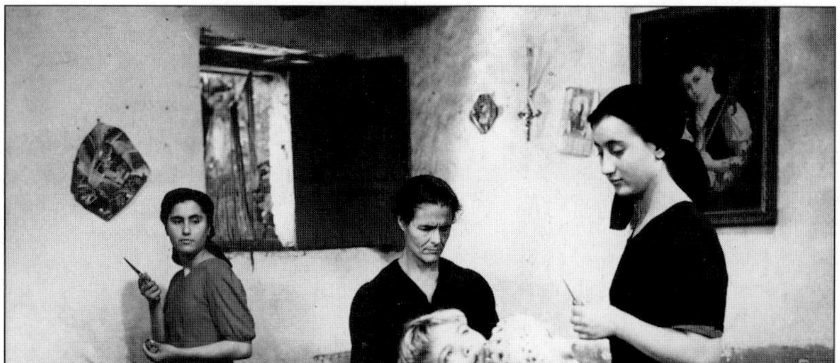
« La terre tremble », de Luchino Visconti (Italie, 1948).

La guerre froide

L'état de paix ne devait pas durer. En 1947, les Etats-Unis optaient pour leur politique de *contenment*, contre l'expansion communiste, qui allait suggérer à Hollywood le film antirouge (*le Rideau de fer*, Wellman, 1948 ; *le Danube rouge*, Sidney, 1949) et, pire, le réveil du Comité des activités anti-américaines, qui organisa une véritable chasse aux sorcières, obligeant scénaristes, réalisateurs et techniciens à déclarer s'ils étaient communistes ou non. Les « Dix d'Hollywood », qui refusèrent de répondre, furent condamnés à un an de prison pour outrage au Congrès et inscrits sur une liste noire, qui les vouait au chômage ou à l'exil.

Conquêtes et métamorphoses

Ces années apportèrent au cinéma des acquisitions qui allaient le modifier en profondeur et l'enrichir durablement. D'abord la couleur, aux Etats-Unis, avec le Technicolor, dont l'emploi se généralisa à partir de 1940. Les Allemands, dès 1941, lui trouvèrent un concurrent utilisant les caméras classiques et non l'énorme caméra américaine : l'Agfacolor fit triompher *la Ville dorée* (Veit Harlan, 1943) et *les Aventures fantastiques du baron de Münchhausen* (von Baky, 1943). Le dessin animé, qui semblait le royaume inébranlable de Disney, connut une révolution dont les effets durent encore. Tex Avery, Stephen Bosustow bouleversèrent, le premier le rythme et l'esprit, le second le graphisme. La France, la Tchécoslovaquie et le Canada créent leurs écoles, qui recourent à des techniques simplifiées, à un dessin stylisé proche des recherches les plus avancées des arts plastiques. A Hollywood, *Citizen Kane* instaura un langage aussi révolutionnaire que, en leur temps, *Intolérance* (1916) ou *le Cuirassé « Potemkine »* (1925). Avec les techniques et les styles des actualités, de la radio et du film criminel, *Citizen Kane* a substitué au récit conventionnel une œuvre en train de se faire, où s'affirme la liberté d'un narrateur omnipotent. Il n'a cessé de faire école. Dans cette décennie, c'est de France que vinrent deux révolutions parallèles, dont les effets irriguent toujours le cinéma. Avec son *Journal d'un curé de campagne* (1950), prolongeant une démarche déjà entreprise (*les Dames du bois de Boulogne*, 1944-1945), Robert Bresson apporta une conception radicale de l'adaptation, respectant à la lettre le texte de l'auteur littéraire, conservant l'œuvre adaptée pour en « faire un être esthétique nouveau qui est comme le roman multiplié par le cinéma » (A. Bazin). Ce postulat s'avéra fécond dans les rapports du cinéma avec le théâtre. Après des œuvres telles *Macbeth*, d'Orson Welles, et surtout *les Parents terribles*, de Jean Cocteau, on put dire enfin que le débat théâtre-théâtre filmé-cinéma était dépassé. Sonore et parlant, le septième art fit éclater la spécificité de l'image, où l'on avait voulu l'enfermer.

Barthélemy Amengual

1940

Oscars, Hollywood
Film : *Autant en emporte le vent* (Victor Fleming).
Acteur : Robert Donat.
Actrice : Vivien Leigh.

Paris, 10 janvier
Le réalisateur Max Ophuls achève aux studios de Billancourt le tournage de *De Mayerling à Sarajevo*, sur la vie de François-Ferdinand de Habsbourg, interrompu par la déclaration de guerre. Engagé sur le front, Ophuls a été autorisé à quitter son secteur. (→ 18.5.45)

Hollywood, 11 janvier
Sortie de *la Dame du vendredi* (*His Girl Friday*), d'Howard Hawks, tiré de la pièce de Ben Hecht et Charles MacArthur, *The Front Page*, avec Cary Grant, Rosalind Russell et Ralph Bellamy. (→ 2.7.41)

Varsovie, 20 janvier
Dans le pays occupé par les troupes hitlériennes, les nouvelles autorités ont le souci d'assurer la réouverture des salles de cinéma afin qu'elles participent à l'effort de propagande allemand.

New York, 25 janvier
Sortie de *Rendez-Vous* (*The Shop Around the Corner*), de Lubitsch, avec James Stewart, Margaret Sullavan et Frank Morgan. (→ 17.2.42)

Londres, 5 février
Alexander Korda, réalisateur et producteur, annonce sa décision de rejoindre son frère Zoltan, lui aussi metteur en scène, aux Etats-Unis et d'y poursuivre ses activités avec sa femme, la fameuse comédienne Merle Oberon.

Hollywood, 10 février
Spencer Tracy est engagé pour incarner à l'écran Cyrano de Bergerac, dans l'adaptation de la célèbre pièce d'Edmond Rostand, dont la Metro-Goldwyn-Mayer a acquis les droits. (→ 15.4.42)

Paris, 10 février
Les films *Hôtel du Nord, la Maison du Maltais* et *le Dernier Tournant*, qui avaient, en raison de la guerre, fait l'objet d'une interdiction temporaire, sont à nouveau autorisés par la censure.

Lyon, 20 février
Le cinéma Normandy, l'ancienne salle de l'Odéon totalement transformée, rouvre ses portes avec une nouvelle décoration (passerelle, ciel étoilé et rambarde) évoquant un paquebot en pleine mer.

Los Angeles, 13 mars
En route pour Singapour (*Road to Singapore*), de Victor Schertzinger, avec Bing Crosby, Bob Hope et Dorothy Lamour sort en salles.

Madrid, 16 mars
L'ambassadeur de France, le maréchal Philippe Pétain, fait projeter *les Perles de la Couronne*, de Guitry, pour le corps diplomatique.

Billancourt, 23 mars
Maurice Tourneur, cinéaste reprend le tournage de *Volpone*, avec les comédiens Harry Baur, Louis Jouvet et Charles Dullin. (→ 10.5.41)

Madrid, 2 avril
Une circulaire interdit toute mention des noms des personnalités du cinéma américain, tels que Charlie Chaplin, Joan Crawford ou Bette Davis, qui ont soutenu la République espagnole.

New York, 10 avril
La critique salue avec enthousiasme le film français de Marcel Pagnol, *la Femme du boulanger*. (→ 20.12)

Paris, 25 avril
Battements de cœur, d'Henri Decoin, dont la vedette est Danielle Darrieux, sa femme, aux côtés de Claude Dauphin, atteint sa quatorzième semaine d'exclusivité au Madeleine Cinéma. En ces temps troublés, c'est un succès ! (→ 17.5.42)

Los Angeles, 28 avril
Laurel et Hardy en croisière (*Saps at Sea*), de Gordon Douglas, qui sort ce jour, est le dernier film des deux compères pour le producteur Hal Roach. le dernier aussi parcequ'ils ne souhaitent pas renouveler le contrat qui les liait depuis 1926.

Moscou, 5 mai
Sortie de *Terres défrichées* (*Podniataïa tselina*), de Youli Raïzman, produit par Mosfilm.

Hollywood, 18 juin
Herman J. Mankiewicz présente la version définitive du scénario du film d'Orson Welles, désormais intitulé *Citizen Kane*, au lieu du titre initial *American*. (→ 10.1.41)

Hollywood, 14 août
Sortie du premier film réalisé par Preston Sturges, par ailleurs auteur dramatique et scénariste, *Gouverneur malgré lui* (*The Great McGinty*) avec Brian Donlevy et Akim Tamiroff. (→ 28.1.42)

Moscou, 25 août
Les Studios de Kiev présentent le dernier film d'Alexandre Dovjenko et de Youlia Solntseva, *Libération* (*Osvobojdeniye*).

Paris, 5 septembre
Les comédiens Jean-Louis Barrault et Madeleine Renaud, pensionnaires de la Comédie-Française, se marient. Ils se sont connus en 1936 lors du tournage d'*Hélène*, de Jean Benoît-Lévy. (→ 1.4.42)

Hollywood, 6 septembre
A la suite de la *preview* du *Dictateur*, Chaplin remanie le montage de son film et décide de tourner à nouveau certaines scènes. (→ 15.10)

Paris, 23 octobre
René Clair est déchu de la nationalité française pour avoir préféré Hollywood à la France. (→ 19.11.42)

Paris, 30 octobre
Au Studio des Ursulines, le distributeur Henri Beauvais rend hommage à Jean Vigo en présentant la version reconstituée, sous son titre originel, de *l'Atalante*.

Hollywood, 1er novembre
Walter Lantz présente son dessin animé *Knock, Knock*. C'est la première apparition de Woody Woodpecker, le picvert.

Paris, 2 novembre
Parution au *Journal officiel* du décret d'organisation de l'industrie cinématographique, qui crée, parmi d'autres mesures, une carte d'identité professionnelle. Les Juifs n'y ont pas droit. (→ 30.6.41)

Prague, 15 novembre
La sortie de *la Grand-Mère* (*Babicka*), de Frantisek Cap, donne lieu à des manifestations patriotiques dénonçant l'occupation nazie. Le film est interdit dans de nombreuses villes de Bohême.

Berlin, 21 novembre
L'ensemble des journaux d'actualités filmées, produits par les sociétés UFA, Tobis et Deulig, sont placés sous le contrôle personnel de Goebbels.

Los Angeles, 19 décembre
Le tandem comique formé par Abbott et Costello sort son premier film, *One Night in the Tropics*.

Bordeaux, 20 décembre
Jean Renoir embarque sur le *Siboney* pour les Etats-Unis avec sa compagne, Dido Freire. Il partage la même cabine qu'Antoine de Saint-Exupéry. (→ 15.1.41)

Hollywood, 26 décembre
Sortie de *Indiscrétions* (*The Philadelphia Story*), de George Cukor, avec Cary Grant, Katharine Hepburn et James Stewart. (→ 27.2.41)

Berlin, 31 décembre
La firme Agfa a expérimenté cette année son procédé de cinéma en couleurs trichrome Agfacolor dans des documentaires de court métrage. (→ 24.11.42)

NAISSANCES

San José, Philippines, 3 avril
Lino Brocka.

Bamako, Soudan, 21 avril
Souleymane Cissé.

Nice, 28 août
Philippe Léotard.

Newark, 11 septembre
Brian de Palma.

Copenhague, 22 septembre
Anna Karina (*Ann Karin Bayer).

San Francisco, 27 novembre
Bruce Lee
(*Lee Yeun Kam).

S'inspirant dans « le Dictateur » de l'actualité la plus brûlante, Chaplin réussit la gageure de faire rire de personnages et de faits tragiques.

Rome bricole le palmarès de Venise

Rome, 2 janvier
En août, le Festival de Venise s'étant achevé de façon inhabituelle, perturbé par la guerre, le jury international n'avait pu se réunir pour donner son palmarès. Après consultation des membres du jury italiens et étrangers, sur l'avis du ministre de la Culture populaire, la présidence de la Biennale met fin à cette situation. Un palmarès officiel vient d'être proclamé. *L'Apôtre du désert* (*Abuna Messias*), de Goffredo Alessandrini, reçoit la coupe Mussolini. Le réalisateur dépeint l'Ethiopie d'avant la conquête italienne. Une coupe de la Biennale récompense le Français Julien Duvivier, l'Allemand Hans Steinhoff, l'Anglais Zoltan Korda. Ces deux derniers mettent en scène, pour l'un un destin édifiant, tel celui d'un médecin illustre : *La Lutte héroïque* (*Robert Koch, der Bekämfer des Todes*); pour l'autre le revirement héroïque d'un jeune soldat dans *les Quatre Plumes blanches* (*The Four Feathers*). *La Fin du jour*, de Duvivier peint avec émotion le dernier âge de la vie. (→ 14.9.41)

« Les Raisins de la colère » ont le goût amer des années trente

A travers le regard de Tom Joad (Henry Fonda), John Ford décrit l'odyssée de petits fermiers victimes de la crise.

Hollywood, 24 janvier
Les Raisins de la colère (*The Grapes of Wrath*), de John Ford, triomphe sur les écrans. Adaptation rigoureuse du fameux roman-reportage de John Steinbeck, le film raconte la poignante errance d'une famille de paysans de l'Oklahoma au lendemain de la Grande Dépression. Ces *oakies* – comme ils sont appelés aujourd'hui – traversent le pays dans une vieille automobile brinquebalante afin de s'établir en Californie. En achetant les droits du best-seller de Steinbeck, Darryl F. Zanuck, vice-président de la 20th Century-Fox, a voulu frapper un grand coup. Outre le réalisateur de *la Chevauchée fantastique*, il s'est attaché la collaboration de Nunnally Johnson pour l'adaptation et de Gregg Toland pour la photographie. Certaines scènes ont été tournées dans de vrais camps *oakies*, à Los Angeles, ajoutant au réalisme du film. Henry Fonda, dans le rôle principal, fait une composition remarquée. Zanuck a d'ailleurs pris soin de lui faire signer un contrat préalable de sept ans. (→ 27.2.41)

Cinecittà est ravagé par les flammes

Rome, 14 février
Cinecittà a eu atrocement chaud. Ce matin, une odeur de roussi puis des flammes ont envahi deux studios et les ont détruits. Une panique compréhensible a précipité acteurs et techniciens loin des plateaux de tournage. Deux cinéastes voient leur travail remis à plus tard. Mario Bonnard réalisait *la Hotte du père Martin* (*La gerla di papà Martin*). Pour Vittorio De Sica, l'incendie devrait être fâcheux. C'est la première fois que le grand séducteur passe derrière la caméra. Il met en scène une comédie écrite par Aldo De Benedetti : *Roses écarlates* (*Rose scarlatte*), dont il est aussi interprète. Mais Vittorio ne semble pas peiné. Il a lié connaissance avec une jeune fille qui l'étonne par son calme. Blonde, charmante dans son costume d'époque, elle joue pour Mario Bonnard. Nouvelle venue à Rome, c'est Maria Mercader, une comédienne espagnole.

Pour Selznick et Fleming, autant en apportent les Oscars

Hollywood, 29 février
Alors que l'Europe est en guerre, le film de Victor Fleming *Autant en emporte le vent* (*Gone With the Wind*) est le grand vainqueur de la cérémonie des Oscars pour 1939 : meilleur film, meilleur réalisateur, meilleure actrice (Vivien Leigh), meilleur second rôle féminin (Hattie McDaniel), ainsi que meilleures mise en scène, direction artistique, adaptation et image. Seul Clark Gable ne remporte pas de récompense. Il est devancé par Robert Donat pour *Goodbye Mr. Chips*, de Sam Wood. Un Oscar spécial est attribué à titre posthume à Douglas Fairbanks, le premier président de l'académie, un à Judy Garland sous la forme d'une ministatuette, et un à la société Technicolor. (→ 5.10.41)

Robert Donat se glisse dans le palmarès : meilleur acteur avec « Goodbye Mr. Chips », de Sam Wood.

Frank Capra, James Stewart et « Monsieur Smith au Sénat » ont frôlé le titre.

Donskoï se penche sur le passé de Gorki

« Mes universités » achève le triptyque tiré de l'autobiographie de l'écrivain.

Moscou, 27 mars
Le cinéaste Mark Donskoï vénère l'écrivain Maxime Gorki. Il a donc commencé en 1938, d'après son autobiographie, une trilogie terminée aujourd'hui. Le premier film, *l'Enfance de Gorki*, raconte les années vécues chez ses grands-parents, où dès l'âge de onze ans il doit travailler. *En gagnant mon pain* montre ses emplois successifs : garçon de courses, cuisinier, peintre. *Mes universités* le voit adulte, vagabondant au gré des rencontres et des métiers. Nous le laissons au seuil de sa vocation. Ces trois films offrent un large tableau de la Russie d'autrefois, pittoresque et pauvre, et une galerie de personnages d'où se détache la figure de la grand-mère. (→24.1.44)

« Rebecca », un film Selznick d'Hitchcock

Hollywood, 28 mars
Après l'extraordinaire succès d'*Autant en emporte le vent*, David O. Selznick frappe à nouveau un grand coup avec *Rebecca*, le premier film hollywoodien d'Alfred Hitchcock. L'adaptation du fameux best-seller de Daphné du Maurier a été mise en chantier en septembre dernier, soit trois mois avant la sortie d'*Autant en emporte le vent*. Selznick souhaitait une atmosphère typiquement britannique, aussi engagea-t-il Hitchcock, avec qui, au demeurant, il était en contact depuis 1937. Le rôle masculin principal fut alors confié à l'acteur anglais Laurence Olivier, dont la prestation dans *les Hauts de Hurlevent*, de W. Wyler, avait fait une vedette internationale. En revanche, le choix de l'actrice posa de nombreux problèmes : Vivien Leigh, Margaret Sullavan, Anne Baxter, Loretta Young ainsi qu'Anita Louise postulèrent sans succès. Finalement, sur les conseils éclairés de George Cukor, Selznick préféra donner sa chance à Joan Fontaine. La jeune femme vivait jusqu'à ce jour dans l'ombre de sa sœur, Olivia De Havilland. A Hollywood, personne ne lui prêtait le moindre talent, certains l'avaient même surnommée « la femme de bois ». Selznick finit par l'imposer contre l'avis de ses propres actionnaires. Le choix se révèle en fin de compte très judicieux : Joan apporte à son personnage une touche de féminité indiscutable, et l'audace de l'ambitieux producteur est de nouveau récompensée. (→27.2.41)

Laurence Olivier et Joan Fontaine.

Le ménage Gabin vole en éclats

Paris, 30 juin
Doriane, seconde épouse de Jean Gabin, entame une procédure de divorce. Depuis plusieurs mois, depuis en particulier la liaison de Jean avec Michèle Morgan, le couple vit à couteaux tirés. Mariés depuis 1937, ils en sont arrivés à se haïr. Il y a quelques jours, en pleine débâcle, alors qu'ils roulaient tous deux en voiture sur la RN 20 en direction de Toulouse et que les obus tombaient alentour, une nouvelle querelle éclata. Excédé, Gabin ouvrit la portière et laissa Doriane sur la route. Elle ne le lui pardonne pas ! Le tournage de *Remorques*, interrompu le 2 septembre lors de la mobilisation générale, a pu être repris le 7 mai grâce à des permissions spéciales. Au début du mois de juin, Gabin a tourné ses dernières scènes avec Michèle Morgan avant que la guerre ne les sépare de nouveau. Il est installé aujourd'hui à Nice, en zone libre. (→1.8.41)

Les professionnels du cinéma français emportés par la débâcle

Paris, 31 juillet
La guerre n'épargne évidemment pas le cinéma. La déclaration des hostilités, il y a onze mois, avait fortement perturbé la production française par la mobilisation des personnels et par la réquisition des studios. La déroute militaire achève de parfaire le chaos. Au début du mois de juin, le service cinéma du commissariat à l'Information a été précipitamment transféré à Bordeaux. Après la démission de son directeur, Me Henry Torrès, ce qui reste du service a été confié à Suzanne Borel. Dans le même temps, la profession se trouve géographiquement dispersée à travers la moitié méridionale du pays : Marcel Carné est dans le Quercy, Jacques Prévert près de Pau, Jean Delannoy en Lot-et-Garonne, ou encore Pierre Brasseur et Odette Joyeux à Brive. On est resté sans nouvelles de beaucoup d'autres, avant d'apprendre qu'ils avaient pu quitter la métropole. C'est le cas de Jean Aurenche, réfugié au Maroc, ainsi que de René Clair, qui est passé en Espagne le 25 juin et s'est de là embarqué pour New York. La production, bien entendu, est interrompue, mais pas l'exploitation. Dans la capitale occupée, une vingtaine de salles ont rouvert dès le 19 juin. Au début de ce mois, elles étaient cent à fonctionner normalement ; ou presque normalement : il y a quelques jours, c'est avec une copie sous-titrée en allemand de *l'Etrange Monsieur Victor* que le Ciné-Ermitage rouvrait. (→4.11)

Louis Jouvet rend visite à Madeleine Renaud et Jean Gabin dans le décor de « Remorques », dont Jean Grémillon a pu achever le tournage en juin.

Vivien Leigh dit oui à Laurence Olivier

New York, 30 août
Les deux comédiens britanniques Vivien Leigh et Laurence Olivier ont choisi les Etats-Unis pour se marier. Née aux Indes, Mary Hartley était devenue Vivien Leigh en se mariant avec Herbert Leigh Holman, dont elle a une fille. Divorcée depuis cinq ans, Vivien a rencontré Laurence Olivier à l'automne 1936, durant le tournage de *l'Invincible Armada* (*Fire over England*), de William K. Howard. Olivier a lui-même récemment divorcé de la comédienne Jill Esmond, qui fut son épouse de 1930 à 1940. Vivien et Laurence espéraient jouer ensemble dans *les Hauts de Hurlevent* (*Wuthering Heights*), de William Wyler, mais Merle Oberon a obtenu le rôle à la place de Vivien. Le couple doit aller vivre à Londres, bien que l'actrice soit réclamée aux Etats-Unis depuis son Oscar pour *Autant en emporte le vent*. (→30.11.44)

Une arme absolue contre le dictateur

« Le Dictateur », de Charlie Chaplin, use à l'égard des fantoches sanglants de la planète de l'arme absolue de la dérision.

New York, 15 octobre
Le Dictateur (*The Great Dictator*), le nouveau film de Charles Chaplin, vient d'être présenté à l'Astor et au Capitol, deux des principales salles de New York. Il s'agit du premier film véritablement parlant du réalisateur des *Lumières de la ville* et des *Temps modernes*. C'est en apprenant que ses films venaient d'être interdits en Allemagne que Chaplin eut l'idée de cette satire féroce. Par une étonnante coïncidence, Adolf Hitler est né la même année et le même mois que l'acteur. Qui plus est, il arbore une ridicule moustache qui n'est pas sans rappeler celle de Charlot. Dans *le Dictateur*, Chaplin incarne deux rôles simultanément : celui d'un petit barbier juif, vétéran de la Grande Guerre, et celui d'Adenoïd Hynkel, un tyran qui prend le pouvoir une quinzaine d'années plus tard. Comble de la moquerie, ce dernier s'exprime dans un langage incompréhensible, mélange de yiddish, de cockney et de judéo-allemand. Le tournage, qui a coûté quelque deux millions de dollars, avait commencé en septembre 1939, six jours à peine après le déclenchement du conflit européen. Il ne se poursuivit jusqu'en juillet dernier. Aux côtés de Chaplin, Jack Oakie incarne Napaloni, truculente parodie de Mussolini. Sa bonhomie paysanne contraste avec l'aspect neurasthénique d'Adenoïd Hynkel. L'épouse du réalisateur, Paulette Goddard, interprète quant à elle une jeune femme juive, prénommée Hannah. Il s'agit probablement de sa toute dernière apparition « chaplinesque » : la rumeur raconte que les deux époux, mariés depuis le printemps 1936, vivraient actuellement séparés. (→31.10.42)

Veit Harlan éxécuteur de basses œuvres

Berlin, 24 septembre
Avec *le Juif Süss* (*Jud Süss*), Veit Harlan réalise une œuvre d'allégeance au Troisième Reich. *La Peste à Paris* (*Verwethe Spuren*) en 1938, *l'Accusé de Nuremberg* (*Das Unsterbliche*) en 1939 glorifiaient déjà l'idéologie nazie. Dans *le Juif Süss*, Harlan justifie la férocité de ses dirigeants à l'encontre des peuples déclarés nuisibles par le Reich. Plus efficace que talentueux, il met habilement cette idée en images par le biais d'un personnage caricatural. Süss, conseiller financier du duc de Wurtemberg au XVIIIe siècle, profite de ses privilèges pour ouvrir les portes de Stuttgart à ses semblables. Repoussé par la fille du duc, il la viole et la pousse au suicide. Il sera alors pendu et les Juifs bannis. Harlan absout ainsi tous les pogroms, déportations, génocides, passés et futurs. (→14.2.41)

H. George et F. Marian dans « le Juif Süss », archétype du cinéma nazi.

Aux côtés de Chaplin-Hynkel, Jack Oakie est un savoureux Napaloni.

L'Etat français organise le cinéma

Paris, 4 novembre
Le gouvernement de Vichy vient de faire paraître au *Journal officiel* le texte d'un décret portant sur la création d'un organisme appelé le Comité d'organisation de l'industrie cinématographique (COIC), afin de réglementer l'industrie cinématographique. Cet organisme comprend un directeur responsable et une commission consultative de vingt membres, elle-même divisée en cinq sous-commissions correspondant aux cinq branches d'activités : les industries techniques, la production, la distribution et l'exportation, l'exploitation et, enfin, la création. Le COIC doit prendre les mesures utiles en matière économique, technique ou sociale. Il peut assumer la direction des organismes constitués par la profession et en assurer la représentation dans leurs rapports avec les organismes français et étrangers. (→ 31.12.41)

Une grande année Disney, de « Pinocchio » à « Fantasia »

Après le succès de ses premiers longs métrages, Walt Disney tente la gageure de la transposition visuelle de la musique.

Etats-Unis, 13 novembre
Stratège omniprésent, Walt Disney dirige ses troupes sur plusieurs fronts. Ces dernières années, il a fait avancer simultanément plusieurs projets tout en préparant le transfert de ses studios à Burbank. Le résultat de ces grandes manœuvres est impressionnant, puisqu'il sort deux longs métrages à neuf mois d'intervalle. En février dernier, ce fut d'abord *Pinocchio*, qu'il a pu mener tambour battant, fort de l'expérience acquise avec *Blanche-Neige et les Sept Nains*. Adaptation du conte de Collodi, *Pinocchio* est une incontestable réussite. L'emploi généralisé de la caméra multiplane, donnant au spectateur l'illusion de la profondeur, ajoute à l'enchantement des paysages. Pour les personnages, les animateurs se sont inspirés de modèles réalisés en volume (argile ou bois), et même d'acteurs filmés dans leur costume. Aujourd'hui, Disney propose avec *Fantasia* une œuvre beaucoup plus audacieuse et d'un genre inédit. Il s'agissait à l'origine de redonner la vedette à Mickey, chargé « d'interpréter » *l'Apprenti sorcier*, de Paul Dukas, sous la direction musicale de Leopold Stokowski. En étroite collaboration avec ce grand chef, le projet a pris de l'ampleur et s'est transformé en un long métrage à caractère expérimental. Divisé en sept parties, le film accorde des traitements plastiques variés aux musiques de Bach, Tchaïkovski, Stravinski, Moussorgski et autres Beethoven... Entre deux morceaux lyriques ou symbolistes, Disney parodie la danse classique avec des hippopotames en tutu, n'hésite pas à utiliser l'abstraction et à visualiser la bande sonore. (→ 13.6.41)

Marcel Pagnol fait un retour aux sources

Lyon, 20 décembre
Encore inédit à Paris, *la Fille du puisatier*, de Marcel Pagnol, entame en zone libre une carrière qui s'annonce triomphale. Le tournage du film a commencé le 20 mai. Puis il a été interrompu par l'exode et a repris le 13 août, toujours avec les mêmes interprètes, dont Raimu dans le rôle du puisatier, Josette Day dans celui de sa fille et Fernandel dans celui de l'ouvrier au grand cœur. Seule Betty Daussmond a été remplacée, par Line Noro. Emouvant drame humain, le film évoque la défaite de la France face aux armées allemandes et ses conséquences sur la vie des personnages. Ceux-ci, éprouvés par la dureté de l'époque, se raccrochent encore plus à tout ce qui donnait son sens et sa valeur à leur existence : l'amour de la terre, de l'eau, des arbres et du ciel bleu. Pour cela, ils sont proches des personnages des précédentes chroniques provençales de Pagnol, notamment *Regain* et *Angèle*, qui eux aussi manifestaient les mêmes attachements, bien que leur époque fût moins trouble. Continuant à vivre et à travailler dans son Midi natal, Pagnol ne dissimule pas les réalités politiques nouvelles ; mais il se refuse à les laisser alourdir son œuvre. C'est pourquoi nous retrouvons dans *la Fille du puisatier* l'art de vivre qui faisait la valeur de ses précédents films. Homme-orchestre complet, il a écrit, réalisé, produit et distribué son nouveau film, qu'il a par ailleurs tourné dans ses propres studios à Marseille, ainsi que dans un village de Provence pour les scènes d'extérieur. (→ 16.1.48)

Ce film marque le réveil de la production française après la défaite.

« Pinocchio » est le deuxième long métrage sorti des studios de Disney.

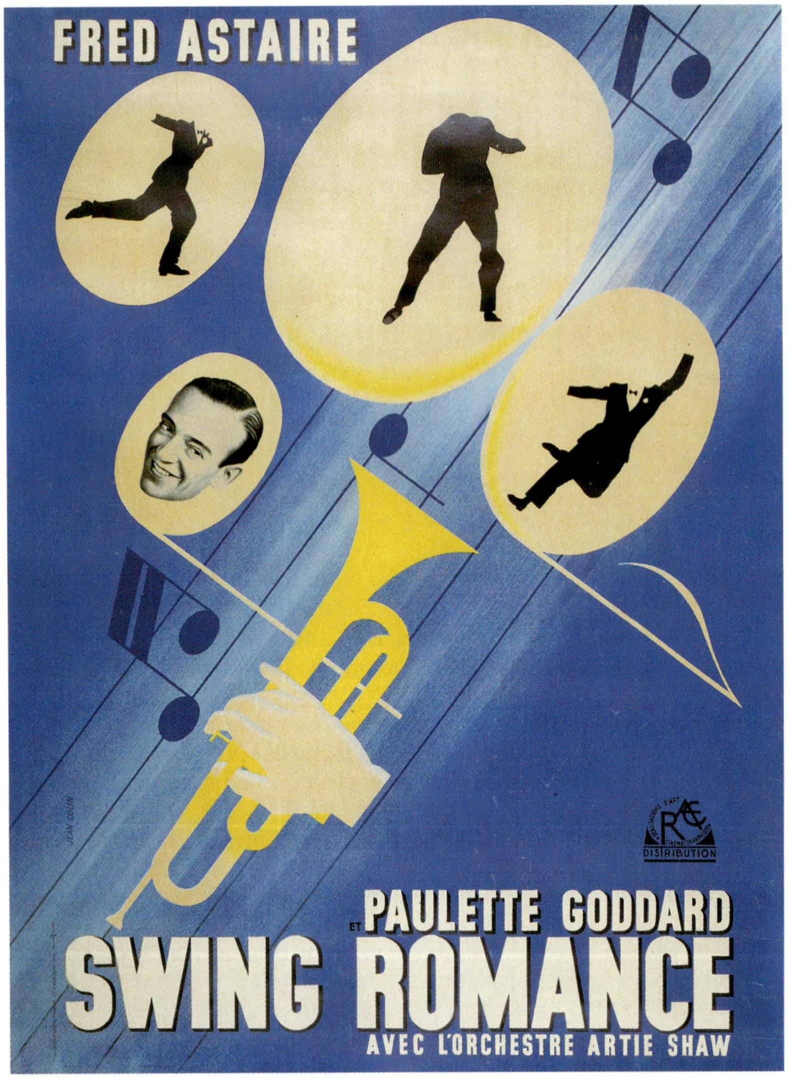

Affiche de Jean Colin pour le film d'Hank C. Potter : « Swing Romance ».

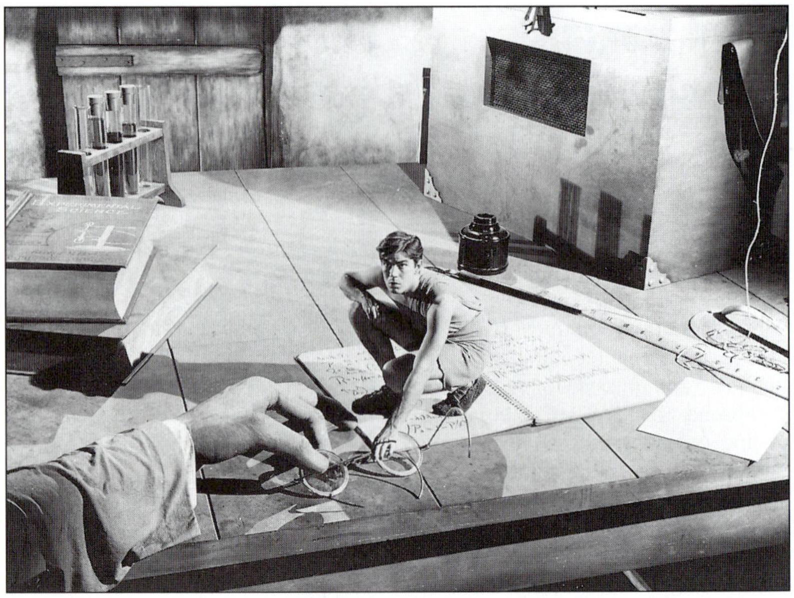

Charles Halton dans « Docteur Cyclops », un film d'Ernest Schoedsack.

Henry Daniell et Errol Flynn dans « l'Aigle des mers », de Michael Curtiz.

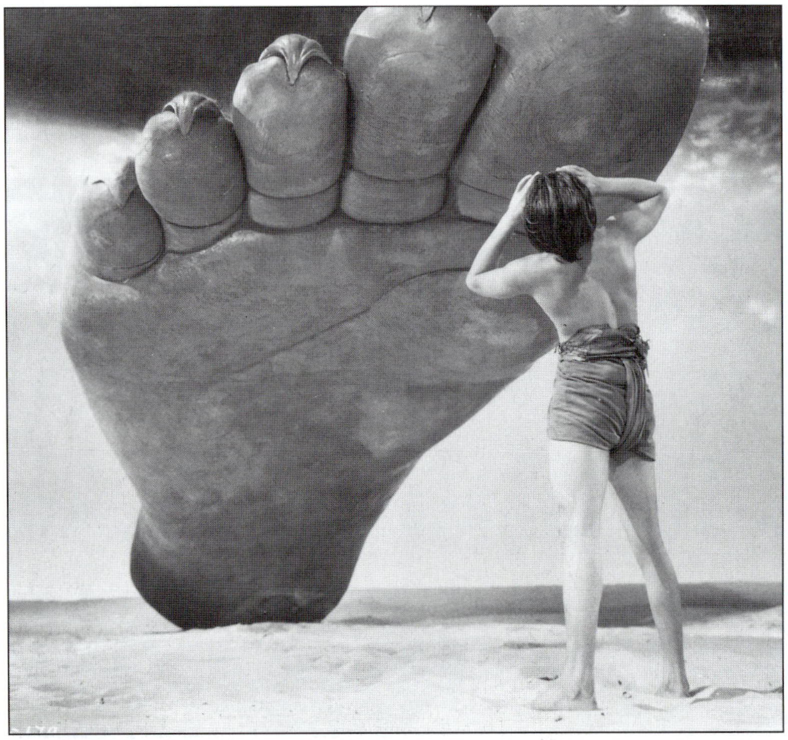

Sabu dans « le Voleur de Bagdad », de L. Berger, T. Whelan et M. Powell.

T. Power dans « le Signe de Zorro ».

Une affiche de René Lefèbvre.

G. Raft, H. Bogart et I. Lupino.

Le premier Hitchcock américain.

Affiche d'Albert Jorio pour un film dont le tournage fut arrêté par la guerre.

James Stewart, Cary Grant et Katharine Hepburn dans « Indiscrétions ».

W. C. Fields et Mae West dans « Mon petit poussin chéri », d'Edward Cline.

Jane Darwell, Henry Fonda et Russell Simpson : « les Raisins de la colère ».

1941

Oscars, Hollywood
Film : *Rebecca* (Alfred Hitchcock).
Acteur : James Stewart.
Actrice : Ginger Rogers.

New York, 10 janvier
Toute mention de *Citizen Kane* et des films RKO est bannie des publications de la presse Hearst, qui considère le film comme diffamatoire et multiplie les menaces de procès. (→ 1.5)

Hollywood, 15 janvier
Jean Renoir signe un contrat d'un an avec la 20th Century-Fox. De Darryl F. Zanuck, vice-président, Renoir dit : « Un producteur qui va jusqu'à choisir les cravates de ses interprètes. »

New York, 31 janvier
Sortie de *Joies matrimoniales* (*Mr. and Mrs. Smith*), d'Alfred Hitchcock, avec Carole Lombard. C'est elle qui a demandé au réalisateur de la diriger dans un film. (→ 27.2)
0

Paris, 14 février
Sortie à Paris du film allemand *le Juif Süss*, de Veit Harlan. Le succès est immédiat. (→ 24.11.42)

Hollywood, 21 février
Rita Hayworth est en vedette, pour la première fois, dans la piquante comédie de Raoul Walsh qui sort aujourd'hui, *Strawberry Blonde*, avec Olivia de Havilland et James Cagney. (→ 22.5.42)

Washington, 8 mars
Le gouvernement rend publics les salaires des dirigeants de grandes sociétés. Louis B. Mayer (MGM) est le vice-président et directeur général le mieux payé du pays : près de 700 000 dollars par an.

Moscou, 15 mars
Sergueï Eisenstein reçoit le prix Staline de première catégorie pour le film *Alexandre Nevski*.

New York, 17 avril
Malgré les témoignages de Charlie Chaplin et du compositeur Irving Berlin, Joseph M. Schenck, président de la 20th Century-Fox, est reconnu coupable de fraude fiscale et de corruption. Il quitte son poste.

Los Angeles, 13 juin
Par solidarité avec les grévistes de Disney, qui réclament en vain des augmentations de salaires et la reconnaissance de leur syndicat, la Fédération américaine du travail (AFL) appelle au boycott des productions Disney. (→ 3.2.45)

Hollywood, 14 juin
Aux studios Warner Bros, John Huston commence le tournage du *Faucon maltais*, son premier film comme réalisateur. (→ 18.10)

Berlin, 24 juin
Une circulaire du ministère de la Propagande et de l'Information enjoint à la presse de « cesser immédiatement tout débat sur les films américains ». Elle précise que « le public allemand ne s'intéresse qu'à des films allemands ». (→ 31.12.42)

Paris, 30 juin
Mis en cause comme Juif, et tombant de ce fait sous le coup des lois du gouvernement de Vichy, Abel Gance doit fournir à la direction du cinéma la preuve de ses origines « aryennes ». (→ 20.12.44)

Berlin, 31 juillet
Création d'une chambre internationale du cinéma. Extrapolation de la Reichskammerfilm, elle étend la tutelle allemande aux industries cinématographiques des pays satellites ou occupés.

Hollywood, 1er août
Orson Welles commence à écrire le scénario de *Voyage au pays de la peur* (*Journey into Fear*), d'après le roman d'Eric Ambler. Son ami, le comédien Joseph Cotten, participe également à ce travail d'écriture. (→ 4.2.42)

Hollywood, 31 août
Remarquée par un responsable de la MGM grâce à une photographie, Ava Gardner signe un contrat de sept ans et entre ainsi dans le sérail convoité des « stars en herbe », les Goldwyn Girls. (→ 28.8.46)

Berlin, 5 septembre
Après six ans d'exil en France puis un passage en Suisse, et sur la demande insistante de Goebbels, G. W. Pabst est revenu en Allemagne. Il y présente *les Comédiens* (*Komödianten*), avec Henny Porten et Hilde Krahl.

Moscou, 16 septembre
Sortie de *Mascarade*, de Serge Guérassimov, d'après une pièce de Mikhaïl Lermontov.

Washington, 21 septembre
Harry M. Warner, président de la Warner Bros, témoigne devant une commision d'enquête sur la « propagande cinématographique ». Il y défend ses productions contre l'accusation de « militarisme et d'incitation à la guerre ».

Hollywood, 30 septembre
Walt Disney présente à la presse son nouveau dessin animé de long métrage, *Dumbo*, racontant les aventures d'un éléphanteau volant.

Rome, 4 octobre
Sortie du *Navire blanc* (*La Nave bianca*), premier long métrage de Rossellini, supervisé par Francesco De Robertis, avec des interprètes non professionnels. Ce film est une évocation sans complaisance de la guerre maritime. (→ 17.1.44)

New York, 5 octobre
Le producteur David O. Selznick, enrichi par le succès d'*Autant en emporte le vent*, acquiert 25 % des Artistes associés. (→ 16.11.42)

Union soviétique, 14 octobre
Devant l'avancée des troupes allemandes, Eisenstein et le personnel de Mosfilm sont transférés au Kazakhstan, à Alma-Alta. (→ 16.1.45)

Los Angeles, 28 octobre
Sortie du premier film américain de Jean Renoir, *l'Etang tragique* (*Swamp Water*), avec Walter Brennan, Walter Huston, Anne Baxter et Dana Andrews. (→ 27.5.43)

Tokyo, 1er décembre
Travaillant pour la Shochiku depuis la faillite de la Nikkatsu, Kenji Mizoguchi revient aux films historiques (surnommés les « films-sabres » ou *jidaï-geki*) avec *les Quarante-Sept Ronins* (*Genroku Choshingura*). (→ 17.12.46)

Hollywood, 12 décembre
Le réalisateur Frank Capra rend publique son intention de s'engager dans le Service cinématographique de l'armée. Il entend mettre son savoir-faire à la disposition de la démocratie. (→ 1.9.44)

New York, 26 décembre
Sortie de *Shanghai Gesture*, de Josef von Sternberg, interprété par Gene Tierney, Walter Huston, Victor Mature et Ona Munson. C'est le premier film important pour Sternberg depuis sa séparation d'avec Marlène Dietrich. (→ 11.10.44)

Chine, 28 décembre
Les frères Wan présentent *la Princesse à l'éventail de fer* (*Tie Shan Gongzhu*), le premier long métrage chinois d'animation, qui plaît par son ton résolument anti-japonais.

Hollywood, 31 décembre
Le producteur Hal Wallis adresse la note suivante à tous les départements de la Warner Bros : « L'histoire dont nous avons récemment acquis les droits, intitulée *Everybody Comes to Rick's*, sera, à partir de maintenant, connue sous le titre de *Casablanca*. » (→ 24.4.42)

NAISSANCES
Bascom, Floride, 14 janvier
Faye Dunaway.

Parme, 16 mars
Bernardo Bertolucci.

Zurich, 22 mars
Bruno Ganz.

Chambéry, 7 avril
Daniel Toscan du Plantier.

Assam, Inde, 14 avril
Julie Christie.

Paris, 13 juillet
Jacques Perrin
(*Jacques Simonet).

Puerto Mont, Chili, 25 juillet
Raul Ruiz.

La Havane, 4 décembre
Humberto Solas.

« Citizen Kane », le tout premier film d'Orson Welles, est une œuvre accomplie, où la nouveauté de la forme égale la richesse du sujet.

EVERYBODY'S TALKING ABOUT IT!
It's Terrific!
ORSON WELLES
CITIZEN KANE
The Mercury Actors
JOSEPH COTTEN
DOROTHY COMINGORE
EVERETT SLOANE
RAY COLLINS
GEORGE COULOURIS
AGNES MOOREHEAD
PAUL STEWART
RUTH WARRICK
ERSKINE SANFORD
WILLIAM ALLAND

La RKO impose « Citizen Kane » contre Hearst

Le film d'Orson Welles s'inspire ouvertement de la vie du magnat de la presse W. R. Hearst, bien malgré lui.

New York, 1er mai

Citizen Kane, le premier film d'Orson Welles, est enfin projeté dans les salles de la ville. La sortie prévue d'abord pour le 14 février dernier avait été à plusieurs reprises repoussée, du fait des campagnes de presse organisées par le magnat de la presse William Randolph Hearst. Celui-ci aurait en effet inspiré, bien malgré lui, et au même titre que Basil Zaharoff et Howard Hughes, le réalisateur pour son personnage mégalomaniaque de Charles Foster Kane. La RKO, qui a produit le film, n'a pas cédé aux pressions, allant même jusqu'à organiser plusieurs projections privées avant de le présenter à la presse, le 9 avril. Pour sa première incursion dans le domaine du cinéma, Welles, âgé de vingt-cinq ans seulement, frappe un grand coup et démontre une parfaite maîtrise du septième art. Ce brillant acteur et metteur en scène du Mercury Theatre avait acquis la célébrité en adaptant pour la radio, le 30 octobre 1938, le roman d'Herbert George Wells : *la Guerre des mondes*. Les auditeurs, par milliers, crurent au débarquement des Martiens dans le New Jersey, ce qui engendra une panique sans précédent. Rançon de la gloire, le trublion et son associé John Houseman, sollicités par Hollywood, signèrent quelques mois plus tard un contrat avec la RKO de George Schaeffer. Le contrat offrait à Welles l'occasion de produire, écrire, mettre en scène et interpréter deux films à sa guise. Après avoir envisagé de réaliser des adaptations du *Cœur des ténèbres*, de Joseph Conrad et de *The Smiler with the Knife*, de Nicholas Blake, le jeune prodige mit en chantier, au début de l'année dernière, le très ambitieux projet de *Citizen Kane*. Il a réalisé, avec Herman J. Mankiewicz, sept versions successives du scénario, avant de débuter le tournage en juillet. Les prises de vues ont duré trois mois, sous l'œil aguerri du caméraman Gregg Toland, qui vient de recevoir un Oscar pour *les Hauts de Hurlevent*. La plupart des rôles ont été attribués à des acteurs du Mercury Theatre, habituels collaborateurs du réalisateur, à commencer par Ray Collins et Joseph Cotten. Le film recoupe cinq témoignages fort différents sur la vie du héros, sur son ascension sociale et sur sa sombre vie privée. « Le public est seul juge, commente Welles. Kane est à la fois un idéaliste et un escroc, un très grand homme et un individu médiocre. Tout dépend de celui qui en parle. Il n'est jamais vu à travers l'œil objectif d'un auteur. Le but du film réside d'ailleurs plus dans la présentation du problème que dans sa solution. » L'accueil enthousiaste de la critique et les premières réactions du public, également favorables, laissent présager une belle carrière à cette œuvre. (→ 1.8)

Le personnage de Susan (Dorothy Comingore) évoque celui de Marion Davies.

L'enquête remonte jusqu'à l'enfance de Kane pour lui arracher son secret.

Maurice Tourneur, cinéaste élisabéthain

Paris, 10 mai
Créé en 1929 au théâtre de l'Atelier par et avec Charles Dullin, *Volpone*, la pièce de l'écrivain élisabéthain Ben Jonson revue et adaptée par Jules Romains, est devenu un film qui sort sur les écrans. Commencé par le réalisateur Jacques de Baroncelli, il a été interrompu pour des raisons financières avant d'être repris par Maurice Tourneur. Ce dernier s'est sans doute rappelé la performance de Dullin lors de la présentation théâtrale de cette comédie, car il lui a confié l'un des trois rôles les plus importants, celui de Corbaccio. Le colossal Harry Baur a l'honneur d'incarner Volpone, héros tragi-comique flanqué d'un homme à tout faire joué par le « patron », Louis Jouvet. Habilement dirigés par Tourneur, ces trois monstres sacrés, qui sont aussi de sacrés monstres, assurent le succès du film. (→ 3.5.48)

Charles Dullin et Louis Jouvet dans « Volpone », d'après Ben Jonson.

Les Oscars vont à Hitchcock et Ford

Hollywood, 27 février
La treizième soirée de remise des Oscars, dont le maître de cérémonie est Bob Hope, commence par un discours du président Roosevelt en direct de la Maison Blanche. Désormais, les noms des lauréats sont tenus secrets pour n'être révélés que lors de la remise des prix. Ils étaient auparavant connus du public une semaine avant la cérémonie. Les Oscars d'interprétation couronnent Ginger Rogers pour *Kitty Foyle*, de Sam Wood, et James Stewart pour *Indiscrétions* (*The Philadelphia Story*), de George Cukor. Les meilleurs seconds rôles sont Jane Darwell pour *les Raisins de la colère* (*The Grapes of Wrath*), de John Ford, et Walter Brennan pour *le Cavalier du désert* (*The Westerner*), de William Wyler. Brennan obtient son troisième Oscar en cinq ans. Le meilleur réalisateur est John Ford, dont *les Raisins de la colère* a obtenu quatorze nominations. Le meilleur film est *Rebecca*, d'Hitchcock, tiré de l'œuvre de Daphné du Maurier, avec Laurence Olivier. (→ 26.2.42)

Howard Hawks, la guerre et la paix

Hollywood, 2 juillet
Sergent York (*Sergeant York*), le nouveau film d'Howard Hawks, sort sur les écrans. Le sujet en est particulièrement brûlant, à une période cruciale de l'histoire où les Etats-Unis s'interrogent sur leur intervention possible dans le conflit mondial. Gary Cooper incarne un paysan puritain et pacifiste qui, durant la Grande Guerre, renonce à ses convictions profondes, s'engage dans l'armée et part combattre sur le front français. (→ 5.2.43)

Gary Cooper dans « Sergent York ».

Bette Davis en a assez de William Wyler

New York, 8 août
Les spectateurs privilégiés de la première du nouveau film de William Wyler, *la Vipère* (*The Little Foxes*), ont unanimement salué la prestation de Bette Davis. Comme dans la pièce originale de Lillian Hellman, *les Petits Renards*, l'action se passe au tout début du siècle, en Louisiane, dans un milieu huppé d'industriels affairistes : l'actrice y incarne une femme du monde particulièrement odieuse qui laisse mourir son banquier de mari afin d'hériter de son immense fortune. Un rôle en or pour cette habituée des Oscars, plébiscitée par la profession à l'occasion d'un récent référendum organisé par le *Motion Picture Herald*. Pourtant, *la Vipère* risque de marquer le divorce artistique entre la star et son réalisateur fétiche. Wyler et Bette, qui ont déjà tourné deux autres films fameux ensemble, les inoubliables *l'Insoumise* et *la Lettre*, se sont en effet violemment opposés durant le tournage au point de se séparer d'un commun accord. Le différend portait sur l'interprétation de l'actrice, jugée par le metteur en scène terne et sans nuance. Et pourtant, sa performance est remarquable, dans un rôle particulièrement maléfique, où son caractère est encore accentué par l'épaisseur des fards. (→ 4.6.42)

« La Vipère », son dernier film sous la férule de Wyler, avec Herbert Marshall.

Le cœur de Marlène bat pour Jean Gabin

Hollywood, 1er août
Après avoir obtenu l'autorisation de Jean-Louis Tixier-Vignancour de partir aux Etats-Unis afin d'y tourner un film pour la Fox, Jean Gabin est arrivé à New York en janvier, après un long trajet par l'Espagne et le Portugal. Il est aujourd'hui à Hollywood, où il s'est mis aussitôt à apprendre l'anglais, langue qu'il ignorait totalement. Il y fréquente la colonie française en exil, composée de Charles Boyer, Jean-Pierre Aumont, René Clair, Marcel Dalio, Julien Duvivier et Jean Renoir, parmi d'autres. Dirigé par Fritz Lang, le tournage de *la Péniche de l'amour* (*Moontide*) devrait commencer dans quelques mois. Gabin trompe l'attente dans les bras de Marlène Dietrich, dont il a fait la connaissance en France il y a quelques semaines, quand ils furent présentés par des amis communs lors d'un dîner. De nombreuses autres liaisons ont été prêtées au jeune premier français depuis son divorce d'avec Doriane et son éloignement de Michèle Morgan. Cette fois, avec Marlène, l'union semble sérieuse et durable. Leurs proches affirment qu'ils ne se quittent plus depuis le jour de leurs retrouvailles. Peut-être vont-ils tourner un prochain film ensemble ? On en parle déjà... (→ 31.12.42)

La couronne de Venise est lourde à porter

« La Couronne de fer », d'Alessandro Blasetti, renoue avec les thèmes du muet.

Venise, 14 septembre
Peut-on appeler festival ces « semaines cinématographiques » ? Depuis l'an dernier, l'île du Lido n'accueille plus que des productions italiennes et allemandes. Pour le lauréat de la coupe Mussolini, la récompense n'a pas la même valeur que pendant ces années où le septième art international était représenté. Alessandro Blasetti devient le héros dérisoire d'une parodie de fête orchestrée par Hitler et Mussolini. Une situation paradoxale pour l'un des artistes les plus influents de sa génération. D'abord critique, puis réalisateur de *Soleil, Terra Madre, 1860, Vieille Garde*... il a participé activement à la renaissance du cinéma italien. Le film lauréat, *la Couronne de fer* (*La corona di ferro*) réunit tous les atouts pour diviser les spectateurs. Certains crient au génie, d'autres sont agacés. Blasetti situe son récit dans un Moyen Age revu par Cinecittà. L'action s'agrémente de rebondissements savoureux. Blasetti réalise un film peut-être trop riche de trouvailles visuelles. Mais, tout en renouant avec le genre épique, il affiche un certain pacifisme qui ne manque pas de charme. (→ 1.9.46)

Coup d'essai et de maître de John Huston

New York, 18 octobre
John Huston, fils de l'acteur Walter Huston, était jusqu'ici connu en tant que dialoguiste à l'Universal et scénariste à la Warner. C'est pour cette dernière qu'il vient de tourner *le Faucon maltais* (*The Maltese Falcon*), son premier film comme réalisateur, qui est la troisième adaptation à l'écran du roman de Dashiell Hammett. Le faucon dont il est question dans le titre est une précieuse statuette que se disputent le détective privé Sam Spade et une bande de gangsters. Pour le rôle du détective, Huston désirait avoir George Raft. Mais, devant le refus de celui-ci, le réalisateur a eu l'idée d'engager Humphrey Bogart, un spécialiste des personnages de malfrats qui n'a pas encore accédé aux premiers rôles. Le choix de cet acteur compte beaucoup dans la réussite du film. La forte personnalité de Bogart et son talent font de lui le meilleur interprète à ce jour du personnage de Sam Spade, qu'il transforme en un détective sans illusions et « dur à cuire ». Il est soutenu par Sidney Greenstreet et Peter Lorre, qui composent à ses côtés d'inoubliables escrocs. Huston, en bon adaptateur, a retenu du roman de Hammett ses dialogues incisifs, sa narration efficace et sa vision désabusée de la société américaine contemporaine. (→ 23.1.48)

« Qu'elle était verte ma vallée » malgré la mine et ses terrils

New York, 28 octobre
Qu'elle était verte ma vallée (*How Green Was my Valley*), le nouveau film de John Ford, est projeté sur les écrans. Il s'agit de l'adaptation du fameux roman de Richard Llewellyn, dont l'action se déroule, à la fin du XIXe siècle, dans le monde des mineurs du pays de Galles. La misère, les grèves interminables et les accidents de la mine ponctuent cette fresque ambitieuse, produite une fois de plus par la Twentieth Century-Fox de Darryl F. Zanuck. C'est William Wyler qui devait à l'origine réaliser le film. Mais, finalement, le choix de Ford se révéla fort judicieux. Celui-ci s'inspira en effet de ses propres souvenirs d'enfance pour rendre l'adaptation plus sensible. (→ 26.2.42)

Elisa Cegani et Luisa Ferida dans les décors de « la Couronne de fer ».

Walter Pidgeon et Roddy Mc Dowall avec les mineurs gallois, héros de l'émouvant film de John Ford.

Alfred Hitchcock et la morale du soupçon

Hollywood, 16 novembre
Le quatrième film américain d'Alfred Hitchcock, *Soupçons* (*Suspicion*), sort dans les salles. A cette occasion, le maître anglais retrouve pour la deuxième fois son actrice fétiche de *Rebecca*, la charmante Joan Fontaine, devenue l'une des stars les plus cotées à Hollywood. Auprès d'elle, l'élégant Cary Grant interprète un personnage inquiétant et sans doute meurtrier, bien éloigné des rôles fantaisistes qui l'ont jusqu'ici rendu célèbre. *Soupçons* s'inspire du roman noir de Francis Iles, dont l'intrigue a été respectée : une jeune femme épouse un *dandy* désœuvré ; après quelques mois de vie commune, elle le soupçonne de vouloir l'empoisonner. L'action se situe du point de vue de Joan Fontaine ; ainsi, rien ne prouve que Grant ait effectivement des visées homicides. La production, en l'occurrence la RKO, a imposé une fin optimiste à Hitchcock. Dans le scénario original, corédigé par Samson Raphaelson, Joan Harrison et Alma Reville, l'homme tuait en effet sa femme, justifiant *a posteriori* les inquiétudes de cette dernière. Les moralistes de Hollywood ne pouvaient qu'être choqués par cette conclusion cynique. Qui plus est, sur un plan strictement commercial, Grant ne pouvait pas jouer jusqu'au bout le rôle d'un criminel. Le réalisateur se plia donc aux desiderata de ses employeurs et renversa la situation au cours d'une scène finale très controversée. Le film n'en confirme pas moins son talent indiscutable. (→ 7.5.42)

Hitchcock dirige Joan Fontaine et Cary Grant dans « Soupçons ».

Greta Garbo veut abandonner le cinéma

New York, 31 décembre
En ce dernier jour de l'année a lieu au Capitol, l'une des plus grandes salles de la ville, la soirée de gala de *la Femme aux deux visages* (*Two Faced Woman*), de George Cukor. Pour la seconde fois de sa carrière, Garbo joue dans une comédie après *Ninotchka*, d'Ernst Lubitsch. Elle incarne une jeune femme qui s'invente une sœur jumelle très différente d'elle afin de reconquérir son mari, lequel a succombé au charme d'une autre. Greta a ici pour partenaires Constance Bennett et Melvyn Douglas. Le critique du *Times* n'apprécie pas le film, et écrit avec virulence : « C'est une histoire absurde, vexatoire pour Garbo. C'est presque aussi choquant que de voir sa mère prise de boisson. » Déçue par ce rôle dans lequel elle se sent dévalorisée, la Divine confirme son intention d'abandonner le cinéma, comme elle l'avait déjà déclaré, le 31 mars dernier. Après vingt-sept films, elle prend sa retraite pour ne pas se voir vieillir à l'écran et pour laisser d'elle l'image d'une femme en pleine beauté dans l'esprit de ses admirateurs. A la fin de cette première, Greta Garbo déclare à la presse assemblée : « Trente-cinq ans est un âge où tout peut encore commencer. » (→ 9.2.51)

Le dernier film : « la Femme aux deux visages », de George Cukor.

Le cinéma français sous surveillance

« L'Assassinat du Père Noël », de Christian-Jaque, premier film Continental.

Paris, 31 décembre
Six ordonnances ont été prises à ce jour par la Propaganda Abteilung pour réglementer la profession cinématographique, dont l'exclusion professionnelle des Juifs, mesure que Vichy applique dès maintenant avec empressement. La première ordonnance, prise le 9 septembre 1940, a institué la censure allemande sur la distribution des films pour l'ensemble de la zone occupée. Un second texte daté du même jour réglemente strictement l'exploitation des salles et exige que les personnels fournissent extraits de casier judiciaire et certificats de bonne moralité. Les ordonnances suivantes ont établi le contrôle allemand sur les matériaux de prise de vue, notamment les négatifs, et ont interdit l'utilisation du format réduit français, le 17,5 mm, au profit du 16 mm. Tous les films sortis en France avant octobre 1937 ont de plus été retirés de l'exploitation. Le programme des représentations cinématographiques est désormais limité à la présentation des actualités, suivies soit d'un dessin animé, soit d'un film documentaire, et enfin d'un grand film. Le double programme est donc supprimé. Enfin, l'exercice de la profession est soumis à l'appréciation du haut commandement allemand, qui distribue seul les autorisations de travail dans les studios. Avec la création de la société Continentale, une filiale de l'UFA, et du circuit de la Société de gestion et d'exploitation de cinéma (Sogec), l'occupant achève encore de parfaire sa totale prise de contrôle du cinéma français. (→ 10.2.42)

Production Pathé-Cinéma, « Nous les gosses » révèle le cinéaste Louis Daquin.

Louis Jouvet et Harry Baur dans « Volpone », un film de Maurice Tourneur.

Jean-Louis Barrault, Edith Piaf et Roger Duchesne sont les principaux interprètes du film de Georges Lacombe « Montmartre-sur-Seine ».

Laurence Olivier et Vivien Leigh dans « Lady Hamilton », d'A. Korda.

Spencer Tracy dans « Docteur Jekyll et Mr. Hyde », de Victor Fleming.

Elisa Cegani dans « la Couronne de fer », d'Alessandro Blasetti.

Dana Andrews et Walter Huston dans « l'Etang tragique », de Jean Renoir.

Affiche pour un film inspiré d'un roman de Jack London.

Une affiche de Bernard Lancy.

Une affiche de Bernard Lancy.

Marlène détruit une belle amitié dans ce mélodrame de Raoul Walsh.

Rita Hayworth et Tyrone Power dans « Arènes sanglantes », de R. Mamoulian.

Mary Astor et Humphrey Bogart dans « le Faucon maltais », de John Huston.

Affiche pour un film d'H. Hawks.

« Johnny Eager », film de M. LeRoy.

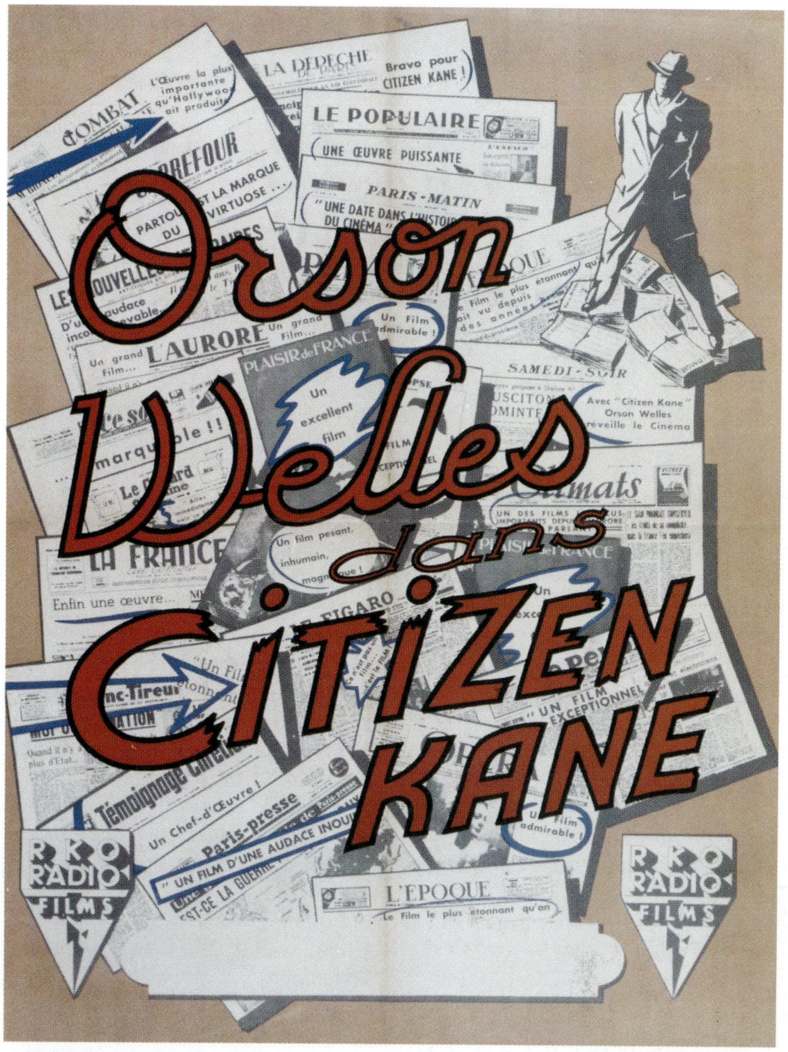

Affiche française non signée : un panel de journaux de toutes tendances.

Charles Boyer et Olivia De Havilland dans « Par la porte d'or », de M. Leisen.

1942

Oscars, Hollywood
Film : *Qu'elle était verte ma vallée* (John Ford).
Acteur : Gary Cooper.
Actrice : Joan Fontaine.

Lyon, 1er janvier
La pénurie de charbon oblige les usines Lumière à fermer. La fabrication de pellicule négative en zone libre est de ce fait arrêtée.

Hollywood, 24 janvier
David O. Selznick donne à la jeune comédienne Phyllis Walker, qu'il a prise sous contrat, le nom de Jennifer Jones. (→ 27.12.43)

Paris, 31 janvier
Comparativement à janvier 1941, les recettes de cinéma ont augmenté de 68 %. (→ 18.11)

Los Angeles, 4 février
Orson Welles quitte la ville pour rejoindre son équipe à Rio de Janeiro, où il doit filmer le Carnaval pour un épisode du projet « pan-américain » *It's All True*. (→ 1.7)

Vichy, 10 février
Une loi interdit désormais à toute personne juive ou étrangère d'utiliser un pseudonyme pour travailler dans le cinéma. (→ 30.5)

Alger, 16 février
En raison de la pénurie de charbon, les matinées des cinémas sont supprimées en semaine. (→ 12.1.43)

Hollywood, 17 février
Ernst Lubitsch présente sa dernière comédie, *Jeux dangereux* (*To Be or not To Be*), avec Carole Lombard, dont c'est le dernier film, Jack Benny et Robert Stack. Elle a pour héros des acteurs polonais en lutte contre les nazis. (→ 11.8.43)

Copenhague, 19 février
A la sortie du film de Bodil Ipsen et Lau Lauritzen Jr., *la Princesse des faubourgs/Egarement* (*Afsporet*), la critique applaudit. (→ 26.12.45)

Paris, 1er mars
Le dessin animé français renaît avec quatre films en cours de réalisation, dont *le Marchand de notes*, de Paul Grimault, produit par la filiale de l'UFA, Continental. (→ 19.11.43)

Moscou, 29 mars
Sortie de *la Défense de Tsaritsyne* (*Oborona Tsaritsyna*), film patriotique de Serge et Georges Vassiliev.

Paris, 9 avril
A l'Exposition internationale « le bolchevisme contre l'Europe », le secrétariat général à l'Information présente le film *Français, vous avez la mémoire courte.*

Hollywood, 24 avril
Ingrid Bergman, sous contrat avec Selznick, est « prêtée » à la Warner pour être la vedette féminine de *Casablanca*, et de son côté la Warner met Olivia De Havilland à la disposition du producteur pour huit semaines.

New York, 7 mai
Première au Radio City Hall du film *Cinquième Colonne* (*Saboteur*), d'Hitchcock, avec Robert Cummings et Priscilla Lane. (→ 12.1.43)

Hollywood, 22 mai
La comédienne Rita Hayworth divorce du milliardaire Edward Judson. Elle est tombée amoureuse de son partenaire Victor Mature, lors du tournage de *Mon amie Sally* (*My Gal Sal*), du réalisateur Irving Cummings. (→ 7.9.43)

New York, 29 mai
Sortie de *la Glorieuse Parade* (*Yankee Doodle Dandy*), de Michael Curtiz, avec James Cagney, Walter Huston et Joan Leslie.

Paris, 25 juin
En l'absence de Claude Autant-Lara, occupé au tournage de *Lettres d'amour*, Pierre Guerlais, le producteur du film, réalise lui-même les dernières scènes du *Mariage de Chiffon*. (→ 10.11.43)

Paris, 8 juillet
Sacha Guitry, au gala de l'Union des artistes, fait don d'un Utrillo d'une valeur de 650 000 francs. De très nombreux artistes assistent au spectacle. (→ 24.10.44)

Moscou, 9 juillet
Leningrad en armes, film de montage documentaire, réalisé par quatre opérateurs pendant le siège de la ville, est présenté par les studios de Leningrad.

Paris, 19 juillet
Mort soudaine dans la nuit de la réalisatrice d'avant-garde et théoricienne du cinématographe, Germaine Dulac (*18.11.1882).

Paris, 7 août
Sortie de *L'assassin habite au 21*, de Henri-Georges Clouzot, avec Suzy Delair et Pierre Fresnay. (→ 28.9.43)

Hollywood, 31 août
Darryl F. Zanuck démissionne de son poste de chef de la production de la 20th Century-Fox pour servir sous les drapeaux au grade de colonel, dans les services cinématographiques du Signal Corps.

Vichy, 15 octobre
A compter de ce jour, aucun film américain ou anglais ne peut être projeté en France. Les copies doivent être remises au ministère de l'Information. (→ 15.4.43)

Hollywood, 31 octobre
Charlie Chaplin commence à travailler à un scénario sur la vie de Landru. Il paie 5 000 dollars Orson Welles pour lui avoir suggéré l'idée de ce film. (→ 16.6.43)

Paris, 13 novembre
La comédienne Gina Manès est grièvement blessée par un tigre, alors qu'elle participait à un numéro du cirque Médrano.

New York, 16 novembre
Un article du *New York Times* annonce que David O. Selznick vient de prêter à la Fox la plupart de ses artistes sous contrat : Dorothy Mc Guire, Joan Fontaine, Gregory Peck, ainsi que le réalisateur Alfred Hitchcock.

Los Angeles, 19 novembre
Sortie de *Ma femme est une sorcière* (*I Married a Witch*), de René Clair, interprété par Fredric March et Veronica Lake. (→ 17.3.50)

Berlin, 24 novembre
Sortie de *la Ville dorée* (*Die goldene Stadt*), de Veit Harlan, réalisé en Agfacolor. (→ 5.3.43)

Hollywood, 26 novembre
Une assurance de 100 000 dollars est contractée par les producteurs de *Casablanca*, afin de couvrir les risques que la mort de Bogart pourrait entraîner. Mayo Methot, son épouse, persuadée qu'il a une liaison avec sa partenaire, menace en effet de le tuer. (→ 23.1.43)

New York, 6 décembre
Val Lewton veut produire des films d'horreur « différents ». Il présente *la Féline* (*Cat People*), de Jacques Tourneur, avec Simone Simon et Kent Smith. (→ 21.4.43)

Hollywood, 7 décembre
Un an après l'entrée en guerre des Etats-Unis, les studios ont produit gratuitement 150 films de formation à l'usage des forces armées.

Paris, 16 décembre
Sortie de *Macao, l'enfer du jeu*, de Jean Delannoy, commencé en 1939, avec Sessue Hayakawa, Pierre Renoir et Mireille Balin. (→ 13.10.43)

Beverly Hills, 23 décembre
La jeune comédienne Joan Barry, dont le contrat avec Chaplin a été annulé, fait irruption chez lui et menace de se suicider. (→ 15.2.44)

NAISSANCES

Moulins, 16 janvier
Richard Bohringer.

Paris, 21 mars
Françoise Dorléac.

Fulmer, Angleterre, 23 mars
Michael York.

New York, 24 avril
Barbra Streisand.

Montréal, 1er juillet
Geneviève Bujold.

Chicago, 13 juillet
Harrison Ford.

Long Island, 17 novembre
Martin Scorsese.

Guildford, Angleterre, 18 novembre
David Hemmings.

« Les Visiteurs du soir », de Carné et Prévert, exprime l'espoir d'un temps difficile : les puissances diaboliques n'ont pas fatalement le dernier mot.

ALCIFRANCE présente:
ARLETTY
JULES BERRY
DANS UN FILM DE MARCEL CARNÉ ET JACQUES PRÉVERT
LES VISITEVRS DV SOIR
UNE LÉGENDE D'AMOUR ET DE MORT
LE GRAND PRIX D'ART
DU CINÉMA FRANÇAIS
"la lithotyp"

Disparition tragique de Carole Lombard

New York, 16 janvier
Carole Lombard a trouvé la mort dans un accident d'avion près de Las Vegas, alors qu'elle participait à une tournée de propagande à travers le monde pour la vente de bons de guerre. Née le 6 octobre 1908 à Fort Wayne, elle s'était mariée avec Clark Gable le 29 mars 1939. Le président Franklin Roosevelt a envoyé un télégramme de condoléances à ce dernier : « Elle est et sera toujours une star et nous ne l'oublierons jamais. » (→ 10.10)

Les voyages initiatiques d'un cinéaste

New York, 28 janvier
Un célèbre réalisateur envisage de faire un film réaliste et, pour se documenter, décide de vivre comme un clochard. Cette fable moderne, intitulée *les Voyages de Sullivan* (*Sullivan's Travels*), est une habile mise en abyme de la foire d'illusions hollywoodienne. Interprété par Joel McCrea, le film est réalisé par Preston Sturges, qui a travaillé comme scénariste avant de se convertir à la réalisation en 1940 avec *Gouverneur malgré lui.*

Son dernier film, « Jeux dangereux », d'Ernst Lubitsch, n'est pas encore sorti.

Veronica Lake, Joel McCrea : « les Voyages de Sullivan », de Preston Sturges.

John Ford récidive aux Oscars

Hollywood, 26 février
En raison de la guerre, les Oscars sont décernés lors d'un dîner sommaire. Bette Davis, nouvelle présidente de l'académie, avait proposé de vendre au public les places de cette soirée mais sa suggestion a été rejetée. Après l'intervention du démocrate Roosevelt en 1940, le républicain Wendell Willkie inaugure la soirée par un discours politique, avant la remise des récompenses : Joan Fontaine est meilleure actrice pour *Soupçons* (*Suspicion*), d'Alfred Hitchcock, et c'est Gary Cooper qui obtient l'Oscar d'interprétation masculine pour *Sergent York*, d'Howard Hawks. Les meilleurs seconds rôles sont Mary Astor pour *le Grand Mensonge* (*The Great Lie*), d'Edmund Goulding, et Donald Crisp pour le film de John Ford *Qu'elle était verte ma vallée* (*How Green Was my Valley*). Ford est d'ailleurs couronné par l'Oscar du meilleur réalisateur et son long métrage reçoit celui du meilleur film pour l'année 1940 avec un total de cinq Oscars. (→ 3.12.46)

« La Loi du Nord », de Feyder, sort après trois ans de purgatoire

Paris, 8 mars
La société Filmos vient enfin de sortir le film de Jacques Feyder, *la Loi du Nord*. Réalisée il y a trois ans, l'œuvre n'avait été présentée qu'une fois, au cours d'une projection corporative que la guerre avait suivie de peu. Depuis, le film se heurtait au veto de la Propagandastaffel, qui y appréciait fort peu la part belle faite à la police montée canadienne. Ce drame, dont l'action se situe dans le Grand Nord, n'a pu sortir qu'au prix de coupures importantes et sous un autre titre, *la Piste du Nord*. Adapté du roman de Maurice Constantin-Weyer, le film avait été réalisé à Kiruna, en Laponie suédoise. Pour le tournage, Feyder s'était adjoint un conseiller technique en la personne de l'explorateur Paul-Emile Victor. On retrouve dans ce film deux des acteurs du *Grand Jeu*, Pierre Richard-Willm et Charles Vanel. Ils sont entourés de Michèle Morgan et de Jacques Terranne, qui avait tourné là son premier film français et qui vient d'être tué sur le front de Syrie. (→ 25.5.48)

Michèle Morgan et Pierre Richard-Willm sont les héros de ce film, qui se situe dans le Grand Nord canadien.

Jean-Louis Barrault, fantastique Berlioz

Paris, 1er avril
C'est sous les traits d'un acteur romantique et habité par la passion, Jean-Louis Barrault, qu'Hector Berlioz est réincarné à l'écran dans *la Symphonie fantastique*, film dont le titre est emprunté à l'une des plus célèbres compositions du musicien. Evocation passionnante de la vie tumultueuse de l'auteur des *Troyens*, le film a été réalisé par Christian-Jaque et est interprété notamment par Renée Saint-Cyr et Jules Berry. (→ 17.10.45)

Avec Renée Saint-Cyr : « la Symphonie fantastique », de Christian-Jaque.

H.-G. Clouzot signe la plaidoirie de Raimu

Paris, 17 mai
Après deux semaines d'exclusivité, *les Inconnus dans la maison*, le film d'Henri Decoin, a été vu par 78 340 spectateurs et bat le record de recettes détenu depuis 1939 par le film de Walt Disney *Blanche-Neige et les Sept Nains*. Remarquablement adapté d'un roman de Simenon par le scénariste Henri-Georges Clouzot, *les Inconnus dans la maison* est un drame dont la scène culminante est la plaidoirie prononcée par l'avocat Raimu. (→ 7.8)

« Les Inconnus dans la maison », d'Henri Decoin, avec Raimu et Tania Fédor.

George Stevens marie Spencer Tracy et Katharine Hepburn

Los Angeles, 15 avril
Au Chinese Theatre de Hollywood, se déroule la première de gala du film de George Stevens, *la Femme de l'année* (*Woman of the Year*). Katharine Hepburn y est la partenaire de Spencer Tracy. Tous deux ont déjà été récompensés par des Oscars, et c'est la première fois qu'ils tournent ensemble. Mais, si Tracy est au sommet de la gloire, la carrière d'Hepburn subit un inquiétant fléchissement depuis quelques années, en raison de l'échec de plusieurs de ses films. La rencontre de ces deux acteurs se conclut par un triomphe cinématographique, mais aussi par un véritable coup de foudre entre eux. Unis par une profonde intimité dès le premier jour de tournage, ils semblent se compléter admirablement. Le jour où Joseph Mankiewicz présenta Kate à Spencer, elle objecta que celui-ci n'était pas grand. « Il vous ramènera à votre taille », répondit le producteur, faisant allusion aux manières autoritaires de Tracy. Peu après, Hepburn comprit qu'il était en effet l'homme qu'il lui fallait, affirmant : « Je suis assommante, agitée et je deviens parfois une vraie peste. Mais il est tellement viril que pour lui je suis la mouche du coche. Il m'écrase positivement et cela ne me déplaît pas. » Divorcée depuis le 9 mai 1934, Katharine peut se donner à cet amour qui la lie à Spencer dans la vie comme dans le film, où elle devient son épouse grâce au scénariste. Mais Tracy est marié à Louise Treadwell depuis le 12 septembre 1923. Il a deux enfants, John, né en 1924, et Louise, née en 1932. (→ 18.3.43)

« La Femme de l'année » les réunit pour la première fois à l'écran.

Le cinéma français prend une Direction

Vichy, 30 mai
Placée sous l'autorité directe du ministre à l'Information Pierre Laval, qui cumule cette fonction avec celle de chef du gouvernement, la Direction générale du cinéma vient d'être créée en remplacement du Service du cinéma. La Direction générale a pour mission d'encourager, de coordonner, d'orienter et de contrôler la production et la diffusion du film français ; ainsi que de préparer toute mesure d'organisation se rapportant à l'industrie cinématographique et d'en surveiller l'application. Louis-Emile Galey, architecte et passionné du septième art, dernier chef du défunt Service du cinéma, est nommé à la tête de ce nouvel organisme. Dans ses déclarations d'intention, le directeur général promet d'aider la profession à se gouverner par elle-même. Il affirme aussi qu'à ses yeux, donc ceux de l'Etat, le cinéma français doit être un élément de propagande et d'expansion culturelle nationale, ainsi qu'une source de revenus pour le fisc. (→ 15.10)

« La Splendeur des Amberson » brouille Orson Welles et la RKO

Tim Holt avec Agnes Moorehead (à gauche) et Dolores Costello dans le deuxième film réalisé par Orson Welles.

Hollywood, 1er juillet
La première de *la Splendeur des Amberson* (*The Magnificent Ambersons*) met en évidence un malaise latent : la RKO ne supporte plus son enfant prodige, Orson Welles, trop prodigue au goût de la compagnie. *Citizen Kane*, son film précédent, pourtant novateur, s'est avéré une piètre opération financière. Avec un sujet classique, tiré d'un roman banal, peut-être tenait-on un film grand public ? Mais le cinéaste n'a pas renié ses audaces filmiques. Il les affine et fait d'un mélodrame œuvre d'auteur. Le studio, affolé par les *rushes*, profite d'un tournage d'Orson au Brésil pour couper plus de 40 minutes et s'occuper du montage. Welles, découvrant le film mutilé, hurle à la trahison. (→ 7.9.43)

La star Clark Gable, officier d'aviation

Miami, 10 octobre
Quelques heures avant sa disparition tragique, Carole Lombard envoyait un dernier télégramme à son mari, Clark Gable : « Hé, pépère, tu ferais mieux de t'engager dans cette armée d'hommes. » Peut-être pour répondre à ce conseil, mais aussi très atteint par ce drame en janvier, Clark Gable avait annoncé son intention de quitter le cinéma. En août, il s'enrôlait et devenait une jeune recrue de quarante et un ans, simple soldat de l'armée de l'air. Son souhait était d'être mitrailleur sur un bombardier pour aller se battre sur le front. Aujourd'hui, il est promu lieutenant après un stage à l'école des aspirants de Miami. Son brevet militaire en poche et ses galons sur les épaules, il se porte volontaire pour partir en Europe au sein du 8e régiment. Mais, officiellement, son travail consiste à réaliser un film de formation destiné à l'instruction des équipages affectés sur les bombardiers. (→ 30.9.43)

Mme Miniver sous les bombes de Londres

Hollywood, 4 juin
Le dernier film de William Wyler, *Madame Miniver*, colle parfaitement à l'actualité. L'action se passe en effet à Londres, durant les terribles bombardements de ces derniers mois : un aviateur allemand est recueilli par une femme de la petite noblesse britannique, qui le soigne et le livre aux autorités. L'actrice d'origine irlandaise Greer Garson tient le rôle vedette, aux côtés de Walter Pidgeon et de Teresa Wright. Pour la MGM, qui a produit le film, la guerre devrait se révéler profitable. (→ 27.2.45)

Greer Garson et Walter Pidgeon dans « Madame Miniver », de Wyler.

Marcel L'Herbier et le tombeau de Méliès

Paris, 10 juillet
Le nouveau film de Marcel L'Herbier, *la Nuit fantastique*, est sorti au Colisée. L'auteur souhaitait au départ l'intituler *le Tombeau de Méliès*, en un hommage courageux à la francité de ce pionnier. Cette histoire de vie rêvée et de rêve vécu rappelle souvent la magie de ses films. Dans la salle, *la Nuit fantastique* a été accueillie chaleureusement, mais à l'écran des halos de vapeur entourent les comédiens : lors du tournage, en décembre, la température atteignait moins 15° aux studios de Joinville. (→ 3.2.43)

Fernand Gravey et Micheline Presle dans « la Nuit fantastique ».

Les bonnes recettes du mélodrame

Paris, 18 novembre
Est-ce la présence en tête d'affiche de Gaby Morlay, ou alors la promesse d'une histoire émouvante qui encourage la foule à se précipiter dans les salles où se joue *le Voile bleu*, de Jean Stelli ? Evocation mélodramatique de la vie d'une gouvernante d'enfants accablée par le destin, le film semble en tout cas plaire au public au point qu'il se voit d'ores et déjà assuré d'un grand succès populaire. On peut voir dans ce phénomène un signe révélateur : pour oublier la réalité de l'époque, il semble que les spectateurs préfèrent aller pleurer dans les salles obscures sur les malheurs irréels des déesses de l'écran.

Gaby Morlay dans « le Voile bleu ».

« Les Visiteurs du soir » est le poème d'un amour fantastique

Jules Berry et Fernand Ledoux (à gauche), Arletty et Alain Cuny opposent les forces du mal et de la passion.

Paris, 5 décembre
Le Madeleine a présenté le nouveau film de Marcel Carné, *les Visiteurs du soir*. Dans cette fable médiévale, le diable, incarné par Jules Berry, s'oppose à l'amour d'un troubadour et d'une fille de seigneur, joués par Alain Cuny et Marie Déa, mais en vain. La fin du film les voit changés par le Malin en statues de pierre. Leurs cœurs continuent pourtant de battre, conclusion où les spectateurs aiment à voir un rapport avec l'actualité : le diable impuissant y incarnerait l'occupant tandis que le couple représenterait l'irréductible âme française. On ne sait si Carné avait ces intentions, mais il faut saluer son tour de force. *Les Visiteurs du soir* a en effet connu un tournage épique, compliqué par l'absence de matériaux pour les décors et les costumes. En raison de leurs origines juives, le compositeur Joseph Kosma et le décorateur Alexandre Trauner n'ont pu travailler au film que clandestinement. Enfin, pour la scène du banquet, le réalisateur a été obligé de piquer les victuailles au phénol, car les figurants affamés avalaient fruits, pain et quartiers de bœuf avant même que les prises de vues débutent. (→ 9.9.43)

« Le Chemin du ciel » passe en Dalécarlie

Stockholm, 21 décembre
Alf Sjöberg, acteur de théâtre dès 1925, puis réalisateur d'un très beau documentaire en 1929, *le Plus Fort*, a failli renoncer au septième art. Il était excédé par sa frivolité. Dès 1940, la gravité des conflits mondiaux lui inspirent trois films de talent : *Avec la vie pour enjeu* ; *Ce temps de floraison* ; *Retour de Babylone*. *Le Chemin du ciel* (*Himlaspelet*), adapté d'une pièce de Rune Lindström, est un véritable acte de foi. Il a la fraîcheur naïve des légendes rurales et la force dramatique de la Bible. (→ 2.10.44)

Marlène et Jean Gabin sous l'uniforme

Hollywood, 31 décembre
Ayant officiellementt acquis la nationalité américaine le 9 juin 1939, Marlène est maintenant complètement rejetée par le régime nazi. Le journal *Der Sturmer* publie la photo de la star posant devant le drapeau étoilé, avec cette légende : « Née en Allemagne, Dietrich a tellement fréquenté les Juifs du cinéma à Hollywood qu'elle est totalement dégermanisée. » Cela ne produit aucun effet sur elle : Marlène continue d'utiliser une partie de sa fortune pour faire sortir ses amis d'Allemagne et les aider à s'installer en Angleterre ou aux Etats-Unis. Elle voit peu son mari, Rudolf Sieber, pourtant employé au département étranger de l'Universal, mais elle continue de vivre sa passion pour Jean Gabin. Ce dernier tourne actuellement *l'Imposteur* (*The Impostor*), sous la direction de Julien Duvivier. Une œuvre de circonstance qui exalte les Forces françaises libres, le goût de la résistance, du non-renoncement et de la combativité. Un film porteur d'espoir, qui s'inspire de l'héroïsme populaire de *la Bandera* et qui prouve la volonté d'engagement politique de l'acteur et du réalisateur. Dans un studio voisin, Marlène achève le tournage de *la Fièvre de l'or* (*Pittsburgh*), un film d'aventures avec John Wayne et Randolph Scott, entre deux actions humanitaires. (→ 13.12.44)

Anders Henrikson, Rune Lindström, Eivor Landström dans le film de Sjöberg.

Affiche américaine de N. Rockwell.

Affiche originale américaine.

Dona Drake, Bob Hope et Bing Crosby dans « En route pour le Maroc ».

Gene Tierney et Ona Munson dans « Shanghai Gesture », de J. von Sternberg.

W. Abel, F. Astaire, B. Crosby et V. Dale dans « L'amour chante et danse ».

A. Hale, R. Reagan, E. Flynn et A. Kennedy dans « Sabotage à Berlin ».

L'effort de guerre pour John Huston.

Un grand rôle pour Bette Davis.

Une affiche originale italienne.

« Tueur à gages », de Frank Tuttle.

Une affiche originale en deux morceaux, signée Jean René Poissonnié.

Carole Lombard, Sig Rumann et Jack Benny dans « Jeu dangereux ».

Format de complément pour un film dont l'action se passe en 1485.

C. Rains, P. Henreid, H. Bogart et I. Bergman dans « Casablanca ».

Albert Préjean, Jean Parédès, Danielle Darrieux et Marcel Pérès sont les principaux interprètes du film de Léo Joannon, « Caprices ».

1943

Oscars, Hollywood
Film : *Madame Miniver* (William Wyler).
Acteur : James Cagney.
Actrice : Greer Garson.

Moscou, 1er janvier
Les cinéastes polonais en exil Jerzy Bossak et Aleksander Ford créent l'Avant-garde cinématographique, chargée de réaliser des reportages sur la Pologne en lutte et les actions des partisans. (→ 1.1.44)

Hollywood, 1er janvier
A la demande du gouvernement américain, la Warner Bros abandonne son projet de tourner une biographie de Charles de Gaulle. Les tensions entre celui-ci et Roosevelt semblent être à l'origine de cette volte-face.

Paris, 12 janvier
Pour économiser l'électricité, les salles de cinéma devront fermer le mardi et les studios cesser toute activité deux jours par semaine.

New York, 12 janvier
Sortie du nouveau film d'Alfred Hitchcock, *l'Ombre d'un doute* (*Shadow of a Doubt*), avec Joseph Cotten, Teresa Wright et MacDonald Carey. (→ 12.1.44)

Paris, 3 février
Sortie de la comédie brillamment enlevée de Marcel L'Herbier, *l'Honorable Catherine*, avec Edwige Feuillère. (→ 10.1.44)

France, 3 février
Pendant une semaine, dans tout le pays, une partie des recettes des cinémas sera versée au Secours national, pour venir en aide aux victimes de guerre.

Los Angeles, 6 février
Errol Flynn est reconnu innocent de l'accusation de détournement de mineur portée contre lui par deux adolescentes. Son procès a duré vingt et un jours. (→ 31.10.50)

Cassis, 7 février
Membre d'un groupe de résistants, le jeune comédien Robert Lynen, qui fut à onze ans Poil de Carotte, est arrêté par les Allemands et emprisonné à Marseille. (→ 1.4.44)

Paris, 8 février
Gilles Grangier donne les premiers tours de manivelle d'*Ademaï, bandit d'honneur*, produit par la jeune société Les Prisonniers associés, récemment créée par des prisonniers libérés.

Moscou, 10 mars
Sortie de *Stalingrad*, de L. Varlamov, récit filmé de la bataille du même nom.

Los Angeles, 18 mars
Première du film de George Cukor, *la Flamme sacrée* (*Keeper of the Flame*), avec Katharine Hepburn et Spencer Tracy. (→ 4.5.44)

New York, 19 mars
Huit complices d'Al Capone sont inculpés pour avoir extorqué deux millions et demi de dollars au Syndicat des techniciens du cinéma.

Tokyo, 25 mars
Sortie du premier film d'Akira Kurosawa, *la Légende du judo* (*Sugata Sanshiro*), avec Susumu Fujita et Takashi Shimura. (→ 25.8.50)

Vichy, 15 avril
Un arrêté oblige les distributeurs et les exploitants à diffuser prioritairement tous les courts métrages « d'intérêt national ».

Italie, 16 avril
Les copies du film de Luchino Visconti, *les Amants diaboliques* (*Ossessione*), sont saisies par les autorités fascistes. (→ 3.6.44)

Hollywood, 21 avril
Vaudou (*I Walked with a Zombie*) sort ce jour. Avec ce film, Jacques Tourneur a réalisé une adaptation officieuse de *Jane Eyre*, de Charlotte Brontë. (→ 25.11.47)

Hollywood, 10 mai
Un sondage effectué par le journal *Motion Picture Herald* indique que le public est saturé par les films de guerre et demande des films de pur divertissement.

Los Angeles, 27 mai
Jean Renoir, sous contrat avec la 20th Century Fox, présente *Vivre libre* (*This Land Is Mine*), avec Charles Laughton, George Sanders et Maureen O'Hara. (→ 6.2.44)

New York, 27 mai
Billy Wilder a réalisé un drame sur les exploits de Rommel en Libye, *les Cinq Secrets du désert* (*Five Graves to Cairo*), avec Franchot Tone, Anne Baxter, Akim Tamiroff et Erich von Stroheim. Le film sort ce jour. (→ 6.9.44)

Paris, 31 mai
Jean Grémillon commence les extérieurs du film *Le ciel est à vous*, à l'aéroport du Bourget. (→ 2.2.44)

Paris, 21 juin
Les ateliers de montage et la cinémathèque de France-Actualités des Buttes-Chaumont sont détruits par un violent incendie.

New Delhi, 17 juillet
Les sources d'approvisionnement britannniques étant incertaines, le gouvernement rationne la pellicule vierge. Les films publicitaires et les bandes-annonces sont interdits.

Paris, 3 août
Le tribunal de commerce de la Seine officialise le redressement de Pathé-Cinéma en constatant l'apurement du passif. (→ 19.12.45)

Los Angeles, 11 août
Sortie du film *Le ciel peut attendre* (*Heaven Can Wait*) de Lubitsch, avec Gene Tierney, Don Ameche et Charles Coburn. (→ 30.11.47)

France, 12 août
Les autorités allemandes interdisent toute prise de vues cinématographique dans les zones côtières.

Hollywood, 22 août
Les studios préparent des versions doublées en français et en italien de leurs films récents en vue de leur distribution dans ces pays, une fois libérés. (→ 28.5.46)

Nice, 9 septembre
Les combats qui se déroulent en Italie entraînent la fermeture des studios. Deux tournages sont interrompus : *la Boîte aux rêves*, d'Yves Allégret, et *les Enfants du paradis*, de Marcel Carné. (→ 9.3.45)

Etats-Unis, 30 septembre
Engagé dans les forces aériennes avec le grade de lieutenant, Clark Gable se voit remettre la Distinguished Flying Cross et la médaille de l'Air. (→ 21.12.49)

Lisbonne, 12 octobre
Antonio Lopes Ribeiro, considéré comme le cinéaste « officiel » du régime salazariste, présente sa dernière œuvre : *Amour de perdition* (*Amor de perdiçao*).

Rome, 30 octobre
Le jeune scénariste Federico Fellini épouse la comédienne Giulietta Masina. Les mariés ont tous deux vingt-trois ans. (→ 2.11.48)

Moscou, 22 novembre
Sortie d'*Attends-moi* (*Jdi menia*), d'Alexandre Stolper et Boris Ivanov. Ce film parle de l'héroïsme tranquille de l'arrière, des épouses des soldats.

Los Angeles, 2 novembre
Kirk Douglas épouse Diana Dill, amie de Lauren Bacall. (→ 20.1.49)

Los Angeles, 27 décembre
Henry King présente *le Chant de Bernadette* (*The Song of Bernadette*), produit par David O. Selznic, avec Jennifer Jones – dont c'est le premier film en vedette –, William Eythe, Charles Bickford et Vincent Price. (→ 2.3.44)

NAISSANCES

Paris, 28 avril
Jacques Dutronc.

Leeds, 13 juin
Malcolm McDowell.

New York, 17 août
Robert De Niro.

Paris, 20 octobre
Catherine Deneuve
(*Catherine Dorléac).

Alger, 4 novembre
Marlène Jobert.

Pologne, 25 décembre
Hanna Schygulla.

Sur un scénario de Jean Cocteau, « l'Eternel Retour », de Jean Delannoy, donne une version moderne de la légende de Tristan et Yseult.

rene péron
André Paulvé présente
MADELEINE SOLOGNE . JEAN MARAIS
ET JEAN MURAT DANS UN FILM DE JEAN DELANNOY
L'ETERNEL RETOUR
RÉCIT ET PAROLES DE JEAN COCTEAU
avec JUNIE ASTOR . ROLAND TOUTAIN
avec ALEXANDRE RIGNAULT
YVONNE de BRAY
MUSIQUE DE GEORGES AURIC . IMAGES DE ROGER HUBERT . D' DE PRODUCTION EMILE DARBON
PRODUCTION ANDRÉ PAULVÉ
V.III. 41.487
ORAFF
58 Champs-Elysées
PARIS
IMP. J.E. GOOSSENS, LILLE-PARIS

La guerre et l'amour dans « Casablanca »

New York, 23 janvier
Avant que les Alliés débarquent en Afrique du Nord, en novembre dernier, la Warner les a devancés, à sa manière, en produisant un mélodrame sublime intitulé *Casablanca*, du nom de la ville où se déroule l'action du film. Admirablement reconstituée en studio, cette ville marocaine devient par la magie hollywoodienne un lieu mythique où s'exaspèrent les passions politiques et amoureuses des protagonistes. Parmi ceux-ci figurent des résistants et des collaborateurs français, des agents nazis, des aventuriers américains et des réfugiés d'Europe centrale. Tout ce petit monde hétéroclite a l'habitude de se retrouver dans un night-club tenu par l'Américain Rick. Resté neutre jusqu'ici, Rick va se compromettre en aidant une ancienne amie, dont il est toujours amoureux, à échapper aux nazis avec son mari. *Casablanca*, bénéficie de la conjonction des talents du réalisateur Michael Curtiz, du compositeur Max Steiner et des principaux acteurs : Humphrey Bogart et Ingrid Bergman. Tout de blanc vêtu, Bogey excelle dans le rôle de l'aventurier désabusé Rick, à qui il prête son extraordinaire présence. Le couple, contrarié par le destin, qu'il forme avec la lumineuse Ingrid Bergman est l'un des plus beaux que le cinéma nous ait jamais donnés. (→ 2.3.44)

Luchino Visconti invente un néo-réalisme

Massimo Girotti et Clara Calamai, les amants diaboliques d'« Ossessione ».

Rome, 31 janvier
L'avant-première des *Amants diaboliques* (*Ossessione*) gêne le Tout-Rome intellectuel et mondain. Depuis plusieurs mois déjà un parfum de mystère rôdait autour du premier film de Luchino Visconti. Ce véritable aristocrate milanais âgé de trente-six ans est connu pour ses affinités avec une certaine jeunesse antifasciste, voire communiste. Il a fréquenté le Centre expérimental de cinématographie, la revue *Cinéma*, sympathisé avec Cesare Zavattini, Giuseppe De Santis, et Jean Renoir. Du reste c'est l'auteur de *la Grande Illusion* qui a conseillé au jeune Italien d'adapter le roman américain de James Cain. *Le facteur sonne toujours deux fois* est ainsi devenu *Ossessione*. Le scénario est passé à travers les mailles de la censure. L'histoire n'offrait pourtant aucune ressemblance avec les œuvres mièvres ou grandiloquentes du moment et Visconti livre ses amants meurtriers à une passion tragique et désespérée. Il n'hésite pas à peindre les rapports intimes, ni à représenter les divers penchants de la sexualité. Prudemment, Visconti a choisi de tourner discrètement, sur les bords du Pô, avec Clara Calamai et Massimo Girotti. Très vite, le monteur Mario Serandrei a pressenti l'originalité de l'œuvre. Il y voit, assure-t-il, une sorte de néo-réalisme. (→ 16.4)

« Le Banni », ou la sexualité primitive selon Howard Hughes

San Francisco, 5 février
Terminé en 1941, *le Banni* sort enfin, précédé d'une réputation sulfureuse due à certaines scènes qui ont choqué les censeurs et dans lesquelles on voit, légèrement dénudée, la poitrine de l'héroïne. Celle-ci est interprétée par la plantureuse Jane Russell, une actrice découverte par Howard Hughes, producteur et second réalisateur du film. Le tournage du *Banni* avait en effet commencé sous la direction d'Howard Hawks ; mais c'est H. Hughes luimême qui l'a terminé à sa façon, en y introduisant une sensualité sauvage inhabituelle pour un film américain, et ce d'autant plus qu'il s'agit ici d'un western. (→ 15.5.48)

La mort tragique d'Harry Baur

Paris, 8 avril
Relâché par les nazis, Harry Baur (*12.4.1880) revient mourir chez lui, à soixante-trois ans. En juin 1942, il avait été arrêté, dénoncé (à tort d'ailleurs) comme communiste et Juif, ce qui lui avait valu la prison après le tournage en Allemagne de *Symphonie d'une vie*, d'Hans Bertram. Impitoyablement interrogé et torturé malgré son angine de poitrine, il déclina rapidement. Les nazis le libérèrent finalement, mais, à son retour chez lui, il avait perdu 37 kg, et son corps n'était plus qu'une plaie. Il s'éteignit dans les heures suivantes.

« Münchhausen », vitrine de l'Agfacolor

Berlin, 5 mars

Le vingt-cinquième anniversaire de l'UFA méritait une production prestigieuse. On décida de produire un film selon le procédé Agfacolor. Le choix de l'UFA s'était arrêté sur un scénario signé Berthold Bürger (pseudonyme de l'humoriste Erich Kästner). Il y reprenait les exploits les plus extraordinaires d'un célèbre aristocrate du XVIIIe siècle, aventurier aussi fantasque que séduisant. *Les Aventures fantastiques du baron de Münchhausen*, réalisé par Josef von Baky en cinq mois, est captivant, riche en gags, trucages et effets spéciaux. Dans le rôle du baron hâbleur, Hans Albers se montre fougueux et sémillant. Ce film favorise la verve inventive comme le grand spectacle. (→ 30.1.45)

Hans Albers dans « les Aventures fantastiques du baron de Münchhausen », de Josef von Baky.

Jacques Becker et le mystère des Goupi

Paris, 14 avril

Un joli succès commercial semble promis au nouveau film de Jacques Becker, *Goupi Mains-Rouges*. Tiré d'un roman de Pierre Véry, ce sombre drame rompt en tous cas avec le moralisme ambiant qui s'attache à la mise en scène du monde rural. Le mystère du magot de l'ancêtre cède ici le pas au saisissant tableau d'une famille paysanne. Un budget réduit a contraint Becker à tourner en décors naturels près d'Angoulême. Hormis Fernand Ledoux, qui trouve en Goupi Mains-Rouges l'un de ses meilleurs rôles, et Robert Le Vigan alias Goupi Tonkin, le film n'est joué que par des seconds rôles, par ailleurs excellents. (→ 17.10.45)

Robert Le Vigan et Fernand Ledoux dans « Goupi Mains-Rouges ».

Jean Grémillon dans l'univers de Prévert

Paul Bernard et Pierre Brasseur dans une scène de « Lumière d'été ».

Paris, 26 mai

Le cinéma l'Ermitage a présenté le nouveau film de Jean Grémillon, *Lumière d'été*. Pour la seconde fois de sa carrière, après *Remorques*, le metteur en scène collabore avec le scénariste Jacques Prévert. Ce dernier ne signe plus ici une simple adaptation mais un récit de son cru, qui porte incontestablement sa signature. Dans une auberge de montagne, située en Haute-Provence, deux couples ratés se déchirent et se détruisent finalement : d'un côté, la danseuse déchue Cri-Cri, interprétée par Madeleine Renaud, et le châtelain de l'endroit, Patrice, joué par Paul Bernard ; de l'autre, Pierre Brasseur en peintre alcoolique, Roland, et la jeune Michèle, incarnée par Madeleine Robinson. Cette dernière sera la seule à se sortir du drame, sauvée par l'amour d'un jeune contremaître travaillant sur la construction d'un barrage. L'opposition de l'univers corrompu de l'aristocrate avec le monde laborieux du chantier et la dignité des ouvriers, est caractéristique de Prévert. Il faut sans doute y lire une schématisation poétique plus qu'une prétention au réalisme. La part belle faite à l'ouvrier dans la mise en scène de cet antagonisme de classe ne déplaît pas nécessairement à la critique d'extrême droite : si François Vinneuil, alias Lucien Rebatet, pense beaucoup de mal du film dans *Je suis partout*, Georges Blond semble au contraire l'apprécier dans *la Gerbe*, l'hebdomadaire d'Alphonse de Chateaubriant. (→ 31)

« Lumière d'été », avec Madeleine Robinson et Pierre Brasseur.

Mariage de Chaplin et d'Oona O'Neill

Santa Barbara, 16 juin

Charles Chaplin se remarie pour la quatrième fois après ses divorces de Mildred Harris, de Lita Grey et de Paulette Goddard. L'heureuse élue est Oona, fille du dramaturge américain Eugène O'Neill. Depuis leur rencontre quelques semaines plus tôt dans une soirée hollywoodienne, Oona et Charles ne se quittaient plus. Oona n'est pourtant âgée que de dix-huit ans alors que Chaplin en a cinquante-quatre ; grosse différence qui choque les Américains. D'autant plus que les scandales se multiplient maintenant autour de Chaplin. O'Neill lui-même est opposé à cette union et ne cache pas son hostilité à ce gendre. (→ 15.2.44)

Robert Bresson et la passion du sacrifice

Sylvia Monfort et Renée Faure dans le couvent des « Anges du péché ».

Paris, 23 juin
Le premier long métrage de Robert Bresson, *les Anges du péché*, témoigne d'un ton très original. Tiré du scénario de Raymond-Léopold Bruckberger, un révérend-père, et dialogué par Jean Giraudoux, ce film réussit à être religieux sans tomber dans la bondieuserie navrante. L'histoire conte la lutte spirituelle qui oppose, dans un couvent des sœurs de Béthanie, l'une des religieuses, Renée Faure, à une jeune meurtrière réfugiée là, Jany Holt. Rarement, jusqu'ici, on avait vu au cinéma une austérité aussi dépouillée dans la mise en scène. Seule la préciosité un peu datée de certains dialogues gêne l'intériorité du récit, que servent par contre admirablement les éclairages de Philippe Agostini. Il est à noter que le choix du titre s'est révélé particulièrement laborieux : *Béthanie* puis *la Grande Clarté*, *Filles de l'exil*, et enfin *les Anges du péché*. (→ 21.9.45)

Pour l'Espagne, le glas sonne toujours

Ingrid Bergman et Gary Cooper : « Pour qui sonne le glas ? », de Sam Wood.

New York, 14 juillet
La campagne de lancement du film *Pour qui sonne le glas ?*, tiré du roman d'Ernest Hemingway, promet à son public « cent soixante-huit minutes de romance et de suspense à couper le souffle ! ». Achetée par la Paramount pour 150 000 dollars, cette histoire, située pendant la guerre civile espagnole, devait être réalisée par Cecil B. De Mille, mais c'est à Sam Wood qu'est revenue la tâche de tourner, en Technicolor, cette prestigieuse production. C'est sur une suggestion d'Hemingway lui-même que le rôle de l'aventurier américain, engagé auprès des républicains espagnols, a été confié à Gary Cooper. Quant au rôle de la réfugiée dont il tombe amoureux, il a été attribué à Vera Zorina, qui a été heureusement remplacée, après trois semaines de tournage, par Ingrid Bergman. Celle-ci fait sensation avec ses cheveux coupés courts et ses cils non épilés.

Rita Hayworth est Mme Orson Welles

Santa Monica, 7 septembre
« Orson Welles est entré dans ma vie comme une comète lâchant des tornades de feu », a déclaré Rita Hayworth, qui devient la seconde épouse du réalisateur, après Virginia Nicholson. Rita a connu Orson au printemps dernier, en vue du tournage d'un nouveau film. Ils ne se sont plus quittés depuis. En juillet et août, elle a participé à une tournée pour soutenir le moral des troupes. Divorcée d'Ed Judson, un homme d'affaires qui a été son mari de 1937 à 1942, elle avait ensuite été successivement « fiancée » à Victor Mature, à Gilbert Roland, à Howard Hughes, à Tony Martin et enfin à David Niven. La cérémonie est somptueuse, Rita magnifique, ce qui permet à la presse de titrer sur huit colonnes « Le mariage de la Belle et du Génie ». (→ 27.7.46)

La société française mise à nu sous les pattes du « Corbeau »

Paris, 28 septembre
Pour sa seconde réalisation, le jeune Henri-Georges Clouzot signe avec *le Corbeau*, un film trempé dans le vitriol. Le tableau de cette petite ville de province dont l'atmosphère est empoisonnée par un auteur de lettres anonymes s'annonce comme l'œuvre forte de la saison. Pierre Fresnay, Ginette Leclerc et Pierre Larquey y font des compositions mémorables. Le plus grand talent de Clouzot est sans doute d'avoir refusé une partition manichéenne des personnages. Comme le dit Larquey dans l'une des scènes du film, « le bien et le mal se partagent en chacun de nous ». Le triste parfum d'actualité de cette histoire de dénonciations causera sûrement de sérieuses inimitiés à Clouzot. Le scénario du film date pourtant de 1937. S'inspirant d'un fait divers survenu à Tulle en 1922, Louis Chavance avait alors eu l'idée de cette histoire et l'avait intitulée *l'Œil du serpent*. Produit avec les capitaux allemands de la Continental, *le Corbeau* a pu échapper à la censure vichyssoise, qui ne l'aurait sans doute pas toléré. Les rumeurs qui courent concernant l'exploitation du film outre-Rhin sous le titre *Une petite ville française* sont apparemment sans fondement. (→ 3.10.47)

Ginette Leclerc est, dans le film de Clouzot, celle par qui le scandale arrive.

Tristan et Yseult, et l'amour sorcier de « l'Eternel Retour »

Paris, 13 octobre
Transposition moderne de la légende de Tristan et Yseult, tel se présente le nouveau film de Jean Delannoy, *l'Eternel Retour*. Patrice et Nathalie en sont les protagonistes, incarnés par Jean Marais et Madeleine Sologne. Sous l'empire d'un filtre d'amour versé par le nain Achille, joué par Piéral, les deux amants ne trouvent le repos que transformés en gisants de pierre. Le film doit beaucoup à Jean Cocteau, qui en a signé scénario et dialogues et qui aurait peut-être demandé à le réaliser s'il n'avait mis en scène au même moment *Renaud et Armide* à la Comédie-Française. Les publics de l'Aubert-Palace et du Colisée qui le découvrent en exclusivité assurent au film un succès proche du triomphe. Même modernisée, l'œuvre est toujours dominée par le surnaturel et l'imaginaire, très en vogue dans le cinéma français depuis que le réel est assombri par l'occupation. Tourné en mars dernier aux studios de La Victorine, *l'Eternel Retour* ne rencontre pas que des louanges parmi la critique. Certains allant même jusqu'à ironiser sur la blondeur et le hiératisme très « germanisant » du couple vedette. (→ 23.2.46)

Madeleine Sologne et Jean Marais, incarnations modernes du mythe médiéval.

Piéral, dans le rôle du nain Achille, est l'inquiétant instrument du destin.

« L'Epouvantail » rallie les suffrages

Paris, 19 novembre
La réputation et la vitalité de la société Les Gémeaux ne cessent de croître depuis sa fondation en 1936, par Paul Grimault et André Sarrut. Après les films publicitaires et de commande – comme le défi relevé sur écran géant pour l'Exposition de 1937 –, Grimault et son équipe ont pu réaliser des films plus personnels. *Le Marchand de notes*, *les Passagers de la Grande Ourse* et le dernier né, *l'Epouvantail*, placent Paul Grimault au premier rang du dessin animé français. Les critiques affirment cette conviction en créant pour lui le prix Emile-Reynaud, en réaction au prix Emile-Cohl reçu par André Marty. (→ 29.5.53)

Aurenche et Bost s'imposent en douceur

Paris, 10 novembre
Avec *Douce*, le troisième long métrage de Claude Autant-Lara, les scénaristes Jean Aurenche et Pierre Bost se trouvent réunis pour la première fois. Mélange détonant que celui-là : ils signent en effet une histoire d'une rare âpreté dans le cinéma français, histoire qui se déroule dans le Paris de 1887. La maison de la comtesse de Bonafé, qu'interprète Marguerite Moreno, y est le théâtre de sordides passions opposant maîtres et serviteurs. La jeune Douce, Odette Joyeux, mélange d'innocence et de perversité, se donne au régisseur de sa grand-mère, et périra à la fin du film dans l'incendie d'un théâtre. Après *le Mariage de chiffon*, dont le premier rôle était déjà interprété par Odette Joyeux, et *Lettres d'amour*, le film que tire Autant-Lara de ce canevas le propulse parmi les metteurs en scène français de premier plan. La version actuellement présentée au public est pourtant amputée d'une longue scène très représentative de l'œuvre, au cours de laquelle la comtesse visite ses pauvres. Venue leur offrir de pitoyables hardes, elle déclare : « Il ne faut pas leur donner de trop belles choses car on leur donne le regret d'un luxe qu'ils n'auront jamais. » Prenant congé, elle ajoute à l'intention d'une pauvresse : « Je te souhaite la patience et la résignation. » (→ 12.9.47)

Odette Joyeux, interprète de prédilection de Claude Autant-Lara.

Carl Dreyer, cinéaste de la malédiction

Copenhague, 13 novembre
Après une dizaine d'années l'ayant tenu éloigné du cinéma, Carl Theodor Dreyer présente *Jour de colère* (*Vredens Dag*) dans sa ville natale. L'échec de *Vampyr*, en 1931, l'avait obligé à reprendre la profession de journaliste. Pour l'auteur de *Pages arrachées du livre de Satan*, de *la Passion de Jeanne d'Arc*, du *Maître du logis*, ce nouveau film confirme un talent mûri par les épreuves. Tiré d'une pièce norvégienne de Hans Wiers-Jenssen, *Jour de colère* se situe dans un XVIIe siècle rural, austère et fanatique qui traque les sorcières. Le pasteur Absalon a livré à l'inquisition, puis au bûcher, une vieille femme suspecte. Mais avant de mourir Marta l'a maudit. Absalon, trompé par Anne, sa jeune femme, meurt de chagrin. A moins qu'il n'ait été assassiné? C'est ce qu'insinue sa mère pour faire accuser sa bru de sorcellerie. Anne sera brûlée vive. Ainsi s'achève le cycle de cette malédiction qui a inspiré à Carl Dreyer un pur chef-d'œuvre. Son style, toujours mystique, devient plus humaniste. Son image, très picturale, a une beauté sensuelle surprenante. (→ 23.3.45)

« Jour de colère ». Lisbeth Movin.

Affiche originale française au format 160 x 120 cm, signée Roger Soubie.

Affiche originale américaine.

Cette affiche marque l'intrusion de l'érotisme dans le genre du western.

« Tessa la nymphe au cœur fidèle ».

Le « Frankenstein » de Roy W. Neill.

Mickey Rooney, Judy Garland et Tommy Dorsey dans « Girl Crazy ».

Anne Baxter et Erich von Stroheim dans « les Cinq Secrets du désert ».

Affiche originale par Jean Colin.

Affiche de Jean René Poissonnié. Ce film fut interdit à la Libération, car produit par la firme allemande Continental.

Affiche originale. Photo R. Corbeau.

« Cross of Lorraine », de T. Garnett.

J. Berry, G. Dorziat, J. Desailly, L. Seigner : « le Voyageur de la Toussaint ».

Tino Rossi et L. Gallas dans un film de A. Hugon, « le Chant de l'exilé ».

Affiche originale par Briol.

« L'Ombre d'un doute » (Hitchcock).

« La Fidèle Lassie » (F. M. Wilcox).

★ ★ ★ ★ ★ ★ ★ ★ 1944 ★

Oscars, Hollywood
Film : *Casablanca* (Michael Curtiz).
Acteur : Paul Lukas.
Actrice : Jennifer Jones.

Pologne, 1er janvier
Aleksander Ford tourne *Majdanek*, documentaire sur le camp d'extermination nazi nouvellement libéré par les troupes soviétiques.

New York, 12 janvier
Sortie de *Lifeboat*, d'Alfred Hitchcock, avec William Bendix, Tallulah Bankhead, John Hodiak et Walter Slezak. (→ 1.11.45)

Paris, 15 janvier
A la sortie de *Vautrin*, de P. Billon, avec Michel Simon, un journal écrit : « le cinéma nous condamne à voir l'ignoble, la dégoûtante, l'écœurante figure qu'il (M. Simon) prête à Vautrin ». Dénoncé comme Juif par *le Pilori*, sa photo figurait à l'exposition antisémite du Palais Berlitz. (→ 30.11)

Rome, 17 janvier
Dans une capitale à peine libérée, Roberto Rossellini commence à tourner *Rome, ville ouverte* (*Roma, città aperta*), avec Anna Magnani et Aldo Fabrizi. (→ 24.9.45)

Moscou, 24 janvier
Les studios de Kiev et d'Achkhabad présentent *l'Arc-en-ciel* (*Radouga*), de Mark Donskoï, d'après le roman de W. Wassiliewska. Le film décrit la vie d'un village ukrainien victime des atrocités de l'occupant allemand. (→ 16.1.45)

Paris, 31 janvier
Mort de l'écrivain et scénariste Jean Giraudoux (*29.10.1882), ancien commissaire à l'Information.

Los Angeles, 4 février
La petite Elizabeth Taylor, onze ans, tourne son cinquième film, *le Grand National* (*National Velvet*), de Clarence Brown. (→ 7.3.46)

Los Angeles, 6 février
Jean Renoir épouse Dido Freire. Charles Laughton, qui jouait dans le film de Renoir sur la résistance française, *Vivre libre*, est l'un des témoins. (→ 26.8.45)

Los Angeles, 15 février
Une analyse de sang prouve que Charlie Chaplin n'est pas le père de l'enfant de Joan Barry. Malgré cela la Cour refuse de débouter la plaignante : Chaplin reste inculpé de violation de la loi Mann, puisqu'il a eu des relations sexuelles « illicites » avec Mlle Barry. (→ 1.5.46)

Etats-Unis, 31 mars
Marlon Brando se fait exclure de l'académie militaire de Shattuck pour indiscipline. (→ 30.9.48)

Karlsruhe, 1er avril
Déporté depuis peu en Allemagne, le jeune comédien français Robert Lynen (*1921) est fusillé.

Etats-Unis, 14 avril
Marlène Dietrich entreprend une tournée qui doit la conduire dans les bases américaines d'Italie et d'Afrique du Nord. (→ 1.5.45)

Los Angeles, 2 mai
Sortie de *la Route semée d'étoiles* (*Going My Way*), une histoire de prêtres mélomanes, de Leo McCarey, avec Bing Crosby, Barry Fitzgerald et Rise Stevens. (→ 15.3.45)

New York, 4 mai
Au Capitol Theatre a lieu la première de *Hantise* (*Gaslight*), de George Cukor, avec Charles Boyer et Ingrid Bergman. (→ 15.3.45)

Italie, 3 juin
Luchino Visconti est libéré par les partisans de la prison de San Gregorio, où il venait d'être transféré pour faits de résistance. Ses amitiés politiques en faisaient une cible pour le régime fasciste. (→ 26.11.48)

Hollywood, 29 juin
Otto Preminger achève le tournage de *Laura*, avec Gene Tierney dans le rôle-titre (un rôle refusé par Jennifer Jones) et Dana Andrews. Le portrait de Laura dans le film est en réalité une photo sur laquelle Preminger a fait poser une légère couche de peinture. (→ 11.10)

Hollywood, 1er juillet
Leon Schlesinger, producteur des « Merrie Melodies » et des « Looney Tunes », vend son studio au distributeur, la Warner Bros, et prend sa retraite. (→ 24.3.45)

Paris, 25 août
Le comédien Claude Dauphin participe à la libération de la capitale dans les rangs de la division Leclerc avec le grade de capitaine. Après avoir servi à Londres et aux Etats-Unis, il est arrivé en France avec les armées alliées le 14 juillet. →

Paris, 26 août
Sous l'égide de la Cinémathèque française, Henri Langlois présente *Autant en emporte le vent*, de Victor Fleming, avant même que les cinémas rouvrent. C'est le premier film américain projeté dans Paris libéré.

New York, 1er septembre
Après avoir supervisé la série de films « Pourquoi nous combattons », Frank Capra, revenu à la vie civile, sort la comédie d'humour noir *Arsenic et vieilles dentelles* (*Arsenic and Old Lace*), avec Cary Grant, Priscilla Lane, Raymond Massey et Peter Lorre. (→ 8.6.69)

Paris, 24 septembre
Fred Astaire est à l'Olympia, où il donne un spectacle pour les soldats alliés. C'est la première apparition du célèbre danseur et comédien sur une scène française, cependant, le public français n'est pas admis aux séances. (→ 8.8.48)

Paris, 27 septembre
Le comédien Roger Duchesne est arrêté dans le 18e arrondissement, où il se cachait depuis la libération de la ville. Il est accusé d'avoir participé aux exactions de Bony et Lafont, à la solde de la Gestapo.

Stockholm, 2 octobre
Sortie de *Tourments* (*Hets*), d'Alf Sjöberg, considéré comme le plus grand cinéaste suédois du moment, avec Stig Järrel, Alf Kjellin et Maï Zetterling. C'est le premier scénario d'Ingmar Bergman. (→ 16.9.47)

Paris, 13 octobre
La comédienne Odette Joyeux, arrêtée la veille à son domicile à la suite d'une dénonciation, est remise en liberté. En effet, l'accusation était sans fondement.

New York, 16 octobre
Sortie de *Ministère de la Peur*, encore intitulé *Espions sur la Tamise* (*Ministry of Fear*), de Fritz Lang, adaptation d'un roman d'espionnage de Graham Greene, avec Ray Milland, Marjorie Reynolds et Dan Duryea. (→ 1.9.46)

Paris, 24 octobre
Charles Vanel, arrivant de Saint-Tropez, est de passage à Paris. Sa présence est un démenti aux rumeurs qui avaient couru sur sa disparition.

Paris, 6 décembre
Après quatre ans d'interruption, les activités du Cercle du cinéma, animé par Henri Langlois, reprennent. Une projection a lieu à 20 h 15 au Studio de l'Etoile : au programme, des films de Méliès, d'Emile Cohl, de René Clair, de Luis Buñuel et de Jean Vigo. (→ 26.10.48)

Madrid, 20 décembre
Abel Gance doit interrompre, après deux semaines de tournage, la réalisation du film entrepris avec le célèbre matador Manolete, à cause des défaillances financières de la production. (→ 14.11.45)

Allemagne, 31 décembre
Dans un pays ruiné par la guerre et les bombardements, la production cinématographique atteint malgré tout 75 longs métrages pour l'année écoulée. (→ 15.10.46)

NAISSANCES
Islington, Angleterre, 14 février
Alan Parker.

Paris, 5 mai
Jean-Pierre Léaud.

Dalat, Indochine, 10 mai
Marie-France Pisier.

Santa Monica, 31 juillet
Geraldine Chaplin.

Weybridge, Surrey, 13 septembre
Jacqueline Bisset.

New York, 25 septembre
Michael Douglas.

Grand acteur shakespearien à la scène, c'est aussi avec Shakespeare et son « Henry V » que Laurence Olivier s'impose comme cinéaste.

Maria Candelaria, Indienne scandaleuse

Dolorès Del Rio et Pedro Armendariz dans le film d'Emilio Fernandez.

Mexico, 20 janvier
Le jour même où le cinéaste Emilio Fernandez commence le tournage de *la Perle* (*La perla*), d'après une nouvelle de Steinbeck, son troisième et dernier film, *Maria Candelaria*, sort triomphalement en salles.

Mélodrame violent et flamboyant, *Maria Candelaria* est remarquablement photographié par Gabriel Figueroa. Il est interprété par Pedro Armendariz et Dolores Del Rio, deux grandes vedettes du cinéma mexicain que Fernandez avait déjà réunies l'année dernière dans *l'Ouragan* (*Flor Silvestre*). Dans *Maria Candelaria*, ils incarnent un couple maudit formé par un fier péon, Lorenzo, et une pauvre Indienne qui passe pour une pécheresse aux yeux des villageois. (→27.3.48)

Les Français moyens de Jean Grémillon

Charles Vanel, Madeleine Renaud, anti-héros sublimes du « Ciel est à vous ».

Paris, 2 février
Le cinéma Madeleine propose en exclusivité le nouveau film de Jean Grémillon, *Le ciel est à vous*, dont le récit peut se lire comme une épopée du Français moyen. Thérèse et Pierre Gauthier, interprétés par Madeleine Renaud et Charles Vanel, y forment en effet un couple de garagistes très ordinaires, soudain transcendés par une passion pour l'aviation. Se ruinant pour acquérir un appareil, ils n'auront de cesse de battre le record féminin de distance en ligne droite, et y parviendront. Dans la scène finale – le triomphe sur l'aérodrome pavoisé de drapeaux tricolores –, le public du film, malheureusement peu nombreux, aime discerner l'exaltation d'un héroïsme bien français. Le ton de cette œuvre est d'autant plus notable que le tournage, en raison de son sujet, s'est avéré très difficile. L'autorisation de faire voler un Caudron a en particulier demandé de très longues négociations avec les Allemands. (→10.12.59)

Marcel L'Herbier ouvre l'IDHEC

Paris, 10 janvier
Apôtre de l'enseignement du cinéma, Marcel L'Herbier n'a pas cessé depuis des années d'attirer l'attention sur la nécessité de créer une structure de formation pour les futurs professionnels. Ses efforts n'ont pas été vains : ils ont abouti à la création de l'Institut des hautes études cinématographiques (IDHEC), établissement public dont il est nommé président. Dans son allocution à la séance inaugurale, L'Herbier a évoqué l'évolution des moyens audiovisuels et le rôle qui revient à l'Idhec pour répondre à cette orientation. « Avec la paix, a t-il dit, ne devons-nous pas prévoir, si nous ne voulons pas nous laisser devancer, l'installation à un rythme accéléré des postes particuliers de télévision? Et combien de films faudra-t-il pour la consommation de ce nouvel ogre? » Plus d'une centaine de candidats se sont présentés au concours d'entrée de l'Idhec. Seule une trentaine ont été recrutés. (→9.3.46)

La Warner Bros fait des vagues autour de « Casablanca »

Hollywood, 2 mars
La 16e cérémonie des Oscars se déroule dans un nouveau cadre : le Grauman's Chinese Theatre; et le maître de cérémonie en est Jack Benny. La soirée est retransmise à la radio pour tous les Etats-Unis et pour les soldats combattant dans le Pacifique et en Europe. L'Oscar de la meilleure actrice va à Jennifer Jones pour *le Chant de Bernadette* (*The Song of Bernadette*), d'Henry King. Elle devance Ingrid Bergman et Joan Fontaine. Paul Lukas reçoit le prix du meilleur acteur pour *Quand le jour viendra* (*Watch on the Rhine*), d'Herman Shumlin. Il est préféré à Gary Cooper et aussi à Humphrey Bogart. Les meilleurs seconds rôles sont Katina Paxinou (*Pour qui sonne le glas – For Whom the Bells Tolls*, de Sam Wood), et Charles Coburn (*Plus on est de fous – The More the Merrier*, de George Stevens). Les autres principales récompenses vont toutes au film de Michael Curtiz *Casablanca* : meilleur réalisateur, meilleur scénario et meilleur film de l'année. A l'annonce de ce succès, le chef de studio Jack Warner se précipite sur scène pour recevoir la statuette à la place du producteur Hal Wallis. La tension continue de monter entre les deux hommes et le public en est témoin. (→28.9.45)

Jennifer Jones obtient l'Oscar pour « le Chant de Bernadette », d'Henry King.

Le cinéma français participe à la Libération

L'action du Comité de libération

Paris, 25 août
Les combats font rage aujourd'hui. Répondant aux mots d'ordre lancés par le Comité de libération du cinéma, de nombreux professionnels y participent. Parmi eux, l'acteur Aimos, qui vient d'être tué aux Batignoles. Depuis sa création au début de l'année, dans le cadre du Front national, le Comité de libération du cinéma français n'a pas cessé de multiplier les actes de résistance. C'est lui par exemple qui a déclenché, il y a six jours, l'insurrection dans le milieu du cinéma. Aussitôt, les milices patriotiques du Comité ont occupé les locaux du Coic, de l'Idhec et de la Direction générale du cinéma, les laboratoires et les studios des Buttes-Chaumont, ainsi que les locaux des organismes mis en place et gérés par les Allemands : la société de production Continental Film, la société de distribution Tobis et les circuits d'exploitation de la Sogec. Avec *l'Ecran français*, son journal clandestin, et les milliers de tracts qu'il a fait diffuser, le Comité a également contribué à saboter les directives de Vichy, à défendre les intérêts des travailleurs, à lutter contre la déportation, à aider les réfractaires, les prisonniers évadés et les familles des victimes. Il a aussi organisé les milices patriotiques dans les entreprises cinématographiques.

Aimos, à gauche : son dernier film, « Le mort ne reçoit plus », de Jean Tarride.

Les combats de la Résistance, notamment dans le Vercors, ont été filmés par des opérateurs d'actualités clandestins, coordonnés par Félix Forestier.

La délicate mission de Jean Painlevé

Paris, 25 août
Au moment où la capitale retrouve sa liberté, le cinéma se trouve lui dans une situation particulièrement difficile. La production par exemple est pratiquement suspendue, et l'exploitation à Paris et dans certaines villes de province aussi : de nombreuses salles sont détruites ou réquisitionnées par l'armée. Par ailleurs, la pénurie de pellicule rend impossible le tirage, en nombre suffisant, des copies nécessaires à l'exploitation, ce qui gêne l'amortissement des films. Aussi, la plupart des studios ont besoin d'être modernisés pour répondre aux nécessités nouvelles. C'est pour résoudre ces problèmes, parmi bien d'autres, que le gouvernement provisoire a nommé Jean Painlevé au poste de directeur général de la cinématographie. La candidature de cet éminent réalisateur de films scientifiques, fils de l'ancien ministre et président du Conseil Paul Painlevé, a été proposé par le Comité de libération du cinéma français. Pour remettre la machine du cinéma en marche, Painlevé va très certainement avoir fort à faire. Et ce d'autant plus que la concurrence étrangère et l'augmentation des coûts de production, du fait de l'inflation générale des prix, font craindre une imminente aggravation de la situation, déjà difficile. (→ 30.11)

Jean Marais et Viviane Romance dans « Carmen », de Christian-Jaque, présenté le 8 août en avant-première sous l'égide du Comité.

Pour un cinéma aux mains pures

Paris, 18 juillet
Dans le cinéma français de demain, il n'y aura pas de place pour ceux qui se sont compromis avec l'ennemi : voilà ce que promet un article intitulé « le Cinéma aux mains pures » que vient de publier *l'Ecran français*. Le premier numéro de ce journal cinématographique clandestin, qui est aussi l'organe des comités du cinéma du Front national de lutte pour la libération, a été publié en décembre 1943. Dirigé par René Blech, son comité de rédaction comprend notamment Pierre Blanchar, président du Comité de libération du cinéma français, Louis Daquin, Jean Delannoy, André Luguet et André Zwobada. Un seul numéro est sorti sous le titre de *l'Ecran français*, les autres ont été incorporés, à compter de mars dernier dans *les Lettres françaises*. Deux autres journaux sont aussi sortis au cours de ces derniers mois : *la Cinématographie française*, organe de l'Union des syndicats du film (CGT), et *Opera*, publié par les comités de résistance de l'industrie cinématographique.

Un film noir américain de Billy Wilder

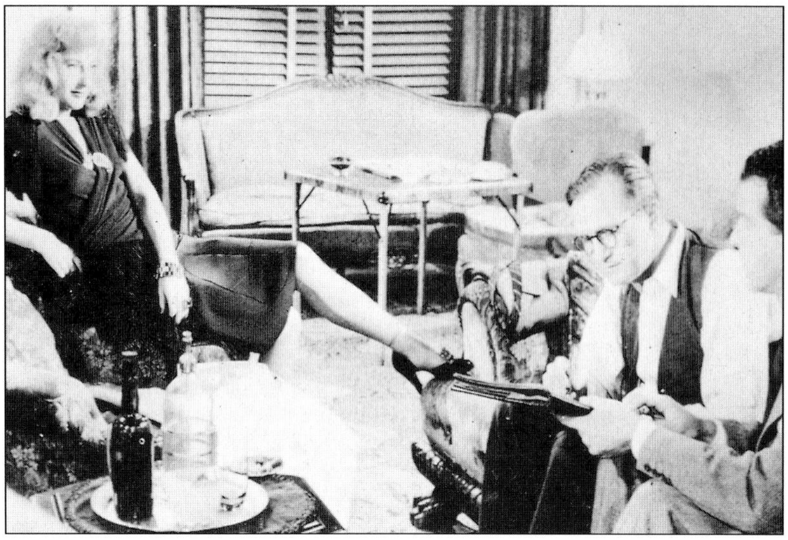

Barbara Stanwyck dans « Assurance sur la mort ». A droite, Fred MacMurray.

Hollywood, 6 septembre
Avec la sortie sur les écrans de son dernier film, *Assurance sur la mort* (*Double Indemnity*), le réalisateur d'origine autrichienne Billy Wilder fait une incursion remarquée dans le domaine du film noir. Le scénario, adapté d'un roman de James Cain, a été cosigné par Raymond Chandler, dont c'est la première collaboration cinématographique. L'action s'inspire d'un célèbre fait divers et met en vedette un couple adultère et criminel. Le rôle de l'homme est tenu par l'acteur Fred McMurray, et Barbara Stanwyck incarne, elle, une femme vénéneuse. Pour le film, la femme la mieux payée des Etats-Unis s'est fait teindre les cheveux en blond. (→ 7.3.46)

Betty Bacall ne quitte déjà plus Bogey

Lauren Bacall et Humphrey Bogart dans « le Port de l'angoisse », d'Hawks.

New York, 11 octobre
Humphrey Bogart a une nouvelle partenaire, Lauren Bacall, dans *le Port de l'angoisse* (*To Have and Have Not*) d'Howard Hawks, présenté en soirée de gala. Depuis le début du tournage, une forte attirance unit les deux comédiens. Bogey, quarante-cinq ans, est toujours marié à Mayo Methot, mais il ne semble pas pouvoir résister aux charmes de Betty Perske, vingt ans, dite Lauren Bacall. La jeune fille n'aimant pas son prénom d'actrice, choisi pour elle par une attachée de presse, son entourage continue de l'appeler Betty. Dans son film, Hawks utilise la complicité naissante entre « une gamine magnifique, insolente, et un homme plein de séduction », comme il le dit lui-même. En souvenir d'une réplique célèbre du film – « Si tu veux que je vienne, tu n'as qu'à siffler. Tu sais comment on siffle, n'est-ce-pas, Steve ? Tu avances les lèvres et tu souffles. » –, Bogey offre à Betty un petit sifflet en or. Tous deux représentent une fusion idéale faite d'estime réciproque et d'amour. L'un des plus beaux couples du cinéma est né. (→ 21.5.45)

Preminger plonge Gene Tierney dans le mystère de « Laura »

New York, 11 octobre
Avec la sortie de son dernier film, *Laura*, Otto Preminger s'impose à Hollywood : jusqu'ici, les qualités du réalisateur autrichien, d'abord mis à l'index par Darryl F. Zanuck, n'avaient guère pu s'exprimer que sur les scènes de théâtre. Après un heureux concours de circonstances, le voici devenu producteur et réalisateur, ayant remplacé en cours de tournage Rouben Mamoulian. *Laura* est un film noir très sophistiqué, bâti sur un enchaînement de *flashback* et scandé par la musique de David Raskin. C'est également la confirmation du talent de Gene Tierney, révélée il y a quatre ans par Fritz Lang. Cette jeune femme aux pommettes saillantes et avec de grands yeux exotiques n'est pas née à Shanghai, contrairement à la légende, mais beaucoup plus banalement à New York. (→ 4.12.47)

Inspiré d'un roman de Vera Caspary, « Laura » fait de son interprète une héroïne mythique du film noir.

Bogey a fait la connaissance de Betty alors qu'il tournait avec Michèle Morgan « Passage vers Marseille ».

Sacha Guitry, lui, est rentré de Drancy

Paris, 24 octobre
Arrêté le 23 août dernier à son domicile, Sacha Guitry vient d'être libéré, aucune charge n'ayant pu être relevée contre lui. Ce sont quatre FFI armés et non mandatés qui étaient venus l'arrêter pour le conduire, à pied, à la mairie du 7e arrondissement où il a été interrogé. Emmené ensuite au dépôt de la préfecture de police, il y est resté jusqu'au 28 août. De là, il a été conduit au Vélodrome d'Hiver, où il a été enfermé jusqu'au soir du 30 août; puis au camp de Drancy, où il a subi plusieurs interrogatoires. Non inculpé, il a été conduit le 17 octobre à la prison de Fresnes, avant d'être relâché, une semaine plus tard. (→ 29.9.48)

Pour son dernier film, « la Malibran », il a fait de Cocteau Alfred de Musset.

Laurence Olivier, cinéaste shakespearien

« Henry V », collaboration d'un producteur italien et d'un réalisateur anglais.

Londres, 30 novembre
Avec *Henry V*, le cinéma anglais sort de sa somnolence. Le mérite de cette superproduction revient au producteur italien Filippo Del Giudice, président de la Two Cities. Séduit par une adaptation radiophonique de la fameuse pièce de William Shakespeare, réalisée par Laurence Olivier, il lui confia la responsabilité artistique d'un film à partir de la même œuvre. William Wyler et Carol Reed se désistèrent et Olivier se chargea de la réalisation et interpréta le rôle-titre. Le clou du film est une reconstitution de la bataille d'Azincourt qui, filmée en Irlande durant l'été 1943, coûta le tiers du budget total de 470 000 livres. (→ 5.9.48)

Les studios français reprennent leurs activités de production

Paris, 30 novembre
Durant l'occupation, mais surtout pendant les deux derniers mois de celle-ci, les difficultés des studios étaient telles qu'ils ont dû arrêter toutes leurs activités. Dans les rares studios qui n'avaient pas fermé leurs portes, les tournages s'effectuaient exclusivement la nuit, pour bénéficier de meilleures conditions dans la fourniture d'électricité. Des mois après, les industries cinématographiques semblent se remettre doucement des séquelles de l'occupation et des combats de la Libération. Ainsi, les uns après les autres, les treize studios que compte la France, avec leurs quarante plateaux, ont commencé à reprendre leurs activités. Ils donnent pour le moment la priorité à l'achèvement de films dont les tournages avaient été interrompus par la guerre, notamment *Sortilèges* ou *Falbalas*, *la Grande Meute* et *Lungarde*. Les premiers studios a avoir rouvert leurs portes sont les studios de Saint-Maurice : le 6 du mois, à 8 heures du matin, le réalisateur Pierre Billon y a repris le tournage du film inachevé *Mademoiselle X*, avec André Leguet et Annie Ducaux. Les usines de fabrication de pellicule, d'appareil et de matériels divers de cinéma, tout comme les laboratoires de développement et de tirage, ont commencé eux aussi à reprendre leurs activités. Cette reprise générale devrait désormais résorber petit à petit le chômage qui frappe durement la profession depuis de trop nombreux mois : on estime à environ 60 000 le nombre de personnes dont la vie dépend économiquement de l'industrie du cinéma. (→ 5.10.46)

Christian-Jaque dirige Renée Faure et Roger Pigaut dans « Sortilèges ».

La profession fête le soldat Moncorgé

Paris, 13 décembre
Une grande réception est donnée en l'honneur de Jean Moncorgé, dit Jean Gabin, lors d'un bref séjour de l'acteur à Paris. En avril 1943, Gabin a rejoint les Forces françaises libres. Embarqué à Norfolk sur le pétrolier *Elorn*, en tant que capitaine d'armes, il a contribué à repousser les attaques aériennes ennemies. Après un entraînement au cap Matifou, il est devenu tankiste au régiment blindé de fusiliers marins. Titulaire d'une permission de vingt-cinq jours, Gabin est aujourd'hui à Paris et en profite pour retrouver ses amis Carné et Prévert. Il va aussi aux studios François-Ier, sur le plateau de *Sortilèges*, de Christian-Jaque, où son neveu Guy Ferrier est opérateur. Au cours de cette sympathique soirée destinée à fêter celui qui est revenu en France au sein de la division Leclerc, Gabin s'est montré très ému et particulièrement touché par le discours improvisé de Carné. (→ 1.5.45)

Affiche signée Rojac pour une des nombreuses adaptations d'après Bizet.

« A Canterbury Tale », de M. Powell.

Affiche de J. Colin, pour J. Anouilh.

Ingrid Bergman et Charles Boyer dans « Hantise », un film de George Cukor.

Walter Huston, Katharine Hepburn, Turran Bey dans « les Fils du dragon ».

Premier grand film d'E. Fernandez.

Merle Oberon, Cedric Hardwicke et George Sanders : « Jack-l'Eventreur ».

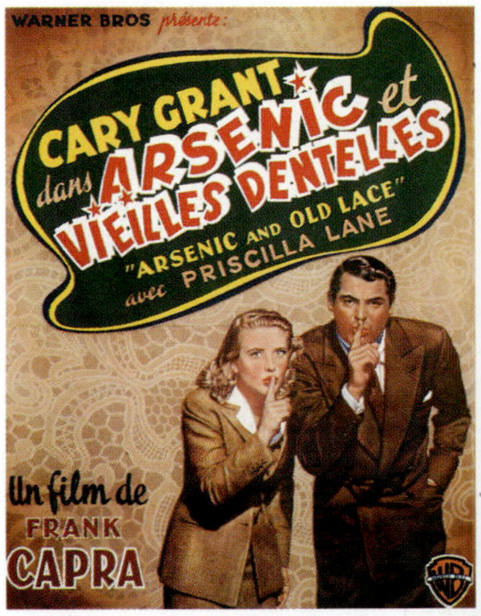

Affiche pour ce classique d'après la pièce de Joseph Kesselring.

Affiche américaine pour « la Femme au portrait », de Fritz Lang.

Affiche originale américaine pour « le Port de l'angoisse », d'Howard Hawks.

Minnelli : « Meet Me in St. Louis ».

« Le Fantôme de Canterville ».

Affiche originale américaine.

« La Septième Croix » (Zinnemann).

Mary Anderson et William Bendix dans « Lifeboat », d'Alfred Hitchcock.

1945

Oscars, Hollywood
Film : *la Route semée d'étoiles* (Leo McCarey).
Acteur : Bing Crosby.
Actrice : Ingrid Bergman.

Londres, 18 janvier
La Rank Organisation parachève sa concentration verticale en créant une société de production, la J. Arthur Rank Production Ltd., basée à Pinewood, qui vient s'ajouter à l'ensemble impressionnant de studios, laboratoires et sociétés d'exploitation constitué depuis 1935.

Los Angeles, 3 février
Walt Disney présente son dernier dessin animé *les Trois Caballeros* (*The Three Caballeros*), avec les personnages de Donald Duck, le pingouin frileux Pablo, José Carioca et l'oiseau Aracua « le clown de la jungle ». (→ 6.11.46)

Paris, 11 février
Louis Jouvet retrouve le sol français avec sa troupe après quatre ans en Amérique du Sud. Le comédien est pressenti pour le *Talleyrand* de Jacques Feyder. (→ 3.10.47)

Sacramento, 15 février
La Cour suprême de l'Etat déboute la Warner Bros dans le conflit qui l'opposait à Olivia De Havilland et, de ce fait, considère toute prolongation de contrat au-delà de sept ans comme abusive.

Mulhouse, 27 février
Le réalisateur américain William Wyler, lieutenant-colonel dans les armées alliées, est de passage dans sa ville natale. La gérante de l'épicerie dont son père était propriétaire lui remet à cette occasion 200 000 francs correspondant à sa part des bénéfices. (→ 13.3.47)

New York, 1er mars
Sortie du *Portrait de Dorian Gray* (*The Picture of Dorian Gray*) d'Albert Lewin d'après le roman fantastique d'Oscar Wilde, avec Hurd Hatfield, George Sanders, Donna Reed et Angela Lansbury.

Hollywood, 13 mars
Une grève de 15 000 machinistes et techniciens paralyse toute activité des studios.

Copenhague, 23 mars
Carl Dreyer présente le film qu'il a réalisé en Suède, *Deux Etres* (*Tva Människor*). (→ 9.9.55)

Los Angeles, 24 mars
Friz Freleng a terminé, pour le compte des « Merrie Melodies » de la Warner Bros, *Life with Feathers*, premier dessin animé où apparaît le chat Sylvestre.

Paris, 4 avril
Le cinéma Clichy-Palace, spécialisé dans les films américains en version originale à l'intention des soldats alliés, projette une copie sous-titrée en anglais des *Visiteurs du soir* de Carné, intitulé *The Devil's Envoys*. (→ 1.5.46)

Moscou, 9 avril
Sortie de *Matricule 217* (*Tchelovek N°217*) de Mikhaïl Romm, qui décrit la vie des déportés en Allemagne, avec E. Kouzmina et A. Lissianskaïa.

Paris, 14 avril
En hommage au président américain Franklin D. Roosevelt, dont les funérailles se déroulent ce même jour à Washington, les salles de cinéma et autres lieux de spectacle restent fermés.

Berlin, 17 avril
Au milieu des combats, Goebbels tient une conférence au ministère de la Propagande : « Messieurs, dans cent ans, on projettera un beau film en couleurs sur les jours terribles que nous sommes en train de vivre. Tenez bon aujourd'hui afin que, dans cent ans, le public ne vous siffle pas lorsque vous apparaîtrez sur l'écran. » (→ 15.10.46)

Paris, 25 avril
Interrompant pour la circonstance le tournage de *Boule de Suif*, de Christian-Jaque, dont elle est la vedette, Micheline Presle épouse à la mairie du 8e, Michel Lefort, champion de tennis et négociant en vin de Bordeaux. (→ 17.10)

Grasse, 28 avril
Pendant les prises de vues du film de Jeff Musso *Vive la liberté* (et qui devait à l'origine être intitulé *On a tué un homme*), un figurant est mort d'une balle reçue dans la poitrine. Le réalisateur avait fait procéder à des tirs à balles réelles.

Prague, 12 mai
Jiri Trnka, Eduard Hoffman et Jiri Brdecka créent le studio de dessins animés Les Frères en tricot (Batri v Triku) – jeux de mots sur tricot et trucage. (→ 2.1.46)

Paris, 18 mai
Première, au cinéma Le Français, du film de Max Ophuls *De Mayerling à Sarajevo*, avec Edwige Feuillère. Débuté en 1939, interrompu par la guerre, puis achevé au printemps 1940, il avait été aussitôt interdit par les Allemands. (→ 17.6.50)

Italie, 23 mai
La comédienne Corinne Luchaire a été arrêtée en compagnie de sa mère et de son père, le journaliste collaborationniste Jean Luchaire, devenu ministre du gouvernement Laval en exil à Singmaringen.

Los Angeles, 15 juin
Judy Garland, divorcée de David Rose depuis mars 1944, épouse le réalisateur Vincente Minnelli, avec qui elle vient de tourner *The Clock*, à New York. (→ 15.3.46)

Prague, 11 août
Le gouvernement d'Union nationale décrète la nationalisation de la production des films. Les firmes deviennnent propriété d'Etat (Statny Film). (→ 5.4.48)

New York, 28 septembre
Sortie, pour la côte Est, du *Roman de Mildred Pierce* (*Mildred Pierce*), de Michael Curtiz, d'après le roman de James M. Cain, avec Joan Crawford, Jack Carson, Zachary Scott et Ann Blyth. (→ 7.3.46)

Hollywood, 1er novembre
Alfred Hitchcock présente son nouveau film, un mélodrame psychanalytique, *la Maison du docteur Edwardes* (*Spellbound*), d'après le roman de Francis Beeding, avec Gregory Peck, Ingrid Bergman et Michael Chekhov. Une séquence de rêve a été réalisée avec la collaboration de Salvador Dali. (→ 22.8.46)

Paris, 14 novembre
Abel Gance rentrant d'Espagne, là revue *Paris-Cinéma* met en garde : « Commanditaires, fermez vos coffres-forts ». (→ 18.6.49)

Paris, 19 décembre
La cinquante-deuxième semaine d'exclusivité des *Enfants du paradis*, de Marcel Carné, est célébrée par Pathé-Cinéma. (→ 3.12.46)

Goûtrens, Aveyron, 22 décembre
Georges Rouquier achève le tournage de *Farrebique*. Il a duré presqu'un an, pendant lequel des paysans de la région sont devenus les acteurs de ce film relatant une chronique familiale. (→ 11.2.47)

Copenhague, 26 décembre
Sortie de *La terre sera rouge* (*De rode enge*), de Bodil Ipsen et Lau Lauritzen Jr., une chronique passionnée de la résistance des Danois contre les occupants hitlériens, avec Paul Reichhardt et Lisbeth Movin.

Los Angeles, 30 décembre
La critique salue la réussite de Frank Borzage dans un registre qui ne lui est pas habituel, le film de pirates. *Pavillon noir* (*The Spanish Main*), qui sort ce jour, avec Maureen O'Hara et Paul Henreid, est un très beau film d'aventures.

NAISSANCES
Bâle, 28 janvier
Marthe Keller.

Sturmer, Angleterre, 5 février
Charlotte Rampling.

Los Angeles, 9 février
Mia Farrow (*Maria de Lourdes Villiers Farrow).

Chicago, 28 février
Mimsy Farmer (*Merle Farmer).

Georgenthal, Thuringe, 7 avril
Werner Schroeter.

Allemagne, 31 mai
Rainer Werner Fassbinder.

Honolulu, 1er décembre
Bette Midler.

« Les Enfants du paradis », réussite majeure de Carné et Prévert, atteste en outre que les ambitions du cinéma français ne sont pas usurpées.

PATHÉ CONSORTIUM CINÉMA
PRÉSENTE
LE ROUGE GORGE
BAL
b. Lancy
ARLETTY . JEAN-LOUIS BARRAULT . PIERRE BRASSEUR . PIERRE RENOIR
DANS
UN FILM DE
MARCEL CARNÉ
LES ENFANTS DU PARADIS
SCÉNARIO ET DIALOGUES DE JACQUES PRÉVERT
AVEC
LOUIS SALOU . MARIA CASARÈS
ET
MARCEL HERRAND
1ère ÉPOQUE
LE BOULEVARD DU CRIME
PRODUCTION
S.N
PATHÉ-CINÉMA
IMAGES DE ROGER HUBERT
DIRECTEUR DE PRODUCTION FRED ORAIN

« Ivan le Terrible », couronnement de Sa Majesté Eisenstein

Moscou, 16 janvier
Sergueï Mikhaïlovitch Eisenstein a déjà donné de grands films mais *Ivan le Terrible* est sûrement un chef-d'œuvre. La guerre a failli enterrer ce vieux projet. Après l'attaque allemande du 22 juin 1941, les studios Mosfilm ont été évacués à Alma-Ata, en Asie centrale. Avec courage et imagination, les cinéastes ont improvisé dans des conditions précaires. Eisenstein a réalisé une fresque historique sur la prise du pouvoir par un jeune prince du XVIe siècle. Enfant, Ivan voit l'assassinat de sa mère et comprend qu'il est aux mains d'ambitieux boyards. Enfin majeur, il se fait couronner tsar, un titre dérivé du mot César. Par là, il manifeste sa volonté de régner seul et d'agrandir la Russie. Il s'y emploie en matant diverses rébellions et en arrachant la ville de Kazan aux Tatares. Mais sa tante Eufrosie complote contre lui et empoisonne sa femme aimée, et son meilleur ami le trahit. Il quitte Moscou écœuré mais le peuple revient le chercher. Le film se clôt sur cette foule à genoux. On ne sait ce qu'on doit admirer le plus : la force des dialogues, la beauté de la musique, signée Prokofiev, ou la majesté des images – grâce aux opérateurs Moskvine et surtout à Tissé, fidèle depuis *le Cuirassé « Potemkine »*. Les acteurs y ont aussi contribué. Nikolaï Tcherkassov, qui fut le lumineux Nevski, incarne ici le farouche tsar. Le cinéaste Poudovkine, qui aime faire l'acteur, a un petit rôle de méchant : il affectionne les personnages déplaisants depuis son rôle d'officier tsariste dans *la Mère*. Dommage que Nathalie Oujvi, pressentie pour Eufrosie, ait choisi de jouer dans *l'Arc-en-ciel*, de Donskoï, terrible chronique d'un village ukrainien occupé, où elle est remarquable. Rentré à Moscou, Eisenstein termine la seconde partie d'*Ivan le Terrible*. (→ 16.8.46)

Une seconde partie du film, en cours de montage, sortira ultérieurement.

Le dernier film nazi derrière les lignes

La Rochelle, 30 janvier
Kolberg, dernier exploit cinématographique de Veit Harlan, est projeté simultanément à Berlin et dans ce port encore occupé par les Allemands. D'ailleurs, il a fallu acheminer les bobines en parachute. Le tournage de ce film a pris deux ans. Pendant ce temps, la victoire changeait de camp. Le 1er juin 1943, Goebbels chargeait le metteur en scène de filmer une œuvre qui galvaniserait les foules. Finalement, son choix s'était arrêté sur l'histoire de Kolberg, petit port balte résistant aux troupes de Napoléon après la victoire de Iéna. Pour ce projet, les moyens mis à la disposition de Veit Harlan ont atteint une démesure sans précédent. Avec 8,5 millions de marks, le film revenait huit fois plus cher qu'une production normale. Harlan a utilisé six mille chevaux, dix mille costumes et plus de soldats qu'il n'y en avait eu dans les deux camps, en réalité. Filmé en couleur, *Kolberg* est plus spectaculaire que convaincant. N'est-ce pas l'ultime cartouche du cinéma nazi, douze ans après l'ascension d'Adolf Hitler ? (→ 17.4)

Pluie d'Oscars sur la route des étoiles

Hollywood, 15 mars
Ingrid Bergman reçoit l'Oscar d'interprétation féminine pour *Hantise* (*Gaslight*), de George Cukor. Ethel Barrymore est meilleur second rôle. Tous les autres Oscars vont à *la Route semée d'étoiles* (*Going my Way*), meilleur film de l'année et aussi avec Bing Crosby, meilleur acteur ; Barry Fitzgerald, meilleur second rôle, et Leo McCarey, meilleur réalisateur. (→ 7.3.46)

Eisenstein au tournage entre le tsar (Nikolaï Tcherkassov) et son fils.

Ingrid Bergman, meilleure actrice pour « Hantise », et les deux acteurs lauréats de « la Route semée d'étoiles », Barry Fitzgerald et Bing Crosby.

L'éblouissement des « Enfants du paradis »

Jean-Louis Barrault, mime idéal dans le rôle de Baptiste Deburau.

Du fascinant personnage de Garance, Arletty fait une des créations les plus mémorables de l'histoire du cinéma.

Paris, 9 mars

La première des *Enfants du paradis* a eu lieu lors d'une soirée de gala au Palais de Chaillot. D'une durée inusitée de trois heures, le nouveau film de Marcel Carné a reçu un accueil assez tiède, en raison sans doute de l'exécrable acoustique de la salle ainsi que de l'angoisse des spectateurs de rater le dernier métro. L'œuvre sortira en exclusivité au Madeleine et au Colisée. *Le Boulevard du crime* et *l'Homme blanc*, ses deux parties, y seront projetées en une seule séance. Devant la pénurie de spectacles de qualité, il est à peu près certain que le public fera un triomphe à ce film. Ce dernier, en effet, est proprement exceptionnel. Restituant le Paris du siècle dernier, le récit se déroule dans le milieu des théâtres populaires qui bordaient le fameux Boulevard du crime. On y voit naître l'impossible amour qui lie le mime Deburau à la belle Garance, tous deux inoubliables sous les traits de Jean-Louis Barrault et d'Arletty. La distribution qui entoure ce couple vedette tient du prodige : Pierre Brasseur dans le rôle de Frédérick Lemaître, Marcel Herrand dans celui du poète assassin Lacenaire, et aussi Louis Salou, Pierre Renoir, Marcel Pérès, Gaston Modot, ainsi que la jeune Maria Casarès pour ses débuts à l'écran. Naturellement, le scénario et les dialogues sont signés de Jacques Prévert. Et, comme pour *les Visiteurs du soir*, Alexandre Trauner et Joseph Kosma signent clandestinement les décors et la musique. Le tournage de ce projet démesuré a plusieurs fois été compromis. A la suite du succès des *Visiteurs du soir*, le producteur André Paulvé avait laissé carte blanche à Carné pour composer une fresque de son goût. Après plusieurs mois de travail en commun avec Prévert et Trauner, le tournage avait pu commencer à la mi-août 1943 aux studios de la Victorine à Nice. Le débarquement américain en Sicile avait alors interrompu le travail et l'équipe avait reçu l'ordre des autorités de rentrer à Paris. Pathé a ensuite racheté le projet et l'a mené à bien. Entre-temps, dans le rôle de Jericho, Pierre Renoir avait remplacé Robert Le Vigan, réfugié à Sigmaringen. (→ 19.12)

Aux côtés d'Arletty, Pierre Brasseur s'identifie avec superbe au personnage haut en couleur du grand comédien romantique Frédérick Lemaître.

Maria Casarès est Nathalie, épouse délaissée de Deburau, et Pierre Renoir est Jericho, personnification prévertienne par excellence du « destin ».

Jean Gabin retrouve Marlène en Bavière

Les hasards militaires les avaient réunis une première fois à Alger.

Bavière, 1er mai
Le tankiste Jean Alexis Moncorgé, chef du char *Souffleur II*, autrement dit Jean Gabin, a traversé la France avec la division Leclerc afin de repousser les Allemands derrière leurs frontières. Après une permission au cours de laquelle il a revu Paris, Jean est aujourd'hui au cœur de la Bavière, près de Berchtesgaden. Alors qu'il se trouve près du fameux nid d'aigle d'Adolf Hitler avec son unité, Jean s'entend siffler et interpeller par une voix féminine. Il se retourne et découvre avec surprise une femme en uniforme qui descend d'une Jeep. C'est Marlène Dietrich, que le hasard a menée en ce même lieu, au même instant. Depuis le 30 août 1944, Marlène accomplit sa mission pour le soutien de l'effort militaire dans les bases de l'Atlantique Nord. Elle s'est consacrée auparavant à des tournées en Afrique du Nord, en Sicile et en Italie. Malgré une santé défaillante et au mépris des dangers, elle demeure volontaire de l'Organisation du service théâtral aux armées des Etats-Unis. Jean et Marlène tombent dans les bras l'un de l'autre et parlent de la France, de cinéma et... d'amour. Le soir même, Marlène Dietrich chante devant plus de 2 000 soldats américains et alliés. (→ 28.3.49)

Jean Renoir est chez lui à Hollywood

Anne Baxter, Renoir et Dana Andrews au tournage de « l'Etang tragique ».

Hollywood, 26 août
Le troisième film américain de Jean Renoir, *l'Homme du Sud* (*The Southerner*), est sorti sur les écrans. Il s'agit d'une approche compatissante de la rude existence des planteurs de coton dans le *Deep South*, inspirée d'un roman de George Sessions Perry, avec dans les deux principaux rôles Zachary Scott et Betty Field. Exilé aux Etats-Unis depuis l'armistice, le réalisateur français semble s'être enfin adapté aux rigueurs de la production hollywoodienne. Ses deux films précédents, *l'Etang tragique* (*Swamp Water*) et *Vivre libre* (*This Land Is Mine*), n'avaient guère séduit le public, même si le second – film de propagande pour la France – avait reçu un accueil affectueux. Dans *l'Homme du Sud* Renoir a retrouvé les accents sociaux qui avaient fait sa renommée. William Faulkner, qui le conseilla, y est sans doute pour quelque chose. (→ 1.9.46)

Micheline Presle star de l'année, de Becker à Christian-Jaque

Paris, 17 octobre
Le charme singulier de Micheline Presle l'avait imposée dès 1939 en tête d'affiche, notamment dans *Paradis perdu,* d'Abel Gance. Depuis, elle a su échapper à l'étiquette de parisienne frivole qu'on a tenté de lui coller. Ainsi, il y a quatre mois, on l'a découverte en femme passionnée dans *Falbalas,* de Jacques Becker, à côté de Raymond Rouleau, auprès de qui elle avait fait jadis son apprentissage de l'art dramatique. Et c'est dans un rôle fort différent qu'on la retrouve aujourd'hui dans *Boule de Suif*, film historique de Christian-Jaque, inspiré de Maupassant. (→ 12.9.47)

Dans « Falbalas », de Jacques Becker et « Boule de Suif », d'après Maupassant.

Betty et Bogey se sont mariés dans l'Ohio

Les nouveaux mariés de Mansfield.

Mansfield, 21 mai
Douze jours après son divorce de Mayo Methot, Bogart épouse Lauren Bacall à Mansfield, une petite ville de l'Ohio, chez son ami Louis Bromfield. Ancienne ouvreuse de cinéma, Lauren est désormais la star du moment, après deux films seulement. A cause de leur différence d'âge, Bogart appelle sa jeune femme Baby. Il vient de signer un contrat avec la Warner qui lui assure un million de dollars par an pendant quinze ans. Le couple va s'installer à Hollywood. (→ 23.8.46)

Avec les « Dames du bois de Boulogne »

Paris, 21 septembre
Les Dames du bois de Boulogne, le dernier film de Robert Bresson, dialogué par Jean Cocteau, passe en exclusivité dans la grande salle du Rex. Cette dernière, il faut bien l'avouer, convient mal à l'intimisme glacé de l'œuvre et explique peut-être son rejet, du public comme de la critique. La subtile mécanique qui anime cette vengeance de femme ne rencontre qu'une totale incompréhension. Ainsi que l'écrit Georges Sadoul dans *les Lettres françaises*, « ce n'est pas en désincarnant que l'on peint les passions de la chair ». L'épreuve est d'autant plus dure pour Bresson que l'enfantement de cette adaptation de Diderot s'est fait dans la douleur : commencé en avril 1944 sous le titre *l'Opinion publique*, le film a été interrompu par la Libération. A la reprise du travail, de graves dissensions sont alors apparues, et la production a failli arrêter le tournage. (→ 7.2.51)

Lucienne Bogaert et Elina Labourdette, les « dames » de Robert Bresson.

« Brève rencontre », un amour ordinaire

Londres, 26 novembre
Brève Rencontre (*Brief Encounter*), le nouveau film de David Lean, raconte l'amour impossible d'un médecin avec une femme mariée, à la veille du conflit mondial. Lean poursuit sa collaboration avec le dramaturge Noel Coward, dont il adapte ici une pièce intitulée *Still Live* (vivre encore). Celia Johnson et Trevor Howard interprètent les héros de ce mélodrame.

Joyce Carey, Stanley Holloway et Celia Johnson dans le film de David Lean.

Une tragédienne nommée Anna Magnani

Avec Aldo Fabrizi dans « Rome, ville ouverte », de Roberto Rossellini.

Rome, 24 septembre
A peine six mois se sont écoulés depuis la fin de la guerre. Peut-être était-il prématuré de présenter au public un récit aussi réaliste que celui de *Rome, ville ouverte* (*Roma, città aperta*). L'avant-première du film de Rossellini s'est avérée froide et critique, ou même houleuse et malveillante. En effet, les Romains supportent mal de revoir déjà ces événements de l'hiver 1944 qui font l'essentiel du film. Rome avait été déclarée « ville ouverte ». Un communiste, un prêtre, un imprimeur et sa femme, Pina, appartiennent à un réseau de résistance. Tous périront sous les coups de la Gestapo. Roberto Rossellini tourne deux mois après la libération de Rome, avec de la pellicule usagée. Il filme dans les rues ou dans un studio improvisé. D'où le rythme d'urgence de cette œuvre qui se regarde comme des actualités reconstituées. Le cinéaste a utilisé peu d'acteurs professionnels, à part Aldo Fabrizi, et surtout Anna Magnani. Ce n'est ni une jeunesse, ni une beauté sophistiquée. Pour *Rome, ville ouverte* elle est femme du peuple, exubérante, généreuse, héroïque jusqu'au sacrifice de sa vie. Auparavant, elle avait déjà tourné pour Bonnard et Alessandrini. De Sica, le premier, a su mettre en valeur son talent nuancé dans *Mademoiselle Vendredi*. Sobre mais poétique et ardente dans ce nouveau film, Anna est devenue « la » Magnani. (→ 9.8.46)

Le quatrième prix Louis-Delluc à Malraux

Paris, 14 décembre
Espoir, d'André Malraux, vient de se voir décerner le quatrième prix Louis-Delluc. Le romancier et actuel ministre était rentré d'Espagne en 1939 avec les bobines d'un film consacré à la guerre civile qui y faisait rage, *Sierra de Teruel*. Terminé au moment de la déclaration de guerre, le film avait été aussitôt interdit, puis caché sous l'occupation. Il a été rebaptisé à l'occasion de sa sortie, en juin dernier. On lui a adjoint une introduction de Maurice Schumann qui insiste sur la similitude entre le combat des résistants français et celui des républicains espagnols. (→ 13.12.46)

Une sortie attendue depuis 1939.

Affiche originale française sortie de l'atelier de Bernard Lancy.

Hamshiro Iwai, Masayuki Mori et Takashi Shimune dans le film d'Akira Kurosawa « Sur la queue du tigre » (« Tora no O fumu Otokotashi »).

L'une des deux affiches originales françaises. Création de B. Lancy.

Ingrid Bergman et Gregory Peck sont les protagonistes du film à dimension psychanalytique d'Alfred Hitchcock : « la Maison du docteur Edwardes ».

Une des deux affiches au format 160 x 240 cm, sortie des ateliers de Jacques Fourastié, qui reprend les dessins de Bonabel pour le format de base.

Ray Milland et Jane Wyman dans « le Poison », de Billy Wilder.

Celia Johnson dans le film de David Lean sur un scénario de Noel Coward, « Brève Rencontre », film qui traite de la vie ordinaire des Anglais.

Frank Morgan et Fred Astaire dans « Yolanda et le voleur ».

Affiche française pour un grand film de guerre de Raoul Walsh.

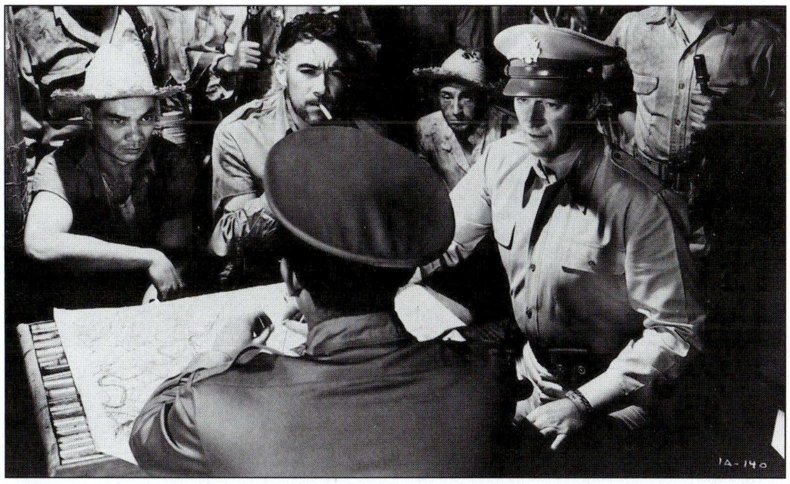

Anthony Quinn et John Wayne dans un film d'Edward Dmytryk, « Back to Bataan », qui connut une version antérieure signée Tay Garnett.

Affiche pour le film manifeste du cinéma néo-réaliste italien.

Zachary Scott et Joan Crawford dans un film de Michael Curtiz, « le Roman de Mildred Pierce », d'après le roman de James M. Cain.

Judy Garland est une des vedettes de « Ziegfeld Follies », film dont Vincente Minnelli est l'un des metteurs en scène pour le 20e anniversaire de la MGM.

Affiche originale pour un film sur la vie de Frédéric Chopin.

James Dunn et Peggy Ann Garner dans « le Lys de Brooklyn » (« A Tree Grows in Brooklyn »), premier film d'Elia Kazan, d'après le roman de Betty Smith.

F. Sinatra et G. Kelly dans un film de G. Sidney, « Escale à Hollywood ».

1946

Oscars, Hollywood
Film : *le Poison* (Billy Wilder).
Acteur : Ray Milland.
Actrice : Joan Crawford.

Mostra d'arte cinematografica, Venise
Vote du public et de la critique.
Film : *l'Homme du Sud* (Jean Renoir).
Meilleur acteur : non décerné.
Meilleure actrice : non décerné.

Festival international du film, Cannes
Prix du jury : *la Bataille du rail* (René Clément).
Acteur : Ray Milland.
Actrice : Michèle Morgan.

Prague, 2 janvier
Jiri Trnka prépare le dessin animé *le Diable à ressort et les SS* (*Perak a SS*), pochade anti-nazie.

Suisse, 15 janvier
Jean Delannoy commence le tournage de *la Symphonie pastorale*, d'après André Gide, avec Michèle Morgan et Pierre Blanchar. (→ 7.10)

Paris, 15 février
Interdit lors de sa sortie en 1933, *Zéro de conduite*, de Jean Vigo, est à nouveau présenté à la Commission de contrôle des films par le propriétaire des droits, Henri Beauvais ; il obtient enfin son visa d'exploitation.

Londres, 23 février
L'Eternel Retour, de Jean Delannoy, est contesté par la critique britannique, qui trouve le blond héros du film, en l'occurrence Jean Marais, un peu trop « aryen ».

Paris, 9 mars
Dans les locaux de l'Idhec est créée l'Association française de la critique de cinéma. Georges Charensol, critique cinématographique des *Nouvelles littéraires* et historien, en est élu président.

New York, 15 mars
Sortie de *Ziegfeld Follies*, un film-revue de Vincente Minnelli, avec la participation de William Powell, Fred Astaire, Esther Williams, Lucille Bremer, Lena Horne, Judy Garland et Gene Kelly. (→ 25.9.47)

Hollywood, 23 avril
La comédienne Shirley Temple, la plus jeune actrice à avoir reçu un Award, à six ans en 1934, fête ses dix-huit ans. A cette occasion, elle brûle devant une centaine d'invités une petite robe rouge d'écolière.

Marseille, 1er mai
Le cinéma Le Capitole rouvre ses portes au public. Ses 2 500 places avaient été réquisitionnées successivement par les Allemands, puis par les Américains.

Hollywood, 22 mai
Charlie Chaplin commence le tournage de *Monsieur Verdoux* ; le film s'inspire pour une large part des « exploits » de Landru. (→ 11.4.47)

Shanghai, 23 mai
Les spectateurs de *Baiser d'une nuit*, de Yasuki Chiba, qui sort ce jour, y découvrent le premier baiser tourné dans l'histoire du cinéma chinois. Pour respecter le regard encore pudibond du public, le couple s'embrasse derrière une ombrelle ouverte.

Paris, 23 mai
Les comédiens Daniel Gélin et Danièle Delorme, qui se sont connus au cours d'art dramatique René-Simon, se marient. (→ 6.12.49)

Atlantic City, 3 juillet
Alors qu'il présente un numéro de music-hall au Club 500, Jerry Lewis fait la connaissance du jeune chanteur Dean Martin. (→ 29.9.49)

France, 8 juillet
Les billets de cinéma gratuits pour les militaires permissionnaires sont supprimés. Ils paieront désormais leur place comme tout le monde.

Paris, 13 juillet
Dans l'hebdomadaire professionnel *la Cinématographie française*, un article est consacré aux espoirs du cinéma : Simone Signoret, Gérard Philipe, Martine Carol, Yves Montand et Daniel Gélin.

Hollywood, 16 juillet
Norma Jean Mortenson, vingt ans, signe un contrat de 75 dollars par semaine avec la Fox. Elle devient Marilyn Monroe, sur une idée de son directeur de casting : Marilyn en hommage à Marilyn Mayer, une star du muet, et Monroe, comme le nom de sa mère. (→ 31.8.49)

Paris, 1er août
L'Assemblée constituante ratifie les accords Blum-Byrnes. (→ 5.10)

Rome, 9 août
Première de *la Proie du désir* (*Desiderio*), de Roberto Rossellini, avec Elli Parvo et Massimo Girotti. Le tournage, débuté à Rome en juillet 1943, avait été interrompu par la chute du Duce, pour reprendre fin 1945, après l'achèvement de *Rome, ville ouverte*. (→ 15.3.48)

Sainte-Maxime, 10 août
Le producteur et distributeur Léon Gaumont (*10.5.1864), pionnier de l'industrie cinématographique, décède dans sa propriété du Var.

New York, 22 août
Pour la sortie des *Enchaînés* (*Notorious*), d'Alfred Hitchcock, la publicité annonce « le baiser le plus long de l'histoire du cinéma ». Il dure 2 min 30 – entre Cary Grant et Ingrid Bergman – entrecoupé de dialogues. Faute de quoi la censure, qui ne tolère pas de baisers de plus de trente secondes, aurait interdit la scène. (→ 26.8.48)

Hollywood, 30 septembre
Pour Matthew Woll, vice-président de l'American Federation of Labor, Hollywood est « le troisième plus grand centre communiste des Etats-Unis ». Il avertit les studios que les syndicats sanctionneront les acteurs et les scénaristes « coupables de trahison ». (→ 23.7.47)

New York, 24 octobre
Ava Gardner obtient le divorce, pour cruauté mentale, d'avec le musicien Artie Shaw. (→ 7.3.51)

Paris, 6 novembre
La sortie du film de Walt Disney *Fantasia* suscite un débat, comme aux Etats-Unis, sur l'interprétation cinématographique à donner aux œuvres musicales. (→ 20.9.54)

Hollywood, 3 décembre
Sortie de *la Poursuite infernale* (*My Darling Clementine*), de John Ford, avec Henry Fonda, Linda Darnell, Victor Mature et Walter Brennan. (→ 27.3.48)

Tokyo, 17 décembre
Cinq femmes autour d'Utamaro, de Kenji Mizoguchi, le premier film historique japonais d'après-guerre, sort en salles. (→ 14.9.51)

Paris, 22 décembre
Première française de gala du film de Vittorio De Sica, *Sciuscia*, au Palais de Chaillot. (→ 26.11.48)

Los Angeles, 31 décembre
Les bénéfices des huit grands studios (120 millions de dollars) ont presque doublé par rapport à 1945, qui était déjà une année record. Jamais les recettes et la fréquentation n'ont été aussi élevées.

NAISSANCES

Los Angeles, 5 janvier
Diane Keaton (*Diane Hall).

Annecy, 17 février
André Dussollier.

Los Angeles, 12 mars
Liza Minnelli.

Alger, 22 avril
Nicole Garcia.

Beverly Hills, 9 mai
Candice Bergen.

New York, 6 juillet
Sylvester Stallone.

New York, 15 septembre
Oliver Stone.

Envisagé dès 1939, le premier Festival international du film, à Cannes, est le grand événement de l'année et devient une manifestation essentielle.

FESTIVAL
INTERNATIONAL
DU FILM
CANNES 1946
20 Septembre au 5 Octobre
MERCURE-PUBLICITÉ, PARIS

Avec « la Bataille du rail », le cinéma s'ouvre à la mémoire

Le film de René Clément a été tourné en grande partie dans la clandestinité avec les cheminots de Résistance Fer.

Paris, 27 février
Le premier long métrage du jeune René Clément, *la Bataille du rail*, est salué par le public avec un rare enthousiasme. Commencée dans la clandestinité comme un reportage de court métrage sur la résistance ferroviaire, l'œuvre s'est peu à peu transformée en un long métrage. Nombreux sont ceux qui y voient déjà le film porte-parole de la Résistance et qui louent sa sobre authenticité : peu de studio, extérieurs naturels magistralement photographiés par Henri Alekan, interprètes non professionnels. Même le train blindé que les résistants font dérailler est authentique. C'est en effet une scène reconstituée avec un véritable convoi militaire allemand abandonné par l'occupant. René Clément et son équipe l'ont précipité dans un ravin pour leur scène finale. (→ 7.10)

Joan Barry contre Charlie Chaplin

Hollywood, 1er mai
Charles Chaplin est condamné à verser cent dollars par semaine pour l'entretien d'une enfant dont il n'est pas le père ! Cette décision de justice aberrante devrait cependant mettre un terme au litige opposant le cinéaste à son ancienne amie, Joan Barry. L'auteur des *Temps modernes* fit la rencontre de cette plantureuse rousse en 1942, juste après son divorce d'avec Paulette Goddard. La liaison ne dura que quelques mois, mais la jeune femme devait continuer à harceler durant plusieurs années le célèbre comique et, en mai 1944, elle révéla qu'elle était enceinte de six mois. Elle accusa Chaplin d'être le responsable de cet état de fait. Les tests sanguins allaient prouver le contraire. Malgré l'évidence, le gouvernement fédéral puis la justice elle-même se substituèrent à la plaignante afin d'abattre le metteur en scène. C'est aujourd'hui chose faite, mais à quel prix ? (→ 22)

Les Oscars

Hollywood, 7 mars
Deux maîtres de cérémonie prestigieux officient pour la 18e soirée de remise des Oscars au Chinese Theatre, sur Hollywood Boulevard : Bob Hope et James Stewart. Billy Wilder est couronné meilleur réalisateur pour *le Poison* (*The Lost Week-End*), qui reçoit par ailleurs l'Oscar du meilleur film de 1945. Le prix de la meilleure actrice est attribué à Joan Crawford pour *le Roman de Mildred Pierce* (*Mildred Pierce*), de Michael Curtiz. Elle devance Jennifer Jones, Ingrid Bergman et Gene Tierney. Ray Milland, qui a été préféré à Gregory Peck, Bing Crosby et Gene Kelly, reçoit l'Oscar d'interprétation masculine pour *le Poison*. Quant aux Oscars des meilleurs seconds rôles féminin et masculin, ils sont remis respectivement à Anne Revere pour *le Grand National* (*National Velvet*), de Clarence Brown, et à James Dunn pour *le Lys de Brooklyn* (*A Tree Grows in Brooklyn*), d'Elia Kazan. (→ 13.3.47)

De Sica et Zavattini témoignent pour les enfants de la guerre

Rome, 10 mai
Sciuscia vient de sortir mais le public ignore ce dernier film de Vittorio De Sica. Il préfère se ruer sur le cinéma américain enfin de retour. *Sciuscia* présente pourtant des qualités de cœur et d'esprit qui dépassent le simple savoir-faire d'une réalisation honnête. De Sica et le scénariste Cesare Zavattini s'étaient déjà penchés sur l'enfance déchirée par les disputes de parents séparés. C'était *Les enfants nous regardent* (*I Bambini ci guardano*), en 1944. Avec *Sciuscia*, le ton devient plus âpre, accusateur. Depuis la guerre, des bandes d'enfants vivent dans les rues. Les *sciuscia*, petits cireurs de chaussures, doivent leur surnom à leur cri : « *Shoe shine* ! » D'expédients en chapardages, peu évitent la délinquance. Ils ont à subir l'univers pénitentiaire issu du fascisme. Les deux auteurs refusent cette situation : il faut secourir l'enfance, et vite. Mais personne ne semble s'en soucier ces temps-ci. (→ 22.12)

Après Visconti et Rossellini, Vittorio De Sica devient avec « Sciuscia » le grand nom du nouveau cinéma italien.

Les accords Blum-Byrnes sont contestés

James Byrnes signe. A ses côtés, l'ambassadeur Henri Bonnet et Léon Blum.

Washington, 28 mai
Portant sur l'octroi d'un prêt à la France, en contrepartie de l'abrogation des mesures douanières restrictives, les accords signés entre la France et les Etats-Unis sèment le trouble dans les milieux du cinéma français. L'application des accords signifierait l'arrivée en masse des films américains. Déjà fragile, le cinéma français risquerait de faire les frais d'une telle concurrence. D'où les véhémentes protestations qui arrivent de toutes les branches professionnelles, aussi bien patronales que salariales. (→ 1.8)

La double révélation de Gérard Philipe

Avec Edwige Feuillère et Lucien Coëdel dans « l'Idiot », de Georges Lampin.

Paris, 7 juin
Révélé d'abord au théâtre, notamment avec le rôle de l'ange dans *Sodome et Gomorrhe,* de Jean Giraudoux, et dans celui de *Caligula,* d'Albert Camus, Gérard Philipe est en passe de devenir l'acteur le plus populaire du cinéma français. En tout cas, c'est ce que laisse présager l'accueil public et critique qui vient d'être réservé au *Pays sans étoiles*, sorti le 3 avril dernier, et à *l'Idiot,* qui sort aujourd'hui même. Dans le premier film, réalisé par Georges Lacombe, la grâce et le charme de Gérard Philipe s'adaptent merveilleusement à l'univers féerique de Pierre Véry. Dans le second film, réalisé par Georges Lampin d'après le roman de Dostoïevski, l'acteur paraît si « habité » et inspiré par le personnage du prince Muichkine que sa prestation n'en est que plus impressionnante. Et dire qu'il y a quelques années, un professionnel puriste n'avait pas hésité à conseiller à Gérard Philipe de changer de métier, à cause de sa diction un peu nasillarde et de sa manière très particulière de dire les stances. Ce soi-disant professionnel du spectacle gagnerait maintenant à ne pas se faire connaître ! (→ 29.6.47)

« Le Pays sans étoiles », de Georges Lacombe, ou la présence du passé.

Dans la robe de Gilda, Rita Hayworth explose à Bikini

Bikini, 27 juillet
Rita Hayworth n'est pas contente. Elle n'accepte pas que son image ait été apposée sur la bombe atomique qui vient d'exploser sur la petite île de Bikini, dans le Pacifique, et elle l'a fait savoir lors d'une conférence de presse donnée hier. C'est pourtant là la rançon d'une gloire qui déborde de loin le cadre de l'armée. En mars dernier, la sortie de *Gilda* l'a hissée au rang de star. Rita y incarne une femme mystérieuse et sulfureuse, qui répand, à son corps défendant, la haine et la discorde dans son entourage. Le réalisateur, Charles Vidor, a su mettre en valeur la généreuse anatomie de son héroïne, à l'aide de robes-fourreaux singulièrement décolletées et avec de longs gants noirs qui, une fois ôtés, suggèrent la plus troublante des nudités. « Bombe sexuelle », dans tous les sens du terme, Rita-Gilda accède d'emblée, en ce début d'après-guerre, au statut de star et de mythe. (→ 28.6.47)

Plébiscité par le public et les GI, « Gilda », de Charles Vidor, doit tout à la beauté sculpturale de la nouvelle star.

Bogart dans la peau de Philip Marlowe

Humphrey Bogart et Lauren Bacall dans « le Grand Sommeil », d'Hawks.

Hollywood, 23 août

La sortie du *Grand Sommeil* (*The Big Sleep*) réjouit les nombreux admirateurs d'Humphrey Bogart. Il incarne dans ce film le détective Philip Marlowe, héros habituel des romans de Raymond Chandler. Le réalisateur Howard Hawks, dont c'est là la première incursion dans le film noir, déclare n'avoir rien compris au sujet du film. Au-delà d'une intrigue bien embrouillée, les spectateurs apprécient particulièrement les prestations de Bogie et de Lauren Bacall, mari et femme depuis mai 1945. Ce mariage, qui fit la joie des gazettes, explique en partie la sortie retardée du film, achevé en pratique depuis deux ans. Depuis, Hawks a en effet ajouté quelques scènes, pour plus de réalisme, entre les célèbres époux. (→ 5.9.47)

Burt Lancaster nouvelle star du film noir

« Les Tueurs », de Robert Siodmak, d'après une nouvelle d'Hemingway.

New York, 28 août

Les Tueurs (*The Killers*), le nouveau film noir de Robert Siodmak, révèle à l'écran le débutant Burt Lancaster, dont c'est là le tout premier rôle au cinéma. Ancien acrobate et imprésario, il fut engagé par le producteur Mark Hellinger pour incarner Pete Lunn, dit le Suédois, héros malheureux et traqué du film de Siodmak. Son imposante stature et son sourire carnassier lui valent d'entrée les critiques les plus élogieuses. A ses côtés, la jeune et sculpturale Ava Gardner impose sa présence dans un rôle de garce sans cœur. Découverte voici quatre ans par la Metro-Goldwyn-Mayer, elle devrait, tout comme son partenaire masculin, s'imposer très prochainement dans le sérail des plus grandes stars de Hollywood. (→ 24.10)

« Ivan le Terrible » mis en accusation

Moscou, 16 août

On pouvait penser que les malheurs qui avaient accablé Eisenstein avant la guerre appartenaient au passé. Rappelons-nous les remaniements imposés à *la Ligne générale*, l'interdiction du *Pré de Béjine* dont le négatif a disparu dans les bombardements de Moscou en 1942. Le triomphe public et critique d'*Ivan le Terrible* l'année dernière semblait offrir au cinéaste un avenir radieux. Une première alerte eut lieu en février quand Eisenstein fut hospitalisé pour un infarctus alors qu'il montait la deuxième partie de sa fresque. Et voilà que paraît une rude critique de la revue *Sovetskoe Iskousstvo* (*l'Art soviétique*), qui lui reproche de grossières erreurs de jugement : il aurait réduit l'œuvre du grand tsar progressiste à de sordides complots de palais, et transformé Ivan le Terrible en « homme sans volonté ni caractère, proche de l'indécis Hamlet, et sa cour en un repaire du Ku Klux Klan ». La sortie de la suite d'*Ivan le Terrible* semble compromise. Eisenstein préparait déjà la troisième partie. Il prévoyait de confier le rôle d'Elisabeth d'Angleterre à un ami cinéaste, Mikhaïl Romm. (→ 24.2.47)

Le tsar d'Eisenstein est jugé exagérément morbide et velléitaire.

Le cinéma français en deuil de Raimu

Paris, 20 septembre

Les joueurs de boules du Vieux-Port de Marseille doivent être bien tristes : Raimu, qui les a si bien incarnés à travers le personnage de César dans la fameuse trilogie de Marcel Pagnol, est mort à l'hôpital américain de Neuilly-sur-Seine, à la suite d'une opération. Arrivé au cinéma à l'âge de quarante-huit ans, il a joué dans quarante-six films, dont l'inoubliable *Femme du boulanger*. Il était né Jules Muraire, à Toulon, le 17 décembre 1883.

Son dernier film, « l'Homme au chapeau rond », avec Aimé Clariond.

Le Festival international du film de Cannes

Cannes, 7 octobre
Les noires années de la guerre qui ont paralysé les cinématographies de nombreux pays sont bien oubliées. Comme pour le confirmer, le cinéma français vient de convier les professionnels du monde entier à une somptueuse fête, et ce à travers le premier Festival international du film de Cannes. Cette première édition a été davantage un rendez-vous qu'une compétition. Si l'on excepte la France, les Etats-Unis, la Grande-Bretagne, l'Union soviétique, qui ont participé d'une manière importante au Festival, de nombreux pays se sont représentés avec des films de court métrage. Qu'importe puisque, placé sous le signe de la tolérance et de l'élégance, le Festival se veut avant tout une vitrine fraternelle et apolitique du septième art et de ses dernières réalisations. Financièrement soutenu par le Quai d'Orsay et la ville de Cannes, le Festival n'a plus vocation de s'opposer à la Mostra de Venise, comme ce devait être le cas pour l'édition de 1939, avortée par la guerre. L'Italie et la France sont devenus pays amis et ils imaginent d'organiser la manifestation en biennale : une année à Cannes et la suivante à Venise. Le Festival a été inauguré par un lapsus du tout nouveau ministre du Commerce et de l'Industrie. Apparemment ému, il a déclaré ouvert « le premier festival de l'Agriculture ». Le jury formé par les délégations des pays participants a veillé à ce qu'aucune nation ne soit oubliée au palmarès !

« La Marseillaise », de Grace Moore.

Le président du Festival, Georges Huisman, aux côtés de Michèle Morgan.

« La Symphonie pastorale », de Jean Delannoy, vaut à Michèle Morgan (ici avec Pierre Blanchar) le prix de la meilleure interprétation féminine.

La France s'est vu récompensée à travers deux films : *la Symphonie pastorale,* de Jean Delannoy, qui a obtenu le grand prix et le prix d'interprétation féminine pour Michèle Morgan, et *la Bataille du rail* de René Clément, qui a décroché le prix de la mise en scène et le prix spécial du jury. Massivement présents, les Américains espéraient sans doute un peu plus de récompenses que celles qu'ils ont obtenues, notamment le prix d'interprétation masculine décerné à Ray Milland pour sa prestation dans *le Poison*, de Billy Wilder. Parmi les réalisateurs qui ont partagé les divers prix figurent l'Anglais David Lean, l'Italien Roberto Rossellini, le Soviétique Friedrich Ermler, le Suédois Alf Sjöberg et le Mexicain Emilio Fernandez. (→ 12.9.47)

Ray Milland, prix d'interprétation masculine pour « le Poison », de B. Wilder.

« Le Tournant décisif », de Friedrich Ermler (URSS), deux fois au palmarès.

Le cinéma mondial est de retour à Venise

Maria Michi dans le film de Rossellini, « Païsa », l'un des lauréats du festival.

Venise, 1er septembre
Les Alliés occupent encore le Lido mais la Mostra renaît. Aucun prix n'est remis, mais le public et la critique choisissent. *L'Homme du Sud*, réalisé par Jean Renoir, en Amérique, est jugé meilleur film. Avec sérénité, il décrit la vie d'une famille campagnarde. Fritz Lang revient avec *Les bourreaux meurent aussi* (*Hangmen also Die*), inspiré par le crime du « boucher de Prague ». Le septième art anglais suscite un vif intérêt, avec *Henri V*, de Laurence Olivier. Roberto Rossellini confirme ses qualités dans *Païsa*. *Les Enfants du paradis*, de Marcel Carné, et *Paniques*, de Julien Duvivier, font de la Mostra une fête des retrouvailles. (→ 25.9.47)

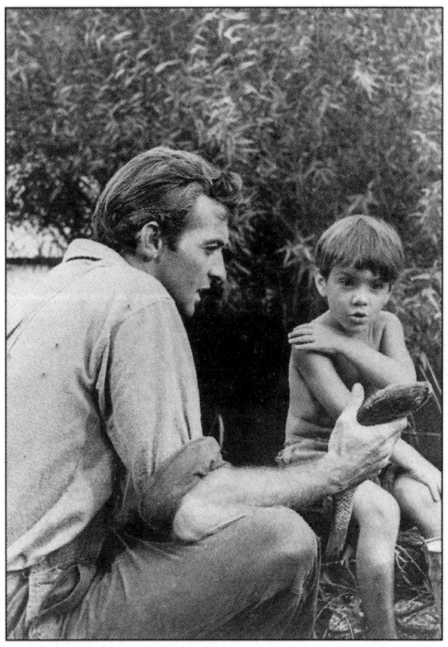

« L'Homme du Sud », de J. Renoir.

« Les bourreaux meurent aussi », de Fritz Lang, également au palmarès.

Le cinéma allemand renaît de ses cendres

Berlin, 15 octobre
La Defa, compagnie germano-soviétique née quelques mois plus tôt dans les splendides studios de Neubabelsberg, présente sa toute récente production. Cette première mondiale des *Assassins sont parmi nous* (*Die Mörder sind unter uns*) prend valeur de symbole. C'est également le premier film allemand de l'après-guerre. Son auteur n'est pas un inconnu. Wolfgang Staudte, né à Sarrebruck en 1906, a débuté très jeune comme acteur au théâtre puis au cinéma. En 1943, il présentait *Akrobat schö-ö-n*, son premier long métrage inspiré par la vie des Rivel, une famille de clowns célèbres. Ce n'était pas un film de propagande, mais, à cette époque, il fallait aussi réaliser des œuvres de pur divertissement. Avec *Les assassins sont parmi nous*, Staudte fait le portrait physique et moral d'un pays qui sort du désastre. L'action se situe à Berlin, en 1945. Un jeune médecin devenu alcoolique pour oublier les horreurs de la guerre retrouve son supérieur militaire responsable de la fusillade de tout un village polonais. Mertens n'avait pu éviter ce massacre. A présent il veut tuer Brückner. Une jeune fille juive, Susan, amoureuse de Mertens, l'empêche de se substituer à la justice. Ce film, admirablement réalisé à la manière expressionniste, révèle le talent de la jeune Hildegarde Knef. Il dépeint surtout le désarroi de l'Allemagne, choquée par sa ruine et rongée par un sentiment de culpabilité. (→ 15.7.49)

« Les assassins sont parmi nous », de W. Staudte, révèle Hildegarde Knef.

Création du Centre national de la cinématographie française

Paris, 5 octobre
Depuis la promulgation, le 26 avril dernier, d'une loi portant dissolution des organismes professionnels, il devenait urgent de concevoir de nouvelles institutions du cinéma français. C'est chose faite puisque l'Assemblée constituante a adopté une loi portant création du Centre national de la cinématographie ou CNC, organisme qui dépend directement de l'Etat. Le directeur général de l'établissement est assisté par un conseil paritaire de seize représentants du patronat et des salariés et par un conseil administratif de huit représentants ministériels : Information, Affaires étrangères, Education nationale, Production industrielle, Finances, Economie nationale, Colonies et Agriculture. Le CNC doit étudier les projets de législation ou de réglementation, contrôler le financement et les recettes des films, aider financièrement la production française, assurer la diffusion des films documentaires et le développement d'un secteur non commercial, organiser la formation professionnelle et technique, coordonner les œuvres sociales du cinéma. Le budget du CNC est alimenté par des subventions de l'Etat, des cotisations professionnelles, les produits des accords de participations financières conclus par les diverses entreprises cinématographiques et le CNC. Les dépenses de ce dernier concernent les salaires du personnel, le coût du matériel, les subventions et avances remboursables et l'exploitation des films d'intérêt national. Si des cas d'infraction aux décisions réglementaires sont constatés, des sanctions peuvent être prononcées par le directeur général du CNC, notamment l'interdiction d'exercice de la profession et la fermeture d'établissements. L'application de ces principes généraux devrait permettre au CNC de devenir rapidement l'instrument d'une politique rationnelle du cinéma français. (→ 23.9.48)

Robert Le Vigan devant la cour de justice

Le comédien en marge de l'audience.

Paris, 16 novembre
Dix ans de travaux forcés, confiscation des biens, indignité nationale à vie : telle est la peine prononcée contre Robert Le Vigan, accusé d'intelligence avec l'ennemi. Le comédien paie ainsi son active collaboration à la propagande antisémite de Radio Paris. Le Vigan, âme damnée de l'écrivain Louis-Ferdinand Céline, aurait connu un verdict plus dur encore si la cour n'avait reconnu son irresponsabilité mentale. Les témoins cités, en effet, parmi lesquels Pierre Renoir et Madeleine Renaud, ont confirmé la thèse de la démence. Au rôle du peintre suicidaire de *Quai des brumes* et de Goupi Tonkin, l'acteur ajoute devant ses juges un autre personnage halluciné : le sien.

Carné se heurte aux « Portes de la nuit »

Nathalie Nattier, Yves Montand et Jean Vilar dans le monde de Carné-Prévert.

Paris, 3 décembre
Le nouveau film de Marcel Carné et Jacques Prévert, *les Portes de la nuit*, semble promis à l'échec. Avec la reconstitution en studio d'une partie du quartier entourant le métro Barbès, l'œuvre a coûté près de 110 millions de francs, ce que d'aucuns considèrent comme un gaspillage éhonté. Carné leur répond que le film devait être interprété par Jean Gabin et Marlène Dietrich, et non par les débutants Yves Montand et Nathalie Nattier. Or, il était impensable de lâcher ces deux stars dans le vrai Barbès. Au-delà de cette querelle, ce sont surtout les allusions faites à la collaboration et au marché noir qui font grincer certaines dents. (→ 20.7.47)

Jean Gabin et Marlène Dietrich dans « Martin Roumagnac », film qu'ils ont préféré aux « Portes de la nuit ».

Le prix Louis-Delluc à « la Belle et la Bête », de Jean Cocteau

Paris, 13 décembre
Le cinquième prix Louis-Delluc a été attribué au film de Jean Cocteau, *la Belle et la Bête*, présenté le 29 octobre dernier. Ayant déjà plusieurs collaborations cinématographiques à son actif, Cocteau signe cette fois son premier long métrage en tant que réalisateur. A cette occasion, il a choisi d'adapter un conte de fées de Mme Leprince de Beaumont, datant de 1757. Josette Day est la Belle et Jean Marais incarne la Bête, sous un maquillage très réussi mais dont la confection prenait cinq heures. Le film a été tourné l'hiver dernier aux studios de Saint-Maurice, et la plupart des extérieurs ont été réalisés dans le parc à moitié sauvage du château de Raray, dans l'Oise. Les décors et costumes de Christian Bérard et les éclairages d'Henri Alekan achèvent de conférer à ce film une magie naïve que la critique apprécie assez peu : dans *Témoignage chrétien*, Michel de Saint-Pierre y voit un style dépassé, « un surréalisme qui eût semblé audacieux vers 1916 ». (→ 12.12.47)

Josette Day et Jean Marais dans un chef-d'œuvre de la « poésie de cinéma ».

Gérard Philipe dans son premier grand rôle pour le film de Georges Lacombe, « le Pays sans étoiles », drame fantastique qui traite de la réincarnation.

Première affiche pour le Festival de Cannes signée par Paul Colin.

Affichette originale française non signée, à la manière de C. Bérard.

Affiche française de Pierre Pigeot pour un film dans lequel Marlène Dietrich et Jean Gabin refusèrent de tourner.

Martita Hunt et Anthony Wager dans le film que David Lean adapta de l'œuvre de Charles Dickens : « les Grandes Espérances ».

Michèle Morgan et Pierre Blanchar dans « la Symphonie pastorale ».

K. Hepburn et S. Tracy dans « le Maître de la prairie », d'E. Kazan.

Affiche pour le film d'Alfred Hitchcock, « Notorious », sorti en France sous le titre « les Enchaînés ».

« Lame de fond », de V. Minnelli.

« La Folle Ingénue », d'E. Lubitsch.

Affiche italienne d'A. Capitani.

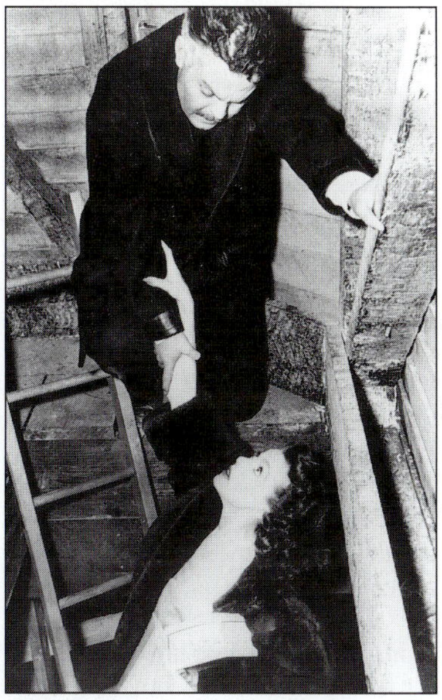

Orson Welles et Loretta Young dans « le Criminel », film d'Orson Welles.

Affiche originale américaine pour « la Poursuite infernale ».

Affiche originale américaine au format « half sheet » pour « La vie est belle », film où Frank Capra développe les qualités de son humanisme généreux.

Robert Montgomery joue le rôle du détective Philip Marlowe dans le film qu'il met lui même en scène, « la Dame du lac » (« Lady in the Lake »).

John Garfield et Joan Crawford dans le film de Jean Negulesco « Humoresque », d'après Fanny Hurst, précédemment adapté en 1920 par F. Borzage.

1947

Oscars, Hollywood
Film : *les Plus Belles Années de notre vie* (William Wyler).
Acteur : Fredric March.
Actrice : Olivia De Havilland.

Mostra d'arte cinematografica, Venise
Grand prix : *Sirena* (Karel Stekely).
Meilleur acteur : Pierre Fresnay.
Meilleure actrice : Anna Magnani.

Nice, 4 janvier
Aux studios de la Victorine, René Clément achève le tournage des *Maudits*, avec Paul Bernard, Michel Auclair, Henri Vidal, Florence Marly et Dalio. (→ 25.9)

Paris, 29 janvier
Sortie de *la Rue rouge* (*Scarlet Street*), de Fritz Lang, qui est un remake du film de Jean Renoir *la Chienne*.

Paris, 18 février
Christian-Jaque et Renée Faure, son interprète dans *la Chartreuse de Parme*, se marient. (→ 27.9)

Moscou, 26 février
Le comédien Nikolaï Tcherkassov est fait « artiste du peuple » ; aussi écrit-il à Staline : « Cher camarade Staline, merci pour tout ! »

Prague, 14 mars
La présentation de *la Frontière volée* (*Uloupena hranice*) marque la renaissance d'un cinéma national tchèque. C'est la première fiction de Jiri Weiss, qui s'est inspiré des événements de 1938. (→ 4.8.50)

Paris, 23 mars
Mort du réalisateur Ferdinand Zecca, grand animateur de la production française à ses débuts (*1864).

New York, 12 avril
Lors d'une conférence de presse, Charlie Chaplin est violemment pris à partie pour son « manque de patriotisme ». (→ 21.7)

Mexico, 12 juin
Sortie de *Gran Casino*, premier film mexicain de Luis Buñuel, produit par Oscar Dancigers, avec la star argentine Libertad Lamarque et Jorge Negrete. (→ 25.11.49)

Moscou, 19 juin
S. M. Eisenstein est nommé au poste de directeur de la section cinématographique de l'institut de l'histoire des arts de l'Académie des sciences d'Union soviétique. (→ 11.2.48)

Bruxelles, 19 juin
Copie conforme, de Jean Dréville, avec Louis Jouvet dans un double rôle, représente la France au Festival mondial du film et des beaux-arts de Bruxelles. C'est le premier grand rôle d'un jeune comédien de vingt-six ans, Jean Carmet. (→ 29)

Paris, 28 juin
Rita Hayworth, en visite dans la capitale à l'occasion de la sortie parisienne de *Gilda*, prend part à un gala d'élégance automobile dans les jardins du Trocadéro. (→ 8.4.48)

Hollywood, 23 juillet
Edward Dmytryk, soupçonné de sympathies communistes par la Commission des activités anti-américaines (HUAC), sort son dernier film, *Feux croisés* (*Crossfire*), dans lequel un officier enquête sur un crime raciste dans une base militaire, avec Robert Young, Robert Mitchum et Robert Ryan. (→ 26.11)

Paris, 28 juillet
Danielle Darrieux et Pierre Louis rompent leurs fiançailles, en raison de l'incompatibilité d'humeur de leurs mères respectives.

Le Bourget, 3 septembre
Trois reproductions en bronze de *la Victoire de Samothrace* s'envolent vers les Etats-Unis. Elles sont destinées à Bette Davis, Gary Cooper et William Wyler, désignés par référendum comme les comédiens et le réalisateur américains les plus appréciés du public français.

Hollywood, 5 septembre
Le couple Bogart-Bacall en est à son troisième film : ce jour sort *les Passagers de la nuit* (*Dark Passage*), de Delmer Daves, d'après le roman de David Goodis. (→ 23.1.48)

Cannes, 12 septembre
Les exploitants de salle de la ville font une grève de deux heures pour appuyer leur demande d'indemnité à l'encontre du festival, qui, selon eux, provoque une baisse dramatique de leurs recettes. (→ 25)

Stockholm, 16 septembre
Le grand réalisateur Gustav Molander présente *la Femme sans visage* (*Kvinna utan ansikte*), avec Alf Kjellin et Anita Björk ; il s'agit de sa première collaboration avec Ingmar Bergman, qui a écrit le scénario. (→ 19.3.49)

Joinville, 8 octobre
Aux studios Pathé, Yves Allégret commence les premières prises de *Dédé d'Anvers*, avec Simone Signoret et Bernard Blier. (→ 25.1.50)

Vizille, 14 octobre
Dans le château de l'ancienne capitale du Dauphiné, Jean Cocteau dirige Jean Marais dans les premières scènes de son nouveau film, *l'Aigle à deux têtes*. (→ 29.3.50)

Stockholm, 25 octobre
A l'ouverture de la quinzaine du Cinéma français, Suzy Delair présente *Quai des Orfèvres* devant la famille royale.

Paris, 26 octobre
Le Gaumont Palace organise une séance spéciale du film de Jacques Becker *Antoine et Antoinette*, la tendre chronique de la vie d'un jeune couple d'ouvriers parisiens. Les personnes portant ces prénoms y assistent gratuitement. (→ 6.12.49)

Moscou, 30 octobre
Varvara ou *l'Institutrice du village* (*Selskaïa outchitelnitsa*), de Mark Donskoï, est présenté par les studios Soyouzdetfilm.

Los Angeles, 10 novembre
Sortie de *Sang et or* (*Body and Soul*), de Robert Rossen, avec John Garfield, Lilli Palmer, William Conrad et Hazel Brooks. Le film décrit l'ascension d'un jeune boxeur avide de gloire. (→ 8.11.49)

New York, 24 novembre
Les cinquante présidents de studio et producteurs les plus importants du pays prennent la décision de licencier ceux de leurs employés qui refusent de coopérer avec la HUAC ou simplement soupçonnés de sympathies communistes. (→ 26)

Los Angeles, 25 novembre
Sortie de *la Griffe du passé* (*Out of the Past*), de Jacques Tourneur, avec Robert Mitchum, Jane Greer et Kirk Douglas. (→ 30.9.48)

Hollywood, 3 décembre
Le code de la production se renforce d'un amendement qui bannit tout scénario consacré à la vie d'un « criminel notoire », à moins que le personnage soit finalement puni pour ses actes. Une liste d'anciens films ne respectant pas ce principe est publiée : leur reprogrammation est déconseillée. (→ 19.4.48)

Hollywood, 4 décembre
La Fox modidifie *Ambre* (*Forever Amber*), d'Otto Preminger, et décide d'y ajouter un prologue et un épilogue édifiants, après la condamnation du film pour amoralité, par le cardinal Spellman. (→ 9.6.53)

NAISSANCES
Grenoble, 16 janvier
Juliet Berto.

Saint-Brieuc, 26 janvier
Patrick Dewaere
(*Patrick Maurin).

La Rochelle, 18 juin
Bernard Giraudeau.

Rouen, 28 juin
Anny Duperey.

Graz, Autriche, 30 juillet
Arnold Schwarzenegger.

Brooklyn, 29 octobre
Richard Dreyfuss.

Paris, 12 novembre
Patrice Leconte.

Londres, 14 décembre
Jane Birkin.

S'inspirant de la vie de Landru, Charlie Chaplin fait de « Monsieur Verdoux » une comédie de meurtre teintée de cynisme et d'amertume.

LES ARTISTES ASSOCIÉS présentent
CHARLES CHAPLIN
dans son
CHEF d'OEUVRE
"MONSIEUR VERDOUX"
avec MARTHA RAYE
MARILYN NASH
ISOBEL ELSOM
ROBERT LEWIS
Production & Mise en Scène CHARLES CHAPLIN · Assistant ROBERT FLOREY
UNITED ARTISTS
IMPRIMÉ EN BELGIQUE
Imp. L. & H. VERSTEGEN, Bruxelles

S. M. Eisenstein est reçu par Staline

Moscou, 24 février
Le sort de la deuxième partie d'*Ivan le Terrible* se joue actuellement. Staline, Viatcheslav Molotov et Andreï Jdanov ont reçu Sergueï Eisenstein et l'acteur principal, Nikolaï Tcherkassov, à propos du film. Il serait question de sauver quelques passages en les intégrant à la troisième partie encore à venir. C'est un pari risqué pour l'unité de l'œuvre. L'atmosphère ici s'alourdit de jour en jour. Moscou a retrouvé toute sa rigidité. En août de l'année dernière, le Comité central du parti a pris une résolution contre des revues de Leningrad accusées d'avoir publié des auteurs antisoviétiques. Sont venues ensuite les attaques contre certains films, coupables de tiédeur ou de dénigrement. Ils ont été interdits ou remaniés. Le cinéma connaît une véritable épuration. L'inspirateur de cette censure renforcée dans la vie intellectuelle est Jdanov. La fresque sur la vie du tsar avait enthousiasmé d'abord, mais Eisenstein est passé de l'épopée à une méditation sur l'exercice solitaire du pouvoir et ses abus et Staline s'est reconnu : la faute est grave ! (→ 19.6)

Durant le tournage de *Duel au soleil* (sur les écrans depuis le 31 décembre), le réalisateur King Vidor a reçu sur le plateau la visite du grand D. W. Griffith (à droite au second plan). Celui-ci y a retrouvé deux de ses plus anciens interprètes et amis, Lionel Barrymore et Lillian Gish, qui ont l'un et l'autre des rôles importants dans ce film, aux côtés de Jennifer Jones et Gregory Peck.

« Farrebique », manifeste pour un cinéma des quatre saisons

Paris, 11 février
Malgré le grand prix de la critique internationale à Cannes et le prix du cinéma français qu'il a obtenus il y a quelques mois, *Farrebique*, de Georges Rouquier, semble voué à une carrière commerciale modeste. L'originalité du film, aussi bien dans sa conception que dans sa réalisation, semble en fait dérouter le public. Tourné pendant une année entière, en son direct, sans scénario ni acteurs professionnels, le film est divisé en quatre parties, correspondant chacune à une saison. A travers l'observation du cycle vital dans une ferme du Rouergue, *Farrebique* montre comment la vie paysanne se modèle au rythme des saisons, se ralentissant en hiver, puis s'activant avec l'arrivée du printemps. Rouquier donne aussi à voir tous les petits et grands événements qui jalonnent l'existence de ses personnages : de la naissance d'un enfant à la mort du grand-père. Utilisant notamment les ralentis et les vues macroscopiques, le réalisateur parvient à filmer la nature dans tout son frémissement. Tout cela donne à *Farrebique* la qualité d'un poème visuel, doublé d'une originale enquête sociologique et ethnologique.

Georges Rouquier a filmé la famille paysanne de Farrebique avec sympathie.

Ronald Reagan est élu président

Hollywood, 13 mars
L'acteur Ronald Reagan, trente-six ans depuis le 6 février dernier, se lance dans la politique. Depuis dix-huit mois déjà, il affiche ses opinions lors de réunions du groupe libéral de la profession cinématographique. Aujourd'hui, il est élu président du comité directeur de la Screen Actors Guild. Reagan est assisté de Gene Kelly comme vice-président. Ils remplacent respectivement Robert Montgomery et Franchot Tone, démissionnaires en raison de leurs activités dans la production comme les autres membres du comité : Dick Powell, John Garfield, Harpo Marx, James Cagney. Ronald Reagan n'a plus tourné de films depuis son départ à l'armée le 14 avril 1942, malgré un contrat de sept ans avec la Warner qui lui accorde un salaire de 3 500 dollars par semaine jusqu'en 1952. (→ 4.3.52)

Le néo-réalisme selon la méthode Kazan

Hollywood, 5 mars
Avec *Boomerang*, son troisième long métrage de fiction, Elia Kazan s'impose parmi les meilleurs metteurs en scène du cinéma américain. Le film montre l'arrestation d'un innocent, son inculpation pour crime, et dénonce par là même les lacunes du système judiciaire. Le réalisateur est loin d'être un inconnu : né à Istanbul et émigré aux Etats-Unis à l'âge de cinq ans, Elia Kazanjoglou – son nom à l'état civil – a acquis une grande notoriété à Broadway, en mettant en scène et en interprétant de nombreuses pièces à succès. En 1933, il s'était joint au Group Theatre d'Harold Clurman, Cheryl Crawford et Lee Strasberg, et s'était initié aux techniques d'interprétation mises au point par Constantin Stanislavski au théâtre d'Art de Moscou. *Boomerang* s'inspire plus précisément du néo-réalisme italien. Les images, apparemment objectives, ont la sécheresse d'un rapport de police. Elia Kazan ne prend pas parti, laissant le spectateur seul juge. Sa vision sans concession des milieux politiques américains ne parvient pourtant pas à échapper à un certain moralisme, écho de ses idées progressistes. (→ 20.3.48)

Dana Andrews dans « Boomerang » : un procureur qui croit en la justice.

Les Oscars des « plus belles années »

Hollywood, 13 mars
Présidée par Mervyn LeRoy et présentée par Jack Benny, la 19e cérémonie de remise des Oscars fait du film de William Wyler, *les Plus Belles Années de notre vie* (*The Best Years of Our Lives*), le grand triomphateur de l'année. Il obtient les Oscars du meilleur réalisateur, du meilleur interprète masculin (Fredric March), du meilleur second rôle (Harold Russell), du meilleur scénario, de la meilleure musique, et bien sûr du meilleur film. Seul l'Oscar d'interprétation féminine n'est pas décerné à ce long métrage puisqu'il va à Olivia De Havilland pour *A chacun son destin* (*To Each His Own*), de Mitchell Leisen. Elle a été préférée à Jane Wyman et Jennifer Jones. (→ 20.3.48)

Ray Milland, lauréat en 1946, remet son Oscar à Olivia De Havilland.

H. Russell, D. Andrews et F. March : « les Plus Belles Années de notre vie ».

Charlie Chaplin enfin tel qu'en lui-même

« Monsieur Verdoux » s'inspire explicitement du personnage de Landru.

New York, 11 avril
Le tout nouveau film de Charles Chaplin, *Monsieur Verdoux*, vient d'être présenté au Broadway Theatre devant un public mitigé. Son sujet diffère sensiblement des précédentes créations de l'auteur du *Dictateur*, qui, en outre, semble avoir définitivement liquidé le personnage de Charlot pour apparaître enfin à visage découvert, dans ce rôle de tueur de dames. Pour le scénario, Chaplin s'est inspiré d'une idée d'Orson Welles, qui était parti de la biographie de Landru. Cela donne une « comédie de meurtres », très proche des préoccupations de l'acteur, bien connu pour son profond pessimisme. Au cours d'une conférence de presse donnée peu avant la projection dans la salle de bal de l'hôtel Gotham, le maître a tenu à se justifier : « Toute ma vie, j'ai été opposé à la violence et je pense que la bombe atomique, l'arme la plus atroce qui soit, entretient à un tel point l'horreur et la crainte que le nombre de demi-fous va s'accroître considérablement. » De fait, *Monsieur Verdoux* oscille en permanence entre le drame et la comédie, l'insouciance et l'humour noir, rendant l'œuvre totalement inclassable. Pour le tournage, qui eut lieu de mai à septembre dernier, Chaplin était assisté par le réalisateur et journaliste français Robert Florey. De l'avis de ce dernier, leur collaboration fut particulièrement heurtée. (→ 12)

Dans « Monsieur Verdoux », Martha Raye joue les femmes collantes.

Une belle sortie de Seine de Martine Carol

Paris, 10 avril
La comédienne Martine Carol s'est jetée dans la Seine à 5 h 15 ce matin, près du pont de l'Alma. Elle a été repêchée *in extremis* et conduite aussitôt à l'hôpital où son état a été jugé satisfaisant. Il pourrait s'agir d'une tentative de suicide, Martine étant désespérée de ne pas réussir dans le métier qu'elle s'est choisi dès son adolescence. Née Marie-Louise Mourer à Biarritz le 16 mai 1922, elle a suivi les cours d'art dramatique de René Simon et de Robert Manuel avant de débuter à l'écran en 1941, dans *le Dernier des six*, de Georges Lacombe. Six ans plus tard, et malgré huit films, elle ne s'est toujours pas imposée au public, et n'a pas conquis la gloire ni même le cœur d'un homme. Désespérément seule, elle semble avoir préféré en finir avec la vie en ce début de printemps. En fait, il s'agirait là d'un faux suicide destiné à braquer les projecteurs de l'actualité sur l'actrice. Ce « drame » lui fait une renommée que son talent lui avait refusé jusqu'alors. Cela ne semble pas plaire à de nombreux journalistes, tenus à l'écart de ce coup monté de toutes pièces, qui cependant favorise la fréquentation des salles qui projettent son dernier film, *Carré de valets*, réalisé par André Berthomieu. (→ 7.8.50)

Le Festival de Bruxelles entre la censure et la diplomatie

Grand prix du festival, « Le silence est d'or », de René Clair, avec Maurice Chevalier, est un hommage souriant et nostalgique au cinéma muet.

Gérard Philipe reçoit le prix d'interprétation pour « le Diable au corps ».

Bruxelles, 29 juin
Les organisateurs du Festival mondial du film et des beaux-arts de Bruxelles s'attendaient sans doute à tout, sauf à voir l'ambassadeur de France en Belgique quitter la salle en signe de protestation contre un film français ! Le film en question n'est autre que *le Diable au corps*, de Claude Autant-Lara, adapté du roman de Raymond Radiguet qui avait déjà fait scandale lors de sa parution en 1923. La réaction de l'ambassadeur a privé le film du grand prix dont il était le candidat favori. Du coup, c'est un autre film français, moins dérangeant, *Le silence est d'or*, de René Clair, qui s'est vu attribuer la statue de saint Michel, décernée au meilleur film de long métrage. Toutefois, le jury a tenu à récompenser *le Diable au corps* à travers un prix d'interprétation décerné à Gérard Philipe, dont la performance a impressionné tout le monde ici. Par ailleurs, la critique internationale a fait preuve d'indépendance en décernant son prix au film d'Autant-Lara. Parmi les dix-sept autres pays participants, ont été distingués : l'Angleterre, grand prix du gouvernement belge à *Huit Heures de sursis*, de Carol Reed ; les Etats-Unis, grand prix du meilleur scénario aux *Plus Belles Années de notre vie*, de William Wyler, et prix d'interprétation à Myrna Loy pour ce même film ; et enfin l'Italie, grand prix spécial à *Païsa*, de Roberto Rossellini.

Le film britannique de Carol Reed « Huit Heures de sursis », interprété par James Mason et Kathleen Ryan, reçoit le prix de la meilleure réalisation.

Marcelle Derrien et François Périer sont les héros du « Silence est d'or ».

Un film naufragé à Belle-Ile-en-Mer

Belle-Ile-en-Mer, 20 juillet
Commencé le 10 mai dernier, le tournage de *la Fleur de l'âge*, de Marcel Carné, vient d'être interrompu, probablement définitivement. Ecrite par Jacques Prévert, l'habituel complice de Carné, l'histoire du film évoque une révolte tragique dans un bagne pour enfants. Après avoir mobilisé tous les habitants de Belle-Ile-en-Mer, fait raser 200 garçons et affronté bien des tempêtes, le réalisateur paraît perdre le contrôle de la destinée de son film. En fait, le mauvais sort semble s'acharner contre *la Fleur de l'âge* et les nombreuses difficultés financières qui ont déjà ralenti le tournage ont finalement abouti à son arrêt total. La production reproche au réalisateur d'avoir dépensé trop d'argent. Carné se défend en accusant les producteurs de ne pas remplir leurs engagements et appelle à réunir un jury d'honneur pour déterminer les responsabilités. Des tractations sont actuellement en cours entre les différents producteurs du film et la direction du cinéma pour essayer de remédier à une situation qui s'aggrave de jour en jour. Chaque soir, Carné téléphone à Belle-Ile pour remonter le moral de ses techniciens et comédiens. Parmi ces derniers figurent Arletty, Serge Regianni, Jean Tissier, Paul Meurisse et la jeune Nicole Dreyfus, rebaptisée Anouk Aimée par Carné, qui en a fait la vedette du film. (→ 7.3.49)

Anouk Aimée et Claude Romain débutent dans « la Fleur de l'âge ».

Les amants du « Diable au corps » n'en finissent pas de choquer

Paris, 12 septembre
Lors de sa publication en 1923, cinq ans après l'armistice, *le Diable au corps*, roman autobiographique de Raymond Radiguet, avait heurté les esprits patriotiques et fait l'objet d'un grand scandale. En fait, le roman, situé dans le contexte de la Grande Guerre, montrait avec sympathie une liaison coupable sur les arrières du front, entre une infirmière, mariée à un soldat, et un jeune étudiant. Un quart de siècle plus tard, et deux ans après la fin de la deuxième grande guerre, le scandale refait de nouveau surface. Mais, cette fois, il s'agit d'un film adapté du roman par Jean Aurenche et Pierre Bost, et mis en scène par Claude Autant-Lara. Après la première du film à Bordeaux, la presse locale a qualifié le film de « flots de boue », d'« ignoble », et demandé qu'il soit retiré des écrans sous prétexte qu'il exalte l'adultère et ridiculise la famille, la Croix-Rouge et l'armée. Et, déjà, dans la capitale, certains critiques, qui ont rejoint le camp des « scandalisés », n'hésitent pas à qualifier le film de « répugnant ». Paradoxalement ce sulfureux parfum de scandale qui accompagne la sortie du film est une formidable publicité. Mais si le film mérite de connaître le succès, c'est surtout grâce à ses évidentes qualités artistiques. Gérard Philipe et Micheline Presle, qui incarnent les deux amants avec autant de sensibilité que de vérité, ont trouvé là des rôles marquants qui doivent achever de les consacrer grandes vedettes. (→ 3.9.49)

Gérard Philipe et Micheline Presle sont avec beaucoup de vérité les héros tragiques du roman de Radiguet, adapté par Jean Aurenche et Pierre Bost.

Producteur du film, Paul Graetz n'en craint pas moins lui aussi le scandale.

La tragédie de Rueil a fait 90 morts

Rueil, 3 septembre
Comme chaque samedi soir, le public est nombreux au cinéma le Sélect, dans la banlieue parisienne. Près de huit cents personnes se sont entassées les unes à côté des autres, dans l'espoir de vivre un moment de détente qui leur ferait oublier une semaine de labeur. Soudain, c'est l'horreur. Un court-circuit se produit dans la salle et déclenche un incendie. Quatre-vingt-dix spectateurs y trouvent la mort, sans compter les très nombreux blessés. C'est l'accident le plus tragique survenu dans une salle de spectacle depuis le célèbre incendie du Bazar de la Charité en 1897, qui fit se détourner bien des gens du spectacle cinématographique.

Lucien Coëdel se tue en tombant du train

Côte-d'Or, 27 septembre
Lucien Coëdel, que tous ses amis appelaient Coco, a trouvé la mort accidentellement près de Blaisy-Haut, un bourg de Côte-d'Or, alors qu'il revenait à Paris après le tournage de *la Carcasse et le tord-cou*, de René Chanas. En gare de Morez, à 21 heures, il s'installa dans son compartiment avec sa femme Lolita de Silva, Louis Seigner et la journaliste Lise Claris. Au milieu de la nuit, Coco se rendit aux toilettes. Plus tard, ne le voyant pas revenir, Louis Seigner partit à sa recherche. Il trouva ouverte la porte donnant accès à l'extérieur et déclencha le signal d'alarme. Il était trop tard : Coëdel était tombé sur la voie. Son corps a été retrouvé au petit matin dans la section ferroviaire de Blaisy-Bas. L'acteur était né à Paris en 1899 au sein d'une modeste famille d'ouvriers. Il était devenu comédien dès 1922, grâce à Fernand Ledoux. Après avoir tenu près de cent rôles sur scène, il avait débuté à l'écran en 1936 dans *le Coupable*, de Raymond Bernard, et était devenu très vite un légendaire second rôle du cinéma français. Interprète attitré de Christian-Jaque, il a tourné six films sous sa direction depuis 1940.

Micheline Presle est par ailleurs l'interprète de Jean-Paul Sartre dans « Les jeux sont faits », de Jean Delannoy, aux côtés de Marcel Pagliero.

Lucien Coëdel (à gauche) avait tourné, en 1943, dans « les Mystères de Paris », de Jacques de Baroncelli. Ici avec Alexandre Rignault.

De Venise à Cannes, les festivals s'arrachent le cinéma mondial

« Ziegfeld Follies » avec Fred Astaire, et « Antoine et Antoinette » avec Claire Maffëi et Roger Pigaut, ont séduit le jury.

Cannes, 25 septembre

Au moment où s'achève le Festival de Cannes, les commentateurs sont de plus en plus nombreux à déplorer la concentration de plusieurs festivals internationaux sur une même époque de l'année. En effet, pas moins de quatre festivals ont eu lieu ces quatre derniers mois, dont celui de Locarno, en Suisse, et ceux de Venise et de Cannes. Ces deux derniers se font particulièrement de l'ombre puisqu'ils se chevauchent pratiquement : l'un, Cannes, commence alors que l'autre, Venise, n'est pas clos ! On imagine le mal que doivent se donner les organisateurs de ces deux manifestations pour se procurer les perles cinématographiques rares. Est-ce pour cela que le Festival de Cannes perd presque son caractère international cette année ? Outre son jury exclusivement français, ce festival n'a récompensé que des films français et américains : *Antoine et Antoinette*, de Jacques Becker, *les Maudits*, de René Clément, *Crossfire* d'Edward Dmytryk, *Ziegfeld Follies*, de Vincente Minnelli, et le dessin animé *Dumbo*, de Walt Disney. Le jury de la Mostra s'est montré plus ouvert sur le monde, en décernant notamment le grand prix au film tchécoslovaque *Sirena*, de Karel Stekely, et les prix de la réalisation et de l'interprétation aux Français Henri-Georges Clouzot, pour *Quai des Orfèvres*, et Pierre Fresnay, pour *Monsieur Vincent*. Le prix d'interprétation féminine est allé, lui, à l'Italienne Anna Magnani, magnifique dans *l'Honorable Angelina*, de Luigi Zampa. (→ 5.9.48)

Vivi Gioi dans « Chasse tragique », de G. De Santis, lauréat de la Mostra.

Anna Magnani est couronnée à Venise pour « l'Honorable Angelina ».

Clouzot de retour grâce à Jouvet

Louis Jouvet fait face à Robert Dalban dans « Quai des Orfèvres ».

Paris, 3 octobre

Pour avoir tourné *le Corbeau*, en 1943, film produit par la firme allemande Continental et jugé au moment de la Libération comme œuvre de propagande antifrançaise, le réalisateur Henri-Georges Clouzot a eu du mal a retravailler depuis. Admirateur de son œuvre, Louis Jouvet lui a permis de retrouver enfin le chemin des studios. Ensemble, ils viennent de tourner *Quai des Orfèvres*, un film policier dans lequel Jouvet incarne avec une vérité saisissante un inspecteur de police ambigu enquêtant dans le milieu du music-hall. Œuvre noire et désenchantée, le film est admirablement interprété par son acteur principal, mais aussi par tous les autres comédiens, dont Suzy Delair et Bernard Blier. (→ 9.3.49)

Suzy Delair et Simone Renant dans le film d'Henri-Georges Clouzot.

La chasse aux sorcières de l'écran met Hollywood en révolution

Washington, 26 novembre
Rien ne va plus à Hollywood. Eric Johnston, le président de l'Association des producteurs, successeur de William Hays, vient de suspendre le réalisateur Edward Dmytryk, l'auteur bien connu de *Feux croisés* (*Crossfire*), et neuf autres de ses collègues : le producteur Robert Adrian Scott et les scénaristes John Howard Lawson, Lester Cole, Dalton Trumbo, Herbert Biberman, Alvah Bessie, Albert Maltz, Ring Lardner et Samuel Ornitz. Les dix hommes sont curieusement accusés de « mépris envers le Congrès », pour avoir refusé de s'expliquer devant la Commission d'enquête sur les activités anti-américaines. Celle-ci enquête, depuis quelques mois, à l'instigation du sénateur Joseph McCarthy sur les « infiltrations communistes » dont aurait à souffrir le cinéma américain. Interrogé sur les conséquences de cette incroyable chasse aux sorcières, Johnston a déclaré sans sourciller : « Nous ne désirons pas porter préjudice aux droits de ces hommes, mais leur action a été néfaste pour l'industrie et les a par conséquent rendus inutiles. » De fait, l'hystérie anticommuniste, née de la guerre froide, frappe l'usine à rêves de plein fouet et risque de nuire considérablement au rayonnement international du cinéma américain. Questionné sur les mesures prises à son encontre, l'un des accusés, John H. Lawson, s'en est pris très durement à la Commission : « Ces forces tentent d'introduire le fascisme en Amérique. Elles savent que le seul moyen de décider les Américains à renoncer à leurs droits et à leurs libertés est de forger de toutes pièces un danger imaginaire, d'affoler l'opinion jusqu'à ce qu'elle juge indispensable à sa sécurité des lois de répression. » Mais quand cessera donc cette sinistre comédie ? (→ 3.12)

Steve Brodie et Gloria Grahame dans « Feux croisés » (« Crossfire »), d'Edward Dmytryk, l'un des dix cinéastes mis sur la liste noire.

Le prix Louis-Delluc à « Paris 1900 »

Paris, 12 décembre
En attribuant pour la première fois le prix Louis-Delluc à un film documentaire, les jurés voulaient sans doute saluer l'originalité et les qualités de *Paris 1900*, de Nicole Védrès. Cette évocation de la capitale au tournant du siècle, de la Belle Epoque à la Grande Guerre, est entièrement composée d'images d'archives puisées dans les actualités et les films du moment. (→ 6.12.49)

Polin, populaire chanteur du début du siècle, revit dans le film.

Ernst Lubitsch meurt en plein tournage

Hollywood, 30 novembre
Le réalisateur américain d'origine allemande Ernst Lubitsch est mort, à l'âge de cinquante-cinq ans, des suites d'une longue maladie. Il était né le 28 janvier 1892. Le tournage de *la Dame au manteau d'hermine* (*That Lady in Ermine*), dont il assurait la réalisation depuis trente-cinq jours, est donc interrompu. Le dernier tiers du film pourrait être achevé par Otto Preminger.

Charlie Chaplin fauteur de paix

Washington, 21 juillet
Charles Chaplin, informé d'une convocation imminente devant la Commission des activités anti-américaines, a préféré prendre les devants. Il a écrit à J. Parnell Thomas, président de cet organisme, une lettre où il déclare entre autres : « Je ne suis pas un communiste, je suis un fauteur de paix. » Depuis quelques semaines, le génial comique doit faire face à une vigoureuse campagne de presse à son endroit. Les ligues moralistes n'ont pas apprécié son tout dernier film, *Monsieur Verdoux*. La Légion de la décence a même menacé les exploitants de représailles s'ils osaient présenter ce film dans leur salle. Le 12 juin dernier, le sénateur John Rankin a déclaré froidement : « La vie de cet histrion à Hollywood est nuisible au moral de l'Amérique. En le bannissant du territoire, on le tiendra loin des écrans américains, et ses films odieux ne choqueront plus notre jeunesse. » Rien de moins ! Décidément, le génie est parfois mal récompensé aux Etats-Unis. (→ 8.6.49)

Charles Boyer et Jennifer Jones dans « la Folle Ingénue », dernier film achevé.

Photomontage pour un film dont le scénario est signé par Jean-Paul Sartre.

Affichette originale française dans un décor parisien, signée Romano.

« Cinq Femmes autour d'Utamaro », film de Kenji Mizoguchi.

Une affichette originale conçue par l'agence publicitaire DEB.

Une des affiches originales françaises signée par Boris Grinsson.

David Farrar et Deborah Kerr dans « le Narcisse noir », film de Michael Powell et Emeric Pressburger, d'après le roman de Rumer Godden.

Almira Sessions, Marilyn Nash et Charles Chaplin dans « Monsieur Verdoux » : les amours enflammées de Landru, sur une idée d'Orson Welles.

Affichette française de Roger Soubie pour « Ambre », de Preminger.

G. Cooper et B. Karloff dans « les Conquérants du nouveau monde ».

Affiche originale française signée Gus Anton pour ce film d'Orson Welles, d'après la tragédie de Shakespeare qui connut d'autres adaptations.

Brian Donlevy, Richard Widmark et Victor Mature dans le film d'Henry Hathaway « le Carrefour de la mort » (« Kiss of Death »).

Deux personnages du dessin animé de Jiri Trnka « l'Année tchèque ».

Joan Crawford dans le film d'Otto Preminger « Femme ou maîtresse ».

Gene Tierney et Rex Harrison dans le film de Joseph L. Mankiewicz, « l'Aventure de madame Muir » (« The Ghost and Mrs. Muir »).

1948

Oscars, Hollywood
Film : *le Mur invisible* (Elia Kazan).
Acteur : Ronald Colman.
Actrice : Loretta Young.

Mostra d'arte cinematografica, Venise
Grand prix : *Hamlet* (Laurence Olivier).
Meilleur acteur : Ernst Deutsch.
Meilleure actrice : Jean Simmons.

Paris, 4 janvier
Les professionnels du cinéma manifestent contre l'invasion du cinéma américain. Simone Signoret, Jean Marais et Raymond Bussières sont en tête du cortège.

Paris, 13 janvier
Un employé de banque parisien nommé Henri Verdoux attaque les producteurs de *Monsieur Verdoux* en justice.

Los Angeles, 20 janvier
La Cité sans voiles (*The Naked City*), de Jules Dassin, qui sort aujourd'hui, est le premier film tourné entièrement en extérieurs à New York, avec l'acteur Barry Fitzgerald. (→ 10.6.50)

Londres, 22 janvier
Sortie d'*Anna Karenine*, film britannique de Julien Duvivier, avec Vivien Leigh, Ralph Richardson et Kieron Moore. (→ 4.6.52)

Londres, 8 février
Viviane Romance fait ses débuts devant les caméras d'outre-Manche avec *The Woman Hater*, de Terence Young. (→ 26.9.91)

Washington, 8 mars
Aux termes d'un accord avec le Royaume-Uni, les sociétés américaines s'engagent à y réinvestir les 60 millions de dollars de bénéfices réalisés sur le territoire anglais. De leur côté les Anglais abrogent la taxe de 75 % qui frappait les films américains depuis août 1947.

Mexico, 25 mars
La sortie du film d'Ismael Rodriguez *Nous les pauvres* (*Nosotros los pobres*), typique mélodrame « ranchero », est d'ores et déjà un succès public. (→ 20.12.49)

Sofia, 5 avril
Les moyens de production, la distribution et l'importation des films deviennent des monopoles d'Etat.

Washington, 19 avril
Le scénariste John Howard Lawson est convaincu d'outrage au Congrès à la suite de son refus de témoigner devant l'HUAC. (→ 8.6.49)

Neuilly-sur-Seine, 3 mai
Maurice Tourneur commence le tournage de *l'Impasse des deux anges*, avec Paul Meurice et Simone Signoret. (→ 19.8.49)

Hollywood, 15 mai
« Les plus belles jambes de Hollywood », Cyd Charisse, épouse en secondes noces le *crooner* Tony Martin. Elle a divorcé de Nico Charisse, son professeur de danse, qu'elle avait épousé à l'âge de quinze ans. (→ 4.10.51)

Washington, 15 mai
La Cour suprême donne raison au ministère de la Justice, et déclare que les cinq Major Studios sont coupables de « conspiration discriminatoire » pour s'assurer le monopole de l'exploitation. (→ 25.2.49)

Prangins, Suisse, 25 mai
Jacques Feyder, cinéaste français d'origine belge, meurt (*21.7.1885).

Bandol, 6 juin
Louis Lumière, inventeur du Cinématographe, s'éteint dans sa maison du Var (*5.10.1864).

Los Angeles, 16 juillet
Le couple Bogart-Bacall est à nouveau à l'affiche, avec le film de John Huston *Key Largo*, dans lequel on retrouve aussi Claire Trevor et Lionel Barrymore. (→ 6.1.49)

Los Angeles, 23 juillet
Mort du réalisateur David Wark Griffith (*22.1.1875), le pionnier de la mise en images.

Hollywood, 8 août
Le film *Entrons dans la danse* (*The Barkleys of Broadway*), dont le réalisateur Charles Walters commence le tournage, voit Fred Astaire et Ginger Rogers réunis à l'écran, pour la première fois depuis neuf ans. Ginger Rogers remplace Judy Garland, souffrante. (→ 23.3.50)

France, 15 septembre
Dans les Alpes-Maritimes, Marcel Pagnol achève *la Belle Meunière*, interprété par sa femme, Jacqueline, et Tino Rossi. Ce film, tourné en Rouxcolor – du nom des frères Roux, inventeurs du procédé – est le deuxième film français réalisé en couleurs. (→ 2.11.52)

Paris, 29 septembre
Sacha Guitry présente à la presse *le Diable boiteux*, interprété par lui-même et par Lana Marconi. Le film retrace, à la Guitry, c'est-à-dire en se permettant quelques libertés vis-à-vis de l'histoire, la carrière de Charles-Maurice de Talleyrand-Périgord. (→ 1.7.53)

Los Angeles, 30 septembre
Robert Mitchum, arrêté au début du mois pour consommation et possession de marijuana, est libéré de prison. Malgré le versement d'une caution de 1 000 dollars, l'acteur a eu droit à vingt-sept jours d'incarcération.

New York, 30 septembre
Marlon Brando s'inscrit à l'Actor's Studio, cofondé par Lee Strasberg et Elia Kazan. (→ 20.7.50)

Los Angeles, 1er octobre
Sortie de *la Rivière rouge* (*Red River*), d'Howard Hawks, avec John Wayne, Joanne Dru et Montgomery Clift. (→ 13.1.53)

Paris, 26 octobre
Avenue de Messine est inauguré le premier musée du Cinéma d'Henri Langlois. (→ 24.6.59)

Hollywood, 30 octobre
Sortie de la cinquième adaptation américaine du roman de Dumas, *les Trois Mousquetaires* (*The Three Musketeers*), de G. Sidney.

Rome, 2 novembre
Roberto Rossellini présente *l'Amour* (*L'Amore*), film en deux parties interprétées l'une et l'autre par Anna Magnani : *Una voce umana*, tournée à Paris, d'après la pièce de Jean Cocteau *la Voix humaine*, et *le Miracle* (*Il miracolo*), d'après un sujet de Federico Fellini, qui en est également l'interprète. (→ 4.4.49)

Rome, 26 novembre
Marcello Mastroianni débute sur scène au Teatro Eliseo, dirigé par Luchino Visconti, dans *Comme il vous plaira*, de Shakespeare, avec Vittorio Gassman. (→ 12.8.50)

Paris, 29 novembre
Le Silence de la mer, de Jean-Pierre Melville, est projeté devant un jury. Celui-ci doit décider si le roman de Vercors est respecté, condition *sine qua non* pour que le film sorte sur les écrans. Le verdict est immédiat et favorable. (→ 21.4.49)

Los Angeles, 30 novembre
Rita Hayworth et Orson Welles divorcent. (→ 27.5.49)

Los Angeles, 27 décembre
Avec son premier long métrage, *le Garçon aux cheveux verts* (*The Boy with Green Hair*), qui sort ce jour, avec Robert Ryan et Dean Stockwell, Joseph Losey a filmé une fable sur le conformisme et le droit à la différence. (→ 12.5.67)

New York, 31 décembre
Louise Brooks, qui a renoncé à l'écran en 1938, est désormais vendeuse aux grands magasins Saks, pour 40 dollars par semaine. Ce qui ne l'empêche pas d'entretenir une abondante correspondance avec les esprits les plus remarquables de la profession. (→ 8.8.85)

NAISSANCES
Neuilly-sur-Seine, 21 juin
Philippe Sarde.

Lyon, 3 décembre
Diane Kurys.

Châteauroux, 27 décembre
Gérard Depardieu.

« La Dame de Shanghai », d'Orson Welles, déconcerte et fascine à la fois, grâce en particulier à la beauté de sa troublante héroïne, Rita Hayworth.

COLUMBIA FILMS S.A. présente :
RITA
HAYWORTH
ORSON
WELLES
DANS
LA DAME DE SHANGHAI
(The lady from Shanghaï)
AVEC
EVERETT SLOANE et GLENN ANDERS
Scenario et Production Orson WELLES
MODÈLE B
COLUMBIA FILMS S.A. 20, Rue de Troyon . Paris.
COLUMBIA FILMS

Saint Vincent avec l'auréole du succès

Pierre Fresnay dans « Monsieur Vincent », réalisé par Maurice Cloche.

Paris, 7 janvier
Réalisé par Maurice Cloche et dialogué par Jean Anouilh, *Monsieur Vincent* mérite sans doute le grand prix du cinéma français qui vient de lui être attribué. Partiellement financé par une souscription auprès du public catholique, le film pouvait laisser craindre une production hagiographique. Heureusement, il n'en est rien. Cette évocation de la vie et de l'œuvre de saint Vincent de Paul évite admirablement tout travers saint-sulpicien ou didactique. La peinture de la cour de Louis XIII et des mœurs des débuts du grand siècle y est particulièrement fine et réussie. Autre qualité du film : l'excellente interprétation de Pierre Fresnay, qui parvient à donner au personnage de saint Vincent une épaisseur humaine et une présence extraordinaires. L'exploit de l'acteur est d'autant plus remarquable que l'interprétation du saint, comme celle de tout personnage historique, est lourde à porter.

Marcel Pagnol entre à l'Académie

Paris, 16 janvier
Les « immortels » de l'Académie française comptent désormais dans leurs rangs un membre pas tout à fait comme les autres puisqu'il porte la double casquette d'écrivain et de réalisateur de films : Marcel Pagnol. Déjà comblé de succès public et critique pour la plupart de ses livres et films, l'auteur de *la Femme du boulanger* et de *Manon des Sources* a ainsi droit à l'honneur de devenir le premier « académicien du cinéma ». (→ 15.9)

Les remerciements du récipiendaire.

Huston et Bogart dans la Sierra Madre

Bogart, Walter Huston et Tim Holt dans « le Trésor de la Sierra Madre ».

Hollywood, 23 janvier
A peine démobilisé, John Huston vient de réaliser pour la Warner un remarquable film d'aventures intitulé *le Trésor de la Sierra Madre* (*The Treasure of the Sierra Madre*). Le scénario, tiré du roman du mystérieux B. Traven, conte l'équipée de trois aventuriers chercheurs d'or qui s'entraident et s'affrontent dans les territoires sauvages du Mexique. Les rôles principaux sont interprétés par Humphrey Bogart, Tim Holt et Walter Huston, le propre père du réalisateur. Pour ce film, John Huston s'est sans doute souvenu d'une expérience de jeunesse dans la cavalerie mexicaine. Ce baroudeur, scénariste réputé et ancien champion de boxe professionnel, retrouve pour la troisième fois son compère et ami Bogart, qu'il avait déjà mis en scène dans *le Faucon maltais* et *Griffes jaunes*. L'humour et la cocasserie, mais aussi une certaine philosophie, caractérisent cette heureuse collaboration. (→ 16.7)

Rossellini a conquis Ingrid Bergman

Beverly Hills, 15 mars
Un télégramme est parvenu au domicile d'Ingrid Bergman et de son mari, le Dr Peter Lindström. Il est ainsi libellé : « C'est avec une grande émotion que j'ai reçu votre lettre, dont le hasard a voulu qu'elle arrive le jour de mon anniversaire et constitue mon plus beau cadeau. Croyez-moi, je rêvais de tourner un film avec vous et je vais maintenant faire tout ce qui m'est possible... » Il était signé Roberto Rossellini. Ingrid avait en effet écrit quelques jours plus tôt au réalisateur italien pour lui dire son admiration et lui proposer de travailler sous sa direction. Son vœu a désormais de fortes chances d'être exaucé, d'autant plus qu'une longue lettre a suivi ce télégramme. Rossellini y trace les grandes lignes d'un éventuel scénario. Le réalisateur achève ainsi sa missive : « Vous serait-il possible de venir en Europe ? Puis-je vous inviter en Italie où nous discuterons de cela à loisir ?... Je ne me lasserai pas de vous interroger. Croyez à mon enthousiasme. Votre Roberto Rossellini. » Heureuse de cette proposition, Ingrid Bergman peut préparer ses valises. (→ 4.4.49)

La mort soudaine de S. M. Eisenstein

Moscou, 11 février
Sergueï Eisenstein (*23.1.1898) a succombé à une crise cardiaque, âgé de cinquante ans. Il était en train de rédiger un article. Sa mort solitaire, par une nuit d'hiver, achève un destin tragique. Après des débuts éclatants, les problèmes surgissaient. Son voyage aux Etats-Unis et au Mexique avait tourné au cauchemar, au début des années 30. Puis les projets refusés s'étaient accumulés. Ses qualités de metteur en scène étaient reconnues mais on lui reprochait de s'écarter de la ligne. A ces déceptions s'ajoutait l'humiliation des autocritiques exigées par des fonctionnaires ignares. Que de force et d'énergie gaspillées ! Il y a un an, la vision des films américains de Marie Seton et Sol Lesser, réalisés avec les négatifs laissés en Amérique après l'équipée mexicaine, l'avait consterné. Une amertume de plus pour Eisenstein, brisé par la destruction des quatre bobines tournées pour la troisième partie d'*Ivan le Terrible*. Le succès de ses cours à l'institut du cinéma ne compensait pas tout. Huit films en vingt-quatre ans, c'est peu. (→ 1.9.58)

Un premier roman en forme de film

Odile Versois, dix-sept ans (à droite), la révélation des « Dernières Vacances ».

Paris, 24 mars
Parce qu'il évoque avec bonheur « le vert paradis des amours enfantines », *les Dernières Vacances* fait penser à des romans comme *le Blé en herbe* et *le Grand Meaulnes*. Mais, à la différence de ces derniers, il s'agit d'un premier film réalisé par Roger Leenhardt, qui s'est fait connaître jusqu'ici comme critique à la revue *Esprit* et comme réalisateur de courts métrages. Le film relate l'histoire d'un premier amour qui réunit deux adolescents lors des dernières vacances passées dans une grande propriété familiale que leurs parents envisagent de vendre. Œuvre toute en finesse, *les Dernières Vacances* est un film-météore qui éclaire d'un éclat particulier le ciel du cinéma français présent. Tourné en totale liberté dans les beaux paysages languedociens, ce film, qui peut servir de modèle aux aspirants réalisateurs, révèle quelques jeunes comédiens talentueux et sensibles, dont Odile Versois.

Michel François et Odile Versois.

Dieu n'est pas mort pour tout le monde

Dolorès Del Rio et Henry Fonda dans « Dieu est mort », de John Ford.

Mexico, 27 mars
La sortie de *Dieu est mort* (*The Fugitive*), le premier film mexicain de John Ford, suscite dans ce pays de nombreuses polémiques. Le sujet, tiré du fameux roman de Graham Greene, *la Puissance et la Gloire*, rappelle les sombres heures de l'histoire récente du Mexique, c'est-à-dire la politique anticléricale de Francisco Madero, au début des années 1910, et ravive des plaies à peine refermées. Un prêtre alcoolique est condamné à mort et traqué par la police en raison de son attachement pour les paysans victimes de la répression. Coproduit par le metteur en scène lui-même, par Merian Cooper et la RKO, le film fait appel à Henry Fonda, ainsi qu'à deux grands acteurs mexicains très prisés par Hollywood, Dolorès Del Rio et Pedro Armendariz. Les images, quant à elles, sont signées Gabriel Figueroa, le célèbre chef opérateur primé, il y a dix ans, à la biennale de Venise pour *Alla en el rancho grande*, de Fernando Fuentes. (→ 21.8.52)

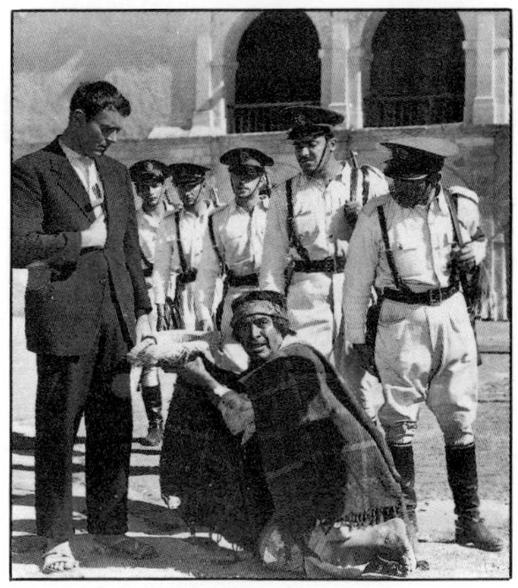

Un prêtre au service des pauvres.

Elia Kazan prend le meilleur aux Oscars

Hollywood, 20 mars
Les Oscars ont vingt ans. Une gigantesque soirée réunit le monde du cinéma au Schrine Auditorium, à cette occasion. Devant près de six mille spectateurs, Elia Kazan reçoit le prix du meilleur réalisateur pour *le Mur invisible* (*Gentleman's Agreement*), par ailleurs couronné meilleur film pour l'année 1947. Kazan devance ainsi David Lean, Edward Dmytryk et George Cukor. Ronald Colman obtient l'Oscar du meilleur acteur pour *Othello* (*A Double Life*), de Cukor ; préféré à Gregory Peck, John Garfield, Michael Redgrave. Quant à l'Oscar d'interprétation féminine, c'est Loretta Young qui le reçoit pour *Ma femme est un grand homme* (*The Farmer's Daughter*), d'H. C. Potter. La fête se poursuit toute la nuit sur Hollywood Boulevard, dans une ambiance très colorée, malgré des films aux sujets plutôt pessimistes, cette année. (→ 29.9.51)

« Le Mur invisible » obtient les deux distinctions principales du palmarès.

Rita succombe en beauté dans le miroir brisé d'Orson Welles

Le cinéaste est le partenaire de Rita Hayworth dans « la Dame de Shanghai ».

Au cours du tournage du film, un couple célèbre qui, en dépit des apparences, est en train de se défaire.

New York, 8 avril
Le retour d'Orson Welles à la création ne passe pas inaperçu avec *la Dame de Shanghai* (*The Lady from Shanghai*). Le film part d'une intrigue dans la meilleure tradition du *thriller*. Michel (Orson Welles), en amoureux crédule sous ses airs désinvoltes, se laisse prendre dans une véritable toile d'araignée. Il comprend trop tard que la blonde Elsa (Rita Hayworth) en a tissé les fils. Orson met son âme, sa passion pour sa femme, dans ce film si beau, à la fois baroque et inquiétant. Amour et haine s'autodétruisent en un final hallucinant, dans le Palais des Glaces de Luna Park. Mais l'amour de Welles refuse la pitié. Rita meurt en dernière victime du jeu de miroir fatal qu'elle a imaginé. (→ 30.11)

Howard Hughes maître de la RKO

Hollywood, 15 mai
Le milliardaire texan Howard Hughes vient de prendre le contrôle de la RKO, où il assurait jusqu'alors les fonctions de producteur et de superviseur artistique. Le magnat, par ailleurs propriétaire d'une importante entreprise aéronautique, a en effet racheté près d'un million d'actions de la société cinématographique, le tout pour la coquette somme de 8 800 000 dollars. C'est en 1927 que Hughes, enrichi par l'exploitation des sous-sols pétrolifères, fit ses débuts dans la profession, en créant une compagnie indépendante, la Caddo, dont la dissolution ne fut prononcée que seize ans plus tard. L'homme est réputé pour ses frasques et son goût immodéré pour les starlettes. En 1941, il défraya la chronique en imposant Jane Russell dans le rôle principal du *Banni* (*The Outlaw*). Tourné par Howard Hawks, puis par Hughes lui-même, le film fut interdit par la censure. (→ 21.11.50)

Rossellini dans les décombres de Berlin

Rome, 30 mai
Avec *Allemagne, année zéro* (*Germania anno zero*), Rossellini se livre d'abord à une véritable investigation de documentariste. Berlin dévasté est le plus pur symbole d'un pays en proie au désarroi de l'immédiat après-guerre. Sobre, précis, Roberto Rossellini plonge au cœur de la ville, extirpe de ces ruines une population misérable, errante, privée de buts et de moyens. Mais le cinéaste ne se limite pas à une froide analyse. Avec l'histoire du petit Edmund, qui est devenu parricide sous l'influence de son ancien instituteur nazi, il explique le calvaire de toute une société. Avec un immense savoir-faire, mais surtout une sincère humanité. (→ 2.11)

Les jeunes héros d'« Allemagne, année zéro », face à leur pays ruiné.

Hitchcock gagne le pari de « la Corde »

Hollywood, 26 août
Avec son nouveau film, *la Corde* (*The Rope*), Alfred Hitchcock réalise un vieux rêve : tourner un long métrage dans la continuité de l'action et dans un lieu unique, sans changement apparent de plan. En réalité, du fait des contraintes techniques, le film long de quatre-vingts minutes se divise en onze séquences raccordées le plus discrètement possible. Ce pari aurait été impossible si Hitchcock n'avait lui-même coproduit le projet, pour la première fois de sa carrière. Le maître du suspense, qui aurait souhaité diriger Cary Grant, sous contrat avec la RKO, l'a remplacé par un autre monstre sacré : James Stewart. (→ 3.1.49)

Farley Granger et John Dall entourent James Stewart dans « la Corde ».

Hamlet et Ophélie consacrés à Venise

Eileen Herlie, la reine Gertrude d'« Hamlet », aux côtés de Laurence Olivier.

Venise, 5 septembre
Pour cette édition de la Mostra, Laurence Olivier est à l'honneur. Son *Hamlet* obtient le grand prix. Les performances de ses collaborateurs n'ont pas été négligées : Jean Simmons, diaphane Ophélie, reçoit le prix de la meilleure actrice ; Desmond Dickinson, chef opérateur, celui de la plus belle photographie. L'œuvre est remarquable. Tout en respectant la trame historique, le cinéaste a imposé sa propre dynamique. Il fait d'Hamlet – qu'il interprète – un velléitaire dominé par son complexe d'Œdipe. Tourné en noir et blanc, proche de l'expressionnisme, le film est un mariage heureux entre le théâtre et le cinéma. (→ 24.3.49)

« La terre tremble », de Visconti, n'a obtenu qu'un prix de consolation.

De Sica fait rouler le destin à bicyclette

Rome, 26 novembre
L'Italie actuelle vit des jours difficiles. Dans un pays où affluent quantité de marchandises étrangères, il y a pénurie de travail, d'argent et de nourriture pour des millions de gens ordinaires, comme Antonio Ricci. Cet ouvrier de quarante ans habite les quartiers périphériques de Rome et se trouve réduit au chômage depuis deux ans. Enfin, un emploi de colleur d'affiches lui est proposé, à condition qu'il fournisse lui-même son moyen de locomotion, à savoir une bicyclette. Il lui faut donc récupérer la sienne, déposée au mont-de-piété. Sa femme, Maria, engage alors son unique paire de draps. Mais, le jour où Antonio doit travailler, il se fait voler sa bicyclette par un jeune voyou, plus misérable que lui. La police conseille à Antonio de chercher lui-même son vélo. Commence alors pour le malheureux chômeur et son jeune fils Bruno une chasse frénétique dans toute la ville. Après une journée harassante durant laquelle Antonio éprouve l'égoïsme et la malveillance d'autrui, peu s'en faut qu'il ne soit lui-même inculpé. Désespéré, il tente de voler une bicyclette. Pour seul réconfort, il trouve la main du petit garçon qui prend la sienne avec tendresse. *Le Voleur de bicyclette* (*Ladri di biciclette*) est une analyse attachante du genre humain et des comportements sociaux. Plus âpres que résignés, De Sica et Zavattini dénoncent son absence de solidarité. (→ 20.4.51)

Lamberto Maggiorani et Enzo Staiola dans « le Voleur de bicyclette ».

Une loi d'aide pour le cinéma français

Paris, 23 septembre
C'est en grande partie grâce à l'action des Comités de défense du cinéma français que le gouvernement s'est décidé à promulguer une loi d'aide à l'industrie cinématographique. Portant le nom de son rapporteur, Géraud-Jouve, la loi vient d'être adoptée en seconde lecture à l'Assemblée nationale. Ses différentes dispositions concernent notamment la création d'une taxe additionnelle au prix des places et une taxe à la sortie des films. Ces taxes alimenteront un Fonds d'aide au cinéma français, dont pourront bénéficier les producteurs lorsqu'ils entreprendront de nouveaux films et les exploitants lorsqu'ils engageront des travaux d'amélioration de leurs salles. La nouvelle loi prévoit l'avance au Fonds d'aide au cinéma français de 400 millions de francs, que l'Etat pourra récupérer sur les recettes. La taxe à la sortie des films est fixée à 400 francs par mètre. D'après les estimations, cela ramènerait à 300 millions de francs environ par an le produit de cette taxe ; alors que M. Géraud-Jouve avait indiqué, lors de la discussion de son projet à l'Assemblée, qu'il en escomptait annuellement un revenu de un milliard de francs.

Affiche originale pour un film où Sacha Guitry se taille un rôle sur mesure avec la vie de Talleyrand.

Affiche originale signée Raymond Gid que le metteur en scène dut imposer aux distributeurs.

Madeleine Robinson et Jean Vilar dans « les Frères Bouquinquant ».

Laurence Olivier et Jean Simmons dans « Hamlet », de L. Olivier.

Leonid Massine et Moïra Shearer dans « les Chaussons rouges » (« The Red Shoes »), film sur la danse signé Michael Powell et Emeric Pressburger.

H. Bogart dans le film de J. Huston « le Trésor de la Sierra Madre ».

Jean-Louis Barrault dans « D'homme à hommes », de Christian-Jaque.

Affiche originale d'Hervé Morvan pour un film de Jean Cocteau d'après l'une de ses pièces.

Les pêcheurs de Sicile dans « La terre tremble », de Luchino Visconti.

G. Tierney et D. Andrews dans « le Rideau de fer », film d'espionnage de William Wellman. Prototype de la production antirouge de la guerre froide.

Affiche originale italienne signée R. Géleng pour « Allemagne, année zéro », film inspiré du néo-réalisme.

Affiche originale de Wik, pour un film inspiré par une pièce des années trente de Maxwell Anderson.

Affiche originale américaine pour ce huis clos d'après la pièce de Patrick Hamilton, chef-d'œuvre de la technique du « plan-séquence prolongé ».

Rita Hayworth et Orson Welles sont les protagonistes du film d'Orson Welles, « la Dame de Shanghai », librement adapté d'un roman de Sherwood King.

Gene Kelly et Judy Garland dans « le Pirate », de Vincente Minnelli.

Ingrid Bergman et Charles Boyer dans « Arc de triomphe ».

1949

Oscars, Hollywood
Film : *Hamlet* (Laurence Olivier).
Acteur : Laurence Olivier.
Actrice : Jane Wyman.

Mostra d'arte cinematografica, Venise
Lion de Saint-Marc : *Manon*(Henri-Georges Clouzot).
Meilleur acteur : Joseph Cotten.
Meilleure actrice : Olivia De Havilland.

Festival international du film, Cannes
Grand prix : *le Troisième Homme* (Carol Reed).
Meilleur acteur : Edward G. Robinson.
Meilleure actrice : Isa Miranda.

Hollywood, 3 janvier
Alfred Hitchcock signe un contrat avec la Warner stipulant que le réalisateur doit tourner quatre films en six ans pour un salaire global de 990 000 dollars. (→ 20.4.50)

Los Angeles, 6 janvier
Humphrey Bogart a un fils : Lauren Bacall vient d'accoucher de Stephen, premier enfant du couple.

Paris, 10 janvier
Yves Allégret commence le tournage de *Manèges*, avec Simone Signoret et Bernard Blier.

Los Angeles, 20 janvier
Sortie de *Chaînes conjugales* (*A Letter to Three Wives*), de Joseph L. Mankiewicz, avec Jeanne Crain, Linda Darnell, Kirk Douglas et Ann Sothern. Trois épouses s'interrogent sur leur mari. (→ 14.9.50)

Paris, 20 janvier
Première de *Une si jolie petite plage*, d'Yves Allégret, avec Gérard Philipe et Madeleine Robinson. Meurtrier d'une danseuse, traqué par la police, un homme revient sur les lieux de son enfance. (→ 25.1.50)

Washington, 25 février
Paramount signe un « décret de consentement » aux termes duquel la compagnie accepte de se séparer de son activité d'exploitant. Son circuit de 1 450 salles devra être pris en charge par une nouvelle société d'exploitation, et ramené en trois ans à 600 salles. (→ 21.11.50)

Paris, 25 février
La société Eclair lance la caméra portative Cameflex 300, sur des brevets d'André Coutant.

Stockholm, 19 mars
Avec *Prison (Fängelse)*, Ingmar Bergman aborde une phase nouvelle de son œuvre. Il y traite de préoccupations graves : « Le monde est-il un enfer, et dans ce cas y a-t-il un Dieu, et où se trouve-t-il ? ». (→ 17.10)

Pékin, 31 mars
Dans la capitale, dont l'Armée populaire de libération s'est emparée fin janvier, est fondé un Bureau du cinéma, confié au cinéaste Yuan Muzhi, qui assure depuis 1938 la direction des activités cinématographiques au sein de cette même armée. (→ 30.4.50)

Sicile, 4 avril
Dans l'île volcanique de Stromboli, au large du détroit de Messine, Roberto Rossellini commence le tournage de *Stromboli* (*Stromboli, terra di Dio*), avec Mario Vitale et Ingrid Bergman. (→ 6.8)

New York, 12 mai
Le premier film abordant le problème de la haine raciale entre Blancs et Noirs dans l'armée est présenté à la presse : il s'agit de *Je suis un Nègre* (*Home of the Brave*), de Mark Robson.

Vallauris, 27 mai
Rita Hayworth épouse le prince Ali Khan. (→ 26.1.53)

Rome, 18 juin
Abel Gance et Georges de la Grandière, producteur, sont reçus au Vatican en audience privée par le pape Pie XII, à qui ils présentent leur projet sur la vie du Christ, *la Divine Tragédie*. (→ 26.8.50)

Berlin, 15 juillet
Le contrôle direct des Alliés sur la production cinématographique allemande se voit remplacé par un code de production calqué sur le modèle américain.

Saint-Paul-de-Vence, 19 août
Le comédien Yves Montand rencontre pour la première fois Simone Signoret. (→ 25.1.50)

Los Angeles, 31 août
Par besoin d'argent et lasse de courir après les cachets, la débutante Marilyn Monroe a accepté de poser nue pour un calendrier. (→ 8.6.50)

Tokyo, 19 septembre
Sortie de *Printemps tardif* (*Banshun*), de Yasujiro Ozu. (→ 9.10.52)

Hollywood, 29 septembre
Le duo Dean Martin - Jerry Lewis apparaît dans son premier film, *Mon amie Irma* (*My Friend Irma*), de George Marshall. (→ 19.3.54)

Stockholm, 17 octobre
Dans *la Soif* ou *la Fontaine d'Aréthuse* (*Törst*), avec Eva Henning et Birger Malmsten, qui sort aujourd'hui, Ingmar Bergman invite les spectateurs à suivre la dérive d'un couple proche de la rupture et incapable de communiquer, dans le paysage dévasté de l'Allemagne de l'après-guerre. (→ 20.2.50)

Padoue, 26 octobre
Pier Paolo Pasolini est exclu pour « indignité morale et politique » du Parti communiste italien, à qui la police a remis un rapport d'enquête établissant son homosexualité sur la foi de nombreuses dénonciations. (→ 8.4.52)

Los Angeles, 4 novembre
Le premier film du réalisateur Nicholas Ray, *les Amants de la nuit* (*They Live by Night*), avec Farley Granger et Cathy O'Donnell dans les rôles principaux, sort ce jour dans les salles aux Etats-Unis. Fait rarissime, il a déjà été distribué en Europe. (→ 4.4.55)

Los Angeles, 8 novembre
Première des *Fous du roi* (*All the King's Men*), de Robert Rossen, d'après le roman de Robert Penn Warren, avec Broderick Crawford, Joanne Dru et John Ireland. L'irrésistible ascension d'un homme déterminé à combattre la corruption l'amène à utiliser les maux qu'il dénonce. (→ 23.3.50)

Washington, 9 décembre
Le député J. Parnell Thomas, président de la HUAC en 1947-1948, pourfendeur de l'influence communiste et tenant de la rigueur morale, est condamné à dix mois de prison pour malversations financières.

Mexico, 20 décembre
Le Congrès exauce les professionnels en votant une loi de protection de l'industrie cinématographique nationale qui alourdit les taxes sur les importations de films, visant surtout les films américains.

New York, 25 décembre
Sortie de *Madame porte la culotte* (*Adam's Rib*), de George Cukor, avec Katharine Hepburn, Spencer Tracy et Judy Holliday, dans son premier rôle important. (→ 29.3.51)

Rome, 29 décembre
A l'initiative du ministre Giulio Andreotti est promulguée une loi d'aide au cinéma qui accroît les subventions mais renforce le contrôle gouvernemental et la censure.

NAISSANCES
Saumur, 22 mars
Fanny Ardant.

Cloquet, Minnesota, 20 avril
Jessica Lange.

Summit, New Jersey, 22 juin
Meryl Streep.

Paris, 23 juillet
Jacques Weber.

Philadelphie, 29 août
Richard Gere.

Los Angeles, 4 décembre
Jeff Bridges.

Avec Orson Welles au plus fort de son talent, « le Troisième Homme », de Carol Reed, replace le cinéma britannique au niveau international.

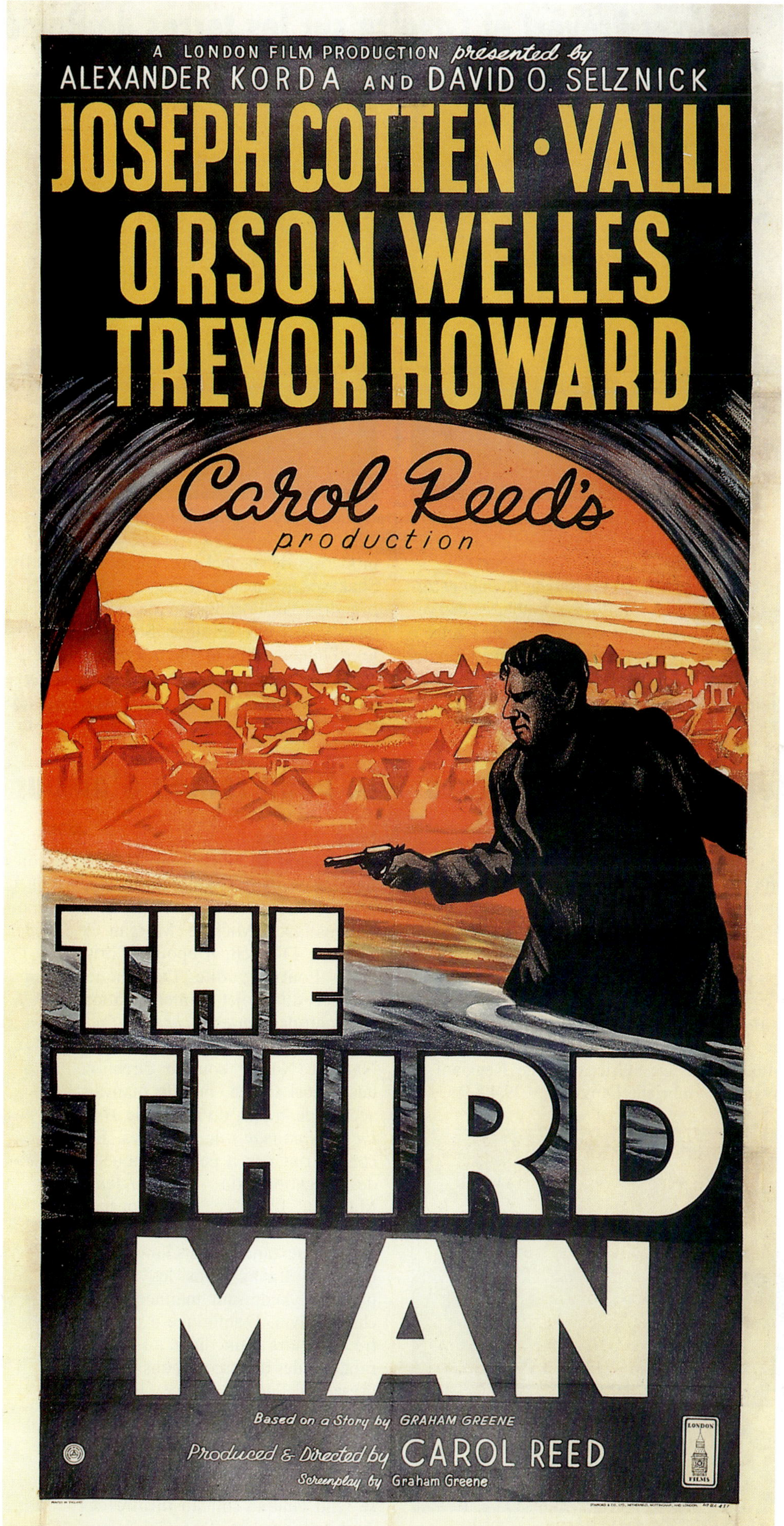
A LONDON FILM PRODUCTION presented by
ALEXANDER KORDA AND DAVID O. SELZNICK
JOSEPH COTTEN · VALLI
ORSON WELLES
TREVOR HOWARD
Carol Reed's
production
THE
THIRD
MAN
Based on a Story by GRAHAM GREENE
Produced & Directed by CAROL REED
Screenplay by Graham Greene
LONDON
FILMS

Washington s'en prend aux Majors

Hollywood, 25 février

C'est en ordre dispersé que les grandes firmes américaines réagissent par rapport au Consent Decree, décret antitrust pris par le gouvernement et visant à séparer la production-distribution de l'exploitation. L'application de ce décret obligerait les grandes compagnies à se séparer de leurs réseaux de salles, et à subir ainsi une baisse importante de leurs revenus. La Paramount est la première des Majors a avoir signé le « décret de consentement ». Propriétaire de 1 450 salles, elle va devoir dissoudre ce circuit sur une période de trois ans, à raison d'un tiers de salles par an. La nouvelle société d'exploitation ne pourra, elle, posséder plus de 600 salles. Réagissant au nom de la Warner Brothers, Harry Warner déclare que la compagnie refuse de s'incliner devant les diktats de Washington et qu'elle a l'intention de recourir à la justice pour défendre ses intérêts. (→ 21.11.50)

Avec Prévert et Cayatte sur les terres de Roméo et Juliette

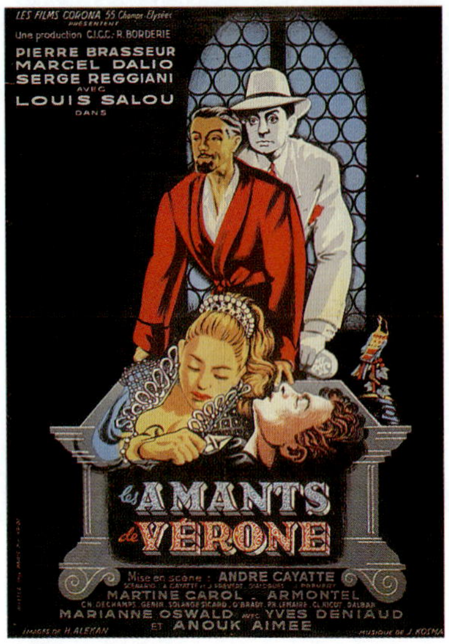

Anouk Aimée et Serge Reggiani réincarnent dans « les Amants de Vérone », d'André Cayatte, les héros de Shakespeare.

Paris, 7 mars

Alors que l'on tourne *Roméo et Juliette* à Venise, les doublures des vedettes s'éprennent l'une de l'autre : ainsi peut-on résumer le scénario du nouveau film d'André Cayatte, *les Amants de Vérone*. Ecrite par Jacques Prévert, cette transposition moderne de la célèbre pièce de Shakespeare a le mérite de surprendre par l'originalité du cadre dans lequel elle se situe. Sorti aujourd'hui en salles, le film possède le charme et le romantisme tragique de l'universelle histoire d'amour dont il est inspiré. Et, en prime, il nous offre le plaisir de voir évoluer, dans les paysages incomparablement beaux de l'éternelle Venise, des acteurs de très grand talent avec à leur tête : Pierre Brasseur, Serge Reggiani, Marcel Dalio, Martine Carol, Louis Salou et la jeune Anouk Aimée. (→ 20.9.50)

Une Manon Lescaut des temps modernes

Paris, 9 mars

Le personnage de Manon Lescaut, héroïne du roman de l'abbé Prévost, a hanté beaucoup d'esprits et séduit bien des réalisateurs. Le dernier en date est Henri-Georges Clouzot, qui vient de transposer son histoire dans l'époque de l'immédiat après-guerre. Intitulé *Manon*, le film de Clouzot retrace le destin peu ordinaire de cette femme peu morale qui se prostitue avant d'aller mourir dans les sables du désert avec Des Grieux. Incarnation parfaite et moderne de l'héroïne de ce drame cruel et éternel, la jeune actrice Cécile Aubry, au sourire faussement candide, est une véritable révélation. A ses côtés, on trouve des comédiens tout aussi remarquablement dirigés, notamment Michel Auclair, dans le rôle de Des Grieux, Serge Reggiani et Gabrielle Dorziat. (→ 29.4.53)

Michel Auclair et Cécile Aubry dans « Manon », d'Henri-Georges Clouzot.

Le beau roman d'amour de Jean Gabin

Paris, 28 mars

Jean Gabin se marie pour la troisième fois. Après ses unions avec Gaby Basset et Doriane, après ses liaisons avec Michèle Morgan et Marlène Dietrich, il épouse Christiane Fournier, dite Dominique. L'échec du projet d'interprétation commun des *Portes de la nuit*, finalement tourné par Yves Montand et Nathalie Nattier sous la direction de Marcel Carné, puis le mauvais accueil de la part du public de *Martin Roumagnac*, de Georges Lacombe, ont peu à peu provoqué la désagrégation du couple Jean-Marlène. L'actrice est retournée aux Etats-Unis pour y poursuivre sa carrière tandis que Gabin a repris son travail dans les studios parisiens. Séduisant mannequin de chez Lanvin, Dominique a rencontré Jean lors d'un dîner au restaurant, où des amis communs les ont présentés l'un à l'autre. Elle l'a conquis aussitôt par son charme et sa gentillesse. Ce fut un coup de foudre immédiat entre eux deux. Depuis le 9 février, la jeune femme se rend chaque soir au théâtre des Ambassadeurs, où Jean Gabin joue *la Soif*, d'Henry Bernstein, aux côtés de Madeleine Robinson et de Claude Dauphin. Devenue son épouse, elle reste cependant sa plus fidèle admiratrice. (→ 25.2.50)

Signature à la mairie du 16ᵉ.

L'humour anglais revu par la Bourgogne

Londres, 1er avril
On soupçonnait le burlesque anglais de n'être jamais aussi drôle que quand il repose sur une situation invraisemblable. Aujourd'hui, on en a la confirmation avec *Passeport pour Pimlico* (*Passport to Pimlico*), une comédie réjouissante d'Henry Cornelius dans laquelle on retrouve l'excentricité bon genre typiquement britannique. Le film est l'histoire d'un quartier londonien qui se constitue en Etat bourguignon indépendant après la découverte d'un document datant du XVe siècle, établissant que le quartier n'appartient pas à l'Angleterre, mais au duché de Bourgogne ! On imagine les quiproquos qu'une telle situation peut créer.

« Passeport pour Pimlico », d'Henry Cornelius : les insurgés et leurs munitions.

La belle surprise du « Silence de la mer »

Paris, 21 avril
Dans le Jura, pendant la guerre, un officier allemand se heurte à la résistance silencieuse et passive d'un homme et de sa nièce, qui l'hébergent, contraints, chez eux. Tout le monde reconnaît ici la trame du célèbre roman de Vercors *le Silence de la mer*, lequel est réputé inadaptable au cinéma car il est pratiquement dénué d'actions et de dialogues. Or, c'est justement ce que vient de réussir Jean-Pierre Melville, un nouveau venu dans le domaine de la réalisation qui n'a pas transité, comme c'est la règle, par l'assistanat. Ne possédant pas de carte professionnelle, Melville a tourné le film en franc-tireur et quasiment sans moyens. Le résultat ferait honneur aux plus chevronnés des professionnels. Les acteurs sont tous excellents, en particulier le Suisse Howard Vernon, qui réussit à être crédible en officier allemand grâce à son accent et à son allure inquiétante, et la jeune révélation du film : Nicole de Rothschild, dite Nicole Stéphane. (→ 29.3.50)

Howard Vernon et Jean-Marie Robain dans le premier film de Jean-Pierre Melville, d'après Vercors.

Les Oscars

Hollywood, 24 mars
Malgré le succès de cette cérémonie annuelle, l'académie organise la soirée du 21e anniversaire dans un nouveau lieu : son propre théâtre, qui ne contient pourtant que 950 places assises, les Majors Companies ayant décidé de ne plus sponsoriser l'organisation. Le spectacle est présenté par Robert Montgomery. Ava Gardner remet l'Oscar du meilleur interprète masculin à Laurence Olivier pour *Hamlet*, meilleur film de l'année qu'il a lui-même réalisé. John Huston est consacré meilleur réalisateur pour *le Trésor de la Sierra Madre* (*The Treasure of the Sierra Madre*). Jane Wyman obtient l'Oscar d'interprétation féminine pour *Johnny Belinda*, de Jean Negulesco. Elle est préférée à Barbara Stanwyck et à Ingrid Bergman. Les meilleurs seconds rôles sont Claire Trevor pour *Key Largo*, de John Huston, et Walter Huston pour l'autre film de son fils : *le Trésor de la Sierra Madre*. (→ 23.3.50)

Jacques Tati offre un vrai jour de fête au cinéma français

Paris, 4 mai
Tourné en 1947, c'est maintenant que sort *Jour de fête*, premier long métrage de Jacques Tati. Celui-ci était jusqu'ici connu comme acteur, dans *Sylvie et le fantôme* de Claude Autant-Lara, et comme réalisateur de courts métrages dont le dernier, intitulé *l'Ecole des facteurs*, était une sorte de brouillon de *Jour de fête*. Ce film constitue une véritable révélation d'un comique de genre nouveau. Tourné avec des moyens assez modestes, mais toutefois avec beaucoup d'idées inventives, *Jour de fête* a tout pour séduire, notamment des gags visuels et sonores, témoignant d'un sens aigu de l'observation, ainsi que des personnages peints avec beaucoup de finesse et de tendresse. Le héros du film est un facteur un peu ahuri, joué par Tati lui-même, qui décide de faire une « tournée à l'américaine », après avoir assisté à la projection d'un documentaire sur les postes aux Etats-Unis. Et c'est dans un petit village occupé par les préparatifs d'une fête foraine que notre facteur « original » va entamer sa tournée, en s'élançant sur son vieux vélo. Avec ses allures de grand escogriffe empêtré de lui-même, l'acteur Tati invente un personnage plein de charme, à la fois poétique et insolite. (→ 27.2.53)

Guy Decomble, Jacques Tati et Paul Frankeur dans « Jour de fête ».

Ingrid Bergman choque l'Amérique

Rome, 6 août

Celle qui incarne la pureté et la vertu dans *Jeanne d'Arc*, de Victor Fleming, choque l'Amérique puritaine. Le quotidien italien *Corriere della Sera* a en effet révélé qu'Ingrid est enceinte de Roberto Rossellini et vit sa passion en Europe, ayant laissé son mari et sa fille aux Etats Unis. Lors d'un bref séjour de Rossellini à Los Angeles, en janvier, Ingrid a fait la connaissance du réalisateur et a signé avec lui un contrat pour le tournage de *Stromboli*. Puis elle est partie pour Rome le 20 mars. Hollywood ne pardonne pas cet abandon à l'actrice préférée d'Alfred Hitchcock. (→ 31.3.50)

Dernier film britannique de la star, « les Amants du Capricorne », d'Alfred Hitchcock, non encore sorti.

En Angleterre, le crime est toujours l'un des beaux-arts

Dennis Price (à gauche) et Alec Guinness dans huit rôles différents s'affrontent dans « Noblesse oblige », de R. Hamer.

Londres, 1er septembre

La comédie satirique fait un retour triomphal sur les écrans britanniques, avec la sortie de *Noblesse oblige* (*Kind Hearts and Coronets*). Très inspiré, le réalisateur Robert Hamer a choisi pour cible une aristocratie à laquelle il va jouer plus d'un mauvais tour. Louis d'Ascoyne Mazzini (Dennis Price), noble par sa mère mais de père roturier, veut se venger de la branche aristocratique qui l'a renié. Il prendra la place des sept parents qui se sont successivement interposés afin de lui ravir le titre de duc. Sept crimes ne font pas peur à Louis. Dommage qu'il se retrouve en prison, accusé d'un autre meurtre qu'il n'a pas commis ! Une fois relaxé, il oublie les mémoires qu'il venait de rédiger en cellule et dans lesquelles il faisait le récit, plaisant et cynique, de ses forfaits. Ce film est un chef-d'œuvre d'humour noir, où se retrouvent tous les ingrédients du genre. L'élégance agrémentée de fanfreluches rivalise avec le *nonsense* le plus fantasque et l'amoralisme souriant. De plus il est servi par une interprétation prestigieuse. Alec Guinness assume avec talent la responsabilité d'incarner huit membres de la même famille, dont une femme. Valerie Hobson, en aristocratique fiancée de Louis, a un charme irrésistible. Hamer donne à l'art du crime ses lettres de noblesse. (→ 1.8.51)

La bataille de Stalingrad, pour mémoire

Moscou, 7 août

La guerre est finie depuis quatre ans mais l'URSS n'oublie pas. La victoire a coûté cher et les ruines fument encore. Le film de Vladimir Petrov, *la Bataille de Stalingrad*, sorti en mai à Moscou, vient de recevoir le grand prix du Festival de Karlovy-Vary, en Tchécoslovaquie. Il s'agit de la première partie (l'été 1942). Petrov est un spécialiste des fresques historiques, de *Pierre le Grand* (1939) à *Koutouzov* (1944). Friedrich Ermler a déjà fait un film sur Stalingrad en 1945 : *le Tournant décisif*. (→ 29.7.51)

A Hollywood, la liste noire s'allonge

Washington, 8 juin

Dans un dessin humoristique de David Langdon, publié il y a quelques mois par le *Reynolds News*, on pouvait voir une artère de Hollywood arpentée par une multitude de sosies de Joseph Staline. Cette prédiction est sur le point de se réaliser. A l'occasion d'un procès jugeant une affaire d'espionnage, le très sérieux FBI vient en effet de rendre public un rapport soi-disant secret, accusant plusieurs vedettes de cinéma de sympathies communistes, parmi lesquelles John Garfield, Paul Muni, Edward G. Robinson et Sylvia Sidney. Pendant ce temps, la Commission d'enquête sénatoriale sur les activités anti-américaines a publié une impressionnante liste de plusieurs centaines de personnes, accusées, selon elle, d'avoir « suivi la ligne du parti communiste ». Les plus grands noms de Hollywood entrent à leur tour dans le collimateur des censeurs du maccarthysme, à savoir Charles Chaplin, Katharine Hepburn, Danny Kaye, Gene Kelly, Fredric March, Gregory Peck, Frank Sinatra et Orson Welles. La plupart sont bien connus pour les idées progressistes et leurs positions en faveur des droits de l'homme. Qui aurait cru Beverly Hill miné par le collectivisme ? (→ 10.4.50)

« La Bataille de Stalingrad », de Vladimir Petrov, 3 h 40 min d'Histoire.

Sur la Croisette, le Festival est désormais dans ses meubles

Cannes, 17 septembre
Depuis la création du Festival de Cannes, le maire de la ville et les organisateurs du Festival ambitionnaient de l'installer dans un lieu « digne du bon goût et de l'art français ». C'est donc avec fierté qu'ils ont inauguré, en présence de célébrités venues du monde entier, le Palais des Festivals. Construit à la hâte à partir de 1947, le Palais n'a pas cessé depuis d'être rafistolé. Encore aujourd'hui, il est à l'état de chantier et les resquilleurs, désireux de voir de plus près Martine Carol, Orson Welles, Joseph Cotten, Alida Valli et bien d'autres stars internationales, sont très nombreux à pouvoir s'y introduire. Vingt-quatre pays ont participé au Festival, certains avec un seul court métrage et d'autres, comme la France, les Etats-Unis, l'Italie et l'Angleterre, avec de nombreux longs métrages. Il était donc normal que ces quatre pays se partagent le gros des récompenses. C'est le film anglais *le Troisième Homme*, de Carol Reed, qui a décroché le grand prix, tandis que le réalisateur français René Clément s'est vu attribuer le prix de la mise en scène pour *Au-delà des grilles*, produit par l'Italie. Ce dernier film a valu aussi le prix d'interprétation féminine à l'actrice Isa Miranda. Les Américains se sont consolés avec le prix d'interprétation masculine, décerné à Edward G. Robinson dans *la Maison des étrangers*, de Joseph L. Mankiewicz, et le prix du scénario, qu'a reçu Virginia Shaler pour *Lost Boundaries*, d'Alfred Werker. (→ 25.2.50)

Voici quelques semaines encore, le Palais des Festivals était un vaste chantier.

« Le Troisième Homme », de Carol Reed, avec Joseph Cotten et Orson Welles, accompagné par la cithare d'Anton Karas, reçoit le grand prix du Festival.

« Au-delà des grilles », de René Clément, avec Isa Miranda et Jean Gabin, est présent au palmarès pour la mise en scène et l'interprétation féminine.

Lune de miel pour Micheline Presle

Paris, 3 septembre
Le cinéaste américain Bill Marshall apprécie les Françaises. Après Michèle Morgan, qui fut son épouse de 1942 à 1948 et dont il a eu un fils, Mike, il se marie avec Micheline Presle, vingt-sept ans, couronnée l'an dernier pour son interprétation dans *le Diable au corps*, de Claude Autant-Lara. Micheline Presle est elle-même divorcée de l'industriel Michel Lefort, avec lequel elle est restée unie de 1945 à 1948. Le couple doit s'installer en Californie. Le dernier film de Micheline vient de sortir à Paris. Il s'agit de *Tous les chemins mènent à Rome*, de Jean Boyer, avec Gérard Philipe.

Luis Buñuel fait des films au Mexique

Mexico, 25 novembre
On avait perdu les traces de Buñuel depuis son départ aux Etats-Unis. On sait maintenant qu'il est installé désormais au Mexique où il a réalisé un film musical, *Gran Casino*, en 1946, et un mélodrame, *le Grand Noceur* (*El gran calavera*), qui vient de sortir sur les écrans mexicains. Interprété par la vedette Fernando Soler, le second film connaît un grand succès, ce qui encourage le producteur Oscar Dancigers à proposer à Buñuel une troisième collaboration. Il s'agirait cette fois d'un « vrai film ». (→ 19.11.50)

« Le Grand Noceur », second film, premier succès mexicain de Buñuel.

Silvana Mangano éclate dans la rizière

Dans « Riz amer », de G. De Santis.

Rome, 1er novembre
Giuseppe De Santis, ami puis scénariste de Visconti pour *Ossessione*, a su garder les accents passionnés qu'il avait lorsqu'il était critique à *Cinéma*. Devenu réalisateur avec *Chasse tragique* (*Caccia tragica*), en 1947, il mettait le romanesque au service de la réalité. Dans *Riz amer* (*Riso amaro*), il retrouve la campagne de ses jeunes années. Et, de nouveau, il peint l'actualité avec un talent passionné. Il s'attache à la vie des travailleuses saisonnières qui, tous les ans, affluent par milliers sur les bords du Pô, pour récolter le riz. Les « mondines » mènent pendant plus d'un mois une existence mouvementée. Dans ce cadre pittoresque, De Santis imagine un drame et fait de Silvana Mangano l'instigatrice et la victime. Son jeu, ardent et naturel, est inoubliable. Miss Rome 1946 est devenue une star, en simple short, dans l'eau d'une rizière.

Becker explore Saint-Germain-des-Prés

Paris, 6 décembre
Le nouveau film de Jacques Becker, *Rendez-vous de juillet*, se présente comme le film manifeste d'une jeunesse marquée par la guerre, qui se retrouve, à Paris, dans les boîtes de jazz de Saint-Germain-des-Prés. Le film est composé d'une suite de tableaux autour d'une action dramatique, et expose avec sensibilité les idéaux meurtris de ces jeunes qui partagent leur amour du jazz dans les caves du Lorientais. A côté de Daniel Gélin, des débutants tels que Nicole Courcel ou Maurice Ronet en sont les personnages principaux. Présenté en clôture du Festival de Cannes dans une première version, *Rendez-vous de juillet* n'avait guère convaincu les critiques présents. Becker a donc remanié son montage et raccourci le film de 400 mètres. Bien lui en a pris : cette version plus concise a été très appréciée du jury du prix Louis-Delluc, qui en a fait son lauréat. (→ 24.9.51)

La cave du Lorientais, décor privilégié de « Rendez-vous de juillet ».

Un jour en ville qui se chante et se danse

« Un jour à New York », de Stanley Donen et Gene Kelly.

Hollywood, 8 décembre
Le danseur Gene Kelly, qui fut *le Pirate* de Minnelli l'année dernière, vient de passer à la mise en scène et de réaliser son premier film avec son jeune ami et collègue, le chorégraphe Stanley Donen. *Un jour à New York* (*On the Town*) – c'est le titre de cette comédie musicale – se déroule en vingt-quatre heures et conte la palpitante permission de trois sympathiques marins interprétés par Frank Sinatra, Jules Munshin et Gene Kelly lui-même. Produit par Arthur Freed pour la MGM, le film adapte librement le grand succès de Broadway écrit par Betty Comden et Adolph Green et donne lieu à de remarquables chorégraphies prenant pour cadre de nombreux quartiers et monuments de New York. Le style bondissant et dynamique de Kelly trouve là une manière d'aboutissement, sur une musique de Leonard Bernstein et Roger Edens. (→ 4.10.51)

Sept ans après, Clark Gable refait sa vie

Santa Barbara, 21 décembre
Veuf de Carole Lombard depuis 1942, Clark Gable va-t-il retrouver le bonheur auprès de Sylvia Hawkes, ancienne épouse de lord Ashley, de Douglas Fairbanks puis du baron Stanley of Alderly ? Sylvia a connu Clark à Hollywood il y a quelques semaines seulement. L'idée de ce mariage est née au cours de la soirée. Grisé par de nombreuses coupes de champagne, Clark a emmené sa compagne à Santa Barbara pour l'épouser aussitôt, dans la plus stricte intimité. Leurs témoins sont Jean Garceau, son secrétaire, et Howard Strickling. Cette cérémonie *express* inquiète les amis et les proches de Clark Gable. (→ 9.10.53)

Le cinéma se donne les couleurs de la vie

Une caméra Technicolor au temps de « Becky Sharp », de Mamoulian (1935), le premier film en trichromie.

Dès ses débuts, le cinéma a eu des rêves colorés. Mais long devait être le chemin de l'idée à sa réalisation. Pourtant, des films en couleurs ont très vite été présentés au public : peints manuellement au pinceau, à l'aide d'une loupe, image par image. Du fait de sa lenteur, cette méthode a été rapidement remplacée par le procédé du pochoir, imaginé par Méliès dès 1900. Le coloriage, couramment pratiqué avant 1914 a fait notamment les beaux jours de la marque Pathécolor et a subsisté jusqu'au parlant. Mais parallèlement à ces procédés, des chercheurs expérimentaient alors le principe de la « synthèse additive ». Il consistait à superposer et à ajouter, dans des proportions adéquates, des radiations colorées pour obtenir les teintes voulues. Mis au point par l'Anglais Smith, commercialisé sous le nom de Kinemacolor dès 1908, le procédé exigeait deux interventions : l'une pendant la prise de vues, l'autre à la projection. La caméra tournait à 32 images par seconde, le double de la cadence habituelle. Grâce à un filtre rotatif placé devant l'objectif, les images en noir et blanc étaient enregistrées alternativement derrière un filtre rouge et un filtre vert. A la projection, on procédait de même : le spectateur visualisait 32 images chaque seconde, alternativement rouges et vertes ; la synthèse des couleurs s'effectuait grâce au phénomène de la persistance rétinienne. Le Kinemacolor a connu de beaux jours et a permis d'audacieuses réalisations, comme celle de *Fate*, de Theo Bouwnester, en 1911, le premier western en couleurs. L'action se situait au Texas, mais le film avait été tourné dans le Sussex. Les procédés de synthèse additive ne se sont pas limités à deux couleurs. En 1913, le Gaumontcolor utilisait une caméra à trois objectifs munis de filtres rouge, vert et bleu. En 1932, le Rouxcolor, mis au point par les frères Roux, reconstituait les couleurs à partir de quatre images enregistrées derrière des filtres rouge, vert, bleu, jaune. L'année dernière, Marcel Pagnol a réalisé *la Belle Meunière* en Rouxcolor. L'expérience n'a pas été du tout concluante. Certaines scènes manquent d'intensité lumineuse, d'autres affichent une couleur dominante trop brutale. Des variantes sont apportées au système, tel le Dugromacolor présenté en janvier. Mais le cinéma se tourne résolument vers les méthodes dites de « synthèse soustractive », comme le Kodachrome, l'Agfacolor et le Technicolor. Le principe consiste à soustraire à une lumière donnée les radiations indésirables. On ne laisse passer que celles qui correspondent à l'obtention de la couleur voulue. La sélection des couleurs se fait au moment de la prise de vues. Cette analyse peut être obtenue, dans le cas du Technicolor, sur trois pellicules négatives différentes, ou dans le cas de l'Agfacolor et du Kodachrome, sur une seule pellicule comportant trois couches d'émulsions. Dans le procédé Kodachrome, la couche supérieure n'enregistre que les bleus, la couche médiane que les verts, la couche inférieure que les rouges. Après la prise de vues, par un traitement chimique, on obtient dans chaque couche la formation d'une image positive. Elle a la couleur complémentaire de celle qui a été enregistrée sur la couche. A la projection, chacune de ces images colorées joue le rôle d'un filtre, qui laisse passer certaines radiations et en absorbe d'autres. La synthèse soustractive doit permettre d'atteindre l'objectif qui a été assigné aux techniciens : faire en sorte que la projection des films en couleurs ne soulève pas davantage de difficulté que le noir et blanc. Le Technicolor, mis au point par le Dr Kalmus en 1915, installé à Hollywood en 1923, a connu un prestige croissant. Dès le début des années 1930, il utilisait la trichromie : *Trois Petits Cochons*, de Walt Disney, *Becky Sharp*, de Rouben Mamoulian.

Trois couleurs et du noir pour « Trois Petits Cochons », de Walt Disney.

Gene Kelly dans « le Pirate », de Vincente Minnelli (1948).

Jean Gabin et Isa Miranda dans « Au-delà des grilles », de René Clément.

Affiche originale signée René Péron.

Affiche signée Duccio Marvasi.

Alec Guinness et Dennis Price dans « Noblesse oblige », de Robert Hamer.

Affiche originale dessinée par Jean Jacquelin selon l'art du vitrail.

« Le Garçon aux cheveux verts ».

« Un jour à New York ».

Affiche française de Pierre Pigeot pour un film de King Vidor.

Cathy O'Donnell et Farley Granger dans « les Amants de la nuit », de N. Ray.

Kirk Douglas est l'acteur principal du film « Champion », de Mark Robson.

Fred Astaire dans le film de Charles Walters « Entrons dans la danse ».

Drame biblique de C. B. De Mille.

Affiche française signée B. Lancy.

Les incertitudes et les tentations de la maturité

Le premier trait de la décennie est bien sûr la persistance de « l'âge d'or » américain. Mais la domination de Hollywood sur le marché, mondial masque désormais la crise qui va devenir aiguë. En 1950, le conflit de Corée mobilise comme d'habitude « l'usine à rêves », mais c'est sans enthousiasme. La chasse aux sorcières atteint alors son point culminant : elle ruine la confiance mutuelle qui, malgré les tensions, unissait dans le travail les différentes catégories de la deuxième industrie des Etats-Unis, industrie jusqu'alors plutôt libérale en politique. Enfin, la prolifération subite des *drive-in*, cinémas en plein air où l'on reste assis dans son automobile, ne suffit pas à lutter contre la concurrence de la télévision. Celle-ci a d'abord quelque peine à mettre la main sur les stocks de vieux films, mais les vendeurs comprennent vite où est leur intérêt. Le public déserte les salles malgré des tarifs préférentiels, les techniciens obtiennent la semaine de cinq jours. En 1952, le nombre de films tournés est le plus bas depuis le parlant, les recettes s'effondrent.

Les conséquences de la guerre sur le cinéma américain

Pour les faire remonter, Hollywood dispose de quelques atouts. L'un est artistique. La Seconde Guerre mondiale a modifié les mentalités : le vieux code de censure, déjà « retapé » en 1947, se disloque sous les coups de créateurs audacieux (Preminger), de firmes elles-mêmes qui refusent de payer des amendes pour immoralité, et de la Cour suprême fédérale, qui annule plusieurs fois poursuites et vexations. Mais surtout le cinéma américain s'efforce de redevenir attractif par des nouveautés techniques : CinemaScope, puis Vistavision et autres procédés moins durables (Cinérama, Todd-AO, etc.) rameutent les foules. En 1954, la première bande-image magnétique est présentée. C'est aussi l'époque où se généralise la couleur (fin du monopole Technicolor), ce qui entraînera le déclin d'un genre : le *thriller*, qui ne s'appelait pas pour rien film noir. D'autres films à petit budget, fantastiques ou intimistes, se réfugieront dans la production indépendante qui se développe alors même qu'on assiste à un retour parallèle des superproductions. Cecil B. De Mille refait *les Dix Commandements* et bat les records de budget, sinon de bénéfices. La couleur profite aussi au western, renouvelé par Anthony Mann, ou au mélodrame flamboyant (Douglas Sirk) et à la comédie, qui subit l'influence de la bande dessinée (Tashlin, qui annonce Jerry Lewis). Il y aura encore de grands films en noir et blanc, mais tournés sur pellicule couleurs. En reflet d'une Amérique heureuse d'être délivrée du conflit mondial, et déjà nostalgique mais en même temps résolument moderniste, la comédie musicale jette ses derniers feux avec Stanley Donen et Vincente Minnelli (*Tous en scène*, 1953). Jusque dans le cinéma de divertissement on constate l'influence croissante de la psychanalyse dans les scénarios : détail qui a son importance quand on songe à la non-compréhension du meilleur cinéma américain par le public européen, notamment en France, dans cette phase de doute. Cependant, l'industrie ressent les premières oscillations qui vont conduire, dans la décennie suivante, à l'écroulement du système des *companies*. Un seul homme, Howard Hughes, se trouve par exemple en 1952 propriétaire d'une firme, la RKO. Ce qui ne s'était jamais vu à Hollywood. Il revend ce jouet à la télévision deux ans plus tard. Les grands patrons indépendants (Goldwyn) ou plus ou moins expulsés (Zanuck) multiplient de coûteuses productions. Dans cette anarchie, la télévision prend pied concrètement à Hollywood, comme autrefois la radio. Mais le démantèlement des trusts (dès avant 1952) aboutit paradoxalement à une reprise en mains des studios par des intérêts qui ne viennent pas du show-biz : agents de toute espèce, représentants des banques ou de l'immobilier, voire des industries les plus disparates. Quant aux cinéastes, ils sont de trois sortes, en écartant les glorieux aînés toujours actifs : Hawks, John Ford, Walsh, Lang... souvent plus appréciés en France qu'aux Etats-Unis. Il y a les intellectuels, qui apportent leur prestige aux firmes (Kazan, Ray, Mankiewicz...) ; des *outsiders*, bouillonnants, parfois influencés par Orson Welles le banni (Aldrich, Fuller) ; et des jeunes quelquefois passés par la télévision avant de faire du cinéma : leur style « coup de poing » ou au contraire neutre et passe-partout (abus des plans de visages) ne sera point sans conséquences. Dans les trois catégories, beaucoup sont leurs propres producteurs, et surtout les initiateurs de leurs films, les règlements leur interdisant toujours de cosigner leurs scénarios. Les acteurs passent aussi à la production : le désordre croissant du système leur permet de réinvestir sur leur prestige tout en bénéficiant de remises fiscales considérables. Vers 1954 commence une grande relance des coproductions à l'étranger ; il s'agit en fait des produits de luxe américains, tournés sur la Côte d'Azur, à Cinecittà, en Afrique ou en Espagne, mais avec plus de moyens que naguère. Malgré force railleries, la notion d'auteur de films pénètre aux Etats-Unis : Wilder alterne, impavide, succès et fours ; Hitchcock arbore son nom en tête de ses films ; Hawks, qui signe en 1958 le dernier western classique, *Rio Bravo*, se produit lui-même depuis un quart de siècle. Mais de 380 films en 1950, la production a chuté neuf ans plus tard à 200 films et ne se relèvera plus.

« Pitié pour eux » (« Los Olvidados »), de Luis Buñuel, (Mexique, 1950).

Le cinéma français sclérosé

Face à ce remue-ménage, la France vit depuis les reclassements d'après-guerre sur un acquis tranquillisant : la télévision, commercialisée en 1952, n'inquiète pas encore le cinéma. Organisé par des lois qui gardent des traces des années de Vichy, celui-ci offre aux spectateurs un lot de revenants bien installés : Carné, Duvivier... Renoir « le patron », qui est aussi le moins en faveur auprès du grand public ; et surtout un lot en ce qui concerne les acteurs, de Fernandel à l'inusable Gabin. Ceux qui ont fait leurs débuts plus récemment continuent leur carrière (Becker, Allégret, Clouzot), mais, à leurs films plus ou moins personnels, parfois très marqués par la mode (noirceur existentialiste), on préfère les films de gangsters, variante prosaïque et peu violente des *thrillers* américains, et les films à thèse d'allure judiciaire dont Cayatte se fait une spécialité. Autant de films bien joués, sans surprise ni recherche. On note aussi un certain engouement pour le film en costumes d'époque, à prétexte historique, surtout quand arrivent vers 1955 le Scope et la couleur. Le talent des chefs opérateurs, des décorateurs et des costumières ne peut masquer la médiocrité de ces produits. Là comme ailleurs, la rentabilité bloque tout espoir de sérieux artistique ou d'un grain de folie. Le gros de la production est issu d'adaptations littéraires : Victor Hugo, Emile Zola et l'inépuisable Simenon en sont le fonds, quand ce n'est pas à Mme de La Fayette que s'attaque Delannoy. Les films comiques sont sans surprise : Tati est un original isolé, Guitry termine sa carrière dans la rancœur amère, quand ce n'est pas dans l'imagerie (*Si Versailles m'était conté*). Prisé au cabaret, à la radio, dans la publicité même, le loufoque n'a guère droit de cité à l'écran. Un solide conformisme se dissimule sous le label de la « qualité française » : prudence des scénarios qui tiennent compte de la censure anachronique, volontiers laissée à la discrétion des mairies ; manque de naturel des jeunes interprètes, en désaccord avec les aspirations et les mœurs de la jeunesse vraie, surtout quand éclate la guerre d'Algérie, en 1954 ; carcan des procédures administratives et syndicales. Impossible de tourner sans employer tant et tant de techniciens, de devenir réalisateur sans passer par l'assistanat. Les producteurs indépendants et capables de faire confiance à des jeunes, tel Braunberger, sont rares.

Un nouveau souffle apporté par la Nouvelle Vague

Le renouveau va venir d'une activité marginale, celle des ciné-clubs et des revues de cinéma. La plus prestigieuse de celles-ci, *les Cahiers du cinéma,* s'impose comme le lieu d'expression d'une passion pour l'art cinématographique dès 1952, passion nourrie notamment par la fréquentation de la Cinémathèque d'Henri Langlois. Phénomène sans précédent : on va voir des films et on écrit sur eux en attendant de pouvoir en faire. Les jeunes-turcs de la critique, tel Truffaut, se répandent bientôt dans la presse. Ils y mènent le combat contre la sclérose du cinéma français, caractérisée à leurs yeux par la banalité de la mise en scène et la prédominance des « mots » de dialoguistes sur lesquels se fonde souvent la célébrité d'un film. Ils lui opposent leur admiration du cinéma américain. Vrai groupe de pression, *les Cahiers* – sous la houlette d'André Bazin, qui a fait de la critique cinématographique un genre littéraire à part entière – s'imposeront jusque dans le grand public, l'accoutumant à voir les films en fonction de la signature du metteur en scène. Ils défendent ainsi des auteurs méconnus, tel Renoir, ou marginaux, tel Melville. Ils auront bientôt des rivaux (*Positif*) et l'on parlera de chapelles ennemies. Ce qui compte, c'est l'influence de ces revues. Un grand cinéaste exilé, Max Ophuls, termine sa carrière en France. Son *Lola Montès* est présenté contre son gré dans un montage refait par ses producteurs, qui sont obligés à faire marche arrière par une campagne de presse. Le climat devient favorable à l'expression de nouveaux talents. Truffaut, Godard, Chabrol passent à la réalisation : courts puis longs métrages justifient l'expression inventée alors de Nouvelle Vague. Il y a eu des précurseurs : Astruc avec *Une vie* ; Vadim, qui, en lançant Brigitte Bardot, introduit un regard différent sur la jeunesse moderne et oblige le cinéma à admettre sa composante érotique. En 1959, Rivette, Truffaut, Godard, Chabrol... signent chacun un film-manifeste, parfois au bord du scandale. Le public boude d'abord, mais quantité de tabous sont levés, tournage en décors réels avec un matériel ultraléger, par exemple.

« Les Contes de la lune vague après la pluie », Kenji Mizoguchi (Japon, 1953).

En Europe, seule l'Italie rivalise avec la France

Rien ne sera comme avant dans le cinéma français. Or, ce dernier règne sur l'Europe : son concurrent unique, avec lequel fonctionnent de nourricières coproductions, est le cinéma italien. En effet, l'Allemagne n'en finit pas de renaître de ses ruines : sa production désertique se traînera une décennie encore. La Grande-Bretagne, après un remarquable redressement, voit sa production colonisée par Hollywood puis liquidée par la télévision vers 1955. La vogue (jusqu'en France) de la « comédie anglaise » ne suffira plus à remplir les salles. Au contraire, les Italiens vont au cinéma : ils remportent même le record mondial de fréquentation par tête d'habitant, Inde et Japon exceptés. La disparition progressive du néo-réalisme, qui ne fut jamais une école, répond à la nouvelle prospérité du « miracle », surtout à Rome et à Milan. De plus de cent longs métrages en 1958, la production – y compris 10 % de coproductions – s'élèvera en 1959 à quelque 140 titres. Les créateurs du néo-réalisme (Rossellini, Lattuada, Germi...) continuent à travailler mais souvent en changeant de registre. Les « orthodoxes » se démodent (De Santis). Tandis que Visconti évolue vers sa véritable vocation, le cinéma traité comme un opéra tour à tour intimiste et grandiose, d'autres créateurs apparaissent : Antonioni, idole des ciné-clubs, puis Fellini (*les Vitelloni*, 1954) et plus tard Rosi. La comédie dialectale, tradition de la scène romaine et napolitaine, plus ou moins étouffée par le fascisme, se retrouve sur l'écran et s'y enrichit d'un compromis avec le néo-réalisme : c'est le lot d'un Comencini ou d'un Risi. Elle donne au grand comique de music-hall Toto une célébrité pathétique ; il devient aveugle mais continue à jouer. La naissante *commedia all'italiana* sera le confluent de ces courants et d'une satire aiguë parfois stridente et nonsensique de la vie quotidienne. Mais le mélodrame reste le genre le plus populaire : curieusement, tout comme la comédie, il est volontiers féministe. Le film historique, que le fascisme, contre toute attente, n'avait guère favorisé, ressuscite sous la forme du péplum. Tout est prêt, jusqu'à une école de cinéma unique en Occident, et des chefs opérateurs hors pair, pour une explosion de talents.

Dégel artistique en URSS et films « ciblés » au Japon

En Union soviétique, la mort de Staline provoque le début du dégel artistique ; les pays satellites devront attendre 1956 pour suivre le mouvement. La production passe à 125 films par an. Les metteurs en scène aguerris prônent les droits de l'individu et évoquent leurs doutes sur le système, avec rigueur et lyrisme (Donskoï, Romm). Les plus officiels se reconvertissent, les jeunes peignent un Moscou qui découvre le jazz. Le film phare de ce réveil, *Quand passent les cigognes*, de Mikhaïl Kalatozov, joue sur l'émotion à l'usage de l'exportation : pratique qui persistera même lorsque, vers 1960, cet élan libérateur retombera. Le phénomène marquant reste l'apparition irréversible des cinématographies nationales, tout d'abord en Géorgie. Un peu partout dans le monde se font écouter des appels analogues, en faveur de la naissance ou de la renaissance d'industries locales : ancien assistant de Renoir, Satyajit Ray débute au Bengale en 1955. Le cas extrême n'est autre que celui du Japon : à peine connu avant la guerre, son cinéma débarque en force – après une étude de marché ! – aux festivals de Venise et de Cannes, lieux de passage obligés désormais. Certains films sont calculés pour plaire au public occidental, d'autres sont plus sincères, mais tous se recommandent par des qualités plastiques ou dramatiques. Sur cette industrie, qu'évoquent les noms de Kurosawa, Kinoshita, Kinasuga ou Yamamoto, règnent des trusts florissants reconstitués à partir de 1951. C'est aussi l'époque où Mizoguchi clôt sa carrière par une série de chefs-d'œuvre. Alors qu'il devient définitivement le septième art, le cinéma se fait planétaire : en 1962, le suicide de Marylin Monroe prendra des allures de catastrophe mondiale dans l'imaginaire collectif. Incertain de son avenir, le cinéma commence à choyer le passé.

Gérard Legrand

★ ★ ★ ★ ★ ★ ★ ★ 1950 ★

Oscars, Hollywood
Film : *les Fous du roi* (Robert Rossen).
Acteur : Broderick Crawford.
Actrice : Olivia De Havilland.

Mostra d'arte cinematografica, Venise
Lion d'or de Saint-Marc : *Justice est faite* (André Cayatte).
Meilleur acteur : Sam Jaffe.
Meilleure actrice : Eleanor Parker.

Londres, 1er janvier
Sortie de *Police sans arme* (*The Blue Lamp*), de Basil Dearden, avec Dirk Bogarde et Jack Warner.

Moscou, 21 janvier
Les studios Mosfilm présentent une superproduction en deux parties, *la Chute de Berlin* (*Padenie Berlina*), de Mikhaïl Tchiaoureli.

Stockholm, 20 février
Première de *Vers la joie* (*Till glädje*), d'Ingmar Bergman, avec Maj Britt Nilsson, Stig Olin, Victor Sjöström et, dans un petit rôle, Erland Josephson. (→ 26.12.51)

Cannes, 25 février
Au cours du congrès des producteurs de films, il est décidé que le Festival aura lieu dorénavant non plus en septembre mais au printemps. Il n'y aura donc pas de festival cette année. (→ 20.4.51)

Madrid, 8 mars
Le gouvernement franquiste crée l'Office national de classification des spectacles, chargé d'attribuer une cote morale (de 1 à 6) à tous les films.

Washington, 10 avril
La Cour suprême refuse de se prononcer sur la condamnation des scénaristes Dalton Trumbo et John Lawson pour outrage au Congrès. Cette décision a pour effet d'entériner la condamnation. Elle affecte également les huit autres témoins « hostiles ». (→ 21.3.51)

Los Angeles, 12 avril
Après sa consécration cannoise, *le Troisième Homme*, de Carol Reed, sort aux Etats-Unis. La musique d'Anton Karas devrait ici aussi envoûter le public.

Buenos Aires, 13 avril
L'influence marquante de certains films européens et une forte sensibilité littéraire sont décelables dans le premier long métrage de Leopoldo Torre Nilsson, adapté du roman de Bioy Casares, *le Crime d'Oribe* (*El crimen de Oribe*), présenté ce jour. Il est cosigné par son père, Leopoldo Torres Rio, dont il a d'abord été l'assistant. (→ 13.6.54)

Los Angeles, 14 avril
Frances Brokaw, qui vient de divorcer d'Henry Fonda, se tranche la gorge.

Hollywood, 20 avril
Hitchcock achète pour 75 000 dollars les droits du premier roman de Patricia Highsmith, *Strangers on a Train*. (→ 28.8.51)

Pékin, 30 avril
Le Bureau central de contrôle cinématographique est rattaché désormais au ministère de la Culture. Mme Jian Qing, épouse de Mao Tsé-toung et elle-même ancienne actrice, fait partie d'un comité chargé de conseiller et de contrôler les entreprises de cinéma. (→ 30.6.51)

Los Angeles, 20 juin
Sous le coup d'une grave dépression, l'actrice Judy Garland tente de se suicider en s'ouvrant la gorge à l'aide d'un morceau de verre. Des proches ont pu rapidement la secourir. Ses jours ne sont pas en danger. (→ 30.4.51)

New York, 20 juillet
Lors de la première, au Radio City Hall, de *C'étaient des hommes* (*The Men*), de Fred Zinnemann, le public salue l'apparition d'un nouveau talent, Marlon Brando, dont on devrait entendre parler. (→ 29.9.51)

Hollywood, 30 juillet
Mary Pickford et Charlie Chaplin décident conjointement de vendre 3 600 des 4 000 actions des Artistes associés qu'ils détiennent.

Prague, 4 août
Jiri Weiss présente son nouveau film, *la Dernière Balle* (*Posledni vystrel*), tourné avec des acteurs non professionnels. (→ 7.1.55)

Rome, 12 août
Marcello Mastroianni épouse Flora Carabella, fille du célèbre compositeur Ezio Carabella. (→ 9.9.57)

Tokyo, 25 août
Sortie de *Rashomon*, d'Akira Kurosawa, avec Takashi Shimura et Toshiro Mifune, qui, au dire de la critique japonaise, « copie maladroitement le réalisme des interprétations occidentales ». (→ 1.9.51)

Paris, 26 août
Le producteur Georges de la Grandière n'honorant pas ses engagements et le financement du film n'étant toujours pas assuré, Abel Gance résilie son contrat pour *la Divine Tragédie* : le film ne sera pas tourné. (→ 14.7.53)

Tokyo, 1er septembre
Les autorités américaines d'occupation entament une purge dans le milieu du cinéma japonais, car de nombreuses personnes, encore en place, ont été et sont toujours très liées à la mouvance militariste et ultranationaliste. (→ 24.4.52)

New York, 14 septembre
Au cours d'une soirée en son honneur, Joseph L. Mankiewicz dénonce violemment la liste noire et l'obligation, décidée par Cecil B. De Mille, d'un serment de loyauté, aux membres de la Screen Directors Guild. (→ 22.10)

San Francisco, 23 octobre
Le chanteur et comédien Al Jolson (*Asa Yoelson, 28.5.1888), célèbre pour avoir été l'interprète du premier film parlant, *le Chanteur de jazz* (*The Jazz Singer*) en 1927, est mort. (→ 21.3.51)

Monaco, 31 octobre
Accusé de « rapports libidineux » avec une jeune fille de dix-sept ans, le comédien Errol Flynn est acquitté par le tribunal monégasque.

Rio de Janeiro, 1er novembre
Créée et animée par le réalisateur Alberto Cavalcanti, rentré d'Europe depuis peu, la société Vera Cruz sort son premier film, *Caiçara*, d'Adolfo Celi. (→ 4.10.53)

Hollywood, 21 novembre
La RKO cède à son tour aux injonctions du ministère de la Justice au sujet de la concentration des activités. La compagnie se scinde en deux sociétés distinctes : RKO Pictures Corporation, qui prend en charge le secteur production, et RKO Theatres Corp pour l'exploitation des salles. (→ 18.3.54)

Mexico, 23 novembre
Los Olvidados, de Luis Buñuel, doit quitter l'affiche après quatre jours d'exploitation. Contesté de toutes parts, le film n'a pas suscité l'intérêt du public. (→ 11.4.51)

New York, 23 décembre
La projection du film italien de Roberto Rossellini *le Miracle* (*Il miracolo*) est interrompue par le Bureau des licences, qui juge le film « sacrilège ». Ce film, pourtant, a été approuvé par l'organisme de censure de l'Etat. (→ 26.3.54)

Etats-Unis, 31 décembre
Selon les derniers recensements, il y a environ 71 500 salles de cinéma dans le monde, dans lesquelles il faut inclure les 11 300 salles et 4 700 *drive-in* américains.

NAISSANCES
Alger, 24 janvier
Daniel Auteuil.

Paris, 22 février
Miou-Miou (*Sylvette Hery).

Washington, 20 mars
William Hurt.

Boulogne-Billancourt, 21 juin
Gérard Lanvin.

Hanovre, 2 août
Mathieu Carrière.

Paris, 9 août
Anémone (*Anne Bourguignon).

Dans « Orphée », Jean Cocteau revient au thème central de son œuvre littéraire, dont son premier film, voici vingt ans, portait déjà la marque.

André Paulvé
présente
JEAN MARAIS
FRANÇOIS PERIER
MARIA CASARÈS
MARIE DÉA
DANS UN FILM
ÉCRIT ET RÉALISÉ PAR
Jean Cocteau
*
J. Harold
ORPHÉE
HENRI CREMIEUX . GRECO . ROGER BLIN . EDOUARD DERMITHE
AVEC
PIERRE BERTIN ET JACQUES VARENNES
PRODUCTION
ANDRÉ PAULVÉ ET LES FILMS DU PALAIS ROYAL
MUSIQUE DE
GEORGES AURIC
DIRECTEUR DE LA PHOTOGRAPHIE
NICOLAS HAYER
DÉCORS DE
D'EAUBONNE
COSTUMES DE
MARCEL ESCOFFIER
DIRECTEUR DE PRODUCTION
EMILE DARBON
DISTRIBUTION
DisCina
PARIS
AFFICHES GAILLARD . PARIS. 30.0210
Imprimé en FRANCE

Signoret-Allégret, du ménage au manège

Simone Signoret et Jane Marken, fille et mère diaboliques de « Manèges ».

Paris, 25 janvier
Mariés de 1944 à l'année dernière, Simone Signoret et le réalisateur Yves Allégret ont tourné ensemble quatre films. Le dernier, *Manèges*, sort aujourd'hui même. Comme leur précédent film, *Dédée d'Anvers*, il s'agit d'un drame noir d'inspiration réaliste, écrit par Jacques Sigurd. Avec une sensualité et un tempérament rares, Simone Signoret y incarne une vraie « garce » qui trompe sans vergogne son pathétique mari, interprété avec talent par Bernard Blier. Cette histoire sordide est racontée avec des retours en arrière, selon un procédé qui pourrait servir de modèle du genre. (→ 22.12.51)

Nicole Courcel réconcilie Gabin et Carné

Le couple de « la Marie du port », un film de Marcel Carné sans Prévert.

Paris, 25 février
Brouillés depuis le refus de Gabin de jouer dans *les Portes de la nuit,* de Marcel Carné, l'acteur et le réalisateur ont fini par se réconcilier. De nouveau, on retrouve leurs deux noms sur une même affiche, celle de *la Marie du port*, adapté d'un roman de Simenon. L'acteur incarne un propriétaire de brasserie amoureux d'une jeune serveuse joué par Nicole Courcel. Recommandée à Carné par Jacques Becker, qui l'avait révélée dans *Rendez-vous de juillet*, l'actrice a su jouer son personnage avec une ténacité exacerbée qui convient parfaitement au rôle. (→ 18.5.51)

Le Docteur Faust de René Clair s'offre la beauté du Diable

Paris, 17 mars
La première de *la Beauté du diable*, le nouveau film de René Clair, a eu lieu à l'Opéra. Tournée à Rome en novembre dernier, cette version du mythe de Faust est réalisée selon une construction dramatique ambitieuse : Michel Simon et Gérard Philipe s'y échangent en effet leurs rôles, le vieux Faust prenant l'apparence du jeune Méphistophélès. Le film témoigne en conclusion d'un optimisme nuancé. La vision d'avenir offerte par Méphisto à Faust, montrant les ravages de la guerre et l'explosion d'une bombe atomique, est certes d'une terrifiante actualité. Mais, en triomphant de l'émissaire diabolique, Faust démontre que l'homme reste maître de son destin. (→ 30.10.52)

Un Faust de l'ère atomique imaginé par l'auteur dramatique Armand Salacrou, mais que René Clair a enrichi d'humour et de poésie.

Gérard Philipe et Michel Simon partenaires dans « la Beauté du diable ».

Un jour fatal pour Jean-George Auriol

Paris, 2 avril
Jean-George Auriol (*8.1.1907) est mort sur la route de Chartres : sa nature superstitieuse ne l'a pas empêché de prendre sa voiture alors même qu'on lui prédisait de ne pas le faire ce jour-là. Il avait fondé en 1928 la revue *Du cinéma*, où il défendait le surréalisme, donnant la parole à Luis Buñuel ou Jacques Prévert. Avec l'appui de Gaston Gallimard et la collaboration de Denise Tual, l'entreprise était devenue *la Revue du cinéma*. Pour leur rigueur, leur singularité et leur ouverture d'esprit, les 29 numéros de cette revue ont fait de celle-ci l'un des hauts lieux de la critique d'avant-guerre. En 1946, Auriol avait tenté de la relancer, avec une équipe rajeunie : Alexandre Astruc, Jacques Doniol-Valcroze, puis André Bazin. Abandonnée par Gallimard en octobre 1948, *la Revue du cinéma* s'était de nouveau éteinte. Définitivement.

La vingt-deuxième cérémonie des Oscars

Olivia De Havilland, meilleure actrice pour « l'Héritière », de William Wyler.

Hollywood, 23 mars
L'œuvre de Robert Rossen *les Fous du roi* (*All the King's Men*) est le grand triomphateur de cette cérémonie des Oscars : meilleurs film, acteur (Broderick Crawford) et second rôle féminin (Mercedes McCambridge). Pour la seconde fois, Olivia De Havilland reçoit la récompense suprême grâce à son rôle dans *l'Héritière* (*The Heiress*), de William Wyler. Joseph Mankiewicz obtient l'Oscar du meilleur réalisateur pour *Chaînes conjugales* (*A Letter to Three Wives*). Un prix spécial est remis à Fred Astaire par Ginger Rogers pour l'ensemble de ses rôles. (→ 29.3.51)

Jean-Pierre Melville adapte Jean Cocteau

Paris, 29 mars
Ils sont jeunes, ils sont frère et soeur et ils s'aiment d'un amour passionnel et exclusif qui va les conduire au suicide. Ces *Enfants terribles* sont les protagonistes d'un surprenant drame psychologique, mis en scène avec une précision maniaque par Jean-Pierre Melville. Fidèlement adapté par Cocteau de son propre roman, le film n'en porte pas moins l'empreinte personnelle de l'excellent réalisateur du *Silence de la mer*. (→ 29.9)

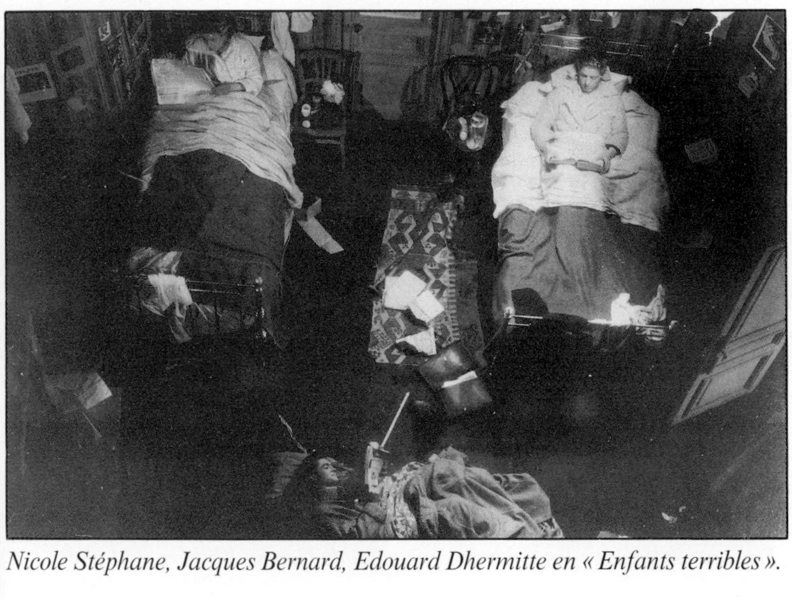

Nicole Stéphane, Jacques Bernard, Edouard Dhermitte en « Enfants terribles ».

Ingrid Bergman, héroïne de Rossellini

Une exilée en quête d'elle-même : avec Mario Vitale dans « Stromboli ».

Rome, 31 mars
La sortie de *Stromboli* (*Stromboli, terra di Dio*), dernier film de Rossellini, devrait déplacer un public curieux. En effet, Ingrid Bergman en est la vedette, aux côtés de Mario Vitale. Elle joue une Lituanienne qui épouse un jeune pêcheur italien pour échapper aux camps d'internement. Antonio emmène Karin sur son île. Mais elle ne parvient pas à s'habituer à cette vie nouvelle. Peu à peu, Karin se mure dans sa solitude et tente de s'enfuir en escaladant le Stromboli, qui se réveille. Après une nuit de terreur, l'aube lui apporte foi et sérénité. Ingrid, si attachante dans ce rôle tourmenté, a surpris son public, sous son aspect misérable. (→ 18.11)

Sur les pentes du vieux volcan, les fastes de Hollywood sont bien loin.

Anna Magnani avec Geraldine Brooks dans « Vulcano », de W. Dieterle. L'ancienne compagne de Rossellini a voulu ce film en réplique à « Stromboli ».

Une jolie blonde éclaire un film noir

Louis Calhern et Marilyn Monroe : « Quand la ville dort », de John Huston.

Hollywood, 8 juin
Après plusieurs petits rôles insignifiants dans des films tels que *la Chasse au trésor* (*Love Happy*), de David Miller, avec les Marx Brothers, ou *le Petit Train du Far West* (*A Ticket to Tomahawk*), de Richard Sale, Marilyn Monroe est la révélation de *Quand la ville dort* (*Asphalt Jungle*), de John Huston. Née Norma Jean Baker Mortenson

Sterling Hayden est le héros crépusculaire d'un thriller exemplaire.

à Los Angeles, le 1er juin 1926, Marilyn s'est déjà fait remarquer en 1949, en posant nue pour des photos publiées dans un magazine de charme. Fille d'un Norvégien émigré, Edward Mortenson, et de Gladys Baker, monteuse à Hollywood, elle a connu une enfance difficile, placée par sa mère dans diverses familles et pensionnats. Mariée à dix-sept ans avec James Dougherty, un pompier, elle a divorcé après quatre ans d'union, vivant désormais avec la seule ambition de devenir actrice. Dans ce film, elle incarne Angela Finlay, une jolie fille proche d'un avocat de la bonne société, lequel finance la préparation d'un hold-up scientifique. Elle est lumineuse et fait sensation auprès de Sterling Hayden et de Louis Calhern. (→ 13.1.53)

« La Flèche brisée » plaide pour Cochise

Etats-Unis, 20 juillet
Le film de Delmer Daves, *la Flèche brisée (Broken Arrow),* vient de sortir. Il est interprété par James Stewart, Jeff Chandler et Debra Paget. L'histoire est celle d'un éclaireur, Jefford, qui épouse une jeune Apache, devient l'ami du chef Cochise et l'incite à signer un traité de paix avec les Blancs. Mais Geronimo d'une part et quelques marchands d'armes d'autre part n'acceptent pas cette paix. Quand des renégats blancs tuent sa femme, Jefford se dresse contre ceux de sa race... *La Flèche brisée* est considéré comme étant le premier grand film pro-Indien. Il est basé sur des faits véridiques et évoque fidèlement les relations de Cochise et Jefford. Ce film marque la réhabilitation historique des Indiens au cinéma. Il est aussi l'un des premiers à montrer à l'écran un mariage interracial. Daves déclare à ce propos : « On dit que *la Flèche brisée* est le premier western adulte parlant. Nous avons essayé de présenter les Apaches non comme des sauvages mais comme des êtres humains. Au début, la voix de James Stewart indique le thème : "Ce que vous allez voir arrivera vraiment, la

Debra Paget dans le film de Daves.

seule différence sera que les Indiens, lorsqu'ils parleront, parleront américain afin que vous puissiez les comprendre." C'est là le thème central du film, la nécessité de comprendre nos voisins sans distinction de race et de couleur de peau pour en arriver au seul genre de vie raisonnable que l'on puisse mener : la vie pacifique. » Un beau message de tolérance !

L'exilé Jules Dassin dans le monde interlope de la vieille Europe

Angleterre, 10 juin
Les Forbans de la nuit (*Night and the City*), de Jules Dassin, sort sur les écrans. Victime de « la chasse aux sorcières » et du maccarthysme, Dassin a dû quitter les Etats-Unis fin 1949. Il a trouvé refuge en Angleterre, où il a tourné son premier long métrage non américain. Né dans le Connecticut de parents russes émigrés, Dassin fut l'assistant d'Alfred Hitchcock avant d'être pris sous contrat par la MGM puis par Universal. Il plonge ici dans les bas-fonds londoniens, traçant les portraits ciselés à l'acide de quelques figures typiques du milieu britannique, tels trafiquants et receleurs. Les rôles principaux sont tenus par Gene Tierney et Richard Widmark. (→ 13.4.55)

Richard Widmark affronte la pègre des « Forbans de la nuit », avec l'aide équivoque de Googie Withers (à droite).

Billy Wilder met en scène le crépuscule de l'ancien Hollywood

New York, 10 août
Le nouveau film de Billy Wilder, *Boulevard du crépuscule* (*Sunset Boulevard*), va surprendre ceux qui pensent que Hollywood est un endroit magique où le drame n'a pas droit de cité. Telle que nous la montre Wilder, la capitale du cinéma est une ville mortifère qui dissimule des monstruosités derrière les murs de ses luxueuses villas. C'est dans l'une de ces villas que vit recluse Norma Desmond, une ancienne star du cinéma muet qui rêve encore d'un chimérique retour sur les écrans. Autour d'elle gravitent quelques personnages, dont son majordome, qui fut jadis un illustre réalisateur, et un jeune scénariste désargenté, devenu son gigolo, rôle tenu par William Holden. La vieille star monstrueuse et son majordome sont magistralement incarnés par Gloria Swanson et Erich von Stroheim. Il aura fallu du courage à ces deux monstres sacrés pour interpréter des personnages proches de ce qu'eux-mêmes sont devenus. Et cela donne au film un aspect autobiographique troublant que Wilder a dû rechercher exprès, afin de donner à sa démonstration une dimension véridique. (→29.3.51)

Dans « Boulevard du crépuscule », Gloria Swanson juge son propre passé.

Max Ophuls fait tourner avec jubilation la ronde du plaisir

Paris, 17 juin
C'est par un coup d'éclat que le réalisateur Max Ophuls vient de marquer sa rentrée en France après sa période hollywoodienne. Adapté d'une pièce d'Arthur Schnitzler, son nouveau film, *la Ronde,* est une œuvre savoureuse composée de plusieurs sketches qui mêlent merveilleusement légèreté et gravité, audace et charme. L'histoire, située à Vienne en 1900, est orchestrée par un meneur de jeu caméléon qui provoque la rencontre de plusieurs personnages, qui vont se séduire les uns les autres dans une sorte de délicieuse ronde de l'amour. Ces personnages sont incarnés par des comédiens amirables, notamment Gérard Philipe, Simone Signoret et Danielle Darrieux. (→7.10.51)

Simone Signoret et Serge Reggiani forment l'un des couples dont les amours se succèdent sur le manège de « la Ronde ».

L'amour, plutôt que la Révolution

Paris, 7 août
Sa tentative de suicide du 10 avril 1947 semble avoir transformé l'existence de Martine Carol, bien qu'une partie de la presse ait fortement critiqué la jeune actrice. Elle apparaît aujourd'hui rayonnante dans une superproduction historique, *Caroline chérie,* d'après Cecil Saint-Laurent. La réalisation est signée Richard Pottier, l'adaptation et les dialogues sont dus à Jean Anouilh. Publié en 1949, le roman est un grand succès de librairie déjà traduit en douze langues. Martine incarne Caroline de Bièvres, une adolescente de seize ans qui devient femme le 14 juillet 1789, dans les bras de Gaston de Sallanches (Jacques Dacqmine). Par fidélité à cet amour, elle a des aventures

galantes et périlleuses, se marie par dépit mais continue de rechercher celui qu'elle aime à travers la France ensanglantée par la Révolution. La distribution compte aussi Pierre Cressoy, Jacques Clancy, Marie Déa et Paul Bernard. Pottier a déjà dirigé Martine Carol en 1944 dans *la Ferme aux loups*, qui lui offrait son premier vrai rôle. La vie privée comme la carrière de cette jolie blonde se présente désormais sous les meilleurs auspices. Martine Carol s'était mariée il y a quelques mois avec Steve Crane, ancien mari de Lana Turner. Steve accompagne bien évidemment son épouse à cette soirée de première au cinéma Marivaux. (→2.3.55)

L'avocat Cayatte met la justice en cause

Les jurés de « Justice est faite » sont conditionnés par leur vie personnelle.

Paris, 20 septembre
Se rappelant qu'il était avocat avant de se convertir au cinéma, le réalisateur André Cayatte nous offre aujourd'hui un film qui promet des débats passionnés sur le fonctionnement de la justice en France. Intitulé *Justice est faite*, le film remet en cause le système du jury, en démontrant que les convictions des jurés peuvent être influencées par leurs vies personnelles et sociales. Pour rendre crédible sa démonstration, André Cayatte s'est appuyé sur une troupe d'acteurs expérimentés, composée entre autres de Valentine Tessier, Raymond Bussières et Noël Roquevert, qui incarnent chacun un juré bien typé socialement. (→ 8.1.54)

Jean Cocteau rajeunit le mythe d'Orphée

Maria Casarès et Jean Marais dans « Orphée » : le poète et sa mort.

Paris, 29 septembre
Universel drame de la dualité entre la mort et l'immortalité, le mythe d'Orphée a toujours fasciné Cocteau. En 1925, il en a donné une version théâtrale. Aujourd'hui, il la revisite de nouveau, en poète et en cinéaste, à travers *Orphée*, une adaptation cinématographique située dans un cadre contemporain. Jean Marais y incarne Orphée, un jeune poète adulé par la faune de Saint-Germain-des-Prés. Suite à un accident dont il a été le témoin, le héros plonge dans un monde fantastique. Il y rencontre la Mort, sous les apparences d'une princesse interprétée par Maria Casarès, qui lui fera oublier sa femme, Eurydice, jouée par Marie Déa. (→ 4.3.55)

Verdict à Venise

Venise, 10 septembre
Cette année, la Mostra choisit le cinéma des réalités sociales. *Demain il sera trop tard* (*Domani è troppo tardi*), de Leonide Moguy, est consacré meilleur film italien. Il peint l'amour tragique d'adolescents imprudents. C'est *Justice est faite* qui emporte le Lion d'or. Avec un procès d'assises pour une affaire d'euthanasie, André Cayatte entre ici dans la vie quotidienne des jurés. *Femmes en cage* (*Caged*), de John Cromwell, est le plus pessimiste des films américains présentés. La prison pour femmes est vue avec un œil impitoyable. Avec ce film, le prix d'interprétation est pour Eleanor Parker, émouvante victime. John Huston impose une vision noire d'un banditisme sans héros : *Quand la ville dort* (*Asphalt Jungle*). Sam Jaffe, truand rusé, mérite le titre de meilleur acteur. (→ 1.9.51)

Mankiewicz dévoile les secrets de l'ascension des stars

Hollywood, 22 octobre
Le réalisateur Joseph Mankiewicz sort son nouveau film, *Eve* (*All About Eve*), dans les salles américaines. Eve, c'est Anne Baxter. Elle est une jeune actrice arriviste qui devient la secrétaire de la star Margo Channing-Bette Davis. Son seul but est de supplanter Margo, en utilisant pour ce faire n'importe quels moyens : la séduction, les relations et même le chantage. Le scénario de Mankiewicz lui a été inspiré par des faits réels : Elisabeth Bergner et son mari, le réalisateur Paul Czinner, avaient dû se défendre contre une ambitieuse jeune comédienne à laquelle ils avaient eu tort de faire confiance. Aux côtés de Davis et Baxter, nous retrouvons la vedette qui monte : Marilyn Monroe. Décidément, *Eve* est un portrait lucide et cynique de Hollywood. Mankiewicz règle-t-il ses comptes avec l'ancien système ? On peut le penser puisqu'il convoque ce jour plus de 500 réalisateurs à la réunion de la Screen Directors Guild. Après de violents débats opposant les partisans de De Mille et ceux de Mankiewicz, ce dernier fait exploser le conseil d'administration de la SDG. Sur proposition de Frank Capra, la confiance est votée à Mankiewicz : les anciens dirigeants sont contraints de démissionner. (→ 29.3.51)

Dans « Eve », Bette Davis (à gauche) mène le jeu avec une autorité souveraine.

La cruelle tendresse de Luis Buñuel

« Los Olvidados », son troisième film mexicain, retrouve le ton de sa jeunesse.

Mexico, 19 novembre
La sortie du nouveau film mexicain de Luis Buñuel, *Los Olvidados* (*Pitié pour eux*), provoque de violentes réactions. La presse et les politiciens conservateurs demandent l'interdiction du film sous prétexte qu'« il constitue une insulte à la nation mexicaine ». Divers syndicats et associations demandent que le réalisateur d'origine espagnole soit expulsé du pays. Tourné dans les faubourgs pauvres de la capitale, le film expose avec beaucoup de vérité les terribles aspects de la réalité à laquelle se trouvent confrontés des adolescents « oubliés » par la société mexicaine et qui, pour survivre, se transforment souvent en délinquants. (→ 23)

Rossellini sur les pas de François d'Assise

*« Onze **fioretti** de François d'Assise » : la légende et la vérité d'une vie.*

Milan, 15 décembre
A quelques jours de Noël, Roberto Rossellini présente pour la première fois une œuvre tournée vers le passé. Avec *Onze « fioretti » de François d'Assise* (*Francesco giullare di Dio*), le cinéaste retrace la vie de celui que le Moyen Age populaire appelait le « jongleur de Dieu ». Rossellini tient à restituer la quête spirituelle du saint. De sa propre volonté, son tournage est dépourvu de moyens superflus. Il fait jouer Aldo Fabrizi avec de véritables moines franciscains. Inspiré des courts récits (les *fioretti*) qui colportèrent sa légende, le film retrouve les traces de François d'Assise. Sobre et austère, il rayonne pourtant de sincérité absolue. (→ 23)

Michelangelo Antonioni donne une leçon à l'école néo-réaliste

Rome, 25 novembre
Avec *Chronique d'un amour* (*Cronaca di un amore*) Michelangelo Antonioni entre enfin dans le clan des long-métragistes. Son parcours ne manque pas d'originalité. Né à Ferrare en 1912, il faisait partie de cette catégorie d'étudiants prolongés qui partagent leur temps entre la faculté et divers violons d'Ingres. Amateur de musique, de tennis et de dessin, diplômé en sciences économiques et commerciales, sa vocation cinématographique n'est apparue qu'après 1939. Et encore, par les voies détournées de la critique, dans la revue *Cinema.* Après la guerre, il a collaboré à des scénarios pour De Santis et Fellini et tourné plusieurs courts métrages et documentaires vite remarqués. Antonioni recherche non le pittoresque mais la vérité des hommes et des choses. Un trait de sa personnalité qui se détache dans *Chronique d'un amour.* A partir d'une intrigue basée sur les thèmes conventionnels de l'adultère, de la mort souhaitée et de la trahison, le cinéaste sonde le cœur humain. En utilisant la technique du plan-séquence qui suit un personnage et le fouille sans relâche, Antonioni intériorise le néo-réalisme. En un seul film, il apprend à toute une génération de cinéastes une autre façon de regarder la vie. (→ 9.9.55)

Lucia Bose et Massimo Girotti, héros de « Chronique d'un amour ».

Un mariage qui fait scandale

Rome, 18 novembre
Depuis que le public américain sait qu'Ingrid Bergman, mariée et mère d'une fillette, est la maîtresse de Rossellini, les ligues de moralité se déchaînent contre elle. Le sénateur Johnson lance l'anathème : « Le dégénéré Rossellini trompe le peuple américain avec une histoire imbécile de volcan et de femme enceinte. Nous devons nous protéger contre de tels fléaux. » Bergman ne cherche pas à se justifier mais déclare : « Les Américains ne comprennent pas qu'une mère puisse être aveuglée par la passion au point de sacrifier sa fille. » Son divorce étant enfin prononcé à Los Angeles depuis le 1er novembre, la star épouse le réalisateur italien. Les esprits de ses détracteurs ne sont pas calmés pour autant. (→ 15.12)

Affiche originale française signée Bernard Lancy illustrant le thème de Faust.

Roberto Cobo est l'un des enfants abandonnés, héros du film de Luis Buñuel « Los Olvidados » (« Pitié pour eux »), manifeste du « cinéma de la cruauté ».

Raf Vallone dans « le Chemin de l'espérance », de Pietro Germi.

Toshiro Mifune et Machiko Kyo dans « Rashomon », de Kurosawa.

Maria Casarès est la Princesse et Jean Marais Orphée dans cette actualisation cinématographique par Jean Cocteau du mythe du poète et de la mort.

Une des deux affiches originales françaises signée René Péron.

Delfo compose un portrait de Nicole Courcel pour cette affichette.

Millard Mitchell, James Stewart et Jay C. Flippen dans « Winchester 73 », western atypique signé Anthony Mann et que devait tourner Fritz Lang.

Insert original américain.

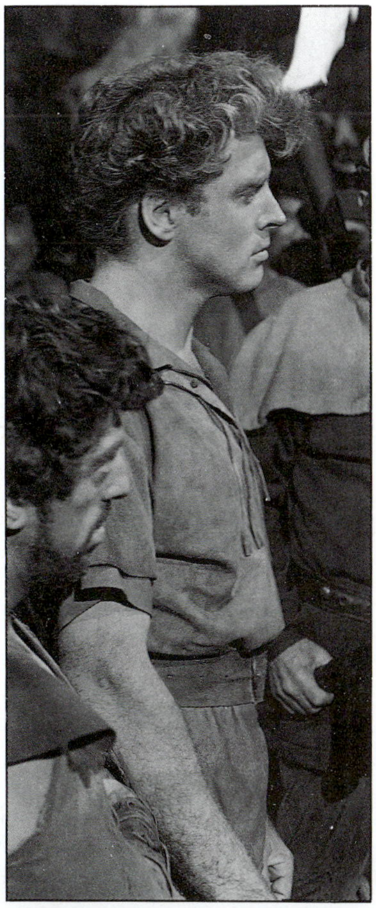
« La Flèche et le flambeau ».

Gloria Swanson et William Holden dans « Boulevard du crépuscule » (« Sunset Boulevard »), film de Billy Wilder sur les mœurs hollywoodiennes.

Ben Johnson et Ward Bond dans « le Convoi des braves », de John Ford.

Affichette en photomontage dans le style publicitaire de la Warner.

C'est sur le titre que fonctionne l'accroche pour cette affiche originale.

Anne Baxter, Bette Davis, Marilyn Monroe et George Sanders dans « Eve ».

1951

Oscars, Hollywood
Film : *Eve* (Joseph L. Mankiewicz).
Acteur : José Ferrer.
Actrice : Judy Holliday.

Mostra d'arte cinematografica, Venise
Lion d'or de Saint-Marc : *Rashomon* (Akira Kurosawa).
Meilleur acteur : Jean Gabin.
Meilleure actrice : Vivien Leigh.

Festival international du film, Cannes
Grand prix : *Miracle à Milan* (Vittorio De Sica).
Mademoiselle Julie (Alf Sjöberg).
Meilleur acteur : Michael Redgrave.
Meilleure actrice : Bette Davis.

Prague, 26 janvier
Sortie du long métrage d'animation de Jiri Trnka, *la Princesse Bayaya* (*Bajaja*), qui s'inspire d'un vieux conte populaire. (→25.9.59)

New York, 9 février
Greta Garbo, arrivée aux Etats-Unis en 1925, devient citoyenne américaine. (→15.4.90)

Tokyo, 1er mars
Le cinéaste Keisuke Kinoshita présente le premier film japonais en couleurs (tourné en Fujicolor), *le Retour de Carmen* (*Karumen kokyo ni kaeru*), parodie du récit de Prosper Mérimée.

Los Angeles, 6 mars
Grace Kelly débute à l'écran avec un petit rôle dans *Quatorze Heures* (*Fourteen Hours*) d'Henry Hathaway, avec Paul Douglas, Richard Basehart, Debra Paget. (→25.9.53)

Washington, 21 mars
Devant la HUAC, Larry Parks (vedette dans *le Roman d'Al Jolson* et *Je chante pour vous*) avoue avoir appartenu au parti communiste de 1941 à 1945. (→25.4)

Hollywood, 27 mars
Le code de la production annonce des restrictions nouvelles : toute référence à la drogue, à l'avortement et aux maladies vénériennes est interdite. Quant au suicide il ne peut être montré sous un jour favorable ou utilisé par un personnage pour échapper à la loi.

Mexico, 11 avril
Sortie de *Susana la perverse* (*Suzana*), de Luis Buñuel, avec Rosita Quintina et Fernando Soler. Dans ce mélodrame de commande, le cinéaste pousse à leur paroxysme les conventions du genre. (→20)

Los Angeles, 30 avril
Le divorce est prononcé entre Judy Garland et Vincente Minnelli.

Tokyo, 23 mai
L'Idiot (*Hakuchi*), d'Akira Kurosawa, d'après le roman de Dostoïevski, avec Masayuki Mori et Toshiro Mifune, sort ce jour. (→1.9)

Pékin, 30 juin
Sur la pression personnelle de Mao Tsé-toung, le *Quotidien du peuple* lance une violente campagne contre le film de Sun Yu, *la Vie de Wu Xun*, sorti il y a quelques mois. Les milieux du cinéma craignent que cela ne soit que le prélude à une nouvelle vague de « rectification » idéologique.

New York, 20 juillet
Time Inc. décide d'interrompre la production de *la Marche du temps*, le célèbre magazine d'actualités qu'elle avait inauguré en 1935 avec Louis De Rochemont.

Dummerston, 23 juillet
Mort dans sa propriété du Vermont, du cinéaste documentariste Robert Flaherty (*16.2.1884). Son dernier film, *Louisiana Story*, est sorti en 1948.

Tchécoslovaquie, 29 juillet
Au sixième Festival de Karlovy-Vary, le grand prix est décerné au film soviétique de Youli Raïzman, *le Chevalier à l'étoile d'or* (*Kavaler zolotoï zvezdy*).

Londres, 1er août
Sortie du film d'Alexander Mackendrick, *l'Homme au complet blanc* (*The Man in the White Suit*), avec Alec Guinness et Joan Greenwood. Cette fable relate les déconvenues d'un savant, qui voit sa découverte sacrifiée.

Paris, 16 août
Frappé le 14 août, dans son bureau de l'Athénée, d'une attaque d'hémiplégie, et soigné sur place depuis lors, Louis Jouvet (*24.12.1887) succombe à l'étouffement.

Los Angeles, 28 août
Première de gala du film de George Stevens, *Une place au soleil* (*A Place in the Sun*), avec Montgomery Clift et Elizabeth Taylor. Ce film est le remake de celui de Josef von Sternberg de 1931, *Une tragédie américaine*, d'après le roman de Dreiser. (→20.3.52)

Tokyo, 14 septembre
Sortie du film de Kenji Mizoguchi, *la Dame de Musashino* (*Musashino fujin*), avec Kinuyo Tanaka et Masayuki Mori. (→17.4.52)

Paris, 24 septembre
Aux studios de Billancourt, Jacques Becker commence le tournage de *Casque d'Or*, avec Simone Signoret et Serge Reggiani. (→16.4.52)

New York, 4 octobre
Vincente Minnelli présente son nouveau film à la presse *Un Américain à Paris* (*An American in Paris*), avec Gene Kelly et la Française Leslie Caron. Celle-ci a obtenu le rôle après que Cyd Charisse l'eut refusé. (→20.3.52)

New York, 7 octobre
La censure de l'Etat de New York refuse d'accorder une licence d'exploitation au film français de Max Ophuls, *la Ronde*. Les épisodes de ce film et l'amoralité qui s'en dégage sont en effet aux antipodes des préceptes énoncés par le code de la production. L'adultère y est vu non comme une déchéance mais comme un jeu. (→29.2.52)

Paris, 17 octobre
Les spectateurs parisiens, avec la sortie de *C'étaient des hommes* (*The Men*), de Fred Zinnemann, vont pouvoir se faire une idée du talent de Marlon Brando dans sa première prestation à l'écran. (→24.7.52)

Los Angeles, 18 octobre
La vedette de western Roy Rogers intente une action en justice contre le studio Republic, qui a cédé les droits de ses films à la télévision sans son autorisation. Roy Rogers fait valoir que les publicités dont les films sont entrecoupés suggèrent qu'il patronne personnellement les produits vantés.

Le Caire, 19 novembre
Le film de Salah Abou Seif, *Ton jour viendra !* (*Lak yum ya zalim*), qui sort ce jour, est une adaptation très libre du roman d'Emile Zola *Thérèse Raquin*.

Hollywood, 19 novembre
Charlie Chaplin donne les premiers tours de manivelle des *Feux de la rampe* (*Limelight*). (→19.9.52)

Los Angeles, 12 décembre
Dans *Baïonnette au canon* (*Fixed Bayonets*), de Samuel Fuller, qui sort ce jour, le jeune acteur James Dean (vingt ans) fait une très courte apparition et n'a qu'une seule réplique : « C'est un garde de l'arrière qui revient. » (→10.5.55)

Stockholm, 26 décembre
Sortie de *Divorce* (*Fraanskild*), de Gustav Molander, avec Inga Tidblad et Alf Kjellin, d'après une idée d'Ingmar Bergman. (→9.2.53)

France, 31 décembre
Durant l'année, 411 millions de places de cinéma ont été vendues.

NAISSANCES
Tours, 6 février
Jacques Villeret.

Paris, 11 mars
Dominique Sanda.

Paris, 4 mai
Gérard Jugnot.

Couronné par le Festival de Cannes, « Miracle à Milan » apporte à l'œuvre de Vittorio De Sica et Cesare Zavattini les valeurs du rêve.

ESCLUSIVITÀ
ENIC
MIRACOLO A MILANO
DA UN SOGGETTO DI CESARE ZAVATTINI
TRATTO DAL ROMANZO "TOTÒ IL BUONO" EDITO DA BOMPIANI
un film di VITTORIO DE SICA
"PRODUZIONI DE SICA" IN ASSOCIAZIONE CON L'ENIC

Robert Bresson à l'écoute du curé de campagne de Bernanos

Claude Laydu et Nicole Ladmiral dans « le Journal d'un curé de campagne ».

Paris, 7 février

Six années après *les Dames du bois de Boulogne*, Robert Bresson signe enfin un nouveau film, *le Journal d'un curé de campagne*, tiré du roman du même titre de Georges Bernanos. Assumant seul l'adaptation et les dialogues du film, évitant l'emploi de comédiens professionnels, Bresson pousse ici la logique de ses précédentes œuvres à leur terme. De fait, on a rarement vu pareille austérité au cinéma et on en oublie même les films de Carl Theodor Dreyer. *Le Journal d'un curé de campagne* conte, avec une pointilleuse fidélité au texte de Bernanos, l'histoire d'un jeune prêtre (Claude Laydu) arrivant dans sa première paroisse, à Ambricourt dans le Pas-de-Calais. A travers le journal quotidien que tient le curé, Robert Bresson rend compte de ses monologues intérieurs, des doutes que rencontre sa foi et du combat qu'il mène contre la maladie qui le ronge. L'extrême dépouillement de la mise en scène désoriente nombre de critiques. Parmi eux, Ado Kyrou est sans doute le plus virulent et fulmine contre ce qui n'est selon lui que de l'« anti-cinéma ». (→ 2.5.54)

Ava Gardner sera Mme Frank Sinatra

Philadelphie, 7 mars

Divorcé de Nancy Barbato depuis le 2 novembre, Frank Sinatra annonce son prochain mariage avec la star du film *Pandora*, d'Albert Lewin. Ava et Frank ont fait connaissance en décembre 1949, se sont retrouvés un mois plus tard au cours d'une soirée à Palm Springs, vivant depuis une liaison tapageuse faite de divers esclandres. En mars 1950, Sinatra tire deux coups de feu à la fenêtre de l'Hampshire Hotel, pour faire croire à celle qu'il aime à une tentative de suicide. En mai, il se rend à Barcelone pour retrouver Ava, qui s'affiche alors au bras de son partenaire Mario Cabre, avec lequel il manque se battre. En juillet, tous deux s'installent à Londres, où Ava est présentée à la reine en l'absence de Frank. Malgré ces innombrables querelles en public, ils partent aujourd'hui en « prévoyage de noces » au Mexique. Il est prévu que le mariage se déroulera dans la résidence de l'agent théâtral Lester Sachs, le 7 novembre prochain. (→ 28.10.52)

Triomphe d'Eve Harrington, star des stars

Hollywood, 29 mars

La cérémonie de remise des Oscars déménage de nouveau. Elle se déroule cette fois au RKO Pantages Theatre, présidée par Fred Astaire. Le film de Joseph L. Mankiewicz *Eve* (*All About Eve*), reçoit l'Oscar du meilleur film de l'année et vaut la même récompense à son réalisateur. Il reçoit aussi les prix des meilleur second rôle (George Sanders), meilleur scénario, meilleur son et meilleurs costumes. A travers ces honneurs faits au film, Eve Harrington est en quelque sorte la star de l'année. Hollywood semble apprécier les œuvres qui décrivent ses tracas puisque, si *Eve* raconte l'arrivisme d'une jeune actrice, l'autre film le plus fréquemment nommé, *Sunset Boulevard*, de Billy Wilder, relate le drame d'une vieille comédienne. L'Oscar de la meilleure actrice va à Judy Holliday pour *Comment l'esprit vient aux femmes* (*Born Yesterday*), de George Cukor. Elle devance Bette Davis et Gloria Swanson. Le meilleur acteur est José Ferrer pour *Cyrano de Bergerac*, de Michael Gordon. L'Oscar du meilleur second rôle féminin va à Josephine Hull pour *Harvey*, d'Henry Koster. *Sunset Boulevard* n'obtient que deux récompenses secondaires malgré quinze nominations. (→ 20.3.52)

Pour Darryl Zanuck, c'est la consécration d'une grande carrière.

« Les Cahiers du cinéma », le numéro 1

Paris, 2 avril

Le numéro un d'une nouvelle revue de cinéma est en vente depuis ce matin : *les Cahiers du cinéma*. Cette parution est l'œuvre de jeunes critiques issus de la défunte *Revue du cinéma* de Jean-George Auriol, tels Jacques Doniol-Valcroze, Lo Duca ou Alexandre Astruc. André Bazin a, lui aussi, pris une part importante dans cette genèse. Après le refus de Gallimard de reprendre *la Revue du cinéma*, c'est Leonid Keigel, propriétaire du circuit de distribution Cinéphone, qui a financé l'entreprise *les Cahiers du cinéma*, domiciliée dans ses bureaux, au 146, avenue des Champs-Elysées. La forme et le ton de cette revue à couverture jaune rappellent la revue d'Auriol mais s'en distinguent : on y retrouve la rigueur d'analyse et un certain classicisme de style, mais aussi un ton polémique qui transparaît dès le bref éditorial, refusant de s'abandonner à une « sorte de neutralité malveillante qui tolère un cinéma médiocre, une critique prudente et un public hébété ». Le sommaire de ce numéro propose notamment deux articles de Bazin et de Doniol-Valcroze, consacrés respectivement à la profondeur de champ et à Edward Dmytryk, suivis d'une étude de Lo Duca sur l'industrie cinématographique italienne. Beaucoup de courage et une solide conviction président à cette nouvelle entreprise. (→ 1.1.54)

A Cannes, le Festival fait le printemps

« Miracle à Milan », de Vittorio De Sica : le néo-réalisme à l'heure des contes.

Cannes, 20 avril

Pour la première fois, le Festival de Cannes a lieu au printemps. Ainsi, il n'aura pas à concurrencer la Mostra de Venise, qui continuera, elle, à se tenir en automne. Présidé par André Maurois, le jury a attribué le grand prix à *Miracle à Milan*, de Vittorio De Sica, et à *Mademoiselle Julie*, du Suédois Alf Sjöberg. Un prix spécial du jury a été décerné à *Eve* (*All About Eve*), de Joseph L. Mankiewicz, et un prix de mise en scène au film mexicain de Luis Buñuel, *Los Olvidados*. Les prix d'interprétation ont été remis à Bette Davis, pour *Eve*, et à Michael Redgrave, interprète du film britannique *l'Ombre d'un homme*, d'Anthony Asquith. (→ 10.5.52)

Ulf Palme et Anita Björk dans « Mademoiselle Julie », d'Alf Sjöberg.

Marcel Carné a tourné en plein rêve

Paris, 18 mai

Le nouveau film de Marcel Carné, *Juliette ou la Clé des songes*, vient de sortir au Madeleine. Si l'accueil public semble plutôt bon, le retour de Carné au symbolisme onirique, après le tournant réaliste de *la Marie du port*, n'est pas sans agacer une grande partie de la critique et le film a d'ailleurs reçu un accueil glacial au Festival de Cannes. Le réalisateur mûrissait pourtant ce projet depuis longtemps. L'histoire est tirée d'une pièce de Georges Neveux et raconte le rêve d'un jeune homme, emprisonné pour vol. Dans un monde où la mémoire n'existe pas, il recherche la femme qu'il aime, Juliette, prisonnière d'un Barbe-Bleue local, le Prince. A son réveil il apprend qu'il est libéré de prison et reconnaît les personnages de son rêve. Malheureusement, la Juliette réelle refuse de le suivre et il se donne la mort. Jean-Roger Caussimon est le Prince, tandis que le personnage de Juliette va à Suzanne Cloutier, qu'Orson Welles a choisie par ailleurs pour jouer dans son *Othello*. Ce n'est qu'au dernier moment que Gérard Philipe s'est vu proposer le rôle principal, les distributeurs refusant de prendre un film sans vedette. Comme pour *les Portes de la nuit*, Carné n'a pas hésité à reconstituer une forêt en studio plutôt que d'aller tourner en extérieurs naturels. Là encore, en dépit du fait que le gain de temps compense largement le surcoût, certains glosent sur la délirante mégalomanie du réalisateur. (→ 6.11.53)

Suzanne Cloutier est l'héroïne de « Juliette ou la Clé des songes ».

Edward Dmytryk cède face à l'inquisition

Washington, 25 avril

Edward Dmytryk, l'un des « Dix d'Hollywood », vient de craquer. Interrogé à nouveau par la Commission d'enquête sur les activités anti-américaines, le réalisateur a reconnu avoir appartenu au parti communiste. Il a par ailleurs dénoncé quelques-uns de ses anciens camarades, parmi lesquels les réalisateurs John Berry, Jules Dassin, Michael Gordon et Herbert Biberman. Mis sur la liste noire en 1947, le metteur en scène de *Feux croisés* (*Crossfire*) avait préféré l'exil et avait pu tourner deux films en Grande-Bretagne. Condamné à six mois de prison à son retour, le voici aujourd'hui contraint à jouer les indicateurs, comme dans un mauvais film noir. Ses aveux coincident avec une recrudescence de l'inquisition maccarthyste. Le 21 mars dernier, l'acteur Larry Parks, vedette bien connue de gros succès du box-office, avait déjà avoué, devant la même commission, son ancienne appartenance au parti communiste. Le même jour, l'acteur Howard Da Silva et sa collègue Gale Sondergaard refusèrent de répondre aux questions des censeurs, en invoquant le cinquième amendement de la Constitution américaine. Les voilà à leur tour inscrits sur la liste noire de Hollywood. (→ 5.4.52)

Renoir et les vraies richesses de l'Inde

« Le Fleuve » : un amour de jeunesse dans un monde ouvert à la contemplation.

New York, 10 septembre
Pour son premier film tourné en couleurs, il faut reconnaître que Jean Renoir n'a pas été accablé par les sollicitations de vedettes. Bien au contraire, il a dû essuyer les refus successifs de James Mason, puis de Robert Ryan et de Mel Ferrer, mais il lui en fallait plus pour renoncer à la réalisation du *Fleuve* (*The River*). Jean Renoir a donc engagé des acteurs inconnus et est parti sur les bords du Gange, aux environs de Calcutta. Adapté d'un roman de Rumer Godden, le film raconte la vie quotidienne d'une famille anglaise intallée en Inde, avec ses joies, ses espoirs, ses drames. Deux jeunes filles sont déçues dans leurs projets amoureux. Un petit garçon meurt, victime d'une morsure de serpent. La vie, tout comme le Gange lui-même, n'interrompt pas son cours. Elle reprend un rythme imprimé par la nature et les traditions indiennes. *Le Fleuve* balance harmonieusement entre l'exotisme chatoyant d'une Inde idéalisée et l'humanisme parfois désenchanté de Renoir. Peut-être sera-t-il reproché à ce cinéaste généreux sa vision idéale des peuples et de leurs différences? Cette critique s'efface devant un film qui nous fait comprendre les beautés naturelles et mystiques de l'Inde. (→ 5.12.52)

La Mostra de Venise à l'heure japonaise

« Rashomon », d'Akira Kurosawa, révèle l'existence d'un cinéma prodigieux.

Venise, 1er septembre
Plus que jamais, la Mostra honore sa réputation internationale. Pour la première fois, elle remet le Lion d'or à un film japonais, *Rashomon*. A la grande surprise de son auteur : Akira Kurosawa a vu son œuvre accueillie froidement au Japon l'an passé. Le jury, séduit par la beauté de l'image, tombe sous le charme exotique d'un film qui ne craint pas l'érotisme, ni la réalité contemporaine. *Rashomon*, écrit en trois récits divergents à propos d'un fait divers, est une méditation sur la vérité, le témoignage, la rédemption. Nul ne peut rester insensible à l'humanisme de Kurosawa. (→ 24.4.52)

La gloire de Brando arrive en tramway

Etats-Unis, 29 septembre
Un jeune acteur de vingt-sept ans, Marlon Brando, est la révélation du film d'Elia Kazan : *Un tramway nommé Désir* (*A Streetcar Named Desire*). Brando connaît bien le rôle de Kowalski, puisque c'est lui qui l'a créé au théâtre en 1947, choisi alors par l'auteur de la pièce, Tennessee Williams. Dans le film, il est face à Vivien Leigh et à Karl Malden. Avec ce second long métrage, après *C'étaient des hommes* (*The Men*), de Fred Zinnemann, Brando s'impose comme l'un des jeunes acteurs d'avenir du cinéma. (→ 10.4.52)

Marlon Brando et Vivien Leigh : « Un tramway nommé Désir », d'Elia Kazan.

L'inconnu est parti sans laisser d'adresse

Robert Walker (debout), dans le film « l'Inconnu du Nord Express ».

Hollywood, 28 août
Robert Walker (*13.10.1918) meurt pendant le tournage de *My Son John*, de Leo McCarey. Détruit par l'alcool dans lequel il avait tenté de trouver un certain réconfort après son divorce d'avec Barbara, la fille de John Ford, Robert revenait au premier plan grâce à *l'Inconnu du Nord Express* (*Strangers on a Train*), d'Alfred Hitchcock. Il y tenait le rôle d'un homme inquiétant, qui proposait un échange de meurtre à un inconnu. Prématurément vieilli, Robert Walker a succombé à un arrêt cardiaque. Il avait été marié de 1939 à 1947 à Jennifer Jones, avec qui il eut deux fils : Robert Jr. et Michael. (→ 21.8.52)

« Quo vadis ? » ramène l'ancienne Rome en Californie

New York, 8 novembre
Le roman à succès d'Henryk Sienkiewicz a déjà fait l'objet de sept adaptations à l'écran, au temps du cinéma muet. Produit par Sam Zimbalist pour la MGM, ce nouveau *Quo Vadis ?* a nécessité le plus important budget du cinéma depuis *Autant en emporte le vent* : sept millions de dollars. Dès 1949, John Huston avait été chargé de tourner cette œuvre à Rome, avec Gregory Peck et Elizabeth Taylor dans les principaux rôles. Ce sont finalement Robert Taylor et Deborah Kerr qui en sont les vedettes, sous la direction de Mervyn LeRoy. Le tournage a commencé en mai 1950 dans les studios de Cinecittà et a duré plus de six mois. Trente-cinq mille figurants, 235 rôles parlants, la présence de Peter Ustinov, Néron exceptionnel, de Leo Genn et de la jeune Sophia Loren, font de *Quo Vadis ?* une superproduction de qualité. Film antique comportant un grand nombre de séquences spectaculaires, dont celle de l'incendie de Rome sous les yeux de Néron, il s'agit là d'une œuvre colossale durant près de trois heures. L'action se situe à Rome, en l'an 64 après Jésus-Christ : tandis que les chrétiens sont persécutés par l'empereur, le consul Marcus Vinicius vit une histoire d'amour avec la jeune esclave Lygie. Le succès de *Quo Vadis?* pourrait remettre au goût du jour les films à thème historique et donner un nouvel essor à Cinecittà. (→ 20.3.52)

Le film de Mervyn LeRoy a engagé un budget de sept millions de dollars.

Peter Ustinov est un étonnant Néron.

Nicole et Gérard, et Yves et Simone

France, 22 décembre
Après Gérard Philipe et Nicole Fourcade mariés à Neuilly le 29 novembre devant René Clair et sa femme, Bronia, pour témoins, ce sont Simone Signoret et Yves Montand qui s'unissent à Saint-Paul-de-Vence. Montand, âgé de trente ans, était encore célibataire. Simone est divorcée d'Yves Allégret depuis 1949 et mère d'une fillette, Catherine. Le mariage des deux comédiens est célébré par leur ami Marius Issert, maire de la ville. Les témoins sont Jacques Prévert et Paul Roux, propriétaire de la Colombe d'or, restaurant où va se dérouler le repas en compagnie de quelques amis, dont Marcel Pagnol et l'actrice Deanna Durbin.

« African Queen » rend vrai l'improbable

New York, 26 décembre
Les hasards de la guerre font parfois bien les choses, car, si le conflit mondial qui déchire l'Europe en ce mois de septembre 1914 n'avait pas atteint les rives du Congo, Miss Rosie serait restée la même, c'est-à-dire une vieille fille desséchée. Or, « grâce à la guerre », elle va connaître enfin l'amour physique. Son heureux complice est un aventurier mal dégrossi, avec qui elle va même réussir à couler une canonnière allemande ! Comme le hasard, le cinéma lui aussi fait bien les choses parfois, surtout quand c'est le réalisateur John Huston qui est aux commandes et que dans le rôle de l'improbable couple de tourtereaux on retrouve deux monstres sacrés au meilleur de leur forme : Humphrey Bogart et Katharine Hepburn. Le film est intitulé *la Reine africaine* (*The African Queen*), du nom du rafiot sur lequel s'embarquent nos deux « aventuriers ». Leur longue et pénible épopée nous vaut des scènes poignantes et cocasses. Et, si tout se termine bien, c'est qu'il s'agit d'une comédie. Se risquant pour la première fois dans ce domaine, Huston remporte haut la main son pari. En outre, bien qu'il ait tourné son film essentiellement en Afrique, il a su éviter la facilité de l'exotisme. (→ 4.9.53)

Katharine Hepburn et Humphrey Bogart : un couple insolite et irrésistible.

Un été suédois entre le drame et le plaisir

Folke Sundqvist et Ulla Jacobsson : « Elle n'a dansé qu'un seul été ».

Stockholm, 17 décembre
Le désir d'amour libre d'une jeunesse en butte au puritanisme ambiant est un thème qui intéresse le cinéma suédois contemporain. Arne Mattsson, assistant du dramaturge Per Lindberg en 1942, puis réalisateur de quinze films environ, ne manque ni d'audace, ni de sensibilité. *Elle n'a dansé qu'un seul été* (*Hon dansade en sommar*) défend le droit au plaisir. Göran, étudiant en vacances, s'éprend de Kerstin. Ils déjouent les interdits et deviennent amants après avoir osé se baigner nus. Mais Kerstin meurt quelques heures plus tard, dans un incendie criminel. Elle a payé le bonheur d'une seule nuit d'amour.

Affichette originale pour le film de Robert Bresson d'après Bernanos.

Affichette originale pour un film qui participe de la guerre froide.

Daniel Gélin et Anne Vernon dans « Edouard et Caroline », une comédie de Jacques Becker, mais aussi une satire malicieuse des mœurs bourgeoises.

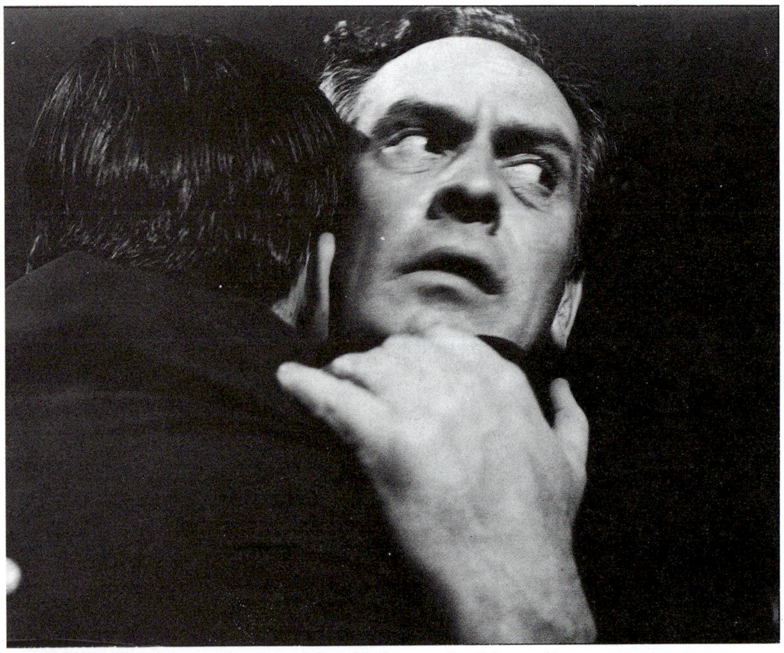

Kevin McCarthy et Fredric March dans « la Mort d'un commis voyageur » (« Death of a Salesman »), un film de Laslo Benedek d'après Arthur Miller.

Masao Schimizu et Kinuyo Tanaka dans « la Vie de O'haru, femme galante » (« Saikaku ichidai onna »), film de Kenji Mizoguchi d'après un célèbre roman.

Affiche originale de René Péron sur ce film de la vie du célèbre mime.

Anna Magnani et Tina Apicella dans « Bellissima », de Luchino Visconti.

Evelyn Keyes, Emerson Treacy et Van Heflin dans « le Rôdeur » (« The Prowler »), un film policier machiavélique de Joseph Losey.

Affiche de Marcel Jeanne, qui était lithographe à l'imprimerie Bedos.

Film adapté par Raymond Chandler du roman de Patricia Highsmith.

Kirk Douglas dans le film de Billy Wilder, « le Gouffre aux chimères ».

Affiche originale pour un film tiré d'une pièce de Tennessee Williams.

Affiche originale américaine au format « one sheet ».

Patricia Laffan et Peter Ustinov dans « Quo Vadis ? », de Mervyn LeRoy.

Un nouveau rôle pour Marilyn Monroe, avec Albert Dekker, dans ce film d'Harmon Jones, « Rendez-moi ma femme », (« As Young as You Feel »).

Elizabeth Taylor et Montgomery Clift dans « Une place au soleil », de George Stevens, d'après « Une tragédie américaine », de Theodor Dreiser.

Leslie Caron et Gene Kelly sont les danseurs vedettes de la célèbre comédie musicale de Vincente Minnelli, « Un Américain à Paris ».

1952

Oscars, Hollywood
Film : *Un Américain à Paris* (Vincente Minnelli).
Acteur : Humphrey Bogart.
Actrice : Vivien Leigh.

Mostra d'arte cinematografica, Venise
Lion d'or de Saint-Marc : *Jeux interdits* (René Clément).
Meilleur acteur : Fredric March.
Meilleure actrice : non décerné.

Festival international du film, Cannes
Grand prix : *Othello* (Orson Welles).
Deux sous d'espoir (Renato Castellani).
Meilleur acteur : Marlon Brando.
Meilleure actrice : Lee Grant.

Bombay, 24 janvier
Le premier Festival international du film de l'Inde, qui ouvre ses portes, est le premier festival de cinéma en Asie. Quarante longs métrages de vingt et un pays y participent.

Lisbonne, 25 janvier
Sortie de *Saltimbanques* (*Saltimbancos*), mélodrame dans lequel le réalisateur Manuel Guimaraes est visiblement influencé par l'école néo-réaliste italienne.

Paris, 13 février
Jean Gabin et Danielle Darrieux sont à l'affiche avec la sortie de *la Vérité sur Bébé Donge*, d'Henri Decoin. Pour ce rôle la comédienne retrouve le réalisateur qui a été son mari et avec qui elle a tourné six films entre 1935 et 1941. (→ 1.7)

Paris, 11 mars
Mort du comédien Pierre Renoir (*21.3.1885). Fils aîné du peintre Auguste Renoir, il était le frère du réalisateur Jean Renoir.

Hollywood, 5 avril
Howard Hughes annonce la fermeture temporaire des studios RKO pour procéder au licenciement de la centaine d'employés suspectés de sympathies communistes. (→ 10)

Italie, 8 avril
Le tribunal de Pordenone acquitte Pier Paolo Pasolini du chef d'accusation d'outrages à la pudeur, invoqué dans l'affaire qui lui a valu son renvoi du parti communiste.

Tokyo, 17 avril
Sortie de *la Vie de O'Haru, femme galante* (*Saikaku ichidai onna*), de Kenji Mizoguchi, avec Kinuyo Tanaka et Toshiro Mifune. (→ 26.3.53)

Tokyo, 24 avril
Terminé en août 1945, le film *Les hommes qui marchent sur la queue du tigre* (*Tora no o fumu otokotachi*), d'Akira Kurosawa, ne sort que maintenant sur les écrans japonais. La censure de l'armée américaine l'avait interdit pour son « idéologie féodale ». (→ 9.10)

Paris, 12 mai
Le tournage du film de Jean Boyer *le Trou normand* commence, avec Bourvil et, pour la première fois à l'écran, Brigitte Bardot. (→ 21.12)

Washington, 25 mai
La Cour suprême rend une décision unanime en faveur du distributeur du *Miracle*, de Rossellini. La Cour déclare que le cinéma a droit aux garanties constitutionnelles protégeant la liberté d'expression. La jurisprudence considérait jusqu'ici que le cinéma n'était qu'un « commerce pur et simple ». (→ 8.1.53)

Mexico, 14 juillet
Luis Buñuel donne les premiers tours de manivelle de *Robinson Crusoé*, d'après le roman de Daniel Defoe, avec le comédien américain Dan O'Herlihy. Produit à nouveau par Oscar Dancigers, c'est le premier long métrage de Buñuel en couleurs. (→ 9.7.53)

Québec, 21 août
Dans la vieille ville, Alfred Hitchcock commence le tournage de *la Loi du silence* (*I Confess*), avec Montgomery Clift dans le rôle d'un prêtre et Anne Baxter. (→ 25.9.53)

Washington, 19 septembre
James McGranery, ministre de la Justice, annonce qu'il a donné l'ordre aux services d'immigration de refuser l'entrée de Charlie Chaplin sur le territoire américain tant que les conclusions de l'enquête sur ses activités politiques ne seront pas connues.

Londres, 23 septembre
Charlie Chaplin, qui revient dans son pays natal après vingt et un ans d'absence et qui a toujours voulu garder la nationalité anglaise, est accueilli triomphalement avec sa femme et ses enfants. (→ 23.10)

New York, 30 septembre
Au Broadway Theatre a lieu la première présentation publique du procédé d'écran large Cinérama. Trois projecteurs donnent sur trois écrans géants incurvés les images prises simultanément par trois caméras.

Paris, 9 octobre
Première de gala, au théâtre de l'Empire, du film britannique de David Lean, *le Mur du son* (*The Sound Barrier*). (→ 29.11.57)

Tokyo, 9 octobre
Le classicisme de la mise en scène de Yasujiro Ozu tend vers un dépouillement de plus en plus prononcé. C'est ce que constate la critique à la sortie de son nouveau film, *le Voyage à Tokyo* (*Tokyo monogatari*), avec Chishu Ryu, Chiyeko Higashiyama, Setsuko Hara, Haruko Sugimura et So Yamamura. (→ 29.10.61)

Paris, 15 octobre
Celle qui fut comédienne sous le nom de Jehanne d'Alcy, Mme Charlotte Méliès, âgée de quatre-vingt-sept ans et veuve de Georges Méliès, tourne une séquence du film de Georges Franju *le Grand Méliès*.

Allemagne, 1er novembre
Charlie Chaplin s'oppose à l'exploitation des *Feux de la rampe* dans ce pays tant que les spectateurs allemands n'auront pu voir d'abord *le Dictateur*. (→ 1.1.53)

Paris, 2 novembre
Marcel Pagnol soumet son dernier film, *Manon des Sources*, à un sondage inopiné en le présentant par surprise dans une salle du quartier Montparnasse. (→ 16.1.53)

Paris, 19 novembre
Sortie du film d'André Haguet, *Il est minuit docteur Schweitzer*, avec Pierre Fresnay.

Londres, 23 novembre
La comédienne Edwige Feuillère est élue *star of stars* par le journal anglais *Sunday Graphic*.

Londres, 1er décembre
Serge Reggiani, Claude Dauphin et Simone Signoret sont dans la capitale britannique pour doubler eux-mêmes le film de Jacques Becker *Casque d'Or* (*Golden Marie*).

Paris, 12 décembre
Le dixième prix Louis-Delluc est attibué à Alexandre Astruc pour *le Rideau cramoisi*, moyen métrage de 44 minutes tiré d'une nouvelle de Barbey d'Aurevilly. (→ 11.12.53)

Hollywood, 20 décembre
Sortie de *Mars, la planète rouge*, d'Harry Horner, film de science-fiction où deux savants doivent persuader les Martiens de provoquer la révolution aux Etats-Unis.

NAISSANCES
Paris, 27 mars
Maria Schneider.

Paris, 15 avril
Josiane Balasko.

Courbevoie, 16 juin
Michel Blanc.

Rome, 18 juin
Isabella Rossellini.

Detroit, 21 juillet
Robin Williams.

Utrecht, 28 septembre
Sylvia Kristel.

Boulogne-Billancourt, 24 novembre
Thierry Lhermitte.

« Le Petit Monde de don Camillo », de Julien Duvivier, avec Gino Cervi et Fernandel, exorcise les conflits politiques d'après-guerre.

CINEDIS présente
UN FILM DE
JULIEN DUVIVIER
FERNANDEL
GINO CERVI
dans
René Péron
LE PETIT MONDE DE
DON CAMILLO
GIOVANNI GUARESCHI
JULIEN DUVIVIER et RENÉ BARJAVEL
avec VERA TALQUI · FRANCO INTERLENGHI · CHARLES VISSIERES
et SYLVIE
DIRECTEUR DE LA PHOTOGRAPHIE NICOLAS HAYER
Une co-production
FRANCINEX-RIZZOLI-AMATO
PARIS ROME
Cinédis

Le grand chapiteau de Cecil B. De Mille

« Sous le plus grand chapiteau du monde », hommage aux gens du voyage.

Hollywood, 2 janvier
Cecil B. De Mille n'a rien perdu de sa superbe : à soixante et onze ans, l'auteur de tant de succès du box-office vient de réaliser une œuvre magistrale avec *Sous le plus grand chapiteau du monde* (*The Greatest Show on Earth*). Cette plongée romanesque dans les coulisses du cirque Ringling, Barnum et Bailey tient le public en haleine pendant plus de deux heures et demie, mêlant une multitude de drames intimistes à d'extraordinaires mouvements de foule. Une myriade d'acteurs fameux, parmi lesquels Cornel Wilde, Charlton Heston, Betty Hutton et James Stewart, renforcent la crédibilité de ce grand spectacle en Technicolor. (→ 19.3.53)

Fanfan la Tulipe, héros de notre temps

Paris, 20 mars
Vif, malicieux, insouciant, drôle et séducteur, voilà comment apparaît Gérard Philipe dans son nouveau film, *Fanfan la Tulipe*, de Christian-Jaque. L'acteur y incarne l'aimable Fanfan, qui, sous le règne du Bien-Aimé (Louis XV), va connaître la gloire, comme le lui prédit une belle Bohémienne, en s'engageant dans l'armée et en gagnant à lui seul la guerre contre les Autrichiens ! Condamné à la pendaison pour avoir pénétré dans le château royal, il sera grâcié *in extremis* et épousera la belle Bohémienne, interprétée par la voluptueuse Gina Lollobrigida au décolleté sensationnel. Composé d'une plaisante série de courses-poursuites, le film est une ironique satire, aigre-douce, des drôles de guerres, fussent-elles en dentelles. (→ 30.10)

Gina Lollobrigida : les avantages et les surprises de la bonne aventure.

Les formes du plaisir selon Max Ophuls et Guy de Maupassant

Paris, 29 février
Le Plaisir, dernière réalisation en date de Max Ophuls, est l'adaptation de trois contes de Guy de Maupassant : *le Masque*, *la Maison Tellier*, et *le Modèle*. Ces trois histoires sont contées séparément mais font de la vaine recherche du bonheur et de l'amour par le plaisir leur thème commun. Elles sont reliées entre elles par un commentaire en voix *off* dit par Jean Servais. La distribution est vraiment exceptionnelle : Claude Dauphin, Gaby Morlay, Madeleine Renaud, Danielle Darrieux, Pierre Brasseur, Jean Gabin, et encore Daniel Gélin. Le talent baroque du réalisateur éclate dans une mise en scène flamboyante ayant pour cadre la France du Second Empire. Quelques scènes sont particulièrement remarquables : ainsi le bal qui ouvre la première histoire, ou le champ écrasé de lumière dans lequel les peu vertueuses pensionnaires de la maison Tellier cueillent des fleurs. Après *la Ronde*, Max Ophuls se pose ici comme l'un des très grands metteurs en scène français. (→ 2.3.55)

Jean Gabin dans « la Maison Tellier », épisode central du « Plaisir ».

Ronald Reagan, l'élu de Nancy Davis

Hollywood, 4 mars
Divorcé de Jane Wyman, qui a été son épouse de janvier 1940 à mai 1948 (le couple a deux enfants, Maureen et Michael), Ronald Reagan se marie à une autre comédienne au talent prometteur, Nancy Davis. Surnommé Dutch par ses intimes, Ronald a fait la connaissance de Nancy dans les studios de la Warner. La jeune femme est sous contrat avec la MGM, ce qui n'empêche pas une parfaite entente entre eux. Le coup de foudre a d'ailleurs été immédiat, d'autant plus que Nancy et Ronald partagent les mêmes goûts. A ses côtés, Nancy se dit prête à soutenir son mari, toujours président de la Guilde des acteurs. On peut actuellement voir Ronald Reagan dans son nouveau film, *la Collégienne en folie* (*She's Working her Way through College*), de Bruce Humberstone, où il joue aux côtés de Virginia Mayo. (→ 7.9.60)

Hollywood se regarde dans le miroir de ses films

Image en noir, avec Vincente Minnelli

Hollywood, 15 janvier
Les Ensorcelés (*The Bad and the Beautiful*), le nouveau film de Vincente Minnelli, sort dans les salles. C'est une œuvre ambitieuse, qui porte un regard sans complaisance sur les milieux du cinéma. L'action se passe à Hollywood : Lana Turner, dont le *glamour* n'a pas pris une ride, incarne une jeune femme devenue star, puis brisée par le système. Le scénario de Charles Schnee s'inspire d'une histoire de George Bradshaw, qui n'est pas sans évoquer l'existence de Diana Barrymore, la fille du grand John Barrymore. Aux côtés de la radieuse Lana, Kirk Douglas interprète un rôle de Pygmalion, un rien tyrannique, qui devrait asseoir sa renommée déjà considérable. Minnelli abandonne pour ce film son genre de prédilection, à savoir la comédie musicale. Le réalisateur d'*Un Américain à Paris* a poussé le réalisme jusqu'à glisser dans le bureau du directeur de studio une réplique exacte de l'Oscar. L'académie du cinéma ne devrait pas y rester insensible. (→ 23.6.54)

Barry Sullivan, Kirk Douglas et Gilbert Roland dans « les Ensorcelés ».

Image en rose, avec Gene Kelly

« Chantons sous la pluie », de Stanley Donen et Gene Kelly, avec Cyd Charisse.

Hollywood, 27 mars
Le duo Gene Kelly-Stanley Donen récidive avec *Chantons sous la pluie* (*Singin' in the Rain*), une brillante comédie musicale, qui prend pour cadre le passage du muet au parlant à Hollywood. A l'origine, les deux scénaristes, Betty Comden et Adolph Green, devaient écrire une histoire à partir d'anciennes chansons composées, autour de 1930, par Arthur Freed, le célèbre producteur des comédies musicales de la MGM, et son parolier, Nacio Herb Brown. Ce qui était au départ une gageure devint, au fil du temps, une véritable aubaine. La période choisie par les deux scénaristes, riche en anecdotes, se prêtait tout particulièrement au style de mises en scène brillantes qu'affectionnent Donen et Kelly. Les deux compères sont même parvenus à rendre résolument optimiste cette comédie douce-amère, hantée par le souvenir des acteurs victimes du parlant, tel John Gilbert.

Les Oscars honorent Arthur Freed et la comédie musicale

Hollywood, 20 mars
Vingt-quatrième cérémonie de remise des Oscars au RKO Pantages Theatre, présentée par Danny Kaye. Le spectacle est produit par Arthur Freed. La surprise est grande pour l'assistance quand Ronald Colman annonce le titre du meilleur film de l'année : *Un Américain à Paris* (*An American in Paris*), de Vincente Minnelli, avec Gene Kelly, Georges Guétary et Leslie Caron, justement produit par Arthur Freed pour la MGM. Freed est plus que jamais le maître du genre puisqu'on lui doit aussi notamment, pour s'en tenir aux productions récentes, celles de *Ziegfeld Follies* et du *Pirate* du même Minnelli ; de *Entrons dans la danse*, de Charles Walters ; de *Un jour à New York* et de *Chantons sous la pluie*, du tandem Gene Kelly-Stanley Donen. Avec lui, Hollywood met de nouveau la comédie musicale à l'honneur après *Broadway Melody* en 1929 et *le Grand Ziegfeld* en 1936. Par ailleurs, le réalisateur couronné est George Stevens pour *Une place au soleil*. Humphrey Bogart remporte l'Oscar du meilleur acteur pour *African Queen*, de John Huston. La meilleure actrice est Vivien Leigh pour *Un tramway nommé Désir*, d'E. Kazan. *Quo Vadis ?*, de Mervyn LeRoy, n'obtient aucune récompense malgré huit nominations. (→ 19.3.53)

« Un Américain à Paris ».

Gene Kelly se confirme comme le digne émule de Fred Astaire.

Elia Kazan dit tout sur son passé

Washington, 10 avril
Elia Kazan a lâché prise. Il avait reconnu, le 14 janvier dernier, devant la Commission d'enquête sur les activités anti-américaines, son appartenance au parti communiste, de l'été 1934 au printemps 1936. S'il avait, à cette date, refusé de dénoncer ses anciens collègues, c'est volontairement que le réalisateur de *Boomerang* revient aujourd'hui devant la Commission pour y donner les noms de quinze anciens camarades, dont la plupart appartenaient au Group Theatre de ses débuts. Kazan renchérit en stigmatisant, dans une lettre rendue publique, les tares du communisme : « Avoir expérimenté de première main la dictature et le contrôle de la pensée m'a amené à les haïr durablement. » Et de se prévaloir d'un film ouvertement anticommuniste, son *Viva Zapata*, réalisé de fraîche date, dans lequel le jeune Marlon Brando tient le rôle principal. (→ 10.5)

« Casque d'Or » passe de la chronique 1900 à la tragédie

Simone Signoret donne au personnage une vérité et un rayonnement qui font du film de Becker une œuvre majeure.

Paris, 16 avril
Avec *Casque d'Or*, Jacques Becker s'éloigne du contemporain et signe une grande histoire d'amour se déroulant dans le milieu des apaches de Joinville au début du siècle. Dans le rôle de Manda, Serge Reggiani aime Marie-Casque d'Or, Simone Signoret, prostituée à l'éclatante chevelure blonde dont s'est entiché Leca, un dangereux chef de bande incarné par Claude Dauphin. Manda ayant tué Leca, il se voit condamné à être décapité. Impuissante, Marie assiste à l'exécution de son amant. Comme toutes les tragédies, celle-ci est simple mais ne manque pas de grandeur. Cela ne semble pourtant pas être l'avis du public et de la critique, qui accueillent le film avec une grande indifférence. Sorti à Bruxelles avant d'être présenté à Paris, *Casque d'Or* y a rencontré un échec cuisant et n'a tenu l'affiche que quatre jours. Il est en passe de connaître un sort similaire en France. (→ 1.12)

Croix de bois, croix de fer, jeux interdits

Paris, 9 mai
Juin 1940. Sur la route de l'exode, Paulette, une fillette de cinq ans, perd ses parents sous un bombardement. Michel, un garçon de douze ans, l'amène alors dans la ferme familiale. Jouant « au cimetière », les deux enfants volent des croix pour orner les tombes des animaux qu'ils enterrent. Cette émouvante histoire est celle de *Jeux interdits*, de René Clément. L'exceptionnelle justesse de la peinture de l'enfance traumatisée par la guerre et les attachantes interprétations des petits Brigitte Fossey et Georges Poujouly font du film une œuvre assez bouleversante. (→ 1.9)

Georges Poujouly et Brigitte Fossey dans « Jeux interdits », de René Clément.

Welles et Castellani lauréats de Cannes

Cannes, 10 mai
Pour les prix d'interprétation masculine et de la mise en scène, le jury du Festival de Cannes ne semble pas avoir beaucoup hésité. Il a décerné le premier à l'Américain Marlon Brando, pour son rôle dans *Viva Zapata*, d'Elia Kazan, et le second au Français Christian-Jaque pour son film *Fanfan la Tulipe*. Concernant la récompense suprême, le grand prix, le jury, après hésitation, l'a attribué à deux films en tous points dissemblables : *Othello*, d'Orson Welles, et *Deux sous d'espoir* (*Due soldi di speranza*), de Renato Castellani. Après avoir tourné *Macbeth* à Hollywood il y a quelques années, Welles était venu s'établir en Europe, où il espérait trouver des producteurs à qui son génie ferait moins peur. Finalement, c'est avec son propre argent, celui qu'il a gagné en faisant l'acteur dans les films des autres, qu'il a produit cette nouvelle adaptation shakespearienne. Tournée au Maroc avec des moyens de fortune, *Othello* n'en demeure pas moins l'une des œuvres les plus parfaites de l'auteur de *Citizen Kane*. La composition de l'acteur Welles y est particulièrement remarquable. A l'opposé de l'expressionnisme de Welles, l'Italien Castellani a tourné *Deux sous d'espoir* à la manière du néo-réalisme italien, avec des acteurs non professionnels, à l'exception de Vincenzo Musolino, qui y incarne un chômeur. (→ 29.4.53)

Suzanne Cloutier est la Desdémone d'Orson Welles dans « Othello ».

Don Camillo et Peppone, frères ennemis

Paris, 4 juin
Julien Duvivier, à l'heure où le cinéma français est contesté, garde l'affection d'un public qui aime l'humour bon enfant et Fernandel. Les foules s'enthousiasment pour la querelle permanente qui oppose don Camillo (Fernandel), le curé conservateur, et Peppone (Gino Cervi), le maire communiste. Derrière ces deux protagonistes, le petit village italien se divise en deux clans passionnés, mais cette rivalité n'exclut pourtant pas l'amitié et l'entraide mutuelle dans les moments difficiles. *Le Petit Monde de don Camillo* conjugue burlesque et tendresse avec talent. (→ 13.2.59)

Fernandel et Gino Cervi dans « le Petit Monde de don Camillo », de Duvivier.

Le train de Zinnemann siffle à midi juste

Gary Cooper et Grace Kelly dans « Le train sifflera trois fois ».

Hollywood, 24 juillet
Le nouveau film de Fred Zinnemann, *Le train sifflera trois fois* (*High Noon*), offre un rôle en or à Gary Cooper. Celui-ci incarne un shérif courageux, cherchant à débarrasser une petite ville de quatre dangereux malfaiteurs. Abandonné par ceux-là même qu'il défend, il parviendra cependant à ses fins. Le scénario de Carl Foreman, tiré d'un roman de John W. Cunningham, semble s'inspirer de l'atmosphère malsaine engendrée par le maccarthysme à Hollywood. Zinnemann, à qui l'on doit entre autres *Acte de violence* et *C'étaient des hommes*, réussit là une œuvre d'un grand classicisme, reposant sur la règle des trois unités (de lieu, de temps et d'action). Le film doit beaucoup au choix judicieux des acteurs secondaires : la débutante Grace Kelly incarne la femme du shérif, Lloyd Bridges est son adjoint, Otto Kruger interprète un juge sans honneur et Thomas Mitchell, un notable peureux. Il faut signaler aussi la remarquable partition musicale de Dimitri Tiomkin et sa lancinante chanson *Si toi aussi tu m'abandonnes*, dont le refrain est déjà sur toutes les lèvres. (→ 19.3.53)

Le retour à la terre de Jean Gabin

Bonnefoi, 1er juillet
Trois ans après la naissance de leur première fille, Florence, Jean Gabin et sa femme Dominique s'installent dans une ferme de l'Orne. Gabin conserve sa résidence parisienne afin de l'habiter pendant les tournages, mais il apprécie ce retour à la terre, n'ayant jamais oublié ses profondes racines paysannes. Il dit avoir l'intention d'y pratiquer l'élevage des chevaux et des bovins, et la culture du blé. Pour l'instant, Jean veut surtout que Dominique se repose de l'agitation parisienne : elle attend son second enfant. Cette propriété, la Pichonnière, est constituée d'une ferme en mauvais état et de quarante-deux hectares d'herbages. Ce n'est sans doute qu'un début, car Gabin se sent une âme de bâtisseur. Cela ne l'empêche pas de poursuivre sa carrière de comédien, qui va servir désormais surtout à financer ses rêves champêtres. A l'écran, il vient de retrouver l'actrice Michèle Morgan, dans un film de Jean Delannoy, *la Minute de vérité.* (→ 17.3.54)

L'Irlande de John Ford est un pays chaud

Hollywood, 21 août
Avec son nouveau film, *l'Homme tranquille* (*The Quiet Man*), John Ford repart une fois de plus à la recherche de ses origines irlandaises. John Wayne, son acteur fétiche, y incarne un boxeur professionnel qui, après avoir triomphé aux Etats-Unis, retourne dans son Irlande natale et y épouse la sœur de son voisin, après une bagarre homérique avec tout le voisinage. Frère et sœur sont incarnés respectivement par Victor McLaglen et la rousse Maureen O'Hara. Dans ce film sans surprise, mais fort sympathique, qui a été réalisé des deux côtés de l'Atlantique, Ford retrouve une thématique qui lui est chère : la recherche du *home*, les amitiés viriles et l'alcoolisme bon enfant. (→ 19.3.53)

Barry Fitzgerald, Maureen O'Hara et John Wayne : « l'Homme tranquille ».

Le cinéma français s'impose à Venise

Venise, 1er septembre
Le Lion d'or revient à René Clément pour *Jeux interdits*, sans doute pour un regard inhabituel posé sur l'enfance. Le jeu de la petite Brigitte Fossey et le joli thème à la guitare joué par Narcisso Yepes ajoutent au charme du film. Dessin animé français, écrit par Jacques Prévert, *la Bergère et le Ramoneur*, de Paul Grimault, reçoit le prix spécial du jury. Fredric March aura la coupe Volpi pour son jeu dans *la Mort d'un commis voyageur* (*Death of a Salesman*), de Laslo Benedek. Les interprètes féminines semblent bien avoir été oubliées. (→ 4.9.53)

Fredric March est au palmarès pour son rôle dans « la Mort d'un commis voyageur », de Laslo Benedek.

Chaplin joue la mort de Charlot

Avec Claire Bloom dans « les Feux de la rampe » (« Limelight »).

Avec le personnage de Calvero, Charlie Chaplin revient sur son propre passé.

New York, 23 octobre
Les Feux de la rampe (*Limelight*), le nouveau film de Charles Chaplin, sort enfin dans les salles américaines. Pourtant, depuis un mois, l'acteur-réalisateur, en butte aux tracasseries de l'administration fédérale, a préféré s'expatrier en Angleterre, avec toute sa famille. Son film a même été présenté, en première mondiale, à l'Odeon de Leicester Square, à Londres, le 15 octobre dernier. *Les Feux de la rampe* conte la tragique fin de carrière d'un vieux clown nommé Calvero, qui sauve une jeune danseuse paralytique du suicide et s'efforce de lui redonner l'usage de ses jambes. Pour la deuxième fois, Chaplin se montre tel qu'en lui-même, sans grimage et sans faux-semblants. Il va même jusqu'à filmer sa propre mort, et d'aucuns se plaisent à évoquer Molière mourant sur scène. Pour ce film, dont le tournage dura moins de trois mois, le maître a fait largement appel aux membres de sa famille. Ses fils, Sydney et Charles Junior, interprètent respectivement le jeune compositeur amoureux de la danseuse et un clown dans un ballet. Quant à ses autres enfants, Geraldine, Josephine et Michael, ils font une courte apparition dans une scène de rue. Chaplin offre également à Buster Keaton, l'un de ses grands rivaux du cinéma muet, l'occasion d'un émouvant *come back* à ses côtés. Le choix de l'interprète féminine fut plus délicat : elle devait être, dans l'esprit du metteur en scène, tout en fraîcheur et en spontanéité. Après avoir écarté des centaines de postulantes, il fit venir de Londres une petite actrice anglaise nommée Claire Bloom. La jeune femme, dont la silhouette et la douceur évoquent irristiblement Oona Chaplin, est bouleversante et s'avère une partenaire idéale. (→ 1.11)

Présentation à la reine Elisabeth au cours de la Royal Film Performance.

« Ikiru », le bonheur et la difficulté d'être selon Akira Kurosawa

Takashi Shimura (à gauche) dans « Vivre » : une tragédie humaniste.

Tokyo, 9 octobre
A travers l'histoire d'un homme condamné par un cancer et qui, découvrant qu'il n'a rien su faire de sa vie, va consacrer les quelques mois qui lui restent à créer un terrain de jeux pour les enfants, le réalisateur Akira Kurosawa livre avec *Vivre* (*Ikiru*), un très touchant message humaniste. Le grand acteur Takashi Shimura incarne avec justesse la figure, presque christique, de ce vieil homme qui, après avoir accompli la mission qu'il s'était donnée, meurt heureux. Admirablement mis en scène, ce quatorzième long métrage de l'auteur de *Rashomon* est aussi un témoignage, saisissant de vérité, sur la société japonaise de l'après-guerre. (→ 15.1.57)

Frank Sinatra met Ava à la porte

Palm Springs, 28 octobre
Les querelles se succèdent à un rythme effréné entre Ava Gardner et Frank Sinatra. Au cours d'une soirée donnée par le couple dans leur propriété de Californie, Lana Turner se trouve au centre de la dispute. Furieux, Sinatra met les deux femmes à la rue. La police doit intervenir. La raison de cet incident reste mystérieuse. Deux versions circulent à ce propos : Frank aurait surpris Ava et Lana dans le même lit, ou bien il aurait été vexé de les entendre estimer les prouesses sexuelles d'Artie Shaw, leur ancien mari à toutes deux. Déjà, en septembre dernier, Ava avait renvoyé son alliance à Frank parce qu'elle avait surpris auprès de lui l'une de ses anciennes maîtresses, Marilyn Maxwell. Une nouvelle fois, malgré ces violentes disputes, le couple arrive à se réconcilier. (→ 31.10.53)

Gérard Philipe traverse les siècles pour les belles de la nuit

Gina Lollobrigida, odalisque de rêve dans « les Belles de nuit », de René Clair.

Paris, 30 octobre
Au cours d'une soirée de gala à l'Opéra, donnée au profit des orphelins de la Résistance en présence du président Vincent Auriol, on a présenté en avant-première *les Belles de nuit*, de René Clair. Gérard Philipe y incarne un jeune provincial timide qui s'évade dans le monde des rêves. Transporté dans diverses époques, il rencontre des sublimes créatures, interprétées par des actrices qui ont le parfait physique de l'emploi, notamment Gina Lollobrigida et Martine Carol. Le réalisateur avait pour ambition de divertir avec ce film. Il a largement rempli sa mission. (→ 3.4.53)

Renoir revient aux sources en carrosse

Rome, 5 décembre
Pour son retour en Europe après cinq réalisations américaines et un film anglo-indien, Jean Renoir a choisi de tourner en Italie. *Le Carrosse d'or*, production franco-italienne en Technicolor, a en effet été réalisé dans les studios de Cinecittà et vient de sortir sur les écrans romains. Le sujet du film est tiré d'une pièce de Prosper Mérimée, *le Carrosse du Saint-Sacrement*. C'est la grande Anna Magnani qui incarne l'héroïne, face à Duncan Lamont et Jean Debucourt. Dans une colonie espagnole de l'Amérique latine, au XVIIIe siècle, plusieurs prétendants, dont le vice-roi, courtisent la comédienne Camilla, qui choisit de se vouer à son seul théâtre. L'histoire est prétexte à un ballet chatoyant, rythmé par la musique de Vivaldi. Dans le film comme dans la pièce, le carrosse tant convoité symbolise, selon Renoir, la vanité mondaine. (→ 4.10.54)

Roger Vadim épouse Brigitte Bardot

Paris, 21 décembre
A dix-huit ans, Brigitte Bardot épouse Roger Plemiannikoff, dit Vadim. Le mariage civil a été célébré hier à la mairie du 16e, avec Daniel Gélin, sa femme, Danièle Delorme, et le Dr Rousselet pour témoins. Vadim a passé sa nuit de noces sur le canapé du salon à la demande de M. Bardot, en attendant le mariage religieux d'aujourd'hui, à l'église de Passy. Brigitte a rencontré Roger il y a trois ans. Elle lui a été présentée par le producteur Pierre Braunberger alors que le jeune scénariste était à la recherche d'une inconnue pour les besoins d'un film que préparait Marc Allégret, dont il était l'assistant, *Les lauriers sont coupés*. Les rapports entre les deux jeunes gens ont vite pris de l'importance malgré l'opposition du père de Brigitte. Pour bien lui montrer sa détermination, elle a renoncé à passer son baccalauréat en juin 1951. (→ 28.11.56)

Anna Magnani dans « le Carrosse d'or » : un hommage chatoyant au théâtre.

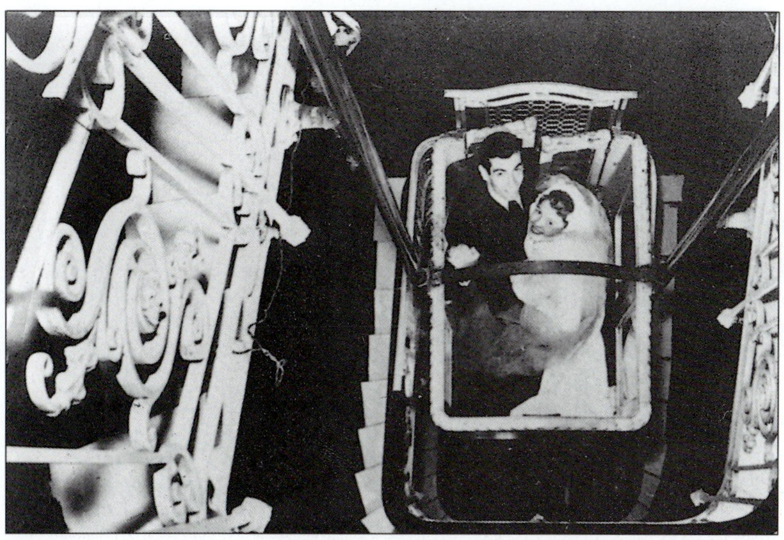
La cérémonie achevée, c'est le grand départ vers le septième ciel.

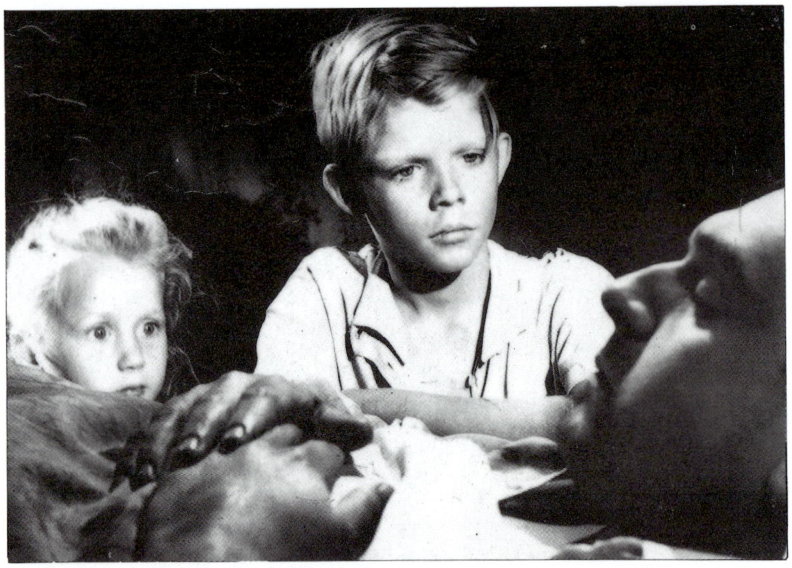

L'enfance confrontée à la guerre : « Jeux interdits », de René Clément.

Zsa Zsa Gabor, José Ferrer et Suzanne Flon dans le film de John Huston « Moulin-Rouge », évoquant la Belle Epoque et la vie de Toulouse-Lautrec.

Affiche originale française au format 120 x 80 cm, signée Desmé.

Affiche originale pour ce film noir réalisé par Henri Decoin.

Affiche originale française signée Clément Hurel pour cette coproduction.

Daniel Gélin et Jean Servais dans l'une des trois adaptations des nouvelles de Guy de Maupassant qui composent le film de Max Ophuls « le Plaisir ».

Affiche signée Jean Mascii pour un film qui a conservé son titre original.

Affiche originale française.

« Scaramouche », de George Sidney.

Lou Gilbert et Marlon Brando dans « Viva Zapata », film d'Elia Kazan.

Affiche originale américaine.

Lloyd Bridges, Katy Jurado, Gary Cooper et Grace Kelly dans le célèbre western de Fred Zinnemann « Le train sifflera trois fois » (« High Noon »).

Donald O'Connor, Debbie Reynolds et Gene Kelly, danseurs vedettes de la comédie musicale de Stanley Donen « Chantons sous la pluie ».

1953

Oscars, Hollywood
Film : *Sous le plus grand chapiteau du monde* (Cecil B. De Mille).
Acteur : Gary Cooper.
Actrice : Shirley Booth.

Mostra d'arte cinematografica, Venise
Lion d'or : non décerné.
Meilleur acteur : Henri Vilbert.
Meilleure actrice : Lilli Palmer.

Festival international du film, Cannes
Grand prix : *le Salaire de la peur* (H.-G. Clouzot).
Meilleur acteur : Charles Vanel.
Meilleure actrice : Shirley Booth.

Rome, 8 janvier
Sortie d'*Europe 51* (*Europa 51*), de R. Rossellini, avec Ingrid Bergman, Alexander Knox et Giuletta Masina ; c'est le second film du couple Bergman-Rossellini. (→ 26.3.54)

Paris, 13 janvier
Présentation à la presse du nouveau film d'Howard Hawks, *Chérie, je me sens rajeunir* (*Monkey Business*), avec Cary Grant, Ginger Rogers et Marilyn Monroe.

Hollywood, 1er février
La Fox annonce que tous ses films seront tournés en CinémaScope, le procédé d'écran large dont elle a racheté les droits, il y a quelques mois, au professeur français Henri-Jacques Chrétien. (→ 16.9)

Londres, 11 février
Dans le cadre d'un Festival du film français, *les Belles de nuit*, de René Clair, est projeté en présence de la reine Elisabeth II. (→ 18.10.55)

Paris, 13 mars
Le Cuirassé « Potemkine », d'Eisenstein, sort enfin sur les écrans. Tourné en 1925, le film était resté interdit en France pour des raisons de censure politique et n'avait été présenté que dans les ciné-clubs.

Hollywood, 18 mars
La MGM abandonne le développement de son propre système de projection sur écran large et adopte le CinémaScope, qu'elle utilisera sous licence Fox.

Paris, 24 mars
Orson Welles est cité au conseil des prud'hommes à la requête du décorateur Alexandre Trauner, qui réclame plus de deux millions de F impayés pour les décors d'*Othello*.

Mexique, 3 avril
Gérard Philipe arrive à Alvaro pour le tournage des *Orgueilleux*, d'Yves Allégret. Michèle Morgan doit les y rejoindre.

Paris, 3 avril
Mort du cinéaste et théoricien Jean Epstein (*26.3.1897).

Washington, 7 mai
Le réalisateur Robert Rossen, qui avait jusqu'ici refusé de parler, reconnaît devant la HUAC avoir appartenu au parti communiste de 1937 à 1947 et donne 57 noms.

Los Angeles, 4 juin
Sortie de *Jules César* (*Julius Caesar*), de Joseph L. Mankiewicz, d'après la pièce de Shakespeare, avec Marlon Brando. (→ 30.12)

New York, 9 juin
Otto Preminger décide de passer outre les injonctions de la MPAA et des ligues de décence, et de sortir *La lune était bleue* sans le sceau du code de la production. (→ 5.10.54)

Paris, 1er juillet
La comédienne Claudette Colbert est à Paris pour tourner son premier film français, *Si Versailles m'était conté*, de Sacha Guitry. (→ 12.2.54)

Londres, 8 juillet
René Clément tourne les premières scènes de *Monsieur Ripois*, avec Gérard Philipe. Avec l'opérateur Oswald Morris, ils filment surtout dans les rues de Londres. (→ 25.3.54)

Mexico, 9 juillet
Avec son nouveau film, *El*, Luis Buñuel renoue avec la veine surréaliste de *l'Age d'or* : le héros, incarné par Arturo de Cordova, est un paranoïaque que sa jalousie morbide poussera au meurtre. L'accueil du public est réservé face à cette violence. (→ 3.4.55)

Paris, 14 juillet
Abel Gance, assisté de Nelly Kaplan, jeune journaliste argentine rencontrée à Cannes, filme la célébration de la fête nationale, en Eastmancolor et en stéréophonie, suivant son procédé d'écran à images multiples Polyvision. (→ 12.2.54)

Los Angeles, 15 juillet
Howard Hawks est un réalisateur fécond : *Les hommes préfèrent les blondes* (*Gentlemen Prefer Blondes*) est son second film à sortir cette année. Les spectateurs y retrouvent avec plaisir Marilyn Monroe et Jane Russell. (→ 30.7.54)

Paris, 9 août
Le producteur américain Samuel Goldwyn organise, pour les enfants déshérités de la capitale, une projection en avant-première du film de Charles Vidor *Hans Christian Andersen et la Danseuse*. (→ 20.4.55)

Los Angeles, 27 août
Sortie de *Vacances romaines* (*Roman Holiday*), de William Wyler, avec Gregory Peck et Audrey Hepburn, dont c'est le premier film en vedette. (→ 25.3.54)

Turin, 7 septembre
La comédienne américaine Lana Turner épouse en quatrièmes noces l'ancien Tarzan de l'écran, Lex Barker. La mariée s'évanouit durant la cérémonie.

Stockholm, 14 septembre
La Nuit des forains (*Gycklarnas Afton*), d'Ingmar Bergman, avec Ake Grönberg et Harriet Andersson, qui sort aujourd'hui, est la description pathétique de la tournée d'un cirque miteux. (→ 4.10.54)

Hollywood, 25 septembre
Alfred Hitchcock achève le tournage de *Le crime était presque parfait* (*Dial M For Murder*), avec Ray Milland, Grace Kelly et Robert Cummings. (→ 28.5.54)

Rio de Janeiro, 4 octobre
Première du film d'Alberto Cavalcanti *le Chant de la mer* (*O Canto do Mar*).

New York, 9 octobre
John Ford présente son film *Mogambo*, avec Clark Gable, Ava Gardner et Grace Kelly. Celle-ci, qui a repris le rôle initialement proposé à Gene Tierney, avoue qu'elle a tourné le film pour trois raisons : « Ford, Gable et un séjour gratuit en Afrique ». (→ 30.5.56)

Paris, 6 novembre
Sortie de *Thérèse Raquin*, de Marcel Carné, avec Simone Signoret et Raf Vallone, d'après Zola.

Washington, 25 novembre
La Bibliothèque du Congrès publie deux volumes complémentaires de son *Catalogue of Copyright Entries*. Tous les films ayant fait l'objet d'un dépôt légal de 1894 à 1949 y sont répertoriés. L'ensemble comprend 76 000 titres. (→ 16.7.68)

Paris, 10 décembre
Première au cinéma du Moulin-Rouge du film de John Huston, *Moulin-Rouge*, avec José Ferrer dans le rôle de Toulouse-Lautrec. La projection est suivie d'un spectacle donné au profit des œuvres de la santé publique. (→ 21.3.57)

Paris, 11 décembre
Le onzième prix Louis-Delluc est attribué au film de Jacques Tati, *les Vacances de M. Hulot*. (→ 18.5.58)

NAISSANCES
Paris, 28 janvier
Richard Anconina.

Paris, 16 mars
Isabelle Huppert.

Athens, Georgie, 8 décembre
Kim Basinger.

Premier film en CinemaScope, procédé dont la Fox a acquis le brevet, « la Tunique », d'Henry Koster, ouvre à ce titre une nouvelle étape.

20th CENTURY-FOX'S
The Robe
TECHNICOLOR
The First Motion Picture In
CINEMASCOPE
The Modern Miracle You See Without Glasses!
STARRING
RICHARD BURTON · JEAN SIMMONS · VICTOR MATURE · MICHAEL RENNIE
JAY ROBINSON · DEAN JAGGER
Adaptation by GINA KAUS
FRANK ROSS
PHILIP DUNNE · LLOYD C. DOUGLAS
HENRY KOSTER

Charlie Chaplin rompt avec l'Amérique

A New York, avec Oona, pour la première américaine de « Limelight ».

Genève, 1er janvier

Charles Chaplin vient d'acquérir pour 150 000 livres le manoir de Ban, une propriété de quinze hectares, située à Corsier-sur-Vevey, au bord du lac Léman. Le célèbre metteur en scène va s'y installer, avec toute sa famille, à l'abri des tracasseries de la justice américaine. Parallèlement, Oona Chaplin entame un voyage de quelques semaines aux Etats-Unis en vue d'y liquider les intérêts de son mari. Le 19 septembre dernier, soit le lendemain même de son départ pour l'Europe, Chaplin apprenait en effet par voie de presse que l'attorney général James McGranery avait ordonné l'ouverture d'une enquête sur l'auteur des *Feux de la rampe*, « afin de déterminer si sa turpitude morale et ses affinités politiques permettaient de le laisser rentrer aux Etats-Unis ». Ce bureaucrate avait même donné des instructions pour que le réalisateur soit arrêté dès son retour d'Europe. Interrogé peu après sur cette nouvelle affaire, Chaplin a déclaré : « Ce n'est pas pour des raisons artistiques que je suis attaqué aux Etats-Unis, c'est cela qui me serait amer, mais pour des raisons politiques. » Une fois de plus, le maccarthysme va priver le pays d'un de ses grands noms. (→ 23.8)

Pagnol, ou le cinéma qui coule de source

Jacqueline Pagnol, interprète de l'orpheline dans « Manon des Sources ».

Paris, 16 janvier

Près d'un village de l'Huveaune, une orpheline sauvage, Manon, vit parmi ses quelques chèvres. Elle sait que les villageois sont responsables de la mort de son père, le bossu Jean de Florette. Celui-ci s'était tué d'épuisement en allant chercher loin l'eau nécessaire à l'irrigation de ses terres. Il ignorait qu'il y avait, toute proche, une source que les méchants Ugolin et son oncle, le Papet César, avaient colmatée. Cette cruelle « histoire d'eau » est admirablement contée par Marcel Pagnol dans *Manon des Sources*, film dans lequel Manon, Ugolin et le Papet sont incarnés avec talent par Jacqueline Pagnol, Rellys et Henri Poupon. (→ 18.4.74)

La princesse Rita redevient Hayworth

Reno, 26 janvier

Rita Hayworth et le prince Ali Khan mettent fin à leur union à Reno, Nevada. Le couple était déjà séparé depuis plusieurs mois et Rita avait déclaré, lors d'une interview en septembre dernier : « Il est inutile de poursuivre cette union qui ne rend personne heureux. Je veux divorcer. » Pour prouver sa détermination à la presse, elle avait d'ailleurs donné son accord pour un nouveau tournage alors que le prince voulait qu'elle arrête son métier. Rita s'est éloignée des studios depuis 1948. Mariée à Ali Khan le 27 mai 1949, à Vallauris, en France, Rita Hayworth est maman d'une petite fille, Yasmina, née le 28 décembre 1949. L'actrice avait donné le jour précédemment à une autre fille, Rebecca, née en 1944 de son union avec Orson Welles. Elle commence dans quelques jours le tournage de *l'Affaire de Trinidad* (*Affair in Trinidad*), de Vincent Sherman. (→ 27.12.55)

Ingmar Bergman met les désirs de Monika à l'épreuve du réel

Stockholm, 9 février

Ingmar Bergman a commencé sa carrière de cinéaste en 1946. Ses premières œuvres – *Crise* (*Kris*), *Bateau pour les Indes* (*Skepp till Indialand*), *Musique dans les ténèbres* (*Musik i mörker*) – étaient empreintes de scepticisme. Ses personnages, désabusés ou cyniques, fuyaient la réalité de leur époque. *Un été avec Monika* (*Sommaren med Monika*) montre l'apaisement de l'auteur. Il se réconcilie avec son temps, goûte la nature et l'été nordique si lumineux. Bergman peint un rêve de liberté absolue. Harry et Monika volent un bateau et s'enfuient sur une île. Pendant une saison, ils vivent l'idylle parfaite, corps et âmes, mais l'automne leur apporte les grisailles de la vie conjugale. Monika, enceinte puis mère, quitte Harry et le bébé. L'érotisme insouciant des beaux jours a fui la routine. Les héros ne meurent plus chez Bergman, mais leur amour s'éteint. Comme dans la vie. (→ 14.9)

Harriet Andersson et Lars Ekborg, couple heureux et torturé d'« Un été avec Monika » (« Monika et le désir »).

Les inoubliables vacances avec M. Hulot

Paris, 27 février

Pour son second long métrage, Jacques Tati a refusé de ressusciter le facteur François, héros de *Jour de fête*. Déclinant les multiples propositions faites par les producteurs, l'auteur-interprète a préféré donner naissance à un nouveau personnage, promis sans le moindre doute à la plus grande popularité : M. Hulot. C'est entre juillet 1951 et octobre 1952 que Jacques Tati a réalisé *les Vacances de M. Hulot*, aux studios de Boulogne-Billancourt et en extérieurs naturels à Saint-Marc-sur-Mer, près de Saint-Nazaire. Le réalisateur est demeuré fidèle aux méthodes de travail adoptées pour *Jour de fête* : pas de vedettes autour de son personnage, comique exclusivement visuel et qui témoigne d'une certaine nostalgie pour le burlesque muet, et surtout absence d'histoire. C'est sans véritable lien dramatique, en effet, que le rêveur et emprunté M. Hulot promène sa silhouette dégingandée d'une scène à l'autre. L'humour naît ici d'une observation particulièrement fine de la vie quotidienne et le film ne raconte rien d'autre qu'un mois de juillet dans une petite station balnéaire : cortège de Français moyens dont l'irruption saugrenue de Hulot perturbe aimablement les vacances. Plusieurs scènes relèvent déjà d'une anthologie du comique cinématographique, telles la partie de tennis disputée par le héros ou encore le feu d'artifice déclenché par erreur. L'invraisemblable densité de gags et leur extrême qualité témoignent d'un travail qui ne laisse rien à l'improvisation : Tati-Hulot prépare jusqu'au plus infime des détails. L'accueil enthousiaste fait au film laisse augurer de prochaines aventures du personnage. (→ 11.12)

Jacques Tati, auteur et héros des « Vacances de M. Hulot ».

De Mille et Ford sont en tête aux Oscars

Hollywood, 19 mars

Devant les caméras de la télévision se déroule la 25e cérémonie des Oscars au RKO Pantages Theatre, sous la présidence de Bob Hope. Le film *Sous le plus grand chapiteau du monde* (*The Greatest Show on Earth*), de Cecil B. De Mille, reçoit le prix du meilleur film. Le scénario raconte les péripéties d'un cirque en tournée à travers les Etats-Unis, avec Charlton Heston et Cornel Wilde. John Ford, d'origine irlandaise, est couronné meilleur réalisateur pour *l'Homme tranquille* (*The Quiet Man*), avec John Wayne, une œuvre gaillarde et pleine d'humour sur les mœurs de la société provinciale irlandaise. L'Oscar du meilleur acteur va à Gary Cooper pour *Le train sifflera trois fois* (*High Noon*), de Fred Zinnemann, quant à celui de la meilleure actrice, il est attribué à Shirley Booth pour *Reviens petite Sheba* (*Come Back Little Sheba*), de Daniel Mann. Tous deux avaient pourtant de sérieux adversaires avec, d'une part, José Ferrer, Kirk Douglas, Alec Guinness et Marlon Brando et, d'autre part, Joan Crawford, Bette Davis et Susan Hayward. (→ 25.3.54)

Les contes cruels de Kenji Mizoguchi

Machiko Kyo et Masayuki Mori forment un couple entre le rêve et la mort.

Tokyo, 26 mars

Souvent, ce sont les œuvres les plus enracinées dans une tradition et dans une culture nationales qui possèdent des qualités universelles. A preuve : *les Contes de la lune vague après la pluie*, le nouveau film de Kenji Mizoguchi. Œuvre violente et contemplative à la fois, le film conjugue avec un extrême bonheur, et en un seul et ample mouvement, quatre genres typiquement japonais : la fresque historique, le poème élégiaque, le conte merveilleux et le spectacle kabuki. Le résultat de ce riche mariage est un film d'une beauté envoûtante et d'un raffinement qui confine à la perfection. Adapté de deux nouvelles d'Akinari Ueda, le film retrace l'histoire suivante : au XVIe siècle, alors que les guerres féodales déchirent le pays, un potier et un paysan rêvent d'éblouir leurs jeunes épouses, le premier en offrant à la sienne les plus beaux kimonos et le second en devenant samouraï. Alors que le potier se laissera séduire par le spectre d'une princesse et que le paysan deviendra un vrai guerrier, les soldats violeront la femme de l'un et tueront celle de l'autre. D'une beauté plastique éblouissante, le film est un hymne universel dédié à l'amour fou et à la fidélité. Comme souvent chez Mizoguchi, on trouve ici une critique de l'archaïsme de la société japonaise et une évocation de la difficile condition féminine, notamment à travers le personnage de la femme violée, qui se prostitue pour survivre. (→ 23.11.54)

Sakae Ozawa et Masayuki Mori dans « Les Contes de la lune vague ».

Grand prix au « Salaire de la peur »

A Charles Vanel le prix d'interprétation pour son rôle dans le film de Clouzot, aux côtés d'Yves Montand.

Cannes, 29 avril

Ouverte depuis le 15 du mois, la partie de chasse cannoise a été bonne pour les amateurs de films autant que pour les photographes ou pour les chasseurs d'autographes. Durant deux semaines, on a pu voir Errol Flynn, Gary Cooper, Kirk Douglas, Yves Montand, Silvana Mangano et bien d'autres vedettes se faire gentiment bousculer par la foule enthousiaste des festivaliers. Pendant ce temps, le jury du Festival de Cannes se livrait à une activité plus sérieuse mais non moins excitante : l'examen des films venus du monde entier pour dénicher parmi eux les perles rares, dignes d'être récompensées. La sélection étant très riche cette année, le président – Jean Cocteau – et les autres membres du jury n'ont eu que l'embarras du choix. Cette profusion explique d'ailleurs que les prix internationaux aient été généreusement attribués à sept des vingt-huit nations participantes. Seul *le Salaire de la peur*, d'Henri-Georges Clouzot, émerge du lot, obtenant un grand prix bien mérité. Inspiré d'un roman de Georges Arnaud, il a fait en effet l'unanimité. Spectaculaire film d'action et passionnant drame sur l'échec, le film tient le spectateur en haleine du début jusqu'à la fin. Sa réussite est telle que même les Américains, grands spécialistes des films de suspense, le considèrent comme un chef-d'œuvre du genre. L'histoire se déroule dans un pays d'Amérique latine. Un groupe d'aventuriers désargentés, parmi lesquels deux Français, accepte de transporter en camion un dangereux explosif destiné à une entreprise pétrolière. Seul l'un d'eux survivra et pourra toucher sa prime. Cette épopée de l'endurance a été tournée dans des conditions extrêmement difficiles et particulièrement exténuantes pour les acteurs. Parmi ceux-ci, tous remarquables, Yves Montand et Charles Vanel – désigné par le jury comme le meilleur interprète du Festival – réussissent un vrai morceau de bravoure. (→ 18.8.54)

Le film brésilien « O Cangaceiro », de Lima Barreto, reçoit le prix international du film d'aventures, ainsi qu'une mention spéciale pour la musique.

Le grand prix du court métrage va à « Crin-Blanc », d'A. Lamorisse.

Paul Grimault renie sa bergère

Paris, 29 mai

Dans le Paris d'après-guerre, Paul Grimault et Jacques Prévert ont donné à l'animation française l'un de ses plus beaux courts métrages, *le Petit Soldat*. Tout en travaillant à ce film lyrique et grave, terminé en 1947, ils adaptaient alors un autre conte d'Andersen, *la Bergère et le Ramoneur*, premier dessin animé de long métrage réalisé en France. Un grave différend ayant opposé réalisateur et producteur, Grimault dut quitter la société Les Gémeaux en 1950 avant d'avoir achevé son œuvre. C'est donc une version désavouée par ses auteurs qui sort aujourd'hui, Grimault et Prévert n'acceptant ni le montage ni le dénouement du film. (→ 19.3.80)

« La Bergère et le Ramoneur ».

Chaplin en Suisse

Corsier-sur-Vevey, 23 août

Pour fuir une campagne d'hostilité toujours virulente envers lui depuis ses prises de position politiques pendant la guerre, Charles Chaplin a quitté les Etats-Unis en 1952. Ayant toujours gardé la nationalité britannique, il s'est établi en Suisse en janvier avec sa femme, Oona, et ses deux filles, Geraldine et Josephine. Au consulat américain de Genève, il a rendu son passeport, tandis qu'Oona demandait la nationalité britannique. La famille s'est installée au manoir de Ban, à Corsier. Aujourd'hui est né le troisième enfant de Chaplin et d'Oona, un garçon nommé Eugène. (→ 28.7.56)

Après « la Tunique », le cinéma va se porter en grande largeur

Le film d'Henry Koster se rattache à la tradition des sujets empruntés à l'Antiquité, tout en innovant par sa technique.

New York, 16 septembre
Devant la menace croissante de la télévision, le cinéma tente de voir plus grand. *La Tunique* (*The Robe*), premier long métrage de fiction réalisé en CinémaScope, vient d'être présenté par la 20th Century Fox au célèbre Roxy de New York. Par ce procédé, mis au point dans les années vingt par le physicien français Henri-Jacques Chrétien sous le nom d'Hypergonar, l'image apparaît considérablement élargie à la projection. Pour un coup d'essai, *la Tunique* est un coup de maître. Réalisé par Henry Koster, ce drame biblique sans génie emporte cependant l'adhésion du public, d'autant plus que les rôles principaux sont tenus par Richard Burton, Victor Mature et Jean Simmons.

Sinatra et Gardner jettent l'éponge

Carson City, 31 octobre
Malgré l'intervention de la mère de Sinatra pour réconcilier Frank et Ava Gardner, la séparation du couple est désormais officielle. La dernière nuit qu'ils ont passée ensemble remonte à la fin du mois de septembre, alors qu'ils séjournaient à Palm Springs. Sinatra venait d'achever une série de galas au Riviera de New Jersey, et Ava était rentrée d'Irlande où elle avait tourné les extérieurs des *Chevaliers de la Table Ronde* (*Knights of the Round Table*) sous la direction de Richard Thorpe. Le 27 octobre, la MGM a annoncé la séparation des deux acteurs. Aujourd'hui, Frank Sinatra confirme l'information lors d'une conférence de presse à Carson City, Nevada. Il semble très éprouvé moralement. La perte, volontaire ou non, du bébé que portait Ava en novembre 1952, a durement frappé Sinatra et est peut-être pour beaucoup dans la dissolution du couple. Ava Gardner, qui déteste rester seule, est partie pour l'Europe rejoindre un nouvel ami, Luis Miguel Dominguin. Peut-être joindra-t-elle l'utile à l'agréable, car elle dit avoir très envie de tourner un film en Europe. (→ 29.9.54)

Le Paris de Huston a enchanté Venise

Venise, 4 septembre
La Mostra n'a pas décerné de Lion d'or mais elle a choisi six Lions d'argent pour honorer des œuvres aussi diverses que brillantes. *Le Petit Fugitif* (*The Little Fugitive*), de Ray Ashley, Morris Engel et Ruth Orkin, raconte les tribulations d'un gamin de New York avec humour et poésie. Kenij Mizoguchi offre, avec *les Contes de la lune vague après la pluie* (*Ugetsu monogatari*), la magnifique chronique d'un rêve d'amour déçu. D'un genre inhabituel au cinéma soviétique, *Sadko*, d'Alexandre Ptouchko, est une féerie. Federico Fellini, dans *les Vitelloni* (*I vitelloni*), règle ses comptes personnels avec sensibilité. *Thérèse Raquin*, de Marcel Carné, impose sa beauté tragique. Avec *Moulin-Rouge*, John Huston séduit les amateurs de peinture et les amoureux d'un Paris disparu. José Ferrer incarne Toulouse-Lautrec dans une Belle Epoque créée en studio ou à Paris par un maître inventif. Huston aplatit les couleurs comme le faisait Lautrec, use de filtres et de fumée pour obtenir un effet de brume et redonne à Montmartre son charme d'autrefois. (→ 10.12)

Marlon Brando endosse un blouson noir

New York, 30 décembre
Les blousons noirs qui terrorisent les rues américaines envahissent les écrans. *L'Equipée sauvage* (*The Wild One*), de Laslo Benedek, raconte un week-end du motoclub des Rebelles noirs, groupe d'une quarantaine de garçons et de filles casqués, vêtus de blue-jeans et de blousons de cuir ornés d'une tête de mort. Menés par Johnny (Marlon Brando), ils sèment la terreur dans une petite ville où ils causent la mort d'un vieillard, contraignant les habitants à organiser leur défense. Le réalisateur s'est inspiré de faits réels survenus en 1947 : la mise à sac d'Holister, bourg de Californie, par une bande de blousons noirs. « Le thème n'est pas la délinquance juvénile, explique Benedek, mais la jeunesse dépourvue d'idéaux. J'ai voulu montrer que répondre à la violence par la violence est voué à l'échec. » (→ 15.4.54)

« L'Equipée sauvage », de Laslo Benedek, qui s'inspire d'un fait divers réel, fait de Marlon Brando un anti-héros représentatif de la jeunesse.

Affichette originale signée R. Péron.

Delia Garces et Arturo de Cordova dans un film de Luis Buñuel, « El ».

Une affichette originale pour un film dont la musique est de Georges Auric.

John Wayne et Rodolfo Acosta dans le film de John Farrow « Hondo, l'homme du désert », qui retrace des épisodes de la guerre contre les Apaches.

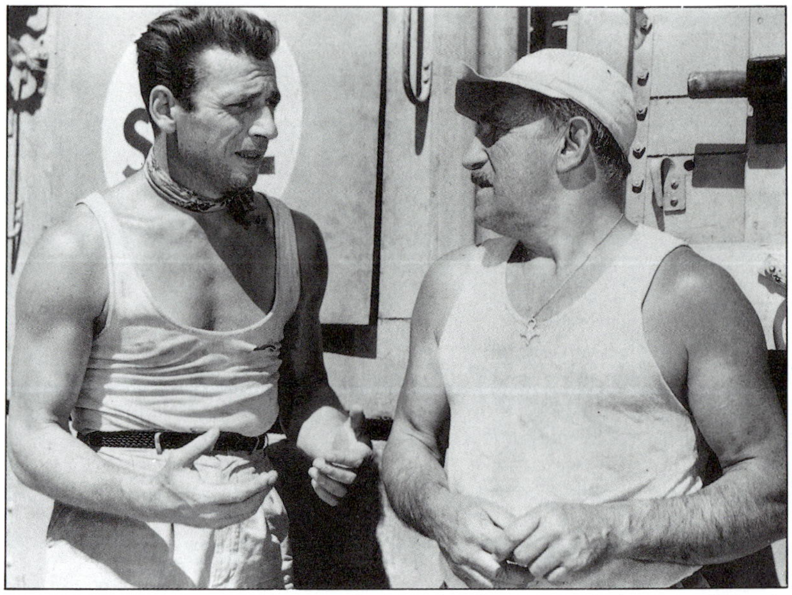

Yves Montand et Charles Vanel dans le drame psychologique d'Henri-Georges Clouzot « le Salaire de la peur », d'après le roman de Georges Arnaud.

Harriet Andersson et Ake Grönberg dans un film d'Ingmar Bergman, « la Nuit des forains » (« Gycklarnas Afton »), sur le monde du cirque.

Louis Calhern, Marlon Brando, Greer Garson et Deborah Kerr dans un film adapté de William Shakespeare par Joseph Mankiewicz : « Jules César ».

Affiche originale française au format 160 x 120 cm, signée Boris Grinsson.

Une affichette française en photomontage à la manière de la MGM.

« La Tunique », d'Henry Koster.

Affiche originale de Paul Grimault.

Sig Rumann et William Holden dans « Stalag 17 », un film de Billy Wilder qui évoque la vie des prisonniers de guerre en Allemagne.

Millard Mitchell, Robert Ryan, Janet Leigh, Ralph Meeker et James Stewart dans un western d'Anthony Mann, « l'Appât » (« The Naked Spur »).

Esther Williams vedette de la comédie musicale de Charles Walters « Désir d'amour » (« Easy to Love »), dans laquelle Cyd Charisse fait une apparition.

Mary Murphy et Marlon Brando dans un film de Laslo Benedek, « l'Equipée sauvage » (« The Wild One »). Marlon Brando peaufine son image.

1954

Oscars, Hollywood
Film : *Tant qu'il y aura des hommes* (Fred Zinnemann).
Acteur : William Holden.
Actrice : Audrey Hepburn.

Mostra d'arte cinematografica, Venise
Lion d'or : *Roméo et Juliette* (Renato Castellani).
Meilleur acteur : Jean Gabin.
Meilleure actrice : non attribué.

Festival international du film, Cannes
Grand prix : *la Porte de l'enfer* (Teinosuke Kinugasa).
Meilleur acteur : non attribué.
Meilleure actrice : non attribué.

Paris, 8 janvier
Le comédien et réalisateur américain Buster Keaton, engagé par le cirque Médrano, débute ce soir en interprétant un sketch au cours du spectacle. (→ 1.2.66)

New York, 8 janvier
Les critiques désignent le film français d'André Cayatte *Justice est faite* comme le meilleur film étranger présenté aux Etats-Unis pendant l'année 1953. (→ 7.9.60)

Corée, 1er février
Marilyn Monroe effectue une tournée sur le front pour soutenir le moral des GI.

Sao Paulo, 12 février
Au Festival, un incident oppose la délégation américaine à Abel Gance, à propos du procédé d'écran large Cinérama. Gance fait valoir son antériorité avec le triple écran de *Napoléon* en 1927. (→ 20.5.55)

Le Caire, 1er mars
Le film de Youssef Chahine *Ciel d'enfer* (*Sirafi al-wadi*), qui sort ce jour, révèle un acteur de vingt-deux ans : Omar Sharif. Pour son premier rôle au cinéma il joue aux côtés de la très populaire Faten Hamama. (→ 20.1.58)

Hollywood, 2 mars
Clark Gable annonce qu'il quitte la MGM après vingt-trois ans de contrat. Il y recevait un salaire annuel de 500 000 dollars. On ignore si d'autres studios l'ont contacté.

Los Angeles, 19 mars
En réponse à des rumeurs évoquant une éventuelle séparation, Dean Martin et Jerry Lewis déclarent : « Nous avons en effet l'intention de dissoudre notre équipe... le 25 juillet 1996, pour le cinquantenaire de notre tandem. »

Hollywood, 19 mars
John Cassavetes épouse Gena Rowlands. Ils sont âgés respectivement de vingt-cinq et dix-huit ans.

Londres, 25 mars
Pour l'académie britannique, qui lui en décerne le titre, le film français de René Clément, *Monsieur Ripois*, est « la meilleure production mondiale de l'année ». (→ 9.4)

Rome, 26 mars
La sortie d'*Où est la liberté ?* (*Dovè la libertà ?*), de Roberto Rossellini, avec Toto, Vera Molnar et Federico Fellini (dans une courte séquence), marque la seconde incursion du cinéaste dans le domaine périlleux de la comédie. La critique italienne est dubitative. (→ 7.9)

New York, 2 mai
Le *New York Times* publie une lettre de Robert Bresson, protestant contre les coupures, effectuées par le distributeur américain de son film, *le Journal d'un curé de campagne*, qui rendraient le film incompréhensible. D'aprés le journal le rythme trop lent de certains films européens n'est pas adapté au public américain. (→ 11.11.56)

Hollywood, 28 mai
Le crime était presque parfait (*Dial M for Murder*), la dernière réalisation d'Alfred Hitchcock produit par la Warner, sort aujourd'hui en version « plate », bien qu'il ait été tourné en « relief ». Il faut dire que la vogue du cinéma en stéréoscopie est maintenant passée. Le cinéaste s'est engagé avec la Paramount pour neuf films. Le premier, *Fenêtre sur cour* (*Rear Window*), avec James Stewart et Grace Kelly, est sorti le 8 mai. (→ 16.5.56)

Buenos Aires, 13 juin
Le jeune cinéaste Leopoldo Torre Nilsson, qui a jusqu'ici travaillé surtout avec son père, L. Torres Rio, présente son premier film entièrement personnel, *Jours de haine* (*Dias de odio*), d'après un scénario de Jorge Luis Borges.

Paris, 23 juin
Dans le film *Tous en scène* (*The Band Wagon*), avec Fred Astaire et Cyd Charysse, qui est présenté ce soir à la presse, Vincente Minnelli offre, à côté de la gaieté de la comédie musicale, une réflexion sur l'art de la mise en scène et sur la création chorégraphique. (→ 5.8.55)

Paris, 30 juillet
Sortie du film d'Howard Hawks, *Les hommes préfèrent les blondes* (*Gentlemen Prefer Blondes*), avec Marilyn Monroe et Jane Russell, une comédie caustique. (→ 27.10)

Lisbonne, 2 août
Pour les besoins d'une coproduction franco-portugaise, le cinéaste Henri Verneuil et son équipe se sont installés dans la capitale lusitanienne, où débutent les prises de vue du film *Amants du Tage*, avec Daniel Gélin, Françoise Arnoul et Amalia Rodrigues. (→ 16.12.59)

Paris, 18 août
Henri-Georges Clouzot tourne les premières scènes du film *les Diaboliques*, avec Simone Signoret, Paul Meurisse et Vera Clouzot, son épouse. (→ 28.1.55)

Hollywood, 20 septembre
Walt Disney met fin à son accord de distribution avec la RKO. Tous les films qu'il produira seront désormais distribués par sa propre filiale, Buena Vista, qu'il a créée l'année dernière. (→ 18.7.55)

Paris, 4 octobre
Jean Renoir commence à tourner *French Cancan* aux studios de Joinville. Il a réussi à imposer dans le rôle principal Jean Gabin, considéré par de très nombreux producteurs comme un *has been*. (→ 27.4.55)

Stockholm, 4 octobre
Première du film *Une leçon d'amour* (*En lektion i kärlek*), d'Ingmar Bergman, avec Eva Dahlbeck et Gunnar Björnstrand. (→ 16.2.57)

Los Angeles, 5 octobre
Lors de la sortie de *Carmen Jones*, d'Otto Preminger, qui s'inspire de l'opéra de Bizet, la presse spécialisée révèle que les héritiers du compositeur refusent que le film soit exploité en France. (→ 1.3.56)

Paris, 18 novembre
Stéphane Audran épouse Jean-Louis Trintignant.

Tokyo, 23 novembre
Sortie des *Amants crucifiés* (*Chikamatsu monogatari*), de Kenji Mizoguchi. (→ 3.5.55)

New York, 26 décembre
Robert Aldrich présente *Vera Cruz*, le premier film réalisé en Superscope, procédé proche du Cinéma Scope, avec Burt Lancaster et Gary Cooper. (→ 8.11.55)

New York, 28 décembre
L'association de la critique de New York élit Marlon Brando meilleur acteur de l'année, pour son rôle dans *Sur les quais*, de Kazan, et Grace Kelly meilleure actrice pour *Une fille de la province* (*The Country Girl*), de G. Seaton. (→ 30.3.55)

NAISSANCES
Neuilly-sur-Seine, 23 mars
Catherine Alric.

Houston, 9 avril
Dennis Quaid.

Chicago, 15 juin
James Belushi.

Springfield, Missouri, 19 juin
Kathleen Turner.

« La Strada » fait connaître au monde entier le génie créateur de Federico Fellini et le talent singulier de son interprète, Giulietta Masina.

PREMIATO ALLA XV MOSTRA INTERNAZIONALE D'ARTE CINEMATOGRAFICA DI VENEZIA
un film PONTI-DE LAURENTIIS
Anthony
QUINN
Giulietta
MASINA
Richard
BASEHART
LA STRADA
DI FEDERICO FELLINI
PRODUZIONE
PONTI-DE LAURENTIIS
PRODOTTO DA DINO DE LAURENTIIS E CARLO PONTI
DISTRIBUZIONE
Paramount
Films
ARTERO - ROMA

Sacha Guitry fait les contes de Versailles

Une distribution éblouissante fait de Claudette Colbert Mme de Montespan.

Paris, 12 février
Ecrit, dialogué, mis en scène et interprété par Sacha Guitry, *Si Versailles m'était conté* sort dans trois salles et s'annonce comme un grand succès public. Avec son inimitable verve et son talent de conteur des « petites histoires de la grande histoire », Sacha Guitry y évoque les grandes heures du Palais, depuis Henri IV cherchant l'emplacement d'un pavillon de chasse jusqu'au traité de paix de 1919. Tourné au château de Versailles, le film réunit plus de quatre-vingt-dix acteurs renommés, dont Claudette Colbert et Micheline Presle. (→ 25.3.55)

Une certaine tendance...

Paris, 1er janvier
En page 15 du numéro 31 des *Cahiers du cinéma*, le critique François Truffaut, jeune protégé d'André Bazin, signe un violent réquisitoire intitulé « Une certaine tendance du cinéma français ». L'article fait d'ores et déjà beaucoup de bruit, et on comprend que la rédaction des *Cahiers* ait longtemps hésité avant de le publier. Dans cette attaque en règle de la « tradition de la qualité » et des « films de scénaristes », Truffaut prend Jean Aurenche et Pierre Bost comme cibles privilégiées. Démontant le scénario inemployé fait par ces derniers à partir du *Journal d'un curé de campagne*, de Georges Bernanos, il le compare au film qu'en a tiré Robert Bresson. Au terme de son analyse, Truffaut conclut à l'invalidité foncière du réalisme psychologique : « Quelle est donc la valeur d'un cinéma antibourgeois fait par des bourgeois, pour des bourgeois ? » (→ 8.6.58)

Jean Gabin à la hausse avec le « Grisbi »

Paris, 17 mars
Avec le nouveau film de Jacques Becker, *Touchez pas au grisbi*, Jean Gabin parvient enfin à se débarrasser du mythe qui s'attachait à lui. Le personnage du brave gars issu de milieu populaire et sur qui s'acharnait la fatalité semble bel et bien mort. Dans la mise en scène de Becker, adaptée d'une série noire d'Albert Simonin, l'acteur est cette fois un truand vieillissant en quête de respectabilité et qui rêve d'assurer ses vieux jours. Entouré par René Dary, Jeanne Moreau et Paul Frankeur, Gabin réussit une composition magistrale de Max le Menteur, saluée par toute la critique. Il est à noter que le projet de Becker a eu maille à partir avec la censure, qui a « suggéré » quelques modifications. (→ 27.4.55)

« Touchez pas au grisbi », de J. Becker, avec Dora Doll et Jeanne Moreau.

Tant qu'il y aura des films, et des Oscars pour les distinguer

Hollywood, 25 mars
Assez paradoxalement, alors que la couleur et le Cinema Scope triomphent sur les écrans, ce sont trois films en noir et blanc qui sont nommés dans la course aux Oscars. On estime à environ 43 millions le nombre de téléspectateurs présents devant leur poste pour assister au couronnement de *Tant qu'il y aura des hommes* (*From Here to Eternity*), de Fred Zinnemann. Meilleur film et meilleur réalisateur de l'année, il égalise le score obtenu par *Autant en emporte le vent*, en 1940. Au total, huit Oscars sont décernés à ce film dont ceux des meilleurs seconds rôles féminin et masculin, remis à Donna Reed et Frank Sinatra. Seuls les deux interprètes principaux du film, Burt Lancaster et Montgomery Clift, ne sont pas récompensés. Donald O'Connor, maître de cérémonie, remet le prix de la meilleure actrice à Audrey Hepburn pour *Vacances romaines* (*Roman Holiday*), de William Wyler. William Holden obtient l'Oscar du meilleur acteur pour *Stalag 17*, de Billy Wilder. Enfin, une autre personnalité couronnée au cours de cette soirée est Walt Disney, dont plusieurs films sont au palmarès dans diverses catégories : *le Désert vivant*, *le Pays des ours*, *The Alaskan Eskimo* et le dessin animé *Toot, Whistle, Plunk and Boom*. (→ 18.7.55)

Deborah Kerr et Burt Lancaster dans « Tant qu'il y aura des hommes ».

Vittorio De Sica choisit la fantaisie

Rome, 1er mars
La première projection de *Pain, amour et fantaisie* (*Pane, amore e fantasia*) ravit doublement les spectateurs. D'abord, ils découvrent un film pétillant et gracieux. Ensuite ils retrouvent le très populaire Vittorio De Sica. Luigi Comencini mêle comique et néo-réalisme avec bonheur. De Sica, lui, joue avec humour et brio un rôle d'homme mûr. Il s'efface devant le soupirant de Gina Lollobrigida. Le public ne l'en aimera que mieux. (→ 6.9.59)

Aux côtés de De Sica, Gina Lollobrigida anime avec vitalité les débats amoureux de « Pain, amour et fantaisie », de Luigi Comencini.

Toute la RKO pour un seul homme

New York, 18 mars
Le conseil d'administration de la RKO accepte la proposition de rachat du studio par Howard Hughes. Celui-ci devient le premier homme à posséder seul une grande société de production et de distribution. Né le 24 décembre 1904, il est le neveu du romancier Ruppert Hughes. Millionnaire en dollars, propriétaire du sous-sol texan, il s'est lancé dans le cinéma en 1927 en fondant la société Caddo. C'est lui qui a découvert Jean Harlow et a imposé Jane Russell dans *le Banni* (*The Outlaw*). (→ 18.7.55)

Le maccarthysme n'en finit pas de rôder sur les quais

Hollywood, 15 avril
Elia Kazan n'en finit pas de se disculper : son nouveau film, *Sur les quais* (*On the Waterfront*), est une parabole limpide se référant à sa propre attitude devant la Commission des activités anti-américaines, il y a deux ans. Avec son collègue Budd Schulberg, qui vécut le même calvaire, le réalisateur de *Boomerang* a imaginé la dramatique aventure d'un jeune docker, interprété par Marlon Brando, qui dénonce à la police les chefs d'un syndicat quelque peu mafieux. La dénonciation et ses implications morales sont au centre du film : le héros est un mouchard et doit assumer ses propres convictions, allant même jusqu'à affronter stoïquement la violence vengeresse de ses anciens camarades. Suivant une idée toute faite très répandue dans la population américaine, les communistes sont assimilés à des gangsters résolument amoraux et asociaux. *Sur les quais* n'est pas la première œuvre inspirée par les soubresauts du maccarthysme. Déjà, l'an dernier, la pièce *les Sorcières de Salem*, d'Arthur Miller, l'ancien auteur fétiche d'Elia Kazan sur les scènes newyorkaises de Broadway, dénonçait clairement la croisade anticommuniste du Sénat, en mettant en scène un homme refusant de se soumettre à la volonté d'un tribunal d'inquisition. « J'ai trois enfants, déclarait-il dans la pièce. Comment pourrais-je leur apprendre à marcher dans la vie comme les hommes ? Et je vendrais mes amis, aussi ? » Décidément, le spectre du maccarthysme n'en a pas encore fini de rôder sur les quais et de hanter les coulisses de Hollywood. (→ 28.12)

Marlon Brando dans « Sur les quais », d'Elia Kazan : la délation en question.

A Cannes, Monsieur Ripois est derrière la porte de l'enfer

Cannes, 9 avril
Le film japonais *la Porte de l'enfer*, de Teinosuke Kinugasa, a fait une forte impression au Festival de Cannes, qui vient de s'achever. Du coup, il a ravi le grand prix à *Monsieur Ripois*, de René Clément, lequel se voit toutefois consoler par un prix spécial du jury. Histoire d'adultère qui tourne au drame, le film nippon est adapté d'un classique de la littérature japonaise. Les recherches sur les couleurs notamment ont dû être appréciées par le jury présidé par Jean Cocteau et qui compte parmi ses membres Luis Buñuel et André Bazin. Production anglaise, le film de Clément donne à Gérard Philipe l'occasion d'interpréter un rôle nouveau pour lui, celui d'un Français émigré à Londres, qui vit comme un pitoyable don Juan aux crochets des femmes qu'il séduit. (→ 10.5.55)

« La Porte de l'enfer », film japonais de Teinosuke Kinugasa, obtient le grand prix du festival international.

« Monsieur Ripois » vaut au réalisateur René Clément le prix spécial du jury.

Ainsi naissent et disparaissent les stars

Judy Garland dans « Une étoile est née », le remake de George Cukor.

New York, 5 août
Remake d'un film portant le même titre, réalisé en 1937 par William A. Wellman, *Une étoile est née* (*A Star is Born*) sort dans une nouvelle version due à George Cukor. C'est l'histoire d'une jeune chanteuse (Judy Garland) qui grimpe les échelons du succès, devient célèbre, mais est prête à renoncer à sa gloire pour sauver son mari (James Mason) de l'alcoolisme. Les exploitants se plaignent de la durée du film (trois heures) et demandent une amputation à la Warner Bros, société distributrice. Humphrey Bogart et Cary Grant avaient refusé le rôle principal masculin. (→ 18.1.60)

Rossellini plaide pour le droit au miracle

Milan, 7 septembre
Le couple Bergman-Rossellini situe joliment son troisième film sous le signe de l'amour triomphant. *Voyage en Italie* (*Viaggio in Italia*) est une exploration de l'échec conjugal. Deux Britanniques, Alexander (George Sanders) et Catherine (Ingrid Bergman) font un ultime voyage en Italie avant de se séparer définitivement. Poli et glacé, leur couple va connaître à Pompéi une résurrection miraculeuse. Une procession les croise, ils se perdent, chacun de son côté. Ils se retrouvent et leur amour renaît. (→ 29.1.55)

George Sanders et Ingrid Bergman dans « Voyage en Italie ».

Le Festival de Venise révèle « la Strada »

Giulietta Masina, dans le rôle de Gelsomina, illumine le film de Fellini.

Venise, 7 septembre
Cette édition du Festival de Venise ne s'oubliera pas de sitôt. Entre autres parce qu'elle a ignoré le talent des actrices en compétition : Barbara Stanwyck, Alida Valli, Giulietta Masina, Jeanne Moreau... Il n'y aura de coupe Volpi que pour l'interprète masculin Jean Gabin, dans *Touchez pas au grisbi*, de Jacques Becker. Le Lion d'or est décerné à Renato Castellani pour un *Roméo et Juliette* (*Giulietta e Romeo*) aux couleurs aussi chatoyantes que celles d'un tableau de maître. La Mostra n'a pas été avare de ses Lions d'argent ! Ils vont à Elia Kazan (*Sur les quais*), à Kenji Mizoguchi (*l'Intendant Sansho*), à Akira Kurosawa (*les Sept Samouraïs*) et à Federico Fellini (*la Strada*). Il faut reconnaître que ce film a bouleversé Venise et ses idées bien arrêtées. Comment filmer ainsi ? Pourtant, Federico Fellini plante décors et personnages dans un univers devenu familier aux spectateurs. C'est l'Italie néo-réaliste pauvre et marginale, l'univers fragile des gens de la route : baladins, colosses de foire et clowns. Gelsomina, femme-enfant un peu simple d'esprit, s'attache à Zampano (Anthony Quinn), une brute dépourvue de sentiment. L'histoire puise toute son originalité dans sa force symbolique. Fellini met dans ce film tout ce qui est capable de faire rire ou pleurer, souffrir ou espérer. Sa femme, Giulietta Masina, attendrissante et mystérieuse, sera pour tout un public une Gelsomina inoubliable. (→ 20.5.60)

« Les Sept Samouraïs », western à la japonaise d'Akira Kurosawa.

La comtesse Ava et ses amours déçues

Hollywood, 29 septembre
Avec *la Comtesse aux pieds nus* (*The Barefoot Contessa*), Joseph L. Mankiewicz vient de réaliser son œuvre la plus personnelle et la plus achevée. Ava Gardner incarne une star de Hollywood, Maria d'Amato, née Maria Vargas, une ancienne danseuse de cabaret de Madrid. Le film débute dans un cimetière de la Riviera italienne, le jour de son enterrement. Ses anciens amants, interprétés par Humphrey Bogart, Edmond O'Brien et Rossano Brazzi, se remémorent, à l'aide de huit flash-backs successifs, son ascension sociale et sa dramatique fin sous le bras vengeur d'un mari jaloux. Mankiewicz, qui est l'auteur admiré de *Chaînes conjugales* et d'*Eve*, a pu travailler dans des conditions exemplaires, en tant que producteur indépendant soutenu par les Artistes associés. *La Comtesse aux pieds nus*, qui est son premier film en couleurs, est d'une beauté formelle à couper le souffle, sublimée par la plastique avantageuse d'Ava Gardner. L'action se déroule dans quatre types de lieux différents : en Espagne lors de la découverte de Maria, à Hollywood, sur la Riviera et dans le palais d'une vieille famille aristocratique italienne. Pour ses personnages, Mankiewicz semble s'être inspiré de Rita Hayworth et d'Howard Hughes, lequel le menaça de procès, ce qui explique quelques coupures dans le dialogue. (→ 11.7.56)

Ava Gardner et Humphrey Bogart dans « la Comtesse aux pieds nus ».

Joe et Marilyn ne vieilliront pas ensemble

Santa Monica, 27 octobre
Le 14 janvier dernier, Marilyn Monroe a épousé Joe Di Maggio, célèbre joueur de base-ball. Ce mariage de diversion (Marilyn était amoureuse d'Arthur Miller, dont elle avait fait la connaissance en 1950) s'achève déjà, après dix mois de vie commune. Le 4 octobre, la Fox avait annoncé à la presse que Marilyn demandait le divorce sans en préciser les raisons. Celui-ci est aujourd'hui effectif. L'actrice a décidé de quitter Hollywood pour vivre à New York. Elle espère que cet éloignement aplanira ses difficultés avec la Fox à propos de son actuel contrat. (→ 31.1.55)

« Rivière sans retour », d'Otto Preminger, son dernier film à ce jour.

Visconti sacrifie le réalisme à la beauté

Alida Valli et Farley Granger dans « Senso », un opéra romantique.

Rome, 1er décembre
Senso mécontente l'Italie. Elle a fort mal accueilli ce dernier film de Visconti lors de sa présentation à la Mostra de Venise en septembre. Le réalisateur déçoit ceux qui le tiennent pour l'inventeur du cinéma néo-réaliste. Pour eux, ce « film en costumes » est une trahison et un abandon du genre. Il dérange aussi le chauvinisme de ceux qui n'apprécient pas le rappel d'une défaite italienne. En effet, *Senso* évoque la période du *Risorgimento* (renouveau). En 1866, la Vénétie était occupée par l'Autriche et les actes de résistance se multipliaient. L'unité de l'Italie semblait près de se réaliser, mais, alors que le peuple était au bord de la révolte, l'aristocratie se divisait. Certains nobles collaboraient avec l'Autriche tandis que d'autres soutenaient avec vigueur l'action des patriotes. La bataille de Custozza, remportée par l'Autriche, allait préluder à l'indépendance. Dans ce contexte historique Visconti inscrit un mélodrame aussi sombre que tumultueux. La comtesse Livia Serpieri (Alida Valli), devenue la maîtresse de l'officier autrichien Franz Malher (Farley Granger), se laisse envahir par la passion. Elle perdra son honneur de patriote, sa dignité féminine, sa raison. *Senso* a le faste et l'ampleur de ces opéras de la Scala qui ont bercé l'enfance de Luchino. Dans une mise en scène somptueuse et théâtrale, Visconti oppose la déchéance morale à la splendeur plastique. (→ 9.9.57)

Gérard Philipe est Julien Sorel.

V. Johnson, B. Jones, G. Kelly et C. Charisse dans « Brigadoon ».

Affiche originale française au format 160 x 120 cm, création de Sidjakov.

Marcella Rovere, Anthony Quinn et Giulietta Masina dans « la Strada », de Federico Fellini, chef-d'œuvre du néo-réalisme poétique.

Takashi Shimura dans le film d'Akira Kurosawa « les Sept Samouraïs » (« Shichinin no samurai »), couronné par le Festival de Venise.

Affiche signée Guy-Gérard Noël.

Gina Lollobrigida et Vittorio De Sica dans « Pain, amour et fantaisie ».

G. Philipe dans « Monsieur Ripois ».

Une des affiches originales française au format 160 x 120 cm, signée Arnstam.

Affichette originale pour un film qui fut massacré par ses commanditaires.

Affiche originale française au format 160 x 120 cm, signée Henri Cerutti.

Harry Belafonte et Dorothy Dandridge dans « Carmen Jones ».

Ray Milland dans « Le crime était presque parfait », d'A. Hitchcock.

James Stewart dans « Romance inachevée », d'Anthony Mann.

Robert Mitchum, Marilyn Monroe et Tommy Rettig dans « Rivière sans retour » (« River of No Return »), un western signé Otto Preminger.

★★★★★★★★ 1955 ★★★★★★★★★★★★★★★★★★★★★★★★★★★★

Oscars, Hollywood
Film : *Sur les quais* (Elia Kazan).
Acteur : Marlon Brando.
Actrice : Grace Kelly.

Mostra d'arte cinematografica, Venise
Lion d'or : *Ordet* (Carl Theodor Dreyer).
Meilleur acteur : Curd Jurgens.
Kenneth More.
Meilleure actrice : non attribué.

Festival international du film, Cannes
Palme d'or : *Marty* (Delbert Mann).
Meilleur acteur : Spencer Tracy.
Meilleure actrice : non attribué.

Prague, 7 janvier
Sortie de *Mon ami le Tzigane* (*Muj pritel fabian*), de Jiri Weiss, tourné en 1953 et qui, à cause de son sujet, le génocide des Tziganes durant la Seconde Guerre mondiale, a été « retenu » deux ans par la censure politique.

New York, 31 janvier
Marilyn Monroe annonce la fondation, avec Milton Greene, des Marilyn Monroe Productions, et son désir de ne pas renouveler son contrat avec la Fox.

Milan, 15 février
Désignée comme « la Joconde du XXe siècle », Gina Lollobrigida pose pour vingt-sept peintres dans le salon d'un hôtel. (→ 20.12.56)

Hollywood, 23 février
Dorothy Dandridge, interprète de *Carmen Jones*, est la première candidate noire à l'Oscar de la meilleure actrice, en compétition avec les autres pressenties : Grace Kelly, Judy Garland, Audrey Hepburn et Jane Wyman. (→ 30.3)

Paris, 2 mars
Martine Carol tourne les premières scènes de *Lola Montès*, de Max Ophuls.

Mexico, 3 avril
Luis Buñuel présente une comédie d'humour noir, *la Vie criminelle d'Archibald de la Cruz* (*Ensayo de un crimen*), avec Ernesto Alonso et Miroslava. (→ 26.3.56)

Hollywood, 4 avril
La Fox ayant décidé, pour des raisons de prestige, que tous les films en CinemaScope devraient être en couleurs, s'oppose au tournage de *la Fureur de vivre* (*Rebel Without a Cause*) en noir et blanc par la Warner. Nicholas Ray doit interrompre les prises de vues et les reprendre en Eastmancolor. (→ 29.10)

Hollywood, 20 avril
Les studios des Artistes associés sont acquis pour 1 900 000 dollars par Samuel Goldwyn. (→ 11.7.56)

Paris, 20 avril
Les locaux de la Cinémathèque française, avenue de Messine, sont définitivement fermés.

Tokyo, 3 mai
Sortie du film historique *l'Impératrice Yang Kwei-Fei* (*Yo-Ki-Hi*), de Kenji Mizoguchi. (→ 18.3.56)

Munich, 19 mai
Le tournage de *Lola Montès* ayant repris en Allemagne, Martine Carol décide de cesser le travail : elle proteste ainsi contre les producteurs du film, qui ne paient plus une partie des comédiens depuis plus de six semaines. (→ 22.12)

New York, 31 mai
A Times Square, l'effigie de Marilyn Monroe est enlevée sous la pression des ligues de décence. C'était une publicité pour son dernier film, *Sept Ans de réflexion* (*The Seven Year Itch*), de Billy Wilder. (→ 3.6)

Colorado, 15 juin
A Montrose, dans les Rocheuses, Spencer Tracy, se plaignant de l'altitude, refuse de continuer le tournage de *la Loi de la prairie* (*Tribute To a Bad Man*), de Robert Wise. La MGM menace de le remplacer par James Cagney. (→ 7.7.56)

Koweït City, 18 juillet
La première salle de cinéma du Koweït ouvre ses portes.

Paris, 1er août
Sally Marlowe, la doublure de Gina Lollobrigida sur le tournage de *Trapeze*, de Carol Reed, fait une chute pendant une scène de voltige : plus de peur que de mal, elle s'est coupé le front et cassé le nez.

Auvers-sur-Oise, 5 août
Vincente Minnelli commence les extérieurs de son film sur Vincent Van Gogh, avec Kirk Douglas dans le rôle du peintre et Anthony Quinn dans celui de Paul Gauguin. Les scènes intérieures seront tournées aux Etats-Unis. (→ 17.9.56)

Guyancourt, 3 septembre
Sur cet aérodrome des Yvelines est reconstituée l'arrivée triomphale de Lindbergh en France, pour les besoins du film de Billy Wilder, *The Spirit of St-louis*, avec dans le rôle du célèbre aviateur, James Stewart.

Moscou, 18 octobre
Première, à l'occasion de la semaine du film français, des *Grandes Manœuvres*, de René Clair, avec Michèle Morgan et Gérard Philipe. Celui-ci est présent en compagnie du réalisateur. (→ 5.12.56)

Paris, 20 octobre
Le quotidien *France-Soir* annonce que la meilleure recette hebdomadaire de ce début d'automne est celle du film de Richard Fleischer *Vingt mille lieues sous les mers* (*20 000 Leagues Under The Sea*) avec 25 070 715 francs.

New York, 8 novembre
Sortie du *Grand Couteau* (*The Big Knife*), de Robert Aldrich, d'après la pièce de Clifford Odets, avec Jack Palance, Ida Lupino, Shelley Winters et Rod Steiger.

Los Angeles, 9 novembre
Rock Hudson épouse Phyllis Gates, la secrétaire de son agent.

Paris 29 novembre
Aux studios de Boulogne, Michèle Morgan tourne la fameuse scène de décollation dans *Marie-Antoinette*, de Jean Delannoy. (→ 18.1.56)

Londres, 20 décembre
Laurence Olivier présente sa nouvelle adaptation de Shakespeare, *Richard III* ; il en est le réalisateur et l'interprète principal, avec Claire Bloom. (→ 26.6.57)

Paris, 23 décembre
Sortie de *la Belle et le Clochard* (*The Lady and the Tramp*), de Walt Disney. (→ 20.12.61)

Paris, 23 décembre
Robert Hossein épouse la jeune comédienne Marina Vlady. Agée de dix-sept ans, elle est la sœur d'une actrice confirmée, Odile Versois.

Hollywood, 31 décembre
D'après le référendum annuel du *Motion Picture Herald* auprès des exploitants, la vedette la plus populaire au box-office est James Stewart. Ses films de l'année sont *Je suis un aventurier* (*The Far Country*), *l'Homme de la plaine* (*The Man from Laramie*) et *Strategic Air Command*, tous trois réalisés par Anthony Mann. (→ 16.5.56)

Sao Paulo, 31 décembre
Le film de Nelson Pereira dos Santos *Rio 40 degrés* (*Rio 40 Graus*) est libéré par la justice fédérale brésilienne, après deux mois d'interdiction totale par la censure, mais personne n'ose le distribuer.

NAISSANCES
Lynwood, Californie, 18 janvier
Kevin Costner.

Appletown, Wisconsin, 22 juin
Willem Dafoe.

Paris, 27 juin
Isabelle Adjani.

Thouars, Deux-Sèvres, 29 juin
Jean-Hugues Anglade.

Poona, Inde, 17 octobre
Smita Patil.

« Lola Montès », somptueux couronnement de la carrière de Max Ophuls, fait de Martine Carol plus qu'une star, une actrice mythique.

GAMMA-FILM
présente
UN FILM EN CINEMASCOPE
DE MAX OPHULS
MARTINE CAROL
PETER USTINOV
ANTON WALBROOK
DANS
Lola Montés
AVEC
HENRI GUISOL · LISE DELAMARE
SOCIETAIRE DE LA COMEDIE FRANÇAISE
OSCAR WERNER · WILL QUADFLIEG
PAULETTE DUBOST ET IVAN DESNY
D'APRES LE ROMAN DE CECIL SAINT LAURENT · SCENARIO DE MAX OPHULS
ADAPTATION DE MAX OPHULS · JACQUES NATANSON ET ANNETTE WADEMANT
DIRECTEUR DE LA PRODUCTION : RALPH BAUM
DIALOGUE DE JACQUES NATANSON
DIRECTEUR DE LA PHOTOGRAPHIE · CHRISTIAN MATRAS
MUSIQUE DE GEORGES AURIC

Ingrid Bergman interprète de Claudel

« Jeanne au bûcher », de Roberto Rossellini, mise en film de l'oratorio.

« La Peur », tourné en Allemagne, d'après le roman de Stefan Zweig.

Rome, 29 janvier
En 1939, Paul Claudel écrivait un oratorio sur une musique d'Arthur Honegger. Humaniste touché par le mysticisme, Roberto Rossellini a été ému par le sujet : Jeanne d'Arc et sa vie. Le réalisateur monte un spectacle pour le théâtre San Carlo de Naples. C'est *Jeanne au bûcher* (*Giovanna d'Arco al rogo*), interprété par Ingrid Bergman et Tullio Carminati. Pour la porter des planches à l'écran, Rossellini a filmé la pièce pendant l'hiver 1954. Jeanne d'Arc, après son supplice, demande au frère Dominique de lui expliquer toute son aventure. Cette œuvre originale tend vers une forme de néo-réalisme que recherche Roberto Rossellini. (→ 7.11.57)

Jean Cocteau élu à l'Académie française

Paris, 4 mars
A l'âge de soixante-six ans, Jean Cocteau devient immortel : il vient en effet d'être élu à l'Académie française au premier tour de scrutin par dix-sept voix, contre onze en faveur de Jérôme Carcopino. Jean Cocteau accède ainsi au fauteuil précédemment occupé par Jérôme Tharaud. Il est certain qu'au vu de sa seule activité cinématographique, cette consécration lui aurait été refusée, particulièrement ceux qui lui reprochent le lyrisme ampoulé et faussement moderne de sa mise en scène. De fait, cette distinction revient sans doute davantage à l'auteur des *Mariés de la tour Eiffel*, d' *Œdipe roi* et de *Thomas l'imposteur* plutôt qu'à celui des films *la Belle et la Bête* et *le Sang d'un poète*. Jean Cocteau cinéaste, en effet, demeure toujours grandement incompris. (→ 18.2.60)

Clouzot dans l'atmosphère d'Hitchcock

Véra Clouzot et Simone Signoret, partenaires dans « les Diaboliques ».

Paris, 28 janvier
Pour ajouter au mystère qui a entouré son tournage, *les Diaboliques*, d'Henri-Georges Clouzot, sort accompagné de l'avertissement : « La salle sera fermée dès le début de la projection. » Adapté d'un roman de Boileau-Narcejac, le film est une sombre histoire de meurtre commis par deux femmes liées par un pacte diabolique. Elles sont magistralement interprétées par Simone Signoret et Véra Clouzot. Quant à leur despotique victime, il n'est autre que l'amant de l'une et le mari de l'autre. L'excellent Paul Meurisse lui prête admirablement ses traits et son autorité. (→ 11.5.56)

Richard Brooks et la violence des jeunes

New York, 20 mars
La sortie de *Graine de violence* (*The Blackboard Jungle*), de Richard Brooks, provoque de vives réactions car il traite d'un brûlant sujet d'actualité : la délinquance juvénile. Glenn Ford, en professeur, y affronte une classe de jeunes peu commodes et qu'aucune autorité n'impressionne. La chanson du générique, *Rock Around the Clock*, de Bill Haley, devrait assurer le succès du film auprès des jeunes. Les spectateurs adultes, eux, apprécieront l'efficacité de la réalisation et les performances des acteurs, notamment Glenn Ford et le jeune Sidney Poitier (→ 18.9.58).

Vic Morrow (au centre) et les étudiants en révolte de « Graine de violence ».

Sacha Guitry chante la gloire de Napoléon

D. Gélin-Bonaparte, M. Morgan-Joséphine et J.-P. Mauric-Eugène.

Paris, 25 mars
Deux semaines après sa présentation de gala au Palais Garnier, *Napoléon*, de Sacha Guitry sort en salles dans une version de trois heures et quart. Guitry, qui y incarne Talleyrand, raconte la « petite histoire » de l'Empereur, de l'île de Beauté à celle de Sainte-Hélène. Le réalisateur a fait appel à quatre-vingt-treize comédiens prestigieux dont Orson Welles, Jean Gabin, Erich von Stroheim et Yves Montand. Michèle Morgan a prêté son visage à Joséphine tandis que Raymond Pellegrin et Daniel Gélin incarnent l'un Napoléon, l'autre Bonaparte. (→ 24.7.57)

Jules Dassin expert de la Série noire

Carl Mohner, Jean Servais et Robert Manuel : « Du rififi chez les hommes ».

Paris, 13 avril
Chassé de Hollywood par le maccarthysme, le réalisateur Jules Dassin a élu domicile en France, où il vient de réaliser un film percutant : *Du rififi chez les hommes.* Le sujet en est l'audacieux cambriolage accompli par quatre gangsters qui vont ensuite s'entre-massacrer avec une bande rivale. Si ce sujet n'a rien d'original, la qualité du scénario, écrit par Auguste Lebreton d'après son roman, et l'efficacité de la réalisation font du film un modèle du genre. Très réussie, la scène du cambriolage, qui dure une vingtaine de minutes sans parole, est un véritable morceau d'anthologie.

Grace Kelly sacrée par les Oscars

Hollywood, 30 mars
Présentée par Bob Hope et Thelma Ritter, la cérémonie des Oscars pour l'année 1954 fait du film d'Elia Kazan *Sur les quais* (*On the Waterfront*) le grand triomphateur de la soirée. Il obtient en effet huit Oscars, égalant ainsi les records de récompenses reçues par *Autant en emporte le vent* en 1942 et *Tant qu'il y aura des hommes* en 1954. Parmi celles-là : meilleur réalisateur, meilleur film, meilleur acteur (Marlon Brando) et meilleur second rôle féminin (Eva-Marie Saint). L'actrice qui se voit couronnée par le prix d'interprétation est Grace Kelly pour *Une fille de la province* (*The Country Girl*), de George Seaton. Une consécration pour la vedette préférée d'Alfred Hitchcock. Elle accomplit une étonnante performance dans ce film où elle a remplacé Jennifer Jones, initialement prévue pour tenir le rôle de l'épouse du comédien déchu ayant sombré dans l'alcoolisme, interprété par William Holden. (→ 10.5)

Pour son retour en France, Renoir célèbre le french cancan

Paris, 27 avril
Le film *French Cancan*, qui marque la rentrée de Jean Renoir en France et son retour à des sujets français, se présente comme une chatoyante déambulation dans le Montmartre du début du siècle. L'influence d'Henri de Toulouse-Lautrec et celle d'Auguste Renoir président à cette peinture des cabarets parisiens, du Paravent-Chinois à la Reine-Blanche, qui deviendra le Moulin-Rouge. Pour interpréter Henri Danglard, entrepreneur de spectacles et dénicheur de talents, le réalisateur a choisi Jean Gabin, qui poursuit ici la métamorphose entreprise dans *Touchez pas au grisbi.* Il est entouré d'une belle distribution, où l'on retrouve Françoise Arnoul et Maria Félix, ainsi que Patachou et Edith Piaf dans des rôles assez brefs. Il n'y a aucun plan en extérieurs naturels : Jean Renoir a recomposé les moindres détails du décor, afin de s'assurer une parfaite maîtrise des couleurs. (→ 12.9.56)

Le cinéaste reste fidèle au thème du spectacle confronté à la vie.

Françoise Arnoul et Jean Gabin : « French Cancan », l'amour et le métier.

Une Palme d'or au Festival de Cannes

Pagnol, président du jury.

Cannes, 10 mai
Les amateurs de sensations fortes ne partiront pas déçus du Festival de Cannes qui vient de s'achever. Côté films, ce sont les Etats-Unis qui ont le plus fait parler d'eux : grâce à *Carmen Jones*, réalisé par Otto Preminger, à un film d'Elia Kazan, *A l'est d'Eden*, dont l'interprète James Dean a fait sensation, et enfin grâce à *Marty*, de Delbert Mann qui a décroché la récompense suprême : la Palme d'or, en or véritable, qui remplace l'abstrait grand prix des précédents festivals. Côté stars, starlettes et paillettes, une libellule nommée Brigitte Bardot a été choisie comme marraine par les marins du *Richelieu*, ancré en rade. Vedette d'*Une fille de la province*, l'actrice Grace Kelly a fait une « forte impression » sur le prince Rainier de Monaco, qui l'a reçue dans son palais. (→ 6.1.56)

Palme d'or : « Marty », de D. Mann.

Billy Wilder pilote Marilyn Monroe toutes voiles dehors

Marilyn et Tom Ewell dans « Sept Ans de réflexion ». Cinq mille badauds ont assisté au tournage de la scène.

New York, 3 juin
Tourné au début de l'automne dans les rues de la ville, *Sept Ans de réflexion* (*The Seven Year Itch*), de Billy Wilder, est présenté en première mondiale en présence des acteurs et du réalisateur. Cette comédie a pour interprètes Marilyn Monroe et Tom Ewell. Marilyn y incarne un mannequin dont la présence dans l'appartement du dessus bouleverse un homme redevenu célibataire le temps d'un été. Le tournage à l'angle de la 54e Rue et de Madison Avenue a été délicat, car une foule de cinq mille personnes s'était amassée là pour voir la robe légère de l'actrice s'envoler autour d'elle alors qu'elle passait sur une bouche de métro. Pour mieux voir les dessous de Marilyn, certains badauds avaient même offert des pots-de-vin aux techniciens installés sous la grille. En désespoir de cause, Wilder décida de revenir en studio pour y reconstruire ce coin de rue. (→ 31.12)

Abel Gance met en cause le Cinérama

Paris, 20 mai
Commencées depuis deux jours à l'Empire, les premières projections en Cinérama connaissent un immense succès de curiosité. La publicité tapageuse faite autour de ce procédé américain de grand écran pousse Abel Gance et l'ingénieur André Debrie à réagir. Estimant que le Cinérama plagie leurs propres travaux, ils ont diffusé dans la presse une mise au point dans laquelle on lit : « Le procédé Cinérama est la réplique modernisée du Triple-Ecran et de la Perspective sonore de MM. Gance et Debrie. La crise du cinéma a poussé un pays entreprenant à miser sur certaines inventions méconnues, alors que les chercheurs français ne trouvaient aucun réel soutien dans leur pays. Mais tandis que la compagnie Fox rendait hommage à l'inventeur de l'Hypergonar, rebaptisé Cinema Scope, dont les brevets, comme ceux de MM. Gance et Debrie, étaient tombés dans le domaine public, les dirigeants de la firme Cinérama n'ont pas cru devoir faire mention, dans ce pays même, d'une invention qui avait apporté trente ans plus tôt et par des moyens en tous points semblables le bouleversement qu'ils annoncent (...) MM. Gance et Debrie ont continué depuis 1927 leurs travaux en dépit d'une indifférence regrettable des responsables de l'art français et de la science française et sont en mesure d'annoncer que leurs recherches actuelles marquent une avance notable sur tous les procédés rivaux de grand écran qui se sont inspirés de leur première idée. » (→ 19.12.56)

Howard Hughes spécule sur la RKO

New York, 18 juillet
Seize mois jour pour jour après avoir acquis la RKO, Howard Hughes revend la société à General Teleradio. Cette cession a pour but de mettre l'ensemble du catalogue de films de la RKO à la disposition des stations de télévision de Teleradio. En échange, Hughes reçoit 25 millions de dollars. Une bonne affaire qui semble satisfaire les deux parties mais que n'apprécie pas l'ancienne direction de la RKO. Celle-là considère que, par appât du gain, Hughes conduit la société à la faillite. En fait, il semblerait que le magnat ait besoin d'argent frais pour renflouer sa firme d'aviation, spécialisée dans la fabrication de prototypes inutilisables. (→ 10.10.57)

Disney ouvre les portes de Disneyland

Plus de 80 hectares de stuc, d'acier et de béton, pour 17 millions de dollars.

Los Angeles, 18 juillet
« Disneyland est dédié aux idéaux, aux rêves et aux épreuves qui ont fait l'Amérique. » Ces mots accueillent le visiteur sur la place d'une ville nouvelle, unique en son genre, apparue dans les songes d'un homme qui s'est employé à rendre ce rêve réel : Walt Disney. Les hôtes de Disneyland – on en attend cinq millions par an – auront l'impression de voyager dans l'univers des dessins animés. Ils pourront s'envoler avec Peter Pan, serrer la main de Donald ou de Mickey et traverser le miroir d'Alice ou le château de la Belle au bois dormant... A une demi-heure du centre de Los Angeles, par l'autoroute, sur l'emplacement d'une orangeraie d'une soixantaine d'hectares, le parc a reçu hier trente mille privilégiés : les invités de l'inauguration, retransmise à la télévision. Conçu pour séduire les adultes comme les enfants, Disneyland doit être une entreprise rentable. Disney a déployé toutes les ressources de sa passion pour en convaincre sa famille et ses différents partenaires. Il a suivi de près les travaux d'aménagement et de finition et a bien l'intention de diversifier peu à peu les attractions proposées. La plupart évoquent directement ses films mais on peut aussi emprunter des moyens de locomotion futuristes ou remonter le cours de l'histoire sur un bateau à aubes du vieux Mississippi. Il est recommandé d'attendre la tombée de la nuit pour fréquenter la maison hantée... (→ 23.12)

Walt Disney, entrepreneur de spectacle aux ambitions planétaires.

Le Lion d'or de Venise à Carl Dreyer

« La Parole » (« Ordet ») : l'histoire d'une foi d'où peut naître le miracle.

Venise, 9 septembre
Comme l'an dernier, la Mostra boude les actrices, même Vivien Leigh et Shelley Winters. Elle ne décerne aucun prix d'interprétation féminine. Toujours indécise, elle n'arrive pas à choisir entre Curd Jurgens (pour *Les héros sont fatigués*, d'Yves Ciampi) et Kenneth More (pour *l'Autre Homme* [*The Deep Blue Sea*], d'Anatole Litvak). Les deux comédiens devront se partager la coupe Volpi, réservée au meilleur acteur. Sans doute très divisé au moment d'établir le palmarès, le festival a décidé qu'il fallait quatre Lions d'argent. Ils vont à *Femmes entre elles*, de Michelangelo Antonioni, à *la Cigale*, de Samson Samsonov, à *Ciske, museau de rat* (*Ciske de Rat*), de Wolfgang Staudte, et au *Grand Couteau*, de Robert Aldrich. Heureusement, l'unanimité se fait autour de *la Parole* (*Ordet*), qui remporte le Lion d'or. Carl Theodor Dreyer situe son récit dans la campagne danoise en 1930. Il peint l'intolérance exacerbée, mais aussi la passion charnelle, la foi et une intense joie de vivre. Le cinéaste n'a jamais mieux maîtrisé son art. Son film, sous son austérité formelle, offre une parole vibrante d'amour. (→ 1.1.65)

Charles Laughton débute comme réalisateur à cinquante-cinq ans

New York, 29 septembre
Acteur colossal, au sens propre comme au sens figuré, Charles Laughton, vient de réaliser un film étrange et unique à tous les sens du terme : *la Nuit du chasseur* (*The Night of the Hunter*). Grâce au producteur Paul Gregory, il a pu le faire à sa façon. Adapté par James Agee d'un roman de David Grubb, le film montre un criminel psychopathe traquant à travers la campagne deux enfants dont il a assassiné la mère. Admirablement photographié par Stanley Cortez, le film est à la fois un conte merveilleux, un récit d'horreur et une peinture étonnante de la vie provinciale américaine. Robert Mitchum, en criminel, et Lillian Gish, en vieille madone des enfants abandonnés, y sont surprenants. (→ 7.10.60)

Robert Mitchum, faux pasteur et vrai psychopathe : « la Nuit du chasseur ».

James Dean est mort de sa fureur de vivre

Les adolescents rebelles du film de Nicholas Ray sont des héros de notre temps.

A 17 h 45, une Porsche roule vers Salinas

Los Angeles, 30 septembre

A bord de sa Porsche 550 Spider, James Dean (*8.2.1931, Marion, Indiana) fonce sur l'autoroute 66. Son bolide peut rouler à 300 km/h. Il a repris récemment les courses automobiles pour lesquelles il se passionne depuis toujours. Jimmy s'est inscrit à la Carrena American dont le départ doit être donné le 2 octobre à Paso Robles, Californie. Parti de Hollywood en début d'après-midi, il est arrêté à 15 heures pour excès de vitesse. Il oublie aussitôt cette contravention, appuie à fond sur l'accélérateur pour tester son véhicule. Il quitte l'autoroute, profite d'une longue ligne droite pour accélérer encore. Il a le soleil dans l'œil et ne voit pas la voiture qui débouche au croisement des routes 41 et 466, conduite par un étudiant, Donald Turnuspeed. C'est le choc : Jimmy a la nuque brisée et meurt sur le coup. A vingt-quatre ans il entre dans la légende. Lors de son oraison funèbre, le père De Weerd déclare : « La vie de Jimmy fut courte, mais, dans ce bref espace de temps, n'a-t-il pas fait plus et mieux que nous tous dans notre vie entière ? »

Encore au montage, le dernier film de George Stevens : « Géant ».

C'est avec « A l'est d'Eden », d'Elia Kazan, d'après John Steinbeck, que la nouvelle star s'était révélée, au printemps dernier (ici avec Raymond Massey).

Toute une génération se reconnaît en lui

Hollywood, 29 octobre

James Dean est mort le 30 septembre, avant que ses deux derniers films ne sortent dans les salles. *La Fureur de vivre* (*Rebel Without a Cause*), réalisé par Nicholas Ray, avec Natalie Wood et Sal Mineo, est projeté à partir d'aujourd'hui. L'action se situe dans une petite ville universitaire. Jim, un jeune homme victime du mal de vivre, tombe amoureux de Judy, une étudiante privée de l'affection de ses parents. Il n'hésite pas, pour lui prouver son amour, à affronter une bande de voyous dans un défi mortel en voiture. Jim prend sous sa protection le faible Plato, garçon riche mais angoissé qui va finalement être abattu par erreur par la police. A la fin du film, le public de cette première fait une ovation à James Dean. Si *A l'est d'Eden* (*East of Eden*), d'Elia Kazan, sorti en février dernier, a apporté la célébrité à Jimmy, *la Fureur de vivre* le consacre à jamais comme symbole de la jeunesse du monde entier, une jeunesse révoltée contre l'incompréhension des adultes. Ce film est aussi un réquisitoire contre la difficulté de communiquer, drame d'adolescents qui se débattent dans un monde qui les rejette. Accueilli triomphalement, *la Fureur de vivre* provoque déjà bien des remous et fait naître une nouvelle mythologie de la violence avec ses propres emblèmes : la voiture et le cran d'arrêt. La vente des couteaux est désormais prohibée en Californie et le film est interdit aux mineurs. Plusieurs pays en interdisent la sortie, notamment en Amérique latine. Quelques jours avant son accident, Jimmy avait achevé le tournage d'un autre film, *Géant* (*Giant*), avec Rock Hudson et Elizabeth Taylor, sous la direction de George Stevens. Dans une publicité pour la sécurité routière on le voyait au volant d'une voiture et il déclarait : « Roulez doucement... c'est peut-être ma vie que vous sauverez. » (→ 10.10.56)

Rita Hayworth contre Columbia

Hollywood, 27 décembre
Harry Cohn, directeur de la Columbia, intente à Rita Hayworth un procès qui commence aujourd'hui. Cohn reproche à Rita d'avoir refusé de tourner *Joseph et ses frères*, spectacle biblique produit par Louis B. Mayer, auquel Cohn « prêtait » la star. Elle a pourtant perçu une forte avance pour ce film, argent qu'elle ne veut pas restituer. Déjà en 1954, Rita avait dû être remplacée par Gloria Grahame, dans *Désirs humains* (*Human Desires*), de Fritz Lang. Puis elle avait rejeté *la Comtesse aux pieds nus* (*The Barefoot Contessa*), de Joseph L. Mankiewicz, parce que le scénario ressemblait trop à sa propre histoire. Depuis *Salomé*, de William Dieterle et *la Belle du Pacifique* (*Miss Sadie Thompson*), de Curtis Bernhardt, Rita n'a donc plus tourné et coûte cher à la production. Par ailleurs, Cohn affirme qu'elle aurait signé un contrat avec les Artistes associés alors qu'elle est toujours en exclusivité avec la Columbia. La star est absente à l'ouverture du procès : elle vient de partir pour l'Europe avec ses deux filles, après avoir divorcé de son quatrième époux, l'acteur Dick Haymes. Celui-ci devait d'ailleurs être son partenaire dans *Joseph et ses frères* et avait perçu 50 000 dollars d'avance pour ce rôle. Tous les scénarios écrits pour Rita sont adaptés pour une jeune comédienne de vingt-deux ans, Kim Novak. (→ 31.5.77)

Martine Carol, extravagante et pathétique Lola Montès

Inspirée d'un personnage historique du siècle dernier, l'héroïne du film de Max Ophuls fait de sa vie un spectacle baroque.

Paris, 22 décembre
La nouvelle réalisation de Max Ophuls, *Lola Montès*, vient d'être présentée au Marignan. Cette coproduction franco-germanique qui a coûté près de 650 millions de francs représente l'aboutissement du travail d'Ophuls. Martine Carol, entourée de Peter Ustinov et Anton Walbrook, est l'étonnante héroïne de cette fresque tragique. Celle-ci relate le pitoyable destin d'une grande courtisane qui a compté parmi ses amants Franz Liszt et Louis II de Bavière. Faite comtesse de Landsfeld, Lola doit s'enfuir à la suite d'une révolution. Elle échoue alors dans un cirque américain où chaque soir son brillant passé est jeté en pâture au public. Enfermée dans une cage d'or, elle regarde défiler les curieux, autorisés pour un dollar à lui baiser la main. C'est sur cette séquence que débute l'histoire, dont la construction très complexe procède par de multiples retours en arrière. L'originalité du style divise furieusement la critique et déconcerte le public. A tel point que les producteurs ont l'intention de raccourcir le film et de revoir le montage afin de rétablir l'ordre chronologique. (→ 26.3.57)

Un nouveau contrat pour Marilyn Monroe

« Niagara », d'Hathaway, un film Fox qui a compté dans sa carrière.

New York, 31 décembre
A la fin de l'année 1954, Marilyn risquait de voir rompre son contrat avec la Fox car ses exigences ne plaisaient guère à Darryl F. Zanuck. Elle voulait en effet avoir un droit de regard sur les scénarios et exigeait de choisir ses films et ses réalisateurs. Le triomphe de *Sept Ans de réflexion*, de Billy Wilder, a fait changer d'avis Zanuck : la Fox et Marilyn signent aujourd'hui un nouveau contrat. Elle obtient les droits demandés et recevra désormais 100 000 dollars par film plus un pourcentage sur les bénéfices. En échange, elle s'engage à tourner quatre films en sept ans. (→ 12.4.56)

Martine Carol aux côtés de Peter Ustinov, meneur de jeu de « Lola Montès ».

Le modèle dit artistique d'affiche originale signée par Raymond Gid.

« Les Survivants de l'infini ».

Affiche originale italienne.

Björn Bjelverstan et Gunnar Björnstrand dans « Sourires d'une nuit d'été » (« Sommarnattens Leende »), d'I. Bergman, inspiré par « la Règle du jeu ».

Gay Kristiansen dans « Ordet », film de Carl Theodor Dreyer.

« Le Brave Soldat Chveik », film d'animation de J. Trnka.

Affiche originale française au format 160 x 120 cm, signée René Ferracci.

Affiche originale française au format 160 x 120 cm, signée René Péron.

Affiche originale américaine.

« La Nuit du chasseur ».

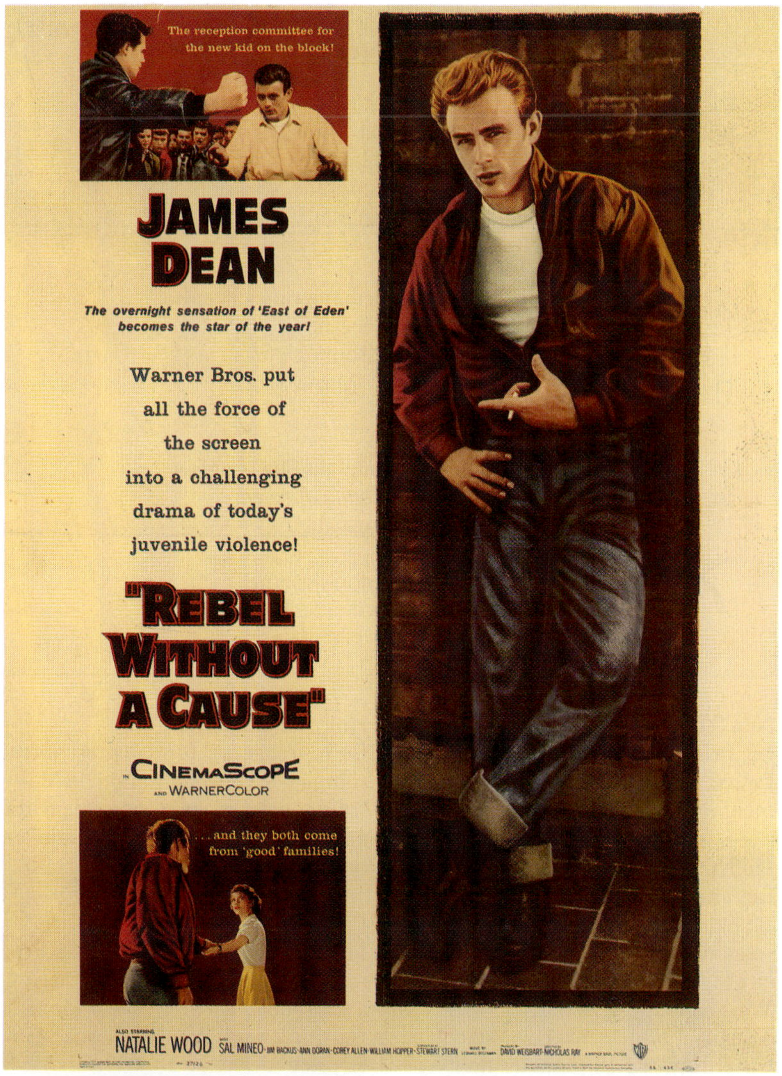

Affiche originale américaine au format « one sheet » : « la Fureur de vivre ».

Paul Birch et Kirk Douglas dans « L'homme qui n'a pas d'étoile » (« Man Without a Star »), western de King Vidor d'après le roman de Dee Linford.

Clark Gable, Jane Russell et Robert Ryan dans « les Implacables » (« The Tall Men »), de Raoul Walsh, dont l'action se situe après la guerre de Sécession.

Cyd Charisse dans « Beau fixe sur New York », de S. Donen et G. Kelly.

« Capitaine Mystère », film de Douglas Sirk avec Rock Hudson.

1956

Oscars, Hollywood
Film : *Marty* (Delbert Mann).
Acteur : Ernest Borgnine.
Actrice : Anna Magnani.

Mostra d'arte cinematografica, Venise
Lion d'or : non décerné.
Meilleur acteur : Bourvil.
Meilleure actrice : Maria Schell.

Festival international du film, Cannes
Palme d'or : *le Monde du silence* (Jacques-Yves Cousteau et Louis Malle).
Meilleur acteur : non décerné.
Meilleure actrice : Susan Hayward.

New York, 6 janvier
Le prince Rainier de Monaco et Grace Kelly annoncent officiellement leurs fiançailles.

Hollywood, 4 février
Les studios sont fermés aujourd'hui samedi, les syndicats ayant obtenu la semaine de travail de cinq jours.

Washington, 6 février
Mort du professeur Henri-Jacques Chrétien, (*1879) pionnier de la télévision et inventeur français à qui est dû l'Hypergonar, dont est dérivé le CinemaScope.

Tokyo, 18 mars
Kenji Mizoguchi, gravement malade, tient à présenter lui-même son dernier film à la presse, *la Rue de la honte* (*Akasen chita*). (→ 24.8)

Nice, 21 mars
La présentation de l'avant-dernier film de Grace Kelly, *La Haute Société*, est annulée. Les films de la comédienne étant interdits à Monaco depuis ses fiançailles, les exploitants niçois ne veulent pas froisser leur princier voisin. (→ 19.4)

Mexico, 26 mars
Luis Buñuel commence le tournage de *la Mort en ce jardin*, coproduction franco-mexicaine avec Simone Signoret, Georges Marchal, Charles Vanel et Michel Piccoli. C'est, après *Cela s'appelle l'aurore*, la seconde collaboration de Buñuel avec le cinéma français depuis les années trente. (→ 6.1.60)

Hollywood, 12 avril
Le tournage de *Bus Stop* est interrompu par l'hospitalisation de Marilyn Monroe, pour « épuisement dû au surmenage, infection virale et bronchite aiguë ». (→ 14.7)

Paris, 14 avril
Le réalisateur américain Otto Preminger rencontre Françoise Sagan, auteur de *Bonjour tristesse*, dont il veut tirer un film. Il recherche l'interprète idéale. (→ 18.9.57)

Hollywood, 10 mai
Harry et Albert Warner vendent leurs parts dans le studio à un groupe d'investisseurs, conduits par la First National Bank de Boston. Jack Warner conserve ses intérêts et reste le plus gros actionnaire individuel de la firme.

Hollywood, 30 mai
Sortie de *la Prisonnière du désert* (*The Searchers*), de John Ford, d'après un roman d'Alan Le May, avec John Wayne, Jeffrey Hunter, Vera Miles et Natalie Wood. Avec Monument Valley en toile de fond, deux hommes se lancent à la recherche d'une jeune Blanche capturée par les Comanches.

Paris, 22 juin
La production de *Gervaise* est en désaccord avec le réalisateur du film, René Clément. Celui-ci veut que l'interprète principale, la comédienne suisse Maria Schell, soit doublée alors que les producteurs refusent. (→ 10.9)

New York, 26 juin
Sortie du film *le Roi et moi* (*The King and I*), de Walter Lang, d'après *Anna et le roi de Siam*, de Margaret Landon, avec Yul Brynner, dans son premier rôle en vedette, et Deborah Kerr. (→ 27.3.57)

Paris, 1er juillet
A la proclamation des résultats du concours du Conservatoire, Jean-Paul Belmondo, qui n'a obtenu que des accessits, est porté en triomphe par ses camarades, révoltés par ce palmarès, et fait un « bras d'honneur » au jury de cette vénérable institution. (→ 16.3.60)

Nice, 4 juillet
Gary Cooper rencontre, au hasard d'une promenade, Pablo Picasso... et lui demande un autographe !

New York, 7 juillet
Première de *Marqué par la haine* (*Somebody Up There Likes Me*), de Robert Wise, avec Paul Newman. Après la soirée, le comédien est arrêté en état d'ivresse à Long Island : il a brûlé un feu rouge et pris la fuite. (→ 18.9.58)

Paris, 11 juillet
Samuel Goldwyn arrive dans la capitale pour présenter *Blanches Colombes et Vilains Messieurs* (*Guys and Dolls*), de Joseph Mankiewicz, avec Marlon Brando, qui, pour la première fois, chante et danse, et Frank Sinatra. (→ 13.10.57)

Londres, 18 août
Vivien Leigh est atteinte de dépression nerveuse à la suite d'une fausse couche. (→ 8.7.67)

New York, 21 août
Sortie de *Guerre et Paix* (*War and Peace*), de King Vidor, d'après le roman de Léon Tolstoï, avec Audrey Hepburn, Henry Fonda et Mel Ferrer. (→ 2.1.57)

Hollywood, 23 août
Les célèbres actualités Pathé, distribuées par Warner, présentent ce jour leur dernière édition nord-américaine.

Paris, 11 septembre
Christian Stengel tourne les premières scènes de *L'aventure est au coin de la rue*, dans lequel Arletty a comme gendre un jeune journaliste, Philippe Bouvard.

Burbank, 15 septembre
Le comédien Oliver Hardy a une attaque d'apoplexie. Il sombre dans un profond coma. (→ 23.2.65)

Paris, 22 septembre
Place Clichy est inauguré un nouveau cinéma, le Wepler, avec un écran géant de quinze mètres sur six. La salle de 1 730 places est climatisée grâce à une nappe d'eau située quatre-vingt-dix mètres plus bas.

Los Angeles, 5 octobre
Sortie des *Dix Commandements* (*The Ten Commandments*), de Cecil B. De Mille, remake de la version qu'il a déjà tournée en 1923, avec Charlton Heston, Yul Brynner et Anne Baxter. (→ 21.1.59)

Los Angeles, 23 novembre
Jayne Mansfield est assignée en justice par son mari. Il l'accuse d'être une mère indigne : elle vit en concubinage avec son amant et a posé nue pour *Playboy*. (→ 8.2.57)

Paris, 5 décembre
Aux studios de Boulogne, René Clair commence le tournage de *Porte des Lilas*, avec le chanteur Georges Brassens. (→ 25.9.57)

Paris, 15 décembre
Le prix Louis-Delluc est attribué au *Ballon rouge*, du réalisateur Albert Lamorisse.

Paris, 20 décembre
Aux Champs-Elysées a lieu la première de *Notre-Dame de Paris*, de Jean Delannoy, en l'absence, remarquée, de Gina Lollobrigida, qui incarne Esmeralda. (11.10.63)

Italie, 31 décembre
Le pays dispose du réseau de salles le plus dense d'Europe : 17 000.

NAISSANCES
Peekskill, New York, 5 janvier
Mel Gibson.

Le Creusot, 11 juillet
Robin Renucci.

Neuilly-sur-Seine, 5 août
Lambert Wilson.

Le premier film de Roger Vadim et Brigitte Bardot, « Et Dieu créa la femme », fait l'événement et le scandale par la franchise de son érotisme.

BRIGITTE BARDOT
CURD JURGENS
JEAN-LOUIS TRINTIGNANT
DANS UN FILM ÉCRIT ET RÉALISÉ PAR
R. VADIM
ET DIEU...
CREA LA FEMME
Scénario original de ROGER VADIM et RAOUL LEVY
Une Production RAOUL LEVY
IENA
U.C.I.L.
COCINOR
Dr de la Photographie
ARMAND THIRARD
Musique de
PAUL MISRAKI
Dr de Production
CLAUDE GANZ
avec JANE MARKEN . JEAN TISSIER
ISABELLE COREY . PAUL FAIVRE . MARIE GLORY
et GEORGES POUJOULY
et CHRISTIAN MARQUAND
EN
CINEMASCOPE
ET
EASTMANCOLOR
DISTRIBUTION
COCINOR
AFFICHES GAILLARD PARIS
INTERDIT AUX MOINS DE 16 ANS

Autant-Lara propose sa version de Faust

Michèle Morgan dans « Marguerite de la nuit », avec Jean-François Calvé, Yves Montand et Pierre Palau : une interprétation moderne du mythe.

Paris, 18 janvier
Cinq ans après *la Beauté du diable*, Claude Autant-Lara s'est lui aussi senti inspiré par le mythe de Faust : dans *Marguerite de la nuit*, l'envoyé du diable a les traits d'Yves Montand et Marguerite ceux de Michèle Morgan, tandis que Pierre Palau est Faust. Adapté de Pierre Mac Orlan, le projet devait être dialogué par Henri Jeanson. Son travail ayant été refusé par le réalisateur, c'est Ghislaine Autant-Lara qui l'a remplacé. Jeanson étant président du jury du prix Louis-Delluc, le film n'y a eu aucune chance. La critique n'a pas été plus tendre et l'a proprement éreinté. (→ 26.10)

Grace Kelly devient princesse de Monaco

Monaco, 19 avril
Grace Kelly est arrivée le 12 avril dans le port de la principauté, à bord du paquebot *Constitution*, accompagnée de ses parents. Une pluie d'œillets rouges et blancs était lâchée depuis l'hydravion personnel d'Onassis. Depuis sept jours, l'emploi du temps de Grace est consacré aux préparatifs du mariage. Près de deux mille journalistes sont à Monaco. Devant un parterre de têtes couronnées, de présidents, de vedettes, Grace dit oui au prince Rainier dans la cathédrale de l'Immaculée-Conception. L'ex-comédienne est désormais la plus belle des princesses. (→ 20.3.62)

Le prince Rainier III est marié. Le cinéma est de la fête, par la grâce d'Helen Rose, créatrice de costumes à la MGM, à qui est due la robe de la princesse.

Preminger en coquetterie avec le code

New York, 1er mars
Pour la deuxième fois, après *La lune était bleue*, Otto Preminger a passé outre le code de la production en tournant, l'année dernière, sans « visa d'approbation » préalable, un nouveau film : *l'Homme au bras d'or* (*The Man With the Golden Arm*). D'après un roman de Nelson Algren, c'est le premier film américain abordant le problème de la drogue, d'où certaines réticences des censeurs. C'est l'histoire d'un musicien de jazz toxicomane que l'amour d'une entraîneuse aidera à se libérer de la drogue. Les performances de Frank Sinatra, en homme torturé, et de Kim Novak, en entraîneuse au grand cœur, participent au succès de ce film dans lequel l'atmosphère des salles de jeu et des boîtes de nuit est fort bien reconstituée. (→ 14.4)

Frank Sinatra et Kim Novak face à la drogue dans « l'Homme au bras d'or ».

Un Oscar pour la grande Anna Magnani

Hollywood, 22 mars
Une comédienne non américaine reçoit l'Oscar d'interprétation féminine. Anna Magnani est en effet la première actrice étrangère à obtenir cette récompense. Elle devance Katharine Hepburn, Jennifer Jones et Susan Hayward. Ce prix lui est décerné pour *la Rose tatouée* (*The Rose Tattoo*), de Daniel Mann, où elle incarne une Sicilienne vivant dans le culte de son mari disparu. Jugeant son anglais trop approximatif, « la » Magnani avait pourtant failli renoncer à ce rôle. L'insistance de l'auteur, Tennessee Williams, et celle de son futur partenaire, Burt Lancaster, avaient fini par la convaincre. Le meilleur film pour 1955 est *Marty*, pour lequel Delbert Mann obtient l'Oscar du meilleur réalisateur et Ernest Borgnine celui du meilleur acteur. Mort six mois plus tôt, James Dean était nommé lui aussi dans cette catégorie pour *A l'est d'Eden* (*East of Eden*), d'Elia Kazan, mais sa prestation n'a pas convaincu les votants. Les meilleurs seconds rôles récompensés sont Jo Van Fleet pour *A l'est d'Eden* justement, et Jack Lemmon pour *Permission jusqu'à l'aube* (*Mr. Roberts*), de John Ford et Mervyn LeRoy. (→ 27.3.57)

Le Festival de Cannes prend parti pour le documentaire

Le jeune Louis Malle et Jacques-Yves Cousteau signent la réalisation.

Le plus grand peintre devant la caméra de Clouzot : « le Mystère Picasso ».

Cannes, 11 mai

L'événement est si exceptionnel qu'il mérite d'emblée d'être souligné : pour la première fois dans un festival international de film, les deux premiers prix sont attribués à des œuvres documentaires. C'est ce qui vient d'arriver au Festival de Cannes, dont le jury a eu l'heureuse audace de décerner la Palme d'or au *Monde du silence*, du commandant Jacques-Yves Cousteau et de Louis Malle, et le prix spécial du jury au *Mystère Picasso*, d'Henri-Georges Clouzot. Le premier est une véritable odyssée d'exploration des fonds sous-marins de la mer Rouge, de l'océan Indien et du golfe Persique. Grâce à un équipement technique sophistiqué, tels les scaphandres autonomes et les scooters sous-marins, l'équipage du navire océanographique *Calypso*, commandé par J.-Y. Cousteau, a pu observer et filmer la faune et la flore aquatiques. Cela donne des scènes inédites et d'une fascinante beauté : le ballet des plongeurs portant des torches, l'attaque d'un cachalot blessé par des requins... *Le Mystère Picasso*, lui, nous introduit dans le monde, non moins fascinant, de la création artistique. Clouzot y filme en plans-séquences le célèbre peintre au travail. Cette méthode donne au spectateur l'impression d'assister à la naissance et à l'élaboration de l'œuvre sous ses yeux. Les scènes durant lesquelles Pablo Picasso travaille au crayon, au fusain ou à l'encre ont été filmées en noir et blanc. Dès que l'artiste se met à peindre, en revanche, l'image est en couleurs, ce qui crée un effet saisissant. Les festivaliers garderont sans doute longtemps le souvenir de la robe de Kim Novak se dégrafant en plein palais tandis que l'actrice montait les marches avec la désormais Reine des starlettes : la belle Brigitte Bardot. (→ 28.11)

Palme d'or du court métrage : « le Ballon rouge », d'Albert Lamorisse.

Montgomery Clift peut-être défiguré

Los Angeles, 13 mai

Pendant le tournage de *l'Arbre de vie* (*Raintree County*), d'Edward Dmytryk, Monty Clift est victime d'un grave accident de la route. En fin d'après-midi, alors qu'il roule dans la campagne, il perd inexplicablement le contrôle de son véhicule et percute un arbre. Sa tête, heurtant le pare-brise, est tailladée par les éclats de verre. (→ 23.7.66)

« Tant qu'il y aura des hommes », un film de Fred Zinnemann.

Alfred Hitchcock savait qui en savait trop

New York, 16 mai

En 1934, alors qu'il travaillait encore en Angleterre, Alfred Hitchcock avait réalisé un film d'espionnage intitulé *L'homme qui en savait trop* (*The Man Who Knew Too Much*). Vingt-deux ans plus tard, le remake américain qu'il vient d'en faire démontre qu'il demeure le maître du suspense. L'action est transposée de la Suisse au Maroc, mais l'histoire est la même : un espion mourant confie un secret concernant un attentat politique à un touriste qui, dès lors, se trouve impliqué avec sa famille dans une machination infernale. Dans le rôle de l'homme qui, pour son malheur, en sait trop, on retrouve l'excellent James Stewart qu'« Hitch » avait déjà dirigé dans *la Corde* et dans *Fenêtre sur cour*. (→ 26.2.57)

B. de Banzie et J. Stewart dans le remake de « L'homme qui en savait trop ».

L'internement de Gene Tierney

Los Angeles, 31 mai
Gene Tierney, née à Brooklyn le 20 novembre 1920, a tenté de se suicider à la suite de problèmes sentimentaux. Divorcée du styliste Oleg Cassini, dont elle a une fille handicapée mentale, Gene est depuis toujours soumise à sa mère, qui l'a éloignée de Mickey Rooney, a tenté de la lier à Clark Gable et plus récemment à Ali Khan. Sa solitude lui fait plus encore regretter son seul véritable amour : John F. Kennedy. Elle est désormais internée dans un asile. (→15.10.59)

La face sombre d'une vie de star.

Le nouvel élu de Marilyn Monroe est l'écrivain Arthur Miller

Londres, 14 juillet
Trois mille admirateurs accueillent Marilyn Monroe à son arrivée dans la capitale britannique. Marilyn est accompagnée d'Arthur Miller, écrivain qu'elle a épousé le 5 juillet à White Plains, dans l'Etat de New York. Cette union a été célébrée par un rabbin, dans la plus stricte intimité, en l'absence de tout proche de l'actrice. Bien que ce mariage se soit déroulé secrètement, le monde entier en était informé dès les heures suivantes. Si Marilyn a mis tout ce qu'elle était et tout ce qu'elle possédait dans la corbeille de mariage, Miller a précisé qu'il gardait par devers lui son œuvre et les créations de son esprit. Le couple est venu à Londres pour le tournage du film *le Prince et la Danseuse* (*The Prince and the ShowGirl*), de et avec Laurence Olivier. L'acteur a adapté lui-même cette pièce qu'il avait jouée en 1953 au Phoenix Theatre avec son épouse, Vivien Leigh. Marilyn finance ce film sur lequel elle compte beaucoup pour se hisser intellectuellement au niveau de Miller. Afin de l'y aider et de l'assister, Paula, épouse de Lee Strasberg, s'installe elle aussi à Londres. (→26.6.57)

Les nouveaux mariés accueillis à Londres par Laurence Olivier.

Pour son mariage, célébré selon le rite judaïque, Marilyn s'est convertie.

Une psychose de faillite règne via Veneto

Rome, 17 juin
Depuis quelque temps, la presse consacre de larges colonnes à l'état critique du septième art. Les entretiens et analyses publiés dans le *Contemporaneo*, l'*Epoca*, le *Tempo*, laissent supposer que le cinéma national vit sa seconde crise historique. La mise en faillite de Minerva Film, prononcée au début du mois de mai par le tribunal de commerce, a fait les gros titres des journaux. Cette importante société de production accusait un passif de cinq milliards. Depuis, les pires nouvelles se sont succédées, ainsi que les annonces de dépôt de bilan. Des producteurs, comme Luigi Rovere, sont au bord du gouffre. La Diana Cinematografica et la Taurus Film, organismes de production et de distribution, luttent pour trouver des financements, mais la plupart des banques ferment leurs portes aux industriels de la pellicule. Dans l'*Epoca*, Blasetti fait le bilan de ces cinq dernières années. Selon lui, le cinéma a commis l'erreur de préférer la facilité à la rigueur. Il s'est peu à peu affaibli, sur les plans artistique et financier. Cette fragilité a atteint son point culminant et coïncide avec l'ascension de personnalités habiles, issues de divers partis. Elles ne voient aucun intérêt à laisser se développer et s'affirmer un cinéma italien, libre et authentique. D'autres artistes, tels Zavattini et Fellini, prônent la rupture avec un système conservateur. La naissance d'une culture néo-réaliste éviterait peut-être ce krach, souvent évoqué par une presse de plus en plus alarmiste ces temps-ci.

Le cinéma britannique récupère Chaplin

Aux studios de Shepperton, répétition d'une scène d'« Un roi à New York ».

Londres, 28 juillet
Après la cabale orchestrée contre lui aux Etats-Unis, notamment par la Commission des activités antiaméricaines, Charlie Chaplin était venu en Angleterre, son pays d'origine, pour y tourner un nouveau film. Celui-ci, intitulé *Un roi à New York*, permet à Chaplin de régler ses comptes avec l'ingrate Amérique. Œuvre autobiographique pour une large part, le film relate les mésaventures d'un roi européen déchu, interprété par Chaplin lui-même, qui se réfugie à New York, où il va se heurter à l'intolérance des Américains et à leur paranoïa anticommuniste. Le film est également une satire féroce de la télévision et de la publicité, dont Chaplin souligne le rôle néfaste et de plus en plus envahissant. (→24.10.57)

Ingrid Bergman vedette de Jean Renoir

Paris, 12 septembre
De son propre aveu, c'est pour Ingrid Bergman que Jean Renoir a conçu son nouveau film *Elena et les hommes*. Voilà déjà plusieurs années que le metteur en scène et la comédienne désiraient travailler ensemble, sans jamais y parvenir. A la demande du producteur David O. Selznick, c'est Renoir qui aurait dû ainsi tourner *Jeanne d'Arc* pour elle. Le film a finalement été réalisé par Victor Fleming. De même, la tentative d'adaptation du roman de Mary Webb, *Sarn*, a échoué pour la raison que l'héroïne a un bec de lièvre et qu'il était impensable d'affubler Ingrid Bergman d'une telle disgrâce. Dans *Elena et les hommes* le rôle est plus conforme au personnage, la princesse polonaise Elena Sokorowska y étant ni plus ni moins qu'une incarnation de Vénus. Muse d'un compositeur puis d'un roi de la chaussure dans le Paris de 1890, elle s'entiche d'un général fort populaire, rappelant Georges Boulanger, mais se marie à un vicomte. Jean Marais et Mel Ferrer incarnent ces derniers. Le jeune débutant Jean-Claude Brialy a joué de malchance pour son premier film : son unique scène a disparu au montage. (→ 20.1.57)

Avec Jean Marais dans « Elena et les hommes » : les coulisses d'un coup d'Etat.

A Venise le jury doute du cinéma mondial

Maria Schell obtient la coupe Volpi de la meilleure actrice pour « Gervaise ».

Venise, 10 septembre
Le Festival de Venise est en crise. Depuis trois éditions, ses palmarès sont laborieux et inachevés. Comment imaginer une Mostra incapable de décerner le moindre Lion d'or ou d'argent ? Maria Schell (pour *Gervaise*, de René Clément) et Bourvil (pour *la Traversée de Paris*, de Claude Autant-Lara) obtiennent un prix d'interprétation. Une demi-douzaine de films étrangers se consoleront avec un modeste prix San Giorgio ex aequo ! (→ 9.9.57)

A Bourvil la coupe du meilleur acteur pour « la Traversée de Paris ».

Un cancer emporte Kenji Mizoguchi

Kyoto, 24 août
Miné par la leucémie, le réalisateur Kenji Mizoguchi, à qui l'on doit notamment *l'Intendant Sansho* et *les Contes de la lune vague après la pluie*, vient de mourir à l'âge de cinquante-huit ans. Fils d'un charpentier, il avait été acteur puis assistant réalisateur aux studios Nikkatsu de Mukojima avant de devenir réalisateur en 1922. Très cultivé, il a souvent adapté des classiques de la littérature japonaise et internationale. De *Sœurs de Gion* (1936) à son dernier film, *la Rue de la honte*, ses meilleurs films sont marqués par le réalisme social et par l'évocation de la difficile condition de la femme japonaise. Il était né le 16 mai 1898 à Tokyo.

Minnelli fait vivre à Kirk Douglas les tourments de Van Gogh

« La Vie passionnée de Vincent Van Gogh », histoire d'une amitié orageuse.

New York, 17 septembre
Du séjour de Van Gogh au Borinage jusqu'à son suicide à Auvers-sur-Oise, tous les moments forts de la vie du peintre se trouvent illustrés dans le film que vient de lui consacrer Vincente Minnelli : *la Vie passionnée de Vincent Van Gogh* (*Lust for Life*). Tourné en Anscocolor, procédé qui a permis de retrouver la variété de tons des toiles de Van Gogh, le film est excellemment interprété par Kirk Douglas, dans le rôle du peintre, et par Anthony Quinn, dans celui de Gauguin. La MGM avait exigé du réalisateur de le tourner en un temps record, car elle allait perdre son option sur la biographie du peintre, écrite par Irving Stone. C'est là le seul motif d'insatisfaction que Minnelli gardera en souvenir. (→ 15.5.58)

James Dean revient, encore plus grand

Apparition posthume dans son dernier film, « Géant », de George Stevens.

New York, 10 octobre
L'ultime film tourné par James Dean, *Géant* (*Giant*), de George Stevens, sort ce jour. Depuis *Autant en emporte le vent*, la Warner voulait tourner une autre grande production à grand spectacle. *Géant* bénéficie d'un budget de cinq millions de dollars, dont un million pour les seuls décors. Le rôle de Jett Rink fut confié à James Dean, préféré à Richard Burton et à Alan Ladd, dès le 2 avril 1955, sur demande du réalisateur. Son interprétation n'est plus celle d'un comédien débutant mais bel et bien celle d'un grand artiste capable de composition. Face à lui et à Rock Hudson, Liz Taylor remplace Grace Kelly, qui a abandonné le cinéma.

Le marché noir entre l'art et le cochon

Paris, 26 octobre
Avec *la Traversée de Paris*, adapté de Marcel Aymé, Claude Autant-Lara signe une œuvre très provocante. Sa réussite provient autant du sujet, sombre histoire de cochon vendu au marché noir sous l'Occupation, que de l'emploi original de deux vedettes à contre-rôle. Bourvil, héros de l'opérette parisienne, atteint au pathétique avec le personnage de Martin, tandis que Jean Gabin tient le rôle d'un peintre cynique, curieux de connaître les limites de la bassesse humaine. Jean Aurenche et Pierre Bost signent des dialogues brillants et l'on n'oubliera pas de sitôt le « Salauds de pauvres ! » adressé à un couple de cafetiers odieux. (→ 6.8.59)

Bourvil, Louis de Funès et Jean Gabin dans « la Traversée de Paris ».

Des roses rouges pour Danièle

Paris, 18 octobre
Divorcée de Daniel Gélin, qui fut son mari de 1945 à 1954 et dont elle a un fils, Xavier, né en 1946, Danièle Delorme épouse le comédien Yves Robert. Ancien animateur du cabaret la Rose rouge, Yves a débuté au théâtre en 1941. Il a paru dans son premier film en 1948 avant de devenir réalisateur. Après deux courts métrages, *les Bonnes Manières* et *Fernand cherche du boulot*, en 1951, il a tourné son premier film en 1954 : *Les hommes ne pensent qu'à ça*. Quant à Danièle, jeune première du cinéma français depuis *Félicie Nanteuil*, de Marc Allégret, alors qu'elle n'avait que seize ans, elle poursuit une carrière exemplaire malgré l'arrivée de nouvelles ingénues plus provocantes, telle Brigitte Bardot. Elle vient d'achever le tournage de *Mitsou*, de Jacqueline Audry, après avoir donné la réplique à Jean Gabin dans *Voici le temps des assassins*, de Julien Duvivier.

Fanfan la Tulipe se met en scène dans « Till l'Espiègle »

Paris, 7 novembre
Le succès international de *Fanfan la Tulipe* a été tel que quatre ans après sa sortie il continue à passer sur les écrans un peu partout dans le monde. Grâce au film, son interprète Gérard Philipe est devenu l'acteur français le plus populaire. On peut supposer donc que c'est en partie pour ces raisons que l'acteur est revenu aux recettes de ce film en mettant lui-même en scène *les Aventures de Till l'Espiègle*, un film dans lequel il réalise le même genre d'exploits qui avaient fait le bonheur des spectateurs de *Fanfan la Tulipe*. Coréalisé par le Néerlandais Joris Ivens, connu jusqu'ici pour ses films documentaires, *les Aventures de Till l'Espiègle* est adapté de l'œuvre de l'écrivain belge Charles de Coster par l'acteur lui-même et par René Wheeler et René Barjavel. Toujours agile et charmeur, Gérard Philipe incarne un jeune Flamand qui ne craint pas de ridiculiser les Espagnols qui occupent son village. Suite à l'assassinat de son père, Till va lutter sans cesse contre l'ennemi. Jouant le bouffon à la cour du duc d'Elbe, il aidera ensuite le prince d'Orange, en révolte contre les Espagnols, à remporter une bataille dont l'issue semblait bien incertaine. Son devoir et sa vengeance accomplis, Till retrouvera le bonheur auprès de sa belle dulcinée, Nèle, interprétée par Nicole Berger. (→ 10.12.59)

Gérard Philipe (à la caméra), interprète et coréalisateur avec Joris Ivens.

La leçon de courage filmée par Bresson

Paris, 11 novembre
Un condamné à mort s'est échappé, le nouveau film de Robert Bresson, lui a été inspiré par le récit d'André Devigny. Condamné à mort par la Gestapo en 1943, celui-ci s'était évadé du fort de Montluc juste avant l'heure de son exécution. Avec François Leterrier dans le rôle principal, l'œuvre se distingue par sa rigueur et relate minutieusement la victoire d'une volonté inébranlable sur la mort. (→ 16.12.59)

B. B., celle par qui le scandale arrive

Paris, 28 novembre
Le scénariste Roger Vadim devient réalisateur. Dans son premier film, qui sort aujourd'hui, *Et Dieu créa la femme*, il dirige sa jeune épouse Brigitte Bardot, avec qui il s'est marié le 20 décembre 1952. Ce film traîne derrière lui un parfum de scandale, en raison de son érotisme et de scènes de nudité très osées. Le critique François Truffaut défend Brigitte dans un article publié par le magazine *Arts* et intitulé « B. B. est victime d'une cabale ». Pour sa part, Vadim regrette de n'avoir pu aller aussi loin qu'il le souhaitait, à cause de la censure qui l'a contraint à couper plusieurs séquences. A ceux qui lui reprochent d'exhiber ainsi sa propre femme, il répond : « Les scènes de nu, Brigitte les adore, car elle déteste l'hypocrisie. Elle est une fille de son temps, affranchie de tout sentiment de culpabilité et de tout tabou imposé par la société. » (→ 19.2.57)

Curd Jurgens et B. B. Une femme-enfant en quête d'un père.

Brigitte Bardot et Jean-Louis Trintignant dans « Et Dieu créa la femme ».

Elia Kazan fait de Caroll Baker une inaccessible poupée de chair

New York, 18 décembre
La sortie de *la Poupée de chair*, (*Baby Doll*), d'Elia Kazan, est accompagnée d'un parfum de scandale qui fait déjà réagir contre le film les différentes ligues de vertu. Ecrit par Tennessee Williams, le film évoque la vie dans une demeure délabrée du Sud où une femme-enfant, encore vierge, s'ennuie auprès d'un mari ruiné et beaucoup plus âgé qu'elle. En attendant le jour où elle acceptera de se livrer à lui, le mari se console en espionnant, en voyeur, sa jeune épouse, mais c'est à un riche émigré italien, rival en affaires de son mari, que Baby Doll se donnera. Le film comporte quelques scènes assez osées, notamment celle où on voit la jeune héroïne, vêtue d'une chemise de nuit courte, sucer son pouce d'une façon qui trouble son frustré de mari, et qui troublera certainement bien des spectateurs. Pour son deuxième rôle à l'écran, après *Géant*, et le premier en vedette, Caroll Baker fait sensation. A la fois sensuelle et innocente, elle mérite de figurer en bonne place dans toute anthologie des héroïnes troublantes de l'écran. En aristocrate sudiste dépassé par le progrès, Karl Malden s'en tire avec honneur, tout comme Eli Wallach, dans son rôle de riche parvenu. (→ 11.10.61)

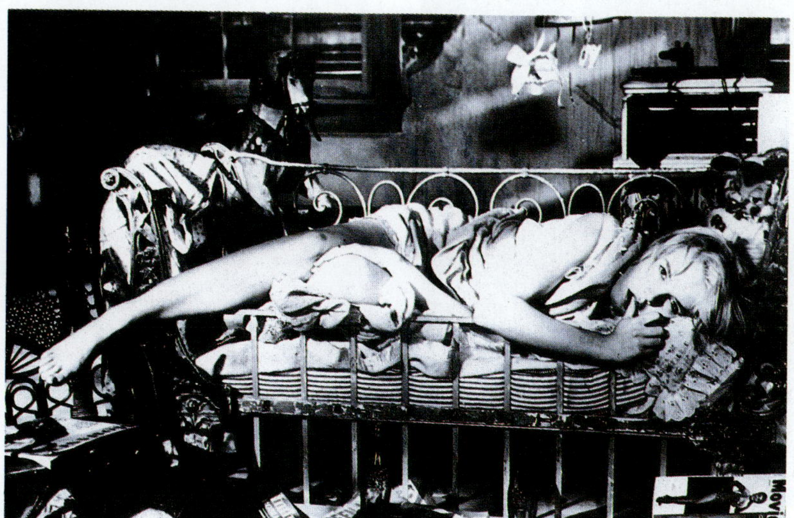
Dans « la Poupée de chair » (« Baby Doll »), d'après Tennessee Williams.

Abel Gance et son écran magique

Paris, 19 décembre
Lancées sans grande publicité, les projections du programme Magirama ont commencé au Studio 28. Réalisé par Abel Gance et Nelly Kaplan, le programme est constitué de films et extraits de films en triple écran, procédé appelé aussi Polyvision. Outre des extraits de *Napoléon*, notamment la scène du départ de l'armée d'Italie, et de *J'accuse*, sont projetés des courts métrages réalisés pour l'occasion, dont *Auprès de ma blonde* et *Une fête foraine*. Le programme définit ces derniers comme une « pochade funambulesque de la journée d'un vendeur de rêves » et une « synthèse surréaliste où les mouvements contrariés et le sentiment d'ubiquité offrent quelques exemples saisissants des possibilités multiples données par la Polyvision dans la symétrie et l'asymétrie ». (→ 12.10.59)

Affiche française, par René Péron.

Max von Sydow et Bengt Ekerot dans « le Septième Sceau », d'I. Bergman.

Affichette originale française.

Ingrid Bergman et Jean Marais dans « Elena et les hommes », de Jean Renoir.

Dana Andrews et Joan Fontaine dans « l'Invraisemblable Vérité », de F. Lang.

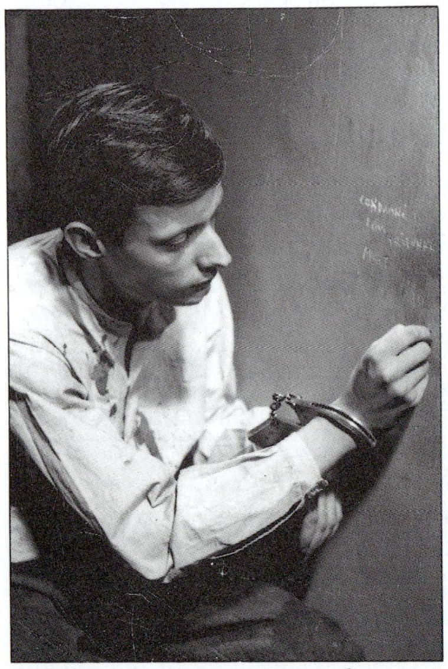

Martin Lasalle : « Un condamné à mort s'est échappé », de R. Bresson.

Robert Hirsch, Gina Lollobrigida et Jean Danet dans l'adaptation du roman de Victor Hugo « Notre-Dame de Paris », par Jean Delannoy.

Brigitte Bardot et Jean-Louis Trintignant : « Et Dieu créa la femme ».

Affiche originale américaine pour le péplum biblique de Cecil B. De Mille.

Affichette originale belge.

Affichette originale française.

Henry Fonda et Alfred Hitchcock dans la comédie dramatique d'A. Hitchcock, « le Faux Coupable » (« The Wrong Man »). « Lobby card » originale.

Ava Gardner est une belle métisse à l'amour partagé dans le film d'aventures de George Cukor, « la Croisée des destins » (« Bhowani Junction »).

James Dean dans le film de George Stevens, « Géant » (« Giant »).

K. Douglas et J. Sterke dans « la Vie passionnée de Vincent Van Gogh ».

1957

Oscars, Hollywood
Film : *le Tour du monde en 80 jours* (Michael Anderson).
Acteur : Yul Brynner.
Actrice : Ingrid Bergman.

Mostra d'arte cinematografica, Venise
Lion d'or : *l'Invaincu* (Satyajit Ray).
Meilleur acteur : Anthony Franciosa.
Meilleure actrice : Dzidra Ritenberg.

Festival international du film, Cannes
Palme d'or : *la Loi du seigneur* (William Wyler).
Meilleur acteur : John Kitzmiller.
Meilleure actrice : Giulietta Masina.

New York, 2 janvier
La presse féminine élit les femmes les plus élégantes de l'année. Parmi elles on retrouve la princesse Grace de Monaco, Audrey Hepburn et Marlène Dietrich. (→ 16.6.58)

Tokyo, 15 janvier
Sortie du film d'Akira Kurosawa, *le Château de l'araignée* (*Kumonosu-Jo*), transposition dans le Japon médiéval de *Macbeth*, de Shakespeare, avec Toshiro Mifune et Takashi Shimura. (→ 2.1.62)

Paris, 18 janvier
La comédienne Maria Schell signe un contrat au terme duquel elle doit tenir le rôle principal du film *Une vie*, d'Alexandre Astruc, d'après le roman de Maupassant. (→ 9.9)

Hollywood, 18 février
Orson Welles commence le tournage de *la Soif du mal* (*Touch of Evil*), pour Universal. C'est son premier film aux Etats-Unis depuis *Macbeth* en 1948. Il en partage la vedette avec Charlton Heston, qui l'a recommandé comme réalisateur auprès du studio. (→ 8.6.58)

Paris, 19 février
La société de production Lutetia menace Brigitte Bardot de procès si elle persiste à ne pas se présenter sur le plateau de tournage de *la Chatte*, d'après le roman de Colette. Les producteurs seraient prêts à lui réclamer 50 millions de dommages-intérêts ; voilà une désinvolture qui coûte très cher !

Londres, 22 février
Pendant le tournage de la scène du bûcher pour *Sainte Jeanne* (*Saint Joan*), d'Otto Preminger, la comédienne Jean Seberg manque d'être brûlée vive. (→ 16.3.60)

Washington, 26 février
Le comédien James Stewart est promu général de brigade. Cette distinction lui est décernée par le président Eisenhower lui-même.

Rome, 6 mars
Une violente polémique oppose le gouvernement italien au Vatican, pour une affiche que celui-ci juge indécente. Elle représente Brigitte Bardot dans *En effeuillant la marguerite*, de Marc Allégret. (→ 7.12)

Rome, 21 mars
John Huston, qui vient de commencer le tournage de *l'Adieu aux armes* (*A Farewell to Arms*), d'après le roman d'Ernest Hemingway, est renvoyé par le producteur David O. Selznick ; ce dernier le remplace par Charles Vidor. (→ 7.4.60)

Hambourg, 26 mars
En clinique depuis quelques semaines suite à un malaise, Max Ophuls (*6.5.1902) meurt en laissant à son chevet, un livre ouvert : *Faust*, de Goethe. (→ 4.4.58)

Cannes, 22 avril
La république populaire de Chine se retire de la compétition quand elle apprend que Taiwan, la Chine nationaliste, y participe aussi.

Paris, 18 mai
A la Maison des lettres, un jeune réalisateur, Claude Lelouch, présente *Vers une nouvelle technique*, trois films d'essais de court métrage en 16 mm. (→ 20.5.66)

Washington, 1er juin
Le dramaturge Arthur Miller est reconnu coupable d'outrages au Congrès, pour n'avoir pas dénoncé, lors de « la chasse aux sorcières », les membres d'un groupe littéraire prétendu communiste. (→ 3.3.58)

Paris, 7 juin
Au Rex sont inaugurés les premiers escaliers roulants dans un cinéma ; Gary Cooper et Mylène Demongeot ouvrent la marche. (→ 31.12.59)

Berlin, 22 juin
Le film de Jacques Becker, *les Aventures d'Arsène Lupin*, avec Robert Lamoureux, fait l'ouverture du Festival de Berlin. (→ 5.11.58)

Rome, 15 juillet
Sophia Loren veut demander la nationalité suisse afin de pouvoir épouser un homme divorcé, le producteur Carlo Ponti. (→ 17.9)

Paris, 22 juillet
Résidant dans la Ville lumière pour le tournage du *Bal des maudits* (*The Young Lions*), d'Edward Dmytryk, Marlon Brando se brûle profondément en versant du thé à des amis. Il est conduit à l'hôpital américain de Neuilly.

Los Angeles, 3 septembre
Jayne Mansfield inaugure dans sa villa une nouvelle piscine en forme de cœur.

Hollywood, 11 septembre
La comédienne Kim Novak fait la grève : elle estime que sa popularité vaut plus que les 1 250 dollars hebdomadaires qu'elle touche pour le moment. (→ 28.5.58)

Paris, 18 septembre
La romancière Françoise Sagan refuse les huit millions de dollars que lui propose la Fox pour l'achat des droits cinématographiques de *Dans un mois, dans un an*.

Hollywood, 20 septembre
Lauren Bacall dément formellement la rumeur d'un prochain mariage avec Frank Sinatra. (→ 16.6.58)

Paris, 3 octobre
Jayne Mansfield, venue à Paris à l'occasion de la sortie de son film *la Blonde explosive* (*Will Success Spoil Rock Hunter ?*), de Frank Tashlin, rencontre chez Maxim's Greta Garbo, à qui elle demande un autographe. (→ 31.1.67)

Hollywood, 10 octobre
Les studios RKO sont vendus à la Desilu, société de production d'émissions de télévision fondée par le couple Lucille Ball-Desi Arnaz, vedettes de la célèbre série *I Love Lucy*.

Londres, 13 octobre
Un journal révèle que l'actrice indienne Anna Kashfi, que Marlon Brando vient, très discrètement, d'épouser, est en fait la fille d'un ouvrier gallois et qu'elle s'appelle Joan O'Callaghan. (→ 11.5.58)

Los Angeles, 21 octobre
Sortie de *Rock au pénitencier* (*Jailhouse Rock*), de Richard Thorpe, avec Elvis Presley.

Sardent, 4 décembre
Dans ce bourg de la Creuse où il a vécu la plus grande partie de son enfance et de son adolescence, Claude Chabrol, critique aux *Cahiers du cinéma*, commence le tournage de son premier long métrage, *le Beau Serge*, avec Gérard Blain, Jean-Claude Brialy et Bernadette Lafont. (→ 11.3.59)

Algérie, 31 décembre
Le réalisateur français René Vautier, qui a rejoint les rangs du FLN, crée dans les maquis une école de formation de cinéma. (→ 15.5.72)

NAISSANCES
New York, 29 mars
Christophe Lambert.

Orange County, Californie, 29 avril
Michele Pfeiffer.

New York, 7 août
Melanie Griffith.

Paris, 18 août
Carole Bouquet.

Superbement dirigé par David Lean, « le Pont de la rivière Kwaï » est à ce jour la plus spectaculaire réussite du cinéma anglais dans le monde.

COLUMBIA FILMS S.A. PRÉSENTE UNE PRODUCTION SAM SPIEGEL
TECHNICOLOR®
CINEMASCOPE
WILLIAM HOLDEN
ALEC GUINNESS
JACK HAWKINS
LE PONT
DE LA
RIVIÈRE KWAÏ
" THE BRIDGE ON THE RIVER KWAÏ "

Humphrey Bogart emporté par un cancer

La famille Bogart au grand complet, au temps du bonheur sans nuage.

Beverly Hills, 17 janvier
Opéré de l'œsophage en mars 1956, Bogey (*25.12.1899) a succombé le 14 janvier. Malgré la progression du mal, il continuait de fumer et de boire du whisky, « pour ne pas changer les habitudes de toute une vie ». Betty Bacall a prévenu ses amis par ces mots : « Mon cher mari vient de me quitter. » Après un bref service funèbre, Bogart est incinéré à Forest Lawn, où John Huston fait un éloge de son ami. Betty porte à son cou le sifflet en or offert par Bogey en souvenir du *Port de l'angoisse*.

Anastasia réconcilie Ingrid et l'Amérique

New York, 20 janvier
Ingrid Bergman revient à New York, enfin pardonnée par le public américain. Le succès d'*Anastasia*, d'Anatole Litvak, est pour beaucoup dans ce pardon. Son mariage avec Roberto Rossellini est un échec. « Nous n'avons plus le sou et sommes en proie à une tension insupportable », a-t-elle déclaré, avouant sa désillusion sinon son erreur. Nommée pour les Oscars, Ingrid reçoit le prix de la critique des mains de Kirk Douglas, en présence de Mel Ferrer, Audrey Hepburn et Elia Kazan. (→ 27.3)

Ingrid Bergman accueillie à l'aéroport d'Idlewild, avant sa rencontre avec « l'équipe de l'Alvin », les admirateurs qui lui ont manifesté leur fidélité.

La blonde explosive fait des étincelles

New York, 8 février
Arrivée à Hollywood en 1954 avec l'ambition non dissimulée de devenir une star, Jayne Mansfield est la nouvelle pin-up du cinéma américain. Son nouveau film, *la Blonde explosive* (*Will Success Spoil Rock Hunter?*), de Frank Tashlin, qui a déjà dirigé Jayne l'an dernier dans *la Blonde et moi* (*The Girl Can't Help It*), sort ce jour. Sous son nom de Vera Palmer, Jayne Mansfield est née le 19 avril 1933 en Pennsylvanie. Lauréate, à plusieurs reprises, de concours de beauté, elle montre des charmes physiques indéniables. Son étonnante poitrine lui vaut le surnom de « Buste ». (→ 3.9)

Jayne Mansfield parodie Marilyn : « la Blonde explosive », de Frank Tashlin.

L'entreprenant M. Todd épouse une star

Puerto Marquez, 2 février
Sans être officiellement divorcée de Michael Wilding, Elizabeth Taylor épouse Michael Todd dans une petite ville mexicaine, pour éviter les tracasseries juridiques américaines. C'est le troisième mariage de Liz, le troisième aussi de Mike, ancien époux de Joan Blondell. Producteur et créateur du procédé optique Todd-AO, Mike tournait *le Tour du monde en 80 jours* (*Around the World in 80 Days*) lorsqu'il a fait la connaissance de Liz. Personnage déroutant, il l'a séduite par son dynamisme et lui a offert une bague de 30 000 dollars qu'elle porte depuis à l'annulaire gauche, même en présence de son mari. Cela lui a valu quelques problèmes, répercutés par la presse. Durant le tournage de *l'Arbre de vie*, elle ne voulait pas s'en séparer et plaçait la pierre à l'intérieur de sa paume afin de la dissimuler à la caméra. De vingt-cinq ans plus âgé que Liz, Todd a organisé une cérémonie de mariage somptueuse : 15 000 fleurs, des dizaines de caisses de champagne, du caviar à profusion. Peu de personnes sont pourtant présentes. On note parmi elles Eddie Fisher et Debbie Reynolds, ainsi que Cantinflas, Passe-Partout du *Tour du monde*. Le couple doit partir dans les prochains jours en voyage de noces en Europe, avec une halte au Festival de Cannes. (→ 25.3.58)

Ingmar Bergman et la mort en question

Stockholm, 16 février
Ingmar Bergman poursuit sa quête métaphysique dans la Suède du Moyen Age. *Le Septième Sceau (Det Sjunde Inseglet)* exprime les doutes existentiels d'un chevalier (Max von Sydow) à son retour de croisade. Il traverse des pays anéantis par la peste et le désespoir. Blok veut savoir ce qu'il y a au-delà de la vie. Il rencontre un personnage inquiétant qui lui propose une partie d'échecs : c'est la Mort. Blok est entraîné dans une danse macabre à laquelle n'échappent que les âmes candides. Bergman se fait l'interprète lyrique et sensible de notre angoisse la plus profonde. (→ 17.5)

Nils Poppe, Bibi Andersson et Max von Sydow dans « le Septième Sceau ».

Un tour du monde qui vaut cinq Oscars

« Le Tour du monde en 80 jours », de Michael Anderson, d'après Jules Verne.

Hollywood, 27 mars
Cinq Oscars récompensent le film de Michael Anderson, *le Tour du monde en 80 jours*, produit par Michael Todd, dont le prix du meilleur film. *Le Roi et moi* (*The King and I*), de Walter Lang reçoit lui aussi cinq Oscars dont celui du meilleur interprète masculin remis à Yul Brynner. La multiplication des récompenses ne plaît pas à tous les participants, ni même le choix des élus : certains auraient préféré voir couronner Kirk Douglas ou Laurence Olivier, ou bien encore James Dean (*Géant*), mort récemment. L'unanimité se fait pourtant sur Ingrid Bergman, meilleure actrice pour *Anastasia*, d'Anatole Litvak. Elle devance Katharine Hepburn, Deborah Kerr et Carroll Baker. Le meilleur réalisateur est George Stevens pour *Géant* (*Giant*). Pour la première fois, le cinéma américain décerne un Oscar au meilleur film étranger. Il est remis à *la Strada*, de Federico Fellini. (→ 26.3.58)

Au tournage d'« Anastasia », le réalisateur Anatole Litvak se fait habilleur au service de sa vedette.

Un nouveau cinéma polonais se révèle avec Andrzej Wajda

Pologne, 23 avril
Les films polonais avaient disparu pendant les six années de guerre. L'équipement technique était détruit par les Allemands et les réalisateurs trouvaient refuge à Londres et à New York. A partir de 1945, l'industrie cinématographique est devenu une entreprise nationalisée, inféodée à l'idéologie soviétique. La production restait faible et dépourvue de toute originalité. Mais la mort de Staline, en 1953, a amené de profonds changements. De jeunes artistes se font connaître, très motivés par le souci de voir renaître un cinéma d'auteur éclipsé par les œuvres de commande. L'un d'eux, Andrzej Wajda (né en 1926), réalisateur il y a trois ans de *Génération,* lance un cri de haine contre la guerre dans ce nouveau film. *Ils aimaient la vie* (*Kanal*) rend hommage à l'héroïsme polonais pendant l'insurrection de Varsovie et en expose les dessous. Des résistants essaient de s'échapper du ghetto investi par les Allemands en fuyant par les égouts (*kanal*). Mais, à ces heures tragiques, la trahison, la lâcheté, la peur et la mort rôdent dans ce tunnel, qui va devenir une tombe. Wajda n'a pas voulu faire une œuvre de documentariste. Le film n'évite pas certaines outrances difficiles à regarder. Mais sa qualité la plus précieuse vient des convictions mêmes du cinéaste. Il exprime son dégoût viscéral de la guerre, mais aussi sa fascination épouvantée devant les comportements extrêmes qu'elle suscite chez l'homme. Lyrique, doué pour le récit épique, mais animé d'une rage sincère, Andrzej Wajda vient de réveiller la conscience d'un cinéma polonais en crise d'identité. (→ 17.5)

« Ils aimaient la vie » (« Kanal »), hommage aux combattants de Varsovie.

Le 10e Festival de Cannes donne la Palme au compromis

Gary Cooper et Dorothy McGuire dans « la Loi du seigneur », de Wyler.

Giulietta Masina dans « les Nuits de Cabiria », de Federico Fellini.

Cannes, 17 mai
C'est peut-être par souci d'équilibre que le jury a attribué la Palme d'or à un film académique : *la Loi du seigneur* (*Friendly Persuasion*), de William Wyler. En fait, le jury lui-même est largement « académique », puisqu'il comporte cinq membres de l'Académie française : Jean Cocteau, président du jury pour la 3e fois, André Maurois, Marcel Pagnol, Jules Romains et Maurice Genevoix. Au western classique et sans souffle de Wyler, beaucoup auraient préféré *Un condamné à mort s'est échappé*, de Robert Bresson, qui s'est vu toutefois décerner un prix du meilleur metteur en scène plus que mérité. S'inspirant d'une histoire d'évasion vécue sous l'Occupation, Bresson a réalisé une œuvre d'une concision incomparable et dans laquelle les objets et les détails les plus infimes jouent un rôle essentiel. Parmi les autres heureuses surprises du Festival, et du palmarès, figurent deux films venus des cinématographies peu connues et qui révèlent deux cinéastes qui devraient compter dans l'avenir. Partageant d'ailleurs le même prix spécial du jury, les deux films sont *Kanal*, deuxième film du Polonais Andrzej Wajda, et *le Septième Sceau*, dix-septième film du Suédois Ingmar Bergman. Ces films ont fait sensation, le premier pour la puissance épique avec laquelle il décrit le combat entre les partisans et les Allemands dans les égouts de Varsovie ; le second pour la façon dont il recrée l'atmosphère de l'Europe médiévale, hantée par la peur de la peste et de l'avènement du jugement dernier. (→ 26.12)

François Leterrier : « Un condamné à mort s'est échappé », de Robert Bresson, prix de la mise en scène.

Une production de Marilyn Monroe

Londres, 26 juin
Présentation en première mondiale du film *le Prince et la Danseuse (The Prince and the ShowGirl)*, réalisé par Laurence Olivier et produit par Marilyn Monroe Productions. Cette sortie est très attendue après la mésentente durant le tournage entre les deux comédiens. Marilyn reprochait à Laurence son ton condescendant, et les retards permanents de l'actrice mettaient son partenaire en fureur, comme la présence de Paula Strasberg, conseillère de Marilyn, dont Olivier a fini par exiger le départ du plateau. Marilyn n'est pas présente à cette première : elle est restée à New York, victime d'un providentiel coup de soleil. (→ 9.7.58)

« Le Prince et la Danseuse ».

Erich von Stroheim au-delà du crépuscule

Son dernier grand rôle dans « Boulevard du crépuscule », de Billy Wilder, le ramenait à l'époque du muet.

Maurepas, 12 mai
Erich von Stroheim avait incarné sa propre déchéance de cinéaste dans *Boulevard du crépuscule*, l'un de ses derniers films en tant qu'acteur. Le génial auteur maudit des *Rapaces* vient de mourir au château de Maurepas. Né à Vienne le 22 septembre 1885 dans une famille de commerçants juifs, il a émigré en Amérique vers 1908. A Hollywood, il s'est imposé comme acteur en s'inventant un personnage d'officier prussien jouisseur et hautain, qui lui a valu l'étiquette de « l'homme que vous aimeriez haïr ». Mais le génie démesuré du cinéaste qu'il était faisait trop peur aux marchands du temple hollywoodien : les rares films qu'il a pu tourner ont été mutilés par les producteurs et sa carrière de réalisateur s'est définitivement arrêtée en 1932.

Ingrid Bergman a retrouvé Pia

Paris, 8 juillet
Parce qu'elle jouait au théâtre, à Paris, Ingrid Bergman n'avait pu se rendre à Hollywood pour recevoir son Oscar d'interprétation, le 27 mars. Cary Grant lui avait appris la bonne nouvelle par téléphone. Cette absence l'avait empêchée de revoir sa fille Pia, née de son mariage avec Peter Lindström. Elle ne l'a pas non plus revue lors de la remise du prix de la critique. Aujourd'hui, Ingrid et Pia se revoient après une longue séparation : des retrouvailles espérées depuis le départ d'Ingrid des Etats-Unis, le 20 mars 1949. Pia a maintenant pardonné à sa mère. (→ 7.11)

Des hommes en colère émeuvent Berlin

Henry Fonda et Lee J. Cobb dans « Douze Hommes en colère », de S. Lumet.

Berlin, 5 juillet
L'Ours d'or du festival a été attribué à *Douze Hommes en colère* (*Twelve Angry Men*). Avec ce film, Sidney Lumet, réalisateur connu par le public américain du petit écran, prend un nouveau départ. Adapté d'une dramatique télévisée de Reginald Rose, ce film respecte les unités de temps, d'action et de lieu propres au théâtre. Mais Lumet a travaillé intensément sur l'émotion et le suspense à huis clos. Douze jurés vont rendre leur verdict. Un jeune accusé risque la peine capitale. Un homme lutte avec passion pour prouver son innocence. C'est Henry Fonda qui incarne ce juré convaincant. Il avait usé de la même force persuasive pour que ce film soit tourné par le jeune Lumet. Choix heureux pour le septième art !

Un mariage mexicain de Sophia Loren

Juarez, 17 septembre
A 23 ans, Sophia Loren se marie avec le producteur Carlo Ponti, dans une ville mexicaine proche de la Californie. La jeune vedette italienne poursuit depuis un an sa carrière américaine avec l'aide de Carlo, qui a négocié pour elle ses premiers contrats. On l'a vue successivement auprès de Cary Grant et Frank Sinatra dans *Orgueil et passion* (*The Pride and the Passion*), de Stanley Kramer, puis avec Alan Ladd dans *Ombres sous la mer* (*Boy on a Dolphin*), de Jean Negulesco, enfin au côté de John Wayne dans *la Cité disparue* (*Legend of the Lost*), d'Henry Hathaway. Sophia et Carlo, accaparés par leur travail, n'ont pu se rendre eux-mêmes à Juarez : ils se sont mariés par procuration, ayant délégué le pouvoir de signature à leurs avocats. Sophia Loren commence un quatrième film américain dans quelques jours : *le Désir sous les ormes* (*Desire Under the Elms*), sous la direction de Delbert Mann. (→ 4.5.58)

« Pain, amour, ainsi soit-il », de Dino Risi, troisième titre de la série.

La Mostra se partage entre Satyajit Ray et Luchino Visconti

Venise, 9 septembre
Les lions sont de retour au Lido et honorent deux auteurs aussi talentueux que contestés. Ce sont Luchino Visconti, cinéaste souvent incompris, et l'Indien Satyajit Ray qui, subit pour la première fois le chaud et froid de l'ambiance vénitienne. La Mostra lui décerne la récompense suprême, mais des sifflets se font entendre. Pourtant, *l'Invaincu* (*Aparajito*), où l'on retrouve le personnage d'Apu, est un film sensible, en parfaite opposition avec le cinéma commercial de l'Inde. Ray, à travers les étapes de la vie du jeune Apu, appréhende la société de son pays avec une justesse de ton qui n'exclut pas la ferveur idéaliste. Visconti, lauréat du Lion d'argent, avec l'adaptation d'une nouvelle de Dostoïevski – *les Nuits blanches* – offre un aspect de son œuvre moins orageux qu'auparavant. Le romantisme subtil des *Nuits blanches* (*Le notti bianche*) fait le charme de ce film nostalgique. Marcello Mastroianni – enfin sorti de ses rôles de chauffeur de taxi ! – Maria Schell, Jean Marais, Clara Calamai, jouent avec sensibilité ces noctambules égarés dans une solitude irrémédiable. (→ 8.9.58)

« L'Invaincu » (« Aparajito »), de Satyajit Ray, suite de « Pather Panchali ».

Maria Schell et M. Mastroianni dans « les Nuits blanches », de Visconti.

Sacha Guitry dans le grand silence

Paris, 24 juillet
Sacha Guitry s'est éteint paisiblement dans son appartement parisien, entouré de sa dernière femme, Lana Marconi, de son secrétaire, Stéphane Prince, et de son fidèle ami Albert Willemetz. Fils du comédien Lucien Guitry, Sacha était né à Saint-Pétersbourg le 21 février 1885. Acteur professionnel dès l'âge de quatorze ans, il avait écrit sa première pièce en 1902 et tourné son premier film en tant que réalisateur en 1915 : *Ceux de chez nous*. Sa dernière réalisation est *Les trois font la paire*. Ses funérailles se dérouleront le 27, au cimetière de Montmartre.

René Clair fait débuter Georges Brassens

Le cinéaste dirige Georges Brassens et Pierre Brasseur dans « Porte des Lilas ».

Paris, 25 septembre
Le chanteur Georges Brassens partage avec Pierre Brasseur la vedette du nouveau film de René Clair, *Porte des Lilas*. Clair avait créé l'étonnement, voici un an, en choisissant d'adapter le roman de René Fallet, *la Grande Ceinture*. On voyait mal alors ce que le réalisateur pouvait tirer de cet univers très noir, qui ne correspondait pas à son inspiration habituelle. La réussite est pourtant complète, et l'accueil fait au film est triomphal. S'il a conservé l'intrigue de Fallet, Clair en a complètement remodelé le ton. De fait, on retrouve ici son amour pour le Paris populaire, ses braves gens et l'amitié qui peut les lier, telle celle du semi-clochard Juju (Brasseur) avec le chanteur L'Artiste (Brassens). (→ 23.2.76)

Les couples mythiques meurent aussi

Rome, 7 novembre
Après sept années de mariage, Ingrid Bergman et Roberto Rossellini se séparent. Rossellini est amoureux d'une jeune Indienne déjà mariée. Il accepte qu'Ingrid obtienne la garde de leurs trois enfants, Robertino, Ingrid et Isabella. Mais il lui demande que ceux-ci n'aillent pas vivre en Amérique tant qu'ils ne seront pas majeurs, et qu'elle ne se remarie pas. Elle accède à la première demande mais ne promet rien pour la seconde. Elle va partir pour Paris dès demain afin de reprendre les représentations de la pièce de Robert Anderson *Thé et sympathie* au théâtre de Paris. (→ 10.7.58)

Roberto Rossellini et Ingrid Bergman lors du tournage d'« Europe 51 ».

Charlie Chaplin s'est fait roi pour reconquérir l'Amérique

Paris, 24 octobre
Le nouveau film de Charles Chaplin, *Un roi à New York* (*A King in New York*), a été présenté au Gaumont-Palace, après une première présentation anglaise le 12 septembre dernier. Pour l'occasion, le metteur en scène a fait interdire la projection aux journalistes de la presse américaine, déclarant : « Je ne suis plus du tout intéressé par l'Amérique – et je n'intéresse plus son public. » Le film, qui relate les aventures grotesques d'un roi exilé aux Etats-Unis, a été accueilli sans grand enthousiasme. Il s'agit d'une satire des mœurs américaines, et en particulier du maccarthysme. Chaplin, qui réside tantôt sur la Côte d'Azur, tantôt en Suisse, a tourné son film l'été dernier dans les studios londonniens de Shepperton et a procédé au montage aux laboratoires LTC de Saint-Cloud.

Chaplin-Shahdow, monarque sans couronne d'« Un roi à New York ».

Conférence de presse au Savoy de Londres pour la première du film.

Charlot au Palais

Paris, 8 novembre
Charles Chaplin n'en finit pas avec les tribunaux : à peine soulagé des tracasseries du fisc américain, qui lui réclamait encore l'an passé plus de un million de dollars, le célèbre réalisateur, dont on se souvient qu'il avait été harcelé pendant plusieurs années par ses ex-femmes et ses concubines, demande à son tour la coquette somme de cinquante millions de francs à une société cinématographique qui s'était arrogé le droit de distribuer *le Gosse* (*The Kid*) sans son autorisation préalable. La cause est noble et intéresse au premier chef tous les créateurs : Chaplin entend par là-même faire respecter son droit de propriété sur tous ses films, quand bien même certains auraient été tournés il y a plus de trente ans. L'affaire sera jugée par la troisième chambre civile de Paris, et le metteur en scène d'*Un roi à New York* a choisi pour le défendre Me Robert Badinter. (→ 31.12.58)

Deux civilisations s'affrontent sur les bords de la rivière Kwaï

Sessue Hayakawa est dans « le Pont de la rivière Kwaï » l'intraitable commandant du camp japonais, le colonel Saïto.

Londres, 29 novembre
David Lean, le metteur en scène bien connu de *Brève Rencontre*, vient de réaliser, avec *le Pont de la rivière Kwaï* (*The Bridge on the River Kwaï*), un film de guerre bien peu conventionnel. L'action se déroule durant la Seconde Guerre mondiale, pendant l'épisode tragique des marches forcées organisées par l'armée japonaise. Des prisonniers anglais sont conduits, au-delà de leurs forces, sur les bords de la rivière Kwaï, en Birmanie. Là, ils participent, malgré eux, à la construction d'un pont de bois à portée stratégique. Réalisé en décors naturels, d'après le roman fameux de Pierre Boulle, le film est en réalité la mise en confrontation de deux civilisations antagonistes, à travers deux de leurs représentants, interprétés par Alec Guinness et le vétéran Sessue Hayakawa, qui fut le héros nippon de *Forfaiture*, il y a plus de quarante ans (1915). A la fin de ce long métrage de 2 h 40, le pont est dynamité par un commando américain mené par William Holden, au cours d'une scène spectaculaire, non prévue à l'origine par Boulle. Cette superproduction, sur laquelle de nombreuses personnes ont misé, participe à l'effort de renouvellement du spectacle cinématographique qui, par la couleur, l'écran large et l'ampleur des mises en scène, tente de freiner tant bien que mal la montée en puissance de la télévision. (→ 26.3.58)

Alec Guinness et Sessue Hayakawa incarnent deux visions du monde.

Les deux voyages du professeur Borg

Stockholm, 26 décembre
Le professeur Borg se fait conduire par sa belle-fille Marianne à l'université de Lund où va se fêter son jubilé médical. Au cours de ce voyage, certaines rencontres ou retrouvailles l'amènent à faire le bilan de sa vie. Sa prise de conscience n'est pas empreinte de sérénité. Borg mesure le désert d'une existence marquée par l'égoïsme. Mais il retrouve aussi certaines sensations liées au souvenirs heureux de ses amours de jeunesse et à la saison des « fraises sauvages. » Bergman a voulu ce titre, *les Fraises sauvages* (*Smultronstället*), pour cette œuvre dubitative et nostalgique. Voyage réel dans la Suède contemporaine et parcours dans l'imaginaire d'un vieil homme, ce film a valeur de symbole. Ingmar Bergman choisit, pour incarner Borg, Victor Sjöström. Leurs affinités de pensées, tournées vers la divinisation de la nature et un humanisme désabusé, donnent au personnage une vraie profondeur. (→ 26.12.58)

Victor Sjöström interprète de Bergman dans « les Fraises sauvages ».

Le divorce de B. B. et Vadim est consommé

Paris, 7 décembre
En avril dernier, Brigitte Bardot et Roger Vadim se sont rendus au palais de justice pour une ultime tentative de réconciliation. Aujourd'hui, leur divorce est prononcé par la 8e chambre du tribunal civil. Ils vivaient déjà séparés depuis le mois de juillet, après le tournage d'*Et Dieu créa la femme* durant lequel Brigitte Bardot était devenue la maîtresse de son partenaire, Jean-Louis Trintignant. « Bien sûr, nous resterons de bons amis et continuerons de travailler ensemble », déclare Brigitte. Elle vient d'achever en Espagne le tournage des *Bijoutiers du clair de lune*, sous la direction de Vadim. Par un curieux hasard, une petite fille naît à Vadim le jour du divorce. La mère se nomme Annette Stroyberg. (→ 2.9.58)

G. Williams dans « L'homme qui rétrécit », de J. Arnold, d'après R. Matheson.

Affiche française par René Péron.

« Le Château de l'araignée ».

Mylène Demongeot et Raymond Rouleau dans son film « les Sorcières de Salem », d'après Arthur Miller, avec Simone Signoret et Yves Montand.

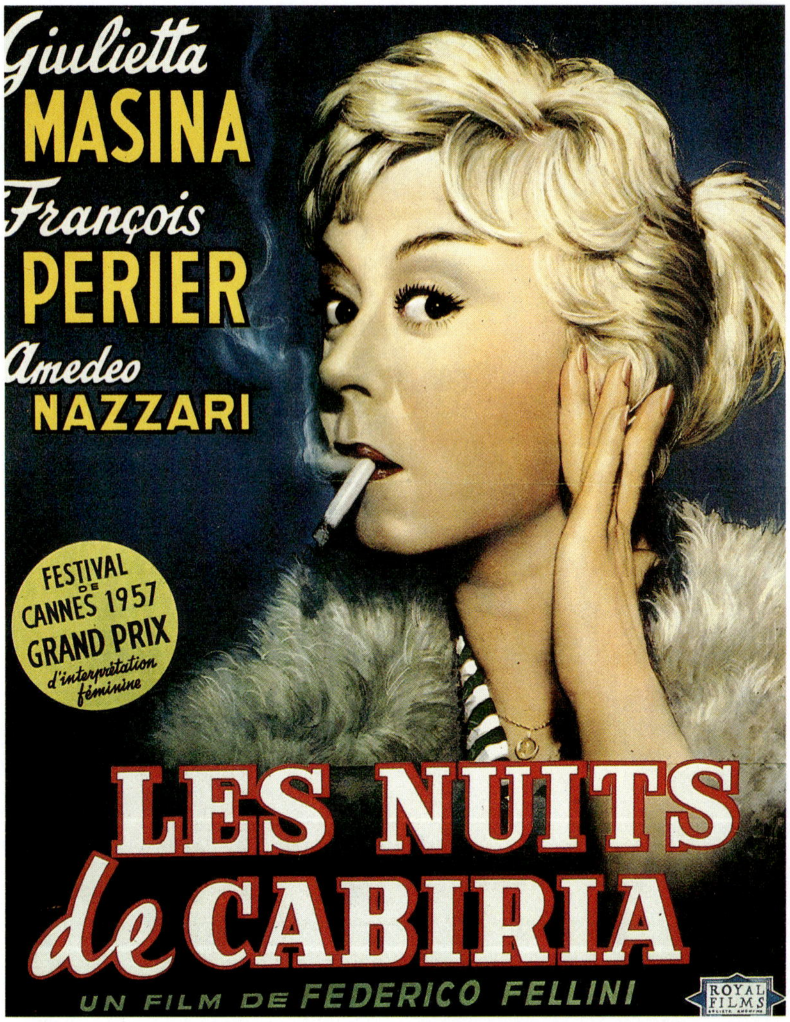

Affichette originale belge pour « les Nuits de Cabiria », de Federico Fellini.

Nikolaï Tcherkassov dans « Don Quichotte », de Grigori Kozintsev.

Melina Mercouri dans « Celui qui doit mourir », de Jules Dassin.

Affiche originale française au format 160 x 120 cm, signée Jean Mascii.

S. Hayakawa, J. Hawkins et A. Guinness dans « le Pont de la rivière Kwaï ».

Gene Kelly et Mitzi Gaynor dans « les Girls », de George Cukor.

Fred Astaire et Cyd Charisse dans « la Belle de Moscou ».

Kirk Douglas est le colonel Dax dans le film de Stanley Kubrick « les Sentiers de la gloire », qui met en cause l'armée française durant la Grande Guerre.

Jayne Mansfield et Tony Randall dans « la Blonde explosive ».

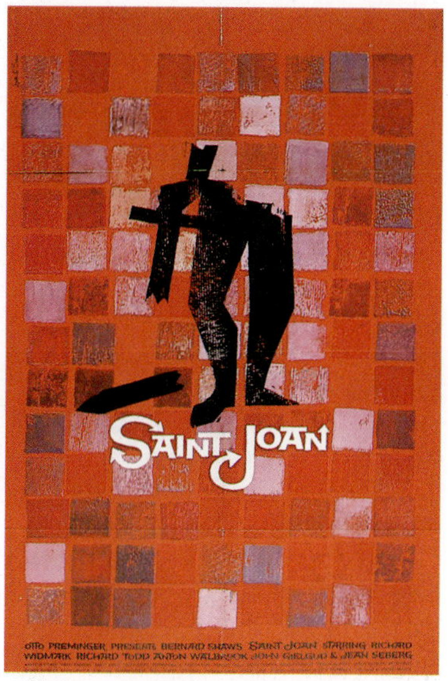

Affiche originale américaine « one sheet », signée Saül Bass.

1958

Oscars, Hollywood
Film : *le Pont de la rivière Kwaï* (David Lean).
Acteur : Alec Guinness.
Actrice : Joanne Woodward.

Mostra d'arte cinematografica, Venise
Lion d'or : *Pousse-pousse* (Hiroshi Inagaki).
Meilleur acteur : Alec Guinness.
Meilleure actrice : Sophia Loren.

Festival international du film, Cannes
Palme d'or : *Quand passent les cigognes* (Mikhaïl Kalatozov).
Meilleur acteur : Paul Newman.
Meilleure actrice : Bibi Andersson, Eva Dahlbeck, Ingrid Thulin, Barbro Hiort-Af-Ornas.

Prague, 2 janvier
Alfred Radok présente *la Lanterne magique* (*Laterna Magika*), un spectacle qui mêle théatre et cinéma, projections et chorégraphie.

Le Caire, 20 janvier
Première de *Gare centrale* (*Bab el-Hadid*), de Youssef Chahine, qui s'y révèle aussi un excellent comédien dans le rôle d'un simple d'esprit devenu criminel. (→ 18.10.70)

Hollywood, 8 février
Paramount vend les droits d'exploitation télévisuels de son catalogue antérieur à 1948 (750 films) pour 50 millions de dollars à Music Corp of America (MCA). Les actions Paramount montent en flèche.

Washington, 3 mars
La Cour suprême rend un avis défavorable aux vingt-trois victimes de la liste noire qui ont intenté un procès aux studios qui les ont licenciées. Elle entérine ces licenciements et déclare avoir commis l'erreur de prendre cette affaire en considération. (→ 12.1.59)

Londres, 6 mars
Simone Signoret reçoit la British Academy Award, pour son rôle dans *les Sorcières de Salem*, de Raymond Rouleau. (→ 31.12.59)

New York, 10 mars
Au Carnegie Hall, pour une soirée au profit d'œuvres sociales, le comédien Danny Kaye dirige l'orchestre philarmonique avec ses pieds.

Paris, 11 avril
La jeune chanteuse égyptienne Dalida fait ses débuts au cinéma dans *Rapt au deuxième bureau*, de Jean Stelli.

Los Angeles, 11 avril
Après avoir entendu un témoignage d'une heure de Lana Turner, un jury d'enquête exonère sa fille Cheryl de toute charge, qualifiant le meurtre de Johnny Stompanato d'« homicide justifiable ».

Cannes, 4 mai
Sophia Loren quitte le festival, furieuse, plus tôt que prévu : le film dans lequel elle joue, *le Désir sous les ormes*, de Delbert Mann, n'est pas projeté en soirée comme elle le souhaitait. (→ 8.8.59)

Rome, 20 mai
William Wyler commence le tournage de *Ben Hur*, avec Charlton Heston. (→ 18.11.59)

Monaco, 16 juin
Frank Sinatra, pour la télévision américaine, tourne un documentaire sur la principauté et interviewe son ex-partenaire de cinéma, Grace de Monaco. (→ 19.9.59)

Paris, 8 juillet
Le quotidien *France-Soir* publie un sondage sur le cinéma : 63 % des Français et 59 % des Françaises aiment les salles obscures; 25 % d'entre eux préfèrent les films sentimentaux, 20 % les policiers et 12 % les films historiques.

Hollywood, 9 juillet
Marilyn Monroe est de retour dans la capitale du cinéma après deux ans d'absence. Elle doit y tourner *Certains l'aiment chaud* (*Some Like It Hot*), de Billy Wilder.

Londres, 9 juillet
Lors de la première des *Vikings*, de Richard Fleischer, Kirk Douglas, l'interprète principal, offre au duc d'Edimbourg un bateau viking miniature pour son fils, le prince Charles. (→ 13.2.59)

Moscou, 1er septembre
La seconde partie du film de S. M. Eisenstein *Ivan le Terrible* (*Ivan Groznyj*), interdite depuis 1946, est enfin projetée.

Venise, 2 septembre
Sur les bords de la lagune, l'arrivée de Brigitte Bardot provoque une véritable émeute. Elle est accompagnée de Sacha Distel. (→ 17)

New York, 10 septembre
Une société de produits chimiques annonce la prochaine mise au point d'un projet anglo-américain doté d'un budget de trois millions de dollars, destiné à apporter au cinéma une nouvelle dimension... celle de l'odeur.

Paris, 10 septembre
Sortie de *Sissi face à son destin*, de l'Autrichien Ernst Marischka, troisième volet de la série des Sissi, avec Romy Schneider. (→ 22.3.59)

Washington, 17 septembre
Le ministère de l'Intérieur délivre à l'équipe d'Alfred Hitchcock l'autorisation d'utiliser des maquettes des visages du mont Rushmore, protégés par un copyright, pour des scènes de *la Mort aux trousses* (*North by Northwest*). (→ 6.8.59)

Paris, 29 septembre
Le critique François Truffaut, encouragé par l'accueil réservé à son court métrage, *les Mistons* abandonne la plume pour la réalisation. Il cherche pour le rôle principal de son film *les Quatre Cents Coups* un garçon de douze ans, soit mélancolique, soit gouailleur. (→ 16.5.59)

New York, 19 octobre
L'agent de Marilyn Monroe annonce que celle-ci attend un heureux événement. (→ 29.3.59)

Hollywood, 23 octobre
Des producteurs américains proposent à Brigitte Bardot le rôle principal de *Lolita*, d'après le roman de Vladimir Nabokov. Maurice Chevalier est pressenti pour jouer le « pygmalion ». (→ 13.6.62)

Montréal, 5 novembre
Montparnasse 19, de Jacques Becker, remplace au dernier moment *Maxime*, d'Henri Verneuil, qui devait être projeté en première mondiale pour l'ouverture du festival et que la censure canadienne a interdit pour « amoralité ». (→ 21.2.60)

Paris, 13 décembre
Jean Rouch reçoit le seizième prix Louis-Delluc pour *Moi, un Noir*, documentaire sur les adolescents des faubourgs d'Abidjan.

New York, 15 décembre
Le Vieil Homme et la Mer (*The Old Man and the Sea*), de John Sturges, avec Spencer Tracy, reçoit le grand prix de l'OCIC (Office catholique international du cinéma).

Paris, 18 décembre
Brigitte Bardot est au palais de justice pour asssister au référé engagé contre Bruno Coquatrix, directeur de la Comédie-Caumartin. Elle se plaint du titre choisi pour la nouvelle revue de ce théatre : « Ça va Bardot ! » (→ 13.2.59)

Londres, 21 décembre
Son mariage avec Rossellini ayant été dissous par le Vatican, Ingrid Bergman épouse le producteur de théâtre suédois Lars Schmidt. (→ 8.4.75)

Stockholm, 26 décembre
Sortie de *Visage* (*Ansiktet*), d'Ingmar Bergman, avec Ingrid Thulin et Max von Sydow. (→ 6.9.59)

Washington, 31 décembre
Le Trésor américain reçoit paiement de 425 000 dollars, arriéré d'impôt de Chaplin. (→ 30.9.64)

NAISSANCES
Stockton, Californie, 22 novembre
Jamie Lee Curtis.

Le film de Louis Malle « Ascenseur pour l'échafaud », lauréat du quinzième prix Louis-Delluc, atteste un renouveau dans le cinéma français.

JEANNE MOREAU
ET
MAURICE RONET
DANS UN FILM RÉALISÉ PAR
LOUIS MALLE
PRIX LOUIS DELLUC
LA PLUS HAUTE RÉCOMPENSE FRANÇAISE DU CINÉMA

L'ascenseur de Louis Malle fait monter la cote du jeune cinéma

Maurice Ronet, Lino Ventura et Jeanne Moreau dans un thriller psychologique : « Ascenseur pour l'échafaud ».

Paris, 29 janvier
Ascenseur pour l'échafaud, récent lauréat du prix Louis-Delluc, vient de sortir sur les écrans. A vingt-cinq ans, Louis Malle annonce peut-être avec ce premier film de fiction une nouvelle génération de cinéastes. Le coréalisateur du *Monde du silence* tentait depuis plusieurs mois de tourner un scénario plus ou moins autobiographique. Les refus des producteurs l'ont convaincu qu'un jeune metteur en scène ne pouvait s'imposer avec une histoire personnelle. Après que son ami Alain Cavalier le lui eut conseillé, Malle a donc décidé d'adapter le roman noir de Noël Calef, *Ascenseur pour l'échafaud*. Le film, interprété par Jeanne Moreau, Maurice Ronet et Lino Ventura, introduit une atmosphère moderne dans le policier, à laquelle la musique de jazz de Miles Davis contribue largement. (→ 5.11)

Mike Todd se tue en plein ciel

Hollywood, 25 mars
Les cinémas de Chicago, New York et Los Angeles qui projettent *le Tour du monde en 80 jours*, produit par Michael Todd (*22.6.1907), ferment leurs portes en signe de deuil. En effet, le cinéaste a trouvé la mort le 22 mars vers une heure du matin. Il avait quitté l'aéroport de Burbank vers 22 heures à bord de son bimoteur privé, *The Liz*, acheté peu avant son mariage avec Elizabeth Taylor. Après un appel téléphonique à sa femme, il s'est envolé pour New York où il devait recevoir le diplôme du meilleur entrepreneur de spectacles de l'année. Au-dessus du Nevada, l'avion a été pris dans un orage et s'est écrasé dans les montagnes près de Zuni, une ville indienne à la frontière du Nouveau-Mexique. Ses quatre occupants ont été tués dans l'explosion de l'appareil. Maman depuis le 6 août 1957 d'une petite fille, Liz a interrompu son travail sur *la Chatte sur un toit brûlant* (*Cat on a Hot Tin Roof*), de Richard Brooks, à l'annonce de ce drame. (→ 18.9)

La crémaillère à la Moncorgerie

Bonnefoi, 1er janvier
Acheté par Jean Gabin en juillet 1952, le domaine de la Pichonnière s'est agrandi d'une maison construite par l'acteur et baptisée la Moncorgerie. Depuis cinq ans, la propriété était en travaux. Les étables et les bâtiments annexes ont été rasés puis reconstruits, les herbages remis en état. Gabin a agrandi le domaine en achetant des terrains voisins. Aujourd'hui, l'ensemble des travaux est achevé. Dominique et ses trois enfants peuvent s'y installer définitivement. Jean Gabin réalise son rêve d'enfant : il devient le fermier qu'il a toujours rêvé d'être. A ses trente vaches il ajoute désormais un élevage de chevaux, dont une jument et un excellent étalon, se transformant ainsi en propriétaire et éleveur de trotteurs. Il souhaite faire courir ses chevaux à Vincennes. (→ 28.7.62)

Les nouveaux « Misérables » sur les épaules de Jean Gabin

Paris, 11 mars
La cinquième version des *Misérables* est réalisée par Jean-Paul Le Chanois et dialoguée par Michel Audiard. Après Henry Krauss, Gabriel Gabrio, Harry Baur et Fredric March, c'est Jean Gabin qui incarne Jean Valjean. Le réalisateur a réussi une transposition cinématographique d'un étonnant classicisme, condensant l'œuvre romanesque de Victor Hugo en deux parties de 97 min et 120 min. Cette vaste fresque épique et poétique est formidablement défendue par un Gabin à la crinière blanche, puissant et massif, par exemple lorsqu'il devient M. Madeleine et soulève une charrette à la seule force des épaules. Il a pour partenaires Bourvil et Bernard Blier. (→ 17.9)

Jean Valjean le bagnard, ou M. Madeleine le bourgeois au grand cœur : Gabin donne de l'épaisseur à ses personnages.

Un pont d'Oscars pour la rivière Kwaï

Hollywood, 26 mars
La trentième soirée des Oscars est menée par cinq maîtres de cérémonie : Rosalind Russell, James Stewart, Bob Hope, David Niven et Jack Lemmon. Elle consacre *le Pont de la rivière Kwaï* (*The Bridge on the River Kwaï*) meilleur film de l'année. David Lean, son réalisateur, obtient également le prix, comme Alec Guinness, couronné meilleur acteur. Au total : sept Oscars pour ce pont ! La meilleure actrice est Joanne Woodward pour *les Trois Visages d'Eve* (*The Three Faces of Eve*), de Nunnally Johnson. L'Oscar du meilleur film étranger revient aux *Nuits de Cabiria*, de Federico Fellini, déjà primé l'année dernière. (→ 7.4.59)

Joanne Woodward dans « les Trois Visages d'Eve », de N. Johnson.

Jacques Becker, après Ophuls, à la recherche des Montparnos

Dans « Montparnasse 19 » Gérard Philipe et Anouk Aimée incarnent Modigliani et sa compagne, Jeanne Hébuterne.

Paris, 4 avril
La première de *Montparnasse 19*, réalisé par Jacques Becker, a eu lieu au Colisée. Le film est dédié à la mémoire de Max Ophuls : initialement, en effet, cette adaptation du roman de Michel Georges-Michel, *les Montparnos*, devait être faite par l'auteur de *la Ronde*. Ce dernier avait travaillé le sujet avec Henri Jeanson et Jacques Natanson, et le tournage était prévu pour l'été dernier. L'hospitalisation du réalisateur à Hambourg, consécutive à un malaise cardiaque, puis sa mort le 26 mars de l'année dernière ont compromis le film. Le producteur ayant, sur une ultime suggestion d'Ophuls, proposé la mise en scène à Becker, ce dernier l'a acceptée mais a provoqué la fureur de Jeanson en modifiant le découpage. La réalisation dépouillée de *Montparnasse 19* témoigne de son souci de ne pas imiter Ophuls mais l'éloigne aussi de son propre style. Narrant la déchéance et la solitude du peintre Modigliani face à l'incompréhension dont son art est l'objet, le film réserve la part belle à Gérard Philipe, entouré de Lilli Palmer et Anouk Aimée. En dépit de son métier, le comédien ne parvient pourtant guère à faire croire à son personnage. (→ 5.11)

Une héroïne de Colette chez Minnelli

Hollywood, 15 mai
Gigi, le nouveau film de Vincente Minnelli, s'inspire du roman de Colette et reconstitue à grands frais le Paris de la Belle Epoque. Les décors, particulièrement surchargés, dans la droite ligne du *Pirate* et de *Brigadoon*, sont magnifiés par la photographie de Joseph Ruttenberg et l'emploi d'un CinémaScope rutilant. Pour ses deux personnages principaux, Minnelli a tenu à diriger les deux grandes stars françaises de Hollywood que sont Maurice Chevalier et Leslie Caron. Le premier est arrivé dans la capitale du cinéma il y a plus d'un quart de siècle et, depuis, son succès ne s'est jamais démenti. Quant à Leslie Caron, son histoire tient du conte de fées : née à Paris d'un père français et d'une mère américaine, élève du Conservatoire, cette jeune danseuse des ballets des Champs Elysées fut découverte par Marcel Carné, puis par Minnelli, qui la fit venir aux Etats-Unis pour y incarner l'un des rôles principaux d'*Un Américain à Paris*. Depuis, celle qui demeure pour beaucoup l'« incarnation printanière de la jeune fille » ne cesse d'aller de succès en succès. Son interprétation de Gigi est plaisante et nostalgique, et sans doute s'agit-il là de l'un de ses meilleurs rôles. (→ 7.4.59)

Leslie Caron dans « Gigi ».

L'amant de Lana Turner tué par sa fille

Hollywood, 4 avril
Cheryl, fille de Lana Turner et de Steve Crane, a tué le gangster Johnny Stompanato, amant de sa mère. Après Crane, Lana a été mariée à Henry Topping puis à l'acteur Lex Barker. Depuis son divorce prononcé l'an dernier, elle était liée à Stompanato, qui se montrait souvent brutal envers elle. Au cours de l'une de ces querelles particulièrement violente, l'adolescente âgée de quatorze ans s'est interposée pour protéger sa mère. Affolée, elle s'est emparée d'un couteau de cuisine qu'elle a enfoncé dans la poitrine de l'homme. Immédiatement arrêtée par la police appelée par Lana après ce drame, Cheryl est déclarée en état de légitime défense. Etant mineure, elle devra séjourner en résidence surveillée chez sa grand-mère Mildred Turner avant de comparaître devant le tribunal pour enfants de Los Angeles. Le dernier film de Lana Turner, au titre prémonitoire, est sorti récemment. Il s'agit des *Plaisirs de l'Enfer* (*Peyton Place*), de Mark Robson. La comédienne tourne actuellement un autre film, dont le titre prend désormais une étrange résonance : *Je pleure mon amour* (*Another Time, Another Place*), de Lewis Allen. De par ce fait, le tournage est momentanément interrompu. (→ 11)

Tatiana Samoïlova a fait pleurer le jury

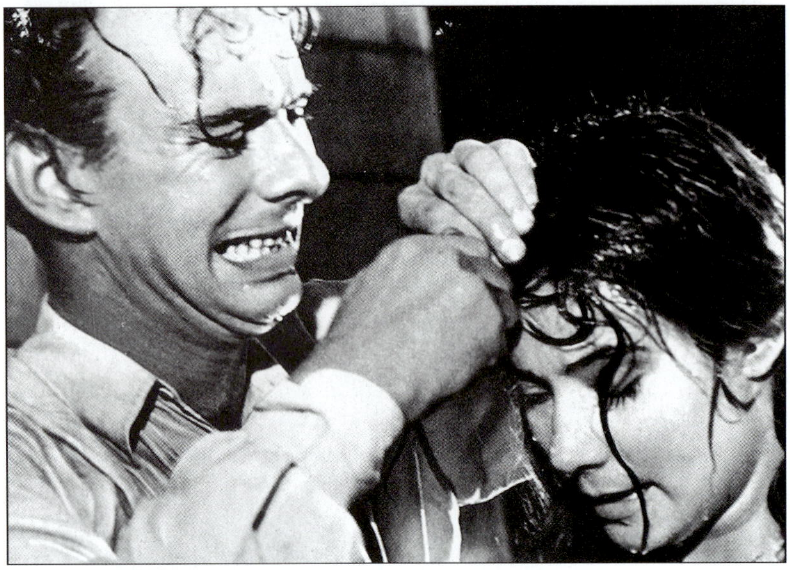

Avec Alexis Batalov dans « Quand passent les cigognes », de M. Kalatozov.

Cannes, 18 mai
Dans ses beaux yeux noirs perce un regard d'animal traqué. Vedette du film soviétique *Quand passent les cigognes*, Tatiana Samoïlova a fait l'unanimité autour d'elle et autour de ce film de Mikhaïl Kalatozov qui vient d'obtenir la Palme d'or au onzième Festival de Cannes. L'actrice y incarne une jeune fille à qui la guerre enlève son fiancé et qui épouse un homme qui l'a violée. Outre le talent de la comédienne, le jury semble avoir été impressionné par la virtuosité et le lyrisme de la mise en scène. Mais, si la récompense suprême est allée à une histoire qui a fait pleurer les festivaliers, le prix spécial du jury a couronné, lui, le rire : il a été décerné à *Mon oncle*, de Jacques Tati. Satire hilarante de l'obsession de la modernité chez la bourgeoisie, ce film nous permet de retrouver l'attachant personnage de la précédente œuvre de Tati : *les Vacances de M. Hulot*. Après *le Septième Sceau*, récompensé l'année dernière, le réalisateur suédois Ingmar Bergman a récidivé cette année avec *Au seuil de la vie*, qui s'est vu attribuer le prix de la mise en scène. Ce huis clos dramatique qui se déroule dans une clinique d'accouchement est interprété par quatre excellentes comédiennes, et leurs performances leur ont valu un prix collectif d'interprétation féminine. Quant au prix d'interprétation masculine, c'est Paul Newman qui en est le lauréat pour son rôle dans *les Feux de l'été*, de Martin Ritt. (→ 16.5.59)

« Mon oncle », de et avec Jacques Tati, obtient le prix spécial du jury.

Alfred Hitchcock tourne Boileau-Narcejac

Hollywood, 28 mai
Le nouveau film d'Alfred Hitchcock, *Sueurs froides* (*Vertigo*), est l'adaptation d'un roman français de Pierre Boileau et Thomas Narcejac, intitulé *D'entre les morts*. Selon ses propres dires, le fameux tandem littéraire aurait même écrit spécialement ce récit pour le maître anglais, après avoir appris que celui-ci avait cherché à acquérir, en vain, les droits de son premier roman, *Celle qui n'était plus*. Le roman avait finalement été mis en scène, il y a quatre ans, par Henri Georges Clouzot, sous le titre *les Diaboliques*. *Sueurs froides* est une mystérieuse histoire d'amour, mâtinée de métempsychose et de rebondissements policiers. Pour tenir le rôle masculin principal, Hitchcock retrouve pour la quatrième fois l'un de ses acteurs fétiches, James Stewart, qu'il avait précédemment dirigé dans *la Corde*, *Fenêtre sur cour* et *L'homme qui en savait trop*. A ses côtés, Kim Novak, la célèbre *vamp*, lancée il y a quelques années par la Columbia, incarne un double rôle particulièrement troublant, tantôt blonde, tantôt brune, tantôt auréolée de charme et de poésie, tantôt garce. Dans ce film aux nombreuses implications psychanalytiques, Hitchcock retrouve des accents lyriques, soulignés par la partition symphonique de Bernard Herrmann et les images soignées de Robert Burks, par ailleurs mises en valeur par l'utilisation de la couleur et du système Vistavision qui améliore la qualité de l'image. (→ 6.8.59)

James Stewart et Kim Novak dans la machination de « Sueurs froides ».

Marlon Brando assure sa descendance

New York, 11 mai
Neuf mois jour pour jour après son mariage avec l'Indienne Anna Kashfi naît le fils de Marlon Brando. Ce mariage surprise a eu lieu juste à la fin du tournage du *Bal des maudits* (*The Young Lions*), d'Edward Dmytryk. Brando choisit d'ailleurs pour son fils le prénom de Christian, celui-là même qu'il porte dans ce film. A l'origine, *le Bal des maudits* devait être un produit à petit budget. Adapté d'un roman d'Irwin Shaw, il est devenu une superproduction grâce à la volonté du réalisateur et à l'accord de nombreuses stars. Outre Brando, le générique réunit les noms de Montgomery Clift, Dean Martin, Maria Schell, Hope Lange, Barbara Rush et May Britt. Marlon y incarne un étonnant nazi au caractère nuancé, humain, assailli par le doute. Depuis sa sortie le 18 avril dernier, le film déchaîne les passions et une partie de la critique s'indigne que le héros en soit précisément un nazi. En réponse à cette attaque, Brando rétorque que « passer son temps à entretenir des haines est parfaitement stérile ». Lui-même n'est qu'amour pour son fils auquel il a décidé de consacrer tous ses loisirs. (→ 31.5.61)

Lauriers belges pour Welles et Truffaut

Orson Welles et Marlène Dietrich, partenaires dans « la Soif du mal ».

Bruxelles, 8 juin
Lors de la remise du grand prix du Festival de Bruxelles à Orson Welles, celui-ci a désavoué le montage de son film primé, *la Soif du mal* (*Touch of Evil*), qui marque son retour à Hollywood après huit ans d'exil. Tourné à la manière d'un drame shakespearien, ce film policier n'en est pas moins magistralement réalisé. Autre primé du Festival, le jeune critique François Truffaut pour son court métrage *les Mistons*, dans lequel une bande de gamins rend la vie impossible à un couple d'amoureux. (→ 29.9)

Stanley Kubrick contesté par la France

« Les Sentiers de la gloire » évoque un épisode tragique de la Grande Guerre.

Berlin, 9 juillet
« Grâce » à la délégation française, le Festival de Berlin qui vient de s'achever aura connu un petit scandale. Offusquée par le fait que le film de Stanley Kubrick *les Sentiers de la gloire* (*Paths of Glory*), était projeté dans les salles de la ville, la délégation française a demandé à ce qu'il soit retiré de l'affiche, sous prétexte qu'il offense la mémoire des soldats de la Première Guerre mondiale. Interdit en France, le film évoque un fait historique survenu en 1917 : trois soldats français, accusés de couardise et de mutinerie, avaient été fusillés « pour l'exemple ». L'incident relatif à ce film ne semble pas avoir troublé la sérénité du jury, présidé par Frank Capra, qui a attribué le grand prix du festival, l'Ours d'or, au film suédois *les Fraises sauvages*, d'Ingmar Bergman. Interprété par Ingrid Thulin, Bibi Andersson et le grand acteur Victor Sjöström, le film a pour héros un vieux médecin qui, à la veille de sa mort, fait le bilan de sa longue vie. (→ 13.2.59)

Kirk Douglas interprète de Kubrick.

Accommodements avec le ciel

Rome, 10 juillet
Grâce à l'intervention de Me Floriot en France et à celle de Me Graziadei en Italie, grâce aussi à la bonne volonté papale, le mariage d'Ingrid Bergman et de Roberto Rossellini est annulé par le Vatican. S'ils étaient officiellement divorcés aux yeux du monde, Roberto et Ingrid restaient mariés en Italie, puisque le divorce n'existe pas dans ce pays. Agée de quarante-trois ans, deux fois séparée et mère de quatre enfants, Ingrid songe à se marier de nouveau. Elle a connu le producteur suédois Lars Schmidt lors du tournage en France d'*Elena et les hommes*, de Jean Renoir. « Je vis à Paris avec mes enfants et Roberto semble très satisfait de notre arrangement. Mais il ignore l'existence de Lars. Il ne pense pas qu'il puisse y avoir quelqu'un d'autre dans ma vie », explique Ingrid Bergman. L'actrice peut maintenant épouser Lars puisqu'elle est redevenue célibataire de par la volonté du pape. (→ 21.12)

Heures noires pour « Porgy and Bess »

Hollywood, 3 août
Porgy and Bess, la nouvelle superproduction de Samuel Goldwyn, serait-elle victime d'une malédiction ? La Screen Directors Guild fait planer la menace d'un boycott, au cas où Rouben Mamoulian ne serait pas réintégré sur le tournage du film. Il y a une semaine, Goldwyn avait en effet limogé le metteur en scène, pour le remplacer aussitôt par Otto Preminger. Mamoulian, qui avait dirigé à Broadway l'opéra fameux de George et Ira Gershwin, fit appel. Ces polémiques surviennent un mois après le violent incendie qui détruisit une partie des décors du film. (→ 6.9.59)

Dorothy Dandridge et Sammy Davis Jr. dans le film d'Otto Preminger.

Les nouveaux cinéastes consacrés au Lido

Rosanna Schiaffino dans « le Défi », premier film de Francesco Rosi.

Venise, 8 septembre
La Mostra s'est laissé séduire par les jeunes talents, plutôt que par les valeurs reconnues. Elle a remis le Lion d'or au *Pousse-pousse* (*Muhomatsu no issho*), du réalisateur Hiroshi Inagaki. Ce *remake* d'un film de 1943 met en scène avec beaucoup d'émotion les différences entre les classes sociales au Japon. Un jeune Italien, Francesco Rosi, se fait le témoin de son temps avec un pamphlet corrosif. *Le Défi* (*La sfida*) dénonce les méfaits de la Camorra et partage le Lion d'argent avec Louis Malle. Là, le Festival fait montre de courage. *Les Amants* est jugé scandaleux, en France comme en Italie. Il ose conjuguer l'amour et l'adultère. Crime pardonnable quand Jeanne Moreau est la séductrice. Le public se réjouit : Sophia Loren et Alec Guinness ont reçu la coupe Volpi. (→ 22.8.59)

Elizabeth Taylor en pleine frustration

Hollywood, 18 septembre
La Chatte sur un toit brûlant (*Cat on a Hot Tin Roof*), le nouveau film de Richard Brooks, l'auteur réputé de *Graine de violence*, donne à Elizabeth Taylor l'un de ses meilleurs rôles. La célèbre actrice incarne une jeune femme rejetée par sa belle-famille ainsi que par son mari, un alcoolique dépressif interprété par l'excellent Paul Newman. Pendant le tournage du film, la star a fait une nouvelle fois la une des journaux, mais cette fois-ci bien malgré elle. Son second mari, le milliardaire Michael Todd, producteur bien connu du *Tour du monde en 80 jours* et promoteur d'un système de projection révolutionnaire nommé Todd-AO, s'est en effet tué, le 22 mars dernier, dans un accident d'avion. Ironie du sort, l'appareil à bord duquel il s'est écrasé s'appelait *The Liz.* (→ 20.2.59)

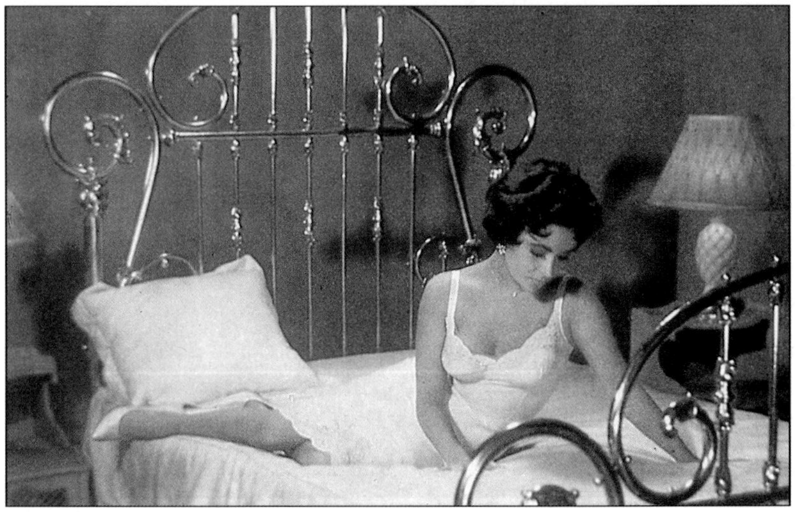

« La Chatte sur un toit brûlant », de Richard Brooks, d'après T. Williams.

Brigitte Bardot choque en se jettant au cou de Jean Gabin

Paris, 17 septembre
Comme on pouvait le prévoir, la liaison « amoureuse » entre le quinquagénaire Jean Gabin et la jeune Brigitte Bardot dans *En cas de malheur*, de Claude Autant-Lara, provoque des réactions passionnelles. Gabin redoutait d'ailleurs ces réactions, c'est pourquoi il a failli ne pas faire le film. Il ne voulait surtout pas que ses « mômes » le voient « filer un patin à Bardot ». Mais il a fini par accepter, par amitié pour Autant-Lara et Edwige Feuillère, sa femme dans le film, et parce que le scénario est adapté d'un roman de son auteur fétiche, Georges Simenon. (→ 18.12)

« En cas de malheur », de Claude Autant-Lara : l'aventure d'un grand avocat tenté par le démon de midi.

Une confrontation des meilleurs films

Bruxelles, 12 octobre
A l'occasion de l'Exposition universelle de Bruxelles, la Cinémathèque de Belgique a organisé une élection des meilleurs films jamais réalisés. Les douze premières oeuvres sont, dans l'ordre : *le Cuirassé « Potemkine », la Ruée vers l'or, le Voleur de bicyclette, la Passion de Jeanne d'Arc, la Grande Illusion, les Rapaces, Intolérance, la Mère, Citizen Kane, la Terre, le Dernier des hommes* et *le Cabinet du docteur Caligari*. Le jury était composé de 117 historiens du cinéma appartenant à 26 pays différents, parmi lesquels John Grierson, Iris Barry et Guido Aristarco. La France était notamment représentée par André Bazin, Jean Mitry, Georges Sadoul et Henri Langlois. Ces historiens ont établi chancun une liste de trente films. Parmi les 609 titres cités, *le Cuirassé « Potemkine »* l'a été cent fois, et *le Cabinet du docteur Caligari*, quarante-trois fois.

Marcel Carné enquête sur la jeunesse

Jacques Charrier et Andréa Parisy dans le monde des « Tricheurs ».

Paris, 10 octobre
Présenté au Marignan, le nouveau film de Marcel Carné, *les Tricheurs*, semble bien parti pour être l'un des triomphes commerciaux de la saison. Le film ne comporte pourtant pas la moindre vedette : sa distribution se compose presque exclusivement de jeunes espoirs, au premier rang desquels Pascale Petit, Andréa Parisy, Jacques Charrier, Laurent Terzieff et Jean-Paul Belmondo. Le fait s'explique aisément par le sujet du film, consacré à la jeunesse existentialiste de Saint-Germain-des-Prés : quelques jeunes gens, pour la plupart de riche famille, s'interdisent par orgueil de tomber amoureux et cultivent le cynisme avec grand art. Prisonniers de ces conventions, un Roméo et une Juliette modernes voient leur amour contrarié finir tragiquement. L'un des intérêts majeurs du film est sans doute sa bande musicale qui reprend la musique des caves de jazz de la rive gauche. Pour faire son choix, Marcel Carné s'est fait communiquer par les grandes maisons d'édition un nombre considérable d'enregistrements, parmi lesquels il a retenu des compositions de Stan Getz, Roy Eldridge, Oscar Peterson et Dizzy Gillespie. (→ 21.1.75)

Le dernier rôle de Tyrone Power

Madrid, 15 novembre
Alors qu'il interprète une scène de combat à l'épée, pendant le tournage de *Salomon et la reine de Saba* (*Solomon and Sheba*), de King Vidor, Tyrone Power s'écroule, victime d'une attaque cardiaque. Transporté à l'hôpital, il meurt une heure plus tard sans avoir repris connaissance. Tyrone était né à Cincinnati, Ohio, le 5 mai 1913. A sept ans, il a fait ses débuts sur scène à Chicago aux côtés de son père, également comédien. Après quelques petits rôles secondaires, il a signé un contrat avec la Fox et effectué ses véritables débuts de vedette, en 1937, dans *le Pacte* (*Lloyds of London*), d'Henry King. Tyrone a été marié aux actrices Annabella et Linda Christian, dont il a eu deux filles, Romina et Taryn. Il avait récemment épousé Debbie Smith Minardos. A cause de son décès, le tournage du film est momentanément interrompu. (→ 25.1.59)

« La première nuit d'amour du cinéma »

Paris, 5 novembre
Tel est le cri d'enthousiasme lancé par François Truffaut lorsqu'au Festival de Venise, il y a quelques semaines, le second film de fiction de Louis Malle, *les Amants*, s'est vu décerner le prix spécial du jury. Le film est maintenant à l'affiche des cinémas parisiens, et le public peut apprécier la justesse de l'exclamation. Le film a pour héroïne une jeune bourgeoise provinciale, incarnée par Jeanne Moreau. Elle s'ennuie auprès de son amant presque autant qu'avec son mari, mais rencontre un étudiant en archéologie (Jean-Marc Bory), dont elle s'éprend. Tous deux vivent une nuit d'amour fou et partent ensemble au petit matin, Jeanne Moreau abandonnant son mari (Alain Cuny), son enfant et son amant (José-Luis de Villalonga). L'audace de certaines scènes est jugée provocante par beaucoup, qui ne voient là qu'un film érotique sujet à scandale. Nulle complaisance douteuse, pourtant, dans les étreintes passionnées des amants : rarement au cinéma l'acte amoureux avait été filmé avec une aussi limpide pureté, que souligne encore la musique de Johannes Brahms. Tel n'est pas l'avis de tous, et en particulier de la Centrale catholique du cinéma. Aux *Amants*, cette dernière a attribué la cote 5, heureusement peu courante : « Par discipline chrétienne, il est demandé de s'abstenir d'aller voir ce film ». (→ 22.8.59)

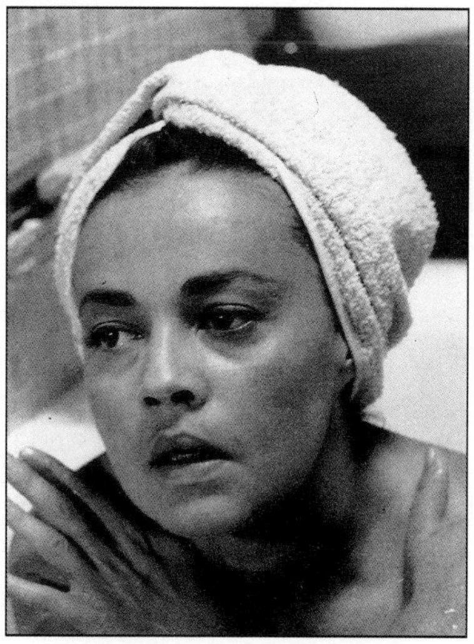

Jeanne Moreau : « les Amants ».

« Les Amants », de Louis Malle, avec Jeanne Moreau et Jean-Marc Bory.

La critique française perd son modèle

Paris, 11 novembre
Une leucémie vient d'emporter André Bazin. Il avait eu 40 ans cette année, le 18 avril. Depuis une première crise sérieuse, en janvier 1950, on savait la santé du critique français extrêmement fragile. La maladie l'avait contraint au cours de ces dernières années à s'écarter quelque peu du bouillonnement cinématographique de la capitale. On ne l'y voyait plus guère que deux jours par semaine, à la table ronde d'*Esprit*, le lundi, et aux séances de rédaction de *Radio-Cinéma-Télévision* et des *Cahiers du cinéma* le mardi. Formé par les influences du philosophe Emmanuel Mounier puis de Roger Leenhardt pour le cinéma, André Bazin restera sans doute le plus grand critique de sa génération, voire de l'histoire du cinéma français. Il avait commencé à écrire ses premiers articles sous l'Occupation, avant de devenir en 1945 le critique du *Parisien libéré*. Il collabora ensuite à *l'Ecran français* et, plus tard, à *France-Observateur*. Le cofondateur des *Cahiers du cinéma* disparaît à quelques jours de la parution du tome premier de son recueil qui s'intitule : *Qu'est-ce que le cinéma ?*

Affiche originale par René Ferracci.

Affiche originale par Jean Mascii.

Chabbi Biswas et Padma Devi dans « le Salon de musique », de Satyajit Ray.

Z. Cybulski et A. Pawlikowski dans « Cendres et diamants », d'A. Wajda.

A. Delon, R. Schneider, J.-C. Brialy, et S. Grimaldi dans « Christine ».

Une des affiches originales françaises signée par Georges Kerfyser.

Jacques Tati et Alain Bécourt dans « Mon oncle », de Jacques Tati.

Max von Sydow et Ingrid Thulin forment un couple de magnétiseurs dont l'imposture apparaît dans le film d'Ingmar Bergman « le Visage ».

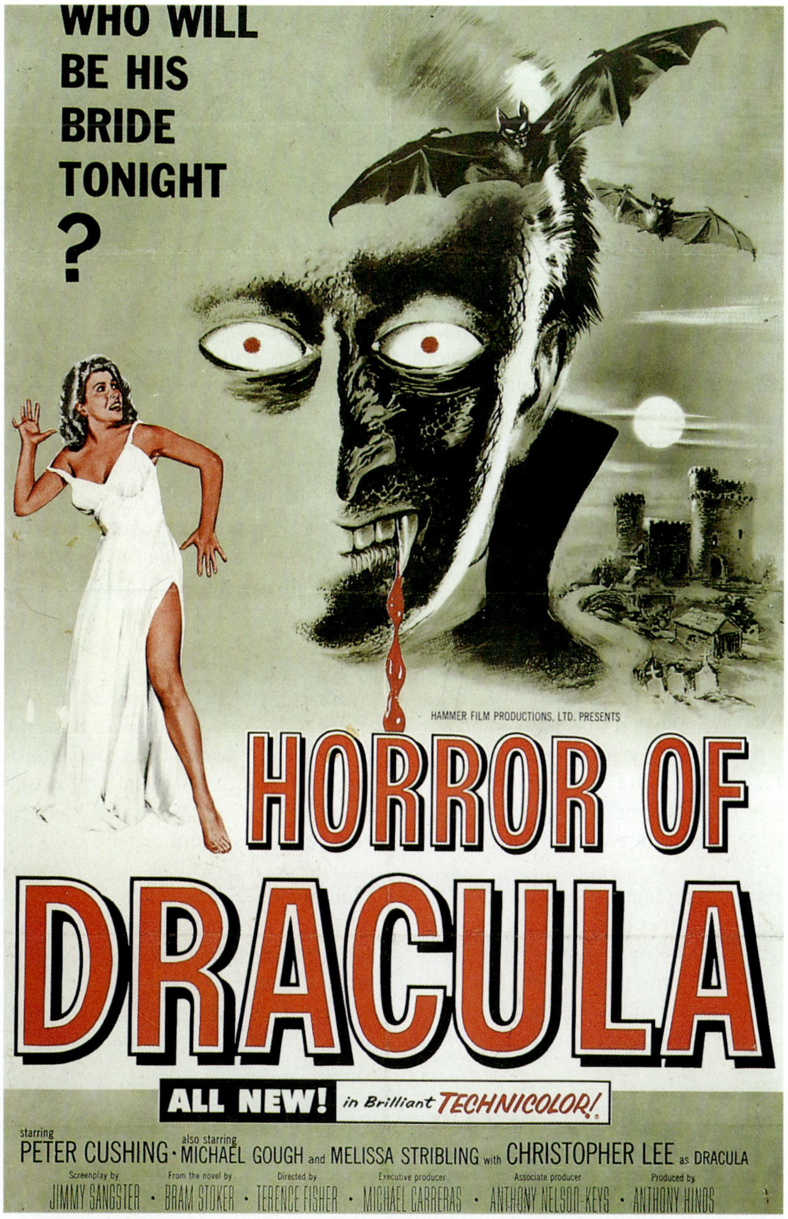

Affiche originale britannique pour « le Cauchemar de Dracula ».

Affichette originale belge pour le film « la Chatte sur un toit brûlant ».

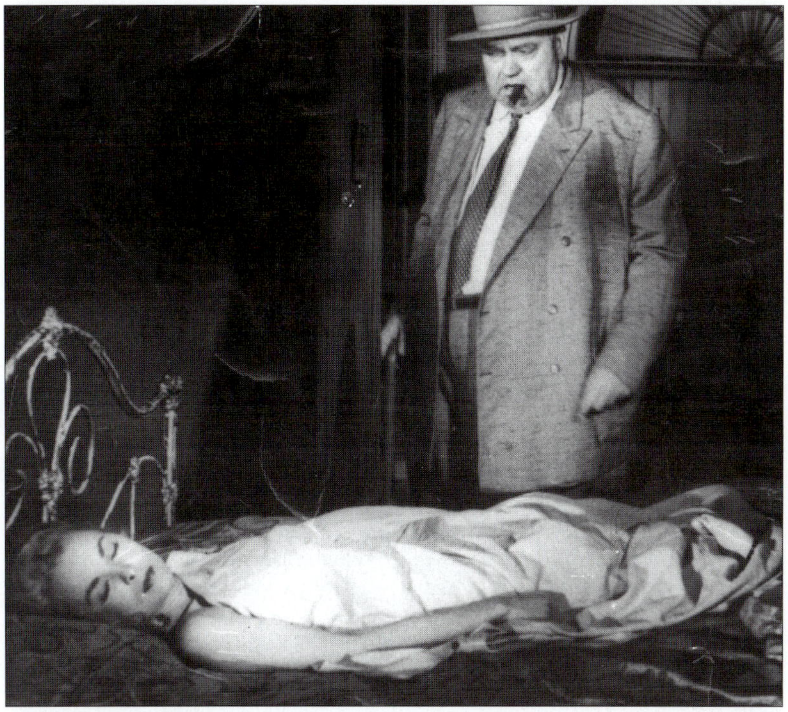
Janet Leigh et Orson Welles dans « la Soif du mal » (« Touch of Evil »), film d'Orson Welles d'après le roman de Whit Masterson.

Kerwin Mathews et Kathryn Grant dans le film de Nathan Juran « le Septième Voyage de Sindbad », remarqué pour ses effets spéciaux.

John Gavin dans « le Temps d'aimer et le Temps de mourir », de D. Sirk.

Affiche originale américaine au format « one sheet », signée Saül Bass.

★★★★★★★★ 1959 ★★★★★★★★★★★★★★★★★★★★★★★★★★★★★

Oscars, Hollywood
Film : *Gigi* (Vincente Minnelli).
Acteur : David Niven.
Actrice : Susan Hayward.

Mostra d'arte cinematografica, Venise
Lion d'or de Saint-Marc : *le Général Della Rovere* (R. Rossellini).
la Grande Guerre (Mario Monicelli).
Meilleur acteur : James Stewart.
Meilleure actrice : Madeleine Robinson.

Festival international du film, Cannes
Palme d'or : *Orfeu Negro* (Marcel Camus).
Meilleur acteur : Dean Stockwell, Bradford Dillman, Orson Welles.
Meilleure actrice : Simone Signoret.

0New York, 12 janvier
La MPAA abroge une disposition de 1957, qui interdisait de prendre en considération pour les Oscars des personnes convaincues de communisme. (→ 3.10.61)

Los Angeles, 16 janvier
Le scénariste Dalton Trumbo révèle qu'il est l'auteur, sous le pseudonyme de Robert Rich, du scénario de *Les clameurs se sont tues* (*The Brave One*), qui avait obtenu l'Oscar du scénario en 1956. (→ 10.4.60)

Hollywood, 21 janvier
Mort du réalisateur Cecil Blount De Mille (*12.8.1881) dont la devise avouée était : « Dieu et Sexe ».

Espagne, 25 janvier
Le destin s'acharne sur le tournage de *Salomon et la reine de Saba*, de King Vidor, depuis la mort de Tyrone Power. Un autre comédien, Luis Santana, fait tomber sur ses vêtements une lampe à huile et se transforme en torche vivante sous les yeux de Gina Lollobrigida.

Rome, 16 mars
L'actrice suédoise Anita Ekberg arrive à Cinecittà pour y tourner *La dolce vita*, sous la direction de Federico Fellini. (→ 20.5.60)

Le Caire, 18 mars
La censure égyptienne décide d'interdire toute projection des films d'Elizabeth Taylor, mesure de rétorsion contre le fait que l'actrice soutient financièrement Israël.

Paris, 21 mars
Le réalisateur Louis Malle reçoit le prix Citron, un prix décerné par les journalistes à la personnalité la moins aimable. (→ 28.10.60)

Las Vegas, 12 mai
A la synagogue, Elizabeth Taylor épouse en quatrièmes noces le chanteur Eddie Fisher. En vue de ce mariage, la star s'était convertie à la religion israélite, le 29 mars dernier à Hollywood. (→ 17.11.60)

Paris, 24 juin
Au 82, rue de Courcelles, André Malraux, ministre des Affaires Culturelles, inaugure avec Henri Langlois les nouveaux locaux de la Cinémathèque française et une exposition en hommage à Charles Pathé. (→ 5.6.63)

Rome, 25 juillet
Jeanne Moreau annonce sa décision d'arrêter définitivement le cinéma afin de se consacrer au théâtre.

Rome, 30 juillet
Un violent incendie éclate à Cinecittà. Les décors du film *Carthage en flammes*, de Carmine Gallone, s'embrasent ! Il y a vingt blessés.

Londres, 5 août
L'ex-chauffeur de Cary Grant rate sa tentative de suicide. Il est impliqué dans le divorce du comédien et de sa femme, Betsy Drake. Cary Grant accuse son employé d'entretenir des « relations coupables » avec son épouse.

Moscou, 6 août
La censure soviétique interdit la projection de *Babette s'en va-t-en guerre*, de Christian-Jaque, avec Brigitte Bardot, alors que le réalisateur fait partie du jury du festival du Film de Moscou. (→ 26.6.63)

New York, 6 août
Le film français de Claude Autant-Lara, *En cas de malheur*, est projeté sans coupure. La censure américaine a permis, en effet, de le présenter avec toutes les scènes où l'on voit Brigitte Bardot nue. (→ 20.4.60)

Brésil, 22 août
Après l'Italie, c'est au tour des autorités brésiliennes d'interdire *les Amants*, de Louis Malle.

Londres, 6 septembre
La comédienne Kay Kendall (*1926) meurt d'une leucémie. Son vœu le plus cher, « épouser Rex Harrison », a été réalisé en 1957, dès que celui-ci a pu se séparer de l'actrice Lilli Palmer. (→ 28.9.61)

Paris, 9 septembre
La première des *Liaisons dangereuses*, de Roger Vadim, est interdite au dernier moment. Les huit cents invités, dont Audrey Hepburn et Mel Ferrer, repartent sans avoir vu le film. (→ 26)

Paris, 15 septembre
Brigitte Bardot fait son entrée dans le *Petit Larousse*, édition de 1960, qui sort ce jour. (→ 1.5.60)

Prague, 25 septembre
Pour son nouveau film, *le Songe d'une nuit d'été* (*Sen noci svatojanske*), qui sort ce jour, Jiri Trnka plonge ses marionnettes dans la féerie de Shakespeare. (→ 2.1.62)

Paris, 26 septembre
A l'occasion de la sortie française de *Certains l'aiment chaud* (*Some Like It Hot*), la presse parisienne reprend une déclaration de Tony Curtis faite à l'issue du tournage : « Embrasser Marilyn, c'est comme embrasser Hitler. » (→ 18.1.60)

Zagreb, 12 octobre
Abel Gance commence le tournage d'*Austerlitz*, coproduction italo-franco-yougoslave, avec une distribution internationale prestigieuse et dotée d'un budget prévisionnel de 480 millions de francs. (→ 5.2.62)

Los Angeles, 15 octobre
La presse à sensation révèle que la comédienne Gene Tierney travaille comme vendeuse dans un magasin de vêtements féminins à Topeka (Kansas), faute de propositions à Hollywood. (→ 6.11.91)

New York, 22 octobre
Dans son testament, Errol Flynn laisse la majeure partie de sa fortune (50 millions de dollars) à sa troisième épouse, Patricia Wymore, avec qui il ne vivait plus.

Paris, 31 octobre
Le plus jeune des mannequins de chez Dior entre au Conservatoire. Elle s'appelle Françoise Dorléac et elle a dix-sept ans. (→ 20.5.64)

Tokyo, 3 novembre
Première de *Feux dans la plaine* (*Nobi*), de Kon Ichikawa, description violente de l'errance de soldats japonais, traqués dans la jungle, qui finissent par manger ceux d'entre eux qui succombent. (→ 30.7.61)

Hollywood, 25 novembre
« La plus grande danseuse de claquettes du monde », Eleanor Powell, obtient le divorce. Elle était mariée à Glenn Ford depuis 1943, date à laquelle elle a abandonné le cinéma.

Paris, 16 décembre
Sortie de *la Vache et le Prisonnier*, d'Henri Verneuil. (→ 11.5.62)

Hollywood, 31 décembre
Dans un grand restaurant, Gary Cooper est le premier à souhaiter la bonne année à Simone Signoret en l'invitant à danser. (→ 5.4.60)

NAISSANCES
Paris, 18 mars
Luc Besson.

Tlemcen, Algérie, 14 mai
Patrick Bruel.

Madrid, 4 juillet
Victoria Abril.

New York, 10 août
Rosanna Arquette.

« Ben Hur », de William Wyler, avec sa spectaculaire course de chars, renouvelle pour la MGM le mémorable triomphe de 1925.

Julien Duvivier lance B. B. sur les traces de Marlène Dietrich

Brigitte Bardot et Antonio Vilar dans « la Femme et le Pantin », d'après P. Louÿs : rôle mythique pour star confirmée.

Paris, 13 février
Belle et rebelle, l'héroïne du célèbre roman de Pierre Louÿs, *la Femme et le Pantin*, a séduit plus d'un réalisateur. Après Jacques de Baroncelli, qui l'avait fait incarner en 1928 par Conchita Montenegro, et Josef von Sternberg, qui lui a donné les traits de sa muse, Marlène Dietrich, c'est au tour de Julien Duvivier d'essayer de percer le mystère de cette femme si fascinante. A une héroïne mythique, une actrice mythique : c'est ce à quoi on pense en voyant Brigitte Bardot, après Marlène, évoluer en toute volupté dans l'atmosphère chaude de la *feria* de Séville. D'Espagnole, Duvivier a transformé le personnage en Française, élevée en Espagne par un père écrivain compromis sous l'Occupation. Mais le réalisateur et ses scénaristes, Jean Aurenche, Marcel Achard et Robert Valentin ont laissé au personnage son côté provoquant et aguicheur qui rend les hommes fous. (→ 18.6)

Un couple modèle au bord du drame

Los Angeles, 20 février
Le chanteur Eddie Fisher demande le divorce. Il veut se séparer de Debbie Reynolds pour épouser Elizabeth Taylor, qu'il ne quitte plus depuis trois mois. En septembre dernier, Liz a fait sa première apparition publique depuis la mort de Mike Todd en se rendant au Tropicana de Las Vegas pour y applaudir Eddie, meilleur ami du défunt. De retour à Los Angeles, ils sont restés ensemble, alimentant par leur comportement les rubriques de la presse. Les nombreuses photos du couple illégitime diffusées alors par les journaux et agrémentées de commentaires fielleux, ont peu à peu fait éclater le scandale. Debbie et Eddie étaient jusqu'à présent un couple exemplaire comme il en existe peu à Hollywood. Ils acceptent désormais la séparation. Le public prend fait et cause pour Debbie Reynolds considérée comme étant la victime des turpitudes de Liz Taylor, la dévoreuse d'hommes qui attire les mâles dans ses filets. (→ 12.5)

Kirk Douglas lâche Anthony Mann

Hollywood, 13 février
Moins de deux semaines après le début du tournage de *Spartacus*, dans la vallée de la Mort, en Californie, Kirk Douglas, qui est à la fois l'acteur principal et le producteur exécutif du film, vient de remercier le metteur en scène Anthony Mann. La star a décidé de le remplacer par un jeune réalisateur de trente et un ans, Stanley Kubrick, qui l'avait précédemment dirigé dans *les Sentiers de la gloire*, une brillante satire du commandement français durant la Première Guerre mondiale. A la nouvelle de ce limogeage, la profession a tenu à exprimer son émotion. Mann est en effet l'un des directeurs les plus cotés du cinéma américain, auteur de nombreux westerns, parmi lesquels le fameux *Homme de la plaine*. D'aucuns s'interrogent aussi sur la capacité de Kubrick, qui s'était jusqu'alors limité aux séries B, à maîtriser un budget de douze millions de dollars. (→ 7.10.60)

Deux films insolites de Claude Chabrol perturbent le Fouquet's

Paris, 11 mars
Au moment où sort le second film de Claude Chabrol, *les Cousins*, le jury du prix Jean-Vigo, réuni au Fouquet's, choisit de distinguer sa première œuvre, *le Beau Serge*. Ce choix ne se fait pas sans réticences, nombre de professionnels n'appréciant guère l'irruption d'un jeune cinéaste qui se produit lui-même et qui n'a jamais été assistant. Les deux films sont interprétés par les deux mêmes comédiens, Gérard Blain et Jean-Claude Brialy, et leurs sujets semblent se répondre : figure christique dans *le Beau Serge*, Jean-Claude Brialy se fait fêtard dévoyé et cynique dans *les Cousins*, tandis que Gérard Blain passe du rôle d'épave alcoolique à celui d'étudiant studieux. Le ton presque métaphysique de ces deux films trahit un profond pessimisme et alimente une virulente polémique. (→ 16.5)

C'est à Sardent (Creuse), le village de son adolescence, que Chabrol a tourné son premier film, « le Beau Serge », avec Jean-Claude Brialy et Gérard Blain.

Jean-Claude Brialy avec Juliette Mayniel dans « les Cousins ».

Jean-Pierre Mocky s'efface devant Franju

Mocky et Charles Aznavour dans « la Tête contre les murs », d'après H. Bazin.

Paris, 20 mars
La Tête contre les murs, qui vient de sortir, aurait dû être la première réalisation du jeune acteur Jean-Pierre Mocky. Celui-ci avait signé l'adaptation, très libre, du roman d'Hervé Bazin et avait déjà engagé quelques-uns des comédiens. Au dernier moment, les producteurs ont hésité à lui confier la mise en scène. Mocky conservant le rôle principal, aux côtés de Pierre Brasseur, c'est Georges Franju qui s'est donc vu proposer son premier long métrage de fiction, à l'âge de quarante-six ans. Il a fait de ce film un remarquable conte subversif sur l'internement psychiatrique. (→ 29.4)

Marilyn Monroe flirte avec un travesti

Hollywood, 29 mars
Certains l'aiment chaud (*Some Like It Hot*), le nouveau film de Billy Wilder, porte un titre pour le moins équivoque, qui détourne habilement les rigueurs du code Hays. S'agit-il de jazz ou de sexe ? Le sujet joue de la même équivoque : Tony Curtis et Jack Lemmon incarnent deux musiciens qui, pour échapper à un gangster, se travestissent en femmes et intègrent un orchestre de jazz féminin dont la chanteuse est la belle Marilyn Monroe. Le reste est une suite de quiproquos et de malentendus plus drôles les uns que les autres. Le film, qui est un remake de *Fanfare d'amour*, un film français réalisé par Richard Pottier en 1935, a été tourné en noir et blanc suivant la volonté de Wilder. Celui-ci a d'ailleurs déclaré, pour justifier son choix : « La couleur aurait fait sonner le film faux. » Il est vrai que *Certains l'aiment chaud* est aussi une reconstitution historique, mêlant un événement aussi marquant que le massacre de la Saint-Valentin à l'atmosphère enjouée des années folles. Marilyn, qui est certainement aujourd'hui l'actrice la plus célèbre du monde, se révèle aussi une excellente joueuse d'ukulélé et sa chanson *My Heart Belongs to Daddy* est d'ores et déjà promise à un bel avenir. A ses côtés, Tony Curtis est un sympathique soupirant. Son imitation de Cary Grant, à un moment du film, est très réjouissante. (→ 26.9)

Marilyn avec Tony Curtis (à droite) et Jack Lemmon dans « Certains l'aiment chaud », de Billy Wilder.

Alain Delon fiancé à Romy Schneider

Lugano, 22 mars
Ils ont fait connaissance à Vienne, au cours de l'été 1958, durant le tournage de *Christine*, de Pierre Gaspard-Huit. Si Alain Delon a d'abord qualifié sa partenaire Romy Schneider de « petite oie blanche », il tombe bientôt sous son charme et répète à des dizaines de reprises un baiser cinématographique. A la fin du tournage, ils sont profondément épris l'un de l'autre. Romy ne rentre pas à Cologne mais vient rejoindre Alain à Paris pour vivre auprès de lui, quai Malaquais. Magda Schneider désapprouve l'attitude de sa fille, qui s'obstine pourtant. Romy rompt même toute relation avec sa famille pour prouver sa détermination. Magda finit par céder. Les fiançailles de Romy et d'Alain prennent enfin un caractère légal. Elles sont célébrées ce jour devant la presse internationale, à Vico Mocorte, propriété de Magda sur les bords du lac de Lugano. (→ 10.3.60)

Les trente ans de l'oncle Oscar sont associés à la fête de Gigi

Hollywood, 7 avril
La remise des Oscars pour l'année 1958 est marquée par le succès de la comédie musicale *Gigi*, de Vincente Minnelli : neuf Oscars, dont ceux du meilleur film et du meilleur réalisateur. *Gigi* est désormais le film le plus primé depuis la création des Oscars voici juste trente ans. Susan Hayward pour *Je veux vivre*, de Robert Wise, et David Niven pour *Tables séparées*, de Delbert Mann, sont désignés meilleurs acteurs. L'Oscar du meilleur film étranger va au film français *Mon oncle*, de Jacques Tati. (→ 5.4.60)

Louis Jourdan, Leslie Caron et Maurice Chevalier dans « Gigi », de Minnelli.

Susan Hayward reçoit l'Oscar de la meilleure actrice pour « Je veux vivre », de Robert Wise.

La Nouvelle Vague fait le ménage sur la Croisette

Cannes, 16 mai
Accompagnées de leur « mentor » Jean Cocteau, les têtes brûlées de la Nouvelle Vague ont débarqué en force et en nombre au Festival de Cannes. Outre Godard, Chabrol et Truffaut, on a remarqué la présence de cinéastes comme Alain Resnais, Roger Vadim et Marcel Camus, que certains rangent abusivement dans les rangs de la Nouvelle Vague. Si Truffaut, Resnais et Camus sont venus défendre chacun un film, les autres ne sont là que comme supporters. Couronné par le prix de la mise en scène, *les Quatre Cents Coups*, premier long métrage de Truffaut, surprend par la justesse de ton et la vérité des personnages.

Héros des « Quatre Cents Coups », le jeune Jean-Pierre Léaud est le porte-parole du réalisateur, François Truffaut.

Marpessa Dawn dans « Orfeu negro », de Marcel Camus (Palme d'or).

Œuvre en partie autobiographique, le film décrit la vie d'un garçon de douze ans, incompris de ses parents, qui fugue et vole avant d'être envoyé dans un centre de redressement, d'où il s'évadera. Ce jeune héros est incarné avec sensibilité et insolence par Jean-Pierre Léaud, véritable révélation de ce film tourné en décors naturels, avec un budget modeste. La commission de sélection ayant refusé *Hiroshima mon amour*, de Alain Resnais, le film n'en a pas moins créé l'événement, hors compétition, pour l'originalité de son écriture et son sujet. La Palme d'or est allée, elle, au très surprenant *Orfeu Negro*, de Marcel Camus, une transposition musicale du mythe d'Orphée, située dans les *favelas* de Rio de Janeiro. (→ 20.5.60)

Présenté hors compétition, « Hiroshima mon amour », d'Alain Resnais, avec Eiji Okada et Emmanuelle Riva, obtient néanmoins le prix de la critique.

Simone Signoret, meilleure actrice : « les Chemins de la haute ville ».

Nouvelle Vague ?

Cannes, 16 mai
S'il est encore tôt pour spéculer sur le devenir de la Nouvelle Vague, qui vient de connaître une consécration médiatique à Cannes, on peut toutefois s'interroger dès maintenant sur la nature de ce mouvement. Lancée l'année dernière par Françoise Giroud dans un article de *l'Express*, l'étiquette Nouvelle Vague se trouve désormais attribuée à des cinéastes très différents les uns des autres, même si quelques-uns d'entre eux appartiennent à l'équipe des *Cahiers du cinéma*. Réunis à l'occasion du Festival de Cannes, une vingtaine parmi ces jeunes cinéastes se sont réunis en colloque à La Napoule. A l'issue du colloque, ils ont publié un communiqué dans lequel il font état d'« un accord complet sur le fond et un désaccord total sur le détail ». Reste à savoir si tous ces jeunes gens apportent vraiment quelque chose de nouveau. Certains commentateurs rappellent qu'en matière d'innovation les réalisateurs de ladite Nouvelle Vague sont redevables à des précurseurs comme Roger Leenhardt, Jean-Pierre Melville, Agnès Varda et Alexandre Astruc, qui ont toujours travaillé en solitaires. Les cinéastes de la Nouvelle Vague ont l'esprit de groupe. C'est ce qui fait leur force.

Les dragueurs en quête du grand amour

Charles Aznavour, Jacques Charrier, Estella Blain et Dany Carrel : une tentative parmi d'autres des « Dragueurs », de Jean-Pierre Mocky.

Paris, 29 avril
Après le coup manqué de *la Tête contre les murs*, Jean-Pierre Mocky parvient enfin à signer sa première réalisation : *les Dragueurs*. Le comédien a décidé de ne pas apparaître dans ce film, dont il est l'auteur complet. Il a choisi pour interprètes Jacques Charrier, remarqué il y a quelques mois dans *les Tricheurs*, de Marcel Carné, ainsi que Charles Aznavour, qui incarnait le pathétique Heurtevent dans *la Tête contre les murs*. Leurs personnages, Freddy et Joseph, sont les dragueurs que mentionne le titre : le premier est beau gosse tandis que le second est effacé et malingre. Au hasard de leur déambulation nocturne dans Paris, tous deux cherchent à leur manière l'amour de leur vie et rencontrent maintes ravissantes jeunes filles. Trahi par sa lâcheté, Freddy fuit celle en qui il voyait la femme idéale (Anouk Aimée) parce qu'elle porte une prothèse à la jambe. Quant à Joseph, il consolera sa solitude dans les bras de la terne Françoise (Nicole Berger). Le film dénote chez son auteur un goût pour la satire teintée d'amertume. Il remportera à coup sûr un joli succès public. Certains déplorent pourtant l'opportunisme et les facilités dont il n'est pas exempt. (→ 28.6.64)

B. B. épouse le dragueur Jacques Charrier

Louveciennes, 18 juin
Nouveau venu dans le cinéma puisqu'il n'a interprété que trois films à ce jour : *les Tricheurs*, de Marcel Carné, *les Dragueurs*, de Jean Pierre Mocky, et *Babette s'en va-t-en guerre*, de Christian-Jaque, Jacques Charrier a eu le coup de foudre pour Brigitte Bardot durant ce dernier tournage. Le jeune couple, pris en sympathie par le public, est depuis suivi pas à pas par la presse. Pour égarer les journalistes, la mère de Brigitte annonce que le mariage a été célébré en secret le 5 juin. Le 17, Brigitte et Jacques quittent Saint-Tropez, allongés à l'arrière de deux voitures. Aujourd'hui, toute la presse est pourtant présente pour la cérémonie officielle. (→ 6.8)

Les nouveaux mariés chez les parents de Brigitte, à Louveciennes.

Pas de crachat sur la tombe de Boris Vian

Paris, 25 juin
Trois jours après le décès de Boris Vian, la sortie de l'adaptation cinématographique de son célèbre roman *J'irai cracher sur vos tombes* déchaîne les polémiques. Choqués par l'audace du film et par l'érotisme de quelques scènes, certains maires en interdisent la projection. Publié d'abord sous le pseudonyme de Vernon Sullivan, sous le label des Editions du Scorpion, le roman traite du racisme anti-Noirs aux Etats-Unis. Le héros y a pour nom Joe Grant. C'est un jeune homme de sang mêlé dont le frère, Noir, se fait lyncher pour avoir aimé une Blanche. Révolté par cet acte odieux, Grant quitte la ville et va dans le Nord des Etats-Unis. Là, il joue à courir les filles et s'introduit même dans la bande d'un Blanc raciste, dont il séduit la fiancée. Son origine métisse étant découverte, il sera le gibier d'une chasse à l'homme tragique et sera abattu par les policiers au moment où il parvient à franchir la frontière. Une fin « heureuse » a été aussi tournée, mais elle n'a pas été gardée pour les copies mises en exploitation. Adapté par Boris Vian lui-même, mis en scène par Michel Gast et supervisé par Ralph Habib, le film est assez fidèle au roman. C'est au cours d'une projection privée de ce même film que l'auteur, né le 10 mars 1920 à Ville-d'Avray, est mort soudainement, terrassé par une crise cardiaque.

Christian Marquand dans « J'irai cracher sur vos tombes », de Michel Gast.

Des étoiles dans la salle des mariages

Paris, 4 août
Roger Hanin épouse en secondes noces Christine Gouze-Rénal, la productrice. Celle-ci est la sœur de Danielle, femme de François Mitterrand, ancien ministre de la IVe République et actuel sénateur de la Nièvre. On doit entre autres à Christine les productions de *La mariée est trop belle*, de Pierre Gaspard-Huit, et récemment *l'Affaire d'une nuit*, d'Henri Verneuil, justement avec Roger Hanin. Né à Alger le 20 octobre 1925, Hanin se destinait au droit avant de se lancer dans l'art dramatique. Sa carrière cinématographique est essentiellement constituée de films noirs. Il est d'ailleurs *le Gorille*, personnage d'A. L. Dominique, dans le film de Bernard Borderie *la Valse du Gorille*. Il est père d'une fille, Isabelle. Un autre mariage a eu lieu hier, à Port-au-Prince, en Haïti. Martine Carol a en effet épousé le Dr André Rouveix. C'est le troisième mariage de la comédienne, divorcée de Steve Crane et de Christian-Jaque. La cérémonie a été très intime malgré la célébrité de Martine, qui a tourné l'an dernier, dans cette île des Antilles, le film de Ralph Habib *le Passager clandestin*. Elle vient tout juste d'achever un autre tournage, *Nathalie agent secret*, d'Henri Decoin. (→ 25.5.62)

Le cinéma hitchcockien par excellence

Cary Grant dans « la Mort aux trousses » : un héros pour un autre.

Hollywood, 6 août
Le dernier film d'Alfred Hitchcock, *la Mort aux trousses* (*North by Northwest*), est une sorte de retour aux sources pour le célèbre metteur en scène anglais. Il s'agit d'un récit d'espionnage, une manière de remake des *Trente-Neuf Marches*, qui l'avait rendu internationalement célèbre, il y a plus de vingt ans. Le héros de cette histoire, mêlé malgré lui à une affaire criminelle, parcourt les Etats-Unis à la recherche de la preuve de son innocence. Hitchcock retrouve Cary Grant, l'un de ses acteurs attitrés depuis *Soupçons*. La blonde Eve-Marie Saint lui donne la réplique. Une superbe séquence nous montre le pauvre Grant poursuivi par un avion, qui finit par s'écraser contre un camion-citerne, – scène empruntée au livre de John Buchan, *les Trente-Neuf Marches*. (→ 17.6.60)

Mariage contesté pour Sophia Loren

Rome, 8 août
Installée de nouveau en Italie avec son mari, Carlo Ponti, Sophia Loren risque la prison pour bigamie. Elle a quitté Hollywood le 4 septembre 1958 après avoir tourné neuf films en Amérique. Dans le dernier d'entre eux, elle a pour partenaire Anthony Quinn. Il s'agit de *la Diablesse au collant rose* (*Heller in Pink Tights*), de George Cukor, un western-comédie. Mariée au Mexique avec le producteur depuis le 17 septembre 1957, Sophia apprend que son mariage risque d'être invalidé puisque Carlo était déjà marié et que le divorce n'existe pas en Italie. Le tribunal diocésain de première instance vient de confirmer la validité de la première union de Carlo avec Giuliana Frosti. Selon le code pénal, Sophia peut donc être inculpée de complicité de bigamie et être arrêtée. (→ 15.12.61)

Rossellini et De Sica, retour aux sources

Vittorio De Sica interprète de Rossellini dans « le Général Della Rovere ».

Venise, 6 septembre
La Mostra remet la coupe Volpi à des acteurs sobres et subtils. Dans *Autopsie d'un meurtre* (*Anatomy of a Murder*), d'Otto Preminger, un avocat modeste – joué par James Stewart – consacre ses loisirs à la pêche et au jazz. Un procès difficile va révéler son talent. Quant à Madeleine Robinson, elle joue une épouse trompée dans le troisième film de Claude Chabrol, *A double tour*. Elle s'impose avec un grand naturel dans cette satire de la bourgeoisie. Ingmar Bergman reçoit le Lion d'argent pour *le Visage (Ansiktet)*, film expressionniste sur la magie, la foi, le scepticisme. Le Lion d'or se partage entre Monicelli et Rossellini. Monicelli situe son film sur le front des Alpes, en 1917. Deux joyeux rêveurs, joués par Alberto Sordi et Vittorio Gassman, fuient la réalité. Fresque tragi-comique, *la Grande Guerre* est une réussite. Avec *le Général Della Rovere*, Rossellini s'inspire des exploits de Bertone (Vittorio De Sica), espion à la solde des Allemands en 1943. Il deviendra un héros de la Résistance. Ce film illustre la rencontre bénéfique des deux grands artistes d'un néoréalisme lié à la guerre. Le cinéaste retrouve ici sa pureté de style et l'acteur son amour pour les rôles ambitieux. (→ 12.10.61)

Vittorio Gassman et Alberto Sordi dans « la Grande Guerre », de Mario Monicelli, Lion d'or ex æquo.

Khrouchtchev fait la fête à Hollywood

Hollywood, 19 septembre
Les films américains n'envahissent pas les écrans soviétiques, mais Nikita Khrouchtchev, premier secrétaire du Parti communiste d'Union soviétique, semble apprécier les charmes du capitalisme. Au cours de son séjour à Los Angeles, un dîner a été organisé en son honneur, dans un grand hôtel de Hollywood. De nombreuses stars sont présentes, dont Marilyn Monroe, Frank Sinatra et Gary Cooper. Khrouchtchev, souriant, paraît très détendu malgré ses récentes critiques concernant la politique américaine.

Le premier Soviétique sur le plateau de « Cancan », de Walter Lang.

Errol Flynn dans son dernier voyage

Vancouver, 14 octobre
Miné par l'alcool et la maladie, à cinquante ans, le séducteur du cinéma américain Errol Flynn succombe à une crise cardiaque lors d'un séjour au Canada. Il venait de tourner un film documentaire et d'aventures de Barry Mahon, *Cuban Rebel Girls*, après avoir été l'une des vedettes du film de John Huston *les Racines du ciel* (*The Roots of Heaven*). Errol était né le 20 juin 1909 à Hobart, en Tasmanie (Australie). Petit-fils d'un capitaine au long cours, il souhaitait devenir officier de marine. A vingt et un ans, faisant du cabotage, il avait rencontré le cinéaste Charles Chauvel, qui lui avait offert sa chance à l'écran dans son film *Dans le sillage du « Bounty »* (*In the Wake of the « Bounty »*). Jack Warner l'avait alors remarqué et installé à Hollywood puis il lui avait signé un contrat. Errol a été marié à Lili Damita, à Nora Eddington et à Patricia Wymore, ses frasques amoureuses défrayant régulièrement la chronique. Depuis quelques années, il s'adonnait beaucoup à la boisson, tandis que déclinait son image de séducteur. (→22)

Wyler refait l'exploit de « Ben Hur »

Charlton Heston aux galères. C'est là que Ben Hur forge la volonté qui va le ramener vers la liberté.

Hollywood, 18 novembre
Le cinéma américain renoue avec le gigantisme des années fastes. Avec son budget fabuleux de quinze millions de dollars, ses quelque 400 000 figurants, ses quatre mois de répétition et sa longueur exceptionnelle de trois heures et demie, le *Ben Hur* de William Wyler est le digne remake du célèbre film de Fred Niblo, produit dans le courant des années vingt, également par la MGM. La seule séquence de la course de chars, véritable morceau de bravoure, a demandé trois mois de tournage et une attention de tous les instants. Wyler a par ailleurs mis tous les atouts de son côté, en engageant, pour le rôle-titre, Charlton Heston, dont l'imposante stature s'accommode très bien de son personnage de surhomme. Brillamment photographié par Robert Surtees, *Ben Hur* bénéficie aussi d'une puissante musique symphonique du compositeur d'origine hongroise Miklos Rosza. (→5.4.60)

Scandale et controverse autour des « Liaisons dangereuses »

Paris, 26 septembre
A la suite du scandale orchestré par la presse de droite à l'encontre du film de Roger Vadim *les Liaisons dangereuses*, une décision de justice modifie le titre de l'œuvre : celle-ci, sortie voici deux semaines et après que sa première fut interdite, s'appellera désormais *les Liaisons dangereuses 1960*. Ce faisant, on donne raison à la Société des gens de lettres, représentée par Francis Didelot, qui avait attaqué Vadim au nom du « droit moral » de l'auteur original, Choderlos de Laclos. Indirectement, ce sont les censeurs qui l'emportent, et cette affaire réactualise en particulier les censures municipales : le maire du Mans a d'ores et déjà fait interdire le film dans sa ville, et d'autres interdictions semblent à craindre à Dijon, à Reims, à Rouen, à Rennes et à Aix-en-Provence. (→18.12.61)

Adapté de Choderlos de Laclos, le film de Roger Vadim a entre autres interprètes Annette Vadim et Gérard Philipe.

Haya Harareet dans « Ben Hur ».

Le cinéma français touché au cœur

Gérard Philipe avec Maria Félix et Jeanne Moreau : « La fièvre monte à El Pao » et « les Liaisons dangereuses ».

Paris, 10 décembre

Henri Vidal (*26.11.1919), époux de Michèle Morgan, est mort d'une crise cardiaque consécutive à sa dixième cure de désintoxication. Sa dernière apparition à l'écran date du film d'Henri Decoin *Pourquoi viens-tu si tard?* Le décès prématuré du comédien, indirectement dû à la drogue, replonge le cinéma français dans le deuil. Cette funeste nouvelle survient en effet deux semaines après la mort de Gérard Philipe (*4.12.1922) et celle de Jean Grémillon (*3.10.1901), qui se sont éteints le même jour, le 25 novembre dernier. On savait Grémillon malade depuis longtemps. Au Festival de Venise de l'année dernière, où il était président du jury, une détérioration brutale de son état de santé l'avait déjà contraint à regagner précipitamment Paris sitôt la proclamation du palmarès. Entré à l'Hôpital américain, il y était resté jusqu'au 1er février de cette année. Un nouvel accès de la maladie compromettait alors définitivement son projet de film consacré au peintre Boudin. Après une seconde opération infructueuse au mois d'août, le cancer emportait le réalisateur. Dans le cas de Gérard Philipe, les premières sérieuses atteintes du mal s'étaient faites sentir lors du tournage du film de Luis Buñuel, *La fièvre monte à El Pao*. Le 19 juin dernier, les prises de vues avaient dû être interrompues pour plusieurs jours. Rentré à Paris au milieu du mois de juillet, le comédien se forçait encore à donner le change, déclarant aux journalistes qui l'attendaient à son arrivée : « Vos confrères ont beaucoup d'imagination. J'ai appris en effet par eux que j'ai contracté au Mexique un mal mystérieux. » Et l'acteur avait alors fait étalage de ses projets : deux pièces au TNP et plusieurs scénarios qui attendaient sa lecture. Début novembre, il était néanmoins hospitalisé, et l'on apprenait alors la nature bien réelle de sa maladie, offrant quelque similitude avec le cancer : Gérard Philipe souffrait d'un abcès amibien du foie ayant atteint un stade irréversible et malheureusement inopérable. (→ 6.1.60)

Jean Grémillon tournant un court métrage : « la Maison aux images ».

Henri Vidal dans « Voulez-vous danser avec moi ? », de Michel Boisrond.

Bresson au sommet du dépouillement

Paris, 16 décembre

A l'écart de toute mode, Robert Bresson poursuit sa quête personnelle, assuré désormais d'un public fidèle quoique peu nombreux. *Pickpocket*, son dernier film, fait naître dans la critique les habituelles oppositions, mais n'en constitue pas moins une incontestable réussite de son auteur. Louis Malle déclare ainsi dans l'hebdomadaire *Arts* : « *Pickpocket* est le premier film de Robert Bresson. Ceux qu'il a faits avant n'étaient que des brouillons. » Il ajoute que le film est à ses yeux l'une des « quatre ou cinq grandes dates de l'histoire du cinéma ». Tourné essentiellement en extérieurs réels, dans les rues et dans le métro de Paris, *Pickpocket* est, selon son propre auteur, un film « de mains, d'objets et de regards ». Consacré, ainsi que l'indique son titre, à l'apprentissage d'un pickpocket, l'œuvre s'intéresse peu aux justifications morales du personnage, mais plutôt à sa technique. Même si la fin voit la rédemption du héros par l'amour, le film vaut surtout pour sa très belle mécanique gestuelle. Les séquences du métro ou de la gare de Lyon sont à cet égard remarquables. Certains déplorent que Martin Lassale, qui incarne le pickpocket, ait à ouvrir la bouche au cours du film. Il est vrai que le goût de Bresson pour les acteurs non comédiens, plus facilement modelables, contribue souvent à une platitude irritante et monocorde du dialogue. (→ 25.5.62)

Martin Lassale joue le pickpocket pour Robert Bresson, sur une musique de Jean-Baptiste Lully.

Le cinéma à la conquête de l'espace

Depuis le début de la décennie, le cinéma prend le large, en occupant le grand écran. L'initiative est partie des Etats-Unis. Dès 1945, la télévision s'est avérée dangereuse pour le septième art. Il faut la concurrencer en offrant une vision des films incomparable, irréalisable à domicile. Le 16 septembre 1953, au Roxy de New York, la 20th Century Fox présente en grande première *la Tunique* (*The Robe*), d'Henry Koster, film qui a l'avantage d'être la première œuvre commerciale présentée sur écran large. Le CinemaScope est né. La Fox n'a pas innové, mais a repris un système vieux de plus d'un quart de siècle : l'Hypergonar du professeur Henri-Jacques Chrétien. Physicien français, né à Paris en 1879, il s'était spécialisé dans les études optiques. En 1925, il concevait un procédé basé sur l'anamorphose, où l'objectif Hypergonar associé à un objectif normal augmente le champ visuel horizontal ou vertical. Ainsi, à la prise de vues l'image est volontairement comprimée, puis rétablie lors de la projection. Le premier à utiliser l'Hypergonar a été le Français Claude Autant-Lara, en 1925, pour *Construire un feu*, un court métrage expérimental, d'après une nouvelle de Jack London. Rien ne nécessitant, alors, la généralisation de ce procédé, les brevets d'Henri-Jacques Chrétien, après avoir été achetés par Pathé-Natan, sont devenus caducs. A présent, nombreuses sont les œuvres distribuées en CinemaScope : *les Chevaliers de la Table Ronde*, film anglais réalisé par Richard Thorpe, en 1953, *le Pont de la rivière Kwaï*, de David Lean... Le support, en Cinema Scope, ne diffère des films traditionnels 35 mm que par la forme des perforations. L'image large est obtenue par anamorphose. Quant au son, il est nettement amélioré par rapport au son optique traditionnel. L'emploi de quatre pistes magnétiques de part et d'autre de chaque rangée de perforations assure une meilleure restitution et la possibilité d'effets sonores. Pour obtenir sur grand écran une netteté et une clarté suffisantes, l'image doit être aussi grande que possible. Par rapport au 35 mm traditionnel, la Fox a gagné en hauteur en utilisant la totalité des 19 mm qui correspondent à l'avancée normale de quatre perforations par image. Elle a aussi gagné en hauteur par l'emploi de perforations non plus rectangulaires mais carrées et par l'emploi de pistes magnétiques moins encombrantes que la piste optique. En moins de dix ans, les types d'écran large se multiplient : Superscope, Vistavision, Panavision, Todd-AO. Parmi les plus spectaculaires, le Cinérama, dont le procédé a été mis au point en 1937, par Fred Waller, un inventeur autodidacte. A l'occasion d'une exposition pétrolière dans le cadre de la Foire internationale de New York, il voulait projeter des images en mouvement dans tout le pavillon. Il a dû se limiter à un demi-dôme et a utilisé des projecteurs pour couvrir toute la surface de son écran. Après-guerre, Waller, passionné par son invention, parvient à limiter le nombre de projecteurs à trois. Le premier film réalisé avec ce procédé perfectionné est *This is the Cinerama*, présenté à New York le 30 septembre 1952 et programmé pendant 122 semaines. Le plus grand des systèmes d'écran large jamais réalisés remonte à 1900 : il s'agit du Cinéorama présenté lors de l'Exposition universelle de Paris par Raoul Grimoin-Sanson. Dix projecteurs synchronisés envoyaient une image de 360° sur un écran de cent mètres de circonférence. Les spectateurs prenaient place sur le toit d'une cabine de projection qui représentait la nacelle d'une gigantesque montgolfière. Le film, colorié à la main, emmenait le public dans un voyage aérien à la découverte des capitales européennes. Hélas, le spectacle a dû être annulé à la troisième représentation : la chaleur des dix projecteurs constituait un risque d'incendie. Dernièrement, Walt Disney a exploité le concept d'écran circulaire, en présentant le Circarama à l'Exposition universelle de Bruxelles, mais l'écran avait une circonférence plus modeste. Pour sa part, Abel Gance est sans doute allé le plus loin, artistiquement, en présentant la séquence de l'armée d'Italie, dans son *Napoléon*, sur triple écran. On pouvait y voir simultanément trois scènes distinctes dont le rapprochement évoquait ce qu'est pour l'oreille le contrepoint musical.

« Le Pont de la rivière Kwaï », de David Lean (1957), l'un des premiers grands films qui justifient le CinemaScope.

Image CinemaScope au stade de l'anamorphose, opération de base du procédé Hypergonar.

« Construire un feu », film expérimental d'Autant-Lara (1925).

Dans « Napoléon » (1925-1927), Abel Gance projette simultanément sur triple écran des scènes distinctes.

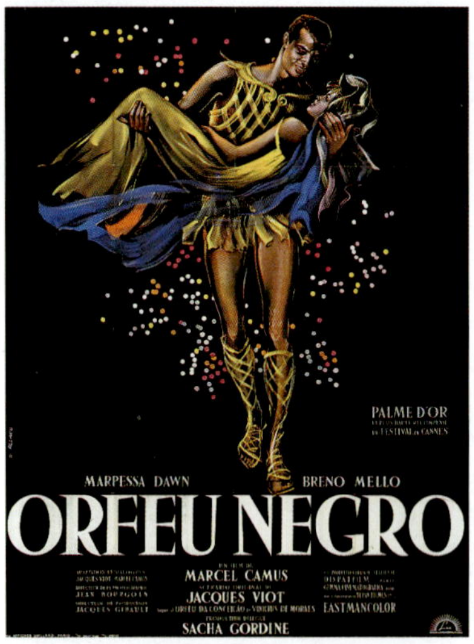

Affiche originale de Georges Allard.

« Le Destin d'un homme ».

Affiche originale française au format 160 x 120 cm, signée Boris Grinsson.

Karl-Heinz Boehm et Moira Shearer dans « le Voyeur », de Michael Powell.

Eiji Okada et Emmanuelle Riva dans le film d'Alain Resnais « Hiroshima mon amour », sur un scénario original signé Marguerite Duras.

Renato Salvatori et Antonio de Curtis Gagliardi Ducas Comneno di Bisanzio, dit Toto, dans le film de Mario Monicelli « le Pigeon » (« I soliti ignoti »).

Affiche originale française au format 160 x 120 cm, signée Roger Soubie.

Marilyn Monroe et Tony Curtis : « Certains l'aiment chaud », de Billy Wilder.

Richard Widmark et Henry Fonda dans « l'Homme aux colts d'or ».

Charlton Heston est Ben Hur dans le film de William Wyler.

Montgomery Clift et Katharine Hepburn dans « Soudain l'été dernier ».

Affiche originale américaine pour « l'Homme à la peau de serpent ».

Affiche originale américaine pour « le Mirage de la vie ».

Le cinéma d'une génération rebelle

« A nouveau régime, nouveau cinéma. » Cette réflexion de Claude Chabrol souligne combien l'art est lié à l'histoire. La création s'accommode mal des régimes assoupis, se nourrit des soubresauts politiques, des révolutions de mœurs, des bouleversements. Le cinéma change si le monde change, et c'est le cas au cours de cette décennie. Les Etats-Unis renvoient le soporifique Eisenhower pour élire John Fitzgerald Kennedy, un Superman démocrate. Les pays de l'Est sont en pleine ère de déstalinisation. Les pays colonisés sont en voie d'émancipation. C'est partout la lutte du nouveau monde contre l'ancien. A l'aube des années soixante, le cinéma semble menacé. La concurrence de la télévision est-elle seule responsable de la chute inquiétante du nombre de spectacteurs ? Le goût pour le spectacle de masse s'est-il déjà émoussé au profit du cinéma à domicile ? Il semble que le cinéma a vieilli et qu'il est devenu frileux, sourd aux aspirations des citoyens du monde, aux progrès techniques. Seule une violente secousse peut le sauver. Elle va venir de France. Des jeunes critiques écrivant aux *Cahiers du cinéma* décident de passer à l'acte, filmer, et montrent la voie en se lançant dans une bataille qui marquera toute l'histoire du cinéma.

Nouvelle Vague sur la France

Ils s'appellent François Truffaut, Jean-Luc Godard, Jacques Rivette, Eric Rohmer... Le cinéma américain qu'ils admirent, d'Howard Hawks à Alfred Hitchcock en passant par Nicholas Ray, celui des géants, est une entreprise en faillite. Le cinéma français où s'est épanoui leur maître, Jean Renoir, radote à leurs yeux. Il n'a plus rien à dire et se sclérose dans des genres caducs – la comédie à la française, le film de cape et d'épée – ou des recettes stériles, l'adaptation de textes littéraires par des scénaristes habiles, mais trop roublards, mises en scène par des tâcherons dans des décors somptueux avec des acteurs vedettes. Ce que réclament avec insolence et irrespect ces jeunes-turcs, c'est un cinéma considéré comme un moyen d'expression, et en prise directe avec le réel. C'est une prise de pouvoir par des artistes libres, mus par l'audace ; la revanche des aventuriers sur les fonctionnaires. L'un de ces conquérants, Jean-Luc Godard, raconte : « J'ai vu Jean Delannoy entrer dans le studio de Billancourt avec sa petite serviette : on aurait dit qu'il entrait dans une compagnie d'assurances. Plus jamais ça ! » L'arrivée de la Nouvelle Vague – appelée ainsi depuis que Françoise Giroud a créé le terme dans *l'Express* – déclanche un tohu-bohu. Règlements de comptes et polémiques, et surtout fructueuses réflexions sur la vocation du cinéma à devenir un langage, une écriture. Les cinéastes de la Nouvelle Vague sonnent le glas de la fiction cinématographique

« A bout de souffle », premier film de Jean-Luc Godard (France, 1960).

telle qu'elle existait depuis plus d'un demi-siècle : cette façon convenue de raconter une histoire, sans ruptures de temps. Ils imposent une nouvelle conception du montage, une nouvelle gestion de la durée, un retour au naturel. Et, du coup, reconsidèrent le rapport à la technique. Brutalement, la grammaire traditionnelle est morte. Mot d'ordre : il est interdit d'interdire. L'inspiration s'allie à la rapidité, à l'improvisation, au refus des studios et des lumières artificielles. Le culot flirte avec la débrouillardise et le système D. Il s'agit d'inventer, toujours, de ne plus se conformer aux standards. Sans oublier les leçons de « cinéma direct », du « cinéma vérité » de Jean Rouch : tournage dans la rue avec équipe réduite, budgets modestes. Presque un reportage. La France, pendant ce temps-là ? Elle nage en plein yé-yé ; jupes au ras des fesses, franges au ras des sourcils ; règne de la Triumph TR4, de l'épluche-patates et des cuisines en Formica. On cherche encore à oublier les privations de la guerre. Ce sont les années Anquetil, les bas Jill, la petite robe Vichy, les robots qui hâchent-pressent-écrasent, les métallos de Billancourt, les années plastique. Georges Perec cherche comment échapper aux « choses » et Jacques Tati observe avec une souriante causticité l'arrogance du tout-électrique. La Nouvelle Vague française est moins branchée qu'ailleurs sur le contexte politique. Elle méprise néanmoins Gabin, qui joue les pachas bourrus, et de Funès, qui trépigne sur les sables de Saint-Tropez. Elle sape la morale hypocrite du pouvoir gaulliste et attise l'hostilité des ministres autoritaires qui s'en prennent aux cinéastes qui dérangent : Jacques Rivette avec sa trop libertine *Religieuse*, Jean-Luc Godard qui, avec un *Petit Soldat*, a le culot de parler de torture et de guerre d'Algérie et avec une *Femme mariée*, qui a l'indécence d'être adultère. Pourtant, ses héros sont encore des bourgeois, des bohèmes Rastignac très cigarettes-whisky-clair de lune campés entre le Quartier latin et les Champs-Elysées, à l'affût des « bonnes femmes » qui cultivent l'œil mutin et la verdeur de langage. Ces années-là, on voit en effet apparaître un nouveau type d'héroïnes. Plus de dilemmes entre l'ingénue et la prostituée. La femme des années soixante existe au-delà du contentieux social et du péché : Bernadette Lafont, la vamp des chambres de bonne ; Jeanne Moreau, la dévoreuse, et Anna Karina, un certain mystère. C'est la nonchalance, la moue agressive, l'air je-m'en-foutiste et le regard railleur de Juliet Berto : une certaine façon d'être mal dans sa peau et dans son temps. C'est surtout Brigitte Bardot, amorale, innocente, instinctive et ignorante des traditions, du sens du mot adultère. Elle choque, à commencer par les dinosaures du cinéma d'antan. Gary Cooper aurait donné n'importe quoi pendant la projection d'*Et Dieu créa la femme*, de Roger Vadim, pour se « cacher la tête dans un sac ». Bardot bouleverse les canons érotiques, mais on s'habille, on se coiffe, on déambule et on geint comme elle. Truffaut dépeint *les Quatre Cents Coups* d'un adolescent mal dans sa peau qui lui ressemble, Rohmer disserte sur l'art de séduire et de résister au désir de toucher *le Genou de Claire*, Chabrol enferme en ricanant les bourgeois pourris *A double tour* dans leurs crises de folie. Parmi ces rebelles qui ont voué leurs aînés aux gémonies, il en est un qui incarne plus que les autres ce cinéma moderne en train de naître : Jean-Luc Godard. Cet enfant du siècle veut marier documentaire et spectacle, faire œuvre de poète et de directeur des actualités. « Il capte ; c'est un radar », écrit F. Giroud. Aucun événement ou fantasme de l'époque ne lui échappe. D'*A bout de souffle* à *la Chinoise* en passant par *Une femme est une femme*, *les Carabiniers*, *le Mépris*, *Alphaville*, *Pierrot-le-Fou*, *Made in USA* ou *Deux ou trois choses que je sais d'elle*, il témoigne des névroses engendrées par la pub, de la dérive des enfants de Marx et de Coca-Cola, de la prostitution dans les banlieues, de l'affaire Ben Barka, du Viêt-nam, de Mai 68. C'est une façon de regarder le monde en tournant le dos au cinéma narratif, en intégrant au film citations, références, jeux de mots, ellipses, faux raccords, nouvelles du jour, peinture et recherches sonores. C'est le cinéma moderne.

Les premières vedettes en sont Godard, mais aussi Robert Bresson, acharné à dépouiller le « cinématographe » de ses impuretés en collant de petits morceaux de bruits et de silences les uns aux autres ; Ingmar Bergman, épurant son style jusqu'à l'austérité pour transcrire l'apathie de ses contemporains ; Michelangelo Antonioni, sondant les ténèbres des âmes, le désespoir métaphysique d'hommes et de femmes perdus dans la nuit et la brume ; Alain Resnais, dont les films sont espaces-labyrinthes, errances, quatuors et opéras, tableaux éclatés, incantations dans des villes mortes. Le cinéma est en osmose avec les recherches de Beckett, Duras ou Robbe-Grillet, la mémoire, le lyrisme intérieur du théâtre de l'absurde et du Nouveau Roman.

Tout l'Occident est touché

Hollywood enterre son cinéma classique et ses stars : Marilyn Monroe en 1962. Règne des anti-héros, des *loosers* mal rasés, mal vêtus, où la virilité triomphante disparaît. Dustin Hoffman, un nabot. Jack Nicholson, bedaine et calvitie. L'Amérique de Kennedy et de Johnson est fascinée par celle de Roosevelt, nostalgique d'idéalisme et de progressisme. Ras le bol du matérialisme, refus des corruptions et des conformismes, bienvenue aux utopies : les films entonnent les slogans des campus, le « faites l'amour, pas la guerre » de *Mash*, le « roulez jeunesse » d'*Easy Rider*, le « shootez-vous aux décibels » de *Woodstock*. Et tandis que Peckinpah prononce l'oraison funèbre du western, les démocrates trouvent en Arthur Penn un porte-parole idéal, sensible au mythe du bon sauvage (*Little Big Man*) et de la communauté pacifiste (*Alice's Restaurant*). Evénement considérable en un sanctuaire contrôlé par l'industrie des studios : le cinéma américain a aussi sa nouvelle vague, horde sauvage de disciples du cinéma-direct dont Shirley Clarke est la pionnière, avec John Cassavetes, ange noir des dérives nocturnes et des crises de couples saisies en plans fiévreux. L'Italie digère à la fois son culpabilisant passé fasciste et l'impasse où s'est fourvoyé le néo-réalisme en favorisant à plein une politique des auteurs. Cinéastes-détectives sur la piste des vices de la société : Francesco Rosi, Elio Petri. Sergio Leone signe, avec ses westerns-spaghettis, des hommages distanciés au Far West, fidèles aux mythologies. Des cinéastes-poètes : Marco Ferreri, prophète malin et dynamiteur de tabous ; Pier Paolo Pasolini, corsaire mystique des bidonvilles ; Bernardo Bertolucci, peintre-intello de troubles éducations sentimentales ; Marco Bellochio, analyste forcené des névroses bourgeoises. Un peu partout ailleurs, tandis que prolifèrent de nouvelles revues de cinéma et que se développent des réseaux de ciné-clubs, on voit éclore de nouveaux cinémas à côté des remous politiques. L'Angleterre, par exemple, a engendré des jeunes gens en colère contre l'*establishment* et le puritanisme. Lindsay Anderson crée le *free cinema*, école qui s'inspire du documentaire pour décrire la vie quotidienne. Avec le portrait d'un jeune délinquant (*la Solitude du coureur de fond*) ou la description de la condition ouvrière dans les Midlands (*Samedi soir et dimanche matin*), Tony Richardson et Karel Reisz veulent faire naître un cinéma de prolétaires, « rendre aux simples gens le sentiment de leur dignité et de leur importance afin qu'ils puissent agir ». Le Québec se découvre des cinéastes ethnologues et d'intervention sociale en même temps qu'une conscience nationale. Pierre Perrault réapprend à écouter les indigènes qui peuplent les rives du fleuve Saint-Laurent. Michel Brault et Jean-Pierre Lefebvre filment l'Acadie et les Amérindiens tandis que Gille Carle profite du courant indépendantiste. Même la Suisse suit le mouvement. Une poignée de cinéastes turbulents s'y révèlent, décidés à déranger le confort de leur patrie avec impertinence et bonne humeur : Michel Soutter, en humour verbal coloré d'incongruité ; Alain Tanner, orchestrant des escapades au nez et à la barbe des bourgeois assis (*Charles mort ou vif*, *la Salamandre*). Au Japon, les *majors* encouragent la révolution. Il s'agit de conquérir le public des jeunes. Les iconoclastes qui en profitent seront vite licenciés mais... trop tard : ils ont incrusté leur message. Nagisa Oshima, le scandaleux, aborde les tabous du sexe en virtuose de l'image *swing* ; Shohei Imamura révise l'histoire officielle en s'attachant aux calvaires de ses femmes-insectes, prostituée, hôtesse de bar ou épouse soumise au désir meurtrier ; Shuji Terayama, le surréaliste, psychanalyse ses concitoyens et les exhorte à « jeter les livres et sortir dans la rue ».

« Le Dieu noir et le Diable blond », de Glauber Rocha (Brésil, 1965).

La contagion atteint aussi l'Est

Le même processus se déroule dans les pays socialistes, où les nouvelles vagues se souviennent des leçons du néo-réalisme et écoutent les fracas de l'étranger. En Pologne, Andrzej Wajda se taille la part du lion. Il se souvient que, dans sa patrie qui fut si souvent morcelée, les artistes ont toujours assumé le devoir de chef du peuple. C'est un guide investi d'une mission : combler par le sursaut artistique l'absence d'une vie nationale baillonnée. Le dégel hongrois favorise une période de confession dont la figure la plus originale reste Miklos Jancso, obsédé par les pièges que l'histoire tente de refermer sur l'homme : pièges de la délation dans un camp, sous la monarchie des Habsbourg (*les Sans Espoirs*) ; de la guerre civile (*Rouges et Blancs*) ; de la collaboration avec l'état policier (*Silence et Cri*). Ces paraboles sur le pouvoir sont mises en scène avec une envoûtante science du cercle. Ses films sont des rondes perpétuelles des bourreaux et des victimes. A l'opposé des nouvelles vagues polonaise et hongroise, la tchèque opte pour la peinture du présent. Ses enfants terribles redécouvrent les vertus décapantes du « ciné-œil » de Vertov, ne veulent plus entendre parler du jeu théâtral imposé pour éviter toute déviance. Ils tournent délibérément le quotidien dans la rue. Avant la normalisation, on aura vu un réparateur de télévision entrer chez des dirigeants réalistes-socialistes (*le Premier Cri*, Jaromil Jires), deux fofolles semer la panique dans l'univers de l'ennui (*les Petites Marguerites*, Vera Chytilova), un intellectuel de province s'enfoncer dans la vie futile (*Eclairage intime*, Ivan Passer). Surtout : Milos Forman, surdoué de la satire, qui fustige les désillusions d'un adolescent condamné par le monde du travail à surveiller ses concitoyens (*l'As de pique*), dénonce l'horizon bouché d'une jeune ouvrière (*les Amours d'une blonde*), et fait d'une fête burlesque une féroce parabole politique (*Au feu les pompiers*).

Quand le cinéma devient une arme

Le cinéma du tiers monde naît dans les années soixante et fait appel à l'insurrection. Humberto Solas, figure de proue du Ciné-Mambi à Cuba, démontre avec *Lucia* que la libération des peuples se fera par la violence. Glauber Rocha, le porte-parole du Cinema-Novo brésilien, fait du Sertao le lieu d'une soif d'un monde plus juste. *Le Dieu noir et le Diable blond*, et plus tard *Antonio das mortes*, dépeignent la révolte des paysans contre les tueurs de *cangaceiros*, ces mercenaires qui prônent le pillage. Même fièvre chez l'Argentin Fernando Solanas, assenant *l'Heure des brasiers*, film manifeste appelant à une prise de conscience. En Bolivie les brûlots seront signés Jorge Sanjines et au Chili Helvio Soto. On voit quel défi tous tentèrent de relever : inscrire le cinéma dans l'histoire du monde. Etre cinéaste dans les années 60 aura signifié défendre une morale.

Jean-Luc Douin

1960

Oscars, Hollywood
Film : *Ben Hur* (William Wyler).
Acteur : Charlton Heston.
Actrice : Simone Signoret.

Mostra d'arte cinematografica, Venise
Lion d'or de Saint-Marc : *le Passage du Rhin* (André Cayatte).
Meilleur acteur : John Mills.
Meilleure actrice : Shirley MacLaine.

Festival international du film, Cannes
Palme d'or : *La dolce vita* (Federico Fellini).
Meilleur acteur : non décerné.
Meilleure actrice : Mélina Mercouri.
Jeanne Moreau.

Hollywood, 16 janvier
La Screen Writers Guild (syndicat des scénaristes) lance un mot d'ordre de grève. Ils demandent un pourcentage sur les droits d'exploitation à la télévision des films auxquels ils ont collaboré. (→ 10.6)

Stockholm, 8 février
La Source (*Jungfrukallan*), qui sort ce jour, avec Max von Sydow et Birgitta Valberg, est la seconde incursion d'Ingmar Bergman, après *le Septième Sceau*, dans l'univers de la Suède médiévale, encore quasi païenne. (→ 16.10.61)

Paris, 3 mars
Sortie des *Yeux sans visage*, de Georges Franju, avec Alida Valli et Pierre Brasseur.

Paris, 14 mars
Dans le quotidien *Paris-Presse*, le célèbre dialoguiste Henri Jeanson écrit : « J'aime *A bout de souffle* et j'en suis jaloux. C'est le premier film de révolte du cinéma français et du cinéma tout court. Dis-moi si tu aimes *A bout de souffle*, et je te dirai qui tu es. Grâce à ce merveilleux film le cinéma reconnaîtra les siens. » (→ 16)

New York, 17 avril
Sortie de *la Diablesse au collant rose* (*Heller in Pink Tights*), de George Cukor, avec Sophia Loren et Anthony Quinn. C'est un western inhabituel, dans lequel une troupe de théâtre sillonne le Far West dans une roulotte. (→ 21.10.64)

New York, 17 avril
Jane Fonda, la fille d'Henry Fonda, apparaît dans un premier film, *la Tête à l'envers* (*Tall Story*), de Joshua Logan, avec Anthony Perkins et Ray Walston. (→ 22.11.65)

Paris, 1er mai
Brigitte Bardot tourne *la Vérité*, sous la direction d'Henri-Georges Clouzot, avec Sami Frey, Charles Vanel et Paul Meurisse. (→ 31.1.62)

Paris, 26 mai
Pendant le tournage de *Moderato Cantabile*, de Peter Brook, qui sort ce jour, Jean-Paul Belmondo a eu un accident de voiture avec le fils de Jeanne Moreau, Jérôme, dix ans. Grièvement blessé, l'enfant est aujourd'hui sauvé, mais la presse ne lâche pas Belmondo, qu'elle tient pour responsable. (→ 22.9.61)

Tokyo, 3 juin
Sortie de *Contes cruels de la jeunesse* (*Seishun zankoku monogatari*), de Nagisa Oshima. (→ 15.9.76)

Nantes, 7 juin
Jacques Demy, qui commence les prises de vues de son premier long métrage, *Lola*, avec Anouk Aimée, le dédie à Max Ophuls, en hommage à *Lola Montès*. (→ 3.3.61)

New York, 8 juin
Sortie de l'adaptation du roman de Sinclair Lewis *Elmer Gantry le charlatan*, réalisée par Richard Brooks, avec Burt Lancaster, en prédicateur, et Jean Simmons. (→ 17.4.61)

Paris, 10 juin
Philippe Agostini présente *le Dialogue des carmélites*, d'après le drame de Georges Bernanos, avec Jeanne Moreau, Alida Valli, Madeleine Renaud et Pierre Brasseur.

Los Angeles, 11 juillet
La convention démocrate, qui doit permettre de désigner le candidat démocrate pour l'élection présidentielle, ouvre ses portes. Frank Sinatra, ami et supporter de Kennedy, Dean Martin et Sammy Davis Jr. inaugurent la cérémonie en chantant l'hymne national. (→ 19.1.61)

Londres, 20 juillet
Sortie anglaise de *la Garçonnière* (*The Apartment*), de Billy Wilder, avec Jack Lemmon. (→ 7.9)

Los Angeles, 1er septembre
Interrogé par Hedda Hopper pour le *Los Angeles Times* sur sa liaison avec Marilyn Monroe, sa partenaire dans *le Milliardaire* (*Let's Make Love*), Yves Montand rétorque : « Rien ne pourra détruire mon mariage. »

Paris, 2 septembre
L'adaptation cinématographique du roman de René Fallet *les Vieux de la vieille*, réalisée par Gilles Grangier, sort ce jour, avec Jean Gabin, Noël-Noël et Pierre Fresnay.

Los Angeles, 7 septembre
Ronald Reagan et sa femme Nancy démissionnent du comité directeur de la Screen Actors Guild. Ils n'ont pas tourné respectivement depuis 1954 et 1957. (→ 9.11.66)

Londres, 28 septembre
Rouben Mamoulian dirige les premières scènes de *Cléopâtre*, avec dans le rôle-titre Elizabeth Taylor, engagée avec le salaire incroyable d'un million de dollars et 10 % des bénéfices. (→ 18.1.61)

Paris, 29 septembre
Le réalisateur Pierre Kast annonce qu'il va bientôt tourner un film sur la guerre d'Algérie. (→ 9.8.61)

New York, 7 octobre
Stanley Kubrick présente son dernier film à la presse, *Spartacus*, avec Kirk Douglas, Laurence Olivier, Jean Simmons, Charles Laughton et Peter Ustinov. Les réactions sont très positives. (→ 13.6.62)

Hollywood, 2 novembre
Clark Gable tourne sa dernière scène du film *les Désaxés* (*The Misfits*), sous la direction de John Huston. Il confie à celui-ci que cette scène est le meilleur travail d'acteur qu'il ait jamais fait. (→ 16)

Madrid, 14 novembre
Dans les environs de la capitale espagnole, Anthony Mann entreprend le tournage d'une superproduction historique, *le Cid* (*El Cid*), qui, à travers le héros légendaire, relatera la reconquête de l'Espagne par les rois de Castille. Charlton Heston y a pour partenaire Sophia Loren. (→ 15.12.61)

Los Angeles, 16 novembre
Le *Los Angeles Mirror News* cite Simone Signoret, qui aurait déclaré : « Si Marilyn Monroe est amoureuse de mon mari (Yves Montand), cela prouve qu'elle a bon goût, car je suis amoureuse de lui, moi aussi. » (→ 15.12.64)

New York, 17 novembre
Sortie de *la Vénus au vison* (*Butterfield 8*), de Daniel Mann, avec Elizabeth Taylor, Laurence Harvey et Eddie Fisher. (→ 6.3.61)

Tahiti, 28 novembre
Marlon Brando arrive sur l'île pour tourner *les Mutinés du « Bounty »* (*Mutiny on the « Bounty »*), sous la direction de sir Carol Reed pour la MGM. Le scénario, sur lequel des scénaristes travaillent depuis un an, n'est pas encore prêt. (→ 25.2.61)

Los Angeles, 6 décembre
Sortie d'*Opération Jupons* (*Operation Petticoat*), de Blake Edwards, avec Tony Curtis et Cary Grant.

Japon, 31 décembre
La production s'est élevée pour cette année au chiffre record de 555 films (contre 370 en 1954). Le pays compte près de 7 500 salles qui ont reçu un peu plus d'un milliard de spectateurs.

NAISSANCES
Paris, 6 mai
Anne Parillaud.

Le film « A bout de souffle », de Jean-Luc Godard, totalement neuf dans la manière, bouscule toutes les traditions et les routines du métier.

a bout de souffle
SNC
JEAN SEBERG
JEAN-PAUL BELMONDO
dans un film de
JEAN-LUC GODARD
Scénario original de
FRANÇOIS TRUFFAUT
Conseiller technique
CLAUDE CHABROL
avec
Henri-Jacques HUET
Liliane DAVID
Claude MANSARD
VAN DOUDE
Daniel BOULANGER
musique de
MARTIAL SOLAL
éditions Hortensia
photographie de
Raoul COUTARD
PRODUCTION
GEORGES DE BEAUREGARD
INTERDIT AUX MOINS DE 18 ANS
AT. LALANDE - 102, Rue Gabriel Péri, GENTILLY - ALE 16-71

Maria Félix fait monter la fièvre à El Pao

Dans « La fièvre monte à El Pao », de Luis Buñuel, une veuve machiavélique.

Paris, 6 janvier
La lutte pour le pouvoir fait rage sur une île d'Amérique latine. La belle veuve du gouverneur est tout aussi convoitée par les aspirants au pouvoir. Ambitieuse, elle saura user de sa séduction pour arriver à ses fins. Mis en scène par Luis Buñuel, ce mélodrame politique, intitulé *La fièvre monte à El Pao*, est une coproduction franco-mexicaine. La star mexicaine Maria Félix y incarne la séduisante veuve qui prend en mains la destinée d'un intellectuel idéaliste, incarné avec talent par Gérard Philipe, lequel est mort en novembre dernier avant la sortie du film. (→ 31.5.61)

Doniol-Valcroze, des « Cahiers » au script

« L'Eau à la bouche », premier long métrage de Jacques Doniol-Valcroze.

Paris, 20 janvier
Après François Truffaut, Claude Chabrol et Pierre Kast, mais avant Jean-Luc Godard, Eric Rohmer et Jacques Rivette, qui achèvent en ce moment leur premier film, *les Cahiers du cinéma* lancent encore un des leurs dans la réalisation. Et pas n'importe lequel, puisque Jacques Doniol-Valcroze est rédacteur en chef de la revue depuis sa fondation. Le réalisateur de *l'Eau à la bouche*, sa première œuvre, est également l'auteur du scénario et des dialogues. Ce marivaudage mondain est notamment interprété par Bernadette Lafont, Françoise Brion et Gérard Barray.

Yves Montand joue avec Marilyn

Hollywood, 18 janvier
Le tournage du film de George Cukor, *le Milliardaire* (*Let's Make Love*) commence aujourd'hui dans les studios de la Fox. Les principaux interprètes en sont Yves Montand et Marilyn Monroe, en jeune chanteuse tombant sous le charme d'un homme qu'elle croit être acteur, mais qui est en fait le riche commanditaire de la pièce qu'elle doit interpréter. Initialement, il s'agissait là d'une satire visant le milliardaire Howard Hughes. La production a exigé que le sujet soit modifié pour éviter un éventuel procès. Si Rock Hudson, Gregory Peck, Charlton Heston et Cary Grant ont d'abord été pressentis pour le rôle du héros, c'est Yves Montand qui a finalement été engagé sur les conseils d'Arthur Miller. Montand avait d'ailleurs triomphé à Broadway quelques mois plus tôt. Il s'est installé à Hollywood avec Simone Signoret dans l'appartement voisin de celui de Marilyn et d'Arthur. (→ 1.9)

Un film testament qui n'a ni queue ni tête, mais une âme

Paris, 18 février
Ces mots prononcés par Jean Cocteau à propos de son dernier film, *le Testament d'Orphée*, rejoignent une de ses récentes déclarations : « Tout ce qui s'explique, tout ce qui se prouve est vulgaire. » Testament, ce film l'est assurément : pour son retour au long métrage après dix ans de silence, Cocteau a délaissé toute velléité de raconter une histoire, ce qui ne manque pas d'exaspérer une bonne partie de la critique. Son film est une rêverie hors du temps et de tout réalisme, et évoque les rencontres et les expériences d'un poète, que l'auteur interprète lui-même. Il a mis en scène nombre de personnages familiers de son œuvre, tels la Princesse (Maria Casarès), Heurtebise (François Périer), ou Dargelos (Jean-Pierre Léaud). L'œuvre se termine par la mort du poète, transpercé par la lance de Minerve, déesse de la raison. Et de conclure : « Faites semblant de pleurer, mes amis, car les poètes ne font que semblant de mourir. » (→ 11.10.63)

Dominguin et Lucia Bose, Picasso et Jacqueline : « le Testament d'Orphée ».

Jean Marais et Jean Cocteau dans « le Testament d'Orphée ».

L'énergie de Jacques Becker n'a pas suffi

Philippe Leroy et Jean Kéraudy dans « le Trou », dernier film de Becker.

Paris, 21 février
Jacques Becker (*15.9.1906) vient de s'éteindre dans la force de l'âge, à quelques jours seulement de la sortie de son film *le Trou*. Malade durant le tournage, le réalisateur avait fait preuve d'un courage indomptable pour achever ce qui restera comme sa dernière œuvre. Celle-ci est peut-être la plus personnelle de toutes. Le sujet est tiré d'un roman de José Giovanni, lui-même inspiré d'une expérience personnelle. L'un des protagonistes de cette dernière, Jean Kéraudy, joue dans le film ce qui fut son propre rôle, celui d'un prisonnier. C'est là toute l'histoire : un huis clos dans une cellule de la Santé, en 1947, mettant aux prises cinq captifs. Employant des acteurs non professionnels ou débutants, parmi lesquels Michel Constantin, Becker a fait de son film la relation dépouillée et minutieusement réaliste d'un acte motivé par une volonté acharnée : une tentative d'évasion. Dans le film, comme pour le mal de Becker, la volonté s'avère pourtant insuffisante, et l'entreprise échoue au dernier moment.

Jacques Becker et Jean Gabin dans le décor de « Touchez pas au grisbi ».

René Clément suit la Nouvelle Vague

Alain Delon et Marie Laforêt dans « Plein soleil », d'après Patricia Highsmith.

Paris, 10 mars
Sans se départir de son solide métier, René Clément signe avec *Plein soleil* un film dans l'air du temps. Pour adapter le roman de Patricia Highsmith *Plein soleil*, il s'est adjoint les services de l'un des scénaristes attitrés de la Nouvelle Vague, Paul Gégauff. Egalement interprété par Maurice Ronet, Marie Laforêt et Romy Schneider dans une brève apparition, le film permet surtout à Alain Delon de révéler un grand talent de comédien. Sa composition de Tom Ripley, jeune Américain désargenté qui tue un riche héritier et se substitue à lui, restera sans doute dans les mémoires. (→ 8.12.65)

Jean-Luc Godard apporte de l'air frais au cinéma moderne

Paris, 16 mars
Le premier long métrage de Jean-Luc Godard, *A bout de souffle*, est tiré d'un sujet de François Truffaut et cause la sensation. L'argument en est pourtant relativement banal : c'est l'histoire d'un jeune voyou en fuite, Michel Poiccard, recherché pour le meurtre d'un policier et finalement abattu par ses poursuivants. Dans ce personnage explose un jeune comédien limité jusqu'ici à des petits rôles : Jean-Paul Belmondo. Face à lui, Jean Seberg incarne une jeune Américaine qui vend le *Herald Tribune* sur les Champs-Elysées. L'histoire de ce couple sans issue est servie par une mise en scène proprement révolutionnaire : par souci d'économie autant que par choix esthétique, Godard a tourné en décors réels, éclairages naturels et caméra à l'épaule. L'usage du plan-séquence et du faux raccord volontaire achève de mettre à bas le pesant arsenal de la technique traditionnelle. (→ 3.3.61)

Jean Seberg avec Jean-Paul Belmondo dans « A bout de souffle », et avec le réalisateur au cours du tournage.

Un Oscar sur la route de Simone Signoret

« Les Chemins de la haute ville » lui avait déjà valu un prix à Cannes.

Hollywood, 5 avril
Après Anna Magnani en 1955, une autre comédienne non américaine est récompensée par Hollywood : Simone Signoret reçoit l'Oscar de la meilleure actrice pour *les Chemins de la haute ville* (*Room at the Top*), de Jack Clayton. Cette surprise est aussi grande que les onze Oscars sur douze nominations obtenus par *Ben Hur*, de William Wyler : meilleurs film, réalisateur, acteur (Charlton Heston) et second rôle masculin (Hugh Griffith). Pour *le Journal d'Anne Frank* (*The Diary of Anne Frank*), de George Stevens, Shelley Winters est couronnée meilleur second rôle. Enfin, l'Oscar du meilleur film étranger est remis pour la deuxième année consécutive à une œuvre française : *Orfeu Negro*, de Marcel Camus. (→ 17.4.61)

Un western-western de John Huston

Audrey Hepburn et Burt Lancaster : « le Vent de la plaine », de John Huston.

Hollywood, 7 avril
Avec *le Vent de la plaine* (*The Unforgiven*), John Huston vient de réaliser une de ses œuvres les plus abouties. Selon son propre dire, il s'agit d'un « western-western », tant l'Ouest américain, avec ses paysages grandioses et désertiques, y est présent. Un conflit oppose une famille de pionniers à une tribu d'Indiens, qui tentent de reprendre une jeune femme qu'ils considèrent comme étant des leurs. Burt Lancaster et Audrey Hepburn sont les personnages centraux de ce drame magnifique, où les spectateurs retrouvent avec bonheur la grande Lillian Gish. Huston n'a pas oublié qu'elle avait été l'héroïne, il y a plus de trente ans, du *Vent*, de Victor Sjöström, auquel *le Vent de la plaine* fait référence. (→ 2.11)

Coups de ciseaux dans la liste noire

Hollywood, 10 avril
A la suite de nombreuses pressions journalistiques et politiques, Frank Sinatra renonce à produire *l'Exécution du soldat Slovik*. Au départ, le scénario devait être en effet écrit par Albert Maltz, l'un des « Dix d'Hollywood », inscrit depuis plus de dix ans sur la « liste noire ». Maltz recevra cependant la totalité de ses honoraires, soit 75 000 dollars. D'autres ont eu plus de chance. Dalton Trumbo, qui fut également un des « Dix d'Hollywood », a signé le scénario d'*Exodus*, mis en scène par Otto Preminger, et a même été crédité au générique. Peu à peu, le maccarthysme semble passer de mode : il y a deux mois, le producteur et réalisateur Stanley Kramer s'est violemment opposé à l'American Legion, visiblement favorable au maintien de la « liste noire » : « J'engagerai les scénaristes que je veux », a-t-il déclaré. (→ 20.12.61)

Chez Claude Autant-Lara, le scandale fleurit sans être cultivé

Paris, 20 avril
Il a beau avoir cinquante-sept ans, Claude Autant-Lara continue à provoquer bien des polémiques et des controverses. Ainsi, après les scandales provoqués en leur temps par *le Diable au corps*, par *la Traversée de Paris* et plus récemment par *En cas de malheur*, voilà que son nouveau film, *les Régates de San Francisco*, déclenche à son tour des réactions passionnelles. Cette fois, le scandale est double. Il tient d'abord au sujet même du film – la perversité et la sensualité précoce de la jeunesse d'aujourd'hui – et à certaines de ses scènes, jugées scabreuses. Ensuite, il tient à ce que le réalisateur a fait retirer son nom de l'affiche, après son désaccord avec le producteur Raoul Lévy. Ce dernier avait en effet pratiqué des coupures dans le film sans consulter Autant-Lara. Cette coproduction franco-italienne est une adaptation par Jean Aurenche et Pierre Bost d'un roman de Quarantotti Gambini : deux familles se côtoient sur un ponton de la Méditerranée. Arrive un séducteur pervers qui, en impliquant les enfants des deux familles dans une séance d'initiation à l'amour, déclenche une bagarre qui dégénère en drame. Dans le rôle du jeune séducteur, on retrouve l'excellent comédien Laurent Terzieff. (→ 12.10.61)

Suzy Delair (au balcon) et Folco Lulli dans « les Régates de San Francisco ».

Un festival aux couleurs italiennes

Palme d'or : « la Douceur de vivre » (« La dolce vita »), de Federico Fellini, avec Marcello Mastroianni et Anita Ekberg.

Cannes, 20 mai
Le Festival est d'humeur bien changeante, cette année. Et heureusement, dans le cas de *L'Avventura*. Il y a seulement quatre jours, Antonioni et son interprète principale, Monica Vitti, sortaient bouleversés de la grande salle du palais. La projection s'était achevée dans un climat houleux et hostile pour les deux artistes. L'action passionnée des défenseurs de *L'Avventura* et la clairvoyance du jury que préside Georges Simenon amènent un revirement étonnant. Le film reçoit un prix spécial du jury pour « sa contribution remarquable à la recherche d'un nouveau langage cinématographique ». Le Festival se montre très éprouvant pour les cinéastes italiens. Federico Fellini reçoit la Palme d'or, « décernée à l'unanimité », selon la formule consacrée, pour *La dolce vita*. Le film n'en sera pas moins hué. Fellini signe une œuvre baroque, tournée à Cinecittà. Il pose un regard ironique, parfois féroce, sur le monde des stars, des pseudo-intellectuels et des paparazzi. Marcello Mastroianni, Anouk Aimée, Anita Ekberg incarnent avec conviction ces adeptes de la *dolce vita*. Fellini dérange par sa lucidité. (→ 9.5.62)

Anita Ekberg à la fontaine de Trevi, dans « La dolce vita », de Fellini.

Mélina Mercouri, prix d'interprétation pour « Jamais le dimanche », film grec de Jules Dassin.

« L'Avventura », de M. A. Antonioni, avec Gabriele Ferzetti et Lea Massari.

Retour de Marlène en Allemagne

Allemagne, 31 mai
Marlène Dietrich n'était plus revenue dans son pays natal depuis son départ pour les Etats-Unis au printemps 1930. Pour la première fois, elle affronte le public allemand et présente son tour de chant au cours d'une longue tournée. Dans la plupart des villes, son spectacle se déroule sans incident, mais dans d'autres on peut lire sur les murs *« Marlène go home »* et on lui jette des tomates. Une partie de la population ne semble pas lui avoir pardonné son exil. Son charme opère néanmoins : elle fait un triomphe à Berlin et obtient soixante-deux rappels à Munich. « Je reviendrai », affirme-t-elle déjà. (→ 20.12.61)

Pour L'Avventura

Cannes, 17 mai
Les films d'Antonioni ont souvent divisé l'opinion. La projection de *L'Avventura* a été huée avec une rare violence, mais ce tollé provoque de nouvelles réactions. Un manifeste pour *L'Avventura* est immédiatement rédigé. Il est formulé ainsi : « Conscients de l'importance exceptionnelle du film de Michelangelo Antonioni et révoltés par les manifestations d'hostilité qu'il suscita, les professionnels et critiques dont les noms suivent tiennent à exprimer toute leur admiration à l'auteur de ce film. Certains d'être suivis par ceux qui partagent cet enthousiasme, ils les engagent à faire connaître leur adhésion. » Ont signé des cinéastes comme Rossellini, Mario Ruspoli Di Poggio-Suasa, Nelly Kaplan, Ennio Lorenzini, Jean Barral... des comédiens : Alice Sapritch, Maurice Ronet... des distributeurs et producteurs : Anatole Dauman, Yvonne Decaris... des journalistes, des écrivains : Janine-André Bazin, Robert Benayoun, Georges Sadoul... Et un grand nombre de revues : *Image et son*, *Cinéma 60*, *la Marseillaise*, *le Parisien libéré*, *Paris-Match*... La déclaration, publiée par *le Bulletin du Festival*, a été remise au cinéaste.

Alfred Hitchcock aux portes de la folie

Pour le réalisateur de « Psychose », l'humour n'est jamais loin de l'angoisse.

New York, 17 juin
Produit par Hitchcock lui-même, pour un petit budget et avec une équipe réduite de télévision, *Psychose (Psycho)*, le nouveau film du maître du suspense va encore plus loin que tous les précédents en nous emmenant aux portes de la folie et de l'épouvante. Tiré d'un roman de Robert Bloch, le film retrace l'histoire étrange d'un jeune homme nommé Norman qui a l'air parfaitement normal, mais qui va se révéler un dangereux psychopathe. Après avoir tué sa mère, qui le tenait sous sa coupe, il assassine une employée d'agence immobilière, venue se réfugier pour une nuit dans le motel qu'il dirige. Etude presque clinique d'un cas de schizophrénie lié à un complexe d'Œdipe inguérissable, le film séduit par la virtuosité de sa mise en scène. La scène du meurtre sous la douche et celle de la révélation finale de la folie de Norman sont particulièrement impressionnantes et peuvent être déconseillées aux âmes trop sensibles. Anthony Perkins, qu'on n'avait pas remarqué auparavant, se révèle ici un remarquable comédien et réussit à rendre crédible l'hallucinant personnage du jeune psychopathe. (→ 20.3.62)

Six mois de grèves à Hollywood

Hollywood, 10 juin
En grève depuis le 16 janvier dernier, les scénaristes viennent d'obtenir en partie satisfaction. Les producteurs se sont engagés à leur verser 5 % des droits des ventes de leurs films à la télévision, pour les films antérieurs à 1960, et 2 % pour les films postérieurs. Le salaire minimum de scénariste est augmenté de 10 %. Les acteurs, qui avaient eux aussi fait grève, du 7 mars au 8 avril, pour des raisons similaires ont obtenu quant à eux 6 % des revenus des ventes de leurs films à la télévision, une augmentation du salaire minimum et la création d'une caisse de retraite et d'assurance médicale.

Anthony Perkins incarne le névropathe criminel de « Psychose ».

Visconti déchaîne les démons de Venise

Renato Salvatori, Alain Delon et Max Carier dans « Rocco et ses frères ».

Shirley MacLaine, prix d'interprétation pour « la Garçonnière ».

Venise, 7 septembre
C'est André Cayatte le lauréat du Lion d'or avec *le Passage du Rhin*, interprété par Charles Aznavour et Nicole Courcel. Situé pendant et après la dernière guerre, le film a l'originalité de montrer le point de vue de la population allemande. Le jeu sensible de Shirley MacLaine dans *la Garçonnière* (*The Apartment*), de Billy Wilder, lui vaut la coupe Volpi. *Les Fanfares de la gloire* (*Tunes of Glory*), intéressant drame psychologique de l'Anglais Ronald Neame, donne à John Mills la même récompense. Lion d'argent, *Rocco et ses frères* (*Rocco e i sui fratelli*) nous fait retrouver un Luchino Visconti orageux et provocateur. Une famille du sud de l'Italie, chassée par la misère, espère une vie plus douce à Milan. Néoréaliste et tragique, le film choque par sa sensualité crue ou trouble, sa peinture exaltée de la dépravation et du crime. Mais l'auteur sait aussi exprimer sa compassion. C'est là son plus grand charme. (→ 14.3.62)

New York veut des films couleur de sang

New York, 28 septembre
Qui l'aurait pensé il y a encore peu de temps ? Le cinéma américain a désormais lui aussi ses « jeunes gens en colère ». « Nous ne voulons plus de films roses, mais des films couleur de sang », clame le manifeste du New American Cinema Group. Créée par Jonas Mekas, Shirley Clarke et quelques autres réalisateurs new-yorkais, ce groupe affiche les mêmes ambitions que la Nouvelle Vague française ou le Free Cinema anglais : bousculer le vieux cinéma de papa et faire des films indépendants, « rudes, mal faits peut-être, mais vivants ». Dans le pays de La Mecque du cinéma leur combat s'annonce bien plus hardi que celui de leurs confrères européens. D'origine lituanienne, Jonas Mekas a tourné jusqu'ici quelques films expérimentaux en 16 mm. Il est aussi le fondateur, en 1956, de la revue *Film Culture*. Danseuse de formation, Shirley Clarke a surtout filmé des danseurs, notamment Daniel Nagrin dans *Dance in Love*, et Anna Sokolow dans *Bullfight* et *A Moment in Love*.

Zazie sans le métro voit la vie en surface

Paris, 28 octobre
Après *Ascenseur pour l'échafaud* et *les Amants*, Louis Malle change à nouveau, et radicalement, de registre. Si *Zazie dans le métro* témoigne en effet de quoi que ce soit, c'est bien d'une volonté de brouiller les pistes et de refuser toute classification. De fait, ce film est totalement à contre-courant de la comédie traditionnelle, et sa carrière commerciale en pâtira peut-être. Malle a recherché très courageusement l'équivalence cinématographique du livre de Queneau : s'adjoignant les services du scénariste Jean-Paul Rappeneau, il n'a pas craint d'étoffer visuellement l'intrigue par le recours à un style burlesque digne de Mack Sennett. Tout en conservant l'essentiel de l'histoire et des dialogues de Queneau, le réalisateur use ainsi de divers procédés, tels que le ralenti ou l'accéléré (comme dans la visite de la tour Eiffel). Ces procédés font naître un rythme très original et sont justifiés par le fait que l'action est perçue selon le point de vue de la petite Zazie, incarnée par Catherine Demongeot. Ne parvenant pas à visiter le métro, qui est en grève, elle n'en connaît pas moins de trépidantes aventures parisiennes, accompagnée par son oncle Gabriel (Philippe Noiret). (→31.1.62)

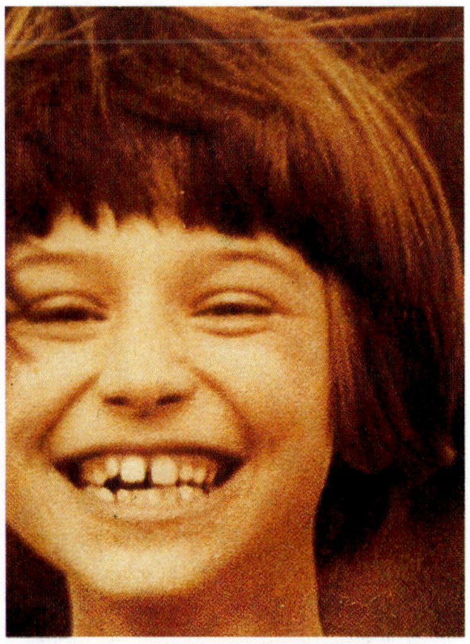
Catherine Demongeot est une savoureuse « Zazie dans le métro », sous la direction de Louis Malle.

Otto Preminger se compromet pour Israël

Le drame historique des Juifs refoulés de la terre promise inspire « Exodus ».

New York, 16 décembre
Adaptation par Dalton Trumbo du roman homonyme de Leon Uris, *Exodus* décrit quelques épisodes importants préludant à la naissance de l'Etat d'Israël. Réalisé par Otto Preminger, c'est une production importante à laquelle ont participé de nombreuses vedettes, dont Paul Newman. Son titre se réfère au nom d'un bateau grec dans lequel des milliers d'émigrants juifs avaient embarqué à Chypre, à destination de la Palestine. (→3.10.61)

Marilyn Monroe dérive entre deux films, entre deux amours

Reno, 16 novembre
Alors que le tournage du film de John Huston *les Désaxés* (*The Misfits*) s'achevait, Marilyn Monroe et Arthur Miller ont divorcé le 11 novembre. Miller est l'auteur du scénario original de ce film. Depuis quelques semaines déjà, l'ambiance de ce tournage était détestable et de nombreux problèmes opposaient les divers interprètes (Clark Gable, Montgomery Clift, Eli Wallach), le réalisateur, le scénariste et Marilyn. La proximité de Reno, Nevada, capitale mondiale du divorce, a permis de précipiter les événements. Ce nouvel échec sentimental a brisé la santé fragile de Marilyn Monroe, qui entre en maison de repos, en proie à une dépression nerveuse. Pourra-t-elle apparaître dans son prochain film, dont le tournage devrait commencer au printemps prochain? (→31.1.61)

Elle est la partenaire d'Yves Montand dans « le Milliardaire », comédie musicale de George Cukor, visible sur les écrans depuis septembre.

Avec Clark Gable, dans le film de John Huston « les Désaxés », dont le tournage difficile vient de s'achever.

La mort du « King » Clark Gable

Encino, 16 novembre
Deux jours après le dernier tour de manivelle des *Désaxés* (*The Misfits*), de John Huston, Clark Gable (*1.2.1901) a été victime d'une attaque cardiaque. Il est mort dans sa propriété d'Encino, en Californie. Quelques semaines plus tôt, il avait appris que sa femme, Kay Williams Spreckels, était enceinte et qu'à soixante ans il allait enfin être père. « Ce sera un fils », annonçait-il fièrement à tous. Un fils qu'il ne connaîtra jamais. Pour Kay, la mort de Clark est en grande partie due à son entêtement à accomplir certaines prouesses physiques et aux contrariétés qu'il a dû endurer pendant ce tournage. Gable admirait Marilyn mais ne supportait pas son comportement irresponsable, fait de caprices et de retards permanents. Ses obsèques auront lieu dans le calme au Forest Lawn Memorial Park de Glendale. Il disait fréquemment : « S'il m'arrive quelque chose, surtout qu'on n'en fasse pas tout un cirque. » Il sera inhumé auprès de Carole Lombard.

Jean Cocteau signe l'affiche originale de son propre film.

Jean-Paul Belmondo et Jean Seberg dans « A bout de souffle ».

Affiche originale française au format 160 × 120 cm, signée Jean Mascii.

Affiche originale française signée Jouineau et Bourduge.

Annie Girardot meurt poignardée dans « Rocco et ses frères ».

Philippe Noiret, Catherine Demongeot et Carla Marlier dans le film de Louis Malle « Zazie dans le métro », d'après l'œuvre de Raymond Queneau.

Stanley Baker et Grégoire Aslan dans le film de Joseph Losey « les Criminels » (« Concrete Jungle »), parabole sur un bandit catholique pratiquant.

Anthony Perkins dans « Psychose ».

Kay Danton : « la Chute d'un caïd ».

Affichette originale composée à la manière d'une fresque historique.

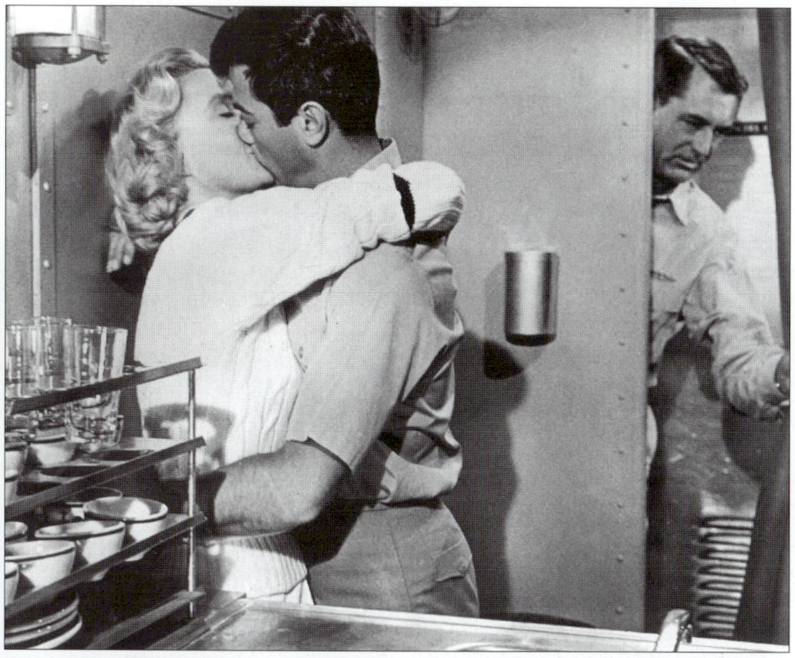

Dina Merrill, Tony Curtis et Cary Grant dans « Opération Jupons » (« Operation Petticoat »), comédie de Blake Edwards.

Steve McQueen, James Coburn, Horst Buchholz, Yul Brynner, Brad Dexter, Robert Vaughn et Charles Bronson dans « les Sept Mercenaires » (J. Sturges).

Affiche originale française d'Yves Thos pour « La dolce vita ».

Affiche originale française signée par Joseph Koutachy.

Sophia Loren dans un western inhabituel, « la Diablesse au collant rose » (« Heller in Pink Tights »), de George Cukor d'après le roman de L. L'Amour.

1961

Oscars, Hollywood
Film : *la Garçonnière* (Billy Wilder).
Acteur : Burt Lancaster.
Actrice : Elizabeth Taylor.

Mostra d'arte cinematografica, Venise
Lion d'or de Saint-Marc :
l'Année dernière à Marienbad (Alain Resnais).
Meilleur acteur : Toshiro Mifune.
Meilleure actrice : Suzanne Flon.

Festival international du film, Cannes
Palme d'or : *Viridiana* (Luis Buñuel).
Une aussi longue absence
(Henri Colpi).
Meilleur acteur : Anthony Perkins.
Meilleure actrice : Sophia Loren.

Prague, 3 janvier
Vera Chytilova tourne *le Plafond* (*Strop*), son film de fin d'études, particulièrement novateur sur le monde des mannequins et la condition féminine. (→ 20.12.63)

Londres, 8 janvier
Gary Cooper, qui tourne *la Lame nue* (*The Naked Edge*), de Michael Anderson, est reçu par le prince Philip. (→ 13.5)

Londres, 18 janvier
Le réalisateur Rouben Mamoulian démissionne du tournage de *Cléopâtre*, après avoir refusé le scénario de Lawrence Durrell.

Washington, 19 janvier
Frank Sinatra organise un gala en l'honneur du président Kennedy, dont l'investiture doit avoir lieu demain. Parmi les personnalités présentes figurent Harry Belafonte, Bette Davis, Shirley MacLaine et Sidney Poitier. (→ 17.10.63)

Londres, 1er février
Joseph L. Mankiewicz arrive des Etats-Unis pour prendre en main le tournage de *Cléopâtre*. Seules dix minutes de film ont été tournées.

Tahiti, 25 février
Toute l'équipe des *Mutinés du « Bounty »*, après deux mois de tournage, reçoit l'ordre de rentrer à Hollywood. La MGM impose un nouveau plan de tournage au réalisateur Carol Reed, qui refuse. L. Milestone le remplace. (→ 9.11.62)

Londres, 6 mars
Elizabeth Taylor est dans le coma depuis son opération du 4 mars. Elle cesse plusieurs fois de respirer et les six médecins qui la traitent la considèrent comme perdue. (→ 17.4)

Dakar, 4 avril
Le jour anniversaire de l'indépendance du pays, le bulletin des *Actualités cinématographiques sénégalaises* devient hebdomadaire.

Paris, 10 avril
François Truffaut commence les prises de vues de *Jules et Jim*, adaptation du récit autobiographique d'Henri-Pierre Roché. (→ 24.1.62)

Hollywood, 13 mai
De Gary Cooper, qui vient de mourir, Charles Laughton disait : « Ce garçon a quelque chose que je n'aurai jamais : il n'a pas la moindre idée de ce qu'il joue bien. » Et John Barrymore d'ajouter : « Ce type est le plus grand acteur du monde. Il fait sans aucun effort ce que nous passons des années à essayer d'apprendre : être naturel. » →

Paris, 18 mai
Dans *France-Observateur*, Alain Resnais confie à Nicole Zand : « Je voudrais faire des films qui s'écoutent comme un opéra. » (→ 30.8)

New York, 23 juin
Sortie des *Canons de Navarone* (*The Guns of Navarone*), de Jack Lee Thompson, avec David Niven, Gregory Peck et Anthony Quinn.

Paris, 5 juillet
Dans *le Bel Antonio* (*Il bell'Antonio*), avec Marcello Mastroianni et Claudia Cardinale, qui est présenté ce jour à la presse, Mauro Bolognini évoque un sujet encore « délicat », celui de l'impuissance masculine. (→ 9.5.62)

Moscou, 23 juillet
Au Festival international du film, le grand prix est décerné au film japonais *l'Ile nue* (*Hadaka no Shima*), de Kaneto Shindo.

Locarno, 30 juillet
Le grand prix du Festival est décerné à *Feux dans la plaine* (*Nobi*), de Kon Ichikawa.

Paris, 9 août
Pierre Kast, qui lui aussi vient de la critique et plus particulièrement des *Cahiers du cinéma*, présente son second long métrage, *la Morte-saison des amours*, avec Françoise Arnoul et Daniel Gélin.

Rambouillet, 29 août
Dans les environs de cette petite ville de Seine-et-Oise, Yves Robert tourne les premières scènes de *la Guerre des boutons*, d'après le roman de Louis Pergaud. (→ 18.4.62)

New York, 26 septembre
Sortie de *l'Arnaqueur* (*The Hustler*), de Robert Rossen, avec Paul Newman, Jackie Gleason, George C. Scott et Piper Laurie.

Rome, 28 septembre
Le tournage de *Cléopâtre* reprend sous la direction de Joseph L. Mankiewicz, avec un casting renouvelé : Rex Harrison à la place de Peter Finch et Richard Burton à la place de Stephen Boyd dans le rôle de Marc-Antoine. (→ 1.4.62)

New York, 6 octobre
Blake Edwards a fait appel à Henry Mancini pour la très belle musique de *Diamants sur canapés* (*Breakfast at Tiffany's*), qui sort ce jour, tiré du roman de Truman Capote, avec Audrey Hepburn, George Peppard et Mickey Rooney. (→ 24.6.64)

Tokyo, 29 octobre
Sortie de *l'Automne de la famille Kohayagawa* (*Kohayagawa-ke no aki*), de Yasujiro Ozu, où un vieux patriarche meurt en allant voir son ancienne maîtresse. (→ 18.11.62)

Rome, 23 novembre
Au cinéma Barberini, lors de la première d'*Accatone*, de Pier Paolo Pasolini, l'organisation néo-fasciste Nuova-Europa agresse les spectateurs et saccage la salle. →

La Havane, 1er décembre
La cinémathèque de Cuba est inaugurée en présence des plus hautes autorités castristes. Fidel Castro annonce la mise en place d'un plan d'aide au cinéma.

Paris, 6 décembre
Sortie de *Tintin et le mystère de la toison d'or*, de Jean-Jacques Vierne, d'après Hergé, avec Jean-Pierre Talbot dans le rôle de Tintin, et Georges Wilson dans celui du capitaine Haddock. C'est une aventure qui n'est pas parue en album.

New York, 18 décembre
Au Henry Miller Theatre a lieu la première de gala des *Liaisons dangereuses 1960*, en présence du réalisateur, Roger Vadim. (→ 5.2.62)

Paris, 20 décembre
Sortie des *Cent Un Dalmatiens*, produit par Walt Disney. (→ 25.9.64)

New York, 20 décembre
Jugement à Nuremberg (*Judgment at Nuremberg*), de Stanley Kramer, qui sort ce jour, avec Burt Lancaster, Spencer Tracy, Maximilian Schell, Marlène Dietrich et Richard Widmark, pose le problème de la responsabilité, individuelle ou collective, et de la définition de la culpabilité. (→ 9.4.62)

NAISSANCES
Berlin, 24 janvier
Nastassja Kinski.

Brooklyn, 3 avril
Eddie Murphy.

Vancouver, 9 juin
Michael Fox.

Los Angeles, 17 août
Sean Penn.

Arpajon, 30 novembre
Wadeck Stanczak.

Version moderne des amours contrariées de Roméo et Juliette, « West Side Story » associe, sur grand écran, cinéma, musique et danse.

John Huston règle dans le désert le grand jeu de la vérité

New York, 31 janvier
Marilyn Monroe et Montgomery Clift ont honoré de leur présence la première mondiale de leur nouveau film, réalisé par John Huston et intitulé *les Désaxés* (*The Misfits*). Cette représentation de gala a aussi été placée sous le signe du souvenir, Clark Gable, l'un des interprètes du film, étant décédé d'une crise cardiaque voilà deux mois et demi, deux jours à peine après la fin du tournage. Le scénario de ce film particulièrement désenchanté a été écrit par Arthur Miller, qui fut jusqu'à récemment le mari de Marilyn et qui semble s'être inspiré de sa vie commune avec la fougueuse star. L'action se passe à Reno, dans le Nevada. Cette ville touristique s'est spécialisée dans les procédures rapides de divorce et a vu défiler dans ses murs de nombreuses vedettes de cinéma. Marilyn y incarne une jeune femme en instance de divorce, qui s'entiche de trois hommes (Eli Wallach, Clark Gable et Montgomery Clift) au cours d'une spectaculaire chasse dans le désert. Huston fut très sensible à la violence morale du script, à propos duquel il déclara d'ailleurs : « Je l'ai lu en boxeur, en surveillant ma garde sur la gauche, et soudain j'ai reçu un coup de poing au creux de l'estomac. » Le film démythifie bon nombre de valeurs du cinéma américain : les chevaux ne sont plus capturés au lasso, mais pourchassés en avion, et les personnages, issus de l'imagerie traditionnelle du western, sont des aigris. (→ 13.12.62)

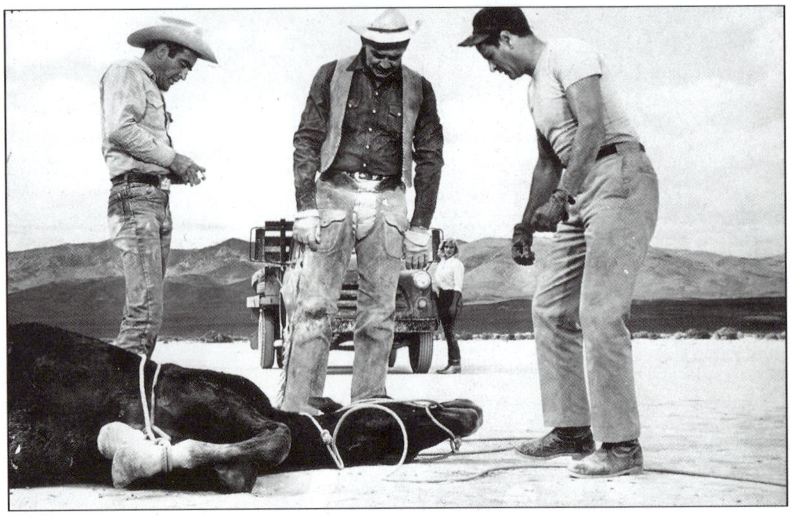

Montgomery Clift, Clark Gable et Eli Wallach dans « les Désaxés ».

Fin de film : Clark Gable, John Huston, Arthur Miller, Eli Wallach, Montgomery Clift, avec Marilyn.

Jean-Luc Godard épouse sa vedette

Béguins, 3 mars
En se présentant à Jean-Luc Godard, qui cherchait une actrice pour jouer dans *le Petit Soldat*, film interdit depuis janvier dernier, la jeune Anna Karina ne se doutait pas que sa démarche se conclurait par un contrat de mariage ! L'actrice vient en effet d'épouser le réalisateur à Béguins, près de Lausanne. D'origine danoise, Anna Karina a travaillé comme mannequin avant qu'elle soit remarquée par Godard, avec qui elle vient de tourner un deuxième film, *Vivre sa vie*, et par Michel Deville qui l'a fait jouer dans *Ce soir ou jamais*. (→ 22.9.62)

Histoire de Lola, un amour de Nantes

Paris, 3 mars
Un « conte qui bascule constamment entre le comique et le tragique » : telle est la définition que donne Jacques Demy de son premier long métrage, *Lola*. A peine âgé de vingt-neuf ans, le cinéaste a choisi d'évoquer ici la ville de son enfance, Nantes. Le vieux cœur de la cité, et notamment le célèbre passage Pommeraye, sont poétiquement évoqués par la remarquable photographie en noir et blanc de Raoul Coutard. Le personnage de Lola est interprété par Anouk Aimée, qui révèle ici son talent après avoir été remarquée dans *les Amants de Vérone*, d'André Cayatte, en 1949, puis dans *le Rideau cramoisi*, d'Alexandre Astruc, en 1953. Telle l'inoubliable Lola, qu'interprétait Marlène Dietrich dans *l'Ange bleu*, la Lola de Demy se produit dans un cabaret : talons hauts, bas noirs, guêpière, haut-de-forme et boa, telle est sa parure. Plus qu'à Josef von Sternberg, c'est à Max Ophuls que Demy se réfère : non seulement à *Lola Montès* pour le nom de son héroïne, mais aussi à *la Ronde* pour l'enchaînement délicat des situations. Comme chez Ophuls, la légèreté n'exclut pas la mélancolie, voire l'amertume : le visage souriant de Lola cache sa gravité et sa fidélité au père de son enfant, dont elle attend l'hypothétique retour depuis sept ans. (→ 1.3.63)

Thelma Ritter, Clark Gable et Marilyn Monroe : la fin des illusions.

Anouk Aimée et Alan Scott dans « Lola », premier film de Jacques Demy.

Gary Cooper est mort avec les honneurs

Avec Deborah Kerr dans son dernier film « la Lame nue », de M. Anderson.

Los Angeles, 13 mai
Gary Cooper (*7.5.1901) est mort à 12 h 45 dans sa propriété de Bel Air. Le 13 avril 1960, il avait subi l'ablation d'une partie de l'intestin et chacun savait depuis qu'il était condamné à brève échéance. Des manifestations se sont déroulées en son honneur. Le 17 avril dernier, James Stewart a reçu en son nom un Oscar exceptionnel, et en mai le Festival de Cannes lui a décerné une médaille d'honneur. Le monde entier est bouleversé. →

Les deux visages de Marlon Brando

New York, 31 mai
Le premier film réalisé et interprété par Marlon Brando sort dans cent vingt-huit salles des Etats-Unis. Il s'agit de *la Vengeance aux deux visages* (*One-Eyed Jacks*). Pendant le tournage du *Bal des maudits*, Brando avait annoncé son intention de passer à la réalisation, qui, dit-il, « offre une possibilité bien plus grande de s'exprimer ». Le 2 décembre 1958, le film entrait en chantier. Prévu pour soixante jours avec un budget de deux millions de dollars, le tournage a duré six mois et a coûté plus de six millions. A l'origine, il s'agissait d'un scénario écrit par Sam Peckinpah pour une réalisation de Stanley Kubrick, Brando n'étant qu'interprète. A la suite d'un désaccord entre ces deux derniers, Marlon proposa de le diriger lui-même. La première version (près de cinq heures) est réduite de moitié pour son exploitation. Le titre original de ce film autoportrait (allusion aux figures des jeux de cartes dont on ne voit qu'un profil) en annonce l'ambiguïté. On ne voit en effet qu'une face du héros, Rio, un hors-la-loi qui s'évade de prison pour se venger de son ancien complice à cause duquel il a été arrêté. (→ 9.11.62)

L'acteur-réalisateur au tournage de « la Vengeance aux deux visages ».

Les Oscars

Santa Monica, 17 avril
Bob Hope est le maître de cérémonie de cette remise des Oscars pour l'année 1960. La soirée est de nouveau produite par Arthur Freed, dans une mise en scène de Vincente Minnelli. Cinq Oscars vont à *la Garçonnière* (*The Apartment*), une comédie de Billy Wilder couronnée comme meilleur film, tandis que Wilder reçoit le prix du meilleur réalisateur. Burt Lancaster pour *Elmer Gantry le charlatan* (*Elmer Gantry*), de Richard Brooks, est sacré meilleur interprète masculin. La meilleure actrice est Elizabeth Taylor pour son rôle dans *la Vénus au vison* (*Butterfield 8*), de Daniel Mann, une récompense qui lui a été refusée à trois reprises durant les années précédentes. Elle devance ainsi Deborah Kerr, Shirley MacLaine et Mélina Mercouri. Il y a un grand moment d'émotion, à la fin de cette cérémonie, lorsqu'un Oscar d'honneur est décerné à Gary Cooper, très gravement malade, pour l'ensemble de sa contribution à l'art cinématographique. (→ 9.4.62)

La Palme d'or de Luis Buñuel fait rougir l'Espagne de honte

Madrid, 31 mai
Le directeur de la cinématographie espagnole n'est pas le dernier à maudire le triomphe de *Viridiana.* La Palme d'or attribuée à cette œuvre « impie, sacrilège » lui vaut d'être limogé. Il a laissé le film de Luis Buñuel aller à Cannes avec une légèreté impardonnable. Le pauvre homme a été victime d'un curieux concours de circonstances. Les formalités administratives ont joué en la faveur de Buñuel. Le film, mixé à Paris, n'a été achevé que cinq jours avant l'ouverture du Festival. Un délai trop bref pour que la copie prévue pour Cannes puisse faire le détour par Madrid. Les producteurs ont obtenu de l'envoyer directement, sans qu'il soit vu par la commission de sélection. Dénoncé par le Vatican au lendemain du palmarès, l'histoire est jugée impie par l'Espagne de Franco. La jeune Viridiana, pieuse à l'origine, renonce au couvent et à toute vie spirituelle après avoir compris l'attrait qu'elle exerce sur les hommes. Sa décision se fait sans remord : elle devient la maîtresse de son cousin. La censure interdit à la presse d'évoquer ce film « blasphématoire » et saisit les copies. (→ 4.3.64)

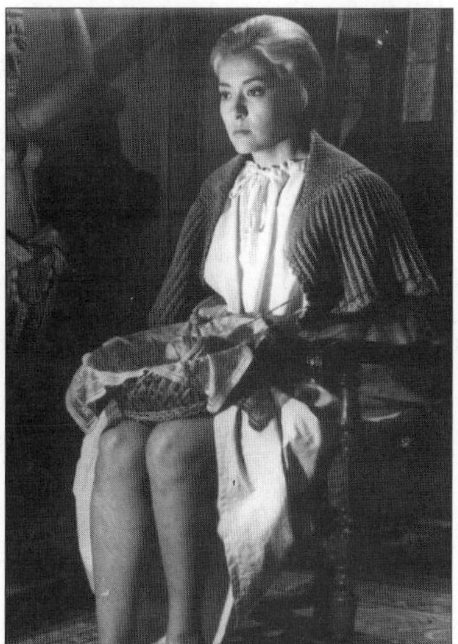

Fernando Rey et Silvia Pinal dans « Viridiana ». Le retour de Buñuel en Espagne débouche sur un scandale.

Lauren Bacall ne sera plus seule

Mexique, 4 juillet
Veuve d'Humphrey Bogart depuis le 14 janvier 1957, Lauren Bacall épouse le comédien Jason Robards à Ensenada, une petite ville mexicaine proche de la frontière californienne. Robards a déjà été marié à deux reprises, d'abord avec Eleanor Pitman, qui lui a donné trois enfants, puis avec Rachel Taylor. Acteur de théâtre, il a débuté tardivement à l'écran, puisqu'il avait trente-six ans lorsqu'il a tourné son premier film, *le Voyage* (*The Journey*), sous la direction d'Anatole Litvak, en 1958. Il était un ami de Bogey depuis de longues années et a soutenu Lauren après le décès de l'acteur, alors qu'elle connaissait des moments très pénibles. Ce mariage dans la plus stricte intimité s'est déroulé un peu dans la précipitation, car dans quelques jours la comédienne va mettre au monde l'enfant qu'elle porte. Elle n'a plus tourné depuis *Aux frontières des Indes* (*North West Frontier*), de J. Lee Thompson, en 1959.

De Marienbad à Venise

Venise, 30 août
La Mostra s'est dotée de prix supplémentaires. Un diplôme spécial est remis à Taiji Yabushita pour *les Treize Travaux d'Hercule.* Un prix réservé à une première œuvre va à Vittorio De Seta pour *Bandits à Orgosolo,* intelligente observation de la misère en Sardaigne. Alain Resnais, Lion d'or avec *l'Année dernière à Marienbad,* a séduit par le caractère insolite de son récit tourné vers le fantasme. Le prix spécial du jury est remis au film soviétique *Paix à celui qui vient au monde* (ou *le Commando de la dernière chance*), d'Alexandre Alov et de Vladimir Naoumov. Les coupes Volpi consacrent les talents de comédiens de Suzanne Flon et de Toshiro Mifune. Ils sont les interprètes parfaits de Claude Autant-Lara et d'Akira Kurosawa dans *Tu ne tueras point* et *Yojimbo* (*le Garde du corps*). (→ 8.9.62)

« La Nuit », d'Antonioni, a fait le plus beau soir de Berlin

Monica Vitti, Jeanne Moreau et Marcello Mastroianni dans « la Nuit ». Un couple bourgeois en pleine crise.

Berlin, 5 juillet
Michelangelo Antonioni réussit les variations les plus sensibles et les plus séduisantes sur son thème de prédilection : l'amour, naissant ou défunt. Ours d'or du festival, *la Nuit* (*La notte*) illustre le désarroi d'un couple qui mesure en quelques heures l'étendue de son échec. Giovanni (Marcello Mastroianni), écrivain à succès, s'est laissé enfermer dans un cycle de mondanités. La mort proche d'un ami ne l'empêche pas de sacrifier à la cérémonie de dédicace organisée par son éditeur. Sa femme, Lidia (Jeanne Moreau), touchée par cet événement, ressent douloureusement l'égoïsme de son mari. Elle quitte cette foire à la vanité, erre dans les rues de Milan, revit l'histoire de leur couple. Toute la nuit, mari et femme se cherchent, se fuient. A l'aube, ils comprennent que leur amour se résume à une étreinte physique désespérée. Il est mort, comme leur ami. (→ 25.5.62)

Alain Resnais, du Nouveau Roman au cinéma nouveau

Paris, 22 septembre
Le nouveau film d'Alain Resnais, *l'Année dernière à Marienbad*, sort à Paris auréolé du Lion d'or que le Festival de Venise vient de lui décerner. Cette œuvre pour le moins déconcertante, qui mêle passé, présent et futurs improbables, se déroule dans le cadre baroque d'un château entouré de jardins à la française. Delphine Seyrig y incarne une jeune femme, A, accompagnée d'un homme, M (Sacha Pitoëff). Survient alors X (Giorgio Albertazzi), qui prétend avoir eu l'année précédente une liaison avec A. Mais personne ne s'en souvient. Pour écrire le scénario de ce film, Resnais a fait appel à l'un des maîtres du Nouveau Roman, Alain Robbe-Grillet. Cette œuvre assez hermétique rebute une bonne partie du public, d'autant que nul ne sait vraiment ce qui s'est passé l'année dernière à Marienbad. Les auteurs eux-mêmes semblent en désaccord sur ce point. (→ 7.9.63)

Delphine Seyrig et Giorgio Albertazzi dans « l'Année dernière à Marienbad ».

Delphine Seyrig, dont c'est le premier rôle en France, après l'Actor's Studio, est la révélation du film.

La foi contagieuse de l'abbé Belmondo

Paris, 22 septembre
Dans le dernier film en date de Jean-Pierre Melville, Jean-Paul Belmondo apparaît en soutane : *Léon Morin, prêtre* narre en effet les rapports ambigus qu'entretient une jeune femme (Emmanuelle Riva) avec l'abbé Morin dans une ville de province sous l'Occupation. La réussite du film tient autant à la prestation de Belmondo qu'à une très vivante reconstitution de l'époque. Dans sa version initiale, qui durait plus de trois heures, cette chronique réaliste prenait même le pas sur la conversion de l'héroïne par le prêtre. C'est Melville lui-même qui a voulu réduire le film d'une heure et recentrer cette adaptation du roman de Béatrix Beck sur ce qu'il appelle une « histoire d'amour ratée ». (→ 7.3.62)

Emmanuelle Riva et Jean-Paul Belmondo dans « Léon Morin, prêtre », de Jean-Pierre Melville.

Le code de la MPAA dans l'air du temps

New York, 3 octobre
Les temps changent : la Motion Picture Association of America vient d'annoncer une sérieuse révision du code de production dont elle a la charge, le fameux code Hays, en vigueur depuis 1930. Désormais, les « perversions sexuelles », jusqu'alors prohibées, et en particulier l'homosexualité, pourront être représentées, avec mesure et discrétion. Deux films récents, *Tempête à Washington*, d'Otto Preminger, et *la Rumeur*, de William Wyler, pourront être ainsi autorisés. (→ 16.8.66)

Elia Kazan filme une jeunesse en état de crise, la sienne

Warren Beatty lors du tournage de « la Fièvre dans le sang ».

Hollywood, 11 octobre
Avec *la Fièvre dans le sang* (*Splendor in the Grass*), son tout dernier film, Elia Kazan choisit de se replonger dans les années de son adolescence. L'action se passe en 1929, à l'époque du krach. Deux jeunes gens tentent de s'aimer malgré l'opposition farouche de leurs parents. Kazan a réalisé, au sein de la Newtown, sa propre société de production, une sorte de *Roméo et Juliette* situé à l'époque de la Grande Dépression. Ses acteurs, tous très jeunes, sont pour la plupart des inconnus, à commencer par Warren Beatty, le frère cadet de Shirley MacLaine, que l'on n'avait guère vu, jusqu'à présent, que dans quelques séries télévisées. D'aucuns voient déjà en lui « le nouveau James Dean ». Seule vedette de la distribution, l'admirable Natalie Wood compose un portrait déchirant de jeune femme. (→ 16.12.63)

« La Fièvre dans le sang », avec Natalie Wood et Warren Beatty.

Roberto Rossellini porte sur l'Italie le regard de Stendhal

Milan, 12 octobre
Tout comme dans son précédent film, *Viva l'Italia*, qui abordait le thème du Risorgimento et de ses divers épisodes, Rossellini s'intéresse à l'histoire de son pays. *Vanina Vanini* s'inspire librement des *Chroniques italiennes*, de Stendhal, et se situe en 1825. Vanina (Sandra Milo), fille du prince romain don Asdrubale Vanini (Paolo Stoppa), aime le jeune partisan Pietro Missirilli (Laurent Terzieff). Ce révolutionnaire, recherché par la police, lutte contre la société que Vanina incarne. Tous deux s'abandonnent à cette passion qui ne peut que s'achever en tragédie. Vanina, pour garder son amant, trahit les compagnons de Pietro, mais le jeune homme se constitue prisonnier. Il sera condamné à mort, et Vanina Vanini se retirera dans un couvent. Le film, moins cynique que l'œuvre littéraire, sert surtout de prétexte à une description précise de la Rome pontificale de l'époque. (→ 21.2.63)

« Viva l'Italia » : l'unité du pays est en marche. A droite, Martine Carol dans la chronique de « Vanina Vanini ».

« West Side Story », musique, danse et tragédie

George Chakiris (au centre) est Bernardo, le leader des Sharks portoricains.

Hollywood, 19 octobre
Avant d'être un film, *West Side Story* fut l'une des comédies musicales les plus prisées de Broadway. Présenté pour la première fois au Wintergarten de New York, en septembre 1957, cet opéra moderne de Leonard Bernstein et Stephen Sondheim triompha trois années consécutives, suscitant l'intérêt de plusieurs producteurs hollywoodiens. Finalement, le mérite de cette adaptation cinématographique revient aux frères Mirisch, qui engagèrent le chorégraphe attitré du spectacle, Jérôme Robbins, tout en chargeant l'éclectique Robert Wise de la mise en scène. Le livret, qui se trouve être un remake de *Roméo et Juliette*, conte une histoire d'amour impossible dans le contexte des rivalités de bandes. Dans les quartiers pauvres de New York, deux groupes raciaux s'affrontent, d'un côté les Jets, des Américains de souche, et de l'autre les Sharks, d'origine portoricaine. Une partie du tournage s'est déroulée en plein New York, dans des quartiers promis à la démolition. Trente-cinq décors urbains, reconstitués en studio, sont venus compléter ce gigantesque chantier. Le tournage dura six mois, dont pas moins de cinq semaines pour les seules prises de vues en extérieurs. Dans les rôles des deux amants séparés par la haine raciale, Natalie Wood et Richard Beymer font des compositions émouvantes. Mais la vedette est incontestablement George Chakiris, qui incarne dans le film le frère de Natalie Wood et dont la silhouette bondissante tonifie la chorégraphie de Robbins.

Natalie Wood et Richard Beymer.

A l'origine, ce danseur américain né de parents grecs interprétait le rôle du chef des Jets lors de la présentation de la comédie musicale à Londres. Finalement, ses cheveux bouclés et ses traits exotiques le désignèrent, au milieu d'une centaine d'autres postulants, comme le pilier de la bande portoricaine. Ce curieux transfert racial est sans doute l'une des grandes réussites du film, tant la composition du jeune homme est remarquable. *West Side Story*, malgré sa longueur inhabituelle (plus de deux heures et demie), réussit à tenir en haleine le public, et bien des airs de Bernstein sont déjà sur toutes les lèvres. Alors que la plupart des génériques ne sont que d'ennuyeuses litanies, ceux du film de Wise sont particulièrement spectaculaires. Au début, de vagues lignes géométriques finissent par constituer une vue aérienne de New York ; quant au générique de fin, il se compose autour de panneaux de signalisation et de graffitis urbains. Ces deux séquences, réalisées par le *designer* Saül Bass, soulignent la modernité de l'œuvre. (→ 9.4.62)

Pour Ingmar Bergman, le spirituel est lui-même charnel

Stockholm, 16 octobre
Ingmar Bergman, à ce stade de sa carrière, se tourne vers un style de réalisation intimiste, qu'il appelle le « cinéma de chambre ». En effet, on y retrouve sensiblement les mêmes caractéristiques que dans la musique dite de chambre. L'intériorité d'un spectacle joué par un nombre limité d'acteurs, la portée significative du sujet, s'inscrivent sur un temps court et s'intéressent aux secrets de l'âme. *A travers le miroir* (*Sasom i en spegel*) réunit sur un archipel de la Baltique les membres d'une famille en état de crise. David (Gunnar Björnstrand), écrivain dévoré par son désir de réussite, sait que son égocentrisme a fait souffrir ses proches. Sa fille, Karin (Harriet Andersson), souffre d'une maladie mentale incurable. Aimée de son mari, Martin (Max von Sydow), qui n'arrive pourtant pas à l'aider, elle entraîne son jeune frère Minus dans une relation incestueuse désespérée. Elle attend un signe de Dieu, mais il lui vient des hallucinations si terrifiantes qu'elle doit être hospitalisée. Karin admet la réalité de sa maladie, et trouve une sorte d'apaisement spirituel, mais il lui aura fallu subir cette épreuve de la manière la plus physique qui soit. Bergman veut inscrire ce film dans une trilogie inspirée par la solitude de l'être, dans son âme et ses sens. (→ 23.9.63)

Lars Passgard (Minus) et Harriet Andersson dans « A travers le miroir ».

Jean Renoir expérimente la télévision

Jean-Louis Barrault côté Jekyll, dans « le Testament du docteur Cordelier ».

Paris, 16 novembre
Plusieurs mois après sa sortie en province, *le Testament du docteur Cordelier* sort demain à Paris et est diffusé ce soir sur le petit écran. Le nouveau film de Jean Renoir, coproduit par la Radio-Télévision française, est le premier à avoir été réalisé pour la télévision. Pour l'occasion, le cinéaste s'est essayé au tournage en continuité : dans le studio, plusieurs caméras fonctionnent simultanément et filment une scène sous de multiples angles, choisis ensuite au montage. L'action du film s'ouvre sur un plateau de télévision où Renoir lui-même présente au spectateur cette version de *Doctor Jekyll and Mr. Hyde* interprétée par Jean-Louis Barrault. (→ 4.4.63)

Pasolini, et le ciel au-dessus des ruelles

« Accatone », avec Franco Citti, premier film d'un écrivain de trente-neuf ans.

Rome, 23 novembre
A première vue, *Accatone* ressemble à un film néo-réaliste. Tourné dans la banlieue romaine, il peint l'existence d'une jeunesse sans illusion : filles se prostituant au coin des rues et dans les terrains vagues, garçons vivant de vols et des charmes de leurs amies. Pier Paolo Pasolini, dans ce premier film, a des visées qui dépassent l'étude de société. Avant d'être cinéaste, c'est un poète reconnu, aux idéaux très sincères. Accatone, son héros, se purifie par l'amour et par sa fin tragique, attendue et libératrice. « Enfin je suis bien », dit-il alors. Pasolini, parti des bas-fonds sordides, a abordé la notion d'un certain paradis. (→ 22.9.62)

Sophia Loren a pour Charlton Heston les yeux de Chimène

New York, 15 décembre
Pour faire du *Cid* une grandiose fresque historique, le producteur du film, Samuel Bronston, a mis à la disposition du réalisateur Anthony Mann d'impressionnants moyens : près de 7 000 figurants, 35 navires, des décors imposants et une poignée de vedettes internationales. Tourné en grande partie en Espagne, le film évoque la figure légendaire de Rodrigue, dit le Cid, qui libéra l'Espagne des Maures Almoravides au XIe siècle. Entre les spectaculaires et nombreuses scènes de bataille, le réalisateur et son scénariste Philip Yordan ont inséré des scènes intimistes évoquant les amours tourmentées du Cid, incarné par Charlton Heston, avec la belle Chimène, interprétée par Sophia Loren. Très éloigné du *Cid* de Corneille, le film d'Anthony Mann est une superproduction de plus de trois heures qui a bénéficié de la conjugaison de plusieurs talents. Connu surtout pour avoir réalisé d'excellents westerns comme *l'Homme de l'Ouest*, et *l'Homme de la plaine*, Anthony Mann s'acquitte ici avec honneur de sa tâche et réussit là où beaucoup de ses confrères auraient échoué. *Le Cid* est certes moins personnel que ses précédents films, mais il n'en demeure pas moins une œuvre distrayante, parfaitement réussie et dans laquelle passe un indéniable souffle épique. (→ 9.4.62)

Sophia Loren, Raf Vallone (à gauche) et Charlton Heston dans « le Cid ».

Le cinéaste dans les faits divers

Rome, 18 novembre
L'accusation de délinquance n'est pas l'exclusivité des petits voyous de banlieue. Un artiste, écrivain d'abord, puis scénariste et depuis peu de temps réalisateur, est inculpé. C'est Pier Paolo Pasolini, accusé par un pompiste de l'avoir agressé pour lui voler deux mille lires. Doit-on croire à une erreur de jeunesse ? Pasolini n'est pas un adolescent issu d'un milieu sordide. Né à Bologne en 1922, descendant d'une famille noble, il est le fils d'un officier de carrière. Très tôt, il s'est découvert un talent d'écrivain. Alberto Moravia admire sa poésie. Dans quelques jours, Pasolini présentera *Accatone,* un film qui va faire grand bruit et qui excite déjà la haine des néo-fascistes. Notre artiste turbulent est aussi marxiste convaincu et militant ! (→ 23)

Affichette d'intérieur au format 40 x 30 cm, signée Raymond Gid.

Lucyna Winnicka et Mieczyslav Voit dans « Mère Jeanne des Anges ».

Affiche originale italienne « quatro foglie » signée par Giuliano Nistri.

Corinne Marchand est Cléo dans le film d'Agnès Varda « Cléo de 5 à 7 », une des expériences filmiques en temps réel de la Nouvelle Vague.

Affiche de Jean Mascii pour le premier long métrage de Jacques Demy.

C'est l'affichiste italien E. Brini qui compose l'affiche originale française.

Marcello Mastroianni trouve une solution radicale à son divorce avec Daniela Rocca dans « Divorce à l'italienne », un film de Pietro Germi.

Affiche américaine signée Saül Bass.

Charlton Heston dans « le Cid ».

Affiche non signée pour le dernier film de Clark Gable et Marilyn Monroe.

Warren Beatty et Natalie Wood dans le film dramatique d'Elia Kazan , « la Fièvre dans le sang » (« Splendor in the Grass »).

George C. Scott et Paul Newman sont des joueurs de billard professionnels dans le drame psychologique de Robert Rossen « l'Arnaqueur ».

Marlon Brando et Pina Pellicer dans « la Vengeance aux deux visages ».

Jerry Lewis joue et met en scène le film « le Zinzin d'Hollywood ».

David Niven, Gregory Peck et Anthony Quinn dans le film de Jack Lee Thompson « les Canons de Navarone » (« The Guns of Navarone »).

1962

Oscars, Hollywood
Film : *West Side Story* (Robert Wise).
Acteur : Maximilian Schell.
Actrice : Sophia Loren.

Mostra d'arte cinematografica, Venise
Lion d'or : *Journal intime* (Valerio Zurlini).
l'Enfance d'Ivan (Andreï Tarkovski).
Meilleur acteur : Burt Lancaster.
Meilleure actrice : Emmanuelle Riva.

Festival international du film, Cannes
Palme d'or : *la Parole donnée* (Anselmo Duarte).
Meilleur acteur : Ralph Richardson, Jason Robards Jr., Dean Stockwell, Murray Melvin.
Meilleure actrice : Katharine Hepburn, Rita Tushingham.

Prague, 2 janvier
Jiri Trnka commence le tournage de *la Grand-mère cybernétique* (*Kybernetika Babicka*), film de marionnettes sur les rapports entre l'homme et la technique. (→ 2.1.66)

Tokyo, 2 janvier
Sortie de *Sanjuro* (*Tsubaki Sanjuro*), d'Akira Kurosawa, avec Toshiro Mifune et Takashi Shimura, drame historique, dans lequel neuf jeunes gens combattent un seigneur corrompu. (→ 31.10.70)

Rome, 6 janvier
Les comédiens Renato Salvatori et Annie Girardot se marient. Ils se sont connus durant le tournage de *Rocco et ses frères*.

Rome, 15 janvier
Le producteur Dino De Laurentiis pose la première pierre du studio Dinocittà.

Paris, 27 janvier
Dans le quotidien *le Monde*, François Truffaut confie : « Ce qui me donne le courage de faire des films, c'est qu'au cinéma on ne se sent pas solitaire. Le drame des peintres abstraits et des musiciens actuels, c'est la solitude. » (→ 20.5.64)

Paris, 5 février
Le cinéma Empire rouvre sous l'enseigne Empire-Abel Gance, avec le nouveau programme en Cinérama, *la Grande Rencontre*. Le discours d'inauguration rend hommage au génie inventif de Gance. (→ 22.4.64)

Paris, 5 février
Aux studios de Billancourt, Roger Vadim tourne les premières scènes du *Repos du guerrier*, quatrième film avec son ex-épouse, Brigitte Bardot, qui a ici pour partenaire Robert Hossein. « C'est mon dernier film, annonce-t-elle, j'ai promis à Vadim de le faire avec lui. Ma décision est irrévocable. » (→ 20.11)

Milan, 22 février
Première de *Boccace 70* (*Boccacio 70*), film à sketches de Federico Fellini, Vittorio De Sica, Luchino Visconti et Mario Monicelli, avec Romy Schneider et Sophia Loren.

Tunis, 2 mars
La Fédération tunisienne des ciné-clubs, créée en 1950, est enfin officiellement reconnue : elle se voit octroyer par le ministère de l'Intérieur le statut envié d'association culturelle nationale.

Paris, 7 mars
Sortie de *Cartouche*, de Philippe de Broca, avec Claudia Cardinale et Jean-Paul Belmondo. (→ 11.5)

Sicile, 14 mars
Burt Lancaster, qui doit, le premier jour de tournage du *Guépard* (*Il gattopardo*), danser avec Claudia Cardinale dans une scène de bal, boite à cause d'une blessure. La scène, qui mobilise 250 acteurs et figurants, 120 maquilleurs, costumiers et coiffeurs, doit être retardée, ce qui plonge Visconti dans une colère noire. (→ 27.3.63)

New York, 20 mars
Le *New York Times* annonce que Grace Kelly, maintenant princesse de Monaco, serait l'interprète principale du prochain film d'Alfred Hitchcock, *Marnie*. (→ 29.3.63)

Rome, 1er avril
Elizabeth Taylor et Richard Burton s'affichent en public. Leur liaison devient officielle malgré les démentis répétés de leurs agents respectifs. La presse prend le parti de Sybil Burton et d'Eddie Fisher, les conjoints « trompés ». (→ 12.6.63)

Los Angeles, 11 avril
Le film de John Ford, *L'homme qui tua Liberty Valance* (*The Man Who Shot Liberty Valance*), qui sort ce jour, réunit John Wayne, James Stewart et Lee Marvin.

Paris, 18 avril
Sortie du dernier film de Michael Curtiz (*14.12.1888), décédé il y a tout juste une semaine à Los Angeles, *les Comancheros* (*The Comancheros*), avec dans le rôle principal, John Wayne.

Rome, 9 mai
Federico Fellini commence à Cinecittà le tournage de *Huit et demi* (*Otto e mezzo*), avec Marcello Mastroianni, Claudia Cardinale et Sandra Milo. (→ 25.2.63)

Paris, 25 mai
La presse s'intéresse beaucoup à la liaison de Martine Carol, à Tahiti, avec un jeune soldat nommé Jean-Marie Dallet, qui serait un neveu du Premier ministre en exercice, Georges Pompidou. (→ 6.2.67)

Paris, 10 juin
Dans la revue *Positif*, le critique Robert Benayoun écrit : « Avez-vous voyagé récemment ? Il y a deux choses que nous jalousent les pays étrangers : De Gaulle et la Nouvelle Vague. »

Paris, 13 août
Philippe Noiret épouse Monique Chaumette, membre comme lui de la troupe du TNP aux côtés de Jean Vilar.

Los Angeles, 18 septembre
La Music Corp of America (MCA) absorbe la compagnie de disques Decca, qui est actionnaire majoritaire d'Universal.

Rome, 22 septembre
Lors de la première de *Mamma Roma* au cinéma Quattro Fontane, le réalisateur Pier Paolo Pasolini est pris à partie par des membres d'organisations fascistes venus manifester contre le film. (→ 21.2.63)

Los Angeles, 7 novembre
Robert Aldrich présente *Qu'est-il arrivé à Baby Jane ?* (*Whatever Happened to Baby Jane ?*), avec Bette Davis et Joan Crawford.

Tokyo, 18 novembre
Yasujiro Ozu présente son dernier film, *le Goût du saké* (*Samma no Aji*). (→ 12.12.63)

Paris, 30 novembre
Sortie de *Miracle en Alabama* (*The Miracle Worker*), d'Arthur Penn, d'après l'histoire vraie d'une jeune Américaine sourde, muette et aveugle, Helen Keller, interprétée par Patty Duke, qui, grâce à la patience d'une éducatrice (Anne Bancroft), apprend à lire. (→ 8.4.63)

Paris, 10 décembre
Dans le numéro 138 des *Cahiers du cinéma*, spécial Nouvelle Vague, Jean-Luc Godard déclare dans un long entretien : « La sincérité de la Nouvelle Vague, cela a été de bien parler de ce qu'elle connaissait plutôt que de parler mal de ce qu'elle ne connaissait pas. » (→ 25.1.63)

Californie, 20 décembre
A Culver City, une société immobilière achète les studios Hal Roach, construits en 1920, et où furent tournés d'innombrables courts métrages comiques, dont tous ceux de Laurel et Hardy. (→ 23.2.65)

NAISSANCES
Boulogne, 21 janvier
Marie Trintignant.

Syracuse, New York, 3 juillet
Tom Cruise.

Los Angeles, 19 novembre
Jodie Foster.

Schoonebeck, 16 décembre
Maruschka Detmers.

Tiré d'un roman d'espionnage de Ian Fleming, « James Bond 007 contre docteur No » révèle à la fois Ursula Andress et Sean Connery.

JAMES BOND 007
CONTRE "Dr. NO"
(Dr. NO)

Jules, Jim et Catherine, sous l'œil de François la tendresse

François Truffaut et Jeanne Moreau au tournage de « Jules et Jim ».

Jeanne Moreau, Henri Serre et Oskar Werner dans une scène clé du film.

Paris, 24 janvier
Un ménage à trois : tel est le sujet d'un film qui aurait sans doute été scabreux dans les mains d'un autre que François Truffaut : *Jules et Jim*. L'action se situe aux alentours de 1910 et raconte l'amitié qui unit deux hommes, l'un allemand et l'autre français, Jules et Jim, respectivement interprétés par Oskar Werner et Henri Serre. Leur amitié ne souffre pas de l'amour commun qu'ils portent à Catherine (Jeanne Moreau). Séparés par la guerre, ils se retrouvent pourtant, la jeune femme oscillant toujours entre les deux. Lorsque Jim lui annonce qu'il va se marier, Catherine précipite leur voiture au fond d'un étang, et Jules reste alors seul. Adapté du roman d'Henri-Pierre Roché, ce troisième long métrage de Truffaut aurait pu être le premier : le jeune cinéaste avait en effet découvert l'œuvre en 1953 et avait très tôt conçu le désir d'en tirer un film. Truffaut avait échangé une correspondance suivie avec l'écrivain jusqu'à la mort de ce dernier, en avril 1959, quelques jours seulement après que Jeanne Moreau eut accepté d'être Catherine. (→ 27)

Pour un nouveau cinéma allemand

Oberhausen, 28 février
Ce festival est un événement. La publication d'un manifeste annonce une évolution du septième art national. Rédigé par vingt-six jeunes cinéastes, il condamne le conformisme du cinéma allemand, dont les *Sissi* ou les *Heimatfilme* (films ruraux) constituent les archétypes. Tout comme les « jeunes gens en colère » du *Free Cinema* anglais, ou ceux de la Nouvelle Vague française, Herbert Vesely, Alexander Kluge... ont des arguments. Leur ambition est de créer le nouveau cinéma allemand de long métrage. La précision n'est pas inutile. Cette génération d'auteurs, réalisateurs et producteurs a présenté ses courts métrages à des festivals internationaux qui les ont appréciés. Maintenant, cette nouvelle « langue cinématographique » doit se retrouver dans le long métrage. Les réalisateurs sont prêts à prendre des risques économiques. *Le Pain des jeunes années (Das Brot der frühen Jahre*), d'Herbert Vesely, se veut représentatif du Nouveau Cinéma.

Louis Malle exorcise la vie privée de B. B.

Paris, 31 janvier
Traquée jour et nuit et partout où elle va par les hordes de photographes et de paparazzis, Brigitte Bardot a failli plus d'une fois « craquer ». C'est cet aspect dramatique du phénomène Bardot que le réalisateur Louis Malle vient d'illustrer dans *Vie privée*. B. B. elle-même y interprète courageusement le rôle, quasi autobiographique, d'une star que l'acharnement des journalistes conduit à une mort accidentelle. Elle y a pour complice Marcello Mastroianni, un acteur qui paie lui aussi le lourd tribut de la célébrité. (→ 5.2)

« West Side Story » remporte dix Oscars

Santa Monica, 9 avril
La soirée des Oscars est de nouveau présentée par Bob Hope, assisté d'Ann-Margret. *West Side Story*, de Robert Wise et Jérôme Robbins, remporte dix récompenses à lui seul, dont le prix du meilleur film, de la meilleure réalisation et des meilleurs seconds rôles (George Chakiris et Rita Moreno). Les prix d'interprétation vont à Maximilian Schell pour *Jugement à Nuremberg* (*Judgement at Nuremberg*), de Stanley Kramer, et à Sophia Loren pour *La Ciociara*, de Vittorio De Sica. (→ 8.4.63)

Marcello Mastroianni et Brigitte Bardot : « Vie privée », le rêve impossible.

Spencer Tracy et Marlène Dietrich dans « Jugement à Nuremberg », qui vaut à son réalisateur-producteur Stanley Kramer un hommage spécial des Oscars.

De 5 à 7, la vie entière d'Agnès Varda

C. Marchand et José Luis de Villalonga dans « Cléo de 5 à 7 », d'Agnès Varda.

Paris, 11 avril
Deux heures de la vie d'une jeune femme superstitieuse et prompte au caprice : tel est le sujet du second film d'Agnès Varda, *Cléo de 5 à 7*. Cléo, interprétée par Corinne Marchand, attend les résutats d'analyses médicales et croit avoir le cancer. Elle vit ces quelques heures dans l'angoisse de la mort, tout en déambulant dans le quartier de la gare Montparnasse. Solitaire, elle est abordée au parc Montsouris par un soldat en permission (Antoine Bourseiller), un appelé qui repart le soir même pour l'Algérie. Sa sincérité touche Cléo et lui redonne courage. Après avoir affronté le résultat de ses analyses, elle conclut gravement son après-midi devant son compagnon ému et attentif : « Je n'ai plus peur... Il me semble que je suis heureuse. » Outre la mention de la guerre d'Algérie et l'apparition de Jean-Luc Godard et d'Anna Karina dans un savoureux épisode burlesque, c'est la narration en temps réel qui fait l'originalité du film. C'est pourtant la vérité de ce portrait de femme qui le rend attachant. (→ 8.1.65)

Corinne Marchand : l'angoisse.

Yves Robert gagne la guerre des boutons

Paris, 18 avril
Adaptant un célèbre roman de Louis Pergaud, Yves Robert réalise avec *la Guerre des boutons* la comédie la plus originale depuis *Jour de fête*, de Jacques Tati. Son film a le charme d'un conte pour enfants. D'ailleurs, il n'y est question que d'enfants, plus précisément de la drôle de guerre que se livrent, de génération en génération, les enfants de deux villages voisins. Les spectateurs garderont longtemps le souvenir de Petit-Gibus et de ses camarades qui, pour priver « l'ennemi » du plaisir de leur arracher leurs boutons, se rendent nus à la bataille ! (→ 6.12.72)

Malgré les apparences, les gosses de « la Guerre des boutons » sont culottés.

Antonioni et Bresson sont classés à égalité sur la Croisette

Cannes, 25 mai
Ne tenant pas compte du mauvais accueil qu'une partie du public a réservé au *Procès de Jeanne d'Arc*, de Robert Bresson, et à *l'Eclipse*, (*L'eclisse*), de Michelangelo Antonioni, le jury du Festival de Cannes leur a décerné, *ex aequo*, son prix spécial. En restituant dans son intégralité les minutes du procès de la Pucelle et en repoussant toute psychologie inutile, Bresson réalise une œuvre très dépouillée. Par ce troisième volet de sa trilogie, commencée par *L'Avventura* avec *l'Eclipse*, Antonioni poursuit l'illustration du thème de l'incommunicabilité entre les êtres, cette fois à travers l'histoire d'une femme en rupture affective qui erre dans Rome désertée en juillet. A la surprise générale, la Palme d'or est allée, elle, au film brésilien *la Parole donnée*, d'Anselmo Duarte. (→ 22.5.63)

Le prix spécial du jury est attribué à « l'Eclipse », d'Antonioni (à gauche), et au « Procès de Jeanne d'Arc », de Bresson.

Belmondo refait ses classes avec Gabin

Jean-Paul Belmondo et Jean Gabin dans « Un singe en hiver », d'Henri Verneuil, d'après Antoine Blondin.

Paris, 11 mai
Le roman d'Antoine Blondin, *Un singe en hiver* (prix Interallié 1959), est devenu un film réalisé par Henri Verneuil. On y voit face à face le « vieux », Jean Gabin, et Jean-Paul Belmondo, le « môme », issu de la Nouvelle Vague. L'action se situe en 1944, en Normandie. Un ancien quartier-maître du corps expéditionnaire en Chine retrouve ses souvenirs dans l'alcool, plaisir qu'il partage avec un jeune homme voulant oublier son mariage raté. Une profonde sympathie est née entre les deux comédiens durant le tournage, Gabin disant : « Môme, t'es mes vingt ans. » Pourtant, *a priori*, tous deux n'étaient pas faits pour se rencontrer, car Jean n'apprécie pas la Nouvelle Vague qui l'a souvent critiqué. Ils avaient en revanche d'autres points communs, comme le goût pour le vélo et le football. Entre deux prises de vues, sur la plage, Jean Gabin tirait des buts à Jean-Paul Belmondo ou organisait des courses cyclistes autour de l'hôtel Normandy, à Deauville, auxquelles participaient entre autres Jean-Paul et les assistants Costa-Gavras et Claude Pinoteau. Belmondo a découvert une autre facette de son métier auprès de Gabin. (→ 3.4.63)

Des femmes de guerre couvertes de fleurs

Pékin, 22 mai
La revue *Cinéma populaire* vient de créer les prix des Cent-Fleurs, qui ont valeur de référendum. Ils sont attribués à l'issue d'une consultation publique. Le lauréat des Cent-Fleurs, qui reçoit trois prix, est *le Détachement féminin rouge* (*Hongse niangzijun*), que Xie Jin a réalisé l'an dernier. Né en 1923 à Shaoxing, le cinéaste s'est fait connaître par deux grands succès : *Printemps au pays des eaux* et *la Basketteuse n°5*. Son film se situe en 1930, dans l'île Hainan. La guérilla communiste a une compagnie formée de femmes. L'histoire héroïque de ce détachement et la présence attachante de la jeune Zhu Xijuan enchantent le public. (→ 27.6.64)

« Le Détachement féminin rouge », de Xie Jin, avec la star Zhu Xijuan.

Lolita l'ingénue traîne la mort avec elle

James Mason et Sue Lyon : « Lolita », de Stanley Kubrick, d'après Nabokov.

New York, 13 juin
Lolita, le nouveau film de Stanley Kubrick, s'inspire du roman de Vladimir Nabokov, qui est également l'auteur de l'adaptation et du scénario. C'est une histoire assez scabreuse : un homme d'âge mûr épouse une veuve pour pouvoir courtiser à son aise la fille de cette dernière. Alors que les rôles principaux sont tenus par des comédiens renommés (James Mason, Shelley Winters et Peter Sellers), Kubrick a dû faire appel, dans le rôle de la jeune ingénue perverse, à une actrice débutante de seize ans nommée Sue Lyon. Elle y incarne l'ange de la mort. (→ 31.1.64)

Sue Lyon. L'enfance, et après.

Jean Gabin le cumulard face à la jacquerie

Bonnefoi, 28 juillet
Il était 5 heures ce matin lorsque plus de 700 agriculteurs de la région ont encerclé la Moncorgerie, propriété de Jean Gabin en Normandie. Treize d'entre eux ont exigé d'être reçus par l'acteur pour lui présenter leurs revendications. Les fermiers lui reprochent en effet d'avoir acheté des terres pour les faire exploiter par des ouvriers agricoles alors que lui-même n'est pas agriculteur. Une loi anticumul est justement discutée ces jours-ci à l'Assemblée nationale. Gabin a invité les dirigeants à le suivre dans son bureau où il a écouté leurs reproches sans se sentir concerné. Le ton a monté et l'acteur a affirmé que, s'il devait être ainsi ennuyé, il préférait vendre toutes ses terres. A l'extérieur, certains se sont impatientés, ont envahi la propriété et menacé de tout casser. Des hommes entrés de force dans le bureau ont insulté Gabin. Calme et lucide, bien qu'une étincelle eût suffi à mettre le feu aux poudres, Jean Gabin a continué de discuter, ne cédant en rien et acceptant seulement de louer ses fermes. Les représentants des paysans ont alors quitté la Moncorgerie et ont affirmé à la foule assemblée qu'ils avaient obtenu satisfaction. Cette déclaration a suffi pour calmer les esprits échauffés. Pour Jean Gabin, le rêve de toute une vie de travail a failli se briser cette nuit, mais il a su dissimuler sa peur, sa déception et son amertume. (→ 21.4.64)

Quelque chose a craqué dans la vie de Marilyn

Los Angeles, 5 août

Marilyn Monroe (*1.6.1926) a été retrouvée morte dans son lit ce matin, dans sa villa de Brentford, Californie. L'autopsie démontre que l'actrice a succombé à une absorption massive de tranquillisants. S'il s'agit d'un suicide, les raisons de ce geste sont nombreuses : une enfance sans foyer, perturbée, marquée par l'absence d'un père et la folie d'une mère. Trois mariages ratés, deux fausses couches; des échecs sentimentaux et des amours impossibles, avec Yves Montand et John F. Kennedy par exemple; la presse impitoyable envers elle; des difficultés professionnelles dues à une perte de confiance en elle-même... En fait, rien n'allait plus depuis février 1961, après son divorce d'avec Arthur Miller. A cette date, Marilyn entre en traitement dans une clinique psychiatrique. Elle craint de sombrer dans la folie comme sa mère. Elle fait son retour début avril 1962, commençant le tournage de son vingt-neuvième film, *Quelque chose va craquer* (*Something's Got to Give*) sous la direction de George Cukor, avec Dean Martin et Cyd Charisse pour partenaires. Puis elle apparaît en public au Madison Square Garden de New York, le 21 mai, pour chanter *Happy Birthday* au Président Kennedy, vêtue d'une robe moulante de couleur chair ornée de pierres de cristal. Pourtant, le film s'interrompt bientôt : Marilyn se dit souffrante, ne vient que rarement sur le plateau et repousse jour après jour la réalisation de nombreuses scènes, si bien que le retard tourne à la catastrophe. La Fox, société productrice, licencie Marilyn et lui cherche une remplaçante. Dean Martin, son ami, menace de quitter le tournage si Marilyn n'est pas réintégrée dans l'équipe. Elle revient une première fois grâce à lui, mais s'absente de nouveau. Cette fois, la Fox introduit une plainte en justice et lui réclame 750 000 dollars. L'actrice envoie alors une lettre à l'équipe du film avec ces mots : « Je vous en prie, croyez-moi, je n'y suis pour rien... J'aurais tant désiré travailler avec vous. » Trois mois plus tard, elle est découverte sans vie. Elle ne laisse aucun message pour expliquer son geste. (→ 2.1.83)

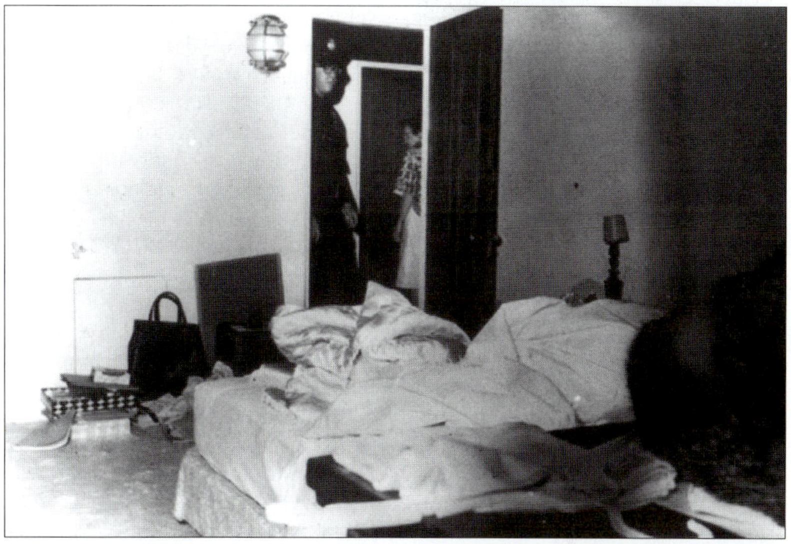

La mort de Marilyn Monroe met en évidence les contradictions tragiques de la vie de star. A droite, la chambre du drame.

Les obsèques sont célébrées au Westwood Memorial Park de Hollywood.

Une des rares images de « Quelque chose va craquer », qui restera inachevé.

Darryl Zanuck reprend les rênes de la Fox

Hollywood, 29 août

Darryl F. Zanuck reprend la 20th Century-Fox en main : il vient de décider le licenciement de quelques 300 employés et la fermeture des studios de la célèbre firme. Seuls sont maintenus pour le moment la rédaction des scripts pour la télévision et le montage de *Cléopâtre*, le film monstre de Joseph L. Mankiewicz. Cette superproduction, au budget avoisinant les 30 millions de dollars, est à l'origine du départ, à la fin juin, de Spyros Skouras, l'ancien président de la Fox, et du retour aux affaires de Zanuck, moins d'un mois plus tard. Devant le prolongement du tournage à Rome et les dépassements considérables de budget, les actionnaires, dont Zanuck se révéla l'un des plus puissants, mirent Skouras en minorité et le poussèrent à la démission. En fait, l'« affaire *Cléopâtre* » n'a fait que mettre au jour les sérieuses difficultés de la célèbre *major*. L'arrêt définitif du tournage de *Quelque chose va craquer* en juin dernier, du fait des absences répétées de Marilyn Monroe, ne fait qu'accroître le malaise et grossir le déficit. Dans de telles conditions, les mesures qui ont été prises aujourd'hui étaient inévitables. (→ 26.3.63)

La Nana de Godard entre la mort et la vie

Anna Karina dans « Vivre sa vie », de J.-L. Godard : difficulté d'être.

Paris, 22 septembre

Après avoir été lauréat du prix spécial du jury et du prix de la critique italienne au récent Festival de Venise, le quatrième long métrage de Jean-Luc Godard, *Vivre sa vie*, sort sur les écrans parisiens. Avec ce film composé en douze tableaux, le réalisateur retrouve la tragédie ; et même une tragédie quotidienne, celle de la prostitution. Godard s'est inspiré, pour écrire son scénario, de l'enquête menée par Marcel Sacotte et intitulée *Où en est la prostitution ?* Au cours du film, des pages de cet ouvrage sont même lues à voix haute par Raoul, le proxénète qu'incarne Saddy Rebbot. Si cet aspect documentaire n'est pas niable, tel n'est pas, toutefois, le véritable sujet de l'œuvre. Godard s'intéresse surtout au personnage de Nana, interprété bien entendu par Anna Karina, épouse et plus que jamais muse du cinéaste. Vendeuse chez un disquaire pour un salaire insuffisant, elle se retrouve expulsée de son appartement parce qu'il lui manque deux mille francs. Nana en vient à se prostituer. Au terme de son martyre, quand Raoul décide de la vendre, elle trouve une mort sans doute apaisante. Auparavant, le philosophe Brice Parain, qui apparaît dans une scène, lui aura appris la nécessité d'accepter l'erreur pour parvenir à la vérité. (→ 10.12)

Un certain James Bond, agent spécial 007

Ursula Andress et Sean Connery dans « James Bond 007 contre docteur No ».

Londres, 1er octobre

Les amateurs de films d'espionnage ne manqueront pas d'apprécier *James Bond 007 contre docteur No* (*Doctor No*). Truffé de spectaculaires scènes d'action et d'étonnants trucages, le film est réalisé par Terence Young, d'après l'un des célèbres romans de Ian Fleming qui ont pour héros l'agent secret britannique James Bond. Celui-ci y est interprété avec flegme, charme et humour par Sean Connery. A ses côtés, la pulpeuse Suissesse Ursula Andress ne manquera pas de faire sensation, notamment dans la scène où on la voit sortir de l'eau vêtue d'un miniscule bikini. (→ 1.8.64)

Les lions du Lido

Venise, 8 septembre

Cette fois-ci, la Mostra n'a pas pu se résoudre à attribuer un seul Lion d'or. Les œuvres de Valerio Zurlini et d'Andreï Tarkovski lui paraissaient si personnelles et si sincères qu'il était difficile d'en éliminer une. *Journal intime* (*Cronaca familiare*), interprété par Marcello Mastroianni, Jacques Perrin et Sylvie, s'attache aux relations difficiles de deux frères. Séparés dès leur enfance, Enrico et Ferruccio ont connu des milieux différents. Valerio Zurlini retrace avec une émotion qui n'évite cependant pas toujours le mélodrame les étapes de leurs retrouvailles. Andreï Tarkovski, avec *l'Enfance d'Ivan*, film de guerre traité de manière poètique et personelle, livre son sentiment. Selon lui, l'enfance est « faite pour être aimée, non pour combattre ». Venise, cette fois a choisi de se laisser émouvoir plutôt qu'éblouir. (→ 7.9.63)

Le générique le plus long, sur les plages de Normandie

Paris, 10 octobre

Le Jour le plus long (*The Longest Day*), le nouveau film produit et en partie réalisé par Darryl F. Zanuck, sort symboliquement sur les écrans parisiens. Ce long métrage de trois heures retrace les préparatifs et la mise en œuvre du débarquement allié en Normandie, le 6 juin 1944 à l'aube. Quelque 20 000 figurants ont apporté leur concours à cette gigantesque reconstitution historique filmée en noir et blanc. Cinq metteurs en scène, Ken Annakin, Andrew Marton, Elmo Williams, Gerd Oswald et Bernard Wicki, ont collaboré avec Zanuck à la réalisation de cette superproduction, à laquelle participe aussi une myriade de vedettes : John Wayne, Richard Burton, Henry Fonda, Mel Ferrer, Sean Connery, Bourvil, Jean-Louis Barrault, Alain Delon, pour ne citer que ces noms. (→ 25.6.63)

6 juin 1944 : « le Jour le plus long », avec Robert Mitchum (Général Cota) et Curd Jurgens (Général Blumentritt).

Marlon Brando, le mutiné du « Bounty »

Avec Trevor Howard : « les Révoltés du "Bounty" », de Lewis Milestone.

New York, 9 novembre
Les Révoltés du « Bounty » (*Mutiny on the « Bounty »*), remake du film de Frank Lloyd tourné en 1935 avec Clark Gable et Charles Laughton, a été réalisé par Lewis Milestone. Il sort aujourd'hui avec Marlon Brando dans le rôle de Fletcher Christian et Trevor Howard dans celui de l'intransigeant capitaine Bligh. Le navire sur lequel a été tourné le film est la reconstitution fidèle du *HMS Bounty*, construite en Nouvelle-Ecosse et conduite jusqu'à Tahiti, sur les lieux mêmes où se déroule l'action. Pendant plus de six mois, le service de recherche de la MGM a rassemblé la documentation nécessaire au scénario, étudiant de près les rapports de la cour martiale et du jugement qui a sanctionné cette célèbre révolte maritime. Commencée par Carol Reed, la réalisation s'est poursuivie sous la direction de Milestone, malgré une très mauvaise entente entre celui-ci et Brando. Le premier a reproché au second de « prendre des poses, d'être mégalomane, caractériel et impossible à diriger ». La révolte grondait aussi sur le plateau... (→ 31.10.65)

Brigitte Bardot reconquiert sa liberté

Paris, 20 novembre
Mariée à Jacques Charrier depuis le 18 juin 1959, Brigitte Bardot divorce. Maman de Nicolas, né le 11 janvier 1960, Brigitte n'était déjà plus guère unie à Jacques et les disputes se multipliaient entre eux depuis le début du tournage de *la Vérité*, d'Henri-Georges Clouzot... En septembre, une querelle publique avait éclaté entre Charrier et Sami Frey sur le boulevard Saint Germain. Frey était devenu le partenaire de Brigitte dans la vie comme à l'écran, ce que Charrier n'admettait pas. Accablée par tous ces problèmes, Brigitte a cherché secours dans l'usage de tranquillisants. Le 28 septembre, après un repas avec Clouzot, à la Colombe-d'Or, à Saint-Paul-de-Vence, B. B. s'enfermait chez elle, absorbait une forte dose de barbituriques et se tailladait les veines du poignet. Parce que l'héroïne de *la Vérité* se donne la mort de la même manière, beaucoup mirent en doute la véracité de cette tentative de suicide. Aujourd'hui, Charrier obtient la garde de leur fils, Brigitte disant n'être pas en mesure de prendre en charge l'éducation de l'enfant. (→ 20.12.63)

Huston, Freud, et le paysage intérieur

Hollywood, 13 décembre
A mille lieues des biographies apprêtées auxquelles nous habitue depuis quelques années Hollywood, John Huston a réussi, avec son *Freud, passions secrètes* (*Freud*), un portrait très réussi du père de la psychanalyse. A l'origine, le réalisateur des *Désaxés* avait demandé un scénario à Jean-Paul Sartre, lequel composa un script équivalent à près de seize heures de projection. Le tout était évidemment inexploitable. Huston, avec son scénariste, Charles Kaufman, et son producteur, Wolfgang Reinhardt, se remit au travail, reprenant quelques-unes des meilleures idées de Sartre. Il résulte de ce nouveau scénario un étonnant portrait de Freud, vu de l'intérieur, mêlant les éléments biographiques réels aux anecdotes totalement imaginaires. Le réalisateur et son directeur de la photographie, Douglas Slocombe, ont poussé le perfectionnisme jusqu'à reconstituer des tableaux d'époque, comme le fameux cours du professeur Charcot peint par Brouillet. Plusieurs séquences oniriques soulignent par ailleurs l'importance du rêve dans l'itinéraire intellectuel du grand découvreur. Celui-ci est interprété par Montgomery Clift, que Huston retrouve une nouvelle fois, quelque temps après *les Désaxés*. L'acteur, qui a failli devenir aveugle lors d'un accident de tournage à Munich, prête son regard triste au personnage. Toutes ses qualités n'ont pas empêché le distributeur de procéder à de nombreuses coupures.

Montgomery Clift dans le personnage de Sigmund Freud.

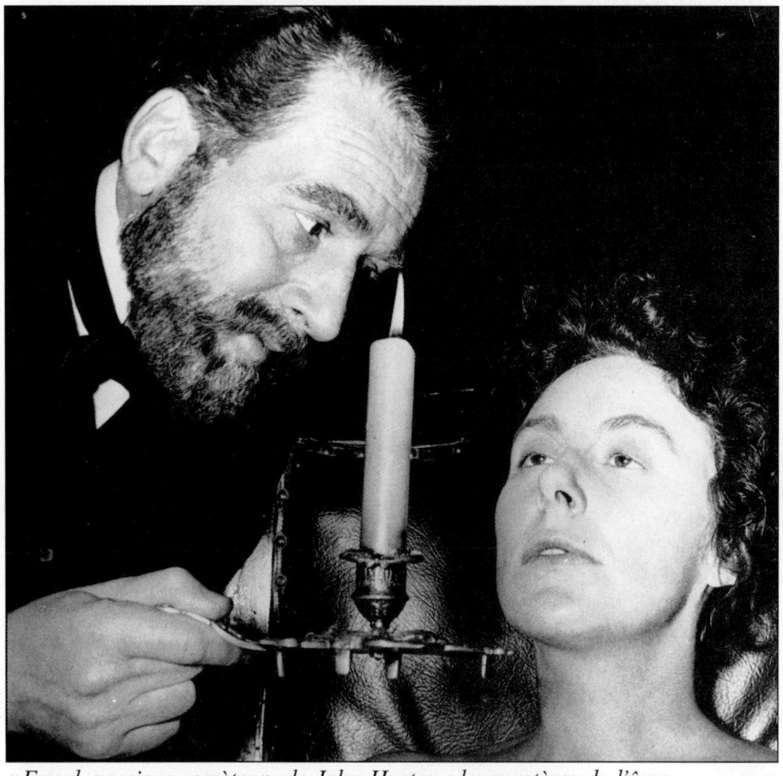

« Freud, passions secrètes », de John Huston : les mystères de l'âme.

Affichette originale française signée par Claude Broutin.

L. Niemczyk et Z. Malanowicz dans « le Couteau dans l'eau », de Polanski.

Sur cette affiche originale, signée Vanni Tealdi, B. B. cache son visage.

Tatsuya Nakadai dans « Harakiri » (« Seppuku »), de Masaki Kobayashi.

Jean-Pierre Cassel et Claude Brasseur dans « le Caporal épinglé », de J. Renoir.

Irène Papas est Electre dans le film de Michael Cacoyannis inspiré par la tragédie grecque d'après Euripide et Sophocle.

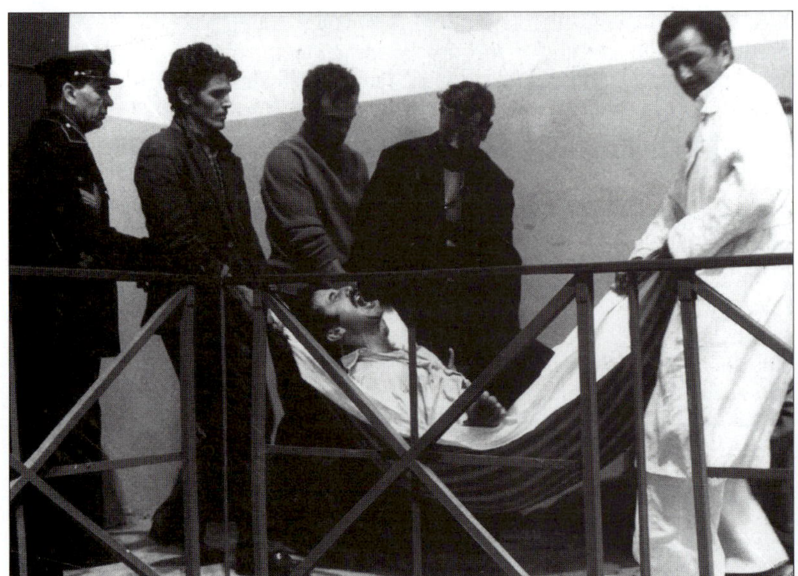

Frank Wolff est le lieutenant et l'assassin de Salvatore Giuliano, le grand bandit mythique de la Sicile, dans le film document de Francesco Rosi.

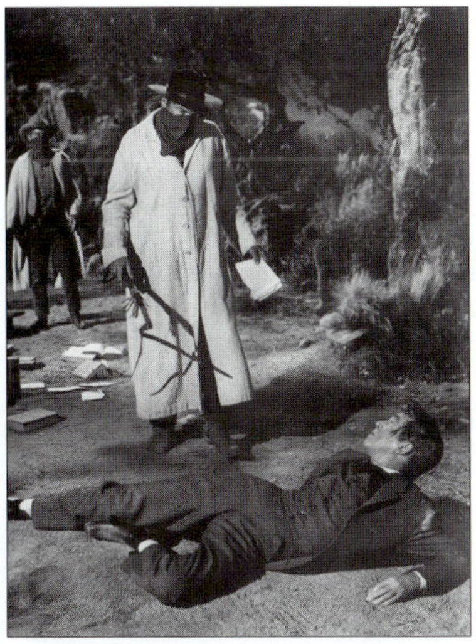

« L'homme qui tua Liberty Valance », de John Ford.

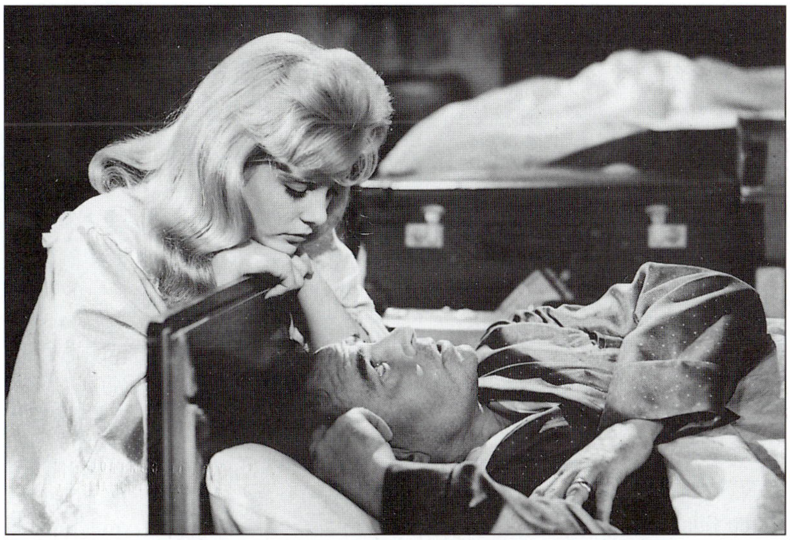

James Mason et Sue Lyon dans « Lolita », film de Stanley Kubrick.

Affichette originale belge pour cette adaptation de Ian Fleming.

Elsa Martinelli et Michèle Girardon dans « Hatari », d'Howard Hawks.

Victor Buono et Bette Davis dans « Qu'est-il arrivé à Baby Jane ? ».

Tom Tryon et John Huston dans « le Cardinal », film d'Otto Preminger d'après le livre au succès international d'Henry Morton Robinson.

Anne Bancroft est une éducatrice obstinée et Patty Duke une petite fille sourde, aveugle et muette, dans le film d'Arthur Penn « Miracle en Alabama ».

1963

Oscars, Hollywood
Film : *Lawrence d'Arabie* (David Lean).
Acteur : Gregory Peck.
Actrice : Anne Bancroft.

Mostra d'arte cinematografica, Venise
Lion d'or : *Main basse sur la ville* (Francesco Rosi).
Meilleur acteur : Albert Finney.
Meilleure actrice : Delphine Seyrig.

Festival international du film, Cannes
Palme d'or : *le Guépard* (Luchino Visconti).
Meilleur acteur : Richard Harris.
Meilleure actrice : Marina Vlady.

Alger, 9 janvier
Les autorités décident la création de l'Office des actualités algériennes, qui doit être placé sous la direction du réalisateur Mohamed Lakhdar Hamina. (→ 8.6.64)

New York, 6 février
Selon *Variety*, la Fox a encaissé 8 350 000 dollars d'avances des exploitants pour *Cléopâtre*. (→ 12.6)

Paris, 8 février
Sortie du *Doulos*, une intrigue policière à rebondissements de Jean-Pierre Melville, avec Jean-Paul Belmondo, Serge Reggiani, Jean Desailly et Michel Piccoli.

Milan, 21 février
Le titre du film à sketches, qui sort ce jour, *RoGoPag*, est un acronyme sur le nom des quatre réalisateurs qui y ont participé : Roberto Rossellini, Jean-Luc Godard, Pier Paolo Pasolini et Ugo Gregoretti. (→ 1.3)

Paris, 1er mars
Sortie de *la Baie des anges*, de Jacques Demy, avec Jeanne Moreau et Claude Mann. (→ 19.2.64)

New York, 26 mars
L'action de la Twentieth Century-Fox est à 29 dollars, contre 15 en juin 1962 avant la prise de pouvoir de Darryl Zanuck. (→ 8.4)

Berkeley, 4 avril
Le réalisateur Jean Renoir est fait docteur *honoris causa* de l'université de Californie. (→ 2.1.76)

Madrid, 8 mai
De nouvelles normes de censure cinématographique sont promulguées. Elles « modernisent » quelque peu les principes en vigueur depuis la guerre civile.

Paris, 5 juin
Les nouvelles salles de la Cinémathèque française sont inaugurées au Palais de Chaillot, avec un hommage à Charlie Chaplin, suivi d'une rétrospective du cinéma américain, puis du cinéma japonais. (→ 30.9.64)

Brésil, 18 juin
Dans l'Etat de Bahia, le réalisateur Glauber Rocha commence le tournage de son film *le Dieu noir et le Diable blond* (*Deus e o Diablo na Terra do Sol*). (→ 27.1.65)

Los Angeles, 25 juin
Le NAACP, qui combat pour les droits civiques des Noirs américains, accuse les studios de discrimination : il n'y a aucun acteur noir dans *le Jour le plus long*, alors que 1 700 soldats noirs ont participé au débarquement.

Paris, 26 juin
Premier jour de tournage de *la Tulipe noire*, de Christian-Jaque, avec Alain Delon. (→ 16.7.70)

New York, 8 août
Sortie de *la Grande Evasion* (*The Great Escape*), film de John Sturges, avec Steve McQueen, James Garner, Richard Attenborough et Charles Bronson.

Hollywood, 20 août
Une rencontre au sujet de l'emploi des Noirs dans l'industrie cinématographique entre les producteurs et les représentants de la NAACP aboutit à un accord sur un système de quotas.

Rio de Janeiro, 24 août
Nelson Pereira dos Santos présente son film *Vidas Secas*, adaptation du roman de Graciliano Ramos. Ce film, qui évoque avec un réalisme et un dépouillement proches du documentaire la misère des paysans du Nordeste, est d'ores et déjà brandi par la critique comme l'emblème du Cinema Novo, le nouveau cinéma brésilien. (→ 2.5.67)

New York, 10 septembre
Pour le premier Festival du film de New York, trente et un films sont présentés au Lincoln Center et au musée d'Art moderne.

New York, 12 septembre
Samuel Fuller présente *Shock Corridor*, avec Peter Breck, Constance Towers et Gene Evans : un journaliste, enquêtant sur un meurtre dans un asile d'aliénés, se fait passer lui-même pour fou. (→ 18.7.80)

Paris, 2 octobre
Sortie de *l'Aîné des Ferchaux*, de Jean-Pierre Melville, avec Jean-Paul Belmondo. C'est la troisième fois que les deux hommes travaillent ensemble, après *Léon Morin, prêtre* et *le Doulos*. (→ 1.10.65)

Paris, 16 octobre
La comédienne américaine Jean Seberg épouse le romancier Romain Gary. (→ 8.4.68)

Hollywood, 17 octobre
Aux termes d'un accord entre Jack Warner et Frank Sinatra, celui-ci devient propriétaire d'un tiers de la compagnie de disques Warner Bros Records. Sinatra annonce aussi son intention de se consacrer uniquement à des activités artistiques et d'abandonner ses intérêts dans l'industrie des jeux.

Hollywood, 20 octobre
La Screen Actors Guild et d'autres syndicats accusent les producteurs de vouloir bloquer une enquête du Congrès sur la pratique, abusive selon les acteurs et les techniciens, des tournages à l'étranger.

Hollywood, 4 novembre
Le producteur-réalisateur Stanley Kramer et son distributeur, les Artistes associés, organisent la réception de presse la plus coûteuse de l'histoire pour le lancement d'*Un monde fou, fou, fou* (*It's a Mad, Mad, Mad World*) : 250 reporters de 26 pays sont invités pour quatre jours de festivités ; coût de l'opération : 250 000 dollars. (→ 10.4.68)

Hollywood, 25 novembre
Tous les studios sont fermés en signe de deuil pour l'assassinat de John F. Kennedy, le 22 novembre.

New York, 1er décembre
En réponse aux accusations des syndicats, Eric Johnston, président de la MPAA, déclare que l'industrie cinématographique ne peut survivre sans réaliser une partie des productions à l'étranger, où les coûts sont moindres. (→ 16.8.66)

New York, 4 décembre
La société Loew's (MGM) annonce que ses films sortiront désormais non plus en exclusivité mais selon la formule nouvelle du Showcase, que les Artistes associés et la Fox ont lancée : une vingtaine de salles par ville programment le même film.

Los Angeles, 11 décembre
Le fils de Sinatra, Frank Sinatra Jr., enlevé le 9 décembre, est libéré après paiement d'une rançon de 240 000 dollars. (→ 31.7.66)

Prague, 20 décembre
Le premier long métrage de Vera Chytilova, *Quelque chose d'autre* (*O Necem Jinem*), dont la trame et le style relèvent du cinéma-vérité, est présenté à la presse. Jiri Menzel est asssistant sur ce film. (→ 18.11.66)

Italie, 31 décembre
Trente-deux couvertures de magazine ont été dans l'année écoulée consacrées à Claudia Cardinale, trente à Sophia Loren et onze à Gina Lollobrigida. (→ 30.4.66)

NAISSANCES
Nîmes, 6 avril
Pauline Lafont.

Visconti met un point d'orgue à son œuvre avec « le Guépard », où tout concourt à dresser le tableau saisissant et somptueux d'une fin de race.

La paix en Algérie libère le petit soldat

Michel Subor et Anna Karina : « le Petit Soldat », de Jean-Luc Godard.

Paris, 25 janvier
La signature des accords d'Evian, en mars dernier, et la proclamation de l'indépendance algérienne permettent la levée de l'interdiction qui pesait sur *le Petit Soldat*. Ce film de Jean-Luc Godard, tourné en Suisse en 1960, avait alors été interdit en raison de son sujet : Michel Subor y incarne un jeune déserteur passé à l'OAS, Bruno Forestier. A la suite d'un attentat manqué à Genève, il tombe entre les mains d'agents du FLN et s'aperçoit que sa fiancée, Véronica (Anna Karina), travaille pour ces derniers. Après que Bruno a été soumis à la torture, l'OAS exécute Véronica. Si l'on a souvent reproché leur apolitisme aux jeunes auteurs de la Nouvelle Vague, ce film n'arrangera sans doute pas les choses. De fait, une grande partie de la presse de gauche s'insurge contre le message de l'œuvre, qui renvoie dos à dos l'OAS et le FLN. Et, là où Godard cherche à mettre en scène une quête intérieure, beaucoup de spectateurs ne veulent lire qu'un apolitisme déclaré et la morgue affichée d'un anarchiste de droite. (→ 20.12)

Landru à petit feu dans l'humour noir

Paris, 25 janvier
Après le *Monsieur Verdoux* de Charlie Chaplin, Claude Chabrol ne craint pas de s'attaquer lui aussi à l'épopée criminelle d'Henri Désiré Landru et choisit de la traiter par le cynisme et l'humour noir. C'est Charles Denner, acteur venu du TNP, qui incarne le fameux personnage. Au long du film, il parvient à faire disparaître dans sa chaudière un nombre considérable de femmes, interprétées par des actrices de grand talent : Michèle Morgan, Danielle Darrieux, Stéphane Audran ou encore Mary Marquet. Raymond Queneau et Jean-Pierre Melville font une apparition remarquée dans les rôles de Clemenceau et Mandel. Cela ne suffit pas à distraire ceux que les dialogues signés par Françoise Sagan déçoivent. Dans *Cinéma 63*, Michel Mesnil estime ainsi qu'ils relèvent d'un « mauvais Guitry semé de Vermot ». (→ 18.11.64)

Catherine Rouvel et Charles Denner dans « Landru », de Claude Chabrol.

Le huitième film et demi de Fellini

Rome, 25 février
Pour Federico Fellini, un peu de mystère ne nuit pas au lancement d'un film, et *Huit et demi (Otto e mezzo)* suscite quelques interrogations. La réponse va presque de soi. Il s'agit en fait du huitième film et demi du cinéaste ; le « demi » représente les deux sketches qu'il a réalisés dans *l'Amour à la ville* (sur un scénario de Zavattini) et dans *Boccace 70* (produit par Carlo Ponti). Cette malice, camouflée en devinette, établit tout de suite une connivence entre Fellini et son public. Les spectateurs se sentent très vite témoins privilégiés de cette histoire qui raconte la naissance difficile d'un film, tourné en studio à Cinecittà. Guido Anselmi (Marcello Mastroianni), cinéaste très connu, est sur le point de réaliser un film de plus. Mais sans doute est-ce un film de trop ? A quarante-trois ans, Guido se trouve en proie au doute personnel en tant qu'homme. De plus, l'inspiration nécessaire à tout artiste l'abandonne. Le processus de création ne se fait pas. Désorienté, Guido Anselmi passe en revue son existence. C'est alors qu'affleurent les traumatismes et complexes de l'enfance. Mais l'artiste ne parvient pas à donner une structure à ses fantasmes. Finalement, Guido Anselmi renonce à faire « un autre film menteur » et offre le film de sa confusion, d'ailleurs plein de vitalité. Dans une joyeuse farandole, le cinéaste s'excuse auprès de ses personnages : « Nous nous reverrons dans un prochain film », et se réconcilie avec la vie. *Huit et demi* exhibe les désarrois humains et reste un spectacle attrayant qui concerne la vie de tous. (→ 30.10.65)

Marcello Mastroianni dans « Huit et demi » : l'« alter ego » de l'auteur.

A travers ce film bilan, Federico Fellini se mesure à ses propres fantômes.

Pier Paolo Pasolini traîné en justice

Orson Welles dans « La riccotta ».

Rome, 1er mars

Pier Paolo Pasolini n'est pas seulement la bête noire des organisations néo-fascistes. Il doit subir les fureurs de l'Eglise. *La ricotta,* un sketch qu'il a réalisé pour le film collectif *RoGoPag,* vient d'être mis sous séquestre pour atteinte à la religion d'Etat. Interprété par Orson Welles (en cinéaste) et Laura Betti (en Vierge Marie), le film est une satire énergique. Stacci, garçon un peu stupide et surtout perpétuellement affamé, trouve un emploi satisfaisant. Il joue le bon larron dans un film qui a pour thème la passion du Christ. Chaque fois qu'il le peut, il dérobe du fromage blanc (ricotta) pour sa famille ou pour lui. Il meurt d'indigestion sur sa croix après un festin avec l'équipe du tournage. Pasolini dénonce ceux qui fabriquent une religion vulgaire. Voilà tout son crime. (→ 11.5)

Quatre mois pour un blasphème

Rome, 11 mai

L'affaire de *La ricotta* tourne décidément à l'aigre pour Pier Paolo Pasolini. Ce sketch dit blasphématoire a été mis sous séquestre en avril dernier, une dizaine de jours après sa sortie. Inculpé, le cinéaste a perdu son procès. Il est reconnu coupable d'outrage à la religion et condamné à quatre mois de prison avec sursis. (→ 6.5.64)

La Sicile meurt et renaît sous le regard de Luchino Visconti

Rome, 27 mars

Son neuvième film en presque vingt ans de métier, *le Guépard* (*Il gattopardo*), s'annonce comme le plus grand succès de Visconti. Au cours des années précédentes, chacune de ses œuvres divisait l'opinion. Le public et la critique accusaient de trahison le père du néo-réalisme dès qu'il réalisait un film en costumes. Quand il revenait dans son époque, le réalisme provocateur et la violence désespérée de ses mises en scène faisaient hurler au scandale. La première projection du *Guépard* est comme une grand-messe réconciliatrice. Luchino Visconti, séduit par le roman de Giuseppe Tomasi di Lampedusa, publié en 1958, suit de très près le récit. Comme dans *Senso,* le cinéaste ne craint pas d'aborder certains faits historiques qui salissent la gloire du Risorgimento, révolution trahie par l'opportunisme de certains. Milanais fasciné par le mystère méridional, il s'attache à cette Sicile dont il a déjà filmé la misère et le désarroi dans *la terre tremble.* Là, il fait revivre les derniers fastes de son aristocratie avant la chute inéluctable. L'action s'étend de 1860 à 1863, entre l'arrivée de Garibaldi en Sicile et sa disgrâce quelques mois plus tard. Dans cette période de désordre les trahisons succèdent aux engagements militaires et politiques. Tancrède, jeune noble désargenté, est l'homme de tous les revirements. Révolutionnaire dans un premier temps, il rallie l'armée régulière quand l'Italie nouvelle s'appuie sur la noblesse contre les Chemises rouges de Garibaldi. Son oncle, le prince de Salina, symbole d'une aristocratie séculaire, pose sur son époque et sa lignée un regard lucide et désabusé. Il ne blâme pas ce neveu qu'il aime plus que ses enfants. Il l'aide à faire un mariage utile et agréable. Tancrède épousera Angelica, la ravissante fille d'un paysan enrichi. Salina prévoit la fin de son univers, ainsi que la perte de l'identité sicilienne : « Nous étions les guépards... Après nous viendront les chacals... » Salina est interprété par Burt Lancaster, étonnant de noblesse et d'humanité. Alain Delon et Claudia Cardinale opposent leur beauté, leur vitalité un peu vulgaire à la langueur d'un monde désuet. Sous les décors somptueux, la mise en scène est éblouissante et Visconti livre un peu de sa légende familiale et beaucoup de son humanisme sincère. Beaucoup pensent que c'est lui, le dernier « Guépard ». (→ 22.5)

Burt Lancaster et Claudia Cardinale au tournage de la séquence du bal du « Guépard », qui occupe à elle seule un tiers de la durée du film.

Burt Lancaster, Alain Delon et Claudia Cardinale illustrent le passage de la Sicile féodale à la grande Italie.

Les oiseaux meurtriers d'Hitchcock interprètent l'apocalypse

New York, 29 mars
Avec *les Oiseaux* (*The Birds*), Alfred Hitchcock a signé une œuvre apocalyptique, pleine de bruit et de fureur. Le scénario s'inspire de faits divers, dont la plupart ont eu pour cadre la région de Los Angeles : en dehors de toute explication naturelle, des oiseaux, rendus furieux, s'en étaient pris aux hommes.

Le réalisateur présente ses « Oiseaux » avec une fantaisie démystificatrice.

Le film a demandé plusieurs mois de préparation et le tournage a duré près de six mois. Au départ, Hitchcock pensait utiliser des oiseaux mécaniques, mais cette solution s'avéra dispendieuse et, dans l'ensemble, peu convaincante. Finalement, le maître du suspense engagea un dresseur d'animaux très réputé, Ray Berwick, qui avait travaillé auparavant pour la série des « Lassie ». Dans une séquence choc, les oiseaux se jettent contre le visage de l'actrice Tippi Hedren. Une mouette ayant failli l'éborgner, la jeune femme fit une crise de nerfs. Le tournage fut interrompu une semaine. (→ 1.6.64)

Luchino Visconti, prince de Cannes

Cannes, 22 mai
Tandis que sur la Croisette, la belle Claudia Cardinale se faisait photographier avec un vrai guépard, dans les couloirs du Palais du Festival de Cannes les pronostiqueurs donnaient favori pour la Palme d'or le film dont elle est la vedette : *le Guépard* (*Il gattopardo*), de Luchino Visconti. Le jury a donné raison aux pronostiqueurs en décernant la récompense suprême à cette magnifique fresque historique. L'Italie est également présente au palmarès avec le prix d'interprétation féminine pour Marina Vlady, héroïne de Marco Ferreri dans *le Lit conjugal*. Et Federico Fellini conclut la manifestation avec *Huit et demi*, présenté hors compétition. Enfin, le cinéma japonais obtient le prix spécial du jury pour *Harakiri* de Masaki Kobayashi, partagé avec le film tchèque de Vojtech Jasny, *Un jour, un chat*. Le comédien anglais Richard Harris obtient le prix d'interprétation masculine pour *le Prix d'un homme* de Lindsay Anderson.

Alain Delon et Jean Gabin au Palm Beach

Paris, 3 avril
Décidément, le crime ne paie pas ! C'est ce que doivent méditer les deux truands incarnés par Jean Gabin et Alain Delon dans *Mélodie en sous-sol*, d'Henri Verneuil. Auteurs d'un cambriolage audacieux au casino du Palm Beach de Cannes, ces deux héros malchanceux verront leur butin leur échapper à la fin du film. Moralité : un bien mal acquis ne profite jamais. Adapté par Albert Simonin et Michel Audiard d'un roman de John Trinian, le film joue surtout sur la rencontre de ses deux vedettes.

Les Oscars jouent Columbia contre Fox

Hollywood, 8 avril
Deux superproductions étaient en lutte pour l'Oscar du meilleur film de l'année. Le film *Lawrence d'Arabie* (*Lawrence of Arabia*), de David Lean, produit par la Columbia, a été préféré au *Jour le plus long* (*The Longest Day*), de Darryl Zanuck pour la Fox. Lean est élu meilleur réalisateur. Les Oscars d'interprétation sont remis à Gregory Peck pour *Du silence et des ombres* (*To Kill a Mockingbird*), de Richard Mulligan, et à Anne Bancroft pour *Miracle en Alabama* (*The Miracle Worker*), d'Arthur Penn. (→ 13.4.64)

« Mélodie en sous-sol », d'Henri Verneuil, et l'harmonie des générations.

Peter O'Toole dans « Lawrence d'Arabie », superproduction de David Lean.

Plus heureux que César, Mankiewicz a maîtrisé Cléopâtre

New York, 12 juin
Au Rivoli Theater de New York, se déroule la soirée de première du film de Joseph L. Mankiewicz, *Cléopâtre*. Production gigantesque de Walter Wanger, *Cléopâtre* a coûté 40 millions de dollars à la Fox, en raison de ses décors somptueux, de ses machineries prodigieuses, de ses 26 000 costumes, mais aussi de ses innombrables difficultés de tournage. Le 30 septembre 1960, Rouben Mamoulian donne le premier tour de manivelle, avec Liz Taylor, Peter Finch et Stephen Boyd. Liz montre son hostilité à Mamoulian et à son équipe puis est hospitalisée le 31 octobre. Le tournage est ajourné jusqu'au début de 1961. Le 18 janvier, Mamoulian, Finch et Boyd renoncent au film. Sur les conseils de Liz, Mankiewicz est engagé par la production. Le réalisateur fait appel à Richard Burton et à Rex Harrison et une

Les péripéties du tournage de « Cléopâtre » ont exigé près de deux ans.

Elizabeth Taylor et Richard Burton ont pris leur rôle très au sérieux.

nouvelle équipe est reconstituée en une semaine. *Cléopâtre* a déjà coûté sept millions de dollars pour sept minutes de projection utilisables. Le tournage reprend, mais Liz entre d'urgence en clinique pour une appendisectomie le 4 mars. Après l'opération, tombée dans le coma et ne pouvant plus respirer, elle subit une trachéotomie. Durant trois jours, veillée par Eddie Fisher, elle lutte contre la mort. Transportée à Rome, l'équipe au complet se remet au travail en janvier 1962, et un premier montage incomplet est prêt dès le printemps. Des changements ont lieu à la direction de la Fox. Le tournage s'achève le 13 octobre. Mankiewicz ne le considère déjà plus comme « son » œuvre, mais il en est venu à bout ! (→ 29.4.64)

Pedro Armendariz s'est donné la mort

Los Angeles, 18 juin
Le comédien Pedro Armendariz s'est tué d'une balle en plein cœur. Atteint d'un cancer, il se savait condamné et refusait de se voir dépérir. De père mexicain et de mère américaine, Pedro est né à Mexico le 9 août 1912. D'abord attiré par le journalisme, parlant aussi bien l'anglais que l'espagnol, il a fait ses études à l'université de Californie, puis il s'est orienté vers le théâtre. Il a débuté à l'écran en 1935 au Mexique. Sa rencontre avec le réalisateur Emilio Fernandez a été déterminante, puisque Pedro est devenu son interprète attitré jusqu'à son installation définitive à Hollywood. Les films les plus importants de sa carrière américaine ont été réalisés par John Ford : *Dieu est mort* (*The Fugitive*), *le Massacre de fort Apache* (*Fort Apache*) et *le Fils du désert* (*Three Godfathers*). Il a tenu son dernier rôle dans *Bons Baisers de Russie* (*From Russia with Love*), de Terence Young, aux côtés de Sean Connery.

Entre le bien et le mal, Jerry Lewis fait intervenir l'humour

Hollywood, 18 juillet
Avec *Docteur Jerry et Mister Love* (*The Nutty Professor*), Jerry Lewis s'impose comme l'auteur à part entière de ses films, à la fois scénariste, metteur en scène et acteur principal. Cette parodie du célèbre *Docteur Jekyll et Mr. Hyde*, de Robert Louis Stevenson, se déroule dans un collège américain et met en vedette un professeur de chimie peu séduisant qui, pour l'amour d'une belle, invente une potion miracle ayant la propriété de le transformer en play-boy insolent. Lewis tire tout le parti possible du renversement de l'intrigue initiale de Stevenson et en profite pour égratigner toutes les valeurs éprouvées de l'*american way of life*, de l'hédonisme mièvre à la course aux diplômes, en passant par la pseudo-virilité sportive et mille autres tares insidieuses. Pour son personnage de play-boy, le célèbre comique s'est visiblement inspiré de son ancien partenaire Dean Martin, dont il reprend les attitudes mielleuses et la voix de *crooner* fatigué. Rarement en panne d'inspiration, Lewis a saupoudré son film de trouvailles visuelles et sonores du meilleur effet, qui le rapprochent indiscutablement des maîtres du dessin animé, en particulier de Tex Avery. Qui plus est, certaines scènes sont de véritables morceaux d'anthologie, révélatrices d'une virtuosité indéniable : c'est le cas de la première séquence de transformation physique, supérieure à toutes les précédentes versions engendrées par le mythe d'Hyde-Jekyll. Décidément, Jerry Lewis est le digne héritier des grands comiques du cinéma muet. (→ 13.7.65)

Stella Stevens aux côtés de Jerry Lewis dans « Docteur Jerry et Mister Love ».

Francesco Rosi prophète sur la lagune

Guido Alberti et Rod Steiger dans « Main basse sur la ville » (Lion d'or).

Venise, 7 septembre
Le Festival a remis ses coupes Volpi à Delphine Seyrig et Albert Finney. L'une, par son jeu éthéré mais sensible, est l'interprète fascinante de l'œuvre d'Alain Resnais, *Muriel ou le Temps d'un retour*. Quant à l'acteur britannique, sa présence et sa spontanéité en font un Tom Jones séduisant dans le rôle-titre du film de Tony Richardson. Eclectique, le jury de la Mostra a apprécié *le Feu follet*, de Louis Malle et *l'Entrée dans la vie*, du Soviétique Igor Talankine. Francesco Rosi est un Lion d'or exemplaire. Dans *Main basse sur la ville* (*Mani sulla città*), le cinéaste observe Naples, ville où les gros bonnets, les conseillers municipaux et les spéculateurs immobiliers « raflent tout ce qu'ils peuvent ». Film dénonciateur et courageux, il met en lumière les maux de l'Italie contemporaine : la corruption politique et l'arrivisme. (→ 19.5.72)

« Tom Jones », de Tony Richardson, avec Albert Finney, coupe Volpi d'interprétation à Venise.

Une loi confédérale pour le cinéma

Berne, 1er octobre
Elaborée pendant plusieurs années par la Chambre suisse du cinéma et approuvée ensuite par voie de votation populaire, la nouvelle loi sur le cinéma, promulguée en janvier dernier, apporte d'importantes nouveautés, surtout concernant les nombreuses mesures d'encouragement à la cinématographie helvétique. Parmi ces mesures figurent la contribution de la Confédération aux frais de réalisation de films documentaires, éducatifs et culturels ; la distribution des primes de qualité aux longs métrages ; l'éventuelle contribution aux frais d'exploitation des studios ; l'octroi de bourses en vue d'assurer ou de parfaire la formation professionnelle du personnel cinématographique, la subvention des institutions travaillant pour la diffusion de la culture cinématographique ; la subvention de la Cinémathèque suisse et enfin l'allocation, comme par le passé, d'un subside au *Ciné-Journal* suisse, qui est publié chaque semaine dans trois des quatre langues pratiquées dans le pays : en français, en allemand et en italien. (→ 1.8.69)

Bergman à l'écoute du silence de Dieu

Stockholm, 23 septembre
Commencée en 1961 avec *A travers le miroir*, la trilogie qu'Ingmar Bergman avait placée d'emblée sous le signe du « cinéma de chambre » est aujourd'hui complète, avec la sortie de son troisième volet *le Silence* (*Tystnaden*), précédé de peu par *les Communiants* (*Nattvardsgästerna*), sorti le 11 février dernier. Dans ce film d'une rare austérité, Bergman pose les problèmes de l'incommunicabilité entre les êtres, de l'amour mal compris et de la foi perdue. Le film commence par la célébration d'un office religieux, par un froid dimanche de novembre. La caméra de Bergman s'attarde avec insistance sur le visage tourmenté du pasteur, Thomas Ericsson (Gunnar Björnstrand). Homme dur, à la foi vacillante, maladroit souvent avec ses fidèles comme avec les êtres qui devraient lui être le plus proches, on le verra bientôt prêchant mécaniquement dans un temple déserté. Quant au *Silence*, il met en scène deux jeunes femmes, Ester et sa sœur Anna, qu'accompagne son petit garçon Johan. Perdues dans une ville inconnue, elles s'affrontent dans une morne chambre d'hôtel, laissant l'enfant promener son regard innocent sur des réalités sans noblesse. L'alcool, le sexe, le désespoir, traversent ce huis clos étouffant où pèse le silence de Dieu : « Dieu n'a jamais parlé puisqu'il n'existe pas », dit Bergman. (→ 15.6.64)

Gunnel Lindblom, Jörgen Lindström et Ingrid Thulin dans « le Silence ».

La mort du poète a rejoint Jean Cocteau

Paris, 11 octobre
A quelques heures d'intervalle à peine, Jean Cocteau (*5.7.1889) suit dans la tombe la chanteuse et comédienne Edith Piaf (*19.12.1915). Voici quelques jours, le poète trouvait encore la force de plaisanter avec elle de leur sort prochain : « Nos médecins n'y comprennent rien. Ils nous voient morts et nous ressuscitons toujours. » Cette fois, pourtant, l'homme qui s'éteignait à la fin du *Testament d'Orphée* ne se relèvera pas après la prise. On ne peut plus que se convaincre qu'il a fait « semblant de mourir », ainsi qu'il le disait en conclusion de ce dernier film. Jean Cocteau savait sans doute qu'il ne signerait plus de nouvelle réalisation. L'extrême difficulté qu'il avait eue à monter financièrement *le Testament d'Orphée* , recourant à l'appui de ses amis (dont Yul Brynner et François Truffaut), l'avait certainement décidé à faire de ce film le dernier. L'ultime participation du poète au cinéma aura cependant été pour le film de Jean Delannoy, *la Princesse de Clèves*, sorti en mars 1961. Jean Cocteau y avait signé une adaptation vraiment très fidèle du roman de Mme de La Fayette. La seule modification importante avait été l'ajout d'un personnage, le nain incarné par Piéral, qui représentait selon les termes de Delannoy la « méchanceté du destin ».

Ozu meurt le jour de son anniversaire

« Le Goût du saké », dernier film de Yasujiro Ozu. A droite, Chishu Ryu.

Kamakura, 12 décembre
Dans son pays, le Japon, il est considéré comme l'égal de Kurosawa et de Mizoguchi : le réalisateur Yasujiro Ozu (*12.12.1903) vient de mourir d'un cancer, à l'hôpital Ochanomizu, le jour de son soixantième anniversaire. Sa mort vient peu de temps après celle de sa mère, avec qui il a toujours vécu, ne s'étant jamais marié. Né à Tokyo d'un père marchand d'engrais, Ozu est engagé en 1922 comme assistant opérateur, puis assistant réalisateur, aux studios Shochiku. Promu réalisateur en 1927, il tourne son premier film, *le Sabre de pénitence*, d'après un sujet de Kogo Noda, qui deviendra son scénariste attitré jusqu'à la fin. Après une série de comédies « à l'américaine », Ozu trouvera un ton personnel dans des comédies inspirées de la réalité japonaise, comme *J'ai été diplômé, mais...*. La crise économique mondiale semble l'orienter alors vers la comédie sociale dans laquelle il évoque la vie des petites gens. Les tracasseries de la vie quotidienne et le problème du chômage figurent parmi ses thèmes de prédilection, notamment dans *le Chœur de Tokyo* et *Je suis né, mais...*. Très attaché à l'esthétique et aux procédés du cinéma muet, Ozu ne tournera son premier film parlant, *Fils unique*, qu'en 1936, soit cinq ans après l'apparition du parlant au Japon ! La période 1937-1945 marquera une pause dans la carrière du cinéaste qui, dès la fin de la guerre, entamera sa période la plus intéressante. Il tournera alors une série de chefs-d'œuvre, dont *Printemps tardif*, *Voyage à Tokyo* et *le Goût du saké*, son dernier film. Interprétés pour la plupart par Chishu Ryu, ces films ont pour thème principal les rapports au sein de la famille japonaise.

Elia Kazan paie sa dette à l'Amérique

New York, 16 décembre
America, America, le nouveau film d'Elia Kazan, est une vaste fresque historique retraçant l'immigration des Arméniens aux Etats-Unis, à la suite du génocide perpétré par les Turcs pendant la Première Guerre mondiale. L'auteur y raconte l'histoire de sa propre famille, celle en particulier de son oncle Avraam, rebaptisé Stavros et incarné par Stathis Giallelis. Sans complaisance aucune, Kazan dépeint, avec l'aide de son directeur de la photographie Haskell Wexler, les multiples facettes de son pays d'adoption avec ses grandes réussites comme ses échecs manifestes. (→ 18.11.69)

Stathis Giallelis (en chéchia) dans « America, America ». Retour aux origines.

Fritz Lang, Brigitte Bardot et le cinéma selon Jean-Luc Godard

Paris, 20 décembre
Le nouveau film de Jean-Luc Godard, *le Mépris*, est tiré d'une œuvre d'Alberto Moravia. Peut-être a-t-il voulu faire taire ceux qui, après *les Carabiniers*, lui reprochaient de ne pas savoir filmer. Ici, la production est importante, la mise en scène minutieuse et l'interprétation exceptionnelle : Brigitte Bardot, Michel Piccoli, Jack Palance et Fritz Lang dans son propre rôle. Le CinemaScope et la photographie de Raoul Coutard magnifient les extérieurs naturels, réalisés en Italie, et font du *Mépris* une réussite plastique. Dans ce film consacré au cinéma, Fritz Lang est affligé d'un producteur américain irascible, mais il tente néanmoins de mettre en scène *l'Odyssée*, d'Homère. Peu de temps avant le tournage, le toujours cinéphile Jean-Luc Godard avait à cœur de « réussir un film d'Antonioni, c'est-à-dire de le tourner comme un film d'Hawks ou d'Hitchcock. » (→ 20.9.65)

Avec « le Mépris », inspiré d'un roman de Moravia, Godard prouve sa parfaite maîtrise du langage cinématographique.

Albert Finney et Joan Greenwood dans « Tom·Jones », de Tony Richardson.

Affiche signée André François.

« Le Guépard », de Luchino Visconti.

A. Ciepietewska, M. Watczewski, A. Slaska dans « la Passagère », d'A. Munk.

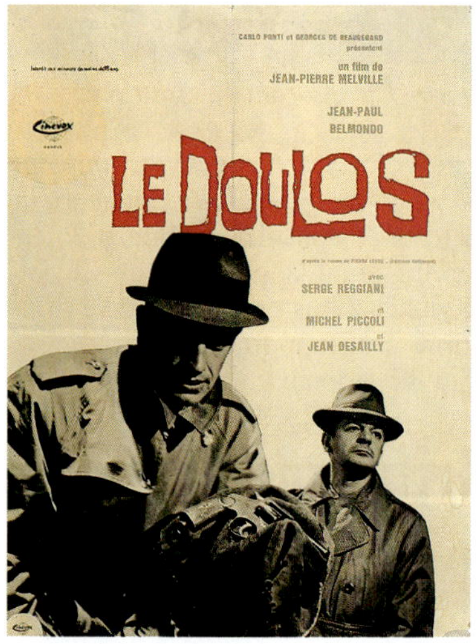

Affichette originale non signée.

Affiche signée Georges Allard.

Jeanne Moreau et Claude Mann dans « la Baie des Anges », film de J. Demy.

Cary Grant dans « Charade ».

S. MacLaine dans « Irma la Douce ».

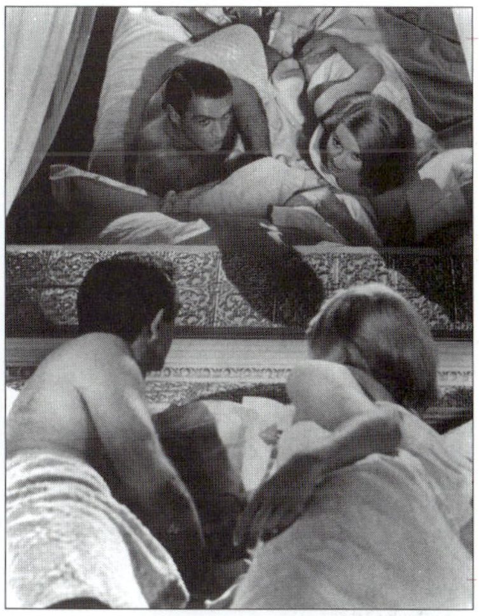

« Bons Baisers de Russie ».

Affiche signée George Allard.

Tippi Hedren dans le film d'Alfred Hitchcock « les Oiseaux » (« The Birds »).

Affiche originale anglaise.

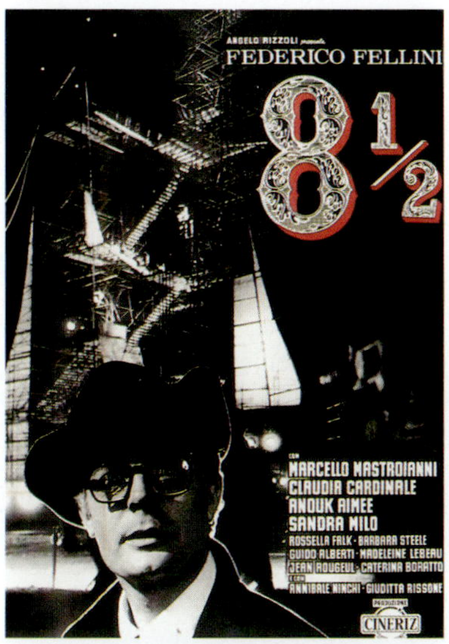

S. Giallelis et G. Rozakis dans le film d'Elia Kazan « America, America ».

Elizabeth Taylor et Rex Harrison dans « Cléopâtre », de Mankiewicz.

Ava Gardner dans « les Cinquante-Cinq Jours de Pékin », de N. Ray.

Jerry Lewis acteur et metteur en scène pour « Docteur Jerry et Mister Love ».

1964

Oscars, Hollywood
Film : *Tom Jones, entre l'alcôve et la potence* (Tony Richardson).
Acteur : Sidney Poitier.
Actrice : Patricia Neal.

Mostra d'arte cinematografica, Venise
Lion d'or de Saint-Marc : *le Désert rouge* (Michelangelo Antonioni).
Meilleur acteur : Tom Courtenay.
Meilleure actrice : Harriet Andersson.

Festival international du film, Cannes
Grand Prix : *les Parapluies de Cherbourg* (Jacques Demy).
Meilleur acteur : Antal Pager, Saro Urzi.
Meilleure actrice : Anne Bancroft, Barbara Barrie.

Moscou, 1er janvier
Les *Œuvres choisies*, d'Eisenstein, recueil d'articles et d'essais, sont publiées en six volumes, sous la direction de Serge Youtkevitch.

Palm Springs, 29 janvier
L'acteur Alan Ladd (*3.9.1913) se donne la mort.

New York, 19 février
Paramount cède au réseau NBC les droits d'exploitation télévisuelle de deux cents longs métrages postérieurs à 1948. Le montant de cette transaction s'élève à soixante millions de dollars. (→ 19.10.66)

Espagne, 22 février
Le comédien Clint Eastwood, en vue du tournage de *Pour une poignée de dollars* (*Per un pugno di dollari*), arrive à Almeria, où il fait la connaissance du réalisateur Sergio Leone. (→ 10.11)

New York, 12 mars
Arrêté pour avoir projeté publiquement un film *underground* jugé « obscène », *Flaming Creatures*, de Jack Smith, le critique et animateur de ciné-club Jonas Mekas déclare : « Nous refuserons toute censure des œuvres d'art. » Il veut fonder la Ligue new-yorkaise pour la liberté sexuelle. (→ 15.1.68)

Prague, 17 avril
Sortie du film de Milos Forman, *l'As de pique* (*Cerny Petr*), son premier long métrage avec, comme assistant, Ivan Passer. (→ 12.11.65)

Paris, 21 avril
Dans le cadre de l'émission « Cinéastes de notre temps », de Janine Bazin et André Labarthe, la télévision diffuse un sujet sur Luis Buñuel, réalisé par Robert Valey.

Paris, 22 avril
Abel Gance présente son nouveau film, *Cyrano et d'Artagnan*, qui s'inspire à la fois d'Edmond Rostand et d'Alexandre Dumas. L'accueil de la critique est tout sauf enthousiaste. (→ 16.12)

Rome, 30 avril
Depuis le début de juillet 1963, vingt-quatre « westerns spaghettis » ont été mis en chantier.

Copenhague, 27 mai
Une loi d'aide au cinéma est promulguée, dont le but est de favoriser les films documentaires et les fictions de qualité.

Stockholm, 15 juin
Sortie de *Toutes ses femmes / A propos de toutes ses femmes* (*För att inte tala om alla dessa kvinnor*), d'Ingmar Bergman, avec Jarl Kulle et Eva Dahlbeck. (→ 18.10.66)

Paris, 28 juin
Jean-Pierre Mocky présente le film *la Grande Frousse*, avec Bourvil et Jean-Louis Barrault, d'après le roman de Jean Ray, *la Cité de l'indicible peur*. A la recherche d'un évadé, un policier arrive dans une petite cité médiévale terrorisée par un monstre légendaire. (→ 6.12.68)

Saint-Tropez, 5 juillet
Jean Girault tourne *le Gendarme de Saint-Tropez*, avec Louis de Funès. Après *Pouic-pouic* et *Faites sauter la banque*, c'est le troisième film de Girault interprété par Louis de Funès. (→ 4.4.65)

Londres, 6 juillet
La première de *Quatre Garçons dans le vent* (*A Hard Day's Night*), premier film interprété par les Beatles, provoque un énorme embouteillage dans Piccadilly, des milliers de fans s'étant déplacés pour apercevoir leurs idoles, héros du film de Richard Lester. (→ 31.8)

Londres, 1er août
Sortie de *Goldfinger*, de Guy Hamilton, avec Sean Connery et Gert Froebe, troisième avatar cinématographique de James Bond, tiré des romans de I. Fleming. (→ 31.12)

Paris, 3 août
Dans *le Figaro*, Alain Delon s'exprime longuement sur ce qui l'a poussé à poursuivre une journaliste du *Herald Tribune*. Celle-ci aurait déformé ses propos « afin de le faire passer pour un crétin doublé d'un niais, un goujat flanqué d'un fat, un balourd puant de creuse prétention tout juste bon à enfermer au cabanon le plus proche ». (→ 13)

New York, 5 août
Anne Bancroft, qui a obtenu l'Oscar l'an dernier pour *Miracle en Alabama* (*The Miracle Worker*), épouse le réalisateur Mel Brooks.

Los Angeles, 28 septembre
Cadet des célèbres Marx Brothers, Adolph, dit Harpo (*21.11.1888), personnage frisé et muet dans tous leurs films, disparaît. Devant l'impossibilité de rivaliser avec la facilité d'élocution de ses frères il avait choisi de ne plus dire un mot à l'écran. L'aîné, Leonard (Chico), nous a quitté en 1961.

Paris, 13 octobre
Aux studios de Billancourt, le réalisateur britannique Clive Donner commence le tournage de *Quoi de neuf, Pussycat ?* (*What's New Pussycat*). Le scénariste du film, Woody Allen, est aussi comédien et apparaît dans un petit rôle. Les autres interprètes du film sont Ursula Andress, Peter O'Toole, Peter Sellers et Romy Schneider. (→ 2.10.74)

Paris, 18 novembre
Sortie du *Tigre aime la chair fraîche*, de Claude Chabrol, avec Roger Hanin. (→ 20.10.69)

Paris, 30 novembre
Le Théâtre national populaire (TNP) consacre un cycle de comédies musicales au cinéma, dont *Chantons sous la pluie*, de Stanley Donen et Gene Kelly. (→ 31.5.66)

Boulogne-Billancourt, 7 décembre
A l'occasion de la fin du tournage du *Chevalier des sables* (*The Sandpiper*), de Vincente Minnelli, Elizabeth Taylor offre à ses amis et au personnel des studios une grande fête. Au cours du cocktail, la star américaine se fait voler son sac à main. (→ 26.10.66)

Paris, 15 décembre
Le réalisateur français d'origine grecque Costa-Gavras, ancien assistant de René Clément et d'Yves Allégret, tourne son premier film, *Compartiment tueurs*, avec Simone Signoret, Catherine Allégret et Yves Montand. (→ 26.2.69)

Paris, 16 décembre
De nombreux étudiants catholiques assistent, à Notre-Dame, à un débat à propos du film controversé de Pier Paolo Pasolini, *l'Evangile selon Matthieu*. (→ 13.9.68)

Stockholm, 21 décembre
La comédienne Mai Zetterling présente son premier film comme réalisatrice, *les Amoureux* (*Alskande par*), avec Harriet Andersson et Gunnel Lindblom. C'est l'histoire de trois jeunes femmes qui entremêlent leurs destins. (→ 12.10.66)

NAISSANCES
Long Beach, 7 janvier
Nicolas Cage (*Nicolas Coppola).

New Rochelle, N. Y., 18 février
Matt Dillon.

Paris, 9 mars
Juliette Binoche.

Brest, 19 décembre
Béatrice Dalle.

« Les Parapluies de Cherbourg », de Jacques Demy, succès international, associe un style novateur à l'enchantement du cinéma de toujours.

Un grain de folie fait sauter la planète

Peter Sellers (à droite) dans « Docteur Folamour », de Stanley Kubrick.

New York, 31 janvier
En réalisant *Docteur Folamour* (*Doctor Strangelove*), Stanley Kubrick dénonce à sa façon, avec un humour caustique et ravageur, le péril atomique. Le film, qui s'inspire fortement d'un roman de Peter George intitulé *Alerte rouge*, a bien failli être rebaptisé *Comment j'ai appris à ne plus me stresser et à aimer la bombe*. Sterling Hayden incarne un général américain (Ripper) qui décide de bombarder de son propre chef l'Union soviétique. Le fantaisiste Peter Sellers, déjà employé par Kubrick dans *Lolita*, fait une triple composition remarquée, interprétant tour à tour un officier anglais, un président des Etats-Unis et un vieux savant nazi paralysé, qui se remet à marcher à l'approche de l'apocalypse nucléaire. (→ 25.2.68)

Cherbourg en couleurs et en « chanté »

Paris, 19 février
Tels sont les termes qu'emploie Jacques Demy à propos de son troisième long métrage, *les Parapluies de Cherbourg*. Dans cette œuvre sans vedettes, le réalisateur s'essaye à un genre inconnu en France, hormis une assez lointaine tentative d'Abel Gance (*Louise*, 1939) : le film entièrement chanté. L'histoire pourrait être fort conventionnelle : un amour contrarié entre un garagiste et la fille d'une marchande de parapluies à Cherbourg, jeune personne incarnée par la fraîche Catherine Deneuve. La musique de Michel Legrand et ce parti-pris de tout chanter font pourtant basculer la convention vers une certaine poésie. Tous ne la reconnaissent pas, mais tous admettent l'originalité profonde de l'entreprise. C'est sans doute cette dernière qui explique les difficultés rencontrées par l'auteur, qui espérait tourner ce film en septembre 1962. Les distributeurs ayant fait défaut, le projet s'était alors effondré et Demy avait dû se rabattre sur la réalisation de *la Baie des anges*. (→ 14.5)

Nino Castelnuovo et Catherine Deneuve : « les Parapluies de Cherbourg ».

Anne Vernon et Catherine Deneuve dans le film de Jacques Demy.

Luis Buñuel passe au vitriol les bourgeois de sa jeunesse

Paris, 4 mars
Après Jean Renoir qui avait réalisé en 1946 une adaptation hollywoodienne du célèbre roman d'Octave Mirbeau *le Journal d'une femme de chambre*, c'est au tour de Luis Buñuel aujourd'hui de s'en inspirer. Le réalisateur et son scénariste, Jean-Claude Carrière, ont transposé l'action à la fin des années 20, époque à laquelle Buñuel vivait en France. A travers l'histoire d'une femme de chambre engagée dans une famille de la bourgeoisie provinciale, le film évoque la montée du nationalisme et de l'antisémitisme dans la France de l'entre-deux-guerres et la démission de la bourgeoisie devant ce phénomène. Dans cette œuvre caustique et d'un humour féroce, Luis Buñuel réussit l'adéquation entre les personnages et les milieux sociaux qu'ils représentent, ce qui donne à chacun d'eux une dimension symbolique. C'est probablement avec plus de plaisir que d'habitude que Buñuel a fait ce film. C'est pour lui, en effet, une sorte de revanche, trente ans après, sur les ligues fascistes qui avaient saccagé le cinéma où était projeté son film *l'Age d'or*. Interprétant l'ambitieuse Célestine, la femme de chambre à qui aucune des tares de ses maîtres n'échappe, Jeanne Moreau tient là un de ses meilleurs rôles. (→ 10.9.67)

Jeanne Moreau et Jean Ozenne dans « le Journal d'une femme de chambre ».

« Tom Jones » enlève les grands Oscars

Albert Finney et Susannah York dans « Tom Jones », de Tony Richardson.

Santa Monica, 13 avril
Quatre Oscars récompensent le film britannique de Tony Richardson, *Tom Jones, entre l'alcôve et la potence* : meilleurs film, réalisateur, scénario et musique. Trois autres prix sont remis au western en Cinérama *la Conquête de l'Ouest* (*How the West Was Won*), d'Henry Hathaway, John Ford et George Marshall. Sidney Poitier est le premier comédien noir à être récompensé par Hollywood : il obtient l'Oscar du meilleur acteur pour *le Lys des champs* (*Lilies of the Field*), de Ralph Nelson. Le prix d'interprétation féminine va à Patricia Neal pour *le Plus Sauvage d'entre tous* (*Hud*), de Martin Ritt. L'œuvre de Federico Fellini, *Huit et demi*, permet à l'Italie d'obtenir l'Oscar du meilleur film étranger. (→ 5.4.65)

La Croisette sous le signe des parapluies

Cannes, 14 mai
Après *Lola*, Jacques Demy continue l'exploration de la comédie musicale, un genre où il est le seul en France à se risquer. Présidé par Fritz Lang, le jury du Festival de Cannes a été séduit par son nouveau film, *les Parapluies de Cherbourg*, qui a reçu le grand prix qui remplace cette année la Palme d'or. Le cinéma japonais est une nouvelle fois à l'honneur à Cannes, avec *la Femme du sable*, d'Hiroshi Teshigahara, fable où le fantastique et la poésie s'enrichissent d'un érotisme audacieux. Les prix d'interprétation sont sous le signe de la dualité. Ils vont aux Américaines Anne Bancroft et Barbara Barrie, d'une part ; à l'Italien Saro Urzi et au Hongrois Antal Pager, de l'autre. (→ 31.5.66)

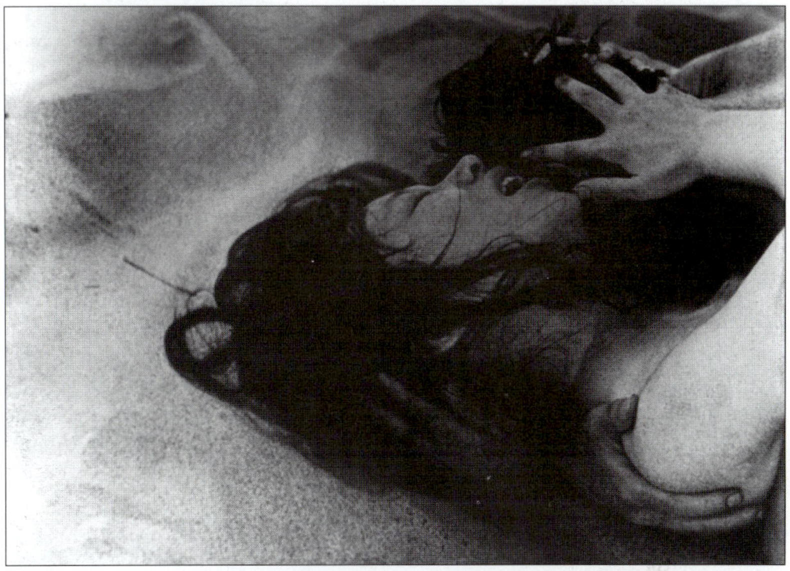

« La Femme du sable », de H. Teshigahara (Japon), prix spécial du jury.

L'affaire Moncorgé n'aura pas lieu

Alençon, 21 avril
Deux jours après l'invasion de la Moncorgerie par sept cents agriculteurs en colère, en 1962, Jean Gabin portait plainte contre X pour « violation de domicile et tentative d'extorsion de signature ». Presque deux ans plus tard s'ouvre le procès au palais de justice d'Alençon, dans l'Orne, mais, en pleine audience, Gabin annonce qu'il retire sa plainte. Officiellement, il a pardonné. En fait, il préfère se retirer d'un jeu politique et corporatif repris par les médias, dans lequel il a conscience de n'être qu'un pion. Malgré ce retrait, la justice condamne chacun des prévenus à 500 francs d'amende. Gérard Potier, considéré comme ayant été le meneur, est condamné à quinze jours de prison avec sursis. Les réparations des dégâts sont effectuées depuis longtemps. Il ne reste qu'une blessure dans le cœur de Gabin. (→ 2.1.65)

Les Burton veillent au destin de Cléopâtre

Los Angeles, 29 avril
La Fox intente un procès à Richard Burton et Elizabeth Taylor pour rupture de contrat. La société de production considère en effet que le comportement des deux acteurs, pendant le tournage de *Cléopâtre*, a été préjudiciable au film. Elle demande cinq millions de dollars de dommages-intérêts à Richard et vingt millions à Liz qui avait déjà reçu un million en heures supplémentaires, alors qu'elle était responsable en partie du retard pris par le tournage. Il s'agit là d'une réponse à l'actrice, qui a précédemment attaqué la Fox en justice par l'intermédiaire de sa société, MCL Films, alléguant que *Cléopâtre* était mal exploité et que ses recettes étaient inférieures de 50 % à son potentiel réel. Le film a rapporté 26 millions de dollars mais en a coûté 64 millions. Par ailleurs, Liz Taylor affirme ne pas avoir perçu l'intégralité de son cachet. Divorcée d'Eddie Fisher depuis le 6 mars, Liz a épousé Richard à Montréal dix jours plus tard, alors qu'il jouait *Hamlet* au théâtre. Ce jour-là, elle portait sur la poitrine la broche d'émeraude offerte par Burton quelques mois plus tôt tandis qu'ils tournaient ensemble à Londres *Hotel International* (*The VIP's*) sous la direction d'Anthony Asquith. (→ 26.10.66)

C'est lors du tournage de ce film qu'ils ont décidé d'unir leurs vies.

Pasolini gagne sa cause en appel

Rome, 6 mai
L'enfant terrible du cinéma italien, Pier Paolo Pasolini, va pouvoir envisager l'avenir avec davantage de sérénité. Le voilà absout de son péché ! Aux yeux de la justice, tout du moins. Il vient de gagner son procès en appel pour l'affaire de *La ricotta* et est acquitté. Le 11 mai 1963, le réalisateur se voyait infliger une peine de quatre mois de prison avec sursis. Il était reconnu coupable « d'acte blasphématoire envers la religion catholique de l'Etat italien ». Les moralistes, les dogmatiques et même les politiques ne lui avaient pas pardonné de parodier la passion du Christ dans son sketch. Pour ceux qui connaissent et aiment Pasolini, il apparaît évident que son ironie visait les simulateurs, faux chrétiens et hypocrites. Marxiste sincère, il n'est pas pour autant ennemi de la vraie foi. Il le prouvera sans doute. (→ 10.9)

« La Peau douce », de Truffaut, s'inspire d'un fait divers

Paris, 20 mai
La Peau douce, de François Truffaut, est à l'affiche de six salles parisiennes, dont le Max-Linder. L'idée de ce film est partie du récent fait divers survenu rue de la Huchette : en plein restaurant, une femme avait tué son mari avec un fusil de chasse. Trouvant qu'il s'agirait là d'une fin authentique, Truffaut s'est employé à construire l'histoire qui pouvait ainsi s'achever. Il a donc inventé Pierre Lachenay, directeur d'une revue littéraire (Jean Desailly), et lui a fait rencontrer une très belle hôtesse de l'air, en la personne de Françoise Dorléac. Pour elle, cet homme marié et apparemment heureux remet en question toute son existence. Nelly Benedetti incarne quant à elle Franca, l'épouse vengeresse. Ce n'est sans doute pas par hasard que le cinéaste a baptisé son héros du pseudonyme sous lequel il livra jadis quelques-uns de ses articles aux *Cahiers du cinéma*. Incontestablement, Truffaut signe ici un film qui lui est très personnel et où Georges Sadoul retrouve la « sensibilité d'écorché » de l'auteur des *Quatre Cents Coups*. En écrivant le scénario, Truffaut a volontairement évité que Lachenay recueillît l'indulgence du spectateur. Au vu de l'austérité du portrait, on peut se demander si le réalisateur n'a pas été un peu trop sévère pour son personnage. (→ 13.8.65)

Françoise Dorléac et Jean Desailly dans un film d'amour et de mort.

L'Algérie institue un centre national

Alger, 8 juin
Né dans le maquis il y a sept ans, le cinéma algérien est en train de se renforcer institutionnellement, notamment grâce à une série de lois et de mesures prises par le gouvernement de la jeune République algérienne. Ainsi, après la création, l'année dernière, de l'Office des actualités algériennes, qui a été placé sous la direction de Mohamed Lakhdar Hamina, jeune réalisateur formé dans le maquis, on vient d'inaugurer dans la capitale le Centre du cinéma algérien. Cet organisme devra se charger de réglementer et de stimuler les différentes activités cinématographiques, notamment dans les domaines de la production, de la distribution et de l'exploitation. Organisme public, le Centre est conçu dans le cadre des directives socialistes du gouvernement, lequel vise à placer l'essentiel des activités cinématographiques sous le monopole exclusif de l'Etat. (→ 17.3.67)

L'âme de Marnie ne veut pas de son corps

New York, 1er juin
Dans *les Oiseaux*, Alfred Hitchcock faisait attaquer Tippi Hedren par des milliers d'oiseaux. Dans son nouveau film *Pas de printemps pour Marnie* (*Marnie*), il transforme sa blonde actrice en une voleuse traumatisée par le meurtre qu'elle a commis étant enfant et pour qui les hommes sont des « cochons dégoûtants » ! Même quand l'une de ses victimes, un homme d'affaires fétichiste interprété par Sean Connery, s'éprend d'elle au point de l'épouser, elle se refusera à lui. Plus que dans *Psychose*, Hitchcock dévoile sa passion pour la psychanalyse, dont il se sert pour expliquer le comportement troublant de son héroïne et sa frigidité. (→ 13.8.65)

Sean Connery et Tippi Hedren dans « Pas de printemps pour Marnie ».

L'inspecteur met les pieds dans les plats

New York, 24 juin
Le succès, l'année dernière, de *la Panthère rose*, de Blake Edwards, a rendu populaire Peter Sellers dans le rôle de l'inspecteur Clouseau, véritable catastrophe ambulante. Le voilà aujourd'hui qui reprend du service dans *Quand l'inspecteur s'emmêle* (*A Shot in the Dark*), du même réalisateur. Le maladroit Clouseau y accumule les gaffes, ce qui ne l'empêche pas de démasquer l'auteur d'un crime commis dans la résidence d'un milliardaire. Les admirateurs du film précédent retrouveront dans celui-ci le même thème musical, désormais célèbre, d'Henry Mancini, et un tout aussi brillant générique, animé à la façon d'un « cartoon ». (→ 13.10)

Peter Sellers et Elke Sommer dans « Quand l'inspecteur s'emmêle ».

Un rappel à l'ordre de Mao Tsé-toung

Pékin, 27 juin
Le temps semble venu, pour le cinéma, de se modifier profondément, tout comme l'a déjà fait le théâtre, sur l'impulsion de Jiang Qing, épouse de Mao. Le répertoire classique a été progressivement abandonné. Dès décembre 1963, le président Mao se fâchait : « Dans de nombreux domaines, la transformation socialiste n'a donné que des résultats minimes, les personnages des temps révolus continuent de régner en maîtres... » Message reçu pour *le Quotidien du peuple*, qui titre, au mois de février suivant : « Le pays tout entier doit se mettre à l'école de l'Armée populaire de libération... » La dernière instruction de Mao a force de loi. Elle montre quels sont les devoirs de la culture : « Beaucoup d'écrivains, dramaturges, cinéastes, n'ont pas appliqué la politique du Parti. Ils ont glissé au bord du révisionnisme. » La refonte idéologique concerne désormais le septième art.

Richard Lester met les Beatles à l'école des Marx Brothers

Les héros de Liverpool abordent le cinéma avec « Quatre Garçons dans le vent ».

Londres, 31 août
L'une des nombreuses bonnes surprises de *Quatre Garçons dans le vent* (*A Hard Day's Night)*, film de Richard Lester consacré aux Beatles, est de nous faire découvrir John Lennon, Paul McCartney, Ringo Starr et George Harrison tels qu'ils doivent réellement être dans la vie ! Drôles, irrévérencieux et turbulents, tels les Marx Brothers, à qui ils font immanquablement penser, les Beatles traversent le film comme un courant d'air frais qui décoiffe tout sur son passage. Plus qu'un reportage, le film est une comédie loufoque menée à un train d'enfer et bien dans la tradition du *nonsense*. On y suit pendant trois jours les quatre Beatles, qui, harassés par leur manager et par le grand-père de Paul, quittent Liverpool et embarquent dans un train a destination de Londres, déclenchant sur leur passage des scènes d'hystérie collective. En cela, le film constitue un excellent document sur l'incroyable phénomène de la « beatlemania ». (→ 12.5.65)

Carnet rose

Paris, 13 août
Alain Delon épouse le mannequin Francine Canovas, dite Nathalie Barthélémy. Delon a rencontré cette séduisante *covergirl* dans un cabaret, au printemps 1963, et ne l'a plus quittée depuis. A cette même époque, sa fiancée Romy Schneider tournait aux Etats-Unis une comédie de David Swift, *Prête-moi ton mari (Good Neighbor Sam)* avec Jack Lemmon. A son retour en France dans l'hôtel particulier qu'elle partageait avec Alain avenue de Messine, Romy a trouvé un mot d'adieu et trois douzaines de roses. Le choc a été brutal mais elle n'a pas cherché à s'imposer. Actuellement, elle est en Auvergne pour le tournage de *l'Enfer*, d'Henri-Georges Clouzot, mais le film vient d'être interrompu par la crise cardiaque du réalisateur. Quant à Nathalie, déjà maman d'une petite fille née d'un premier mariage, elle attend un enfant d'Alain pour la fin du mois de septembre. (→ 27.9)

L'Evangile selon Pasolini met en fureur les néo-fascistes

Venise, 10 septembre
Si, dans toute l'histoire de ce festival international, certaines éditions ont pu être jugées trop timorées, ou encore indécises, cette fois-ci, nombreux sont ceux qui félicitent la Mostra pour son courage et son esprit d'indépendance. L'influence de son directeur, Luigi Chiarini, y est sans doute pour beaucoup. Le 4 septembre, les organisations néo-fascistes Ordine Nuovo et Associazione Italo Iberico perturbaient la projection du film *l'Evangile selon Matthieu* (*Il vangelo secondo Matteo*). Cette manifestation choquante et déplacée n'a pas troublé le jury, qui vient de remettre à Pier Paolo Pasolini le prix spécial. Récompense justifiée : le cinéaste, qui dit avoir rompu tout lien avec le christianisme, représente la vie de Jésus avec respect, humanité et dynamisme. Lion d'or, *le Désert rouge* (*Deserto rosso*), qui offre à Monica Vitti un rôle d'une grande sensibilité, est le premier film en couleurs de Michelangelo Antonioni. Il s'inquiète de voir la pollution gagner la terre. (→ 16.12)

Monica Vitti dans « le Désert rouge », d'Antonioni (Lion d'or). A droite, « l'Evangile selon Matthieu ».

Une institutrice de rêve chez Walt Disney

La débutante Julie Andrews dans « Mary Poppins », de Robert Stevenson.

New York, 25 septembre
Avec *Mary Poppins*, de Robert Stevenson, la firme Disney réussit un film qui sera sans doute apprécié des enfants de tous les âges. Cette comédie musicale mélange d'une manière surprenante personnages réels et dessins animés. Le charme et la voix de son interprète principale, l'Anglaise Julie Andrews, y font merveille. Pour son premier rôle à l'écran, Julie Andrews incarne ici une institutrice chargée de l'éducation de deux enfants turbulents, dans le Londres de l'époque edwardienne. (→ 31.12)

Gisèle Halimi plaide contre « l'Insoumis »

Paris, 27 septembre
Il était prévisible que la sortie de *l'Insoumis*, d'Alain Cavalier, provoquât des réactions passionnelles, car il s'agit de l'un des premiers films français à évoquer directement la guerre d'Algérie. Le film est l'histoire d'un légionnaire déserteur et membre de l'OAS qui participe à l'enlèvement d'une avocate, laquelle, tombée amoureuse de lui, le suivra au Luxembourg, où il trouvera la mort. Une plainte contre les auteurs du film vient d'être déposée par l'avocate Gisèle Halimi. Celle-ci croit reconnaître dans le film l'histoire de son propre enlèvement. En fait, ce qui a dû déplaire le plus à la plaignante, ce sont les liens affectifs que Cavalier fait naître entre l'avocate, interprétée par Lea Massari, et son ravisseur, joué par Delon. Comme *le Combat dans l'île*, précédent film de Cavalier, *l'Insoumis* évoque les actions sanglantes des activistes de l'OAS, qui n'hésitent pas à se comporter en truands. (→ 30.10.68)

Alain Delon dans le film d'Alain Cavalier. L'amour d'un soldat perdu.

Chaplin raconte l'histoire de sa vie

Londres, 30 septembre
Agé de soixante-quinze ans, Charles Spencer Chaplin vit toujours à Corsier-sur-Vevey, près de Lausanne, depuis 1953. C'est pourtant la Grande-Bretagne, son pays de naissance, qu'il a choisie pour publier son livre *My Autobiography*, en langue anglaise. Chaplin se raconte et surtout règle ses comptes avec la commission McCarthy et avec Hollywood. Il a mis quatre ans pour rédiger ses mémoires, délaissant le cinéma durant ce temps. Son dernier film remonte à 1957 : il s'agit d'*Un roi à New York* (*King at New York*). Décoré de la Légion d'honneur, anobli par la reine Elizabeth d'Angleterre, Chaplin est aussi prix Nobel de la paix. Son ouvrage sort simultanément en France sous le titre *Histoire de ma vie*. (→ 31.10.65)

Le cinéma indien en deuil d'un cinéaste tué par son métier

Bombay, 10 octobre
Sensible et tourmenté, comme les personnages qu'il incarnait dans ses propres films et dans ceux réalisés par d'autres, le réalisateur et acteur hindi Guru Dutt (*1925) vient de se donner la mort à trente-neuf ans. Il met ainsi fin à une carrière relativement courte, mais qui demeure l'une des plus originales et des plus fulgurantes du cinéma indien. Né à Bangalore, Guru Dutt a étudié à l'académie d'art d'Uday Shankar avant de se consacrer au cinéma à partir de 1951, année où il tourne son premier film, *Jeu*. Il en fera sept autres, dont deux chefs-d'œuvre très marqués par le romantisme désespéré de l'artiste écorché qu'il était : *l'Assoiffé* (*Pyaasa*), en 1957, et *Fleurs de papier* (*Kaagaz Ke Phool*), en 1959. Dans le premier, Guru Dutt incarne un poète maudit amoureux d'une prostituée. Dans le second, œuvre presque autobiographique, il interprète un metteur en scène en vogue qui se laissera dévorer par son art et par son amour malheureux pour une jeune actrice. Réconciliant les traditions du cinéma populaire indien avec un type de cinéma plus exigeant, Dutt aura montré la voie à suivre aux jeunes cinéastes à venir.

Guru Dutt dans son film « Fleurs de papier » : une mise en cause du cinéma.

Avec « My Fair Lady » Cukor réinvente la légende de Pygmalion

New York, 21 octobre
Adaptation musicale d'une pièce de George Bernard Shaw, *My Fair Lady* a connu une carrière triomphale à Broadway où elle avait pour vedette Julie Andrews. La version cinématographique que le réalisateur George Cukor présente aujourd'hui risque fort de connaître un succès semblable. Doublée pour la partie chantée par Marni Nixon, Audrey Hepburn y incarne une petite marchande de fleurs de Covent Garden, à Londres. Frappé par l'accent cockney de cette femme du peuple, un linguiste réputé, interprété par Rex Harrison, fait le pari de la transformer en duchesse ! Désopilante variation sur le thème de Pygmalion, *My Fair Lady* ressuscite avec bonheur la comédie musicale américaine, genre délaissé par les cinéastes et les producteurs depuis quelque temps. Le film doit sa réussite au talent du réalisateur et de ses deux interprètes principaux, à l'excellent travail du décorateur et costumier Cecil Beaton ainsi qu'au compositeur Frederick Loewe. (→ 5.4.65)

Audrey Hepburn, héroïne idéale de George Cukor, dans un film heureux.

Eliza avant la métamorphose.

Abel Gance fait appel à de Gaulle

Paris, 16 décembre
« Mon général... Si vous ne croyez pas que mes soixante-quinze ans sont encore capables de faire se soulever des foules entières de spectateurs enthousiastes... ne lisez pas cette lettre ! » C'est ainsi que commence le message adressé par Abel Gance au général de Gaulle. Le cinéaste s'y plaint d'abord d'être ignoré en France, où, dit-il, « en dehors du grand Charles Pathé, je n'ai jamais trouvé que des Pygmées » ! Il exhorte ensuite le chef de l'Etat à l'aider à donner vie au grand cinéma épique dont il rêve pour l'avenir : « C'est inouï, écrit-il, ce qu'un drapeau français peut raconter, lorsqu'on le regarde avec son cœur ! » Gance se propose de continuer l'œuvre qu'il avait entreprise jadis avec *Napoléon*, en transposant à l'écran les épopées qui ont marqué l'histoire de la France, de la Révolution française à l'histoire du Général lui-même. Après avoir fait valoir la nécessité d'entreprendre aussi des « épopées européennes », le réalisateur de *J'accuse* conclut sa lettre par ce cri : « Donnez-moi la force et les moyens d'accomplir pour la France d'abord, pour l'Europe ensuite et pour le monde enfin, cette énorme tâche. » (→ 14.8.70)

L'étrange western d'un certain Robertson

Rome, 10 novembre
Pour une poignée de dollars (*Per un pugno di dollari*), coproduction allemande, est réalisé par Bob Robertson. Un metteur en scène italien se cache sous ce pseudonyme anglo-saxon, Sergio Leone. Réalisateur des *Derniers Jours de Pompéi* (*Gli ultimi giorni di Pompei*), où il a remplacé Mario Bonnard malade, et du *Colosse de Rhodes* (*Il colosso di Rodi*), Sergio Leone s'attaque ici avec succès à un genre typiquement américain : le western. Il a d'ailleurs fait appel à Clint Eastwood pour tenir le principal rôle, celui de Joe le Gringo, justicier-mercenaire à la gâchette rapide. Clint Eastwood est devenu célèbre en étant la vedette, depuis 1959, d'une série télévisée, « Rawhide ». A l'instar du réalisateur, l'acteur italien Gian Maria Volonte a voulu lui aussi américaniser son nom en John Wells. Avec le budget très faible de 100 000 dollars, Leone a tourné les extérieurs de son film en Espagne. Les scènes d'intérieur ont été réalisées dans les studios de Cinecittà.

Clint Eastwood : « Pour une poignée de dollars », de Bob Robertson.

Le cinéma américain recouvre la santé

Hollywood, 31 décembre
A l'exception de la Warner, toutes les grandes sociétés américaines de production et de distribution réalisent cette année des bénéfices très importants. Buena Vista, branche distributrice de Walt Disney, obtient le plus gros succès commercial de ces vingt dernières années avec *Mary Poppins*, de Robert Stevenson. De même, les Artistes associés font d'excellentes rentrées financières avec deux James Bond : *Bons Baisers de Russie* (*From Russia With Love*), de Terence Young, et *Goldfinger*, de Guy Hamilton, tous deux interprétés par Sean Connery. Dans le numéro de fin d'année du magazine *Variety*, on peut lire : « La santé financière de l'industrie cinématographique s'est améliorée de façon sensationnelle en 1964. L'optimisme qui règne n'a jamais été aussi élevé depuis dix ans. » Le bilan général est en effet exceptionnel puisque, toutes sociétés confondues, l'augmentation globale de l'activité commerciale du cinéma est évaluée à 16 %. (→ 10.6.67)

Le succès du troisième James Bond, « Goldfinger », contribue aux résultats obtenus par les Artistes associés.

Enrique Irazoqui dans « l'Evangile selon Matthieu », de P. P. Pasolini.

« Le Gendarme de Saint-Tropez ».

Affiche signée George Allard.

Catherine Deneuve et Anne Vernon dans « les Parapluies de Cherbourg ».

Affichette originale belge.

« Le Dieu noir et le Diable blond ».

Andréa Parisy et Jean-Paul Belmondo dans « Cent Mille Dollars au soleil ».

J.-P. Belmondo dans « l'Homme de Rio », de Philippe de Broca.

« Le Journal d'une femme de chambre », de Luis Buñuel.

« La Chute de l'Empire romain ».

Affichette passe-partout.

Kyoko Kishida dans « la Femme du sable », film d'Hiroshi Teshigahara.

Affiche signée Raymond Soubie.

Affiche signée Georges Kerfyser.

O. De Havilland, B. Davis et A. Moorehead dans « Chut, chut, chère Charlotte ».

Rex Harrison, Audrey Hepburn et Wilfrid Hyde White dans la comédie de George Cukor « My Fair Lady », d'après la pièce de George Bernard Shaw.

Tentative d'exorcisme pour ce barde aveugle dans l'une des trois légendes fantastiques qui composent le film de Masaki Kobayashi « Kwaidan ».

1965

Oscars, Hollywood
Film : *My Fair Lady* (George Cukor).
Acteur : Rex Harrison.
Actrice : Julie Andrews.

Mostra d'arte cinematografica, Venise
Lion d'or de Saint-Marc : *Sandra* (Luchino Visconti).
Meilleur acteur : Toshiro Mifune.
Meilleure actrice : Annie Girardot.

Festival international du film, Cannes
Grand prix : *le Knack... et comment l'avoir* (Richard Lester).
Meilleur acteur : Terence Stamp.
Meilleure actrice : Samantha Eggar.

Copenhague, 1er janvier
Sortie de *Gertrud*, de Carl Theodor Dreyer, avec Nina Pens-Rode et Bendt Rothe. (→ 20.3.68)

Madrid, 4 janvier
Le réalisateur britannique David Lean dirige les premières prises de vue de *Docteur Jivago* (*Doctor Zhivago*), d'après le roman du prix Nobel de littérature, l'écrivain Boris Pasternak. (→ 18.4.66)

Paris, 5 janvier
Le Bureau d'information du court métrage, au sein duquel siègent notamment Anatole Dauman, Pierre Braunberger et Roger Leenhardt, s'inquiète de l'avenir du genre et de la faiblesse des programmations : les exploitants n'osent pas parier sur le succès du format court.

Paris, 6 janvier
L'Homme de Rio, de Philippe de Broca, est sacré par les professionnels film de l'année 1964.

Hong Kong, 18 janvier
Philippe de Broca commence à tourner les extérieurs de son prochain film, *les Tribulations d'un Chinois en Chine*, avec Jean-Paul Belmondo, Ursula Andress et Jean Rochefort. (→ 29.9.66)

Gênes, 27 janvier
Lors du congrès « Tiers monde et communauté mondiale », le réalisateur brésilien Glauber Rocha présente son manifeste *l'Esthétique de la faim*. (→ 2.5.67)

Paris, 2 février
Le *Bulletin d'information du CNC* publie un rapport alarmiste sur la désaffection du public : 273 millions de spectateurs en 1964 contre 423 millions en 1957.

Paris, 19 février
Divorcé de la comédienne Karen Blanguernon, le fantaisiste et comédien Guy Bedos épouse Sophie Daumier.

Le Caire, 3 mars
Henry Barakat, l'un des plus prolifiques réalisateurs égyptiens, sort des sentiers battus de la comédie musicale ou du mélodrame chanté en présentant un film tourné hors les studios, *le Péché* (*al-Haram*), un drame naturaliste sur les réalités du monde rural, un film cruel, avec Faten Hamama. (→ 30.12.66)

Lisbonne, 15 mars
Sortie des *Iles enchantées* (*As ilhas encantadas*), de Carlos Vilardebo, avec Amalia Rodrigues et Pierre Clémenti. (→ 12.1.68)

France, 30 mars
Pour protester contre les taxes et les impôts, les exploitants organisent dans tout le pays une opération « Cinéma gratuit », pour sensibiliser le public à leurs problèmes.

Paris, 22 avril
La comédienne Marie-Christine Barrault épouse le journaliste Daniel Toscan du Plantier, attaché à la direction de la revue *Air et Cosmos*.

Los Angeles, 22 juin
Le producteur David O. Selznick (*10.5.1902) décède à la suite d'un cinquième infarctus ; il était le mari de la comédienne Jennifer Jones.

Hollywood, 13 juillet
La Columbia annonce que Jerry Lewis va tourner pour elle son premier film, *Trois sur un sofa* (*Three on a Couch*), après trente-trois films pour Paramount. (→ 29.9.69)

Paris, 20 septembre
L'écrivain Louis Aragon aime et admire le cinéma de Jean-Luc Godard. « L'art d'aujourd'hui, c'est Godard ! » écrit-il dans *les Lettres françaises*. (→ 1.10)

Los Angeles, 27 septembre
La comédienne Clara Bow, née le 29 juillet 1905, qui fut une des plus grandes stars du cinéma muet, succombe à une crise cardiaque. Elle vivait retirée de l'écran depuis 1933 et était, depuis trois ans, veuve de l'ancien comédien de westerns Rex Bell.

Los Angeles, 26 octobre
George Stevens intente une action en justice contre Paramount et le réseau de télévision NBC pour empêcher la mutilation de son film, *Une place au soleil* (*A Place in the Sun*), que le réseau doit diffuser le 12 mars 1966. Il demande un million de dollars de dommages-intérêts si des coupes sont faites dans son film.

Rome, 30 octobre
Federico Fellini présente à la presse son dernier film, *Juliette des esprits* (*Giulietta degli spiriti*), avec Giulietta Masina. (→ 1.12.69)

Londres, 31 octobre
Charlie Chaplin, au cours d'une conférence de presse, annonce qu'il va à nouveau tourner. Son prochain film devrait s'appeler *la Comtesse* (*A Countess*) ; Marlon Brando et Sophia Loren seront les vedettes de la distribution. (→ 9.4.66)

Paris, 1er novembre
Les Cahiers du cinéma se remettent en cause : la revue prend ses distances avec la politique des auteurs et se refuse dorénavant à valoriser systématiquement le cinéma américain. Les nouvelles armes de la critique sont le structuralisme et la linguistique. (→ 10.3.70)

Paris, 10 novembre
Brigitte Bardot réclame un franc symbolique de dommages-intérêts à plusieurs publications qui ont fait paraître des photographies au téléobjectif de sa propriété de la Madrague et de ses occupants. (→ 22)

Prague, 12 novembre
Sortie des *Amours d'une blonde* (*Lasky jedné plavovlasky*), second film de Milos Forman. (→ 18.11.66)

Paris, 22 novembre
Roger Vadim commence le tournage du film *la Curée*, d'après le roman d'Emile Zola, avec Jane Fonda, son épouse. Elle accepte pour la première fois un rôle dans lequel elle apparaît nue. (→ 25.12.67)

New York, 30 novembre
Devant la Cour suprême de l'Etat, Otto Preminger attaque Screen Gems, la branche télévision de Columbia, pour avoir cédé les droits de diffusion de son film *Anatomie d'un meurtre* à une station de Chicago, laquelle y prévoit trente-six interruptions publicitaires.

New York, 30 novembre
La Legion of Decency (ligue de décence) est rebaptisée National Catholic Office of Motion Pictures (office catholique national du cinéma).

Paris, 8 décembre
R. Clément achève le tournage de *Paris brûle-t-il ?* avec les dernières scènes d'intérieur. (→ 13.10.66)

New York, 13 décembre
L'arrivée de Brigitte Bardot à l'aéroport John-Kennedy provoque une mémorable bousculade. (→ 31.7.66)

Hollywood, 22 décembre
La Screen Writers Guild signe un nouvel accord avec Universal sur les droits télévisuels pour les films de la période 1948-1960. Les scénaristes obtiennent 1,5 % des revenus du studio sur l'exploitation à la télévision des films à leur crédit.

NAISSANCES
Paris, 14 août
Emmanuelle Béart.

« La Mélodie du bonheur », comédie musicale où triomphent la fraîcheur d'âme et les bons sentiments, bat les records du box-office américain.

Gabin et Fernandel dans la production

Paris, 2 janvier
Les deux géants du cinéma français, Gabin et Fernandel, se sont associés pour créer leur société de production, la Gafer (Ga- pour Gabin et -fer pour Fernandel). Tous deux se sont retrouvés en février 1964 à l'occasion du mariage d'Henri Verneuil, dont ils étaient les témoins après avoir été maintes fois les interprètes de ses films. Au début de septembre, ils ont commencé le tournage de leur première production, *l'Age ingrat*, dont ils sont bien sûr aussi les principaux interprètes. Ils ont choisi Gilles Grangier pour la réalisation. Parce qu'ils s'estiment et s'admirent mutuellement, l'entente de Gabin et de Fernandel reste parfaite. (→ 16.7.70)

Fernandel dans « l'Age ingrat », la première production de la Gafer.

La belle revanche de la vieille dame

Sylvie dans « la Vieille Dame indigne », de René Allio, d'après Brecht.

Paris, 26 février
Adapté d'une nouvelle de Bertolt Brecht, *la Vieille Dame indigne* est le premier long métrage d'un décorateur de théâtre passé au cinéma : René Allio. La mise en scène, d'une très grande simplicité, offre à Sylvie, née Louise Sylvain, à près de quatre-vingt-un ans, l'un de ses plus beaux rôles. Elle y incarne Berthe, une veuve de soixante-dix ans, qui décide un jour, au grand dam de ses héritiers de commencer à profiter de l'existence. A cause de l'originalité dérangeante du sujet, René Allio n'a pu faire son film qu'après des mois de démarches délicates auprès des producteurs. (→ 2.2.72)

Le film heureux d'Agnès Varda fait le bonheur du « Delluc »

Paris, 8 janvier
Le troisième film d'Agnès Varda, *le Bonheur*, vient de se voir décerner le 22e prix Louis-Delluc. L'histoire en est assez singulière : c'est celle de François, menuisier à Fontenay-aux-Roses, de sa femme et de ses deux enfants. Interprétée par Jean-Claude Drouot, sa femme, Claire, et leurs enfants Sandrine et Olivier, cette famille vit heureuse jusqu'au jour où François tombe amoureux d'Emilie (Marie-France Boyer), une jolie postière. Espérant cumuler deux bonheurs, il ne cache rien de sa liaison à sa femme. Après le suicide de celle-ci, il tente de reconstruire une vie conjugale avec Emilie. Si l'on retrouve dans cette chronique le ton de la réalisatrice de *Cléo de 5 à 7*, beaucoup s'interrogent sur l'interprétation à en tirer. Et, là où la progressiste Agnès Varda n'a voulu peindre que la pureté de l'amour, on s'étonne pourtant d'une conclusion aussi peu féministe. (→ 9.3.77)

Marie-France Boyer et Jean-Claude Drouot dans « le Bonheur » : un film qui surprend par sa liberté de ton.

Laurel et Hardy vous saluent bien

Santa Monica, 23 février
Stan Laurel a succombé à une crise cardiaque dans sa maison de Californie, huit ans après son complice du rire, Oliver Hardy. Stan Laurel, Arthur Stanley Jefferson de son vrai nom, était né à Ulverston, en Grande-Bretagne, le 16 juin 1890, tandis qu'Oliver Hardy avait vu le jour à Harlem, Georgie, le 18 janvier 1892. D'abord doublure de Charlie Chaplin, Stan s'installe aux Etats-Unis après une tournée théâtrale en 1912. Débutant au cinéma cinq ans plus tard, il a déjà dix-sept films à son actif lorsqu'il rencontre Oliver en 1925. Ce dernier, sous contrat avec la Fox, n'était encore apparu que dans des seconds rôles burlesques. Ils forment alors tous deux le duo comique que l'on sait, interprétant plus de soixante courts métrages entre 1927 et 1935, puis vingt-quatre longs métrages. Laurel et Hardy ont tourné leur dernier film, *Atoll K*, en 1951, sous la direction du Français Léo Joannon.

La novice fait chanter la famille Trapp

Julie Andrews, héroïne de « la Mélodie du bonheur », de Robert Wise.

New York, 3 mars
Révélée en 1963 par *Mary Poppins*, de Robert Stevenson, Julie Andrews porte sur ses seules épaules le film de Robert Wise, *la Mélodie du bonheur* (*The Sound of Music*). Inspiré d'une histoire vraie, il s'agit d'un remake de *la Famille Trapp*, réalisé en 1957 par Wolfgang Liebeneiner. En 1959, une adaptation théâtrale et musicale était devenue un succès de Broadway, à l'affiche durant quatre années consécutives. Tourné au Tyrol autrichien et à Salzbourg, ce film raconte la fuite d'Autriche d'une famille alors que le pays se trouve sous la coupe des nazis. Julie incarne une jeune religieuse placée chez le capitaine von Trapp, veuf à la recherche d'une gouvernante pour ses sept enfants, auxquels elle apprend à chanter. Un tendre sentiment unit bientôt von Trapp et la novice... (→ 18.4.66)

Bourvil fait le corniaud pour de Funès

Paris, 4 avril
Immense succès populaire, *le Corniaud*, de Gérard Oury, sorti depuis peu, continue à faire rire la France entière. Dès la première scène, dans laquelle la 2CV de Bourvil tombe littéralement en pièces lors d'un accrochage avec la Rolls de Louis de Funès, jusqu'à la fin, le film accumule les gags inventifs et brillants. Le triomphe du *Corniaud* est dû en bonne partie aux performances de De Funès et de Bourvil. Le premier y incarne un chef de gang qui réussit à convaincre un « corniaud », interprété par Bourvil, de rapatrier d'Italie une Cadillac dans laquelle sont dissimulés de l'or et des bijoux. Après bien des péripéties, le naïf Bourvil réussira à duper la bande du coléreux de Funès et une autre bande rivale qui le poursuivait aussi depuis son départ de Naples. (→ 8.12.66)

« Le Corniaud », de Gérard Oury. Bourvil y incarne un personnage beaucoup plus futé qu'il n'y paraît.

Louis de Funès et Bourvil dans « le Corniaud ». Une complicité de hasard va les unir dans ce film plein de gags. Un cocktail détonnant !

La vengeance pacifique de Julie Andrews

Santa Monica, 5 avril
Présentée par Bob Hope, la soirée des Oscars est marquée par la lutte qui oppose *Mary Poppins*, de Robert Stevenson, et *My Fair Lady*, de George Cukor. Nommé dans douze catégories, *My Fair Lady* reçoit finalement huit Oscars dont ceux du meilleur film, du meilleur réalisateur et du meilleur interprète masculin (Rex Harrison). Julie Andrews prend sa revanche en étant couronnée meilleure actrice pour *Mary Poppins*. Elle avait justement créé sur scène le rôle d'Eliza dans la pièce *My Fair Lady*. Au total, cinq Oscars pour *Mary Poppins* sur treize nominations. Trois autres films étaient en compétition : *Zorba le Grec*, de Michaël Cacoyannis, *Becket*, de Peter Glenville, et *Docteur Folamour* (*Doctor Strangelove*), de Stanley Kubrick. L'Oscar du film étranger est remis à *Hier, aujourd'hui et demain*, de Vittorio De Sica, qui devance ainsi le film de Jacques Demy *les Parapluies de Cherbourg*. (→ 18.4.66)

Linda Darnell est morte brûlée vive

Hollywood, 10 avril
Linda Darnell vient de trouver la mort de façon dramatique alors qu'elle séjournait chez l'une de ses anciennes secrétaires. Née le 16 octobre 1923 à Dallas, au Texas, elle a débuté à l'écran en 1939 avec un premier rôle dans *Hôtel pour femmes* (*Hotel for Women*), de Gregory Ratoff. Prise en mains par Darryl F. Zanuck, elle grimpe rapidement les échelons du succès grâce à des films tels *Arènes sanglantes* (*Blood and Sand*), de Rouben Mamoulian, *C'est arrivé demain* (*It Happened Tomorrow*), de René Clair, *la Poursuite infernale* (*My Darling Clementine*), de John Ford, et surtout *Ambre* (*Forever Amber*), d'Otto Preminger. Pourtant, en 1951, la Fox ne renouvelle pas son contrat et les problèmes assaillent Linda. Elle est escroquée par son conseiller financier, divorce à trois reprises, commence à courir le cachet... Elle passait quelques jours chez son amie, Mme Curtis, quand un incendie s'est déclaré en pleine nuit, probablement déclenché par une cigarette mal éteinte. Encerclée par les flammes, Linda n'a pu sortir de la villa.

Cannes se met à l'heure du « knack »

Ray Brooks et Rita Tushingham dans « le Knack... et comment l'avoir ».

Cannes, 12 mai
Dans une compétition dominée par des œuvres sérieuses, le film anglais de Richard Lester *le Knack... et comment l'avoir* (*The Knack... and How to Get It*), a fait l'effet d'une petite bombe sur la Croisette. Cette comédie décontractée a déclenché en effet des rires francs dont les festivaliers avaient grand besoin. Dans ce film où l'on voit notamment un lit à roulettes se promener dans les rues de Londres, il est beaucoup question de l'art de séduire, le « knack », et de musique. On y découvre aussi une Angleterre décomplexée et débarrassée de sa traditionnelle réserve. Touché par la grâce et le charme du film, le jury du Festival de Cannes vient de lui décerner le grand prix. Par ailleurs, le réalisateur japonais Masaki Kobayashi a décroché, lui, le prix spécial du jury pour son étonnant film fantastique *Kwaidan*. Partageant la vedette du film américain de William Wyler *l'Obsédé* (*The Collector*), les acteurs Samantha Eggar et Terence Stamp ont obtenu, pour leur part, les deux prix d'interprétation. (→ 20.5.66)

Terence Stamp et Samantha Eggar : « l'Obsédé », de William Wyler.

Luchino Visconti remporte le Lion d'or

Venise, 7 septembre
Le plus grand mérite de la Mostra, cette année, est d'avoir mis fin à une sorte de malédiction qui poursuivait Luchino Visconti. Hôte régulier du Lido, hué ou applaudi, il ne repartait jamais avec la récompense suprême, en dépit des passions que suscitaient ses films. *Sandra* (*Vaghe stelle dell'Orsa*) lui vaut un Lion d'or qu'il n'attendait peut-être pas. Ne l'a-t-il pas réalisé un peu par défi ? La rumeur le surnomme « le comte Ravinapopolo » (qui ruine le peuple). Pourtant ce dernier film est tourné avec un budget limité et ne dépasse pas les délais. Et l'œuvre est aussi belle qu'ambitieuse. Inspirée d'un roman de Gabriele d'Annunzio, elle évoque un inceste, la passion exacerbée et une vengeance familiale. Tourné en noir et blanc dans la cité étrusque de Volterra, au sud de Florence, le film est empreint de la fascination du cinéaste pour ce pays : « Cette terre sans douceur, cette lande mauvaise, les maisons chargées de démence et de faute... » Visconti ne voulait personne d'autre que Claudia Cardinale pour incarner Sandra. Superbe et majestueuse, mais sensuelle, elle est l'ange vengeur qui punira sa mère (Marie Bell) d'avoir trahi son mari pendant la guerre. *Sandra* n'a pas la splendeur picturale du *Guépard*, mais sa sincérité de ton est absolue, révélatrice des obsessions de l'auteur. Les préférences de la Mostra vont aux films de réflexion, même aussi facétieux que *Simon du désert*, de Luis Buñuel. Le cinéaste s'en prend à la religiosité mystique, donne le beau rôle au diable qui entraîne Simon dans une boîte de nuit à New York. Buñuel obtient le prix du jury. Même récompense pour le Soviétique Marlen Khoutziev, qui évoque avec sensibilité le désarroi de la jeunesse dans *J'ai vingt ans*. Ce film, jugé d'un pessimisme de mauvais aloi, a eu du mal à voir le jour dans son pays, violemment attaqué par le Parti. (→ 10.9.66)

Claudia Cardinale dans « Sandra ». Le déchirement de toutes les passions.

Truffaut soumet Hitchcock à la question

Hollywood, 13 août
Ce jour est non seulement celui du soixante-sixième anniversaire d'Alfred Hitchcock, mais aussi le premier d'une interview-marathon consentie à François Truffaut par le maître du suspense. Alors qu'il n'était encore que rédacteur aux *Cahiers du cinéma*, le jeune réalisateur vouait déjà une admiration sans borne à l'auteur de *Fenêtre sur cour*. L'idée du livre lui est venue en 1962, lors de la présentation de *Jules et Jim* à New York : plusieurs journalistes lui avaient alors demandé comment les critiques des *Cahiers* pouvaient apprécier Hitchcock. Il va leur répondre avec cinquante heures d'entretien. L'interview se déroulera chaque jour dans le bureau d'Hitchcock aux studios Universal, et sera traduite par Helen Scott, du French Film Office de New York. (→ 5.11.66)

Catherine Deneuve et Vadim sont mariés

Londres, 18 août
Catherine Deneuve a épousé le photographe anglais David Bailey dans la plus stricte intimité. C'est le premier mariage de la jeune comédienne, mère d'un petit garçon, Christian, né de sa liaison avec Roger Vadim. Elle a connu Bailey durant son séjour en Angleterre alors qu'elle tournait *Répulsion*, sous la direction de Roman Polanski. Quant à Vadim, il s'est lui aussi marié il y a quatre jours, à Las Vegas, avec Jane, fille d'Henry Fonda. Le réalisateur avait dirigé Jane Fonda quelques mois plus tôt dans un film à sketches intitulé *la Ronde*. Le mariage s'est déroulé dans une chambre d'un grand hôtel à la fin du tournage de *Cat Ballou*, un western humoristique dont Jane est la vedette au côté de Lee Marvin. Le couple a décidé de vivre à Paris. (→ 22.11)

Godard et Pierrot, ou la folie du cinéma

Paris, 1er octobre
Le nouveau film de Jean-Luc Godard, *Pierrot le Fou*, n'est pas sans lien avec son premier long métrage, *A bout de souffle*. Tout d'abord, le cinéaste retrouve Jean-Paul Belmondo comme interprète, pour la quatrième fois si l'on tient compte de son court métrage *Charlotte et son Jules*, réalisé en 1959. Au-delà de l'identité de leur interprète, il existe une évidente parenté entre Michel Poiccard et ce Ferdinand Griffon, que sa compagne (Anna Karina) s'obstine à appeler Pierrot. Tous deux ne parviennent pas à s'intégrer à une société trop triste pour eux. Et tous deux sont en définitive trahis par la femme qu'ils aiment. Au terme de sa cavale désespérée, Pierrot se retrouve seul. Le visage peint en bleu, il s'entoure la tête de bâtons de dynamite, et y met alors le feu. « Merde, c'est trop bête », dit-il au dernier moment. Il tente d'éteindre la mèche, mais trop tard. Fort de six années de métier, Belmondo apporte incontestablement une dimension supplémentaire à l'univers de Godard, et se réconcilie avec un public plus exigeant. Ce n'est pourtant pas à lui qu'avait d'abord pensé le réalisateur pour cette adaptation en CinemaScope et en couleurs du roman de Lionel White, *l'Obsession* : Michel Piccoli et Sylvie Vartan devaient en effet interpréter le couple vedette. Après le refus de la chanteuse, Godard a choisi Anna Karina mais espérait obtenir Richard Burton pour le rôle de Pierrot. (→ 22.4.66)

Jean-Paul Belmondo entre Pierrot et le souvenir de Ferdinand.

« Pierrot le Fou », de J.-L. Godard : Anna Karina et Jean-Paul Belmondo.

Disney va plus loin

Los Angeles, 15 novembre
Walt Disney et son frère Roy présentent le projet d'un second parc, dix ans après le Disneyland californien. Construit en pleine Floride, entre les villes d'Orlando et de Kissimmee, le Walt Disney World ouvrira ses portes en octobre 1971. Ce territoire – deux fois la superficie de Manhattan ! – a coûté cinq millions de dollars. On y bâtira un prototype expérimental de la communauté de demain inspiré « des tendances et techniques nouvelles issues de l'industrie américaine. On y mènera vraiment un mode de vie n'existant nulle part ailleurs dans le monde ». (→ 15.12.66)

La révolution pour rire, selon Louis Malle

Paris, 22 novembre
Louis Malle ne nous avait pas préparés à un tel film : *Viva Maria*, qui vient d'être présenté à la presse au George-V, est à plusieurs égards une surprise. Il est tout d'abord très rare qu'un metteur en scène français s'essaye au western, ou à ses formes apparentées (l'action du film se déroule en Amérique centrale en 1907). Que le film soit ensuite tourné au Mexique pendant vingt semaines, en Eastmancolor et en Panavision, atteste que les auteurs de l'entreprise ont voulu égaler la qualité spectaculaire d'un certain cinéma américain. Si l'on ajoute à cela que *Viva Maria* réunit en un duo explosif Brigitte Bardot et Jeanne Moreau, on obtient alors une superproduction de dimension internationale. Ce pastiche des révolutions sud-américaines fera sans doute courir d'assez nombreuses foules. La critique est pourtant beaucoup plus réticente, et déplore fréquemment cette intrusion d'un auteur dans le cinéma commercial, fût-il de qualité. Et, si Georges Sadoul, bien qu'irrité par l'envergure du battage publicitaire, apprécie en fin de compte le film, d'autres en sortent consternés. A propos des bons sentiments qui parsèment l'action, Michel Cournot en parle dans ces termes : c'est un « néant mental en espéranto ». (→ 13.12)

Brigitte Bardot et Jeanne Moreau dans « Viva Maria ». Politique et spectacle.

Brigitte Bardot et Louis Malle au tournage du film : la vie publique.

Affichette de Pierre Etaix.

Affiche originale non signée.

Affiche originale française grand format composée par René Ferracci.

André Raimbourg, dit Bourvil, dans le film de Gérard Oury, « le Corniaud ».

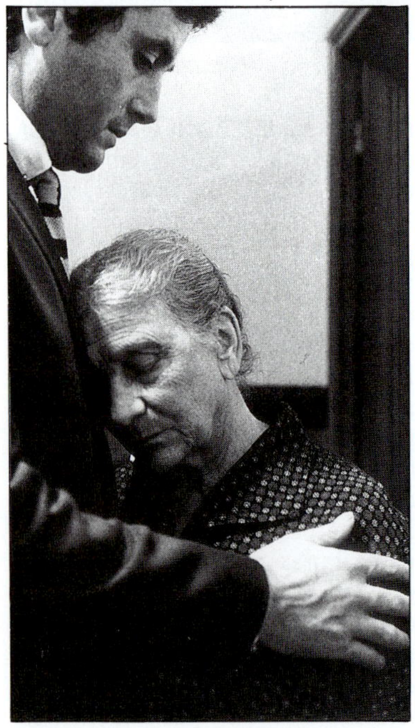

« La Vieille Dame indigne ».

« Le Bonheur », d'Agnès Varda.

L. Kadotchnikova et I. Mikolaïtchouk dans « les Chevaux de feu ».

Une accroche publicitaire sur le nom des actrices et du metteur en scène.

La grande course autour du monde.

Affiche originale italienne.

Peter O'Toole dans « Lord Jim ».

« Docteur Jivago ».

Jane Birkin et Ray Brooks dans « le Knack... et comment l'avoir ».

« La Mélodie du bonheur ».

C. Heston dans « Major Dundee ».

1966

Oscars, Hollywood
Film : *la Mélodie du bonheur* (Robert Wise).
Acteur : Lee Marvin.
Actrice : Julie Christie.

Mostra d'arte cinematografica, Venise
Lion d'or de Saint-Marc : *la Bataille d'Alger* (Gillo Pontecorvo).
Meilleur acteur : Jacques Perrin.
Meilleure actrice : Natalia Arinbassarova.

Festival international du film, Cannes
Grand prix du vingtième anniversaire :
Un homme et une femme (Claude Lelouch).
Ces messieurs dames (Pietro Germi).
Meilleur acteur : Per Oscarsson.
Meilleure actrice : Vanessa Redgrave.

Prague, 2 janvier
Jiri Trnka tourne *la Main* (*Ruka*), film d'animation qui est une parabole sur le sort de l'artiste dans un monde totalitaire. (→ 2.1.70)

Londres, 12 janvier
François Truffaut donne les premiers tours de manivelle du film *Fahrenheit 451*, avec Julie Christie et Oskar Werner. (→ 16.9)

Los Angeles, 31 janvier
Barbara Rooney, femme de Mickey Rooney, est trouvée morte à son domicile, avec son amant, l'acteur yougoslave Milos Milocevic. La police conclut que ce dernier a abattu Barbara dans une crise de jalousie, avant de se donner la mort.

Los Angeles, 1er février
Le comédien et réalisateur Buster Keaton (*4.10.1895) meurt d'une crise cardiaque.

Paris, 5 avril
La Fédération des auteurs de film, l'Association française de la critique de cinéma, l'Union des écrivains pour la vérité protestent à leur tour contre l'interdiction du film de Jacques Rivette *la Religieuse*, d'après Diderot. (→ 15)

Paris, 22 avril
Sortie du film *Masculin-féminin*, où Jean-Luc Godard a un regard de sociologue sur la jeunesse de son époque, avec Jean-Pierre Léaud, Chantal Goya et Marlène Jobert dans son premier rôle.

Lausanne, 18 mai
La comédienne grecque Mélina Mercouri épouse Jules Dassin.

Paris, 20 mai
Sortie du film allemand de Volker Schlöndorff, *les Désarrois de l'élève Törless*, d'après Robert Musil, avec Mathieu Carrière. (→ 10.10.75)

Rochefort-sur-Mer, 31 mai
Jacques Demy commence le tournage des *Demoiselles de Rochefort*, une comédie musicale avec Françoise Dorléac et Catherine Deneuve, sœurs dans le film et dans la vie, Gene Kelly, Danielle Darrieux et Michel Piccoli. (→ 8.3.67)

Nashville, 18 juillet
La police saisit la copie du film *Qui a peur de Virginia Woolf?* (*Who's Afraid of Virginia Woolf?*), de Mike Nickols, et arrête le directeur de la salle. Il aurait contrevenu à une ordonnance municipale interdisant les spectacles obscènes. (→ 10.4.67)

New York, 23 juillet
Le comédien Montgomery Clift (*17.10.1920) succombe à une crise cardiaque.

Los Angeles, 27 juillet
Sortie du nouveau film d'Hitchcock, *le Rideau déchiré* (*Torn Curtain*), avec Julie Andrews et Paul Newman. Celui-ci a eu un accident de moto avant le début du tournage et s'est sérieusement abîmé la main. C'est pourquoi on ne la voit jamais en gros plan. (→ 5.11)

New York, 12 août
Variety écrit que 62 des 136 films américains en cours de tournage sont filmés à l'étranger. Parmi les budgets les plus importants, figurent *2001 : l'Odyssée de l'espace*, tourné en Grande-Bretagne, de même que *les Douze Salopards*, tandis que *la Canonnière du Yang-Tsé* est tourné à Taiwan. (→ 25.2.68)

New York, 16 août
Jack Valenti, récemment élu président de la MPAA, déclare dans une note confidentielle envoyée aux chefs de studio : « La classification des films par le gouvernement doit être évitée à tout prix. » Il explique que l'industrie du film doit elle-même proposer un classement des films pour éviter toute forme de censure extérieure. (→ 20.9)

Copenhague, 19 août
Henning Carlsen présente l'adaptation qu'il a réalisée du chef-d'œuvre de Knut Hamsun, *la Faim* (*Sult*), avec Per Oscarsson, Gunnel Lindblom et Birgitte Federspiel.

Mururoa, 9 septembre
En attendant d'assister à un essai de tir nucléaire, le général de Gaulle se fait projeter *les Inconnus dans la maison*, d'Henri Decoin, un film de 1942 avec Raimu. En effet, les circonstances de l'époque avaient empêché le général d'assister à la première de ce film.

Paris, 8 octobre
La première chaîne de télévision diffuse le téléfilm *la Prise de pouvoir par Louis XIV*, de Roberto Rossellini, produit par l'ORTF, sur un scénario de Philippe Erlanger, avec Jean-Marie Patte, Raymond Jourdan, Katharina Renn et Giulio Cesare Silvani. Il doit être aussi distribué en salles. (→ 3.6.77)

San Francisco, 12 octobre
Shirley Temple démissionne du comité de sélection du Festival du film pour protester contre la sélection du film suédois de Mai Zetterling, *Jeux de nuit* (*Nattlek*), qui traite de l'inceste.

Paris, 18 octobre
Jean-Luc Godard déclare : « Tant que je ne serai pas payé comme Clouzot, Fellini et Clément, je ne pourrai pas considérer que j'ai du succès ». (→ 22.1.67)

Stockholm, 18 octobre
Sortie de *Persona*, d'Ingmar Bergman, avec les deux actrices « fétiches » du réalisateur, Liv Ullmann et Bibi Andersson. (→ 29.9.68)

Londres, 26 octobre
Elizabeth Taylor et Richard Burton fondent leur propre maison de production, la Taybur. (→ 10.4 67)

Paris, 27 octobre
L'écrivain et critique Jean-Louis Bory, auparavant collaborateur de l'hebdomadaire *Arts*, devient critique cinématographique du *Nouvel Observateur*. (→ 18.5.68)

Washington, 2 novembre
Le ministère de la Justice déclare illégale l'acquisition massive d'actions Columbia par la Banque de Paris et des Pays-Bas. La loi américaine interdit que des stations de télévision appartiennent à des sociétés étrangères ; or, Columbia est propriétaire de Screen Gems, société de distribution de films pour la télévision. (→ 15.3.67)

Paris, 2 décembre
Sortie de *Cul-de-sac*, second film britannique de Roman Polanski, après le film d'horreur *Répulsion*, avec Françoise Dorléac et Donald Pleasence. (→ 8.11.67)

Hollywood, 7 décembre
Le réalisateur Vincente Minnelli annonce son intention de quitter la MGM après vingt-six ans de bons et loyaux services. Il a fait tous ses films pour ce studio.

Paris, 8 décembre
Sortie, opportune pour les fêtes, du nouveau film de Gérard Oury, *la Grande Vadrouille*, avec le même tandem que dans *le Corniaud*, Louis de Funès et Bourvil, dans une comédie à la gloire de la débrouillardise et de l'esprit de résistance des Français. On ne change pas une équipe qui gagne. (→ 2.4.67)

NAISSANCES
Paris, 17 novembre
Sophie Marceau
(*Sophie Maupuis).

Le film « Un homme et une femme » impose à tous le nom et l'univers d'un jeune homme fou de cinéma, qui est aussi un auteur : Claude Lelouch.

Rappeneau mêle la guerre et l'humour

Catherine Deneuve et Philippe Noiret dans « la Vie de château ».

Paris 14 janvier
Réjouissante comédie à l'époque de l'Occupation, *la Vie de château*, le premier film de Jean-Paul Rappeneau, vient d'obtenir le vingt-troisième prix Louis-Delluc. Philippe Noiret et Catherine Deneuve y incarnent un couple de châtelains qui se trouve mêlé aux péripéties du débarquement. Après avoir succombé aux charmes d'un officier des FFI qu'elle a surpris en train de voler des pommes dans leur parc, la jeune châtelaine retournera auprès de son mari, lequel se transformera en « héros » de la Libération ! Rappeneau, qui était jusqu'ici scénariste, a écrit cette drôle d'histoire d'une « drôle de guerre » en collaboration avec Alain Cavalier, Claude Sautet et, pour les dialogues, Daniel Boulanger. (→ 30.10.68)

La liberté de Galia a choqué les censeurs

Paris, 26 janvier
Parce qu'il aborde avec franchise la question de la liberté sexuelle des femmes d'aujourd'hui, *Galia*, de Georges Lautner, suscite débats et polémiques dès sa sortie. Mireille Darc y incarne une jeune décoratrice parisienne, ambitieuse et libérée, qui devient la maîtresse d'un bel indifférent dont elle a sauvé la femme du suicide. A travers le portrait d'une femme moderne, le réalisateur brosse un tableau plutôt désenchanté d'une société citadine aux mœurs affranchies. Après avoir dirigé la belle Mireille Darc dans trois films, dont *les Barbouzes*, Lautner lui permet avec *Galia* de s'imposer enfin comme une grande vedette, et ce à travers un personnage qui semble avoir été imaginé spécialement pour elle. (→ 29.12.67)

Mireille Darc et Venantino Venantini dans « Galia », de Georges Lautner.

Mauvais scénario pour Hedy Lamarr

New York, 30 janvier
Celle qui fut une star du cinéma américain des années quarante est en prison pour vol à l'étalage. La vie d'Hedy Lamarr a d'ailleurs été marquée par le scandale. Née le 9 novembre 1914 à Vienne, sous le nom d'Hedwig Kiesler, elle vient à Hollywood en 1938 après avoir tourné quelques films en Allemagne et en Tchécoslovaquie, dont *Extase*, de Gustav Machaty, où elle court nue dans un sous-bois. Mariée à un marchand d'armes qui a le double de son âge, elle divorce vite en raison de la jalousie excessive de son mari. Par ambition, elle épouse le producteur Gene Markey, puis le comédien John Loder, suivi d'un milliardaire texan et ensuite de l'avocat qui l'a aidée pour ses divorces. Sa vie privée agitée la rend plus célèbre que ses films. Ruinée, elle vient d'être prise en flagrant délit de vol dans un magasin. (→ 17.2.69)

Un Arménien de Géorgie fait exploser le cinéma soviétique

Moscou, 25 mars
Avec une histoire vieille comme le monde, le film *les Chevaux de feu* révolutionne le cinéma soviétique. Quoi de plus banal que l'histoire de Roméo et Juliette, même si l'action se passe chez un peuple obscur des Carpates. Mais l'œuvre est insolite, à l'image de son auteur, Sergueï Paradjanov. De son vrai nom Sarkis Paradjanian, c'est un Arménien né en 1924 à Tbilissi, en Géorgie, dans ce Caucase multiple, carrefour de langues et de cultures entre Occident et Orient. Après une enfance typique des années Staline (privations, peur et arrestation du père), il monte en 1946 à Moscou pour étudier le cinéma : il suit avec bonheur les cours des cinéastes Dovjenko et Savtchenko et avec ennui les leçons de marxisme. Diplômé en 1952, il est engagé aux Studios de Kiev, en Ukraine, où il tourne cinq courts métrages et trois longs métrages. *Les Chevaux de feu* marque une certaine rupture. Avec une liberté et une vie stupéfiantes, une invention constante et une utilisation sophistiquée de la couleur, Paradjanov a su éviter tout folklore laborieux pour mieux ressusciter la légende et « les ombres des ancêtres oubliés », titre original du film. A n'en pas douter, un maître baroque, au style violent et original, vient de surgir. (→ 7.2.88)

« Les Chevaux de feu », de Sergueï Paradjanov. Un déferlement lyrique.

Le mariage « bis » de Sophia Loren

Sèvres, 9 avril
Entre deux tournages, Sophia Loren épouse de nouveau Carlo Ponti auquel elle est pourtant déjà unie depuis le 17 septembre 1957, par un mariage au Mexique. Pour ne pas être inculpée de complicité de bigamie en Italie (où le producteur est toujours considéré comme étant marié puisque le divorce n'est pas admis), Sophia a pris la nationalité française. Ce second mariage, à l'hôtel de ville de Sèvres, permet d'officialiser leur union devant la loi. Après la cérémonie, le couple et ses invités ont déjeuné au restaurant du Coq-Hardi, à Bougival. En Angleterre, Sophia vient de tourner *la Comtesse de Hong Kong* (*A Countess From Hong Kong*) avec Marlon Brando, sous la direction de Charles Chaplin. Elle partira dans quelques jours pour le sud de l'Italie, où elle sera la partenaire d'Omar Sharif dans *la Belle et le cavalier* (*C'era una volta*), de Francesco Rosi, produit par Carlo Ponti. Puis elle est décidée à interrompre momentanément sa carrière car, à trente-quatre ans, elle attend son premier enfant. (→ 2.1.67)

Le docteur Jivago se laisse gagner par la mélodie du bonheur

Omar Sharif et Geraldine Chaplin dans « Docteur Jivago », de David Lean.

Julie Christie, meilleure actrice.

Santa Monica, 18 avril
Pour la première fois de son existence, la cérémonie des Oscars est retransmise en couleurs par la télévision américaine. *Docteur Jivago* (*Doctor Zhivago*), de David Lean, était le grand favori de la soirée, nommé dans dix catégories. Aucun des principaux Oscars ne lui est cependant remis. Le prix du meilleur film va à *la Mélodie du bonheur* (*The Sound of Music*), avec Julie Andrews, pour lequel Robert Wise est couronné meilleur réalisateur. Lee Marvin reçoit l'Oscar d'interprétation masculine pour *Cat Ballou*, d'Elliott Silverstein. Quant à Julie Christie, vedette de *Docteur Jivago*, elle est élue meilleure actrice pour un autre film : *Darling*, de John Schlesinger. Les lauréats des meilleurs seconds rôles sont Shelley Winters pour *Un coin de ciel bleu* (*A Patch of Blue*), de Guy Green, et Martin Balsam pour *Des clowns par milliers* (*A Thousand Clowns*), de Fred Coe. Celui qui présente depuis de nombreuses années cette soirée des Oscars, Bob Hope, est enfin récompensé : il lui est décerné une statuette pour « l'ensemble de sa contribution à l'art cinématographique ».

Diderot et Rivette interdits d'écran contre l'avis de la censure

Paris, 15 avril
Quinze jours après l'interdiction du film de Jacques Rivette *la Religieuse*, le ministre des Affaires culturelles, André Malraux, annonce qu'il ne s'opposera pas à sa présentation au prochain Festival de Cannes. Il désavoue ainsi implicitement le secrétaire d'Etat à l'Information, Yvon Bourges. Cette affaire est déjà fort longue : c'est en effet en 1962 que Rivette a conçu cette adaptation cinématographique très fidèle de l'œuvre de Diderot. Pendant trois ans, le projet se heurte à la censure. En septembre dernier, enfin, après de nombreuses modifications du scénario, Rivette et son producteur, Georges de Beauregard, commencent le tournage, et confient le rôle principal à Anna Karina. Avant même la fin du tournage (donc sans avoir vu le film), les associations d'anciennes religieuses ainsi que les parents d'élèves des écoles « libres » réclament une interdiction pure et simple. Au terme de multiples pressions, Yvon Bourges en vient à contredire la Commission de censure, qui a autorisé le film. L'interdiction émeut très vivement l'opinion et prend allure de scandale. Le seul bénéficiaire de l'affaire est finalement Diderot : depuis quelques jours, les exemplaires de son roman se vendent comme des petits pains. (→ 26.7.67)

Anna Karina et Liselotte Pulver dans « la Religieuse », de Jacques Rivette.

Bonnes recettes du bonheur

New York, 18 avril
Grand triomphateur des Oscars pour l'année 1965, *la Mélodie du bonheur* (*The Sound of Music*), de Robert Wise, est désormais le plus grand succès commercial de l'histoire du cinéma. Avec 70 millions de dollars de recettes sur le seul territoire américain, ce film devance les deux précédents records financiers, détenus par *Autant en emporte le vent*, de Victor Fleming, et par *Ben Hur*, de William Wyler. Couronné par cinq Oscars, *la Mélodie du bonheur* est interprété par Julie Andrews, Christopher Plummer et Eleanor Parker. Un récent sondage de popularité révélait que Julie Andrews arrive en troisième position des actrices préférées par le public américain, derrière Katharine Hepburn et Liz Taylor. (→ 10.4.67)

Claudia Cardinale, côté production

New York, 30 avril

Quinze jours après son vingt-septième anniversaire, Claudia Cardinale épouse le producteur italien Franco Cristaldi, son compagnon depuis plusieurs années. Elle est déjà maman d'un petit garçon prénommé Patrick. Elle est actuellement aux Etats-Unis, où elle vient de tourner le western de Richard Brooks *les Professionnels* (*The Professionnals*) avec Burt Lancaster et Lee Marvin. Auparavant, elle a été la vedette féminine du film de Mark Robson *les Centurions* (*Lost Command*) auprès d'Alain Delon. Claudia poursuit ainsi une carrière internationale, suivie de très près par son mari. (→ 8.9.70)

Carnet rose de juillet

Los Angeles, 31 juillet

A cinquante ans, Frank Sinatra se marie pour la troisième fois. Après avoir divorcé de Nancy Barbato et d'Ava Gardner, il épouse Mia Farrow. Le public a découvert celle-ci dans la série « Peyton Place ». Mia, vingt et un ans, est la fille du réalisateur John Farrow et de Maureen O'Sullivan, la « Jane » de la série des Tarzan, aux côtés de Johnny Weissmuller. Le 14 juillet, Brigitte Bardot a épousé à Las Vegas l'homme d'affaires allemand Gunther Sachs, dont elle a fait la connaissance à Saint-Tropez. Le couple est parti en voyage de noces avec toute une bande d'amis, ce que ne semble pas apprécier Brigitte qui aurait préféré être seule en tête à tête avec son époux. Le 15 juillet, Romy Schneider s'est unie au comédien et metteur en scène de théâtre allemand Harry Meyen, à Saint-Jean-Cap-Ferrat. Ils se sont rencontrés en Allemagne au printemps 1965 alors que Romy devait jouer une pièce à Berlin. Le projet n'a pas abouti mais Romy est restée auprès d'Harry. Ensemble, ils ont participé au tournage de *Paris brûle-t-il ?*, de René Clément. Romy Schneider est enceinte de quatre mois.

Claude Lelouch n'a convaincu le jury de Cannes que pour moitié

Anouk Aimée, Souad Amidou et Jean-Louis Trintignant dans « Un homme et une femme ». Des images fortes.

Cannes, 20 mai

Le film *Un homme et une femme*, de Claude Lelouch, a tout pour plaire au plus grand nombre de spectateurs : une histoire d'amour simple et émouvante, un charmant couple d'acteurs, formé par Anouk Aimée et Jean-Louis Trintignant, et une belle musique, de Francis Lai, qui continue à trotter dans la tête du spectateur longtemps après qu'il a vu le film. Ce n'est donc pas une surprise que le jury du Festival de Cannes lui attribue le grand prix. En revanche, on ne s'attendait pas à ce qu'il le partage avec une comédie italienne : *Ces messieurs dames*, de Pietro Germi. (→ 19.4.67)

« Ces messieurs dames », de Pietro Germi. Variations sur la médiocrité.

La Mostra consacre le cinéma comme témoin de son temps

« La Bataille d'Alger », film italien de Gillo Pontecorvo, avec Jean Martin.

Venise, 10 septembre

La Mostra a choisi un cinéma dérangeant, inquiétant, qui a le mérite de chercher la vérité. Le Lion d'or est remis à une coproduction italo-algérienne, réalisée par Gillo Pontecorvo. *La Bataille d'Alger* situe son récit en 1957, quand les parachutistes français envahissent la Casbah pour s'emparer d'un chef militaire du FLN. Ce film, qui se veut objectif, irrite les nostalgiques de la colonisation. De son côté, Alexander Kluge conteste la politique sociale d'Adenauer dans *Anita G.* (*Abschied von Gestern*) et obtient le prix spécial du jury. L'Anglais Peter Watkins, avec *la Bombe* (*The War Game*), offre une image terrifiante de la guerre nucléaire. (→ 10.9.67)

François Truffaut chez les hommes-livres

Paris, 16 septembre
Le nouveau film de François Truffaut, *Fahrenheit 451*, se démarque sensiblement de ses œuvres précédentes. Preuve que la science-fiction n'est décidément pas un genre français (au cinéma), c'est en Angleterre que l'auteur a tourné cette adaptation du roman de Ray Bradbury. Mettant en scène une société qui brûle les livres, le film a même représenté la Grande-Bretagne au récent Festival de Venise. Aux côtés de Julie Christie, Oskar Werner y découvre peu à peu la valeur de la culture écrite. Déclaré hors la loi, il se réfugie dans une communauté où chacun doit apprendre par cœur un livre de son choix, afin que ces hommes survivent par-delà sa destruction physique. (→ 16.5.67)

Le cinéaste au cours du difficile tournage de « Fahrenheit 451 ».

Cyril Cusack et Oskar Werner dans le monde de Ray Bradbury.

Le code de la production a trente-six ans

New York, 20 septembre
Tenant compte de l'évolution des mœurs et des mentalités, la MPAA (The Motion Picture Association of America), qui chapeaute l'ensemble de l'industrie cinématographique, vient d'annoncer la prise d'effet de son nouveau code de la production. Intitulé *Code of Self-Regulation*, le nouveau texte représente une totale refonte de l'ancien code de 1930, lequel était marqué par les règles, très restrictives, d'autocensure imposées par le fameux code Hays. Tout en assouplissant considérablement les anciennes dispositions, le nouveau texte introduit une forme plus étroite de précensure. Aussi, sans instituer un système de cote des films, le nouveau code stipule que certains films devront être désignés comme « recommandés uniquement pour public adulte ». Cette mention doit apparaître sur les affiches, sur le matériel publicitaire et sur les copies des films. Tous les scénarios des films entrepris par des firmes membres de la MPAA devront être soumis à l'administration du code. Celle-ci décidera ensuite si le scénario est conforme ou non aux dispositions de ce code. Dans le cas d'une réponse positive, l'administration accordera alors au film le visa, le « sceau », de la MPAA. En cas de refus d'accorder ce visa, une commission distincte de l'administration du code se chargera d'examiner les appels, en tenant compte des raisons de la MPAA. (→ 9.10.68)

Grâce à 25 stars, Paris ne brûlera pas

Le consul Nordling (Orson Welles) négocie avec von Choltitz (Gert Froebe).

Paris, 13 octobre
Auteur de quatre films consacrés à l'Occupation, le réalisateur René Clément vient d'ajouter un cinquième titre à sa liste : *Paris brûle-t-il ?* Tirée du livre de Dominique Lapierre et Larry Collins, cette fresque sur la libération de Paris a été tournée avec des moyens impressionnants et une quantité de stars, dont Alain Delon, dans le rôle de Chaban-Delmas, Kirk Douglas, incarnant Patton, et aussi Simone Signoret, Yves Montand et Jean-Paul Belmondo. Le titre du film fait allusion à l'ordre que Hitler avait donné au général von Choltitz de faire sauter les principaux bâtiments et monuments de la capitale si les Alliés y pénétraient.

Les tribulations du ménage Belmondo

Paris, 29 septembre
Au début du tournage des *Tribulations d'un Chinois en Chine*, de Philippe de Broca, Jean-Paul Belmondo a fait la connaissance d'Ursula Andress avec laquelle on l'a beaucoup vu depuis. Aujourd'hui, soit un an plus tard, son épouse Elodie Constant demande le divorce. La raison invoquée est « les relations intimes et coupables de son mari avec une actrice de renom ». Le couple Belmondeau a trois enfants : Patricia, Florence et Paul. (→ 22.2.67)

Jean-Paul Belmondo et Ursula Andress se sont connus à l'occasion du tournage des « Tribulations d'un Chinois en Chine », de Philippe de Broca.

La Paramount change de mains

New York, 19 octobre
Pour la première fois dans l'histoire de l'industrie du cinéma américain, un grand studio, Paramount, vient d'être acquis par un conglomérat d'entreprises industrielles : le Gulf and Western Industries, que préside Charles Bludhorn. Cette fusion met fin à un conflit né au sein du conseil d'administration de la Paramount en septembre dernier. A cette époque, le président du studio, George Weltner, avait qualifié deux membres du conseil, Herbert Siegel et Ernest Martin, d'« aventuriers qui cherchent par tous les moyens à s'emparer de la compagnie et à la discréditer alors qu'ils prétendent la servir ». A la suite de quoi Paramount avait intenté un procès contre Siegel et Martin pour utilisation illégale de renseignements confidentiels concernant le studio au profit de la General Artists Corp., agence dont Siegel possède 70 % des parts. Peu après, un troisième membre du conseil d'administration, le producteur Albert Zugsmith, avait demandé la démission de Weltner, l'accusant de mauvaise gestion. Ayant gagné le procès que leur avait intenté Paramount, Siegel et Martin ont vendu, en avril dernier, leur 143 000 actions Paramount à Gulf and Western, préparant ainsi le terrain au conglomérat pour qu'il devienne le plus gros actionnaire du studio, avant de s'en emparer complètement. (→ 2.11)

Ronald Reagan élu en Californie

Californie, 9 novembre
L'ancien comédien Ronald Reagan vient d'être élu gouverneur de Californie avec 57,8 % des suffrages. En 1962, Reagan a quitté le Parti démocrate pour devenir républicain. Supporter de Barry Goldwater, le candidat républicain à la présidence lors des élections de 1964, il a entrepris une carrière politique à la suite de l'échec de celui-ci. Sa femme, Nancy, semble être pour beaucoup dans la nouvelle voie choisie par Ronald. La même année il avait tourné son dernier film, *A bout portant* (*The Killers*), de Don Siegel. (→ 27.8.71)

Le jeune cinéma tchécoslovaque brave tous les interdits

Prague, 18 novembre
A peine sorti, *Trains étroitement surveillés* (*Ostre Sledovane Vlaky*) suscite autant d'enthousiasme que de réflexions chez le public et la critique. Ce premier long métrage de Jiri Menzel séduit par sa tournure loufoque mais poétique, osée sans être scabreuse. Avec pour toile de fond l'occupation allemande, le jeune réalisateur traite en parallèle les thèmes de la guerre et de la sexualité. Milos, chef de gare stagiaire dans une petite station de Bohême où passent des convois militaires, se consacre autant à son travail qu'aux plaisirs de la chair. Il y a pourtant quelques risques à mettre en harmonie érotisme et héroïsme dans une période aussi dangereuse. Par maladresse et par excès de zèle, le jeune homme y perdra la vie. Si originale que soit la démarche cinématographique de Menzel, elle ne relève pas d'un cas unique. Depuis environ trois ans, le jeune cinéma tchécoslovaque effectue une percée spectaculaire. Issus de l'école fondée à Prague en 1946, la Famu, ils sont plus de vingt réalisateurs qui défient la pesanteur et le conformisme des œuvres staliniennes. Ils puisent leurs sujets d'inspiration dans la vie de tous les jours et peignent la réalité dans un style proche du néo-réalisme à l'italienne. Leur humour, parfois proche du burlesque, leur permet d'assener à la fois des vérités et des critiques qui ne manquent pas de vigueur sous l'aspect de la facétie. Milos Forman, dans *l'As de pique* (*Cerny Petr*) et dans *les Amours d'une blonde* (*Lasky jedné plavovlasky*), place ses personnages dans des situations désopilantes. Prétexte pour donner la parole à une génération qui se sent mal à l'aise dans un système contraignant. *Les Petites Marguerites* (*Sedmikrasky*), de Vera Chytilova, traduit la révolte de deux mignonnes adolescentes. Une angoisse existentielle se devine chez Jaromil Jires – *le Premier Cri* (*Krik*) – ou Ivan Passer – *Eclairage intime* (*Intimni Osvetleni*). Le septième art sème en Tchécoslovaquie, au nom des aspirations de la jeunesse, les germes d'une nouvelle société. (→ 1.1.69)

« Trains étroitement surveillés », de Jiri Menzel. Les films le sont aussi.

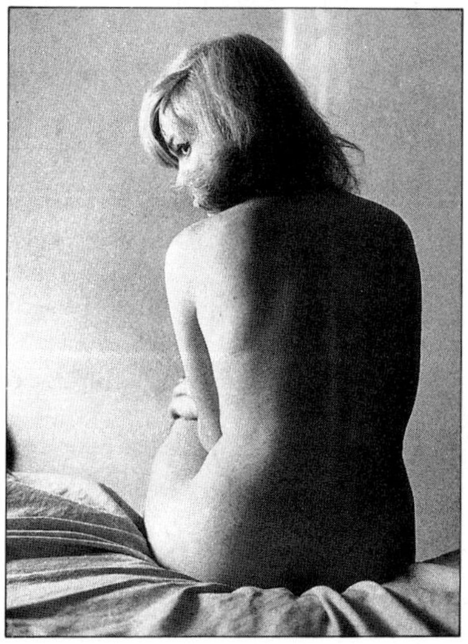
Hana Brejchova dans le film « les Amours d'une blonde ».

« L'As de pique », de Milos Forman, est l'un des films fondateurs.

« Le Premier Cri », de J. Jires.

Le monde de Disney sans Disney

Burbank, 15 décembre
Le plus grand entrepreneur de spectacles de tous les temps vient de s'éteindre à l'âge de soixante-cinq ans (*5.12.1901). « Plaire au public est l'une des tâches les plus difficiles au monde, déclarait Walt Disney en 1938, car nous ne savons pas réellement nous-mêmes ce que nous aimons et ce que nous souhaitons. » Comment expliquer le succès universel de ce bâtisseur d'empire, de ce créateur de mythes – vulgarisés en produits manufacturés, ajoutent ses détracteurs, qui lui reprochent aussi d'avoir édulcoré les chefs-d'œuvre de la littérature enfantine ? En fait, sa fabuleuse carrière présente bien des facettes. De l'inventivité jaillissante des premiers *cartoons* et des « Silly Symphonies » aux ambitions de *Fantasia*, de l'organisation novatrice des studios d'animation à l'utopie futuriste du Disney World, on n'a pas fini d'exploiter et de discuter son héritage. (→ 25.12.69)

Antonioni illustre les incertitudes et les périls de l'image

Londres, 18 décembre
Thomas (David Hemmings), photographe très prisé par le *« swinging London »*, croit maîtriser parfaitement les images captées par ce qu'il appelle son troisième œil, mais il découvre des images étranges sur la pellicule qu'il vient de développer. A son insu, ce troisième œil a photographié un meurtre, dans un parc. Il retourne sur les lieux et découvre un cadavre, caché dans les buissons. Thomas prend peur et s'enfuit. Quand il revient dans son studio, les photos ont disparu. Tourné en Grande-Bretagne, *Blow Up* n'est pas un thriller, en dépit des apparences. Il n'en est pas moins envoûtant. Antonioni nous propose une aventure angoissante par sa philosophie. La réalité est insaisissable. Comme le photographe, nous n'approcherons jamais que son image. (→ 12.5.67)

David Hemmings et Vanessa Redgrave dans « Blow Up ». A droite, le réalisateur au cours du tournage.

« Le Cinéma selon Hitchcock »

Paris, 5 novembre
Le résultat tant attendu des longs entretiens de l'année dernière entre François Truffaut et Alfred Hitchcock est enfin disponible en librairie. Il n'est pas difficile de prévoir que *le Cinéma selon Hitchcock*, publié chez Robert Laffont, fera date dans l'édition de cinéma : rarement jusqu'ici l'œuvre d'un metteur en scène avait été soumise à une interrogation aussi minutieuse et compétente. Plusieurs centaines de questions retracent chronologiquement la carrière d'Hitchcock, depuis son enfance jusqu'à son cinquantième film, *le Rideau déchiré*. Au cours de cette très riche conversation, le réalisateur se dévoile avec une sincérité qui croît au fil des pages. La plus grande qualité de François Truffaut est sans doute de s'être intéressé à la façon dont Hitch travaille plutôt qu'à l'interprétation du sens de ses films. (→ 25.5.72)

Le cinéma tunisien ouvre ses portes

Tunis, 11 décembre
La tenue des premières Journées cinématographiques de Carthage (JCC) constitue un événement capital pour les cinémas arabe et africain, qui, jusqu'ici, étaient pratiquement absents des grandes manifestations internationales. Ce festival, dont le principal instigateur est Tahar Cheriaa, directeur du cinéma au ministère de la Culture et de l'Information, a pour ambition de devenir un carrefour de rencontres et d'échanges entre les cinéastes des continents africain et asiatique. Parmi les nombreux films qui participaient à cette compétition, le choix du jury s'est porté sur le film sénégalais *la Noire de...*, d'Ousmane Sembène, qui obtient le grand prix du festival, le Tanit d'or. Relatant le suicide d'une servante noire qui travaille dans une famille française à Antibes, ce film possède des qualités qui en font le premier grand film africain. Le Tanit d'argent, quant à lui, a été décerné au moyen métrage koweïtien *le Faucon*, de Khaled Siddiq. (→ 20.3.67)

La censure de Nasser refuse l'allégorie

Le Caire, 30 décembre
Bien que Tawfik Salah soit le réalisateur égyptien le plus exigeant et le plus cultivé de sa génération, il n'a rencontré jusqu'ici qu'incompréhension et hostilité. Ainsi, après l'échec commercial de ses deux premiers films, *la Ruelle des fous* et *la Lutte des héros*, voilà que son troisième, *les Révoltés*, se voit interdire d'écran par la censure. Celle-ci croit en effet déceler dans ce film, qui évoque une révolte dans un camp sanitaire, une allégorie dirigée contre le régime et une critique à peine voilée du nassérisme.

« Les Révoltés », de Tawfik Salah. Avec 25 minutes d'insolence en moins.

Jarl Kulle et Bibi Andersson dans « Ma sœur, mon amour », de Vilgot Sjöman.

Deux affiches originales dues au talent du graphiste René Ferracci.

Andras Balint et Klari Tolnay dans « Père » (« Apa »), film d'Istvan Szabo.

Anouk Aimée et Jean-Louis Trintignant dans « Un homme et une femme ».

David Hemmings dans « Blow Up », de Michelangelo Antonioni.

Jeanne Moreau dans « Mademoiselle », de Tony Richardson.

Monica Vitti et Terence Stamp dans « Modesty Blaise », de Joseph Losey.

B. Lancaster, C. Cardinal et L. Marvin : « les Professionnels », de R. Brooks.

John Huston dans « la Bible ».

Une crise conjugale à son paroxysme.

Orson Welles dans son propre film « Falstaff », avec Keith Baxter.

Arthur O'Connell dans « le Voyage fantastique », film de Richard Fleischer.

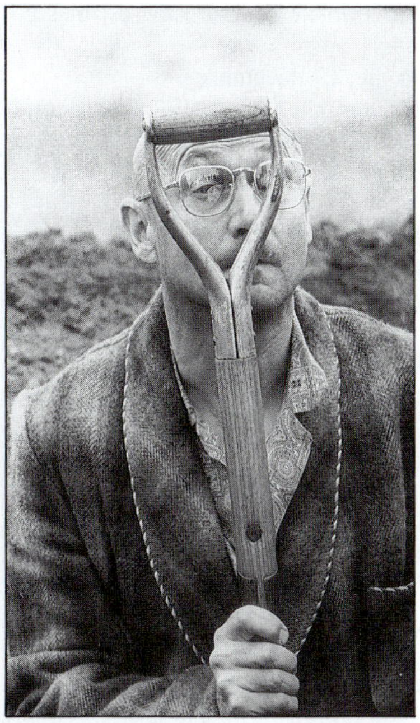

Donald Pleasence dans « Cul-de-sac », de Roman Polanski.

Steve McQueen dans « Nevada Smith », d'Henry Hathaway.

Marlon Brando et Robert Redford dans « la Poursuite impitoyable » (« The Chase »), une tragédie sociale d'Arthur Penn, d'après le roman d'Horton Foote.

1967

Oscars, Hollywood
Film : *Un homme pour l'éternité* (Fred Zinnemann).
Acteur : Paul Scofield.
Actrice : Elizabeth Taylor.

Mostra d'arte cinematografica, Venise
Lion d'or de Saint-Marc : *Belle de jour* (Luis Buñuel).
Meilleur acteur : Ljubisa Samardzic.
Meilleure actrice : Shirley Knight.

Festival international du film, Cannes
Grand prix : *Blow Up* (Michelangelo Antonioni).
Meilleur acteur : Odded Kotler.
Meilleure actrice : Pia Degermark.

Paris, 20 janvier
Au Quartier latin, la salle du studio des Ursulines, après avoir été rénovée, rouvre ses portes.

New York, 20 janvier
MGM publie dans la presse une annonce pleine page indiquant que la valeur des actions de la compagnie a augmenté de 150 % depuis l'arrivée à la présidence de Robert O'Brien en janvier 1963. (→ 26.5.69)

Paris, 22 janvier
Le prix féminin Marilyn-Monroe est attribué à *Deux ou trois choses que je sais d'elle*, film de Jean-Luc Godard.

Viêt-nam, 31 janvier
Pour soutenir le moral des troupes, l'actrice Jayne Mansfield, surnommée « Buste », effectue une tournée des casernes. (→ 29.6)

Paris, 22 février
Sortie du *Voleur*, de Louis Malle, avec Jean-Paul Belmondo, Geneviève Bujold, Françoise Fabian et Marie Dubois. (→ 4.5.68)

Paris, 28 février
Début du tournage de *la Chinoise*, de Jean-Luc Godard. (→ 10.9)

New York, 2 mars
Judy Garland annonce, au cours d'une conférence de presse, son retour à l'écran dans *la Vallée des poupées* (*Valley of the Dolls*), que Mark Robson doit tourner pour la Fox. Son dernier film remonte à 1963. (→ 12.1.69)

Los Angeles, 8 mars
Shirley MacLaine gagne le procès qu'elle avait intenté à la Fox en 1966. Le studio devra lui payer 800 000 dollars, montant de son cachet pour le film *Bloomer Girl*, qui n'a jamais été tourné. Le contrat de la comédienne stipulait cependant qu'elle devait être payée, que le film se fasse ou non. (→ 9.4.84)

San Francisco, 15 mars
La compagnie d'assurances Transamerica lance une offre publique d'achat sur les Artistes associés. Les dirigeants de celle-ci, Arthur Krim et Robert Benjamin, encouragent leurs actionnaires à accepter cette offre « amicale ». (→ 14.7)

Tunis, 20 mars
Omar Khlifi présente *l'Aube* (*al-Fajr*), premier long métrage entièrement conçu et réalisé par des Tunisiens. (→ 18.10.70)

Paris, 14 avril
Sortie des *Aventuriers*, de Robert Enrico, avec Alain Delon, Joanna Shimkus et Lino Ventura. (→ 5.9.69)

Rome, 15 avril
Le comédien le plus durablement populaire d'Italie, Toto (*Antonio De Curtis Gagliardi, 15.12.1898), meurt d'une crise cardiaque. Né pauvre, d'une mère célibataire, il n'en descendait pas moins des empereurs de Byzance, et il avait pu le faire établir juridiquement sur le tard. Il fut la vedette de plus de cent films comiques.

Lisbonne, 20 avril
Sortie de *Changer de vie* (*Mudar de vida*), de Paulo Rocha, ancien assistant de Renoir sur *le Caporal épinglé*, avec Isabel Ruth et Geraldo del Rei.

New York, 6 mai
Gloria Swanson présente la version restaurée de *Queen Kelly*, d'Erich von Stroheim, dont elle était la productrice et la vedette. Le film, inachevé, n'a jamais été distribué aux Etats-Unis ; il l'a été en Europe mais dans une version écourtée.

Los Angeles, 8 mai
Dans une interview radiophonique, Robin Moore, auteur du livre *les Bérets verts*, dont John Wayne doit tirer un film, déclare que le Pentagone a tout fait pour que le film ne soit pas produit. David Walter, qui avait acheté les droits pour Universal, aurait été menacé de représailles. Le Pentagone publie aussitôt un démenti formel. (→ 16.4.70)

Cannes, 16 mai
François Truffaut donne les premiers tours de manivelle de son film, *La mariée était en noir*, d'après un roman policier américain de William Irish. (→ 17.4.68)

New York, 24 mai
Sortie du film *Luke la Main froide* (*Cool Hand Luke*), de Stuart Rosenberg, avec Paul Newman.

Hollywood, 26 mai
Le réalisateur Stanley Kramer termine le tournage de *Devine qui vient dîner* (*Guess Who's Coming to Dinner*). (→ 11.6)

Los Angeles, 28 mai
Dyan Cannon obtient le divorce d'avec Cary Grant, qu'elle a épousé le 22 juillet 1965. Le divorce est prononcé aux torts exclusifs de l'acteur, « pour traitement brutal et inhumain ». D. Cannon révèle que Grant la séquestrait, la battait et l'avait forcée à deux reprises à prendre du LSD. (→ 29.11.86)

Londres, 10 juin
En présence de la reine a lieu la première du cinquième film de la série des « James Bond », *On ne vit que deux fois* (*You Only Live Twice*), réalisé par Lewis Gilbert, toujours avec Sean Connery, Karin Dor et Donald Pleasence. (→ 6.12.74)

Paris, 19 juin
Jean-Pierre Melville commence le tournage du *Samouraï*, avec Alain et Nathalie Delon. (→ 14.8.68)

Paris, 13 octobre
Le critique et historien du cinéma Georges Sadoul (*4.2.1904) décède après une longue maladie.

Paris, 31 octobre
Le réalisateur Julien Duvivier (*8.10.1896), ancien comédien, succombe à une crise cardiaque alors qu'il circulait au volant de sa voiture. Il a signé plus de 60 films.

Londres, 8 novembre
Le troisième film britannique de Roman Polanski, *le Bal des vampires* (*The Fearless Vampire Killers*), avec Sharon Tate, sort ce jour sur les écrans londoniens. (→ 20.1.68)

Paris, 17 novembre
Première de *Playtime*, de Jacques Tati. (→ 6.1.69)

Los Angeles, 8 décembre
Mike Nichols présente à la presse *le Lauréat* (*The Graduate*), avec Dustin Hoffman dans son premier grand rôle ; rôle que Robert Redford a refusé. (→ 10.4.68)

Paris 19 décembre
Avenue de La-Motte-Piquet, des jeunes gens d'extrême droite saccagent le hall du cinéma Kinopanorama, qui projette *Loin du Viêt-nam*. Le contrôleur de la salle est blessé.

Rome, 27 décembre
Le comédien Marcello Mastroianni est fait commandeur de l'ordre du Mérite de la République italienne.

Paris, 31 décembre
Cette année a vu l'apparition d'une nouvelle structure d'exploitation avec la naissance des premiers établissements multisalles. Dans la capitale c'est le cinéma les Trois Luxembourg, qui a donné le coup d'envoi de ces transformations.

NAISSANCES
Clermont-Ferrand, 31 mai
Sandrine Bonnaire.

Dans une « année Godard » riche de quatre films, « la Chinoise » retient particulièrement l'attention par ses références directes à l'époque.

A 78 ans, Chaplin découvre les stars

Londres, 2 janvier
A l'exception de *l'Opinion publique*, qui date de 1923, Charlie Chaplin a toujours joué dans les films qu'il a lui-même mis en scène. Le film qu'il présente aujourd'hui au Carlton Theatre, *la Comtesse de Hong Kong* (*A Countess From Hong Kong*), fait de nouveau exception à cette règle. Les deux rôles principaux y sont en effet confiés à deux stars internationales : Sophia Loren et Marlon Brando. La première incarne une entraîneuse d'origine russe qui séduit un jeune ambassadeur américain, interprété par Brando, lors d'une escale à Hong Kong. Cette charmante comédie d'amour est la deuxième production anglaise de Chaplin depuis son départ des Etats-Unis. (→ 10.4.72)

Charlie Chaplin dirige Sophia Loren et Marlon Brando dans une scène de « la Comtesse de Hong Kong ».

« La guerre est finie », prix Louis-Delluc

Paris, 13 janvier
C'est à l'unanimité des votes que le prix Louis-Delluc a été attribué au film d'Alain Resnais, *La guerre est finie*. A l'exception de *l'Année dernière à Marienbad*, l'œuvre du réalisateur a toujours été en prise sur le contemporain. Resnais va ici plus loin et s'aventure courageusement vers le film politique. Sorti le 11 mai de l'année dernière, le film *La guerre est finie* bénéficie d'un scénario de l'écrivain espagnol exilé Jorge Semprun. Yves Montand y incarne Diego, un responsable du Parti communiste espagnol. De retour d'une mission en Espagne, il visite des contacts dans les cités HLM d'Ivry et d'Aubervilliers, et y cherche l'un de ses compagnons. L'œuvre insiste sur la lassitude ou l'extrémisme qui guettent ces militants, et sur la précarité de leur existence. L'attribution du prix Louis-Delluc compense le scandale du dernier Festival de Cannes : le gouvernement franquiste y avait exigé le retrait du film. (→ 24.5.74)

Ingrid Thulin et Yves Montand dans le film d'Alain Resnais et Jorge Semprun.

Martine Carol meurt sans mise en scène

Monte-Carlo, 6 février
Martine Carol a succombé à une crise cardiaque peut-être due à un abus de tranquillisants et d'alcool. Elle résidait à l'hôtel de Paris, à Monte-Carlo, depuis plusieurs semaines et attendait toujours le rôle qui allait lui permettre de revenir au premier plan. Née Marie-Louise Mourer le 16 mai 1922, à Biarritz, elle se destine à la carrière de comédienne dès la fin de ses études secondaires. Elle suit les cours de Robert Manuel et de René Simon, et débute au théâtre dans la troupe de Gaston Baty, sous le pseudonyme de Maryse Arley. Après une tentative de suicide qui fit couler beaucoup d'encre, elle obtient le succès grâce à des films tels *Caroline chérie*, de Richard Pottier, *Lucrèce Borgia* et *Nana*, de Christian-Jaque, et surtout *Lola Montès*, de Max Ophuls. Trois fois divorcée, elle avait récemment épousé Mike Eland et avait achevé le tournage de *la Toile*, de Jean-Pierre Cornille.

La vedette au temps de sa gloire, dans « Nana », de Christian-Jaque, qui était alors son mari (1955).

Les contes d'Eric Rohmer et la douce morale du libertinage

Paris, 2 mars
Pour son inauguration, un nouveau cinéma d'art et d'essai, le Studio Gît-le-Cœur, accueille en exclusivité le nouveau film d'Eric Rohmer, *la Collectionneuse*. Il s'agit là du quatrième des six contes moraux de l'auteur, les premiers ayant été *la Boulangère de Monceau*, en 1962, et *la Carrière de Suzanne*, en 1963. Le troisième conte, qui devrait s'appeler *la Fille à bicyclette*, reste encore à tourner : pour celui-ci, Rohmer désirait en effet obtenir le comédien Jean-Louis Trintignant. Ce dernier n'étant pas libre à ce moment-là, le tournage n'a pu être envisagé. Les deux derniers volets du cycle s'intituleront *le Genou de Claire* et *l'Amour, l'après-midi*. Interdite aux moins de dix-huit ans, cette histoire au ton libertin met en scène trois personnages dans une villa de Saint-Tropez : Daniel et Adrien (Daniel Pommereulle et Patrick Bauchau) y sont fascinés par une belle jeune fille qui se dit collectionneuse d'hommes, et qu'incarne Haydée Politoff. L'histoire se veut morale au sens où Adrien, le narrateur, trouve en définitive le courage de ne pas poursuivre une aventure éphémère. Le film semble bien accueilli par le public, mais la presse fait part quant à elle de quelques réticences. (→ 7.6.69)

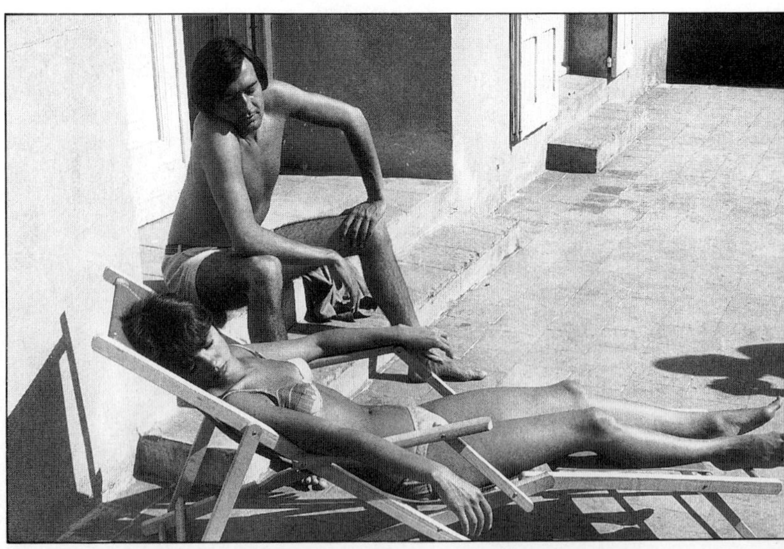

Haydée Politoff et Patrick Bauchau dans « la Collectionneuse ».

Les demoiselles de Jacques Demy font chanter les couleurs

Catherine Deneuve et Françoise Dorléac : « les Demoiselles de Rochefort ». Un univers multicolore où la vie est en bleu.

Paris, 8 mars
Les sœurs Dorléac, Françoise et Catherine (dite Deneuve), incarnent les jumelles Solange et Delphine dans le nouveau film de Jacques Demy, *les Demoiselles de Rochefort*. Après *Lola*, qui se déroulait à Nantes, et *les Parapluies de Cherbourg*, Jacques Demy poursuit donc son exploration de nos côtes occidentales. Exploration qui ne cède pourtant qu'à l'imaginaire de son auteur et non au documentaire : le tournage a bien eu lieu à Rochefort-sur-Mer, dans les Charentes-Maritimes, mais la ville qui apparaît dans le film n'a que peu à voir avec cette charmante sous-préfecture. L'endroit ne devra peut-être sa notoriété qu'à la place Colbert, située dans le centre-ville. Avant d'y amener son équipe de tournage, le 27 mai de l'année dernière, Demy avait en effet visité de nombreuses villes de province. Il y recherchait une place pouvant accueillir la chorégraphie et les mouvements de caméra de son film. Son choix s'étant enfin porté sur Rochefort, la production a délégué le décorateur Bernard Evein et des équipes de peintres pour repeindre de blanc, de bleu et de rose toutes les façades qui entourent cette fameuse place Colbert. Là, sur le modèle triomphal des *Parapluies de Cherbourg*, Jacques Demy a mis en scène cette comédie musicale en CinemaScope, très colorée, et dont tous les interprètes rivalisent de fantaisie. Le réalisateur s'est même offert le luxe de faire appel à deux des plus grands noms de la comédie musicale américaine : George Chakiris et Gene Kelly. Ils font ne sont pas étrangers au succès... (→ 29.6)

Le cinéma algérien s'organise

Alger, 17 mars
Continuant ses efforts dans les domaines de la réglementation des activités cinématographiques et de la promotion d'un cinéma national de qualité, le gouvernement vient de promulguer plusieurs décrets portant création de l'Office national pour le commerce et l'industrie cinématographique, du Centre algérien de la cinématographie, d'un Fonds de développement de l'art, de la technique et de l'industrie cinématographique, et d'une Commission nationale de censure. Par ailleurs, l'un des décrets promulgués porte sur la concession aux communes, de l'exploitation des fonds de commerce de spectacles cinématographiques, qui était placée sous le seul monopole de l'Etat depuis août 1964. L'entrée en application de toutes ces mesures sans précédent devrait donner un sérieux coup de fouet au tout jeune cinéma algérien. Les jeunes réalisateurs, formés notamment à Paris, à Rome et dans les écoles des pays de l'Est, peuvent désormais espérer tourner autre chose que des films documentaires officiels et des œuvres de fiction pour la télévision. (→ 1.7.69)

L'enfant juif en détresse fait la conquête du vieil antisémite

Paris, 11 mars
Voilà un film qui ne doit pas son succès qu'à la seule présence du grand Michel Simon ! Premier long métrage de Claude Berri, *le Vieil Homme et l'Enfant* raconte une histoire quasi autobiographique qui tenait particulièrement au cœur du réalisateur. Il s'agit de l'histoire d'une grande et étrange amitié qui naît à l'époque de l'Occupation entre un ancien de Verdun, pétainiste et antisémite, et un petit garçon dont il ignore l'origine juive ! Le film a le charme et la fraîcheur des premiers films de la Nouvelle Vague, dont Berri semble avoir bien retenu les leçons. Magistral et plus vrai que nature dans le rôle de Pépé, un vieux gâteux partisan du Maréchal, Michel Simon donne à ce personnage une épaisseur toute humaine qui le rend bien plus pathétique et attachant qu'odieux. Le petit Alain Cohen, fragile et émouvant, lui donne la réplique avec le naturel et la grâce propres aux enfants. Œuvre simple, pétrie de chaleur humaine, *le Vieil Homme et l'Enfant* est aussi une chronique attendrissante de la vie d'un vieux couple reclus à la campagne et qui ne connaît de la guerre que les échos qu'en donne la radio. Le film de Berri a suffisamment de qualités pour devenir un succès. (→ 18.9.68)

Alain Cohen et Michel Simon : « le Vieil Homme et l'Enfant », de C. Berri.

De Funès et Bourvil emplissent les salles

Bourvil, Louis de Funès et Terry-Thomas dans « la Grande Vadrouille ».

Paris, 2 avril
Après le triomphe du *Corniaud*, qui a totalisé 915 000 entrées en première exclusivité à Paris, le trio formé par Gérard Oury, derrière la caméra, et Louis de Funès et Bourvil, devant la caméra, vient de frapper encore plus fort avec *la Grande Vadrouille*. En effet, ce dernier film totalise à ce jour 1 295 000 spectateurs à Paris, battant ainsi tous les records du box-office. En outre, cette partie de cache-cache entre les soldats allemands et l'hilarant duo Bourvil - de Funès continue à engranger les spectateurs dans les cinémas de quartier et dans les salles de demi-exclusivité. (→ 7.3.69)

La soirée des Oscars a frôlé le drame

Santa Monica, 10 avril
Trois heures avant le début de la cérémonie, le public et les organisateurs ignoraient encore si celle-ci allait pouvoir se dérouler comme c'était initialement prévu. En effet, la chaîne de télévision ABC était en grève et renonçait à la retransmission, ce qui représentait un manque à gagner de 700 000 dollars pour l'académie. Finalement, tout rentrait dans l'ordre et Bob Hope pouvait faire de nouveau office de maître de cérémonie. Nommé dans treize catégories, *Qui a peur de Virginia Woolf?* (*Who's Afraid of Virginia Woolf?*) reçoit finalement cinq Oscars, dont ceux de la meilleure actrice à Elizabeth Taylor et du meilleur second rôle féminin à Sandy Dennis. L'Oscar du meilleur film va à *Un homme pour l'éternité* (*A Man for All Seasons*). Ce film vaut aussi à Fred Zinnemann l'Oscar du meilleur réalisateur et à Paul Scofield celui du meilleur acteur. Walter Matthau obtient le prix du meilleur second rôle masculin dans *la Grande Combine* (*The Fortune Cookie*), de Billy Wilder. Le Français Claude Lelouch figurait dans la catérogie du meilleur réalisateur. Si n'est pas récompensé à ce titre par un Oscar, son film *Un homme et une femme* en reçoit deux : celui du meilleur film étranger et celui du meilleur scénario original. (→ 19)

Robert Shaw est Henry VIII dans « Un homme pour l'éternité », de Zinnemann, oscar du meilleur film.

Glauber Rocha au cœur du Cinema Novo

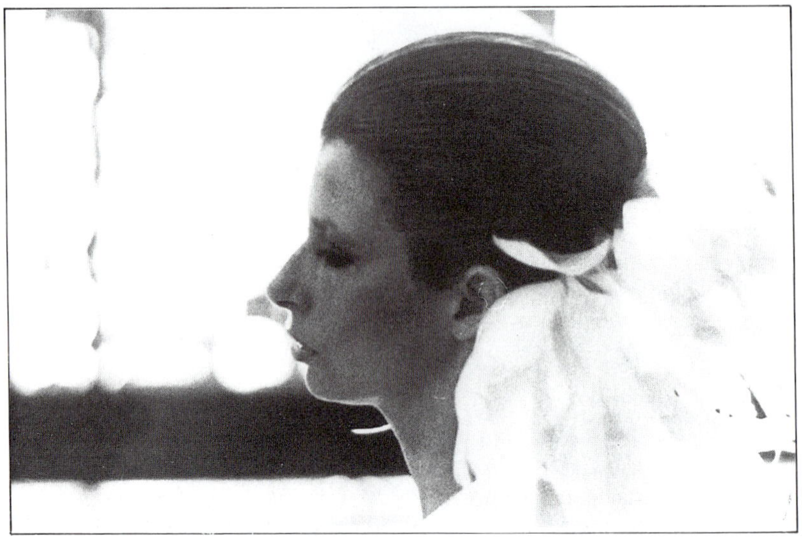

« Terre en transe » : une œuvre politique, sous-tendue par le lyrisme.

Rio de Janeiro, 2 mai
Chef de file incontesté du Cinema Novo, mouvement contestataire des jeunes cinéastes brésiliens, Glauber Rocha a fait sensation il y a trois ans avec son film *le Dieu noir et le Diable blond*. Il récidive aujourd'hui avec un film tout aussi lyrique : *Terre en transe* (*Terra em Transe*). Sur son lit de mort, le héros du film se remémore son passé et sa lutte politique contre les représentants des multinationales et de l'Eglise. Vaincu, il mourra de désespoir. La terre en transe, c'est le Brésil, le pays de toutes les injustices et de tous les contrastes. Cinéaste engagé, Glauber Rocha s'est donné pour mission de défendre la cause de son peuple. Il le fait ici avec véhémence et rage, et ce d'autant qu'il sait que son double combat, de cinéaste indépendant et de militant progressiste, est difficile, sinon dérisoire. En grand artiste, Rocha donne à ses ressentiments et à son désespoir une forme poétique; c'est incontestablement grâce à ceci qu'il remporte une victoire. (→ 23.8.81)

Le film qui a révélé Rocha : « le Dieu noir et le Diable blond », fable mystique chez les « cangaceiros ».

Un record français pour l'Amérique

New York, 19 avril
Récompensé par deux Oscars, *Un homme et une femme*, de Claude Lelouch, est l'un des rares films français à effectuer une brillante carrière aux Etats-Unis. Il est sorti au début de l'été dernier dans une seule salle new-yorkaise (immédiatement après sa présentation au Festival de Cannes) sous le titre *A Man and a Woman*. Le succès a été tel que de nombreuses salles d'art et essai d'autres villes l'ont mis à l'affiche. Aujourd'hui, la revue professionnelle *Variety* lui consacre un article où l'on peut lire : « Selon les Artistes associés, c'est le film le plus profitable de l'histoire de notre compagnie, compte tenu du montant de l'investissement qu'il représente : 100 000 dollars. » *Un homme et une femme* a déjà rapporté deux millions de dollars, chiffre qui devrait tripler avant la fin de son exploitation. Depuis la remise des Oscars, d'interminables files d'attente s'allongent devant les salles qui le projettent. (→ 7.12.70)

Antonioni et Losey donnent du lustre au cinéma britannique

Cannes, 12 mai
On s'attendait à voir Robert Bresson décrocher le grand prix du Festival de Cannes pour son film sublime, *Mouchette*; il n'a eu droit finalement qu'à un « hommage unanime » du jury! Celui-ci lui a préféré en effet deux films battant pavillon britannique, mais dont le premier, *Blow Up*, est réalisé par l'Italien Michelangelo Antonioni, tandis que le second, *Accident*, est mis en scène par l'Américain Joseph Losey. Adapté d'une nouvelle de l'écrivain argentin Julio Cortazar, *Blow Up* raconte l'histoire d'un photographe qui croit apercevoir sur l'agrandissement d'une photo prise au hasard la preuve d'un meurtre. Exercice de style passionnant, ce film tourné à Londres a valu à Antonioni le grand prix du festival. Récompensé par le grand prix spécial du jury, *Accident* marque la deuxième collaboration, après *The Servant*, entre Losey et l'auteur dramatique anglais Harold Pinter. A travers l'histoire d'un accident de voiture dont est victime un étudiant d'Oxford, le réalisateur et son scénariste ont construit une œuvre fascinante. Dirk Bogarde et Stanley Baker y campent avec talent deux professeurs qui soupirent après une de leurs étudiantes. Parmi les révélations du Festival figure le film algérien *Vent des Aurès*, de Mohamed Lakhdar Hamina, qui a remporté le prix de la première œuvre. (→ 6.5.68)

Stanley Baker et Jacqueline Sassard dans « Accident », de Joseph Losey.

Un institut du film à New York

Washington, 5 juin
La création de l'American Film Institute vient d'être annoncée officiellement. Parmi les objectifs de l'institut figurent la formation des jeunes cinéastes, la préservation du patrimoine et la publication des catalogues des films produits aux Etats-Unis depuis les débuts du cinéma. Le budget de l'institut, estimé à cinq millions de dollars par an, sera partagé entre le gouvernement fédéral, la MPAA, la fondation Ford et d'autres groupes privés. Présidé par George Stevens Jr., l'institut compte de nombreux réalisateurs, acteurs et producteurs dans son conseil. (→ 16.7.68)

« Le Vent des Aurès », de Lakhdar Hamina, prix de la première œuvre.

Spencer Tracy a rempli tous ses contrats

Hollywood, 11 juin
Malade depuis plus d'un an, le cœur de Spencer Tracy a lâché. L'acteur s'est éteint dans sa résidence de Beverly Hills. Né le 5 avril 1900 à Milwaukee, dans le Wisconsin, il voulait devenir médecin, mais, durant ses études, il découvre le plaisir de jouer la comédie, part pour New York et décroche plusieurs petits rôles au théâtre. En 1930, il débute à l'écran grâce à John Ford dans *Up the River*. En trente-sept ans de carrière, il a tourné soixante-quatorze films. Deux semaines avant sa mort, il venait d'achever *Devine qui vient dîner* (*Guess Who's Coming to Dinner*) sous la direction de Stanley Kramer. Spencer a retrouvé là pour la neuvième fois sa partenaire Katharine Hepburn, qui reste le grand amour. Il a toujours néanmoins refusé de divorcer de Louise Treadwell, épousée le 12 septembre 1923, mère de ses deux enfants John et Louise, et dont il vivait séparé depuis quelques années. Tracy étant trop fatigué, aucune compagnie ne voulut l'assurer pour la durée de cet ultime tournage, qui ne put avoir lieu qu'avec la garantie de Kramer et de Katharine Hepburn sur leurs propres cachets.

Deux tragédies sur la route des stars

La Nouvelle-Orléans, 29 juin
A deux jours d'intervalle, deux comédiennes ont trouvé la mort dans des conditions presque identiques : la Française Françoise Dorléac et l'Américaine Jayne Mansfield. Depuis quelques jours, Françoise passait des vacances près de Saint-Tropez avec Catherine Deneuve (sa sœur) et David Bailey (le mari de celle-ci). Le 27, elle devait prendre à Nice l'avion pour Paris. Elle était en retard, la chaussée était glissante. Françoise ne vit pas la bretelle menant à l'aéroport, braqua trop tard. Sa voiture fit des tonneaux. Elle fut tuée sur le coup. Née à Paris le 21 mars 1942, on l'avait déjà vue dans quinze films, dirigée par René Clair, Roman Polanski, Ken Russell, François Truffaut... Elle était récemment la vedette des *Demoiselles de Rochefort*, de Jacques Demy, auprès de sa sœur... Aujourd'hui, Jayne Mansfield, surnommée le Buste en raison de son opulente poitrine, est morte décapitée. Jayne était partie le matin en direction de la Nouvelle-Orléans, accompagnée de son avocat et de son chauffeur. Devant eux, un camion freina brutalement, gêné par un nuage d'insecticide. La voiture s'encastra sous lui. Les trois occupants furent tués instantanément. Née le 19 avril 1933, Jayne venait de divorcer de Matt Cimber, son troisième mari.

Avec Katharine Hepburn dans leur dernier film, « Devine qui vient dîner ».

La tuberculose emporte Scarlett

Londres, 8 juillet
Vivien Leigh, l'héroïne d'*Autant en emporte le vent*, vient de succomber à la tuberculose. Née Vivian Mary Hartley le 5 novembre 1913 à Darjeeling, en Inde, elle a débuté à l'écran comme figurante en 1934. L'année suivante, elle tient déjà le rôle principal dans *Gentleman's Agreement*, de George Pearson. Sa rencontre avec Laurence Olivier date de 1936, lors du tournage de *l'Invincible Armada* (*Fire over England*), de William K. Howard. Le couple reste uni de 1940 à 1960. Récompensée par deux Oscars, elle apparaît pour la dernière fois au cinéma en 1965 dans *la Nef des fous* (*Ship of Fools*), de Stanley Kramer.

« La Religieuse » change de ministre

Paris, 26 juillet
Il aura fallu un changement de gouvernement et le remplacement d'Yvon Bourges, ministre secrétaire d'Etat à l'Information, par Georges Gorse pour que la mesure d'interdiction qui frappe *la Religieuse*, de Jacques Rivette, soit levée. Le film sort toutefois au prix d'un changement de titre. Intitulé désormais *Suzanne Simonin, la religieuse de Diderot*, il évoque la révolte d'une jeune femme, interprétée par Anna Karina, enfermée contre son gré dans un couvent (→ 8.4.68).

Bonnie et Clyde défient une société malade de la crise

Warren Beatty et Faye Dunaway : « Bonnie et Clyde », d'Arthur Penn. Deux jeunes gens dans une aventure suicidaire.

New York, 14 août
Précédée d'une remarquable campagne publicitaire, la sortie de *Bonnie et Clyde*, d'Arthur Penn, déclenche une polémique sans précédent à cause de nombreuses scènes de violence qui ponctuent l'action du film. Inspiré d'une histoire vraie, le film retrace l'équipée sanglante, dans les années 30, d'un mauvais garçon, Clyde Barrow, et d'une jeune fille qui n'a pas froid aux yeux, Bonnie Parker. Pourchassé par toutes les polices des Etats-Unis, le couple, devenu légendaire, commettra une impressionnante série de hold-up et laissera sur son passage de nombreux cadavres avant d'être coincé par les policiers. Bonnie et Clyde, tombés dans un guet-apens, mourront le corps criblé de balles. Plus qu'un film policier spectaculaire, *Bonnie et Clyde* est une reconstitution très réussie et hyperréaliste de l'Amérique à l'époque de la Grande Dépression. Il est admirablement interprété par Warren Beatty, qui en est aussi le producteur, et par Faye Dunaway, véritable révélation du film.

Buñuel et la Chine, maîtres du Lido

Venise, 10 septembre
Luis Buñuel sait toujours nous étonner. Dans *Belle de jour,* adapté du roman homonyme de Joseph Kessel et tourné en France, il explore les secrets de la féminité. Renée (Catherine Deneuve), jeune bourgeoise sage et bien mariée, rêve vices et sévices en maison close. Husson (Michel Piccoli) par son pouvoir machiavélique, lui révèle ce désir de perversité. La Mostra consacre par le Lion d'or ce chef-d'œuvre d'érotisme onirique. Elle se montre aussi attentive à un courant de pensée. Jean-Luc Godard, dans *la Chinoise*, et Marco Bellocchio, dans *La Chine est proche* (*La Cina è vicina*), obtiennent le prix du jury. Leurs films, témoins de la fascination maoïste, balancent entre l'utopie et le scepticisme. (→ 29.12)

Les Majors entre déclin et renaissance

Wilmington, Delaware, 14 juillet
L'annonce du rachat de la firme Warner Bros par Seven Arts, société canadienne spécialisée dans la vente de films à la télévision, ne surprend personne. Cette acquisition est attendue depuis la nomination en mars dernier de Kenneth Hyman, fils du président de Seven Arts, Eliot Hyman, à la tête de la production Warner. Grâce à cette opération, au coût total de 183 942 000 dollars, le conseil d'administration de la Warner espère voir la firme sortir vite de ses problèmes financiers. La nouvelle société, qui garde toutefois le nom de Warner Bros, dispose d'un actif de 254 millions de dollars qui devrait lui permettre de relancer sa production. L'acquisition de Warner Bros intervient trois mois après l'achat de la firme cinématographique Artistes associés par la compagnie d'assurances Transamerica. Cette dernière a obtenu près de quatre-vingts pour cent des actions de Artistes associés, et ce avec la bénédiction du président et de la grande majorité des actionnaires de celle-ci. Ils espèrent en effet pouvoir tirer très rapidement de substantiels bénéfices de cette opération. (→ 10.6.69)

Catherine Deneuve dans « Belle de jour », Lion d'or de la Mostra.

Une année Godard sous le signe de « la Chinoise »

Jean-Luc Godard au tournage de « Week-end ». Le cinéma, art plastique.

Marina Vlady dans « Deux ou trois choses que je sais d'elle ».

Paris, 29 décembre

Avec la sortie de *Week-end*, Jean-Luc Godard achève une année particulièrement prolifique, au cours de laquelle cinq de ses films auront été présentés au public. Le 23 janvier et le 20 mars derniers étaient sortis *Made in USA* et *Deux ou trois choses que je sais d'elle*, deux films que le cinéaste avait réalisés et montés simultanément durant l'été 1966. On avait alors la confirmation que Godard s'engageait vers un cinéma militant. L'action de *Made in USA* est censée se dérouler en 1969 dans un Paris américanisé. Anna Karina y mène l'enquête pour retrouver un homme mêlé à l'affaire Ben Barka. Regorgeant de références et de clins d'œil au film noir américain, *Made in USA* laissait déjà la plupart des spectateurs en chemin, lesquels commençaient à trouver Godard incompréhensible. L'impression s'intensifiait encore avec *Deux ou trois choses que je sais d'elle*, dont le sujet ne saurait réellement se résumer à une histoire de prostitution dans la banlieue parisienne. Pourtant, hormis l'intermède du *Plus vieux métier du monde*, dont Godard a réalisé un sketch, ce sont surtout *la Chinoise* et *Week-end* qui marquent cette année de production. Les deux films sont antithétiques par leur forme, mais dispensent un même discours. Prix spécial du jury au dernier Festival de Venise, *la Chinoise* met en scène cinq jeunes marxistes-léninistes (dont Anne Wiazemsky) grisés par la fièvre révolutionnaire et qui témoignent en tout cas d'un certain malaise de la société française. Ce malaise est plus sensible encore dans *Week-end*, où Jean Yanne et Mireille Darc campent un couple de Français moyens bouffis d'égoïsme et complètement aliénés par la société de consommation. (→ 18.5.68)

Anna Karina dans « Made in USA ».

Jane Fonda dans le petit monde de Vadim

Paris, 25 décembre

Après *la Ronde* et *la Curée*, Jane Fonda est dirigée pour la troisième fois par son mari, Roger Vadim, dans le film *Barbarella* qui sort en France. Adapté d'une bande dessinée érotique de science-fiction de Jean-Claude Forest, il fait sensation car Jane y exécute un strip-tease durant le générique. A la demande de l'actrice, sa nudité est partiellement dissimulée par les titres. Cela n'a pas empêché la censure de sévir puisque *Barbarella* a été totalement interdit pendant plusieurs semaines en raison de diverses scènes jugées trop osées, avant de pouvoir enfin être projeté avec une interdiction aux moins de dix-huit ans. Curieusement, la critique s'insurge et accuse Vadim d'« anti-érotisme ». (→ 21.11.68)

« Barbarella », d'après la bande dessinée de Jean-Claude Forest.

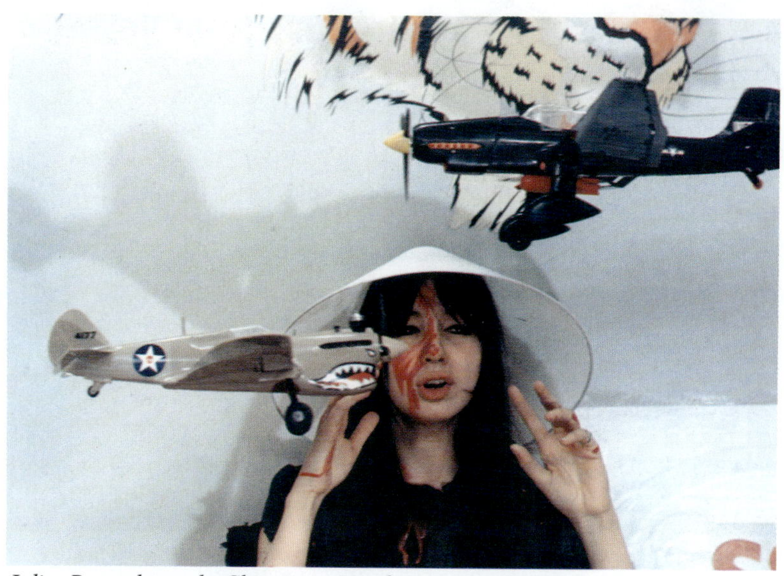

Juliet Berto dans « la Chinoise ». Une longue marche, dans tous les sens.

De Melville à Tati, deux affiches originales signées René Ferracci.

Affiche originale signée Savignac.

« Les Petites Marguerites ».

Iska Khan et Catherine Deneuve dans « Belle de jour », film de Luis Buñuel.

Michel Simon dans « le Vieil Homme et l'Enfant », film de Claude Berri.

C. Deneuve et F. Dorléac dans « les Demoiselles de Rochefort ».

Nadine Nortier dans « Mouchette », film de Robert Bresson.

Mireille Darc et Jean Yanne dans « Week-end », film de Jean-Luc Godard.

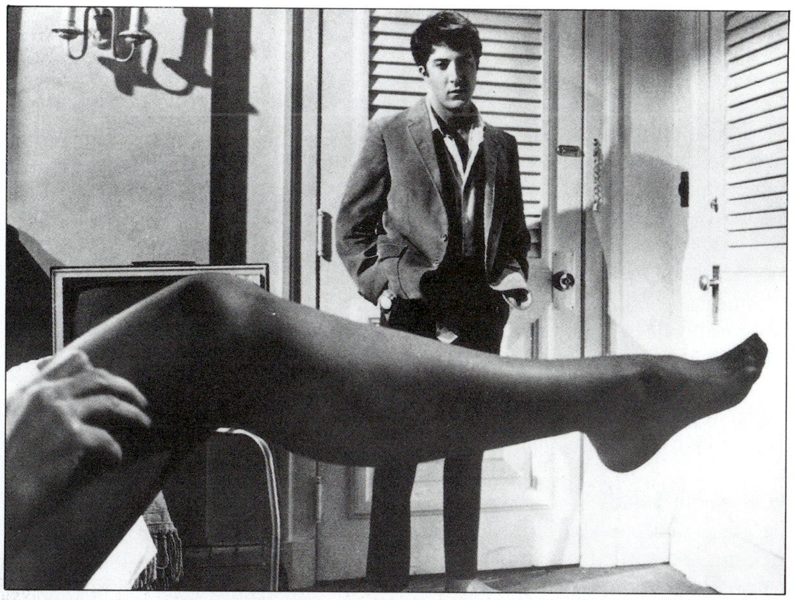

Dustin Hoffman dans « le Lauréat » (« The Graduate »), film de Mike Nichols.

Sophia Loren et Marlon Brando dans « la Comtesse de Hong Kong ».

Roman Polanski et Ferdy Mayne dans « le Bal des vampires ».

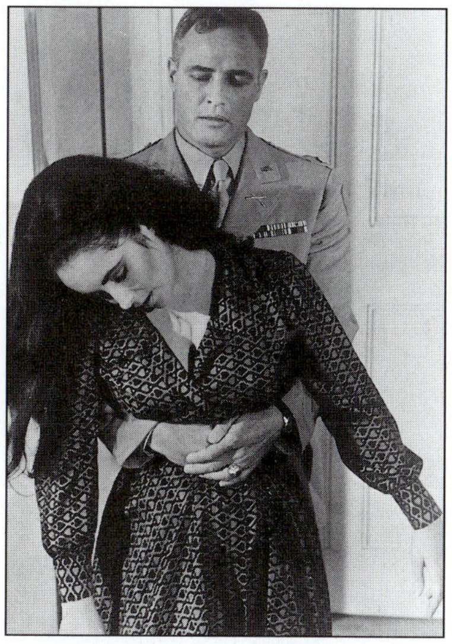

M. Brando et E. Taylor « Reflets dans un œil d'or », de John Huston.

Affiche inspirée par le mouvement pop'art signée René Ferracci.

Peter Sellers dans « Casino royale », de Huston, parodie des aventures de 007.

1968

Oscars, Hollywood
Film : *Dans la chaleur de la nuit* (Norman Jewison).
Acteur : Rod Steiger.
Actrice : Katharine Hepburn.

Mostra d'arte cinematografica, Venise
Lion d'or : *les Artistes sous le chapiteau : perplexes* (Alexander Kluge).
Meilleur acteur : John Marley.
Meilleure actrice : Laura Betti.

Festival international du film, Cannes
Distinctions non décernées

New York, 15 janvier
La douane saisit une copie du court métrage d'avant-garde *Flaming Creatures*, de Jack Smith. Le film est déclaré obscène et le ministère de la Justice intente un procès à son distributeur. (→ 11.3.69)

Londres, 15 février
L'Equipée sauvage (*The Wild One*), film américain de Laslo Benedek, sort enfin sur les écrans. Il était interdit par la censure britannique depuis quatorze ans, pour le motif suivant : les activités d'un gang de motards qui y sont dépeintes étaient jugées « susceptibles d'inciter les jeunes à imiter cette violence ». (→ 18.6.69)

New York, 21 février
Variety rapporte que la réédition d'*Autant en emporte le vent*, en octobre 1967, a rapporté sept millions et demi de dollars en recettes distributeur à la MGM. (→ 26.5.69)

Etats-Unis, 25 février
La MGM lance sa campagne publicitaire pour *2001 : l'Odyssée de l'espace*, avec une annonce de quatre pleines pages dans le *New York Times*, le *Los Angeles Times* et le *Washington Star*. (→ 4.4)

Paris, 8 avril
Georges Gorse, ministre de l'Information, autorise *Les oiseaux vont mourir au Pérou*, film réalisé par Romain Gary, dont l'interdiction était demandée par la Commission de contrôle des films.

New York, 17 avril
Variety annonce que Frank Sinatra et Elizabeth Taylor seront partenaires dans *The Only Game in Town*, dont le tournage est annoncé pour septembre. (→ 17.2.70)

New York, 3 mai
Joseph Levine vend sa société, Embassy Films, au conglomérat Avco pour quarante millions de dollars. Depuis 1960, Embassy s'est fait connaître en distribuant de nombreux films, notamment étrangers. Son plus gros succès est *le Lauréat*, de Mike Nichols.

Paris, 4 mai
Louis Malle de retour d'Inde, où il séjournait depuis début janvier, en rapporte quarante heures de pellicule impressionnée dont il compte tirer un film sur Calcutta. (→ 18)

Paris, 6 mai
Dans une déclaration au quotidien *Combat*, Robert Favre Le Bret, délégué général du Festival de Cannes, indique qu'« il y aura cette année à Cannes des sportifs, des musiciens, des fêtes en tout genre, et un cinéma qui sortira de l'ordinaire ». (→ 18)

Paris, 22 mai
Des cinéastes filment les manifestations et les affrontements déclenchés par la révolte des étudiants ; parmi eux : Jean-Luc Godard. (→ 29.6)

Los Angeles, 1er juin
Le réalisateur Jacques Demy tourne *Model Shop*. (→ 1.3.70)

New York, 3 juin
Le peintre et cinéaste Andy Warhol est atteint par des coups de revolver tirés par une personne de son entourage, Valeria Solanis. Il est à l'hôpital dans un état critique.

Washington, 16 juillet
L'American Film Institute nomme un comité de trois spécialistes qui sera chargé d'entreprendre l'élaboration d'un catalogue des films produits depuis les débuts du cinéma aux Etats-Unis. (→ 2.2.71)

Hollywood, 5 août
Le réalisateur italien Michelangelo Antonioni commence le tournage de son premier film américain, *Zabriskie Point*, avec Mark Frechette et Daria Halprin. (→ 4.9.73)

Ramatuelle, 14 août
C'est Alain Delon qui a insisté auprès du réalisateur Jacques Deray et des producteurs pour que Romy Schneider soit sa partenaire dans le film *la Piscine*, dont le tournage commence ce jour. (→ 30.1.69)

Etats-Unis, 31 août
Robert Redford inaugure une station de ski écologique, qu'il a créée et baptisée Sundance. (→ 6.6.73)

Rome, 13 septembre
Théorème, de Pier Paolo Pasolini, est saisi sur ordre du parquet de la ville. (→ 18)

Paris, 18 septembre
Claude Berri présente *Mazel Tov ou le Mariage*, avec lui-même, la chanteuse Régine dans son premier rôle et Elisabeth Wiener. (→ 20.11)

Stockholm, 29 septembre
Sortie de *la Honte* (*Skammen*), d'Ingmar Bergman, avec Liv Ullmann et Max von Sydow : les déchirements d'un couple pendant une guerre civile. (→ 5.3.73)

Paris, 30 octobre
Sortie de *la Chamade*, d'Alain Cavalier, d'après le roman de Françoise Sagan, avec Catherine Deneuve et Michel Piccoli. (→ 9.1.70)

Paris, 5 novembre
Le gouvernement autorise finalement la sortie de *Quarante-Huit Heures d'amour*, de Cecil Saint-Laurent, retenu par la censure durant quelques semaines.

Paris, 12 novembre
Les cours de l'Idhec (Institut des hautes études cinématographiques) se donneront désormais au cinéma Ranelagh et dans l'immeuble dont il occupe le rez-de-chaussée, rue des Vignes.

San Francisco, 21 novembre
La comédienne Jane Fonda, très engagée politiquement, va défendre les Indiens qui se sont installés sur l'île d'Alcatraz. (→ 16.4.70)

Italie, 29 novembre
Le film français *Les oiseaux vont mourir au Pérou*, de Romain Gary, est interdit dans tout le pays.

Londres, 30 novembre
Première du film de Jean-Luc Godard, *One plus one*, avec les Rolling Stones. (→ 10.7.70)

Paris, 6 décembre
Cinq salles appartenant au circuit Gaumont retirent de l'affiche le film de Jean-Pierre Mocky, *la Grande Lessive*, en dépit de son succès, pour le remplacer par *Shalako*, d'Edward Dmytryk.

Paris, 9 décembre
Les producteurs de *la Grande Lessive* poursuivent la Gaumont en justice, pour rupture de contrat.

Paris, 13 décembre
Le prix Georges-Sadoul, décerné pour la première fois par un jury de critiques en souvenir du grand historien mort en octobre 1967, est attribué à *Goto, île d'amour*, réalisé en France par le cinéaste polonais Walerian Borowczyk, avec Pierre Brasseur et Ligia Branice. (→ 9.12.70)

Paris, 22 décembre
Trois cinémas parisiens spécialisés dans le film érotique, le Strasbourg, le Pix et le Bosphore, sont fermés par la police jusqu'à la mi-février.

Italie, 31 décembre
La production de l'année atteint 254 films, y compris les coproductions (182 films en 1965). Une quarantaine de films se rattachent au genre de la comédie érotique.

Œuvre la plus ambitieuse du cinéma de science-fiction, « 2001 : l'Odyssée de l'espace » est aussi l'un des sommets de l'histoire du septième art.

Benjamin, ou l'amour en état de grâce

Paris, 12 janvier
Commencée en 1961, la collaboration entre le réalisateur Michel Deville et la scénariste Nina Companeez, fille du scénariste Jacques Companeez, atteint la perfection avec *Benjamin ou les Mémoires d'un puceau.* Evocation pleine de grâce de la France libertine du milieu du XVIIIe siècle, le film a pour sujet l'éducation sentimentale et sexuelle d'un jeune puceau, interprété par Pierre Clémenti. Aux belles aristocrates et aux soubrettes délurées qui se le disputent, Benjamin préférera la douce et diaphane Anne de Clessy, incarnée superbement par Catherine Deneuve. (→ 2.1.80)

P. Clémenti et Catherine Deneuve : « Benjamin ou les Mémoires d'un puceau ».

Roman Polanski a épousé Sharon Tate

Londres, 20 janvier
En 1967, le réalisateur d'origine polonaise Roman Polanski tournait *le Bal des vampires* (*Dance of the Vampires*), à Londres, avec une jeune comédienne américaine peu connue, Sharon Tate. Aujourd'hui âgé de trente-quatre ans, Roman épouse Sharon. S'il a commencé sa carrière en Pologne, l'a poursuivie en France puis en Angleterre où il a réalisé *Répulsion* et *Cul-de-sac*, Polanski a l'intention de s'établir aux Etats-Unis avec sa femme. Il recherche actuellement une propriété à Hollywood, car il vient de signer un contrat pour la réalisation de *Rosemary's Baby*. (→ 12.6)

Les nouveaux mariés étaient déjà partenaires dans « le Bal des vampires ».

Ce monde étrange où règnent les singes

Charlton Heston dans « la Planète des singes », de Franklin J. Schaffner.

New York, 9 février
Adapté du roman de Pierre Boulle, *la Planète des singes* (*Planet of the Apes*), de Franklin J. Schaffner, marquera sans doute une date dans l'histoire de la science-fiction. Le héros du film est un astronaute, interprété par Charlton Heston, qui échoue sur une planète gouvernée par les singes ; ceux-ci le traitent, lui, homme, comme un animal mentalement inférieur. Ce n'est qu'après avoir réussi à s'échapper dans une zone interdite, en compagnie d'une « spécialiste singe de l'homme », que l'astronaute découvrira que l'étrange planète n'est autre que la Terre, ou ce qui en reste après une catastrophe nucléaire. Admirablement servi par les maquillages de John Chambers, ce film est une véritable fable philosophique, assez pessimiste, sur le devenir de l'humanité. (→ 18.6.69)

Carl Th. Dreyer est mort riche de projets

Copenhague, 20 mars
La mort, à l'âge de soixante-dix-neuf ans, du réalisateur danois Carl Theodor Dreyer (*3.2.1889) inspire un sentiment qui dépasse la simple tristesse : une honte mêlée de colère. Comment accepter l'accueil humiliant réservé à son film « chant du cygne », *Gertrud,* sorti en décembre 1964 à Paris, puis en janvier 1965 à Copenhague ? La texture de cette œuvre, qui traduisait la prise de conscience d'une jeune femme trahie par l'amour, est restée incomprise. On n'y a vu que solennité et pesanteur de style. Pourtant *Gertrud* est un film aussi pudique que réellement passionné. Après cet échec, il paraît révoltant que Dreyer ait été tout juste autorisé à diriger le cinéma Dagmar, dans le centre de sa ville natale. Il n'avait pas renoncé cependant à la réalisation. Il avait en projet une *Médée* et surtout un *Jésus-Christ juif* qui le hantait depuis 1949. Il voulait donner à ce film un caractère humain et social, proche de la réalité historique et politique. Sa combativité n'avait pas été amoindrie par l'âge ni par les désillusions. Pour citer *Gertrud,* sa vie aura été « une longue, longue suite de rêves se superposant les uns aux autres ».

Un amour obstiné de Vittorio De Sica

Fains, 6 avril
Un mariage dans ce petit village de l'Eure, par une belle matinée de printemps, voilà qui ne devrait pas émouvoir outre mesure M. Louis Duguet, maire de Fains. Pourtant, il n'oubliera pas de sitôt cette cérémonie. Les questions rituelles qu'il a posées à ce futur couple lui paraissaient insolites. Elles s'adressaient à des gens qu'il avait peut-être vus au cinéma, qu'il connaissait en tout cas de réputation. M. Vittorio De Sica vient d'épouser dans sa mairie Mlle Maria Mercader ! Pourquoi si loin de Rome et des fastes de l'écran ? L'histoire de cet amour vaudrait un film. Les nouveaux mariés s'aiment depuis longtemps. Ils se sont rencontrés lors d'un incendie dans les studios de Cinecittà en 1940. Vittorio, acteur très

Avec Maria Mercader lors d'une précédente tentative de régularisation.

populaire, mettait en scène *Roses écarlates*, son premier film. Maria Mercader, jeune et blonde Catalane, avait fui la guerre civile et jouait dans *la Hotte du père Martin*, de Mario Bonnard. Le séduisant quadragénaire n'a pas mis longtemps à s'éprendre de l'ingénue, mais, pour un Italien, déjà marié, père d'une petite fille de surcroît, le divorce ne s'envisageait pas. Longtemps, la première femme de Vittorio a refusé une rupture. Maria a su attendre. Elle a élevé leurs deux fils, renoncé à sa carrière. Il y a deux ans, tous deux devenaient citoyens français pour pouvoir se marier. Fains les a séduits par son calme et par sa discrète gentillesse. (→ 10.4.72)

Kubrick et les surprises de l'espace

« 2001 : l'Odyssée de l'espace », de Stanley Kubrick : à travers les millénaires et les galaxies, la recherche de l'homme.

New York, 4 avril
Jusqu'ici, Stanley Kubrick s'est essayé avec brio à différents genres, dont le policier et le film de guerre. Il lui restait à tenter une incursion dans l'univers de la science-fiction. Avec *2001 : l'Odyssée de l'espace* (*2001 : A Space Odyssey*), il réussit non seulement un chef-d'œuvre du genre, mais aussi un film qui marquera certainement une date dans l'histoire du cinéma. Inspiré d'une nouvelle d'Arthur C. Clarke, le film nous fait voyager à travers le temps, de l'aube de l'humanité à l'an 2001, sur les traces d'un étrange monolithe noir. Le film fascine par son aspect d'opéra spatial grandiose, auquel la musique de Johann et Richard Strauss donne une dimension féerique. Conçues par Douglas Trumbull, avec la collaboration des ingénieurs de la Nasa, les extraordinaires maquettes de la navette Discovery et du robot HAL 9000 confèrent au film une crédibilité quasi scientifique. Tourné avec un budget important, le film séduit autant par ses prouesses techniques, notamment dans les scènes « psychédéliques » de l'arrivée de Discovery dans l'orbite de Jupiter, que par son contenu philosophique, qui en fait la première véritable œuvre cinématographique de science-fiction pour adultes. (→ 8.6.69)

Une rare conjonction de talents, dont Douglas Trumbull aux effets spéciaux, fait de ce film une grande étape.

Les Oscars

Santa Monica, 10 avril
Six jours après l'assassinat du pasteur Martin Luther King, l'académie des Oscars décerne le prix du meilleur film à *Dans la chaleur de la nuit* (*In the Heat of the Night*), de Norman Jewison, dont l'histoire est une enquête policière menée par un Noir dans une petite ville raciste du sud des Etats-Unis. Pour ce même film, Rod Steiger obtient le prix d'interprétation masculine. Mike Nichols est couronné meilleur réalisateur pour *le Lauréat* (*The Graduate*). Quant à l'Oscar de la meilleure actrice, il va à Katharine Hepburn pour *Devine qui vient dîner* (*Guess Who's Coming to Dinner*), de Stanley Kramer. « Je suis énormément touchée », a-t-elle dit au journaliste qui lui a appris la nouvelle, car elle n'a pu recevoir son prix : Katharine est à Nice, où elle tourne *la Folle de Chaillot* sous la direction de Bryan Forbes. (→ 14.4.69)

L'affaire Langlois met le cinéma mondial sur le pavé de Paris

Manifestation rue d'Ulm pour Henri Langlois. A gauche, Claude Chabrol ; à droite, Simone Signoret et Michel Piccoli.

Paris, 30 avril
L'affaire de la Cinémathèque française se clôt par le retour d'Henri Langlois à ses fonctions. Si la crise n'a éclaté qu'en février dernier, l'historique de cette tentative de prise en main par le gouvernement est beaucoup plus long. Les subventions de l'Etat, après la Libération, n'ont cessé d'augmenter, et deviennent même considérables à partir de 1959, lorsque André Malraux prend la charge des Affaires culturelles. En contrepartie de sa participation financière, l'Etat exige des représentants au conseil d'administration. On retire alors à Langlois le contrôle des fonds et on lui adjoint un directeur financier. Très vite, des chicanes de trésorerie se font jour, tandis que les fonctionnaires croissent en nombre au conseil d'administration, jusqu'à obtenir la majorité absolue. Lors du conseil du 9 février dernier, ceux-ci élisent Pierre Moinot à la présidence de la Cinémathèque, en remplacement du cinéaste Marc Allégret. Moinot réclame la suspension de Langlois et fait nommer à sa place Pierre Barbin. *Le Monde* du 10 février publie un texte de protestation signé de quarante réalisateurs, et c'est bientôt toute la profession qui se mobilise : tout le cinéma français manifeste ainsi devant le palais de Chaillot le 14 février. Du monde entier parviennent des télégrammes de soutien (dont ceux de Charlie Chaplin et d'Orson Welles), tandis que nombre de cinéastes font interdire la projection de leurs films dans ce que tout le monde appelle désormais la « Barbinthèque ». Devant l'ampleur du scandale, le pouvoir ne peut que reculer, et supprime contrôle et subventions. La Cinémathèque sera donc libre mais pauvre. (→ 18.5)

Un peu de fiel dans le cœur de Truffaut

Paris, 17 avril
C'est Jeanne Moreau qui incarne la bien nommée Julie Kohler dans le dernier film en date de François Truffaut : *La mariée était en noir*. Adaptée d'un roman de William Irish, cette histoire policière ne recherche aucunement la vraisemblance. En fait, Julie y revêt souvent les traits allégoriques de la mort : au sortir de l'église qui consacrait son mariage, elle a vu son époux s'effondrer d'une balle en plein cœur. Animée par le désir de vengeance, elle traque alors impitoyablement les cinq responsables de cet accident, incarnés par Michel Bouquet, Claude Rich, Michael Lonsdale, Charles Denner et Daniel Boulanger. (→ 18.5)

Charles Denner et l'image de Jeanne Moreau dans « La mariée était en noir ».

Henri Langlois reprend sa place rue de Courcelles, et les clés de l'avenir...

Le Festival de Cannes sombre dans la tempête

Poussés par les événements de Paris, les jeunes cinéastes s'emparent du Palais.

« Peppermint frappé », de Carlos Saura, première victime du naufrage.

La Nouvelle Vague s'accroche au rideau

Cannes, 18 mai
Robert Favre le Bret, président du Festival de Cannes, avait toutes les raisons de se réjouir : la cuvée 1968 s'annonçait particulièrement intéressante et les invités prestigieux se sont montrés nombreux à la soirée d'ouverture, au cours de laquelle a été présenté *Autant en emporte le vent*, en 70 mm et en version stéréophonique. Or, au même moment, à Paris, les étudiants affrontaient les policiers sur les barricades dressées dans les rues du Quartier latin. Pendant quelques jours, les festivaliers ont semblé peu concernés par les échos venus de la capitale, mais aujourd'hui, juste avant le début de la projection du film espagnol *Peppermint frappé*, de Carlos Saura, un groupe de jeunes gens en colère, apparemment désireux d'interrompre la séance, sont montés sur la scène et se sont accrochés au rideau, déclenchant une rixe. « Non mais ! on ne va pas faire comme si de rien n'était alors qu'on se bat sur les barricades à Paris ! » semblaient dire les meneurs, parmi lesquels on reconnaît les jeunes loups de la Nouvelle Vague, Godard et Truffaut en tête, mais aussi Claude Lelouch, Claude Berri, le critique Jean-Louis Bory et l'acteur Jean-Pierre Léaud. Outre le désir de se solidariser avec les étudiants, cette révolte est provoquée aussi par les suites de la décision du ministre André Malraux de démettre Henri Langlois de son poste de directeur de la Cinémathèque. A Cannes, comme à Paris, les événements vont se précipiter. Ainsi, à la suite d'une conférence de presse consacrée à « l'affaire de la Cinémathèque », l'assistance, réalisateurs et journalistes confondus, a décidé de tenir un meeting permanant dans la Grande Salle du Palais. C'est alors que parvient la nouvelle de la démission de quatre membres du jury, dont Louis Malle et Roman Polanski ; suivie de celle du retrait d'un certain nombre de films par décision de leurs réalisateurs, dont Alain Resnais, Carlos Saura et Milos Forman. (→ 22)

Une sélection internationale pour rien

Cannes, 18 mai
Si on se réfère au catalogue de ce 21e Festival de Cannes, les sélectionneurs semblaient avoir fait un travail de prospection particulièrement poussé du côté des cinématographies très prometteuses mais qui, jusqu'ici, étaient peu représentées au Festival. Les films sélectionnés témoignent en effet des nouvelles tendances du cinéma mondial, particulièrement de l'émergence de toute une génération de jeunes réalisateurs qui promettent d'être les maîtres du cinéma de demain. Parmi eux figurent deux représentants du jeune cinéma tchécoslovaque : Jan Nemec, qui présente un film audacieux et kafkaïen, *la Fête et les invités*, et Milos Forman, révélé par *les Amours d'une blonde* et dont le film sélectionné, *Au feu les pompiers !*, est une satire virulente de la société tchécoslovaque. Autre représentant du renouveau des cinémas des pays de l'Est, le Hongrois Miklos Jancso, dont l'esthétisme et la forme très originale de son film *Rouges et Blancs* auraient fait sensation. Le réalisateur espagnol Carlos Saura avait des chances de figurer au palmarès si l'interruption de la projection de son film *Peppermint frappé* n'avait pas été le signe de l'arrêt de la manifestation cannoise. (→ 23.5.69)

Les états généraux du cinéma français rêvent de révolution

Paris, 29 juin
Né le 15 mai dernier à l'école de cinéma de Vaugirard et à la Sorbonne, le mouvement de contestation a pris depuis une ampleur inattendue, qui culmine aujourd'hui avec la tenue de l'assemblée générale extraordinaire des états généraux du cinéma. Soutenu par près de 1 400 professionnels du cinéma, dont les réalisateurs Louis Malle, Jacques Rivette et Marin Karmitz, ainsi que par des élèves des écoles de cinéma, notamment l'Idhec et Vaugirard, ce mouvement a déjà plusieurs actions spectaculaires à son actif : arrêt du Festival de Cannes ; prise de parole dans les salles de cinéma ; grèves dans les studios de Francœur, de Saint-Maurice et de Boulogne ; soutien aux journalistes de l'ORTF qui se trouvent dans l'impossibilité d'assurer l'objectivité du journal télévisé ; proclamation de la déchéance du Centre national de la cinématographie, et, enfin, manifestation de soutien à Daniel Cohn-Bendit après son interdiction de séjour. Les états généraux ont également adopté un programme en plusieurs points : destruction des monopoles avec création d'un organisme national unique de diffusion et d'exploitation ; création d'un organisme national des moyens techniques (laboratoires, studios...) ; adoption de l'autogestion pour élire les responsables à tous les échelons ; création de groupes de production autogérés qui ne seront pas soumis à la loi du profit capitaliste ; abolition de la censure ; intégration de l'enseignement de l'audiovisuel dans le cadre de l'enseignement et union étroite du cinéma avec une télévision autogérée, indépendante du pouvoir et de l'argent. (→ 16.5.69)

La grossesse démoniaque de Rosemary

Mia Farrow dans « Rosemary's Baby », de Roman Polanski. Bébé-cauchemar.

New York, 12 juin
A plusieurs reprises déjà, le cinéaste Roman Polanski s'était aventuré dans le monde de l'étrange, notamment dans *Répulsion.* Avec son nouveau film, *Rosemary's Baby*, d'après un roman d'Ira Levin, il plonge dans l'univers maléfique des adorateurs de Satan ! Mia Farrow y incarne une jeune femme qui se trouve enceinte après avoir fait un horrible cauchemar. Après l'accouchement, son mari (John Cassavetes) et leurs étranges voisins lui font croire que le bébé est mort. Elle découvrira que, en fait, il a été enlevé par les membres d'une secte, dont son mari fait partie, et qu'il est vénéré par eux comme s'il avait été engendré par le Malin ! (→ 9.8.69)

Le théorème de Pasolini gêne le Vatican

Venise, 18 septembre
La Mostra s'achève dans la perplexité. Le grand prix de l'Office catholique international du cinéma (Ocic) divise les croyants. Il a été attribué à *Théorème,* de Pier Paolo Pasolini. Il y a cinq jours, cette même œuvre était saisie sur ordre du parquet de Rome pour obscénité. Provocation ou parabole ? *Théorème* ne peut se résumer ainsi. Un visiteur, Terence Stamp, investi d'une mission étrange, séduit physiquement et moralement les cinq membres d'une même famille et la servante. Chacun d'eux réagit violemment à son départ : par le désespoir, la folie, la renonciation, la nymphomanie, la foi... La tournure mystique du film heurte les marxistes, qui y voient une critique implicite de l'idéologie. Il déplaît aux puritains par les tabous sexuels et religieux qu'il aborde sans timidité. Le Vatican conteste violemment la décision de l'Ocic. (→ 13.11.71)

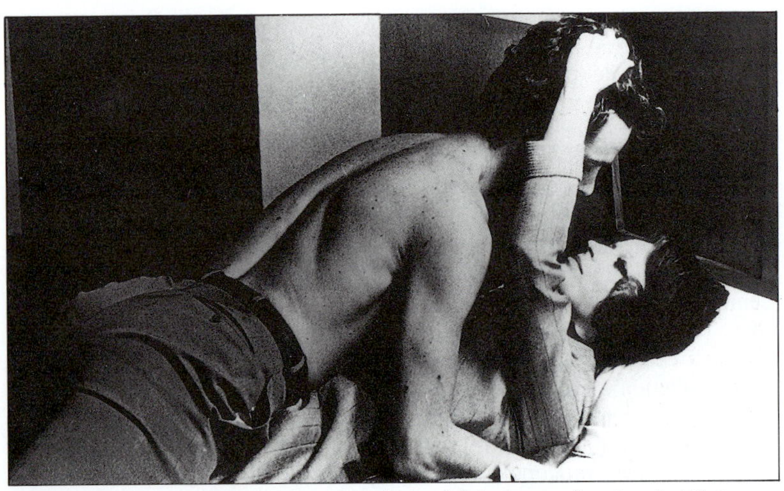

Terence Stamp et Silvana Mangano dans « Théorème », lauréat de l'Ocic.

Une drôle de fille à la voix somptueuse

New York, 19 septembre
Dotée d'un physique peu *glamour* et notamment d'un nez busqué, Barbra Streisand n'avait pratiquement aucune chance de faire carrière à Hollywood. Or, la voilà consacrée vedette dès son premier film : *Funny Girl*, de William Wyler ! Ce miracle, elle le doit à son exceptionnelle voix, qui l'a rendue déjà célèbre à Broadway, où elle jouait cette opérette, écrite par Isobel Lennart, dont le film est tiré. Barbra Streisand y incarne Fanny, une « drôle de fille » qui travaille comme chanteuse dans la célèbre troupe des Ziegfeld Follies. Mariée à un joueur invétéré, Fanny rate lamentablement sa vie privée, mais réussit brillamment sa carrière. Reprenant les recettes de la comédie musicale américaine d'antan, William Wyler, qu'on croyait peu doué pour ce genre de films, a réussi à faire de ce mélodrame musical une œuvre parfaitement distrayante où l'on apprécie tout particulièrement les numéros de chant de sa vedette féminine et les prestations de ses partenaires masculins, dont Omar Sharif, qui incarne son mari, et Walter Pidgeon dans le rôle du magicien de la scène musicale, Florenz Ziegfeld. (→ 14.4.69)

Omar Sharif et Barbra Streisand dans « Funny Girl », de William Wyler.

La MPAA adopte la cotation des films

New York, 9 octobre
Pour la première dans son histoire, l'industrie du cinéma américain vient d'adopter un système de cotation volontaire des films. Le président de la MPAA, Jack Valenti, a annoncé officiellement l'adoption de ce système, qui entrera en vigueur à partir du 1er novembre. Désormais, tous les films distribués aux Etats-Unis recevront une cote de la MPAA, qui forme à cet effet la Code and Rating Administation (administration du code et des cotes). Les cotes sont les suivantes : G pour les films tous publics ; M pour public mature ; R pour les films interdits aux mineurs de moins de dix-sept ans non accompagnés d'un adulte, et X pour les films interdits aux mineurs de moins de dix-huit ans. La MPAA prévoit par ailleurs que les âges limites concernant les cotations R et X peuvent être élevés pour se conformer à la législation de certains Etats. La plupart des producteurs et distributeurs se sont engagés à se soumettre à ce système de cotation. (→ 19.5.71)

Bullitt à tombeau ouvert dans les rues de San Francisco

Steve McQueen et Jacqueline Bisset dans « Bullitt ». Le comédien a exécuté tous les exploits automobiles du film.

New York, 17 octobre
C'est peut-être en partie parce qu'il connaissait la passion de Steve McQueen pour les courses automobiles que le réalisateur Peter Yates lui a confié le rôle principal de *Bullitt*. Le héros du film, un lieutenant de police intègre, passe en effet presque tout son temps à poursuivre, en quatrième vitesse, des truands qui ont abattu le témoin dont il avait la charge. Pilote de course lui-même, Steve McQueen a refusé de se faire doubler pour les spectaculaires séquences de poursuite en voiture, tournées dans les rues en pente de San Francisco. Le réalisateur et ses deux scénaristes n'ont pas oublié d'aménager, entre les scènes d'action, des moments intimistes dans lesquels la belle Jacqueline Bisset est le « repos du guerrier » pour l'infatigable et tenace policier. Le film dénonce les pratiques immorales de certains hommes politiques qui se servent de la police à des fins électorales, et ce à travers le personnage d'un politicien ambitieux, interprété par Robert Vaughn. (→ 17.12.73)

Ramon Novarro est mort assassiné

Hollywood, 31 octobre
Ramon Novarro a été retrouvé mort par son secrétaire, allongé sur son lit, le corps ensanglanté. Il a été sauvagement frappé avant de succomber à ses blessures. Né Ramon Samaniegos le 6 février 1899, à Durango, Mexique, il s'est installé aux Etats-Unis en 1916, lors de la révolution mexicaine. Après de nombreux petits métiers, il devient danseur dans un cabaret hollywoodien où le producteur Rex Ingram le remarque. Bientôt, Ramon est avec Rudolph Valentino le séducteur latin le plus populaire, grâce à des films comme *Scaramouche*, de Rex Ingram, et *Ben Hur*, de Fred Niblo. A partir de 1950, le cinéma le délaisse. Novarro défraie la chronique : il est arrêté en état d'ivresse et accusé d'homosexualité, puis il annonce son intention d'entrer dans les ordres. Ses meurtriers sont des jeunes jumeaux qui refusent d'expliquer leur geste.

Clouzot entre peinture et perversion

Paris, 20 novembre
Après sept années de silence depuis *la Vérité*, Henri-Georges Clouzot signe avec *la Prisonnière* son douzième film. Le décès de sa femme, Véra, en 1960, puis l'inachèvement de *l'Enfer*, en 1964, pouvaient laisser croire que la carrière du réalisateur en resterait là, d'autant qu'on le savait malade. C'était mal connaître son caractère et sa volonté. Signant seul le scénario et les dialogues, Clouzot a fait de *la Prisonnière* une plongée métaphysique vers les enfers. Laurent Terzieff y incarne Stan, directeur d'une galerie d'art moderne, impuissant et obsédé par le désir d'humilier les femmes, et parmi celles-ci José (Elisabeth Wiener), qui s'éprend de lui. Au vu du film, il faut constater que l'auteur a vieilli : si la mise en scène demeure toujours sans faille, la justesse psychologique des personnages souffre de portraits hâtifs et parfois peu cohérents. (→ 12.1.77)

Une certaine beauté au bout de l'horreur

New York, 4 décembre
Le cinéma fantastique semble jouer de plus en plus la carte de l'horreur absolue et sans limites. *La Nuit des morts-vivants* (*The Night of the Living Dead*) en est la démonstration la plus audacieuse et la plus réussie à ce jour. Mis en scène par George Romero avec des moyens modestes, le film n'en possède pas moins des qualités qui en font d'ores et déjà un grand classique du genre. Telles de monstrueuses créatures sorties des tréfonds de nos plus horribles cauchemars, les protagonistes du film sont des morts qui, à la suite d'expériences atomiques, sortent de leurs tombes pour dévorer des vivants, finalement barricadés dans une maison isolée. Le seul rescapé sera abattu par erreur par les milices qui le prennent pour un des morts-vivants. Réalisé avec efficacité et dans un style presque documentaire, le film possède une beauté quasi surréaliste.

Elisabeth Wiener dans « la Prisonnière ». Un enfermement dans la passion.

« La Nuit des morts-vivants », de George Romero. La vérité sort des tombeaux.

Max von Sydow et Liv Ullmann dans « la Honte » d'Ingmar Bergman.

Affiche originale signée R. Ferracci.

Affiche originale signée Excoffon.

Mark Lester dans « Oliver », film de Carol Reed d'après Charles Dickens.

Dufilho et Clémenti : « Benjamin ou les Mémoires d'un puceau ».

Alain Delon et Brigitte Bardot dans « Histoires extraordinaires ».

Milo O'Shea et Jane Fonda dans « Barbarella », de Roger Vadim.

Yves Montand et Anouk Aimée dans « Un soir... un train », de A. Delvaux.

Ava Gardner et Omar Sharif dans « Mayerling », un film de Terence Young.

R. Gordon, J. Cassavetes, S. Blackmer et M. Farrow : « Rosemary's Baby ».

Vue de la planète Jupiter : « 2001 : l'Odyssée de l'espace », de Stanley Kubrick.

Edward G. Robinson et Vittorio De Sica dans « la Bande à César ».

Peter Sellers dans « la Party », un film de Blake Edwards.

Steve McQueen et Jacqueline Bisset dans « Bullitt », de Peter Yates.

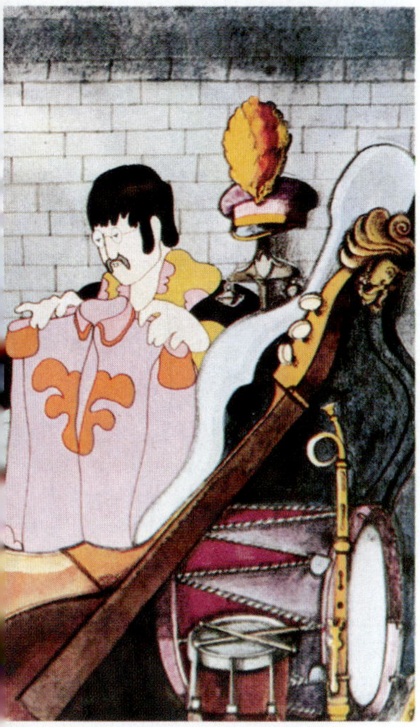

John Lennon, personnage dessiné dans « le Sous-marin jaune ».

Charlton Heston et Linda Harrison dans « la Planète des singes ».

David Hemmings dans « la Charge de la brigade légère », de Tony Richardson.

1969

Oscars, Hollywood
Film : *Oliver* (Carol Reed).
Acteur : Cliff Robertson.
Actrices : Katharine Hepburn,
Barbra Streisand.

Mostra d'arte cinematografica, Venise
Pas de palmarès : hommage, pour l'ensemble de son œuvre, à Luis Buñuel.

Festival international du film, Cannes
Grand prix : *If* (Lindsay Anderson).
Meilleur acteur : Jean-Louis Trintignant.
Meilleure actrice : Vanessa Redgrave.

Hollywood, 12 janvier
Judy Garland, divorcée de Mark Herron depuis avril 1967, épouse Mickey Deans. (→ 27.6)

Paris, 15 janvier
Darryl F. Zanuck, de la Fox, refuse de mettre en exploitation le film d'Edouard Luntz, *le Grabuge*, sur un scénario de Jean Duvignaud, produit par la compagnie américaine. Il est choqué par la violence antibourgeoise du film. (→ 10.6.71)

Paris, 16 janvier
A l'Opéra a lieu l'avant-première de *Funny Girl*, une comédie musicale de William Wyler avec Barbra Streisand, Omar Sharif et Walter Pidgeon. Le film retrace la belle carrière de Fanny Brice, vedette des Ziegfeld Follies. (→ 18.12.76)

New York, 17 février
Hedy Lamarr intente un procès à l'éditeur de sa biographie, *Ecstasy and Me, My Life as a Woman*, et aux personnes ayant pris part à la rédaction et à la publication de ce livre, que l'actrice déclare « obscène et choquant ». Elle réclame la somme de 21 millions de dollars de dommages-intérêts pour le préjudice moral et financier.

Boston, 11 mars
Un exploitant condamné à six mois de prison et mille dollars d'amende pour avoir projeté le film de Robert Aldrich *Faut-il tuer Sister George ?* (*The Killing of Sister George*) déclaré obscène. (→ 6.10.70)

Cannes, 16 mai
Constituée le 14 juin 1968 lors des états généraux du cinéma français, pour la défense de la création et le renouvellement des structures de la profession, la Société des réalisateurs de films (SRF) ouvre au sein du 22e Festival international la Quinzaine des réalisateurs. En créant cette section du festival, la SRF entend acceuillir les nouveaux films des meilleurs cinéastes du monde entier non retenus dans la sélection principale. (→ 28.9.70)

Hollywood, 26 mai
Edgar Bronfman est élu président du conseil d'administration de la MGM en remplacement de Robert O'Brien. Ce dernier était passé en janvier de la présidence du studio à celle du conseil, quand Louis Polk en avait été élu président.

Washington, 8 juin
Le département d'Etat annonce que le film de Stanley Kubrick, *2001 : l'Odyssée de l'espace* représentera officiellement les Etats-Unis au Festival de Moscou, qui doit se dérouler en juillet. La sélection a été faite par trois personnalités du septième art, Frank Capra, le producteur Walter Mirisch et le scénariste Michael Straight. (→ 20.12.71)

New York, 10 juin
David Picker devient président des Artistes associés. Il remplace Arthur Krim, qui passe à la présidence du conseil d'administration, avec Robert Benjamin.

New York, 10 juin
Les actionnaires de Warner Bros-Seven Arts approuvent la fusion avec Kinney National Services. Le coût de l'opération est estimé à 11,5 millions de dollars. (→ 10.2.70)

Californie, 18 juin
Au camp militaire de Pendleton, Franklin J. Schaffner termine le tournage de *Patton*, commencé en février en Espagne. (→ 15.4.71)

New York, 18 juin
Sortie de *la Horde sauvage* (*The Wild Bunch*), de Sam Peckinpah, avec William Holden, Ernest Borgnine, Robert Ryan, Ben Johnson, Edmond O'Brien et Warren Oates. Le film est très controversé en raison de son extrême violence.

Boston, 24 juin
La Cour suprême maintient l'interdiction du documentaire *Titticut Follies*, que Frederick Wiseman a tourné à la prison d'Etat pour criminels malades mentaux de Bridgewater. Le film pourra être montré toutefois, non commercialement, à des groupes de professionnels.

Alger, 1er juillet
Le gouvernement algérien annonce la nationalisation des organismes de films nationaux et étrangers. Les compagnies Paramount, MGM et Fox, qui ont des bureaux en Algérie, sont directement visées par cette mesure et devront abandonner leurs intérêts dans ce pays. (→ 2.3.72)

New York, 28 juillet
La MGM attaque Kirk Kerkorian devant les tribunaux. Celui-ci veut acheter pour 35 millions de dollars d'actions MGM. Cette dernière fait valoir que l'offre d'achat est en grande partie financée par Transamerica, qui possède déjà les Artistes associés, ce qui la mettrait en position dominante sur le marché.

New York, 10 août
Malgré la décision de justice favorable à la MGM, Kerkorian a pu, en changeant de financement, acquérir 24 % de la société. (→ 10.2.70)

Woodstock, 15 août
Le Festival de musique ouvre ses portes. Les concerts seront filmés par le documentariste Michael Wadleigh, pour Warner Bros, qui en a acquis les droits.

Paris, 28 août
Sortie d'*Une femme douce*, le nouveau film de Robert Bresson, tiré de la nouvelle de Dostoïevsky, qui révèle la jeune comédienne de dix-huit ans Dominique Sanda, ancien mannequin. (→ 25.5.73)

Paris, 5 septembre
Sortie de *l'Armée des ombres*, de Jean-Pierre Melville, d'après un livre de Joseph Kessel, avec Lino Ventura, Simone Signoret et Paul Meurisse. (→ 23.9.70)

New York, 29 septembre
Jerry Lewis donne une conférence de presse pour annoncer qu'il lance une chaîne de salles de cinéma, en association avec Network Cinema Corp. Il a l'intention d'ouvrir en cinq ans 750 salles. La première est déjà en construction. (→ 25.3.70)

Paris, 20 octobre
Pour François Truffaut, « le film le plus érotique » est *Ma nuit chez Maud*, d'Eric Rohmer ; pour Claude Chabrol, c'est *Blanche-Neige et les Sept Nains*. (→ 27.2.70)

Belgique, 12 novembre
A l'université de Louvain, où elle présente son film *Détruire, dit-elle*, Marguerite Duras reçoit une tarte à la crème. (→ 4.10.73)

San Francisco, 14 novembre
Francis Ford Coppola et George Lucas fondent American Zoetrope, dont « l'objectif essentiel est de participer à toutes les activités du cinéma, avec les jeunes talents les plus doués et les techniques les plus modernes ». (→ 10.2.70)

New York, 18 novembre
La critique incendie le dernier film d'Elia Kazan, *l'Arrangement* (*The Arrangment*), d'après son propre roman, avec Kirk Douglas et Deborah Kerr. (→ 8.11.76)

Quimper, 9 décembre
Dans un cinéma de la ville, un spectateur crève l'écran d'un coup de couteau : l'un des comédiens de *Commando suicide*, film italien de Camillo Bazzoni, lui déplaisait.

Produit par Peter Fonda hors des normes hollywoodiennes, « Easy Rider », de Dennis Hopper, exprime toutes les révoltes de l'Amérique.

Un homme est parti en vain à la recherche de l'Amérique!...
• Prix de la Première œuvre
• Prix du Centre Evangélique International
Festival de Cannes 1969
JACK NICHOLSON,
Meilleur second rôle
Société nationale des critiques de films U.S. et Association des critiques de films new yorkais
Disque d'or pour la musique originale du film
Association des industries phonographiques d'Amérique
Nominations à l'OSCAR
• JACK NICHOLSON
Meilleur second rôle
• Meilleure histoire et scénario
PANDO COMPANY en association avec RAYBERT PRODUCTIONS présente
easy rider
PETER FONDA · DENNIS HOPPER · JACK NICHOLSON
Scénario écrit par PETER FONDA DENNIS HOPPER TERRY SOUTHERN
COULEURS
Réalisé par DENNIS HOPPER
Produit par PETER FONDA
Producteur associé WILLIAM HAYWARD
Producteur delegué BERT SCHNEIDER
Distribué par COLUMBIA FILMS

Normalisation des écrans de Prague

Prague, 1er janvier
Le 21 août dernier, les troupes du pacte de Varsovie ruinaient l'espoir d'un pays qui avait cru en un socialisme à visage humain. Triste coïncidence, ce même jour à Prague, le cinéaste Martin Fric mourait d'une crise cardiaque. Depuis, l'inquiétude grandit chez les réalisateurs, qui parlent de la fin du miracle. Les relations s'enveniment avec un pouvoir irrité par leur analyse du socialisme. Pourtant, la production reste stable et les films sont primés dans les festivals internationaux. Les journaux d'Etat reprochent à Jiri Menzel et à Milos Forman de faire une peinture méprisante, dégradée de la classe ouvrière et de la société. Les artisans du printemps de Prague doivent se soumettre à la normalisation ou s'exiler. Forman, qui était en France en août, n'a pas regagné son pays. *Au feu les pompiers* est, sans doute, son dernier succès tchécoslovaque. (→ 29.3.71)

François Truffaut, l'ancien rebelle, accumule les honneurs

Claude Jade et Jean-Pierre Léaud dans « Baisers volés ». Les nouvelles aventures du héros des « Quatre Cents Coups ».

Paris, 9 janvier
Le vingt-sixième prix Louis-Delluc et le grand prix du cinéma français reviennent au film de François Truffaut, *Baisers volés*. Il s'agit, après *les Quatre Cents Coups* et le sketch *Antoine et Colette* du film *l'Amour à vingt ans*, du troisième épisode de la vie d'Antoine Doinel (Jean-Pierre Léaud). Cette chronique amusée le voit sortir de l'adolescence et exercer des métiers divers : réceptionniste de nuit dans un hôtel, détective privé, réparateur de téléviseurs... Le film s'achève par le mariage de cet incorrigible romantique avec la fraîche Christine (Claude Jade). *Baisers volés* a été réalisé pendant l'affaire de la Cinémathèque française, de février à mars derniers. Débordé par ses activités en soutien à Henri Langlois, Truffaut a improvisé sur le tournage. (→ 26.2.70)

La marquise des anges a tout fait pour être populaire

Paris, 5 janvier
En une série de cinq films, Michèle Mercier s'est placée parmi les actrices préférées du public français, et cela grâce à un seul personnage, Angélique, dont on peut suivre les nouvelles aventures au cinéma à partir d'aujourd'hui. Avec le premier film, en 1964, Angélique de Sancé sortait du couvent et était mariée par son père ruiné à un riche gentilhomme, Joffrey de Peyrac. Cet homme au physique ingrat ne lui inspire dans un premier temps que répulsion, mais elle découvre bientôt ses qualités de cœur et se prend à l'aimer passionnément. Inculpé de sorcellerie, Joffrey de Peyrac est envoyé à la Bastille. Dès lors, Angélique ne va reculer devant aucun moyen pour obtenir sa libération. Elle va connaître des amours passagères, se donner à Louis XIV, faire naître des jalousies à la cour... Avec *Angélique, marquise des anges, Merveilleuse Angélique, Angélique et le Roy, Angélique et le Sultan* puis *Indomptable Angélique*, le réalisateur Bernard Borderie nous entraîne sur les traces de Joffrey de Peyrac (interprété par Robert Hossein) et nous fait partager les peurs et les amours de l'héroïne dans sa quête du bonheur. Elle a désormais le visage de Michèle Mercier. (→ 30.11.73)

D'« Angélique, marquise des anges » à « Angélique et le Sultan », Michèle Mercier est devenue une grande vedette.

La fête est finie pour Jacques Tati

Paris, 6 janvier
Le tribunal de commerce de la Ville de Paris a prononcé la liquidation judiciaire de la société de production de Jacques Tati, la Specta Films. Cette décision sanctionne l'échec commercial de son film *Playtime*. En vingt ans d'activité, ce quatrième long métrage a exigé de l'auteur trois années de travail et restera sans doute comme l'une des plus importantes productions du cinéma français. Avec un budget de plus de 700 millions d'anciens francs, Tati n'a pas hésité à faire construire le décor d'une ville entière sur un terrain vague de Vincennes. Dans cette version ultramoderne de Paris, le personnage de M. Hulot connaissait sa troisième aventure, en Eastmancolor et en 70 mm. Ayant rendez-vous avec l'un des employés d'une société d'import-export, Hulot passait une journée à errer dans un quartier neuf de la capitale. Ses rencontres et sa désopilante expérience du modernisme à outrance n'auront fait malheureusement que le bonheur des cinéphiles. (→ 5.11.82)

Alain Delon a tué pour Romy Schneider

Paris, 30 janvier
Romy et Alain sont de nouveau réunis à l'écran. Dans *la Piscine*, de Jacques Deray, ils retrouvent Maurice Ronet, partenaire d'Alain dans *Plein soleil*, il y a dix ans. Ce film à suspense se déroule dans une villa proche de Saint-Tropez, où un couple formé par Jean-Paul et Marianne reçoit l'ancien amant de celle-ci. Parce qu'il est jaloux de cet homme d'affaires riche et méprisant, Jean-Paul le noie dans sa piscine et fait croire à un accident... Romy est reconnaissante à Alain d'avoir fait appel à elle pour ce rôle, car, depuis la rupture de leurs fiançailles, sa carrière, dit-elle, ne connaissait guère de succès. (→ 20.3.70)

Romy Schneider et Maurice Ronet : « la Piscine », de Jacques Deray.

Les deux anciens fiancés se retrouvent après cinq ans de séparation.

Z veut dire « il est toujours vivant »

Paris, 26 février
Bien qu'il soit mené tambour battant, avec une extrême efficacité et sans le moindre temps mort, *Z*, de Costa-Gavras, n'a rien d'un simple film d'action. Il appartient en fait à un genre nouveau et bien plus sérieux : le film de dénonciation politique. Ecrit par le réalisateur et par l'écrivain et scénariste espagnol Jorge Semprun, le scénario s'inspire d'un roman de l'écrivain grec Vassili Vassilikos, lui-même inspiré d'un fait réel : l'assassinat en 1963 du député grec Lambrakis. Tourné en grande partie en Algérie, pays coproducteur du film, *Z* dénonce la complicité du pouvoir et de la police d'un pays méditerranéen dans l'attentat contre le président d'un mouvement national pour la paix. Bien que la Grèce ne soit pas mentionnée nommément dans le film, on devine facilement qu'il s'agit bien de ce pays, dont Costa-Gavras est originaire et qui subit une dictature militaire similaire à celle dénoncée dans le film. Dans le rôle du politicien assassiné, on retrouve Yves Montand qui présente là une de ses meilleures compositions. Il est entouré par des comédiens tout aussi remarquablement dirigés, parmi lesquels Jean-Louis Trintignant, Irène Papas, Charles Denner et Jacques Perrin, lequel est aussi le courageux producteur du film. (→ 29.4.70)

« Z », de Constantin Costa-Gavras, avec Pierre Dux et Julien Guiomar.

Delon et Markovic

Paris, 23 janvier
Alain Delon, cité comme témoin le 16 octobre dernier dans ce que la presse appelle « l'affaire Markovic », est en garde à vue pour quarante-huit heures. Le 1er octobre, le cadavre de son secrétaire, Stéphane Markovic, a été retrouvé sur une décharge, à Elancourt. Cet aventurier aurait profité des relations de l'acteur pour prendre des photos compromettantes et se livrer à un chantage. Certains en profitent pour essayer de briser la carrière d'Alain Delon par des atteintes douteuses et des insinuations sans fondement. (→ 27.4.70)

Bourvil plus Belmondo, c'est la grande idée du « Cerveau »

D'un cerveau à l'autre, les affrontements sont souvent savoureux.

Paris, 7 mars
Le célèbre hold-up du train postal Glasgow-Londres, en 1963, a inspiré Gérard Oury pour l'écriture de son film *le Cerveau*. Oury forme un nouveau tandem comique constitué de Bourvil et de Jean-Paul Belmondo avec, auprès d'eux, David Niven et Eli Wallach. Les dialogues sont signés Marcel Jullian et Danièle Thompson, fille du réalisateur. Oury a travaillé durant deux ans sur le scénario du *Cerveau*. Deux truands français utilisent le système D pour réaliser l'attaque du train Paris-Bruxelles, ignorant qu'une organisation prépare le même hold-up avec d'importants moyens. (→ 20.3.70)

Elle s'envoie en l'air pour venger son bouc

Bernadette Lafont et Michel Constantin dans « la Fiancée du pirate ».

Paris, 17 mars

Voici longtemps qu'on n'avait vu une œuvre aussi joyeusement iconoclaste que cette *Fiancée du pirate*, premier film de Nelly Kaplan. Fable gaillarde et salubrement impertinente, le film est illuminé par la sensualité de Bernadette Lafont. L'actrice incarne une jeune orpheline nommée Marie, qui est autant désirée par les notables de son village qu'elle est détestée par leurs femmes. Quand ces dernières tuent, par jalousie, son bouc, Marie se venge en séduisant, l'un après l'autre, leurs maris, dont elle enregistre les confidences compromettantes au magnétophone ! Réquisitoire désopilant et insolent contre l'hypocrisie des conventions bourgeoises, le film possède la fraîcheur et la grâce des premières œuvres de la Nouvelle Vague. (→ 14.2.72)

Le prix Jean-Vigo révèle Maurice Pialat

Paris, 20 mars

Le prix Jean-Vigo a été décerné au premier long métrage d'un assistant de cinéma et de télévision, déjà auteur de plusieurs documentaires, Maurice Pialat. *L'Enfance nue*, réalisé il y a deux ans et pas encore sorti, s'inspire d'un reportage effectué à l'Assistance publique sur les enfants qui y sont provisoirement recueillis. Joué par des comédiens amateurs, le film retrace l'itinéraire de François (interprété par le jeune Michel Tarrazon), pupille de l'Assistance âgé de neuf ans et déplacé d'une famille adoptive à l'autre. Sans être un film à thèse, *l'Enfance nue* n'en a pas moins une démarche documentaire et est à peine romancé. L'œuvre a été produite grâce à Claude Berri, Mag Bodard et François Truffaut, dont on devine que le sujet l'a personnellement touché. (→ 5.5.72)

« L'Enfance nue », premier long métrage de Pialat. La force de la vérité.

Athée grâce à Dieu, Luis Buñuel fait un étrange pèlerinage

Paris, 12 mars

Un Laurent Terzieff hirsute et un Paul Frankeur barbu dominent l'interprétation exceptionnelle du nouveau film de Luis Buñuel, *la Voie lactée*. Ils incarnent deux vagabonds qui décident de faire le pèlerinage de Paris à Saint-Jacques-de-Compostelle. Leur quête, c'est finalement celle de la Vérité. Aussi leur voyage n'a-t-il sans doute pas de fin. Il leur permet pourtant de faire de multiples rencontres, hors de l'espace et du temps : aussi bien Jésus que le Diable, et une panoplie d'hérésiarques célèbres, parmi lesquels Photin, Nestorius ou Priscillien. L'humour constant de cette fable souligne en fait le ridicule de tous les dogmatismes et de l'intolérance. (→ 28.4.70)

Le premier film de Nelly Kaplan, qui fut l'assistante d'Abel Gance.

« La Voie lactée ». Au centre, Jean Clarieux et Bernard Verley (Jésus).

Le réalisateur portant sa croix.

Le troisième Oscar de Katharine Hepburn

Los Angeles, 14 avril
Au Los Angeles Music Center, Katharine Hepburn reçoit le troisième Oscar de sa carrière pour *le Lion en hiver* (*The Lion in Winter*), d'Anthony Harvey. Elle l'avait déjà obtenu en 1934 et en 1968. Elle le partage cette année avec Barbra Streisand, récompensée pour *Funny Girl*, de William Wyler. L'Oscar d'interprétation masculine va à Cliff Robertson pour *Charly*, de Ralph Nelson. *Oliver* est élu meilleur film pour l'année 1968 tandis que son réalisateur, Carol Reed, obtient l'Oscar de la mise en scène. Le Français Michel Legrand est couronné pour la musique de *l'Affaire Thomas Crown* (*The Thomas Crown Affair*), de Norman Jewison. *Baisers volés*, de François Truffaut, est devancé par *Guerre et Paix*, de Sergueï Bondartchouk pour l'Oscar du film étranger. (→ 7.4.70)

La grande Katharine dans « le Lion en hiver », d'Anthony Harvey.

Tiré de Dickens, le film de Carol Reed obtient les deux Oscars majeurs.

« Erotissimo » couronné par les femmes

Paris, 22 avril
En récompensant Gérard Pirès et Nicole de Buron, respectivement réalisateur et scénariste d'*Erotissimo*, le jury du grand prix féminin a, de toute évidence, été séduit par l'originalité et la justesse de ce film, dont le titre peut faire croire qu'il s'agit d'une œuvre de nature érotique ou pornographique, comme celles qui commencent à envahir les écrans des petites salles de quartier depuis quelque temps. Premier film d'un jeune réalisateur de vingt-six ans, *Erotissimo* est en fait une comédie réaliste qui tourne en dérision le conditionnement de la vie moderne par la publicité et dont la réussite tient en grande partie à la façon dont ses auteurs ont su traduire l'air du temps. Le film est l'histoire d'un P-dg aux prises avec l'enquête pointilleuse d'un polyvalent et avec les extravagances de sa femme, laquelle, se croyant délaissée, fait appel aux techniques de la séduction pour reconquérir son mari. Remarquablement interprété par Annie Girardot, Jean Yanne et Francis Blanche en tête, *Erotissimo* renouvelle agréablement les thèmes et l'univers de la comédie à la française. (→ 15.1.71)

L'affiche provocatrice de Wolinski suscite à elle seule une polémique.

Les Anglais font la loi sur la Croisette

« If », de L. Anderson, avec Malcolm McDowell (au centre) : grand prix.

Cannes, 23 mai
Apparu à la fin des années 50, le *Free Cinema* anglais est né en réaction contre un cinéma national conventionnel et éloigné de la réalité. Des films comme *le Prix d'un homme*, de Lindsay Anderson, et *Samedi soir, dimanche matin*, de Karel Reisz, ont apporté au mouvement des « jeunes gens en colère » la consécration internationale, qui se confirme et s'affirme aujourd'hui avec l'attribution du grand prix du Festival de Cannes à Lindsay Anderson pour *If*, une œuvre corrosive dans laquelle le réalisateur dénonce ostensiblement le système éducatif anglais à travers l'évocation d'une révolte dans un collège. Son ami Karel Reisz était lui aussi présent dans la compétition avec *Isadora*, dans lequel il fait le portrait de la célèbre danseuse Isadora Duncan, superbement incarnée par Vanessa Redgrave et dont la performance lui a valu le prix d'interprétation féminine. C'est Jean-Louis Trintignant qui a décroché le prix d'interprétation masculine pour son rôle du juge intègre dans *Z*, film de Costa-Gavras qui a obtenu, à l'unanimité, le prix du jury. Présidé par Luchino Visconti, le jury a veillé particulièrement à distinguer les cinéastes novateurs. Ainsi ont été récompensés le chef de file du Cinema Novo brésilien Glauber Rocha, qui obtient le prix de la mise en scène pour son baroque *Antonio Das Mortes* ; le Suédois Bo Widerberg, grand prix du jury pour *Adalen 31* ; et enfin l'Américain Dennis Hopper, qui se voit attribuer le prix de la première œuvre pour *Easy Rider*. (→ 16.5.70)

« Adalen 31 », de Bo Widerberg.

Vanessa Redgrave avec Karel Reisz.

Un chef-d'œuvre soviétique hors la loi

« Andreï Roublev », d'Andreï Tarkovski, tourné en 1966 et inédit en URSS.

Cannes, 23 mai

Terminé depuis 1966, *Andreï Roublev* était bloqué en URSS par la censure sous divers prétextes. Le sujet détonne dans un pays athée et rigide : *Andreï Roublev* raconte quelques épisodes de la vie d'un moine peintre d'icônes. L'action se passe entre 1400 et 1423, quand la Russie, ravagée par des hordes de Tatars et trahie par ses princes, se cherche avec douleur. Divisé en sept nouvelles, le film utilise l'histoire pour traiter de problèmes graves et modernes : le rôle de l'individu et de l'artiste dans la société, la Beauté confrontée au Mal... Le cinéaste Andreï Tarkovski, dont le premier film, *l'Enfance d'Ivan*, a eu le Lion d'or à Venise en 1962, rappelle l'école de Bergman pour l'inquiétude existentielle, mais, par ses thèmes (liberté et pouvoir) et son esthétique (noir et blanc), il est bien russe. Il traduit avec force l'espoir angoissé d'une génération née du dégel. Son coscénariste, le metteur

en scène Andreï Konchalovsky, a débuté en 1965 par un film remarquable, *le Premier Maître*, qui exprimait des doutes sur la révolution d'Octobre. *Andreï Roublev* a bouleversé Cannes, et il attend son visa pour Moscou. (→ 19.5.72)

Une femme libre et un don Juan honteux

Françoise Fabian et Jean-Louis Trintignant dans « Ma nuit chez Maud ».

Paris, 7 juin

Présenté au dernier Festival de Cannes, *Ma nuit chez Maud*, dont le premier titre était *la Fille à bicyclette*, est le quatrième des contes moraux réalisés par Eric Rohmer, et le troisième selon la numérotation que le cinéaste leur attribue. Jean-Louis Trintignant y est un ingénieur, catholique pratiquant, à la morale parfois ambiguë, nouvellement installé à Clermont-Ferrand. Un ami lui présente Maud, une jeune divorcée qui revendique sa liberté et qu'incarne Françoise Fabian. Au cours d'une discussion qui oppose évidemment leurs principes respectifs, Maud en arrive à accuser son interlocuteur d'être « un chrétien honteux, doublé d'un don Juan honteux ». Cela n'entame absolument pas la fermeté ni la résolution du narrateur : il ne cède pas au charme de Maud et se décide même à aborder Françoise (Marie-Christine Barrault), la jeune fille qu'il s'est promis d'épouser. (→ 25.9.78)

Marlène Dietrich contre Roger Peyrefitte

Paris, 20 juin

Dans son ouvrage *les Américains*, publié à l'automne dernier, l'écrivain Roger Peyrefitte trace le portrait de diverses personnalités ayant fait carrière aux Etats-Unis. Parmi elles, Marlène Dietrich, qu'il définit comme « pacifiste de la roulade » et « ex-citoyenne de Hitler ». N'appréciant guère l'image peu flatteuse, voire diffamatoire, qui est ainsi donnée d'elle, Marlène a intenté une action en justice contre Peyrefitte dès la parution du livre. Le tribunal vient de rendre son verdict en faveur de la comédienne. Depuis que la revue *Look* a publié, en 1961, *l'ABC de Marlène Dietrich* sous la forme d'un feuilleton, l'actrice n'apprécie pas que l'on écrive à son propos. Elle n'aime pas non plus que l'on mette en doute ses prises de position très fermes face au nazisme. (→ 26.2.84)

Le troisième des « Contes moraux » de Rohmer, malgré la chronologie.

Le dernier retour de Judy Garland

New York, 27 juin

Les obsèques de Judy Garland ont eu lieu ce matin en présence de sa fille Liza Minnelli et de son dernier mari, le chanteur et directeur de cabaret Mickey Deans. Judy est morte à Londres le 21 juin, ayant succombé à une trop forte dose de barbituriques, petites pilules dont elle ne pouvait plus se passer depuis plusieurs années déjà. Née Frances Gumm le 10 juin 1922, à Grand Rapids, dans le Minnesota, elle était la fille d'un directeur de théâtre et d'une pianiste... Elle débute à trois ans, chante dans des salles de plus en plus importantes, prend son pseudonyme en 1931 et apparaît à l'écran dès 1936. Avec Mickey Rooney, elle forme un jeune couple très populaire dans les années 30 et 40. Successivement mariée au chef d'orchestre David Rose, au réalisateur Vincente Minnelli, à l'imprésario Sidney Luft et à l'acteur Mark Herron, elle a interrompu sa carrière à deux reprises, mais est revenue à chaque fois au premier plan comme actrice et comme chanteuse. Elle venait d'achever une tournée en Suède et au Danemark et semblait très fatiguée.

Les marginaux investissent Hollywood

New York, 14 juillet
Les jeunes se précipitent dans les salles où passe *Easy Rider*, de Dennis Hopper, acteur rebelle passé à la réalisation. Le film s'impose d'emblée comme le manifeste cinématographique de la génération hippie. Hopper y incarne un marginal qui sillonne les routes de l'Amérique à moto en compagnie d'un autre motard incarné par Peter Fonda, fils d'Henry Fonda. Après leur rencontre avec un avocat alcoolique, joué par Jack Nicholson, ils mourront tous les trois, victimes de leur différence. Ces personnages sont représentatifs d'une jeunesse qui ne croit plus au « rêve américain » et qui trouve sa liberté dans la drogue, la musique et le voyage. (→ 24.6.70)

Dustin Hoffman et Jon Voight dans « Macadam Cowboy ».

« Easy Rider », avec Peter Fonda et le réalisateur Dennis Hopper.

L'incroyable carnage de la villa Polanski

Hollywood, 9 août
Alors que le réalisateur Roman Polanski se trouvait en Angleterre pour la préparation d'un film, son épouse, Sharon Tate, a trouvé la mort la nuit dernière, dans des conditions particulièrement atroces. Elle était dans sa villa de Cielo Drive, sur les hauteurs de Hollywood, où elle recevait trois invités hier soir : le producteur Voyteck Freykowsky, son amie Abigail Folger, fille d'un roi du café, et Jay Sebring, coiffeur de luxe et ancien fiancé de Sharon. Ce qui s'est passé ensuite, nul ne le sait... Ce matin très tôt, la police, dirigée par le *coroner* Nogachi, a découvert un spectacle hallucinant. Sur la pelouse, il y avait le cadavre mutilé d'un homme et, auprès de lui, celui d'une femme poignardée. Dans le living-room, deux corps étaient pendus : celui de Sharon, tuée de quinze coups de poignard et dont un sein a été sectionné, et celui d'un homme émasculé dont la tête était cachée par une cagoule. Un cinquième cadavre a été retrouvé dans une voiture, celui d'un garçon de dix-huit ans, Steven Parent, venu rendre visite cette nuit au gardien de la villa et probablement surpris par les meurtriers. Sur la porte d'entrée de la maison, le mot *Pigs* (cochons) a été tracé à l'aide d'une serviette trempée dans le sang. Cette tuerie a même fait une victime de plus puisque Sharon attendait un enfant pour septembre. (→ 15.6.70)

Le cinéma suisse prophète en son pays

François Simon dans « Charles mort ou vif », d'A. Tanner, primé à Locarno.

Locarno, 1er août
L'attribution du grand prix du Festival de Locarno à *Charles, mort ou vif*, premier long métrage du réalisateur suisse Alain Tanner, consacre tardivement l'émergence d'un jeune cinéma helvétique qui promet de sortir la cinématographie nationale de sa léthargie. Auteur de très remarquables courts métrages, notamment réalisés en Angleterre, où il a fait ses études de cinéma, Alain Tanner fait déjà figure de chef de file de ce mouvement. Interprété par François Simon, fils de Michel Simon, son film *Charles, mort ou vif* a pour héros un prospère fabricant de montres qui, ne supportant plus sa vie réglée, craque et fuit dans la campagne vaudoise. Fable cruelle sur la difficulté de se comporter en marginal dans une société aussi normalisée et normalisatrice que la société helvétique, le film donne une vision aussi inédite que surprenante du paradis suisse. (→ 15.1.72)

« Charles mort ou vif ». Une des premières œuvres du Groupe 5.

Un ange noir chez Josef von Sternberg

Hollywood, 22 décembre
Il avait abordé le cinéma à dix-sept ans à New York, par la petite porte du service de vérification des copies d'une société de production. L'émigré autrichien Jonas Sternberg, dit Josef von Sternberg, a travaillé ensuite comme monteur, scénariste et assistant-réalisateur avant d'accéder à la réalisation, en 1925, avec *les Chasseurs de salut*. Son grand talent sera reconnu grâce aux *Nuits de Chicago* et aux *Damnés de l'océan*, qui ont fait une forte impression à leur époque et qui sont considérés aujourd'hui comme des classiques. C'est surtout après sa rencontre avec celle qui sera sa muse, Marlène Dietrich, que le génie baroque de Sternberg atteindra sa plénitude créatrice. De *l'Ange bleu* à *la Femme et le Pantin*, Sternberg et Marlène ont tourné sept chefs-d'œuvre qui ont établi à jamais la légende de la star. Le réalisateur ne se remettra jamais de la rupture avec sa *Blonde Vénus*, et aucun des films qu'il tournera par la suite sans elle ne connaîtra le même succès. Inactif depuis 1953, Sternberg, né à Vienne le 29 mai 1894, est mort aujourd'hui.

Les orgies romaines de Fellini, et la vie telle qu'elle est

Rome, 1er décembre
Federico Fellini n'est pas avare d'explications pour définir son *Satyricon* (*Fellini-Satyricon*). Pour lui, ce n'est pas un film historique, mais de la science-fiction : « La Rome de la décadence est pour moi plus éloignée que la Lune... » Le cinéaste, puisant son inspiration chez le romancier Pétrone et chez le fabuliste Apulée, raconte les pérégrinations de deux jeunes parasites de l'époque néronienne. Cependant il s'éloigne de ses sources littéraires et laisse parler son imagination. Encolpe et Ascylte, l'un romantique, l'autre cynique, sont deux marginaux. Ils représentent l'éternelle odyssée de l'être humain face au mystère de la vie. Leurs vices et leurs peurs sont les nôtres. Fellini leur prête la même frénésie de jouir de la vie et du sexe, la même violence, la même fatuité, la même absence de scrupules. *Satyricon* a employé plus de deux cent cinquante personnes et exigé la construction de quatre-vingt-dix décors. C'est l'occupation la plus intensive de Cinecittà depuis *Ben Hur*. Réaliser le « documentaire d'un songe » à la Fellini ne va pas sans démesure ! (→ 5.4.74)

« Fellini-Satyricon ». Une œuvre où l'imagination créatrice du cinéaste se nourrit d'un prodigieux fonds culturel.

Fellini sur le tournage de son « Satyricon ». L'extraordinaire au quotidien.

Le cinéma menacé par la télévision

Paris, 31 décembre
Alors que la télévision envahit de plus en plus de foyers, de nombreuses salles de cinéma voient leur clientèle diminuer, au point que 332 d'entre elles ont dû fermer leurs portes définitivement depuis le début de l'année. Le fait que pendant cette même période on a dénombré 61 ouvertures de salles nouvelles ne semble guère rassurer les professionnels du cinéma, dont certains n'hésitent pas à mettre clairement en cause la concurrence due à la télévision. Pour rendre leur argument plus convaincant, ils donnent pour preuve deux nombres, à leur avis très significatifs : celui des 9 378 032 récepteurs de télévision recensés officiellement sur le territoire national, et celui des 327 films de long métrage programmés en 1969 par l'ORTF. (→ 5.4.71)

Les quarante ans de Mickey Mouse

Etats-Unis, 25 décembre
Les fêtes de fin d'année sont la période rêvée pour la sortie des dessins animés de long métrage. Le Walt Disney de ce Noël est un peu particulier : titré *Mickey Mouse Anniversary Show*, il célèbre les quarante ans de la vedette de la firme hollywoodienne (sa première apparition remonte à 1928). Que Mickey fût à l'origine une souris, son anthropomorphisme nous l'a fait oublier depuis longtemps. Personnage à part entière, avec un statut de star, il est aussi capable d'incarner d'autres « emplois ». Dans ce film de montage, on le voit tenir le rôle d'Alice de l'autre côté du miroir (en 1936) ou de l'apprenti sorcier du célèbre et controversé *Fantasia* (1940). Il peut tout faire et symbolise le triomphe de l'industrie chez Disney. Au-delà de la mythologie, il est entré, par le biais des « produits dérivés », dans notre décor quotidien. Le graphisme et les caractéristiques du personnage ont bien évolué depuis quarante ans. Sait-on encore que Mickey a bien failli se nommer Mortimer ? Que Walt Disney, désespérant de lui trouver la voix qu'il voulait, a du doubler lui-même pendant vingt ans celui qui allait devenir son personnage fétiche ? Si Disney est le concepteur de cette créature, ce n'est pas lui qui l'a dessiné mais son collaborateur Ub Iwerks. Les gants à quatre doigts ne sont pas apparus tout de suite. Très rapidement, en revanche, le tracé allait être simplifié à l'extrême et réduit à quelques cercles. Son graphisme est devenu symbolique du style en O, caractéristique chez Walt Disney. Ses oreilles sont toujours représentées de face, même si leur propriétaire se tient de profil, et se réduisent tout simplement à deux disques noirs. Le caractère de Mickey, d'insupportable qu'il était à ses débuts, s'est maintenant nettement amélioré, à la plus grande satisfaction de ses partenaires habituels... (→ 11.2.70)

Les effets spéciaux du cinéma spectacle

Le Voyage dans la Lune, de Georges Méliès, posait dès 1892 les jalons du cinéma spectacle, avec sa gamme d'effets mécaniques et optiques. Illusionniste de génie il a créé les premiers trucages qui inspirent encore la technologie moderne. Dans le domaine des effets mécaniques, invisibles au public, l'imagination des réalisateurs est illimitée. Pour *Bonnie and Clyde* (1967), Arthur Penn simule des impacts de balles. Tout un dispositif est mis en place : des trous percés dans les costumes sont remplis d'une mini-charge explosive reliée à un détonateur. Avant de reboucher les trous au mastic et de les camoufler sous de la peinture, on a installé une ampoule de sang. L'explosion peut être déclenchée au moment voulu : une plaque de métal, placée sous leurs vêtements, protège les acteurs. Les effets optiques font les beaux jours du film fantastique ou spatial. Ils impliquent une intervention sur l'image, effectuée soit pendant le tournage, soit en laboratoire à l'aide d'une tireuse optique appelée Truca. Elle est composée d'un projecteur et d'une caméra. Le film à truquer défile dans le premier élément; dans l'autre passe un film vierge qui enregistre les modifications souhaitées. Pour *Jason et les Argonautes* (1963), le cinéaste anglais Don Chaffey utilise le cache mobile (*travelling matte*) et son image composite. Le fond bleu devant lequel il filme les acteurs lui permet, par un procédé photographique, d'isoler leurs silhouettes mouvantes. Elles sont ensuite incrustées sur un décor ou une maquette filmés séparément. Autrefois prises comme pis-aller, les maquettes atteignent un degré de perfection inouï. Celles de *2001 : l'Odyssée de l'espace*, conçues par Douglas Trumbull et Stanley Kubrick, inspirées par le matériel de la Nasa, apportent un réalisme nouveau à la science-fiction. Richard Fleischer sait que le succès du *Voyage fantastique* repose sur un travail visuel sophistiqué. L'aventure se déroule à l'intérieur d'un cerveau exploré par un sous-marin miniature. Pour créer les effets du plasma et des cellules, le chef opérateur Ernest Laszlo a utilisé des lumières rotatives et les a placées à l'extérieur des décors translucides. Les séquences situées en dehors du sous-marin sont filmées à sec avec les acteurs suspendus à des câbles. Fleischer et Laszlo les photographient à 72 images à la seconde, trois fois la vitesse habituelle. Projetées ensuite à vitesse normale, ces images donnent une impression de mouvements aquatiques. L'effet spécial peut venir d'une image surimposée au montage, dite subliminale. Dans *Rosemary's Baby*, l'image du bébé passe à une vitesse trop grande pour être perçue réellement, mais la rétine l'enregistre.

« Le Voyage fantastique », de Richard Fleischer, a valu à Art Cruickshank l'Oscar des effets spéciaux en 1967.

« 2001 : l'Odyssée de l'espace » doit beaucoup à Douglas Trumbull.

Les effets spéciaux sont aussi au service du comique : « le Cerveau ».

Affiche originale française.

« Il était une fois dans l'Ouest ».

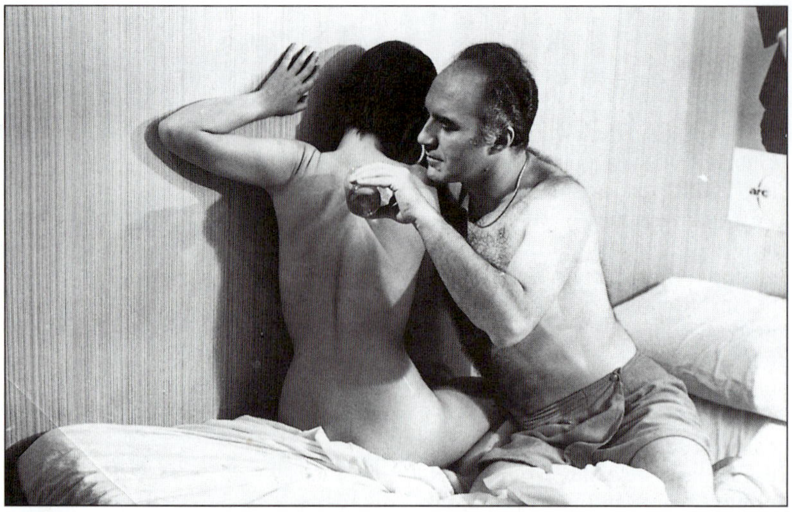

Anita Pallenberg et Michel Piccoli dans « Dillinger est mort », de M. Ferreri.

Mimsy Farmer et Klaus Grumberg dans « More », film de Barbet Schroeder.

Brigitte Bardot et Xavier Gélin dans « l'Ours et la Poupée », de M. Deville.

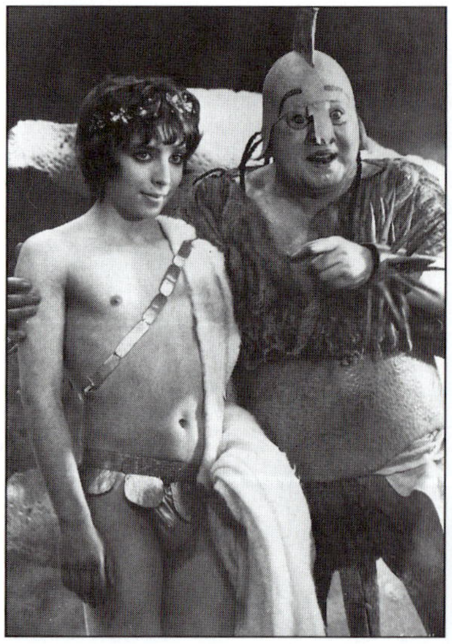

Max Born et Fanfulla dans le film de Federico Fellini « Satyricon », d'après le roman de Pétrone.

Catherine Deneuve et Jean-Paul Belmondo dans « la Sirène du Mississippi ».

Peter Schildt dans « Adalen 31 », film de Bo Widerberg sur les grèves ouvrières.

Peintre de l'école surréaliste, André François signe cette affiche insolite.

Peter Fonda, Jack Nicholson et Dennis Hopper dans « Easy Rider ».

Paul Newman et Robert Redford dans « Butch Cassidy et le Kid ».

Scène d'orgie dans « les Damnés » (« La caduta degli dei »), de L. Visconti.

Susannah York dans « On achève bien les chevaux », de S. Pollack.

J. McMartin, Sammy Davis Jr. et S. MacLaine dans « Sweet Charity ».

Le cinéma d'auteur et les mutations économiques

Entre les bouleversements causés en amont par l'émergence des nouveaux cinémas (années 60) et, en aval, par les soubresauts d'un septième art se débattant avec la télévision dans le maelström des industries culturelles (années 80), la décennie 70 est constituée par un champ de forces contradictoires. L'échec des changements radicaux du début amène ensuite le rétablissement provisoire d'une situation minée de l'intérieur par des maux anciens, qui auront bientôt raison de cet édifice fragile.

Des cinémas périphériques

Gagné par les ondes postsoixante-huitardes, le cinéma dominant voit surgir des courants de rupture qui prônent la différence et une volonté militante d'intervention politique. Décentralisées, tournant en 16 mm ou en vidéo, des coopératives de réalisation s'attaquent partout aux systèmes en place avec un audiovisuel de guérilla : Cinema Action en Angleterre, l'Ecole de Berlin en RFA, l'Atelier Workshop au Danemark ou le groupe King Kong à Anvers dénoncent, accusent pour la révolution et contre la cinéphilie. Au Japon, N. Tsuchimito filme les ravages du nucléaire (*Minamata*) et S. Ogawa les expulsions arbitraires (*Narita*). En France, l'armée au Larzac, le conflit Lip, le nucléaire à Malville fournissent des sujets brûlants. Jean-Luc Godard théorise au sein du groupe Dziga Vertov, Chris Marker travaille avec SLON, René Vautier crée l'UPC Bretagne. Du monde arabe (*L'heure de la libération a sonné*, H. Srour, Liban, 1974) aux Etats-Unis (*Harlan County USA*, B. Kopple, 1977), les caméras sont au service des luttes sociales ou de libération nationale. Certes, le public vibre plutôt pour *Woodstock* (M. Wadleigh, Etats-Unis, 1970) tandis que les utopistes font un film culte de *Milestones* (R. Kramer, Etats-Unis, 1974) et que les politiques s'enthousiasment à la biographie maoïste de Joris Ivens (*Comment Yukong déplaça les montagnes*, 1975), mais la sincérité des auteurs, qui croient faire changer les choses par leurs films, n'est pas en cause. En Amérique latine, les cinéastes risquent d'ailleurs leur carrière et même leur vie. Après l'Unité populaire (1970-1973), le cinéma est décapité par l'arrivée de Pinochet au pouvoir, qui provoque la naissance d'un cinéma chilien en exil : Raul Ruiz et Helvio Soto travaillent en France, Miguel Littin au Mexique. La gauche mondiale se mobilise pour leur cause. C'est fort différent de l'engouement des années 60 pour l'« esthétique de la faim » du Cinema Novo brésilien. Cette fois, la politique est aux commandes et il s'agit de soutenir le courage de Jorge Sanjinès en Bolivie (*le Sang du condor*, 1969) et au Pérou (*l'Ennemi principal*, 1974) ou de Fernando Solanas en Argentine (*l'Heure des brasiers*, 1968-1969), qui expriment des thèses révolutionnaires en jetant les bases d'un « troisième cinéma » au service du peuple et des opprimés. On aurait tort de ne retenir de cette période que les excès de langage d'un maoïsme de salon et du structuralisme critique, étrangement associés dans nos chapelles artistiques occidentales. Dans le monde entier, une partie du cinéma se remet fondamentalement en question : le « tout idéologique » mène de vrais combats, en particulier sur le front du féminisme où le manifeste *Pour un cinéma non sexiste* (Utrecht, 1977) s'élève contre l'image donnée aux stars de l'éternel féminin, en réclamant des héroïnes opposées aux privilèges masculins. A l'intérieur du système et à ses marges, soutenu par des festivals de films de femmes (le premier à New York dès 1972), par des revues, par des ouvrages de réflexion ainsi que par une distribution parallèle efficace – Margarethe von Trotta (*l'Honneur perdu de Katharina Blum*) et Helma Sanders (*Sous les pavés, la plage*) en Allemagne ; Claudia Weill (*Girlfriends*) et Lorraine Gray (*With Babies and Banners*) aux Etats-Unis – imposent d'autres regards. *Histoire d'A.* (C. Belmont et M. Issartel, 1973), bien qu'interdit, attire 200 000 spectateurs clandestins et favorise le vote de la loi Veil en faveur de l'avortement. Aussi Coline Serreau peut-elle se demander avec humour *Mais qu'est-ce qu'elles veulent ?* (1975).

« Les Valseuses », premier film de fiction de Bertrand Blier (France, 1974).

Cet affaiblissement des formes classiques de la représentation et de la narration cinématographiques favorise avant tout les avant-gardes militantes et expérimentales. Si elles ont du mal à se repositionner aux Etats-Unis après le cinéma structurel des années 60 (A. Warhol, P. Morrissey), le Festival de Knokke-le-Zoute révèle l'extrême richesse de cette tendance en Europe : Titus Leber en Autriche, Stephen Dwoskin en Angleterre, Werner Schroeter en Allemagne, la Coopérative du cinéma expérimental et l'Ecole de La Haye, aux Pays-Bas, ou René Bauermeister en Suisse et Chantal Akerman en Belgique. En France, l'éventail de la recherche est assez large, de *L'enfant qui a pissé des paillettes* (M. Klonaris, K. Thomadaki) au *Bleu des origines* (P. Garrel) et aux essais Super 8 de Gérard Courant et Joseph Morder. On se passionne pour la déconstruction du récit et la subversion des codes. Contre les cinémas du centre s'affirment de nouvelles cinématographies jusqu'alors peu actives. Dès le début de la décennie, mais surtout à partir de la révolution des Œillets (1974), la carrière totalement sacrifiée de Manoel de Oliveira se trouve relancée au Portugal par la naissance du jeune cinéma (P. Rocha, A. da Cunha Telles, A. de Macedo). Si la critique occidentale souligne la qualité de l'œuvre de Youssef Chahine en Egypte, dans un océan commercial du cinéma, c'est parce qu'il se passe quelque chose au Maghreb. En Algérie, Mohamed Lakhdar Hamina n'est plus seul : il faut désormais compter avec Mohamed Bouamari (*le Charbonnier*, 1972) et avec Merzak Allouache (*Omar Gatlato*, 1976), l'un naturaliste, l'autre plein de verve comique. L'économie mixte de la Tunisie permet la réalisation des *Ambassadeurs* (Naceur Ktari, 1975) et du *Soleil des hyènes* (Ridha Behi, 1977). Le Koweït (*la Mer cruelle*, 1971) comme le Liban (*Beyrouth jamais plus*, 1976), alors que commencent à se forger des cinémas syrien et palestinien, participent à ces manifestations d'une expression différente du modèle hollywoodien proposant une nouvelle donne dans la distribution et l'exploitation.

Un système qui résiste

La puissance de résistance du spectacle cinématographique est encore énorme. Adaptant ce qui peut l'être pour assurer sa défense, le système digère la contestation et annexe même bien des territoires défrichés par les francs-tireurs des débuts. Les pionniers sont écrasés ou rejoignent les macrostructures d'un empire dirigé par d'habiles gestionnaires. Le libéralisme économique fait bon ménage avec les cinémas d'Etat et avec les subventions ou les commissions des régimes dirigistes, et l'on gère la crise comme hier on gérait la prospérité. Les plus riches attirent les meilleurs dans la forteresse où ils jouiront d'une liberté surveillée. Les cris de révolte sont étouffés par les profondes moquettes des salles d'exclusivité. Le cinéma perd toujours du public, mais gagne en légitimité. On parle d'expression, de création et le débat social est vite effacé par les effluves de nostalgie. Superbe récupération commerciale de l'intérêt plus vif pour l'idéologie, la fiction de gauche lance le thriller politique, bonne conscience qui garantit un spectacle apprécié d'un large public : Costa-Gavras et Yves Boisset en France, Francesco Rosi, Elio Petri et Damiano Damiani en Italie, Bo Widerberg en Suède, Michel Brault au Québec, aussi bien qu'Alan J. Pakula aux Etats-Unis, parmi d'autres, illustrent avec talent une telle orientation. Dans le même temps, en Union soviétique, Sergueï Paradjanov est emprisonné. A l'Ouest, bien servis par le *star system*, les pamphlets antibourgeois font recette (*la Grande Bouffe*, M. Ferreri, 1972). La recherche esthétique peut même servir avec bonheur l'engagement thématique dans le cinéma documentaire ou dans celui de la fiction comme en témoignent les œuvres du Hongrois Miklos Jancso ou du Grec Théo Angelopoulos. Simultanément, la Suisse, l'Allemagne fédérale et le Canada, chacun à leur manière, connaissent encore des phénomènes tardifs de type jeune cinéma comparables à la dizaine de nouvelles vagues qui avaient suivi le modèle français dix ans auparavant. Il s'agit donc de transformations internes au système susceptibles de régénérer les modèles dominants et non de les abattre. Après le succès de *Charles mort ou vif* (A. Tanner, 1968), le Groupe des cinq s'appuie en Suisse sur la télévision où Michel Soutter et Claude Goretta font d'ailleurs une belle carrière. En RFA aussi, les télévisions des Landers aident à l'épanouissement de cinéastes qui, à la suite d'Alexander Kluge et Volker Schlöndorff, développent le plus riche cinéma des années 70 : Rainer Werner Fassbinder, Werner Herzog, Wim Wenders et avec eux le Suisse de langue allemande Daniel Schmid, sont à la pointe de ce renouvellement. Quant au jeune cinéma québecois forgé au début des années 60 dans le creuset du direct (*Pour la suite du monde*, M. Brault et P. Perrault, 1963), il crée en totale symbiose avec les thèses du Parti québécois. Ce petit pays, peuplé de six millions d'habitants (dont cinq millions de francophones), produit alors une cinquantaine de longs métrages par an, parmi lesquels les documents très engagés de Denys Arcand, les fictions libertaires de Gilles Carle, comme les œuvres très personnelles de Jean-Pierre Lefebvre, coexistent toutes sans dommage dans une industrie puissamment soutenue par les subventions. Parallèlement au retour planétaire du cinéma d'auteur qui tire le septième art vers le haut, de nouveaux genres renouvellent ses assises populaires. A la suite de la série « James Bond », initiée au début des années 60, les « western-soja » fleurissent autour du personnage, puis du mythe de Bruce Lee. Plus universel, l'érotisme contribue à la consécration internationale du Japonais Nagisa Oshima, tandis que les Etats-Unis sont gagnés par la vague du cinéma pornographique. En France, on passe de 15 à 111 salles spécialisées à Paris, de 1972 à 1975, date à laquelle le porno représente 20 % de la production nationale en poids économique. En un peu plus d'un an, *Emmanuelle* attire huit millions de spectateurs. Le porno est alors non seulement un genre florissant auquel s'adonnent toutes les cinématographies, mais aussi un style qui gagne les plus grands auteurs à la suite du *Dernier Tango à Paris*, réalisé en France par l'Italien Bernardo Bertolucci avec la caution de la star Marlon Brando. Loin des essais parfois pathétiques des marginaux, le cinéma fabrique donc du neuf et le *star system* est encore au zénith dans le cinéma américain. Paul Newman révélé vingt ans auparavant comme Dustin Hoffman et Robert Redford sur la brèche depuis dix ans sont rejoints au hit-parade par les brillants représentants de la nouvelle génération, tels Al Pacino, Jack Nicholson et surtout Robert De Niro. Si l'on ajoute encore Elliott Gould, Gene Hackman ou Clint Eastwood, on voit que l'industrie américaine continue à produire de grandes stars comme au plus beau de son âge d'or. D'autant plus que le tableau est aussi brillant du côté féminin : à la suite de Jane Fonda ou de Mia Farrow, déjà consacrées, Faye Dunaway, Diane Keaton et Jill Clayburgh illuminent les écrans, où Liza Minnelli vient concurrencer Barbra Streisand. Le *star system* se porte également fort bien en Europe, où Isabelle Adjani, Miou-Miou, Isabelle Huppert, Nathalie Baye, Dominique Sanda, Gérard Depardieu, Patrick Dewaere et Claude Brasseur rejoignent alors le cinéma français. En Italie, Ornella Muti remplace Monica Vitti, Gian Maria Volonte sort du cinéma politique qui l'a révélé ; Geraldine Chaplin, inspiratrice de l'Espagnol Carlos Saura, et Hanna Schygulla de l'Allemand R. W. Fassbinder, sont vite sollicitées par les productions étrangères. Cette vitalité du cinéma spectacle est d'autant plus remarquable que de nouveaux auteurs parviennent partout à toucher le public. Par exemple aux Etats-Unis, les années 70 amènent au premier plan Woody Allen, Martin Scorsese, George Lucas, Francis Ford Coppola, Michael Cimino, Jerry Schatzberg, John Cassavetes, Robert Altman, ou le Tchèque immigré Milos Forman. Les superproductions reviennent en force et si les producteurs indépendants réalisent hors des studios des idées venues d'ailleurs, ce sont toujours les Majors qui financent et distribuent ces films. Quant au succès de *Love Story* (A. Hiller, 1971) dont les recettes des deux premiers jours d'exclusivité suffisent à rembourser le coût total, il témoigne à lui seul de la résistance du cinéma à l'emprise politique. En France, les succès 1975 sont *les Valseuses*, de Bertrand Blier, et *le Vieux Fusil*, de Robert Enrico, vainqueur à la première cérémonie des Césars en 1976. La Société des réalisateurs de films institutionnalise le statut d'auteur quand ceux de la Nouvelle Vague marquent le pas ! De nouveaux cinéastes s'affirment : les psychologues du comportement (J. Doillon, M. Pialat), les douloureux (J. Eustache, G. Blain, M. Duras) qui modulent leur plainte. On assiste même, avec Bertrand Tavernier et Claude Sautet, à un retour au romanesque. Partout la création est active et les équilibres sont à peine touchés, juste ce qu'il faut pour rester opératoires, nourris par un sang frais au courant encore vif.

« La Guerre des étoiles », space-opera de George Lucas (Etats-Unis, 1977).

D'autres pratiques de réception

Le ver est dans le fruit. Ses ravages minent les infrastructures et attaquent les racines. Les réussites esthétiques masquent la faiblesse économique et l'industrie fait faillite pendant que l'art étincelle. La blessure la plus visible touche la fréquentation. Simultanément, la production, en pleine incertitude, hoquette d'un extrême à l'autre, suivant les illusions ou les désillusions du moment. La décennie 70 apparaît un peu comme celle des derniers feux d'un cinéma à la fois art et industrie que les nouvelles vagues des années 60 avaient contribué à prolonger. Contesté idéologiquement, concurrencé violemment par la télévision, il se débat avec panache mais dans un combat d'arrière-garde. Il devra changer, si la consommation des films se modifie et si les sources financières se déplacent massivement des guichets des salles vers la télévision. D'autres orientations sont possibles... l'histoire du cinéma continue.

René Prédal

1970

Oscars, Hollywood
Film : *Macadam Cowboy* (John Schlesinger).
Acteur : John Wayne.
Actrice : Maggie Smith.

Mostra d'arte cinematografica, Venise
Pas de palmarès : hommage, pour l'ensemble de son œuvre, à Orson Welles.

Festival international du film, Cannes
Grand prix : *M.A.S.H.* (Robert Altman).
Meilleur acteur : Marcello Mastroianni.
Meilleure actrice : Ottavia Piccolo.

New York, 11 février
Variety révèle que le film de Walt Disney, *Chanson du Sud* (*Song of The South*), datant de 1946, a été irrévocablement retiré de l'exploitation depuis 1958 en raison de son racisme dans la présentation des personnages de Noirs. Le film mêle prises de vues directes et dessins animés. (→ 31.1.75)

Paris, 27 février
Sortie du *Boucher*, film de Claude Chabrol, avec Jean Yanne et Stéphane Audran. (→ 10.1.72)

France, 1er mars
Jacques Demy commence le tournage, au château de Chambord, de *Peau d'Ane*, d'après le conte de Charles Perrault. Les châteaux du Plessis-Bourré et de Gambais seront les prochains lieux de tournage de cette féerie. (→ 18.11.82)

Los Angeles, 8 mars
Harold Lloyd (*20.4.1893) s'éteint dans la somptueuse propriété de Beverly Hills où il s'était installé en 1923 avec sa femme et partenaire Mildred Davis, décédée elle-même en 1969.

New York, 23 mars
CBS présente une démonstration d'enregistrement vidéo en couleurs et annonce la commercialisation des cassettes pour l'automne. Darryl Zanuck déclare que la Fox a l'intention de mettre ses films en vente sur vidéocassettes cinq ans après leur sortie en salles.

New Jersey, 25 mars
A Wayne est inauguré le premier « cinéma Jerry Lewis » ; celui-ci a ouvert une souscription pour le financement de sa chaîne de salles. Il n'en prévoit plus que 355 au lieu de 750 initialement. (→ 24.4.73)

Paris, 27 mars
Dans l'hebdomadaire professionnel *le Film français*, Force ouvrière s'élève contre le caractère malsain des films français actuels : « Quelques intellectuels névrosés et des marchands de pellicule n'hésitent pas à corrompre et à détraquer notre peuple, et en premier lieu, notre jeunesse. »

Paris, 11 avril
Gérard Depardieu épouse Elisabeth Guignot. (→ 19.2.71)

Denver, 16 avril
Pour manifester contre la guerre du Viêt-nam et contre le film de John Wayne, *les Bérets verts* (*The Green Berets*), la comédienne Jane Fonda dort dehors et jeûne trente-six heures durant, au grand dam de son père, Henry Fonda.

Lyon, 23 mai
Au congrès de la Fédération internationale des archives du film, quarante conservateurs se penchent sur le problème de la conservation des œuvres et sur la nécessité de sensibiliser le public et les autorités de tutelle aux impératifs de la restauration des trésors artistiques que les cinémathèques abritent.

Paris, 20 juin
Bien qu'il se défende d'être « révolutionnaire », François Truffaut vend dans la rue le journal *la Cause du peuple*, en compagnie de Jean-Paul Sartre et de Simone de Beauvoir, pour soutenir la liberté d'expression. (→ 18.11.71)

Los Angeles, 24 juin
Dennis Hopper intente un procès à Peter Fonda et à sa société, Pandro Co. Il demande 3 % des bénéfices nets d'*Easy Rider*, en paiement de sa contribution au scénario, pour laquelle il dit n'avoir reçu aucune rétribution.

Pakistan, 10 juillet
Le film *Alphaville*, de Jean-Luc Godard, est interdit dans l'ensemble du pays. (→ 10.2.72)

Brescello, 16 juillet
Dans les environs de Parme, le réalisateur Christian-Jaque commence le tournage de *Don Camillo et les Contestataires*, avec Fernandel, leur premier film commun depuis *La loi, c'est la loi*, en 1957. (→ 26.2.71)

Rungis, 5 août
Le premier *drive-in* (cinéma en plein air) de la région parisienne est inauguré.

Londres, 7 août
Le comédien Albert Finney épouse l'actrice française Anouk Aimée.

Paris, 14 août
Abel Gance signe un contrat avec Claude Lelouch en vue de la réalisation d'un nouveau montage de son *Napoléon*, après la vaine tentative de 1968. (→ 23.1.81)

Paris, 26 août
Sortie de *la Maison des Bories*, un film de Jacques Doniol-Valcroze, avec Marie Dubois, Mathieu Carrière et Maurice Garrel.

New York, 29 août
Stanley Jaffe, trente ans, vice-président de la Paramount, est nommé à la présidence. C'est le plus jeune président d'un studio.

Paris, 29 août
Le comédien Christian Marquand présente *Candy*, qu'il a lui-même réalisé, avec Richard Burton, Marlon Brando, Ringo Starr, Charles Aznavour et John Huston.

Paris, 2 septembre
Sortie d'*On achève bien les chevaux* (*They Shoot Horses, Don't They*), de Sidney Pollack, avec Jane Fonda, Michael Sarrazin, Gig Young et Susannah York. (→ 9.11)

Hollywood, 8 septembre
Tous les grands studios, sauf la Fox, attaquent en justice les réseaux de télévision ABC et CBS, qui se sont lancés dans la production de films et violent, ce faisant, la loi antitrust. (→ 10.1.72)

Paris, 8 septembre
La comédienne Claudia Cardinale prend des cours de chant à l'Alcazar avec Jean-Marie Rivière pour les besoins de son prochain film, *Popsy Pop*, de Jean Herman.

Culver City, 5 octobre
La MGM commence à vendre ses terrains aux enchères. Elle obtient 7 250 000 dollars du troisième lot de trente-quatre hectares.

Tokyo, 31 octobre
Akira Kurosawa, qui depuis 1965 n'avait pas tourné, présente *Dodes' kaden*, avec Zushi Yoshitaka et Junzaburo Ban. Durant quatre heures, c'est le premier film en couleurs de Kurosawa. (→ 22.12.71)

Paris, 12 novembre
Toutes les salles de cinéma sont fermées pour cause de deuil national, après la mort du général de Gaulle, survenue le 9. (→ 16.12)

Paris, 7 décembre
M. Henri Duchemin, employé aux usines Simca, demande la saisie du film de Claude Lelouch, *le Voyou*, dont l'un des personnages porte son nom. (→ 24.9.73)

Paris, 9 décembre
Le prix Georges-Sadoul attribué pour la seconde fois est décerné au film de Marcel Ophuls *Le Chagrin et la Pitié*. (→ 5.4.71)

Etats-Unis, 31 décembre
Les dix plus gros succès de l'année représentent 40 % des recettes-distributeurs.

Tiré du témoignage d'Arthur London, « l'Aveu », de Costa-Gavras, met courageusement en question toutes les formes de totalitarisme.

YVES MONTAND
SIMONE SIGNORET
L'aveu
réalisation de
COSTA-GAVRAS
d'après le récit de LISE et ARTUR LONDON
adaptation et dialogue de
JORGE SEMPRUN
avec
GABRIELE FERZETTI
et
MICHEL VITOLD

La disparition de Jiri Trnka le magicien

Prague, 2 janvier

Le grand maître tchécoslovaque du film de marionnettes s'est éteint avant-hier à l'âge de cinquante-sept ans (*Plzen, 24.2.1912). Jiri Trnka, malade depuis quelques années, déclarait à ses proches : « Je veux rester en vie pour travailler. » Cet artiste d'origine très modeste a énormément travaillé toute sa vie. Illustrateur, cinéaste d'animation, il était revenu à la peinture ces derniers temps pour une série d'autoportraits impressionnants. Excellent auteur de dessins animés, c'est avec les marionnettes, tradition solidement implantée dans son pays, qu'il a trouvé sa voie. Directeur du studio de Prague après la guerre, il dégage l'animation des influences étrangères et forme une génération de réalisateurs dont Bretislav Pojar. Ses grands films – *le Rossignol de l'empereur de Chine*, *les Vieilles Légendes tchèques*, *le Songe d'une nuit d'été* – sont des merveilles de raffinement. *La Main* constitue son testament artistique et politique.

Trnka et l'une de ses créatures pour « le Rossignol de l'empereur de Chine ».

Trois marionnettes de Jiri Trnka.

Romy Schneider et les choses de la vie

Avec Michel Piccoli, dans « les Choses de la vie », de Claude Sautet.

Paris, 9 janvier

Le prix Louis-Delluc revient au film de Claude Sautet *les Choses de la vie*. Il s'agit là d'une révélation assez soudaine : les trois premiers longs métrages du réalisateur, dont *Classe tous risques* en 1959 ainsi que *l'Arme à gauche* en 1964, avaient certes été salués par la critique, mais leur audience était demeurée confidentielle. Avec *les Choses de la vie*, Sautet délaisse les sujets policiers pour se faire le chroniqueur d'une certaine société française et des êtres très ordinaires qui la composent : Pierre, interprété par Michel Piccoli, est un architecte qui ne parvient pas à s'épanouir dans la construction de grands ensembles. Romy Schneider incarne Hélène, la maîtresse dont il veut se séparer afin de rejoindre sa femme légitime. La comédienne accomplit ici une évidente mutation, sans doute permise par le talent et la finesse de Sautet dans la direction d'acteur. L'intérêt du film est rehaussé par une construction originale : toute l'action se déroule en flash-backs, visions de Pierre pendant les brèves secondes d'un accident de voiture qui lui coûtera la vie. (→ 2.2.78)

Une crise majeure pour tous les grands studios américains

Hollywood, 10 février

« C'est la crise la plus grave que l'industrie du cinéma ait jamais connue », ont déclaré les syndicalistes venus rencontrer les représentants des studios. En effet, avec le licenciement de 700 employés au cours de ces cinq derniers mois, le taux de chômage s'élève désormais à 42,8 % dans la profession. Ne croyant pas à une reprise possible des activités, du moins dans les mois à venir, la plupart des studios ont d'ores et déjà pris des mesures draconiennes. Première à s'alarmer, la MGM avait adopté l'année dernière un plan de restructuration qui a entraîné l'abandon d'une vingtaine de projets dont une adaptation de *la Condition humaine*, d'André Malraux, que devait réaliser Fred Zinnemann. La précarité de la situation de la firme a encouragé le financier Kirk Kerkorian à s'en emparer, en devenant l'actionnaire majoritaire de celle-ci. Après une bataille juridique dont il avait perdu la première manche, le financier a réussi à porter le total de ses actions MGM de 24 % à 40 %, ce qui lui a permis finalement d'éliminer l'administration en place et de faire nommer un nouveau président à la tête du conseil d'administration de la compagnie. Le rachat de la Warner Bros-Seven Arts par la société Kinney National Services en juillet dernier s'est déroulé, lui, avec la bénédiction du conseil d'administration du studio. Parmi les premières décisions du nouveau président de Warner, on remarque le rejet de sept scénarios proposés par la société American Zoetrope, fondée par Francis Ford Coppola et George Lucas en novembre dernier. La crise ne semble pas épargner la 20th Century-Fox dont la gestion de son président Darryl Zanuck, et de son fils Richard, a été mise en cause le mois dernier par le producteur David Merrick et un groupe d'actionnaires possédant un million d'actions sur les huit millions émises par la firme. (→ 16.1.71)

Le sévère échec de la comédie musicale de Gene Kelly a entraîné pour la Fox des pertes considérables.

Sinatra soupçonné avec la Mafia

Trenton, 17 février
Frank Sinatra a été contraint de témoigner devant une commission d'enquête de l'Etat du New Jersey, dans le cadre de la lutte contre la Mafia. Sinatra, interrogé sur ses rapports avec des parrains célèbres, a nié toute relation avec le milieu, affirmant que ce bruit est né du fait qu'il a autrefois acquis des parts dans un casino de Las Vegas. L'acteur refusait depuis plusieurs années de comparaître devant une telle commission. Il y a été obligé par une décision de la Cour suprême. Il en sort blanchi. (→ 11.4.76)

Les « Cahiers » sortent du tunnel

Paris, 10 mars
Les Cahiers du cinéma paraissent de nouveau, après une interruption de publication de deux mois. A la mi-octobre de l'année dernière, la rédaction était entrée en conflit avec l'éditeur, Daniel Filipacchi. Ce dernier entendait s'opposer au très net durcissement idéologique de la revue, ainsi qu'à son rejet désormais systématique du cinéma de masse. Le 5 janvier dernier, la situation semblait sans issue et *les Cahiers du cinéma* ne paraissaient pas. Les négociations entamées immédiatement ont pourtant abouti à un déblocage relativement rapide, et un accord est intervenu le 1er février : les membres de la rédaction se sont portés acquéreurs des parts de la société éditrice détenues par Filipacchi. La revue devient donc pleinement indépendante, et la rédaction a fait connaître aussitôt ce qui n'est rien d'autre qu'une ligne idéologique dure. En plus de la nécessaire réflexion critique et de la promotion de films peu connus, *les Cahiers du cinéma* se proposent en effet d'élaborer une théorie critique à partir de la science marxiste du matérialisme historique et des principes du matérialisme dialectique. Jean-Luc Godard et Jean-Marie Straub sont les inspirateurs d'une volonté de déconstruction du langage cinématographique qui semble d'ores et déjà inquiéter certains des collaborateurs de la revue, tel Michel Delahaye.

Pour un enfant qui lui ressemble, Truffaut se fait éducateur

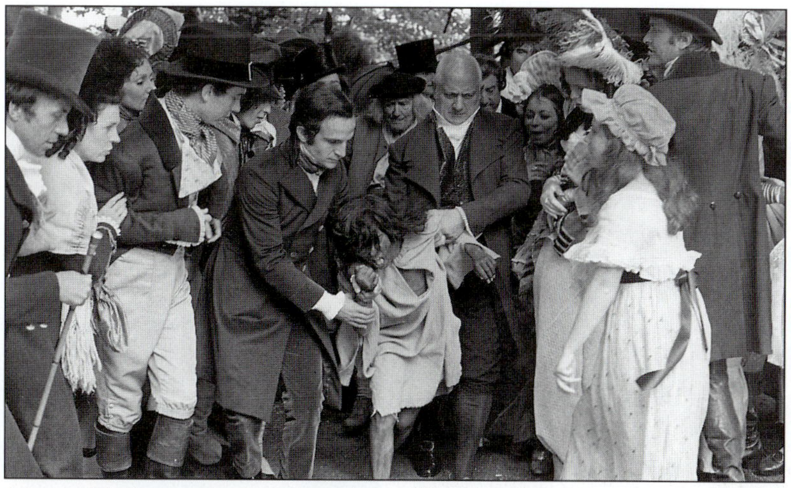

Dans « l'Enfant sauvage », François Truffaut s'est donné pour la première fois un rôle, auprès de Jean-Pierre Cargol.

Paris, 26 février
Après l'importante production de *la Sirène du Mississippi*, filmée en Scope, en couleurs et avec des interprètes aussi prestigieux que Jean-Paul Belmondo et Catherine Deneuve, François Truffaut revient à une mise en scène beaucoup plus austère. Son dixième film, *l'Enfant sauvage*, est en effet tourné en noir et blanc, et dans des décors particulièrement sobres. Pour ce qui est de l'interprétation, elle se réduit essentiellement au face-à-face de deux personnages : un éducateur et son élève. L'histoire du film est inspirée d'un événement survenu en 1798. Des paysans de l'Aveyron avaient découvert dans une forêt un enfant vivant nu, tel un animal, se nourrissant de baies et de racines, courant à quatre pattes. Capturé puis ramené à Paris, il avait été confié au Dr Jean Itard, qui souhaitait l'éduquer tout en respectant son identité, et qui consigna son expérience dans un mémoire. Ce dernier, publié seulement en 1906, a constitué le point de départ du scénario. C'est Truffaut lui-même, passant pour la premère fois devant la caméra, qui incarne ce docteur humaniste, tandis qu'un jeune Gitan, Jean-Pierre Cargol, joue l'enfant. Le cinéaste, dont la propre enfance a été fort malheureuse, désirait tourner ce sujet depuis 1966. Il a longtemps hésité avant de se convaincre qu'il ne pouvait offrir à un acteur un rôle aussi proche de sa personnalité. Le film n'est pas dédié à Jean-Pierre Léaud par hasard : depuis le début de la chronique d'Antoine Doinel, la relation de cinéaste à comédien que Truffaut a établie avec son interprète favori est finalement très proche de celle du Dr Itard. (→ 20.6)

Delon et Belmondo partenaires et rivaux dans le même film

Paris, 20 mars
Un récent sondage de popularité a placé Alain Delon et Jean-Paul Belmondo ex æquo à la première place. Pour la première fois de leur carrière, ils partagent la même tête d'affiche, celle du film *Borsalino*, de Jacques Deray. Siffredi et Capella, truands marseillais, gravissent ensemble les degrés de la « réussite » en éliminant les caïds de la pègre... Le scénario est inspiré de faits réels accomplis par Carbone et Spirito, deux gangsters des années 30. Si Delon et Belmondo se sont fort bien entendus pendant le tournage, les choses se sont gâtées par la suite. Etant à la fois producteur et acteur, Delon a fait inscrire son nom deux fois sur l'affiche et au générique, tandis que celui de Belmondo, acteur uniquement, ne s'y trouve qu'une seule fois. Un accord préalable établi entre eux ne prévoyait pas ce point. Belmondo intente un procès à Delon, lui reprochant son manque de tact. Catherine Rouvel, leur partenaire, déclare : « J'aime beaucoup Alain. Je trouve que c'est un gentleman. Belmondo est un farceur. Peut-être est-il plus acteur que Delon mais il est aussi plus égocentrique. » Le face-à-face des deux comédiens risque d'être sans lendemain. (→ 27.4)

« Borsalino », de Jacques Deray. La mythologie marseillaise des années 30.

Les Oscars plébiscitent les francs-tireurs

Frustré des principales distinctions, « Butch Cassidy et le Kid », de George Roy Hill, avec Paul Newman et Robert Redford, obtient quatre Oscars.

Los Angeles, 7 avril
Dix-sept stars présentent la cérémonie des Oscars. De nombreuses surprises au cours de cette soirée où aucun des favoris n'est récompensé. Le meilleur film est *Macadam Cowboy* (*Midnight Cowboy*), de John Schlesinger, élu par ailleurs meilleur réalisateur. Le prix d'interprétation féminine est accordé à Maggie Smith pour *les Belles Années de Miss Brodie* (*The Prime of Miss Jean Brodie*), de Ronald Neame, et c'est John Wayne qui reçoit le prix d'interprétation masculine pour *Cent Dollars pour un shérif* (*True Grit*), d'Henry Hathaway : c'est son premier Oscar. *Z*, de Costa-Gavras, obtient l'Oscar du meilleur film étranger. (→ 15.4.71)

Catherine Deneuve, orpheline émancipée

Paris, 28 avril
Dans un film précédent, Luis Buñuel avait fait de Catherine Deneuve une surprenante *Belle de jour*. La retrouvant de nouveau pour *Tristana*, le réalisateur la transforme en orpheline, objet des fantasmes sexuels d'un aristocrate éclairé et vieillissant, interprété par Fernando Rey. Inspiré d'un roman de Benito Perez, le film permet à l'auteur de *Viridiana* de retrouver son Espagne natale, et plus précisément Tolède, avec sa belle architecture médiévale. Parce qu'on y retrouve l'essentiel des obsessions du cinéaste, du fétichisme du pied à l'angoisse de la vieillesse, *Tristana* comptera sans doute parmi ses œuvres majeures. (→ 10.9.75)

Dans « Tristana », de Luis Buñuel, vision caustique de la bourgeoisie espagnole.

Alain Delon prend Pompidou à témoin

Paris, 27 avril
Alain Delon a adressé une lettre ouverte au président Georges Pompidou, dans les colonnes de *France-Soir*, à propos de l'affaire Markovic, à laquelle il a été injustement mêlé, dit-il. D'abord cité comme témoin le 16 octobre 1968, puis placé en garde à vue le 23 janvier 1969, Delon est devenu par la suite la cible de ses détracteurs. Ceux-ci ont profité des circonstances pour insinuer que l'acteur avait des relations douteuses et des appuis dans le milieu. Delon se dit bafoué et calomnié. Il traîne aujourd'hui dans son sillage « une aura inquiétante » que le spectateur ressent inconsciemment. Ses rôles de truand n'améliorent pas cette image : Alain vient d'être trois fois de suite un gangster à l'écran dans *Jeff*, de Jean Herman, dans *le Clan des Siciliens*, d'Henri Verneuil, et dans *Borsalino*, de Jacques Deray. Et il achève *le Cercle rouge*, de Jean-Pierre Melville... (→ 16.12)

Avec « l'Aveu », Yves Montand tire les leçons de son passé

Paris, 29 avril
Parce qu'il avait fermé les yeux sur certains grands méfaits des dictatures communistes, du temps où, avec sa compagne Simone Signoret, il était compagnon de route du Parti communiste français, Yves Montand avait besoin de se racheter et de régler ses comptes avec son propre passé de militant politique. Cela explique l'acharnement et la conviction qu'il a mis pour que soit tourné *l'Aveu*, de Costa-Gavras. Adapté par le réalisateur et par le scénariste Jorge Semprun du livre autobiographique d'Arthur London, le film dénonce avec une rigueur implacable les méthodes policières très spéciales du régime tchécoslovaque, qui ne recule devant aucun moyen afin d'obtenir de ses victimes des aveux fabriqués de toutes pièces. Une première fois le trio Montand-Costa-Gavras-Semprun avait fait sensation avec *Z*, un film politique d'une extrême efficacité qui dénonçait la dictature militaire en Grèce. Avec *l'Aveu*, la démarche de ces trois hommes, qui se situent clairement à gauche, se révèle bien plus délicate : il s'agit en fait cette fois de dénoncer un régime avec lequel ils partageaient tous les trois un certain nombre de valeurs ; et le fait de l'avoir réalisé avec autant d'honnêteté et de courage est tout à leur honneur. Bien évidemment, Simone Signoret ne pouvait que faire partie de l'aventure. (→ 11.5.71)

Les procès de Prague dans « l'Aveu », de Costa-Gavras. Le stalinisme jugé.

Les soldats de l'Oncle Sam ont beaucoup réjoui la Croisette

Cannes, 16 mai
Peut-on faire rire d'un sujet aussi dramatique que la guerre ? Le réalisateur américain Robert Altman pense que oui et il le prouve avec *M.A.S.H.*, un film sur la guerre de Corée qui a tellement fait rire le public du Festival de Cannes que le jury n'a pas hésité à lui décerner le grand prix. Chronique féroce de la vie d'un hôpital de campagne où sévissent trois chirurgiens aussi préoccupés par le sexe que par leur métier, ce film constitue un réquisitoire implacable contre la boucherie de la guerre. Le public américain ne manquera pas d'y voir une métaphore de l'actuelle et meurtrière guerre du Viêt-nam. Décidément, toujours très apprécié à Cannes, le cinéma italien a eu droit au grand prix spécial du jury, pour *Enquête sur un citoyen au-dessus de tout soupçon*, d'Elio Petri ; ainsi qu'aux prix d'interprétation masculine, décerné à Marcello Mastroianni dans *Drame de la jalousie*, d'Ettore Scola, et féminine, attribué à Ottavia Piccolo dans *Metello*, de Mauro Bolognini. (→ 27.5.71)

Elliott Gould,à gauche et Donald Sutherland à droite dans « M.A.S.H. ».

Florinda Bolkan : « Enquête sur un citoyen au-dessus de tout soupçon ».

Une nouvelle charte du cinéma français

Paris, 28 septembre
Le cinéma français en 1970 : situation, perspectives et plan de redressement. C'est ainsi que le directeur général du Centre national de la cinématographie, André Astoux, a appelé le rapport qu'il vient de présenter au gouvernement. D'après ce rapport, la situation de l'industrie cinématographique en France s'aggrave d'année en année et cela se traduit par une baisse de la fréquentation et un taux de chômage de 80 % parmi les travailleurs du cinéma. Afin de remédier à cette crise, le directeur du CNC propose une charte comportant des mesures concernant chaque branche de la profession. Parmi ces mesures figurent la création de groupes de recherche et d'essai cinématographiques, l'adoption d'une politique dynamique d'implantation de salles, la création à Paris d'un marché permanent du film français, l'aménagement du système des avances sur recettes et la réforme de la structure du soutien financier de l'Etat. (→ 1.4.71)

Le meurtrier de Sharon Tate jugé

Los Angeles, 15 juin
Le procès de Charles Manson et des cinq garçons et trois filles constituant sa bande s'ouvre aujourd'hui. Ce sont les assassins de Sharon Tate et de quatre autres personnes, tuées le 9 août dernier à Hollywood. Membres d'une secte installée à Spawn Movie Ranch, ils ont été arrêtés à la fin du mois de novembre et ont avoué leur « crime rituel » dès le premier interrogatoire. Ils se disent « enfants du diable » et obéissent à leur maître, Manson, dans lequel ils voient parfois l'incarnation de Jésus et parfois celle de Satan. Il semble que Manson ait tué pour se venger de Terry Melcher (fils de Doris Day), qui aurait refusé de publier la musique écrite par le dément. Melcher était l'ancien propriétaire de la villa, mais avait déménagé depuis plusieurs mois, ce que Manson ignorait. En entraînant ses fanatiques dans sa vengeance, Manson se serait donc trompé de victimes. (→ 1.4.71)

André Bourvil termine sa carrière dans le cercle de Melville

Paris, 23 septembre
A une heure cette nuit, André Bourvil s'est éteint dans son appartement du boulevard Suchet, auprès de sa femme, Jeanne, et de ses deux fils, Philippe et Dominique. Fatigué par la maladie, il avait achevé au mois de mars *le Cercle rouge*, de Jean-Pierre Melville, puis avait aussitôt enchaîné avec la comédie de Marcel Camus *le Mur de l'Atlantique*. En août, il travaillait toujours sur la synchronisation du *Cercle rouge* malgré son épuisement physique. Il faisait aussi des projets d'avenir : l'Olympia durant l'hiver, puis peut-être une nouvelle opérette. Il tentait de refuser le mal qui était en lui comme il refusait d'aller en clinique. Né André Raimbourg le 27 juillet 1917 à Prétot-Vicquemare, petit village de Normandie, il se destine d'abord au métier d'instituteur. Obtenant quelques succès dans des radio-crochets, il s'oriente vite vers la chanson, écrit ses textes et débute dans des cabarets montmartrois durant l'Occupation. Les débuts sont difficiles, mais, en 1946, il tourne son premier grand film, *la Ferme du pendu*, de Jean Dréville, et joue, aux côtés d'André Claveau, dans sa première pièce, *la Bonne Hôtesse*. Bourvil devait très prochainement être l'interprète du film de Gérard Oury, *la Folie des grandeurs*, où il devait retrouver Louis de Funès pour la troisième fois.

Dans « le Cercle rouge », son dernier film, ici face à François Périer.

Le cinéma porno à la Maison Blanche

Washington, 6 octobre
L'Amérique, connue pour son puritanisme, qui n'en est pas à un paradoxe près, est devenue pourtant le premier producteur mondial de *blue movies*, les films pornographiques ! Il y a là de quoi donner au président américain des cauchemars couleur rose chair ! Toutefois, le rapport que vient de présenter la Commission d'enquête présidentielle sur l'obscénité et la pornographie devrait rassurer un peu le locataire de la Maison Blanche. En effet, d'après ce rapport, les revenus du cinéma pornographique aux Etats-Unis en 1970 devraient baisser de 10 à 20 % par rapport à 1969, année où les revenus s'évaluaient à près de 70 millions de dollars. Il existe actuellement environ 600 salles spécialisées dans ce genre de projection sur l'ensemble du territoire. Entre 135 et 200 longs métrages pornographiques ont été produits au cours de l'année dernière. Le coût de production de chaque film varie de trois mille à cent mille dollars, la moyenne se situant entre vingt mille et quarante mille dollars. Ces films sont produits principalement à Los Angeles et San Francisco, sur la côte Ouest, et à New York, sur la côte Est. Dans son rapport, la Commission estime que le système de cotation de la MPAA est « trop souple » et trop soumis à l'évolution rapide de la situation pour pouvoir être évalué équitablement. (→ 25.1.71)

Les Journées de Carthage saluent l'Egyptien Youssef Chahine

Tunis, 18 octobre
Pour la plupart des cinéastes et journalistes arabes et africains qui participent à la troisième édition des JCC (Journés cinématographiques de Carthage), le cinéaste égyptien Youssef Chahine fait figure de grand maître. Cela explique les ovations qui ont accueilli l'annonce de l'attribution du grand prix du festival, le Tanit d'or, à ce cinéaste, pour l'ensemble de son œuvre. Le nouveau film de Chahine, *le Choix*, a été présenté en ouverture du festival. Avec son art de mêler le particulier au national, Chahine y dénonce l'impuissance de l'élite intellectuelle à faire « le choix » d'assumer ses responsabilités, thème déjà présent dans son précédent chef-d'œuvre, *la Terre*. A la différence de ce dernier film, dont le récit était assez linéaire, *le Choix*, lui, est construit comme un savant jeu de miroirs, lequel rend habilement sensible la schizophrénie du héros. Très éloigné des conventions du cinéma commercial égyptien, le film risque toutefois d'être moins bien accueilli par le public, malgré la présence à son générique de vedettes comme Isat el Alâli et Soâd Hussny. Le Tanit d'argent a été, lui, décerné au film syrien *Des hommes au soleil*. Il s'agit d'un film à sketches réalisé par Nabil al Malih, Maroun al Mouzen et Mohamed Chahine, d'après trois nouvelles du grand écrivain palestinien Ghassan Kanafani. (→ 15.3.71)

Soâd Hussny et Isat el Alâli : « le Choix »... d'une certaine élite intellectuelle.

« La Terre » (1969). Un vibrant réquisitoire contre l'exploitation des paysans.

Billy Wilder donne une suite aux aventures de Sherlock Holmes

Robert Stephens et Colin Blakely dans « la Vie privée de Sherlock Holmes ».

New York, 29 octobre
Décidément, ce n'est pas l'imagination qui manque à Billy Wilder ! Sinon, il se serait contenté d'adapter l'un des livres d'Arthur Conan Doyle au lieu d'imaginer de nouvelles aventures au personnage inventé par celui-ci. En effet, l'auteur anglais n'avait jamais songé à envoyer son célèbre détective en Ecosse, à la poursuite du monstre du loch Ness, comme vient de le faire Wilder dans *la Vie privée de Sherlock Holmes* (*The Private Life of Sherlock Holmes*). Retrouvant le secret d'un humour à froid, bien « british », le réalisateur américain a réalisé avec ce film une œuvre fort savoureuse.

Henri Jeanson, fin d'une adolescence

Honfleur, 6 novembre
A Equemauville, un hameau du Calvados, s'est éteint le scénariste et dialoguiste Henri Jeanson. Né à Paris le 6 mars 1900, Jeanson est devenu journaliste en 1919, passant du grand reportage à la critique de cinéma. Dans les années 30, il s'est imposé comme l'un de nos plus grands dialoguistes, travaillant avec Marcel Carné, Julien Duvivier, Marc Allégret... Sa réputation de polémiste virulent et d'anarchiste lui a coûté huit mois de prison en 1939. Peu avant sa mort, il avait publié un livre de souvenirs intitulé *Soixante-Dix Ans d'adolescence*.

Jane Fonda en lutte sur tous les fronts

Cleveland, 9 novembre
Jane Fonda vient de comparaître devant un tribunal fédéral de l'Ohio pour possession de narcotiques. Elle a été arrêtée à l'aéroport le 3 novembre, alors qu'elle revenait du Canada. Son défenseur, Mark Lane, a affirmé qu'il s'agit de vitamines et de Valium obtenus sur ordonnance. Depuis plusieurs mois, Jane et Mark Lane défraient les chroniques par leurs diverses actions virulentes. Le 8 mars, alors qu'ils participent à une marche pour défendre les droits des Indiens, une bagarre éclate, Jane est brutalisée et Lane est arrêté. Le 22 mars, l'actrice se rend au quartier général des Panthères noires, avec Angela Davis, Roger Vadim et Jean Genêt, recherchant des fonds pour la libération des dirigeants de ce groupe subversif. Le 1er mai, à Santa Fe, elle condamne la politique américaine au Viêt-nam et l'invasion du Cambodge. Le 9, à Washington, elle participe à un rallye contre la guerre. Le 19 juin, elle fait un discours antiraciste pour défendre un Noir accusé d'avoir tué un gardien de prison. Elle affirme à cette occasion : « Nous ne sommes pas à Los Angeles, mais à Berlin en 1936. Et nous sommes tous des Juifs. » Ses problèmes actuels avec la justice américaine sont à l'évidence la conséquence directe de ses prises de position. (→ 14.7.72)

Dernier film à ce jour, « On achève bien les chevaux », de Sydney Pollack.

Elle aimait Bach, les Beatles... et Oliver

Ali MacGraw et Ryan O'Neal dans « Love Story », d'Arthur Hiller.

New York, 16 décembre
Après avoir fait pleurer des millions d'Américains, le best-seller d'Erich Segal *Love Story* est devenu un film réalisé par Arthur Hiller et interprété par Ali MacGraw et Ryan O'Neal dans les rôles de Jenny et Oliver, les deux jeunes amoureux de cette émouvante histoire d'amour. Là où leur différence de classe a échoué à séparer le richissime étudiant d'Harvard de sa bien-aimée, fille, elle, d'un modeste immigré italien, le destin, lui, réussira : la douce et belle Jenny, qui aime Bach, les Beatles et surtout son Oliver, mourra d'une leucémie, laissant son amoureux la pleurer de toutes ses chaudes larmes et, avec lui, sans doute, des millions de spectateurs potentiels. (→ 15.4.71)

« Love Story », la passion ordinaire.

Le mariage russe de Marina Vlady

Moscou, 1er décembre
Marina de Poliakoff-Baïdaroff, dite Marina Vlady, vient d'épouser le poète et chanteur soviétique Vladimir Vissotsky. Tous deux se sont connus au cours de soirées poétiques, à l'occasion de l'un des nombreux voyages de l'actrice en URSS. Née à Paris au sein d'une famille d'émigrés russes, Marina a depuis toujours la nostalgie de son pays d'origine, qu'elle partageait avec son premier mari, Robert Hossein, père de ses deux fils, Igor et Pierre. Elle a ensuite été l'épouse de l'aviateur Jean-Claude Brouillet, dont elle a eu un fils. (→ 26.3.75)

Alain Delon, mécène de l'Etat français

En Chaban-Delmas, gaulliste historique, dans « Paris brûle-t-il ? »

Paris, 16 décembre
Admirateur inconditionnel du général de Gaulle, Alain Delon fait don au gouvernement français du manuscrit de l'Appel du 18 juin 1940. Il en était propriétaire depuis plusieurs années, l'ayant acquis dans une vente aux enchères. Delon, gaulliste convaincu, considère aujourd'hui que ce précieux document doit appartenir à tous, c'est-à-dire à l'Etat, plutôt qu'à une seule personne. Comme des millions de Français, l'acteur est profondément marqué par la disparition de l'ancien président de la République, le 9 novembre dernier. Ce don est pour Delon un ultime hommage au général. (→ 1.12.75)

Jean-Paul Belmondo et Alain Delon dans « Borsalino », de J. Deray.

Jardel Filho et Myriam Muniz dans « Macunaïma », de J. P. de Andrade.

M. Mastroianni et B. Whitelaw dans « Leo the Last », de John Boorman.

Maria Callas interprète Médée pour Pier Paolo Pasolini.

Fabrice Luchini et Béatrice Romand dans « le Genou de Claire », de Rohmer.

Yves Montand incarne Arthur London dans « l'Aveu », de Costa-Gavras.

Delphine Seyrig et Catherine Deneuve dans « Peau d'Ane », de Jacques Demy.

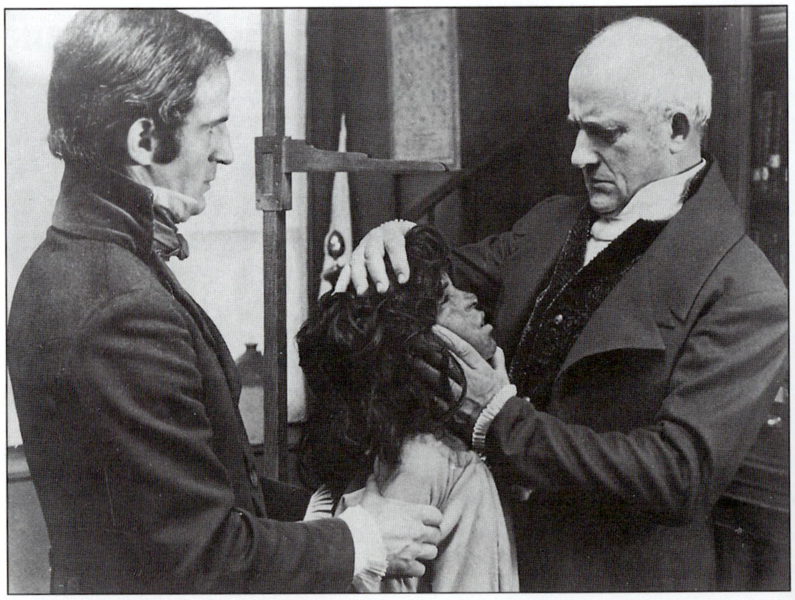

François Truffaut, J.-P. Cargol et Jean Dasté dans « l'Enfant sauvage ».

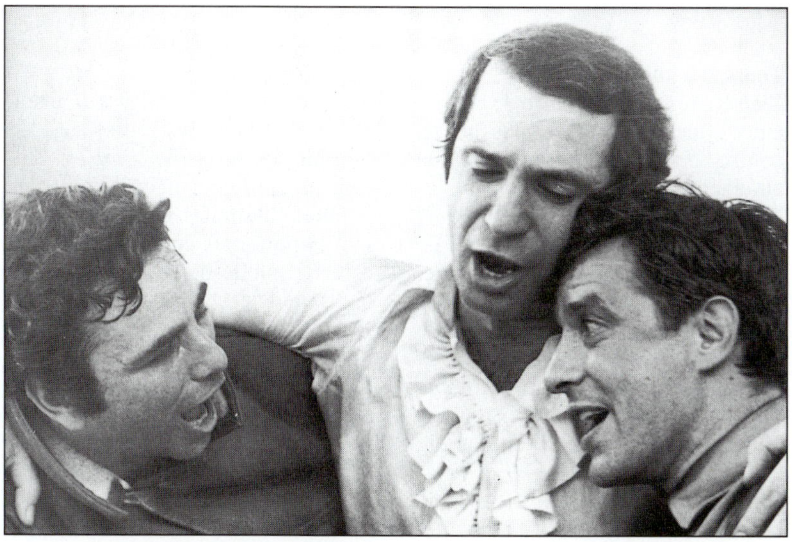

Peter Falk, Ben Gazzara et John Cassavetes dans son film, « Husbands ».

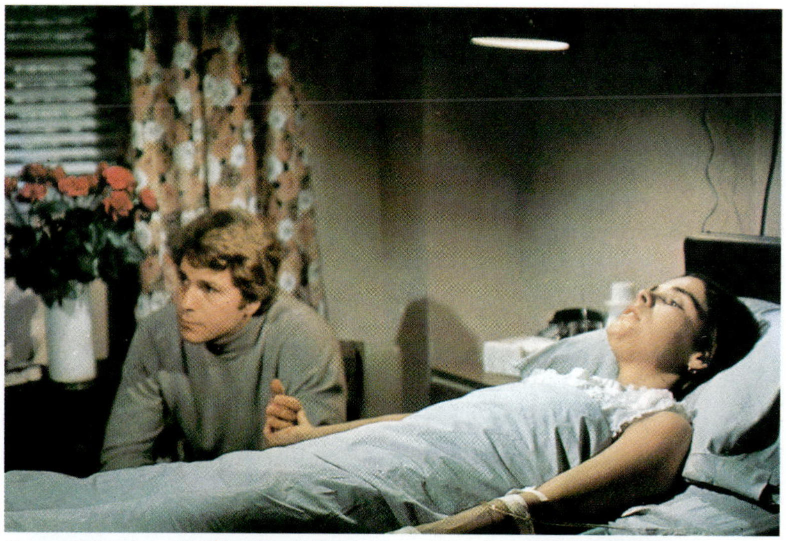

Ryan O'Neal et Ali MacGraw dans « Love Story », d'Arthur Hiller.

Geneviève Page et Robert Stephens dans « la Vie privée de Sherlock Holmes ».

Jane Asher dans « Deep End », film de Jerzy Skolimowski.

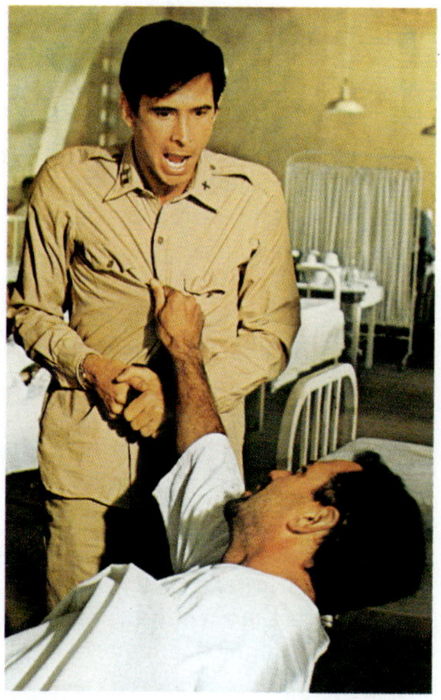

Anthony Perkins et Martin Balsam dans « Catch 22 », de Mike Nichols.

Robert Duvall, Sally Kellerman et Elliott Gould dans « M.A.S.H. ».

Henry Fonda et Kirk Douglas dans « le Reptile », de Joseph L. Mankiewicz.

1971

Oscars, Hollywood
Film : *Patton* (Franklin J. Schaffner).
Acteur : George C. Scott.
Actrice : Glenda Jackson.

Mostra d'arte cinematografica, Venise
Pas de palmarès : hommage pour leur carrière à Ingmar Bergman, à Marcel Carné et à John Ford.

Festival international du film, Cannes
Grand prix : *le Messager* (Joseph Losey).
Meilleur acteur : Riccardo Cucciolla.
Meilleure actrice : Kitty Winn.

Paris, 14 janvier
Eric Losfeld, éditeur de la revue *Positif* et de nombreux livres sur le cinéma, est condamné à une lourde amende par le tribunal pour avoir publié des ouvrages qualifiés de pornographiques. (→ 18.10.72)

Paris, 15 janvier
Sortie de *Fantasia chez les ploucs*, de Gérard Pirès, d'après un roman policier de Charles Williams, dans lequel un bouilleur de cru de l'Alabama s'oppose à un receleur de diamants, avec Lino Ventura, Mireille Darc, Jean Yanne et Jacques Dufilho.

New York, 16 janvier
La MGM et la Fox font savoir qu'il ne sera pas donné suite au projet de fusion des deux firmes, présenté à Darryl Zanuck par James Aubrey, président de la MGM. (→ 10.6)

Hollywood, 25 janvier
Charles Keating, leader de la croisade antipornographique, déclare : « Zanuck et Russ Meyer devraient être arrêtés et emprisonnés pour avoir osé faire *Beyond the Valley of Dolls.* » Meyer s'est fait une petite célébrité avec *Vixen*, en 1968, tourné pour 75 000 dollars et qui en rapporta cinq millions. (→ 1.3.73)

Washington, 2 février
L'American Film Institute publie un guide des cours de cinéma, qui donne la liste de 1 679 cours enseignés dans 300 établissements universitaires américains. (→ 31.3.73)

Paris, 19 février
Sortie du quatrième film réalisé par le scénariste Michel Audiard, *le Cri du cormoran le soir au-dessus des jonques*, avec Michel Serrault, Paul Meurisse et Bernard Blier. Gérard Depardieu y fait ses débuts dans un petit rôle. (→ 4.10.73)

Le Caire, 15 mars
Youssef Chahine présente *le Choix* (*al-Ikhtiyar*). (→ 26.8.74)

New York, 23 mars
John Johnson, éditeur du magazine *Ebony*, est nommé au conseil d'administration de la Fox. C'est la première fois qu'un Noir occupe une telle position dans l'administration d'un grand studio.

Hollywood, 24 mars
Francis Ford Coppola commence les prises de vues du *Parrain* (*The Godfather*), que la Paramount a finalement consenti à produire. (→ 15.3.72)

Paris, 11 mai
La veuve du député grec Lambrakis poursuit en justice Costa-Gavras et les producteurs du film *Z*, pour atteinte à la vie privée et à la mémoire de son mari, dont l'assassinat a inspiré le scénario. (→ 14.1.73)

Etats-Unis, 19 mai
Les églises catholiques et protestantes critiquent le système de cotes MPAA, « tel qu'il est actuellement administré », déclarant qu'il a perdu le soutien de la majorité du public.

Tours, 10 juin
Jean Royer, député-maire de la ville, lance une campagne sans merci contre l'érotisme et la pornographie au cinéma.

New York, 23 juin
Le Dr Aaron Stern, psychiatre, remplace Eugene Dougherty à la tête de l'administration du Code de la production. Jack Valenti, président de la MPAA, reconnaît publiquement le besoin de « reformuler » le code, afin de prendre en compte des évolutions morales.

New York, 25 juillet
Vincent Canby, le critique cinématographique du *New York Times*, dénonce dans un article la pratique des publicitaires qui utilisent des citations de critiques tronquées pour la promotion des films.

Sacramento, 27 août
Ronald Reagan, gouverneur républicain de Californie depuis 1966 et très au fait des intérêts de la profession, écrit au président Richard Nixon pour lui demander d'encourager l'adoption d'une législation fiscale plus favorable à l'industrie cinématographique. (→ 4.11.80)

Saint-Quentin, 7 septembre
Le maire de cette sous-préfecture de l'Aisne, un émule fervent de Jean Royer, interdit dorénavant dans sa ville « toute projection de films à caractère érotique, pornographique ou licencieux ». (→ 12.2.74)

Paris, 29 septembre
Les deux principales sociétés qui produisent des films publicitaires, Cinéma et Publicité d'une part, et Pathé-Cinéma - Jean Mineur d'autre part, fusionnent sous la nouvelle raison sociale de Médiavision.

Paris, 10 octobre
Claude-Jean Philippe inaugure le « Ciné-club » sur la deuxième chaîne en présentant, à 22 h 30, *le docteur Mabuse* (*Doctor Mabuse, der Spieler*), de Fritz Lang, bien sûr en version originale. (→ 16.7.76)

Paris, 22 octobre
Des pavés sont lancés contre la façade du cinéma Saint-Séverin, qui programme *la Guerre d'Algérie*, film de montage d'Yves Courrières et Philippe Monnier, produit par Jacques Perrin. (→ 6.2.72)

Paris, 29 octobre
Sortie du film de Ken Russell, inspiré de l'affaire des possédées de Loudun en 1634, *les Diables*. Suivant la consigne du ministère des Affaires culturelles, un avis est exposé à la porte des cinémas pour prévenir le public de la cruauté et du réalisme de certaines scènes.

Los Angeles, 2 novembre
Richard Zanuck et David Brown, respectivement ancien président et vice-président de la 20th Century-Fox, intentent un procès au studio, qui a exigé leur démission « illégalement » en décembre 1970. Le premier demande 14 500 000 dollars de dommages-intérêts et le second, 7 500 000. (→ 7.7.72)

Italie, 13 novembre
Le Décaméron, de Pier Paolo Pasolini, d'après Boccace, est saisi par les carabiniers à la demande des procureurs d'Ancône et de Sulmona, dans les Abruzzes. (→ 7.10.72)

Paris, 18 novembre
Les Deux Anglaises et le continent, de François Truffaut, avec Stacey Tendeter, Kika Markham et J.-P. Léaud, sort en salles. (→ 14.2.72)

Paris, 28 novembre
Le réalisateur belge Harry Kumel présente *les Lèvres rouges*, avec Delphine Seyrig. (→ 2.6.72)

Tokyo, 28 décembre
Pour échapper à la faillite, la plus ancienne société de production japonaise, la Nikkatsu, décide de lancer la série de films « Roman-porno », c'est-à-dire romantique et pornographique. (→ 31.12.77)

Paris, 31 décembre
La télévision, au cours de l'année écoulée, a programmé 392 longs métrages, dont 196 films français, soit exactement 50 % du total.

Paris, 31 décembre
Depuis sa sortie en décembre 1966, *la Grande Vadrouille*, de Gérard Oury, a été vu par un nombre de spectateurs jamais égalé en France : 14 800 000. (→ 2.5.78)

« Mort à Venise », de Visconti, reçoit à Cannes le prix du 25e anniversaire du festival. Celui-ci rend également hommage à toute l'œuvre du cinéaste.

LA WARNER BROS. PRESENTA
UN FILM PRODOTTO E DIRETTO DA
LUCHINO VISCONTI
DIRK BOGARDE
Fabio Rieti 70
MORTE A VENEZIA
DAL RACCONTO DI THOMAS MANN
CON
BJORN ANDRESEN E MARK BURNS E ROMOLO VALLI - NORA RICCI - MARISA BERENSON - CAROLE ANDRÉ
E CON LA PARTECIPAZIONE STRAORDINARIA DI
SILVANA MANGANO
SCENEGGIATURA DI
LUCHINO VISCONTI E NICOLA BADALUCCO
DIRETTORE DELLA FOTOGRAFIA
PASQUALE DE SANTIS
PRODUTTORE ESECUTIVO ASSOCIATO
ROBERT GORDON EDWARDS
PRODUTTORE ESECUTIVO
MARIO GALLO
UNA COPRODUZIONE ITALO-FRANCESE
ALFA CINEMATOGRAFICA (ROMA) P.E.C.F. (PARIGI)
PANAVISION - TECHNICOLOR
LITOROMA via A Fontanesi 11
PRIMA EDIZIONE ITALIANA ANNO 1971

Fernandel laisse un film inachevé

Paris, 26 février
Dans son appartement de l'avenue Foch, Fernandel s'est éteint ce jour à 16 h 30, succombant à une crise cardiaque. Il avait eu une attaque de pleurésie quelques mois plus tôt et avait été contraint d'interrompre le tournage d'un nouveau « Don Camillo » qui se déroulait à Parme, sous la direction de Christian-Jaque. Né Fernand Contandin le 8 mai 1903 à Marseille, il a tourné 144 films au cours de sa carrière. Le dernier restera *Heureux qui comme Ulysse*, d'Henri Colpi. Durant l'hiver 1968, Fernandel avait retrouvé la scène, jouant la comédie policière de Robert Thomas *Freddy* au théâtre des Variétés, à Paris. Se croyant désormais guéri de sa pleurésie, il s'apprêtait à rejoindre l'équipe de « Don Camillo » en Italie. Quelques heures avant sa mort, il avait d'ailleurs bu son pastis quotidien et mangé une bouillabaisse avant de faire sa sieste... Ses obsèques auront lieu le 1er mars à l'église Saint-Honoré d'Eylau.

Milos Forman à Hollywood, un regard neuf sur l'Amérique

« Taking Off », avec Linnea Heacock, Buck Henry et Lynn Carlin (à gauche ci-dessus). La jeunesse dans tous ses états.

New York, 29 mars
Dans ses films tchécoslovaques, Milos Forman avait su traduire admirablement le mal de vivre des jeunes et la lassitude des vieux dans la Tchécoslovaquie communiste. Exilé volontaire aux Etats-Unis depuis 1968, il vient d'y tourner *Taking Off*, dans lequel il évoque le même genre de malaises, mais cette fois-ci dans une société capitaliste. Le film retrace les mésaventures de deux parents qui, pour comprendre les raisons qui ont poussé leur jeune fille à fuguer, iront jusqu'à s'initier à la drogue et aux orgies ! Evocation désenchantée de l'*american way of life*, *Taking Off* démontre que l'exil n'a fait perdre à Forman aucune de ses qualités et que le réalisateur des *Amours d'une blonde* a conservé l'acuité de son regard, son sens critique des réalités et son humour féroce. (→ 20.11.75)

La télévision refuse aux Français « le Chagrin et la Pitié »

Paris, 5 avril
L'ORTF a refusé d'acheter le film de Marcel Ophuls et André Harris, *le Chagrin et la Pitié*. Ce documentaire historique sous-titré *Chronique d'une ville française sous l'Occupation* devait pourtant être réalisé pour le compte de la télévision française. Mais ce sont les télévisions suisse et allemande qui ont finalement produit l'œuvre. Pour être vu des Français, ce film de plus de quatre heures a dû sortir en salles, où il suscite d'ailleurs un très vif intérêt. Le principal mérite de ce document sur Clermont-Ferrand pendant la guerre est d'en finir, à travers entretiens et images d'archives, avec la vision historiquement fausse d'une France unie contre l'envahisseur.

Des documents qui en disent long sur l'esprit du temps de l'Occupation. Une plongée dans la mémoire collective.

L'Etat cède l'UGC au secteur privé

Paris, 20 mars
Assurant la gestion d'un certain nombre de salles qui sont entrées dans le patrimoine de l'Etat après la Libération, l'Union générale cinématographique (UGC) voit aujourd'hui son statut modifié. L'Etat a en effet confié la gestion de cette société au secteur privé. D'après le ministre des Affaires culturelles, cette privatisation s'explique par le fait que « l'Etat ne pouvait plus assurer de manière satisfaisante la gestion de ce circuit de salles ». La cession a été subordonnée à l'acceptation par les acquéreurs d'un certain nombre d'engagements portant notamment sur la conservation du réseau UGC dans une structure qui n'altère pas son importance économique ; la garantie de programmer des films français pendant 72 semaines au minimum, par période de trois ans ; la diffusion par période de trois ans de vingt films auxquels l'Etat porte un intérêt particulier ; et le soutien à la réalisation des films nationaux. (→ 31.3.72)

George C. Scott ne veut pas de l'Oscar

Los Angeles, 15 avril
Un scandale éclabousse cette quarante-troisième cérémonie des Oscars qui couronne *Patton*, le film de Franklin J. Schaffner. *Patton* reçoit en effet sept récompenses, dont celles des meilleurs film, réalisateur et acteur (décerné à George C. Scott). Ce dernier, qui se dit « écœuré par les bassesses auxquelles se livrent les autres comédiens pour avoir la statuette », refuse cet Oscar comme il avait refusé sa nomination en 1961 pour *l'Arnaqueur*, de Robert Rossen. Un événement sans précédent dans l'histoire de Hollywood qui ne vaut pas à Scott la sympathie de tous ses pairs. Le prix d'interprétation féminine est remis à Glenda Jackson pour *Love* (*Women in Love*), de Ken Russell. Le grand vaincu de la soirée est le film d'Arthur Hiller *Love Story*, qui n'obtient qu'un seul prix (celui de la musique originale remis à Francis Lai) pour dix nominations. Les autres films en compétition n'ont eux aussi qu'un Oscar chacun, à l'exception de *la Fille de Ryan* (*Ryan's Daughter*), de David Lean, qui reçoit le prix de la meilleure photographie et vaut à John Mills l'Oscar du meilleur second rôle. Le meilleur film étranger est *Enquête sur un citoyen au-dessus de tout soupçon*, de l'Italien Elio Petri, qui devance le film de Luis Buñuel, *Tristana*, avec Catherine Deneuve. (→ 10.4.72)

« Patton », de Franklin J. Schaffner : meilleur film, meilleur réalisateur.

Les assassins de Sharon Tate condamnés

Los Angeles, 1er avril
La cour de Los Angeles a condamné Charles Manson et trois de ses complices, Susan Atkins, Leslie Van Houten et Patricia Kerwinkel, à la peine de mort pour l'assassinat de Sharon Tate et de quatre autres personnes, au 10050 Cielo Drive, le 9 août 1969. Le jury, composé de sept hommes et de cinq femmes, a accordé quelques circonstances atténuantes aux cinq autres membres de la secte, inculpés de complicité de meurtre avec préméditation. Ce jury a en effet estimé que ceux-là ont accompli leur forfait « sous l'emprise de la drogue et l'influence malfaisante de leur meneur, sans avoir conscience de leur acte ». Ils n'ont été que témoins de l'assassinat et n'ont pas donné la mort eux-mêmes. A l'énoncé de cette condamnation, Charles Manson, homme de petite taille et de faible constitution, a ri et insulté le jury, affirmant qu'il est au-dessus des lois et que la justice humaine ne peut rien contre lui. Les trois filles condamnées à mort ont applaudi le verdict, prouvant qu'elles restent sous sa domination spirituelle. Manson se dit disciple de l'enfer, convaincu que « le monde du Mal détruira celui du Bien, le crime ne sera plus un acte négatif, et Satan développera toute sa puissance ». Les condamnés devraient périr dans une chambre à gaz. (→ 28.8.74)

Jean Gabin, Simone Signoret et le chat

« Le Chat », de Pierre Granier-Deferre : un triangle pas comme les autres.

Paris, 1er mai
Adapté de l'un des romans les plus noirs de Georges Simenon, *le Chat*, de Pierre Granier-Deferre, illustre d'une façon implacable l'enfer quotidien que vit un vieux couple qui se déteste au point que la femme n'hésite pas à tuer le chat sur lequel son mari porte toute son affection. Le film est admirablement interprété par Jean Gabin et Simone Signoret. Le pathétique et douloureux face-à-face de ces deux monstres sacrés, dans le huis clos étouffant d'un petit pavillon de Courbevoie, demeurera inoubliable. (→ 19.11.76)

Louis Malle et le scandale de l'inceste

Paris, 1er mai
Les réactions offusquées qui accompagnent la sortie du nouveau film de Louis Malle, *le Souffle au cœur*, ne doivent guère surprendre le réalisateur. Après les sept moyens métrages qu'il a tournés en Inde, il effectue avec ce sujet une rentrée en fanfare. Si le thème de l'œuvre prête au scandale – l'inceste entre un fils (Benoît Ferreux) et sa mère (Lea Massari) –, le traitement en est très discret, voire léger. (→ 30.1.74)

Benoît Ferreux et Lea Massari dans « le Souffle au cœur » : l'amour interdit.

Le Festival international de Cannes, vingt-cinq ans après

Cannes, 27 mai
En inventant un prix du 25ᵉ Festival international du film de Cannes, le jury, présidé par Michèle Morgan, a fait d'une pierre deux coups : célébrer d'une manière spécifique cette date anniversaire, et éviter d'avoir à choisir entre deux grands maîtres, Visconti et Joseph Losey, pour le grand prix. Pour la première fois de son histoire, le festival a en effet deux distinctions « suprêmes » cette année : la première est le prix du 25ᵉ Festival, décerné à Luchino Visconti pour *Mort à Venise*, et la seconde est le traditionnel grand prix, attribué à Joseph Losey pour *le Messager* (*The Go-Between*). Adapté de Thomas Mann, le film de Visconti décrit une triple décomposition : celle d'un monde à la veille de la Première Guerre mondiale ; celle d'une ville, Venise, livrée à une épidémie de choléra ; et enfin, celle d'un homme à l'automne de sa vie et qui se prend de passion pour un adolescent à la beauté lumineuse. Histoire d'un gamin qui sert de messager entre un fermier et la sœur de son ami, *le Messager* marque la troisième collaboration entre Losey et le dramaturge et scénariste anglais Harold Pinter. Partageant le grand prix spécial du jury, deux films américains ont fait aussi une forte impression : *Taking Off*, du réalisateur Milos Forman, et *Johnny s'en va-t-en guerre*, premier film réalisé par le scénariste Dalton Trumbo. (→ 19.5.72)

« Mort à Venise », de Luchino Visconti, avec Dirk Bogarde et Bjorn Andresen.

Le film de Joseph Losey est le véritable lauréat de la compétition.

Romy Schneider félicite Visconti de la distinction spéciale qui lui échoit.

Zanuck père et fils contestés à la Fox

New York, 10 juin
Le conseil d'administration de la 20th Century-Fox a désormais un nouveau président, William Gossett, en remplacement de Darryl Zanuck qui a dû démissionner après la mise en cause de sa gestion par près de 40 % des actionnaires du studio. Son fils Richard, qui occupait un poste important à la direction de la firme, l'avait précédé en démissionnant il y a quelques mois. La crise a commencé en février dernier après l'annonce par Zanuck d'un déficit de 65 millions de dollars pour la Fox en 1970. Les critiques contre lui ont alors commencé à se multiplier. (→ 2.11)

A Marseille, dans la « french connection »

New York, 8 octobre
Après avoir tout dévoilé du trafic de drogue outre-Atlantique, le cinéma américain semble s'intéresser maintenant aux filières européennes, plus particulièrement à la filière française. Ainsi, à en croire *French Connection*, Marseille serait l'une des plaques tournantes de ce trafic lucratif. C'est en tout cas ce que pense le bourru policier américain Jimmy Doyle, dit Popeye, merveilleusement incarné par Gene Hackman, qui vient dans la cité phocéenne fourrer son nez dans les affaires d'un parrain local. Efficacement réalisé par William Friedkin, le film comporte une époustouflante scène de poursuite dans le métro new-yorkais. (→ 10.4.72)

Gene Hackman dans « French Connection », de William Friedkin.

Un film sur la mort pour célébrer la vie

Catherine Deneuve et Marcello Mastroianni : « Ça n'arrive qu'aux autres ».

Paris, 27 octobre
Pour son troisième film, *Ça n'arrive qu'aux autres*, Nadine Trintignant a choisi un sujet autobiographique : il y a très exactement deux ans, sa seconde fille est morte à l'âge de neuf mois. Là réside tout entier le sujet de son film, dont on devine quelle épreuve il a représenté pour la cinéaste. Marcello Mastroianni et Catherine Deneuve y forment un couple heureux sur qui s'abat la plus injuste des tragédies : la mort de leur enfant. Perdant leur raison d'être, c'est aussi leur union qu'ils mettent en péril. L'œuvre tient courageusement, et sans user de facilités larmoyantes, la chronique de leur lutte quotidienne pour survivre à leur sort.

De Funès dans la galerie des ancêtres

Paris, 8 décembre
Librement inspiré de *Ruy Blas*, de Victor Hugo, *la Folie des grandeurs*, de Gérard Oury, était initialement destiné à Bourvil et à Louis de Funès. Le réalisateur en a modifié le scénario afin qu'Yves Montand puisse remplacer l'acteur disparu, dans le rôle du valet Blaze. De Funès reste Don Salluste, grand d'Espagne et ministre des Finances, qui tente de compromettre la reine pour retrouver l'estime du roi. Louis de Funès est lui-même d'origine aristocratique puisque son père était un noble sévillan du nom de De Gallarda. *Les Sombres Héros*, son titre initial, a été tourné dans la région d'Almeria à partir du mois d'avril 1970. (→ 31)

Louis de Funès et Yves Montand : « la Folie des grandeurs », de Gérard Oury.

La civilisation de la violence, vue par Stanley Kubrick

Londres, 20 décembre
Œuvre déroutante, excessive, et probablement visionnaire, *Orange mécanique*, premier film anglais du réalisateur américain Stanley Kubrick, va sans doute choquer tous ceux qui croient à une évolution rassurante de la société. Le film donne en effet une vision apocalyptique de la vie en Angleterre dans un futur proche. La ville de Londres y apparaît livrée aux bandes de jeunes qui adoptent la violence comme seule mode de vie, terrorisant la population et multipliant vols, viols et agressions. Alex, un jeune sadique incarné par Malcolm Mc Dowell, sert de cobaye à des savants qui réussissent à le débarrasser de ses tendances agressives. Devenu la proie de ses anciens camarades, Alex ratera son suicide et redeviendra violent : mais cette fois-ci, sa violence sera récupérée par l'Etat. Adapté par Kubrick lui-même d'un roman hallucinatoire d'Anthony Burgess, *Orange mécanique* donne beaucoup à réfléchir sur les névroses de la civilisation moderne ; même si l'outrance de certaines scènes de violence et de sexe risque de déplaire à toutes les ligues de vertu. Mis en scène avec une grande virtuosité, ce qui ne peut surprendre de la part du réalisateur de *2001 : l'Odyssée de l'espace*, le film constitue aussi un brillant exercice de style. Amateur de musique classique, Kubrick a su y utiliser la musique de Beethoven d'une manière admirable. (→ 27.2.72)

Malcolm McDowell dans « Orange mécanique ». Une vision de l'homme futur.

Akira Kurosawa tente de se suicider

Tokyo, 22 décembre
Les proches d'Akira Kurosawa savaient qu'il traversait une période assez difficile, marquée par le déficit de sa maison de production et par l'échec de plusieurs de ses projets, notamment pour Hollywood et pour la télévision japonaise. Toutefois, ses amis ont été surpris et accablés par la nouvelle de la tentative de suicide du réalisateur. Agé de soixante et un ans, marié et père de deux enfants, Kurosawa a été trouvé ce matin inanimé chez lui par une domestique : il s'était tailladé les poignets et le cou dans sa baignoire. Pourtant, la veille, deux de ses amis, les acteurs Mitsui et Fujiwara, avaient passé toute la soirée à boire avec lui sans rien remarquer d'anormal dans son comportement. D'après eux, Kurosawa a bu, à lui seul, toute une bouteille de whisky et il leur paraissait alors très gai ! La part du mystère reste donc assez grande dans cette triste affaire. (→ 23.4.80)

Benoît Ferreux dans « le Souffle au cœur », film de Louis Malle.

Donald Pilon et Andrée Pelletier dans « les Mâles », de Gilles Carle.

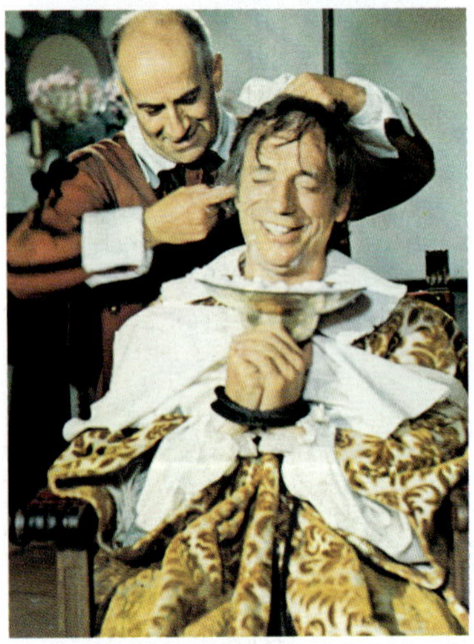

L. de Funès et Y. Montand dans « la Folie des grandeurs », de G. Oury.

S. Sandrelli et J.-L. Trintignant « le Conformiste », de B. Bertolucci.

Bibi Andersson et Elliott Gould dans « le Lien », film d'Ingmar Bergman.

Youri Jarvet dans « le Roi Lear », du Soviétique Grigori Kozintsev.

La Ville éternelle vue par Federico Fellini dans « Fellini Roma ».

Donatas Banionis dans le film d'anticipation « Solaris », de A. Tarkovski.

Martin Shaw et John Finch dans « Macbeth », de Roman Polanski.

Alain Delon, Ursula Andress et Toshiro Mifune dans « Soleil rouge ».

Alan Bates et Dominic Guard dans « le Messager », film de Joseph Losey.

Vincent Price et Virginia North dans « l'Abominable Docteur Phibes ».

Gene Hackman dans « French Connection », de William Friedkin.

Princess Fatosh et Woody Allen dans « Bananas », de Woody Allen.

Dustin Hoffman dans « les Chiens de paille », film de Sam Peckinpah.

1972

Oscars, Hollywood
Film : *French Connection* (William Friedkin).
Acteur : Gene Hackman.
Actrice : Jane Fonda.

Mostra d'arte cinematografica, Venise
Pas de palmarès : hommage pour leur carrière à Charlie Chaplin, à Anatoli Golovnia et à Billy Wilder.

Festival international du film, Cannes
Grand prix : *La classe ouvrière va au paradis* (Elio Petri).
l'Affaire Mattei (Francesco Rosi).
Meilleur acteur : Jean Yanne.
Meilleure actrice : Susannah York.

Prague, 2 janvier
Le moyen métrage documentaire de Dusan Hanak, *Images d'un vieux monde* (*Obrazy stareho*), est interdit parce qu'il présente une vision jugée trop négative de la paysannerie slovaque. (→ 2.1.73)

Paris, 5 janvier
Sortie du film de Jean-Pierre Blanc *la Vieille Fille*, avec Annie Girardot et Philippe Noiret : pendant les vacances dans un hôtel de la Côte d'Azur, un homme va réussir à « apprivoiser » peu à peu l'une des pensionnaires, une vieille fille.

Los Angeles, 10 janvier
Le réseau de télévision CBS annonce qu'il interrompt la production de films pour le grand écran. CBS a produit vingt-sept films et accuse un grave déficit de dix millions de dollars.

Paris, 10 janvier
Claude Chabrol commence le tournage de *Docteur Popaul*, avec Mia Farrow et Jean-Paul Belmondo. Les costumes sont signés par un jeune styliste, déjà très couru, Karl Lagerfeld. (→ 22.11.77)

Paris, 15 janvier
La Salamandre, un film helvétique d'Alain Tanner, avec Bulle Ogier et Jean-Luc Bideau, connaît un succès prolongé dans un cinéma du Quartier latin, le Saint-André-des-Arts. La critique autant que le bouche-à-oreille ont contribué au succès de ce film. (→ 1.12.76)

Rome, 27 janvier
Le comédien Gian Maria Volonte refuse une offre hollywoodienne de 250 millions de lires, somme démesurée à son avis : « Ma conscience d'homme de gauche m'interdit d'accepter un tel salaire pour mon travail de comédien. » (→ 19.5)

Paris, 2 février
Sortie du film historique de René Allio, *les Camisards*, avec Philippe Clévenot, Dominique Labourier et Gérard Desarthe.

Bordeaux, 6 février
Lors de la projection du film italien *la Bataille d'Alger*, de Gillo Pontecorvo, des incidents éclatent dans la salle et devant le cinéma, et dégénèrent en bagarre entre spectateurs et nostalgiques de l'Algérie française. (→ 15.5)

Paris, 10 février
Yves Montand déplore que, dans *Tout va bien*, Jean-Luc Godard ne l'ait pas suffisamment filmé en gros plan. (→ 28.4)

Béziers, 14 février
Début du tournage d'*Une belle fille comme moi*, du réalisateur François Truffaut, avec Bernadette Lafont et une multitude de jeunes comédiens. (→ 13.12)

Rome, 24 février
Le comédien français Pierre Clémenti, jugé depuis le 17 février pour détention de stupéfiants, est condamné à deux ans de prison.

New York, 27 février
Stanley Kubrick publie un article dans le *New York Times*, défendant *Orange mécanique* (*A Clockwork Orange*), contre les critiques. Selon lui, le film illustre la thèse, opposée à celle de Rousseau, que c'est l'être humain qui corrompt la société et non l'inverse. (→ 20.11.75)

Mexique, 20 mars
La police retrouve Christian, le fils de Marlon Brando, avec un groupe d'individus qui déclarent que sa mère, Anna Kashfi, les a payés pour enlever l'enfant. Celle-ci, entretemps, est arrêtée et incarcérée à Los Angeles pour ivresse publique et voies de fait. (→ 15.12)

New York, 17 avril
Variety annonce que *le Parrain* a réalisé vingt-six millions de recettes en salles pendant ses vingt-six premiers jours d'exploitation. Aucun film n'avait jamais obtenu de tels résultats. (→ 27.3.73)

Paris, 5 mai
Deux films avec pour vedette Jean Yanne sortent simultanément : *Nous ne vieillirons pas ensemble*, de Maurice Pialat ; et *Tout le monde il est beau, tout le monde il est gentil*, où le comédien, pour la première fois réalisateur, a pour partenaires Marina Vlady et Bernard Blier. (→ 19)

Paris, 29 mai
A la galerie Laborde, le comédien Pierre Brasseur expose ses peintures. L'artiste, qui se partage entre l'abstrait et le figuratif, avoue une prédilection pour le rouge et le vert.

Paris, 13 juin
Deux cents personnalités du monde du spectacle et du cinéma international publient une pétition pour protester contre l'arrestation arbitraire, en Turquie, du réalisateur Yilmaz Güney, accusé, sans trace de preuve, d'avoir hébergé des guérilleros urbains. (→ 1.10.81)

Californie, 26 juin
A San Rafael, George Lucas, pour Universal, commence le tournage d'*American Graffiti*, produit par Francis Ford Coppola. Universal n'a autorisé qu'un modeste budget de 750 000 dollars, dont 90 000 sont affectés au paiement des droits des trente-cinq chansons de la bande sonore du film. (→ 5.8.73)

Hollywood, 7 juillet
Richard Zanuck et David Brown démissionnent de Warner Bros, où ils dirigaient la production depuis dix-huit mois. Ils veulent fonder leur propre société de production indépendante : la Zanuck-Brown Company.

Brunico, Italie, 14 août
Alors qu'il termine, avec Alberto Sordi, Michel Simon et Charles Vanel, le tournage de *la Plus Belle Journée de ma vie*, d'Ettore Scola, le comédien Pierre Brasseur meurt d'un infarctus (*22.12.1905).

Washington, 17 août
Toutes les personnes ayant participé au tournage et à la production de *Gorge profonde* (*Deep Throat*), sont poursuivies pour infraction à la législation réprimant le transport de matériel pornographique d'un Etat à l'autre. (→ 1.3.73)

Rome, 7 octobre
Les Contes de Canterbury (*I racconti di Canterbury*), de Pier Paolo Pasolini, sont mis sous séquestre par la justice. (→ 1.11.75)

Paris, 10 octobre
Sortie de *l'Attentat*, d'Yves Boisset, avec Michel Piccoli, Gian Maria Volonte, Jean-Louis Trintignant, François Périer et Jean Seberg. Ce film s'inspire directement de l'affaire Ben Barka. (→ 11.10.76)

Paris, 18 octobre
La programmation de l'une des salles du complexe Quintette est confiée à la revue *Positif*. Le premier film présenté est *la Cérémonie*, de Nagisa Oshima. (→ 15.9.76)

Paris, 11 novembre
L'Office catholique français du cinéma décide d'assouplir son système de cotation morale des films. En particulier, la mention « à ne pas voir » est désormais prohibée.

Lisbonne, 26 décembre
Sortie du film *le Passé et le Présent* (*O Passado e o Presente*), de Manoel de Oliveira, avec Maria de Saisset et Barbara Vieira. (→ 24.11.79)

« Le Parrain », de Francis F. Coppola, est la chronique d'un monde mythique et crépusculaire où le crime même est une sorte de rituel.

Delvaux aux rendez-vous de la mémoire

Mathieu Carrière dans « Rendez-vous à Bray », à la recherche du souvenir.

Paris, 15 janvier
Le cinéaste belge André Delvaux vient de recevoir le 29e prix Louis-Delluc pour son film *Rendez-vous à Bray*. Tiré d'une nouvelle de Julien Gracq, *le Roi Cophetua*, le film retrouve un peu de la poésie surréaliste de l'écrivain. Après *Un soir, un train*, Delvaux confirme ici son goût pour les atmosphères insolites, souvent aux frontières du fantastique. L'action se déroule en 1917, dans une maison isolée au fond d'un parc. Julien (Mathieu Carrière) y est venu pour retrouver un ami permissionnaire. Ce dernier n'arrivant pas, la soirée se passe entre les silencieuses réminiscences du passé et les bras d'une belle servante (Anna Karina). (→ 11.5.88)

Pierre Tchernia et l'héritage de René Clair

Paris, 1er février
Grande figure à la télévision – tour à tour auteur, producteur, réalisateur, Monsieur Loyal ou Monsieur Cinéma –, Pierre Tchernia offre au public la première œuvre entièrement réalisée par lui pour le grand écran, *le Viager*. Il en a écrit le scénario avec René Goscinny. Cette comédie de mœurs, interprétée par Serrault et Galabru, inscrit Tchernia dans la lignée de ses admirations littéraires (Marcel Aymé) ou cinématographiques (René Clair). Comme le réalisateur du *Million* et d'*A nous la liberté*, il manie la satire avec une verve joyeuse. Sur un sujet qui pourrait être sordide, il brode un conte philosophique plus drôle que méchant.

Michel Serrault dans « le Viager » : une comédie à la française.

Dans un cabaret allemand, Liza Minnelli fait revivre Lola-Lola

New York, 14 février
Le film de Bob Fosse, *Cabaret*, est projeté à Broadway en soirée de gala, en présence du réalisateur et des principaux interprètes : Liza Minnelli, Michael York, Joel Grey et Marisa Berenson. Remake d'un film britannique, *Une fille comme ça* (*I Am a Camera*), d'Henry Cornelius, tourné en 1955 avec Julie Harris et Laurence Harvey, *Cabaret* est un drame musical adapté d'une pièce de John Van Druten. Il se déroule à Berlin au début des années 30. Sally, jeune chanteuse au Kit Kat Club, rêve de devenir star internationale. Dans l'Allemagne où monte le nazisme, elle se laisse séduire par un jeune Anglais, Brian, et un baron allemand. Elle devient la maîtresse des deux mais, bientôt enceinte, elle ignore l'identité du père. Elle préfère avorter plutôt que d'épouser Brian, se retrouve seule et continue de chanter sur la scène du cabaret berlinois. Liza Minnelli accède à la gloire avec ce rôle qui rappelle celui de Marlène Dietrich dans *l'Ange bleu*. (→ 20.12.79)

« Cabaret », de Bob Fosse : le nazisme exorcisé par le chant et la danse.

Un cinéma djidid pour l'Algérie

Alger, 2 mars
Portés par leur élan de soutien à la révolution agraire, lancée par les autorités il y a quatre mois, les travailleurs des arts audiovisuels se sont réunis aujourd'hui en assemblée générale constitutive qui a abouti à la création de l'Union des arts audiovisuels. Un bilan sévère des dix années écoulées a été dressé par les participants, parmi lesquels se trouvait le réalisateur Mohamed Bouamari, qui a lancé le terme du « cinéma djidid » (nouveau), pour désigner les films dont l'Algérie a désormais besoin. Comme lui, de nombreux jeunes réalisateurs algériens reprochent aux films produits depuis l'Indépendance de traiter presque exclusivement du thème de la lutte de libération nationale, et de négliger ainsi les problèmes actuels auxquels le pays se trouve confronté. Ils envisagent donc d'utiliser le cinéma comme moyen de prise de conscience, notamment chez les masses paysannes. (→ 15.5)

Anna Kashfi enlève le fils de Brando

New York, 13 mars
Anna Kashfi, qui fut l'épouse de Marlon Brando de 1957 à 1959, n'accepte pas que leur fils Christian soit constamment auprès de son père. Elle reproche à l'acteur d'accaparer l'enfant maintenant âgé de treize ans et demi, et de l'éloigner d'elle. Jugeant que Brando ne respecte pas le jugement ni les engagements pris lors du divorce, elle a enlevé Christian, le cache et menace de ne plus le laisser voir son père. Marlon Brando a désormais la loi de son côté et va tout mettre en œuvre pour retrouver son fils dans les plus brefs délais. L'acteur se trouve actuellement à Paris où il tourne le film de Bernardo Bertolucci *le Dernier Tango à Paris* depuis le début du mois de février. Il a interrompu sa participation durant quelques jours pour effectuer un voyage express à New York. S'il ne parvient pas à faire revenir son fils à ses côtés par la voie légale, Marlon Brando affirme qu'il retrouvera Christian par ses propres moyens. (→ 20)

Une histoire de famille, écrite avec du sang et des larmes

Robert Duvall, Marlon Brando et Al Pacino : « le Parrain », de Francis F. Coppola, d'après le best-seller de Mario Puzo.

New York, 15 mars
Adapté du roman de Mario Puzo, *le Parrain*, de Francis Ford Coppola, inaugure un genre nouveau : la saga des grandes familles mafieuses. Par l'ampleur de son budget, par la dimension quasi shakespearienne de son histoire, ainsi que par l'exceptionnelle qualité de sa réalisation et de son interprétation, le film va sans doute marquer une date dans l'histoire du cinéma et provoquer des débats passionnels. Déjà, dès l'annonce de son tournage, le film avait attiré des réactions hostiles de la part de la Ligue italo-américaine pour les droits civiques, qui a fait pression sur la Paramount, firme productrice du film, pour que toute mention de la Mafia et de la Cosa Nostra soit retirée des dialogues. A la tête d'une distribution exceptionnelle, comportant notamment Al Pacino et James Caan, Marlon Brando y incarne une figure inoubliable de parrain vieillissant de la Mafia qui s'oppose au trafic de drogue ; ce qui déclenchera entre sa « famille » et ses rivaux une guerre impitoyable. (→ 17.4)

Pour comprendre, Losey renouvelle le meurtre de Léon Trotsky

Paris, 30 mars
L'Assassinat de Trotsky, une coproduction franco-anglo-italienne réalisée par Joseph Losey, vient de sortir sur les écrans parisiens. Au moment où le cinéma politique connaît une vogue certaine, on peut s'étonner que le metteur en scène fasse d'un tel sujet un film aussi peu politique. De fait, la reconstitution l'emporte sur tout autre aspect de l'histoire : tourné au Mexique et en Italie, le film relate le plus fidèlement possible, du moins dans ses éléments connus, le meurtre du rival de Staline sur l'ordre de ce dernier. C'est Richard Burton, aux côtés de Romy Schneider, qui incarne le révolutionnaire contraint à l'exil. Alain Delon fait quant à lui la remarquable composition d'un assassin inquiet et fragile, loin des tueurs impassibles qui sont d'ordinaire son lot. (→ 1.12.75)

Assassin et victime : Alain Delon et Richard Burton dans « l'Assassinat de Trotsky » : une minutieuse reconstitution.

Le Gaumont-Palace ferme ses portes

Paris, 31 mars
Situé place Clichy, le Gaumont-Palace était le plus célèbre cinéma de France. Il ferme aujourd'hui définitivement ses portes pour laisser la place à un hôtel et à un centre commercial. Le Gaumont a été inauguré le 30 septembre 1911 sur l'emplacement d'un ancien hippodrome. Après transformations, il est devenu la plus importante des salles, comptant 6 000 places assises. En 1966, son écran a été une nouvelle fois modifié afin de permettre la projection de films en Cinérama. Le nombre des fauteuils s'est trouvé réduit à 2 800, mais l'écran est devenu le plus large d'Europe. Comme il est impossible aujourd'hui de rentabiliser un cinéma de cette importance, la direction a offert récemment, en plus du film, un spectacle à ses clients ainsi que la possibilité de dîner dans la salle. Paris ne compte plus désormais qu'un seul cinéma de grande capacité, le Rex. (→ 30.6.74)

L'Amérique fait la paix avec Chaplin

Los Angeles, 10 avril
Charles Chaplin, six jours avant son quatre-vingt-troisième anniversaire, reçoit un Oscar spécial à Hollywood pour « sa contribution exceptionnelle et inappréciable à faire du cinéma l'art du XXe siècle ». La statuette en or lui est remise par Jack Lemmon, le maître de cérémonie, et par le scénariste Daniel Taradash, président de l'Academy Awards. A l'occasion de ce retour à Hollywood, l'Academy met en scène un spectacle spécial intitulé *Lumière, caméra, action*, interprété par Joel Grey et réalisé par Ron Field, afin de perpétrer la légende de Charlot. Quarante-trois ans après l'Oscar qui lui avait été décerné lors de la première cérémonie, en 1929, Chaplin est donc de nouveau considéré à sa juste valeur par les Etats-Unis. Déjà, le 4 avril dernier, il avait reçu un émouvant hommage au Philharmonic Hall de New York, de la part de la Film Society du Lincoln Center. Il avait été longuement ovationné avant de prononcer ces simples mots : « Ceci est ma reconnaissance. » Les professionnels de Hollywood, comme Chaplin, ont effacé de leur mémoire les heures sombres de l'époque du maccarthysme. Pour prouver au monde que la paix est signée entre eux, tous les films réalisés par Chaplin vont être de nouveau projetés dans les salles américaines puis à la télévision, y compris son avant-dernier film, *Un roi à New York* (*A King in New York*), pamphlet satirique et autobiographique jusqu'alors rejeté par les Etats-Unis. (→ 19.12.73)

Chaplin dirige sa fille Geraldine dans « la Comtesse de Hong Kong » (1967).

L'Oscar de la réconciliation, le seul qui lui ait été décerné depuis 1929.

L'ennui de vivre tue George Sanders

Barcelone, 25 avril
Le corps sans vie de George Sanders (*5.7.1906) a été découvert dans une chambre d'hôtel, à Castelldefels, près de Barcelone. Le comédien s'est donné la mort, laissant ce message : « Cher univers, je dis adieu à la vie sans regrets parce que la vie m'ennuie. Estimant que j'ai vécu assez longtemps, je vous quitte en vous laissant vos soucis en guise d'héritage. » Sanders, qui estimait avoir connu tous les bonheurs et tous les malheurs, n'attendait plus rien de la vie. Marié quatre fois, il a écrit son autobiographie : *les Mémoires d'un goujat professionnel*.

Jean-Luc Godard et le cinéma militant

Paris, 28 avril
La sortie de *Tout va bien* marque le retour de Jean-Luc Godard. Non que le cinéaste soit resté inactif depuis mai 1968 : il s'est seulement consacré à des films militants qui demeurent pour la plupart invisibles. Après *One plus one*, tourné à Londres entre juin et août 1968, et accessoirement consacré à un enregistrement des Rolling Stones, Godard a participé, en 1969, à la fondation du groupe Dziga-Vertov. Malgré la présence d'autres membres, tel Jean-Henri Roger, la production de cette cellule audiovisuelle gauchiste s'est à peu près résumée à la rencontre entre Godard et celui qui est devenu son idéologue, Jean-Pierre Gorin. Le groupe a réalisé un certain nombre de films qui présentent le trait commun d'avoir été refusés par leurs commanditaires : ainsi *Vent d'Est*, *Luttes en Italie*, *Jusqu'à la victoire* et encore *Vladimir et Rosa*. De l'aveu même de Godard, *Tout va bien* a été entrepris afin de fournir une « audience mondiale » aux thèses gauchistes. C'est à cet effet que Jane Fonda et Yves Montand ont été engagés, et que le film a connu une très intense campagne publicitaire. Dans une usine vue en coupe, un couple est séquestré par des grévistes, forcément divisés en gauchistes lucides et cégétistes ridicules. A la suite de l'incident, le couple fait son autocritique et conclut à sa profonde aliénation. Coréalisée par Gorin, cette œuvre au militantisme que certains jugent infantile déçoit en général ceux qui l'attendaient. (→ 15.10.80)

Jane Fonda dans « Klute ».

Les Oscars

Los Angeles, 10 avril
Présentée par Jack Lemmon, la 44e soirée des Oscars récompense *French Connection*, de William Friedkin, qui obtient les trois principaux prix : meilleur film, meilleur réalisateur et meilleur interprète masculin, Gene Hackman. Prix d'interprétation féminine pour Jane Fonda dans *Klute*, d'Alan J. Pakula. Le film italien de Vittorio De Sica *le Jardin des Finzi-Contini* reçoit l'Oscar du meilleur film étranger. (→ 27.3.73)

« Tout va bien », de J.-L. Godard et J.-P. Gorin : la lutte des classes en question.

La guerre d'Algérie, retour de flamme

Paris, 15 mai
Dix ans après la fin du conflit algérien, son évocation à l'écran demeure encore un tabou. Témoins les polémiques que vient de déclencher dans la presse et parmi la classe politique la sortie du film de René Vautier *Avoir vingt ans dans les Aurès*, qui évoque l'œuvre de « pacification » qu'entreprend un commando de jeunes appelés. Cinéaste résolument engagé contre les entreprises coloniales, Vautier a déjà tourné plusieurs films sur l'Algérie, notamment *Une nation, l'Algérie*, qui lui a valu en 1955 une inculpation, « pour atteinte à la sûreté intérieure de l'Etat », et un an de prison. Aussitôt libre, il est passé dans le maquis algérien où il a tourné *Algérie en flammes*, l'un des tout premiers films sur l'insurrection armée. (→10.10)

Philippe Léotard dans « Avoir vingt ans dans les Aurès », de R. Vautier.

L'Italie se met à nu sous les sunlights de la Croisette

Gian Maria Volonte dans « l'Affaire Mattei », de Francesco Rosi.

Cannes, 19 mai
Le cinéma italien semble affectionner de plus en plus les films enquêtes liés à la réalité politique et sociale du pays. C'est du moins ce que semble confirmer la sélection italienne au Festival de Cannes, avec trois films particulièrement engagés. Il s'agit de *Mimi, métalo blessé dans son honneur*, de Lina Wertmuller, *La classe ouvrière va au Paradis*, d'Elio Petri, et *l'Affaire Mattei*, de Francesco Rosi. Les deux derniers viennent d'ailleurs de décrocher, ex æquo, le grand prix du Festival, décerné à l'unanimité des membres du jury présidé par Joseph Losey. Comme dans *Salvatore Giuliano*, il y a dix ans, Rosi évoque dans *l'Affaire Mattei* la vie et la mort d'une personnalité marquante de l'histoire contemporaine de l'Italie : le président de l'Office des pétroles italiens, pour lequel les circonstances de la mort, dans un accident d'avion en 1962, demeurent non élucidées. Mattei est interprété par le grand comédien Gian Maria Volonte, que l'on retrouve aussi au générique de *La classe ouvrière va au Paradis*.

Gian Maria Volonte y incarne un ouvrier sans préoccupations syndicales au départ mais qui, par la suite, finit par prendre conscience des réalités sociales qui conditionnent son existence. Deux cinéastes des pays de l'Est ont eu l'honneur de figurer aussi au palmarès : le Soviétique Andreï Tarkovski, grand prix spécial du jury pour *Solaris*, une fable philosophique sous forme d'une œuvre de science-fiction fascinante ; et le Hongrois Miklos Jancso, prix de la mise en scène pour *Psaume rouge*, un film qui évoque d'une manière très stylisée les révoltes paysannes en Hongrie au siècle dernier. Film étrange, *Abattoir 5* de l'Américain George Roy Hill a obtenu pour sa part le prix du jury. A signaler enfin le prix d'interprétation décerné au Français Jean Yanne pour son rôle dans le film de Maurice Pialat *Nous ne vieillirons pas ensemble*. (→24.3.73)

Les studios français en proie au chômage

Paris, 15 mai
Alors que la fête du cinéma bat son plein à Cannes et pendant que beaucoup de professionnels discutent sur la Croisette des prochains projets qu'ils envisagent de mettre en chantier, Jean Mourier, secrétaire général de la Fédération nationale du spectacle CGT tire, lui, la sonnette d'alarme. Dans un entretien publié aujourd'hui dans *Combat*, Jean Mourier fait le constat suivant : « Dans le cinéma français, les ouvriers sont devenus des chômeurs perpétuels. En 1971, deux mille des trois mille techniciens et ouvriers de la profession ont pu justifier de vingt semaines de travail, les mille autres n'ayant travaillé en tout et pour tout que quelques semaines dans l'année. » Ce constat pessimiste, partagé par de très nombreux professionnels, confirme la longévité de la crise. Alors qu'en 1956, cinquante-six plateaux de tournage, avec 22 500 m^2, étaient en activité, les studios français n'en comptent plus aujourd'hui que onze, pour une superficie totale de 11 000 m^2. (→30.7)

Marlène Jobert et Jean Yanne dans « Nous ne vieillirons pas ensemble ».

Hitchcock dans les brumes de Londres

Londres, 25 mai
De retour sur les rives de la Tamise, Alfred Hitchcock a choisi de tourner une histoire qui va rappeler à ses concitoyens les exploits macabres du célèbre Jack l'Eventreur. En effet, le héros de son nouveau film, *Frenzy*, est un mystérieux sadique qui assassine les femmes en les étranglant avec une cravate. Afin d'alimenter le suspense, le réalisateur du *Faux Coupable* fait d'abord peser les soupçons sur un innocent, avant de laisser se démasquer le vrai coupable. Toujours aussi maître de son art, Hitchcock mêle ici admirablement horreur et humour et réalise un spectacle très prenant. Depuis les dernières réalisations anglaises de « Hitch », dans les années 30, la Grande-Bretagne a bien changé et le regard désenchanté que le réalisateur jette sur cette nouvelle Angleterre trahit sa profonde déception. Cela explique aussi l'humour particulièrement grinçant, et même macabre, qui imprègne le film. *Frenzy* est aussi un excellent documentaire sur Londres et la description du quartier de Covent Garden, avec son marché et ses pubs, y est particulièrement réussie. La composante sexuelle, toujours présente dans l'œuvre du maître, est traitée ici pour la première fois d'une manière crue qui fait de *Frenzy* un film bien dans l'air du temps. Interprété par des acteurs peu connus, chose rare chez Hitchcock, les personnages du film n'en apparaissent que plus vraisemblables. (→ 29.4.74)

Le cinéaste tourne « Frenzy ».

Langlois entrouvre le musée du Cinéma

Paris, 14 juin
« Trois quarts de siècle de cinéma mondial » : c'est le titre de l'exposition conçue par Henri Langlois au palais de Chaillot. Celui dernier ne cachant pas sa volonté d'occuper définitivement les lieux, l'exposition pourrait devenir ce musée du Cinéma que le fondateur de la Cinémathèque française projetait depuis tant d'années. Improvisant beaucoup, il a mis en scène nombre de joyaux de l'histoire du cinéma, d'une reconstitution du Théâtre optique d'Emile Reynaud au robot de *Metropolis*. (→ 2.4.74)

Jane Fonda en guerre contre la guerre

Hanoi, 14 juillet
Jane Fonda est arrivée le 8 juillet à Hanoi, point de départ d'une tournée à travers le Viêt-nam du Nord. Lors de sa première émission de radio sur les dix prévues, Jane s'est adressée aux troupes américaines, critiquant violemment Nixon et la politique du gouvernement républicain au Viêt-nam. Son comportement choque de nombreux Américains, qui l'accusent de défaitisme et même de trahison. Elle a notamment déclaré sur les ondes : « Les hommes qui vous donnent l'ordre d'utiliser vos armes sont des criminels de guerre aux yeux de la législation internationale. » (→ 19.1.73)

« Tout va bien », comme dit Godard.

Le cinéma belge devient fantastique

Paris, 2 juin
Réalisateur déjà d'une troublante histoire de vampires, *les Lèvres rouges*, avec Delphine Seyrig, le Belge Harry Kumel récidive dans le genre fantastique avec un excellent film, *Malpertuis*, inspiré de l'œuvre célèbre de son concitoyen Jean Ray, grand spécialiste du genre. Interprété par Orson Welles, Mathieu Carrière, Susan Hampshire et Michel Bouquet, le film se déroule dans une étrange demeure habitée par les anciens dieux de l'Olympe que seule la foi de quelques fidèles maintient encore en vie. La parfaite réussite de cette fable poétique est le signe que le cinéma belge est en train de devenir particulièrement ambitieux.

Orson Welles dans « Malpertuis ».

« Malpertuis », d'Harry Kumel, dans l'univers poétique de Jean Ray.

Jeunes producteurs contre vieille garde

Paris, 30 juillet
L'orage qui couve depuis un certain moment dans le milieu professionnel a fini par éclater ! Parce qu'il reproche à la vieille Chambre syndicale des producteurs de films son caractère désuet, un groupe de jeunes producteurs indépendants a créé une nouvelle organisation syndicale : l'Association française des producteurs de films. Celle-ci est animée par un comité provisoire de sept membres, parmi lesquels figurent René Thévenet, Véra Belmont et Jean-Pierre Rassam. L'action de l'AFPF devrait porter sur divers points : mise en valeur de la qualité de producteur ; représentation active auprès des pouvoirs publics et des autres branches professionnelles ; défense de la liberté d'expression ; concertation avec les groupements de collaborateurs de création, particulièrement les auteurs et les réalisateurs ; et prise de conscience collective de la solidarité professionnelle. Pour opposer un « front culturel aux ententes économiques classiques », la Société des réalisateurs de films, créée en juin 1968, a fondé de son côté la SRF-Production, qui regroupe ses membres, à la fois réalisateurs et producteurs, comme Louis Malle et Claude Lelouch. Les deux nouveaux groupes se sont mis d'accord sur un partage équitable des membres et ils entendent mener chacun de leur côté l'action jugée la plus opportune. (→ 21.12.73)

Le cinéma français joue la distraction

Yves Robert, auteur et interprète.

Paris, 6 décembre
Déjà remarqué dans *le Distrait* et *les Malheurs d'Alfred*, qu'il avait lui-même mis en scène, le talent de Pierre Richard éclate dans le nouveau film d'Yves Robert *le Grand Blond avec une chaussure noire*. Dans cette désopilante parodie des films d'espionnage, le réalisateur s'est à l'évidence souvenu des *Tontons flingueurs* ou des *Barbouzes*, de Georges Lautner. Outre Jean Rochefort et Jean Carmet, Robert a d'ailleurs fait appel à deux des acteurs fétiches de Lautner : le caustique Bernard Blier et la délicieuse Mireille Darc. Avec son personnage maladroit et distrait, dans la lignée de Jacques Tati ou de Pierre Etaix, Pierre Richard apporte à un scénario ingénieux de Francis Veber une touche de fantaisie presque poétique. (→ 6.12.73)

Pierre Richard dans « le Grand Blond avec une chaussure noire ».

Marlon Brando et le scandale du « Dernier Tango à Paris »

Paris, 15 décembre
L'événement de cette fin d'automne est la sortie du *Dernier Tango à Paris.* Une œuvre attendue : Bernardo Bertolucci, depuis *le Conformiste,* en 1970, s'est imposé comme l'un des auteurs les plus intéressants du cinéma européen. Pourtant d'autres mobiles font courir le Tout-Paris, public et critiques confondus, à la découverte du *Dernier Tango.* Il réunit le comédien fétiche des *Quatre Cents Coups,* Jean-Pierre Léaud, une quasi-débutante à la sensualité de sauvageonne, Maria Schneider, et un mythe, Marlon Brando. Ce film, tourné intra-muros, a joui d'une réputation sulfureuse avant même d'être achevé. Il faut dire que Marlon Brando se fait rare ces derniers temps. Sa composition en parrain talentueux mais poussif ne permet pas d'oublier ses prestations plus anciennes. Brando incarne le symbole d'une virilité triomphante et provocatrice. Pour ces spectateurs impatients, *le Dernier Tango à Paris* dépasse leurs espoirs. Bertolucci met en scène une passion sexuelle irrésistible entre un Américain cynique et une jeune fille presque sage. Jeanne découvre le plaisir de rapports immédiats, clandestins, violents, qui doivent rester anonymes. Paul, au contraire, enfreint ce *modus vivendi* et veut connaître sa partenaire. Leur brève liaison s'achève en drame sordide. Le cinéaste signe une œuvre qui séduit et dérange par son réalisme sans équivoque ni complaisance. (→ 1.11.76)

Maria Schneider et Marlon Brando.

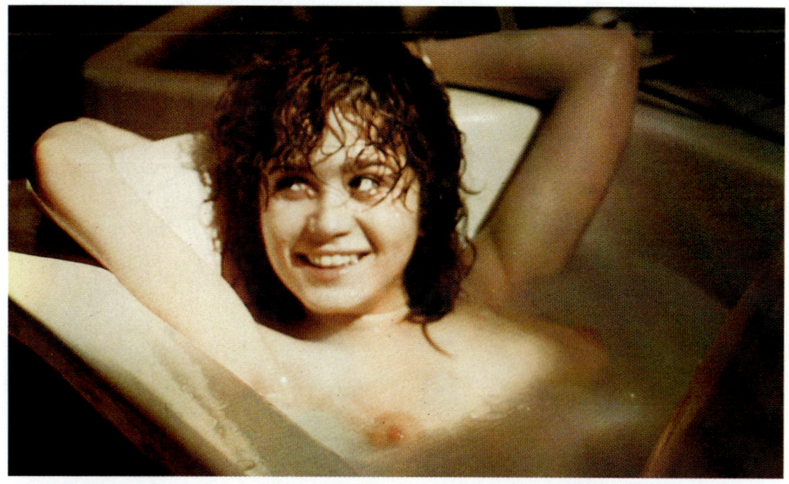

Maria Schneider, fille de Daniel Gélin, se révèle dans le film de Bertolucci.

Bernadette Lafont reverdit Truffaut

Paris, 13 décembre
Avec *Une belle fille comme moi*, François Truffaut signe une comédie d'humour noir assez éloignée de son univers habituel, et en particulier de son dernier film, *les Deux Anglaises et le continent*. Bernadette Lafont retrouve dans ce film le réalisateur pour la première fois depuis leur court métrage *les Mistons*, en 1957. En découvrant la série noire d'Henry Farrell dont il a tiré son film, Truffaut ne parvenait pas à imaginer d'autre interprète à cette histoire bouffonne. Il faut avouer que l'allant et la pétulance de la comédienne servent brillamment ce personnage de meurtrière fantaisiste, qui croise, pour leur plus grand malheur, le chemin d'un certain nombre de mâles typés jusqu'à la caricature : un paysan peu subtil, un crooner pitoyable, un avocat marron ou un sociologue naïf. Dans ces rôles, de jeunes comédiens font des prestations remarquées : Philippe Léotard, Guy Marchand, Claude Brasseur, André Dussollier. Charles Denner signe pour sa part un numéro hallucinant avec son interprétation d'un dératiseur illuminé par la grâce divine. La verdeur des dialogues de Jean-Loup Dabadie semble lorgner ouvertement vers une parodie de Michel Audiard. C'est peut-être le manque de naturel de cette crudité délibérée qui explique le mauvais accueil que la critique française a réservé à ce film. (→ 24.5.73)

Le cinéaste retrouve l'héroïne de son premier court métrage, « les Mistons ».

Jean-Louis Trintignant et Michel Bouquet dans « l'Attentat », d'Yves Boisset.

M. Komorowska-Tysziewick et A. Lapicki dans « les Noces », de A. Wajda.

Marlon Brando et Maria Schneider dans « le Dernier Tango à Paris ».

« Psaume rouge », drame social du cinéaste hongrois Miklos Jancso.

« L'Affaire Mattei », de F. Rosi.

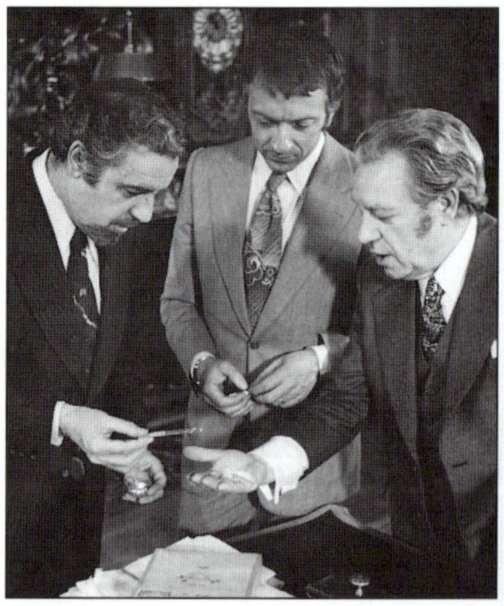

Le charme discret de la bourgeoisie.

Malcolm Tierney et Sandy Ratcliff dans « Family Life », de Kenneth Loach.

P. P. Pasolini dans « les Contes de Canterbury », d'après l'œuvre de Chaucer.

Barry Foster est l'assassin dans « Frenzy », film à suspense d'Hitchcock.

« Délivrance », de John Boorman.

Liza Minnelli dans « Cabaret ».

Michael Sacks et Valérie Perrine dans « Abattoir 5 », de George Roy Hill.

« Fat City », de John Huston.

« Tombe les filles et tais-toi ».

Michael Caine et Laurence Olivier dans « le Limier », de J. L. Mankiewicz.

« Fritz le chat », de Ralph Bakshi, d'après les personnages de R. H. Crumb.

1973

Oscars, Hollywood
Film : *le Parrain* (Francis Ford Coppola).
Acteur : Marlon Brando.
Actrice : Liza Minnelli.

Festival international du film, Cannes
Grand prix : *l'Epouvantail* (Jerry Schatzberg).
la Méprise (Alan Bridges).
Meilleur acteur : Giancarlo Giannini.
Meilleure actrice : Joanne Woodward.

Prague, 2 janvier
Les autorités de censure publient une liste des films définitivement interdits. C'est l'aboutissement du long processus de normalisation auquel la Tchécoslovaquie est soumise depuis 1968.

Hollywood, 7 janvier
Paramount fête le centième anniversaire de son fondateur, Adolph Zukor, auquel 1 200 invités participent. Le coût de la réception est évalué à 100 000 dollars. (→ 10.6.76)

Paris, 14 janvier
Le 30e prix Louis-Delluc est décerné à *Etat de siège*, de Costa-Gavras, avec Yves Montand. C'est un film politique sur l'action de la CIA en Amérique latine. (→ 23.5.75)

Malibu, 19 janvier
Jane Fonda épouse Tom Hayden en secondes noces. (→ 18.6.75)

Stockholm, 5 mars
Sortie du film d'Ingmar Bergman, *Cris et chuchotements* (*Viskningar och rop*), avec Harriet Andersson et Ingrid Thulin. (→ 11.4)

Paris, 24 mars
En quatre semaines d'exploitation dans la capitale, 425 000 spectateurs ont vu *Moi y en a vouloir des sous*, le film de Jean Yanne.

Los Angeles, 31 mars
L'American Film Institute décerne à John Ford son Lifetime Achievement Award – une récompense honorant la carrière entière d'une personnalité du cinéma. La cérémonie se déroule en présence du président des Etats-Unis d'Amérique Nixon, qui remet au réalisateur la médaille de la Liberté, récompense civile la plus élevée du pays. (→ 31.8)

Paris, 19 avril
En quittant son appartement de la rue Beauregard pour aller faire son marché, Michel Simon fait une mauvaise chute et se casse l'humérus gauche. (→ 30.5.75)

New York, 24 avril
A la suite des difficultés financières de Network Cinema, Jerry Lewis annonce qu'il retire son nom de la chaîne de salles qu'il patronne (environ 200 écrans). Il met cet échec sur le compte du manque de films « pour tous publics ».

Paris, 8 mai
Le complexe Olympic, constitué de deux salles de 210 et 80 places, est inauguré dans le quatorzième arrondissement. Le maître des lieux est Frédéric Mitterrand.

New York, 10 mai
Abel Green, rédacteur en chef de *Variety* depuis 1933, meurt à l'âge de soixante-douze ans.

Rhode Island, 6 juin
Jack Clayton commence le tournage de *Gatsby le magnifique* (*The Great Gatsby*), d'après le roman de F. Scott Fitzgerald, avec Robert Redford et Mia Farrow. (→ 7.3.74)

New York, 12 juin
Marlon Brando fracture la mâchoire d'un photographe qui l'importunait. Brando lui-même doit être hospitalisé pour inflammation d'une main.

Hollywood, 24 juin
La grève des scénaristes, qui a débuté le 7 mars, probablement l'une des plus longues de l'histoire de Hollywood, s'achève. 70 % des membres de la Screen Writers Guild ayant voté pour la reprise.

New York, 3 juillet
Un porte-parole de Richard Burton et d'Elizabeth Taylor annonce qu'ils ont décidé de se séparer, les nombreuses tentatives de conciliation ayant échoué. (→ 17.6.74)

Le Caire, 4 juillet
Dès sa sortie en salles, le film de Salah Abou Seif, *les Bains de Malatili* (*Hammam el Malatili*), fait sensation en raison de l'audace dont fait preuve l'auteur en abordant le thème de la sexualité sous toutes ses formes. (→ 26.2.78)

New Jersey, 4 juillet
Dans la ville de Passaic, Georgina Spelvin, vedette du film érotique *l'Enfer pour Miss Jones* (*The Devil in Miss Jones*), est arrêtée dans une salle projetant le film, pour lequel elle fait de la promotion. (→ 24.6.74)

New York, 25 juillet
Alan Hirshfield, un protégé d'Herbert Allen, remplace Leo Jaffe à la présidence de Columbia Pictures Industries. Jaffe prend la tête du conseil d'administration. (→ 6.2.78)

Londres, 7 août
Technicolor vend une usine de développement à la Chine communiste pour sept millions et demi de dollars.

Boston, 4 septembre
Mark Frechette, vedette de *Zabriskie Point*, de Michelangelo Antonioni, est arrêté au cours d'une attaque à main armée. Un de ses complices est abattu. (→ 31.3.75)

Paris, 24 septembre
Claude Lelouch commence le tournage de son nouveau film (« une superproduction intimiste », dit-il) *Toute une vie*, avec notamment André Dussollier, Marthe Keller et Charles Denner. Le tournage devrait durer dix-huit semaines et conduire l'équipe aux quatre coins du monde. (→ 14.6.78)

Paris, 4 octobre
Dans sa critique du film de Marguerite Duras, *Nathalie Granger*, Robert Chazal, dans *France-Soir*, souligne la prestation d'un jeune interprète : « Gérard Depardieu en voyageur de commerce fait une création de très grande classe, qui annonce une carrière de première importance ». (→ 20.3.74)

New York, 31 octobre
Sortie du premier film produit par l'American Film Theatre, *The Iceman Cometh*, de John Frankenheimer, d'après la pièce d'Eugene O'Neill, avec Lee Marvin, Robert Ryan et Fredric March. L'AFT, fondée par Ely Landau, veut présenter des adaptations cinématographiques aussi fidèles que possible de classiques du théâtre américain.

Paris, 19 novembre
Le ministre des Affaires culturelles, Maurice Druon, décide d'accorder le visa d'exploitation à *J'irai comme un cheval fou*, d'Arrabal, retenu durant plusieurs semaines par la censure. Mais cela ne calme pas la grogne de la profession à l'égard d'un ministre que l'on trouve trop « interventionniste ». (→ 21.12)

Paris, 30 novembre
Un inspecteur des impôts, Edouard Dega, est officiellement accusé de laxisme et de « bienveillance » excessive à l'égard des contribuables qu'il doit contrôler. Parmi ceux-ci, les cinéastes Bernard Borderie et Alain Cavalier. (→ 20.2.81)

Las Vegas, 5 décembre
Le MGM-Grand, le plus grand hôtel-casino des Etats-Unis, qui est financé par la MGM, est inauguré. (→ 11.12.74)

Paris, 6 décembre
Sortie de *Salut l'artiste*, un film d'Yves Robert, avec Jean Rochefort, Françoise Fabian et Marcello Mastroianni. (→ 17.10.79)

New York, 19 décembre
Première américaine d'*Un roi à New York*, de Charlie Chaplin. Il avait toujours refusé que son film, sorti en Europe en 1957, soit présenté à la presse et au public américains jusqu'à la réconciliation de l'année dernière. (→ 30.10.74)

France, 31 décembre
A ce jour, 325 salles de cinéma classées salle d'art et d'essai fonctionnent dans l'ensemble du pays : 65 à Paris, 90 en banlieue parisienne et 170 en province.

Treizième film de François Truffaut, « la Nuit américaine » est un hommage, à la fois émouvant et drôle, au cinéma et à ceux qui le font.

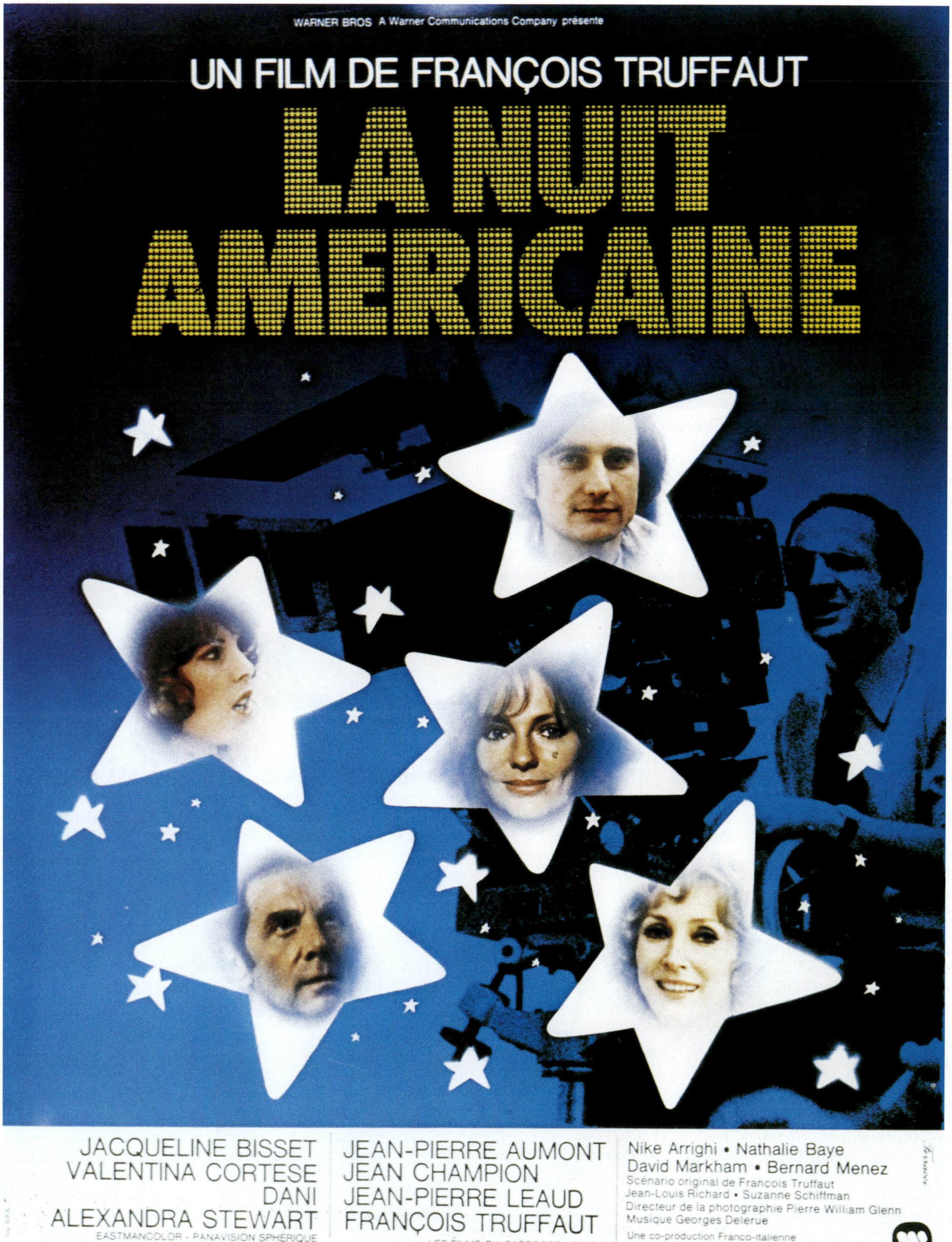
WARNER BROS A Warner Communications Company présente
UN FILM DE FRANÇOIS TRUFFAUT
LA NUIT AMERICAINE
JACQUELINE BISSET
VALENTINA CORTESE
DANI
ALEXANDRA STEWART
EASTMANCOLOR - PANAVISION SPHERIQUE
JEAN-PIERRE AUMONT
JEAN CHAMPION
JEAN-PIERRE LEAUD
FRANÇOIS TRUFFAUT
Nike Arrighi • Nathalie Baye
David Markham • Bernard Menez
Scénario original de François Truffaut
Jean-Louis Richard • Suzanne Schiffman
Directeur de la photographie Pierre William Glenn
Musique Georges Delerue
Une co-production Franco-Italienne
LES FILMS DU CARROSSE / P.E.C.F. Paris / P.I.C. Rome - Distribué par Warner Columbia Film

Werner Herzog au cœur de l'Eldorado

Klaus Kinski dans « Aguirre, la colère de Dieu », une aventure mythique.

Paris, 5 janvier
Avec *Aguirre, la colère de Dieu* (*Aguirre, der Zorn Gottes*), Werner Herzog offre un spectacle éloigné de ses œuvres expérimentales précédentes. Inspiré par les exploits insensés du conquistador don Lope de Aguirre, parti à la découverte de l'Eldorado en 1560, le film ne se veut pas historique. Herzog, à travers le délire de son héros, veut montrer, non pas une conquête, mais la fièvre hallucinée de l'or et du pouvoir. Récit épique, *Aguirre* résulte d'un tournage périlleux en Amazonie péruvienne. Le cinéaste a réalisé son film en six semaines et pris des risques inouïs dans un milieu naturel dangereux. Mais ses plus grands soucis lui sont venus de Klaus Kinski, son interprète. Acteur de génie, confiné dans des rôles secondaires auparavant, il est possédé par la rage de son personnage. Ses accès de fureur ont bien souvent compromis cette entreprise difficile. Herzog a réussi à maîtriser sa bouillante vedette et il projette de l'associer à nouveau à d'autres exploits cinématographiques. (→ 23.5.75)

Le fantastique dans les neiges d'Avoriaz

Avoriaz, 11 février
Les habitués de la station touristique d'Avoriaz, en Haute-Savoie, n'en reviennent pas ! Depuis une dizaine de jours, une faune bizarre a envahi le lieu. Heureusement, il ne s'agit pas d'extraterrestres, mais d'humains tout à fait ordinaires, à un détail près : ce sont tous des amateurs de films fantastiques ! En effet, à l'initiative du journaliste et publicitaire Lionel Chouchan, la station vient d'accueillir le premier Festival international du film fantastique. Le jury, présidé par René Clément, a attribué le grand prix au film américain *Duel*, de Steven Spielberg, un jeune réalisateur surdoué qui travaille pour la télévision. Ecrit par Richard Matheson, d'après son roman, le film décrit le « duel » entre un camion maléfique et un paisible conducteur de voiture qui a le malheur de se trouver sur son chemin. Le prix spécial du jury a été attribué à *Themroc*, du Français Claude Faraldo, un film étrange dont le héros s'enferme dans son appartement, qui est alors transformé en une sorte de grotte ! (→ 28.1.74)

Dennis Weaver dans « Duel », premier film de Spielberg diffusé en salles.

Luchino Visconti n'en a pas fini avec le crépuscule des dieux

Italie, 18 janvier
Ludwig, le crépuscule des dieux (*Ludwig*), illustre la légende de Luchino Visconti, peintre de la déchéance des êtres. Funèbre et splendide, le film suit avec une lenteur maîtrisée le déclin physique et moral de Louis II, dernier roi de Bavière, énigme du XIXe siècle. Cousin épris de la fantasque Elisabeth d'Autriche, trop généreux mécène de Wagner, il meurt noyé dans un lac à quarante et un ans. Suicide ? Accident ? Le mystère est aussi épais que la nuit qui a vu sa fin. Ludwig, trahi dans ses illusions, s'était acheminé sur une voie crépusculaire, tracée par ses extravagances, ses névroses, son désespoir. Exploité par ses gitons à la fin de sa vie, il était déchu de ses pouvoirs et interné. La compassion du cinéaste pour son héros transcende cette œuvre. Parée de somptueux décors, elle est réalisée dans ces châteaux baroques que faisait édifier Ludwig, sans jamais les habiter. Le roi a la beauté changeante d'Helmut Berger, si proche de celle d'Elisabeth (Romy Schneider). Le film exalte son seul moment de paix : la fin du jour. L'histoire résonne comme la ballade tragique du « Roi-Lune » déchu. (→ 20.12.74)

Romy Schneider et Helmut Berger dans « Ludwig, le crépuscule des dieux ».

Sissi exorcisée

Italie, 18 janvier
La plus grande surprise apportée par *Ludwig, le crépuscule des dieux*, vient non pas de la présence de Romy Schneider mais du personnage qu'elle incarne. Elle est Elisabeth d'Autriche, dite Sissi. Elle ne trouvait pas de mots assez moqueurs pour ce rôle qu'elle avait interprété à trois reprises, entre 1955 et 1958. En mai 1971, à l'issue du Festival de Cannes, Visconti trouvait des arguments convaincants. Romy est, aux côtés du « plus beau roi d'Europe », le « lis noir, la première amazone », une impératrice tourmentée, consciente de son pouvoir de séduction sur son cousin Ludwig. Elisabeth, cynique, a chassé le fantôme qui hantait Romy. (→ 12.2.75)

Le don Juan de Vadim s'appelle Brigitte

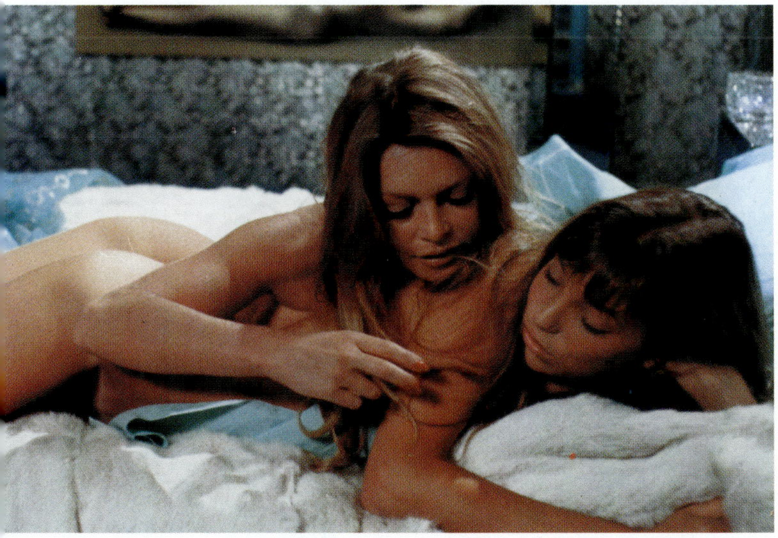

Brigitte Bardot et Jane Birkin dans « Don Juan 73 », de Roger Vadim.

Paris, 22 février

En 1956, *Et Dieu créa la femme*, de Roger Vadim, avait créé l'événement en proposant une nouvelle forme d'érotisme : moderne et libérée. Brigitte Bardot y avait fait sensation par sa jeune sensualité rayonnante. Dix-sept ans plus tard, le réalisateur retrouve son ancienne vedette et ex-femme, et lui donne le rôle principal de *Don Juan 73*, film dans lequel le fameux séducteur a les traits de B. B ! Le film décrit les aventures sexuelles d'une jeune femme moderne, avec une licence que Vadim ne pouvait pas se permettre à l'époque d'*Et Dieu créa la femme*. Signe des temps et de l'évolution des mœurs, parmi les conquêtes de ce don Juan féminin figure une jeune femme, incarnée par la délicieuse Jane Birkin. Côté hommes, ce sont Maurice Ronet et Robert Hossein qui se chargent de donner la réplique à B. B. Cela fait longtemps en fait que Vadim n'a pas connu le succès; sans doute espère-t-il le retrouver grâce à ses retrouvailles avec celle dont il fit un mythe international. Ecrit par le réalisateur en collaboration avec Jean Cau, *Don Juan 73* a les mêmes ingrédients, en plus épicés, que les précédents films de Vadim. Le sort du film dépend désormais de l'accueil que va lui réserver le public, un public bien différent de celui qui avait fait, jadis, le triomphe d'*Et Dieu créa la femme*. (→ 25.10)

« Le Parrain » dans le camp des Indiens

Los Angeles, 27 mars

Le Parrain (*The Godfather*), de Francis Ford Coppola, obtient l'Oscar du meilleur film, lors de la cérémonie annuelle au Music Center de Los Angeles. Pour ce même film, Marlon Brando est couronné meilleur acteur. Brando n'est pas dans la salle, car il a par avance refusé cette récompense pour laquelle il était largement favori. Une jeune Indienne, qui se présente sous le nom de Sacheen Littlefeather, mais qui est en fait une comédienne nommée Maria Cruz, monte sur scène à la place de l'acteur. Elle désire lire un long discours écrit par Brando. Daniel Taradash, directeur de l'académie, lui accorde deux minutes pour s'exprimer. Elle fait part au public des sentiments de Brando au sujet du traitement des Indiens dans les films de cinéma et à la télévision... L'Oscar d'interprétation féminine est remis à Liza Minnelli pour *Cabaret*, de Bob Fosse, film pour lequel Joel Grey reçoit l'Oscar du meilleur second rôle. Fosse est par ailleurs couronné meilleur réalisateur de l'année. De nouveau la France est à l'honneur avec l'Oscar du meilleur film étranger, qui est décerné au *Charme discret de la bourgeoisie*, de Luis Buñuel. Edward G. Robinson reçoit une statuette en or, en hommage à l'ensemble de son exceptionnelle carrière. (→ 2.4.74)

Robert Duvall et Marlon Brando dans « le Parrain », de Francis Ford Coppola.

« Gorge profonde » taxé pour obscénité

New York, 1er mars

Comme on s'y attendait, le tribunal vient de déclarer « obscène » le film *Gorge profonde* (*Deep Throat*). L'exploitant se trouve, lui, condamné à une forte amende, fixée par le juge au double des recettes encaissées. Cette condamnation fait suite à la série de mesures prises contre le film dans différentes villes, notamment à Miami et à Toledo, dans l'Ohio, où il a été saisi par la police le même jour. Réalisé par Gérard Damiano, le film évoque les exploits érotiques d'une femme qui a le clitoris placé au fond de la gorge ! Sorti à New York en juin dernier dans une salle « spécialisée » de Time Square, *Gorge profonde* a connu un succès tel qu'il a même fini par être programmé, depuis février dernier, dans une salle d'exclusivité très réputée de l'East Side : le Trans-Lux 85. C'est la première fois qu'un film pornographique sort ainsi du ghetto des salles spécialisées; exploit qui ne fait guère plaisir aux véhéments défenseurs de la morale. (→ 21.6)

Linda Lovelace, gorge profonde.

Fernando Rey dans « le Charme discret de la bourgeoisie ».

Ingmar Bergman, la beauté au quotidien

Liv Ullmann et Erland Josephson dans « Scènes de la vie conjugale ».

Suède, 11 avril
Ingmar Bergman a commencé à travailler pour la télévision vers le milieu des années 60. L'audience que représente le petit écran stimule son imagination créatrice. Sa dernière réalisation se présente sous l'aspect d'un feuilleton en six épisodes de cinquante minutes. *Scènes de la vie conjugale* (*Scener ur ett aktenskap*) raconte avec une extrême sobriété une histoire de tous les jours, dans laquelle se reconnaissent tous les couples du monde. Marianne (Liv Ullmann) et Johan (Erland Josephson), mariés depuis dix ans, offrent l'image idéale de l'union réussie. Tous deux exercent des professions libérales qui leur conviennent parfaitement, mais un jour survient une crise qui laisse Marianne au bord du désespoir : Johan veut refaire sa vie avec une jeune fille dont il est amoureux. La rupture est difficile. Chacun développe en lui des sentiments contradictoires, qui varient entre la rancœur, la nostalgie, le remords, le désir, la complicité. Les années passent. Leurs vies se dissocient, sans tout à fait se séparer. Johan et Marianne, après bien des orages et des malentendus, se savent plus unis dans le divorce qu'ils ne l'ont jamais été pendant le mariage. Réalisée dans un style dénué de toute emphase, l'œuvre de Bergman a la beauté lumineuse de la sincérité. Liv Ullmann, tout en nuances et sensibilité, offre l'image captivante d'une femme qui veut comprendre ce qu'est l'amour. (→ 1.1.75)

« Cris et chuchotements » met en scène Kari Sylwan et Harriet Andersson.

Le cinéma, la vie, selon François Truffaut

Paris, 24 mai
C'est en travaillant au montage des *Deux Anglaises et le continent*, aux studios de la Victorine, à Nice, que François Truffaut a eu l'idée de son nouveau film : *la Nuit américaine*. La vue des décors de *la Folle de Chaillot*, film britannique de Bryan Forbes, a réveillé sa vieille envie de faire un film sur le cinéma. *La Nuit américaine* raconte donc le tournage de *Je vous présente Pamela* et la solidarité que l'équipe exprime dans son travail. Dans cette œuvre, saluée comme une complète réussite, Truffaut incarne Ferrand, le réalisateur, tandis que Jean-Pierre Léaud et Jacqueline Bisset tiennent les rôles des deux vedettes. Ici, ainsi que le dit Truffaut-Ferrand, « le cinéma règne ». (→ 1.1.75)

« La Nuit américaine », avec Dani et J.-P. Léaud. Vérité fiction.

Jean-Pierre Aumont et Jacqueline Bisset, avec François Truffaut.

L'obscénité évaluée à l'échelle régionale

Washington, 21 juin
A six voix contre trois, la Cour suprême a pris une série de décisions qui modifie sensiblement sa philosophie quant à la pornographie. Désormais, il appartiendra aux instances inférieures de décider si une œuvre est obscène ou non, et comme telle protégée ou non par le premier amendement de la Constitution, qui garantit la liberté d'expression. « On ne peut demander aux gens du Maine ou du Mississippi d'accepter la représentation publique de conduites acceptables à New York ou à Las Vegas », a remarqué la majorité de la Cour. Par conséquent, elle a décidé de laisser à chaque Etat la liberté de donner sa propre définition de l'obscénité, selon les critères des *community standards*, c'est-à-dire les critères appliqués par le plus grand nombre dans les lieux où les œuvres incriminées sont présentées au public. Cette décision, diamétralement opposée à l'opinion exprimée par la Cour en 1964 au sujet du film *les Amants* et qui déterminait le statut constitutionnel d'une œuvre accusée d'obscénité sur la base de critères nationaux, plonge les professionnels américains du cinéma dans l'inquiétude. (→ 4.7)

Le Festival de Cannes sous le signe du scandale

Jean-Pierre Léaud, Françoise Lebrun et Bernadette Lafont dans « la Maman et la Putain », de Jean Eustache, qui obtient le prix spécial du jury.

Andréa Ferréol et Michel Piccoli dans « la Grande Bouffe », de Marco Ferreri.

Cannes, 25 mai
En choisissant *la Maman et la Putain*, de Jean Eustache, et *la Grande Bouffe*, de Marco Ferreri, pour représenter la France au Festival de Cannes, la commission de sélection était loin de se douter de l'ampleur des réactions que ce choix allait provoquer. Œuvre phare du jeune cinéma français, le film d'Eustache a amené de vives protestations pendant et après la projection, à cause de ses dialogues crus. C'est à peine si le réalisateur n'a pas été agressé physiquement lorsqu'il est sorti de la salle avec Jeanne Moreau, qui lui donnait le bras en toute amitié. Histoire de quatre bourgeois qui se suicident en s'empiffrant à mort, *la Grande Bouffe* a fait déborder le vase et déchaîné les foudres des défenseurs du bon goût, de la morale et de l'honneur national, tous bafoués par ce film « écœurant » ! Comme si cela ne suffisait pas, Robert Bresson, furieux que la commission n'ait pas admis son film *Lancelot du Lac* dans la compétition, a déclaré : « Le Festival de Cannes enfonce le cinéma dans la médiocrité et l'erreur. » Après une projection presque aussi houleuse que celles des films d'Eustache et de Ferreri, Michel Piccoli, se faisant le porte-parole de Bresson, était monté sur la scène pour lire le texte suivant : « M. Robert Bresson, en accord avec ses producteurs et la Société des réalisateurs français, avait décidé de ne pas présenter, ce soir, *Lancelot du Lac*. Par respect pour les membres du jury et pour le public, il a bien voulu revenir sur sa décision, mais il lui paraît indispensable de témoigner de son indignation devant les conditions dans lesquelles se déroule le Festival de Cannes. L'esprit qui préside à la sélection et l'organisation de ce festival en général lui paraissent contraires à l'idée qu'il se fait du cinématographe. » Les sélectionneurs du Festival voulaient faire « l'événement » en présentant une sélection française « originale et audacieuse » ; ils y sont parvenus au-delà de leurs espérances, puisque les films français ont éclipsé tous les autres, y compris les deux films qui sont lauréats du grand prix : *l'Epouvantail*, de l'Américain Jerry Schatzberg, et *la Méprise*, de l'Anglais Alan Bridges. (→ 24.5.74)

Gene Hackman et Al Pacino dans « l'Epouvantail », de J. Schatzberg.

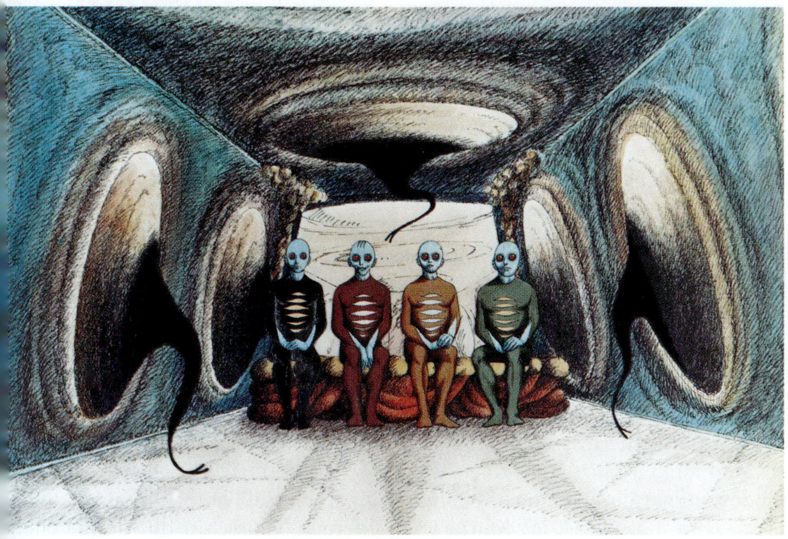

« La Planète sauvage », de René Laloux et Roland Topor (prix spécial).

Le jury sur la terrasse du Palais, autour de sa présidente, Ingrid Bergman.

George Lucas et l'Amérique des sixties

New York, 5 août
Personne ne semblait espérer beaucoup du deuxième film de George Lucas. Réalisé pour moins de un million de dollars, *American Graffiti* semble pourtant, au vu de l'accueil enthousiaste que lui font les premiers spectateurs, en passe de causer la surprise. Le sujet très nostalgique du film évoque plus ou moins la propre adolescence du réalisateur : dans la Californie du début des années soixante, quatre copains, que jouent Ron Howard, Richard Dreyfuss, Paul Le Mat et Charles Martin Smith, vivent une soirée estivale comme les autres, au rythme du rock'n roll, avec des filles et des voitures. Cette Amérique heureuse et paisible est celle, déjà mythique, des années Kennedy, l'Amérique d'avant la guerre du Viêt-nam. C'est dans ce retour aux sources que réside l'attrait principal du film, même si la bande musicale y contribue largement, en reprenant à peu près tous les succès de cette époque. (→ 15.12.75)

« American Graffiti », avec Paul Le Mat, Cindy Williams et Ron Howard.

Carnet noir d'un sombre été

Etats-Unis, 31 août
John Ford s'est éteint dans son ranch de Californie, à Palm Desert. D'origine irlandaise, de son nom Sean Aloysius O'Feeney, il était né à Cape Elizabeth, dans le Maine, le 1er février 1895. Auteur de plus de cent films, il a dirigé les plus grands acteurs hollywoodiens et a offert à John Wayne quelques-uns de ses rôles les plus importants. Il s'est retiré en 1965, après *Frontière chinoise* (*Seven Women*). Le 2 août, un autre réalisateur disparaissait, français celui-là : il s'agit de Jean-Pierre Melville. Né à Paris le 20 octobre 1917, son premier film fut *le Silence de la mer*, d'après Vercors, mais ce sont des thrillers qui, plus tard, lui ont apporté la gloire : *le Deuxième Souffle*, *le Doulos*, *le Cercle rouge*. C'est un été noir pour le cinéma, marqué aussi par la disparition de Betty Grable, Veronica Lake, Robert Ryan et Bruce Lee. Agé de trente-trois ans, celui-ci a été retrouvé mort d'un œdème au cerveau, le 15 juillet.

J.-P. Melville au tournage de son dernier film, « Un flic ».

Brigitte Bardot fait ses adieux à l'écran

« L'Histoire très bonne et très joyeuse de Colinot Trousse-chemise ».

Paris, 25 octobre
Alors que son dernier film sort à Paris (*l'Histoire très bonne et très joyeuse de Colinot Trousse-chemise*), Brigitte Bardot confirme sa volonté d'abandonner le cinéma. Brigitte a pris cette décision après l'échec de *Don Juan 73*, de Roger Vadim. Elle a néanmoins accepté un rôle épisodique dans ce film historique de Nina Companeez, dont le héros est un jeune homme du XVe siècle parti à la recherche de sa fiancée enlevée par des brigands. De nombreuses jolies femmes croisent sa route, auxquelles il succombe. Brigitte est l'une d'entre elles... Elle établit donc un bilan subjectif mais sévère de sa carrière en déclarant à un magazine : « J'ai tourné quarante-huit films. Sur ce total, il y en eut cinq de bons. Le reste ne valait rien. Je ne tournerai plus. Et je ne me rendrai jamais chez un chirurgien esthétique ! » Elle est toujours considérée comme l'une des plus belles femmes du monde. A l'instar de Greta Garbo, elle refuse de se voir vieillir à l'écran dans des films dont elle ne serait pas fière. Elle n'a jamais aimé le cinéma, pas plus que les gens du métier. Elle préfère désormais mettre sa célébrité au service des animaux, qui n'ont personne pour les défendre. (→ 31.8.75)

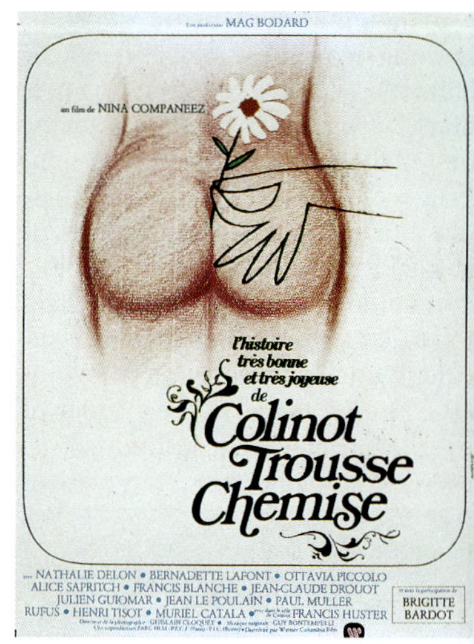

Les amours du Christ interdites de séjour

Paris, 19 août
« Non mais, ils sont fous ces Danois ! » doit penser au fond le directeur du Centre national de la cinématographie. En effet, parce que les Français semblent raffoler des films délicieusement licencieux qu'affectionnent les Scandinaves, ces derniers en ont déduit que tout est devenu permis en France, y compris, pourquoi pas, le tournage d'une œuvre paillarde sur le Christ. En tout cas, c'était bien l'intention du jeune réalisateur danois Jens Joergen Thorsen, qui a demandé au Centre national de la cinématographie l'autorisation de tourner un film intitulé *la Vie amoureuse de Jésus-Christ*. Moins permissif que ne le pensait ce cinéaste, le directeur du CNC, André Astoux, lui a refusé l'autorisation, et Jens Joergen Thorsen a dû rentrer chez lui bien déçu. (→ 27.8.74)

Steve McQueen sur les traces de Papillon

Steve McQueen et Dustin Hoffman dans « Papillon », de Franklin J. Schaffner.

New York, 17 décembre
Dehors, la neige et le froid s'abattent sur la ville ; mais, dans cette salle où passe, en avant-première mondiale, *Papillon*, de Franklin J. Schaffner, on s'étonne du caractère « huppé » d'un public qu'on ne s'attend pas à voir assister à ce genre de spectacle ! Il s'agit en fait d'une soirée de gala donnée au profit de l'hôpital Will-Rogers, du nom du célèbre acteur qui est devenu sénateur. Ecrit par Dalton Trumbo, d'après l'œuvre autobiographique du Français Henri Charrière, dit Papillon, le film décrit ses tentatives pour s'évader du terrible bagne de Cayenne. Le bagnard têtu et féru de liberté, admirablement incarné par Steve McQueen, vieillit au fil de l'histoire sans jamais renoncer à faire la belle : l'image finale le montre dérivant vers la liberté, accroché à un sac rempli de noix de coco ! A côté de Steve McQueen, on retrouve Dustin Hoffman, génial dans le rôle du faussaire Delga, ami de Papillon. (→ 7.11.80)

L'opinion se mobilise pour « Histoire d'A »

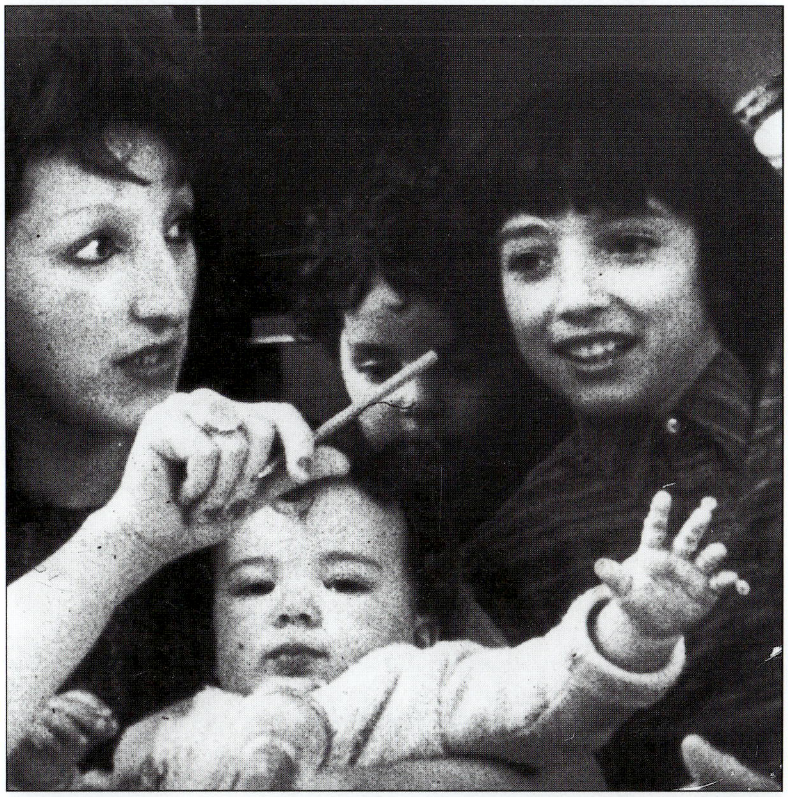

Un film de Charles Belmont et Marielle Issartel : document et témoignage.

Paris, 20 décembre
Considéré comme une œuvre de propagande en faveur de l'avortement, et interdit par conséquent depuis un mois par décision de Maurice Druon, ministre des Affaires culturelles, le film documentaire *Histoire d'A* n'en continue pas moins à être projeté un peu partout dans le pays, et ce plus ou moins ouvertement. C'est ainsi, par exemple, qu'il a été présenté aujourd'hui au Collège de France devant cent cinquante personnes. L'intersyndicale (CFDT, CGT, FO) des employés de cet établissement avait obtenu l'autorisation d'inviter le personnel à « un débat sur la situation des femmes et sur l'avortement, illustré par un film », libellé dont les sous-entendus semblent avoir échappé aux responsables du Collège de France. Avec cette projection, le nombre des spectateurs ayant vu ce film de Charles Belmont et Marielle Issartel s'élève à quinze mille en un mois ! Cet étonnant score s'explique par la formidable mobilisation pour le film, et, à travers lui, en faveur de la libéralisation de l'avortement. Adhérents du Planning familial, du MLAC, de Choisir, étudiants et militants syndicaux n'ont pas cessé de demander des copies du film, dont seules une dizaine circulent encore, le reste ayant été saisi par la police, notamment à Paris lors d'une projection organisée par *l'Express*. (→ 25.10.74)

Pierre Viot prend les rênes du cinéma français en pleine crise

Paris, 21 décembre
C'est la goutte d'eau qui va peut-être faire déborder le vase : la nomination de Pierre Viot, conseiller référendaire à la Cour des comptes, à la direction du Centre national de la cinématographie, en remplacement d'André Astoux, « déchargé de ses fonctions » par le conseil des ministres, fait en effet éclater en plein jour une crise déjà ancienne. Attendue depuis l'arrivée de Maurice Druon aux Affaires culturelles, la révocation d'André Astoux est le résultat d'un désaccord profond qui opposait le directeur démissionnaire du CNC à son ministre de tutelle, et, à travers celui-ci, à un gouvernement qui semble se désintéresser du devenir de l'art et de l'industrie cinématographiques en France. Redevenu libre, Astoux a tenu à rendre compte des conditions de son départ du poste qu'il occupait depuis octobre 1969 dans une conférence de presse, au cours de laquelle il a déclaré : « La décision prise par le gouvernement de mettre fin à mes fonctions fait suite au cri d'alarme que j'ai lancé au sujet de la situation dramatique du cinéma français. Cette décision préfigure le démantèlement de l'établissement public qu'est le Centre national de la cinématographie, dont la structure de gestion et de concertation souple et efficace entre l'Etat et tous les professionnels a fait ses preuves depuis vingt-sept ans, à la satisfaction de tous les ministres des Affaires culturelles précédents et sert d'exemple à de nombreux pays. » Rappelant les injures proférées par Maurice Druon à l'encontre des producteurs, traités de « coprophages, c'est-à-dire de mangeurs d'excréments », Astoux accuse le ministre de vouloir imposer une censure politique, économique et morale au cinéma français et de chercher à modifier l'aide à la production, chose qui risquerait, entre autres, de faire disparaître le cinéma d'auteur que le monde entier envie à la France. (→ 10.1.74)

Le succès français de la rentrée.

Alain Delon et Simone Signoret dans « les Granges brûlées », de Jean Chapot.

« Tous les autres s'appellent Ali », film de Rainer Werner Fassbinder.

Jacqueline Bisset et François Truffaut dans « la Nuit américaine ».

Barbra Streisand et Robert Redford dans « Nos plus belles années ».

Jean-Pierre Léaud et Bernadette Lafont dans « la Maman et la Putain ».

« La Planète sauvage », dessin animé de Roland Topor et René Laloux.

Gene Hackman et Al Pacino dans « l'Epouvantail », de Jerry Schatzberg.

Steve McQueen et Dustin Hoffman dans « Papillon », de Franklin J. Schaffner.

Max von Sydow et Jason Miller dans « l'Exorciste », de William Friedkin.

Marcello Mastroianni dans le film « la Grande Bouffe », de M. Ferreri.

Marcello Mastroianni et Sophia Loren dans « la Femme du prêtre ».

Romy Schneider et Helmut Berger dans « Ludwig, le crépuscule des dieux ».

Robert Shaw, Robert Redford et Paul Newman : « l'Arnaque », de G. Roy Hill.

1974

Oscars, Hollywood
Film : *l'Arnaque* (George Roy Hill).
Acteur : Jack Lemmon.
Actrice : Glenda Jackson.

Festival international du film, Cannes
Grand prix : *Conversation secrète* (Francis Ford Coppola).
Meilleur acteur : Jack Nicholson.
Meilleure actrice : Marie-José Nat.

Paris, 9 janvier
A dater de ce jour, les salles changeront à nouveau de programme le mercredi. L'expérience du jeudi, lancée le 30 novembre 1972, n'a pas été concluante.

Paris, 10 janvier
A l'Assemblée nationale, le député communiste Jack Ralite proteste contre la part dérisoire (0,049 %) allouée au cinéma dans le budget général de l'Etat : « C'est un budget Cendrillon ! »

Mexico, 17 janvier
La Cinémathèque mexicaine, organisée sur le modèle de la Cinémathèque française, est inaugurée en grande pompe.

Avoriaz, 28 janvier
Le grand prix du deuxième Festival international du film fantastique est attribué à *Soleil vert*, de Richard Fleischer, avec Charlton Heston : un film de science-fiction écologique. (→ 26.1.75)

Tours, 12 février
Le ministre des PTT et maire de la ville, Jean Royer, demande l'interdiction des films de « gangsters ».

France, 20 février
Un crédit de 3,6 millions de francs est alloué au Service des archives du film, pour la construction de trois nouveaux blockhaus, qui devront recevoir 55 000 boîtes de film « flamme » (au nitrate). (→ 3.8.80)

Hollywood, 7 mars
Wildwood Productions, la compagnie de Robert Redford, acquiert les droits du livre de Carl Bernstein et Bob Woodward, *les Hommes du Président*, publié en février, pour 450 000 dollars. (→ 8.4.76)

Los Angeles, 13 mars
L'American Film Institute décerne à James Cagney le Lifetime Achievement Award. C'est la seconde année que l'institut attribue ce prix, destiné à récompenser l'ensemble d'une carrière. (→ 25.5.75)

New York, 29 avril
La Film Society du Lincoln Center rend hommage à la carrière d'Alfred Hitchcock. (→ 9.4.76)

Massachusetts, 2 mai
A Martha's Vineyard, le réalisateur Steven Spielberg commence à tourner les premières scènes des *Dents de la mer* (*Jaws*), d'après le roman de Peter Benchley, avec Roy Scheider. C'est le premier film produit en indépendants par Richard Zanuck et David Brown. (→ 16.4.75)

Hollywood, 6 mai
Un incendie détruit une partie des studios Samuel Goldwyn. Les dégâts s'élèvent à trois millions de dollars.

Harvard, 10 mai
Le magazine satirique *The Harvard Lampoon* décerne le prix de la plus mauvaise actrice de 1973 à Barbra Streisand pour son interprétation dans *Nos plus belles années* (*The Way We Were*). (→ 18.12.76)

Washington, 24 juin
La Cour suprême, cassant une décision du tribunal de Georgie, déclare que le film *Ce plaisir qu'on dit charnel* (*Carnal Knowledge*) n'est pas un film obscène. (→ 3.3.76)

Paris, 23 août
André Téchiné commence le tournage de *Souvenirs d'en France*, avec Jeanne Moreau, Marie-France Pisier et Michel Auclair. (→ 3.4.76)

Paris, 27 août
Lors d'une allocution télévisée, le président de la République, Valéry Giscard d'Estaing, annonce la prochaine suppression de la censure en matière de cinéma. (→ 28)

Paris, 2 octobre
A la cinémathèque de Chaillot a lieu une soirée d'hommage au comédien et réalisateur Woody Allen, actuellement à Paris. Il a lui-même décidé de faire projeter *Woody et les robots* (*The Sleeper*) : « C'est celui de mes films qui a eu le moins de succès en France, mais c'est celui que je préfère. » (→ 11.6.75)

Londres, 30 octobre
Chaplin complète son autobiographie (*My Autobiography*), publiée en 1964, avec *My Life in Pictures*, qui sort ce jour. (→ 27.12.77)

Los Angeles, 1er novembre
Sortie du film *Tremblement de terre* (*Earthquake*), de Mark Robson, avec Charlton Heston, Ava Gardner et Geneviève Bujold. C'est le premier film en « Sensurround ». Ce procédé d'effets sonores consiste à émettre un bruit si grave qu'il est presque inaudible, mais si puissant que les vibrations sont ressenties par le corps tout entier. (→ 18.12)

New York, 8 novembre
Frank Yablans, que l'on croyait indéboulonnable, démissionne de son poste de président de la Paramount Pictures. Barry Diller, qui a été nommé *chairman* le 13 octobre dernier, reste seul aux commandes du studio.

France, 15 novembre
Près de 30 % des salles de cinéma françaises ont maintenant moins de 300 places. C'est un des effets des mutations qui se sont opérées dans les conditions d'exploitation.

Chili, 29 novembre
A Santiago, la comédienne Carmen Bueno et le chef opérateur Jorge Muller sont enlevés par la DINA, la police politique du gouvernement Pinochet. (→ 27.5.76)

Paris, 5 décembre
Le réalisateur Jacques Doillon présente son premier long métrage personnel, *les Doigts dans la tête*, avec Christophe Soto et Olivier Bousquet. (→ 12.11.78)

Londres, 6 décembre
Sortie, en première mondiale, du nouvel épisode de la série des James Bond, *l'Homme au pistolet d'or* (*The Man With the Golden Gun*), de Guy Hamilton, avec, pour la seconde fois, Roger Moore dans le rôle de 007, le célèbre espion de Sa Majesté.

Hollywood, 11 décembre
Les bénéfices de la MGM pour l'exercice 1973-1974 sont en augmentation de 190 % par rapport au précédent. Ces excellents résultats sont dûs pour la plus grande partie au succès de l'hôtel-casino MGM-Grand à Las Vegas.

Rome, 20 décembre
Sortie du film de Visconti *Violence et passion* (*Gruppo di famiglia in un interno*), avec Burt Lancaster et Silvana Mangano. (→ 27.9.75)

New York, 25 décembre
Un éditorial du *New York Times* critique *le Parrain* (I et II), qui « bat une sorte de record pour la pornographie et la violence ». Il déplore particulièrement le passage du premier *Parrain* à la télévision et ses effets éventuels sur les jeunes téléspectateurs. (→ 8.4.75)

New Delhi, 30 décembre
Le cinquième Festival international du film de l'Inde, désormais annuel, ouvre ses portes sous la présidence de Satyajit Ray. Le film indien d'ouverture, *Siddhartha*, provoque une controverse à cause d'une scène de semi-nudité.

France, 31 décembre
Pour l'année écoulée, les dix films champions du box-office français sont : *Emmanuelle* ; *l'Arnaque* ; *La moutarde me monte au nez* ; *Vincent, François, Paul et les autres* ; *l'Exorciste* ; *la Gifle* ; *Robin des Bois* ; *Papillon* ; *Lacombe Lucien* et *les Valseuses*.

Etats-Unis, 31 décembre
Les recettes-salles de l'année sont les plus élevées de l'histoire ; quant aux recettes-distributeurs, elles ont progressé de 25 % par rapport à l'année dernière.

Premier film d'auteur de Bertrand Blier, « les Valseuses » révèle trois comédiens d'exception et apporte un ton nouveau au cinéma français.

Paul Claudon présente
Gérard Depardieu • Miou-Miou • Patrick Dewaere dans
LES VALSEUSES
film de Bertrand Blier
d'après le roman édité aux Editions Robert Laffont
Co-adaptation de Philippe Dumarcay
avec Christian Alers
Brigitte Fossey
Michel Peyrelon
Jacques Chailleux • Eva Damien • Dominique Davray
Isabelle Huppert • Marco Perrin
Musique de Stephane Grappelli
avec Jeanne Moreau
dans le rôle de Jeanne Pirolle
Une co-production CAPAC/UPF/SN PRODIS
Distribution S.N. PRODIS

Bertrand Tavernier à l'heure de Lyon

Le réalisateur et ses interprètes, Philippe Noiret et Jean Rochefort.

Paris, 11 janvier
Le prix Louis-Delluc vient d'être attribué au premier long métrage de Bertrand Tavernier, *l'Horloger de Saint-Paul.* Adapté librement d'un roman de Georges Simenon, *l'Horloger d'Everton*, ce film marque le retour, après dix ans de silence, du tandem Jean Aurenche – Pierre Bost au scénario et aux dialogues. Dans un vieux quartier de Lyon, ville natale de Tavernier, un horloger interprété par Philippe Noiret coule une paisible existence, partagée entre un petit groupe d'amis et son travail. Sa vie se trouve soudain perturbée par la nouvelle que son fils est recherché pour meurtre. Harcelé par un policier, avec qui s'établit une certaine complicité (Jean Rochefort), il réalise alors l'échec de sa paternité et s'interroge sur les mobiles de son fils. L'ensemble du film est construit sur d'imperceptibles notes psychologiques, dont l'agencement aboutit à l'étonnante justesse du portrait. Ce n'est pas par hasard si la critique fait volontiers référence à Jacques Becker : la sobriété de son style et l'acuité de son regard révèlent en Bertrand Tavernier un cinéaste de cette lignée. (→ 26.3.75)

Dans « l'Horloger de Saint-Paul », la rencontre des générations.

Louis Malle et les équivoques de l'histoire

Paris, 30 janvier
Lacombe Lucien, le nouveau film de Louis Malle, est l'histoire d'un paysan de dix-sept ans qui, à Moissac en juin 1944, s'engage dans la milice parce que la Résistance n'a pas voulu de lui. Ce parcours tragique d'un adolescent mal aimé et pas très futé, poussé par le hasard à faire le mauvais choix au mauvais moment, a été décrit au cinéaste par le récit véridique que lui a fait un villageois du Lot : un jeune garçon de l'endroit était devenu auxiliaire de la Gestapo et avait fait arrêter une vingtaine de maquisards. Après trois mois de recherche, Louis Malle a fini par confier le premier rôle du film à un jeune paysan de la région, Pierre Blaise, lequel confère une grande densité à son personnage. La précision de la reconstitution historique n'empêche pas une ardente polémique, apparemment inévitable dès qu'un cinéaste évoque la collaboration. (→ 31.8.75)

Pierre Blaise (à gauche) est le héros ambigu de « Lacombe Lucien ».

Au-delà des manifestes, une femme fait sa propre révolution

Paris, 20 mars
Le deuxième long métrage réalisé par la monteuse et réalisatrice de courts métrages Yannick Bellon, *la Femme de Jean*, s'annonce d'ores et déjà comme un classique du cinéma au féminin. C'est ainsi, du moins, que le qualifie la critique. France Lambiotte, qui n'est pas comédienne, tient le rôle principal du film, celui d'une femme abandonnée par son mari (Claude Rich) après plus de quinze ans de vie commune. Après avoir frôlé la dépression, celle qui n'était que « la femme de Jean » découvre en fin de compte son aliénation d'épouse fidèle et bourgeoise. Ce faisant, c'est à la découverte de son identité qu'elle accède enfin, grâce aux efforts conjugués d'un fils compréhensif et d'un amant qui ne l'est pas moins. Elle reprend ses études, s'accomplit enfin professionnellement et refuse le retour de Jean lorsque celui-ci vient, penaud, lui demander son pardon. Au vu du sujet, on pouvait craindre un film cédant au militantisme. Tel n'est pas le cas : pour être claire, la thèse n'est pas manichéenne et ne sacrifie pas la finesse psychologique des portraits aux besoins de la démonstration. Si la mise en scène manque quelque peu de relief, l'ensemble est d'une grande justesse de ton.

Claude Rich et France Lambiotte : « la Femme de Jean », de Yannick Bellon.

Avec Bertrand Blier, le cinéma français change d'époque

Patrick Dewaere, Miou-Miou et Gérard Depardieu dans « les Valseuses », un road-movie à la française.

Paris, 20 mars

Pour son troisième long métrage, Bertrand Blier, fils du comédien Bernard Blier, signe avec *les Valseuses* la réalisation de ce qui pourrait bien devenir le film manifeste d'une certaine jeunesse française : celle qui vient après Mai 68 et en qui s'incarnent les libérations sociale, morale et sexuelle. Adapté d'un roman que le réalisateur a publié en 1972, *les Valseuses* conte l'errance de deux marginaux, un peu voyous, très paresseux et fort portés sur le sexe. A la suite d'un incident au cours duquel l'un d'eux est blessé aux « valseuses » – les testicules –, ils entraînent une jeune shampouineuse délurée mais frigide dans leur cavale. La liberté de ces trois personnages autant que la crudité réaliste des situations et dialogues font de ce film un événement dans la production française et le promettent assurément au triomphe public, bien qu'il soit interdit aux moins de dix-huit ans. Repérés par Bertrand Blier au café-théâtre, Gérard Depardieu, Patrick Dewaere et Miou-Miou dominent très largement l'interprétation et sont ici promus du jour au lendemain au rang de vedettes. Le film permet d'apprécier également le talent de Jeanne Moreau, de Brigitte Fossey et d'Isabelle Huppert. (→ 9.4.79)

Marcel Pagnol a quitté la partie

Paris, 18 avril

De lui on gardera l'image d'un homme attaché à sa Provence natale, à sa terre d'origine avec ses petits villages baignés de soleil et ses habitants, dont il a su transcender les petites histoires en récits universels. De son œuvre riche et généreuse qui sent bon le terroir, on gardera le souvenir des parties de cartes autour d'un pastis, des querelles des joueurs de pétanque sur la place du marché du Vieux-Port, du parler vrai de Marius, de César, d'Angèle et de bien d'autres personnages qui ont l'air si authentiques qu'on oublie qu'ils sont incarnés par des comédiens sans pareil. Ecrivain, réalisateur et auteur dramatique couvert de gloire et admiré autant à l'étranger qu'en France, Marcel Pagnol, premier homme du cinéma à entrer à l'Académie française, vient de mourir à l'âge de soixante-dix-neuf ans à son domicile parisien. L'heureux et comblé auteur de *la Femme du boulanger*, de *Manon des Sources*, de *Topaze* et du *Schpountz*, devenus tous des grands classiques du cinéma français, était né le 28 février 1895 à Aubagne, non loin de Marseille. (→ 1.9.86)

Le « de Gaulle » du cinéma

Hollywood, 2 avril

L'Oscar spécial décerné à Henri Langlois ne fait que traduire la très grande popularité dont jouit aux Etats-Unis, et depuis plusieurs années, le fondateur de la Cinémathèque française. Plus encore que les multiples références à l'envergure « gaullienne » de l'homme, c'est presque de sanctification qu'il faut parler, en France comme aux Etats-Unis. Cette consécration n'efface pourtant pas un échec cuisant : il y a un an, en effet, au moment où le *New York Times* avait publié la nouvelle, le projet d'une cinémathèque à New York, sur l'East River, défini par Eugène Stavis, Tom Johnston et Langlois, s'était alors heurté au mauvais vouloir du Museum of Modern Art.

Henri Langlois et François Truffaut honorés par les Oscars

Los Angeles, 2 avril

Dans un spectacle produit par Jack Haley Jr. et présenté par Diana Ross, John Huston, Burt Reynolds et Liza Minnelli, sont remis au Music Center les Oscars pour l'année 1973. Deux grands noms du cinéma français sont aujourd'hui à l'honneur : François Truffaut, dont *la Nuit américaine* reçoit l'Oscar du meilleur film étranger, et Henri Langlois, qui se voit décerner une statuette en or remise par Gene Kelly et Daniel Taradash pour « sa dévotion à l'art cinématographique et son immense contribution à la préservation des films ». Sept Oscars récompensent *l'Arnaque* (*The Sting*), dont ceux du meilleur film, du meilleur réalisateur (George Roy Hill) et du meilleur scénario original. Le prix d'interprétation masculine va à Jack Lemmon pour *Sauvez le tigre* (*Save the Tiger*), de John G. Avildsen. Glenda Jackson reçoit le prix d'interprétation féminine pour *Une maîtresse dans les bras* (*A Touch of Class*), de Melvin Frank. Les meilleurs seconds rôles sont Tatum O'Neal pour sa prestation dans *la Barbe à papa* (*Paper Moon*), de Peter Bogdanovich, et John Houseman pour *la Chasse aux diplômes* (*Paper Chase*), de James Bridges. Groucho Marx quant à lui reçoit un Oscar d'honneur. (→ 8.4.75)

Gene Kelly exprime l'hommage des professionnels à Henri Langlois.

Paul Newman et Robert Redford : « l'Arnaque », de George Roy Hill.

Fellini dans l'imaginaire du souvenir

« Amarcord » : une remontée dans la mémoire, au temps du fascisme.

Rome, 5 avril
Une promenade au cœur de son enfance, tel est le propos de Federico Fellini. Il indique d'emblée la couleur locale de ses souvenirs : le titre, *Amarcord,* signifie « je me souviens » en dialecte romagnol. Aujourd'hui quinquagénaire, Titta se rappelle le monde des années 30. Il était un petit garçon espiègle et sensible et habitait un village proche de Rimini, assoupi l'hiver, effervescent dès que revenait la belle saison, que le printemps s'éveillait et que les flocons de peuplier descendaient magiquement dans l'air. Un été fut inoubliable pour Titta, avec le passage du *Rex*, un fabuleux transatlantique qui croisait dans l'Adriatique. Toute la ville s'était entassée dans des embarcations de fortune pour le voir de près. Pendant ces semaines insouciantes, Gradisca, la belle coiffeuse (Magali Noël), rêvait dans la douce obscurité du cinéma Splendor qu'elle épousait Gary Cooper. Un émir était venu séjourner avec tout son harem dans le grand hôtel de Rimini. Cette année-là, même les fêtes fascistes étaient célébrées au milieu des pétales de rose. Dans cette ville librement réinventée par la fantaisie de Federico Fellini à Cinecittà, tout semble d'une spendeur aussi irréelle que juste. Le charme du film vient, sans aucun doute, de ce pouvoir qu'a l'enfance d'idéaliser sa mémoire. (→ 23.2.77)

Dans la Romagne natale de Fellini, Amarcord signifie « je me souviens ».

Conversation secrète sur place publique

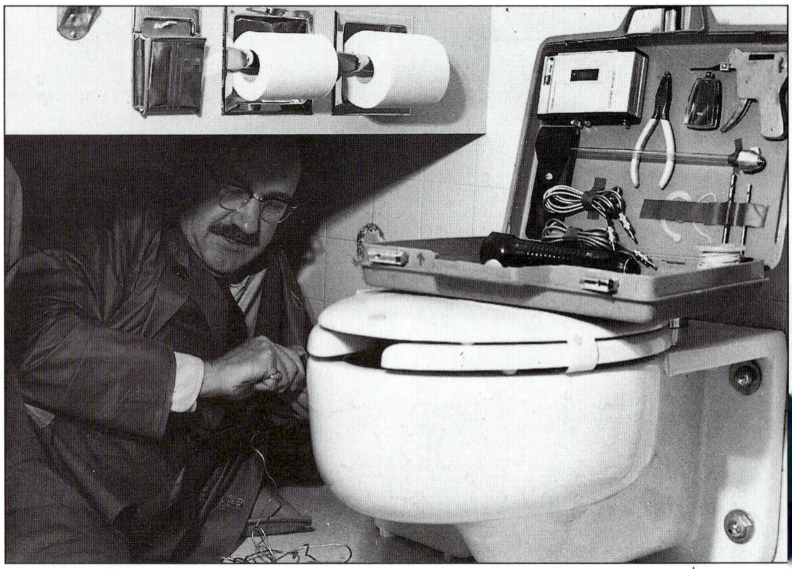

Gene Hackman dans « Conversation secrète ». Le Watergate est proche.

Cannes, 24 mai
Grâce à deux de ses nouveaux enfants prodiges, les réalisateurs Francis Ford Coppola et Steven Spielberg, le cinéma américain a fait bonne figure sur la Croisette. Le jury du Festival de Cannes, présidé par René Clair, ne les a d'ailleurs pas oubliés au moment du palmarès puisqu'il a attribué au premier le grand prix, pour *Conversation secrète*, et au second un modeste prix du scénario, pour *Sugarland Express.* Au contraire du *Parrain*, qui a valu à Coppola la consécration professionnelle et un grand succès public, *Conversation secrète* est une œuvre plus discrète et très moderne quant à son sujet et à son traitement. Il y est question en effet de l'inquiétante intrusion dans la vie quotidienne des méthodes sophistiquées d'espionnage et d'écoutes clandestines. Après le remarquable *Duel*, tourné pour la télévision mais qui a été exploité en salles, Steven Spielberg réalise avec *Sugarland Express* son premier vrai film pour le cinéma. Il s'agit de l'équipée mouvementée et cocasse d'un couple de marginaux et de leur enfant, que la police pourchasse à travers tout le territoire. Le réalisateur italien Pier Paolo Pasolini a brillamment décroché le grand prix spécial du jury pour son très étonnant film *les Mille et Une Nuits*, troisième volet, après *le Décaméron* et *les Contes de Canterbury*, du cycle qu'il a consacré aux chefs-d'œuvre de la littérature érotique universelle. (→ 23.5.75)

Un hommage spécial est rendu à Charles Boyer pour « Stavisky », d'Alain Resnais (ici à gauche, avec Jean-Paul Belmondo et Anny Duperey).

Les Burton mettent fin à leur légende

New York, 17 juin
Formant depuis 1964 le couple mythique du cinéma international, Elizabeth Taylor et Richard Burton viennent de divorcer. L'annonce de leur séparation a été faite à l'automne 1973, alors que Liz séjournait dans un hôtel new-yorkais et qu'on la voyait beaucoup auprès d'un certain Henry Weinberg, ancien vendeur de voitures d'occasion. Ce divorce coûte très cher à Burton, car il devra verser sept millions et demi de dollars à Liz. Le record dans ce domaine est détenu par Dean Martin, qui a payé 8,2 millions à son ex-épouse, Jeannie, en 1972. En outre, Liz conserve le célèbre diamant offert par Richard et évalué à 5 millions. Elle commence dans quelques jours le tournage des *Noces de cendres* (*Ash Wednesday*), de Larry Peerce. Son film précédent, au titre prémonitoire, était *Divorce*, de Warris Hussein, avec Burton. (→ 10.10.75)

Un de leurs derniers films en commun : « Qui a peur de Virginia Woolf ? »

Gaumont entre scandale et coup d'Etat

Paris, 30 juin
On annonce le rachat de 40 % des parts de la Société nouvelle des établissements Gaumont par trois nouveaux actionnaires : Nicolas Seydoux, Jean Yanne et Jean-Pierre Rassam. Parmi ces derniers, c'est Seydoux, au travers de sa société Cinépar, qui s'adjugerait ainsi le contrôle de l'empire Gaumont. Les parts rachetées correspondent à celles du groupe Schlumberger-Compagnie des compteurs, et aux 8 % détenus par Paramount. L'annonce intervient au moment même où le directeur général de la société, Jean Rebotier, est incarcéré pour fraude fiscale immobilière. Celle-ci, il est vrai, s'applique à des activités menées pour le compte d'une autre société. Ce scandale au vague parfum politique n'en est pas moins fortement préjudiciable au plus puissant groupe de l'industrie cinématographique française. A tel point que certains proposeraient, un peu prématurément, son dépeçage : l'on dit ainsi l'ORTF très intéressé par un rachat à vil prix de sa cinémathèque. Dans cette conjoncture, la prise de contrôle de Gaumont par Seydoux se doit aussi d'être une réorientation profonde de ses activités. (→ 30.6.75)

Youssef Chahine et l'espoir de l'Egypte

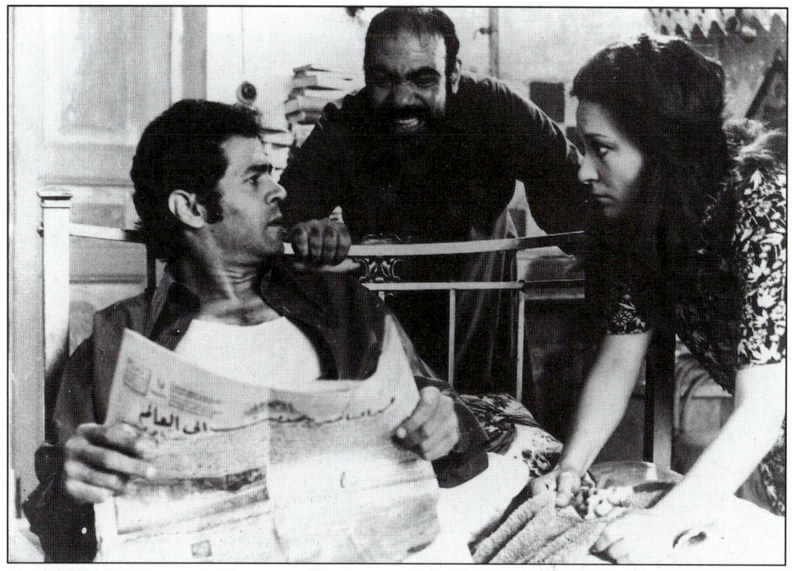

Avec « le Moineau », il veut « donner au monde arabe la force du cinéma ».

Le Caire, 26 août
Emprisonné dans une cage de la censure égyptienne depuis plus d'un an, *le Moineau*, de Youssef Chahine vient de trouver enfin sa liberté, grâce notamment à la formidable mobilisation des intellectuels arabes en faveur du film et de son réalisateur. La sortie du *Moineau* prend l'ampleur d'un événement culturel et national de la première importance, tant le film constitue une œuvre unique et exemplaire à tous points de vue. En effet, il s'agit du premier manifeste politique et culturel à évoquer les défauts du système politique et économique égyptien qui ont conduit le pays à la défaite dans la guerre des Six Jours. Fresque passionnante, le film évoque, du point de vue du petit peuple du Caire, les jours de deuil et de colère qui ont ébranlé le monde arabe. (→ 15.5.85)

Polanski dans l'enfer de la corruption

New York, 28 août
Comme beaucoup de réalisateurs européens, Roman Polanski rêvait de faire un vrai film noir à l'américaine. Jack Nicholson vient de lui en offrir l'occasion en lui confiant la réalisation d'un film dont il tient la vedette : *Chinatown.* L'acteur y incarne un détective privé spécialisé dans les filatures matrimoniales qui se trouve un jour impliqué dans une sombre histoire de corruption et d'inceste. Située dans le Los Angeles de 1937, l'histoire de *Chinatown*, écrite par le scénariste Robert Towne, contient tous les ingrédients du genre : une femme fatale, admirablement incarnée par Faye Dunaway, qui dissimule un terrible secret ; un homme puissant et corrompu, interprété par John Huston, qui élimine tous ceux qui se mettent au travers de son chemin ; et, bien entendu, le détective, pris dans une histoire sordide qui le dépasse et qui se démène tout au long du film afin de démêler le vrai du faux. La seule transgression que Polanski s'est permise par rapport aux règles du genre, c'est la fin tragique du film. (→ 26.5.76)

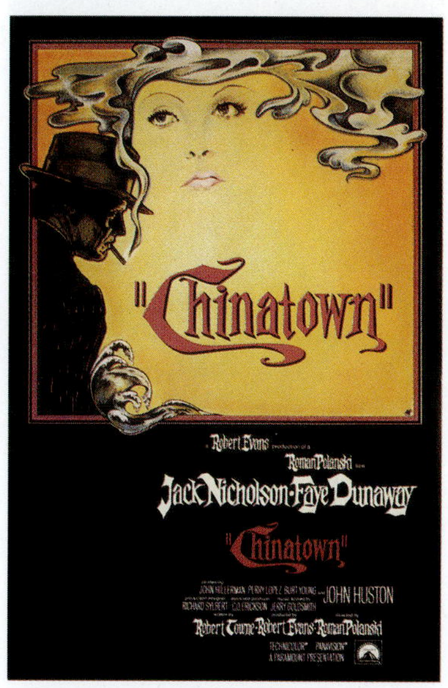

Le cinéma porno s'installe en force sur les écrans

Paris, 28 août
Hier, le président de la République Valéry Giscard d'Estaing a annoncé le projet relatif à la suppression de la censure cinématographique. Cela a dû réjouir particulièrement les producteurs, distributeurs et exploitants des films pornographiques, dont les affaires n'ont jamais été aussi florissantes. En effet, depuis quelque temps, la vogue du cinéma porno bat son plein et les chiffres d'affaires de ce commerce tout à fait particulier sont chaque jour plus impressionnants. Sortis du ghetto des salles dites spécialisées, ces films sont désormais projetés dans les salles de prestige telles que celles des Champs-Elysées, mais aussi dans celles consacrées aux œuvres d'art et d'essai au Quartier latin. C'est le cas notamment pour *Emmanuelle*, sorti depuis deux mois et qui rencontre un succès inédit pour ce genre de films. D'ailleurs, l'actrice hollandaise Sylvia Kristel est devenue moins de quelques semaines une véritable vedette de cinéma. Œuvre érotique assez *soft*, ce film de Just Jaeckin doit son succès à des atouts qu'on ne retrouvait pas jusqu'ici dans ce genre de produits : un casting d'acteurs professionnels, un budget assez important et une image soignée qui exclut les scènes *hard*. Véritable phénomène de société, lié à la libération des mœurs, l'intrusion de l'érotisme au cinéma va au-delà de tout ce qu'on pouvait imaginer. En effet, le phénomène a déteint sur le cinéma commercial standard et même sur le cinéma d'auteur. Cela nous vaut, entre autres, deux œuvres aussi audacieuses que respectables. *Glissement progressif du plaisir* a été réalisé par Alain Robbe-Grillet, chantre du Nouveau Roman devenu réalisateur et sachant pimenter ses films d'un certain érotisme sado-masochiste. *Contes immoraux*, l'autre film, est l'œuvre du réalisateur d'origine polonaise Walerian Borowczyk. Sorti aujourd'hui, ce dernier film évoque quatre superbes figures de femmes, dont Lucrèce Borgia et la comtesse Bathory. Sorti également ces derniers mois, *la Bonzesse*, de François Jouffa, vaut moins pour ses audaces et par ses qualités artistiques que pour l'humour qui l'imprègne. (→4.3.75)

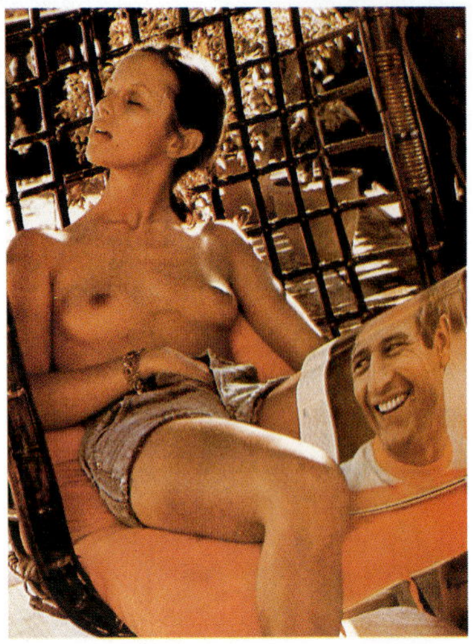

Inspiré du roman controversé d'Emmanuelle Arsan, « Emmanuelle », de Just Jaeckin, est déjà un modèle du genre.

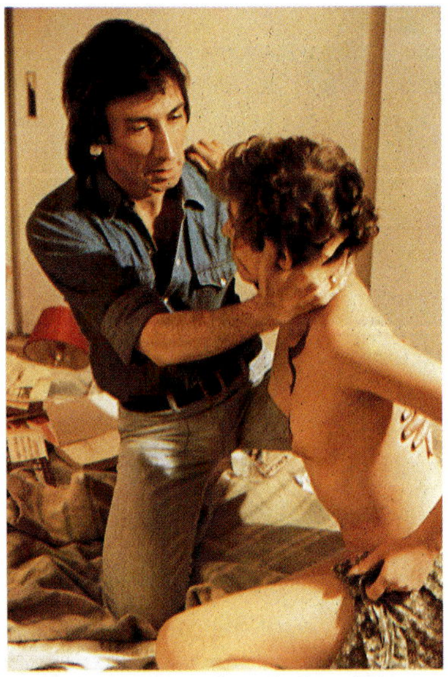

Mis au premier plan de l'actualité par la censure, « la Bonzesse », de François Jouffa, est finalement autorisé.

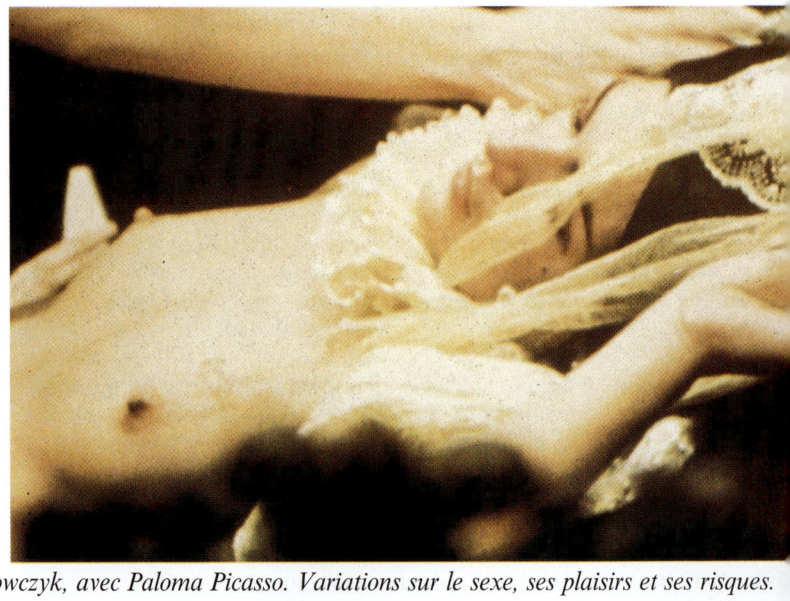

« Contes immoraux », de Walerian Borowczyk, avec Paloma Picasso. Variations sur le sexe, ses plaisirs et ses risques.

« Histoire d'A » affronte le public

Paris, 25 octobre
Deux des cinq salles qui programment *Histoire d'A* depuis le 16 du mois viennent d'être le théâtre d'attentats revendiqués par le groupe d'extrême droite Action Jeunesse. Interdit en novembre dernier par le secrétaire d'Etat aux Affaires culturelles Maurice Druon, puis libéré, le 4 octobre, par son successeur Michel Guy, le film n'a pas fini de susciter les passions à cause de son sujet. Tourné en 16 mm par Charles Belmont et Marielle Issartel, *Histoire d'A* retrace les phases d'un avortement filmé en direct. On y voit aussi différentes femmes exprimer leur révolte envers les hommes et envers la société qui leur dénient le droit de disposer de leur corps. Formidable plaidoyer en faveur de la légalisation de l'avortement, le film a d'ores et déjà contribué sensiblement à une prise de conscience collective sur cette question tabou.

Une gifle d'avenir pour Isabelle Adjani

Isabelle Adjani et Lino Ventura dans « la Gifle », de Claude Pinoteau.

Paris, 12 décembre
Le second film de Claude Pinoteau, *la Gifle*, vient de se voir décerner le prix Louis-Delluc. Plus qu'à son réalisateur, c'est sans aucun doute à la principale interprète de l'œuvre qu'échoit cette distinction. A peine âgée de dix-neuf ans, la jeune actrice de la Comédie-Française Isabelle Adjani est très remarquée dans le rôle d'une jeune fille en mal d'émancipation. Elle y affronte un père particulièrement bourru en la personne de Lino Ventura. (→ 1.1.75)

Le Québec exige une loi-cadre

Montréal, 4 décembre
La police de Montréal a procédé à l'évacuation du Bureau de surveillance du cinéma. Ce dernier était occupé depuis le 22 novembre dernier par les membres de l'Association des réalisateurs de films du Québec, lesquels réclament une reconnaissance et une souveraineté culturelles. Leur action est plus précisément dirigée contre la suprématie des grandes compagnies américaines, à qui reviennent près de 75 % des recettes brutes de l'exploitation cinématographique au Québec. Dans le même temps, c'est seulement un quart de la production québécoise qui parvient au public. L'ARFQ réclame donc le vote d'une loi-cadre protégeant le cinéma de la province contre la mainmise américaine. Dans cette action, l'ARFQ est soutenue par l'ensemble de la profession et par une fraction de plus en plus large de la population.

Derniers bravos pour Vittorio De Sica

Rome, 16 novembre
Il y a trois jours, Vittorio De Sica mourait à Paris des suites d'un cancer du poumon. Son mal s'était déclaré il y a un an et demi avant le tournage de son dernier film, *le Voyage* (*Il viaggio*). La nouvelle afflige ses proches, son public, et les frappe de stupeur. Ce grand artiste, né dans la province de Frosinone, à Sora, le 7 juillet 1901, semblait avoir triomphé de sa maladie. Maria Mercader, elle, savait quel serait le dernier voyage de son mari. Elle l'a ramené à Rome. Les obsèques ont eu lieu au cimetière du Verano. L'église déserte s'est remplie en une demi-heure. Quand le cercueil a quitté l'église, tout le monde a applaudi la sortie de Vittorio.

Vittorio et Maria De Sica, voici quelques semaines, au temps de l'espoir.

Le cinéma se donne un nouveau genre

New York, 18 décembre
L'énorme succès, l'année dernière, de *l'Aventure du « Poseidon »* a donné naissance à un genre nouveau, le film catastrophe, que Hollywood s'empresse d'exploiter au maximum. C'est ainsi que, un mois et demi après la sortie de *Tremblement de terre*, les salles programment un nouveau et spectaculaire film catastrophe : *la Tour infernale*. Le film raconte l'histoire d'un incendie gigantesque qui se déclare au 80e étage d'un gratte-ciel, le jour de son inauguration. Les invités se trouvent ainsi malencontreusement bloqués au sommet du building tandis que les pompiers cherchent désespérément à maîtriser l'incendie. Interprété par de nombreuses vedettes, dont Paul Newman, Steve McQueen et William Holden, *la Tour infernale* est réalisé par John Guillermin. Cependant, le véritable auteur du film est Irwin Allen, qui en est à la fois l'initiateur, le producteur et le metteur en scène des séquences d'action. Réalisateur de remarquables films fantastiques, notamment *le Monde perdu*, Irwin Allen a réussi à faire de *la Tour infernale* une œuvre palpitante. (→ 18.12.76)

« La Tour infernale », de John Guillermin : la dramatique du pire.

« Chronique des années de braise ».

« L'Enigme de Kaspar Hauser ».

« Lacombe Lucien », de Louis Malle.

Affiche signée Raymond Savignac.

Rüdiger Vogler dans « Alice dans les villes », de Wim Wenders.

G. Depardieu, P. Dewaere et B. Fossey dans « les Valseuses ».

David Drach et Marie-José Nat dans « les Violons du bal », de Michel Drach.

M. Antonietta Beluzzi et Bruno Zanin dans « Amarcord », de Federico Fellini.

« 1789 », film historique d'Ariane Mnouchkine avec le Théâtre du soleil.

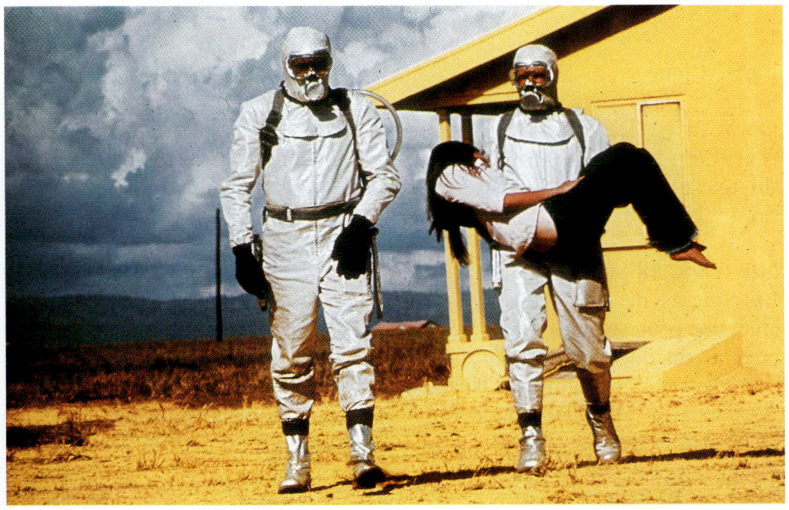

« Phase IV » ou le monde dominé par les fourmis vu par Saül Bass.

« Portier de nuit », de Liliana Cavani.

« Conversation secrète », de Coppola.

Peter Boyle et Gene Hackman dans « Frankenstein Junior », de Mel Brooks.

Robert de Niro et John Aprea dans « le Parrain II », de Francis Ford Coppola.

Sean Connery dans « Zardoz ».

« Le Fantôme du paradis ».

Jack Lemmon et Walter Matthau dans « Spécial première », de Billy Wilder.

1975

Oscars, Hollywood
Film : *le Parrain II* (Francis Ford Coppola).
Acteur : Art Carney.
Actrice : Ellen Burstyn.

Festival international du film, Cannes
Palme d'or : *Chronique des années de braise* (Mohamed Lakhdar Hamina).
Meilleur acteur : Vittorio Gassman.
Meilleure actrice : Valérie Perrine.

Paris, 1er janvier
Isabelle Adjani quitte la Comédie-Française. Après le succès de *la Gifle*, la jeune comédienne s'apprête à tourner *l'Histoire d'Adèle H.*, sous la direction de François Truffaut. (→ 8.10)

Paris, 21 janvier
Emu par *Le jour se lève*, de Marcel Carné (1939), vu hier soir à la télévision, le président Valéry Giscard d'Estaing reçoit l'équipe du film à l'Elysée pour un déjeuner. Seul absent, Jean Gabin, qui a décliné l'invitation. (→ 19.11.76)

Avoriaz, 26 janvier
A la clôture du troisième Festival international du film fantastique, *le Fantôme du paradis* (*Phantom of the Paradise*), de Brian de Palma, film d'épouvante musical, obtient le grand prix. (→ 23.1.77)

Paris, 29 janvier
Patrice Chéreau présente son premier film, *la Chair de l'orchidée*, tiré d'un roman de James Hadley Chase, avec Bruno Cremer, Simone Signoret, Edwige Feuillère et Charlotte Rampling. (→ 11.10.76)

New York, 31 janvier
Les avocats des productions Walt Disney demandent que la chanson du « Club Mickey Mouse » (célèbre émission de télévision pour enfants) soit éliminée de la bande-son du film pornographique *The Life and Times of a Happy Hooker*, où on l'entend au cours d'une scène d'orgie. (→ 11.11.76)

Paris, 12 février
Sortie du film d'Andrzej Zulawski, *L'important, c'est d'aimer*, avec Romy Schneider, Fabio Testi et Jacques Dutronc. (→ 3.4.76)

Los Angeles, 12 février
Orson Welles, après avoir reçu le Life Achievement Award, présente deux séquences du film *The Other Side of the Wind*, inachevé, auquel il travaille depuis 1970, et qui est en grande partie financé par le réalisateur lui-même. (→ 10.10.85)

Paris, 26 mars
Sortie de *Que la fête commence*, deuxième long métrage de Bertrand Tavernier, avec Philippe Noiret, Jean Rochefort, Jean-Pierre Marielle, Christine Pascal et Marina Vlady. Un tableau de la Régence, sur fond de débauches et de troubles politiques. (→ 3.4.76)

Rome, 31 mars
Profession : reporter, de Michelangelo Antonioni, avec Jack Nicholson et Maria Schneider, sort en salles. (→ 26.5.82)

New York, 16 avril
Variety annonce qu'Universal a décidé d'avoir recours à une campagne nationale de spots publicitaires, aux heures de grande écoute, pour le lancement des *Dents de la mer* (*Jaws*) en juin. Cette méthode remplace les habituelles campagnes « marché par marché ». Le studio estime que l'investissement initial, considérable, se traduira à terme par des économies. (→ 21.6)

New York, 5 mai
La Film Society du Lincoln Center honore Paul Newman et sa femme, Joanne Woodward, pour leur contribution au septième art.

Los Angeles, 25 mai
L'American Film Institute organise une cérémonie pour la sortie d'un timbre à la mémoire de David Wark Griffith.

Paris, 4 juin
Sortie de *India Song*, de Marguerite Duras, avec Delphine Seyrig, Michael Lonsdale et Mathieu Carrière, sur une musique de Carlos d'Alessio. (→ 19.3.80)

New York, 18 juin
Le congrès de l'American Legion émet une protestation et demande le boycott du documentaire *Introduction à l'ennemi*, coréalisé par Haskell Wexler, Tom Hayden et Jane Fonda. (→ 1.4.79)

Moscou, 10 juillet
L'absence de représentation américaine au Festival est remarquée. Selon Jack Valenti, président de la MPAA, la participation de Hollywood les années précédentes n'a pas entraîné de résultats justifiant la poursuite de l'effort, la pénétration du cinéma américain en URSS restant infime.

Etats-Unis, 10 juillet
Les Dents de la mer, sorti le 21 juin sur 409 écrans, a réalisé 33 800 000 dollars de recettes. (→ 16.11.77)

Washington, 13 août
Naissance d'une nation (*The Birth of a Nation*), de D. W. Griffith, pour lequel la société de production Epoch avait intenté un procès au musée d'Art moderne pour projection illégale de l'œuvre, est déclaré appartenir au domaine public.

Hollywood, 2 septembre
John Milius déclare qu'*Apocalypse Now*, dont il vient de terminer le scénario, sera « le film le plus violent jamais tourné ». (→ 2.3.76)

Paris, 10 septembre
Sortie de la coproduction italo-franco-espagnol *Leonor*, de Buñuel, avec Michel Piccoli, Liv Ullmann et Ornella Muti. (→ 9.4.77)

Washington, 11 septembre
La Commission des finances décide d'abolir les *tax shelters* (échappatoires fiscales), qui font passer par profits et pertes des films déficitaires, entrepris uniquement pour obtenir un dégrèvement fiscal.

Stockholm, 17 septembre
Le cinéaste Ingmar Bergman est nommé docteur *honoris causa* en philosophie de l'université de la capitale suédoise. (→ 21.4.76)

Rome, 27 septembre
Luchino Visconti, qui doit se déplacer en fauteuil roulant à la suite d'une chute survenue le 3 avril dernier, commence le tournage de *l'Innocent* (*L'innocente*), d'après un roman de Gabriele D'Annunzio, avec Giancarlo Giannini et Laura Antonelli. (→ 17.3.76)

Botswana, 10 octobre
Elizabeth Taylor épouse de nouveau Richard Burton. Leur divorce avait été prononcé en Suisse en juin 1974. (→ 30.4.76)

Hollywood, 28 octobre
Charlton Heston est réélu *chairman* de l'American Film Institute. Quant à George Stevens Jr., il est reconduit pour trois ans à son poste de directeur de l'institut.

Hollywood, 3 novembre
Kathleen Nolan est la première femme élue à la présidence de la Screen Actors Guild.

Rome, 5 novembre
Le Parti communiste italien prend en charge les funérailles de Pier Paolo Pasolini, assassiné quatre jours auparavant, ainsi que la commémoration célébrée au Campo dei Fiori. (→ 16.3.77)

Paris, 19 novembre
Sortie de *Cousin, cousine*, de Jean-Charles Tacchella, avec Victor Lanoux, Marie-Christine Barrault et Marie-France Pisier. (→ 8.1.76)

Paris, 21 novembre
L'Organe, la revue du cinéma érotique, est interdit. (→ 1.1.77)

Paris, 1er décembre
Premier jour de tournage de *Monsieur Klein*, de Joseph Losey, avec Alain Delon. (→ 19.2.77)

New York, 15 décembre
Le conseil d'administration de la 20th Century-Fox accepte le scénario de *la Guerre des étoiles* (*Star Wars*). Depuis mai 1974, George Lucas en a soumis trois versions successives à Alan Ladd Jr., chef de production du studio. (→ 25.5.77)

Réalisé à nouveau par Just Jaeckin, « Histoire d'O » contribue à faire du cinéma pornographique l'objet de débats qui ne seront pas sans suite.

CORINNE CLERY • UDO KIER • ANTHONY STEEL • JEAN GAVEN
histoire
d'O
un film de JUST JAECKIN
SEBASTIEN JAPRISOT
PAULINE REAGE
CHRISTIANE MINAZZOLI • MARTINE KELLY • JEAN-PIERRE ANDREANI • GABRIEL CATTAND
LI SELLGREN • ALBANE NAVIZET • HENRI PIEGAY
ALAIN NOURY
VISA 6488
Interdit aux moins de 18 ans.

Ingmar Bergman au service de Mozart

Au tournage de « la Flûte enchantée », avec la cantatrice Birgit Nordin.

Suède, 1er janvier
Nouvelle réalisation pour le petit écran, *la Flûte enchantée* (*Trollflöjten*) a demandé deux ans de préparation et neuf mois de tournage à Ingmar Bergman. Comme dans l'opéra de Mozart, le prince Tamino est chargé par la Reine de la nuit de retrouver sa fille Pamina, enlevée par Sarastro. Tamino prend pour assistant Papageno l'oiseleur, et dispose de deux talismans, une flûte enchantée et un carillon magique. Ils découvrent que Sarastro, grand prêtre de la sagesse, a soustrait Pamina au pouvoir maléfique de sa mère. Avant de filmer l'opéra de Mozart, Bergman fait circuler sa caméra dans la salle pour montrer l'universalité de la musique. Cette fusion entre la musique et l'image est un pur enchantement. (→ 17.9)

Le Rossignol de l'Orient ne chantera plus

Le Caire, 3 février
Alors que l'Egypte et le monde arabe ne se sont pas encore remis du décès, il y a un peu plus d'un mois, du chanteur et compositeur Farid el Atrache, vedette de vingt-huit films entre 1948 et 1972, voilà que les foules apprennent, hébétées, la disparition de la chanteuse Oum Kalsoum, surnommée la Dame du chant arabe et l'Astre de l'Orient. Les Egyptiens, par millions, ont envahi les rues du Caire pour participer au cortège de celle qui aura été la plus grande voix arabe du XXe siècle. Née dans un village du Delta du Nil en 1898, Oum Kalsoum était devenue célèbre dès les années 20 grâce à la radio. De nature réservée et peu douée pour la comédie, elle a très peu tourné au cinéma, et ce malgré l'énorme succès de ses films, dont le premier, *Wedad*, date de 1936.

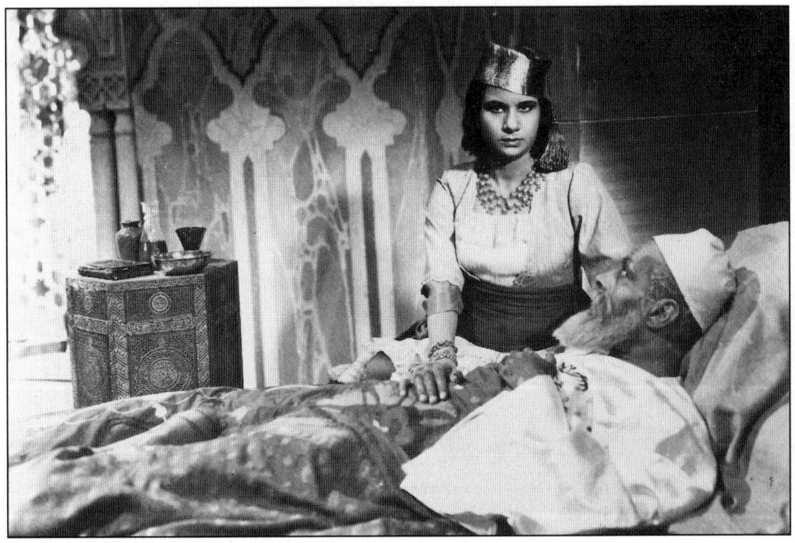

Oum Kalsoum dans « Wedad », présenté au Festival de Venise en 1936.

La censure d'Etat est condamnée

Paris, 4 mars
Il y a six mois le président de la République, Valéry Giscard d'Estaing, avait annoncé, lors d'une allocution télévisée, que tous les interdits en matières de censure cinématographique allaient être levés. Mais c'est seulement aujourd'hui que le conseil des ministres a pris une décision allant dans ce sens. D'après le texte adopté, seules les productions « portant atteinte à l'intégrité et à la dignité de la personne humaine » seraient désormais soumises à la censure. Cette « libéralisation », si fièrement annoncée, ne serait qu'un coup de bluff selon certains commentateurs, qui citent pour preuve l'amputation des scènes *hard* du film *Anthologie du plaisir*, d'Alex de Renzy, alors que la publicité le présente comme le premier film *hard core* à être autorisé par la Commission de censure ! (→ 5.11)

Comment Joris Ivens emporta le cinéma à travers le monde

Paris, 10 mars
Citoyen du monde et grand maître du cinéma documentaire, le Hollandais Joris Ivens et sa compagne et complice Marceline Loridan ont parcouru la Chine populaire pendant un an et demi, voyage dont ils ont rapporté un extraordinaire document cinématographique qui fait près de douze heures ! Intitulé *Comment Yukong déplaça les montagnes*, le document se compose d'un ensemble de sept films dont la durée de chacun varie de douze à cent vingt minutes. Très attentive, la caméra d'Ivens explore dans chaque film un aspect donné de la réalité chinoise : la contestation dans une usine de générateurs ; l'expérience pilote d'une pharmacie collective ; le forage des puits de pétrole dans la steppe désertique de Taking ; la vie quotidienne des habitants de la banlieue de Pékin ; l'aventure d'un groupe de jeunes filles devenues marins pêcheurs ; une discussion entre professeurs et élèves dans un lycée de Pékin ; la vie dans une caserne militaire près de Nanjing... L'ensemble de ces films constitue la plus impressionnante masse de documents jamais tournés en Chine par une caméra occidentale. C'est aussi le meilleur témoignage qu'on puisse rêver sur la Chine moderne et sur sa révolution culturelle. (→ 2.7.89)

Avec Marceline Loridan, Ivens tourne « Comment Yukong déplaça les montagnes », une plongée de douze heures dans la Chine d'aujourd'hui.

Francis Ford Coppola domine les Oscars

Robert De Niro dans « le Parrain II » : retour aux sources d'une ascension.

Los Angeles, 8 avril

Les Oscars ont quarante-sept ans. Shirley MacLaine, Frank Sinatra, Sammy Davis et Bob Hope sont les maîtres de la cérémonie qui se déroule de nouveau au Music Center. *Le Parrain II* (*The Godfather Part 2*), de Francis Ford Coppola, nommé dans presque toutes les catégories, remporte onze Oscars au total, dont ceux du meilleur film de l'année, du meilleur réalisateur et du meilleur second rôle masculin (Robert De Niro). Un autre film réalisé par Coppola était aussi en compétition : *Conversation secrète* (*The Conversation*). L'Oscar d'interprétation féminine va à Ellen Burstyn pour *Alice n'est plus ici* (*Alice Doesn't Live Here Anymore*), de Martin Scorsese. La surprise de la soirée est le prix remis à Art Carney, meilleur acteur pour *Harry et Tonto*, de Paul Mazursky. Il a été préféré à Al Pacino, Albert Finney, Jack Nicholson et Dustin Hoffman.

Ellen Burstyn s'impose dans « Alice n'est plus ici », de Martin Scorsese.

Le prix du meilleur second rôle féminin revient à Ingrid Bergman pour *le Crime de l'Orient Express* (*Murder on the Orient Express*), de Sidney Lumet. (→ 29.3.76)

Georges Cravenne invente les Césars

Paris, 5 avril

Trois jours avant la célèbre remise des Oscars du cinéma américain à Hollywood, Georges Cravenne annonce la création de leurs petits cousins, les Césars. Ceux-ci seront décernés par l'ensemble de la corporation afin de récompenser les meilleurs films, acteurs, réalisateurs et techniciens français. Les nominations comme le choix des votants se feront sur le modèle américain, avec un vote secret par correspondance afin de conserver le suspense jusqu'aux derniers instants. Michel Guy, ministre de la Culture, a donné son accord à Georges Cravenne, qui part demain pour Los Angeles « espionner » le spectacle américain afin de faire mieux encore en France. Le nom de César, choisi pour la statuette qui récompensera les lauréats, est celui du créateur, sculpteur par compression. (→ 3.4.76)

La Croisette consacre le cinéma algérien

Cannes, 23 mai

Après le prix de la première œuvre qu'il a décroché à Cannes en 1967 pour *le Vent des Aurès*, le réalisateur algérien Mohamed Lakhdar Hamina vient d'obtenir la Palme d'or avec *Chronique des années de braise*, film dans lequel il traite aussi le thème de la guerre de libération, mais cette fois sous la forme d'une grande fresque historique. Le jury présidé par Jeanne Moreau a décerné son grand prix spécial à l'étonnant *Enigme de Kaspar Hauser*, réalisé par l'un des chefs de file de la nouvelle vague allemande : Werner Herzog. Deux films politiques partagent le prix de la mise en scène : *Section spéciale*, de Costa-Gavras, et *les Ordres*, du Canadien Michel Brault. (→ 28.5.76)

Vittorio Gassman, prix d'interprétation pour « Parfum de femme ».

« Chronique des années de braise », de Mohamed Lakhdar Hamina.

Pour une Cinémathèque nationale

Paris, 15 mars

Ce mois-ci, les lecteurs des revues spécialisées dans le cinéma – *Positif*, *Cinéma 75*, *Ecran 75*, *Image et son* et *les Cahiers du cinéma* – peuvent lire un manifeste publié conjointement par les cinq revues : *Pour une Cinémathèque nationale*. Ce texte est peu détaillé mais attire l'attention sur les conditions de conservation et de diffusion du patrimoine cinématographique en France. Déplorant l'inexistence d'un organisme qui assurerait à la fois « conservation, projection, recherche et documentation », les signataires de ce texte proposent de regrouper en une seule institution différents organismes déjà existants : les Archives du film, la Cinémathèque française, la Cinémathèque universitaire, celles de Toulouse et de Lyon, ainsi que la bibliothèque de l'Idhec. Le projet est bien accueilli par d'assez nombreux professionnels, mais il risque néanmoins de rester utopique. En réalité, l'idée d'une cinémathèque nationale n'est pas tout à fait neuve. Jean Mistler, secrétaire d'Etat aux Beaux-Arts, en avait même inauguré une, le 10 janvier 1933. Depuis lors, nul ne sait ce qu'elle est devenue. (→ 18.1.77)

Michel Simon, à la fin du jour

Bry-sur-Marne, 30 mai
Michel Simon s'est éteint dans cet hôpital du Val-de-Marne où il était soigné depuis plusieurs semaines. Né à Genève le 9 avril 1895, il a abandonné très jeune ses études et sa famille pour ne pas devenir charcutier comme son père. En 1917, à Paris, il exerce divers métiers, rencontre par hasard Georges Pitoëff, qui l'incite à débuter sur scène en 1920 dans *Mesure pour mesure*, de Shakespeare. Au sein de la compagnie Pitoëff, Simon apprend son métier d'acteur, faisant des créations pittoresques et remarquées. Il apparaît pour la première fois à l'écran en 1925. *Jean de la Lune*, de Jean Choux, puis *l'Atalante*, de Jean Vigo, lui apportent une grande réputation à partir de 1931. Son physique lui permet d'interpréter un vieil homme alors qu'il n'a que quarante-quatre ans, dans *la Fin du jour*, de Julien Duvivier, où il est un comédien vieillissant attendant la mort dans une maison de retraite.

Steven Spielberg livre un nouveau duel au moderne Moby Dick

« Les Dents de la mer », avec Roy Scheider et Robert Shaw, à la poursuite du redoutable requin blanc.

New York, 21 juin
Ce n'est plus un camion qui est, comme dans *Duel*, le héros du troisième film de Steven Spielberg, mais un requin blanc long de près de huit mètres. *Les Dents de la mer* (*Jaws*), en effet, se déroule à Amity, une petite station balnéaire américaine. L'irruption meurtrière d'un squale gigantesque y sème la panique et contraint trois hommes très différents à s'associer pour le tuer : le shérif, interprété par Roy Scheider, un océanographe et un aventurier spécialiste de la pêche au gros (Richard Dreyfuss et Robert Shaw). Outre son monstre très impressionnant, le vrai mérite des *Dents de la mer* est de rompre complètement avec les poncifs éculés du film catastrophe. (→ 10.7)

Woody Allen récrit « Guerre et Paix »

« Guerre et Amour » : Tolstoï revu et corrigé par Woody Allen.

New York, 11 juin
Pour son sixième film en tant que réalisateur, Woody Allen a choisi de parodier Léon Tolstoï : *Guerre et Amour* (*Love and Death*) s'inspire en effet de *Guerre et Paix*, mais le détourne complètement, en y adjoignant des séquences burlesques et nombre de réparties typiques de l'humour juif new-yorkais du cinéaste. Allen incarne lui-même son héros, Boris Grouchenko, alors que Diane Keaton est Sonia, la femme qu'il aime et qui ne l'aime pas. Au détour de gags irrésistibles et d'une mise en scène soignée se profile une réflexion plus grave sur l'angoisse de la mort et du néant. (→ 3.4.78)

Nicolas Seydoux à la tête de Gaumont

Paris, 30 juin
Nicolas Seydoux est désormais président-directeur général de Gaumont. Ceci intervient au terme de la prise en main du groupe qu'il a menée depuis un an, alors que Daniel Toscan du Plantier occupe depuis le début du mois de mars la fonction de directeur général adjoint. La nouvelle direction de la firme entend entreprendre une profonde mutation. Celle-ci passera en premier lieu par un renforcement du circuit de salles, et notamment par la création de complexes multisalles. Un effort sera parallèlement mené pour relever la valeur de la production. (→ 27.1.78)

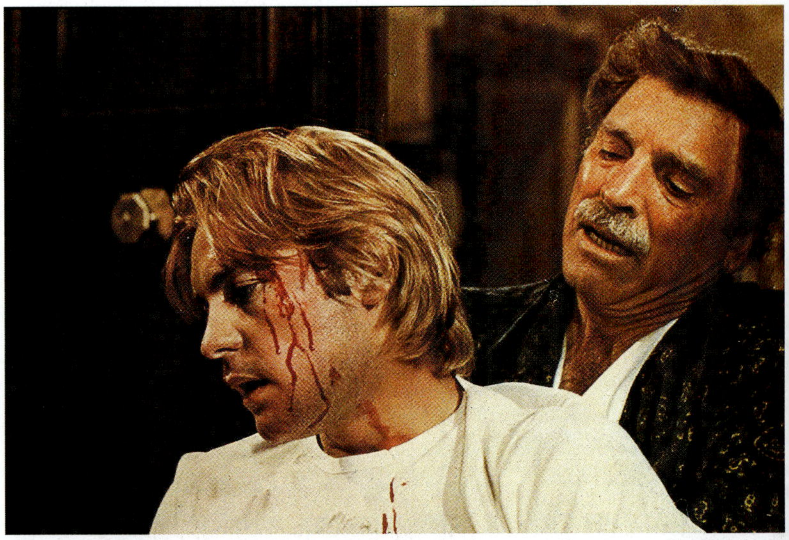

Helmut Berger et Burt Lancaster dans « Violence et Passion », de Luchino Visconti, coproduction franco-italienne de Gaumont-International.

L'accident mortel du fiancé de B. B.

Pierre Blaise, au tournage de « Lacombe Lucien », de Louis Malle.

Montauban, 31 août
Le jeune comédien Pierre Blaise, révélé par le film de Louis Malle *Lacombe Lucien* (prix Raoul-Lévy 1974), a trouvé la mort dans un accident de voiture. Il était né à Moissac en 1955, et avait débuté sa vie professionnelle comme bûcheron. Tout récemment, la presse avait curieusement indiqué qu'il était le nouveau chevalier servant de Brigitte Bardot. (→ 18.6.87)

La folle passion d'Adèle H. sous le regard de François Truffaut

Le cinéaste et son interprète Isabelle Adjani (Adèle Hugo) au cours du tournage de « l'Histoire d'Adèle H. »

Paris, 8 octobre
De Guernesey à une maison de santé de Saint-Mandé, en passant par le Canada et les îles de La Barbade, *l'Histoire d'Adèle H.* est surtout celle d'un amour fou, d'un amour qui mène à la folie. De même que pour *l'Enfant sauvage*, le réalisateur François Truffaut et son scénariste Jean Gruault ont établi leur scénario à partir d'un document authentique : le journal intime d'Adèle Hugo, la fille du grand écrivain. Tombée amoureuse d'un bel officier britannique, vers 1860, elle l'avait en vain poursuivi autour du monde. C'est cette passion désespérée et à sens unique qui a séduit Truffaut. Isabelle Adjani fait dans le rôle d'Adèle une composition bouleversante. (→ 17.3.76)

Les Américains débarquent à Deauville

Deauville, 12 septembre
André Halimi et Lionel Chouchan sont les inventeurs et organisateurs du premier Festival européen du cinéma américain, qui se tient à Deauville. Henri Langlois est l'un des parrains de cette manifestation qui se refuse à tout palmarès final : à Deauville, les films ne sont que montrés. La programmation se divisera en sept sections comprenant notamment des avant-premières, des productions indépendantes et encore des films de télévision et publicitaires. Parmi la sélection, on attend avec impatience *Nashville*, de Robert Altman et *Rollerball*, de Norman Jewison. (→ 7.9.81)

« Nashville », de Robert Altman, fait partie de la sélection du Festival.

Schlöndorff dénonce un temps sans pitié

Mario Adorf et Angela Winkler dans « l'Honneur perdu de Katharina Blum ».

Munich, 10 octobre
Katharina a rencontré un jeune homme dont elle ignore qu'il est recherché par la police. Le lendemain, elle est interrogée et devient la victime d'une presse à sensation. Présentée comme la complice d'un anarchiste, elle voit sa vie gâchée et se venge. Volker Schlöndorff, déjà remarqué avec *les Désarrois de l'élève Törless*, dénonce avec une rare violence le pouvoir malfaisant d'une presse qui s'appuie sur la police. *L'Honneur perdu de Katharina Blum* (*Die verlorene Ehre der Katharina Blum*) traduit le sentiment d'une jeunesse que trop de haine a poussé vers la rébellion. (→ 24.5.79)

Pier Paolo Pasolini a été assassiné

« Salo ou les Cent Vingt Journées de Sodome », son dernier film, doit être présenté dans quelques jours par le premier Festival international de Paris.

Rome, 1er novembre
La mort de Pier Paolo Pasolini (*5.3.1922), assassiné la nuit dernière dans des circonstances affreuses, fait naître un sentiment de stupeur. Le réalisateur a été retrouvé ce matin, mutilé et défiguré, sur la plage d'Ostie, près des bidonvilles. La version du crime sexuel ou crapuleux semble plausible. Pier Paolo ne faisait mystère ni de son homosexualité ni de sa fascination pour les bas quartiers des grandes cités, révélée dès *Accatone*. Certains se réjouiront de sa disparition. Pier Paolo Pasolini était haï par la droite fasciste. Ses interventions dans la vie politique et le message dénonciateur de *Salo ou les Cent Vingt Journées de Sodome* lui valaient un surcroît d'inimitiés. Ses amis, Bernardo Bertolucci, Ettore Scola, Mauro Bolognini, Laura Betti... pleurent ce poète du cinéma, tué à cinquante-trois ans, cet homme tout petit, mais fort, avec des muscles de fer, disait Alberto Moravia. (→ 5)

Forman et la folie concentrationnaire

New York, 20 novembre
Si l'on en croit les premières réactions du public et celles de la critique, *Vol au-dessus d'un nid de coucou* (*One Flew Over the Cuckoo's Nest*) est destiné à atteindre les sommets du box-office et apportera la consécration à son réalisateur, Milos Forman. Pour son second film de fiction américain, après *Taking Off* en 1971, le cinéaste tchèque a choisi de porter à l'écran le fameux roman contestataire de Ken Kesey, déjà vieux de treize ans. L'adaptation a sensiblement remanié le récit, mais elle en conserve toute la virulence. L'histoire se déroule dans un hôpital psychiatrique américain, et met en scène une infirmière en chef tyrannique, miss Ratched. Survient Mc Murphy, condamné pour viol, qui préfère simuler la folie plutôt que purger sa peine en prison. Libertaire et subversif, il détruit ironiquement le microcosme totalitaire édifié par Ratched. Celle-ci n'hésitera pas à le faire lobotomiser pour le réduire au silence. Dans ces deux rôles, Louise Fletcher et surtout Jack Nicholson se livrent à une ahurissante performance d'acteur. Tourné à l'hôpital psychiatrique de l'Oregon, le film laisse paraître certaines pesanteurs, assez éloignées de la subtilité de Forman dans ses premiers films tchèques. (→ 29.3.76)

Jack Nicholson et la folie dans « Vol au-dessus d'un nid de coucou ».

Stanley Kubrick dans les splendeurs vénéneuses du XVIIIe siècle

New York, 20 novembre
Après les fresques futuristes de *2001, l'Odyssée de l'espace* et *Orange mécanique*, Stanley Kubrick plonge avec son nouveau film dans l'Europe du XVIIIe siècle : *Barry Lyndon* narre les tribulations, pendant la guerre de Sept Ans, d'un jeune Irlandais incarné par Ryan O'Neal. A son retour en Angleterre, il épouse pour son malheur une riche veuve (Marisa Berenson) et prend son nom. La richesse picturale de cette superproduction est proprement exceptionnelle, Kubrick utilisant même des lentilles spéciales pour filmer plusieurs scènes à la bougie. D'une incontestable beauté plastique, le film est aussi une réflexion sur l'histoire : un carton final rappelle ainsi que les passions qui déchirent les personnages ne les font pas échapper à l'égalité définitive de la mort. Cette vision pessimiste explique peut-être le rejet apparent du film par la critique et le public américains. (→ 23.5.80)

Poète et romancier, Pasolini s'est imposé par son œuvre de cinéaste.

« Barry Lyndon », avec Ryan O'Neal et Marisa Berenson, d'après un roman de Thackeray. A gauche, le réalisateur.

Du cinéma porno aux films X, une affaire d'Etat

Paris, 5 novembre
Le décret adopté le 31 octobre dernier par le gouvernement de Jacques Chirac, sur proposition du secrétaire d'Etat à la Culture Michel Guy, excluant les films X de l'aide automatique au cinéma, n'aura provoqué finalement que des mécontentements! Ainsi, après les nombreux députés qui ont condamné ce projet lors des deux débats de l'Assemblée nationale, le 23 octobre et le 3 novembre, c'est au tour des producteurs de le contester. Ceux-ci viennent en effet d'introduire un recours en Conseil d'Etat, par l'intermédiaire de l'Association française des producteurs de films, laquelle s'en prend à la remise en cause du caractère fondamentalement non sélectif de l'aide au cinéma. En effet, le décret, « portant aménagement des conditions d'octroi du bénéfice du soutien financier de l'Etat à l'industrie cinématographique », autorise la Commission de contrôle des films cinématographiques à créer une liste spéciale de produits à caractère pornographique, affectés comme tels du label X qui les prive des subventions de l'Etat. Outre les films vraiment pornographiques, l'exclusion de l'aide au cinéma risque en effet d'affecter des œuvres de grande qualité mais qui auront le malheur d'être classées dans la catégorie X à cause de leur érotisme. Cela pourrait désormais se produire avec des films comme *la Bête*, de Walerian Borowczyk, que la Commission de contrôle risque de considérer comme pornographique alors qu'il s'agit d'un chef-d'œuvre et d'une étonnante transposition du mythe de la Belle et la Bête. Produit par Anatole Dauman, producteur audacieux et respectable, *la Bête* appartient en fait à cette catégorie, rare, de grands films scandaleux, comme *Contes immoraux*, du même Borowczyk, qui deviennent avec le temps des grands classiques du cinéma. Parmi les autres films sortis récemment et qui témoignent d'une certaine ambition artistique malgré leur caractère érotique évident, citons le film de Just Jaeckin, *Histoire d'O*, ainsi que celui d'Eric Lipmann, *les Onze Mille Verges*, qui est inspiré du chef-d'œuvre scandaleux de Guillaume Apollinaire. (→ 21)

« Histoire d'O », de Just Jaeckin, avec Corinne Cléry, d'après le roman sulfureux de Pauline Réage.

Walerian Borowczyk va encore plus loin dans l'audace avec « la Bête ».

Librement inspiré de Guillaume Apollinaire, « les Onze Mille Verges », d'Eric Lipmann, se pare de références littéraires.

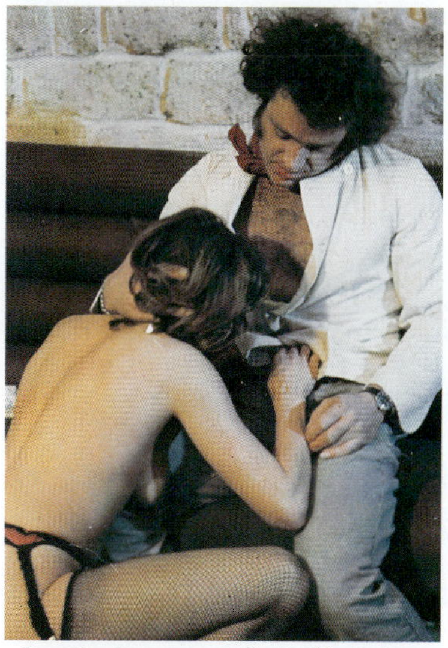

« Les Jouisseuses », de L. Hustaix.

Affiche originale française.

Pier Maria Rossi incarne le Christ dans le film de R. Rossellini, « le Messie ».

Affiche originale italienne.

Vittorio Gassman et Alessandro Momo dans « Parfum de femme », de D. Risi.

B. Robinson et I. Adjani dans « l'Histoire d'Adèle H. », de François Truffaut.

« L'Honneur perdu de Katharina Blum », de Volker Schlöndorff.

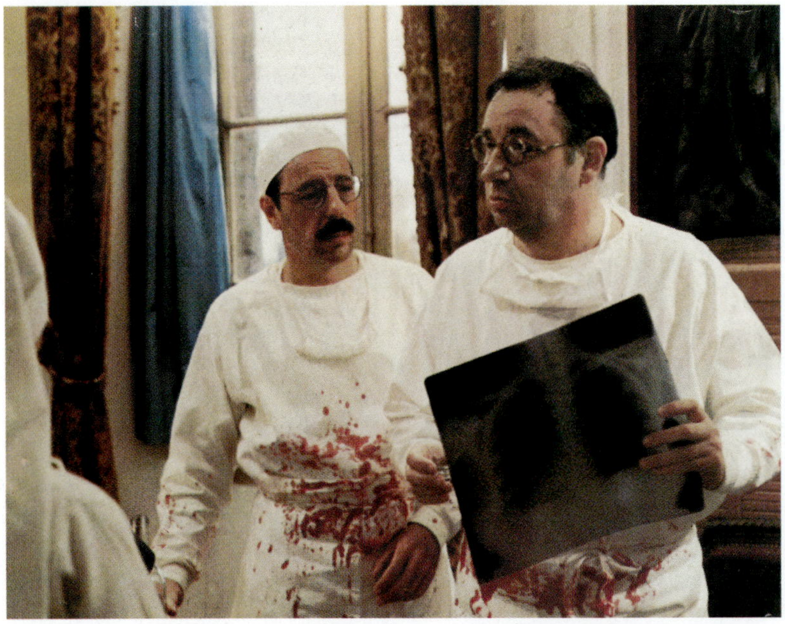

Jean Bouise et Philippe Noiret dans « le Vieux Fusil », de Robert Enrico.

Kati Berek dans « Adoption », film de Marta Meszaros.

« L'homme qui voulait être roi ».

Roy Scheider (à droite) dans « les Dents de la mer », de Steven Spielberg.

Affiche signée Jouineau Bourduge.

Daniel Olbrychski dans « la Terre de la grande promesse », d'Andrzej Wajda.

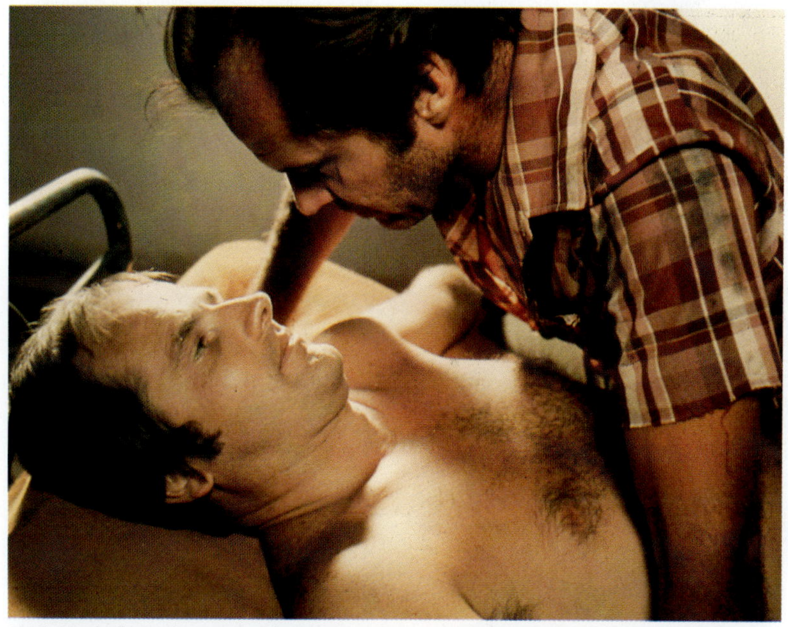

Jack Nicholson dans « Profession : reporter », de Michelangelo Antonioni.

« Vices privés, vertus publiques », film de Miklos Jancso.

Ryan O'Neal et Steven Berkoff dans « Barry Lyndon », de Stanley Kubrick.

1976

Oscars, Hollywood
Film : *Vol au-dessus d'un nid de coucou* (Milos Forman).
Acteur : Jack Nicholson.
Actrice : Louise Fletcher.

Festival international du film, Cannes
Palme d'or : *Taxi Driver* (Martin Scorsese).
Meilleur acteur : José Luis Gomez.
Meilleure actrice : Marie Törocsik.
Dominique Sanda.

Césars, Paris
Film : *le Vieux Fusil* (Robert Enrico).
Acteur : Philippe Noiret.
Actrice : Romy Schneider.

Paris, 26 janvier
Premier jour de tournage de *la Victoire en chantant*, de Jean-Jacques Annaud. (→ 29.3.77)

Paris, 23 février
Le cinéaste René Clair publie chez Gallimard un livre de nouvelles, *les Jeux du hasard*. (→ 15.3.81)

Manille, 2 mars
Francis Ford Coppola arrive aux Philippines, où il doit tourner les scènes de bataille du film *Apocalypse Now*. (→ 7.6.77)

Paris, 2 mars
Sortie du film *la Meilleure Façon de marcher*, premier long métrage de Claude Miller, ancien assistant de François Truffaut et de Jean-Luc Godard. (→ 27.2.82)

Tennessee, 3 mars
A Memphis débute le procès de *Gorge profonde* (*Deep Throat*), dans lequel onze personnes sont accusées de « conspiration pour distribuer du matériel obscène d'un Etat à l'autre ». Dans divers Etats ce film a déjà fait l'objet de onze procès, et pour huit d'entre eux il a été exonéré de l'accusation d'obscénité.

Paris, 17 mars
Sortie de *l'Argent de poche*, de François Truffaut, avec Virginie Thévenet, Jean-François Stévenin et de nombreux enfants et adolescents. Parmi eux, les deux filles du cinéaste, Eva et Laura Truffaut, âgées de quatorze et seize ans.

Paris, 25 mars
Michel Guy, le ministre des Affaires culturelles, accorde à Robert Bresson une avance pour *le Diable probablement*, contre l'avis de la commission d'avances sur recettes. (→ 15.6.77)

Etats-Unis, 9 avril
Sortie de *Complot de famille* (*Family Plot*), d'Hitchcock. (→ 7.3.79)

Wetchester, 11 avril
Frank Sinatra est photographié, lors d'un récital, en compagnie de gangsters notoires : Carlo Gambino et Paul Castellano. (→ 19.1.81)

Salt Lake City, 27 avril
Un document, présenté comme le testament d'Howard Hughes, est déposé par un inconnu au siège de l'église mormone. Un assistant de Hughes le qualifie de « faux très habile ».

Jouy-en-Josas, 21 mai
Alice Sapritch fait une conférence sur la sexualité et l'amour devant les étudiants d'HEC.

Argentine, 27 mai
Le réalisateur Raymundo Gleyser est enlevé par les escadrons de la mort.

Paris, 2 juin
Louis de Funès et Coluche tournent ensemble *l'Aile ou la cuisse*, de Claude Zidi. A la suite d'ennuis de santé, de Funès tourne sous surveillance médicale étroite. (→ 5.3.80)

Berlin, 6 juillet
Buffalo Bill et les Indiens, de Robert Altman, remporte le grand prix. Dans une lettre ouverte à la direction du Festival, Altman avait demandé que son film ne soit pris en considération pour aucune récompense, la version qui doit être distribuée en Europe étant celle du producteur Dino De Laurentiis, reniée par le réalisateur.

Paris, 16 juillet
A la télévision, Claude-Jean Philippe, dans le cadre du « Ciné-club » d'Antenne 2, présente *le Roi des Champs-Elysées*, de Max Nosseck, unique film tourné en France en 1934 par Buster Keaton.

Karlovy-Vary, 20 juillet
Au vingtième Festival le grand prix est décerné au film du réalisateur cubain Humberto Solas, *Cantate du Chili* (*Cantata de Chile*).

Paris, 30 juillet
Bien que très absorbée par le tournage de la série télévisée « Madame le juge », Simone Signoret achève la rédaction de son livre autobiographique *La nostalgie n'est plus ce qu'elle était*. (→ 10.5.77)

Paris, 15 août
Francis Veber, homme de théâtre et scénariste, débute dans la réalisation. Il tourne son premier film, *le Jouet*, avec Pierre Richard et Michel Bouquet. (→ 8.6.81)

Los Angeles, 23 septembre
Projection en avant-première de *Marathon Man*, de John Schlesinger, avec Laurence Olivier et Dustin Hoffman. (→ 19.12.79)

Washington, 6 octobre
Le Congrès adopte une nouvelle loi sur le *copyright* (qui remplace la législation de 1909). Cette loi prendra effet le 1er janvier 1978. La durée de la protection est désormais celle de la vie de l'auteur plus cinquante ans. En ce qui concerne le cinéma, la loi ne reconnaît que le producteur comme auteur.

Irlande, 11 octobre
Dans la campagne irlandaise, premier jour de tournage d'*Un taxi mauve*, d'Yves Boisset, d'après un roman de Michel Déon, avec Philippe Noiret, Charlotte Rampling, Peter Ustinov et Fred Astaire.

Montpellier, 19 octobre
François Truffaut débute le tournage de *L'homme qui aimait les femmes*, avec Charles Denner et Brigitte Fossey. (→ 16.11.77)

Israël, 29 octobre
Les comédiens Simone Signoret, Michèle Morgan, Kirk Douglas et Danny Kaye font partie du comité d'honneur du premier Festival du film juif, qui se déroule actuellement à Jérusalem.

Rome, 1er novembre
Bernardo Bertolucci présente la seconde partie de sa fresque historique *1900* (*Novecento*), qui retrace l'évolution sociale de son Emilie natale durant la première moitié du siècle, avec Gérard Depardieu et Robert De Niro. (→ 27.5.81)

Los Angeles, 8 novembre
Première du *Dernier Nabab* (*The Last Tycoon*), d'Elia Kazan, adapté du roman inachevé de Francis Scott Fitzgerald, avec Robert De Niro, Robert Mitchum, Jack Nicholson et Jeanne Moreau.

Los Angeles, 11 novembre
Les firmes Universal et Walt Disney Pictures intentent un procès au fabricant et distributeur de matériels et de cassettes vidéo Sony, pour infraction à la législation sur les *copyrights*. (→ 2.10.79)

New York, 15 novembre
Michael Eisner, qui vient de la télévision, est nommé à la tête de Paramount Pictures.

Etats-Unis, 30 novembre
Le film français *Cousin, cousine*, de Jean-Charles Tacchella, plaît énormément au public américain. Un critique le trouve « Very French. It's champagne ! » (Très français. C'est du champagne !). (→ 5.6.85)

Paris, 27 décembre
D'après les résultats d'un sondage publié par *l'Express* au sujet de la censure cinématographique, 65 % des personnes interrogées admettent le bien-fondé d'un contrôle, donc d'une censure.

Triomphateur des premiers Césars, « le Vieux Fusil », de Robert Enrico, renouvelle la grande tradition française du cinéma d'émotion.

PIERRE CARO présente
PHILIPPE NOIRET
et
ROMY SCHNEIDER
dans un film de
ROBERT ENRICO
LE VIEUX FUSIL
avec
JEAN BOUISE
JOACHIM HANSEN · ROBERT HOFFMANN · KARL MICHAEL VOGLER
écrit par
PASCAL JARDIN
adaptation de
PASCAL JARDIN, ROBERT ENRICO et CLAUDE VEILLOT
musique : FRANÇOIS DE ROUBAIX · directeur de la photographie : ETIENNE BECKER directeur de la production : ALAIN BELMONDO
COULEURS
une co-production MERCURE PRODUCTIONS/LES PRODUCTIONS ARTISTES ASSOCIÉS (PARIS) T.I.T. FILMS (MUNICH)
distribué par LES ARTISTES ASSOCIÉS
(INTERDIT AUX MOINS DE 13 ANS)
Jouineau Bourduge

Françoise Giroud décore Jean Renoir

Paris, 2 janvier
La secrétaire d'Etat à la Culture et à la Communication, Françoise Giroud, rentre des Etats-Unis, où elle a remis à Jean Renoir sa décoration d'officier de la Légion d'honneur. La cérémonie s'est déroulée à Hollywood la semaine dernière, le 27 décembre très exactement. Agé de quatre-vingt-un ans, le cinéaste est aujourd'hui très diminué et condamné au fauteuil roulant. Il ne s'en souvenait pas moins que Françoise Giroud, sous son véritable nom (Gourdji), avait été sa *script-girl* sur le tournage de *la Grande Illusion*, près de quarante ans plus tôt. C'est à cette occasion qu'elle avait fait de timides débuts de dialoguiste, en retouchant l'une des scènes finales entre Jean Gabin et Dalio. Le réalisateur lui répétait alors qu'elle était douée. « Vous avez des dons, disait-il ; il faudra d'abord apprendre à les gâcher. » (→ 13.2.79)

Le prix Louis-Delluc à la modernité de « Cousin, cousine »

Marie-France Pisier (à gauche), Victor Lanoux et Marie-Christine Barrault dans le film de Jean-Charles Tacchella.

Paris, 8 janvier
Pour son deuxième film, *Cousin, cousine*, Jean-Charles Tacchella a obtenu le prix Louis-Delluc. Cette histoire qui révèle Marie-Christine Barrault et où se confirme le talent de Victor Lanoux est une remise en cause romantique de l'institution familiale : mal mariés, deux cousins par alliance se rencontrent lors d'un repas de famille, s'éprennent l'un de l'autre et décident de vivre ensemble, au scandale de leur entourage. Le ton léger et retenu de ce film, sorti le 19 novembre dernier, a étonné tout le monde, en premier lieu le public, accouru en masse pour le découvrir. (→ 30.11)

Le paradis des amours d'outre-Manche

Paris, 7 janvier
Le réalisateur Michel Lang se penche, avec humour et nostalgie, sur l'été de ses dix-sept ans, dans son premier film *A nous les petites Anglaises*. L'action se déroule à Ramsgate, une petite ville du sud de l'Angleterre, en 1958. Jean-Pierre et Alain, parce qu'ils ont échoué au bac, sont privés de vacances à Saint-Tropez et envoyés là pour se perfectionner en anglais. Ils décident de transformer cet été perdu en partie de plaisir et draguent les petites Anglaises... A travers cette chronique, Lang raconte sa propre adolescence sur fond de rock'n roll. L'auteur de la musique est Mort Shuman, l'un des compositeurs de Presley. Les principaux rôles sont tenus par deux jeunes débutants, Stéphane Hillel et Rémi Laurent.

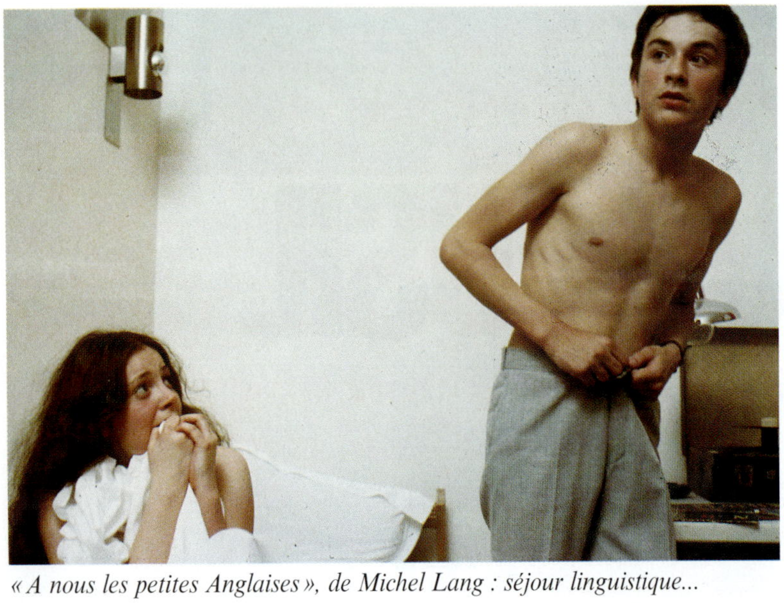

« A nous les petites Anglaises », de Michel Lang : séjour linguistique...

L'Allemagne de Wenders au fil du temps

Berlin, 4 mars
Pendant onze semaines, le jeune réalisateur allemand Wim Wenders a voyagé le long de la frontière avec la RDA, en compagnie d'une équipe réduite composée principalement du chef opérateur Robbie Müller et des comédiens Hanns Zischler et Rüdiger Vogler. De ce voyage est né *Au fil du temps*, incontestablement l'une des œuvres phares du jeune cinéma allemand actuel. A travers l'errance de deux « rois de la route », dont l'un est réparateur ambulant d'appareils de projection, Wenders fait l'état des lieux, non seulement de l'Allemagne, mais aussi de son cinéma, ou ce qu'il en reste. Œuvre de cinéphile, le film abonde en références, intégrées au tissu du film, notamment à Fritz Lang. (→ 22.9.79)

Lisa Kreuzer et Rüdiger Vogler dans « Au fil du temps ». L'espace est en plus.

Gainsbourg met en scène Jane Birkin

Paris, 10 mars
Serge Gainsbourg est passé de la chanson à la réalisation : son premier film s'intitule *Je t'aime moi non plus*, titre d'une chanson interprétée en 1969. « La mise en scène est pour moi la résultante d'un an d'architecture, de dix-huit ans de peinture et de dix-sept ans de chanson », déclare-t-il. Il a fait de sa compagne, Jane Birkin, une serveuse de bar androgyne qui tombe amoureuse d'un routier homosexuel au cœur du désert.

Le réalisateur et son interprète au tournage de « Je t'aime moi non plus ».

Mort d'un seigneur, Luchino Visconti

Rome, 17 mars
Luchino Visconti (*2.11.1906) est mort dans le petit appartement qu'il habitait depuis trois ans, 101, via Fleming. Alité depuis quelques jours pour une grippe, il s'est éteint à ce moment de la journée que sa caméra savait si bien prendre : le crépuscule. Sa disparition ne surprendra pas ses proches, qui le voyaient s'affaiblir avec tristesse depuis la fin de son dernier tournage. Avec un courage stupéfiant, il avait dirigé *l'Innocent* en fauteuil roulant. Visconti ne s'était jamais rétabli d'une attaque survenue pendant *Ludwig*. A cause d'une chute, l'an dernier, il s'était cassé la jambe, mais nul n'aurait pu empêcher le duc de Modrone d'exécuter son chant du cygne. A soixante-neuf ans, il laisse une œuvre unique.

Il a dirigé son dernier film, « l'Innocent », depuis un fauteuil roulant.

Le cinéma français sous le signe de César

Romy Schneider et Philippe Noiret dans « le Vieux Fusil », de Robert Enrico.

Paris, 3 avril
Ce samedi sont remis les premiers Césars du cinéma français, calqués sur le modèle des Oscars américains. Georges Cravenne est à la fois à l'origine de cette manifestation et l'organisateur de la soirée diffusée par Antenne 2. Le réalisateur Robert Enrico est le président de l'Académie des arts et techniques du cinéma, qui regroupe 950 professionnels. Ceux-ci ont été chargés d'élire les meilleurs d'entre eux pour les films sortis durant l'année 1975. Jean Gabin, président d'honneur de cette soirée, retrouve sur scène Michèle Morgan pour remettre le César du meilleur film au *Vieux Fusil*, de Robert Enrico. Bertrand Tavernier est couronné meilleur réalisateur pour *Que la fête commence*. Romy Schneider pour *L'important, c'est d'aimer*, d'Andrzej Zulawski, et Philippe Noiret pour *le Vieux Fusil*, reçoivent les Césars d'interprétation. Le meilleur second rôle féminin est Marie-France Pisier pour *Cousin, cousine*, de Jean-Charles Tacchella et *Souvenirs d'en France*, d'André Téchiné. Jean Rochefort pour *Que la fête commence* reçoit le trophée du meilleur second rôle masculin. Enfin, le César du meilleur film étranger récompense *Parfum de femme* (*Profumo di donna*), de Dino Risi. Au total, *Que la fête commence* emporte quatre Césars et *le Vieux Fusil* en reçoit trois, sur l'ensemble des treize catégories. Rendez-vous est pris pour 1977, afin de décerner les récompenses de l'année 1976. (→ 19.2.77)

Philippe Noiret et Marina Vlady : « Que la fête commence », de B. Tavernier.

Le Watergate comme si vous y étiez

Robert Redford et Dustin Hoffman dans « les Hommes du Président ».

New York, 8 avril
La sortie des *Hommes du Président* (*All the President's Men*), d'Alan J. Pakula, cause la sensation. En 1974, le cinéaste s'était déjà engagé sur la voie du cinéma politique : *A cause d'un assassinat* (*The Parallax View*) avait en effet pour sujet l'enquête d'un journaliste sur un assassinat qui s'apparentait beaucoup à celui de John F. Kennedy. *Les Hommes du Président* retrace cette fois l'enquête authentique menée par deux rédacteurs du *Washington Post* dans l'affaire du Watergate, enquête qui a contraint Richard Nixon à la démission. Ce sont Robert Redford et Dustin Hoffman qui incarnent les opiniâtres journalistes, Woodward et Bernstein, et le film est autant une minutieuse reconstitution de l'affaire qu'un remarquable document sur le travail de la presse américaine. (→ 29.3.77)

Ingmar Bergman rompt avec la Suède

Stockholm, 21 avril
Le grand metteur en scène Ingmar Bergman vient de quitter la Suède, peut-être pour toujours. Il a les meilleures raisons du monde pour se plaindre d'un pays qui le traite, selon lui, comme un « vulgaire exportateur de denrées de consommation courante ». Bergman est en délicatesse avec le fisc. Tout a commencé le 30 janvier dernier, alors qu'il dirigeait les répétitions d'une pièce d'August Strindberg, *la Danse de mort*. Ingmar Bergman s'est vu interrompu dans son travail, interpellé par deux policiers en civil au Théâtre royal dramatique. Il fut alors conduit auprès des agents du fisc, qui l'ont immédiatement accusé de fraude. Grave préjudice pour cet artiste qui a tellement contribué à faire sortir le septième art suédois de sa léthargie il y a trente ans. La façon dont il est traité respire la mesquinerie. Le réalisateur ne se résigne pas à passer pour un escroc. Il renonce à sa vie sur l'île de Farö et résidera en Allemagne. Dans une semaine commence la diffusion télévisée de *Face à face* (*Ansikte mot ansikte*), dont il ne pourra apprécier l'impact sur le public de son pays. (→ 26.10.77)

Le cinéaste et son interprète Liv Ullmann au tournage de « Face à face ».

Liv Ullmann, dans « Face à face », est une psychiatre suicidaire...

Les Oscars

Los Angeles, 29 mars
Les présentateurs de la cérémonie qui se déroule aujourd'hui au Music Center sont Goldie Hawn, Gene Kelly, Walter Matthau, Robert Shaw et George Segal. Après un spectacle de danse intitulé *Hollywood, un spectacle à sa propre gloire* sont remis les trophées de l'année. Le meilleur film est *Vol au-dessus d'un nid de coucou* (*One Flew Over the Cuckoo's Nest*) pour lequel Milos Forman reçoit le prix du meilleur réalisateur, Jack Nicholson et Louise Fletcher ceux des meilleurs acteurs. Un « vol » en or ! Agé de quatre-vingts ans, George Burns reçoit l'Oscar du meilleur second rôle masculin pour *Ennemis comme avant* (*The Sunshine Boys*), d'Herbert Ross. Le film soviétique *Dersou Ouzala*, d'Akira Kurosawa, obtient l'Oscar du film étranger. (→ 29.3.77)

La disparition d'Howard Hughes

Etats-Unis, 6 avril
Le producteur et milliardaire texan Howard Hughes a trouvé la mort dans un accident d'avion. Sa disparition tragique est aussi mystérieuse que l'était son existence depuis une dizaine d'années. Né à Houston, au Texas, le 24 décembre 1905, il s'est retrouvé à la tête d'une immense fortune à la mort de son père, en 1924. Il produit deux films et découvre Jean Harlow. Puis il se consacre à sa passion pour l'aviation. Il construit le *Spruse Goose*, un appareil gigantesque, si lourd qu'il ne pourra jamais prendre son envol. De retour au cinéma, il lance Jane Russell, produit d'autres films, puis épouse l'actrice Jean Peters en 1953. Après leur divorce en 1966, Hughes s'enferme dans sa propriété et s'entoure de mystère... Son avion s'est écrasé sur une colline, dans d'obscures circonstances. (→ 27)

Burton-Taylor, dernières répliques

Los Angeles, 30 avril
Mariée une seconde fois à Richard Burton le 10 octobre 1975, en Afrique du Sud, Liz Taylor divorce de nouveau. Le couple a annoncé que « cette deuxième union n'a pas rempli ses espérances et qu'il était préférable désormais pour chacun d'eux de poursuivre sa route chacun de son côté ». Décidément, rien ne réussit actuellement à Liz, ni l'amour ni le cinéma. Son dernier film, *l'Oiseau bleu* (*The Blue Bird*), de George Cukor, tourné en URSS, est un cuisant échec malgré la présence de Jane Fonda à son côté. Depuis quelques semaines, la star recherche sa consolation au bras d'Ardeshir Zahed, l'ambassadeur d'Iran, et de John Warner, secrétaire à la Marine. Comme on sait que l'actrice ne reste jamais célibataire longtemps, l'un d'eux sera peut-être son nouvel époux... (→ 3.4.89)

Le taxi de Martin Scorsese fait du bruit sur la Croisette

Cannes, 28 mai
Président du jury du Festival de Cannes, l'écrivain américain Tennessee Williams avait laissé entendre qu'il jugeait trop violent le film de Martin Scorsese *Taxi Driver*. C'est donc non sans étonnement qu'on a appris aujourd'hui l'attribution de la Palme d'or à ce film «trop violent»! En fait, s'il est vrai que *Taxi Driver* est l'un des films les plus violents qu'on ait vus à Cannes et ailleurs, il n'en est pas moins vrai que sa violence traduit celle, réelle, à laquelle se trouve confrontée l'Amérique d'aujourd'hui. Le film est magistralement interprété par Robert De Niro dans le rôle d'un chauffeur de taxi qui mène une croisade sanglante contre le «mal» qui prospère dans la jungle urbaine new-yorkaise. Le jury a consacré aussi le réalisateur espagnol Carlos Saura en attribuant à son film *Cria Cuervos* son grand prix spécial, ex æquo avec *la Marquise d'O*, premier film en costumes d'Eric Rohmer, tourné en allemand d'après une nouvelle de Heinrich von Kleist. Subtile reconstitution de l'univers imaginaire dans lequel se réfugie une fillette, le film de Saura doit beaucoup à ses interprètes, Geraldine Chaplin et la petite Ana Torrent. Evocation cocasse de la vie des habitants d'un bidonville italien, *Affreux, sales et méchants*, d'Ettore Scola, a beaucoup fait rire sur la Croisette et a permis à son réalisateur d'obtenir un prix de la mise en scène tout à fait mérité. (→ 1.6.77)

Harvey Keitel et Robert De Niro dans «Taxi Driver». Vérités sur l'Amérique.

«Cria Cuervos», de Carlos Saura.

Hollywood a perdu son centenaire

Hollywood, 10 juin
Adolph Zukor, magnat du cinéma américain, s'est éteint dans sa propriété à l'âge de cent trois ans. Né à Riesc, en Hongrie, le 7 janvier 1873, Zukor a eu une existence fabuleuse. A seize ans, il vendait des peaux de lapin à New York. Quatorze ans plus tard, il s'achetait un *penny arcade* (hall de jeux), puis peu à peu en acquérait d'autres et les transformait en *nickelodeons* (salles de cinéma fixes). Créateur de la Famous Players Pictures, il devint directeur de la Paramount en 1935. Le 7 janvier 1973, Hollywood fêtait le centenaire du dernier de ses fondateurs, qui disait «sa foi en l'avenir du cinéma».

Isabelle Adjani dans la folie de Polanski

Paris, 26 mai
Adapté d'un roman de Roland Topor, *le Locataire*, de Roman Polanski, vient de représenter la France au Festival de Cannes et sort aujourd'hui à Paris. Aux côtés de Polanski lui-même, Isabelle Adjani ne tient là qu'un petit rôle, comparé à celui qu'elle tenait dans *l'Histoire d'Adèle H.*, de François Truffaut. Elle se dit pourtant heureuse d'avoir été dirigée par Polanski et surtout de jouer un personnage étrange et inquiétant, loin de celui de *la Gifle*, de Claude Pinoteau. Le personnage principal est un Polonais qui s'installe dans un modeste appartement dont la locataire précédente, Simone, s'est jetée par la fenêtre. Timide et effacé, cet homme est en butte à l'hostilité de ses voisins d'immeuble. Il se sent observé, persécuté, menacé d'expulsion. Il trouve réconfort auprès de Stella (Isabelle Adjani), mais, peu à peu, il sombre dans la folie, s'identifie à Simone et se jette dans le vide. «J'aime le fantastique lié à la folie des hommes et à leurs conditions de vie», a déclaré Roland Topor, approuvé en cela par Polanski. La distribution comprend également Shelley Winters et Melvyn Douglas. (→ 24.3.77)

Nino Manfredi dans «Affreux, sales et méchants», d'Ettore Scola.

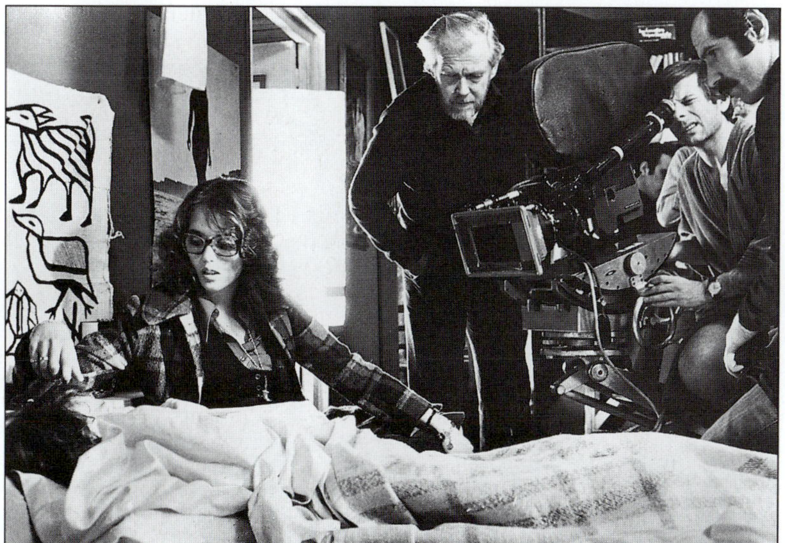

Au tournage du «Locataire». Au centre, le chef opérateur Sven Nykvist.

Fritz Lang est mort loin de l'Allemagne

Los Angeles, 2 août
« Il est le cinéma », a dit de lui Jean-Luc Godard, qui lui avait fait jouer son propre rôle dans *le Mépris*. Fritz Lang a failli devenir architecte, mais sa découverte du cinéma en décida autrement. Scénariste puis réalisateur, il s'imposa comme l'un des grands maîtres de l'expressionnisme allemand dans les années 20 grâce à des films comme *les Trois Lumières* et *Metropolis*. En 1933, Goebbels lui proposa de devenir le « patron » du cinéma allemand. Le soir même, Fritz Lang prit le train pour Paris, laissant sa femme, Thea von Harbou, qui choisit, elle, le camp des nazis. De France, il gagna Hollywood, où il travailla jusqu'en 1956. De *Fury* à *l'Invraisemblable Vérité*, ses films américains prouvent que son talent n'était en rien altéré par l'exil. A soixante-neuf ans, Lang revint en Allemagne pour tourner trois films dont le dernier, *le Diabolique docteur Mabuse*, terminait un cycle inauguré trente-huit ans plus tôt avec *Mabuse le joueur*. Né à Vienne le 5 décembre 1890, il est mort aujourd'hui.

Le Japon refuse de se soumettre à « l'Empire des sens »

Tokyo, 15 septembre
On pourrait penser que la vogue des « Romans-pornos » sur les écrans japonais est le signe d'une libéralisation de la censure dans l'empire du Soleil-Levant ; mais la mésaventure qu'a vécue le réalisateur Nagisa Oshima démontre qu'il n'en est rien. En effet, après avoir été interdit par la censure, *l'Empire des sens*, d'Oshima, a été enfin autorisé à sortir ; mais, toutefois, dans une version complètement tronquée, avec par exemple une image coupée en deux dans les scènes d'accouplement et des caches pour masquer les parties génitales ! C'est parce qu'il a osé braver les tabous qui, jusqu'ici, faisaient l'objet d'un consensus tacite entre les compagnies productrices des « Romans-pornos » et la censure, qu'Oshima se voit aujourd'hui traiter en auteur maudit d'une œuvre dont ses concitoyens ne semblent pas encore prêts à accepter les audaces. *L'Empire des sens* s'inspire d'un fait criminel authentique qui avait défrayé la chronique dans le Japon de 1936 : une passion charnelle et dévorante avait conduit une geisha à tuer son amant en lui tranchant les parties sexuelles. Ce fait a déjà inspiré un autre réalisateur, Noboru Tanaka, qui en avait fait un excellent « Roman-porno », sorti l'an dernier sous le titre *Abe Sada*, du nom de l'héroïne. Mais, au contraire de ce film qui se présente sous la forme d'une reconstitution « authentique » du dossier Abe Sada, *l'Empire des sens* est une œuvre poétique qui magnifie, jusque dans ses excès, l'amour fou, vécu comme un rite sacrificiel dont l'aboutissement ne peut être que la mise à mort, d'où le titre original japonais *Ai no Corrida*, qui signifie la corrida de l'amour. En cela, le film illustre parfaitement ce fameux mot de Georges Bataille : « L'érotisme est l'approbation de l'amour jusque dans la mort. » Outre Bataille, *l'Empire des sens* fait penser à Sade et à André Breton, des auteurs que connaît et qu'admire Oshima. Il a beau être coproduit par un Français, Anatole Dauman, cet étrange et fascinant film demeure une œuvre profondément japonaise, qui reste bien dans la tradition de l'art de « savoir aimer », présente dans la littérature nippone depuis plusieurs siècles. (→ 16.8.77)

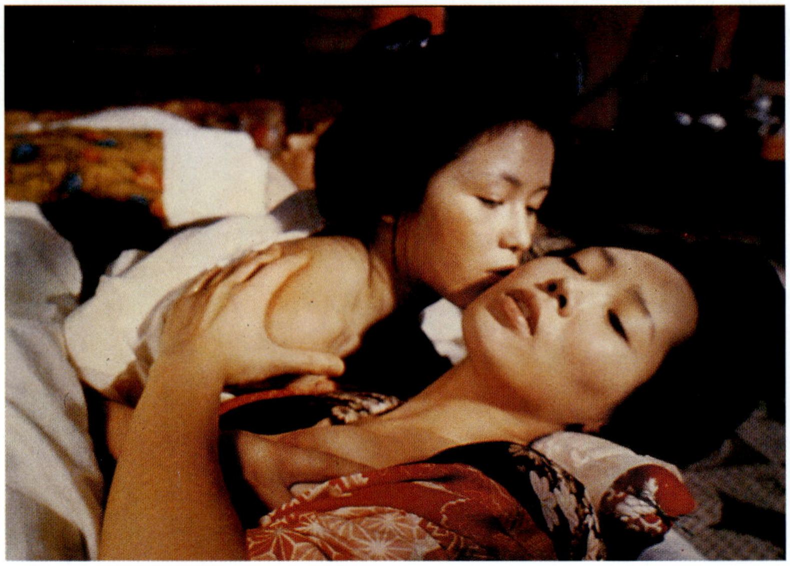

Eiko Matsuda dans le film contesté de Nagisa Oshima, inspiré d'un fait divers.

Acteur et paysan, Jean Gabin a voulu avoir la fin d'un marin

Brest, 19 novembre
Lundi 15, Jean Gabin (*17.5.1904) s'est éteint à l'Hôpital américain, où il avait été admis deux jours plus tôt. Dès l'annonce de son décès, ses fidèles amis ont rejoint sa famille dans la chapelle ardente. Il souhaitait être enterré à la Pichonnière autrefois, mais, choqué par l'attitude trop expansive du public et celle envahissante des photographes lors des funérailles de Fernandel, il a dit refuser de laisser une tombe derrière lui, et préférer que son corps soit jeté à la mer comme celui des marins. Durant la guerre, Gabin avait lui-même été marin et conservait la nostalgie de ce métier. Selon la loi, l'incinération devenait alors obligatoire et eu lieu le 17 au Père Lachaise. Aujourd'hui, les cendres de Gabin ont été dispersées en mer d'Iroise, en présence de sa famille et de ses proches. (→ 10.12.90)

Avec Jean-Claude Brialy, dans son dernier film, « l'Année sainte ». Ses cendres sont dispersées depuis le « Jeanne d'Arc ».

« L'Empire des sens », avec Tatsuya Fuji et Eiko Matsuda.

André Malraux et les voies du silence

Paris, 23 novembre
André Malraux (*3.11.1901) est décédé à l'hôpital Henri-Mondor de Créteil. Du grand romancier et ministre des Affaires culturelles du général de Gaulle, le monde du cinéma retiendra son unique film, *Espoir*, plutôt que le malheureux épisode de la Cinémathèque, il y a huit ans. Depuis quelques années, Malraux se consacrait à l'écriture de ses *Antimémoires* et, dans *Lazare*, il se préparait tout récemment à l'épreuve du « mourir ». L'intérêt qu'il portait au cinéma s'était manifesté très tôt : dès 1935, il avait tenté d'adapter sa *Condition humaine* avec Sergueï M. Eisenstein et avait publié un essai en 1939 : *Esquisse d'une psychologie du cinéma*. L'une de ses dernières interventions publiques concernant ce qui était à ses yeux le « premier art mondial » avait été son discours aux Assises de la francophonie à Niamey, en février 1969. Evoquant l'infantilisme de nombreuses productions, il déplorait que la civilisation des machines fût aussi celle des « machines à rêves ».

Alain Tanner ne rêve pas d'un monde meilleur, il l'invente

« Jonas, qui aura vingt-cinq ans en l'an 2000 », avec Rufus et Jacques Denis. A gauche, le réalisateur lors du tournage.

Paris, 1er décembre
Le nouveau film du Suisse Alain Tanner est à l'affiche des salles parisiennes. *Jonas, qui aura vingt-cinq ans en l'an 2000* confirme le goût du cinéaste pour les sujets engagés et pour une utopie quotidienne. Cette coproduction hélvético-française met en scène les destinées ordinaires d'une dizaine de personnages vivant à Genève. On est ici bien loin des archétypes qui font de la Suisse un pays inébranlablement prospère et satisfait : les héros de Tanner, incarnés par Jean-Luc Bideau, Myriam Mézière, Rufus ou Miou-Miou, souffrent de la crise et cèdent parfois au désabusement. De l'ancien militant devenu typographe au couple de fermiers, en passant par l'adepte du tantrisme, tous tentent pourtant d'améliorer leur monde. Certains reprochent au réalisateur l'apparente dispersion de son discours libertaire, mais celui-ci y revendique la présence d'autant d'énigmes que de personnages. Jonas, dans l'histoire, est l'enfant qui naît en cette année 1975 : l'espoir d'un avenir meilleur. (→27.5.81)

King Kong revient, un demi-siècle après

New York, 18 décembre
Classique du cinéma fantastique, *King Kong* revient sur les écrans cinquante ans après dans une version de John Guillermin. Le tournage a bénéficié d'un budget de 24 millions de dollars, dont une grande partie doit être réservée aux nombreux effets spéciaux. Par souci de modernisme, le singe géant ne tombe plus de l'Empire State Building mais du World Trade Center, tours qui dominent désormais le quartier de Manhattan. *King Kong* est le premier film de la jeune actrice Jessica Lange. (→20.3.81)

Jessica Lange dans le remake de John Guillermin, effets spéciaux garantis.

La troisième étoile de Barbra Streisand

New York, 18 décembre
Après William Wellman et George Cukor, c'est Frank Pierson qui a réalisé la troisième version d'*Une étoile est née* (*A Star Is Born*) avec Kris Kristofferson et Barbra Streisand. L'actrice est aussi coproductrice du film avec son compagnon, Jon Peters, ancien coiffeur de stars. Elle s'est complètement investie, au point de participer à la mise en scène et d'imposer ses exigences au réalisateur. Pierson a d'ailleurs violemment critiqué le comportement de Streisand lors d'une récente interview. (→18.11.83)

Barbra Streisand et Kris Kristofferson : « Une étoile est née », de F. Pierson.

R. Polanski dans « le Locataire ».

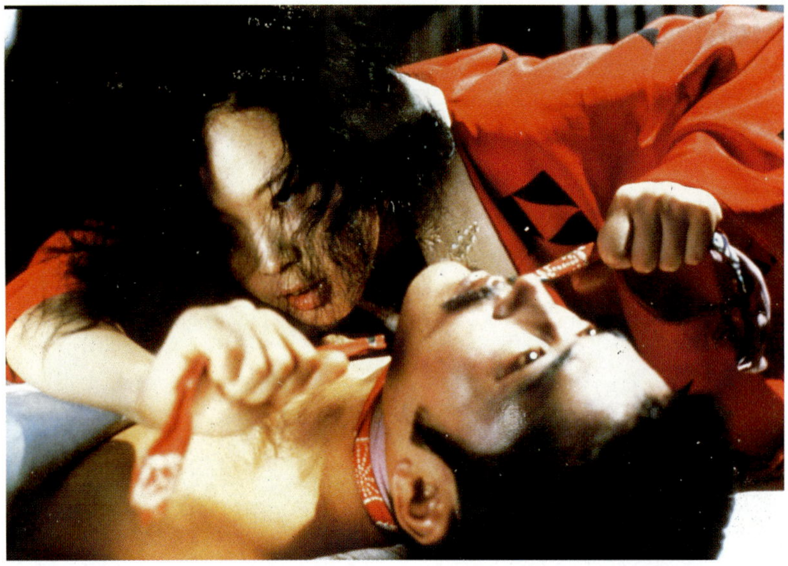

E. Matsuda et T. Fuji dans « l'Empire des sens », de Nagisa Oshima.

« Cria Cuervos », de Carlos Saura.

Décor de la mer démontée dans « le Casanova de Fellini », de Federico Fellini.

Jean-Claude Brialy et Jean Gabin dans « l'Année sainte », de Jean Girault.

« Un éléphant, ça trompe énormement », film d'Yves Robert.

« Dersou Ouzala » (l'aigle de la taïga), film d'Akira Kurosawa.

Robert De Niro et Ingrid Boulting dans « le Dernier Nabab », d'Elia Kazan.

D. Bowie et J. Lovell dans « L'homme qui venait d'ailleurs », de N. Roeg.

Dustin Hoffman dans « Marathon Man », de John Schlesinger.

Jack Nicholson et Marlon Brando dans « Missouri Breaks », d'Arthur Penn.

Charles Vanel dans « Cadavres exquis », de Francesco Rosi.

Cybill Shepherd et Robert De Niro dans « Taxi Driver », de M. Scorsese.

La société humaine projetée en 2274 dans « l'Age de cristal », de M. Anderson.

D. Hoffman et R. Redford dans « les Hommes du Président », de Pakula.

1977

Oscars, Hollywood
Film : *Rocky* (John G. Avildsen).
Acteur : Peter Finch.
Actrice : Faye Dunaway.

Festival international du film, Cannes
Palme d'or : *Padre padrone*
(Paolo et Vittorio Taviani).
Meilleur acteur : Fernando Rey.
Meilleure actrice : Shelley Duvall,
Monique Mercure.

Césars, Paris
Film : *Monsieur Klein* (Joseph Losey).
Acteur : Michel Galabru.
Actrice : Annie Girardot.

Paris, 1er janvier
La capitale compte cinquante salles classées X, soit 12 % des cinémas de l'agglomération parisienne. Sur l'ensemble du pays, on dénombre 137 salles X, dont la moitié sont regroupées à Paris, à Marseille et à Lyon. (→ 26.1.78)

Paris, 12 janvier
Le cinéaste Henri-Georges Clouzot (*20.11.1907) décède.

Paris, 7 février
William Friedkin, à qui l'on doit *French Connection* et *l'Exorciste*, épouse Jeanne Moreau, divorcée du comédien et réalisateur Jean-Louis Richard. (→ 24.1.79)

Paris, 15 mars
Dans le livre *la Destruction de l'Eden*, qui paraît chez Régine Deforges, l'auteur, Jean-François Piquot, évoque les attouchements et les rencontres érotiques dans les salles de cinéma.

Paris, 16 mars
Sortie du film réalisé par Pier Paolo Pasolini en 1964, *Enquête sur la sexualité* (*Comizi d'amore*). L'œuvre comporte les interviews de très nombreux anonymes ainsi que des entretiens avec des personnalités connues telles qu'Alberto Moravia et Antonella Lualdi.

Haïti, 19 mars
Sortie à Port-au-Prince du premier long métrage de fiction haïtien, *Olivia*, de Bob Lemoine.

Madrid, 9 avril
Viridiana, de Luis Buñuel, avec Silvia Pinal et Francisco Rabal, sort sur les écrans espagnols seize ans après sa réalisation. (→ 17.8)

Paris, 25 avril
La Communion solennelle, de René Féret, chronique d'une famille, est le premier film primé par la Fondation Philip Morris. (→ 12.11.78)

Prague, 2 mai
Sortie de *la Libération de Prague* (*Osvobozeni Prahy*), troisième film de la trilogie d'Otakar Vavra, qui illustre l'histoire du pays depuis les accords de Munich. (→ 1.2.78)

Paris, 10 mai
Sur France Inter, les journalistes Anne Gaillard et Jean-Edern Hallier mettent en doute le fait que Simone Signoret ait écrit son livre *La nostalgie n'est plus ce qu'elle était* (Seuil). Immédiatement, la comédienne décide d'attaquer les journalistes en justice. (→ 13.12)

New York, 31 mai
Entrée à l'hôpital Saint John pour une longue cure de désintoxication, Rita Hayworth est placée sous tutelle juridique. (→ 15.5.87)

San Francisco, 7 juin
Francis Ford Coppola engage tous ses biens personnels (y compris sa maison) pour garantir le prêt de dix millions de dollars que les Artistes associés lui ont consenti pour terminer *Apocalypse Now*. (→ 24.5.79)

Paris, 15 juin
Michel d'Ornano, ministre de la Culture, lève l'interdiction aux mineurs du *Diable probablement*, de Robert Bresson. (→ 19.5.83)

Hollywood, 20 juin
A la suite des réactions négatives du public au film de John Boorman, *l'Hérétique* (*Exorcist II : the Heretic*), Warner Bros, en accord avec le réalisateur, qui a donné ses instructions d'Irlande par téléphone, modifie la fin du film.

Paris, 8 juillet
EDF demande la saisie du film *Nucléaire danger immédiat*.

Tokyo, 16 août
Le réalisateur Nagisa Oshima est inculpé pour avoir publié un livre contenant des extraits, jugés licencieux, du découpage de son film *l'Empire des sens*. (→ 31.12)

Los Angeles, 16 septembre
David Begelman, vice-président de Columbia Pictures Industries, nie avoir imité la signature de Cliff Robertson pour encaisser un chèque établi à l'ordre de ce dernier par la comptabilité de Columbia. Le siège new-yorkais de la firme suit l'affaire de très près. (→ 6.2.78)

Paris, 22 septembre
Le réalisateur Claude Autant-Lara, interviewé à l'occasion de la sortie de son film *Gloria*, analyse la baisse de fréquentation des salles : selon lui, c'est Jean-Luc Godard et ses amis de la Nouvelle Vague qui ont vidé les cinémas. (→ 17.11.81)

Cannes, 1er octobre
Le conseil d'administration du Festival désigne Gilles Jacob aux fonctions de délégué général. (→ 7.1.78)

Paris, 18 octobre
Les écrans de deux salles du Quartier latin, le Studio Gît-le-Cœur et le Racine, sont arrosés de peinture, actes de protestation contre la projection du film de René Vienet, *Chinois, encore un effort pour être révolutionnaires*.

Washington, 22 octobre
L'Administration fait retirer une affiche qui représente Al Jolson dans *le Chanteur de jazz*. Pour certaines organisations cette affiche est une insulte aux Noirs.

Berlin-Ouest, 26 octobre
Première de *l'Œuf du serpent* (*Das Schlangenei/Ormens ägg*), d'Ingmar Bergman, avec Liv Ullmann et David Carradine. (→ 8.10.78)

Paris, 31 octobre
Le groupe Hachette acquiert *le Film français*, l'hebdomadaire des professionnels du cinéma, racheté à Gérard Lebovici.

Le Caire, 5 novembre
Une grande fête aux studios Misr célèbre le cinquantième anniversaire du cinéma égyptien. (→ 26.2.78)

Paris, 9 novembre
Sortie du *Crabe-Tambour*, du réalisateur Pierre Schoendoerffer, tiré de son roman, avec Jacques Perrin et Jean Rochefort. (→ 22.1.78)

Madrid, 11 novembre
Un décret royal abolit la censure cinématographique et autorise la libre importation des films.

Los Angeles, 20 novembre
Le *Los Angeles Times* publie un éloge dythirambique de *Rencontres du troisième type*, de Steven Spielberg, par le célèbre romancier de science-fiction, Ray Bradbury : « Très certainement le film le plus important de notre époque... Une expérience religieuse dont le message est universel et inspire de l'espoir. » (→ 12.6.81)

Paris, 22 novembre
Premier jour de tournage de *Violette Nozière*, de Claude Chabrol, avec Jean Carmet, Stéphane Audran et Isabelle Huppert. (→ 30.5.78)

Hollywood, 26 décembre
Howard Hawks (*30.5.1896), dont le dernier film, *Rio Lobo*, remonte à 1970, est mort.

Johannesburg, 29 décembre
Le film *How Long*, comédie musicale de Gibson Kente, lui-même arrêté durant le tournage avec une partie de son équipe, est interdit. C'est le premier film sud-africain entièrement produit et réalisé par des Noirs.

Sommet du cinéma à effets spéciaux, « la Guerre des étoiles » transpose dans la science-fiction la mythologie éprouvée des romans de chevalerie.

Verdict du prix Delluc pour le juge Fayard

Yves Boisset (au centre) dirige Philippe Léotard et Patrick Dewaere.

Paris, 13 janvier
Hier encore, le réalisateur Yves Boisset était fou de rage : par décision de la Commission de censure, son film *le Juge Fayard, dit « le Shérif »* était sorti dans les salles avec une bande-son truffée de « bip » pour couvrir les allusions au Service d'action civique (SAC). Depuis ce matin, le réalisateur a retrouvé le sourire en apprenant que ce film lui vaut à présent le prix Louis-Delluc. Inspiré de l'assassinat du juge Renaud, à Lyon – affaire dont bien des éléments restent dans l'ombre –, le film retrace l'acharnement d'un juge intègre, décidé à mener jusqu'au bout une enquête qui compromet certaines personnalités politiques ainsi que des hommes d'affaires véreux. Pour être allé « trop loin », le juge sera abattu. Avec sa sensibilité d'écorché vif, Patrick Dewaere donne à son personnage de juge-justicier une véritable dimension humaine. (→ 14.12.78)

Patrick Dewaere dans le film « le Juge Fayard, dit "le Shérif" ».

Henri Langlois, dernières images

Paris, 18 janvier
Henri Langlois (*13.11.1914) a été inhumé au cimetière du Montparnasse, à l'issue de la messe d'enterrement célébrée par son ami, le père jésuite Jean Diard, en l'église de la rue Bobillot. Le fondateur de la Cinémathèque française était décédé dans la nuit du 12 au 13 de ce mois. Malade du cœur depuis longtemps, Langlois avait arrêté de boire et de fumer mais se gavait toujours de sucreries, et sa phobie des médecins n'aura rien fait pour améliorer son état. Les énormes difficultés financières dans lesquelles se débat la Cinémathèque depuis 1968 ont contribué à l'épuiser prématurément. Langlois s'éteint au moment où il mettait la dernière main à la préparation du Festival international de Tours et à la création d'une nouvelle salle de la Cinémathèque, au Centre Georges-Pompidou. Tandis que des télégrammes du monde entier affluaient au domicile qu'il partageait avec sa complice de toujours, Mary Meerson, la cérémonie funèbre rassemblait de nombreuses personnalités, dont le secrétaire d'Etat à la Culture, Françoise Giroud. (→ 18.2.80)

Brian De Palma fait frémir d'aise Avoriaz

Avoriaz, 23 janvier
Certains critiques considèrent le réalisateur Brian De Palma comme l'héritier d'Hitchcock. Il est vrai que De Palma lui-même fait tout pour qu'on le compare au maître du suspense, notamment en parsemant ses films de citations hitchcockiennes. Au Festival du film fantastique d'Avoriaz, son dernier film, *Carrie au bal du diable*, a fait tellement sensation que le jury n'a pas hésité à lui décerner le grand prix. Encore une fois, De Palma fait montre de sa grande virtuosité technique et de son habileté à instiller une angoisse croissante. Le film décrit la terrible vengeance d'une jeune fille douée de pouvoirs surnaturels, mais qui est en butte aux plaisanteries de ses camarades de collège et au puritanisme maladif de sa mère. Le prix spécial du jury revient à *Meurtres sous contrôle*, un film de Larry Cohen où l'on voit le Christ prêcher le meurtre ! (→ 27.1.80)

Sissy Spacek dans « Carrie au bal du diable », de Brian De Palma.

Avec Alain Resnais, du côté de Providence

Paris, 9 février
« Plutôt qu'un film sur la mort, *Providence* est un film sur la volonté de ne pas mourir. » C'est Alain Resnais qui parle ainsi de sa dernière œuvre, qui séduit la critique mais risque de dérouter le public. Il y est question d'un vieil écrivain (John Gielgud), retiré en sa villa Providence, qui imagine la trame de son futur roman au cours d'une nuit de maladie. S'inspirant de ses proches, il crée une galerie de personnages errant dans un univers totalitaire, et fait se télescoper leurs sorts et psychologies respectifs, au gré de ses changements d'humeur. Pour ce film à la distribution essentiellement anglo-saxonne, outre Ellen Burstyn, Resnais a enfin pu employer Dirk Bogarde : tous deux souhaitaient travailler ensemble depuis 1966, mais n'y étaient encore jamais parvenus. (→ 4.2.78)

David Warner, Ellen Burstyn, John Gielgud, Dirk Bogarde et Elaine Stritch entre les fantasmes et la fantaisie dans « Providence », d'Alain Resnais.

Les Césars ont opté pour la tragédie

Joseph Losey (à gauche) avec Alain Delon et Romy Schneider, venue en visite amicale, au tournage de « l'Assassinat de Trotsky », en 1971.

Paris, 19 février
Le palmarès des Césars 1977 distingue principalement deux films. *le Juge et l'Assassin*, de Bertrand Tavernier, récolte ainsi les distinctions du meilleur scénario, pour le travail de Jean Aurenche et de Tavernier, du meilleur acteur pour le rôle de Michel Galabru et enfin de la meilleure musique. Tandis que le César de la meilleure actrice revient à Annie Girardot pour *Docteur Françoise Gailland*, c'est *Monsieur Klein*, de Joseph Losey, oublié du palmarès lors du dernier Festival de Cannes, qui recueille les deux récompenses du meilleur film et meilleur réalisateur, outre le César des meilleurs décors. Alain Delon interprète le personnage principal de ce film qu'il a lui-même produit. Sa prestation tout à fait exceptionnelle laisse évidemment regretter que l'acteur ne soit pas aussi exigeant pour tous ses films. Robert Klein est ici un bourgeois égoïste, profitant de l'Occupation pour acheter à des Juifs des objets d'art à vil prix. Sa vie bascule pourtant lorsque, par esprit de vengeance, quelqu'un dépose sur son paillasson un journal juif, par un matin de mars 1942. Soupçonné à son tour d'être Juif, cet Alsacien catholique sera finalement arrêté au même titre que ceux dont le sort l'indifférait tant. Au moment où l'on atteste de la « pureté » de ses origines, c'est presque une rédemption que s'impose alors le personnage en se laissant stoïquement entraîner vers le train où montent les déportés. (→ 4.2.78)

« Nous nous sommes tant aimés », d'Ettore Scola, avec Vittorio Gassman et Stefania Sandrelli.

Michel Galabru dans « le Juge et l'Assassin », de Bertrand Tavernier. Il obtient le César du meilleur acteur.

Chez Fellini, Casanova cherche son âme

Donald Sutherland dans « le Casanova de Fellini », vision amère du héros.

Paris, 23 février
Une fois de plus, Federico Fellini puise chez un écrivain non contemporain : Casanova et ses *Mémoires*. Il l'accomode à ses fantasmes, à sa fantaisie. Casanova selon Fellini n'a plus rien du libertin légendaire. C'est une mécanique de la corvée sexuelle, un pantin manipulé et tourné en dérision. Le film ne raconte pas les femmes de Casanova mais le Casanova des femmes. Pour interpréter cet anti-héros qui essaie de trouver la présence d'une âme dans cette ronde du sexe, le réalisateur a choisi Donald Sutherland, un merveilleux acteur-caméléon, tour à tour malléable ou insaisissable. Il rend son personnage parfois attachant dans sa quête éperdue, parfois pitoyable ou repoussant par son échec inéluctable. Cette Venise recréée à Cinecittà, plus lacustre que nature, dégage un parfum obsédant de mort lente et de décomposition. Fellini signe là une œuvre angoissée, d'une splendeur aussi étrange que malsaine. (→ 31.3.80)

Des archanges à la recherche d'étoiles

Paris, 21 février
L'Association des cadres de l'industrie cinématographique a demandé à un jury composé de mille spectateurs de décerner les archanges du cinéma français à leurs comédiens et réalisateurs préférés. Tandis que les Césars sont des récompenses attribuées par les professionnels, les archanges sont attribués par le public. Pour cette première année, Annie Girardot, Lino Ventura et Claude Lelouch en sont les lauréats. Ce vote ressemble davantage à un référendum de popularité qu'à un jugement critique. Girardot comme Ventura comptent depuis plusieurs années parmi les acteurs préférés des Français. Leurs rôles respectifs dans *Docteur Françoise Gailland*, de Jean-Louis Bertucelli, et dans *Cadavres exquis*, de Francesco Rosi, n'ont fait que confirmer cette estime du public.

Wajda met la Pologne face à son passé

Varsovie, 25 février
La période stalinienne demeure un sujet tabou dans les pays de l'Est et notamment en Pologne. C'est pourquoi on ne peut qu'admirer le courage du réalisateur Andrzej Wajda, qui vient, dans *l'Homme de marbre*, d'évoquer directement ce passé refoulé. Le film est l'histoire d'une enquête menée par une jeune journaliste sur un ancien ouvrier modèle, fêté à son époque comme héros du travail mais aujourd'hui oublié de tous. A travers cette plongée dans le passé encore récent de la Pologne, ce sont, entre autres, l'industrialisation forcenée du pays et la manipulation de la réalité par la propagande du pouvoir que dénonce le réalisateur. (→ 27.5.81)

Jerzy Radziwilowicz dans « l'Homme de marbre », d'Andrzej Wajda.

Agnès Varda dans les marges du bonheur

Paris, 9 mars
La coproduction franco-belge *L'une chante, l'autre pas* est le nouveau film d'Agnès Varda. La réalisatrice signe ici son retour à la fiction, après ses expériences américaines (notamment *Lions Love* en 1969) et ses essais documentaires, tels *Daguerréotypes*. A travers l'histoire de deux jeunes femmes, interprétées par Valérie Mairesse et Thérèse Liotard, *L'une chante, l'autre pas* tente une chronique délicate du féminisme et de l'évolution des mœurs, de 1962 à 1975. La sage Suzanne et l'indépendante Pauline s'opposent sans doute sur beaucoup de points, mais progressent toutes deux, comme le dit Varda, vers « le bonheur d'être femmes ». (→ 7.9.85)

Thérèse Liotard et Valérie Mairesse dans « L'une chante, l'autre pas ».

Une mineure traîne Polanski en justice

Los Angeles, 24 mars
Une malédiction semble peser sur la vie privée du réalisateur d'origine polonaise Roman Polanski depuis qu'il s'est installé aux Etats-Unis. Ainsi, après la mort tragique de sa femme, l'actrice Sharon Tate, qui fut assassinée en 1969 par la bande de Charles Manson alors qu'elle était enceinte, voilà qu'on parle d'une nouvelle affaire sordide, dont Polanski lui-même serait cette fois le fâcheux héros. En effet, arrêté à Beverly Hills il y a deux semaines, sur la plainte d'une mère l'accusant d'avoir eu des rapports sexuels avec sa fille mineure, le réalisateur de *Chinatown* vient d'être inculpé pour détournement de mineur par un jury de mise en accusation (*grand jury*). Le détournement de mineur est considéré comme un délit très grave dans cette Amérique où le puritanisme s'affiche avec véhémence ; c'est pourquoi Roman Polanski ne peut qu'être très inquiet pour la suite de cette affaire. (→ 19.9)

Sylvester Stallone vainqueur aux poings du match des Oscars

Los Angeles, 29 mars
La cérémonie annuelle des Oscars a été réalisée par William Friedkin. Elle est présentée par Jane Fonda, Ellen Burstyn, Warren Beatty et Richard Pryor. Inconnu il y a quelques mois encore, Sylvester Stallone est l'un des triomphateurs de la soirée puisque *Rocky*, de John G. Avildsen, dont il est le scénariste et l'interprète principal, est consacré meilleur film pour l'année 1976. *Rocky* vaut aussi à Avildsen l'Oscar du meilleur réalisateur. Faye Dunaway et Peter Finch (à titre posthume) sont élus meilleurs acteurs pour *Network*, de Sidney Lumet, film qui obtient au total quatre récompenses. Quatre récompenses aussi pour *les Hommes du Président* (*All the President's Men*), d'Alan J. Pakula. Le meilleur film étranger est *la Victoire en chantant*, film français de Jean-Jacques Annaud, mais en compétition au nom de la Côte-d'Ivoire, qui l'a coproduit avec l'Allemagne. (→ 3.4.78)

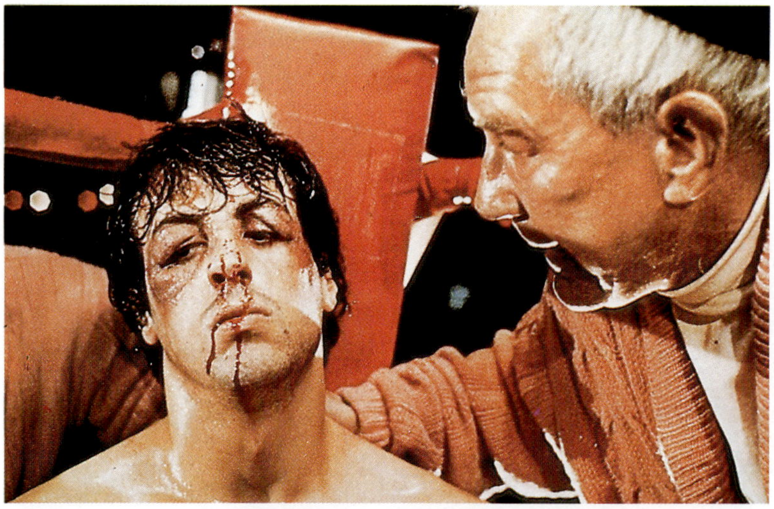

« Rocky », de John G. Avildsen : le noble art comme accomplissement.

Sylvester Stallone a voulu ce film, dont il est également le scénariste.

Prévert au paradis des enfants

Omonville, 11 avril
Jacques Prévert (*4.2.1900) vient de mourir à Omonville-la-Rogue, dans le Cotentin. Le poète, écrivain, scénariste et dialoguiste s'était retiré depuis déjà plusieurs années. Son ultime travail pour le cinéma datait de 1961 : il s'agissait de l'un des épisodes des *Amours célèbres*, réalisé par Michel Boisrond. Jusqu'à 1968, il s'était alors essentiellement intéressé à la télévision. Parmi tous les films auxquels il a collaborés, Prévert avouait volontiers que ses deux préférés demeuraient *L'affaire est dans le sac*, datant de 1932, et bien entendu le sommet des *Enfants du paradis*. On a souvent dit du fameux tandem qu'il formait avec Marcel Carné que c'est lui qui détenait l'essentiel du talent, et que, depuis leur séparation, consécutive à l'échec des *Portes de la nuit*, Carné avait régulièrement décliné. Sans parler de déclin, il faut bien admettre également que la poésie surréaliste et populaire de Prévert n'est plus parvenue à s'exprimer par la suite au cinéma.

Les chevaliers de l'espace gagnent la guerre des étoiles

Harisson Ford et Carrie Fischer dans « la Guerre des étoiles », une épopée intersidérale de George Lucas.

New York, 25 mai
Les studios américains ont presque tous refusé de produire le troisième film de George Lucas, *la Guerre des étoiles* (*Star Wars*), qui vient de sortir. La Twentieth Century-Fox a finalement accepté le projet, tout en laissant à Lucas l'entière charge des quatre années de préparation et en ne lui accordant qu'un budget plutôt modeste en regard de l'ampleur du projet : onze millions de dollars, dont la moitié en décors et effets spéciaux. Le résultat est une révélation, un *space-opera* qui prend la digne succession de *2001 : l'Odyssée de l'espace*. On ne trouvera certes pas dans *la Guerre des étoiles* la réflexion d'un Kubrick, mais une qualité de spectacle rarement atteinte. Le film met en scène la lutte interstellaire d'un groupe de rebelles contre l'Empire galactique, dont l'abominable Darth Vader est le chef militaire. Dans le rôle de Luke Skywalker, Mark Hamill mène les insurgés, entouré d'Alec Guinness, de Carrie Fischer, d'Harrison Ford et des deux robots désopilants C3PO et R2D2. (→ 5.3.79)

Rossellini a fait sur la Croisette sa dernière mise en scène

Rome, 3 juin
Il y a une semaine, les frères Paolo et Vittorio Taviani recevaient des mains de Roberto Rossellini, président du jury du Festival de Cannes, la Palme d'or pour *Padre padrone*. Leur joie était alors d'autant plus grande qu'ils considèrent le réalisateur de *Païsa* comme leur maître. Cette joie se trouve aujourd'hui entachée par la mort soudaine de Rossellini, qui venait juste de rentrer de Cannes. Né à Rome le 8 mai 1906, Rossellini avait commencé sa carrière en réalisant une trilogie marquée par la propagande fasciste. Ce n'est qu'à partir de *Rome ville ouverte*, qui a marqué en 1945 le début du néo-réalisme italien, qu'il s'est imposé sur le plan international, grâce notamment aux six films tournés avec sa femme, Ingrid Bergman, dont *Stromboli* et *Voyage en Italie*. Découragé par l'échec de ses derniers films, Roberto Rossellini s'était tourné vers la télévision depuis quelques années.

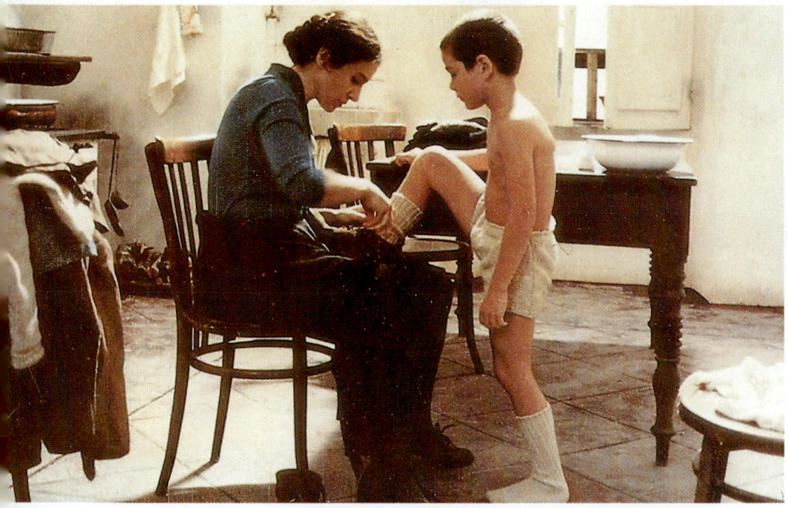

« Padre padrone », de Paolo et Vittorio Taviani, avec Saverio Marconi.

Roberto Rossellini au tournage de son dernier film, « le Messie ».

Le festival des oubliés

Cannes, 27 mai
Nombreux sont les commentateurs qui s'étonnent de ne pas voir figurer au palmarès du Festival de Cannes certains réalisateurs au moins aussi méritants que les frères Taviani, qui ont obtenu la Palme d'or pour *Padre padrone*. On cite les noms de l'Allemand Wim Wenders et du Grec Theo Angelopoulos, qui affirment leur exceptionnel talent, le premier avec *l'Ami américain*, d'après un roman de Patricia Highsmith, et le second avec *les Chasseurs*, dans lequel il poursuit son exploration du passé récent de la Grèce. L'Américain Robert Altman a raté de peu la Palme d'or pour son excellent film *Trois Femmes*, tout comme l'Italien Ettore Scola, qui réussit dans *Une journée particulière* un face-à-face très émouvant entre les remarquables Sophia Loren et Marcello Mastroianni. (→ 1.10)

La mort soudaine d'Elvis Presley fait des millions d'orphelins

Memphis, 16 août
Elvis Presley est mort dans sa propriété de Graceland, où il s'était installé au début de l'été avec sa fille Lisa-Marie. Depuis avril, il avait de graves problèmes de santé dus aux piqûres répétées de Demerol et de morphine qui l'aidaient à surmonter une certaine paranoïa. A 14 heures, sa compagne Ginger Alden l'a découvert inconscient sur le carrelage de la salle de bains. Elvis a succombé à une arythmie cardiaque pendant son transport à l'hôpital. Né à Tupelo (Mississippi) le 8 janvier 1935, surnommé « the King », il fut la vedette de trente-trois films, dont *Love me tender*, de Robert D. Webb, et *Viva Las Vegas*, de George Sidney.

« Blondes, brunes, rousses » (« It Happened at the World's Fair », N. Taurog).

Roman Polanski mis en observation

Santa Monica, 19 septembre
Inculpé pour détournement de mineur en mars dernier, le réalisateur de *Rosemary's Baby* va devoir passer quatre-vingt-dix jours en prison pour y subir une évaluation psychiatrique, par décision du juge. Si, au terme de ce séjour, les psychiatres déclarent que le réalisateur souffre de troubles psychiques, cela pourrait contribuer à alléger toute éventuelle condamnation. En attendant, l'opinion publique voit déjà dans cette affaire la preuve de la dissolution des mœurs à Hollywood et il est à craindre que Polanski soit condamné sévèrement à titre d'exemple. (→ 9.2.78)

Ettore Scola et le fascisme ordinaire

Rome, 1er juin
Ettore Scola, en réalisant *Une journée particulière (Una giornata particolare),* a puisé directement dans sa mémoire. Il avait six ans et demi quand, le 8 mai 1938, Hitler est venu à Rome pour rencontrer Mussolini. Il se rappelle le « martèlement de la propagande fasciste, l'apothéose de cette réthorique ». Les appartements se vidaient de leurs habitants, lesquels envahissaient les rues et les places publiques pour aller acclamer le Duce et le Führer. Cette ambiance particulière est la toile de fond de son film. Dans un immeuble de la ville, deux locataires sont exclus de la fête. Ce sont Antonietta (Sophia Loren) et Gabriele (Marcello Mastroianni). Une mère de six enfants consacrés au Duce, et un homosexuel antifasciste assigné à résidence par la police. Le perroquet d'Antonietta s'échappe et lui permet de lier connaissance avec le voisin d'en face. Entre eux s'établit une relation faite d'émotions contradictoires et d'attirance. Ensuite chacun suivra son destin. Antonietta retrouve un mari dont elle est la victime consentante et Gabriele est arrêté et déporté. L'habileté du film tient dans la peinture d'un fascisme hors cérémonial, retransmis interminablement par radio, qui nie toute vie personnelle aux femmes et tout droit d'existence aux homosexuels. (→ 4.2.78)

Luis Buñuel, deux femmes et un pantin

Paris, 17 août
Parce que *la Femme et le Pantin* a pour héroïne une inoubliable figure de femme fatale, ce célèbre roman de Pierre Louÿs a toujours fasciné les cinéastes. Ainsi, après Sternberg et Duvivier, c'est au tour de Luis Buñuel de s'en inspirer. Très librement adapté du roman, par Buñuel lui-même et son scénariste habituel Jean-Claude Carrière, *Cet obscur objet du désir* condense tous les thèmes chers à l'auteur de *Belle de jour* : le désir non assouvi, le tabou de la virginité, la satire de la bourgeoisie cléricale... On y trouve aussi le fétichisme et le mélange de réalisme et d'onirisme qui caractérisent l'univers bunuelien depuis *Un chien andalou*. Familier de « don Luis », l'acteur espagnol Fernando Rey incarne ici un homme d'un certain âge, amoureux d'une femme qui lui échappe et qui, pour le provoquer, n'hésite pas à se donner, devant ses yeux, à un jeune amant. Deux actrices incarnent ce même personnage de femme insaisissable : la Française Carole Bouquet et l'Espagnole Angela Molina, aussi troublantes l'une que l'autre mais toutefois très différentes. Ce dédoublement du personnage de la « femme » rend plus trouble la passion que lui vaut le « pantin », lequel se trouve prisonnier d'un jeu de miroirs savamment composé par le réalisateur. (→ 30.7.83)

Sophia Loren dans « Une journée particulière », ou le quotidien d'une victime.

Carole Bouquet et Fernando Rey dans « Cet obscur objet du désir ».

Truffaut chez les extraterrestres

« Rencontres du troisième type », de S. Spielberg. A droite, le réalisateur et son interprète d'exception, François Truffaut.

New York, 16 novembre
François Truffaut incarne l'un des personnages principaux du nouveau film de Steven Spielberg, *Rencontres du troisième type* (*Close Encounters of the Third Kind*). Il y interprète le professeur Claude Lacombe, un savant qui tente d'établir le contact avec une intelligence extraterrestre détectée en plusieurs endroits du globe. Construit selon l'éclatement des points de vue, le film conte la convergence de plusieurs personnages vers le lieu de rendez-vous final avec les visiteurs venus de l'espace. Outre son propos très naïf mais pacifiste, l'une des réussites non négligeables de cette superproduction de 18 millions de dollars réside dans la qualité exceptionnelle de ses effets spéciaux. La scène au cours de laquelle le vaisseau extraterrestre apparaît et se pose au sommet de la Tour-du-Diable, une montagne du Wyoming, est ainsi sans le moindre doute promise à la postérité. (→ 20)

Le « Roman-porno » a sauvé la Nikkatsu

Tokyo, 31 décembre
Dès les années 60, la compagnie Nikkatsu s'était lancée dans la production de films érotiques, dont certains, comme *Neige noire*, de Tetsuji Takechi, lui ont valu des démêlés avec la censure. A partir de 1972, les films de cette compagnie indépendante sont devenus véritablement licencieux. En effet, pour échapper à la faillite, la Nikkatsu a lancé, avec beaucoup de succès, une série baptisée « Roman-porno ». Il s'agit de films à petit budget tournés et montés en une dizaine de jours ayant pour thème le sexe. Jugés obscènes, certains de ces films ont été périodiquement saisis par la police puis restitués après des coupes préservant les tabous touchant au corps et à l'acte sexuel : représentation dudit acte, pilosité... La Nikkatsu elle-même fait l'objet d'un procès qui dure depuis 1972 et qui mobilise contre la censure de nombreux intellectuels, dont le réalisateur Nagisa Oshima, auteur du célèbre *Empire des sens*. (→ 30.5.78)

Simone Signoret revendique sa nostalgie

Paris, 13 décembre
La 17e chambre correctionnelle de Paris a donné raison à Simone Signoret dans le procès qu'elle avait intenté aux journalistes Jean-Edern Hallier et Anne Gaillard. Ces derniers ont été condamnés à verser une amende et des dommages-intérêts. Le 10 mai dernier, ils avaient avancé sur France Inter que la comédienne n'était pas l'auteur de son livre de souvenirs, *La nostalgie n'est plus ce qu'elle était*, publié aux Editions du Seuil. La préface de l'ouvrage en relate pourtant de façon détaillée la difficile genèse. Maurice Pons y explique comment ce livre aurait dû d'abord se présenter sous forme d'entretiens. En 1975, Simone Signoret s'était en effet confiée, des heures durant, au magnétophone de son interlocuteur. Le résultat étant impubliable, elle avait décidé de tout récrire, livrant alors un récit fouillé et sensible de sa vie : de son enfance, de ses débuts, de sa rencontre avec Yves Montand, de son engagement politique, de ses désillusions, aucun épisode ou presque n'est passé sous silence. La sincérité de cette confession explique sans doute son succès en librairie, succès qui relance la vogue des mémoires d'acteur : les 400 000 ouvrages vendus par Simone Signoret laissent loin derrière eux, par exemple, les 335 exemplaires vendus des mémoires de Max Dearly, parues en 1946. (→ 4.2.78)

« La Vie devant soi », de M. Mizrahi.

Charlie Chaplin est mort le jour de Noël

Corsier-sur-Vevey, 27 décembre
Les obsèques de Charles Spencer Chaplin (*16.4.1889), mort avant-hier dans son chalet, en Suisse, n'ont donné lieu à aucun débordement malgré la popularité de celui qui fut Charlot. Une foule recueillie a accompagné son corps jusqu'à la sépulture. Plusieurs célébrités du cinéma entouraient Oona, l'épouse de Chaplin depuis 1943, soutenue par ses huit enfants, dont Geraldine et Josephine, comédiennes elles aussi. Chaplin avait précédemment été marié à Mildred Harris, à Lita Grey, qui lui avait donné deux fils, et à Paulette Goddard. Il était âgé de quatre-vingt-huit ans. (→ 17.5.78)

Les obsèques ont été célébrées dans l'intimité au cimetière de Corsier.

Affiche originale française, superbe composition de René Ferracci.

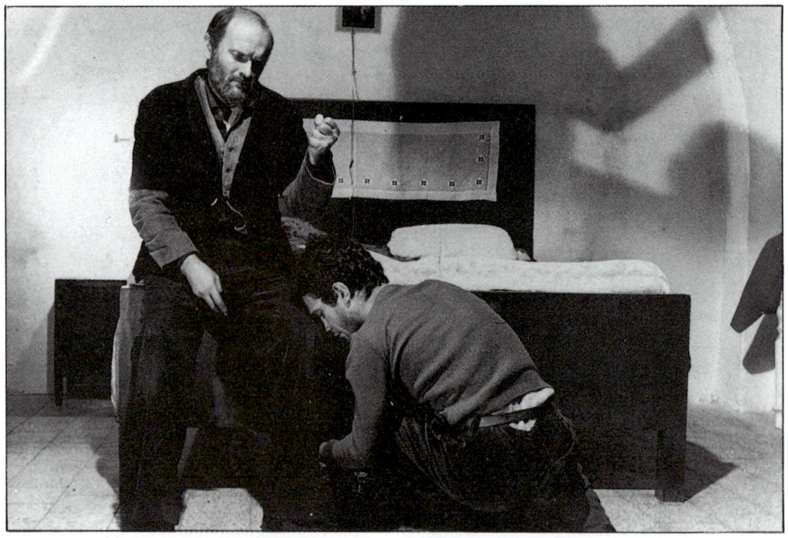

O. Antonutti et S. Marconi dans « Padre padrone », des frères P. et V. Taviani.

C'est Raymond Savignac qui signe cette affiche originale.

Lea Massari dans « Repérages », un film de Michel Soutter.

Affiche surréaliste de René Ferracci pour le dernier film de Luis Buñuel.

« L'une chante, l'autre pas », un film d'Agnès Varda.

Philippe Noiret et Fred Astaire dans « Un taxi mauve », d'Yves Boisset.

Mario Gonzalez et Samy Frey dans « Pourquoi pas ? », de Coline Serreau.

Affiche originale française signée par le grand graphiste Raymond Gid.

L. Minnelli et R. De Niro dans le film de M. Scorsese, « New York, New York ».

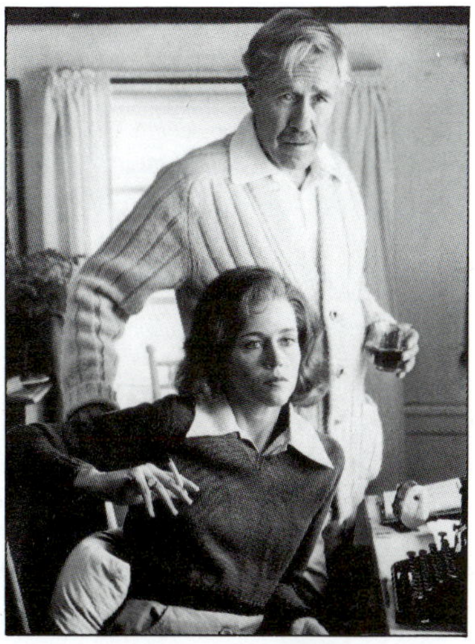
Jane Fonda et Jason Robards dans « Julia », de Fred Zinnemann.

J. Travolta et K. L. Gorney dans « la Fièvre du samedi soir ».

Affiche de « l'Homme de marbre ».

Julie Christie dans le film de Donald Cammell « Génération Proteus ».

Maximilien Schell dans le film de Sam Peckinpah, « Croix de fer ».

« Rencontres du troisième type » (« Close Encounters of the Third Kind »).

1978

Oscars, Hollywood
Film : *Annie Hall* (Woody Allen).
Acteur : Richard Dreyfuss.
Actrice : Diane Keaton.

Festival international du film, Cannes
Palme d'or : *l'Arbre aux sabots* (Ermanno Olmi).
Meilleur acteur : Jon Voight.
Meilleure actrice : Jill Clayburgh, Isabelle Huppert.

Césars, Paris
Film : *Providence* (Alain Resnais).
Meilleur acteur : Jean Rochefort.
Meilleure actrice : Simone Signoret.

Cannes, 7 janvier
Le nouveau délégué général du Festival, Gilles Jacob, annonce qu'il sera plus court cette année : il ne durera que onze jours. Les commerçants et les hôteliers protestent vivement. (→ 30.5)

Paris, 22 janvier
Le grand prix du cinéma français est décerné au *Crabe-Tambour* de Pierre Schoendoerffer, avec Claude Rich, Jacques Perrin et Jean Rochefort. (→ 4.2)

Paris, 26 janvier
Le film érotique *Emmanuelle II*, de Francis Giacobetti, se voit retirer le label X caractérisant les films pornographiques, sur décision du tribunal administratif. (→ 28.2.79)

Paris, 27 janvier
Un Festival de films homosexuels, au cinéma la Pagode, est perturbé par l'extrême droite. (→ 12.2.80)

France, 27 janvier
Des exploitants indépendants de province et de Paris décident de s'associer pour créer le groupement Geyser, en vue de contrebalancer la puissance des trois grands circuits UGC, Parafrance et Gaumont.

Pékin, 30 janvier
Le cinéaste Yuan Muzhi (*1909), une personnalité majeure de « l'âge d'or » des années trente et grand organisateur du cinéma révolutionnaire au sein de l'Armée populaire de libération, disparaît.

Paris, 1er février
Aux Editions du Seuil paraît un livre de René Bonnell sur les structures économiques du cinéma, *le Cinéma exploité*. (→ 8.9.86)

Prague, 1er février
Sortie du *Jeu de la pomme* (*Hra o jablko*), de Vera Chytilova, réalisé en 1976, avec le réalisateur Jiri Menzel dans le rôle principal. C'est le premier film de fiction de Chytilova depuis 1969. (→ 1.1.82)

Paris, 2 février
Sortie d'*Une histoire simple*, de Claude Sautet, avec Claude Brasseur et Romy Schneider. (→ 3.2.79)

Le Caire, 26 février
Le porteur d'eau est mort (*As saqqa mat*), de Salah Abou Seif, est couronné meilleur film de l'année 1977 par l'Association du film égyptien.

Paris, 27 février
La comédienne Jean Seberg publie une « Lettre aux camés » dans le quotidien *Libération*. (→ 8.9.79)

Liban, 15 mars
Les réalisateurs palestiniens Ibrahim Mustapha Nasser et Abdel-Hafeth al Asmar sont tués alors qu'ils filmaient une opération israélienne dans la région.

Copenhague, 20 mars
Sortie de *Moi et Charly* (*Mig og Charly*), de Henning Kristiansen et Morten Arnfred, avec Kim Jensen et Helle Nielsen.

Royan, 11 avril
Ouverture dans la station balnéaire du premier carrefour du film policier, avec un hommage à Eddie Constantine.

Versailles, 2 mai
Gérard Oury bloque tout un carrefour du centre-ville en y faisant dresser des barricades pour les besoins du tournage de son nouveau film *la Carapate*, une comédie qui a pour cadre les événements de Mai 68. (→ 18.11.82)

Paris, 28 mai
Premier jour de tournage du film qui doit clore le cycle des aventures d'Antoine Doinel, *l'Amour en fuite*, de François Truffaut, avec Jean-Pierre Léaud. (→ 24.1.79)

Paris, 14 juin
Sortie de *Robert et Robert*, réalisé par Claude Lelouch, avec Charles Denner et Jacques Villeret, dans les rôles de vieux garçons, qui vont peu à peu s'apprivoiser. (→ 4.3.89)

Copenhague, 21 août
Sortie de *Lune de miel* (*Honning mane*), de Bille August, avec Claus Stranberg et Kirsten Olesen. Un couple heureux est victime, à la longue, des différences culturelles entre les deux époux. (→ 26.12.87)

Hollywood, 17 septembre
Le réalisateur Michael Cimino rencontre Stephen Bach, l'un des responsables de la production des Artistes associés. Cimino propose à Bach un projet de western intitulé *The Johnson County War*. (→ 15.12)

Paris, 25 septembre
Aux studios d'Epinay, le cinéaste Eric Rohmer tourne *Perceval le Gallois*, d'après le poème épique médiéval de Chrétien de Troyes inspiré du cycle des chevaliers de la Table ronde. (→ 4.3.81)

Bobigny, 9 octobre
Le chanteur et comédien Jacques Brel (*8.4.1929) succombe au cancer qui le minait. Il sera inhumé à Niva, dans les îles Marquises, où il s'était retiré ces dernières années.

Rio de Janeiro, 23 octobre
Classé meilleur film brésilien de l'année au Festival de Brasilia, *Tout va bien* (*Tudo Bem*), d'Arnaldo Jabor, sort en salles.

Paris, 25 octobre
Sortie du film d'Edouard Molinaro, *la Cage aux folles*, d'après la pièce de Jean Poiret, avec Ugo Tognazzi et Michel Serrault. Connaîtra-t-il le même succès ? (→ 3.2.79)

Paris, 12 novembre
Le réalisateur Jacques Doillon obtient le prix de la Fondation Philip Morris pour son film *La femme qui pleure*. Il reçoit 150 000 francs destinés à la campagne promotionnelle du film. (→ 3.12.86)

Biarritz, 15 novembre
Bernard Marie, député-maire de Biarritz, annonce à la presse la création dans sa ville d'un festival annuel du cinéma latino-américain et ibérique.

Paris, 22 novembre
Au musée d'Art moderne de la Ville de Paris, un hommage est rendu au réalisateur américano-coréen de vidéos d'avant-garde et expérimentales, Nam Jum Paik.

Paris, 25 novembre
Le *Figaro magazine* révèle dans sa dernière livraison que quatre géants de l'écran, anglais et américains, alcooliques notoires, se sont mis à l'eau : Richard Harris, Robert Mitchum, Peter O'Toole et Richard Burton.

France, 30 novembre
Une enquête du Centre d'étude des supports de publicité (CESP) révèle que 55 % des Français ne vont jamais au cinéma. Les spectateurs de quinze à vingt ans, qui constituent 20 % de la population, assurent 52 % de la fréquentation. (→ 2.1.79)

Paris, 5 décembre
Au Centre Georges-Pompidou est inaugurée une exposition de dessins et de croquis originaux du cinéaste soviétique S. M. Eisenstein.

Paris, 26 décembre
Entre le 17 et le 25 décembre, les trois chaînes de télévision ont programmé vingt-huit films. Les professionnels du cinéma s'inquiètent de cette boulimie.

Dans « Sonate d'automne », Ingmar Bergman met en scène la confrontation de deux actrices dont la musique rythme le désaccord.

Le Louis-Delluc pour « Diabolo menthe »

Dans son premier film de réalisatrice, Diane Kurys évoque son adolescence.

Paris, janvier
Le prix Louis-Delluc récompense *Diabolo menthe*, premier film de Diane Kurys. La comédienne de la compagnie Renaud-Barrault a écrit pour cette œuvre un scénario largement autobiographique qui relate l'éveil de deux adolescentes, à la fin de 1963. Eveil aussi bien sentimental que politique, dans un monde qui échappe visiblement à ces jeunes filles. Composé de détails et de notations réalistes plus que d'une action dramatique, ce film a agréablement surpris lors de sa sortie, à la mi-décembre, et sa fraîcheur ainsi que son humour lui ont assuré un triomphe public. (→ 6.4.83)

Les Césars s'honorent avec Alain Resnais

Paris, 4 février
Présidée par Jeanne Moreau, la soirée des Césars est animée par Victor Lanoux, Roger Pierre et Jean-Pierre Aumont. Le grand vainqueur de l'année est *Providence*, d'Alain Resnais, avec sept Césars, dont ceux du meilleur film, du meilleur réalisateur et de la meilleure musique (Miklos Rosza). La meilleure actrice est Simone Signoret pour *la Vie devant soi*, de Moshe Mizrahi, et le meilleur acteur Jean Rochefort pour *le Crabe-Tambour*, de Pierre Schoendoerffer. Ettore Scola vaut à l'Italie le César du meilleur film étranger grâce à *Une journée particulière*. (→ 3.4.84)

Jean Rochefort (à droite) avec Jacques Perrin dans « le Crabe-Tambour ».

De l'affaire Begelman au Hollywoodgate

New York, 6 février
La démission de David Begelman de la présidence de la division cinéma et télévision de la Columbia va-t-elle mettre fin à « l'affaire Begelman », dite « Hollywoodgate » ? On peut en douter. Tout a commencé en juin dernier lorsque l'acteur Cliff Robertson a découvert que Begelman avait imité sa signature pour encaisser un chèque de dix mille dollars établi par la comptabilité de Columbia. D'autres falsifications semblables ont été ensuite découvertes, notamment celle d'un chèque de cinq mille dollars établi à l'ordre du réalisateur Martin Ritt, dont Begelman avait imité la signature afin de l'endosser. Curieusement, bien qu'il ait avoué ces faits, Begelman continue à bénéficier de la bienveillance des administrateurs de la firme. Cela explique qu'il a été rétabli dans ses fonctions en décembre dernier, trois mois après les avoir quittées sous la contrainte. C'est sous la pression du conseil d'administration de Columbia que le président de celle-ci, Alan Hirshfield, a dû rappeller Begelman à la tête du studio. La presse, qui n'a pas beaucoup apprécié cette indulgence, laisse entendre que les escroqueries de Begelman ne sont qu'un exemple de pratiques très répandues à Hollywood. Peut-être la nouvelle démission de Begelman parviendra-t-elle à calmer définitivement les esprits ! (→ 20.7)

Cliff Robertson (ici dans « Obsession », de De Palma) est au centre de l'affaire.

Roman Polanski en rupture d'Amérique

Londres, 9 février
A la suite de son inculpation pour détournement de mineur, Polanski a été condamné en septembre dernier à passer quatre-vingt-dix jours en prison, pour évaluation psychiatrique. Toutefois, il a obtenu un délai de trois mois pour travailler à Tahiti sur la production de Dino De Laurentiis, *l'Ouragan*. Le 31 janvier, la veille du jour où la sentence devait être prononcée, le réalisateur du *Bal des vampires* a quitté la Californie, probablement définitivement. En effet, à Londres, où il se trouve en ce moment, il vient de déclarer qu'il n'a pas l'intention de retourner aux Etats-Unis, où il avait plaidé coupable de « rapports sexuels illicites » avec une mineure. Depuis que l'affaire a éclaté, la presse à sensation et les ligues de vertu ont transformé « l'étranger » Polanski en un symbole de la dégradation morale du milieu hollywoodien. En fait, la très puritaine Amérique a toujours considéré Polanski comme un pervers. Déjà, à l'époque de l'assassinat de sa femme, Sharon Tate, dans les conditions sordides qu'on connaît, la presse n'avait pas hésité à parler d'« orgies » auxquelles tous deux se seraient livrés. (→ 31.10.79)

Aux Oscars, Woody plutôt que les robots

Woody Allen, Tony Roberts et Diane Keaton dans « Annie Hall ».

Los Angeles, 3 avril
A l'occasion de la cinquantième cérémonie des Oscars, l'organisation a prévu un spectacle exceptionnel avec la participation des plus grandes stars américaines. Une ovation est faite à *Annie Hall*, de Woody Allen, meilleur film pour l'année 1977. Allen est désigné meilleur réalisateur et Diane Keaton meilleure actrice pour ce même film. *La Guerre des étoiles* (*Star Wars*), de George Lucas, qui était le favori de la soirée, obtient six Oscars de moindre importance. Le meilleur acteur est Richard Dreyfuss pour *Adieu, je reste* (*The Goodbye Girl*), d'Herbert Ross. (→ 20.4.79)

Vanessa Redgrave, meilleur second rôle pour « Julia », de F. Zinnemann.

François Truffaut dans le culte des morts

Nathalie Baye et le réalisateur : « la Chambre verte », inspiré d'Henry James.

Paris, 5 avril
La Chambre verte est un film que François Truffaut a voulu consacrer aux morts. Le réalisateur incarne lui-même Julien Davenne, personnage qui vit dans l'est de la France vers le milieu des années 20. Revenu entier de la Grande Guerre, il demeure hanté par le souvenir de ce gigantesque massacre, ainsi que par la mort prématurée de sa jeune femme. La fameuse chambre verte est d'ailleurs celle où Julien vénère son épouse défunte. D'une gravité proche de *l'Histoire d'Adèle H.*, ce film était en projet depuis plusieurs années, mais semble fort peu apprécié du public. (→ 28.5)

Les Artistes associés en proie à la scission

New York, 19 avril
Le mauvais sort n'épargne décidément aucune grande compagnie ! Même les Artistes associés, qu'on croyait à l'abri des tempêtes qui soufflent sur les autres firmes, semblent devenir très vulnérables. Il y a trois mois, toute l'équipe à la tête de cette société avait démissionné en bloc après un désaccord très sérieux avec Transamerica, la maison mère, quant à la gestion du studio. Les démissionnaires, parmi lesquels figurent Arthur Krim, Robert Benjamin, Eric Pleskow, Mike Medavoy et William Bernstein, n'ont toutefois pas chômé depuis leur coup d'éclat. En effet, ils viennent d'annoncer la fondation de leur propre studio, Orion Pictures, dont ils ont l'intention de faire une « Major ». Pour assurer leurs arrières, ils ont signé un accord de distribution exclusif avec la firme Warner, laquelle a décidé d'investir 90 millions de dollars dans cette entreprise. La création d'Orion Pictures intervient dans un contexte particulièrement difficile pour toutes les Majors, marqué par la prolifération des scandales et des règlements de compte. Pour leur part, les Artistes associés vont devoir surmonter de graves problèmes de gestion après la scission, unique dans l'histoire des studios américains, dont ils ont été victimes. Certains actionnaires de la firme semblent se préparer à quitter le navire, de peur qu'il prenne l'eau. Décideront-ils de rejoindre l'équipe d'Orion Pictures ? (→ 23.7.85)

La sépulture de Chaplin a été profanée

Suisse, 17 mai
Il y a deux mois et demi, le 2 mars précisément, le gardien du cimetière de Vevey découvrait la profanation de la sépulture de Charles Chaplin, mis en terre le 27 décembre dernier. Non seulement le caveau avait été violé, mais le cercueil renfermant la dépouille de l'artiste avait disparu. Aussitôt alertée, la police ouvrait une difficile enquête et celle-ci piétinait, par manque d'indices et de motifs. En effet, n'importe qui pouvait être à l'origine de cet enlèvement : un déséquilibré admirateur de Charlot, un maniaque, des gangsters désirant une rançon... Le seul espoir des enquêteurs résidait dans une manifestation quelconque des malfaiteurs, mais, au fil des semaines suivantes, rien ne se produisit. Un cercueil ne passe pourtant pas inaperçu et ne peut disparaître très longtemps ! Il vient d'être retrouvé dans le bourg de Noville, à quelques kilomètres seulement de Vevey, le jour même de l'ouverture du 31e Festival de Cannes. C'est un grand soulagement pour tous et en particulier pour le monde du cinéma. Les policiers n'interrompent pas leur enquête pour autant, car les coupables ne sont pas arrêtés et leur mobile reste inconnu. A ce jour, personne ne peut encore dire où a été caché le cercueil. Il semble que les malfaiteurs aient voulu extorquer une forte somme d'argent à la famille de Charles Chaplin en échange de son corps. Cette nouvelle forme de banditisme révolte le monde entier.

La Croisette entre l'image des traditions et la modernité

« L'Arbre aux sabots », d'Ermanno Olmi, Palme d'or du 31e Festival.

Gérard Depardieu dans « Rêve de singe », grand prix spécial du jury.

Cannes, 30 mai

L'Italien Ermanno Olmi est un réalisateur discret dont l'œuvre n'est connue et appréciée que par un cercle réduit de cinéphiles. Cela va sans doute changer puisque Olmi vient de se voir propulser sous les projecteurs grâce à l'attribution de la Palme d'or du Festival de Cannes à son film *l'Arbre aux sabots*. Chronique de la vie de cinq familles de métayers dans une ferme lombarde à la fin du siècle dernier, ce film très épuré a les qualités d'une véritable œuvre ethnographique. Très éloigné des préoccupations « passéistes » d'Olmi, son concitoyen Marco Ferreri donne avec *Rêve de singe*, tourné à New York, une fable futuriste peu rassurante quant au devenir de l'homme. Présidé par le réalisateur américain Alan J. Pakula, le jury lui a décerné son grand prix spécial; en ex aequo avec *le Cri du sorcier*, film anglais réalisé par le Polonais errant Jerzy Skolimowski et dans lequel il est question du « cri qui tue »! Comparé à *l'Empire des sens*, le nouveau film du réalisateur japonais Nagisa Oshima, *l'Empire de la passion*, paraît moins sulfureux. Il serait toutefois étonnant que les Japonais apprécient ce conte autant que le jury de Cannes, qui lui a attribué le prix de la mise en scène. Aux côtés de Jon Voight, meilleur interprète pour *le Retour*, d'Hal Ashby, deux actrices se sont partagé le prix d'interprétation féminine : Isabelle Huppert, pour *Violette Nozière*, de Claude Chabrol, et Jill Clayburgh, pour *Une femme libre*, de Paul Mazursky. (→24.5.79)

Le Hollywoodgate agite la Columbia

New York, 20 juillet

L'affaire Begelman et la sympathie dont celui-ci continue à bénéficier de la part des administrateurs de Columbia n'ont pas fini de faire des vagues au sein même de l'équipe dirigeante de la firme. A preuve, la décision du conseil d'administration de ne pas renouveler le contrat de son président, Alan Hirshfield, lequel a refusé de donner sa démission. Cette décision a été votée par cinq voix contre deux, Alan Hirshfield et Leo Jaffe étant dans la minorité. Depuis le début de l'affaire Hollywoodgate et les tentatives d'Alan Hirshfield de licencier Begelman, le président du conseil d'administration s'était heurté aux administrateurs de Columbia, lesquels semblaient si satisfaits du travail accompli par Begelman qu'ils étaient près à tout lui pardonner. La décision de ne pas renouveler le contrat de Hirshfield a été prise malgré le soutien de tous les cadres supérieurs de la compagnie, qui ont demandé à parler en sa faveur à l'occasion de la réunion spéciale consacrée à son cas. (→2.10.79)

John Travolta et les comédies musicales de l'époque disco

New York, 11 juin

Grease, de Randal Kleiser, est le quatrième film interprété par John Travolta, révélé il y a quelques mois par *la Fièvre du samedi soir* (*Saturday Night Fever*), de John Badham. Il est présenté dans près de mille cinq cents salles des Etats-Unis. En juin 1971, à Chicago, deux jeunes auteurs présentaient sur scène la comédie musicale *Grease* centrée sur les années cinquante. Au sein de la troupe se trouvait Travolta. A la suite de la disparition d'Elvis Presley, qui devait tenir le rôle principal, la Paramount le proposa à Travolta, désormais star du box-office pour avoir donné la fièvre du disco au monde entier. A ses côtés, on découvre une autre révélation de la chanson : Olivia Newton-John.

Un prix d'interprétation va à Isabelle Huppert pour « Violette Nozière ».

Dans « la Fièvre du samedi soir », de John Badham, et avec Olivia Newton-John dans « Grease », de Randal Kleiser.

Charles Boyer s'est donné la mort

Phoenix, 28 août
Charles Boyer s'est donné la mort à Phoenix, dans l'Arizona, le jour de son quatre-vingt-unième anniversaire. Né le 28 août 1897 à Figeac, dans le Lot, mais naturalisé américain en 1942, il a débuté au théâtre après la Première Guerre. Au début du cinéma parlant, il est parti pour Hollywood, où il a incarné la séduction française sous la direction de Leo McCarey, d'Anatole Litvak ou de George Cukor, entre autres. En 1934, il s'est marié à une jeune Anglaise, Pat Patterson, dont il eut un fils, lequel s'est suicidé en 1965. La mort de sa femme, survenue le 26 de ce mois, a été un nouveau choc pour Charles Boyer, qui s'est dit incapable de continuer à vivre seul. Cette nouvelle épreuve a été trop dure pour lui et il a préféré quitter ce monde, duquel il n'espérait plus rien.

Cimino voyage au cœur de l'Amérique

John Savage et Robert De Niro dans « Voyage au bout de l'enfer ».

New York, 15 décembre
De l'auteur du polar assez anodin qu'était *le Canardeur* (*Thunderbolt and Lightfoot*), on n'attendait pas une telle surprise pour son second film : avec *Voyage au bout de l'enfer* (*The Deer Hunter*), il faut bien convenir que Michael Cimino crée l'événement. Le film s'attache aux destinées de quelques ouvriers faisant partie d'une communauté lituanienne dans une petite ville de Pennsylvanie. Trois d'entre eux, incarnés par John Savage, Christopher Walken et Robert De Niro, s'apprêtent à rejoindre des unités combattantes au Viêt-nam. C'est peu de dire qu'ils y trouveront l'enfer : capturés par l'ennemi, ils sont emprisonnés dans des cages à demi immergées, dont leurs geôliers ne les tirent que pour les obliger à jouer à la roulette russe. Seuls deux d'entre eux en reviennent vivants, et le film fait aussi le constat de leur naufrage personnel, toutes illusions envolées et tous espoirs compromis. Le réalisateur a beau préciser qu'il n'a pas voulu réaliser un documentaire sur le Viêt-nam mais un simple film de fiction, certains se demandent pourtant s'il ne montre pas des Américains un peu trop naïfs et innocents. (→ 9.4.79)

Vol au-dessus du monde ordinaire

New York, 15 décembre
De tous les super-héros de la bande dessinée, le plus populaire est sans doute Superman, personnage créé par Jerry Siegel et Joe Shuster en 1938. Homme oiseau, Superman est un extraterrestre aux pouvoirs extraordinaires qui vit sur Terre déguisé en timide journaliste, mais qui se transforme en redresseur de torts chaque fois que cela est nécessaire. La bande dessinée est devenue un film, réalisé par Richard Donner pour un budget estimé à 55 millions de dollars. A lui seul, Marlon Brando, qui incarne le père de Superman, a touché 3 millions de dollars pour treize jours de tournage seulement ! C'est Christopher Reeve, un charmant nouveau venu qui promet, qui a été choisi pour tenir le rôle-titre de *Superman*. Le film va sans douter rencontrer un grand succès public, tant ses effets spéciaux sont parfaitement réussis et ses scènes d'action bien spectaculaires. (→ 31.12.79)

Ch. Reeve dans « Superman ».

Le face-à-face de Bergman et Bergman

Stockholm, 8 octobre
Bien que coproduction germano-norvégienne, le nouveau film réalisé par Ingmar Bergman, *Sonate d'automne* (*Höstsonaten*), n'en est pas moins suédois et fidèle à l'œuvre du cinéaste. Pour leur premier film fait ensemble, ce dernier offre ici à Ingrid Bergman l'occasion de faire sa rentrée dans le cinéma de son pays, au terme d'une carrière anglo-saxonne qui ne lui procurait plus que des rôles médiocres. Elle interprète ici le personnage de Charlotte, et le réalisateur lui adjoint une fille en la personne de Liv Ullmann. La mère est pianiste, la fille a épousé un pasteur, et toutes deux ne se sont pas vues depuis plusieurs années. Plutôt que d'heureuses retrouvailles, leur rencontre va marquer un règlement de comptes, Eva accusant sa mère d'avoir gâché leur vie familiale par son égoïsme qui l'a finalement contrainte à s'enfuir. (→ 29.11.79)

Liv Ullmann et Ingrid Bergman : « Sonate d'automne », d'Ingmar Bergman.

Le Louis-Delluc à « l'Argent des autres »

Paris, 14 décembre
Le prix Louis-Delluc est attribué à un film d'inspiration politique et d'atmosphère presque fantastique. Pour son troisième long métrage en douze ans, Christian de Chalonge conte avec *l'Argent des autres* l'histoire d'un fondé de pouvoir interprété par Jean-Louis Trintignant. Licencié de la banque où il était employé, il découvre qu'on essaie en fait de lui faire endosser certaines malversations. Cette plongée dans l'inquiétant univers du pouvoir financier réserve quelques scènes surprenantes au spectateur : un bureau de placement déshumanisé ou encore les directeurs de la banque jugeant leur employé à la lueur de bougies. (→ 3.2.79)

Une affiche signée René Ferracci.

Jean Dasté et François Truffaut dans « la Chambre verte », de F. Truffaut.

« Rêve de singe », de Marco Ferreri.

« Woyzeck », de Werner Herzog.

I. Huppert dans « Violette Nozière ».

G. Depardieu et M. Serrault : « Préparez vos mouchoirs », de Bertrand Blier.

Patrice Thomeré, Daniel Mesguish et Philippe Caubère, principaux interprètes de « Molière », un film en deux parties d'Ariane Mnouchkine.

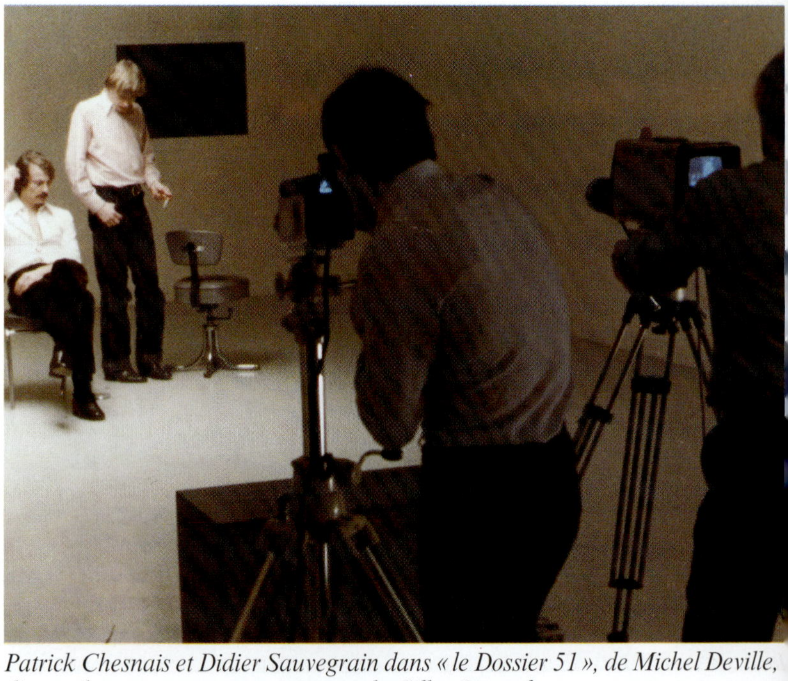

Patrick Chesnais et Didier Sauvegrain dans « le Dossier 51 », de Michel Deville, d'après le roman et sur un scénario de Gilles Perrault.

Affiche originale signée R. Ferracci.

« Voyage au bout de l'enfer ».

« Morts suspectes » (« Coma »), un film américain de Michael Crichton.

Jack Nicholson et Richard Bradford : « En route vers le Sud », de Nicholson.

Yves Montand et Laurent Mallet dans « les Routes du Sud », de Joseph Losey.

James Caan et Jane Fonda dans « le Souffle de la tempête », de A. Pakula.

« Le Convoi » (« Convoy »), un film d'aventures de Sam Peckinpah.

Amy Striker et Howard Duff dans « Un mariage » (« A Wedding »), où Robert Altman se montre un impitoyable observateur de la société américaine.

1979

Oscars, Hollywood
Film : *Voyage au bout de l'enfer* (Michael Cimino).
Acteur : Jon Voight.
Actrice : Jane Fonda.

Mostra d'arte cinematografica, Venise
Lion d'or non décerné.
Meilleur acteur : Evgueni Leonov.
Meilleure actrice : Nobuko Otowa.

Festival international du film, Cannes
Palme d'or : *le Tambour* (Volker Schlöndorff).
Apocalypse Now (Francis Ford Coppola).
Meilleur acteur : Jack Lemmon.
Meilleure actrice : Sally Field.

Césars, Paris
Film : *l'Argent des autres* (Christian de Chalonge).
Acteur : Michel Serrault.
Actrice : Romy Schneider.

Los Angeles, 12 janvier
John Wayne subit une grave intervention chirurgicale : l'estomac, atteint par un cancer, lui est presque entièrement enlevé. (→ 16.6)

Rome, 23 janvier
Le producteur Carlo Ponti, le mari de Sophia Loren, est inculpé par la justice italienne pour exportation illégale de capitaux. (→ 19.5.82)

Paris, 24 janvier
Jeanne Moreau présente son second film en tant que réalisatrice, *l'Adolescente*, avec Simone Signoret et Francis Huster. (→ 1.3.83)

Etats-Unis, 16 février
A la suite d'incidents violents dans plusieurs salles qui projettent *les Guerriers de la nuit* (*The Warriors*), de Walter Hill, Paramount décide d'annuler la campagne publicitaire et de refaire toutes les annonces destinées aux salles.

Londres, 5 mars
George Lucas, qui le produit et le supervise, assiste au début du tournage de *L'Empire contre-attaque* (*The Empire Strikes Back*), réalisé par Irvin Kershner. Ce film est la suite de *la Guerre des étoiles* (*Star Wars*). (→ 21.5.80)

Etats-Unis, 1er avril
La carrière du film *le Syndrome chinois* (*The China Syndrome*), de James Bridges, avec Jane Fonda et Michael Douglas, sorti il y a quinze jours, est relancée ! En effet le film décrit un accident identique à celui survenu hier à la centrale nucléaire de Three Mile Island.

Hollywood, 9 avril
A la sortie de la cérémonie des Oscars, Jane Fonda déclare à propos du film de Michael Cimino : « C'est un film raciste, qui présente la version gouvernementale de la guerre du Viêt-nam ». (→ 4.12.81)

Columbus, 9 avril
Bob Rafelson commence le tournage de *Brubaker*. Le Syndicat des chefs opérateurs s'insurge contre l'embauche de Bruno Nuytten, directeur de la photographie français, qui remplace Haskell Wexler au pied levé, et demande la révocation de son permis de travail.

New York, 20 avril
Sortie de *Manhattan*, de Woody Allen, avec lui-même, Diane Keaton, Michael Murphy, Mariel Hemingway. La belle photographie en noir et blanc et en CinemaScope est de Gordon Willis. (→ 26.9.80)

Montana, 28 avril
A Kalispell, pour le tournage de *la Porte du paradis* (*Heaven's Gate*), Michael Cimino a pris dix jours de retard sur son plan de travail, alors qu'il est là depuis le début du mois. Il a en outre dépensé cinq millions des onze millions de dollars de son budget.

Hollywood, 5 août
David Field, codirecteur de la production des Artistes associés, impose à Michael Cimino un nouveau budget de 27,5 millions de dollars et une durée maximale de trois heures pour *la Porte du paradis*. Cimino refuse, demande à être licencié, puis accepte ce contrat. (→ 18.3.80)

Italie, 10 août
Une polémique éclate à Rome autour du film d'Alain Robbe-Grillet, *Glissements progressifs du plaisir*, condamné par la Cour de cassation italienne, mais défendu par la critique et le monde des arts au nom de la liberté de création.

Colorado, 31 août
Dans le cadre du Festival de Telluride, la version originale intégrale du *Napoléon* d'Abel Gance, reconstituée par l'historien Kevin Brownlow, avec son final sur triple écran, est projetée en plein air en présence du cinéaste, à qui le public fait une ovation. (→ 23.1.81)

New York, 30 septembre
Lauren Bacall publie ses mémoires sur sa vie privée et son métier d'actrice sous le titre limpide *Lauren Bacall, by Myself*.

Los Angeles, 2 octobre
Universal et Disney Pictures perdent leur procès contre Sony. La cour décide que l'usage à des fins privées du magnétoscope ne constitue pas une infraction à la législation sur le *copyright*.

New York, 5 octobre
Sortie du film de Blake Edwards, *Elle* (*Ten*), qui révèle la splendide Bo Derek, aux côtés de Dudley Moore et de Julie Andrews, et fait du *Boléro* de Ravel la musique la plus torride du moment. (→ 14.4.80)

Paris, 17 octobre
Yves Robert présente *Courage, fuyons* avec Jean Rochefort et Catherine Deneuve. (→ 26.10.90)

France, 1er novembre
Le nouveau taux de TVA appliqué aux films entre en vigueur. Il est ramené à 7 %, aligné sur celui du livre. Seuls les films classés X restent taxés au taux majoré de 33 %.

New York, 7 novembre
Bette Midler a décroché son premier rôle en vedette dans *The Rose*, qui sort ce jour, de Mark Rydell, avec Alan Bates, Frederic Forrest et Harry Dean Stanton.

Lisbonne, 24 novembre
Manoel de Oliveira a très fidèlement adapté un classique de la littérature portugaise : *Amour de perdition* (*Amor de Perdiçao*). Le film de quatre heures et demie est un superbe mélodrame, avec A. Sequeira Lopes et C. Hauser. (→ 17.5.83)

Paris, 26 novembre
Le réalisateur Marcel L'Herbier (*23.4.1888) décède. (→ 23.10.86)

Etats-Unis, 2 décembre
Lorsqu'il est demandé aux jeunes comédiennes américaines avec quel réalisateur français elles aimeraient tourner, dix sur dix désignent... François Truffaut. (→ 17.9.80)

Hollywood, 4 décembre
Disney Productions annonce que le studio coproduira un film, *Popeye*, pour la première fois de son histoire, avec Paramount.

Paris, 19 décembre
Sortie de *Buffet froid*, de Bertrand Blier, avec Gérard Depardieu, Jean Carmet et bien sûr Bernard Blier. (→ 19.5.86)

Indonésie, 31 décembre
A peu près quatre cents salles de cinéma sont dénombrées pour l'ensemble du pays.

Hollywood, 31 décembre
Les studios annoncent une hausse de 5 % des recettes des productions cinématographiques pour tout le continent nord-américain. C'est *Superman*, de Richard Donner, qui l'emporte haut la main avec une recette de 80 millions de dollars.

« Le Tambour », de Volker Schlöndorff, avec David Bennent, obtient la Palme d'or à Cannes et consacre la renaissance du cinéma allemand.

Sombre bilan pour le cinéma français

Paris, 2 janvier
Une première lecture des chiffres concernant le bilan du cinéma français en 1978 peut faire croire à une reprise; mais ces chiffres sont trompeurs. L'année écoulée semble avoir été une année record pour la production française, avec 326 films, soit 92 de plus qu'en 1974, année du précédent record. En vérité, la réalité est un peu moins reluisante, plus de la moitié de ces films étant pornographiques. En effet, ce genre cinématographique enregistre une augmentation de 118 % en 1978, exploit qui laisse rêveurs les producteurs des autres films. Quant à la fréquentation, on remarque une hausse de 5 % par rapport à 1977, soit 177,248 millions de spectateurs. Le nombre de 168,68 millions de spectateurs atteint en 1977 était le plus bas enregistré depuis vingt ans. Ainsi, même si hausse il y a, 1978 n'arrive qu'en dix-huitième position dans le classement des vingt-deux dernières années. (→ 1.9.80)

Antoine Doinel se penche sur son passé

J.-P. Léaud avec Marie-France Pisier et D. Mesguish : « l'Amour en fuite ».

Paris, 24 janvier
Le nouveau film de François Truffaut a des allures de bilan. La cinquième partie des aventures d'Antoine Doinel mêle en effet le présent – Doinel a trente-cinq ans – et le passé, sous forme d'extraits des précédents films du cycle : *les Quatre Cents Coups*, *l'Amour à vingt ans*, *Baisers volés* et *Domicile conjugal.* Avec ce chapitre apparemment ultime, celui qu'incarne Jean-Pierre Léaud fait le point sur son état d'adulte et essaie d'en finir avec son adolescence. Dans *l'Amour en fuite*, il fait défiler toutes les femmes de sa vie, et d'abord sa mère morte, qu'un ami vient évoquer. (→ 2.12)

Jean Renoir meurt loin de Montmartre

Hollywood, 13 février
Jean Renoir s'est éteint dans sa propriété de Beverly Hills sans avoir revu le Château des Brouillards montmartrois, où il était né le 15 septembre 1894. Depuis *le Petit Théâtre de Jean Renoir*, produit par la télévision française en 1969, le cinéaste n'avait plus tourné, mais il avait en revanche beaucoup écrit. Parue chez Flammarion en 1974, son autobiographie *Ma vie et mes films* s'est déjà imposée comme un document essentiel à la compréhension de son œuvre. L'année dernière, il publiait ses deuxième et troisième romans, après *les Cahiers du capitaine Georges*, paru en 1966 : *le Cœur à l'aise* et *le Crime de l'Anglais*. Rédigé avec l'aide de Paul Barzman, le quatrième récit du metteur en scène, *Geneviève*, n'a été achevé que quelques jours avant sa mort. Cloué dans son fauteuil roulant, Renoir y aura consacré ses dernières forces. Sa dépouille sera ramenée en France et inhumée au cimetière familial d'Essoyes.

Un deuxième César pour Romy Schneider

Paris, 3 février
Présentée par Pierre Tchernia, cette soirée est présidée par Charles Vanel, qui reçoit un César d'honneur pour l'ensemble de sa carrière. Les Césars n'ont que quatre ans d'existence et déjà une actrice est couronnée pour la seconde fois. Il s'agit de Romy Schneider, nommée meilleure actrice pour son rôle dans *Une histoire simple*, de Claude Sautet. Michel Serrault est désigné meilleur acteur pour sa création dans *la Cage aux folles*, d'Edouard Molinaro. Le film de l'année est *l'Argent des autres*, qui vaut le César du meilleur réalisateur à Christian de Chalonge. Le film italien *l'Arbre aux sabots*, d'Ermanno Olmi, est le meilleur film étranger. (→ 13.2.80)

Le porno suscite sa propre contestation

Paris, 28 février
Depuis que la libéralisation des mœurs a permis de rejeter les tabous sexuels, la tendresse a été quelque peu négligée. C'est en tout cas l'amer constat que fait Patrick Schulman, auteur et réalisateur du film *Et la tendresse ?... bordel !...*, une comédie corrosive, cocasse et bien dans l'air du temps. A travers le portrait de trois couples qui vivent chacun différemment leurs rapports, du romantisme à la pornographie, le cinéaste fait le bilan des dégâts causés par une pseudo-libéralisation caricaturale. Comme le souligne le titre du film, les premières victimes de cette permissivité seraient semble-t-il les sentiments, bannis par la sexualité. (→ 1.11)

« Une histoire simple », de C. Sautet, avec Arlette Bonnard et Romy Schneider.

Bernard Giraudeau et Evelyne Dress dans « Et la tendresse ?... Bordel !... ».

L'Institut du film célèbre Hitchcock

Hollywood, 7 mars
L'American Film Institute a remis à Alfred Hitchcock le Life Achievement Award, titre que d'aucuns ont trouvé quelque peu funèbre. La soirée d'hommage s'est déroulée au Beverly Hilton et était filmée par la chaîne de télévision CBS. En présence du Tout-Hollywood, Ingrid Bergman présidait la cérémonie, au cours de laquelle chacun y est allé de ses louanges à l'égard du réalisateur. François Truffaut, dont on sait l'admiration qu'il lui voue, était même venu de Paris pour revoir le vieux maître. L'état de santé de ce dernier, dévoré par l'arthritisme, et celui de sa femme, Alma, complètement impotente, ont malheureusement assombri la soirée. Il apparaît de plus en plus certain, en tous cas, que le cinéaste ne fera pas *The Short Night*. Adapté d'un roman de Ronald Kirkbride, ce projet ne pourrait en effet qu'être tourné en Finlande, déplacement qui, désormais, semble physiquement impossible à Hitchcock. (→ 3.1.80)

Milos Forman exorcise en musique la guerre du Viêt-nam

« Hair », comédie musicale éprouvée à Broadway, chante et danse les obsessions et les refus de la jeunesse américaine.

New York, 14 mars
Claude, fils de fermier, doit partir pour l'armée, mais après une fête organisée par ses amis il décide de faire le mur. Son ami Berger le couvrira, en répondant à l'appel à sa place et en s'embarquant pour le Viêt-nam, d'où il ne reviendra pas. Raconté ainsi, le sujet de *Hair* peut faire croire que ce film de Milos Forman est un drame. Il s'agit en fait d'une comédie musicale écrite par Gerome Ragni et James Rado et qui a déjà triomphé sur scène avant d'être portée à l'écran avec autant de bonheur. Le film évoque le mouvement hippy qui était né dans les années 60 en réaction à l'Amérique repue et à sa guerre au Viêt-nam. Avant d'être un film à message, destiné notamment à exorciser le douloureux traumatisme lié à cette guerre, *Hair* est un véritable feu d'artifice et une excellente œuvre de divertissement, parfaitement mise en scène par l'« émigré » Milos Forman. (→ 20.11.81)

Un demi-siècle de cinéma pour les Oscars

Los Angeles, 9 avril
Laurence Olivier et John Wayne sont les invités d'honneur de la soirée de remise des Oscars, la cinquante et unième, puisqu'il y en eut deux en 1930. Le meilleur film pour l'année 1978 est *Voyage au bout de l'enfer* (*The Deer Hunter*), pour lequel Michael Cimino est désigné meilleur réalisateur. Jane Fonda et Jon Voight emportent les Oscars d'interprétation pour *Retour* (*Coming Home*), d'Hal Ashby. Laurence Olivier, le réalisateur King Vidor et l'auteur de dessins animés Walter Lantz reçoivent chacun une statuette en or pour l'ensemble de leur carrière. *Préparez vos mouchoirs*, de Bertrand Blier, est le meilleur film étranger. (→ 19.12)

Jon Voight et Jane Fonda : « Retour », d'Hal Ashby (Oscars d'interprétation).

André Téchiné, romantisme et rigueur

Paris, 9 mai
Les Sœurs Brontë, quatrième film d'André Téchiné, est un projet auquel le jeune cinéaste pensait depuis 1972. C'est Daniel Toscan du Plantier, pratiquant chez Gaumont une politique de prestige, qui a accepté de monter le film. Celui-ci durant plus de trois heures dans sa version initiale, le producteur l'a amputé d'une heure, réduisant le sujet à Charlotte, Emily et Anne Brontë, au détriment de leur frère Branwell. Aussi cette triple biographie d'un sombre romantisme se résume-t-elle souvent à de belles images de la lande anglaise, traversée par les trois sœurs, interprétées par Isabelle Adjani, Marie-France Pisier et Isabelle Huppert. (→ 20.5.85)

Marie-France Pisier, Isabelle Huppert, Isabelle Adjani : « les Sœurs Brontë ».

La Palme d'or pour « le Tambour » et « Apocalypse Now »

Cannes, 24 mai
Françoise Sagan et les autres membres du jury du Festival de Cannes ont eu du mal à choisir entre *le Tambour*, de Volker Schlöndorff, et *Apocalypse Now*, de Francis Ford Coppola. Ces deux films ont de nombreux points communs, notamment l'évocation des pages sombres de l'histoire de l'Allemagne et des Etats-Unis, à travers le traumatisme nazi, dans le premier film, et le traumatisme du Viêt-nam, dans le second. Ils obtiennent finalement, ex æquo, la Palme d'or. *Le Tambour* retrace vingt ans de l'histoire de l'Allemagne à travers le destin d'un enfant qui refuse de grandir. Interprété notamment par Marlon Brando, le film de Coppola est, lui, une éblouissante parabole sur la guerre du Viêt-nam. (→ 15.8)

Robert Duvall dans « Apocalypse Now », de Francis Ford Coppola (à gauche), et le petit David Bennent dans « le Tambour », de Volker Schlöndorff.

Jean-Louis Bory a choisi sa mort

Méréville, 12 juin
Jean-Louis Bory (*25.6.1919) s'est suicidé dans sa propriété de Méréville. La mort de celui qui se présentait comme un « optimiste contrarié » laisse un vide dans la critique de cinéma, à laquelle il avait apporté un style humoristique et passionnel qui restera inimitable. Aussi bien dans les pages du *Nouvel Observateur* que dans l'émission de France Inter « le Masque et la Plume », il faisait preuve d'une verve sans pareille pour louer ou exécuter les films qu'il avait vus. Le lauréat du prix Goncourt 1945, pour son livre *Mon village à l'heure allemande*, était aussi un homme de gauche convaincu, signataire du *Manifeste des 121* en 1960.

« Les Moissons du ciel », de Malick et « Sibériade », de Konchalovsky, primés.

L'épouvante à l'échelle interplanétaire

New York, 24 mai
Pour son second film, après le brillant exercice de style qu'était *les Duellistes* (*The Duellists*, 1977), le metteur en scène britannique Ridley Scott s'est plus ou moins inspiré d'une vieille série B de la science-fiction américaine : *It! The Terror from beyond Space*, réalisée par Edward L. Cahn en 1958. Autant dire que l'originalité du film ne réside pas dans son propos : *Alien* n'invente pas l'extraterrestre carnassier, mais se contente de le remettre à la mode. Ce qui fait par contre du film un chef-d'œuvre, c'est sa forme : on est loin ici des budgets et effets spéciaux faméliques de la série B. Imaginés par les talents du peintre suisse Giger, du dessinateur Moebius et de Ron Cobb, les décors du film sont proprement extraordinaires, qu'il s'agisse du vaisseau *Nostromo* ou des ruines du vaisseau extraterrestre dans lesquelles les astronautes découvrent l'*alien* (étranger). La créature est elle-même fort réussie et massacre allégrement les humains qu'elle rencontre. Au terme d'une chasse meurtrière, la belle Ripley (Sigourney Weaver) et son chat Jones parviendront toutefois à déjouer l'impitoyable et terrifiante bestiole. (→ 25.6.82)

Cannes rend hommage à Miklos Jancso

Cannes, 24 mai
Révélé sur la Croisette en 1965 par son film *les Sans Espoir*, le réalisateur hongrois Miklos Jancso a eu l'occasion d'y revenir par la suite avec d'autres films qui ont fait chacun sensation par la singularité de leur inspiration et de leur style. Grâce à l'hommage que le Festival de Cannes vient de consacrer à ce cinéaste, on a pu voir sa dernière œuvre, *Rhapsodie hongroise*, qui marque, après un détour par l'Italie, où il a tourné trois films, son retour au cinéma hongrois. L'œuvre de ce cinéaste s'articule autour d'une analyse « dialectique » du passé de son pays, depuis les révoltes paysannes de la fin du siècle dernier (*les Sans Espoir* et *Psaume rouge*), jusqu'à l'enthousiasme révolutionnaire de 1947 (*Ah ça ira !*), en passant par l'écrasement sanglant de la « République des Conseils » en 1918 (*Agnus Dei*). Ce qui fait le prix de l'œuvre de Miklos Jancso, c'est surtout son style original, basé notamment sur une utilisation fréquente des plans-séquences destinés à plonger le spectateur au cœur même de l'histoire qui est en train de se dérouler sur l'écran.

Sigourney Weaver et le monstre des galaxies dans « Alien », de Ridley Scott.

Francis Coppola au cœur des ténèbres

Martin Sheen dans « Apocalypse Now », vertigineuse plongée dans la conscience américaine, inspirée de Joseph Conrad.

New York, 15 août
Le tournage du nouveau film de Francis Ford Coppola, *Apocalypse Now*, aura été presque aussi apocalyptique que son sujet. Entamées le 1er mars 1976 aux Philippines, les prises de vues de ce film sur la guerre du Viêt-nam devaient initialement durer treize semaines. Elles ne se sont achevées qu'au prix de 238 jours de tournage, ce qui a eu pour effet de porter le budget de départ de 12 millions à 31 millions de dollars. Au cours de ce tournage, Francis Ford Coppola fut confronté à tous les ennuis, des interruptions dues au manque d'argent jusqu'au typhon qui détruisit la plupart des décors. Les problèmes du cinéaste avec ses interprètes ont été infinis : Marlon Brando réclamait des sommes exorbitantes, Harvey Keitel dut être remplacé au bout d'une semaine par Martin Sheen, lequel fit par la suite un infarctus. Lorsque, de surcroît, la guerre civile a éclaté aux Philippines, privant le cinéaste des hélicoptères dont il avait besoin, la presse américaine rebaptisa ironiquement l'entreprise « Apocalypse when ? ». Au terme de trois ans de cauchemar, cette adaptation du roman de Joseph Conrad *Cœur des ténèbres* vaut pourtant le détour. Audelà de toute considération historique sur la guerre du Viêt-nam, ce spectacle hallucinant offre au spectateur une vision démesurée de l'horreur. (→ 11.3.80)

Marlon Brando dans le rôle du colonel Kurtz : la démesure en personne.

Deuils en série à Hollywood

Hollywood, 16 juin
Mary Pickford (*8.4.1893) s'est éteinte le 29 mai dans sa propriété de Santa Monica. Celle qui fut appelée la Petite Fiancée de l'Amérique avait quitté le métier d'actrice en 1933 pour se consacrer à la traduction et à l'écriture. Depuis quelques années, elle achetait les films dans lesquels elle avait tourné pour les retirer de la circulation. John Wayne (*26.5.1907) a succombé le 11 juin au cancer dont il était atteint depuis 1946 et pour lequel il fut plusieurs fois opéré. Vedette de cent cinquante-trois films, il avait divorcé trois fois et était père de sept enfants. C'est également un cancer qui a emporté aujourd'hui le réalisateur Nicholas Ray (*7.8.1911). Filmé par Wim Wenders, il venait de jouer son propre rôle dans *Nick's Movie*, un long métrage qui décrivait sa mort prochaine.

Jean Seberg au bout de l'espoir

Paris, 8 septembre
Cette nuit, dans une petite rue du 16e arrondissement de Paris, Jean Seberg a été retrouvée morte, allongée à l'arrière de sa voiture. Dépressive, l'actrice d'origine américaine avait disparu de son domicile depuis le 29 août. Onze jours plus tôt, à son retour de Guyane, où elle avait tourné quelques scènes d'*Opération Léopard*, de Raoul Coutard, Jean avait tenté de se suicider en se jetant sous le métro, à la station Montparnasse-Bienvenüe. Elle a succombé cette fois à une overdose de barbituriques, laissant auprès d'elle une lettre adressée à son fils Diego. Née le 13 novembre 1938 dans l'Iowa, Jean Seberg était divorcée de François Mareuil, de Romain Gary (le père de Diego) et de Dennis Berry. Otto Preminger l'avait révélée en 1957 dans *Sainte Jeanne*.

Nouveaux remous au sein des Majors

Hollywood, 2 octobre
Président-directeur général de la Columbia, Alan Hirshfield a été l'une des principales victimes de l'affaire Begelman. Pour avoir cherché à écarter David Begelman de l'équipe dirigeante de Columbia, en raison des escroqueries dont celuici s'était rendu coupable, Hirshfield s'était vu « remercier » d'une singulière façon par les administrateurs de la firme, qui ont décidé en juillet dernier de ne pas renouveler son contrat. Devenu libre, Hirshfield n'a pas eu à chômer longtemps. En effet, sa réputation de bon et intègre gestionnaire vient de lui valoir d'être nommé par Dennis Stanfill, président de la Fox, à la tête de toutes les activités cinématographiques de la firme. Il remplace au pied levé Alan Ladd Jr., qui a quitté hier même son poste au conseil d'administration de la Fox à cause d'un désaccord avec Stanfill. Par ailleurs, Ladd Jr. et ses deux collaborateurs les plus proches, Jay Kanter et Gareth Wigan, ont annoncé la création d'une société indépendante, The Ladd Company, financée par Warner Bros ; lequel investit environ 100 000 dollars dans cette affaire. (→ 18.12)

Schlöndorff, Fassbinder, Wenders et les autres

Hambourg, 22 septembre
Jamais, depuis les années 20, le cinéma germanique n'a connu une fièvre créatrice aussi fertile que celle qu'il connaît depuis quelque temps. Les chefs de file notoires de ce renouveau sont Rainer Werner Fassbinder, Werner Herzog, Wim Wenders et Volker Schlöndorff. Du prolixe Fassbinder, le public a pu découvrir cette année *la Troisième Génération*, qui évoque l'action d'un groupuscule terroriste, et *le Mariage de Maria Braun*, un film qui retrace l'histoire de l'Allemagne après la guerre à travers le portrait d'une femme admirablement interprétée par l'étoile du jeune cinéma allemand Hanna Schygulla. Herzog, cinquante-sept ans après Murnau, ressuscite à son tour le mythe de Dracula dans l'étrange *Nosferatu, fantôme de la nuit*, interprété par l'acteur fétiche d'Herzog : Klaus Kinski. Avec *l'Ami américain*, Wenders fait une impressionnante plongée dans l'univers du film noir, sans toutefois renoncer à ce qu'il y a de plus personnel dans son propre univers. Comme *le Mariage de Maria Braun*, le succès international du *Tambour*, de Volker Schlöndorff a sans doute contribué à consacrer, chez lui et à l'étranger, le jeune cinéma allemand. Certains réalisateurs cités, associés à d'autres comme Alexander Kluge et Edgar Reitz, ont signé par ailleurs un film collectif, *l'Allemagne en automne*, dans lequel ils témoignent, en dix tableaux, sur la situation dans leur pays. (→ 29.12.80)

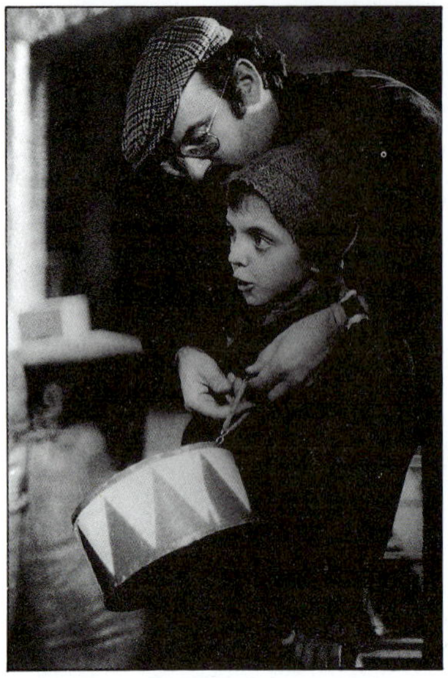

« Le Tambour » est un portrait féroce de l'Allemagne du nazisme. A gauche, le réalisateur et son interprète.

Isabelle Adjani et Klaus Kinski dans « Nosferatu », de Werner Herzog.

Dennis Hopper et Bruno Ganz dans « l'Ami américain », de Wim Wenders.

« Le Mariage de Maria Braun », de Fassbinder. A droite, Hanna Schygulla.

La « Déclaration de Hambourg »

Hambourg, 22 septembre
« Le cinéma allemand des années quatre-vingt ne sera pas soumis aux décisions de commissions, d'administrations, son évolution ne sera pas déterminée par des groupes d'intérêt », ont promis les quarante-trois jeunes cinéastes allemands qui viennent de se réunir pour faire le bilan des années écoulées et décider d'une prise de position commune face aux contraintes de plus en plus nombreuses qu'ils subissent. Cette déclaration n'est pas sans rappeler un peu le fameux *Manifeste d'Oberhausen*, du 28 février 1962, qui avait donné le signal du renouveau du cinéma allemand après la guerre. Forts du succès critique et public que connaissent leurs films, les cinéastes réunis à Hambourg disent avoir donné la preuve de leur compétence, et entendent agir au plus vite, en ne laissant pas la division s'établir entre eux. A la date d'aujourd'hui, la production moyenne par année en Allemagne est de soixante-cinq films, dont plus de la moitié relèvent du « jeune cinéma ».

« Tess », le film rêvé de Roman Polanski

Paris, 31 octobre
Grâce au producteur Claude Berri, qui a mis à sa disposition d'importants moyens, Roman Polanski a enfin pu réaliser son vieux rêve de porter à l'écran le roman de Thomas Hardy *Tess d'Urberville*. Intitulé *Tess*, le film retrace le difficile itinéraire d'une fille de fermier dans l'Angleterre de la fin du XIXe siècle. Après avoir été engrossée par le fils d'une famille noble chez qui elle travaille, Tess épouse le fils d'un pasteur. Celui-ci l'abandonne le lendemain de leur mariage et ne revient que longtemps après. Entre-temps, la belle Tess s'est remariée avec celui qui l'avait mise enceinte. Diaphane, sensuelle et bénéficiant d'une excellente photo, Nastassja Kinski est la révélation de ce beau mélodrame. (→ 13.2.80)

Nastassja Kinski devient vedette à dix-huit ans avec le film « Tess ».

Gaumont et Losey ouvrent le film-opéra

Paris, 14 novembre
Don Giovanni, mis en scène par Joseph Losey, a été produit par la Gaumont et témoigne directement de la volonté de Daniel Toscan du Plantier d'orienter sa firme vers un cinéma culturellement exigeant. De fait, l'entreprise paraît audacieuse : jusqu'ici on n'avait en effet jamais tenté une semblable adaptation de l'opéra au grand écran. Il n'est nullement question, dans le cas de ce film, d'enregistrement de l'œuvre de Mozart, mais bien d'une création pour le cinéma. Surmontant les réticences qu'il avait face à un tel projet, Losey a rejeté l'action statique et les décors réduits qu'impose la scène : afin d'aérer l'histoire et sa mise en scène, il multiplie les mouvements des acteurs et des appareils, et utilise de nombreux et superbes décors. Cette somptuosité plastique, dont certains trouvent qu'elle est un peu trop systématique, ne nuit bien entendu en rien à la splendeur de la musique et du chant. Pour sa distribution, le réalisateur a fait appel à quelques-uns des meilleurs chanteurs du genre. Ainsi, si la prestation d'Edda Moser, qui joue donna Anna, ne fait pas l'unanimité, celle de Jose Van Dam dans le rôle de Leporello est en revanche proche de la perfection. Ruggero Raimondi et Kiri Te Kanawa, interprétant don Juan et donna Elvira, sont eux-mêmes proches de l'excellence. Seule, apparemment, la direction de l'orchestre et des chœurs de l'Opéra de Paris par Lorin Maazel semble réellement contestée, mais ce ne sont là que querelles de puristes. (→ 22.6.84)

Peter Firth et Nastassja Kinski, le couple tragique de « Tess ».

« Don Giovanni », de Joseph Losey, avec Ruggero Raimondi (à droite).

Paix fiscale pour Ingmar Bergman

Stockholm, 29 novembre
Le cinéaste Ingmar Bergman reviendra peut-être en Suède : le gouvernement de son pays vient en effet de mettre fin au litige fiscal qui l'avait contraint, en avril 1976, à s'exiler à Munich. Tirant un trait sur le scandale monté de toutes pièces contre le réalisateur, la Cour suprême administrative a ramené la somme due à 7 % de son effarant montant initial. C'est l'Etat qui prendra en charge les deux millions de couronnes réclamés. (→ 25.12.82)

Les suites du Hollywoodgate, et la valse des managers

Hollywood, 18 décembre
Même les scénaristes les plus habiles de Hollywood seraient incapables d'imaginer, en restant dans le domaine du possible, un feuilleton aussi riche en rebondissements que cette affaire Begelman. Baptisée Hollywoodgate (par analogie avec Watergate), elle a secoué terriblement Hollywood et n'a pas cessé depuis juin 1977 de provoquer des vagues au sein des conseils d'administration des Majors. Ainsi, après l'éclatement de l'équipe dirigeante de la compagnie Columbia et le départ forcé du manager de la firme, Alan Hirshfield, on a vu la Fox engager celui-ci à la tête de toutes les activités cinématographiques du studio. Quant à l'homme par qui le scandale était arrivé, David Begelman, il avait démissionné de la présidence de la division cinéma et télévision de Columbia en février 1978, sans toutefois couper tous ses liens avec la firme, pour laquelle il restait un producteur indépendant et un « conseiller ». Beaucoup de commentateurs pensaient à ce moment que la carrière de David Begelman était définitivement terminée et qu'aucune compagnie n'oserait plus placer sa confiance en un homme coupable de telles escroqueries. C'était ignorer la bonne réputation dont jouissait David Begelman dans les milieux d'affaires et parmi les administrateurs des Majors. On en a déjà eu la preuve avec le soutien dont il avait bénéficié au sein du conseil d'administration de la Columbia. On a aujourd'hui la confirmation. La Metro-Goldwyn-Mayer, qui veut revitaliser ses activités productrices, vient d'annoncer la nomination de David Begelman à la présidence de sa division cinématographique. (→ 19.3.82)

D'un écran à l'autre, en parcourant les galaxies du futur

« Star Trek », de Robert Wise, reprend le sujet et les héros d'une fameuse série télévisée. A droite, Leonard Nimoy.

New York, 8 décembre
Adaptation cinématographique de la très populaire série télévisée, *Star Trek* (*Star Trek, the Movie*), de Robert Wise, est devenu un film au budget colossal de 44 millions de dollars, le plus élevé de l'histoire du cinéma. La série a été diffusée à partir de 1966 jusqu'au 3 juin 1969, deux semaines avant le premier voyage pour la Lune. Son succès fut tel que la première navette spatiale de la Nasa a été baptisée *Enterprise*, comme le vaisseau de la série. Au XXIIIe siècle, la Fédération des planètes unies envoie l'*Enterprise* intercepter un envahisseur du système solaire... Les interprètes du film sont les mêmes que ceux de la série : William Shatner et Leonard Nimoy.

Le jour le plus court de Darryl F. Zanuck

Palm Springs, 22 décembre
Darryl Zanuck s'est éteint. Il était le dernier nabab du cinéma américain. Né à Wahoo, dans le Nebraska, le 5 septembre 1902, Zanuck a pratiqué de nombreux métiers avant de se découvrir une vocation d'écrivain. Engagé comme gagman à la Warner Bros, il est devenu scénariste puis producteur dès la fin des années 20. Il a lancé les premiers films policiers puis les comédies musicales à grand spectacle de Busby Berkeley, avant de créer sa propre compagnie en 1933, la Twentieth Century, à laquelle s'est adjointe la Fox deux ans plus tard. Il a régné en maître absolu sur sa société jusqu'en 1956, est devenu indépendant, puis a fait son retour à la Fox. En 1962, le succès du *Jour le plus long* (*The Longest Day*) a sauvé la compagnie mise en péril par les débordements du budget de *Cléopâtre*. (→ 1.1.80)

Couple moderne en guerre, avec enfant

New York, 19 décembre
Joanna quitte son mari Ted en lui laissant leur enfant, mais, une fois que le mari et le fils ont réussi à s'accommoder de l'absence de la mère, celle-ci revient pour réclamer la garde de l'enfant. Une guerre impitoyable va alors déchirer le couple, et ce d'autant que les avocats feront tout pour mettre de l'huile sur le feu. Cette histoire est celle de *Kramer contre Kramer*, un film qui promet de battre des records d'entrées. Réalisé par Robert Benton et interprété par Dustin Hoffman et Meryl Streep, le film a tout pour plaire au public. Mais, au-delà de l'habile application des recettes du mélodrame, il représente un certain intérêt sociologique, par le fait de dévoiler plusieurs problèmes actuels, telle la difficulté à mener parallèlement carrière et vie familiale. (→ 14.4.80)

Meryl Streep et Dustin Hoffman : « Kramer contre Kramer », de R. Benton.

Toute une vie pour l'amour du spectacle

New York, 20 décembre
Que le spectacle commence (*All That Jazz*), présenté aujourd'hui à New York, est le quatrième film de Bob Fosse après trois réalisations se déroulant dans le monde du spectacle : *Sweet Charity, Cabaret* et *Lenny*. Comédien lui-même, fils d'une cantatrice et d'un acteur-chanteur, Fosse s'identifie à son héros, Joe Gideon (interprété par Roy Scheider), metteur en scène qui monte une comédie musicale à Broadway. Désinvolte mais exigeant, très professionnel aussi, Joe Gideon fait passer des auditions tandis que dans la salle se trouvent son ex-épouse, sa fille et sa maîtresse, toutes trois danseuses. Il y a là aussi ses collaborateurs et les commanditaires du spectacle. Entre tous ces personnages, le metteur en scène se débat, évoque son passé et ses débuts dans le show-business, et flirte avec la Mort symbolisée par une femme vêtue en mariée. Talonné par ses créanciers, miné par ses soucis artistiques, fatigué par ses abus d'alcool et d'amour, il est victime d'une crise cardiaque. Avant de quitter ce monde, Joe Gideon tient à réaliser le plus beau des numéros musicaux, dans un somptueux final, où il se dédouble et transforme sa mort en une oeuvre d'art... Il y a quelques mois, Bob Fosse a lui-même été victime d'une attaque cardiaque pour laquelle il a été hospitalisé. Il a récemment déclaré : « La mort est ce qui me fascine le plus. » Il refuse néanmoins que l'on considère ce film comme étant son testament artistique, car, âgé de cinquante-deux ans, il dit avoir encore beaucoup à offrir aux spectateurs. (→ 23.5.80)

« Que le spectacle commence »

Les caméras modernes font bouger le cinéma

La Mitchell 205 aux ordres de Fellini : « la Cité des femmes » (1979).

La Panaflex de Panavision et Roman Polanski dans le décor de « Tess ».

Un regard panoramique et rétrospectif sur les différentes caméras ayant marqué l'histoire du cinéma fait apparaître une évolution permanente de leur conception. Elles ont d'abord été légères, transportables et simples à manipuler, à caisse de bois et manivelles : la Parvo, inventée par André Debrie en 1908, la Bell et Howell, la Pathé (qui a filmé *Naissance d'une nation*, en 1914), la Camériclair et la Mitchell en 1921. Rapidement, les réalisateurs ont voulu généraliser la prise de vues en mouvement : en 1924, Murnau, le tout premier, utilisait une caméra portable pour filmer *le Dernier des hommes*. Elles étaient mobiles... mais bruyantes. L'arrivée du cinéma sonore allait les contraindre à devenir silencieuses, mais lourdes ! Un certain temps, le matériel et l'opérateur ont été enfermés dans un caisson de bois insonorisé. Tout mouvement d'appareil était impossible. On imagina bientôt un système qui rendrait sa liberté à la caméra : le *blimp*, un coffret insonorisant s'adaptant à la caméra même, ou intégré dès la construction. Les caméras blimpées, malgré leur poids et leur encombrement, restent actuellement très utilisées par les studios de cinéma. Toutefois, dès le début des années soixante, avec l'essor de la télévision et du film d'enquête, la nécessité s'est vite fait sentir de concevoir une caméra qui soit à la fois légère et silencieuse, comme l'Eclair 16 mm d'André Coutant, utilisable en studio comme en extérieurs. La plupart des caméras modernes sont équipées d'un système de visée reflex, qui permet à l'opérateur de voir dans le viseur la même image que celle qui impressionne le film. Un système de miroir rotatif qui tourne en cadence diminue l'effet de scintillement. Les caméras les plus employées sont la Panaflex et l'Arriflex. La première (de la gamme Panavision), dotée d'une visée reflex, d'un moteur à quartz et d'un magasin de 150 m, est surtout utilisée aux Etats-Unis. Elle sert les productions en CinemaScope. La seconde, d'origine allemande, solide et plus légère que la Panaflex, est préférée des cinéastes français. La Mitchell, un peu évincée à la fin des années soixante, reste la caméra classique par excellence et sans conteste l'une des plus sûres du monde. Quant au stabilisateur d'image, le Steadicam, il marque l'évolution du tournage caméra à l'épaule, pratique courante des cinéastes de la Nouvelle Vague. Par un bras mécanique qui joue le rôle d'amortisseur, la caméra est isolée des mouvements de l'opérateur.

Le Steadicam dans son harnais, porté par l'opérateur Bernard Wuthrich.

John Cassavetes et l'Arriflex : « Husbands » (1972), avec Ben Gazzara.

Affiche signée Michel Landi.

« Répétition d'orchestre » (« Prova d'orchestra »), film de Federico Fellini.

I. Huppert dans « les Sœurs Brontë ».

Isabelle Adjani dans « Nosferatu, fantôme de la nuit », film de Werner Herzog.

« Cher Papa », film de Dino Risi.

« Perceval le Gallois », de Rohmer.

Peter Firth et Nastassja Kinski dans le film de Roman Polanski « Tess ».

Bernard Blier et Patrick Dewaere dans le film de A. Corneau « Série noire ».

Affiche originale américaine.

« Le Tambour », de V. Schlöndorff.

Sally Field dans le film de Martin Ritt « Norma Rae ».

Sompteux décors de Michael Seymour pour le film de Ridley Scott « Alien ».

L. Palmer et R. Scheider dans « Que le spectacle commence », de Bob Fosse.

Affiche originale américaine.

Diane Keaton et Woody Allen devant Brooklyn Bridge dans « Manhattan ».

« Star Trek », de Robert Wise.

Le cinéma au cœur du paysage audiovisuel

Le cinéma aura bientôt cent ans. Cent années de septième art et un siècle qui s'achève. Le siècle des révolutions, dit Edgar Morin. En 1980, peu de gens s'en doutent encore. Les écrivains de cinéma semblent plus sûrs d'eux-mêmes. La « mort du cinéma » annoncée, proclamée parfois non sans quelque masochisme, devient la grande affaire du jour. En France, ce pays où décidément l'on fait tout à l'envers, il s'agirait plutôt d'une renaissance. Ce chant du coq n'est pourtant que le moment fugitif d'un chant du cygne. La décennie s'ouvre sur une embellie, avec 200 millions de spectateurs dans les salles françaises (toute l'Europe est alors en déclin) ; elle s'achève sur un effondrement (moins de 120 millions d'entrées). L'essor du magnétoscope, l'arrivée de Canal Plus et de chaînes finalement généralistes auront eu raison de ce regain de prospérité. A l'aube des années 90, une nouvelle division du travail se dessine. A la télévision, la diffusion ; au cinéma, la production, ou plutôt le maintien d'un esprit de renouvellement et de création. René Bonnell l'affirmait, si la télévision se montre étrangement incapable de donner naissance à des œuvres d'art, le cinéma, au contraire, tient la vedette de l'actualité et pourvoit le petit écran en comédiens et réalisateurs de talent. Trois grands traits dominent ainsi la période :

– la prospérité économique du cinéma américain, rentabilisé sur son territoire et gagnant des parts de marché en raison de sa standardisation croissante ;
– la « splendeur et misère » du cinéma français ;
– la mondialisation de l'actualité cinématographique, avec des œuvres nouvelles venant de tous les continents.

Succès public du cinéma américain

Il suffit de consulter le programme de Canal Plus pour en saisir l'ampleur. Deux explications peuvent être avancées. Plus que tout autre cinéma dans le monde, il répond aux attentes d'un public considérablement rajeuni depuis la fin des années 60 (les moins de vingt-cinq ans sont alors devenus majoritaires) et plus attiré par les gadgets, les effets outrageusement modernistes, les situations et les personnages de convention. Aussi est-ce un cinéma de la répétition. Dans les années 50, les films conçus en série (*Sissi*...) ne connaissaient qu'un rapide déclin. Désormais le succès s'installe. Les *Rocky*, *Halloween*, *Dents de la mer*, *Rambo*, *Psychose* et autres *Superman* se fécondent les uns les autres, et l'on ne compte plus les titres de films affublés d'un numéro d'ordre. Le cinéma américain contemporain affirme son goût de la parodie et du pastiche, en tout cas de l'application de recettes éprouvées. Imitation d'auteurs devenus quelque peu mythiques (Brian De Palma à la recherche du docteur Hitchcock ; ou Anthony Perkins réalisant *Psychose III*), continuation de genres au passé glorieux, transfert d'un support à l'autre, *remakes* de films américains ou français fleurissent sans que la création y trouve vraiment son compte. Il est une autre explication. Alors que le cinéma européen cultive, trop souvent, sa « petite sensation » (Cézanne), le système de production yankee s'attaque aux « grands sujets », psychologiques (*Kramer contre Kramer*), sociaux (fait symptomatique, Sidney Lumet tourne sans discontinuer) ou politiques. Le succès, en France, de *Trois Hommes et un couffin* l'indique assez, le public moderne, parallèlement à la pure distraction et toujours par son truchement, recherche, aussi, du symbolique. Le cinéma qu'il espère, au moins quelquefois par an, doit parler à son inconscient, mais en des termes qui le décharge de ses tourments quotidiens, ce que font aujourd'hui bon nombre de téléfilms, sur un mode il est vrai dévalué. Le succès inattendu de *Mon oncle d'Amérique*, celui, plus discutable, du *Cercle des poètes disparus*, vont dans le même sens, illustrant l'extrême plasticité d'un public désireux du meilleur comme du pire. Le cinéma américain a toujours su parler de son temps, exposer, avec une lucidité certaine, les « malaises dans sa civilisation ». *Le Cavalier électrique* (Sydney Pollack), *Daniel* (l'affaire Rosenberg, Sidney Lumet), *la Rivière* (Mark Rydell), ou *la Forêt d'émeraude* (John Boorman), sont les exemples typiques. L'écologie, la fin des grands mythes fondateurs de la nation américaine, la question des minorités, celle des rapports de la banque et de la paysannerie, la hantise du communisme, autant de plaies soumises au fer rouge de la représentation. Pourtant, depuis la mort des grands ancêtres, ce cinéma ambitieux dans ses thèmes ne donne plus que des films académiques, sans capacité d'innovation esthétique. Caractéristique est à cet égard l'évolution d'un Sydney Pollack, cinéaste prometteur dans les années 60 et qui, en 1986, galvaude son talent, avec *Out of Africa*. Les Européens se laissent prendre au jeu. Bernardo Bertolucci signe son *Dernier Empereur*, Milos Forman *Ragtime* ou *Amadeus*, James Ivory se perd dans un cinéma de la sophistication léchée. La critique n'est-elle pas ici responsable ? Les années 80 furent celles de son effacement. Soucieuse de défendre un cinéma malade de ses spectateurs, elle fait désormais acte de promotion, renonçant à tout débat comme à tout enjeu culturel, confondant valeur économique et valeur artistique. Woody Allen, ce n'est pas un hasard, est l'un des cinéastes phares de la génération venue à la cinéphilie dans les années 80. Dans la période, Jim Jarmucsh, Francis Ford Coppola, David Lynch, Martin Scorsese et, plus récemment, David Cronenberg, ont aussi conquis droit de notoriété. Entre les effets de mode, l'euphorie de succès parfois trop rapides, certains se sont laissés aller à des facilités. Toute œuvre, pour progresser, suppose que soit menée une lutte. L'avenir le dira, peut-être aura-t-elle fait défaut à Woody Allen acclamé à chacun de ses films par une critique unanimement flatteuse. Espoir du cinéma comique dans les années 70, il réussit aujourd'hui davantage dans les films où il ne paraît pas en tant que personnage. Comparé à *Sherlock junior* (Buster Keaton), *la Rose pourpre du Caire* n'en est pas moins un comble de facilité technique. Le cinéma américain contemporain ne peut pas rivaliser avec celui de ses aînés. Jerry Lewis terminant son dernier film grâce à des amis et des capitaux français, John Cassavetes travaillant en marge du système, paraissent les plus estimables.

« Fanny et Alexandre », ou le retour d'Ingmar Bergman en Suède (1982).

Le cinéma français

Cette adaptation du cinéma yankee au marché – à la demande juvénile quelles que soient les tranches d'âge qui s'y rattachent – le distingue du cinéma français, certainement plus libre, souvent plus inventif, mais dont la rentabilité est assurément plus précaire. Entièrement sous perfusion – le CNC, le ministère de la Culture, certaines municipalités, font un travail remarquable en garantissant la permanence d'un secteur culturel –, il demeure quantitativement comme qualitativement exceptionnel dans une Europe cinématographique exsangue.

Trois traits peuvent être retenus :
– la toujours nouvelle Nouvelle Vague enfin parvenue au stade de sa maturité ;
– l'apparition de nouvelles stars, pour certaines d'entre elles expression typique de la période, pour d'autres au destin problématique ;
– la présence et le renouvellement quasi ininterrompu d'une kyrielle de cinéastes, au talent certain mais dont l'audience demeure limitée.

Rappelons cependant qu'on ne saurait confondre le cinéma avec ses seuls réalisateurs. Si les stars américaines, là encore, font la une des revues et des magazines, le cinéma français n'a rien à lui envier. Pour ne citer que quelques comédiens (en oubliant, une fois de plus, les techniciens), les Pierre Arditti, Gérard Depardieu, Michel Serrault, Sabine Azema... ont permis à nos meilleurs cinéastes de trouver des interprètes à la mesure de leurs personnages. Ainsi, les années 80 furent celles de la consécration. L'embellie économique s'est accomplie dans un moment d'apothéose du cinéma français. Robert Bresson (*l'Argent*), Jacques Demy (*Une chambre en ville*), Raymond Depardon (*Faits divers*), Jean-Luc Godard (*Sauve qui peut la vie*), Maurice Pialat (*A nos amours*), Eric Rohmer (*Pauline à la plage*, *les Contes de la pleine lune*), Agnès Varda (*Sans toit ni loi*), nous ont offert quelques-uns des « grands classiques » de demain. Mais avec quelle diversité ! Godard poursuit ses recherches formelles tandis qu'Alain Resnais allie la profondeur à la simplicité. Avec *La vie est un roman*, son travail sur le montage trouve son accomplissement. Réalisé en 1983, presque prémonitoire, ce film tire un premier bilan de notre siècle des utopies. Une chose est certaine, seul le cinéma français est alors capable d'un tel niveau d'intelligence. Seul il permet à Jacques Demy d'oser créer un genre, la « tragédie musicale ». Seul enfin, il permet à tant de cinéastes de poursuivre leur œuvre sans devoir s'aligner sur les conditions du commerce. Pour le meilleur et pour le pire. Quelques titres parmi ces expressions typiques de subjectivités créatrices : *Hé ! tu m'entends ?* (Renaud Victor), *J'entends plus la guitare* (Philippe Garel), *Maine-Océan* (Jacques Rozier), *le Pont du Nord* (Jacques Rivette), *Poussière d'empire* (Lâm Lê), *Un étrange voyage* (Alain Cavalier), *la Ville des pirates* (Raoul Ruiz)... autant de films qui témoignent de l'inventivité du cinéma français et donc de sa vitalité. De passage à Paris, Samuel Fuller dit son admiration d'un pays où « règne un tel engouement pour le cinéma ». Si de nombreux étrangers viennent en France pour y tourner un film, ou d'autres pour y poursuivre leur œuvre (Robert Kramer), le vieux pays gaulois s'engage dans un vaste programme de coproductions, avec l'Italie, l'Allemagne, la Suisse, la Belgique et le Canada, mais aussi avec d'autres nations qui paraissent plus insolites : l'Argentine, l'Australie, le Brésil, la Hongrie, le Japon, l'Egypte, ou l'ex-Union soviétique et même les Etats-Unis. Les années 80 auront-elles été celles de la relève ? Jean-Jacques Annaud réussit son aventure commerciale, contournant la barrière des langues et donnant à ses films une audience internationale. Jean-Jacques Beineix, Luc Besson, Leos Carax, semblent préoccupés par des recherches plastiques ou la représentation des « grands imaginaires ». A l'orée des années 90, Brigitte Roüan (*Outremer*), Arnaud Desplechin (*la Vie des morts*) et quelques autres semblent retrouver le chemin d'un cinéma du sens, mais tout cela est encore trop neuf.

« Le Grand Bleu », film culte de Luc Besson auprès des jeunes (1988).

De nouveaux horizons

Après la mort de Rainer Werner Fassbinder et l'internationalisation de Wim Wenders, le cinéma allemand connaît une période de reflux dont il n'est toujours pas sorti. En Suisse francophone, Alain Tanner et Michel Soutter poursuivent une œuvre attachante mais inégale, et Claude Goretta ne parvient pas à retrouver le bonheur de ton de son *Invitation*. Au Québec, seul Denys Arcand éveille l'intérêt de la critique avec un film original (*le Déclin de l'Empire américain*) dont il conviendra de prendre la mesure à l'épreuve du temps. En Angleterre, les espoirs que l'on avait pu placer dans Kenneth Loach ont été déçus. C'est en Italie, dans ce cinéma italien déserté par ses spectateurs à partir de 1976, que l'esprit de création non hexagonale se maintient le mieux. Inventif, délirant, excessif, mettant le doigt sur la folie ordinaire de notre époque, le franco-italien Marco Ferreri impose un cinéma incisif en dépit de la grande impureté de son style. On pourrait le comparer à Jean-Pierre Mocky. A l'opposé Paolo et Vittorio Taviani composent un cinéma plus austère, parfois inutilement abstrait, et qui trouve son point d'équilibre avec *Kaos*.

Quant à Ettore Scola, il maintient la tradition d'un cinéma de « grands sujets », mais en sacrifiant la richesse analytique à la conquête du grand public. Ainsi, les œuvres les plus fortes de la période sont à rechercher auprès de cinéastes déjà anciens tels Manoel de Oliveira et Satyajit Ray. Le maître portugais, avec *Non, ou la Vaine Gloire de commander*, nous offre une œuvre majeure. Réflexion sur le colonialisme, ce film de 1990 est l'une des plus belles réussites d'un cinéma moderne, préoccupé de l'éducation de ses spectateurs.

En Inde, si Guru Dutt et Mrinal Sen font un cinéma digne d'estime, ils ne sauraient prétendre au niveau de raffinement esthétique et à la profondeur d'analyse d'un Satyajit Ray, qui, en 1984, retrouve le meilleur de son inspiration avec *la Maison et le Monde*, l'une des œuvres les plus lucides et les plus originales sur la question de l'émancipation de la femme. Ray est mort et, avec lui, tous les vieux maîtres du cinéma. Au-delà des succès passagers ou sans lendemain, quels noms se dessinent ? Beaucoup semblent éphémères. Ainsi Nanni Moretti, dont aucun autre de ses films ne vaut *La messe est finie*, petit chef-d'œuvre pourtant, où la critique d'une époque s'accomplit dans la nouveauté d'un style. Plus problématique, l'évolution de Peter Greenaway, porté aux nues par *Meurtre dans un jardin anglais*, mais dont le dernier film se perd dans une vaine sophistication. Les œuvres les plus prometteuses ne viennent plus de centres de création traditionnels, mais de lieux jusqu'ici inconnus ou dédaignés.

De l'ex-Union soviétique d'abord, d'où sort un foisonnement de films, obsédés par la décomposition de la société socialiste, dont l'esthétique quelque peu bâclée semble emportée par les maelströms de l'histoire. Un nom se détache : Pavel Lounguine (*Taxi Blues*).

D'Afrique aussi, où sous l'impulsion du Mali (*Yeelen*, Souleymane Cissé) et surtout du Burkina Faso (*Tilai*, *Yaaba*, Idrissa Ouedraogo), le cinéma africain se libère des pesanteurs idéologiques. L'Europe n'est pas absente. Théo Angelopoulos a signé une œuvre exceptionnelle avec *le Pas suspendu de la cigogne*.

En Pologne, Krzysztof Kieslowski (*le Décalogue*) réussit une surprenante illustration de la loi chrétienne. Plus serein, le Finlandais Aki Kaurismäki apparaît comme l'un des grands espoirs. A l'opposé de Pedro Almodovar, chef de file de l'école espagnole et dont le cinéma ne ménage pas ses effets, il réalise des films à la mesure d'une critique sociale dont il a su retrouver la voie.

C'est de Taiwan que nous viennent les œuvres les plus achevées. Avec *Poussières dans le vent* et *la Cité des douleurs*, de Hou Hsiao Hsien, l'émotion esthétique parvient à un sommet de délectation, la recherche de la beauté renoue avec une aventure de la connaissance.

En 1994, le cinéma n'a pas encore cent ans.

Daniel Serceau

1980

Oscars, Hollywood
Film : *Kramer contre Kramer* (Robert Benton).
Acteur : Dustin Hoffman.
Actrice : Sally Field.

Mostra d'arte cinematografica, Venise
Lion d'or : *Atlantic City* (Louis Malle).
Gloria (John Cassavetes).
Meilleur acteur : George Burns, Art Carney, Lee Strasberg.
Meilleure actrice : Liv Ullmann.

Festival international du film, Cannes
Palme d'or : *Kagemusha* (Akira Kurosawa).
Que le spectacle commence (Bob Fosse).
Meilleur acteur : Michel Piccoli.
Meilleure actrice : Anouk Aimée.

Césars, Paris
Film : *Tess* (Roman Polanski).
Acteur : Claude Brasseur.
Actrice : Miou-Miou.

Paris, 2 janvier
Sortie en salles du nouveau film de Michel Deville, *le Voyage en douce*, avec Dominique Sanda et Geraldine Chaplin. (→13.2.85)

Hollywood, 3 janvier
Le consul de Grande-Bretagne est aux studios Universal pour signifier à Alfred Hitchcock sa nomination au rang de grand chevalier de l'Empire britannique. (→29.4)

Paris, 27 janvier
Le prix Georges-Sadoul est décerné au film suisse *Chemin perdu*, de Patricia Moraz, et à *Reporters*, de Raymond Depardon, et le grand prix du cinéma français à *I comme Icare*, d'Henri Verneuil.

Bagdad, 7 février
Le gouvernement crée la compagnie Babylone pour la production cinématographique, en regroupant les secteurs public et privé.

New York, 12 février
Sortie de *la Chasse* (*Cruising*), de William Friedkin, avec Al Pacino, dont le tournage a été perturbé par des manifestations d'homosexuels. Par ailleurs de nombreuses personnes réclament un certificat X pour ce film et non un R.

Los Angeles, 17 février
John Huston présente une satire féroce des déviations religieuses, avec *le Malin* (*Wise Blood*), adapté du roman de Flannery O'Connor, avec Brad Dourif, Daniel Shor et Harry Dean Stanton. (→21.5.82)

Kinshasa, 21 février
Le chef d'Etat zaïrois, le général Mobutu, décide la nationalisation de la Cofilmex, société de distribution à capitaux belges.

Oxford, 18 mars
Michael Cimino, qui n'a pas obtenu l'autorisation de tourner à Harvard, vient d'arriver dans la vieille cité universitaire anglaise, où il doit tourner le prologue de *la Porte du paradis*. (→19.12)

Brive, 19 mars
Dans le cadre des journées « Cinéma au féminin », qui s'ouvrent ce jour, seront projetés des films de réalisatrices comme Coline Serreau et Marguerite Duras. (→30.12.85)

Inde, 15 avril
Un organisme central est créé pour la promotion du cinéma indien : le National Film Development Corporation, qui regroupe producteurs et exportateurs de films.

Paris, 22 avril
Le réalisateur Marcel Hanoun se voit refuser l'avance sur recettes pour son projet *Otages et ravisseurs*. En signe de protestation, le réalisateur renonce à l'hommage que la Cinémathèque devait lui rendre le 26 avril.

Tokyo, 23 avril
Première de *Kagemusha*, d'Akira Kurosawa. (→23.5)

Paris, 21 mai
Sortie du *Chaînon manquant*, dessin animé franco-belge de Picha, à qui l'on doit le mémorable *Tarzoon, la honte de la jungle*.

Hollywood, 9 juin
Le célèbre acteur Richard Pryor est grièvement brûlé après avoir expérimenté, selon la police, un mélange de cocaïne et d'éther, qui a eu le tort de s'enflammer alors qu'il l'inhalait. Il est hospitalisé dans un état critique.

Los Angeles, 18 juillet
Sortie de *The Big Red One*, le premier film de Samuel Fuller depuis 1963, avec Lee Marvin, Mark Hamill et Robert Carradine.

Londres, 29 juillet
Warren Beatty tourne les dernières scènes de *Reds*, qui relate les tribulations et les engagements politiques du journaliste John Reed chez les bolcheviques. (→10.12.81)

Paris, 1er septembre
La liberté des prix des places de cinéma entre en vigueur. C'est aussi le premier jour d'application de la mesure qui fait du lundi la journée du tarif réduit dans les cinémas.

Paris, 3 septembre
Sortie du film de Maurice Pialat, *Loulou*, avec Gérard Depardieu et Isabelle Huppert. (→18.11.83)

Hollywood, 17 septembre
Les négociations entre les syndicats professionnels et les producteurs reprennent après douze jours d'interruption. (→23.10)

Paris, 24 septembre
Ettore Scola est à Paris pour présenter *la Terrasse* (*La terrazza*), avec Marcello Mastroianni, Jean-Louis Trintignant, Serge Reggiani et Vittorio Gassman. (→15.5.82)

New York, 26 septembre
Stardust Memories, avec Woody Allen, Jessica Harper, Charlotte Rampling et Marie-Christine Barrault, qui sort ce jour, est le plus gros budget à cette date (10 millions de dollars) pour un film réalisé par Woody Allen.

Juarez, Mexique, 7 novembre
Steve McQueen (*24 mars 1930) s'éteint, emporté par un cancer. Il jouait encore cette année dans *le Chasseur*, de B. Kulik, et l'an passé dans *Tom Horn*, de William Wiard.

Los Angeles, 14 novembre
Sortie de *Raging Bull*, de Martin Scorsese, d'après l'autobiographie de Jake La Motta, avec Robert De Niro et Joe Pesci. (→31.3.81)

New York, 20 novembre
Après l'intervention fructueuse de Francis Ford Coppola, *Sauve qui peut (la vie)*, de Jean-Luc Godard sort sous le titre *Every Man for Himself*. Le film est bien accueilli, tant par le public que par la critique new-yorkaise. (→23.1.81)

Los Angeles, 22 novembre
L'actrice Mae West (*17.8.1892) décède. Les aviateurs de l'US Navy appelaient Mae West leur gilet de sauvetage.

Paris, 17 décembre
Claude Pinoteau présente *la Boum*, avec, dans le rôle principal, une adolescente de quatorze ans, Sophie Marceau, Brigitte Fossey et Claude Brasseur. (→6.12.82)

Munich, 29 décembre
La télévision passe le dernier des treize épisodes de *Berlin Alexanderplatz*, de R. W. Fassbinder (à ses yeux, son œuvre majeure), tiré du roman d'Alfred Döblin, avec Günter Lamprecht, Hanna Schygulla et Barbara Sukowa. (→25.2.82)

Paris, 30 décembre
Sortie de *Gloria*, de John Cassavetes. Le rôle-titre est tenu par son épouse Gena Rowlands, qui a été nominée aux Oscars pour cette très belle interprétation. (→28.2.84)

« Kagemusha », le nouveau chef-d'œuvre d'Akira Kurosawa, est un admirable livre d'images sur les déchirements de l'ancien Japon.

Une femme dans le fauteuil de Zanuck

Hollywood, 1er janvier
La mort de Darryl Zanuck, il y a une semaine, est un coup dur pour la 20th Century-Fox; même si Zanuck avait pris sa retraite depuis près de neuf ans et que sa légendaire folie de grandeur n'a pas toujours porté chance au studio. Toutefois, puisque à Hollywood, plus que n'importe où ailleurs, « le spectacle doit continuer », les administrateurs de la 20th Century-Fox ont sorti un nouveau joker qu'ils viennent de placer à la tête du département de production, lequel est resté marqué par le sceau de Zanuck. Grande surprise, le nouvel arrivant est une femme ! Il s'agit de Sherry Lansing, qui a déjà fait ses preuves en tant que vice-présidente chargée de la production à la Columbia. Cette nomination constitue une première à Hollywood, car jamais encore une femme n'a pu accéder à un poste aussi élevé. La nouvelle patronne va peut-être devoir se battre pour se faire accepter.

Le cinéma fantastique partagé entre la violence et l'humour

Mel Gibson dans « Mad Max », de George Miller.

Malcolm McDowell dans « C'était demain », de Nicholas Meyer.

Avoriaz, 27 janvier
Ecrivain et scénariste devenu réalisateur, Nicholas Meyer a l'imagination particulièrement fertile et les idées les plus folles ne l'effraient guère. Ainsi, dans *C'était demain*, il lance H. G. Wells à la poursuite de Jack l'Eventreur et les fait passer, grâce à la machine à explorer le temps, de Londres en 1893 à San Francisco aujourd'hui ! Enthousiasmé par le charme et l'humour de ce film qui ne ressemble à aucun autre, le jury du Festival du film fantastique d'Avoriaz lui a décerné à l'unanimité le grand prix du Festival. A la fois western moderne et fable futuriste, le film australien *Mad Max*, de George Miller a remporté, lui, le prix spécial du jury. Le film a fortement impressionné les festivaliers par sa violence, qui lui a d'ailleurs valu d'être classé dans la catégorie X en France. Le distributeur qui en détient les droits refuse quant à lui de le sortir pour cette raison. (→ 19.1.81)

La cérémonie des Césars couronne Polanski, cinéaste français

Paris, 13 février
Jean Marais est le président de cette cérémonie présentée par Thierry Le Luron, Pierre Tchernia et Kirk Douglas, devant les caméras d'Antenne 2. *Tess*, pour lequel Roman Polanski reçoit le César du meilleur réalisateur, est élu meilleur film de l'année. Il s'agit d'une production française, même si les comédiens, dont Nastassja Kinski, sont tous étrangers. Miou-Miou est désignée meilleure actrice pour *la Dérobade*, de Daniel Duval, et Claude Brasseur reçoit le prix d'interprétation pour *la Guerre des polices*, de Robin Davis. Le meilleur film étranger est signé Woody Allen : il s'agit de *Manhattan*. Trois Césars d'honneur sont remis au cours de la soirée à Louis de Funès, à Kirk Douglas et au producteur Pierre Braunberger. A l'occasion de cette fête du cinéma, l'académie a organisé un référendum afin de désigner les dix meilleures chansons françaises de films. *Les Feuilles mortes* devance *Je chante*, *les Parapluies de Cherbourg* et *Un homme et une femme*. (→ 31.1.81)

« Tess » obtient les Césars du meilleur film et du meilleur réalisateur.

Miou-Miou, lauréate malgré elle : « la Dérobade », de Daniel Duval.

Un musée au nom d'Henri Langlois

Paris, 18 février
Le ministre de la Culture et de la Communication, Jean-Philippe Lecat, a présenté à la presse le musée du Cinéma Henri-Langlois, musée qui consacre en fait sous une forme définitive l'exposition que ce dernier avait créée en 1972. Dans les premiers mois d'ouverture au public, le blouson porté par James Dean dans *la Fureur de vivre* et la robe de Marilyn Monroe dans *le Milliardaire* avaient malheureusement été dérobés. L'insuffisance de son budget l'empêchant d'engager des gardiens, Langlois s'était alors résolu à fermer l'exposition, en octobre 1972. Il n'avait pas pour autant libéré les salles du palais de Chaillot où elle se tenait, suivant en cela le conseil du ministre de la Culture Jacques Duhamel : ce dernier lui avait en effet proposé, très officieusement, d'y rester comme *squatter*. Après la réouverture aux visites groupées en 1975, le musée du Cinéma voit donc enfin l'inauguration, hélas posthume ! dont rêvait son fondateur.

Louis de Funès se rallie à Molière

Paris, 5 mars
Jouer le rôle d'Harpagon dans la célèbre pièce de Molière était l'un des rêves de Louis de Funès. Il vient de le réaliser en portant *l'Avare* à l'écran avec son ami Jean Girault. Louis De Funès s'est totalement investi dans ce film puisqu'il a lui-même choisi tous les acteurs (Michel Galabru, Claude Gensac, Bernard Menez...). Il a aussi sélectionné les techniciens, s'est occupé des décors et a fait répéter les scènes chaque matin avant le tournage, supervisé sur le plan technique par Jean Girault. Le texte de Molière est respecté mot pour mot, comme le sont les indications scéniques données par l'auteur et annotées lors de la création de la pièce. (→27.1.83)

« L'Avare » : Harpagon à l'écran.

Francis F. Coppola dans ses meubles

Hollywood, 11 mars
6 700 000 dollars : c'est la somme que vient de payer Francis Ford Coppola pour l'achat des studios de la Hollywood General, dont la vente se négociait depuis le mois de décembre. Créés en 1919 sous le nom de Jasper Studios et ayant notamment servi à King Vidor, ces studios s'appelleront dorénavant Zoetrope Studios. Coppola a déjà annoncé qu'il prendrait des acteurs sous contrat et qu'il investirait beaucoup dans les perfectionnements technologiques. (→20.11)

Le prix Louis-Delluc consacre le génie de Paul Grimault

Paris, 19 mars
L'arrivée sur les écrans du film *le Roi et l'Oiseau*, long métrage de Paul Grimault, constitue un double événement. Pour la première fois, un dessin animé est couronné par le prix Louis-Delluc, décerné en décembre dernier. Cette sortie marque l'aboutissement de trente ans d'espoirs et d'efforts. On sait que Grimault, dépossédé de son œuvre en cours de réalisation à la suite d'un grave conflit avec son producteur en 1950, a dû laisser sortir trois ans plus tard *la Bergère et le Ramoneur* dans une version qu'il désapprouvait. Ayant réussi à racheter le négatif, à rassembler le financement, à reconstruire et terminer le film avec une équipe rajeunie, il peut enfin offrir au public, sous un nouveau titre, l'état définitif de son chef-d'œuvre. Son seul regret est que Prévert ne puisse s'en réjouir avec lui. (→21.12.88)

La bergère et le ramoneur sont devenus les héros du « Roi et l'Oiseau ».

La condition féminine dans les fantasmes de Federico Fellini

Rome, 31 mars
La Cité des femmes (*La città delle donne*), le nouveau film de Federico Fellini, semble prendre le contrepied de son *Casanova*, réalisé voici quatre ans : après l'éternel mythe masculin, c'est à l'émancipation de la femme que le cinéaste entend s'intéresser. Il le fait bien entendu à sa manière baroque, et dans un style très onirique. Marcello Mastroianni incarne dans ce film le personnage de Snaporaz, échantillon classique du mâle latin qui cède malencontreusement au sommeil au cours d'un voyage en train. Ses rêves se peuplent alors d'improbables créatures féminines qui l'entraînent au sein de leur univers. D'abord plongé dans l'hostilité que lui manifeste un congrès féministe, Snaporaz échappe ensuite de peu au viol pour être pris à partie par une bande de jeunes loubardes, plus ou moins punks et à la vulgarité satisfaite. Snaporaz se réfugie alors chez un super-macho, glisse sur un toboggan, est capturé par les féministes, s'échappe en montgolfière, mais est abattu et se réveille brutalement. Tel un vrai rêve, on le voit, le film n'est pas fondé sur la progression dramatique. Grandement improvisée au cours du tournage, cette succession de tableaux se révèle du coup assez inégale. (→23.12.83)

Marcello Mastroianni dans « la Cité des femmes », entre rêve et cauchemar.

Les Oscars ignorent les superproductions

Sally Field, consacrée meilleure actrice pour « Norma Rae », de Martin Ritt.

Los Angeles, 14 avril
Bo Derek, Gene Kelly, Douglas Fairbanks Jr. et Dean Martin sont les maîtres de cérémonie de cette soirée, au Music Center. Les films au budget important sortis durant l'année 1979 sont absents du palmarès. Les votants leur ont préféré *Kramer contre Kramer*, qu'ils ont couronné meilleur film et auquel ils ont décerné quatre autres Oscars : meilleur réalisateur (Robert Benton), meilleur interprète masculin (Dustin Hoffman), meilleur second rôle féminin (Meryl Streep) et meilleur scénario. Sally Field est désignée meilleure actrice pour *Norma Rae* de Martin Ritt. (→ 31.3.81)

Alfred Hitchcock, soixante ans de cinéma

Hollywood, 29 avril
Alfred Hitchcock (*13.8.1899) s'est éteint paisiblement à son domicile de Bel Air. Son dernier film restera donc *Complot de famille* (*Family Plot*). En effet, quinze jours après le bel hommage que lui avait rendu l'American Film Institute, l'année dernière, le cinéaste avait fermé ses bureaux, renvoyé ses employés et semblait se résoudre à la retraite, renonçant du même coup à la réalisation de son cinquante-quatrième film : *The Short Night*. Quelques mois plus tard, ultime consécration, la reine Elisabeth II d'Angleterre lui donnait le titre honorifique de sir Alfred Hitchcock, tout comme elle l'avait fait pour un autre londonien du septième art : Charles Chaplin.

Avec Bruce Dern au tournage de son dernier film, « Complot de famille ».

Contre-attaque dans la guerre des étoiles

« L'Empire contre-attaque », d'Irvin Kershner, production de George Lucas.

New York, 21 mai
Avec une recette de 193 millions de dollars, *la Guerre des étoiles*, de George Lucas, s'était placé au premier rang du box-office de tous les temps. Le succès phénoménal de ce film a rendu inévitable la réalisation d'une suite. Intitulée *L'Empire contre-attaque*, elle a été réalisée par Irvin Kershner, Lucas s'étant réservé les rôles du producteur exécutif et d'auteur du scénario. Si *la Guerre des étoiles* se terminait par la défaite des maléfiques troupes de l'Empire, celles-ci semblent avoir repris le contrôle de la galaxie dans *L'Empire contre-attaque* ; ce qui n'empêchera ni Skywalker, ni la princesse Leia ou leurs amis rebelles d'en triompher de nouveau. Grâce à un budget de plus de 32 millions de dollars, cette suite a bénéficié de trucages encore plus spectaculaires, lesquels ont été conçus et réalisés à Light and Magic, l'usine des effets spéciaux créée par George Lucas en Californie. (→ 25.5.83)

Harrison Ford incarne Han Solo.

Celui qui fait de Skywalker un Jedi.

Le jury du Festival de Cannes divise à nouveau la Palme d'or

« Kagemusha », d'Akira Kurosawa, partage la Palme d'or avec « Que le spectacle commence », de Bob Fosse.

Cannes, 23 mai
Très différents l'un de l'autre, mais marquant chacun l'apogée de l'art de son auteur, *Kagemusha*, d'Akira Kurosawa, et *Que le spectacle commence* (*All That Jazz*), de Bob Fosse, viennent de se voir attribuer, ex æquo, la Palme d'or du Festival de Cannes. Autre favori du palmarès, *Mon oncle d'Amérique*, d'Alain Resnais, qui remporte le grand prix spécial après avoir provoqué un conflit entre Kirk Douglas, président du jury, et certains jurés qui l'ont accusé de ne pas prendre en considération le film de Resnais. Cela explique le fait qu'au moment de la remise des prix le jury a tenu à préciser que « dans son esprit, comme dans celui du Festival, la Palme d'or et le prix spécial du jury, de vocation différente, sont du même niveau » ! Magnifique fresque sur les guerres féodales qui déchiraient le Japon au XVIe siècle, *Kagemusha* retrace l'histoire d'un brigand qui se trouve amené à remplacer un seigneur mortellement blessé et dont il est le sosie. Œuvre en partie autobiographique, *Que le spectacle commence* est réalisé par un ancien chorégraphe devenu réalisateur et à qui on doit déjà le superbe *Cabaret*. Le nouveau film de Bob Fosse a pour personnage principal un célèbre chorégraphe qui, après avoir été victime d'un infarctus, entreprend de mettre en scène sa propre mort. S'inspirant des travaux du professeur Henri Laborit, Resnais réalise avec *Mon oncle d'Amérique* une surprenante étude sur le comportement humain, à travers trois personnages issus de milieux différents. Le prix du jury a été décerné au réalisateur polonais Krzysztof Zanussi pour son film *la Constante*, histoire d'un homme qui s'oppose aux compromissions de la société moderne. Grâce au film italien de Marco Bellocchio, *le Saut dans le vide*, les Français Anouk Aimée et Michel Piccoli ont remporté les deux prix d'interprétation. (→ 27.5.81)

Des films brûlent à la Cinémathèque

Paris, 3 août
Plusieurs milliers de bobines de films « nitrate » sont parties en fumée au cours de l'incendie qui vient de ravager l'un des entrepôts de la Cinémathèque française au Pontel, près de Rambouillet. Cette catastrophe intervient à un fort mauvais moment : trois ans après la mort d'Henri Langlois, la Cinémathèque commençait seulement à se remettre de la désorganisation où l'avait laissée la disparition de son fondateur, et ce drame pose à nouveau la question du budget de l'institution. Ses moyens actuels ne lui permettent pas en effet d'assurer la conservation et moins encore la restauration de films sur support nitrate, chimiquement instables et facilement inflammables. Jean-Philippe Lecat, le ministre de la Culture, va annoncer des mesures d'urgence, et accorderait quatre millions de francs pour la construction de nouveaux locaux de conservation à Bois-d'Arcy.

La paranormalité selon Stanley Kubrick

New York, 23 mai
Le visage sardonique et dément de Jack Nicholson domine *Shining* (*The Shining*), le nouveau film de Stanley Kubrick, réalisé cinq ans après *Barry Lyndon*. Dans cette adaptation du roman d'épouvante de Stephen King, le comédien incarne un écrivain quelque peu désargenté qui accepte de garder un hôtel de montagne pour l'hiver. Emménageant avec sa femme et son fils, il est bientôt assailli d'étranges visions et cède à des pulsions sanguinaires. Réalisé dans un hôtel situé près de Mount Hood, dans l'Oregon, le film, tourné avec une caméra très mobile montée sur Steadicam, est un prodigieux exercice de mise en scène. (→ 8.8.86)

Nicole Garcia et Roger Pierre dans « Mon oncle d'Amérique ».

Anouk Aimée et Michel Piccoli dans « le Saut dans le vide ».

Jack Nicholson et Shelley Duvall dans « Shining » : l'horreur en famille.

Louis Malle et John Cassavetes réveillent les lions de Venise

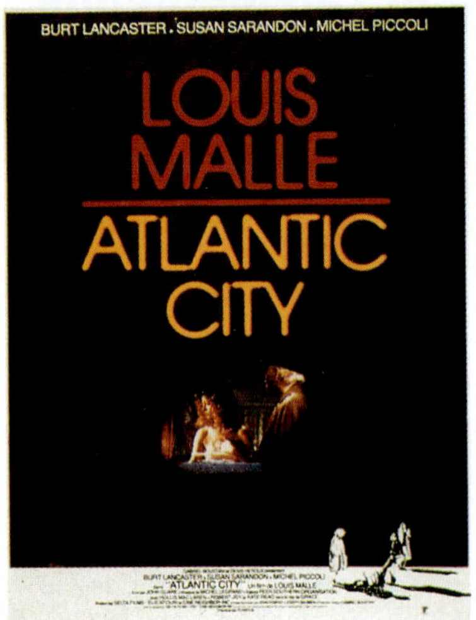

« Atlantic City », troisième film américain de Louis Malle, avec Burt Lancaster en trafiquant dépassé par les événements.

Venise, 5 septembre
Absente du palmarès l'an passé, la récompense suprême de la Mostra fait un retour en force. Un Lion d'or est attribué à Louis Malle et à John Cassavetes, ex æquo pour, respectivement, *Atlantic City* et *Gloria*. Louis Malle, installé aux Etats-Unis depuis quatre ans, situe son récit dans une station balnéaire de la côte Est. *Atlantic City* est l'histoire d'un ancien truand (Burt Lancaster), amoureux d'une femme croupier (Susan Sarandon), et mêlé malgré lui à une affaire de drogue. Louis Malle offre l'image d'une Amérique peu montrée au cinéma, celle des perdants qui survivent en rêvant d'un monde illusoire et disparu. De son côté, John Cassavetes, New-Yorkais d'origine grecque, a toujours travaillé en marge des studios hollywoodiens. Venise, en 1960, lui avait déjà remis le grand prix de la critique pour *Shadows*, qui dénonçait tous les aspects du racisme américain. *Gloria* ne satisfait pas le cinéaste. C'est une œuvre de commande dont il renie le dénouement ! Cela n'empêche pas ce film, nerveux et violent quand il dépeint la Mafia, d'avoir une âme bien à lui, grâce au jeu si vibrant de Gena Rowlands. Femme et comédienne fétiche de Cassavetes, elle incarne une Gloria maternelle malgré elle, intrépide, éblouissante. Enfin, la Mostra a aimé la mise en scène du réalisateur grec Theo Angelopoulos, *Alexandre le Grand*, malgré sa durée un peu fastidieuse. (→ 30.12)

Une longue grève à Hollywood

Hollywood, 23 octobre
C'est un grand ouf ! de soulagement que viennent de pousser les membres de la Screen Actors Guild et les producteurs après la signature d'un nouveau contrat de trois ans qui met fin à la plus longue grève de l'histoire de Hollywood. L'affaire a commencé le 21 juillet dernier lorsque la Screen Actors Guild et la Fédération des artistes de radio et télévision, syndicats regroupant 60 000 comédiens, ont décidé de se mettre en grève. Leurs revendications portaient sur l'augmentation des salaires et des droits sur les exploitations annexes, telles la télévision et la vidéo. Les tournages de 11 films et de 45 séries de télévision ont été alors interrompus. Les deux syndicats d'acteurs, rejoints par celui des musiciens, ont toutefois conclu des accords individuels avec divers producteurs, ce qui a permis la continuation de 14 tournages, dont celui de *Ragtime*, du réalisateur Milos Forman. (→ 14.7.81)

Catherine Deneuve et Depardieu entre l'héroïsme et la passion

Paris, 17 septembre
La vie d'un théâtre parisien sous l'Occupation : tel est le sujet apparemment anodin du vingtième long métrage de François Truffaut, *le Dernier Métro*. Le metteur en scène de la pièce y est Juif et se cache dans les sous-sols de la salle. De là, il adresse ses directives à sa femme, comédienne qui, pour l'occasion, feint de diriger la pièce, et qui tombe peu à peu amoureuse d'un acteur nouvellement engagé. Dans ces deux derniers personnages, Catherine Deneuve et Gérard Depardieu dominent une excellente distribution. Ce film, où le théâtre (le cinéma ?) est le dernier refuge contre la monstruosité ambiante, a été tourné dans une chocolaterie désaffectée. Pas un seul plan n'a été fait en extérieurs : tous les lieux sont reconstitués, du théâtre Montmartre aux rues de Paris. Le résultat est d'autant plus étonnant que *le Dernier Métro* est apparemment le genre de films que le jeune Truffaut rejetait lorsqu'il vitupérait, dans les années cinquante, contre la « qualité française ». (→ 31.1.81)

Gena Rowlands dans « Gloria », de son mari, John Cassavetes.

« Le Dernier Métro », de François Truffaut. A droite, le cinéaste au cours du tournage avec le petit Frank Pasquier.

Le retour de Jean-Luc Godard au système

Isabelle Huppert et Jacques Dutronc dans « Sauve qui peut (la vie) ».

Paris, 15 octobre

Après une décennie de cinéma militant et d'expériences vidéos, Jean-Luc Godard revient, avec *Sauve qui peut (la vie)*, au cinéma de fiction. Le cinéaste présente d'ailleurs explicitement cette œuvre comme son « second premier film ». Il ne s'agit pourtant pas d'une concession au système commercial et le film possède assurément un ton unique. Construit davantage sur le son que sur l'image, *Sauve qui peut (la vie)* conte les parcours croisés de trois personnages, un producteur de télévision, sa maîtresse et une jeune prostituée fraîchement arrivée de sa campagne. Interprétés par Jacques Dutronc, Nathalie Baye et Isabelle Huppert, ces personnages sont chacun définis selon une caractéristique qui rythme un moment de l'action : « la Peur », « l'Imaginaire » et « le Commerce ». Les deux derniers de ces mouvements enserrent chronologiquement le premier, qui représente en fait l'indécision entre ces deux pôles. La crudité des scènes de prostitution cause évidemment un certain émoi, ce qui ne nuira sans doute pas à la carrière commerciale de l'œuvre. (→ 26.5.82)

Ronald Reagan entre à la Maison Blanche

Washington, 4 novembre

Ronald Reagan, candidat républicain à la Maison Blanche, a été élu président des Etats-Unis. Succédant au démocrate Jimmy Carter, il devient le quarantième président du pays, le plus âgé aussi à la date de son entrée en fonction. Ancien acteur, Reagan a abandonné le cinéma en 1964 après le tournage d'*A bout portant* (*The Killers*), de Don Siegel. Gouverneur de Californie depuis 1966, réélu en 1970, il luttait depuis cinq ans pour le poste suprême. Son parti lui avait préféré Gerald Ford pour s'opposer à Carter lors des élections de 1976. Cette erreur – puisque Ford n'avait pas été élu – est aujourd'hui réparée, Reagan obtenant une très forte majorité des voix. Il ne fait tout de même pas l'unanimité puisque Otto Preminger a déclaré avec un humour acerbe : « C'est notre faute à tous. Si nous avions donné du travail à ce mauvais acteur, il ne se serait pas lancé dans la politique. » Rappelons que le nouveau Président, divorcé de Jane Wyman, est marié à Nancy Davis et père de deux enfants. Parce qu'il est myope, il a fait son service comme auxiliaire de 1942 à 1945 et a été libéré avec le grade de capitaine. Son investiture et son entrée en fonction à la Maison Blanche se dérouleront le 20 janvier prochain. (→ 19.1.81)

Désormais sur la scène mondiale.

Michael Cimino affronte le désastre de « la Porte du paradis »

Hollywood, 19 décembre

Michael Cimino, de sa propre initiative, vient de présenter aux dirigeants des Artistes associés une version écourtée de *la Porte du paradis* (*Heaven's Gate*). Cette version a été jugée satisfaisante par les producteurs du film, mais sera encore réduite de quelques minutes. Dans sa première mouture, le film durait cinq heures et vingt-cinq minutes. Cimino l'a réduit à trois heures et demie puis, devant l'ampleur du rejet, vient encore de l'amputer de près d'une heure. Après les résultats catastrophiques de la première et des débuts d'exploitation, il semble déjà certain que cette superproduction de 36 millions de dollars sera l'un des plus cuisants échecs financiers de l'histoire du cinéma. Il faut dire que le sujet de ce western a de quoi choquer le public américain : Cimino y met en effet à bas le fameux mythe du *melting-pot*, en relatant le massacre d'émigrés d'Europe centrale par la milice privée d'un cartel de grands éleveurs, à la fin du siècle dernier au Wyoming. (→ 12.6.81)

Jean-Luc Godard revient au cinéma après dix ans de films militants.

Isabelle Huppert et Kris Kristofferson dans une production de trente-six millions de dollars en grand péril.

« Mon oncle d'Amérique ».

Béatrice Bruno et Marie-Christine Barrault dans « Ma chérie », de C. Dubreuil.

Affiche signée René Ferracci.

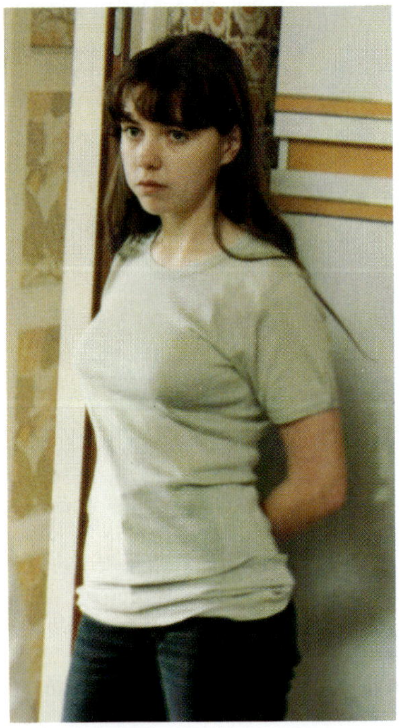

Sabine Haudepin dans « Passe ton bac d'abord », de Maurice Pialat.

J. Dutronc et N. Baye dans « Sauve qui peut (la vie) », de Jean-Luc Godard.

Romy Schneider et Claude Brasseur dans « la Banquière », de F. Girod.

Affiche originale française signée René Ferracci.

« Le Roi et l'Oiseau », chef-d'œuvre du dessin animé français, par P. Grimault.

Une affiche en noir et blanc signée René Ferracci.

Jack Nicholson dans « Shining ».

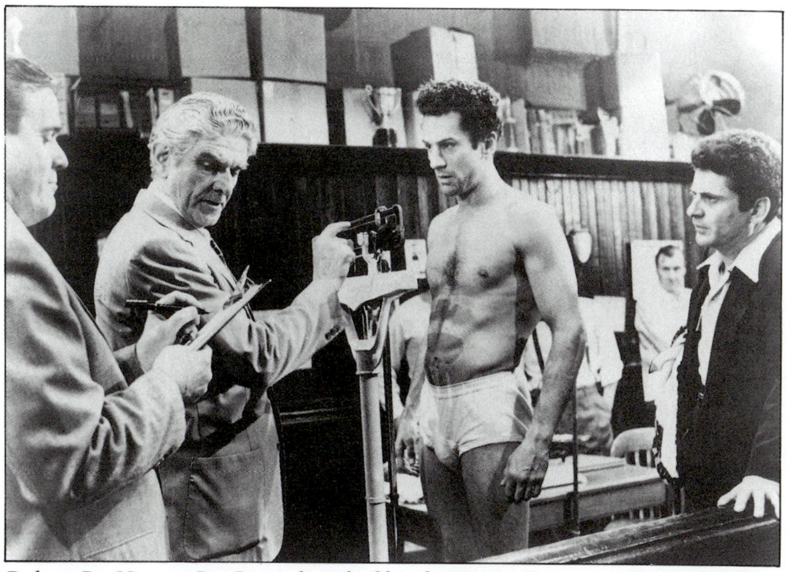

Robert De Niro et Joe Pesci dans le film de Martin Scorsese « Raging Bull ».

« Le Gang des frères James ».

Irene Cara et Lee Curreri dans « Fame », d'Alan Parker.

John Hurt dans le film de David Lynch « Elephant Man ».

Gena Rowlands et John Adams dans « Gloria », de John Cassavetes.

Christopher Reeves dans « Superman II », de Richard Lester.

L'histoire d'une chanson, « Lili Marleen », vue par Rainer W. Fassbinder.

Apothéose d'effets spéciaux dans « L'Empire contre-attaque », de I. Kershner.

Oscars, Hollywood
Film : *Des gens comme les autres* (Robert Redford).
Acteur : Robert De Niro.
Actrice : Sissy Spacek.

Mostra d'arte cinematografica, Venise
Lion d'or : *les Années de plomb* (Margarethe von Trotta).
Meilleur acteur : Robert Duvall.
Meilleure actrice : Lil Terselius.

Festival international du film, Cannes
Palme d'or : *l'Homme de fer* (Andrzej Wajda).
Meilleur acteur : Ugo Tognazzi.
Meilleure actrice : Isabelle Adjani.

Césars, Paris
Film : *le Dernier Métro* (François Truffaut).
Acteur : Gérard Depardieu.
Actrice : Catherine Deneuve.

Berlin, 1er janvier
L'Ours d'or du Festival revient au film espagnol *Vivre vite* (*De prisa, de prisa*), de Carlos Saura, avec José Antonio Valdelomar et Jesus Arias. (→ 14.3.84)

Paris, 14 janvier
Sortie de *Clara et les chics types*, de Jacques Monnet, avec Josiane Balasko, Thierry Lhermitte et Isabelle Adjani. (→ 11.5.83)

New York, 23 janvier
Dans la salle du Radio City Hall commence la projection, étalée sur trois jours, de la version intégrale sonorisée du *Napoléon*, d'Abel Gance, reconstituée sous la direction de Francis Ford Coppola, avec une partition musicale due à son père, Carmine Coppola. (→ 10.3)

Lombardie, 4 février
Mort à Gardone Riviera du réalisateur italien Mario Camerini (*6.2.1895).

Haute-Volta, 13 février
Au huitième Festival de Ouagadougou, le grand prix est décerné au film malien de Souleymane Cissé, *le Vent* (*Finyé*). Un prix spécial est attribué à Gaston Kaboré pour *le Don de Dieu* (*Wend Kuni*). (→ 30.10.82)

Paris, 20 février
Sortie d'*Un étrange voyage*, d'Alain Cavalier (Delluc pour 1980). Sa fille Camille de Casabianca en a écrit avec lui le scénario et l'interprète avec Jean Rochefort. (→ 7.3.87)

Paris, 25 février
L'affiche, dessinée par Topor, du film de Pascal Thomas, *Celles qu'on n'a pas eues*, jugée scabreuse, est donc proscrite dans les gares et le métro. *L'Officiel des spectacles* refuse une publicité qui annonce sa sortie ce jour même.

Hollywood, 10 mars
Disney Pictures annonce la création prochaine d'une chaîne de télévision par câble et payante, The Disney Channel. (→ 20.2.84)

Paris, 30 mars
En désaccord avec le conseil d'administration, Georges Franju démissionne de son poste de directeur artistique de la Cinémathèque, dont il est l'un des fondateurs.

Paris, 28 mai
Le nouveau Premier ministre Pierre Mauroy forme son gouvernement. Il nomme Jack Lang au ministère de la Culture et Georges Fillioud à celui de la Communication. (→ 7.9)

Paris, 8 juin
Francis Veber commence le tournage de *la Chèvre*, avec Gérard Depardieu et Pierre Richard.

Los Angeles, 27 juillet
William Wyler (*1.7.1902) décède. Il avait débuté à Hollywood en 1921, sous les auspices de son parent Carl Laemmle, patron de Universal. Il était, en nombre d'Oscars, l'un des cinéastes américains les plus titrés.

Paris, 9 septembre
Alain Delon présente *Pour la peau d'un flic*, son premier film comme réalisateur, avec lui-même et Anne Parillaud. (→ 22.2.84)

Paris, 30 septembre
Sortie de *la Femme d'à côté*, de François Truffaut, avec une actrice, Fanny Ardant, qu'il a découverte dans le feuilleton de Nina Companeez « les Dames de la côte », et Gérard Depardieu. (→ 17.8.83)

Turquie, 1er octobre
Profitant d'une permission, le réalisateur Yilmaz Güney, emprisonné depuis 1972, passe clandestinement à l'étranger. (→ 26.5.82)

New York, 9 octobre
Sortie de *Riches et célèbres* (*Rich and Famous*), de George Cukor, avec Jacqueline Bisset et Candice Bergen. (→ 24.1.83)

Berlin, 12 octobre
Jacques Rouffio commence le tournage de *la Passante du Sans-Souci*, d'après le roman de Joseph Kessel, avec Romy Schneider. (→ 29.5.82)

Athènes, 18 octobre
La comédienne Mélina Mercouri entre au gouvernement socialiste d'Andréas Papandhréou en tant que ministre de la Culture. (→ 6.3.94)

Paris, 4 novembre
Dans *Coup de torchon*, qui sort ce jour, Bertrand Tavernier a transposé en Afrique occidentale française un roman de Jim Thomson. Philippe Noiret, Isabelle Huppert et Stéphane Audran en sont les interprètes principaux. (→ 11.4.84)

Paris, 11 novembre
Abel Gance (*25.10.1889), le réalisateur de *la Roue* et de *Napoléon* décède. (→ 22.7.83)

Lausanne, 17 novembre
Claude Autant-Lara fait don de ses archives, objets et documents cinématographiques (costumes, photos) à la Cinémathèque suisse de Freddy Buache.

New York, 20 novembre
Milos Forman présente *Ragtime*, d'après le roman de E. L. Doctorow, avec James Cagney, dont c'est le premier film en vingt ans, Elizabeth McGovern, Mary Steenburger et Brad Dourif. (→ 19.9.84)

Paris, 10 décembre
Le prix Louis-Delluc est attribué à *Une étrange affaire*, du cinéaste Pierre Granier-Deferre, d'après un roman de Jean-Marc Roberts, avec Michel Piccoli, Gérard Lanvin et Nathalie Baye. (→ 27.2.82)

New York, 10 décembre
Sortie de *Reds*, de Warren Beatty, qui en a assuré le scénario, la production et l'interprétation aux côtés de Diane Keaton, Jack Nicholson et Maureen Stapleton. Le film dure plus de trois heures. (→ 29.3.82)

Budapest, 12 décembre
Les Hongrois fêtent le décorateur Alexandre Trauner, à qui une importante exposition est consacrée dans sa ville natale, qu'il a quittée à la fin des années 20. (→ 5.12.93)

Paris, 16 décembre
Carmen Jones, d'Otto Preminger, version « noire » (1954) de l'opéra de Bizet, avec Dorothy Dandridge et Harry Belafonte, est enfin visible sur les écrans français. Les héritiers du compositeur ne s'opposent plus à son exploitation en France.

Hollywood, 31 décembre
Le coût moyen d'une production des Majors est évalué à 9,75 millions de dollars. Les budgets les plus élevés de l'année sont ceux de *Reds* (35 millions) et, tout de suite derrière, de *Ragtime* (32 millions).

Etats-Unis, 31 décembre
Pour la première fois, le nombre de magnétoscopes vendus en 1981 dépasse le million. (→ 31.12.82)

« Elephant Man », de David Lynch, bouleverse les spectateurs par l'histoire d'un monstre au cœur tendre dans l'Angleterre victorienne.

GRAND PRIX
FESTIVAL INTERNATIONAL D'AVORIAZ
1981
ELEPHANT
MAN
GAUMONT et EMI FILMS présentent une Production Brooksfilms
ANTHONY HOPKINS • JOHN HURT dans le rôle de ELEPHANT MAN • ANNE BANCROFT
JOHN GIELGUD • WENDY HILLER • Musique de JOHN MORRIS • Directeur de la Photographie FREDDIE FRANCIS.
Scénario de CHRISTOPHER De VORE, ERIC BERGREN, DAVID LYNCH. • Producteur Executif STUART CORNFELD • Produit par JONATHAN SANGER.
Réalisé par DAVID LYNCH • PANAVISION DOLBY STEREO
G
Film tiré de la vie de John Merrick, *Eléphant Man* et non de la pièce de Broadway ou de tout autre récit fictif.

La fantastique tendresse de l'homme éléphant séduit Avoriaz

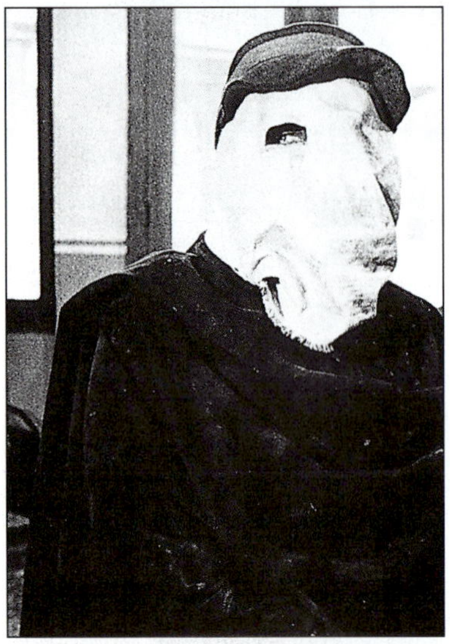

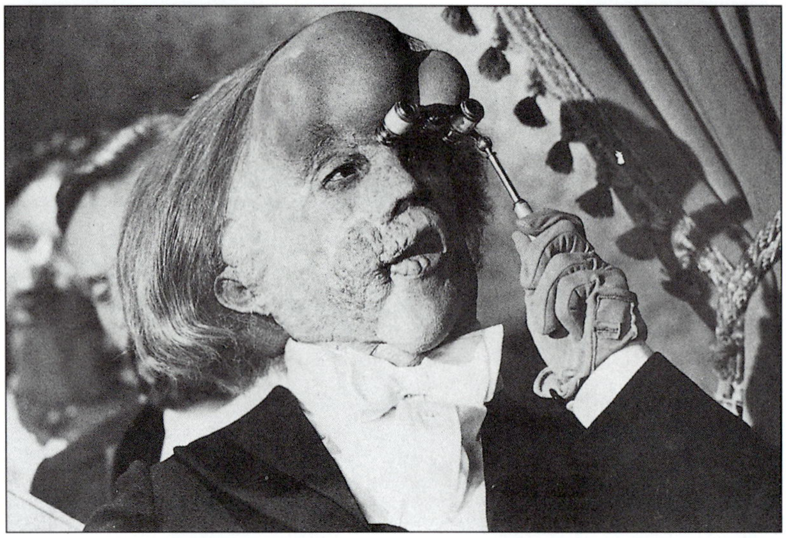

« Elephant Man », de David Lynch, confirme le talent de John Hurt, dans un rôle d'une extraordinaire difficulté.

Avoriaz, 19 janvier
Auteur d'un film culte, *Labyrinth Man* (*Eraserhead*), le jeune réalisateur américain David Lynch était très attendu à Avoriaz, où se tenait le Festival international du film fantastique. Produit par Mel Brooks, son nouveau film, *Elephant Man*, a enthousiasmé le jury qui lui a attribué le grand prix. Inspiré de faits authentiques survenus dans l'Angleterre victorienne, le film retrace l'histoire d'un jeune homme affreusement déformé par une maladie étrange et qu'on exhibe dans les foires, jusqu'à ce qu'il soit pris en charge par un chirurgien qui s'intéresse à son cas. Devenu une curiosité pour le Tout-Londres, « l'homme éléphant » va se révéler un être extrêmement sensible et intelligent. Cette remarquable fable sur la dignité des « monstres » bénéficie d'une superbe photographie en noir et blanc de Freddie Francis et des maquillages hallucinants de Christopher Tucker. (→ 24.1.87)

Raoul Walsh, la fin d'un aventurier

Simi Valley, Californie, 1er janvier
Lorsqu'il a perdu un œil en 1929, pendant le tournage d'*In Old Arizona*, Albert Edward Walsh, dit Raoul Walsh, était déjà un des piliers de Hollywood. Assistant de Griffith sur *Naissance d'une nation*, où il incarne l'assassin de Lincoln, il s'est très vite imposé comme réalisateur, grâce à des films comme *le Voleur de Bagdad*. Son succès s'affirmera avec le parlant et il ne prendra sa retraite qu'en 1964, après avoir réalisé cent vingt films. Né à New York, le 11 mars 1892, d'un père irlandais et d'une mère espagnole, Walsh a travaillé pour les Majors, abordé tous les genres et contribué à la révélation de nombreuses stars, dont John Wayne, avec *la Piste des géants*, Humphrey Bogart, avec *High Sierra*, et Errol Flynn, qu'il a dirigé notamment dans *Gentleman Jim*. L'homme Walsh a mené une vie d'aventurier, qui a fait de lui un personnage légendaire. Il est mort hier, mais sa légende restera vivante.

Sinatra intronise Ronald Reagan

New York, 19 janvier
Frank Sinatra sera demain l'organisateur du grand gala télévisé qui aura lieu au Capitol Center de Washington, à l'occasion de la cérémonie d'investiture du nouveau président, Ronald Reagan. Le nom de Sinatra associé à celui de Reagan ne plaît pas à tout le monde. La presse américaine rappelle que le chanteur *crooner* a entretenu des relations avec John Kennedy et le parti démocrate pendant plus de vingt ans avant de devenir proche des républicains et de Reagan, et ses rapports avec la Mafia du Nevada et avec le patron de la pègre de Chicago, Sam Giancana. Le *Wall Street Journal* conclut que Sinatra est plus attaché aux hautes personnalités de ce monde qu'à ses convictions politiques. Avant même de s'installer à la Maison Blanche, Ronald Reagan se voit reprocher certaines amitiés qui pourraient bien devenir embarrassantes dans l'avenir. Mais, pour l'heure, l'ambiance est à la fête. (→ 17.2.82)

Truffaut et « le Dernier Métro » écrasent la soirée des Césars

Paris, 31 janvier
Présidée par Yves Montand, la sixième cérémonie des Césars est présentée par Jean-Claude Brialy, Daniel Ceccaldi et Pierre Tchernia. Le vote couronne *le Dernier Métro*, qui reçoit dix récompenses. Parmi celles-ci, les Césars du meilleur film de l'année, du meilleur réalisateur (François Truffaut), de la meilleure actrice (Catherine Deneuve), du meilleur acteur (Gérard Depardieu) et de la meilleure musique de film (Georges Delerue). Ce succès est sans précédent. *Kagemusha*, de Kurosawa, est élu meilleur film étranger. Deux Césars sont remis à titre d'hommage aux réalisateurs Abel Gance et Marcel Pagnol. Le public a été chargé de classer les dix meilleurs films français de la décennie. *Providence*, d'Alain Resnais, arrive en tête, devant *Lacombe Lucien*, de Louis Malle. (→ 30.9)

Gérard Depardieu et Catherine Deneuve dans « le Dernier Métro » ; à droite, le réalisateur au cours du tournage.

Eric Rohmer reste plus que jamais fidèle aux films de série

« La Femme de l'aviateur » ou « On ne saurait penser à tout ».

Avec ce film, le cinéaste ouvre la série des « Comédies et proverbes ».

Paris, 4 mars

Ayant achevé la série de ses « Contes moraux », voici près de neuf ans, avec *l'Amour l'après-midi*, Eric Rohmer inaugure un nouveau cycle avec *la Femme de l'aviateur* : les « Comédies et proverbes ». Entre-temps, le cinéaste n'aura réalisé que deux longs métrages, *la Marquise d'O* et *Perceval le Gallois*, et signé quelques documentaires pour la télévision. Deux autres volets de cette nouvelle série sont pour l'instant prévus : *le Beau Mariage* et *Pauline à la plage*. Dans *la Femme de l'aviateur*, Rohmer renoue avec le style de ses premiers films : l'œuvre est tournée en 16 mm, le plus souvent caméra à l'épaule, à la lumière du jour, en intérieurs et extérieurs réels. La fraîcheur et la spontanéité de la mise en scène semblent annoncer que ces « Comédies et proverbes » n'auront pas la gravité de ton des « Contes moraux » : ici se dessine plutôt une comédie du quotidien. (→ 3.9.86)

René Clair, ou le cinéma français

Paris, 15 mars

René Clair (*11.11.1898) est mort. L'auteur des *Grandes Manœuvres* s'était déjà retiré depuis de nombreuses années. Après *Tout l'or du monde* en 1961, ses contributions au septième art s'étaient faites rares : reçu à l'Académie française en 1962, il signait encore cette année-là, aux côtés d'Alessandro Blasetti, Luis Berlanga et Hervé Bromberger, l'un des sketches du film *les Quatre Vérités*, et achevait enfin son œuvre en 1965 avec *les Fêtes galantes*. Tournée en Roumanie et interprétée par Jean-Pierre Cassel, cette satire de la guerre et de la vanité militaire était un sujet qui lui tenait depuis longtemps à cœur mais qui fut un relatif échec commercial. Clair se consacrait alors à l'écriture : la pièce *l'Etrange Ouvrage des cieux* était publiée en 1972, et *Jeux du hasard* en 1976. Auparavant, en 1970, Clair avait rassemblé et commenté ses textes sur le cinéma : *Cinéma d'hier, cinéma d'aujourd'hui*. (→ 27.2.82)

Les coups de cœur de Francis Ford Coppola

Hollywood, 10 mars

La MGM vient d'arrêter le tournage du nouveau film de Francis Coppola, *Coup de cœur* (*One from the Heart*), refusant de prendre en charge le dépassement de son budget. Coppola ayant décidé de ne pas aller tourner ses extérieurs à Las Vegas, mais d'en construire les décors dans ses studios Zoetrope, le devis de *Coup de cœur* s'est en effet envolé. Heureusement pour le cinéaste, la Paramount a accepté de reprendre le film en distribution, et la défection de la MGM ne compromettra donc pas son achèvement. Pour autant, le triomphe public qu'a remporté Coppola en janvier, en présentant la reconstitution presque intégrale du *Napoléon*, d'Abel Gance, ne fait pas oublier le désastre financier de ses studios : le mois dernier, Zoetrope n'a pas pu payer ses salariés. Et, en dépit du prêt que lui a promis le financier canadien Jack Singer, Coppola s'est trouvé contraint de vendre sa maison et d'investir tout ce qu'il lui restait d'argent personnel pour achever *Coup de cœur*. Si, après *Apocalypse Now*, le sujet de ce film paraît plus anodin (la crise d'un couple pendant le week-end du 4 juillet), sa confection a par contre un net caractère expérimental : scénario sur ordinateur, *story-board* sur bande vidéo et tournage avec écran de contrôle vidéo. (→ 15.1.82)

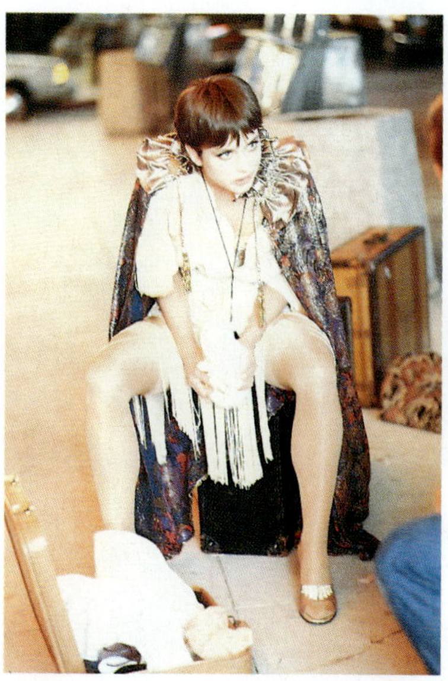

Nastassja Kinski : « Coup de cœur ».

Pour Beineix, l'art ne va pas sans artifice

Paris, 11 mars

Premier film du jeune réalisateur Jean-Jacques Beineix, *Diva* est du genre à ne laisser personne indifférent à cause de ses partis pris formels. Adapté d'un roman de Delacorta, il retrace l'histoire d'un postier, passionné d'opéra, qui se trouve mêlé à une sombre histoire, où il est notamment question d'enregistrements pirates. Par ses décors à la mode et ses couleurs volontairement artificielles, *Diva* témoigne d'une évidente volonté de styliser le réel, pour en faire une œuvre d'art moderne. (→ 5.8.82)

Thuy An Luu et Frédéric Andrei dans « Diva », de Jean-Jacques Beineix.

Le facteur sonne deux fois encore pour les amants diaboliques

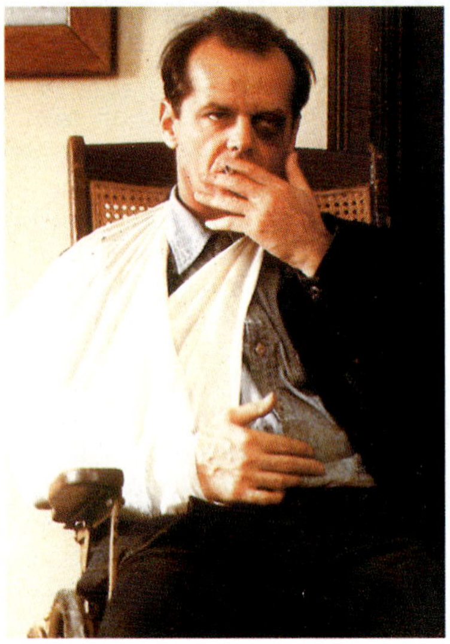

Un grand rôle pour Jack Nicholson.

Jessica Lange dans « Le facteur sonne toujours deux fois », de Bob Rafelson.

New York, 20 mars
Après *le Dernier Tournant*, réalisé par Pierre Chenal en 1939, *Ossessione*, de Luchino Visconti en 1943, et la version mise en scène par Tay Garnett en 1946, *Le facteur sonne toujours deux fois* (*The Postman Always Rings Twice*) est la quatrième adaptation du célèbre roman de James Cain. Le réalisateur Bob Rafelson réunit ici Jack Nicholson et Jessica Lange en un couple torride. Celle qui, il y a cinq ans, était la proie hurlante de King Kong dans le remake de John Guillermin se voit ici proposer un rôle à la hauteur de son tempérament d'actrice. Si elle ne parvient pas à faire oublier Lana Turner dans le film de Garnett, la sensualité de sa présence n'en est pas moins fort troublante. (→ 17.12.82)

Le cinéma indien en deuil d'une star

Calcutta, 3 mai
Pour des millions de ses compatriotes, Nargis demeurera à jamais *Mother India*, du nom du film de Mehboob Khan qui, en 1957, a battu tous les records du cinéma indien et dans lequel Nargis incarnait la figure d'une « mère courage », symbole de l'Inde elle-même. Fille du chanteur Jaddan Bai, Nargis est née à Calcutta le 1er juin 1929. Elle joue son premier rôle à l'écran à l'âge de cinq ans, sous le nom de Baby Ranni, dans *Talash-e-Haq*. Sa véritable carrière commence à l'âge de quatorze ans, sous la direction de Mehboob Khan dans *Taqdeer*. Désormais appelée Nargis, cette belle et émouvante actrice est très vite devenue une star, la plus grande star féminine de son pays. Ses meilleurs succès, elle les doit surtout aux mélodrames sublimes de Khan, notamment *Andaz* en 1949, et aux comédies musicales de l'homme-orchestre du cinéma hindi, Raj Kapoor, qui l'a dirigée notamment dans *Aag* et *le Vagabond* (*Awaara*). Mariée à l'acteur Sunil Dutt, Nargis est morte aujourd'hui d'un cancer.

« Moscou ne croit pas aux larmes »

Los Angeles, 31 mars
Fait rare, une œuvre soviétique plaît aux Américains, qui lui décernent l'Oscar du meilleur film étranger. Mais, dans *Moscou ne croit pas aux larmes*, de Vladimir Menchov, ils ont reconnu une comédie de la réussite, à la mode russe cependant. En 1957, trois provinciales débarquent à Moscou, bien décidées à conquérir la vie. Vingt ans plus tard, la plus méritante est récompensée : elle dirige une usine et rencontre même l'amour. Travail d'abord, bonheur ensuite. Banal en apparence mais habile et enlevé, le film a en URSS un succès phénoménal. Car il révèle en mineur un certain vague à l'âme de la société. Son atout charme, l'acteur Alexis Batalov, héros de *Quand passent les cigognes* et idole des jeunes filles de 1957 !

Robert Redford fait donner les Oscars à des héros ordinaires

Los Angeles, 31 mars
Pour ses débuts de metteur en scène, Robert Redford frappe très fort, puisqu'il obtient quatre Oscars avec *Des gens comme les autres* (*Ordinary People*) : meilleur film, meilleur réalisateur, meilleur scénario et meilleur second rôle (Timothy Hutton). Les prix d'interprétation vont à Robert De Niro, qui n'a pas hésité à grossir de 15 kg pour *Raging Bull*, de Martin Scorsese, et à Sissy Spacek pour *Nashville Lady (Coal Miner's Daughter)*, de Michael Apted. (→ 29.3.82)

« Des gens comme les autres », de Robert Redford, avec Timothy Hutton.

Robert De Niro dans « Raging Bull ».

Cannes dédie sa Palme d'or à la Pologne de Solidarnosc

Cannes, 27 mai
Il y a cinq ans, Andrzej Wajda se faisait le porte-parole du courant contestataire en Pologne avec son film *l'Homme de marbre*. Porté par ce courant, le syndicat Solidarité est devenu, depuis, la première force populaire en Pologne. C'est pour rendre compte de cette réalité nouvelle, et encore porteuse d'autant d'espoir que de crainte, que Wajda a donné une suite à *l'Homme de marbre*. Intitulé *l'Homme de fer*, ce nouveau film vient de remporter la Palme d'or du Festival de Cannes. A travers l'enquête d'un journaliste sur le passé d'un ouvrier des chantiers navals, le film évoque les grèves et les accords de Gdansk entre le pouvoir et Solidarité. Le réalisateur suisse Alain Tanner est allé, lui, tourner dans les décors somptueux de l'Irlande. Son film *les Années lumière* retrace la belle histoire d'une rencontre entre un jeune barman et un étrange vieillard qui rêve de voler comme Icare. Le jury, présidé par le réalisateur français Jacques Deray, a attribué à ce superbe film son grand prix spécial. Présente au générique de deux films, *Quartet*, de James Ivory, et *Possession*, d'Andrzej Zulawski, Isabelle Adjani a fait une forte impression sur le jury, lequel lui a décerné le prix d'interprétation féminine. C'est l'Italien Ugo Tognazzi qui a remporté le prix d'interprétation masculine pour sa très remarquable prestation dans *la Tragédie d'un homme ridicule*, de Bernardo Bertolucci. (→ 9.12.87)

« L'Homme de fer », de Wajda. Les héritiers de « l'Homme de marbre ».

« La Tragédie d'un homme ridicule ». Au fond, Ugo Tognazzi.

La MGM s'unit aux Artistes associés

Hollywood, 12 juin
Alors que les recettes des Artistes associés sont en chute libre, le désastre de *la Porte du paradis*, de Michael Cimino, est venu donner le coup de grâce au studio en lui faisant perdre près de 40 millions de dollars ! Il n'est donc pas étonnant de voir la maison mère de UA, Transamerica Corporation, céder le studio au milliardaire Kirk Kerkorian, déjà propriétaire de MGM, pour 380 millions de dollars. Cette somme est relativement modeste, comparée aux 700 millions de dollars déboursés par le magnat du pétrole Marvin Davis pour l'achat de 20th Century-Fox. (→ 3.1.83)

Spielberg et Lucas réinventent l'aventure

New York, 12 juin
Le nouveau film de Steven Spielberg, *les Aventuriers de l'arche perdue* (*Raiders of the Lost Ark*), vient de connaître une sortie triomphale. Produit par George Lucas sur un scénario de Lawrence Kasdan, ce film ressuscite avec bonheur la grande tradition de l'aventure hollywoodienne. Un personnage promis sans le moindre doute à la plus éclatante popularité vient en tous cas de naître : Indiana Jones. Reconnaissable à son chapeau avachi et à son fouet, ce nouveau héros est incarné par Harrison Ford, que l'on avait pu apercevoir dans *Apocalypse Now* et qui incarnait Han Solo, le corsaire de l'espace, dans *la Guerre des étoiles*. Nul doute qu'avec ce film le comédien n'accède enfin à la gloire. L'action très mouvementée des *Aventuriers de l'arche perdue* les mène de l'Amérique du Sud au Caire, avec détour notable par le Népal, vers le milieu des années trente. Indiana Jones s'y oppose aux menées d'un groupe de nazis conduits par un archéologue français, qui tentent de retrouver la mythique Arche d'alliance des Hébreux afin de s'en emparer. Réalisé avec un grand luxe de moyens, le film contient de multiples scènes de bravoure, rehaussées d'un humour constant. (→ 9.6.82)

Isabelle Adjani, meilleure actrice, dans « Possession », d'Andrzej Zulawski.

Harrison Ford dans « les Aventuriers de l'arche perdue », de Steven Spielberg.

Tragédie dans la vie de Romy Schneider

Saint-Germain-en-Laye, 5 juillet
Alors qu'il séjournait chez les parents de Daniel Biasini, son beau-père, David, quatorze ans, fils de Romy Schneider et d'Harry Meyen (qui s'est suicidé le 15 avril 1979), a été victime d'un accident mortel. En escaladant la grille qui entoure la propriété, le pied de l'enfant a glissé et il a été transpercé par les pointes d'acier. Malgré une rapide intervention des secours, David a succombé en quelques minutes à une perforation intestinale. (→ 12.10)

Au tournage de « la Mort en direct » avec Bertrand Tavernier.

Les scénaristes de Hollywood en révolte

Les scénaristes du « Syndrome chinois » ont été nominés pour l'Oscar.

Hollywood, 14 juillet
Les scénaristes du cinéma américain sont en grève, s'insurgeant contre l'anonymat de leur travail et contre un statut ingrat. Dans le cinéma américain, en effet, le scénario est la plupart du temps un objet impersonnel, passant en de nombreuses mains avant d'être filmé et n'étant pas une œuvre d'auteur. La reconnaissance d'un scénariste et son accession à la mise en scène, telle celles de Lawrence Kasdan, sont dès lors très rares. (→ 24.2.82)

La troisième mort de Glauber Rocha

Rio de Janeiro, 23 août
Toute la nuit, la foule, hébétée, a défilé devant la dépouille mortelle de Glauber Rocha, au parc Lage, où le cinéaste avait tourné *Terre en transe*. Ensuite, la foule a suivi le cortège jusqu'au cimetière Sao Joao Batista. Né à Bahia le 14 février 1939, Rocha est mort avant hier d'un arrêt du cœur. Il avait déjà vécu, comme étant la préfiguration de sa propre mort, les décès de sa sœur Anecy, en 1975, et celui de son père, l'année dernière. Pour certains amis de Rocha, le chef de file du Cinema Novo est mort victime de « la sainte alliance » des intellectuels progressistes et des fascistes, tandis que d'autres mettent en cause l'exil, le surmenage, et même l'incompétence supposée des médecins portugais qui l'ont soigné à Lisbonne, peu avant qu'il ne soit rapatrié au Brésil !

Au dernier Festival de Venise, avec sa femme (à droite) et A. M. Magalhaes.

Jack Lang boude le Festival de Deauville

Paris, 7 septembre
Le nouveau ministre de la Culture, Jack Lang, a fait connaître sur l'antenne d'Europe 1 sa décision de ne pas se rendre au septième Festival du cinéma américain de Deauville. Cette manifestation ne sert selon lui qu'à la promotion des succès estivaux des grandes compagnies américaines et il ne la cautionnera pas. De fait, en dehors de quelques films indépendants, qui, de plus, sont souvent non sous-titrés, la programmation du Festival ne permet pas de réel échange entre les œuvres et leur public : plutôt qu'un lieu de test pour des films difficiles ou dont le succès est incertain, Deauville se résume souvent à l'avant-première des productions qui seront, de toute façon, distribuées sur le marché français. Cette prise de position du ministre ne manquera pourtant pas de susciter la polémique. (→ 11.1.83)

Parmi les films que le ministre ne verra pas : « Fame », d'Alan Parker.

Jean Eustache vivait pour filmer

Paris, 5 novembre
Jean Eustache (*11.1938) s'est suicidé. Du cinéaste, le public ne connaîtra principalement que deux longs métrages : *la Maman et la Putain* et *Mes petites amoureuses*, réalisés en 1972 et 1974. C'est d'ailleurs un bien grand mot de parler de public : seuls quelques critiques et cinéphiles ont à ce jour reconnu la valeur de son œuvre. Souvent tenté par le cinéma direct, Eustache affirmait ne pouvoir filmer que sous l'emprise de la nécessité intérieure. Ses recherches formelles et son refus de toute concession l'auront condamné au silence.

Durant « Mes petites amoureuses ».

« La Maison du lac » réconcilie enfin les Fonda père et fille

New York, 4 décembre
Depuis sa plus tendre enfance, Jane Fonda reprochait à son père de ne s'être occupé ni d'elle ni de son frère Peter. De son côté, Henry Fonda admettait mal les violentes opinions politiques de sa fille à propos de la guerre du Viêt-nam, ses positions sur l'avortement et sa sympathie pour les Black Panthers. Tous deux restaient éloignés l'un de l'autre, par manque de franches explications. Les années passant, Jane voyait son père vieillir et désirait plus que tout un rapprochement avec lui. Depuis longtemps, elle cherchait un scénario qui lui permettrait de lui donner la réplique. Elle l'a trouvé avec *la Maison du lac* (*On Golden Pond*). « Je voulais que nous fassions ce film pour pouvoir l'offrir à mon père... La nature même du film nous a fait réfléchir au temps qui passe. Mon père et moi, nous nous sommes efforcés de saisir toutes les chances qui nous étaient offertes d'apprendre quelque chose l'un de l'autre, de profiter l'un de l'autre », dit-elle. L'histoire est celle d'un homme qui, à l'approche de ses quatre-vingts ans, est hanté par l'idée de la mort. Au cours d'un été avec sa femme (Katharine Hepburn) dans leur maison de Golden Pond, sa fille vient lui rendre visite. Tous deux ne se sont jamais entendus mais, là, en quelques jours, une réelle compréhension naît enfin. La réalisation est signée Mark Rydell. (→ 29.3.82)

Henry Fonda et Katharine Hepburn en bateau dans le film de Mark Rydell.

Un retour en arrière à l'âge de pierre

Paris, 16 décembre
La sortie de *la Guerre du feu*, de Jean-Jacques Annaud, constitue un véritable événement, tant l'ambition et l'originalité de ce film en font une œuvre à part dans l'histoire du cinéma français. Librement adapté par Jean-Jacques Annaud et par Gérard Brach du livre de J.-H. Rosny Aîné, célèbre auteur de romans préhistoriques, *la Guerre du feu* raconte la saga d'une tribu, les Ulams, qui cherche à récupérer le feu qu'elle a perdu et sans lequel elle ne peut survivre. En chemin, les Ulams rencontrent d'autres tribus avec lesquelles ils vont guerroyer. Conseillé par Desmond Morris spécialiste de la préhistoire et aidé par Anthony Burgess, Jean-Jacques Annaud a reconstitué l'aube de l'humanité avec une étonnante exactitude. Cela donne à son film une authenticité peu habituelle pour ce genre de produits. Financé en partie par les Américains pour un budget de près de 12 millions de dollars, le film ne comporte aucun dialogue. Loin de le desservir, cela en accentue au contraire la force dramatique. Le film doit beaucoup aux maquilleurs, dont le travail a été admirable, allant jusqu'à déguiser des éléphants en mammouths ! (→ 27.2.82)

La mystérieuse noyade de Natalie Wood

Hollywood, 29 novembre
Après avoir bu un verre dans le salon de leur yacht avec son mari, Robert Wagner, et leur ami l'acteur Christopher Walken, Natalie Wood a annoncé qu'elle allait se coucher. Une heure plus tard, constatant que sa couchette était vide, Wagner a entrepris des recherches sur le bateau et s'est aperçu que le dinghy avait disparu. Il a donné l'alerte immédiatement. A 7 h 45, la police a retrouvé le corps de Natalie Wood flottant à côté du dinghy, à 2 km du yacht. Née le 20 juillet 1938, Natalie était la fille d'une danseuse et d'un décorateur de cinéma. Le rôle de Maria dans *West Side Story*, de Robert Wise, l'a rendue mondialement célèbre. (→ 8.2.82)

Elle n'achèvera pas « Brainstorm », de Douglas Trumbull.

« La Guerre du feu », de Jean-Jacques Annaud. L'humanité à ses sources.

Affiche grand format pour le métro (3 x 4 mètres), signée René Ferracci.

Affiche originale française signée René Ferracci.

Affiche originale française signée Jean-Michel Folon.

Penelope Palmer et Jacques Villeret dans « Malevil », de C. de Chalonge.

Fanny Ardant et Gérard Depardieu dans « la Femme d'à côté ».

Klaus Maria Brandauer dans le film d'Istvan Szabo, « Mephisto ».

Isabelle Huppert et Bruno Ganz dans « la Dame aux camélias ».

Jerzy Skolimowski et Bruno Ganz dans « le Faussaire », de Schlöndorff.

Bruno Ganz et Nathalie Baye dans « la Provinciale », de Claude Goretta.

Affiche française copiée sur l'affiche américaine signée par Amsel.

Affiche française copiée sur l'affiche américaine signée Hamagam.

Affiche originale française non signée par son créateur.

« Rien que pour vos yeux », de Glen.

Everett McGill dans le film de Jean-Jacques Annaud, « la Guerre du feu ».

Marie-France Pisier dans « Chanel solitaire », de George Kaczender.

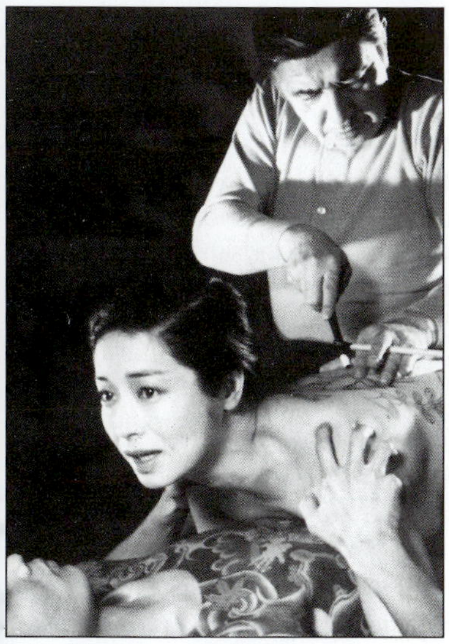

« La Femme tatouée ».

Affiche française dédicacée à René Ferracci par Milos Forman.

« Le Choc des Titans », de Desmond Davis, film d'aventures mythologiques.

★ ★ ★ ★ ★ ★ ★ ★ 1982 ★

Oscars, Hollywood
Film : *les Chariots de feu* (Hugh Hudson).
Acteur : Henry Fonda.
Actrice : Katharine Hepburn.

Mostra d'arte cinematografica, Venise
Lion d'or : *l'Etat des choses* (Wim Wenders).
Meilleur acteur : Max von Sydow.
Meilleure actrice : Susan Sarandon.

Festival international du film, Cannes
Palme d'or : *Yol* (Yilmaz Güney).
Missing (Costa-Gavras).
Meilleur acteur : Jack Lemmon.
Meilleure actrice : Jadwiga Jankowska-Cieslak.

Césars, Paris
Film : *la Guerre du feu* (Jean-Jacques Annaud).
Acteur : Michel Serrault.
Actrice : Isabelle Adjani.

Prague, 1er janvier
Vera Chytilova présente *la Calamité* (*Kalamita*), avec Boleslav Polivka. L'accueil fait au film par les autorités est plutôt tiède.

New York, 15 janvier
Sortie de *Coup de cœur* (*One from the Heart*), de Francis Ford Coppola, avec Frederic Forrest, Teri Garr et Nastassja Kinski. (→ 3.5)

Hollywood, 8 février
Le tournage de *Brainstorm*, interrompu en novembre par la mort de sa vedette Natalie Wood, reprend. Une nouvelle fin a été écrite et la Lloyd's of London a payé trois millions de dollars pour permettre que le film soit terminé.

Paris, 24 février
Sortie de *la Fièvre au corps* (*Body Heat*), premier film de Lawrence Kasdan, précédemment scénariste pour Spielberg, avec William Hurt et Kathleen Turner.

Berlin, 25 février
Au 32e Festival international, l'Ours d'or est attribué au *Secret de Veronika Voss* (*Die Sehnsucht der Veronika Voss*), de R. W. Fassbinder, avec Rosel Zech, Hilmar Thate et Cornelia Froboess. (→ 10.6)

Paris, 3 mars
Sortie du *Bourgeois gentilhomme*, de Roger Coggio, d'après Molière, avec Michel Galabru. (→ 30.1.84)

Los Angeles, 4 mars
A Beverly Hills, l'American Film Institute remet son Life Achievement Award à Frank Capra, en présence de nombreuses vedettes de ses films, dont James Stewart, Barbara Stanwyck, Claudette Colbert et Bette Davis. (→ 3.9.91)

Paris, 24 mars
Jacques Rivette présente *le Pont du Nord*, avec Pierre Clémenti, Jean-François Stévenin, Bulle Ogier et sa fille Pascale. (→ 25.10.84)

Cognac, 2 avril
Le premier Festival du film policier ouvre ses portes sous la présidence du comédien Jean Richard, interprète de Maigret à la télévision.

Paris, 15 mai
Gérard Depardieu a le rôle-titre du film de Daniel Vigne qui sort ce jour, *le Retour de Martin Guerre*, avec Nathalie Baye, dans lequel, à l'époque où François Ier mène les guerres d'Italie, un soldat prend l'identité d'un autre homme et abuse un village entier. (→ 31.1.84)

Paris, 15 mai
Sortie de *la Nuit de Varennes*, film franco-italien d'Ettore Scola, librement inspiré de la Révolution française, avec Jean-Louis Barrault, qui incarne un truculent Restif de la Bretonne, et une impressionnante distribution. Le film est dédié au scénariste Sergio Amidei, décédé durant le tournage. (→ 1.12.83)

New York, 21 mai
Annie, réalisé par John Huston, sort ce jour. C'est la version cinématographique de la comédie musicale de Broadway inspirée par la bande dessinée d'Harold Gray. Albert Finney et Carol Burnett sont les interprètes principaux de cette production, qui a le plus gros budget de l'année : 51,5 millions de dollars. (→ 14.6.85)

Paris, 26 mai
Jean-Luc Godard présente *Passion*, avec Isabelle Huppert, Michel Piccoli et Hanna Schygulla.

Paris, 8 juin
Jean Wiener (*19.5.1896), compositeur de musiques de film pour des cinéastes tels que Renoir, Bresson, Duvivier et Becker, décède.

New York, 9 juin
Pour 60 500 dollars, Steven Spielberg, collectionneur cinéphile, enlève aux enchères « Rosebud », le traîneau d'enfant de Charles Foster Kane dans *Citizen Kane*. (→ 13)

Los Angeles, 25 juin
Sortie de *Blade Runner*, de Ridley Scott, avec Harrison Ford, Sean Young et Rutger Hauer, d'après un roman de Philip K. Dick. Dans le Los Angeles de 2019, cosmopolite et pluvieux, inspiré de *Metropolis*, un détective doit éliminer quatre androïdes venus sur terre demander des comptes à leur créateur.

Rome, 5 août
Le comédien Gérard Depardieu est à Cinecittà pour le tournage de *la Lune dans le caniveau*, produit par Gaumont et sous la direction de Jean-Jacques Beineix. (→ 12.1.83)

Paris, 23 août
Sortie du film de Peter Greenaway, *Meurtre dans un jardin anglais* (*The Draughtsman's Contract*), où on retrouve Janet Suzman et Anthony Higgins. (→ 2.10.91)

Paris, 25 août
Sortie du *Père Noël est une ordure*, de Jean-Marie Poiré avec les comédiens du Splendid. (→ 22.10.86)

Aveyron, 30 septembre
Plus de trente ans après *Farrebique*, Georges Rouquier tourne *Biquefarre*, dans le même cadre que le premier film. (→ 11.9.83)

Hollywood, 12 octobre
Le Syndicat des artistes du cinéma d'animation met fin à une grève de neuf semaines et demi sans avoir rien obtenu : les producteurs refusent de protéger les acteurs contre la concurrence asiatique.

Tunis, 30 octobre
Le grand prix des 9e Journées cinématographiques de Carthage (le Tanit d'or) est attribué au film malien *le Vent* (*Finyé*), de Souleymane Cissé. (→ 19.5.87)

Londres, 2 novembre
La nouvelle chaîne de télévision, Channel Four, diffuse ses premiers programmes.

Paris, 10 novembre
Sortie de *la Balance*, du réalisateur américain Bob Swaim, travaillant en France, avec Nathalie Baye et Philippe Léotard. (→ 27.2.83)

New York, 17 décembre
Sydney Pollack présente *Tootsie*, avec Dustin Hoffman, Teri Garr et Jessica Lange. (→ 18.12.85)

Paris, 28 décembre
Le grand prix du cinéma français est attribué conjointement à deux films, *Une chambre en ville*, de Jacques Demy, et *Passion*, de Jean-Luc Godard. (→ 11.9.83)

Hollywood, 31 décembre
Universal réalise à elle seule 30 % des recettes-distributeurs totales grâce au succès sans précédent de *E. T.* Cette année, les Majors n'ont entrepris que cinquante tournages aux Etats-Unis, tandis que les tournages à l'étranger augmentaient de 75 % par rapport à 1981. (→ 11.4.83)

Avec les ressources de l'imaginaire et des effets spéciaux, Spielberg fait de « E. T. » un merveilleux conte pour spectateurs au cœur d'enfant.

Mad Max récidive à Avoriaz

Avoriaz, 23 janvier
Il y a deux ans, le film australien *Mad Max*, de George Miller, faisait sensation au Festival du film fantastique d'Avoriaz, dont il remportait le prix du jury. Le triomphe international du film a donné naissance à une suite plus spectaculaire, *Mad Max II*, qui vient d'obtenir cette fois le grand prix. Toujours sous la direction de Miller, l'ancien policier vengeur, incarné par Mel Gibson, évolue cette fois encore dans un monde où règnent l'anarchie et la violence, et où l'on se bat à mort pour quelques gallons d'essence, matière devenue rare et par conséquent très convoitée. (→ 1.9.83)

« Mad Max II », de George Miller.

La mort d'un maître

New York, 17 février
Lee Strasberg, metteur en scène, acteur et professeur d'art dramatique, est mort cette nuit. Venu aux Etats-Unis durant son adolescence, il était né à Budanov, en Autriche, le 17 novembre 1901. Il a débuté sur scène en 1925 puis a créé la compagnie théâtrale Group Theatre, se consacrant exclusivement à la mise en scène à partir de 1931. En 1948, il est devenu directeur artistique de l'Actor's Studio, fondé l'année précédente par Elia Kazan, Robert Lewis et Cheryl Crawford. Il fut le professeur de grandes stars américaines, de Marlon Brando à Al Pacino, en passant par Jane Fonda et Paul Newman.

Le président de la Cinémathèque irrite la Maison Blanche

« Missing » (« Porté disparu »), de Costa-Gavras, avec Jack Shea (à gauche), Jack Lemmon et Sissy Spacek.

Paris, 17 février
Au moment où l'on vient de lui confier la présidence de la Cinémathèque française, le réalisateur Costa-Gavras se trouve en butte à une protestation officielle du département d'Etat à Washington. L'ancien ambassadeur américain au Chili, Nathaniel Davis, affirme en effet s'être reconnu parmi les personnages de son nouveau film, *Missing*, et, avec deux de ses anciens adjoints, il réclame au cinéaste la somme exorbitante de 150 millions de dollars pour diffamation. Il faut dire que le film fait preuve d'un propos très polémique : il relate en effet la mystérieuse disparition d'un journaliste américain au cours du coup d'Etat au Chili de septembre 1973. Menant conjointement une enquête, son père et sa femme (Jack Lemmon et Sissy Spacek) découvrent alors le rôle de la CIA dans ce coup d'Etat et l'implication directe des services américains dans cette disparition. (→ 26.5)

« Garde à vue » résiste à la puissance de « la Guerre du feu »

Paris, 27 février
Trois présentateurs animent la soirée des Césars : Thierry Le Luron, Jean-Pierre Aumont et Jacques Martin. Orson Welles, qui a reçu la Légion d'honneur cet après-midi, en est le président. Deux films se partagent les principales récompenses : *la Guerre du feu*, de Jean-Jacques Annaud (meilleurs film et réalisateur), et *Garde à vue*, de Claude Miller (meilleurs interprète masculin Michel Serrault, second rôle Guy Marchand, et scénario). Isabelle Adjani est couronnée meilleure actrice pour *Possession*, d'Andrzej Zulawski. Un hommage est rendu par Alain Decaux à René Clair, récemment disparu, et un César d'honneur est remis à Andrzej Wajda. (→ 12.1.83)

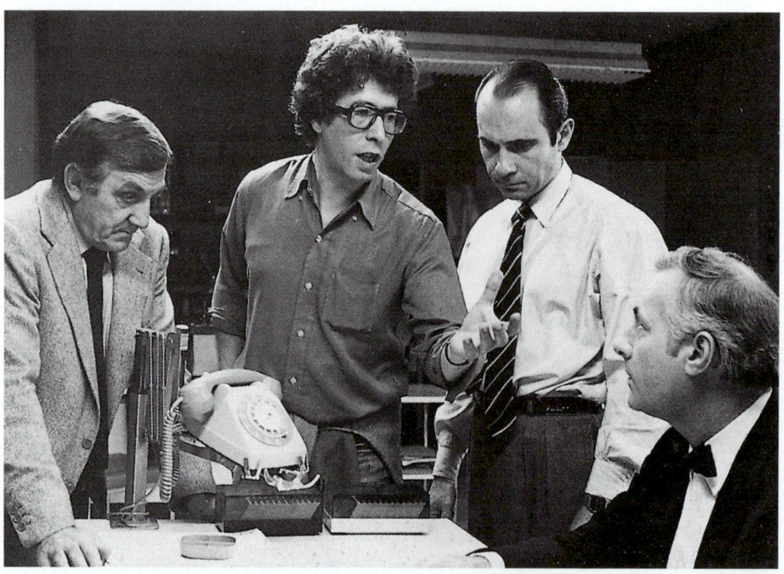

Le réalisateur Claude Miller et ses interprètes, Lino Ventura, Guy Marchand et Michel Serrault, préparent le tournage d'une scène de « Garde à vue ».

Nathalie Baye, meilleur second rôle féminin : « Une étrange affaire ».

Coca-Cola entre en force à la Columbia

Atlanta, 19 mars

Seul Major, sur les sept de l'âge d'or hollywoodien, à avoir conservé son indépendance financière jusqu'ici, Columbia vient à son tour de se vendre au plus offrant, en l'occurrence la compagnie Coca-Cola. Cette dernière a dû débourser près de 750 millions de dollars afin de réaliser cette opération. Ebranlée par une situation financière de plus en plus précaire, Columbia ne pouvait échapper à son sort. Certains commentateurs laissent entendre que l'acquisition de Columbia est surtout une opération de prestige, destinée à servir l'image de marque de la célèbre boisson. (→25.11.89)

C'est la Columbia qui distribue « Coup de cœur », de Coppola.

Henry Fonda n'a pu recevoir le premier Oscar de sa carrière

Los Angeles, 29 mars

Beaucoup de stars citées au palmarès étaient absentes de cette cinquante-quatrième cérémonie des Oscars, au Music Center. Henry Fonda, très malade, se trouvait devant son téléviseur dans sa propriété de Beverly Hills quand il a entendu que lui était attribué le prix du meilleur acteur : il obtient le premier Oscar de sa carrière pour *la Maison du lac* (*On Golden Pond*), de Mark Rydell. Sa fille Jane est chargée de le lui remettre. Grâce à ce film, Katharine Hepburn est la première actrice du cinéma américain à recevoir un quatrième Oscar. Elle aussi était absente : elle joue une pièce de théâtre à Washington. John Gielgud, meilleur second rôle masculin pour *Arthur*, de Steve Gordon, était à Munich. Seule parmi les acteurs lauréats, Maureen Stapleton était présente : elle obtient l'Oscar du second rôle féminin pour *Reds*, de Warren Beatty. Ce dernier est couronné pour ce film meilleur réalisateur de l'année. *Les Chariots de feu* (*Chariots of Fire*), d'Hugh Hudson, est élu meilleur film de l'année malgré la concurrence de *Reds*, de *la Maison du lac* et des *Aventuriers de l'arche perdue* (*Raiders of the Lost Ark*), de Steven Spielberg. Barbara Stanwyck reçoit un Oscar d'honneur pour sa contribution au septième art. Elle prononce un émouvant hommage à son ami William Holden, récemment disparu. (→5.11)

« Les Chariots de feu », d'Hugh Hudson, Oscar du meilleur film.

Katharine Hepburn et Henry Fonda, couronnés pour « la Maison du lac ».

Francis Ford Coppola au bord de la saisie

Hollywood, 3 mai

Les mauvaises langues le disent victime de sa mégalomanie, mais les amis de Coppola parlent d'une mauvaise passe et parient que le réalisateur du *Parrain* saura s'en sortir. Pour le moment, le cinéaste est à la merci de ses créanciers, qui peuvent à tout instant faire saisir les studios Zoetrope qu'il a acquis il y a deux ans. Pour rembourser ses dettes, Coppola a, depuis le 20 avril, mis en vente ses studios qu'il venait d'équiper des techniques les plus modernes. Il demande un minimum de 20 millions de dollars, mais aucun acheteur ne s'est montré jusqu'ici. Principal créancier du réalisateur, le financier canadien Jack Singer a accepté ce matin de différer la saisie des studios Zoetrope, qu'il pouvait légalement effectuer. Coppola lui doit 3 millions de dollars, qu'il a investis dans l'aménagement de ses studios et dans le tournage de *Coup de cœur* (*One from the Heart*). Ce film, au budget de 15 millions de dollars, a failli ne pas trouver de distributeurs, la MGM et Paramount l'ayant successivement rejeté, ce qui a mis le cinéaste devant un gouffre financier difficile à combler. Après avoir organisé deux *previews* au Radio City Music Hall, Coppola a réussi à persuader la Columbia de sortir ce film tourné avec des techniques révolutionnaires. (→10.2.84)

Le fisc fait arrêter Sophia Loren

Caserte, 19 mai

Sophia Loren, naturalisée française, n'échappe pas pour autant au fisc italien. Elle vient d'être arrêtée à Caserte, une petite ville de Campanie, pour des problèmes de déclarations litigieuses. Le ministère des Finances lui reproche une dissimulation de biens et une fausse déclaration de revenus. L'actrice se dit innocente de ces accusations. Elle est néanmoins incarcérée depuis ce matin à la prison de la ville. Son mari, le producteur Carlo Ponti, met tout en œuvre pour la faire libérer dans les plus brefs délais, en prouvant sa bonne foi. (→9.3.91)

Warren Beatty reçoit l'Oscar du meilleur réalisateur pour « Reds ».

Trente-cinq ans de Festival à Cannes

Cannes, 26 mai

Parce qu'il jugeait d'une exceptionnelle qualité l'ensemble des films présentés cette année au Festival, le jury présidé par le metteur en scène de théâtre Giorgio Strehler a décidé, comme cela avait été fait au 25e Festival, de créer un prix spécial, le prix du 35e Festival. Lauréat de cette récompense, *Identification d'une femme* marque le retour au cinéma du réalisateur italien Michelangelo Antonioni, après sept ans de silence. La Palme d'or a été décernée, ex æquo, à deux films de dénonciation politique : *Missing*, de Costa-Gavras, et *Yol*, du cinéaste turc Yilmaz Güney. Celui-ci a tourné son film à distance, à partir de la prison où il se trouvait enfermé pour délit d'opinion. L'évocation des règlements de comptes entre fascistes et partisans en Italie à la fin de la guerre, dans *la Nuit de San Lorenzo*, vaut aux frères Paolo et Vittorio Taviani le prix spécial du jury. Tourné en pleine forêt amazonienne, dans des conditions extrêmement difficiles, le film allemand de Werner Herzog, *Fitzcarraldo*, a été récompensé par le prix de la mise en scène. De Londres, où il vit depuis quelques années, le Polonais errant Jerzy Skolimowski nous a rapporté un film sur la vie de ses compatriotes émigrés dans la capitale anglaise, *Travail au noir*, qui méritait mieux que le prix du scénario. Les autres récompenses étaient prises, et une Palme d'or ex æquo n'était pas de trop pour saluer le courage de Güney. (→ 14.9.84)

« Identification d'une femme », de M. Antonioni, avec Christine Boisson.

« Yol », de Yilmaz Güney, partage la Palme d'or avec « Missing ».

Une caméra d'or pour Romain Goupil

Cannes, 26 mai

Créé il y a trois ans pour récompenser le premier film d'un jeune cinéaste, le prix de la caméra d'or est attribué cette année à Romain Goupil pour son film *Mourir à trente ans*, dans lequel il évoque les événements de Mai 68. A cette époque, Goupil militait dans le mouvement de la Jeunesse communiste. Fils d'un chef opérateur, il avait filmé des documents qu'il n'aurait pas songé à montrer si son ami Michel Recanati ne s'était suicidé en 1978. En effet, le film est construit autour de la figure de cet ami disparu, symbole d'une génération qui a connu l'enthousiasme de l'engagement, puis les désillusions.

Le cinéma en deuil de Romy Schneider

Paris, 29 mai

Romy Schneider (*23.9.1938) vient d'être trouvée morte d'un arrêt cardiaque provoqué par une trop grande absorption d'alcool et de médicaments. Depuis la disparition tragique de son fils David, le 5 juillet dernier, Romy se disait elle-même au bord du naufrage. « Ma vie est foutue », a-t-elle déclaré en septembre au magazine allemand *Stern*. Elle a néanmoins achevé le tournage de *la Passante du Sans-Souci*, de Jacques Rouffio, film dédié « A David et à son père », et faisait des projets de retour au théâtre. Traquée par la presse à scandales, elle a été contrainte de changer plusieurs fois de domicile, avant de se fixer dans le 7e arrondissement, avec son nouveau compagnon, Laurent Pétin. Hier, après une soirée chez des amis, Romy s'est isolée dans son salon tandis que Pétin se couchait. A 7 h 30 ce matin, il l'a trouvée inerte sur le sofa, un stylo à la main et une lettre inachevée à ses côtés. Une enquête immédiate du substitut a conclu à une mort naturelle, éliminant d'emblée l'hypothèse du suicide, sans qu'une autopsie soit pratiquée. Les obsèques de l'actrice auront lieu le mercredi 2 juin dans le petit cimetière de Boissy-Sans-Avoir, où Romy avait acheté il y a quelque temps une concession.

« Parsifal », de Hans Jürgen Syberberg, a été présenté hors compétition.

Dans son dernier film, « la Passante du Sans-Souci », avec Michel Piccoli.

« E. T. » ou la fraternité de la fable

New York, 13 juin
Sorti dans 1 101 salles sur tout le territoire américain, *E. T.*, le nouveau film de Steven Spielberg, totalise une recette ahurissante de près de 12 millions de dollars en seulement trois jours d'exploitation. Le film représente dès maintenant l'un des événements majeurs du cinéma de ces dernières années. En apprenant que Spielberg préparait, après *Rencontres du troisième type*, une autre œuvre de science-fiction, chacun s'attendait à une fresque riche en effets spéciaux. Le mérite du cinéaste est sans doute de surprendre cette attente : loin de la technologie spectaculaire, *E. T.* raconte une fable attendrissante, celle d'un extraterrestre perdu sur notre planète, qu'un enfant recueille et aide à entrer en contact avec ses semblables. On est très loin des créatures malfaisantes et sauvagement meurtrières qui peuplent d'ordinaire le cosmos cinématographique. L'extraterrestre de Steven Spielberg est pacifique, intelligent et doué d'émotions, tout en étant physiquement très différent de nos standards de beauté. Evidemment, un immense battage publicitaire, peu sympathique, est fait autour de ce film. (→ 31.12)

Henry Thomas dans « E. T. », de Steven Spielberg. Le merveilleux à l'état pur.

L'amitié ne connaît pas de frontières.

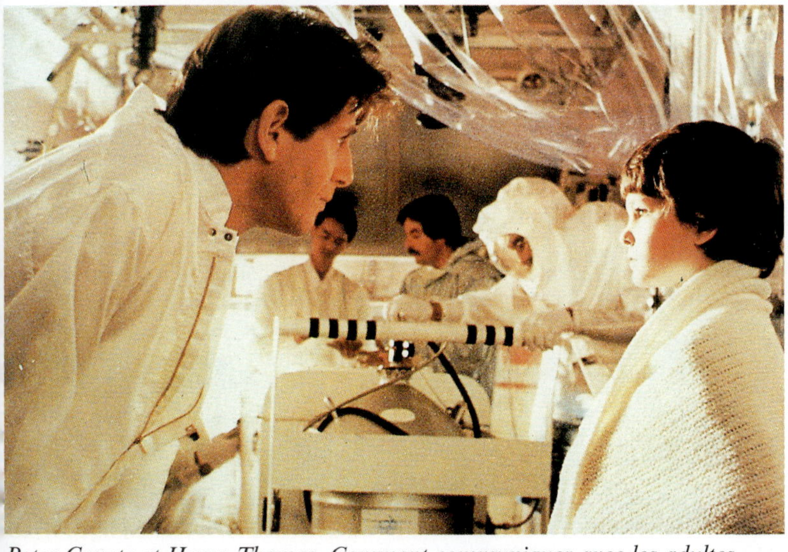

Peter Coyote et Henry Thomas. Comment communiquer avec les adultes.

Un Institut Lumière rue du Premier-Film

Lyon, 1er juillet
L'Institut Lumière pour le cinéma et l'audiovisuel occupera le Château Lumière, rue du Premier-Film. Le père de l'inventeur du Cinématographe s'était fait construire cette imposante demeure au début du siècle. La création de ce nouvel organisme est le résultat direct du déménagement de la Fondation nationale de la photographie vers Paris. C'est l'ancien délégué général de cette dernière, Bernard Chardère, qui a été nommé directeur de l'Institut, tandis que le cinéaste Bertrand Tavernier en est le président. Chardère, qui a été le fondateur de la revue *Positif* il y a trente ans, entend notamment rassembler la « mémoire filmique » de sa région. En plus de la présentation de films aux chercheurs et au public, on parle déjà d'un musée de l'Image et du Son et même d'une prochaine implantation de l'Institut national de l'audiovisuel.

R. W. Fassbinder, cinéaste de passion

Munich, 10 juin
Rainer Werner Fassbinder est mort subitement alors qu'il travaillait au montage de *Querelle*, son dernier film. Il n'avait que trente-sept ans. Il laisse une œuvre considérable d'environ quarante titres, pour le cinéma et la télévision, réalisés en une dizaine d'années. Né à Bad Wörishofen, en Bavière, le 31 mai 1945, il a toujours voulu être cinéaste, en cela peut-être influencé par sa mère, qui l'envoyait dans les salles obscures pour travailler en paix à ses traductions ! Si Rainer se fait d'abord connaître par son travail théâtral, c'est uniquement parce qu'il n'a pas pu entrer à l'école de cinéma de Berlin. Après un premier long métrage collectif tourné en 1969, Rainer Werner Fassbinder devient vite un grand nom du jeune cinéma. Observateur souvent cynique de son époque, il dénonce les vices de la société. Mépris racial et préjugés sexuels sont des thèmes qu'il aborde avec agressivité dans *le Bouc*, et avec chaleur dans *Tous les autres s'appellent Ali*. Sous un aspect mélodramatique, *le Mariage de Maria Braun* juge l'Allemagne de Konrad Adenauer égoïste et repue. Indifférence et malveillance mènent ses personnages à un militantisme désespéré, comme dans *Maman Kusters s'en va au ciel*. *Le Secret de Veronika Voss* et *Lili Marleen* expriment une désillusion croissante. Pourtant, Fassbinder n'était pas un témoin distant ; il s'est impliqué dans d'attachants portraits de femmes, incarnées par Ingrid Caven, Hanna Schygulla et Barbara Sukowa. (→ 8.9)

Avec Hanna Schygulla au tournage du « Mariage de Maria Braun ».

La Mostra de Venise lâche les lions

« L'Etat des choses », de Wim Wenders, Lion d'or. A gauche, Patrick Bauchau.

Venise, 8 septembre
Le grand charme de ce festival est de ne jamais se dérouler de façon identique. Cette année, la Mostra n'est avare ni d'hommages ni de Lions d'or. Plus, elle met en harmonie les uns et les autres. Un Lion d'or est décerné à Blasetti, Buñuel, Capra, Cukor, Godard, Youtkevitch, Kluge, Kurosawa, Powell, Ray, Vidor, Zavattini, pour l'ensemble de leur carrière. Hommage posthume était rendu à Fassbinder le 31 août, avec la projection de *Querelle*. Adapté de Jean Genêt, situé à Brest et tourné en studio, ce film est accueilli avec réserve. Sur fond d'homosexualité brutale et de criminalité, il retrace le parcours tumultueux d'un jeune marin. Sa violence souvent gratuite a déplu. Plus séduisant est le lauréat du Lion d'or, *l'Etat des choses* (*Der Stand der Dinge*). Wim Wenders y raconte l'aventure d'un tournage qui, pour son réalisateur, finit comme un thriller. Fasciné par l'errance des êtres et par les mythes américains, Wim Wenders est un cinéaste des plus captivants. (→ 25.5.84)

Brad Davis dans « Querelle », dernier film de R. W. Fassbinder.

Carnet noir

Paris, 5 novembre
Jacques Tati (*9.10.1908) s'est éteint à soixante-quatorze ans. Il a tourné *Jour de fête* en 1947. Son dernier film est *Parade*. Le 16 juillet, Patrick Dewaere s'est suicidé alors qu'il commençait le tournage d'*Edith et Marcel*, de Claude Lelouch. Il était né le 26 janvier 1947. Henry Fonda, malade depuis plusieurs mois, a succombé le 12 août à Los Angeles. Père de Jane et de Peter, il était né le 16 mai 1905. Agé de quatre-vingt-cinq ans, le réalisateur brésilien Alberto Cavalcanti est mort à Paris le 23 août. Ingrid Bergman (*29.8.1915), six jours après, s'est éteinte à Londres le jour de ses soixante-sept ans. Son dernier film, *Sonate d'automne*, d'Ingmar Bergman, remonte à 1978. Grace Kelly (*12.11.1929), princesse de Monaco, est morte le 14 septembre dans un accident de la route. Et, le 1er novembre, King Vidor, réalisateur de *Guerre et Paix*, est décédé. Il avait vu le jour le 8 février 1894.

La critique oppose Demy à Belmondo

Dominique Sanda et Richard Berry : « Une chambre en ville », de J. Demy.

Paris, 18 novembre
Jean-Paul Belmondo publie dans la presse une réponse à l'appel lancé ces jours-ci par la critique, à propos de la sortie simultanée de son dernier film, *l'As des as*, mis en scène par Gérard Oury, et celle du nouveau film de Jacques Demy, *Une chambre en ville*. Le 27 octobre, avec 280 copies distribuées dans le pays, le premier bénéficiait d'une sortie massive, orchestrée par un intense battage médiatique. Le résultat ne se faisait pas attendre : dès le premier jour à Paris, *l'As des as* attirait 71 000 spectateurs, alors que le film de Demy n'en rassemblait que 3 165. Pour le moins maladroits, les critiques qui s'étaient enthousiasmés pour *Une chambre en ville* accusaient explicitement le film de Belmondo de détourner le « public potentiel » de l'œuvre de Demy. Le comédien a évidemment beau jeu de répliquer à cette attaque déplacée, et son texte *Lettre ouverte aux coupeurs de tête* ne se prive pas d'enfoncer le clou, renvoyant ceux que son succès aigrit à une citation de Georges Bernanos : « Attention, les ratés ne vous rateront pas ! » Le premier à s'étonner de cette polémique est Jacques Demy, pour qui l'échec de son film n'est pas imputable au succès de Belmondo. L'agitation de la critique n'a d'ailleurs rien changé à ses mauvais résultats d'exploitation. On ne peut évidemment que déplorer un tel insuccès pour le retour du cinéaste au film musical. Interprétée par Richard Berry, Dominique Sanda, Danielle Darrieux et Michel Piccoli, cette histoire d'amour sur fond de luttes sociales, à Nantes en 1955, ne manque ni de charme ni d'ambition. (→ 28.12)

« L'As des as » avec J.-P. Belmondo.

Le nouvel apostolat de Jane Fonda

Los Angeles, 30 novembre
Après avoir lutté contre la guerre du Viêt-nam et avoir milité pour le mouvement pacifiste, Jane Fonda a une nouvelle passion. Elle a mis au point une méthode qui permet d'acquérir le contrôle de soi-même grâce à la danse, à des exercices physiques et à une nourriture équilibrée. Pour promouvoir cette technique, elle publie un livre intitulé *Ma méthode*, qui sort aujourd'hui en France après avoir été vendu à 700 000 exemplaires aux Etats-Unis. Par la même occasion, elle a créé des centres de relaxation en Californie, pour aider les femmes à se sentir mieux dans leur peau. Jane devient ainsi la propagandiste de la gymnastique douce et de la diététique. Elle n'oublie pas pour autant sa lutte pour la cause des femmes opprimées et exploitées, comme le prouve l'un de ses derniers films, *Comment se débarrasser de son patron* (*Nine to Five*), réalisé par Colin Higgins. (→ 27.4.86)

Sophie Marceau, d'une boum à l'autre, devient star à seize ans

Elle imite Cyd Charisse à l'occasion, mais elle est aussi, pour l'essentiel, représentative de sa génération : « la Boum II ».

Paris, 6 décembre
Révélée par Claude Pinoteau dans *la Boum*, en 1980, Sophie Marceau est devenue une star du jeune public dès son premier film. Aujourd'hui, soit deux ans plus tard, *la Boum II* sort sur les écrans avec les mêmes comédiens : Brigitte Fossey, Claude Brasseur et Denise Grey, dans les mêmes rôles. Son personnage de Vic, fille d'un couple moderne et très libéral, a valu à Sophie une extraordinaire popularité dans la plupart des pays. Elle a déjà reçu 180 000 lettres d'amitié... ou même d'amour. *La Boum* a battu des records d'entrées en Italie, en Espagne, en Allemagne, et est devenu un véritable phénomène de société au Japon. Plusieurs centaines de fans-clubs Sophie Marceau existent désormais dans le monde. Née le 17 novembre 1966, Sophie est déjà une star internationale. (→ 27.2.83)

Ingmar Bergman raconte les hasards et les joies de la famille

Stockholm, 25 décembre
Souvent, par le passé, Ingmar Bergman a eu à souffrir de l'incompréhension ou même de l'ingratitude de son pays. Pourtant, à l'occasion de Noël, il lui a réservé son plus beau cadeau : *Fanny et Alexandre*, qui, selon lui, serait son dernier film pour le grand écran. Il ne reste plus qu'à goûter au charme de ce récit très personnel, situé au début du siècle dans une famille d'Uppsala. Dès les premières images, il est aisé de deviner que Bergman a nourri le personnage du petit Alexandre de ses propres souvenirs. Un peu à la façon de Fellini dans *Amarcord*, son enfance est tour à tour idéale ou dramatique. Le cinéaste donne à son héros une merveilleuse famille d'artistes de théâtre. Au contraire, le beau-père, qui les fera tant souffrir, lui et sa petite sœur Fanny, après avoir épousé leur mère, est un ecclésiastique austère. Dans ces images somptueuses se retrouve le monde de l'auteur, où les joies familiales s'opposent au fanatisme puritain. Toute son œuvre s'explique par ce film. (→ 18.5.92)

« Fanny et Alexandre », avec Ewa Fröling, Jan Malmsjö, Bertil Guve et Pernilla Allwin. Un réalisme magique.

L'année vidéo

Paris, 31 décembre
En France, on compte actuellement 4 000 points de diffusion vidéo, contre à peine une centaine en 1980 ! 4 000 titres sont mis à la disposition des 800 000 propriétaires de magnétoscopes par les éditeurs français de vidéo. Parmi eux, Yves Rousset-Rouard contrôle 1 800 points de vente, à travers sa société RCV, qui a vendu 400 000 cassettes cette année. La formidable expansion du marché de la vidéo est un phénomène mondial qui a donné lieu à une concurrence effrénée entre, d'un côté, les fabricants européens de caméras et de magnétoscopes, Thomson, Philips et Grundig en tête, et, de l'autre côté, les Japonais. Ceux-là ont multiplié par 3,3 leurs exportations vers la France en 1982. Face à ce raz de marée, les Européens misent sur la miniaturisation des appareils et sur un nouveau standard, le 8 mm, que Thomson envisage de lancer bientôt. Mais les recherches des Japonais sont très avancées !

Affiche originale non signée.

Sabine Mamou et Mathieu Demy dans le film d'Agnès Varda « Documenteur ».

Hommage à Cassandre par Ferracci.

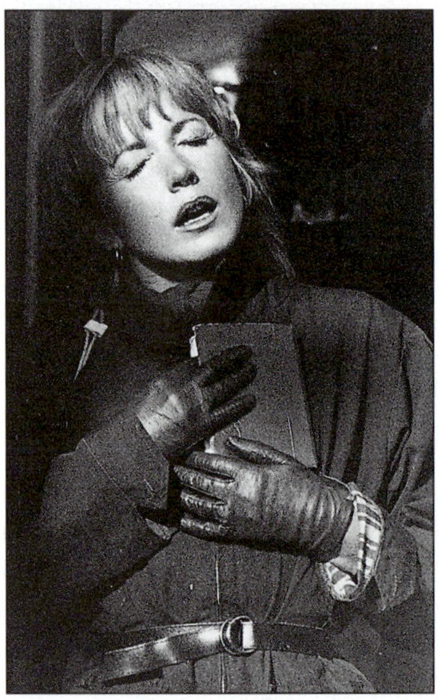
Bulle Ogier dans le film de Jacques Rivette, « le Pont du Nord ».

Dominique Sanda dans « Une chambre en ville », de Jacques Demy.

Jean-Louis Barrault dans « la Nuit de Varennes », d'Ettore Scola.

Gunther Kaufmann et Brad Davis dans « Querelle », de Fassbinder.

Isabelle Weingarten et Jeffrey Kime : « l'Etat des choses », de Wim Wenders.

Carole Bouquet dans le film de Werner Schroeter, « le Jour des idiots ».

J. Suzman et A. Higgins : « Meurtre dans un jardin anglais », de P. Greenaway.

Meryl Streep dans le film d'Alan Pakula, « le Choix de Sophie ».

J. Irons dans « Travail au noir ».

« Victor, Victoria », de B. Edwards.

Sissy Spacek et Jack Lemmon dans le film de Costa-Gavras, « Missing ».

Affiche française non signée.

Rutger Hauer dans le film de Ridley Scott, « Blade Runner ».

Affiche française non signée.

1983

Oscars, Hollywood
Film : *Gandhi* (Richard Attenborough).
Acteur : Ben Kingsley.
Actrice : Meryl Streep.

Mostra d'arte cinematografica, Venise
Lion d'or : *Prénom Carmen* (Jean-Luc Godard).
Meilleur acteur : Guy Boyd, George Dzundza, David Alan Grier, Mitchell Lichtenstein, Matthew Modine, Michael Wright.
Meilleure actrice : Darling Legitimus.

Festival international du film, Cannes
Palme d'or : *la Ballade de Narayama* (Shohei Imamura).
Meilleur acteur : Gian Maria Volonte.
Meilleure actrice : Hanna Schygulla.

Césars, Paris
Film : *la Balance* (Bob Swaim).
Acteur : Philippe Léotard.
Actrice : Nathalie Baye.

Lisbonne, 2 janvier
Paulo Rocha présente l'une des plus grosses productions cinématographiques du pays, *l'Ile des amours* (*A ilha dos amores*), avec Luis Miguel Cintra et Clara Joana.

Hollywood, 3 janvier
Sherry Lansing, qui a démissionné de la présidence de la 20th Century-Fox le 21 décembre, annonce la formation avec Stanley Jaffe d'une compagnie de production indépendante, et la conclusion d'un accord d'exclusivité de cinq ans entre cette nouvelle société et la Paramount.

France, 20 janvier
Les comédiens français décident de faire grève pour protester contre un décret récent restreignant pour les interprètes et les techniciens le droit aux allocations de chômage.

Los Angeles, 24 janvier
Mort de George Cukor (*7.7.1899), réalisateur de *My Fair Lady* (1964).

New York, 18 février
L'accueil de la critique est plutôt tiède pour le dernier film de Martin Scorsese qui sort ce jour, *la Valse des pantins* (*The King of Comedy*), avec Robert De Niro, Jerry Lewis et Sandra Bernhardt. (→ 28.10.86)

Berlin, 1er mars
L'Ours d'or du Festival, présidé cette année par la comédienne française Jeanne Moreau, revient au film britannique d'Edward Bennett, *Ascendancy*, avec Julie Covington et Ian Charleson. (→ 28.2.84)

Bruxelles, 3 mars
Mort d'Hergé (*22.5.1907, Georges Rémi, dit), créateur du personnage de Tintin, dont plusieurs films, d'animation surtout, en Belgique et en France, ont repris les aventures.

Paris, 13 mars
A la Cinémathèque de Chaillot a lieu la première projection publique du film d'André Antoine, *l'Hirondelle et la Mésange*. Projeté à quelques personnes en 1924, ce film n'avait pas été exploité commercialement. Les rushs ont été retrouvés en 1982 et l'œuvre a pu être restaurée et remontée.

Paris, 20 avril
Alain Resnais présente à la presse son dernier film, *La vie est un roman*, avec Vittorio Gassman, Ruggero Raimondi, Geraldine Chaplin, Fanny Ardant, Pierre Arditi et Sabine Azema. Certains des décors sont de l'auteur de bande dessinée Enki Bilal. (→ 5.9.84)

Nice, 17 mai
Le réalisateur portugais Manoel de Oliveira tourne sur la ville un véritable « document émotionnel », se référant explicitement au célèbre *A propos de Nice*, de Jean Vigo, qui avait fait scandale en son temps.

Los Angeles, 25 mai
Sortie du *Retour du Jedi* (*Return of the Jedi*), de Richard Marquand, produit par George Lucas, avec Mark Hamill, Harrison Ford et Carrie Fischer. C'est le troisième volet de la saga commencée avec *la Guerre des étoiles*.

Rome, 3 juin
Sergio Leone achève le tournage d'*Il était une fois en Amérique* (*Once Upon a Time in America*), avec Robert De Niro. (→ 1.6.84)

Le Caire, 6 juillet
Le « monstre sacré » des écrans égyptiens décède : Mahmoud el Miligi (*1910), le comédien le plus prolifique du cinéma national, a été l'interprète de 319 films entre 1933 et 1983.

Los Angeles, 18 septembre
Arnold Schwarzenegger, d'origine autrichienne, devient citoyen américain. Il prête serment au palais de justice de la ville. (→ 19.3.84)

New York, 2 octobre
A l'issue du Festival international du cinéma, le film français *Coup de foudre*, de Diane Kurys, obtient un triomphe. La réalisatrice a droit à une *standing ovation*.

Paris, 25 octobre
Le ministre de la Communication, Georges Fillioud, annonce au cours d'une conférence de presse la création, avant la fin de l'année 1984, de Canal Plus, chaîne à péage, dont 40 % du temps d'antenne sera réservé au cinéma. (→ 4.11.84)

Paris, 18 novembre
Sortie d'*A nos amours*, de Maurice Pialat, avec une jeune comédienne de seize ans, révélée par ce film, Sandrine Bonnaire. (→ 27.1.84)

New York, 18 novembre
Yentl, qui sort ce jour, est produit, coécrit, réalisé et interprété par Barbra Streisand, qui réalise là son premier film, d'après une nouvelle d'Isaac Bashevis Singer.

Paris, 30 novembre
Dans le cadre de la section cinéma du Festival d'Automne, débute une quinzaine des *Cahiers du cinéma*, avec au programme une rétrospective Maurice Pialat et des films d'écrivains cinéastes : Jean Genet, Curzio Malaparte, Samuel Beckett et André Malraux.

Paris, 1er décembre
Le Bal, qui sort ce jour, une coproduction franco-italo-algérienne réalisée par Ettore Scola, est une chronique chantée et dansée de l'histoire de la France contemporaine au travers d'une salle de bal. Le film reprend un spectacle du théâtre du Campagnol. (→ 3.4.84)

Helsinki, 2 décembre
Aki Kaurismäki sort son premier long métrage, *Crime et châtiment* (*Rikos ja rangaistus*), avec Markku Toïkka et Aino Seppo. (→ 18.10.86)

New York, 16 décembre
La chaîne câblée et payante Showtime (qui regroupe le plus grand nombre d'abonnés après Home Box Office) acquiert, pour un montant évalué à 500 millions de dollars, les droits exclusifs de toute la production Paramount pour cinq ans.

Los Angeles, 20 décembre
La 20th Century-Fox lance un programme de publicité pour des marques commerciales à l'intérieur des films. Les produits des annonceurs seront mis en évidence à l'écran. Fox est le premier grand studio à pratiquer ouvertement cette méthode inédite. (→ 1.10.84)

Rome, 23 décembre
Le dernier film de Federico Fellini, *Et vogue le navire* (*E la nave va*), évocation symbolique et onirique de la vieille Europe en 1914, sort sur les écrans italiens. (→ 22.1.86)

Inde, 31 décembre
Pendant l'année écoulée, 741 films ont été produits, en 27 langues différentes pour la seule exploitation nationale. La production se concentre à Bombay pour les films concernant le grand public.

Couronné à Cannes, le nouveau film de Robert Bresson est l'objet d'une controverse qui oppose une fois de plus l'art et le divertissement.

JEAN-MARC HENCHOZ
présente
SELECTION
FRANCE
CANNES
1983
500
500
L'ARGENT
DE
ROBERT
BRESSON
amlf

Conan et Rambo, nouveaux personnages du cinéma américain

New York, 2 janvier

Le cinéma se révèle parfois un fidèle miroir, à travers lequel on peut déceler les changements dans les mentalités ou dans les mœurs. Ainsi, le triomphe au box-office 1982 de *Rambo*, de Ted Kotcheff, et de *Conan le Barbare*, de John Milius, trahit le besoin de l'Amérique d'une nouvelle race de héros, capables de lui redonner confiance en elle-même et de lui faire surmonter le traumatisme du Viêt-nam, tout en oubliant la récession économique qui marginalise des couches entières de la population. Très musclés et aussi cruels que les ennemis contre lesquels ils se battent, Rambo et Conan sont les Hercule des temps modernes. S'ils se battent constamment, ce n'est pas pour que triomphe le Bien, mais tout simplement pour leur propre survie. Dans *Rambo*, Sylvester Stallone interprète un ancien « héros » du Viêt-nam, devenu la cible des humiliations de ses propres compatriotes, contre lesquels il va mener une sanglante guérilla. *Conan le Barbare* est inspiré du personnage créé par Robert E. Howard. L'ex-Mr. Univers, Arnold Schwarzenegger, y incarne un guerrier qui nourrit le désir de venger sa famille, laquelle a été massacrée alors qu'il était enfant. (→ 18.9)

Sylvester Stallone a cosigné le scénario de « Rambo », de Ted Kotcheff.

Rambo, un héros mal reconnu.

Arnold Schwarzenegger dans « Conan le Barbare », de John Milius.

Un rapport sur la mort de Marilyn

Los Angeles, 2 janvier

Nous savons aujourd'hui que le district attorney de Los Angeles a présenté un rapport de trente pages le 28 décembre, à propos de son enquête concernant la mort de Marilyn Monroe, survenue il y a plus de vingt ans, le 5 août 1962. Cette enquête a été ouverte à la suite de rumeurs persistantes selon lesquelles Marilyn aurait été assassinée. Le rapport est formel et rejette catégoriquement ces allégations. Il confirme le diagnostic prononcé à l'époque par les médecins légistes : l'actrice a succombé à un arrêt cardiaque dû à un abus de barbituriques.

La Révolution française selon Wajda

Paris, 12 janvier

Récent lauréat du prix Louis-Delluc, *Danton* est aussi le premier film français du Polonais Andrzej Wajda. Adapté d'une pièce de Stanislawa Przybyszewska, cette œuvre propose une nouvelle lecture de l'affrontement des deux révolutionnaires Danton et Robespierre, affrontement qui conduisit le premier à la guillotine en avril 1794. Ici, Gérard Depardieu ne fait pas de Danton le personnage vénal et opportuniste que l'on a souvent tendance à voir en lui, mais au contraire le sincère partisan de l'apaisement, l'un des premiers opposants à la Terreur. Face à Robespierre, interprété par Wojciech Pszoniak, Danton en vient finalement à incarner une figure de liberté contre une oppression totalitaire. Le parallèle s'impose évidemment avec l'actualité polonaise et, en dépit des dénégations de Wajda, certains traits du conflit qui oppose le général Jaruzelski et Lech Walesa peuvent sans doute se retrouver dans le film. De même, la longue scène du procès truqué n'est pas sans évoquer certains précédents staliniens. Cette réinterprétation de l'histoire ne plaît à dire vrai que modérément au gouvernement socialiste, qui a subventionné le film et qui le souhaitait plus conforme à sa perception de la Révolution française. (→ 5.6)

Gérard Depardieu dans « Danton ». Les totalitarismes en question.

C'est fantastique le cinéma fantastique

« Dark Crystal », film anglais d'animation de Jim Henson et Frank Oz.

Avoriaz, 23 janvier
Dernier survivant du peuple Gelfling, Jen doit retrouver le crystal, grâce auquel il pourra mettre fin au règne des méchants Skeksès. Il sera aidé dans cette mission par Kira, une jeune Gelfling élevée dans les forêts par les gentils Podlings. Cette étrange histoire est celle de *Dark Crystal*, un film qui vient d'obtenir le grand prix du Festival du film fantastique d'Avoriaz. Il est réalisé par Jim Henson et Frank Oz, auteurs de la célèbre émission de marionnettes « Muppet Show ». Aidé de Brian Froud, illustrateur anglais, les deux réalisateurs ont réussi une œuvre délirante, peuplée de créatures étonnantes. Beaucoup plus dépouillé est l'univers du *Dernier Combat*, premier film très prometteur du jeune réalisateur français Luc Besson. Tourné en noir et blanc et sans dialogues, le film évoque la vie de quelques survivants après un conflit qui a tout ravagé sur Terre. Cette fable, sans doute pessimiste, racontée avec un évident sens esthétique, a remporté le prix spécial du jury. (→ 22.2.86)

Jack Lang et la réforme du cinéma

Paris, 11 janvier
Résultat de six mois de travail, la nouvelle politique du cinéma que vient d'annoncer le ministre de la Culture, Jack Lang, constitue l'une des réformes les plus importantes de l'histoire du cinéma français. Les mesures prévues portent essentiellement sur les points suivants : création d'un Institut de financement du cinéma qui garantira les prêts accordés par les banques; interdiction des ententes et des groupements entre les grands exploitants, ce afin de garantir « le respect du libre jeu de la concurrence et une large diffusion des œuvres »; doublement de la dotation des avances sur recettes; soutien aux distributeurs indépendants et aux petits exploitants; création d'une agence pour la diffusion du court métrage; établissement d'un délai de priorité pour la diffusion des œuvres en salles, puis en vidéo et à la télévision; renforcement des centres de création cinématographique régionaux; mise à niveau des personnels techniques; encouragement des recherches, notamment dans le domaine de l'image de synthèse; soutien aux associations à vocation artistique et aux manifestations culturelles; développement de la restauration du patrimoine et harmonisation des actions de la Cinémathèque française et des Archives du film à Bois-d'Arcy, et, enfin, création d'un Conseil national de la cinématographie, instance qui a pour principale mission d'instaurer un dialogue permanent entre le pouvoir public et les professionnels du cinéma. (→ 3.10)

De Funès, quand les rires se sont tus

Clermont, 27 janvier
Louis de Funès ne nous fera plus rire : il vient de succomber à une crise cardiaque dans son château de Clermont, en Loire-Atlantique. En 1976, durant le tournage de *l'Aile ou la cuisse*, de Claude Zidi, de Funès avait déjà eu une attaque et avait dû être hospitalisé pendant plusieurs jours. Il avait repris son métier l'année suivante avec la même passion et le même enthousiasme, au point d'être mis en garde par les médecins contre les risques qu'il courait. Né le 31 juillet 1914, de Funès était marié à Jeanne Barthélemy et avait deux fils. Son dernier film est *le Gendarme et les gendarmettes*, de Tony Aboyantz, sorti il y a quelques semaines.

Dernier uniforme, dans « les Gendarmes et les gendarmettes ».

Les Césars penchent du côté de la balance

Paris, 27 février
C'est au Rex, à l'occasion du cinquantenaire de la salle, que se déroule la 8e cérémonie des Césars sous la présidence de Catherine Deneuve. Réalisé par Bob Swaim, *la Balance* vaut à Nathalie Baye et Philippe Léotard les prix des meilleurs interprètes de l'année et reçoit le César du meilleur film pour 1982. Andrzej Wajda est couronné meilleur réalisateur pour *Danton*, avec Gérard Depardieu. Le meilleur film étranger est *Victor Victoria*, une comédie de Blake Edwards qui a obtenu un grand succès populaire durant l'hiver. Les meilleurs seconds rôles sont remis à Fanny Cottençon pour *l'Etoile du Nord*, de Pierre Granier-Deferre, et à Jean Carmet pour *les Misérables*, de Robert Hossein. De nouveaux Césars sont attribués cette année, dont ceux des espoirs masculin et féminin. Ils vont respectivement à Christophe Malavoy pour *Family Rock*, de José Pinheiro, et à Sophie Marceau avec *la Boum II*, de Claude Pinoteau. Au cours de la soirée, Claude-Jean Philippe a présenté deux séquences sur Raimu, afin de célébrer le centenaire du comédien disparu. Enfin, un hommage a été rendu à Arletty. Elle est d'ailleurs intervenue en duplex depuis son appartement parisien, pendant qu'un petit film évoquait sa prestigieuse carrière. (→ 19.4.88)

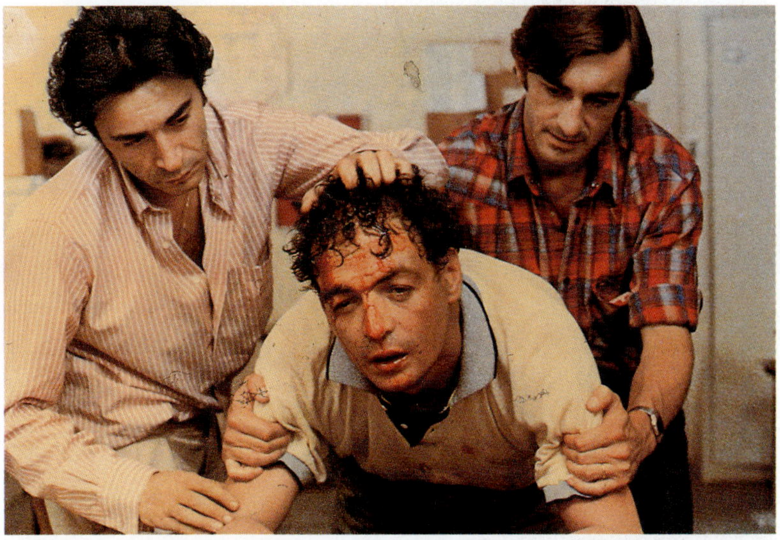

Richard Berry, Philippe Léotard et Christophe Malavoy dans « la Balance ».

Ces femmes qui ont l'amour de l'amitié

Paris, 6 avril
Après l'exploration nostalgique des années 60 dans ses deux premiers films, *Diabolo menthe* en 1977 et *Cocktail Molotov* en 1979, Diane Kurys remonte dans le temps : *Coup de foudre* se déroule en effet en 1952. Si la dimension autobiographique du film reste aussi présente, c'est que la réalisatrice retrace ici plus ou moins librement le mariage de ses parents, sa naissance et l'échec final de leur union. Guy Marchand et Isabelle Huppert interprètent dans ce film Michel et Léna, un couple que la guerre a formé par hasard. Frustrée, Léna rencontre une jeune femme très libre, Madeleine, qu'incarne Miou-Miou. Une amitié inconditionnelle naît aussitôt entre elles, amitié qui révèle à Léna l'étroitesse de son existence. Abandonnant alors son mari, elle emmène ses enfants et quitte Lyon pour rejoindre Madeleine à Paris. (→ 2.10)

Miou-Miou et Isabelle Huppert dans « Coup de foudre », de Diane Kurys.

Isabelle Adjani dans tous ses états

Adjani en vamp vengeresse, dans « l'Eté meurtrier », de Jean Becker.

Paris, 11 mai
De film en film, Isabelle Adjani continue à brouiller les pistes en portant à chaque fois un masque nouveau qui rend son personnage encore plus mystérieux. Ainsi, après avoir incarné une jeune fille rebelle dans *la Gifle*, de Claude Pinoteau, une amoureuse romantique et passionnée dans *l'Histoire d'Adèle H.*, de François Truffaut, et une femme fatale dans *Mortelle Randonnée*, de Claude Miller, voilà qu'elle interprète une vamp dans *l'Eté meurtrier*, un film qui marque le retour au cinéma de Jean Becker, fils de Jacques Becker, après dix-sept ans consacrés à la réalisation de films publicitaires. Inspiré d'un roman de Sébastien Japrisot, le film retrace l'histoire d'une jeune femme qui se venge de manière implacable, après avoir appris que sa naissance était le fruit du triple viol de sa mère. Sensuelle comme on ne l'avait jamais encore vue, Adjani incarne une femme qui déchaîne les passions des hommes et enclenche le mécanisme d'un drame qui n'épargnera personne autour d'elle. Légèrement vêtue ou complètement nue, telle une déesse, Adjani, tout feu tout flamme, traverse le film de bout en bout, tantôt fragile comme une enfant, tantôt garce ou tigresse. (→ 3.4.84)

Les Oscars choisissent l'histoire de préférence à la légende

Los Angeles, 11 avril
Si *E. T.*, de Steven Spielberg, était le grand favori de la 55e soirée des Oscars présentée par Liza Minnelli et Walter Matthau, c'est *Gandhi*, de sir Richard Attenborough, qui obtient le plus de récompenses, avec au total huit Oscars, dont ceux des meilleurs film, réalisateur et interprète masculin (Ben Kingsley). La meilleure actrice est Meryl Streep dans *le Choix de Sophie* (*Sophie's Choice*), d'Alan J. Pakula ; elle avait déjà obtenu l'Oscar du meilleur second rôle en 1979. Un hommage est rendu à Mickey Rooney pour ses soixante ans de carrière. *E. T.* ne reçoit que quatre Oscars. (→ 31.12.88)

« Gandhi », de Richard Attenborough, avec Ben Kingsley : huit Oscars.

« Le Choix de Sophie », d'Alan J. Pakula, avec Meryl Streep.

Alain Souchon, fiancé d'Adjani et dépassé par les événements...

Deux cinéastes japonais en concurrence sur la Croisette

« La Ballade de Narayama », de Shohei Imamura, reçoit la Palme d'or.

« Monty Python, le sens de la vie ».

« L'Histoire de Pierra », de Marco Ferreri, avec Hanna Schygulla.

Cannes, 19 mai
Ce midi, on a vu un journaliste japonais sortir en courant du nouveau Palais, surnommé « le bunker », pour aller annoncer à ses compatriotes, qui étaient en train de déjeuner sur la Croisette, l'attribution de la Palme d'or du Festival de Cannes à *Furyo*, de Nagisa Oshima. Un quart d'heure plus tard, cette assemblée apprenait que, si le film primé est bien japonais, il s'agit toutefois de *la Ballade de Narayama*, de Shohei Imamura. Du côté des films français, *la Lune dans le caniveau*, de Jean-Jacques Beineix, s'est fait copieusement siffler. Robert Bresson a sauvé l'honneur avec *l'Argent*, qui a remporté le grand prix de la création, ex aequo avec *Nostalghia*, du Soviétique Andreï Tarkovski. Le jury, présidé par l'écrivain américain William Styron, s'est distingué en attribuant son prix spécial à un film comique : *Monthy Python, le sens de la vie*, de Terry Jones et Terry Gilliam. (→ 25.5.84)

Gérard Depardieu et Nastassja Kinski dans « la Lune dans le caniveau », de Jean-Jacques Beineix. Un des films les plus controversés du Festival.

Jaruzelski écarte Andrzej Wajda

Varsovie, 5 juin
Après la mise au pas des associations polonaises des journalistes, des artistes, des écrivains, des peintres et des sculpteurs, c'est au tour de l'Association des cinéastes, la SFP, de plier sous la pression du régime du général Jaruzelski. Les autorités polonaises viennent d'obtenir la démission d'Andrzej Wajda de la direction de la SFP, avec l'ensemble de ses amis du présidium de cette association. Le pouvoir avait fait de la démission de Wajda, à qui il reproche son soutien à Solidarité, la condition *sine qua non* de la reprise des activités de la SFP, suspendue depuis l'instauration de la loi martiale. Le cinéma polonais étant totalement dépendant du pouvoir public, les réalisateurs ne pouvaient s'opposer à celui-ci plus longtemps sous peine d'être tous mis au chômage. (→ 9.1.91)

La question de « l'Argent »

Cannes, 19 mai
Critique délirante contre public désappointé, encore une fois Robert Bresson a divisé le Festival de Cannes en deux camps nettement antagonistes. En effet, aussitôt après la projection de son film *l'Argent*, le réalisateur anglais Alan Parker a déclaré : « C'est l'œuvre d'un vieil homme. C'est un film ennuyeux, insupportable. » De son côté, François Truffaut a parlé de « malentendu » et regretté que le public ne soit pas sensible à « la poésie de Bresson ». Comme, en plus, le film est coproduit par le ministère de la Culture et que Caroline Lang, fille du ministre Jack Lang, y tient un rôle important, cela n'a pas manqué de faire jaser sur la Croisette. Tiré d'une longue nouvelle de Léon Tolstoï, *l'Argent* est l'une des œuvres maîtresses de Bresson. Celui-ci y évoque le thème de la contagion du Mal, à travers l'histoire d'un jeune livreur de mazout que la fatalité transforme en assassin. (→ 15.9.89)

Christian Patey et Caroline Lang, interprètes de Robert Bresson.

La version intégrale de « Napoléon »

Paris, 22 juillet
Le Palais des congrès propose pour trois soirées la version presque complète du *Napoléon* réalisé par Abel Gance, telle que ce dernier l'avait triomphalement présentée au public de l'Opéra de Paris, le 7 avril 1927. Les projections ont lieu en présence de 3 700 spectateurs, et l'orchestre de 48 musiciens est dirigé par Carl Davis, compositeur de la musique d'accompagnement. Cette version dure cinq heures treize minutes, à la vitesse de 20 images par seconde. L'historien du cinéma Kevin Brownlow, qui a commencé ses recherches sur ce film en 1968, est l'auteur de cette reconstitution. En 1981 à Hollywood, Francis Ford Coppola avait présenté au Radio City Music Hall une version déjà restaurée par les soins du chercheur britannique. Le film durait alors quatre heures à 24 images par seconde, et c'est le père du cinéaste, Carmine Coppola, qui en dirigeait la musique.

Un Truffaut nouveau style, sous le regard de Fanny Ardant

Fanny Ardant et Jean-Louis Trintignant dans « Vivement dimanche ». A droite, réalisateur et interprète au tournage.

Paris, 17 août
Vivement dimanche a été réalisé pour Fanny Ardant. Dans cette comédie policière filmée en noir et blanc, François Truffaut désirait en effet mettre en valeur la vitalité de la comédienne avec qui il a tourné, il y a deux ans, *la Femme d'à côté*. La très belle photographie de Nestor Almendros contribue beaucoup à l'atmosphère de l'œuvre, qui rappelle certains films américains des années quarante. Fanny Ardant y tient un rôle à la Katharine Hepburn : volontaire et dynamique, elle incarne l'employée d'une agence immobilière dont le patron (Jean-Louis Trintignant) est injustement soupçonné d'un double meurtre. Menant une enquête de série noire qui ne se prend pas au sérieux, ce couple détonant se retrouve au terme du film à l'église, pour le meilleur et pour le pire. (→ 24.10.84)

Luis Buñuel, un cinéaste de la liberté

Mexico, 30 juillet
Toute sa vie, don Luis aura été un révolutionnaire, tant par son esprit contestataire que par son langage. Né le 22 février 1900 à Calanda, en Espagne, il a fui le régime de Primo de Rivera en 1924. Ayant rejoint le groupe surréaliste à Paris, il réalise en 1929 son premier film, *Un chien andalou*, en collaboration avec Salvador Dali. En 1930, les ligues de l'extrême droite saccagent le Studio 28 où est programmé son second film, *l'Age d'or*. Depuis, les films de Buñuel n'ont jamais cessé de scandaliser les partisans de la morale bourgeoise et des idées totalitaires. Hospitalisé à l'hôpital anglais de Mexico depuis une semaine, Buñuel vient d'y mourir.

Jean-Luc Godard dans les fastes du Lido

Venise, 11 septembre
A l'issue du Festival de Venise, *Prénom Carmen*, de Jean-Luc Godard, se voit récompensé par le Lion d'or, ainsi que par le prix spécial du jury pour les valeurs techniques, qui distingue la photographie de Raoul Coutard. Le Lion d'argent revient pour sa part à *Rue Case-Nègres*, signé par Euzhan Palcy, tandis que *Biquefarre*, réalisé par Georges Rouquier près de quarante ans après *Farrebique*, se voit décerner le grand prix spécial du jury. Interprété par Jacques Bonnaffé, Maruschka Detmers et Godard lui-même, qui est l'oncle Jean, *Prénom Carmen* suscite, comme toute œuvre du cinéaste, des opinions très controversées. (→ 11.1.84)

Il a fait ses études chez les jésuites, avant de déranger les bien-pensants.

Jacques Bonnaffé et Maruschka Detmers dans « Prénom Carmen ».

Le cinéma australien se place sur la scène internationale

Paris, 1er septembre
Très remarqué par les critiques lors du dernier Festival de Cannes, le film australien *l'Année de tous les dangers* (*The Year of Living Dangerously*), de Peter Weir, est sorti le 1er juin en salles, où il a rencontré aussitôt un succès inédit pour un film australien, à l'exception de *Mad Max*. Révélé par Weir dans *Gallipoli*, mais devenu une vedette internationale grâce à *Mad Max*, le beau Mel Gibson incarne ici un journaliste australien nommé Guy Hamilton, en poste à Djakarta en Indonésie. Grâce aux révélations de Billy, un cameraman nain qui lui sert d'assistant, et de Jill Bryant, séduisante attachée de l'ambassade d'Angleterre, Hamilton réussit à réaliser des « scoops » sur le régime de Sukarno. Mais l'éclatement d'un coup d'Etat va mettre en danger la vie de ces trois personnages. Après avoir vu Billy se faire défenestrer par la police, Hamilton parviendra à quitter le pays *in extremis*, en compagnie de Jill. Délaissant l'univers fantastique qui faisait l'originalité de ses précédents films, dont *Picnic à Hanging Rock* et *la Dernière Vague*, Weir a réussi avec *l'Année de tous les dangers* une œuvre romanesque, bien dans la tradition du grand cinéma américain d'antan. Cela devrait justement lui servir d'excellente carte de visite pour Hollywood, où il rêve sans doute de faire carrière. Outre Mel Gibson, le film bénéficie de la présence de Sigourney Weaver, dans le rôle de Jill, et surtout de celle de l'étrange Linda Hunt, une femme qui interprète ici le rôle du cameraman Billy ! (→ 2.6.89)

Mel Gibson et Sigourney Weaver dans « l'Année de tous les dangers ».

Lotte H. Eisner, mémoire du cinéma

Paris, 25 novembre
L'historienne du cinéma Lotte Eisner (*5.3.1896) est morte. D'origine allemande, elle avait fui le nazisme en 1933 et s'était installée à Paris, devenant l'une des collaboratrices privilégiées d'Henri Langlois. Ce dernier lui avait confié la charge de conservateur en chef de la Cinémathèque française, poste qu'elle a occupé de 1945 à 1975. Son souvenir restera associé à l'expressionnisme allemand, dont elle était sans le moindre doute la meilleure spécialiste au monde. Son ouvrage *l'Ecran démoniaque*, paru en 1952 et plusieurs fois réédité, reste sur ce sujet une référence indispensable. Il prend place parmi les grands classiques de l'historiographie du cinéma, aux côtés d'ailleurs des deux monographies qu'elle a consacrées plus récemment à Friedrich Wilhelm Murnau et surtout à Fritz Lang, dont elle était une très vieille amie. Ce dernier livre fera bientôt l'objet d'une traduction.

Cinéma, culture, et financement

Paris, 3 octobre
Prévue dans le cadre de la réforme du cinéma annoncée en janvier dernier par le ministre de la Culture Jack Lang, la création de l'Institut de financement du cinéma et des industries culturelles (IFCIC) a été rendue officielle ce matin par le même ministre. L'Institut aura pour mission de soutenir financièrement les entreprises culturelles, en apportant sa garantie aux prêts consentis par les banques. Qu'il s'agisse de cinéma, d'édition ou de musique, tous ces secteurs vont être aidés dans le cadre d'une conception nouvelle de la culture, laquelle est considérée comme une véritable industrie. Plus qu'une « caisse à subventions », l'IFCIC est appelé à devenir un instrument capable de piloter des actions concrètes, aussi bien dans les secteurs menacés, que dans ceux qui sont prometteurs. Cela devrait aider les industries culturelles en France à satisfaire la consommation culturelle des Français qui ne cesse d'augmenter au fil des années. (→ 20.5.84)

Le pantin de Claude Berri a le cœur immense de Coluche

Paris, 21 décembre
Les bons comiques font souvent aussi les meilleurs tragédiens. A preuve, la prestation inattendue de Coluche dans un rôle complètement dramatique dans *Tchao Pantin*, de Claude Berri. Adapté par celui-ci d'un roman d'Alain Page, le film retrace l'histoire d'une amitié entre un pompiste de nuit, alcoolique et désabusé, et un jeune voyou qui lui rappelle son fils, mort d'une overdose. Après l'assassinat du voyou, devenu en quelque sorte le fils adoptif du pompiste, celui-ci se lance sur les traces des assassins, accompagné d'une jeune punk. Renouant avec le réalisme noir de Clouzot et d'Yves Allégret, Berri réalise avec *Tchao Pantin* un film d'atmosphère dans lequel l'univers des bas-fonds parisiens est admirablement reconstitué, notamment grâce aux décors d'Alexandre Trauner et aux images de Bruno Nuytten. Les performances de Coluche et de Richard Anconina, dans le rôle du jeune voyou, sont évidemment pour beaucoup aussi dans la réussite du film. (→ 3.4.84)

Coluche dans « Tchao Pantin », avec Richard Anconina (à gauche) et Agnès Soral. La violence et la dérision.

Vittorio Gassman et Geraldine Chaplin : « La vie est un roman », de A. Resnais.

Richard Berry dans « la Trace », de Bernard Favre.

Affiche française de Bettina Rheims et Benjamin Baltimore.

Coluche et Richard Anconina dans le film de Claude Berri « Tchao Pantin ».

N. Kinski et G. Depardieu dans « la Lune dans le caniveau ».

Affiche originale signée par Benjamin Baltimore.

Patrice Chéreau et Gérard Depardieu le « Danton » de Wajda.

Isabelle Adjani et Alain Souchon dans « l'Eté meurtrier », de Jean Becker.

Affiche française pour une version dansée sur l'œuvre de Bizet.

« Les Prédateurs », de Tony Scott.

Matthew Broderick dans le film de John Badham « War Games ».

« Et vogue le navire », hommage de Federico Fellini à la magie des studios.

A côté de Mia Farrow, Woody Allen est un caméléon dans son film « Zelig ».

Affiche française pour ce film inspiré par une pièce de théâtre muette.

Affiche originale française signée par Benjamin Baltimore.

« Dark Crystal », film fantastique d'animation de Frank Oz et Jim Henson.

1984

Oscars, Hollywood
Film : *Tendres Passions* (James L. Brooks).
Acteur : Robert Duvall.
Actrice : Shirley MacLaine.

Mostra d'arte cinematografica, Venise
Lion d'or : *l'Année du soleil calme* (Krzysztof Zanussi).
Meilleur acteur : Nasceruddin Shah.
Meilleure actrice : Pascale Ogier.

Festival international du film, Cannes
Palme d'or : *Paris, Texas* (Wim Wenders).
Meilleur acteur : Alfredo Landa, Francisco Rabal.
Meilleure actrice : Helen Mirren.

Césars, Paris
Film : *A nos amours* (Maurice Pialat). *le Bal* (Ettore Scola).
Acteur : Coluche.
Actrice : Isabelle Adjani.

Paris, 11 janvier
Jean-Luc Godard présente *Prénom Carmen*, avec Maruschka Detmers et Jacques Bonnaffé. (→ 14.3)

Paris, 30 janvier
Le comédien et réalisateur Roger Coggio crée l'Association des amis du cinéma populaire (ACP) en vue de favoriser la production et la diffusion de films populaires de qualité. Il prévoit des financements par souscription.

New York, 31 janvier
Les critiques américains désignent Gérard Depardieu meilleur acteur étranger de l'année 1983 pour ses rôles dans *Danton* et *le Retour de Martin Guerre*. (→ 5.9)

Hollywood, 20 février
Disney annonce la création d'une filiale, Touchstone, pour la distribution de films destinés à un public adulte. (→ 24.3)

Berlin, 26 février
Dans le cadre du 34e Festival international du film, Maximilian Schell présente *Marlène*, documentaire sur Marlène Dietrich. Basé sur dix-sept heures d'entretiens, ce film fait entendre sa voix, évoque sa vie et sa carrière. (→ 6.5.92)

Berlin, 28 février
L'Ours d'or du Festival revient à *Love Streams*, du réalisateur américain John Cassavetes. (→ 3.2.89)

Hollywood, 19 mars
James Cameron commence le tournage de *Terminator* (*The Terminator*), avec Arnold Schwarzenegger et Linda Hamilton. (→ 19.1.85)

France, 3 avril
En une semaine, sur l'ensemble du pays, *les Morfalous*, d'Henri Verneuil, avec Jean-Paul Belmondo, fait 382 000 entrées avec 64 salles, soit 28 % des entrées totales de la semaine. (→ 7.5)

Paris, 11 avril
Sortie d'*Un dimanche à la campagne*, de Bertrand Tavernier, avec Louis Ducreux, Sabine Azema et Michel Aumont, d'après un roman de Pierre Bost. Une atmosphère tchékovienne pour cette journée baignée de chaleur et d'une insidieuse amertume. (→ 2.3.85)

Copenhague, 14 mai
Lars von Trier présente *Element of Crime* (*Forbrydelsens element*), avec Mickael Elphick et Esmond Knight. Une enquête policière sombre dans la folie. (→ 13.11.91)

France, 17 mai
Suivant les chiffres publiés par le Centre national du cinéma, la fréquentation dans les salles enregistre pour 1983 une baisse de 5,4 % par rapport à l'année précédente, avec toutefois une progression des films français. (→ 31.12.86)

New York, 23 mai
Sortie d'*Indiana Jones et le temple maudit* (*Indiana Jones and the Temple of Doom*), de Steven Spielberg, avec Harrison Ford, Kate Capshaw et Ke Huy Quan. (→ 8.6)

Hollywood, 4 juin
Disney Productions rachète son propre capital, à savoir les 11 % de parts acquises par le financier Saul Steinberg, qui essayait de prendre le contrôle du studio. Le coût de l'opération pour Disney est estimé à 300 millions de dollars. (→ 8)

Los Angeles, 27 juin
La MPAA introduit une nouvelle cote dans la classification des films : PG-13, ce qui signifie que la prudence des parents est recommandée pour les moins de treize ans.

Lausanne, 24 juillet
James Mason (*15.5.1909), l'inoubliable professeur Humbert dans *Lolita*, de Stanley Kubrick, décède.

Paris, 12 août
Le public parisien peut voir, dès ce jour, le grand classique allemand de Fritz Lang, *Metropolis* (1926), mis en musique et colorié par Giorgio Moroder. Les cinéphiles protestent contre ce détournement. (→ 29.1.85)

Paris, 5 septembre
Alain Resnais présente *l'Amour à mort*, avec Fanny Ardant, Sabine Azema, André Dussollier et Pierre Arditi. (→ 17.1.86)

Paris, 11 septembre
Quatre ministres, Jack Lang, Jean-Pierre Chevènement, Georges Filioud et Hubert Curien, présentent le rapport Bredin sur l'enseignement et la formation dans les métiers de l'audiovisuel.

Paris, 14 septembre
Au cimetière du Père-Lachaise, cinéphiles et Kurdes asssistent en foule aux obsèques du réalisateur Yilmaz Güney (*1.4.1937), mort d'un cancer le 9 septembre.

Hollywood, 1er octobre
Barry Diller démissionne de la présidence de la Paramount et succède à Alan Hirshfield à celle de la 20th Century-Fox. Diller était à la tête du studio depuis dix ans. Mike Eisner, son associé, démissionne également et devient président de Disney Productions. (→ 31.12.88)

Tunis, 21 octobre
Au terme de la 10e session des Journées cinématographiques de Carthage, le Tanit d'or est attribué au film syrien *les Rêves de la ville* (*Ahlam al-madina*), de Mohamed Malas, et le prix de la première œuvre à Naser Khemir (Tunisie) pour *les Baliseurs du désert*.

Paris, 21 octobre
Sortie de *Boy Meets Girl*, de Leos Carax, avec Denis Lavant et Mireille Perrier. (→ 7.10.85)

New York, 25 octobre
Jim Jarmusch sort son premier long métrage, *Stranger Than Paradise*, qui, dans le registre minimaliste, impose un ton et un style formel très rigoureux.

Paris, 25 octobre
Mort soudaine de la jeune comédienne Pascale Ogier (*1960). Agée de vingt-quatre ans, elle était la fille de Bulle Ogier. Son dernier film, *les Nuits de la pleine lune*, d'Eric Rohmer, sort en salles.

France, 4 novembre
Canal Plus, la première chaîne à péage française, démarre ses émissions, avec pour l'instant 200 000 abonnés. (→ 1.3.86)

Cannes, 14 décembre
Le conseil d'administration du Festival choisit Pierre Viot, ancien directeur général du CNC, comme président du Festival. Il succède à Robert Favre Le Bret. (→ 20.5.85)

Etats-Unis, 31 décembre
Deux films dépassent les cent millions de dollars de recettes : *Ghostbusters* avec 122 millions, et *Indiana Jones et le temple maudit*, avec cent neuf millions.

Avec « Amadeus », Milos Forman associe brillamment le luxe et la truculence à la musique de Mozart et à la reconstitution de son temps.

AMADEUS
un film de
MILOS FORMAN
SAUL ZAENTZ AMADEUS PETER SHAFFER MILOS FORMAN
F. MURRAY ABRAHAM TOM HULCE ELIZABETH BERRIDGE
SIMON CALLOW ROY DOTRICE CHRISTINE EBERSOLE
JEFFREY JONES CHARLES KAY
MICHAEL HAUSMAN BERTIL OHLSSON MIROSLAV ONDRICEK
NEVILLE MARRINER PATRIZIA VON BRANDENSTEIN TWYLA THARP
PETER SHAFFER SAUL ZAENTZ MILOS FORMAN

Le jury d'Avoriaz retient l'ascenseur

Avoriaz, 22 janvier
On s'attendait à ce que le film canadien *Dead Zone*, de David Cronenberg, obtienne le grand prix du 12e Festival du film fantastique d'Avoriaz ; mais le jury lui a préféré *l'Ascenseur*, premier film du Hollandais Dick Maas. Comme dans *Duel*, de Steven Spielberg, Maas a réussi à faire surgir l'horreur d'un objet très familier : un simple ascenseur ! Mais il est vrai que l'appareil en question n'est pas ordinaire : il possède une existence autonome qui le rend capable de tuer les personnes qui se risquent à l'emprunter ! (→ 19.1.85)

Le studio Zoetrope vendu aux enchères

Hollywood, 10 février
Le créancier de Francis Coppola, Jack Singer, a acheté aux enchères les studios Zoetrope pour un peu plus de 12 millions de dollars. Coppola les avait mis en vente le 20 avril 1982, mais en demandait alors un minimum de 20 millions de dollars. En dépit de l'incapacité du cinéaste à rembourser les trois millions que lui avait prêtés Singer, ce dernier avait accepté de différer la saisie que lui autorisait la loi. C'est le désastre de *Coup de cœur*, production de 26 millions de dollars qui n'en a rapporté que quelques centaines de milliers, qui a provoqué la faillite de l'American Zoetrope et définitivement compromis le sauvetage des studios. (→ 14.12)

Maurice Pialat traite en psychodrame le conflit des générations

Succès du cinéma français de ce début d'année, « A nos amours » révèle une débutante remarquable, Sandrine Bonnaire.

Paris, 27 janvier
Le prix Louis-Delluc est attribué au film de Maurice Pialat, *A nos amours*, sorti le 18 novembre. Pialat n'avait pas tourné depuis *Loulou*, qu'il avait réalisé en 1980 avec Isabelle Huppert et Gérard Depardieu. Le projet de ce sixième long métrage remonte pourtant à 1976, au moment où l'avance sur recettes lui avait octroyé une aide à partir du scénario d'Arlette Langmann, encore intitulé *les Filles du faubourg*. N'ayant pu réussir à trouver un financement complémentaire et ne trouvant pas l'interprète féminine adéquate, Pialat s'était alors rabattu sur un film lui aussi avorté, *les Meurtrières*, avant de réaliser *Passe ton bac d'abord* en 1978. Ce n'est qu'en octobre 1982 qu'a pu enfin commencer le tournage d'*A nos amours*, pour s'achever en juillet 1983 après deux interruptions. Le film trace le portrait d'une adolescente désemparée : au milieu des incessantes disputes de ses parents, Suzanne ne parvient pas à conjuguer l'éveil de sa sensualité avec celui des sentiments affectifs. Accumulant des amants qui la laissent indifférente, elle repousse sans savoir pourquoi le seul qu'elle croit sincère, sa liberté sexuelle l'empêchant en quelque sorte de connaître l'amour. Si Maurice Pialat incarne lui-même le personnage important du père, la jeune Sandrine Bonnaire est la grande révélation de cette chronique réaliste. Elle contribue pour beaucoup à l'excellent accueil du film. (→ 3.4)

Schlöndorff sur les traces de Proust en quête du temps perdu

Paris, 22 février
De nombreux réalisateurs, dont Visconti et Joseph Losey, avaient un jour ou l'autre rêvé de porter à l'écran le chef-d'œuvre de Marcel Proust, *A la recherche du temps perdu*. Tous avaient fini par déclarer forfait devant l'énormité de la gageure que représente l'adaptation de cette œuvre monumentale. Le cinéaste allemand Volker Schlöndorff s'est déjà mesuré, avec bonheur, à des grands écrivains, tels Robert Musil et Günter Grass. Cela explique peut-être le fait qu'il a été moins intimidé que les autres par l'œuvre de Proust, réputée inadaptable au cinéma, dont il vient de transposer une partie sous le titre *Un amour de Swann*. Les scénaristes Peter Brook et Jean-Claude Carrière ont réduit l'action de l'histoire à vingt-quatre heures, ce qui a permis de lui donner un rythme cinématographique. C'est l'acteur anglais Jeremy Irons qui incarne le riche dandy juif Charles Swann, qui transgresse les règles de sa classe en épousant une demi-mondaine, interprétée par Ornella Muti. Les spectateurs sont surpris de découvrir Alain Delon dans un rôle à contre-emploi qu'il tient à merveille : celui du baron de Charlus, homosexuel désabusé en quête de l'amour absolu. (→ 19.5.92)

Ornella Muti et Jeremy Irons (à gauche) dans « Un amour de Swann ».

Gérard Lebovici victime d'un tueur

Paris, 5 mars

Répondant à un coup de téléphone mystérieux, Gérard Lebovici s'était rendu seul hier à un rendez-vous. On l'a trouvé mort ce matin au volant de sa voiture, dans un parking de l'avenue Foch. Il semble avoir été abattu par quatre balles tirées à bout portant dans la nuque. Fondateur en 1972 de l'agence Artmedia, qui représente la plupart des vedettes françaises, « le roi Lebo », comme on l'appelle, est devenu un homme très influent du cinéma français. Après Artmedia, il a lancé, avec autant de succès, une maison de production, Soprofilms, et une autre, de distribution, AAA (Auteurs acteurs associés). Le succès de Lebovici dérangeait moins que sa fascination pour les truands, ainsi que sa sympathie pour l'extrême gauche et pour le situationnisme. Ces sympathies, il les a exprimées à travers les livres édités par Champ Libre, sa maison d'édition créée au lendemain de Mai 68. Destinée à devenir « le Gallimard de la révolution », Champ Libre a publié notamment *l'Instinct de mort*, de Jacques Mesrine, dont Lebovici a adopté la fille.

Carmen en cinq versions devient l'héroïne du cinéma européen

Placido Domingo, Julia Migenes-Johnson, Ruggero Raimondi dans la « Carmen » franco-italienne de Francesco Rosi.

Paris, 14 mars

La *Carmen* de l'Italien Francesco Rosi est à l'affiche à Paris. Après la réussite de *Don Giovanni*, Daniel Toscan du Plantier avait décidé de produire un nouveau film-opéra. C'est sur celui de Georges Bizet que s'est porté le choix du directeur général de Gaumont, qui a eu ensuite fort à faire pour convaincre Rosi de réaliser le film. Il s'agit de la quatrième version de cette œuvre en l'espace de sept mois. En août de l'année dernière, Carlos Saura en avait présenté une mouture espagnole dansée, tandis qu'en novembre suivait *la Tragédie de Carmen*, la version de Peter Brook. Ce dernier, reprenant le principe des représentations alternées du spectacle qu'il avait mis en scène aux Bouffes du Nord, signait trois films identiques, ne différant que par leurs interprètes. C'est en janvier, enfin, que sortait la version très personnelle de Jean-Luc Godard, *Prénom Carmen*, distinguée au Festival de Venise. En l'attente de la *Carmen nue* teintée d'érotisme d'Albert Lopez, c'est pour le moment celle de Rosi, avec Julia Migenes-Johnson, Placido Domingo et Ruggero Raimondi, qui recueille les avis les plus unanimement favorables. (→ 8.5.87)

Une transposition originale de Godard, où Beethoven relaie Bizet.

« Carmen », version espagnole de Carlos Saura et Antonio Gades.

Des Oscars entre tendresse et passion

Hollywood, 9 avril

Johnny Carson, célèbre présentateur de la télévision, est le maître de cérémonie de la soirée qui se déroule au Music Center de Los Angeles. Bien qu'il n'ait guère eu de succès en salles, le mélodrame *Tendres Passions* (*Terms of Endearment*), de James L. Brooks, obtient le titre de meilleur film pour l'année 1983, devant *l'Etoffe des héros* (*The Right Stuff*), de Philip Kaufman. Brooks est d'ailleurs nommé meilleur réalisateur. Shirley MacLaine est meilleure actrice et Jack Nicholson meilleur second rôle pour ce même film. Le prix du meilleur acteur va à Robert Duvall pour *Tender Mercies*, de Bruce Beresford. Comme ce fut le cas en France lors de la remise des Césars, *Fanny et Alexandre*, film d'Ingmar Bergman, obtient le prix du meilleur film étranger. A quatre-vingt-douze ans, le producteur Hal Roach est récompensé pour l'ensemble de sa longue et prestigieuse carrière. Cette soirée, exceptionnellement longue – près de quatre heures – est intégralement retransmise à la télévision. (→ 25.3.85)

« Tendres Passions », un film de J. L. Brooks, avec Shirley MacLaine.

Le bal de nos amours donne le tempo de la soirée des Césars

Paris, 3 avril
Pour la première fois depuis la création des Césars, deux longs métrages sont élus meilleurs films de l'année : *A nos amours*, de Maurice Pialat, et *le Bal*, d'Ettore Scola. Avec son sixième film, Pialat obtient enfin la reconnaissance de son talent par la profession, quelques mois après avoir reçu le prix Louis-Delluc 1983. Quant à Scola, metteur en scène italien qui reçoit aussi le César du meilleur réalisateur, il a déjà maintes fois été récompensé à travers le monde. *Le Bal* est une coproduction franco-italienne, adaptation d'une pièce montée sur scène en 1981 par le théâtre du Campagnol. La soirée, présidée par Gene Kelly, se déroule au théâtre de l'Empire. Elle est présentée par Léon Zitrone. Isabelle Adjani reçoit le prix de la meilleure actrice pour *l'Eté meurtrier*, de Jean Becker, film qui avait été présenté en ouverture du Festival de Cannes. Coluche est couronné meilleur acteur grâce à son rôle dramatique dans *Tchao Pantin*, de Claude Berri. Richard Anconina reçoit deux Césars : celui du meilleur second rôle et celui du jeune espoir masculin pour *Tchao Pantin*. Sandrine Bonnaire est meilleur espoir féminin pour *A nos amours*, où elle incarne une adolescente de quinze ans aux mœurs très libres, prise entre ses affaires de cœur et ses démêlés familiaux. Le meilleur film étranger, *Fanny et Alexandre*, est signé Ingmar Bergman. (→ 9)

Pour « le Bal », Ettore Scola partage avec Pialat le César du meilleur film.

Après la cérémonie, Isabelle Adjani fête son César de la meilleure actrice.

La Victorine reprend du service

Nice, 7 mai
Créés à Nice en 1920, les studios de la Victorine et leurs 2 500 m² de plateaux n'hébergeaient presque plus que des araignées depuis une vingtaine d'années ! C'est pourtant dans ces prestigieux studios qu'ont été réalisés des classiques comme *les Enfants du paradis*, de Marcel Carné. Après l'avènement de la Nouvelle Vague, qui avait amené de nouvelles pratiques comme les tournages en décors naturels, les studios se sont vu de plus en plus délaisser par les réalisateurs. Pour la Victorine, le problème a été amplifié par le fait de son éloignement de Paris. Les studios avaient alors dû fermer leurs portes ; définitivement, pensait-on. A tort, car les activités viennent d'y reprendre, à l'occasion du tournage du film de Georges Lautner *Joyeuses Pâques*, avec Jean-Paul Belmondo et Sophie Marceau. Cette reprise des activités a été rendue possible grâce à une concession de cinquante ans signée en janvier dernier entre la ville de Nice et LTM, société parisienne spécialisée dans le matériel électrique et le matériel de prise de vues. LTM a nommé au poste de directeur de la Victorine Côte d'Azur, la nouvelle raison sociale du studio, le juriste Philippe Demange, que le maire de Nice, Jacques Médecin, avait déjà chargé de régler l'imbroglio juridique qui opposait entre eux les différents ayants droit des studios niçois.

Belmondo dans « Joyeuses Pâques ».

Disneyland veut passer l'Atlantique

Paris, 24 mars
Il existe actuellement trois parcs d'attractions Walt Disney dans le monde : en Californie, en Floride et au Japon. Un nouveau parc naîtra en Europe au début des années 90. Le contrat autorisant son implantation vient d'être signé entre Michaël Eisner, président de Walt Disney Productions, et Laurent Fabius, Premier ministre. Il sera installé à Marne-la-Vallée. Il devrait recevoir 10 millions de visiteurs par an, créer 30 000 emplois et rapporter 6 milliards de francs. Les travaux commenceront début 1988. (→ 12.4.92)

« Tchao Pantin » vaut au total trois Césars à Richard Anconina et à Coluche.

L'itinéraire américain de Wim Wenders passe par Paris, Texas

Cannes, 25 mai

Il est rare que la Palme d'or fasse l'unanimité sur la Croisette. C'est pourtant le cas avec le film de Wim Wenders *Paris, Texas*, qui a été ovationné pendant plus d'un quart d'heure à la fin de sa première projection cannoise. Ecrit par Sam Shepard et interprété par Nastassja Kinski et Harry Dean Stanton, le film décrit la tentative d'un homme, surgi du désert, de retrouver les siens et de se réconcilier avec un passé qu'il avait fui. Cela fait plus de dix ans que Wenders mène une sorte de quête-enquête à travers l'Amérique, ses paysages et sa mythologie. Commencée en 1973 avec *Alice dans les villes*, son errance américaine s'achève aujourd'hui avec *Paris, Texas*. Sans doute, le réalisateur de *l'Ami américain* va-t-il désormais vouloir tourner de nouveau sa caméra du côté du vieux continent. Le cinéma européen, et en particulier allemand, ne pourra alors que se féliciter du retour au bercail de ce fils prodigue. Le jury, présidé par l'acteur britannique Dirk Bogarde, a attribué son grand prix spécial au film hongrois *Journal intime*, dans lequel la réalisatrice Marta Meszaros évoque sa biographie personnelle. Belle histoire de retrouvailles familiales par une journée estivale, *Un dimanche à la campagne* a valu à Bertrand Tavernier le prix de la mise en scène. Le Grec Theo Angelopoulos a dû, lui, se contenter du prix du scénario pour son sublime film, *Voyage à Cythère*. (→ 14.12)

Nastassja Kinski dans « Paris, Texas », lauréat de la Palme d'or.

John Huston au tournage, dans le décor d'« Au-dessous du volcan ».

Des accords bâtis sur le roc

Cannes, 20 mai

En marge du Festival de Cannes, une rencontre franco-américaine s'est tenue à l'hôtel Eden-Roc entre le ministre de la Culture, Jack Lang, et le président de la MPAA, Jack Valenti. La rencontre a débouché sur un accord de nature à protéger à la fois la production française et les intérêts des Majors américaines. L'accord porte sur la nécessité de combattre la piraterie audiovisuelle, sur la relance des cinémas nationaux, afin d'équilibrer les échanges internationaux, et sur le respect du principe de la priorité de la diffusion des films en salles, avant la télévision et les autres médias. (→ 1.1.86)

Sergio Leone plonge dans le melting pot

New York, 1er juin

L'action se situe en 1920 : un groupe d'adolescents vit de petits larcins dans le quartier juif de New York. Les années passent, les jeunes voyous deviennent de véritables gangsters et s'enrichissent grâce à la prohibition. Deux d'entre eux, Noodles et Max, se retrouveront sur le lieu de leur enfance en 1968 pour évoquer leur passé. Admirablement interprété par Robert De Niro et James Woods, *Il était une fois en Amérique* (*Once Upon a Time in America*), de Sergio Leone, est sorti dans une version désavouée par le réalisateur, la durée du film ayant été ramenée de 277 minutes à 139. Cela fait treize ans que Leone préparait cette saga sur l'évolution du gangstérisme dans le milieu des minorités qui composent le *melting pot* américain. Après *Il était une fois dans l'Ouest* et *Il était une fois la révolution*, le nouveau film de Leone clôt en beauté la trilogie consacrée à la mythologie américaine, de la conquête de l'Ouest à l'époque contemporaine. Aidé par son chef opérateur Tonino Delli Colli et par d'excellents décorateurs, Leone a réussi à faire d'*Il était une fois en Amérique* une œuvre d'une remarquable authenticité. (→ 30.4.89)

« Un dimanche à la campagne » vaut une distinction à Bertrand Tavernier.

« Il était une fois en Amérique », avec des bons, des brutes, et des truands.

Les Gremlins attaquent l'empire Disney

Zach Galligan dans « Gremlins », de Joe Dante : minuit, l'heure des monstres.

New York, 8 juin
Réalisé par Joe Dante, le film *Gremlins* vient de sortir dans 1 800 salles. Cette production de Steven Spielberg pour la Warner s'adresse à un très large public, y compris celui des enfants, domaine privilégié de Walt Disney. Le scénario de Chris Columbus se déroule à Kingston Falls, un soir de Noël. Des petits monstres terrifiants vont semer la terreur et transformer la ville heureuse en un décor « dantesque »... Le film est plein de références cinématographiques et truffé de courts extraits. Parmi ceux-ci : *La vie est belle*, de Frank Capra, et surtout *Blanche-Neige et les Sept Nains*, que les Gremlins saccagent en assistant à sa projection. (→ 1.10)

Joseph Losey, le cinéma, l'exil et après

Londres, 22 juin
Le cinéaste américain Joseph Losey (*14.1.1909) s'est éteint. Le maccarthysme l'ayant contraint à l'exil en 1952, il s'était installé en Angleterre, où il avait livré certains de ses meilleurs films, et notamment *The Servant*. Au début des années 70, la crise du cinéma britannique l'avait à nouveau fait s'expatrier. Après avoir travaillé successivement en Espagne, au Mexique, en Italie et en Norvège, Losey s'était finalement fixé en France. *La Truite*, interprété par Isabelle Huppert, était son quatrième long métrage français. C'est le sévère échec de ce film qui aura amené Losey à regagner l'Angleterre, le décidant à un dernier exil.

Son dernier film, « la Truite », d'après Roger Vailland, avec Isabelle Huppert.

Le cinéma en fête

Paris, 1er juin
Art de divertissement par excellence, le cinéma se devait d'avoir sa fête, d'autant que la fameuse crise du cinéma a fait s'instaurer un climat de morosité dans les milieux professionnels. C'est particulièrement vrai en ce qui concerne le milieu de l'exploitation qui se plaint de la baisse de la fréquentation des salles. Justement, pour enrayer cette baisse, les exploitants et la municipalité de la Ville de Paris ont eu l'idée d'organiser une fête du cinéma. Grâce à celle-ci, les Parisiens ont pu voir aujourd'hui, pour le prix d'un seul billet, autant de films qu'ils pouvaient, parmi ceux que leur proposent les 400 salles de la capitale. Cette opération a permis au public de retrouver le chemin des salles obscures. Elle a également donné une seconde chance à des films très fragiles, qui n'auraient jamais eu autant de spectateurs sans cette fête du cinéma. (→ 25.8.87)

Amadeus odieux et sublime, ou les mystères du génie de Mozart

New York, 19 septembre
Après *Hair*, réalisé en 1979, Milos Forman retrouve, si l'on peut dire, la voie du film musical. Adapté par Peter Shaffer de sa propre pièce de théâtre, *Amadeus* propose en effet une biographie de Wolfgang Amadeus Mozart et fait abondamment revivre sa musique, plus que ne le permettait la pièce. L'intérêt et l'originalité de la reconstitution résident dans le fait que l'existence misérable et la sublime musique du compositeur sont ici contées par son ennemi le plus acharné, Antonio Salieri. Compositeur officiel de la cour de Vienne, celui-ci raconte comment il a alors été le seul à percevoir le génie musical de Mozart et comment, par dépit et par jalousie, il a manœuvré pour l'écarter du succès. C'est peu de dire que dans ce rôle F. Murray Abraham fait une saisissante composition, à tel point que le personnage de Mozart s'éclipse finalement derrière le sien. Si le portrait peu flatteur de Salieri que fait le film ne correspond que lointainement à la réalité, celui de Mozart, interprété par Tom Hulce, n'est pas moins singulier : adolescent attardé, volontiers obscène, voire scatologique, le génie est de surcroît affligé d'un rire aussi stupide que ridicule, qui ne contribue en rien à poser respectablement le personnage. C'est sans doute la conjugaison paradoxale de tant de tares et de qualités qui fait échapper l'œuvre à l'hagiographie où l'on pouvait redouter de la voir tomber. Au vu des premières réactions, le film s'annonce en tous cas comme l'un des triomphes inattendus de la saison. (→ 25.3.85)

« Amadeus », de Milos Forman, avec Tom Hulce dans le rôle de Mozart.

Gérard Depardieu derrière la caméra

« Le Tartuffe », avec François Périer.

Paris, 5 septembre
Comme l'a fait Louis de Funès en 1980, Gérard Depardieu a choisi Molière pour effectuer ses débuts de réalisateur. Présenté lors du dernier Festival de Cannes, *le Tartuffe* vu par Depardieu est dépouillé, froid et austère comme l'était la mise en scène théâtrale de Jacques Lassalle. Le film a été tourné dans la plus grande sobriété, au Théâtre national de Strasbourg. « Je n'ai pas mis en scène mais seulement réalisé. J'ai traduit, restitué le fonctionnement d'un acteur depuis le moment où il est en répétition », explique Depardieu. Ses partenaires sont François Périer et Elisabeth Depardieu, qui avaient déjà joué la pièce à ses côtés. (→ 4.9.85)

Truffaut, l'ami public numéro un

Paris, 24 octobre
Décédé il y a trois jours d'une tumeur au cerveau, François Truffaut (*6.2.1932) a été enterré au cimetière de Montmartre, après avoir été incinéré. Le cinéaste connaissait la nature de son mal mais avait toujours refusé d'en connaître la gravité. En août de l'année dernière, alors qu'il préparait avec Claude de Givray le scénario de *la Petite Voleuse*, une brutale hémorragie cérébrale avait motivé l'intervention des chirurgiens, qui avaient dû pratiquer une opération. Depuis, François Truffaut avait complètement suspendu la préparation de ce qui aurait été son vingt-troisième long métrage. Allant le voir quotidiennement pendant qu'il tournait *Fort Saganne* sous la direction d'Alain Corneau, Gérard Depardieu évoquait de futurs projets avec lui. C'est ainsi qu'ils voulaient acheter les droits de *Nez-de-Cuir*, de Jean de La Varende. Ils projetaient également une nouvelle adaptation du *Comte de Monte-Cristo* pour la télévision américaine. Aucun de ces projets n'aura pu finalement se concrétiser, de même que la mort aura empêché François Truffaut de voir grandir sa fille, que sa compagne Fanny Ardant a mise au monde le 28 septembre 1983. En avril dernier, le cinéaste était quand même venu à l'émission « Apostrophes », de Bernard Pivot, afin de présenter l'édition définitive de son fameux ouvrage *le Cinéma selon Hitchcock*. Le Festival de Cannes lui rendra un hommage spécial en mai prochain.

Isabelle Adjani et François Truffaut au tournage de « l'Histoire d'Adèle H. ».

Les folles années du jazz selon Coppola

New York, 14 décembre
C'est Robert Evans, producteur du film, qui aurait dû mettre en scène la nouvelle œuvre de Francis Ford Coppola, *Cotton Club*. Ce dernier n'avait au départ été sollicité que pour retravailler le scénario de Mario Puzo et a obtenu, ensuite, de tourner le projet. Sacrifier aux impératifs commerciaux du film de commande n'empêche pas le cinéaste d'imposer son art : cette reconstitution du New York des années folles, à travers l'histoire de ce célèbre club de jazz, est en effet proprement somptueuse. (→ 15.5.87)

La mort de Pierre Kast, cinéaste maudit

Paris, 20 octobre
Pierre Kast (*22.12.1920) est mort d'une crise cardiaque dans l'avion qui le ramenait de Rome. Il y achevait le tournage de *l'Herbe rouge*, une fiction tournée pour la télévision d'après Boris Vian, et où apparaissent notamment Jean-Pierre Léaud, Françoise Arnoul et Jean-Claude Brialy. En dépit de ses douze longs métrages réalisés pour le cinéma, Pierre Kast reste incontestablement un cinéaste marginal, méconnu du public car allergique à la mode. De ses films, *Merci Natercia* et *Macumba*, réalisés en 1960 et 1970, demeurent encore inédits en France, et jamais Kast n'a connu d'autre succès que d'estime, que ce soit avec *le Bel Age* en 1959, *Vacances portugaises* en 1963 ou *le Soleil en face* en 1979. Cet ancien critique, membre de l'équipe fondatrice des *Cahiers du cinéma*, restera surtout connu pour ses courts métrages, tels *les Désastres de la guerre* et *Arithmétique* en 1951 ou *la Brûlure de mille soleils* en 1965. Kast avait rencontré davantage de succès en tant que romancier, avec des ouvrages comme *les Vampires de l'Alfama*, paru en 1975, ou *la Mémoire du tyran*, qu'il avait publié en 1980.

Richard Gere dans « Cotton Club ». La musique de la prohibition.

Affiche française par Michel Landi.

S. Chatterjee et G. Aich dans « la Maison et le monde », de Satyajit Ray.

Affiche française signée par Philippe.

Sabine Azema et Pierre Arditi sont des amants perdus et autodestructeurs dans le film d'Alain Resnais « l'Amour à mort ».

Christophe Lambert est Tarzan pour Hugh Hudson dans « Greystoke ».

Michel Blanc et Carole Bouquet dans « Nemo », d'Arnaud Sélignac.

Jean Benguigui et Christophe Malavoy : « Souvenirs, souvenirs » de A. Zetoun.

Rupert Everett et Colin Firth dans « Another Country », de Marek Kanievska.

Richard Edson, Eszter Balint et John Lurie dans « Stranger than Paradise ».

Affiche française de Guy Pellaert.

Tom Hulce dans « Amadeus ».

« La Rose pourpre du Caire ».

Matthew Modine dans « Birdy ».

Robert De Niro et James Woods dans « Il était une fois en Amérique ».

Judy Davis et Victor Bannerjee dans « la Route des Indes », de David Lean.

Gregory Hines et Lorette McKee dans « Cotton Club », de Francis F. Coppola.

1985

Oscars, Hollywood
Film : *Amadeus* (Milos Forman).
Acteur : F. Murray Abraham.
Actrice : Sally Field.

Mostra d'arte cinematografica, Venise
Lion d'or : *Sans toit ni loi* (Agnès Varda).
Meilleur acteur : Gérard Depardieu.
Meilleure actrice : non attribué.

Festival international du film, Cannes
Palme d'or : *Papa est en voyage d'affaires* (Emir Kusturica).
Meilleur acteur : William Hurt.
Meilleure actrice : Norma Aleandro, Cher.

Césars, Paris
Film : *les Ripoux* (Claude Zidi).
Acteur : Alain Delon.
Actrice : Sabine Azema.

France, 15 janvier
Le magazine télévisé de Frédéric Mitterrand et Martine Jouando, « Etoiles et toiles », consacré au cinéma et au destin des stars, fête sa centième émission.

Hollywood, 29 janvier
La MGM-Artistes associés annonce que le film *la Glorieuse Parade* (*Yankee Doodle Dandy*, 1942), de Michael Curtiz, sera « colorisé » par un nouveau procédé de la société Color System Technology. Le studio prévoit la colorisation de vingt films en noir et blanc. (→ 13.11.86)

Paris, 6 février
Emmanuelle, de Just Jaeckin, avec Sylvia Kristel, quitte l'affiche. Il était projeté au cinéma le Triomphe sur les Champs-Elysées depuis sa sortie le 26 juin 1974, battant ainsi le record de longévité de *West Side Story*.

Paris, 7 février
Le prix Georges-Sadoul est attribué à *Louise*, de Charlotte Silvera.

Paris, 13 février
Sortie de *Péril en la demeure*, de Michel Deville, avec Nicole Garcia, Michel Piccoli, Christophe Malavoy et Anémone. (→ 22.2.86)

Burkina Faso, 1er mars
Le grand prix du 9e Festival de Ouagadougou est décerné à *Histoire d'une rencontre*, de Brahim Tsaki, réalisateur algérien. (→ 21.2.87)

Beverly Hills, 7 mars
Gene Kelly reçoit le Life Achievement Award de l'American Film Institute.

Londres, 18 mars
L'Année du cinéma britannique (British Film Year) est lancée avec la présentation à la reine de *la Route des Indes* (*A Passage to India*), de David Lean, avec Peggy Ashcroft et Alec Guinness. (→ 25)

Hollywood, 31 mars
My Mother's Keeper, livre autobiographique de la fille de Bette Davis, Barbara, fait scandale en raison de révélations peu ragoûtantes sur la grande star.

Buenos Aires, 4 avril
Luis Puenzo présente un film très attendu, et par la critique et par les autorités, *l'Histoire officielle* (*La historia oficial*), sur les aveuglements de la bourgeoisie argentine sous la dictature. Un couple adopte un enfant dont les parents ont été tués par les militaires. (→ 20.5)

Paris, 15 mai
Le cinéaste Youssef Chahine est à Paris pour présenter la coproduction franco-égyptienne qu'il a réalisée, *Adieu Bonaparte*, avec Patrice Chéreau et Michel Piccoli. Le film, qui est aussi en compétition officielle à Cannes, décrit l'arrivée des Français au Caire et l'échec de cette rencontre, entre la modernité tumultueuse de ceux-ci et l'attentisme des Egyptiens. (→ 18.11.86)

Paris, 5 juin
Dans *Escalier C*, qui sort ce jour, Jean-Charles Tacchella confirme ou révèle le talent d'acteurs tels que Robin Renucci, Jacques Bonnafé, Catherine Leprince et Jean-Pierre Bacri. (→ 3.6.92)

Los Angeles, 14 juin
John Huston a réalisé avec *l'Honneur des Prizzi* (*Prizzi's Honor*), un anti-Parrain : les mafiosi n'ont plus rien de grandiose et ressemblent plus à des marionnettes. La tragédie tourne à la farce, avec Kathleen Turner, Jack Nicholson et Anjelica Huston. (→ 13.11.86)

New York, 28 juin
Sortie du *Cavalier solitaire* (*Pale Rider*), de Clint Eastwood, avec lui-même, Carrie Snodgress et Michael Moriarty. C'est le onzième film réalisé par Clint Eastwood depuis 1971. (→ 4.4.86)

Paris, 8 juillet
Jean-Jacques Annaud annonce à la presse qu'il tournera à l'automne *le Nom de la rose*, d'après le best-seller du romancier italien Umberto Eco. Le budget très élevé de ce film sera assuré par une coproduction européenne, avec l'appui de capitaux américains. (→ 17.12.86)

New York, 23 juillet
Woody Allen signe un nouveau contrat avec Orion Pictures pour trois films. A sa demande, une clause interdit l'exploitation de ses films en Afrique du Sud. (→ 22.2.86)

Neuilly-sur-Seine, 25 juillet
Le comédien Rock Hudson est entré à l'hôpital américain où il lutte contre le sida. (→ 2.10)

New York, 16 août
La chanteuse-actrice Madonna et le comédien Sean Penn se marient dans l'intimité. (→ 15.6.90)

Paris, 4 septembre
Sortie de *Police*, de Maurice Pialat, avec Gérard Depardieu et Sophie Marceau. (→ 7)

Paris, 11 septembre
Le cinéaste documentariste Joris Ivens est décoré, à l'ambassade des Pays-Bas, par M. Eelco Brinkman, ministre de la Culture néerlandais. C'est la réconciliation d'Ivens, âgé de quatre-vingt-six ans, avec son pays natal. (→ 2.7.89)

Los Angeles, 19 septembre
Un gala est organisé par Liz Taylor pour réunir des fonds contre le sida. Trois mille personnalités ont répondu à l'appel. (→ 2.10)

Paris, 2 octobre
Jacques Deray présente *On ne meurt que deux fois*, avec Michel Serrault et Charlotte Rampling. C'est l'ultime scénario de Michel Audiard, disparu en juillet.

New York, 10 octobre
L'acteur Yul Brynner (*12.7.1915) succombe à un cancer du poumon. En guise de testament, il avait tourné un petit « clip » qui ne devait être diffusé qu'après sa mort, et où il demandait à tous d'arrêter de fumer.

Los Angeles, 18 décembre
Steven Spielberg présente *la Couleur pourpre* (*The Color Purple*), avec Danny Glover, Whoopi Goldberg, dont c'est le premier film, et Margaret Avery. (→ 9.12.87)

New York, 18 décembre
Sortie de *Out of Africa*, de Sydney Pollack, avec Robert Redford, Meryl Streep et Klaus-Maria Brandauer, d'après *Ma ferme africaine*, œuvre majeure de la célèbre romancière danoise Karen Blixen. (→ 24.3.86)

Etats-Unis, 31 décembre
Selon une société de marketing, la fréquentation des salles obscures par les adolescents a diminué de 20 % en 1985. En revanche, dans le même temps, cette population adolescente a triplé ses locations de vidéocassettes. (→ 31.12.87)

Le triomphe inattendu de « Trois Hommes et un couffin », de Coline Serreau, témoigne des ressources de la comédie à la française.

Terminator aux prises avec le présent

Arnold Schwarzenegger dans « Terminator », ou la menace du futur.

Avoriaz, 19 janvier
Le futur appartiendra-t-il un jour aux androïdes ? C'est la question que l'on se pose en visionnant *Terminator*, de James Cameron. Film très violent et aux effets spéciaux impressionnants, il vient d'obtenir le grand prix du Festival du film fantastique d'Avoriaz. L'athlétique Arnold Schwarzenegger y incarne un cyborg quasiment indestructible venu du futur pour éliminer la mère potentielle de celui qui mènera la révolte des humains contre les androïdes. Ceux-ci sont devenus les maîtres de la planète, après que la plupart des humains aient péri dans une guerre atomique ! (→ 9.8.91)

Le nouvel évangile selon Jean-Luc Godard

Paris, 26 janvier
Dans son nouveau film, Jean-Luc Godard ne craint pas de moderniser le dogme de l'Immaculée Conception. *Je vous salue Marie* conte l'émoi d'une fille de garagiste à qui un archange Gabriel, arrivé tout droit d'un aéroport, annonce sa maternité, alors qu'elle est encore vierge. Chauffeur de taxi de son état, son ami Joseph en conçoit bien sûr quelque amertume, mais se résigne en définitive à élever l'enfant, lequel se révèle assez turbulent. Au vu d'un tel scénario, il n'est pas impossible que l'œuvre subisse les foudres de l'Eglise. Elle déchaînera en tous cas la polémique. (→ 7.10)

Myriem Roussel dans « Je vous salue Marie ». L'Annonciation au garage.

L'avènement du cinéma féminin intégral

Paris, 30 janvier
Terme argotique utilisé surtout par les hommes pour désigner les femmes libérées d'aujourd'hui, *les Nanas* est devenu le titre d'un film fait par une femme sur les femmes, mais qui n'a rien d'une œuvre féministe militante. Le film, qui aurait pu s'intituler aussi *Christine, Odile, Evelyne et les autres*, est écrit par la réalisatrice Annick Lanoë, en collaboration avec Chantal Pelletier. Il évoque les bonheurs et malheurs quotidiens qui ponctuent la vie d'un petit groupe de femmes, interprétées par d'excellentes comédiennes, dont Marie-France Pisier, Anémone et Juliette Binoche. (→ 13.12.86)

Une partie d'échecs qui conduit au succès

Paris, 1er février
Pour son premier film, Richard Dembo obtient le prix Louis-Delluc et le grand prix de l'Académie française pour le cinéma. *La Diagonale du fou* a pour cadre un championnat du monde d'échecs au cours duquel s'opposent deux maîtres : le champion en titre, citoyen soviétique, qui ne vit que pour son art et qu'interprète Michel Piccoli, et son jeune rival plein de hargne (Alexandre Arbatt), dissident passé à l'Ouest. Au-delà d'oppositions idéologiques peut-être manichéennes, le film est une passionnante approche des subtilités de ce jeu et de ses compétitions.

Marie-France Pisier et Juliette Binoche dans « les Nanas », d'Annick Lanoë.

Michel Piccoli dans « la Diagonale du fou », premier film de Richard Dembo.

Toscan du Plantier évincé de Gaumont

Paris, 28 février
Les mauvais résultats financiers de Gaumont provoquent le départ du directeur général de la société, Daniel Toscan du Plantier, ainsi que celui de Christian Fechner, deux mois à peine après son entrée en fonction à la tête de Gaumont-Studio. La nouvelle inquiète évidemment ceux que la politique de prestige et d'exigence culturelle menée par Toscan du Plantier avait séduits. De fait, il est certain que Gaumont va redéfinir ses activités de production selon un impératif de rentabilité économique. Les coûteuses implantations de la société aux Etats-Unis et en Italie seront sans doute les premières à pâtir de cette réorientation. (→ 23.6.88)

Dernière production Toscan pour Gaumont : « Police », de Pialat.

MGM, nouvelle tête

New York, 14 mars
Née de la fusion de la Metro-Goldwyn-Mayer et des Artistes associés, la MGM-UA ne semble pas avoir le vent en poupe. Les rumeurs font état d'un déficit record qui devrait être annoncé sous peu. Ce médiocre résultat pourrait être à l'origine de la démission de Frank Yablans du poste de président de la MGM et de la nomination d'Alan Ladd Jr. à la tête de MGM-UA. Poste que Yablans lui-même avait occupé entre janvier 1983 et janvier 1985, date à laquelle Ladd Jr. avait été nommé président des Artistes associés. (→ 25.3.86)

Les flics pourris de Claude Zidi font main basse sur les Césars

Paris, 2 mars
Razzia des *Ripoux* de Claude Zidi qui obtient le César du meilleur film et celui de la meilleure réalisation, au cours de cette cérémonie. Ripoux signifie pourris en verlan : deux flics arrondissent leurs fins de mois en touchant des pots-de-vin de la part des truands du quartier. Présidée par Simone Signoret, la soirée est présentée par dix maîtres de cérémonie dont Jeanne Moreau, Gina Lollobrigida et Kirk Douglas. Les meilleurs comédiens sont Sabine Azema pour *Un dimanche à la campagne*, de Bertrand Tavernier, et Alain Delon pour *Notre histoire*, de Bertrand Blier. Le meilleur film étranger est *Amadeus*, de Milos Forman. A l'occasion de ses dix ans, l'Académie a demandé au public de choisir le « César des Césars » parmi les lauréats du passé. *Le Vieux Fusil*, de Robert Enrico arrive en tête. Danielle Darrieux et François Truffaut reçoivent un César d'honneur. (→ 22.2.86)

Sabine Azema dans « Un dimanche à la campagne », de B. Tavernier.

Thierry Lhermitte et Philippe Noiret dans « les Ripoux ». Arnaque et police.

Les Oscars sous le charme mettent Mozart en répétition

Hollywood, 25 mars
Sur une musique de Prince, Jack Lemmon est le maître de cérémonie de la cinquante-septième soirée des Oscars. Il officie en présence de nombreuses stars dont les vétérans Cary Grant, Kirk Douglas, Laurence Olivier et Burt Lancaster. Le titre du film de Milos Forman, *Amadeus*, une biographie de Mozart, est appelé à de nombreuses reprises puisque récompensé par huit Oscars. Parmi ceux-ci : le meilleur film de l'année, le meilleur réalisateur et le meilleur interprète masculin (F. Murray Abraham). L'actrice élue est Sally Field pour *les Saisons du cœur* (*Places in the Heart*), de Robert Benton. Dame Peggy Ashcroft, soixante-dix-sept ans, obtient l'Oscar du meilleur second rôle féminin pour *la Route des Indes* (*A Passage to India*), de David Lean. Avec Mozart, l'autre vedette de la soirée est James Stewart, qui reçoit un émouvant hommage et un Oscar d'honneur. (→ 24.3.86)

« Amadeus » : somptueuse recréation de la pièce de théâtre de Peter Shaffer.

Harrison Ford dans « Indiana Jones et le temple maudit », de Spielberg.

Un film de trop sur Camille Claudel

Paris, 22 mars
Depuis décembre dernier, le destin tragique de Camille Claudel, sœur de Paul Claudel et élève et maîtresse d'Auguste Rodin, a fait l'objet d'une pièce de théâtre et de deux livres. On parle aussi de deux projets de films, dont l'un est dû à l'initiative d'Isabelle Adjani et l'autre au réalisateur Claude Chabrol, lequel envisage de confier le rôle à Isabelle Huppert. Comme c'est Adjani qui a réussi à obtenir, à la fois, l'accord de la famille Claudel et les droits du livre de Reine-Marie Paris, petite-fille de Paul Claudel, on ne voit pas dans ces conditions comment le projet de Chabrol pourrait subsister. (→ 18.1.87)

La Géode ouvre l'écran sur le ciel

Paris, 6 mai
Les géodes sont des pierres sphériques, tapissées de cristaux à l'intérieur. La salle de la Géode, à la Cité des sciences de La Villette, apparaît d'abord aux spectateurs comme une énorme boule de métal. L'écran hémisphérique – 1 000 m² de superficie, 26 mètres de diamètre – est adapté au procédé canadien Omnimax. Défilant horizontalement, la pellicule est trois fois plus grande que le 70 mm. Les vues prises au *fish-eye* nous immergent dans un univers au relief vertigineux.

La salle exploite le procédé canadien d'écran sphérique Omnimax.

Le cinéma yougoslave est en voyage d'affaires sur la Croisette

« Papa est en voyage d'affaires », d'Emir Kusturica, obtient la Palme d'or.

Nicolas Cage et Matthew Modine dans « Birdy », d'Alan Parker.

Cannes, 20 mai
A l'heure où le Festival de Cannes vient de s'achever, il est sans doute trop tôt pour dire ce que le public et la critique vont en retenir. Parions toutefois qu'on reparlera longtemps de deux acteurs : Juliette Binoche, la révélation de *Rendez-vous*, le film d'André Téchiné qui a remporté le prix de la mise en scène, et William Hurt, lauréat du prix d'interprétation masculine pour son rôle de travesti dans le film brésilien de Hector Babenco, *le Baiser de la femme-araignée*. On se souviendra aussi du visage « entarté » de Jean-Luc Godard, qu'un journaliste belge a aspergé de crème en signe de protestation contre le film qu'il venait de présenter, *Détective*. Côté palmarès, la grande surprise a été la consécration du cinéma yougoslave à travers l'attribution de la Palme d'or à *Papa est en voyage d'affaires*, d'Emir Kusturica. Ce jeune réalisateur a été révélé à la Mostra de Venise où il avait remporté le Lion d'or de la première œuvre pour *Te souviens-tu de Dolly Bell ?*. Son nouveau film est une chronique de la vie en Yougoslavie dans les années 50, vue à travers le regard d'un enfant malicieux dont le père est parti dans un camp de rééducation. L'humour et la finesse d'observation de Kusturica ont sans doute rappelé au président du jury, le cinéaste Milos Forman, ses propres œuvres de jeunesse, dont *l'As de pique*. (→ 6.12.89)

Norma Aleandro, meilleure actrice pour « l'Histoire officielle », de L. Puenzo.

Record de copies pour Rambo II

New York, 22 mai
Le film de George Pan Cosmatos, *Rambo II, la mission*, avec Sylvester Stallone, sort dans 2 074 salles des Etats-Unis. Ce chiffre bat le précédent record qui était détenu par *Star Trek III*, projeté en 1984 sur 1 966 écrans. La Warner sait que le public tient à suivre les nouvelles aventures de John Rambo après ses démêlés avec la police lors de son retour du Viêt-nam. Rambo est envoyé en Thaïlande pour repérer des Américains encore prisonniers des Vietcongs. (→ 31.12.89)

Sylvester Stallone dans « Rambo II, la mission », de George P. Cosmatos.

Kurosawa se mesure à nouveau à l'univers de Shakespeare

Tokyo, 1er juin
Le plus universel des cinéastes japonais, Akira Kurosawa, n'a jamais caché son admiration pour William Shakespeare, le plus universel des dramaturges anglais. Outre *le Château de l'araignée*, adapté de *Macbeth*, la plupart des films historiques de Kurosawa sont des œuvres épiques, pleines de bruit et de fureur, et qui témoignent de l'influence de l'auteur du *Roi Lear*. Histoire d'un vieux souverain trahi par les siens, cette dernière pièce est sans doute la préférée de Kurosawa, lui-même étant condamné depuis longtemps à jouer le rôle du vieil empereur déchu du cinéma japonais. Le réalisateur de *Rashomon* vient justement de porter à l'écran l'histoire du roi Lear, sous le titre, révélateur, de *Ran* (le chaos en japonais). Transposant la tragédie shakespearienne dans le contexte des guerres féodales qui déchiraient le Japon au XVIe siècle, Kurosawa a réussi à faire de ce film, coproduit par le Français Serge Silberman, une fresque éblouissante, hautement colorée, dans laquelle on retrouve tous ses thèmes habituels, notamment le drame de la vieillesse, comme dans *Vivre*, et la volonté de puissance et ses méfaits, comme dans *Kagemusha*. (→ 10.1.89)

« Ran » est une version japonaise et très personnelle du « Roi Lear ».

« Ran », une tragédie somptueuse.

L'étrange destin de Louise Brooks

New York, 8 août
Mythe du cinéma muet, elle était surnommée « l'antistar ». Celle qui fut la célèbre Loulou de G. W. Pabst s'est éteinte dans sa maison de Rochester, Etat de New York. Louise Brooks était née le 10 novembre 1906. A quinze ans, partie pour New York avec l'intention de devenir danseuse, elle se produit dans deux revues à Broadway, puis signe un contrat de cinq ans avec la Paramount. Elle tourne quinze films entre 1925 et 1928, puis trois autres en Europe dont *Loulou*, qui fait d'elle une star adulée des cinéphiles. Peu après son retour aux Etats-Unis, son goût de la liberté pousse Louise à abandonner le cinéma en 1938. Au cours de sa retraite prématurée, elle publie des articles sur des personnalités qu'elle a bien connues telles Marlène Dietrich, W. C. Fields ou Humphrey Bogart. Mais elle refusait d'écrire ses mémoires malgré de très intéressantes propositions financières.

Annecy célèbre au bord du lac vingt-cinq ans d'animation

Annecy, 9 juin
La biennale annécienne est la plus importante manifestation mondiale consacrée au cinéma d'animation. Cette quinzième édition des Journées internationales coïncide avec le vingt-cinquième anniversaire de leur installation à Annecy (les deux premières JICA se sont déroulées à Cannes). En juin 1960, le Tchèque Pojar recevait le grand prix pour *le Lion et la Chanson*. Le jury de 1985 fait preuve d'humour en attribuant deux prix spéciaux, ex æquo, à *Enfer* (Union soviétique) et à *Paradis* (Canada). D'Alexeieff à McLaren, de Trnka à Yoji Kuri et de Dunning à Svankmajer, les personnalités les plus marquantes de cet art si varié qu'est l'image par image, ont séjourné au bord du lac. Les rendez-vous anneciens sont d'autant plus précieux qu'en un quart de siècle la situation de l'animation a beaucoup évolué : les films présentés ici ont peu de chances d'être vus dans les salles ou à la télévision. (→ 26.1.87)

« Enfer », de Reïn Raamat (Union soviétique), prix spécial ex æquo avec...

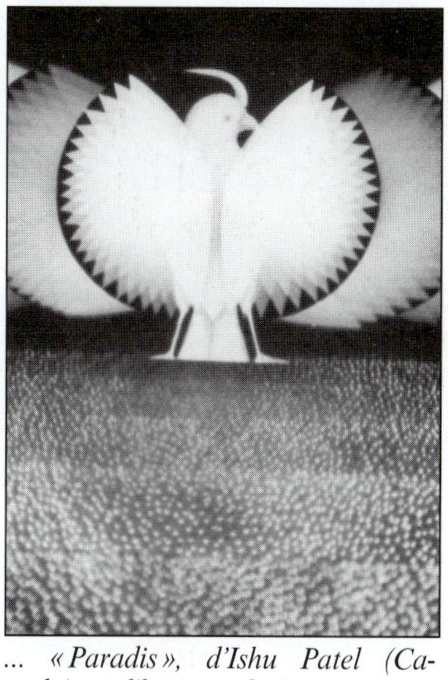

... « Paradis », d'Ishu Patel (Canada), ou l'humour du jury.

Michel Audiard, les derniers mots

Dourdan, 27 juillet
« Un dialoguiste, disait-il, c'est un voleur. Je pique des idées aux chauffeurs de taxi et j'attends de les placer. » Ecrivain, réalisateur et scénariste, Audiard aura surtout marqué le cinéma français de ces quatre dernières décennies en tant que dialoguiste. Plus que les neuf films qu'il a réalisés lui-même ou les vingtaines de scénarios qu'il a écrits, ce sont en effet ses dialogues, truffés de mots d'auteur, qui ont assuré sa réputation. Né à Paris le 15 mai 1920, il vient de mourir dans sa propriété de Dourdan. (→ 2.10)

Agnès Varda enquête sur les chemins difficiles de la liberté

Venise, 7 septembre
Agnès Varda vient de remporter le Lion d'or pour *Sans toit ni loi*. La Mostra s'est montrée sensible à la justesse de ton de ce drame qui évite tout misérabilisme. Un matin d'hiver, Mona (Sandrine Bonnaire), une jeune vagabonde, est retrouvée morte de froid dans un fossé. Les gens qui avaient croisé sa route ne l'avaient jamais retenue longtemps. Elle avait choisi une liberté sans attaches ni facilités. Elle s'est fondue dans la nature comme un animal sauvage qui n'a aucun secours à attendre. Agnès Varda laisse Mona libre de son destin. Elle ne juge pas, n'explique rien. Son œuvre n'en est que plus poignante. *Dust*, drame également réalisé par une cinéaste, reçoit le Lion d'argent. Marion Hänsel met en scène la souffrance de Magda (Jane Birkin) qui vit dans une ferme isolée d'Afrique du Sud. Racisme, passion, mort, germent en vase clos et la mènent à la démence. Quant à Gérard Depardieu, il obtient le prix d'interprétation pour *Police*, de Maurice Pialat. Sandrine Bonnaire, très appréciée du jury, aurait de toutes façons eu la même récompense si *Sans toit ni loi* n'avait été couronné. (→ 22.2.86)

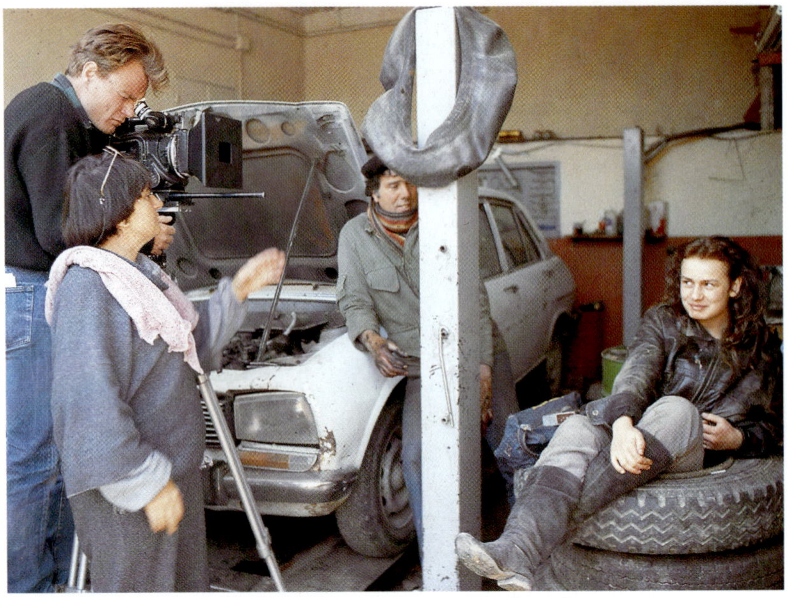
La réalisatrice Agnès Varda et Sandrine Bonnaire lors du tournage.

« Tangos, l'exil de Gardel », de Fernando Solanas, grand prix spécial du jury.

Rock Hudson a perdu le combat du sida

Beverly Hills, 2 octobre
A soixante et un ans, Rock Hudson a succombé au sida, cette terrible maladie dont il était atteint depuis quinze mois. Il est le premier comédien à ne pas avoir caché son mal, avouant du même coup son homosexualité. Né Roy Scherer le 17 novembre 1924, il avait débuté à l'écran en 1948 dans *les Géants du ciel* (*Fighter Squadron*), de Raoul Walsh. Son rôle dans *Géant*, de George Stevens, lui avait valu une nomination à l'Oscar. Au Festival de Deauville 1984, Hudson avait annoncé qu'il entreprenait la rédaction de ses mémoires. Ceux-ci n'ont pas été achevés, l'état de santé de l'acteur lui interdisant d'écrire depuis mai dernier.

New York conteste Jean-Luc Godard

New York, 7 octobre
Plusieurs milliers de personnes ont défilé devant le Lincoln Center, à l'appel de la Ligue catholique pour les droits religieux et civils. Cette manifestation avait pour but de protester contre la nature « blasphématoire » du film de Jean-Luc Godard, *Je vous salue Marie*, projeté dans le cadre du 23rd New York Film Festival. L'événement éclipse d'ailleurs quelque peu le reste de la programmation, qui présente pourtant quelques œuvres très intéressantes, parmi lesquelles *Boy Meets Girl*, de Leos Carax, ou encore *Ran*, d'Akira Kurosawa. Après la condamnation prononcée à l'encontre du film par le pape Jean-Paul II, c'est celle qu'a faite hier l'archevêque de New York, Mgr John O'Connor, qui a jeté les manifestants dans la rue. Ces derniers, dans leur quasi-totalité, n'ont évidemment pas vu le film mais n'en réclament pas moins son interdiction, ainsi que le vote d'une loi « antiblasphème ». *Je vous salue Marie* avait déjà suscité, en février dernier, la fureur des catholiques intégristes français, et provoqué de semblables remous en Italie et en Espagne après la déclaration du pape. Jean-Luc Godard n'espérait sans doute pas tant de publicité pour son film. (→ 15.8.86)

Simone Signoret, l'art et le siècle

Paris, 1er octobre
Emportée par un cancer, Simone Signoret (*21.3.1921) a été inhumée au cimetière du Père-Lachaise. La comédienne n'était plus apparue à l'écran depuis 1982, date à laquelle elle avait encore tourné *l'Etoile du Nord*, réalisé par Pierre Granier-Deferre, et *Guy de Maupassant*, de Michel Drach. Après le succès éclatant de son livre de souvenirs, *La nostalgie n'est plus ce qu'elle était*, Simone Signoret avait continué d'écrire, publiant en 1979 *Le lendemain, elle était souriante*, et s'attaquait au roman : paru en 1984, *Adieu Volodia* avait confirmé la belle plume d'une comédienne qui fut toujours engagée dans les combats de son époque.

Orson Welles, la fin d'un géant

Los Angeles, 10 octobre
Une crise cardiaque vient d'emporter Orson Welles (*6.5.1915), sans doute l'une des dernières légendes du cinéma. Accumulant depuis vingt ans les projets inaboutis, le cinéaste était depuis longtemps condamné à prêter sa voix ou sa silhouette à la publicité, au mieux à interpréter les films des autres, les sauvant bien souvent de la médiocrité par sa seule présence. Réduit au silence par le système, Welles aura livré son testament en 1978 avec *Filming Othello*.

« Othello », de et avec Welles (1952).

Rupert Murdoch maître de la Fox

Hollywood, 15 octobre
« Cet homme est dangereux ! » ont titré certains journaux d'affaires américains à propos du grand magnat de la presse internationale Rupert Murdoch dont l'appétit fait de plus en plus peur à Wall Street et à Hollywood. Continuant sa marche vers la conquête des médias américains, Murdoch a acheté, le mois dernier, la société 20th Century-Fox au holding du milliardaire Marvin Davis, et ce pour plus de 500 millions de dollars. Simultanément, il a acquis les cinq stations de télévision du groupe Metromedia. Pour effectuer cette dernière acquisition, le milliardaire australien a dû se mettre en règle avec la législation des Etats-Unis, en prenant la nationalité américaine. Par ailleurs, il vient d'annoncer la fusion de la 20th Century-Fox et des cinq stations de télévision en une entité unique, la Fox Inc. (→ 25.3.86)

Reagan tient à la guerre des étoiles

Los Angeles, 27 novembre
Depuis que l'ancien acteur de série B, Ronald Reagan, est devenu président des Etats-Unis, la mythologie hollywoodienne est devenue une arme stratégique dont la Maison Blanche et le Pentagone usent et abusent. Ainsi, après la promesse de Reagan d'envoyer l'invincible Rambo délivrer tout citoyen américain dont la vie se trouverait mise en danger à l'étranger, voilà que le ministère de la Défense donne à son programme antimissiles le nom de *Star Wars*, référence évidente au célèbre film de George Lucas ! Loin de se réjouir de l'exploitation ainsi faite de son film, le réalisateur a déposé une plainte contre le gouvernement, pour usage détourné d'un titre déposé. Le tribunal fédéral chargé d'examiner l'affaire a rendu son verdict aujourd'hui : la requête de Lucas est rejetée, au plus grand désarroi de celui-ci et de ses confrères. Ceux-ci craignent en effet de voir le gouvernement et les militaires exploiter la notoriété de certaines de leurs œuvres pour faire l'apologie de la toute puissance militaire américaine.

Le miracle du « Couffin » donne le moral au cinéma français

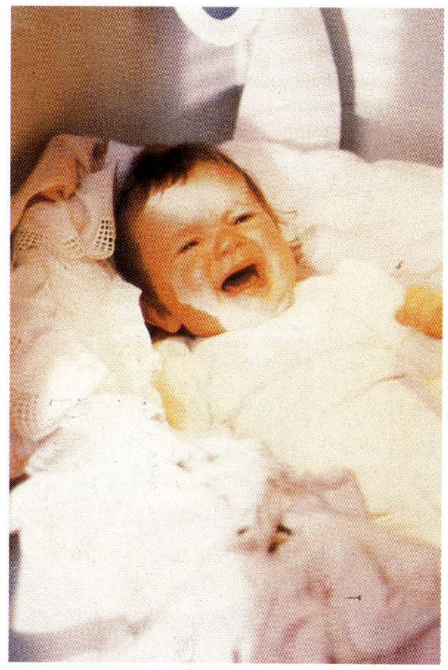

« Trois Hommes et un couffin », de Coline Serreau, avec Roland Giraud, Michel Boujenah et « leur bébé ».

Paris, 30 décembre
Quatre millions de spectateurs français ont vu le film de Coline Serreau, *Trois Hommes et un couffin*, qui vient d'être sélectionné pour les Oscars américains. Les deux producteurs du film, Jean-François Lepetit et Pascal Hommais, se félicitent du succès international de ce petit film qui a réussi le miracle de faire le poids face à des mastodontes tels que *Rambo II* et *Mad Max III* ! Même Hollywood n'est pas resté insensible au charme du « bébé » de Coline Serreau puisqu'on envisage déjà d'y faire un remake. Histoire de trois célébataires endurcis, incarnés par Roland Giraud, André Dussollier et Michel Boujenah, aux prises avec un bébé, ce film arrive au bon moment pour dissiper la morosité qui s'est emparée de la plupart des producteurs, lesquels ne savaient plus quelle recette appliquer pour séduire le public. Désormais, ils savent que ce sont moins les têtes d'affiches ou les gros budgets qui assurent le succès d'un film, mais plutôt l'originalité de son scénario et la sincérité de son sujet. (→ 22.2.86)

Charlotte Gainsbourg, fille de personne

Paris, 11 décembre
Pour tenir le rôle principal de *l'Effrontée*, son cinquième film, Claude Miller a choisi Charlotte, la fille de Jane Birkin et de Serge Gainsbourg. Elle incarne une adolescente de treize ans qui vit avec son père Antoine et sa nounou Léone. Timide, rêveuse et incomprise, Charlotte, qui est aussi le prénom du personnage, est fascinée par une pianiste de son âge, petite prodige qui habite la villa voisine. A cet âge où le désir s'éveille, Charlotte ne connaîtra que désillusions. « J'ai voulu filmer l'histoire d'une fille de treize ans car le désir est alors à son paroxysme », dit Miller. *L'Effrontée* vient de recevoir le prix Louis-Delluc 1985. Charlotte n'a pas besoin d'être la fille de deux célébrités pour affirmer son talent, et est d'ores et déjà l'une des vedettes de demain. (→ 21.12.88)

Elle est avec Bernadette Lafont l'héroïne de « l'Effrontée », de Claude Miller.

Coline Serreau donne des indications durant le tournage.

Affiche originale française.

N. Garcia : « Péril en la demeure ».

P. Chéreau : « Adieu Bonaparte ».

Affiche signée Benjamin Baltimore.

Benjamin Baltimore a composé cette affiche à l'aide d'un ordinateur.

Affiche originale en photo-montage, signée par Yves Prince.

Michel Serrault dans « la Cage aux folles II », de Georges Lautner.

« Papa est en voyage d'affaires », film yougoslave d'Emir Kusturica.

Ken Ogata incarne le célèbre écrivain japonais passionné par la beauté dans « Mishima », de Paul Schrader.

Madonna dans « Recherche Susan désespérément », de Susan Seidelman.

Affiche originale américaine.

Whoopee Goldberg dans « la Couleur pourpre », de Steven Spielberg.

Charley Boorman et Powers Boothe : « la Forêt d'émeraude », de J. Boorman.

Affiche de Jouineau Bourduge.

Affiche française non signée.

« Le Baiser de la femme-araignée ».

Affiche illustrée par Michel Prat.

1986

Oscars, Hollywood
Film : *Out of Africa* (Sydney Pollack).
Acteur : William Hurt.
Actrice : Geraldine Page.

Mostra d'arte cinematografica, Venise
Lion d'or : *le Rayon vert* (Eric Rohmer).
Meilleur acteur : Carlo Delle Piane.
Meilleure actrice : Valeria Golino.

Festival international du film, Cannes
Palme d'or : *Mission* (Roland Joffé).
Meilleur acteur : Michel Blanc, Bob Hoskins.
Meilleure actrice : Barbara Sukowa, Fernanda Torres.

Césars, Paris
Film : *Trois Hommes et un couffin* (Coline Serreau).
Acteur : Christophe Lambert.
Actrice : Sandrine Bonnaire.

Paris, 17 janvier
Alain Resnais achève le tournage de son nouveau film *Mélo*, produit par Marin Karmitz. (→ 7.3.87)

Paris, 22 janvier
Sortie de *Rocky IV*, de et avec Sylvester Stallone. (→ 1.7)

Monte-Carlo, 4 février
Organisé conjointement par le Festival international de télévision et l'INA, le 5ᵉ Forum des nouvelles images, Imagina, ouvre ses portes.

Los Angeles, 25 mars
Avec *Salvador*, qui sort ce jour, Oliver Stone, scénariste remarqué de Cimino et de De Palma, est passé à la réalisation. Il n'hésite pas à dénoncer vigoureusement les pratiques du département d'Etat en Amérique centrale. (→ 30.3.87)

Californie, 4 avril
Le comédien Clint Eastwood est élu maire de la ville de Carmel, avec 72 % des suffrages. (→ 30.9.88)

Paris, 18 juin
Marco Bellocchio présente son dernier film, *le Diable au corps*, avec Maruschka Detmers. Le film fait scandale à cause d'une scène de fellation.

Hollywood, 27 juillet
Le réalisateur Vincente Minnelli, qui fut marié à Judy Garland, s'est éteint (*28.2.1910).

Prague, 1ᵉʳ août
Sortie de *Mon cher petit village*, de Jiri Menzel sur un sujet de Zdenek Sverak. (→ 21)

Londres, 8 août
Stanley Kubrick achève le tournage de *Full Metal Jacket*, avec Matthew Modine.

Paris, 13 août
Michel Deville présente son nouveau film, *le Paltoquet*, avec Michel Piccoli, Jeanne Moreau et Fanny Ardant. (→ 8.12.88)

Los Angeles, 15 août
Remake d'un classique du cinéma fantastique des années cinquante, *la Mouche* (*The Fly*), de David Cronenberg, avec Jeff Goldblum et Geena Davis, sort sur les écrans et détaille la lente transformation d'un homme en mouche. (→ 24.1.87)

Paris, 15 août
Jean-Luc Godard débute le tournage de *Soigne ta droite*, avec Jane Birkin, Michel Galabru et les Rita Mitsouko. (→ 30.12.87)

New York, 20 août
Spike Lee, jeune réalisateur noir, sort son premier long métrage *Nola Darling n'en fait qu'à sa tête* (*She's Gotta Have It*), révèlant une approche peu conventionnelle du cinéma. La critique new-yorkaise le compare à Woody Allen. (→ 24.7.89)

Bruxelles, 26 août
La réalisatrice belge Marion Hänsel acquiert les droits cinématographiques du roman de Yann Queffélec, *les Noces barbares*, prix Goncourt 1985. Le tournage du film est prévu pour novembre dans le cadre d'une coproduction franco-belge.

Saint-Etienne, 1ᵉʳ septembre
Le Cinéma du soleil et de l'accent, une exposition consacrée à l'œuvre de Marcel Pagnol, accompagnée de projections de films, est inaugurée. (→ 4.12)

Londres, 8 septembre
Pierre Lescure et René Bonnell acquièrent pour le compte de Canal Plus, la chaîne de télévision à péage, les droits d'antenne de quatre-vingts films des productions Paramount et Universal. (→ 7.6.88)

Paris, 10 septembre
Sortie de *Je hais les acteurs*, de Gérard Krawczyk, d'après le roman américain de Ben Hecht, avec Jean Poiret, Bernard Blier, Michel Galabru, Michel Blanc, Pauline Lafont et Dominique Lavanant.

Paris, 17 septembre
Sortie de *Top Gun*, de Tony Scott, frère du réalisateur Ridley Scott, avec Tom Cruise. (→ 2.3.89)

New York, 19 septembre
Au Festival international, trois films français rencontrent un large succès, *Tenue de soirée*, de Bertrand Blier, *Autour de minuit*, de Bertrand Tavernier et *37 °2 le matin*, de Jean-Jacques Beineix.

Paris, 8 octobre
Sortie de *la Femme de ma vie*, premier film de Régis Wargnier, avec Jane Birkin, J.-L. Trintignant et Christophe Malavoy. (→ 15.4.92)

Paris, 10 octobre
Les *Cahiers du cinéma* font paraître un numéro hors-série intitulé « Où va la vidéo ? », coordonné par Jean-Paul Fargier. (→ 15.6.87)

Helsinki, 18 octobre
Sortie du film de Aki Kaurismäki, *Shadows in Paradise* (*Varjoja paratiisissa*), avec Matti Pollonpää et Kati Outinen.

Los Angeles, 22 octobre
Avec *Dangereuse sous tous rapports* (*Something Wild*), qui sort ce jour, avec Jeff Daniels et Melanie Griffith, Jonathan Demme entraîne le spectateur dans l'histoire rocambolesque puis dramatique d'un jeune cadre « enlevé » par une irrésistible excentrique. (→ 29.8.88)

Paris, 22 octobre
Jean-Marie Poiré présente *Twist again à Moscou*, une comédie sur les frasques et la corruption de la nomenklatura moscovite, avec Philippe Noiret, Marina Vlady, Bernard Blier, Christian Clavier et Martin Lamotte. (→ 4.3.93)

Paris, 23 octobre
Sous la Grande Halle de la Villette est présentée une copie restaurée et sonorisée du classique muet de Marcel L'Herbier, *l'Inhumaine*, qui fut réalisé en 1924.

New York, 28 octobre
Paul Newman, 25 ans après, reprend son rôle de *l'Arnaqueur* (*The Hustler*), dirigé cette fois par Martin Scorsese dans *la Couleur de l'argent* (*The Color of Money*). (→ 30.3.87)

Paris, 18 novembre
Youssef Chahine, avec *le Sixième Jour*, une coproduction franco-égyptienne, qui sort aujourd'hui, donne à la chanteuse Dalida, native elle-même d'Egypte, son premier rôle dramatique. (→ 8.3.95)

Alger, 29 novembre
Le réalisateur Rachid ben Brahim est incarcéré. Il est accusé d'avoir distribué des tracts anti-FLN.

Paris, 3 décembre
Sortie de *la Puritaine*, de Jacques Doillon, avec Sandrine Bonnaire, Michel Piccoli, Sabine Azema et Laurent Malet. Après une fugue d'un an, une fille retrouve son père, directeur d'un théâtre. (→ 10.1.90)

Couronné par le jury du Festival de Cannes, « le Sacrifice », d'Andreï Tarkovski, confirme la haute exigence créatrice du cinéaste.

Federico Fellini ose se mesurer au monstre cathodique

Marcello Mastroianni et Giulietta Masina dans « Ginger et Fred ». Le spectacle d'autrefois dans l'enfer télévisuel.

Paris, 22 janvier
Ginger (Giulietta Masina) et Fred (Marcello Mastroianni) sont deux anciens artistes de music-hall qui se retrouvent après une longue séparation. A l'occasion d'un show télévisé, ils vont reprendre le numéro de claquettes de leur jeunesse, qui imitait celui de Ginger Rogers et Fred Astaire. Mais les temps ont changé et l'univers de la télévision les désoriente, les engloutit dans un tohu-bohu infernal. Ils ont été réunis pour quelques instants. Un moment plus tard, le petit écran les renvoie, chacun de leur côté, vers l'anonymat. L'hostilité narquoise de Fellini à l'égard de la télévision, la complicité de ses deux acteurs fétiches, font de *Ginger et Fred* une satire impitoyable. (→ 23.12.87)

L'Etat met en place les Soficas

Paris, 1er janvier
L'industrie du cinéma change et, par conséquent, ses modes de financements changent eux aussi. C'est ainsi que, grâce aux nouvelles mesures fiscales décidées par le gouvernement en octobre dernier, le cinéma français se voit désormais doté d'une nouvelle source de financement : les Soficas, Sociétés pour le financement de l'industrie cinématographique et audiovisuelle. Ces sociétés spécialisées offrent aux particuliers et aux entreprises la possibilité de déduire de leurs revenus les sommes qu'ils auront investies dans la création audiovisuelle. On estime à 300 millions de francs l'apport supplémentaire dont le cinéma français pourrait bénéficier en 1986 grâce à ce système. Séduits par ces « abris fiscaux », les établissements financiers ont d'ores et déjà déposé une quinzaine de demandes d'agrément auprès de la Commission des opération de Bourse. (→ 14.5.87)

Catherine Deneuve à Washington

Le Président accueillant la vedette.

Washington, 6 février
A l'occasion du centenaire de la statue de la Liberté sculptée par le Français Bartholdi, Catherine Deneuve a remis une réplique en cristal de cette statue au président Reagan. Par ce geste symbolique, la France entend témoigner de son amitié pour les Etats-Unis. Ainsi, le cinéma français joue un important rôle diplomatique par l'intermédiaire de l'une de ses plus séduisantes ambassadrices. (→ 27.4)

Coline Serreau et Michel Deville se partagent les Césars

Paris, 22 février
Au palais des Congrès se déroule la 11e soirée des Césars présidée par Madeleine Renaud et Jean-Louis Barrault. Michel Drucker en est l'unique maître de cérémonie. Si la comédie de Coline Serreau, *Trois Hommes et un couffin*, est couronnée meilleur film pour l'année 1985, c'est Michel Deville qui reçoit le César du meilleur réalisateur pour *Péril en la demeure*. Après son César du jeune espoir féminin obtenu en 1984, Sandrine Bonnaire est couronnée meilleure actrice pour *Sans toit ni loi*, d'Agnès Varda. L'acteur de l'année est Christophe Lambert pour *Subway*, de Luc Besson. Bernadette Lafont et Charlotte Gainsbourg reçoivent, elles, respectivement les Césars du meilleur second rôle et du jeune espoir féminin pour *l'Effrontée*, de Claude Miller. Leurs homologues masculins sont Michel Boujenah *(Trois Hommes et un couffin)*, et Wadeck Stanczak pour *Rendez-vous*, d'André Téchiné. Le meilleur film étranger, *la Rose pourpre du Caire*, est signé Woody Allen. (→ 19.1.87)

Christophe Malavoy, Michel Piccoli et Nicole Garcia : « Péril en la demeure ».

Christophe Lambert : « Subway ».

Un Ours d'or pour la bande à Baader

« La messe est finie », de et avec Nanni Moretti, Ours d'argent du festival.

Berlin, 25 février
L'Allemagne n'a pas craint l'évocation cinématographique d'une période récente, riche en événements tragiques. Elle a remis sa récompense suprême à *Stammheim*, un film de Reinhard Hauf qui fait revivre avec un grand réalisme les moments intenses du procès de la bande à Baader. Pour sa trente-sixième édition, le Festival s'est voulu représentatif des diverses tendances du cinéma de la décennie. Se sont alors retrouvés, aussi bien dans la compétition que dans les sections parallèles, des auteurs d'une grande originalité. Avec les films *Tangos, l'exil de Gardel*, de l'Argentin Fernando Solanas, *les Enfants de la guerre froide*, du Chilien Gonzalo Justiniano, et *De l'Argentine*, de l'Allemand Werner Schroeter, le septième art montrait son potentiel de renouveau. Le Festival de Berlin a fait la part belle aux cinéastes français. Ainsi, Charlotte Valandrey a remporté un prix pour son interprétation juste et sensible dans *Rouge Baiser*, de Véra Belmont. La réalisatrice prend le prétexte de l'amour qui naît entre deux jeunes gens venus d'horizons politiques différents pendant les années 50 pour régler ses comptes avec le stalinisme. *Shoah*, bouleversant document sur l'holocauste, de Claude Lanzmann, laisse les festivaliers abasourdis. Avec *l'Unique*, Jérôme Diamant-Berger offre un aperçu saisissant de ce que sera l'image demain, née de l'informatique et des holographes.

Plus de chaînes de télévision privées

Paris, 1er mars
Après le démarrage, le 20 février dernier, de La Cinq, chaîne de télévision privée dirigée par Jérôme Seydoux, Christophe Riboud et Silvio Berlusconi, voici qu'une deuxième chaîne privée, la six, lance ses émissions dès ce matin. On s'attend aussi au lancement d'une troisième chaîne privée dans les mois à venir. L'apparition de ces chaînes, qui viennent s'ajouter aux trois chaînes publiques et à la chaîne à péage Canal Plus, laisse perplexes les professionnels du cinéma. Ceux-ci craignent en effet les bouleversements que va entraîner dans le paysage audiovisuel français l'apparition de chaînes privées bénéficiant de cahiers des charges qui leur accordent, par rapport aux chaînes publiques, des facilités inusitées, notamment en ce qui concerne le recours à la publicité. La multiplication des chaînes signifie l'augmentation du nombre de films proposés par la télévision, chose qui risque d'aggraver la crise de la fréquentation des salles de cinéma. Toutefois, les optimistes espèrent que les nouvelles chaînes contribueront au redressement du cinéma français, en intervenant dans la production des films. (→ 8.9)

Les Oscars préfèrent Pollack à Huston

Hollywood, 24 mars
A l'approche des Jeux olympiques, la soirée des Oscars prend des allures sportives grâce à un show signé Stanley Donen. La cérémonie est présentée par Jane Fonda, Robin Williams et Alan Alda. L'œuvre de Sydney Pollack, *Out of Africa*, obtient l'Oscar du meilleur film devant *l'Honneur des Prizzi* (*Prizzi's Honor*), de John Huston. De même, Sydney Pollack est élu meilleur réalisateur, préféré à John Huston. Ce drame sentimental où se mêlent l'aventure et les larmes a obtenu un énorme succès auprès du public, en partie dû à l'interprétation de ses principaux acteurs, notamment Meryl Streep et Robert Redford. Ceux-ci ne sont pourtant pas récompensés puisque l'actrice de l'année est Geraldine Page pour *Mémoires du Texas* (*The Trip to Bountiful*), de Peter Masterson. William Hurt est le meilleur acteur pour *le Baiser de la femme-araignée* (*Obeÿo da Mulher Aranka*), d'Hector Babenco. Un Oscar d'honneur est remis à Paul Newman pour « ses mémorables performances cinématographiques et sa grande intégrité ». (→ 28.10)

Meryl Streep et Robert Redford dans « Out of Africa », de Sydney Pollack.

Raul Julia dans « le Baiser de la femme-araignée », de H. Babenco.

MGM-UA aux mains de Ted Turner

Hollywood, 25 mars
Objet de la convoitise des magnats et des holdings, les majors américaines continuent à changer de mains, passant d'un propriétaire à l'autre. C'est ainsi que la société née de la fusion de la Metro-Goldwyn-Mayer et des Artistes associés, vient d'être rachetée par Ted Turner, patron de la Turner Broadcasting System, société spécialisée dans les achats de films pour la télévision. Cette acquisition a été approuvée le 3 du mois par les actionnaires des deux sociétés. Aussitôt devenu le propriétaire effectif de la MGM-UA, Ted Turner s'est empressé de revendre les Artistes associés dont le catalogue est beaucoup moins prestigieux que celui de « la firme au lion », la Metro-Goldwyn-Mayer, véritable poule aux œufs d'or dont Turner n'entend pas se dessaisir de sitôt. C'est le milliardaire Kirk Kerkorian, patron de la société Tracinda, qui a racheté les Artistes associés, et ce pour la modeste somme de 480 millions de dollars. (→ 31.10.87)

Beineix fait monter la température du cinéma nouveau

Paris, 9 avril
Comme un boxeur qui ne perd ou gagne ses combats que par KO, Jean-Jacques Beineix a été autant sifflé pour *la Lune dans le caniveau* qu'il avait été applaudi pour *Diva*. Qu'en sera-t-il de son nouveau film *37°2 le matin*? Adapté d'un roman de Philippe Djian, le film retrace la passion dévorante entre Betty, jeune femme sensuelle et excessive, et Zorg, un jeune homme qui ne demande rien à personne mais dont l'existence va être bouleversée à partir de sa rencontre avec Betty. Utilisant les décors et les couleurs d'une façon sophistiquée, «à la mode» diront certains, Beineix donne avec *37°2 le matin* une œuvre torride où éclate le talent de deux jeunes comédiens : Jean-Hugues Anglade et surtout Béatrice Dalle, véritable bombe sexuelle. (→ 10.1.90)

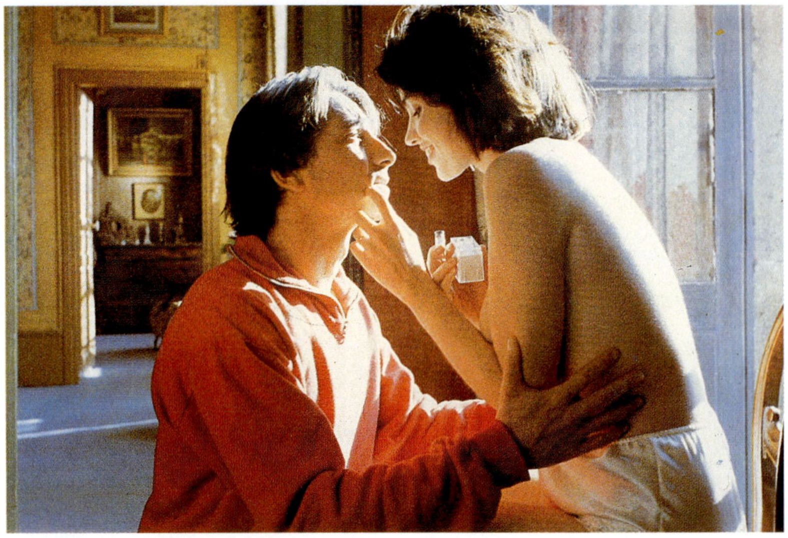

Jean-Hugues Anglade et Béatrice Dalle dans « 37 °2 le matin ».

Une histoire d'amour et de folie.

Une très mauvaise blague de Coluche

Grasse, 19 juin
Michel Colucci, dit Coluche, a trouvé la mort sur une petite route de Provence, à quelques kilomètres de Grasse. Alors qu'il circulait à moto, il a percuté un camion dans un virage et a été tué sur le coup. Né à Paris le 28 octobre 1944, Coluche a participé à la création du Café de la Gare en 1968, aux côtés de Romain Bouteille, de Patrick Dewaere et de Miou-Miou. Il a débuté au cinéma l'année suivante dans *le Pistonné*, de Claude Berri, puis a été dirigé par Patrice Leconte, Claude Zidi, Bertrand Blier, Gérard Oury... Pour la première fois, Coluche ne nous fait pas rire.

La Croisette hésite entre la robe de bure et la tenue de soirée

Cannes 19 mai
Le Festival s'est transformé cette année en une véritable compétition entre saints et démons. Récompensé par le prix spécial du jury, *le Sacrifice*, d'Andreï Tarkovski a fait souffler sur le festival un vent de spiritualité, à travers l'histoire d'un homme qui se sacrifie pour que le monde soit sauvé. Tout aussi plein de grâce, *Thérèse*, d'Alain Cavalier, est passé, tel un ange, sur le Festival, où il a remporté le prix du jury. Bien qu'il évoque sainte Thérèse de Lisieux, ce film n'a rien d'une œuvre académique et saint-sulpicienne, comme c'est le cas avec *Mission*, de Roland Joffé, lauréat contesté de la Palme d'or et dans lequel Robert De Niro incarne un mercenaire repenti. Véritable révélation dans le rôle-titre de *Thérèse*, Catherine Mouchet a été très remarquée au Festival. Tout aussi remarqué, mais dans un registre opposé, Michel Blanc a remporté le prix d'interprétation pour son rôle de travesti dans *Tenue de soirée*, de Bertrand Blier. Bien qu'il ait fait sensation sur la Croisette, ce film iconoclaste n'a eu droit qu'au prix décerné à Michel Blanc. Avec ce dernier, Gérard Depardieu et Miou-Miou y forment un trio peu conventionnel, à côté duquel les détraqués new-yorkais d'*After Hours*, de Martin Scorsese, prix de la mise en scène, passeraient pour des anges. (→ 28.10)

Catherine Mouchet dans « Thérèse » est la révélation du Festival.

Vadim en procès

Paris, 27 avril
Brigitte Bardot, qui fut son épouse, et Catherine Deneuve, qui est la mère de son fils Christian, intentent toutes deux un procès à Roger Vadim qui les a mises en cause dans son livre autobiographique *D'une étoile l'autre*. Elles considèrent que l'auteur porte atteinte à leur vie privée et lui réclament 200 000 F chacune pour «révélations scandaleuses». Jane Fonda quant à elle, autre épouse de Vadim et mère de sa fille Vanessa, ne réagit pas à ces écrits. L'ouvrage est déjà un best-seller et va bénéficier encore de cette publicité inattendue. (→ 16.2.89)

« Mission », de Roland Joffé, avec Robert De Niro, reçoit la Palme d'or.

« Tenue de soirée », de Bertrand Blier, avec M. Blanc et G. Depardieu.

Le prix des stars en pleine lumière

Londres, 1er juillet
Le magazine féminin britannique *Company* consacre un long article aux cachets des stars internationales. Nous savons désormais que l'acteur le mieux payé du monde est Sylvester Stallone, grâce à ses succès dans *Rocky* et *Rambo*. Il gagne en moyenne 80 millions de francs par film plus un pourcentage sur les recettes, cela sans compter son salaire éventuel de scénariste ni ses droits de producteur. Marlon Brando a touché 55 millions pour un total de 50 min de présence à l'écran dans *Superman, Apocalypse Now* et *la Formule*. Viennent ensuite Robert Redford, Warren Beatty et Dustin Hoffman qui reçoivent 40 millions par film. Eddie Murphy et Barbra Streisand ont des cachets de 32 millions. Paul Newman et Jack Nicholson n'ont « que » 25 millions. Les Français arrivent loin dans ce classement : Gérard Depardieu, Alain Delon et Jean-Paul Belmondo ne sont payés que 7 millions au maximum.

Dix ans à Montréal, haut lieu des cinémas du monde

Deux films de la sélection : « Mélo », d'Alain Resnais et « 37°2 le matin », de J.-J. Beineix, avec Béatrice Dalle.

Montréal, 21 août
Le Festival des films du monde, point de rencontre de toutes les cinématographies, fête cette année ses dix ans. Comptant vingt-cinq films, la représentation française y est particulièrement présente et fournit un éventail assez exhaustif de la production hexagonale. Parmi ces œuvres, seuls seront en concours, pour les longs métrages, *Sarraounia*, adapté de l'écrivain nigérien Abdoulaye Mamani et mis en scène par Med Hondo, et *37°2 le matin*, de Jean-Jacques Beineix. La plupart des autres films français seront présentés hors compétition dans la section « Cinéma d'aujourd'hui et de demain ». On dit le film de Beineix favori pour la récompense principale, le grand prix des Amériques, mais on attend également d'autres films intéressants en compétition : *Mon cher petit village* (*Vesnicko ma strediskova*), du Tchécoslovaque Jiri Menzel, ou bien *Laputa*, d'Helma Sanders-Brahms.

Le Lido consacre les « Comédies et proverbes », d'Eric Rohmer

Venise, 3 septembre
Cette année encore, le cinéma français a les faveurs de la Mostra, puisque le Lion d'or est décerné au *Rayon vert*, d'Eric Rohmer. Cinquième volet de la série « Comédies et proverbes », son œuvre est un grand moment d'évasion et de grâce. Tout vient pourtant d'un profond vague à l'âme. Delphine (Marie Rivière) est une jeune femme indécise et malheureuse, qui ne sait ni goûter la compagnie de ses amis ni apprécier la solitude. Mais, pendant ses vacances, elle rencontrera l'amour à un moment unique : quand le soleil couchant émet un rayon vert au-dessus de la mer. Marie Rivière, au jeu inventif et spontané, reçoit le prix Pasinetti. Le Lion d'argent est remis à l'Argentin Carlos Sorin pour *La pelicula del rey*, un film plein de mystère, qui harmonise fiction et réalité. Bertrand Tavernier rend hommage au jazz avec *Autour de minuit*, aussi séduisant que nostalgique. (→ 6.1.88)

Vincent Gauthier et Marie Rivière dans « le Rayon vert ». A droite, Dexter Gordon dans « Autour de minuit ».

John Huston contre la colorisation

Los Angeles, 13 novembre
La maladie n'a pas empêché John Huston de tenir une conférence de presse afin de protester contre la colorisation de son film *le Faucon maltais*, à laquelle a procédé la chaîne de télévision WTBS. Cette condamnation par le cinéaste fait suite à celles proférées par la Directors Guild of America et des organismes tels que l'American Film Institute. Passant outre, la firme Color System Technology annonce la colorisation d'autres films, tels *Capitaine Blood*, réalisé par Michael Curtiz en 1935. Au-delà de la polémique, ce procédé contestable aura peut-être un aspect positif : celui de faire resurgir des films que le noir et blanc avait condamnés à l'oubli. D'autres pratiques de la télévision s'avèrent beaucoup plus néfastes pour les films qui les subissent : ainsi le Pan et Scan, qui mutile sans vergogne les films tournés en format large afin de leur faire remplir la totalité de l'écran de télévision. (→ 27.8.87)

L'école du cinéma en son Palais

Paris, 18 novembre
La Fondation européenne des métiers de l'image et du son (Femis) vient d'être inaugurée et d'intégrer ses locaux au palais de Tokyo, dans le seizième arrondissement. Dirigée par le scénariste Jean-Claude Carrière, la nouvelle institution prend officiellement le relais de la vénérable école qu'était l'Idhec. Plus ouverte que cette dernière aux nouvelles formes de l'audiovisuel, la Femis se divise en sept départements : scénario, réalisation, image, son, décoration, montage et production. Ces départements seront dirigés par des professionnels reconnus, tels que Pascal Bonitzer pour le scénario, André Téchiné et Maurice Failevic pour la réalisation, Albert Jurgenson pour le montage ou encore Charlie Van Damme pour l'image. Incorporant chaque année une quarantaine de candidats pour un cycle d'études de trois ans, l'ambition de la Femis est explicitement de devenir le premier institut de formation audiovisuelle au monde. Elle devra pour cela éviter la sclérose et l'académisme où avait sombré l'Idhec.

Claude Berri se fait conteur à l'école de Marcel Pagnol

Le cinéaste au tournage, avec Yves Montand dans le rôle du Papet. A droite, Gérard Depardieu dans « Jean de Florette ».

Paris, 4 décembre
Sorti il y a deux semaines, *Manon des sources*, de Claude Berri, a été porté par la même vague du succès qui a accueilli, en août dernier, *Jean de Florette*, premier volet de cette saga adaptée du célèbre cycle romanesque de Marcel Pagnol *l'Eau des collines*. A ce succès public s'ajoute la reconnaissance des professionnels qui viennent de décerner à Berri le grand prix du cinéma français. *Manon des sources* est le remake du film homonyme réalisé par Pagnol lui-même en 1952 avec, dans le rôle-titre, sa femme, Jacqueline Pagnol. A celle-ci succède dans la version de Berri la jeune Emmanuelle Béart, fille du chanteur Guy Béart. C'est Gérard Depardieu qui incarne le père bossu de Manon, Jean de Florette, lequel meurt par la faute d'Ugolin et son oncle, le Papet. Ces deux derniers, dont Manon cherche à se venger, sont interprétés par Daniel Auteuil et Yves Montand, qui reprennent ici les rôles interprétés jadis par Rellys et Henri Poupon. Avec ce diptyque, le réalisateur de *Tchao Pantin* a su capter à leur source, la verve inimitable et la magie des films de Pagnol. (→ 7.3.87)

Léos Carax devient le porte-drapeau du jeune cinéma français

Paris, 13 décembre
Le second long métrage de Léos Carax, *Mauvais Sang*, se voit attribuer le prix Louis-Delluc. Sorti le 25 novembre dernier, ce film est l'œuvre d'un réalisateur d'à peine 26 ans en qui beaucoup voient volontiers l'annonce d'une seconde Nouvelle Vague, près de trente ans après celle qui révéla, entre autres, François Truffaut et Jean-Luc Godard. Très attendu, aussi bien en raison de ce que promettait le premier film de Carax, *Boy meets girl*, que du retard qu'a pris ce deuxième tournage, *Mauvais Sang* confirme indéniablement le talent du jeune cinéaste. Le récit s'attache à deux gangsters vieillissants, interprétés par Michel Piccoli et Hans Meyer, qui prennent en charge le jeune Alex (Denis Lavant) afin de lui faire voler la formule d'un sérum expérimental destiné à combattre une maladie semblable au sida. Ne s'intéressant que modérément à cet argument policier, Carax préfère saisir l'amour qui lie Alex à Anna, incarnée par Juliette Binoche. Leur itinéraire tragique n'est pas sans rappeler le Godard des années 60, celui d'*A bout de souffle* ou de *Pierrot le Fou*. Bourré de références cinématographiques, ce film noir est aussi l'occasion de saluer le travail d'un chef opérateur, Jean-Yves Escoffier. (→ 4.7.88)

Juliette Binoche et Denis Lavant dans « Mauvais Sang » : prix Louis-Delluc.

Cary Grant meurt en pleine jeunesse

Iowa, 29 novembre
Eternel jeune premier, Cary Grant est mort d'une congestion cérébrale à Davenport, à l'âge de quatre-vingt-deux ans. Né Alexander Archibald Leach le 18 janvier 1904 à Bristol, Angleterre, au sein d'une famille pauvre, Grant a débuté dans la vie professionnelle comme acrobate et jongleur dans un cirque. Parti en 1920 pour New York afin de participer à une comédie musicale, il est monté sur scène sous le nom d'Archie Leach avant de tenter sa chance à Hollywood. Séducteur, partenaire des plus belles stars à la ville comme à l'écran, il a conquis très vite ses galons de vedette grâce à son charme désinvolte et sa célèbre fossette au menton. Alfred Hitchcock a fait de lui le héros de quatre films mais Grant n'a jamais obtenu d'Oscar malgré son talent et sa popularité. Il avait abandonné le cinéma en 1966.

Un film-gageure en forme de polar mystique et médiéval

Paris, 17 décembre

Sorti aux Etats-Unis il y a deux mois, *le Nom de la rose*, le nouveau film de Jean-Jacques Annaud, entame sa carrière parisienne. Après le triomphe commercial et critique de *la Guerre du feu*, le réalisateur n'a pas choisi la facilité. Cette superproduction franco-germano-italienne est en effet une adaptation pleine de rigueur du best-seller d'Umberto Eco. Son action se déroule en 1327 dans une abbaye italienne. Opposés à un inquisiteur et à un abbé ambigu (F. Murray Abraham et Michael Lonsdale), un moine franciscain et son jeune disciple, interprétés par Sean Connery et Christian Slater, y enquêtent sur des morts mystérieuses. Reconstitution historique minutieuse, le film simplifie sans les trahir l'atmosphère de superstition érudite et les querelles de théologie qui faisaient la valeur du roman. (→ 7.3.87)

Christian Slater et Feodor Chaliapine Jr. dans « le Nom de la rose ».

Sean Connery, moine et enquêteur.

Cinéma français cherche spectateurs

Paris, 31 décembre

Pas plus que les années précédentes, 1986 n'aura été une bonne année pour le cinéma français. En effet, alors que le cinéma américain a engrangé au cours de cette même année 1 030 000 000 de spectateurs, le cinéma français n'a compté lui que 163 400 000 spectateurs, soit sept fois moins que les Américains, alors qu'il n'y a que quatre fois moins d'habitants en France qu'aux Etats-Unis. Par ailleurs, le bilan de l'année 1986 démontre que sur environ 134 films français mis en exploitation, dont 32 premiers films, 37 ont réalisé plus d'un million d'entrées sur l'ensemble du territoire national. (→ 31.12.87)

Andreï Tarkovski ou l'exigence de créer

Paris, 29 décembre

Le cancer vient d'emporter Andreï Tarkovski (*4.4.1932). Gravement malade depuis plusieurs mois, le cinéaste russe n'avait déjà pu se rendre au Festival de Cannes, en mai dernier, où son dernier film, *le Sacrifice*, avait remporté le grand prix spécial du jury. Cette dernière œuvre avait été réalisée dans l'île de Gotland au cours de l'été 1985 sur capitaux franco-suédois. Tarkovski y mettait en scène un écrivain qui acceptait de sacrifier son être et ses biens pour sauver le monde d'une guerre dévastatrice. Ce film restera le seul réalisé par le cinéaste depuis qu'il avait choisi de s'établir en Occident, après le tournage de *Nostalghia* en 1984. La carrière de Tarkovski aura ainsi été en son pays l'histoire d'une longue lutte pour la reconnaissance de son expression par le pouvoir soviétique. Ce dernier, taxant souvent son art d'élitisme, lui reprochait en fait son refus des discours idéologiques. Depuis son premier long métrage, *l'Enfance d'Ivan* (*Ivanovo dietsvo*) en 1962, ses films ont fréquemment eu des démêlés avec les autorités, tels *Andreï Roublev* en 1966 et surtout *le Miroir* (*Zerkalo*) en 1974. A l'exception de ses films de science-fiction (*Solaris* en 1972 et *Stalker* en 1979), ses œuvres n'auront toujours atteint l'Occident qu'avec beaucoup de retard.

Le cinéaste tourne « le Miroir ».

Son dernier film : « le Sacrifice ».

Le temps des anniversaires

Paris, 5 décembre

Dans moins de dix ans désormais, le cinéma sera centenaire. Le cinéma français, pour sa part, célèbre d'ores et déja quelques événements mémorables de son histoire qui se trouvent avoir en cette fin d'année 1986, à quelques semaines près, un anniversaire commun. C'est ainsi que la société Gaumont, dont l'histoire se confond presque avec celle du cinéma national (seul son grand concurrent de toujours, Pathé, peut aussi y prétendre) a tenu à marquer avec une certaine solennité le quatre-vingt-dixième anniversaire de sa fondation par Léon Gaumont : une rétrospective à la Cinémathèque française, un album-souvenir chez Ramsay, et diverses festivités, concourent à cette célébration. La Cinémathèque, précisément, célèbre de son côté le cinquantenaire de sa fondation officielle, le 2 septembre 1936, par Henri Langlois, Georges Franju et Jean Mitry. Henri Langlois lui-même n'est plus là pour ce retour sur le passé, et son génie manque toujours à cette institution qu'il a créée, puis animée durant quarante ans. Cependant, elle vit, et maintient le cap avec assez de bonheur pour pouvoir revendiquer légitimement cet héritage. C'est enfin le CNC qui célèbre pour sa part quarante ans de présence et de vigilance au chevet d'une profession sans cesse divisée entre son goût de l'indépendance et son besoin d'assistance. C'est en effet le 5 octobre 1946 qu'était promulguée la loi portant création du Centre national de la cinématographie française. A travers les crises successives, il n'a pas cessé depuis lors de jouer le rôle de régulation et d'équilibre pour lequel il a été conçu.

Juliette Binoche et Denis Lavant dans « Mauvais Sang », de Léos Carax.

Affiche originale non signée.

Affiche signée par Raffin.

Bernadette Lafont et Jean Poiret dans « Inspecteur Lavardin », de C. Chabrol.

Claudia Cardinale dans « la Storia », de Luigi Comencini.

Bouise et Boujenah dans « la Dernière Image », de Lakhdar-Hamina.

André Dussollier et Sabine Azema dans « Mélo », d'Alain Resnais.

François Cluzet dans « Autour de minuit », de Bertrand Tavernier.

C. Lambert dans « Highlander ».

« Nola Darling n'en fait qu'à sa tête ».

Julie Andrews et Jack Lemmon dans « That's Life », de Blake Edwards.

Charlotte Lewis et Georges Montillier dans « Pirates », de Roman Polanski.

Tom Waits, John Lurie et Roberto Benigni : « Down by Law », de J. Jarmush.

A. Edwall, F. Franzen et S. Fleetwood dans « le Sacrifice », de A. Tarkovski.

Jeremy Irons conduit les Indiens guarani dans « Mission », de Roland Joffé.

1987

Oscars, Hollywood
Film : *Platoon* (Oliver Stone).
Acteur : Paul Newman.
Actrice : Marlee Matlin.

Mostra d'arte cinematografica, Venise
Lion d'or : *Au revoir les enfants* (Louis Malle).
Meilleur acteur : Hugh Grant, James Wilby.
Meilleure actrice : Kang Soo Yeon.

Festival international du film, Cannes
Palme d'or : *Sous le soleil de Satan* (Maurice Pialat).
Meilleur acteur : Marcello Mastroianni.
Meilleure actrice : Barbara Hershey.

Césars, Paris
Film : *Thérèse* (Alain Cavalier).
Acteur : Daniel Auteuil.
Actrice : Sabine Azema.

Paris, 2 janvier
Le réalisateur Luc Besson tourne un spot publicitaire destiné à une campagne antidrogue. (→ 11.5.88)

New York, 19 janvier
Sortie de *Radio Days*, de Woody Allen, une évocation nostalgique de son enfance et de la place qu'occupait alors la radio dans les foyers américains. (→ 29.10.88)

Paris, 22 janvier
Le cinéma Reflets Logos rend un hommage à Louis Jouvet pour le centenaire de sa naissance.

Paris, 28 janvier
Jean Carmet, crédible, travesti en vieille femme ? C'est la surprise que réserve le film de Mehdi Charef, *Miss Mona*, qui sort ce jour.

Burkina Faso, 21 février
Lors de l'ouverture du 10e Festival de Ouagadougou, les scènes érotiques du film ivoirien de Désiré Ecaré, *Visages de femmes*, provoquent des protestations. Le président Thomas Sankara se déclare lui-même choqué par ces scènes.

Paris, 28 février
Sortie de *Stand by Me*, de Rob Reiner. (→ 25.3.91)

Los Angeles, 20 mars
Barry Levinson dévoile dans *Tin Men*, qui sort ce jour, le monde des représentants en revêtements d'aluminium, à Baltimore durant les années 50, avec leurs ruses et leurs rivalités. Le film a pour interprètes principaux Danny De Vito et Richard Dreyfuss. (→ 29.3.89)

Los Angeles, 22 mars
Bruce Willis et Kim Basinger sont les interprètes principaux de *Boires et déboires* (*Blind Date*), de Blake Edwards. Parce que sa compagne d'un soir est trop sensible à la boisson, l'infortuné Bruce Willis verra sa carrière compromise, dans une succession de gags plus délirants les uns que les autres. (→ 14.7.92)

Paris, 25 mars
Sortie du *Grand Chemin*, de Jean-Loup Hubert, avec Anémone et Richard Bohringer. (→ 12.3.88)

New York, 30 mars
Les frères Coen, Joel et Ethan, présentent leur second long métrage, *Arizona junior* (*Raising Arizona*), avec Nicolas Cage, une satire détonnante des films policiers, dans laquelle le rapt d'un enfant n'est plus un crime, mais d'abord un acte d'amour. (→ 20.5.91)

Cannes, 8 mai
Lorsque Anthony Delon gravit les marches du Palais des festivals en compagnie d'Ornella Muti et de Rupert Everett, pour la présentation de *Chronique d'une mort annoncée*, de Francesco Rosi, 30 000 francs de pellicules sont dépensés en quelques minutes, par l'ensemble des photographes présents.

New York, 15 mai
Dans *les Jardins de pierre* (*Gardens of Stone*), qui sort ce jour, la guerre du Viêt-nam est montrée d'une manière indirecte par Francis Ford Coppola, à travers les hommes qui s'occupent du cimetière militaire d'Arlington. Une guerre invisible mais omniprésente dans les esprits et les cœurs. (→ 10.8.88)

Paris, 27 mai
Pour la première fois de sa carrière, Patrice Leconte n'a pas tourné de comédie mais au contraire, avec *Tandem*, qui sort ce jour, une histoire amère d'échec et de vie ratée, avec Jean Rochefort et Gérard Jugnot, tous les deux excellents dans leurs rôles. (→ 19.11.89)

Paris, 15 juin
L'hebdomadaire satirique *le Canard enchaîné* publie sous le titre « Ça, c'est du cinéma » un dossier spécial sur le cinéma français.

Paris, 18 juin
A la Maison de la chimie, Brigitte Bardot vend aux enchères ses robes, son coffret à maquillage, sa guitare et d'autres souvenirs au profit de son association pour la défense des animaux. (→ 19.5.89)

Belgique, 25 août
Sur le modèle de la manifestation française est organisée la première fête du cinéma. (→ 20.6.89)

Paris, 8 octobre
Catherine Deneuve, dans un spot tourné par son ex-mari David Bailey, prône les vertus de la privatisation du groupe Suez. (→ 25.4.89)

Los Angeles, 12 octobre
Barbet Schroeder a trouvé une justesse de ton indéniable dans son évocation de la vie de Charles Bukowski, *Barfly*, qui sort ce jour, avec deux acteurs qui incarnent de superbes alcooliques, Faye Dunaway et Mickey Rourke. (→ 25.3.91)

New York, 31 octobre
Le krach boursier du mois affecte la plupart des compagnies cinématographiques, et ce, quels que soient les résultats annoncés des groupes. Les actions des majors et des autres studios ont perdu au moins 20 % de leur valeur. La plus forte baisse est celle de Tri-Star, 39 %.

Londres, 6 novembre
Sous le titre *From Brest to London*, s'ouvre un festival de courts métrages français. (→ 6.2.88)

New York, 20 décembre
John Huston, disparu en août, a réussi pour son dernier film une belle adaptation de James Joyce, avec *les Gens de Dublin* (*The Dead*), qui sort ce jour.

New York, 23 décembre
Sortie du film d'Oliver Stone *Wall Street*, qui décrit « l'univers impitoyable » de la Bourse et de la haute finance, avec Michael Douglas et Charlie Sheen. (→ 11.4.88)

Copenhague, 26 décembre
Sortie de *Pelle le Conquérant* (*Pelle erobreren*), du cinéaste Bille August, avec Pelle Hvenegaard et Max von Sydow. (→ 23.5.88)

Paris, 30 décembre
André Téchiné présente son film *les Innocents*, avec Sandrine Bonnaire, Jean-Claude Brialy et Simon de La Brosse. (→ 1.6.94)

France, 31 décembre
Le dernier recensement des écrans de cinéma s'établit à 4 808, soit 346 de moins que l'an passé. (→ 4.2.88)

Etats-Unis, 31 décembre
Les revenus des ventes et locations de films en vidéocassettes atteignent 7 milliards 400 millions de dollars, soit près du double des recettes en salles. (→ 31.12.88)

Hollywood, 31 décembre
Grâce à trois gros succès : *le Flic de Beverly Hills II*, *Fatal Attraction* et *les Incorruptibles*, Paramount totalise 20 % des recettes-distributeurs totales de l'année.

Son film « Sous le soleil de Satan » obtient la Palme d'or sous les huées. Mais Maurice Pialat ne se soumet ni aux honneurs ni aux injures.

Isabelle Adjani met les points sur les i

Paris, 18 janvier
Plus belle que jamais et en parfaite santé, Isabelle Adjani est passée sur TF1 au journal de 20 heures afin de prouver à tous qu'elle n'est pas atteinte du sida, contrairement à ce que laisse entendre depuis trois semaines une rumeur insistante. Interviewée par Bruno Masure, Isabelle veut que la France entière la voie bien vivante et non à l'article de la mort. Nul ne sait comment ni pourquoi est née cette rumeur contre laquelle Adjani se révolte. L'actrice, dont le visage pur et lisse démontre la plénitude physique, se dit très atteinte moralement par ces ragots sans fondement. (→7.12.88)

Norman McLaren, ou le cinéma pur

Montréal, 26 janvier
Le plus inventif des cinéastes d'animation vient de mourir dans son pays d'adoption, le Canada. Né à Stirling (Ecosse) le 11 avril 1914, McLaren étudie les beaux-arts à Glasgow, où il fonde un ciné-club. Il est attiré très tôt par la réalisation de films sans caméra, sur de la pellicule 35 mm de récupération, encouragé dans cette voie par le Colour Box de Len Lye (1935). Le talent de McLaren est remarqué par John Grierson, qui l'engage au GPO Film Unit, avant de l'inviter à le rejoindre à Montréal en 1941 pour y créer un studio d'animation au sein du tout nouvel Office national du film. Célèbre pour ses courts chefs-d'œuvre de pellicule directement peinte ou gravée (il lui arrive aussi de dessiner le son), Mc Laren ne cesse d'inventer de nouvelles techniques qu'il maîtrise à la perfection. Pour illustrer des chansons populaires, ce virtuose adopte des matériaux plus traditionnels, comme le papier découpé (*le Merle*, 1958) ou le pastel animé (*la Poulette grise*, 1947). De l'abstraction au message humaniste, McLaren fait toujours preuve d'humour, de raffinement et d'une extrême précision. *Blinkity Blank* en 1954, et *Pas de deux* en 1968, lui ont valu à travers le monde une réputation rarement atteinte par un cinéaste d'animation à caractère expérimental.

Isabella Rossellini joue sur du velours dans un univers étrange

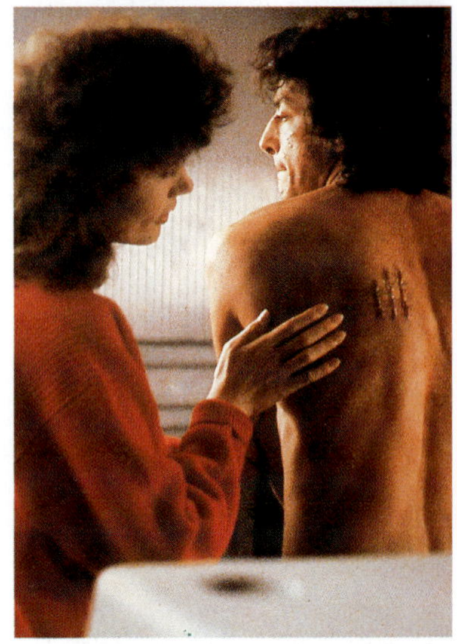

Isabella Rossellini dans « Blue Velvet », de David Lynch. Jeff Goldblum dans « la Mouche », de David Cronenberg.

Avoriaz, 24 janvier
Une fois de plus, le grand prix du Festival du film fantastique d'Avoriaz a échappé au réalisateur canadien David Cronenberg, dont le nouveau film, *la Mouche*, a pourtant fortement impressionné le public averti de la quinzième édition du Festival. Remake d'un célèbre film réalisé en 1958 par Kurt Neuman, *la Mouche* est l'histoire d'un jeune savant qui se transforme en insecte, suite à une expérience pratiquée dans son laboratoire. A ce film d'horreur, excellent mais néanmoins sans surprise, le jury a préféré *Blue Velvet*, de David Lynch, lequel avait déjà décroché le grand prix à Avoriaz pour son troublant *Elephant Man*. La belle Isabella Rossellini, qui est la fille de Roberto Rossellini et compagne de David Lynch, y incarne une chanteuse de cabaret qui entretient d'étranges rapports sado-masochistes avec un truand psychopathe, interprété avec une conviction hallucinante par Dennis Hopper. Surmontant l'échec public et critique de *Dune* et renouant avec l'univers envoûtant et insolite qui a fait le succès d'*Elephant Man* et de *Labyrinth Man*, Lynch a peuplé *Blue Velvet* d'une foule de personnages inquiétants, plus détraqués les uns que les autres, et qui semblent tous sortis des cauchemars du jeune héros candide du film, interprété par l'acteur fétiche de Lynch, Kyle MacLachlan. (→21.5.90)

La Belle Province ne se console pas d'être en Amérique

Paris, 4 février
Satire de l'influence de la civilisation américaine sur un Québec qui cherche sa place, le film québécois *le Déclin de l'empire américain*, de Denys Arcand, a été l'un des plus remarqués au dernier Festival de Cannes. Le film a séduit le public par la façon, joyeusement iconoclaste, dont il évoque les mœurs érotiques et le désarroi amoureux d'un groupe de Québécois. Arcand montre, d'un côté, quatre hommes en train de disserter sur leur sexualité, tout en préparant le dîner ; et, de l'autre côté, leurs compagnes qui se retrouvent entre elles dans un gymnase pour parler aussi de sexe ! Les uns et les autres se rejoignent ensuite pour se livrer aux jeux du marivaudage. Le réalisateur s'est déjà illustré en tant que chroniqueur de la vie sociale et politique au Québec, notamment à travers *On est au coton*, un documentaire sur les rapports d'exploitation dans les usines de textile, ainsi que sur le conflit entre francophones et anglophones. Il est aussi l'auteur de cinq films de fiction marqués par le même esprit, dont *Réjanne Padovani*, qui évoque la mort d'une femme qui s'opposait à la construction d'une autoroute, et *Gina*, qui dénonce les méfaits du capitalisme dans le milieu du textile. (→23.5.89)

« Le Déclin de l'empire américain » : la liberté des couples et ses limites.

« Studio Magazine » dans la dissidence

Paris, 25 février

Très attendue, la parution du premier numéro de *Studio Magazine* est aujourd'hui effective. Cette naissance est la suite d'une dissidence au sein du mensuel *Première*, dont le rédacteur en chef Marc Esposito, et une grande partie de la rédaction, étaient en désaccord avec la société éditrice sur les orientations du journal. L'enfant est superbe, et devrait aller loin.

Heureux événement dans la presse.

Hollywood fête ses cent ans

Californie, 27 février

Sur la côte Ouest, le monde des studios vient de prendre, sans avoir eu le temps de le voir venir, un grand « coup de vieux ». Des esprits inventifs ont en effet eu l'idée de célébrer les cent ans de Hollywood, dotant ainsi la Mecque du cinéma d'une antériorité de fait sur l'invention du cinéma elle-même, laquelle ne peut revendiquer au mieux, même de ce côté-ci de l'Atlantique, que quatre-vingt-treize ans. Il n'en est pas moins vrai que le 1er février 1887 a été enregistré auprès des services du cadastre, par l'agent immobilier Harvey Henderson Wilcox, sous le nom de Hollywood Ranch, le lotissement où allaient surgir, bien plus tard, les fondations de « l'usine des rêves ».

La cérémonie des Césars placée sous le signe de Jean Gabin

Jean Gabin dans son dernier film, « l'Année sainte », de Jean Girault.

Autour de Jeanne Moreau et Sean Connery,de gauche à droite : Emmanuelle Béart, Daniel Auteuil, Sabine Azema, Pierre Arditi et Catherine Mouchet.

Paris, 7 mars

Jeanne Moreau a succédé à Robert Enrico à la présidence des Arts et Techniques du cinéma. C'est donc elle qui inaugure la soirée dédiée à Jean Gabin. Le président en est Sean Connery. Cinq Césars récompensent le film *Thérèse*, d'Alain Cavalier, qui raconte l'adolescence tourmentée de celle qui allait devenir sainte Thérèse de Lisieux : ceux des meilleurs film, réalisateur, jeune espoir féminin (Catherine Mouchet), scénario original et enfin montage. Pour la deuxième fois, Sabine Azema reçoit le César de l'actrice de l'année pour *Mélo*, d'Alain Resnais. Daniel Auteuil est le meilleur acteur pour *Jean de Florette* et *Manon des Sources*, de Claude Berri, pour lequel Emmanuelle Béart est élue meilleur second rôle féminin. Le film étranger couronné est signé du Français Jean-Jacques Annaud : *le Nom de la rose* est une production britannique. Jean-Luc Godard reçoit un César d'honneur pour l'ensemble de sa carrière. Il arrive sur scène et à l'accusation de marginalité qui lui est faite, il répond que : « Les marges font tenir les pages ensemble », puis il remercie sa concierge plutôt que les professionnels comme cela se fait habituellement. (→ 30.12)

Jean-Luc Godard, César d'honneur, préfère remercier sa concierge.

Daniel Auteuil et Yves Montand dans « Jean de Florette », de Claude Berri.

Couffin américain sans Coline Serreau

New York, 23 mars

Histoire de trois célibataires qui trouvent devant leur porte un bébé abandonné qui va bouleverser leur existence, *Trois Hommes et un couffin*, de Coline Serreau, a engrangé plus de dix millions de spectateurs français depuis sa sortie en 1985. Ce succès va donner naissance à un remake américain que devrait réaliser Leonard Nimoy, le fameux Monsieur Spock de la série *Star Trek*, et non pas Coline Serreau qui avait été pressentie au début. Les trois joyeux célibataires seront cette fois interprétés par Tom Selleck, Steve Guttenberg et Ted Danson. Le film est produit par la célèbre firme américaine Walt Disney, en association avec Jean-François Lepetit, producteur français du film de Serreau et qui s'est réservé le rôle du producteur exécutif du remake américain. (→ 17.2.88)

Le cinéma américain et les séquelles de la guerre du Viêt-nam

Hollywood, 30 mars
Toujours au Music Center de Los Angeles, Chevy Chase, Paul Hogan et Goldie Hawn sont les maîtres de cérémonie de la cinquante-neuvième soirée des Oscars. *Platoon*, meilleur film pour l'année 1986, vaut à Oliver Stone le prix du meilleur réalisateur. Cette dénonciation du comportement des Américains lors de la guerre du Viêt-nam reçoit quatre Oscars. Marlee Matlin est élue meilleure actrice pour *les Enfants du silence* (*Children of a Lesser God*), de Randa Haines. Le meilleur acteur est Paul Newman pour *la Couleur de l'argent* (*The Color of Money*), de Martin Scorsese. Avec quarante-cinq films et sept nominations, Paul Newman voit son talent enfin récompensé. (→ 11.4.88)

« Platoon », d'Oliver Stone, avec Tom Berenger. Un constat sans concession.

Le cinéma français avec de l'assurance

Paris, 14 mai
Alors que le Festival de Cannes bat son plein, le puissant groupe d'assurances Gan vient d'annoncer la création d'une fondation de mécénat portant son nom et destinée à venir en aide au cinéma français. Parrainée par la Cinémathèque française et agissant en partenariat avec Agfa-Gevaert, la Régie Renault et l'hebdomadaire *Télérama*, la Fondation Gan pour le cinéma entend agir activement dans les domaines de la restauration du patrimoine cinématographique français, de l'aide au financement et à la promotion des premiers films, et de l'organisation de manifestations itinérantes. (→ 4.2.88)

Marlee Matlin et William Hurt dans « les Enfants du silence ».

Le quarantième Festival de Cannes sous le signe de Satan

Cannes, 19 mai
Retransmise en direct et par satellite dans le monde entier, la cérémonie de remises des prix du 40e Festival de Cannes a donné lieu à une surprenante « scène de ménage » entre Maurice Pialat et une partie de l'assistance. Au moment où il recevait la Palme d'or pour son film *Sous le soleil de Satan*, Pialat s'est fait siffler par une partie du public. Fidèle à sa réputation, le terrible Maurice a oublié alors de se réjouir de sa consécration et, levant le poignet en signe de défi à ses détracteurs, il leur a dit : « Si vous ne m'aimez pas, je peux vous dire que je ne vous aime pas non plus. »

Cet incident a failli faire oublier que c'est la première fois depuis 1966 que la France reçoit la Palme d'or à Cannes. Adapté du roman de Georges Bernanos, *Sous le soleil de Satan* présente Gérard Depardieu dans le rôle d'un jeune abbé qui doute de sa mission, malgré le soutien de son doyen, lequel est interprété par Pialat lui-même. Le prix du 40e anniversaire du Festival a été attribué à *Intervista*, du maestro Federico Fellini. Parmi les autres films primés figurent *les Ailes du désir*, de l'Allemand Wim Wenders, et *Yeelen*, du Malien Souleymane Cissé, l'une des grandes révélations du festival. (→ 16.9)

Federico Fellini et Anita Ekberg au cours du tournage d'« Intervista ».

La fin du calvaire pour Rita Hayworth

New York, 15 mai
Rita Hayworth, merveilleuse Gilda dans le film de Charles Vidor, est morte durant la nuit au domicile de sa fille Yasmina, à New York. Née le 17 octobre 1918, Rita était atteinte de la maladie d'Alzheimer depuis 1981. Ce mal incurable l'a frappée après plusieurs cures de désintoxication successives. Eloignée des plateaux hollywoodiens après *la Colère de Dieu* (*The Wrath of God*), de Ralph Nelson en 1972, elle a cherché dans l'alcool le refuge et la consolation à sa solitude.

Gérard Depardieu et Sandrine Bonnaire dans « Sous le soleil de Satan ».

M. Mastroianni et Elena Sofonova : « les Yeux noirs », de N. Mikhalkof.

Jean Rouch à la présidence de la Cinémathèque française

Paris, 28 mai
Le nouveau conseil d'administration de la Cinémathèque française a élu le cinéaste-ethnologue Jean Rouch au poste de président, en remplacement de Costa-Gavras. Ce dernier, s'étant heurté à plusieurs reprises au contrôle tâtillon du conseil, a préféré ne pas solliciter un nouveau mandat. Patrick Brion et Anatole Dauman sont élus vice-présidents. Partagée entre les fidèles à l'héritage d'Henri Langlois et les partisans de la réorganisation, la Cinémathèque réaffirme néanmoins sa volonté d'autonomie vis-à-vis du pouvoir politique. L'indépendance d'une institution dont la survie passe par la contribution budgétaire de l'Etat est-elle pourtant possible ?

Jean Rouch cinéaste, avec les interprètes de « la Pyramide humaine » (1959).

Astaire s'en va sur la pointe des pieds

Los Angeles, 22 juin
Surnommé « le Béni des dieux » par Gene Kelly, Fred Astaire s'est éteint dans sa propriété hollywoodienne, aussi discrètement qu'il a vécu. Né Frederick Austerlitz le 10 mai 1899, il est monté sur scène dès l'âge de cinq ans. Il a débuté à l'écran en 1933. Vedette de quarante films, il était le plus étonnant danseur de claquettes du cinéma, en même temps qu'un excellent comédien, comme il l'a prouvé dans divers films dramatiques. Sa dernière apparition cinématographique remonte à 1981, dans *le Fantôme de Milburn* (*Ghost Story*), de John Irvin. Veuf de Phyllis Potter, Fred Astaire était remarié depuis 1980.

John Huston a tourné jusqu'à la fin

Newport, 27 août
John Huston (*5.8.1906) vient de s'éteindre, vaincu par l'emphysème pulmonaire qui le faisait souffrir depuis près de dix ans. Son décès survient juste avant la présentation de son dernier film au Festival de Venise, *les Gens de Dublin* (*The Dead*). Adaptée d'une nouvelle de James Joyce, cette ultime réalisation aura été pour le cinéaste l'occasion de prouver sa volonté acharnée de ne pas décrocher. Son état de santé ne lui a pas permis d'aller tourner en Irlande et le condamnait au fauteuil roulant, muni en permanence de bouteilles d'oxygène. Huston n'en a pas moins été constamment sur le plateau, rendant inutile la présence du réalisateur Karel Reisz, exigée par la compagnie d'assurances de la production. Dans ce qui demeurera son testament cinématographique, Huston raconte un réveillon du nouvel an, à la faveur duquel surgissent les évocations du passé et où le rôle principal est tenu par sa fille Anjelica. Le cinéaste ne désirait pas s'en tenir là et était ainsi sur le point d'interpréter le film de son fils Danny, *Mr. North*. Ce n'est pas par forfanterie qu'il aimait répéter : « Je ne prendrai ma retraite que lorsque l'on aura enfoncé le dernier clou de mon cercueil. » (→ 20.12)

Louis Malle plébiscité sur la lagune

Venise, 6 septembre
En janvier 1944, Julien Quentin, un gamin d'une dizaine d'années, est pensionnaire au collège Sainte-Croix, dans la banlieue parisienne. Trois nouveaux pensionnaires viennent d'arriver et Julien se lie d'amitié avec l'un d'eux, qui devient son voisin de dortoir. C'est Jean Bonnet, un enfant juif réfugié là sous une fausse identité avec l'aide du directeur du collège. Les deux enfants ne pourront jouir longtemps de cette amitié. A la suite d'une dénonciation, la Gestapo fait irruption dans l'école et emmène le directeur, Jean, ainsi qu'un autre enfant juif. Cette histoire, simple, tragique, venue du cœur et des souvenirs de Louis Malle, a subjugué la Mostra, qui remet le Lion d'or à *Au revoir les enfants*. C'est une juste récompense pour le cinéaste, qui voulait réaliser ce film depuis le début de sa carrière. Avec *Maurice*, l'Américain James Ivory montre une fois de plus tout son talent pour dépeindre une Angleterre puritaine et surannée. Il remporte un Lion d'argent, ex æquo avec *Longue vie à la signora*, un film fascinant d'Ermanno Olmi. Le jury a choisi deux lauréats pour le prix du meilleur acteur : Hugh Grant et James Wilby, interprètes talentueux de James Ivory. (→ 12.3.88)

« Gens de Dublin », avec Anjelica Huston. Une méditation funèbre et sereine.

Une scène pathétique d'« Au revoir les enfants » que Louis Malle avait vécue.

Wim Wenders dans le ciel de Berlin entre rêve et nostalgie

Bruno Ganz et Solveig Dommartin dans « les Ailes du désir », une fable métaphysique empreinte de mélancolie.

Paris, 16 septembre

Dans le Berlin d'aujourd'hui, qui porte encore les stigmates de l'Histoire, un ange rôde comme une âme en peine. Grâce à l'amour d'une trapéziste, il va enfin réaliser son rêve de devenir un simple mortel. Prix de la mise en scène au dernier Festival de Cannes, le nouveau film de Wim Wenders, *les Ailes du désir* (*Der Himmel über Berlin*), est une fable merveilleuse, au sens propre comme au figuré, où perce la nostalgie du grand cinéma allemand de jadis, celui de Friedrich W. Murnau et de Fritz Lang notamment. Le film marque le retour de Wim Wenders dans son pays d'origine, l'Allemagne, et ses retrouvailles avec son ami, l'écrivain et scénariste Peter Handke. (→ 21.10.91)

Le mauvais remake de Bob Fosse

Washington, 23 septembre

A la fois réalisateur, chorégraphe, danseur et comédien, Bob Fosse a succombé à une crise cardiaque quelques minutes avant d'entrer sur la scène où il devait interpréter son show *Sweet Charity*. Son film *Que le spectacle commence* (*All That Jazz*), Palme d'or du Festival de Cannes 1980, histoire d'un chorégraphe qui meurt d'une crise cardiaque dans les coulisses d'un théâtre, était prémonitoire. Né le 23 juin 1925, Bob Fosse a signé sa première chorégraphie, *Pique-Nique en pyjama* en 1954. Lié par contrat à la MGM, il a abordé le cinéma en tant que comédien, trouvant son meilleur rôle dans *Embrasse-moi chérie* (*Kiss Me Kate*), de George Sidney. Il est passé à la réalisation en 1969 avec *Sweet Charity*, tiré de son spectacle et inspiré du film de Federico Fellini *les Nuits de Cabiria*. A soixante-deux ans, Bob Fosse était prématurément usé par les abus de toute sorte.

Lino Ventura, dur au cœur tendre

Saint-Cloud, 22 octobre

Une crise cardiaque a terrassé ce matin Lino Ventura, dans sa maison de la banlieue parisienne. Né le 14 juillet 1919 à Parme, en Italie, de son vrai nom Angelo Borrini, il était l'un des acteurs préférés du public grâce à sa gentillesse bourrue, à son talent, à son grand cœur et à sa discrétion. Installé à Paris avec ses parents en 1927, il se met très jeune au travail, ayant peu de goût pour les études. Après divers emplois, il devient lutteur professionnel (champion d'Europe en 1950). Contraint d'abandonner le ring, il est remarqué par Jacques Becker, qui l'engage pour tenir le rôle d'un truand (le premier d'une longue série) opposé à Jean Gabin dans *Touchez pas au grisbi*. Gabin le prend en amitié et le considère bientôt comme son successeur. Dès 1958, Ventura devient un comédien exceptionnel. Marié depuis 1949 et père de quatre enfants, dont une fille handicapée mentale, il a créé l'association *Perce-Neige* pour aider les personnes atteintes des mêmes troubles. (→ 12.3.88)

Spielberg et Bertolucci se partagent l'empire de la Chine

New York, 9 décembre

Deux semaines seulement après la sortie parisienne de la superproduction franco-italienne *le Dernier Empereur*, de Bernardo Bertolucci, Steven Spielberg se plonge lui aussi dans la Chine d'avant Mao Tsé-toung : *l'Empire du soleil* (*Empire of the Sun*) est adapté d'un récent roman de l'écrivain de science-fiction J. G. Ballard. Il ne s'agit nullement ici d'un film fantastique, mais bien d'un récit vécu par ce dernier dans son enfance. Là où Bertolucci reconstitue avec des moyens exceptionnels les fastes du crépuscule impérial à travers la destinée de Pu Yi, dernier empereur de Chine, Spielberg s'attache au contraire à montrer la destinée d'un jeune Britannique dans le Shanghai de 1941. Fils d'un industriel aisé, Jim se trouve, à onze ans, séparé de ses parents, après l'attaque de Pearl Harbor et l'entrée en guerre des Etats-Unis contre le Japon. Moins spectaculaire que celui de Pu Yi, le destin de cet enfant, ballotté par la guerre, est peut-être aussi plus émouvant. (→ 13.1.88)

« Le Dernier Empereur », de Bernardo Bertolucci, avec John Lone (au centre).

Christian Bale dans « l'Empire du soleil », de Steven Spielberg.

Une fête en villes pour le cinéma

Paris, 1er décembre
Après plus de trois ans de préparation, le public va enfin pouvoir s'émerveiller devant le plus grand spectacle jamais conçu sur la ville et le cinéma. S'étendant sur 8 000 m², à la Grande Halle de la Villette, l'exposition « Cités-Cinés » permet de déambuler dans seize lieux différents, chacun d'eux évoquant des moments importants de l'histoire du cinéma. Muni d'un casque à rayons infrarouges, le visiteur peut voir le Paris de René Clair et de Marcel Carné, la Rome de Fellini, le Berlin de Wim Wenders ou le Tokyo de Nagisa Oshima. A chaque étape, des extraits de films sont projetés devant des décors inspirés des classiques du cinéma tels qu'*Hôtel du Nord* et *Taxi Driver*. Le visiteur pourra admirer aussi la devanture du Café Lumière, un décor du film de Wenders *les Ailes du désir* ou les dessins originaux de *Metropolis*. (→ 15.9.88)

Federico Fellini interroge le cinéma

Le cinéaste dans son film « Intervista », une confrontation du réel et de la fiction à partir d'un hommage à Cinecittà.

Paris, 23 décembre
Intervista n'était au départ qu'un film de commande destiné à célébrer les cinquante ans des studios de Cinecittà. Federico Fellini en a fait une réflexion sur la nature et l'avenir du cinéma, en même temps que l'évocation nostalgique d'un temps révolu. Sur un plateau, une équipe de la télévision japonaise vient rencontrer le cinéaste, qui a consenti une « intervista » et se rappelle en images sa découverte de Cinecittà, alors qu'il n'avait que vingt ans. L'occasion est propice pour faire revivre quelques moments inoubliables, telle la plus célèbre scène de *la Dolce Vita*, qui surgit devant les yeux embués de ses interprètes d'autrefois, Marcello Mastroianni et Anita Ekberg. (→ 31.10.93)

Jean-Luc Godard se met en boîte sous le signe de Jacques Tati

Paris, 30 décembre
Lauréat, avec *Au revoir les enfants* de Louis Malle, du prix Louis-Delluc, le nouveau film de Jean-Luc Godard sort en salles. Par son titre même, *Soigne ta droite* se présente comme un clin d'œil à Jacques Tati, qui avait écrit et interprété en 1936 un court métrage burlesque intitulé *Soigne ton gauche*. La référence à Tati est en fait presque constante avec le personnage qu'interprète Godard lui-même, cinéaste voulant présenter son dernier film et incarnant plus ou moins l'idiot de Dostoïevski : au cours de scènes telle celle où il tente de s'asseoir dans une Ferrari, son allure et sa maladresse empruntée, en effet, ne sont pas sans évoquer M. Hulot. L'utilisation de comédiens tels que Jacques Villeret et Michel Galabru ne fait que confirmer ce ton burlesque pour le moins inaccoutumé chez Godard. En filmant les Rita Mitsouko travaillant en studio, l'auteur retrouve en revanche la même relation avec la musique que dans *One plus one*, vieux de près de vingt ans. (→ 30.12.88)

Godard interprète lui-même son film « Soigne ta droite », dans lequel il remet en question son métier de cinéaste.

Montand ne sera pas président

Paris, 22 décembre
Pour donner au public sa vision de la politique actuelle et confier qu'il ne sera pas candidat aux prochaines élections présidentielles, Yves Montand a été interviewé par Anne Sinclair le 12 décembre dans « Questions à domicile », sur TF1. Aujourd'hui, la presse révèle que Montand a touché pour sa prestation un cachet de 800 000 francs. L'acteur a confirmé ce fait sur Europe 1 : « J'aurais dû demander le triple. Si on fait une émission sans publicité, j'y participe gratuitement. Si on fait une émission où les responsables espèrent obtenir un maximum d'argent sur les spots publicitaires, je me sens en droit de demander aussi un maximum. » Certains sont néanmoins choqués : Montand a obtenu 9 000 francs par minute d'antenne, uniquement pour répandre ses idées. Pour calmer les esprits, l'acteur offre une partie de son cachet aux Restos du Cœur. (→ 23.11.88)

Affiche originale française.

Jarl Kulle dans « le Festin de Babette », film de Gabriel Axel.

Affiche signée par Guy Pellaert.

C. Deneuve et P. Arditi avec J.-P. Mocky dans son film « Agent trouble ».

T. Lhermitte et C. Valandrey dans « Fucking Fernand », de Gérard Mordillat.

Jean-Luc Godard figure dans son propre film « Soigne ta droite ».

J.-C. Adelin : « Buisson ardent ».

Affiche originale non signée.

Affiche française de Philippe.

Affiche française non signée.

Affiche dans le goût des années 30.

« Milagros », de Robert Redford.

Forest Whitaker fait revivre Charlie Parker dans « Bird », de Clint Eastwood.

Lillian Gish et Bette Davis dans « les Baleines au mois d'août », de L. Anderson.

« Bagdad Cafe », de Percy Adlon.

Affiche française non signée.

Issiaka Kane et Aoua Sangare : « Yeelen » (la lumière), de Souleymane Cissé.

1988

Oscars, Hollywood
Film : *le Dernier Empereur* (Bernardo Bertolucci).
Acteur : Michael Douglas.
Actrice : Cher.

Mostra d'arte cinematografica, Venise
Lion d'or : *la Légende du saint buveur* (Ermanno Olmi).
Meilleur acteur : Don Ameche, Joe Mantegna.
Meilleure actrice : Isabelle Huppert, Shirley MacLaine.

Festival international du film, Cannes
Palme d'or : *Pelle le conquérant* (Bille August).
Meilleur acteur : Forest Whitaker.
Meilleure actrice : Barbara Hershey, Johdi May, Linda Mvusi.

Césars, Paris
Film : *Au revoir les enfants* (Louis Malle).
Acteur : Richard Bohringer.
Actrice : Anémone.

Paris, 6 janvier
La compagnie Renaud-Barrault, au théâtre du Rond-Point, présente une pièce écrite et mise en scène par le cinéaste Eric Rohmer, *le Trio en mi bémol.* (→ 20.2.90)

Londres, 7 janvier
Trevor Howard (*29.9.1916) meurt à son domicile londonien.

France, 9 janvier
Pour leurs salles sur l'ensemble du territoire, les circuits UGC et Pathé créent des cartes d'abonnement.

Paris, 13 janvier
Le Dernier Empereur, de Bernardo Bertolucci, dépasse le million d'entrées sur la capitale en exactement huit semaines. (→ 11.4)

Avoriaz, 24 janvier
Le grand prix du Festival est décerné à *The Hidden*, du réalisateur américain Jack Sholder. (→ 22.1.89)

Paris, 7 février
La Vidéothèque de Paris ouvre ses portes. Le public pourra y consulter une banque d'images sur Paris, sur des moniteurs vidéo individuels. Des films ayant trait d'une manière ou d'une autre à la capitale y seront également projetés.

New York, 20 février
Philip Kaufman, avec *l'Insoutenable Légèreté de l'être* (*The Unbearable Lightness of Being*), qui sort ce jour, a réussi une adaptation intelligente et fidèle du roman de Milan Kundera, dont les personnages sont incarnés par Juliette Binoche, Daniel Day Lewis et Lena Olin.

Berlin, 23 février
L'Ours d'or est décerné au *Sorgho rouge*, de Zhang Yimou, représentant la Chine populaire. (→ 25.1.92)

France, 10 mars
Une enquête effectuée à l'initiative du CNC révèle que 60 % des spectateurs de cinéma ont moins de vingt-cinq ans. (→ 7.2.89)

Paris, 23 mars
Sortie de *Chouans !*, de Philippe de Broca, avec Philippe Noiret, Sophie Marceau, Lambert Wilson et Stéphane Freiss. Un film à grand spectacle sur la Révolution. (→ 22.11.89)

Paris, 7 juin
Les exploitants de cinéma signent un accord avec Canal Plus, qui s'engage à ne plus diffuser de film le vendredi soir avant 23 heures (au lieu de 22 heures jusqu'ici).

Paris, 23 juin
Le producteur Daniel Toscan du Plantier, ancien directeur général de Gaumont (de 1975 à 1985) est élu à la tête d'Unifrance Film, organisme chargé de faire connaître et de promouvoir le cinéma français à l'étranger. (→ 15.11.90)

Montpellier, 4 juillet
Sur le tournage du film de Léos Carax, *les Amants du Pont-Neuf*, le comédien Denis Lavant se blesse sérieusement au pouce. Le tournage doit être interrompu. (→ 25.11.90)

Hollywood, 7 août
La grève des scénaristes, qui durait depuis cinq mois, prend fin. Les pertes dues aux arrêts de tournage sont évaluées à 150 millions de dollars.

Los Angeles, 10 août
Francis Ford Coppola rend hommage à l'esprit d'entreprise américain et à son optimisme à tout crin, avec *Tucker* (*Tucker : The Man and His Dream*), dans lequel Jeff Bridges incarne un petit constructeur de voitures déterminé à briser le monopole des grandes compagnies de Detroit. (→ 25.1.90)

Cévennes, 11 août
La comédienne Pauline Lafont disparaît au cours d'une promenade solitaire. (→ 21.11)

New York, 29 août
Sortie du film de Jonathan Demme, *Veuve mais pas trop* (*Married to the Mob*), avec Michele Pfeiffer et Dean Stockwell. Une comédie efficacement démystificatrice sur la Mafia, et en particulier son mauvais goût légendaire. (→ 30.3.92)

Delphes, 27 septembre
Dans le cadre de l'Année européenne du cinéma et de la télévision, les auteurs de films de la CEE adoptent le texte d'une charte européenne de l'audiovisuel. C'est une véritable déclaration des droits de l'auteur d'œuvres télévisuelles et cinématographiques. (→ 20.10 91)

Los Angeles, 30 septembre
Bird, de Clint Eastwood, qui sort ce jour, est un film en l'honneur de Charlie Parker, triste et sombre, sur l'autodestruction d'un génie, sans aucun des clichés habituels sur le jazz, avec Forest Whitaker.

Paris, 26 octobre
Pour sa première semaine d'exploitation, *l'Ours* a été vu par 350 000 personnes. (→ 4.3.89)

New York, 29 octobre
Sortie d'*Une autre femme* (*Another Woman*), de Woody Allen, avec Gena Rowlands, Mia Farrow et Gene Hackman. C'est un film dramatique sur les peurs et les regrets d'une femme de cinquante ans, qui se penche sur son passé et appréhende son avenir. (→ 16.10.89)

Marseille, 31 octobre
Bertrand Blier commence le tournage de *Trop belle pour toi*, avec Gérard Depardieu, Josiane Balasko et Carole Bouquet. (→ 23.5.89)

Paris, 19 novembre
Aux Victoires de la musique, Eric Serra reçoit le prix de la meilleure musique de film pour sa partition du *Grand Bleu*. (→ 4.3.89)

Paris, 23 novembre
Jacques Demy sort *Trois Places pour le 26*, avec Yves Montand et Mathilda May. (→ 1.1.89)

New York, 22 décembre
Le réalisateur Stephen Frears et le dramaturge Christopher Hampton présentent *les Liaisons dangereuses* (*Dangerous Liaisons*), leur adaptation, presque fidèle et convaincante, du chef-d'œuvre de Choderlos de Laclos, avec John Malkovich et Glenn Close. (→ 6.12.89)

Paris, 30 décembre
Le Monde publie un entretien avec Jean-Luc Godard. « Le cinéma est mort », dit-il. (→ 25.5.90)

Hollywood, 31 décembre
Les recettes du studio Disney atteignent presque 20 % du marché pour l'année, avec trois grands succès : *Qui veut la peau de Roger Rabbit ?*, *Trois Hommes et un bébé* et *Good Morning Vietnam*. (→ 12.4.92)

Los Angeles, 31 décembre
Quinze millions de vidéocassettes de *E. T.* se sont vendues ; c'est un record absolu.

L'accueil passionné réservé par le jeune public au « Grand Bleu », de Luc Besson, en fait d'emblée un film culte pour toute une génération.

Le cinéma en deuil de son histoire

Paris, 18 janvier

Jean-René-Pierre Goetgheluck Le Rouge Tillard des Acres de Presfontaines, dit Jean Mitry (*7.11.1907), est mort. Avec lui disparaît le dernier des encyclopédistes du cinéma et l'un des pionniers de son historiographie. S'il a réalisé des courts métrages, parmi lesquels *Pacific 231* en 1949 et *Symphonie mécanique* en 1955, il n'est jamais parvenu à s'imposer comme cinéaste. Son unique long métrage, *Enigme aux Folies-Bergère* en 1958, est à ce titre une expérience ratée. Ses ouvrages et ses recherches sur le cinéma font aujourd'hui encore autorité, à commencer par son *Histoire du cinéma* en cinq volumes, publiée à partir de 1967 et allant des origines à 1950. Les trente-quatre volumes de sa *Filmographie universelle* prennent par ailleurs place à côté d'études précises (*Tout Chaplin*, 1972) ou plus théoriques, dont la dernière date de 1987 : *la Sémiologie en question*.

Un film peut être aussi, parfois, un court ruisseau cocasse

Etienne Chatiliez réussit un coup de maître avec son premier film « La vie est un long fleuve tranquille ».

Paris, 3 février

Premier film, et déjà un coup de maître, *La vie est un long fleuve tranquille*, d'Etienne Chatiliez, est la comédie la plus incisive et la plus hilarante qu'on ait vue depuis des années. En regardant ce film, on ne peut s'empêcher de penser que le hasard fait mal les choses parfois, sinon il n'aurait pas mêlé le destin des Le Quesnoy à celui des Groseille que tout sépare, les uns étant riches, propres et chrétiens bon teint, alors que les autres sont des prolos affreux, sales et méchants. Parce qu'une infirmière jalouse et avide de vengeance a, douze ans plus tôt, interverti deux enfants à leur naissance, la famille Le Quesnoy se trouve aujourd'hui à la merci de la famille Groseille, laquelle entend tirer un maximum de profit de cette affaire. Ecrit par le réalisateur en collaboration avec Florence Quentin, *La vie est un long fleuve tranquille* témoigne d'un goût certain pour la satire sociale et d'une tendance à rire des choses graves. Réalisateur doué de films publicitaires, notamment ceux de la série « Eram », Chatiliez a construit son film sur le principe du parallélisme entre les deux familles antagonistes, passant du décor misérable de la HLM où croupissent les Groseille à celui, cossu, de la maison bourgeoise des Le Quesnoy. A l'exception de Daniel Gélin, les interprètes du film, tous excellents, étaient jusqu'ici inconnus. (→ 4.3.89)

Bernadette, cadette des enfants Le Quesnoy, c'est Valérie Lalande.

François Léotard face aux problèmes du cinéma français

Paris, 4 février

Successeur de Jack Lang au ministère de la Culture depuis la formation, en 1986, du gouvernement dit de cohabitation, et à ce titre ministre de tutelle du cinéma, François Léotard a devant lui la crise la plus aiguë que la profession ait eu à affronter depuis la guerre. Elle s'exprime d'abord en termes de fréquentation des salles : pour l'année 1987, celle-ci est tombée, avec 135 millions d'entrées (pour 163 en 1986, 200 en 1982), à son niveau le plus bas de toute l'histoire du cinéma français depuis le parlant. Simultanément les chaînes de télévision prolifèrent avec la bénédiction de l'Etat, consommant un nombre croissant de films indispensables au maintien de leur audience, et dont cependant elles ne paient pas le juste prix. Les professionnels s'insurgent, descendent dans la rue et demandent des comptes. Le ministre organise alors des tables rondes, débloque des crédits (100 millions de francs en novembre dernier pour aider les salles en difficulté) et demande, lui, un rapport. C'est chose faite : le rapport est sur son bureau. Jean-François Court, le directeur adjoint du cabinet du ministre et spécialement chargé du dossier Cinéma, l'a intitulé « Le cinéma français face à son avenir ». Empreinte du libéralisme le plus orthodoxe, sa conclusion principale est sans équivoque : « L'avenir du cinéma français passe, en tout premier lieu, par la capacité des gens qui le font à se prendre en charge, de façon adulte, hors du paternalisme d'Etat. » Le rapport invite ensuite les professionnels à orienter leur réflexion vers l'exemple américain. Autour des tables du Fouquet's, ils sont nombreux, déjà, à trouver tout cela un peu court. (→ 10.3)

Jean-Pierre Mocky croit à l'avenir du cinéma, et il le prouve. Son dernier film : « les Saisons du plaisir » avec Denise Grey et Charles Vanel.

Dix ans de festival pour le court métrage

Clermont-Ferrand, 6 février
En moins d'une semaine, le 10e Festival de films de court métrage de Clermont-Ferrand a réuni près de 25 000 spectateurs. Ce bel exploit confirme le succès croissant de cette manifestation, devenue l'un des principaux tremplins du court métrage hexagonal. Organisé par l'association « Sauve qui peut le court métrage », elle-même née du bouillonnement d'un ciné-club, ce festival a révélé au cours des dix années de son existence de nombreux réalisateurs de courts métrages dont il a facilité le passage au long métrage. Jusqu'ici réservé aux seuls films français, le Festival de Clermont-Ferrand est devenu à partir de cette année une manifestation internationale à laquelle ont participé 70 films français et autant de films étrangers. Histoire d'un jeune travailleur face au problème de l'emploi, *Intérim*, de Jean-Pierre Ameris, s'est vu attribuer le grand prix par le jury, lequel a décerné son prix spécial à François Margolin pour son film *Elle et Lui*. A l'occasion du Festival de Clermont-Ferrand, l'Agence du court métrage a mis sur pied le premier « tour de France du court métrage », qui, parti de Clermont-Ferrand le 30 janvier, rejoindra Paris le 24 juin, après avoir promené 80 films dans 17 villes françaises et belges.

René Jullien et Stéphane Boucher dans « Amnésia », de Pierre-Henri Salfati.

Les Césars sur les chemins de l'enfance

Les lauréats sur la scène du palais des Congrès après la proclamation.

Paris, 12 mars
Présidée par Milos Forman, la 13e cérémonie de remise des Césars se déroule au palais des Congrès. La soirée présentée par Jane Birkin et Michel Drucker est dédiée à Charles Chaplin, à l'occasion du 10e anniversaire de sa disparition. Le film de Louis Malle, *Au revoir les enfants*, est couronné meilleur film pour l'année 1987. Il obtient un total de sept récompenses dont celles du meilleur réalisateur et du meilleur scénario. Le souvenir douloureux raconté ici est celui de Louis Malle, qui l'a vécu durant sa propre enfance... Les prix d'interprétation sont attribués à Anémone et Richard Bohringer, tous deux pour *le Grand Chemin*, de Jean-Loup Hubert, un autre film émouvant consacré à l'enfance. Situé en Bretagne en 1959, *le Grand Chemin* est l'histoire de la découverte par un petit Parisien émotif d'un autre monde : celui de la campagne. Louis, neuf ans, est pris en pension par un couple de paysans plutôt rudes et guère unis. L'enfant apprend les mystères de la nature et se fabrique de merveilleux souvenirs... En fin de soirée, un hommage est rendu à Lino Ventura, qui nous a quittés l'an dernier. (→ 19.6)

Anémone et Antoine Hubert : « le Grand Chemin », de J.-L. Hubert.

Un « Couffin » à l'américaine

Le 17 février, après le succès de « Trois Hommes et un couffin » voici deux ans, les spectateurs français découvrent la mouture américaine, de Leonard Nimoy, sous un nouveau titre : « Trois Hommes et un bébé ». **(→ 31.12)**

Paradjanov expérimente la Glasnost

Rotterdam, 7 février
Le Festival vient d'accueillir le cinéaste soviétique Sergueï Paradjanov, auteur en 1969 du merveilleux *Sayat Nova* ou la vie du plus grand poète arménien. C'est un revenant. Le 17 décembre 1973, il est arrêté pour trafic d'icônes et de devises et pour homosexualité. L'Occident s'émeut et proteste. En vain. Libéré à la fin de 1977 mais interdit de tournage, il est presque réduit à la mendicité. « Ma vie présente n'a aucune valeur. Je ne crains pas la mort mais cette vie-là est pire que la mort. » En janvier 1980, un comité Paradjanov (avec A. Corneau et B. Tavernier) lance un appel. De nouveau en vain. Et puis le vent tourne. En 1984, il adapte en 29 jours un conte géorgien, aidé d'une poignée de professionnels. Cette épopée, *la Légende de la forteresse de Souram*, prouve que Paradjanov a gardé toute sa force et sa magie. Les temps changent. Gorbatchev est désormais au pouvoir. Paradjanov le Maudit cesse de faire peur. En 1987, il peut tourner *Achik Kerib* sur la vie et les amours d'un troubadour. Et, miracle ! à soixante-quatre ans, il est autorisé à aller pour la première fois à l'étranger. Il déborde de projets. Mais que d'années créatrices perdues à jamais ! (→ 25.8.91)

Dix ans de cinéma mondial au féminin

Jane Birkin et Agnès Varda au tournage de « Jane B. par Agnès V. ».

Créteil, 20 mars

A en juger par le nombre et la qualité des films qui viennent de participer au 10e Festival international de films de femmes de Créteil, le cinéma au féminin se porterait plutôt bien. En effet, plus de 100 films venus de 20 pays ont été projetés pendant la manifestation. Treize longs métrages de fiction, onze documentaires et trente-six courts métrages ont participé à la compétition officielle. Pour marquer le dixième anniversaire du Festival, les organisateurs ont tenu à rendre hommage à une grande réalisatrice française, Agnès Varda, laquelle a ouvert et clôturé la manifestation avec les deux volets de son diptyque consacré à Jane Birkin : *Jane B. par Agnès V.* et *Kung Fu Master*. Le Festival a rendu aussi hommage à la comédienne Dominique Sanda et permis de voir neuf de ses films, dont *Une femme douce*, de Robert Bresson, son premier film qu'elle a tourné à l'âge de seize ans. Dans la section « Enthousiasme et découvertes », réservée aux coups de cœur du festival, ont été projetés *Vivre ensemble*, unique film réalisé par l'actrice Anna Karina, et deux films signés par des pionnières du cinéma féminin : *Hara Kiri* (1928), de Marie-Louise Iribe, et *le Sang des Finœl* (1922), de Rose Lacau-Pansini et Georges Monca. Un panorama des films de femmes distribués en France a permis au public de voir ou revoir des films restés trop peu de temps à l'affiche. Enfin, un « Forum Marie-Claire » et des projections consacrées aux « Femmes dans le monde arabe » ont complété la programmation. Le dixième anniversaire a été aussi l'occasion pour les animatrices du Festival, Jackie Buet et Elisabeth Tréhard, de dresser le bilan d'une manifestation devenue un lieu privilégié de rencontres, de compétition et de découvertes. En effet, grâce à ce festival qui a su conquérir un large public, de nombreuses réalisatrices françaises et étrangères de grand talent ont été découvertes, comme la Soviétique Kira Mouratova, ou redécouvertes, telle l'Américaine Ida Lupino, que la plupart des spectateurs connaissaient seulement en tant que comédienne.

Babette Audran au festin des Oscars

Stéphane Audran, héroïne du « Festin de Babette », de Gabriel Axel.

Michael Douglas à « Wall Street ».

Hollywood, 11 avril

Le cinéma français est indirectement mis à l'honneur au cours de cette 60e cérémonie des Oscars. En effet, si le film de Louis Malle *Au revoir les enfants* n'obtient pas le prix du meilleur film étranger, c'est *le Festin de Babette*, du Danois Gabriel Axel, magnifiquement interprété par la Française Stéphane Audran, qui est couronné. Michael Douglas est meilleur acteur pour *Wall Street*, d'Oliver Stone, et Cher est meilleure actrice pour *Eclair de lune* (*Moonstruck*), de Norman Jewison. *Le Dernier Empereur*, de Bernardo Bertolucci, obtient neuf Oscars dont ceux des meilleurs film et réalisateur. (→ 29.3.89)

Arletty, doyenne du cinéma français

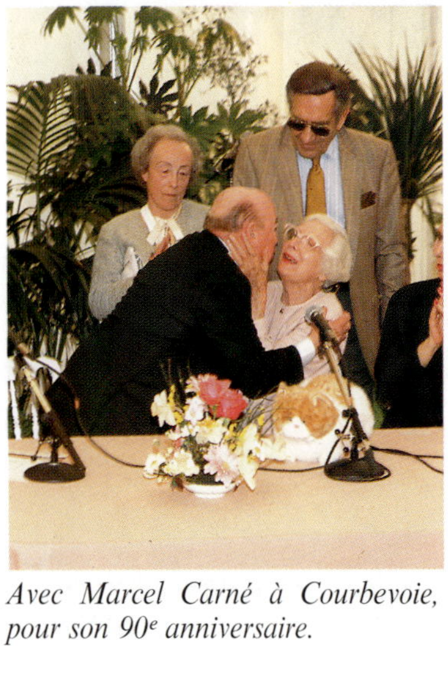

Avec Marcel Carné à Courbevoie, pour son 90e anniversaire.

Courbevoie, 19 avril

Avec près d'un mois d'avance sur la date réelle, la ville natale d'Arletty a voulu célébrer de manière spectaculaire son 90e anniversaire. La grande comédienne y est née en effet le 15 mai 1898. Elle n'est alors que Léonie Bathiat, et a pour mère une lingère, pour père un employé des tramways de Paris. Elle est aujourd'hui doyenne du cinéma français avec Charles Vanel, son aîné de six ans. La cécité a mis un terme à sa carrière voici déjà plus de vingt ans, mais sa gloire est intacte, et l'affection qu'on lui porte augmente avec les années. Le bain de foule qui l'accueille ici le lui fait bien voir. (→ 29.7.92)

Monica Vitti, mort et résurrection

Paris, 4 mai

Le cinéma international en est tout remué : morte hier à Paris, Monica Vitti est bien vivante à Rome aujourd'hui. La clé du mystère est rue des Italiens, dans les bureaux du quotidien *le Monde*, où l'on s'est fait piéger comme jamais. Selon un article publié hier dans sa première édition, le cinéma était en deuil de la belle vedette italienne, l'ancienne compagne d'Antonioni et inoubliable interprète de ses films majeurs. Mais c'était un canular, que le journal s'empresse de démentir – avec « d'abord le soulagement, ensuite la honte ».

Du rêve d'un film naît un film culte

Paris, 11 mai
Présenté hors compétition en ouverture du Festival de Cannes, *le Grand Bleu*, de Luc Besson, est accueilli timidement par les critiques ; mais, dans les salles où il est déjà sorti, les jeunes spectateurs sont très nombreux à l'acclamer. Né du rêve d'un jeune cinéaste à la recherche de son enfance marquée par les souvenirs de la mer, *le Grand Bleu* s'inspire de la vie de Jacques Mayol, un homme qui a consacré toute sa vie à la plongée sous-marine en apnée et qui fait figure de héros auprès de Besson. Ce dernier a travaillé, comme ses parents, en tant que moniteur de plongée, expérience qui lui a mis du « bleu » plein la tête. Tourné pendant neuf mois dans différents pays, notamment en Grèce et en Sicile, le film se divise en deux parties : une en noir et blanc évoquant l'enfance du héros sur une île grecque, et une seconde partie en couleurs où l'on voit Jacques Mayol, devenu adulte, tenter de battre le record du monde de plongée en apnée. Refusé notamment par Christophe Lambert et Mel Gibson, le rôle de Mayol a été confié à Jean-Marc Barr, un inconnu qui ne le restera sans doute pas longtemps. A ses côtés, on retrouve l'Américaine Rosanna Arquette, dans le rôle de sa fiancée, et l'inénarrable Jean Reno dans celui de son ami et rival Enzo Molinari. Les belles images du film sont survolées par une musique d'Eric Serra, qui leur sied parfaitement. (→ 19.11)

Jean Reno (Enzo Molinari) dans « le Grand Bleu », de Luc Besson.

Un film record pour la profondeur.

Le cinéma français, version romantique

Cabourg, 19 juin
Face à l'invasion des écrans par la violence, les organisateurs du premier Festival international du film romantique ont voulu faire passer un message de détresse qui est aussi un cri du cœur. Ils ont été entendus par de nombreux professionnels qui sont venus participer au Festival. Parmi ces derniers, Jean-Loup Hubert a été désigné réalisateur romantique de l'année pour son émouvant *Grand Chemin*. De son côté, Sophie Marceau a été élue actrice romantique pour son rôle dans *Chouans !*, de Philippe de Broca, tandis que la vedette de *Mer de Chine*, Jacques Perrin, s'est vu consacrer acteur romantique.

André Delvaux et la liberté de l'esprit

Paris, 11 mai
Le nouveau film d'André Delvaux, *l'Œuvre au noir*, sort sur les écrans parisiens au moment même où il est présenté dans la sélection officielle du Festival de Cannes. Avec cette coproduction franco-belge, Delvaux a tenté une adaptation scrupuleuse du roman particulièrement dense de Marguerite Yourcenar. A dire vrai, c'est le producteur Philippe Dussart qui se trouve à l'origine du projet : *l'Œuvre au noir* correspond en effet à l'un de ses rêves déjà vieux de plusieurs années. Au terme de recherches historiques pointues et d'une longue correspondance avec la romancière, le cinéaste belge livre un film qui tente de ne pas trahir la richesse intellectuelle du livre. Bénéficiant d'un confortable budget, la réalisation se fait même somptueuse, et les références picturales à Bosch, Rembrandt ou Vermeer se multiplient, pour le plaisir visuel du spectateur. La splendeur de l'image ne gomme pas l'argument de liberté qui est celui du film. Incarné par Gian Maria Volonte, un médecin alchimiste du XVIe siècle revient dans sa ville natale, Bruges, après des années d'exil. Se consacrant à ses malades, il finit par révéler son identité : s'il cause par là sa perte physique, il réalise aussi le salut de sa conscience. A ses côtés figurent des hommes comme Sami Frey et Philippe Léotard.

La Croisette entre aventure et tragédie

Pelle Hvenegaard et Max von Sydow dans « Pelle le conquérant ».

Cannes, 23 mai
Le favori des pronostiqueurs était *Un monde à part*, un film anglais qui dénonce avec une rare émotion l'apartheid en Afrique du Sud. Son réalisateur, Chris Menges, a dû se contenter du grand prix spécial du jury. Qualifié de « film choc du festival », le très impressionnant *Tu ne tueras point* a révélé un grand auteur, le Polonais Krzysztof Kieslowski, lauréat du prix du jury. Et surtout, *Pelle le conquérant*, du réalisateur danois Bille August – histoire d'un Danois qui émigre en Suède avec son fils à la fin du siècle dernier – a créé la surprise sur la Croisette en remportant la Palme d'or du festival. (→ 29.3.89)

Gian Maria Volonte dans « l'Œuvre au noir », d'après Marguerite Yourcenar.

Le Lido, la légende, et la chronique

Venise, 8 septembre
La 45e Mostra du cinéma a attribué le Lion d'or au film d'Ermanno Olmi, *la Légende du saint buveur*, et le Lion d'argent à *Paysage dans le brouillard*, du Grec Theo Angelopoulos. En marge des polémiques autour de *la Dernière Tentation du Christ*, de Martin Scorsese, Claude Chabrol a également suscité des remous avec *Une affaire de femme*, histoire d'une « faiseuse d'anges » qui a défrayé la chronique française des années 40, sous Pétain. Le jury n'en a pas moins attribué le prix d'interprétation féminine à Isabelle Huppert pour ce film, et à Shirley MacLaine pour *Madame Sousatzka*, de John Schlesinger. (→ 15.9.89)

Isabelle Huppert dans « Une affaire de femme », de Claude Chabrol.

Un musée du film sur la Tamise

Londres, 15 septembre
Nouveau temple du cinéma et de la télévision, le MOMI (Museum of the Moving Image) vient d'être inauguré par le prince Charles. Créé dans le sillage du National Film Theater, la Cinémathèque anglaise, et situé comme lui sous le pont de Waterloo, ce musée de 3 000 m² offre aux visiteurs la possibilité de parcourir chronologiquement l'histoire du cinéma, grâce à une scénographie et à des décors étonnants qui font penser à l'exposition parisienne « Cités-Cinés ». (→ 17.2.89)

Un bûcher pour le Christ de Scorsese

« La Dernière Tentation du Christ ». A droite, le réalisateur au tournage.

Manifestation intégriste devant une salle parisienne où passe le film.

Paris, 22 octobre
Cinq catholiques intégristes de choc viennent de mettre le feu au cinéma Saint-Michel, parce qu'il projetait le film de Martin Scorsese, *la Dernière Tentation du Christ* (*The Last Temptation of Christ*). Dramatique fait divers achevant une campagne obscurantiste qui dure depuis des mois. En imaginant que le Christ (Willem Dafoe), quand il meurt sur la croix, se voit tenté d'abandonner son calvaire pour prendre femme et mener une vie paisible, Scorsese a en effet provoqué l'anathème de l'Eglise : lors de la sortie américaine du film, les pressions et les manifestations destinées à l'interdire ne se comptaient plus. Après des réactions similaires à sa présentation au Festival de Venise, la France a aussi connu son lot de processions expiatoires et de dignes cortèges menés par les censeurs. (→ 2.2.92)

La disparition de Pauline Lafont

Gabriac, 21 novembre
Le corps de Pauline Lafont vient d'être découvert au lieu-dit Ladrech, commune de Gabriac, en Lozère. La jeune actrice, fille de Bernadette Lafont et du sculpteur Diourka Medveczky, avait disparu le 11 août dernier alors qu'elle effectuait une promenade dans les collines. Les recherches entreprises dès le lendemain avaient échoué. Une semaine plus tard, son frère David avait porté plainte contre X pour séquestration illégale, envisageant la possibilité d'un enlèvement. Aujourd'hui, il apparaît que Pauline a fait une chute de dix mètres et s'est tuée sur le coup, au pied d'une falaise escarpée. Trois mois ont été nécessaires pour la retrouver dans cette zone très boisée. Pauline est née à Nîmes le 6 avril 1963 et a débuté à l'écran en 1975. Parmi ses plus grands rôles, citons *l'Eté en pente douce*, de Gérard Krawczyk. Une grande carrière se présentait à elle, mais le destin en a décidé autrement, un matin d'été.

Michel Deville, de Sade à Louis Delluc

Paris, 8 décembre
Le prix Louis-Delluc est attribué au film de Michel Deville, *la Lectrice*. Adaptée du roman du même titre de Raymond Jean, l'œuvre a été conçue, de l'aveu du cinéaste, pour être interprétée par Miou-Miou, qui trouve ici l'un de ses très grands rôles. Sorti le 17 août, le film est l'histoire d'une lectrice à domicile, Marie, qui par son activité, égaie la solitude de quelques-uns, comme la veuve d'un général russe, délicieusement interprétée par Maria Casarès, mais se trouve aussi en butte à la perversité de certains, tel cet amateur des œuvres de Sade. (→ 12.6.89)

Miou-Miou dans « la Lectrice ». La littérature comme clé du bonheur.

Folie de Camille et passion d'Isabelle

Isabelle Adjani avec Gérard Depardieu dans « Camille Claudel », un film qui doit presque tout à son obstination.

Paris, 7 décembre

Camille Claudel marque le retour d'Isabelle Adjani à l'écran après plusieurs années de silence. Son dernier véritable rôle date en effet de 1982 : c'était à l'occasion de *l'Eté meurtrier*, réalisé par Jean Becker. Depuis, la comédienne s'est limitée à des apparitions épisodiques, dans *Subway*, de Luc Besson (1985), et *Ishtar*, mis en scène par Elaine May en 1987. La star n'a pas choisi au hasard l'occasion de son retour : *Camille Claudel*, un projet qu'elle avait à cœur de concrétiser, a pu être mené à bien avec le concours de Christian Fechner. Le personnage qui donne son titre au film est évidemment incarné par l'actrice, qui réussit là une superbe composition. Adapté du livre de Reine-Marie Paris, la petite-nièce de Camille Claudel, le film se présente comme une biographie de celle qui fut la muse de Rodin, qui lui servit de modèle et sculpta aussi magnifiquement que lui, qui sombra enfin dans la folie lorsque l'artiste se détacha d'elle. Gérard Depardieu incarne Rodin, mais il est presque éclipsé par l'intense présence d'Adjani, qui hante littéralement le film. *Camille Claudel* permet aussi à Bruno Nuytten de livrer au public sa première mise en scène. Chef

Camille et son père (Alain Cuny).

opérateur de grand talent, il a obtenu notamment un César pour les images de *Tchao Pantin*, réalisé par Claude Berri en 1983 avec Coluche. Bruno Nuytten signe une reconstitution luxueuse et inspirée du Paris de la fin du siècle dernier. *Camille Claudel* est sans nul doute promis au succès. (→ 4.3.89)

Charlotte Gainsbourg héroïne de Truffaut

Paris, 21 décembre

Dans son nouveau film, *la Petite Voleuse*, Claude Miller retrouve l'interprète de *l'Effrontée* (1985), sa précédente œuvre : Charlotte Gainsbourg. On sait que François Truffaut, au moment de sa mort, travaillait à ce scénario avec Claude de Givray. Le film aurait dû être réalisé aussitôt après *Vivement dimanche*, mais était déjà un vieux projet pour l'auteur de *Jules et Jim*. Ce dernier caressait en effet l'idée d'une version féminine des *Quatre Cents Coups* depuis le milieu des années 60, et le personnage de Janine, qu'interprète Charlotte Gainsbourg, est directement inspiré de l'un des amours de jeunesse de Truffaut. Miller fait donc le récit, dans *la Petite Voleuse*, des frasques d'une adolescente délinquante, tentant d'échapper à l'univers des maisons de correction qui la guette. Situé dans la France des années 50 – les Juva 4, l'orchestre de Jacques Hélian, la guerre d'Indochine –, le film vaut surtout pour la jeune comédienne, dont l'on voit le talent mûrir. (→ 13.3.91)

Une cousine d'Antoine Doinel : « la Petite Voleuse », de Claude Miller.

Paul Grimault, image par image

Paris, 21 décembre

Les dessins animés de Paul Grimault étaient autrefois projetés en première partie de programme : le public avait alors droit à ces merveilles que sont *le Voleur de paratonnerres* et *le Petit Soldat*. A quatre-vingt-trois ans, le chef de file du dessin animé français a la bonne idée de nous offrir en cadeau de Noël un grand film composé des courts métrages qui jalonnent sa carrière. Son titre, *la Table tournante*, évoque à la fois son premier essai d'animation, pour un film publicitaire de 1931, et la table de montage sur laquelle on le voit dérouler ses dessins animés. Car Paul Grimault apparaît dans son film

« en chair et en os », filmé par Jacques Demy, qui débuta comme assistant de Grimault. On le voit d'abord s'extirper de la peau d'un ours, puis arriver au studio avec une boîte de film sous... la patte. Après quoi, le réalisateur reçoit la visite de la plus humble de ses créatures, le petit clown du *Roi et l'Oiseau*, curieux de découvrir les films antérieurs à sa naissance. Grimault ne se fait pas prier pour lui présenter ses courts métrages, assortis de quelques commentaires et tours de passe-passe. Plus qu'une anthologie de son œuvre, *la Table tournante* est un spectacle plein de fantaisie et de charme, combinant prise directe et animation. L'artiste nous gratifie aussi de son petit dernier, *le Fou du roi*, une magistrale pochade au style rajeuni. (→ 9.3.94)

Slogan publicitaire pour une affiche.

Gérard Depardieu et Isabelle Adjani dans « Camille Claudel », de B. Nuytten.

« La Petite Voleuse », de C. Miller.

Yves Montand dans « Trois Places pour le 26 », film de Jacques Demy.

Pierre Dux et Miou-Miou dans le film de Michel Deville « la Lectrice ».

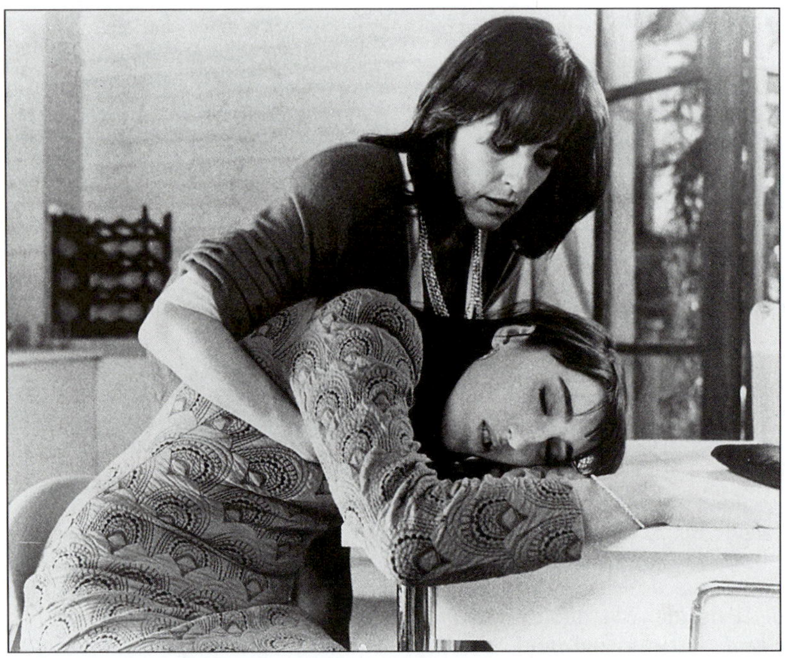

C. Maura et R. De Palma dans « Femmes au bord de la crise de nerfs ».

Marie-France Pisier et Gian Maria Volonte dans « l'Œuvre au noir ».

« Salaam Bombay ! », de Mira Nais.

J. Irons et G. Bujold dans « Faux-semblants », de David Cronenberg.

« Young Einstein », de Y. Serious.

Daniel Day Lewis et Brenda Fricker dans « My Left Foot », de Jim Sheridan.

Dan Aykroyd et Kim Basinger dans « J'ai épousé une extraterrestre ».

« L'Insoutenable Légèreté de l'être » d'après le roman de Milan Kundera.

« Drowning by Numbers », film de Peter Greenaway.

Willem Dafoe dans « la Dernière Tentation du Christ », de Martin Scorsese.

Mickael Palin et John Cleese dans « Un poisson nommé Wanda ».

1989

Oscars, Hollywood
Film : *Rain Man* (Barry Levinson).
Acteur : Dustin Hoffman.
Actrice : Jodie Foster.

Mostra d'arte cinematografica, Venise
Lion d'or : *la Cité des douleurs* (Hou Hsiao Hsien).
Meilleur acteur : Marcello Mastroianni, Massimo Troisi.
Meilleure actrice : Peggy Ashcroft, Geraldine James.

Festival international du film, Cannes
Palme d'or : *Sexe, mensonges et vidéo* (Steven Soderbergh).
Meilleur acteur : James Spader.
Meilleure actrice : Meryl Streep.

Césars, Paris
Film : *Camille Claudel* (Bruno Nuytten).
Acteur : Jean-Paul Belmondo.
Actrice : Isabelle Adjani.

Paris, 1er janvier
Le *Journal officiel* annonce la promotion à l'ordre d'officiers de la Légion d'honneur de Bernard Blier et Raymond Pellegrin. (→15.4)

Paris, 4 janvier
Sortie de *les Maris, les femmes, les amants*, de Pascal Thomas, qui depuis *Celles qu'on a pas eues*, il y a sept ans, n'avait pas tourné, avec Jean-François Stévenin.

Vatican, 6 janvier
Giancarlo Paretti, vice-président de Pathé-Cinéma, qui pour trois cents millions de dollars a pris le contrôle de Cannon, présente personnellement à Jean-Paul II *Bernadette*, le film de Jean Delannoy sur Bernadette Soubirous. (→10.7)

Japon, 10 janvier
Akira Kurosawa commence le tournage de *Rêves* (*Dreams*). Dans cette coproduction américano-japonaise, Martin Scorsese est majoritaire.

Paris, 17 janvier
Le conseil des ministres nomme Dominique Wallon comme directeur général du CNC, où il succède à Jérôme Clément. Il était directeur du développement culturel auprès de Jack Lang de 1982 à 1986.

New York, 30 janvier
Première de la nouvelle édition d'*Autant en emporte le vent* (*Gone With the Wind*), avec des couleurs entièrement restaurées.

Hollywood, 16 février
Après seize ans de vie commune, l'actrice Jane Fonda divorce de Tom Hayden. Ce dernier aurait une liaison avec Morgan Fairchild, vedette de la série télévisée « Flamingo Road ».

Belgique, 17 février
« Cités-Cinés », la grande exposition parisienne sur le cinéma et ses décors, s'exporte : elle est à Gand jusqu'au 21 mai.

Paris, 2 mars
Tom Cruise, venu faire la promotion de *Rain Man*, annule tous ses engagements et rentre aux Etats-Unis, après un séjour à l'hôpital américain de Neuilly où on le soignait pour une grippe. (→20.1.90)

New York, 6 mars
Le musée d'Art moderne rend hommage au producteur français Marin Karmitz, patron de MK2, en projetant une dizaine de films produits par ses soins, comme *Une affaire de femme*, de Claude Chabrol.

Paris, 21 mars
Antenne 2 diffuse *Thérèse*, d'Alain Cavalier, pour illustrer un débat des « Dossiers de l'écran » sur la religion. Le réalisateur a intenté un procès à la chaîne, se défendant d'avoir réalisé un film religieux.

Paris, 3 avril
Elizabeth Taylor est à l'Automobile-Club pour présenter son parfum Passion pour hommes à plus de 500 journalistes venus de trente-cinq pays. L'événement est diffusé en Mondovision. (→6.10.91)

Paris, 5 avril
Sortie de *Force majeure*, un film du comédien-réalisateur Pierre Jolivet, qui signe là sa troisième œuvre, avec Patrick Bruel, François Cluzet, Alan Bates et Sabine Haudepin.

Hollywood, 18 avril
Premier jour de tournage de *The Two Jakes*, de et avec Jack Nicholson. Ce troisième film est, par ailleurs, la suite de *Chinatown*, de Roman Polanski. (→31.12)

Paris, 25 avril
Les comédiens Catherine Deneuve et Thierry Lhermitte sont reçus à l'Académie des arts et du vin. Ils baptisent de leurs noms une cuvée de beaujolais. (→15.11.90)

Rome, 30 avril
Mort de Sergio Leone (*3.1.1929).

Buenos Aires, 4 mai
Le célèbre interprète de Zorro, « le renard de la nuit », le comédien Guy Williams (*1924), est mort.

Paris, 7 juin
Sortie de *la Petite Véra*, film soviétique de Vassili Pitchoul, avec Natalia Negoda.

Gers, 12 juin
Louis Malle commence le tournage de *Milou en mai*, avec Michel Piccoli et Miou-Miou. (→24.1.90)

Aspen, 26 juin
Melanie Griffith épouse pour la seconde fois Don Johnson, héros de la série télévisée « Miami Vice ».

Londres, 11 juillet
Mort de sir Laurence Olivier, comédien et réalisateur, célèbre pour ses adaptations cinématographiques de Shakespeare (*22.5.1907).

New York, 24 juillet
Dans *Do the Right Thing*, qui sort ce jour, le réalisateur Spike Lee brosse un tableau au vitriol des rapports entre Blancs et Noirs dans un quartier de Brooklyn, tout au long d'une « très » chaude journée. La violence affleure puis se déchaîne, irrésistible. (→20.5.91)

Los Angeles, 25 août
Brian De Palma présente *Outrages* (*Casualties of War*), avec Michael J. Fox, dans lequel il réussit à éviter les pièges du film de guerre. Il fait le récit du viol et du meurtre d'une Vietnamienne par une patrouille américaine et ses conséquences.

Cannes, 5 octobre
Réalisateur, ancien critique et cofondateur en 1951 des *Cahiers du cinéma*, Jacques Doniol-Valcroze (*15.3.1920) meurt d'une crise cardiaque lors d'une séance du Fipa.

New York, 16 octobre
Sortie de *Crimes et délits* (*Crimes and Misdemeanors*), de Woody Allen, le plus pessimiste et misanthropique de ses films. (→22.8.92)

Paris, 8 novembre
Sortie de *Noce blanche*, de Jean-Claude Brisseau, avec pour la première fois à l'écran la chanteuse Vanessa Paradis. (→21.2.90)

Paris, 15 décembre
Aux éditions Ramsay paraît *Entre deux censures, le cinéma érotique de 1973 à 1976*, de François Jouffa et Tony Crawley.

Madrid, 16 décembre
Silvana Mangano (*21.4.1930) est morte. Epouse de Dino De Laurentiis, sa dernière apparition à l'écran fut dans *les Yeux noirs*, de Nikita Mikhalkov. (→14.9.91)

New York, 20 décembre
Costa-Gavras réussit avec *Music Box*, qui sort ce jour, un film haletant, où une jeune femme qui veut prouver l'innocence de son père tombe dans la spirale d'un passé plus que trouble ; avec une remarquable Jessica Lange. (→20.2.90)

Dès sa sortie, « Batman », de Tim Burton, qui fait l'objet d'un lancement phénoménal, atteint les plus hauts sommets du box-office.

Yves Montand dans le rôle du père

Un film en forme de bilan : « Trois Places pour le 26 », de Jacques Demy.

Paris, 1er janvier
Après avoir été Papet, Yves Montand est enfin papa. Carole Amiel, la compagne du comédien depuis 1986, a mis au monde un petit garçon prénommé Valentin. On peut voir Yves Montand dans son nouveau film, *Trois Places pour le 26*, de Jacques Demy, où il a pour partenaires Mathilda May et Françoise Fabian. L'acteur y joue son propre rôle : vingt ans après avoir quitté Marseille, il y fait son retour pour se produire dans un spectacle musical, l'occasion pour lui d'évoquer sa vie et sa carrière. (→ 9.4.90)

Le cinéma fantastique en partie double

Jeremy Irons et Geneviève Bujold : « Faux-semblants », de David Cronenberg.

Avoriaz, 22 janvier
Après avoir raté à deux reprises le grand prix du Festival du film fantastique d'Avoriaz, la première fois pour *Dead Zone* et la seconde pour *la Mouche*, le célèbre réalisateur canadien David Cronenberg l'a enfin remporté grâce à *Faux-semblants* (*Dead Ringers*). Jeremy Irons y incarne un double rôle, celui de deux gynécologues jumeaux qui partagent tout, appartement, travail et femmes ; jusqu'à ce que l'un d'eux tombe amoureux. Les rapports entre les deux frères sombrent alors dans l'horreur. (→ 10.6.91)

Un peu de nerf pour le cinéma espagnol

Paris, 1er février
Après avoir battu des records d'entrées en Espagne, le film *Femmes au bord de la crise de nerfs*, de Pedro Almodovar, vient de sortir à Paris où il devrait rencontrer un succès plus important que celui des précédents films du même auteur projetés ici, dont *la Loi du désir* et *Matador*. Avec un humour au vitriol qui lui est propre, le très doué chef de file du jeune cinéma espagnol brosse dans son nouveau film le portrait d'un groupe de femmes madrilènes, dont l'une d'elles, incarnée par Carmen Maura, l'actrice fétiche de Pedro Almodovar, cherche à retrouver son amant. (→ 20.6.90)

« Femmes au bord de la crise de nerfs », de P. Almodovar, avec Carmen Maura.

John Cassavetes, fin de rétrospective

Los Angeles, 3 février
Le grand public le connaît surtout comme acteur, notamment dans *Rosemary's Baby*. Mais, pour les cinéphiles, John Cassavetes était avant tout l'auteur génial, mais ignoré de Hollywood, de chefs-d'œuvre comme *Husbands*. Dans *Torrents d'amour*, son dernier film en tant qu'acteur-réalisateur, Cassavetes et sa femme Gena Rowlands incarnaient un frère et sa sœur qui s'accrochent l'un à l'autre comme à une bouée de sauvetage. Né le 9 décembre 1929, Cassavetes vient de mourir, peu après la rétrospective que lui a consacrée le Festival de Rotterdam.

« Torrents d'amour », avec Gena Rowlands. Le poids de la solitude.

Jack Lang entend favoriser l'ambition

Paris, 7 février
Maintenir un cinéma français vivant, fort et diversifié, telle est l'ambition du plan d'action en faveur du cinéma que vient de présenter devant de nombreux professionnels le ministre de la Culture Jack Lang. Tenant à la fois compte des réalités économiques et culturelles, le plan de Jack Lang prévoit différentes mesures qui ont pour objet d'accroître la confiance du cinéma français en lui-même et de l'aider à surmonter la crise. Sur le plan de la production, les mesures prévues portent notamment sur le renforcement des aides sélectives, aussi bien pour les films d'auteur que pour ceux qui génèrent de fortes recettes ; l'encouragement des projets de grande envergure, susceptibles de constituer les futures locomotives de la fréquentation, et ce à travers la création d'un nouveau fonds de garantie géré par l'Institut pour le financement du cinéma et des industries culturelles, l'IFCIC. En ce qui concerne la diffusion, la promotion et la protection des films français, le plan prévoit le soutien à l'action des collectivités locales, le développement de la formation du jeune public à l'école, la protection et la sauvegarde du patrimoine cinématographique national, ainsi que l'amélioration de la gestion des marchés du cinéma français à l'étranger, et ce dans le but de favoriser leur extension. (→ 15.11.90)

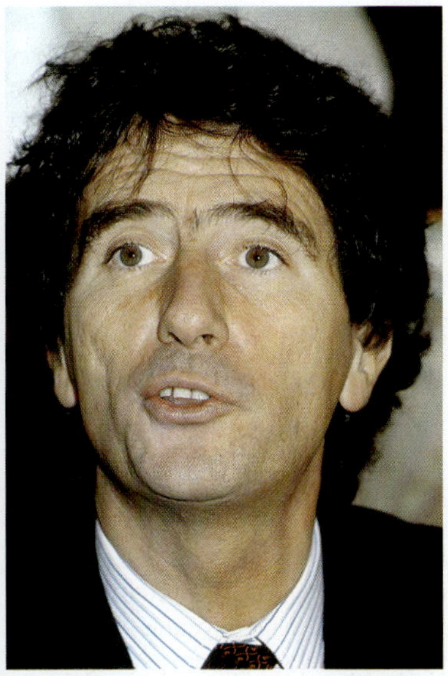
Un ministre devenu populaire.

Isabelle Adjani lance un pavé dans la mare des Césars

Paris, 4 mars
Le nouveau président de l'Académie des arts et techniques du cinéma est le producteur Alexandre Mnouchkine, qui succède à Jeanne Moreau. Par un petit discours, il inaugure la soirée des Césars au théâtre de l'Empire avant d'en présenter le président : Peter Ustinov. Isabelle Adjani obtient le César de la meilleure actrice pour son interprétation dans *Camille Claudel*, de Bruno Nuytten. Elle profite de son passage sur scène pour faire un appel en faveur de Salman Rushdie et de la liberté d'opinion, se disant indignée par la condamnation à mort qui plane sur la tête de l'écrivain d'origine iranienne. Son intervention étant très applaudie, Isabelle Adjani lit un court extrait des *Versets sataniques*. Le public, debout dans la salle, lui fait une ovation exceptionnelle. *Camille Claudel* est couronné meilleur film de l'année mais c'est Jean-Jacques Annaud qui reçoit le César du meilleur réalisateur pour *l'Ours*. Le prix d'interprétation masculine va à Jean-Paul Belmondo pour *Itinéraire d'un enfant gâté*, de Claude Lelouch. Belmondo est absent et a déjà déclaré qu'il repoussait cet hommage dérisoire. Quatre Césars récompensent la première œuvre d'Etienne Chatiliez, *La vie est un long fleuve tranquille*. Pour ce film, Hélène Vincent reçoit le prix du meilleur second rôle féminin. *Bagdad Cafe*, de Percy Adlon, obtient le César du meilleur film étranger remis par Simone Veil au nom de la CEE, et Eric Serra celui de la meilleure musique pour *le Grand Bleu*, de Luc Besson. Présentée par six maîtres de cérémonie (Frédéric Mitterrand, Michel Drucker, Michel Denisot, Henry Chapier, Pierre Tchernia et Claude-Jean Philippe), la soirée est dédiée à trois grands Marseillais : Marcel Pagnol, Fernandel et Raimu. A cette occasion, sont présentés de nombreux extraits de films du réalisateur disparu dont la célèbre trilogie *Marius, Fanny, César*. Un César d'honneur est remis au cinéaste d'animation Paul Grimault. Puis un grand moment d'émotion termine cette cérémonie : Michel Serrault, les larmes aux yeux, remet un autre César d'honneur à son ami Bernard Blier, très amaigri, fatigué et visiblement malade. (→ 15.4)

La meilleure actrice 1988, avec Claudia Cardinale et Jean-Pierre Aumont.

Belmondo et Richard Anconina dans « Itinéraire d'un enfant gâté ».

Un moment du tournage de « l'Ours » au Canada. Ce film obtient le César du meilleur réalisateur pour Jean-Jacques Annaud, et celui du montage.

« Bagdad Cafe », de Percy Adlon, avec Marianne Sägebrecht.

Babbitt et Rabbit partagent les Oscars

Dustin Hoffman et Tom Cruise dans « Rain Man », de Barry Levinson.

Hollywood, 29 mars
La soirée des Oscars est marquée par la course à la victoire de deux grands favoris : *Rain Man*, de Barry Levinson, et *Qui veut la peau de Roger Rabbit ?*, de Robert Zemeckis. *Rain Man* obtient le prix du meilleur film de l'année et vaut à Levinson celui du meilleur réalisateur. Le rôle de Charlie Babbitt permet à Dustin Hoffman de recevoir le second Oscar de sa carrière. Il incarne un autiste très doué en calcul mental, pris en charge par son jeune frère, interprété par Tom Cruise. Jodie Foster est désignée meilleure actrice pour *les Accusés* (*The Accused*), de Jonathan Kaplan, tandis que Kevin Kline pour *Un poisson nommé Wanda* (*A Fish Called Wanda*), de Charles Crichton, et Geena Davis pour *Voyageur malgré lui* (*The Accidental Tourist*), de Lawrence Kasdan, obtiennent ceux des meilleurs seconds rôles. *Pelle le conquérant*, du Danois Bille August, est meilleur film étranger. (→ 19.3.90)

« Qui veut la peau de Roger Rabbit ? » deux Oscars aux effets spéciaux.

Comédiens français par excellence

Paris, 15 avril
Deux grands comédiens viennent de disparaître à quelques jours d'intervalle. Aujourd'hui, c'est Charles Vanel qui s'est éteint. Doyen de l'écran, Vanel était né le 21 août 1892. Il rêvait de devenir officier de marine mais dut renoncer à cette carrière à cause de sa mauvaise vue. Il s'orienta vers la comédie en 1912. Il avait plus de 200 films à son actif et un prix d'interprétation à Cannes en 1953. Dans la nuit du 29 mars, trois semaines après sa dernière apparition lors de la soirée des Césars, Bernard Blier s'est éteint, entouré de sa famille. Né le 11 janvier 1916, il a vu le jour à Buenos Aires, où son père, biologiste à l'Institut Pasteur, se trouvait en mission scientifique. Il a débuté à l'écran en 1937 dans *3, 6, 9*, de Raymond Bernard, et est vite devenu l'un des grands du septième art. Blier était marié à Annette Martin depuis 1965. Il avait deux enfants d'un premier mariage, Bertrand, devenu réalisateur, et Brigitte. Bien que de générations différentes, Blier et Vanel étaient deux des plus solides comédiens du cinéma français.

Le Canada célèbre cinquante ans d'ONF

Un film fondateur : « Pour la suite du monde », de Brault et Perrault.

Montréal, 2 mai
C'est un jour de fête, dans la grande métropole du Québec, pour qui s'intéresse au cinéma de ce pays. Mais cette fête est célébrée aussi à Ottawa ou à Toronto, car l'histoire de l'Office national du film (ONF), qui a cinquante ans aujourd'hui, est celle d'une aventure qui a été commune à tous les cinémas canadiens, de l'Atlantique au Pacifique. Né d'un rapport (de John Grierson, en 1938) et d'une loi (le National Film Act du 2 mai 1939), l'ONF a été bien autre chose que la simple agence gouvernementale qu'il avait vocation d'être. Il a été en vérité un centre de création et d'impulsion dont toute l'histoire du cinéma au Canada, durant ces cinquante ans, a été profondément marquée : à la fois centre de production, avec laboratoires et studios, atelier de recherches techniques et d'expérimentations, il a été également, et demeure encore, un organisme de promotion et de distribution – tout en remplissant simultanément ses fonctions administratives. Transféré en 1956 d'Ottawa à Montréal, avec des moyens accrus, l'Office a dès lors multiplié ses interventions, favorisant et accompagnant notamment, à partir de 1961, l'explosion du jeune cinéma québécois. Aujourd'hui, les nouvelles données économiques de la production ont réduit le rôle de l'ONF, mais il constitue toujours, au cœur de l'activité audiovisuelle canadienne, un point d'ancrage essentiel pour tous les cinéastes.

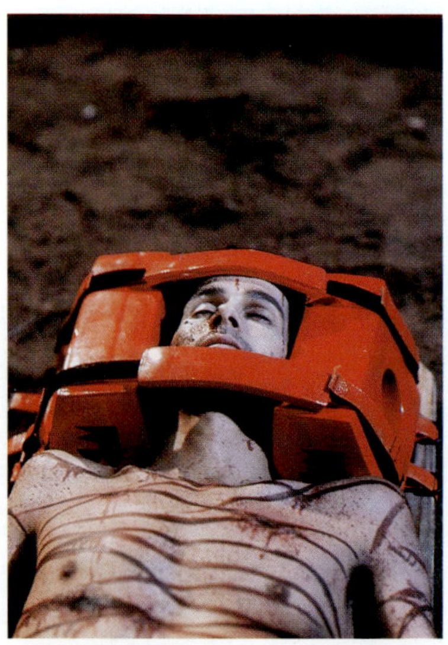

Lothaire Bluteau dans « Jésus de Montréal », de Denys Arcand.

B. B. en campagne pour les animaux

Paris, 19 mai
Si Brigitte Bardot revient à l'écran, c'est dans le dessein de défendre les animaux, son sacerdoce depuis plus de quinze ans. Pour TF1, B. B. a accepté de présenter une nouvelle série d'émissions de télévision intitulée « SOS », dans laquelle elle veut dénoncer le martyre subi par les bêtes victimes de la cruauté des humains. Elle espère ainsi faire prendre conscience à tous de leurs souffrances. B. B. ne voulait plus se montrer devant les caméras, mais la cause des animaux l'a faite revenir sur sa décision. (→ 20.3.90)

Sexe et nostalgie courent la Croisette

Cannes, 23 mai
Parce que le jury du Festival de Cannes présidé par Wim Wenders avait pour ambition de récompenser un film qui donne confiance dans le cinéma, il n'a pas hésité à décerner la Palme d'or à un outsider de vingt-six ans : Steven Soderbergh, le réalisateur américain de *Sexe, mensonges et vidéo*. Ecrit en huit jours, tourné en trente et monté en quatre semaines, ce film décrit les rapports amoureux de quatre personnages, dont l'un d'eux ne peut concevoir ses relations avec les autres sans l'intermédiaire d'une caméra vidéo qui lui sert d'arme et de bouclier. Autre surprise du Festival, *Cinéma Paradiso*, de l'Italien Giuseppe Tornatore, a su toucher le public par une émouvante histoire d'amitié entre un petit orphelin et un vieux projectionniste qui lui fait partager sa nostalgie du cinéma d'antan. Ce film a partagé le prix spécial du jury avec *Trop belle pour toi*, de Bertrand Blier, dans lequel Gérard Depardieu délaisse sa superbe épouse, incarnée par Carole Bouquet, pour une « tarte » interprétée par Josiane Balasko ! Transposition moderne de la tragédie du Christ, *Jésus de Montréal*, de Denys Arcand, a remporté le prix du jury, tandis que le lyrique *Temps des Gitans*, d'Emir Kusturica, a le prix de la mise en scène. Le jury a fait une faute de parcours en oubliant de distinguer le film de Spike Lee *Do the Right Thing*, l'une des œuvres les plus fortes. (→24.7)

Carole Bouquet, rivale de Josiane Balasko dans « Trop belle pour toi ».

« Sexe, mensonges et vidéo », premier film de Steven Soderbergh.

Philippe Noiret et Salvatore Cascio dans « Cinéma Paradiso ».

Robin Williams à l'école de la liberté

New York, 2 juin
Trois ans après *Mosquito Coast*, le nouveau film de l'Australien Peter Weir s'annonce dès sa sortie comme l'un des triomphes inattendus de l'été. *Le Cercle des poètes disparus* (*Dead Poets Society*) est en effet assez éloigné des succès américains ordinaires. Robin Williams, dont c'est ici le premier rôle dramatique, incarne dans le film un professeur anticonformiste arrivant dans un collège huppé et fort traditionnel. Perturbant le conservatisme ambiant et épris de liberté, le personnage se résume par la devise latine *Carpe diem* : Profite du jour présent. (→9.3.91)

« Le Cercle des poètes disparus », de Peter Weir. Un professeur peu ordinaire.

Multisalles belges sans complexes

Bruxelles, 20 juin
La capitale belge détient désormais un record du monde, que bien des métropoles plus considérables pourraient lui envier, alors que le cinéma connaît une crise d'ampleur universelle. On peut y voir en effet, tout près du célèbre Atomium édifié pour l'Exposition de 1958, un ensemble de salles de cinéma sans équivalent à ce jour, baptisé Kinépolis : de huit, lors de son ouverture en octobre dernier, le nombre de salles qu'il abrite est passé finalement à vingt-trois, toutes en activité aujourd'hui. Pareil gigantisme peut paraître utopique. Mais le promoteur de Kinépolis, Albert Bert, croit d'autant plus à son entreprise que les faits lui donnent déja raison, avec une augmentation sensible, et générale, de la fréquentation des salles bruxelloises. Kinépolis n'est d'aileurs pas un coup d'essai ; Gand et Courtrai, notamment, avec dix et cinq salles, ayant déja permis à Albert Bert de faire la preuve de son réalisme, comme de sa confiance en l'avenir du cinéma. En Belgique, loin des idées reçues, les multisalles naissent sans complexes.

Cinéma et Libertés

Cannes, 13 mai
Le Festival de 1989 ne pouvait pas être un festival comme les autres : cette année de célébration du bicentenaire de la Révolution française lui imposait des obligations particulières, et ses responsables ne s'y sont pas dérobés. D'où l'idée de consacrer toute la journée du 13 mai au thème Cinéma et Libertés. Réalisé pour la circonstance, un film l'a illustré : *Liberté*, de Laurent Jacob (fils du délégué général du Festival, Gilles Jacob). C'est un beau film de montage constitué d'extraits de trente-six films français ou étrangers inspirés par la Révolution, de 1897 à 1985. Mais la liberté du cinéma se conjugue surtout au présent, et le colloque qui a suivi l'a bien montré. Quatre-vingts cinéastes, de tous horizons, étaient présents. Ils ont témoigné de leur expérience des avatars de la liberté, du Liban aux Philippines, de la Pologne à la Turquie, de l'Afrique du Sud à Cuba... Tous se sont inquiétés des contraintes économiques ou politiques, mettant en péril la liberté de créer.

La vente de Pathé dans les remous

Paris, 10 juillet
Depuis plus de six mois maintenant, le monde du cinéma et celui de la finance s'agitent autour de ce qu'il est convenu d'appeler « l'affaire Pathé ». Tout a commencé en décembre dernier avec la cession de la société Pathé-Cinéma et de ses filiales, pour 950 millions de francs, au groupe financier Max Théret Investissements. L'âme de cette opération était en fait l'homme d'affaires italien Giancarlo Paretti, dont les acquisitions et les ambitions inquiètent déja depuis plusieurs années les professionnels français. Le gouvernement s'est ému, et le ministre des Finances Pierre Bérégovoy a fait bloquer la cession en raison des risques de mainmise étrangère sur cette entreprise. Paretti tente aujourd'hui un montage financier plus orthodoxe, tandis que les pouvoirs publics préparent de leur côté une solution de rechange, où Havas pourrait jouer les premiers rôles. (→ 1.11.90)

Le voyage initiatique d'Alain Corneau dans le mystère de l'Inde

« Nocturne indien », avec Jean-Hugues Anglade, d'après Antonio Tabucchi. Le mythique au cœur du quotidien.

Paris, 16 août
Nocturne indien, d'Alain Corneau, est le récit d'un homme qui, parti en Inde à la recherche d'un ami disparu, découvre peu à peu l'âme de ce pays et s'en éprend. De Bombay à Goa, le personnage poursuit son chemin, qui est aussi un cheminement en lui-même, ainsi que le révélera la conclusion de son périple. Le film est adapté d'un court roman de l'Italien Antonio Tabucchi, dans lequel le réalisateur a retrouvé sa propre expérience de l'univers indien. Interprétée par Jean-Hugues Anglade, l'œuvre a été tournée sur les lieux de l'action, et son cosmopolitisme est attentif à respecter les multiples langues parlées à l'écran : indien, anglais, français, allemand, portugais. (→ 10.1.92)

Adieu aux poètes du documentaire

Paris, 2 juillet
Jean Painlevé (*20.11.1902) s'est éteint à son domicile de Neuilly-sur-Seine. Cette nouvelle suit le décès, le 28 juin à Paris, d'un autre grand documentariste, le Néerlandais Joris Ivens (*18.11.1898). Il venait de présenter son dernier film, réalisé en Chine avec Marceline Loridan, *Une histoire de vent*. Ivens restera l'une des plus grandes figures du cinéma engagé et son œuvre prend valeur de témoignage sur notre siècle. Après ses débuts à la fin des années 20 (ainsi *Zuyderzee* en 1930), il avait signé entre autres *Terre d'Espagne* en 1938 et *le Peuple et ses fusils* en 1969. Jean Painlevé ne lui ressemblait que fort peu, talent mis à part. Ancien directeur général de la Cinématographie en 1944-1945, il est considéré essentiellement comme un cinéaste scientifique. C'est oublier la grande poésie qui s'exprime dans des films expérimentaux tels *la Pieuvre* en 1928, *les Crevettes* en 1930, *l'Hippocampe* en 1934, *le Vampire* en 1945 ou *Assassins d'eau douce* en 1947.

Bertrand Tavernier interpelle l'histoire

Paris, 6 septembre
La Vie et rien d'autre, de Bertrand Tavernier, est le centième film de Philippe Noiret, qui est ici entouré de Sabine Azema et de Pascale Vignal. Le comédien y interprète un officier qui, au lendemain de la Première Guerre mondiale, est chargé de faire le décompte des morts et des disparus. Combattant les sous-estimations volontaires dont aimeraient se contenter ses supérieurs, et au moment où ceux-ci s'apprêtent à choisir le symbolique soldat inconnu, le commandant Dellaplane entend dresser la stricte comptabilité de ce qui n'est à ses yeux qu'un génocide. (→ 4.3.90)

Sabine Azema et Philippe Noiret dans « la Vie et rien d'autre ».

Shirley Temple part en ambassade

Prague, 23 août
Shirley Temple, qui fut star dès l'âge de quatre ans et numéro un du box-office américain en 1934, a abandonné le cinéma en 1949 après le tournage de *L'amour a toujours raison* (*A Kiss for Corliss*), de Richard Wallace. En 1972, Shirley est revenue sous les feux de l'actualité lorsque le président Nixon a fait d'elle une déléguée aux Nations unies. Aujourd'hui, Shirley Temple devient ambassadrice des Etats-Unis en Tchécoslovaquie. Elle n'a que six ans lorsqu'un Oscar spécial lui est décerné avec cette dédicace : « A Shirley, qui apporte plus de bonheur à des millions d'enfants et d'adultes que n'importe quel autre enfant de son âge. » Elle dit souhaiter donner tout autant de bonheur « aux gens qui en ont tant besoin dans les pays de l'Est, par une action concertée et par beaucoup de gentillesse ». Son charme semble agir sur les Tchèques puisqu'elle a été chaudement accueillie à son arrivée à Prague, où une soirée a été donnée tout spécialement en son honneur.

A Venise sous le signe de l'Europe

Venise, 15 septembre
Bon an mal an, le cinéma français a pris l'habitude de remporter l'un des précieux lions de la Mostra de Venise. Cette année, les Français ont été à l'honneur grâce à Robert Bresson qui s'est vu attribuer un Lion d'or spécial pour l'ensemble de sa carrière, et au cinéaste géorgien Otar Iosseliani, lequel a raflé le prix spécial du jury avec son film produit par la France, *Et la lumière fut*. Italiens et Anglais ont dû se contenter des prix d'interprétation, décernés à Massimo Troisi et Marcello Mastroianni avec *Quelle heure est-il ?*, d'Ettore Scola, et à Peggy Ashcroft et Geraldine James avec *She's Been Away*, de Peter Hall. La surprise du Festival a été la consécration des cinémas asiatiques à travers deux films : *la Cité des douleurs*, du réalisateur de Taiwan Hou Hsiao Hsien, qui a remporté le Lion d'or, et *la Mort du maître de thé*, du Japonais Kei Kumal, lauréat du Lion d'argent. (→ 14.12)

Le film de la Révolution française, ou la terreur et l'espérance

Une production en deux actes : « les Années lumières », de Robert Enrico ; « les Années terribles », de Richard Heffron.

Paris, 22 novembre
Depuis 1897 à ce jour, pas moins de 300 films, tournés dans 17 pays, dont la France qui en a produit 137, ont été consacrés à la Révolution française et à ses suites immédiates. Mais aucun film n'avait jusqu'ici retracé l'histoire de l'épopée révolutionnaire dans sa totalité. C'est désormais chose faite avec *la Révolution française*, film composé de deux époques, *les Années lumières*, de Robert Enrico, et *les Années terribles*, de Richard Heffron, qui, en 5 heures et 34 minutes, racontent toute la Révolution, de la réunion des Etats généraux en 1789 à la mort de Robespierre en 1794. Cette immense épopée, dont le budget s'élève à près de 300 millions de francs, se veut le monument cinématographique du bicentenaire. Des moyens impressionnants ont été mobilisés afin de permettre son achèvement et un certain nombre d'acteurs de renom ont été invités à y incarner les grandes figures historiques. Parmi ces dernières, Danton, Mirabeau, le roi Louis XVI et la reine Marie-Antoinette ont été respectivement incarnés par Klaus Maria Brandauer, Peter Ustinov, Jean-François Balmer et Jane Seymour.

Le cinéma français a débarqué en force sur les plages de Floride

Sarasota, 19 novembre
Longtemps souhaité, le Festival du cinéma français aux Etats-Unis est devenu enfin une réalité. En effet, depuis le 14 du mois, la station balnéaire de Sarasota a accueilli le 1er Festival du film français. Due à une initiative américaine, cette manifestation va constituer une vitrine inespérée pour le cinéma français qui ne représente jusqu'ici qu'à peine 1 % de part du marché sur le territoire américain. Présentés par leurs réalisateurs et interprètes, une quinzaine de films récents ont été proposés au public, auxquels se sont ajoutés quatre autres films à titre d'hommage à René Clément et à Jeanne Moreau notamment. Inauguré par Audrey Hepburn, le Festival a permis aux professionnels français d'exprimer devant leurs homologues américains leur détermination à revendiquer pour leurs films toute la place qui leur revient, tant sur le marché européen qu'américain. (→ 15.11.90)

Michel Blanc dans « Monsieur Hire », de Patrice Leconte, d'après Simenon.

G. Depardieu superstar avec « Jean de Florette », de Claude Berri.

La famille royale au Temple.

Les liaisons dangereuses selon Forman

Meg Tilly et Colin Firth dans « Valmont », de Milos Forman.

Paris, 6 décembre
Le nouveau film de Milos Forman, *Valmont*, a été tourné en anglais mais est une production majoritairement française. Quelques mois après *les Liaisons dangereuses* de Stephen Frears, il s'agit cette fois-ci d'une nouvelle adaptation du roman de Choderlos de Laclos, les deux œuvres ne se ressemblant pourtant que fort peu. Alors qu'il n'a pas travaillé depuis le triomphe mondial d'*Amadeus*, Forman signe avec *Valmont* une fastueuse reconstitution, en sacrifiant les subtiles intrigues des personnages à leur profondeur psychologique : l'innocence sous la perversion.

Un premier film couvert de lauriers

Mireille Perrier et Hippolyte Girardot dans « Un monde sans pitié ».

Paris, 14 décembre
Après avoir récolté le prix Kodak et le prix de la Semaine de la critique à Venise, le premier long métrage d'Eric Rochant, *Un monde sans pitié*, se voit attribuer le prix Louis-Delluc. Déjà auteur de quelques courts métrages remarqués, tel *Présence féminine* en 1987, Rochant s'attache dans son film à un jeune homme revenu de tout et profondément désabusé, interprété par Hippolyte Girardot : il ne croit absolument en rien mais a de l'humour, n'aime rien mais est lucide. Il n'en fallait peut-être pas plus pour que le film prenne l'allure d'un petit phénomène de société.

Le Japonais Sony achète la Columbia

Hollywood, 25 novembre
Les Américains redoutaient déjà la concurrence féroce des conquérants japonais sur les marchés de l'automobile et de l'électronique. Mais personne ne s'attendait à voir ces « envahisseurs » venus de l'empire du Soleil-Levant débarquer en force à Hollywood, le lieu originel d'où la mythologie américaine est partie à la conquête du monde ! En effet, le géant nippon de l'électronique Sony a acquis la firme Columbia le 31 octobre dernier, pour la somme de 3,4 milliards de dollars. Les producteurs Jon Peters et Peter Guber sont nommés à la tête du studio, après que Sony ait acheté leur maison de production pour 54 millions de dollars. Parce qu'elle touche à un secteur, le cinéma, dont les Américains étaient jusqu'ici les maîtres incontestés dans le monde, la nouvelle de l'achat de la Columbia par Sony a provoqué de vives réactions d'inquiétude, aussi bien à Wall Street qu'à Los Angeles. (→ 10.1.90)

« Batman » s'envole vers les sommets historiques du box-office

Hollywood, 31 décembre
En augmentation de 13 % par rapport à l'année précédente, le box-office américain de 1989 a dépassé les 5 milliards de dollars, établissant ainsi un record. Le n° 1 de ce box-office est *Batman*, de Tim Burton, avec Michael Keaton dans le rôle de l'homme chauve-souris et Jack Nicholson dans celui de son ennemi juré, le Joker. Sorti simultanément dans 2 850 salles, ce film, inspiré d'une bande dessinée, a réalisé quarante millions de dollars de recette en trois jours ! Il s'est donc imposé comme le plus gros succès de l'année et le troisième de tous les temps. Grâce à une opération marketing savamment orchestrée, la *batmania* n'a pas cessé de déferler sur l'Amérique depuis l'été. (→ 22.6.92)

« Batman », de Tim Burton. Face à l'homme chauve-souris redresseur de torts, Jack Nicholson est un mémorable Joker.

De nouvelles images pour le cinéma à venir

Terminator II doit son bras spécial à la prise de vues image par image.

« Qui veut la peau de Roger Rabbit ? » est un exemple réussi de l'intervention des techniques modernes d'animation dans le film de fiction.

Le cinéma, tout en voulant rester le septième art, lorgne vers la technique afin de varier ses effets. L'image électronique a constitué une de ses plus grandes révolutions. Elle résulte de la traduction, en termes d'impulsions électriques, des intensités lumineuses produites par les éléments d'une image. L'image de synthèse, dérivée des procédés employés dans les méthodes de simulation militaires et scientifiques, s'adapte à l'audiovisuel. Discrètement, elle se retrouve dans les génériques des émissions télévisées, dans les dessins animés. Avec la mise au point par les usines Lucas, aux Etats-Unis, de prototypes comme le Pixar et l'Edidroïd, elle s'intègre dans le paysage cinématographique. Dans *la Guerre des étoiles*, comme dans la série des *Star Trek*, il devient impossible de distinguer l'image réelle de la synthétique. *Tron* est le premier long métrage à utiliser l'informatique dans ses trucages. Pas de maquettes pour ce film de science-fiction, mais un procédé de simulation digitale en trois dimensions. Un objet est dessiné sous trois angles différents : de côté, de face, de dessus. Ensuite, les dessins sont programmés par un ordinateur qui analyse l'objet. Il peut ainsi être mis en scène dans l'espace, en perspective, par un écran de contrôle. Une information différente d'intensité et de ton donnée à chaque point de lumière qui compose l'image apporte à l'objet sa couleur et sa texture. Plus de 15 min du film sont ainsi réalisées sans intervention humaine et 80 % des décors sont peints par ordinateur. David Cronenberg, lui, a réussi un exploit dans le domaine du trucage. Pour rendre les scènes où intervenaient ensemble les jumeaux de *Faux-semblants* (joués par le seul Jeremy Irons) crédibles et vivantes, il a utilisé le procédé du Motion Control. Il filmait avec une caméra programmable par ordinateur, appliquant un cache à l'objectif dès les prises de vues. Il suffisait de reprendre la pellicule partiellement impressionnée et, grâce à un contre-cache électronique, il pouvait compléter l'image. Dernier-né des effets spéciaux créés par ordinateur : le Morphing. Une technique qui permet de bien étranges métamorphoses : des voitures se transforment en tigres, des visages vieillissent de trente ans en quelques secondes... Grâce à des techniques sophistiquées d'analyse des images, puis de traitement par ordinateur, la pellicule peut se manipuler à l'infini tout en gardant sa qualité. On fait traiter l'image d'une pellicule point par point par un scanner. L'ordinateur affecte à chacun des points un code informatique et l'image peut être manipulée, inscrite sur une nouvelle pellicule. Le cinéma ne va-t-il pas remplacer ses acteurs par leur apparence synthétisée ? Larry Ellin, l'un des créateurs de *Tron*, est formel et rassurant : « Il est impossible de parvenir à une animation satisfaisante. Lorsqu'il s'agit de mettre des personnages en scène par ordinateur, les mouvements de mains sont infaisables. »

Les incrustations qui caractérisent les images de « Tron » font appel aux techniques de l'informatique et de la vidéo.

Michel Serrault et Virna Lisi : « Joyeux Noël, bonne année », de L. Comencini.

« Le Décalogue », de K. Kieslowski.

« Les Enfants du désordre ».

Jessica Lange dans « Music Box », film de Constantin Costa-Gavras.

M. Rubbo dans « Vincent et moi ».

« Cinéma Paradiso », de Tornatore.

H. Mirren : « le Cuisinier, le voleur, sa femme et son amant », de P. Greenaway.

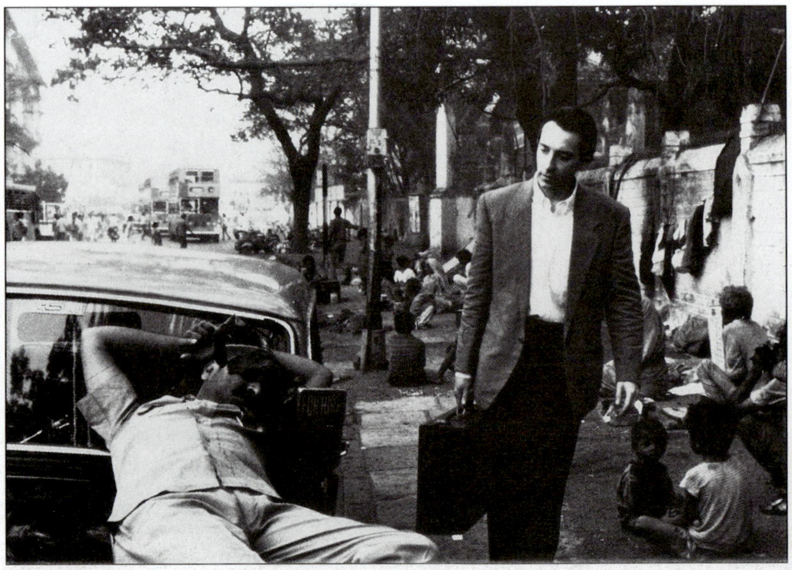

Jean-Hugues Anglade dans « Nocturne indien », film d'Alain Corneau.

« Do the Right Thing », de Spike Lee.

Martin Scorsese dans « Rêves ».

Michael Caine et Ben Kingsley : « Elémentaire, mon cher... Lock Holmes ».

Michael Keaton et Kim Basinger dans « Batman », de Tim Burton.

Meg Tilly et Colin Firth dans « Valmont », film de Milos Forman.

James Spader dans « Sexe, mensonges et vidéo », de Steven Soderbergh.

Robin Williams dans « le Cercle des poètes disparus », de Peter Weir.

1990

Oscars, Hollywood
Film : *Miss Daisy et son chauffeur* (Bruce Beresford).
Acteur : Daniel Day Lewis.
Actrice : Jessica Tandy.

Mostra d'arte cinematografica, Venise
Lion d'or : *Rosencrantz et Guildenstern sont morts* (Tom Stoppard).
Meilleur acteur : Oleg Borissov.
Meilleure actrice : Gloria Munchmeyer.

Festival international du film, Cannes
Palme d'or : *Sailor et Lula* (David Lynch).
Meilleur acteur : Gérard Depardieu.
Meilleure actrice : Krzysztina Janda.

Césars, Paris
Film : *Trop belle pour toi* (Bertrand Blier).
Acteur : Philippe Noiret.
Actrice : Carole Bouquet.

Hollywood, 1er janvier
Pour la première fois de l'histoire du cinéma, un film dépasse le seuil des cinq milliards de dollars de recettes aux Etats-Unis et au Canada, c'est *Batman*.

Paris, 10 janvier
Sortie du film de Jacques Doillon, *la Vengeance d'une femme*, avec Isabelle Huppert, Béatrice Dalle et Jean-Louis Murat, dans sa première apparition à l'écran. (→ 13.12)

Paris, 20 janvier
Rain Man, de Barry Levinson, est le film qui a fait le plus d'entrées (1 509 707) pour 1989 sur Paris-périphérie. (→ 7.5.91)

France, 3 février
Plusieurs films français ont été sous-titrés en français par l'association de sourds « Symbiose », afin de permettre aux quatre millions de malentendants d'aller au cinéma. La première de cette initiative a lieu ce jour à Argenteuil avec *Camille Claudel*. (→ 26.3)

Paris, 7 février
Sortie de *Chet Baker* (*Let's Get Lost*), de Bruce Weber, avec Chet Baker, le grand trompettiste, filmé juste avant sa mort.

Paris, 28 février
Marie-France Pisier présente son premier film, *le Bal du gouverneur*, d'après son propre roman. La majeure partie du film a été tournée en Nouvelle-Calédonie.

France, 4 mars
Le film *Stan the Flasher*, de Serge Gainsbourg, avec Claude Berri et Aurore Clément, est diffusé sur Canal Plus, en avant-première. Le film doit sortir sur les écrans dans trois jours. (→ 2.3.91)

Hollywood, 19 mars
Cinq mille fans campent devant le Dorothy Chandler Pavilion, où doit se dérouler la cérémonie des Oscars dans une semaine. Ils espèrent, ce jour-là, apercevoir l'une de leurs idoles. (→ 26)

Paris, 20 mars
Maître Gilles Dreyfus a catégoriquement démenti les informations selon lesquelles sa cliente, Brigitte Bardot, incarnerait à l'écran Elena Ceausescu, l'épouse du chef d'Etat roumain. (→ 3.1.92)

Hollywood, 26 mars
Trente secondes de publicité pendant les Oscars coûtent 22,5 millions de francs. →

Essonne, 26 mars
Aux studios d'Arpajon, premier jour de tournage du *Mari de la coiffeuse*, de Patrice Leconte, avec Jean Rochefort, incarnant un homme fasciné par les coiffeuses. (→ 13.12)

Londres, 2 avril
Alain Delon vend chez Christie's une dizaine de tableaux de sa collection pour une valeur d'environ deux millions de livres (20 millions de francs). (→ 25.5)

Nantes, 9 avril
Agnès Varda commence le tournage d'*Evocation*, consacré à l'enfance et à la jeunesse nantaise du cinéaste Jacques Demy, son mari à la ville. (→ 17.11)

Suisse, 23 avril
Mort de la comédienne Paulette Goddard (*3.6.1911). Elle fut successivement l'épouse de Charlie Chaplin, avec qui elle tourna entre autres films *le Dictateur*, puis du comédien Burgess Meredith et enfin de l'écrivain allemand Erich Maria Remarque.

Philadelphie, 25 avril
Dexter Gordon (*27.2.1923), saxophoniste de jazz et comédien, qui tenait le rôle principal du film de Bertrand Tavernier, *Autour de minuit* (*Round Midnight*), n'est plus.

Paris, 1er mai
Dans le numéro de mai des *Cahiers du cinéma*, le lecteur trouve un entretien avec Claude Lelouch. Cela faisait trente ans que la revue et le réalisateur ne s'étaient pas rencontrés. Les *Cahiers* avaient l'habitude de dire : « La honte de la profession, c'est lui », et Lelouch répondait : « Vous êtes ce que je hais le plus au monde. » (→ 9.6.93)

Toulon, 30 mai
Roger Hanin comparaît devant le tribunal correctionnel de la ville pour avoir qualifié Jean-Marie Le Pen de « nazi ». Le jugement est mis en délibéré. (→ 4.3.92)

Moscou, 6 juin
Première de *l'Aveu*, de Costa-Gavras. Ce film franco-italien, tiré du récit d'Arthur London, qui démontait le mécanisme des grands procès staliniens dans les démocraties populaires, n'avait jamais été montré en U.R.S.S. (→ 10.2.93)

Paris, 13 juin
Le comédien Jean-Paul Belmondo réclame au peintre Combas 400 000 francs de dommages et intérêts, pour emploi abusif de son image dans le tableau intitulé *la Fiancée de Belmondo*.

New York, 15 juin
Sortie de *Dick Tracy*, de et avec Warren Beatty, Madonna et Al Pacino, d'après la bande dessinée créée par Chester Gould dans les années trente. (→ 7.5.91)

Paris, 20 juin
Le réalisateur espagnol Pedro Almodovar est à Paris pour présenter *Attache-moi* (*Atame*), son dernier film, avec Victoria Abril et Antonio Banderas.

Effiat, 20 juillet
Le comédien Gérard Depardieu, en tournage actuellement avec Claude Berri dans le Puy-de-Dôme pour le film *Uranus*, provoque un accident de la circulation. Pour justifier son ébriété manifeste, il explique qu'il vient de jouer, juste avant l'accident, le rôle d'un patron de café pris de boisson. (→ 18.12)

Sarasota, 15 novembre
Jack Lang, le ministre français de la Culture, est en Floride pour ouvrir le second Festival du film français. Catherine Deneuve, Alain Delon et Daniel Toscan du Plantier accompagnent le ministre.

Moscou, 3 décembre
La salle de cinéma Mir rouvre ses portes sous les couleurs de Paris-Moscou-Média, une société mixte franco-soviétique. Rénovée, cette salle de 1 200 places se spécialisera dans la programmation de films français. (→ 25.8.91)

Mériel, 10 décembre
Cette petite commune du Val-d'Oise décide de créer un musée Jean Gabin et d'installer sur la place du village un buste de l'acteur dû à Jean Marais. C'est à Mériel que Jean Moncorgé, futur Jean Gabin, passa la plus grande partie de son enfance et son adolescence.

Entrepris, produit, réalisé et interprété avec un égal panache, « Cyrano de Bergerac » réaffirme les nouvelles ambitions du cinéma français.

Time et Warner, l'union est officielle

New York, 10 janvier
Annoncée à grand bruit le 1er mars dernier, l'acquisition de la firme Warner Communications par la société Time Inc. vient d'être ratifiée officiellement. Le coût de l'opération s'élève à 14,1 milliards de dollars. La société née de cette fusion, la Time-Warner, devient ainsi le plus grand conglomérat de communication du monde. Comme on pouvait s'y attendre, cette position dominante n'a pas manqué d'inquiéter sérieusement les sociétés rivales de la Time-Warner qui jugent complètement illégale cette opération, et ce en vertu des lois antitrusts américaines. C'est justement pour cette raison que la Columbia s'était empressée, dès l'annonce de la fusion, de tenter une action en justice contre la Warner et la Time Inc. afin de les empêcher de réaliser leur projet. Mais, finalement, le tribunal chargé de l'affaire avait rejeté la requête de la Columbia le 9 juin de l'année dernière. (→22.6.92)

Zulawski fait face aux discordances de « Boris Godounov »

Dans le nouveau film-opéra produit par Toscan du Plantier, Ruggero Raimondi incarne le tsar usurpateur.

Paris, 10 janvier
Instigateur en France du film-opéra, le producteur Daniel Toscan du Plantier a confié au réalisateur Andrzej Zulawski la transposition à l'écran de l'œuvre tumultueuse de Moussorgsky, *Boris Godounov*, avec Ruggero Raimondi dans le rôle du tsar usurpateur. De cette œuvre qui traite de la vanité du pouvoir, Zulawski a tiré une adaptation libre, en faisant notamment référence aux totalitarismes qui sévissaient à l'Est, voici encore quelques mois. Mais, déjà, les puristes sont nombreux à contester cette version iconoclaste ; parmi ceux qui s'insurgent, Mstislav Rostropovitch, qui en a assuré pourtant la direction musicale, ce qui ne l'a pas empêché de faire un procès au producteur !

Ava Gardner, ou le mythe incarné

Londres, 25 janvier
Etablie en Angleterre depuis 1967, année où elle a emménagé dans l'ancienne garçonnière de Frank Sinatra à Grosvenor Square, Ava Gardner est décédée des suites d'une pneumonie. Née le soir de Noël 1922, elle a débuté à l'écran à vingt ans. En 1946, son rôle de vamp dans le film de Robert Siodmak, *les Tueurs (The Killers)*, avec Burt Lancaster, la rend très populaire. Elle enchaîne dès lors film sur film et devient une star grâce à *Showboat*, de George Sidney, puis à *Pandora*, d'Albert Lewin. Sa vie sentimentale agitée a souvent défrayé les chroniques. Ava Gardner a été successivement mariée avec Mickey Rooney, Artie Shaw et Frank Sinatra. Depuis quelques années, elle tournait seulement pour la télévision. Sa dernière apparition au cinéma remonte à 1982, dans *Regina*, du Français Jean-Yves Prat, avec Anthony Quinn.

Retour sur Mai 68, version Louis Malle

Paris, 24 janvier
Lorsque la révolte estudiantine avait éclaté en mai 1968, Louis Malle se trouvait au Festival de Cannes. Prenant parti contre le pouvoir, il avait alors participé au coup de force qui avait interrompu le Festival. Vingt-deux ans plus tard, Malle nous donne l'envers de ces événements dans *Milou en mai*, réjouissante comédie interprétée notamment par Michel Piccoli et Miou-Miou. Le film raconte l'incidence de Mai 68 sur une famille bourgeoise du midi de la France, dont les préoccupations sont bien éloignées de celles des étudiants qui affrontent les CRS à Paris. (→9.12.92)

Autour de Milou (Michel Piccoli), toute une famille en effervescence.

Francis F. Coppola se met en faillite

Hollywood, 25 janvier
Depuis 1982, les milieux financiers et cinématographiques américains suivent avec intérêt le feuilleton des mésaventures financières du réalisateur du *Parrain*. Coppola a-t-il été trop ambitieux ? A cette question, beaucoup d'observateurs répondent par l'affirmative. Tout auréolé du succès des deux *Parrain* et d'*Apocalypse Now*, Coppola avait racheté en 1981 les studios Zoetrope, qu'il a aussitôt équipés des techniques les plus modernes. On voyait alors en lui le grand nabab du cinéma futur. Mais les échecs successifs de ses films depuis *Coup de Cœur* l'ont finalement conduit à revoir, à la baisse, ses ambitions. Criblé de dettes et incapable de payer ses créanciers, il a failli plus d'une fois voir ses biens saisis par la justice. Finalement, il a dû jeter l'éponge et déclarer sa faillite. Le réalisateur, dont les différentes dettes s'élèvent actuellement à près de 29 millions de dollars, se trouve pour l'instant en Italie où il a commencé le tournage du *Parrain II*. (→30.4.92)

Le quarantième Festival de Berlin au cœur de la nouvelle Europe

Berlin, 20 février
Les organisateurs du Festival international de films de Berlin avaient trois bonnes raisons pour faire de l'édition de cette année une véritable fête européenne. Il s'agissait en effet de célébrer à la fois le quarantième anniversaire du Festival, la vingtième édition du Forum international du jeune cinéma, manifestation parallèle qui est souvent le véritable événement du Festival, et enfin la chute du mur de Berlin qui a permis à la manifestation de se donner pour la première fois simultanément des deux côtés de la ville réunifiée. Ainsi, les projections des films de la compétition avaient lieu à l'Est le lendemain de leur présentation à l'Ouest, et la veille pour les films du Forum, lequel a présenté cette année des films précédemment interdits de la défunte Allemagne de l'Est. Massivement présents, les films américains ont eu la part belle, en remportant notamment l'Ours d'or avec *Music Box*, de Costa-Gavras, ex æquo avec le film tchèque de Jiri Menzel *Alouette, le fil à la patte*, qui avait été interdit pendant vingt ans dans son pays. Le sujet de *Music Box* a provoqué de larges commentaires au *filmfestspiele* puisqu'il touche à la mémoire allemande. L'admirable Jessica Lange y incarne une avocate américaine qui se trouve devant un dilemme difficile, où il lui faut défendre devant la justice son propre père, d'origine hongroise, accusé d'avoir été un tortionnaire au service des nazis. (→ 1.6)

« Music Box », de Costa-Gavras, avec Jessica Lange et Armin Müller-Stahl.

Hugues Quester et Anne Teyssèdre : « Conte de printemps », de Rohmer.

Retrouvailles avec un film perdu

Paris, 14 février
Triste et belle aventure que celle du *Rendez-vous des quais*, qui sort après trente-six ans d'attente. Réalisé en 1953 et 1954 sur les docks de Marseille par le jeune instituteur Paul Carpita, il raconte une histoire d'amour pendant une grève de dockers réprimée, sur fond de guerre d'Indochine. Saisi par la police, interdit, puis disparu sans laisser de trace, il a été retrouvé par hasard en 1989, dans des boîtes rouillées des Archives du film à Bois-d'Arcy. Lui-même d'origine marseillaise, le producteur Yves Rousset-Rouard a alors pris en charge son destin commercial et organisé son rendez-vous avec le public.

Vanessa Paradis parmi les étoiles

Paris, 21 février
La chanson *Joe le Taxi* a fait de Vanessa Paradis une vedette du Top 50. Le film de Jean-Claude Brisseau *Noce blanche* la met en bonne place parmi les nouvelles comédiennes du cinéma français. Pour ce film, Vanessa vient en effet de recevoir le prix Romy-Schneider décerné chaque année à la jeune actrice au talent le plus prometteur. Elle y incarne une adolescente troublante et garce, une femme-enfant amoureuse d'un quinquagénaire incarné par Bruno Cremer. (→ 1.4.92)

« Noce blanche », de Jean-Claude Brisseau, avec Bruno Cremer.

Luc Besson passe du bleu au rouge et noir

Paris, 21 février
L'heureux réalisateur du *Grand Bleu* avait promis que son prochain film serait urbain, noir et très violent. Et il a tenu sa promesse. En effet, son nouveau film, *Nikita*, dont le tournage a été tenu top-secret, est une œuvre extrêmement violente, écrite en rouge sang et en noir et ayant pour décor la jungle d'asphalte des villes et des prisons. Le personnage central du film est une jeune fille paumée, Nikita, qui n'a pas de passé et encore moins d'avenir. Pour avoir participé au meurtre de trois policiers, elle aura à choisir entre rester en prison à perpétuité ou devenir un agent secret au service d'un organisme gouvernemental aux méthodes aussi violentes que celles des pires truands. Nikita deviendra ainsi une tueuse professionnelle, sous le nom de code de Joséphine. Rôle excessif et écrasant, Nikita est incarnée avec beaucoup de force et de talent par Anne Parillaud, une jeune comédienne qui n'a pas eu jusqu'ici un vrai grand rôle au cinéma mais qui explose littéralement dans le film de Luc Besson. L'excellent Tcheky Karyo interprète un personnage de policier machiavélique, énigmatique et inquiétant. Evidemment, Jean Reno est là aussi. (→ 9.3.91)

Anne Parillaud dans « Nikita » : la rude épreuve de la manipulation.

Quinze ans déjà dans la vie des Césars

Paris, 4 mars

Pour ses quinze ans, la cérémonie des Césars se déroule au théâtre des Champs-Elysées, présidée par Kirk Douglas, auquel la Légion d'honneur a été remise l'après-midi même. Quatre des principales récompenses vont à *Trop belle pour toi*, de Bertrand Blier : meilleurs film, réalisateur, scénario original et actrice (Carole Bouquet). L'acteur de l'année est Philippe Noiret pour *la Vie et rien d'autre*, de Bertrand Tavernier. Les meilleurs seconds rôles sont particulièrement applaudis par les spectateurs : Suzanne Flon pour *la Vouivre*, de Georges Wilson, et Robert Hirsch pour *Hiver 54*, de Denis Amar. Un hommage est rendu à la mémoire de Gérard Philipe. (→ 9.3.91)

Carole Bouquet, meilleure actrice avec « Trop belle pour toi ».

Isabelle Adjani trop jeune pour l'Oscar

C'est Jessica Tandy qui l'emporte pour « Miss Daisy et son chauffeur ».

Hollywood, 26 mars

Rares sont les comédiennes non américaines retenues pour le titre de meilleure actrice. Cette année, Isabelle Adjani l'a été pour *Camille Claudel*, de Bruno Nuytten. Elle n'obtient pourtant pas la récompense suprême, qui est décernée à l'actrice Jessica Tandy, âgée de quatre-vingt un ans, pour *Miss Daisy et son chauffeur* (*Driving Miss Daisy*), de Bruce Beresford, d'ailleurs couronné meilleur film. Oliver Stone reçoit l'Oscar du meilleur réalisateur pour *Né un 4 juillet* (*Born on the Fourth of July*). Daniel Day Lewis est meilleur acteur pour *My Left Foot*, de Jim Sheridan. *Cinéma Paradiso*, de l'Italien Giuseppe Tornatore, est désigné meilleur film étranger. →

Cyrano et Depardieu donnent du panache au cinéma français

Paris, 28 mars

Pendant que Jean-Paul Belmondo continue à triompher au théâtre Marigny dans une adaptation de *Cyrano de Bergerac*, mise en scène par Robert Hossein, voilà que sort sur les écrans le très attendu *Cyrano de Bergerac*, de Jean-Paul Rappeneau. Dans ce film, c'est à Gérard Depardieu qu'incombe la redoutable tâche d'interpréter le célèbre poète et vaillant officier gascon, au nez aussi grand que son amour désespéré pour sa cousine Roxane, interprétée par Anne Brochet, qui lui préfère le beau Christian, joué par Vincent Pérez. Cette nouvelle version cinématographique du grand texte classique d'Edmond Rostand est sans doute la meilleure jamais réalisée. A cela plusieurs raisons, dont l'extraordinaire prestation de Depardieu, plus vrai que nature en Cyrano, et qui surclasse tous ceux qui, avant lui, avaient incarné ce personnage mythique. En effet, depuis la première présentation triomphale de la pièce en 1897, près de quarante comédiens, parmi lesquels des grandes figures de la scène et de l'écran, se sont mesurés à ce même personnage ; mais peu d'entre d'eux ont réussi comme Depardieu à lui insuffler autant d'humanité et à exprimer sa verve flamboyante avec autant de panache. Si on en juge par la grande affluence enregistrée dès ce midi dans les salles qui le programment, le film semble destiné à une belle carrière, bien que, écrit tout en alexandrins, son potentiel commercial soit loin d'être évident. En fait, si *Cyrano de Bergerac* existe aujourd'hui avec les qualités que public et professionnels ne tarderont pas à lui reconnaître, c'est grâce à Rappeneau et à son scénariste Jean-Claude Carrière, qui ont su éviter l'écueil du théâtre filmé, aux producteurs René Cleitman et Michel Seydoux, qui ont cru au film, et bien évidemment grâce à Depardieu qui s'est totalement investi dans son rôle. (→ 9.3.91)

Gérard Depardieu est Cyrano de Bergerac dans le film de Jean-Paul Rappeneau. A droite, Anne Brochet est Roxane.

Anti-Oscars

Faye Dunaway dans « Maman très chère », de Frank Perry.

Hollywood, 26 mars

Les anti-Oscars du cinéma américain ont été créés par dérision par un groupe de journalistes professionnels. La cérémonie officielle se déroule parallèlement à celle des Oscars, devant une foule beaucoup moins considérable et en l'absence des personnalités nommées dans chaque catégorie. Et pour cause... Ainsi, Sylvester Stallone ne monte pas sur scène pour recevoir le prix du plus mauvais acteur de la décennie, ni Bo Derek absente bien que lui soit décerné le prix de la pire actrice des années 80. *Maman très chère* (*Mommie Dearest*), de Frank Perry, reçoit l'anti-Oscar du plus mauvais film. Enfin, William Shatner est « couronné » pire réalisateur pour *Star Trek V*. (→ 25.3.91)

Garbo, cinquante ans après la fin

New York, 15 avril
On la disait à Nice ou à Londres, à Los Angeles ou à Paris. Personne ne savait avec certitude où vivait Greta Garbo. C'est dans un hôpital de New York qu'elle vient de mourir, ayant fui Hollywood et le cinéma en 1941, après *la Femme aux deux visages* (*Two Faced Woman*), de George Cukor. Née Greta Gustafsson le 18 septembre 1905, elle a débuté dans son pays natal, la Suède, en 1922. Installée aux Etats-Unis, elle est devenue une star du muet, puis un mythe du septième art. Surnommée la Divine, elle a refusé depuis son départ d'innombrables propositions pour son éventuel retour à l'écran.

La Croisette s'embrase pour le couple sulfureux de David Lynch

Cannes, 21 mai
Histoire d'un couple d'amoureux fous en cavale, *Sailor et Lula* (*Wild at Heart*), de David Lynch, a fait l'effet d'un électrochoc sur la Croisette. Couronné par la Palme d'or, ce film est un torride *road movie* où sexe, drogue, violence et rock'n roll font bon ménage, et dans lequel Lynch brosse le terrifiant tableau d'une Amérique profonde peuplée d'obsédés de toutes sortes. A en croire le réalisateur soviétique de *Taxi Blues*, qui a remporté le prix de la mise en scène, la Russie profonde serait tout aussi détraquée que l'Amérique ! On est loin de l'innocente Afrique, admirablement filmée par le Burkinabé Idrissa Ouedraogo dans *Tilai*, lauréat du grand prix spécial du jury. (→ 2.2.91)

Isabella Rossellini et Nicolas Cage dans « Sailor et Lula », de David Lynch.

Christian Brando accusé de meurtre

Tahiti, 16 mai
Christian, trente-deux ans, fils de Marlon Brando et d'Anna Kashfi, vient d'être arrêté pour meurtre par la police de Los Angeles. A quatorze ans, Christian s'était déjà trouvé sous les feux de l'actualité : sa mère l'avait enlevé, refusant de le laisser entre les mains de l'acteur à la suite du comportement de Marlon qu'elle jugeait anormal, alors que par ailleurs lui était décerné un Oscar pour *le Parrain*, de Francis Ford Coppola. Aujourd'hui, Christian est accusé d'avoir tué d'une balle dans la tête un jeune Français du nom de Dag Drollet. Celui-ci était l'ami de Cheyenne, vingt ans, fille de Tarita (seconde épouse de Marlon Brando) et donc demi-sœur de Christian. Dans la propriété de l'acteur, les deux hommes se sont querellés, Christian voulant chasser Dag de la vie de Cheyenne. La jeune fille se plaignait en effet d'être souvent maltraitée par son petit ami. Elle cherchait secours auprès de son frère. Hier, la dispute a mal tourné : Christian s'est emparé d'un pistolet et a tiré à bout portant sur Drollet, le tuant sur le coup. Il s'est ensuite laissé arrêter par la police, paraissant très choqué par son geste qu'il dit être accidentel. Marlon Brando a tout interrompu pour venir soutenir son fils. (→ 28.2.91)

« Taxi Blues », de Pavel Lounguine.

Salman Rushdie meurt sur le bûcher

Islamabad, 30 avril
Programmé dans 65 salles du pays, le film pakistanais *International Guerilla* a été vu par cinq millions de spectateurs. Produit par Sadjab Gul et interprété par la vedette Afzal Ahmed, ce film de trois heures montre la punition que le ciel inflige à l'écrivain britannique Salman Rushdie, coupable d'avoir écrit le livre, jugé blasphématoire, *les Versets sataniques*. A la fin du film, on voit Rushdie périr dans les flammes après avoir insulté le Coran et le prophète Mahomet.

Alain Delon plonge pour Jean-Luc Godard

Paris, 25 mai
Bien qu'il ait été révélé en même temps que la Nouvelle Vague, Delon n'a curieusement jamais croisé sur son chemin les maîtres de celle-ci. Ce n'était en fait que partie remise. Grâce à *Nouvelle Vague*, le nouveau film de Godard, Delon a fait enfin son entrée dans cette grande famille, à qui son rival Jean-Paul Belmondo doit sa notoriété. La rencontre entre l'ogre Godard et la star Delon, aussi surprenante qu'elle puisse le paraître, se devait en fait d'avoir lieu ; ne serait-ce que pour permettre au premier d'intégrer dans la mythologie de son œuvre la seule grande vedette masculine française avec laquelle il n'avait pas encore tourné ; et au second, de renouer avec le cinéma d'auteur à qui il doit ses galons de star et sa réputation de grand acteur. Présenté il y a une semaine au Festival de Cannes, le film a provoqué des débats contradictoires, comme c'est le cas avec chaque nouveau film de l'auteur d'*A bout de souffle*. Mais si une partie du public et de la critique reste insensible à l'univers de Godard, tout le monde sur la Croisette a salué la grande performance de Delon dans le rôle d'un noyé et de son double, performance qui figurera sans doute en très bonne place dans sa filmographie. (→ 15.11)

« Nouvelle Vague ». D'un cinéma à l'autre, le jeu avec les apparences.

« L'Aveu » à Prague vingt ans après

Prague, 1er juin
Film français réalisé en 1969 par Costa-Gavras, interprété de manière mémorable par Yves Montand, *l'Aveu* est né du témoignage d'Arthur London sur les procès staliniens dans la Tchécoslovaquie des années 50. Il était bien entendu, de ce fait même, totalement invisible dans ce pays. La Révolution de velours de l'automne dernier a tout changé. Aujourd'hui le public tchèque peut voir librement ce film, qui l'éclaire sur sa propre histoire. Le 17 janvier dernier, le président Vaclav Havel en personne le découvrait lors d'une séance exceptionnelle où figuraient à ses côtés Costa-Gavras, Lise London et Yves Montand. Arthur London, quant à lui, n'a pas eu droit à cette revanche : il est mort en exil, à Paris, en 1986, peu après Simone Signoret, qui incarne Lise dans le film. Désormais son témoignage appartient à la mémoire collective du peuple tchécoslovaque. (→ 6)

Carnet noir

France, 17 novembre
En quelques semaines, le cinéma français a perdu trois de ses plus grands noms. Comme si la mort voulait montrer qu'elle ne porte pas ses coups au hasard, les comédiens, les réalisateurs et les producteurs ont été touchés successivement : le 15 octobre, avec la disparition de Delphine Seyrig (*10.4.1932), figure emblématique du cinéma français depuis trente ans; le 27, avec celle d'un poète du cinéma « en couleurs et en chanté », Jacques Demy (*5.6.1931); et aujourd'hui avec la mort de Pierre Braunberger (*29.7.1905), sans qui Renoir, Melville, Rouch ou Godard, parmi d'autres, n'auraient pas été ce qu'ils sont. Le cinéma international tout entier a connu en quelques mois une véritable hécatombe : le réalisateur britannique David Lean disparaissait le 16 avril, le 23 c'était la comédienne américaine Paulette Goddard, Sammy Davis Jr. le 16 mai, et le comédien italien Ugo Tognazzi le 27 octobre.

Yves Robert comme chez lui dans la famille de Marcel Pagnol

De « la Gloire de mon père » au « Château de ma mère », tout un univers d'enfance dont Marcel est le centre.

Paris, 26 octobre
Deux mois après le triomphe de *la Gloire de mon père*, le deuxième volet des souvenirs d'enfance de Marcel Pagnol, *le Château de ma mère*, sort aujourd'hui dans les salles, où il est pratiquement assuré de remporter au moins un succès comparable à celui du premier volet. L'heureux réalisateur de ces deux films pleins de tendresse et de poésie est Yves Robert, lequel a déjà démontré son attachement au vert paradis de l'enfance dans *la Guerre des boutons*. C'est avec une infinie sensibilité qu'il a su transposer à l'écran ce merveilleux poème de la piété filiale que constituent les deux livres homonymes de Marcel Pagnol. Celui-ci y raconte l'enfance heureuse qu'il a vécue auprès de ses parents, avec son frère Paul et sa petite sœur, la tante Rose et l'oncle Jules. Le réalisateur rêvait depuis longtemps d'adapter ces deux classiques au cinéma. Dès 1963, il avait demandé à Pagnol de lui en accorder les droits, mais celui-ci souhaitait en tourner lui-même l'adaptation. *La Gloire de mon père* décrit la découverte de la nature provençale par le petit Marcel, lors des vacances familiales passées dans les collines. Dans *le Château de ma mère*, nous retrouvons la famille Pagnol traversant châteaux et propriétés privées pour se rendre dans ces mêmes collines.

« Le Château de ma mère ». Le fragile bonheur des vacances.

Un gamin de Tunis à l'école des femmes

Tunis, 3 novembre
Critique et documentariste spécialiste des cinémas arabes et africains, le Tunisien Ferid Boughedir vient de remporter chez lui le Tanit d'or des treizièmes Journées cinématographiques de Carthage grâce à son premier long métrage de fiction : *Halfaouine, l'enfant des terrasses*. C'est l'histoire d'un petit garçon qui découvre la sensualité en fréquentant le hammam des femmes; ce film est une œuvre sensible et drôle, où se mêle l'étude de mœurs à une chronique savoureuse de la vie dans un quartier populaire de Tunis. Le Tanit d'argent a été remporté par le réalisateur algérien Mohamed Rachid Benhadi pour son très beau film : *Rose de sable*.

Selim Boughedir dans « Halfaouine, l'enfant des terrasses », de F. Boughedir.

La MGM-UA dans le giron de Pathé

Los Angeles, 1er novembre
Tenu en échec à Paris dans l'affaire Pathé Cinéma, Giancarlo Parretti prend sa revanche ici. Il vient en effet de s'offrir pour 1,3 milliard de dollars le groupe MGM-Artistes associés, à la suite d'une OPA longuement disputée, remportée par la société américaine Pathé Communications, qu'il contrôle. Triomphant, il promet aujourd'hui que « le lion de la MGM va rugir à nouveau ». Il lui reste à surmonter encore bien des obstacles, tant ses opposants sont nombreux, et déterminés, des deux côtés de l'Atlantique. Nouvel homme fort de Pathé Cinéma dont les Chargeurs réunis ont acquis la majorité, Jérôme Seydoux entend contester l'utilisation par Parretti de la marque Pathé. Et les pouvoirs publics français se préoccupent plus que jamais du financement de ces opérations spectaculaires, où la première banque nationalisée, le Crédit Lyonnais, se trouve impliquée. (→ 27.12.91)

« La Discrète » dans la lumière du succès

Fabrice Luchini et Judith Henry.

Paris, 21 novembre
Premier long métrage de Christian Vincent, jeune réalisateur très prometteur, *la Discrète*, conforme à son titre, arrive sur les écrans sans tambour ni trompette; mais parions que ce « petit film » sans vedettes ne quittera pas l'affiche de sitôt. En fait, la petite musique de *la Discrète* a déjà séduit la critique à la Mostra de Venise et elle n'aura pas de mal à enchanter le public. Ce sera alors un succès de plus pour Alain Rocca, déjà heureux producteur d'un premier film qui a été couronné par le succès, *Un monde sans pitié*, d'Eric Rochant. A la manière de Rohmer et de Sacha Guitry, Christian Vincent raconte une fable sentimentale moderne, dans un style classique qui évoque la littérature libertine du XVIIIe siècle. Dans ce film où la séduction est envisagée comme un simple jeu, Fabrice Luchini incarne Antoine, un écrivain qui aime autant les femmes que les mots. Sa petite amie l'ayant quitté pour un autre, Antoine décide de se venger de toutes les femmes, en en séduisant une au hasard, puis en l'abandonnant sans plus de façon. Avec l'aide de son éditeur, Antoine attire dans son piège une douce et vulnérable jeune fille, interprétée par Judith Henry, dont il ne tarde pas à découvrir qu'elle a aussi une âme.

Un Delluc pour deux

Paris, 13 décembre
Le jury du 48e prix Louis-Delluc ne s'étant pas résolu à trancher entre *le Mari de la coiffeuse*, de Patrice Leconte, et *le Petit Criminel*, de Jacques Doillon, il s'est finalement décidé à attribuer le même prix à ces deux films, aussi originaux et sensibles l'un et l'autre. En outre, le jury a élu *les Vacances de M. Hulot*, de Jacques Tati, comme le « Delluc des Delluc », parmi tous les films prestigieux lauréats du Prix depuis sa création en 1937.

Jean Rochefort et Anna Galiena dans « le Mari de la coiffeuse ».

Du sang neuf pour les amants de Carax

Paris, 25 novembre
La malédiction avait commencé par une simple rupture du tendon au poignet de l'acteur Denis Lavant. Du coup, le tournage des *Amants du Pont-Neuf*, de Léos Carax, avait dû être repoussé. Comme le Pont-Neuf, où devait se tourner l'essentiel du film, n'était plus disponible, on a dû le reconstruire en grandeur nature près de Montpellier. Depuis, le budget du film n'a cessé d'enfler, obligeant les producteurs successifs, dont Philippe Diaz, à jeter l'éponge; jusqu'à ce que Christian Fechner intervienne pour permettre au tournage de s'achever. Au lieu des 32 millions de francs prévus, le film aura coûté la somme record de 200 millions ! (→ 16.10.91)

« Les Amants du Pont-Neuf » dans leur vrai décor, avant la malédiction.

Claude Berri ne craint pas de déranger

Paris, 18 décembre
Lors de sa publication en 1948, le roman de Marcel Aymé *Uranus* avait déclenché une véritable polémique. L'auteur y dénonçait en effet le climat d'épuration et d'hypocrisie générale qui caractérisait selon lui l'époque de l'immédiate après-guerre. Quarante-deux ans plus tard, la polémique risque de reprendre avec la sortie du film adapté du roman par le réalisateur Claude Berri. Film choral, *Uranus* met en scène une dizaine de personnages d'égale importance, interprétés par une pléthore de vedettes comme on en a rarement vue sur une seule affiche. Parmi elles Philippe Noiret, Gérard Depardieu, Fabrice Luchini et Michel Blanc. (→ 29.9.93)

Philippe Noiret et Gérard Depardieu dans « Uranus », d'après Marcel Aymé.

« Une histoire inventée ».

« Bouge pas, meurs et ressuscite », un film russe de Vitali Kanevski.

« Voyage vers l'espoir ».

« Le château de ma mère ».

Brigitte Roüan et Philippe Galland dans « Outremer », de Brigitte Roüan.

Depardieu : « Cyrano de Bergerac ».

« Ripoux contre Ripoux », film de Claude Zidi, habitué des succès publics.

Piotr Mamonov et Piotr Zaitchenko dans « Taxi Blues », de Pavel Lounguine.

« Hamlet », de Franco Zeffirelli.

Ray Liotta, Joe Pesci et Robert De Niro dans « les Affranchis », de M. Scorsese.

« Akira », d'Izo Hashimoto.

« Le Soleil même la nuit ».

Laura Dern et Nicolas Cage dans « Sailor et Lula », de David Lynch.

« Edward aux mains d'argent ».

Marco Hofschneider et Julie Delpy dans « Europa, Europa », de A. Holland.

M. Brando et M. Broderick : « Premiers Pas dans la Mafia », de A. Bergman.

1991

Oscars, Hollywood
Film : *Danse avec les loups* (Kevin Costner).
Acteur : Jeremy Irons.
Actrice : Kathy Bates.

Mostra d'arte cinematografica, Venise
Lion d'or : *Urga* (Nikita Mikhalkov).
Meilleur acteur : River Phoenix.
Meilleure actrice : Tilda Swinton.

Festival international du film, Cannes
Palme d'or : *Barton Fink* (Joel et Ethan Coen).
Meilleur acteur : John Turturro.
Meilleure actrice : Irène Jacob.

Césars, Paris
Film : *Cyrano de Bergerac* (Jean-Paul Rappeneau).
Acteur : Gérard Depardieu.
Actrice : Anne Parillaud.

New York, 30 janvier
Selon le magazine *Première*, version américaine, trois couples ont dépensé la somme de 14 000 dollars pour prendre un petit déjeuner chez Tiffany's avec Audrey Hepburn, allusion au film de Blake Edwards de 1961. Les fonds recueillis sont destinés à des œuvres de charité.

Burkina Faso, 2 février
A Ouagadougou, le jury du douzième Festival panafricain, présidé par le cinéaste malien Souleymane Cissé, décerne son grand prix au film *Tilai*, d'Idrissa Ouedraogo.

Paris, 2 mars
Mort de Serge Gainsbourg, chanteur et réalisateur (*2.4.1928).

Hollywood, 25 mars
Billy Crystal, qui anime la soirée des Oscars, lance à l'assistance, durant les annonces : « Nous sommes très heureux qu'il n'y ait plus de prisonniers américains dans le monde... sauf à la Paramount ». →

Etats-Unis, 30 mars
Sorti dans un peu moins de 3 000 salles, *les Tortues Ninja II* (*Ninja Turtles*), engrange vingt millions de dollars au cours de son premier week-end d'exploitation.

Paris, 3 avril
Il pensait à ce film depuis vingt ans, c'est ce que déclare Claude Chabrol en présentant *Madame Bovary*, fidèlement adapté de Gustave Flaubert, qui sort ce jour, avec Isabelle Huppert, Christophe Malavoy et Jean Yanne. (→ 5.5.93)

Paris, 17 avril
Jean-Pierre Jeunet et Marc Caro, remarqués pour l'étonnant court métrage *le Bunker de la dernière rafale* et réalisateurs de nombreux clips vidéos et de publicités, sortent leur premier long métrage, *Delicatessen*, une étrange histoire qui mêle cannibalisme et réalisme poétique, avec Dominique Pinon et Jean-Claude Dreyfus. (→ 22.2.92)

Paris, 22 avril
Un rapport de l'Unesco révèle que le cinéma américain fait une « razzia » en Afrique. La proportion de films américains atteint même 86 % du marché en Egypte.

New York, 30 avril
Tim Burton présente son dernier film, *Edouard aux mains d'argent* (*Edward Scissorhands*), avec Winona Ryder et Johnny Depp. Une créature a de longues lames d'acier à la place des mains. (→ 22.6.92)

Hollywood, 7 mai
Barry Levinson achève le tournage de *Bugsy*. Son film retrace l'histoire de l'homme qui inventa Las Vegas, avec Warren Beatty, Annette Bening, Harvey Keitel et Ben Kingsley. (→ 30.3.92)

Paris, 10 mai
Jacques Dutronc déclare dans *7 à Paris* : « Avec Pialat, soit tu baisses ton froc, soit ça dégénère en règlement de comptes, mais je ne pense pas que ça soit le but d'un film ». (→ 30.10)

Buenos Aires, 22 mai
Le réalisateur argentin Fernando Solanas (*le Sud*) est victime d'un attentat : deux hommes masqués lui tirent dans les jambes à la sortie de son studio.

Philippines, 22 mai
Lino Brocka (*3.4.1940), la bête noire du régime de Marcos, meurt dans un accident de voiture. Son dernier film, *les Insoumis*, avait été présenté en sélection officielle au Festival de Cannes 1989.

Toronto, 10 juin
David Cronenberg commence le tournage du *Festin nu* (*The Naked Lunch*), adapté du chef-d'œuvre de William Burroughs, réputé inadaptable. Cronenberg a toute liberté pour mettre en images ces errances sur fond de drogue et de sexe.

Paris, 19 juin
Sortie du film de King Hu, Chinois de Hong Kong, *All the King's Men*. Ce cinéaste est connu pour avoir renouvelé le genre du film historique chinois avec *A Touch of Zen* et *Raining in the Mountains*.

Paris, 26 juin
A l'occasion de la fête du cinéma, Jean-Jacques Beineix présente la version longue – trois heures – de *37°2 le matin*. (→ 4.6.92)

Paris, 20 juillet
Alain Delon annonce qu'il jouera Casanova dans le prochain film d'Edouard Niermans. (→ 13.5.92)

Paris, 7 août
Sortie du film de Kevin Reynolds, *Robin des bois, prince des voleurs* (*Robin Hood, the Prince of Thieves*), avec Mary Elizabeth Mastrantonio et Kevin Costner. (→ 2.4.92)

Hollywood, 12 août
Actuellement en train de tourner *Hook*, sous la direction de Steven Spielberg, Dustin Hoffman signe un contrat de trois ans avec Columbia-Tri Star. (→ 11.6.93)

Paris, 28 août
Sortie des *Commitments*, d'Alan Parker, qui raconte la formation d'un groupe de musique soul par de jeunes Irlandais désœuvrés.

Hollywood, 3 septembre
Mort de Frank Capra (*18.5.1897).

Nice, 26 septembre
Mort de Viviane Romance, la vamp des années 30 (*4.7.1912).

Paris, 2 octobre
Peter Greenaway présente son dernier film, très librement adapté de *la Tempête*, de Shakespeare, *Prospero's Book*, avec John Gielguld et Isabelle Pasco.

Los Angeles, 6 octobre
Elizabeth Taylor se marie pour la huitième fois. Elle épouse Larry Fortenski, rencontré pendant une cure de désintoxication.

Paris, 11 octobre
Organisé à l'initiative du ministère de la Culture en liaison avec le CNC, les Archives du film, la Cinémathèque française et la Cinémathèque de Toulouse, Ciné-Mémoire s'achève après une semaine de manifestations pour le patrimoine cinématographique. C'est le premier Festival international des films retrouvés et restaurés.

Texas, 6 novembre
Mort de Gene Tierney, *Laura* pour Otto Preminger (*20.11.1920).

Paris, 13 novembre
Sortie d'*Europa*, du réalisateur danois Lars von Trier, avec Jean-Marc Barr et Barbara Sukowa. Une histoire d'espionnage dans l'Allemagne démoralisée de 1945.

France, 25 décembre
Mort d'Orane Demazis, actrice fétiche de Pagnol (*18.9.1904)

Premier film du jeune cinéaste belge Jaco Van Dormaël, « Toto le héros » reçoit à Cannes le prix de la Caméra d'or et séduit un large public.

Wajda mis en cause pour antisémitisme

Avec « Korczak », le réalisateur polonais retrouve le cinéma de témoignage.

Paris, 9 janvier
Auteur en 1961 de *Samson*, l'un des premiers films polonais à dénoncer la persécution des Juifs par les nazis, le réalisateur Andrzej Wajda s'était vu accuser d'antisémitisme en 1974 à cause de son film *la Terre de la grande promesse*, qui évoquait la naissance du capitalisme à Lodz à la fin du siècle dernier. Sorti depuis une semaine, le nouveau film de Wajda, *Korczak*, vaut au réalisateur la même accusation ! Le film relate pourtant la vraie histoire de Janusz Korczak, célèbre écrivain et pédiatre juif polonais qui a choisi en 1942 de périr dans un camp de concentration avec les 200 pensionnaires de l'orphelinat qu'il dirigeait. Les détracteurs de Wajda lui reprochent notamment d'avoir choisi de clore son film par une scène allégorique où l'on voit les enfants s'échapper du train qui les conduisait vers la mort et se mettre à courir dans un champ de lumière. En fait, pour le réalisateur, montrer l'horreur, c'était déjà l'accepter ; c'est pourquoi il a préféré détourner sa caméra vers la lumière.

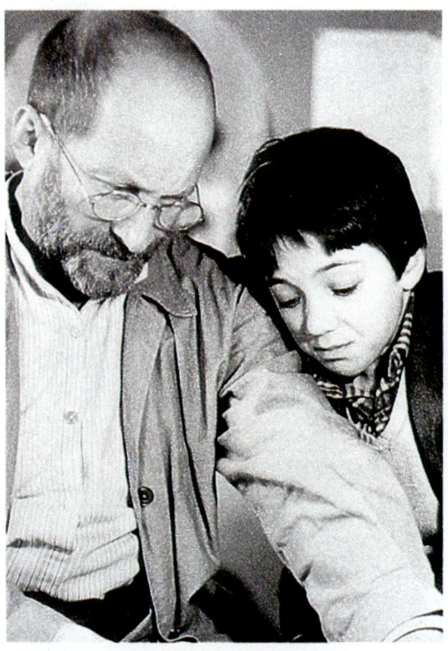

Wojtek Pszoniak incarne le personnage réel du Dr Janusz Korczak.

La condamnation de Christian Brando

Christian et Marlon Brando à l'issue d'une des audiences de l'affaire.

Los Angeles, 28 février
Christian Brando est jugé pour le meurtre de Dag Drollet survenu le 16 mai dernier. William Kunstler, son avocat, a plaidé non coupable, Christian ayant toujours affirmé qu'il s'agissait d'un accident et non d'une intention criminelle de sa part. Le coup de feu qui a tué est parti involontairement selon lui au cours de sa lutte contre Drollet. Marlon Brando, présent dans la salle, est venu à la barre et a défendu son fils avec passion, les yeux pleins de larmes. Les jurés ne se sont pas laissé attendrir : ils ont condamné Christian à dix ans de prison. (→ 15.11)

A la fin des Césars, Cyrano de Bergerac touche dix fois

Paris, 9 mars
Le record de récompenses obtenu par un même film est battu par *Cyrano de Bergerac*, qui reçoit dix Césars lors de cette cérémonie présidée par Sophia Loren. Il obtient, entre autres, celui du meilleur réalisateur, Jean-Paul Rappeneau ; du meilleur acteur, Gérard Depardieu ; de la meilleure photo, Pierre Lhomme ; du meilleur second rôle, Jacques Weber, et bien sûr du meilleur film. Richard Bohringer, maître de cérémonie, remet le César de l'actrice de l'année à Anne Parillaud pour *Nikita*, de Luc Besson. Anne laisse couler ses larmes de bonheur, et Besson les essuie discrètement. Le meilleur film étranger est américain : il s'agit du *Cercle des poètes disparus*, de Peter Weir. Deux Césars d'honneur sont remis au cours de cette soirée, à Sophia Loren et à Jean-Pierre Aumont. (→ 22.2.92)

Jean-Paul Rappeneau et Gérard Depardieu à la proclamation du palmarès.

Le triomphe pathétique d'Anne Parillaud aux côtés de Carole Bouquet.

Bertrand Blier entre le rêve et la dérision

Paris, 13 mars
Décidément, ce n'est pas de sitôt qu'on verra l'auteur des *Valseuses* s'assagir et renoncer à ce qui a fait jusqu'ici l'originalité et la force de son œuvre : la dérision, l'insolence et une poésie désenchantée qui a toujours évité à ses films de sombrer dans la vulgarité scabreuse et gratuite. Renouant avec l'audace de ses œuvres de jeunesse, Bertrand Blier nous offre aujourd'hui avec *Merci la vie* son film le plus anticonformiste, aussi bien par son esprit que par sa forme. Le point de départ de l'histoire est la rencontre entre deux jeunes filles dissemblables, dont l'une rêve de Hollywood et de robes de mariées, tandis que l'autre attend encore de découvrir la vie. Elles vont se lancer, devenues amies, dans un éprouvant voyage initiatique, au cours duquel elles affronteront une faune de monstres comme seul Bertrand Blier sait en inventer. Le réalisateur de *Tenue de soirée* n'a pas usurpé sa réputation de grand directeur d'acteurs. Il le prouve encore une fois en révélant, aux côtés de la toujours étonnante Charlotte Gainsbourg, une jeune actrice, Anouk Grinberg, qui a le talent et le tempérament d'une future Arletty. *Merci la vie* est aussi un cocktail détonant où se mêlent adroitement comédie, polar, fantastique et film de guerre. On y passe également de l'époque actuelle à celle de la Seconde Guerre mondiale et du noir et blanc à la couleur ! (→ 18.8.93)

Anouk Grinberg et Charlotte Gainsbourg, les deux paumées de « Merci la vie ».

Agnès Varda sur les pas de Jacques Demy

Au tournage de « Jacquot de Nantes », avec les interprètes et le modèle.

Paris, 15 mai
Elevé dans une famille où tout le monde aime chanter, Jacques Demy a neuf ans quand la Seconde Guerre mondiale éclate. Loin de partager les préoccupations des adultes, le petit garçon nantais s'amuse plutôt à fabriquer des marionnettes et s'évade dans un monde merveilleux qu'il se fabrique lui-même dans le garage qu'exploite son père. Bientôt, il va se découvrir une vocation pour le cinéma et, avec une petite caméra, il va bricoler un petit film. Les souvenirs d'enfance de l'auteur enchanteur de *Lola* et des *Demoiselles de Rochefort* viennent d'inspirer à sa femme et complice de toujours, Agnès Varda, un merveilleux film, *Jacquot de Nantes*, où passe la même magie qu'on aime tant dans l'œuvre de Jacques Demy. Celui-ci est mort peu après la fin du tournage, dont il avait suivi toutes les étapes avec le ravissement d'un homme affaibli par la maladie certes, mais qui a trouvé le moyen de narguer la mort en renouant avec son enfance. Tourné à Nantes, sur les lieux mêmes des événements qu'il relate, dont le vrai garage de la famille Demy, *Jacquot de Nantes* est la belle histoire de la naissance d'une vocation. Le film, qui aurait pu s'intituler *Jacques D. par Agnès V.*, est aussi un émouvant hommage, devenu posthume, de la part d'une artiste à un autre artiste qui était aussi son compagnon. (→ 25.1.95)

Entre le garage d'enfance et le studio des grands, l'histoire d'une vocation.

Hollywood salue la grande prairie de la vieille Amérique

Hollywood, 25 mars
L'acteur Billy Crystal est le maître de cérémonie de la soirée des Oscars, au Shrine Auditorium. Le héros de cette soirée est Kevin Costner qui remporte le prix du meilleur réalisateur pour ses débuts derrière la caméra. Son œuvre *Danse avec les loups* (*Dances With Wolves*) est couronnée meilleur film pour l'année 1990 et obtient six autres récompenses. C'est un hymne à la grande prairie de la tradition américaine et un hommage à la race indienne. Pour *le Mystère Von Bulow* (*Reversal of Fortune*), de Barbet Schroeder, Jeremy Irons obtient l'Oscar d'interprétation masculine, tandis que Kathy Bates est meilleure actrice pour *Misery*, de Rob Reiner. (→ 30.3.92)

« Danse avec les loups », de et avec Kevin Costner. Le grand retour du western.

Fantasmes de Hollywood sur la Croisette

John Turturro et Judy Davis dans « Barton Fink », de Joel et Ethan Coen.

Cannes, 20 mai
Pendant deux semaines, le Festival de Cannes s'est ouvert à tous les mirages, et encore une fois ce sont les mirages américains qui l'ont emporté. En raflant à lui seul la Palme d'or, le prix de la mise en scène et le prix du meilleur acteur, pour John Turturro, *Barton Fink*, des frères Joel et Ethan Coen, a réussi un exploit inédit a Cannes. Œuvre soignée mêlant le sordide au poétique, le film évoque les mésaventures d'un jeune dramaturge engagé comme scénariste dans le Hollywood des années 40. La triple récompense décernée au film par le jury présidé par Roman Polanski a paru exagérée aux yeux de nombreux critiques; lesquels lui auraient préféré le sublime *Belle Noiseuse*, de Jacques Rivette, qui a remporté toutefois le grand prix de Cannes 1991, ou *la Double Vie de Véronique*, coproduction francopolonaise réalisée par le génial auteur du *Décalogue*, Krzysztof Kieslowski. Maigre consolation pour ce dernier, le prix de la meilleure actrice est allé à la jeune interprète de son film, la Française Irène Jacob, étonnante dans un rôle double et complexe. (→ 18.5.92)

Wesley Snipes et Annabella Sciorra dans « Jungle Fever », de Spike Lee.

Terminator récidive à l'assaut des records

New York, 9 août
Sorti au début de l'été, *Terminator II - le Jugement dernier* (*Terminator II - Judgment Day*), de James Cameron, a réalisé cent cinquante millions de dollars de recette en cinq semaines d'exploitation sur le seul territoire américain. Ce succès était indispensable à la Columbia car le budget de production est le plus élevé de l'histoire du cinéma : quatre-vingt-dix millions pour six mois de tournage. Interprété par Arnold Schwarzenegger, ce film de science-fiction vaut surtout par ses effets spéciaux étonnants, réalisés par trois compagnies différentes. L'une s'est consacrée aux séquences de guerre, l'autre à l'explosion nucléaire et la dernière au graphisme par ordinateur. *Terminator*, en 1984, n'avait rapporté que quarante millions de dollars pour un budget de sept millions.

Arnold Schwarzenegger dans « Terminator II », de James Cameron.

Toute une vie de rechange dans les rêves vengeurs de Toto

Paris, 19 juin
Toute sa vie, Thomas aura été insatisfait de sa morne existence, préférant s'évader dans un monde imaginaire. Enfant, il se rêvait agent secret : Toto le héros. Adulte, il est persuadé d'avoir été échangé à la naissance avec Alfred, son rival de toujours. Devenu très vieux, il s'échappe de sa maison de retraite et retourne sur les lieux de ses souvenirs, avec l'intention de devenir enfin lui-même, en reprenant la vie qu'Alfred lui avait volée. Pourtant, tout ce que Thomas réussira à faire, c'est à mourir assassiné à la place de son rival. Lauréat de la Caméra d'or au dernier Festival de Cannes, *Toto le héros* est une œuvre mélancolique, à la poésie étrange et qui déborde d'idées et d'inventions. Son jeune réalisateur, le Belge Jaco Van Dormaël, l'a construit à la façon d'un fascinant puzzle, en suivant les dédales de la mémoire de son héros, et en traitant avec beaucoup d'humour une histoire plutôt tragique. Constamment juste et émouvant, Michel Bouquet a réussi à rendre le personnage du vieux Thomas très attachant. A ses côtés, la belle et rare Mireille Perrier incarne avec talent un double rôle, celui du seul être que Thomas ait jamais aimé : sa sœur disparue Alice, qu'il croit reconnaître sous les traits de la femme de son rival.

Michel Bouquet et Gisela Uhlen dans « Toto le héros », de Jaco Van Dormaël.

Luc Besson reprend de la profondeur

Paris, 21 août
Qui aurait pu penser qu'après *le Grand Bleu* Luc Besson aurait envie de retourner en mer ? C'est pourtant ce qu'il a fait pendant deux ans et demi, au cours desquels il a sillonné les océans, de l'Australie au Pôle Nord. Des 220 kilomètres de pellicules qu'il a tournés, Besson a tiré *Atlantis*, un film né de sa frustration d'avoir écarté du précédent les « vrais habitants de la mer » : les animaux marins. Conçu comme une version animalière complémentaire du *Grand Bleu*, *Atlantis* est un étonnant voyage dans le monde silencieux des requins, des otaries et autres dauphins. (→ 14.9.94)

« Atlantis », ou la vie en bleu.

Jacques Rivette peint le mystère de la création artistique

Paris, 4 septembre
Comme l'a fait jadis Henri-Georges Clouzot avec beaucoup d'intelligence dans *le Mystère Picasso*, Jacques Rivette a réussi avec *la Belle Noiseuse* à approcher le mystère de la création artistique, en filmant un peintre au travail. Mais alors que le film de Clouzot était un documentaire, celui de Jacques Rivette est une œuvre de fiction savamment élaborée. Très librement adapté par Rivette, Pascal Bonitzer et Christine Laurent du *Chef-d'œuvre inconnu*, de Balzac, le film décrit l'étrange rapport qui s'établit entre le peintre Frenhofer, interprété par Michel Piccoli, et son modèle Marianne, incarné par Emmanuelle Béart. Rétive d'abord, Marianne s'abandonne ensuite pendant cinq longues journées de pose, laissant le regard du peintre scruter sa nudité offerte ; et lorsqu'elle sentira que Frenhofer est sur le point de renoncer, elle le poussera à aller jusqu'au bout. De cette expérience, personne ne sortira indemne, ni Frenhofer et sa femme, jouée par Jane Birkin, qui était son premier modèle, ni Marianne et son mari, un jeune peintre qui admire beaucoup Frenhofer. Depuis *Paris nous appartient*, Jacques Rivette a toujours conçu ses films de façon à pouvoir les inventer au fur et à mesure du tournage. Avec *la Belle Noiseuse*, cette méthode est devenue le sujet même du film, puisque les séances de pose et l'évolution du tableau sont la métaphore même du rituel de la création auquel Rivette lui-même se livrait pendant le tournage : Frenhofer étant d'une certain façon son *alter ego*. Lauréat du grand prix du Festival de Cannes 1991, *la Belle Noiseuse* est une œuvre d'une exceptionnelle qualité qu'on regarde, fasciné de bout en bout, bien qu'elle dure près de quatre heures de projection. A mille lieues des films commerciaux, le film a toutefois toutes les chances de plaire au grand public. En effet, comme *la Bande des quatre*, le précédent film de Rivette, qui a été un beau succès, *la Belle Noiseuse* fait partie des œuvres qui s'adressent à l'intelligence du public et à sa sensibilité. De telles œuvres sont si rares par les temps qui courent que *la Belle Noiseuse* se démarque nettement des films nouvellement sortis. (→ 9.2.94)

Jane Birkin et Michel Piccoli dans « la Belle Noiseuse », inspiré de Balzac.

Modèle et compagne du peintre, Liz (Jane Birkin) accepte l'expérience.

Quarante ans de prix Jean-Vigo

Paris, 13 août
C'est en réaction contre le prix Louis-Delluc et ses choix souvent sans surprise que le prix Jean-Vigo a été fondé, en 1951, par un petit groupe de critiques et de cinéastes. Parmi eux figuraient Jacques Becker, Pierre Bost et Jean Cocteau, Maurice Bessy, Georges Charensol, Paul Gilson et Georges Sadoul. Avec eux, deux des plus proches amis de Jean Vigo, Claude Aveline et Charles Goldblatt, qui voulaient perpétuer le souvenir du cinéaste de *l'Atalante*. Claude Aveline avait pris l'initiative de ce prix, qu'il entendait décerner chaque année à un jeune cinéaste choisi pour l'audace de son inspiration et l'originalité de son style. Au fil des années, la ligne a été tenue, et l'ouvrage commémoratif que publie aujourd'hui le jury actuel du prix Jean-Vigo, présidé par Agnès Varda, en témoigne. On y trouve les noms de lauréats tels qu'Alain Resnais, Claude Chabrol, Jean-Luc Godard, Chris Marker, Robert Enrico, Maurice Pialat, Jean-Charles Tacchella, René Féret, Philippe Garrel, Jacques Rozier, Luc Moullet, Eric Barbier et Arnaud Desplechin, largement représentatifs du cinéma français le plus inventif.

Dans l'URSS éclatée, le cinéma en miettes

Moscou, 25 août
En juillet, le Festival offre, sans le savoir, la dernière fête du cinéma soviétique. Un mois plus tard, le putsch change l'histoire. L'Union soviétique a vécu. Les liens économiques et culturels entre la Russie et les anciennes républiques sont modifiés, mais la liberté est difficile. Chaque nouvel état doit régler juridiquement les nouveaux statuts des Studios. Il y a aussi la question financière : comment produire des films dans des pays déjà endettés, quasi sous-developpés ? Les équipements sont obsolètes, la pellicule défectueuse : comment acheter le matériel à l'étranger si les devises manquent ? Par ailleurs, le cinéma subit les exigences du marché, inconnues jusque-là. Finis le gaspillage, la nonchalance, l'exploitation à perte. La manne de Moscou a disparu. Dans la serre soviétique les créateurs étouffaient, certes, mais ne subissaient pas la pression de l'argent. Aujourd'hui, un seul impératif : l'efficacité. Au moment où la concurrence américaine est redoutable, le public incertain, la distribution capricieuse, les bénéfices aléatoires. Les coproductions n'ont pas que des avantages : elles apportent les moyens et la technique mais imposent des contraintes parfois plus rudes que celles de Moscou.

Un Lion d'or dans la steppe mongole

Un souffle d'aventure passe sur la lagune avec « Urga », de Nikita Mikhalkov.

Venise, 14 septembre
Place Saint-Marc, pour la soirée solennelle (et télévisée) de clôture de la quarante-huitième édition de la Mostra, le Lion d'or emblématique est en contreplaqué. Au palmarès on trouve Manoel de Oliveira pour sa *Divine Comédie*, prix spécial du jury, et pas moins de trois Lions d'argent attribués au Français Philippe Garrel, à l'Américain Terry Gilliam, et au Chinois Zhang Yimou. Quant à l'Allemand Werner Herzog, l'Indienne Mira Nair et le Français Jean-Luc Godard, ils se partagent quelques accessits. Le Russe Nikita Mikhalkov obtient le vrai Lion d'or, en bronze doré celui-là, pour *Urga*, de production majoritairement française : une histoire d'amour et de pouvoir filmée sur fond de steppe mongole. (→ 12.9.92)

Wim Wenders, jusqu'au bout du rêve

William Hurt et Ryu Chishu : « Jusqu'au bout du monde », itinéraire mental.

Paris, 21 octobre
Depuis longtemps, le réalisateur de *Paris, Texas* caressait le rêve de tourner un film de science-fiction. Le succès de l'expérience des *Ailes du désir*, un film à mi-chemin entre le fantastique et le réalisme, l'a encouragé à concrétiser enfin son vieux rêve. Cela dit, son nouveau film, *Jusqu'au bout du monde*, est plus une fable futuriste et un *road movie* à la Wenders, qu'une œuvre de science-fiction à l'américaine. Histoire d'un couple en cavale dans un monde menacé par l'imminence d'une catastrophe planétaire, le film risque de décevoir ceux qui s'attendaient à y trouver des gadgets sophistiqués et des scènes d'action spectaculaires, à la manière de *Terminator II* par exemple, sorti il y a une semaine. (→ 15.5.92)

L'amour fou de Léos Carax a triomphé de la malédiction

Paris, 16 octobre
Cela ressemble à un miracle de résurrection : alors qu'on les croyait condamnés à ne jamais voir le jour, voila que *les Amants du Pont-Neuf* survivent à la malédiction qui les a frappés, renaissant de leurs cendres, tels d'immortels phœnix et s'offrant aux spectateurs des salles obscures. Cette résurrection, on la doit tout d'abord au courage et à l'obstination de l'équipe du film, Juliette Binoche en tête, qui s'est battue jusqu'au bout pour qu'il existât enfin, et ensuite au producteur Christian Fechner qui y a cru et qui a permis son achèvement. Œuvre romanesque comme peu de réalisateurs osent, ou savent, en faire, *les Amants du Pont-Neuf* décrit la passion totale qui lie deux marginaux qui font du fameux pont parisien leur refuge. Habitée par son rôle jusqu'à en être transfigurée, Juliette Binoche est vraiment sublime dans le rôle de Michèle, jeune peintre menacée de cécité et amoureuse du clochard Alex, interprété par Denis Lavant, déjà son partenaire dans *Mauvais Sang*, le précédent film de Carax. Pour toutes ses qualités esthétiques et pour la virtuosité époustouflante de sa mise en scène, le nouveau film de l'auteur de *Boy Meets Girl* marquera certainement une date dans l'histoire du cinéma français.

Léos Carax et Juliette Binoche lors du tournage des « Amants du Pont-Neuf ».

Au carrefour des cinémas d'Europe

Beaune, 20 octobre
Dans le dessein de favoriser la naissance d'une véritable solidarité européenne de la création cinématographique, l'Association des réalisateurs-producteurs (ARP), animée notamment par Claude Berri et Jean-Jacques Beineix, a pris l'initiative d'organiser quatre jours de rencontres entre des réalisateurs et producteurs venus de tout le continent. Les entretiens ont porté essentiellement sur la nécessité de créer un espace européen assurant la protection du droit d'auteur ; le respect des identités culturelles à travers l'encouragement de la diffusion des versions originales ; l'étude des possibilités de diffusion offertes par les nouveaux modes de communication audiovisuelle, tels les chaînes de télévision à péage et le câble ; et la nécessité d'harmoniser au plan communautaire le contrôle de la diffusion des films par vidéo.

Maurice Pialat arrache Van Gogh au linceul de la mythologie

Paris, 30 octobre
De l'arrivée de Vincent Van Gogh à Auvers-sur-Oise, jusqu'à son suicide, Pialat a scrupuleusement respecté la biographie du peintre dans son nouveau film *Van Gogh*. Toutefois, le réalisateur d'*A nos amours* donne une vision radicalement différente de celles, hagiographiques ou romantiques, qu'on a déjà vues au cinéma, notamment dans *la Vie passionnée de Vincent Van Gogh*, de Vincente Minnelli. Admirablement incarné par Jacques Dutronc, le Van Gogh de Maurice Pialat n'est ni un illuminé ni un saint, mais plutôt un homme habité par une blessure secrète qui le fait apparaître en décalage par rapport à la réalité, cette même réalité qu'il tente de dompter par la seule force de sa peinture. Produit par Daniel Toscan du Plantier, le producteur fidèle de l'ombrageux Pialat, *Van Gogh* a été le grand perdant du dernier Festival de Cannes, puisque ni Pialat ni Dutronc ne figuraient au palmarès. A-t-on voulu punir le cinéaste pour le malheureux geste qu'il a eu lors d'un précédent Festival de Cannes où il avait remporté la Palme d'or pour *Sous le soleil de Satan*? C'est au public maintenant de réparer l'injustice. (→ 16.2.92)

Jacques Dutronc donne vie au peintre avec une vérité prodigieuse.

Vincent et Théo (Bernard Lecoq).

Giancarlo Parretti arrêté en Sicile

Syracuse, 27 décembre
La section financière de la police provinciale de Sicile défraie la chronique politique italienne, en même temps que la chronique internationale du cinéma et de la finance. Elle s'est en effet assurée aujourd'hui, à l'aéroport romain de Ciampino, de la personne de l'homme d'affaires Giancarlo Parretti. Celui-ci fait figure de star, depuis plusieurs années, à la suite des opérations qu'il a tentées, et parfois réussies, en Amérique comme en Europe, afin de jouer un rôle prééminent dans les industries de la communication. Toujours contesté et suspecté, lors de ces opérations, en raison de l'origine incertaine de ses moyens de financement, voire même des doutes qui planent sur leur réalité, Giancarlo Parretti voit sa position de plus en plus menacée, et son empire vacille sur ses bases. Aujourd'hui, c'est pour de vieilles affaires de fraude fiscale que la police de Sicile (où sa carrière a débuté dans les années 70) lui demande des comptes. La rumeur évoque déjà, un peu vite probablement, à son propos, la chute d'Al Capone... (→ 7.5.92)

Rebondissement de l'affaire Brando

Papeete, 15 novembre
Cheyenne, fille de Marlon Brando, est arrêtée par la police française. Elle était recherchée depuis le mois de juillet, inculpée de complicité dans le meurtre de son ami Dag Drollet par Christian, son demi-frère. Jusqu'à présent, Christian semblait être le seul coupable, reconnaissant avoir tué le jeune homme à la suite d'une bagarre. Il a d'ailleurs été condamné à une peine de dix ans de prison. Les diverses déclarations de Cheyenne, témoin très perturbé par le drame, sont si contradictoires que le juge d'instruction a décidé d'entendre de nouveau la jeune fille afin qu'elle s'explique plus clairement sur des affirmations troublantes. Mise sous mandat de dépôt, Cheyenne semble vouloir mettre en cause son père. Elle dit le détester et déclare que l'acteur a toujours eu des intentions douteuses à son égard. (→ 17.4.92)

Dans son dernier film, Yves Montand a joué sa propre mort

Paris, 9 novembre
Quelques minutes après qu'eut été tourné un dernier raccord pour le film de Jean-Jacques Beineix dont il est l'interprète principal, Yves Montand a ressenti un malaise. Dans sa loge ambulante, il s'est écroulé, victime d'une crise cardiaque. Transporté aussitôt en ambulance, il a succombé à l'hôpital. « Je sais que je suis foutu mais ce n'est pas grave : j'ai eu une très belle vie », a-t-il confié à l'un des ambulanciers. Cette vie, Montand l'a commencée le 13 octobre 1921, dans un petit village de Toscane. De Marseille, où il chante à l'Alcazar, jusqu'à Paris, où Edith Piaf l'aide à conquérir le monde du music-hall, de ses débuts à l'écran dans *Etoile sans lumière*, de Marcel Blistène, jusqu'à sa rencontre avec Simone Signoret, de son amour pour Marilyn Monroe à la naissance de son fils Valentin, Montand est devenu l'un des plus grands noms du spectacle. La dernière séquence réalisée quelques instants avant son malaise le montre de dos, faisant un signe d'adieu à ses jeunes partenaires. Cette scène devient aujourd'hui très symbolique, d'autant plus que Montand, à la fin de l'histoire, meurt d'une crise cardiaque. Depuis quelques jours, il préparait un spectacle qu'il devait donner à Bercy, en mai 1992. (→ 4.6.92)

Tourné en plein mystère, le film de Beineix n'a pas encore de titre.

Alexandra London et Jacques Dutronc dans « Van Gogh ».

« Delicatessen », premier long métrage de Jean-Pierre Jeunet et Marc Caro.

« Le Brasier » est le premier film d'Eric Barbier.

« Le Pas suspendu de la cigogne ».

Anouk Grinberg et Charlotte Gainsbourg dans « Merci la vie », de B. Blier.

« Le Porteur de serviette ».

C.-J. Philippe et C. Brasseur : « Sale comme un ange », de Catherine Breillat.

Juliette Binoche et Klaus Michael Gruber dans « les Amants du Pont-Neuf ».

Geena Davis et Susan Sarandon dans « Thelma et Louise », de Ridley Scott.

Judy Davis et John Turturro dans « Barton Fink », de Joel et Ethan Cohen.

Bette Midler et Woody Allen dans « Scènes de ménage », de Paul Mazursky.

John Turturro et Anthony Quinn dans « Jungle Fever », film de Spike Lee.

« Robin des Bois prince des voleurs ».

Beau succès commercial pour « Epouses et concubines », de Zhang Yimou.

« Le Silence des agneaux ».

1992

Oscars, Hollywood
Film : *le Silence des agneaux* (Jonathan Demme).
Acteur : Anthony Hopkins.
Actrice : Jodie Foster.

Mostra d'arte cinematografica, Venise
Lion d'or : *Qiu Ju, une femme chinoise* (Zhang Yimou).
Meilleur acteur : Jack Lemmon.
Meilleure actrice : Gong Li.

Festival international du film, Cannes
Palme d'or : *les Meilleures Intentions* (Bille August).
Meilleur acteur : Tim Robbins.
Meilleure actrice : Pernilla Ostergren-August.

Césars, Paris
Film : *Tous les matins du monde* (Alain Corneau).
Acteur : Jacques Dutronc.
Actrice : Jeanne Moreau.

Paris, 8 janvier
Cedric Kahn, réalisateur de vingt-cinq ans, présente son premier long métrage, *Bar des rails*, maladroite quête d'amour d'un adolescent, avec Marc Vidal et Fabienne Babe.

Hollywood, 21 janvier
Mel Gibson, qui vient de terminer *l'Arme fatale III*, enchaîne sur le tournage du *Repos de Daniel* (*The Rest of Daniel*).

Paris, 25 janvier
Sorti il y a tout juste un mois, le film de Zhang Yimou, *Epouses et concubines*, avec Gong Li, voit sa carrière prolongée par un bouche-à-oreille très favorable. Exploité dans très peu de salles, sa fréquentation augmente de semaine en semaine.

Londres, 2 février
La Chambre des lords s'en prend à la BBC, qui a décidé de diffuser *la Dernière Tentation du Christ*, de Martin Scorsese, jugé très offensant pour les chrétiens.

Paris, 16 février
Dans *France-Soir*, Jacques Dutronc, qui incarnait Van Gogh pour Maurice Pialat, avoue : « En vingt-sept ans, j'ai bu pour trois siècles. Je me suis arrêté dans un sursaut ». (→ 22)

New York, 4 mars
Mort de Nestor Almendros (*1930), chef-opérateur de nombreux films de F. Truffaut et de E. Rohmer.

Miami, 4 mars
Alexandre Arcady tourne *le Grand Pardon II*, avec Richard Berry et Roger Hanin, dans une ancienne propriété d'Howard Hugues.

New York, 20 mars
Sortie de *Basic Instinct*, de Paul Verhoeven, avec Michael Douglas et Sharon Stone. (→ 30)

Paris, 25 mars
Steven Soderbergh, révélé par une Palme d'or à Cannes en 1989, est à Paris pour la sortie française de *Kafka*, avec Jeremy Irons, Theresa Russell et Alec Guinness.

Paris, 1er avril
Jean-Claude Brisseau, dans *Céline*, qui sort ce jour, avec Isabelle Pasco et Lisa Hérédia, aborde la mystique chrétienne et les visions extatiques.

Lisbonne, 10 avril
Sortie de *la Divine Comédie* (*A divina comedia*), de Manoel de Oliveira, une très libre adaptation de Dante, avec Maria de Medeiros et Luis Miguel Cintra.

Hollywood, 30 avril
Après *Dracula*, dont la sortie américaine est prévue pour août, Francis Ford Coppola envisage de produire un *Pinocchio* qui mêlerait animation et acteurs réels. (→ 13.1.1993)

Paris, 12 mai
Mort de Jacqueline Maillan, qui a tourné dans trente et un films aux côtés des plus grands acteurs comiques français. (*11.1.1923)

Munich, 15 mai
Dans un hôtel de la ville, Wim Wenders vient de tourner quelques scènes de son prochain film avec un acteur inattendu, Mikhaïl Gorbatchev. Le réalisateur a trouvé l'ex-président soviétique très professionnel pendant les prises. (→ 1.9.1993)

Paris, 20 mai
Arnaud Despléchin sort *la Sentinelle*, présenté à Cannes dans la sélection française, avec Emmanuel Salinger et Marianne Denicourt. Un étudiant en médecine légale découvre une tête humaine momifiée dans ses bagages et enquête.

Londres, 20 mai
Retour à Howards End (*Howards End*), qui sort ce jour, est la troisième adaptation de E. M. Forster par James Ivory.

Hollywood, 31 mai
Pour célébrer les cinquante ans de *Casablanca*, Ted Turner, l'actuel propriétaire des droits, ressort le film en noir et blanc et non dans sa version colorisée.

Paris, 3 juin
Dans *l'Homme de ma vie*, de Jean-Charles Tacchella, avec Maria de Medeiros et Thierry Fortineau, une jeune femme qui rêvait d'épouser un homme riche tombe amoureuse d'un libraire fauché et misanthrope.

Paris, 11 juin
Serge Daney (*4.6.1944), journaliste et critique, meurt du sida. Il avait dirigé les *Cahiers du cinéma*, puis les pages cinéma de *Libération*.

Hollywood, 2 juillet
Universal décide de changer le titre du film de Walter Hill, *The Looters*, avec les rappeurs des groupes Ice T et Ice Cube. *Looter* signifie « pilleur » et le studio veut éviter tout lien avec les émeutes à Los Angeles.

Côte d'Azur, 14 juillet
Blake Edwards commence le tournage du *Fils de l'inspecteur Clouseau*, avec l'acteur italien Roberto Benigni pour interpréter l'héritier du célèbre et catastrophique inspecteur, immortalisé par Peter Sellers.

San-Luis-Obispo, Californie, 18 août
Mort de John Sturges (*3.1.1911), le réalisateur des *Sept Mercenaires*.

Paris, 9 septembre
Sortie de *L. 627*, de Bertrand Tavernier, qui décrit la vie d'un groupe « stup ». Paul Quilès, ministre de l'Intérieur, n'apprécie pas. (Voir pages 894 à 898) (→ 24.8.94)

Hollywood, 12 septembre
Anthony Perkins (*4.4.1932), le névropathe criminel pour Hitchcock dans *Psychose*, meurt du sida.

Paris, 23 septembre
Sortie de *Lunes de fiel*, de Roman Polanski, adapté du best-seller de Pascal Bruckner, avec Emmanuelle Seigner et Peter Coyote.

France, 28 septembre
Arte, la chaîne culturelle franco-allemande de télévision, est inaugurée avec la diffusion des *Ailes du désir*, de Wim Wenders.

France, 29 septembre
Mort de Jean Aurenche, scénariste et dialoguiste. (*11.9.1903)

Paris, 19 octobre
Avant-première des *Nuits fauves*, premier film de Cyril Collard, sur les « années-sida », avec lui-même et Romane Bohringer. (→ 8.3.93)

Paris, 25 novembre
Dans *Le petit prince a dit*, qui sort ce jour, Christine Pascal aborde un sujet difficile – un enfant atteint d'un cancer – avec une étonnante justesse de ton et des acteurs remarquables : Richard Berry, Anémone et la petite Marie Kleiber.

Paris, 9 décembre
Sortie de *Fatale*, de Louis Malle, avec Juliette Binoche et Jeremy Irons.

« Indochine », de Régis Wargnier, avec Catherine Deneuve, associe le roman à l'Histoire pour une plongée dans la mémoire collective.

Nouvelle fondation pour la Madrague

Paris, 3 janvier
Brigitte Bardot a rencontré le ministre de l'Intérieur, Philippe Marchand, dans l'espoir de voir enfin reconnue d'utilité publique sa fondation pour les animaux. B. B. a déjà investi tout ce qu'elle possède dans cette fondation. En 1986, elle a vendu ses affaires personnelles aux enchères. Aujourd'hui, c'est sa célèbre villa la Madrague qu'elle offre aux animaux afin d'augmenter le capital de la fondation. « C'est bien que ce soit eux qui profitent de cette maison plutôt que des rois du pétrole, des Américains ou des Japonais. Il faut qu'elle reste la Madrague, elle est trop chargée de souvenirs et de moi-même. » La Fondation Brigitte Bardot compte 12 000 adhérents, reçoit des dons de toutes parts, mais cela ne suffit pas. Brigitte s'y investit totalement et n'a qu'un souhait : la fondation doit lui survivre. L'ancienne actrice habite désormais une autre maison, la Garrigue, petite villa entourée de lavande et de romarin.

Alain Corneau met en musique les soirs et les matins de l'art

« Tous les matins du monde » avec Carole Richert, Jean-Pierre Marielle, Anne Brochet et Gérard Depardieu.

Paris, 10 janvier
Après le succès public inattendu de *Tous les matins du monde*, d'Alain Corneau, voici que ce beau film très épuré remporte le prix Louis-Delluc. Il raconte la chronique élégante de deux musiciens méconnus du XVIIe siècle, monsieur de Sainte Colombe, janséniste et virtuose de la viole de gambe, et Marin Marais, son frivole élève, lequel quitte son maître pour les fastes de Versailles, avant de se réconcilier avec lui. Comme *Nocturne indien*, qui a marqué un tournant dans la carrière de Corneau, *Tous les matins du monde* est l'histoire d'une quête d'absolu, interprétée par Jean-Pierre Marielle et Guillaume Depardieu. Gérard Depardieu y incarne Marin Marais adulte. Le film s'appuie sur un scénario d'Alain Corneau et Pascal Quignard, d'après le roman de ce dernier, et sur la musique baroque des deux compositeurs magistralement interprétée par le talentueux violiste Jordi Savall. (→ 22.2)

« Basic Instinct » réveille les censeurs

Hollywood, 10 février
Il y a dix-huit mois, Hollywood avait accueilli comme une victoire sur la censure le remplacement du diffamant label X par un autre : le NC-17 (interdit aux moins de dix-sept ans). La polémique déclenchée par le film de Paul Verhoeven, *Basic Instinct*, a relancé le débat sur la cotation des films aux Etats-Unis. En effet, pour accéder au plus large public, le réalisateur a dû couper certaines scènes jugées trop violentes ou sulfureuses et ce afin d'obtenir un label moins restrictif : le R, qui autorise les adolecents accompagnés par des adultes a assister à la projection du film. (→ 20.3)

Michael Douglas et Sharon Stone dans le film de Paul Verhoeven.

La soirée des Césars en pleine harmonie

Paris, 22 février
La dix-septième cérémonie de remise des Césars se déroule au palais des Congrès. Elle est dédiée à Yves Montand, mort il y a trois mois. Le nouveau président de l'Académie des arts et techniques du cinéma est Jean-Loup Dabadie. C'est lui qui remet un César d'honneur à la présidente de la soirée, Michèle Morgan, pour couronner l'ensemble de sa carrière. Le maître de cérémonie est Frédéric Mitterrand. *Tous les matins du monde*, désigné meilleur film de l'année, vaut à Alain Corneau le César du meilleur réalisateur. Ce drame historique et musical reçoit sept Césars, dont celui du meilleur son pour le remarquable travail de Pierre Gamet, Gérard Lamps, Anne Le Campion et Pierre Verany; et aussi celui de la meilleure musique. Jeanne Moreau est nommée actrice de l'année pour *La vieille qui marchait dans la mer*, de Laurent Heynemann. Jacques Dutronc reçoit le César du meilleur acteur pour son interprétation de Van Gogh dans le film de Maurice Pialat. En outre, quatre Césars vont à *Delicatessen*, de Marc Caro et Jean-Pierre Jeunet, dont celui de la meilleure première œuvre. C'est un film corrosif et d'humour noir qui a déjà obtenu un important succès public. (→ 8.3.93)

« Delicatessen » obtient le César de la meilleure première œuvre.

Jean Poiret a fait le zèbre jusqu'à la fin

Paris, 16 mars
Jean Poiret ne sera pas là pour assister à la projection de son premier film en tant que réalisateur, *le Zèbre*. Il a succombé à une crise cardiaque. Né le 17 août 1926, il rêvait de devenir acteur dramatique mais passa vite à la comédie, suivant les conseils de ses professeurs d'art dramatique. Avec Michel Serrault, il créa un duo comique et écrivit des sketches que tous deux jouèrent au cabaret. Marié à Françoise Dorin, il connut la gloire internationale avec *la Cage aux folles* puis avec d'autres pièces de boulevard. Boulimique de travail, Poiret est passé derrière la caméra avec *le Zèbre* où il a dirigé Caroline Cellier, son épouse depuis février 1990.

Avec Thierry Lhermitte au tournage du « Zèbre », qu'il venait d'achever.

Oliver Stone rouvre le dossier Kennedy

L'assassinat de John Kennedy à Dallas demeure un inépuisable sujet de débats.

Hollywood, 2 avril
Alors que le public a porté en triomphe *J. F. K.*, d'Oliver Stone, les médias américains continuent à tirer à boulets rouges sur le réalisateur, l'accusant d'avancer des hypothèses hasardeuses sur l'assassinat, en novembre 1963, du président John F. Kennedy. Ainsi, pour Pierre Salinger, porte-parole de la Maison Blanche sous Kennedy, *J. F. K.* est « un tissu de mensonges », alors que Jack Valenti, président de la MPAA qualifie, lui, le film de « canular ». Excellement interprété par Kevin Costner, dans le rôle du procureur Garrison, chargé de l'enquête sur l'assassinat de Kennedy, *J. F. K.* réfute la version officielle du rapport Warren, qui attribue le crime à un tueur isolé. Stone défend en fait la thèse du complot fomenté par le Pentagone et les anticastristes. Très impliqué désormais dans ce dossier, le réalisateur de *Platoon* et *Né un 4 juillet* milite maintenant pour que soient rendues publiques les archives de l'affaire, congelées en principe jusqu'à l'an 2029 par décision de la Chambre des représentants.

Kevin Costner incarne le procureur Jim Garrison dans « J. F. K. ».

Des Oscars un peu « gays »

Hollywood, 30 mars
Le triomphe de *Bugsy*, de Barry Levinson, ou celui de *J. F. K.*, d'Oliver Stone, lors de cette soirée des Oscars paraissait évident aux observateurs. C'est pourtant *le Silence des agneaux* (*The Silence of the Lambs*), de Jonathan Demme, qui reçoit l'Oscar du meilleur film, celui de la meilleure réalisation, et vaut à Jodie Foster et à Anthony Hopkins les prix d'interprétation. Les deux autres films cités doivent se contenter de deux Oscars secondaires chacun. Cette cérémonie présentée par Billy Crystal a été quelque peu perturbée par des associations homosexuelles. Les militants *gays* américains n'ont en effet pas apprécié la sélection de plusieurs films qui assimile homosexuels et criminels. Ils en ont profité pour se dresser contre *Basic Instinct*, de Paul Verhoeven, déjà objet d'une importante controverse.

Le parc Euro Disneyland ouvre ses portes

Marne-la-Vallée, 12 avril
Le premier parc européen de l'empire Disney, dont l'accord d'installation a été signé en 1987 avec la France, est à côté de Paris. Parc d'attractions à thèmes, conforme au premier modèle californien, Euro Disneyland offre un festival Disney, avec ses restaurants typiquement américains, et un ensemble d'équipements de loisirs, EuroDisney Resort. Un camping avec bungalows et une gamme de six hôtels attendent des touristes de toute l'Europe. Le parc, qui peut accueillir 65 000 visiteurs, les plonge dans des aventures évoquant l'Ouest sauvage, l'île de Robinson ou les contes popularisés par les dessins animés de la firme : *Blanche-Neige et les Sept Nains*, *Pinocchio*, et autres *Peter Pan*. C'est le Pays des merveilles promis pour un ou plusieurs jours aux enfants de tous les âges, jusqu'aux amateurs de rodéos ou de maisons hantées... Parfait exemple d'un professionnalisme qui a déjà fait ses preuves aux Etas-Unis et au Japon, le complexe Disney ambitionne de séduire à leur tour les Européens. Quelques réactions ironiques ou hostiles se manifestent *a priori* à l'égard d'une mythologie américaine si différente des traditions de la vieille Europe.

Une inauguration dans l'euphorie.

L'Indochine, l'Histoire et la nostalgie

Paris, 15 avril
Après *l'Amant*, réalisé par Jean-Jacques Annaud, puis *Diên Biên Phu*, par Pierre Schoendoerffer, respectivement sortis en janvier et en mars, voilà que l'on découvre *Indochine*, de Régis Wargnier. Ces trois productions de prestige ont des histoires situées dans le contexte de l'expérience coloniale française au Viêt-nam. Elles ont toutes été tournées sur les rives du Mékong et près des rivages de la mer de Chine, auxquels sont restés attachés de très nombreux Français nostalgiques de l'ancien empire colonial, ou tout simplement amoureux de ce pays resté à l'écart du monde depuis son indépendance. Profitant de la récente ouverture des autorités viêtnamiennes, les trois cinéastes, Annaud, Schoendoerffer et Wargnier ont réussi à tenir le pari insensé de tourner dans un pays dépourvu de toute infrastructure cinématographique. Leur réussite a été rendue possible grâce à la ténacité et à l'ambition de trois producteurs : Claude Berri, qui a misé 122 millions de francs sur *l'Amant* et qui est assuré de les récupérer grâce au succès du film; Jacques Kirsner, qui a engagé 140 millions sur *Diên Biên Phu*, et Eric Heumann, lequel a investi près de 120 millions dans l'entreprise d'*Indochine*. Le premier de ces trois films est adapté du prix Goncourt, devenu best-seller, de Marguerite Duras, un livre dans lequel la romancière évoque avec nostalgie son adolescence au Viêtnam et aussi sa rencontre amoureuse avec un séduisant Chinois. Ce n'est certainement pas la nostalgie qui a poussé Schoendoerffer à reconstituer la défaite française, en mai 1954 à Diên Biên Phu, mais plutôt son désir d'exorciser un traumatisme, afin de pouvoir tourner définitivement la page d'un passé bien douloureux aussi bien pour les Français que pour les Viêtnamiens. *Indochine* ne bénéficie lui, ni de l'argument historique du film de Pierre Schoendoerffer, ni de l'impact littéraire de celui de Jean-Jacques Annaud. Conçu spécialement pour Catherine Deneuve, le film de Régis Wargnier n'en constitue pas moins une œuvre romanesque parfaitement réussie dans un genre peu pratiqué par les réalisateurs français.

« L'Amant », de Jean-Jacques Annaud, avec Tony Leung et Jane March.

Vincent Perez et Catherine Deneuve dans « Indochine », de Régis Wargnier.

« Diên Biên Phu », de Pierre Schoendoerffer : Histoire et témoignage.

Brando rejette Christophe Colomb

Hollywood, 12 avril
Malgré ses graves problèmes judiciaires, Marlon Brando ne délaisse pas ses affaires ni ses démêlés professionnels. Il exige que son nom soit retiré du film *Christophe Colomb* (*Christopher Columbus : the Discovery*), produit par Alexander et Ilya Salkind. Brando estime en effet que cette œuvre est par trop fantaisiste et qu'elle ne respecte pas la réalité historique. Il accuse aussi les producteurs de ne pas avoir tenu compte de ses suggestions. Comme il a déjà touché plusieurs millions de dollars et que le tournage est achevé, Brando ne peut désormais avoir d'autres exigences que celles de ne pas figurer sur l'affiche ni au générique. (→ 12.10)

L'affaire Brando

Paris, 17 avril
Au cours d'un nouvel interrogatoire le 22 février, Cheyenne Brando a mis en cause son père dans le meurtre de Dag Drollet. Une commission rogatoire a aussitôt été lancée contre lui. La jeune fille affirme en effet que son frère Christian a tué Drollet à la demande de Marlon. Elle est depuis revenue sur ses déclarations, mais Brando refuse néanmoins de répondre à la police française. A cause de ce comportement, Me Vergès, l'avocat de Cheyenne, renonce à sa défense. (→ 25.5.93)

Calcutta pleure son seigneur des écrans

Calcutta, 23 avril
Le réalisateur indien Satyajit Ray (*2.5.1921) était aussi poète, musicien, architecte et publiciste. De culture occidentale, il est resté attaché à sa ville natale et à la civilisation bengali. Parmi ses films, il faut citer la trilogie : *Pater Panchali* (1955), *Aparajito* (1956) et *le Monde d'Apu* (1959); mais aussi *la Pierre philosophale* (1957), *les Joueurs d'échecs* (1977) et *Agantuk* (1991), qui traduisent avec sensibilité le choc entre la tradition de son pays et le monde moderne. (→ 14.4.93)

Capitaux français pour Babelsberg

Berlin, 19 mai

Conséquence importante de la réunification de l'Allemagne, en matière de cinéma, la vente des studios de Babelsberg est chose faite. Edifiés en 1929 par l'UFA, et alors les plus modernes d'Europe, ces studios étaient échus à l'Allemagne de l'Est, laquelle y avait installé la Deutsche Film Aktien Gesellschaft (DEFA), société d'état constituée en 1946. Rendus au secteur privé, ils ont été acquis par le groupe français de la Générale des eaux, *via* sa filiale immobilière Phénix, associée au puissant groupe allemand multimédia Bertelsman. Les principaux cinéastes allemands, dont Volker Schlöndorff, ont favorisé cette opération.

Marlène est morte, vive Marlène

Les obsèques ont lieu à Berlin le 16 mai, au cimetière de la Stubenrachstrasse.

Paris, 6 mai

Marlène Dietrich s'est éteinte à son domicile parisien de l'avenue Montaigne, deux jours avant l'ouverture du Festival de Cannes, dont l'affiche la représente dans *Shanghai Express*, de Josef von Sternberg. Née le 27 décembre 1901, Dietrich était avec Garbo le dernier mythe de l'histoire du cinéma. Depuis 1980, elle ne quittait pas son appartement. En 1978, elle a fait une ultime apparition à l'écran dans *Gigolo*, de David Hemmings. Six ans plus tard, Maximilian Schell a réalisé chez elle un document intitulé *Marlène*, où la voix rauque de l'actrice évoque sa carrière, mais où elle n'apparaît pas à l'image. Sa place reste marquée à jamais dans l'histoire du cinéma.

Le Crédit Lyonnais récupère MGM-UA

Los Angeles, 7 mai

Un feuilleton financier et judiciaire, autant que cinématographique, a trouvé sa conclusion : c'est par une vente aux enchères que vient de s'achever le bras-de-fer auquel se livraient en justice, depuis des mois, la plus grande banque française nationalisée, le Crédit Lyonnais, et l'homme d'affaires italien Giancarlo Parretti. Enchères historiques, en l'occurrence, puisqu'elles mettaient en jeu la possession de deux des plus grandes Majors du cinéma hollywoodien d'autrefois, la MGM et les Artistes associés. Réunies dans la MGM-UA depuis 1981, celles-ci étaient devenues à l'automne 1990 la propriété de M. Parretti, qui pensait tenir sa revanche de l'échec subi en France avec Pathé-Cinéma ; et ce avec un appui financier considérable du Crédit Lyonnais, *via* sa filiale néerlandaise. Le vent a tourné contre Parretti, contesté ici comme à Paris, et pour finir incarcéré en Sicile pour d'autres faits. Forte d'une créance de 880 millions de dollars, la banque n'avait d'autre ressource que de faire mettre en vente l'objet du litige, à seule fin de s'en faire attribuer la propriété. Voilà qui est chose faite, aucun autre acquéreur n'ayant tenté, devant l'ampleur du passif, de s'opposer à l'opération.

Delon dans le grand air de la séduction

Paris, 13 mai

Qui des grandes vedettes masculines n'a rêvé un jour ou l'autre d'enrichir son propre mythe en le confrontant à celui de Casanova, légendaire séducteur et personnage emblématique du XVIIIe siècle ? A l'instar du célèbre Ivan Mosjoukine, qui l'a incarné dans un film de 1927, la plupart des interprètes de Casanova ont donné de son personnage une vision conforme à sa légende dorée. D'où le grand mérite d'Alain Delon, qui a accepté de dévoiler le versant sombre du mythe dans *le Retour de Casanova*, d'Edouard Niermans. Ce film, sorti en salles en même temps que sa présentation au Festival de Cannes, s'inspire d'une nouvelle d'Arthur Schnitzler, adaptée par Niermans et Jean-Claude Carrière. Delon y incarne un Casanova vieillissant et pathétique qui, ayant été banni de Venise, erre dans le Sud de la France en compagnie de son valet, joué par l'inénarrable Fabrice Luchini. Désargenté, le grand séducteur s'en trouve réduit à payer ses logeuses en nature ! Tandis que la seule jeune femme qu'il ait jamais aimée, interprétée par la douce Elsa, n'hésite pas à lui dire qu'elle le trouve vieux et ennuyeux !

Elsa et Alain Delon dans « le Retour de Casanova », d'Edouard Niermans.

Patrick Dewaere héros d'aujourd'hui

Paris, 20 mai

Bientôt dix ans déja : le 16 juillet 1982 Patrick Dewaere décidait de renoncer à vivre. Ainsi disparaissait le comédien français le plus représentatif de sa génération avec Gérard Depardieu, et peut-être le plus talentueux de tous. Directeur de *Studio Magazine*, Marc Esposito signe aujourd'hui, sous le simple titre de *Patrick Dewaere*, un film de montage qui est un chaleureux et poignant portrait-souvenir. Le Festival de Cannes en a eu la primeur voici trois jours.

Portrait souvenir, par Marc Esposito.

Bergman sans Bergman, ou le festival des bonnes intentions

Cannes, 18 mai
Le grand réalisateur suédois Ingmar Bergman a souvent été en compétition à Cannes, mais jamais il n'a remporté la Palme d'or ! C'est peut-être pour réparer cette injustice que le jury de l'édition 1992 du Festival a décerné la Palme d'or aux *Meilleures Intentions*, de Bille August, film danois écrit par Bergman, lequel y raconte dix ans de la vie de ses propres parents. Comme avec *Pelle le conquérant*, qui lui a valu déjà la Palme d'or en 1988, August a réussi avec son nouveau film une œuvre d'un classicisme irréprochable. Toutefois, la consécration de son film a surpris les festivaliers, qui s'attendaient à ce que le jury, présidé par Gérard Depardieu, fît montre de plus d'audace, en distinguant par exemple un out-sider comme le Français Arnaud Desplechin, auteur d'un fascinant premier film : *la Sentinelle*. Parti grand favori dans la course pour la première place, James Ivory a finalement décroché le prix du quarante-cinquième anniversaire du Festival pour *Retour à Howards End*. Ivory y poursuit sa passionnante exploration de l'Angleterre post-victorienne, comme il l'a déjà fait dans *Chambre avec vue* et dans *Maurice*, adaptés eux aussi de l'œuvre de l'écrivain anglais E. M. Forster. Robert Altman figurait lui aussi en bonne place sur la liste des pronostiqueurs. Brillante satire du milieu hollywoodien, son film *The Player* lui a valu le prix de la mise en scène, et à son acteur principal, Tim Robbins, le prix d'interprétation. (→ 24.5.93)

Bille August et Pernilla unis dans la gloire à l'heure du palmarès.

Tim Robbins et Greta Scacchi dans « The Player », de Robert Altman.

Quarante années de bilan « Positif »

Paris, 31 mai
Ils sont 376, à ce jour, pour en témoigner : 376 numéros mensuels, ou presque, qui attestent de la place éminente, et cependant originale, que s'est faite *Positif* en quarante ans de publication. C'est en mai 1952 que paraissait à Lyon, sous l'autorité de Bernard Chardère, le premier numéro de cette revue, dont la modeste apparence n'encourageait guère ses premiers lecteurs à parier sur ses chances de survie. Editée à Paris depuis 1955, elle y célèbre aujourd'hui cet anniversaire avec une satisfaction dénuée d'ostentation (ce n'est pas le style de la maison), mais où perce une fierté légitimée par quarante ans de constance.

Grand-Ecran pour Gaumont et Beineix

Paris, 4 juin
Yves Montand aurait sans doute aimé être là. Son tout dernier film, *IP 5* bénéficie ce soir, pour sa sortie parisienne en avant-première, de conditions exceptionnelles. Le nouveau film de Jean-Jacques Beineix a en effet été choisi par la société Gaumont, qui en est coproducteur et distributeur, pour le gala d'avant-première qui marque l'ouverture d'une nouvelle salle de son circuit. Une salle pas comme les autres, puisque Gaumont a voulu édifier là son nouveau vaisseau amiral, dix ans après la fermeture du Gaumont-Palace. Rien de nostalgique, pourtant, dans l'événement : fièrement baptisée Grand-Ecran, la nouvelle salle de la place d'Italie ne rêve pas, avec ses 650 places, des quelque 3 400 de sa devancière de la place Clichy, dernière version. Elle a mieux à faire. Avec sa toile de 240m², record de France, c'est sur l'avenir du cinéma qu'elle prend une option, dans ce quartier de Paris à la fois très ancien et très neuf, où le zèle des bâtisseurs usait peu de toile jusqu'ici. Désormais, il y a un peu de place pour le rêve, au milieu du béton. Le maire de Paris, Jacques Chirac, qui présidait cette inauguration aux côtés du président de Gaumont, Nicolas Seydoux, s'en est réjoui pour sa ville.

Francis Bouygues à l'horizon Ciby 2000

Cannes, 16 mai
Après avoir abandonné les rênes de TF1 à Patrick Le Lay, le roi français du béton a décidé de s'intéresser au cinéma, un de ses vieux rêves, qui rejoint aujourd'hui une nécessité : la pratique de la télévision lui a enseigné très vite qu'elle a un besoin vital, fondamental, de l'apport du cinéma et de sa capacité de création. Aussi a-t-il constitué une société de production dont il entend bien faire un leader dans son domaine. Il l'a appelée Ciby 2000 : Ci pour cinéma, by pour Bouygues et enfin 2000 pour l'avenir. La direction est confiée à un professionnel, Jean-Claude Fleury, et Francis Bouygues s'est employé pour sa part à susciter des projets. Plusieurs, déja, sont devenus réalité : *Twin Peaks*, de David Lynch, que le festival découvre ce soir, c'est lui, comme *Une époque formidable*, de Gérard Jugnot, ou *la Reine blanche*, de Jean-Loup Hubert, ou encore, en coproduction, *Talons aiguilles*, de l'Espagnol Almodovar. Maurice Pialat, Wim Wenders, Isabelle Adjani peut-être vont tourner pour lui, tandis que la filiale Ciby Pictures s'active à Los Angeles. Francis Bouygues veut construire du solide au cinéma, de la même façon qu'il le fait ailleurs. (→ 24.7.93)

Yves Montand dans son dernier film, « IP 5 ». La mort en direct.

Le fantôme de Pétain rôde dans Vichy

Vichy, 25 juin
Un étrange ballet anime depuis quelques semaines les rues et les places de la ville d'eau, ainsi que les abords de l'ancien hôtel du Parc : Philippe Pétain, Pierre Laval, et tous ceux qui avec eux, quatre années durant, mirent la France au régime de Vichy, sont de retour. Bien sûr, c'est du cinéma : Pétain, c'est Jacques Dufilho ; Laval, c'est Jean Yanne, et pour l'heure, c'est Jean Marbœuf, le réalisateur, qui gouverne. Pourtant, ces personnages costumés et grimés font revivre de tels souvenirs que les vieux Vichyssois en sont émus. Les plus jeunes sourient, mais s'inquiètent : leur ville n'a rien à gagner à ce remue-ménage historique, qui touche à des plaies encore ouvertes. (→ 5.5.93)

Jacques Dufilho en maréchal.

Batman s'offre un week-end historique

New York, 22 juin
Le premier *Batman*, en 1989, avait frôlé les records historiques du box-office, en réalisant dès sa première année d'exploitation 150 millions de dollars de recettes en salles, pour un coût de production de 50 millions. Les nouvelles aventures de l'homme-chauve-souris vont sans doute faire mieux encore. Signé comme le précédent par Tim Burton, interprété par Michael Keaton, Danny De Vito et Michelle Pfeiffer, *Batman II, le défi* n'est sorti sur les écrans que depuis trois jours, mais il a déja atteint au cours du week-end près de 48 millions de dollars de recettes : soit, en termes de box-office, le plus fructueux week-end de toute l'histoire du cinéma à ce jour. Le groupe Time-Warner, qui produit le film, a engagé vingt millions de dollars en frais de publicité, incluant des opérations combinées avec la chaîne de restaurants McDonald's et avec Coca-Cola, ainsi que la mise sur le marché de 150 produits dérivés de toute nature (jouets, gadgets, articles de confiserie, T.shirts, etc.), destinés à entretenir la nouvelle *batmania* durant plusieurs mois. Le résultat est d'ores et déja assuré, même si la barre est placée plus haut, avec un coût de production lui aussi en pleine ascension.

M. Pfeiffer et Danny De Vito dans « Batman II, le défi », de Tim Burton.

Arletty est enfin rentrée à Courbevoie

Courbevoie, 29 juillet
Cet après-midi, vers 15 heures, a pris fin, au cimetière de la ville, le dernier voyage de Léonie Bathiat, l'enfant du pays. Celle dont le monde du spectacle a fait la glorieuse Arletty est morte paisiblement, le 23 juillet, à son domicile parisien. Son corps a été incinéré ce matin au crématorium du cimetière du Père-Lachaise, puis un lugubre cortège a ramené ses cendres, après un détour par les bords du canal Saint-Martin et une halte devant le fameux hôtel du Nord... A-t-elle souhaité elle-même ce dernier salut à une atmosphère dont le rappel insistant et réducteur avait fini par l'irriter ? C'est peu probable, mais il fallait sans doute sacrifier au mythe. La voici désormais revenue aux sources. Elle repose dans le caveau de sa famille, dans cette banlieue populaire qui l'avait vue naître le 15 mai 1898, et que la gloire même ne l'a jamais fait renier.

Le rôle mythique de Garance restera attaché à son nom et à son souvenir.

Chaplin dans la mémoire de Hollywood

Londres, 31 juillet
Quinze ans après sa mort (c'était le jour de Noël 1977), on va revoir Charlie Chaplin sur les écrans du monde entier. Non pas seulement, cette fois-ci, à l'occasion d'une réédition de ses films ou d'une rétrospective, mais dans un nouveau film, actuellement en post-production aux studios de Twickenham sous la direction de Richard Attenborough. Dix ans après son mémorable *Gandhi*, c'est d'un autre témoin du siècle que le réalisateur britannique a entrepris de raconter la vie extraordinaire. Ecrit par William Boyd à partir de l'autobiographie de Chaplin, le scénario ne laisse rien dans l'ombre, des débuts de Charlot à sa retraite aux bords du Léman : ses films, ses rapports avec les femmes, ses amitiés, sa vie à Hollywood, ses démêlés avec l'Amérique sont les lignes de force de *Charlie*, tourné sur les lieux du récit. C'est le comédien Robert Downey Jr. qui a la lourde tâche d'incarner Charlie Chaplin, dont la propre fille, Geraldine, participe au film dans le rôle de sa grand-mère, Hannah Hill.

Treize semaines de tournage pour « Charlie », de R. Attenborough.

Claude Sautet peint la musique des âmes

Emmanuelle Béart, une violoniste entre deux hommes : « Un cœur en hiver ».

Paris, 2 septembre

Ce film de Claude Sautet relève, comme la musique du même nom, du cinéma « de chambre », genre où l'ironie, la mélancolie, l'amertume, toutes ces émotions qui échappent à l'exacerbation, se déclinent sur un mode mineur et mesuré, comme dans un roman viennois du début du siècle. Stéphane (Daniel Auteuil) est luthier. Introverti, cet homme dont le cœur s'est fermé, veut séduire Camille (Emmanuelle Béart), violoniste et femme de son ami Maxime (André Dussolier). Les relations de ce trio, uni par une vieille tendresse, vont se dérégler, laissant apparaître des abymes de souffrances cachées. Rythmé par la musique de Ravel, *Un cœur en hiver* démontre une fois encore que Sautet, à l'image du luthier avec l'âme de ses violons, est un orfèvre de la peinture des mœurs et des sentiments. (→ 12)

Une sortie mondiale dans 5 000 salles

Paris, 12 octobre

Le 7e Art apporte sa contribution à la commémoration du 500e anniversaire de la découverte de l'Amérique, avec la sortie mondiale du film de Ridley Scott, *1492, Christophe Colomb*, simultanément dans 5 000 salles. La promotion se fait forte d'insister sur l'universalité de l'événement, exactement calé sur le jour anniversaire. Peut-être une manière d'éluder les rumeurs de la critique, selon lesquelles la nouvelle œuvre du réalisateur des *Duellistes* ou d'*Alien* serait loin d'être à la hauteur des attentes. Nonobstant la valeur réelle ou supposée de ce film, de ses partis-pris historiques et de son scénario, Gérard Depardieu y incarne un Colomb inoubliable, en avance sur son temps, presque un prophète. Son arrivée sur les rives du Nouveau Monde est un morceau d'anthologie.

Woody Allen dans un mauvais scénario

New York, 22 août

La presse est redoutable. Pour avoir oublié à quel point elle était avide de sensationnel, Woody Allen se retrouve au cœur d'une histoire indigne du plus mauvais de ses films. Le plus new-yorkais des cinéastes est impliqué dans la plus classique des affaires de mœurs, le démon de midi. Traqué par les paparazzi, il doit s'expliquer, donner des conférences de presse, entouré d'une batterie d'avocats, et raconter toute l'histoire. Il est bien amoureux de Soon-Yi, 21 ans, la fille adoptive de Mia Farrow. Celle-ci a donc décidé de rompre après des années de vie commune avec Allen. Là où les choses s'enveniment, c'est que Mia accuse son ancien compagnon de violences sexuelles sur deux autres de leurs enfants adoptifs. Cette contre-attaque, au goût de vengeance, tourne au sordide. (→ 18.9)

Le western crépusculaire de Clint Eastwood

Paris, 9 septembre

Clint Eastwood n'est pas le premier à démolir la légende de l'Ouest. Mais en plus du réalisme, il introduit dans *Impitoyable* (notons le contresens, car le titre anglais *Unforgiven* signifie exactement le contraire : celui qui n'est pas pardonné) une noirceur et une pesanteur des destins rarement atteintes. Retiré, un desperado (Clint Eastwood) reprend du service à contrecœur. Les « filles » d'un bordel d'une bourgade perdue veulent se venger de deux vachers qui ont mutilé l'une d'entre elles. Trop vieux pour ce genre de sport, il traque sans conviction les deux hommes. Face au shérif (Gene Hackman), se noue un drame, digne des tragédies grecques par le caractère de son dénouement. (→ 29.3.93)

Il se dirige et démontre sa maturité.

« Maris et femmes » ou les affres du couple

Judy Davis et Sydney Pollack en pleine crise conjugale, selon Woody Allen.

New York, 18 septembre

Un couple peut-il survivre à la rupture d'un couple d'amis ? Pour Woody Allen, la réponse n'est pas évidente, tant le miroir déformant de l'amitié peut servir de révélateur aux malentendus conjugaux. Film-somme, film-bilan, *Maris et femmes* (*Husbands and Wives*) commence comme un faux-documentaire sur la crise conjugale, multipliant à dessein les fautes de raccord. Ce film donne l'impression que Allen s'est soudainement entiché de cinéma-vérité. Comme si la perfection technique de ses précédentes œuvres le lassait soudainement. Or il apparaît vite que sous le masque du comique le plus débridé et du faux reportage revendiqué, Allen s'est avant tout évertué à rendre le plus aimable possible ses désarrois et ses angoisses de quincagénaire. Film sur la pudeur en même temps que sur l'exhibition des sentiments, sur la validité des amitiés, *Maris et femmes* est en fait une immense confession. Les personnages (Woody Allen, Judy Davis, Sidney Pollack, Juliette Lewis et Liam Neeson dans les principaux rôles) s'adressent souvent à un interlocuteur jamais montré. Leur psychanalyste ? Le public ? Les deux à la fois ? (→ 7.6.93)

Gong Li, ambassadrice de charme à Venise

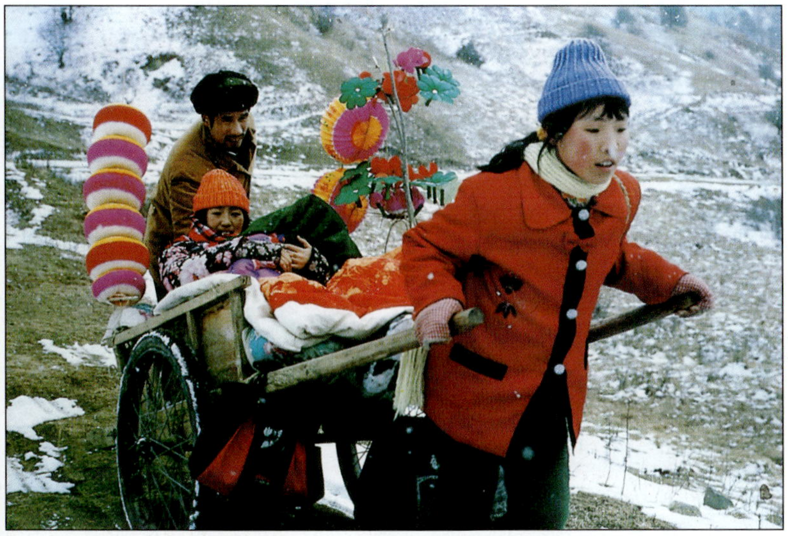

Elle reçoit le prix d'interprétation féminine pour son rôle dans « Qiu Ju, une femme chinoise », de Zhang Yimou, Lion d'or après un Lion d'argent en 1991.

Venise, 12 septembre
La clôture de la 49e Mostra a failli virer au burlesque après les disputes entre le ministre de la Culture et les représentants de la municipalité sur le choix du lieu de la cérémonie et de l'animateur. Pour couronner le tout, le palmarès, hormis les plus importantes récompenses, indiscutables, est pour le moins insatisfaisant. Personne ne songe à contester la légitimité du Lion d'or et du prix d'interprétation féminine revenant à *Qiu Ju, une femme chinoise*, de Zhang Yimou, et à son actrice, Gong Li. C'est une histoire universelle que celle de cette paysanne de la Chine du Nord, qui, à force d'obstination, réussit à se faire entendre et à vaincre les préjugés sociaux et culturels. Le Lion d'argent de Claude Sautet pour *Un cœur en hiver* est également mérité, tout comme le prix du jury pour *la Mort d'un mathématicien napolitain*, du jeune Italien Mario Martone. Pour le reste, les récompenses sentent leurs tractations internationales. C'est le cas du prix d'interprétation masculine pour Jack Lemmon, dans *Glengarry*, qui n'était venu à Venise que sur la promesse de l'obtenir. Cette Mostra, obsédée par l'avenir du cinéma, était bien mélancolique. (→ 12.9.93)

Disney envahit les écrans pour les fêtes

« Aladdin », l'univers des « Mille et Une Nuits » à destination du jeune public.

Los Angeles, 11 novembre
Disney sait parfaitement ce que calendrier et promotion veulent dire. La sortie d'*Aladdin* quelques semaines avant les fêtes est là pour le prouver, au moment même où en France *la Belle et la Bête*, le précédent produit des studios Disney, triomphe sur les écrans. Mais ne boudons pas notre plaisir, *Aladdin* ravit les petits comme les grands. L'inspiration des graphistes s'est renouvelée, lorgnant de plus en plus vers les délires visuels de Tex Avery. En l'occurence, le véritable héros du film, ce n'est pas Aladdin ni la princesse Jasmine, ni bien sûr Jaffar, l'odieux vizir, c'est évidemment le génie, auquel un Robin Williams en grande forme prête sa voix.

Pour son premier film, Tarantino provoque un électrochoc

Mister Orange (Tim Roth) dans « Reservoir Dogs » : une sanglante descente aux enfers qui défie les règles et renouvelle le genre du film noir.

New York, 23 octobre
Six truands, six couleurs, des hommes en bout de course, un hangar désaffecté, une violence qui frise l'insoutenable et parfois y tombe. Plus qu'un exercice de style, Quentin Tarantino nous offre pour son premier film un huis-clos étouffant. *Reservoir Dogs* joue avec les conventions d'un genre qui passait pour figé, en offrant une sarabande noire et pessimiste, dans laquelle aucune rédemption, aucune fuite ne sont possibles. La direction des acteurs, entre autres Tim Roth et Harvey Keitel, est impeccable. Tels des pantins, ces hommes se démènent pour savoir qui est le traître parmi eux. Ils réalisent qu'en fait de couleurs, une seule a finalement un sens, le rouge du sang. (→ 23.5.94)

Le 2 décembre, sortie de *la Crise*, de Coline Serreau, une comédie caustique et d'actualité avec Patrick Timsit et Vincent Lindon.

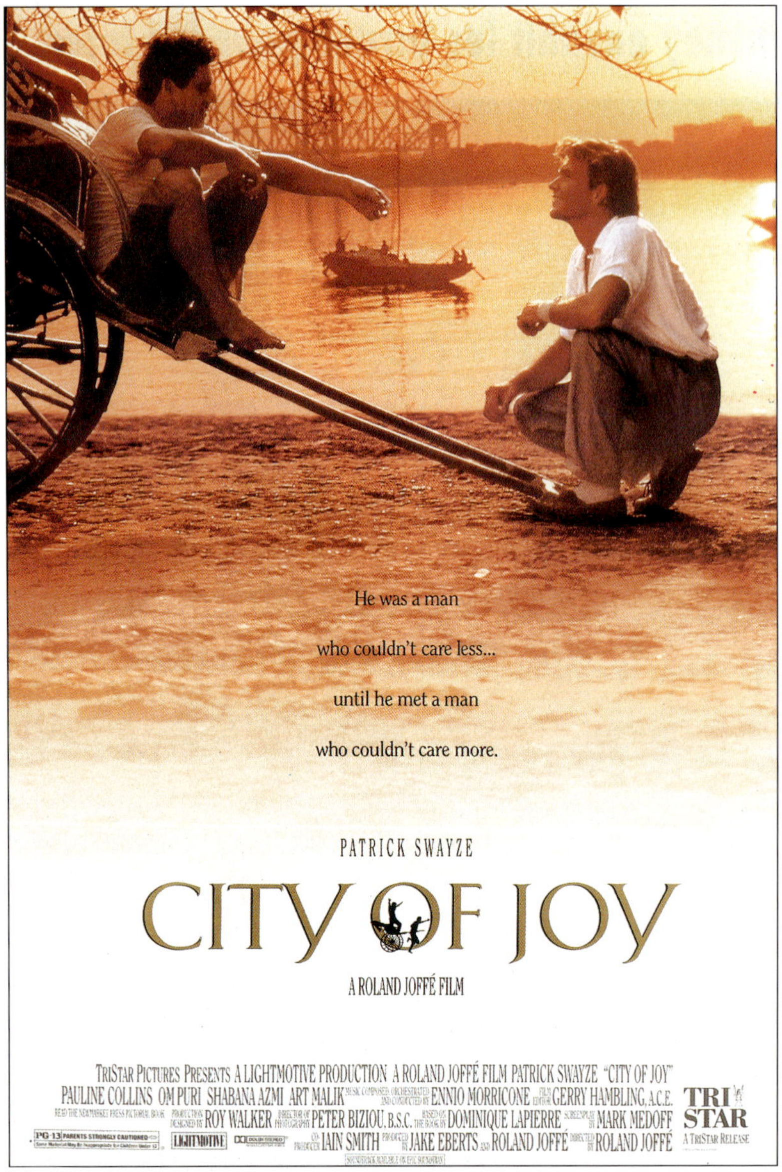

Patrick Swayze dans le rôle d'un médecin dévoué en Inde, pour Roland Joffé.

Drame sur le racisme de Mira Nair.

Un hommage au photo-journalisme.

Benoît Poelvoorde (ci-dessus), l'un des trois réalisateurs avec Rémy Belvaux et André Bonzel de « C'est arrivé près de chez vous », un film belge et dérangeant.

Maggie Smith en mère supérieure et « sœur » Whoopie Goldberg : « Sister Act ».

Harrison Ford en ex-agent de la CIA et Anne Archer dans « Jeux de guerre ».

Al Pacino en aveugle convaincant dans ce remake d'un film italien.

Tim Robbins dans « Bob Roberts », qui marque ses débuts de réalisateur.

Daniel Day Lewis dans « le Dernier des Mohicans », de Michael Mann.

Brad Pitt dans « Et au milieu coule une rivière », de Robert Redford.

Tom Cruise et Demi Moore dans « Des hommes d'honneur », de Rob Reiner.

Delroy Lindo et Denzel Washington dans « Malcolm X », de Spike Lee.

Geena Davis dans « Une équipe hors du commun », de Penny Marshall.

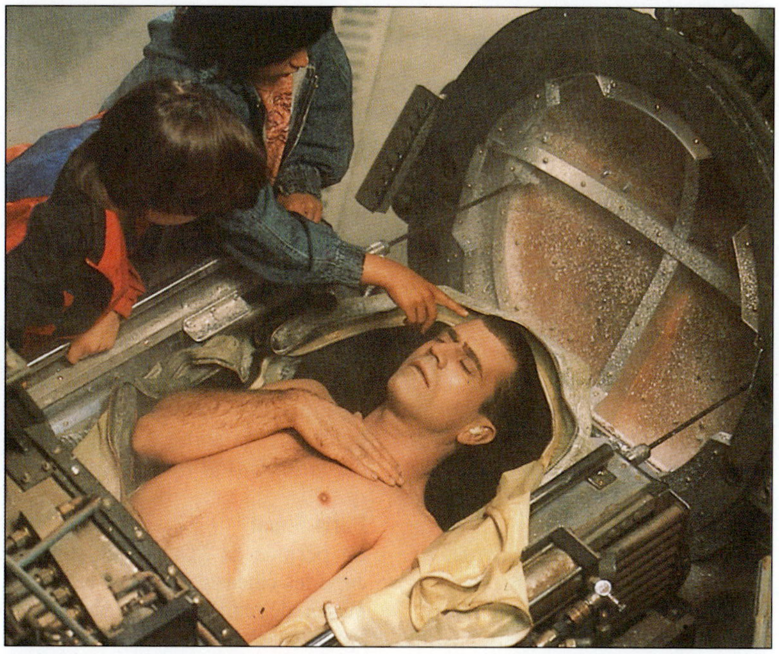

Mel Gibson en jeune Hibernatus dans « Forever Young », de Steve Miner.

1993

Oscars, Hollywood
Film : *Impitoyable* (Clint Eastwood).
Acteur : Al Pacino.
Actrice : Emma Thompson.

Mostra d'arte cinematografica, Venise
Lion d'or : *Short Cuts* (Robert Altman).
Trois Couleurs : Bleu (Krzysztof Kieslowski).
Meilleur acteur : Fabrizio Bentivoglio.
Meilleure actrice : Juliette Binoche.

Festival international du film, Cannes
Palme d'or : *la Leçon de piano* (Jane Campion).
Adieu ma concubine (Chen Kaige).
Meilleur acteur : David Thewlis.
Meilleure actrice : Holly Hunter.

Césars, Paris
Film : *les Nuits fauves* (Cyril Collard).
Acteur : Claude Rich.
Actrice : Catherine Deneuve.

Paris, 6 janvier
Sortie d'*Arizona Dream*, film français tourné aux Etats-Unis, ou Emir Kusturica raconte les rêves de ces grands enfants que sont les Américains, avec Johnny Depp, Jerry Lewis et Faye Dunaway.

Paris, 13 janvier
La cent cinquante-sixième version de *Dracula*, tournée par Francis Ford Coppola et tirée du roman de Bram Stoker, avec Gary Oldman et Winona Ryder, sort en France.

Park-City, Utah, 1er février
Clôture du Festival de Sundance (fondé par R. Redford en 1982), où le premier film de Jennifer Chambers Lynch, fille de David, *Boxing Helena*, avec Sherylin Fenn, a été particulièrement remarqué.

Neuilly-sur-Seine, 2 février
François Reichenbach (*3.7.1922), réalisateur d'*Arthur Rubinstein, l'amour de la vie*, en 1968, meurt des suites d'une opération.

Paris, 10 février
Sortie de *la Petite Apocalypse*, de Costa-Gavras, adapté d'un livre de Tadeusz Konwicki, avec Pierre Arditi, André Dussolier et le cinéaste tchèque Jiri Menzel.

Berlin, 22 février
Au Festival de Berlin, l'Ours d'or est attribué à deux films, chinois et taïwanais, respectivement : *les Femmes du lac des âmes parfumées*, de Xie Fei, et *la Noce*, d'Ang Lee.

Paris, 24 février
Avec *Malcolm X*, qui sort ce jour, Spike Lee dresse le portrait du leader des « Black Muslim ».

Wiesbaden, 27 février
Mort de l'acteur américain Eddie Constantine (*29.10.1917).

Los Angeles, 24 mars
Kim Basinger est condamnée à verser 8,9 millions de dollars au producteur Main Line Pictures pour avoir refusé de jouer dans *Boxing Helena* malgré son engagement.

Paris, 14 avril
Sortie en France de *l'Adversaire*, de Satyajit Ray, tourné en 1970, un mois après la sortie de *Des jours et des nuits dans la forêt* (1969).

Paris 5 mai
La période de l'Occupation préoccupe les cinéastes, avec la sortie de *Pétain*, de Jean Marbœuf, deux mois après celle de *l'Œil de Vichy*, de Claude Chabrol. (→ 16.2.94)

Papeete, 25 mai
Un non-lieu est rendu en faveur de Cheyenne Brando, fille de Marlon, inculpée de complicité d'homicide dans le meurtre de son ami Dag Drollet, assassiné par son frère.

New York, 7 juin
La Cour suprême de Manhattan rend son verdict dans l'affaire opposant Woody Allen et Mia Farrow. Celle-ci obtient la garde des trois enfants que se disputait le couple : Moïse, Dylan et Satchel. (→ 13.10)

Paris, 9 juin
Claude Lelouch sort son trentième film, *Tout ça... pour ça !*, une comédie enjouée pleine de coups de foudre et de coups de théâtre.

La Garde, 9 juin
A côté de Toulon, Pathé ouvre le premier multiplexe français, le Pathé Grand Ciel. (→ 23.11.94)

Los Angeles, 18 juillet
Mort de Jean Negulesco, d'origine roumaine (*26.2.1900), réalisateur de *la Femme aux cigarettes* (1948).

Rothéneuf, 24 juillet
Francis Bouygues (*5.12.1922), fondateur de Ciby 2000 en 1990, meurt d'un infarctus. Sa société s'est vue couronnée avec la Palme d'or décrochée en mai à Cannes par *la Leçon de piano*, qu'elle a produit.

Pékin, 28 juillet
Trois mille Chinois ont le privilège d'assister à la représentation unique d'*Adieu ma concubine*, de Chen Kaige. La censure interdit le film et exige des coupes, ce que refuse le réalisateur. (→ 27.10)

Los Angeles, 16 août
Stewart Granger (*6.5.1913), acteur américain d'origine britannique, meurt des suites d'un cancer.

Paris, 18 août
Le même jour, trois premiers films de jeunes réalisateurs français sortent sur les écrans : *Métisse*, de Mathieu Kassovitz ; *Je m'appelle Victor*, de Guy Jacques ; et *Cible émouvante*, de Pierre Salvadori.

Paris, 1er septembre
Sortie de *Si loin, si proche !*, de Wim Wenders, une parabole sur Berlin réunifié, où le cinéaste s'interroge sur son métier et sur son pays.

Paris, 8 septembre
Avec *Hélas pour moi*, qui sort ce jour, Jean-Luc Godard signe une fable pessimiste pleine de romantisme désenchanté. (→ 8.3.95)

New York, 17 septembre
Sortie du *Temps de l'innocence* (*The Age of Innocence*), de Martin Scorsese, avec Daniel Day Lewis, Michele Pfeiffer et Winona Ryder.

Villerville, Calvados, 21 septembre
Fernand Ledoux (*24.1.1897), comédien révélé par Jean Renoir dans *la Bête humaine*, s'éteint.

Hollywood, 25 octobre
Vincent Price (*27.5.1911), acteur fétiche du cinéma fantastique, meurt d'un cancer du poumon.

France, 29 octobre
Les Visiteurs, de Jean-Marie Poiré, atteint le record de 12 millions de spectateurs au box-office.

Hollywood, 31 octobre
River Phoenix (*23.8.1971), devenu célèbre à 16 ans avec *Stand By Me*, meurt en sortant d'un night club.

Ormonville-la-Petite, 5 décembre
Mort d'Alexandre Trauner, d'origine hongroise (*3.9.1906), le décorateur d'*Hôtel du Nord* (1938, Marcel Carné) ou d'*Autour de minuit* (1985, Bertrand Tavernier).

Beyrouth, 10 décembre
Maroun Bagdadi (*1950), réalisateur français d'origine libanaise (*Hors la vie*, prix du jury à Cannes 1991), meurt accidentellement.

New York, 14 décembre
Mort de Myrna Loy (*2.8.1905), sacrée star avec *l'Introuvable* en 1934.

Paris, 15 décembre
Alain Resnais sort deux films (un film double ?), *Smoking/No Smoking*, où il réfléchit sur le déterminisme et le hasard. (→ 26.2.94)

Londres, 17 décembre
La canne et le chapeau de Charlie Chaplin sont vendus aux enchères chez Christie's pour 55 000 livres.

Avec « les Visiteurs », Jean-Marie Poiré obtient un succès comparable à celui de Gérard Oury en 1967, avec « la Grande Vadrouille ».

L'Amérique découvre les « petits » budgets

Carlos Gallardo : le « mariachi ».

Park-City, Utah, 31 janvier
Révélation du Festival de Sundance, *El Mariachi* n'a coûté que 7 000 dollars à son réalisateur. Robert Rodriguez, qui n'a que 24 ans, démontre ainsi qu'un budget dérisoire ne condamne pas obligatoirement à l'anonymat. Son film, tourné de l'autre côté de la frontière, au Mexique, est une agréable déclinaison d'un vieux thème : un honnête garçon venu chanter dans une ville (le *mariachi*) est pris pour un tueur à gage. Le film a déjà été acheté par des distributeurs étrangers. C'est bien là le rôle de ce Festival et de cet Institut de cinéma créés par Robert Redford en 1982 : faire connaître aussi bien les nouveaux talents que les cinéastes indépendants. (→ 1.2)

Un jour qui n'en finit plus de recommencer

New York, 12 février
Le public américain découvre avec *Un jour sans fin* (*Groundhog Day*) un Bill Murray qui, trop souvent cantonné au second rôle, donne enfin la pleine mesure de son talent. Cette comédie réalisée par Harold Ramis a des petits airs de celles de Frank Capra. Venu couvrir la Fête de la marmotte dans une bourgade de province, un journaliste météo blasé et cynique est victime d'un mauvais tour du destin. Chaque matin, cette même journée se répète, indéfiniment. Pour les beaux yeux d'une journaliste (Andie MacDowell), il comprend peu à peu qu'il lui faut redevenir meilleur pour échapper à la malédiction. Mission réussie, il peut conquérir la belle.

« Un jour sans fin » avec Bill Murray.

Cyril Collard « césarisé » à titre posthume

Paris, 8 mars
Quatre trophées pour sept nominations : Cyril Collard et son film *les Nuits fauves* sont plébiscités lors de la remise des Césars. Mort du sida trois jours avant la cérémonie, ce jeune réalisateur (*19.12.1957) aura remporté une ultime victoire, celle de l'émotion dans une soirée d'ordinaire sans surprise. Ce film reçoit donc les Césars du meilleur film, du meilleur premier film, du jeune espoir féminin (pour Romane Bohringer) et du meilleur montage. Le grand rite annuel d'autocélébration du cinéma français récompense également le film de Régis Wargnier, *Indochine*, avec cinq Césars, dont celui de la meilleure actrice pour Catherine Deneuve. La fête rend hommage enfin à Arletty et Marlène Dietrich. Le succès du film de Collard tient d'abord à son extrême sincérité, qui fait accepter au public la crudité, voire la violence de certaines scènes. Tirée de son propre roman, cette fiction est assurément autobiographique. Séropositif tout comme Jean, le personnage du film, photographe bisexuel, Collard ne cache rien de ses propres inconsciences, de la progression de la maladie et de ses mensonges. Incapable d'avouer son état à la jeune fille qui l'aime (Romane Bohringer), Jean joue alors avec la mort, au nom de l'amour et du mépris des normes sexuelles et morales. (→ 26.2.94)

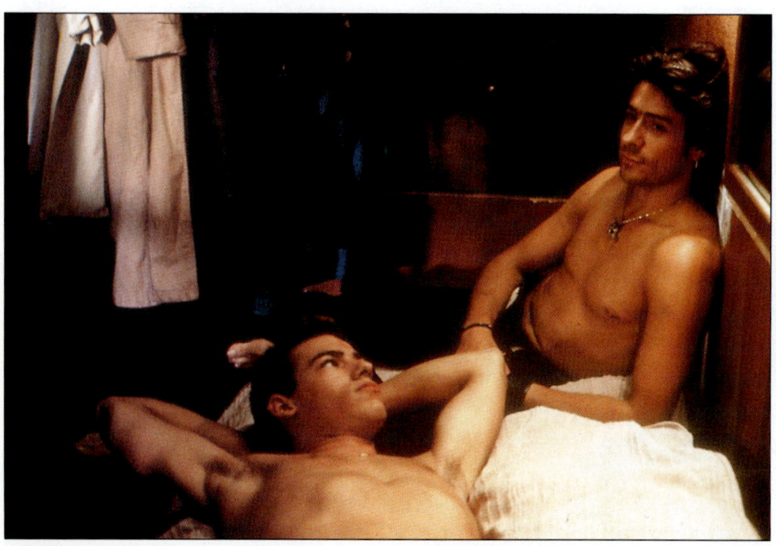

L'acteur-réalisateur (à droite) avec Carlos Lopez dans « les Nuits fauves ».

Hollywood aime les scénarios étrangers

Jodie Foster et Richard Gere dans « Sommersby », un remake de Jon Amiel.

Los Angeles, 19 mars
Bridget Fonda, punk toxicomane et tueuse, se voit transformée en une très efficace et très meurtrière espionne par une agence gouvernementale. Cela vous rappelle quelque chose ? Normal, *Point of No Return* est la version américaine de *Nikita*, de Luc Besson. Un film qui démontre l'intérêt persistant des majors pour les scénarios étrangers. Cela ne date pas d'hier. En 1934, sortait une version américaine de *Topaze*, avec John Barrymore. *Les Sept Mercenaires*, de John Sturges, en 1960, est un décalque des *Sept Samouraï* de Kurosawa. Mais depuis que Disney a décroché en 1987 le gros lot avec le remake de *Trois hommes et un couffin*, 250 millions de dollars de recettes !, le phénomène s'est amplifié. *Cousins, cousines*, *Parfum de femme*, *Un éléphant, ça trompe énormément* ont donné lieu, avec plus ou moins de bonheur, à des remakes. L'une des belles réussites en matière d'adaptation, presque meilleure que l'original, est *Sommersby*. *Le Retour de Martin Guerre* y est transposé à la fin de la Guerre de sécession, servi par d'excellents acteurs.

« Les Visiteurs »... OkaAAAy pour le succès

France, 4 mars
A ceux qui doutent encore de l'efficacité du bouche à oreilles, les aventures de Jacquouille la Fripouille et de son seigneur et maître Godefroy de Montmirail, incarnés respectivement par Christian Clavier et Jean Reno, apportent une preuve définitive de l'excellence de cette promotion. *Les Visiteurs* font crouler de rire les spectateurs. Ce film, sorti le 27 janvier, vient de franchir la barre des trois millions d'entrées et la fréquentation est loin de s'essouffler. La farce de Jean-Marie Poiré, co-écrite avec Clavier, reprend une vieille recette qui a fait ses preuves : le télescopage des époques, le voyage à travers les siècles. Godefroy et Jacquouille, à la recherche de la fiancée du premier, débarquent dans une France qu'ils ne reconnaissent plus. Téléphones, télévisions, sanitaires et mœurs modernes, tout est sujet à gag. Le rythme s'accélère encore quand les deux compères tombent sur la descendante de Godefroy, jouée par une Valérie Lemercier survoltée et « super sympââââ ». Si Godefroy regrette le temps béni où les nobles guerroyaient entre eux, Jacquouille, lui, s'émancipe, découvrant un charme fou à cette époque sans queue ni tête et à cette façon qu'ont les gens qu'il rencontre de dire « OK » à chaque phrase. (→ 29.10)

Jean Reno et Valérie Lemercier.

Les Oscars s'en tiennent aux valeurs sûres

Anthony Hopkins et Emma Thompson dans « Retour à Howard's End ».

Los Angeles, 29 mars
Clint Eastwood, après trente ans de cinéma, obtient finalement ses premiers Oscars : ceux de meilleur réalisateur et de meilleur film pour *Impitoyable* (*Unforgiven*). Ce film bouscule la légende en désignant la violence et la mort comme les seuls vrais piliers du western. Il aura fallu également huit nominations en vingt-cinq ans à Al Pacino pour recevoir l'Oscar du meilleur acteur, pour son rôle d'ex-officier aigri dans le remake de *Parfum de femme* (*Scent of a Woman*). Du pathétique au comique, Pacino y campe magistralement un aveugle. Emma Thompson est sacrée meilleure actrice pour sa subtile composition dans *Retour à Howard's End*. La surprise de la soirée vient du meilleur second rôle féminin, attribué à Marisa Tomei, une jeune actrice presque inconnue. Elle tient un rôle hilarant dans *Mon cousin Vinny*. Tout le contraire de Gene Hackman, meilleur second rôle masculin pour *Impitoyable*. Enfin, le succès inattendu de *The Crying Game*, se voit récompensé par l'Oscar du meilleur scénario. (→ 21.3.94)

Marisa Tomei, meilleur second rôle.

Corruption et assassinats autour d'un juge

Rome, 18 avril
Ricky Tognazzi, fils d'Ugo, fait partie de cette nouvelle génération de réalisateurs, qui perpétuent et renouvellent cette tradition de la dénonciation sociale, qui a toujours été vivace dans le cinéma italien. Dans *la Scorta*, il suit pas à pas, violence après violence, la lutte de quelques hommes de bonne volonté contre la « pieuvre ». De jeunes carabiniers, déterminés mais sans illusions, se retrouvent réunis autour d'un juge incorruptible, menacé de mort par la Mafia. Ils forment sa « scorta », son escorte, et leurs vies vont s'en trouver bouleversées. Ce film, très efficace dans sa forme de fiction-documentaire, est une peinture sans concession de l'Italie des années 90.

Un événement fréquent dans l'Italie actuelle, mis en scène dans « la Scorta ».

Al Pacino, Oscar du meilleur acteur.

J. Davidson : « The Crying Game ».

« La Leçon de piano »... des antipodes à Cannes

D. Thewlis, primé pour « Naked ».

Holly Hunter et Anna Paquin, les délicates interprètes de Jane Campion.

« L'Odeur de la papaye verte ».

Cannes, 24 mai
La Palme d'or est double sur la Croisette cette année. Le jury n'a pas réussi à départager *la Leçon de piano*, (*The Piano*), de la Néozélandaise Jane Campion, et *Adieu ma concubine*, du réalisateur chinois Chen Kaige. Les récompenses de ces deux films, qui auraient droit au label « belle qualité internationale », sont pourtant des premières. Campion est la première femme à remporter la Palme et les pays qu'ils représentent, la Nouvelle-Zélande et Hong Kong, sont aussi primés pour la première fois. L'actrice américaine Holly Hunter, meilleure interprète féminine, tient dans *la Leçon de piano* le rôle d'une jeune Ecossaise muette, envoyée avec sa fille en Nouvelle-Zélande au milieu du XIXe siècle pour y épouser un homme qu'elle n'a jamais vu. C'est par le piano qu'elle trouvera la voie (voix) de son émancipation. Quant au très délicat film français de Tran Anh Hung, *l'Odeur de la papaye verte*, il obtient la Caméra d'or. (→ 28.7)

Spielberg au sommet des effets spéciaux avec « Jurassic Park »

New York, 11 juin
Le don de Steven Spielberg pour répondre aux attentes du « grand » public, voire les devancer, est immense. *Jurassic Park*, qui sort sur les écrans américains, a été précédé d'une campagne de promotion inédite par son ampleur. Personne n'ignore plus les ressorts de cette histoire rocambolesque. Un milliardaire, que les principes n'étouffent pas (Richard Attenborough), fait recréer, à partir d'ADN reccueillies dans des moustiques prisonniers de l'ambre depuis des millions d'années, des dinosaures pour un parc d'attraction sur une île perdue. Bien sûr, les petites bêtes, en particulier le Tyrannosaurus Rex, ne l'entendent pas de cette oreille : la belle mécanique va se dérégler ! Sam Neill, Laura Dern et d'adorables enfants deviennent presque des acteurs secondaires à côté des effets spéciaux sidérants. Générées et animées par ordinateurs, les images de synthèse des monstres préhistoriques sont l'atout essentiel du film. En marge de cela, les méchants sont mangés tout crus et les bons en réchappent... de justesse. (→ 21.3.94)

Une sortie dans 3 300 salles pour ce film tiré du best-seller de Michael Crichton.

Bertrand Blier filme le malheur au soleil

Paris, 18 août
Une lumière blanche, aveuglante, la banlieue nord de Marseille, et Victorine (Anouk Grinberg) en madone des HLM. Après *Merci la vie*, Bertrand Blier offre à sa nouvelle égérie un film taillé sur mesure. *Un, deux, trois, soleil* est une ode à l'esprit du temps. Victorine a six ans. Elle en a quinze, puis vingt, puis trente. Elle brade sa virginité à des amis-voyous dans une vieille voiture. Elle élève ses enfants, puis ceux des autres. Sa mère est folle (Myriam Boyer), son père, vieil Italien alcoolique (Marcello Mastroianni), titube au milieu des immeubles. Victorine fait des rencontres, trouve le bonheur puis le perd. Bref, Victorine traverse la vie. Comme à son habitude, Blier adopte ici le ton de la fable. Changeant de registre à la vitesse d'un mouvement de caméra, il frole le sordide, fait des incursions dans le tragique, sans jamais, preuve de son talent, tomber dans les pièges qu'il se tend. Souvent irritant mais toujours tonique et drôle, ce grand sceptique est tout sauf un misanthrope.

De l'amour et des papilles au Mexique

Marco Leonardi et Lumi Cavazos dans « les Epices de la passion », de A. Arau.

New York, 12 juin
Les Epices de la passion, du réalisateur mexicain Alfonso Arau, est en passe de devenir le plus grand succès latino-américain aux Etats-Unis. Les clefs de son succès ? La cuisine, la romance et la révolution. Dans le Mexique du début du siècle, une jeune femme n'a plus qu'un moyen pour reconquérir l'élu de son cœur : la gastronomie. Un magnifique dialogue amoureux commence alors, ponctué de recettes qui feraient saliver le plus endurci des puritains.

Deux Lions d'or pour Altman et Kieslowski

Anne Archer, l'un des multiples personnages du film de Robert Altman, « Short Cuts », un enchevêtrement d'histoires adapté de nouvelles de Raymond Carver.

Venise, 12 septembre
Le jury de la 50ᵉ Mostra a diplomatiquement partagé la récompense suprême entre les Etats-Unis et l'Europe. Robert Altman et Krzysztof Kieslowski obtiennent chacun un Lion d'or. Le premier, avec *Short Cuts*, réussit avec brio à entremêler les trajectoires de vingt-deux personnages. Leurs vies se croisent durant les trois heures du film sans qu'à aucun moment les artifices du scénario ne prennent le dessus sur le récit. *Trois Couleurs : Bleu*, le film franco-polonais de Kieslowski, se situe sur un tout autre registre. Juliette Binoche, prix d'interprétation féminine, doit réapprendre à vivre, à aimer, à espérer après la mort accidentelle de son mari, un très célèbre compositeur de musique. Le réalisateur s'y révèle un artiste de la mise en scène. Sophistiqué, parfois surchargé de symbolisme, ce film plus noir que bleu parle de la quête de soi d'une femme qui doit d'abord, pour se réapproprier une existence brisée, rompre avec son passé. (→ 12.9.94)

« Trois Couleurs : Bleu », J. Binoche.

Claude Berri dans le monde de Zola

Paris, 29 septembre
Germinal sort sur les écrans au moment même où les derniers puits de charbon ferment en France. Claude Berri a mis longtemps à faire aboutir ce projet. Avec cette adaptation du roman-reportage d'Emile Zola sur les mineurs, il reste dans la grande veine des fresques sincères et populaires, inspirées du patrimoine littéraire, ce qui lui avait si bien réussi avec Pagnol. *Germinal*, c'est une histoire de suie et de larmes, d'exploitation et de révoltes, portée par des acteurs inspirés, Gérard Depardieu, Renaud, Miou-Miou, Judith Henry, Jean Carmet, Jean-Roger Milo, et une figuration authentique : le réalisateur a tenu à embaucher les habitants de la région. Ce film a coûté 165 millions de francs. Coproduit par Christian Fechner et Claude Berri, c'est le plus cher de toute l'histoire du cinéma français. Les colonnes de la presse sont depuis des mois pleines des histoires et des péripéties du tournage. Le public sait tout désormais de la direction d'acteur de Claude Berri, de sa « tyrannie », de la reconstitution d'une mine de 1863 et des polémiques qui sont nées dans le Nord sur l'image obsolète d'une région minière que le film allait aider à perpétuer. Et vint la surprise des premières projections. Berri trouve un souffle épique pour dépeindre la misère et la faim des prolétaires, la grève, la répression et le cauchemar de la catastrophe. Si les vaincus y gardent espoir, c'est qu'ils ont su retrouver un début de dignité.

Dans le sillage du film, une floraison de livres évoque l'univers des mineurs.

Ils laissent derrière eux des images somptueuses

Fellini au tournage de « Casanova ».

Audrey Hepburn (et Rex Harrison).

Le réalisateur Joseph L. Mankiewicz.

A droite, Lillian Gish (et B. Davis).

Rome, 31 octobre
Federico Fellini (*20.1.1920), le grand magicien du cinéma italien, est mort. Dans un coma profond dû à une congestion cérébrale, il n'avait pas repris connaissance depuis deux semaines. C'est *la Strada*, en 1954, qui révèle cet ancien journaliste, passionné de bandes-dessinées. Il avait été auparavant scénariste de Roberto Rosselini. *La Dolce Vita* devient son œuvre symbole en 1960. Puis de film en film, de *Huit et demi* (1963) à *Satyricon* (1969), *Amarcord* (1974), *Casanova* (1977), *Et vogue le navire* (1982), *Ginger et Fred* (1986), Fellini bâtit un univers bien à lui, hors du commun et reconnaissable entre tous, obsédé par la beauté de la décadence et la mélancolie. Le monde du 7e Art a été endeuillé par trois autres grandes disparitions cette année. Le 20 janvier, ce fut Audrey Hepburn (*4.5.1929), emportée par un cancer, en Suisse. Née d'un père britannique et d'une mère néerlandaise, cette actrice très attachante était l'une des plus adorables « frimousses » du cinéma américain. Révélée par *Vacances romaines*, où ses immenses yeux et son sourire magique faisaient merveille et qui lui valut l'Oscar de la meilleur actrice en 1954, elle enchaîna les succès, dont *Sabrina*, *Diamants sur canapé*, *Charade* et *My Fair Lady*. Elle a entamé ensuite une seconde carrière d'ambassadrice de l'Unicef, où elle mit son charme et un dévouement sans pareil au service de l'enfance. Joseph Leo Mankiewicz, le réalisateur de *la Comtesse aux pieds nus*, avec une inoubliable Ava Gardner, fut victime le 5 février d'une attaque cardiaque. Né le 11 février 1909, ce fils d'un universitaire berlinois émigré était lui-même un intellectuel dans l'univers mercantiliste de Hollywood. Sa personnalité, sa sensibilité artistique et pas mal de déboires avec les studios lui avaient permis de conquérir une grande liberté et une place à part dans le système des Majors. Tous ses films, d'une élégance ironique et tranquille parmi lesquels *l'Aventure de Mme Muir*, *Eve*, *Jules César*, *l'Affaire Cicéron*, *Cléopâtre* et *le Limier*, étaient des réflexions sur les jeux de la vérité et du mensonge, la manipulation des êtres et le pouvoir des illusions. Le 27 février, enfin, s'éteignait l'actrice Lilian Gish (*14.10.1896), après une carrière intimement liée, par sa longueur et sa qualité, à l'histoire du cinéma. Star du muet, elle sera l'une des rares dont le succès survit à l'avènement du parlant. Actrice fétiche de David Wark Griffith, elle est l'héroïne de *Naissance d'une nation* en 1914, et d'*Intolérance* en 1916. Parmi ses apparitions ultérieures à l'écran, ses admirateurs ont retenu *Duel au soleil*, de King Vidor, et *la Nuit du chasseur*, de Charles Laughton.

« Adieu ma concubine », de Chen Kaige, enthousiasme l'Occident

Paris, 27 octobre
Dressés et martyrisés depuis l'enfance, Xialou et Dieyi incarnent les héros du célèbre opéra chinois *Adieu ma concubine*. Le premier, plus viril, jouera toute sa vie le roi Chu, alors que le second, plus fin, sera voué à jouer cette concubine fidèle jusqu'à la mort. Dieyi modèle son existence sur ce personnage et tombe amoureux de son partenaire : pour lui la vie et l'art se rejoignent. Tous les événements politiques et les soubresauts de l'Histoire que traverse son pays ne l'atteignent que par bribes. C'est ce qui causera sa perte. Le réalisateur Chen Kaige a réalisé un somptueux film, un recueil d'image sur les ors et les fastes de la Chine ancienne à l'usage de l'Occident. Son film, qui triomphe aux Etats-Unis, devrait avoir le même succès en France, même si son raffinement visuel l'emporte sur son épaisseur romanesque.

Zhang Fengyi et Leslie Cheung, en roi et en concubine dans le célèbre opéra.

Les accords du Gatt sur l'audiovisuel

Genève, 15 décembre
La signature des accords du Gatt met fin à un psychodrame diplomatique qui, ces derniers mois, avait opposé l'Europe, et d'abord la France, aux Etats-Unis. En décidant de ne pas inclure les questions audiovisuelles, l'accord offre une victoire (provisoire) aux Français. Ceux-ci, réclamant la reconnaissance de l'exception culturelle, refusaient une complète ouverture du marché européen aux produits audiovisuels étrangers. Leur industrie de programme, fragmentée, mais soutenue par un système de quotas et de subventions, aurait été balayée par le libre accès des productions américaines. Combat économique autant que culturel et linguistique, les décideurs français savent que ce n'est qu'à ce prix qu'ils peuvent maintenir en vie un cinéma national.

Enquête drolatique pour Woody Allen

Paris, 13 octobre
Des intellectuels quinquagénaires, les rues de New York, le cinéma et Diane Keaton : tous les meilleurs ingrédients de Woody Allen sont au rendez-vous de *Meurtre mystérieux à Manhattan* (*Manhattan Murder Mystery*). Carol (Diane Keaton) ne croit pas à la mort accidentelle de la femme de leur voisin de palier. Le « veuf joyeux » serait-il un assassin ? C'est ce qu'elle va s'employer à démontrer à son mari, Larry (Woody Allen), d'abord réticent en bon citoyen respectueux des lois, puis qui se prend au jeu. Les amis (Alan Alda et Anjelica Huston) s'en mêlent. Et voilà quatre personnes, menacées par l'ennui de leurs vies confortables, qui se transforment en détectives amateurs. Avec une maestria jubilatoire, Woody Allen nous propose une nouvelle version, allégée et survitaminée, de la comédie policière. Elle s'achève par une éblouissante citation de *la Dame de Shangaï* d'Orson Welles, où la vie rejoint le cinéma. (→ 11.1.95)

A la recherche de la sagesse, Bertolucci retourne en Orient

« Little Buddha » tente la synthèse entre l'Orient et l'Occident, monde ancien et monde moderne. A droite, Keanu Reeves.

Paris, 1er décembre
Avec *Little Buddha*, qui sort ce jour sur les écrans français, Bernardo Bertolucci veut faire œuvre de pédagogue. Il mêle deux histoires pour initier les Occidentaux aux mystères du bouddhisme. La première relate le plus fidèlement possible l'histoire du prince Siddharta (ici Keanu Reeves), sa jeunesse, sa découverte de la souffrance et de la compassion jusqu'à son « Eveil ». Parallèlement, Bertolucci nous transporte jusqu'à la ville de Seattle, de nos jours, où un jeune garçon est découvert par trois moines, convaincus qu'il est la réincarnation de leur maître disparu. Les parents (Chris Isaac et Bridget Fonda), d'abord sceptiques, laissent faire et le petit Américain est alors conduit jusqu'au Bouthan. Preuve de son savoir-faire et de son incontestable sympathie pour le sujet, le charme opère. Et ce qui n'aurait pu être qu'une chatoyante hagiographie, devient un hymne à la sagesse et à la bonté.

Un cinéma anglais sans concession

Paris, 10 novembre
En dignes héritiers des « jeunes gens en colère », ces cinéastes du début des années 60 qui bousculèrent l'*establishment* social, Ken Loach et Mike Leigh s'intéressent aux laissés pour compte du thatcherisme. *Naked*, de Leigh, qui sort ce jour, et *Raining Stones*, de Loach, sur les écrans depuis un mois, suivent des voies radicalement différentes. L'univers du premier est des plus noirs, pessimiste et cynique en la personne de Johnny. Incarné par David Thewlis, cet homme est tout sauf un clochard céleste : ce paumé n'a plus que deux armes, la férocité, contre lui-même et les autres, et l'humour. Ken Loach de son côté filme avec amour et colère la survie de la classe ouvrière dans le Nord de l'Angleterre. Ce militant constate la faillite de tous les discours. Il ne reste plus pour les exclus de la croissance que de pitoyables magouilles et les paroles réconfortantes mais peu rémunératrices du prêtre catholique.

Jonathan Demme filme sida et exclusion dans « Philadelphia »

New York, 22 décembre
Première grosse production hollywoodienne à aborder de front le thème du sida, le film de Jonathan Demme (*le Silence des Agneaux*) vise juste. Avec ce qu'il faut de didactisme en direction du grand public et de délicatesse, *Philadelphia* donne à Tom Hanks son premier grand rôle. Il y incarne un brillant avocat homosexuel, Andrew Beckett, renvoyé par le cabinet qui l'employait dès que la maladie se déclare. Un choix audacieux et émouvant pour Tom Hanks dans une société où l'homophobie est toujours latente. Beckett décide d'attaquer ses employeurs. Tous les avocats contactés refusent sa cause. Il fait alors appel à un ancien adversaire, Joe Miller (Denzel Washington), un Noir, marié et en pleine réussite, qui ne cache pas son dégoût des « gays ». Le réalisateur centre alors son film sur le procès et sa préparation, un classique morceau de bravoure dans le traitement duquel les cinéastes américains sont inégalables. Beckett et son compagnon (Antonio Banderas) tentent courageusement de démontrer avec l'aide de l'énergique Miller que son renvoi est bien dû à son homosexualité. La maladie progresse et le film ne cache rien de ses effets sur le corps de Beckett, amaigri, victime d'un syndrome de Kaposi. Loin de tout angelisme et de tout manichéisme, ce film est d'abord une arme de combat contre les préjugés.

L'avocat d'une cause urgente et son client, Denzel Washington et Tom Hanks.

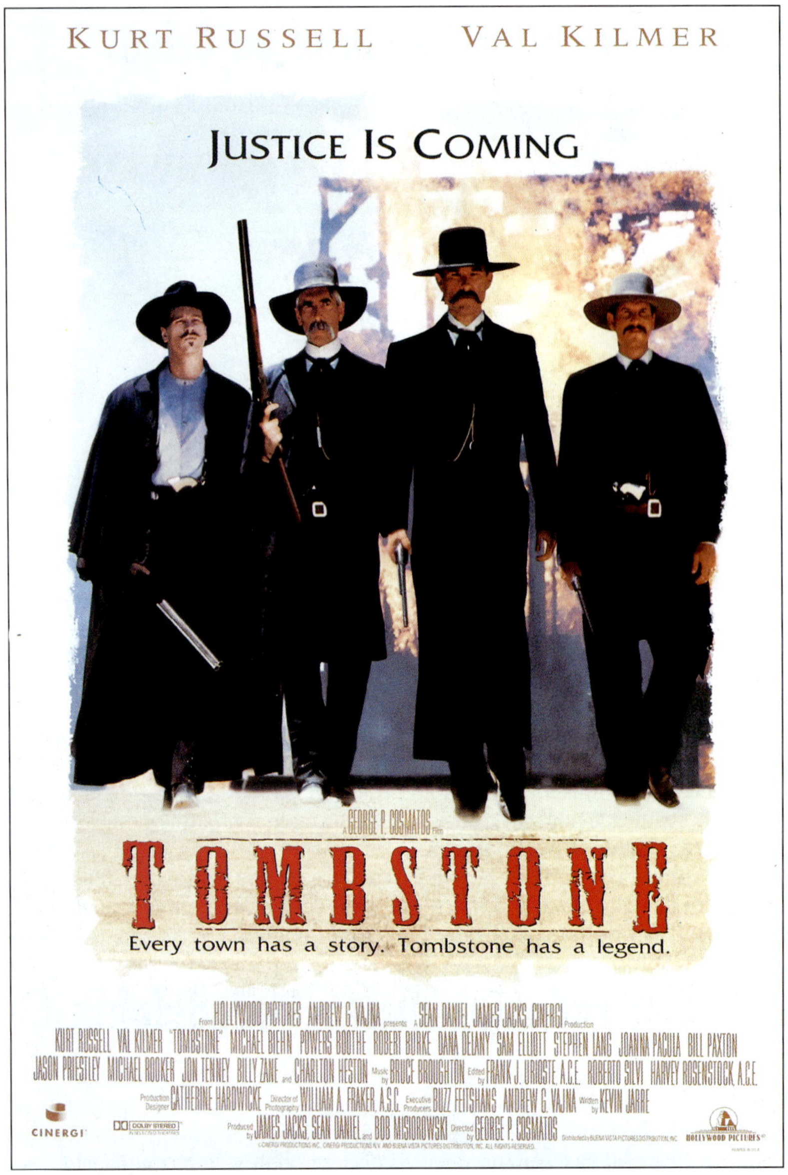

Le western de G. Pan Cosmatos : sa contribution à la légende de Wyatt Earp.

« Cronos », du Mexicain Guillermo del Toro, primé à Cannes.

Bruce Jones en quête de travail dans « Raining Stones », de Ken Loach.

L'équipe de bobsleigh jamaïcaine dans « Rasta Rockett », de John Turteltaub.

Juliette Lewis et Brad Pitt : « Kalifornia », un road movie de Dominic Sena.

A la fois scénariste, réalisateur et acteur : Takeshi Kitano dans « Sonatine ».

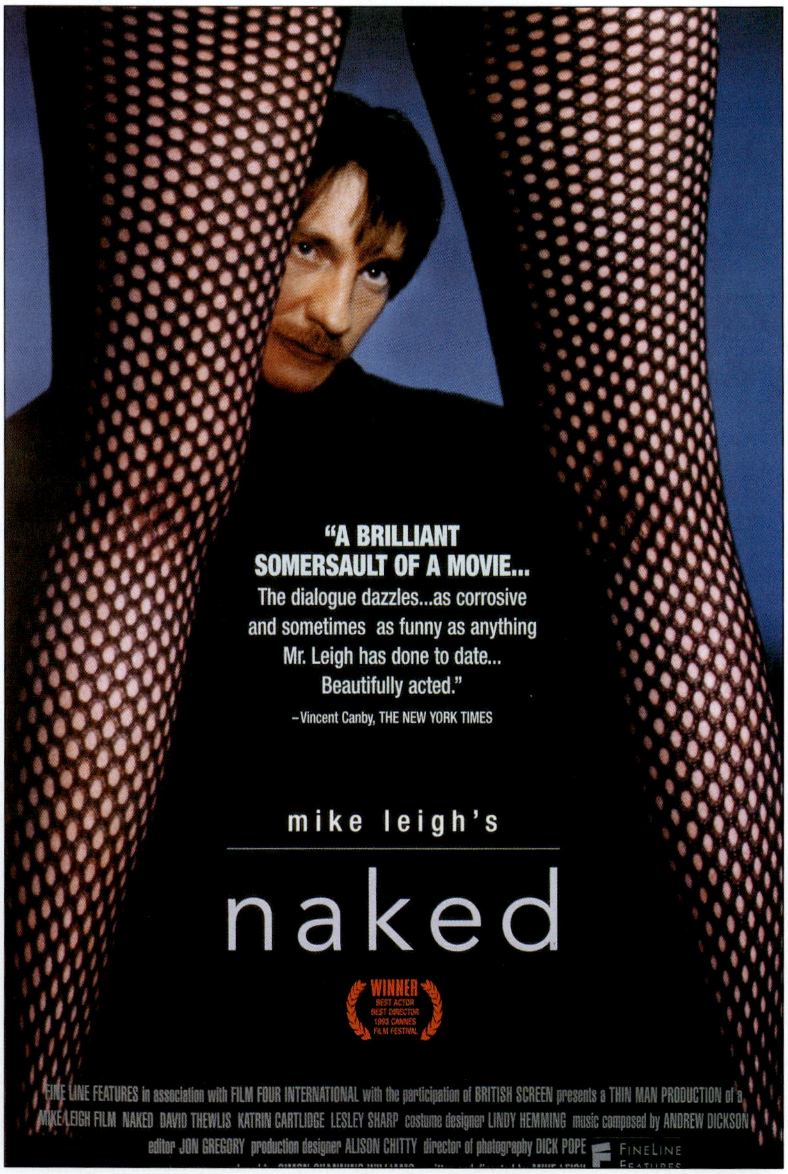

Une plongée sordide dans la marginalité du réalisateur anglais Mike Leigh.

Jason Scott Lee et Lauren Holly dans « Dragon : l'histoire de Bruce Lee ».

« Meurtre mystérieux à Manhattan » réunit Woody Allen et Diane Keaton.

Robin Williams incarne « Madame Doubtfire », de Chris Columbus.

Un drame urbain avec Tyrin Turner et Martin Davis : « Menace II Society ».

Michael Douglas en justicier fou : « Chute libre », de Joel Schumacher.

Yi Tian, la vedette du « Cerf-volant bleu », de Tian Zhuang Zhuang.

1994

Oscars, Hollywood
Film : *la Liste de Schindler* (Steven Spielberg).
Acteur : Tom Hanks.
Actrice : Holly Hunter.

Mostra d'arte cinematografica, Venise
Lion d'or : *Avant la pluie* (Milcho Manchevski).
Vive l'amour (Tsai Ming Liang).
Meilleur acteur : Xia Yu.
Meilleure actrice : Maria de Medeiros.

Festival international du film, Cannes
Palme d'or : *Pulp Fiction* (Quentin Tarantino).
Meilleur acteur : Ge You.
Meilleure actrice : Virna Lisi.

Césars, Paris
Film : *Smoking/No Smoking* (Alain Resnais).
Acteur : Pierre Arditi.
Actrice : Juliette Binoche.

Paris, 12 janvier
Sortie de *Montparnasse-Pondichéry*, de et avec Yves Robert, Miou-Miou et André Dussolier ; et de *Aux petits bonheurs*, de Michel Deville, avec Anémone, Dussolier et N. Garcia.

Avoriaz, 15 janvier
Le Festival du film fantastique devient le Festival du film français.

Paris, 22 janvier
Jean-Louis Barrault (*8.9.1910), qui a incarné le Cid, Napoléon, Beethoven et Berlioz à l'écran, meurt.

New York, 24 janvier
Au Museum of Modern Art, la société Gaumont lance la célébration de son centenaire. (→ 23.11)

Los Angeles, 6 février
Mort de Joseph Cotten (*15.5.1905) révélé dans *Citizen Kane* en 1941.

Paris, 9 février
Sortie de *Madame Doubtfire*, de Chris Columbus, avec Robin Williams et Sally Field.

Paris, 9 février
Martine Dugowson reçoit le prix révélation Georges de Beauregard pour *Mina Tannenbaum*, avec Romane Bohringer et Elsa Zylberstein.

Berlin, 21 février
L'Ours d'or du Festival est attribué à *Au nom du père*, de Jim Sheridan.

New York, 6 mars
Mélina Mercouri (*18.10.1925), qui connût la gloire avec *Jamais le dimanche* en 1960, de son futur mari Jules Dassin, meurt d'un cancer.

Paris, 9 mars
Les Nuls (Alain Chabat, Chantal Lauby, Dominique Farrugia) passent de la télévision au cinéma avec *la Cité de la peur*, d'Alain Berberian.

Madrid, 9 mars
Mort de Fernando Rey (*20.9.1917) qui était l'acteur fétiche de Luis Buñuel, dont il était l'intime.

Rome, 23 mars
Giulietta Masina (*22.2.1920), inoubliable Gelsomina, meurt d'un cancer cinq mois après Federico Fellini.

France, 29 mars
Paul Grimault (*23.3.1905), « roi » du film d'animation, disparaît.

Paris, 20 avril
Sortie de *Il était une fois le Bronx*, réalisé, produit et interprété par Robert De Niro, avec Lillo Brancato, Francis Capra et Chazz Palminteri.

Paris, 17 mai
Mort d'Alain Cuny (*12.7.1908), qui a débuté au cinéma dans *Remorques* (Jean Grémillon, 1939).

Cannes, 18 mai
Michel Blanc présente *Grosse Fatigue*, une comédie insouciante qui sort le même jour en salles.

Los Angeles, 14 juin
Henry Mancini (*16.4.1924), auteur de plus de quatre-vingts musiques de films, dont *la Panthère rose*, meurt.

Paris, 22 juin
Sortie de *Trop de bonheur*, de Cédric Kahn, son deuxième film, où il explore la désillusion des adolescents.

Paris, 6 juillet
L'Eau froide, d'Olivier Assayas, sort en salles, frappé d'une interdiction aux moins de seize ans prise par le ministre de la Culture, Jacques Toubon, pour un « problème aussi grave que le suicide des adolescents ».

Paris, 8 juillet
Christian-Jaque (*4.9.1904 – Christian Maudet, dit), réalisateur de près de soixante-dix films, dont *Fanfan la Tulipe*, meurt d'un arrêt cardiaque.

Paris, 17 août
Le Sourire, une fable licencieuse de Claude Miller, sort en salles, avec Jean-Pierre Marielle, Emmanuelle Seigner et Richard Bohringer.

Lyon, 24 août
Les exploitants de la ville se livrent une guerre des tarifs sans merci. Le réseau UGC affiche la séance à 22 F dans le centre-ville, après le passage de Pathé à 30 F, qui répondait à l'offensive d'un indépendant, Lucien Adira, descendu à 25 F.

France, 30 août
Mort de Lindsay Anderson, cinéaste britannique (*17.4.1923), l'un des « jeunes gens en colère » du début des années 60 en Angleterre.

Paris, 31 août
Sortie de *Soleil trompeur*, de Nikita Mikhalkov, un film qui évolue de la chronique campagnarde à la tragédie historique.

New York, 7 septembre
Marlon Brando publie *Les chansons que m'apprenait ma mère*, un recueil de mémoires.

Easton, Connecticut, 11 septembre
Jessica Tandy (*7.6.1909), reconnue tardivement avec *Miss Daisy et son chauffeur*, en 1989, s'éteint.

Paris, 21 septembre
Tiré du roman d'Honoré de Balzac, *le Colonel Chabert*, d'Yves Angelo, sort en salles, avec Gérard Depardieu, Fanny Ardant, André Dussolier et Fabrice Luchini.

Los Angeles, 12 octobre
Steven Spielberg, Jeffrey Katzenberg et David Geffen s'associent pour créer leur propre studio de production de longs métrages, de programmes télévisés, de dessins animés et de disques et de produits multimédias – une « première » à Hollywood depuis 59 ans.

Moscou, 20 octobre
Mort de Sergueï Bondartchouk, cinéaste officiel de l'ancien régime communiste (*25.9.1920).

Paris, 4 novembre
Canal +, la chaîne de télévision à péage, fête ses dix ans.

Sarasota, 13 novembre
Le sixième Festival du film français s'achève. Une vingtaine de longs métrages ont été présentés, dont trois en première mondiale : *le Fils préféré*, de Nicole Garcia ; *Daisy et Mona*, de Claude d'Anna ; et *Tous les jours dimanche*, de Jean-Charles Tacchella.

Paris, 16 novembre
Sortie de *l'Ange noir*, de Jean-Claude Brisseau, avec Sylvie Vartan et Michel Piccoli.

Tokyo, 17 novembre
Sony, qui avait racheté les studios Columbia en 1989, annonce une perte de 14,8 milliards de francs pour cette année, à cause de sa filiale cinématographique américaine.

New York, 2 décembre
Léon, de Luc Besson, rebaptisé *The Professional*, bat un record pour un film français distribué aux Etats-Unis : plus de deux millions de spectateurs en dix jours.

Après vingt ans de carrière, Steven Spielberg est « consacré » : Oscars du meilleur film et du meilleur réalisateur pour « la Liste de Schindler ».

A FILM BY STEVEN SPIELBERG
SCHINDLER'S LIST
UNIVERSAL PICTURES PRESENTS AN AMBLIN ENTERTAINMENT PRODUCTION "SCHINDLER'S LIST" LIAM NEESON · BEN KINGSLEY
RALPH FIENNES · CAROLINE GOODALL · JONATHAN SAGALLE · EMBETH DAVIDTZ MUSIC BY JOHN WILLIAMS CO-PRODUCER LEW RYWIN PRODUCTION DESIGNER ALLAN STARSKI
FILM EDITED BY MICHAEL KAHN, A.C.E. DIRECTOR OF PHOTOGRAPHY JANUSZ KAMINSKI EXECUTIVE PRODUCER KATHLEEN KENNEDY BASED ON THE NOVEL BY THOMAS KENEALLY SCREENPLAY BY STEVEN ZAILLIAN
ORIGINAL SOUNDTRACK ON MCA CDs AND CASSETTES
READ THE TOUCHSTONE NOVEL
AMBLIN ENTERTAINMENT
R RESTRICTED
UNDER 17 REQUIRES ACCOMPANYING PARENT OR ADULT GUARDIAN
PRODUCED BY STEVEN SPIELBERG GERALD R. MOLEN BRANKO LUSTIG DIRECTED BY STEVEN SPIELBERG A UNIVERSAL PICTURE
UNIVERSAL
AN MCA COMPANY

« Jeanne la Pucelle », de Jacques Rivette, un film monumental

Dans « les Batailles » et « les Prisons », Sandrine Bonnaire apporte du sang neuf à un rôle déjà visité par le cinéma.

Paris, 9 février
De l'entrevue de Chinon avec le futur Charles VII au bûcher de Rouen, son épopée n'a pas duré plus de deux ans. Ce fut largement suffisant pour faire de Jeanne d'Arc le plus célèbre et le plus filmé des personnages historiques français. Jacques Rivette s'est attaqué à une légende, figée par l'histoire et l'imagerie mythologique. Pour rendre cette figure humaine, avec ses faiblesses, ses doutes, il a trouvé en Sandrine Bonnaire l'interprète idéale. Elle se range désormais aux côtés de Renée Falconetti, dans le film de Carl Dreyer et d'Inna Tchourikova dans celui de Gleb Panfilov. Avec les deux parties du film, qui durent respectivement 2 h 40 et 2 h 56, elle installe Jeanne d'Arc dans une humanité poignante. Jacques Rivette triomphe des pièges des morceaux de bravoure, les sièges, les combats, les chevauchées, car ce cinéaste de l'intimité est passé maître dans l'honnêteté et la rigueur.

Un géant du câble absorbe Paramount

New York, 15 février
Après 125 jours de bataille boursière, Viacom l'emporte sur QVC, un adversaire tenace, première chaîne de télé-achat aux Etats-Unis. Viacom, un câblo-opérateur qui a réussi sa diversification et possède les chaînes par câble MTV, Nickelodeon, Moviechannel et des salles de cinéma, rachète Paramount pour 60 milliards de francs. Avec son allié, Blockbuster, le n° 1 de la location de vidéo-cassettes, ils prennent possession de l'un des derniers grands studios encore indépendants et surtout de ses actifs : catalogues de films, maisons d'édition, immobilier et chaînes de télévision. Paramount était déficitaire mais la fusion de ces trois entités en fait, grâce à une intégration verticale complète, le second groupe multimédia mondial derrière Time Warner. Cela lui permet désormais de contrôler toutes les technologies qui, de la production à la programmation en passant par la distribution, sont à la base des « autoroutes de l'information ».

Quand l'erreur judiciaire crève l'écran

Londres, 11 février
La sortie londonienne d'*Au nom du père* provoque une controverse un peu vaine. Non, Jim Sheridan n'a pas fait un film anti-anglais. Non, il ne fait pas une apologie du terrorisme de l'IRA. Il vise simplement l'arbitraire qui peut sévir même au sein des plus parfaites démocraties. C'est l'histoire vraie d'un petit voyou irlandais, Gerry Conlon (Daniel Day Lewis), vivant d'expédients à Londres, condamné puis emprisonné pour un attentat avec lequel il n'avait rien à voir, parce que la police avait besoin, et rapidement, d'un coupable. Un long combat judiciaire lui rendra la liberté. (→ 21)

Avec Chabrol, le bonheur tourne à l'aigre

Paris, 16 février
Tout commence par un mariage en blanc, par une belle journée d'été. Nelly (Emmanuelle Béart), belle, trop belle peut-être, épouse Paul (François Cluzet). Celui-ci va vite devenir la proie d'une jalousie maladive, l'héroïne principale du film, qui l'emmène aux portes de la folie. Claude Chabrol a repris un scénario d'Henri Georges Clouzot, froid entomologiste des passions et des névroses destructrices. Il est dans son univers et se délecte de l'explosion infernale de ce couple bourgeois. Le traitement sec de *l'Enfer* lui permet de donner aux délires et aux fantasmes de Paul une force terrifiante.

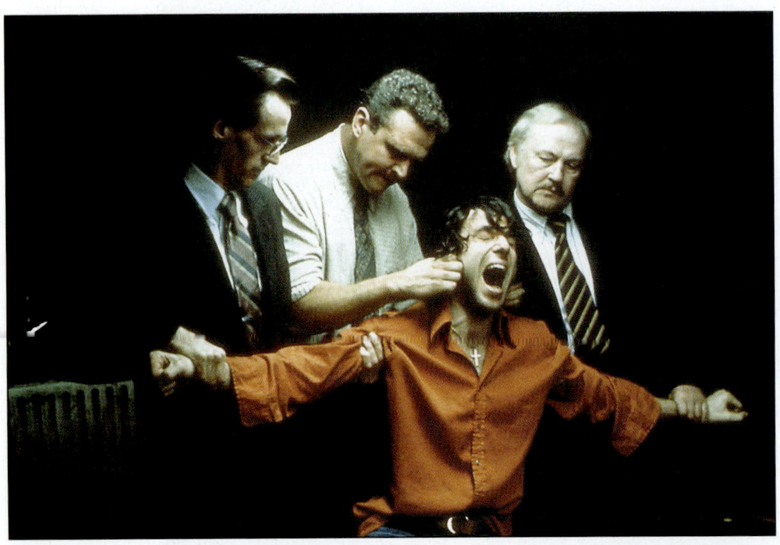

Daniel Day Lewis, parfait suspect et faux coupable dans « Au nom du père ».

François Cluzet et Emmanuelle Béart sous l'empire du soupçon et de la jalousie.

Contre l'oubli, Spielberg a osé filmer l'Holocauste

Le réalisateur s'est inspiré de la vie d'Oskar Schindler (Liam Neeson), un homme d'affaires allemand, lié aux nazis, qui sauva 1 300 Juifs d'une mort certaine.

Los Angeles, 21 mars
Vingt ans dans le cinéma et vingt ans de succès, Steven Spielberg a dû attendre de filmer l'impossible et l'indicible avec *la Liste de Schindler* pour remporter l'Oscar du meilleur film et du meilleur réalisateur. Avec trois autres récompenses, adaptation, direction et production artistiques, son triomphe est tel que les autres primés en seraient presque oubliés. Les Oscars des meilleures interprétations reviennent à Holly Hunter et Tom Hanks, sacrés pour leurs performances dans *la Leçon de piano* et *Philadelphia*. Le film de Spielberg est certainement le plus délicat et le plus douloureux de sa carrière. Il y pensait depuis dix ans et était le seul à croire au succès d'une telle entreprise. Ses amis et les studios ne voulaient pas de trois heures de noir et blanc, consacrées à une page aussi sombre de l'Histoire. Par sa densité et son émotion, ce film sur Schindler et les Juifs de son usine prouve que le courage peut parfois vaincre l'horreur.

Alain Resnais décroche cinq Césars pour « Smoking/No Smoking »

Paris, 26 février
La consécration de *Smoking/No Smoking*, qui enlève cinq Césars, meilleur film, meilleur réalisateur, meilleur acteur, meilleure adaptation et meilleur décor, récompense une aventure cinématographique extrêmement singulière. Alain Resnais, élégant et discret, a été ovationné par la salle pour ces deux films sans précédent et sans équivalent. Sabine Azema et Pierre Arditi incarnent à eux deux neuf personnages : ils ont une telle présence, leurs métamorphoses sont si déroutantes et leur jeu d'une telle précision qu'il est difficile de réaliser, a posteriori, que personne d'autre qu'eux n'apparaît à l'écran. Adapté d'une pièce du dramaturge britannique Alan Ayckbourn, les deux films partent d'une situation centrale et proposent au fil des minutes, des jours, des mois et des années des choix, des alternatives de destinées : réussite/échec, amour/rupture ou acceptation/refus. Servi par l'authenticité et l'évident plaisir de jouer de ses acteurs, Resnais a donc jonglé avec les caprices du hasard et les aléas de la vie et du temps. La gamme des émotions entrevues et offertes est presque complète. Film d'artifice, film d'extérieur entièrement tourné en studio, *Smoking/No Smoking* est une comédie sociale sans affectation, une œuvre sincère sur les occasions manquées et le libre arbitre.

Pierre Arditi (meilleur acteur) et Sabine Azéma dans « Smoking » de Resnais.

Le 20 avril à Sèvres, Jean Carmet (*25.4.1921) disparaît après une carrière qui, en près de 200 films, l'a mené des *Enfants du paradis* (1943) au rôle de Bonnemort dans *Germinal* (1993). Ce Tourangeau, digne fils de Rabelais, aimait dire : « le cinéma, c'est ma jeunesse ! »

Tendre comédie pour un célibataire attardé

Hugh Grant, une nouvelle vedette.

Paris, 27 avril
Il est très rare qu'un film britannique passe en tête du box-office américain. C'est pourtant ce qui est arrivé à *Quatre Mariages et un enterrement* qui sort ce jour en France. Cette délicieuse petite comédie, qui n'a coûté que 3 millions de livres, a été réalisée en 36 jours par Mike Newell. Mais ce que le public a retenu, c'est son absolue « anglicité », ses émotions et le charme de ses deux acteurs principaux, Andie MacDowell et Hugh Grant. Le second, collectionneur d'aventures sans lendemain et seul célibataire d'une bande d'amis, qui se retrouvent lors des cérémonies du titre, découvre en la première l'âme sœur qu'il désespérait de trouver.

Tarantino est consacré sur la Croisette

Cannes, 23 mai
Clint Eastwood, président du jury du 47e Festival de Cannes, a boudé le « bon » d'une sélection de haute tenue, pour lui préférer un mélange de « brute » et de « truand ». C'est le jeune réalisateur américain Quentin Tarantino qui remporte la Palme d'or avec *Pulp Fiction*, un film mal-politiquement correct et audacieux, un polar décapant où l'humour et l'ultra-violence jouent l'un contre l'autre à la surenchère. Avec ce deuxième film, Tarantino admet qu'il fait un « cinéma qui divise plus qu'il ne rassemble ». Ce surdoué de la mise en scène et du dialogue irrésistible emmène ses acteurs (Uma Thurman, John Travolta, Bruce Willis entre autres) dans une histoire qui ressemble à une bande dessinée pour adultes. Face à *Vivre !*, de Zhang Yimou, et *Soleil trompeur*, de Nikita Mikhalkov, l'un et l'autre grand prix du jury, son film ressemble pourtant à de la grosse artillerie. C'est peut être la raison de la colère d'une partie de la critique qui ne se satisfait pas des prix de consolation laissés à ses favoris et de l'absence totale de récompense pour *Rouge*, de Krzysztof Kieslowski. Une nouvelle querelle des Modernes contre les Anciens ? Il vaudrait plutôt admettre l'infinie diversité des langages cinématographiques. *La Reine Margot* reçoit le prix du jury et d'interprétation féminine. Le prix de la mise en scène revient à Nanni Moretti pour *Journal intime* et celui d'interprétation masculine à Ge You dans *Vivre !*. Pascale Ferran obtient la Caméra d'or pour *Petits Arrangements avec les morts*.

Uma Thurman dans « Pulp Fiction ».

Virna Lisi dans « la Reine Margot ».

Tragique reine Margot

Patrice Chéreau s'est emparé d'une sombre page de l'histoire de France.

Paris, 13 mai
Le film de Patrice Chéreau se juge à l'aune de références qui dépassent l'univers cinématographique. Picturales, littéraires, théâtrales, elles sont légion pour cette histoire de bruit et de fureur, pour laquelle l'admirable photographie de Philippe Rousselot a su donner des couleurs au noir et à l'obscurité. Au hasard des images, il faut parler de Goya, du Caravage ou de Géricault, dans cette manière de filmer les étoffes, les chairs ou les cadavres de la Saint-Barthélemy, la pâleur et la folie des visages. Patrice Chéreau a donc adapté le roman d'Alexandre Dumas, *la Reine Margot*, cette fille de Catherine de Médicis (Virna Lisi), mariée de force à Henri de Navarre (Daniel Auteuil). Au milieu d'un tourbillon d'intrigues, de cabales empoisonnées, de liaisons incestueuses, Margot (Isabelle Adjani) doit faire face à la faiblesse des hommes et tente de rester maîtresse de son destin. Broyée par l'Histoire, par l'impossible réconciliation entre catholiques et protestants, cette séductrice refuse la mort qui submerge son monde. (→ 23)

Adjani face à un amour funeste.

De la confusion des jeunes sentiments

Paris, 1er juin
Présenté à Cannes à la section Un certain regard et maintenant sur les écrans parisiens, *les Roseaux sauvages*, d'André Téchiné, est la version longue d'un téléfilm, réalisé pour la série « Tous les garçons et les filles de leur âge », coproduite par Arte. A l'origine de cette initiative, trop rare exemple de synergie entre télévision et cinéma, une productrice, Chantal Poupaud, a demandé à neuf cinéastes de mettre en scène leur adolescence, avec une seule figure imposée, une surprise-party. Avec *l'Eau froide*, d'Olivier Assayas, et *Trop de bonheur*, de Cédric Kahn, le film de Téchiné tente sa chance au cinéma. Dans le Sud-Ouest, alors que la guerre d'Algérie s'achève avec sa cohorte de drames, de jeunes lycéens, trois garçons et une fille (Elodie Bouchez), découvrent le marivaudage et les déchirements amoureux. Les sentiments se brouillent et se cherchent entre amitié et amour. Téchiné se livre, pudique et généreux. (→ 25.2.95)

Miroirs et reflets pour un cinéaste italien

Nanni Moretti (debout) et Renato Carpentieri dans « Journal intime ».

Paris, 20 mai
Comme à son habitude et au plus grand plaisir de ses *aficionados*, Nanni Moretti ouvre pour nous les pages de son « cher journal », (*Caro Diario*, le titre italien du film). Trois épisodes, comme trois moments de sa vie, feuilletée au gré des envies. Sur sa Vespa, Moretti ouvre *Journal intime* par une ballade nostalgique dans Rome. Il part ensuite dans les îles Lipari avec un ami et ces étapes insulaires deviennent des métaphores de la société italienne et de ses travers. Enfin, Moretti tient la chronique de sa maladie et dresse un portrait féroce des médecins et de leur patient. Riant de soi et des autres, il déclare son droit à l'indépendance, unilatéralement. (→ 23)

Tavernier passe au film de cape et d'épée

Eloïse (Sophie Marceau), la turbulente fille du premier des mousquetaires.

Paris, 24 août
La Fille de d'Artagnan devait marquer le retour à la réalisation de Riccardo Freda, cinéaste italien de 84 ans, dont Bertrand Tavernier est un défenseur acharné. C'est lui qui avait eu l'idée de mettre en scène les aventures de la fille du célèbre mousquetaire. Mais le film s'est fait sans lui. Tavernier, amusé à l'idée de se frotter à un genre nouveau pour lui, a réussi une nouvelle version des *Héros sont fatigués.* L'aventure s'y teinte de nostalgie et les cascades, figures obligées, s'accompagnent d'un humour grinçant. (→ 8.3.95)

Un candide traverse l'histoire américaine

New York, 8 juillet
Le destin est décidément capricieux. D'un homme très moyen, il peut faire un héros adulé, qui traverse trente ans de l'histoire américaine. Forrest Gump (Tom Hanks), doté d'un QI de 75, sauve ses camarades au Viêt-nam, devient champion de ping-pong, est reçu à la Maison Blanche, fait fortune dans la crevette et épouse la femme de sa vie. Gump n'est pas un intellectuel et cela lui réussit plutôt bien. Honnête, bon, dénué de malice, il voudrait réconcilier les Américains avec leur passé. Mais que penser d'un homme dont la devise la plus profonde proclame : « la vie est comme une boîte de chocolats, on ne sait jamais ce qui va en sortir ? »

Tom Hanks est « Forrest Gump ».

Jacques Audiard, un magistral premier film

Paris, 31 août
Scénariste confirmé, Jacques Audiard a voulu travailler pour lui-même et parler des deux ou trois choses qui lui tenaient à cœur. *Regarde les hommes tomber* est un film noir dans tous les sens du terme. Des hommes y tombent sous les balles de tueurs à gage. D'autres tombent dans la spirale de la déchéance : Jean Yanne en fait l'amère et douloureuse expérience. Mathieu Kassovitz découvre face à un Jean-Louis Trintignant rétif que l'amitié masculine n'est pas un sentiment facile à exprimer. Les trois se cherchent à travers la France, d'hôtel minable en relais d'autoroute. Le temps coule à des vitesses différentes, comme si tous voulaient retarder la confrontation finale : la vieillesse et la mort.

Jean Yanne en VRP fatigué dans « Regarde les hommes tomber ».

Une Mostra sous le signe des compromis

Venise, 12 septembre
Sur les dix-neuf films en compétition, douze ont été primés. Ce palmarès reflète bien l'absence de vainqueur naturel. Aucun film ne s'imposant d'emblée, la tâche du jury a été des plus ardues. La longueur des délibérations le prouve. Deux Lions d'or ont été décernés à de jeunes cinéastes, représentant des cultures d'ordinaire peu ou mal représentées : *Avant la pluie* (*Before the Rain*), du Macédonien Milcho Manchevski, et *Vive l'amour*, du Taïwanais Tsai Ming Liang, l'un des films les plus puissants de cette Mostra. Pour les Lions d'argent, le souci de l'équité a été poussé plus loin. Trois ont été distribués, à *Il Toro*, de l'Italien Carlo Mazzacurati, à *Little Odessa*, de l'Américain James Gray, et à *Heavenly Creatures*, du Néo-Zélandais Peter Jackson. *Tueurs nés*, d'Oliver Stone, remporte le prix spécial du jury.

Rouge, la dernière couleur d'une trilogie

Paris, 14 septembre
La trilogie de Krzysztof Kieslowski aurait pu se terminer sur un grand chelem. Mais après le Lion d'or de *Bleu*, l'Ours d'argent de *Blanc*, *Rouge* a été inexplicablement oublié du palmarès cannois. Kieslowski, qui a annoncé qu'il ne tournerait plus, continue sa description de l'éternel combat de la volonté et du fatalisme. Mais ce dernier film est le plus apaisé, le plus serein des trois. *Rouge* parle des liens invisibles qui unissent les êtres, du refus de la solitude. A Genève, Valentine, un jeune mannequin (Irène Jacob), fait par hasard la connaissance d'un juge à la retraite (Jean-Louis Trintignant). Sans être à la dérive, Valentine est dans l'expectative, comme suspendue, au croisement des chemins dans sa vie amoureuse et professionnelle. Le juge est un homme cynique et aigri, un misanthrope qui connaît trop bien les hommes et les espionne. Une complicité difficile va se nouer. De mystérieuses coïncidences, d'étonnantes similitudes vont les pousser l'un vers l'autre. Les fautes appellent leur rédemption, de la compassion naît l'amour et le pardon. Un naufrage final réunit tous les protagonistes des trois films. La boucle est bouclée.

I. Jacob, « Trois Couleurs : Rouge ».

« Léon », un tueur dans la jungle des villes

La jeune Mathilde (Natalie Portman), la Lolita paumée de Luc Besson.

Paris, 14 septembre
Léon est un « nettoyeur », l'exécuteur des basses œuvres pour tous ceux qui font appel à lui. Luc Besson, après *Nikita*, ne change guère d'univers. Il est simplement passé de Paris à un New York apocalyptique, où sa machine à tuer, interprétée par Jean Reno, a oublié ce qu'était un homme. Une jeune fille, Mathilde (Natalie Portman), qui, sans crier gare, fait irruption dans sa vie, va lui redonner un soupçon d'humanité. Ses parents ont été massacrés par la Mafia. Elle devient son âme et il choisit d'être son bras vengeur.

« Délits flagrants », un documentaire choc

Paris, 12 octobre
A titre exceptionnel, le tribunal de Paris a permis à Raymond Depardon d'installer ses caméras dans les coulisses du Palais de justice. Le reporter, qui dans *Faits divers* avait filmé la vie d'un commissariat, poursuit donc son enquête sur des univers dont les Français entendent parler tous les jours sans vraiment les connaître. Trois substituts du procureur livrent leurs méthodes de travail. Confrontés aux prévenus que la police vient d'arrêter, ils décident du destin de ceux-ci. Se met en place un fascinant face à face, où la tension succède à l'écoute, le doute à l'incompréhension. Une réalité parfois théâtrale, où souvent le sordide le dispute à la détresse humaine.

Pathé inaugure un mégacomplexe à Paris

Paris, 23 novembre
Le célèbre coq de Pathé se cambre, victorieux, sur la façade rénovée qui domine la place Clichy. En inaugurant son Multiplex et ses douze salles, cette société centenaire fait entrer dans la capitale un nouveau style de cinéma, d'ordinaire réservé aux banlieues et à la province : des complexes d'exploitation géants qui parient sur le confort, la qualité de l'accueil et le grand spectacle. L'objectif ? Attirer cette clientèle qui a délaissé les salles obscures pour les cassettes vidéo. Au cœur de Paris, le centre Pompidou se tourne, lui, vers le passé. Une exposition, dans le cadre de la célébration du centenaire du cinéma, retrace l'ascension de Charles Pathé. Ce commerçant de génie sut deviner toutes les potentialités de cette invention. Le premier, il rêva du cinéma comme d'une gigantesque industrie, produisant, distribuant, louant des films dans l'Europe entière. (→ 22.3.95)

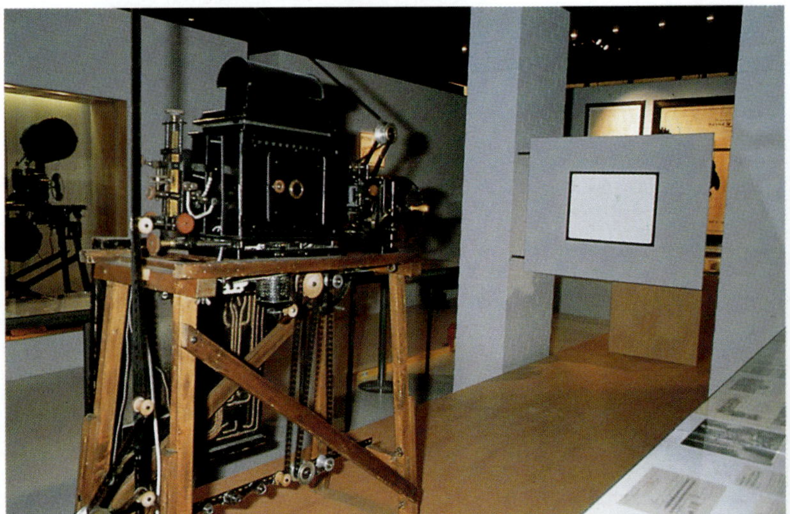

Une exposition du Centre Pompidou rend hommage aux débuts d'un pionnier.

Le dernier générique pour Burt Lancaster

Dans « Trapèze » (1956), de C. Reed.

Los Angeles, 21 octobre
Burt Lancaster (*2.11.1913) est mort. Il dut à son passé et à son physique d'acrobate d'incarner l'homme d'action du cinéma américain. Mais son sourire canaille, une certaine nonchalance et un jeu plein de retenue lui permirent vite d'élargir son registre. De la violence pure au pathétique, cela lui vaut de nombreux rôles dans les thrillers et les westerns, dont *Vera Cruz* (1954), de Robert Aldrich, et *le Vent de la plaine* (1960), de John Huston. Interprète inoubliable du *Guépard* (1963), de Luchino Visconti, il a aussi tourné avec lui *Violence et passion* (1975). Et n'oublions pas la composition que lui a offert Louis Malle dans *Atlantic City* (1980).

Les marionnettes délirantes de Tim Burton

Dessin animé et féerie monstrueuse : « l'Etrange Noël de Monsieur Jack ».

Paris, 7 décembre
Réalisé par Henry Selick, *l'Etrange Noël de Monsieur Jack* porte la marque de Tim Burton, de ses obsessions et de ses fantasmes visuels. Jack Skellington, le roi d'Halloween, un lieu sinistre, peuplé de créatures grouillantes et effrayantes, est las de faire peur aux humains. Il veut à son tour connaître les joies de Noël. Il kidnappe donc Santa Claus pour prendre sa place. Hélas, personne n'échappe à son destin. Les cadeaux qu'il envoie aux enfants, loin de les réjouir, les terrifient. Les petits démons d'Halloween, par ailleurs, n'apprécient guère ce changement d'esprit. Ce conte étrange et baroque est une « fantastique » prouesse. Les poupées y sont animées image par image, les trouvailles y foisonnent au service de l'originalité la plus absolue.

Gian Maria Volonte meurt en tournant

Florina, 6 décembre
Gian Maria Volonte (*9.4.1933), est mort alors qu'il finissait le tournage du dernier film de Théo Angelopoulos au nord de la Grèce. Cet acteur italien doit ses premiers grands succès aux westerns-spaghettis. Mais son image, inséparable de ses engagements personnels, se forge dans les grands films politiques des années 70. Avec *l'Affaire Mattei*, de Francesco Rosi, ou *Enquête sur un citoyen au-dessus de tout soupçon*, d'Elio Petri, il offrait son talent aux réalisateurs dont il partageait les causes et les indignations.

Il avait été lancé par Sergio Leone.

Le 23 novembre en France, sortie nationale du *Roi lion*, de Walt Disney. Pour sa première semaine de pré-sortie en une seule salle : 61 874 entrées.

La vie et les amours d'un célèbre castrat

Paris, 7 décembre
Le film de Gérard Corbiau nous retrace les heures de gloire de Carlo Broschi, dit Farinelli, le plus célèbre des castrats. Les voix d'anges de ces hommes « mutilés » avaient envoûté l'Europe des XVIIe et XVIIIe siècles. Castrés avant leur mue, ils gardaient un timbre particulier et une étendue vocale extraordinaire sur quatre octaves avec un souffle et une puissance d'adulte. Les mélomanes s'en pâmaient de plaisir. Tout cela, Corbiau nous le montre, dans un film très illustratif, certes, mais qui restitue avec fidélité la troublante fascination et l'engouement généré par ces créatures, mi-ange, mi-démon.

Stefano Dionisi est « Farinelli » dans la fresque musicale de Gérard Corbiau.

Nicole Garcia dans la peau d'un homme

Paris, 21 décembre
Nicole Garcia, dont le second film, *le Fils préféré*, sort ce jour, sait avec une sidérante finesse rendre les fêlures d'un homme de quarante ans. Parce que son père est en train de mourir, Jean-Paul (Gérard Lanvin) se retrouve confronté à ses frères (Bernard Giraudeau et Jean-Marc Barr), à ses mensonges et à ses rêves brisés. Garcia va transformer ses interrogations en une quête d'équilibre et de maturité. Le portrait qu'elle brosse de Jean-Paul, témoigne d'un rare amour pour ses personnages et offre à Gérard Lanvin l'un de ses meilleurs rôles.

Gérard Lanvin : « le Fils préféré ».

Terence Stamp dans « Priscilla, folle du désert », de Stephan Elliott.

« Farinelli », de Gérard Corbiau.

Costner est Earp et Quaid est Doc Holliday dans le western de Kasdan.

Arnold Schwarzenegger, héros de « True Lies », de James Cameron.

G. Turner et V. Brodie : amoureuses dans « Go Fish », de Rose Troche.

Colin Feore dans « 32 Petits Films sur Glenn Gould », de François Girard.

L'étonnant Jim Carrey et les effets spéciaux de « The Mask », de C. Russell.

« Wolf », un film de Mike Nichols avec Michelle Pfeiffer et Jack Nicholson.

Une mémorable partie de poker.

« Le Grand Saut », des frères Cohen.

Debra Winger et Anthony Hopkins dans les rôles de Joy Davidman et C. S. Lewis : « les Ombres du cœur » (« Shadowlands »), de Richard Attenborough.

Un remake des « Choses de la vie ».

Un film australien avec Hugh Grant.

« La Famille Pierrafeu » (« The Flintstones ») : R. Moranis et J. Goodman.

Mathieu Kassovitz et Jean-Louis Trintignant : « Regarde les hommes tomber ».

Exception culturelle française et mondialisation

Quand le monde entier a célébré le centenaire du septième art en 1995, la situation économique du cinéma français n'était guère brillante. Le marché du film français n'avait en effet cessé de se dégrader en faveur du cinéma américain, et cela dès les années quatre-vingt. Or depuis la fin de la Seconde Guerre mondiale, la production française avait conservé 50 % des parts du marché national, avec une pointe de 58 % en 1973 (la production américaine atteignant à peine 20 %). Mais, à partir de 1987, les chiffres n'ont cessé de s'inverser. Pour le cinéma français, l'année la plus noire fut 1998 : 27,4 % de parts de marché pour les films français, contre 63,5 % pour les productions américaines. Parmi lesquelles il faut bien sûr citer *Titanic* qui, à lui seul, a engrangé 20 739 220 entrées ! On observera qu'il ne restait plus que 9,1 % des parts de marché pour les films étrangers autres que *made in Hollywood*, ce qui relativise la percée souvent vantée du cinéma asiatique et indique, par exemple, le terrible état de délabrement dans lequel est tombé le cinéma italien.

Néanmoins, un film ne suffit pas à faire la différence. Restons sur cette fatale année 1998. Certes *Titanic* a réalisé des chiffres exceptionnels. Mais trois films français se sont très bien comportés : *le Dîner de cons*, *les Couloirs du temps* et *Taxi*, arrivés en deuxième, troisième et quatrième position, avec un petit peu plus de 9 millions d'entrées pour la comédie de Francis Veber. Mais, après, il faut descendre à la 23e place pour voir un titre français, c'est-à-dire *la Vie rêvée des anges*, d'Erick Zonca : un joli score d'ailleurs pour une œuvre d'auteur sans grande vedette et sans gros moyens. Entre *Taxi* et le film de Zonca, on ne trouve plus que des productions américaines, à la seule exception de *La vie est belle*, le film italien de Roberto Benigni.

La guerre du GATT et de l'AMI

La mondialisation, qui profite pour l'essentiel à Hollywood, est encore loin, cependant, d'avoir affecté le cinéma français comme elle a pu le faire dans d'autres pays d'Europe. Et c'est bien là ce qui embarrasse désagréablement les « majors » qui, à cor et à cri, réclament l'abolition de l'exception culturelle française. Car, si la production française peut se maintenir à un niveau qui reste honorable à la fois qualitativement et quantitativement (avec même une étonnante embellie en 2001), c'est parce qu'elle est protégée par une loi du 23 septembre 1948 destinée à aider l'industrie cinématographique. Le principe en est le suivant : tous les tickets d'entrée dans une salle de cinéma comprennent une taxe dite additionnelle qui alimente un fonds de soutien immédiatement réinvesti dans le cinéma français. Comme l'a écrit l'historien Philippe d'Hugues dans *l'Envahisseur américain*, plus les films étrangers font recette sur le marché français, plus ils contribuent à la santé financière de l'industrie cinématographique française. Par conséquent, un film américain qui « marche » est aussi, en vertu de ce dispositif, une bonne affaire pour le cinéma français.

Ce dispositif, les Etats-Unis n'ont cessé de le combattre. Il faut savoir que le cinéma occupait le troisième rang des exportations américaines en 1993, année des négociations du GATT. Ces négociations entre les Etats-Unis et l'Europe sur les tarifs douaniers ont été pour les premiers l'occasion de tenter de mettre à bas l'exception culturelle française et de contraindre l'Europe à supprimer tout protectionnisme en matière de biens culturels. Mais, poussée par la France, l'Europe tint bon, et, à la fin de cette année 1993 de tous les dangers, l'industrie culturelle (dont les productions télévisuelles) était exclue du GATT. Dans cette bataille où les Européens n'avaient pas tous fait preuve d'une détermination égale à celle de la France, il faut le rappeler, on avait eu la surprise de voir certains cinéastes américains, et non des moindres, comme Martin Scorsese ou Steven Spielberg, faire cause commune avec leurs collègues français. Mais ils furent assez vite rappelés à l'ordre et opérèrent un revirement total... Aujourd'hui, il n'y a guère que Brian De Palma, le mal aimé d'Hollywood, pour oser soutenir l'exception culturelle et dire que, le film n'étant pas selon lui une marchandise comme les autres, il doit « être protégé » (entretien avec Antoine de Baecque, *Libération*). Les Américains, soucieux d'imposer leur hégémonie au nom de la loi du libre-échange, ne se sont pas pour autant avoués vaincus, d'autant que leurs thèses avaient l'oreille de plus d'un commissaire européen, ainsi que le fit observer sans ménagement Jean-Jacques Beineix.

La contre-attaque américaine allait venir en 1998 avec l'AMI (Accord multilatéral sur l'investissement). Il avait été préparé très discrètement par l'OCDE et visait à supprimer toute entrave à la mondialisation, biens culturels compris. La menace était sérieuse, les Américains ayant proposé, dans le cadre de l'accord, que les cinémas étrangers, donc le leur, puissent bénéficier en France du fonds de soutien. Comme pour le GATT, l'AMI a fait l'unanimité contre lui, les cinéastes s'assurant de l'appui des hommes politiques, de gauche comme de droite. L'ancien ministre de la Culture Jack Lang a eu des mots très durs. L'AMI serait selon lui « une mécanique à broyer et à raboter les cultures ». Et une fois encore la France a obtenu gain de cause, Lionel Jospin, le Premier ministre, décidant en octobre de se retirer des négociations.

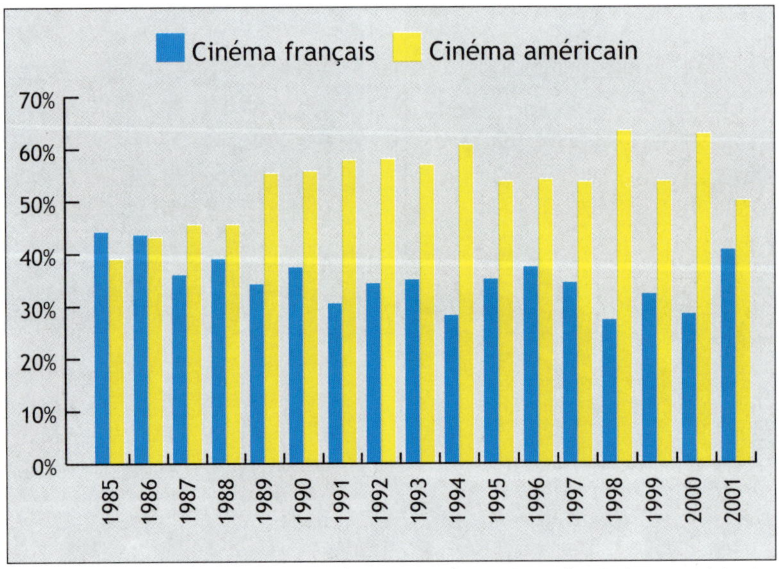

Les parts de marché, en France, du cinéma français et du cinéma américain.

Le « tout anglais » de Besson

Il serait profondément erroné de ne voir dans cette « résistance » qu'une crise d'américanophobie. Bertrand Tavernier est incontestablement, de tous les cinéastes français, celui qui aura défendu avec le plus d'ardeur l'exception culturelle. Or Tavernier demeure un admirateur du cinéma américain, qu'il a célébré dans ses livres et qui l'a influencé. Mais il ne veut pas « d'une domination à 90 % du cinéma américain », comme c'est le cas notamment en Allemagne et en Grande-Bretagne.

Cette domination prend un tour de plus en plus pervers d'ailleurs, sous la forme d'un conditionnement des spectateurs. Conditionnement qui passe par l'accoutumance du public à la langue anglaise. Ainsi, les titres des films américains sont de moins en moins traduits, même lorsqu'ils sont incompréhensibles à la plupart des Français. Il est même arrivé que des titres originaux américains aient été remplacés non par des titres en français, mais par d'autres titres en anglais. C'est par exemple le cas de *The Myth of Fingerprints*, de Bart Freundlich (1998), rebaptisé pour sa sortie en France *Back Home*... On pourra alors regretter qu'un auteur aussi intègre, aussi indépendant et surtout aussi peu « hollywoodien » que le Britannique Ken Loach ait lui aussi cessé de faire traduire les titres de ses films lorsqu'ils sortaient en France, le pays où ils sont pourtant le plus appréciés. Ils n'étaient sans doute pas si nombreux, parmi tous ses admirateurs, à avoir compris le sens (purement métaphorique) du titre du sublime *Raining Stones*, son chef-d'œuvre (1993). Et Ken Loach est, comme Tavernier, un adversaire farouche de la mondialisation !

Face à la concurrence américaine qui, les chiffres le démontrent, reste redoutable malgré le système d'aide maintenu envers et contre tous, il est quelques cinéastes français à choisir de tourner des films « américains ». Telle est la démarche adoptée par Luc Besson, dont les derniers films ont certes la nationalité française, mais dont Philippe d'Hugues, dans son ouvrage, se demande ce qu'ils ont de réellement « français ». Ainsi *le Cinquième Elément* (1997) a-t-il été tourné à New York, en anglais, avec Bruce Willis et Gary Oldman, seul Mathieu Kassovitz apportant une touche nationale. La remarque s'applique *a fortiori* à sa réalisation suivante, *Jeanne d'Arc* (1999), film tourné lui aussi en anglais, avec une majorité d'acteurs américains (Faye Dunaway, Dustin Hoffman, etc.), et dont le titre original est en fait *The Messenger : The Story of Joan of Arc*. A cette objection d'ordre culturel, Marc Tessier, le directeur du Centre national de la cinématographie, fit la réponse suivante, qui ne manqua pas de faire sursauter : à ses yeux, en effet, la langue française n'est plus la « condition absolue » pour qu'un film puisse être qualifié de français.

Le problème de Canal +

En 2000, les chiffres enregistrés par le cinéma français étaient presque aussi mauvais qu'en 1998. En 2001, retournement de situation, les films français prenant 40,7 % des parts de marché, le meilleur résultat depuis 1986. En 1993, le pourcentage était de 35,1, malgré le succès demeuré inégalé des *Visiteurs*, avec quelque 13 millions d'entrées. Or, en 2001, on constate que *le Fabuleux Destin d'Amélie Poulain* n'a fait, si l'on ose dire, « que » 8 millions d'entrées et des poussières. Mais, si l'on examine les chiffres de plus près, on voit que sur les vingt meilleurs résultats de cette année 2001, on compte huit films français, contre cinq en 2000. Et, sur ces huit films, quatre sont en tête, le premier film américain étant en cinquième position. Alors qu'en 2000, si le film français *Taxi 2* était à la première place, on n'en trouvait un autre qu'à la sixième. C'est donc qu'en 2001, le cinéma français a bel et bien reconquis le cœur du public, le phénomène *Amélie Poulain* étant emblématique de ce changement.

Faut-il crier victoire ? Assurément, mais avec prudence. Les Américains n'ont évidemment pas renoncé, et leurs « blockbusters » comme *Harry Potter à l'école des sorciers* ou bien comme *le Seigneur des anneaux* sont arrivés trop tard pour modifier la donne, qui leur reste d'ailleurs très favorable avec 50,2 % des parts de ce marché qu'ils dominent depuis quinze ans. Et, si un jour l'exception culturelle « saute » sur l'autel de la mondialisation, il est à craindre que 2001 fasse figure d'accident heureux pour le cinéma français.

Jean-Marie Messier détient une bonne part de l'avenir du cinéma français.

Au moment où toute la profession se réjouissait de cette remontée sur le marché français, une déclaration du président de Vivendi Universal, Jean-Marie Messier, faisait l'effet d'une douche froide. En annonçant le rachat par son groupe du réseau américain USA Networks, « J2M », comme il ne déteste pas être appelé, a déclaré : « L'exception culturelle française est morte. » C'était le 17 décembre 2001, et un véritable vent de panique a soufflé sur le cinéma français. Pour la simple raison que Vivendi Universal, c'est Canal +, et que Canal +, c'est un peu le cinéma français. En effet, la chaîne cryptée lancée en 1984 est devenue le plus grand producteur de films français, par le biais de participations ou en produisant directement des films via sa filiale Studio Canal. De plus, un accord avec l'Etat lui fait obligation d'investir 305 millions d'euros par an jusqu'en 2004. Très peu de films français peuvent voir le jour sans un financement de Canal +, et Studio Canal a à son actif des productions à gros budget telles que *le Pacte des loups*. Une situation très complexe du reste, le pôle formé par Canal + et Studio Canal comportant nombre de filiales, mais très dangereuse. Si, d'une façon ou d'une autre, Canal + se désengageait du cinéma français, ce serait le désastre. Or tel semblait bien être le sens de la déclaration de Jean-Marie Messier. Jacques Buob et Pascal Mérigeau, dans leur livre *l'Aventure vraie de Canal +*, publié quelques semaines avant, faisaient de sombres prévisions en disant que le nombre de films « détenus par les sociétés contrôlées ou possédées par Canal sera tel que la chaîne n'aura plus besoin d'acheter ailleurs. » Et d'ajouter que les indépendants seront alors contraints de « fermer boutique ». Et ce serait peut-être, en effet, la « mort » de cette exception culturelle qui, depuis des lustres, a fait la richesse du cinéma français.

L'avance sur recettes

Le fonds de soutien est un système mécanique qui profite à l'ensemble de l'industrie cinématographique, sans critère qualitatif. Canal +, de son côté, investit tous azimuts pour nourrir ses programmes, mais déjà avec moins de générosité que dans les années quatre-vingt-dix. Mais un autre dispositif, qualitatif celui-là, bénéficie au cinéma d'auteur, celui qui permet à la France de faire très bonne figure dans les festivals du monde entier et dont la diversité est unique. Ce système, créé en 1953, est l'avance sur recettes. Comme sa dénomination l'indique, il consiste à verser une avance conséquente à un producteur sur un projet donné, à charge pour lui de la rembourser si les recettes du film qu'il a produit sont bénéficiaires. Les projets sont sélectionnés sur scénario au Centre national de la cinématographie par une commission spéciale nommée par le ministre de la Culture. Une cinquantaine de films, bon an, mal an, peuvent voir le jour grâce à cette avance. L'œuvre de réalisateurs de premier plan comme Eric Rohmer ou Alain Resnais n'aurait pas pu se développer sans elle, et son maintien est le gage de ce renouvellement qui caractérise un cinéma français où de jeunes auteurs de talent peuvent être révélés. C'est aussi cela, l'exception culturelle vilipendée par les tenants de la mondialisation.

Ce cinéma d'auteur, en outre, n'est pas systématiquement confidentiel, et peut faire des succès et même des triomphes inattendus comme celui d'*Amélie Poulain*. Il n'est pas non plus ridicule à l'exportation, parfois même aux Etats-Unis, où le marché est très fermé – un comble pour les champions du libre-échange... Il est vrai qu'il l'est autant pour certains films américains indépendants, tels ceux de Woody Allen, cinéaste en guerre perpétuelle avec Hollywood !

Michel Marmin

1995

Oscars, Hollywood
Film : *Forrest Gump* (Robert Zemeckis).
Acteur : Tom Hanks.
Actrice : Jessica Lange.

Mostra d'arte cinematografica, Venise
Lion d'or : *Cyclo* (Tran Anh Hung).
Meilleur acteur : Goetz George.
Meilleure actrice : Isabelle Huppert,
Sandrine Bonnaire.

Festival international du film, Cannes
Palme d'or : *Underground* (Emir Kusturica).
Meilleur acteur : Jonathan Pryce.
Meilleure actrice : Helen Mirren.

Césars, Paris
Film : *les Roseaux sauvages* (André Téchiné).
Acteur : Gérard Lanvin.
Actrice : Isabelle Adjani.

Arles, 1er janvier
Quarante-deux ans après *le Rendez-vous des quais*, interdit en 1955, perdu, puis redécouvert en 1990, Paul Carpita entreprend son second film, *les Sables mouvants*.

Paris, 11 janvier
Sortie de *Frankenstein*, de Kenneth Branagh d'après le roman de Mary Shelley, avec Robert De Niro dans le rôle-titre, une tragédie sur un mythe moderne de notre époque.

Paris, 25 janvier
Dans *les Cent et Une Nuits*, Agnès Varda rend hommage au cinéma centenaire en s'aidant de la mémoire fragile de Simon Cinéma, personnage insolite joué délicieusement par Michel Piccoli.

Tegna, Suisse, 4 février
Mort de la romancière américaine Patricia Highsmith (*19.1.1921). Son œuvre a inspiré plusieurs films mémorables, dont ceux dus à Hitchcock, Clément ou Wenders.

Paris, 15 février
Dans *Quiz Show*, qui sort ce jour, Robert Redford évoque le scandale d'un jeu télévisé truqué qui mit fin en 1959 à l'âge d'or de la télévision aux Etats-Unis.

Hollywood, 1er mars
Le Roi lion a valu aux studios Disney 700 millions de dollars de recettes, dont 306,4 sur le continent américain. En France, avec plus de neuf millions d'entrées, il enlève à *E.T.* le record des films étrangers.

France, 1er mars
Après *Harcèlement* de B. Levinson sorti il y a un mois, avec Demi Moore et Michael Douglas, l'affiche du film de Robert Altman, *Prêt-à-porter*, est à son tour censurée par les associations de protection de la morale et des valeurs familiales.

Saint-Julien-lès-Metz, 18 mars
Ouverture d'un complexe comprenant 14 salles, totalisant 4 170 places. Edifié par le groupe belge Bert-Claeys, c'est le plus grand complexe français existant à ce jour.

Vierzon, 31 mars
Madeleine Sologne, inoubliable héroïne de *l'Eternel Retour* au côté de Jean Marais, s'est éteinte dans la maison de santé où elle s'était retirée (*Madeleine Vouillon, 27.10.1912).

New York, 10 avril
Loin des caméras, Isabelle Adjani donne naissance à un garçon. Son premier enfant est né en 1979.

Paris, 24 avril
Le second film de Xavier Beauvois, *N'oublie pas que tu vas mourir*, obtient le prix Jean-Vigo. Il fait en outre partie de la sélection officielle du Festival de Cannes.

Los Angeles, 25 avril
Mort de Ginger Rogers (*Virginia McMath, 16.6.1911). Danseuse et comédienne, partenaire idéale de Fred Astaire, elle appartient à l'âge d'or de Hollywood.

Paris, 25 mai
Sympathique vedette du cinéma français des années quarante et cinquante, Dany Robin (*14.4.1927) meurt, victime de l'incendie qui a ravagé son appartement.

Paris, 22 juin
La Banque de France renonce à éditer un nouveau billet de 200 F à l'effigie des frères Lumière, jugés trop favorables au régime de Vichy. Dix-sept millions de billets déjà imprimés devront être détruits.

Los Angeles, 29 juin
Lana Turner, une vedette majeure du cinéma hollywoodien des années quarante à soixante-dix, succombe à un cancer (*8.2.1920).

Los Angeles, 25 juillet
Sorti le 19 juin, *Batman Forever*, de Joël Schumacher, avec Val Kilmer et Nicole Kidman, tient la tête du box-office avec 170 millions de dollars, devant *Pocahontas* et *Apollo 13*.

Dreux, 10 septembre
Charles Denner, interprète fétiche de François Truffaut, Claude Chabrol, Claude Berri, Costa-Gavras ou Claude Lelouch, est emporté par un cancer (*29.5.1926).

Paris, 14 septembre
Disparition de Roger Corbeau (né le 20.11.1908), le plus célèbre des photographes de plateau, présent sur les tournages de films durant cinquante ans à partir de 1932. A ce titre, il était un témoin unique du cinéma français.

Paris, 27 septembre
Sur décision du Conseil des ministres, Marc Tessier, 49 ans, ancien directeur du développement de la société Canal +, succède à Dominique Wallon, à la tête du Centre national du cinéma depuis 1989.

Paris, 24 octobre
La star américaine Sharon Stone est reçue dans l'ordre des Arts et Lettres pour sa participation au rapprochement franco-américain. Mel Gibson, hostile aux essais nucléaires, a décliné cet honneur.

Rome, 30 octobre
Sorti depuis trois jours, *la Seconda Volta* de Mimmo Calopresti, produit et interprété par Nanni Moretti, soulève les passions en évoquant les années noires du terrorisme.

Los Angeles, 24 novembre
Le cinéaste français Louis Malle (*10.10.1932) meurt des suites d'une longue maladie. Son dernier film, *Vanya, 42e rue*, d'après *Oncle Vania* de Tchekhov, est sorti en France en janvier.

Paris, 14 décembre
Le prix Louis-Delluc est attribué à Claude Sautet pour son *Nelly et M. Arnaud*, un pathétique duo entre Emmanuelle Béart et Michel Serrault. Le cinéaste l'avait déjà reçu en 1970 pour *les Choses de la vie*.

Los Angeles, 18 décembre
Steven Spielberg, qui fête ses 49 ans, est attaqué en justice par un ancien commanditaire. Pour se libérer d'un coûteux contrat de 1968, il avait fait plaider faussement qu'il était mineur à cette date.

Paris, 20 décembre
Réalisé par Martin Campbell, *Golden Eye*, dix-septième film de la série James Bond, réactive brillamment le genre et révèle dans le rôle le nouveau venu Pierce Brosnan. (→28)

Tokyo, 23 décembre
Le monstre Godzilla, héros populaire et contesté de vingt-deux films depuis 1954, meurt définitivement (c'est officiel) dans *Godzilla versus Destroyer*.

Hollywood, 25 décembre
L'acteur et chanteur Dean Martin meurt d'une embolie pulmonaire. Il avait été notamment le partenaire de Jerry Lewis de 1949 à 1956 (*Dino Paul Crocetti, 17.6.1917).

Film très attendu, « le Hussard sur le toit », de Jean-Paul Rappeneau, est le résultat du pari le plus audacieux du cinéma français jusqu'à ce jour.

HACHETTE PREMIÈRE PRÉSENTE, PRODUIT PAR RENÉ CLEITMAN,
JULIETTE BINOCHE
OLIVIER MARTINEZ
Le HUSSARD SUR Le TOIT
D'APRÈS L'ŒUVRE DE JEAN GIONO ÉDITIONS GALLIMARD
UN FILM DE JEAN-PAUL RAPPENEAU
DIRECTION ARTISTIQUE : LE MOULT • PHOTO : HANS SILVESTER • RAPHO • VENTE INTERDITE AU PUBLIC • VISA DE CENSURE : 00000
HACHETTE PREMIÈRE
CLAUDIO AMENDOLA • PIERRE ARDITI • ISABELLE CARRÉ • FRANCOIS CLUZET • JEAN YANNE
SCENARIO JEAN-PAUL RAPPENEAU • NINA COMPANEEZ • JEAN-CLAUDE CARRIÈRE • MUSIQUE COMPOSÉE ET DIRIGÉE PAR JEAN-CLAUDE PETIT
IMAGE THIERRY ARBOGAST • DIRECTION ARTISTIQUE EZIO FRIGERIO • COSTUMES FRANCA SQUARCIAPINO • UNE COPRODUCTION
HACHETTE PREMIÈRE ET CIE • FRANCE 2 CINÉMA • CENTRE EUROPEEN CINÉMATOGRAPHIQUE RHONE-ALPES • AVEC LA PARTICIPATION DE CANAL+
DIGITAL dts SOUND
amlf

Woody Allen et les surprises de la création

Paris, 11 janvier
Dans *Coups de feu sur Broadway*, Woody Allen exorcise ses propres démons, ceux du créateur comme ceux de l'artiste. Cette comédie éclatante de verve nous plonge dans le New York de la prohibition, celui des gangsters et des flasques de whisky. Un jeune auteur de théâtre abandonne vite, trop vite, ses grands principes sur l'incorruptibilité de l'artiste. L'époque se prête aux compromissions, c'est certain. Mais il va abdiquer tout amour-propre pour accepter les conseils (judicieux) d'un malfrat. Celui-ci connaît la vie, or c'est exactement ce qui manque au dramaturge débutant.

Dianne Wiest et John Cusack.

Un « Jour de fête » exhumé en Taticolor

Paris, 11 janvier
Sur les photos du tournage de *Jour de fête*, la présence d'autres caméras à côté de celles pour le noir et blanc avait mis la puce à l'oreille de Claude Ventura, producteur de la défunte émission *Cinéma, cinémas*, et de François Ede, documentariste. Sophie Tatischeff leur explique alors que son père avait aussi tourné ce long métrage en couleurs selon un procédé expérimental du laboratoire Thomson. Doutant de sa fiabilité, il s'était « couvert » en doublant ses prises en noir et blanc. Une véritable chasse au trésor commence alors, ainsi qu'une enquête policière, pour retrouver les bobines et pour percer les secrets du Thomsoncolor. Les négatifs redécouverts, il s'agissait de mettre au point le filtre et les objectifs capables d'exprimer les couleurs piégées sur la pellicule. Il fallait aussi convaincre les ayants droit de se lancer dans l'aventure. Suivent alors le montage et le mixage de cette nouvelle version, dont la présentation coïncide avec les célébrations du centenaire. Le public a découvert un film inédit, aux couleurs pastel, semblables à celles des anciennes cartes postales coloriées à la main ou à celles des autochromes. Les découvreurs de ce trésor peuvent être fiers d'avoir tiré ce film de l'oubli. Un vrai miracle.

Vanessa Paradis et le retour aux origines

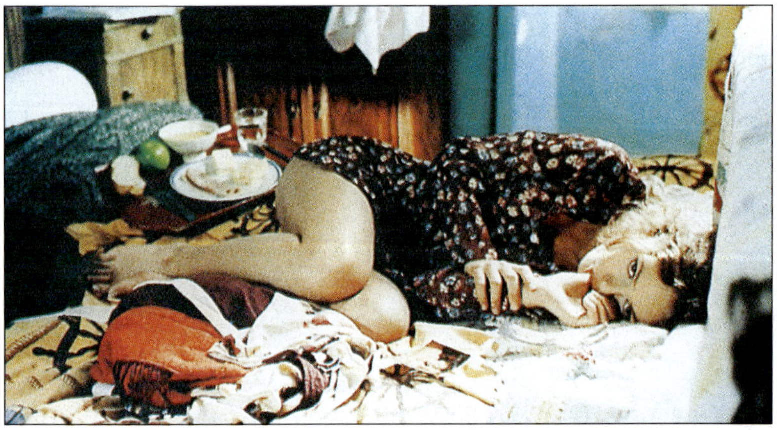
Jean Becker offre à Vanessa Paradis son premier rôle-titre dans « Elisa ».

Paris, 1er février
Le film de Jean Becker est bâti pour et autour de Vanessa Paradis. Elle y est effectivement étonnante. La nymphette s'est muée en véritable actrice. Déjà impressionnante de force dans *Noce blanche*, de Jean-Claude Brisseau, elle incarne ici Marie, une jeune fille perdue de dix-sept ans, élevée à la Ddass. Face aux pièges de la vie et à la lâcheté des adultes, elle navigue à vue, dirigée par une idée fixe : retrouver son père. Joué par Gérard Depardieu, celui-ci a quitté Paris. Accusé à tort de proxénétisme, il ne se remet pas du suicide de sa femme. Il y a une chose de lui dont sa fille est sûre, c'est qu'il a composé, avec l'aide de Philippe Léotard, qui incarne un étrange Serge Gainsbourg, *Elisa*, la célébrissime chanson. Elle le rejoint donc en Bretagne où les embruns et les vents marins serviront de cadre à leurs retrouvailles.

« Gazon maudit » fait un vrai malheur

Victoria Abril et Josiane Balasko, le couple insolite de « Gazon maudit ».

Paris, 7 mars
Sorti depuis le 8 février, *Gazon maudit*, le nouveau film signé par Josiane Balasko, dont elle est aussi l'interprète principale avec Victoria Abril et Alain Chabat, est en train de démentir tous les pronostics. Basé sur une situation apparemment classique d'adultère, avec le non moins classique trio des comédies dites de boulevard, il dynamite ce schéma en faisant du personnage de « l'amant » une femme, à laquelle la réalisatrice elle-même prête son tempérament robuste. L'audace et la modernité d'un tel sujet comportaient les plus grands risques, et notamment celui de prendre à rebrousse-poil les spectateurs. Mais ils en redemandent : en moins d'un mois, *Gazon maudit* a passé largement la barre des deux millions d'entrées et se place en tête de tous les films sortis à Paris depuis le 1er janvier, toutes origines confondues.

Triomphe du cinéma d'auteur aux Césars

Quatre récompenses pour Téchiné.

Paris, 25 février
André Téchiné peut se féliciter de la sortie en salle des *Roseaux sauvages*. Réalisé pour la télévision, son film accumule les récompenses en plus de son succès public. Après le prix Louis-Delluc, il a reçu ce soir quatre Césars : ceux des meilleurs film, réalisateur et scénario, et encore du meilleur jeune espoir féminin pour Elodie Bouchez. Patrice Chéreau, qui n'a pas laissé les impératifs d'une grosse production prendre le pas sur ses exigences artistiques, remporte aussi quatre Césars avec *la Reine Margot*, dont ceux d'Isabelle Adjani, Virna Lisi et Jean-Hugues Anglade. Gérard Lanvin est sacré meilleur acteur pour *le Fils préféré*, de Nicole Garcia. Le meilleur film étranger est *Quatre Mariages et un enterrement*, de Mike Newell.

Thierry Lhermitte, acteur au Beauregard

Paris, 8 mars
Il n'est pas vraiment habituel, en France, d'attribuer à un comédien une distinction qui a normalement pour objet d'attirer l'attention sur un producteur de films. Mais c'est pourtant ce qui arrive à Thierry Lhermitte, à qui un jury – présidé par Alain Terzian – a décerné le prix Georges-de-Beauregard, attribué aujourd'hui pour la dixième fois. Le sympathique acteur, associé à Louis Becker, est ainsi consacré « meilleur producteur français de l'année » au titre du film *Un Indien dans la ville*, leur troisième production en commun. Réalisé par Hervé Palud, et interprété notamment, aux côtés de Thierry Lhermitte, par Arielle Dombasle et Patrick Timsit, ce film relativement modeste – il a coûté moins de quarante millions de F – s'est pourtant affirmé, depuis sa sortie le 14 décembre dernier, comme le grand succès français pour la production 1994. Il a attiré, à ce jour, plus de cinq millions de spectateurs. Le secret de cette réussite : la volonté déterminée de faire du cinéma populaire, familial, sans sacrifier en rien à la médiocrité. Ce pari remarquablement tenu vaut bien un Beauregard.

Un Indien dans la ville et son père.

Tavernier et les dérives de l'adolescence

Bruno Putzulu, Marie Gillain et Olivier Sitruk dans « l'Appât », de Tavernier.

Paris, 8 mars
Couronné par l'Ours d'or lors du Festival de Berlin, *l'Appât*, dernier film de Bertrand Tavernier, est une histoire glaçante. Ici, le réalisateur retrouve la veine de *L.627*, celle d'une dénonciation autant morale que sociale. Transposition d'une affaire de 1984, *l'Appât* relate la dérive criminelle d'une jeune fille et de ses deux amis. Désireux de se faire de l'argent, rapidement et sans efforts, ils ont vite fait de convaincre celle-ci de servir d'appât à de riches clients que ses deux complices dévaliseront ensuite. Tavernier, dans son travail peut-être le plus abouti, traque la perte des repères moraux, le culte imbécile de l'argent facile. Il dit son inquiétude. Refusant le piège de la sympathie ou de l'antipathie, c'est en « état d'urgence » qu'il a filmé ce cri d'alarme.

Chahine en difficulté avec les intégristes

Le Caire, 29 mars
La fresque de Youssef Chahine, *l'Emigré*, une coproduction franco-égyptienne, est une fable qui traite de la réconciliation. Ram, fils du patriarche Adam (Michel Piccoli), part vers la terre des pharaons en quête du savoir. Il débarque dans une Egypte en proie à la corruption et déchirée par les luttes de pouvoir. Le 29 décembre, les intégristes ont obtenu l'interdiction du film, jugé insultant pour le prophète Joseph, dont le personnage de Ram est inspiré. Le cinéaste a contre-attaqué, et la cour d'appel vient d'infirmer cet arrêt inquiétant. Le film est sorti en France avec succès depuis le 8 mars.

Célébration du centenaire du cinéma

Paris, 22 mars
Le cinéma, « une découverte sans avenir », n'est pas en manque d'inventeurs, et le souvenir des procès intentés par Edison à ceux qui se targuaient de l'avoir devancé est là pour l'attester. Mais personne ne conteste aux frères Lumière d'avoir inventé le Cinématographe. C'est la Société d'encouragement pour l'industrie nationale qui célèbre la toute première projection d'un film : elle a eu lieu dans ses murs, à Paris, le 22 mars 1895. Ce n'est qu'à la fin de la réunion mensuelle de cette honorable institution, après plusieurs communications d'ordres divers, en particulier sur la photographie des couleurs, que les frères Lumière ont présenté à l'assistance le Kinétoscope de projection. Et le procès-verbal de cet événement ne fut pas rédigé. Le public put voir *la Sortie des usines Lumière*, une scène de cinquante secondes tournée trois jours plus tôt à Lyon. Pour ce faire, Auguste et Louis Lumière se transformèrent en véritables réalisateurs, puisque, loin de faire un reportage sur le vif, ils demandèrent à leurs ouvriers de « jouer » la sortie. La saga du 7e art démarrait. (→ 28.12)

Auguste et Louis, les frères Lumière.

« La Sortie des usines Lumière », projeté le 22 mars 1895 devant 200 invités.

Claude Lelouch sous le signe de Louis Lumière et de Victor Hugo

Paris, 22 mars
Ce n'est pas un hasard si Claude Lelouch a choisi, pour la sortie de son 34e film, *les Misérables*, le jour même du centième anniversaire de la toute première projection cinématographique de Louis Lumière. S'étant en effet avisé que les frères Lumière sont nés, comme Victor Hugo, à Besançon, et sur la même place qui porte aujourd'hui le nom de l'auteur des *Misérables*, Lelouch a voulu expressément réunir – par ce clin d'œil à l'histoire – l'écrivain qu'il considère comme étant le plus cinématographique qui soit et l'inventeur du cinéma. Tout d'abord intitulée *les Misérables du XXe siècle*, cette nouvelle version du célèbre roman – très librement adapté et transposé – permet à Lelouch de se livrer à l'une de ces brillantes variations dont il détient le secret sur les grands moments de notre époque et sur les constantes de la condition humaine. Servi par un Belmondo au mieux de sa forme, en tête d'une distribution exemplaire, le cinéaste entraîne événements et personnages dans un récit foisonnant et complexe où ses souvenirs, sa propre histoire familiale, ses émotions et sa passion de cinéphile investissent allègrement la trame romanesque et historique imaginée autrefois par Victor Hugo.

Le cinéaste au tournage avec Jean-Paul Belmondo, moderne Jean Valjean.

Un prêtre choque les Britanniques

Londres, 25 mars
Un jeune prêtre catholique nommé depuis peu dans un quartier populaire de Liverpool, le père Greg, se trouve confronté à des réalités humaines et sociales qui mettent à l'épreuve son intransigeance passée. La misère, l'inceste, puis la vie sexuelle très libre d'un autre prêtre l'interpellent rudement. Lui-même se découvre avec effroi des penchants homosexuels. C'est assez pour que le film d'Antonia Bird dont il est le héros, *Prêtre*, scandalise la bonne société catholique britannique, qui crie au blasphème et à la caricature. On va jusqu'à réclamer l'interdiction de ce film.

Linus Roache est aux prises avec les difficultés et les périls du sacerdoce.

Les Oscars de « Forrest Gump » entre la gloire et les dollars

Los Angeles, 27 mars
Longtemps attendue et annoncée, la consécration de *Forrest Gump* à la soirée des Oscars n'a pourtant pas été aussi triomphale que prévu. Le film de Robert Zemeckis n'a en effet obtenu « que » six Oscars, ce qui le situe loin des records du genre. Les plus prestigieux sont en tout cas du nombre, dont ceux du meilleur film et de la meilleure réalisation, ainsi que celui du meilleur acteur pour Tom Hanks. Celui-ci, déjà oscarisé l'année dernière pour son rôle dans *Philadelphia*, rejoint ainsi dans la mythologie hollywoodienne Spencer Tracy, seul avant lui à avoir reçu deux Oscars consécutifs (en 1936 et 1937). Cet heureux bilan est venu à point pour apaiser un peu, au moins pour un temps, les conflits de personnes et d'argent qui ont entouré la production de *Forrest Gump*. Ce film, dont la gestation a demandé au total pas moins de huit années, est en effet revendiqué par plusieurs producteurs différents sans compter la Paramount qui a permis le bouclage final du financement : Steve Tisch, producteur exécutif; Steve Starkey, associé au réalisateur ; et la blonde Wendy Finerman, à l'origine du projet. Il est vrai que la carrière du film est de nature à inspirer les plus folles passions : il totalise à ce jour quelque 535 millions de dollars de recettes mondiales, alors que le budget de production n'était que de 50 millions...

Tom Hanks, antihéros de l'Amérique contemporaine, dans « Forrest Gump ».

Jean-Jacques Annaud vers le cinéma futur

New York, 21 avril
Le cinéaste français Jean-Jacques Annaud a été choisi par le groupe japonais Sony et par la compagnie américaine Columbia pour réaliser le premier film de fiction en trois dimensions, avec le procédé IMAX-3D exploité par ce groupe. Ce film, *les Ailes du courage*, d'une durée de quarante minutes, a pour sujet les exploits des pionniers français de l'Aéropostale et s'attache plus particulièrement à Henri Guillaumet, le héros en 1930 d'une extraordinaire « opération-survie » dans la cordillère des Andes. Sa production, qui a exigé d'énormes moyens techniques, complexes et contraignants (équipée d'un double mécanisme de prise de vues, la caméra IMAX-3D pèse près de 300 kilos), a atteint un budget estimé à 15 millions de dollars. Mais les promoteurs du procédé et Jean-Jacques Annaud lui-même espèrent beaucoup des innovations apportées pour assurer l'avenir du cinéma. La réponse appartient désormais au public, qui peut apprécier ce film à partir d'aujourd'hui sur l'écran monumental (26 x 33 mètres) de la salle IMAX-3D de Broadway, l'une des trois seules salles au monde où il est possible de le projeter dans ses vraies dimensions.

Week-end tragique pour Superman

C. Reeve lors d'un concours hippique.

Virginie, 27 mai
Christopher Reeve, mondialement connu pour son rôle de Superman dans la série de films portant ce titre, va peut-être devoir renoncer à toute activité. Victime d'une chute au cours d'un concours hippique, il est atteint de fractures au niveau des vertèbres cervicales et de lésions de la moelle épinière, sans doute irréversibles. Agé de 43 ans, marié et père de deux enfants, c'est un sportif accompli qui pratique notamment, outre l'équitation, le ski de haut niveau. Il s'est révélé au cinéma en 1978 avec le premier *Superman* de Richard Donner, qui était son second film. Trois suites lui ont été données, en 1979, 1982 et 1987.

Les déchirements du monde actuel dans le miroir de l'écran

Cannes, 28 mai
Le palmarès de la 48e édition du Festival international du film, décerné par un jury présidé par Jeanne Moreau, appartient à la catégorie de ceux qui déchaînent les colères et les protestations. La Palme d'or a été attribuée au film d'Emir Kusturica *Underground*. Mais elle est vivement contestée, tout comme l'injustice commise, selon une grande partie de la critique, à l'égard du *Regard d'Ulysse*, de Theo Angelopoulos (ce film méritait sans doute bien mieux qu'un Grand Prix spécial), et aussi de *Land and Freedom*, de Ken Loach, totalement ignoré du palmarès officiel. Ces trois films n'en ont pas moins des chances égales de rester dans les mémoires en tant que témoignages d'une grande force sur leur époque. Les deux premiers évoquent directement, quoique sur des registres opposés (*Underground* est baroque, tumultueux, ambigu ; *le Regard d'Ulysse* plus allusif et plus secret), la tragédie que vivent les pays des Balkans aujourd'hui ; le troisième, avec le recul de l'Histoire, traite d'une tragédie d'hier, celle de la guerre civile espagnole. On peut y ajouter d'autres films du festival qui, bien qu'à une échelle plus réduite, abordent eux aussi sans détour les problèmes les plus aigus du monde actuel : *la Haine*, de Kassovitz (prix de la mise en scène), inspiré par la crise des banlieues, comme *Bye-Bye*, de Karim Dridi ; ou *N'oublie pas que tu vas mourir*, de Xavier Beauvois, l'un des tout premiers films à poser de manière véridique la question brûlante du sida.

Emir Kusturica à l'heure du palmarès, avec Sharon Stone et la Palme d'or.

Kassovitz met en film le mal des banlieues

Paris, 20 juin
Soutenu par la rumeur de l'accueil exceptionnel qui lui a été réservé au Festival de Cannes, et aussi par le prestigieux prix de la mise en scène qui lui a été décerné, *la Haine*, de Mathieu Kassovitz, est sorti dans cinquante salles le 31 mai. Mais, une semaine plus tard, ce nombre a dû être multiplié par deux pour un film qui, contre toute attente, fait déjà figure de succès commercial. Plus d'un million de spectateurs français l'ont déjà vu à ce jour. Tourné avec des acteurs jusqu'ici inconnus, et à l'économie en décors naturels et en noir et blanc, ce film raconte le désarroi et la longue errance de trois jeunes banlieusards (un beur, un Noir et un Juif) qu'une bavure policière, dont un de leurs copains a été victime, a mis en révolte. Sur cette trame très actuelle, et qui pouvait se prêter chez un cinéaste médiocre à tous les excès, Kassovitz a construit un film qui frappe d'abord par sa retenue, son refus d'exploiter le sujet pour en tirer des effets dramatiques ou démagogiques. C'est ce qui fait de *la Haine*, au-delà de sa valeur de témoignage et de manifeste, une œuvre d'art. (→ 12.11)

Le dernier Disney au jardin public

New York, 10 juin
Le nouveau dessin animé lancé par les studios Disney innove par son sujet, inspiré des amours légendaires de la jeune Indienne Pocahontas et d'un beau militaire, comme par son lancement. La première mondiale a eu en effet pour cadre Central Park et sa grande pelouse, où 100 000 spectateurs ont pu le voir sur quatre écrans géants. Il en a coûté à Disney un million de dollars, versé aux caisses de la ville. Mais cette opération commerciale, inusitée en ce lieu, soulève de vives protestations.

Philippe Douste-Blazy, ministre de la Culture, aux marches du Palais.

« La Haine », un parcours qui va de l'affrontement à la violence et à la mort.

Un film français « crève le plafond »

Paris, 20 septembre
L'événement le plus attendu pour cette année cinématographique est aujourd'hui accompli : *le Hussard sur le toit*, film considéré jusqu'ici comme impossible, et dont une bonne demi-douzaine de cinéastes (dont René Clément et Luis Buñuel) avaient envisagé puis abandonné le projet, est devenu une réalité. Il est vrai qu'avant d'être un film, visible dès aujourd'hui dans 370 salles, cette œuvre ambitieuse de Jean-Paul Rappeneau, tirée du célèbre roman de Jean Giono, est d'abord un fabuleux pari, jamais tenté jusqu'ici, à un tel niveau, dans toute la production française. Il s'agissait pour René Cleitman, son producteur, et pour la société Hachette Première qu'il dirige au sein du groupe Hachette, de

Juliette Binoche est l'admirable Pauline d'un somptueux « Hussard ».

Olivier Martinez, hussard sur le toit.

Olivier Martinez et Juliette Binoche.

faire la preuve qu'un film français de grande envergure, inspiré d'une œuvre littéraire française majeure, pouvait séduire un vaste public international. L'expérience antérieure de *Cyrano de Bergerac*, menée à bien de manière triomphale par la même équipe, était une incitation décisive pour cette nouvelle aventure. Mais *le Hussard* doit désormais faire mieux encore que *Cyrano* : quatre mois et demi de tournage sur quatre-vingt-dix sites différents, une profusion de costumes et de décors (dont les toits évoqués par le titre, construits de toutes pièces sur 1 200 m^2), une troupe de comédiens étincelante autour de Juliette Binoche et d'Olivier Martinez, ont abouti à un coût final de 176 millions de francs, sommet historique à ce jour pour une production française. Cela situe la barre, pour son amortissement, à une fréquentation de cinq millions de spectateurs.

Des succès français sur la lagune

Venise, 9 septembre
La Mostra de Venise, pour sa 52e édition, n'a pas démenti la tradition selon laquelle le cinéma français, bon an mal an, bénéficierait sur la lagune d'un préjugé favorable. C'est en tout cas une production française de Christophe Rossignon pour le compte de Lazennec (producteur, aussi, de *la Haine*) qui obtient cette année le Lion d'or : *Cyclo*, de Tran Anh Hung, coproduit par le Viêtnam. Et la Coupe Volpi d'interprétation féminine revient à Isabelle Huppert et Sandrine Bonnaire, les deux héroïnes sanglantes autant qu'éblouissantes de *la Cérémonie*, une tragédie criminelle dont Claude Chabrol a réglé le rituel avec une maîtrise et une rigueur stupéfiantes.

Les majors veulent encore grandir

New York, 8 octobre
Les nouvelles péripéties dans lesquelles semble devoir s'engager le feuilleton des relations nouées voilà cinq ans entre le Crédit lyonnais et la MGM ne sont que le dernier symptôme de l'intense compétition que se livrent les grands groupes américains de l'audiovisuel et leurs alliés pour dominer le marché. Il a été précédé notamment par l'accord de fusion entre Time-Warner et la compagnie de Ted Turner (TBS), la prise de contrôle par les studios Disney du réseau de télévision ABC, et la cession d'Universal au géant des alcools Seagram. Des opérations chiffrées en milliards de dollars, et qui s'accompagnent d'un grand jeu de chaises musicales. (→ 17.7.96)

Kevin Costner évite le naufrage du siècle

Deauville, 10 septembre
Présenté lors du Festival du cinéma américain qui vient de s'achever, le film *Waterworld*, dont la vedette est Kevin Costner, y a suscité une curiosité due d'abord aux rumeurs de cataclysme qui ont accompagné son tournage. Ce film Universal semble bien être en fait le plus fou que Hollywood ait jamais produit. A commencer par son prix de revient, voisin de 200 millions de dollars, soit le double du budget initial de production. Ce film d'anticipation, situé en l'an 2500 sur une planète totalement immergée, a mobilisé six mois durant, sur un atoll artificiel construit spécialement au large de Hawaii, une équipe pléthorique et des moyens techniques gigantesques dont une suite de catastrophes naturelles ou accidentelles ont aggravé le coût. Les dissensions entre Costner, vedette et producteur exécutif, et le réalisateur Kevin Reynolds ont achevé d'alourdir la barque, dont on n'attendait plus que le naufrage final dans les salles. Mais le désastre ne s'est pas produit : sorti aux Etats-Unis le 28 juillet, *Waterworld* a pris aussitôt la tête du box-office. On ne lui accorde pourtant aucune chance de couvrir des investissements aussi démesurés.

Le héros aventureux de « Waterworld » est un mutant entre deux mondes.

« Underground », débat au grand jour

Kusturica raconte avec art l'histoire souterraine d'un pays rêvé et perdu.

Paris, 25 octobre
En dépit ou à cause de sa Palme d'or lors du dernier Festival de Cannes, *Underground*, présenté aujourd'hui au public, n'a pas cessé de susciter des prises de position antagonistes qui semblent irréconciliables. Cette transposition pleine de métaphores du drame yougoslave depuis l'occupation hitlérienne jusqu'au conflit bosniaque actuel vaut à son auteur, Emir Kusturica (né à Sarajevo), d'être accusé de montrer la tragédie de son pays avec une vision esthétisante entachée d'imposture et de dérision, voire de propagande pro-serbe. Mais le cinéaste se défend de tout esprit partisan et se dit avant tout soucieux de témoigner pour un pays aujourd'hui disparu.

Le cinéma européen s'offre des lauriers

Berlin, 12 novembre
Des prix européens du cinéma, les Félix, couronnent chaque année les meilleures productions de la communauté. Le film britannique *Land and Freedom*, de Ken Loach, reçoit cette année le Félix du meilleur film européen, tandis qu'un Félix du « meilleur jeune film » est attribué à *la Haine*, de Mathieu Kassovitz, et un Félix d'honneur à Marcel Carné, pour sa carrière. Depuis 1988, ces lauriers sont distribués par l'Académie européenne du cinéma, qui est présidée par Ingmar Bergman.

Gérard Depardieu, passeur entre l'imaginaire et le quotidien

Paris, 31 octobre
La sortie du film de Maurice Pialat *le Garçu*, suivant de peu celle des *Anges gardiens*, de Jean-Marie Poiré, illustre l'étonnant éclectisme de Gérard Depardieu, vedette de l'un et de l'autre, et l'étendue de son registre de comédien. Dû à la même équipe que *les Visiteurs*, *les Anges gardiens*, avec Christian Clavier en covedette, est une fantaisie débridée qui mêle savamment des aventures, de l'exotisme, des poursuites et des effets spéciaux à base de dédoublement de personnalités. *Le Garçu*, au contraire, est un film intimiste, grave et léger, dans lequel Pialat livre quelques confidences, fausses et vraies, sur la vie, la mort, l'amour et la paternité. Depardieu assure avec aisance le passage entre la vie et le cinéma, la vérité et la fiction.

Le héros des « Anges gardiens » se dédouble pour le bien d'un enfant.

Du bonheur dans le champ de la comédie

Paris, 26 décembre
L'année s'achève en beauté pour la comédie cinématographique à la française, qui cumule les succès à un rythme accéléré. A la suite de *Gazon maudit*, qui a marqué le début de l'année (il en est à ce jour à près de 4 millions d'entrées), les trois films sortis depuis octobre dans cette catégorie de productions dominent à leur tour la nouvelle saison. En un peu plus de deux mois, *les Anges gardiens* totalisent déjà 6 millions d'entrées, au point que la publicité Gaumont pouvait proclamer sur des pages entières le 19 décembre, en plein climat de grèves et de morosité généralisée : « La France est aux anges ! » Sorti le 6 décembre, *Le bonheur est dans le pré*, d'Etienne Chatiliez, savoureuse comédie en forme de fable, avec juste ce qu'il faut de satire, de truculence et de poésie, et une interprétation mémorable de Michel Serrault, affiche pour sa part, en trois semaines, près de 1,5 million d'entrées. De son côté, *les Trois Frères*, désopilante farce pleine d'invention, premier film du fameux trio des Inconnus révélé par la télévision, ont franchi, en deux semaines, le cap du premier million. Autant de preuves que le rire est d'utilité publique.

La preuve en est faite, irréfutable : « Les Trois Frères » le sont vraiment...

Les derniers jours d'un centenaire

Paris, 28 décembre
Cette journée, qui marque pour la centième fois l'anniversaire exact des premières projections publiques payantes du Cinématographe des frères Lumière, referme du même coup une année de célébrations dont la multiplication a parfois agacé. Les toutes dernières en tout cas n'ont pas été les moins originales. Les 15 et 16 décembre, Lyon, ville natale du cinéma, accueillait à la halle Tony-Garnier, convertie pour ces journées en plus grande salle de cinéma d'Europe, des projections spéciales où le cinéma d'hier (films Lumière, actualités Pathé du temps du « muet », et le grand classique de Fritz Lang, *Metropolis*) côtoyait le cinéma d'aujourd'hui et même de demain (le nouveau James Bond, *Golden Eye*, en avant-première). Près de 10 000 spectateurs au total ont assisté à ces séances d'exception. Pour conclure, la chaîne cryptée Canal+ diffuse ce soir même un film exceptionnel, *Lumière et compagnie*, composé de 39 séquences durant 52 secondes chacune (durée des premiers films de 1895). Celles-ci ont été réalisées par 39 cinéastes majeurs d'aujourd'hui, de Jacques Rivette à Youssef Chahine, de Wim Wenders à David Lynch, avec une caméra Lumière restaurée par le musée du Cinéma de Lyon.

Harvey Keitel dans le grave « Regard d'Ulysse », de Theo Angelopoulos.

Ian Hart et Frédéric Pierrot, héros de « Land and Freedom », de Ken Loach.

« Le Nouveau Monde » d'Alain Corneau, découverte personnelle de l'Amérique.

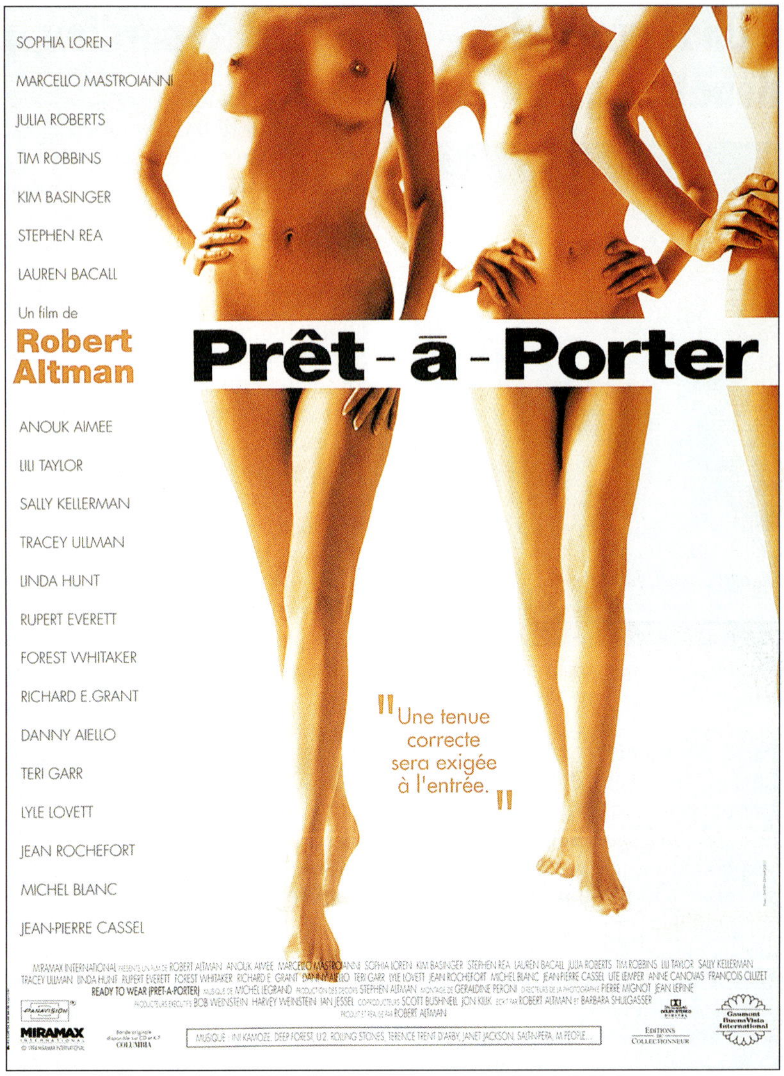

Un film très parisien de l'Américain Robert Altman, avec une pléiade de stars.

Jonathan Pryce et Emma Thompson dans « Carrington », de C. Hampton.

Une héroïne au destin très tourmenté, incarnée avec justesse par E. Béart.

Jim Carrey (à droite) dans « Batman Forever », troisième volet du cycle.

« Le Garçu », de Maurice Pialat, avec Gérard Depardieu.

« Pocahontas », authentique légende indienne revue par les studios Disney.

Un film vraiment fantastique : « la Cité des enfants perdus », de Jeunet et Caro.

M. Serrault et E. Mitchell dans « Le bonheur est dans le pré », de E. Chatilliez.

« Cyclo », film franco-vietnamien de Tran Anh Hung, Lion d'or à Venise.

1996

Oscars, Hollywood
Film : *Braveheart*
(Mel Gibson).
Acteur : Nicholas Cage.
Actrice : Susan Sarandon.

Mostra d'arte cinematografica, Venise
Lion d'or : *Michael Collins* (Neil Jordan).
Meilleur acteur : Liam Neeson.
Meilleure actrice : Victoire Thivisol.

Festival international du film, Cannes
Palme d'or : *Secrets et Mensonges*
(Mike Leigh).
Meilleur acteur : D. Auteuil, P. Duquenne.
Meilleure actrice : Brenda Blethyn.

Césars, Paris
Film : *la Haine*
(Mathieu Kassovitz).
Acteur : Michel Serrault.
Actrice : Isabelle Huppert.

Paris, 29 janvier
La Haine et *Underground* pour les films, M. Kassovitz pour la réalisation, J. Balasko pour le scénario, M. Serrault et I. Huppert pour les acteurs, reçoivent les prix Lumières de Paris, décernés pour la première fois par la presse étrangère.

Los Angeles, 2 février
Décès de Gene Kelly (*Eugene Curran Kelly, 23.8.1912). Danseur, chorégraphe, réalisateur, il a été avec Fred Astaire le grand nom de la comédie musicale américaine.

Paris, 28 février
Sortie du film américain de Terry Gilliam, *l'Armée des douze singes*, avec Bruce Willis et Brad Pitt, une vision d'anticipation qui emprunte à l'onirisme et à la psychanalyse.

Varsovie, 13 mars
Le cinéaste Krzysztof Kieslowski (*27.6.1941) meurt des suites d'une opération. Célèbre depuis *le Décalogue* et *Bleu, Blanc, Rouge*, il avait renoncé au cinéma en 1995.

Paris, 17 mars
Disparition de René Clément (*18.3.1913). En 45 ans de carrière, il a signé 17 films parmi les plus grands du cinéma français.

Hollywood, 8 avril
La communauté juive des Etats-Unis s'élève contre des propos de Marlon Brando, qui a mis en cause sur CNN les Juifs qui contrôleraient selon lui les studios. Le comédien se défend de tout antisémitisme.

Paris, 1er mai
Ecrivain, journaliste, critique et chroniqueur de télévision, François Chalais (*François-Charles Bauer, 5.11.1919) succombe à une leucémie. Ses interviews de cinéastes et d'acteurs sont restées célèbres.

Londres, 20 mai
Alan Parker termine la réalisation d'*Evita*, film musical d'après la vie d'Eva Peron, avec Madonna. En Argentine, des manifestations hostiles ont accompagné le tournage.

Poitiers, 22 mai
Le Futuroscope présente en exclusivité sur écran géant le film américain de Jean-Jacques Annaud, *les Ailes du courage*, premier film non documentaire en IMAX-3D.

Paris, 5 juin
Sortie de *Conte d'été*, film d'Eric Rohmer, avec Melvil Poupaud et Amanda Lenglet, troisième film de la série dite des Quatre Saisons.

Sarajevo, 30 juin
Le film de Jean-Luc Godard *For ever Mozart* est présenté en première mondiale, dans le cadre d'une quinzaine cinématographique organisée dans la capitale sous l'égide du *Monde* et des *Cahiers du cinéma*.

Paris, 30 juin
Après la défection de John Travolta, suivie de celle de sa partenaire Isabelle Adjani, Roman Polanski renonce à tourner *le Double*, d'après Dostoïevski, qu'il aurait dû commencer le 24. Les décors édifiés au studio de Boulogne sont démontés.

Paris, 17 juillet
Dans le cadre de la vente d'actifs du Crédit lyonnais, la MGM est cédée pour 1,3 milliard de dollars à un consortium formé par les dirigeants actuels de la compagnie, avec l'appui de Kirk Kerkorian, propriétaire du même studio avant 1990.

Los Angeles, 25 juillet
Le film d'Oliver Stone *Tueurs nés*, et le studio Warner qui l'a produit sont mis en accusation pour incitation au meurtre, après un crime commis en 1995 par un couple qui se dit admirateur de ce film.

Madrid, 5 août
Les cinéastes et comédiens espagnols s'insurgent contre le secrétaire d'Etat à la Culture, Miguel Angel Cortès, mettant gravement en cause la qualité du cinéma national sous le gouvernement socialiste.

Venise, 5 septembre
Dans le cadre de la Mostra, les ministres italien et français de la Culture, Walter Veltroni et Philippe Douste-Blazy, signent un accord pour le développement des coproductions et des échanges cinématographiques entre les deux pays.

Neuilly-sur-Seine, 18 septembre
Mort d'Annabella (*Suzanne Charpentier, 1907), vedette des années trente et quarante. Elle devait son pseudonyme, inspiré d'Edgar Poe, à Abel Gance, qui l'avait dirigée dès 1926 dans son *Napoléon*.

Paris, 9 octobre
Sortie de *Breaking the Waves*, de Lars von Trier, Grand Prix spécial au Festival de Cannes. La manière dont il mêle la foi et la sexualité lui a valu une réputation sulfureuse.

Paris, 16 octobre
Sortie de *Capitaine Conan*, de Bertrand Tavernier, d'après l'œuvre de Roger Vercel. L'action se situe dans les Balkans, après l'armistice de 1918, où des soldats français oubliés de tous poursuivent des combats meurtriers dont ils ignorent l'objet et le sens.

Clamart, 31 octobre
Marcel Carné (*18.8.1909) s'est éteint à l'hôpital. Réalisateur de certains des chefs-d'œuvre du cinéma français, il restera avant tout comme l'auteur, avec Jacques Prévert, des *Enfants du paradis* (1945).

Londres, 8 novembre
Lion d'or contesté à Venise, le film irlandais de Neil Jordan, *Michael Collins*, qui évoque un héros de l'indépendance, soulève les passions en Grande-Bretagne, où on l'accuse de mensonges et de provocations.

Paris, 27 novembre
For ever Mozart, film de Jean-Luc Godard, sort dans les salles. Il est constitué de quatre parties indépendantes : le théâtre, la philosophie, le cinéma et la guerre de Bosnie qui en forment la trame commune.

Paris, 9 décembre
Inauguration officielle de la Bifi, (Bibliothèque de l'image - Filmothèque) qui regroupe les anciennes bibliothèques et photothèques spécialisées de l'Idhec, de la Cinémathèque française et de la Femis, augmentées d'une vidéothèque.

Paris, 10 décembre
La chaîne Canal+ et sa filiale Canal-Satellite s'assurent l'exclusivité des droits de transmission télévisée à péage des films inédits de la compagnie américaine Fox, estimés à près de 1 000 titres.

Paris, 24 décembre
Sorti le 27 novembre, le dernier dessin animé Disney, *le Bossu de Notre-Dame*, inspiré de *Notre-Dame de Paris* de Victor Hugo, réalise à ce jour près de quatre millions d'entrées, et se situe au quatrième rang des films sortis dans l'année.

La Palme d'or du Festival de Cannes attribuée à Mike Leigh pour « Secrets et Mensonges » souligne l'importance du cinéma britannique d'aujourd'hui.

CIBY 2000 PRÉSENTE
PALME D'OR CANNES 1996
PRIX D'INTERPRÉTATION FÉMININE
secrets et
mensonges
secrets and lies
un film de mike leigh
CIBY 2000 en association avec CHANNEL FOUR FILMS présentent une production CIBY 2000/THIN MAN un film de MIKE LEIGH TIMOTHY SPALL
BRENDA BLETHYN PHYLLIS LOGAN MARIANNE JEAN-BAPTISTE CLAIRE RUSHBROOK "SECRETS ET MENSONGES" RON COOK LESLEY MANVILLE
ELIZABETH BERRINGTON MICHELE AUSTIN LEE ROSS EMMA AMOS HANNAH DAVIS Directrice de production GEORGINA LOWE
Maquillage CHRISTINE BLUNDELL Costumes MARIA PRICE Son GEORGE RICHARDS Décors ALISON CHITTY Musique ANDREW DICKSON Montage JON GREGORY
Photo DICK POPE B.S.C Produit par SIMON CHANNING-WILLIAMS Écrit et Réalisé par MIKE LEIGH

Michelangelo Antonioni par-delà le silence

Wim Wenders, disciple d'exception associé à l'œuvre d'un très grand maître.

Paris, 24 janvier
Seizième film de long métrage de Michelangelo Antonioni, *Par-delà les nuages*, qui est aujourd'hui sur les écrans, est certainement le plus extraordinaire par ses conditions de réalisation. A demi paralysé et aphasique depuis plusieurs années, âgé de 83 ans, Antonioni, pour mener ce film à bien, a fait appel au concours de Wim Wenders. Celui-ci en a accompagné de bout en bout la préparation et le tournage, tout en se faisant le plus impalpable possible afin de ne pas intervenir dans le processus de création. Il signe en outre le prologue, l'épilogue et les intervalles d'une œuvre constituée en fait de quatre histoires distinctes, imaginées par un cinéaste qu'interprète John Malkovich, incarnation évidente d'Antonioni lui-même.

Un festival entre classicisme et modernité

Berlin, 26 février
Le film américain d'Ang Lee avec Emma Thompson, *Raisons et Sentiments*, d'après un roman classique de la Britannique Jane Austen, a obtenu l'Ours d'or du 46e Festival international, assorti d'un prix spécial au Suédois Bo Widerberg. Le cinéaste chinois Yim Ho et un autre Britannique, Richard Loncraine, se partagent de leur côté le prix du meilleur réalisateur, l'Américain Sean Penn étant sacré meilleur acteur. Pour l'interprétation féminine, le choix du jury s'est arrêté sur Anouk Grinberg pour *Mon homme*, de Bertrand Blier. Un film qui est aux antipodes du classicisme : actuel, rageur, rugueux, provocant, dans le droit fil de la modernité.

Bertrand Blier et Anouk Grinberg lors du tournage de « Mon homme ».

Richard Nixon divise toujours l'Amérique

New York, 20 janvier
Sorti aux Etats-Unis le 22 décembre, le *Nixon* d'Oliver Stone marche résolument, par son retentissement si ce n'est par ses résultats, sur les traces de l'autre film « présidentiel » du même réalisateur, *JFK*, qui date de 1992. A la différence de celui-ci, qui s'intéressait exclusivement à l'assassinat de John Kennedy et tentait de l'élucider en remettant en question toutes les conclusions officielles, c'est la vie entière de l'ancien président qu'Oliver Stone entend cette fois passer au crible. L'enquête emprunte davantage à la psychanalyse, le propos essentiel du cinéaste étant d'expliquer la personnalité de Richard Nixon, les fondements de son ambition et les raisons de son comportement au pouvoir à l'aide de révélations sur son enfance, sa jeunesse et les secrets intimes de sa famille : rien de moins, de l'aveu même de Stone, qu'un *Citizen Kane* historique. Le film obtenu ne fait pourtant pas l'unanimité. Il a réussi, en quelques semaines, à diviser aussi bien la presse que l'opinion publique au même degré, au moins, que Nixon en personne en son temps. Seule l'interprétation d'Anthony Hopkins est généralement acceptée. Et les recettes d'exploitation – qui n'ont même pas atteint 15 millions de dollars – sont très loin d'égaler celles de *JFK* pour une période équivalente.

Au côté d'Anthony Hopkins, Joan Allen incarne avec vérité Pat Nixon.

Le premier film réellement cochon

Babe et son maître, James Cromwell.

Hollywood, 21 janvier
C'est un film aussi original qu'inattendu que les prix décernés par la presse étrangère, les Golden Globes Awards, ont distingué comme meilleure comédie de l'année. *Babe*, de Chris Noonan, a en effet pour héros un cochon devenu berger, et ce sont d'autres animaux qui lui donnent la réplique. Il ne s'agit pourtant pas d'un dessin animé mais d'un film de prises de vues réelles, avec l'aide de quelques effets spéciaux. Seuls les personnages de la fermière et du fermier sont d'authentiques bipèdes. Leur présence s'imposait en tout cas : l'auteur anglais du livre pour enfants qui a inspiré ce film, Dick King-Smith, est lui-même un simple fermier.

La tragédie du sida est au cœur du film

Paris, 3 janvier
Second film d'un cinéaste de 28 ans qui en est aussi l'interprète principal, Xavier Beauvois, *N'oublie pas que tu vas mourir* est une œuvre fiévreuse et romantique hantée par le « mal du siècle », le sida. Son héros, Benoît, découvre sa séropositivité par hasard. A la menace, il répond par un défi, puis par une fuite en avant dans l'art et l'amour, avant de partir à Sarajevo, au-devant de sa mort. Ce film d'un ton très personnel a été distingué par le prix Jean-Vigo et un prix du jury à Cannes.

Un film sur la drogue met Londres en émoi

Kelly McDonald et Ewan McGregor dans une Ecosse jusqu'ici insoupçonnée.

Londres, 10 mars
Dû à la même équipe de production et de réalisation que *Petits Meurtres entre amis*, succès du cinéma britannique en 1995, *Trainspotting* défraie à son tour la chronique mais pour de tout autres raisons. Adapté d'un best-seller de l'écrivain écossais Irwin Welsh, ce second film de Danny Boyle décrit l'existence chaotique d'un groupe de jeunes drogués d'Edimbourg, marqués à jamais par leur dépendance à l'héroïne. Traité sans complaisance, avec un réalisme souvent très cru mêlé d'un humour corrosif, ce sujet choque profondément une grande partie de l'opinion publique britannique. Non sans provoquer, depuis le 22 février, un raz de marée dans les 260 salles qui le programment et l'ont déjà placé en tête du box-office.

Les Césars, de la fantaisie au pathétique

Paris, 2 mars
La traditionnelle cérémonie des Césars a judicieusement évité toute domination trop écrasante par un même film. *La Haine* et *Nelly et M. Arnaud* se partagent les distinctions principales : meilleur film et meilleur producteur pour le premier, meilleur réalisateur et meilleur comédien pour le second. Isabelle Huppert est sacrée de son côté meilleure actrice pour *la Cérémonie*. Fait rare, il reste même de la place pour la comédie, en faveur de *Gazon maudit*, *les Trois Frères* et *Le bonheur est dans le pré*. Mais c'est toutefois l'émotion qui l'a emporté avec la réaction d'Annie Girardot – bouleversante –, qui a été distinguée pour son rôle dans *les Misérables*.

Annie Girardot recevant le César du second rôle : une amère victoire.

D'étranges oublis de l'oncle Oscar

Los Angeles, 25 mars
Si la soirée des Oscars a bien couronné comme prévu Mel Gibson et son épopée médiévale *Braveheart*, et rendu justice aux acteurs Nicholas Cage et Susan Sarandon, elle a surtout brillé par ses omissions, dont certaines ont paru très orientées. L'absence au palmarès de *Casino*, de Martin Scorsese, ou de *l'Armée des douze singes*, de Terry Gilliam, est après tout acceptable. Mais il n'en est pas de même pour l'ostracisme qui continue de frapper les cinéastes et comédiens noirs. D'où une polémique qui va bon train dans le petit monde de Hollywood.

M. Serrault et E. Béart dans « Nelly et M. Arnaud », de Claude Sautet.

Une fausse sortie de Claude Berri

Paris, 26 février
La décision du groupe Chargeurs de dissocier ses activités de cinéma (dont Pathé) de ses activités industrielles intervient alors que Jérôme Seydoux, son président, vient tout juste d'acheter à Claude Berri toutes les parts qu'il détenait encore dans Renn Productions et la distribution AMLF. Mais le réalisateur de *Germinal* ne s'éloigne pas pour autant de la production : la nouvelle société qu'il vient de créer, Katharina, en apportera bientôt la preuve – en partenariat avec Renn.

« Braveheart », de et avec M. Gibson.

Autour de « Diabolique », c'était l'enfer

New York, 29 mars
Remake du film français de H. G. Clouzot *les Diaboliques*, avec l'interprétation de Simone Signoret, Véra Clouzot et Paul Meurisse, *Diabolique*, de Jeremiah Chechik, a réalisé pas moins de 6 millions de dollars de recettes au cours de son premier week-end dans les salles. Le succès n'est évidemment pas étranger à la présence, en tête de distribution, de stars de l'envergure de Sharon Stone et d'Isabelle Adjani. Mais il aura fallu une semaine de plus pour que s'apaise le climat littéralement infernal qui avait entouré la production. La veuve du cinéaste français, Inès Clouzot, s'opposait en justice à la sortie de ce film, dont le producteur Morgan Creek avait obtenu les droits originaux dans des conditions qu'elle estimait contestables. Ce dernier affirmait avoir acquis directement les droits du roman originel de Boileau et Narcejac, alors que, pour Inès Clouzot, de nombreux apports personnels de Clouzot se retrouvent dans le film de Chechik. Un compromis a finalement été conclu, avec un règlement complémentaire de 750 000 F en faveur d'Inès Clouzot, qui pourra en outre poursuivre l'exploitation du film de son mari.

Disney met sur orbite le cinéma virtuel

Paris, 27 mars
La sortie en France, dans un réseau de 500 salles, de *Toy Story*, film de John Lasseter, ne devrait pas passer inaperçue. Exploité aux Etats-Unis depuis fin novembre, il est arrivé en janvier en tête du classement et cumule à ce jour près de 220 millions de dollars de recettes. Succès justifié par la nouveauté de ce film d'animation, avec laquelle la société Disney, qui l'a produit, s'engage à fond dans la technologie la plus avancée, au service d'une histoire de jouets qui parlent, quant à elle dans la pure tradition des contes pour enfants. *Toy Story* est en effet le tout premier film de long métrage entièrement réalisé en images de synthèse 3D par ordinateur dans les studios de Pixar, une société californienne spécialisée dans cette technique.

« Toy Story » : une merveille de la technique dans l'univers du merveilleux.

Hollywood est en pleine crise de confiance

Hollywood, 25 mars
Apparemment, le cinéma américain se porte le mieux du monde, et sa domination n'a jamais été aussi totale. Hollywood, pourtant, a des états d'âme, comme si cette situation unique paraissait soudain trop belle pour durer. Au point que la Mecque du cinéma, inquiète de ses propres excès, fait son autocritique. C'est le tout-puissant patron de la MPAA (l'association des grandes compagnies de production), Jack Valenti, qui a lui-même attaché le grelot, voici deux semaines, devant les directeurs de salles réunis en congrès à Las Vegas. Ses propos sont depuis lors abondamment discutés, non sans surenchère. C'est l'augmentation des budgets de production qui est principalement mise en cause, en raison des catastrophes qu'elle annonce : le prix de revient moyen d'un film, qui a doublé en huit ans, dépasse les 36 millions de dollars – avec des pointes jusqu'à 200 millions. Certaines stars ont des cachets qui pèsent par ailleurs de plus en plus lourd : Demi Moore, Sharon Stone, Julia Roberts, Nicole Kidman, au même titre que John Travolta, Sylvester Stallone, Tom Hanks, Robin Williams ou encore Jim Carey qui obtiennent de 12 à 20 millions de dollars par film. Et le coût de lancement des films est en moyenne de 16,5 millions de dollars. Jack Valenti n'est désormais plus seul à crier casse-cou.

« L'Ile aux pirates » a été un fiasco malgré la présence de Geena Davis.

Une grosse colère de J.-P. Belmondo

Paris, 7 avril
Jean-Paul Belmondo n'est pas content du tout, et le fait savoir. Vedette de *Désiré*, un film de Bernard Murat d'après Guitry, il n'apprécie pas que ce film ne soit programmé, à partir du 10, que dans six salles à Paris et vingt-cinq pour la France entière, alors que plusieurs centaines d'écrans sont couramment réservés aux superproductions américaines (500, par exemple, à *Toy Story*). A ses yeux, c'est, de la part des exploitants, un affront impardonnable, du jamais vu en quarante ans de carrière. Mais, au-delà de son cas personnel, il dénonce surtout la facilité avec laquelle distributeurs et directeurs de salles, loin de servir et au besoin de défendre la production nationale, favorisent la domination écrasante du cinéma de Hollywood. Il n'hésite pas à les qualifier de « fossoyeurs du cinéma français ».

L'esprit de Sacha Guitry est de retour

Paris, 10 avril
Adapté par Edouard Molinaro et Jean-Claude Brisville d'un scénario inédit de Sacha Guitry, *Beaumarchais l'insolent* parvient à donner une suite crédible aux brillantes chroniques historiques mises en films, voici plus de quarante ans, par l'auteur de *Si Versailles m'était conté*. Fabrice Luchini, il est vrai, fait de Beaumarchais une incarnation dont la verve aurait ravi le grand Sacha. Dans le même temps, le producteur Daniel Toscan du Plantier vient de mettre en chantier une série de six films, tous tirés de pièces ou de scénarios déjà portés à l'écran par Guitry, avec l'ambition de donner une vie nouvelle à de grands textes, d'un esprit sans égal. Le premier de ces films, *Désiré*, sort aujourd'hui. Jean-Paul Belmondo y tient le rôle-titre.

Fabrice Luchini compose un Beaumarchais plus insolent que nature.

« Désiré », de Bernard Murat, réunit J.-P. Belmondo et Béatrice Dalle.

Consécration du cinéma britannique

Cannes, 20 mai
La 49e édition du Festival international du film s'achève sur une double consécration pour le cinéma d'outre-Manche. Avant tout, la Palme d'or attribuée au film de Mike Leigh, *Secrets et Mensonges*, assortie du prix de la critique internationale et du prix d'interprétation féminine pour Brenda Blethyn, rend opportunément justice à un cinéaste de grand talent. Déjà remarqué en 1993 sur la Croisette avec *Naked*, qui lui valait le prix de la mise en scène, Mike Leigh n'était pas encore situé pour autant à sa vraie place, malgré ses vingt-cinq ans de carrière. Travaillant également pour le théâtre et la télévision, c'est un créateur qui aborde de manière sensible et originale les questions les plus quotidiennes de la vie sociale. Ainsi dans *Secrets et Mensonges*, histoire d'improbables retrouvailles entre une mère et sa fille, séparées depuis plus de vingt ans, et qui ont la particularité d'être, l'une, de race blanche, la seconde du plus beau noir... Mais cette consécration vaut aussi pour le cinéma britannique actuel dans son ensemble, particulièrement riche en cinéastes de valeur, tels Ken Loach, Stephen Frears, Terence Davies ou Peter Greenaway. Le cinéaste danois Lars von Trier a reçu pour sa part un Grand Prix Cannes 1996 pour *Breaking the Waves*, tandis que le comédien belge trisomique Pascal Duquenne, couronné avec Daniel Auteuil, bouleversait le festival avec *le Huitième Jour*, de Jaco van Dormaël.

L'équipe de « Secrets et Mensonges » au soir de la présentation du film.

Pascal Duquenne et Daniel Auteuil reçoivent ensemble le prix d'interprétation.

Une héroïne passe de la vie à l'écran

Paris, 31 juillet
Authentique héroïne de la Résistance, Lucie Aubrac, comme son mari Raymond Aubrac, eut affaire, à Lyon, au sinistre Klaus Barbie, qu'elle n'hésita pas à défier. De son livre de souvenirs, Claude Berri a fait une adaptation dont il vient d'achever le tournage, effectué pour l'essentiel à Lyon même. Intitulé provisoirement *Lucie Aubrac*, le film sortira en février 97. Il a pour interprète principale Carole Bouquet, qui a repris le rôle après le différend survenu, en janvier dernier, entre le réalisateur et Juliette Binoche. A ses côtés, Daniel Auteuil tient le rôle de Raymond Aubrac. Et la lourde tâche d'incarner Jean Moulin a été confiée à Patrice Chéreau.

Le cinéma français sous l'Ancien Régime

Paris, 9 mai
Ces temps-ci, l'Ancien Régime, et singulièrement le XVIIIe siècle, avant la Révolution, inspire avec bonheur les réalisateurs français. Après le *Beaumarchais* de Molinaro et *les Caprices d'un fleuve* de Bernard Giraudeau, Patrice Leconte aborde à son tour, avec *Ridicule*, le règne de Louis XVI et les surprises de la cour. Basé sur un scénario original de Rémi Waterhouse, ce film met en scène cette aristocratie pour laquelle Versailles est alors le centre du monde, et où chacun n'a d'autre ambition que d'y briller, à seule fin, souvent, de justifier sa propre existence. Grégoire Ponceludon de Malavoy, le héros de *Ridicule*, est un jeune hobereau dauphinois, à qui ses idées généreuses tiennent lieu de fortune, et qui espère obtenir l'appui du roi pour son plan d'assèchement des marais de la Dombes, essentiel au bien-être de ses paysans. Plein d'esprit mais inexpérimenté, il fera son chemin dans ce monde semé d'embûches où l'esprit est une arme absolue et le ridicule le plus grand des périls. Il en reviendra non moins démuni, mais avec l'amour dans ses bagages.

L'école du cinéma fait sa révolution

Paris, 15 juillet
La Femis, qui a succédé voici dix ans à l'Idhec pour la formation aux métiers de l'image et du son, émerge d'une année houleuse, marquée par la question épineuse de la réforme du statut de l'école (qui va devenir établissement public) et une forte contestation de certains de ses dirigeants. Mais cette agitation s'apaise aujourd'hui avec l'élection d'un nouveau président, René Bonnell, et la nomination d'un nouveau délégué général, Patrice Beghain. Ce dernier remplace Christine Juppé-Leblonc, en poste depuis 1993.

Charles Berling et Judith Godrèche forment le couple heureux de « Ridicule ».

La Victoire de « Ponette » enflamme Venise

« Ponette », l'histoire d'une enfance confrontée à l'énigme de la mort.

Venise, 8 septembre
C'est dans un concert de sifflets et de protestations que s'est achevée la 53e Mostra d'arte cinematografica, à l'heure de la proclamation du palmarès. Le jury, présidé par Roman Polanski, s'est vu en particulier vivement contesté à l'annonce du prix d'interprétation féminine, décerné à la petite Victoire Thivisol, héroïne du film français *Ponette*, de Jacques Doillon. La jeune vedette étant âgée de moins de cinq ans à l'époque du tournage du film, bon nombre de festivaliers ont estimé que sa performance de « comédienne » pouvait être mise en doute, et qu'au surplus la distinction dont elle était l'objet était offensante pour les véritables actrices qui pouvaient légitimement y prétendre. L'intéressée, qui n'avait pas fait le déplacement, n'a pas fait connaître son point de vue... Et, de son côté, le Lion d'or a provoqué quelques remous. Film irlandais de Neil Jordan, *Michael Collins* évoque le destin d'un héros national des guerres d'indépendance. En dépit de la valeur évidente du sujet, la mise en scène en a paru trop académique pour justifier cet honneur, complété par le prix d'interprétation masculine, attribué à Liam Neeson pour le même film.

Le cinéma est de plus en plus complexe

Le multiplexe Gaumont de Valenciennes offre 16 salles et 3 700 fauteuils.

Lille, 5 septembre
En dépit de ses 14 salles et de ses 4 170 fauteuils, le Kinépolis de Saint-Julien-lès-Metz doit céder le titre de plus grand complexe de cinéma de France à un autre Kinépolis, qui ouvre ses portes à Lomme, dans la banlieue lilloise. Créé par le même groupe belge et baptisé Château du cinéma, ce multiplexe aligne 7 400 fauteuils dans 23 salles. De leur côté, les trois grands circuits français d'exploitation, Gaumont, Pathé et UGC, multiplient les créations de multiplexes et les projets, à Paris, en province et même à l'étranger, avec l'objectif de reconquérir le public.

Le cinéma belge tient ses promesses

Namur, 18 octobre
La Belgique ne produit qu'environ quinze longs métrages par an, mais ils sont bien souvent d'une grande originalité. Après le mémorable *C'est arrivé près de chez vous*, *la Promesse* fait mieux que tenir celle de son titre. Réalisé par les frères Jean-Pierre et Luc Dardenne, dont c'est le troisième film pour grand écran, il reçoit aujourd'hui le Bayard d'or du Festival du film francophone, tenu à Namur pour la onzième fois. A Paris, où il est sorti le 16, la critique est enthousiaste.

« La Promesse », des thèmes et des personnages très contemporains.

Clinton et Dole font la cour aux stars

Hollywood, 20 septembre
Comme d'autres avant eux, les candidats à la Maison Blanche, à l'approche des élections, se disputent les faveurs des stars et des studios – et leurs capitaux. En une seule soirée à Beverly Hills, Bill Clinton a recueilli plus de quatre millions de dollars pour sa campagne. Il cultive par ailleurs ses relations amicales avec Robert Redford, Barbra Streisand, Paul Newman ou Steven Spielberg, parmi bien d'autres, pour conforter son image de président moderne. Moins entouré, malgré l'appui des Schwarzenegger, Bruce Willis ou Clint Eastwood, Bob Dole a contre lui ses déclarations intempestives contre la « décadence morale » illustrée par Hollywood et par ses films.

Bernard Tapie fait recette chez Lelouch

Auteur et acteur nous proposent une pédagogie cynique de la séduction.

Paris, 17 octobre
Vedette médiatique et contestée du dernier Lelouch, *Hommes, femmes, mode d'emploi*, Bernard Tapie y commence une reconversion rendue bien nécessaire par ses déboires d'homme d'affaires et leurs répercussions sur sa carrière politique. Le pari était difficile, mais il est en passe de le gagner, le succès du film aidant : sorti fin août, celui-ci a déjà intéressé plus d'un million de spectateurs. Malgré une rémunération de base symbolique, à hauteur de 2,85 F par entrée, le nouvel acteur a ainsi amassé à ce jour un pécule de l'ordre de trois millions de francs. Encore faudrait-il que ces gains ne soient pas saisis dans le cadre des différentes procédures engagées contre Bernard Tapie, ainsi qu'il en est désormais menacé.

Sexualité et automobile : le grand choc

« Crash », avec James Spader et Holly Hunter : d'une carrosserie l'autre...

Londres, 10 novembre
Le cinéaste canadien David Cronenberg est sur la sellette. Son film *Crash*, qui a été l'un des chocs du dernier Festival de Cannes, sorti dans l'intervalle avec succès en France et dans d'autres pays – dont le Canada où il bat les records de recettes –, est l'objet en Grande-Bretagne d'une très vigoureuse campagne de presse pour dénoncer son érotisme et sa violence. Inspiré d'un roman fameux de l'Américain J. G. Ballard, *Crash* établit une relation entre le sexe, l'automobile et la mort, entre l'étreinte des corps et l'affrontement des carrosseries.

Des stars en herbe dans « Microcosmos »

Des appareils sophistiqués ont dû être conçus pour filmer le peuple de l'herbe.

Paris, 20 novembre
Avant d'être un film, *Microcosmos, le peuple de l'herbe* est un prodige de travail et de patience. Biologistes et photographes, Claude Nuridsany et Marie Pérennou lui ont consacré dix ans d'obstination, de démarches et d'innovation technique, dont deux et demi de tournage effectif dans la grange-studio ou les prés de leur ferme de l'Aveyron. Conçu comme une fiction, sans pédant commentaire, il donne à voir un véritable spectacle dont scarabées, abeilles, fourmis, libellules et autres insectes, mais aussi des escargots en mal d'amour, sont les fascinants héros.

BB défend en justice le roman de sa vie

Paris, 31 octobre
Après l'avoir fait à la télévision et dans la presse, c'est au tribunal des référés que Brigitte Bardot a dû, par avocat interposé, défendre son livre autobiographique, *Initiales : B.B.*, paru fin août chez Grasset. Dans ce livre, l'ex-star dit tout, ou presque, sans précautions, sur sa vie privée et publique. Son ex-mari Jacques Charrier et leur fils Nicolas, 36 ans, avaient estimé qu'elle outrepassait les limites admises. Mais le juge leur a donné tort, estimant quant à lui qu'elle n'apporte aucune révélation.

Brigitte Bardot, le 22 octobre, lors de la remise du prix Paul-Léautaud.

Le Delluc couronne le jeune cinéma

Paris, 13 décembre
Premier film de Sandrine Veysset, une cinéaste de 29 ans, *Y aura-t-il de la neige à Noël* est la chronique à la fois insolite et familière d'une bien étonnante famille – une mère, un père occasionnel présent-absent, sept enfants – qui vit dans une sorte de clandestinité dans une ferme de la Drôme. Pourtant peu porté sur les débutants, le prix Louis-Delluc fait de ce film une révélation.

Adieu à Marcello Mastroianni, une star pas comme les autres

Rome, 22 décembre
C'est au cimetière Verano de la capitale italienne que repose celui qui fut, durant une carrière de plus d'un demi-siècle, mieux qu'une star, un des très grands artistes de la scène et de l'écran européens. Mort à Paris le 19 décembre, où il résidait le plus souvent, Marcello Mastroianni (*28.9.1923) incarnait certes la star en ce qu'elle a de prestigieux et de magique, mais il en était en même temps l'exact contraire, par une manière unique de ne pas se prendre au sérieux, par son accessibilité et son humour aussi. Quelque 160 films, de Blasetti et de De Sica à Raul Ruiz et Oliveira, en passant par Visconti, Antonioni, Ferreri, Angelopoulos, Scola et surtout Fellini, dont il aura été comme l'*alter ego*, portent sa marque inoubliable.

« Trois Vies et une seule mort » de Raul Ruiz : un dernier titre prémonitoire.

Emma Thompson (à droite) dans « Raisons et Sentiments », d'Ang Lee.

Massimo Troisi et Philippe Noiret dans « le Facteur » de M. Radford.

Une œuvre marquante de la nouvelle génération de cinéastes français.

Demi Moore ne fait rien à moitié dans « Strip Tease », de A. Bergman.

Fanny Ardant et Patrick Timsit, héros de « Pédale douce », de Gabriel Aghion.

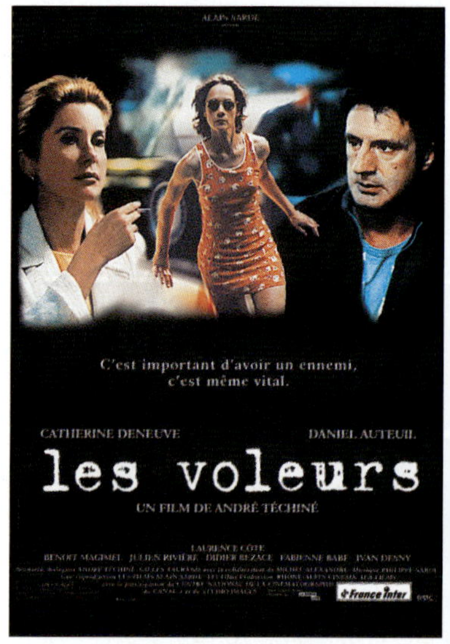

Une nouvelle réussite de Téchiné.

Sharon Stone et Isabelle Adjani dans « Diabolique », de Jeremiah Chechik.

Tom Cruise dans « Mission : impossible », de B. De Palma, d'après la série TV.

Mathieu Kassovitz dans « Un héros très discret », film de Jacques Audiard.

« Breaking the Waves », de Lars von Trier, non loin de son compatriote Dreyer.

Philippe Torreton est la révélation de « Capitaine Conan », de B. Tavernier.

Jean Reno et Patrick Bruel, compères dans « le Jaguar », de Francis Veber.

Un retour inattendu et insolite de Quasimodo et de la belle Esmeralda.

François Morel au côté de Gérard Jugnot, auteur et acteur de « Fallait pas ! »

Liam Neeson, meilleur acteur à Venise pour « Michael Collins », de N. Jordan.

1997

Oscars, Hollywood
Film : *le Patient anglais* (Anthony Minghella).
Acteur : Geoffrey Rush.
Actrice : Frances McDormand.

Mostra d'arte cinematografica, Venise
Lion d'or : *Hana-Bi* (Takeshi Kitano).
Meilleur acteur : Wesley Snipes.
Meilleure actrice : Robin Tunney.

Festival international du film, Cannes
Palme d'or : *l'Anguille* (Shohei Imamura).
le Goût de la cerise (Abbas Kiarostami).
Meilleur acteur : Sean Penn.
Meilleure actrice : Kathy Burke.

Césars, Paris
Film : *Ridicule* (Patrice Leconte).
Acteur : Philippe Torreton.
Actrice : Fanny Ardant.

Espagne, 14 janvier
La télévision espagnole diffuse des images d'un film érotique tourné en 1947 avec Marilyn Monroe.

Paris, 15 janvier
Après quatre ans d'absence, David Lynch sort *Lost Highway*, un film époustouflant avec Bill Pullman et Patricia Arquette. (→25.11)

France, 30 janvier
Selon un sondage de *VSD*, Gérard Depardieu et Carole Bouquet sont les acteurs français les mieux payés.

France, 11 février
Soixante-six cinéastes s'engagent en signant une pétition contre la loi Debré sur l'immigration.

Paris, 14 février
Sortie de *le Jour et la Nuit*, premier film de Bernard-Henry Lévy, avec Alain Delon, Lauren Bacall, Xavier Beauvois et Arielle Dombasle. Le film a été exécuté par les critiques (interdits de projection) et il est boudé par le public.

Etats-Unis, 23 février
La Liste de Schindler, de Steven Spielberg, passe sans coupure de publicité sur la chaîne NBC et réunit 65 millions de téléspectateurs.

Paris, 5 mars
Mort du réalisateur Jean Dréville (*20.9.1906).

France, 12 mars
Sortie du *Dernier Recours* (*Last Man Standing*), de Walter Hill, avec Bruce Willis, sur un scénario adapté d'une histoire d'Akira Kurosawa (*Yojimbo*/1961) et située ici dans le milieu des gangsters des années 30.

Paris, 14 mars
Les prix Romy-Schneider et Jean-Gabin récompensent Julie Gayet, pour *Sélect Hôtel*, et Yvan Attal, pour *Love, etc.* (→20.4.98)

Londres, 14 mars
Décès du cinéaste américain Fred Zinnemann (*29.4.1907).

France, 26 mars
Sortie de *Tenue correcte exigée*, de Philippe Lioret, avec Zabou, Elsa Zylberstein, Jacques Gamblin, Jean Yanne... Une comédie de boulevard qui vire à la satire politique.

France, 26 mars
Dans un jeu de rôles, *Généalogies d'un crime*, de Raoul Ruiz, offre un double rôle à Catherine Deneuve, et aussi avec Michel Piccoli, Melvil Poupaud et Bernadette Lafont.

Mexique, 27 avril
Disparition du grand chef opérateur Gabriel Figueroa, né en 1907. Il a tourné 224 films en cinquante ans avec Buñuel, Ford, Huston...

Suède, 1er mai
Mort du réalisateur Bo Widerberg (*8.6.1930).

Espagne, 3 mai
Décès du guitariste Narciso Yepes (*14.11.1927), le compositeur de la musique de *Jeux interdits*.

France, 16 mai
Sortie du *Baiser du serpent* (*The Serpent Kiss*), de Philippe Rousselot qui, directeur de la photographie bardé de récompenses, passe à la mise en scène sans choisir la facilité avec un film en costumes.

Paris, 16 mai
Sortie de *Assassin(s)*, de Mathieu Kassovitz, avec lui-même, Michel Serrault et Mehdi Benoufa.

Rome, 16 mai
Disparition du réalisateur Giuseppe De Santis (*11.2.1917), qui avait tourné *Riz amer* en 1949.

France, 21 mai
Les Pleins Pouvoirs (*Absolute Power*) sort en salles, de Clint Eastwood, avec lui-même et Gene Hackman.

Cabourg, 8 juin
Philippe Torreton, pour *Capitaine Conan*, et Juliette Binoche, pour *le Patient anglais*, sont sacrés acteurs romantiques de l'année. (→7.6.98)

France, 11 juin
Sortie de *Soleil*, de Roger Hanin, un film désarmant d'émotion sur les Juifs d'Algérie en 1939-1945, avec Sophia Loren et Philippe Noiret.

Yokohama (Japon), 16 juin
Le 5e Festival du cinéma français a attiré plus de 21 000 spectateurs.

Paris, 25 juin
Décès de Jacques-Yves Cousteau (*11.6.1910), Palme d'or à Cannes en 1956 avec Louis Malle.

France, 3 septembre
Dans une adaptation du *Dernier Chapitre*, de Knut Hamsun, sortie d'*Un air si pur*, d'Yves Angelo, avec Fabrice Luchini, André Dussolier, Marie Gillain, Emmanuelle Laborit.

Los Angeles, 5 septembre
Inauguration d'une rue au nom de Steven Spielberg. (→22.10)

France, 10 septembre
Sortie de *En compagnie des hommes* (*In the Company of Men*), premier film de Neil LaBute, très original pour une production américaine. Deux hommes veulent se venger des femmes qui leur en ont fait voir.

Deauville, 14 septembre
Sunday, de Jonathan Nossiter, est couronné au Festival. (→13.9.98)

France, 22 octobre
Michel Piccoli propose son premier film : *Alors voilà*, l'histoire d'une troupe de comédiens, avec Maurice Garrel, Dominique Blanc et Roland Amstutz qui est décédé le 20 mai dernier (*1942).

France, 29 octobre
Copland, de James Mangold, où Sylvester Stallone fait face à Robert De Niro, sort en salles.

Los Angeles, 30 octobre
Mort du réalisateur Samuel Fuller (*12.8.1911), l'un des cinéastes les plus indomptables de Hollywood.

France, 18 novembre
Box-office : *le Cinquième Elément*, 7 587 103 entrées ; *Men in Black*, 5 684 890 entrées ; *La vérité si je mens !*, 4 835 378 entrées.

France, 25 novembre
Sorti le 15 janvier, *Lost Highway* bat le record de présence en salles.

France, 10 décembre
Sortie du *Cousin*, pour un retour au polar d'Alain Corneau.

France, 24 décembre
Barbet Schroeder s'est longtemps battu pour réaliser *Before and After* qui sort ce jour, avec Meryl Streep et Liam Neeson, ou l'histoire d'un mystère dans l'Amérique profonde.

France, 24 décembre
Spice Girls, le film (*SpiceWorld The Movie*), de Bob Spiers, sur l'ascension du groupe, sort sur les écrans.

Alain Resnais a réalisé « On connaît la chanson », écrit avec Jean-Pierre Bacri et Agnès Jaoui, qui joue aussi dans le film, ici avec Sabine Azéma.

Madonna s'identifie totalement à Evita

Personnage controversé, Eva Perón subjugua une majorité d'Argentins.

Paris, 10 janvier
Avec *Evita*, Alan Parker a adapté un succès triomphal de la comédie musicale des années 70 et 80. Son film relate l'ascension irrésistible de celle qui deviendra Eva Perón. De la pauvreté aux ors du pouvoir, celle qui fut l'idole des *descamisados*, les sans-chemise, l'égérie des démunis et le porte-parole du justicialisme est incarnée par Madonna. Face à un Antonio Banderas éclatant de sombre virilité, la chanteuse a opéré une stupéfiante identification à son personnage, en en redonnant tout le courage face à la maladie et à l'adversité politique. A ses côtés, Jonathan Pryce incarne Juan Perón.

Didier, un chien étonnamment humain

Alain Chabat, réalisateur, tient le premier rôle. Ici avec Jean-Pierre Bacri.

Paris, 29 janvier
Aboyer ou imiter les chiens, tout le monde l'a fait, mais Alain Chabat, lui, en a fait *Didier*, comédie des plus réussies. Une intervention cosmique qu'il serait bien vain d'expliquer a donné une apparence humaine à un labrador, que Jean-Pierre Bacri est chargé de garder. Cet homme-chien qu'Alain Chabat joue à la perfection se gratte, dort et grogne comme le meilleur ami de l'homme. Jamais l'expression « Il ne lui manque que la parole » n'a eu plus de sens. Ce chien, baptisé Didier, va se muer en joueur de football étranger, d'une agilité prodigieuse et d'une candeur qui fera fondre le cœur des femmes.

Les Lumières et les insectes à l'honneur

Fanny Ardant et Bernard Giraudeau transportés au règne de Louis XVI.

Paris, 8 février
Les films de Patrice Leconte et de Claude Nuridsany ont emporté à eux seuls près de la moitié des prix décernés lors de cette 22e soirée des Césars. Avec le trophée du meilleur film, de la réalisation, du décor et du costume, ce soir *Ridicule* porte très mal son nom. Si les insectes sont exclus des six récompenses réservées aux acteurs, *Microcosmos* arrive en tête du palmarès avec cinq Césars. Ex aequo pour le titre de meilleur réalisateur, Bertrand Tavernier a aussi permis à Philippe Torreton, grâce à son rôle-titre dans *Capitaine Conan*, de décrocher le trophée du meilleur acteur. Fanny Ardant est couronnée meilleure actrice pour son premier rôle comique dans le film *Pédale douce*. *Un air de famille*, de Cédric Klapisch, a décroché les Césars du meilleur scénario et des meilleurs seconds rôles, féminin et masculin, pour Catherine Frot et pour Jean-Pierre Darroussin. Les Césars des meilleurs jeunes espoirs sont revenus à Laurence Côte, pour sa prestation dans *les Voleurs*, un film signé par André Téchiné ; et à Mathieu Amalric, pour son rôle d'intellectuel désenchanté dans le film *Comment je me suis disputé (ma vie sexuelle)*, d'Arnaud Desplechin. La soirée, animée par Antoine de Caunes, baigna dans l'optimisme en dépit des manifestations de colère des intermittents du spectacle.

Bernard Rapp passe derrière la caméra

Paris, 15 janvier
Journaliste, reporter et producteur de télévision, Bernard Rapp n'avait jamais caché sa cinéphilie dévorante ni son envie de passer derrière la caméra. Signant la réalisation et le scénario de *Tiré à part*, son premier long métrage, il nous plonge dans le monde de l'édition. Dans cet univers feutré et policé, un éditeur, incarné par Terence Stamp, découvre dans l'un de ses auteurs un homme qui l'a autrefois brisé. Il met en place une mécanique vengeresse subtile et glacée. Le journaliste a réussi son pari : autour de l'acteur britannique en grande forme, il faut saluer les performances de Daniel Mesguich et Maria de Medeiros. (→ 26.4.2000)

Pinewood, studios en pleine ascension

Grande-Bretagne, 10 février
L'utilisation des studios anglais par les Américains n'est pas nouvelle, mais elle vire à l'engouement. Ce sont 127 films qui ont été tournés dans ce pays l'an dernier contre 82 en 1995 et 10 en 1986. Les studios de Pinewood, près de Londres, sont les principaux bénéficiaires d'une manne qui a rapporté 500 millions de livres en 1996. Luc Besson y a tourné son dernier film. *Evita*, *les 101 Dalmatiens*, *Mission impossible*. Les James Bond sortent également de ces studios. Pinewood accueille sept tournages simultanés. Et, à la différence de Prague et Budapest, également très prisés, les techniciens y parlent un excellent anglais.

Une comédie musicale signée Woody Allen

Alan Alda et Goldie Hawn au centre d'un tourbillon de vies sentimentales.

Paris, 12 février
Les films de Woody Allen suscitent immanquablement leur lot de déçus et d'enthousiastes. Mais avec son dernier opus, *Tout le monde dit I Love You* (*Everyone Says I Love You*), il a créé la surprise. Il nous offre en effet une comédie musicale qui rend autant hommage à Gene Kelly dans *Un Américain à Paris* qu'aux folles comédies des Marx Brothers. Tout y passe : la politique américaine, les désarrois amoureux et conjugaux, Paris, Venise et New York. Ce qui n'aurait pu être qu'une bluette est devenu, dans les mains d'Allen, un euphorisant tableau où se croisent les générations et où ce jazzman nous a livré la quintessence de ses goûts musicaux. (→ 21.1.98)

Scandale sur une affiche

Berlin, 24 février
Le Festival international du film a décerné ses prix à Juliette Binoche (*le Patient anglais*) et à Leonardo DiCaprio (*Roméo et Juliette*), sacrés meilleurs acteurs. L'Ours d'or est revenu au film de Milos Forman, *Larry Flint*. Ce film retrace la vie privée et la carrière tumultueuses de celui qui créa un magazine érotique à succès et se mua en pourfendeur du puritanisme. Cette récompense est intervenue au moment même où Milos Forman et son distributeur français faisaient savoir aux juges qu'ils retiraient les affiches du film. Depuis quatre jours, celles-ci font scandale sur les murs de Paris.

Avec ses petits Martiens, Tim Burton revisite la science-fiction

Paris, 26 février
Fidèle à sa mythologie personnelle, Tim Burton s'est emparé, cette fois-ci, de la science-fiction. Mais, avec *Mars Attacks !*, il a voulu être plus proche des séries Z de son enfance que de *2001, l'Odyssée de l'espace*. La métaphysique est absente de ce film, sauf pour s'en moquer. Les Martiens sont de très désagréables petites créatures, sans scrupules et belliqueuses. L'Amérique ne peut leur opposer que la stupidité de ses chefs. Son salut viendra des guitares hawaïennes. (→ 9.2.2000)

Sylvia Sidney incarne la grand-mère libératrice des méchants « envahisseurs ».

« Temps de chien » pour Jean Marbœuf

Paris, 5 mars
Jamais le management d'une grosse société n'avait été décrit avec autant de férocité que dans le nouveau film de Jean Marbœuf. Mais ce cinéaste au vieux fond « anar » ne recherche pas le réalisme. La réalité, Marbœuf l'exprime sous une forme assez peu commune dans le cinéma français : la caricature. Dans *Temps de chien*, on retrouve en effet l'ironie cruelle et ravageuse des films de Jean Vigo et de Luis Buñuel. Avec cependant quelque chose qui n'appartient qu'à Marbœuf, à savoir une compassion attendrie pour tous ses personnages, victimes d'un système qui les oblige à se comporter comme des requins. Précision : ces personnages sont des femmes. Et les femmes, ce cinéaste hors norme les a toujours célébrées !

Julie Marbœuf, la fille du réalisateur, plonge au cœur d'une multinationale.

Triomphe d'Anthony Minghella aux Oscars

Los Angeles, 24 mars
Juliette Binoche était tellement sûre de ne rien décrocher qu'elle n'avait préparé aucun discours. C'est à elle pourtant qu'est revenu l'Oscar du meilleur second rôle féminin pour sa prestation dans *le Patient anglais*. C'est le premier Oscar décerné à une Française depuis celui obtenu par Simone Signoret en 1960. Le film d'Anthony Minghella a été au centre de cette 69e cérémonie. Il a raflé neuf récompenses, dont celle évoquée plus haut : celle du meilleur film, du meilleur réalisateur, de la meilleure photo, de la meilleure direction artistique, du meilleur son, des meilleurs costumes, la meilleure musique originale et du meilleur producteur. Pour l'étranger, l'Oscar est revenu à *Kolya*, de Jan Sverak.

« Le Patient anglais » : ici, Kristin Scott-Thomas et Ralph Fiennes.

Entre vérité et mensonge dans le Sentier

Anthony Delon et Richard Anconina complices dans « La vérité si je mens ! ».

Paris, 30 avril
Comment un homme peut-il sortir d'un mensonge dans lequel il s'est enferré, surtout quand ce mensonge lui assure conjointement succès en affaires et en amour ? Pris pour un sépharade, Richard Anconina est adopté par la communauté juive du Sentier, ce quartier de Paris dévolu à la confection et à la fringue dans tous ses états. *La vérité si je mens !*, de Thomas Gilou, est non seulement une comédie très réussie mais aussi un film qui évoque avec légèreté les questions de l'identité, de l'amitié, de la tricherie et de la rédemption. Richard Anconina, Vincent Elbaz et Amira Cassar sont éclatants.

Une production hollywoodienne de Besson

Mila Jovovitch est le cinquième élément du dernier film de Luc Besson.

Cannes, 7 mai
Le film de Luc Besson a été projeté en ouverture du Festival. Il est sorti ce même jour en salles. Attendu et déjà vilipendé par une partie de la critique, il s'agit d'un *space opera*, le genre le plus populaire dans la science-fiction. Doté d'un budget pharaonique, accumulant les effets spéciaux et des décors dignes de la plus délirante des bandes dessinées, *le Cinquième Elément*, qui peut se résumer à un nouvel épisode de la lutte entre le Bien et le Mal, se veut la réponse du « Made in France » et du savoir-faire hexagonal à toutes les superproductions qu'Hollywood sait si bien fabriquer. (→ 28.2.98)

Ultime provocation de Marco Ferreri

Paris, 9 mai
Né à Milan le 11 mai 1928, Marco Ferreri est décédé à l'hôpital de la Salpêtrière. C'était une personnalité très originale, dont les films avaient la particularité de déranger par leur façon de dénoncer les travers et les absurdités de la société. Ce cinéaste italien n'y allait pas de main morte, et l'on se souvient du scandale que *la Grande Bouffe* avait provoqué au Festival de Cannes, en 1973. Parmi ses films les plus significatifs, il faut également citer *El cochecito*, tourné en Espagne en 1960, *l'Audience*, une peinture kafkaïenne des labyrinthes du Vatican (1971) ou *Rêve de singe* (1978), avec Gérard Depardieu.

Première Palme d'or à un cinéaste iranien

Cannes, 18 mai
Le palmarès du Festival de cinéma le plus prestigieux porte la marque des artistes qui composaient son jury. Présidé par Isabelle Adjani, il a préféré récompenser l'audace et l'exigence plutôt que les logiques commerciales. Ce soir, l'Orient était à la fête. Catherine Deneuve a remis une double Palme d'or à l'Iranien Abbas Kiarostami pour *le Goût de la cerise*, ex aequo avec le Japonais Shohei Imamura pour *l'Anguille*. Le prix du 50e Festival a salué la très belle carrière de l'Egyptien Youssef Chahine. Et le réalisateur français Manuel Poirier a remporté le prix du jury pour *Western*, un émouvant road-movie du terroir. (→ 27.8)

Abbas Kiarostami partage le prix avec le Japonais Shohei Imamura.

Un enfant qui recherche sa personnalité

Paris, 28 mai
Le réalisateur belge Alain Berliner, également coscénariste, a réussi, avec *Ma vie en rose*, une épatante comédie de mœurs. Une banlieue proprette, des pavillons identiques qui respirent le bonheur, des voisins et des familles adorables. Mais le seul grain de sable dans ce tableau idyllique, c'est Ludovic (Georges Du Fresne), un garçon de sept ans persuadé d'être une fille. Face à des parents de plus en plus effarés, il oppose sa farouche conviction pour porter des robes et vouloir épouser son meilleur ami. (→ 19.1.98)

Du désœuvrement à la violence gratuite

Paris, 5 juin
Enfin un film français qui sort des sentiers battus du parisianisme ! Le premier film de Bruno Dumont a un titre un peu énigmatique : *la Vie de Jésus*. Or il n'est nullement question de Jésus, mais d'un garçon un peu dérangé qui commet un crime sans avoir la moindre notion du bien et du mal. Le cinéaste a manifestement voulu réaliser une fable au contenu philosophique. Cependant, jamais il ne s'écarte du réalisme le plus strict. Admirablement filmée, cette œuvre jouée par des gens du cru se déroule en Flandre française. Elle a reçu le prix Jean-Vigo le 14 avril dernier.

« La Vie de Jésus » : David Douche.

Quand les mineurs restent des virtuoses

Ewan McGregor et Tara Fitzgerald dans « les Virtuoses » (« Brassed Off »).

Paris, 25 juin
Quand tout s'écroule, que la mine est menacée de fermeture, quand les hommes sont terrassés par la perte de leur identité et par la silicose, que reste-t-il aux mineurs ? Les cuivres de leur fanfare. Avec un tel point de départ, Mark Herman a signé un magnifique mélodrame. Cela relève désormais du lieu commun, mais seul le cinéma britannique réussit à marier l'humour, la peinture sociale, la chronique humaine et l'émotion cinématographique. Les acteurs des *Virtuoses* y sont pour beaucoup, à commencer par Pete Postlethwaite, le chef d'orchestre de cette fanfare, malade mais symbole de la dignité bafouée des mineurs. (→22.10)

Deux géants s'en vont

Hollywood, 2 juillet
Le cinéma américain a perdu celui qui avait personnifié à l'écran toutes les vertus d'une Amérique populaire et démocrate : James Stewart. Né le 20 mai 1908, il s'était illustré dans les films de Frank Capra (*Monsieur Smith au Sénat*, 1939) ou encore de John Ford (*L'homme qui tua Liberty Valance*, 1962). A son image de bon Américain naïf, probe et convaincu, s'opposait celle de Robert Mitchum, décédé 24 heures avant lui. Robert Mitchum (né le 6 août 1917) était un rebelle-né, cabochard et souvent provocateur. C'était aussi un acteur exceptionnel, comme en témoigne *la Nuit du chasseur* (1955).

Robert Mitchum dans « la Nuit du chasseur », de Charles Laughton.

Wes Craven s'impose en grand maître dans le film d'horreur

Drew Barrymore sera la première victime du tueur masqué de « Scream ».

Paris, 16 juillet
Les amateurs du genre horrifique doivent à Wes Craven la série des *Freddy*. Le réalisateur de *Scream* n'a pas déçu ses fans. Avec l'aide du scénariste Kevin Williamson et de jeunes comédiens très doués (Neve Campbell, Skeet Ulrich, Courteney Cox, David Arquette), il a mis en place une mécanique de la peur et du sursaut très efficace. Un tueur masqué, habillé d'une robe noire, terrorise une gentille petite ville de la banlieue américaine. De victimes désignées, les collégiens se révèlent peu à peu ambigus. (→21.4.2000)

Des hommes en noir pour sauver la Terre

Paris, 6 août
Plein de bagou et malin, un jeune policier noir se retrouve enrôlé dans un service si secret que personne ne connaît son existence, hormis ses membres. Ce service des hommes en costume noir (d'où le titre du film de Barry Sonnenfeld, *Men in Black*) surveille tous les extraterrestres à qui la Terre a offert l'asile. La ville de New York en regorge d'ailleurs. Dans cette folle histoire, Tommy Lee Jones et Will Smith forment un duo de coéquipiers extrêmement convaincant : le premier sobre en vieux professionnel rodé, le second parfait en jeune chien fou. Un alien des plus belliqueux menace la paix de l'univers. Les deux hommes vont devoir le vaincre. La science-fiction n'a jamais été aussi drôle. (→4.8.99)

Will Smith et Tommy Lee Jones, le sacré duo de « Men in Black ».

Manuel Poirier nous emmène sur la route

Paris, 27 août
Le cinéma français tient en Manuel Poirier un talent sûr. Après la sortie de *Marion*, le 5 mars dernier, celle de *Western* confirme en effet que ce jeune cinéaste a une manière bien à lui de s'attacher à des personnages un peu « paumés » et de suivre leurs errances. Dans *Western*, nous nous retrouvons en Bretagne dans les pas de deux dragueurs impénitents, aux entreprises plus ou moins heureuses. Le charme de ce film réside d'abord dans son style, vif, rapide et quelque peu désinvolte, ensuite à l'originalité de l'interprétation. Manuel Poirier a eu la main heureuse en portant son choix sur deux quasi-inconnus, Sergi Lopez et Sacha Bourdo : ils forment un couple irrésistible de drôlerie, un peu comme Laurel et Hardy !

« Western », un road-movie poétique avec Sergi Lopez et Sacha Bourdo.

Kitano honoré à Venise

Takeshi Kitano reçoit le Lion d'or pour un chef-d'œuvre : « Hana-Bi ».

Venise, 6 septembre
Si la fierté de la Mostra est souvent de se placer en marge du star-system international, le palmarès de sa 54e édition souffre de l'absence patente des révélations qui avaient fait ses heures de gloire. Présidé par Jane Campion, le jury a parfaitement et cependant su distinguer les vedettes incontestables de la sélection. Ainsi, le Lion d'or attribué au réalisateur japonais Takeshi Kitano pour *Hana-Bi* couronne une carrière qui a fait depuis longtemps la preuve de son excellence. Salué pour « la force et la profondeur de son humour », le film de Paolo Virzi, *Ovosodo*, gagne le grand prix spécial du jury. Pour clore la soirée, un hommage a été rendu au grand Mastroianni.

Trouble et désir dans un couple tranquille

Charles Berling et Miou-Miou emportés dans la confusion des sentiments.

Paris, 24 septembre
Récompensé par le prix du scénario à la Mostra de Venise, *Nettoyage à sec*, le film d'Anne Fontaine, est un tableau plein d'humanité dans un maelström sentimental et conjugal. Un couple de teinturiers voit surgir dans sa petite vie provinciale un frère et une sœur. Ce duo d'artistes travestis, perdus, jeunes, fascinants et amoraux, incarnés par Stanislas Merhar et Mathilde Seigner, va très vite bouleverser les repères sexuels des petits commerçants que jouent Miou-Miou et Charles Berling. Leur routine explose, cela engendrera de splendides découvertes mais aussi un douloureux désenchantement.

Trois flics à Hollywood dans les années 50

Curtis Hanson, réalisateur de « L.A. Confidential », dirigeant Kim Basinger.

Paris, 8 octobre
Comme tous les romans de James Ellroy, *L.A. Confidential* est d'abord une partition baroque, polyphonie narrative où s'entremêlent les récits et les portraits. Le film de Curtis Hanson en a gardé l'esprit, sombre, pervers et désespéré, sans se perdre dans les méandres de l'histoire. Le L.A. du titre, c'est le Los Angeles des années 50, restitué avec âpreté sans être pastiché ou parodié, avec sa corruption et ses trafics de chair fraîche. Trois policiers vont d'abord être rivaux, se détester avant d'être contraints à l'entraide. Guy Pearce, Kevin Spacey et Russell Crowe sont tous impressionnants. Ils entourent une Kim Basinger rayonnante, qui effectue là un retour spectaculaire.

Un pari diabolique pour arrêter de fumer

Paris, 15 octobre
Deux beaux-frères, qui d'ailleurs ne s'apprécient guère, se font piéger par leur rivalité. Ils parient qu'ils vont arrêter de fumer, le perdant étant celui qui craquera le premier pour une cigarette. *Le Pari*, de et avec Bernard Campan et Didier Bourdon, est de la même veine que *les Trois Frères*. Le stress du sevrage est une occasion rêvée pour faire s'enchaîner les numéros d'acteurs et les bons mots. De gourou en cure d'amaigrissement, le calvaire des deux comparses donne plutôt envie de recommencer à fumer.

Steven Spielberg revient en force avec des dinosaures virtuels

« Le Monde perdu » fait appel à des effets spéciaux de plus en plus sophistiqués.

Paris, 22 octobre
Pour Steven Spielberg, pas question de s'endormir sur les lauriers de ses succès. Après *Jurassic Park*, qui se terminait sur un carnage aux allures d'apocalypse, le cinéaste aux mains d'or fait renaître ses dinos crochus et aux carapaces d'écailles dans *le Monde perdu* (*The Lost World*). Sa faune virtuelle est non seulement encore plus criante de vérité mais aussi plus nerveuse, plus diversifiée, plus carnassière et plus vengeresse qu'auparavant. Jeff Goldblum est à nouveau de la partie, incarnant un scientifique sceptique, accompagné de Julianne Moore. (→ 25.2.98)

Au cœur de l'Angleterre après Thatcher

Se mettre à poil n'est pas forcément si évident : « The Full Monty ».

Paris, 22 octobre
A nouveau, un cinéaste britannique réussit à faire une comédie avec un arrière-plan pesant – chômage, crise économique et tissu social en pleine déconfiture. Emmené par Robert Carlyle, un groupe de chômeurs va monter un spectacle de strip-tease masculin. Ils s'inspirent clairement des Chippendales mais avec deux notables différences : ils sont moins beaux, parfois bedonnants, et vont jusqu'au bout de leur déshabillage. *The Full Monty*, ce qui, dans l'argot des cabarets, signifie que l'on fait du nu intégral, est une fable hilarante signée par Peter Cattaneo. (→ 8.2.99)

« On connaît la chanson »... un triomphe

Pierre Arditi et Sabine Azéma dans une scène du film signé par Alain Resnais.

Paris, 12 novembre
Salué par la critique, le dernier film d'Alain Resnais est aussi plébiscité par le public pour son premier jour d'exploitation. Coécrit avec Agnès Jaoui et Jean-Pierre Bacri, il s'agit d'une comédie douce amère. A côté de dialogues ciselés et surtout de personnages extrêmement à leur aise, ce qui fait l'originalité et le charme de ce film, c'est l'utilisation de grands classiques de la chanson française, de Mistinguett à Johnny Halliday, qui viennent s'insérer dans les dialogues. Le procédé étonne au début et devient ensuite une sorte de ponctuation naturelle du récit. En play-back, avec la voix du véritable interprète, les acteurs « parlent » les chansons au milieu d'une scène et reprennent ensuite le cours de leur conversation. Pierre Arditi, André Dussolier et Lambert Wilson offrent les plus exquises répliques à Agnès Jaoui et Sabine Azéma. (→ 28.2.98)

Le cinéma asiatique fait ses preuves

Paris, 10 décembre
Sorti il y a une semaine, le film de Wong Kar-wai, *Happy Together*, a trouvé son public. Ce cinéaste de Hong-Kong est assez emblématique du renouveau du cinéma asiatique. En fait, plus que de renouveau, c'est la perception qu'a l'Occident de ce cinéma qui a changé. Le phénomène est sensible depuis plusieurs années, mais 1997 aura été le millésime de la reconnaissance. Cette Asie-là, elle se résume au Japon et à la sphère culturelle chinoise (Chine, Taiwan et Hong-Kong). Les spectateurs, et avant eux les festivals européens, ont découvert que ces productions cinématographiques sont bien aussi variées que les leurs, qu'elles ne se résumaient pas à des films de sabre et à des fresques léchées. Rien que pour cette année, Takeshi Kitano (avec *Hana-Bi*), Shohei Imamura (*l'Anguille*), Tsui Hark (*Double Team*), Wayne Wang (*Chinese Box*), Ringo Lam (*Risque maximum*), John Woo (*Volte-Face*), Tsai Ming-liang (*la Rivière*), Hayao Miyazaki (*la Princesse Mononoke*) et Mamoru Oshii (*Ghost in the Shell*), auront envahi les écrans sans autre point commun que géographique. Vouloir trouver une ligne directrice dans ce groupe serait illusoire et vain. La force de frappe de ce cinéma est justement d'avoir prouvé qu'il peut traiter des névroses familiales, de l'homosexualité, de la jeunesse et de son désespoir, des gangs, des petits tracas de la vie ou des fracas de la grande histoire avec une étonnante indépendance d'esprit. (→ 11.9.99)

Tony Leung, premier rôle : « Happy Together », de Wong Kar-wai.

Prix Louis-Delluc à « Marius et Jeannette »

Ariane Ascaride et Gérard Meylan dans le film de Robert Guédiguian.

Paris, 11 décembre
C'est une juste et fort sympathique récompense qui vient de couronner l'excellente carrière commerciale de *Marius et Jeannette*, le dernier film de Robert Guédiguian sorti dans les salles le 19 novembre dernier. Mais ce prix Louis-Delluc constitue aussi une reconnaissance de l'œuvre d'un cinéaste marseillais que les pavés de Paris n'ont jamais attiré. Un cinéma régionaliste ? Sans doute, et le terme n'a rien de péjoratif ! Dans *Marius et Jeannette* comme dans ses autres films, Guédiguian excelle à traduire, dans un ton doux-amer, les saveurs de la vie populaire marseillaise.

Le 25 décembre au Japon, Toshiro Mifune, l'acteur fétiche du réalisateur Akira Kurosawa, décède. Il a tourné dans 130 films (ici dans « Shogun »).

Marie Gillain et Daniel Auteuil dans « le Bossu », de Philippe de Broca.

« Looking For Richard », un hommage à Shakespeare de et avec Al Pacino.

Noah Taylor dans « Shine », un film australien réalisé par Scott Hicks.

Leonardo DiCaprio dans un baroque « Roméo et Juliette », de Baz Luhrmann.

Rowan Atkinson transpose son héros au cinéma : « Bean », de Mel Smith.

Brad Pitt et Jamyang Wangchuck dans « Sept Ans au Tibet », de J.-J. Annaud.

« Beavis et Butt-Head se font l'Amérique », un dessin animé de Mike Judge.

Julia Roberts et Cameron Diaz dans « le Mariage de mon meilleur ami », de l'Américain Paul J. Hogan.

George Clooney, Uma Thurman et Chris O'Donnell dans « Batman et Robin ».

Rôle ambivalent pour Nicolas Cage dans « Volte-Face », de John Woo.

Johnny Depp et Al Pacino, mafieux dans « Donnie Brasco », de Mike Newell.

« Alien, la résurrection », de Jean-Pierre Jeunet, avec W. Ryder et S. Weaver.

Desmond Llewelyn et Pierce Brosnan dans les dernières aventures de 007 : « Demain ne meurt jamais ».

Liz Hurley et Mike Myers dans la parodie de Jay Roach, « Austin Powers ».

Glenn Close en Cruella dans « les 101 Dalmatiens », de Stephen Herek.

1998

Oscars, Hollywood
Film : *Titanic* (James Cameron).
Acteur : Jack Nicholson.
Actrice : Helen Hunt.

Mostra d'arte cinematografica, Venise
Lion d'or : *Cosi ridevano* (Gianni Amelio).
Meilleur acteur : Sean Penn.
Meilleure actrice : Catherine Deneuve.

Festival international du film, Cannes
Palme d'or : *l'Eternité et un jour* (Theo Angelopoulos).
Meilleur acteur : Peter Mullan.
Meilleure actrice : Elodie Bouchez et Natacha Régnier.

Césars, Paris
Film : *On connaît la chanson* (Alain Resnais).
Acteur : André Dussolier.
Actrice : Ariane Ascaride.

Paris, 12 janvier
Un frère, de Sylvie Verheyde, est le lauréat du prix Cyril-Collard.

Hollywood, 19 janvier
Le Golden Globe du meilleur film étranger revient à *Ma vie en rose*, du Belge Alain Berliner. (→ 7.6.2000)

France, 4 février
Nouveau concurrent des studios Disney, *Anastasia*, de Don Bluth, sort en salles. Produit par la Fox, il trouve d'emblée le public. (→ 16.12)

Londres, 12 février
Première en anglais pour Juliette Binoche sur la scène du théâtre de l'Almeida, dans *Vêtir ceux qui sont nus*, de Pirandello.

Berlin, 22 février
Central do Brasil, de Walter Salles, reçoit l'Ours d'or. Pour ce même film, Fernanda Montenegro obtient le prix d'interprétation. (→ 2.12)

France, 11 mars
Sortie de *Petits Désordres amoureux*, d'Olivier Péray, avec Bruno Putzulu et Vincent Elbaz.

Paris, 15 mars
Gérard Oury et Roman Polanski entrent à l'Académie des beaux-arts.

France, 18 mars
Sortie de *Secret défense*, de Jacques Rivette, avec Sandrine Bonnaire.

Londres, 19 mars
Catherine Deneuve inaugure la salle de cinéma Lumière, dans l'Institut français, qui opte pour une politique de prix attrayante : 48 F la place (contre 80 F en moyenne).

France, 1er avril
Sortie de *l'Homme au masque de fer* (*The Man in the Iron Mask*), de Randall Wallace, avec Leonardo DiCaprio, Jeremy Irons, Gérard Depardieu et Judith Godrèche.

Paris, 20 avril
Isabelle Carré, pour *la Femme défendue*, et Vincent Elbaz, pour *les Randonneurs*, sont respectivement lauréats des prix Romy-Schneider et Jean-Gabin. (→ 20.3.2000)

France, 22 avril
Virginie Ledoyen et Mathieu Demy sont en tête d'affiche de la comédie musicale *Jeanne et le garçon formidable*, d'Olivier Ducastel et Jacques Martineau, qui sort ce jour.

Paris, 28 avril
Claude Mouriéras remporte le prix Jean-Vigo avec *Dis-moi que je rêve*.

Los Angeles, 15 mai
Décès du chanteur Frank Sinatra, le crooner, mais aussi excellent acteur (*12.12.1915).

France, 15 mai
Patrice Chéreau propose *Ceux qui m'aiment prendront le train*, avec Jean-Louis Trintignant, Charles Berling, Valeria Bruni-Tedeschi, Pascal Greggory et Vincent Perez, qui sort sur les écrans. (→ 6.3.99)

Cabourg, 7 juin
Vincent Perez et Elsa Zylberstein sont élus acteurs romantiques de l'année. (→ 17.6.2000)

Los Angeles, 16 juin
Citizen Kane, d'Orson Welles, est sacré meilleur film de l'histoire du cinéma américain par l'American Film Institute.

Phoenix (Arizona), 22 juin
Mort de Maureen O'Sullivan, Jane, l'inoubliable compagne de Tarzan (*17.5.1911).

Los Angeles, 6 juillet
Décès du comédien Roy Rogers (*7.11.1912).

Paris, 5 août
Le juge des référés du tribunal de grande instance, saisi par A. Delon, interdit provisoirement la parution provenant des synopsis remis aux éditions Grasset de sa biographie écrite par Bernard Violet.

France, 26 août
Sortie de *A vendre*, film de Lætitia Masson, avec Sandrine Kiberlain, Sergio Castellitto, Jean-François Stévenin, Chiara Mastroianni et Aurore Clément. Un drame qui voit une femme disparaître le jour de son mariage en emportant une valise pleine de billets.

France, 9 septembre
Roger Planchon propose *Lautrec*, avec Régis Boyer, Elsa Zylberstein, Anémone et Claude Rich, qui sort ce jour.

Berlin, 10 septembre
Steven Spielberg est décoré pour la deuxième fois cette année : après avoir été fait officier des Arts et des Lettres le 25 février, il reçoit la grand-croix du Mérite allemande aujourd'hui, des mains du président Roman Herzog. (→ 30)

Deauville, 13 septembre
Brad Anderson décroche le grand prix du Festival avec son film *Et plus si affinités* (*Next Stop, Wonderland*). (→ 11.9.99)

France, 16 septembre
Sortie du film d'Amos Kollek *Sue perdue dans Manhattan*, avec Anna Thomson : le portrait d'une femme seule à New York qui bascule peu à peu dans le néant.

France, 30 septembre
Sortie du film signé Emir Kusturica *Chat noir, chat blanc*.

France, 6 octobre
Jean-Luc Godard publie sa propre cinémathèque (et son testament ?) avec *Histoire(s) du cinéma*.

France, 7 octobre
Sortie du *Poulpe*, film de Guillaume Nicloux, avec Clotilde Courau et Jean-Pierre Darroussin, d'après la série de livres policiers.

Paris, 14 octobre
Les Cahiers du cinéma sont repris par *le Monde*.

France, 28 octobre
Sortie de *l'Eternité et un jour* (*Mia eoniotita ke mia mera*), de Theo Angelopoulos, avec Bruno Ganz et Isabelle Renauld.

France, 28 octobre
Jim Carrey tient son premier rôle non comique : *The Truman Show*, de Peter Weir, qui sort aujourd'hui.

France, 17 novembre
Box-office : *Titanic* a fait 20 731 952 entrées ; *le Dîner de cons*, 8 504 953 entrées ; et *les Couloirs du temps*, 8 027 469 entrées.

Etats-Unis, 19 novembre
Mort du réalisateur Alan J. Pakula (*7.4.1928).

Paris, 16 décembre
Après l'ouverture de l'UGC Ciné-Cité Bercy le 9, inauguration du complexe Gaumont-Aquaboulevard avec lequel la capitale compte 7 058 fauteuils de cinéma de plus.

Ecrit, réalisé et coproduit par James Cameron, « Titanic » va connaître un succès planétaire, avec plus de trois millions d'entrées en France.

Woody Allen se met dans tous ses états

Le réalisateur dirige « son double » : Robin Williams, en pleine confusion.

Paris, 21 janvier

Woody Allen incarne un écrivain en panne sèche, confronté aux affres de l'inspiration. Il doit aussi faire face au désastre de sa vie privée. *Harry dans tous ses états* (*Deconstructing Harry*) va se faire un malin plaisir de mêler les deux vies de ce héros démissionnaire, ses femmes, amies et maîtresses de la vie réelle, et les plus étonnants de ses personnages et créations littéraires. La farandole allénienne est, cette fois, confrontée au mystère des liens unissant l'art et la vie, la réalité et la fiction. Tout le talent du metteur en scène est de rendre cela lisible, crédible, drôle mais sans complaisance. (→ 27.1.99)

Contre l'AMI... les cinéastes français

Paris, 11 février

Faute de combattants sur la scène politique, ce sont les cinéastes et les professionnels de l'audiovisuel qui ont repris le flambeau de la lutte contre l'AMI, l'Accord multilatéral sur l'investissement. Défendu par l'OCDE et négocié par les experts dans la plus grande discrétion, cet accord menace directement tous les principes d'exception, qu'ils soient culturels ou sociaux. Concernant le cinéma, l'AMI empêchera, au nom de l'égalité de traitement, que les autorités françaises subventionnent les jeunes auteurs ou les cinémas du tiers monde, à moins de réserver le même sort aux multinationales du cinéma, américaines pour la plupart d'entre elles.

Un duo entre Travolta et Dustin Hoffman

Paris, 4 février

Costa-Gavras continue sa carrière hollywoodienne avec des films qui portent toujours en eux sa volonté de dénonciation. Incarné par John Travolta, un agent de sécurité s'est retrouvé licencié pour une faute qui a été commise par un autre. Il veut retrouver sa dignité et, désespéré, en arrive à prendre une classe en otage pour réclamer sa réintégration. Tout l'enjeu de *Mad City* réside dans la confrontation entre cet homme et un journaliste compréhensif mais aussi manipulateur, joué par Dustin Hoffman. Le film de Costas-Gavras critique autant le pouvoir démesuré des médias que l'inhumanité sociale et l'horreur économique.

Dustin Hoffman en journaliste de télé qui veut absolument son scoop.

Retour de Jacquouille et de Godefroy

Christian Clavier et Jean Reno à la recherche de bijoux de famille égarés.

Paris, 11 février

Avec l'énorme succès des *Visiteurs*, une suite s'imposait. Elle est encore signée de Jean-Marie Poiré, qui a élaboré le scénario avec Christian Clavier. *Les Couloirs du temps (les Visiteurs 2)* fonctionne sur le même principe que son prédécesseur : les allers-retours entre le XXe siècle et l'âge des croisades, avec les mêmes télescopages de vocabulaire, d'us et de coutumes. La pétillante Valérie Lemercier n'a pas souhaité rempiler et a été remplacée par une Muriel Robin très convaincante. Jean Reno occupe moins l'écran mais Christian Clavier, lui, est omniprésent, digne héritier de Louis de Funès, dans la grimace et l'outrance.

Spielberg change de registre en s'attaquant à la traite des Noirs

« Amistad » : un épisode méconnu d'une mutinerie d'esclaves et de leur procès.

Paris, 25 février

Nous sommes en 1839, à bord d'un navire espagnol, l'*Amistad*, qui va donner son titre au film. Raflés sur les côtes d'Afrique, les esclaves (le « bois d'ébène ») entassés dans ses cales se révoltent. Le bâtiment va peu après s'échouer sur les côtes américaines. Les Africains seront jugés pour leur mutinerie. Ce procès va être une occasion rêvée pour les antiesclavagistes de faire entendre leur voix. Cette histoire vraie permet à Steven Spielberg d'évoquer une page sombre et longue de l'histoire américaine, celle de la traite, crime contre les humains. (→ 10.9)

Alain Resnais reçoit son troisième César

« Le Cinquième Elément », de Luc Besson, avec Bruce Willis.

Paris, 28 février
C'est le troisième film de Resnais à être récompensé par des Césars. Onze fois nominé, *On connaît la chanson* a reçu sept récompenses : meilleur film, meilleur acteur (avec André Dussolier), meilleur second rôle masculin, meilleur second rôle féminin, meilleur montage, meilleur son et meilleur scénario. Quant à l'autre favori, Luc Besson, il n'aura reçu que le César de la meilleure réalisation. C'est Ariane Ascaride, émouvante, qui a obtenu celui de la meilleure actrice, pour le populaire et sincère *Marius et Jeannette*, de Robert Guédiguian. Des Césars ont été attribués à Jean-Luc Godard, Clint Eastwood et Michael Douglas.

Le problème des surdoués porté à l'écran

Matt Damon en jeune prolétaire qui résoud une équation impossible.

Paris, 4 mars
Will Hunting, dont Matt Damon joue le héros éponyme, est le récit d'un miracle intellectuel et social, d'une véritable renaissance et d'une plongée au cœur des mystères de l'homme. Réalisé par Gus Van Sant, ce film nous montre un homme de ménage du mondialement célèbre M.I.T., Massachussets Institute of Technology, résoudre une équation très ardue. Frôlant les frontières de la délinquance, le jeune prodige est pris en main par un psychologue (Robin Williams) qui saura faire grandir cette première étincelle de génie. Ce film traite admirablement des désordres émotionnels dont les surdoués peuvent souffrir.

Clint Eastwood en plein romanesque

Paris, 11 mars
Décidément Clint Eastwood n'a pas fini de nous surprendre. Voilà près de trente ans que cet acteur des plus populaires réalise des films en toute indépendance et sans concession. Il n'hésite pas à aborder les sujets les plus scabreux, comme c'est ici le cas avec ce *Minuit dans le jardin du bien et du mal* (*Midnight in the Garden of Good and Evil*) qui fait découvrir les arcanes d'une petite ville sudiste un peu moins tranquille qu'il n'y paraît. A partir d'un meurtre perpétré sur fond de relations homosexuelles, le cinéaste-acteur (qui ne joue du reste pas dans le film) passe toute la ville au scalpel, avec une attirance un peu trouble pour les zones obscures. Son style, tout en finesse, est bien celui d'un grand réalisateur ! (→ 6.9.2000)

Kevin Spacey et Jude Law : « Minuit dans le jardin du bien et du mal ».

Juif et homosexuel, Sam face au conformisme pour un héritage

Antoine de Caunes révèle ses talents dans ce rôle, avec Elsa Zylberstein.

Paris, 11 mars
Samuel Eskenazy, qu'incarne très finement Antoine de Caunes, doit se marier vite pour pouvoir bénéficier de l'argent de son oncle. Rien de terrible à cela, sauf que Samuel est homosexuel, secrètement amoureux de son cousin. Il trouve une fiancée parfaite, que joue la lumineuse Elsa Zylberstein. Le mariage va bien être consommé mais cela n'arrête en rien les tourments sentimentaux. Avec *L'homme est une femme comme les autres*, Jean-Jacques Zilbermann a ciselé une savoureuse comédie de mœurs, qui a le sens du portrait et de la famille.

« Titanic » récompensé par dix Oscars

Los Angeles, 23 mars
James Cameron peut enfin savourer sa revanche. Le film qu'il a porté à bout de bras, qui, il y a encore six mois, ne suscitait que ricanements, ce film dont le budget a dépassé les 250 millions de dollars et qui devait ruiner ses producteurs, *Titanic*, est devenu le film le plus récompensé de l'histoire des Oscars (avec *Ben Hur*) : meilleurs film, réalisateur, prise de vues, décors, montage, son, montage des effets sonores, chanson originale, musique et costumes. Très attendu par ses fans, Leonardo DiCaprio n'avait pas été nominé et a donc boudé la soirée. Mais James Cameron a pu s'acclamer : « I am the king of the world ! »

Kate Winslet et Leonardo DiCaprio, les seuls naufragés de la cérémonie.

Jean-Paul Belmondo et Alain Delon réunis par Patrice Leconte

Paris, 25 mars
Cinéaste éclectique et suprêmement doué, Patrice Leconte n'a pas lésiné sur les moyens pour réussir un joli coup : il a réuni Belmondo et Delon en leur adjoignant Vanessa Paradis ! Le résultat est un thriller trépidant et quelque peu parodique, où Delon et « Bébel » paraissent se mettre en boîte pour le plus grand plaisir des spectateurs. Les deux compères sont dans *Une chance sur deux* de vieux chevaux de retour dont on ne saura jamais lequel est le père de Vanessa Paradis. Mais quand celle-ci devient la proie de la mafia russe, ils cessent de se poser la question et ressortent leur artillerie. Et alors, ça décoiffe !

Vanessa Paradis couvée par Alain Delon dans « Une chance sur deux ».

L'ange gardien des cinéastes disparaît

Paris, 8 avril
Le renouveau que le cinéma français a connu dans les années cinquante et soixante doit beaucoup à Anatole Dauman (né à Varsovie le 7 février 1925). Sa disparition endeuille toute la profession. Personne n'a oublié le courage et l'audace d'un producteur qui avait permis à Alain Resnais de réaliser *Hiroshima mon amour*, son premier long métrage (1959), et qui avait donné carte blanche à Robert Bresson pour *Au hasard Balthazar* (1966) et *Mouchette* (1967). Avec sa société Argos Films, il avait produit aussi deux films de Wim Wenders.

Tony Gatlif achève sa trilogie gitane

Romain Duris dans « Gadjo Dilo ».

Paris, 8 avril
De ses origines à la fois algériennes et gitanes, Tony Gatlif tient ce goût prononcé pour les marginaux et les minorités qui caractérise ses films, et plus particulièrement ceux qu'il a consacrés à la communauté gitane. Après *les Princes* (1982) et surtout *Latcho drom* (1993), ce cinéaste peu conformiste livre avec *Gadjo Dilo* un vrai chef-d'œuvre de sensibilité. Le titre signifie « l'étranger fou » dans la langue des Roms. C'est l'histoire d'un jeune gitan français qui, parti à la recherche d'une chanteuse dont il ne possède qu'une vieille cassette, se retrouve dans un village tzigane de Roumanie. Il y trouvera l'amour et, en même temps, ses racines. Une belle leçon, d'une poésie crue.

Besson a renvoyé la balle à Gérard Pirès pour tourner « Taxi »

Paris, 8 avril
Luc Besson, ici en producteur avisé, a remis le pied de Gérard Pirès à l'étrier pour la réalisation de *Taxi*. Frisant sans cesse la parodie, ce film de flics et de gangsters transporte son public à Marseille. Un jeune inspecteur (Frédéric Diefenthal) est lancé sur une enquête impliquant une bande de braqueurs de banque internationaux. Il va rencontrer un chauffeur de taxi (Samy Naceri), un peu fou, virtuose du volant et peu enclin à sympathiser avec la police. C'est pourtant ce qui arrive car le second accepte finalement d'aider le premier à coincer les méchants avec moult cascades. (→ 29.3.2000)

Samy Naceri en chauffeur de taxi sympa et en as du volant dans son bolide.

Après avoir triomphé au théâtre, « le Dîner de cons » sort en film

Jacques Villeret en candide parfait, et Thierry Lhermitte en arroseur arrosé.

Paris, 15 avril
Adapté de sa pièce de théâtre du même nom, *le Dîner de cons*, signé Francis Veber, devrait rencontrer le même succès sur grand écran que sur la scène. La distribution est assez brillante, avec Thierry Lhermitte, Daniel Prévost, Francis Huster et surtout l'inénarrable, l'explosif et le gaffeur Jacques Villeret. Un éditeur trop sûr de son fait invite chez lui un « con de classe mondiale ». Le but étant de remporter le « concours de cons » que lui et ses amis ont mis en place depuis longtemps, à charge pour eux de dénicher le plus grand. Villeret, de victime désignée, va se muer en déclencheur de catastrophe dans une mécanique diabolique et d'un humour dévastateur. (→ 6.3.99)

Un faux polar explosif des frères Coen

Paris, 22 avril
La sortie en France du nouveau film réalisé par Joel Coen et coécrit avec son frère Ethan, *The Big Lebowski*, devrait faire oublier son échec aux Etats-Unis. Victime d'une pénible homonymie, Lebowski (incarné par Jeff Bridges) voit son appartement saccagé par plusieurs inconnus. Avec sa bande d'amis, de grands buveurs et fumeurs, il mène seul son enquête, en homme tranquille qui n'aime pas être dérangé. Tous sont unis par leur amour immodéré du bowling. Onirique et psychédélique, ce film permet à Julianne Moore, John Goodman et Steve Buscemi de se faire plaisir. (→ 30.8.2000)

Jeff Bridges et Julianne Moore au bowling dans « The Big Lebowski ».

Quand l'idiotie est considérée comme art

Paris, 20 mai
Après *Breaking The Waves*, Lars Von Trier continue son entreprise de perturbation du public. Il montre dans *les Idiots* (*Idioterne*) un groupe de personnes vivant ensemble dans une grande maison et jouant à faire ou à singer les débiles mentaux et les attardés. Sans que l'on sache jamais s'il s'agit d'une expérience théâtrale d'un genre nouveau et extrême ou d'une thérapie de groupe d'avant-garde, le spectacle est étrangement dérangeant. Ce jeu, auquel tous les enfants ont joué, est devenu avec ces hommes et ces femmes une règle de vie. Il y a bien une catharsis finale, qui ne résoudra rien. (→ 21.5.2000)

Lars Von Trier est entré dans un jeu de rôles étrange et dérangeant.

La vie est bien belle sur la Croisette

Cannes, 24 mai
Le réalisateur et comédien italien Roberto Benigni a su émouvoir les festivaliers avec *La vie est belle* (*la Vita e bella*) et a obtenu le grand prix du jury. La Palme d'or de ce 51e Festival est revenue au cinéaste grec Theo Angelopoulos pour *l'Eternité et un jour*, déchirante méditation sur la solitude et la mélancolie. Le jury présidé par Martin Scorsese a remis le prix de la mise en scène à John Boorman pour *The General* et son prix spécial à *la Classe de neige*, de Claude Miller, ex aequo avec *Festen*, du Danois Thomas Vinterberg. Les prix d'interprétation vont à Peter Mullan (*My Name is Joe*) et au duo Natacha Régnier et Elodie Bouchez pour *la Vie rêvée des anges*.

Roberto Benigni a réussi à mélanger comédie et drame : « La vie est belle ».

L'émotion qui mène aux maladresses

Paris, 3 juin
Versailles-Rive gauche avait révélé les frères Bruno et Denis Podalydès, le premier à la réalisation, le second comédien. Ce duo nous enchante de nouveau avec *Dieu seul me voit*, plus que jamais installé dans l'ancienne ville royale puisqu'il est sous-titré *Versailles-Chantiers*. Entouré par Isabelle Candelier, Jeanne Balibar, Michel Vuillermoz et Jean-Noël Brouté, Denis Podalydès y incarne Albert, ingénieur du son, amoureux transi. Le réalisateur nous fait vivre ses pérégrinations ou ses balades dans Versailles comme un hymne à sa délicieuse irrésolution. L'indécision d'Albert va être portée au rang d'un véritable art de vivre.

Des années pour tourner et sortir « le Radeau de la Méduse »

Iradj Azimi s'est emparé de cet épisode pour filmer la cruauté de l'humanité.

Paris, 15 juillet
Enfin ! Après un tournage étalé entre 1987 et 1990, et six années après la sortie du laboratoire de la première copie, *le Radeau de la Méduse* a fait son entrée dans le port, ou pour être plus précis dans les salles de cinéma. Ce poème romantique est dû à Iradj Azimi, réalisateur français d'origine iranienne dont le style n'est pas sans évoquer les grands maîtres du muet. Le film retrace la fameuse affaire du bateau *La Méduse* qui avait inspiré à Géricault, en 1819, son tableau le plus célèbre. Le « tableau » d'Azimi a dû vaincre, pour voir le jour, une véritable conjuration du silence.

Denis Podalydès dans « Dieu seul me voit », réalisé par son frère Bruno.

Première : Robert Redford se met en scène

Robert Redford dans « L'homme qui murmurait à l'oreille des chevaux ».

Paris, 2 septembre
L'homme qui murmurait à l'oreille des chevaux (*The Horse Whisperer*) a un immense mérite, celui de faire physiquement du bien au spectateur en lui procurant un bol d'air frais et lui faisant quasiment sentir l'odeur des pâturages du Montana. Robert Redford, parfait dans le rôle-titre, a adapté et mis en scène un best-seller écologique et mélodramatique. Une jeune fille mutilée retrouve le goût de la vie grâce aux chevaux et grâce au don de cet homme. Kristin Scott-Thomas interprète sa mère, urbaine stressée qui, elle aussi, va apprendre de nouveau à écouter la nature. Les vrais héros du film sont les chevaux et les paysages du Montana.

Disparition d'un « peintre de la pellicule »

Akira Kurosawa durant le tournage de « Rhapsodie en août », en 1991.

Tokyo, 6 septembre
La mort d'Akira Kurosawa clôt tout un chapitre du cinéma japonais. Né le 23 mars 1910, il avait été révélé à Venise en 1951 avec *Rashomon*. Son œuvre, soutenue pas un sens pictural d'un rare raffinement, puisait autant dans le riche passé historique de son pays, avec des films comme *les Sept Samouraïs* (1954) ou son admirable *Kagemusha* (1980), que dans la vie du Japon moderne (*Vivre*, 1952). Il y avait chez Kurosawa un sentiment humaniste et universaliste qui devait le pousser également à adapter avec bonheur Shakespeare (*le Château de l'araignée* d'après *Macbeth*, 1957) et Dostoïevski (*l'Idiot*, 1951), ainsi que Gorki (*les Bas-Fonds, 1957*).

Dix ans après, un Italien primé à Venise

Catherine Deneuve est la meilleure actrice pour « Place Vendôme ».

Venise, 13 septembre
Le Lion d'or de la 55e Mostra a donc été décerné à Gianni Amelio pour son film *Cosi ridevano*, quelque dix ans après Ermanno Olmi. Quant au Lion d'argent de la meilleure mise en scène, il est revenu à Emir Kusturica pour sa dernière œuvre, *Chat noir, chat blanc*. Le grand prix spécial du jury va au cinéaste Lucian Pintilié pour *Terminus Paradis*, un film roumain. L'Américain Sean Penn obtient le prix d'interprétation masculine. Warren Beatty, dont le film *Bullworth* a été remarqué, a reçu un Lion d'or pour sa carrière.

Rohmer dans les vignes du Seigneur

Paris, 23 septembre
Totalement indifférent aux idées à la mode, Eric Rohmer poursuit avec patience une œuvre placée sous le signe des contrariétés sentimentales et des élans du cœur. Moraliste des plus exigeants, il croit à la sagesse, sinon tout à fait à la vertu. Il en fait une nouvelle fois la démonstration, à cette différence près que dans son dernier film, *Conte d'automne*, cet héritier de Marivaux et de Diderot délaisse les jeunes filles en faveur de femmes plus mûres. Tourné dans les vignobles de la vallée du Rhône, le film ajoute à l'acuité du psychologue la volupté du paysagiste.

Steven Spielberg plonge au cœur de la mêlée du 6 juin 1944

Avec Steven Spielberg, Tom Hanks débarque sur les plages de Normandie.

Paris, 30 septembre
Les trente premières minutes de *Il faut sauver le soldat Ryan* (*Saving Private Ryan*) sont estomacantes de réalisme. Steven Spielberg a planté sa caméra au milieu des premières vagues de soldats qui ont débarqué sur les plages de Normandie. Le sang gicle, les soldats tombent par dizaines : c'est la guerre dans son horreur brute. Pour une escouade de survivants, commandés par Tom Hanks, un ordre de mission tombe. Il leur faut retrouver et ramener sain et sauf le 2e classe Ryan, parachuté derrière les lignes ennemies. En ce mois de juin 1944, dans le bocage normand, de jeunes soldats vont avoir rendez-vous avec la mort.

Le retour du justicier légendaire et masqué

Paris, 14 octobre
Le Masque de Zorro (*The Mask of Zorro*) renoue avec la romanesque histoire de ce vengeur masqué qui fit les beaux jours de la télévision. Réalisé par Martin Campbell, ce film remplit agréablement sa seule mission : distraire. Le dosage de ces ingrédients difficiles à manier que sont l'humour, les cascades, un peu de drame, un zeste d'érotisme, une pincée de peur et une bonne rasade d'autodérision est parfait. Anthony Hopkins, en Don Diego de la Vega vieillissant se résoud, pour retrouver son honneur, à passer le flambeau à un Antonio Banderas hâbleur. Don Diego va faire son éducation. Le nouveau Zorro tombe amoureux bien sûr de la fille du premier, une vibrante Catherine Zeta-Jones.

Antonio Banderas et Catherine Zeta-Jones dans un paso-doble torride.

Edwige Feuillère rejoint Jean Marais...

Paris, 13 novembre
De son vrai nom Caroline Cunati, la grande Edwige Feuillère a été une reine du théâtre et du cinéma. Née le 29 octobre 1907, elle interpréta à la scène les pièces de Giraudoux, de Claudel et de Cocteau avec un talent qu'elle a su pareillement exprimer à l'écran. Sa disparition nous remet en mémoire ses meilleurs films, et tout particulièrement *l'Aigle à deux têtes* de Cocteau (1948) où elle retrouvait Jean Marais, l'un de ses partenaires préférés. Par une coïncidence qui a frappé les esprits, le comédien s'était éteint il y a moins d'une semaine à Cannes, le 8 novembre. Il aurait fêté ses 85 ans le 12 décembre prochain. On l'avait admiré une dernière fois dans *les Misérables*, adapté de Hugo par Claude Lelouch (1995).

Edwige Feuillère et Jean Marais dans « l'Aigle à deux têtes », de J. Cocteau.

Walter Salles donne « Central do Brasil »

Paris, 2 décembre
Ce film nous montre un Brésil très éloigné des clichés habituels – soleil et samba – avec des destins et des vies qui semblent plutôt échappés d'un film néo-réaliste italien. Dans une gare, au milieu de la foule, dans une atmosphère de tensions et de violences quotidiennes, une femme écrivain public, que joue Fernanda Montenegro, et un jeune orphelin (Vinicius de Oliveira) vont peu à peu s'apprivoiser et s'adopter avant de partir à la recherche du père disparu du garçonnet. Hypothétique, cette quête leur offre un peu de tendresse dans un désert de solitude.

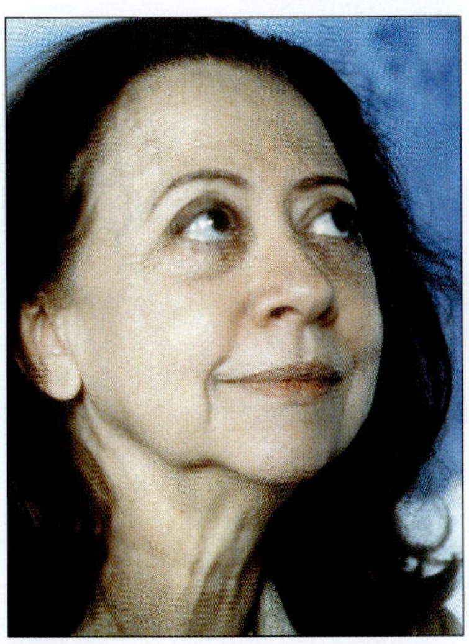
Fernanda Montenegro.

Cédric Kahn filme une passion des corps qui se mue en ennui

Charles Berling, désabusé, et Sophie Guillemin, qui s'échappe, dans « l'Ennui ».

Paris, 16 décembre
Magistrale adaptation du roman d'Alberto Moravia, *l'Ennui* a reçu il y a une semaine le 56e prix Louis-Delluc. Avec sa sortie en salles, les spectateurs peuvent découvrir une véritable descente aux enfers, tant mentale que sexuelle. Un professeur de philo (Charles Berling) entame une liaison avec une jeune fille, qui fut l'ancien modèle d'un peintre. La plénitude charnelle de celle-ci, sa vacuité supposée, son opacité et sa simplicité, parfaitement rendues par Sophie Guillemin, vont peu à peu agacer puis perdre son amant. Il ne comprend pas cette jeune fille mais en devient fou, sa logique défaite par le non-désir de sa compagne.

DreamWorks en pleine concurrence avec les studios Disney

Paris, 16 décembre
Le Prince d'Egypte (*The Prince of Egypt*), signé Simon Wells, Brenda Chapman et Steve Hickner, est le premier long métrage que sortent les studios DreamWorks. Fondée par Steven Spielberg, cette structure veut concurrencer Disney et entend contester l'hégémonie de ses studios dans le domaine du dessin animé. Ce film particulièrement réussi en matière de décors reprend l'histoire biblique de Moïse et du combat qui opposa les Egyptiens de Ramsès aux Hébreux, qui voulaient quitter cette vallée du Nil pour la Terre promise.

« Le Prince d'Egypte », premier dessin animé du nouveau studio de Spielberg.

Paul Verhoeven dirigeant Casper Van Dien sur le film « Starship Troopers ».

Jack Nicholson et Helen Hunt dans « Pour le pire et pour le meilleur ».

Burt Reynolds est Jack Horner dans « Boogie Nights », de P. T. Anderson.

Samuel L. Jackson et Pam Grier dans « Jackie Brown », de Tarantino.

Robin Williams en savant génial et distrait dans « Flubber », de Les Mayfield.

Jude Law et Uma Thurman dans « Bienvenue à Gattaca », d'Andrew Niccol.

Dustin Hoffman : « Des hommes d'influence » (« Wag the Dog »), de Levinson.

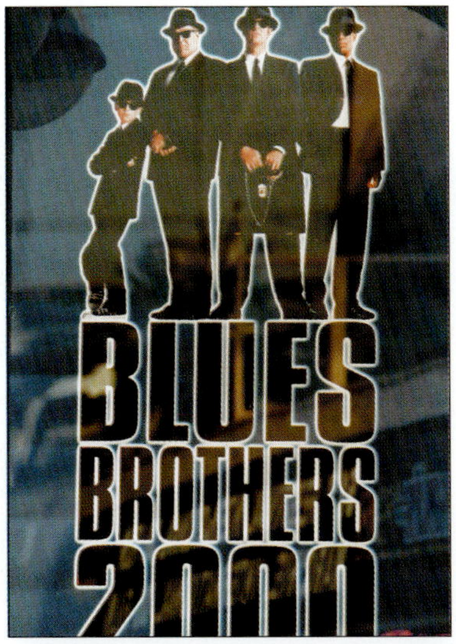

Avec « Kundun », Martin Scorsese s'est occupé de la réincarnation de Bouddha.

« Armageddon », de Michael Bay, a obtenu un énorme succès mondial.

« Godzilla », de Roland Emmerich, un gigantesque saurien dans New York.

Gary Sinise et Nicolas Cage dans « Snake Eyes », de Brian de Palma.

« Fourmiz », d'Eric Darnell et Tim Johnson : la fourmi a la voix de W. Allen.

Cameron Diaz dans « Mary à tout prix », de Bobby et Peter Farrelly.

Ulrich Thomsen évacué dans le film « Festen », de Thomas Vinterberg.

1999

Oscars, Hollywood
Film : *Shakespeare in Love* (John Madden).
Acteur : Roberto Benigni.
Actrice : Gwyneth Paltrow.

Mostra d'arte cinematografica, Venise
Lion d'or : *Not One Less* (Zhang Yimou).
Meilleur acteur : Jim Broadbent.
Meilleure actrice : Nathalie Baye.

Festival international du film, Cannes
Palme d'or : *Rosetta* (Luc et Jean-Pierre Dardenne).
Meilleur acteur : Emmanuel Schotté.
Meilleure actrice : Emilie Dequenne et Séverine Caneele.

Césars, Paris
Film : *la Vie rêvée des anges* (Erick Zonca).
Acteur : Jacques Villeret.
Actrice : Elodie Bouchez.

Etats-Unis, 13 janvier
Disney rappelle les 3,4 millions de cassettes vidéo de *Bernard et Bianca* mises en vente le 5. Un technicien facétieux a glissé une image de jeune femme aux seins nus dans une scène.

France, 20 janvier
Sortie du premier film de Djamel Bensalah, *le Ciel, les oiseaux et... ta mère !*, une comédie débridée avec Jamel Debbouze et Olivia Bonamy.

France, 27 janvier
Sortie de *la Nouvelle Eve*, un film de Catherine Corsini, dont Karin Viard est l'héroïne. Face à Pierre-Loup Rajot, elle incarne avec subtilité une trentenaire en mal d'amour.

France, 3 février
Avec *Vénus Beauté (Institut)*, Tonie Marshall signe son meilleur film en faisant se croiser Nathalie Baye, Mathilde Seigner, Audrey Tautou et Samuel Le Bihan sur fond de néons roses et de crèmes... (→ 19.2.2000)

Etats-Unis, 8 février
Selon la revue professionnelle *Daily Variety*, la production hollywoodienne écrase le monde. Le premier film non américain apparaissant dans le box-office en 1998 est à la 40e place : *The Full Monty*.

Turquie, 9 février
Après dix-sept ans de censure, sortie de *Yol*, de Yilmaz Güney.

Etats-Unis, 11 mars
En guise d'accroche, Warner diffuse une minute du film de Kubrick, *Eyes Wide Shut* : Nicole Kidman et Tom Cruise nus devant un miroir.

France, 24 mars
Sortie de *Quasimodo d'El Paris*, le premier film de Patrick Timsit, qui est le bossu de Notre-Dame dans cette version revisitée de V. Hugo.

Paris, 12 avril
Prix Jean-Vigo à Noémie Lvovsky pour *La vie ne me fait pas peur*.

Ecosse, 27 avril
Sean Connery, le plus célèbre des Ecossais, apporte son soutien au Scottish National Party. Il appelle à voter pour les indépendantistes.

Malte, 2 mai
Mort de l'acteur anglais Oliver Reed (*13.2.1938), victime d'un malaise.

France, 5 mai
Sortie de *la Patinoire*, film franco-belge de Jean-Philippe Toussaint, avec Tom Novembre, Mireille Perrier et Dolorès Chaplin.

France, 19 mai
Le Temps retrouvé, de Raoul Ruiz, inspiré par *A la recherche du temps perdu*, de M. Proust, sort en salles avec une distribution prestigieuse : Marcello Mazzarella, Catherine Deneuve, Emmanuelle Béart, Vincent Perez, Pascal Greggory, Edith Scob, John Malkovich, Elsa Zylberstein...

Suède, 16 juin
Secondes funérailles pour Greta Garbo : remises à sa famille, ses cendres sont inhumées à Stockholm.

France, 29 juin
La Fête du cinéma bat un record avec 4,3 millions d'entrées.

Los Angeles, 1er juillet
Décès du réalisateur américain Edward Dmytryk (*4.9.1908). Il signa *Adieu ma belle* (*Murder My Sweet*) en 1944 et *l'Homme aux colts d'or* (*Warlock*) en 1959.

France, 5 juillet
Disparition de l'acteur Jean-Pierre Darras (*26.11.1927).

Etats-Unis, 2 août
The Blair Witch Project (sorti en France le 28 juillet), film d'horreur signé par Daniel Myrich et Eduardo Sanchez, est en passe de devenir le film le plus rentable de l'histoire du cinéma : tourné pour 50 000 dollars, il a recueilli à ce jour 35 millions de dollars de recettes.

Californie, 4 août
Décès de l'acteur Victor Mature (*29.1.1915).

France, 25 août
8 Femmes 1/2 (*8 1/2 Women*), de Peter Greenaway, sort en salles. Un fils fait l'éducation sexuelle de son père : un hommage à *Huit et demi*.

France, 1er septembre
Sortie de *Ma petite entreprise*, une comédie sociale de Pierre Jolivet, avec Vincent Lindon, François Berléand, Roschdy Zem et Zabou.

Deauville, 11 septembre
Le grand prix du 25e Festival revient à *Being John Malkovich*, de Spike Jonze, qui obtient également le prix de la Critique. (→ 10.9.2000)

France, 13 septembre
Mort de Roland Blanche, un grand des « seconds rôles » (*31.12.1943).

Londres, 14 septembre
Décès du cinéaste Charles Crichton, le réalisateur d'*Un poisson nommé Wanda*, en 1988 (*6.8.1910).

France, 22 septembre
Sortie de *la Maladie de Sachs*, de Michel Deville, d'après le roman de Martin Winckler.

Californie, 22 septembre
Disparition de George C. Scott, l'interprète inoubliable du général Patton en 1971 (*18.10.1927).

France, 6 octobre
Sortie de *la Tête dans le carton à chapeau* (*Crazy in Alabama*), de l'acteur Antonio Banderas, comédie d'humour noir.

New York, 28 octobre
Christie's disperse des objets de Marilyn Monroe. La vente atteint 33,3 millions de francs.

Rouen, 11 novembre
Mort de Robert Kramer, réalisateur américain (*26.6.1940).

France, 17 novembre
Sortie de *Mauvaise Passe*, de Michel Blanc, avec Daniel Auteuil, histoire d'un professeur agrégé à la dérive.

Paris, 29 novembre
Décès de John Berry, réalisateur américain victime du maccarthysme et installé en France (*9.6.1917).

France, 1er décembre
Sortie de la 19e aventure de James Bond, *Le monde ne suffit pas* (*The World is not Enough*), de Michael Apted, avec Pierce Brosnan et la belle Sophie Marceau.

France, 15 décembre
Sortie d'*Himalaya, l'enfance d'un chef*, d'Eric Valli.

Grande-Bretagne, 19 décembre
Mort de l'acteur gallois Desmond Llewelyn, « Q », l'inventeur de gadgets des James Bond (*12.9.1914).

Paris, 27 décembre
Disparition du comédien Pierre Clémenti (*28.9.1942).

Décédé le 7 mars, Stanley Kubrick a tourné son treizième et dernier film : « Eyes Wide Shut », avec le couple Tom Cruise-Nicole Kidman.

Un thriller haletant signé par Tony Scott

Will Smith et Gene Hackman dans « Ennemi d'Etat », une grande réussite.

Paris, 6 janvier
Joué par Will Smith, un homme se retrouve, sans le vouloir ni le savoir, avec la preuve qu'un député trop peu docile a été tué par une équipe de la National Security Agency, ou NSA, une des officines secrètes du département de la Défense. Cette NSA est omnisciente et la traque qu'elle va lancer contre le héros du film va être impitoyable. Face à Jon Voight, qui dirige cette section, Will Smith ne trouvera un début d'aide qu'auprès d'un ancien agent de cette agence (Gene Hackman), guère ravi de cette intrusion mais très au fait des techniques qui permettent de suivre Will Smith à la trace. Pas un seul instant l'attention ne retombe : cet *Ennemi d'Etat* (*Enemy of the State*), de Tony Scott, est de bout en bout haletant.

Un casting époustouflant pour « Astérix »

Clavier et Depardieu en stars de B.D.

Paris, 3 février
Claude Zidi, le réalisateur, et son producteur, Claude Berri, se sont attaqués à un monument, une part de la mémoire collective française de cette fin de XXe siècle : Astérix. Avec *Astérix et Obélix contre César*, qui a coûté 270 millions de francs, ils ont su réunir un casting parfait. Outre Christian Clavier, le public retrouvera Gérard Depardieu, Sim, Lætitia Casta, Arielle Dombasle, Pierre Palmade, Michel Galabru, Claude Piéplu et Roberto Benigni en centurion. Tout est fidèle à la création de Goscinny et d'Uderzo, même si ce sont des effets spéciaux qui, dans les bagarres, font voler les légionnaires romains.

Woody Allen dans la société du spectacle

« Celebrity », d'un défilé de mode à un cocktail aussi bien qu'à une partouze...

Paris, 27 janvier
Une nouvelle fois, la partition du réalisateur new-yorkais relève d'une magnifique orchestration. Kenneth Brannagh et Judy Davis forment un couple de journalistes qui décident de se séparer. La rencontre d'un seul homme va métamorphoser la seconde alors que le premier, tout à son papillonnage, est aveugle sur la vacuité des personnes qu'il s'est mis à fréquenter : mannequins, jeunes starlettes et acteurs. Ebloui par les paillettes de cette société du paraître et du spectacle permanent, notre héros fait du surplace. Le noir et blanc somptueux de cette comédie n'empêche pas de découvrir tout ce que la célébrité et surtout sa quête ont de pathétique, sans oublier la performance de DiCaprio, en jeune star obsédée sexuelle. (→ 26.1.2000)

Vingt ans après, Terrence Malick revient et décroche l'Ours d'or

Paris, 24 février
Trois jours après avoir reçu l'Ours d'or du Festival de Berlin, le dernier film très attendu de Terrence Malick est sorti à Paris. C'est vraiment un événement car le cinéaste américain n'avait plus fait parler de lui depuis ses superbes *Moissons du ciel* (*Days of Heaven*, 1978). Mais cette longue attente n'aura pas été déçue : Malick nous offre avec *la Ligne rouge* (*The Thin Red Line*) un poème de vie et de mort où la splendeur de la nature, filmée avec une ferveur religieuse et même mystique, s'oppose du tout au tout à la folie des hommes. Ce film, qui évoque les combats sanglants de Guadalcanal en 1942, est une leçon de sagesse... et de cinéma !

Sean Penn dans « la Ligne rouge », ou la violence de la bataille de Guadalcanal.

Une histoire simple autour d'un marais

Paris, 3 mars
Le film de Jean Becker, *les Enfants du marais*, dont le scénario est signé Sébastien Japrisot, est adapté d'un roman de Georges Montforez. C'est une œuvre sur le bonheur, sur la douceur de vivre et l'amitié. Deux hommes (interprétés par Jacques Gamblin et Jacques Villeret) vivent sur les bords d'un marais. Le temps semble s'être arrêté. Autour d'eux, les péripéties de la vie s'incarnent dans les personnages qui viennent leur rendre visite ou qui partagent leur univers : Michel Serrault, André Dussolier, Isabelle Carré, Suzanne Flon et Eric Cantona.

Trois films emportent trois Césars chacun

Elodie Bouchez et Natacha Régnier dans « la Vie rêvée des anges », d'E. Zonca.

Paris, 6 mars
Erick Zonca, pour son premier long métrage, n'aura pas démérité. Il a obtenu trois récompenses lors de la 24e Nuit des Césars. Lui reviennent le César du meilleur film, celui de la meilleure actrice (Elodie Bouchez) et celui du meilleur espoir féminin (Natacha Régnier). Fait rare, *la Vie rêvée des anges* partage avec deux autres films le bonheur d'être trois fois récompensé. *Ceux qui m'aiment prendront le train*, le film de Patrice Chéreau, et la comédie de Francis Veber, *le Dîner de cons*, sont dans le même cas. Le premier est gratifié du César de la meilleure actrice dans un second rôle (Dominique Blanc), de celui du meilleur réalisateur et de celui de la meilleure photo. Quant au *Dîner de cons*, il se voit décerner le César du meilleur acteur (Jacques Villeret), celui de meilleur acteur dans un second rôle (avec Daniel Prévost) et, pour Veber, le César du meilleur scénario.

Mort de Stanley Kubrick

Herts, 7 mars
Stanley Kubrick n'assistera pas à la première de son treizième et dernier film, *Eyes Wide Shut* (c'est-à-dire les yeux grands fermés), dont il venait de présenter le montage terminé à la Warner. Adapté d'une nouvelle d'Arthur Schnitzler, *Traumnovelle*, ce pamphlet autour du désir et des fantasmes se dresse contre l'ordre moral américain à travers la crise d'un couple chic (Cruise-Kidman). Il est mort chez lui, dans sa maison située dans la banlieue de Londres. Né le 26 juillet 1928 à New York, il débuta par une brillante carrière de photographe au magazine *Look*, avant de tâter de la caméra. Dès *le Baiser du tueur* (1955), il renouvelait le film noir et révélait un style qui sera sa marque. Tous ses films sont en effet caractérisés par une volonté de stylisation qui va même jusqu'à la caricature dans *les Sentiers de la gloire* (1957) ou *Docteur Folamour* (1964). Kubrick donna le meilleur de lui-même en adaptant les romans d'auteurs comme Arthur C. Clarke ou Anthony Burgess pour réaliser *2001 : l'Odyssée de l'espace* (1968) et *Orange mécanique* (1971). Il céda parfois à un certain esthétisme, dans *Barry Lindon* (1975) par exemple, mais son inventivité visuelle restait éblouissante. On le disait intraitable : il est vrai qu'il était obsédé par les personnages de Jules César, d'Hitler et de Napoléon, auquel il a d'ailleurs songé à consacrer un film. (→ 11)

Son cinéma visionnaire et déroutant a surtout marqué les années 70.

Le cochon s'aventure chez les humains

Avec « Babe, le cochon dans la ville », les hommes ne sont guère reluisants.

Paris, 17 mars
George Miller, qui avait créé *Mad Max*, avait produit le premier *Babe, le cochon devenu berger*. Le succès de ce film l'a incité à repasser à la réalisation pour cette suite. *Babe, le cochon dans la ville* (*Babe : Pig in the City*) est largement aussi réussi que l'opus fondateur. Notre brave petit cochon doit quitter ses amis de la ferme et son univers idyllique pour affronter la jungle urbaine. Il devra surtout se débrouiller seul face au plus bestial de ses habitants, l'être humain des villes. Plus grinçant et beaucoup moins enfantin que son prédécesseur, le nouveau *Babe* est une fantastique parabole.

Sept Oscars pour « Shakespeare in Love »

Los Angeles, 21 mars
La 71e soirée des Oscars opposait *Shakespeare in Love* à *Il faut sauver le soldat Ryan* et c'est le premier qui l'a emporté par sept trophées à cinq. Le film de John Madden a reçu les récompenses du meilleur film, des meilleurs décors, de la meilleure musique de comédie, de la meilleure actrice, du meilleur scénario, des meilleurs costumes et du meilleur second rôle féminin. Quant au film de Steven Spielberg, il obtient les Oscars du meilleur réalisateur, de la meilleure photo, du meilleur son, des meilleurs effets sonores et du meilleur montage. Roberto Benigni remporte, comme lors des Césars français, le trophée du meilleur film étranger avec *La vie est belle*. Ce n'est pas tout car le comédien et réalisateur italien se voit également récompensé pour sa prestation avec l'Oscar du meilleur acteur et celui de la meilleure musique dramatique, signée Nicola Piovani. Si ces trois films ont accaparé les nominations, les prix et l'attention générale au cours de cette cérémonie, il faut néanmoins citer l'Oscar du meilleur second rôle masculin donné à James Coburn, magistral de noirceur dans *Affliction*, de Paul Schrader.

Gwyneth Paltrow, meilleure actrice, dans le film de John Madden.

« Romance » n'est pas porno mais brûlant

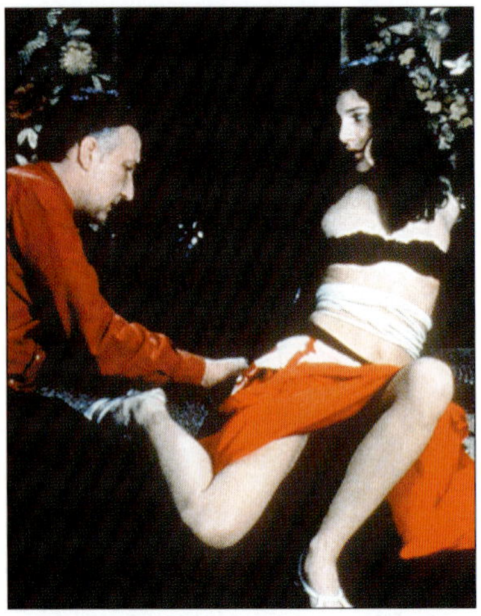

François Berléand et Caroline Ducey dans le film de Catherine Breillat.

Paris, 14 avril
La nouvelle a couru et a enflammé ceux qui n'avaient pas vu le film : Rocco Siffredi, star internationale du X, jouait dans *Romance* ! C'était faire beaucoup de bruit pour une petite apparition – mais il en profite pour montrer sa compétence – qui occulte l'essentiel et la substance du film. Celui-ci pourrait se résumer dans une paraphrase de Proust : « A la recherche du désir perdu ». Un couple se délite ; elle (le personnage que joue Caroline Ducey) va devoir partir en quête d'un plaisir que lui (Sagamore Stévenin) ne peut plus lui donner. *Romance* est un film très sombre, souvent dérangeant, sur les impasses du sexe.

Valérie Lemercier a fait un deuxième film

Elle est des deux côtés de la caméra, pour l'un travestie en garçon.

Paris, 28 avril
Une jeune provinciale, qu'interprète avec brio la réalisatrice, apprend d'abord que son père disparu est bien vivant. Elle découvre ensuite que celui-ci est un homosexuel bon chic bon genre, accessoirement en ménage et conservateur de musée. Elle décide de se travestir et de se transformer en jeune garçon pour se faire reconnaître de lui. Ce film vaut pour la pétillance des dialogues et surtout l'abattage des comédiens. De Claude Rich à Marthe Keller, en passant par Dieudonné et Valérie Lemercier, c'est grâce à eux que *le Derrière* échappe aux clichés sur le monde gay pour devenir une acide étude de mœurs.

Un savoir-faire pour les monte-en-l'air

Paris, 5 mai
Le voleur international qu'incarne Sean Connery est traqué par toutes les sociétés d'assurance du globe. L'agent de l'une d'entre elles, sexy et douée (Catherine Zeta-Jones), va devoir l'approcher, se faire passer pour sa disciple et devenir, pour un casse extrêmement audacieux, sa partenaire et héritière présomptive dans l'art de la haute cambriole. Les deux joueront dans ce *Haute Voltige* (*Entrapment*) au chat et à la souris dans un jeu distrayant qui mêlera mensonges, prouesses acrobatiques et parade amoureuse. Fidèle à lui-même, Sean Connery posera sur la belle un regard d'abord narquois, étonné puis séduit enfin.

Catherine Zeta-Jones, disciple de S. Connery, dans « Haute Voltige ».

Dirk Bogarde était un immense comédien

Londres, 8 mai
Il s'appelait en réalité Derek Van den Bogaerde, mais il lui parut plus simple de faire carrière sous le nom de Dirk Bogarde ! Sa disparition a touché ceux qui le reconnaissaient comme un des acteurs britanniques les plus doués de l'après-guerre. Né le 1er mars 1921, ce grand seigneur fut pleinement révélé par J. Losey : il était prodigieux dans *The Servant* (1963) et *Accident* (1967). Subtil et ambigu, son jeu lui valut également de triompher dans deux œuvres très sulfureuses de Luchino Visconti, *les Damnés* (*La caduta degli dei*, 1969) et *Mort à Venise* (*Morte a Venezia*, 1971). Et il a failli jouer le marquis de Sade dans un film de Resnais !

Pendant le tournage de « Accident », de Joseph Losey, en 1967).

Avec « le Barbier de Sibérie », Mikhalkov donne un chef-d'œuvre

Paris, 12 mai
Critiqué pour la nostalgie tsariste dont il serait porteur, *le Barbier de Sibérie* est bien plus qu'un catalogue d'images d'Epinal sur le temps béni des empereurs et des jeunes cadets. C'est une magnifique et émouvante histoire d'amour, plutôt une idylle ratée, entre le jeune membre d'une académie militaire et une femme magnifique, aventurière américaine piquante. Loin d'être réactionnaire, Nikita Mikhalkov parle simplement d'une époque et des êtres qui l'ont habitée, une époque jamais idéalisée mais qui avait l'insigne avantage d'être loin de toute barbarie. Voici un film poignant d'émotion.

Julia Ormond, délurée et irrésistible pour les hommes, dans un rôle troublant.

Accueil sévère pour le dernier Carax

Paris, 13 mai
Leos Carax est un cinéaste rare, et cette rareté, comme son refus des compromissions, expliquent peut-être l'accueil impatient et exaspéré fait à son film, *Pola X*. Il s'agit de l'adaptation très libre d'une œuvre d'Herman Melville. Carax y a filmé les déchirements d'un jeune homme, Pierre (Guillaume Depardieu), face à l'amour que lui portent sa mère, une sœur surgie de nulle part et sa fiancée, respectivement interprétées par Catherine Deneuve, Katerina Golubeva et Delphine Chuillot : un drame poétique et incandescent.

Pour les actrices, les femmes et les mères

Marisa Paredes et Cecilia Roth : « Tout sur ma mère », de Pedro Almodovar.

Paris, 19 mai
Pedro Almodovar aurait-il réalisé son meilleur film avec *Tout sur ma mère* (*Todo sobre mi madre*) ? On n'est pas loin d'en être convaincu tant ce long métrage mêle les genres et les sentiments avec une réussite époustouflante alors que tous ces éléments n'auraient pu déboucher que sur un mélodrame larmoyant. Le point de départ est lapidaire : une femme (Cecilia Roth) perd son fils et recommence une nouvelle vie. Elle croise le chemin d'une grande comédienne (Marisa Paredes) dont les instincts maternels sont depuis longtemps en berne. A cette trame s'en mêle une seconde : bonne sœur dévouée, Penelope Cruz sillonne les bas-fonds de Barcelone, aidée par un travesti. Elle va alors découvrir l'amour et en mourir. (→ 29.1.2000)

La Palme à « Rosetta »

Emilie Dequenne a le prix d'interprétation pour le film des frères Dardenne.

Cannes, 23 mai
La Palme d'or pour le film et le prix d'interprétation féminine pour celle qui y tient le rôle-titre : les jurés du Festival de Cannes n'ont pas choisi la facilité ! En effet, si *Rosetta* n'est pas un film « difficile », c'est tout de même une œuvre très exigeante. Mais cette chronique sociale réalisée par deux cinéastes belges, les frères Jean-Pierre et Luc Dardenne, a fait impression par sa profondeur et son humanité. Et le personnage incarné par la jeune Emilie Dequenne, petite âme perdue avide de lumière, est de ceux que l'on ne pourra oublier. Les sifflets qui sont venus accompagner l'annonce de ce palmarès il est vrai assez inhabituel n'ont rien changé à ce fait finalement peu contestable, à savoir que *Rosetta* était bel et bien le meilleur film du Festival !

Ry Cooder emmène Wenders à La Havane

Paris, 16 juin
Le guitariste Ry Cooder avait sorti un disque il y a trois ans qui avait réuni les plus grandes figures de la musique cubaine des années 50. Ces papys musiciens, resplendissant de joie de vivre et toujours aussi bons avec leurs instruments, sont devenus les héros du film que Wim Wenders a tourné à l'invitation de Cooder. *Buena Vista Social Club* est le nom de l'endroit où ces septuagénaires, octogénaires et même nonagénaire, pour Compay Segundo, aiment à se retrouver. Ce film documentaire est une balade joyeuse et sereine, avec des vieillards qui donnent au monde entier une douce leçon de musique, d'élégance et d'éternité.

Compay Segundo, 92 ans, redevient la star : « Buena Vista Social Club ».

« Matrix » ou le parcours initiatique d'un héros de science-fiction

Paris, 23 juin
Après avoir suscité un engouement phénoménal aux Etats-Unis, *Matrix* débarque en force dans les salles en France. Le sujet de ce film, réalisé par Andy et Larry Wachowski, peut être ainsi résumé : le monde tel que nous le connaissons est une illusion, née de la volonté de la Matrice, une entité mystérieuse qui gouverne et contrôle tous nos faits et gestes. Un thème classique de la science-fiction dont le schéma a été créé par Platon avec son « mythe de la caverne ». Echapper au virtuel pour accéder au réel, telle est donc l'aventure jouée ici par Laurence Fishburne, Keanu Reeves et Carrie-Anne Moss.

Keanu Reeves (Néo) dans un des combats truffés d'effets spéciaux. Produits par Mass Illusions, leur originalité et leur nouveauté ont eu un vrai succès.

« Wild Wild West » sur grand écran

Paris, 4 août
Wild Wild West est la transposition cinématographique des *Mystères de l'Ouest*, série télévisée américaine et culte des années 60. Will Smith, déjà associé au réalisateur pour *Men in Black*, et Kevin Kline incarnent les deux célèbres agents secrets James West et Artemus Gordon. Après la guerre de Sécession, le Dr Miguelito Loveless, un cul-de-jatte génial et psychopathe, veut tuer le président Grant. Ce fou s'aidera des machines les plus folles pour ses desseins. Selma Hayek, pulpeuse et ambiguë, fait une troublante prestation.

Une comédie romantique de Roger Michell

Julia Roberts et Hugh Grant durant le tournage de « Notting Hill ».

Paris, 4 août
La comédie romantique qu'est *Coup de foudre à Notting Hill* (*Notting Hill*) réunit tous les ingrédients du succès : deux acteurs idoines, Julia Roberts et Hugh Grant, un cadre européen mêlant intellectualisme et glamour et deux heures de suspense (assez prévisible) pour voir les deux tourtereaux réaliser leurs vœux. Une star américaine rentre par hasard dans une petite librairie du quartier branché et bohème de Notting Hill à Londres. L'homme charmant qui s'occupe des lieux lui déconseille le guide touristique qu'elle s'apprêtait à acheter. Au lieu de quoi, Cupidon les perce de ses flèches et les plonge dans les affres et les délices de la carte du Tendre. La romance sera contrariée mais aboutira pourtant.

Polanski à la recherche de livres rares

Johnny Depp en chasseur, espion, aventurier et détective privé.

Paris, 25 août
Dans *la Neuvième Porte* (*The Ninth Gate*), Roman Polanski renoue avec l'une de ses lubies : la démonologie et le diable. Johnny Depp y incarne Dean Corso, un chasseur de livres rares pour bibliophiles fortunés. Un client lui demande de mettre la main sur un traité d'invocations secrètes, imprimé à Venise au Moyen Age, et dont il n'existe que trois exemplaires dans le monde. La quête va bien sûr se révéler périlleuse, semée de morts mystérieuses. Dans une atmosphère toujours crépusculaire (la lumière est signée Darius Khondji), Corso va peu à peu réaliser que ce manuel du démon ouvre l'une des portes de l'enfer. C'est un ange gardien, joué par Emmanuelle Seigner, qui va le sauver des flammes infernales.

Amos Gitaï conclut sa trilogie sur trois grandes villes israéliennes

Paris, 1er septembre
Après Tel-Aviv et Haïfa, le cinéaste Amos Gitaï se sert de Jérusalem comme toile de fond de son dernier long métrage. Plus particulièrement, c'est le quartier de Mea Sharim, où vivent les ultra-orthodoxes, qui est le cadre oppressant de *Kadosh*. Il y narre le destin de deux sœurs, Rivka et Malka, jouées respectivement par Yaël Abecassis et Meital Barda. Ce monde étouffant, fossilisé par les traditions et les préceptes les plus rétrogrades, va tenter de les avaler. L'une se révoltera tandis que l'autre acceptera d'être sacrifiée en étant répudiée par son mari. Amos Gitaï nous montre l'intégrisme religieux dans ce qu'il a de plus terrible.

Yaël Abecassis et Yoram Hatav dans « Kadosh », chez les ultra-orthodoxes.

Henri Storck était un documentariste

Bruxelles, 17 septembre
Tous ceux qui pensent que le cinéma doit d'abord exprimer la réalité ont salué la mémoire d'Henri Storck. Sa disparition est l'occasion, pour tous les historiens du cinéma, de rappeler que ce cinéaste belge, né à Ostende le 5 septembre 1907, fut un maître du documentaire, l'égal d'un Robert Flaherty ou d'un Joris Ivens. On lui doit, entre autres, une bouleversante *Symphonie paysanne* (1944) et aussi des documentaires très travaillés sur Paul Delvaux, Constant Permeke et Félix Labisse, trois grands noms de la peinture moderne. Il avait fondé la Cinémathèque royale belge.

Deuxième Lion d'or pour Zhang Yimou avec « Pas un de moins »

Venise, 11 septembre
Avec son film, *Pas un de moins*, le réalisateur chinois Zhang Yimou a obtenu le deuxième Lion d'or de sa carrière. En 1992, il avait déjà reçu ce trophée pour *Qiu Ju, une femme chinoise*. Le grand prix du jury que présidait Emir Kusturica est revenu au film *Le vent nous emportera*, de l'Iranien Abbas Kiarostami. Quant aux coupes Volpi d'interprétation, elles sont allées au Britannique Jim Broadbent (*Topsy-Turvy*, de Mike Leigh) et à Nathalie Baye dans *Une liaison pornographique*, film franco-belge de Frédéric Fonteyne.

Nathalie Baye est primée pour « Une liaison pornographique », de F. Fonteyne.

Jim Jarmusch sur la voie des samouraïs

Paris, 6 octobre
Un tueur aux ordres de la mafia, que Forest Whitaker incarne avec une impressionnante sobriété, vit sur une terrasse au milieu des pigeons, en ermite. *Ghost Dog* nous montre un homme dont le code d'honneur et la rectitude, même s'il s'agit de meurtres, sont bafoués. Il est trahi par ceux-là même qui lui avaient tout appris. La voie du samouraï, qui est sa ligne de conduite envers et contre tout, l'amènera, pour ne pas se renier, à accepter la mort.

« Star Wars épisode 1 » arrive enfin

Jake Lloyd (Anakin Skywalker), en enfant innocent mais débrouillard, lors de la course, un grand moment de cinéma.

Paris, 13 octobre
Certains amateurs fanatiques de la saga de George Lucas, incapables d'attendre la sortie française de ce jour, ont même fait le voyage, au printemps dernier, pour voir *Star Wars épisode 1 : la Menace fantôme* (*The Phantom Menace*) peu après sa sortie nord-américaine. Aux Etats-Unis, le premier jour d'exploitation a dégagé, le 19 mai, une recette de 28,5 millions de dollars. En France, avant même que les aventures de Qui-Gion Jinn, d'Obi-Wan Kenobi et de la reine Amidala (interprétés respectivement par Liam Neeson, Ewan McGregor et l'opalescente Natalie Portman) n'arrivent sur les écrans, les boutiques furent envahies d'objets dérivés et de gadgets. Le film, lui, relate la genèse de la lutte sans merci que les chevaliers Jedi menèrent contre les forces obscures et pour le Bien.

Cédric Klapisch dans les sables de Paris

Paris, 10 novembre
L'idée du scénario de *Peut-être* est des plus originales. Arthur (Romain Duris), refusant de faire un bébé à sa compagne, le soir du réveillon 2000, se retrouve, par une faille spatio-temporelle, en 2070. Là, dans un Paris ensablé, il retrouve son fils (Jean-Paul Belmondo) qui le presse de procréer : il aimerait bien naître enfin !

Iosseliani quitte le plancher des vaches

Paris, 1er décembre
Un peu à la manière de Raoul Ruiz, Otar Iosseliani peuple ses images de figures improbables mais pourtant crédibles. Dans *Adieu, plancher des vaches !*, ses personnages allient le réalisme et la poésie. Nicolas, fils d'une diva richissime et affairiste, quitte la grande maison familiale pour Paris. Les rencontres vont se succéder.

Luc Besson face à la légende de la Pucelle

Mila Jovovich, farouche et belle, incarne Jeanne d'Arc, après tant d'autres.

Paris, 27 octobre
Après Carl Dreyer, après Jacques Rivette, Luc Besson s'est emparé de l'un des mythes nationaux français : la vie, les batailles, la passion et *in fine* la mort de Jeanne d'Arc. Révélée dans *le Cinquième Elément*, Mila Jovovich endosse avec une fougue contagieuse les multiples facettes de la personnalité de celle qui fut aussi appelée la bergère de Domrémy ou la pucelle d'Orléans. Gamine, elle est traumatisée par des soudards anglais qui ravagent son village et tuent sa sœur. C'est peu après que les visions vont commencer et la pousser à apporter son aide au roi de France. Il est incarné par John Malkovich. Autour de lui, d'abord réticents, les princes du sang et les chefs de guerre (Pascal Greggory, Vincent Cassel et Tcheky Karyo) sont séduits et la soutiennent. Après les victoires vient le temps de la capture et du procès. Emprisonnée, la voix de Dieu (Dustin Hoffman sous une capuche) l'accompagnera jusqu'à la mort.

Bresson laisse 13 films

Epernon, 18 décembre
Il se faisait une idée si élevée de son art qu'il n'avait que dédain pour les films de la plupart de ses confrères. C'est dire que Robert Bresson avait plus d'ennemis que d'amis. Pourtant la mort de cet homme de 98 ans ne peut qu'inspirer le respect, d'autant que la qualité exceptionnelle de son œuvre n'est plus guère contestée. Né le 25 septembre 1901, il dut attendre l'Occupation pour tourner en 1943 son premier long métrage, *les Anges du péché*. Ce film fut en son temps très remarqué en raison de la beauté de son inspiration et d'une pureté de style qui ne cessera de s'affirmer. On dira bientôt de Robert Bresson qu'il est un cinéaste janséniste, ce qui est d'ailleurs vrai tant pour la forme que pour le fond. Aux acteurs de métier, il préférait les inconnus qu'il pouvait « modeler » selon ses vues, qui étaient très exigeantes... Des *Dames du bois de Boulogne* (1945) jusqu'à *l'Argent* (1983), il a suivi une trajectoire rectiligne où le style, de plus en plus ascétique, a pour but de révéler la présence du mal dans le monde, mais aussi celle de la grâce. Le contenu religieux de films tels que *Un condamné à mort s'est échappé* (1957) ou *Lancelot du Lac* (1974), *Pickpocket* (1959) ou le sublime *Mouchette* (1967) se trouve toutefois curieusement associé à une sensualité pour le moins troublante.

Un réalisateur rigoureux, ici en 1980.

Meg Ryan et Tom Hanks dans « Vous avez un message », de Nora Ephron.

Catherine Deneuve et Vincent Lindon dans « Belle-Maman », de G. Aghion.

Christina Ricci avec Vincent Gallo dans son film « Buffalo' 66 ».

Daniel Auteuil et Vanessa Paradis : « la Fille sur le pont », de Patrice Leconte.

Guillaume Canet et Jean Yanne dans « Je règle mon pas sur le pas de mon père », de Rémi Waterhouse.

Jennifer Jason Leigh dans « eXistenZ », ou l'amour vu par David Cronenberg.

Clint Eastwood et Isaiah Washington dans « Jugé coupable », signé Eastwood.

Emmanuel Schotté dans « l'Humanité », un film de Bruno Dumont.

Will Smith et Kevin Kline, les agents secrets de « Wild Wild West ».

Robert De Niro et Billy Cristal dans « Mafia Blues », de Harold Ramis.

Avec « South Park le film », de Trey Parker, on a les sales gosses qu'on mérite.

« Une histoire vraie » : la lenteur de David Lynch avec Richard Farnsworth.

Forest Whitaker, le héros de « Ghost Dog, la voie du samouraï », un polar signé par Jim Jarmusch.

Brad Pitt dans « Fight Club », un film éprouvant de David Fincher.

John Malkovich dans son propre rôle, « Dans la peau de John Malkovich ».

2000

Oscars, Hollywood
Film : *American Beauty* (Sam Mendes).
Acteur : Kevin Spacey.
Actrice : Hilary Swank.

Mostra d'arte cinematografica, Venise
Lion d'or : *le Cercle* (Jafar Panahi).
Meilleur acteur : Javier Bardem.
Meilleure actrice : Rose Byrne.

Festival international du film, Cannes
Palme d'or : *Dancer In the Dark* (Lars Von Trier).
Meilleur acteur : Tony Leung Chiu-wai.
Meilleure actrice : Björk.

Césars, Paris
Film : *Vénus Beauté (Institut)* (Tonie Marshall).
Acteur : Daniel Auteuil.
Actrice : Karin Viard.

France, 1er janvier
Sortie de *Une pour toutes*, de Claude Lelouch, avec Jean-Pierre Marielle, Anne Parillaud...

Paris, 15 janvier
Mort d'une légende, le producteur Alain Poiré, plus de 250 films à son actif (*13.2.1917).

Floride, 19 janvier
Décès de Hedy Lamarr (* Hedwig Eva Maria Kiesler, 9.11.1914), très connue depuis son apparition nue dans le film *Extase* en 1933.

Espagne, 29 janvier
Avec sa dernière œuvre *Tout sur ma mère*, Pedro Almodovar remporte sept Goyas (les Césars espagnols) dont celui du meilleur film.

France, 16 février
Sortie du *Dîner (La Cena)*, d'Ettore Scola, avec Fanny Ardant, Marie Gillain et Vittorio Gassman. (→ 29.6)

Berlin, 20 février
L'Ours d'or est attribué à *Magnolia*, de Paul Thomas Anderson.

Paris, 8 mars
Le prix Cyril-Collard est attribué à *Plus qu'hier, moins que demain*, de Laurent Achard.

Paris, 20 mars
Les prix Romy-Schneider et Jean-Gabin vont à Clotilde Courau et à Guillaume Canet.

France, 22 mars
Sortie de *Bulworth*, satire politique très efficace de Warren Beatty, avec lui-même et Halle Berry.

Paris, 27 mars
Lionel Jospin nomme Catherine Tasca ministre de la Culture à la place de Catherine Trautmann.

Moscou et New York, 7 avril
Sortie simultanée à l'Est et à l'Ouest de... *Est-Ouest*, de Régis Wargnier : une romance à l'ombre du Petit Père des peuples, avec Sandrine Bonnaire et Oleg Menchikov (sortie en France le 1er septembre 1999).

Los Angeles, 8 avril
Décès de l'actrice Claire Trevor qui est restée célèbre pour *Key Largo* (*8.3.1910).

France, 12 avril
Sortie de *Broadway 39e Rue* (*Cradle Will Rock*), de Tim Robbins, avec Angus MacFadyen, Vanessa Redgrave, Susan Sarandon, Bill Muray. La (vraie) tentative d'Orson Welles de monter un opéra « de gauche ».

France, 12 avril
Martin Scorsese propose *A tombeau ouvert* (*Bringing out the Dead*), avec Nicolas Cage et John Goodman.

France, 19 avril
Sortie de *la Veuve de Saint-Pierre*, un drame de Patrice Leconte, avec Juliette Binoche, Daniel Auteuil et Emir Kusturica.

France, 26 avril
Sortie d'*Une affaire de goût*, second film de Bernard Rapp, avec Bernard Giraudeau et Jean-Pierre Lorit.

New York, 7 mai
Disparition de Douglas Fairbanks Jr., fils légendaire de Douglas Fairbanks (*9.12.1909).

France, 10 mai
Vatel, film historique de Roland Joffé, avec Gérard Depardieu et Uma Thurman, sort en salles.

Londres, 21 mai
Mort de John Gielgud, comédien britannique (*14.4.1904).

France, 7 juin
Sortie d'*Un rêve à l'autre* (*Passion of Mind*), d'Alain Berliner, avec Demi Moore, une femme qui a deux vies.

Cabourg, 17 juin
Les acteurs romantiques de l'année sont Sophie Marceau et J.-P. Bacri.

Los Angeles, 1er juillet
Mort de Walter Matthau, partenaire et alter ego de Jack Lemmon dans de nombreux films (*1.10.1920).

France, 12 juillet
Olivier Assayas signe son premier film en costumes, pour un budget de 100 millions de francs : *les Destinées sentimentales*. Le trio Emmanuelle Béart-Charles Berling-Isabelle Huppert y est remarquable.

Midhurst (Angleterre), 5 août
Disparition de Sir Alec Guinness (*2.4.1914), acteur inoubliable du *Pont de la rivière Kwaï*.

Los Angeles, 12 août
Mort de l'actrice Loretta Young (*6.1.1913).

Grimaud, 26 août
Odette Joyeux, actrice et écrivain, épouse de Pierre Brasseur et mère de Claude, disparaît (*5.12.1917).

Deauville, 10 septembre
Girlfight, de Karyn Kusama, reçoit le grand prix du Festival.

France, 27 septembre
Gaumont et MK2 lancent leur carte Pass pour contrer celle d'UGC.

France, 27 septembre
Sortie de *Virgin Suicides*, de Sofia Coppola, film très attendu depuis sa présentation à Cannes en 1999.

France, 27 septembre
Les Rivières pourpres, de Mathieu Kassovitz, adapté du livre de Jean-Christophe Grangé, sort ce jour.

Lodz (Pologne), 3 octobre
Mort du cinéaste Wojciech Has, le réalisateur du *Manuscrit trouvé à Saragosse* (*1.4.1925).

France, 4 octobre
Sortie de *Esther Kahn*, d'Arnaud Desplechin, avec Summer Phoenix.

Lincoln (Etats-Unis), 7 octobre
Richard Farnsworth, rongé par le cancer, se suicide (*1.9.1920).

Los Angeles, 13 octobre
Disparition de l'actrice Jean Peters, épouse de H. Hughes (*15.10.1926).

France, 14 novembre
Box-office : *Taxi 2* arrive en tête avec 10 314 637 entrées.

France, 22 novembre
Sortie des *Blessures assassines*, de Jean-Pierre Denis, qui relate le fait divers célèbre des sœurs Papin.

Paris, 22 novembre
Disparition du comédien Christian Marquand (*15.3.1927).

France, 6 décembre
Le roi danse, un film historique de Gérard Corbiau, avec Benoît Magimel, Boris Terral, Tcheky Karyo et Claire Keim, sort sur les écrans.

Paris, 13 décembre
Le lauréat du prix Louis-Delluc est *Merci pour le chocolat*, de Claude Chabrol, avec Jacques Dutronc et Isabelle Huppert.

Premier long métrage d'Agnès Jaoui, « le Goût des autres » est le sommet de sa collaboration avec Jean-Pierre Bacri, ici avec Gérard Lanvin.

M. Night Shyamalan réussit un coup de maître à Hollywood

Paris, 5 janvier
Malcolm Crowe, un psychiatre de renom incarné par Bruce Willis, se penche sur le cas de Cole. Ce jeune garçon est sous l'emprise d'une très inquiétante et pénible pathologie : il voit les morts. Ceux-ci viennent à sa rencontre, veulent lui parler, surtout si leur mort a été violente. L'enfant est sans cesse terrifié. Et nous avec lui. La sympathie qu'éprouve le psy pour son petit patient va les réunir au-delà de tout. Night Shyamalan, qui signe aussi le scénario, a réalisé un film dense, presque étouffant, sur le souvenir, la disparition des êtres aimés et la mort. Le dénouement du *Sixième Sens* (*The Sixth Sense*) va donner la clef du film.

Haley Joel Osment, âgé de 11 ans, et Bruce Willis dans « le Sixième Sens ».

Fusion géante entre AOL et Time Warner

New York, 10 janvier
Prenant Wall Street par surprise, AOL et Time Warner ont annoncé leur mariage par échange d'actions. Estimée à 350 milliards de dollars, il s'agit plus de la prise de contrôle de Time Warner par l'un des leaders de la nouvelle économie. L'entité qui émerge symbolise une alliance idéale entre les nouveaux modes d'accès que sont les portails du Web et le premier fabricant mondial de contenus et de programmes. Time Warner possède la *major* Warner Bros, l'un des plus gros studios de la planète, dont le catalogue couvre tous les genres. (→ 11.12)

Le film d'animation japonais très créatif

Paris, 12 janvier
La Princesse Mononoke est un dessin animé qui comblera tous les âges. Frappé d'une malédiction, un jeune prince doit fuir et trouvera de l'aide auprès de deux femmes. Ce conte épique qui se déroule dans un Japon médiéval mêle la fable pour enfants et la tragédie shakespearienne, le tout teinté de chamanisme. Conçue par Hayao Miyazaki, cette réussite graphique et narrative confirme la bonne santé de l'animation au pays du Soleil-Levant. Du *Tombeau des lucioles* à *Porco Rosso*, en passant par *Mon voisin Totoro*, ces films sont extraordinairement adultes.

Laurent Cantet dans le monde du travail

Paris, 16 janvier
Diffusé en avant-première sur Arte le 14, *Ressources humaines* sort sur les écrans. Ce film du jeune cinéaste Laurent Cantet décrit avec précision les conflits de classes au sein d'une entreprise de province, à travers une histoire symbolique : le propre fils de l'un des ouvriers de l'usine y fait un stage dans le service « ressources humaines » après ses études. Mais le jeune homme, loin de faire le jeu du patron, embrassera délibérément la cause du personnel. Tourné dans un style documentaire, ce film à la fois engagé et nuancé fait le point sur la classe ouvrière française.

Une superbe composition de Sean Penn

Dans « Accords et Désaccords », de W. Allen, il est un guitariste imaginaire.

Paris, 26 janvier
Biographie imaginaire, exercice de style virtuose, déclaration d'amour du cinéaste au jazz : Woody Allen a su réunir tout cela dans *Accords et Désaccords* (*Sweet and Lowdown*). Sean Penn y campe Emmet Ray, un guitariste génial. Cet homme, dont Allen nous peint la vie, a le malheur d'être aussi un mari exécrable et un être tout simplement suicidaire. Cet alcoolique, ringard et colérique, se mue en dieu de la musique dès que ses doigts touchent les cordes. C'est l'occasion pour nous de voyager dans une Amérique sortant à peine de la Dépression, un pays de losers et de gangsters, avec deux actrices remarquables, Samantha Morton, la maîtresse muette d'Emmet, et Uma Thurman, son épouse. (→ 6.12)

Superproduction : une gouvernante anglaise chez le roi du Siam

Paris, 26 janvier
La comédie musicale *le Roi et moi*, avec Yul Brynner et Deborah Kerr, en 1956, avait déjà donné lieu à une adaptation télévisuelle au milieu des années 60. C'est le cinéma, à son tour, qui s'empare de cette histoire véridique : l'arrivée et la vie d'une gouvernante anglaise à la cour de Siam au milieu du XIXe siècle. Dans le rôle de la jeune Britannique, Jodie Foster se retrouve face à l'un des acteurs fétiches du réalisateur John Woo, Chow Yun-Fat. La luxuriance de cette superproduction réalisée par Andy Tennant en est le premier atout : jungle, palais, éléphants et costumes chatoyants.

Chow Yun-Fat et Jodie Foster dans « Anna et le roi », d'Andy Tennant.

Inflation des sorties de films : inquiétude

Paris, 28 janvier
L'hebdomadaire de la profession, *le Film français*, s'inquiète du nombre grandissant de sorties. Sous le gros titre « Trop de films tue le film ! », il y est rappelé que le nombre de longs métrages distribués en salle est passé de 361 à 595 entre 1993 et 1999, soit une hausse de 65 %. Dans le même temps, le nombre moyen d'entrées par film a considérablement décru. Le public se disperse et des films pourtant dotés d'un fort potentiel, très souvent des premières œuvres françaises, quittent trop rapidement les salles alors que la part du cinéma américain ne cesse de croître.

Claude Autant-Lara a tourné des brûlots

Un cinéaste qui a beaucoup dérangé.

Antibes, 5 février
La disparition de ce cinéaste quasi centenaire (né le 5 août 1901) a fait l'objet de commentaires contrastés. Les cinéphiles célèbrent la mémoire d'un anticonformiste viscéral, à qui la bêtise et la cruauté des hommes, alliées à l'hypocrisie bourgeoise, ont inspiré ses meilleurs films, de *Douce* (1943) à *la Traversée de Paris* (1956) et du *Diable au corps* (1947) à *Tu ne tueras point* (1961) qui lui attira les foudres de la censure. Mais d'autres rappellent surtout qu'Autant-Lara a été élu député européen en 1984 sur la liste du Front national. Un choix qui avait d'autant plus étonné que ce vieil « anar » s'était laissé aller à de fâcheux écarts de langage.

Vadim avait donné LA femme à l'écran

Roger Vadim dirige Bardot dans « la Bride sur le cou », tourné en 1961.

Paris, 11 février
Roger Vadim est mort, laissant dans la mémoire du cinéma français l'une des œuvres les plus mythiques de ces cinquante dernières années. Il avait vu le jour le 26 janvier 1928. C'est alors qu'il travaillait dans l'ombre de Marc Allégret comme assistant qu'il tomba amoureux de Brigitte Bardot. C'était une petite débutante dont il allait faire une star. En 1955, Vadim tourne avec elle son premier film, *Et Dieu créa la femme*, qui recueille un formidable succès de scandale et fait de Brigitte Bardot le symbole d'une libération des mœurs qui tardait, il est vrai, à venir... Le cinéaste n'aura pas toujours la main aussi heureuse et entretiendra de façon parfois peu adroite son image de libertin. Il eut aussi pour égérie Jane Fonda, avec qui il réalisa *la Curée* (1965).

Tim Burton emmène le spectateur ailleurs avec « Sleepy Hollow »

Paris, 9 février
L'adaptation par Tim Burton de *la Légende du Val dormant*, nouvelle fantastique très célèbre aux Etats-Unis, a donné un film où le cinéaste a encore su déployer son goût pour le bizarre et les décors gothiques. Johnny Depp est un jeune officier de police de New York, envoyé dans un village pour y enquêter sur une série de morts inexpliquées. A la fin du XVIIIe siècle, son rationalisme se heurte aux croyances villageoises : un chevalier sans tête (Christopher Walken) est revenu de l'enfer pour se venger des humains. Il sera aidé dans sa recherche de la vérité par Christina Ricci, à l'allure préraphaélite et troublante.

Johnny Depp dans un rôle magistral en détective au pays des ombres.

« Vénus Beauté (Institut) » : quatre Césars

Paris, 19 février
Les Césars ont fêté leurs 25 ans, et les choix ont entraîné, fait rare, de réelles surprises. C'est le cas pour les quatre récompenses attribuées à Tonie Marshall pour *Vénus Beauté (Institut)* : celles de meilleurs film, réalisateur, scénario et jeune espoir féminin (Audrey Tautou). Ce film avait face à lui des adversaires de taille : Patrice Leconte avec *la Fille sur le pont* (César du meilleur acteur pour Daniel Auteuil) et Luc Besson avec *Jeanne d'Arc* (Césars du son et des costumes). Quant à la meilleure actrice, c'est Karin Viard qui a été honorée pour *Haut les cœurs !*, de Solveig Anspach.

Nathalie Baye et Audrey Tautou dans « Vénus Beauté (Institut) ».

Leni Riefenstahl accidentée au Soudan

Soudan, 29 février
A 97 ans, Leni Riefenstahl tient une forme olympique ! Celle qui fut dans les années trente la cinéaste favorite d'Adolf Hitler s'est payé le luxe d'un accident d'hélicoptère dont elle s'est tirée avec des blessures sans gravité. Reconvertie depuis une quarantaine d'années dans la photographie, Leni Riefenstahl était en campagne chez les Noubas du Soudan, et cela entre deux séances de plongée dans la mer Rouge ! L'auteur du *Triomphe de la volonté* et des *Dieux du stade* est en vérité un personnage qui ne saurait laisser indifférent. Au point qu'elle a donné une idée sulfureuse à Jodie Foster : jouer son rôle à l'écran...

Dans un village des Noubas en 1977.

« Le Goût des autres » attire le public

Paris, 1er mars
Pour son premier film en tant que réalisatrice, Agnès Jaoui suscite une belle unanimité chez les critiques. A travers les tourments culturels et amoureux d'un P-dg de PME (que joue Jean-Pierre Bacri), elle a réussi, en effet, à évoquer tous les ressorts de notre petite comédie humaine : l'amour, l'indifférence, la répulsion, mais avec une prédilection marquée pour le mépris, comme moteur de nos actes et paroles. Que dit ce film de si essentiel ? Nous sommes tous le ringard d'un autre et nous faisons des moues de dédain sur tous et sur tout. Alain Chabat, Gérard Lanvin, Anne Alvaro et Agnès Jaoui (dans un petit rôle) sont les piliers de cet émouvant théâtre des illusions.

Agnès Jaoui (réalisatrice, coscénariste et actrice), avec G. Lanvin et A. Chabat.

Minghella retrouve Patricia Highsmith

Paris, 8 mars
Quarante ans après *Plein Soleil*, de René Clément, le réalisateur anglais Anthony Minghella nous propose, avec *le Talentueux Mr. Ripley* (*The Talented Mr. Ripley*), une nouvelle adaptation du roman du même nom de Patricia Highsmith. Tom Ripley (Matt Damon) est envoyé en Italie pour ramener au bercail le fils d'un milliardaire (Jude Law) qui coule des jours heureux sur la Riviera, en compagnie de son amie, que joue Gwyneth Paltrow. Au lieu de faire le rabat-joie, Ripley va s'identifier au jeune homme riche, jalouser sa vie jusqu'à prendre sa place. Le film demeure fidèle à cette fascination morbide qui habite le roman.

Sam Mendes honoré par les Oscars

Kevin Spacey et Annette Bening dans « American Beauty ».

Los Angeles, 26 mars
La 72e cérémonie des Oscars a fait la part belle à des personnages ou à des films qui ébranlent les certitudes du rêve américain. Après bien des déboires – statuettes dérobées puis retrouvées dans une décharge –, les Oscars des meilleurs acteurs ont été décernés à Hilary Swank pour son rôle de lesbienne travestie dans *Boys Don't Cry* et à Kevin Spacey dans la satire féroce de la classe moyenne qu'est *American Beauty*. Ce premier long métrage de Sam Mendes a reçu cinq Oscars, dont celui du meilleur film. *Tout sur ma mère*, réalisé par l'Espagnol Pedro Almodovar, a été désigné meilleur film étranger.

Krawczyk a mis le turbo : « Taxi 2 »

Paris, 29 mars
Sur la lancée du phénomènal succès du premier, *Taxi 2* réunit le même duo d'acteurs. Frédéric Diefenthal et Samy Naceri incarnent encore une fois Emilien, jeune inspecteur éberlué et maladroit mais efficace, et Daniel, chauffeur de taxi virtuose du volant et empereur incontesté de l'excès de vitesse. Signée par Gérard Krawczyk et produite par Besson, cette réalisation met en scène des méchants toujours caricaturaux et des acteurs ne doutant de rien.

UGC lance sa « carte orange du cinéma »

Lyon, 2 avril
Le circuit UGC, le premier réseau de salles français, innove encore. Il lance une carte illimitée à l'année. Pour 1 176 francs (soit 98 francs par mois), le détenteur de la carte peut aller autant de fois qu'il le veut au cinéma. Certes, son abonnement est pris pour une durée minimale d'un an mais UGC représente 350 écrans et 42 cinémas sur tout le territoire. Cette formule inédite s'adresse aux gros consommateurs de films pour les fidéliser. Mais ces cinéphages sont également ceux qui font vivre les salles d'art et essai. Si UGC les capte, les circuits indépendants sont menacés de mort. (→27.9)

Un chauffeur qui n'a peur de rien, même pas de s'envoler au-dessus de Paris.

Après la folie des cartes Pokémon, le film

Quand les Japonais savent prendre un marché pour le grand plaisir des enfants.

Paris, 5 avril
Pokemon (contraction de « Pocket Monsters »), c'est tout d'abord une tornade commerciale d'une ampleur jamais vue. Ce fut au début un jeu pour Game Boy, ensuite des cartes, des figurines et des produits dérivés, puis des dessins animés. Après les millions de jeux vendus au Japon, aux Etats-Unis et en Europe, c'est désormais un film. Celui-ci ne fait que reprendre le principe du jeu : la capture des 150 Pokemon peuplant cet univers virtuel. Les enfants ne se poseront pas de questions alors que les parents s'avouent dépassés par ce qui est surtout un phénomène de société. Le dessin animé, signé de Kunihiko Yuyama, ne s'embarrasse pas d'esthétisme inutile.

L'hommage de Bertrand Blier aux acteurs

Jacques Villeret, Claude Rich et André Dussollier sont trois des « Acteurs ».

Paris, 5 avril
Depuis ses premiers films, Bertrand Blier gâte ses acteurs. Il leur offre des morceaux d'anthologie, nous les révèle ou leur permet de changer de registre et de genre. Lui-même fils d'un immense comédien, il a voulu réaliser l'équivalent d'un buffet à volonté où chaque spectateur serait à même de retrouver tous les grands acteurs français du moment. Ils sont tous venus, toutes les générations confondues : Josiane Balasko, Pierre Arditi, Dominique Blanc, Claude Brasseur, Jacques Villeret, Alain Delon, Jean-Paul Belmondo, Jean-Pierre Marielle, Jean-Claude Brialy, Sami Frey, François Berléand sans oublier Michel Serrault. Un film doux, amer et nostalgique.

Quand la réalité dépasse la fiction...

Ile-de-France, 20 avril
Arborant le célèbre masque et la cape de *Scream*, un adolescent de 16 ans a tenté de tuer ses parents à coups de couteau de cuisine. C'est d'ailleurs le lendemain de la sortie du dernier épisode de la trilogie qu'il est passé à l'acte. A Fontenay-aux-Roses, le jeune garçon est décrit comme psychologiquement fragile. Blessés, ses parents sont hors de danger. Après s'être enfui par une fenêtre et une nuit d'errance près de la gare Montparnasse, cet apprenti assassin, qui dit avoir prémédité son geste, a été retrouvé et interné.

Julia Roberts explose en justicière

Paris, 26 avril
Avec *Erin Brockovich (Seule contre tous)*, Steven Soderbergh a réussi un magnifique portrait de femme. Il s'agit d'un genre classique, celui du film d'avocats, avec son enquête, son procès, ses rebondissements et sa victoire finale. Mais le cinéaste a donné le rôle de la mère célibataire, sans le sou et débrouillarde à Julia Roberts et cela change tout. Forte tête, elle va se faire engager dans un cabinet comme secrétaire, découvrir un scandale écologique et médical et mener jusqu'au bout le combat en faveur des victimes. Au final, elle aura gain de cause.

Dirigée par S. Soderbergh dans « Erin Brockovich », c'est une star au sommet.

135 000 acteurs américains sont en grève

Etats-Unis, 1er mai
Les deux syndicats de comédiens, qui rassemblent les 135 000 acteurs nord-américains, ont voté la grève totale. Ils veulent renégocier à la hausse les contrats de tournage des publicités. Ces contrats ne tiennent pas compte, pour l'instant, de toutes les diffusions sur le câble et le Net. Du côté des publicitaires, on voulait au contraire passer à un système de forfait encore moins avantageux. Des manifestations ont déjà eu lieu à Chicago, New York et bien sûr Los Angeles, les trois principaux pôles de la production audiovisuelle. La dernière grève des acteurs ayant paralysé le secteur remonte à 1988. En ces temps difficiles, les tournages de publicités sont vitaux.

« La » Maintenon voulait laver ses fautes

Isabelle Huppert, remarquable, dans « Saint-Cyr », de Patricia Mazuy.

Paris, 17 mai
Le film de Patricia Mazuy retrace avec passion le projet de Madame de Maintenon de mettre en place une école pour les jeunes filles de la noblesse. Ses idées pédagogiques étaient si novatrices, les préceptes religieux qu'elle y prônait si teintés de jansénisme, que les plus hautes autorités ecclésiastiques décidèrent de reprendre en main cette école. Avec Isabelle Huppert et de jeunes comédiennes remarquables, Nina Meurisse et Morgane More, ce film nous expose avec une acide acuité les enjeux d'un XVIIe siècle finissant : les luttes religieuses et politiques et le refus définitif de voir les femmes s'émanciper. *Saint-Cyr* a reçu le prix Jean-Vigo le 25 avril dernier.

Björk triomphe à Cannes

Björk et Catherine Deneuve dans « Dancer in the Dark », de Lars Von Trier.

Cannes, 21 mai
Le jury du 53e Festival, que Luc Besson présidait, a surpris par son audace. Il a en effet récompensé un des réalisateurs européens les plus novateurs du moment, le Danois Lars Von Trier. Il obtient la Palme d'or avec le drame musical *Dancer in the Dark*. La chanteuse islandaise qui en incarne la vedette, Björk, se voit attribuer le prix d'interprétation féminine alors que le prix masculin est décerné au Chinois Tony Leung Chiu-wai. Quant au prix de la mise en scène, il a été donné à Edward Yang pour *Yi-Yi*, et celui du jury, ex æquo, au film de l'Iranienne Samira Makhmalbaf, *le Tableau noir*, et à *Chansons du deuxième étage*, film du Suédois Roy Andersson.

Jugnot, « Meilleur espoir féminin »

Paris, 31 mai
Coiffeur à Cancale, Yvon (Gérard Jugnot) espère que sa fille suivra la même voie. Peine perdue, celle-ci (Bérénice Bejo) veut être actrice et part pour Paris. Yvon, incapable de comprendre un tel choix, la suit. Du pur comique à la tendresse, le film de Gérard Jugnot, *Meilleur espoir féminin*, surprend agréablement.

La jet-set devient à la mode pour tous

Paris, 14 juin
Le film de Fabien Onteniente, *Jet Set*, mêle la comédie grotesque et efficace au tableau de mœurs. Un comédien au chômage (Samuel Le Bihan) décide d'infiltrer la mythique jet-set. Il s'agit d'aider un ami dont le bar de banlieue périclite. Ebloui, il rencontre une galerie grisante de personnages : Lambert Wilson, José Garcia et Ornella Muti.

Retour du péplum avec « Gladiator »

Russell Crowe en plein mythe de la Rome impériale, dirigé par Ridley Scott.

Paris, 20 juin
Rares sont les cinéastes capables de restituer le passé sans anachronisme et sans faute de goût. Ridley Scott est sans conteste de ceux-là. Dès son tout premier film, *les Duellistes* (*The Duellists*, 1976), il nous avait offert une splendide évocation de l'épopée napoléonienne. Cette fois sa passion de l'Histoire l'a conduit au cœur de la Rome antique : *Gladiator* raconte les aventures d'un général (joué par Russell Crowe) qui se retrouve dans la peau d'un gladiateur. Le début du film est époustouflant : Ridley Scott y dépeint avec la précision d'un vrai spécialiste de l'histoire militaire une bataille entre les légions romaines et les tribus germaniques. La suite vaut le détour aussi : pour les combats des gladiateurs certes, mais plus encore pour les scènes où Scott dépeint les mœurs des Romains, leur religion et leurs rites ancestraux. On peut dire que ce péplum est une réhabilitation de la civilisation romaine, qui fut si souvent maltraitée dans le passé par les cinéastes hollywoodiens.

Vittorio Gassman manque déjà au cinéma

Rome, 29 juin
Vittorio Gassman était le prince de la comédie « à l'italienne » à laquelle il avait apporté un humour des plus personnels, fondé sur la dérision. Né le 1er septembre 1922, à Gênes, il avait brillamment débuté au théâtre avant de s'imposer dès les années 40 dans des films de cape et d'épée (*le Chevalier mystérieux*, 1949) ou des mélodrames (*Riz amer*, 1949). Mais c'est dans le registre comique qu'il devait triompher, avec d'étonnants personnages de matamores dans des films comme *le Fanfaron* (1966) et *Parfum de femme* (1975), de Dino Risi, ou *Brancaleone aux croisades* (1970), de Mario Monicelli. Décédé aujourd'hui, il avait lui-même signé quelques films (*Kean*, 1956).

1990 : dans « les Mille et Une Nuits ».

Claude Sautet a été emporté par un cancer

Avec Romy Schneider et Michel Piccoli à la première des « Choses de la vie ».

Paris, 22 juillet
Ses films illustraient un classicisme typiquement français. Claude Sautet (né le 23 février 1924 à Montrouge) avait débuté comme réalisateur avec deux superbes thrillers, *Classe tous risques* (1960) puis *l'Arme à gauche* (1965), avant de connaître un grand succès en 1970 avec *les Choses de la vie*. Personne n'a peint avec autant de subtilité les failles psychologiques et morales de la bourgeoisie, comme dans *César et Rosalie* (1972) ou *Vincent, François, Paul et les autres* (1974). Mais ses tout derniers films avaient pris une ton plus personnel et plus mélancolique, et notamment *Nelly et M. Arnaud* (1995).

John Woo-Tom Cruise, alliance détonante

Paris, 26 juillet
Après *Volte-Face*, John Woo est en train de s'imposer comme le grand spécialiste de la cascade impossible à Hollywood. C'est d'ailleurs pour cette raison que les Américains lui ont fait quitter Hong-Kong. Avec Tom Cruise comme partenaire, en producteur du film et en interprète principal, le cinéaste a donc fait de ce *Mission : impossible 2* un festival de sauts, de performances physiques et une référence absolue en matière de chorégraphie de la violence. Un agent très spécial, joué par Cruise, doit récupérer un virus qui pourrait ravager la Terre. Il réussira bien sûr après avoir beaucoup souffert.

Controverse et scandale pour « Baise-moi »

Paris, 6 juillet
Sorti le 28 juin dernier, censuré par le Conseil d'Etat deux jours plus tard, *Baise-moi* est totalement retiré des salles ce jour. L'interdiction aux moins de 16 ans a été remplacée par un classement X, ce qui obligeait à n'exploiter le film que dans le réseau des salles X, quasiment inexistant. Le film de Virginie Despentes et de Coralie Trinh Thi relance le vieux débat, jamais résolu, sur les limites de la pornographie. Très violent et très cru, effectivement, il raconte la cavale meurtrière de deux jeunes femmes (jouées par Karen Bach et Raphaëla Anderson, deux actrices venant du porno justement), avec une surenchère de provocations, tant verbales que visuelles.

« X Men », de la bande dessinée à l'écran

Paris, 16 août
S'il est encore impossible de prédire le succès de *X Men* en France, le film de Bryan Singer (*Usual Suspects*) a attiré les foules aux Etats-Unis. C'est en effet l'adaptation d'une bande dessinée culte, que tous les jeunes connaissent. Les X Men sont des superhéros d'un genre particulier : leurs pouvoirs les ont mis au ban de la société, qu'ils protègent du Mal. Certains d'entre eux se révoltent contre les humains. Cela débouche sur une tragédie mutante.

Quand on retrouve un vieil ami... Harry

Paris, 9 août
Harry, un ami qui vous veut du bien est un film qui mérite amplement le qualificatif d'« hitchcockien ». Le malaise s'installe peu à peu, comme les ambiguïtés. Dominik Moll nous raconte une histoire simple : Michel (Laurent Lucas) et sa femme (que joue Mathilde Seigner) retrouvent Harry (Sergi Lopez), ami de lycée du premier. La bienveillance de cet Harry, toujours prêt à aider Michel et à réveiller ses envies cachées, va tourner à la folie criminelle.

Sergi Lopez (Harry) va semer le doute sous le toit de ses amis d'enfance.

Trois bagnards sous l'œil des frères Coen

John Turturro, Tim Blake Nelson et George Clooney dans « O'Brother ».

Paris, 30 août
Présenté à Cannes, le nouveau film des frères Coen (Joel à la réalisation et Ethan à la production) est une délicieuse et loufoque transposition d'Homère dans l'Amérique de la Dépression. *O'Brother* est l'odyssée de trois bagnards en cavale, dont l'un (joué par George Clooney) est justement prénommé Ulysses, avec une sémillante moustache à la Clark Gable. Les trois hommes doivent échapper à leurs poursuivants mais aussi récupérer un butin. Comme le héros légendaire d'Homère, ils vont multiplier les rencontres, heureuses ou désastreuses. Malgré un manque flagrant d'à-propos et de jugeote, la chance n'abandonnera jamais nos faux héros du rêve américain.

Les papys restent vaillants dans l'espace

Clint Eastwood (acteur-réalisateur) et Tommy Lee Jones : « Space Cowboys ».

Paris, 6 septembre
Clint Eastwood, avec son dernier film *Space Cowboys*, a signé une fringante comédie. Anciens pilotes d'essai ou astronautes des débuts de la conquête spatiale, nos quatre héros sont rappelés de leur retraite par la Nasa. Interprétés par Tommy Lee Jones, James Garner, Donald Sutherland et Clint lui-même, ils sont les seuls à pouvoir « dompter » un satellite russe devenu fou. C'est l'occasion pour les quatre larrons de prendre une revanche méritoire sur la jeune génération. Ils s'en donnent à cœur joie, tant sur Terre que dans l'espace. Le réalisateur-acteur a une autre réussite à son actif, celle de ne pas s'être laissé phagocyter par les trucages au détriment des hommes.

Un Iranien prend le Lion d'or à Venise

Le grand prix spécial du jury est allé à « Before Night Falls », film de Julian Schnabel (Etats-Unis/ci-dessus avec des lunettes), et la coupe Volpi du meilleur acteur à l'Espagnol Javier Bardem pour ce même film (à gauche de Schnabel).

Venise, 10 septembre
Le jury de la 57e Mostra, présidé par Milos Forman, a rendu public son palmarès. Le Lion d'or a été remis au *Cercle*, du cinéaste iranien Jafar Panahi. C'est une nouvelle preuve de la vitalité retrouvée du cinéma perse. Le film américain de Julian Schnabel, *Before Night Falls*, sur la vie de l'écrivain cubain homosexuel Reynaldo Arenas, a été doublement récompensé. La coupe Volpi de la meilleure actrice est revenue à Rose Byrne, une Australienne, dans *The Goddess of 1967*, de Clara Law. Le prix Mastroianni du meilleur jeune comédien a été, lui, attribué à la Britannique Megan Burns, pour son rôle dans *Liam*, de Stephen Frears. Avec des films iraniens, indiens et coréens présentés, l'Asie a encore ravi les cinéphiles.

Ang Lee... tel un maître

Zhang Ziyi et Michelle Yeoh dans l'époustouflant « Tigre et Dragon ».

Paris, 4 octobre
Cinéaste sensible, capable d'adapter Jane Austen dans l'excellent *Raison et Sentiments*, Ang Lee a réussi avec *Tigre et Dragon* (*Crouching Tiger, Hidden Dragon*) à marier cinéma d'auteur et cinéma d'arts martiaux, deux choix stylistiques longtemps considérés comme inconciliables. Cette grosse production américano-taiwanaise nous emporte dans une Chine de légende. Un maître des arts de combat souhaite se retirer. Il doit confier son épée au seigneur Té, mais sur la route de Pékin celle-ci est volée. A côté de Chow Yun Fat, le film donne la part belle à deux actrices magnifiques, Michelle Yeoh et Zhang Ziyi, qui, de combats en poursuites spectaculaires à travers la Chine, donnent toute sa densité à un film épique.

L'amour ? Plus d'un an de tournage

Paris, 8 novembre
In the Mood for Love, du cinéaste Wong Kar-wai, va nous transporter dans le Hong-Kong des années 60. Il s'agit d'une magnifique variation, baignée dans une atmosphère douce et mélancolique, sur un amour qui ne peut aboutir. Un homme et une femme (joués par Tony Leung et Maggie Cheung) emménagent dans des appartements voisins par hasard le même jour. Leurs deux vies ne vont pas cesser de se croiser. Leurs conjoints respectifs sont absents, et ce vide les attire l'un vers l'autre. Mais jamais ils ne vont franchir le pas de la transgression.

Second film de Woody Allen cette année : « Escrocs mais pas trop »

Le réalisateur revient devant la caméra pour jouer un ex-truand devenu patron.

Paris, 6 décembre
Un Woody Allen pour les fêtes, cela ne se refuse pas ! D'autant que pour tourner *Escrocs mais pas trop* (*Small Time Crooks*), le maître new-yorkais a renoué avec l'inspiration loufoque et dévastatrice de ses premiers films. Il joue lui-même le rôle d'un minable et sympathique cambrioleur rêvant de faire fortune pour offrir à celle qui partage son existence (Tracey Ullman) une vieillesse dorée sous les cocotiers. Au fil de très nombreux rebondissements, le cinéaste règle ses comptes avec la haute société de New York dont les dessous sont loin d'être d'une blancheur immaculée ! Avec ce « petit » film, Allen a battu son record au *box-office* américain.

Un géant naît avec Vivendi Universal

Paris, 11 décembre
Vivendi Universal a fait son entrée en Bourse. Cette première cotation scelle la naissance officielle de ce qui est d'ores et déjà le deuxième groupe mondial de communication, détenu à 59 % par Vivendi. Canal + contrôle 12 % et Seagram 29 %. Jean-Marie Messier et Edgar Bronfman Jr. vont régner sur un empire qui sera aussi bien cinématographique, musical (Polygram), éditorial (Havas) que téléphonique et télévisuel (30 000 heures de programmes et pas moins de 47 millions d'abonnés). Vivendi Universal contrôle les contenus et la diffusion : une machine redoutable.

Un camp de prisonniers en animation pour enfants et adultes

Peter Lord et Nick Park, les deux réalisateurs de « Chicken Run ».

Paris, 13 décembre
Les deux compères, Peter Lord et Nick Park, sont déjà les pères de Wallace et Gromit. Pour *Chicken Run*, ils s'inspirent clairement de *la Grande Evasion* et de son camp de prisonniers de guerre anglo-saxons en Allemagne. Ici, ce sont des poules et des poulets qui vont, par tous les moyens, tenter d'échapper à leur destin, qui est de finir en farce dans des tourtes à la volaille. Cette fable d'animation est délirante et géniale de cocasserie. Elle est également plus profonde qu'elle n'en a l'air. Les animaux prisonniers y ont une âme et la leçon est amère : ils doivent échapper à l'enfer que symbolisent leurs geôliers humains.

Gérard Blain était un rebelle intransigeant

Paris, 17 décembre
La mort de Gérard Blain, alors qu'il préparait un nouveau film, a surpris tous les cinéphiles qui admiraient le cinéaste, mais aussi le grand public qui n'avait pas oublié celui qui avait été le James Dean français dans les années 50 et 60, avec *le Beau Serge* ou *les Cousins* (*23.10.1930). Au début des années 70, renonçant à sa carrière d'acteur, il révéla d'emblée un talent de réalisateur très original. Obsédé par la décadence des valeurs traditionnelles, il a su inventer des personnages inoubliables de révoltés au cœur pur, ainsi dans *le Rebelle* (1980) et *Pierre et Djemila* (1987), ou dans *Ainsi soit-il*, sorti le 29 mars.

1963 : six ans après « le Beau Serge ».

Des gants de boxe aux cours de danse

Paris, 20 décembre
Billy Elliot, de Stephen Daldry, est sûrement l'archétype de ce que le cinéma britannique sait le mieux faire : raconter comment un destin peut se détourner, dire à quel point le salut est dans l'art. Né dans une famille ouvrière, le jeune Billy Elliot est promis à la boxe, comme tous les mâles de la maison. Il va en être tout autrement. Billy aime la danse et il y est prodigieusement doué. Il va subir tous les quolibets, toutes les entraves sociales et culturelles, pour finalement en triompher. Pour son premier film, Daldry, metteur en scène de théâtre, s'est assuré un énorme succès en Grande-Bretagne.

Jamie Bell, 13 ans : « Billy Elliot ».

Virginie Ledoyen, L. DiCaprio et G. Canet dans « la Plage », de Danny Boyle.

G. Clooney, Ice Cube et M. Wahlberg : « les Rois du désert », de D. O. Russell.

Matt Damon dans « le Talentueux Mr. Ripley », d'Anthony Minghella.

Paul Blain, le fils de Gérard, dans le dernier film de celui-ci : « Ainsi soit-il ».

Hilary Swank, un Oscar pour « Boys Don't Cry », de Kimberly Peirce.

Al Pacino dans le monde d'Oliver Stone : « l'Enfer du dimanche ».

Matthew Perry, B. Willis et Amanda Peet : « Mon voisin le tueur », de J. Lynn.

Gary Sinise dans l'univers de Brian De Palma : « Mission to Mars ».

Bruce Willis et Michelle Pfeiffer dans « Une vie à deux », de Rob Reiner.

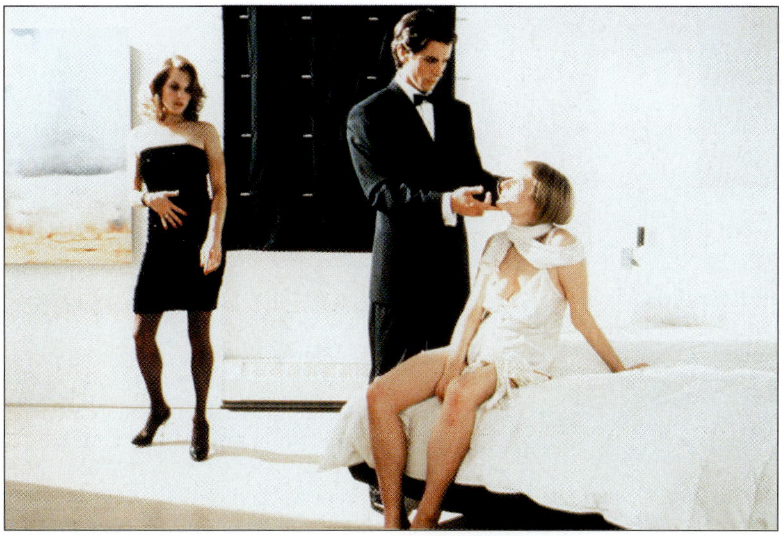

Krista Sutton, Christian Bale et Cara Seymour dans « American Psycho ».

R. Everett et Madonna : « Un couple presque parfait », de J. Schlesinger.

J. Carrey et Renée Zellweger dans « Fous d'Irène », de Peter et Bobby Farrelly.

Patrick Stewart et Famke Janssen (à droite) dans « X Men », de Bryan Singer.

Mark Wahlberg et Joaquin Phoenix dans « The Yards », de James Gray.

C. Diaz, Lucy Liu et D. Barrymore dans « Charlie et ses drôles de dames ».

2001

Oscars, Hollywood
Film : *Gladiator* (Ridley Scott)
Acteur : Russell Crowe
Actrice : Julia Roberts

Mostra d'arte cinematografica, Venise
Lion d'or : *Monsoon Wedding* (Mira Nair)
Meilleur acteur : Luigi Lo Cascio
Meilleure actrice : Sandra Ceccarelli

Festival international du film, Cannes
Palme d'or : *la Chambre du fils* (Nanni Moretti)
Meilleur acteur : Benoît Magimel
Meilleure actrice : Isabelle Huppert

Césars, Paris
Film : *le Goût des autres* (Agnès Jaoui)
Acteur : Sergi Lopez
Actrice : Dominique Blanc

Amsterdam, 7 janvier
Décès du documentariste hollandais Johan Van der Keuken (*4.4.1938).

France, 10 janvier
Sortie de *Mortel Transfert*, film de Jean-Jacques Beineix interprété par Jean-Hugues Anglade, Yves Rénier et Hélène de Fougerolles.

Paris, 10 janvier
Le prix Simone-Genevois (meilleur livre de cinéma) est attribué à Alain Paucard pour *la France de Michel Audiard*.

Cannes, 26 janvier
Décès de Claude Beylie, historien du cinéma, spécialiste notamment de Max Ophuls (*22.1.1932).

Saint-Tropez, 30 janvier
Disparition de Jean-Pierre Aumont (*5.1.1911), qui fut révélé dans *Lac aux dames* et *Hôtel du Nord*.

France, 7 février
Sortie de *la Vérité si je mens ! 2*, de Thomas Gilou, avec José Garcia et Richard Anconina.

Hitzacker (Allemagne), 12 février
Décès de Kristina Söderbaum, star du cinéma du IIIe Reich et épouse du cinéaste Veit Harlan (*5.9.1912).

Los Angeles, 19 février
Décès du réalisateur et producteur Stanley Kramer (*29.9.1913), qui fut l'auteur de *Un monde, fou, fou, fou* et *Devine qui vient dîner ?*.

Paris, 23 février
Décès du réalisateur Robert Enrico (*13.4.1941), auteur de succès tels que *le Vieux Fusil* (1975).

Paris, 28 février
Sortie d'un remake de *la Poison*, un classique de Sacha Guitry : *Un crime au paradis*, signé Jean Becker, avec Jacques Villeret et Josiane Balasko.

Los Angeles, 22 mars
Disparition du cinéaste d'animation William Hanna (*14.7.1910). Avec Joseph Barbera, il créa les personnages de Tom et Jerry.

France, 28 mars
Sortie de *Mercredi, folle journée !*, de Pascal Thomas, comédie interprétée par Vincent Lindon.

France, 4 avril
Sortie de *Yamakasi*, un film d'Ariel Zeitoun produit par Luc Besson.

France, 25 avril
Sortie de *la Bicyclette de Pékin*, de Wang Xiaoshuai (Chine).

France, 16 mai
Sortie des *Ames fortes*, réalisé par Raoul Ruiz, avec Lætitia Casta et Frédéric Diefenthal.

Paris, 30 mai
Jacques Chirac se déclare enchanté après s'être fait projeter *le Fabuleux Destin d'Amélie Poulain* à l'Elysée.

Cabourg, 17 juin
Sandrine Bonnaire (*Mademoiselle*, de Philippe Lioret) est sacrée actrice la plus romantique de l'année.

France, 4 juillet
Sortie de *Shrek*, film d'animation en images de synthèse, de Vicky Jenson et Andrew Adamson. Il est en tête du box-office aux Etats-Unis.

Paris, 12 juillet
L'interdiction aux moins de 18 ans est rétablie par Catherine Tasca, le ministre de la Culture. Cette mesure permettra à certains films classés X de sortir normalement.

France, 15 août
Sortie du premier film aux acteurs créés en images de synthèse : *Final Fantasy*, d'Hironobu Sakaguchi.

Los Angeles, 24 août
Décès de Jane Greer (*9.9.1924), dont la beauté ténébreuse fut l'atout de thrillers comme *la Griffe du passé* (1947), de Jacques Tourneur.

Bordeaux, 29 août
Décès, suite à un malaise en avion, de Francisco Rabal, acteur espagnol qui fut la vedette de films de Buñuel dont *Nazarin* (*8.3.1926).

France, 29 août
Sortie d'*Absolument fabuleux*, film de Gabriel Aghion, joué par Josiane Balasko et Nathalie Baye.

France, 29 août
N'étant plus classé X, *Baise-moi*, de Virginie Despentes et Coralie Trinh Thi, ressort en salles, assorti d'une interdiction aux moins de 18 ans.

France, 5 septembre
Sortie du film de Christian Carion, *Une hirondelle a fait le printemps* (Mathilde Seigner, Michel Serrault).

France, 12 septembre
Agé de 94 ans, le cinéaste portugais Manoel de Oliveira sort *Je rentre à la maison*, avec Michel Piccoli.

Paris, 19 septembre
Les événements de New York et le récent assassinat du commandant Massoud ont incité un exploitant à reprendre *Massoud, l'Afghan*, beau film documentaire de Christophe de Ponfilly déjà sorti en 1998.

France, 19 septembre
Sortie de *Vidocq*, film de Pitof avec Gérard Depardieu, réalisé par une caméra vidéo haute définition.

France, 26 septembre
François Dupeyron confirme tout son talent avec un drame sur 14-18, *la Chambre des officiers*, interprété par Eric Caravaca, Denis Podalydès et Gregori Derangère.

France, 3 octobre
Sortie de *Moulin Rouge*, film de Baz Luhrmann, avec Nicole Kidman et Ewan McGregor. Ce n'est pas un remake du *Moulin-Rouge* réalisé par John Huston en 1953 !

Moscou, 28 octobre
Décès de Grigori Tchoukraï, auteur de classiques du cinéma soviétique tels que *la Ballade du soldat* ou *Ciel pur* (*23.5.1921).

France, 14 novembre
Sortie de *Tosca*, l'opéra de Puccini filmé par Benoît Jacquot et chanté par le trio de rêve formé par Angela Gheorghiu, Ruggero Raimondi et Roberto Alagna.

France, 28 novembre
Pour le centième anniversaire de la naissance de Walt Disney, sortie de *l'Atlantide, l'empire perdu*.

Ramona (Californie), 29 novembre
Décès d'un maître du western, Budd Boetticher (*29.7.1916), auteur de *Sept Hommes à abattre*.

Paris, 10 décembre
Le film de Patrice Chéreau *Intimité* couronné par le prix Louis-Delluc.

Senlis, 12 décembre
Mort de Jean Richard (*18.4.1921), qui créa des rôles comiques à l'écran dans les années cinquante avant de devenir Maigret à la télévision.

La France est tombée sous le charme d'Audrey Tautou avec « le Fabuleux Destin d'Amélie Poulain », conte de fées moderne de Jean-Pierre Jeunet.

CLAUDIE OSSARD ET UGC PRESENTENT
AUDREY TAUTOU
MATHIEU KASSOVITZ
Le Fabuleux Destin d'Amélie Poulain
Un film de JEAN-PIERRE JEUNET
CLAUDIE OSSARD ET UGC PRESENTENT "LE FABULEUX DESTIN D'AMELIE POULAIN" UN FILM DE JEAN-PIERRE JEUNET AVEC AUDREY TAUTOU MATHIEU KASSOVITZ RUFUS LORELLA CRAVOTTA SERGE MERLIN JAMEL DEBBOUZE CLAIRE MAURIER CLOTILDE MOLLET
ISABELLE NANTY DOMINIQUE PINON ARTUS DE PENGUERN YOLANDE MOREAU URBAIN CANCELIER MAURICE BENICHOU AVEC LA VOIX DE ANDRE DUSSOLLIER SCENARIO DE GUILLAUME LAURANT ET JEAN-PIERRE JEUNET DIALOGUES GUILLAUME LAURANT
PHOTO BRUNO DELBONNEL SON JEAN UMANSKY DECORS ALINE BONETTO COSTUMES MADELINE FONTAINE MUSIQUE YANN TIERSEN MONTAGE HERVE SCHNEID A.C.E MONTAGE SON GERARD HARDY MIXAGE VINCENT ARNARDI C.A.S EFFETS VISUELS ALAIN CARSOUX/DUBOI
PREMIER ASSISTANT REALISATEUR CHRISTOPHE VASSORT DIRECTEUR DE PRODUCTION JEAN-MARC DESCHAMPS
TAPIOCA FILMS, FRANCE 3 CINEMA, MMC INDEPENDANT GMBH
www.amelie-lefilm.com
PRODUIT PAR CLAUDIE OSSARD. UNE COPRODUCTION VICTOIRES PRODUCTIONS,
SOFINERGIE 5 ET LE SOUTIEN DE LA FILMSTIFTUNG NRW GMBH AVEC LA PARTICIPATION DE CANAL+
UGC
UFD

Veber remet le couvert avec « le Placard »

Daniel Auteuil et Gérard Depardieu.

Paris, 17 janvier
Francis Veber vit aux Etats-Unis et avoue sans complexe sa dette envers la comédie américaine. Il n'en reste pas moins bien français. Et, après le succès du *Dîner de cons*, cet auteur complet et comblé reprend dans *le Placard* le personnage de Pignon, dans la peau duquel Daniel Auteuil succède à Jacques Villeret. L'idée : menacé de licenciement, Pignon se fait passer pour homosexuel afin de sauver sa tête. Son patron ne voudra pas prendre le risque de passer pour homophobe... Le film n'a pas coûté moins de 95 millions de francs, et l'affiche est complétée par Gérard Depardieu et Thierry Lhermitte.

Les députés se penchent sur la carte UGC

Paris, 31 janvier
Les chiffres sont tombés : à Paris, les salles UGC ont enregistré en 2000 une hausse de fréquentation de 22 % grâce à la carte « UGC-Illimité » qui permet, pour 98 F par mois, l'accès illimité à ces salles. La formule a été lancée le 2 avril 2000, suspendue le 9 mai, à la demande de Catherine Tasca, ministre de la Culture, puis relancée le 26 juillet, le Conseil de la concurrence, alerté, ayant différé sa décision. Les députés ont débattu le 24 janvier dernier d'un projet de loi d'encadrement pour protéger les exploitants indépendants. A suivre...

La bête du Gévaudan rugit sur les écrans

Paris, 31 janvier
Le divorce entre le grand public et la critique est-il consommé ? Dès sa sortie, *le Pacte des loups* a en effet été plébiscité par les spectateurs, les critiques faisant le plus souvent la fine bouche. Inspiré de l'affaire de la bête du Gévaudan qui remplit la France d'effroi sous Louis XV, le film a bénéficié d'un budget de 200 millions de francs, soit de quoi faire concurrence au cinéma américain. Passionné de cinéma fantastique et de thrillers, déjà auteur en 1995 du brillant *Crying Freeman*, d'après un manga japonais, Christopher Gans n'a pas lésiné sur les effets spéciaux pour donner un ton hollywoodien à cette production Canal +, jouée par Samuel Le Bihan et Vincent Cassel.

Une spectaculaire intrusion des arts martiaux en plein XVIIIe siècle français !

Chéreau rafle la mise au Festival de Berlin

Cui Lin en plein effort dans « la Bicyclette de Pékin », de Wang Xiaoshuai.

Berlin, 18 février
Le 51e Festival de Berlin n'a de nouveau pas dérogé à sa réputation anticonformiste qu'il cultive bien volontiers. Le grand vainqueur de la compétition, Patrice Chéreau, a en effet triomphé avec *Intimité*, un film où les rapports sexuels sont exaltés et présentés comme le plus beau mode de communication entre les êtres. Le cinéaste français a reçu la récompense suprême, l'Ours d'or, mais aussi le prix « L'Ange bleu » du meilleur film européen, le prix d'interprétation féminine revenant à Kerry Fox, la vedette du film. Quant au prix d'interprétation masculine, il a été attribué à Benicio Del Toro pour *Traffic* de Steven Soderbergh. Ours d'argent, enfin, pour un bijou du cinéma chinois : *la Bicyclette de Pékin*, de Wang Xiaoshuai.

Césars pour Agnès Jaoui et Dominik Moll

Paris, 24 février
Tout le monde attendait ce soir *le Goût des autres*, et c'est en effet le film d'Agnès Jaoui qui a remporté le César du meilleur film, après un succès commercial mérité. L'autre grand vainqueur attendu est *Harry, un ami qui vous veut du bien*, avec le César du meilleur réalisateur pour Dominik Moll, l'auteur de ce film très original qui commence comme une comédie et vire au cauchemar, et celui du meilleur acteur pour le remarquable Sergi Lopez. Parmi les autres lauréats incontestés figurent *Ressources humaines*, film politique de Laurent Cantet (meilleur premier film), et *In the Mood for Love*, le film chinois (Hong Kong) de Wong Kar-Wai (meilleur film étranger).

Tony Leung Chiu-wai et Maggie Cheung dans « In the Mood for Love ».

Une chocolatière nommée Juliette Binoche

Juliette Binoche dans « le Chocolat », tourné dans un village de la Côte-d'Or.

Paris, 28 février
Alors qu'elle poursuit une très belle carrière au théâtre à New York, où elle joue dans *Trahison*, une pièce d'Harold Pinter, Juliette Binoche se rappelle à notre meilleur souvenir en incarnant une chocolatière dans un film de Lasse Hallström justement intitulé *le Chocolat*. Une production américaine tournée dans un village français maquillé aux couleurs des années 50 et reconstruit en partie dans des studios londoniens, et où, avec Johnny Depp, la belle Juliette répand le péché de gourmandise au sein d'une communauté on ne peut plus rétrograde... La fable n'est pas sans rappeler, évidemment, *le Festin de Babette* de Gabriel Axel (1987), avec Stéphane Audran. C'est aussi une ode à la tolérance et au plaisir, mais peut-être moins savoureuse.

Cinq Oscars pour le péplum de Ridley Scott

Michael Douglas et Amy Irving dans « Traffic » : un Oscar pour Soderbergh.

Los Angeles, 23 mars
Au Shrine Auditorium, c'est Steve Martin qui présentait la cérémonie de remise des Oscars. Cérémonie au demeurant fort traditionnelle, qui a valu à Ridley Scott de recevoir celui du meilleur film pour *Gladiator*. Ce magnifique péplum a été largement récompensé puisque quatre autres Oscars lui sont revenus, dont celui du meilleur acteur (Russell Crowe). Juliette Binoche, avec *le Chocolat*, avait quelque espoir pour l'Oscar de la meilleure actrice : mais c'est Julia Roberts qui l'a remporté grâce à son rôle dans *Erin Brockovich*, de Steven Soderbergh. Lequel a également été couronné meilleur réalisateur pour son autre film, *Traffic*. Une bonne soirée aussi pour le Tawainais Ang Lee et *Tigre et Dragon*, meilleur film étranger avec quatre Oscars à la clé.

La bataille de Stalingrad filmée à Berlin

Paris, 14 mars
Présenté en ouverture du Festival de Berlin le mois dernier, *Stalingrad* est une production franco-américaine, tournée en langue anglaise dans les studios berlinois de Babelsberg ainsi que dans d'anciennes casernes des troupes d'occupation soviétiques en Allemagne de l'Est. Le scénario est inspiré d'un épisode authentique de la bataille de Stalingrad : le duel que se livrent deux tireurs d'élite russe et allemand (Jude Law et Ed Harris) en 1942, et qu'orchestre à des fins de propagande le parti communiste. Après la quête spirituelle qu'il avait illustrée dans *Sept Ans au Tibet*, c'est cette fois un pur drame humain que Jean-Jacques Annaud a voulu traiter dans cet ambitieux film de guerre.

Belphégor de retour au musée du Louvre

Paris, 4 avril
Après *le Pacte des loups*, le cinéma français continue de réhabiliter les bons vieux genres populaires et à les moderniser à grand renfort d'effets spéciaux. Toujours sous la houlette de Studio Canal (la puissante société de production de Canal +), c'est au tour de Jean-Paul Salomé de tenter de faire peur à ses concitoyens avec *Belphégor, le fantôme du Louvre*. Le sujet n'est pas neuf. L'histoire de la momie égyptienne qui terrorise tout le musée et envoûte une innocente jeune fille (Sophie Marceau) est une adaptation d'un feuilleton d'Arthur Bernède porté à l'écran en 1926 par Henri Desfontaines, à l'époque du muet, avant de devenir en 1965 l'un des grands succès de la télévision.

Cinq dessins animés cette semaine !

Paris, 4 avril
Le cinéma d'animation japonais est encore à l'honneur : avec *Digimon* de Mamoru Hosada, mais surtout avec cette merveille de poésie graphique qu'est le film d'Isao Takahata, *Mes voisins de Yamada*. Poésie aussi, et inventivité, pour les courts métrages du Russe Garri Bardine, réunis dans *Bardine tous courts*, et plus que des promesses pour les auteurs français de *la Poussière des rêves* (sept courts métrages). Une déception : *Pinocchio et Gepetto* de Michael Anderson.

Amélie Poulain apporte une bouffée de poésie au public français

Audrey Tautou devient une star avec « le Fabuleux Destin d'Amélie Poulain ».

Paris, 25 avril
Lorsque les responsables du Festival de Cannes ont visionné *le Fabuleux Destin d'Amélie Poulain*, ils ont fait la moue et assuré que le film n'avait aucune chance d'être sélectionné. Du coup le réalisateur, Jean-Pierre Jeunet, a préféré renoncer et sortir le film avant Cannes. Bien lui en a pris ! Produit par UGC, ce conte de fées moderne, où la jolie Audrey Tautou met sens dessus dessous le vieux Montmartre, enchante d'ores et déjà le public français, qui trouve là une diversion pleine de poésie aux morosités de la vie quotidienne.

Les films européens ont séduit les jurés du Festival de Cannes

« La Chambre du fils » : Palme d'or.

Isabelle Huppert et Benoît Magimel, ou le duo triomphal de « la Pianiste ».

Cannes, 20 mai
Jody Foster ayant déclaré forfait, pour cause de maternité prochaine et de tournage, c'est Liv Ullman, la grande actrice norvégienne chère à Ingmar Bergman, qui a finalement présidé le jury. Un bon festival, mais le palmarès a été jugé un peu trop conformiste par certains critiques. On a regretté également l'« oubli » dont le dernier film de Jean-Luc Godard a été victime. *Eloge de l'amour* est une méditation sur la fin de l'histoire et une critique acérée de l'Amérique, une œuvre majeure qui eût fait une certes audacieuse, mais légitime, Palme d'or. Celle-ci a été attribuée à *la Chambre du fils*, film italien de Nanni Moretti qui a su toucher le jury par la gravité de son sujet : comment le lien familial peut survivre à la mort d'un enfant. L'Autrichien Michael Haneke n'est pas reparti les mains vides : avec sa sulfureuse *Pianiste*, il a remporté le grand prix du jury. Isabelle Hupert, admirable, est repartie avec le prix d'interprétation féminine et son partenaire, Benoît Magimel, avec celui d'interprétation masculine.

Du cinéma sur le TGV Méditerranée

France, 10 juin
Non seulement il est possible d'aller de Paris à Marseille en trois heures avec le TGV Méditerranée, mais on peut se distraire fort agréablement pendant le voyage en louant dès le départ un lecteur DVD portable, un casque et, bien sûr, un film. Cette innovation s'appelle Cinétrain et est appelée à être généralisée sur tout le réseau TGV. Actuellement, plus de 170 films sont offerts par Cinétrain, dont une trentaine pour enfants.

Le vétéran Anthony Quinn nous a quittés

Etats-Unis, 3 juin
Né d'un père irlandais cameraman au temps du cinéma muet et d'une mère mexicaine qui avait fait le coup de feu avec Pancho Villa, Anthony Quinn (Antonio Quinones-Oaxaca de son vrai nom) était un survivant de l'âge d'or d'Hollywood. Décédé à Boston à 86 ans (*21.4.1915), il fut révélé par Cecil B. De Mille dans *Une aventure de Buffalo Bill* (1937) et sera longtemps cantonné dans des rôles d'Indien ou de Mexicain avant de s'imposer véritablement. C'est Federico Fellini qui lui a permis de donner toute la mesure de son talent dans *la Strada* (1954), après quoi sa carrière fut internationale. Celle-ci culmina avec le mémorable *Zorba le Grec* de Michel Cacoyannis (1964).

Il était très impressionnant dans « Barabbas », de Richard Fleischer (1962).

L'attaque de Pearl Harbor à l'américaine

Paris, 6 juin
Les trois derniers quarts d'heure du film sont époustouflants : le public a véritablement l'impression d'être au cœur de la bataille lorsque les avions japonais bombardent Pearl Harbor. Mais, jusqu'au feu d'artifice final, il faut bien dire que l'attente est un peu longue. Et c'est ce qui explique l'accueil mitigé dont *Pearl Harbor* est l'objet. Réalisée par Michael Bay et interprétée par Ben Affleck, Josh Hartnett et Kate Beckinsale, cette grosse production américaine a sans doute souffert d'un scénario plutôt faible, à la sentimentalité convenue. Quant à savoir ce qui s'est vraiment passé le 7 décembre 1941 à la base navale de Pearl Harbor, mieux vaut relire un bon livre d'histoire !

L'avant-première du film avait eu lieu sur le site même du drame, à Hawaii.

Hollywood en deuil : Jack Lemmon est mort

« La Garçonnière » : un grand rôle.

Los Angeles, 27 juin
Il avait pour vrai nom John Uhler Lemmon III et sortait de l'une de ces grandes familles de Boston, où il était né (*8.2.1915), qui orientent plus volontiers leurs rejetons vers les affaires que sur les planches. Mais il ne l'entendait pas de cette oreille, et c'est à Harvard qu'il fit ses débuts à la scène. Devenu Jack Lemmon, il passa du théâtre au cinéma, dans des rôles comiques pétris d'émotion. *Certains l'aiment chaud* (1959) et *la Garçonnière* (1960), de Billy Wilder, firent sa gloire, et il reçut un Oscar avec le bouleversant *Sauvez le tigre*, de John Avildsen (1973).

Monica Bellucci, le nouvelle femme fatale

« Malena » : Monica Bellucci, que l'on a découverte dans « le Pacte des loups ».

Paris, 27 juin
Giuseppe Tornatore fait retour à sa Sicile natale et, peut-être aussi, à ses souvenirs d'adolescent. *Malena*, en effet, raconte l'histoire d'une veuve de guerre dont la séduction trouble suscite désirs et réprobation dans son village, et fait le bonheur d'un jeune néophyte en matière de joutes amoureuses. La splendeur âpre de la Sicile fait un écrin rêvé à la très incendiaire Monica Bellucci. Si bien que l'on est un peu moins attentif à son partenaire, Giuseppe Sulfaro !

Tom Cruise et Nicole Kidman, c'est fini !

Los Angeles, 8 août
Le 5 février dernier, l'annonce de leur séparation avait surpris : Nicole Kidman et Tom Cruise formaient le couple hollywoodien idéal. Mariés depuis le 24 décembre 1990, parents de deux enfants adoptifs (Isabella et Connor), tous les deux membres de l'Eglise de scientologie et unis pour l'éternité à l'écran avec *Eyes Wide Shut* de Stanley Kubrick, ils étaient en apparence inoxydables. Toujours est-il que le divorce est prononcé, que leur fortune, évaluée à quelque 350 millions de dollars, est partagée, et que l'on a souvent vu Tom Cruise avec l'actrice Penelope Cruz...

Ils garderont les enfants tour à tour.

Les singes contrôlent à nouveau la planète

Et si l'homme descendait du singe ? Une fable fantastique signée Tim Burton.

Paris, 22 août
Après Franklin J. Schaffner qui, en 1968, porta à l'écran le beau roman de Pierre Boulle (paru en 1963), et après des ersatz moins réussis (en particulier à la télévision), c'est Tim Burton qui nous livre « sa » version de *la Planète des singes*. Tourné en extérieurs en Australie, à Hawaii et en Arizona, bénéficiant d'un budget de 100 millions de dollars, le film est une œuvre de science-fiction réalisée avec la maîtrise dont le cinéaste américain est capable, mais surtout une fable ironique dont l'Amérique fait ici les frais. Il est interprété par Mark Wahberg, Kris Kristofferson et Helena Bonham Carter, pour qui Tim Burton aurait, dit-on çà et là, des penchants très, très tendres.

Philippe Léotard était resté un franc-tireur

Paris, 25 août
Frère de l'ancien ministre François Léotard, cet acteur sensible fuyait le monde dans les paradis artificiels et dans des idéaux d'un autre âge. Né le 28 août 1940 à Nice, il s'appelait exactement Ange Philippe Léotard Tomasi, mais c'est sous le nom de Philippe Léotard qu'il promènera son sourire amer et mélancolique dans des films dont les meilleurs ne seront pas toujours les plus célèbres, comme *le Franc-Tireur* de Jean-Max Causse et Roger Taverne (1975) et le poétique *Rouge-Gorge* de Pierre Zucca (1984). Il chantait joliment et fut couronné par un César avec *la Balance* de Bob Swaim (1983).

Une insuffisance respiratoire l'a tué.

Eric Rohmer a réinventé le septième art

Paris, 7 septembre
Eric Rohmer a gardé à l'âge de 81 ans une fraîcheur créatrice des plus surprenantes, comme en témoigne *l'Anglaise et le duc*. S'inspirant des mémoires d'une aristocrate anglaise qui fut la maîtresse du duc d'Orléans et qui échappa de peu à la guillotine, Rohmer livre un tableau effrayant de la Terreur dans ses heures les plus sanglantes. C'est aussi par sa forme que le film, superbement interprété par Lucy Russell (l'Anglaise) et par Jean-Claude Dreyfus (le duc), fera date : renouant avec l'esthétique des premiers films muets, Rohmer fait jouer ses acteurs devant des toiles peintes, mais délicatement animées grâce à des trucages numériques. Une moderne lanterne magique.

Hollywood est sous le choc des attentats

Los Angeles, 13 septembre
Les attaques terroristes d'avant-hier contre New York et Washington ont déjà des répercussions à Hollywood. La sortie de films évoquant des faits similaires a été repoussée. C'est le cas de *Bad Company*, avec Anthony Hopkins, de *Big Trouble*, avec Tim Allen, de *Collateral Damage*, avec Arnold Schwarzenegger, et de *The Sum of All Fears*, avec Ben Affleck. Le dernier Scorsese, *Gangs of New York*, est aussi menacé bien qu'il n'y soit pas question de terrorisme : il est trop violent. Enfin, les Twin Towers ont été « effacées » sur deux films, *Zoolander* et *Serendipity*.

La condition des femmes afghanes dévoilée dans « Kandahar »

Hassan Tantai et Niloufar Pazira dans ce film qui a été primé par l'Unesco.

Paris, 24 octobre
Lorsqu'il fut présenté à Cannes, le 11 mai dernier, *Kandahar* reçut un excellent accueil, mais sans vraiment créer l'événement. Mais depuis le 11 septembre, le monde entier tourne son regard vers l'Afghanistan. D'où l'opportunité de la sortie de ce film de Mohsen Makhmalbaf, cinéaste iranien dont la réputation n'est plus à faire. Dans *Kandahar*, il dépeint la condition des femmes afghanes à partir d'un fait réel : une journaliste afghane (Niloufar Pazira) retourne clandestinement dans son pays pour retrouver sa jeune sœur, qui a perdu les deux jambes et veut se suicider pour échapper à la loi des talibans. Un plaidoyer aux images terribles.

Spielberg tourne un scénario de Kubrick

Haley Joel Osment et Jude Law.

Paris, 24 octobre
Le dernier film de Steven Spielberg était d'autant plus attendu que c'est Stanley Kubrick qui, en fait, aurait dû le réaliser. Kubrick avait en effet adapté une nouvelle de Brian Aldiss, puis légué son scénario à Spielberg. Situé dans un futur proche, le récit développe les rapports qui se nouent entre un couple et un enfant-robot doté d'une intelligence artificielle. D'où le titre, *A.I.* (pour « artificial intelligence »). Le résultat : un conte dans la lignée de *E.T.*, qui fait aussi songer à *Pinocchio* dont Spielberg ne cache pas s'être inspiré, fidèle en cela aux intentions de Kubrick.

Le cauchemar hollywoodien de David Lynch

Laura Elena Harring, une révélation.

Paris, 22 novembre
Prix de la mise en scène au Festival de Cannes, *Mulholland Drive* restera sans doute comme l'une des œuvres les plus originales de David Lynch, dans la lignée de *Blue Velvet* et de *Lost Highway*. Deux jeunes femmes se rencontrent à Hollywood (Naomi Watts et Laura Elena Harring). La première est amnésique, la seconde veut lui faire recouvrer sa mémoire et son identité. Sur cet argument, le cinéaste américain tisse une intrigue en forme de labyrinthe, qui conduit le spectateur au cœur d'un véritable cauchemar. Détail : le film fut tourné à l'origine pour la télévision.

D'Artagnan ressort sa vieille rapière...

Paris, 7 novembre
Le cinéma américain manque-t-il de patience ? Toujours est-il que Peter Hyams n'a pas attendu le bicentaire d'Alexandre Dumas (en 2002) pour sortir une nouvelle version des *Trois Mousquetaires*, intitulée *D'Artagnan*, avec Justin Chambers (d'Artagnan) et Catherine Deneuve (la reine). Si ce film n'ajoute rien à la gloire de Dumas, il démontre que le roman a gardé toute sa vitalité ! Rappelons que la première des très nombreuses adaptations à l'écran date de 1910 (le film était italien) et que c'est en 1913 qu'Henri Pouctal tournera la première mouture française, avec le célèbre (alors) Edouard De Max.

Tous les enfants rêvent de devenir sorcier comme Harry Potter

Daniel Radcliffe, Rupert Grint et Emma Watson apprennent l'art d'être sorcier.

Paris, 5 décembre
Joanne K. Rowling est un écrivain comblé ! Les quatre premiers tomes des aventures d'Harry Potter ont été vendus à 100 millions d'exemplaires avant même la sortie du film qui en a été tiré. Un phénomène de société qui touche autant les adultes que les enfants, auxquels les livres étaient en principe destinés, et qui s'est d'ores et déjà multiplié avec la formidable campagne de publicité qui a précédé l'arrivée d'Harry Potter à l'écran. Le film, *Harry Potter à l'école des sorciers*, a été supervisé de très près par la jeune romancière britannique, afin que son univers fantastique soit fidèlement respecté. Ce qu'a fait le réalisateur, Chris Columbus, avec le plus grand soin. Et efficacité.

Jacques Perrin vole avec les oiseaux

Paris, 12 décembre
Producteur et réalisateur, avec ses deux complices Jacques Cluzaud et Michel Debats, de ce documentaire poétique qu'est *le Peuple migrateur*, Jacques Perrin a voulu instaurer un « rapport lyrique avec les oiseaux ». De l'Islande au Kenya, en passant par New York, le film fait participer directement le spectateur au voyage des grues, des oies, des cigognes ou des canards, grâce à des techniques de prise de vues nouvelles : Jacques Perrin a fait par exemple installer des caméras sur des ULM, afin de filmer au plus près leurs migrations et de s'évader de la Terre avec eux.

Des elfes, des hommes, des magiciens, des orques et des Hobbits

Le magicien Gandalf (Ian McKellen) engage le combat du bien contre le mal.

Paris, 19 décembre
Avec *le Seigneur des anneaux*, cette monumentale trilogie dans laquelle les mythes immémoriaux du monde celtique et nordique étaient comme réinventés, le romancier britannique J.R.R. Tolkien (1892-1973) s'était hissé au premier rang de ce genre typiquement anglo-saxon que l'on a appelé *l'heroic fantasy*. La trilogie fit l'objet d'un véritable culte et, en 1978, Ralph Bakshi en tira un film d'animation. Certes plus ambitieuse est la version, avec acteurs, dont la première partie, « la Communauté de l'anneau », sort aujourd'hui (il y en aura deux autres). Une gageure que Peter Jackson a relevée avec brio et sans jamais trahir Tolkien.

Le dernier enfant du couple Kidman-Cruise

Nicole Kidman pose devant l'affiche des « Autres », d'Alejandro Amenabar.

Paris, 26 décembre
Lors de la première des *Autres* à Los Angeles, le 7 août dernier, Nicole Kidman et Tom Cruise ont réussi à ne pas se croiser. C'était la veille de leur divorce... Ils avaient pourtant deux bonnes raisons d'être réunis, Nicole Kidman étant la vedette de ce film d'Alejandro Amenabar, et Tom Cruise le producteur. Le public français découvre donc aujourd'hui ce huis clos angoissant situé à Jersey en 1945, où une femme protège ses enfants de la lumière du jour et où d'étranges phénomènes ne vont pas manquer de se produire... Ce n'est pas trahir les secrets du réalisateur espagnol recyclé à Hollywood que de dire qu'il a beaucoup pensé à un certain Alfred Hitchcock !

La France s'emballe pour les films en DVD

France, 31 décembre
Bientôt les magnétoscopes ne seront plus qu'un souvenir. Lancé en 1996, le DVD (« Digital Video Disc ») a d'ores et déjà détrôné les cassettes, du moins pour la commercialisation des films préenregistrés. En 2001, dans les Fnac, les cassettes vidéo ne représentaient plus qu'un petit tiers des ventes, par rapport aux films en DVD. Chiffre significatif : la France aura été, toujours en 2001, en tête des ventes de lecteurs de DVD pour l'Europe, soit quelque deux millions d'appareils vendus. En revanche, la vente des lecteurs-enregistreurs est timide : leur coût reste encore trop élevé pour la plupart des ménages.

Le drôle de Noël préparé par Abel Ferrara

Paris, 26 décembre
Sortir un film appelé *Christmas* le lendemain de Noël, voilà une idée à laquelle aucun distributeur n'aurait pu résister ! Mais le petit Noël que nous a concocté Abel Ferrara n'est pas de ceux que l'on a l'habitude de trouver dans ses souliers. L'auteur inspiré de *King of New York* et de *Bad Lieutenant* transforme en effet la fête en cauchemar pour un couple de dealers (Drea De Matteo et Lilo Brancato Jr.) pris dans la nasse d'un flic ripou. Difficile d'être insensible à cette vision quasi mystique d'une Amérique obsédée par le mal !

Le cinéma français a su redresser la barre

France, 31 décembre
Cocorico ! Il y a bien longtemps que le cinéma français ne s'était si bien porté, tous secteurs confondus. La santé du cinéma, ce sont d'abord les spectateurs qui l'assurent : ils auront été près de 190 millions cette année à payer leur ticket d'entrée, soit une progression de 14 % par rapport à l'année dernière. Il faut remonter à 1984 pour retrouver des chiffres du même ordre. Publiées par le journal corporatif *le Film français* et par le CNC, les statistiques font apparaître un phénomène encourageant : pour la première fois depuis les années quatre-vingt, les films français ont talonné les films américains : 40,7 % des parts de marché contre 50,2 %. Ces résultats tiennent évidemment à la percée inattendue du *Fabuleux Destin d'Amélie Poulain*, qui dépasse les 8 millions d'entrées, au succès de *la Vérité si je mens ! 2*, qui n'est pas loin de les atteindre, et aux très bons chiffres enregistrés par *le Placard* et *le Pacte des loups*, pour ne citer que les films sortis en 2001. Et l'on ne peut que se réjouir du succès d'un film comme *Une hirondelle a fait le printemps* qui, malgré son allure de « petit film » et son côté intimiste, a réalisé 2 316 280 entrées. Quant au cinéma américain, qui a connu un grave échec avec *Pearl Harbor*, il a perdu 12 % des parts de marché par rapport à l'année dernière.

« La Vérité si je mens ! 2 », un grand succès, avec Gilbert Melki (à droite), Richard Anconina et Gad Elmaleh.

Robert De Niro et Ben Stiller dans « Mon beau-père et moi », de Jay Roach.

Jean-Hugues Anglade dans « Mortel Transfert », de Jean-Jacques Beineix.

Gérard Depardieu et Glenn Close dans « les 102 Dalmatiens » de Kevin Lima.

Le retour de Charlotte Rampling dans « Sous le sable », de François Ozon.

« Un crime au paradis », de Jean Becker : Jacques Villeret et Josiane Balasko.

Le toujours excellent Anthony Hopkins dans « Hannibal », de Ridley Scott.

« Digimon, le film » : les images sont mises à l'écran par Mamoru Hosada.

« A la rencontre de Forrester », de Gus Van Sant : Rob Brown et Sean Connery.

Couleurs et musiques pour « Moulin Rouge », de Baz Luhrmann. Nicole Kidman en star de la Belle Epoque.

« Shrek », d'Andrew Adamson et Vicky Jenson. Un ogre bien sympathique !

Sam Neill dans « Jurassic Park III », de Joe Johnston. A quand le quatrième ?

La merveilleuse Sandrine Bonnaire avec Jean-Pierre Améris, qui l'a si bien dirigée dans « C'est la vie ».

Renée Zellweger et Hugh Grant dans « le Journal de Bridget Jones », film de Sharon Maguire, d'après le roman d'Helen Fielding qui fut un succès mondial.

Jean-Pierre Léaud étonnant dans « le Pornographe », de Bertrand Bonello.

Sommaire des annexes

ASSISTANT-RÉALISATEUR
Véritable bras droit du réalisateur, premier assistant, il a une connaissance approfondie du projet. Il a suivi toutes les étapes de la préparation et sait quelles sont les intentions de l'auteur. Une fois achevé le découpage technique du film, le metteur en scène le confie à son assistant. Celui-ci recense par rubriques tous les éléments nécessaires à chaque plan. Il établit l'emploi du temps de chacun, la liste des costumes, accessoires, effets spéciaux, décors. Sur le tournage, il assume les contraintes matérielles.

SCRIPTE
Elle est à la fois la secrétaire et la mémoire du film. A la fin de chaque journée de tournage, la scripte rédige plusieurs rapports et un livre de bord destinés au laboratoire et à la production. Elle précise les consignes de tirage, indique les modifications, mentionne les incidents de plateau. Munie d'un Polaroid et de fiches, elle veille à chaque détail des plans tournés. Ainsi seront évités, pendant le tournage et au montage, les fautes de raccord. Elle est un réalisateur spécialisé dans le détail.

DIRECTEUR DE LA PHOTO
Encore appelé chef opérateur, c'est le collaborateur technique le plus important sur le tournage. Dès le début du projet, il définit avec le réalisateur le format à utiliser, le type de caméras, d'objectifs et de machines à louer. Véritable trait d'union entre les acteurs et le metteur en scène, il reconstitue sur la pellicule le climat voulu par ce dernier. Le directeur de la photo n'assure pas toujours l'enregistrement des prises de vues ; il dirige alors toute une équipe : cadreur, pointeur, éclairagistes.

INGÉNIEUR DU SON
Il y a souvent deux techniciens : l'ingénieur du son de tournage et l'ingénieur du son d'auditorium. Le premier, pendant le tournage, s'occupe de la prise de son direct (ou son témoin), assisté d'un perchiste et de plusieurs stagiaires. Il doit résoudre les problèmes d'acoustique, obtenir des timbres de voix naturels. Le second intervient dès le montage. Il établit le son définitif du film, après avoir mixé et postsynchronisé toutes les bandes-son, dialogues, bruits et musiques.

SCÉNARISTE-DIALOGUISTE
Il écrit d'abord un synopsis de quelques pages pour résumer l'action et définir les personnages. Le traitement développe les grands moments et péripéties. La troisième étape de son travail est la continuité dialoguée. Le scénario aboutit au découpage technique, qui précise tous les éléments du film.

RÉGISSEUR
Il assure le support logistique du tournage et recherche le matériel à louer, les moyens de transport, les machines et accessoires, les hôtels, restaurants, bureaux et salles de réunion pour l'équipe. En liaison avec la production, il doit trouver les plateaux de tournage et les auditoriums nécessaires.

DÉCORATEUR
Contacté dès l'écriture du scénario, il fait construire les bâtiments et les intérieurs nécessaires au film. Il dessine les plans, établit un devis et travaille avec les maçons, les menuisiers, les tapissiers, les accessoiristes. On l'appelle souvent architecte décorateur, car de son travail dépend le réalisme du film.

MAQUILLAGE ET COIFFURE
La maquilleuse, qui est aussi souvent coiffeuse, intervient avant le tournage et entre chaque prise. Elle tient compte des éclairages utilisés sur le plateau, calcule ses tons et ses dégradés. Pour les besoins de certains films, le maquillage devient un art en soi et rejoint le domaine très perfectionniste des effets spéciaux.

COSTUMES ET ACCESSOIRES
Dès la fin du découpage technique, le premier assistant dresse la liste des costumes et accessoires. Le costumier choisit ou crée les habits des acteurs. Il travaille en liaison directe avec l'ensemblier, qui s'occupe des meubles, et avec le décorateur et les maquilleuses, de façon à éviter des anachronismes gênants.

MONTAGE
Le chef monteur fait une mise à la file des plans sélectionnés. A partir de cette copie de travail s'effectuent les opérations de coupe, la mise au point des raccords, la sélection des transitions, la synchronisation de l'image et du son. Le réalisateur doit garder la maîtrise du montage, acte créatif final de son œuvre.

Du projet au montage financier...

Bertrand Tavernier aux prises avec son nouveau projet : « L. 627 ».

Frédéric Bourboulon, producteur de terrain, déjà dans les décors du film.

En près de trente ans de métier, l'inspiration n'a jamais fait défaut à Bertrand Tavernier pour réaliser les films les plus divers. L'auteur de *l'Horloger de Saint-Paul*, *le Juge et l'Assassin*, *Coup de torchon*, *Autour de minuit*, *la Vie et rien d'autre*... s'est toujours frotté aux phénomènes de société. Soit par la fiction historique – *Que la fête commence*, *la Passion Béatrice* – le reportage – *Mississippi Blues*, *la Guerre sans nom* – ou les récits ancrés dans la réalité immédiate – *Des enfants gâtés*, *Une semaine de vacances*. Sa recherche de la nature humaine se poursuit de film en film, et souvent ses œuvres naissent au hasard de ses impressions, de ses émotions, de ses rencontres. Pendant l'été 1990, Nils Tavernier, fils de Bertrand et lui-même acteur, présente à son père un enquêteur de police, Michel Alexandre, qui travaille dans un groupe « stup » et traque le revendeur sur la voie publique. Nils a connu Michel Alexandre sur le tournage de *Sale comme un ange*, de Catherine Breillat : le policier véritable conseillait les policiers de fiction. Le jeune comédien n'a pas oublié son chaleureux mentor, fou de cinéma et de vidéo. Au cours d'un repas, Bertrand, surpris puis fasciné, écoute Michel raconter la rue, les planques, les filatures, la misère des squats, la déchéance et le désespoir des toxicomanes. Michel Alexandre n'est pas un shérif qui rêve d'en découdre glorieusement avec la pègre, mais juste un homme de terrain qui essaie de combattre les ravages de la drogue ; anonymement : il sait qu'il ne sera jamais une célébrité de la police. Il accomplit sa tâche avec la plus grande humanité possible, et c'est bien ce qui séduit Tavernier. Alexandre se révèle être un merveilleux conteur, tour à tour émouvant ou désopilant. Rien d'étonnant à ce que l'idée d'un nouveau film germât dans la tête du cinéaste : « Ecris ! Ecris tout ça et reviens me le montrer ! » Un peu réticent, par timidité, Michel Alexandre s'enthousiasme vite : « Toutes les semaines, pendant environ un trimestre, je lui écrivais une vingtaine de pages. Des anecdotes, des épisodes vécus par mes camarades du groupe des stupéfiants ou par moi-même. Chaque week-end, je lui apportais des séquences dialoguées – je n'arrive pas à écrire autrement ! – dans le désordre. D'ailleurs, il riait souvent : il y avait pas mal de scènes d'humour, d'action. Dès décembre et janvier suivants, nous avons fait le tri pour trouver le fil conducteur à travers un personnage, l'enquêteur Lucien Marguet. L'écriture nous a pris à peu près cinq mois. » Le scénario est la première étape de l'aventure d'un film ; ensuite, il faut lui trouver un financement. Le coût moyen d'une production française est compris entre vingt et trente millions de francs. Toute une structure est nécessaire pour réunir et gérer le budget. C'est le rôle de la société de production. Le producteur prévoit le salaire des participants, la location du matériel, les frais de laboratoire, la construction des décors, l'hébergement des équipes en cas de déplacement, mais il ne peut financer l'intégralité du film. Il recherche des partenaires pour compléter son apport personnel. Très tôt, Tavernier a voulu contrôler les aspects financier et artistique de ses films. Après *le Juge et l'Assassin*, il monte sa société – Little Bear – qui produit *Des enfants gâtés* et ses œuvres suivantes. Le financement de ce nouveau film, d'un montant de vingt-huit millions de francs, réuni en août 1991, est effectué conjointement par Little Bear et Les Films Alain Sarde. Les deux producteurs n'ont pas demandé l'avance sur recettes accordée par l'Etat, mais d'autres sommes s'ajoutent. Canal Plus préachète le film pour un montant de huit millions et demi. Cet apport n'engendre pas de part-producteur, contrairement à ce qui se passe dans le cas spécifique d'un partenariat avec TF1, A2, FR3 ou M6, qui font un préachat et complètent avec une part de coproduction. En échange, ces chaînes touchent des pourcentages prélevés *ad vitam æternam* sur les recettes. Depuis 1987, le cinéma et la télévision font volontiers appel aux Soficas. Ces sociétés spécialisées, gérées par des organismes bancaires, se sont créées avec l'aide de l'Etat, en collaboration avec la Commission des opérations de Bourse, pour favoriser la participation de l'entreprise au financement des œuvres. Par un système comparable à celui des abris fiscaux, elles investissent à moyen terme des sommes distraites à l'imposition et se garantissent sur les droits audiovisuels. Leur apport moyen est de 3,5 millions de francs pour un film au coût moyen de 19,6 millions. Les Soficas Investimage et Sofiarp ont prêté respectivement 1,5 et 3,5 millions à Little Bear. Bertrand Tavernier et son producteur délégué, Frédéric Bourboulon, gardent la gestion artistique et financière de leur film et ne dispersent pas ses droits. C'est une liberté précieuse mais non sans risque, en cas d'échec.

... et à la préparation du tournage

Préparer est aussi un travail de terrain pour le réalisateur. Ici avec Michel Alexandre, scénariste et conseiller technique.

Bertand Tavernier sait ce que sera *L. 627,* qui doit son titre à un article du code de la santé publique. Un témoignage de la vie quotidienne d'un groupe « stup », et une réflexion passionnée sur la nature humaine, avec ses enthousiasmes et ses désarrois. Dès les premiers jours de mai 1991, le cinéaste prépare son tournage. Pour tout long métrage, la préparation s'articule selon des phases précises. Le réalisateur reprend le scénario ; il isole, décrit, classe, numérote chaque plan. Ce découpage technique se fait en collaboration avec le scénariste, parfois avec des conseillers (ici, Michel Alexandre remplit les deux fonctions), et le premier assistant (Tristan Ganne). La durée des plans est limitée par la longueur de la pellicule : trois cents mètres en 35 mm, soit dix minutes. *L. 627* aura une durée de deux heures et demie. A la fin, le travail se présente sous la forme d'un texte en deux colonnes. A gauche se trouvent les indications pour l'image, avec les cadrages, les éclairages, les décors, les accessoires, les déplacements des acteurs. A droite sont indiqués les dialogues, bruits et musiques correspondants. Des cinéastes comme Jean-Jacques Beineix, Luc Besson, Jean-Jacques Annaud (pas Tavernier) font un *story-board,* bande dessinée illustrant chaque plan par une image assortie d'indications.

Parallèlement au travail de découpage, le metteur en scène doit repérer les lieux, s'il tourne en extérieurs. Il pourra avoir à filmer dans une grande ville, dans des établissements publics, dans le métro ou dans une propriété privée. *L. 627* va s'attacher à la vie quotidienne d'un groupe « stup », à Paris comme en banlieue, dans la rue, et dans les locaux administratifs de la DPJ. Une autorisation spéciale de la mairie de Paris sera indispensable pour opérer dans le squat historique de la rue Polonceau. Les services de la préfecture de police accepteront que des scènes soient tournées dans le garage de la police judiciaire, mais refusera catégoriquement de laisser investir les bureaux de la DPJ de la rue de Courcelles, où travaille d'ailleurs Michel Alexandre.

Pour toute réalisation, ce genre d'inconvénients est pallié grâce à l'intervention de l'architecte décorateur. Selon l'usage en cours dans les sociétés de production, il est souvent le premier technicien engagé. Guy-Claude François suit activement les travaux de repérage. Deux mois avant la date retenue pour le début du tournage, il commence déjà à recréer les cabanes Algeco de la DPJ sur des terrains désaffectés proches du quai Kennedy. Le réalisateur préfère souvent employer des techniciens dont il a déjà apprécié le travail. Aussi Tavernier reprend-il des chefs de poste qu'il connaît : le directeur de la photo Alain Choquart, la costumière Jacqueline Moreau. Pour le choix des interprètes, bien des metteurs en scène s'adressent à des directeurs de *casting* (distribution). La plus grande joie de Tavernier est de découvrir ses comédiens lui-même. *L. 627* comporte plus de soixante-dix rôles, mais aucune vedette susceptible « d'avaler » le film. La distribution réunira jeunes talents, acteurs souvent cantonnés dans les seconds rôles et comédiens destinés à une savoureuse prestation à contre-emploi. Au début du mois d'août 1991, tout est fin prêt pour le premier tour de manivelle.

Les repérages (choix des lieux de tournage) terminés, le chef décorateur intervient aussitôt pour adapter les décors.

Moteur ! Silence !

Autour de Tavernier : Albert Bonomi, chef machiniste (derrière la caméra) ; Michel Desrois, ingénieur du son (à droite).

Depuis que le septième art existe, le tournage apparaît comme la phase la plus spectaculaire et la plus mystérieuse de la création cinématographique. Pour l'invité autorisé à pénétrer sur un plateau, ou pour le simple badeau qui assiste à une scène filmée dans la rue, les premières impressions ne sont pas toujours favorables. Que de monde et que de temps perdu ! Un jugement hâtif, qui sera vite révisé. Avant que ne soit « mis en boîte » le plan, l'équipe technique assure un très long, très minutieux travail de mise en place. Les machinistes transportent le matériel lourd, achèvent certains travaux de construction de dernière minute ; si le tournage le nécessite, ils poussent le chariot de travelling sur ses rails, fixent la grue. Les électriciens installent les projecteurs, vérifient les branchements. Le groupman s'assure du bon fonctionnement du groupe électrogène qui fournit parfois l'alimentation énergétique du tournage. Ingénieur du son et perchman se consultent pour définir ensemble la meilleure manière de capter les dialogues des acteurs, sans que le micro fasse de l'ombre sur les visages. Le directeur de la photo ressasse les directives du réalisateur, et il donne les siennes à ses proches collaborateurs : au cadreur (ou caméraman) qui va tout à l'heure déclencher l'appareil de prise de vues, au pointeur (technicien chargé de la mise au point). La scripte affûte ses crayons de couleur, compte ses fiches, vérifie le fonctionnement de son Polaroid, et se prépare à tout voir, tout entendre, tout noter. L'assistant réalisateur et le régisseur revoient ensemble point par point le planning de la journée, pauses-repas comprises. Pendant ce temps, maquilleuse et costumière s'affairent autour des acteurs qui se morfondent, s'angoissent, ou au contraire se relaxent au maximum. Le réalisateur réfléchit à son rôle si complexe. A la fois créateur et chef d'orchestre, il devra susciter la passion au cœur de son équipe, mais aussi la canaliser, garder son pouvoir de décision. Peut-être y aura-t-il des conflits, des drames, des incertitudes pendant ces semaines d'intimité obligatoire. C'est sur lui que repose la responsabilité morale d'un tournage harmonieux, conduit sans faiblesse jusqu'à sa raison d'être : un film, le dernier, et le plus précieux au cœur de son auteur... Les techniciens du son et de l'image chargent leurs appareils, le plan est prêt à être tourné. Les termes « Moteur ! Ça tourne ! Action ! Coupez ! » semblent appartenir à la légende du cinéma. Pourtant, ces mots, toujours employés, restent indispensables pour synchroniser tout le travail de l'équipe à ce moment crucial. C'est le metteur en scène qui va lancer le jeu des opérations. Auparavant, le premier assistant demande un « Silence ! » total. Chacun se tient immobile, attentif. « Moteur ! » Le mécanisme des caméras et magnétophones se déclenche. A leur tour, les techniciens concernés répondent : « Ça tourne ! » Vite, le clapman présente devant l'objectif le petit tableau de bois (clap) fait de deux plaquettes assemblées par une charnière. La plus large mentionne le titre du film, les noms du réalisateur et du chef opérateur, les numéros de la prise et du plan. Le clapman claque l'une contre l'autre les deux parties pour obtenir un repère sonore qui permettra de synchroniser image et son. Il annonce le titre du film, ses numéros de référence. Ensuite, le réalisateur demande à nouveau « Action ! » ou « Partez ! » C'est alors au tour des acteurs d'intervenir. Ils jouent leur scène jusqu'à la fin du plan, se figent quelques secondes dans leur dernière position, jusqu'à ce que résonne le signal de fin de l'enregistrement donné par le metteur en scène : « Coupez ! » Il est rare qu'une seule prise suffise. Chacun doit reprendre son poste de départ et recommencer, et souvent plusieurs fois. Comme chaque plan, si court soit-il, nécessite cette mise en place, toujours longue, on estime qu'un réalisateur tourne trois minutes utiles par jour en moyenne. En homme d'expérience, Bertrand Tavernier sait que le film qu'il vient d'entreprendre, *L. 627*, n'échappera pas à ces contraintes, à cette angoisse du plan raté, de l'acteur en dehors du personnage qu'il a imaginé. D'ailleurs, dès les premiers jours, l'équipe rencontre un problème qu'elle n'a pas envisagé. Il faut tourner des scènes de filature dans Paris, la nuit. Tout est prêt : les voitures banalisées, le « soum » (ou sous-marin : un véhicule de la police, spécialement aménagé pour observer sans être vu) fourni par la

Alain Choquart, directeur de la photo, et, derrière lui, Claude Luquet, scripte.

Ça tourne ! Action !

production. Les acteurs qui doivent interpréter les suiveurs et les suivis semblent au mieux de leur forme. Dans cette chaude nuit du mois d'août, les scènes s'enchaînent sans aucune difficulté particulière. Malgré cela, grande est la déconvenue de Bertrand Tavernier et d'Alain Choquart quand ils visionnent les rushes. Le cinéaste n'en revient pas : « Nous nous sommes attachés à la réalité de chaque détail, comme pour les filatures menées par Michel, avec le même nombre de voitures, en respectant la distance exacte entre chaque véhicule, et nous nous apercevons que cette scène, si elle reste telle quelle, sera parfaitement incompréhensible aux yeux du spectateur ! Avec leur petite taille, les voitures françaises se ressemblent toutes, filmées la nuit dans des ruelles mal éclairées. On ne distingue pas les voitures des flics de celles des dealers. Les pare-brises et les arrières se confondent. Même confusion pour les acteurs de chaque camp ! Quand on met les gens en amorce pour les identifier, c'est là que les voitures deviennent complètement floues. » Renonçant au naturalisme, Tavernier tournera à nouveau ces scènes en simplifiant l'action et en modifiant les écarts de distance. C'est un choix ; il préfère cela, plutôt que d'avoir à tout éclairer. La nature de la photo d'Alain Choquart s'en trouverait modifiée, alors que d'emblée le chef opérateur a su saisir l'intensité de cette scène par la simple prise de vues. Tout bon cinéaste tient à ce que son film bénéficie d'une technique harmonisée avec le récit qu'il met en scène. Pour *L. 627*, qui doit dégager une impression d'urgence et d'instabilité, l'auteur tient à « la logique dramatique » du décor. Il trouve en Guy-Claude François un artiste et un artisan qui partage sa vision des lieux où vont s'enraciner les personnages. En réaction contre la fausseté des décors imposés par les films policiers français, il s'inspire si bien de la réalité des lieux et la recrée avec tant de soin qu'il est très difficile de discerner si cet appartement lépreux, ce bureau crasseux et exigu sont naturels ou factices. Le même souci d'authenticité motive profondément les acteurs. Didier Bezace (qui incarne l'enquêteur Lucien Marguet), Charlotte Kady (Marie), Nils Tavernier (Vincent), Jean-Paul Comart (Dodo), Philippe Torreton (Antoine, dit Looping), Jean-Roger Milo (Manu)... pour devenir de bons « stups », suivent l'entraînement de Michel Alexandre. Ils apprennent les gestes quotidiens de ces gens dont ils ignorent tout : les fouilles, les interpellations, les interrogatoires, la saisie de rapports sur les vieilles machines de la DPJ. La seule chose que ne peut apprendre l'équipe de *L. 627* pendant ces neuf semaines, c'est l'indifférence face à ce monde de désespoir et d'injustice. Frédéric Bourboulon, producteur de « terrain » et très proche du tournage, est accablé par l'image que renvoient aux cinéastes certaines personnes : « des voyeurs nantis filmant la misère de Belleville, de la Goutte-d'Or, de la rue Myrrha... » Si éprouvants, si intenses soient-ils, tous les tournages ont leurs moments de grâce, de bonheur partagé. Comme cette nuit, place de la Réunion, au moment de la pause-repas réglementaire. C'est le restaurateur du Périgord Figuéras (dit Figu) qui assure la « cantine » du tournage. Là, sur les trottoirs, il a fait disposer des tables et un buffet copieux. Quelques sans-abri pensent qu'il doit s'agir d'un Restaurant du Cœur... Ils ne se trompent guère : chacun peut manger et boire à la santé du film. Commencé par une chaleur écrasante, le tournage s'achève en octobre, dans les délais prévus.

Un répit tout en travaillant... Viviane Michel-Duffau coiffe Charlotte Kadi.

« Coupez ! » Cependant il y aura un autre clap pour le tournage de ce même plan. Tavernier intervient alors dans son rôle de directeur d'acteurs : « Action ! »

La postproduction...

Le travail de l'ombre, phase essentielle aussi : Ariane Boeglin, chef monteuse.

Le public, qui a entendu parler du tournage d'un film, est parfois étonné des délais qui s'écoulent avant sa sortie en salles. Tout film doit en passer par la période de postproduction, qui s'étend sur plusieurs semaines et varie en fonction de la durée du long métrage. La postproduction comprend les opérations de montage, de postsynchronisation ou de doublage si le film a fait intervenir des comédiens étrangers, de mixage. Elle s'achève par l'étalonnage : cette étape permet de fournir la « copie zéro » (ou copie étalonnée) qui sert à la reproduction des copies d'exploitation. Elles seront tirées sur des films supports suffisamment solides pour résister à de nombreux passages dans les projecteurs des salles de cinéma. C'est en fait sur le montage que repose l'ensemble de la postproduction et, plus largement, le rythme narratif du film. Un film tourné avec plusieurs caméras demande un travail plus long que celui qui a été conçu en plans-séquences. Quand il n'a pas à respecter la continuité d'un plan-séquence, le monteur raccourcit certains plans pour leur donner plus de rythme. Bertrand Tavernier est un réalisateur extrêmement attentif au montage de ses œuvres. C'est pour cela qu'il n'a jamais réalisé de film entièrement américain : aux Etats-Unis, le droit au *final cut* (droit de regard sur le montage final) appartient non pas au réalisateur mais au producteur. C'est ce qui explique les démêlés légendaires d'Orson Welles, si attaché à défendre l'importance du montage, qui souvent retrouvait ses images détournées du sens qu'il avait voulu leur donner. Pour *L. 627*, l'opération durera vingt semaines – une durée normale pour un film de deux heures et demie –, mais elle avait démarré dès la deuxième semaine du tournage. Une précaution utile : si le monteur manque un plan, en voulant par exemple masquer un faux raccord, il peut demander au réalisateur de le filmer à nouveau. Etape essentielle autant que délicate, le montage peut s'effectuer presque jusqu'à la fin de la postproduction. En raison de la durée même de *L. 627*, après le mixage, Tavernier coupe des scènes fort belles mais qui n'ajoutaient rien au film. Le montage détermine souvent le travail du musicien de cinéma. Pour son film, Bertrand Tavernier a choisi Philippe Sarde, un compositeur qu'il connaît et apprécie depuis longtemps. Sarde, véritable scénariste musical, a su retrouver dans sa partition le climat de violence et d'instabilité du récit, la pulsion du personnage principal toujours en mouvement. Quant à la phase de postsynchronisation, elle s'est trouvée réduite à sa plus simple expression : Bertrand Tavernier est un grand amoureux du son direct et son ingénieur du son, Michel Desrois, un technicien de qualité. Le mixage lui-même relève de la performance : il s'est effectué en trois semaines. Un record pour un film en Dolby stéréo de cette durée.

et, enfin, l'exploitation

Avant d'être projeté au public, tout film suit un circuit économique qui va du producteur au distributeur, puis à l'exploitant. La distribution est un moteur décisif pour la vie d'un film. L'œuvre créée peut être admirable et rester inconnue des spectateurs ou confidentielle, si son accès aux salles de cinéma est laborieux ou inexistant. Le distributeur est en contact direct avec la production dès la mise en place du projet. Il négocie les droits avec le producteur, fixe le pourcentage, participe au financement du film. Par la suite, il achètera les copies du film en fonction de ce que son service de programmation lui demandera. Le programmateur décide en effet du nombre de salles où le film va sortir. Il établit le programme de rotation dans les salles des divers circuits d'exploitation avec lesquels il collabore. L'exploitant peut être un indépendant ou une entreprise qui dispose d'un système de multisalles. Pour *L. 627*, Bertrand Tavernier et toute l'équipe de Little Bear ont choisi un distributeur qu'ils ont eu l'occasion d'apprécier : AMLF. Cette société se situe après Gaumont-Pathé et UGC, et distribue des œuvres aussi diverses que *Danse avec les loups*, *Jacquot de Nantes*, *Uranus*. Ainsi, un film d'auteur peut trouver son public en bénéficiant d'un circuit d'une vingtaine de salles à Paris pour sa sortie. Les diverses opérations de promotion sont elles aussi très importantes. Le rôle de l'attaché de presse, personnage à l'efficacité discrète, est alors essentiel. Dès le mois de juin, Eva Simonet, une fidèle de longue date, organisait des projections de presse et planifiait les rendez-vous sollicités par les médias auprès de Bertrand Tavernier et de ses collaborateurs. Il aura fallu deux ans pour qu'une idée séduisante se concrétisât en un film qui doit toute sa beauté à son audace et à sa passion.

Oscars

Les années indiquées sont celles des cérémonies de proclamation des Academy Awards, dits Oscars à partir de 1935. Ils s'appliquent, à compter de 1934, aux films mis en exploitation au cours de l'année calendaire précédente. Les premières proclamations concernent les périodes 1927-1928 (proclamation en 1929), 1928-1929 (proclamation en avril 1930), 1929-1930 (proclamation en novembre 1930), 1930-1931 (proclamation en 1931),1931-1932 (proclamation en novembre 1932), 1932-1933 (proclamation en mars 1934); le déplacement de la cérémonie annuelle, de l'automne au printemps, qui accompagne en 1934 le changement de période de référence, explique l'absence de proclamation en 1933.

1929

Les Ailes, de William Wellman
meilleur film
meilleurs effets sonores : Roy Pomeroy
L'Heure suprême, de Frank Borzage
meilleure réalisation de film dramatique
meilleure actrice : Janet Gaynor
meilleur scénario d'adaptation : Benjamin Glazer
L'Aurore, de Friedrich Wilhelm Murnau
meilleur film artistique
meilleure actrice : Janet Gaynor
meilleure image : Charles Rosher
Crépuscule de gloire, de Josef von Sternberg
meilleur acteur : Emil Jannings
L'Ange de la rue, de Frank Borzage
meilleure actrice : Janet Gaynor
Two Arabian Knights, de Lewis Milestone
meilleure réalisation de comédie
Quand la chair succombe, de Victor Fleming
meilleur acteur : Emil Jannings
Les Nuits de Chicago, de Josef von Sternberg
meilleur scénario original : Ben Hecht
The Dove, de Roland West, et *Tempest,* de Sam Taylor
meilleurs décors : William Cameron Menzies
◊ Distinctions spéciales à Charlie Chaplin pour *le Cirque* et à la Warner Bros. pour *le Chanteur de jazz.*

Avril 1930

The Broadway Melody, d'Harry Beaumont
meilleur film
Lady Hamilton, de Frank Lloyd
meilleure réalisation
In Old Arizona, de Raoul Walsh
meilleur acteur : Warner Baxter
Coquette, de Sam Taylor
meilleure actrice : Mary Pickford
Le Patriote, d'Ernst Lubitsch
meilleur scénario : Hans Kraly
Ombres blanches, de W. S. Van Dyke et Robert Flaherty
meilleure image : Clyde de Vinna
The Bridge of San Luis Rey, de Thornton Wilder
meilleurs décors : Frank Lloyd

Novembre 1930

A l'Ouest rien de nouveau, de Lewis Milestone
meilleur film
meilleure réalisation
Big House, de George Hill
meilleur scénario : Frances Marion
meilleur son : Douglas Shearer
Disraeli, d'Alfred E. Green
meilleur acteur : George Arliss
La Divorcée, de Robert. Z. Leonard
meilleure actrice : Norma Shearer
With Byrd at the South Pole, de Richard E. Byrd
meilleure image : Joseph T. Rucker, Willard Van Der Veer
La Féerie du jazz, de John Murray Anderson
meilleurs décors : Herman Rosse

1931

Cimarron, de Wesley Ruggles
meilleur film
meilleur scénario d'adaptation : Howard Estabrook
meilleurs décors : Max Ree
Skippy, de Norman Taurog
meilleure réalisation
Ames libres, de Clarence Brown
meilleur acteur : Lionel Barrymore
Min and Bill, de George Hill
meilleure actrice : Marie Dressler
La Patrouille de l'aube, d'Howard Hawks
meilleur scénario original : John Monk Saunders
Tabou, de F. W. Murnau et Robert Flaherty
meilleure image : Floyd Crosby

1932

Grand Hôtel, d'Edmund Goulding
meilleur film
Bad Girl, de Frank Borzage
meilleure réalisation
meilleur scénario d'adaptation : Edwin Burke
Le Champion, de King Vidor
meilleur acteur : Wallace Beery
meilleur scénario original : Frances Marion
Docteur Jekyll et Mr. Hyde, de Rouben Mamoulian
meilleur acteur : Fredric March
La Faute de Madelon Claudet, d'Edgar Selwyn
meilleure actrice : Helen Hayes
Shanghai Express, de Josef von Sternberg
meilleure image : Lee Garmes
Transatlantique, de William K. Howard
meilleurs décors : Gordon Wiles
◊ Distinction spéciale à Walt Disney pour la création de *Mickey.*

1934

Cavalcade, de Frank Lloyd
meilleur film
meilleure réalisation
meilleurs décors : William S. Darling
L'Adieu aux armes, de Frank Borzage
meilleure image : Charles Bryant Lang Jr.
meilleur son : Franklin B. Hansen
La Vie privée d'Henry VIII, d'Alexander Korda
meilleur acteur : Charles Laughton
Morning Glory, de Lowell Sherman
meilleure actrice : Katharine Hepburn
Les Quatre Filles du Dr. March, de George Cukor
meilleur scénario d'adaptation : Victor Heerman, Sarah Y. Mason
Voyage sans retour, de Tay Garnett
meilleur scénario original : Robert Lord
meilleurs assistants-réalisateurs : William Tummel, Charles Dorian, Charles Barton, Dewey Starkey, Fred Fox, Scott Beal, Gordon Hollingshead

1935

New York - Miami, de Frank Capra
meilleur film
meilleure réalisation
meilleur acteur : Clark Gable
meilleure actrice : Claudette Colbert
meilleur scénario d'adaptation : Robert Riskin
Une nuit d'amour, de Victor Schertzinger
meilleur son : John Livadary
meilleure musique : Victor Schertzinger, Gus Kahn
L'Ennemi public nº 1, de W. S. Van Dyke
meilleur scénario original : Arthur Caesar
Cléopâtre, de Cecil B. De Mille
meilleure image : Victor Milner
La Veuve joyeuse, d'Ernst Lubitsch
meilleurs décors : Cedric Gibbons, Frederic Hope
Esquimaux, de W. S. Van Dyke
meilleur montage : Conrad Nevig
La Joyeuse Divorcée, de Mark Sandrich
meilleure chanson : Con Conrad, Herb Magidson
Viva Villa, de Jack Conway
meilleur assistant-réalisateur : John Waters
◊ Distinction spéciale à Shirley Temple pour ses rôles de l'année 1934.

1936

Les Révoltés du «Bounty», de Frank Lloyd
meilleur film
Le Mouchard, de John Ford
meilleure réalisation
meilleur acteur : Victor McLaglen
meilleur scénario : Dudley Nichols
meilleure musique : Max Steiner
Le Songe d'une nuit d'été, de Max Reinhardt et William Dieterle
meilleure image : Hal Mohr
meilleur montage : Ralph Dawson
L'Intruse, d'Alfred E. Green
meilleure actrice : Bette Davis
Le Goujat, de Ben Hecht et Charles MacArthur
meilleur scénario original : Ben Hecht, Charles MacArthur
L'Ange des ténèbres, de Sidney Franklin
meilleurs décors : Richard Day
La Fugue de Mariette, de W. S. Van Dyke
meilleur son : Douglas Shearer
Les Trois Lanciers du Bengale, d'Henry Hathaway
meilleurs assistants-réalisateurs : Clem Beauchamp, Paul Wing
Chercheuses d'or 1935, de Busby Berkeley
meilleure chanson : Harry Warren, Al Dubin
Broadway Melody of 1936 et *Folies-Bergère,* de Roy Del Ruth
meilleure chorégraphie : Dave Gould
◊ Distinction spéciale à David Wark Griffith.

1937

Le Grand Ziegfeld, de Robert Z. Leonard
meilleur film
meilleure actrice : Luise Rainer
meilleure chorégraphie : Seymour Felix
L'Extravagant Mr. Deeds, de Frank Capra
meilleure réalisation
Anthony Adverse, de Mervyn LeRoy
meilleure actrice de second rôle : Gale Sondergaard
meilleure image : Gaetano Gaudio
meilleur montage : Ralph Dawson
meilleure musique : Erich Wolfgang Korngold
La Vie de Louis Pasteur, de William Dieterle
meilleur acteur : Paul Muni
meilleur scénario : Pierre Collings, Sheridan Gibney
Le Vandale, d'Howard Hawks et William Wyler
meilleur acteur de second rôle : Walter Brennan
Dodsworth, de William Wyler
meilleurs décors : Richard Day
San Francisco, de W. S. Van Dyke
meilleur son : Douglas Shearer
Sur les ailes de la danse, de George Stevens
meilleure chanson : Jerome Kern, Dorothy Fields
La Charge de la brigade légère, de Michael Curtiz
meilleur assistant-réalisateur : Jack Sullivan
◊ Distinctions spéciales à la série d'actualités «la Marche du temps» et à Howard Greene et Harold Rosson pour les images en couleurs du *Jardin d'Allah.*

1938

La Vie d'Emile Zola, de William Dieterle
meilleur film
meilleur acteur de second rôle : Joseph Schildkraut
meilleur scénario d'adaptation : Heinz Herald, Geza Herczeg, Norman Reilly Raine
Cette sacrée vérité, de Leo McCarey
meilleure réalisation
Visages d'Orient, de Sidney Franklin
meilleure actrice : Luise Rainer
meilleure image : Karl Freund
L'Incendie de Chicago, d'Henry King
meilleure actrice de second rôle : Alice Brady
meilleur assistant-réalisateur : Robert Webb
Capitaines courageux, de Victor Fleming
meilleur acteur : Spencer Tracy
Une étoile est née, de William Wellman
meilleur scénario original : William Wellman, Robert Carson
Horizons perdus, de Frank Capra
meilleurs décors : Stephen Gooson
meilleur montage : Gene Havlick, Gene Milford
Hurricane, de John Ford
meilleur son : Thomas T. Moulton
Waikiki Wedding, de Frank Tuttle
meilleure chanson : Harry Owens
100 Men and a Girl, d'Henry Koster
meilleure musique
Une demoiselle en détresse, de George Stevens
meilleure chorégraphie : Hermes Pan
◊ Distinctions spéciales à Mack Sennett; et à Edgar Bergen pour la création de *Charlie McCarthy*; à la bibliothèque cinématographique du musée d'Art moderne; à W. Howard Greene pour la photographie couleur d'*Une étoile est née.*
◊ Prix Irving-Thalberg : Darryl F. Zanuck.

1939

Vous ne l'emporterez pas avec vous, de Frank Capra
meilleur film
meilleure réalisation
Les Aventures de Robin des Bois, de William Keighley et Michael Curtiz
meilleurs décors : Carl J. Weyl
meilleur montage : Ralph Dawson
meilleure musique originale : Erich Wolfgang Korngold
Des hommes sont nés, de Norman Taurog
meilleur acteur : Spencer Tracy
meilleur scénario original : Eleanore Griffin, Dore Schary

L'Insoumise, de William Wyler
meilleure actrice : Bette Davis
meilleure actrice de second rôle : Fay Bainter
Kentucky, de David Butler
meilleur acteur de second rôle : Walter Brennan
Pygmalion, d'Anthony Asquith et Leslie Howard
meilleur scénario : George Bernard Shaw
Toute la ville danse, de Julien Duvivier
meilleure image : Joseph Ruttenberg
Madame et son cow-boy, d'H. C. Potter
meilleur son : Thomas Moulton
La Folle Parade, d'Henry King
meilleur arrangement musical : Alfred Newman
Big Broadcast of 1938, de Mitchell Leisen
meilleure chanson : Ralph Rainger, Leo Robin
◊ Distinctions spéciales à Deanna Durbin et Mickey Rooney; Harry M. Warner; Walt Disney pour *Blanche-Neige et les sept nains*; Oliver Marsh et Allen Davey; à l'équipe des effets spéciaux des *Gars du large* d'Henry Hathaway; à J. Arthur Ball.
◊ Prix Irving-Thalberg : Hal B. Wallis.

1940

Autant en emporte le vent, de Victor Fleming
meilleur film
meilleure réalisation
meilleure actrice : Vivien Leigh
meilleure actrice de second rôle : Hattie McDaniel
meilleur montage : Hal C. Kern, James E. Newcom
meilleurs décors : Lyle Wheeler
meilleur scénario d'adaptation : Sidney Howard
meilleure image couleur : Ernest Haller, Ray Rennahan
La Chevauchée fantastique, de John Ford
meilleur acteur de second rôle : Thomas Mitchell
meilleur arrangement musical : R. Hageman, F. Harling, J. Leipold, L. Shuken
Le Magicien d'Oz, de Victor Fleming
meilleure chanson : Harold Arlen, E. Y. Harburg
meilleure musique originale : Herbert Stothart
Goodbye Mr. Chips, de Sam Wood
meilleur acteur : Robert Donat
Mr. Smith au Sénat, de Frank Capra
meilleur scénario original : Lewis R. Foster
Les Hauts de Hurlevent, de William Wyler
meilleure image noir et blanc : Gregg Toland
Veillée d'amour, de John M. Stahl
meilleur son : Bernard B. Brown
La Mousson, de Clarence Brown
meilleurs effets spéciaux : E. H. Hansen, Fred Sersen
◊ Distinctions spéciales à Douglas Fairbanks; Judy Garland; William Cameron Menzies; au Motion Picture Relief Fund et à la Technicolor Company.
◊ Prix Irving-Thalberg : David O'Selznick.

1941

Rebecca, d'Alfred Hitchcock
meilleur film
meilleure image noir et blanc : George Barnes
Les Raisins de la colère, de John Ford
meilleure réalisation
meilleure actrice de second rôle : Jane Darwell
Le Voleur de Bagdad, de L. Berger, M. Powell et T. Whelan
meilleurs effets spéciaux : Lawrence Butler, Jack Whitney
meilleure image couleur : George Perinal
meilleurs décors couleur : Vincent Korda
Indiscrétions, de George Cukor
meilleur acteur : James Stewart
meilleur scénario d'adaptation : Donald Ogden Stewart
Kitty Foyle, de Sam Wood
meilleure actrice : Ginger Rogers
Le Cavalier du désert, de William Wyler
meilleur acteur de second rôle : Walter Brennan
Gouverneur malgré lui, de Preston Sturges
meilleur scénario original : Preston Sturges
Les Tuniques écarlates, de Cecil B. De Mille
meilleur montage : Anne Bauchens
Pinocchio, de Walt Disney
meilleure chanson : Leigh Harline, Ned Washington
meilleure musique originale : Leigh Harline, Paul J. Smith, Ned Washington
Arise My Love, de Mitchell Leisen
meilleure histoire originale : Benjamin Glazer, John S. Toldy
En avant la musique, de Busby Berkeley
meilleur son : Douglas Shearer
Orgueil et préjugés, de Robert Z. Leonard
meilleurs décors noir et blanc : Cedric Gibbons, Paul Groesse
Tin Pan Alley, de Walter Lang
meilleure musique : Alfred Newman
◊ Distinction spéciale à Bob Hope et au colonel Nathan Levinson.

1942

Qu'elle était verte ma vallée, de John Ford
meilleur film
meilleure réalisation
meilleur acteur de second rôle : Donald Crisp
meilleure image noir et blanc : Arthur Miller
meilleurs décors noir et blanc : Richard Day, Nathan Juran, Thomas Little
Sergent York, d'Howard Hawks
meilleur acteur : Gary Cooper
meilleur montage : William Holmes
Le Défunt récalcitrant, d'Alexander Hall
meilleure histoire originale : Harry Segall
meilleur scénario : Sidney Buchman, Seton I. Miller
Soupçons, d'Alfred Hitchcock
meilleure actrice : Joan Fontaine
Le Grand Mensonge, d'Edmund Goulding
meilleure actrice de second rôle : Mary Astor
Citizen Kane, de Orson Welles
meilleur scénario original : Herman J. Mankiewicz, Orson Welles
Tous les biens de la Terre, de William Dieterle
meilleure musique d'un film dramatique : Bernard Herrmann
Lady Hamilton, d'Alexander Korda
meilleur son : Jack Whitney
Dumbo, de Walt Disney
meilleure musique d'un film musical : Frank Churchill, Oliver Wallace
Lady Be Good, de Norman Z. McLeod
meilleure chanson : Jerome Kern, Oscar Hammerstein II
I Wanted Wings, de Mitchell Leisen
meilleurs effets spéciaux : F. Edouart, G. Jennings, L. Mesenkop
Arènes sanglantes, de Rouben Mamoulian
meilleure image couleur : Ernest Palmer, Ray Rennahan
Les Oubliés, de Mervyn LeRoy
meilleure image couleur : Cedric Gibbons, Urie McCleary
◊ Distinctions spéciales à Rey Scott; à *Fantasia,* de Walt Disney; et au ministère britannique de l'Information.
◊ Prix Irving-Thalberg : Walt Disney.

1943

Madame Miniver, de William Wyler
meilleur film
meilleure réalisation
meilleure actrice : Greer Garson
meilleure actrice de second rôle : Teresa Wright
meilleur scénario : G. Froeschel, J. Hilton, C. West, A. Wimperis
meilleure image noir et blanc : Joseph Ruttenberg
La Parade de la gloire, de Michael Curtiz
meilleur acteur : James Cagney
meilleur son : Nathan Levinson
meilleure musique d'un film musical : Ray Heindorf, Heinz Roemheld
Johnny, roi des gangsters, de Mervyn LeRoy
meilleur acteur de second rôle : Van Heflin
La Femme de l'année, de George Stevens
meilleur scénario original : Michael Kanin, Ring Lardner Jr.
Vainqueur du destin, de Sam Wood
meilleur montage : Daniel Mandell
Le Cygne noir, d'Henry King
meilleure image couleur : Leon Shamroy
Une femme cherche son destin, d'Irving Rapper
meilleure musique : Max Steiner
L'amour chante et danse, de Mark Sandrich
meilleure chanson : Irving Berlin
Les Naufrageurs des mers du Sud, de Cecil B. De Mille
meilleurs effets spéciaux : F. Edouart, G. Jennings, W. L. Pereira, L. Mesenkop
The Invaders, de Michael Powell
meilleure histoire originale : Emeric Pressburger
A mes rebelles, d'Anatole Litvak
meilleurs décors noir et blanc : Richard Day, Joseph Wright, Thomas Little
Mon amie Sally, d'Irving Cummings
meilleurs décors couleur : Richard Day, Joseph Wright, Thomas Little
◊ Distinctions spéciales à Charles Boyer; à Noël Coward; et à la MGM.
◊ Prix Irving-Thalberg : Sidney Franklin.

1944

Casablanca, de Michael Curtiz
meilleur film
meilleure réalisation
meilleur scénario : Julius J. Epstein, Philip G. Epstein, Howard Koch
Le Chant de Bernadette, d'Henry King
meilleure actrice : Jennifer Jones
meilleure image noir et blanc : Arthur Miller
meilleurs décors noir et blanc : James Basevi, William Darling, Thomas Little
meilleure musique : Alfred Newman
Le Fantôme de l'Opéra, d'Arthur Lubin
meilleure image couleur : Hal Mohr, W. Howard Greene
meilleurs décors couleur : A. Golitzen, J. B. Goodman, R. A. Gausman, I. S. Webb
Pour qui sonne le glas?, de Sam Wood
meilleure actrice de second rôle : Katina Paxinou
Watch on the Rhine, d'Herman Shumlin
meilleur acteur : Paul Lukas
Plus on est de fous, de George Stevens
meilleur acteur de second rôle : Charles Coburn
Et la vie continue, de Clarence Brown
meilleure histoire originale : William Saroyan
Princess O'Rourke, de Norman Krasna
meilleur scénario original : Norman Krasna
Vivre libre, de Jean Renoir
meilleur son : Stephen Dunn
Air Force, d'Howard Hawks
meilleur montage : George Amy
Requins d'acier, d'Archie Mayo
meilleurs effets spéciaux : Fred Sersen, Roger Heman
Hello Frisco hello!, de Bruce Humberstone
meilleure chanson : Harry Warren, Max Gordon
This is the Army, de Michael Curtiz
meilleure musique d'un film musical : Ray Heindorf
◊ Distinction spéciale à George Pal.
◊ Prix Irving-Thalberg : Hal B. Wallis.

1945

La Route semée d'étoiles, de Leo McCarey
meilleur film
meilleure réalisation
meilleur acteur : Bing Crosby
meilleur acteur de second rôle : Barry Fitzgerald
meilleure histoire originale : Leo McCarey
meilleur scénario : Frank Butler, Frank Cavett
meilleure chanson : James Van Heusen, Johnny Burke
Wilson, d'Henry King
meilleur scénario original : Lamar Trotti
meilleure image couleur : Leon Shamroy
meilleurs décors couleur : Wiard Ihnen, Thomas Little
meilleur montage : Barbara McLean
meilleur son : E. H. Hansen
Hantise, de George Cukor
meilleure actrice : Ingrid Bergman
meilleurs décors noir et blanc : C. Gibbons, W. Ferrari, E. B. Willis, P. Huldschinsky
Rien qu'un cœur solitaire, de Clifford Odets
meilleure actrice de second rôle : Ethel Barrymore
Laura, d'Otto Preminger
meilleure image noir et blanc : Joseph La Shelle
Trente Secondes sur Tokyo, de Mervyn LeRoy
meilleurs effets spéciaux : A. Gillespie, D. Jahraus, W. Newcombe, D. Shearer
Depuis ton départ, de John Cromwell
meilleure musique : Max Steiner
La Reine de Broadway, de Charles Vidor
meilleure musique d'un film musical : Carmen Dragon, Morris Stoloff
◊ Distinctions spéciales à Margaret O'Brien et à Bob Hope.
◊ Prix Irving-Thalberg : Darryl F. Zanuck.

1946

Le Poison, de Billy Wilder
meilleur film
meilleure réalisation
meilleur acteur : Ray Milland
meilleur scénario : Charles Brackett, Billy Wilder
Le Grand National, de Clarence Brown
meilleure actrice de second rôle : Anne Revere
meilleur montage : Robert J. Kern
Le Roman de Mildred Pierce, de Michael Curtiz
meilleure actrice : Joan Crawford
Le Lys de Brooklyn, d'Elia Kazan
meilleur acteur de second rôle : James Dunn
La Maison de la 92e Rue, d'Henry Hathaway
meilleure histoire originale : Charles G. Booth
Marie-Louise, de Leopold Lintberg (Suisse)
meilleur scénario original : Richard Schweizer
Le Portrait de Dorian Gray, d'Albert Lewin
meilleure image noir et blanc : Harry Stradling
Péché mortel, de John Stahl
meilleure image couleur : Leon Shamroy
Du sang dans le soleil, de Frank Lloyd
meilleurs décors noir et blanc : Wiard Ihnen, A. Roland Fields
L'aventure vient de la mer, de Mitchell Leisen
meilleurs décors couleur : Hans Dreier, Ernst Fegte, Sam Comer
Les Cloches de Sainte-Marie, de Leo McCarey
meilleur son : Stephen Dunn

Le Joyeux Phénomène, de Bruce Humberstone
meilleurs effets spéciaux : John Fulton, A. W. Johns
La Foire aux illusions, de Walter Lang
meilleure chanson : Richard Rodgers, Oscar Hammerstein II
La Maison du Dr. Edwards, d'Alfred Hitchcock
meilleure musique : Miklos Rozsa
Escale à Hollywood, de George Sidney
meilleure musique d'un film musical : Georgie Stoll
◊ Distinctions spéciales à Walter Wanger; à Peggy Ann Garner; à *The House I Live In,* court métrage de Mervyn LeRoy; et au Republic Studio.

1947

Les Plus Belles Années de notre vie, de William Wyler
meilleur film
meilleure réalisation
meilleur acteur : Fredric March
meilleur acteur de second rôle : Harold Russell
meilleur scénario : Robert E. Sherwood
meilleur montage : Daniel Mandell
meilleure musique : Hugo Friedhofer
Le Roman d'Al Jolson, d'Alfred E. Green
meilleur son : John Livadary
meilleure musique d'un film musical : Morris Stoloff
Jody et le Faon, de Clarence Brown
meilleure image couleur : Charles Rosher, Leonard Smith, Arthur Arling
meilleurs décors couleur : Cedric Gibbons, Paul Groesse, Edwin B. Willis
Anna et le roi de Siam, de John Cromwell
meilleure image noir et blanc : Arthur Miller
meilleurs décors noir et blanc : Lyle Wheeler, William Darling, Thomas Little, Frank E. Hugues
A chacun son destin, de Mitchell Leisen
meilleure actrice : Olivia De Havilland
Le Fil du rasoir, d'Edmund Goulding
meilleure actrice de second rôle : Anne Baxter
Vacation from Marriage, d'Alexander Korda
meilleure histoire originale : Clemence Dane
Le Septième Voile, de Compton Bennett
meilleur scénario original : Muriel et Sydney Box
L'esprit s'amuse, de David Lean
meilleurs effets spéciaux : Thomas Howard
The Harvey Girls, de George Sidney
meilleure chanson : Harry Warren, Johnny Mercer
◊ Distinctions spéciales à Laurence Olivier pour *Henry V;* Harold Russell pour *Les Plus Belles Années de notre vie*; à Ernst Lubitsch; et à Claude Jarman Jr.
◊ Prix Irving-Thalberg : Samuel Goldwyn.

1948

Le Mur invisible, d'Elia Kazan
meilleur film
meilleure réalisation
meilleure actrice de second rôle : Celeste Holm
Le Miracle de la 34e Rue, de George Seaton
meilleur acteur de second rôle : Edmund Gwenn
meilleure histoire originale : Valentine Davies
meilleur scénario : George Seaton
Othello, de George Cukor
meilleur acteur : Ronald Colman
meilleure musique : Miklos Rozsa
Les Grandes Espérances, de David Lean
meilleure image noir et blanc : Guy Green
meilleurs décors noir et blanc : John Bryan, Wilfred Shingleton
Le Narcisse noir, de Michael Powell et Emeric Pressburger
meilleure image couleur : Jack Cardiff
meilleurs décors couleur : Alfred Junge
Ma femme est un grand homme, d'H. C. Potter
meilleure actrice : Loretta Young
Deux Sœurs vivaient en paix, d'Irving Reis
meilleur scénario original : Sidney Sheldon
Honni soit qui mal y pense, d'Henry Koster
meilleur son : Gordon Sawyer
Sang et or, de Robert Rossen
meilleur montage : Francis Lyon, Robert Parrish
Le Pays du dauphin vert, de Victor Saville
meilleurs effets spéciaux : A. Gillespie, W. Newcombe, D. Shearer, M. Steinore
Song of the South, de Walt Disney
meilleure chanson : Allie Wrubel, Ray Gilbert
Maman était new-look, de Walter Lang
meilleure musique d'un film musical : Alfred Newman
◊ Distinctions spéciales à James Baskett pour *Song of the South*; *Bill and Coo* de Dean Reisner;
à *Sciuscia* de Vittorio De Sica (Italie);
au colonel William N. Selig et
à Albert E. Smith, Thomas Armat et George K. Spoor, pionniers du cinéma.

1949

Hamlet, de Laurence Olivier
meilleur film
meilleur acteur : Laurence Olivier
meilleurs décors noir et blanc : Roger K. Furse, Carmen Dillon
meilleurs costumes noir et blanc : Roger K. Furse
Le Trésor de la Sierra Madre, de John Huston
meilleure réalisation
meilleur acteur de second rôle : Walter Huston
meilleur scénario d'adaptation : John Huston
Jeanne d'Arc, de Victor Fleming
meilleure image couleur : J. Valentine, W. Skall, W. Hoch
meilleurs costumes couleur : Dorothy Jeakins, Karinska
La Cité sans voiles, de Jules Dassin
meilleure image noir et blanc : William Daniels
meilleur montage : Paul Weatherwax
Les Chaussons rouges, de Michael Powell et Emeric Pressburger
meilleurs décors couleur : Hein Heckroth, Arthur Lawson
meilleure musique : Brian Easdale
Johnny Belinda, de Jean Negulesco
meilleure actrice : Jane Wyman
Key Largo, de John Huston
meilleure actrice de second rôle : Claire Trevor
Les Anges marqués, de Fred Zinnemann
meilleur scénario original : Richard Schweizer, David Wechsler
La Fosse aux serpents, d'Anatole Litvak
meilleur son
Le Portrait de Jennie, de William Dieterle
meilleurs effets spéciaux : P. Eagler, J. McMillan Johnson, R. Shearman, C. Slifer, C. Freeman, J. G. Stewart
Le Visage pâle, de Norman Z. McLeod
meilleure chanson : Jay Livingstone, Ray Evans
Parade de printemps, de Charles Walters
meilleure musique d'un film musical : Johnny Green, Roger Edens
◊ Distinctions spéciales à *Monsieur Vincent,* de Maurice Cloche (Fr.); à Ivan Jandl pour *Les Anges marqués*; à Sid Grauman; à Adolph Zukor; à Walter Wanger pour *Jeanne d'Arc.*
◊ Prix Irving-Thalberg : Jerry Wald.

1950

Les Fous du roi, de Robert Rossen
meilleur film
meilleur acteur : Broderick Crawford
meilleure actrice de second rôle : Mercedes McCambridge
L'Héritière, de William Wyler
meilleure actrice : Olivia De Havilland
meilleurs décors noir et blanc : John Meehan, Harry Horner, Emile Kuri
meilleure musique : Aaron Copland
meilleurs costumes noir et blanc : Edith Head, Gile Steele
Chaînes conjugales, de Joseph L. Mankiewicz
meilleure réalisation
meilleur scénario : Joseph L. Mankiewicz
Un homme de fer, d'Henry King
meilleur acteur de second rôle : Dean Jagger
meilleur son
Bastogne, de William Wellman
meilleurs histoire et scénario : Robert Pirosh
meilleure image noir et blanc : Paul C. Vogel
Les Quatre Filles du Dr. March, de Mervyn LeRoy
meilleurs décors couleur : C. Gibbons, P. Groesse, E. B. Willis, J. D. Moore
Un homme change son destin, de Sam Wood
meilleure histoire originale : Douglas Morrow
La Charge héroïque, de John Ford
meilleure image couleur : Winton Hoch
Le Champion, de Mark Robson
meilleur montage : Harry Gerstad
Monsieur Joe, d'Ernest B. Schoedsack
meilleurs effets spéciaux
La Fille de Neptune, d'Edward Buzzell
meilleure chanson : Frank Loesser
Un jour à New York, de Stanley Donen et Gene Kelly
meilleure musique d'un film musical : Roger Edens, Lennie Hayton
Les Aventures de don Juan, de Vincent Sherman
meilleurs costumes couleur : Leah Rhodes, Travilla et Marjorie Best
◊ Distinctions spéciales au *Voleur de bicyclette,* de Vittorio De Sica (Italie); à Bobby Driscoll; à Fred Astaire; à Cecil B. De Mille; à Jean Hersholt.

1951

Eve, de Joseph L. Mankiewicz
meilleur film
meilleure réalisation
meilleur acteur de second rôle : George Sanders
meilleur scénario : Joseph L. Mankiewicz
meilleurs costumes noir et blanc : Edith Head, Charles Le Maire
meilleur son
Boulevard du crépuscule, de Billy Wilder
meilleurs histoire et scénario : Charles Brackett, Billy Wilder, D. M. Marshman Jr.
meilleurs décors noir et blanc : Hans Dreier, John Meehan, Sam Comer, Ray Moyer
meilleure musique : Franz Waxman
Les Mines du roi Salomon, de Compton Bennett et Andrew Marton
meilleure image couleur : Robert Surtees
meilleur montage : Ralph E. Winters, Conrad A. Nervig
Samson et Dalila, de Cecil B. De Mille
meilleurs décors couleur : Hans Dreier, Walter Tyler, Sam Comer, Ray Moyer
meilleurs costumes couleurs : E. Head, D. Jeakins, E. Jenssen, G. Steele, G. Wakeling
Cyrano de Bergerac, de Michael Gordon
meilleur acteur : Jose Ferrer
Comment l'esprit vient aux femmes, de George Cukor
meilleure actrice : Judy Holliday
Harvey, d'Henry Koster
meilleure actrice de second rôle : Josephine Hull
Le Troisième Homme, de Carol Reed
meilleure image noir et blanc : Robert Krasker
Riz amer, de Giuseppe De Santis (Italie)
meilleure histoire originale : Giuseppe De Santis, Carlo Lizzani
Panique dans la rue, d'Elia Kazan
meilleure histoire originale : Edna et Edward Anhalt
Destination Lune, d'Irving Pichel
meilleurs effets spéciaux
Le Dénonciateur, de Mitchell Leisen
meilleure chanson : Ray Evans, Jay Livingstone
Annie, la reine du cirque, de George Sidney
meilleure musique d'un film musical : Adolph Deutsch, Roger Edens
◊ Distinctions spéciales à George Murphy; à Louis B. Mayer; à *Au-Delà des grilles* de René Clément (Fr.-Italie).
◊ Prix Irving-Thalberg : Darryl F. Zanuck.

1952

Un Américain à Paris, de Vincente Minnelli
meilleur film
meilleurs histoire et scénario : Alan Jay Lerner
meilleure image couleur : Alfred Gilks, John Alton
meilleurs décors couleur : C. Gibbons, P. Ames, E. B. Willis, K. Gleason
meilleure musique d'un film musical : Johnny Green, Saul Chaplin
meilleurs costumes couleur : Walter Plunkett, Irene Sharaff
Une place au soleil, de George Stevens
meilleure réalisation
meilleur scénario : Michael Wilson, Harry Brown
meilleure image noir et blanc : William C. Mellor
meilleure musique : Franz Waxman
meilleurs costumes noir et blanc : Edith Head
meilleur montage : William Hornbeck
Un tramway nommé désir, d'Elia Kazan
meilleure actrice : Vivien Leigh
meilleur acteur de second rôle : Karl Malden
meilleure actrice de second rôle : Kim Hunter
meilleurs décors noir et blanc : Richard Day, George James Hopkins
African Queen, de John Huston
meilleur acteur : Humphrey Bogart
Ultimatum, de Roy Boulting
meilleure histoire originale : Paul Dehn, James Bernard
Le Choc des mondes, de Rudolph Maté
meilleurs effets spéciaux
Si l'on mariait papa, de Frank Capra
meilleure chanson : Hoagy Carmichael, Johnny Mercer
Le Grand Caruso, de Richard Thorpe
meilleur son : Douglas Shearer
◊ Distinctions spéciales à Gene Kelly et à *Rashomon* d'Akira Kurosawa (Japon).
◊ Prix Irving-Thalberg : Arthur Freed.

1953

Sous le plus grand chapiteau du monde, de Cecil B. De Mille
meilleur film
meilleure histoire originale : Frederick Frank, Theodore Saint John, Frank Cavett
L'Homme tranquille, de John Ford
meilleure réalisation
meilleure image couleur : Winton C. Hoch, Archie Stout
Les Ensorcelés, de Vincente Minnelli
meilleure actrice de second rôle : Gloria Grahame
meilleur scénario : Charles Schnee
meilleure image noir et blanc : Robert Surtees
meilleurs décors noir et blanc : C. Gibbons, E. Carfagno, E. B. Willis, K. Gleason

meilleurs costumes noir et blanc : Helen Rose
Le train sifflera trois fois, de Fred Zinnemann
meilleur acteur : Gary Cooper
meilleur montage : Elmo Williams, Harry Gerstad
meilleure chanson : Dimitri Tiomkin, Ned Washington
meilleure musique : Dimitri Tiomkin
Moulin-Rouge, de John Huston
meilleurs décors couleur : Paul Sheriff, Marcel Vertes
meilleurs costumes couleur : Marcel Vertes
Reviens petite Sheba, de Daniel Mann
meilleure actrice : Shirley Booth
Viva Zapata, d'Elia Kazan
meilleur acteur de second rôle : Anthony Quinn
De l'or en barres, de Charles Crichton
meilleurs histoire et scénario : T. E. B. Clarke
Le Mur du son, de David Lean
meilleur son
Refrain de mon cœur, de Walter Lang
meilleure musique d'un film musical : Alfred Newman
◊ Distinctions spéciales à Alfred Mitchell; à Joseph M. Schenck; à Merian C. Cooper; à Harold Lloyd; à Bob Hope; et à *Jeux interdits,* de René Clément (Fr.).
◊ Prix Irving-Thalberg : Cecil B. De Mille.

1954

Tant qu'il y aura des hommes, de Fred Zinnemann
meilleur film
meilleure réalisation
meilleur acteur de second rôle : Frank Sinatra
meilleure actrice de second rôle : Donna Reed
meilleur scénario : Daniel Taradash
meilleure image noir et blanc : Burnett Guffey
meilleur son : John P. Livadary
meilleur montage : William Lyon
Vacances romaines, de William Wyler
meilleure actrice : Audrey Hepburn
meilleure histoire originale : Ian McLellan Hunter
meilleurs costumes noir et blanc : Edith Head
La Tunique, d'Henry Koster
meilleurs décors couleur : L. Wheeler, G. W. Davis, W. M. Scott, P. S. Fox
meilleurs costumes couleur : Charles LeMaire, Emile Santiago
Stalag 17, de Billy Wilder
meilleur acteur : William Holden
Titanic, de Jean Negulesco
meilleurs histoire et scénario : Charles Brackett, Walter Reisch, Richard Breen
L'Homme des vallées perdues, de George Stevens
meilleure image couleur : Loyal Griggs
Jules César, de Joseph L. Mankiewicz
meilleurs décors noir et blanc : C. Gibbons, E. Carfagno, E. B. Willis, H. Hunt
La Guerre des mondes, de Byron Haskin
meilleurs effets spéciaux
Calamity Jane, de David Butler
meilleure chanson : Sammy Fain, Paul Francis Webster
Lili, de Charles Walters
meilleure musique : Bronislau Kaper
Appelez-moi madame, de Walter Lang
meilleure musique d'un film musical : Alfred Newman
◊ Distinctions spéciales à Pete Smith pour la série *Pete Smith specialties*; à 20th Century Fox; à Joseph I. Breen; et à Bell and Howell Company.
◊ Prix Irving-Thalberg : George Stevens.

1955

Sur les quais, d'Elia Kazan
meilleur film
meilleure réalisation
meilleur acteur : Marlon Brando
meilleure actrice de second rôle : Eva Marie Saint
meilleurs histoire et scénario : Budd Schulberg
meilleurs décors noir et blanc : Richard Day
meilleur montage : Gene Milford
Une fille de la province, de George Seaton
meilleure actrice : Grace Kelly
meilleur scénario : George Seaton
Vingt Mille Lieues sous les mers, de Richard Fleischer
meilleurs décors couleur : John Meehan, Emile Kuri
meilleurs effets spéciaux
La Comtesse aux pieds nus, de Joseph L. Mankiewicz
meilleur acteur de second rôle : Edmond O'Brien
La Lance brisée, d'Edward Dmytryk
meilleure histoire originale : Philip Yordan
Sabrina, de Billy Wilder
meilleurs costumes noir et blanc : Edith Head
Les Portes de l'enfer, de Teinosuke Kinugasa (Japon)
meilleurs costumes couleur : Sanzo Wada
Romance inachevée, d'Anthony Mann
meilleur son : Leslie I. Carey
La Fontaine des amours, de Jean Negulesco
meilleure chanson : Jule Styne, Sammy Cahn
Ecrit dans le ciel, de William Wellman
meilleure musique : Dimitri Tiomkin
Les Sept Femmes de Barberousse, de Stanley Donen
meilleure musique d'un film musical : Adolph Deutsch, Saul Chaplin
◊ Distinctions spéciales à la Bausch et Lomb Optical Company; à Kemp R. Niver pour la restauration de la collection cinématographique de la Bibliothèque du Congrès; à Greta Garbo; à Danny Kaye; à Jon Whiteley; à Vincent Winter; et *aux Portes de l'enfer.*

1956

Marty, de Delbert Mann
meilleur film
meilleure réalisation
meilleur acteur : Ernest Borgnine
meilleur scénario : Paddy Chayefsky
La Rose tatouée, de Daniel Mann
meilleure actrice : Anna Magnani
meilleure image noir et blanc : James Wong Howe
meilleurs décors noir et blanc : H. Pereira, T. Larsen, S. Comer, A. Krams
La Colline de l'adieu, d'Henry King
meilleurs costumes couleur : Charles LeMaire
meilleure chanson : Sammy Fain, Paul Francis Webster
meilleure musique : Alfred Newman
Picnic, de Joshua Logan
meilleurs décors couleur : William Flannery, Jo Mielziner, Robert Priestley
meilleur montage : Charles Nelson, William A. Lyon
Oklahoma!, de Fred Zinnemann
meilleur son : Fred Hynes
meilleure musique d'un film musical : Robert Russell Bennett, Jay Blackton, Adolph Deutsch
A l'est d'Eden, d'Elia Kazan
meilleure actrice de second rôle : Jo Van Fleet
Permission jusqu'à l'aube, de John Ford et Mervyn LeRoy
meilleur acteur de second rôle : Jack Lemmon
Les Pièges de la passion, de Charles Vidor
meilleure histoire originale : Daniel Fuchs
Mélodie interrompue, de Curtis Bernhardt
meilleurs histoire et scénario : William Ludwig, Sonya Levien
La Main au collet, d'Alfred Hitchcock
meilleure image couleur : Robert Burks
Une femme en enfer, de Daniel Mann
meilleurs costumes noir et blanc : Helen Rose
◊ Distinction spéciale aux *Sept Samouraïs,* de Akira Kurosawa (Japon).

1957

Le Tour du monde en quatre-vingts jours, de Michael Anderson
meilleur film
meilleur scénario d'adaptation
meilleure image couleur : Joseph Ruttenberg
meilleur montage : Gene Ruggiero, Paul Weatherwax
meilleure musique : Victor Young
Géant, de George Stevens
meilleure réalisation
Le Roi et Moi, de Walter Lang
meilleur acteur : Yul Brynner
meilleurs décors couleur : L. R. Wheeler, J. DeCuir, W. M. Scott, P. S. Fox
meilleurs costumes couleur : Irene Sharaff
meilleur son : Carl Faulkner
meilleur musique d'un film musical : Alfred Newman, Ken Darby
Marqué par la haine, de Robert Wise
meilleure image noir et blanc : Joseph Ruttenberg
meilleurs décors noir et blanc : C. Gibbons, M. F. Brown, E. B. Willis, F. K. Gleason
Anastasia, de Anatole Litvak
meilleure actrice : Ingrid Bergman
La Vie passionnée de Vincent Van Gogh, de Vincente Minnelli
meilleur acteur de second rôle : Anthony Quinn
Ecrit sur du vent, de Douglas Sirk
meilleure actrice de second rôle : Dorothy Malone
Les clameurs se sont tues, d'Irving Rapper
meilleure histoire originale : Robert Rich (= Dalton Trumbo)
Le Ballon rouge, d'Albert Lamorisse (Fr.)
meilleur scénario original : Albert Lamorisse
Une Cadillac en or massif, de Richard Quine
meilleurs costumes noir et blanc : Jean-Louis
Les Dix Commandements, de Cecil B. De Mille
meilleurs effets spéciaux : John Fulton
L'homme qui en savait trop, d'Alfred Hitchcock
meilleure chanson : Jay Livingston, Ray Evans
La Strada, de Federico Fellini (Italie)
meilleur film étranger
◊ Distinction spéciale à Eddie Cantor.
◊ Prix Irving-Thalberg : Buddy Adler.
◊ Prix humanitaire Jean-Hersholt : Y. Frank Freeman.

1958

Le Pont de la rivière Kwaï, de David Lean
meilleur film
meilleure réalisation
meilleur acteur : Alec Guinness
meilleur scénario d'adaptation : Pierre Boulle, Carl Foreman, Michael Wilson
meilleure image : Jack Hildyard
meilleur montage : Peter Taylor
meilleure musique : Malcolm Arnold
Sayonara, de Joshua Logan
meilleur acteur de second rôle : Red Buttons
meilleure actrice de second rôle : Miyoshi Umeki
meilleurs décors : Ted Haworth, Robert Priestley
meilleur son : George Groves
Les Trois Visages d'Eve, de Nunnally Johnson
meilleure actrice : Joanne Woodward
La Femme modèle, de Vincente Minnelli
meilleur scénario original : George Wells
Les Girls, de George Cukor
meilleurs costumes : Orry-Kelly
Torpilles sous l'Atlantique, de Dick Powell
meilleurs effets spéciaux : Walter Rossi
Le Pantin brisé, de Charles Vidor
meilleure chanson : James Van Heusen, Sammy Cahn
Les Nuits de Cabiria, de Federico Fellini (Italie)
meilleur film étranger
◊ Distinctions spéciales à Charles Brackett; à B. B. Kahane; à Gilbert M. Anderson (*Bronco Billy*); et à The Society of Motion Picture and Television Engineers.
◊ Prix humanitaire Jean-Hersholt : Samuel Goldwyn.

1959

Gigi, de Vincente Minnelli
meilleur film
meilleure réalisation
meilleur scénario d'adaptation : Alan Jay Lerner
meilleure image couleur : Joseph Ruttenberg
meilleurs décors : W. A. Horning, P. Ames, H. Grace, K. Gleason
meilleurs costumes : Cecil Beaton
meilleur montage : Adrienne Fazan
meilleure chanson : Frederick Loewe, Alan Jay Lerner
meilleure musique d'un film musical : Andre Previn
Tables séparées, de Delbert Mann
meilleur acteur : David Niven
meilleure actrice de second rôle : Wendy Hiller
La Chaîne, de Stanley Kramer
meilleur scénario original : Nathan E. Douglas, Harold Jacob Smith
meilleure image noir et blanc : Sam Leavitt
Je veux vivre, de Robert Wise
meilleure actrice : Susan Hayward
Les Grands Espaces, de William Wyler
meilleur acteur de second rôle : Burl Ives
South Pacific, de Joshua Logan
meilleur son : Fred Hynes
Les Aventures de Tom Pouce, de George Pal
meilleurs effets spéciaux : Tom Howard
Le Vieil Homme et la mer, de John Sturges
meilleure musique : Dimitri Tiomkin
Mon oncle, de Jacques Tati (Fr.)
meilleur film étranger
◊ Distinction spéciale à Maurice Chevalier.
◊ Prix Irving-Thalberg : Jack L. Warner.

1960

Ben Hur, de William Wyller
meilleur film
meilleure réalisation
meilleur acteur : Charlton Heston
meilleur acteur de second rôle : Hugh Griffith
meilleure image couleur : Robert L. Surtees
meilleurs décors couleur : W. A. Horning, E. Carfagno, H. Hunt
meilleurs costumes couleur : Elizabeth Haffenden
meilleur son : Franklin E. Milton
meilleur montage : Ralph E. Winters, John D. Dunning
meilleurs effets spéciaux : Arnold Gillespie, Robert Mac Donald, Milo Lory
meilleure musique : Miklos Rozsa
Le Journal d'Anne Frank, de George Stevens
meilleure actrice de second rôle : Shelley Winters
meilleure image noir et blanc : William C. Mellor
meilleurs décors noir et blanc : L. R. Wheeler, G. W. Davis, W. M. Scott, S. A. Reiss
Les Chemins de la haute ville, de Jack Clayton (G.-B.)
meilleure actrice : Simone Signoret
meilleur scénario d'adaptation : Neil Paterson
Confidences sur l'oreiller, de Michael Gordon
meilleur scénario original : R. Rouse, C. Greene, S. Shapiro, M. Richlin

Certains l'aiment chaud, de Billy Wilder
meilleurs costumes noir et blanc : Orry-Kelly
Porgy and Bess, d'Otto Preminger
meilleure musique d'un film musical : Andre Previn, Ken Darby
Un trou dans la tête, de Frank Capra
meilleure chanson : James Van Heusen, Sammy Cahn
Orfeu Negro, de Marcel Camus (Fr.)
meilleur film étranger
◊ Distinctions spéciales à Buster Keaton et à Lee DeForest, pionnier du cinéma.
◊ Prix humanitaire Jean-Hersholt : Bob Hope.

1961

La Garçonnière, de Billy Wilder
meilleur film
meilleure réalisation
meilleur scénario original : Billy Wilder, I. A. L. Diamond
meilleurs décors noir et blanc : Alexandre Trauner, Edward G. Boyle
meilleur montage : Daniel Mandell
Spartacus, de Stanley Kubrick
meilleur acteur de second rôle : Peter Ustinov
meilleure image couleur : Russell Metty
meilleurs décors couleur : A. Golitzen, E. Orbom, R. A. Gausman, J. Heron
meilleurs costumes couleur : Valles et Bill Thomas
Elmer Gantry le charlatan, de Richard Brooks
meilleur acteur : Burt Lancaster
meilleure actrice de second rôle : Shirley Jones
meilleur scénario d'adaptation : Richard Brooks
La Vénus au vison, de Daniel Mann
meilleure actrice : Elizabeth Taylor
Amants et fils, de Jack Cardiff
meilleure image noir et blanc : Freddie Francis
Voulez-vous pêcher avec moi ?, de Melvin Frank
meilleurs décors noir et blanc : Edith Head, Edward Stevenson
Alamo, de John Wayne
meilleur son : Gordon E. Sawyer, Fred Hynes
Jamais le dimanche, de Jules Dassin (Grèce)
meilleure chanson : Manos Hadjidakis
La Machine à explorer le temps, de George Pal
meilleurs effets spéciaux : Gene Warren, Tim Baar
Exodus, d'Otto Preminger
meilleure musique : Ernest Gold
Le Bal des adieux, de Charles Vidor et George Cukor
meilleure musique d'un film musical : Morris Stoloff, Harry Sikman
La Source, d'Ingmar Bergman (Suède)
meilleur film étranger
◊ Distinctions spéciales à Gary Cooper; Stan Laurel; et Hayley Mills pour *Pollyanna.*
◊ Prix humanitaire Jean-Hersholt : Sol Lesser.

1962

West Side Story, de Robert Wise et Jerome Robbins
meilleur film
meilleure réalisation
meilleur acteur de second rôle : George Chakiris
meilleure actrice de second rôle : Rita Moreno
meilleure image couleur : Daniel L. Fapp
meilleurs décors couleur : Boris Leven, Victor A. Gangelin
meilleurs costumes couleur : Irene Sharaff
meilleur son : Fred Hynes, Gordon E. Sawyer
meilleur montage : Thomas Stanford
meilleure musique d'un film musical : Saul Chaplin, Johnny Green, Sid Ramin, Irwin Kostal
Jugement à Nuremberg, de Stanley Kramer
meilleur acteur : Maximilian Schell
meilleur scénario d'adaptation : Abby Mann
L'Arnaqueur, de Robert Rossen
meilleure image noir et blanc : Eugene Shuftan
meilleurs décors noir et blanc : Harry Horner, Gene Callahan
Diamants sur canapé, de Blake Edwards
meilleure chanson : Henry Mancini, Johnny Mercer
meilleure musique : Henry Mancini
La Ciociara, de Vittorio De Sica (Italie)
meilleure actrice : Sophia Loren
La Fièvre dans le sang, d'Elia Kazan
meilleur scénario original : William Inge
La Dolce Vita, de Federico Fellini (Italie)
meilleurs costumes noir et blanc : Piero Gherardi
Les Canons de Navarone, de Jack Lee Thompson
meilleurs effets spéciaux : Bill Warrington, Vivian C. Greenham
Comme dans un miroir, d'Ingmar Bergman (Suède)
meilleur film étranger
◊ Distinctions spéciales à William L. Hendricks; à Fred L. Metzler; et à Jerome Robbins.
◊ Prix Irving-Thalberg : Stanley Kramer.
◊ Prix humanitaire Jean-Hersholt : George Seaton.

1963

Lawrence d'Arabie, de David Lean
meilleur film
meilleure réalisation
meilleure image couleur : Fred A. Young
meilleure musique originale : Maurice Jarre
meilleurs décors couleur : John Box, John Stoll, Dario Simoni
meilleur son : John Cox
meilleur montage : Anne Coates
Du silence et des ombres, de Robert Mulligan
meilleur acteur : Gregory Peck
meilleur scénario d'adaptation : Horton Foote
meilleurs décors noir et blanc : Alexander Golitzen, Henry Bumstead, Oliver Emert
Miracle en Alabama, d'Arthur Penn
meilleure actrice : Anne Bancroft
meilleure actrice de second rôle : Patty Duke
Le Jour le plus long, de Kenn Annakin, Andrew Marton, Bernhard Wicki, Darryl Zanuck et Gerd Oswald
meilleure image noir et blanc : Jean Bourgoin, Walter Wottitz
meilleurs effets spéciaux : Robert McDonald, Jacques Maumont
Doux oiseau de jeunesse, de Richard Brooks
meilleur acteur de second rôle : Ed Begley
Divorce à l'italienne, de Pietro Germi (Italie)
meilleur scénario original : Ennio De Concini, Alfredo Giannetti, Pietro Germi
Le Jour du vin et des roses, de Blake Edwards
meilleure chanson : Henry Mancini, Johnny Mercer
The Music Man, de Morton Da Costa
meilleure bande musicale : Ray Heindorf
Qu'est-il arrivé à Baby Jane?, de Robert Aldrich
meilleurs costumes noir et blanc : Norma Koch
Les Amours enchantées, de George Pal et Henry Levin
meilleurs costumes couleur : Mary Wills
Les Dimanches de Ville-d'Avray, de Serge Bourguignon (Fr.)
meilleur film étranger
◊ Prix humanitaire Jean-Hersholt : Steve Broidy.

1964

Tom Jones, entre l'alcôve et la potence, de Tony Richardson (G.-B.)
meilleur film
meilleure réalisation
meilleur scénario d'adaptation : John Osborne
meilleure musique originale : John Addison
La Conquête de l'Ouest, d'Henry Hathaway, George Marshall et John Ford
meilleur scénario original : James R. Webb
meilleur son : Franklin E. Milton
meilleur montage : Harold F. Kress
Cléopâtre, de Joseph L. Mankiewicz
meilleure image couleur : Leon Shamroy
meilleurs décors couleur : J. DeCuir, J. M. Smith, H. Brown, H. Blumenthal, E. Webb, M. Pelling, B. Juraga, W. M. Scott, P. S. Fox, R. Moyer
meilleurs costumes couleur : Irene Sharaff, Vittorio Nino Novarese, Renie
meilleurs effets spéciaux visuels : Emil Kosa Jr.
Le Plus Sauvage d'entre tous, de Martin Ritt
meilleure actrice : Patricia Neal
meilleur acteur de second rôle : Melvyn Douglas
meilleure image noir et blanc : James Wong Howe
Le Lys des champs, de Ralph Nelson
meilleur acteur : Sidney Poitier
Hôtel international, d'Anthony Asquith
meilleure actrice de second rôle : Margaret Rutherford
America America, d'Elia Kazan
meilleurs décors noir et blanc : Gene Callahan
Huit et demi, de Federico Fellini (Italie)
meilleurs costumes noir et blanc : Piero Gherardi
meilleur film étranger
Un monde fou, fou, fou, de Stanley Kramer
meilleurs effets sonores : Walter G. Elliott
Irma la douce, de Billy Wilder
meilleure bande musicale : Andre Previn
Papa's Delicate Condition, de George Marshall
meilleure chanson : James Van Heusen, Sammy Cahn
◊ Prix Irving-Thalberg : Sam Spiegel.

1965

My Fair Lady, de George Cukor
meilleur film
meilleure réalisation
meilleur acteur : Rex Harrison
meilleure image couleur : Harry Stradling
meilleurs décors couleur : Gene Allen, Cecil Beaton, George James Hopkins
meilleurs costumes couleur : Cecil Beaton
meilleur son : George R. Groves
meilleur arrangement musical : Andre Previn
Mary Poppins, de Robert Stevenson
meilleure actrice : Julie Andrews
meilleur montage : Cotton Warburton
meilleurs effets spéciaux visuels : Peter Ellenshaw, Hamilton Luske, Eustace Lycett
meilleure chanson : Richard M. Sherman, Robert B. Sherman
meilleure musique originale : Richard M. Sherman, Robert B. Sherman
Zorba le Grec, de Michael Cacoyannis
meilleure actrice de second rôle : Lila Kedrova
meilleure image noir et blanc : Walter Lassally
meilleurs décors noir et blanc : Vassilis Fotopoulos
Topkapi, de Jules Dassin
meilleur acteur de second rôle : Peter Ustinov
Becket, de Peter Glenville
meilleur scénario d'adaptation
Grand méchant loup appelle, de Ralph Nelson
meilleur scénario original : S. H. Barnett, Peter Stone, Frank Tarloff
La Nuit de l'iguane, de John Huston
meilleurs costumes noir et blanc : Edith Head
Goldfinger, de Guy Hamilton (G.-B.)
meilleurs effets sonores : Norman Wanstall
Hier, aujourd'hui, demain, de Vittorio De Sica (Italie)
meilleur film étranger
◊ Distinction spéciale à William Tuttle pour le maquillage de *Seven Faces of Dr. Lao,* de George Pal.

1966

La Mélodie du bonheur, de Robert Wise
meilleur film
meilleure réalisation
meilleur son : James P. Corcoran, Fred Hynes
meilleur montage : William Reynolds
meilleur arrangement musical : Irwin Kostal
Docteur Jivago, de David Lean
meilleur scénario d'adaptation : Robert Bolt
meilleure image couleur : Freddie Young
meilleurs décors couleur : John Box, Terry Marsh, Dario Simoni
meilleurs costumes couleur : Phyllis Dalton
meilleure musique originale : Maurice Jarre
Darling, de John Schlesinger
meilleure actrice : Julie Christie
meilleur scénario original : Frederic Raphael
meilleurs costumes noir et blanc : Julie Harris
La Nef des fous, de Stanley Kramer
meilleure image noir et blanc : Ernest Laszlo
meilleurs décors noir et blanc : Robert Clatworthy, Joseph Kish
Cat Ballou, d'Elliot Silverstein
meilleur acteur : Lee Marvin
Des clowns par milliers, de Fred Coe
meilleur acteur de second rôle : Martin Balsam
Un coin de ciel bleu, de Guy Green
meilleure actrice de second rôle : Shelley Winters
Opération Tonnerre, de Terence Young (G.-B.)
meilleurs effets spéciaux visuels : John Stears
La Grande Course autour du monde, de Blake Edwards
meilleurs effets sonores : Tregoweth Brown
Le Chevalier des sables, de Vincente Minnelli
meilleure chanson : Johnny Mandel, Paul Francis Webster
La Boutique sur la grand-rue, de Jan Kadar et Elmar Klos (Tchéc.)
meilleur film étranger
◊ Distinction spéciale à Bob Hope.
◊ Prix Irving-Thalberg : William Wyler.
◊ Prix humanitaire Jean-Hersholt : Edmond L. DePatie.

1967

Un homme pour l'éternité, de Fred Zinnemann
meilleur film
meilleure réalisation
meilleur acteur : Paul Scofield
meilleur scénario d'adaptation : Robert Bolt
meilleure image couleur : Ted Moore
meilleurs costumes couleur : Elizabeth Haffenden, Joan Bridge
Qui a peur de Virginia Woolf ?, de Mike Nichols
meilleure actrice : Elizabeth Taylor
meilleure actrice de second rôle : Sandy Dennis
meilleure image noir et blanc : Haskell Wexler
meilleurs décors noir et blanc : Richard Sylbert, George James Hopkins
meilleurs costumes noir et blanc : Irene Sharaff
Grand Prix, de John Frankenheimer
meilleur son : Franklin E. Milton
meilleur montage : F. Steinkamp, H. Berman, S. Linder, F. Santillo
meilleurs effets sonores : Gordon Daniel
Un homme et une femme, de Claude Lelouch (Fr.)
meilleur scénario original : Claude Lelouch, Pierre Uytterhoeven
meilleur film étranger
Le Voyage fantastique, de Richard Fleischer
meilleurs décors couleur : J. Martin Smith, D. Hennessy, W. M. Scott, S. A. Reiss

meilleurs effets spéciaux visuels : Art Cruickshank
Vivre libre, de James Hill (G.-B.)
meilleure chanson : John Barry, Don Black
meilleure musique originale : John Barry
La Grande Combine, de Billy Wilder
meilleur acteur de second rôle : Walter Matthau
Le Forum en folie, de Richard Lester
meilleur arrangement musical : Ken Thorne
◊ Distinctions spéciales à Y. Frank Freeman et à Yakima Canutt.
◊ Prix Irving-Thalberg : Robert Wise.
◊ Prix humanitaire Jean-Hersholt : George Bagnall.

1968

Dans la chaleur de la nuit, de Norman Jewison
meilleur film
meilleur acteur : Rod Steiger
meilleur scénario d'adaptation : Stirling Silliphant
meilleur son
meilleur montage : Hal Ashby
Le Lauréat, de Mike Nichols
meilleure réalisation
Camelot, de Joshua Logan
meilleurs décors : John Truscott, Edward Carrere, John W. Brown
meilleurs costumes : John Truscott
meilleur arrangement musical : Alfred Newman, Ken Darby
Bonnie and Clyde, d'Arthur Penn
meilleure actrice de second rôle : Estelle Parsons
meilleure image : Burnett Guffey
Devine qui vient dîner, de Stanley Kramer
meilleure actrice : Katharine Hepburn
meilleur scénario original : William Rose
L'Extravagant Dr. Dolittle, de Richard Fleischer
meilleurs effets spéciaux : L. B. Abbott
meilleure chanson : Leslie Bricusse
Luke-la-Main-Froide, de Stuart Rosenberg
meilleur acteur de second rôle : George Kennedy
Les Douze Salopards, de Robert Aldrich
meilleurs effets sonores : John Poyner
Millie, de George Roy Hill
meilleure musique originale : Elmer Bernstein
Trains étroitement surveillés, de Jiri Menzel (Tchéc.)
meilleur film étranger
◊ Distinction spéciale à Arthur Freed.
◊ Prix Irving-Thalberg : Alfred Hitchcock.
◊ Prix humanitaire Jean-Hersholt : Gregory Peck.

1969

Oliver, de Carol Reed (G.-B.)
meilleur film
meilleure réalisation
meilleurs décors : J. Box, T. Marsh, V. Dixon, K. Muggleston
meilleur son
meilleure musique d'un film musical : John Green
Le Lion en hiver, d'Anthony Harvey
meilleure actrice : Katharine Hepburn
meilleur scénario d'adaptation : James Goldman
meilleure musique originale : John Barry
Roméo et Juliette, de Franco Zeffirelli (Italie - G.-B.)
meilleure image : Pasqualino De Santis
meilleurs costumes : Danilo Donati
Charly, de Ralph Nelson
meilleur acteur : Cliff Robertson
Funny Girl, de William Wyler
meilleure actrice : Barbra Streisand
The Subject Was Roses, d'Ulu Grosbard
meilleur acteur de second rôle : Jack Albertson
Rosemary's Baby, de Roman Polanski
meilleure actrice de second rôle : Ruth Gordon
Les Producteurs, de Mel Brooks
meilleur scénario original : Mel Brooks
Bullitt, de Peter Yates
meilleur montage : Frank P. Keller
2001 : l'Odyssée de l'espace, de Stanley Kubrick
meilleurs effets spéciaux : Stanley Kubrick
L'Affaire Thomas Crown, de Norman Jewison
meilleure chanson : Michel Legrand, Alan et Marilyn Bergman
Guerre et Paix, de Sergueï Bondartchouk (URSS)
meilleur film étranger
◊ Distinctions spéciales à John Chambers pour le maquillage de *La Planète des singes,* de Franklin J. Schaffner; à Onna White pour la chorégraphie d'*Oliver.*
◊ Prix humanitaire Jean-Hersholt : Martha Raye.

1970

Macadam Cowboy, de John Schlesinger
meilleur film
meilleure réalisation
meilleur scénario d'adaptation : Waldo Salt
Butch Cassidy et le Kid, de George Roy Hill
meilleur scénario original : William Goldman
meilleure image : Conrad Hall
meilleure chanson : Burt Bacharach, Hal David
meilleure musique originale : Burt Bacharach
Hello Dolly, de Gene Kelly
meilleurs décors : J. DeCuir, J. Martin Smith, H. Blumenthal, W. M. Scott, G. Hopkins, R. Bretton
meilleur son : Jack Solomon, Murray Spivack
meilleure musique d'un film musical : Lennie Hayton, Lionel Newman
Z, de Costa-Gavras (Fr.- Alg.)
meilleur montage : Françoise Bonnot
meilleur film étranger
Cent Dollars pour un shérif, d'Henry Hathaway
meilleur acteur : John Wayne
Les Belles Années de miss Brodie, de Ronald Neame
meilleure actrice : Maggie Smith
On achève bien les chevaux, de Sidney Pollack
meilleur acteur de second rôle : Gig Young
Fleur de cactus, de Gene Saks
meilleure actrice de second rôle : Goldie Hawn
Anne de mille jours, de Charles Jarrott
meilleurs costumes : Margaret Furse
Les Naufragés de l'espace, de John Sturges
meilleurs effets spéciaux : Robbie Robertson
◊ Distinction spéciale à Cary Grant.
◊ Prix humanitaire Jean-Hersholt : George Jessel.

1971

Patton, de Franklin J. Schaffner
meilleur film
meilleure réalisation
meilleur acteur : George C. Scott
meilleur scénario original : Francis Ford Coppola, Edmund H. North
meilleurs décors : U. McCleary, G. Parrondo, A. Mateos, P. L. Thévenet
meilleur son : Douglas Williams, Don Bassman
meilleur montage : Hugh S. Fowler
La Fille de Ryan, de David Lean
meilleur acteur de second rôle : John Mills
meilleure image : Freddie Young
Love, de Ken Russell
meilleure actrice : Glenda Jackson
Airport, de George Seaton
meilleure actrice de second rôle : Helen Hayes
MASH, de Robert Altman
meilleur scénario d'adaptation : Ring Lardner Jr.
Cromwell, de Ken Hughes (G.-B.)
meilleurs costumes : Nino Novarese
Tora! Tora! Tora!, de Richard Fleischer, Toshio Masuda et Kinji Fukusaku (E.-U. - Japon)
meilleurs effets spéciaux : A. D. Flowers, L. B. Abbott
Lune de miel aux orties, de Cy Howard
meilleure chanson : Fred Karlin, Robb Royer, James Griffin, Robb Wilson, Arthur James
Love Story, d'Arthur Hiller
meilleure musique originale : Francis Lai
Let It Be, de Linsay et Hogg (G.-B.)
meilleur enregistrement de chansons : les Beatles
Enquête sur un citoyen au-dessus de tout soupçon, d'Elio Petri (Italie)
meilleur film étranger
◊ Distinctions spéciales à Lillian Gish et à Orson Welles.
◊ Prix Irving-Thalberg : Ingmar Bergman.
◊ Prix humanitaire Jean-Hersholt : Frank Sinatra.

1972

French Connection, de William Friedkin
meilleur film
meilleure réalisation
meilleur acteur : Gene Hackman
meilleur scénario d'adaptation : Ernest Tidyman
meilleur montage : Jerry Greenberg
Un violon sur le toit, de Norman Jewison
meilleur son : Gordon K. McCallum, David Hildyard
meilleure image : Oswald Morris
meilleur enregistrement de chansons : John Williams
La Dernière Séance, de Peter Bogdanovich
meilleur acteur de second rôle : Ben Johnson
meilleure actrice de second rôle : Cloris Leachman
Nicolas et Alexandra, de Franklin J. Schaffner
meilleurs décors : J. Box, E. Archer, J. Maxsted, G. Parrondo, V. Dixon
meilleurs costumes : Yvonne Blake, Antonio Castillo
Klute, d'Alan J. Pakula
meilleure actrice : Jane Fonda
L'Hôpital, d'Arthur Hiller
meilleur scénario original : Paddy Chayefsky
Shaft, de Gordon Parks
meilleure chanson : Isaac Hayes
Un été 42, de Robert Mulligan
meilleure musique originale : Michel Legrand
L'Apprentie Sorcière, de Robert Stevenson
meilleurs effets spéciaux : Alan Maley, Eustace Lycett, Danny Lee
Le Jardin des Finzi-Contini, de Vittorio De Sica (Italie)
meilleur film étranger
◊ Distinction spéciale à Charlie Chaplin.

1973

Le Parrain, de Francis Ford Coppola
meilleur film
meilleur acteur : Marlon Brando
meilleur scénario d'adaptation : Mario Puzo, Francis Ford Coppola
Cabaret, de Bob Fosse
meilleure réalisation
meilleure actrice : Liza Minnelli
meilleur acteur de second rôle : Joel Grey
meilleure image : Geoffrey Unsworth
meilleurs décors : Rolf Zehetbauer, Jurgen Kiebach, Herbert Strabel
meilleur son : Robert Knudson, David Hildyard
meilleur montage : David Bretherton
meilleur enregistrement de chansons : Ralph Burns
L'Aventure du «Poséidon», de Ronald Neame
meilleure chanson : Al Kasha, Joel Hirschhorn
meilleurs effets spéciaux (oscar spécial) : L. B. Abbott, A. D. Flowers
Buterflies Are Free, de Milton Katselas
meilleure actrice de second rôle : Eileen Heckart
Votez McKay, de Michael Ritchie
meilleur scénario original : Jeremy Larner
Voyages avec ma tante, de George Cukor
meilleurs costumes : Anthony Powell
Les Feux de la rampe, de Charlie Chaplin
meilleure musique originale : Charlie Chaplin, Raymond Rasch, Larry Russell
Le Charme discret de la bourgeoisie, de Luis Buñuel (Fr.)
meilleur film étranger
◊ Distinctions spéciales à Charles Boren et à Edward G. Robinson.
◊ Prix humanitaire Jean-Hersholt : Rosalind Russell.

1974

L'Arnaque, de George Roy Hill
meilleur film
meilleure réalisation
meilleur scénario original : David S. Ward
meilleurs décors : Henry Bumstead, James Payne
meilleurs costumes : Edith Head
meilleur montage : William Reynolds
meilleur arrangement musical : Marvin Hamlisch
L'Exorciste, de William Friedkin
meilleur scénario d'adaptation : William Peter Blatty
meilleur son : Robert Knudson, Chris Newman
Nos plus belles années, de Sydney Pollack
meilleure chanson : Marvin Hamlisch, Alan et Marilyn Bergman
meilleure musique originale : Marvin Hamlisch
Sauvez le tigre, de John G. Avildsen
meilleur acteur : Jack Lemmon
Une maîtresse dans les bras, une femme sur le dos, de Melvin Frank
meilleure actrice : Glenda Jackson
La Chasse aux diplômes, de James Bridges
meilleur acteur de second rôle : John Houseman
La Barbe à papa, de Peter Bogdanovich
meilleure actrice de second rôle : Tatum O'Neal
Cris et chuchotements, d'Ingmar Bergman (Suède)
meilleure image : Sven Nykvist
La Nuit américaine, de François Truffaut (Fr.)
meilleur film étranger
◊ Distinctions spéciales à Henri Langlois et à Groucho Marx.
◊ Prix Irving-Thalberg : Lawrence Weingarten.
◊ Prix humanitaire Jean-Hersholt : Lew Wasserman.

1975

Le Parrain II, de Francis Ford Coppola
meilleur film
meilleure réalisation
meilleur acteur de second rôle : Robert De Niro
meilleur scénario d'adaptation : Francis Ford Coppola, Mario Puzo
meilleurs décors : Dean Tavoularis, Angelo Graham, George R. Nelson
meilleure musique originale : Nino Rota, Carmine Coppola
La Tour infernale, de John Guillermin
meilleure image : Fred Koenekamp, Joseph Biroc

meilleur montage : Harold F. Kress, Carl Kress
meilleure chanson : Al Kasha, Joel Hirschhorn
Gatsby le magnifique, de Jack Clayton
meilleurs costumes : Theoni V. Aldredge
meilleur arrangement musical : Nelson Riddle
Tremblement de terre, de Mark Robson
meilleur son : Ronald Pierce, Melvin Metcalfe Sr.
meilleurs effets spéciaux (Oscar spécial) : Frank Brendel, Glen Robinson, Albert Whitlock
Harry et Tonto, de Paul Mazursky
meilleur acteur : Art Carney
Alice n'est plus ici, de Martin Scorsese
meilleure actrice : Ellen Burstyn
Le Crime de l'Orient-Express, de Sidney Lumet
meilleure actrice de second rôle : Ingrid Bergman
Chinatown, de Roman Polanski
meilleur scénario original : Robert Towne
Amarcord, de Federico Fellini (Italie - Fr.)
meilleur film étranger
◊ Distinctions spéciales à Howard Hawks et à Jean Renoir.
◊ Prix humanitaire Jean-Hersholt : Arthur B. Krim.

1976

Vol au-dessus d'un nid de coucou, de Milos Forman
meilleur film
meilleure réalisation
meilleur acteur : Jack Nicholson
meilleure actrice : Louise Fletcher
meilleur scénario d'adaptation : Lawrence Hauben, Bo Goldman
Barry Lyndon, de Stanley Kubrick
meilleure image : John Alcott
meilleurs décors : Ken Adam, Roy Walker, Vernon Dixon
meilleurs costumes : Britt Soderlund, Milena Canonero
meilleur arrangement musical (chansons) : Leonard Rosenman
Les Dents de la mer, de Steven Spielberg
meilleur son : R. L. Hoyt, R. Heman, E. Madery, J. Carter
meilleur montage : Verna Fields
meilleure musique originale : John Williams
L'Odyssée du «Hindenburg», de Robert Wise
meilleurs effets sonores (oscar spécial) : Peter Berkos
meilleurs effets spéciaux visuels (oscar spécial) : Albert Whitlock, Glen Robinson
The Sunshine Boys, d'Herbert Ross
meilleur acteur de second rôle : George Burns
Shampoo, d'Hal Ashby
meilleure actrice de second rôle : Lee Grant
Un après-midi de chien, de Sidney Lumet
meilleur scénario original : Frank Pierson
Nashville, de Robert Altman
meilleure chanson : Keith Carradine
Dersou Ouzala, d'Akira Kurosawa (URSS - Japon)
meilleur film étranger
◊ Distinction spéciale à Mary Pickford.
◊ Prix Irving-Thalberg : Mervyn LeRoy.
◊ Prix humanitaire Jean-Hersholt : Jules C. Stein.

1977

Rocky, de John G. Avildsen
meilleur film
meilleure réalisation
meilleur montage : Richard Halsey, Scott Conrad
Network, de Sidney Lumet
meilleur acteur : Peter Finch
meilleure actrice : Faye Dunaway
meilleure actrice de second rôle : Beatrice Straight
meilleur scénario original : Paddy Chayefsky
Les Hommes du Président, d'Alan J. Pakula
meilleur acteur de second rôle : Jason Robards
meilleur scénario d'adaptation : William Goldman
meilleurs décors : George Jenkins, George Gaines
meilleur son : A. Piantadosi, L. Fresholtz, D. Alexander, J. Webb
En route pour la gloire, d'Hal Ashby
meilleure image : Haskell Wexler
meilleur arrangement musical : Leonard Rosenman
Le Casanova de Fellini, de Federico Fellini (Italie)
meilleurs costumes : Danilo Donati
Une étoile est née, de Frank Pierson
meilleure chanson : Barbra Streisand, Paul Williams
La Malédiction, de Richard Donner
meilleure musique originale : Jerry Goldsmith
King Kong, de John Guillermin
meilleurs effets spéciaux (oscar spécial) : Carlo Rambaldi, Glen Robinson, Frank Van der Veer
L'Age de cristal, de Michael Anderson
meilleurs effets spéciaux (oscar spécial) : L. B. Abbott, Glen Robinson, Matthew Yuricich
La Victoire en chantant, de Jean-Jacques Annaud (Fr.)
meilleur film étranger
◊ Prix Irving-Thalberg : Pandro S. Berman.

1978

Annie Hall, de Woody Allen
meilleur film
meilleure réalisation
meilleure actrice : Diane Keaton
meilleur scénario original : Woody Allen, Marshall Brickman
La Guerre des étoiles, de George Lucas
meilleurs décors : John Barry, Norman Reynolds, Leslie Dilley, Roger Christian
meilleurs costumes : John Mollo
meilleur son : D. McDougall, R. West, B. Minkler, D. Ball
meilleur montage : Paul Hirsch, Marcia Lucas, Richard Chew
meilleurs effets spéciaux : J. Stears, J. Dykstra, R. Edlund, G. McCune, R. Blalack
meilleure musique originale : John Williams
meilleurs effets sonores (oscar spécial) : Benjamin Burtt Jr.
Julia, de Fred Zinnemann
meilleur acteur de second rôle : Jason Robards
meilleure actrice de second rôle : Vanessa Redgrave
meilleur scénario d'adaptation : Alvin Sargent
Rencontres du troisième type, de Steven Spielberg
meilleure image : Vilmos Zsigmond
meilleur montage des effets sonores (oscar spécial) : Frank Warner
The Goodbye Girl, d'Herbert Ross
meilleur acteur : Richard Dreyfuss
Un petit mélo dans la tête, de Joseph Brooks
meilleure chanson : Joseph Brooks
A Little Night Music, de Prince
meilleur arrangement musical : Jonathan Tunick
La Vie devant soi, de Moshe Mizrahi (Fr.)
meilleur film étranger
◊ Distinctions spéciales à Margaret Booth; à Gordon E. Sawyer et à Sidney P. Solow.
◊ Prix Irving-Thalberg : Walter Mirish.
◊ Prix humanitaire Jean-Hersholt : Charlton Heston.

1979

Voyage au bout de l'enfer, de Michael Cimino
meilleur film
meilleure réalisation
meilleur acteur de second rôle : Christopher Walken
meilleur son : Richard Portman, William McCaughey, Aaron Rochin, Darin Knight
meilleur montage : Peter Zinner
Retour, d'Hal Ashby
meilleur acteur : Jon Voight
meilleure actrice : Jane Fonda
meilleur scénario original : Nancy Dowd, Waldo Salt, Robert C. Jones
Midnight Express, d'Alan Parker
meilleur scénario d'adaptation : Oliver Stone
meilleure musique originale : Giorgio Moroder
California Suite, d'Herbert Ross
meilleure actrice de second rôle : Maggie Smith
Les Moissons du ciel, de Terence Malick
meilleure image : Nestor Almendros
Le ciel peut attendre, de Warren Beatty et Buck Henry
meilleurs décors : Paul Sylbert, Edwin O'Donovan, George Gaines
Mort sur le Nil, de John Guillermin
meilleurs costumes : Anthony Powell
Dieu merci c'est vendredi, de Robert Klane
meilleure chanson : Paul Jabara
The Buddy Holly Story, de Steve Rash
meilleur arrangement musical : Joe Renzetti
Superman, de Richard Donner
meilleurs effets spéciaux (oscar spécial) : Les Bowie, Colin Chilvers, Denys Coop, Roy Field, Derek Meddings, Zoran Perisic
Préparez vos mouchoirs, de Bertrand Blier (Fr.)
meilleur film étranger
◊ Distinctions spéciales à Walter Lantz; à Laurence Olivier; à King Vidor; au département cinéma du Museum of Modern Art; à Linwood G. Dunn, à Loren L. Ryder et à Waldon O. Watson.
◊ Prix humanitaire Jean-Hersholt : Leo Jaffé.

1980

Kramer contre Kramer, de Robert Benton
meilleur film
meilleure réalisation
meilleur acteur : Dustin Hoffman
meilleure actrice de second rôle : Meryl Streep
meilleur scénario d'adaptation : Robert Benton
Que le spectacle commence, de Bob Fosse
meilleurs décors : Philip Rosenberg, Tony Walton, Edward Stewart, Gary Brink
meilleurs costumes : Albert Wolsky
meilleur montage : Alan Heim
meilleur arrangement musical : Ralph Burns
Norma Rae, de Martin Ritt
meilleure actrice : Sally Field
meilleure chanson : David Shire, Norman Gimbel
Apocalypse Now, de Francis Ford Coppola
meilleure image : Vittorio Storaro
meilleur son : Walter Murch, Mark Berger, Richard Beggs, Nat Boxer
Bienvenue Mr. Chance, d'Hal Ashby
meilleur acteur de second rôle : Melvyn Douglas
La Bande des quatre, de Peter Yates
meilleur scénario original : Steve Tesich
Alien, de Ridley Scott
meilleurs effets spéciaux : H. R. Giger, Carlo Rambaldi, Brian Johnson, Nick Allder, Denys Ayling
L'Etalon noir, de Carrol Ballard
meilleur montage son (oscar spécial) : Alan Splet
Le Tambour, de Volker Schlöndorff (RFA)
meilleur film étranger
◊ Distinctions spéciales à Alec Guinness; à Hal Elias; à John O. Aalberg, à Charles G. Clarke et à John G. Frayne.
◊ Prix Irving-Thalberg : Ray Stark.
◊ Prix Jean-Hersholt : Robert Benjamin.

1981

Des gens comme les autres, de Robert Redford
meilleur film
meilleure réalisation
meilleur acteur de second rôle : Timothy Hutton
meilleur scénario d'adaptation : Alvin Sargent
Tess, de Roman Polanski
meilleure image : Geoffrey Unsworth, Ghislain Cloquet
meilleurs décors : Pierre Guffroy, Jack Stephens
meilleurs costumes : Anthony Powell
Raging Bull, de Martin Scorsese
meilleur acteur : Robert De Niro
meilleur montage : Thelma Schoonmaker
Melvin et Howard, de Jonathan Demme
meilleure actrice de second rôle : Mary Steenburgen
meilleur scénario original : Bo Goldman
Fame, d'Alan Parker
meilleures chansons : Michael Gore, Dean Pitchford
meilleure musique originale : Michael Gore
L'Empire contre-attaque, de George Lucas
meilleur son : Varney, Maslow, Landaker, Sutton
meilleurs effets spéciaux (oscar spécial)
Nashville Lady, de Michael Apted
meilleure actrice : Sissy Spacek
Moscou ne croit pas aux larmes, de Vladimir Menchov
meilleur film étranger
◊ Distinctions spéciales à Henry Fonda et à Fred Hynes.

1982

Les Chariots de feu, d'Hugh Hudson
meilleur film
meilleur scénario original : Colin Welland
meilleurs costumes : Milena Canonero
meilleure musique originale : Vangelis
Reds, de Warren Beatty
meilleure réalisation
meilleure actrice de second rôle : Maureen Stapleton
meilleure image : Vittorio Storaro
Les Aventuriers de l'arche perdue, de Steven Spielberg
meilleurs décors : Norman Reynolds, Leslie Dilley, Michael Ford
meilleur son : Bill Varney, Steve Maslow, Gregg Landaker, Roy Charman
meilleur montage : Michael Kahn
meilleurs effets spéciaux : Richard Edlund, Kit West, Bruce Nicholson, Joe Johnston
meilleur montage des effets sonores (oscar spécial) : Ben Burtt, Richard L. Anderson
La Maison du lac, de Mark Rydell
meilleur acteur : Henry Fonda
meilleure actrice : Katharine Hepburn
meilleur scénario d'adaptation : Ernest Thompson
Arthur, de Steve Gordon
meilleur acteur de second rôle : John Gielgud
meilleure chanson : Burt Bacharach, Carole Bayer Sager, Christopher Cross, Peter Allen
Le Loup-garou de Londres, de John Landis
meilleur maquillage : Rick Baker
Méphisto, d'Istvan Szabo (Hong.)
meilleur film étranger
◊ Distinction spéciale à Barbara Stanwyck.
◊ Prix Irving-Thalberg : Albert A. Broccoli.
◊ Prix humanitaire Jean-Hersholt : Danny Kaye.
◊ Prix Gordon-E.-Sawyer : Joseph B. Walker.

1983

Gandhi, de Richard Attenborough
meilleur film
meilleure réalisation
meilleur acteur : Ben Kingsley
meilleur scénario original : John Briley
meilleure image : Billy Williams, Ronnie Taylor
meilleurs décors : Stuart Craig, Bob Laing, Michael Seirton
meilleurs costumes : John Mollo, Bhanu Athaiya
meilleur montage : John Bloom
E.T., de Steven Spielberg
meilleur son : Robert Knudson, Robert Glass, Don Digirolamo, Gene Cantamessa
meilleurs effets spéciaux : Carlo Rambaldi, Dennis Murren, Kenneth F. Smith
meilleur montage des effets sonores : Charles L. Campbell, Ben Burtt
meilleure musique originale : John Williams
Officier et gentleman, de Taylor Hackford
meilleur acteur de second rôle : Louis Gossett Jr.
meilleure chanson : Jack Nitzsche, Buffy Sainte-Marie, Will Jennings
Le Choix de Sophie, d'Alan J. Pakula
meilleure actrice : Meryl Streep
Tootsie, de Sydney Pollack
meilleure actrice de second rôle : Jessica Lange
Missing, de Costa-Gavras
meilleur scénario d'adaptation : Costa-Gavras, Donald Stewart
Victor Victoria, de Blake Edwards
meilleur arrangement musical : Henry Mancini, Leslie Bricusse
La Guerre du feu, de Jean-Jacques Annaud (Fr.)
meilleur maquillage : Sarah Monzani, Michele Burke
Volver a empezar, de José Luis Gara (Esp.)
meilleur film étranger
◊ Distinction spéciale à Mickey Rooney.
◊ Prix Jean-Hersholt : Walter Mirisch.
◊ Prix Gordon-E.-Sawyer : John O. Aalberg.

1984

Tendres passions, de James L. Brooks
meilleur film
meilleure réalisation
meilleure actrice : Shirley MacLaine
meilleur acteur de second rôle : Jack Nicholson
meilleur scénario d'adaptation : James L. Brooks
Fanny et Alexandre, d'Ingmar Bergman (Suède)
meilleure image : Sven Nykvist
meilleurs décors : Anna Asp
meilleurs costumes : Marik Vos
meilleur film étranger
L'Etoffe des héros, de Philippe Kaufman
meilleur son : Mark Berger, Tom Scott, Randy Thom, David McMillan
meilleur montage : Glenn Farr, Lisa Fruchtman, Stephen A. Rotter, Douglas Stewart, Tom Rolf
meilleur montage des effets sonores : Jay Boekelheide
meilleure musique originale : Bill Conti
Tender Mercies, de Bruce Beresford
meilleur acteur : Robert Duvall
meilleur scénario original : Horton Foote
L'Année de tous les dangers, de Peter Weir
meilleure actrice de second rôle : Linda Hunt
Flashdance, d'Adrian Lyne
meilleure chanson : Giorgio Moroder, Keith Forsey, Irene Cara
Yentl, de Barbra Streisand
meilleur arrangement musical : Michel Legrand, Alan et Marilyn Bergman
◊ Distinction spéciale à Hal Roach.
◊ Prix humanitaire Jean-Hersholt : M. J. Frankovich.
◊ Prix Gordon-E.-Sawyer : Dr. John G. Frayne.

1985

Amadeus, de Milos Forman
meilleur film
meilleure réalisation
meilleur acteur : F. Murray Abraham
meilleur scénario d'adaptation : Peter Shaffer
meilleurs décors : Patrizia von Brandenstein, Karel Cerny
meilleurs costumes : Theodor Pisker
meilleur son : Mark Berger, Tom Scott, Todd Boekelheide, Chris Newman
meilleur maquillage : Paul LeBlanc, Dick Smith
La Déchirure, de Roland Joffé
meilleur acteur de second rôle : Haing S. Ngor
meilleure image : Chris Menges
meilleur montage : Jim Clark
Les Saisons du cœur, de Robert Benton
meilleure actrice : Sally Field
meilleur scénario original : Robert Benton
La Route des Indes, de David Lean
meilleure actrice de second rôle : Peggy Ashcroft
meilleure musique originale : Maurice Jarre
Indiana Jones et le temple maudit, de Steven Spielberg
meilleurs effets spéciaux : Dennis Muren, Michael McAlister, Lorne Peterson, George Gibbs
Purple Rain, d'Albert Magnoli
meilleur arrangement musical : Prince
La Fille en rouge, de Gene Wilder
meilleure chanson : Stevie Wonder
La Diagonale du fou, de Richard Dembo (Fr. - Suisse)
meilleur film étranger
◊ Distinctions spéciales à James Stewart; et au National Endowment for the Arts.
◊ Prix Jean-Hersholt : David L. Wolper.
◊ Prix Gordon-E.-Sawyer : Lindwood G. Dunn.

1986

Out of Africa, de Sydney Pollack
meilleur film
meilleure réalisation
meilleur scénario d'adaptation : Kurt Luedtke
meilleure image : David Watkin
meilleurs décors : Stephen Grimes, Josie McAvin
meilleur son : Chris Jenkins, Gary Alexander, Larry Stensvold, Peter Handford
meilleure musique originale : John Barry
Cocoon, de Ron Howard
meilleur acteur de second rôle : Don Ameche
meilleurs effets spéciaux : Ken Ralston, Ralph McQuarrie, Scott Farrar, David Berry
Témoin sous surveillance, de Peter Weir
meilleur scénario original : William Kelley, Pamela Wallace, Earl W. Wallace
meilleur montage : Thom Noble
Le Baiser de la femme araignée, d'Hector Babenco
meilleur acteur : William Hurt
Mémoires du Texas, de Peter Masterson
meilleure actrice : Geraldine Page
L'Honneur des Prizzi, de John Huston
meilleure actrice de second rôle : Anjelica Huston
Ran, d'Akira Kurosawa (Fr.)
meilleurs costumes : Emi Wada
Retour vers le futur, de Robert Zemeckis
meilleur montage des effets sonores : Charles L. Campbell, Robert Rutledge
Soleil de nuit, de Taylor Hackford
meilleure chanson : Lionel Ritchie
Masque, de Peter Bogdanovich
meilleur maquillage : Michael Westmore, Zoltan Elek
L'Histoire officielle, de L. Puenzo (Arg.)
meilleur film étranger
◊ Distinctions spéciales à Paul Newman; à Alex North; et à John H. Whitney Sr.
◊ Prix humanitaire Jean-Hersholt : Buddy Rogers.

1987

Platoon, d'Oliver Stone
meilleur film
meilleure réalisation
meilleur son : John K. Wilkinson, Richard Rogers, Charles Grenzbach, Simon Kaye
meilleur montage : Claire Simpson
Hannah et ses sœurs, de Woody Allen
meilleur acteur de second rôle : Michael Caine
meilleure actrice de second rôle : Dianne Wiest
meilleur scénario original : Woody Allen
Chambre avec vue, de James Ivory (G.-B.)
meilleur scénario d'adaptation : Ruth Prawer Jhabvala
meilleurs décors : Brian Savegar, Elio Altramura
meilleurs costumes : Jenny Beavan, John Bright
Alien - le retour, de James Cameron
meilleur montage des effets sonores : Don Sharpe
meilleurs effets spéciaux : Robert Skotak, Stan Winston, John Richardson, Suzanne Benson
La Couleur de l'argent, de Martin Scorsese
meilleur acteur : Paul Newman
Les Enfants du silence, de Randa Haines
meilleure actrice : Marlee Matlin
Mission, de Roland Joffé
meilleure image : Chris Menges
Top Gun, de Tony Scott
meilleure chanson : Giorgio Moroder, Tom Whitlock
Autour de minuit, de Bertrand Tavernier (E.-U. - Fr.)
meilleure musique originale : Herbie Hancock
La Mouche, de David Cronenberg
meilleur maquillage : Chris Walas, Stephan Dupuis
L'Assaut, de F. Rademackers (P.-B.)
meilleur film étranger
◊ Distinctions spéciales à Ralph Bellamy et à E. M. Lewis.
◊ Prix Irving-Thalberg : Steven Spielberg.

1988

Le Dernier Empereur, de Bernardo Bertolucci
meilleur film
meilleure réalisation
meilleur scénario d'adaptation : Mark Peploe, Bernardo Bertolucci
meilleure image : Vittorio Storaro
meilleurs décors : Fernando Scarfiotti, Bruno Cesari, Osvaldo Desideri
meilleurs costumes : James Acheson
meilleur son : Bill Rowe, Ivan Sharrock
meilleur montage : Gabriella Cristiani
meilleure musique originale : R. Sakamoto, D. Byrne, CongSu
Eclair de lune, de Norman Jewison
meilleure actrice : Cher
meilleure actrice de second rôle : Olympia Dukakis
meilleur scénario original : John Patrick Shanley
Wall Street, d'Oliver Stone
meilleur acteur : Michael Douglas
Les Incorruptibles, de Brian De Palma
meilleur acteur de second rôle : Sean Connery
L'Aventure intérieure, de Joe Dante
meilleurs effets spéciaux : Dennis Muren, William George, Harley Jessup, Kenneth Smith
Dirty Dancing, d'Emile Ardolino
meilleure chanson : Franke Previte, John DeNicola, Donald Markowitz
Bigfoot et les Henderson, de William Dear
meilleur maquillage : Rick Baker
Robocop, de Paul Verhoeven
meilleur montage des effets sonores (oscar spécial) : Stephen Flick, John Pospisil
Le Festin de Babette, de Gabriel Axel (Dan.)
meilleur film étranger
◊ Prix Irving-Thalberg : Billy Wilder.
◊ Prix Gordon-E.-Sawyer : Fred Hynes.

1989

Rain Man, de Barry Levinson
meilleur film
meilleure réalisation
meilleur acteur : Dustin Hoffman
meilleur scénario original : Ronald Bass, Barry Morrow
Les Liaisons dangereuses, de Stephen Frears
meilleur scénario d'adaptation : Christopher Hampton
meilleurs décors : Stuart Craig, Gerard James
meilleurs costumes : James Acheson
Qui veut la peau de Roger Rabbit?, de Robert Zemeckis
meilleur montage : Arthur Schmidt
meilleurs effets sonores : Charles L. Campbell, Louis L. Edemann
meilleurs effets spéciaux : Ken Ralston, Richard Williams, Edward Jones, George Gibbs
Les Accusés, de Jonathan Kaplan
meilleure actrice : Jodie Foster
Un poisson nommé Wanda, de Charles Crichton
meilleur acteur de second rôle : Kevin Kline
Voyageur malgré lui, de Lawrence Kasdan
meilleure actrice de second rôle : Geena Davis
Mississippi Burning, d'Alan Parker
meilleure image : Peter Biziou
Beetlejuice, de Tim Burton
meilleur maquillage : Ve Neill, Steve LaPorte, Robert Short
Milagro, de Robert Redford
meilleure musique : Dave Grusin
Quand les femmes s'en mêlent, de Mike Nichols
meilleure chanson : Carly Simon
Bird, de Clint Eastwood
meilleur son : Les Fresholtz, Dick Alexander, Vern Poore, Willie D. Burton
Pelle le conquérant, de Bille August (Dan.)
meilleur film étranger

1990

Miss Daisy et son chauffeur, de Bruce Beresford
meilleur film
meilleure actrice : Jessica Tandy
meilleur scénario d'adaptation : Alfred Uhry
meilleur maquillage : Manlio Rocchetti, Kevin Haney, Lynn Barber
Né un 4 juillet, d'Oliver Stone
meilleure réalisation
meilleur montage : David Brenner, Joe Husthing
Glory, d'Edward Zwick
meilleur acteur de second rôle : Denzel Washington
meilleure image : Freddie Francis
meilleur son : Donald O. Mitchell, Gregg C. Rudloff, Elliot Tyson, Russell Williams
My Left Foot, de Jim Sheridan (G.-B.)
meilleur acteur : Daniel Day Lewis
meilleure actrice de second rôle : Brenda Fricker

La Petite Sirène, de Ron Clements et John Musker
meilleure musique : Alan Menken
meilleure chanson : Alan Menken, Howard Ashman
Le Cercle des poètes disparus, de Peter Weir
meilleur scénario original : Tom Schulman,
Batman, de Tim Burton
meilleurs décors : Aton Furst, Peter Young
Henry V, de Kenneth Branagh (G.-B.)
meilleurs costumes : Phyllis Dalton
Indiana Jones et la dernière croisade, de Steven Spielberg
meilleurs effets sonores : Ben Burtt, Richard Hymns
Abyss, de James Cameron
meilleurs effets spéciaux : John Bruno, Dennis Muren, Hoyet Yeatman, Dennis Skotak
Cinéma Paradiso, de Giuseppe Tornatore (Italie)
meilleur film étranger
◊ Distinction spéciale à Akira Kurosawa.

1991

Danse-avec-les-loups, de Kevin Costner
meilleur film
meilleure réalisation
meilleur scénario d'adaptation : Michael Blake
meilleur montage : Neil Travis
meilleure musique : John Barry
meilleur son : Russell Williams II, Jeffrey Perkins, Bill W. Benton, Greg Watkins
Dick Tracy, de Warren Beatty
meilleure chanson : Stephen Sondheim
meilleurs décors : Richard Sylbert, Rick Simpson
meilleur maquillage : John Caglione Jr., Doug Drexler
Ghost, de Jerry Zucker
meilleur second rôle féminin : Whoopi Goldberg
meilleur scénario original : Bruce Joel Rubin
Le Mystère von Bülow, de Barbet Schroeder
meilleur acteur : Jeremy Irons
Misery, de Bob Reiner
meilleure actrice : Kathy Bates
Les Affranchis, de Martin Scorsese
meilleur acteur de second rôle : Joe Pesci
Cyrano de Bergerac, de Jean-Paul Rappeneau (Fr.)
meilleurs costumes : Franca Squarciapino
A la poursuite d'octobre rouge, de John McTiernan
meilleur montage des effets sonores : Cecilia Hall, George WattersII
Total Recall, de Paul Verhoeven
meilleurs effets spéciaux : Eric Brevig, Rob Bottin, Tim McGovern, Alex Funke
Voyage vers l'espoir, de Xavier Koller (Suisse)
meilleur film étranger
◊ Distinctions spéciales à Myrna Loy et à Sophia Loren.

1992

Le Silence des agneaux, de Jonathan Demme
meilleur film
meilleure réalisation
meilleur acteur : Anthony Hopkins
meilleure actrice : Jodie Foster
meilleur scénario d'adaptation : Ted Tally
Terminator II : le jour du jugement, de James Cameron
meilleur son : Tom Johnson, Gary Rydstrom, Gary Summers, Lee Orloff
meilleur maquillage : Stan Winston, Jeff Dawn
meilleurs effets sonores
meilleurs effets spéciaux
J.F.K., d'Oliver Stone
meilleure image : Robert Richardson
meilleure montage : Joe Hutshing, Pietro Scalia
Bugsy, de Barry Levinson
meilleurs décors : Dennis Gassner
meilleurs costumes : Albert Wolsky
La Belle et la Bête, des studios Walt Disney
meilleure musique : Alan Menken
meilleure chanson : Alan Menken, Howard Ashman
La Vie, l'amour, les vaches, de Ron Underwood
meilleur acteur de second rôle : Jack Palance
The Fisher King, de Terry Gilliam
meilleure actrice de second rôle : Mercedes Ruehl
Thelma et Louise, de Ridley Scott
meilleur scénario original : Callie Khouri
Mediterraneo, de Gabriele Salvatores (Italie)
meilleur film étranger
◊ Distinction spéciale à Satyajit Ray.
◊ Prix Irving-Thalberg : George Lucas.

1993

Impitoyable, de Clint Eastwood
meilleur film
meilleure réalisation
meilleur acteur de second rôle : Gene Hackman
meilleur montage : Joel Cox
Retour à Howards End, de James Ivory
meilleure actrice : Emma Thompson
meilleure adaptation : Ruth Prawer Jhabwala
meilleur décor : Luciana Arrighi
Dracula, de Francis Ford Coppola
meilleurs costumes : Eiko Ishioka
meilleur maquillage : Greg Cannom, Michele Burice, Matthew Murgle
meilleurs effets sonores : Tom McCarthy, David Stone
Le Temps d'un week-end, de Martin Brest
meilleur acteur : Al Pacino
Mon cousin Vinny, de Jonathan Lynn
meilleure actrice de second rôle : Marisa Tomei
Aladdin, des studios Walt Disney
meilleure musique : Alan Menken
meilleure chanson originale : Alan Menken, Tim Rice
The Crying Game, de Neil Jordan
meilleur scénario original
Et au milieu coule une rivière, de Robert Redford
meilleure photo : Philippe Rousselot
Le Dernier des Mohicans, de Michael Mann
meilleur son : Chris Jenkins, Doug Hemphill, Mark Smith, S. Kaye
La mort vous va si bien, de Robert Zemeckis
meilleurs effets spéciaux : Ken Palston, Doug Chiang, Doug Smythe, Tom Woodruff
Indochine, de Régis Wargnier (Fr.)
meilleur film étranger
◊ Distinctions spéciales à Federico Fellini, à Audrey Hepburn et à Elizabeth Taylor.

1994

La Liste de Schindler, de Steven Spielberg
meilleur film
meilleur réalisateur
meilleure adaptation : Steven Zaillian
meilleure image : Janusz Kaminski
meilleurs décors : Allan Starski
meilleur montage : Michael Kahn
meilleure musique originale : John Williams
Jurassic Park, de Steven Spielberg
meilleur son : G. Summers, G. Rydstrom, S. Murphy, R. Judkins
meilleurs effets sonores : Gary Rydstrom, Richard Hymms
meilleurs effets spéciaux : Dennis Muren, Stan Winston, Phil Tippett, Michael Lantieri
La Leçon de piano, de Jane Campion
meilleure actrice : Holly Hunter
meilleure actrice de second rôle : Anna Paquin
meilleur scénario original : Jane Campion
Philadelphia, de Jonathan Demme
meilleur acteur : Tom Hanks
meilleure chanson originale : Bruce Springsteen
Le Fugitif, d'Andrew Davis
meilleur acteur de second rôle : Tommy Lee Jones
Le Temps de l'innocence, de Martin Scorsese
meilleurs costumes : Gabriella Pescucci
Madame Doubtfire, de Chris Columbus
meilleur maquillage : Greg Cannom, Ve Neill, Yolanda Toussieng
Belle Epoque, de Fernando Trueba (Esp.)
meilleur film étranger
◊ Distinction spéciale à Deborah Kerr.
◊ Prix humanitaire Jean-Hersholt : Paul Newman.

1995

Forrest Gump, de Robert Zemeckis
meilleur film
meilleur réalisateur
meilleur acteur : Tom Hanks
meilleur scénario : Eric Roth
meilleur montage
meilleurs effets visuels
Speed, de Jan de Bont
meilleur son, meilleur montage son
Blue Sky, de Tony Richardson
meilleure actrice : Jessica Lange
Coups de feu sur Broadway, de Woody Allen
meilleure actrice de second rôle : Dianne Wiest
Pulp Fiction, de Quentin Tarantino
meilleur scénario original : Quentin Tarantino et Roger Avary
Le Roi Lion, production Walt Disney
meilleure musique originale
meilleure chanson : Elton John-Tim Rice
Ed Wood, de Tim Burton
meilleur acteur de second rôle : Martin Landau
meilleur maquillage
Les Aventures de Priscilia, folle du désert, de Stephen Elliott
meilleurs costumes
Soleil trompeur, de Nikita Mikhalkov (Russie)
meilleur film étranger
The Madness of King George, de Nicholas Hytner
meilleure direction artistique
Légendes d'automne, d'Edward Zwick
meilleure direction de la photo : John Troll
A Strong Clear Vision, de Maya Lin
meilleur documentaire de long métrage
ex æquo avec *A Time For justice*
Bob's Birthday
meilleur court métrage d'animation
Franz Kafka's It's A Wonderful
meilleur court métrage
ex æquo avec *Trévor*
◊ Oscar d'honneur pour l'ensemble de son œuvre : Michelangelo Antonioni.
◊ Prix humanitaire Jean-Hersholt : Quincy Jones.
◊ Prix Irving Thalberg : Clint Eastwood.

1996

Braveheart, de Mel Gibson
meilleur film
meilleur réalisateur
meilleure direction artistique
meilleure photo : John Troll
meilleur maquillage
meilleurs effets sonores
Leaving Las Vegas, de Mike Figgis
meilleur acteur : Nicholas Cage
La Dernière Marche, de Tim Robbins
meilleure actrice : Susan Sarandon
Usual Suspects, de Bryan Singer
meilleur scénario original : Christopher Carrie
meilleur second rôle masculin : Kevin Spacey
Raison et sentiments, de Ang Lee
meilleure adaptation : Emma Thompson
Maudite Aphrodite, de Woody Allen
meilleur second rôle féminin : Mira Sorvino
Apollo 13, de Ron Howard
meilleur montage : Mike Hill, Dan Halley
meilleur son
Restoration,
meilleurs décors
meilleurs costumes
Pocahontas, de Mike Gabriel et Eric Goldberg
meilleure musique originale (comédie)
meilleure chanson originale
Le Facteur, de Michael Radford
meilleure musique originale (drame)
Babe, de Chris Noonan
meilleurs effets spéciaux
Antonia's Line, de Marleen Goris (Pays-Bas)
meilleur film étranger
Anne Frank Remembered
meilleur documentaire de long métrage
One Survivor Remembers
meilleur documentaire de court métrage
Lieberman in Love
meilleur court métrage
A Close Shave
meilleur court métrage d'animation
◊ Oscar d'honneur pour l'ensemble de sa carrière : Chuck Jones
◊ Oscar d'honneur : John Lasseter pour *Toy Story*
◊ Prix Irving Thalberg : Kirk Douglas

1997

Le Patient anglais, d'Anthony Minghela
meilleur film
meilleur réalisateur
meilleure direction artistique
meilleur second rôle féminin : Juliette Binoche
meilleure photo : John Seale
meilleure direction artistique : Suart Craig, Stephanie McMillan
meilleurs costumes
meilleur son : Walter Murch, Mark Berger, David Parker, Chris Newman
meilleur producteur : Saul Zaentz
Fargo, de Joël Coen
meilleure actrice : Frances McDormand
meilleur scénario original : Ethan et Joël Coen
Shine, de Scott Hicks
meilleur acteur : Geoffrey Rush
Jerry Maguire, de Cameron Crowe
meilleur second rôle masculin : Cuba Gooding Jr.
Sling Blade, de Billy Bob Thornton
meilleure adaptation
Emma, de Douglas McGrath
meilleure musique originale (comédie) : Rachel Portman
Evita, d'Alan Parker
meilleure chanson originale : «You Must Love Me», de Andrew Lloyd Webber et Tim Rice
Le Professeur Foldingue, de Tom Shadyac
meilleur maquillage : Rick Baker, David LeRoy Anderson

Independence Day, de Roland Emmerich
meilleurs effets spéciaux : Volker Engel, Douglas Smith, Clay Pinney, Joseph Viskocil
Kolya, de Jan Sverak (Tchéquie)
meilleur film étranger
Quest, de Thomas Stellmach et Tyron Montgomery
meilleur court métrage de dessin animé
Dear Diary, de David Frankel et Barry Jossen (produit par DreamWorks)
meilleur court métrage de fiction
When We Were Kings, de Leon Gast et David Sonenberg
meilleur documentaire
Prix Irvin-Thalberg : Saul Zaentz

1998

Titanic, de James Cameron
meilleur film
meilleur réalisateur
meilleure photo : Russel Carpenterl
meilleurs décors : Peter Lamont, Michael Ford
meilleur montage : Conrad Buff, James Cameron, Richard A. Harris
meilleur son : Gary Rydstrom, Tom Johnson, Gary Summers, Mark Ulano
meilleur montage des effets sonores : Ethan van der Ryn, Scott Quitteau, Christopher Scarabosio
meilleure musique (drame) : James Horner
meilleure chanson originale : «My Heart Will Go On», interprétée par Céline Dion
meilleurs costumes : Deborah L. Scott
Pour le pire et pour le meilleur, de James L. Brooks
meilleur acteur : Jack Nicholson
meilleure actrice : Helen Hunt
Will Hunting, de Gus Van Sant
meilleur second rôle masculin : Robin Williams
meilleur scénario original : Matt Damon et Ben Affleck
L.A. Confidential, de Curtis Hanson
meilleure adaptation : Braind Hegeland, Curtis Hanson
meilleur second rôle féminin : Kim Basinger
The Full Monty, de Peter Cattaneo
meilleure musique (comédie) : Anne Dudley
Men in Black, de Barry Sonnenfeld
meilleur maquillage : Rick Baker, David LeRoy Anderson
Character, de Mike van Dieme (Pays-Bas)
meilleur film étranger
Visas and Virtue (fiction) et *Geri's Game* (animation)
meilleurs courts métrages
The Long Way Home et *A Story of Healing*
meilleurs documentaires

1999

Shakespeare in Love, de John Madden
meilleur film
meilleure actrice : Gwyneth Paltrow
meilleur second rôle féminin : Judi Dench
meilleur scénario original : Marc Norman, Tom Stoppard
meilleurs décors : Martin Childs, Jill Quertier
meilleurs costumes : Sandy Powell
meilleure musique (comédie) : Stephen Warbeck
Il faut sauver le soldat Ryan, de Steven Spielberg
meilleur réalisateur
meilleure photo : Janusz Kaminski
meilleur montage : Michael Kahn
meilleur son : Gary Rydstrom, Gary Summers, Andy Nelso, Ronald Judkins
meilleurs effets sonores : Gary Rydstrom, Richard Hymns
La vie est belle, de Roberto Benigni
meilleur film étranger
meilleur acteur : Roberto Benigni
meilleure musique (drame) : Nicola Piovani
Affliction, de Paul Schrader
meilleur second rôle masculin : James Coburn
Gods and Monsters
meilleure adaptation : Bill Condon
Le Prince d'Egypte
meilleure chanson : «When You Believe», de Stephen Schwartz
What Dreams May Come
meilleurs effets spéciaux : Joel Hynek, Nicolas Brooks, Stuart Robinson, Kevin Mack
The Last Days
meilleur documentaire de long métrage
The Personals : Improvisations on Romance in the Golden Years
meilleur documentaire de court métrage
Bunny (Blue Sky Studios Prod)
meilleur court métrage d'animation

2000

American Beauty, de Sam Mendes
meilleur film
meilleur réalisateur
meilleur acteur : Kevin Spacey
meilleure photo : Conrad Hall
meilleur scénario : Alan Ball
Boys Don't Cry, de Kimberly Peirce
meilleure actrice : Hilary Swank
L'OEuvre de Dieu, la part du diable, de Lasse Hallström
meilleur second rôle masculin : Michael Caine
meilleure adaptation : John Irving
Girls, Interupted (*Une vie volée*), de James Mangold
meilleur second rôle féminin : Angelina Jolie
La Légende de Sleepy Hollow, de Tim Burton
meilleure direction artistique : Rick Heinrichs, Peter Young
The Red Violin, de François Girard
meilleure musique originale : John Corigliano
Tarzan
meilleure chanson originale : «You'll Be In My Heart», de Phil Collins
Topsy-Turvy, de Mike Leigh
meilleur maquillage
meilleurs costumes
The Matrix, de Larry et Andy Wachowski
meilleur montage
meilleur son
meilleurs effets spéciaux visuels
meilleurs effets spéciaux sonores
Tout sur ma mère, de Pedro Almodovar (Esp.)
meilleur film étranger
One Day In September, d'Arthur Cohn et Kevin McDonald
meilleur documentaire
Prix Irvin-Thalberg : Warren Beatty
Oscar d'honneur : Andrzej Wajda

2001

Gladiator, de Ridley Scott
meilleur film
meilleur acteur : Russel Crowe
meilleurs effets spéciaux : John Nelson, Neil Corbould, Tim Burke, Rob Harvey
meilleur son : Scott Millan, Bob Beemer, Ken Weston
meilleurs costumes : Janty Yates
Traffic, de Steven Soderbergh
meilleur réalisateur
meilleur second rôle masculin : Benicio Del Toro
meilleur scénario adapté : Stephen Gaghan
meilleur montage : Stephen Mirrione
Tigre et Dragon, d'Ang Lee (Taiwan)
meilleur film étranger
meilleure photo : Peter Pau
meilleure direction artistique : Tim Yip
meilleure bande originale de film : Tan Dun
Erin Brockovich, de Steven Soderbergh
meilleure actrice : Julia Roberts
Pollock, de Ed Harris
meilleur second rôle féminin : Marcia Gay Harden
Presque célèbre, de Cameron Crowe
meilleur scénario original : Cameron Crowe
Wonder Boys, de Curtis Hanson
meilleure chanson originale : «Things Have Changed», de Bob Dylan
Into the Arms of Strangers : Stories of the Kindertransport, de Mark Jonathan Harris et Deborah Oppenheimer
meilleur documentaire de long métrage
Big Mama, de Tracy Seretean
meilleur documentaire de court métrage
Dr. Seuss'How the Grinch Stole Christmas, de Ron Howard
meilleur maquillage : Rick Baker, Gail Ryan
Father and Daughter, de Michael Dudok de Wit
meilleur court métrage d'animation
Quiero Ser (I Want to be...), de Florian Gallenberger
meilleur court métrage de fiction
U-571, de Jonathan Mostow
meilleur montage des effets sonores : Jon Johnson
Oscars d'honneur : Dino De Laurentiis, Jack Cardiff, Ernest Lehman

Césars

1976

Le Vieux Fusil, de Robert Enrico
meilleur film
meilleur acteur : Philippe Noiret
meilleure musique : François de Roubaix
Que la fête commence, de Bertrand Tavernier
meilleur réalisateur
meilleur second rôle masculin : Jean Rochefort
meilleur scénario, dialogue ou adaptation : Jean Aurenche, Bertrand Tavernier
meilleurs décors : Pierre Guffroy
Black Moon, de Louis Malle
meilleure photo : Sven Nykvist
meilleur son : Luc Périni, Nara Kollery
L'important c'est d'aimer, d'Andrzej Zulawski
meilleure actrice : Romy Schneider
Cousin, cousine, de Jean-Charles Tacchella et
Souvenir d'en France, d'André Téchiné
meilleur second rôle féminin : Marie-France Pisier
Sept Morts sur ordonnance, de Jacques Rouffio
meilleur montage : Geneviève Winding
Parfum de femme, de Dino Risi (Italie)
meilleur film étranger
◊ César d'honneur : Ingrid Bergman.

1977

Monsieur Klein, de Joseph Losey
meilleur film
meilleur réalisateur
meilleurs décors : Alexandre Trauner
Le Juge et l'Assassin, de Bertrand Tavernier
meilleur acteur : Michel Galabru
meilleur scénario, dialogue ou adaptation : Jean Aurenche, Bertrand Tavernier
meilleure musique : Philippe Sarde
Barocco, d'André Téchiné
meilleur second rôle féminin : Marie-France Pisier
meilleure photo : Bruno Nuytten
meilleure musique : Philippe Sarde
Docteur Françoise Gailland, de Jean-Louis Bertucelli
meilleure actrice : Annie Girardot
Un éléphant ça trompe énormément, d'Yves Robert
meilleur second rôle masculin : Claude Brasseur
La Meilleure Façon de marcher, de Claude Miller
meilleure photo : Bruno Nuytten
Police Python 347, d'Alain Corneau
meilleur montage : Marie-Joseph Yoyotte
Mado, de Claude Sautet
meilleur son : Jean-Pierre Ruh
Nous nous sommes tant aimés, d'Ettore Scola (Italie)
meilleur film étranger
Un comédien sans paradoxe, de Robert Lapoujade
meilleur court métrage d'animation
Une histoire de ballon, de Joris Ivens et Marcelline Loridan
meilleur court métrage documentaire
Comment ça va, je m'en fous, de François de Roubaix
meilleur court métrage de fiction
◊ Césars d'honneur : Jacques Tati; Henri Langlois.

1978

Providence, d'Alain Resnais
meilleur film
meilleur réalisateur
meilleur scénario, dialogue ou adaptation : David Mercer
meilleure musique : Miklos Rosza
meilleurs décors : Jacques Saulnier
meilleur montage : Albert Jurgenson
meilleur son : René Magnol, Jacques Maumont
Le Crabe-Tambour, de Pierre Schoendoerffer
meilleur acteur : Jean Rochefort
meilleur second rôle masculin : Jacques Dufilho
meilleure photo : Raoul Coutard
La Vie devant soi, de Moshe Mizrahi
meilleure actrice : Simone Signoret
La Menace, d'Alain Corneau
meilleur second rôle féminin : Marie Dubois
Une journée particulière, d'Ettore Scola (Italie)
meilleur film étranger
Rêve, de Peter Foldes
meilleur court métrage d'animation
Le Maréchal-Ferrant, de Georges Rouquier
meilleur court métrage documentaire
Cinq Cents Grammes de foie de veau, d'Henry Glaeser
meilleur court métrage de fiction
◊ César d'honneur : Robert Dorfmann.

1979

L'Argent des autres, de Christian de Chalonge
meilleur film
meilleur réalisateur
Dossier 51, de Michel Deville
meilleur scénario, dialogue ou adaptation : Gilles Perrault, Michel Deville
meilleur montage : Raymonde Guyot
Molière, d'Ariane Mnouchkine
meilleurs décors : Guy-Claude François
meilleure photo : Bernard Zitzerman
La Cage aux folles, d'Edouard Molinaro
meilleur acteur : Michel Serrault
Une histoire simple, de Claude Sautet
meilleure actrice : Romy Schneider
Robert et Robert, de Claude Lelouch
meilleur second rôle masculin : Jacques Villeret

Violette Nozière, de Claude Chabrol
meilleur second rôle féminin : Stéphane Audran
Préparez vos mouchoirs, de Bertrand Blier
meilleure musique : Georges Delerue
L'Etat sauvage, de Francis Girod
meilleur son : William Robert Sivel
L'Arbre aux sabots, d'Ermanno Olmi (Italie)
meilleur film étranger
La Traversée de l'Atlantique à la rame, de Jean-François Laguionie
meilleur court métrage d'animation
L'Arbre vieux, d'Henri Moline
meilleur court métrage documentaire
Dégustation maison, de Sophie Tatischeff
meilleur court métrage de fiction
◊ Césars d'honneur : Marcel Carné; Mickey.

1980

Tess, de Roman Polanski
meilleur film
meilleur réalisateur
meilleure photo : Ghislain Cloquet
Don Giovanni, de Joseph Losey
meilleurs décors : Alexandre Trauner
meilleur montage : Reginald Beck
La Guerre des polices, de Robin Davis
meilleur acteur : Claude Brasseur
La Dérobade, de Daniel Duval
meilleure actrice : Miou-Miou
Coup de tête, de Jean-Jacques Annaud
meilleur second rôle masculin : Jean Bouise
Le Cavaleur, de Philippe de Broca
meilleur second rôle féminin : Nicole Garcia
Buffet froid, de Bertrand Blier
meilleur scénario, dialogue ou adaptation : Bertrand Blier
L'Amour en fuite, de François Truffaut
meilleure musique : Georges Delerue
Clair de femme, de Costa-Gavras
meilleur son : Pierre Gamet
Manhattan, de Woody Allen (E.-U.)
meilleur film étranger
Demain la petite fille sera en retard à l'école, de Michel Boschet
meilleur court métrage d'animation
Petit Pierre, d'Emmanuel Clot
meilleur court métrage documentaire
Colloque de chiens, de Raoul Ruiz
meilleur court métrage de fiction
◊ Césars d'honneur : Pierre Braunberger; Kirk Douglas; Louis de Funès.

1981

Le Dernier Métro, de François Truffaut
meilleur film
meilleur réalisateur
meilleur acteur : Gérard Depardieu
meilleure actrice : Catherine Deneuve
meilleur scénario, dialogue ou adaptation : François Truffaut, Suzanne Schiffman
meilleure musique : Georges Delerue
meilleur montage : Martine Barraqué-Currie
meilleur son : Michel Laurent
meilleurs décors : Jean-Pierre Kohut-Svelko
meilleure photo : Nestor Almendros
Un mauvais fils, de Claude Sautet
meilleur second rôle masculin : Jacques Dufilho
Sauve qui peut... la vie, de Jean-Luc Godard
meilleur second rôle féminin : Nathalie Baye
Kagemusha, d'Akira Kurosawa (Japon)
meilleur film étranger
Le Manège, de Jean-Pierre Jeunet
meilleur court métrage d'animation
Le Miroir de la Terre, de Paul de Roubaix et Daniel Absil
meilleur court métrage documentaire
Toine, d'Edmond Séchan
meilleur court métrage de fiction

1982

La Guerre du feu, de Jean-Jacques Annaud
meilleur film
meilleur réalisateur
Garde à vue, de Claude Miller
meilleur acteur : Michel Serrault
meilleur second rôle masculin : Guy Marchand
meilleur scénario, dialogue ou adaptation : Michel Audiard, Claude Miller, Jean Herman
meilleur montage : Albert Jurgenson
Diva, de Jean-Jacques Beineix
meilleure première œuvre
meilleure musique : Vladimir Cosma
meilleure photo : Philippe Rousselot
meilleur son : Jean-Pierre Ruh
Possession, d'Andrzej Zulawski
meilleure actrice : Isabelle Adjani
Une étrange affaire, de Pierre Granier-Deferre
meilleur second rôle féminin : Nathalie Baye
Malevil, de Christian de Chalonge
meilleurs décors : Max Douy
Elephant Man, de David Lynch (E.-U.)
meilleur film étranger
La Tendresse du maudit, de Jean-Manuel Costa
meilleur court métrage d'animation
Reporters, de Raymond Depardon
meilleur court métrage documentaire
Les Photos d'Alix, de Jean Eustache
meilleur court métrage de fiction
◊ Césars d'honneur : Georges Dancigers; Alexandre Mnouchkine.

1983

La Balance, de Bob Swaim
meilleur film
meilleur acteur : Philippe Léotard
meilleure actrice : Nathalie Baye
Danton, d'Andrzej Wajda
meilleur réalisateur
Le Retour de Martin Guerre, de Daniel Vigne
meilleur scénario original : Jean-Claude Carrière, Daniel Vigne
meilleure musique : Michel Portal
meilleurs décors : Alain Nègre
L'Etoile du Nord, de Pierre Granier-Deferre
meilleur second rôle féminin : Fanny Cottençon
meilleure adaptation : Jean Aurenche, Michel Grisolia, Pierre Granier-Deferre
Les Misérables, de Robert Hossein
meilleur second rôle masculin : Jean Carmet
La Boum II, de Claude Pinoteau
meilleur jeune espoir féminin : Sophie Marceau
Family Rock, de José Pinheiro
meilleur jeune espoir masculin : Christophe Malavoy
La Truite, de Joseph Losey
meilleure photo : Henri Alekan
Qu'est-ce qui fait courir David?, d'Elie Chouraqui
meilleur montage : Noëlle Boisson
La Passante du Sans-Souci, de Jacques Rouffio
meilleur son : Robert-William Sivel, Claude Villan
Mourir à trente ans, de Romain Goupil
meilleure première œuvre
Victor, Victoria, de Blake Edwards (E.-U.)
meilleur film étranger
La Légende du pauvre bossu, de Michel Ocelot
meilleur court métrage d'animation
Junkopia, de Chris Marker
meilleur court métrage documentaire
Bluff, de Philippe Bensoussan
meilleur court métrage de fiction

1984

Le Bal, d'Ettore Scola
meilleur film (ex aequo)
meilleur réalisateur
meilleure musique : Vladimir Cosma
A nos amours, de Maurice Pialat
meilleur film (ex aequo)
meilleur jeune espoir féminin : Sandrine Bonnaire
Tchao Pantin, de Claude Berri
meilleur acteur : Coluche
meilleur second rôle masculin : Richard Anconina
meilleur jeune espoir masculin : Richard Anconina
meilleure photo : Bruno Nuytten
meilleur son : Jean Labussière, Gérard Lamps
L'Eté meurtrier, de Jean Becker
meilleure actrice : Isabelle Adjani
meilleur second rôle féminin : Suzanne Flon
meilleure adaptation : Sébastien Japrisot
meilleur montage : Jacques Witta
L'Homme blessé, de Patrice Chéreau
meilleur scénario original : Hervé Guibert, Patrice Chéreau
La Lune dans le caniveau, de Jean-Jacques Beineix
meilleurs décors : Hilton McConnico
Rue Cases-Nègres, d'Euzhan Palcy
meilleure première œuvre
Dans la ville blanche, d'Alain Tanner (Suisse)
meilleur film francophone
Fanny et Alexandre, d'Ingmar Bergman (Suède)
meilleur film étranger
Le Voyage d'Orphée, de Jean-Manuel Costa
meilleur court métrage d'animation
Ulysse, d'Agnès Varda
meilleur court métrage documentaire
Star Suburb : la banlieue des étoiles, de Stéphane Drouot
meilleur court métrage de fiction
◊ César d'honneur : Georges de Beauregard.

1985

Les Ripoux, de Claude Zidi
meilleur film
meilleur réalisateur
meilleur montage : Nicole Saunier
Un dimanche à la campagne, de Bertrand Tavernier
meilleure actrice : Sabine Azéma
meilleure adaptation : Bertrand Tavernier, Colo Tavernier
meilleure photo : Bruno de Keyzer
Notre histoire, de Bertrand Blier
meilleur acteur : Alain Delon
meilleur scénario original : Bertrand Blier
Un amour de Swann, de Volker Schlöndorff
meilleurs décors : Jacques Saulnier
meilleurs costumes : Yvonne Sassinot de Nesle
L'Addition, de Denis Amar
meilleur second rôle masculin : Richard Bohringer
L'Année des méduses, de Christopher Frank
meilleur second rôle féminin : Caroline Cellier
La Pirate, de Jacques Doillon
meilleur jeune espoir féminin : Laure Marsac
Souvenirs souvenirs, d'Ariel Zeitoun
meilleur jeune espoir masculin : Pierre-Loup Rajot
Les Cavaliers de l'orage, de Gérard Vergez
meilleure musique : Michel Portal
Carmen, de Carlos Saura
meilleur son : Guy Level, Harald Maury, Dominique Hennequin
La Diagonale du fou, de Richard Dembo
meilleure première œuvre
Wend Kuuni, de Gaston Kaboré (Haute-Volta)
meilleur film francophone
Amadeus, de Milos Forman (E.-U.)
meilleur film étranger
La Boule, d'Alain Ughetto
meilleur court métrage d'animation
La Nuit du hibou, de François Dupeyron
meilleur court métrage documentaire
Première classe, de Mehdi El Glaoui
meilleur court métrage de fiction
◊ Césars d'honneur : Alain Poiré; Christine Gouze-Rénal; Danielle Darrieux; Christian-Jaque.

1986

Trois Hommes et un couffin, de Coline Serreau
meilleur film
meilleur second rôle masculin : Michel Boujenah
meilleur scénario ou adaptation : Coline Serreau
Péril en la demeure, de Michel Deville
meilleur réalisateur
meilleur montage : Raymonde Guyot
Subway, de Luc Besson
meilleur acteur : Christophe Lambert
meilleurs décors : Alexandre Trauner
meilleur son : Harald Maury, Harrick Maury, Luc Périni, Gérard Lamps
L'Effrontée, de Claude Miller
meilleur second rôle féminin : Bernadette Lafont
meilleur jeune espoir féminin : Charlotte Gainsbourg
Harem, d'Arthur Joffé
meilleurs costumes : Olga Berluti, Catherine Gorne
meilleure affiche : Michel Landi
Sans toit ni loi, d'Agnès Varda
meilleure actrice : Sandrine Bonnaire
Rendez-Vous, d'André Téchiné
meilleur jeune espoir masculin : Wadeck Stanczak
Tangos, l'exil de Gardel, de Fernando Solanas
meilleure musique : Astor Piazzolla
On ne meurt que deux fois, de Jacques Deray
meilleure photo : Jean Penzer
Le Thé au harem d'Archimède, de Mehdi Charef
meilleure première œuvre
Derborence, de Francis Reusser (Suisse)
meilleur film francophone
La Rose pourpre du Caire, de Woody Allen (E.-U.)
meilleur film étranger
L'Enfant de la haute mer, de Patrick Deniau
meilleur court métrage d'animation
New York, New York, de Raymond Depardon
meilleur court métrage documentaire
Grosse, de Brigitte Rouan
meilleur court métrage de fiction
◊ Césars d'honneur : René Ferracci; Claude Lanzmann pour *Shoah*; Jean Delannoy; Bette Davis; Cinémathèque française.

1987

Thérèse, d'Alain Cavalier
meilleur film
meilleur réalisateur
meilleur jeune espoir féminin : Catherine Mouchet
meilleur scénario : Alain Cavalier, Camille de Casabianca
meilleure photo : Philippe Rousselot
meilleur montage : Isabelle Dedieu

Manon des Sources, de Claude Berri
meilleur acteur : Daniel Auteuil
meilleur second rôle féminin : Emmanuelle Béart
Mélo, d'Alain Resnais
meilleure actrice : Sabine Azéma
meilleur second rôle masculin : Pierre Arditi
Autour de minuit, de Bertrand Tavernier
meilleur son : Michel Desrois, William Flageollet, Claude Villand, Bernard Le Roux
meilleure musique : Herbie Hancock
Pirates, de Roman Polanski
meilleurs décors : Pierre Guffroy
meilleurs costumes : Anthony Powell
La Femme de ma vie, de Régis Wargnier
meilleure première œuvre
Black Mic-Mac, de Thomas Gilou
meilleur jeune espoir masculin : Isaach de Bankolé
37° 2 le matin, de Jean-Jacques Beineix
meilleure affiche : Christian Blondel
Le Nom de la rose, de Jean-Jacques Annaud (Italie - RFA)
meilleur film étranger
La Goula, de Roger Guillot
meilleur court métrage
◊ Césars d'honneur : Jean-Luc Godard; Jean Gabin; Etablissement cinématographique des armées.

1988

Au revoir les enfants, de Louis Malle
meilleur film
meilleur réalisateur
meilleur scénario : Louis Malle
meilleure photo : Renato Berta
meilleur son : Jean-Claude Laureux, Claude Villand
meilleurs décors : Willy Holt
meilleur montage : Emmanuelle Castro
Le Grand Chemin, de Jean-Loup Hubert
meilleur acteur : Richard Bohringer
meilleure actrice : Anémone
L'Œil au beur noir, de Serge Meynard
meilleure première œuvre
Agent trouble, de Jean-Pierre Mocky
meilleur second rôle féminin : Dominique Lavanant
Les Innocents, d'André Téchiné
meilleur second rôle masculin : Jean-Claude Brialy
Le Cri du hibou, de Claude Chabrol
meilleur jeune espoir féminin : Mathilda May
Travelling avant, de Jean-Charles Tacchella
meilleur jeune espoir masculin : Thierry Frémont
La Passion Béatrice, de Bertrand Tavernier
meilleurs costumes : Jacqueline Moreau
Champ d'honneur, de Jean-Pierre Denis
meilleure musique : Michel Portal
Tandem, de Patrice Leconte
meilleure affiche : Stéphane Bielikoff, Sadi Nouri
Le Dernier Empereur, de Bernardo Bertolucci (E.-U.)
meilleur film étranger
Le Petit Cirque de toutes les couleurs, de Jacques-Rémy Girerd
meilleur court métrage d'animation
L'Eté perdu, de Dominique Théron
meilleur court métrage documentaire
Présence féminine, d'Eric Rochant
meilleur court métrage de fiction
◊ César d'honneur : Serge Silberman.

1989

Camille Claudel, de Bruno Nuytten
meilleur film
meilleure actrice : Isabelle Adjani
meilleure photo : Pierre Lhomme
meilleurs décors : Bernard Vézat
meilleurs costumes : Dominique Borg
L'Ours, de Jean-Jacques Annaud
meilleur réalisateur
meilleur montage : Noëlle Boisson
La vie est un long fleuve tranquille, d'Etienne Chatilliez
meilleure première œuvre
meilleur scénario : Etienne Chatilliez, Florence Quentin
meilleur second rôle féminin : Hélène Vincent
meilleur jeune espoir féminin : Catherine Jacob
Le Grand Bleu, de Luc Besson
meilleur son : Pierre Befve, Gérard Lamps, François Groult
meilleure musique : Eric Serra
Bagdad Café, de Percy Adlon (RFA)
meilleur film de l'Europe communautaire
meilleur film étranger
Itinéraire d'un enfant gâté, de Claude Lelouch
meilleur acteur : Jean-Paul Belmondo
La Lectrice, de Michel Deville
meilleur second rôle masculin : Patrick Chesnais
Chouans!, de Philippe de Broca
meilleur jeune espoir masculin : Stéphane Freiss
La Petite Voleuse, de Claude Miller
meilleure affiche : Stéphane Bielikoff, Annie Miller
L'Escalier chimérique, de Daniel Guyonnet
meilleur court métrage d'animation
Chet's Romance, de Bertrand Fêvre
meilleur court métrage documentaire
Lamento, de François Dupeyron
meilleur court métrage de fiction
◊ Césars d'honneur : Paul Grimault; Bernard Blier.

1990

Trop belle pour toi, de Bertrand Blier
meilleur film
meilleur réalisateur
meilleur scénario : Bertrand Blier
meilleure actrice : Carole Bouquet
meilleur montage : Claudine Merlin
La Vie et rien d'autre, de Bertrand Tavernier
meilleur acteur : Philippe Noiret
meilleure musique : Oswald d'Andrea
Un monde sans pitié, d'Eric Rochant
meilleure première œuvre
meilleur jeune espoir masculin : Yvan Attal
Valmont, de Milos Forman
meilleurs décors : Pierre Guffroy
meilleurs costumes : Theodor Pisteck
La Vouivre, de Georges Wilson
meilleur second rôle féminin : Suzanne Flon
Hiver 54; l'abbé Pierre, de Denis Amar
meilleur second rôle masculin : Robert Hirsh
Noce blanche, de Jean-Claude Brisseau
meilleur jeune espoir féminin : Vanessa Paradis
Nocturne indien, d'Alain Corneau
meilleure photo : Yves Angelo
Monsieur Hire, de Patrice Leconte
meilleur son : Pierre Lenoir, Dominique Hennequin
Cinéma Paradiso, de Giuseppe Tornatore
meilleure affiche : Jouineau-Bourduge, Gilles Jouin
Les Liaisons dangereuses, de Stephen Frears (G.-B.)
meilleur film étranger
Le Porte-Plume, de Marie-Christine Perrodin
meilleur court métrage d'animation
Chanson pour un marin, de Bernard Aubouy
meilleur court métrage documentaire
Lune froide, de Patrick Bouchitey
meilleur court métrage de fiction
◊ Césars d'honneur : Gérard Philipe; Philippe Dormoy.

1991

Cyrano de Bergerac, de Jean-Paul Rappeneau
meilleur film
meilleur réalisateur
meilleur acteur : Gérard Depardieu
meilleur second rôle masculin : Jacques Weber
meilleure photo : Pierre Lhomme
meilleur son : Pierre Gamet, Dominique Hennequin
meilleurs décors : Ezio Frizerio
meilleurs costumes : Franca Squarciapino
meilleur montage : Noëlle Boisson
meilleure musique : Jean-Claude Petit
La Discrète, de Christian Vincent
meilleure première œuvre
meilleur scénario : Christian Vincent, Jean-Pierre Ronssin
meilleur jeune espoir féminin : Judith Henry
Nikita, de Luc Besson
meilleure actrice : Anne Parillaud
Milou en mai, de Louis Malle
meilleur second rôle féminin : Dominique Blanc
Le Petit Criminel, de Jacques Doillon
meilleur jeune espoir masculin : Gérald Thomassin
Le Cercle des poètes disparus, de Peter Weir (E.-U.)
meilleur film étranger
La Valise, de François Amado
meilleur court métrage documentaire
Foutaises, de Jean-Pierre Jeunet
meilleur court métrage de fiction
◊ Césars d'honneur : Sophia Loren; Jean-Pierre Aumont.

1992

Tous les matins du monde, d'Alain Corneau
meilleur film
meilleur réalisateur
meilleur second rôle féminin : Anne Brochet
meilleure photo : Yves Angelo
meilleur son : Pierre Gamet, Gérard Lamps, Anne Le Campion, Pierre Verany
meilleure musique : Jordi Savall
meilleurs costumes : Corinne Jorry
Delicatessen, de Marc Caro et Jean-Pierre Jeunet
meilleure première œuvre
meilleur scénario : Marc Caro, Jean-Pierre Jeunet, Gilles Adrien
meilleur montage : Hervé Schneid
meilleurs décors : Jean-Philippe Carp, Kreka Kljakovic
Van Gogh, de Maurice Pialat
meilleur acteur : Jacques Dutronc
La vieille qui marchait dans la mer, de Laurent Heynemann
meilleure actrice : Jeanne Moreau
Merci la vie, de Bertrand Blier
meilleur second rôle masculin : Jean Carmet
J'embrasse pas, d'André Téchiné
meilleur jeune espoir masculin : Manuel Blanc
La Neige et le Feu, de Claude Pinoteau
meilleur jeune espoir féminin : Géraldine Pailhas
Toto le héros, de Jaco Van Dormaël (Belg.)
meilleur film étranger
25 décembre 58, 10 h 36, de Diane Bertrand
meilleur court métrage
◊ Césars d'honneur : Michèle Morgan; César; Sylvester Stallone.

1993

Les Nuits fauves, de Cyril Collard
meilleur film
meilleure première œuvre
meilleur jeune espoir féminin : Romane Bohringer
meilleur montage : Lise Beaulieu
Indochine, de Régis Wargnier
meilleure actrice : Catherine Deneuve
meilleur second rôle féminin : Dominique Blanc
meilleure photo : François Catonné
meilleurs décors : Jacques Bufnoir
meilleur son : Guillaume Sciama
Un cœur en hiver, de Claude Sautet
meilleur réalisateur
meilleur second rôle masculin : André Dussolier
Le Souper, d'Edouard Molinaro
meilleur acteur : Claude Rich
meilleurs costumes : Sylvie de Segonzac
La Crise, de Coline Serreau
meilleur scénario : Coline Serreau
La Sentinelle, d'Arnaud Despléchin
meilleur jeune espoir masculin : Emmanuel Salinger
L'Amant, de Jean-Jacques Annaud
meilleure musique : Gabriel Yared
Talons aiguilles, de Pedro Almodovar (Esp. - Fr.)
meilleur film étranger
Versailles rive gauche, de Bruno Podalydès
meilleur court métrage
◊ Césars d'honneur : Jean Marais, Marcello Mastroianni, Gérard Oury.

1994

Smoking/No Smoking, d'Alain Resnais
meilleur film
meilleur réalisateur
meilleur acteur : Pierre Arditi
meilleur scénario : Jean-Pierre Bacri, Agnès Jaoui
meilleurs décors : Jacques Saulnier
Trois Couleurs : Bleu, de Krzysztof Kieslowski
meilleure actrice : Juliette Binoche
meilleur montage : Jacques Witta
meilleur son : Jean-Claude Laureux, William Flageolet
Un, deux, trois, soleil, de Bertrand Blier
meilleur jeune espoir masculin : Olivier Martinez
meilleure musique : Khaled
Germinal, de Claude Berri
meilleure photo : Yves Angelo
meilleurs costumes : Sylvie Gautrelet, Caroline de Vivaise, Bernadette Villard
Tout ça pour ça, de Claude Lelouch
meilleur second rôle masculin : Fabrice Luchini
Les Visiteurs, de Jean-Marie Poiré
meilleur second rôle féminin : Valérie Lemercier
Les gens normaux n'ont rien d'exceptionnel, de Laurence Ferreira-Barbosa
meilleur jeune espoir féminin : Valeria Bruni-Tedeschi
L'Odeur de la papaye verte, de Tran Anh Hung
meilleure première œuvre
La Leçon de piano, de Jane Campion (Nouvelle-Zélande)
meilleur film étranger
Gueule d'atmosphère, d'Olivier Péray
meilleur court métrage
◊ César d'honneur : Jean Carmet

1995

Les Roseaux sauvages, d'André Téchiné
meilleur film
meilleur réalisateur
meilleur scénario : André Téchiné, Gilles Taurand, Olivier Massard

meilleur jeune espoir féminin : Elodie Bouchez
La Reine Margot, de Patrice Chéreau
meilleure actrice : Isabelle Adjani
meilleur second rôle féminin : Virna Lisi
meilleur second rôle masculin : Jean-Hugues Anglade
meilleure photo : Philippe Rousselot
meilleurs costumes : Moidèle Bickel
Regarde les hommes tomber, de Jacques Audiard
meilleure première œuvre
meilleur jeune espoir masculin : Mathieu Kassovitz
meilleur montage : Juliette Wellfling
Farinelli, de Gérard Corbiau
meilleur son : Jean-Paul Muguel, Dominique Hennequin
meilleurs décors : Gianni Quaranta
Le Fils préféré, de Nicole Garcia
meilleur acteur : Gérard Lanvin
Trois Couleurs : Rouge, de Krzysztof Kieslowski
meilleure musique : Zbigniew Preisner
Quatre Mariages et un enterrement, de Mike Newell (G.-B.)
meilleur film étranger
Délits flagrants, de Raymond Depardon
meilleur film à caractère documentaire
La Vis, de Didier Flamand
meilleur court métrage
◊ César des Césars : *Cyrano de Bergerac,* de Jean-Paul Rappeneau
◊ Césars d'honneur : Jeanne Moreau; Steven Spielberg; Gregory Peck.

1996

La Haine, de Mathieu Kassovitz
meilleur film
meilleur producteur : Christophe Rossignon
meilleur montage : Mathieu Kassovitz
Nelly et M. Arnaud, de Claude Sautet
meilleur réalisateur
meilleur acteur : Michel Serrault
La Cérémonie, de Claude Chabrol
meilleure actrice : Isabelle Huppert
Le bonheur est dans le pré, d'Etienne Chatiliez
meilleur acteur dans un second rôle : Eddy Mitchell
Les Misérables, de Claude Lelouch
meilleure actrice dans un second rôle : Annie Girardot
En avoir (ou pas), de Laetitia Masson
meilleur jeune espoir féminin : Sandrine Kiberlain
Les Apprentis, de Pierre Salvadori
meilleur jeune espoir masculin : Guillaume Depardieu
Gazon maudit, de Josiane Balasko
meilleur scénario original ou adaptation : Josiane Balasko, Telche Boorman
Le Hussard sur le toit, de Jean-Paul Rappeneau
meilleure photo : Thierry Arbogast
meilleur son : Pierre Gamet, Dominique Hennequin, Jean Goudier
La Cité des enfants perdus, de Jean-Pierre Jeunet et Marc Caro
meilleurs décors : Jean Rabasse
Madame Butterfly, de Frédéric Mitterrand
meilleurs costumes : Christian Gasc
Elisa, de Jean Becker
meilleure musique écrite pour un film : Zbignew Preisner, Serge Gainsbourg, Michel Colombier
Les Trois Frères, de Bernard Campan et Didier Bourdon
meilleure première œuvre de fiction
Le Moine et le poison, de Michaël Oudock de Wit
meilleur court métrage
Land and Freedom, de Ken Loach (G.-B.)
meilleur film étranger
◊ Césars d'honneur : Lauren Bacall, Henri Verneuil.

1997

Ridicule, de Patrice Leconte
meilleur film
meilleur réalisateur ex aequo
meilleur décor : Ivan Maussion
meilleurs costumes : Christian Gasc
Capitaine Conan, de Bertrand Tavernier
meilleur réalisateur ex aequo
meilleur acteur : Philippe Torreton
Pédale douce, de Gabriel Aghion
meilleure actrice : Fanny Ardant
Un air de famille, de Cédric Klapisch
meilleur second rôle féminin : Catherine Frot
meilleur second rôle masculin : Jean-Pierre Darroussin
meilleur scénario : Agnès Jaoui, Jean-Pierre Bacri, Cédric Klapisch
Les Voleurs, d'André Téchiné
meilleur jeune espoir féminin : Laurence Côte
Comment je me suis disputé... (ma vie sexuelle), d'Arnaud Despléchin
meilleur jeune espoir masculin : Mathieu Amalric
Y aura-t-il de la neige à Noël?, de Sandrine Veysset
meilleure première œuvre
Microcosmos, le peuple de l'herbe, de Claude Nuridsany et Marie Perennou
meilleure musique : Bruno Coulais
meilleure photo : Claude Nuridsany, Marie Perennou, Hugues Ryffel, Thierry Machado
meilleur son : Philippe Barbeau, Bernard Leroux
meilleur montage : Marie-Josèphe Yoyotte, Florence Ricard
meilleur producteur : Jacques Perrin
Breaking the Waves, de Lars Von Trier (Dan.)
meilleur film étranger
Madame Jacques sur la Croisette, d'Emmanuel Finkiel
meilleur court métrage
Césars d'honneur : Charles Aznavour, Andie McDowell.

1998

On connaît la chanson, d'Alain Resnais
meilleur film
meilleur acteur : André Dussollier
meilleur second rôle féminin : Agnès Jaoui
meilleur second rôle masculin : Jean-Pierre Bacri
meilleur scénario : Agnès Jaoui et Jean-Pierre Bacri
meilleur montage : Hervé de Luze
meilleur son : Pierre Lenoir, Jean-Pierre Laforce, Michel Klossentzer
Le Cinquième Elément, de Luc Besson
meilleur réalisateur
meilleure photo : Thierry Arbogast
meilleur décor : Dan Weil
Marius et Jeannette, de Robert Guédiguian
meilleure actrice : Ariane Ascaride
Un frère, de Sylvie Verheyde
meilleur jeune espoir féminin : Emma de Caunes
Nettoyage à sec, d'Anne Fontaine
meilleur jeune espoir masculin : Stanislas Merhar
Didier, d'Alain Chabat
meilleure première œuvre
Western, de Manuel Poirier
meilleure musique : Bernardo Sandoval
Le Bossu, de Philippe de Broca
meilleurs costumes : Christian Gasc
Les Virtuoses, de Mark Herman (G.-B.)
meilleur film étranger
Des majorettes dans l'espace, de David Fourier
meilleur court métrage
◊ Césars d'honneur : Michael Douglas, Clint Eastwood, Jean-Luc Godard.

1999

La Vie rêvée des anges, d'Eric Zonca
meilleur film
meilleure actrice : Elodie Bouchez
meilleur jeune espoir féminin : Natacha Régnier
Ceux qui m'aiment prendront le train, de Patrice Chéreau
meilleur réalisateur
meilleur second rôle féminin : Dominique Blanc
meilleure photo : Eric Gauthier
Le Dîner de cons, de Francis Weber
meilleur acteur : Jacques Villeret
meilleur scénario : Francis Weber
meilleur second rôle masculin : Daniel Prévost
Taxi, de Gérard Pirès
meilleur montage : Véronique Lange
meilleur son : Vincent Tulli, Vincent Arnardi
Lautrec, de Roger Planchon
meilleurs costumes : Pierre-Jean Larroque
meilleurs décors : Jacques Rouxel
Petits Désordres amoureux, d'Olivier Péray
meilleur jeune espoir masculin : Bruno Putzulu
Dieu seul me voit, de Bruno Podalydès
meilleur premier film
Gadjo Dilo, de Tony Gatlif
Meilleure musique : Tony Gatlif
Telche Boorman
La vie est belle, de Roberto Benigni
meilleur film étranger
L'Interview, de Xavier Giannoli
meilleur court métrage
◊ Césars d'honneur : Johnny Depp, Jean Rochefort, Pedro Almodovar.

2000

Vénus Beauté (Institut), de Tonie Marshall
meilleur film
meilleur réalisateur
meilleur scénario original
meilleur jeune espoir féminin : Audrey Tautou
Voyages, d'Emmanuel Finkiel
meilleure première œuvre de fiction
meilleur montage : Emmanuelle Castro
Himalaya, l'enfance d'un chef, d'Eric Valli
meilleure photo : Eric Guichard
meilleure musique : Bruno Coulais
Jeanne d'Arc, de Luc Besson
meilleur son : Vincent Tulli, François Groult, Bruno Tarrière
meilleurs costumes : Catherine Leterrier
Haut les cœurs!, de Solveig Anspach
meilleure actrice : Karin Viard
La Fille sur le pont, de Patrice Leconte
meilleur acteur : Daniel Auteuil
Ma petite entreprise, de Pierre Jolivet
meilleur acteur dans un second rôle : François Berléand
La Bûche, de Danièle Thompson
meilleure actrice dans un second rôle : Charlotte Gainsbourg
C'est quoi la vie?, de François Dupeyron
meilleur jeune espoir masculin : Eric Caracava
Rembrandt, de Charles Matton
meilleurs décors : Philippe Chiffre
Tout sur ma mère, de Pedro Almodovar (Esp.)
meilleur film étranger
Sale Battars, de Delphine Gleize
meilleur court métrage
◊ Césars d'honneur : Josiane Balasko, Jean-Pierre Léaud, Georges Cravenne, Martin Scorsese.

2001

Le Goût des autres, d'Agnès Jaoui
meilleur film
meilleur acteur dans un second rôle : Gérard Lanvin
meilleure actrice dans un second rôle : Anne Alvaro
meilleur scénario original : Agnès Jaoui et Jean-Pierre Bacri
Harry, un ami qui vous veut du bien, de Dominik Moll
meilleur réalisateur
meilleur acteur : Sergi Lopez
meilleur montage : Yannick Kergoat
meilleur son : François Maurel, Gérard Lamps
Ressources humaines, de Laurent Cantet
meilleure première œuvre de fiction
meilleur jeune espoir masculin : Jalil Lespert
Stand By, de Roch Stephanik
meilleure actrice : Dominique Blanc
Les Blessures assassines, de Jean-Pierre Denis
meilleur jeune espoir féminin : Sylvie Testud
Vengo, de Tony Gatlif
meilleure musique : Tomatito, Sheikh Ahmad al-Tuni, La Caita, Tony Gatlif
Saint-Cyr, de Patricia Mazuy
meilleurs costumes : Edith Vesperini, Jean-Daniel Vuillermoz
Beau Travail, de Claire Denis
meilleure photo : Agnès Godard
Vatel, de Roland Joffé
meilleurs décors : Jean Rabasse
In the Mood for Love, de Wong Kar-waï (Hong.)
meilleur film étranger
Salam, de Souad al-Bouhati
Un petit air de fête, d'Eric Guirado
meilleur court métrage ex aequo
◊ Césars d'honneur : Charlotte Rampling, Darry Cowl, Agnès Varda.

Festival de Venise

L'Esposizione internazionale d'arte cinematografica, qui deviendra Mostra d'arte cinematografica à partir de 1936 (à l'exception des années de guerre, où elle prend des appellations diverses) est conçue à l'origine comme une manifestation biennale et n'a pas lieu, de ce fait, en 1933. Elle devient annuelle dès 1934. Elle n'a pas lieu de 1943 à 1945, ni de 1973 à 1978 inclus. Elle ne comporte pas de compétition de 1969 à 1972, où le palmarès se limite à de simples hommages (sous l'appellation Lion d'or en 1971 et 1972).

1932

Film le plus divertissant :
A nous la liberté, de René Clair (Fr.)
Film le plus original :
Docteur Jekyll et Mr. Hyde, de Rouben Mamoulian (E.-U.)
Film le plus émouvant :
la Faute de Madelon Claudet, d'Edgar Selwyn (E.-U.)
Meilleure réalisation :
Nikolaï Ekk pour *le Chemin de la vie (URSS)*
Meilleur acteur :
Fredric March pour *Docteur Jekyll et Mr. Hyde*
Meilleure actrice :
Helen Hayes pour *la Faute de Madelon Claudet*

1934

Coupe Mussolini du meilleur film italien :
Teresa Gonfalioneri, de Guido Brignone
Prix du meilleur film étranger :
l'Homme d'Aran, de Robert Flaherty (E.-U.)
Médaille d'or du meilleur acteur :
Wallace Beery pour *Viva Villa*, de Jack Conway (E.-U.)
Médaille d'or pour la meilleure actrice :
Katharine Hepburn pour *les Quatre Filles du Dr. March*, de George Cukor (E.-U.)
Médaille d'or :
Stadio, de Carlo Campogalliani (Italie)
Médaille du meilleur film en première mondiale :
les Quarante Ans de don Juan, d'Alexander Korda (G.-B.)
Meilleure photographie :
Dood Water, de Gerard Rutten (P.-B.)
Prix spécial :
Seconda B, de Goffredo Alessandrini (Italie)
Diplômes d'honneur :
Sita, de Debaki Kumar Rose (Inde)
Se ha fugado un preso, de Benito Perojo (Esp.)
Un doux flirt, de Gustav Molander (Suède)
Lebeblici horbor aga, de Muhsin Ertugrul (Turq.)
Mentions du jury :
le Monde en marche, de John Ford (E.-U.)
Trois Jours chez les vivants, de Mitchell Leisen (E.-U.)
l'Homme invisible, de James Whale (E.-U.)
Viva Villa, de Jack Conway (E.-U.)
Médaille d'or du meilleur dessin animé :
Funny Little Bunnies, de Walt Disney (E.-U.)

1935

Coupe Mussolini du meilleur film italien :
Casta Diva, de Carmine Gallone
Prix du meilleur film étranger :
Anna Karenine, de Clarence Brown (E.-U.)
Coupe Volpi du meilleur acteur :
Pierre Blanchar pour *Crime et châtiment*, de Pierre Chenal (Fr.)
Coupe Volpi de la meilleure actrice :
Paula Wessely pour *Episode*, de Walter Reisch (Autr.)
Coupe du meilleur réalisateur :
King Vidor pour *Soir de noces* (E.-U.)
Coupe de la Biennale :
Rêves d'amour, d'Heinz Hille (Hong.)
Meilleure photographie :
Josef von Sternberg et Lucien Ballard pour *La Femme et le Pantin*, de Josef von Sternberg (E.-U.)
Meilleure musique :
Michael Spoliansky pour *Bozambo*, de Zoltan Korda (G.-B.)
Coupe de la troisième exposition pour le meilleur film en couleur :
Becky Sharp, de Rouben Mamoulian (E.-U.)
Médaille du meilleur dessin animé :
The Band Concert, de Walt Disney (E.-U.)
Mentions spéciales :
Maria Chapdelaine, de Julien Duvivier (Fr.)
le Voyage imprévu, de Jean de Limur (Fr.)
Hermine und die sieben aufrechten, de Frank Wysbar (All.)
The Private Life of the Gannets, de Julian Huxely (G.-B.)
Op hoop van zegen, d'A. Benno (P.-B.)
Mention spéciale du jury :
la Terre promise, de Juda Lehman (Palestine)

1936

Coupe Mussolini du meilleur film italien :
l'Escadron blanc, d'Augusto Genina
Coupe Mussolini du meilleur film étranger :
l'Empereur de Californie, de Luis Trenker (All.)
Coupe Volpi du meilleur acteur :
Paul Muni pour *la Vie de Louis Pasteur*, de William Dieterle (E.-U.)
Coupe Volpi de la meilleure actrice :
Annabella pour *Veille d'armes*, de Marcel L'Herbier (Fr.)
Coupe de la meilleure réalisation :
Jacques Feyder pour *la Kermesse héroïque* (Fr.)
Coupe de la meilleure photographie :
Mutz Greenbaum pour *Tudor Rose*, de Robert Stevenson (G.-B.)
Coupe du meilleur film musical :
Schlussakkord, de Detlef Sierck (=Douglas Sirk) (All.)
Coupe du meilleur film politico-social :
le Chemin des héros, de Corrado D'Errico (Italie)
Médaille spéciale pour la couleur :
la Fille du bois maudit, d'Henry Hathaway (E.-U.)
Médailles spéciales :
Au soleil, de Carmine Gallone (Autr.)
Marysa, de Josef Rvensky (Tchéc.)
Ave Maria, de Johannes Riemann (All.)
Verräter, de Karl Ritter (All.)
la Symphonie des brigands, de Friedrich Feher (G.-B.)
Scrooge, d'Henry Edwards (G.-B.)
Mary Stuart, de John Ford (E.-U.)
l'Extravagant Mr. Deeds, de Frank Capra (E.-U.)

1937

Coupe Mussolini du meilleur film italien :
Scipion l'Africain, de Carmine Gallone
Prix du meilleur film étranger :
Un carnet de bal, de Julien Duvivier (Fr.)
Coupe Volpi du meilleur acteur :
Emil Jannings pour *Crépuscule*, de Veit Harlan (All.)
Coupe Volpi de la meilleure actrice :
Bette Davis pour *le Dernier Round*, de Michael Curtiz et *Femmes marquées*, de Llyod Bacon (E.-U.)
Prix de la meilleure réalisation :
Robert Flaherty et Zoltan Korda pour *Elephant Boy* (E.-U.)
Prix du meilleur ensemble artistique :
la Grande Illusion, de Jean Renoir (Fr.)
Meilleure photographie :
Peverell J. Marley pour *Sous les ponts de New York*, d'Alfred Santell (E.-U.)
Prix du meilleur scénario :
les Perles de la Couronne, de Sacha Guitry et Christian-Jaque (Fr.)
Coupe des nations pour le meilleur film en première mondiale :
la Reine Victoria, d'Herbert Wilcox (G.-B.)
Mentions du jury :
The Flying Doctor, de Miles Mander (Austr.)
Bataillon, de Miroslav Cikàn (Tchéc.)
Lune sur les ruines, de Keisuke Sasaki (Japon)
Saint Tukaram, de V. Damle et S. Fathetal (Inde)
Maria Nover, de Viktor Gertler (Hong.)
Barbara Radziwillownce, de Josef Lejtes (Pol.)
Trois Etudes de Chopin, d'Eugeniusz Cekalski et Stanislaw Wohl (Pol.)

1938

Coupe Mussolini du meilleur film :
Luciano Serra, pilote, de Goffredo Alessandrini (Italie)
Les Dieux du stade, de Leni Riefenstahl (All.)
Meilleure réalisation :
Carl Froelich pour *Magda* (All.)
Coupe Volpi du meilleur acteur :
Leslie Howard pour *Pygmalion*, d'Anthony Asquith (G.-B.)
Coupe Volpi de la meilleure actrice :
Norma Shearer pour *Marie-Antoinette*, de W. S. Van Dyke (E.-U.)
Grand trophée d'art de la biennale :
Blanche-Neige et les sept nains, de Walt Disney (E.-U.)
Médaille pour la réalisation :
Marcel Carné pour *Quai des brumes* (Fr.)
Curt Oertel pour *la Vie d'un titan* (Suisse)
Karl Ritter pour *Permissions sur parole* (All.)
Médaille pour l'interprétation :
Heinz Ruhmann pour *Un mari modèle*, de Wolfgang Liebeneiner (All.)
Ludvik Solski pour *le Génie de la scène*, de Romuald Gantkowsky (Pol.)
Médaille pour les dialogues :
On a volé un homme, de Gennaro Righelli (Italie)
la Coqueluche de Paris, d'Henry Koster (E.-U.)
Médaille pour le sujet :
Fausses Nouvelles, de René Clair (G.-B.)
Médaille pour la technique :
Sous la Croix du Sud, de Guido Brignone (Italie)
Médaille pour l'ensemble artistique :
Allà en el rancho grande, de Fernando de Fuentes (Mex.)
Mariage incognito, de Georges Stevens (E.-U.)
l'Insoumise, de William Wyler (E.-U.)
les Gens du voyage, de Jacques Feyder (All.)
Un visage de femme, de Gustav Molander (Suède)

1939

Coupe Mussolini du meilleur film :
Abuna Messias, de Goffredo Alessandrini (Italie)
Coupe de la biennale :
Jeune homme, réjouis-toi dans ta jeunesse, de Per Lindberg (Suède)
Man och Kvinna, de Paul Fejos et Gunnar Skoglund (Suède)
la Fin du jour, de Julien Duvivier (Fr.)
les Quatre Plumes blanches, de Zoltan Korda (G.-B.)
la Lutte héroïque, de Hans Steinhoff (All.)
Prix de la meilleure photo :
Dernière Jeunesse, de Jeff Musso (Fr.)
Médaille spéciale :
Boris Istvan, de Victor Banky (Hong.)
Macoun le vagabond, de Ladislas Brom (Bohême)
Médaille signalétique :
The Mikado, de Victor Schertzinger (G.-B.)
Veertig jaaren, d'Edmond T. Gréville (P.-B.)
Médaille spéciale de bronze :
Jeunes Filles en détresse, de G. W. Pabst (Fr.)
Médaille de bronze :
Pages immortelles, de Carl Froelich (All.)
Plaque de bronze :
l'Agneau mystique de Van Eyck, d'André Cauvin (Belg.)

1940

(Manifestation italo-allemande)
Coupe Mussolini du meilleur film italien :
les Cadets de l'Alcazar, d'Augusto Genina
Coupe Mussolini du meilleur film étranger :
le Maître de poste, de Gustav Vacky (All.)

1941

(Manifestation internationale d'art cinématographique)
Coupe Mussolini du meilleur film italien :
la Couronne de fer, d'Alessandro Blasetti
Coupe Mussolini du meilleur film étranger :
Oncle Krüger, de Hans Steinhoff (All.)
Coupe Volpi du meilleur acteur :
Ermete Zacconi pour *Don Buonaparte*, de Flavio Calzavara (Italie)
Coupe Volpi de la meilleure actrice :
Luise Ullrich pour *Annelie*, de Josef von Baky (All.)
Coupe de la biennale :
Die Missbrauchten Liebesbriefe, de Leopold Lindtberg (Suisse)
Marianela, de Benito Perojo (Esp.)
I Mariti, de Camillo Mastrocinque (Italie)
Une nuit confuse, de Frigyes Ban (Hong.)
Médaille d'or de la biennale pour la meilleure réalisation :
G. W. Pabst pour *les Comédiens (All.)*
Targa signalétique :
Bastard, de Helge Lunde (Norv.)
la Phalène, de Frantisek Cap (Bohême)
Musique maestro, de Schamyl Bauman (Suède)

1942

(Manifestation internationale d'art cinématographique)
Coupe Mussolini du meilleur film italien :
Bengasi, d'Augusto Genina
Coupe Mussolini du meilleur film étranger :
le Grand Roi, de Veit Harlan (All.)
Coupe Volpi du meilleur acteur :
Fosco Giachetti pour *Bengasi*
Coupe Volpi de la meilleure actrice :
Kristina Sîderbaum pour *la Ville dorée*, de Veit Harlan (All.)
Coupe de la biennale :
Ala arriba, de José Leitao de Barros (Port.)
Prix de la biennale :
les Hommes de la montagne, d'Istvan Szöts (Hong.)
l'Implacable Destin, de Paul Verhoeven (All.)
Noi vivi et Addio Kira, de Goffredo Alessandrini (Italie)
Odessa en flammes, de Carmine Gallone (Italie)
Sang viennois, de Willi Forst (All.)
Médaille de la biennale :
le Village maudit, de Florian Rey (Esp.)
Francs-Tireurs, d'Ake Ohberg (Suède)
Negyediziglen, de Zoltan Farkas (Hong.)
Yli Rajan, de Vilho Ilmari (Finl.)

1946

(Manifestation internationale d'art cinématographique)
Mention du meilleur film :
l'Homme du Sud, de Jean Renoir (E.-U.)
Mention de la Commission internationale des journalistes :
les Enfants du paradis, de Marcel Carné (Fr.)
Les bourreaux meurent aussi, de Fritz Lang (E.-U.)
Henry V, de Laurence Olivier (G.-B.)
Paisa, de Roberto Rossellini (Italie)
Panique, de Julien Duvivier (Fr.)

1947

Grand prix international de Venise pour le meilleur film :
Sirena, de Karel Stekely (Tchéc.)
Prix de la présidence du Conseil des ministres pour le meilleur film italien :
Chasse tragique, de Giuseppe De Santis
Prix international de la réalisation :
Henri-Georges Clouzot pour *Quai des Orfèvres* (Fr.)
Prix international du meilleur acteur :
Pierre Fresnay pour *Monsieur Vincent*, de Maurice Cloche (Fr.)

Prix international de la meilleure actrice :
Anna Magnani pour *l'Honorable Angelina*, de Luigi Zampa (Italie)
Prix international de la meilleure contribution au progrès du cinéma :
Rêves à vendre/Dreams that Money can Buy, d'Hans Richter (E.-U.)
la Perle, d'Emilio Fernandez (Mex.)
Prix international du meilleur sujet :
le Printemps, de Grigori Alexandrov (URSS)
Prix international de la meilleure photo :
Gabriel Figueroa pour *la Perle*
Prix international de la meilleure musique :
E. F. Burian pour *Sirena*
Prix de la biennale de la réalisation la plus artistique :
Carol Reed pour *Huit Heures de sursis* (G.-B.)
Prix de la biennale pour l'intérêt artistique :
Pedro Armendariz pour *la Perle*
Ingrid Bergman pour *la Maison du Dr. Edwards*, d'Alfred Hitchcock (E.-U.)
Alekseï Diki pour *Amiral Nakhimov*, de Vsevolod Poudovkine (URSS)
Mai Zetterling pour *Tourments et Iris et le cœur du lieutenant*, d'Alf Sjöberg (Suède)
Prix de la biennale des réalisateurs :
Bjarne et Astrid Henning-Jensen pour *Ces sacrés gosses* (Dan.)

1948

Grand prix international du meilleur film :
Hamlet, de Laurence Olivier (G.-B.)
Prix de la présidence du Conseil des ministres pour le meilleur film italien :
Sous le soleil de Rome, de Renato Castellani
Prix international de la réalisation :
G. W. Pabst pour *le Procès* (Autr.)
Prix international du meilleur acteur :
Ernst Deutsch pour *le Procès*
Prix international de la meilleure actrice :
Jean Simmons pour *Hamlet*
Prix international des meilleurs sujet et scénario :
Graham Greene pour *Première Désillusion*, de Carol Reed (G.-B.)
Prix international de la meilleure photographie :
Desmond Dickinson pour *Hamlet*
Prix international de la meilleure musique :
Max Steiner pour *le Trésor de la Sierra Madre*, de John Huston (E.-U.)
Prix international du meilleur décor :
John Bryan pour *Oliver Twist*, de David Lean (G.-B.)
Prix international de la valeur stylistique :
La terre tremble, de Luchino Visconti (Italie)
Prix international de la valeur figurative et dramatique :
Dieu est mort, de John Ford (E.-U.)
Prix international de la valeur lyrique :
Louisiana Story, de Robert Flaherty (E.-U.)
Prix international du meilleur film d'animation :
le Petit Soldat, de Paul Grimault (Fr.)
Melody Time, de Walt Disney (E.-U.)
Médaille de la biennale :
la Femme sans visage, de Gustav Molander (Suède)
Médaille de la biennale de Venise :
les Anges marqués, de Fred Zinnemann (E.-U.)
Médaille de la biennale de Venise pour le meilleur film de marionnettes :
l'Année tchèque, de Jiri Trnka (Tchéc.)

1949

Lion de Saint-Marc :
Manon, d'Henri-Georges Clouzot (Fr.)
Grand prix international du meilleur film :
Manon
Prix de la présidence du Conseil des ministres pour le meilleur film italien :
la Fille des marais, d'Augusto Genina
Prix international de la réalisation :
Augusto Genina pour *la Fille des marais*
Prix international du meilleur acteur :
Joseph Cotten pour *le Portrait de Jenny*, de William Dieterle (E.-U.)
Prix international de la meilleure actrice :
Olivia De Havilland pour *la Fosse aux serpents*, d'Anatole Litvak (E.-U.)
Prix international du scénario :
Jour de fête, de Jacques Tati (Fr.)
Prix international de la meilleure photo :
Gabriel Figueroa pour *la Mal-Aimée*, d'Emilio Fernandez (Mex.)
Georg Krause pour *Ballade berlinoise*, de Robert Stemmle (All.)
Prix international de la meilleure musique :
John Greenwood pour *Dolwyn*, d'Emlyn Williams (G.-B.)
Prix international pour les décors :
William Kellner pour *Noblesse oblige*, de Robert Hamer (G.-B.)
Prix international :
le Petit Noir tranquille, de Sidney Meyers (E.-U.)

1950

Lion d'or de Saint-Marc :
Justice est faite, d'André Cayatte (Fr.)
Prix de la présidence du Conseil des ministres pour le meilleur film italien :
Demain il sera trop tard, de Léonide Moguy
Prix international du meilleur acteur :
Sam Jaffé pour *Quand la ville dort*, de John Huston (E.-U.)
Prix international de la meilleure actrice :
Eleanor Parker pour *Femmes en cage*, de John Cromwell (E.-U.)
Prix international du meilleur scénario :
Jacques Natanson et Max Ophuls pour *la Ronde*, de Max Ophuls (Fr.)
Prix international de la meilleure photo :
Martin Bodin pour *Rien qu'une mère*, d'Alf Sjöberg (Suède)
Prix international de la meilleure musique :
Brian Easdale pour *la Renarde*, de Michael Powell et Emeric Pressburger (G.-B.)
Prix international du meilleur décor :
Jean d'Eaubonne pour *la Ronde*
Prix international spécial du film :
Panique dans la rue, d'Elia Kazan (E.-U.)
Dieu a besoin des hommes, de Jean Delannoy (Fr.)
Sa Majesté monsieur Dupont, d'Alessandro Blasetti (Italie)

1951

Lion d'or de Saint-Marc :
Rashomon, d'Akira Kurosawa (Japon)
Prix de la présidence du Conseil des ministres pour le meilleur film italien :
la Citta si difende, de Pietro Germi
Prix spécial du jury :
Un tramway nommé Désir, d'Elia Kazan (E.-U.)
Coupe Volpi du meilleur acteur :
Jean Gabin pour *La nuit est mon royaume*, de Georges Lacombe (Fr.)
Coupe Volpi de la meilleure actrice :
Vivien Leigh pour *Un tramway nommé Désir*
Prix international des meilleurs sujet et scénario :
T. E. B. Clarke pour *De l'or en barres*, de Charles Crichton (G.-B.)
Prix spécial de la meilleure photo :
Léonce-Henri Burel pour *Journal d'un curé de campagne*, de Robert Bresson (Fr.)
Prix spécial de la meilleure musique :
Hugo Friedhofer pour *le Gouffre aux chimères*, de Billy Wilder (E.-U.)
Prix spécial du meilleur décor :
Peter Pendrey pour *Meurtre dans la cathédrale*, de George Hoellering (G.-B.)
Prix international spécial du film :
le Gouffre aux chimères
Journal d'un curé de campagne
le Fleuve, de Jean Renoir (Inde)

1952

Lion d'or de Saint-Marc :
Jeux interdits, de René Clément (Fr.)
Prix spécial du jury :
la Bergère et le Ramoneur, de Paul Grimault (Fr.)
Coupe Volpi du meilleur acteur :
Fredric March pour *Mort d'un commis voyageur*, de Laslo Benedek (E.-U.)
Prix des meilleurs sujet et scénario :
Nunnally Johnson pour *Appel d'un inconnu*, de Jean Negulesco (E.-U.)
Prix de la meilleure musique :
Georges Auric pour *la P... respectueuse*, de Marcello Pagliero et Charles Brabant (Fr.)
Prix du meilleur décor :
Carmen Dillon pour *Il importe d'être constant*, d'Anthony Asquith (G.-B.)
Prix international du film :
Europe 51, de Roberto Rossellini (Italie)
l'Homme tranquille, de John Ford (E.-U.)
la Vie d'Oharu, femme galante, de Kenji Mizoguchi (Japon)

1953

Lion d'argent :
Moulin-Rouge, de John Huston (E.-U.)
le Petit Fugitif, de Ray Ashley, Morris Engel et Ruth Orkin (E.-U.)
les Contes de la lune vague après la pluie, de Kenji Mizoguchi (Japon)
le Tour du monde de Sadko, d'Alexander Ptouchko (URSS)
Thérèse Raquin, de Marcel Carné (Fr.)
les Inutiles, de Federico Fellini (Italie)
Coupe Volpi du meilleur acteur :
Henri Vilbert pour *le Bon Dieu sans confession*, de Claude Autant-Lara (Fr.)
Coupe Volpi de la meilleure actrice :
Lilli Palmer pour *The Four Poster*, d'Irving Reis (E.-U.)
Lion de bronze :
Hommes en détresse, de Rafael Gil (Esp.)
le Port de la drogue, de Samuel Fuller (E.-U.)
les Orgueilleux, d'Yves Allégret (Fr.)
Sinha Môca, de Tom Payne

1954

Lion d'or :
Roméo et Juliette, de Renato Castellani (Italie)
Lion d'argent :
Sur les quais, d'Elia Kazan (E.-U.)
l'Intendant Sansho, de Kenji Mizoguchi (Japon)
les Sept Samouraïs, d'Akira Kurosawa (Japon)
La Strada, de Federico Fellini (Italie)
Coupe Volpi du meilleur acteur :
Jean Gabin pour *Air de Paris*, de Marcel Carné, *et Touchez pas au grisbi*, de Jacques Becker (Fr.)
Prix spécial du jury :
la Tour des ambitieux, de Robert Wise (E.-U.)

1955

Lion d'or :
Ordet, de Carl Dreyer (Dan.)
Lion d'argent :
Femmes entre elles, de Michelangelo Antonioni (Italie)
la Cigale, de Samson Samsonov (URSS)
Face de rat, de Wolfgang Staudte (All.)
le Grand Couteau, de Robert Aldrich (E.-U.)
Coupe Volpi du meilleur acteur :
Curd Jurgens pour *Les héros sont fatigués*, d'Yves Ciampi (Fr.)
Kenneth More pour *l'Autre Homme*, d'Anatole Litvak (E.-U.)
Grand prix du jury :
Voyage dans la préhistoire, de Karel Zeman (Tchéc.)
Médaille de bronze :
la Croix bleue, d'Andrzej Munk (Pol.)

1956

Coupe Volpi du meilleur acteur :
Bourvil pour *la Traversée de Paris*, de Claude Autant-Lara (Fr.)
Coupe Volpi de la meilleure actrice :
Maria Schell pour *Gervaise*, de René Clément (Fr.)
Mention du jury pour le film :
la Harpe de Birmanie, de Kon Ichikawa (Japon)
Calabuig, de Luis Garcia Berlanga (Esp.)
Grand-Rue, de Juan Antonio Bardem (Esp.)
Derrière le miroir, de Nicholas Ray (E.-U.)
l'Ogre d'Athènes, de Nikos Kondouros (Grèce)
Toro, de Carlos Velo (Esp.)
la Rue de la honte, de Kenji Mizoguchi (Japon)
Grand prix de la critique :
Attaque, de Robert Aldrich (E.-U.)

1957

Lion d'or :
l'Invaincu, de Satyajit Ray (Inde)
Lion d'argent :
Nuits blanches, de Luchino Visconti (Italie)
Coupe Volpi du meilleur acteur :
Anthony Franciosa pour *Une poignée de neige*, de Fred Zinnemann (E.-U.)
Coupe Volpi de la meilleure actrice :
Dzidra Ritenberg pour *Malva*, de Vladimir Braun (URSS)
Prix spécial du jury :
Une poignée de neige

1958

Lion d'or :
Pousse-pousse, d'Hiroshi Inagaki (Japon)
Prix spécial du jury :
les Amants, de Louis Malle (Fr.)
le Défi, de Francesco Rosi (Italie)
Coupe Volpi du meilleur acteur :
Alec Guiness pour *De la bouche du cheval*, de Ronald Neame (G.-B.)

Coupe Volpi de la meilleure actrice :
Sophia Loren pour *l'Orchidée noire*, de Martin Ritt (E.-U.)
Prix spécial du meilleur sujet :
la Création du monde, d'Eduard Hofman (Tchéc.)
Prix spécial de la meilleure musique :
Louis Bessières pour *Ballade chromo*, de Jean Jabely (Fr.)
Prix spécial pour la couleur :
la Suite belge, de Lucien Deroisy (Belg.)
Grand prix international de la critique :
Piège à loup, de Jiri Weiss (Tchéc.)
Grand prix de la Mostra :
le Dernier Jour de l'été, de Tadeusz Konwicki et Jan Laskowski (Pol.)
Pulgarcito, de René Cardona (Mex.)

1959

Lion d'or de Saint-Marc :
le Général della Rovere, de Roberto Rossellini (Italie)
la Grande Guerre, de Mario Monicelli (Italie)
Prix spécial du jury :
le Visage, d'Ingmar Bergman (Suède)
Coupe Volpi du meilleur acteur :
James Stewart pour *Autopsie d'un meurtre*, d'Otto Preminger (E.-U.)
Coupe Volpi de la meilleure actrice :
Madeleine Robinson pour *A double tour*, de Claude Chabrol (Fr.)
Grand prix de la Mostra du film pour enfants :
La Sonrisa de la virgen, de Roberto Rodriguez (Mex.)

1960

Lion d'or de Saint-Marc :
le Passage du Rhin, d'André Cayatte (Fr.)
Prix spécial du jury :
Rocco et ses frères, de Luchino Visconti (Italie)
Coupe Volpi du meilleur acteur :
John Mills pour *Les Fanfares de la gloire*, de Ronald Neame (E.-U.)
Coupe Volpi de la meilleure actrice :
Shirley McLaine pour *la Garçonnière*, de Billy Wilder (E.-U.)
Prix de la première œuvre :
la Longue Nuit de 1943, de Florestano Vancini (Italie)

1961

Lion d'or de Saint-Marc :
l'Année dernière à Marienbad, d'Alain Resnais (Fr.)
Prix spécial du jury :
Paix à celui qui vient au monde, d'Aleksandr Alov et Vladimir Naoumov (URSS)
Coupe Volpi du meilleur acteur :
Toshiro Mifune pour *le Garde du corps*, d'Akira Kurosawa (Japon)
Coupe Volpi de la meilleure actrice :
Suzanne Flon pour *Tu ne tueras point*, de Claude Autant-Lara (Fr.)
Prix de la première œuvre :
Bandits à Orgosolo, de Vittorio De Seta (Italie)
Diplôme spécial :
Sayiu-ki, de Taiji Yabushita (Japon)

1962

Lion d'or :
Journal intime, de Valerio Zurlini (Italie)
l'Enfance d'Ivan, d'Andreï Tarkovski (URSS)
Prix spécial du jury :
Vivre sa vie, de Jean-Luc Godard (Fr.)
Coupe Volpi du meilleur acteur :
Burt Lancaster pour *le Prisonnier d'Alcatraz*, de John Frankenheimer (E.-U.)
Coupe Volpi de la meilleure actrice :
Emmanuelle Riva pour *Thérèse Desqueyroux*, de Georges Franju (Fr.)
Prix de la première œuvre :
David et Lisa, de Frank Perry (E.-U.)
Los Inundados, de Fernando Birri (Arg.)
Lion de Saint-Marc du meilleur film pour enfants :
les Aventures de Sinbad le marin, de Taiji Yabushita (Japon)

1963

Lion d'or :
Main basse sur la ville, de Francesco Rosi (Italie)
Prix spécial du jury :
le Feu follet, de Louis Malle (Fr.)
Vstouplenie, d'Igor Talankine (URSS)
Coupe Volpi du meilleur acteur :
Albert Finney pour *Entre l'alcôve et la potence*, de Tony Richardson (G.-B.)
Coupe Volpi de la meilleure actrice :
Delphine Seyrig pour *Muriel*, d'Alain Resnais (Fr.)
Prix de la première œuvre :
Un dimanche de septembre, de Jörn Donner (Suède)
le Joli Mai, de Chris Marker (Fr.)
Mention du jury :
Première aventure d'un petit enfant, de Nagisa Oshima (Japon)
Grand prix de la Mostra :
Godzima pasowej rozy, d'Halina Bielinska (Pol.)

1964

Lion d'or de Saint-Marc :
Le Désert rouge, de Michelangelo Antonioni (Italie)
Prix spécial du jury :
Hamlet, de Grigori Kozintsev (URSS)
l'Evangile selon Matthieu, de Pier Paolo Pasolini (Italie)
Coupe Volpi du meilleur acteur :
Tom Courtenay pour *Pour l'exemple*, de Joseph Losey (G.-B.)
Coupe Volpi de la meilleure actrice :
Harriet Andersson pour *Aimer*, de Jörn Donner (Suède)
Prix de la première œuvre :
la Vie à l'envers, d'Alain Jessua (Fr.)
Grand prix du lion de Saint-Marc :
Skopje 63, de Veljko Bulajic (Youg.)
Grand prix de la Mostra :
Il était une fois un gars, de Vassili Choukchine (URSS)
Osella d'argent pour le film le mieux adapté à l'enfance :
l'Ile des dauphins bleus, de James B. Clark (E.-U.)

1965

Lion d'or de Saint-Marc :
Sandra, de Luchino Visconti (Italie)
Prix spécial du jury :
J'ai vingt ans, de Marlen Khoutsiev (URSS)
Modiga mindre man, de Leif Krantz
Simon du désert, de Luis Buñuel (Mex.)
Coupe Volpi du meilleur acteur :
Toshiro Mifune pour *Barberousse*, d'Akira Kurosawa (Japon)
Coupe Volpi de la meilleure actrice :
Annie Girardot pour *Trois Chambres à Manhattan*, de Marcel Carné (Fr.)
Lion de Saint-Marc du meilleur film de fantaisie :
Tjorven batsman och moses, d'Olle Hellbom (Suède)
Grand prix du lion de Saint-Marc :
Morozko, d'Alexander Roou (URSS)

1966

Lion d'or de Saint-Marc :
la Bataille d'Alger, de Gillo Pontecorvo (Italie)
Prix spécial du jury :
Chappaqua, de Conrad Rooks (E.-U.)
Anita G., d'Alexander Kluge (RFA)
Coupe Volpi du meilleur acteur :
Jacques Perrin pour *Un homme à moitié*, de Vittorio De Seta (Italie)
Coupe Volpi de la meilleure actrice :
Natalia Arinbassarova pour *le Premier Maître*, d'Andreï Mikhalkov-Konchalovsky (URSS)
Prix spécial :
The Boy across the Street, de J. Schalchin (Israël)
la Bombe, de Peter Watkins (G.-B.)
Prix du lion de Saint-Marc pour le meilleur sujet :
Testa di rapa, de Giancarlo Zagni (Italie)
Prix spécial de la meilleure interprétation :
Oleg Kovacev pour *Chevalier sans armure*, de Borislav Charaliev
◊ Hommage du jury à Robert Bresson.

1967

Lion d'or de Saint-Marc :
Belle de jour, de Luis Buñuel (Fr.)
Prix spécial du jury :
La Chine est proche, de Marco Bellochio (Italie)
la Chinoise, de Jean-Luc Godard (Fr.)
Coupe Volpi du meilleur acteur :
Ljubisa Samardzic pour *le Matin*, de Purisa Djordjevic (Youg.)
Coupe Volpi de la meilleure actrice :
Shirley Knight pour *Dutchman*, d'Anthony Harvey (E.-U.)
Prix de la première œuvre :
l'Insatiable, d'Edgar Reitz (RFA)

1968

Lion d'or :
les Artistes sous le chapiteau, perplexes, d'Alexander Kluge (RFA)
Prix spécial du jury :
Nostra Signora dei Turchi, de Carmelo Bene (Italie)
Socrate, de Robert Lapoujade (Fr.)
Coupe Volpi du meilleur acteur :
John Marley pour *Faces*, de John Cassavetes (E.-U.)
Coupe Volpi de la meilleure actrice :
Laura Betti pour *Théorème*, de Pier Paolo Pasolini (Italie)
Mention d'honneur :
Kierion, de Dimosthenis Theos (Grèce)

1969

Pas de Palmarès
◊ Hommage à Luis Buñuel

1970

Pas de Palmarès
◊ Hommage à Orson Welles

1971

Pas de Palmarès
◊ Hommages à Ingmar Bergman, à Marcel Carné et à John Ford

1972

Pas de Palmarès
◊ Hommages à Charlie Chaplin, à Anatoli Golovnia et à Billy Wilder

1979

Prix de la Fédération internationale de la presse cinématographique (FIPRESCI) :
la Nouba des femmes du mont Chenoua, d'Assia Djebar (Alg.)
Passe-Montagne, de Jean-François Stévenin (Fr.)
Prix spécial de la FIPRESCI :
Funérailles à Bongo : le vieil Anai, de Jean Rouch (Fr.)
Prix Pasinetti du film :
Jack le Magnifique, de Peter Bogdanovich (E.-U.)
Prix Pasinetti de l'acteur :
Evgueni Leonov pour *Marathon d'automne*, de Gueorgui Danelia (URSS)
Prix Pasinetti de l'actrice :
Nobuko Otowa pour *Kosatsu*, de Kaneto Shindo (Japon)

1980

Lion d'or :
Atlantic City, de Louis Malle (E.-U.)
Gloria, de John Cassavetes (E.-U.)
Lion d'or Cinema Nuovo :
Alexandre le Grand, de Theo Angelopoulos (Grèce)
Lion d'or de la première œuvre :
Une journée bénie, de Peter Gothar (Hong.)
Prix Cinema Nuovo :
Alexandre le Grand
les Fils du vent, de Brahim Tsaki (Alg.)
Uomini e no, de Valentino Orsini (Italie)
Mention Cinema Nuovo :
Berlin Alexanderplatz, de Rainer Werner Fassbinder (RFA)
le Mystère d'Oberwald, de Michelangelo Antonioni (Italie)
Mon oncle d'Amérique, d'Alain Resnais (Fr.)
Prix Pasinetti du film :
les Fils du vent
Prix Pasinetti de l'acteur :
George Burns, Art Carney et Lee Strasberg pour *Going in Style*, de Martin Brest (E.-U.)
Prix Pasinetti de l'actrice :
Liv Ullmann pour *Richard's Things*, d'Anthony Harvey (G.-B.)

1981

Lion d'or :
les Années de plomb, de Margarethe von Trotta (RFA)
Lion d'or de la première ou deuxième œuvre :
Te souviens-tu de Dolly Bell?, d'Emir Kusturica (Youg.)

Prix spécial du jury :
Ils ne portaient pas de smoking, de Léon Hirszman (Brésil)
Rêves d'or, de Nanni Moretti (Italie)
Prix Cinema Nuovo :
les Années de plomb
Prix Pasinetti du film :
le Prince de New York, de Sidney Lumet (E.-U.)
Prix Pasinetti de l'acteur :
Robert Duvall pour *Sanglantes Confessions*, d'Ulu Grosbard (E.-U.)
Prix Pasinetti de l'actrice :
Lil Terselius pour *la Persécution*, d'Anja Breien (Norv.)
Mentions spéciales :
la Persécution
Une blonde émoustillante, de Jiri Menzel (Tchéc.)
Gueorgui Rerberg pour *Zvezdopad*, d'Igor Talankine (URSS)
Prix Fenice des meilleurs interprètes :
Robert De Niro et Robert Duvall pour *Sanglantes Confessions*
Jutta Lampe et Barbara Sukowa pour *les Années de plomb*

1982

Lion d'or :
l'Etat des choses, de Wim Wenders (RFA)
Lion d'or de la première ou seconde œuvre :
le Goût de l'eau, d'Orlow Seunke (P.-B.)
Sciopen, de Luciano Odorisio (Italie)
Prix spécial du jury :
l'Impératif, de Krzystof Zanussi (Pol.)
Prix spécial pour la collaboration artistico-technique :
Mikhaïl Oulianov pour *Vie privée*, de Youli Raizman (URSS)
Prix Pasinetti du film :
l'Impératif
Prix Pasinetti de l'acteur :
Max von Sydow pour *Ingenior Andrées Luftfärd*, de Jan Troell (Suède)
Prix Pasinetti de l'actrice :
Susan Sarandon pour *The Tempest*, de Paul Mazursky (E.-U.)
Prix Fenice pour les interprètes :
Robert Powell pour *l'Impératif*
Béatrice Romand pour *le Beau Mariage*, d'Eric Rohmer (Fr.)

1983

Lion d'or :
Prénom Carmen, de Jean-Luc Godard (Fr.)
Lion d'argent pour la première œuvre :
Rue Cases-Nègres, d'Euzhan Palcy (Fr.)
Grand prix spécial du jury :
Biquefarre, de Georges Rouquier (Fr.)
Prix spécial du jury pour la valeur technique :
Raoul Coutard (photo) et François Musy (son) pour *Prénom Carmen*
Prix du meilleur acteur :
Guy Boyd, George Dzundza, David Alan Grier, Mitchell Lichtenstein, Matthew Modine, Michael Wright pour *Streamers*, de Robert Altman (E.-U.)
Prix de la meilleure actrice :
Darling Legitimus pour *Rue Cases-Nègres*
Prix de la critique internationale :
la Force des sentiments, d'Alexander Kluge (RFA)
Prix Pasinetti du film :
Zelig, de Woody Allen (E.-U.)
Prix Pasinetti de l'acteur :
Carlo Delle Piane pour *la Ballade inoubliable*, de Pupi Avati (Italie)
Prix Pasinetti de l'actrice :
Angela Winkler pour *Edith Tagebuch*, d'Hans W. Geissendorfer (RFA)
Prix Fenice de la meilleure photo :
l'Abeille millénaire, de Juraj Jakubisko (Tchéc.)

1984

Lion d'or :
l'Année du soleil calme, de Krzysztof Zanussi (Pol.)
Lion d'argent de la première œuvre :
Sonatine, de Micheline Lanctôt (Can.)
Grand prix spécial du jury :
les Favoris de la lune, d'Otar Iosseliani (Fr.)
Prix spécial de la valeur technique :
Une saison italienne, de Pupi Avati (Italie)
Prix du meilleur acteur :
Nasceruddin Shah pour *Paar*, de Goutam Ghosh (Inde)
Prix de la meilleure actrice :
Pascale Ogier pour *les Nuits de la pleine lune*, d'Eric Rohmer (Fr.)
Prix Cinema Nuovo :
Ybris, de Gavino Ledda (Italie)
Prix Pasinetti du film :
l'Année du soleil calme
Prix Pasinetti de l'acteur :
Fernando Fernan Gomez pour *Los Zancos*, de Carlos Saura (Esp.)
Prix Pasinetti de l'actrice :
Claudia Cardinale pour *Claretta*, de Pasquale Squitieri (Italie)

1985

Lion d'or :
Sans toit ni loi, d'Agnès Varda (Fr.)
Lion d'argent de la première œuvre :
Dust, de Marion Hansel (Belg.)
Grand prix spécial du jury :
Tangos, l'exil de Gardel, de Fernando Solanas (Arg.)
Prix spécial :
le Bateau phare, de Jerzy Skolinowski (E.-U.)
Prix du meilleur acteur :
Gérard Depardieu pour *Police*, de Maurice Pialat (Fr.)
Lion d'or spécial :
Manuel de Oliveira; John Huston
Mention spéciale pour l'interprétation :
Themis Bazaka pour *Petrina chronia*, de Pantelis Vulgaris (Grèce)
Galia Novents pour *Tango nasego detstva*, d'Albert Mkrtcian
Sonja Savic pour *Zivot je lep*, de Boro Draskovic (Youg.)
Prix Pasinetti du film :
Tangos, l'exil de Gardel
Prix Pasinetti de l'acteur :
Robert Duvall pour *le Bateau phare*
Prix Pasinetti de l'actrice :
Barbara de Rossi pour *Mamma Ebe*, de Carlo Lizzani (Italie)
Clap (Ciak) d'or :
l'Honneur des Prizzi, de John Huston (E.-U.)
Claps :
Jane Birkin pour *Dust*
Robert Duvall pour *le Bateau phare*
Lion d'or pour la carrière : Federico Fellini

1986

Lion d'or :
le Rayon vert, d'Eric Rohmer (Fr.)
Lion d'argent pour la première œuvre :
le Film du roi/La Pelicula del rey, de Carlos Sorin (Arg.)
Grand prix spécial du jury :
Tchoujaïa, Belaïa i Riaboï, de Serguei Soloviev (URSS)
Storia d'amore, de Francesco Maselli (Italie)
Prix spécial :
X, d'Oddar Einarson (Norv.)
Prix du meilleur acteur :
Carlo Delle Piane pour *Cadeau de Noël*, de Pupi Avati (Italie)
Prix de la meilleure actrice :
Valeria Golino pour *Storia d'amore*
Prix de la critique :
Désordre, d'Olivier Assayas (Fr.)
Prix Pasinetti du film :
Autour de minuit, de Bertrand Tavernier (E.-U. - Fr.)
Prix Pasinetti de l'acteur :
Walter Chiari pour *Romance*, de Massimo Mazzucco (Italie)
Prix Pasinetti de l'actrice :
Marie Rivière pour *le Rayon vert*
Clap d'or pour l'acteur :
Walter Chiari pour *Romance*
Clap d'or pour l'actrice :
Valeria Golino pour *Storia d'amore*
Clap d'or spécial :
James Ivory pour *Chambre avec vue (G.-B.)*
Lion d'or de la carrière : Paolo et Vittorio Taviani

1987

Lion d'or :
Au revoir les enfants, de Louis Malle (Fr.)
Lion d'argent :
Longue vie à la signora, d'Ermanno Olmi (Italie)
Maurice, de James Ivory (G.-B.)
Grand prix spécial du jury :
Hip, hip, hurra, de Kjell Grede (Suède)
Prix spécial de la République :
Plioumboum, ili opasnaia igra, de Vadim Abdrachitov (URSS)
Prix du meilleur acteur :
Hugh Grant et James Wilby pour *Maurice*
Prix de la meilleure actrice :
Kang Soo Yeon pour *Sibaji mère porteuse*, de Kwon TaekIm (Corée S.)
Mention spéciale pour la réalisation :
Miklos Jancso
Prix Pasinetti du film :
Engrenages, de David Mamet (E.-U.)
Prix Pasinetti de l'acteur :
Gian Maria Volonte pour *Un enfant de Calabre*, de Luigi Comencini (Italie)
Prix Pasinetti de l'actrice :
Melita Jurisic pour *The Tale of Ruby Rose*, de Roger Scholes (Austr.)
Osella du meilleur scénario :
David Mamet pour *Engrenages*
Osella de la meilleure photo :
Sten Holmberg pour *Hip, hip, hurra*
Osella de la meilleure musique :
Richard Robbins *pour Maurice*
Osella du meilleur décor :
Luciano Ricceri pour *les Lunettes d'or*, de Giuliano Montaldo (Italie)
Osella des meilleurs costumes :
Nana Cecchi pour *les Lunettes d'or*
Clap d'or du film :
Engrenages
Clap d'or spécial :
Au revoir les enfants
Clap d'or de l'acteur :
Bernard Giraudeau pour *l'Homme voilé*, de Maroun Bagdadi
Clap d'or de l'actrice :
Kelly McGillis pour *Made in Heaven*, d'Alan Rudolph (E.-U.)
Lion d'or pour la carrière : Luigi Comencini; Joseph L. Mankiewicz

1988

Lion d'or :
la Légende du saint buveur, d'Ermanno Olmi (Italie)
Lion d'argent :
Paysage dans le brouillard, de Theo Angelopoulos (Grèce)
Grand prix spécial du jury :
le Camp de Thiaroye, de Sembene Ousmane et T. Faty Sow (Sénég.)
Médaille d'or du président du Sénat :
Cher Gorbatchev, de Carlo Lizzani (Italie)
Coupe Volpi du meilleur acteur :
Don Ameche et Joe Mantegna pour *Parrain d'un jour*, de David Mamet (E.-U.)
Coupe Volpi de la meilleure actrice :
Isabelle Huppert pour *Une affaire de femmes*, de Claude Chabrol (Fr.)
Shirley McLaine pour *Madame Sousatzka*, de John Schlesinger (E.-U.)
Mention spéciale pour l'interprétation :
David Eberts pour *Brûlant Secret*, d'Andrew Birkin (G.-B.)
Prix Cinema Nuovo :
le Camp de Thiaroye
Gli Invisibili, de Pasquale Squitieri (Italie)
Osella du meilleur scénario :
Pedro Almodovar pour *Femmes au bord de la crise de nerfs* de Pedro Almodovar (Esp.)
Osella de la meilleure photo :
Vadim Youssov pour *le Moine noir*, d'Ivan Dikhovitchni (URSS)
Osella de la meilleure musique :
José Maria Vitier, Gianni Nocenzi, Pablo Milanes pour *Un monsieur très vieux avec de très grandes ailes*, de Fernando Birri (Cuba)
Osella des meilleurs décor et costumes :
Bernd Lepl pour *Brûlant Secret*
Prix Cinecritica :
Let's get Lost, de Bruce Weber (E.-U.)
Prix Pasinetti du film :
Paysage dans le brouillard
Prix Pasinetti de l'acteur :
Don Ameche pour *Parrain d'un jour*
Prix Pasinetti de l'actrice :
Ornella Muti pour *Codice privato*, de Francesco Maselli (Italie)
Clap d'or du film :
Une affaire de femmes
Clap d'or spécial :
le Camp de Thiaroye
Once More, de Paul Vecchiali (Fr.)
Clap d'or pour l'acteur :
Klaus Maria Brandauer pour *Brûlant Secret*
Clap d'or pour l'actrice :
Carmen Maura pour *Femmes au bord de la crise de nerfs*
Prix Filmcritica :
la Dernière Tentation du Christ, de Martin Scorsese (E.-U.)
Lion d'or pour la carrière : Joris Ivens

1989

Lion d'or :
la Cité des douleurs, d'Hou Hsiao Hsien (Taïwan)
Lion d'argent :
la Mort d'un maître de thé, de Kei Kumai (Japon)
Souvenirs de la maison jaune, de João Cesar Monteiro (Port.)
Prix spécial du jury :
Et la lumière fut, d'Otar Iosseliani (Fr.)
Médaille d'or du président du Sénat :
Scugnizzi, de Nanni Loy (Italie)
Coupe Volpi du meilleur acteur :
Marcello Mastroianni et Massimo Troisi pour *Quelle heure est-il ?*, d'Ettore Scola (Italie)

Coupe Volpi de la meilleure actrice :
Peggy Ashcroft et Geraldine James pour *She's Been Away*, de Peter Hall (G.-B.)
Osella du meilleur scénario :
Jules Feiffer pour *I Want to Go Home*, d'Alain Resnais (Fr.)
Osella de la meilleure photo :
Australia, de Jean-Jacques Andrien (Fr.)
Prix Filmcritica :
Palombella rossa, de Nanni Moretti (Italie)
Prix Pasinetti du film :
I Want to Go Home
Prix Pasinetti de l'acteur :
Massimo Troisi pour *Quelle heure est-il ?*
Prix Pasinetti de l'actrice :
Peggy Ashcroft pour *She's Been Away*
Clap d'or du film :
I Want to Go Home
Clap d'or spécial :
Beiqing Chengshi
Clap d'or pour l'acteur :
Massimo Troisi pour *Quelle heure est-il ?*
Clap d'or pour l'actrice :
Peggy Ashcroft et Geraldine James pour *She's Been Away*

1990

Lion d'or :
Rosencrantz et Guildenstern sont morts, de Tom Stoppard (E.-U.)
Lion d'argent de la réalisation :
Martin Scorsese pour *les Affranchis* (E.-U.)
Prix spécial du jury :
Un ange à ma table, de Jane Campion (N.-Z.)
Médaille d'or du président du Sénat :
Raspad, de Mikhaïl Belikov (URSS)
Coupe Volpi du meilleur acteur :
Oleg Borissov pour *le Dernier Témoin*, de Mikhail Pandoursky (Bulg.)
Coupe Volpi de la meilleure actrice :
Gloria Munchmeyer pou *la Lune dans le miroir*, de Silvio Caiozzi (Chili)
Osella de la meilleure photo :
Mauro Marchetti pour *Ragazzi fuori*, de Marco Rizzi (Italie)
Osella de la meilleure musique :
Valeri Milovanski pour *le Dernier Témoin*
Osella du meilleur montage :
Dominique Auvray pour *S'en fout la mort*, de Claire Denis (Fr.)
Prix Filmcritica :
Un ange à ma table
les Affranchis
Prix Pasinetti du film :
Mr. et Mrs. Bridge, de James Ivory (E.-U.)
Prix Pasinetti de l'acteur :
Richard Dreyfuss pour *Rosencrantz et Guildenstern sont morts*
Prix Pasinetti de l'actrice :
Stefania Sandrelli pour *l'Africaine*, de Margarethe von Trotta (RFA)
Clap d'or du film :
Mr. et Mrs. Bridge
Clap d'or spécial :
Un ange à ma table
Clap d'or de l'acteur :
Francesco Benigno, Alessandro Di Sanzo, Filippo Genzardi, Alfredo Li Bassi, Roberto Mariano, Maurizio Prollo, Salvatore Termini pour *Ragazzi fuori*
Clap d'or de l'actrice :
Marianne Sagebrecht pour *Martha et moi*, de Jiri Weiss (Tchéc.)
Lion d'or pour la carrière : Marcello Mastroianni

1991

Lion d'or :
Urga, de Nikita Mikhalkov (Fr. - URSS)
Lion d'argent :
Epouses et concubines, de Zhang Yimou (Chine)
J'entends plus la guitare, de Philippe Garrel (Fr.)
le Roi pêcheur, de Terry Gilliam (E.-U.)
Grand prix spécial du jury :
Une divine comédie, de Manoel de Oliveira (Port.)
Coupe Volpi du meilleur acteur :
River Phoenix pour *My Own Private Idaho*, de Gus Van Sant (E.-U.)
Coupe Volpi de la meilleure actrice :
Tilda Swinton pour *Edouard II*, de Derek Jarman (G.-B.)
Osella d'or pour la photo :
le Cri de la roche, de Werner Herzog (All.)
Osella d'or pour le scénario :
Mississippi Massala, de Mira Nair (Inde - E.-U.)
Osella d'or pour le son :
Allemagne neuf zéro, de Jean-Luc Godard (Fr. - Suisse)
Médaille d'or du président du Sénat :
Allemagne neuf zéro
Prix Fipresci :
Une divine comédie
l'Etranger, de Satyajit Ray (Inde)
Allemagne neuf zéro
la Lanterne rouge
l'Homme incapable, de Takenaka Naoto (Japon)
Prix Unicef :
Mississippi Massala
Lion d'or de la carrière : Gian Maria Volonte; Mario Monicelli

1992

Lion d'or :
Qiu Ju, une femme chinoise, de Zhang Yimou (Chine)
Grand prix spécial du jury :
Mort d'un mathématicien napolitain, de Mario Martone (Italie)
Coupe Volpi du meilleur acteur :
Jack Lemmon pour *Glengarry*, de James Foley (E.-U.)
Coupe Volpi de la meilleure actrice :
Gong Li pour *Qiu Ju, une femme chinoise*, de Zhang Yimou (Chine)
Lion d'argent de la mise en scène :
Un cœur en hiver, de Claude Sautet (Fr.)
Lion d'argent :
Jamon, Jamon, de Juan José Bigas Luna (Esp.)
Hôtel de luxe, de Dan Pita (Roumanie)
Médaille d'or du président du Sénat :
Guelwaar, du Sénégalais Ousmane Sembene
Prix de la Navicella : Bertrand Tavernier
Lion d'or de la carrière : Jeanne Moreau

1993

Lion d'or :
Short Cuts, de Robert Altman (E.-U.)
Trois Couleurs : Bleu, de Krzysztof Kieslowski (Fr. - Suisse - Pol.)
Lion d'argent :
Kosh ba Kosh, de Bakhtiyar Khudojnazarov (Tadjikistan)
Prix spécial du jury :
Bad Boy Bubby, de Rolf De Heer (Aus.)
Coupe Volpi extraordinaire :
l'ensemble des comédiens de *Short Cuts*
Coupe Volpi du meilleur acteur :
Fabrizio Bentivoglio pour *Un'anima divisa in due*, de Silvio Soldini (Italie)
Coupe Volpi de la meilleure actrice :
Juliette Binoche pour *Trois Couleurs : Bleu*
Coupe Volpi du meilleur second rôle masculin :
Marcello Mastroianni pour *Un, deux, trois, soleil*, de Bertrand Blier (Fr.)
Coupe Volpi du meilleur second rôle féminin :
Anna Bonaiuto pour *Dove siete? Io sono qui*, de Liliana Cavani (Italie)
Osella d'or pour la photo :
Slawomir Idziak pour *Trois Couleurs : Bleu*
Osella d'or pour la musique :
Cheb Khaled pour *Un, deux, trois, soleil*
Médaille d'or du président du Sénat :
Za zui zi, de Liu Miao Miao (Chine)
Prix Fipresci :
Short Cuts, de Robert Altman (E.-U.)
Bad Boy Bubby, de Rolf De Heer (Australie)
Le Fils du requin, d'Agnès Merlet (Fr.)
Prix de l'Académie européenne du cinéma et de la télévision :
Un, deux, trois, soleil, de Bertrand Blier (Fr.)
Lion d'or de la carrière :
Claudia Cardinale; Robert De Niro; Roman Polanski; Steven Spielberg

1994

Lion d'or :
Avant la pluie, de Milcho Manchevski (Macéd.)
Vive l'amour, de Tsai Ming-Liang (Taiwan)
Lion d'argent :
Les Créatures célestes, de Peter Jackson (N.-Z.)
Little Odessa, de James Gray (E.-U.)
Il Toro, de Carlo Mazzacurati (Italie)
Prix spécial du jury :
Tueurs nés, d'Oliver Stone (E.-U.)
Coupe Volpi du meilleur acteur :
Xia Yu pour *Jours ensoleillés*, de Jiang Wen (Chine)
Coupe Volpi de la meilleure actrice :
Maria de Medeiros pour *Deux Frères, une sœur*, de Teresa Villaverde (Port.)
Coupe Volpi du meilleur second rôle masculin :
Roberto Citran pour *Il Toro*, de Carlo Mazzacurati (Italie)
Coupe Volpi du meilleur second rôle féminin :
Vanessa Redgrave pour *Little Odessa*, de James Gray (E.-U.)
Osella d'or :
Cendres du temps, de Wong Kar-wai (Hong.)
La Teta y la luna, de Juan José Bigas Luna (Esp.)
Lamerica, de Gianni Amelio (Italie)
Médaille d'or du président du Sénat :
La Vie et les aventures extraordinaires du soldat Ivan Tchonkine, de Jiri Menzel (Tchéc.)

1995

Lion d'or :
Cyclo, de Tran Ahn Hung (Fr.-Viet.)
Grand prix spécial du jury :
la Comédie de Dieu, de Jao Cesar Monteiro (Port.)
l'Homme des étoiles, de Giuseppe Tornatore (Italie)
Coupe Volpi du meilleur acteur :
Goetz George pour *Der Tottmacher*, de Romuald Karmakar (All.)
Coupe Volpi de la meilleure actrice :
Sandrine Bonnaire, Isabelle Huppert pour *la Cérémonie*, de Claude Chabrol (Fr.)
Coupe Volpi du meilleur second rôle masculin :
Ian Hart pour *Nothing Personal*, de Thaddeus O'Sullivan (Irl.)
Coupe Volpi du meilleur second rôle féminin :
Isabella Ferrari pour *le Roman d'un jeune pauvre*, d'Ettore Scola (Italie)
Osella d'or :
In the Bleak Midwinter, de Kenneth Branagh (G.-B.)
Maborosi no hikari, de Hirokazu Koreeda (Jap.)
Det, yant dokhtae, d'Albofazl Jalili (Iran)
Médaille d'or du président du Sénat :
Pasolini : un crime italien, de Marco Tullio Giordana (Italie)

1996

Lion d'or :
Michael Collins, de Neil Jordan (Irl.)
Grand prix spécial du jury :
Brigands, de Otar Iosseliani (Géorgie)
Coupe Volpi du meilleur acteur :
Liam Neeson pour *Michael Collins*
Coupe Volpi de la meilleure actrice :
Victoire Thivisol pour *Ponette*, de Jacques Doillon (Fr.)
Coupe Volpi pour le meilleur second rôle :
Chris Penn pour *The Funeral*, d'Abel Ferrara (E.-U.)
Osella d'or :
Carmin profond, d'Arturo Ripstein (Mex.)
Médaille d'or du président du Sénat :
Carla's Song, de Ken Loach (G.-B.)
Lions d'or pour l'ensemble de leur carrière :
Robert Altman, Michèle Morgan, Vittorio Gassman, Dustin Hoffman

1997

Lion d'or :
Hana-Bi (Feux d'artifice), de Takeshi Kitano (Japon)
Grand prix spécial du jury :
Ovosedo, de Paolo Virzi (Italie)
Coupe Volpi du meilleur acteur :
Wesley Snipes pour *One Night Stand*, de Mike Figgis (E.-U.)
Coupe Volpi de la meilleure actrice :
Robin Tunney pour *Niagara, Niagara*, de Bob Gosse (E.-U.)
Prix du meilleur scénario original :
Gilles Taurand et Anne Fontaine pour *Nettoyage à sec*, d'Anne Fontaine (Fr.)
Prix de la meilleure photo :
Emmanuel Machuel pour *Ossos*, de Pedro Costa (Port.)
Prix de la meilleure musique originale :
Graeme Revell pour *Chinese Box* de Wayne Wang (Fr.-E.-U.)
Prix Fipresci (critique internationale) :
Histoires d'art, de Jerzy Sturh (Pol.)
Twenty Four Seven, de Sheane Meadows (G.-B.)
Gumme, de Harmony Kovine (E.-U.)
Prix Unicef :
Vor (le Voleur), de Pavel Tchoukhraï (Russie)

1998

Lion d'or :
Cosi ridevano (Mon frère), de Gianni Amelio (Italie)
Prix spécial du jury :
Terminus Paradis, de Lucian Pintilié (Roum.)
Lion d'argent de la meilleure mise en scène :
Chat noir, chat blanc, d'Emir Kusturica (Fr.-All.)
Coupe Volpi du meilleur acteur :
Sean Penn pour *Hurluburly*, de Tony Danza (E.-U.)
Coupe Volpi de la meilleure actrice :
Catherine Deneuve pour *Place Vendôme*, de Nicole Garcia (Fr.)
Prix du meilleur scénario :
Eric Rohmer pour *Conte d'automne* (Fr.)

Prix de la meilleure photo :
Luca Bigazzi pour *Cosi ridevano*
Prix de la meilleure musique :
Gerardo Gandini pour *le Nuage*, de Fernando Solanas (Arg.)
Prix Marcello-Mastroianni (meilleur jeune comédien) :
Niccolo Senni pour *l'Albero delle Pere*, de Francesca Archibugi (Italie)
Médaille d'or du président du Sénat :
le Silence, de Mohsen Makhmalbaf (Iran)

1999

Lion d'or :
Not One Less (Pas un de moins), de Zhang Yimou (Chine)
Grand prix du jury :
Le vent nous emportera, d'Abbas Kiarostami (Iran)
Prix spécial pour la mise en scène :
Guo Nian Hui Jia (Dix-Sept Ans), de Zhang Yuan (Chine)
Coupe Volpi du meilleur acteur :
Jim Broadbent pour *Topsy-Turvy*, de Mike Leigh (G.-B.)
Coupe Volpi de la meilleure actrice :
Nathalie Baye pour *Une liaison pornographique*, de Frédéric Fonteyne (Belg./Fr.)
Prix Marcello-Mastroianni (meilleur jeune espoir) :
Nina Proll pour *Nordrand*, de Barbara Albert (Autr.)
Médaille d'or du président du Sénat :
Rien à faire, de Marion Vernoux (Fr.)
Prix du jury pour une première œuvre :
Questo è il giardino, de Giovanni Davide Maderna (Italie)
Lion d'argent du court métrage :
Portrait of A Young Man Drowning, de Teboho Mahlatsi (Afr. Sud)

2000

Lion d'or :
le Cercle, de Jafar Panahi (Iran)
Grand prix du jury :
Before Night Falls, de Julian Schnabel (E.-U.)
Prix spécial pour la mise en scène :
Uttara (les Lutteurs), de Buddhadeb Dasgupta (Inde)
Prix du meilleur scénario :
I Cento Passi (les Cent Pas), de Marco Tullio Giordana (Italie)
Coupe Volpi du meilleur acteur :
Javier Bardem pour *Before Night Falls*
Coupe Volpi de la meilleure actrice :
Rose Byrne pour *The Goddess of 1967*, de Clara Law
Prix Marcello-Mastroianni (meilleur jeune espoir) :
Megan Burns pour *Liam*, de Stephen Frears (G.-B.)
Médaille d'or de la présidence du Sénat :
la Vierge des tueurs, de Barbet Schroeder (Fr./Col.)
Prix Venise première œuvre-Luigi de Laurentiis :
la Faute à Voltaire, d'Albert Kechiche (Fr.)
Lion d'or du meilleur court métrage :
A Telephone Call for Genevieve Snow, de Peter Long (Austr.)

2001

Lion d'or :
Monsoon Wedding (Mariage sous la mousson), de Mira Nair (Inde)
Grand prix spécial du jury :
Hundstage (Canicule), de Ulrich Seidl (Autr.)
Prix du meilleur réalisateur :
Babak Payami pour *Raye makhafi* (Iran/Italie)
Prix du meilleur scénario :
Y tu mamá también (Et ta mère aussi), de Alfonso Cuarón (Mex.)
Coupe Volpi du meilleur acteur :
Luigi Lo Cascio pour *Luce dei miei occhi*, de Giuseppe Piccioni (Italie)
Coupe Volpi de la meilleure actrice :
Sandra Ceccarelli pour *Luce dei miei occhi*
Prix Marcello-Mastroianni :
Gaël García Bernal et Diego Luna pour *Y tu mamá también*
Prix Venise première œuvre-Luigi de Laurentiis :
Kruh in Mleko (Pain et lait), de Jan Cvitkovic (Slov.)
Lion de l'année Cinema del Presente :
l'Emploi du temps, de Laurent Cantet (Fr.)
Prix spécial du jury Cinema del Presente : ex æquo
le Souffle, de Damien Odoul (Fr.) et *Haixian (Fruit de mer)*, de Zhu Wen (Chine)
Lionceau d'or :
Behing the Sun, de Walter Salles (Brésil/Suisse/Fr.)

Festival de Cannes

1946

Grands prix du festival :
La Terre sera rouge, de Bodil Ipsen et L. Lauritzen (Dan.)
le Week-End perdu, de Billy Wilder (E.-U.)
la Symphonie pastorale, de Jean Delannoy (Fr.)
Brève Rencontre, de David Lean (G.-B.)
la Ville basse, de Chetan Anand (Inde)
Rome ville ouverte, de Roberto Rossellini (Italie)
Maria Candelaria, d'Emilio Fernandez (Mex.)
l'Epreuve, d'Alf Sjïberg (Suède)
la Dernière Chance, de Leopold Lintberg (Suisse)
les Hommes sans ailes, de M. Cap (Tchéc.)
le Tournant décisif, de Friedrich Ermler (URSS)
Prix du jury international :
la Bataille du rail, de René Clément (Fr.)
Prix de la mise en scène :
René Clément pour *la Bataille du rail*
Prix de la meilleure interprétation féminine :
Michèle Morgan pour *la Symphonie pastorale*
Prix de la meilleure interprétation masculine :
Ray Milland pour *le Week-End perdu*
Prix de la société des auteurs et compositeurs dramatiques pour le meilleur scénario :
Boris Tchirskov pour *le Tournant décisif et Zoïa*
Prix de l'Association des auteurs de films pour le meilleur réalisateur :
M. Romm pour *Matricule 217* (URSS)
Prix de la SACEM pour la meilleure partition musicale :
Georges Auric (Fr.)
Prix du meilleur opérateur :
Gabriel Figueroa pour *Maria Candelaria* et pour *Les Trois Mousquetaires*, de Miguel M. Delgado (Mex.)
Prix de la meilleure couleur :
Fleur de pierre, d'A. Ptouchko (URSS)
Prix international de la paix :
la Dernière Chance
Prix du meilleur dessin animé :
Make Mine Music, de Walt Disney (E.-U.)

1947

Meilleur film psychologique et d'amour :
Antoine et Antoinette, de Jacques Becker (Fr.)
Meilleur film d'aventures et policier :
les Maudits, de René Clément (Fr.)
Meilleur film social :
Cross Fire, d'Edward Dmytryk (E.-U.)
Meilleure comédie musicale :
Ziegfeld Follies, de Vincente Minnelli (E.-U.)
Meilleur dessin animé :
Dumbo, de Walt Disney (E.-U.)

1949

Grand prix du Festival international du film :
le Troisième Homme, de Carol Reed (G.-B.)
Prix de la mise en scène :
René Clément pour *Au-Delà des grilles* (Italie)
Prix de l'interprétation féminine :
Isa Miranda pour *Au-Delà des grilles*
Prix de l'interprétation masculine :
Edward G. Robinson pour *la Maison des étrangers*, de Joseph L. Mankiewicz (E.-U.)
Prix du scénario :
Frontières oubliées, d'Alfred L. Werker (E.-U.)
Prix pour la partition musicale :
la Villageoise, d'Emilio Fernandez (Mex.)
Prix pour le décor :
Occupe-toi d'Amélie, de Claude Autant-Lara (Fr.)

1951

Grand prix du Festival international du film :
Miracle à Milan, de Vittorio De Sica (Italie)
Mademoiselle Julie, d'Alf Sjöberg (Suède)
Prix spécial du jury :
Eve, de Joseph L. Mankiewicz (E.-U.)
Prix de la mise en scène :
Luis Buñuel pour *Los Olvidados (les Oubliés)* (Mex.)
Prix de l'interprétation féminine :
Bette Davis pour *Eve*
Prix de l'interprétation masculine :
Michael Redgrave pour *l'Ombre d'un homme*, d'Anthony Asquith (G.-B.)
Prix du scénario :
Terence Rattingan pour *l'Ombre d'un homme*
Prix de la partition musicale :
Joseph Kosma pour *Juliette ou la Clef des songes*, de Marcel Carné (Fr.)
Prix de la photographie :
Luis Maria Beltran pour *La caravelle «Isabel» partira ce soir*, de Carlos Hugo Christensen et Luis Guillermo Villegas Blanco (Venez.)
Prix du décor :
N. Souvorov et A. Vexler pour *Moussorgsky*, de Grigori Rochal (URSS)
Prix exceptionnel :
les Contes d'Hoffmann, de Michael Powell et Emeric Pressburger (G.-B.)

1952

Grand prix du Festival international du film :
Deux Sous d'espoir, de Renato Castellani (Italie)
Othello, d'Orson Welles (Maroc)
Prix spécial du jury :
Nous sommes tous des assassins, d'André Cayatte (Fr.)
Prix du film lyrique :
le Médium, de Gian Carlo Menotti (E.-U.)
Prix de la mise en scène :
Christian-Jaque pour *Fanfan-la-Tulipe* (Fr.)
Prix du scénario :
Piero Fellini pour *Gendarmes et voleurs*, de Sandro Monicelli (Italie)
Prix de l'interprétation féminine :
Lee Grant pour *Histoire de détective*, de William Wyler (E.-U.)
Prix de l'interprétation masculine :
Marlon Brando pour *Viva Zapata*, d'Elia Kazan (E.-U.)
Prix de la partition musicale :
Sven Skold pour *Elle n'a dansé qu'un seul été*, d'Arne Mattson (Suède)
Prix de la photographie et de la composition plastique :
Kohei Sugiyama pour *le Roman de Genji*, de Kosaburo Yoshimura (Japon)

1953

Grand prix international du film :
le Salaire de la peur, d'Henri-Georges Clouzot (Fr.)
Mention spéciale pour l'interprétation masculine :
Charles Vanel pour *le Salaire de la peur*
Prix international du film d'aventures avec mention spéciale pour la musique :
le Hors-la-loi, de Lima Barreto (Brésil)
Prix international du film de la bonne humeur avec mention spéciale pour le scénario :
Bienvenue Mr. Marshall, de Luis G. Berlanga (Esp.)
Prix international du film de divertissement avec mention spéciale pour le charme de l'interprétation :
Lili, de Charles Walters (E.-U.)
Prix international du film dramatique :
Reviens, petite Sheba, de Daniel Mann (E.-U.)
Mention spéciale pour l'interprétation féminine :
Shirley Booth pour *Reviens, petite Sheba*
Prix international du film légendaire :
le Renne blanc, d'Erik Blomberg (Finl.)
Prix international du film d'explorateur avec mention spéciale pour la couleur :
Magie verte, de Gian Gaspare Napolitano (Italie)
Prix international du film le mieux raconté par l'image :
le Filet, d'Emilio Fernandez (Mex.)

1954

Grand prix du Festival international du film :
la Porte de l'enfer, de Teinosuke Kinugasa (Japon)
Prix spécial du jury :
René Clément pour *Monsieur Ripois* (G.-B.)
Prix internationaux :
le Dernier Pont, d'Helmut Kautner (Autr.), avec mention d'honneur à Maria Schell pour son interprétation
le Désert vivant, de Walt Disney (E.-U.), avec mention d'honneur à l'équipe des opérateurs
Avant le déluge, d'André Cayatte (Fr.), avec mention d'honneur à André Cayatte et Charles Spaak
Deux Hectares de terre, de Bimal Roy (Inde)
Carrousel fantastique, d'Ettore Giannini (Italie)
Chronique des pauvres amants, de Carlo Lizzani (Italie)
les Cinq de la rue Barska, d'Aleksander Ford (Pol.), avec mention d'honneur pour la mise en scène
la Grande Aventure, d'Arne Sucksdorff (Suède), avec mention d'honneur au réalisateur
Sanderberg, grand guerrier albanais, de Serge Youtkevitch (URSS), avec mention d'honneur au réalisateur
Prix du film de divertissement :
Zim! Zim! Boum! Boum!, de Walt Disney (E.-U.), avec mention spéciale pour la nouveauté de l'expression
Prix du film de marionnettes :
Un verre de plus, de Bretislav Pojar (Tchéc.)
Prix du film de réalité :
la Vieille Ville de Varsovie, de Jerzy Bossak (Pol.), avec mention spéciale pour la qualité du sujet
Prix du film de fantaisie poétique :
le Jardin des plaisirs, de James Broughton (G.-B.)
Prix du film de nature :
Aptenodytes Forsteri, de Mario Marret (Fr.)

1955

Palme d'or :
Marty, de Delbert Mann (E.-U.)
Prix spécial du jury :
Continent perdu, de Leonardo Bonzi, Mario Craveri, Enrico Gras, F. Lavagnino, G. Moser (Italie)
Prix de la mise en scène :
Serge Vassiliev pour *le Héros de Chipka* (Bulg.)
Jules Dassin pour *Du rififi chez les hommes* (Fr.)
Prix d'interprétation :
Spencer Tracy pour *Un homme est passé,* de John Sturges (E.-U.)
L'ensemble des interprètes d'*Une grande famille,* de Iossif Heifits (URSS)
Prix du film dramatique :
A l'est d'Eden, d'Elia Kazan (E.-U.)
Prix du film lyrique :
Roméo et Juliette, de L. Arnstam et L. Lavrovsky (URSS)

1956

Palme d'or :
le Monde du silence, de Jacques-Yves Cousteau et Louis Malle (Fr.)
Prix spécial du jury :
le Mystère Picasso, d'Henri-Georges Clouzot (Fr.)
Prix de la meilleure réalisation :
Serge Youtkevitch pour *Othello* (URSS)
Prix de la meilleure interprétation :
Susan Hayward pour *Une femme en enfer,* de Daniel Mann (E.-U.)
Prix de l'humour poétique :
Sourires d'une nuit d'été, d'Ingmar Bergman (Suède)
Prix du document humain :
Pather Panchali, de Satyajit Ray (Inde)

1957

Palme d'or :
la Loi du seigneur, de William Wyler (E.-U.)
Prix spécial du jury :
Ils aimaient la vie, d'Andrzej Wajda (Pol.)
le Septième Sceau, d'Ingmar Bergman (Suède)
Prix spécial :
le Quarante et Unième, de Grigori Tchoukhraï (URSS)
Prix du meilleur metteur en scène :
Robert Bresson pour *Un condamné à mort s'est échappé* (Fr.)
Prix d'interprétation féminine :
Giulietta Masina pour *les Nuits de Cabiria,* de Federico Fellini (Italie)
Prix d'interprétation masculine :
John Kitzmiller pour *la Vallée de la paix,* de France Stiglic (Youg.)
Mention exceptionnelle :
Gotoma the Buddha, de Rajbans Khanna (Inde)

1958

Palme d'or :
Quand passent les cigognes, de Michaïl Kalatozov (URSS)
Prix spécial du jury :
Mon oncle, de Jacques Tati (Fr.)
Prix de la mise en scène :
Ingmar Bergman pour *Au seuil de la vie* (Suède)
Prix du scénario original :
Pier Paolo Pasolini, Massimo Franciosa, P. Festa Campanile pour *les Jeunes Maris,* de Mauro Bolognini (Italie)
Prix collectif d'interprétation féminine :
Bibi Anderson, Eva Dahlbeck, Barbro Hiort-Af-Ornas, Ingrid Thulin pour *Au seuil de la vie*
Prix d'interprétation masculine :
Paul Newman pour *les Feux de l'été,* de Martin Ritt (E.-U.)

1959

Palme d'or :
Orfeu Negro, de Marcel Camus (Fr.)
Prix spécial du jury :
Etoiles, de Konrad Wolf (Bulg.)
Prix international :
Nazarin, de Luis Buñuel (Mex.)
Prix de la mise en scène :
François Truffaut pour *les Quatre Cents Coups* (Fr.)
Prix de l'interprétation féminine :
Simone Signoret pour *les Chemins de la haute ville,* de Jack Clayton (G.-B.)
Prix de l'interprétation masculine :
Dean Stockwell, Bradford Dillman, Orson Welles pour *le Génie du mal,* de Richard Fleischer (E.-U.)
Prix de la comédie :
Polycarpe, maître calligraphe, de Mario Soldati (Italie)
Mention particulière :
le Héron blanc, de Teinosuke Kinugasa (Japon)

1960

Palme d'or :
La dolce vita, de Federico Fellini (Italie)
Prix de la meilleure participation :
la Ballade du soldat, de Grigori Tchoukhraï (URSS)
la Dame au petit chien, d'Iossif Heifitz (URSS)
Prix d'interprétation féminine :
Melina Mercouri pour *Jamais le dimanche,* de Jules Dassin (Grèce)
Jeanne Moreau pour *Moderato Cantabile,* de Peter Brook (Fr.)
Prix :
L'Avventura, de Michelangelo Antonioni (Italie)
l'Etrange Obsession, de Kon Ichikawa (Japon)

1961

Palme d'or :
Viridiana, de Luis Buñuel (Esp.)
Une aussi longue absence, d'Henri Colpi (Fr.)
Prix spécial du jury :
Mère Jeanne des Anges, de Jerzy Kawalerowicz (Pol.)
Prix de la mise en scène :
Youlia Sontzeva pour *Histoire des années de feu* (URSS)
Prix d'interprétation féminine :
Sophia Loren pour *La Ciociara,* de Vittorio De Sica (Italie)
Prix d'interprétation masculine :
Anthony Perkins pour *Aimez-vous Brahms ?,* d'Anatole Litvak (E.-U.)
Prix Gary-Cooper :
Un raisin au soleil, de Daniel Petrie (E.-U.)

1962

Palme d'or :
la Parole donnée, d'Anselmo Duarte (Brésil)
Prix spécial du jury :
le Procès de Jeanne d'Arc, de Robert Bresson (Fr.)
l'Eclipse, de Michelangelo Antonioni (Italie)
Prix d'interprétation :
Katharine Hepburn, Ralph Richardson, Jason Robards Jr., Dean Stockwell pour *Long Voyage vers la nuit,* de Sydney Lumet (E.-U.)
Rita Tushingham, Murray Melvin pour *Un goût de miel,* de Tony Richardson (G.-B.)
Prix de la meilleure transposition cinématographique :
Electra, de Michael Cacoyannis (Grèce)
Prix de la meilleure comédie :
Divorce à l'italienne, de Pietro Germi (Italie)

1963

Palme d'or :
le Guépard, de Luchino Visconti (Italie)
Prix spécial du jury :
Harakiri, de Masaki Kobayashi (Japon)
Un jour un chat, de Vojtech Jasny (Tchéc.)
Prix d'interprétation féminine :
Marina Vlady pour *le Lit conjugal,* de Marco Ferreri (Italie)
Prix d'interprétation masculine :
Richard Harris pour *le Prix d'un homme,* de Lindsay Anderson (G.-B.)
Prix de la meilleure évocation d'une épopée révolutionnaire :
la Tragédie optimiste, de Samson Samsonov (URSS)
Prix du scénario :
Codine, d'Henri Colpi (Roum.)
Prix Gary-Cooper :
Du silence et des ombres, de Robert Mulligan (E.-U.)

1964

Palme d'or :
les Parapluies de Cherbourg, de Jacques Demy (Fr.)
Prix spécial du jury :
la Femme du sable, d'Hiroshi Teshigahara (Japon)
Prix d'interprétation féminine :
Anne Bancroft pour *le Mangeur de citrouille,* de Jack Clayton (G.-B.)
Barbara Barrie pour *One Potato, Two Potato,* de Larry Peerce (E.-U.)
Prix d'interprétation masculine :
Antal Pager pour *Alouette,* de Laszlo Ranody (Hong.)
Saro Urzi pour *Séduite et abandonnée,* de Pietro Germi (Italie)

1965

Grand prix du Festival international du film :
le Knack... et comment l'avoir, de Richard Lester (G.-B.)
Prix spécial du jury :
Kwaidan, de Masaki Kobayashi (Japon)
Prix d'interprétation :
Samantha Eggar, Terence Stamp pour *l'Obsédé,* de William Wyler (E.-U.)
Prix de la mise en scène :
la Forêt des pendus, de Liviu Ciulei (Roum.)
Prix du scénario :
la Colline des hommes perdus, de Sydney Lumet (G.-B.)
la 317ᵉ Section, de Pierre Schoendoerffer (Fr.)

1966

Grand prix du vingtième anniversaire du Festival international du film :
Un homme et une femme, de Claude Lelouch (Fr.)
Ces messieurs dames, de Pietro Germi (Italie)
Prix du vingtième anniversaire du Festival international du film :
Orson Welles
Prix spécial du jury :
Alfie, de Lewis Gilbert (G.-B.)
Prix d'interprétation féminine :
Vanessa Redgrave pour *Morgan - fou à lier,* d'Harold Karel Reisz (G.-B.)
Prix d'interprétation masculine :
Per Oscarsson pour *la Faim,* d'Henning Carlsen (Dan.)
Mention spéciale :
Toto
Prix de la mise en scène :
Lénine en Pologne, de Serge Youtkevitch (URSS)
Prix de la première œuvre :
Hiver en flammes, de Mircea Muresan (Roum.)

1967

Grand prix international du festival :
Blow Up, de Michelangelo Antonioni (G.-B.)
Grand prix spécial du jury :
Accident, de Joseph Losey (G.-B.)
J'ai même rencontré des Tziganes heureux, d'Aleksandar Petrovic (Youg.)
Prix d'interprétation féminine :
Pia Degermark pour *Elvira Madigan,* de Bo Widerberg (Suède)
Prix d'interprétation masculine :
Odded Kotler pour *Trois Jours et un enfant,* d'Uri Zohar (Israël)
Prix de la mise en scène :
Dix Mille Soleils, de Ferenc Kosa (Hong.)
Prix du scénario :
Jeu de massacre, d'Alain Jessua (Fr.)
A chacun son dû, d'Elio Petri (Italie)
Prix de la première œuvre :
le Vent des Aurès, de Mohammed Lakhdar Hamina (Alg.)

1969

Grand prix international du film :
If, de Lindsay Anderson (G.-B.)
Grand prix du jury :
Adalen 31, de Bo Widerberg (Suède)
Prix d'interprétation féminine :
Vanessa Redgrave pour *Isadora,* de Karel Reisz (G.-B.)
Prix d'interprétation masculine :
Jean-Louis Trintignant pour *Z,* de Costa-Gavras (Fr.)
Prix du jury :
Z
Prix de la mise en scène :
Antonio das nortes, de Glauber Rocha (Brésil)
Chronique morave, de Vojtech Jasny (Tchéc.)
Prix de la première œuvre :
Easy Rider, de Dennis Hopper (E.-U.)

1970

Grand prix international du Festival :
M.A.S.H., de Robert Altman (E.-U.)
Grand prix spécial du jury :
Enquête sur un citoyen au-dessus de tout soupçon, d'Elio Petri (Italie)
Prix d'interprétation féminine :
Ottavia Piccolo pour *Metello,* de Mauro Bolognini (Italie)
Prix d'interprétation masculine :
Marcello Mastroianni pour *Drame de la jalousie,* d'Ettore Scola (Italie)

Prix de la mise en scène :
Leo the Last, de John Boorman (G.-B.)
Prix du jury :
les Faucons, d'Istvan Gal (Hong.)
Des fraises et du sang, de Stuart Hagman (E.-U.)
Prix de la première œuvre :
Hoa Binh, de Raoul Coutard (Fr.)

1971

Grand prix international du film :
le Messager, de Joseph Losey (G.-B.)
Prix du 25e Festival international du film :
Luchino Visconti pour *Mort à Venise* (Italie) et l'ensemble de son œuvre
Grand prix spécial du jury :
Taking Off, de Milos Forman (E.-U.)
Johnny Got His Gun, de Dalton Trumbo (E.-U.)
Prix d'interprétation féminine :
Kitty Winn pour *Panique à Needle Park*, de Jerry Schatzberg (E.-U.)
Prix d'interprétation masculine :
Riccardo Cucciolla pour *Sacco et Vanzetti*, de Giuliano Montallo (Italie)
Prix du jury :
Amour, de Karoly Makk (Hong.)
Joe Hill, de Bo Widerberg (Suède)
Prix de la première œuvre :
Pour la grâce obtenue, de Nino Manfredi (Italie)

1972

Grand prix international du festival :
La classe ouvrière va au paradis, d'Elio Petri (Italie)
l'Affaire Mattei, de Francesco Rosi (Italie)
Grand prix spécial du jury :
Solaris, d'Andrei Tarkovsky (URSS)
Prix d'interprétation féminine :
Susannah York pour *Images*, de Robert Altman (Irl.)
Prix d'interprétation masculine :
Jean Yanne pour *Nous ne vieillirons pas ensemble*, de Maurice Pialat (Fr.)
Prix de la mise en scène :
Psaume rouge, de Miklos Jancso (Hong.)
Prix du jury :
Abattoir 5, de George Roy Hill (E.-U.)

1973

Grand prix international du festival :
l'Epouvantail, de Jerry Schatzberg (E.-U.)
la Méprise, d'Alan Bridges (G.-B.)
Grand prix spécial du jury :
la Maman et la Putain, de Jean Eustache (Fr.)
Prix d'interprétation féminine :
Joanne Woodward pour *De l'influence des rayons gamma sur le comportement des marguerites*, de Paul Newman (E.-U.)
Prix d'interprétation masculine :
Giancarlo Giannini pour *Film d'amore e d'anarchia*, de Lina Wertmuller (Italie)
Prix spécial :
la Planète sauvage, de René Laloux (Fr.)
Prix du jury :
la Clepsydre, de Wojciech Has (Pol.)
l'Invitation, de Claude Goretta (Suisse)
Prix de la première œuvre :
Jeremy, d'Arthur Barron (E.-U.)

1974

Grand prix international du festival :
Conversation secrète, de Francis Ford Coppola (E.-U.)
Grand prix spécial du jury :
les Mille et Une Nuits, de Pier Paolo Pasolini (Italie)
Prix d'interprétation féminine :
Marie-José Nat pour *les Violons du bal*, de Michel Drach (Fr.)
Prix d'interprétation masculine :
Jack Nicholson pour *la Dernière Corvée*, d'Hal Ashby (E.-U.)
Prix du jury :
la Cousine Angélique, de Carlos Saura (Esp.)
Prix du scénario :
Sugarland Express, de Steven Spielberg (E.-U.)

1975

Palme d'or :
Chronique des années de braise, de Mohamed Lakhdar Hamina (Alg.)
Grand prix spécial du jury :
l'Enigme de Kaspar Hauser, de Werner Herzog (RFA)
Prix d'interprétation féminine :
Valérie Perrine pour *Lenny*, de Bob Fosse (E.-U.)
Prix d'interprétation masculine :
Vittorio Gassman pour *Parfum de femme*, de Dino Risi (Italie)
Prix de la mise en scène :
les Ordres, de Michel Brault (Can.)
Section spéciale, de Costa-Gavras (Fr.)

1976

Palme d'or :
Taxi Driver, de Martin Scorsese (E.-U.)
Grand prix spécial du jury :
Cria Cuervos, de Carlos Saura (Esp.)
la Marquise d'O, d'Eric Rohmer (RFA)
Prix d'interprétation féminine :
Marie Törocsik pour *Où êtes-vous madame Déry?*, de Gyula Maar
Dominique Sanda pour *l'Héritage*, de Mauro Bolognini (Italie)
Prix d'interprétation masculine :
José Luis Gomez pour *Pascal Duarte*, de Ricardo Franco
Prix de la mise en scène :
Affreux, sales et méchants, d'Ettore Scola (Italie)

1977

Palme d'or :
Padre padrone, de Paolo et Vittorio Taviani (Italie)
Prix d'interprétation féminine :
Shelley Duvall pour *Trois Femmes*, de Robert Altman (E.-U.)
Monique Mercure pour *J.A. Martin photographe*, de Jean Beaudin (Can.)
Prix d'interprétation masculine :
Fernando Rey pour *Elisa mon amour*, de Carlos Saura (Esp.)
Prix du jury à la première œuvre :
The Duellists, de Ridley Scott (G.-B.)
Prix de la meilleure partition musicale :
Norman Whitfield pour *Car Wash*, de Michael Schultz (E.-U.)

1978

Palme d'or :
l'Arbre aux sabots, d'Ermanno Olmi (Italie)
Grand prix spécial du jury :
Rêve de singe, de Marco Ferreri (Italie)
The Shout, de Jerzy Skolinowski (G.-B.)
Prix d'interprétation féminine :
Jill Clayburgh pour *Une femme libre*, de Paul Mazursky (E.-U.)
Isabelle Huppert pour *Violette Nozière*, de Claude Chabrol (Fr.)
Prix d'interprétation masculine :
Jon Voight pour *le Retour*, d'Hal Ashby (E.-U.)
Prix de la mise en scène :
l'Empire de la passion, de Nagisa Oshima (Japon)

1979

Palme d'or :
le Tambour, de Volker Schlöndorff (RFA)
Apocalypse Now, de Francis Ford Coppola (E.-U.)
Grand prix spécial du jury :
Sibériade, d'Andreï Mikhalkov-Konchalovsky (URSS)
Prix d'interprétation féminine :
Sally Field pour *Norma Rae*, de Martin Ritt (E.-U.)
Prix d'interprétation masculine :
Jack Lemmon pour *le Syndrome chinois*, de James Bridges (E.-U.)
Meilleur rôle de composition féminin :
Eva Mattes pour *Woyzeck*, de Werner Herzog (RFA)
Meilleur rôle de composition masculin :
Stefano Madia pour *Cher Papa*, de Dino Risi (Italie)
Prix de la mise en scène :
les Moissons du ciel, de Terence Malick (E.-U.)
Prix du jeune cinéma :
la Drôlesse, de Jacques Doillon (Fr.)
Hommage à :
Miklos Jancso pour l'ensemble de son œuvre

1980

Palme d'or :
Kagemusha, d'Akira Kurosawa (Japon)
Que le spectacle commence, de Bob Fosse (E.-U.)
Grand prix spécial du jury :
Mon oncle d'Amérique, d'Alain Resnais (Fr.)
Prix d'interprétation féminine :
Anouk Aimée pour *le Saut dans le vide*, de Marco Bellochio (Italie)
Prix d'interprétation masculine :
Michel Piccoli pour *le Saut dans le vide*
Prix du scénario et des dialogues :
Ettore Scola, Age, Furio Scarpelli pour *la Terrasse*, d'Ettore Scola (Italie)
Prix du jury :
la Constance, de Krzysztof Zanussi (Pol.)
Prix du meilleur second rôle féminin :
Carla Gravina pour *la Terrasse*
Milena Dravic pour *Traitement spécial*, de Goran Paskaljevic (Youg.)
Prix du meilleur second rôle masculin :
Jack Thompson pour *Breaker Morant*, de Bruce Beresford (Austr.)

1981

Palme d'or :
l'Homme de fer, d'Andrzej Wajda (Pol.)
Grand prix spécial du jury :
les Années lumière, d'Alain Tanner (Suisse - Fr.)
Prix d'interprétation féminine :
Isabelle Adjani pour *Quartet*, de James Ivory (G.-B.) et *Possession*, d'Andrzej Zulawski (RFA - Fr.)
Prix d'interprétation masculine :
Ugo Tognazzi pour *la Tragédie d'un homme ridicule*, de Bernardo Bertolucci (Italie)
Prix du scénario :
Mephisto, d'Istvan Szabo (Hong.)
Meilleure contribution artistique :
John Boorman pour *Excalibur* (Irl.)
Prix du cinéma contemporain :
Regards et sourires, de Ken Loach (G.-B.)
Neige, de Juliet Berto et Jean-Henri Roger (Fr.)
Prix du meilleur second rôle féminin :
Elena Solovei pour *Groupe sanguin zéro*, d'Almantas Grikiavicius (URSS)
Prix du meilleur second rôle masculin :
Ian Holm pour *les Chariots de feu*, de Hugh Hudson (G.-B.)

1982

Palme d'or :
Missing, de Costa-Gavras (E.-U.)
Yol, de Yilmaz Güney (Turq.)
Prix du trente-cinquième anniversaire :
Michelangelo Antonioni pour *Identification d'une femme* (Italie) et l'ensemble de son œuvre
Grand prix spécial du jury :
la Nuit de San Lorenzo, de Paolo et Vittorio Taviani (Italie)
Prix de la mise en scène :
Fitzcarraldo, de Werner Herzog (RFA)
Prix d'interprétation féminine :
Jadwiga Jankowska-Cieslak pour *Un autre regard*, de Karoly Makk (Hong.)
Prix d'interprétation masculine :
Jack Lemmon pour *Missing*
Prix de la meilleure contribution artistique :
Bruno Nuytten pour la photo de *Invitation au voyage*, de Peter Del Monte (Fr.)
Prix du scénario :
Moonlighting, de Jerzy Skolimowski (G.-B.)

1983

Palme d'or :
la Ballade de Narayama, de Shohei Imamura (Japon)
Grand prix du cinéma de création :
l'Argent, de Robert Bresson (Fr.)
Nostalghia, d'Andrei Tarkovsky (Italie)
Grand prix spécial du jury :
Monthy Python - le sens de la vie, de Terry Jones (G.-B.)
Prix d'interprétation féminine :
Hanna Schygulla pour *l'Histoire de Piera*, de Marco Ferreri (Italie)
Prix d'interprétation masculine :
Gian Maria Volonte pour *la Mort de Mario Ricci*, de Claude Goretta (Suisse - Fr.)
Prix du jury :
Affaire classée, de Mrinal Sen (Inde)
Prix de la meilleure contribution artistique :
Carmen, de Carlos Saura (Esp.)

1984

Palme d'or :
Paris, Texas, de Wim Wenders (RFA - Fr.)
Grand prix spécial du jury :
Journal intime, de Marta Meszaros (Hong.)
Prix d'interprétation féminine :
Helen Mirren pour *Cal*, de Pat O'Connor (G.-B.)

Prix d'interprétation masculine :
Alfredo Landa et Francisco Rabal pour *les Saints Innocents*, de Mario Camus (Esp.)
Prix de la mise en scène :
Un dimanche à la campagne, de Bertrand Tavernier (Fr.)
Prix de la meilleure contribution artistique :
Peter Biziou pour *Un autre pays*, de Marek Kanievska (G.-B.)
Prix du meilleur scénario original :
Theo Angelopoulos, Th. Valtinos et Tonino Guerra pour *Voyage à Cythère*, de Theo Angelopoulos (Grèce)

1985

Palme d'or :
Papa est en voyage d'affaires, d'Emir Kusturica (Youg.)
Grand prix spécial du jury :
Birdy, d'Alan Parker (G.-B.)
Prix d'interprétation féminine :
Norma Aleandro pour *l'Histoire officielle*, de Luis Puenzo (Arg.)
Cher pour Masque, de Peter Bogdanovich (E.-U.)
Prix d'interprétation masculine :
William Hurt pour *le Baiser de la femme araignée*, d'Hector Babenco (Brésil)
Prix de la mise en scène :
Rendez-vous, d'André Téchiné (Fr.)
Prix de la meilleure contribution artistique :
John Bailey, Eiko Ishioka, Philip Glass pour *Mishima*, de Paul Schrader (E.-U.)
Prix du jury :
Colonel Redl, d'Istvan Szabo (Hong.)

1986

Palme d'or :
Mission, de Roland Joffé (G.-B.)
Prix spécial du jury :
le Sacrifice, d'Andreï Tarkovski (Fr. - Suède)
Prix de la mise en scène :
After Hours, de Martin Scorsese (E.-U.)
Prix d'interprétation féminine :
Barbara Sukowa pour *Rosa Luxembourg*, de Margarethe von Trotta (RFA)
Fernanda Torres pour *Parlez-moi d'amour*, d'Arnoldo Jabor (Brésil)
Prix d'interprétation masculine :
Michel Blanc pour *Tenue de soirée*, de Bertrand Blier (Fr.)
Bob Hoskins pour *Mona Lisa*, de Neil Jordan
Prix de la meilleure contribution artistique :
Sven Nykvist pour *le Sacrifice*
Prix du jury :
Thérèse, d'Alain Cavalier (Fr.)

1987

Palme d'or :
Sous le soleil de Satan, de Maurice Pialat (Fr.)
Prix du quarantième anniversaire :
Intervista, de Federico Fellini (Italie)
Grand prix spécial du jury :
Repentir, de Tenguiz Abouladze (URSS)
Prix d'interprétation féminine :
Barbara Hershey pour *le Bayou*, d'Andrei Konchalovsky (E.-U.)
Prix d'interprétation masculine :
Marcello Mastroianni pour *les Yeux noirs*, de Nikita Mikhalkov (URSS)
Prix de la mise en scène :
les Ailes du désir, de Wim Wenders (RFA)
Prix de la meilleure contribution artistique :
Stanley Myers pour la musique de *Prick Up Your Ears*, de Stephen Frears (G.-B.)
Prix du jury :
Yeelen, de Souleymane Cissé (Mali)
Shinran, de Rentaro Mikuni (Japon)
Caméra d'or :
Robinsonnade, de Nana Djordjadze (URSS)

1988

Palme d'or :
Pelle le conquérant, de Bille August (Dan.)
Grand prix spécial du jury :
Un monde à part, de Chris Menges (G.-B.)
Prix spécial du jury :
Tu ne tueras point, de Krzysztof Kieslowski (Pol.)
Prix d'interprétation féminine :
Barbara Hershey, Johdi May, Linda Mvusi pour *Un monde à part*
Prix d'interprétation masculine :
Forest Whitaker pour *Bird*, de Clint Eastwood (E.-U.)
Prix de la mise en scène :
le Sud, de Fernando Solanas (Arg.)
Prix de la meilleure contribution artistique :
Giochi Nell'acqua pour *Drowning by Numbers*, de Peter Greenaway (G.-B.)
Prix de la commission supérieure technique :
Bird
Caméra d'or :
Salaam Bombay, de Mira Nair (Fr.)

1989

Palme d'or :
Sexe, mensonges et vidéo, de Steven Soderbergh (E.-U.)
Prix spécial du jury :
Trop belle pour toi, de Bertrand Blier (Fr.)
Cinéma Paradiso, de Giuseppe Tornatore (Italie)
Prix d'interprétation féminine :
Meryl Streep pour *Un cri dans la nuit*, de Fred Schepisi (Austr. - G.-B.)
Prix d'interprétation masculine :
James Spader pour *Sexe, mensonge et vidéo*
Prix de la mise en scène :
le Temps des Gitans, d'Emir Kusturica (Youg.)
Prix de la meilleure contribution artistique :
Mystery Train, de Jim Jarmusch (E.-U.)
Prix du jury :
Jésus de Montréal, de Denys Arcand (Can.)
Prix de la commission supérieure technique :
Pluie noire, de Shohei Imamura (Japon)
Prix du public :
Manika une vie plus tard, de François Villiers (Fr.)
Caméra d'or :
Mon XXe siècle, d'Idiko Enyedi (Hong.)
Prix spécial :
Gregory Peck

1990

Palme d'or :
Sailor et Lula, de David Lynch (E.-U.)
Grand prix du jury :
Tilaï, d'Idrissa Ouedraogo (Burk.)
l'Aiguillon de la mort, de Kohei Oguri (Japon)
Prix du jury :
Hidden Agenda, de Ken Loach (G.-B.)
Prix d'interprétation féminine :
Krzysztina Janda pour *l'Interrogatoire*, de Ryszard Bugajski (Pol.)
Prix d'interprétation masculine :
Gérard Depardieu pour *Cyrano de Bergerac*, de Jean-Paul Rappeneau (Fr.)
Prix de la meilleure contribution artistique :
la Mère, de Gleb Panfilov (URSS)
Grand prix de la commission supérieure technique :
Pierre Lhomme pour la photo de *Cyrano de Bergerac*
Prix du jury œcuménique :
Tout le monde va bien, de Giuseppe Tornatore (Italie)
Grand prix du public :
Abrahams Gold, de Georges Grazer (RFA)
Caméra d'or :
Bouge pas, meurs, ressuscite, de Vitali Kanevski (URSS)

1991

Palme d'or :
Barton Fink, de Joel et Ethan Coen (E.-U.)
Grand prix de Cannes 1991 :
la Belle Noiseuse, de Jacques Rivette (Fr.)
Prix du jury :
Europa, de Lars von Trier (All.)
Hors la vie, de Maroun Bagdadi (Fr. - Belg. - Italie)
Prix de la mise en scène :
Barton Fink
Prix d'interprétation féminine :
Irène Jacob pour *la Double Vie de Véronique*, de Krzysztof Kieslowski (Pol.)
Prix d'interprétation masculine :
John Turturro pour *Barton Fink*
Grand prix de la commission supérieure technique :
Europa
Prix du jury œcuménique :
la Double Vie de Véronique
Caméra d'or :
Toto le héros, de Jaco Van Dormaël (Belg.)

1992

Palme d'or :
les Meilleures Intentions, de Bille August (Suède)
Prix du 45e Festival :
Retour à Howards End, de James Ivory (G.-B.)
Prix spécial du jury :
Il Ladro di bambini, de Gianni Amelio (Italie)
Prix de la mise en scène :
The Player, de Robert Altman (E.-U.)
Prix du jury :
le Songe de la lumière, de Victor Erice (Esp.)
Une vie indépendante, de Vitali Kanevski (Russie)
Prix d'interprétation féminine :
Pernilla August pour *les Meilleures Intentions*
Prix d'interprétation masculine :
Tim Robbins pour *The Player*
Prix de la commission supérieure technique :
le Voyage, de Fernando Solanas (Arg.)
Prix du jury œcuménique :
Il Ladro di bambini
Caméra d'or :
Mac, de John Turturro (E.-U.)

1993

Palme d'or :
La Leçon de piano, de Jane Campion (N.-Z.)
Adieu ma concubine, de Chen Kaige (Chine)
Grand prix spécial du jury :
Si loin, si proche, de Wim Wenders (All.)
Prix de la mise en scène :
Naked, de Mike Leigh (G.-B.)
Prix du jury :
le Maître de marionnettes, de Hou Hsiao Hsien (Taiwan)
Raining Stones, de Ken Loach (G.-B.)
Prix d'interprétation féminine :
Holly Hunter pour *la Leçon de piano*
Prix d'interprétation masculine :
David Thewlis pour *Naked*
Prix de la commission supérieure technique :
Mazeppa, de Bartabas (Fr.)
Prix du jury œcuménique :
Libera me, d'Alain Cavalier (Fr.)
Caméra d'or :
l'Odeur de la papaye verte, de Tran Anh Hung (Fr. - Viet.)

1994

Palme d'or :
Pulp Fiction, de Quentin Tarantino (E.-U.)
Grand prix du jury :
Vivre!, de Zhang Yimou (Chine)
Soleil trompeur, de Nikita Mikhalkov (Russie)
Prix de la mise en scène :
Journal intime, de Nanni Moretti (Italie)
Prix du jury :
la Reine Margot, de Patrice Chéreau (Fr.)
Prix d'interprétation féminine :
Virna Lisi pour *la Reine Margot*
Prix d'interprétation masculine :
Ge You pour *Vivre!*
Prix de la commission supérieure technique :
Grosse Fatigue, de Michel Blanc (Fr.)
Caméra d'or :
Petits Arrangements avec les morts, de Pascale Ferran (Fr.)

1995

Palme d'or :
Underground, d'Emir Kusturica (Europe)
Grand prix spécial du jury :
le Regard d'Ulysse, de Theo Angelopoulos (Grèce)
Prix spécial du jury :
Carrington, de Christopher Hampton (G.-B.)
Prix de la mise en scène :
la Haine, de Mathieu Kassovitz (Fr.)
Prix du jury :
N'oublie pas que tu vas mourir, de Xavier Beauvois (Fr.)
Prix d'interprétation féminine :
Helen Mirren dans *la Folie du roi Georges*, de Nicholas Hytner (G.-B.)
Prix d'interprétation masculine :
Jonathan Pryce dans *Carrington*
Prix de la commission supérieure technique :
Shanghai Triad, de Zhang Yimou (Chine)
Prix de la critique internationale :
Land and Freedom, de Ken Loach (G.-B.)
le Regard d'Ulysse
le Ballon blanc, de Jafar Panahi (Iran)
Prix Un certain regard :
Bye-Bye, de Karim Dridi (Fr.)
Prix de la jeunesse :
Bye-Bye
Manneken Pis, de Frank Van Passel (Belg.)

Prix œcuménique :
Land and Freedom
Caméra d'or :
le Ballon blanc
mention à *Denise Calls Up*, de Harold Salwen (E.-U.)
Palme d'or du court métrage
Gargarine, d'Alexei Kharitidi (Russie)

1996

Palme d'or :
Secrets et Mensonges, de Mike Leigh (G.-B.)
Grand prix spécial du jury :
Breaking the Waves, de Lars von Trier (Dan.)
Prix spécial du jury :
Crash, de David Cronenberg (E.-U.)
Prix de la mise en scène :
Fargo, de Joel Coen (E.-U.)
Prix du meilleur scénario :
Un héros très discret, de Jacques Audiard (Fr.)
Prix d'interprétation féminine :
Brenda Blethyn dans *Secrets et Mensonges*,
Prix d'interprétation masculine :
Daniel Auteuil, Pascal Duquenne dans *le Huitième Jour*, de Jaco Van Dormaël (Belg.)
Prix de la commission supérieure technique :
Microcosmos, de Claude Nuridsany et Marie Perennou (Fr.)
Prix de la critique internationale :
Secrets et Mensonges
le Prisonnier du Caucase, de Serguei Bodrov (Russie)
Prix Un certain regard :
Pillow Book, de Peter Greenaway (G.-B.)
Prix de la jeunesse :
les Aveux de l'innocent, de Jean-Pierre Ameris (Fr.)
White Night, d'Arno Sadock
Prix œcuménique :
Secrets et Mensonges
Caméra d'or :
Love Serenade, de Shirley Barrett (Aus.)
Palme d'or du court métrage :
le Vent, de Marcel Ivanyi (Hong.)
Prix du jury pour le court métrage :
Small Death, de Lynne Ramsay (G.-B.)

1997

Palme d'or :
l'Anguille, de Shoshei Imamura (Japon)
le Goût de la cerise, d'Abbas Kiarostami (Iran)
Prix du cinquantième anniversaire :
Youssef Chahine (Egypte), pour l'ensemble de son œuvre
Grand prix du jury :
De beaux lendemains, d'Atom Egoyan (Canada)
Prix d'interprétation féminine :
Kathy Burke pour *Ne pas avaler*, de Gary Oldman (G.-B.)
Prix d'interprétation masculine :
Sean Penn pour *She's so Lovely*, de Nick Cassavetes (E.-U.)
Prix de la mise en scène :
Wong Kar-Wai pour *Happy Together* (Hong.)
Prix du scénario :
James Schiamus pour *The Ice Storm*, d'Ang Lee (Taiwan)
Prix du jury :
Western, de Manuel Poirier (Fr.)
Caméra d'or :
Suzaku, de Naomi Kawase
Mention spéciale du jury de la Caméra d'or :
la Vie de Jésus, de Bruno Dumont (Fr.)
Palme d'or du court métrage :
Is it the Design on the Wrapper, de Tessa Sheridan (G.-B.)
Prix du jury pour le court métrage :
Léonie, de Lieven Debrauwer (Belg.)
les Vacances, d'Emmanuelle Bercot (Fr.)
Grand prix de la commission supérieure technique :
Thierry Arbogast pour la photo de *She's so Lovely* et du *Cinquième Elément*, de Luc Besson (Fr.)

1998

Palme d'or :
l'Eternité et un jour, de Theo Angelopoulos (Grèce)
Prix de la mise en scène :
The General, de John Boorman (G.-B.)
Grand prix du jury :
La vie est belle, de Roberto Benigni (Italie)
Prix spécial du jury :
la Classe de neige, de Claude Miller (Fr.)
Festen, de Thomas Vinterberg (Dan.)
Prix d'interprétation masculine :
Peter Mullan pour *My Name is Joe*, de Ken Loach (G.-B.)
Prix d'interprétation féminine :
Elodie Bouchez et Natacha Régnier pour *la Vie rêvée des anges*, d'Erick Zonca (Fr.)
Prix du meilleur scénario :
Henry Fool, de Hal Hartley (E.-U.)
Caméra d'or :
Slam, de Marc Levin (E.-U.)
Prix de la meilleure contribution artistique :
Velvet Goldmine, de Todd Haynes (G.-B.)
Palme d'or du court métrage :
l'Interview, de Xavier Giannoli (Fr.)
Prix du jury pour le court métrage :
Horseshoe, de David Lodge (G.-B.)
Gasman, de Lynne Ramsay (G.-B.)
Grand prix de la commission supérieure technique :
Vittorio Storaro pour la photo de *Tango*, de Carlos Saura

1999

Palme d'or :
Rosetta, des frères Luc et Jean-Pierre Dardenne (Belg.)
Grand prix du jury :
l'Humanité, de Bruno Dumont (Fr.)
Prix de la mise en scène :
Pedro Almodovar pour *Tout sur ma mère* (Esp.)
Prix d'interprétation masculine :
Emmanuel Schotté pour *l'Humanité*
Prix d'interprétation féminine :
Emilie Dequenne pour *Rosetta*
Séverine Caneele pour *l'Humanité*
Prix du scénario :
Yuri Arabov et Marina Koreneva pour *Moloch*, d'Alexandre Sokourov (Russie)
Prix du jury :
Manoel de Oliveira pour *la Lettre* (Port.)
Caméra d'or :
Marana Simhasanam (le Trône de la mort), de Murali Nair (Inde)
Grand prix de la commission supérieure technique :
Tu Juha pour les décors de *l'Empereur et l'Assassin*, de Chen Kaige (Chine)
Palme d'or du court métrage :
When the Day Breaks, de Wendy Tilby et Amanda Forbis (Can.)
Prix du jury du court métrage :
Stop, de Rodolphe Marconi (Fr.)
So-Poong (le Pique-Nique), de Song Lgon (Corée du Sud)

2000

Palme d'or :
Dancer In The Dark, de Lars von Trier (Dan.)
Grand prix du jury :
Guizi Lai Le (Devils On The Door Step), de Jiang Wen (Chine)
Prix de la mise en scène :
Edward Yang pour *Yi-Yi* (Taiwan)
Prix d'interprétation masculine :
Tony Leung Chiu-wai pour *In The Mood for Love*, de Wong Kar-wai (Hong.)
Prix d'interprétation féminine :
Björk pour *Dancer In The Dark*
Prix du scénario :
John C. Richard et James Flamberg pour *Nurse Betty*, de Neil LaBute (E.-U.)
Prix du jury :
Samira Makhmalbaf pour *le Tableau noir* (Iran) et Roy Andersson pour *Chansons du deuxième étage* (Suède), ex aequo
Caméra d'or :
Un temps pour l'ivresse des chevaux, de Bahman Ghobadi, et *Dlomeh*, de Hassan Yektapanah (Iran), ex aequo
Grand prix de la commission supérieure technique :
les directeurs de la photo Christopher Doyle et Mark Li Ping Bing et le directeur artistique William Chang Suk-Ping pour *In The Mood for Love*
Palme d'or du court métrage :
Anino, de Raymond Red (Philipp.)
Mention spéciale :
l'ensemble des acteurs de *la Noce*, de Pavel Lounguine (Russie)

2001

Palme d'or :
la Chambre du fils, de Nanni Moretti (Italie)
Grand prix du jury :
la Pianiste, de Michael Haneke (Aut.)
Prix d'interprétation féminine :
Isabelle Huppert dans *la Pianiste* de Michael Haneke
Prix d'interprétation masculine :
Benoît Magimel dans *la Pianiste* de Michael Haneke
Prix de la mise en scène :
The Man Who Wasn't There, de Joel Coen (E.-U.) et *Mulholland Drive*, de David Lynch (E.-U.)
Prix du meilleur scénario
No Man's Land, de Danis Stanovic (Bosnie)
Prix de la commission supérieure technique :
Tu Duu-Chin pour *Et là-bas quelle heure est-il?*, de Tsai Ming-Liang (Taiwan) et *Millenium Mambo* de Hou Hsaio-Hsien
Caméra d'or :
Atanarjuat (The Fast Runner), de Zacharias Kunuk (Can.)
Palme d'or du court métrage
Bean Cake, de David Greenspan (E.-U.)
Prix spécial du jury pour le court métrage :
Daddy's Girl, d'Irvine Allen (G.-B.)
Prix du jury pour le court métrage :
Pizza Passionata, de Kari Juusonen (Finl.)
Prix de la Cinéfondation :
Portrait, de Sergueï Luchischin
Prix de la jeunesse :
Slogans, de Gjergj Xhuvani (Alb.) et *Clément*, d'Emmanuelle Bercot (Fr.)
Prix Un certain regard :
Un amour d'enfance, d'Yves Caumon
Prix du jury œcuménique :
Kandahar, de Moshen Makhmalbaf
Trophées Chopard des révélations masculine et féminine de l'année :
Eduardo Noriega dans *Vies brûlées* et
Audrey Tautou dans *le Fabuleux Destin d'Amélie Poulain*

Semaine de la critique

La Semaine internationale de la critique française, connue sous le nom de Semaine de la critique, est la plus ancienne des sections dites parallèles créées au fil des années au sein du Festival international du film. Elle est née en 1962 (donc dans le contexte de la Nouvelle Vague) sous l'égide de l'Association française de la critique de cinéma, présidée alors par Roger Régent, à la suite d'une proposition du délégué général du Festival, Robert Favre Le Bret. Les premiers animateurs en ont été Louis Marcorelles et Georges Sadoul, ce dernier rédigeant le règlement qui préside toujours, pour l'essentiel, à l'établissement des sélections. Selon ce texte, la Semaine de la critique entend «présenter des nouveaux courants et tendances dans l'art du film, par une sélection d'œuvres de haute qualité artistique, et provenant si possible des diverses grandes régions du globe». Elle est ouverte aux premiers ou seconds longs métrages de réalisateurs du monde entier, en 35 ou 16 mm, non encore présentés dans un festival compétitif (elle accueille également des courts métrages depuis 1988). Présidée par Georges Sadoul jusqu'à sa mort en 1967, la Semaine a été depuis lors coordonnée par Louis Marcorelles (1968-1974), Olivier Barrot (1975-1976), Bernard Trémège (1977-1982), Louis Marcorelles (1983) et Jean Roy (depuis 1984). La sélection proprement dite de chaque Semaine est établie par un comité de sept membres représentant les diverses tendances de la critique française de cinéma (ou critiques étrangers résidant en France). Conçue à l'origine comme une manifestation non compétitive, la Semaine de la critique décerne cependant un prix depuis 1990 à un film de sa propre sélection, sous le patronage de la Société des auteurs et compositeurs dramatiques (SACD). La liste ci-après n'est donc pas un véritable palmarès, mais une sélection des principaux films présentés par la Semaine, telle qu'elle s'est établie d'elle-même du fait de la notoriété acquise par ces œuvres. La Semaine de la critique, première née des manifestations dérivées d'un festival sans pour autant en être l'émanation, a constitué un modèle, souvent repris depuis lors, en France et à l'étranger.

1962

Les Oliviers de la justice, de James Blue (Fr.)
Adieu Philippine, de Jacques Rozier (Fr.)

1963

Déjà s'envole la fleur maigre, de Paul Meyer (Belg.)
Seul ou avec d'autres, de Denys Arcand, Denis Héroux et Stéphane Venne (Can.)
Le Joli Mai, de Chris Marker et Pierre Lhomme (Fr.)

1964

La Vie à l'envers, d'Alain Jessua (Fr.)
Prima della rivoluzione, de Bernardo Bertolucci (Italie)
Quelque chose d'autre, de Vera Chytilova (Tchéc.)

1965

Le Chat dans le sac, de Gilles Groulx (Can.)
Walkover, de Jerzy Skolinowski (Pol.)
Les Diamants de la nuit, de Jan Nemec (Tchéc.)

1966

Du courage pour chaque jour, d'Ewald Schorm (Tchéc.)
La Noire de..., d'Ousmane Sembene (Fr. - Sénégal)
Le Père Noël a les yeux bleus, de Jean Eustache (Fr.)

1967

Le Règne du jour, de Pierre Perrault (Can.)

1968

Marie pour mémoire, de Philippe Garrel (Fr.)
La Chute des feuilles, d'Otar Iosseliani (URSS)

1969
Charles mort ou vif, d'Alain Tanner (Suisse)
More, de Barbet Schroeder (Lux.)
La Rosière de Pessac, de Jean Eustache (Fr.)
L'Heure des brasiers, de Fernando Solanas (Arg.)

1970
Camarades, de Marin Karmitz (Fr.)
Remparts d'argile, de Jean-Louis Bertucelli (Fr. - Alg.)
Soleil O, de Med Hondo (Maurit. - Fr.)
Les Voitures d'eau, de Pierre Perrault (Can.)

1971
Trash, de Paul Morrissey (E.-U.)
Viva la muerte, de Fernando Arrabal (G.-B.)

1972
Avoir vingt ans dans les Aurès, de René Vautier (Fr.)
Fritz the Cat, de Ralph Bakshi (dessin animé; E.-U.)
La Maudite Galette, de Denys Arcand (Can.)

1973
Kashima Paradise, de Yann Le Masson et Bénie Deswarte (Fr.)

1974
La Paloma, de Daniel Schmid (Suisse)

1975
L'Assassin musicien, de Benoît Jacquot (Fr.)

1977
Omar Gatlato, de Merzak Allouache (Alg.)

1980
Histoire d'Adrien, de Jean-Pierre Denis (Fr.)

1982
Mourir à trente ans, de Romain Goupil (Fr.)

1983
Le Destin de Juliette, d'Aline Issermann (Fr.)
Faux-Fuyants, d'Alain Bergala et Jean-Pierre Limosin (Fr.)

1984
Boy Meets Girl, de Léos Carax (Fr.)

1985
Le Temps détruit, de Pierre Beuchot (Fr.)
Visages de femmes, de Désiré Ecaré (C.-d'Iv.)
Vertiges, de Christine Laurent (Fr.)

1987
Où que tu sois, d'Alain Bergala (Fr.)

1988
Mon cher sujet, d'Anne-Marie Miéville (Fr. - Suisse)

1990
Outremer, de Brigitte Rouan (Prix SACD; Fr.)

1991
Young Soul Rebels, d'Isaac Julien (Prix SACD; G.-B.)
La Vie des morts, d'Arnaud Desplechin (Fr.)

1992
C'est arrivé près de chez vous, de Rémy Belvaux, André Bonzel et Benoît Poelvoorde (Prix SACD; Belg.)

1993
Cronos, de Guillermo del Toro (Mex.)
The Debt, de Bruno de Almeida (Prix Canal+; E.-U.)

1994
Clerks, de Kevin Smith (E.-U.)
Performance Anxiety, de David Ewing (Prix Canal+; E.-U.)

1995
Denise Calls Up, de Harold Salwen (E.-U.)

1996
Les Aveux de l'innocent, de Jean-Pierre Ameris (Fr.)

1997
Junk Mail, de Pal Sletaune (Norv.)

1998
Seul contre tous, de Gaspar Noe (Fr.)

1999
Flores de otro mundo, d'Iciar Bollain (Esp.)
Shoes Off!, de Mark Sawers (Prix Canal+ du court métrage)

2000
Amores Perros, d'Alejandro Gonzalez Inarritu (Mex.)
To Be Continued, de Linus Tunström (Suède/Prix Canal+ du court métrage)

2001
Tornado a casa, de Vincenzo Marra (Italie)

Quinzaine des réalisateurs

La Quinzaine des réalisateurs a été fondée en 1969, à l'occasion du Festival international du film de Cannes, à l'initiative de la SRF (Société des réalisateurs de films), elle-même constituée en juin 1968 à la suite des Etats généraux du cinéma français et des événements du mois de mai. Son objet a été, dès l'origine, d'ouvrir le festival aux nouvelles réalités de la vie du cinéma dans le monde, insuffisamment prises en compte par la sélection officielle. Dans cet esprit, elle a fait place aux œuvres les plus représentatives du cinéma d'auteur dans tous les pays, expression d'un art indépendant et créatif, en même temps que des nouvelles aspirations politiques, sociales et culturelles. Bien que née en réaction contre les pesanteurs du festival officiel, la Quinzaine a bénéficié du soutien du délégué général Robert Favre Le Bret. Depuis lors, en dépit des difficultés de circonstances, elle a vécu en harmonie avec le Festival, sans cesser pour autant de maintenir sa complète indépendance. Depuis sa création, la Quinzaine des réalisateurs a eu pour délégué général Pierre-Henri Deleau jusqu'en 1998, qui en a assuré l'organisation sous l'égide et le contrôle de la SRF. Il a été remplacé en 1999 par Marie-Pierre Macia. Au cours de ses 24 années d'existence, elle a présenté plus de trois cents films et a révélé de nombreux cinéastes, dont beaucoup comptent aujourd'hui parmi les grands noms du cinéma international. Un certain nombre d'entre eux ont pu voir un ou plusieurs de leurs films retenus, plus tard, dans le cadre de la compétition officielle.

Les réalisateurs de la Quinzaine (liste sélective)

Albanie :
Gjergi Xhuvani
Allemagne :
R.W. Fassbinder, Reinhard Hauff, Werner Herzog, Alexander Kluge, Peter Lilienthal, Helma Sanders-Brahms, Volker Schlöndorff, Werner Schroeter, Jean-Marie Straub, Rudolf Thome, Robert Van Ackeren.
Argentine :
Edgardo Cozarinsky, Hugo Santiago, Fernando Solanas.
Belgique :
Chantal Akerman, Jaco Van Dormaël
Brésil :
Joaquim Pedro de Andrade, Carlos Diegues, Ruy Guerra, Glauber Rocha, Paulo Cesar Saraceni, Nelson Pereira dos Santos.
Burkina Faso :
Idrissa Ouedraogo.
Canada :
Denys Arcand, Michel Brault, Gilles Carle, Gilles Groulx, Jean-Pierre Lefebvre, Pierre Perrault.
Chili :
Patricio Guzman, Raul Ruiz, Helvio Soto.
Chine :
Zhao Jisong.
Côte d'Ivoire :
Désiré Ecaré.
Cuba :
Manuel Octavio Gomez, Humberto Solas.
Danemark :
Henning Carlsen.
Egypte :
Youssef Chahine.
Etats-Unis :
Sofia Coppola, James B. Harris, Hal Hartley, Jerome Hill, James Ivory, Jim Jarmusch, Diane Keaton, Robert Kramer, Spike Lee, George Lucas, Paul Morrissey, Daniel Myrick, Sean Penn, Edouardo Sanchez, Martin Scorsese, Susan Seidelman.
Finlande :
Aki Kaurismaki.
France :
Solveig Anspach, Robert Bresson, Marguerite Duras, Emmanuel Finkiel, Philippe Garrel, René Gilson, Jean-Luc Godard, Marcel Hahoun, Benoît Jacquot, Pierre Kast, Louis Malle, Jean Marbœuf, Luc Moullet, Jean-Daniel Pollet, Jacques Rivette, Jacques Rozier, André Téchiné, Sandrine Veysset.
Grande-Bretagne :
Stephen Frears, Ken Loach.
Grèce :
Theo Angelopoulos, Nico Papatakis.
Hollande :
Lili Rademakers.
Hongrie :
Miklos Jancsô, Zsolt Kezdi-Kovacs, Andras Kovacs, Marta Meszaros.
Inde :
Mira Nair, Mrinal Sen
Italie :
Puppi Avati, Marco Bellochio, Carmelo Bene, Roberto Benigni, Bernardo Bertolucci, Liliana Cavani, Paulo et Vittorio Taviani.
Japon :
Kiyoshi Kurosawa, Nagisa Oshima, Nobuhiro Suwa, Shuji Terayama, Hiroshi Teshigahara.
Mexique :
Paul Leduc, Arturo Ripstein.
Palestine :
Michel Khleifi.
Philippines :
Lino Brocka.
Pologne :
Wojciech Has, Andrzej Wajda, Krysztof Zanussi.
Portugal :
Antonio da Cunha Telles, Manoel de Oliveira.
Sénégal :
Ousmane Sembene.
Suède :
Susan Sontag, Mai Zetterling.
Suisse :
Patricia Mozaz, Francis Reusser, Michel Soutter, Alain Tanner, Yves Yersin.
Syrie :
Tewfiq Salah.
Taiwan :
Chang Tso-chi.
Tchécoslovaquie :
Juraj Jakubisko, Jiri Menzel, Evald Schorm.
Tunisie :
Ridha Behi, Ferid Boughedir, Khaled Ghorbal, Moufida Tlati.
Turquie :
Yilmaz Guney.
URSS :
Otar Iosseliani, Nikita Mikhalkov.
Yougoslavie :
Dusan Makavejev.

Prix Louis-Delluc

Il est attribué, depuis 1937 (sauf durant les années de guerre), par un jury de critiques et d'historiens, au meilleur film français de l'année. Il est ouvert exclusivement aux longs métrages.

1937 : *Les Bas-Fonds,* de Jean Renoir

1938 : *Le Puritain,* de Jeff Musso

1939 : *Quai des brumes,* de Marcel Carné

1945 : *L'Espoir,* d'André Malraux

1946 : *La Belle et la Bête,* de Jean Cocteau

1947 : *Paris 1900,* de Nicole Védrès

1948 : *Les Casse-Pieds,* de Jean Dréville et Noël-Noël

1949 : *Rendez-Vous de juillet,* de Jacques Becker

1950 : *Le Journal d'un curé de campagne,* de Robert Bresson

1951 : (non attribué)

1952 : *Le Rideau cramoisi,* d'Alexandre Astruc

1953 : *Les Vacances de M. Hulot,* de Jacques Tati

1954 : *Les Diaboliques,* d'Henri-Georges Clouzot

1955 : *Les Grandes Manœuvres,* de René Clair

1956 : *Le Ballon rouge,* d'Albert Lamorisse

1957 : *Ascenseur pour l'échafaud,* de Louis Malle

1958 : *Moi, un Noir,* de Jean Rouch

1959 : *On n'enterre pas le dimanche,* de Michel Drach

1960 : *Une aussi longue absence,* d'Henri Colpi

1961 : *Un cœur gros comme ça,* de François Reichenbach

1962 : *L'Immortelle,* d'Alain Robbe-Grillet
Le Soupirant, de Pierre Etaix

1963 : *Les Parapluies de Cherbourg,* de Jacques Demy

1964 : *Le Bonheur,* d'Agnès Varda

1965 : *La Vie de château,* de Jean-Paul Rappeneau

1966 : *La guerre est finie,* d'Alain Resnais

1967 : *Benjamin,* de Michel Deville

1968 : *Baisers volés*, de François Truffaut

1969 : *Les Choses de la vie*, de Claude Sautet

1970 : *Le Genou de Claire*, d'Eric Rohmer

1971 : *Rendez-Vous à Bray*, d'André Delvaux

1972 : *Etat de siège*, de Costa-Gavras

1973 : *L'Horloger de Saint-Paul*, de Bertrand Tavernier

1974 : *La Gifle*, de Claude Pinoteau

1975 : *Cousin, cousine*, de Jean-Charles Tacchella

1976 : *Le Juge Fayard, dit «le Shérif»*, d'Yves Boisset

1977 : *Diabolo menthe*, de Diane Kurys

1978 : *L'Argent des autres*, de Christian de Chalonge

1979 : *Le Roi et l'Oiseau*, de Paul Grimault (dessin animé)

1980 : *Un étrange voyage*, d'Alain Cavalier

1981 : *Une étrange affaire*, de Pierre Granier-Deferre

1982 : *Danton*, d'Andrzej Wajda
◊ A l'occasion du 40e prix Louis-Delluc, le jury a tenu à rendre hommage à Luis Buñuel et Jean-Luc Godard.

1983 : *A nos amours*, de Maurice Pialat

1984 : *La Diagonale du fou*, de Richard Dembo

1985 : *L'Effrontée*, de Claude Miller

1986 : *Mauvais Sang*, de Léos Carax

1987 : *Au revoir les enfants*, de Louis Malle
Soigne ta droite, de Jean-Luc Godard

1988 : *La Lectrice*, de Michel Deville

1989 : *Un monde sans pitié*, d'Eric Rochant

1990 : *Le Mari de la coiffeuse*, de Patrice Leconte
Le Petit Criminel, de Jacques Doillon
◊ Un «Delluc des Delluc» est attribué aux *Vacances de M. Hulot*, de Jacques Tati.

1991 : *Tous les matins du monde*, d'Alain Corneau

1992 : *Le petit prince a dit*, de Christine Pascal

1993 : *Smoking/No Smoking*, d'Alain Resnais

1994 : *Les Roseaux sauvages*, d'André Téchiné

1995 : *Nelly et M. Arnaud*, de Claude Sautet

1996 : *Y aura-t-il de la neige à Noël*, de Sandrine Veysset

1997 : *On connaît la chanson*, d'Alain Resnais
Marius et Jeannette, de Robert Guédiguian

1998 : *L'Ennui*, de Cédric Khan

1999 : *Adieu, plancher des vaches!*, d'Otar Iosseliani

2000 : *Merci pour le chocolat*, de Claude Chabrol

2001 : *Intimité*, de Patrice Chéreau

Prix Jean-Vigo

Il est attribué depuis 1951 par un jury de critiques, historiens ou professionnels du cinéma à un réalisateur français distingué pour son indépendance d'esprit et son originalité de style.
Il est ouvert aux longs et aux courts métrages (cm).

1951 : *La montagne est verte*, cm de Jean Lehérissey

1952 : *La Grande Vie*, d'Henri Schneider

1953 : *Crin Blanc*, cm d'Albert Lamorisse

1954 : *Les statues meurent aussi*, cm d'Alain Resnais et Chris Marker

1955 : *Zola*, cm de Jean Vidal

1956 : *Nuit et brouillard*, cm d'Alain Resnais

1957 : *Léon la lune*, cm d'Alain Jessua

1958 : *Les Femmes de Stermetz*, cm de Louis Grospierre

1959 : *Le Beau Serge*, de Claude Chabrol

1960 : *A bout de souffle*, de Jean-Luc Godard
Les Enfants des courants d'air, cm d'Edouard Luntz

1961 : *La Peau et les os*, de Jean-Paul Sassy et Jacques Panigel

1962 : *La Guerre des boutons*, d'Yves Robert
10 juin 1944, cm de Maurice Cohen

1963 : *Mourir à Madrid*, de Frédéric Rossif
La Jetée, cm de Chris Marker

1964 : *La Belle Vie*, de Robert Enrico
La Saint-Firmin, cm de Robert Destanque

1965 : *Fait à Coaraze*, cm de Gérard Belkin

1966 : *La Noire de...*, d'Ousmane Sembene

1967 : *Qui êtes-vous Polly Maggoo?*, de William Klein

1968 : *O Salto*, de Christian de Chalonge
Désirée, cm de Fernand Moszkowicz

1969 : *L'Enfance nue*, de Maurice Pialat
Le Deuxième Ciel, cm de Louis Roger

1970 : *Hoa Binh*, de Raoul Coutard
La Passion selon Florimond, cm de Laurent Gomes

1971 : *Remparts d'argile*, de Jean-Louis Bertucelli
Derniers Hivers, cm de Jean-Charles Tachella

1972 : *Continental Circus*, de Jérôme Laperrousaz

1973 : *Absences répétées*, de Guy Gilles
Le Soldat et les trois sœurs, cm de Pascal Aubier

1974 : *Un homme qui dort*, de Bernard Queysanne et Georges Perec
Septembre chilien, cm de Théo Robichet et Bruno Muel

1975 : *Histoire de Paul*, de René Féret
La Corrida, cm de Christian Broutin

1976 : *L'Affiche rouge*, de Frank Cassenti
Caméra, cm de Christian Paureilhe

1977 : *Paradiso*, de Christian Bricout

1978 : *Bako l'autre rive*, de Jacques Champreux

1979 : *Certaines Nouvelles*, de Jacques Davila
Nuit féline, cm de Gérard Marx

1980 : *Ma blonde, entends-tu dans la ville?*, de René Gilson

1981 : *Le Jardinier*, de Jean-Pierre Sentier

1982 : *L'Enfant secret*, de Philippe Garrel
Lourdes l'hiver, cm de Marie-Claude Treilhou

1983 : *Vive la sociale*, de Gérard Mordillat
La Fonte de Barlaeus, cm de Pierre-Henri Salfati

1985 : *Le Thé au harem*, de Mehdi Charef
Eponine, cm de Michel Chion

1986 : *Maine Océan*, de Jacques Rozier
Poussières d'étoiles, cm d'Agnès Merlet

1987 : *Buisson ardent*, de Laurent Perrin
Pondichéry juste avant l'oubli, cm de Joël Farges

1988 : *La Comédie du travail*, de Luc Moullet
Elle et lui, cm de François Margolin

1989 : *Chine ma douleur*, de Sijie Dai
Le Porte-Plume, cm de Marie-Christine Perrodin

1990 : *Mona et moi*, de Patrick Grandperret
Elli fat mat, cm de Michel Such

1991 : *Le Brasier*, d'Eric Barbier
La Vie des morts, cm d'Arnaud Despléchin

1992 : *Paris s'éveille*, d'Olivier Assayas
Des filles et des chiens, cm de Sophie Fillières

1993 : *Les histoires d'amour finissent mal... en général*, d'Anne Fontaine
Faits et gestes, cm d'Emmanuel Descombes

1994 : *Trop de bonheur*, de Cédric Kahn

1995 : *N'oublie pas que tu vas mourir*, de Xavier Beauvois

1996 : *Encore*, de Pascal Bonitzer

1997 : *La Vie de Jésus*, de Bruno Dumont

1998 : *Dis-moi que je rêve*, de Claude Mouriéras

1999 : *La vie ne me fait pas peur*, de Noémie Lvovsky

2000 : *Saint-Cyr*, de Patricia Mazuy, et *De l'histoire ancienne*, d'Oro Miret, ex aequo

2001 : *Ce vieux rêve qui bouge*, d'Alain Guiraudie
Candidature, d'Emmanuel Bourdieu

Index général

Cet index regroupe de manière alphabétique le nom des personnages, acteurs, producteurs, réalisateurs ou autres intervenants figurant dans ce livre, ainsi que des entrées thématiques telles que "censure" ou "Festivals". Ce livre ne pouvant être exhaustif, vous trouverez dans l'index des informations qui ne renvoient pas à une page : elles ont pour but d'offrir au lecteur une filmographie respectable.

Des annexes vous fournissent le palmarès des grands festivals, les Oscars, les Césars, le Festival internationnal de Cannes et autres résultats de manifestations cinématographiques. Ces entrées ne sont pas systématiquement reprises dans l'index.

Par défaut, les dates de sortie des films sont celles auxquelles ceux-ci sont présentés pour la première fois en France. Elles sont généralement indiquées par un mois, voire une année.

Un second index, figurant à la suite de celui-ci, reprend uniquement les titres des films, afin que le lecteur puisse accéder plus rapidement à la référence voulue.

A

C

N

T

XY

Z

Index des films

Cet index regroupe les films par ordre alphabétique.
Les dates indiquées sont généralement celles des sorties sur les écrans français,
mais peuvent aussi être celles auxquelles les films ont été primés.

Index des films

B

C

Index des films

N

O

P

Q

R

S

VW

XYZ

Crédits photographiques

Les crédits photographiques des illustrations utilisées dans cet ouvrage sont classés par ordre de page. Certaines erreurs d'attribution ont pu être commises. Nous prions l'agence propriétaire du copyright de nous en excuser et lui demandons de nous contacter aux fins de rectification.

La position des illustrations est indiquée par un numéro de page suivi de lettres: h = haut, b = bas, m = milieu, g = gauche, d = droit, x = milieu gauche, y = milieu droit, pp = pleine page.

A noter que "Estate of Marilyn Monroe" a été utilisé pour abréger "Copyright 1992, Estate of Marilyn Monroe, représenté par l'agence Roger Richman, Inc. Beverly Hills, CA".

4 - Aslan/Sipa Press pp
6 - Interfoto USA/Sipa Press pp
8 - DR pp
10 - DR/Kharbine-Tapabor pp
12 - DR/De Selva/Tapabor m
14 - DR/Kharbine-Tapabor m
15 - DR/Kharbine-Tapabor m
16 - Bernard Prim/Sygma pp - DR/Cinémagence m - DR/Coll. Pierre Lherminier hd
17 - DR/Coll. Pierre Lherminier hd - Lauros-Giraudon bd
18 - DR/Cinémagence bd - DR/Coll. Pierre Lherminier hd
19 - DR/Coll. Laurent Mannoni bd - DR/Coll. Pierre Lherminier hg, hd
20 - DR/Coll. Larousse m - DR/Coll. Pierre Lherminier hg, bg
21 - DR/Coll. Laurent Mannoni bd - DR/Coll. Pierre Lherminier hg
22 - DR/Cinémagence hd, bd
23 - DR/Cinémagence hg, bd - DR/Coll. Pierre Lherminier hm - DR/Sipa Press bg
24 - DR/Coll. Pierre Lherminier hd - Sygma/Illustration md
25 - DR/Coll. Laurent Mannoni hm, bd - Lauros-Giraudon bg
26 - DR/Coll. Laurent Mannoni md, hd
27 - DR/Coll. Pierre Lherminier hm, bd - Musée des techniques/CNAM bg
28 - DR/Cinémagence hd - Musée des techniques/CNAM md
29 - DR/Coll. Pierre Lherminier bd - Société française de photographie bg - Sygma/Illustration hd
30 - DR/Coll. Laurent Mannoni hd - Musée des techniques/CNAM bd
31 - DR/Cinémagence hg - DR/Coll. Cinémathèque française hd, bd - DR/Coll. Pierre Lherminier bg
32 - DR/Coll. Pierre Lherminier md
33 - DR/Cinémagence hd - DR/Coll. Laurent Mannoni bm
34 - DR/Cinémagence mg - DR/Coll. Cinémathèque française bg - DR/Coll. Pierre Lherminier hd
35 - DR/Cinémagence md - DR/Kharbine-Tapabor hg - Musée des techniques/CNAM bd
36 - DR/Cinémagence hd, bd - DR/Coll. Pierre Lherminier md
37 - DR/Cinémagence hg, hd, bg, bd
38 - DR/Cinémagence bm - DR/Coll. Pierre Lherminier hd
39 - DR/Cinémagence bd - DR/Coll. Larousse hm - DR/Coll. Maurice Gianati bg - DR/Coll. Pierre Lherminier hd - DR/Kharbine-Tapabor hg
40 - DR/Coll. Maurice Gianati hd, bd - DR/Kharbine-Tapabor hg
41 - DR/Cinémagence md, bg - DR/Coll. Cinémathèque française bd - DR/Coll. Pierre Lherminier hm
42 - Artwork hg, hd - DR/Archives l'Avant-Scène bg - Musée des techniques/CNAM bd
43 - Musée des techniques/CNAM h - Pitrou/Coll. Maurice Gianati/Ed. Gallimard by, bd, bg, bx, md
44 - DR/Ciné-Plus bm
45 - DR/Cinémagence pp
46 - DR/Cinémagence hm, hd - DR/Coll. Pierre Lherminier hd, bd
47 - DR/Archives l'Avant-Scène bg - DR/Cinémagence hm - DR/Coll. Cinémathèque française/by Spadem 1992 bd
48 - DR/De Selva/Tapabor b
49 - DR/Coll. Maurice Gianati bd
50 - DR/Cinémagence hd - DR/Ciné-Plus bd - DR/Coll. Maurice Gianati bg
51 - DR/Coll. Cinémathèque française hd - DR/Kharbine-Tapabor m
52 - DR/Cinémagence b
53 - Sygma/Illustration pp
54 - Sygma/Illustration bg, bd
55 - DR/Coll. Pierre Lherminier m - Sygma/Illustration hg, bg, bd
56 - DR/Cinémagence bg - DR/Cinémagence by Spadem 1992 md - DR/Coll. André Marinie hd
57 - DR/Ciné-Plus hd, bg, bd
58 - DR/Archives Gaumont bm
59 - DR/Cinémagence by Spadem 1992 pp
60 - DR/Cinémagence hm - DR/Ciné-Plus bg
61 - DR/Coll. Maurice Gianati bd - Sygma/Illustration hm, hg, hd
62 - DR/Coll. Cinémathèque française/by Spadem 1992 bm
63 - DR/Cinémagence pp
64 - DR/Ciné-Plus bg - DR/Coll. Cinémathèque française/by Spadem 1992 hd
65 - DR/British Film Institute hd - DR/Smithsonian Institution ph. numéro 34841D bg
66 - Archives du Film/CNC hd - DR/Cinémagence bm
67 - DR/Cinémagence m
68 - DR/Coll. André Marinie m
69 - DR/Ciné-Plus m
70 - Sygma/Illustration b
71 - DR/Cinémagence pp
72 - DR/Ciné-Plus hg, bd - DR/Kharbine-Tapabor bg
73 - DR/Cinémagence hg - DR/Coll. Cinémathèque française hd - DR/Coll. Pierre Lherminier m
74 - DR/Ciné-Plus bm
75 - DR/Coll. Cinémathèque française pp
76 - DR/Archives l'Avant-Scène bd - DR/Ciné-Plus/by Spadem 1992 hd
77 - DR/Cinémagence hd - DR/Ciné-Plus bg - DR/Coll. Cinémathèque française hg
78 - DR/Ciné-Plus/by Spadem 1992 b
79 - DR/Ciné-Plus/by Spadem 1992 pp
80 - DR/Cinémagence bg - DR/Cinémagence by Spadem 1992 hd
81 - DR/Cinémagence by Spadem 1992 hd - DR/Ciné-Plus/by Spadem 1992 bg, bd
82 - DR/DITE bm
83 - DR/Cinémagence pp
84 - DR/British Film Institute bg - DR/Cinémagence hd - DR/Ciné-Plus bd
85 - DR/Cinémagence md, hd - DR/Ciné-Plus bg
86 - DR/Ciné-Plus bm
87 - DR/Cinémagence pp
88 - DR/Ciné-Plus bg, bd - DR/Coll. Maurice Gianati hd
89 - DR/Cinémagence by Spadem 1992 bd - DR/Ciné-Plus/by Spadem 1992 hd - DR/Coll. Maurice Gianati mg
90 - DR/Cinémagence bm
91 - DR/Cinémagence pp
92 - DR/Ciné-Plus hd, bd
93 - DR/Ciné-Plus hm - DR/Coll. Maurice Gianati bd
94 - DR/Coll. Cinémathèque française b
95 - DR/Cinémagence pp
96 - DR/Cinémagence by Spadem 1992 bd - DR/Ciné-Plus bg - DR/Roger Viollet/by Spadem 1992 hm, hd
97 - DR/Archives Gaumont hg - DR/Cinémagence bg, bd
99 - DR/Cinémagence pp
100 - DR/Ciné-Plus hm - DR/Coll. Maurice Gianati md - DR/Coll. Pierre Lherminier bg
101 - DR/Cinémagence bd - DR/Ciné-Plus hd - DR/Coll. Pierre Lherminier bg
102 - DR/Cinémagence md - DR/Ciné-Plus mg
103 - DR/Coll. Jacques Deslandes mg - DR/Coll. Maurice Gianati hd, bg - DR/Coll. Pierre Lherminier bd
105 - DR/Cinémagence pp
106 - DR/Ciné-Plus hg - DR/Coll. Maurice Gianati bg, bd
107 - DR/Cinémagence bd - DR/Coll. Pierre Lherminier hd
108 - DR/Cinémagence hd - DR/Ciné-Plus bm - Sygma/Illustration hg
109 - DR/Cinémagence bd - DR/Coll. Maurice Gianati hd
111 - DR/Cinémagence pp
112 - DR/British Film Institute bd - DR/Coll. Maurice Gianati hg
113 - DR/Cinémagence bd - DR/Ciné-Plus hm - DR/Coll. Maurice Gianati hd
114 - DR/Coll. Chemel mg - DR/Coll. Pierre Lherminier hd, bd
115 - DR/Ciné-Plus hg - DR/Coll. Cinémathèque française bd - DR/Coll. Maurice Gianati hd, bm, bg
116 - DR/Archives Gaumont m
117 - DR/Ciné-Plus m
119 - DR/Coll. Maurice Gianati pp
120 - DR/Archives Gaumont bg - DR/Ciné-Plus hm - DR/Coll. Maurice Gianati bd
121 - DR/Archives Gaumont md - DR/Cinémagence hg, hd - DR/Ciné-Plus bd - DR/Coll. Cinémathèque française mg
122 - DR/Ciné-Plus m - DR/Coll. Maurice Gianati bm - DR/Coll. Pierre Lherminier hd
123 - DR/Archives Gaumont m - DR/Cinémagence hd - DR/Ciné-Plus hg - Sygma/Illustration bd
125 - DR/Cinémagence pp
126 - DR/Ciné-Plus hm - DR/Sipa Press bg
127 - DR/Cinémagence hd - DR/Coll. Maurice Gianati bg
128 - DR/Ciné-Plus hd, bm, bg
129 - DR/Archives Gaumont hd - DR/Cinémagence bm
131 - DR/Ciné-images/by Spadem 1992 pp
132 - DR/Cinémagence hd, bg
133 - DR/Ciné-Plus bg, bd - DR/Coll. Pierre Lherminier hm
134 - DR/Coll. Pierre Lherminier hm, bm, bg
135 - DR/Archives Gaumont hg - DR/Cinémagence by Spadem 1992 hd, bd
137 - DR/Archives Gaumont pp
138 - DR/Coll. André Marinie bg - DR/Coll. Pierre Lherminier hd, bd
139 - DR/Archives Gaumont hd - DR/Ciné-Plus mg, bd
140 - DR/Cinémagence bd - DR/Coll. Maurice Gianati hm, bg
141 - DR/Ciné-Plus hm, hd - DR/Coll. Pierre Lherminier bg
143 - DR/Ciné-Plus pp
144 - DR/Cinémagence hm - DR/Coll. Pierre Lherminier hd - DR/Det Danske Filmmuseum bg
145 - DR/Ciné-Plus hd - DR/Coll. Pierre Lherminier bg
146 - Copyright 1992 Bubbles Inc. hm - DR/By Spadem 1992 bd - DR/Coll. Cinémathèque française hg
147 - DR/Ciné-Plus hm, bm
149 - DR/Ciné-Plus pp
150 - DR/Ciné-Plus hg, hd, bg, bd
151 - Copyright 1992 Bubbles Inc. bm, bd - DR/Coll. Maurice Gianati hd - Keystone bg
152 - DR/Ciné-Plus hd, bm, bg
153 - DR/Cinémagence hm - DR/Ciné-Plus hd, bg - DR/Coll. André Bernard hg
155 - DR/Archives Gaumont pp
156 - DR/Ciné-Plus hd, bg
157 - Copyright 1992 Bubbles Inc. bg, hg - DR/Archives Gaumont hd, bd
158 - DR/Cinémagence hd - DR/Ciné-Plus mg, bm - DR/Tallandier bd
159 - Copyright 1992 Bubbles Inc. bg - DR/Ciné-Plus bd - DR/Coll. Pierre Lherminier hm
161 - Copyright 1992 Bubbles Inc. pp
162 - DR/Ciné-Plus hd, bd - DR/Coll. Cinémathèque française hg
163 - Copyright 1992 Bubbles Inc. bd - DR/Archives Gaumont mg, hm
164 - DR/Cinémagence hm, hd, bg - DR/Coll. Cinémathèque française bd
165 - DR/Ciné-Plus bg - DR/Coll. Cinémathèque française hm
167 - DR/Ciné-Plus pp
168 - DR/Cinémagence hd - DR/Ciné-Plus hg - DR/Sipa Press bd
169 - DR/Cinémagence bg - DR/Ciné-Plus hm, hg - DR/Coll. Pierre Lherminier bd
170 - DR/Cinémagence bg, bd - DR/Coll. Pierre Lherminier hd - DR/Gosfilmofond mg
171 - Copyright 1992 Bubbles Inc. bm, bg, hm - DR/Ciné-Plus bd - DR/Coll. Pierre Lherminier hg
173 - DR/Coll. Pierre Lherminier pp
174 - DR/Ciné-Plus bg, bd - DR/Star Film Club hd
175 - DR/Cinémagence bm - DR/Ciné-Plus bg - DR/Coll. Pierre Lherminier hm
176 - DR/Ciné-Plus hm, bm - DR/Coll. Cinémathèque française bg - DR/Coll. Pierre Lherminier hd
177 - DR/Cinémagence bm - DR/Ciné-Plus hg, hd

178 – DR/Ciné-images bd, bg, bx, by, hd, hg, md, mg – DR/Coll. Cinémathèque française hm
179 – Copyright by Adagp 1992 hd – DR/Ciné-images bd, bg, bm, hd, hg, hm, md, mg
180 – DR/Coll. Cinémathèque française m
181 – DR/Coll. Cinémathèque française m
183 – DR/Ciné-Plus pp
184 – DR/Coll. Cinémathèque française mg, hd – DR/Coll. Pierre Lherminier bm
185 – DR/Coll. Pierre Lherminier hd – DR/Kharbine-Tapabor hm, hg – Sygma/Illustration bm
186 – DR/Cinémagence bg – DR/Ciné-Plus hg, bd – DR/Coll. Cinémathèque française hd – DR/Coll. Pierre Lherminier bm
187 – Copyright 1992 Bubbles Inc. hm, hd – DR/Coll. Maurice Gianati bm
189 – DR/Ciné-Plus pp
190 – Copyright by Spadem 1992 hg – DR/Cinémagence by Spadem 1992 hg – DR/Ciné-Plus bd – DR/Coll. Cinémathèque française hd
191 – DR/Ciné-Plus md – DR/Coll. Pierre Lherminier bm – DR/Sipa Press hg
192 – Copyright 1992 Bubbles Inc. hm, hg – Keystone hd – Sygma/Illustration bg
193 – DR/Ciné-Plus bm – DR/Coll. Cinémathèque française hd – DR/Coll. Pierre Lherminier hm
195 – DR/Ciné-Plus pp
196 – DR/Coll. Pierre Lherminier hg – DR/Kharbine-Tapabor md
197 – DR/Cinémagence hg – DR/Coll. Pierre Lherminier hd – DR/DITE bd
198 – DR/Archives Gaumont bg – DR/Ciné-Plus hm, bd – DR/DITE hd
199 – DR/Archives l'Avant-Scène bd – DR/Ciné-Plus mg, hd – DR/Kharbine-Tapabor hg
201 – DR/Cinémagence pp
202 – DR/Archives l'Avant-Scène bm – DR/Cinémagence mg – DR/Coll. Cinémathèque française hm, hd
203 – DR/Ciné-Plus hg – DR/Coll. Pierre Lherminier hd, bd – DR/Sipa Press bg
204 – DR/Cinémagence bd – DR/Coll. Cinémathèque française hd – Sygma/Illustration bg
205 – DR/Ciné-Plus bm – DR/Coll. Cinémathèque française bg – DR/Coll. Pierre Lherminier hd – Sygma/Illustration hm
207 – DR/Coll. Cinémathèque française pp
208 – DR/Ciné-Plus bm – DR/Coll. Cinémathèque française hd
209 – DR/Cinémagence bm – DR/Coll. Cinémathèque française hd, bg
210 – DR/Cinémagence bm, mg – DR/Coll. Cinémathèque française hd
211 – DR/Cinémagence hd, bd – Sygma/Illustration mg
213 – Copyright 1992 Bubbles Inc. pp
214 – DR/Cinémagence bg – DR/Ciné-Plus mg – DR/Coll. Pierre Lherminier hm, hd
215 – DR/Cinémagence bd, bg, hd, hm, mg
216 – Copyright 1992 Bubbles Inc. bd, bg, bm, hm, m
217 – DR/Cinémagence hg – DR/Ciné-Plus hd, bg – DR/Coll. Cinémathèque française bm
219 – DR/Ciné-images pp
220 – DR/Archives l'Avant-Scène hg, bd – DR/Cinémagence hd – DR/Coll. Cinémathèque française bg
221 – DR/Cinémagence hg – DR/Ciné-Plus hd, bm
222 – DR/Cinémagence m – DR/Ciné-Plus bd – DR/Coll. Larousse hg – DR/Coll. Pierre Lherminier hd, bg
223 – DR/Ciné-Plus hd – DR/Coll. Pierre Lherminier bm – DR/Kharbine-Tapabor hg – Joel Finler hm
225 – DR/Ciné-images pp
226 – DR/Cinémagence hd, bg, bd – DR/Coll. Cinémathèque française m – DR/De Selva/Tapabor hm
227 – DR/Cinémagence md, bm – DR/Coll. Pierre Lherminier mg
228 – Artwork mg – DR/Coll. Pierre Lherminier hg – DR/Kharbine-Tapabor md
229 – DR/Cinémagence hd, bm – DR/Ciné-Plus hg – DR/Coll. Cinémathèque française hm – Sygma/Illustration m
230 – Copyright 1992 Bubbles Inc. hd – DR/Cinémagence bm – DR/Coll. Pierre Lherminier hm
231 – DR/Cinémagence hm, hd, bg
233 – DR/Cinémagence pp
234 – Copyright 1992 Bubbles Inc. hm, hd – DR/Cinémagence bm
235 – DR/Cinémagence mg, hd – DR/Kharbine-Tapabor bd
236 – DR/Cinémagence hm, bg, bd – DR/Kharbine-Tapabor hd
237 – DR/Archives l'Avant-Scène md – DR/Ciné-Plus bd – DR/Coll. Cinémathèque française bg – Ph X/DR hg
239 – DR/Cinémagence pp
240 – DR/Cinémagence hg, hd, bg – DR/Gosfilmofond bd
241 – DR/Archives l'Avant-Scène hm – DR/Cinémagence bm, bd – DR/Ciné-Plus hd
242 – DR/Cinémagence m, hm, hd – Ph X/DR bm
243 – DR/Cinémagence bg, bd – DR/Kharbine-Tapabor mg – TM & Copyright 1992, Larry Harmon Pictures Corporation md
244 – DR/Cinémagence hg – DR/DITE hd – Sygma/Illustration bm
245 – DR/Archives l'Avant-Scène bg – Keystone hd, bm
246 – Copyright by Adagp 1992 m – Photos DR/Ciné-images pp
247 – Copyright by Spadem 1992 m, md – DR/Ciné-images bd, bg, hd, hg, m, md, mg – DR/Coll. Cinémathèque française bm
248 – DR/Cinémagence bd, bx, by, hg, hx, hy, md, mg, mx, my – DR/Ciné-Plus hd, bg
249 – Artwork hg – Sygma/Illustration bm, hd, bg
250 – DR/Cinémagence m
251 – DR/Ciné-Plus m
253 – DR/Cinémagence pp
254 – DR/Archives l'Avant-Scène hm, hd – DR/Cinémagence mg – DR/Coll. Cinémathèque française bd
255 – DR/Cinémagence bd – DR/Ciné-Plus hg, hd, bg
256 – DR/Cinémagence bg – DR/Ciné-Plus hm, hd, bm
257 – DR/Cinémagence bg – DR/Ciné-Plus hm
258 – DR/Cinémagence bd – DR/Ciné-Plus hm, bm, bg – Turner Entertainment hd
259 – DR/Cinémagence bm – DR/Ciné-Plus hd, bd – DR/Kharbine-Tapabor hg
260 – DR/Ciné-images bd, bg, bm, hd, hg, mg
261 – Copyright by Spadem 1992 bg – DR/Ciné-images hd, bg, bd – TM & Copyright 1992, Larry Harmon Pictures Corporation mg
263 – DR/Ciné-Plus pp
264 – DR/Cinémagence hm, hd, bd – DR/Kharbine-Tapabor hg, bg
265 – Copyright 1992 Bubbles Inc. hg – DR/Cinémagence bm – DR/Coll. Pierre Lherminier bg – Keystone md – Sygma/Illustration hm
266 – DR/Cinémagence hg, hd, bm, bd – DR/Ciné-Plus bg
267 – DR/Cinémagence hd, bd – DR/Ciné-Plus hm, bm, bg
268 – Photos DR/Ciné-images pp
269 – Copyright 1992 Bubbles Inc. bd – Copyright by Spadem 1992 hd – DR/Ciné-images bg, bm, hg, m, md, mg
271 – Copyright Disney par autorisation spéciale de The Walt Disney Company (France) pp
272 – DR/Cinémagence bm – DR/Ciné-Plus mg, hm – DR/Coll. Pierre Lherminier hd
273 – Copyright 1992, Edgar Rice Burroughs, Inc. all rights reserved hm – DR/Ciné-images hd – DR/Cinémagence mg
274 – DR/Cinémagence hg, hd, bd – DR/Ciné-Plus hm, bg
275 – DR/Archives l'Avant-Scène md – DR/Cinémagence bm – DR/Ciné-Plus bg – Keystone hm
276 – Copyright by Spadem 1992 hm, hd – Photos DR/Ciné-images pp
277 – Copyright 1992, Edgar Rice Burroughs, Inc. all rights reserved hd – DR/Ciné-images bd, bg, bm, hg, hm, md, mg
279 – DR/Ciné-Plus pp
280 – DR/Cinémagence hm – DR/Coll. Pierre Lherminier bg, bd
281 – DR/Cinémagence mg, hm, hd, bg, bd
282 – DR/Archives Gaumont hd – DR/Cinémagence bd – DR/Ciné-Plus bm – DR/Coll. Pierre Lherminier hm
283 – DR/Cinémagence hd – DR/Ciné-Plus hg – Ph WK bm
284 – DR/Cinémagence hm, hg, hd – DR/Ciné-Plus bm, bg, bd
285 – DR/Cinémagence hg, hd
286 – Copyright by Spadem 1992 hg – Photos DR/Ciné-images pp
287 – Copyright by Spadem 1992 hd – Photos DR/Ciné-images pp
289 – DR/Ciné-images pp
290 – DR/Cinémagence hd – DR/Ciné-Plus hm, bg – Sygma/Illustration bd
291 – DR/Cinémagence m, hm, bg, bd – DR/Coll. Cinémathèque française hg – Keystone md
292 – DR/Archives Gaumont md – DR/Ciné-images m – DR/Ciné-Plus hg – DR/Coll. Cinémathèque française bd – DR/Coll. Pierre Lherminier hd
293 – DR/Cinémagence bm – DR/Ciné-Plus mg, md – Sygma/Illustration hd
294 – DR/Archives Gaumont hd – DR/Ciné-images bd, bg, hg, hm, md, mg
295 – Photos DR/Ciné-images pp
297 – DR/Ciné-images pp
298 – DR/Cinémagence bd, bg, hd, m – DR/Coll. Larousse hg
299 – DR/Ciné-Plus bm – DR/Coll. Cinémathèque de Pékin mg – DR/Coll. Pierre Lherminier hm – DR/Kharbine-Tapabor hd – Keystone md
300 – DR/Cinémagence hm, bm, bg, bd – DR/Ciné-Plus hd
301 – DR/Cinémagence hd, bd – DR/Kharbine-Tapabor mg
302 – Copyright by Spadem 1992 hg – Photos DR/Ciné-images pp
303 – Copyright by Spadem 1992 hd – Photos DR/Ciné-images pp
305 – Copyright 1992 Bubbles Inc. pp
306 – Copyright 1992 Bubbles Inc. hm, hd – DR/Cinémagence mg – DR/Ciné-Plus bm
307 – DR/Cinémagence hd, bg, bd – Ph X/DR mg
308 – DR/Cinémagence hm, bg, bd – DR/Ciné-Plus hg
309 – DR/Cinémagence bm, bd – DR/Kharbine-Tapabor hg, hd
310 – DR/Cinémagence hd, bg, bd – DR/Coll. Pierre Lherminier hg
311 – DR/Ciné-Plus hg – DR/Kharbine-Tapabor md, hm – TM & Copyright 1992, Larry Harmon Pictures Corporation bm, bg
312 – Photos DR/Ciné-images pp
313 – Copyright 1992 Bubbles Inc. bg – DR/Ciné-images bd, hd, hg, hm, mg
315 – DR/Ciné-images pp
316 – DR/Cinémagence bg, hg, bd – DR/Coll. André Marinie hd – DR/Coll. Pierre Lherminier bm
317 – DR/Cinémagence md, bg – DR/Ciné-Plus hm – DR/Kharbine-Tapabor hg
318 – DR/Cinémagence hm, hg, bg, bd
319 – DR/Cinémagence bd, bg, bm, hg – DR/Ciné-Plus hd
320 – DR/Cinémagence hg, hd – DR/Ciné-Plus bm, bd
321 – Copyright Disney par autorisation spéciale de The Walt Disney Company (France) hd, bm, bd – DR/Cinémagence mg, bg
322 – Photos DR/Ciné-images pp
323 – Copyright Disney par autorisation spéciale de The Walt Disney Company (France) hd – DR/Ciné-images bd, bg, bm, hg, hm, mg
325 – DR/Cinémagence pp
326 – DR/Cinémagence bg – DR/Ciné-Plus md, bd – DR/Kharbine-Tapabor hd
327 – DR/Cinémagence bd, bg, bm, hd, hg, hm
328 – DR/Cinémagence hm, bd – Keystone mg – Roger Corbeau hd
329 – DR/Cinémagence mg, hm, bg – DR/Ciné-Plus md, hg
330 – DR/Cinémagence hm, hg, bm – Roger Corbeau hd
331 – DR/Cinémagence bm – DR/Ciné-Plus hg, bg – Les Films du Carrosse hd
332 – Photos DR/Ciné-images pp
333 – Copyright by Spadem 1992 bg – Photos DR/Ciné-images pp
335 – Michel Giniès/Sipa-Press pp
336 – DR/Cinémagence bg, bm, hd, hm – DR/Ciné-Plus hg
337 – DR/Cinémagence hd, bm – DR/Kharbine-Tapabor hg – Ph X/DR bd
338 – DR/Cinémagence hm, hd – DR/Ciné-Plus bm, bg
339 – DR/Cinémagence bm, bg – Les Films du Carrosse hd – Roger Corbeau hg
340 – DR/Cinémagence bm – Festival international du film mh – Sygma/Illustration hd
341 – DR/Cinémagence bg – DR/Ciné-Plus mg, hd, bd – DR/Kipa-Interpress hg
342 – Photos DR/Ciné-images pp
343 – Copyright 1992, Edgar Rice Burroughs, Inc. all rights reserved mg – Copyright by Spadem 1992 hd – DR/Ciné-images bd, bg, bm, mg, hd, hg, m, md
344 – DR/Ciné-Plus m
345 – DR/Cinémagence m
347 – Copyright 1992 Bubbles Inc. pp
348 – DR/Cinémagence hm, hd, bm, bd
349 – DR/Cinémagence hg, hd – Les Films du Carrosse bm
350 – Copyright 1992 Bubbles Inc. hm, hd, bd – DR/Cinémagence bg
351 – Copyright Disney par autorisation spéciale de The Walt Disney Company (France) hm, hd, bd – DR/Ciné-images bg
352 – Copyright by Spadem 1992 hg – Photos DR/Ciné-images pp
353 – Photos DR/Ciné-images pp
355 – DR/Cinémagence pp
356 – DR/Cinémagence m, hd – DR/Ciné-Plus bd – DR/Kharbine-Tapabor bg
357 – DR/Cinémagence md, hd, bg
358 – DR/Cinémagence hg, bm, bg, bd – DR/Ciné-Plus hd
359 – DR/Cinémagence hg, bg, bd – DR/Ciné-Plus hd
360 – Photos DR/Ciné-images pp
361 – Photos DR/Ciné-images pp
363 – DR/Kharbine-Tapabor pp
364 – DR/Cinémagence hg, hd, bm, bd
365 – DR/Cinémagence hd, bm – DR/Ciné-Plus hg
366 – DR/Cinémagence hm, hg, bg, bd
367 – DR/Cinémagence mg, hm, hd, bd
368 – Photos DR/Ciné-images pp
369 – Photos DR/Ciné-images pp
371 – DR/Ciné-images pp
372 – DR/Cinémagence hd – DR/Ciné-Plus hg, bm
373 – DR/Cinémagence md, hm, hd, bg – DR/Ciné-Plus mg
374 – DR/Cinémagence hd – DR/Ciné-Plus bm – DR/Kharbine-Tapabor hg
375 – DR/Cinémagence bg, bd – DR/Ciné-Plus m – DR/Kharbine-Tapabor hm
376 – Copyright by Spadem 1992 hg – Photos DR/Ciné-images pp
377 – Copyright by Spadem 1992 hg – Photos DR/Ciné-images pp
379 – The Ronald Grant Archive pp
380 – DR/Cinémagence hm, bm – DR/Ciné-Plus hg – Ph X/DR hd
381 – DR/Cinémagence m, bg – Ph X/DR hm
382 – DR/Archives l'Avant-Scène bd – DR/Ciné-Plus hg, bm, bg – DR/Coll. Larousse hd
383 – DR/Coll. Pierre Lherminier mg – DR/Kharbine-Tapabor hd – Serge Lido/Sipa Press bm
384 – Copyright by Spadem 1992 hd – Photos DR/Ciné-images pp
385 – Photos DR/Ciné-images pp
387 – DR/Ciné-images pp
388 – DR/Ciné-Plus hm – Keystone bg, bd
389 – DR/Cinémagence bg, bd – DR/Ciné-Plus hd – DR/Coll. Cinémathèque française hg
390 – DR/Cinémagence hd, bd – Keystone hg, bg – Ph X/DR bm
391 – DR/Cinémagence mg, hd – DR/Coll. Cinémathèque française bd – Ph X/DR bg
392 – Photos DR/Ciné-images pp
393 – Photos DR/Ciné-images pp
395 – Festival international du film pp
396 – DR/Cinémagence hm, hg, bm, bd
397 – DR/Aéro/Sipa Press bm, bg – DR/Cinémagence md, hd – DR/DITE hg
398 – DR/Cinémagence hd, bd – DR/Ciné-Plus hg, bg
399 – Denis Huisman hm, hd – DR/Ciné-Plus bg – DR/Kharbine-Tapabor bd – Roger Corbeau m
400 – DR/Cinémagence hg – DR/Cinémathèque de Prague md – DR/Ciné-Plus bg – Sygma/Illustration mg
401 – DR/Cinémagence hd, bm, bd – DR/Ciné-Plus mg – Keystone hg
402 – Copyright by Adagp 1992 mg – Photos DR/Ciné-images pp
403 – Photos DR/Ciné-images pp
405 – Copyright 1992 Bubbles Inc. pp
406 – DR/Cinémagence hd, bg – DR/Ciné-Plus bd
407 – Copyright 1992 Bubbles Inc. hd, bd – DR/Ciné-Plus mg – Keystone hm
408 – DR/Cinémagence md, hd, bg – DR/Kharbine-Tapabor bd – Sygma/Illustration hg
409 – DR/Ciné-images m, bd – DR/Cinémagence bg – DR/Coll. André Marinie hm
410 – DR/Cinémagence hd, bg – DR/Ciné-Plus hg, bm, hm, bd – Festival international du film m
411 – DR/Cinémagence md, bd – DR/Kharbine-Tapabor hm
412 – Copyright 1992 Bubbles Inc. bd – Copyright by Spadem 1992 md – DR/Ciné-images md, m, hm, hg, hd, bg
413 – Copyright by Spadem 1992 hg – Photos DR/Ciné-images pp
415 – DR/Ciné-images pp
416 – DR/Ciné-Plus hd – Keystone bg – Roger Corbeau hg
417 – DR/Cinémagence hg, hd, md, bg – DR/Ciné-Plus bm
418 – DR/Cinémagence hd, bg – DR/Kharbine-Tapabor hg, bd
419 – DR/Cinémagence md, hg, bg
420 – Copyright by Spadem 1992 bm – Photos DR/Ciné-images pp
421 – Photos DR/Ciné-images pp
423 – DR/Ciné-images pp
424 – DR/Cinémagence hg, hd, bg – Keystone bd
425 – DR/Cinémagence hg, hd, bd – DR/Ciné-Plus bg
426 – DR/Cinémagence mg – DR/Kharbine-Tapabor hg – Novosti bd
427 – DR/Cinémagence m, bm – DR/Kharbine-Tapabor bd – Festival international du film hg – Traverso hm
428 – DR/Cinémagence hg, bg – DR/Ciné-Plus hd – Joel Finler hd
429 – Copyright Disney par autorisation spéciale de The Walt Disney Company (France) mg, m, bm, bg – DR/Ciné-Plus hg, hd, bd
430 – Copyright by Spadem 1992 hm – Photos DR/Ciné-images pp
431 – Photos DR/Ciné-images pp
432 – DR/Ciné-Plus m

Crédits photographiques

433 - DR/Ciné-Plus m
435 - DR/Ciné-images pp
436 - DR/Cinémagence hg, hd, bm, bg
437 - DR/Cinémagence md, hd - DR/Ciné-Plus hg - DR/Kharbine-Tapabor bd - Sygma/Illustration bg
438 - Estate of Marilyn Monroe hg - DR/Ciné-Plus mg, hd, bd - DR/Kipa-Interpress bm
439 - DR/Ciné-Plus bd - DR/Coll. Cinémathèque française hm - DR/Kharbine-Tapabor md - Sam Lévin bg
440 - DR/Coll. Cinémathèque française bm - Roger Corbeau hd - Sacha Masour hg
441 - DR/Cinémagence hd - DR/Kharbine-Tapabor hg, bg
442 - Copyright by Spadem 1992 bm - DR/Ciné-images bd, bm, hd, hg, m, md - Roger Corbeau bg
443 - Estate of Marilyn Monroe hm - DR/Ciné-images bd, bg, bm, hd, hg, md, mg
445 - DR/Ciné-Plus pp
446 - Cahiers du cinéma bd - DR/Ciné-images hg - DR/Cinémagence bg - Roger Corbeau hm
447 - DR/Ciné-Plus hg, bg - Festival international du film m - Raymond Voinquel md
448 - DR/Cinémagence hg - DR/Ciné-Plus bg - DR/DITE bd - DR/Kharbine-Tapabor hd
449 - DR/Ciné-Plus bd - DR/Kharbine-Tapabor bg - Keystone m, hm
450 - Copyright by Spadem 1992 bg - Photos DR/Ciné-images pp
451 - Estate of Marilyn Monroe md - DR/Ciné-images bd, bg, hd, hg, hx, hy, m, mg
453 - DR/Ciné-Plus pp
454 - DR/Ciné-Plus hm, bg - Keystone hg - Léo Mirkine hd - R. Forster/R. Poutrel bd
455 - DR/Ciné-Plus mg, hd, bg, bd
456 - DR/Ciné-images hg - DR/Cinémagence bd - Henri Thibault hd - Robert Tomatis bg
457 - DR/Ciné-Plus hd, bm, bd - Franco Civirani hg
458 - Copyright 1992 Bubbles Inc. hm, hd - DR/Ciné-Plus mg - DR/Kharbine-Tapabor bg - Keystone bd
459 - DR/Ciné-Plus hg - Henri Thibault hd - Hugues Ronald bg - Sygma bd
460 - DR/Ciné-images bg, bm, hd, mg - R. Forster/R. Poutrel bd - Robert Tomatis hg
461 - Copyright 1992 Bubbles Inc. hg - Copyright by Spadem 1992 hg - DR/Ciné-images bd, bg, hd, hm, m, md
463 - DR/Ciné-Plus pp
464 - DR/Ciné-Plus bg, bd - Henri Moiroud hd - Keystone hg
465 - André Dino mg - DR/Kharbine-Tapabor md, hd
466 - DR/Ciné-Plus hg - DR/Coll. Larousse bm, bg - Lucienne Chevert hm - Paul Grimault md
467 - DR/Ciné-Plus hg, bg - DR/Sipa Press bd
468 - Copyright by Spadem 1992 hg - DR/Ciné-images bd, bg, hd, hg, hm, mg - Lucienne Chevert md
469 - Copyright by Spadem 1992 hg - DR/Ciné-images bd, bg, hg, hx, hy, md, mg - Paul Grimault hd
471 - DR/Ciné-Plus pp
472 - DR/Ciné-Plus bd - Jean Klissak hg - Marcel Bouguereau md
473 - Cyril Stanborough bd - DR/Cinémagence bg - DR/Ciné-Plus mg, hd
474 - DR/Cinémagence hg - DR/Coll. Larousse hd - DR/Kharbine-Tapabor bd - Ph X/DR bg
475 - Estate of Marilyn Monroe b - DR/Ciné-Plus mg, hd
476 - Copyright by Spadem 1992 bg - Cyril Stanborough bd - DR/Ciné-images bg, bm, hd, hg, hm, md, mg
477 - Estate of Marilyn Monroe bd - Copyright by Spadem 1992 m - DR/Ciné-images md, m, hg, hd, bm, bg
479 - DR/Ciné-Plus pp
480 - DR/Cinémagence hg - DR/Coll. Larousse bd - DR/Kipa-Interpress mg - L. Mirkine/R. Joffres hd
481 - DR/Ciné-Plus bg - Jean Klissak/Guy André hg - Raymond Bègue hd - Serge Beauvarlet bd
482 - Estate of Marilyn Monroe hd - DR/Kipa-Interpress bg - Keystone hg
483 - DR/Cinémagence bg - DR/Kharbine-Tapabor hd - DR/Sunset/Kipa-Interpress bd - Popperfoto hg
484 - DR/Cinémagence hg, hd, bg - DR/DITE bm
485 - Estate of Marilyn Monroe bg - Raymond Voinquel hd, bd
486 - Copyright by Spadem 1992 by, bd - Photos DR/Ciné-images pp
487 - Estate of Marilyn Monroe hg - DR/Ciné-images bd, bm, hd, hm, mg
489 - DR/Kharbine-Tapabor pp
490 - DR/Ciné-Plus bd - Jean Magis hg - Joel Finler bg - Keystone hd
491 - André Villers hm - DR/Ciné-Plus hg, bg, bd - DR/Kipa-Interpress hd
492 - Copyright 1992 Bubbles Inc. bd - DR/Kipa-Interpress mg - Keystone m - Ph X/DR hd
493 - DR/Kipa-Interpress bm - Emmanuel Lowenthal mg - Jean-Louis Castelli md - Roger Corbeau hd
494 - André Manson bm - DR/Ciné-Plus hg - Jean-Louis Castelli hd
495 - DR/Ciné-Plus mg, bg - Léo Mirkine m, hd
496 - Copyright by Spadem 1992 hg - DR/Ciné-images hd, hg, md - Emmanuel Lowenthal mg - Jean-Louis Castelli bg - Léo Mirkine bd - Raymond Voinquel bm
497 - Photos DR/Ciné-images pp
499 - DR/Ciné-Plus pp
500 - DR/Cinémagence md - Keystone bg - Ph X/DR hg
501 - DR/Cinémagence hg, hd, bg, bd
502 - Estate of Marilyn Monroe md - DR/Cinémagence hm, hg, bg - Jean-Louis Castelli bd
503 - DR/Cinémagence hd, bd - DR/Ciné-Plus hg - DR/Kharbine-Tapabor bm
504 - Copyright 1992 Bubbles Inc. bg - International News Photo hd - Keystone bm - Serge Beauvarlet hg
505 - DR/Cinémagence md - DR/Ciné-Plus hg, bg
506 - Copyright by Spadem 1992 mg - DR/Ciné-images bd, bm, hd, hg, m, mg - Roger Corbeau bg
507 - Estate of Marilyn Monroe hg - Copyright by Spadem 1992 hg - DR/Ciné-images bd, md, bg, bm, hd, m
509 - DR/Cinémagence pp
510 - Jean-Louis Castelli hm, hg - Roger Corbeau bg, bd
511 - DR/Cinémagence mg, bd - Henri Thibault hm, hd
512 - André Dino bg - DR/Ciné-images md - DR/Ciné-Plus hg
513 - DR/Cinémagence hg, bm - DR/Ciné-Plus hd, bd
514 - DR/Cinémagence hg - DR/Ciné-Plus hd - Walter Limot bg, bm
515 - Vincent Rossel md, hd - Walter Limot hg
516 - André Dino bm - Copyright by Spadem 1992 bg, hg, hm - DR/Ciné-images bd, hd, hg, hm, mg - Serge Beauvarlet md
517 - Photos DR/Ciné-images pp
519 - DR/Kharbine-Tapabor pp
520 - André Dino bm, bd - Roger Corbeau hm, hg
521 - Estate of Marilyn Monroe hd - DR/Cinémagence bg - Henri Caruel hg - Ph X/DR bd
522 - A. Borrel/Les Films du Carrosse hm, hd - DR/Cinémagence bm, bg - DR/Kipa-Interpress mg
523 - Henri Caruel hg - Jacques Boutinot md - Keystone b
524 - DR/Cinémagence hd, bd - DR/Sunset/Kipa-Interpress hg - Keystone bm
525 - DR/Cinémagence hd - DR/Ciné-Plus bd - DR/Kharbine-Tapabor bg - Serge Beauvarlet bm
526 - DR/Cinémagence md - DR/Coll. Pierre Lherminier m - DR/Kharbine-Tapabor hg - Paul Apoteker bm - Serge Beauvarlet hm
527 - DR/Ciné-Plus bg - DR/Coll. Larousse mg, bd - DR/Kipa-Interpress hd
528 - Copyright by Spadem 1992 hd - Photos DR/Ciné-images pp
529 - Estate of Marilyn Monroe hd - Copyright by Spadem 1992 hg - DR/Ciné-images bd, bg, bx, by, hg, md
530 - Production Georges de Beauregard m
531 - DR/Kharbine-Tapabor m
533 - Production Georges de Beauregard pp
534 - DR/Cinémagence hg - Hélène Janbrau hd - Yves Mirkine bm, bd
535 - DR/Cinémagence hd - Henri Thibault hg - Marcel Bouguereau bg - Production Georges de Beauregard bm - Raymond Cauchetier bd
536 - DR/Kipa-Interpress hd - Keystone hg - Paul Apoteker b
537 - DR/Cinémagence bm, hm, m - DR/Ciné-Plus hg - DR/Kharbine-Tapabor bg
538 - DR/Cinémagence m, hg, bg - DR/Kharbine-Tapabor hd
539 - Estate of Marilyn Monroe bm, bg - DR/Kharbine-Tapabor hd - Jean-Louis Castelli hm
540 - Copyright by Spadem 1992 hg, hd - DR/Ciné-images bd, hd, hg, m, mg - Jean-Louis Castelli bg - Production Georges de Beauregard hd
541 - Photos DR/Ciné-images pp
543 - DR/Ciné-Plus pp
544 - Estate of Marilyn Monroe m, bg - DR/Cinémagence hd, bm, bd - DR/Ciné-Plus hm - Ph X/DR hg - Production Georges de Beauregard bd
546 - DR/Cinémagence hg, hd, bm, bd
547 - DR/Cinémagence hg, hd, bd - DR/Kipa-Interpress bm - Keystone mg
548 - DR/Cinémagence md, hg, bm
549 - DR/Cinémagence hg, hd, bg
550 - Copyright by Spadem 1992 bg - DR/Ciné-images bd, bg, bm, hd, hm - Production Georges de Beauregard mg, hg
551 - Estate of Marilyn Monroe hd - DR/Ciné-images bd, bg, bm, hg, hm
553 - DR/Cinémagence pp
554 - DR/Cinémagence bd - DR/Kharbine-Tapabor bg - Les Films du Carrosse hm, hg
555 - DR/Cinémagence bd - DR/Kharbine-Tapabor hd - DR/Kipa-Interpress bm - Production Georges de Beauregard mg, hg
556 - DR/Cinémagence md, hd - DR/Coll. Pierre Lherminier bg - Keystone hg
557 - Estate of Marilyn Monroe hg, bg - Keystone md, hd
558 - DR/Cinémagence hd, bm - DR/Ciné-Plus bd - DR/Kharbine-Tapabor hg
559 - DR/Cinémagence hg, bd - DR/Kharbine-Tapabor hd
560 - Photos DR/Ciné-images pp
561 - Photos DR/Ciné-images pp
563 - DR/Cinémagence pp
564 - DR/Cinémagence md, hd - Production Georges de Beauregard hg, bg
565 - DR/Cinémagence m - DR/Kharbine-Tapabor hd - DR/Kipa-Interpress md - Ph X/DR hg
566 - DR/Cinémagence hg, bg - DR/Kipa-Interpress hm, bd
567 - DR/Cinémagence bd - DR/Kharbine-Tapabor hm - DR/Kipa-Interpress mg
568 - DR/Cinémagence md, hg - DR/Kipa-Interpress bg
569 - DR/Cinémagence hg, hd - Production Georges de Beauregard bm, bd
570 - Photos DR/Ciné-images pp
571 - Photos DR/Ciné-images pp
573 - DR/Cinémagence pp
574 - DR/Cinémagence hg, bd - DR/Ciné-Plus hd - Jean-Louis Castelli bg
575 - DR/Cinémagence bg - DR/Kharbine-Tapabor hd - DR/Kipa-Interpress hg
576 - DR/Cinémagence bd - DR/Kharbine-Tapabor bg - Les Films du Carrosse hm
577 - DR/Cinémagence hm, bm, bd
578 - Copyright Disney par autorisation spéciale de The Walt Disney Company (France) hg - DR/Cinémagence md, bm
579 - DR/Cinémagence mg - DR/Kipa-Interpress hm, bg, bd
580 - DR/Ciné-images mg, md, m, hm, hg, hd, bm - Jean-Louis Castelli bd
581 - Photos DR/Ciné-images pp
583 - DR/Kipa-Interpress pp
584 - Claude Schwartz hd - DR/Cinémagence bm, bg - DR/Kipa-Interpress mg
585 - DR/Cinémagence hd - DR/Ciné-Plus md - DR/Kipa-Interpress hg
586 - DR/Cinémagence md, hg - DR/Ciné-Plus mg
587 - DR/Cinémagence hd, bd - Georges Pierre mg, hg
588 - Ciné Tamaris bm - Claude Schwartz bg - Copyright by Spadem 1992 hd - DR/Ciné-images hg, bd, mg - Production Georges de Beauregard hm, hd
589 - DR/Ciné-images m, hm, hg, hd, bg, bd - DR/Kipa-Interpress md, bm
591 - DR/Kipa-Interpress pp
592 - DR/Cinémagence hg - DR/Kipa-Interpress bm - Jean-Louis Castelli md
593 - DR/Kipa-Interpress hm, hd - Pierre Zucca bg
594 - DR/Cinémagence hg, hd - DR/Ciné-Plus bm - DR/Kharbine-Tapabor md
595 - DR/Cinémagence hd - DR/Kharbine-Tapabor bd - Les Films du Carrosse mg, hg
596 - DR/Cinémagence m, hd, bm - DR/Kharbine-Tapabor bd
597 - DR/Cinémagence hd - DR/Coll. Abbas Fahdel bd - DR/Kipa-Interpress hm
598 - Copyright by Spadem 1992 hm, hd - DR/Ciné-images mg, hm, hg, bm, bd - DR/Kipa-Interpress md, bg - Production Georges de Beauregard hd
599 - Photos DR/Ciné-images pp
601 - DR/Cinémagence pp
602 - DR/Cinémagence md, hg - Les Films du Losange bd - Raymond Voinquel bg
603 - DR/Cinémagence bm - DR/Ciné-Plus hg
604 - DR/Ciné-Plus bg - DR/Kharbine-Tapabor bd - DR/Kipa-Interpress hg, hd
605 - DR/Cinémagence mg, hd - DR/Ciné-Plus bd
606 - DR/Cinémagence bd - DR/Ciné-Plus hm, hd
607 - DR/Archives Gaumont hm - DR/Cinémagence bg, bd - DR/Ciné-Plus hd - Production Georges de Beauregard md
608 - Copyright by Spadem 1992 hy, hx, hg - DR/Archives Gaumont bd - DR/Ciné-images bg, bm, hd, hg, hx, hy, mg
609 - Copyright by Spadem 1992 hd - Photos DR/Ciné-images pp
611 - DR/Ciné-Plus pp
612 - DR/Cinémagence hg, hd, bg
613 - DR/Ciné-Plus hd, bm, bd - Ph X/DR mg
614 - Keystone hg - Les Films du Carrosse bg - Sygma bd - U. Josephsson/Cahier du Cinéma hd
615 - DR/Coll. Christophe L hd - Sygma hg
616 - DR/Cinémagence md - DR/Kipa-Interpress bg - DR/Sunset/Kipa-Interpress hg
617 - DR/Cinémagence bd - DR/Ciné-Plus hm, hd
618 - Claude Schwartz md - Copyright by Spadem 1992 hm - DR/Ciné-images bd, bg, bm, hd, hg, hm, m, mg
619 - Photos DR/Ciné-images pp
621 - DR/Ciné-Plus pp
622 - DR/Ciné-Plus bm - DR/Kipa-Interpress bg - Les Films du Carrosse hg, hd
623 - DR/Cinémagence md, hm - DR/Kipa-Interpress bm - Keystone mg
624 - DR/Cinémagence md, bm - DR/Ciné-Plus bg - Jean-Louis Castelli hg - Ph X/DR bd
625 - DR/Cinémagence mg, bg, bd - DR/Kharbine-Tapabor md - DR/Kipa-Interpress hm, hd
626 - DR/Cinémagence hg - DR/Ciné-Plus m - DR/Kipa-Interpress hd - Les Films du Losange bm
627 - DR/Ciné-Plus hd, bm - DR/Kipa-Interpress mg, hg
628 - Copyright Disney par autorisation spéciale de The Walt Disney Company (France) md - DR/Cinémagence hm, bg - DR/Ciné-Plus hg
629 - DR/Ciné-Plus bg, bd - DR/Kipa-Interpress hd
630 - Photos DR/Ciné-images pp
631 - Photos DR/Ciné-images pp
632 - DR/Kipa-Interpress m
633 - DR/Kipa-Interpress m
635 - DR/Ciné-Plus pp
636 - DR/Cinémagence mg, hd, bg - DR/Ciné-Plus bm - Georges Pierre/Sygma hm
637 - DR/Ciné-Plus bm - Pierre Zucca hm, hd
638 - DR/Ciné-Plus hd - DR/Kipa-Interpress hg, bm
639 - DR/Cinémagence bd - DR/Kipa-Interpress m, mg
640 - DR/Coll. Abbas Fahdel hd - DR/Kharbine-Tapabor m - DR/Kipa-Interpress bg
641 - DR/Cinémagence mg, hd, bd - DR/Ciné-Plus bg
642 - DR/Ciné-images bg, hd, hg, hx, hy, mg - Pierre Zucca bd
643 - Photos DR/Ciné-images pp
645 - DR/Ciné-Plus pp
646 - DR/Cinémagence hg, hd, bg - DR/Ciné-Plus bm
647 - DR/Cinémagence mg, hd - Etienne George bd
648 - DR/Cinémagence bd - DR/Ciné-Plus m - DR/Kipa-Interpress hm - Keystone bg
649 - DR/Archives Gaumont md - DR/Cinémagence hg , bm
650 - DR/Archives Gaumont mg - DR/Ciné-images bd, bg, hd, md, mx, my - Etienne George/Sygma hg
651 - Photos DR/Ciné-images hg
653 - DR/Kipa-Interpress pp
654 - DR/Cinémagence bm - DR/Coll. André Marinie hg - Jean-Louis Castelli md
655 - DR/Cinémagence hm, hd, bg - DR/Kharbine-Tapabor bm
656 - Copyright 1992 Bubbles Inc. hm - DR/Archives Gaumont bd - DR/Cinémagence bg - Snap-Photo/Cosmos m
657 - DR/Archives Gaumont bd - DR/Cinémagence mg, m - DR/Ciné-Plus hd - DR/Kipa-Interpress hm
658 - DR/Archives Gaumont hd - DR/Cinémagence hg - DR/Kharbine-Tapabor m, bm
659 - DR/Cinémagence hg, hd - DR/Kharbine-Tapabor m - DR/Kipa-Interpress bg - Les Films du Carrosse bd
660 - Photos DR/Ciné-images pp
661 - Photos DR/Ciné-images pp
663 - Les Films du Carrosse pp
664 - DR/Ciné-Plus hg, bm - DR/Kipa-Interpress md
665 - DR/Cinémagence hg, bm - DR/Ciné-Plus bg - DR/Kipa-Interpress md, bd
666 - DR/Ciné-images bg - DR/Ciné-Plus hg - Pierre Zucca md, hd

667 – DR/Cinémagence hd – DR/Kipa-Interpress m, hg – Keystone bd – Topor bg

668 – DR/Cinémagence bg – DR/Ciné-Plus md, hd – DR/Kipa-Interpress mg

669 – DR/Cinémagence hd – DR/Ciné-Plus bg – DR/Kipa-Interpress hg

670 – DR/Ciné-images hg, hd – DR/Kipa-Interpress bg – Joel Finler md – Pierre Zucca mg – Topor bd

671 – Photos DR/Ciné-images pp

673 – DR/Ciné-Plus pp

674 – DR/Cinémagence bd – Etienne George hg, bg – Pierre Zucca md

675 – DR/Ciné-Plus hm, hg – DR/Kipa-Interpress bd – Julian Wasser/Gamma bg

676 – DR/Cinémagence hg, hd – DR/Ciné-Plus bg, bd

677 – DR/Cinémagence bg – DR/Coll. Abbas Fahdel hd – DR/Kipa-Interpress mg

678 – DR/Cinémagence hd – DR/Ciné-Plus mg, m, bm – DR/Kipa-Interpress hg, bd

679 – DR/Cinémagence bd – DR/Kipa-Interpress h – Pierluigi bg

680 – Copyright by Spadem 1992 hd – DR/Ciné-images bd, bg, hd, hg, hx, m, md, mg – Pierre Zucca my

681 – Photos DR/Ciné-images pp

683 – Georges Pierre pp

684 – Capi-Films bm - - DR/Cinémagence hg - DR/Coll. Abbas Fahdel md

685 – DR/Cinémagence m – DR/Kipa-Interpress md, hg, hd

686 – DR/Cinémagence bg – DR/Kipa-Interpress hd, bd – DR/Sunset/Kipa-Interpress hg

687 – DR/Cinémagence bg – DR/Ciné-Plus bd – Les Films du Carrosse hm, hd – Pierre Zucca hg

688 – DR/Cinémagence hg, bm, bd – DR/Kipa-Interpress hd – Sygma bg

689 – DR/Cinémagence m – DR/Ciné-Plus bm, bd – Georges Pierre/Sygma hm, hd – Sygma bg

690 – Claude Schwartz mg – DR/Ciné-images bd, bg, hd, hg, mg, mh – Les Films du Carrosse md

691 – Photos DR/Ciné-images pp

693 – DR/Ciné-Plus pp

694 – DR/Archives Gaumont hg, hd – DR/Cinémagence bd – DR/Kipa-Interpress bg

695 – Claude Schwartz hd – DR/Cinémagence bg – DR/Kipa-Interpress bd – Georges Pierre/Sygma hg

696 – DR/Cinémagence md – DR/Ciné-Plus bm – DR/Kipa-Interpress hg

697 – DR/Cinémagence bg, bd – DR/Kipa-Interpress m, hm

698 – DR/Kipa-Interpress hd, bd – James Andanson/Sygma bg – Sipa Press bm

699 – DR/Cinémagence hm, bg – DR/Ciné-Plus hd, bd

700 – Photos DR/Ciné-images pp

701 – Photos DR/Ciné-images pp

703 – DR/Kipa-Interpress pp

704 – DR/Cinémagence bd – DR/Kipa-Interpress hg, hd, bg

705 – DR/Cinémagence hg – DR/Kipa-Interpress m, hd – Etienne George/Sygma bg

706 – DR/Cinémagence hd – DR/Ciné-Plus bm, bd – DR/Kipa-Interpress hg

707 – DR/Cinémagence bd – DR/Kipa-Interpress hm, hd, bg

708 – DR/Ciné-Plus bd – DR/Kipa-Interpress bg – Sunshine/Sipa Press hm

709 – C. Simonpietri/Sygma hd – D. Hennings/Sygma hg – DR/Kipa-Interpress bg – James Andanson/Sygma bd

710 – Ciné Tamaris md – Copyright by Spadem 1992 m, hg, hd – DR/Ciné-images bd, bg, hd, hg, hm, m, mg – DR/Kipa-Interpress hm, bg

711 – D. Hennings/Sygma bd – DR/Ciné-images hg, bg, m – DR/Kipa-Interpress mg, md, hm – Eva Sereny/Sygma/Lucas Film Production hd – Photos DR/Ciné-images pp

713 – DR/Kipa-Interpress pp

714 – DR/Cinémagence md – DR/Ciné-Plus hg – Production Georges de Beauregard bg

715 – DR/Cinémagence hg – Eva Sereny/Sygma/Lucas Film Production mg – Les Films du Carrosse md, hd

716 – DR/Kipa-Interpress hm, hg, bm, bd – Roger Corbeau bg

717 – DR/Ciné-Plus hm – DR/Kipa-Interpress md, bg

718 – Copyright by Spadem 1992 hg – DR/Ciné-images hg, bg, bd – DR/Kipa-Interpress mg, hd – Etienne George/Sygma md – Les Films du Carrosse hm – Roger Corbeau m

719 – Copyright by Spadem 1992 hg – DR/Ciné-images md, hg, hd, bg – DR/Kipa-Interpress mg, md, bm – Sygma hm

721 – DR/Kipa-Interpress pp

722 – DR/Kipa-Interpress hm, bg, bd

723 – DR/Kipa-Interpress bg – Moune Jamet/Sygma bd – T. Korody/Sygma hm, hd

724 – DR/Cinémagence mg, m – DR/Ciné-Plus bd – DR/Kipa-Interpress hg, hd, bm

725 – DR/Kipa-Interpress hg, bm

726 – DR/Cinémagence md, hg, bm, bg – DR/Kipa-Interpress hd – Eva Sereny/Sygma/Lucas Film Production mg

727 – C. Simonpietri/Sygma hg – DR/Archives Gaumont md – L. de Raemy/Sygma mg

728 – DR/Ciné-Plus bd – Lacombe/Sygma bg – Schapiro/Sygma hm, hg

729 – DR/Cinémagence bd – Fabian/Sygma hg – Guy Ferrandis bg – L. de Raemy/Sygma hd

730 – Copyright by Spadem 1992 hg – DR/Archives Gaumont hg – DR/Ciné-images m, hm – Eva Sereny/Sygma/Lucas Film Production mg – L. de Raemy/Sygma bg – Les Films du Losange md – Moune Jamet/Sygma hg – Valérie Blier/Sygma bd

731 – DR/Ciné-images hg, bm – DR/Kipa-Interpress md, hm, hd, bg – DR/Sunset/Kipa-Interpress mg – Schapiro/Sygma bd

732 – DR/Kipa-Interpress m

733 – DR/Kipa-Interpress m

735 – DR/Cinémagence pp

736 – DR/Kipa-Interpress hg, hd – L. de Raemy/Sygma bm – Tony Frank/Sygma bd

737 – Deborah Beer/Sygma bm – DR/Cinémagence mg – Paul Grimault hg, hd

738 – DR/Cinémagence bg – DR/Kipa-Interpress hg – Sygma md, hd, bd

739 – DR/Kipa-Interpress hg, hd, bm, bg, bd

740 – C. Simonpietri/Sygma bm, bd – DR/Ciné-Plus hg – DR/Kipa-Interpress hm, bg

741 – Alain Keler/Sygma hd – DR/Cinémagence bd – DR/Kipa-Interpress hg, bm – Sygma bg

742 – Copyright by Spadem 1992 hd, bg, bd – DR/Archives Gaumont mg – DR/Ciné-images hg, hd, bg, bd – DR/Kipa-Interpress m, hg – Georges Pierre/Sygma md – Paul Grimault bm

743 – DR/Ciné-images hd – DR/Kipa-Interpress my, mx, mg, md, hd, bg, bd – John Bryson/Sygma hm

745 – DR/Ciné-Plus pp

746 – C. Simonpietri/Sygma bm, bd – DR/Cinémagence hm – DR/Kipa-Interpress hg

747 – Dominique Le Strat bd – Les Films du Losange hm – Nancy Moran/Sygma bg

748 – DR/Cinémagence hm, hg, bm – John Bryson/Sygma bd

749 – DR/Kipa-Interpress m – G. Rancinan/Sygma hm – Sygma bg – Sygma/Lucas Production bd

750 – DR/Cinémagence bd – Georges Pierre/Sygma hg – Sipa Press bg – Sygma hd

751 – DR/Cinémagence mg – DR/Kipa-Interpress hd – J. P. Laffont/Sygma bd – M. Childers/Sygma bg

752 – Copyright by Spadem 1992 hm, hg, hd – DR/Ciné-images bg, bm, hd, hg, hm, md – DR/Kipa-Interpress m – Moune Jamet/Sygma mg, bd

753 – Copyright by Spadem 1992 bm – DR/Ciné-images bd, bm, hg, hx, hy, md – DR/Kipa-Interpress bg – John Bryson/Sygma hd – K. Heyman/Sygma mg

755 – Sygma pp

756 – Dominique Le Strat bm – DR/Kipa-Interpress mg, hg, hd – L. de Raemy/Sygma bd

757 – DR/Kipa-Interpress m, hd – Morgan Renard/Sygma mg – Sygma bd

758 – DR/Kipa-Interpress m – Fabian Cevalo/Sygma hm – Georges Pierre/Sygma bd – Sygma bg

759 – DR/Cinémagence bd – DR/Ciné-Plus mg, hm, bg

760 – DR/Kipa-Interpress hd – G. Schachmes/Sygma bd – L. de Raemy/Sygma hg – Tony Frank/Sygma bg

761 – DR/Cinémagence bg – DR/Kipa-Interpress hm, hd, bm

762 – Ciné Tamaris hm – Copyright by Spadem 1992 hd – DR/Archives Gaumont my – DR/Ciné-images bd, hd, hg, md, mg – DR/Kipa-Interpress bg – Moune Jamet/Sygma mx

763 – C. Simonpietri/Sygma hd – DR/Ciné-images bg, bd – DR/Kipa-Interpress mg, md, m, hg, bm

765 – DR/Cinémagence pp

766 – G. Schachmes/Sygma bd – Sygma m, hm, bg

767 – G. Schachmes/Sygma hd – Sygma hg – Tony Frank/Sygma bd

768 – Alain Dejean/Sygma bg – C. Simonpietri/Sygma bm – DR/Kipa-Interpress hd, bd – Etienne George/Sygma mg

769 – DR/Kipa-Interpress mg, hd, hg – Georges Pierre/Sygma bg – Sygma bd

770 – DR/Cinémagence hm – DR/Kipa-Interpress bd – Sygma bg – William Karel/Sygma hd

771 – Bernard Prim/Sygma bm, bd – DR/Kipa-Interpress hm

772 – Bernard Prim/Sygma mg – Bettina Rheims hd – DR/Ciné-images md – DR/Kipa-Interpress hg, bd – Etienne George/Sygma m – Georges Pierre/Sygma bg – Jean-Jacques Lapeyronnie hm

773 – DR/Ciné-images bg, mg, bm, hg, md – DR/Kipa-Interpress hd, bd

775 – DR/Ciné-Plus pp

776 – DR/Ciné-Plus mg, hg – Georges Pierre/Sygma bm – William Karel/Sygma hd

777 – DR/Cinémagence bd – DR/Kipa-Interpress md, bg – Jonathan Levine/Sygma hm – Tony Frank/Sygma hd

778 – Bernard Prim/Sygma bm – DR/Kipa-Interpress md – G. Schachmes/Sygma mg – William Karel/Sygma hm

779 – Etienne George/Sygma bg – John Bryson/Sygma m – Sygma hm, bd

780 – DR/Kipa-Interpress hg – Georges Pierre/Sygma md – Komarex/Sipa Press bm

781 – Bettina Rheims/Sygma hg – DR/Kipa-Interpress bd – Les Films du Carrosse hd

782 – DR/Ciné-images md, hm, hg, hd – DR/Kipa-Interpress m, bd – Etienne George/Sygma bd – Junger Vollmer mg

783 – DR/Ciné-images hm, hg – DR/Kipa-Interpress mg, m, hd, bd, bg – Sygma md

785 – Vauthier/Sipa Press pp

786 – DR/Kipa-Interpress hd – Michael Childers/Sygma hg – Moune Jamet/Sygma bg – Patrick Camboulive/Sygma bd

787 – Etienne George/Sygma hd – Eva Sereny/Sygma/Lucas Film Production bd – Komarex/Sipa Press bm – William Karel/Sygma mg, hm

788 – D. Friedman/Sygma bd – DR/Kipa-Interpress hm, bm – DR/Sunset/Kipa-Interpress hd – Eric Préau/Sygma bg

789 – CICA bm, bd – Matsumoto/Sygma mg, hm

790 – DR/Kharbine-Tapabor bd – DR/Kipa-Interpress bg – E. Trillat/Sygma hm

791 – Martine Peccoux/Stills bm – Vauthier/Sipa Press hm, hd, bd

792 – DR/Archives Gaumont mx – DR/Ciné-images mg, md, hg, hd – DR/Kipa-Interpress bg, bd – G. Rancinan/Sygma my

793 – Andy Schwartz/Sygma hm – DR/Ciné-images hm, bx, bg, bd – DR/Kipa-Interpress mg, md, hg – Sygma by

795 – DR/Kipa-Interpress pp

796 – DR/Kipa-Interpress bm – F. Cevallos/Sygma hg, hd – G. Mathieson/Sygma mg – Patrick Camboulive/Sygma bd

797 – Douglas Kirkland/Sygma hd – DR/Kipa-Interpress hg – Sygma bd

798 – DR/Kipa-Interpress md, bm – Jean-Jacques Beineix/Gaumont mg, hm – Richard Melloul/Sygma bd

799 – Etienne George/Sygma hm – Jean-Jacques Beineix/Gaumont hd – Jérome Minet/Kipa-Interpress bd – Les Films du Losange bg

800 – Bernard Fau/Sipa Press bg – Bernard Prim/Sygma hd – Etienne George/Sygma hm

801 – DR/Cinémagence md – DR/Kipa-Interpress bm – Richard Melloul/Sygma mg, hm

802 – Bernard Fau/Sipa Press hg – DR/Ciné-images md, hm, hd – DR/Kipa-Interpress mg, m – Etienne George/Sygma bg – Jérome Minet/Kipa-Interpress bd

803 – David James/Sygma hg – DR/Ciné-images hm, hd – DR/Kipa-Interpress md, bg, bd – J. P. Laffont/Sygma mg

805 – Duclos-Pelletier/Gamma pp

806 – DR/Kipa-Interpress hg, hd, bm

807 – DR/Kipa-Interpress hg – Etienne George/Sygma bm – F. de Lafosse/Sygma m – G. Schachmes/Sygma hd – Studio-Magazine mg

808 – DR/Kipa-Interpress mg, hm, bd – E. Lari/Sygma md – S. Legrand/Kipa-Interpress bm

809 – DR/Kharbine-Tapabor hm – DR/Kipa-Interpress bg – Jeanne-Louise Bulliard/Sygma bd

810 – DR/Kipa-Interpress hg, hd – Fabian/Sygma bm – Muray Close/Sygma bd

811 – DR/Kipa-Interpress hm, hd – Ph X/DR bm – Sygma bg

812 – DR/Ciné-images hg, hd, bm, bd – DR/Kipa-Interpress hm – Moune Jamet/Sygma mg – Stephan Holmes/Sygma md – Sygma bg

813 – DR/Ciné-images bm, hg, hx, hy, md – DR/Kipa-Interpress hd, bg, bd – Marcia Reed/Sygma mg

815 – Patrick Camboulive pp

816 – Frank Faes/Sygma bg – Frédéric Carol/Première/Sygma hd – Moune Jamet/Sygma hm, bd

817 – Juan Urruzola bm – P. Robert/Sygma hd – Ph X/DR mg – Sygma bd

818 – DR/Kipa-Interpress hd – Etienne George/Sygma hg – G. Schachmes/Sygma bg – Sygma m

819 – DR/Kipa-Interpress bg – Patrick Camboulive m, hm

820 – DR/Kipa-Interpress hg – Jacques Langevin/Sygma hd – Marianne Rosenstiehl/Sygma mg – Sygma hm – Valérie Blier/Sygma bd

821 – Benoit Barbier/Sygma hm, hg, bm – Paul Grimault md – Valérie Blier/Sygma bg

822 – Benoit Barbier/Sygma hm – DR/Ciné-images hg, bg, bd – DR/Kipa-Interpress md – S. Legrand/Kipa-Interpress mg – Valérie Blier/Sygma hd

823 – DR/Ciné-images hg, hd, bg – DR/Kipa-Interpress mg, m, hm, bd – Sygma md, bm

825 – Muray Close/Sygma pp

826 – DR/Kipa-Interpress hd, bg, bd – J. Donoso/Sygma hg

827 – DR/Kipa-Interpress bd – James Andanson/Sygma hd – Jo Richard/Sygma m – Marianne Rosenstiehl/Sygma bm – Pierre Vauthey/Sygma mg

828 – DR/Cinémathèque du Québec hd – DR/Kipa-Interpress hg, bg – Pierre Gros d'Aillon/Kipa-Interpress bg

829 – DR/Kipa-Interpress mg, bg – F. Duhamel/Sygma hd – Valérie Blier/Sygma hg

830 – Etienne George/Sygma bm – Sygma hg, hd

831 – Bernard Prim/Sygma bd – Etienne George/Sygma hm, hd, bm – Jean-Marie Leroy/Sygma bg

832 – Dominique Gérard hd – Jaromir Komarec/Sygma hg – Muray Close/Sygma bm, bd

833 – Douglas Kirkland/Sygma bd – Sygma hg, hd – T. Zimberoff/Sygma bg

834 – Bellomo Francesco hg – DR/Ciné-images m, hm, bg – DR/Kipa-Interpress md, hd – Sygma mg, bd

835 – DR/Kipa-Interpress hm, hg, hd, bg – F. Duhamel/Sygma bd – Muray Close/Sygma mg – Richard Melloul/Sygma md

837 – Benoit Barbier/Sygma pp

838 – Georges Pierre/Sygma hm – Jeanne-Louise Bulliard/Sygma bm – M. Pelletier/Sygma hd

839 – DR/Kipa-Interpress mg – Frank Gamhi bg – Patrick Camboulive/Sygma bd – Sygma hm

840 – Benoit Barbier/Sygma bg, bd – DR/Sunset/Kipa-Interpress md – James Andanson/Sygma hg – MO/Kipa-Interpress hd

841 – DR/Kipa-Interpress bd – Nicolaï Ejevsky m – Sygma hd

842 – DR/Kipa-Interpress bd – Etienne George/Sygma bg – Jérome Prébois/Sygma hm, hd

843 – Benoit Barbier/Sygma md, bg, bd – DR/Kipa-Interpress hg

844 – Benoit Barbier/Sygma md – DR/Ciné-images m, hm, hg, hd – Jérome Prébois/Sygma mg – Nicolaï Ejevsky bd – Renaud Bachoffner bg

845 – DR/Ciné-images hg, hd – DR/Kipa-Interpress mg, md, bg, bd – Sygma m – Warner Bros/Sygma hm

847 – DR/Kipa-Interpress pp

848 – Erato Films hg, bg – James Andanson/Sygma bm, bd – P. Ramey/Sygma hd

849 – DR/Kipa-Interpress hd, bd – Sygma bm – Valérie Blier/Sygma mg

850 – DR/Ciné-Plus md – DR/Kipa-Interpress bg – J. Bourguet/Sygma bd – Sygma hg

851 – J. M. Bour/Gaumont-Film du Dauphin mg – Moune Jamet/Sygma hd, bd

852 – Benoit Barbier/Sygma bm – Herbie Yamaguchi/Sygma hd – Sygma hg

853 – Jean-Jacques Beineix/Gaumont bd – Luc Roux/Studio/Sygma mg – Luc Roux/Sygma hm

854 – Baumard/Detiffe/Wellman hd – Benoit Barbier/Sygma bd – DR/Kipa-Interpress mg, md, hm – Luc Roux/Sygma hg – Martine Peccoux/Stills bg – Valérie Blier/Sygma m

855 – David James/Sygma bg – DR/Ciné-images bm – DR/Kipa-Interpress mg, hg, bd – Sygma md, hd

857 – Jean-Marie Leroy/Sygma pp

858 – Cats/Kipa-Interpress bg – DR/Kipa-Interpress bg – Luc Roux/Studio/Sygma hm – Richard Melloul/Sygma hd

859 – Copyright Disney par autorisation spéciale de The Walt Disney Company (France) bg – DR/Kipa-Interpress hd, bd – Jean-Marie Leroy/Sygma mg

Crédits photographiques

860 – Benoit Barbier/Sygma hm – Confifoto/Sygma md – Jean-Marie Leroy/Sygma bg – Patrick Chauvel/Sygma bm
861 – Etienne George/Sygma bd – Jacques Langevin/Sygma hm – Orop Press bm
862 – Eric Robert/Sygma hm – Jean-Jacques Beineix/Gaumont bd – Sygma m
863 – D. Baverel/Kipa-Interpres hg – DR/Cinémagence md – VIP bd
864 – Artificial Eye (avec l'aimable autorisation de) hg – CEH md – Warner Bros/avec l'aimable autorisation de Kobal hd
865 – Copyright Disney par autorisation spéciale de The Walt Disney Company (France) hd – Electric Pictures bd – Electric Pictures (avec l'aimable autorisation de) bd, hg – Joel Finler bg
866 – Carson Collection, The (Richard Allen) hd, hm, hg – Joel Finler bg – Metro Tartan Pictures (avec l'aimable autorisation de) md – Paramount, avec l'aimable autorisation de Kobal bd
867 – 20th Century Fox, Morgan Creek, avec l'aimable autorisation de Kobal hy – Carson Collection, The (Richard Allen) hg – CEH md, hd, bg, mg – David Doyle mx – Warner Bros bd
869 – DR/T. Films pp
870 – Artificial Eye bg – Joel Finler hd – Los Hooligans/Columbia, avec l'aimable autorisation de Kobal hg – Warner Bros/Regency/Canal Plus, avec l'aimable autorisation de Kobal md
871 – 20th Century Fox, avec l'aimable autorisation de Kobal mm – Arrow Films (avec l'aimable autorisation de) hg – CEH bd, bm, hd – Metro Tartan Pictures (avec l'aimable autorisation de) bg
872 – Artificial Eye hd – CEH b – Entertainment film Distributors hm – Film 4 Int/British Screen/Thin Man Prods, avec l'aimable autorisation de Kobal hg
873 – Arau/Cinevista/Aviacsa, avec l'aimable autorisation de Kobal hg – Artificial Eye hd, bd – Benoit Barbier/Sygma bg
874 – Artificial Eye (avec l'aimable autorisation de) b – Sipa Press hg, hy, hx, hd
875 – CEH hd – Copyright CIBY hm – Copyright Tristar Pictures b
876 – Carson Collection, The (Richard Allen) hg – First Independent Films (avec l'aimable autorisation de) hd – I.C.A. Project (avec l'aimable autorisation de) bd – Joel Finler md, bg – Metro Tartan Pictures hm
877 – Carson Collection, The (Richard Allen) hg – CEH hm, bm – First Independent Films (avec l'aimable autorisation de) md – I.C.A. Project (avec l'aimable autorisation de) bd – Joel Finler bg – Sipa Press hd
879 – Carson Collection, The (Richard Allen) pp
880 – Jeremie Nassif/Sygma bd – Moune Jamet/Sygma hm, hg – Universal, avec l'aimable autorisation de Kobal bg
881 – David Doyle hd, hg – Joanna Delaporte/Sygma bg – Job/Sipa Press bd
882 – Entertainment film Distributors hg – Luc Roux/Sygma md, bm, hd – Photofest bg
883 – Etienne George/Sygma bg – Fabian/Sygma hg – Frédéric Goujon/Sygma md – Photofest hd
884 – Artificial Eye hg – Michel Giniès/Sipa-Press bd – Patrick Camboulive/Sygma hd – Rex Features/Sipa Press bg
885 – Di Crollalanza/Sipa Press hg – Jean-Marie Leroy/Sygma md, hd – Mainline Pictures bd – Marc Guillaumot/Sygma bd – R. Reith/Sipa Press mm – Walt Disney Company/Di Crollalanza/Sipa Press bg
886 – Carson Collection, The (Richard Allen) hd – Electric Pictures (avec l'aimable autorisation de) bg – Jean-Marie Leroy/Sygma hm – Mainline Pictures mm – Photofest mg – Polygram Filmed Entertainment (UK) hg
887 – Carson Collection, The (Richard Allen) md, mm, hd, hm – CEH mg – Copyright Columbia (avec l'aimable autorisation de) hg – Frédéric Goujon/Sygma bd – Photofest bg
891 – Hachette Première pp
892 – AMLF md – Anita Weber/Sipa Press hg – Le Strat/Sygma mg – Villard-Nivière/Sipa Press bg
893 – F. Darmigny/Sygma mg – Jeremie Nassif/Sygma hd – Michel Giniès/Sipa-Press bg, bd
894 – DR/Kipa-Interpress bg, md – Richard Melloul/Sygma hm
895 – Cardinale/Sygma hd – Eric Robert/Sygma bm – Gilles Favier/Vu bd – Léo Hsu/Sygma hg
896 – Cats/Kipa-Interpress bd – Fabian/Sygma mg – Tursi/Sygma mm, hm
897 – Fabian/Sygma hg – Le Strat/Sygma hd – Lito/Sygma bm
898 – Cats/Kipa-Interpress bd, hg – DR/Sunset/Kipa-Interpress mg – Gaumont Buena Vista International hd – Loïc Marrec/Sygma bg
899 – Arnaud Borrel/Sygma bg – D. Pacha/LGI/Kipa-Interpress hm – Eric Caro/UFD md – MKZ Productions bd – PXP Productions hd – UFD hg – Walt Disney/Sygma mg
901 – Ciby 2 000 Distribution pp
902 – M. Jamet/Sygma hd – PJI/Kipa-Interpress bm – Sygma md, hg
903 – David Koskas/Sygma md – J. Andanson/Sygma hd – Sygma bm, hg
904 – Arnaud Borrel/Sygma bm – Etienne George/Sygma bd – PJI/Kipa-Interpress hd – Walt Disney/Cats/Kipa-Interpress mg
905 – Cabrol/Epithète-Cinéa bd – Eric Robert/Sygma hm – Sygma mg
906 – C. Champetier/Sygma hg – Les Films 13 bm – Sygma bd – T. Markow/Sygma hd
907 – BacFilms hd – Capital/Kipa hg – Etienne George/Sygma bd – S. Bassouls/Sygma bg
908 – Cats/Kipa-Interpress mg, hm, hg – DR/Kipa-Interpress bd – F. Darmigny/Sygma mm – Films Alain Sarde md – Sygma bg – Why Not Productions hd
909 – David Koskas/Sygma mm – Jean-Marie Leroy/Sygma bg, mg, hg – Les Films du Losange hd – Sygma bd – Walt Disney/GBVI md
911 – Nana Productions/Sipa Press pp
912 – Interfoto USA/Sipa Press hg, m – Nana Productions/Sipa Press hd
913 – Interfoto USA/Sipa Press hg, bd – Jean Marboeuf/DR bg – Nana Productions/Sipa Press m – Simon Isabelle/Sipa Press hd
914 – L'Ecotais/Sipa Press bg – Nana Productions/Sipa Press hg, bd – Niviere/Sipa Press bm – Weber/Sipa Press hd
915 – Interfoto USA/Sipa Press hg, m, bd – Sipa Press hd – Weber/Sipa Press bg
916 – Interfoto USA/Sipa Press hd – Lilo/Sipa Press bm – Sama/Sipa Press hg – Sipa Press mg
917 – Interfoto USA/Sipa Press hg, m – Nana Productions/Sipa Press hd – Sipa Press bg, bd
918 – Interfoto USA/Sipa Press bd – Lilo/Sipa Press hd, mg, mm – Nana Productions/Sipa Press hg – Sipa Press bg – Weber/Sipa Press md
919 – Interfoto Hongrie/Sipa Press bm – Interfoto USA/Sipa Press hg, hd, bd – Lilo/Sipa Press md – Sipa Press hm, bg – Weber/Sipa Press mg
921 – Interfoto USA/Sipa Press pp
922 – Interfoto USA/Sipa Press hg – Nana Productions/Sipa Press m – Sipa Press b – Weber/Sipa Press hd
923 – Interfoto USA/Sipa Press bg – Lilo/Sipa Press bd – Nana Productions/Sipa Press m – Sipa Press hd – Weber/Sipa Press hg
924 – Interfoto USA/Sipa Press mg, b – Nana Productions/Sipa Press h, md
925 – Anne-Françoise Brillot/Why Not Productions bd – Interfoto USA/Sipa Press hg, m – Sipa Press hd – Utopia Productions/DR bg
926 – Interfoto USA/Sipa Press hg, b – Nana Productions/Sipa Press m – Nana Productions/Sipa Press (T) hd
927 – Interfoto USA/Sipa Press m, bg – Sipa Press (T) hd – Weber/Retro/Ortega/Rick/Sipa Press (T) bd – Weber/Sipa Press hg
928 – Interfoto USA/Sipa Press mm, md – Lilo/Sipa Press hg – Sipa Press hd, mg, bd – Weber/Sipa Press bg
929 – Interfoto USA/Sipa Press hm, mg – Lilo/Sipa Press hd, bg, bm – Niko/Sipa Press hg – Sipa Press bd – Weber/Sipa Press md
931 – Weber/Sipa Press pp
932 – Interfoto USA/Sipa Press hg, hd – Nana Productions/Sipa Press m – Weber/Sipa Press b
933 – Interfoto USA/Sipa Press hg, bd – Lilo/Sipa Press bg – Weber/Sipa Press hd
934 – Interfoto USA/Sipa Press hg – Nana Productions/Sipa Press hd, md, b – Weber/Sipa Press mg
935 – Interfoto USA/Sipa Press hg, hd, m – Lilo/Sipa Press b
936 – Butler Steve/Sipa Press hg – Interfoto USA/Sipa Press hd, m, b
937 – Faux/Sipa Press bd – Interfoto USA/Sipa Press bg – Lucas Film/Lilo/Sipa Press h
938 – Interfoto USA/Sipa Press mg, bd – Lilo/Sipa Press hg – Nana Productions/Sipa Press hd, mm, md – Weber/Sipa Press bg
939 – Interfoto USA/Sipa Press mg, bg, bm – Lilo/Sipa Press hm – Nana Productions/Sipa Press hg – Rex Features/Sipa Press hd – Weber/Sipa Press md, bd
941 – Téléma/Les Films A4/DR pp
942 – Interfoto USA/Sipa Press m – Weber/Sipa Press h, b
943 – Baumann/Sipa Press (T) hg – Interfoto USA/Sipa Press bg – Lilo/Sipa Press m – Nana Productions/Sipa Press (T) hd – Pozzoli/Riefenstahl/Sipa Press bd
944 – Dessons/Sipa Press bd – Interfoto USA/Sipa Press mg – Téléma/Les Films A4/DR h
945 – Interfoto USA/Sipa Press b – Lilo/Sipa Press hg – Nana Productions/Sipa Press hd
946 – Archipel 35 Productions/DR hg – Interfoto USA/Sipa Press hd – Lilo/Sipa Press b
947 – Dalmas/Sipa Press (T) mg – Megret/Sipa Press (T) hg – Miramax Zoé/Associated Press bd – Simon Isabelle/Sipa Press hd
948 – Fano/Today Photos/Sipa Press (T) bg – Lilo/Sipa Press hd – Weber/Sipa Press hg, bd
949 – Dalmas/Sipa Press (T) bg – Interfoto USA/Sipa Press bd – Scanpix Suède/Sipa Press m – Weber/Sipa Press h
950 – Collection Michel Marmin/DR mm – Interfoto USA/Sipa Press bm – Lilo/Sipa Press hg, bg – Sipa Press bd – Weber/Sipa Press hd, mg, md
951 – ADC-Diffusion/Sipa Press hd – Interfoto USA/Sipa Press hm, bg, bd – Lilo/Sipa Press hg, md – Weber/Sipa Press mg
953 – Laurent Lufroy/UGC images pp
954 – Associated Press/Sipa Press hd – Interfoto USA/Sipa Press bd – Interfoto/Sipa Press hg – Avec l'aimable autorisation de Metropolitan bg
955 – Bruno Calvo/Associated Press/Sipa Press bm – Interfoto USA/Sipa Press hg – Weber/Sipa Press hd
956 – Andrew-Ho/Sipa Press bd – Avec l'aimable autorisation de Cinétrain md – MK2 Diffusion hm – Sacher Film/Bac Distributions Paname Cinéma/Copyright 2001 hg – Sipa Press bg
957 – Acikalin/Sipa Press bg – Associated Press/Sipa Press mg – Benaroch/Sipa Press bd – Bouteiller/Sipa Press hg – Weber/Sipa Press hd
958 – Associated Press/Sipa Press md – Lilo/Sipa Press bm – Sipa Press hm – Warner/Weber/Sipa Press mg
959 – 2001/Warner Bros bd – Associated Press/Sipa Press hm – Denis Doyle/Sipa Press mg
960 – Associated Press/Sipa Press bd – Interfoto USA/Sipa Press mg, md – Interfoto/Sipa Press bg – Nane Productions/Sipa Press hd – Sipa Press hg
961 – Associated Press/Sipa Press hm – Interfoto USA/Sipa Press mg – Interfoto/Sipa Press hg – Jean-Claude Lother/Haut et Court bd – Juan Herrero/Associated Press/Sipa Press bg – Lilo/Sipa Press md – Sue Adler/Associated Press/Sipa Press hd – Weber/Sipa Press bm
963 – D. Aubert/Sygma h – F. Gautier/Sipa Press pp
964 à 967 – Jacques Prayer/Gamma hg, hd
968 – Little Bear bd – Ph X/Ariane Boeglin hg

Première de couverture

Audrey Tautou
le Fabuleux Destin d'Amélie Poulain, 2001. Crédit Laurent Lufroy/UGC Images
James Dean
la Fureur de vivre, 1955. Crédit Retro/Ginies/Sipa Press
Vivian Leigh et Clarke Gable
Autant en emporte le vent, 1939. Crédit Nana Productions/Sipa Press
Jean Gabin
Crédit Sipa Press
Juliette Binoche
Oscar du meilleur second rôle pour *le Patient anglais*, 1997. Crédit Sipa Press
La Belle et le Clochard
1955. Crédit Walt Disney/Associated Press/Sipa Press
John Wayne
L'homme qui tua Liberty Valance, 1962. Crédit Nana Productions/Sipa Press
Björk et Catherine Deneuve
Dancer in the Dark, 2000. Crédit Interfoto USA/Sipa Press
Victoria Abril
Attache-moi, 1990. Crédit Nana Productions/Sipa Press
Marcello Mastroianni et Anita Ekberg
la Dolce Vita, 1960. Crédit Dalmas/Sipa Press
Patrick Deweare, Gérard Depardieu
les Valseuses, 1974. Crédit Nana Productions/Sipa Press

Quatrième de couverture

Julie Andrews
Mary Poppins, 1964. Crédit Walt Disney/Sipa Press
Charlie Chaplin
les Temps modernes, 1936. Crédit Sipa Press
Tony Leung et Maggie Cheung
In The Mood For Love, 2000. Crédit Interfoto USA/Sipa Press
Simone Signoret
Oscar de la meilleure actrice pour *les Chemins de la haute ville*, 1960. Crédit Keystone